CB140890

AlfaCon
Concursos Públicos

Justiça do Trabalho
TRT 23ª Região

www.alfaconcursos.com.br

Diretor Pedagógico	-	Evandro Guedes
Diretor de Operações	-	Javert Falco
Coordenadora Editorial	-	Wilza Castro
Editora de Texto	-	Giancarla Bombonato
Analista de Conteúdo	-	Mateus Ruhmke Vazzoller
Assistente Editorial	-	Heloísa Perardt
	-	Mariana Castro
	-	Bruna Dessbessell
Supervisor de Diagramação	-	Alexandre Rossa
Capa	-	Alexandre Rossa
Diagramação	-	Andressa Matos
	-	Nara Azevedo
Revisão de Texto	-	Equipe AlfaCon
Logística	-	Jorge Augusto Silva
Impressão	-	

Autores

Língua Portuguesa **Redação**	-	Pablo Jamilk
Noções de Sustentabilidade	-	Equipe AlfaCon
Noções de Direito Constitucional	-	Daniel Sena
Noções de Direito Administrativo	-	Evandro Guedes Thállius Moraes
Noções de Direito do Trabalho	-	Marcel Rizzo Priscila Cristina Ferreira
Noções de Direito Processual do Trabalho	-	Thállius Moraes

C35trtmt

CASTRO, Wilza (Org.) - **TRT MT - Técnico Judiciário/Área Administrativa.** Cascavel: Editora AlfaCon, 2015.

668 p. 20.5 x 27.5 cm

ISBN: 978-85-8339-226-2

1. Língua Portuguesa. 2. Redação. 3. Noções de Sustentabilidade. 4. Regimento Interno do TRT 23ª Região. 5. Noções de Direito Constitucional. 6. Noções de Direito Administrativo. 7. Noções de Direito do Trabalho. 8. Noções de Direito Processual do Trabalho.

CDU: 342.34.8

Proteção de direitos

Atualizações e erratas: esta obra é vendida como se apresenta. Atualizações – definidas a critério exclusivo da Editora AlfaCon, mediante análise pedagógica – e erratas serão disponibilizadas no site www.alfaconcursos.com.br/codigo, por meio do código disponível no final do material didático. Ressaltamos que há a preocupação de oferecer ao leitor uma obra com a melhor qualidade possível, sem a incidência de erros técnicos e/ou de conteúdo. Caso ocorra alguma incorreção, solicitamos que o leitor, atenciosamente, colabore com sugestões, por meio do setor de atendimento do AlfaCon Concursos Públicos: atendimento@alfaconcursos.com.br.

AlfaCon Concursos Públicos

Rua Paraná, 3193, Cascavel-PR
www.alfaconcursos.com.br/apostilas

Apresentação

O concurso público para o cargo de **Técnico Judiciário/Área Administrativa, do Tribunal Regional do Trabalho 23ª região (MT)** , destina-se ao provimento de vagas para nível médio. Com o intuito de direcionar os concurseiros na preparação para esse processo seletivo, a **Editora AlfaCon** organizou um material didático que contempla os conteúdos previstos no edital publicado em 2015.

Para os conhecimentos previsto para as provas objetivas, temos: Língua Portuguesa; Redação; Noções de Sustentabilidade; Regimento Interno do TRT 23ª Região; Noções de Direito Constitucional; Noções de Direito Administrativo; Noções de Direito do Trabalho; Noções de Direito Processual do Trabalho.

Nesta obra, há indicações de tópicos mais importantes, dicas, questões comentadas e gabaritadas de concursos anteriores a cada capítulo, o que auxiliará o concursando na compreensão e fixação do conteúdo. O objetivo maior é fazer com que se aprenda de forma didática e eficaz, adquirindo um conhecimento amplo sobre o conteúdo programático.

Com esta obra, a **Editora AlfaCon** reitera o compromisso de produzir materiais didáticos de qualidade e voltados ao que está previsto em edital publicado, com o intuito de contribuir para a preparação e futura aprovação do concurseiro.

Bons estudos!

AlfaCon Concursos Públicos

2015

Plano de Estudo

O plano de estudo é uma ferramenta indispensável para maximizar a aprendizagem do concursando. Quem nunca teve aquela sensação de não saber o que vai estudar no dia? Ou, ainda, quem nunca pegou um livro de qualquer matéria e começou a folhear sem critério algum? É nesse momento que o plano de estudo entra.

Temos o hábito de nos dedicar ao que sabemos mais, porque é mais simples relembrar o que já dominamos, e estudar menos o que sabemos menos. Por esse motivo, o plano de estudo é a salvação para o concursando.

Organização dos Conteúdos

Para auxiliá-lo e direcionar os seus estudos, organizamos uma tabela com base nas disciplinas que fazem parte do concurso para **Técnico Judiciário/Área Administrativa do TRT 23ª Região**.

A tabela disponível abaixo é uma sugestão de como você pode organizar seus estudos a partir do que está previsto em edital.

	1º Dia - 2h por matéria		2º Dia - 2h por matéria		3º Dia - 2h por matéria	
Fase 01	Língua Portuguesa	Noções de Sustentabilidade	Noções de Direito Constitucional	Noções Direito Administrativo	Noções Direito do Trabalho	Noções Direito Processual do Trabalho
	4º Dia - 2h por matéria		5º Dia - 2h por matéria		6º Dia - 2h por matéria	
Fase 02	Língua Portuguesa	Regimento Interno	Noções de Direito Constitucional	Noções de Sustentabilidade	Noções Direito do Trabalho	Redação
	7º Dia - 2h por matéria		8º Dia - 2h por matéria		9º Dia - 2h por matéria	
Fase 03	Língua Portuguesa	Regimento Interno	Noções de Direito Constitucional	Língua Portuguesa	Noções Direito Administrativo	Noções Direito Processual do Trabalho
	10º Dia - 2h por matéria		11º Dia - 2h por matéria		12º Dia - 2h por matéria	
Fase 04	Língua Portuguesa	Noções Direito do Trabalho	Noções Direito Administrativo	Noções Direito Processual do Trabalho	Noções Direito do Trabalho	Redação

A tabela funciona da seguinte forma: cada fase corresponde a três dias de estudo. Em cada uma, você tem a possibilidade de estudar todas as disciplinas do concurso para o **Tribunal Regional do Trabalho 23ª Região, cargo Técnico Judiciário/Área Administrativa**. Você deve estudar da primeira até chegar à última. Separamos de forma que você tenha contato com, pelo menos, duas matérias por dia, porque, nessa sugestão de planejamento, há um ciclo equilibrado de estudo. Assim, o que foi estudado está sendo sempre relembrado. Nesse sistema, o que foi aprendido não é esquecido.

Outro fator positivo é que você estuda todas as matérias e coloca uma carga extra em matérias que têm um peso maior. Essa tabela tem como carga total 48 horas, distribuídas em 12 dias. Assim, você estuda e revisa os conteúdos até completar o edital.

Observe, na tabela abaixo, a quantidade de horas de estudo por ciclo.

Matérias Básicas	Quantitativo de Horas Estudadas por Ciclo
Língua Portuguesa	10h
Redação	04h
Noções de Sustentabilidade	04h
Regimento Interno do TRT 23ª Região	04h
Noções de Direito Constitucional	06h
Noções de Direito Administrativo	06h
Noções de Direito do Trabalho	08h
Noções de Direito Processual do Trabalho	06h

Note que cada ciclo completo tem 48 horas de estudo. Veja que programamos uma quantidade de horas específica para cada matéria. No entanto, você pode aumentar a carga das matérias em que têm mais dificuldade e diminuir a carga das matérias que mais domina.

Passo a Passo

1) Imagine que você comece a estudar numa segunda-feira.
2) Respeite a carga horária.
3) Separe o material de estudo.
4) Inicie os estudos.
5) Quando derem as duas horas de estudo de uma disciplina, pare imediatamente.
6) Passe para a próxima.
7) Marque onde parou.
8) Faça isso com todas as matérias até chegar ao fim do ciclo.
9) Depois disso, analise se o plano está tendo resultado.
10) Se achar necessário, faça as alterações na carga horária e comece tudo de novo.

Lembre-se de que o ato de estudar é contínuo. Além disso, não podemos ser peritos em uma matéria e leigos em outras, ou seja, o concursando tem que ir bem em todas as disciplinas.

Não podemos esquecer que os exercícios são importantes. Desse modo, você pode reservar horários específicos somente para a resolução de questões da banca examinadora.

Se o concursando seguir esses passos, pode ter a certeza de que terá uma preparação completa. Agora, uma situação é certa: muita gente não pode seguir esse ritmo, pois as tarefas do dia simplesmente impedem. Assim, a palavra de ordem é adaptar-se à realidade.

Esse método é muito funcional e, ao contrário do que muita gente pensa, ele dá um rumo ao concursando. Precisamos ter em mente que um planejamento deve ser feito de médio a longo prazo e que, sem dúvida, demoramos um pouco a nos habituarmos a um ritmo de estudo. Porém, depois que conseguimos estruturar uma rotina, não paramos mais. Tanto é real que os verdadeiros concursandos e concurseiros passam em vários concursos públicos.

Ser organizado é chegar mais cedo à aprovação!

Prof. Evandro Guedes

SUMÁRIO

AlfaCon Concursos Públicos

LÍNGUA PORTUGUESA

ÍNDICE

CAPÍTULO 01

Níveis de Análise da Língua

Vamos começar o nosso estudo fazendo uma distinção entre quatro níveis de análise da Língua Portuguesa, afinal, você não pode confundir-se na hora de estudar. Fique ligado nessa diferença:

I. **Nível Fonético / Fonológico:** estuda a produção e articulação dos sons da língua.

II. **Nível Morfológico:** estuda a estrutura e a classificação das palavras.

III. **Nível Sintático:** estuda a função das palavras dentro de uma sentença.

IV. **Nível Semântico:** estuda as relações de sentido construídas entre as palavras.

Fique Ligado

Na Semântica, estudaremos, entre outras coisas, a diferença entre linguagem de sentido denotativo (ou literal, do dicionário) e linguagem de sentido conotativo (ou figurado).

Ex: Rosa é uma flor.

01. Morfologia:

> ***Rosa: substantivo;***
> ***Uma: artigo;***
> ***É: verbo ser;***
> ***Flor: substantivo***

02. Sintaxe:

> ***Rosa: sujeito;***
> ***É uma flor: predicado;***
> ***Uma flor: predicativo do sujeito.***

03. Semântica:

> ***Rosa pode ser entendida como uma pessoa ou como uma planta, depende do sentido.***

Vamos, a partir de agora, estudar as classes de palavras. Precisamos de uma base sólida para podermos progredir. Preste muita atenção à morfologia, pois, sem ela, não é possível progredir no estudo do Português!

Morfologia - 10 Classes de Palavras

Antes de mergulhar nas conceituações, vamos fazer uma lista para facilitar o nosso estudo: classe e exemplo.

01. **Artigo:**
> O, a, os, as, um, uma, uns, umas.

02. **Adjetivo:**
> Legal, interessante, capaz, brasileiro, francês.

03. **Advérbio:**
> Muito, pouco, bem, mal, ontem, certamente

04. **Conjunção:**
> Que, caso, embora.

05. **Interjeição:**
> Ai! Ui! Ufa! Eita.

06. **Numeral:**
> Sétimo, vigésimo, terço.

07. **Preposição:**
> A, ante, até, após, com, contra, de, desde, em, entre.

08. **Pronome:**
> Cujo, o qual, quem, eu, lhe.

09. **Substantivo:**
> Mesa, bicho, concursando, Pablo, José.

10. **Verbo:**
> Estudar, passar, ganhar, gastar.

Artigo

O artigo é a palavra variável que tem por função individualizar algo, ou seja, possui como função primordial indicar um elemento, por meio de definição ou indefinição[1] da palavra que, pela anteposição do artigo, passa a ser substantivada. Os artigos se subdividem em:

a) **Artigos definidos: o, a, os, as** - porque definem o substantivo a que se referem.

Veja os exemplos:

> Hoje à tarde, falaremos sobre **a** aula da semana passada.
> Na última aula, falamos **do** conteúdo programático.

b) **Artigos indefinidos: Um, uma, uns, umas -** porque indefinem o substantivo a que se referem.

Veja os exemplos:

> Assim que eu passar no concurso, eu irei comprar **um** carro.
> Pela manhã, papai, apareceu **um** homem da loja aqui.

É importante ressaltar que os artigos podem ser contraídos com algumas preposições essenciais, como demonstraremos na tabela a seguir:

Preposições	Artigo							
	Definido				Indefinido			
	o	a	os	as	um	uma	uns	umas
A	ao	à	aos	às	-	-	-	-
De	do	da	dos	das	dum	duma	duns	dumas
Em	no	na	nos	nas	num	numa	nuns	numas
Per	pelo	pela	pelos	pelas	-	-	-	-
Por	polo	pola	polos	polas	-	-	-	-

Fique Ligado

O artigo é utilizado para substantivar um termo. Ou seja, quer transformar algo em um substantivo? Coloque um artigo em sua frente.

> ***Ex.: <u>Cantar</u> alivia a alma. (Verbo)***
> ***Ex.: <u>O cantar</u> alivia a alma. (Substantivo)***

1 A noção aqui expressa por definição ou indefinição foi brilhantemente esclarecida por Napoleão Mendes de Almeida. O professor afirma que o artigo é um termo anteposto a um substantivo que possui com função dar precisão (no caso dos definidos) ou imprecisão (no caso dos indefinidos) ao termo com que estabelece relação.

Exercício Comentado

01. (CESGRANRIO) Entre os apresentados a seguir, qual o único exemplo em que o "a" NÃO pode ser classificado como artigo?

a) "... mostram como ponto em comum a capacidade de ..."

b) "de suportar a frustração."

c) "(sujeitos a condições subumanas, ...)"

d) "Venceram a voz que falava:"

e) "... sobre a atitude negativa."

RESPOSTA. ***C. Uma questão de simples resolução. Basta observar que a palavra "a" na alternativa "C" não fez flexão, ou seja, ficou no singular. Como o artigo costuma flexionar de acordo com o substantivo (e não fez), o elemento em destaque é uma preposição. Também era possível identificar se buscássemos a regência da palavra "sujeitos". Quem está sujeito, está sujeito a alguma coisa. Assim, entende-se que a palavra em destaque é uma preposição.***

Emprego do artigo com a palavra "todo":

Quando inserimos artigos ao lado do termo "todo", em geral, o sentido da expressão passa a designar totalidade. Como no exemplo abaixo:

> Pobreza é um problema que acomete **todo** país. (todos os países)

> Pobreza é um problema que acomete **todo o** país. (o país em sua totalidade)

Adjetivo

É a palavra variável que expressa uma qualidade, característica ou origem de algum substantivo ao qual se relaciona.

» **Ex.**: Meu terno é **azul**, **elegante** e **italiano**.

Analisando, entendemos assim:

> **Azul:** característica.

> **Elegante:** qualidade.

> **Italiano:** origem.

Vamos falar um pouquinho sobre a estrutura e a classificação dos adjetivos. Com relação à sua formação, eles podem ser:

→ **Explicativos:** quando a característica é comum ao substantivo referido.

» **Ex.**: Fogo **quente**, Homem **mortal.** (Todo fogo é quente, todo homem é mortal.)

→ **Restritivos:** quando a característica não é comum ao substantivo, ou seja, nem todo substantivo é assim caracterizado.

» **Ex.**: Terno **azul**, Casa **grande**. (Nem todo terno é azul, nem toda casa é grande.)

→ **Simples:** quando possui apenas uma raiz.

» **Ex.**: amarelo, brasileiro, competente, sagaz, loquaz, inteligente, grande, forte etc.

→ **Composto:** quando possui mais de uma raiz.

» **Ex.**: amarelo-canário, luso-brasileiro, verde-escuro, vermelho-sangue etc.

→ **Primitivo:** quando pode dar origem a outra palavra, não tendo sofrido derivação alguma.

» **Ex.**: bom, legal, grande, rápido, belo etc.

→ **Derivado:** quando resultado de um processo de derivação, ou seja, oriundo de outra palavra.

» **Ex.**: bondoso (de bom), grandioso (de grande), maléfico (de mal), esplendoroso (de esplendor) etc.

Os adjetivos que designam origem de algum termo são denominados adjetivos pátrios ou gentílicos.

Uma lista de adjetivos pátrios de estado:

Adjetivos Pátrios	
Acre	Acriano
Alagoas	Alagoano
Amapá	Amapaense
Aracaju	Aracajuano ou aracajuense
Amazonas	Amazonense ou baré
Belém(PA)	Belenense
Belo Horizonte	Belo-horizontino
Boa Vista	Boa-vistense
Brasília	Brasiliense
Cabo Frio	Cabo-friense
Campinas	Campineiro ou campinense
Curitiba	Curitibano
Espírito Santo	Espírito-santense ou capixaba
Fernando de Noronha	Noronhense
Florianópolis	Florianopolitano
Fortaleza	Fortalezense
Goiânia	Goianiense
João Pessoa	Pessoense
Macapá	Macapaense
Maceió	Maceioense
Manaus	Manauense
Maranhão	Maranhense
Marajó	Marajoara
Natal	Natalense ou papa-jerimum
Porto Alegre	Porto alegrense
Ribeirão Preto	Ribeiropretense
Rio de Janeiro(Estado)	Fluminense
Rio de Janeiro(Cidade)	Carioca
Rio Branco	Rio-branquense
Rio grande do Norte	Rio-grandense-do-norte, norte-riograndense ou potiguar
Rio grande do Sul	Rio-grandense-do-sul, sul-rio-grandense ou gaúcho
Rondônia	Rondoniano
Roraima	Roraimense
Salvador	Salvadorense ou soteropolitano
Santa Catarina	Catarinense. ou barriga-verde
Santarém	Santarense
São Paulo (Estado)	Paulista
São Paulo (Cidade)	Paulistano
Sergipe	Sergipano
Teresina	Teresinense
Tocantins	Tocantinense

Países	
Croácia	Croata
Costa rica	Costarriquense
Curdistão	Curdo
Estados Unidos	Estadunidense, norte-americano ou ianque
El Salvador	Salvadorenho
Guatemala	Guatemalteco
Índia	Indiano ou hindu (os que professam o hinduísmo)
Israel	Israelense ou israelita
Irã	Iraniano
Moçambique	Moçambicano
Mongólia	Mongol ou mongólico
Panamá	Panamenho
Porto Rico	Porto-riquenho
Somália	Somali

Adjetivos Pátrios Compostos

Na formação de adjetivos pátrios compostos, o primeiro elemento aparece na forma reduzida e, normalmente, erudita.

Observe alguns exemplos:

Adjetivos Pátrios Compostos	
África	Afro-/Cultura afro-americana
Alemanha	Germano- ou teuto-/Competições teutoinglesas
América	Américo-/Companhia américo-africana
Ásia	Ásio-/Encontros ásio-europeus
Áustria	Austro-/Peças austro-búlgaras
Bélgica	Belgo-/Acampamentos belgo-franceses
China	Sino-/Acordos sino-japoneses
Espanha	Hispano-/Mercado hispano-português
Europa	Euro-/Negociações euro-americanas
França	Franco- ou galo-/Reuniões franco-italianas
Grécia	Greco-/Filmes greco-romanos
Índia	Indo-/Guerras indo-paquistanesas
Inglaterra	Anglo-/Letras anglo-portuguesas
Itália	Ítalo-/Sociedade ítalo-portuguesa
Japão	Nipo-/Associações nipo-brasileiras
Portugal	Luso-/Acordos luso-brasileiros

Locução Adjetiva

Expressão que tem valor adjetival, mas que é formada por mais de uma palavra. Geralmente, concorrem para sua formação uma preposição e um substantivo. Veja alguns exemplos.

Locução Adjetiva	Adjetivo
De águia	Aquilino
De aluno	Discente
De anjo	Angelical
De ano	Anual
De aranha	Aracnídeo
De asno	Asinino
De baço	Esplênico
De bispo	Episcopal
De bode	Hircino
De boi	Bovino
De bronze	Brônzeo ou êneo
De cabelo	Capilar
De cabra	Caprino
De campo	Campestre ou rural
De cão	Canino
De carneiro	Arietino
De cavalo	Cavalar, equino, equídeo ou hípico
De chumbo	Plúmbeo
De chuva	Pluvial
De cinza	Cinéreo
De coelho	Cunicular
De cobre	Cúprico
De couro	Coriáceo
De criança	Pueril
De dedo	Digital
De diamante	Diamantino ou adamantino
De elefante	Elefantino
De enxofre	Sulfúrico
De estômago	Estomacal ou gástrico
De falcão	Falconídeos
De fera	Ferino
De ferro	Férreo
De fígado	Figadal ou hepático
De fogo	Ígneo
De gafanhoto	Acrídeo
De garganta	Gutural
De gelo	Glacial
De gesso	Gípseo
De guerra	Bélico
De homem	Viril ou humano
De ilha	Insular
De intestino	Celíaco ou entérico
De inverno	Hibernal ou invernal
De lago	Lacustre
De laringe	Laríngeo
De leão	Leonino
De lebre	Leporino
De lobo	Lupino
De lua	Lunar ou selênico
De macaco	Simiesco, símio ou macacal
De madeira	Lígneo
De marfim	Ebúrneo ou ebóreo
De Mestre	Magistral
De monge	Monacal
De neve	Níveo ou nival
De nuca	Occipital
De orelha	Auricular
De ouro	Áureo
De ovelha	Ovino
De paixão	Passional
De pâncreas	Pancreático
De pato	Anserino

De peixe	Písceo ou ictíaco
De pombo	Columbino
De porco	Suíno ou porcino
De prata	Argênteo ou argírico
De quadris	Ciático
De raposa	Vulpino
De rio	Fluvial
De serpente	Viperino
De sonho	Onírico
De terra	Telúrico, terrestre ou terreno
De trigo	Tritício
De urso	Ursino
De vaca	Vacum
De velho	Senil
De vento	Eólico
De verão	Estival
De vidro	Vítreo ou hialino
De virilha	Inguinal
De visão	Óptico ou ótico

Flexão do Adjetivo

O adjetivo pode ser flexionado em gênero, número e grau. Vejamos melhor como isso se dá.

1) Flexão de gênero (Masculino / Feminino)

Com relação ao gênero, os adjetivos podem ser classificados de duas formas:

Biformes: quando possuem uma forma para cada gênero.

» **Ex.**: Homem **belo** / mulher **bela**

» **Ex.**:Contexto **complicado** / questão **complicada**.

Uniformes: quando possuem apenas uma forma, como se fossem elementos neutros.

» **Ex.**: Homem **fiel** / mulher **fiel**.

» **Ex.**:Contexto **interessante** / questão **Interessante.**

2) Flexão de número (Singular / Plural)

Os adjetivos simples seguem a mesma regra de flexão que os substantivos simples, portanto essas regras serão descriminadas no quadro de número dos substantivos. Momentaneamente, abordemos a flexão dos adjetivos compostos. Serão, por regra, flexionados os adjetivos compostos que, em sua formação, possuírem dois adjetivos. A flexão ocorrerá apenas no segundo elemento da composição.

» **Ex.**: Guerra greco-**romana** - Guerras greco-**romanas.**

» **Ex.**: Conflito socioeconô**mico** - Análises **socioeconômicas.**

Por outro lado, se houver um substantivo como elemento da composição, o adjetivo fica invariável.

» **Ex.**: Blusa **amarelo-canário** - *Blusas* **amarelo-canário.**

» **Ex.**: Mesa **verde-musgo** - Mesas **verde-musgo.**

Fique Ligado

O caso em questão também pode ocorrer quando um substantivo passa a ser, por derivação imprópria, um adjetivo, ou seja, também serão invariáveis os "substantivos adjetivados".

» ***Ex.: Terno cinza -Ternos cinza***

» ***Ex.: Vestido rosa -Vestidos rosa***

E também : O plural de surdo-mudo é surdos-mudos, de pele-vermelha é peles-vermelhas. Azul-marinho e azul-celeste são invariáveis.

3) Flexão de grau (Comparativo e Superlativo)

Há duas maneiras de se estabelecer o grau do adjetivo: por meio do grau **Comparativo** e por meio do grau **Superlativo**.

Vejamos como isso ocorre.

Grau comparativo: Estabelece um tipo de comparação de características, sendo estabelecido de três maneiras:

> Inferioridade: O açúcar é **menos** doce (do) **que** os teus olhos.

> Igualdade: O meu primo é **tão** estudioso **quanto** o meu irmão.

> Superioridade: Gramática é **mais** legal (do) **que** Matemática.

Grau superlativo: Reforça determinada qualidade em relação a um referente. Pode-se estabelecer o grau superlativo de duas maneiras:

> **Relativo**: em relação a um grupo.

» De superioridade: José é o **mais** inteligente dos alunos.

» De inferioridade: O presidente foi o **menos** prestigiado da festa.

> **Absoluto**: sem relações, apenas reforçando as características

a) Analítico (com auxílio de algum termo)

» **Ex.**: Pedro é muito magro.

» **Ex.**: Pedro é magro, magro, magro.

b) Sintético (com o acréscimo de – íssimo ou –érrimo)

» **Ex.**: Pedro é macérrimo.

» **Ex.**: Somos todos estudiosíssimos.

Veja, agora, uma tabela de superlativos sintéticos.

Superlativos	
Grau normal	**Superlativos**
Ágil	Agilíssimo
Agradável	Agradabilíssimo
Agudo	Acutíssimo ou agudíssimo
Alto	Altíssimo, sumo ou supremo
Amargo	Amaríssimo ou marguíssimo
Amável	Amabilíssimo
Amigo	Amicíssimo
Antigo	Antiquíssimo
Atroz	Atrocíssimo
Baixo	Baixíssimo ou ínfimo
Bom	Ótimo ou boníssimo
Capaz	Capacíssimo
Célebre	Celebérrimo
Cheio	Cheíssimo
Comum	Comuníssimo
Cristão	Cristianíssimo
Cruel	Crudelíssimo
Doce	Dolcíssimo ou docíssimo
Difícil	Dificílimo
Eficaz	Eficacíssimo
Fácil	Facílimo
Feliz	Felicíssimo
Feroz	Ferocíssimo
Fiel	Fidelíssimo
Frágil	Fragílimo

Frio	Frigidíssimo ou friíssimo
Geral	Generalíssimo
Grande	Grandíssimo ou máximo
Horrível	Horribilíssimo
Honorifíco	Honorificentíssimo
Humilde	Humílimo ou humildíssimo
Inimigo	Inimicíssimo
Inconstitucional	Inconstitucionalíssimo
Jovem	Juveníssimo
Livre	Libérrimo e livríssimo
Louvável	Laudabilíssimo
Magnífico	Magnificentíssimo
Magro	Macérrimo ou magríssimo
Mau	Péssimo ou malíssimo
Miserável	Miserabilíssimo
Mísero	Misérrimo
Miúdo	Minutíssimo
Notável	Notabilíssimo
Pequeno	Mínimo ou pequeníssimo
Pessoal	Personalíssimo
Pobre	Paupérrimo ou pobríssimo
Precário	Precaríssimo ou precariíssimo
Próspero	Prospérrimo
Provável	Probabilíssimo
Sábio	Sapientíssimo
Sério	Seríssimo
Simpático	Simpaticíssimo
Simples	Simplíssimo ou simplicíssimo
Singular	Singularíssimo
Tenaz	Tenacíssimo
Terrível	Terribilíssimo
Vão	Vaníssimo
Voraz	Voracíssimo
Vulgar	Vulgaríssimo
Vulnerável	Vulnerabilíssimo

Fique Ligado

Atente à mudança de sentido provocada pela alteração de posição do adjetivo.

» ***Ex.: Homem grande (alto, corpulento)***

» ***Ex.: Grande homem (célebre)***

Mas isso nem sempre ocorre. Se você analisar a construção "giz azul" e "azul giz", perceberá que não há diferença semântica.

Exercício Comentado

01. (CESGRANRIO) As palavras em destaque em "... que, apesar do olhar profissional crítico, analítico," são classificadas, respectivamente, como:

a) Substantivo e adjetivo.

b) Substantivo e substantivo.

c) Adjetivo e substantivo.

d) Verbo e adjetivo.

e) Verbo e substantivo.

RESPOSTA. ***A. A palavra "olhar" foi transformada em um substantivo, porque o artigo "o" lhe foi anteposto. A palavra "crítico" qualifica o substantivo anteriormente destacado.***

Advérbio

É a palavra invariável que se relaciona ao verbo, ao adjetivo ou a outro advérbio para atribuir-lhes uma circunstância.

» **Ex.**: Os alunos saíram **apressadamente.**

» **Ex.**: O caso era **muito** interessante.

» **Ex.**: Resolvemos **muito bem** o problema.

É importante decorar essa lista de advérbios para que você consiga reconhecê-los na sentença.

→ Classificação do Advérbio:

> **Afirmação:** Sim, certamente, efetivamente etc.

> **Negação:** Não, nunca, jamais.

> **Intensidade:** Muito, pouco, assaz, bastante, mais, menos, tão, tanto, quão etc.

> **Lugar:** Aqui, ali, aí, aquém, acima, abaixo, atrás, dentro, junto, defronte, perto, longe, algures, alhures, nenhures etc.

> **Tempo:** Agora, já, depois, anteontem, ontem, hoje, jamais, sempre, outrora, breve etc.

> **Modo:** Assim, adrede, bem, mal, depressa, devagar, melhor, pior e a maior parte das palavras formadas de um adjetivo, mais a terminação "mente" (leve + mente = levemente; calma + mente = calmamente).

> **Inclusão:** Também, inclusive.

> **Designação:** Eis.

> **Interrogação:** Onde, como, quando, por que.

Fique Ligado

Também existem as chamadas locuções adverbiais que vêm quase sempre introduzidas por uma preposição: à farta (= fartamente), às pressas (= apressadamente), à toa, às cegas, às escuras, às tontas, às vezes, de quando em quando, de vez em quando etc.

Existem casos em que utilizamos um adjetivo como forma de advérbio. É o que chamamos de adjetivo adverbializado.

» ***Ex.: Aquele orador fala belamente. (advérbio de modo.)***

» ***Ex.:Aquele orador fala bonito. (adjetivo adverbializado que tenta designar modo.)***

Conjunção

É a palavra invariável que conecta elementos em algum encadeamento frasal. A relação em questão pode ser de natureza lógico-semântica (relação de sentido) ou apenas indicar uma conexão exigida pela sintaxe da frase.

Coordenativas

São as conjunções que conectam elementos que não possuem dependência sintática, ou seja, as sentenças que são conectadas por meio desses elementos já estão com suas estruturas sintáticas (sujeito / predicado / complemento) completas. Eis a lista das coordenativas:

→ **Aditivas**

> E, nem (= e não), também, que, não só... mas também, não só... como, tanto ... como, assim... como etc.

» **Ex.**: José não foi à aula **nem** fez os exercícios.

» **Ex.**: Devemos estudar **e** apreender os conteúdos.

→ **Adversativas**

> Mas, porém, contudo, todavia, no entanto, entretanto, senão, não obstante, aliás, ainda assim.

» **Ex.**: Os países assinaram o acordo, **mas** não o cumpriram.

» **Ex.**: A menina cantou bem, **contudo** não agradou ao público.

→ **Alternativas**

> Ou... ou, já ... já, seja... seja, quer... quer, ora... ora, agora... agora.

» **Ex.**: **Ora** diz sim, ora diz não.

» **Ex.**: **Ou** está feliz, **ou** está no ludibriando.

→ **Conclusivas**

> Logo, pois (depois do verbo), então, portanto, assim, enfim, por fim, por conseguinte, conseguintemente, consequentemente, donde, por onde, por isso.

» **Ex.**: O concursando estudou muito, **logo**, deverá conseguir seu cargo.

» **Ex.**: É professor, **por conseguinte** deve saber explicar o conteúdo.

→ **Explicativas**

> Isto é, por exemplo, a saber, ou seja, *verbi gratia*, pois (antes do verbo), pois bem, ora, na verdade, depois, além disso, com efeito, que, porque, ademais, outrossim, porquanto etc.

» **Ex.**: Deve ter chovido, **pois** o chão está molhado.

» **Ex.**: O homem é um animal racional, **porque** é capaz de raciocinar.

» **Ex.**: Não converse agora, **que** eu estou explicando.

Subordinativas

São as conjunções que denotam uma relação de subordinação entre orações, ou seja, a conjunção subordinativa evidencia que uma oração possui dependência sintática em relação a outra. O que se pretende dizer com isso é que uma das orações envolvidas nesse conjunto desempenha uma função sintática para com sua oração principal.

Assim dividiremos as conjunções subordinativas:

- **Integrantes**

> Conjunções : Que, se

» **Ex.**: Sei que o dia do pagamento é hoje.

» **Ex.**: *Vejamos se você consegue estudar sem interrupções.*

- **Adverbiais**

→ **Causais:** indicam a causa de algo.

> Conjunções: Já que, porque, que, pois que, uma vez que, sendo que, como, visto que, visto como, como etc.

» **Ex.**: Não teve medo do perigo, já que estava protegido.

» **Ex.**: Passou no concurso, porque estudou muito.

→ **Comparativas**: estabelecem relação de comparação:

> Conjunções: Como, tal como, mais...(do)que, menos...(do)que, tão como, assim como, tanto quanto etc.

» **Ex.**: Tal como procederes, receberás o castigo.

» **Ex.**: Alberto é aplicado como quem quer passar.

→ **Concessivas (concessão):** estabelecem relação de quebra de expectativa com respeito à sentença à qual se relacionam.

> Conjunções: Embora, ainda que, dado que, posto que, conquanto, em que, quando mesmo, mesmo que, por menos que, por pouco que, apesar de (que).

» **Ex.**: Embora tivesse estudado pouco, conseguiu passar.

» **Ex.**: Conquanto estudasse, não conseguiu aprender.

→ **Condicionais:** estabelecem relação de condição.

> Conjunções: Se, salvo se, caso, exceto se, contanto que, com tal que, caso, a não ser que, a menos que, sem que etc.

» **Ex.**: Se tudo der certo, estaremos em Portugal amanhã.

» **Ex.**: Caso você tenha dúvidas, pergunte a seu professor.

→ **Consecutivas:** estabelecem relação de consequência.

> Conjunções: Tanto que, de modo que, de sorte que, tão...que, sem que etc.

» **Ex.**: O aluno estudou tanto que morreu.

» **Ex.**: Timeto Amon era tão feio que não se olhava no espelho.

→ **Conformativas:** estabelecem relação de conformidade.

> Conjunções: Conforme, consoante, segundo, da mesma maneira que, assim como, como que etc.

» **Ex.**: Faça a prova conforme teu pai disse.

» **Ex.**: Todos agem consoante se vê na televisão.

→ **Finais:** estabelecem relação de finalidade.

> Conjunções: Para que, a fim de que, que, porque.

» **Ex.**: Estudou muito para que pudesse ter uma vida confortável.

» **Ex.**: Trabalhei a fim de que o resultado seja satisfatório.

→ **Proporcionais:** estabelecem relação de proporção.

> Conjunções: À proporção que, à media que, quanto mais... tanto mais, quanto menos... tanto menos, ao passo que etc.

» **Ex.**: À medida que o momento de realizar a prova chegava, a ansiedade de todos aumentava.

» **Ex.**: Quanto mais você estudar, tanto mais terá a chance de ser bem sucedido.

→ **Temporais:** estabelecem relação de tempo.

> Conjunções: Quando, enquanto, apenas, mal, desde que, logo que, até que, antes que, depois que, assim que, sempre que, senão quando, ao tempo que, apenas que, antes que, depois que, sempre que etc.

» **Ex.**: Quando todos disserem para você parar, continue.

» **Ex.**: Depois que terminar toda a lição, poderá descansar um pouco.

» **Ex.**: Mal chegou, já quis sair.

Exercícios Comentados

01. (VUNESP) Em – No Brasil, talvez mais que em outros países,... – o advérbio em destaque expressa sentido de

a) Causa.

b) Afirmação.

c) Negação.

d) Modo.

e) Dúvida.

RESPOSTA. ***E. A palavra talvez é classificada morfologicamente como um advérbio de dúvida. Isso significa que ela atribui uma ideia de dúvida ao segmento do texto.***

02. (CESGRANRIO) "Porém aquele que fala, mal ou bem, sempre fala de si mesmo." Por qual conector a conjunção destacada acima pode ser substituída sem que haja alteração de sentido?

a) Logo.

b) Pois.

c) Entretanto.

d) Porquanto.

e) Quando.

RESPOSTA. ***C. Uma vez que a palavra em destaque (porém) é uma conjunção coordenativa adversativa, ela pode ser substituída pela palavra entretanto que se classifica da mesma maneira.***

Interjeição

É o termo que exprime, de modo enérgico, um estado súbito de alma. Sem muita importância para a análise a que nos propomos, vale apenas lembrar que elas possuem uma classificação semântica[2]:

> **Dor:** ai! ui!

> **Alegria:** ah! eh! oh!

> **Desejo:** oxalá[3]! tomara!

> **Admiração:** puxa! cáspite! safa! quê!

> **Animação:** eia! sus! coragem!

> **Aplauso:** bravo! apoiado!

> **Aversão:** ih! chi! irra! apre!

> **Apelo:** ó, olá! psit! pitsiu! alô! socorro!

> **Silêncio:** psit! psiu! caluda!

> **Interrogação, espanto:** hem!

→ Há, também, locuções interjeitivas: **Minha nossa! Meu Deus!**

A despeito da classificação acima, o que determina o sentido da interjeição é o seu uso.

Numeral

É a palavra que indica uma quantidade, multiplicação, fração ou um lugar numa série. Os numerais podem ser divididos em:

> **Cardinais** - quando indicam um número básico: um, dois, três, cem mil...

> **Ordinais** - quando indicam um lugar numa série: primeiro, segundo, terceiro, centésimo, milésimo...

> **Multiplicativos** - quando indicam uma quantidade multiplicativa: dobro, triplo, quádruplo...

> **Fracionários** - quando indicam parte de um inteiro: meio, metade, dois terços...

Algarismo		Cardiais	Ordinais
Romanos	Arábicos		
I	1	um	primeiro
II	2	dois	segundo
III	3	três	terceiro
IV	4	quatro	quarto
V	5	cinco	quinto
VI	6	seis	sexto
VII	7	sete	sétimo
VIII	8	oito	oitavo
IX	9	nove	nono
X	10	dez	décimo
XI	11	onze	undécimo ou décimo primeiro
XII	12	doze	duodécimo ou décimo segundo
XIII	13	treze	décimo terceiro
XIV	14	quatorze ou catorze	décimo quarto
XV	15	quinze	décimo quinto
XVI	16	dezesseis	décimo sexto
XVII	17	dezessete	décimo sétimo
XVIII	18	dezoito	décimo oitavo
XIX	19	dezenove	décimo nono
XX	20	vinte	vigésimo
XXI	21	vinte e um	vigésimo primeiro
XXX	30	trinta	trigésimo
XL	40	quarenta	quadragésimo
L	50	cinquenta	quinquagésimo
LX	60	sessenta	sexagésimo
LXX	70	setenta	septuagésimo ou setuagésimo
LXXX	80	oitenta	octogésimo
XC	90	noventa	nonagésimo
C	100	cem	centésimo
CC	200	duzentos	ducentésimo
CCC	300	trezentos	trecentésimo
CD	400	quatrocentos	quadringentésimo
D	500	quinhentos	quingentésimo
DC	600	seiscentos	seiscentésimo ou sexcentésimo
DCC	700	setecentos	septingentésimo
DCCC	800	oitocentos	octingentésimo
CM	900	novecentos	nongentésimo ou noningentésimo
M	1.000	mil	milésimo
X'	10.000	dez mil	dez milésimos
C'	100.000	cem mil	cem milésimos
M'	1.000.000	um milhão	milionésimo
M''	1.000.000.000	um bilhão	bilionésimo

2 Segundo Napoleão Mendes de Almeida.

3 Curiosamente, esses elementos podem ser concebidos, em algumas situações, como advérbios de dúvida.

Lista de numerais multiplicativos e fracionários:

Algarismos	Multiplicativos	Fracionários
2	duplo, dobro, dúplice	meio ou metade
3	triplo, tríplice	terço
4	quádruplo	quarto
5	quíntuplo	quinto
6	sêxtuplo	sexto
7	sétuplo	sétimo
8	óctuplo	oitavo
9	nônuplo	nono
10	décuplo	décimo
11	undécuplo	onze avos
12	duodécuplo	doze avos
100	cêntuplo	centésimo

Para realizar a leitura dos cardinais:

É necessário colocar a conjunção "e" entre as centenas e dezenas, assim como entre as dezenas e a unidade. Ex.: 3.068.724 = três milhões sessenta e oito mil setecentos e vinte e quatro. Quando à leitura do numeral ordinal, há duas possibilidades: Quando é inferior a 2.000, lê-se inteiramente segundo a forma ordinal. 1766º = milésimo septingentésimo sexagésimo sexto. Acima de 2.000, lê-se o primeiro algarismo como cardinal e os demais como ordinais. Hodiernamente, entretanto, tem-se observado a tendência a ler os números redondos segundo a forma ordinal.

» **Ex.**: 2.536º = dois milésimos quingentésimo trigésimo sexto.

» **Ex.**: 8 000º = oitavo milésimo.

Para realizar a leitura do fracionário:

O numerador de um numeral fracionário é sempre lido como cardinal. Quanto ao denominador, há dois casos:

→ Primeiro: se for inferior ou igual a 10, ou ainda for um número redondo, será lido como ordinal 2/6 = dois sextos; 9/10 = nove décimos; centésimos (se houver).

» **Ex.**: São exceções: 1/2 = meio; 1/3 = um terço.

→ Segundo: se for superior a 10 e não constituir número redondo, é lido como cardinal, seguido da palavra "avos".

» **Ex.**: 1/12 = um doze avos; 4/25 = quatro vinte e cinco avos.

Ao se fazer indicação de reis, papas, séculos, partes de uma obra, usam-se os numerais ordinais até décimo. A partir daí, devem-se empregar os cardinais. Século V (século quinto), século XX (vinte), João Paulo II (segundo), Bento XVI (dezesseis).

Preposição

É a palavra invariável que serve de ligação entre dois termos de uma oração ou, às vezes, entre duas orações. Costuma-se denominar "regente" o termo que exige a preposição e "regido" aquele que recebe a preposição:

» **Ex.**: Ele comprou um livro de poesia.

» **Ex.**: Ele tinha medo de ficar solitário.

Como se vê, a preposição "de", no primeiro caso, liga termos de uma mesma oração; no segundo, liga orações.

Preposições essenciais

São aquelas que têm como função primordial a conexão das palavras. Eis a lista de preposições essenciais.

→ a, ante, até, após, com contra, de, desde, em,entre, para, per, perante, por, sem, sob, sobre, trás.

Veja o emprego de algumas preposições:

» Os manifestantes lutaram contra a polícia.

» O aluno chegou ao salão rapidamente.

» Aguardo sua decisão desde ontem.

» Entre mim e ti, não há qualquer problema.

Preposições acidentais

São palavras que pertencem a outras classes, empregadas, porém, eventualmente como preposições.

→ conforme, consoante, durante, exceto, fora, agora, mediante, menos, salvante, salvo, segundo, tirante.

O emprego das preposições acidentais é mais comum do que parece:

» Todos saíram da sala, **exceto** eu.

» **Tirante** as mulheres, o grupo que estava na sala parou de falar.

» Escreveu o livro **conforme** o original.

Locuções Prepositivas

Além das preposições simples, existem também as chamadas locuções prepositivas, que terminam sempre por uma preposição simples: abaixo de, acerca de, acima de, a despeito de, adiante de, a fim de, além de, antes de, ao lado de, a par de, apesar de, a respeito de, atrás de, através de, de acordo com, debaixo de, de cima de, defronte de, dentro de, depois de, diante de, embaixo de, em cima de, em frente de(a), em lugar de, em redor de, em torno de, em vez de, graças a, junto a (de), para baixo de, para cima de, para com, perto de, por baixo de, por causa de, por cima de, por detrás de, por diante de, por entre, por trás de.

Vamos Praticar

"A questão maior é saber como colocar em prática essas belezas, num momento em que as lutas sociais sofrem o assédio cada vez mais **agressivo** da globalização e as próprias barreiras ideológicas caem por terra."

(Newton Carlos. Má hora das esquerdas. In: Correio Braziliense, 20/11/2007 (com adaptações).

01. (CESPE) A partir do texto acima, julgue os itens subsequentes. O adjetivo "agressivo" está empregado com valor de advérbio e corresponde, dessa forma, a ***agressivamente***.

Certo ( ) Errado ( )

02. (NCE) A alternativa em que ***NÃO*** ocorre qualquer forma de superlativo de um adjetivo é:

a) "...é o mais esperto do mundo";
b) "...que mesmo espécies mais longe na escala...";
c) "...teria evoluído a partir de organismos mais simples...";
d) "...para chegar a conclusões bem simples...";
e) "...os animais são, sim, algo inteligentes".

Leia o texto:

O **célebre** homem brasileiro cordial é cordial não porque seja polido, o que ele nunca foi, mas porque nada nunca passa pelo cérebro antes de chegar à vida — é só um coração batendo forte no meio da rua, que é o seu lugar.

(Cristovão Tezza. Um erro emocional. Rio de Janeiro: Record, 2010, p. 91 - com adaptações).

03. (CESPE) Em relação às ideias e a aspectos gramaticais do texto acima, julgue os itens a seguir. Se, em vez do adjetivo "célebre", o autor tivesse optado pela sua forma superlativa, teria de acrescentar-lhe o sufixo ***-érrimo***, da seguinte forma: celebérrimo.

Certo ( ) Errado ( )

04. (NCE) "...comuns a quase todos os animais..."; O trecho abaixo em que o emprego do artigo é ***EQUIVOCADO*** é:

a) Ambos os animais são dotados de alguma inteligência;
b) Todos os quatro animais de estimação sobreviveram;
c) Os biólogos trabalharam todo o dia;
d) Entre os animais há diversos graus de inteligência;
e) Toda a manhã eles chegavam sempre na hora.

05. (TJ). Assinale a alternativa em que o grupo de vocábulos, a seguir, admite, exclusivamente, o artigo masculino.

a) Conceito, poema, sentinela;
b) Atleta, eclipse, herpes;
c) Quadrilha, assalto, hangar;
d) Fonema, afã, champanha;
e) Epígrafe, introito, omoplata.

06. (TJ) Assinale a alternativa em que a classificação morfológica da palavra está ***INCORRETA***.

a) Ele jamais faria tal afirmação tão leviana e vil. Leviana é adjetivo.
b) Nunca se soube verdadeiramente quem era culpado naquela história. Quem é pronome adjetivo interrogativo.
c) Não sei se vocês estão conscientes da situação periclitante em que nos encontramos. Se é conjunção.
d) A essa hora, o delegado já terá feito a ocorrência. Ocorrência é substantivo.
e) Era mister considerar todas as particularidades daquele contrato. Mister é adjetivo.

07. (TJ) Assinale a alternativa em que o termo em negrito NÃO apresenta o valor circunstancial indicado entre parênteses.

a) O hábito, naquele país, era comer **com as mãos**. (instrumento)
b) **Naquele verão**, quantos teriam viajado? (tempo)
c) **Para vencer**, precisávamos de um esforço hercúleo. (fim)
d) Procurava, **desordenadamente**, as fichas no arquivo morto. (modo)
e) Só se retirarão do recinto **com a minha licença**. (companhia)

08. (TJ) Assinale a alternativa em que a palavra composta inclui um elemento que originalmente é um advérbio.

a) Maus-tratos
b) Pré-frontal
c) Bem-humorado
d) Peça-chave
e) Maria-vai-com-as-outras

09. (FGV) Em ***Justiça justa***, ocorre um substantivo ao lado de um adjetivo dele cognato. Assinale a alternativa em que substantivo e adjetivo, respectivamente, **NÃO** sejam cognatos.

a) Lentidão – lento
b) Inércia – inercial
c) Arma – inerme
d) Perfil – perfilhado
e) Obcecação – obcecado

"**Se** fosse ensinar a uma criança a beleza da música, **não** começaria **com** partituras, notas e pautas. Ouviríamos juntos **as** melodias mais gostosas e **lhe** contaria sobre os instrumentos que fazem a música. Aí,encantada com a beleza da música,ela mesma me pediria que lhe ensinasse o mistério daquelas bolinhas pretas escritas sobre cinco linhas. Porque as bolinhas pretas e as cinco linhas são apenas ferramentas para a produção da beleza musical. A experiência da beleza tem de vir antes."

(http://pensador.uol.com.br/alegria de ensinar de rubens alves/)

10. (TJ) Assinale a alternativa que apresenta, ***correta*** e ***respectivamente***, as classes gramaticais a que pertencem as palavras em ***negrito*** no trecho a cima.

a) Conjunção – pronome – artigo – conjunção – pronome;
b) Conjunção – advérbio – preposição – artigo – pronome;
c) Pronome – advérbio– artigo – pronome – conjunção;
d) Pronome – conjunção – preposição – conjunção – pronome;
e) Conjunção – pronome – preposição – pronome – conjunção.

11. (CEPERJ) O sentido estabelecido pelo conectivo está corretamente indicado em:

a) "engolidas <u>ou</u> colocadas no nariz" - oposição
b) "comunicado público <u>sobre</u> o perigo" – causa
c) "tem os produtos <u>em</u> casa" – modo
d) "brinquedo <u>a</u> ser recolhido" – adição
e) "<u>para</u> evitar acidentes" - finalidade

12. (CEPERJ) O fragmento abaixo que apresenta uma estrutura sintática comparativa é:

a) "quem lhe escreve sou eu"
b) "Porque tive de viajar para o distante país do recall."
c) "mas três meses era o mínimo."
d) "O homem não disse nada, mas seu sorriso sinistro falava por si."
e) "ninguém mais fraco do que nós."

13. (CEPERJ) "Sei que você sente muitas saudades, porque eu também sinto saudades de você." O conectivo "porque", no contexto acima, estabelece relação de:

a) Modo
b) Causa
c) Adversidade
d) Conformidade
e) Proporcionalidade

"É exatamente isso o ***<u>que</u>*** tem ocorrido, nos últimos tempos, no ***<u>que</u>*** diz respeito ao direito de maior importância em uma democracia, ***<u>que</u>*** é o direito de defesa, inexistente nos Estados totalitários."

14. (FGV) A respeito das ocorrências da palavra QUE no trecho acima, assinale a alternativa que apresente, respectivamente, sua correta classificação.

a) Conjunção subordinativa – conjunção integrante – conjunção integrante

b) Pronome relativo – pronome relativo – pronome relativo

c) Conjunção integrante – conjunção integrante – conjunção subordinativa

d) Pronome relativo – preposição – pronome relativo

e) Conjunção integrante – preposição – conjunção subordinativa

No futebol americano, há um momento em que o jogador tem de dar um chute naquilo que eles chamam de bola. E, no circuito universitário, havia um rapaz recordista de chute. Ninguém chutava tão forte quanto esse rapaz. O importante, nessa história, era que o pé que ele usava para tal façanha não tinha nenhum dos dedos e, além disso, era menor que o outro. Quando descobriram isso, fizeram entrevistas com ele, e a primeira pergunta era: "Como você, com tal deficiência, consegue fazer uma coisa que ninguém mais conseguiu?" Ele, orgulhosamente, respondia: "Porque cresci ouvindo meu pai dizer: 'Encare suas deficiências e seus problemas como desafios, nunca como desculpas'.". O que mais se encontra no dia a dia? Justamente a postura oposta. [As pessoas encaram tudo como desculpas e justificativas.] Há pessoas que vivem dizendo frases negativas que encerram verdadeiras filosofias desastrosas.

Não são raras [as vezes] em que já se ouviu alguém falando de seus problemas e dificuldades e da incapacidade de superá-los, traduzida nas seguintes frases conformistas: "Eu sou assim mesmo..."; "Sempre fui assim..."; "Não posso evitar isso..."; "Essa é a minha natureza..."; "Não adianta mesmo..."; ["**Deus me fez assim e pronto!**".] [O que tais pessoas talvez nunca percebam é] que desculpas e justificativas só levam ao conformismo e à acomodação. E isso não diz respeito à elevação de padrões e à melhoria da qualidade de vida. Desculpas e justificativas são coisas de perdedor! Enquanto os vencedores comemoram, os perdedores se justificam.

Roberto Shinyashiki. Internet: <http://tecessa.arteblog.com.br>(com adaptações). Acesso em 19/1/2011.

15. (FUNIVERSA) Assinale a alternativa correta a respeito de fatos gramaticais e estilísticos encontrados no texto .

a) As palavras "ninguém", "pé", "você" são acentuadas pela mesma razão.

b) Na frase "'Deus me fez assim e pronto!'", encontra-se uma interjeição característica da linguagem coloquial.

c) Na frase "As pessoas encaram tudo como desculpas e justificativas" (linhas 8 e 19), há exemplo de gíria e de uma figura da linguagem: a anáfora.

d) Na construção "O que tais pessoas talvez nunca percebam", o pronome "tais" está empregado de modo informal, com significado de **brilhantes, grandiosas**.

e) O "as" de "as vezes" deve receber o sinal indicativo de crase para ajustar-se à norma culta padrão.

16. (FGV) A palavra <u>centenário</u> corresponde a cem anos. Assinale a alternativa em que não tenha havido correta associação da noção temporal à palavra indicada.

a) 400 anos – quadringentenário

b) 400 anos – quadricentenário

c) 600 anos – sesquicentenário

d) 150 anos – tricinquentenário

e) 7 anos – septenário

Corações a mil

(Gilberto Gil)

Minhas ambições são <u>dez</u>.
Dez corações de uma vez
pra eu poder me apaixonar
dez vezes a cada dia,
setenta a cada semana,
trezentas a cada mês.

(Fonte: www.gilbertogil.com.br/sec_discografia_letra.php?id=182)

17. (FIP) Na primeira frase do texto, a palavra "dez", sublinhada, tem duplo sentido. São eles:

a) O sentido de serem dez ambições (no caso, "dez" seria um numeral) e o sentido de os corações serem apaixonados (no caso, "dez" seria um adjetivo).

b) O sentido de serem dez ambições e o sentido de serem dez corações (nos dois casos, "dez" seria um numeral).

c) O sentido de serem dez corações e o sentido de serem dez vezes a cada dia (nos dois casos, "dez" seria um numeral).

d) O sentido de serem dez ambições (no caso, "dez" seria um numeral) e o sentido de as ambições serem de extrema qualidade (no caso, "dez" seria um adjetivo).

e) O sentido de serem dez vontades boas (no caso, "dez" seria um substantivo) e o sentido de totalizarem dez as paixões ambiciosas (no caso, "dez" seria um adjetivo).

Considerando o texto, avalie:

O cenário econômico otimista levou os empresários brasileiros a aumentarem a formalização do mercado de trabalho nos últimos cinco anos. As contratações com carteira assinada cresceram 19,5% entre 2003 e 2007, enquanto a geração de emprego seguiu ritmo mais lento e aumentou 11,9%, segundo estudo comparativo divulgado pelo IBGE.

In: Correio Braziliense, 25/1/2008 (com adaptações).

18. (CESPE) No primeiro período do texto, a partícula "a" ocorre tanto como preposição quanto como artigo: a primeira ocorrência é uma preposição exigida pelo emprego do verbo "levou"; a segunda ocorrência é um artigo que determina "formalização".

Certo ( )   Errado ( )

Gabarito

01	*ERRADO*	*10*	*B*
02	*B*	*11*	*E*
03	*CERTO*	*12*	*E*
04	*E*	*13*	*B*
05	*D*	*14*	*B*
06	*B*	*15*	*B*
07	*E*	*16*	*C*
08	*C*	*17*	*D*
09	*D*	*18*	*CERTO*

CAPÍTULO 02

Pronomes

Em uma definição breve, podemos dizer que pronome é o termo que substitui um substantivo, desempenhando, na sentença em que aparece, uma função coesiva. Podemos dividir os pronomes em sete categorias, são elas:

> Pessoais;
> Tratamento;
> Demonstrativos;
> Relativos;
> Indefinidos;
> Interrogativos;
> Possessivos.

Antes de partir para o estudo pormenorizado dos pronomes, vamos fazer uma classificação funcional deles quando empregados em uma sentença:

a) **Pronomes substantivos:** são aqueles que ocupam o lugar do substantivo na sentença.
   » **Ex.**: **Alguém** apareceu na sala ontem.
   » **Ex.**: **Nós** faremos todo o trabalho.

b) **Pronomes adjetivos:** são aqueles que acompanham um substantivo na sentença.
   » **Ex.**: **Meus** alunos são os mais preparados.
   » **Ex.**: Pessoa **alguma** fará tal serviço por **esse** valor.

Fique Ligado

Devemos estudar cada categoria separadamente e com muita atenção.

Pessoais

Referem-se às **Pessoas do Discurso:**

» Quem fala (1ª pessoa);
» Com quem se fala (2ª pessoa);
» De quem se fala (3ª pessoa).

Classificação dos Pronomes Pessoais (caso **Reto** x caso **Oblíquo**)

Pessoa Gramatical	Retos	Oblíquos	
		Átonos	Tônicos
1ª Singular	eu	me	mim, comigo
2ª Singular	tu	te	ti, contigo
3ª Singular	ele, ela	o, a, lhe, se	si, consigo
1ª Plural	nós	nos	nós, conosco
2ª Plural	vós	vos	vós, convosco
3ª Plural	eles, elas	os, as, lhes, se	si, consigo
Função	Sujeito	Complemento/Adjunto	

Emprego de alguns pronomes (**Certo** X **Errado**)

Eu e tu x mim e ti

1ª regra: depois de preposição essencial, usa-se pronome oblíquo.

> **Entre** mim e ti, não há acordo.
> **Sobre** Manoel e ti, nada se pode falar.
> Devo **a** ti esta conquista.
> O presente é **para** mim.
> Não saia **sem** mim.
> Comprei um livro **para** ti.

Observe a preposição essencial destacada nas sentenças.

2ª regra: se o pronome utilizado na sentença for sujeito de um verbo, deve-se empregar os do caso RETO.

> Não saia sem **eu** deixar.
> Comprei um livro para **tu** leres.
> O presente é para **eu** desfrutar.

Observe que o pronome desempenha a função de sujeito do verbo destacado.

→ Ou seja: "mim" não faz nada!

Fique Ligado

Não vá o aluno se confundir com as sentenças em que a ordem frasal está alterada. Deve-se, nesses casos, tentar pôr a sentença na ordem direta.

» ***Ex.: Para mim, fazer exercícios é muito bom. - Fazer exercícios é muito bom para mim.***
» ***Ex.: Não é tarefa para mim realizar esta revisão. - Realizar esta revisão não é tarefa para mim.***

Com causativos e sensitivos:

Regra com verbos causativos (mandar, fazer, deixar) ou sensitivos (ver, ouvir, sentir).

Quando os pronomes oblíquos átonos são empregados com verbos causativos ou sensitivos, pode haver a possibilidade de desempenharem a função de sujeito de uma forma verbal próxima. Veja o exemplo:

» **Ex.**: Fiz **Juliana** chorar. (sentença original)
» **Ex.**: Fi-**la** chorar. (sentença reescrita com a substituição do termo Juliana pelo pronome oblíquo)

→ **Explicando**: em ambas as situações, a Juliana é a chorona. Isso quer dizer que o termo feminino que está na sentença é sujeito do verbo chorar. Pensando dessa maneira, entenderemos a primeira função da forma pronominal "la" que aparece na sentença reescrita.

Outro fator a ser considerado é que o verbo fazer necessita de um complemento, portanto, é um verbo transitivo. Bem, ocorre que o complemento do verbo "fazer" não pode ter outro referente senão "Juliana". Então, entendemos que, na reescrita da frase, a forma pronominal "la" funciona como complemento do verbo "fazer" e sujeito do verbo "chorar".

Si e Consigo

Estes pronomes somente podem ser empregados se se referirem ao sujeito da oração, pois possuem função reflexiva:

» **Ex.**: Alberto só pensa em si. ("Si" refere-se a "Alberto": sujeito do verbo "pensar")
» **Ex.**: O aluno levou as apostilas consigo. ("consigo" refere-se ao termo "aluno")

Estão erradas, portanto, frases como estas:

» **Ex.**: Creio muito em si, meu amigo.
» **Ex.**: Quero falar consigo.

Corrigindo:

» **Ex.**: Creio muito em você, meu amigo.

» **Ex.**: Quero falar contigo.

Conosco e Convosco

Se vierem seguidos de uma expressão complementar, geralmente a palavra "todos", desdobram-se em "com nós" e "com vós":

» **Ex.**: Este trabalho é com nós mesmos.

Ele(s), ela(s) x o(s), a(s)

É muito comum ouvirmos frases como: "Vi ***ela*** na esquina", "Não queremos ***eles*** aqui". Então, é errado falar ou escrever assim, pois o pronome em questão está sendo utilizado fora de seu emprego original, ou seja, como um complemento (ao passo que deveria ser apenas sujeito). O certo é: "Vi-***a*** na esquina", "Não ***os*** queremos aqui".

"o" e "a"

São complementos diretos, ou seja, são utilizados juntamente aos verbos transitivos diretos, ou nos bitransitivos, como no exemplo a seguir:

» **Ex**.*:* Comprei **um carro** para minha namorada = Comprei-**o** para ela. (Ocorreu a substituição do Objeto Direto)

Fique Ligado

É importante lembrar que há uma especificidade em relação à colocação dos pronomes "o" e "a" depois de algumas palavras, eis as considerações:

Se a palavra terminar em R, S ou Z: tais letras devem ser suprimidas e o pronome há de ser empregado como **lo, la, los, las.**

» **Ex**.*:* Fazer as tarefas = fazê-**las** / querer o dinheiro = querê-**lo.**

Se a palavra terminar com **ão, õe** ou **m**: tais letras devem ser mantidas e o pronome há de ser empregado como **no, na, nos, nas.**

» **Ex**.*:* Compraram a casa = compraram-**na** / compõe a canção = compõe-**na.**

"Lhe"

É um complemento indireto, equivalente a "a ele ou a ela": ou seja, é empregado juntamente a um verbo transitivo indireto ou a um verbo bitransitivo, como no exemplo:

» **Ex**.*:* Comprei um carro **para minha namorada** = comprei-**lhe** um carro. (Ocorreu a substituição do objeto indireto)

Fique Ligado

Muitas bancas gostam de trocar as formas "o" e "a" por "lhe", o que não pode ser feito sem que a sentença seja totalmente reelaborada.

De Tratamento

São pronomes de tratamento você, senhor, senhora, senhorita, fulano, sicrano, beltrano e as expressões que integram o quadro seguinte:

Pronome	Abreviatura Singular	Abreviatura Plural
Vossa Excelência(s)	V.Ex.ª	V.Ex.as
Usa-se para:		
Presidente (sem abreviatura), ministro, embaixador, governador, secretário de Estado, prefeito, senador, deputado federal e estadual, juiz, general, almirante, brigadeiro e presidente de câmara de vereadores;		

Pronome	Abreviatura Singular	Abreviatura Plural
Vossa(s) Magnificência(s)	V.Mag.ª	V.Mag.as
Usa-se para:		
Reitor de universidade para o qual também se pode usar V. Ex.ª;		

Pronome	Abreviatura Singular	Abreviatura Plural
Vossa(s) Senhoria(s)	V.Sª	V.S.as
Usa-se para:		
Qualquer autoridade ou pessoa civil não citada acima;		

Pronome	Abreviatura Singular	Abreviatura Plural
Vossa(s) Santidade(s)	V.S	VV.SS.
Usa-se para:		
Papa;		

Pronome	Abreviatura Singular	Abreviatura Plural
Vossa(s) Eminência(s)	V.Em.ª	V.Em.as
Usa-se para:		
Cardeal;		

Pronome	Abreviatura Singular	Abreviatura Plural
Vossa(s) Excelência(s) Reverendíssima(s)	V.Exª.Rev.ma	V.Ex.as.Rev.mas
Usa-se para:		
Arcebispo e bispo;		

Pronome	Abreviatura Singular	Abreviatura Plural
Vossa(s) Reverendíssima(s)	V.Rev.ma	V.Rev.mas
Usa-se para:		
Autoridade religiosa inferior às acima citadas;		

Pronome	Abreviatura Singular	Abreviatura Plural
Vossa(s) Reverência(s)	V.Rev.ª	V.Rev.mas
Usa-se para:		
Religioso sem graduação;		

Pronome	Abreviatura Singular	Abreviatura Plural
Vossa(s) Majestade(s)	V.M.	VV.MM.
Usa-se para:		
Rei e imperador;		

Pronome	Abreviatura Singular	Abreviatura Plural
Vossa(s) Alteza(s)	V.A.	VV.AA.
Usa-se para:		
Príncipe, arquiduque e duque.		

Fique Ligado

Todas essas expressões se apresentam também com SUA para cujas abreviaturas basta substituir o "V" por "S".

Emprego dos pronomes de tratamento

a) **Vossa Excelência** etc. x **Sua Excelência** etc.

Os pronomes de tratamento iniciados com "Vossa(s)" empregam-se em uma relação direta, ou seja, indicam o nosso interlocutor, pessoa com quem falamos:

» **Ex.:** Soube que V. Ex.ª, Senhor Ministro, falou que não estava interessado no assunto da reunião.

Empregaremos o pronome com a forma "Sua" quando a relação não é direta, ou seja, quando falamos SOBRE a pessoa:

» **Ex.**: A notícia divulgada é de que Sua Excelência, o Presidente da República, foi flagrado em uma boate.

b) Utilização da **3ª pessoa**

Os pronomes de tratamento são de 3ª pessoa; portanto, todos os elementos relacionados a eles devem ser empregados também na 3ª pessoa, para que se mantenha a uniformidade:

» **Ex.**: É preciso que V. Ex.ª **diga** qual será o **seu** procedimento no caso em questão, a fim de que seus assessores possam agir a tempo.

c) **Uniformidade de Tratamento**

No momento da escrita ou da fala, não é possível ficar fazendo "dança das pessoas" com os pronomes. Isso quer dizer que se deve manter a uniformidade de tratamento. Para tanto, se for utilizada 3ª pessoa no início de uma sentença, ela deve permanecer ao longo de todo o texto. Preste atenção para ver como ficou estranha a construção abaixo:

» **Ex.**: Quando **você** chegar, eu **te** darei o presente.

Fique Ligado

"Você" é de 3ª pessoa e "te" é de 2ª pessoa. Não há motivo para cometer tal engano. Tome cuidado, portanto. Podemos corrigir a sentença:

» ***Ex.: Quando tu chegares, eu te darei o presente.***

» ***Ex.: Quando você chegar, eu lhe darei o presente.***

Demonstrativos

São os que localizam ou identificam o substantivo ou uma expressão no espaço, no tempo ou no texto.

1ª Pessoa	
Masculino	Este(s)
Feminino	Esta(s)
Neutro	Isto
No Espaço	Com o falante
No tempo	Presente
No Texto	O que se pretende dizer ou o imediatamente retomado
2ª Pessoa	
Masculino	Esse(s)
Feminino	Essa(s)
Neutro	Isso
No Espaço	Pouco afastado
No tempo	Passado ou futuro próximos
No Texto	O que se disse anteriormente
3ª Pessoa	
Masculino	Aquele(s)
Feminino	Aquela(s)
Neutro	Aquilo
No Espaço	Muito afastado
No tempo	Passado ou futuro distantes
No Texto	O que se disse há muito ou o que se pretende dizer

Explicações e exemplos

Quando o pronome retoma algo já mencionado no texto, dizemos que ele possui função **Anafórica**. Quando aponta para algo que será dito, dizemos que possui função **Catafórica**. Essa nomenclatura começou a ser cobrada em algumas questões de concurso público, portanto, é importante ter esses conceitos na ponta da língua.

Exemplo de emprego dos demonstrativos:

» **Ex.**: Veja este livro que eu trouxe, é muito bom.

» **Ex.**: Você deve estudar mais! Isso é o que eu queria dizer.

» **Ex.**: Vê aquele mendigo lá na rua? Terrível futuro o aguarda.

Há outros pronomes demonstrativos:

> ***O, a, os,as,*** quando antecedem o relativo Que e podem ser permutados por: Aquele (s), Aquela (s), Aquilo:

» **Ex.**: Não entendi *o* que disseste. (Não entendi aquilo que disseste.)

» **Ex.**: Esta rua não é **a** que te indiquei. (Esta rua não é aquela que te indiquei.)

> **Tal** (quando puder ser permutado por qualquer demonstrativo)

» **Ex.**: Não acredito que você disse **tal** coisa. (aquela coisa)

> **Semelhante** (quando puder ser permutado por qualquer demonstrativo)

» **Ex.**: Jamais me prestarei a **semelhante** canalhice. (esta canalhice)

> **Mesmo** (quando modificar os pronomes eu, tu, nós e vós)

» **Ex.:** Eu **mesmo** investiguei o caso.

De modo análogo, classificamos o termo "**próprio**". (eu próprio, ela própria)

Mesmo pode ainda funcionar como pronome neutro em frases como: "é o mesmo", "vem a ser o mesmo".

Vejamos mais alguns exemplos para fixar o conteúdo:

1) **José** e **João** são alunos do ensino médio. **Este** gosta de matemática, **aquele** gosta de português.

Veja que a verdadeira relação estabelecida pelos pronomes demonstrativos focaliza, por meio do "este" o elemento mais próximo, por meio do "aquele" o elemento mais afastado.

2) **Esta** sala precisa de bons professores. / Gostaria de que **esse** órgão pudesse resolver meu problema.

Este(s), esta(s), isto indicam o local de onde escrevemos. **Esse(s), essa(s), isso** indicam o local em que se encontra o nosso interlocutor.

Exercício Comentado

Leia o texto:

O barulhão da sumaumeira rendeu uma das mais difundidas histórias da Amazônia. Segundo a crença, o Curupira é o responsável pelo estrondo na mata. Armado com um casco de jabuti, ele bate com força nas sapopemas, a fim de verificar se elas estão fortes para resistir às tempestades. Para os índios ticuna, a sumaúma nos remete à formação da Amazônia: "No princípio estava tudo escuro, sempre frio e sempre noite. Uma enorme sumaumeira fechava o mundo, e por isso não entrava claridade na terra. Quando a árvore caiu, a luz apareceu. Do tronco formou-se o rio Amazonas. De seus galhos surgiram outros rios e igarapés."

01. (FCC)... e por <u>isso</u> não entrava claridade na terra. O pronome grifado refere-se ao fato de que:

a) a sumaumeira fechava o mundo.
b) estava tudo escuro.
c) era sempre frio e sempre noite.
d) a luz apareceu.
e) se formou o rio Amazonas.

RESPOSTA. A. O pronome "isso" é anafórico, ou seja, retoma o elemento antecedente. Se a leitura for realizada corretamente (com atenção), você verá que a palavra "isso" retoma o motivo pelo qual não entrava claridade na terra.

Relativos

São termos que relacionam palavras em um encadeamento. Os relativos da Língua Portuguesa são:

> **Que:**

Quando puder ser permutado por "o qual" ou um de seus termos derivados. Utiliza-se o pronome "que" para referências a pessoas ou coisas.

> **O Qual:**

Empregado para referência a coisas ou pessoas.

> **Quem:**

É equivalente, segundo o mestre Napoleão Mendes de Almeida, a dois pronomes – aquele e que.

> **Quanto:**

Será relativo quando seu antecedente for o termo "tudo".

> **Onde:**

É utilizado para estabelecer referência a lugares, sendo permutável por "em que" ou "no qual" e seus derivados.

> **Cujo:**

Possui um sentido possessivo. Não permite permuta por outro relativo. Também é preciso lembrar que o pronome cujo não admite artigo, pois já é variável (cujo / cuja, jamais cujo o, cuja a).

» **Ex.**: O peão <u>a</u> **que** <u>me refiro</u> é Jonas.
» **Ex.**: A casa **<u>n</u>a qual** houve o tiroteio foi interditada.
» **Ex.**: O homem <u>para</u> **quem** se <u>enviou</u> a correspondência é Alberto.
» **Ex.**: Não gastes tudo **quanto** tens.
» **Ex.**: O estado <u>para</u> **onde** <u>vou</u> é Minas Gerais.
» **Ex.**: Cara, o pedreiro <u>em</u> **cujo** serviço podemos <u>confiar</u> é Marcelino.

Fique Ligado

A preposição que está relacionada ao pronome é, em grande parte dos casos, oriunda do verbo que aparece posteriormente na sentença. As bancas costumam cobrar isso!

Exercício Comentado

Leia o texto:

Compreende-se que a festa, representando tal paroxismo de vida e rompendo de um modo tão violento com as pequenas preocupações da existência cotidiana, surja ao indivíduo como outro mundo, <u>em que</u> ele se sente amparado e transformado por forças que o ultrapassam. A sua atividade diária, colheita, caça, pesca, ou criação de gado, limita-se a preencher o seu tempo e a prover as suas necessidades imediatas. É certo que ele lhe dedica atenção, paciência, habilidade, mas, mais profundamente, vive na recordação de uma festa e na expectativa de outra, pois a festa figura para ele, para a sua memória e para o seu desejo o tempo das emoções intensas e da metamorfose do seu ser.

01. (CESPE) A expressão "em que" poderia ser corretamente substituída por onde ou por no qual, sem que houvesse prejuízo à correção gramatical do texto.

CERTO. A expressão "em que" é composta por uma preposição somada a um pronome relativo. No caso em questão, a troca é possível, pois o elemento anterior é masculino – assim como a expressão "no qual". A palavra "onde" retoma a ideia de lugar, isso garante sua permuta sem maiores problemas.

Indefinidos

São os que determinam o substantivo de modo vago, de maneira imprecisa.

Variáveis				Invariáveis
Masculino		Feminino		
Singular	Plural	Singular	Plural	
Algum	Alguns	Alguma	Algumas	Alguém
Certo	Certos	Certa	Certas	Algo
Muito	Muitos	Muita	Muitas	Nada
Nenhum	Nenhuns	Nenhuma	Nenhumas	Ninguém
Outro	Outros	Outra	Outras	Outrem
Qualquer	Quaisquer	Qualquer	Quaisquer	Cada
Quando	Quantos	Quanta	Quantas	
Tanto	Tantos	Tanta	Tantas	
Todo	Todos	Toda	Todas	Tudo
Vário	Vários	Vária	Várias	
Pouco	Poucos	Pouca	Poucas	

Fique Ligado

Fique bem atento para as alterações de sentido relacionadas às mudanças de posição dos pronomes indefinidos.

» *Ex.: <u>Alguma pessoa</u> passou por aqui ontem.*
» *Ex.: <u>Pessoa alguma</u> passou por aqui ontem.*

<u>Alguma pessoa</u> = ao menos uma pessoa.
<u>Pessoa alguma</u> = ninguém.

Interrogativos

Chamam-se interrogativos os pronomes **que, quem, qual e quanto,** empregados para formular uma pergunta direta ou indireta:

- » **Ex.**: **Que** conteúdo estão estudando?
- » **Ex.**: Diga-me **que** conteúdo estão estudando.
- » **Ex.**: **Quem** vai passar no concurso?
- » **Ex.**: Gostaria de saber **quem** vai passar no concurso.
- » **Ex.**: **Qual** dos livros preferes?
- » **Ex.**: Não sei **qual** dos livros preferes.
- » **Ex.**: **Quantos** de coragem você tem?
- » **Ex.**: Pergunte **quanto** de coragem você tem.

Possessivos

Com eles relacionamos a coisa possuída à pessoa gramatical possuidora. No quadro abaixo, estão relacionados aos pronomes pessoais.

Pessoais	Possessivos
Eu	meu, minha, meus, minhas
Tu	teu, tua, teus, tuas
Ele, você, V.Ex.ª. Etc.	seu, sua, seus, suas
Nós	nosso, nossa, nossos, nossas
Vós	vosso, vossa, vossos, vossas
Eles	seu, sua, seus, suas

Emprego

→ **Ambiguidade** - "Seu", "sua", "seus" e "suas" são os reis da ambiguidade (duplicidade de sentido)

- » **Ex.**: O policial prendeu o maconheiro em **sua** casa. (casa de quem?)
- » **Ex.**: Meu pai levou meu tio para casa em seu carro. (no carro de quem?)

Corrigindo:

- » **Ex.**: O policial prendeu o maconheiro na casa **deste**.
- » **Ex.**: Meu pai, em seu carro, levou meu tio para casa.

→ **Emprego especial** - Não se usam os possessivos em relação às partes do corpo ou às faculdades do espírito. Devemos, pois, dizer:

- > Machuquei a mão. (E não "a minha mão")
- > Ele bateu a cabeça. (E não "a sua cabeça")
- > Perdeste a razão? (E não "a tua razão")

Substantivo

É a palavra variável que designa qualidades, sentimentos, sensações, ações etc.

Quanto a sua classificação, o substantivo pode ser:

→ **Primitivo** (sem afixos): pedra.
→ **Derivado** (com afixos): pedreiro/ empedrado.
→ **Simples** (1 núcleo): guarda.
→ **Composto** (mais de 1 núcleo): guarda-roupas.
→ **Comum** *(designa ser genérico): copo, colher.*
→ **Próprio** *(designa ser específico): Maria, Portugal.*
→ **Concreto** *(existência própria): cadeira, lápis.*
→ **Abstrato** *(existência dependente): glória, amizade.*

Os substantivos concretos

Designam seres de existência própria, como: padre, político, carro e árvore. Os substantivos abstratos nomeiam qualidades ou conceitos de existência dependente, como: beleza, fricção, tristeza e amor.

Os substantivos próprios

São sempre concretos e devem ser grafados com iniciais maiúsculas. Porém, alguns substantivos próprios podem vir a se tornar comuns, pelo processo de derivação imprópria que, geralmente, ocorre pela anteposição de um artigo e a grafia do substantivo com letra minúscula. (um judas = traidor / um panamá = chapéu). As flexões dos substantivos podem se dar em gênero, número e grau.

Gênero dos substantivos

Quanto à distinção entre masculino e feminino, os substantivos podem ser:

→ **Biformes:** quando apresentam uma forma para o masculino e outra para o feminino - gato, gata, homem, mulher.

→ **Uniformes***:* quando apresentam uma única forma para ambos os gêneros. Nesse caso, eles estão divididos em:

- > **Epicenos:** usados para animais de ambos os sexos (macho e fêmea) - besouro, jacaré, albatroz;
- > **Comum de dois gêneros:** aqueles que designam pessoas. Nesse caso, a distinção é feita por um elemento ladeador (artigo, pronome) - terrícola, estudante, dentista, motorista;
- > **Sobrecomuns:** apresentam um só gênero gramatical para designar seres de ambos os sexos - indivíduo, vítima, algoz.

Em algumas situações, a mudança de gênero altera também o sentido do substantivo:

- » **Ex.**: O cabeça (líder) / A cabeça (parte do corpo).

O Número dos Substantivos

Tentemos resumir as principais regras de formação do plural nos substantivos.

Terminação	Variação	Exemplo
Vogal ou ditongo	Acréscimo do 's'	Barco - barcos
M	NS	Pudim - pudins
ÃO (primeiro caso)	ÕES	Ladrão - ladrões
ÃO (segundo caso)	ÃES	Pão - pães
ÃO (terceiro caso)	S	Cidadão - cidadãos
R	ES	Mulher - Mulheres
Z	ES	Cartaz - cartazes
N	ES	Abdômen - Abdômenes
S (oxítonos)	ES	Inglês - ingleses
AL, EL, OL, UL	IS	Tribunal - tribunais
IL (oxítonos)	S	Barril - barris
IL (paroxítonos)	EIS	Fóssil - fósseis
ZINHO, ZITO	S	Anelzinho - aneizinhos

Alguns substantivos são grafados apenas no plural:

- > alvíssaras;
- > anais;
- > antolhos;
- > arredores;
- > belas-artes;

> calendas;
> cãs;
> condolências;
> esponsais;
> exéquias;
> fastos;
> férias;
> fezes;
> núpcias;
> óculos;
> pêsames.

O Grau do substantivo:

Aumentativo / Diminutivo[1]

→ **Analítico:** quando se associam os adjetivos ao substantivo.

» **Ex:** carro grande, pé pequeno;

→ **Sintético**: quando se adiciona ao substantivo sufixos indicadores de grau.

» **Ex:** carrão, pezinho.

> Sufixos:

Aumentativos: -ázio, -orra, -ola, -az, -ão, -eirão, -alhão, -arão, -arrão, -zarrão;

Diminutivos: -ito, -ulo-, -culo, -ote, -ola, -im, -elho, -inho, -zinho (o sufixo -zinho é obrigatório quando o substantivo terminar em vogal tônica ou ditongo: cafezinho, paizinho);

O aumentativo pode exprimir tamanho (casarão), desprezo (sabichão, ministraço, poetastro) ou intimidade (amigão); enquanto o diminutivo pode indicar carinho (filhinho) ou ter valor pejorativo (livreco, casebre), além das noções de tamanho (bolinha).

Verbo

É a palavra com que se expressa uma ação (cantar, vender), um estado (ser, estar), mudança de estado (tornar-se) ou fenômeno da natureza (chover).

Quanto à noção que expressam, os verbos podem ser classificados da seguinte maneira:

Verbos Relacionais*:* exprimem estado ou mudança de estado. São os chamados verbos de ligação.

Verbo de ligação
Ser
Estar
Continuar
Andar
Parecer
Permanecer
Ficar
Tornar-se

Verbos Nocionais: exprimem ação ou fenômeno da natureza. São os chamados verbos significativos.

Os Verbos Nocionais podem ser classificados da seguinte maneira:

a) **VI (Verbo Intransitivo):** Diz-se daquele que não necessita de um complemento para que se compreenda a ação verbal. Exemplos: morrer, cantar, sorrir, nascer, viver.

b) **VT (Verbo Transitivo):** Diz-se daquele que necessita de um complemento para expressar o afetado pela ação verbal. Divide-se em três tipos:

» **Diretos:** não possuem preposição para ligar o complemento verbal ao verbo. São exemplos os verbos querer, comprar, ler, falar etc.

» **Indiretos:** possuem preposição para ligar o complemento verbal ao verbo. São exemplos os verbos gostar, necessitar, precisar, acreditar etc.

» **Diretos e Indiretos, ou Bitransitivos:** possuem dois complementos, um não-preposicionado, outro com preposição. São exemplos os verbos pagar, perdoar, implicar etc.

Fique Ligado

Se você não compreendeu o que acabou de ler, preste atenção na dica que segue:

> ***Ex.: João morreu. (Quem morre, morre. Não é preciso um complemento para entender o verbo.)***

> ***Ex.: Eu quero um aumento. (Quem quer, quer alguma coisa. É preciso um complemento para entender o sentido do verbo.)***

> ***Ex.: Eu preciso de um emprego. (Quem precisa, precisa "de" alguma coisa. Deve haver uma preposição para ligar o complemento ao seu verbo.)***

> ***Ex.: Mário pagou a conta ao padeiro. (Quem paga, paga algo a alguém. Há um complemento com preposição e um complemento sem preposição.)***

Estrutura e conjugação dos verbos:

Antes da parte mais densa, vamos tentar clarear algumas coisas em relação aos verbos e a sua estrutura:

Os verbos possuem:

> ***Raiz:*** o que lhes guarda o sentido (**cant**ar, **corr**er, **sorr**ir)

> ***Vogal temática***: o que lhes garante a família conjugacional. (**A**R, **E**R, **I**R)

> ***Desinências***: o que ajuda a conjugar ou nominalizar o verbo. (canta**ndo**, cantá**vamos**)

Os verbos apresentam três conjugações, quer dizer, três famílias conjugacionais. Em função da vogal temática, podem-se criar três paradigmas[2] verbais. De acordo com a relação dos verbos com esses paradigmas, obtém-se a seguinte classificação:

> ***Regulares:*** seguem o paradigma verbal de sua conjugação sem alterar suas raízes (amar, vender, partir).

> ***Irregulares***: não seguem o paradigma verbal da conjugação a que pertencem. As irregularidades podem aparecer na raiz ou nas desinências (ouvir - ouço/ouve, estar - estou/estão).

> ***Anômalos***: apresentam profundas irregularidades. São classificados como anômalos em todas as gramáticas os verbos ser e ir.

> ***Defectivos***: não são conjugados em determinadas pessoas, tempo ou modo, portanto, apresentam algum tipo de "defeito" (falir - no presente do indicativo só apresenta a 1ª e a 2ª pessoa do plural). Os defectivos distribuem-se em grupos:

1 Quando não flexionamos o substantivo em algum grau, dizemos que ele está no grau normal.

2 Paradigma é o modo como se dá a conjugação.

a) impessoais;

b) unipessoais (vozes ou ruídos de animais, só conjugados nas 3as pessoas);

c) antieufônicos (a sonoridade permite confusão com outros verbos) - demolir; falir, abolir etc.

> **Abundantes:** apresentam mais de uma forma para uma mesma conjugação.

Existe abundância conjugacional e participial. A primeira ocorre na conjugação de algumas formas verbais, como, por exemplo, o verbo "haver", que admite "nós havemos/hemos", "vós haveis/heis". A segunda ocorre com as formas nominais de particípio. A seguir segue uma lista dos principais abundantes na forma participial.

Verbos	Particípio regular – empregado com os auxiliares TER e HAVER	Particípio irregular – empregado com os auxiliares SER, ESTAR e FICAR
Aceitar	Aceitado	Aceito
Acender	Acendido	Aceso
Benzer	Benzido	Bento
Eleger	Elegido	Eleito
Entregar	Entregado	Entregue
Enxugar	Enxugado	Enxuto
Expressar	Expressado	Expresso
Expulsar	Expulsado	Expulso
Extinguir	Extinguido	Extinto
Matar	Matado	Morto
Prender	Prendido	Preso
Romper	Rompido	Roto
Salvar	Salvado	Salvo
Soltar	Soltado	Solto
Suspender	Suspendido	Suspenso
Tingir	Tingido	Tinto

Flexão Verbal

Relativamente à flexão verbal, anotamos:

→ **Número:** singular ou plural;

→ **Pessoa gramatical:** 1ª, 2ª ou 3ª;

→ **Tempo:** referência ao momento em que se fala (pretérito, presente ou futuro). O modo imperativo só tem um tempo, o presente;

→ **Voz:** ativa, passiva, reflexiva e recíproca (que trabalharemos mais tarde);

→ **Modo:** indicativo (certeza de um fato ou estado), subjuntivo (possibilidade ou desejo de realização de um fato ou incerteza do estado) e imperativo (expressa ordem, advertência ou pedido).

Formas Nominais do Verbo

As três formas nominais do verbo (infinitivo, gerúndio e particípio) não possuem função exclusivamente verbal.

→ **Infinitivo:** assemelha-se ao substantivo, indica algo atemporal - o nome do verbo, sua desinência característica é a letra R: ama**r**, realça**r**, ungi**r** etc.

→ **Gerúndio:** equipara-se ao adjetivo ou advérbio pelas circunstâncias que exprime de ação em processo. Sua desinência característica é -**NDO**: ama**ndo**, realça**ndo**, ungi**ndo** etc.

→ ***Particípio:*** tem valor e forma de adjetivo - pode também indicar ação concluída, sua desinência característica é -**ADO** ou -**IDO** para as formas regulares: am**ado**, realç**ado**, ung**ido** etc.

Tempos Verbais

Dentro do **Modo Indicativo**, anotamos os seguintes tempos:

→ **Presente do indicativo:** indica um fato real situado no momento ou época em que se fala;

» **Ex.**: Eu amo, eu vendo, eu parto.

→ **Pretérito perfeito do indicativo:** indica um fato real cuja ação foi iniciada e concluída no passado;

» **Ex.**: Eu amei, eu vendi, eu parti.

→ **Pretérito imperfeito do indicativo***:* indica um fato real cuja ação foi iniciada no passado, mas não foi concluída ou era uma ação costumeira no passado;

» **Ex.**: Eu amava, eu vendia, eu partia.

→ **Pretérito mais-que-perfeito do indicativo:** indica um fato real cuja ação é anterior a outra ação já passada;

» **Ex.**: Eu amara, eu vendera, eu partira.

→ **Futuro do presente do indicativo:** indica um fato real situado em momento ou época vindoura;

» **Ex.**: Eu amarei, eu venderei, eu partirei.

→ **Futuro do pretérito do indicativo:** indica um fato possível, hipotético, situado num momento futuro, mas ligado a um momento passado.

» **Ex.**: Eu amaria, eu venderia, eu partiria.

Dentro do **Modo Subjuntivo**, anotamos os seguintes tempos:

→ **Presente do subjuntivo***:* indica um fato provável, duvidoso ou hipotético, situado no momento ou época em que se fala. Para facilitar a conjugação, utilize a conjunção "que";

» **Ex.**: Que eu ame, que eu venda, que eu parta.

→ **Pretérito imperfeito do subjuntivo:** indica um fato provável, duvidoso ou hipotético, cuja ação foi iniciada, mas não concluída no passado. Para facilitar a conjugação, utilize a conjunção "se";

» **Ex.**: Se eu amasse, se eu vendesse, se eu partisse.

→ **Futuro do subjuntivo:** indica um fato provável, duvidoso, hipotético, situado num momento ou época futura. Para facilitar a conjugação, utilize a conjunção "quando".

» **Ex.**: Quando eu amar, quando eu vender, quando eu partir.

Tempos compostos da voz ativa

Constituem-se pelos verbos auxiliares **ter** ou **haver** + particípio do verbo que se quer conjugar, dito principal.

No **modo Indicativo**, os tempos compostos são formados da seguinte maneira:

→ **Pretérito perfeito:** presente do indicativo do auxiliar + particípio do verbo principal (Tenho amado);

→ **Pretérito mais-que-perfeito:** pretérito imperfeito do indicativo do auxiliar + particípio do verbo principal (Tinha amado);

→ **Futuro do presente:** futuro do presente do indicativo do auxiliar + particípio do verbo principal (Terei amado);

→ **Futuro do pretérito:** futuro do pretérito indicativo do auxiliar + particípio do verbo principal (Teria amado).

No **modo Subjuntivo** a formação se dá da seguinte maneira:

→ **Pretérito perfeito***:* presente do subjuntivo do auxiliar + particípio do VP (Tenha amado);

→ **Pretérito mais-que-perfeito:** imperfeito do subjuntivo do auxiliar + particípio do VP (Tivesse amado);

→ **Futuro composto:** futuro do subjuntivo do auxiliar + particípio do VP (Tiver amado).

Quanto às **formas nominais**, elas são formadas da seguinte maneira:

→ **Infinitivo composto:** infinitivo pessoal ou impessoal do auxiliar + particípio do verbo principal (Ter vendido / Teres vendido);

→ **Gerúndio composto:** gerúndio do auxiliar + particípio do verbo principal (Tendo partido).

Vozes verbais

Cuidado com esse conteúdo, costuma ser muito cobrado em provas de concursos públicos.

Quanto às vozes, os verbos apresentam voz:

→ **Ativa:** sujeito é agente da ação verbal; (**O corretor** vende casas)

→ **Passiva:** sujeito é paciente da ação verbal; (Casas são vendidas **pelo corretor**)

→ **Reflexiva:** o sujeito é agente e paciente da ação verbal. (A garota feriu-**se** ao cair da escada)

→ **Recíproca:** há uma ação mútua descrita na sentença. (Os amigos entreolh**aram-se**)

A voz passiva: sua característica é possuir um sujeito paciente, ou seja, que é afetado pela ação do verbo.

Tipos de voz passiva

→ **Analítica:** verbo auxiliar + particípio do verbo principal. Isso significa que há uma locução verbal de voz passiva.

» **Ex.***:* Casas **são vendidas** pelo corretor

Veja mais alguns exemplos:

» **Ex.:** Ele fez o trabalho - O trabalho **foi feito** por ele (mantido o pretérito perfeito do indicativo)

» **Ex.:** O vento ia levando as folhas - As folhas iam **sendo levadas** pelo vento (mantido o gerúndio do verbo principal em um dos auxiliares).

» **Ex.:** Vereadores entregarão um prêmio ao gari - Um prêmio **será entregue** ao gari por vereadores (veja como a flexão do futuro se mantém na locução).

→ **Sintética:** verbo apassivado pelo termo "se" (partícula apassivadora) + sujeito paciente.

» **Ex.:** Roubou-se **o dinheiro do povo**.

» **Ex.:** Fez-se **o trabalho** com pressa.

É comum observar, em provas de concurso público, questões que mostram uma voz passiva sintética como aquela que é proveniente de uma ativa com sujeito indeterminado.

Alguns verbos da língua portuguesa apresentam **problemas de conjugação.** A seguir, **temos uma lista** com comentários sobre essas dificuldades de conjugação.

» **Ex.:** Compraram um carro novo (ativa);

» **Ex.:** Comprou-se um carro novo (passiva sintética).

Exercício Comentado

01. ***(FCC) A frase que NÃO admite transposição para a voz passiva está em:***

a) Quando Rodolfo surgiu...

b) ... adquiriu as impressoras...

c) ... e sustentar, às vezes, família numerosa.

d) ... acolheu-o como patrono.

e) ... que montou [...] a primeira grande folhetaria do Recife ...

RESPOSTA. ***A. Não se pode transpor o verbo da frase "A" para a voz passiva, porque ele é um Verbo Intransitivo. Apenas os transitivos diretos e os bitransitivos admitem transposição para a voz passiva.***

Verbos com a conjugação irregular

Abolir

Defectivo - não possui a 1ª pessoa do singular do presente do indicativo, por isso não possui presente do subjuntivo e o imperativo negativo. (= banir, carpir, colorir, delinquir, demolir, descomedir-se, emergir, exaurir, fremir, fulgir, haurir, retorquir, urgir).

Acudir

Alternância vocálica o/u - presente do indicativo - acudo, acodes... e pretérito perfeito do indicativo - com u (= bulir, consumir, cuspir, engolir, fugir).

Adequar

Defectivo - só possui a 1ª e a 2ª pessoa do plural no presente do indicativo.

Aderir

Alternância vocálica e/i - presente do indicativo - adiro, adere... (= advertir, cerzir, despir, diferir, digerir, divergir, ferir, sugerir).

Agir

Acomodação gráfica g/j - presente do indicativo - ajo, ages... (= afligir, coagir, erigir, espargir, refulgir, restringir, transigir, urgir).

Agredir

Alternância vocálica e/i - presente do indicativo - agrido, agrides, agride, agredimos, agredis, agridem (= prevenir, progredir, regredir, transgredir).

Aguar

Regular - presente do indicativo - águo, águas..., - pretérito perfeito do indicativo - aguei, aguaste, aguou, aguamos, aguastes, aguaram (= desaguar, enxaguar, minguar).

Prazer

Irregular - presente do indicativo - aprazo, aprazes, apraz... / pretérito perfeito do indicativo - aprouve, aprouveste, aprouve, aprouvemos, aprouvestes, aprouveram.

Arguir

Irregular com alternância vocálica o/u - presente do indicativo - arguo (ú), arguis, argui, arguimos, arguis, arguem - pretérito perfeito - argui, arguiste...

Atrair

Irregular - presente do indicativo - atraio, atrais... / pretérito perfeito - atraí, atraíste... (= abstrair, cair, distrair, sair, subtrair).

Atribuir

Irregular - presente do indicativo - atribuo, atribuis, atribui, atribuímos, atribuís, atribuem - pretérito perfeito - atribuí, atribuíste, atribuiu... (= afluir, concluir, destituir, excluir, instruir, possuir, usufruir).

Averiguar

Alternância vocálica o/u - presente do indicativo - averiguo (ú), averiguas (ú), averigua (ú), averiguamos, averiguais, averiguam (ú) - pretérito perfeito - averiguei, averiguaste... - presente do subjuntivo - averigue, averigues, averigue... (= apaziguar).

Cear

Irregular - presente do indicativo - ceio, ceias, ceia, ceamos, ceais, ceiam - pretérito perfeito indicativo - ceei, ceaste, ceou, ceamos, ceastes, cearam (= verbos terminados em -ear: falsear, passear... - alguns apresentam pronúncia aberta: estreio, estreia...).

Coar

Irregular - presente do indicativo - coo, côas, côa, coamos, coais, coam - pretérito perfeito - coei, coaste, coou... (= abençoar, magoar, perdoar).

Comerciar

Regular - presente do indicativo - comercio, comercias... - pretérito perfeito - comerciei... (= verbos em -iar , exceto os seguintes verbos: mediar, ansiar, remediar, incendiar, odiar).

Compelir

Alternância vocálica e/i - presente do indicativo - compilo, compeles... - pretérito perfeito indicativo - compeli, compeliste...

Compilar

Regular - presente do indicativo - compilo, compilas, compila... - pretérito perfeito indicativo - compilei, compilaste...

Construir

Irregular e abundante - presente do indicativo - construo, constróis (ou constrúis), constrói (ou constrúi), construímos, construís, constroem (ou construem) - pretérito perfeito indicativo - construí, construíste...

Crer

Irregular - presente do indicativo - creio, crês, crê, cremos, credes, creem - pretérito perfeito indicativo - cri, creste, creu, cremos, crestes, creram - imperfeito indicativo - cria, crias, cria, críamos, críeis, criam.

Falir

Defectivo - presente do indicativo - falimos, falis - pretérito perfeito indicativo - fali, faliste... (= aguerrir, combalir, foragir-se, remir, renhir)

Frigir

Acomodação gráfica g/j e alternância vocálica e/i - presente do indicativo - frijo, freges, frege, frigimos, frigis, fregem - pretérito perfeito indicativo - frigi, frigiste...

Ir

Irregular - presente do indicativo - vou, vais, vai, vamos, ides, vão - pretérito perfeito indicativo - fui, foste... - presente subjuntivo - vá, vás, vá, vamos, vades, vão.

Jazer

Irregular - presente do indicativo - jazo, jazes... - pretérito perfeito indicativo - jazi, jazeste, jazeu...

Mobiliar

Irregular - presente do indicativo - mobílio, mobílias, mobília, mobiliamos, mobiliais, mobíliam - pretérito perfeito indicativo - mobiliei, mobiliaste...

Obstar

Regular - presente do indicativo - obsto, obstas... - pretérito perfeito indicativo - obstei, obstaste...

Pedir

Irregular - presente do indicativo - peço, pedes, pede, pedimos, pedis, pedem - pretérito perfeito indicativo - pedi, pediste... (= despedir, expedir, medir).

Polir

Alternância vocálica e/i - presente do indicativo - pulo, pules, pule, polimos, polis, pulem - pretérito perfeito indicativo - poli, poliste...

Precaver-se

Defectivo e pronominal - presente do indicativo - precavemo-nos, precaveis-vos - pretérito perfeito indicativo - precavi-me, precaveste-te...

Prover

Irregular - presente do indicativo - provejo, provês, provê, provemos, provedes, provêem - pretérito perfeito indicativo - provi, proveste, proveu...

Reaver

Defectivo - presente do indicativo - reavemos, reaveis - pretérito perfeito indicativo - reouve, reouveste, reouve... (verbo derivado do haver, mas só é conjugado nas formas verbais com a letra v).

Remir

Defectivo - presente do indicativo - remimos, remis - pretérito perfeito indicativo - remi, remiste...

Requerer

Irregular - presente do indicativo - requeiro, requeres... - pretérito perfeito indicativo - requeri, requereste, requereu... (derivado do querer, diferindo dele na 1ª pessoa do singular do presente do indicativo e no pretérito perfeito do indicativo e derivados, sendo regular)

Rir

Irregular - presente do indicativo - rio, rir, ri, rimos, rides, riem - pretérito perfeito indicativo - ri, riste... (= sorrir)

Saudar

Alternância vocálica - presente do indicativo - saúdo, saúdas... - pretérito perfeito indicativo - saudei, saudaste...

Suar

Regular - presente do indicativo - suo, suas, sua... - pretérito perfeito indicativo - suei, suaste, sou... (= atuar, continuar, habituar, individuar, recuar, situar)

Valer

Irregular - presente do indicativo - valho, vales, vale... - pretérito perfeito indicativo - vali, valeste, valeu...

Também merecem atenção os seguintes verbos irregulares:

→ **Pronominais:** Apiedar-se, dignar-se, persignar-se, precaver-se

Caber

> **Presente do indicativo:** Caibo, cabes, cabe, cabemos, cabeis, cabem;

> **Presente do subjuntivo:** Caiba, caibas, caiba, caibamos, caibais, caibam;

> **Pretérito perfeito do indicativo:** Coube, coubeste, coube, coubemos, coubestes, couberam;

> **Pretérito mais-que-perfeito do indicativo:** coubera, couberas, coubera, coubéramos, coubéreis, couberam;

- > **Pretérito imperfeito do subjuntivo:** coubesse, coubesses, coubesse, coubéssemos, coubésseis, coubessem;
- > **Futuro do subjuntivo:** Couber, couberes, couber, coubermos, couberdes, couberem.

Dar

- > **Presente do indicativo:** Dou, dás, dá, damos, dais, dão;
- > **Presente do subjuntivo:** Dê, dês, dê, demos, deis, deem;
- > **Pretérito perfeito do indicativo:** Dei, deste, deu, demos, destes, deram;
- > **Pretérito mais-que-perfeito do indicativo:** Dera, deras, dera, déramos, déreis, deram;
- > **Pretérito imperfeito do subjuntivo:** Desse, desses, desse, déssemos, désseis, dessem;
- > **Futuro do subjuntivo:** Der, deres, der, dermos, derdes, derem.

Dizer

- > **Presente do indicativo:** Digo, dizes, diz, dizemos, dizeis, dizem;
- > **Presente do subjuntivo:** Diga, digas, diga, digamos, digais, digam;
- > **Pretérito perfeito do indicativo:** Disse, disseste, disse, dissemos, dissestes, disseram;
- > **Pretérito mais-que-perfeito do indicativo:** Dissera, disseras, dissera, disséramos, disséreis, disseram;
- > **Futuro do presente:** Direi, dirás, dirá etc.;
- > **Futuro do pretérito:** Diria, dirias, diria etc.;
- > **Pretérito imperfeito do subjuntivo:** Dissesse, dissesses, dissesse, disséssemos, dissésseis, dissessem;
- > **Futuro do subjuntivo:** Disser, disseres, disser, dissermos, disserdes, disserem;

Estar

- > **Presente do indicativo:** Estou, estás, está, estamos, estais, estão;
- > **Presente do subjuntivo:** Esteja, estejas, esteja, estejamos, estejais, estejam;
- > **Pretérito perfeito do indicativo:** Estive, estiveste, esteve, estivemos, estivestes, estiveram;
- > **Pretérito mais-que-perfeito do indicativo:** Estivera, estiveras, estivera, estivéramos, estivéreis, estiveram;
- > **Pretérito imperfeito do subjuntivo:** Estivesse, estivesses, estivesse, estivéssemos, estivésseis, estivessem;
- > **Futuro do subjuntivo:** Estiver, estiveres, estiver, estivermos, estiverdes, estiverem;

Fazer

- > **Presente do indicativo:** Faço, fazes, faz, fazemos, fazeis, fazem;
- > **Presente do subjuntivo:** Faça, faças, faça, façamos, façais, façam;
- > **Pretérito perfeito do indicativo:** Fiz, fizeste, fez, fizemos, fizestes, fizeram;
- > **Pretérito mais-que-perfeito do indicativo:** Fizera, fizeras, fizera, fizéramos, fizéreis, fizeram;
- > **Pretérito imperfeito do subjuntivo:** Fizesse, fizesses, fizesse, fizéssemos, fizésseis, fizessem;
- > **Futuro do subjuntivo:** Fizer, fizeres, fizer, fizermos, fizerdes, fizerem.

Seguem esse modelo desfazer, liquefazer e satisfazer.

Os particípios desses verbos e seus derivados são irregulares: Feito, desfeito, liquefeito, satisfeito, etc.

Haver

- > **Presente do indicativo:** Hei, hás, há, havemos, haveis, hão;
- > **Presente do subjuntivo:** Haja, hajas, haja, hajamos, hajais, hajam;
- > **Pretérito perfeito do indicativo:** Houve, houveste, houve, houvemos, houvestes, houveram;
- > **Pretérito mais-que-perfeito do indicativo:** Houvera, houveras, houvera, houvéramos, houvéreis, houveram;
- > **Pretérito imperfeito do subjuntivo:** Houvesse, houvesses, houvesse, houvéssemos, houvésseis, houvessem;
- > **Futuro do subjuntivo:** Houver, houveres, houver, houvermos, houverdes, houverem.

Ir

- > **Presente do indicativo:** Vou, vais, vai, vamos, ides, vão;
- > **Presente do subjuntivo:** Vá, vás, vá, vamos, vades, vão;
- > **Pretérito imperfeito do indicativo:** Ia, ias, ia, íamos, íeis, iam;
- > **Pretérito perfeito do indicativo:** Fui, foste, foi, fomos, fostes, foram;
- > **Pretérito mais-que-perfeito do indicativo:** Fora, foras, fora, fôramos, fôreis, foram;
- > **Pretérito imperfeito do subjuntivo:** Fosse, fosses, fosse, fôssemos, fôsseis, fossem;
- > **Futuro do subjuntivo:** For, fores, for, formos, fordes, forem.

Poder

- > **Presente do indicativo:** Posso, podes, pode, podemos, podeis, podem;
- > **Presente do subjuntivo:** Possa, possas, possa, possamos, possais, possam;
- > **Pretérito perfeito do indicativo:** Pude, pudeste, pôde, pudemos, pudestes, puderam;
- > **Pretérito mais-que-perfeito do indicativo:** Pudera, puderas, pudera, pudéramos, pudéreis, puderam;
- > **Pretérito imperfeito do subjuntivo:** Pudesse, pudesses, pudesse, pudéssemos, pudésseis, pudessem;
- > **Futuro do subjuntivo:** Puder, puderes, puder, pudermos, puderdes, puderem.

Pôr

- > **Presente do indicativo:** Ponho, pões, põe, pomos, pondes, põem;
- > **Presente do subjuntivo:** Ponha, ponhas, ponha, ponhamos, ponhais, ponham;
- > **Pretérito imperfeito do indicativo:** Punha, punhas, punha, púnhamos, púnheis, punham;

- **Pretérito perfeito do indicativo:** Pus, puseste, pôs, pusemos, pusestes, puseram;
- **Pretérito mais-que-perfeito do indicativo:** Pusera, puseras, pusera, puséramos, puséreis, puseram;
- **Pretérito imperfeito do subjuntivo:** Pusesse, pusesses, pusesse, puséssemos, pusésseis, pusessem;
- **Futuro do subjuntivo:** Puser, puseres, puser, pusermos, puserdes, puserem.

Todos os derivados do verbo pôr seguem exatamente esse modelo: Antepor, compor, contrapor, decompor, depor, descompor, dispor, expor, impor, indispor, interpor, opor, pospor, predispor, pressupor, propor, recompor, repor, sobrepor, supor, transpor são alguns deles.

Querer

- **Presente do indicativo:** Quero, queres, quer, queremos, quereis, querem;
- **Presente do subjuntivo:** Queira, queiras, queira, queiramos, queirais, queiram;
- **Pretérito perfeito do indicativo:** Quis, quiseste, quis, quisemos, quisestes, quiseram;
- **Pretérito mais-que-perfeito do indicativo:** Quisera, quiseras, quisera, quiséramos, quiséreis, quiseram;
- **Pretérito imperfeito do subjuntivo:** Quisesse, quisesses, quisesse, quiséssemos, quisésseis, quisessem;
- **Futuro do subjuntivo:** Quiser, quiseres, quiser, quisermos, quiserdes, quiserem;

Saber

- **Presente do indicativo:** Sei, sabes, sabe, sabemos, sabeis, sabem;
- **Presente do subjuntivo:** Saiba, saibas, saiba, saibamos, saibais, saibam;
- **Pretérito perfeito do indicativo:** soube, soubeste, soube, soubemos, soubestes, souberam;
- **Pretérito mais-que-perfeito do indicativo:** Soubera, souberas, soubera, soubéramos, soubéreis, souberam;
- **Pretérito imperfeito do subjuntivo:** Soubesse, soubesses, soubesse, soubéssemos, soubésseis, soubessem;
- **Futuro do subjuntivo:** souber, souberes, souber, soubermos, souberdes, souberem.

Ser

- **Presente do indicativo:** Sou, és, é, somos, sois, são;
- **Presente do subjuntivo:** Seja, sejas, seja, sejamos, sejais, sejam;
- **Pretérito imperfeito do indicativo:** Era, eras, era, éramos, éreis, eram;
- **Pretérito perfeito do indicativo:** Fui, foste, foi, fomos, fostes, foram;
- **Pretérito mais-que-perfeito do indicativo:** Fora, foras, fora, fôramos, fôreis, foram;
- **Pretérito imperfeito do subjuntivo:** Fosse, fosses, fosse, fôssemos, fôsseis, fossem;
- **Futuro do subjuntivo:** For, fores, for, formos, fordes, forem.

As segundas pessoas do imperativo afirmativo são: Sê (tu) e sede (vós).

Ter

- **Presente do indicativo:** Tenho, tens, tem, temos, tendes, têm;
- **Presente do subjuntivo:** Tenha, tenhas, tenha, tenhamos, tenhais, tenham;
- **Pretérito imperfeito do indicativo:** Tinha, tinhas, tinha, tínhamos, tínheis, tinham;
- **Pretérito perfeito do indicativo:** Tive, tiveste, teve, tivemos, tivestes, tiveram;
- **Pretérito mais-que-perfeito do indicativo:** Tivera, tiveras, tivera, tivéramos, tivéreis, tiveram;
- **Pretérito imperfeito do subjuntivo:** Tivesse, tivesses, tivesse, tivéssemos, tivésseis, tivessem;
- **Futuro do subjuntivo:** Tiver, tiveres, tiver, tivermos, tiverdes, tiverem.

Seguem esse modelo os verbos: Ater, conter, deter, entreter, manter, reter.

Trazer

- **Presente do indicativo:** Trago, trazes, traz, trazemos, trazeis, trazem;
- **Presente do subjuntivo:** Traga, tragas, traga, tragamos, tragais, tragam;
- **Pretérito perfeito do indicativo:** Trouxe, trouxeste, trouxe, trouxemos, trouxestes, trouxeram;
- **Pretérito mais-que-perfeito do indicativo:** Trouxera, trouxeras, trouxera, trouxéramos, trouxéreis, trouxeram;
- **Futuro do presente:** Trarei, trarás, trará, etc.;
- **Futuro do pretérito:** Traria, trarias, traria, etc.;
- **Pretérito imperfeito do subjuntivo:** Trouxesse, trouxesses, trouxesse, trouxéssemos, trouxésseis, trouxessem;
- **Futuro do subjuntivo:** Trouxer, trouxeres, trouxer, trouxermos, trouxerdes, trouxerem.

Ver

- **Presente do indicativo:** Vejo, vês, vê, vemos, vedes, veem;
- **Presente do subjuntivo:** Veja, vejas, veja, vejamos, vejais, vejam;
- **Pretérito perfeito do indicativo:** Vi, viste, viu, vimos, vistes, viram;
- **Pretérito mais-que-perfeito do indicativo:** Vira, viras, vira, víramos, víreis, viram;
- **Pretérito imperfeito do subjuntivo:** Visse, visses, visse, víssemos, vísseis, vissem;
- **Futuro do subjuntivo:** Vir, vires, vir, virmos, virdes, virem.

Seguem esse modelo os derivados antever, entrever, prever, rever. **Prover** segue o modelo acima apenas no presente do indicativo e seus tempos derivados; nos demais tempos, comporta-se como um verbo regular da segunda conjugação.

Vir

- **Presente do indicativo:** Venho, vens, vem, vimos, vindes, vêm;
- **Presente do subjuntivo:** Venha, venhas, venha, venhamos, venhais, venham;

> **Pretérito imperfeito do indicativo:** Vinha, vinhas, vinha, vínhamos, vínheis, vinham;

> **Pretérito perfeito do indicativo:** Vim, vieste, veio, viemos, viestes, vieram;

> **Pretérito mais-que-perfeito do indicativo:** Viera, vieras, viera, viéramos, viéreis, vieram;

> **Pretérito imperfeito do subjuntivo:** Viesse, viesses, viesse, viéssemos, viésseis, viessem;

> **Futuro do subjuntivo:** Vier, vieres, vier, viermos, vierdes, vierem;

> **Particípio e gerúndio:** Vindo.

Emprego do infinitivo

Apesar de não haver regras bem definidas, podemos anotar as seguintes ocorrências:

1) Usa-se o impessoal:

> Sem referência a nenhum sujeito: É proibido **estacionar** na calçada;

> Nas locuções verbais: Devemos **pensar** sobre a sua situação;

> Se o infinitivo exercer a função de complemento de adjetivos: É uma questão fácil de **resolver**;

> Se o infinitivo possuir valor de imperativo – O comandante gritou: "**marchar**!"

2) Usa-se o pessoal:

> Quando o sujeito do infinitivo é diferente do sujeito da oração principal: Eu não te culpo por **seres** um imbecil;

> Quando, por meio de flexão, se quer realçar ou identificar a pessoa do sujeito: Não foi bom **agires** dessa forma;

Exercícios Comentados

Hoje se acredita que a família nuclear <u>tenha</u> se estabelecido por trazer vantagens evolutivas.

01. ***(FCC) O emprego da forma verbal grifada acima denota, considerando- se o contexto,***

a) condição de realização de um fato.
b) ação terminada no passado.
c) hipótese plausível.
d) dúvida baseada em fatos.
e) fato concreto.

RESPOSTA. ***C. O verbo em destaque está conjugado no Modo Subjuntivo. Isso quer dizer que a forma verbal expressa uma ideia de hipótese passível de realização.***

Vamos Praticar

01. (FCC) Levando-se em conta as alterações necessárias, o termo grifado foi substituído corretamente por um pronome em:

a) A Inveja habita o <u>fundo de um vale</u> = habitá-lo
b) jamais se acende <u>o fogo</u> = lhe acende
c) serviu de modelo <u>a todos</u> = serviu-os
d) infectar <u>a jovem Aglauros</u> = infectá-la
e) ao dilacerar <u>os outros</u> = dilacerar-lhes

Leia o texto:

Na era das redes sociais, algumas formas de comunicação arcaicas ainda dão resultado. O canadense Harold Hackett que o diga. Morador da Ilha Príncipe Eduardo, uma das dez províncias do Canadá, ele enviou mais de 4.800 mensagens em uma garrafa e recebeu 3.100 respostas de pessoas de várias partes do mundo. De acordo com a BBC, o canadense envia as mensagens desde 1996. O seu método é simples. Harold utiliza **garrafas** de suco de laranja e se certifica de que as **mensagens** estão com data. Antes de **enviá-las,** checa o sentido dos ventos — que devem rumar de preferência para oeste ou sudoeste. Algumas cartas demoraram 13 anos para voltar para ele.

02. (CESPE) A forma pronominal "las", em "enviá-las", pode fazer referência tanto ao termo "garrafas" quanto ao termo "mensagens"

Certo ( ) Errado ( )

03. (CESGRANRIO) "***A gente se acostuma*** a morar em apartamentos de fundos."

Nós nos acostumamos a morar em apartamentos de fundos.

A troca de pronomes também respeita as regras de concordância estabelecidas na norma-padrão em:

a) Tu te acostuma / Você se acostuma.
b) Tu se acostuma / Você se acostumas.
c) Tu te acostumas / Você se acostuma.
d) Tu te acostumas / Você vos acostuma.
e) Tu te acostumas / Você vos acostumais.

Nossa espécie passou os últimos 150 mil anos melhorando o cérebro. Mas uma pesquisa recém-publicada por uma equipe da Universidade de Cambridge reforçou uma tese recorrente na neurociência: a de que nossa inteligência chegou a seu limite. Os estudos ainda devem prosseguir para confirmá-la, mas esse trabalho, **somado aos que vinham sendo realizados nos últimos anos**, não deixa margem para muitas dúvidas.

04. (CESPE) No trecho "somado aos que vinham sendo realizados nos últimos anos", o elemento "aos" poderia ser corretamente substituído por àqueles.

Certo ( ) Errado ( )

As bibliotecas virtuais têm, de certo modo, os predicados _____ o escritor argentino Jorge Luis Borges define a sua fantástica Biblioteca de Babel: são ilimitadas e periódicas. Desse modo, atualizam, no que oferecem e na forma _____ o oferecem, uma espécie de otimismo cético próprio do racionalismo.

A biblioteca está e vai com você onde você estiver, como uma Babel feita do paradoxo do conhecimento: quanto mais se sabe, mais há para saber, de modo que, o máximo sendo também o mínimo, nunca nos falte nem a pergunta ilimitada, nem a resposta periódica _____ os livros e revistas postos ao alcance de nosso cotidiano podem nos ajudar a formular, ou, ao menos, entrever.

05. (FAURGS) Assinale a alternativa que preenche, correta e respectivamente, as lacunas das linhas.

a) que – como – que
b) com que – que – a que
c) com que – como – que
d) que – como – a que
e) que – que – a que

06. (CESGRANRIO) Os substantivos grafados com **ç** são derivados de verbos: **produção, redução, desaceleração, projeção**. Quais os verbos a seguir que formam substantivos com a mesma grafia:

a) admitir, agredir, intuir
b) discutir, emitir, aferir
c) inquirir, imprimir, perseguir
d) obstruir, intervir, conduzir
e) reduzir, omitir, extinguir

07. (NUCEPE) **Adaptada**. Assinale a opção em que o substantivo apresentado é uma palavra de gênero feminino.

a) "sinal".
b) "palco".
c) "comunidade".
d) "lugares".
e) "jornais".

08. (CEPERJ) Os verbos considerados impessoais devem se manter invariáveis, no singular, segundo as normas de concordância verbal. Há um caso de verbo impessoal no seguinte exemplo do texto:

a) "você não vê há três meses"
b) "Para lá fui enviada."
c) "um gigantesco caminhão que andava"
d) "aquilo nos pareceu absurdo"
e) "E não precisará de recall para isso."

Ainda que os modernistas de 1922 não se _____ componentes de uma escola, nem ______ ter postulados rigorosos em comum, um grande desejo de expressão livre os unificava.

09. (FCC) Na frase acima, a correção será mantida caso a conjugação dos verbos originalmente empregados **consideraram** e **afirmaram** for modificada de modo que as formas verbais resultantes sejam, respectivamente:

a) considerarem e afirmarem.
b) considerassem e afirmassem.
c) consideravam e afirmavam.
d) considerariam e afirmariam.
e) considerar e afirmar.

10. (FUNCAB) Em "(...) A empregada já HAVIA CHEGADO e estava no portão, olhando o movimento.(...)", o tempo verbal mostra uma ação:

a) iniciada no passado, continuada no presente.
b) realizada em futuro próximo.
c) subordinada a uma ação futura.
d) repetida, independente da ação passada.
e) já terminada.

Leia o texto:

Eu sei morrer. Morri **desde pequena**. E dói, mas a gente finge que não dói. Estou com tanta saudade de Deus.

E agora vou morrer um pouquinho. Estou tão precisada.

Sim. Aceito, my Lord. Sob protesto.

Mas Brasília é esplendor. Estou assustadíssima.

São Paulo: Círculo do Livro, 1981, p. 106-7.

No que concerne a aspectos gramaticais do texto acima, julgue (C ou E) o item a seguir.

11. (CESPE) Da combinação inusitada do verbo morrer, flexionado no pretérito perfeito do indicativo, com a expressão adverbial "desde pequena" infere-se uma compreensão da morte diferente da que estaria implícita caso tivesse sido empregada a locução verbal Venho morrendo.

Certo ( ) Errado ( )

12. (FCC) Na Antiguidade, os egípcios <u>tinham</u> nas letras um objeto sagrado, inventado pelos deuses. O verbo flexionado nos mesmos tempo e modo em que se encontra o grifado acima está em:

a) Por meio da observação do cérebro de crianças e adultos, verificou-se de forma bastante clara ...
b) ... que o ato de escrever desencadeia ligações entre os neurônios ...
c) Com a digitação, essa área fica inativa.
d) .. a caligrafia constava entre as habilidades avaliadas nos exames de admissão do antigo ginásio até a década de 70 ...
e) ... entre as gerações que chegam aos bancos escolares.

13. (FCC) ... que já ***detestava*** a jovem... O verbo empregado nos mesmos tempo e modo que o grifado está em:

a) A Inveja habita o fundo de um vale...
b) ...todos os que falaram desse sentimento...
c) ...porque esta a espionara...
d) ...que interceda junto a Hersé...
e) Não admitia que a mortal...

14. (Vunesp) No contexto, a correlação expressa pelos verbos destacados na frase - Se o **fizesse** não **teria** coragem de me olhar no espelho. - indica:

a) hipótese sobre a consequência de mentir.
b) necessidade de comunicar-se sem enganar.
c) certeza acerca de ser desnecessária a mentira.
d) dúvida em relação àquilo que motiva a mentira.
e) negação de que a mentira seja viável.

Gabarito

01	D	08	A
02	CERTO	09	B
03	C	10	E
04	CERTO	11	CERTO
05	C	12	D
06	D	13	E
07	C	14	A

Anotações

CAPÍTULO 03

Sintaxe Básica da Oração e do Período

Sintaxe é a parte da Gramática que estuda a função das palavras ou das expressões em uma oração ou em um período.

Definições importantes:

Frase, oração e período (conceitos essenciais)

→ **Frase:** Qualquer sentença dotada de sentido.
   » **Ex.**: Eu adoro estudar Português!
   » **Ex.**: Fogo! Socorro!

→ **Oração:** Frase organizada em torno de uma forma verbal.
   » **Ex.**: Os alunos **farão** a prova amanhã!

→ **Período:** Conjunto de orações;
  > Período simples: 1 oração.
   » **Ex.**: **Estudarei** Português.
  > Período composto: mais de 1 oração.
   » **Ex.**: **Estudarei** Português e **farei** a prova.

Período Simples (Oração)

A oração é dividida em termos. Assim, o estudo fica organizado e impossibilita a confusão. São os termos da oração:

→ Essenciais;
→ Integrantes;
→ Acessórios.

Termos Essenciais da Oração

Sujeito e Predicado - são chamados de ***essenciais***, porque são os elementos que dão vida à oração. Quer dizer, sem um deles (o predicado, ao menos) não se pode formar oração.

» **Ex.**: O **Brasil (sujeito)** / caminha para uma profunda transformação social. (predicado)

Sujeito

Sujeito é o termo sintático sobre o qual se declara ou se constata algo. Deve-se observar que há uma profunda relação entre o verbo que comporá o predicado e o sujeito da oração. Usualmente, o sujeito é formado por um substantivo ou por uma expressão substantivada.

Classificação do Sujeito:

→ Simples;
→ Composto;
→ Oculto, elíptico ou desinencial;
→ Indeterminado;
→ Inexistente;
→ Oracional.

> **Sujeito simples:** Aquele que possui apenas um núcleo.
   » **Ex.**: **O país** deverá enfrentar difíceis rivais na competição.
   » **Ex.**: **A perda de fôlego de algumas das grandes economias** também já foi notada por outras gigantes do setor.

> **Sujeito composto:** É aquele que possui mais de um núcleo.
   » **Ex.**: **Rigoberto e Jacinto** são amigos inseparáveis.
   » **Ex.**: **Eu,** meus **amigos** e todo o **resto** dos alunos faremos a prova.

> **Sujeito oculto, elíptico ou desinencial:** Aquele que não se encontra expresso na oração, porém é facilmente subentendido pelo verbo apresentado.
   » **Ex.**: Acord**amos** cedo naquele dia. (Quem acordou? Nós.)
   » **Ex.**: Abr**i** o blusão, tir**ei** o 38, e pergunt**ei** com tanta raiva que uma gota de meu cuspe bateu na cara dele.(R. Fonseca)
   » **Ex.**: Vanderlei caminhou pela manhã. À tarde pass**eou** pelo lago municipal, onde encont**rou** a Anaconda da cidade.

Fique Ligado

Perceba que o sujeito não está grafado na sentença, mas é facilmente recuperável por meio da terminação do verbo.

> **Sujeito indeterminado**: Ocorre quando o verbo não se refere a um núcleo determinado. São situações de indeterminação do sujeito:

I. Terceira pessoa do plural sem um referente:
   » **Ex.**: Nunca lhe **deram** nada.
   » **Ex.**: **Fizeram** comentários maldosos a seu respeito.

II. Com verbos transitivos indiretos, intransitivo e relacionais (de ligação) acompanhados da partícula “se” que, no caso, será classificada como índice de indeterminação de sujeito.
   » **Ex.**: **Vive-se** muito bem quando a verba abunda.
   » **Ex.**: **Precisa-se** de força e coragem na vida de estudante.
   » **Ex.**: Nem sempre **se está** feliz na riqueza.

> **Sujeito inexistente ou oração sem sujeito:** Ocorre em algumas situações específicas.

I. Com verbos impessoais (principalmente os que denotam fenômeno da natureza).
   » **Ex.**: Em setembro **chove** muito.
   » **Ex.**: **Nevava** em Palotina.

II. Com o verbo haver, desde que empregado nos sentidos de existir, acontecer ou ocorrer.
   » **Ex.**: **Há** poemas perfeitos, não **há** poetas perfeitos.
   » **Ex.**: **Deveria haver** soluções para tais problemas.

III. Com os verbos ir, haver e fazer, desde que empregado fazendo alusão a tempo transcorrido.
   » **Ex.**: **Faz** um ano que não viajo. (verbo “fazer” no sentido de “tempo transcorrido”)
   » **Ex.**: **Há** muito tempo que você não aparece. (verbo “haver” no sentido de “tempo”)
   » **Ex.**: **Vai** para dois meses que não recebo salário. (verbo “ir” no sentido de “tempo”)

IV. Com os verbos **ser** ou **estar** indicando tempo.
   » **Ex.**: **Era** noite fechada.
   » **Ex.**: **É** tarde, eles não vêm!

V. Com os verbos **bastar** e **chegar** indicando cessamento.

» **Ex.**: **Basta** de tanta corrupção no Senado!

» **Ex.**: **Chega** de ficar calado quando a situação aperta!

VI. Com o verbo **ser** indicando data ou horas.

» **Ex.**: **São** dez horas no relógio da torre.

» **Ex.**: Amanhã **serão** dez de dezembro.

> **Sujeito oracional:** Ocorre nas análises do período composto, quando se verifica que o sujeito de um verbo é uma oração.

» **Ex.**: É preciso **que você estude Língua Portuguesa.**

Exercício Comentado

01. (CESGRANRIO) Eu sei <u>que a gente se acostuma</u>. Mas não devia. A palavra que tem o mesmo valor sintático e morfológico do que se destaca em:

a) Vamos ao Maranhão, que a passagem está barata.

b) Ainda que chova, irei ao encontro.

c) Há mais razões para sorrir que para chorar.

d) Ele espera que tudo dê certo.

e) A cidade em que nascemos só prospera.

RESPOSTA. ***D. A palavra destacada no enunciado da questão introduz o complemento do verbo saber, portanto é uma conjunção subordinativa integrante. O mesmo processo ocorre com a alternativa "D". A conjunção introduz o complemento do verbo "esperar.***

Predicado

É o termo que designa aquilo que se declara acerca do sujeito. É mais simples e mais prudente para o aluno buscar identificar o predicado antes do sujeito, pois, se assim o fizer, terá mais concretude na identificação do sujeito.

Natureza do predicado:

→ Nominal;

→ Verbal;

→ Verbo-nominal.

> **Predicado Nominal:** O predicado nominal é formado por **um verbo relacional (de ligação) + predicativo.**

Fique Ligado

Lembre os principais verbos de ligação: ser, estar, permanecer, continuar, ficar, parecer, andar e torna-se.

Exemplos:

» A economia da Ásia **parecia derrotada após a crise.**

» O deputado, de repente, **virou patriota.**

» Português **é legal.**

> **Predicado Verbal:** O predicado verbal tem como núcleo um verbo nocional.

» Empresários **investirão R$ 250 milhões em novo berço para Porto de Paranaguá.**

> **Predicado Verbo-nominal:** Ocorre quando há um verbo significativo (nocional) + um predicativo do sujeito.

» O trem chegou **atrasado**. ("atrasado" é uma qualidade do sujeito que aparece após o verbo, portanto, é um predicativo do sujeito).

» Pedro Paladino já nasceu **rico**.

» Acompanhei a indignação de meus alunos **preocupado**.

Predicativo

O predicativo é um termo componente do predicado. Qualifica sujeito ou objeto.

» **Ex.**: Josefina era **maldosa, ruim, sem valor.** (pred. do sujeito)

» **Ex.**: Leila deixou o garoto **louco**. (pred. do objeto)

» **Ex.**:O diretor nomeou João **chefe da repartição**. (pred. do objeto)

Termos Integrantes da Oração

→ Objeto Direto (complemento verbal);

→ Objeto Indireto (complemento verbal);

→ Complemento Nominal;

→ Agente da Passiva.

> **Objeto Direto**: É o complemento de um verbo transitivo direto.

» **Ex.**: Os bons cidadãos cumprem **as leis**. (quem cumpre, cumpre algo)

» **Ex.**: Em resumo: ele queria **uma mulher.** (quem quer, quer algo)

> **Objeto Indireto:** É o complemento de um verbo transitivo indireto.

» **Ex** .: Os bons cidadãos obedecem **às leis.** (quem obedece, obedece a algo)

» **Ex.**: Necessitamos **de manuais mais práticos** nos dias de hoje. (quem necessita, necessita de algo)

> **Complemento Nominal:** É o complemento, sempre preposicionado, de adjetivos, advérbios e substantivos que, em determinadas circunstâncias, pedem complemento, assim como os verbos transitivos indiretos.

» **Ex.**: O filme era impróprio **para crianças**.

» **Ex.**: Finalizou-se a construção **do prédio.**

» **Ex.**: Agiu favoravelmente **ao réu**.

> **Agente da Passiva**: É o complemento que, na voz passiva, designa o ser praticante da ação sofrida ou recebida pelo sujeito.

» **Ex.** de voz passiva: O zagueiro executou a jogada.

» **Ex.** de voz passiva: A jogada foi executada **pelo zagueiro**. (**Agente da passiva**)

» **Ex.**: Conversas foram interceptadas pela **Polícia Federal**. (Agente da passiva)

Termos Acessórios da Oração

→ Adjunto Adnominal;

→ Adjunto Adverbial ;

→ Aposto;

→ Vocativo.

> **Adjunto Adnominal:** A função do adjunto adnominal é desempenhada por qualquer palavra ou expressão que, junto de um substantivo ou de uma expressão substantivada, modifica o seu sentido. Vejamos algumas palavras que desempenham tal função.

Artigos:

» **As** alunas serão aprovadas.

Pronomes Adjetivos:

» **Aquela** aluna será aprovada.

Numerais Adjetivos:

» **Duas** alunas serão aprovadas.

Adjetivos:

» Aluno **estudioso** é aprovado.

Locuções Adjetivas:

» Aluno **de gramática** passa no concurso.

Exercício Comentado

Leia o texto:

"E deixo pra Zé Patife,
Que anda cagando goma,
Uma bainha pros chifre
E as cueca de Zé Maromba"

01. ***(CEV-URCA) Sintaticamente, o termo em destaque é núcleo de:***

a) Complemento nominal.
b) Objeto direto.
c) Adjunto adverbial.
d) Adjunto adnominal.
e) Objeto indireto.

RESPOSTA. ***B. A expressão "bainha" serve de núcleo do complemento do verbo deixar. Como o verbo em questão é transitivo direto, o complemento se chama objeto direto.***

> **Adjunto Adverbial:** O Adjunto Adverbial é o termo acessório (que não é exigido por elemento algum da sentença) que exprime circunstância ao verbo e, às vezes, ao adjetivo ou mesmo ao advérbio.

Advérbios:

» Os povos antigos trabalhavam **mais**.

Locuções Adverbiais:

» Li vários livros **durante as férias.**

Alguns tipos de adjuntos adverbiais:

» Tempo: **Ontem**, choveu muito.

» Lugar: Gostaria de que me encontrasse **na esquina da padaria.**

» Modo: Alfredo executou a aria **fantasticamente**.

» Meio: Fui para a escola **a pé**.

» Causa: **Por amor**, cometem-se loucuras.

» Instrumento: Quebrou a **vidraça com uma pedra**.

» Condição: **Se estudar muito**, será aprovado.

» Companhia: Faremos sucesso **com essa banda**.

> **Aposto:** O Aposto é o termo sintático que, possuindo equivalência semântica, esclarece seu referente.

Tipos de Aposto:

» Explicativo: Alencar, **escritor romântico**, possui uma obra vastíssima.

» Resumitivo ou recapitulativo: Estudo, esporte, cinema, **tudo** o chateava.

» Enumerativo: Preciso de duas coisas: **saúde e dinheiro.**

» Especificativo: A notícia foi publicada na revista **Veja.**

» Distributivo: Havia grupos interessados: **o da direita e o da esquerda.**

» Oracional: Desejo só uma coisa: **que vocês passem no concurso.**

> **Vocativo:** O Vocativo é uma interpelação, é um chamamento. Normalmente, indica com quem se fala.

» **Ex.**: **Ó mar**, por que não me levas contigo?

» **Ex.**: Vem, **minha amiga**, abraçar um vitorioso.

Período Composto

Nesse tópico, você deverá realizar a análise de mais de uma oração, portanto, atenção! Há dois processos de composição de período em Língua Portuguesa. São eles: coordenação e subordinação.

Coordenação

Ocorre quando são unidas orações independentes sintaticamente. Ou seja, são autônomas do ponto de vista estrutural. Vamos a um exemplo.

» Altamiro pratica esportes **e** estuda muito.

Subordinação

Ocorre quando são unidas orações que possuem dependência sintática. Ou seja, não estão completas em sua estrutura. O processo de subordinação ocorre de três maneiras:

→ **Substantiva:**

Quando a oração desempenhar a função de um substantivo na sentença (**sujeito, predicativo, objeto direto, objeto indireto, complemento nominal ou aposto**).

→ **Adjetiva:**

Quando a oração desempenhar a função de **adjunto adnominal** na sentença.

→ **Adverbial:**

Quando a oração desempenhar a função de **adjunto adverbial** na sentença.

» **Ex.**: Eu quero **que vocês passem no concurso**. (oração subordinada substantiva objetiva direta – a função de objeto direto está sendo desempenhada pela oração)

» **Ex.**: O Brasil, **que é um belíssimo país**, possui vegetação exuberante. (oração subordinada adjetiva explicativa)

» **Ex.**: **Quando José entrou na sala**, Manoel saiu. (oração subordinada adverbial temporal)

Processo de Coordenação

Há dois tipos de orações coordenadas: **assindéticas** e **sindéticas**.

Assindéticas:

O nome vem da palavra grega *sýndetos*, que significa conjunção, união. Ou seja, oração que não possui conjunção quando está colocada ao lado de outra.

» Valdevino **correu (OCA), correu (OCA), correu (OCA)** o dia todo.

Perceba que não há conjunções para ligar os verbos, ou seja, as orações estão colocadas uma ao lado da outra sem síndeto, portanto, são **Orações Coordenadas Assindéticas.**

Sindéticas:

Contrariamente às assindéticas, as sindéticas possuem conjunção para exprimir uma relação lógico-semântica.

Cada oração recebe o nome da conjunção que a introduz. Por isso é necessário decorar as conjunções.

> **Aditivas**

São introduzidas pelas conjunções e, nem, mas também, também, como (após "não só"), como ou quanto (após "tanto"), mais etc., dando a ideia de adição à oração anterior.

» **Ex.**: A seleção brasileira venceu a Dinamarca/ **e empatou com a Inglaterra**. (Oração Coordenada Assindética / **Oração Coordenada Sindética Aditiva**)

> **Adversativas**

São introduzidas pelas conjunções mas, porém, todavia, contudo, entretanto, no entanto, não obstante, senão, apesar disso, embora etc., indicando uma relação de oposição à sentença anterior.

» **Ex.**: O time batalhou muito, / **mas não venceu o adversário.** (Oração Coordenada Assindética / **Oração Coordenada Sindética Adversativa**)

> **Alternativas**

São introduzidas pelas conjunções ou... ou, ora... ora, já... já, quer... quer, seja... seja, nem... nem etc., indicando uma relação de alternância entre as sentenças.

» **Ex.**: Ora estuda, / ora trabalha,: (Oração Coordenada Sindética Alternativa / Oração Coordenada Sindética Alternativa)

> **Conclusivas**

São introduzidas pelas conjunções pois (posposto ao verbo), logo, portanto, então, por conseguinte, por consequência, assim, desse modo, destarte, com isso, por isto, consequentemente, de modo que, indicando uma relação de conclusão do período anterior.

» **Ex.**: Comprei a carne e o carvão, / **portanto podemos fazer o churrasco.** (Oração Coordenada Assindética / **Oração Coordenada Sindética Conclusiva**)

» **Ex.**: Estou muito doente, / **não posso, pois, ir à aula**. (Oração Coordenada Assindética/ **Oração Coordenada Sindética Conclusiva**)

> **Explicativas**

São introduzidas pelas conjunções que, porque, porquanto, por, portanto, como, pois (anteposta ao verbo), ou seja, isto é, indicando uma relação de explicação para com a sentença anterior.

» **Ex.**: Não converse, / **pois estou estudando.** (OCA / **Oração Coordenada Sindética Explicativa**)

Processo de Subordinação

Orações Subordinadas Substantivas: dividem-se em 6 tipos, introduzidas, geralmente, pelas conjunções **"que"** e **"se"**.

> **Subjetiva (O.S.S.S.)**

Exerce função de sujeito do verbo da oração principal.

» **Ex.**: É interessante / **que todos joguem na loteria.** (Oração Principal / **Oração subordinada substantiva subjetiva**)

> **Objetiva Direta (O.S.S.O.D.)**

Exerce função de objeto direto.

» **Ex.**: Eu quero / **que você entenda a matéria**. - Quem quer, quer algo ou alguma coisa - (Oração Principal / **Oração subordinada substantiva Objetiva Direta**)

> **Objetiva Indireta (O.S.S.O.I.)**

Exerce função de objeto indireto.

» **Ex.**: Os alunos necessitam / **de que as explicações fiquem claras**. - Quem necessita, necessita de algo - (Oração Principal / **Oração subordinada substantiva Objetiva Indireta**)

> **Predicativa (O.S.S.P.)**

Exerce função de predicativo.

» **Ex.**: O bom é / **que você faça exercícios todos os dias**. (Oração Principal / **Oração subordinada substantiva Predicativa**)

> **Completiva Nominal (O.S.S.C.N.)**

Exerce função de complemento nominal de um nome da oração principal.

» **Ex.**: Jonas tem vontade / **de que alguém o mande calar a boca.** (Oração Principal / **Oração subordinada substantiva Completiva Nominal**)

> **Apositivas (O.S.S.A.)**

Possuem a função de aposto da sentença principal, geralmente são introduzidas por dois-pontos (:).

» **Ex.**: Eu quero apenas isto: / **que você passe no concurso**. (Oração Principal / **Oração subordinada substantiva Apositiva**)

Orações Subordinadas Adjetivas: dividem-se em dois tipos. Quando desenvolvidas, são introduzidas por um pronome relativo.

Fique Ligado

O nome Oração Subordinada Adjetiva se deve ao fato de ela desempenhar a mesma função de um adjetivo na oração, ou seja, a função de adjunto adnominal. Na Gramática de Portugal, são chamadas de Orações Relativas pelo fato de serem introduzidas por pronome relativo.

> **Restritivas**

Restringem a informação da oração principal. Não possuem vírgulas.

» **Ex.**: O homem / **que mora ao lado** / é mal-humorado. (Oração Principal / **Oração subordinada Adjetiva Restritiva** / Oração Principal)

Para entender basta perguntar: qualquer homem é mal-humorado? Não. Só o que mora ao lado.

> **Explicativas**

Explicam ou dão algum esclarecimento sobre a oração principal.

» **Ex.**: João, / **que é o ex-integrante da comissão,** / chegou para auxiliar os novos contratados. (Oração Principal / **Oração Subordinada Adjetiva Explicativa** /Oração Principal)

Orações Subordinadas Adverbiais: dividem-se em nove tipos. Recebem o nome da conjunção que as introduz. Nesse caso, teremos uma principal (que não está **negritada**) e uma subordinada adverbial (que está em **negrito**).

Fique Ligado

Essas orações desempenham a função de Adjunto Adverbial da oração principal.

> **Causais**

Exprimem a causa do fato que ocorreu na oração principal. Introduzidas, principalmente, pelas conjunções porque, visto que, já que, uma vez que, como que, como.

» **Ex.**: **Já que precisamos de dinheiro**, vamos trabalhar.

> **Comparativas**

Representam o segundo termo de uma comparação. Introduzidas, na maior parte dos casos, pelas conjunções que, do que, como, assim como, (tanto) quanto.

» **Ex.**: Tiburcina fala **como uma gralha** (fala - o verbo está elíptico).

> **Concessivas**

Indica uma concessão entre as orações. Introduzidas, principalmente, pelas conjunções embora, a menos que, ainda que, posto que, conquanto, mesmo que, se bem que, por mais que, apesar de que. Fique de olho na relação da conjunção com o verbo.

» **Ex.**: **Embora não tivesse tempo disponível**, consegui estudar.

> **Condicionais**

Expressa ideia de condição. Introduzidas, principalmente, pelas conjunções se, salvo se, desde que, exceto, caso, desde, contanto que, sem que, a menos que.

» **Ex.**: **Se ele não se defender**, acabará como "boi-de-piranha" no caso.

> **Conformativas**

Exprimem acordo, concordância entre fatos ou ideias. Introduzidas, principalmente, pelas conjunções como, consoante, segundo, conforme, de acordo com etc.

» **Ex.**: Realize as atividades **conforme eu expliquei.**

> **Consecutivas**

Indicam a consequência ou o efeito daquilo que se diz na oração principal. Introduzidas, principalmente, pelas conjunções que (precedida de tal, tão, tanto, tamanho), de sorte que, de modo que.

» **Ex.**: Estudei tanto, **que saiu sangue dos olhos.**

> **Finais**

Exprimem finalidade da ação primeira. Introduzidas, em grande parte dos casos, pelas conjunções para que, a fim de que, que e porque.

» **Ex.**: Estudei muito **para que pudesse fazer a prova**.

> **Proporcionais**

Expressa uma relação de proporção entre as orações. Introduzidas, principalmente, pelas conjunções (locuções conjuntivas) à medida que, quanto mais.... mais, à proporção que, ao passo que, quanto mais.

» **Ex.**: José piorava, **à medida que abandonava seu tratamento.**

> **Temporais**

Indicam circunstância de tempo. Introduzidas, principalmente, pelas conjunções quando, antes que, assim que, logo que, até que, depois que, mal, apenas, enquanto etc.

» **Ex.**: **Logo que iniciamos o trabalho** os alunos ficaram mais tranquilos.

Exercício Comentado

01. ***(CESPE) O segmento "..., que financia projetos de obras públicas na América Latina,..." constitui oração subordinada adjetiva restritiva.***

ERRADO. Não se pode dizer que a oração é restritiva, pois há uma vírgula a antecedendo. Isso faz com que a oração se torne explicativa.

Vamos Praticar

Macunaíma

No fundo do mato-virgem nasceu Macunaíma, herói da nossa gente. Era preto retinto e filho do medo da noite. Houve um momento em que o silêncio foi tão grande escutando o murmurejo do Uraricoera, que a índia tapanhumas pariu uma criança feia. Essa criança é que chamaram de Macunaíma. Já na meninice fez coisas de sarapantar. De primeiro passou mais de seis anos não falando. Si o incitavam a falar exclamava:

— Ai! Que preguiça!... e não dizia mais nada. Ficava no canto da maloca, trepado no jirau de paxiúba, espiando o trabalho dos outros e principalmente os dois manos que tinha, Maanape já velhinho e Jiguê na força do homem.

01. (CESPE) Na linha 13 do fragmento I, a oração "que tinha", sintática e semanticamente dispensável para o texto, caracteriza-se por ter um pronome relativo como sujeito sintático.

Certo ( ) Errado ( )

Leia o texto:

Que Demócrito não risse, eu o provo. Demócrito ria sempre: logo não ria. A consequência parece difícil e evidente. O riso, como dizem todos os filósofos, nasce da novidade e da admiração, e cessando a novidade ou a admiração, cessa também o riso; o como Demócrito se ria dos ordinários desconcertos do mundo, o que é ordinário e se vê sempre, não pode causar admiração nem novidade; segue-se que nunca ria, rindo sempre, pois não havia matéria que motivasse o riso.

02. (CESPE) No período "Que Demócrito não risse, eu o provo" (linha 1), o verbo provar complementa-se com uma estrutura em forma de objeto direto pleonástico, com uma oração servindo de referente para um pronome.

Certo ( ) Errado ( )

03. (FCC) **Graças aos avanços na medicina e na agricultura,** as previsões funestas de Malthus não se confirmaram...

O segmento grifado exprime, em relação à afirmativa seguinte, noção de:

a) Condição.
b) Tempo.
c) Proporção.
d) Causa.
e) Finalidade.

04. (FCC) A frase em que **ambos** os elementos sublinhados são complementos verbais é:

a) Assim vos confesso que entendo de arquitetura, apesar das muitas opiniões em contrário.

b) Ninguém se impressiona tanto com um velho porão como este velho cronista, leitor amigo.

c) O porão deverá jazer sob os pés da família como jazem os cadáveres num cemitério.

d) Que atração exercem sobre o cronista as gravatas manchadas, quando desce a um porão...

e) Já não se fazem porões, hoje em dia, já não há qualquer mistério ou evocação mágica numa casa moderna.

05. (FCC) **Nascidas do povo mais humilde do Brasil**, as Escolas afirmam a vocação dos brasileiros, de todos os brasileiros, para a grandeza.

A oração grifada acima tem sentido ...... e, ao reescrevê-la com o emprego da conjunção adequada, a oração resultante deverá iniciar-se por ....

As lacunas estarão corretamente preenchidas, respectivamente, por:

a) final - Para que tivessem nascido

b) temporal - Enquanto tinham nascido

c) concessivo - Ainda que tenham nascido

d) consecutivo - Desde que tenham nascido

e) condicional - Caso tenham nascido

06. (FCC) Analisando-se aspectos sintáticos de frases de textos, é correto afirmar que em:

a) Muitos se lembravam da alegria voraz com que foram disputadas as toneladas da vítima - as formas verbais sublinhadas têm um mesmo sujeito.

b) Todos se empenhavam no lúcido objetivo comum - configura-se um caso de indeterminação do sujeito.

c) Uma tripulação de camelôs anunciava umas bugigangas - a voz verbal é ativa, sendo umas bugigangas o objeto direto.

d) Eu já podia recolher a minha aflição - não há a possibilidade de transposição para outra voz verbal.

e) Logo uma estatal, ó céus - o elemento sublinhado exerce a função de adjunto adverbial de tempo.

07. (FCC) "Fica calmo, meu caro jornalista, avião comigo não cai", procurava me tranquilizar **dr. Ulysses**...

O segmento em destaque exerce na frase acima a mesma função sintática que o elemento grifado exerce em:

a) Como a Folha era **o único veículo** ...

b) ... essas coisas não pegariam bem **para um repórter.**

c) ... **em que** tudo devia estar acertado...

d) Viajava **com os três líderes da campanha** em pequenos aviões fretados...

e) ... **quem** era o comandante.

08. (FCC) Mas, **embora ele não tivesse sido nomeado**, todos sabiam quem era o comandante.

Em relação à frase em que está inserido, o segmento grifado acima possui um sentido.

a) Condicional.

b) Causal.

c) Concessivo.

d) Comparativo.

e) Conclusivo.

09. (FCC) Este conceito **é relativo**, pois em arte não há originalidade absoluta.

... a sua contribuição maior foi **a liberdade de criação e expressão**.

Ambos os elementos acima grifados exercem nas respectivas frases a função de:

a) Adjunto adverbial.

b) Objeto direto.

c) Complemento nominal.

d) Predicativo.

e) Objeto indireto.

10. (FCC) ... o tema das mudanças climáticas **pressiona** os esforços mundiais para reduzir a queima de combustíveis.

A mesma relação entre o verbo grifado e o complemento se reproduz em:

a) ... a Idade da Pedra não acabou por falta de pedras ...

b) ... o estilo de vida e o modo da produção (...) são os principais responsáveis...

c) ... que ameaçam a nossa própria existência.

d) ... e a da China triplicou.

e) Mas o homem moderno estaria preparado.

Leia o texto:

A tradição teológica e filosófica nunca conseguiu explicar o "mistério da iniquidade", a existência do mal como potência do desejo e da ação humanas.

Ora, a corrupção é o mal do nosso tempo. Curiosamente, ela aparece como uma nova regra de conduta, uma contraditória "moral imoral". Da governalidade aos atos cotidianos, o mundo da vida no qual ética e moral se cindiram há muito tempo transformou-se na sempre saqueável terra de ninguém.

Como toda moral, a corrupção é rígida. Daí a impossibilidade do seu combate por meios comuns, seja o direito, seja a polícia. Do contrário, meio mundo estaria na prisão. A mesma polícia que combate o narcotráfico nas favelas das grandes cidades poderia ocupar o Congresso e outros espaços do governo onde a corrupção é **a regra**.

Mas o problema é que a força da corrupção é a do costume, é a da "moral", aquela mesma do malandro que age "na moral", que é "cheio de moral". Ela é muito mais forte do que a delicada reflexão ética que envolveria a autonomia de cada sujeito agente. E que só surgiria pela educação política que buscasse um pensamento reflexivo.

O sistema da corrupção é composto de um jogo de forças do qual uma das mais importantes é a "força do sentido". É ela que faz perguntar, por exemplo, "como é possível que um policial pobre se negue a aceitar dinheiro para agir ilegalmente?"

O simples fato de que essa pergunta seja colocada implica o pressuposto de que uma verdade ética tal como a honestidade foi transvalorada. Isso significa que foi também desvalorizada.

Se a conduta de praxe seria não apenas aceitar, mas exigir dinheiro em troca de uma ação qualquer na contramão do dever, é porque no sistema da corrupção o valor da honestidade, que garantiria ao sujeito a sua autonomia, foi substituído pela vantagem do dinheiro.

Mas não somente. Aquele que age na direção da lei como que age contra a moral caracterizada pelo "fazer como a grande maioria", levando em conta que no âmbito da corrupção se entende que o que a maioria quer é "dinheiro".

Verdade é que a ação em nome de um universal por si só caracteriza qualquer moral. É por meio dela que se faz o **cálculo** do "sentido" no qual, fora da vantagem que define a regra, o sujeito honesto se transfigura imediatamente em otário.

Se a moral é medida em dinheiro, não entregar-se a ele poderá parecer um luxo. Mas um contraditório luxo de pobre, já que a questão da honestidade não se coloca para os ricos, para quem tal valor parece de antemão assegurado.

Daí que jamais se louve nos noticiários a honestidade de alguém que não se enquadra no estereótipo do "pobre". **Honesto** é sempre o pobre elevado a cidadão exótico. Na verdade, por meio desse gesto o pobre é colocado à prova pelo sistema. Afinal ele teria tudo para ser corrupto, ou seja, teria todo o motivo para sê-lo. Mas teria também todo o perdão?

O cidadão exótico – pobre e honesto – que deixa de agir na direção de uma vantagem pessoal como que estaria perdoado por antecipação ao agir imoralmente sendo pobre, mas não está. A frase de Brecht seria sua jurisprudência mais básica: "O que é roubar um banco comparado a fundar um?"

Ora, sabemos que essa "moral imoral" tem sempre dois pesos e duas medidas, diferentes para ricos e pobres. No **vão** que as separa vem à tona a **incompreensibilidade** diante do mistério da honestidade. De categoria ética, ela desce ao posto de irrespondível problema metafísico.

Pois quem terá hoje a coragem de perguntar como alguém se torna o que é quando a subjetividade, a individualidade e a biografia já não valem nada e sentimos apenas o miasma que exala da vala comum das celebridades da qual o cidadão pode se salvar apenas alcançando o posto de um herói exótico, máscara do otário da vez?

(Marcia Tiburi. Cult, dezembro de 2011)

11. (CONSULPLAN) Assinale o termo que, no texto, desempenhe função sintática idêntica à de incompreensibilidade (L. 73).

a) a regra (L. 18)
b) vão (L. 72)
c) cálculo (L. 48)
d) honesto (L. 58)

12. (IPAD) Em que opção a expressão em negrito retoma a ideia de um termo para explicá-lo, desenvolvê-lo ou esclarecê-lo, assumindo a função sintática de aposto?

a) O conjunto de saltos de quedas d'água estava localizado ao oeste do Estado do Paraná, **no município de Guaíra...**
b) Calcula-se que a água do Rio Paraná levou cerca de 1 milhão de anos para cavar no basalto, **rocha vulcânica dura**, o caminho que percorria.
c) Era a cachoeira mais caudalosa do mundo, **nela** se escoando cerca de 75 mil metros cúbicos de água por segundo...
d) Capaz de gerar 15 milhões de kilowatts, Itaipu é **a usina** de maior potencial energético do mundo.
e) A barragem, **que represa o Rio Paraná**, tem a altura aproximada de um edifício de 62 andares.

13. (IPAD) Em que oração o sujeito **não** é posposto ao verbo?

a) "Sete quedas por mim passaram"
b) "Cessa o estrondo das cachoeiras"
c) "Aos mortos espanhóis, aos mortos bandeirantes, aos apagados fogos de Ciudad Real de Guaira vão juntar-se os sete fantasmas das águas assassinadas"
d) "Faz-se do movimento uma represa"
e) "da agitação faz-se um silêncio"

14. (CESGRANRIO) Em "e controlar a epidemia crescente **das doenças crônicas**," o termo destacado está ligado sintaticamente ao substantivo "epidemia". O termo que desempenha função sintática idêntica ao destacado acima está no trecho:

a) "enquanto cerca de 300 milhões de adultos são **obesos**,"
b) "...que ajude as autoridades **nacionais** a enfrentar os problemas."
c) "– Para alcançar as Metas do Milênio estabelecidas **pela ONU**,"
d) "Todos eles estão **mais** expostos..."
e) "entre outras doenças ligadas **ao excesso de peso**."

15. (FCC) ... mas nem todos **entendem** seu real significado.

O verbo que exige o mesmo tipo de complemento que o grifado acima está também **grifado** em:

a) Pesquisadores **revelaram** a existência de preconceitos enraizados contra a manifestação de emoções.
b) A pesquisa **tratava** da valorização de sentimentos até então vistos como negativos no ambiente de trabalho.
c) A manifestação de emoções positivas **é** geralmente bem aceita em qualquer ambiente.
d) Estudos recentes **aludem** à importância das emoções, sejam elas positivas ou negativas, na vida pessoal e profissional.
e) O local de trabalho nem sempre se **torna** propício à manifestação das próprias emoções.

16. (FUNCAB) A alternativa em que o termo destacado tem a função de adjunto adnominal e não a de predicativo do sujeito é:

a) "(...) ela estava muito mais **viva**(...)"
b) "(...) um peixe **sozinho** num tanque era algo muito solitário. (...)"
c) "(...) a mãe era **boa** para dar ideias. (...)"
d) "(...) Mas ele estava **sozinho**. (...)"
e) "(...) Só então notou como estava **cansado**."

17. (FCC) ... **embora** a maioria das pessoas consuma calorias suficientes ...

A conjunção grifada acima imprime ao contexto noção de:

a) Finalidade de uma ação.
b) Temporalidade relativa a um fato.
c) Concessão quanto à afirmativa que a segue.
d) Conjectura que não se realiza.
e) Incerteza quanto à comprovação de um fato.

18. (FCC) ... elas ainda **sofrem de imensas deficiências de nutrientes** ...

A relação entre verbo e complemento, grifada acima, se reproduz em:

a) ... embora a maioria das pessoas consuma calorias suficientes ...
b) ... e têm pontuação mais baixa nos testes de habilidade cognitiva.
c) ... a epidemia de obesidade nos países ricos representa exatamente o problema oposto.
d) ... e muitos não obtêm esses nutrientes.
e) ... menos da metade daqueles que mais precisam deles ...

19. (FCC) **Com o avançar da idade**, eles precisam de mais cálcio e vitaminas...

Iniciando o período por **Eles precisam de mais cálcio e vitaminas**, o segmento grifado poderá passar corretamente a:

a) À medida que a idade vai avançando.
b) Conquanto a idade avance.
c) Se a idade for avançando.
d) Ainda que a idade vá avançando.
e) Em comparação à idade que avança.

20. **Enquanto** o primeiro é regido por valores como amor e lealdade, o segundo tem como marca indexadores monetários e contratos. Assinale a alternativa que poderia substituir Enquanto no período anterior, sem modificação de sentido.

a) Como
b) Já que
c) Ao passo que
d) Quando

Gabarito

01	ERRADO	11	C
02	CERTO	12	B
03	D	13	A
04	A	14	B
05	C	15	A
06	C	16	B
07	E	17	C
08	C	18	E
09	D	19	A
10	C	20	C

Anotações

CAPÍTULO 04

Concordância Verbal e Nominal

Trata-se do processo de flexão dos termos a fim de se relacionarem harmoniosamente na frase. Quando se pensa sobre a relação do verbo com os demais termos da oração, o estudo focaliza a concordância verbal. Quando a análise se volta para a relação entre pronomes, substantivos, adjetivos e demais termos do grupo nominal, diz-se que o foco é concordância nominal.

Fique Ligado

Fique de olho aberto para a relação do sujeito com o verbo. Uma boa noção de Sintaxe é importantíssima para entender esse segmento do conteúdo.

Concordância Verbal

Regra geral

O verbo concorda com o sujeito em número e pessoa.

> O **primeiro-ministro** russo **acusou** seus inimigos.

> Dois **parlamentares rebateram** a acusação.

> **Contaram**-se **mentiras** no telejornal.

> **Vós sois** os responsáveis por vosso destino.

Regras para sujeito composto[1]

> Anteposto (colocado antes do verbo): o verbo vai para o plural:

» **Ex.**: Eu e meus irmãos **vamos** à praia.

> Posposto (colocado após o verbo): o verbo concorda com o mais próximo ou vai para o plural:

» Ex.: **Morreu (morreram)**, no acidente, **o prefeito e o vereador**.

Formado por pessoas (gramaticais) diferentes: plural da predominante.

» **Ex.**: Eu, você e os alunos **estudaremos** para o concurso. (a primeira pessoa é a predominante, por isso, o verbo fica na primeira pessoa do plural)

> Com núcleos em correlação: concorda com o mais próximo ou fica no plural:

» **Ex.**: O professor assim como o monitor auxilia(m) os estudantes.

Ligado por NEM: verbo concordará:

> No singular: se houver exclusão.

» **Ex.**: Nem Josias nem Josué **percebeu** o perigo iminente.

> No singular: quando se pretende individualizar a ação, aludindo a um termo em específico.

» **Ex.**: Nem os esportes nem a leitura **o entretém**.

> No plural: quando não houver exclusão, ou seja, quando a intenção for aludir ao sujeito em sua totalidade.

» **Ex.**: Nem a minha rainha nem o meu mentor **serão** tão convincentes a ponto de me fazerem mudar de ideia.

Ligado por COM: verbo concorda com o antecedente do COM ou vai para o plural:

» **Ex.**: O vocalista com os demais integrantes da banda **realizaram (realizou)** o show.

Ligado por OU: verbo no singular (se houver exclusão) ou no plural (se não houver exclusão):

» **Ex.**: Ou Pedro Amorim ou Jurandir Leitão **será** eleito vereador da cidade.

» **Ex.**: O aviso ou o ofício **deveriam** ser expedidos antes da data prevista.

Se o sujeito for construído com os termos:

I. Um e outro, nem um nem outro: verbo no singular ou plural, dependendo do sentido pretendido.

» **Ex.**: Um e outro **passou (passaram)** no concurso.

II. Um ou outro: verbo no singular.

» **Ex.**: Um ou outro fez a lição.

III. Expressões partitivas seguidas de nome plural: verbo no singular ou plural.

» **Ex.**: A maior parte das pessoas **fez (fizeram)** o exercício recomendado.

IV. Coletivo geral: verbo no singular.

» **Ex.**: O cardume **nadou** rio acima.

V. Expressões que indicam quantidade aproximada seguida de numeral: Verbo concorda com o substantivo.

» **Ex.**: Aproximadamente 20 % dos eleitores compareceram às urnas.

» **Ex.**: Aproximadamente 20% do eleitorado **compareceu** às urnas.

VI. Pronomes (indefinidos ou interrogativos) seguidos dos pronomes "nós" e/ou "vós": verbo no singular ou plural.

» **Ex.**: Quem de nós **fará (faremos)** a diferença?

VII. Palavra QUE (pronome relativo): verbo concorda com o antecedente do pronome "que".

» **Ex.**: Fui eu que **fiz** a diferença.

VIII. Palavra QUEM: verbo na 3ª pessoa do singular.

» **Ex.**: Fui eu quem **fez** a diferença.

Fique Ligado

Pela repetida utilização errônea, algumas gramáticas já toleram a concordância do verbo com a pessoa gramatical distinta da terceira, no caso de se utilizar um pronome pessoal como antecedente do "quem".

IX. Um dos que: verbo no singular ou plural.

» **Ex.**: Ele foi um dos que **fez (fizeram)** a diferença.

X. Palavras sinônimas: verbo concorda com o mais próximo ou fica no plural.

» **Ex.**: A ruindade, a maldade, a vileza **habita (habitam)** a alma do ser humano.

Quando os verbos estiverem acompanhados da palavra "SE":

Fique Ligado

Cuidado para não confundir aqui! Deve ficar atento à função da palavra "SE".

I. SE - na função de pronome apassivador: verbo concorda com o sujeito paciente.

» **Ex.**: **Vendem**-se casas e sobrados em Alta Vista.

1 As gramáticas registram um sem-número de regras de concordância. Selecionamos as mais relevantes para o universo do concurso público.

» **Ex.**: **Presenteou**-se o aluno aplicado com uma gramática.

II. SE - na função de índice de indeterminação do sujeito: verbo fica sempre na 3ª pessoa do singular.

» **Ex.**: **Precisa-se** de empregados com capacidade de aprender.

» **Ex.**: **Vive**-se muito bem na riqueza.

Fique Ligado

A dica é ficar de olho na transitividade do verbo. Se o verbo for VTI, VI ou VL, o termo "SE" será índice de indeterminação do sujeito.

Casos de concordância com o verbo "ser":

I. Quando indicar tempo ou distância: Concorda com o predicativo.

» **Ex.**: Amanhã **serão** 7 de fevereiro.

» **Ex.**: **São** 890 quilômetros daqui até Florianópolis.

II. Quando houver sujeito que indica quantidade e predicativo que indica suficiência ou excesso: Concorda com o predicativo.

» **Ex.**: Vinte milhões **era** muito por aquela casa.

» **Ex.**: Sessenta centavos **é** pouco por aquele lápis.

O verbo dar, no sentido de bater ou soar, acompanhado do termo hora(s): concorda com o sujeito.

» **Ex.**: **Deram** cinco horas no relógio do juiz.

» **Ex.**: **Deu** cinco horas o relógio juiz.

Verbo "parecer" – Concordância estranha.

Verbo "parecer" somado a infinitivo: Flexiona-se um dos dois.

» **Ex.**: Os alunos **pareciam** estudar novos conteúdos.

» **Ex.**: Os alunos **parecia estudarem** novos conteúdos.

Quando houver sujeito construído com nome no plural:

I. Com artigo no singular ou sem artigo: o verbo fica no singular.

» **Ex.**: <u>Memórias Póstumas de Brás Cubas</u> **continua** sendo lido por jovens estudantes.

» **Ex.**: <u>Minas Gerais</u> **é** um lindo lugar.

II. Com artigo plural: o verbo fica no plural.

» **Ex.**: <u>Os Estados Unidos</u> **aceitaram** os termos do acordo assinado.

Concordância Nominal

A concordância nominal está relacionada aos termos do grupo nominal. Ou seja, entram na dança o substantivo, o pronome, o artigo, o numeral e o adjetivo. Vamos à regra geral para a concordância.

Regra geral

O artigo, o numeral, o adjetivo e o pronome adjetivo devem concordar com o substantivo a que se referem em gênero e número.

» **Ex.**: **Meu belíssimo** e **antigo** carro **amarelo** quebrou, ontem, em **uma** rua **estreita.**

Fique Ligado

Veja que os termos destacados mantém uma relação harmoniosa com o núcleo de cada expressão. Relação tal que se estabelece em questões de gênero e de número.

A despeito de a regra geral dar conta de grande parte dos casos de concordância, devemos considerar a existência de casos particulares, que merecem atenção.

Casos que devem ser estudados

Dependendo da intencionalidade de quem escreve, pode-se realizar a concordância atrativa, primando por concordar com apenas um termo de uma sequência ou com toda a sequência. Vejamos:

» **Ex.**: Vi um carro e uma **moto** <u>vermelha</u>. (concordância apenas com o termo "moto")

» **Ex.**: Vi um carro e uma **moto** <u>vermelhos</u>. (concordância com ambos os elementos)

→ **Bastante ou bastantes?**

Se "bastante" é pronome adjetivo, será variável; se for advérbio (modificando o verbo), será invariável, ou seja, não vai para o plural.

» **Ex.**: Há <u>bastantes</u> **motivos** para sua ausência. (adjetivo)

» **Ex.**: Os alunos **falam** <u>bastante</u>. (advérbio)

Fique Ligado

Troque a palavra "bastante" por "muito". Se "muito" for para o plural, "bastante" também irá.

→ **Anexo, incluso, apenso, obrigado, mesmo, próprio. São adjetivos que devem concordar com o substantivo a que se referem.**

» **Ex.**: O <u>relatório</u> segue **anexo** ao documento.

» **Ex.**: Os <u>documentos</u> irão **apensos** ao relatório.

A expressão "em anexo" é invariável (não vai para plural nem para o feminino).

» **Ex.**: As planilhas irão **em anexo.**

→ **É bom, é necessário, é proibido, é permitido. Variam somente se o sujeito vier antecedido de um artigo ou outro termo determinante.**

» **Ex.**: <u>Maçã</u> **é bom** para a voz. / <u>A maçã</u> **é boa** para a voz.

» **Ex.**: <u>É necessário</u> **aparecer** na sala. / <u>É necessária</u> **sua aparição** na sala.

→ **Menos / alerta. São sempre invariáveis, contanto que respeitem sua classe de origem - advérbio. Se forem derivadas para substantivo, elas poderão variar.**

» **Ex.**: Encontramos **menos** alunos na escola. / Encontramos **menos** alunas na escola.

» **Ex.**: O policial ficou **alerta**. / Os policiais ficaram **alerta**.

→ **Só / sós. Variam apenas quando forem adjetivos. Quando forem advérbios, serão invariáveis.**

» **Ex.**: Pedro apareceu **só** (sozinho) na sala. / Os meninos apareceram **sós** (sozinhos) na sala. (adjetivo)

» **Ex.**: Estamos **só** (somente) esperando sua decisão. (advérbio)

A expressão "a sós" é invariável.

» **Ex.**: A menina ficou **a sós** com seus pensamentos.

Fique Ligado

Troque "só" por "sozinho" (vai para o plural) ou "somente" (fica no singular).

Exercício Comentado

Leia o trecho:

A França foi a pioneira na dominação do continente africano. A Inglaterra, no entanto, consagrada como grande potência marítima desde a queda de Napoleão, rapidamente assumiu a liderança da colonização.

01. ***(CESPE) A palavra "consagrada" estabelece relação de concordância com a palavra "Inglaterra".***

CERTO. ***A palavra consagrada aparece em referência ao termo "Inglaterra", que é um substantivo feminino. Pela lógica da língua, o certo é flexionar o termo "consagrado" para o feminino, obtendo-se "consagrada".***

Vamos Praticar

01. (FCC) O verbo indicado entre parênteses deverá ser obrigatoriamente flexionado numa forma do plural para preencher de modo correto a frase:

a) Quanto mais interesses ...... (haver) em jogo, mais contundentes serão as iniciativas da máquina neoliberal.

b) A não ...... (ser) pelas miragens que alimenta, muitas pessoas não conseguiriam sustentar o ânimo de viver.

c) O que não lhes ...... (dever) convir é abandonar todos esses sonhos que ajudam a viver.

d) Nunca me ...... (sobrevir), como agora, os sobressaltos que cada sonho traz consigo.

e) .....-se (dever) a essas miragens o esforço com que muitos conduzem seu trabalho.

Leia o trecho:

Dentro de um mês tinha comigo vinte aranhas; no mês seguinte cinquenta e cinco; em março de 1877 contava quatrocentas e noventa. Duas forças serviram principalmente à empresa de as congregar: o emprego da língua delas, desde que pude discerni-la um pouco, e o sentimento de terror que lhes infundi.

02. (CESPE) O verbo ter, na linha 1, está empregado no sentido de haver, existir, por isso mantém-se no singular, sem concordar com o sujeito da oração — "vinte aranhas".

Certo ( ) Errado ( )

03. (FCC) O verbo indicado entre parênteses deverá flexionar-se numa forma do singular para preencher corretamente a lacuna da frase:

a) Aquele a quem ...... (sensibilizar) os fatos do noticiário deve poupar-se de acompanhá-los todos os dias.

b) Não ...... (dever) mover a ninguém as esperanças ou a crença em que o mundo se torne mais discreto e silencioso.

c) Em qualquer notícia que provenha do nosso íntimo não mais ...... (haver) de se ocultar as verdades que fingimos desconhecer.

d) As pessoas a quem ...... (impor) a TV, diuturnamente, notícias de toda espécie perdem a capacidade de discriminar o que é ou não importante.

e) As novidades que dentro de mim se ...... (mascarar) só se revelarão mediante uma análise introspectiva.

04. (FCC) O verbo entre parênteses deverá flexionar-se em uma forma do plural para preencher de modo correto a lacuna da frase:

a) Aos sentimentos do menino ...... (corresponder) um gesto bonito, pelo qual se materializou o amor filial.

b) Não se ...... (atribuir) ao gesto do menino quaisquer intentos que não tivessem raiz em sua generosidade.

c) A nenhum dos parentes ...... (ocorrer) alimentar suspeitas acerca das preocupações do menino.

d) Não ...... (faltar) aos brinquedos antigos a magia que as engenhocas eletrônicas exercem hoje sobre os pequenos.

e) ...... (ter) ocorrido aos pais que os gestos do filho estariam ocultando algum segredo?

Leia o trecho:

Imagine que um poder absoluto ou um texto sagrado declarem que quem roubar ou assaltar será enforcado (ou terá a mão cortada). **Nesse caso, puxar a corda, afiar a faca ou assistir à execução seria simples, pois a responsabilidade moral do veredicto não estaria conosco.** Nas sociedades tradicionais, em que a punição é decidida por uma autoridade superior a todos, as execuções podem ser públicas: a coletividade festeja o soberano que se encarregou da justiça — que alívio!

05. (CESPE) No período "Nesse caso (...) estaria conosco", como o conector "ou" está empregado com sentido aditivo, e não, de exclusão, a forma verbal do predicado "seria simples" poderia, conforme faculta a prescrição gramatical, ter sido flexionada na terceira pessoa do plural: seriam.

Certo ( ) Errado ( )

Para cada uma dessas questões, assinale a alternativa que preenche corretamente, na ordem, as lacunas da frase apresentada.

06. (FCC) O cientista ......, com base em dados que lhe haviam sido ...... , que a pesquisa ...... resultados importantes para a fauna da região.

a) previu - entregues - traria

b) previu - entregados - trazeria

c) preveu - entregues - trazeria

d) preveu - entregados - traria

e) previu - entregues - trazeria

07. (FCC) ...... tomar medidas que ...... a sobrevivência de algumas espécies de aves na região.

a) Eram necessários - garantissem

b) Eram necessárias - garantissem

c) Era necessário - garantisse

d) Eram necessárias - garantisse

e) Era necessário - garantissem

08. (FCC) A frase em que as regras de concordância estão plenamente respeitadas é:

a) Contam-se que o poeta Manuel Bandeira ficou extasiado e impressionado ao ouvirem as novas batidas do violão de João Gilberto.

b) As canções de Caetano Veloso, cuja letra costumam despertar discussões acaloradas, são considerados por muitos grandes poemas da literatura nacional.

c) Já se passou vários anos do surgimento da bossa nova, mas Chega de saudade, de João Gilberto, continua a encantar os ouvidos ao redor do mundo.

d) Além de uma canção de João Gilberto, Chega de saudade é o título do livro de Ruy Castro em que o autor relembra os protagonistas da bossa nova.

e) Imagina-se que, embora pouco estudados, deve existir motivos sociais para a indiferença com que as camadas superiores durante muito tempo via o samba.

09. O verbo que se mantém corretamente ***no singular***, mesmo com as alterações propostas entre parênteses para o segmento grifado, está em:

a) Quando a peste negra varreu populações inteiras (**as epidemias**)

b) Quanto mais gente houvesse no mundo (**mais habitantes**)

c) Tom alarmista acerca do crescimento populacional arrefeceu (**As profecias**)

d) A humanidade terá de colocar toda sua inventividade à prova (**Os homens**)

e) Existe um consenso (**hipóteses diversas**)

10. (FCC) A frase em que ***ambos*** os elementos sublinhados são complementos verbais é:

a) Assim vos confesso que entendo de arquitetura, apesar das muitas opiniões em contrário.

b) Ninguém se impressiona tanto com um velho porão como este velho cronista, leitor amigo.

c) O porão deverá jazer sob os pés da família como jazem os cadáveres num cemitério.

d) Que atração exercem sobre o cronista as gravatas manchadas, quando desce a um porão...

e) Já não se fazem porões, hoje em dia, já não há qualquer mistério ou evocação mágica numa casa moderna.

11. (FCC) Substituindo-se o elemento grifado pelo segmento que está entre parênteses, o verbo que deverá flexionar-se no ***plural*** está em:

a) Clarice (**Juntamente com o marido, Clarice**) se encontrava no exterior...

b) A voz nova e solitária (**A voz que poucos conheciam**) em seguida iria encontrar obstáculos ...

c) O nome de Clarice (**A ficção de autoras intimistas**) [...] tinha aqui pequena repercussão.

d) ... como está dito por toda parte (**em todos os jornais**).

e) Ao contrário do que se (**os desavisados**) pensa ...

Em épocas passadas, alguns poetas se ...... atrelados a convenções literárias tão rígidas que, em alguns casos, os ...... de encontrar uma voz original e única

12. (FCC) Preenchem corretamente as lacunas da frase acima, na ordem dada:

a) Mantém - impedirão

b) Manteram - impediam

c) Mantiveram - impediram

d) Manteriam - impedira

e) Mantinham - impedia

Leia o trecho:

"O [fim] da Idade Média, no [século] XV, e o [ressurgimento] das cidades, no período renascentista,[representaram] profundas mudanças para a sociedade da época, mas, do ponto de vista político, assistiu-se a uma concentração ainda maior do poder nas mãos dos soberanos, reis absolutos, que, sob o peso de sua autoridade, unificaram os diversos feudos e formaram vários dos Estados modernos que hoje conhecemos."

13. (CESPE) A forma verbal "representaram" está no plural para concordar com o sujeito composto da oração, cujos núcleos são "fim", "século" e "ressurgimento".

Certo ( ) Errado ( )

Leia o trecho:

Trabalho demais, agenda cheia, Internet, celular [e carros que chegam a mais de 200 km/h] **transformam** o homem moderno numa espécie de Coelho Branco de Alice no País das Maravilhas.

14. (CESPE) Se o trecho "e carros que chegam a mais de 200 km/h" fosse retirado do texto, a forma verbal "transformam" deveria ser substituída por ***transforma.***

Certo ( ) Errado ( )

15. (FCC) Estão plenamente observadas as normas de concordância verbal em:

a) À noite, davam-se aos trabalhos de poucos e à diversão de muitos uma trégua oportuna, para tudo recomeçar na manhã seguinte.

b) Aos esforços brutais da jubarte não correspondiam qualquer efeito prático, nenhum avanço obtinha o gigante encalhado na areia.

c) Sempre haverá de aparecer aqueles que, diante de um espetáculo trágico, logram explorá-lo como oportunidade de comércio.

d) Como se vê, cabe aos bons princípios ecológicos estimular a salvação das baleias, seja no alto-mar, seja na areia da praia.

e) Da baleia encalhada em 1966 não restou, lembra-nos o autor, senão as postas em que a cruel voracidade dos presentes retalhou o animal

16. (CESGRANRIO) Em uma mensagem de e-mail bastante formal, enviada para alguém de cargo superior numa empresa, estaria mais adequada, por seguir a norma-padrão, a seguinte frase:

a) Anexo vão os documentos.

b) Anexas está a planilha e os documentos

c) Seguem anexos os documentos

d) Em anexas vão as planilhas.

e) Anexa vão os documentos e a planilha.

17. (CESGRANRIO) Em que sentença a concordância segue os parâmetros da norma-padrão?

a) Paguei a dívida e fiquei quites com minhas obrigações.

b) A secretária disse que ela mesmo ia escrever a ata.

c) Junto com o contrato, segue anexo a procuração.

d) A vizinha adotou uma atitude pouco amistosa.

e) Após a queda, a criança ficou meio chorosa.

18. A concordância verbal está de acordo com a norma-padrão em:

a) Cada um dos curadores foram responsáveis por um tema.

b) Muitos cartões vem decorados com guirlandas de flores.

c) A maior parte dos cartões expostos encantou os visitantes.

d) Está acontecendo diversos eventos sobre meios de comunicação na cidade.

e) Haviam poucos estudantes interessados em meios de comunicação do passado.

19. (CESGRANRIO) O plural, de acordo com a norma-padrão, do trecho "Foi um momento mágico, pois, apesar de bastante jovem, eu já vinha de uma experiência de vida cheia de mudanças e recomeços." é:

a) Foi momentos mágicos, pois, apesar de bastante jovens, nós já vínhamos de uma experiência de vida cheia de mudanças e recomeços.

b) Foi um momento mágico, pois, apesar de bastante jovem, eu já vinha de uma experiência de vidas cheias de mudanças e recomeços.

c) Foi um momento mágico, pois, apesar de bastante jovem, eu já vinha de experiências de vidas cheia de mudanças e recomeços.

d) Foram momentos mágicos, pois, apesar de bastante jovens, nós já vínhamos de experiências de vida cheias de mudanças e recomeços.

e) Foram dois momentos mágicos, pois, apesar de bastante jovem, eu já vinha de uma experiência de vida cheia de mudanças e recomeços.

O chefe de vários departamentos identifica a mudança no cenário da informática.

20. (CESGRANRIO) Considere a frase a cima. *A palavra **identifica** pode ser substituída, mantendo o sentido da sentença, pelo verbo ver, flexionado de acordo com a norma-padrão, por*

a) Vêm

b) Veem

c) Vem

d) Vê

e) Viram

Gabarito

01	D	11	E
02	ERRADO	12	C
03	D	13	ERRADO
04	B	14	ERRADO
05	ERRADO	15	D
06	A	16	C
07	E	17	E
08	D	18	C
09	B	19	D
10	A	20	D

Anotações

CAPÍTULO 05

Acentuação Gráfica

Antes de começar o estudo, é importante que você entenda quais são os padrões de tonicidade da Língua Portuguesa e quais são os encontros vocálicos presentes na Língua. Assim, fica mais fácil entender quais são as regras e como elas surgem.

Padrões de Tonicidade

→ **Palavras oxítonas:**

» Última sílaba tônica (so**fá**, ca**fé**, ji**ló**)

→ **Palavras paroxítonas:**

» Penúltima sílaba tônica (fer**ru**gem, a**du**bo, sa**ú**de)

→ **Palavras proparoxítonas:**

» Antepenúltima sílaba tônica (**â**nimo, **ví**tima, **á**timo)

Encontros Vocálicos

→ **Hiato (encontro vocálico que se separa):**

» Pi - **a** - no; sa - **ú** - de.

→ **Ditongo (encontro vocálico que permanece unido na sílaba):**

» cha - **péu**; to - **néis**.

→ **Tritongo (encontro vocálico que permanece unido na sílaba):**

» sa - **guão**; U - ru - **guai**.

Regras Gerais

Quanto às Proparoxítonas

Acentuam-se todas as palavras:

» **Ex.**: **Ví**tima, **â**nimo, Hiper**bó**lico

Quanto às Paroxítonas

a) Não se acentuam as terminadas em A, E, O (seguidas ou não de S) M e ENS.

» **Ex.**: Cas**te**lo, gra**na**da, pa**ne**la, pe**pi**no, **pa**jem, i**ma**gens etc.

b) Acentuam-se as terminadas em R, N, L, X, I ou IS, US, UM, UNS, PS, Ã ou ÃS e DITONGOS.

» **Ex.**: Susten**tá**vel, **tó**rax, **hí**fen, **tá**xi, **ál**bum, **bí**ceps, prin**cí**pio etc.

c) Fique de olho em alguns casos particulares, como as palavras terminadas em OM / ON / ONS

» **Ex.**: **lân**dom; **pró**ton, **nêu**trons etc.

Fique Ligado

Nova Ortografia – olho aberto! Deixam de se acentuarem as paroxítonas com OO e EE.

» ***Ex.: Voo, enjoo, perdoo, magoo.***

» ***Ex.: Leem, veem, deem, creem.***

Quanto às Oxítonas

São acentuadas as terminadas em:

» **Ex.**: **A** ou **AS**: So**fá**, Pa**rá**;

» **Ex.**: **E** ou **ES**: Ra**pé**, Ca**fé**;

» **Ex.**: **O** ou **OS**: A**vô**, Ci**pó**;

» **Ex.**: **EM** ou **ENS**: Tam**bém**, Para**béns**.

Acentuação de Monossílabos

Acentuam-se os monossílabos tônicos terminados em **A**, **E** e **O**, seguidos ou não de **S**.

» **Ex.**: Pá, pó, pé, já, lá, fé, só.

Acentuação dos Hiatos

Acentuam-se os hiatos quando forem formados pelas letras **I** ou **U**, sozinhas ou seguidas de **S**:

» **Ex.**: Sa**ú**va, Ba**ú**, Bala**ú**stre, Pa**ís**.

Exceções:

» **Ex.**: Seguidas de **NH**: Ta**i**nha

» **Ex.**: Paroxítonas antecedidas de ditongo: Fei**u**ra

» **Ex.**: Com o **i** duplicado: Xi**i**ta

Ditongos Abertos

Serão acentuados os ditongos abertos **ÉU**, **ÉI** e **ÓI**, com ou sem **S**, quando forem oxítonos ou monossílabos.

» **Ex.**: Cha**péu**, **Réu**, To**néis**, He**rói**, Pas**téis**, Ho**téis**, Len**çóis**.

Fique Ligado

Novo Acordo Ortográfico – fique de olho! Caiu o acento do ditongo aberto em posição de paroxítona.

» ***Ex.: Ideia, Onomatopeia, Jiboia, Paranoia, Heroico etc.***

Formas Verbais com Hífen

Para saber se há acento em uma forma verbal com hífen, deve-se analisar o padrão de tonicidade de cada bloco da palavra:

» **Ex.**: Aju**dá**-lo (oxítona terminada em "a" / monossílabo átono)

» **Ex.**: Con**tar**-lhe (oxítona terminada em "r" / monossílabo átono)

» **Ex.**: Convi**dá**-la-íamos. (oxítona terminada em "a" / proparoxítona)

Verbos *"ter"* e *"vir"*

Quando escritos na **3ª pessoa do singular, não serão acentuados:**

» **Ex.**: Ele tem / ele vem.

Quando escritos na **3ª pessoa do plural,** receberão o **acento circunflexo:**

» **Ex.**: Eles **têm / vêm**

Nos verbos derivados das formas acima:

» Acento agudo para singular - Contém / convém.

» Acento circunflexo para o plural - Contêm / convêm.

Acentos Diferenciais

Alguns permanecem:

» **Ex.**: pôde / pode (pretérito perfeito / presente simples);

» **Ex.**: pôr / por (verbo / preposição);

» **Ex.**: fôrma[1] / forma (substantivo / verbo ou ainda substantivo).

Caiu o acento diferencial de:

» **Ex.**: para - pára (preposição / verbo);

» **Ex.**: pelo - pêlo (preposição + artigo / substantivo);

» **Ex.**: polo - pólo (preposição + artigo / substantivo);

» **Ex.**: pera - pêra (preposição + artigo / substantivo).

Exercício Comentado

01. ***(CESPE) Os vocábulos "indivíduo", "diária" e "paciência" recebem acento gráfico com base na mesma regra de acentuação gráfica.***

CERTO. ***As três palavras são paroxítonas terminadas em ditongo.***

1 Nesse caso, é facultativo o acento.

Fique Ligado

Para palavras da Língua Portuguesa, não há mais o trema (¨), mas, em palavras estrangeiras ou em derivados delas, ele ainda permanece.

» ***Ex.: Tranquilo / linguiça / sanguíneo;***

» ***Ex.: Müller / Mülleriano.***

Vamos Praticar

01. É preciso corrigir deslizes relativos à ortografia oficial e à acentuação gráfica da frase:

a) As obras modernistas não se distinguem apenas pela temática inovadora, mas igualmente pela apreensão do ritmo alucinante da existência moderna.

b) Ainda que celebrassem as máquinas e os aparelhos da civilização moderna, a ficção e a poesia modernista também valorizavam as coisas mais quotidianas e prosaicas.

c) Longe de ser uma excessão, a pintura modernista foi responsável, antes mesmo da literatura, por intênsas polêmicas entre artistas e críticos conservadores.

d) No que se refere à poesia modernista, nada parece caracterizar melhor essa extraordinária produção poética do que a opção quase incondicional pelo verso livre.

e) O escândalo não era apenas uma consequência da produção modernista: parecia mesmo um dos objetivos precípuos de artistas dispostos a surpreender e a chocar.

02. Assinale a palavra que **NÃO** tenha sido acentuada pelo mesmo motivo que as demais.

a) Substituído

b) Polícia

c) Jurisprudência

d) Saqueável

03. Em qual das frases abaixo, a palavra destacada está de acordo com as regras de acentuação gráfica oficial da língua portuguesa?

a) Vende-se **cocô** gelado.

b) Se **amássemos** mais, a humanidade seria diferente.

c) É importante que você estude pelo **ítem** do edital.

d) Estavam deliciosas as **larânjas** que comprei.

e) A empresa **têm** procurado um novo empregado.

04. Todas as palavras são acentuadas graficamente pelo mesmo motivo em:

a) Água, município, edifício, Guaíra

b) Estádios, superfície, Baía, média

c) Paraná, será, vulcânica

d) Cúbicos, espetáculo, energético

e) Insuperável, quilômetro, três

05. Assinale a alternativa em que todos os substantivos devem ser acentuados.

a) Lapis - bonus - bainha

b) Serie - aspecto - torax

c) Alcool - moinho - sucuri

d) Urubu - egoismo - magoa

e) Armazem - orgao - carater

06. Levando-se em consideração o que está previsto na ortografia oficial vigente, é correto afirmar que: o vocábulo "têxtil", que segue o padrão de flexão do vocábulo pênsil, é acentuado também na forma plural; "obsolescência" é vocábulo que segue o padrão do vocábulo ciência, no que se refere ao emprego de sinal de acentuação; a acentuação gráfica do vocábulo "déspotas" também é empregada quando o vocábulo é grafado na forma singular.

Certo ( ) Errado ( )

07. Assinale a alternativa em que o termo tenha sido acentuado seguindo regra distinta dos demais.

a) Difíceis

b) Próprio

c) Concluída

d) Consequências

e) Solidários

"E no alto da torre exibo-te o varal. Onde balança ao léu minh'alma"

08. A respeito dos versos acima, analise os itens a seguir: O acento em léu se justifica como acento diferencial, para não se confundir com o verbo leu.

Certo ( ) Errado ( )

09. Que palavra obedece à mesma regra de acentuação que país?

a) Compôs

b) Baú

c) Índio

d) Negócios

e) Águia

10. Cada alternativa a seguir apresenta um princípio ortográfico seguido de dois exemplos. A exemplificação está correta somente em:

a) São acentuadas todas as palavras oxítonas terminadas em a, e, o, em seguidas ou não de "s": também e já.

b) Todas as palavras proparoxítonas são acentuadas: década e porém.

c) Acentua-se a segunda vogal tônica do hiato: subtraídas e ótimo.

d) Acentuam-se os monossílabos tônicos terminados em a, e, o (s): há e só.

e) Acentuam-se com acento agudo os ditongos tônicos éi, éu, ói: vídeo e sério.

11. "Dedicar-se **à** relação é importante..." É correto afirmar que o sinal gráfico empregado na palavra destacada nessa frase é denominado:

a) Trema.

b) Acento agudo.

c) Crase.

d) Acento circunflexo.

e) Acento grave.

12. Assinale a alternativa em que a palavra tenha sido acentuada seguindo regra distinta das demais.

a) Consciência

b) Juízos

c) Pretório

d) Episódios

e) Importância

13. Assinale a alternativa em que a palavra tenha sido acentuada seguindo regra distinta das demais.

a) Previdência
b) Diária
c) Vítima
d) Declínio
e) Óbvia

14. Nas palavras "país", "político", "preferência", "perpétua" e "páginas", o acento é decisivo para a determinação do sentido dos vocábulos, uma vez que, sem acento, tais palavras, mesmo estando escritas de acordo com a norma culta, teriam outro significado.

Certo ( ) Errado ( )

15. As palavras "é", "média", "até" e "líderes", obedecem, respectivamente, às mesmas regras de acentuação gráfica de:

a) Há, salários, paletós e técnico.
b) Já, próprio, júnior e acadêmico
c) É, consultório, convém e infindáveis.
d) Mês, universitário, papéis e público
e) Só, líder, escritório e sênior.

16. Assinale a alternativa que traz toda a acentuação correta:

a) Não duvida o órfão que tal benção no tatú é doida.
b) Coçá-lo é bem doído; é seriíssimo, sem dúvida.
c) Vanglória-te dos girassois cultivados no paraíso.
d) Favor apôr sua rubrica no documento, sem desdem.
e) O edil foi habil ao comprar toda a maquinária.

17. Nas alternativas a seguir, os acentos foram omitidos propositadamente. Assinale a alternativa em que todas as palavras deveriam ser graficamente acentuadas

a) Rubrica, diluvio, viuva.
b) Ambar, heroi, ilustra-lo.
c) Protons, forceps, releem.
d) Dificilmente, Piaui, misantropo.
e) Perdoo, atribuimos, caiste.

18. Assinale a série que apresenta somente palavras paroxítonas:

a) Enciclopédia – página – relatório.
b) Conteúdo – brechós – catálogo.
c) Além – lá – bônus.
d) Histórias – enciclopédia – bônus.

19. A alternativa em que o uso do acento gráfico obedece à mesma regra é:

a) Panóptico, ótima, úteis
b) Óleo, ótima, Ásia
c) Óleo, Ásia, delícia
d) Aliás, já, biguá
e) Chapéu, vocês, aí

20. As palavras mês, está e água, respectivamente, recebem acento pelo mesmo motivo que:

a) Baú, sofá, possível.
b) Até, já, ausência.
c) Nós, até, canário.
d) Caí, será, última.
e) Pés, saúde, notícia.

Gabarito

01	C	11	E
02	A	12	B
03	B	13	C
04	D	14	ERRADO
05	E	15	A
06	CERTO	16	B
07	C	17	B
08	ERRADO	18	D
09	B	19	C
10	D	20	C

Anotações

CAPÍTULO 06

Colocação Pronominal

Esta parte do conteúdo é relativa ao estudo da posição dos pronomes oblíquos átonos em relação ao verbo. Antes de iniciar o estudo, tente memorizar os pronomes em questão.

Pronomes Oblíquos Átonos
me
te
o, a, lhe, se
nos
vos
os, as, lhes, se

Quatro casos de colocação:

01. **Próclise** (anteposto ao verbo)
    » **Ex.**: Nunca **o** vi.
02. **Mesóclise** (medial em relação ao verbo)
    » **Ex.**: Dir-**te**-ei algo.
03. **Ênclise** (posposto ao verbo)
    » **Ex.**: Passa-**me** a resposta.
04. **Apossínclise** (intercalação de uma ou mais palavras entre o pronome e o verbo)
    » **Ex.**: Talvez tu **me** já não creias.

Regras de Próclise

→ Palavras ou expressões negativas:
  » **Ex.**: Não **me** deixe aqui neste lugar!
  » **Ex.**: Ninguém **lhe** disse que seria fácil.

→ Pronomes relativos:
  » **Ex.**: O material de que **me** falaste é muito bom.
  » **Ex.**: Eis o conteúdo que **me** causa nojo.

→ Pronomes indefinidos:
  » **Ex.**: Alguém me disse que você vai ser transferido.
  » **Ex.**: Tudo **me** *parece estranho.*

→ Conjunções subordinativas:
  » **Ex.**: Confiei neles, assim que **os** *conheci.*
  » **Ex.**: Disse que **me** faltavam palavras.

Exercício Comentado

01. (TJSC) Em qual período a colocação pronominal está INCORRETA:

a) O cientista pretende desvendar como se formam os furacões, tornados, tsunamis e demais fenômenos naturais de inegável potência.

b) Adotarão-se medidas de urgência para minorar os efeitos do temporal.

c) Não se sabe ainda o valor do negócio, que, especula-se, ficou em torno de um bilhão de reais.

d) O advogado se referiu duas vezes ao mesmo assunto.

e) O dano moral é a lesão aos elementos individualizadores da pessoa, tais como a honra, a reputação e o prestígio, expressando-se por desequilíbrios no ânimo do lesado.

RESPOSTA. ***B. Como o verbo está no futuro do presente, o correto seria empregar a mesóclise, ou seja, a forma verbal resultante seria "adotar-se-ão".***

→ Advérbios:
  » **Ex.**: Sempre **lhe** disse a verdade.
  » **Ex.**: Talvez **nos** apareça a resposta para essa questão.

→ Pronomes interrogativos:
  » **Ex.**: Quem **te** contou a novidade?
  » **Ex.**: Que **te** parece essa situação?

→ "Em + gerúndio"
  » **Ex.**: Em **se** tratando de Gramática, eu gosto muito!
  » **Ex.**: Nesta terra, em **se** plantando, tudo há de nascer.

→ Particípio
  » **Ex.**: Ele havia avisado-**me.** (errado)
  » **Ex.**: Ele **me** havia avisado. (certo)

→ Sentenças optativas
  » **Ex.**: Deus **lhe** pague!
  » **Ex.**: Deus **o** acompanhe!

Regras de Mesóclise

Emprega-se o pronome oblíquo átono no meio da forma verbal, quando ela estiver no futuro do presente ou no futuro simples do pretérito do indicativo.

  » **Ex.**: Chamar-**te**-ei, quando ele chegar.
  » **Ex.**: Se houver tempo, contar-**vos**-emos nossa aventura.
  » **Ex.**: Contar-**te**-ia a novidade.

Regras de Ênclise

Não se inicia sentença, em Língua Portuguesa, por pronome oblíquo átono. Ou seja, não coloque o pronome átono no início da frase.

Formas verbais:

→ Do **infinitivo impessoal** (precedido ou não da preposição "a");
→ Do **gerúndio;**
→ Do **imperativo afirmativo;**
  » **Ex.**: Alcança-**me** o prato de salada, por favor!
  » **Ex.**: Urge obedecer-**se** às leis.
  » **Ex.**: O garoto saiu da sala desculpando-**se**.
  » **Ex.**: Tratando-**se** desse assunto, não gosto de pensar.
  » **Ex.**: Dá-**me** motivos para estudar.

Fique Ligado

Se o gerúndio vier precedido da preposição "em", deve-se empregar a próclise.

  » **Ex.**: Em **se** tratando de Gramática, eu gosto muito.

Casos Facultativos

→ Sujeito expresso, próximo ao verbo.
  » **Ex.**: O menino **se** machucou **(-se)**.
  » **Ex.**: Eu **me** refiro **(-me)** ao fato de ele ser idiota.

→ Infinitivo antecedido de "não" ou de preposição.
  » **Ex.**: Sabemos que não **se** habituar **(-se)** ao meio causa problemas.
  » **Ex.**: O público o incentivou a **se** jogar **(-se)** do prédio.

Vamos Praticar

01. (FUNCAB) A autora escreve "mas nos cingiremos a uma delas", e não "cingiremo-nos", para não infringir a mesma regra de colocação pronominal DESRESPEITADA em:

a) O livro havia sumido e eu queria que alguém procurasse-o.

b) Se não achasse o livro na estante, eu procuraria-o por toda a casa.

c) Aquele livro era ótimo, por isso tenho procurado-o com insistência.

d) Procure o livro para mim, que eu hoje não procuro-o mais.

e) Venho tentando achar o livro, mas quem disse que encontro-o?

02. (FUNCAB) A passagem em que se evitou a ênclise do pronome átono com base na mesma regra de colocação observada em: "Assim, o homem se tornaria menos consumidor e mais feliz" é a seguinte:

a) "... com argumentos de que se trata de uma economia limpa..."

b) "... fica evidente que poucos se perguntam sobre as consequências..."

c) "Para frear o drama ambiental planetário que se avizinha..."

d) "Os manipuladores da indústria da moda não se cansam de alternar tendências..."

e) "... uma maior consciência do nosso Eu Superior se refletirá num contato mais próximo coma natureza..."

E quando Seu José, desesperado, fez saltar os miolos com uma bala, deixou esta frase escrita num pedaço de papel:

"Enquanto foi solteira, achava minha mulher que nenhum homem era digno de ser seu marido; depois de casada (por conveniência) achou que todos eles eram dignos de ser seus amantes. Mato- me".

03. (MS CONCURSOS - ADAPTADA) Na oração final do texto: "Mato-me", a colocação pronominal está:

a) Correta, pois depois de verbo é obrigatória a ênclise.

b) Incorreta, pois depois de verbo é obrigatória a próclise.

c) Adequada, pois não se inicia frase ou oração com pronome oblíquo átono.

d) Adequada, pois não se inicia frase ou oração com pronome pessoal reto.

04. (CESGRANRIO) Observe os pronomes oblíquos destacados no texto abaixo.

Como já **se** sabia, o ser humano adapta-**se** rapidamente a novas condições de vida. O que a pesquisa da felicidade nos ensinou foi o fato de a nossa capacidade de adaptação ser ainda maior do que **se** imaginava. Acostumamo-**nos** a quase tudo e há coisas das quais nunca **nos** enfadamos.

Segundo a norma culta, é possível inverter a colocação do pronome apenas em:

a) Sabia-se.

b) Se adapta.

c) Imaginava-se.

d) Nos acostumamos.

e) Enfadamo-nos.

05. (CESGRANRIO) A colocação do pronome átono destacado está ***INCORRETA*** em:

a) Quando **se** tem dúvida, é necessário refletir mais a respeito.

b) Tudo **se** disse e nada ficou acordado.

c) Disse que, por vezes, temos equivocado-**nos** nesse assunto.

d) Alguém **nos** informará o valor do prêmio.

e) Não devemos preocupar-**nos** tanto com ela.

06. (FADESP - ADAPTADA) Quanto às normas de colocação pronominal, é correto afirmar que, no enunciado "agora se reivindica uma escola capaz de extrapolar a mera transmissão de conteúdos", a próclise justifica-se pelo(pela):

a) Uso do registro informal da língua.

b) Presença de um termo atrativo.

c) Ocorrência de forma verbal paroxítona.

d) Posição que o pronome ocupa na frase, não iniciando a oração.

07. (INSTITUTO CIDADES) A colocação pronominal no trecho "O país recusou-se a assinar o tratado" está ***CORRETA*** porque:

a) Não se deve usar pronome oblíquo átono antes de verbo.

b) Não há nenhuma palavra atrativa antes do verbo para que se desse a próclise.

c) Por estar no pretérito perfeito do indicativo, o pronome ocorre em ênclise.

d) Por tratar-se de uma locução verbal de infinitivo, essa é a única forma possível de colocação pronominal.

08. (FUNCAB) Marque a opção em que houve **ERRO** na colocação do pronome oblíquo átono.

a) Você realmente acha que me convenceu com esta história?

b) Pergunto-me frequentemente se há vida após a morte.

c) Ninguém me convenceria do contrário.

d) Jamais me submeteria a este tipo de interrogatório.

e) Sentiria-se tranquilo se tivesse certeza.

09. (IADES) Assinale a alternativa correta em relação à colocação pronominal em "E muitas delas, talvez a maioria das empresas manufatureiras, **se tornarão** simples fornecedoras (...)".

a) Está adequada uma vez que a vírgula funciona como fator de próclise.

b) Está inadequada, porque quando houver o emprego de verbos nos futuros do modo indicativo, seja futuro do presente ou futuro do pretérito, a colocação deve ser a mesóclise.

c) É inadequada, pois como não há fator atrativo deveria estar na posição enclítica.

d) Está adequada, já que não há justificativa para as demais posições: ênclise, mesóclise.

10. (TJ-SC) Em qual período a colocação pronominal está **INCORRETA**:

a) O cientista pretende desvendar como se formam os furacões, tornados, tsunamis e demais fenômenos naturais de inegável potência.

b) Adotarão-se medidas de urgência para minorar os efeitos do temporal.

c) Não se sabe ainda o valor do negócio, que, especula-se, ficou em torno de um bilhão de reais.

d) O advogado se referiu duas vezes ao mesmo assunto.

e) O dano moral é a lesão aos elementos individualizadores da pessoa, tais como a honra, a reputação e o prestígio, expressando-se por desequilíbrios no ânimo do lesado.

Gabarito

01	*B*	*06*	*B*
02	*E*	*07*	*B*
03	*C*	*08*	*E*
04	*B*	*09*	*B*
05	*C*	*10*	*B*

Anotações

CAPÍTULO 07

Regência Verbal e Nominal

Regência é a parte da Gramática Normativa que estuda a relação entre dois termos, verificando se um termo serve de complemento a outro e se nessa complementação há uma preposição.

Dividimos a Regência em:

> Regência Verbal (ligada aos verbos).

> Regência Nominal (ligada aos substantivos, adjetivos ou advérbios).

Regência Verbal

Deve-se analisar, nesse caso, a necessidade de complementação, a presença ou ausência da preposição e a possibilidade de mudança de sentido do texto.

Vamos aos casos:

→ **Agradar e desagradar:** São transitivos indiretos (com preposição a) nos sentidos de satisfazer, contentar:

» **Ex.**: A biografia de Aníbal Machado **agradou/ desagradou** à maioria dos leitores.

» **Ex.**: A criança **agradava** ao pai por ser muito comportada.

→ **Agradar:** Pode ser transitivo direto (sem preposição) se significar acariciar, afagar:

» **Ex.**: **Agradar** a esposa.

» **Ex.**: Pedro passava o dia todo **agradando** os seus gatos.

→ **Agradecer:** Transitivo direto e indireto, com a preposição a, no sentido de demonstrar gratidão a alguém:

» **Ex.**: **Agradecemos** a Santo Antônio o milagre alcançado.

» **Ex.**: **Agradecemos**-lhes a benesse concedida.

O verbo em questão também pode ser transitivo direto no sentido de mostrar gratidão por alguma coisa:

» **Ex.**: **Agradeço** a dedicação de todos os estudantes.

» **Ex.**: Os pais **agradecem** a dedicação dos professores para com os alunos.

→ **Aspirar:** É transitivo indireto (preposição "a") nos sentidos de desejar, pretender ou almejar:

» **Ex.**: Sempre **aspirei** a um cargo público.

» **Ex.**: Manoel **aspirava** a ver novamente a família na Holanda.

→ **Aspirar:** É transitivo direto na acepção de inalar, sorver, tragar, ou seja, mandar para dentro:

» **Ex.**: **Aspiramos** o perfume das flores.

» **Ex.**: Vimos a empregada **aspirando** a poeira do sofá.

→ **Assistir:** É transitivo direto no sentido de ajudar, socorrer etc:

» **Ex.**: O professor **assistia** o aluno.

» **Ex.**: Devemos **assistir** os mais necessitados.

→ **Assistir:** É transitivo indireto (complemento regido pela preposição "a") no sentido de ver ou presenciar:

» **Ex.**: **Assisti** ao comentário da palestra anterior.

» **Ex.**: Você deve **assistir** às aulas do professor!

→ **Assistir:** É transitivo indireto (complemento regido pela preposição "a") no sentido de "ser próprio de", "pertencer a":

» **Ex.**: O direito à vida **assiste** ao ser humano.

» **Ex.**: Esse comportamento **assiste** às pessoas vitoriosas.

→ **Assistir:** É intransitivo no sentido de morar ou residir:

» **Ex.**: Maneco **assistira** em Salvador.

→ **Chegar:** É verbo intransitivo e possui os adjuntos adverbiais de lugar introduzidos pela preposição "a":

» **Ex.**: **Chegamos** a Cascavel pela manhã.

» **Ex.**: Este é o ponto a que pretendia **chegar.**

Caso a expressão indique posição em um deslocamento, admite-se a preposição em:

» **Ex.**: **Cheguei** no trem à estação.

Os verbos ir e vir têm a mesma regência de chegar:

» **Ex.**: Nós **iremos** à praia amanhã.

» **Ex.**: Eles **vieram** ao cursinho para estudar.

→ **Custar:** Ter valor ou preço: verbo transitivo direto:

» **Ex.**: O avião **custa** 100 mil reais.

Ter como resultado certa perda ou revés: verbo transitivo direto e indireto:

» **Ex.**: Essa atitude **custou**-lhe a vida.

Ser difícil ou trabalhoso: intransitivo:

» **Ex.**: **Custa** muito entender esse raciocínio.

Levar tempo ou demorar: intransitivo:

» **Ex.**: **Custa** a vida para aprender a viver.

→ **Esquecer / lembrar:** Possuem a seguinte regra - se forem pronominais, terão complemento regido pela preposição "de"; se não forem, não haverá preposição:

» **Ex.**: Lembrei-**me de** seu nome. / Esqueci-me de seu nome.

» **Ex.**: Lembrei seu nome. / Esqueci seu nome.

→ **Gostar:** É transitivo indireto no sentido de apreciar (complemento introduzido pela preposição "de"):

» **Ex.**: **Gosto** de estudar.

» **Ex.**: Gosto muito de minha mãe.

→ **Gostar:** Como sinônimo de experimentar ou provar é transitivo direto:

» **Ex.**: **Gostei** a sobremesa apenas uma vez e já adorei.

» **Ex.**: **Gostei** o chimarrão uma vez e não mais o abandonei.

→ **Implicar:** pode ser:

Transitivo direto (sentido de acarretar):

» **Ex.**: Cada escolha **implica** uma renúncia.

Transitivo direto e indireto (sentido de envolver alguém em algo):

» **Ex.**: **Implicou** a irmã no crime.

Transitivo indireto (sentido de rivalizar):

» **Ex.**: Joana estava **implicando** com o irmão menor.

→ O verbo ***informar*** é bitransitivo, ou seja, é transitivo direto e indireto. Quem informa, informa:

» Algo a alguém: **Informei** o acontecido para Jonas.

» Alguém de algo: **Informei**-o do acontecido.

» Alguém sobre algo: **Informei**-o sobre o acontecido.

→ **Morar / Residir:** Verbos intransitivos (ou, como preconizam alguns dicionários, transitivo adverbiado), cujos adjuntos adverbiais de lugar são introduzidos pela preposição "em":

» **Ex.**: José **mora** em Alagoas.

» **Ex.**: Há boas pessoas **residindo** em todos os estados do Brasil.

→ **Obedecer:** É um verbo transitivo indireto:

» **Ex.**: Os filhos **obedecem** aos pais.

» **Ex.**: **Obedeça** às leis de trânsito.

Fique Ligado

Embora transitivo indireto, admite forma passiva:

» ***Ex.: Os pais são obedecidos pelos filhos.***

O antônimo "desobedecer" também segue a mesma regra.

→ **Perdoar:** É transitivo direto e indireto, com objeto direto de coisa e indireto de pessoa:

» **Ex.**: Jesus **perdoou** os pecados aos pecadores.

» **Ex.**: **Perdoava**-lhe a desconsideração.

Fique Ligado

Perdoar admite a voz passiva:

» ***Ex.: Os pecadores foram perdoados por Deus.***

→ **Precisar:** É transitivo indireto (complemento regido pela preposição de) no sentido de "necessitar":

» **Ex.**: **Precisaremos** de uma nova Gramática.

→ **Precisar:** É transitivo direto no sentido de indicar com precisão:

» **Ex.**: Magali não soube **precisar** quando o marido voltaria da viagem.

→ **Preferir** É um verbo bitransitivo, ou seja, é transitivo direto e indireto, sempre exigindo a preposição a (preferir alguma coisa a outra):

» **Ex.**: Adelaide **preferiu** o filé ao risoto.

» **Ex.**: **Prefiro** estudar a ficar em casa descansando.

» **Ex.**: **Prefiro** o sacrifício à desistência.

Fique Ligado

É incorreto reforçar o verbo "preferir" ou utilizar a locução "do que".

→ **Proceder:** É intransitivo na acepção de "ter cabimento":

» **Ex.**: Suas críticas são vazias, não **procedem**.

→ **Proceder**: É também intransitivo na acepção de "portar-se":

» **Ex.**: Todas as crianças **procederam** bem ao lavarem as mãos antes do lanche.

→ **Proceder:** No sentido de "ter procedência" é utilizado com a preposição de:

» **Ex.**: Acredito que a dúvida **proceda** do coração dos curiosos.

→ **Proceder**: É transitivo indireto exigindo a preposição a no sentido de "dar início":

» **Ex.**: Os investigadores **procederam** ao inquérito rapidamente.

→ **Querer:** É transitivo direto no sentido de "desejar":

» **Ex.**: Eu **quero** um carro novo.

→ **Querer:** É transitivo indireto (com o complemento de pessoa) no sentido de "ter afeto":

» **Ex.**: **Quero** muito a meus alunos que são dedicados.

→ **Solicitar:** É utilizado, na maior parte dos casos, como transitivo direto e indireto. Nada impede, entretanto, que se construa como transitivo direto:

» **Ex.**: O juiz **solicitou** as provas ao advogado.

» **Ex.**: **Solicito** seus documentos para a investidura no cargo.

→ **Visar:** É transitivo direto na acepção de mirar:

» **Ex**: O atirador **visou** o alvo e disparou um tiro certeiro.

→ **Visar**: É transitivo direto também no sentido de "dar visto", "assinar":

» **Ex.**: O gerente havia **visado** o relatório do estagiário.

→ **Visar:** É transitivo indireto, exigindo a preposição a, na acepção de "ter em vista", "pretender", "almejar":

» **Ex.**: Pedro **visava** ao amor de Mariana.

» **Ex.**: As regras gramaticais **visam** à uniformidade da expressão linguística.

Regência Nominal

Alguns nomes (substantivos, adjetivos e advérbios) são comparáveis aos verbos transitivos indiretos: precisam de um complemento introduzido por uma preposição.

Acompanhemos os principais termos que exigem regência especial.

Substantivo		
Admiração a, por	Devoção a, para, com, por	Medo a, de
Aversão a, para, por	Doutor em	Obediência a
Atentado a, contra	Dúvida acerca de, em, sobre	Ojeriza a, por
Bacharel em	Horror a	Proeminência sobre
Capacidade de, para	Impaciência com	Respeito a, com, para com, por
Exceção a	Excelência em	Exatidão de, em
Dissonância entre	Divergência com, de, em, entre, sobre	Referencia a
Alusão a	Acesso a	Menção a

Adjetivos		
Acessível a	Diferente de	Necessário a
Acostumado a, com	Entendido em	Nocivo a
Afável com, para com	Equivalente a	Paralelo a
Agradável a	Escasso de	Parco em, de
Alheio a, de	Essencial a, para	Passível de
Análogo a	Fácil de	Preferível a
Ansioso de, para, por	Fanático por	Prejudicial a
Apto a, para	Favorável a	Prestes a

Ávido de	Generoso com	Propício a
Benéfico a	Grato a, por	Próximo a
Capaz de, para	Hábil em	Relacionado com
Compatível com	Habituado a	Relativo a
Contemporâneo a, de	Idêntico a	Satisfeito com, de, em, por
Contíguo a	Impróprio para	Semelhante a
Contrário a	Indeciso em	Sensível a
Curioso de, por	Insensível a	Sito em
Descontente com	Liberal com	Suspeito de
Desejoso de	Natural de	Vazio de
Distinto de, em, por	Dissonante a, de, entre	Distante de, para

Advérbios		
Longe de	Perto de	Relativamente a
Contemporaneamente a	Impropriamente a	Contrariamente a

Exercício Comentado

01. ***(CEPERJ)"É forçoso reconhecer que razão assiste ao magistrado."***

A frase acima exemplifica um uso mais formal da língua, escolhido pelo autor deste texto, que foi originalmente publicado em uma seção voltada para questões de Direito e Justiça de um jornal. No contexto da frase, o significado do verbo "assistir" é:

a) ***Comparecer***
b) ***Acompanhar***
c) ***Faltar***
d) ***Caber***
e) ***Permanecer***

RESPOSTA. ***D. Como visto no conteúdo deste material, o verbo assistir pode significar "pertencer" ou "ser cabível a", ou seja, aquilo que foi cobrado nesta questão.***

É provável que você encontre um grande número de listas com palavras e suas regências, porém a maneira mais eficaz de se descobrir a regência de um termo é fazer uma pergunta para ele e verificar se, na pergunta, há uma preposição. Havendo, descobre-se a regência.

» **Ex.**: A descoberta era **acessível** a todos.

Faz-se a pergunta: algo que é acessível é acessível? (a algo ou a alguém). Descobre-se, assim, a regência de acessível.

Vamos Praticar

01. (FCC) A frase em que a regência está em conformidade com o padrão culto escrito é:

a) Em seu fingimento, só restou de que dissesse ao ex-sócio que sentia saudades dele.
b) Tudo isso considerado, é necessário fazer que ele sinta o peso da responsabilidade.
c) Em atenção por seu talento indiscutível, o pouparam as devidas multas.
d) Passou os documentos a mão do técnico e não os perdeu de vista até ao final da reunião.
e) Inconformado de que eles propalavam injúrias a seu respeito, decidiu denunciá-los.

02. (CESGRANRIO) A frase em que a presença ou ausência da preposição está de acordo com a norma-padrão é:

a) A certeza que a sorte chegará para mim é grande.
b) Preciso de que me arranjem um emprego.
c) Convidei à Maria para vir ao escritório.
d) A necessidade que ele viesse me ajudar me fez chamá-lo.
e) Às dez horas em ponto, estarei à sua casa.

... de modo que ele próprio o anunciou no orçamento de 1925.

03. (FCC) Considerando-se o contexto, o verbo grifado acima está empregado como

a) transitivo indireto pronominal.
b) transitivo indireto.
c) bitransitivo.
d) transitivo direto.
e) intransitivo.

... procurava incorporar à escrita o ritmo da fala...

04. (FCC) O verbo empregado no texto com a mesma regência do grifado acima está em:

a) ... consagrar literariamente o vocabulário usual.
b) ... dar estado de literatura aos fatos da civilização moderna.
c) No Brasil, ele significou principalmente libertação dos modelos acadêmicos...
d) ... que a sua contribuição maior foi a liberdade de criação e expressão.
e) ... os modernistas promoveram uma valorização diferente do léxico...

05. (CESPE) No trecho "essa propensão tenderá à aceleração" o uso do sinal indicativo de crase não é obrigatório, haja vista que o verbo tender, com o sentido empregado no texto, pode ter complementação direta ou indireta, isto é, com ou sem preposição.

Certo ( ) Errado ( )

06. (CESPE) Em "que ele chama ***metafísica dos costumes***", o trecho em itálico, que exerce, na oração, a função de complemento verbal, deveria estar precedido da preposição ***de***.

Certo ( ) Errado ( )

07. (CESPE) A retirada da preposição "de" em "A indicação inicial é a de que, sim, a rede (...)" não implicaria alteração do texto, quer do ponto de vista semântico, quer sintático.

Certo ( ) Errado ( )

Leia o texto:

Ainda que se soubessem todas as palavras de cada figura da Inconfidência, nem assim se poderia fazer com o seu simples registro uma composição da arte. A obra de arte não é feita de tudo — mas apenas de algumas coisas essenciais. A busca desse essencial expressivo é que constitui o trabalho do artista. Ele poderá dizer a mesma verdade do historiador, porém de outra maneira. Seus caminhos são outros, para atingir a comunicação. Há um problema de palavras. Um problema de ritmos. Um problema de composição. Grande parte de tudo isso se realiza, decerto, sem inteira consciência do artista. É a **decorrência** natural da sua constituição, da sua personalidade — por isso, tão difícil se torna quase sempre a um criador explicar a própria criação. No caso, porém, de um poema de mais objetividade, como o Romanceiro, muitas coisas podem ser explicadas, porque foram aprendidas, à proporção que ele se foi compondo.

Digo "que ele se foi compondo" e não "que foi sendo composto", pois, na verdade, uma das coisas que pude observar melhor que nunca, ao realizá-lo, foi a maneira por que um tema encontra sozinho ou sozinho impõe seu ritmo, sua sonoridade, seu desenvolvimento, sua medida. O Romanceiro foi construído tão sem normas preestabelecidas, tão à mercê de sua expressão natural que cada poema procurou a forma **condizente** com sua mensagem. A voz **irreprimível** dos fantasmas, que todos os artistas conhecem, vibra, porém, com certa docilidade, e submete-se à aprovação do poeta, como se realmente, a cada instante, lhe pedisse para ajustar seu timbre à audição do público. Porque há obras que existem apenas para o artista, desinteressadas de transmissão; outras que exigem essa transmissão e esperam que o artista se ponha a seu serviço, para alcançá-la. O Romanceiro é desta segunda espécie. Quatro anos de quase completa solidão — numa renúncia total às mais sedutoras solicitações, entre livros de toda espécie relativos ao especializadamente século ainda pareceram curtos demais para uma obra que se desejava o menos imperfeita possível, porque se impunha, acima de tudo, o respeito por essas vozes que falavam, que se confessavam, que exigiam, quase, o registro da sua história. E era uma história feita de coisas eternas e irredutíveis: de ouro, amor, liberdade, traições... Mas porque esses grandiosos acontecimentos já vinham preparados de tempos mais antigos e foram o desfecho de um passado minuciosamente construído — era preciso iluminar esses caminhos anteriores, seguir o rastro do ouro que vai, a princípio como o fio de um colar, ligando cenas e personagens, até transformar-se em pesada cadeia que prende e imobiliza num destino doloroso.

Cecília Meireles. Como escrevi o Romanceiro da Inconfidência. In: Romanceiro da Inconfidência. 3.ª ed., Rio de Janeiro: Nova Fronteira, 2005, p. XVI-XVII (com adaptações).

08. (CESPE) Os vocábulos "decorrência" (L.13), "condizente" (L.28) e "irreprimível" (L.29) regem termos que lhes complementam, necessariamente, o sentido.

Certo ( ) Errado ( )

09. (CESGRANRIO) Em qual das sentenças abaixo, a regência verbal está em ***DESACORDO*** com a norma-padrão:

a) Esqueci-me dos livros hoje.
b) Sempre devemos aspirar a coisas boas.
c) Sinto que o livro não agradou aos alunos.
d) Ele lembrou os filhos dos anos de tristeza.
e) Fomos no cinema ontem assistir o filme

10. Em relação à regência verbal e nominal, o emprego do pronome relativo, segundo o registro culto e formal da língua, está ***INCORRETO*** em:

a) A conclusão que chegamos é que o fracasso ensina ao homem como recomeçar
b) O barco a cujos tripulantes me referi pode voltar a navegar
c) O ideal por que lutamos norteia nossos projetos.
d) O infortúnio a que está sujeito o empreendedor motiva-o
e) Após o término da pesquisa, informei-lhe que tornasse cuidado para não errar.

Gabarito

01	*B*	*06*	*ERRADO*
02	*B*	*07*	*ERRADO*
03	*D*	*08*	*ERRADO*
04	*B*	*09*	*E*
05	*ERRADO*	*10*	*A*

Anotações

CAPÍTULO 08

Crase

O acento grave é solicitado nas palavras quando há a união da preposição "a" com o artigo (ou a vogal dependendo do caso) feminino "a" ou com os pronomes demonstrativos (aquele, aquela, aquilo e "a").

» **Ex.**: Mário foi **à** festa ontem.

> Tem-se o "a" preposição e o "a" artigo feminino.

Quem vai, vai a algum lugar / festa é palavra feminina, portanto, admite o artigo "a".

» **Ex.**: Chegamos **àquele** assunto (a + aquele).

» **Ex.**: A gravata que eu comprei é semelhante **à** que você comprou (a + a).

Decore os casos em que não ocorre crase, pois a tendência da prova é perguntar se há crase ou não. Sabendo os casos proibitivos, fica muito fácil.

Crase Proibitiva

Não se pode usar acento grave indicativo de crase:

> Antes de palavras masculinas;

» **Ex.**: Fez uma pergunta **a** Mário.

> Antes de palavras de sentido indefinido;

» **Ex.**: Não vai **a** festas, **a** reuniões, **a** lugar algum.

> Antes de verbos;

» **Ex.**: Todos estão dispostos **a** colaborar.

> De pronomes pessoais;

» **Ex.**: Darei um presente **a ela.**

> De nomes de cidade, estado ou país que não utilizam o artigo feminino;

» **Ex.**: Fui **a** Cascavel. / Vou **a** Pequim.

> Da palavra "casa" quando tem significado de próprio lar, ou seja, quando ela aparecer indeterminada na sentença;

» **Ex.**: Voltei a casa, pois precisava comer algo.

Fique Ligado

Quando houver determinação da palavra casa, ocorrerá crase.

» ***Ex.: Voltei à casa de meus pais***

> Da palavra "terra" quando tem sentido de solo;

» **Ex.**: Os tripulantes vieram a terra.

Fique Ligado

A mesma regra da palavra "casa" se aplica à palavra terra.

> De expressões com palavras repetidas;

» **Ex.**: Dia a dia, mano a mano, face a face, cara a cara etc.

> Diante de numerais cardinais referentes a substantivos que não estão determinados pelo artigo:

» **Ex.**: Irei assistir a duas aulas de Língua Portuguesa.

Fique Ligado

No caso de locuções adverbiais que exprimem hora determinada e nos casos em que o numeral estiver precedido de artigo, acentua-se:

» ***Ex.: Chegamos às oito horas da noite.***

» ***Ex.: Assisti às duas sessões de ontem.***

No caso dos numerais, há uma dica para facilitar o entendimento dos casos de crase. Se houver o "a" no singular e a palavra posterior no plural, não ocorrerá o acento grave. Do contrário, ocorrerá.

Crase Obrigatória

> Locução adverbial feminina:

» **Ex.**: À noite, à tarde, às pressas, às vezes, à farta, à vista, à hora certa, à esquerda, à direita, à toa, às sete horas, à custa de, à força de, à espera de, à vontade, à toa.

> Termos femininos ou masculinos com sentido da expressão "à moda de" ou "ao estilo de":

» **Ex.**: Filé à milanesa, servir à francesa, brigar à portuguesa, gol à Pelé, conto à Machado de Assis, discurso à Rui Barbosa etc.

> Locuções conjuntivas proporcionais:

» **Ex.**: À medida que, à proporção que.

> Locuções prepositivas:

» **Ex.**: À procura de, à vista de, à margem de, à beira de, à custa de, à razão de, à mercê de, à maneira de etc.

> Para evitar ambiguidade: receberá o acento o termo afetado pela ação do verbo (objeto direto preposicionado):

» **Ex.**: Derrubou a menina **à panela.**

» **Ex.**: Matou a vaca **à cobra.**

> Diante da palavra distância quando houver determinação da distância em questão:

» **Ex.**: Achava-se **à distância de cem** (ou de alguns) **metros.**

> Antes das formas de tratamento "senhora", "senhorita" e "madame" = não há consenso entre os gramáticos, no entanto, opta-se pelo uso:

» **Ex.**: Enviei lindas flores **à senhorita.**

» **Ex.**: Josias remeteu uma carta **à senhora.**

Crase Facultativa

> Após a preposição até:

» **Ex.**: As crianças foram até **à escola.**

> Antes de pronomes possessivos femininos:

» **Ex.**: Ele fez referência **à nossa causa!**

> Antes de nomes próprios femininos:

» **Ex.**: Mandei um SMS **à Joaquina.**

> Antes da palavra Dona.

» **Ex.**: Remeti uma carta **à Dona Benta.**

Fique Ligado

Não se usa crase antes de nomes históricos ou sagrados:

» ***Ex.: O padre fez alusão a Nossa Senhora.***

» ***Ex.: Quando o professor fez menção a Joana D'Arc, todos ficaram entusiasmados.***

Exercício Comentado

01. *(FCC) Considere:*

......angústia de imaginar que o homem pode estar só no universo soma-se a curiosidade humana, que se prende ...... tudo o que é desconhecido, para que não desapareça de todo o interesse por pistas que dariam embasamento...... teses de que haveria vida em outros planetas.

Preenchem corretamente as lacunas da frase acima, na ordem dada:

a) À - a - às

b) A - à - as

c) À - a - as

d) A - a - às

e) À - à - as

RESPOSTA. ***A. O primeiro "a" recebe acento, pois há preposição proveniente do verbo "somar" e um artigo anteposto à palavra "angústia". O segundo "a" não recebe acento, porque está diante de um pronome indefinido (o que inviabiliza crase). O terceiro elemento "às" deve receber o acento, pois há a preposição "a" proveniente do verbo "dar" somada ao artigo "as" que define a palavra "teses".***

Vamos Praticar

... assim [ele] se via transportado de volta "à glória que foi a Grécia e à grandeza que foi Roma".

01. Ambos os sinais indicativos de crase devem ser mantidos caso o segmento sublinhado seja substituído por:

a) Enaltecia.

b) Louvava.

c) Aludia.

d) Mencionava.

e) Evocava.

A vida urbana ofereceu ...... condições ideais para o surgimento do detetive particular, personagem dedicado ...... elucidação dos mais variados mistérios, propenso ...... investigar delitos de todos os tipos.

02. Preenchem corretamente as lacunas da frase acima, na ordem dada:

a) as - à - a

b) às - a - à

c) as - a - à

d) as - à - à

e) às - à - a

03. A pesquisa, feita em terras destinadas ...... agricultura, teve por objetivo estudar ...... áreas que permitissem condições favoráveis de sobrevivência ...... aves.

a) à - às - as

b) à - as - as

c) à - as - às

d) a - as - as

e) a - às - às

... e chegou à conclusão de que o funcionário passou o dia inteiro tomando café.

04. Do mesmo modo que se justifica o sinal indicativo de crase em destaque na frase acima, está correto o seu emprego em:

a) E chegou à uma conclusão totalmente inesperada.

b) E chegou então à tirar conclusões precipitadas.

c) E chegou à tempo de ouvir as conclusões finais.

d) E chegou finalmente à inevitável conclusão.

e) E chegou à conclusões as mais disparatadas.

Com relação a aspectos linguísticos do texto, julgue o item que se segue.

05. No trecho "Exceção a essa regra", é opcional o emprego do sinal indicativo de crase no "a".

Certo ( ) Errado ( )

...os modernistas promoveram uma valorização diferente do léxico, paralela à renovação dos assuntos.

06. O sinal indicativo de crase presente na frase acima deve ser mantido em caso de substituição do segmento grifado por:

a) Muita inovação no repertório.

b) Uma grande reformulação dos temas.

c) Toda sorte de revigoramento do repertório.

d) Profundas mudanças temáticas.

e) Inevitável transformação temática.

A fidelidade ...... música e ...... fala do povo permitiram ...... Adoniran exprimir a sua cidade de modo completo e perfeito.

Antonio Cândido. Op. cit.

07. Preenchem corretamente as lacunas da frase acima, na ordem dada:

a) a - a - à

b) a - à - à

c) à - à - a

d) à - a - a

e) a - à - a

Não deixa de ser paradoxal o fato de o crescimento da descrença, que parecia levar ...... uma ampliação da liberdade, ter dado lugar ...... escalada do fundamentalismo religioso, ... que se associam manifestações profundamente reacionárias.

08. Preenchem corretamente as lacunas da frase acima, na ordem dada:

a) a - à - a

b) à - a - a

c) a - a - à

d) à - à - a

e) a - à - à

09. Em "Bem-vindos à Feira de Caruaru", a crase é obrigatória. Em qual das alternativas abaixo, o uso da crase É FACULTATIVO?

a) A Feira de Caruaru é atração devido à grande diversidade lá existente.

b) Na Feira de Caruaru, tudo está à venda.

c) Em feiras, como a de Caruaru, vendem-se coisas às pessoas de diferentes classes sociais

d) Nas cidades de pequeno comércio, há mais pagamentos à vista.

e) Todos os dias, os comerciantes da Feira de Caruaru permanecem até às 18h.

A parcela da população mundial que ascendeu ...... classe média nos últimos vinte anos passou ...... consumir mais, ... um ritmo acelerado, o que põe em risco a sustentabilidade do planeta.

10. As lacunas da frase acima estarão corretamente preenchidas, respectivamente, por:

a) à - a - a
b) à - à - a
c) à - a - à
d) a - a - à
e) a - a - a

11. Assinale a opção em que o espaço deve ser preenchido com À (preposição e pronome), como destacado em "(...) uma média semelhante À de um casal de classe média (...)".

a) ___ medida que caminhava, recordava-se da terra natal
b) Esta cena corresponde ___ que presenciei ontem.
c) Aproveite ___ oferta e se contente com a cor do tecido.
d) Referia-se, com certeza, ____ terra de seus pais.
e) Obedeceu ____ ordem dada, sem reclamar.

12. Assinale a alternativa em que o uso do acento grave é obrigatório.

a) Ficou a olhar para os peixes sobre a pia.
b) Abriu a torneira para ver o que acontecia.
c) Ela está lá do jeitinho que a deixei.
d) Juro; pode ir a cozinha ver os peixes.
e) Podia dar alguma coisa a ele.

... levava à crença na contínua evolução da sociedade ...

13. O emprego do sinal de crase, exemplificado acima, estará correto, unicamente, em:

a) Aludir à felicidade geral.
b) Buscar à felicidade.
c) Propor à toda a população
d) Impor à esse grupo.
e) Discutir à obrigatoriedade da lei.

14. Em "direito à alimentação", o uso de sinal indicativo de crase é um recurso imprescindível para a compreensão do texto.

Certo ( ) Errado ( )

Leia o texto :

A preocupação com a herança que deixaremos as (1) gerações futuras está cada vez mais em voga. Ao longo da nossa história, crescemos em número e modificamos quase todo o planeta. Graças aos avanços científicos, tomamos consciência de que nossa sobrevivência na Terra está fortemente ligada a (2) sobrevivência das outras espécies e que nossos atos, relacionados a (3) alterações no planeta, podem colocar em risco nossa própria sobrevivência. Contudo, aliado ao desenvolvimento científico, temos o crescimento econômico que nem sempre esteve preocupado com questões ambientais. O que se almeja é o desenvolvimento sustentável, que é aquele viável economicamente, justo socialmente e correto ambientalmente, levando em consideração não só as (4) nossas necessidades atuais, mas também as (5) das gerações futuras, tanto nas comunidades em que vivemos quanto no planeta como um todo.

(Adaptado de A. P. FOLTZ, A Crise Ambiental e o Desenvolvimento Sustentável: o crescimento econômico e o meio ambiente. Disponível em http://www.iuspedia.com.br.22 jan. 2008)

15. Para que o texto acima respeite as regras gramaticais do padrão culto da Língua Portuguesa, é obrigatória a inserção do sinal indicativo de crase em:

a) 1, 2 e 3.
b) 1 e 2.
c) 1, 3 e 5.
d) 2 e 4.
e) 3, 4 e 5.

Institucionalizada ___ partir das lutas antiabsolutistas, no século 18, e da expansão dos movimentos constitucionalistas, no século 19, ___ democracia representativa foi consolidada ao longo de um processo histórico marcado pelo reconhecimento de três gerações de direitos humanos: os relativos ___ cidadania civil e política, os relativos ___ cidadania social e econômica e os relativos ___ cidadania "pós-material", que se caracterizam pelo direito ___ qualidade de vida, ___ um meio ambiente saudável, ___ tutela dos interesses difusos e ao reconhecimento da diferença e da subjetividade.

(Baseado em Mário Antônio Lobato de Paiva em www.ambitojurídico.com.br)

16. Marque o item que preenche de forma correta as lacunas do texto seguinte:

a) a, à, à, a, à, à, a, a.
b) a, a, à, à, à, à, a, à.
c) à, a, a, à, à, a, a, à.
d) à, a, a, à, à, à, a, à.
e) a, à, à, a, à, à, a, à.

"O movimento altermundialista deverá também responder à nova situação mundial nascida da crise escancarada da fase neoliberal da globalização capitalista."

17. No trecho acima, empregou-se corretamente o acento grave indicativo de crase. Assinale a alternativa em que isso não tenha ocorrido.

a) Eles visaram à premiação no concurso.
b) Sempre nos referimos à Florianópolis dos açorianos.
c) Nossos cursos vão de 8h às 18h.
d) A solução foi sair à francesa.
e) Fizemos uma longa visita à casa nova dos nossos amigos.

18. Os trechos abaixo compõem, sequencialmente, um texto adaptado do Editorial do jornal Zero Hora (RS) de 18/01/2010. Assinale a opção que está gramaticalmente correta quanto à ausência ou à presença do acento grave indicativo de crase.

a) O novo estímulo aos usineiros, também com pesado suporte de subsídios, levou à indústria automobilística a investir na produção não mais de carros movidos a álcool, mas de veículos flex, que permitem o uso dos dois combustíveis. No ano passado, as vendas de carros flex cresceram 14% em relação a 2008.
b) Apresentado nos anos 70 como opção à crise do petróleo, sob forte apoio governamental, o álcool perdeu relevância nas décadas de 80 e 90. A produção foi retomada e intensificada nos últimos anos, com a explosão nos preços internacionais dos derivados da energia fóssil.
c) As montadoras aplicaram recursos no desenvolvimento de tecnologias, e o consumidor se dispôs a pagar mais por veículos mais modernos. Ambos apostaram nas vantagens de um combustível que,

além de reduzir à dependência da gasolina e do diesel, apresentava ainda as virtudes do ecologicamente correto, por ser menos poluente e renovável.

d) A partir do ano passado, com a queda nos preços do petróleo, outros fatores de mercado conspiraram contra o álcool, como a quebra na produção da cana e o aumento dos preços do açúcar. Mesmo que o álcool se submeta à oscilações de cotações, como qualquer outro produto, o que não se pode admitir é que essas variações façam com que a oferta do produto seja imprevisível e instável.

e) A sazonalidade e outras questões envolvidas não são suficientes para explicar a ausência de uma política que assegure, à fabricantes e consumidores, a certeza de que investiram em uma opção de combustível tratada com a seriedade que merece.

19. Assinale a alternativa em que o acento indicativo de crase está corretamente empregado.

a) O memorando refere-se à documentos enviados na semana passada.

b) Dirijo-me à Vossa Senhoria para solicitar uma audiência urgente.

c) Prefiro montar uma equipe de novatos à trabalhar com pessoas já desestimuladas.

d) O antropólogo falará apenas àquele aluno cujo nome consta na lista.

e) Quanto à meus funcionários, afirmo que têm horário flexível e são responsáveis.

20. O acento indicativo de crase foi corretamente empregado apenas em:

a) O cidadão não atende à apelos sem fundamento.

b) No artigo, o autor citou à necessária reforma do Estado.

c) Convencemos à todos da necessidade de um pacto social.

d) O debatedor não se rendeu àqueles discursos demagógicos.

e) Os governantes dispuseram-se à colaborar.

Gabarito

01	*C*	*11*	*B*
02	*A*	*12*	*D*
03	*C*	*13*	*A*
04	*D*	*14*	*ERRADO*
05	*ERRADO*	*15*	*B*
06	*E*	*16*	*B*
07	*C*	*17*	*C*
08	*A*	*18*	*B*
09	*E*	*19*	*D*
10	*A*	*20*	*D*

Anotações

CAPÍTULO 09

Pontuação

A pontuação assinala a melodia de nossa fala, ou seja, as pausas, a ênfase etc.

Principais Sinais e Usos

Vírgula

É o sinal mais importante para concurso público.

Usa-se a vírgula para:

→ Separar termos que possuem mesma função sintática no período:

» **Ex.**: **José, Maria, Antônio** e **Joana** foram ao mercado. (função de núcleo do sujeito)

→ Isolar o vocativo:

» **Ex.**: Então, **minha cara**, não há mais o que se dizer!

→ Isolar um aposto explicativo (cuidado com essa regra, veja que não há verbo no aposto explicativo):

» **Ex.**: O João, **ex-integrante da comissão**, veio fazer parte da reunião.

→ Isolar termos antecipados, como: complemento, adjunto ou predicativo:

» **Ex.**: **Na semana passada**, comemos camarão no restaurante português. (antecipação de adjunto adverbial)

→ Separar expressões explicativas, conjunções e conectivos:

» **Ex.**: isto é, ou seja, por exemplo, além disso, pois, porém, mas, no entanto, assim etc.

→ Separar os nomes dos locais de datas:

» **Ex.**: **Cascavel**, 02 de maio de 2012.

→ Isolar orações adjetivas explicativas (pronome relativo + verbo + vírgula):

» **Ex.**: O Brasil, **que é um belíssimo país**, possui ótimas praias.

→ Separar termos de uma enumeração:

» **Ex.**: Vá ao mercado e traga **cebola, alho, sal, pimenta e coentro**.

→ Separar orações coordenadas:

» **Ex.**: Esforçou-se muito, **mas não venceu o desafio**. (oração coordenada sindética adversativa)

» **Ex.**: Roubou todo o dinheiro, **e ainda apareceu na casa.** (oração coordenada sindética aditiva).

Fique Ligado

A vírgula pode ser utilizada antes da conjunção aditiva "e" caso se queira enfatizar a oração por ela introduzida.

→ Omitir um termo, elipse (no caso da elipse verbal, chamaremos "zeugma"):

» **Ex.**: De dia era um anjo, de noite um **demônio**. (omissão do verbo "ser")

→ Separar termos de natureza adverbial deslocado dentro da sentença:

» **Ex.**: **Na semana passada**, trinta alunos foram aprovados no concurso. (locução adverbial temporal)

» **Ex.**: **Se estudar muito**, você será aprovado no concurso. (oração subordinada adverbial condicional)

Ponto final

Usa-se o ponto final:

→ Ao final de frases para indicar uma pausa total; é o que marca o fim de um período:

» **Ex.**: Depois de passar no concurso, comprarei um carro.

→ Em abreviaturas:

» **Ex.**: Sr., a. C., Ltda., num., adj., obs., máx., *bat., brit. etc.*

Ponto e vírgula

Usam-se ponto e vírgula para:

→ Separar itens que aparecem enumerados:

» **Ex.**: Uma boa dissertação apresenta:

» Coesão;

» Coerência;

» Progressão lógica;

» Riqueza lexical;

» Concisão;

» Objetividade;

» Aprofundamento.

→ Separar um período que já se encontra dividido por vírgulas:

» **Ex.**: Não gostava de trabalhar; queria, no entanto, muito dinheiro no bolso.

Exercício Comentado

01. ***(VUNESP) Assinale a frase correta quanto à pontuação.***

a) Serviço de Proteção ao Crédito reúne, empresas para aliviar dívidas dos consumidores.

b) Corinthians enfrenta, desespero do Vitória para ampliar liderança.

c) Recorde de passageiros brasileiros traz, trens europeus ao país.

d) Novo "Harry Potter" arrecada, US$ 24 mi na sessão da meia-noite.

e) Sotaque caipira saiu da capital paulista, diz estudo.

RESPOSTA. ***E. A vírgula foi corretamente empregada para separar um comentário na frase.***

Alternativa A. Há uma vírgula entre o verbo "reunir" e seu objeto "empresas".

Alternativa B. Há uma vírgula entre o verbo "enfrentar" e o objeto "desespero".

Alternativa C. Há uma vírgula entre o verbo "trazer" e o objeto "trens".

Alternativa D. Há uma vírgula entre o verbo "arrecadar" e o objeto "US$ 24 mi".

→ Separar partes do texto que se equilibram em importância:

» **Ex.**: Os pobres dão pelo pão o trabalho; os ricos dão pelo pão a fazenda; os de espíritos generosos dão pelo pão a vida; os de nenhum espírito dão pelo pão a alma.(Vieira).

» **Ex.**: O capitalismo é a exploração do homem pelo homem; o socialismo é exatamente o contrário.

Dois Pontos

São usados dois pontos quando:

→ Se vai fazer uma citação ou introduzir uma fala:

» **Ex.**: José respondeu:
- Não, muito obrigado!

→ Se quer indicar uma enumeração:

» **Ex.**: Quero apenas uma coisa: que vocês sejam aprovados no concurso!

Aspas

São usadas aspas para indicar:

→ Citação presente no texto:

» **Ex.**: "Há distinção entre categorias do pensamento" - disse o filósofo.

→ Expressões estrangeiras, neologismos, gírias:

» **Ex.**: Na parede, haviam pintado a palavra "love". (expressão estrangeira)

» **Ex.**: Ficava "bailarinando", como diria Guimarães. (neologismo)

» **Ex.**: "Velho", esconde o "cano" aí e "deixa baixo". (gíria)

Reticências

São usadas para indicar supressão de um trecho, interrupção na fala, ou dar ideia de continuidade ao que se estava falando:

» **Ex.**: (...) Profundissimamente hipocondríaco
Este ambiente me causa repugnância
Sobe-me à boca uma ânsia análoga à ânsia
Que se escapa pela boca de um cardíaco(...)

» **Ex.**: Eu estava andando pela rua quando...

» **Ex.**: Eu gostei da nova casa, mas da garagem...

Parênteses

São usados quando se quer explicar melhor algo que foi dito ou para fazer simples indicações:

» **Ex.**: Foi o homem que cometeu o crime (o assassinato do irmão).

Travessão

→ Indica a fala de um personagem:

» **Ex.**: Ademar falou:
- Amigo, preciso contar algo para você.

→ Isola um comentário no texto:

» **Ex.**: O estudo bem realizado - **diga-se de passagem, que quase ninguém faz** - é o primeiro passo para a aprovação.

→ Isola um aposto na sentença:

» **Ex.**: A Semântica – **estudo sobre as relações de sentido** - é importantíssima para o entendimento da Língua.

→ Reforçar a parte final de um enunciado:

» **Ex.**: Para passar no concurso, é preciso estudar muito — **muito mesmo.**

Fique Ligado

Trocas

A Banca, eventualmente, costuma perguntar sobre a possibilidade de troca de termos, portanto, atenção!

» ***Vírgulas, travessões e parênteses, quando isolarem um aposto, podem ser trocadas sem prejuízo para a sentença;***

» ***Travessões podem ser trocados por dois pontos, a fim de enfatizar um enunciado.***

Regra de ouro

Na ordem natural de uma sentença, é proibido:

→ ***Separar Sujeito e Predicado com vírgulas:***

» ***Ex.: Aqueles maravilhosos velhos ensinamentos de meu pai foram de grande utilidade. (certo)
Aqueles maravilhosos velhos ensinamentos de meu pai, foram de grande utilidade. (errado)***

→ ***Separar Verbo de Objeto:***

» ***Ex.: O presidente do maravilhoso país chamado Brasil assinou uma lei importante. (certo)
O presidente do maravilhoso país chamado Brasil assinou, uma lei importante. (errado)***

Vamos Praticar

Leia o trecho:

É uma pena que haja tamanha displicência em relação ao seu uso. Poucos se dão conta de que ela é a chave que abre as portas mais emperradas, que ela facilita negociações, encurta caminhos, cria laços, aproxima as pessoas. Tanta gente nasce e morre sem dialogar com a vida. Contam coisas, falam por falar, mas não conversam, não usam a palavra como elemento de troca. Encantam-se pelo som da própria voz e, nessa onda narcísica, qualquer palavra lhes serve.

Mas não. Não serve qualquer uma.

01. (CESGRANRIO) O trecho "Mas não. Não serve qualquer uma." pode ter sua pontuação alterada, sem modificar-lhe o sentido original, em:

a) Mas não: não serve qualquer uma.
b) Mas, não; não, serve qualquer uma.
c) Mas não; não serve, qualquer uma.
d) Mas: não, não. Serve qualquer uma.
e) Mas não - não; serve qualquer uma.

02. (CESGRANRIO) Atente para as afirmações abaixo sobre a pontuação empregada em segmentos transcritos do texto.

I. Eis aí duas culturas, a grega e a romana, que na Antiguidade se reuniram para criar uma civilização comum... **A substituição das vírgulas por travessões redundaria em prejuízo para a correção e a lógica.**

II. Se Grécia e Roma foram, para Poe, uma espécie de casa... **A retirada simultânea das vírgulas não implicaria prejuízo para a correção e a lógica.**

III. ... a primeira, em suma, a tornar-se letrada no pleno sentido deste termo, e a transmitir-nos o seu conhecimento letrado. **A vírgula colocada imediatamente depois de termo é facultativa.**

Está correto o que consta APENAS em:

a) I.
b) I e II.
c) I e III.
d) II e III.
e) III.

03. (CESGRANRIO) O uso de sinais (aspas e travessão) está adequado à norma-padrão, que deve ser observada em uma correspondência oficial, na seguinte frase:

a) O artigo sobre o "processo de desregulamentação" foi publicado na Folha de São Paulo.

b) As chuvas de verão — fenômenos que se repetem desde há muito tempo podem ser previstas.

c) "Mutatis mutandis", as novas diretrizes da direção em nada alteram as antigas.

d) O cuidado com a saúde — meta prioritária do governo, será ainda maior.

e) — O diretor disse: Demita-se o funcionário.

A pesquisa também chama a atenção para o novo Código Florestal, que prevê a redução de algumas áreas - ***hoje legalmente protegidas, como matas ciliares e topos de morros*** –, para serem utilizadas para a agropecuária. "Ficamos receosos de que as mudanças nas áreas protegidas possam ser terríveis para as aves e para outros animais, que vão perder ambientes naturais. E aquelas que não conseguem sobreviver nas plantações tendem a se tornar raras ou até mesmo a desaparecer", prevê o professor.

04. (FCC) O segmento isolado pelos travessões, constitui:

a) Repetição desnecessária de uma mesma informação.

b) Introdução de um novo assunto no texto

c) Transcrição exata das palavras do pesquisador.

d) Determinação de uma área a ser explorada.

e) Informação com exemplos esclarecedores.

Na escala de valores, popular, mais que um adjetivo, era um estigma. Daí o escândalo do sarau de d. Nair de Tefé. Primeira-dama, ela própria artista, afrontou a conspícua Velha República.

05. (FCC) Mantendo-se, em linhas gerais, o sentido original, uma redação alternativa para as frases acima, em que se respeitam as regras de pontuação, é:

a) Popular, era na escala de valores mais que um adjetivo, um estigma. Daí o escândalo do sarau da primeira-dama, d. Nair de Tefé, ela própria artista, que, afrontou a conspícua Velha República.

b) Popular era, na escala de valores, mais que um adjetivo, um estigma. Daí o escândalo do sarau da primeira-dama, d. Nair de Tefé, ela própria artista, que afrontou a conspícua Velha República.

c) Popular, era na escala de valores mais que um adjetivo: um estigma. Daí o escândalo do sarau da primeira-dama, d. Nair de Tefé ela própria artista, que afrontou a conspícua, Velha República.

d) Popular era, na escala de valores, mais que um adjetivo, um estigma, daí o escândalo do sarau da primeira-dama d. Nair de Tefé ela própria, artista que afrontou a conspícua Velha República.

e) Popular era, na escala de valores, mais que um adjetivo um estigma; daí o escândalo do sarau, da primeira-dama d. Nair de Tefé, ela própria, artista que afrontou, a conspícua Velha República.

06. (FCC) Está plenamente correta a pontuação do seguinte período:

a) Confessando não sem ironia, que entende de arquitetura, o cronista Rubem Braga, mestre do gênero propõe uma receita de casa, em que o porão, área frequentemente desprezada, ganha ares de profundidade e mistério.

b) Confessando, não sem ironia, que entende de arquitetura o cronista, Rubem Braga, mestre do gênero, propõe uma receita de casa, em que, o porão, área frequentemente desprezada, ganha ares de profundidade e mistério.

c) Confessando não sem ironia que entende de arquitetura, o cronista Rubem Braga, mestre do gênero, propõe: uma receita de casa em que, o porão área frequentemente desprezada, ganha ares de profundidade, e mistério.

d) Confessando, não sem ironia que, entende de arquitetura, o cronista Rubem Braga – mestre do gênero – propõe uma receita, de casa, em que o porão (área frequentemente desprezada), ganha ares de profundidade e mistério.

e) Confessando, não sem ironia, que entende de arquitetura, o cronista Rubem Braga, mestre do gênero, propõe uma receita de casa em que o porão, área frequentemente desprezada, ganha ares de profundidade e mistério.

Leia o Texto:

Por mais que tudo isso venha desaparecendo dos nossos olhos e se dissolvendo em passado, em antiguidade, em raridade de museu, continua a ser parte do espírito do Rio de Janeiro. Pois as cidades são como as pessoas, em cujo espírito nada do que se passou deixa inteiramente de ser. O Rio descaracterizado de hoje guarda no seu íntimo para os que, como Gastão Cruls, sabem vê-lo histórica e sentimentalmente, uma riqueza de característicos irredutíveis ou indestrutíveis, que as páginas de Aparência do Rio de Janeiro nos fazem ver ou sentir. E este é o maior encanto do guia da cidade que o autor de A Amazônia que eu vi acaba de **escrever: dar-nos**, através da aparência do Rio de Janeiro, traços essenciais do passado e do caráter da gente carioca. Comunicar-nos do Rio de Janeiro que Gastão Cruls conhece desde seus dias de menino de morro ilustre – menino nascido à sombra do Observatório – alguma coisa de essencial. Alguma coisa do que a cidade parece ter de eterno e que vem de certa harmonia misteriosa a que tendem o branco, o preto, o roxo e o moreno – principalmente o moreno – da cor da pele dos seus homens e das suas mulheres, com o azul e o verde quente de suas águas e de suas matas.

07. (FCC - adaptada) Os dois-pontos que aparecem no trecho destacado denotam:

a) Inclusão de segmento especificativo.

b) Interrupção intencional do fluxo expositivo.

c) Intercalação de ideia isolada no contexto.

d) Constatação de fatos pertinentes ao assunto.

e) Enumeração de elementos da cidade e do povo.

Leia o texto:

O levantamento concluído pelo Instituto Médico Legal (IML) aponta, após a implantação da Lei de Embriaguez ao Volante, uma redução de 63% nas mortes ocasionadas por acidente de trânsito em São Paulo. No levantamento realizado pelo IML, são comparadas as três primeiras semanas de junho, período que antecedeu a chamada Lei Seca, com as três semanas posteriores. Na primeira fase, a média é de 11,7 mortos na quinta, sexta, sábado e domingo de cada semana. Depois da implantação da Lei Seca, a média cai para 4,3 mortos em acidentes de trânsito. A pesquisa foi feita nesses quatro dias de cada semana, pois é o período em que é mais frequente a associação de álcool e direção com o aumento do número de acidentes registrados.

Internet: <www.detran.sp.gov.br>

08. (CESPE) O emprego de vírgulas após as palavras "aponta" (L. 2) e "Volante" (L. 3) indica que o adjunto adverbial de tempo está deslocado na oração.

Certo ( ) Errado ( )

09. (CESPE) Após a palavra "trânsito" (L. 4), não se emprega vírgula porque o adjunto adverbial de lugar está em sua posição lógica na oração.

Certo ( ) Errado ( )

10. (CESPE) O emprego de vírgula após "junho" (L. 7) e "Lei Seca"(L. 7) justifica-se porque isola oração subordinada adjetiva restritiva.

Certo ( ) Errado ( )

Gabarito

01	A	06	E
02	D	07	A
03	C	08	CERTO
04	E	09	CERTO
05	B	10	ERRADO

Anotações

CAPÍTULO 10
Ortografia

A ortografia é a parte da Gramática que estuda a escrita correta das palavras. O próprio nome da disciplina já designa tal função. É oriunda das palavras gregas ***ortho*** que significa "correto" e ***graphos*** que significa "escrita". Neste capítulo, vamos estudar alguns aspectos da correta grafia das palavras: o emprego de algumas letras que apresentam dificuldade para os falantes do Português.

Atualmente, há um confusão a respeito do sistema ortográfico vigente. O último sistema foi elaborado em 1990, com base em um sistema de 1986, e será implantado em todos os países de língua lusófona. No Brasil, a adesão ao acordo se deu em 2009 e, como leva 4 anos para ser implantado, teríamos dois sistemas oficiais até 31 de dezembro de 2013. Bem, seria isso, se não houvesse a prorrogação do prazo até o ano de 2016. A partir de então, vale apenas o Novo Acordo Ortográfico.

Por certo, dúvidas pairam pela cabeça do aluno: que sistema devo usar? Qual sistema devo aprender? O melhor é estudar o sistema antigo, aprendendo quais foram as atualizações, assim, garante-se que não errará pela novidade ou pela tradição. A banca deve avisar no edital do concurso ou no comando da questão qual sistema ortográfico está levando em consideração. Como as maiores alterações estão no terreno de acentuação e emprego do hífen (para o Português falado no Brasil, evidentemente), não teremos grandes surpresas neste capítulo. Vamos ao trabalho.

O Alfabeto

As letras K, W e Y foram inseridas no alfabeto devido a uma grande quantidade de palavras que são grafadas com tais letras e não podem mais figurar como termos exóticos em relação ao português. Eis alguns exemplos de seu emprego:

a) Em abreviaturas e em símbolos de uso internacional:
   » ***Ex.*: Kg** - quilograma / **w** - watt /
b) Em palavras estrangeiras de uso internacional, nomes próprios estrangeiros e seus derivados:
   » **Ex.**: Kremlin, Kepler, Darwin, Byron, byroniano.

O alfabeto, também conhecido como abecedário, é formado (a partir do novo acordo ortográfico) por 26 letras.

Forma Maiúscula		Forma Minúscula	
A	B	a	b
C	D	c	d
E	F	e	f
G	H	g	h
I	J	i	j
K	L	k	l
M	N	m	n
O	P	o	p
Q	R	q	r
S	T	s	t
U	V	u	v
W	X	w	x
Y	Z	y	z

O emprego da letra "H"

A letra H demanda um pouco de atenção. Apesar de não possuir verdadeiramente sonoridade, utilizamo-la, ainda, por convenção histórica. Seu emprego, basicamente, está relacionado às seguintes regras:

No início de algumas palavras, por sua origem:
   » **Ex.**: Hoje, hodierno, haver, Helena, helênico.
a) No fim de algumas interjeições:
   » **Ex.**: Ah! Oh! Ih! Uh!
b) No interior de palavra compostas que preservam o hífen, nas quais o segundo elemento se liga ao primeiro:
   » **Ex.**: Super-homem, pré-história, sobre-humano.
c) Nos dígrafos NH, LH e CH:
   » **Ex.**: Tainha, lhama, chuveiro.

O emprego de "E" e "I"

Existe uma curiosidade a respeito do emprego dessas letras nas palavras que escrevemos: o fato de o "e", no final da palavra, ser pronunciado como uma semivogal faz com que muitos falantes sintam aquela vontade de grafar a palavra com "i". Bem, veremos quais são os principais aspectos do emprego dessas letras.

Escreveremos com "e"

a) Palavras formadas com o prefixo ante- (que significa antes, anterior):
   » **Ex.**: Antebraço, antevéspera, antecipar, antediluviano etc.
b) A sílaba final de formas conjugadas dos verbos terminados em –OAR e –UAR (quando estiverem no subjuntivo):
   » Abençoe (abençoar)
   » Continue (continuar)
   » Pontue (pontuar)
c) Algumas palavras, por sua origem: arrepiar, cadeado, creolina, desperdiçar, desperdício, destilar, disenteria, empecilho, indígena, irrequieto, mexerico, mimeógrafo, orquídea, quase, sequer, seringa, umedecer etc.

Escreveremos com "i"

a) Palavras formadas com o prefixo anti- (que significa contra):
   » **Ex.**: Antiaéreo, anticristo, antitetânico, anti-inflamatório.
b) A sílaba final de formas conjugadas dos verbos terminados em –AIR, -OER e –UIR:
   » Cai (cair)
   » Sai (sair)
   » Diminui (diminuir)
   » Dói (doer)
a) Os ditongos AI, OI, ÓI, UI:
   » Pai
   » Foi
   » Herói
   » Influi
b) As seguintes palavras: aborígine, chefiar, crânio, criar, digladiar, displicência, escárnio, implicante, impertinente, impedimento, inigualável, lampião, pátio, penicilina, privilégio, requisito etc.

Vejamos alguns casos em que o emprego das letras "E" e "I" pode causar uma alteração semântica:

Escrito com "e"
Arrear = pôr arreios
Área = extensão de terra, local
Delatar = denunciar
Descrição = ação de descrever
Descriminação = absolver
Emergir = vir à tona
Emigrar = sair do país ou do local de origem
Eminente = importante

Escrito com "i"
Arriar = abaixar, desistir
Ária = peça musical
Dilatar = alargar, aumentar
Discrição = qualidade do discreto
Discriminar = separar, estabelecer diferença
Imergir = mergulhar
Imigrar = entrar em um país estrangeiro
Iminente = próximo, prestes e ocorre

Fique Ligado

O Novo Acordo Ortográfico explica que, agora, escreve-se com "i" antes de sílaba tônica. Veja alguns exemplos: acriano (admite-se, por ora, acreano), rosiano (de Guimarães Rosa), camoniano, nietzschiano (de Nietzsche) etc.

O emprego de O e U

Vejamos como empregar essas letras, a fim de que não mais possamos errar.

Apenas por exceção, palavras em Português com sílabas finais átonas (fracas) terminam por us; o comum é que se escreva com o ou os. Veja os exemplos: carro, aluno, abandono, abono, chimango etc.

» Exemplos das exceções a que aludimos: bônus, vírus, ônibus etc.

Em palavras proparoxítonas ou paroxítonas com terminação em ditongo, são comuns as terminações –**UA, -ULA, -ULO**:

» **Ex.**: Táb**ua**, ráb**ula**, cráp**ula**, coág**ulo**.

As terminações **–AO, -OLA, -OLO** só aparecem em algumas palavras: mág**oa**, név**oa**, nód**oa**, agríc**ola**[1], viníc**ola**, varí**ola** etc.

Fique de olho na grafia destes termos:

a) Com a letra **O**: abolir, boate, botequim, bússola, costume, engolir, goela, moela, moleque, mosquito etc.

b) Com a letra **U**: bulício, buliçoso, bulir, camundongo, curtume, cutucar, jabuti, jabuticaba, rebuliço, urtiga, urticante etc.

O emprego de G e J

Essas letras, por apresentarem o mesmo som eventualmente, costumam causar problemas de ortografia. Vamos tentar facilitar o trabalho: a letra "g" só apresenta o som de "j" diante das letras "e" e "i": gesso, gelo, agitar, agitador, agir, gíria.

1 Em razão da construção íncola (quem vive, habitante), por isso, silvícola, terrícola etc.

Escreveremos com "G"

Palavras terminadas em - **AGEM**, **-IGEM**, **-UGEM**:

» **Ex.**: Garagem, vertigem, rabugem, ferrugem, fuligem etc.

Exceções: pajem, lambujem (doce ou gorjeta), lajem (pedra da sepultura).

As palavras terminadas em **–ÁGIO, ÉGIO, ÍGIO, ÓGIO, ÚGIO**:

» **Ex.**: Contágio, régio, prodígio, relógio, refúgio.

As palavras derivadas de outras que já possuem a letra "g".

» ***Viagem*** -> viageiro
» ***Ferrugem*** -> ferrugento
» ***Vertigem*** -> vertiginoso
» ***Regime*** -> regimental
» ***Selvagem*** -> selvageria
» ***Regional*** -> regionalismo

Em geral, após a letra "r"

» **Ex.**: Aspergir, divergir, submergir, imergir etc.

As palavras:

» De origem latina: agir, gente, proteger, surgir, gengiva, gesto etc.
» De origem árabe: álgebra, algema, ginete, girafa, giz etc.
» De origem francesa: estrangeiro, agiotagem, geleia, sargento etc.
» De origem italiana: gelosia, ágio etc.
» Do castelhano: gitano.
» Do inglês: gim.

Escreveremos com "J"

Os verbos terminados em **–JAR** ou **–JEAR** e suas formas conjugadas:

Gorjear: gorjeia (lembre-se das "aves"), gorjeiam, gorjearão.

Viajar: viajei, viaje, viajemos, viajante.

Fique Ligado

Cuidado para não confundir os termos viagem (substantivo) com viajem (verbo "viajar"). Vejamos o emprego.

» ***Ele fez uma bela viagem.***
» ***Tomara que eles viajem amanhã.***

Palavras derivadas de outras terminadas em **–JA**.

> ***Granja:*** granjeiro, granjear.
> ***Loja:*** lojista, lojinha.
> ***Laranja:*** laranjal, laranjeira.
> ***Lisonja:*** lisonjeiro, lisonjeador.
> ***Sarja:*** sarjeta.

Palavras cognatas (raiz em comum) ou derivadas de outras que possuem o "j".

> ***Laje:*** lajense, lajedo.
> ***Nojo:*** nojento, nojeira.
> ***Jeito:*** jeitoso, ajeitar, desajeitado.

Nas palavras: conjetura, ejetar, injeção, interjeição, objeção, objeto, objetivo, projeção, projeto, rejeição, sujeitar, sujeito, trajeto, trajetória, trejeito.

Palavras de origem ameríndia (geralmente tupi-guarani) ou africana: canjerê, canjica, jenipapo, jequitibá, jerimum, jia, jiboia, jiló, jirau, Moji, pajé, pajéu.

Nas palavras: berinjela, cafajeste, jeca, jegue, Jeremias, jerico, jérsei, majestade, manjedoura, ojeriza, pegajento, rijeza, sujeira, traje, ultraje, varejista.

Orientações sobre a grafia do fonema /s/

Podemos representar o fonema /s/ por:

a) S: ânsia, cansar, diversão, farsa.

b) SS: acesso, assar, carrossel, discussão.

c) C, Ç: acetinado, cimento, açoite, açúcar.

d) SC, SÇ: acréscimo, adolescente, ascensão, consciência, nasço, desça

e) X: aproximar, auxiliar, auxílio, sintaxe.

f) XC: exceção, exceder, excelência, excepcional.

Como se grafa, então?

Escreveremos com s:

→ A correlação nd - ns:
> ***Pretender*** -> pretensão, pretenso;
> ***Expandir*** -> expansão, expansivo.

→ A correlação rg - rs:
> ***Aspergir*** -> aspersão;
> ***Imergir*** -> imersão;
> ***Emergir*** -> emersão .

→ A correlação rt - rs:
> ***Divertir*** -> diversão;
> ***Inverter*** -> inversão.

→ O sufixo - ense:
> paranaense;
> cearense;
> londrinense.

Escreveremos com ss:

→ A correlação ced -> cess:
> ***Ceder*** -> cessão;
> ***Interceder*** -> intercessão;
> ***Retroceder*** -> retrocesso .

→ A correlação gred -> gress
> ***Agredir*** -> agressão, agressivo;
> ***Progredir*** -> progressão, progresso.

→ A correlação prim - press
> ***Imprimir*** -> impressão, impresso;
> ***Oprimir*** -> opressão, opressor;
> ***Reprimir*** -> repressão, repressivo.

→ A correlação meter - miss
> ***Submeter*** -> submissão;
> ***Intrometer*** -> intromissão.

Escreveremos com c ou com "Ç"

→ Palavras de origem tupi ou africana:
> Açaí, araçá, Iguaçu, Juçara, muçurana, Paraguaçu, caçula, cacimba

Fique Ligado

O "ç" só será usado antes das vogais a, o, u.

→ Com os sufixos:
> ***aça:*** barcaça;
> ***ação:*** armação;
> ***çar:*** aguçar;
> ***ecer:*** esmaecer;
> ***iça:*** carniça;
> ***nça:*** criança;
> ***uça:*** dentuça.

→ Palavras derivadas de verbos terminados em –ter (não confundir com a regra do –meter / s):
> ***Abster*** -> abstenção;
> ***Reter*** -> retenção;
> ***Deter*** -> detenção.

→ Depois de ditongos:
> Feição;
> louça;
> traição.

→ Palavras de origem árabe:
> açúcar;
> açucena;
> cetim;
> muçulmano.

Emprego do SC

→ Escreveremos com sc palavras que são termos emprestados do latim:
> adolescência;
> ascendente;
> consciente;
> crescer;
> descer;
> fascinar;
> fescenino.

Grafia da letra s com som de "Z"

Escreveremos com "S":

→ Terminações –ês, -esa, -isa, que indicam nacionalidade, título ou origem:
> ***Japonês*** -> japonesa;
> ***Marquês*** -> marquesa;
> ***Camponês*** -> camponesa.

→ Após ditongos:
> causa;
> coisa;
> lousa;
> Sousa.

→ As formas dos verbos pôr e querer e de seus compostos:
> Eu pus, nós pusemos, pusésseis etc.
> Eu quis, nós quisemos, quisésseis etc.

→ As terminações –oso e –osa, que indicam qualidade:
> gostoso;
> garboso;
> fervorosa;
> talentosa.

→ O prefixo trans-:
> transe;
> transação;
> transoceânico.

→ Em diminutivos cujo radical termine em "*S*":
> ***Rosa*** -> rosinha;
> ***Teresa*** -> Teresinha;
> ***Lápis*** -> lapisinho.

→ A correlação "*d*" - "*s*":
> ***Aludir*** -> alusão, alusivo;

> ***Decidir*** -> decisão, decisivo;
> ***Defender***->– defesa, defensivo.

→ Verbos derivados de palavras cujo radical termina em s:
> ***Análise*** -> analisar;
> ***Presa*** -> apresar;
> ***Êxtase*** -> extasiar.
> ***Português*** -> aportuguesar

→ Os substantivos com os sufixos gregos –esse, isa, -ose:
> catequese;
> diocese;
> poetisa;
> virose.

(obs.: "catequizar" com "z")

→ Os nomes próprios:
> Baltasar;
> Heloísa;
> Isabel;
> Isaura;
> Luísa;
> Sousa;
> Teresa.

→ As palavras:
> análise;
> cortesia;
> hesitar;
> reses;
> vaselina;
> avisar;
> defesa;
> obséquio;
> revés;
> vigésimo;
> besouro;
> fusível;
> pesquisa;
> tesoura;
> colisão;
> heresia;
> querosene;
> vasilha.

Emprego da letra "Z"

Escreveremos com "z"

→ As terminações - ez, -eza de substantivos abstratos derivados de adjetivos:
> ***Belo*** -> beleza;
> ***Rico*** -> riqueza;
> ***Altivo*** -> altivez;
> ***Sensato*** -> sensatez.

→ Os verbos formados com os sufixo - izar e palavras cognatas:
> balizar;
> inicializar;
> civilizar.

→ As palavras derivadas em:
> ***zal:*** cafezal, abacaxizal;
> ***zeiro:*** cajazeiro, açaizeiro;
> ***zito:*** avezita.
> ***zinho:*** cãozinho, pãozinho, pezinho

→ Os derivados de palavras cujo radical termina em z:
> Cruzeiro;
> Esvaziar.

→ As palavras:
> azar;
> aprazível;
> baliza;
> buzina;
> bazar;
> cicatriz;
> ojeriza;
> prezar;
> proeza;
> vazamento;
> vizinho;
> xadrez;
> xerez.

Emprego do X e do CH

→ A letra X pode representar os seguintes fonemas:
> ***/ch/:*** xarope;
> ***/cx/:*** sexo, tóxico;
> ***/z/:*** exame;
> ***/ss/:*** máximo;
> ***/s/:*** sexto.

Escreveremos com "X"

→ Em geral, após um ditongo:
> Caixa, peixe, ameixa, rouxinol, caixeiro **(exceções: recauchutar e guache)**

→ Geralmente, depois de sílaba iniciada por -**em**:
> enxada;
> enxerido;
> enxugar;
> enxurrada.

Fique Ligado

Encher (e seus derivados); palavras que iniciam por ch e recebem o prefixo en- "encharcar, enchumaçar, enchiqueirar, enchumbar". "Enchova" também é uma exceção.

→ Em palavras de origem indígena ou africana:
> abacaxi;
> xavante;
> xará;
> orixá;
> xinxim.

→ Após a sílaba me no início da palavra:
> mexerica;
> mexerico;
> mexer;
> mexida.

(exceção: mecha de cabelo)

→ Nas palavras:
> bexiga;
> bruxa;
> coaxar;
> faxina;
> graxa;
> lagartixa;

- > lixa;
- > praxe;
- > vexame;
- > xícara;
- > xale;
- > xingar;
- > xampu.

Escreveremos com "CH"

→ As seguintes palavras, em razão de sua origem:

- > chave;
- > cheirar;
- > chuva;
- > chapéu;
- > chalé;
- > charlatão;
- > salsicha;
- > espadachim;
- > chope;
- > sanduíche;
- > chuchu;
- > cochilo;
- > fachada;
- > flecha;
- > mecha;
- > mochila;
- > pechincha.

Atente para a divergência de sentido com os seguintes elementos

bucho - estômago	buxo - espécie de arbusto
cheque - ordem de pagamento	xeque - lance do jogo de xadrez
tacha - pequeno prego	taxa - imposto

Exercício Comentado

01. (FCC) A frase em que se encontram palavras escritas de modo INCORRETO é:

a) Observou-se um repentino comportamento agressivo em um dos integrantes do grupo, sem que se soubesse por que ele agia de modo tão estranho.

b) Na sociedade moderna, as regras são produzidas como em uma linha de montagem industrial e recheiam os manuais de autoajuda.

c) A insegurança no relacionamento dentro de uma equipe em situação de trabalho pode gerar graves consequências na produtividade.

d) A complexidade do mundo moderno exige sençatez diante dos dezafios do convívio social, que aumentam em proporção geométrica.

e) Por que se tornou tão necessário haver regras de convivência harmoniosa, não só nas empresas, mas também nos relacionamentos pessoais?

RESPOSTA. ***D. "sensatez" é escrito com "s"; "desafios" é escrito com "s".***

Vamos Praticar

01. (ESAF) O texto abaixo foi transcrito com adaptações. Assinale a opção que corresponde a erro gramatical ou de grafia de palavra.

Em alguns países mais afetados pela crise global, como os Estados Unidos, a indústria buscou aumentar sua competitividade por meio da forçada redução dos custos de produção, **o que** (1) implicou demissões em massa. Mesmo com menos trabalhadores, a indústria manteve ou ampliou a produção, alcançando ganhos notáveis de produtividade. Mesmo que **aceitasse** (2) arcar com um custo social tão alto, dificilmente o Brasil **alcançaria**(3) resultados econômicos tão rápidos. O aumento da produtividade do trabalhador brasileiro é limitado, entre outros fatores, pela **defazagem** (4) nos investimentos em educação. Com **escassez** (5) de trabalhadores qualificados, exigidos cada vez mais pelo mercado de trabalho, os salários de determinadas funções tendem a subir bem mais do que a produtividade média do setor, que afeta o preço dos bens finais.

(Editorial, O Estado de S. Paulo, 24/3/2012)

a) 1
b) 2
c) 3
d) 4
e) 5

02. (ESAF) O texto abaixo foi transcrito com adaptações. Assinale a opção que corresponde a erro gramatical ou de grafia de palavra.

Poucos dias depois de **estender** (1) a cobrança de 6% do Imposto sobre Operações Financeiras – IOF para os empréstimos externos de cinco anos (antes eram taxados apenas os de três anos), como parte da guerrilha que **mantém** (2) para conter a valorização do real frente **ao** (3) dólar, o ministro da Fazenda não apenas reconheceu que sacrifica sua fé no câmbio flutuante, como admitiu haver efeitos colaterais da medida que terão de ser **mitigados** (4).De fato, o aumento do custo desse tipo de empréstimo ajuda o governo a rejeitar o capital oportunista, que aqui vem apenas para tirar vantagem de nossas taxas de juros elevadas, mas **ingeta** (5) problema na veia dos exportadores que precisam financiar suas operações no exterior. Ele fez questão de reforçar sua disposição de continuar atirando com todas as armas contra o excesso de liquidez mundial, provocado pelo tsunami cambial promovido pelos bancos centrais europeu e norte-americano.

(Editorial, Correio Braziliense, 15/3/2012)

a) 1
b) 2
c) 3
d) 4
e) 5

03. Há alguns substantivos grafados com ç que são derivados de verbos, como produção, redução, desaceleração, projeção. Os verbos a seguir formam substantivos com a mesma grafia:

a) admitir, agredir, intuir
b) discutir, emitir, aferir
c) inquirir, imprimir, perseguir
d) obstruir, intervir, conduzir
e) reduzir, omitir, extinguir

04. Assinale a alternativa gramaticalmente correta de acordo com a ortografia.

a) A última paralização ocorreu há cerca de dois anos.
b) A última paralizassão ocorreu acerca de dois anos.
c) A última paralização ocorreu a cerca de dois anos.
d) A última paralisação ocorreu há cerca de dois anos.

e) A última paralisação ocorreu a cerca de dois anos.

05. (FCC) Os ...... para a conclusão da pesquisa estavam próximos e exigiam ...... na ...... dos dados já obtidos.

a) prazos – rapidês – análize
b) prazos – rapidez – análise
c) prazos – rapidez – análize
d) prasos – rapidez – análise
e) prasos – rapidês – análise

06. (FCC) É preciso corrigir deslizes relativos à ortografia oficial e à acentuação gráfica da frase:

a) As obras modernistas não se distinguem apenas pela temática inovadora, mas igualmente pela apreensão do ritmo alucinante da existência moderna.
b) Ainda que celebrassem as máquinas e os aparelhos da civilização moderna, a ficção e a poesia modernista também valorizavam as coisas mais quotidianas e prosaicas.
c) Longe de ser uma excessão, a pintura modernista foi responsável, antes mesmo da literatura, por intênsas polêmicas entre artistas e críticos concervadores.
d) No que se refere à poesia modernista, nada parece caracterizar melhor essa extraordinária produção poética do que a opção quase incondicional pelo verso livre.
e) O escândalo não era apenas uma consequência da produção modernista: parecia mesmo um dos objetivos precípuos de artistas dispostos a surpreender e a chocar.

07. (CESGRANRIO) Em qual das frases abaixo, todas as palavras são adequadas à ortografia oficial da língua portuguesa?

a) A discução sobre o português mais correto rerpercutiu bastante da mídia.
b) A discussão sobre o português mais correto repecutiu bastante na mídia.
c) A discussão sobre o português mais correto repercutiu bastante na mídia.
d) A discusão sobre o português mais correto respercutiu bastante na mídia.
e) A discursão sobre o português mais correto respercutiu bastante na mídia.

08. (ESAF) A frase correta do ponto de vista da grafia é:

a) Era grande a insidência de casos de enjoo quando era servido aquele alimento, por isso o episódio não foi tratado como exceção, atitude que garantiu o êxito das providências.
b) Em meio a tanta opulência da mansão leiloada, encontrou a geringonça que, tratada criativamente por ele, garantiu por anos seu apoio a entidades beneficientes.
c) Seus gestos desarmônicos às vezes eram mal compreendidos, mas seu jeito afável de falar, sem resquícios de mágoa, revelava sua intenção de restabelecer a paz entre os familiares.
d) Defendeu-se dizendo que nunca pretendeu axincalhar ninguém, mas as suas caçoadas realmente humilhavam e incitavam à malediscência.
e) Sempre ansiosos, desenrolaram no saguão apinhado a faixa com que brindavam os recém-formados, com os seguintes dizeres: "Viagem bastante e divirtam-se, nobres doutores".

09. A palavra corretamente grafada é

a) admissão
b) distenção
c) discusão
d) excessão
e) extenção

10. A frase que está em conformidade com a ortografia oficial é:

a) Não interessa recaptular a indesejável dissensão, mas sim aliviar as tensões agudizadas pelo desnecessário enxerto de questões polêmicas.
b) Sempre quis ser assessora de moda em lojas, mas eram tantos os empecilhos, que acabou por vencer a ojeriza de coser sob encomenda e, com isso, tornou-se grande costureira.
c) Endoidescia o marido com seus gastos extravagantes, pois acreditava que o tão desejado charme era questão de plumas e brilhos esplendorosos, de preferência, vindos do exterior.
d) Quando disse que não exitaria em abandonar o emprego de sopetão e ir relaxar numa praia distante, lhe disseram que seria sandice, mas não conseguiram vencer o fascínio da aventura.
e) Representava na peça um cafageste que tratava a todos com escárneo, mas sua atuação era sempre tão fascinante que diariamente angariava a simpatia de toda a platéia.

Gabarito

01	*D*	*06*	*C*
02	*E*	*07*	*C*
03	*D*	*08*	*C*
04	*D*	*09*	*A*
05	*B*	*10*	*B*

Anotações

CAPÍTULO 11

Interpretação de Textos

Ideias Preliminares sobre o Assunto

Independentemente de quem seja o professor de Língua Portuguesa, é muito comum ele ouvir alguns alunos falando que até gostam da matéria em questão, mas que possuem muita dificuldade com a interpretação dos textos. Isso é algo totalmente normal, principalmente porque costumamos fazer algo terrível chamado de "leitura dinâmica" que poderia ser traduzido da seguinte maneira: procedimento em que você olha as palavras, mas não entende o significado do que está lá escrito.

Para interpretar um texto, o indivíduo precisa de muita atenção e de muito treino. Interpretar pode ser comparado com disparar uma arma: apenas temos chance de acertar o alvo se treinarmos muito e soubermos combinar todos os elementos externos ao disparo: velocidade do ar, direção, distância etc.

Quando o assunto é texto, o primordial é estabelecer uma relação contextual com aquilo que estamos lendo. Montar o contexto significa associar o que está escrito no texto base com o que está disposto nas questões. Lembre-se de que há uma questão montada com a intenção de testar você, ou seja, deve ficar atento para todas as palavras e para todas as possibilidades de mudança de sentido que possa haver nas questões.

É preciso, para entender as questões de interpretação de qualquer banca, buscar o raciocínio que o elaborador da questão emprega na redação da questão. Usualmente, objetiva-se a depreensão dos sentidos do texto. Para tanto, destaque os itens fundamentais (as ideias principais contidas nos parágrafos) para poder refletir sobre tais itens dentro das questões.

Semântica ou Pragmática?

Existe uma discussão acadêmica sobre o que possa ser considerado como semântica e como pragmática. Em que pese o fato de os universitários divergirem a respeito do assunto, vamos estabelecer uma distinção simples, apenas para clarear nossos estudos.

- → **Semântica**: disciplina que estuda o significado dos termos. Para as questões relacionadas a essa área, o comum é que se questione acerca da troca de algum termo e a manutenção do sentido original da sentença.
- → **Pragmática**: disciplina que estuda o sentido que um termo assume dentro de determinado contexto. Isso quer dizer que a identificação desse sentido depende do entorno linguístico e da intenção de quem exprime a sentença.

Para exemplificar essa situação, vejamos o exemplo abaixo:

Pedro está na geladeira.

Nesse caso, é possível que uma questão avalie a capacidade de o leitor compreender que há, no mínimo, dois sentidos possíveis para essa sentença: um deles diz respeito ao fato de a expressão "na geladeira" poder significar algo como "ele foi até a geladeira buscar algo", o que – coloquialmente – significaria uma expressão indicativa de lugar. O outro sentido diz respeito ao fato de "na geladeira" significar que "foi apartado de alguma coisa para receber algum tipo de punição".

A questão sobre semântica exigiria que o candidato percebesse a possibilidade de trocar a palavra "geladeira" por "refrigerador" – havendo, nesse caso, uma relação de sinonímia.

A questão de pragmática exigiria que o candidato percebesse a relação contextualmente estabelecida, ou seja, a criação de uma figura de linguagem (um tipo de metáfora) para veicular um sentido particular.

Questão de interpretação?

Como se faz para saber que uma questão de interpretação é uma questão de interpretação? É uma mera intuição que surge na hora da prova ou existe uma "pista" a ser seguida para a identificação da natureza da questão?

Respondendo a essas perguntas, entende-se que há pistas que identificam a questão como pertencente ao rol de questões para interpretação. Os indícios mais precisos que costumam aparecer nas questões são:

- → Reconhecimento da intenção do autor.
- → Ponto de vista defendido.
- → Argumentação do autor.
- → Sentido da sentença.

Apesar disso, não são apenas esses os indícios de que uma questão é de intepretação. Dependendo da banca, podemos ter a natureza interpretativa distinta, principalmente porque o critério de intepretação é mais subjetivo que objetivo. Algumas bancas podem restringir o entendimento do texto; outras podem extrapolá-lo.

Tipos de Texto - o Texto e suas Partes

Um texto é um todo. Um todo é constituído de diversas partes. A interpretação é, sobremaneira, uma tentativa de reconhecer as intenções de quem comunica recompondo as partes para uma visão global do todo.

Para podermos interpretar, é necessário termos o conhecimento prévio a respeito dos tipos de texto que, fortuitamente, podemos encontrar em um concurso. Vejamos quais são as distinções fundamentais com relação aos tipos de texto.

Exercício Comentado

Ao longo do século XVII, a Holanda foi um dos dois motores de um fenômeno que transformaria para sempre a natureza das relações internacionais: a primeira onda da chamada globalização. O outro motor daquela era de florescimento extraordinário das trocas comerciais e culturais era um império do outro lado do planeta – a China. Só na década de 1650, 40 000 homens partiram dos portos holandeses rumo ao Oriente, em busca dos produtos cobiçados que se fabricavam por lá. Mas a derrota em uma guerra contra a França encerrou os dias da Holanda como força dominante no comércio mundial.

Se o século XVI havia sido marcado pelas grandes descobertas, o seguinte testemunhou a consequência maior delas: o estabelecimento de um poderoso cinturão de comércio que ia da Europa à Ásia. "O sonho de chegar à China é o fio imaginário que percorre a história da luta da Europa para fugir do isolamento", diz o escritor canadense Timothy Brook, no livro O chapéu de Vermeer.

Isso determinou mudanças de comportamento e de valores: "Mais gente aprendia novas línguas e se ajustava a costumes desconhecidos". O estímulo a esse movimento era o desejo irreprimível dos ocidentais de consumir as riquezas produzidas no Oriente. A princípio refratários ao comércio com o exterior, os governantes chineses acabaram rendendo-se à evidência de que o comércio significava a injeção de riqueza na economia local (em especial sob a forma de toneladas de prata).

Sob vários aspectos, a China e a Holanda do século XVII eram a tradução de um mesmo espírito de liberdade comercial. Mas deveu-se só à Holanda a invenção da pioneira engrenagem econômica transnacional. A Companhia das Índias Orientais - a primeira grande companhia de ações do mundo, criada em 1602 – foi a mãe das multinacionais contemporâneas. Beneficiando-se dos baixos impostos e da flexibilidade administrativa, ela tornou-se a grande potência empresarial do século XVII.

(Adaptado de: Marcelo Marthe. Veja, p. 136-137, 29 ago. 2012)

01. De acordo com o texto:

a) Durante os séculos XVI e XVII, os produtos orientais, especialmente aqueles que eram negociados na China, constituíram a base do comércio europeu, em que se destacou a Holanda.

b) A eficiência administrativa de uma empresa comercial criada na Holanda, durante o século XVII, favoreceu o surgimento desse país como um dos polos iniciais do fenômeno da globalização.

c) A atração por produtos exóticos, de origem oriental, determinou a criação de empresas transnacionais que, durante os séculos XVI e XVII, dominaram o comércio entre Europa e Ásia.

d) A China, beneficiada pelo comércio desde o século XVI, rivalizou com a Holanda no predomínio comercial, em razão da grande procura por seus produtos, bastante cobiçados na Europa.

e) Apesar do intenso fluxo de comércio com o Oriente no século XVII, as mudanças de valores por influência de costumes diferentes aceleraram o declínio da superioridade comercial holandesa.

RESPOSTA. ***B. É preciso verificar que a chave para a interpretação dessa questão repousa na identificação da representação do século descrito no texto e a retomada por sinonímia que o texto da questão apresenta.***

Itens lexicais de ancoragem para compreender essa interpretação:

→ ***1602 - Século XVII.***

→ ***Mas deveu-se só à Holanda a invenção da pioneira engrenagem econômica transnacional. A Companhia das Índias Orientais - a primeira grande companhia de ações do mundo, criada em 1602 – foi a mãe das multinacionais contemporâneas.***

O Texto Dissertativo

Nas acepções mais comuns do dicionário, o verbo "dissertar" significa "discorrer ou opinar sobre algum tema". O texto dissertativo apresenta uma ideia básica que começa a ser desdobrada em subitens ou termos menores. Cabe ressaltar que não existe apenas um tipo de dissertação, há mais de uma maneira de o autor escrever um texto dessa natureza.

Conceituar, polemizar, questionar a lógica de algum tema, explicar ou mesmo comentar uma notícia são estratégias dissertativas. Vamos dividir essa tipologia textual em dois tipos essencialmente diferentes: o **dissertativo-expositivo** e o **dissertativo-argumentativo**.

Padrão Dissertativo-Expositivo

A característica fundamental do padrão expositivo da dissertação é utilizar a estrutura da prosa não para convencer alguém de alguma coisa, e sim para apresentar uma ideia, apresentar um conceito. O princípio do texto expositivo não é a persuasão, é a informação e, justamente por tal fato, ficou conhecido como informativo. Para garantir uma boa interpretação desse padrão textual, é importante buscar a ideia principal (que deve estar presente na introdução do texto) e, depois, entender quais serão os aspectos que farão o texto progredir.

→ **Onde posso encontrar esse tipo de texto?** Jornais revistas, sites sobre o mundo de economia e finanças. Diz-se que esse tipo de texto focaliza a função referencial da linguagem.

→ **Como costuma ser o tipo de questão relacionada ao texto dissertativo-expositivo?** Geralmente, os elaboradores questionam sobre as informações veiculadas pelo texto. A tendência é que o elaborador inverta as informações contidas no texto.

→ **Como resolver mais facilmente?** Toda frase que mencionar o conceito ou a quantidade de alguma coisa deve ser destacada para facilitar a consulta.

Padrão Dissertativo-Argumentativo

No texto do padrão dissertativo-argumentativo, existe uma opinião sendo defendida e existe uma posição ideológica por detrás de quem escreve o texto. Se analisarmos a divisão dos parágrafos de um texto com características argumentativas, perceberemos que a introdução apresenta sempre uma tese (ou hipótese) que é defendida ao longo dos parágrafos.

Uma vez feito isso, o candidato deve entender qual é a estratégia utilizada pelo produtor do texto para defender seu ponto de vista. Na verdade, agora é o momento de colocar "a mão na massa" para valer, uma vez que aqueles enunciados que iniciam com "infere-se da argumentação do texto", "depreende-se dos argumentos do autor" serão vencidos caso se observem os fatores de interpretação corretos.

Quais são esses fatores?

> A conexão entre as ideias do texto (atenção para as conjunções).

> Articulação entre as ideias do texto (atenção para a combinação de argumentos).

> Progressão do texto.

→ **Os Recursos Argumentativos:**

Quando o leitor interage com uma fonte textual, deve observar - tratando-se de um texto com o padrão dissertativo-argumentativo - que o autor se vale de recursos argumentativos para construir seu raciocínio dentro do texto. Vejamos alguns recursos importantes:

> **Argumento de autoridade**: baseado na exposição do pensamento de algum especialista ou alguma autoridade no assunto. Citações, paráfrases e menções ao indivíduo podem ser tomadas ao longo do texto. Tome cuidado para não cair na armadilha: saiba diferenciar se a opinião colocada

em foco é a do autor ou se é a do indivíduo que ele cita ao longo do texto.

> **Argumento com base em consenso**: parte de uma ideia tomada como consensual, o que "carrega" o leitor a entender apenas aquilo que o elaborador mostra. Sentenças do tipo todo mundo sabe que é de conhecimento geral que identificam esse tipo de argumentação.

> **Argumento com fundamentação concreta**: basear aquilo que se diz em algum tipo de pesquisa ou fato que ocorre com certa frequência.

> **Argumento silogístico (com base em um raciocínio lógico)**: do tipo hipotético - Se...então.

> **Argumento de competência linguística**: consiste em adequar o discurso ao panorama linguístico de quem é tido como possível leitor do texto.

> **Argumento de exemplificação**: utilizar casos, ou pequenos relatos para ilustrar a argumentação do texto.

Vamos Praticar

Costumamos olhar pouco para fora do Brasil quando tentamos compreender o que estamos vivendo. Faz muito que a distância entre os países desapareceu, no plano objetivo. Continuamos, porém, vivendo "isolados do mundo", como diz uma canção, ainda que apenas na subjetividade.

Se pensarmos no que está à nossa volta, na América do Sul, então, mais ainda. Mesmo quando é bem informado, o brasileiro típico se mostra mais capaz de dar notícia do que ocorre na Europa e nos Estados Unidos da América do que em qualquer de nossos vizinhos.

É pena, pois estar mais informados sobre o que acontece além das fronteiras pode ajudar muito a que nos entendamos como país.

Marcos Coimbra. Olhando à nossa volta. In: Correio Braziliense, 23/9/2007 (com adaptações).

01. (CESPE) O autor do texto, em sua argumentação, opõe o desaparecimento da distância entre os Estados Unidos da América e a Europa, no "plano objetivo", à preservação dessa distância entre os países da América do Sul, no plano subjetivo.

Certo ( ) Errado ( )

Celular Vira 'Fura-trânsito' em São Paulo

Em uma cidade com tantos problemas no trânsito como São Paulo, a indústria de apps - os aplicativos para celulares e tablets - encontrou terreno fértil para se desenvolver.

Aplicativos lançados recentemente ajudam o motorista a escapar de alagamentos, a desviar de congestionamentos e até a saber onde há vagas para estacionar.

Um dos mais famosos é o Waze. Criado em Israel, é uma mistura de rede social com GPS, em que motoristas compartilham as condições do trânsito e pontos críticos de congestionamento.

Uri Levine, fundador e presidente do Waze, diz que a ideia surgiu em suas férias de 2007, ao viajar com amigos. Ele foi o último a sair, ligou para saber como estava o trânsito e evitou engarrafamentos.

Situação semelhante ocorreu em São Paulo, na temporada de chuvas de 2010. Noel Rocha trabalhava no centro e precisava passar pelo túnel do Anhangabaú - famoso pelos alagamentos.

Preso no trânsito, ele queria saber se o túnel estava fechado. "Tentei, pelo celular, o site do CGE (Centro de Gerenciamento de Emergências), mas achei muito complicado." Foi aí que teve a ideia de criar o Alaga SP, aplicativo que mostra os alagamentos ativos em São Paulo a partir de informações da prefeitura.

Além do Waze e do Alaga SP, destacam-se o Moovit - que oferece informações sobre o transporte público (ônibus, trens etc.) -, o Maplink - que mostra rotas, condições de trânsito e exibe imagens dos principais corredores através de um sistema de coleta de informações próprio - e o Apontador Rodoviário, que traça rotas e mostra a localização de pedágios com seus preços.

(André Monteiro, Folha de S.Paulo, 10.03.2013. Adaptado)

02. (VUNESP) Os aplicativos mencionados no texto têm, em comum, a finalidade de:

a) Oferecer aos usuários opções para contornarem os problemas no trânsito.
b) Substituir os órgãos públicos na fiscalização do tráfego de veículos.
c) Auxiliar os pedestres e acabar com os atropelamentos nas grandes cidades.
d) Orientar os motoristas que desconhecem as principais leis de trânsito.
e) Reduzir o número de carros por habitante na cidade de São Paulo.

03. (VUNESP) Uri Levine e Noel Rocha idealizaram os aplicativos Waze e Alaga SP, respectivamente, a partir:

a) Da conversa com amigos que reclamavam do trânsito.
b) De suas experiências concretas como motoristas.
c) De situações em que se viram presos em engarrafamentos.
d) Da impossibilidade de viajar devido a alagamentos.
e) Da cópia de aplicativos idênticos que faziam sucesso no mercado.

"Quando paro com meu carro no semáforo, já olho se o caminho que vou fazer está congestionado. Se estiver, pego uma alternativa e, se também estiver travada, uso o aplicativo para avisar os outros motoristas."

04. (VUNESP) Considerando as descrições dos aplicativos apresentadas no texto, pode-se concluir que esse comentário se refere ao uso do:

a) Waze.
b) Alaga SP.
c) Moovit.
d) Maplink.
e) Apontador Rodoviário.

Leia o primeiro parágrafo:

Em uma cidade com tantos problemas no trânsito como São Paulo, a indústria de apps – os aplicativos para celulares e tablets - encontrou **terreno fértil** para se desenvolver.

05. (VUNESP) A expressão **terreno fértil** pode ser substituída, sem alteração da mensagem, por:

a) Necessidade restrita.
b) Cenário conturbado.
c) Condições propícias.
d) Ferramentas exóticas.
e) Momento contraditório.

Observe a passagem do terceiro parágrafo: Criado em Israel, é uma mistura de rede social com GPS, em que motoristas compartilham as condições do trânsito e pontos **críticos** de congestionamento.

06. (VUNESP) O termo **críticos**, em destaque, é empregado com o sentido de:

a) Distintos.
b) Provisórios.
c) Sugestivos.
d) Problemáticos.
e) Analíticos.

O novo milênio - designado como era do conhecimento, da informação - é marcado por mudanças de relevante importância e por impactos econômicos, políticos e sociais. Em épocas de transformações tão radicais e abrangentes como essa, caracterizada pela transição de uma era industrial para uma baseada no conhecimento, aumenta-se o grau de indefinições e incertezas. Há, portanto, que se fazer esforço redobrado para identificar e compreender esses novos processos - o que exige o desenvolvimento de um novo quadro conceitual e analítico que permita captar, mensurar e avaliar os elementos que determinam essas mudanças - e para distinguir, entre as características e tendências emergentes, as que são mais duradouras das que são transitórias, ou seja, lidar com a necessidade do que Milton Santos resumiu como distinguir o modo da moda.

No novo padrão técnico-econômico, notam-se a crescente inovação, intensidade e complexidade dos conhecimentos desenvolvidos e a acelerada incorporação desses nos bens e serviços produzidos e comercializados pelas organizações e pela sociedade. Destacam-se, sobretudo, a maior velocidade, a confiabilidade e o baixo custo de transmissão, armazenamento e processamento de enormes quantidades de conhecimentos codificados e de outros tipos de informação.

Helena Maria Martins Lastres et al. Desafios e oportunidades da era do conhecimento. In: São Paulo em Perspectiva, 16(3), 2002, p. 60-1 (com adaptações).

A partir das ideias e dos argumentos suscitados pelo texto, julgue os itens subsequentes.

07. (CESPE) Da leitura do texto infere-se que o novo milênio engloba a era do conhecimento, em que a vantagem competitiva decorrente da produção e comercialização de bens e serviços ocorrerá por meio da geração do conhecimento, que permitirá a manutenção do potencial inovador das organizações.

Certo ( ) Errado ( )

08. (CESPE) No texto, é abordada a necessidade de se lidar com as tendências e mudanças derivadas das novas formas de conhecimento, objeto do que se denomina, hoje, por era do conhecimento.

Certo ( ) Errado ( )

O setor de tecnologias da informação e comunicação (TICs) impulsiona um conjunto de inovações técnico-científicas, organizacionais, sociais e institucionais, gerando novas possibilidades de retorno econômico e social nas mais variadas atividades. Por contribuir para a elevação do valor agregado da produção, com reflexos positivos no emprego, na renda e na qualidade de vida da população, esse ramo vem obtendo status privilegiado em diversas políticas e programas nacionais para a ampliação do acesso às telecomunicações, aceleração da informatização e mitigação da exclusão digital. Como exemplo, podem ser destacadas as propostas de fortalecimento da competitividade inseridas no âmbito da Política de Desenvolvimento Produtivo do Ministério do Desenvolvimento, Indústria e Comércio, que são imprescindíveis em face do panorama da crise financeira internacional.

Cristiane Vianna Rauen *et al*. Relatório de acompanhamento setorial. In: Tecnologias de informação e comunicação, v. III. UNICAMP e Agência Brasileira de Desenvolvimento Industrial, ago./2009, p. 10-1 (com adaptações).

No que diz respeito aos argumentos e às estruturas linguísticas do texto acima, julgue o próximo item:

09. (CESPE) Da leitura do texto depreende-se que as TICs representam a nova base tecnoprodutiva em conhecimento e podem ser consideradas as principais difusoras de progresso técnico nos dias de hoje, além de constituírem elemento estratégico das organizações e instituições.

Certo ( ) Errado ( )

Crescimento da População é "Desafio do Século", Diz Consultor da ONU

O crescimento populacional é o "desafio do século" e não está sendo tratado de forma adequada na Rio+20, segundo o consultor do Fundo de População das Nações Unidas, Michael Herrmann.

"O desafio do século é promover bem-estar para uma população grande e em crescimento, ao mesmo tempo em que se assegura o uso sustentável dos recursos naturais" [...] "As questões relacionadas à população estão sendo tratadas de forma adequada nas negociações atuais? Eu acho que não. O assunto é muito sensível e muitos preferem evitá-lo. Mas nós estaremos enganando a nós mesmos se acharmos que é possível falar de desenvolvimento sustentável sem falar sobre quantas pessoas seremos no planeta, onde estaremos vivendo e que estilo de vida teremos", afirmou.

No fim do ano passado, a população mundial atingiu a marca de sete bilhões de pessoas. As projeções indicam que, em 2050, serão 9 bilhões. O crescimento é mais intenso nos países pobres, mas Herrmann defende que os esforços para o enfrentamento do problema precisam ser globais.

"Se todos quiserem ter os padrões de vida do cidadão americano médio, precisaremos ter cinco planetas para dar conta. Isso não é possível. Mas também não é aceitável falar para os países em desenvolvimento 'desculpa, vocês não podem ser ricos, nós não temos recursos suficientes'. É um desafio global, que exige soluções globais e assistência ao desenvolvimento", afirmou.

O consultor disse ainda que o Fundo de População da ONU é contrário a políticas de controle compulsório do crescimento da população. Segundo ele, as políticas mais adequadas são aquelas que permitem às mulheres fazerem escolhas sobre o número de filhos que querem e o momento certo para engravidar. Para isso, diz, é necessário ampliar o acesso à educação e aos serviços de saúde reprodutiva e planejamento familiar. [...]

MENCHEN, Denise. Crescimento da população é "desafio do século", diz consultor da ONU. Folha de São Paulo. São Paulo, 11 jun. 2012. Ambiente. Disponível em:<http://www1.folha.uol.com.br/ambiente.1103277-crescimento-da-populacao-e-desafio-do--seculo-diz-consultor-da-onu.shtml>. Acesso em: 22 jun. 2012. Adaptado.

10. (CESGRANRIO) No Texto I, Michael Herrmann, consultor do Fundo de População das Nações Unidas, afirma que tratar o crescimento populacional de forma adequada significa:

a) Enfrentar o problema de forma localizada e evitar soluções globalizantes.

b) Permitir a proliferação dos padrões de vida do cidadão americano e rechaçar a miséria.

c) Evitar o enriquecimento dos países emergentes e incentivar a preservação ambiental nos demais.

d) Implementar uma política de controle populacional compulsório e garantir acesso à educação e aos serviços de saúde reprodutiva.

e) Promover o bem-estar da população e assegurar o uso sustentável dos recursos naturais.

Gabarito

01	ERRADO	06	D
02	A	07	CERTO
03	B	08	CERTO
04	A	09	CERTO
05	C	10	E

Anotações

CAPÍTULO 12

Demais Tipologias Textuais

O Texto Narrativo

Em uma definição bem simplista, "narrar" significa "sequenciar ações". É um dos gêneros mais utilizados e mais conhecidos pelo ser humano, quer no momento de relatar algum evento para alguém – em um ambiente mais formal -, quer na conversa informal sobre o resumo de um dia de trabalho. O fato é que narramos, e o fazemos de maneira praticamente instintiva. É importante, porém, conhecer quais são seus principais elementos de estruturação.

→ Os operadores do texto narrativo são:

> **Narrador**: é a voz que conduz a narrativa.
>
> **Narrador-protagonista**: narra o texto em primeira pessoa.
>
> **Narrador-personagem (testemunha)**: nesse caso, quem conta a história não participou como protagonista, no máximo como um personagem adjuvante da história.
>
> **Narrador onisciente**: narrador que está distanciado dos eventos e conhece aquilo que se passa na cabeça dos personagens.

→ **Personagens**: são aqueles que efetivamente atuam na ordem da narração, ou seja, a trama está atrelada aos comportamentos que eles demonstram ao longo do texto.

→ **Tempo**: claramente, é o lapso em que transcorrem as ações narradas. Segundo a classificação tradicional, divide-se o tempo da narrativa em: Cronológico, Psicológico e Da narrativa.

→ **Espaço**: é o local físico em que as ações ocorrem.

→ **Trama**: é o encadeamento de ações propriamente dito.

Exercício Comentado

O fragmento transcrito abaixo faz parte do conto "Circuito fechado (3)", de Ricardo Ramos.

Muito prazer. Por favor, quer ver o meu saldo? Acho que sim. Que bom telefonar, foi ótimo, agora mesmo estava pensando em você. Puro, com gelo. Passe mais tarde, ainda não fiz, não está pronto. Amanhã eu ligo, e digo alguma coisa. Guarde o troco. Penso que sim. Este mês, não, fica para o outro. Desculpe, não me lembrei. Veja logo a conta, sim? É uma pena, mas hoje não posso, tenho um jantar. Vinte litros, da comum. Acho que não. Nas próximas férias, vou até lá, de carro. Gosto mais assim, com azul. Bem, obrigado, e você? [...] É um chato, um perigo público. Foi há muito tempo. Tudo bem, tudo legal? Gostei de ver. Acho que não, penso que não, creio que não. Acredito que sim. Claro, fechei a porta e botei o carro pra dentro. Vamos dormir? É, leia que é bom. Ainda agosto e esse calor. Me acorde cedo amanhã, viu?

LADEIRA, Julieta de Godoy (Org.). Contos brasileiros contemporâneos. 2. ed. São Paulo: Moderna, 2005. p.126-127.

01. (COMPERVE) Esse conto pode ser visto como uma representação literária do automatismo da vida cotidiana moderna. Os procedimentos dos quais o autor se vale para representar esse automatismo são:

a) Frases curtas, fragmentação de diálogo e estrutura narrativa circular.

b) Causalidade entre as ações, descrição exaustiva e estrutura narrativa circular.

c) Fragmentação de diálogo, omissão dos nomes das personagens e ritmo narrativo lento.

d) Frases curtas, densidade psicológica das personagens e causalidade entre as ações.

RESPOSTA. ***A. É preciso perceber a fragmentação no recorte de orações – atente para a quantidade de pontos finais -, além disso, o modo como ele narra revela que age de maneira automática, em razão disso o chamado automatismo.***

O Texto Descritivo

O texto descritivo é o que levanta características para montar algum tipo de panorama. Essas características, mormente, são físicas, entretanto, não é necessário ser sempre desse modo. Podemos dizer que há dois tipos de descrição:

→ **Objetiva**: em que surgem aspectos sensoriais diretos, ou seja, não há uma subjetividade por parte de quem escreve. Veja um exemplo:

> Nome científico: *Ginkgo biloba L.*
>
> Nome popular: nogueira-do-japão.
>
> Origem: Extremo Oriente.

Aspecto: as folhas dispõem-se em leque e são semelhantes ao trevo.

A altura da árvore pode chegar a 40 metros; o fruto lembra uma ameixa e contém uma noz que pode ser assada e comida.

→ **Subjetiva**: em que há impressões particulares do autor do texto. Há maior valorização dos sentimentos insurgentes daquilo que se contempla.

Conotação X Denotação

É interessante, quando se estuda o conteúdo de interpretação de texto, ressaltar a distinção conceitual entre o sentido conotativo e o sentido denotativo da linguagem. Vejamos como se opera essa distinção:

→ **Sentido conotativo**: figurado, ou abstrato. Relaciona-se com as figuras de linguagem.

> Adalberto **entregou sua alma a Deus**.

A ideia de entregar a alma a Deus é figurada, ou seja, não ocorre literalmente, pois não há um serviço de entrega de almas. Essa é uma figura que convencionamos chamar de **metáfora**.

→ **Sentido denotativo**: literal, ou do dicionário. Relaciona-se com a função referencial da linguagem.

> Adalberto **morreu**.

Quando dizemos função referencial, entende-se que o falante está preocupado em transmitir precisamente o fato ocorrido, sem apelar para figuras de pensamento.

Figuras de Linguagem

Apenas para ilustrar algumas das mais importantes figuras de linguagem que podem ser cobradas em algumas provas, observe a lista:

- → **Metáfora**: uma figura de linguagem, que consiste na comparação de dois termos sem o uso de um conectivo.
  - » Seus olhos **são dois oceanos**. (Os olhos possuem a profundidade do oceano, a cor do oceano etc.)
- → **Comparação**: comparação direta com o elemento conectivo.
  - » O vento é como uma mulher.
- → **Metonímia**: figura de linguagem que consiste utilização de uma expressão por outra, dada a semelhança de sentido ou a possibilidade de associação lógica entre elas.
  - > **Vá ao mercado e traga um Nescau**. (Achocolatado em pó.)
- → **Antítese**: figura de linguagem que consiste na exposição de ideias opostas.

"**Nasce** o Sol e não dura mais que um **dia**
Depois da **Luz** se segue à **noite** escura
Em tristes **sombras morre** a formosura,
Em contínuas **tristezas** e **alegrias**."

(Gregório de Matos)

Os termos em negrito evidenciam relações semânticas de distinção (oposição). Nascer é o contrário de morrer, assim como sombra é o contrário de luz. Essa figura foi muito utilizada na poesia brasileira, em especial pelo autor dos versos acima: Gregório de Matos Guerra.

- → **Paradoxo**: expressão que contraria o senso comum. Ilógica.

"Amor é fogo que **arde sem se ver**;
É ferida que **dói e não se sente**;
É um **contentamento descontente**;
É **dor que desatina sem doer**."

(Luís de Camões)

A construção semântica acima é totalmente ilógica, pois é impossível uma ferida doer e não ser sentida, assim como não é possível o contentamento ser descontente.

- → **Perífrase**: expressão que tem por função substituir semanticamente um termo:
  - > **A última flor do Lácio** anda muito judiada. (Português é a última flor do Lácio.)
- → **Eufemismo:** figura que consiste em atenuar uma expressão desagradável:
  - > José **pegou emprestado sem avisar**. (roubou)
- → **Disfemismo**: contrário ao Eufemismo, é a figura de linguagem que consiste em tornar uma expressão desagradável em algo ainda pior.
  - > O homem **abotoou o paletó de madeira**. (morreu)
- → **Prosopopeia**: atribuição de características animadas a seres inanimados.
  - > O vento sussurrou em meus ouvidos.
- → **Hipérbole**: exagero proposital de alguma característica.
  - > **Estou morrendo de rir.**
- → **Sinestesia**: confusão dos sentidos do corpo humano para produzir efeitos expressivos.
  - > Ouvi uma **voz suave** saindo do quarto.

Funções da Linguagem

Deve-se a Roman Jakobson a discriminação das seis funções da linguagem na expressão e na comunicação humanas, conforme o realce particular que cada um dos componentes do processo de comunicação recebe no enunciado. Por isso mesmo, é raro encontrar em uma única mensagem apenas uma dessas funções, ou todas reunidas em um mesmo texto. O mais frequente é elas se superporem, apresentando-se uma ou outra como predominante.

Em que pese tal fato, é preciso considerar que há particularidades com relação às funções da linguagem, ou seja, cada função descreve algo em particular. Com isso, pretendo dizer que, antes de o estudante se ater às funções em si, é preciso que ele conheça o sistema que é um pouco mais amplo, ou seja, o ato comunicativo. Afinal, a teoria de Roman Jakobson se volta à descrição do ato comunicativo em si.

Em um livro chamado Linguística e Comunicação, o linguista Roman Jakobson, pensando sobre o ato comunicativo e seus elementos, identifica seis funções da linguagem.

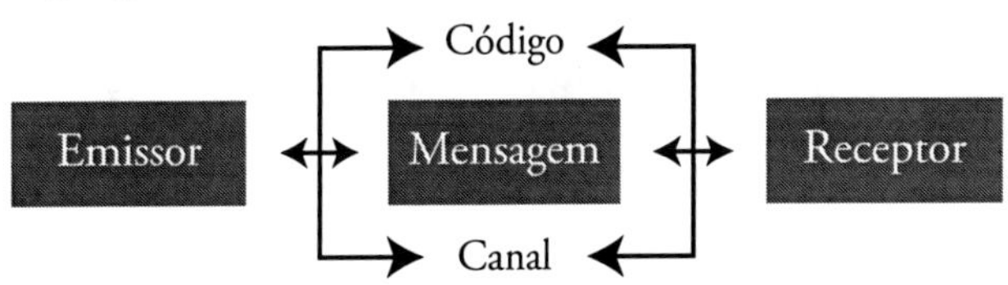

- → Nesse esquema, identificamos:
  - > **Emissor**: quem enuncia.
  - > **Mensagem**: aquilo que é transmitido pelo emissor.
  - > **Receptor**: quem recebe a mensagem.
  - > **Código**: o sistema em que a mensagem é codificada. O código deve ser comum aos polos da comunicação.
  - > **Canal**: meio físico por que ocorre a comunicação.

Pensando sobre esses elementos, Jakobson percebeu que cada função da linguagem está centrada em um elemento específico do ato comunicativo. É o que veremos agora.

- → **As Funções da Linguagem são:**
  - > **Referencial**: centrada na mensagem, ou seja, na transmissão do conteúdo. Como possui esse caráter, a objetividade é uma constante para a função referencial. É comum que se busque a imparcialidade quando dela se faz uso. É também conhecida como função denotativa. Como a terceira pessoa do singular é predominante, podem-se encontrar exemplos de tal função em textos científicos, livros didáticos, textos de cunho apenas informativo etc.

- **Emotiva**: centrada no emissor, ou seja, em quem enuncia a mensagem. Basicamente a primeira pessoa predomina quando o texto se apoia sobre a função emotiva. É muito comum a observarmos em depoimentos, discursos, em textos sentimentais, e mesmo em textos líricos.
- **Apelativa**: centrada no receptor, ou seja, em quem recebe a mensagem. As características comuns a manifestações dessa função da linguagem são os verbos no modo imperativo, a tentativa de persuadir o receptor, a utilização dos pronomes de tratamento que tangenciem o interlocutor. É comum observar a função apelativa em propaganda, em discursos motivacionais etc.
- **Poética**: centrada na transformação da mensagem, ou seja, em como modificar o conteúdo da mensagem a fim de torná-lo mais expressivo. As figuras de linguagem são abundantes nessa função e, por sua presença, convencionou-se chamar, também, função poética de função conotativa. Textos literários, poemas e brincadeiras com a mensagem são fontes em que se pode verificar a presença da função poética da linguagem.
- **Fática**: centrada no canal comunicativo. Basicamente, busca testar o canal para saber se a comunicação está ocorrendo. Expressões como "olá", "psiu" e "alô você" são exemplos dessa função.
- **Metalinguística**: centrada no código. Quando o emissor se vale do código para explicar o próprio código, ou seja, num tipo de comunicação autorreferente. Como exemplo, podemos citar um livro de gramática, que se vale da língua para explicar a própria língua; uma aula de didática (sobre como dar aula); ou mesmo um poema que se refere ao processo de escrita de um poema. O poema a seguir é um ótimo exemplo de função metalinguística.

Catar feijão

Catar feijão se limita com escrever:
jogam-se os grãos na água do alguidar
e as palavras na da folha de papel;
e depois, joga-se fora o que boiar.
Certo, toda palavra boiará no papel,
água congelada, por chumbo seu verbo:
pois para catar esse feijão, soprar nele,
e jogar fora o leve e oco, palha e eco.

Ora, nesse catar feijão entra um risco:
o de que entre os grãos pesados entre
um grão qualquer, pedra ou indigesto,
um grão imastigável, de quebrar dente.
Certo não, quando ao catar palavras:
a pedra dá à frase seu grão mais vivo:
obstrui a leitura fluviante, flutual,
açula a atenção, isca-a com risco.

MELO NETO, João Cabral de. Obra completa. Rio de Janeiro: Nova Aguilar, 1995.

Vamos Praticar

Logo à entrada paramos diante de uma lápide quadrada, incrustada nas lajes escuras, tão polida e reluzindo com um tão doce brilho de nácar, que parecia a água quieta de um tanque, onde se refletiam as luzes das lâmpadas. Pote puxou-me a manga, lembrou-me que era costume beijar aquele pedaço de rocha, santa entre todas, que outrora, no jardim de José de Arimateia... (A Relíquia – Eça de Queirós).

Uma pesquisa realizada em 16 países mostrou que os jovens brasileiros são os que colecionam o maior número de amigos virtuais. A média brasileira de contatos é mais do que o dobro da mundial, que tem como base países como Estados Unidos da América (EUA) e China. O levantamento avaliou a participação da tecnologia na vida de 18 mil jovens de 8 a 24 anos, com acesso fácil à Internet, telefones celulares e pelo menos dois outros aparelhos eletrônicos.

Os brasileiros com idade entre 14 e 24 anos têm em média 46 amigos virtuais, enquanto a média global é de 20. No mundo, os jovens costumam ter cerca de 94 contatos guardados no celular, 78 na lista de programas de mensagem instantânea e 86 em sítios de relacionamento como o Orkut.

Jornal do Brasil, 27/7/2007, p. A24 (com adaptações).

01. O texto entrelaça características de dissertação; de narração e de descrição.

Certo ( ) Errado ( )

Zygmunt Bauman põe o dedo na ferida ao denunciar o limite da liberdade na modernidade capitalista: pode-se tudo (embora a maioria não possa quase nada), exceto imaginar um mundo melhor que este em que vivemos. Quando muito, fica-se no conserto da casa, a reforma do telhado, a pintura das paredes, sem que se questionem a própria arquitetura da casa e, muito menos, o modo de convivência dos que a habitam.

02. A expressão "põe o dedo na ferida" tem sentido conotativo (figurado).

Certo ( ) Errado ( )

03. Há sentido conotativo na seguinte alternativa:

a) "Será que uma bola é mais valiosa que um livro?"
b) "... aposentados choram pelo minguado aumento."
c) "Por que se concedem altos aumentos na política?"
d) "... hospitais deixam de atender ao mais simples diagnóstico..."
e) "Por que os salários não são igualitários?"

04. Leia o seguinte trecho de Machado de Assis e marque a opção correta.

"O tempo é um tecido invisível em que se pode bordar tudo, uma flor, um pássaro, uma dama, um castelo, um túmulo. Também se pode bordar nada. Nada em cima de invisível é a mais sutil obra deste mundo..."

a) Em "O tempo é um tecido invisível", o autor empregou uma metáfora.
b) Depreende-se do sentido global do trecho uma censura aos que vivem sem fazer nada.
c) A sintaxe de "bordar nada" foi construída com a figura de estilo chamada paradoxo ou oxímoro, dado que o verbo "bordar" é transitivo direto, ou seja, quem borda sempre borda alguma coisa.
d) No contexto em que está empregado, o adjetivo "sutil" significa "inútil".

e) O trecho está construído sobre uma contradição: na primeira linha, afirma-se que sobre o tecido do tempo "se pode bordar tudo"; na segunda, afirma-se que "se pode bordar nada".

O Lixo

(Luís Fernando Veríssimo)

Encontram-se na área de serviço. Cada um com seu pacote de lixo. É a primeira vez que se falam.

- Bom dia...

- Bom dia.

- A senhora é do 610.

- E o senhor do 612.

- É.

- Eu ainda não lhe conhecia pessoalmente...

- Pois é...

- Desculpe a minha indiscrição, mas tenho visto o seu lixo...

- O meu quê?

- O seu lixo.

- Ah...

- Reparei que nunca é muito. Sua família deve ser pequena...

- Na verdade sou só eu.

- Mmmm. Notei também que o senhor usa muito comida em lata.

- É que eu tenho que fazer minha própria comida. E como não sei cozinhar...

- Entendo.

- A senhora também...

- Me chame de você.

- Você também perdoe a minha indiscrição, mas tenho visto alguns restos de comida em seu lixo. Champignons, coisas assim...

- É que eu gosto muito de cozinhar. Fazer pratos diferentes. Mas, como moro sozinha, às vezes sobra...

- A senhora... Você não tem família?

- Tenho, mas não aqui.

- No Espírito Santo.

- Como é que você sabe?

- Vejo uns envelopes no seu lixo. Do Espírito Santo.

- É. Mamãe escreve todas as semanas.

- Ela é professora?

- Isso é incrível! Como foi que você adivinhou?

- Pela letra no envelope. Achei que era letra de professora.

- O senhor não recebe muitas cartas. A julgar pelo seu lixo.

- Pois é...

- No outro dia tinha um envelope de telegrama amassado.

- É.

- Más notícias?

- Meu pai. Morreu.

- Sinto muito.

- Ele já estava bem velhinho. Lá no Sul. Há tempos não nos víamos.

- Foi por isso que você recomeçou a fumar?

- Como é que você sabe?

- De um dia para o outro começaram a aparecer carteiras de cigarro amassadas no seu lixo.

- É verdade. Mas consegui parar outra vez.

- Eu, graças a Deus, nunca fumei.

- Eu sei. Mas tenho visto uns vidrinhos de comprimido no seu lixo...

- Tranquilizantes. Foi uma fase. Já passou.

- Você brigou com o namorado, certo?

- Isso você também descobriu no lixo?

- Primeiro o buquê de flores, com o cartãozinho, jogado fora. Depois, muito lenço de papel.

- É, chorei bastante, mas já passou.

- Mas hoje ainda tem uns lencinhos...

- É que eu estou com um pouco de coriza.

- Ah.

- Vejo muita revista de palavras cruzadas no seu lixo.

- É. Sim. Bem. Eu fico muito em casa. Não saio muito. Sabe como é.

- Namorada?

- Não.

- Mas há uns dias tinha uma fotografia de mulher no seu lixo. Até bonitinha.

- Eu estava limpando umas gavetas. Coisa antiga.

- Você não rasgou a fotografia. Isso significa que, no fundo, você quer que ela volte.

- Você já está analisando o meu lixo!

- Não posso negar que o seu lixo me interessou.

- Engraçado. Quando examinei o seu lixo, decidi que gostaria de conhecê-la. Acho que foi a poesia.

- Não! Você viu meus poemas?

- Vi e gostei muito.

- Mas são muito ruins!

- Se você achasse eles ruins mesmo, teria rasgado. Eles só estavam dobrados.

- Se eu soubesse que você ia ler...

- Só não fiquei com eles porque, afinal, estaria roubando. Se bem que, não sei: o lixo da pessoa ainda é propriedade dela?

- Acho que não. Lixo é domínio público.

- Você tem razão. Através do lixo, o particular se torna público. O que sobra da nossa vida privada se integra com a sobra dos outros. O lixo é comunitário. É a nossa parte mais social. Será isso?

- Bom, aí você já está indo fundo demais no lixo. Acho que...

- Ontem, no seu lixo...

- O quê?

- Me enganei, ou eram cascas de camarão?

- Acertou. Comprei uns camarões graúdos e descasquei.

- Eu adoro camarão.

- Descasquei, mas ainda não comi. Quem sabe a gente pode...

- Jantar juntos?

- É.

- Não quero dar trabalho.

- Trabalho nenhum.

- Vai sujar a sua cozinha?

- Nada. Num instante se limpa tudo e põe os restos fora.

- No seu lixo ou no meu?

05. A função da linguagem predominante no texto de Luís Fernando Veríssimo é:

a) Fática.
b) Conativa.
c) Referencial.
d) Metalinguística.

Leia a seguir os trechos de -Consideração do poema , integrante do livro A Rosa do Povo, de Carlos Drummond de Andrade.

Uma pedra no meio do caminho
ou apenas um rastro, não importa.
Estes poetas são meus. De todo o orgulho,
de toda a precisão se incorporaram
ao fatal meu lado esquerdo. Furto a Vinicius
sua mais límpida elegia. Bebo em Murilo.
Que Neruda me dê sua gravata
chamejante. Me perco em Apollinaire. Adeus, Maiakovski.
São todos meus irmãos, não são jornais
nem deslizar de lancha entre camélias:
é toda a minha vida que joguei.
[...]
Saber que há tudo. E mover-se em meio
a milhões e milhões de formas raras,
secretas, duras. Eis aí meu canto.

ANDRADE, Carlos Drummond de. Nova reunião: 23 livros de poesia. Rio de Janeiro: Bestbolso, 2009. p. 139-140.

Nesses trechos, além da função poética, ocorre predominantemente a função:

06. Apelativa, percebida na persuasão do texto poético.

Certo ( ) Errado ( )

07. Expressiva, percebida na ausência da subjetividade do eu-lírico.

Certo ( ) Errado ( )

08. O texto "Grandes cidades nem sempre são as mais poluentes diz estudo, da France Press, publicado em http://www1.folha.uol.com.br/ambiente/866228 (com acesso em 29/12/2011)" foi adaptado para compor os fragmentos abaixo. Numere-os, de acordo com a ordem em que devem ser dispostos para formar um texto coeso e coerente.

( ) Nesse estudo, enquanto cidades do mundo todo foram apontadas como culpadas por cerca de 71% das emissões causadoras do efeito estufa, cidadãos urbanos que substituíram os carros por transporte público ajudaram a diminuir as emissões per capita em algumas cidades.

( ) Pesquisadores examinaram dados de cem cidades em 33 países, em busca de pistas sobre quais metrópoles seriam as maiores poluidoras e por que, de acordo com estudo publicado na revista especializada "Environment and Urbanization".

( ) "Isso reflete a grande dependência de combustíveis fósseis para a produção de eletricidade, uma base industrial significante em muitas cidades e uma população rural relativamente grande e pobre", informa o estudo.

( ) Por fim, quando os pesquisadores olharam as cidades asiáticas, latino-americanas e africanas, descobriram emissões menores por pessoa. A maior parte das cidades na África, Ásia e América Latina tem emissões inferiores por pessoa. O desafio para elas é manter essas emissões baixas, apesar do crescimento de suas economias.

( ) O estudo também aponta outras tendências, como as cidades de climas frios terem emissões maiores, e países pobres e de renda média terem emissões per capita inferiores aos países desenvolvidos.

A sequência correta é:

a) (1) (2) (5) (4) (3)
b) (2) (1) (3) (5) (4)
c) (2) (5) (1) (3) (4)
d) (4) (1) (2) (5) (3)
e) (4) (2) (1) (3) (5)

09. Assinale a opção que preenche de forma coesa, coerente e gramaticalmente correta a lacuna do trecho a seguir.

Brasil, Rússia, Índia, China e África do Sul são mais do que cinco economias emergentes em expansão num mundo em crise. Reunidas sob o acrônimo Brics, abrigam mais de 40% da população global e somam perto de US$ 14 trilhões de PIB, ou seja, quase um quinto das riquezas produzidas no planeta. É natural que busquem maior participação no cenário internacional – o que seria facilitado por uma atuação conjunta, em bloco.

____
____
____
____
____

A instituição permitiria aos países reduzir a dependência econômica em relação aos Estados Unidos e à União Europeia, em sérias dificuldades. Mais do que isso, a experiência poderia depois ser replicada para dar um pontapé inicial para mudanças políticas não apenas voltadas ao desenvolvimento sustentável, como também à segurança e à paz no universo, com um rearranjo das regras e dos organismos internacionais.

(Adaptado do Correio Braziliense, 27/3/2012)

a) Maior dos Brics, a China, segunda potência mundial, tem PIB de US$ 7,4 trilhões e reservas cambiais superiores a US$ 3 trilhões. Contudo, é uma ditadura que ganha mercados mundo afora com vantagens artificiais, como a desvalorização da moeda, o yuan, um calo inclusive para o Brasil, invadido por produtos chineses em condições desfavoráveis de competitividade.

b) Assim, reconhecer a necessidade de promover correções de rumo internas é desafio de primeira ordem para os cinco emergentes. Aproximações bilaterais, vale lembrar, também terminam por fortalecer o quinteto emergente.

c) A Rússia, por sua vez, apresenta desenvolvimento relativo e hoje consolida-se como economia de mercado ainda sob olhares desconfiados de parte dos governantes de outros países do globo.

d) Os demais países têm abismos sociais a superar, problemas de desigualdades evidentes, o que deixa o bloco, formalizado ou não, distante da pose de referência internacional na questão do desenvolvimento humano.

e) Avançar na criação de um banco de desenvolvimento, proposto pelo primeiro-ministro indiano, como alternativa ao Banco Mundial - Bird e ao Fundo Monetário Internacional - FMI, já seria grande passo.

10. Os trechos abaixo compõem um texto, mas estão desordenados. Ordene-os nos parênteses e assinale a opção que corresponde à ordem que assegura coesão e coerência ao texto.

a) *( )* Em seu Parecer, já enviado ao Tribunal Superior Eleitoral, em que responde à Consulta nº 1062, está expresso o entendimento de que o Parecer da AGU viola o artigo 73, VI, "a", da Lei 9.504/97.

b) *( )* O subprocurador-geral da República, com aprovação do vice-procurador-geral eleitoral, contesta a posição da Advocacia Geral da União (AGU) que permite a liberação de recursos para obras e serviços iniciados nos três meses que antecedem as eleições

c) *( )* O subprocurador-geral da República conclui, então, que "o tão-só posicionamento liberalizante de verbas em período vedado por lei está a merecer o conhecimento da presente consulta e sua resposta negativa para prevenir eventuais equívocos de interpretação, passíveis de quebra do princípio isonômico que deve presidir o embate eleitoral".

d) *( )* Tal dispositivo legal proíbe aos agentes públicos "realizar transferência voluntária de recursos da União aos Estados e Municípios, e dos Estados aos Municípios, sob pena de nulidade de pleno direito, ressalvados os recursos destinados a cumprir obrigação formal preexistente para execução de obra ou serviço em andamento e com cronograma pré-fixado, e os destinados a atender situações de emergência e de calamidade pública".

(Adaptado de www.mpu.gov.br/noticias/ - 05/07/2004)

a) B A D C.
b) C D B A.
c) D C A B.
d) A B D C.
e) B D C A.

Gabarito

01	*CERTO*	*06*	*ERRADO*
02	*CERTO*	*07*	*ERRADO*
03	*B*	*08*	*B*
04	*A*	*09*	*E*
05	*A*	*10*	*A*

Anotações

CAPÍTULO 13

Interpretação de Texto Poético

Cada vez mais comum em provas de concursos públicos, o texto poético possui suas particularidades. Nem todas as pessoas possuem a capacidade de ler um texto poético, quanto mais interpretá-lo. Justamente por esse fato, ele tem sido o predileto dos examinadores que querem dificultar a vida dos candidatos.

Antes de passar à interpretação propriamente dita, é preciso identificar a nomenclatura das partes de um poema. Cada "linha" do poema é chamada de "**verso**", o conjunto de versos é chamado de "**estrofe**". A primeira sugestão para quem pretende interpretar um poema é segmentar a interpretação por estrofe e anotar o sentido trazido ao lado e cada trecho.

Geralmente as bancas pecam ao diferenciar **autor** de **eu-lírico**. O primeiro é realmente a pessoa por detrás da pena, ou seja, é quem efetivamente escreve o texto; o segundo é a "voz" do poema, a "pessoa" fictícia, abstrata que figura como quem traz o poema para o leitor.

Outro problema muito comum na hora de fazer algo dessa natureza é a leitura do texto. Como o texto está em uma disposição que não é mais tão usual, as pessoas têm dificuldade para realizar a leitura. Eis uma dica fundamental: só interrompa a leitura quando chegar a um ponto ou a uma vírgula, porque é dessa maneira que se lê um texto poético. Além disso, é preciso que, mesmo mentalmente, o indivíduo tente dar ênfase na leitura, pois isso pode ajudar na intepretação.

Comumente, o vocabulário do texto poético não é acessível e, em razão disso, costuma haver notas explicativas com o significado das palavras, jamais ignore essa informação! Pode ser a salvação para a interpretação do texto lido.

Veja um exemplo:

Nel mezzo del camin (Olavo Bilac)

"Cheguei. Chegaste. Vinhas fatigada
E triste, e triste e fatigado eu vinha.
Tinhas a alma de sonhos povoada,
E a alma de sonhos povoada eu tinha...

E paramos de súbito na estrada
Da vida: longos anos, presa à minha
A tua mão, a vista deslumbrada
Tive da luz que teu olhar continha.

Hoje, segues de novo... Na partida
Nem o pranto os teus olhos umedece,
Nem te comove a dor da despedida.

E eu, solitário, volto a face, e tremo,
Vendo o teu vulto que desaparece
Na extrema curva do caminho extremo."

Existe outro fator extremamente importante na hora de tentar entender o conteúdo de um texto poético: o **título**! Nem todo poema possui um título, é claro, mas os que possuem ajudam, e muito, na compreensão do "assunto" do poema.

É claro que ter conhecimento do autor e do estilo de escrita por ele adotado é a ferramenta mais importante para que o candidato compreenda com profundidade o que está sendo veiculado pelo texto, porém, como grande parte das bancas ainda não chegou a esse nível de aprofundamento interpretativo, apenas o reconhecimento da superfície do texto já é suficiente para responder às questões.

Vejamos um texto para explanar melhor:

Bem no fundo (Paulo Leminski)

No fundo, no fundo,
Bem lá no fundo,
A gente gostaria
De ver nossos problemas
Resolvidos por decreto

A partir desta data,
Aquela mágoa sem remédio
É considerada nula
E sobre ela - silêncio perpétuo

Extinto por lei todo o remorso,
Maldito seja quem olhar pra trás,
Lá pra trás não há nada,
E nada mais

Mas problemas não se resolvem,
Problemas têm família grande,
E aos domingos saem todos passear
O problema, sua senhora
E outros pequenos probleminhas

→ **Interpretação**: por mais que trabalhemos para resolvermos nossos problemas, a única certeza é a de que eles continuarão, pois é isso que nos move.

Tradução de Sentido

As questões de tradução de sentido costumam ser o "calcanhar de Aquiles" dos candidatos. Nem sempre aparecem nas provas, mas quando surgem, é celeuma garantida. A maneira mais eficaz de resolvê-las é buscar relações de sinonímia em ambos os lados da sentença. Com isso, fica mais fácil acertar a questão.

Consideremos a relação de sinonímia presente entre "alegria" e "felicidade". Esses dois substantivos não significam, rigorosamente, a mesma coisa, mas são considerados sinônimos contextuais, se considerarmos um texto. Disso, entende-se que o sinônimo é identificado contextualmente e não depende, necessariamente, do conhecimento do sentido de todas as palavras.

Seria bom se fosse sempre dessa maneira. Ocorre que algumas bancas tentam selecionar de maneira não rigorosa os candidatos que acabam por cobrar o chamado "conhecimento que não é básico" dos candidatos. O melhor exemplo é pedir o significado da palavra "adrede", o qual pouquíssimas pessoas conhecem.

Organização de Texto (Texto Embaralhado)

Em algumas bancas, é comum haver questões que apresentam um texto desordenado, para que o candidato o reordene, garantido a coesão e a coerência. Além disso, não é raro haver trecho de texto com lacunas para preencher com alguns parágrafos. Para que isso ocorra, é mister saber o que significa coesão e coerência. Vamos a algumas definições simples.

→ **Coesão** é o conjunto de procedimentos e mecanismos que estabelecem conexão dentro do texto, o que busca garantir a progressão daquilo que se escreve nas sentenças. Pronomes, perífrases e sinônimos estão entre os mecanismos de coesão que podem ser empregados na sentença.

→ **Coerência** diz respeito à organização de significância do texto, ou seja, o sentido daquilo que se escreve. A sequência temporal e o princípio de não contradição são os dispostos mais emergentes da coerência.

Em questões dessa natureza, busque analisar as sequências de entrada e saída dos textos. Veja se há definições e conectivos que encerram ideias, ou se há pronomes que buscam sequenciar as sentenças. Desse modo, fica mais fácil acertar a questão.

Significação das Palavras

Compreensão, Interpretação, Intelecção

O candidato que é concurseiro de longa data sabe que, dentre as questões de interpretação de texto, é muito comum surgirem nomenclaturas distintas para fenômenos não tão distintos assim. Quer dizer que se no seu edital há elementos como leitura, compreensão, intelecção ou interpretação de texto, no fundo, o conceito é o mesmo. Ocorre que, dentro desse processo de interpretação, há elementos importantes para a resolução dos certames.

→ **O que se diz e o que se pode ter dito:**

Sempre que há um momento de enunciação, o material linguístico serve de base para que os interlocutores negociem o sentido daquilo que está na comunicação. Isso ocorre por meio de vários processos, sendo que é possível destacar alguns mais relevantes:

- **Dito**: consiste na superfície do enunciado. O próprio material linguístico que se enuncia.
- **Não dito**: consiste naquilo que se identifica imediatamente, quando se trabalha com o que está posto (o dito).
- **Subentendido**: consiste nos sentidos ativados por um processo inferencial de análise e síntese do material linguístico somado ao não dito.
  - Vejamos isso em uma sentença para compreendermos a teoria.
  - "A eleição de Barack Obama não é um evento apenas americano."
- Dito: é o próprio conteúdo da sentença – o fato de a eleição em questão não ser um evento apenas americano.
- Não dito: alguém poderia pensar que a eleição teria importância apenas para os americanos.
- Subentendido: pode-se concluir que a eleição em questão terá grandes repercussões, a um nível global.

Inferência

Assunto muitíssimo delicado e ainda não resolvido na linguística. Para a finalidade dos concursos públicos, vamos considerar que a inferência é o resultado do processamento na leitura, ou seja, é aquilo que se pode "concluir" ou "depreender" da leitura de um texto.

No momento de responder a uma questão dessa natureza, recomenda-se prudência. Existe um conceito que parece fundamental para facilitar a resolução dessas questões. Ele se chama **ancoragem lexical.** Basicamente, entende-se como A. L. a inserção de algum elemento que dispara pressuposições e fomenta inferências, ou seja, se alguma questão pedir se é possível inferir algo, o candidato só poderá responder afirmativamente, se houve uma palavra ou uma expressão (âncora lexical) que permita associar diretamente esses elementos.

Semântica (Sentido)

Evidentemente, o conteúdo relativo à significação das palavras deve muito a uma boa leitura do dicionário. Na verdade, o vocabulário faz parte do histórico de leitura de qualquer pessoa: quanto mais você lê, maior é o número de palavras que você vai possuir em seu "HD" mental. Como é impossível receitar a leitura de um dicionário, podemos arrolar uma lista com palavras que possuem peculiaridades na hora de seu emprego. Isto é, **sinônimos, antônimos, homônimos e parônimos**.

→ **Sinônimos**:

Sentido aproximado: não existem sinônimos perfeitos:

- Feliz (Alegre / Contente).
- Palavra (Vocábulo).
- Professor (Docente).

Exemplo:

- **Professor** Mário chegou à escola. O **docente** leciona matemática.

→ **Antônimos:**

Oposição de sentido:

- Bem (Mal).
- Bom (Mau).
- Igual (Diferente).

→ **Homônimos**:

Homônimos são palavras com escrita ou pronúncia iguais (semelhantes), porém com significado (sentido) diferente:

- Adoro comer **manga** com sal.
- Derrubei vinho na **manga** da camisa.

Há três tipos de homônimos: homógrafos, homófonos e homônimos perfeitos.

Homógrafos - palavras que possuem a mesma grafia, mas o som é diferente.

- O meu **olho** está doendo.
- Quando eu **olho** para você, dói.

Homófonos - apresentam grafia diferente, mas o som é semelhante.

- A **cela** do presídio foi incendiada.
- A **sela** do cavalo é novinha.

Homônimos perfeitos - possuem a mesma grafia e o mesmo som.

- > O **banco** foi assaltado.
- > O **banco** da praça foi restaurado ontem.
- > Ele não **para** de estudar.
- > Ele olhou **para** a prova.

→ **Parônimos:**

Parônimos são palavras que possuem escrita e pronúncia semelhantes, mas com significado distinto.

- > O professor fez a **descrição** do conteúdo.
- > Haja com muita **discrição**, Marivaldo.

Aqui vai uma lista para você se precaver quanto aos sentidos desses termos:

- > Ascender (subir).
- > Acender (pôr fogo, alumiar).

Exemplos:

- » Quando Nero **ascendeu** em Roma, ele **acendeu** Roma.

- > Acento (sinal gráfico).
- > Assento (lugar de sentar-se).

Exemplos:

- » O **acento** grave indica crase.
- » O **assento** 43 está danificado.

- > Acerca de (a respeito de).
- > Cerca de (aproximadamente).
- > Há cerca de (faz aproximadamente).

Exemplos:

- » Falamos **acerca de** Português ontem.
- » José mora **cerca de** mim.
- » **Há cerca de** 10 anos, leciono Português.

- > Afim (semelhante a).
- > A fim de (com a finalidade de).

Exemplos:

- » Nós possuímos ideias **afins**.
- » Nós estamos estudando **a fim** de passar.

- > Aprender (instruir-se).
- > Apreender (assimilar).

Exemplos:

- » Quando você **apreender** o conteúdo, saberá que **aprendeu** o conteúdo.

- > Área (superfície).
- > Ária (melodia, cantiga).

Exemplos:

- » O tenor executou a ária.
- » A polícia cercou a área.

- > Arrear (pôr arreios).
- > Arriar (abaixar, descer).

Exemplos:

- » Precisamos **arrear** o cavalo.
- » Joaquim **arriou** as calças.

- > Caçar (apanhar animais).
- > Cassar (anular).

Exemplos:

- » O veado foi **caçado**.
- » O deputado teve sua candidatura **cassada**.

- > Censo (recenseamento).
- > Senso (raciocínio).

Exemplos:

- » Finalizou-se o **censo** no Brasil.
- » Argumentou com bom-**senso**.

- > Cerração (nevoeiro).
- > Serração (ato de serrar).

Exemplos:

- » Nos dias de chuva, pode haver **cerração**.
- » Rolou a maior **serração** na madeireira ontem.

- > Cerrar (fechar).
- > Serrar (cortar).

Exemplos:

- » **Cerrou** os olhos para a verdade.
- » Marina **serrou**, acidentalmente, o nariz na serra.

- > Cessão (ato de ceder).
- > Seção (divisão).
- > Secção (corte).
- > Sessão (reunião).

Exemplos:

- » O órgão pediu a **cessão** do espaço.
- » Compareça à **seção** de materiais.
- » Fez-se uma **secção** no azulejo.
- » Assisti à **sessão** de cinema ontem. Passava "A Lagoa Azul".

- > Concerto (sessão musical).
- > Conserto (reparo).

Exemplos:

- » Vamos ao **concerto** hoje.
- » Fizeram o **conserto** do carro.

- > Mal (antônimo de bem).
- > Mau (antônimo de bom).

Exemplos:

- » O homem **mau** vai para o inferno.
- » O **mal** nunca prevalece sobre o bem.

- > Ratificar (confirmar).
- > Retificar (corrigir).

Exemplos:

- » O documento **ratificou** a decisão.
- » O documento **retificou** a decisão.

- > Tacha (pequeno prego, mancha).
- > Taxa (imposto, percentagem).

Exemplos:

- » Comprei uma tacha.
- » Paguei outra taxa.

Continuação da lista:

- > **Bucho (estômago)**
- > **Buxo (arbusto)**
- > Calda (xarope)
- > Cauda (rabo)
- > **Cela (pequeno quarto)**
- > **Sela (arreio)**
- > Chá (bebida)
- > Xá (Título do soberano da Pérsia, atual Irã, antes da revolução islâmica)
- > **Cheque (ordem de pagamento)**
- > **Xeque (lance do jogo de xadrez)**

- Comprimento (extensão)
- Cumprimento (saudação)
- **Conjetura (hipótese)**
- **Conjuntura (situação)**
- Coser (costurar)
- Cozer (cozinhar)
- **Deferir (costurar)**
- **Diferir (distinguir-se)**
- Degredado (desterrado, exilado)
- Degradado (rebaixado, estragado)
- **Descrição (ato de descrever)**
- **Discrição (reserva, qualidade de discreto)**
- Descriminar (inocentar)
- Discriminar (distinguir)
- **Despensa (lugar de guardar mantimentos)**
- **Dispensa (isenção, licença)**
- Despercebido (não notado)
- Desapercebido (desprovido, despreparado)
- **Emergir (vir à tona)**
- **Imergir (mergulhar)**
- Eminente (notável, célebre)
- Iminente (prestes a acontecer)
- **Esbaforido (ofegante, cansado)**
- **Espavorido (apavorado)**
- Esperto (inteligente)
- Experto (perito)
- **Espiar (observar)**
- **Expiar (sofrer castigo**)
- Estada (ato de estar, permanecer)
- Estadia (permanência, estada por tempo limitado)
- **Estático (imóvel)**
- **Extático (pasmo)**
- Estrato (tipo de nuvem)
- Extrato (resumo)
- **Flagrante (evidente)**
- **Fragrante (perfumado)**
- Fluir (correr)
- Fruir (gozar, desfrutar)
- **Incidente (episódio)**
- **Acidente (acontecimento grave)**
- Incipiente (principiante)
- Insipiente (ignorante)
- **Inflação (desvalorização do dinheiro)**
- **Infração (violação, transgressão)**
- Infligir (aplicar castigo)
- Infringir (transgredir)
- **Intercessão (ato de interceder)**
- **Interseção ou intersecção (ato de cortar)**
- Laço (nó)
- Lasso (frouxo)
- **Mandado (ordem judicial)**
- **Mandato (período político)**
- Ótico (relativo ao ouvido)
- Óptico (relativo à visão)
- **Paço (palácio)**
- **Passo (passada)**
- Peão (empregado / peça de xadrez)
- Pião (brinquedo)
- **Pequenez (pequeno)**
- **Pequinês (ração de cão, de Pequim)**
- Pleito (disputa)
- Preito (homenagem)
- **Proeminente (saliente)**
- **Preeminente (nobre, distinto)**
- Prescrição (ordem expressa)
- Proscrição (eliminação, expulsão)
- **Prostrar-se (humilhar-se)**
- **Postar-se (permanecer por muito tempo)**
- Ruço (grisalho, desbotado)
- Russo (da Rússia)
- **Sexta (numeral cardinal)**
- **Cesta (utensílio)**
- **Sesta (descanso depois do almoço)**
- Sortido (abastecido)
- Surtido (produzido, causado)
- **Sortir (abastecer)**
- **Surtir (efeito ou resultado)**
- Sustar (suspender)
- Suster (sustentar)
- Tilintar (soar)
- Tiritar (tremer)
- **Tráfego (trânsito)**
- **Tráfico (comércio ilícito)**
- Vadear (passa a pé ou a cavalo, atravessar o rio)
- Vadiar (vagabundear)
- **Viagem (substantivo)**
- **Viajem (verbo)**
- Vultoso (volumoso, grande vulto)
- Vultuoso (inchado)

Exercício Comentado

01. ***(TJSC) Indique a única palavra que não completa, com sentido, esta sentença: "Não havendo provas, tornou-se ____________ que o malfeitor escapará das grades."***

a) ***Hialino.***
b) ***Claro.***
c) ***Evidente.***
d) ***Patente.***
e) ***Adrede.***

RESPOSTA. ***E. Dentre as palavras da questão, o termo adrede é o mais "diferente". Responde-se com mais facilidade quando se percebe que hialino, claro, evidente e patente são sinônimos. O sentido da palavra "adrede" é de "intencionalmente". Eis a prova de que você (se fez tudo o que o professor do Ensino Médio mandou) deve ter visto essa palavra:***

"Antes, no amanhecer daquele dia, a comissão adrede escolhida descobrira o cadáver de Antônio Conselheiro.

Jazia um dos casebres anexos à latada, e foi encontrado graças à indicação de um prisioneiro. (...)

Desenterraram-no cuidadosamente. Dádiva preciosa - único prêmio, únicos despojos opimos de tal guerra! — fazem-se mister os máximos resguardos para que se não desarticulasse ou deformasse, reduzindo-se a uma massa angulhenta de tecidos decompostos."' (Os Sertões - Euclides da Cunha).

Vamos Praticar

A Contribuição do Conhecimento Geológico Para a Educação Ambiental

A observação do tempo geológico contrapõe-se à percepção histórica construída na sociedade moderna capitalista vinculada ao imediatismo. A concepção do tempo geológico pode contribuir para uma mudança cultural dessa percepção imediatista que tem se refletido em um consumismo exacerbado de produtos, produtos esses que se originaram a partir de bens minerais que se formaram ao longo do tempo geológico e que levarão anos até serem incorporados pela terra, quando passarão novamente a ser fonte de recurso. Os conhecimentos do Sistema Terra oferecem condições de se pensar a realidade de forma complexa e integrada, em diversas escalas de tempo e espaço, o que permite a construção do mundo físico em que vivemos. As discussões dos conteúdos das geociências transformam a visão de mundo, tornando-a significativa, não fragmentada, não linear, e estabelecem conexões, expressas por características criativas, sem mecanismos repetitivos e descontextualizados, propiciando o conhecimento em uma rede de relações com significado, transformando seus agentes, flexibilizando tarefas e saberes, formando cidadãos aptos a entender e atuar em um mundo em transformação de forma participativa.

Denise de La Corte Bacci. A contribuição do conhecimento geológico para a educação ambiental. In: Pesquisa em debate. Edição 11, V. 6, nº 2, jul. / dez. 2009, p. 17 e 19 (com adaptações).

01. (CESPE) Dados a organização das ideias no texto e o emprego de forma verbal flexionada na primeira pessoa do plural em "a construção do mundo físico em que vivemos", infere-se que os conhecimentos geológicos têm importância para toda a sociedade.

Certo ( ) Errado ( )

Vaidade - Florbela Espanca

Sonho que sou a Poetisa eleita,
Aquela que diz tudo e tudo sabe,
Que tem a inspiração pura e perfeita,
Que reúne num verso a imensidade!

Sonho que um verso meu tem claridade
Para encher todo o mundo! E que deleita
Mesmo aqueles que morrem de saudade!
Mesmo os de alma profunda e insatisfeita!

Sonho que sou Alguém cá neste mundo...
Aquela de saber vasto e profundo,
Aos pés de quem a terra anda curvada!

E quando mais no céu eu vou sonhando,
E quando mais no alto ando voando,
Acordo do meu sonho...

E não sou nada!...

02. (FUNRIO) No primeiro verso do poema, encontramos o eu poético feminino afirmando seu sonho de ser "a Poetisa eleita". Outro de seus sonhos é que:

a) Sua inspiração lhe diga tudo o que sabe.
b) Seus versos encham todo o mundo.
c) A terra ande curvada aos seus pés.
d) A imensidade lhe seja pura e perfeita.
e) A claridade de seus versos deleite os mortos.

03. (FUNRIO) Sobre as rimas que ocorrem nas duas primeiras estrofes do poema, é correto afirmar que elas são feitas

a) Entre verbos no gerúndio e substantivos concretos.
b) Em posição interna e externa nos oito versos.
c) Com palavras paroxítonas terminadas em vogal átona.
d) Sem simetria apenas na primeira estrofe.
e) De modo aleatório, com pouca regularidade.

Coisas da Terra

Todas as coisas de que falo estão na cidade entre o céu e a terra. São todas elas coisas perecíveis e eternas como o teu riso a palavra solidária minha mão aberta ou este esquecido cheiro de cabelo que volta e acende sua flama inesperada no coração de maio. Todas as coisas de que falo são de carne como o verão e o salário. Mortalmente inseridas no tempo, estão dispersas como o ar no mercado, nas oficinas, nas ruas, nos hotéis de viagem. São coisas, todas elas, cotidianas, como bocas e mãos, sonhos, greves, denúncias, acidentes do trabalho e do amor. Coisas, de que falam os jornais às vezes tão rudes às vezes tão escuras que mesmo a poesia as ilumina com dificuldade. Mas é nelas que te vejo pulsando, mundo novo, ainda em estado de soluços e esperança.

Identifique os itens verdadeiros.

04. (CEFET) A primeira estrofe do poema (Texto II) é marcada pela presença de:

I. Elementos antitéticos.
II. Imagens sensoriais.
III. Ideias hiperbólicas.
IV. Termos de valor metafórico.
V. Ambiguidade de signos linguísticos.

A alternativa em que todos os itens verdadeiros estão corretamente indicados é a:

a) I e III.
b) II e V.
c) III e IV.
d) I, II e IV.
e) II, III e V.

05. (FCC) Considerando-se o contexto, traduz-se adequadamente o sentido de um segmento em:

a) Trepidam as engrenagens = Ajustam-se as peças.
b) Luz imponderável = chama impetuosa.
c) Um híbrido estranho = um mestiço inolvidável.
d) Perturbam a frieza = abalam a impassibilidade.
e) Reflexos flamejantes = imagens enérgicas.

06. (FCC) Considerado o contexto, o segmento cujo sentido está adequadamente expresso em outras palavras é:

a) Manejar a lâmina da ironia = lidar com o cortante da blasfêmia.
b) Sem apelo ideológico = desprovido de ideias revolucionárias.
c) Se alimentava da matula = se nutria da provisão.
d) Pelo atalho do senso de humor = através de um muxoxo.
e) Tratam o forasteiro = referem-se ao salteador.

07. (FCC) Considerando-se o contexto, o segmento cujo sentido está adequadamente expresso em outras palavras é:

a) Partisse os laços com a tradição = quebrasse o condão sagrado.
b) Galgou ao comando de um continente = sobrelevou o ordenamento europeu.
c) Pela causa da liberdade contra a tirania = pelo motivo da insubmissão versus rigorismo.
d) Os próprios clichês o denunciam = os próprios lugares-comuns o evidenciam.
e) O mecanismo das instituições francesas = a articulação dos institutos galeses.

... estudou para ser monge beneditino no Colégio São Bento, em São Paulo, onde chegou a escrever um livro sobre a **ordem**. No entanto, acabou seguindo o caminho da poesia – em meio à **agitação** cultural e política dos anos 1960 e 1970. (1º parágrafo).

08. (FCC) Considerado o contexto, o sentido dos elementos grifados acima pode ser adequadamente reproduzido, na ordem dada, por:

a) Disposição - tumulto.
b) Escola - confronto.
c) Equilíbrio - burburinho.
d) Congregação - efervescência.
e) Prudência - radicalismo.

09. (FCC) Considerando-se o contexto, o segmento cujo sentido está adequadamente expresso em outras palavras é:

a) Semelhante à tensão típica = parecida com a inquietude disseminada.
b) Eletricidade que emanava da interpretação = impulso que transcendia a encenação.
c) Misto de respeito e estranhamento = mistura de reverência e espanto.
d) Energia que vibrava da vontade = força que celebrava o anseio.
e) Carga de emoção que era única = voltagem sentimental que era usual.

10. (FCC) Considere as definições abaixo:

I. **Senso** (estético): capacidade de apreciar a beleza pelo prazer que ela proporciona. **Censo** (demográfico): conjunto de dados característicos dos habitantes de uma localidade ou país.

II. **Cobre**: forma flexionada do verbo cobrir. **Cobre**: metal usado em condutores de eletricidade.

III. **Manto**: veste feminina, larga, comprida e sem mangas, usada por cima do vestido. **Manto**: por extensão, o que cobre, revestimento.

Constitui exemplo de homonímia o par que se encontra em:

a) III, apenas.
b) I e II, apenas.
c) I e III, apenas.
d) II e III, apenas.
e) I, II e III.

Gabarito

01	CERTO	06	D
02	D	07	D
03	D	08	C
04	C	09	C
05	D	10	D

Anotações

CAPÍTULO 14

Figuras de Linguagem

Para iniciar o estudo deste capítulo, é importante, retomar alguns conceitos: ao falar de figuras de linguagem, estamos, também, falando de **funções da linguagem** e de **semântica**.

As figuras de linguagem (também chamadas de figuras de pensamento) são construções que se relacionam com a função **poética da linguagem**, ou seja, estão articuladas em razão de modificar o código linguístico para dar ênfase no sentido de uma frase.

É comum vermos exemplos de figuras de linguagem em propagandas publicitárias, poemas, músicas etc. Essas figuras estão presentes em nossa fala cotidiana, principalmente na fala de registro **informal**.

Fique Ligado

O registro dito informal é aquele que não possui grande preocupação com a situação comunicativa, uma vez que não há tensão para a comunicação entre os falantes. Gírias, erros de concordância e subtração de termos da frase são comuns nesse baixo nível de formalidade comunicativa. Até grandes poetas já escreveram textos sobre esse assunto, veja o exemplo do escritor Oswald de Andrade, que discute a norma gramatical em relação à fala popular do brasileiro:

Pronominais

Dê-me um cigarro
Diz a gramática
Do professor e do aluno
E do mulato sabido
Mas o bom negro e o bom branco
Da Nação Brasileira
Dizem todos os dias
Deixa disso camarada
Me dá um cigarro

Oswald de Andrade (1890-1954)

Os Cem Melhores Poemas Brasileiros do Século - Seleção e Organização de Ítalo Moriconi, Editora Objetiva, Rio de Janeiro, 2001 (In Pau-Brasil - Poesia - Oswald de Andrade, São Paulo, Globo)

Conotação X Denotação

É interessante, quando se estuda o conteúdo de figuras de linguagem, ressaltar a distinção conceitual entre o sentido conotativo e o sentido denotativo da linguagem. Vejamos como se opera essa distinção:

Sentido CONOTATIVO: figurado, ou abstrato. Relaciona-se com as figuras de linguagem.

> Adalberto **entregou sua alma a Deus**.

A ideia de entregar a alma a Deus é figurada, ou seja, não ocorre literalmente, pois não há um serviço de entrega de almas. Essa é uma figura que convencionamos chamar de **metáfora**.

Sentido DENOTATIVO: literal, ou do dicionário. Relaciona-se com a função **referencial** da linguagem.

> Adalberto **morreu**.

Quando dizemos função referencial, entende-se que o falante está preocupado em transmitir precisamente o fato ocorrido, sem apelar para figuras de pensamento. Essa frase do exemplo serviu para mostrar o sinônimo da figura de linguagem anterior.

Vejamos agora algumas das principais figuras de linguagem que costumam ser cobradas em provas de concursos públicos:

→ **Metáfora**: uma figura de linguagem, que consiste na comparação de dois termos sem o uso de um conectivo.

> Rosa **é uma flor**. (A pessoa é como uma flor: perfumada, delicada, bela etc.)

> Seus olhos **são dois oceanos**. (Os olhos possuem a profundidade do oceano, a cor do oceano etc.)

> João **é fera**. (João é perito em alguma coisa, desempenha determinada tarefa muito bem etc.)

→ **Metonímia**: figura de linguagem que consiste utilização de uma expressão por outra, dada a semelhança de sentido ou a possibilidade de associação lógica entre elas.

Há vários tipos de metonímia, vejamos alguns deles:

Efeito pela causa:

> O carrasco ergueu **a morte**. (O efeito é a morte, a causa é o machado.)

Marca pelo produto:

> **Vá ao mercado e traga um Nescau**. (Achocolatado em pó.)

Autor pela obra:

> **Li Camões com entusiasmo.** (Quem leu, leu a obra, não o autor).

Continente pelo conteúdo:

> **Comi dois pratos de feijão**. (Comeu o feijão, ou seja, o conteúdo do prato.)

Parte pelo todo:

> Peço sua **mão em casamento**. (Pede-se, na verdade, o corpo todo.)

Possuidor pelo possuído:

> Mulher, vou **ao médico**. (Vai-se ao consultório que pertence ao médico, não ao médico em si.)

→ **Antítese**: figura de linguagem que consiste na exposição de ideias opostas.

*"**Nasce** o Sol e não dura mais que um **dia***
*Depois da **Luz** se segue à **noite** escura*
Em tristes sombras morre a formosura,
*Em contínuas **tristezas** e **alegrias**."*

(Gregório de Matos)

Os termos em negrito evidenciam relações semânticas de distinção (oposição). Nascer é o contrário de morrer, assim como sombra é o contrário de luz. Essa figura foi muito utilizada na poesia brasileira, em especial pelo autor dos versos acima: Gregório de Matos Guerra.

→ **Paradoxo**: expressão que contraria o senso comum. Ilógica.

*"Amor é fogo que **arde sem se ver;***
*É ferida que **dói e não se sente;***
*É um **contentamento descontente;***
*É **dor que desatina sem doer.**"*

(Luís de Camões)

A construção semântica acima é totalmente ilógica, pois é impossível uma ferida doer e não ser sentida, assim como não é possível o contentamento ser descontente.

→ **Perífrase**: expressão que tem por função substituir semanticamente um termo:

> **A última flor do Lácio** anda muito judiada. (Português é a última flor do Lácio.)

- **O país do futebol** é uma grande nação. (Brasil)
- **O Bruxo do Cosme Velho** foi um grande escritor. (Machado de Assis era conhecido como o Bruxo do Cosme Velho.)
- **O anjo de pernas tortas** foi o melhor jogador do mundo. (Garrincha)

→ **Eufemismo**: figura que consiste em atenuar uma expressão desagradável:

- José **pegou emprestado sem avisar**. (roubou)
- Maurício **entregou a alma a Deus**. (morreu)
- Coitado, só porque **é desprovido de beleza**. (feio)

→ **Disfemismo**: contrário ao Eufemismo, é a figura de linguagem que consiste em tornar uma expressão desagradável em algo ainda pior.

- O homem **abotoou o paletó de madeira**. (morreu)
- **Está chupando cana pela raiz**. (morreu)
- **Sentou no colo do capeta**. (morreu)

→ **Prosopopeia**: atribuição de características animadas a seres inanimados.

- **O vento sussurrou em meus ouvidos**.
- Parecia que a **agulha odiava o homem**.

→ **Hipérbole**: exagero proposital de alguma característica.

- **Estou morrendo de rir.**
- **Chorou rios de lágrimas.**

→ **Hipérbato**: inversão sintática de efeito expressivo.

- **Ouviram do Ipiranga as margens plácidas**
- **De um povo heroico o brado e retumbante.**

Colocando na ordem direta:

As margens plácidas do Ipiranga ouviram o brado retumbante de um povo heroico.

- **Da minha família, ninguém fala!**

→ **Gradação**: figura que consiste na construção de uma escala de termo que fazem parte do mesmo campo semântico.

- <u>Plantou</u> **a semente**, <u>zelou</u> pelo **broto**, <u>regou</u> a **planta** e <u>colheu</u> o **fruto**. (A gradação pode ser do campo semântico da palavra semente – broto, planta e fruto – ou da palavra plantar – zelar, regar, colher.)

→ **Ironia**: figura que consiste em dizer o contrário do que se pensa.

- **Lamento por ter sido eu o vencedor dessa prova.** (Evidentemente a pessoa não lamenta ser o vencedor de alguma coisa.)

→ **Onomatopeia**: tentativa de representar um som da natureza. Figura muito comum em histórias em quadrinhos.

- Pof, tic-tac, click, bum, vrum!

→ **Sinestesia**: confusão dos sentidos do corpo humano para produzir efeitos expressivos.

- Ouvi uma **voz suave** saindo do quarto.
- O seu **perfume doce** é extremamente inebriante.

Vícios de Linguagem

Em um âmbito geral, vício de linguagem é toda expressão contrária à lógica da norma gramatical. Vejamos quais são os principais deslizes que se transformam em vícios.

→ **Pleonasmo vicioso**: consiste na repetição desnecessária de ideias.

- **Subir para cima.**
- **Descer para baixo.**
- **Entrar para dentro.**
- **Cardume de peixes.**
- **Enxame de abelhas.**
- **Elo de ligação.**
- **Fato real.**

Fique Ligado

Observação: pode existir o plágio expressivo em um texto poético. Na frase "ele penetrou na escura treva" há pleonasmo, mas não é vicioso.

→ **Ambiguidade**: ocorre quando a construção frasal permite que a sentença possua dois sentidos.

- Tenho que buscar **a cadela da sua irmã**.
- A empregada disse para o chefe que o cheque estava sobre **sua mesa**.
- **Como você**, também estou cansado. (conjunção "como" ou verbo "comer")

→ **Cacofonia**: ocorre quando a pronúncia de determinadas palavras permite a construção de outra palavra.

- Dei um beijo na bo**ca dela**.
- Nos**so hino** é belo.
- Na **vez passada**, escap**ei de** uma.

→ **Barbarismo**: é um desvio na forma de falar ou grafar determinada palavra.

- Mortandela (em vez de mortadela).
- Poblema (em vez de problema).
- Mindingo (em vez de mendigo).
- Salchicha (em vez de salsicha).

Esse conteúdo costuma ser simples para quem pratica a leitura de textos poéticos, portanto devemos sempre ler poesia. Passemos à resolução de algumas questões.

Exercício Comentado

XÓPIS

Não foram os americanos que inventaram o shopping center. Seus antecedentes diretos são as galerias de comércio de Leeds, na Inglaterra, e as passagens de Paris pelas quais flanava, encantado, o Walter Benjamin. Ou, se você quiser ir mais longe, os bazares do Oriente. Mas foram os americanos que aperfeiçoaram a ideia de cidades fechadas e controladas, à prova de poluição, pedintes, automóveis, variações climáticas e todos os outros inconvenientes da rua. Cidades só de calçadas, onde nunca chove, neva ou venta, dedicadas exclusivamente às compras e ao lazer - enfim, pequenos (ou enormes) templos de consumo e conforto. Os xópis são civilizações à parte, cuja existência e o sucesso dependem, acima de tudo, de não serem invadidas pelos males da rua.

Dentro dos xópis você pode lamentar a padronização de lojas e grifes, que são as mesmas em todos, e a sensação de estar num ambiente artificial, longe do mundo real, mas não pode deixar de reconhecer que, se a americanização do planeta teve seu lado bom, foi a criação desses bazares modernos, estes centros de conveniência com que o Primeiro Mundo - ou pelo menos uma ilusão de Primeiro Mundo - se espraia pelo mundo todo. Os xópis não são exclusivos, qualquer um pode entrar num xópi nem que seja só para fugir do calor ou flanar entre as suas vitrines, mas a apreensão causada por essas manifestações de massa nas suas calçadas protegidas, os rolezinhos, soa como

privilégio ameaçado. De um jeito ou de outro, a invasão planejada de xópis tem algo de dessacralização. É a rua se infiltrando no falso Primeiro Mundo. A perigosa rua, que vai acabar estragando a ilusão.

As invasões podem ser passageiras ou podem descambar para violência e saques. Você pode considerar que elas são contra tudo que os templos de consumo representam ou pode vê-las como o ataque de outra civilização à parte, a da irmandade da internet, à civilização dos xópis. No caso seria o choque de duas potências parecidas, na medida em que as duas pertencem a um primeiro mundo de mentira que não tem muito a ver com a nossa realidade. O difícil seria escolher para qual das duas torcer. Eu ficaria com a mentira dos xópis.

(Veríssimo, O Globo, 26-01-2014.)

01. ***(FGV) Ao dizer que os shoppings são "cidades", o autor do texto faz uso de um tipo de linguagem figurada denominada:***

a) ***Metonímia.***
b) ***Eufemismo.***
c) ***Hipérbole.***
d) ***Metáfora.***
e) ***Catacrese.***

RESPOSTA. ***D. Ao fazer a comparação entre um shopping e uma cidade – uma comparação direta – o autor utiliza uma figura de linguagem conhecida como metáfora.***

Vamos Praticar

01. (CESGRANRIO) As palavras podem assumir sentidos figurados, ou seja, significados diferentes das acepções e usos previstos pelos dicionários, embora facilmente compreensíveis no contexto específico em que se encontram. A passagem do texto em que uma palavra em sentido figurado está presente é:

a) "Daí esta avalanche, este tsunami de informações."
b) "O estado de nossas células cerebrais, as nossas emoções; tudo isso pode representar uma limitação para nossa capacidade de lembrar."
c) "Para quem, como eu, viaja bastante e tem de trabalhar em aviões ou em hotéis, é um recurso precioso."
d) "Mas não encontrei pen drive algum."
e) "Perguntei no aeroporto, entrei em contato com o táxi que me trouxera, liguei para casa: nada."

02. (UNICENTRO) O fragmento que ilustra a linguagem conotativa é o transcrito na alternativa:

a) "pelo uso dos aviões sequestrados como arma".
b) "A derrubada do Taleban, que governava o país centro-asiático, contribuiu de modo decisivo para debilitar aquele grupo terrorista."
c) "uma guerra injustificável contra o Iraque."
d) "como alegou então, por má-fé e paranoia, o governo americano."
e) "Produziu até agora apenas dois outros atentados de vulto".

03. (CEV-URCA) Em: "Chico passou por maus bocados, andou gastando mais de cinco litros de saliva para reconquistar a mulher" (linhas 40 e 41). A construção em destaque é própria da linguagem literária e caracteriza-se como:

a) Hipérbole.
b) Eufemismo.
c) Catacrese.
d) Anáfora.
e) Elipse.

Leia o texto:

Tomar uma decisão envolve uma disputa com três participantes – dois deles (instinto e experiência) cuidam de seu presente, o outro (razão) pensa no seu futuro. Por isso, diante de uma encruzilhada, o melhor é tentar organizar essa briga. Antes de decidir se quer mesmo encarar uma mudança radical na carreira, talvez você resolva usar a razão. Ou não – talvez você esteja cansado da profissão que escolheu e prefira tentar um caminho novo. Tanto faz: em qualquer decisão, o importante é pensar se aquele problema merece uma consideração mais racional ou emotiva. E só aí começar a julgar as informações e os argumentos. Assim, o cérebro começa a movimentar as engrenagens sabendo qual delas interessa mais. E evita erros.

04. (PaqTcPB) A utilização dos termos "participantes", "cuidam" e "pensa" (L. 2 e 3) contribui para estabelecer, no texto, uma relação de sentido denominada:

a) Ambiguidade.
b) Sinonímia.
c) Paráfrase.
d) Oposição.
e) Metáfora.

05. Pleonasmo é uma figura de linguagem que tem como marca a repetição de palavras ou expressões, aparentemente desnecessárias, para enfatizar uma ideia. No entanto, alguns pleonasmos são considerados "vícios de linguagem" por informarem uma obviedade e não desempenharem função expressiva no enunciado. Considerando esta afirmação, assinale a alternativa que possui exemplo de pleonasmo vicioso.

a) "(...) E então abriu a torneira: a água espalhou-se (...)"
b) "(...)O jeito era ir comprar um pão na padaria. (...)"
c) "(...)Matá-la, não ia; não, não faria isso. (...)"
d) "(...) Traíra é duro de morrer, nunca vi um peixe assim. (...)"
e) "(...) Tirou para fora os outros peixes: lambaris, chorões, piaus; (...)"

06. (FUNCAB) Assinale a figura de linguagem que predomina no trecho "Mas aquele pendão firme, vertical, beijado pelo vento do mar, veio enriquecer nosso canteirinho vulgar com uma força e uma alegria que me fazem bem."

a) hipérbole
b) eufemismo
c) prosopopeia
d) antítese
e) catacrese

07. (FUNRIO) Em um texto, as palavras e as expressões podem ser empregadas em sentido conotativo ou denotativo. No segmento "O segundo caminho, válido para profissionais liberais, é conquistar bons clientes e assumir a propriedade do próprio nariz.", a expressão "do próprio nariz" tem natureza conotativa. O termo ou expressão destacado(a) que está empregado(a) em sentido denotativo ocorre em:

a) Os jovens "lutam" aguerridamente para conseguir um bom emprego.

b) É educativo ensinar às pessoas a ganharem o dinheiro com o "suor do seu rosto".

c) Muitos jovens não conseguem ser "felizes" nas profissões que abraçaram.

d) Os profissionais financeiramente "mais bem sucedidos" são os médicos.

e) Os filhos podem ser "o braço direito" dos pais em empresas familiares.

08. (CESPE)

*"**Nasce** o Sol e não dura mais que um **dia***
*Depois da **Luz** se segue à **noite** escura*
*Em tristes **sombras morre** a formosura,*
*Em contínuas **tristezas** e **alegrias**."*

(Gregório de Matos)

Assinale a opção que apresenta a figura de linguagem predominante no trecho do poema acima.

a) sinestesia

b) comparação

c) antítese

d) eufemismo

e) hipérbole

09. (CONSUPLAN) Há sentido conotativo na seguinte alternativa:

a) "Será que uma bola é mais valiosa que um livro?"

b) "...aposentados choram pelo minguado aumento."

c) "Por que se concedem altos aumentos na política?"

d) "... hospitais deixam de atender ao mais simples diagnóstico..."

e) "Por que os salários não são igualitários?"

10. Constitui exemplo de uso de linguagem figurada o elemento sublinhado na frase:

I. Foi acusado de ser o cabeça do movimento.

II. Ele emprega sempre a palavra literalmente atribuindo- lhe um sentido inteiramente inadequado.

III. Ignoro o porquê de você se aborrecer comigo.

IV. Seus pensamentos são fantasmagorias que não o deixam em paz.

Atende ao enunciado APENAS o que está em:

a) I e II.

b) I e IV.

c) II e III.

d) III e IV.

e) I e III.

Gabarito

01	*A*	*06*	*C*
02	*B*	*07*	*C*
03	*A*	*08*	*C*
04	*E*	*09*	*B*
05	*E*	*10*	*B*

Anotações

ÍNDICE

CAPÍTULO 01

A Redação em Concurso Público

Seja em concurso público, seja no vestibular, sempre há alguém dizendo que possui dificuldades com a escrita.

A Ausência de Prática

É o principal motivo para o desconforto em relação à produção de textos. Não é preciso ser talentoso ou um grande literato para se redigir um texto digno de boa pontuação. Como qualquer outra coisa na vida, a escrita é uma simples soma de estudo e esforço. O bom escritor (para o mundo dos concursos) não é o mais criativo, nem o que detém o melhor vocabulário, mas sim o que mais pratica a ordenação das ideias no papel.

Há quem negligencie a importância da redação na prova de concurso público. Deve-se entender a prova de redação, não como um aliado, um instrumento a mais para se conseguir o cargo desejado. Entenda que a redação pode ser o fator decisivo para a aprovação, portanto é preciso ter confiança e trabalhar o texto!

Vamos estudar os elementos necessários para o estabelecimento de **coesão e coerência**, os operadores (elementos estruturais necessários) do texto dissertativo, bem como os princípios da argumentação e compreensão das propostas.

Palavras-Chave em Concurso Público - Coesão, Progressão e Coerência

Coesão

Basicamente, a coesão diz respeito aos elementos de amarração de um texto. Há uma necessidade muito grande de se conectar aquilo que escrevemos. Para isso, os elementos de coesão são imprescindíveis. Exemplo de texto que não está coeso.

> **Ex.:** 1 - O ser humano está no planeta há milênios e não aprende a cuidar do planeta. O problema do ser humano é que é muito ambicioso, só quer ficar rico e não pensa que o planeta pode sofrer com a ambição dele.

Exemplo de texto coeso.

> **Ex.:** 2 - Parece que o ser humano não aprendeu a cuidar do planeta, mesmo estando nele há muito tempo. A ambição do homem, que o dirige à busca de sempre maior satisfação pessoal, pode trazer prejuízos ao ambiente em que vive.

No exemplo 2 o texto ficou mais fluido para a leitura, mais agradável e, evidentemente, mais compreensível. Isso ocorreu porque foram utilizados os mecanismos de coesão para "amarrar" o que estava sendo escrito. Assim ficou fácil para ler e compreender o que se estava transmitindo.

Há, basicamente, três maneiras de se estabelecer conexão entre as ideias de um texto:

Por Anáfora: a mais simples. Consiste em fazer remissão a um termo ou ideia citada anteriormente no texto. Os pronomes desempenham muito bem essa função.

Por Catáfora: um recurso interessante. Consiste em apontar para algo que será dito posteriormente no texto. Também há pronomes próprios para isso (os demonstrativos "este", "esta" e "isto", por exemplo).

Por Exófora: o mais arriscado. Consiste em fazer menção a algo que não está no texto, pressupondo que o leitor/corretor partilhe do conhecimento em questão.

Algumas Dicas para Estabelecer Coesão Remissiva

→ **Pronomes**

Com esses termos, você consegue escapar da repetição de palavras e expressões. Ficou difícil conectar sentenças? Coloque um pronome que tudo se resolve.

> **Ex.:** A situação do pobre e do rico é bem diferente. Tem o pobre lutando para sobreviver e tem o rico que luta para não se matar por não ter nada o que fazer.

Reescrevendo:

> **Ex.:** O **pobre** e o **rico** possuem situações de vida bem diferentes: enquanto **aquele** luta para sobreviver, **este** luta para não se matar em virtude do ócio.

Os pronomes demonstrativos estabeleceram a relação de coesão.

> **Ex.:** A **violência** já se tornou uma característica da sociedade contemporânea. A violência influencia o comportamento das pessoas.

Reescrevendo:

> **Ex.:** A violência já se tornou uma característica da sociedade contemporânea. **Isso** influencia o comportamento das pessoas.

→ **Sinônimos / perífrases:**

Quando estiver difícil parar de repetir um termo, use um sinônimo, ou uma expressão que possa retomá-lo.

» **Ex.: Osama Bin Laden** foi capturado e acusado de inúmeros crimes. Tem-se certeza de que **o terrorista líder da Al-Qaeda** foi o responsável pela maioria dos eventos transgressores.

→ **Verbos vicários:**

São os verbos que retomam um segmento sem repeti-lo.

> **Ex.:** O governo brasileiro precisa providenciar uma reforma da previdência, só não providencia essa reforma porque é muito trabalhoso.

\> **Reescrevendo:**

> **Ex.:** O governo brasileiro precisa providenciar uma reforma da previdência, **só não o faz** porque é muito trabalhoso.

Progressão - Como Realizar

A maneira como um texto está encadeado permite compreender qual foi a estratégia de progressão utilizada pelo autor. Vamos demonstrar isso com um exemplo.

Imagine que, ao ler o tema da redação, você veja a seguinte temática.

\> **Pena de morte no Brasil: uma solução ou apenas mais um problema administrativo**

Em primeiro lugar, posicione-se em relação ao tema, portanto não pode ficar "em cima do muro",

Em segundo lugar, em uma folha de rascunho escreva todos os argumentos que considera como cabíveis para a construção de seu texto. Assim , é possível a seleção daquilo que fará o texto progredir.

Vamos construir o raciocínio:

→ **Minha posição:**

> A pena de morte é um problema!

→ **Meus argumentos:**

Viola a Declaração dos Direitos Humanos;

A Constituição Federal não permite;

"Só Deus pode tirar a vida de alguém";

É um retrocesso na evolução do homem;

Não há sistema judicial preparado o suficiente para não cometer erros;

O Estado não pode ser um assassino;

O processo de aplicação da pena seria muito moroso e burocrático.

Há muitas ideias, mas nem todas estão em conexão. Não haveria tempo (linhas) para aprofundar todos esses conhecimentos, portanto o texto ficaria raso, além do fato de ser quase impossível encadear todos esses argumentos em apenas uma linha de raciocínio. Em virtude disso, é necessário escolher os argumentos que serão utilizados. Para tanto, basta ver quais possuem algum tipo de relação, depois escolher a ordem que será empregada no texto. Vejamos:

→ **Meus argumentos**

Viola a Declaração dos Direitos Humanos.

A Constituição Federal não permite.

"~~Só Deus pode tirar a vida de alguém~~".

É um retrocesso na evolução do homem.

Não há sistema judicial preparado o suficiente para não cometer erros.

~~O Estado não pode ser um assassino~~.

O processo de aplicação da pena seria muito moroso e burocrático.

→ **Ordem sugerida: Crescente (+ fraco para + forte)**

O processo de aplicação da pena seria muito moroso e burocrático.

Não há sistema judicial preparado o suficiente para não cometer erros.

A Constituição Federal não permite.

Viola a Declaração dos Direitos Humanos.

→ **Ordem sugerida: Decrescente (+ forte para + fraco)**

O processo de aplicação da pena seria muito moroso e burocrático.

Não há sistema judicial preparado o suficiente para não cometer erros.

A Constituição Federal não permite.

Viola a Declaração dos Direitos Humanos.

As ideias que ficariam "voando" ao longo do texto foram retiradas. Seria muito difícil ligar esses argumentos no corpo do texto; deixe-os, portanto, de lado. Com aquilo que sobrou, preencha o seu texto encadeando os argumentos do mais forte para o mais fraco (escala decrescente), ou do mais fraco para o mais forte (escala crescente). Assim, o texto progride e fica claro.

Alguns elementos (palavras/expressões-chave) que você pode utilizar para dar progressão e conectar o seu texto:

Para Começar o Desenvolvimento

Inicialmente.
Primeiramente.
Em primeiro lugar.
A priori.
Primariamente.
Em primeira análise.
Em primeiro plano.
Antes de tudo.
Desde já.

Para Amarrar o Parágrafo

Sequencialmente.
Posteriormente.
Em segundo lugar.
A posteriori.
Acresce que.
Em segunda análise.
Em segundo plano.
Do mesmo modo.
Ainda por cima.

Para Finalizar o Texto

Finalmente.
Em conclusão.
Assim.
Então.
Portanto.
Afinal.
Logo.
Em suma.

Use as ferramentas acima para garantir a progressão do seu texto.

→ **Coerência**

Em poucas palavras: coerência é fazer sentido. É o texto ter noção. Ao redigir um texto, a incoerência fica a cargo de se utilizar um argumento que contradiga suas ideias principais subjacentes ao texto. Ou seja, "desdizer o que você estava dizendo". Entre outros aspectos, avalia-se a coerência segundo estes elementos:

a) Adequação ao tema.
b) Pertinência do argumento.
c) Aprofundamento do texto.
d) Não-contradição.
e) Fuga do senso comum.

Dissertação

O conceito de dissertação é simples: informar algo ou opinar sobre algo. Na verdade, quando alguém disserta sobre um assunto, busca expor conceitos ou argumentos com base em alguma fundamentação, isso quer dizer que é possível defender ou atacar pontos de vista sobre algum assunto. Essa é apenas uma das possibilidades da dissertação, dentre as várias facetas que esse tipo de texto (extremamente cobrado em concurso público) oferta a quem deseja escrever.

Seria descabido contar uma história ou fazer um relato se a proposta pede um texto que exige um "posicionamento", ou seja, um texto dissertativo. Aliás, não é interesse do corretor saber se o candidato é "criativo", mas sim saber se ele (candidato) tem condições de articular ideias em uma sequência lógica. Não há estratégias milagrosas para escrever uma dissertação, basta compreender a estrutura e exercitar. Abaixo, eis algumas especificações acerca dos tipos de dissertação.

Tipos de Texto Dissertativo

Expositivo.

Argumentativo.

Misto.

→ **O texto Expositivo**

Conceitual.

Informacional.

Aspectos descritivos.

Não exige posicionamento.

» **Ex.:** Texto expositivo (CESPE):

Nas farmácias brasileiras, os comprimidos de extrato de ginkgo vendidos só com receita médica competem com cápsulas de pó moído e folhas, em embalagens expostas nas prateleiras ao alcance do consumidor. Muita gente relata efeitos benéficos advindos dessas fórmulas alternativas. Mas seriam elas tão eficazes quanto os comprimidos vendidos com receita? A resposta é não.

Pesquisadores da UFSC fizeram testes para saber quanto há de componentes do extrato EGb 761 nessas cápsulas e nas folhas da planta. Conclusão: para obter a mesma quantidade de um único comprimido de 120 mg, seriam necessárias 20 cápsulas de 200 mg de pó moído. Quanto ao chá, a eficácia depende da qualidade da matéria-prima. "Mas seria preciso ingerir grande quantidade, já que os teores das substâncias ativas no chá caseiro são baixos", afirma a autora do trabalho e pesquisadora da UFSC. Segundo ela, a proporção ideal só é obtida com os extratos secos padronizados.

Internet: www.saude.abril.com.br (com adaptações)

» **Ex.:** Texto argumentativo (CESPE):

O voto, direito duramente conquistado, deve ser considerado um dever cívico, sem o exercício do qual o direito se descaracteriza ou se perde, afinal liberdade e democracia são fins e não apenas meios. Quem vive em uma comunidade política não pode estar desobrigado de opinar sobre os rumos dela. Nada contra a desobediência civil, recurso legítimo para o protesto cidadão, que, no caso eleitoral, se pode expressar no voto nulo (cuja tecla deveria constar na máquina utilizada para votação). Com o voto facultativo, o direito de votar e o de não votar ficam inscritos, em pé de igualdade, no corpo legal. Uma parte do eleitorado deixará voluntariamente de opinar sobre a constituição do poder político.

O desinteresse pela política e a descrença no voto são registrados como mera "escolha", sequer como desobediência civil ou protesto. A consagração da alienação política como um direito legal interessa aos conservadores, reduz o peso da soberania popular e desconstitui o sufrágio como universal.

Para o cidadão ativo, que, além de votar, se organiza para garantir os direitos civis, políticos e sociais, o enfoque é inteiramente outro. O tempo e o trabalho dedicados ao acompanhamento continuado da política não se apresentam como restritivos da liberdade individual. Pelo contrário, são obrigações auto-assumidas no esforço de construção e aprofundamento da democracia e de vigília na defesa das liberdades individuais e públicas.

A ideia de que a democracia se constrói nas lutas do dia a dia se contrapõe, na essência, ao modelo liberal. O cidadão escolado na disputa política sabe que a liberdade de não ir votar é uma armadilha. Para que o sufrágio continue universal, para que todo poder emane do povo e não, dos donos do poder econômico, o voto, além de ser um direito, deve conservar a sua condição de dever cívico.

Léo Lince. Em defesa do voto obrigatório. Internet: www.correiocidadania.com.br (com adaptações)

Estrutura do Texto Dissertativo

- **Introdução (tema + argumentos)**
- **Desenvolvimento (defesa dos argumentos)**
- **Conclusão (aquilo que se entende a partir dos argumentos)**

Introdução

» Tema (linhas inicias).

» Argumentos (apresentando a estratégia).

» Prévia da conclusão.

> **Proibições:**

» Iniciar com a mesma sentença do tema.

» Iniciar com pronome demonstrativo.

» Iniciar com a palavra "atualmente".

Seguem algumas dicas de como introduzir seu texto dissertativo. Vamos utilizar um tema simples para introduzir todos os textos: sistema prisional brasileiro.

Sentença Declarativa

Trata-se de utilizar uma afirmação para introduzir o texto. A partir da informação, desenvolvem-se as considerações.

Ex.: Não há como negar que o sistema prisional brasileiro precisa de uma séria revisão estrutural.

Interrogação

Nessa estratégia, basta introduzir o texto com uma pergunta que servirá de substrato para o desenvolvimento do texto. Lembre-se de que a pergunta DEVE ser respondida.

Ex.: Há uma questão que reverbera na sociedade brasileira com relação à segurança pública: deve haver uma revisão estrutural no sistema prisional do país?

Relação Adversativa

Nessa estratégia, é eficaz construir uma relação de oposição nas linhas iniciais para que sirva de motivação à construção do texto.

Ex.: Se, por um lado, verificam-se estabelecimentos prisionais com estrutura adequada em algumas regiões do país, por outro, é visível a situação de decadência e descaso com os presidiários. Esse fato aponta para uma necessidade de revisão estrutural do sistema prisional brasileiro.

Referência Histórica

Uma das técnicas mais eficazes está nesse item. Basta utilizar alguma alusão histórica para fundamentar o texto.

Ex.: Não é de hoje que o sistema prisional brasileiro apresenta problemas. No ano de (colocar a data e o dado histórico).

Palavra-Chave

Partindo de um conceito simples, pode-se desenvolver todo o texto.

Ex.: Revisão estrutural completa. Esse termo é cada vez mais merecedor de atenção e reflexão das autoridades brasileiras quando se fala sobre o sistema prisional brasileiro. Seja por isso... seja por aquilo.

Relação Causal - Consecutiva

Basta enunciar a relação de causa e consequência com a qual se trabalhará ao longo do texto.

Ex.: A causa principal para a necessidade de uma revisão estrutural no sistema prisional brasileiro é o descaso com a pessoa humana que é verificado nos presídios pelo país.

Estratégias para o Desenvolvimento do Texto

Para desenvolver o seu texto com qualidade e solidez, é preciso que entenda o desenvolvimento do texto esteja intimamente atrelado à sua introdução, pois, quando se parte das sentenças introdutórias, encaminhar o desenvolvimento fica muito mais fácil. Para tanto, siga as estratégias abaixo.

Causa e Consequência

Na presente estratégia, a ideia central é selecionar a temática pensando nos argumentos a serem desenvolvidos. A partir disso, começa-se a identificar as causas do termo em questão, para que, ao longo dos parágrafos, sejam identificadas as consequências provenientes das informações iniciais. Isso tudo parece muito abstrato, por isso, vamos tentar simplificar com exemplos.

Para o exemplo em questão, vamos partir da introdução proposta anteriormente, feita na relação causal-consecutiva, só então partiremos ao desenvolvimento.

Tema: Sistema prisional brasileiro.

Argumentos: Precisa de uma reforma estrutural porque existe descaso com a pessoa humana.

Causas:

O descaso se mostra na falta de cuidado com a estrutura física de alguns presídios.

Há descaso também na ausência de políticas de reinserção social do apenado.

Consequências:

Humilhação, baixa condição de saúde e desenvolvimento intelectual.

Ausência de perspectiva de vida para o presidiário após sua saída da penitenciária, o que o impele a continuar com a criminalidade.

Introdução:

A causa principal para a necessidade de uma revisão estrutural no sistema prisional brasileiro é o descaso com a pessoa humana que é verificado nos presídios pelo país.

Desenvolvimento:

1º parágrafo: O descaso em questão pode ser evidenciado na falta de cuidado com a estrutura física de alguns presídios do Brasil que, sem capacidade para suportar o enorme contingente de presidiários, acaba sujeitando-os a um confinamento humilhante, com baixíssimas condições de saúde e desenvolvimento intelectual. Não é de se estranhar que a violência acabe por ser um atrativo para o indivíduo que se encontra nesse contexto.

2º parágrafo: Como não bastasse a impossibilidade de haver vida digna dentro do presídio, a perspectiva do lado de fora da carceragem não é muito boa. A ausência de políticas de reinserção do apenado faz com que ele seja, cada vez mais, impelido a voltar para a criminalidade, uma vez que ela parece ser a única forma de "atuação" que o sistema social brasileiro da contemporaneidade parece lhe oferecer.

Nota-se que não é necessário de muito para construir todo o parágrafo. Isso aconteceu porque, na composição de cada parágrafo, utilizamos as estruturas que já estavam separadas na seleção de argumentos, fato que facilitou extremamente a composição do texto. Se achar interessante, pode treinar essa tática.

Enumeração de Fatos

Na estratégia em questão, pode-se partir de uma constatação simples (o que faz par com a introdução por meio da sentença declarativa), para que, posteriormente, os fatos selecionados sirvam para corroborar com a sentença inicial.

Tema: Quais são as vantagens da utilização da tecnologia na educação em um contexto no qual é grande o número de analfabetos?

Argumento: há vantagens!

Fatos:

A tecnologia pode acelerar e facilitar o processo de alfabetização.

A capacitação dos profissionais pode ser ampliada por meio dos avanços tecnológicos.

→ **Desenvolvimento do texto:**

Introdução: Não há como negar que a tecnologia, quando bem empregada, propicia avanços tremendos. A situação é ainda mais interessante quando a união dos avanços tecnológicos se dá com a educação. Mesmo num contexto em que o analfabetismo ainda é uma realidade, como é o caso do Brasil, vislumbram-se perspectivas tangíveis de melhora.

1º parágrafo: A primeira vantagem do provável binômio tecnologia-educação é a possibilidade da redução do número de analfabetos efetivos em todo o território nacional. A utilização de softwares que otimizem o processo de aquisição da escrita e realização da leitura pode surtir resultados positivos. Quer dizer, essa contribuição está relacionada ao emprego dos computadores no contexto educativo, o que pode, ainda, ser melhorado, levando em consideração que o material audiovisual (retroprojetores, rádios, aparelhos de *blu-ray* etc.) propicia um contato mais lúdico do conteúdo para com os possíveis estudantes.

> **2º parágrafo:** Como se sabe, a capacitação do profissional da educação é primordial para que o desenvolvimento do trabalho docente seja eficiente. Logo, com o emprego dos recursos tecnológicos disponíveis, a exemplo de aulas online, cursos de pós-graduação a distância, "audiobooks" (livros narrados para reduzir o tempo de leitura de uma obra), acervos virtuais entre outras ferramentas, a prática do profissional da educação, além de ser facilitada, é aprimorada.

Foram escritos apenas dois parágrafos. Claramente, a intenção é mostrar que há possibilidade de se desenvolver um texto com tranquilidade. Você pode, como recurso metodológico que vise ao aprimoramento de sua redação, escrever mais parágrafos sequenciais, ou mesmo reescrever os parágrafos que aí estão. A ideia é nunca desanimar e testar todas as possibilidades.

Nos próximos itens, vamos lançar a ideia para você desenvolver.

Alusão Histórica

No desenvolvimento por alusão histórica, parte-se da introdução em que se utiliza a mesma estratégia, para estabelecer um tipo de "genealogia" da temática em questão. Não se esqueça de que os argumentos históricos servirão para comprovar o que se defende no texto, por isso, devem-se alinhavar muito bem os episódios selecionados.

Eis uma possibilidade de introdução para que você pesquise e desenvolva seu texto.

Tema: combate às drogas no território brasileiro.

> Sugestão de introdução para ser desenvolvida:

Em retrospecto à situação do combate às drogas no território brasileiro, alguns dados históricos revelam uma estatística importante.

> **Discurso autorizado (fala de especialista)**

Utilizando o discurso autorizado, transmite-se a impressão de maior consistência argumentativa. A dica aqui é a seguinte: não copie trechos da proposta, tampouco invente informações, pensando que vá dar certo. O corretor sabe que, quando você escreve "pesquisas mostram", "cientistas revelam", está, na realidade, tentando convencê-lo de algo que nem você tem certeza.

Agora, você pode resumir essas táticas em uma tabela e buscar a mais fácil de desenvolver em sua prática de escrita.

O Parágrafo Dissertativo

É o momento de analisarmos a estrutura do parágrafo dissertativo, ou seja, como compor um parágrafo claro e que possua qualidade. Primeiramente, é preciso entender que há limites impostos pela propriedade da estrutura dissertativa, quer dizer que não se pode simplesmente tentar inovar o que já tem sido um padrão de escrita há tantos anos. Ninguém vai reinventar o texto dissertativo, portanto fique atento às ideias principais relacionadas ao princípio de construção do parágrafo na dissertação.

O Tópico Frasal - um Conceito Importantíssimo

Cada texto possui uma temática específica, é claro, com suas estratégias de desenvolvimento, seus argumentos, suas posições "ideológicas" etc. Porém, nem sempre se dedica atenção suficiente à compreensão da estrutura interna de todos esses elementos que compõem a materialidade do texto, o que acaba por permitir que uma lacuna se forme na compreensão que o concursando possui de dissertação - quer seja argumentativa, quer seja meramente expositiva.

Avaliando a construção dos parágrafos de um texto com nuanças dissertativas, percebe-se que um elemento é primordial para o sucesso da argumentação ou da exposição: o tópico frasal, sólido e bem definido. O que significa dizer que se deve apresentar uma ideia ou conceito que será o alvo do parágrafo, sobre o que você irá escrever, expondo ou argumentando sobre.

O tópico frasal deve ser claro, curto e objetivo. Nunca deixe seu parágrafo ficar confuso, ou apresentar mais ideias do que o conveniente, entendendo que o conveniente é inserir **uma** ideia de cada vez em cada possibilidade de desenvolvimento. A exceção é feita ao parágrafo introdutório, no qual se pode fazer um pequeno "resumo" do propósito do texto. Desse modo, o texto fica organizado e fácil de ler.

Uma vez estabelecido o tópico frasal, além das possibilidades de quem já possui uma grande desenvoltura na escrita, há três básicas estratégias: indicar a causa do fato; dar uma explicação para o fato, ou realizar a defesa daquilo que se disse. Portanto, após escolher a sentença a ser trabalhada no parágrafo, adote um dos procedimentos mencionados anteriormente, assim, evita-se que o parágrafo fuja da temática proposta.

→ **Lembre-se de que o tópico frasal possui algumas exigências:**

Concisão;

Clareza;

Solidez;

Coerência;

Objetividade;

Bom espaço na margem;

Pontuação precisa.

Fique Ligado

Se quiser utilizar um exemplo comprobatório em seu parágrafo do desenvolvimento, fique à vontade, porém não se permita exagerar, inventar ou inserir itens que não estejam relacionados à temática ou à proposta.

A Justa Medida do Parágrafo

Há uma consideração importante a ser feita com relação à extensão do parágrafo num texto dissertativo. A justa medida, a medida "áurea" para os parágrafos de desenvolvimento é de sete linhas. Sim, se fizer o cálculo com relação ao número de linhas, perceberá que três parágrafos com essa numeração somados à introdução e conclusão fecham a distribuição perfeita das ideias no texto.

Isso significa que, se um parágrafo do seu texto extrapolar o limite, como ocorre em algumas situações, provavelmente, o peso de seus argumentos será afetado, ou seja, haverá um problema de distribuição das ideias do texto: algumas ficarão com menor aprofundamento; outras ficarão com aprofundamento demasiado. O velho mestre Aristóteles bem conhecia que a "justa medida" - o equilíbrio entre um atributo em excesso ou em falta - é o essencial para se atingir qualquer objetivo.

Entendendo a Temática

Quando o concursando lê a prova discursiva e se depara com a temática proposta, acaba, em algumas situações, por não conseguir entender como deve proceder à escritura do texto. Bem, para que isso não ocorra, vamos antecipar como costumam ser as temáticas apresentadas em concursos públicos.

> **Padrão 1**

Temática direta e objetiva:

Nesse padrão, deve-se observar a temática, sempre buscando conceitos-chave que façam remissão ao conteúdo proposto. Desse modo, é possível ficar preso ao tema.

> **Padrão 2**

Temática direta e objetiva com posicionamento:

Nesse padrão, além de focalizar diretamente a temática, quer dizer, possuir objetividade é necessário também deixar clara sua posição com relação ao tema. Lembrete: o posicionamento não deve ser feito por meio da 1ª pessoa do singular.

> **Padrão 3**

Temática direta e objetiva com posicionamento + subitens:

Nesse padrão, a posição clara com relação à temática deve ser acompanhada de uma focalização direta nos subitens. Separe um parágrafo para cada subitem pedido no texto, uma vez que, dessa forma, o corretor percebe que houve distribuição equivalente dos argumentos com relações aos subitens.

> **Padrão 4**

Temática direta e objetiva + subitens:

Nesse padrão, não é necessário mostrar posição, pois o texto é expositivo, então, não há com que se preocupar em relação à convencimento. Basta apostar em uma progressão clara do texto.

> **Padrão 5**

Temática indireta (subjetiva):

Nesse padrão, a preocupação do concursando é conseguir abstrair o assunto da temática, ou seja, o histórico de leituras permite que o candidato consiga interpretar a mensagem tratada e abordar com consistência o tema da redação.

Conclusão do Texto

A conclusão do texto possui, basicamente, três funções:

a) Retomar a ideia inicial, asseverando a posição defendida, para um fechamento coerente da estrutura do texto.

b) Se a proposta pedir, a conclusão serve para propor soluções para os problemas apresentados no texto.

c) Finalmente, criar um impacto no leitor. Um cuidado, porém: não pense que usar chavões, frases de efeito ou citações que não foram trabalhadas no texto anteriormente possa fazer o seu texto brilhar. O efeito será contrário!

Outras Possibilidades de Textos na Redação

Dentre as inúmeras possibilidades relacionadas a gêneros textuais para as questões discursivas (prova de redação), destaco, agora, algumas que, a despeito da força da dissertação, costumam receber alguma atenção. São elas:

→ **Narrativo:**

a) Foco em sequenciar ações.

b) Carta argumentativa.

c) Foco em persuadir um interlocutor determinado.

d) Descrição.

e) Foco em apontar características.

f) Resumo.

Foco em extrair informações essenciais de um texto.

Vamos buscar compreender as necessidades e características especiais de cada item acima mencionado.

O Texto Narrativo

Sucintamente, narrar significa sequenciar ações, ou seja, encadeá-las de modo que progridam de forma coerente e inteligível para o leitor. É claro que o texto narrativo não é o mais simples de ser escrito, a despeito de utilizarmos estratégias narrativas em muitos momentos do nosso dia. "Contar" uma "estória" carece de uma série de aspectos e elementos, os quais, justamente por serem inerentes à narração, não podem ser esquecidos ou deixados de lado. Isto é, o texto narrativo possui elementos de progressão e operadores textuais que nos permitem compreender o princípio de encadeamento das situações narradas. É o que passaremos a estudar.

→ **Elementos de progressão narrativa**

Embora a teoria possa elencar outros elementos, eis os mais relevantes para o concursando:

a) Apresentação:

Também identificada como "situação inicial" é o momento em que ocorre a introdução de personagens, preparação para a ação que será abordada. Há, nesse momento, a possibilidade de se fazer a descrição do local da ação. Para uma redação de concurso, não é interessante fazer uma apresentação muito extensa.

b) Conflito:

É o "problema" da narrativa, ou seja, é aquilo que motiva a ação do texto.

c) Nó:

É a complicação do problema inicial da narrativa. Quer dizer, aquilo que motiva a tensão do texto a ficar ainda maior.

d) Clímax:

É o ponto alto da narrativa, o momento máximo da estória. Para ficar mais claro, o clímax é a ação final que há de gerar o desfecho do texto.

e) Desfecho:

Também chamado de conclusão ou resolução, consiste no encerramento da ação da narrativa, apresentando um final fechado (claro, sabe-se o que ocorre) ou aberto (obscuro, não se tem certeza do que ocorreu). Para o concurso público, o candidato deve preferir os finais fechados.

Operadores do Texto Narrativo

São operadores (termos que compõem) do texto narrativo:

a) Narrador: Quem conta.
c) Tempo: Quando ocorre.
e) Espaço: Onde ocorre.
g) Personagens: Quem pratica as ações.

Comentário sobre cada Operador

→ **Narrador**:

> Para não nos delongarmos em um sem-número de classificações, vamos explicar o narrador partindo da ideia de foco narrativo.

a) Autodiegético:

É o foco em que o narrador conta algo de que participou como personagem principal, como protagonista. Conta a própria história.

b) Homodiegético:

É o foco em que o narrador conta algo de que participou, mas não como personagem principal, e sim como um tipo de elemento secundário à ação.

c) Heterodiegético:

É foco em que o narrador conta algo de que não participou, podendo conhecer todos os eventos ou mesmo uma parte deles (aquilo que conta).

→ **Tempo**:

> Esse é o "quando" da narrativa.

a) Cronológico:

É o tempo marcado por uma sequência lógica de datas (dias, meses, anos). O tempo cronológico também pode ser dado em uma sequência de horas ou minutos.

b) Psicológico:

É o tempo sem marcação lógica, ou seja, as fronteiras que são determinadas na cronologia, desaparecem nessa estratégia narrativa.

c) Da narrativa:

Apesar de não haver marcação temporal clara nessa estratégia de composição, o leitor conhece que a ação progride por meio da análise dos tempos verbais ou de palavras como: depois disso, de repente, então, posteriormente, etc.

O concursando deve, sempre, optar pelo tempo cronológico, pois é mais simples de ser inserido.

→ **Espaço:**

> Esse é o "onde" da narrativa.

a) Aberto:

Não ocorre a ação em apenas um lugar, os personagens podem circular em vários locais distintos. Isso é mais facilmente verificado em narrativas mais longas.

b) Fechado:

A ação é narrada em apenas um cenário, não há troca de cenários ou ambientes. Isso é comum em narrativas mais breves.

→ **Personagens**:

> São os envolvidos na ação do texto. Utilizando uma divisão simplista, temos:

a) Protagonista: o personagem principal da ação. O herói ou com quem se passa a maior parte dos eventos narrados.

b) Antagonista: não possui presença obrigatória. É definido como quem se opõe ao protagonista da ação.

c) Adjuvantes: também não possuem presença obrigatória. São definidos como os secundários, aqueles que figuram ação que não são, necessariamente, as principais.

É salutar, em uma prova de concurso, não utilizarmos personagens em demasia. Os diálogos serão indispensáveis apenas quando a banca solicitar.

Exemplo de Texto Narrativo

> **Tudo bem filho, todo mundo faz isso**

Johnny tinha seis anos de idade e estava em companhia do pai quando este foi flagrado ao dirigir em excesso de velocidade. O pai entregou ao guarda, junto à sua carteira de motorista, uma nota de vinte dólares. "Está tudo bem, filho", disse ele quando voltaram à estrada. "Todo mundo faz isso!"

Quando Johnny tinha oito anos, deixaram que assistisse a uma reunião de família, dirigida pelo tio George, a respeito das maneiras mais seguras de sonegar o imposto de renda. "Está tudo bem, garoto", disse o tio. "Todo mundo faz isso!"

Aos nove anos, a mãe levou-o, pela primeira vez, ao teatro. O bilheteiro não conseguia arranjar lugares até que a mãe de Johnny lhe deu, por fora, cinco dólares. "Tudo bem, filho", disse ela. "Todo mundo faz isso!"

Aos dezesseis anos, Johnny arranjou seu primeiro emprego. Nas férias de verão, trabalhou em um supermercado. Seu trabalho: pôr os morangos maduros demais no fundo das caixas e os bons em cima, para ludibriar o freguês. "Tudo bem, garoto", disse o gerente. "Todo mundo faz isso!"

Quando Johnny tinha 19 anos, um dos colegas mais adiantados lhe ofereceu, por cinquenta dólares, as questões que iam cair na prova. " Tudo bem garoto", disse ele. "Todo mundo faz isso!"

Flagrado colando, Johnny foi expulso da sala e voltou para casa com o rabo entre as pernas. "Como você pôde fazer isso com sua mãe e comigo?", disse o pai. "Você nunca aprendeu estas coisas em casa!". Se há uma coisa que o mundo adulto não pode tolerar é um garoto que cola nos exames...

http://pcdec.sites.uol.com.br/tudobemfilho.htm

A Carta Argumentativa

Vamos definir a carta como um texto que possui um direcionamento especial - o destinatário ou interlocutor -, sendo que o tratamento utilizado no texto pode ser impessoal ou pessoal, dependendo da finalidade da carta. É certo que há várias estratégias de desenvolvimento para a carta (dissertativa-argumentativa, dissertativa-expositiva, narrativa, descritiva etc.), porém, para a nossa finalidade - o concurso público - vamos estudar aquela que possui o princípio argumentativo.

→ **Estruturando a carta**

> Os elementos essenciais para o gênero que estamos estudando :

a) Local e Data: colocados na primeira linha do texto.

b) Vocativo: a interpelação do destinatário - seu nome.

c) Desenvolvimento: os parágrafos que compõem o desenvolvimento são utilizados para persuadir o interlocutor da ideia defendida pelo remetente.

d) Fecho: a saudação final que encerra a carta.

Fique Ligado

A menos que a Banca exija, você não deve assinar a carta;

Jamais utilize linguagem coloquial ou de baixo calão.

Jamais fazer abreviações nas datas ou vocativos.

Jamais utilize expressões cristalizadas como: "estou te escrevendo", "escrevo-te esta carta", "venho por meio desta", "rogo-lhe tal missiva" entre outras.

Busque um tratamento direto, ou seja, tente "conversar" com o seu interlocutor.

Basicamente, a carta argumentativa é uma dissertação direcionada a um destinatário específico.

Análise de uma carta argumentativa

Veja esse exemplo, muito bem redigido, é claro, por Moacyr Scliar:

Uns amigos me falaram que os senhores estão para destruir 45 mil pares de tênis falsificados com a marca Nike e que, para esse fim, uma máquina especial já teria até sido adquirida. A razão desta cartinha é um pedido. Um pedido muito urgente.

Antes de mais nada, devo dizer aos senhores que nada tenho contra a destruição de tênis, ou de bonecas Barbie, ou de qualquer coisa que tenha sido pirateada. Afinal, a marca é dos senhores, e quem usa essa marca indevidamente sabe que está correndo um risco. Destruam, portanto. Com a máquina, sem a máquina, destruam. Destruir é um direito dos senhores. Mas, por favor, reservem um par, um único par desses tênis que serão destruídos para este que vos escreve. Este pedido é motivado por duas razões: em primeiro lugar, sou um grande admirador da marca Nike, mesmo falsificada. Aliás, estive olhando os tênis pirateados e devo confessar que não vi grande diferença deles para os verdadeiros.

Em segundo lugar, e isto é o mais importante, sou pobre, pobre e ignorante. Quem está escrevendo esta carta para mim é um vizinho, homem bondoso. Ele vai inclusive colocá-la no correio, porque eu não tenho dinheiro para o selo. Nem dinheiro para selo, nem para qualquer outra coisa: sou pobre como um rato. Mas a pobreza não impede de sonhar, e eu sempre sonhei com um tênis Nike. Os senhores não têm ideia de como isso será importante para mim. Meus amigos, por exemplo, vão me olhar de outra maneira se eu aparecer de Nike. Eu direi, naturalmente, que foi presente (não quero que pensem que andei roubando), mas sei que a admiração deles não diminuirá: afinal, quem pode receber um Nike de presente pode receber muitas outras coisas. Verão que não sou o coitado que pareço.

Uma última ponderação: a mim não importa que o tênis seja falsificado, que ele leve a marca Nike sem ser Nike. Porque, vejam, tudo em minha vida é assim. Moro num barraco que não pode ser chamado de casa, mas, para todos os efeitos, chamo-o de casa. Uso a camiseta de uma universidade americana, com dizeres em inglês, que não entendo, mas nunca estive nem sequer perto da universidade - é uma camiseta que encontrei no lixo. E assim por diante.

Mandem-me, por favor, um tênis. Pode ser tamanho grande, embora eu tenha pé pequeno. Não me desagradaria nada fingir que tenho pé grande. Dá à pessoa uma certa importância. E depois, quanto maior o tênis, mais visível ele é. E, como diz o meu vizinho aqui, visibilidade é tudo na vida.

(Moacyr Scliar, cronista da Folha de S. Paulo, 14/8/2000)

É possível notar a ausência de alguns elementos essenciais à carta no texto anterior. Isso ocorre porque o texto em questão é muito mais uma crônica disfarçada de carta argumentativa. Ele foi utilizado, no entanto, para que você pudesse perceber como estabelecer a argumentação em um texto que se pretende para um leitor direto. Se você leu com atenção, concluiu que o escritor, por assim dizer, construiu uma argumentação visando a convencer seu interlocutor da necessidade de ele receber um tênis.

No processo argumentativo de Scliar, há três argumentos separados por introdução clara: "em primeiro lugar"; "em segundo lugar" e "uma última ponderação". Isso facilita a leitura. Dê atenção à estrutura e convencer o leitor de que seu ponto de vista é o correto. A interlocução - lembrar a todo instante que está falando diretamente com a pessoa - é muito importante nesse processo.

Resumo:

Resumir um texto nada mais é do que selecionar as principais ideias nele contidas e encadeá-las em uma ordem lógica, a fim de que se possa restabelecer o conceito original do texto resumido. Para que um resumo seja feito a contento, é importante que as informações originais sejam preservadas, quer seja por meio de paráfrase, quer seja por meio de cópia de alguns trechos.

Também não pode ser esquecido o nome do autor, bem como o título do texto presentes no corpo do resumo. Depois de realizada a introdução, evidenciando os itens mencionados, deve-se observar o tópico frasal de cada parágrafo, para que sejam resumidas as ideias presentes em CADA um deles.

Existem algumas técnicas interessantes na hora de se fazer um resumo, vejamos:

→ **Supressão de trecho:**

Na técnica em questão, objetiva-se localizar o tópico frasal (ideia mais relevante), mantê-lo e, posteriormente, retirar as demais sentenças que não compõem o principal elemento do parágrafo ou da frase.

» **Ex.:** Seu Luís era um caminhoneiro respeitável, sempre cumpria suas obrigações com objetividade e ética.

> **Resumindo:**

» **Ex.:** Seu Luís era um caminhoneiro respeitável~~, sempre cumpria suas obrigações com objetividade e ética~~.

Síntese do trecho por meio de generalização: consiste em utilizar um termo genérico para dispensar termos que não são essenciais.

» **Ex.:** Mariana comprou uma calça, um colete, meias, blusa de lã e um cachecol ontem.

> **Resumindo:**

» **Ex.:** Mariana comprou roupas ontem.

Transformação do trecho: por meio de uma construção que vise a abranger o significado de uma sequência textual, constrói-se um segmento que ocupa o lugar de uma expressão maior.

» **Ex.:** O homem comprou a maminha, temperou e reservou. Depois de cortar a lenha seca, amontoou-a em uma pilha. Acendeu o fósforo, queimou a madeira e colocou a carne temperada por sobre o fogo.

> **Resumindo:**

» **Ex.:** O homem fez um churrasco.

No resumo de texto narrativo, discurso direto e indireto.

→ **Discurso direto:**

José diz:

» **Ex.:** Penso em comprar um carro.

Tião fala:

» **Ex.:** Morri por amor.

→ **Discurso Indireto:**

» **Ex.:** José disse que pensava em comprar um carro.

» **Ex.:** Tião falou que morrera por amor.

Exercício de resumo de um texto dissertativo

O monstrengo do IPI tem pai: Guido Mantega

Há exatamente uma semana, economistas, empresários e consumidores têm tentado, sem sucesso, entender o decreto anunciado pelo governo que aumenta em 428% a cobrança do Imposto sobre Produtos Industrializados (IPI) dos automóveis importados. A decisão provém, oficialmente, de um grupo de estudo interministerial - composto pelas pastas do Desenvolvimento, da Fazenda e de Ciência e Tecnologia - que tentava, junto à Associação Nacional dos Fabricantes de Veículos Automotores (Anfavea), encontrar uma maneira de tornar os automóveis nacionais mais competitivos. No entanto, por trás de um trabalho que deveria ser técnico, está a mão protecionista do economista Guido Mantega, cujo ministério nada tem a ver com a política industrial do Brasil. Se seus sonhos de se tornar o homem-forte do governo - e interferir em todas as esferas - não foram realizados durante a gestão anterior, o ministro agora consegue avanços ao ser o principal autor do novo IPI.

O site de VEJA ouviu mais de uma dezena de fontes ministeriais e do setor automotivo que não quiseram ter seus nomes revelados devido à complexidade do assunto - e a um possível temor de retaliação. Todas proferiram uma informação em comum: o ministro Mantega - que deveria se ocupar inteiramente da função de cuidar do superávit fiscal e ajudar o Banco Central a combater a inflação - articulou praticamente sozinho com as montadoras ditas nacionais a descabida medida da última semana. Nem mesmo os ministros Aloizio Mercadante e Fernando Pimentel, da Ciência e Tecnologia e do Desenvolvimento, respectivamente, tinham total conhecimento do assunto. Eles foram intimados de última hora a participar do anúncio e nem imaginavam que a elevação do IPI chegaria a tanto. "O Fernando Pimentel havia dito que, se viesse, o aumento seria de um número razoável. E ele pareceu muito sincero quando disse isso. Já no momento do anúncio, ele estava "branco"", afirmou José Luiz Gandini, presidente da Associação Brasileira das Empresas Importadoras de Veículos Automotores (Abeiva), em coletiva à imprensa no dia seguinte ao anúncio.

Atropelo - O número que circulava nos corredores do governo nas semanas que antecederam o decreto era de que o acréscimo do IPI seria de 30% e não de 30 pontos porcentuais. A decisão de adotar uma saída ou outra traz consequências muito díspares. Elevar uma alíquota em 30% significa que o IPI de um carro popular *flex* passaria de 7% para 9,1%. Contudo, ao lançar mão do ajuste de 30 p.p., esse mesmo IPI vai a 37%. A alta absurda da carga tributária faz com que veículos que não cumprem as regras de nacionalização fixadas pelo governo fiquem até 28% mais caros para o consumidor final. "Chegaram a esse número na etapa final de negociação", afirmou uma fonte ligada à Anfavea. Os ministros Mercadante e Pimentel foram avisados em cima da hora, de acordo com uma fonte ligada ao ministério de Desenvolvimento. "Ele atropelou todo mundo. O que ele sempre quis é que a Fazenda fizesse política industrial", afirma.

Também na Anfavea, as discussões foram pouco transparentes - tanto que executivos de montadoras ligadas à associação afirmaram à VEJA que não foram sequer consultados. A associação nega, argumentando que, desde o início do ano, há discussões com o governo para tentar melhorar a competitividade da indústria automobilística nacional. Em coletiva, o presidente da Anfavea, Cledorvino Belini, que também preside a Fiat, negou que tenha havido lobby das grandes empresas do setor. Segundo ele, a decisão foi motivada pelo impacto negativo que a importação de veículos tem causado na balança comercial.

Fosse essa a razão, o aumento do IPI nem assim se justificaria. O déficit provocado pela importação de peças e veículos, que chegou a 20 bilhões de dólares no acumulado de janeiro a agosto, está bem próximo do saldo negativo da balança comercial da indústria química, que chegou a 18 bilhões de dólares no mesmo período. Já no caso dos eletroeletrônicos, esse número é de 14 bilhões de dólares até agosto, segundo dados do Ministério do Desenvolvimento. Neste último caso, inclusive, em vez de colocar barreiras aos importados, o governo dá até incentivos. Tanto que o Banco Nacional de Desenvolvimento Social e Econômico (BNDES) irá ajudar a financiar a nova fábrica da taiwanesa *Foxconn* no Brasil, a qual produzirá os *tablets* da Apple apenas com componentes importados. Por fim, a balança comercial - que é administrada pelo Ministério de Desenvolvimento - está fora da área de competência da Fazenda. Já a inflação que beira ao descontrole, apesar de ser da alçada do Banco Central, está bem mais próxima de Mantega. Passam ao largo de seus projetos, no entanto, medidas para baixar a elevada carga tributária, que penaliza o empresário que quer expandir oferta no país, ou mudar o perfil gastador do estado, que tanto pressiona os preços.

Plano interrompido - Desde que as montadoras asiáticas, como *Hyundai*, *Kia* e *JAC*, começaram a ganhar corpo no mercado nacional, o governo tem buscado saídas para melhorar a competitividade daquelas já instaladas no país. Os debates entre a indústria e o Planalto resultaram em um plano de estímulo à competitividade anunciado em 2010, que já previa, inclusive, um corte no redutor de 40% do imposto de importação de autopeças - beneficiando, assim, os fornecedores nacionais. Tal plano foi anunciado pelo então ministro, Miguel Jorge, e por Guido Mantega. Neste ano, veio a Medida Provisória nº 540, que previa a redução do IPI para montadoras nacionais. "É preciso entender que o país necessita de um aumento de competitividade. Medidas protecionistas geram resultados de curto prazo e não aumentam a eficiência do setor", afirma o consultor e ex-secretário de Comércio Exterior, Welber Barral.

Ocorre que o governo não quis abrir mão dos tributos e utilizou o decreto da semana passada para faturar em cima do contribuinte: limitou a concorrência; reduziu as opções do consumidor, sobretudo da classe média; e deteriorou a imagem do país junto a investidores estrangeiros, mostrando sinais de ingerência política e insegurança jurídica.

http://veja.abril.com.br/noticia/economia/o-monstrengo-do-ipi--tem-pai-guido-mantega (com adaptações).

Essa introdução serve para você perceber como fazer o início de um resumo.

Agora, após ver os trechos em negrito, os quais foram marcados como itens a serem resumidos no corpo do texto, você pode exercitar a técnica para resumi-lo.

→ **Introdução:**

O texto publicado na revista Veja (versão on-line), intitulado "o monstrengo do IPI tem pai: Guido Mantega" veicula uma matéria acerca do aumento do Imposto sobre Produtos Industrializados (IPI) dos automóveis importados, associando a figura de Guido Mantega à medida que encarece alguns itens de grande consumo no país.

01. Agora é com você! Leia e faça o seu resumo!

O monstrengo do IPI tem pai: Guido Mantega

Há exatamente uma semana, **economistas, empresários e consumidores têm tentado, sem sucesso, entender o decreto anunciado pelo governo que aumenta em 428% a cobrança do Imposto sobre Produtos Industrializados (IPI) dos automóveis importados.** A decisão provém, oficialmente, de um grupo de estudo interministerial - composto pelas pastas do Desenvolvimento, da Fazenda e de Ciência e Tecnologia - que tentava, junto à Associação Nacional dos Fabricantes de Veículos Automotores (Anfavea), encontrar uma maneira de tornar os automóveis nacionais mais competitivos. No entanto, **por trás de um trabalho que deveria ser técnico, está a mão protecionista do economista Guido Mantega,** cujo ministério nada tem a ver com a política industrial do Brasil. Se seus sonhos de se tornar o homem-forte do governo - e interferir em todas as esferas - não foram realizados durante a gestão anterior, o ministro agora consegue avanços ao ser o principal autor do novo IPI.

O site de VEJA ouviu mais de uma dezena de fontes ministeriais e do setor automotivo que não quiseram ter seus nomes revelados devido à complexidade do assunto - e a um possível temor de retaliação. **Todas proferiram uma informação em comum: o ministro Mantega - que deveria se ocupar inteiramente da função de cuidar do superávit fiscal e ajudar o Banco Central a combater a inflação** - articulou praticamente sozinho com as montadoras ditas nacionais a descabida medida da última semana. Nem mesmo os ministros Aloizio Mercadante e Fernando Pimentel, da Ciência e Tecnologia e do Desenvolvimento, respectivamente, tinham total conhecimento do assunto. Eles foram intimados de última hora a participar do anúncio e nem imaginavam que a elevação do IPI chegaria a tanto. **"O Fernando Pimentel havia dito que, se viesse, o aumento seria de um número razoável. E ele pareceu muito sincero quando disse isso. Já no momento do anúncio, ele estava "branco"", afirmou José Luiz Gandini**, presidente da Associação Brasileira das Empresas Importadoras de Veículos Automotores (Abeiva), em coletiva à imprensa no dia seguinte ao anúncio.

Atropelo - O número que circulava nos corredores do governo nas semanas que antecederam o decreto era de que o acréscimo do IPI seria de 30% e não de 30 pontos porcentuais. **A decisão de adotar uma saída ou outra traz consequências muito díspares. Elevar uma alíquota em 30% significa que o IPI de um carro popular *flex* passaria de 7% para 9,1%. Contudo, ao lançar mão do ajuste de 30 p.p., esse mesmo IPI vai a 37%. A alta absurda da carga tributária faz com que veículos que não cumprem as regras de nacionalização fixadas pelo governo fiquem até 28% mais caros para o consumidor final.** "Chegaram a esse número na etapa final de negociação", afirmou uma fonte ligada à Anfavea. Os ministros Mercadante e Pimentel foram avisados em cima da hora, de acordo com uma fonte ligada ao ministério de Desenvolvimento. "Ele atropelou todo mundo. O que ele sempre quis é que a Fazenda fizesse política industrial", afirma.

Também na Anfavea, as discussões foram pouco transparentes - tanto que executivos de montadoras ligadas à associação afirmaram à VEJA que não foram sequer consultados. A associação nega, argumentando que, desde o início do ano, há discussões com o governo para tentar melhorar a competitividade da indústria automobilística nacional. Em coletiva, o presidente da **Anfavea, Cledorvino Belini, que também preside a Fiat, negou que tenha havido lobby das grandes empresas do setor. Segundo ele, a decisão foi motivada pelo impacto negativo que a importação de veículos tem causado na balança comercial.**

Fosse essa a razão, o aumento do IPI nem assim se justificaria. **O déficit provocado pela importação de peças e veículos, que chegou a 20 bilhões de dólares no acumulado de janeiro a agosto, está bem próximo do saldo negativo da balança comercial da indústria química, que chegou a 18 bilhões de dólares no mesmo período. Já no caso dos eletroeletrônicos, esse número é de 14 bilhões de dólares até agosto, segundo dados do Ministério do Desenvolvimento**. Neste último caso, inclusive, em vez de colocar barreiras aos importados, o governo dá até incentivos. Tanto que o Banco Nacional de Desenvolvimento Social e Econômico (BNDES) irá ajudar a financiar a nova fábrica da taiwanesa *Foxconn* no Brasil, a qual produzirá os tablets da Apple apenas com componentes importados. Por fim, a balança comercial - que é administrada pelo Ministério de Desenvolvimento - está fora da área de competência da Fazenda. Já a inflação que beira ao descontrole, apesar de ser da alçada do Banco Central, está bem mais próxima de Mantega. Passam ao largo de seus projetos, no entanto, medidas para baixar a elevada carga tributária, que penaliza o empresário que quer expandir oferta no país, ou mudar o perfil gastador do estado, que tanto pressiona os preços.

Plano interrompido - Desde que as montadoras asiáticas, como *Hyundai*, *Kia* e *JAC*, começaram a ganhar corpo no mercado nacional, o governo tem buscado saídas para melhorar a competitividade daquelas já instaladas no país. Os debates entre a indústria e o Planalto resultaram em um plano de

estímulo à competitividade anunciado em 2010, que já previa, inclusive, um corte no redutor de 40% do imposto de importação de autopeças - beneficiando, assim, os fornecedores nacionais. Tal plano foi anunciado pelo então ministro, Miguel Jorge, e por Guido Mantega. Neste ano, veio a Medida Provisória nº 540, que previa a redução do IPI para montadoras nacionais. "É preciso entender que o país necessita de um aumento de competitividade. Medidas protecionistas geram resultados de curto prazo e não aumentam a eficiência do setor", afirma o consultor e ex-secretário de Comércio Exterior, Welber Barral.

Ocorre que **o governo não quis abrir mão dos tributos e utilizou o decreto da semana passada para faturar em cima do contribuinte: limitou a concorrência; reduziu as opções do consumidor, sobretudo da classe média; e deteriorou a imagem do país junto a investidores estrangeiros, mostrando sinais de ingerência política e insegurança jurídica.**

http://veja.abril.com.br/noticia/economia/o-monstrengo-do-ipi--tem-pai-guido-mantega (com adaptações).

O Texto Descritivo

Por meio da focalização momentânea em algum ser ou objeto (ou ainda em um lapso temporal), é possível registrar características externas ou internas daquilo que se objetiva descrever. Se você precisa dizer como alguma coisa é, use o texto descritivo. Não vá pensando que não pode haver descrição em outras sequências textuais (narração, dissertação etc.), mas não podemos confundir os conceitos.

Ao passo que o texto narrativo busca sequenciar ações, o texto descritivo pode evidenciar particularidades de momentos, bem como particularidades de objetos seres etc., sem esquecer que o que vale para o julgamento do gênero textual é o critério da predominância, ou seja, o seu texto deve possuir, predominantemente, as características descritivas, para ser um texto descritivo.

→ **Tipos de descrição:**

a) Descrição de lugar, espaço ou ambiente;
  > Interna ou externa;
b) Descrição de pessoa;
  > Física ou psicológica
c) Descrição de objeto
  > Aspectos estruturais

01. Descrição objetiva (O que se vê)

A focalização, aqui, objetiva uma descrição impassível, ou seja, sem mencionar os sentidos que se podem despertar no autor quando observa aquilo que está escrevendo.

02. Descrição subjetiva (O que se sente)

A focalização, aqui, objetiva uma descrição repleta de sentimento, ou seja, quando o autor do texto observa o que está descrevendo, emoções surgem e passam a ser complemento dessa descrição.

O Texto Narrativo

Sucintamente, narrar significa sequenciar ações, ou seja, encadeá-las de modo que progridam de forma coerente e inteligível para o leitor. É claro que o texto narrativo não é o mais simples de ser escrito, a despeito de utilizarmos estratégias narrativas em muitos momentos do nosso dia. "Contar" uma "estória" carece de uma série de aspectos e elementos, os quais, justamente por serem inerentes à narração, não podem ser esquecidos ou deixados de lado. Isto é, o texto narrativo possui elementos de progressão e operadores textuais que nos permitem compreender o princípio de encadeamento das situações narradas. É o que passaremos a estudar.

→ **Elementos de progressão narrativa**

Embora a teoria possa elencar outros elementos, eis os mais relevantes para o concursando:

a) Apresentação:

Também identificada como "situação inicial" é o momento em que ocorre a introdução de personagens, preparação para a ação que será abordada. Há, nesse momento, a possibilidade de se fazer a descrição do local da ação. Para uma redação de concurso, não é interessante fazer uma apresentação muito extensa.

b) Conflito:

É o "problema" da narrativa, ou seja, é aquilo que motiva a ação do texto.

c) Nó:

É a complicação do problema inicial da narrativa. Quer dizer, aquilo que motiva a tensão do texto a ficar ainda maior.

d) Clímax:

É o ponto alto da narrativa, o momento máximo da estória. Para ficar mais claro, o clímax é a ação final que há de gerar o desfecho do texto.

e) Desfecho:

Também chamado de conclusão ou resolução, consiste no encerramento da ação da narrativa, apresentando um final fechado (claro, sabe-se o que ocorre) ou aberto (obscuro, não se tem certeza do que ocorreu). Para o concurso público, o candidato deve preferir os finais fechados.

Operadores do Texto Narrativo

São operadores (termos que compõem) do texto narrativo:

a) Narrador: Quem conta.
c) Tempo: Quando ocorre.
e) Espaço: Onde ocorre.
g) Personagens: Quem pratica as ações.

Comentário sobre cada Operador

→ **Narrador**:

> Para não nos delongarmos em um sem-número de classificações, vamos explicar o narrador partindo da ideia de foco narrativo.

a) Autodiegético:

É o foco em que o narrador conta algo de que participou como personagem principal, como protagonista. Conta a própria história.

b) Homodiegético:

É o foco em que o narrador conta algo de que participou, mas não como personagem principal, e sim como um tipo de elemento secundário à ação.

c) Heterodiegético:

É foco em que o narrador conta algo de que não participou, podendo conhecer todos os eventos ou mesmo uma parte deles (aquilo que conta).

→ **Tempo**:

> Esse é o "quando" da narrativa.

a) Cronológico:

É o tempo marcado por uma sequência lógica de datas (dias, meses, anos). O tempo cronológico também pode ser dado em uma sequência de horas ou minutos.

b) Psicológico:

É o tempo sem marcação lógica, ou seja, as fronteiras que são determinadas na cronologia, desaparecem nessa estratégia narrativa.

c) Da narrativa:

Apesar de não haver marcação temporal clara nessa estratégia de composição, o leitor conhece que a ação progride por meio da análise dos tempos verbais ou de palavras como: depois disso, de repente, então, posteriormente, etc.

O concursando deve, sempre, optar pelo tempo cronológico, pois é mais simples de ser inserido.

→ **Espaço:**

> Esse é o "onde" da narrativa.

a) Aberto:

Não ocorre a ação em apenas um lugar, os personagens podem circular em vários locais distintos. Isso é mais facilmente verificado em narrativas mais longas.

b) Fechado:

A ação é narrada em apenas um cenário, não há troca de cenários ou ambientes. Isso é comum em narrativas mais breves.

→ **Personagens**:

> São os envolvidos na ação do texto. Utilizando uma divisão simplista, temos:

a) Protagonista: o personagem principal da ação. O herói ou com quem se passa a maior parte dos eventos narrados.

b) Antagonista: não possui presença obrigatória. É definido como quem se opõe ao protagonista da ação.

c) Adjuvantes: também não possuem presença obrigatória. São definidos como os secundários, aqueles que figuram ação que não são, necessariamente, as principais.

É salutar, em uma prova de concurso, não utilizarmos personagens em demasia. Os diálogos serão indispensáveis apenas quando a banca solicitar.

Exemplo de Texto Narrativo

> **Tudo bem filho, todo mundo faz isso**

Johnny tinha seis anos de idade e estava em companhia do pai quando este foi flagrado ao dirigir em excesso de velocidade. O pai entregou ao guarda, junto à sua carteira de motorista, uma nota de vinte dólares. "Está tudo bem, filho", disse ele quando voltaram à estrada. "Todo mundo faz isso!"

Quando Johnny tinha oito anos, deixaram que assistisse a uma reunião de família, dirigida pelo tio George, a respeito das maneiras mais seguras de sonegar o imposto de renda. "Está tudo bem, garoto", disse o tio. "Todo mundo faz isso!"

Aos nove anos, a mãe levou-o, pela primeira vez, ao teatro. O bilheteiro não conseguia arranjar lugares até que a mãe de Johnny lhe deu, por fora, cinco dólares. "Tudo bem, filho", disse ela. "Todo mundo faz isso!"

Aos dezesseis anos, Johnny arranjou seu primeiro emprego. Nas férias de verão, trabalhou em um supermercado. Seu trabalho: pôr os morangos maduros demais no fundo das caixas e os bons em cima, para ludibriar o freguês. "Tudo bem, garoto", disse o gerente. "Todo mundo faz isso!"

Quando Johnny tinha 19 anos, um dos colegas mais adiantados lhe ofereceu, por cinquenta dólares, as questões que iam cair na prova. " Tudo bem garoto", disse ele. "Todo mundo faz isso!"

Flagrado colando, Johnny foi expulso da sala e voltou para casa com o rabo entre as pernas. "Como você pôde fazer isso com sua mãe e comigo?", disse o pai. "Você nunca aprendeu estas coisas em casa!". Se há uma coisa que o mundo adulto não pode tolerar é um garoto que cola nos exames...

http://pcdec.sites.uol.com.br/tudobemfilho.htm

Anotações

ÍNDICE

CAPÍTULO 01

Ato Conjunto CSJT. TST.GP nº 24/2014

Art. 1º *Instituir a Política Nacional de Responsabilidade Socioambiental da Justiça do Trabalho (PNRSJT), que estabelece princípios, objetivos, instrumentos e diretrizes a serem observados na formulação de políticas próprias do Conselho Superior da Justiça do Trabalho (CSJT), do Tribunal Superior do Trabalho (TST) e dos Tribunais Regionais do Trabalho (TRTs).*

Parágrafo único. *As políticas próprias do CSJT e dos Tribunais consistem nas estratégias internas para viabilizar a estrutura organizacional e os instrumentos da responsabilidade socioambiental, assim como nas iniciativas que serão elaboradas com base nas diretrizes da Política Nacional.*

Art. 2º *As políticas do CSJT e dos Tribunais devem ser aprovadas pelos respectivos Presidentes, integrar a estratégia organizacional e ser consideradas na implementação das atividades da organização.*

Art. 3º *As políticas de cada órgão serão definidas com ampla participação de magistrados, servidores e, quando for o caso, estagiários, prestadores de serviços, público externo e demais partes interessadas.*

Art. 4º *Os Tribunais devem elaborar suas políticas de acordo com a metodologia e o cronograma constantes do Anexo B.*

Art. 5º *As revisões e atualizações dos Planejamentos Estratégicos dos Tribunais e do CSJT devem contemplar as respectivas políticas socioambientais.*

Das Definições

Art. 6º *Para os efeitos deste documento aplicam-se os seguintes termos e definições:*

I. *Accountability – princípio que pressupõe responsabilizar-se pelas consequências de suas ações e decisões, respondendo pelos seus impactos na sociedade, na economia e no meio ambiente, principalmente aqueles com consequências negativas significativas, prestando contas aos órgãos de governança da organização, a autoridades legais e, de modo mais amplo, às partes interessadas, declarando os seus erros e as medidas cabíveis para remediá-los;*

II. *Agente público - é todo aquele que exerce, ainda que transitoriamente ou sem remuneração, por eleição, nomeação, designação, contratação ou qualquer forma de investidura ou vínculo, mandato, cargo, emprego ou função pública;*

III. *Boas práticas – iniciativas e ações reconhecidas pela eficiência, eficácia e efetividade, revestidas de valor para os envolvidos e que possam ser replicadas;*

IV. *Comportamento ético e responsável – comportamento que esteja de acordo com os princípios de conduta moral aceitos no contexto de uma situação específica, com base nos valores de honestidade, equidade e integridade, implicando a preocupação com pessoas, animais e meio ambiente, e que seja consistente com as normas internacionais de comportamento;*

V. *Corpo funcional – magistrados e servidores da Justiça do Trabalho;*

VI. *Impacto ambiental – alteração positiva ou negativa no meio ambiente ou em algum de seus componentes por determinada ação ou atividade humana;*

VII. *Meio ambiente - conjunto de condições, leis, influências e interações de ordem física, química e biológica, que permite, abriga e rege a vida em todas as suas formas;*

VIII. *Organizações comunitárias locais – conjunto de pessoas de uma determinada região que empreendem esforços para obtenção de melhorias para a comunidade, em parceria ou não com o Estado e/ou outros atores sociais. Essas organizações comunitárias podem ser formais ou informais;*

IX. *Partes interessadas – pessoa ou grupo que tem interesse nas decisões e atividades da organização ou por ela possa ser afetada. A parte interessada pode também ser chamada de stakeholder;*

X. *Práticas leais de operação - conduta ética no relacionamento dos órgãos da Justiça do Trabalho com outras organizações, como órgãos públicos, parceiros, fornecedores de bens e serviços e outras organizações com as quais interagem;*

XI. *Práticas internas de trabalho – compreende as políticas e práticas de trabalho realizadas dentro, para e em nome da organização, por magistrados, servidores e demais agentes públicos;*

XII. *Responsabilidade socioambiental – responsabilidade de uma organização pelos impactos de suas decisões e atividades na sociedade e no meio ambiente, por meio de um comportamento ético e transparente, que:*

a) *contribua para o desenvolvimento sustentável, inclusive a saúde e bem estar da sociedade;*

b) *leve em consideração as expectativas das partes interessadas e os interesses difusos e coletivos;*

c) *esteja em conformidade com a legislação aplicável e seja consistente com as normas internacionais de direito humanos, direitos sociais, proteção ao trabalho e de comportamento;*

d) *esteja integrada em toda a organização e seja praticada em suas relações;*

XIII. *Sustentabilidade – interação do ser humano com o planeta que considere a manutenção da capacidade da Terra de suportar a vida em toda a sua diversidade e não comprometa a satisfação das necessidadesde populações presentes e futuras. Essa interação inclui objetivos de qualidade de vida, justiça e participação social;*

XIV. *Trabalho Decente - o Trabalho Decente é o ponto de convergência dos quatro objetivos estratégicos da OIT: respeito aos direitos no trabalho (em especial aqueles definidos como fundamentais pela Declaração Relativa aos Direitos e Princípios Fundamentais no Trabalho e seu seguimento adotada em 1998: (i) liberdade sindical e reconhecimento efetivo do direito de negociação coletiva; (ii) eliminação de todas as formas de trabalho forçado; (iii) abolição efetiva do trabalho infantil; (iv) eliminação* de todas as formas de discriminação em matéria de emprego e ocupação), a promoção do emprego produtivo e de qualidade, a extensão da proteção social e o fortalecimento do diálogo social;

XV. Trabalho voluntário – atividade não remunerada realizada por pessoa física, sem vínculo empregatício, para entidade pública de qualquer natureza ou para instituição privada sem fins lucrativos, que tenha objetivos cívicos, culturais, educacionais, de inclusão social, de fortalecimento da cidadania, científicos, recreativos ou de assistência social, inclusive mutualidade;

XVI. Transparência – franqueza sobre decisões e atividades que afetam a sociedade, a economia, e o meio ambiente, assim como a disposição de comunicá-las de forma clara, precisa, acessível, tempestiva, honesta e completa;

XVII. Usuário – indivíduo, profissional ou organização que utiliza os serviços da Justiça do Trabalho.

Dos Princípios

Art. 7º Na elaboração das Políticas, bem como nas atividades dos órgãos, deverão ser considerados os seguintes princípios da PNRSJT:

I. Sustentabilidade;

II. Compromisso com o trabalho decente;

III. Accountability;

IV. Transparência;

V. Comportamento ético;

VI. Respeito aos interesses das partes interessadas (stakholders); VII – Respeito pelo Estado Democrático de Direito;

VII. Respeito às Normas Internacionais de Comportamento;

VIII. Respeito pelos Direitos Humanos.

Dos Objetivos

Art. 8º São objetivos da PNRSJT:

I. Estabelecer instrumentos e diretrizes de responsabilidade socioambiental;

II. Promover a integração e a efetividade das ações de responsabilidade socioambiental;

III. Promover o valor social do trabalho e a dignificação do trabalhador;

IV. Promover a gestão eficiente e eficaz dos recursos sociais, ambientais e econômicos;

V. Contribuir para o fortalecimento das políticas públicas voltadas para o desenvolvimento sustentável.

Da Estrutura Organizacional

Art. 9º O Conselho Superior da Justiça do Trabalho, o Tribunal Superior do Trabalho e os Tribunais Regionais do Trabalho devem possuir unidade de Gestão Socioambiental que tenha como atribuição propor, coordenar, planejar, organizar, assessorar, supervisionar e apoiar as atividades do órgão, a fim de promover a integração e a efetividade da responsabilidade socioambiental.

I. A unidade de Gestão Socioambiental será vinculada, preferencialmente, à Secretaria Geral da Presidência ou à Diretoria-Geral; II – A unidade de Gestão Socioambiental deve ter estrutura que assegure o desempenho de suas atribuições.

Art. 10. Os Tribunais devem manter Comissão com formação multissetorial, à qual caberá acompanhar e dar suporte à unidade de Gestão

Socioambiental no planejamento das ações e na proposição de projetos socioambientais.

Art. 11. Os Tribunais designarão agentes multiplicadores, voluntários, em cada uma das unidades de apoio administrativo e judiciário, que terão a atribuição de estimular o comportamento proativo e zelar pelas práticas socioambientais em seus locais de trabalho.

Parágrafo único. Recomenda-se que os Tribunais incluam em suas políticas internas mecanismos de capacitação, incentivo e apoio ao desempenho dos agentes multiplicadores.

Dos Instrumentos de Implementação e Monitoramento

Art. 12. São instrumentos de implementação e monitoramento da PNRSJT:

I. Capacitação;

II. Comunicação;

III. Encontro anual;

IV. Relatório anual;

V. Comitê Gestor.

Art. 13. O CSJT, o TST e os TRTs devem inserir o tema da responsabilidade socioambiental em seus programas de capacitação para magistrados e servidores, a fim de desenvolver conhecimentos, habilidades e atitudes em consonância com os princípios e diretrizes desta Política.

Art. 14. As áreas de comunicação do CSJT, do TST e dos TRTs deverão incluir a responsabilidade socioambiental e as ações a ela vinculadas em seu plano de comunicação.

Art. 15. SerTá realizado anualmente o encontro de responsabilidade socioambiental da Justiça do Trabalho com os seguintes objetivos:

I. Proporcionar maior participação de magistrados e servidores, a fim de que a Política tenha maior alcance;

II. Compartilhar experiências que aprimorem as atuações dos Tribunais e sirvam de subsídios para a atualização da Política; III - Promover a corresponsabilidade e a descentralização do debate sobre o tema.

Art. 16. O CSJT publicará, anualmente, o Relatório de Responsabilidade Socioambiental da Justiça do Trabalho, com base nos relatórios apresentados pelos Tribunais.

Parágrafo único. O CSJT orientará os Tribunais quanto à metodologia de construção dos relatórios.

Art. 17. Será instituído Comitê Gestor da PNRSJT com as seguintes atribuições:

I. Revisar e atualizar a PNRSJT;

II. Manter atualizado o Banco de Boas Práticas da Justiça do Trabalho com as informações referentes à responsabilidade socioambiental da Justiça do Trabalho;

III. Organizar os Encontros Anuais de Responsabilidade Socioambiental da Justiça do Trabalho.

Das Diretrizes

Art. 18. São eixos de atuação da PNRSJT:

I. Direitos Humanos;

II. Práticas internas de trabalho; III - Meio ambiente;

III. Práticas leais de operação;

IV. Questões relativas ao usuário-cidadão;

V. Envolvimento e desenvolvimento da comunidade.

Art. 19. Para a implementação das diretrizes desta Política, os órgãos da Justiça do Trabalho devem adotar a due diligence, ou seja, ser proativos no sentido de identificar impactos negativos reais e potenciais de suas decisões e atividades.

Direitos Humanos

Art. 20. O Tribunal Superior do Trabalho, os Tribunais Regionais do Trabalho e, no que couber, o Conselho Superior da Justiça do Trabalho, na elaboração de suas políticas próprias, devem atender às seguintes diretrizes em direitos humanos:

I. Promover o respeito à diversidade e à equidade, de forma a combater a discriminação que se baseie em preconceito e envolva distinção, exclusão e preferência que tenham o efeito de anular a igualdade de tratamento ou oportunidades;

II. Garantir a acessibilidade às pessoas com deficiência ou com mobilidade reduzida em todas as suas instalações, serviços e processos;

III. Contribuir para a erradicação do trabalho infantil e para proteger o adolescente do trabalho ilegal;

IV. Contribuir para a eliminação de todas as formas de trabalho forçado ou compulsório.

Práticas Internas de Trabalho

Art. 21. O Tribunal Superior do Trabalho, os Tribunais Regionais do Trabalho e, no que couber, o Conselho Superior da Justiça do Trabalho, na elaboração de suas políticas próprias, devem garantir a melhoria efetiva da qualidade de vida no trabalho, atendendo às seguintes diretrizes em práticas internas de trabalho:

I. Promover a saúde ocupacional e prevenir riscos e doenças relacionados ao trabalho;

II. Valorizar o corpo funcional, promovendo o seu desenvolvimento pessoal e de suas competências profissionais de forma equânime; III - Estabelecer critérios objetivos para lotação e ocupação de funções com base nas competências do servidor;

III. Prevenir e coibir o assédio moral e sexual, garantindo relações de trabalho nas quais predominem a dignidade, o respeito e os direitos do cidadão;

IV. Proporcionar condições de trabalho que permitam equilíbrio entre trabalho e vida pessoal;

V. Fornecer aos magistrados e servidores, de forma acessível, clara, compreensível e antecipada, todas as informações sobre os atos administrativos que possam afetá-los.

Meio Ambiente

Art. 22. O Tribunal Superior do Trabalho, os Tribunais Regionais do Trabalho e, no que couber, o Conselho Superior da Justiça do Trabalho, na elaboração de suas políticas próprias, devem atender às seguintes diretrizes em meio ambiente:

I. Identificar riscos, potenciais e efetivos, e promover ações que objetivem evitar e mitigar impactos ambientais negativos, provocados por suas atividades;

II. Realizar contratações de bens e serviços que atendam a critérios e práticas de sustentabilidade;

III. Construir, reformar e manutenir as edificações atendendo a critérios e práticas de sustentabilidade;

IV. Elaborar plano de gerenciamento de resíduos sólidos em conformidade com a Política Nacional dos Resíduos Sólidos;

V. Promover a gestão sustentável dos recursos naturais, mediante redução do consumo, uso eficiente de insumos e materiais, bem como minimizar a geração de resíduos e poluentes;

VI. Promover práticas que incentivem o transporte compartilhado, não motorizado ou não poluente, disponibilizando estrutura adequada, conforme o caso.

Art. 17. Será instituído Comitê Gestor da PNRSJT com as seguintes atribuições:

I. Revisar e atualizar a PNRSJT;

II. Manter atualizado o Banco de Boas Práticas da Justiça do Trabalho com as informações referentes à responsabilidade socioambiental da Justiça do Trabalho;

III. Organizar os Encontros Anuais de Responsabilidade Socioambiental da Justiça do Trabalho.

Das Diretrizes

Art. 18. São eixos de atuação da PNRSJT:

I. Direitos Humanos;

II. Práticas internas de trabalho;

III. Meio ambiente;

IV. Práticas leais de operação;

V. Questões relativas ao usuário-cidadão;

VI. Envolvimento e desenvolvimento da comunidade.

Art. 19. Para a implementação das diretrizes desta Política, os órgãos da Justiça do Trabalho devem adotar a due diligence, ou seja, ser proativos no sentido de identificar impactos negativos reais e potenciais de suas decisões e atividades.

Direitos Humanos

Art. 20. O Tribunal Superior do Trabalho, os Tribunais Regionais do Trabalho e, no que couber, o Conselho Superior da Justiça do Trabalho, na elaboração de suas políticas próprias, devem atender às seguintes diretrizes em direitos humanos:

I. Promover o respeito à diversidade e à equidade, de forma a combater a discriminação que se baseie em preconceito e envolva distinção, exclusão e preferência que tenham o efeito de anular a igualdade de tratamento ou oportunidades;

II. Garantir a acessibilidade às pessoas com deficiência ou com mobilidade reduzida em todas as suas instalações, serviços e processos;

III. Contribuir para a erradicação do trabalho infantil e para proteger o adolescente do trabalho ilegal;

IV. Contribuir para a eliminação de todas as formas de trabalho forçado ou compulsório.

Práticas Internas de Trabalho

Art. 21. O Tribunal Superior do Trabalho, os Tribunais Regionais do Trabalho e, no que couber, o Conselho

Superior da Justiça do Trabalho, na elaboração de suas políticas próprias, devem garantir a melhoria efetiva da qualidade de vida no trabalho, atendendo às seguintes diretrizes em práticas internas de trabalho:

I. *Promover a saúde ocupacional e prevenir riscos e doenças relacionados ao trabalho;*

II. *Valorizar o corpo funcional, promovendo o seu desenvolvimento pessoal e de suas competências profissionais de forma equânime;*

III. *Estabelecer critérios objetivos para lotação e ocupação de funções com base nas competências do servidor;*

IV. *Prevenir e coibir o assédio moral e sexual, garantindo relações de trabalho nas quais predominem a dignidade, o respeito e os direitos do cidadão;*

V. *Proporcionar condições de trabalho que permitam equilíbrio entre trabalho e vida pessoal;*

VI. *Fornecer aos magistrados e servidores, de forma acessível, clara, compreensível e antecipada, todas as informações sobre os atos administrativos que possam afetá-los.*

Meio Ambiente

Art. 22. *O Tribunal Superior do Trabalho, os Tribunais Regionais do Trabalho e, no que couber, o Conselho Superior da Justiça do Trabalho, na elaboração de suas políticas próprias, devem atender às seguintes diretrizes em meio ambiente:*

I. *Identificar riscos, potenciais e efetivos, e promover ações que objetivem evitar e mitigar impactos ambientais negativos, provocados por suas atividades;*

II. *Realizar contratações de bens e serviços que atendam a critérios e práticas de sustentabilidade;*

III. *Construir, reformar e manutenir as edificações atendendo a critérios e práticas de sustentabilidade;*

IV. *Elaborar plano de gerenciamento de resíduos sólidos em conformidade com a Política Nacional dos Resíduos Sólidos;*

V. *Promover a gestão sustentável dos recursos naturais, mediante redução do consumo, uso eficiente de insumos e materiais, bem como minimizar a geração de resíduos e poluentes;*

VI. *Promover práticas que incentivem o transporte compartilhado, não motorizado ou não poluente, disponibilizando estrutura adequada, conforme o caso.*

Práticas Legais de Operação

Art. 23. *O Tribunal Superior do Trabalho, os Tribunais Regionais do Trabalho e, no que couber, o Conselho Superior da Justiça do Trabalho, na elaboração de suas políticas próprias, devem atender às seguintes diretrizes em Práticas Leais de Operação:*

I. *Combater a corrupção e a improbidade administrativa mediante a identificação dos riscos, o fortalecimento de instrumentos que eliminem tais práticas e a conscientização de magistrados, servidores, empresas terceirizadas e fornecedores;*

II. *Fortalecer os canais de comunicação para denúncia de práticas e tratamento antiético e injusto, que permitam o acompanhamento do caso sem medo de represálias;*

III. *Promover a conscientização de magistrados e servidores acerca do comportamento ético e responsável nas relações institucionais, no envolvimento político e na solução de conflitos de interesse;*

IV. *Exercer e proteger o direito de propriedade intelectual e física, levando em consideração as expectativas da sociedade, os direitos humanos e as necessidades básicas do indivíduo.*

Questões Relativas ao Usuário

Art. 24. *O Tribunal Superior do Trabalho, os Tribunais Regionais do Trabalho e, no que couber, o Conselho Superior da Justiça do Trabalho, na elaboração de suas políticas próprias, devem atender às seguintes diretrizes em questões relativas ao usuário-cidadão:*

I. *Manter canais de comunicação transparentes, permanentes e estruturados para estabelecer diálogo amplo com o usuário da Justiça do Trabalho;*

II. *Fortalecer as ouvidorias, proporcionando-lhes os meios adequados para a realização de sua missão de contribuir com o aprimoramento da Justiça do Trabalho;*

III. *Proporcionar à sociedade, em especial a trabalhadores e empregadores, informações e orientações sobre os direitos e deveres fundamentais da relação de trabalho.*

Envolvimento e Desenvolvimento da Comunidade

Art. 25. *O Tribunal Superior do Trabalho, os Tribunais Regionais do Trabalho e, no que couber, o Conselho Superior da Justiça do Trabalho, na elaboração de suas políticas próprias, devem estabelecer ações junto à comunidade, considerando as seguintes diretrizes:*

I. *Identificar oportunidades de atuar positivamente nas dimensões social, ambiental, cultural e econômica;*

II. *Alinhar-se às políticas públicas existentes e às ações desenvolvidas por organizações comunitárias locais;*

III. *Dialogar com as organizações comunitárias locais ou grupos de pessoas acerca das ações a serem implantadas; IV - Estimular e apoiar o trabalho voluntário do seu corpo funcional, quando for o caso.*

Art. 26. *Este Ato Conjunto entra em vigor na data de sua publicação.*

Anexos

Anexo A – Fundamentação Legal

Esta Política fundamenta-se nos seguintes normativos:

I. *Constituição Federal, de 05 de outubro de 1988, especialmente nos Artigos abaixo relacionados:*

a) ***Art. 1º***, *Incisos II, III e IV - Institui que o Estado Democrático de Direito tem como fundamentos a cidadania, a dignidade da pessoa humana e os valores sociais do trabalho;*

b) ***Art. 170***, *Inciso VI - Determina como princípio da ordem econômica a defesa do meio ambiente;*

c) ***Art. 225***- *Estabelece que todos têm direito ao meio ambiente ecologicamente* *equilibrado, bem de uso comum do povo e essencial à sadia qualidade de vida, impondo-se ao Poder Público e à coletividade o dever de defendê-lo e preservá-lo para as presentes e futuras gerações;*

II. *Lei n. 8.666, de 21 de junho de 1993: Art. 3o - Rege que a licitação destina-se a garantir, entre outros aspectos, a promoção do desenvolvimento nacional sustentável;*

III. *Lei n. 9.608, de 18 de fevereiro de 1998: Dispõe sobre o serviço voluntário;*

IV. *Lei n. 12.527, de 18 de novembro de 2011 - Lei de Acesso à Informações;*

V. *Lei nº 6.938, de 31 de agosto de 1981 - Política Nacional do Meio Ambiente;*

VI. *Lei nº 12.187, de 29 de dezembro de 2009 - Política Nacional sobre Mudança do Clima;*

VII. *Lei nº 12.305, de 02 de agosto de 2010 - Política Nacional de Resíduos Sólidos;*

VIII. *Norma Internacional de Responsabilidade Social - ISO 26.000;*

IX. *Norma Brasileira de Responsabilidade Social - NBR 16.001;*

X. *Diretrizes da Organização das Nações Unidas que dispõem sobre os direitos humanos e meio ambiente;*

XI. *Diretrizes da Organização Internacional do Trabalho;*

XII. *Recomendação CNJ nº 11/2007, de 22 de maio de 2007: Dispõe sobre a necessidade de proteção ao meio ambiente, bem como a instituição de comissões ambientais, para o planejamento, elaboração e acompanhamento de medidas, com fixação de metas anuais;*

XIII. *Recomendação CNJ nº 27/2009, de 16 de dezembro de 2009: Dispõe sobre medidas para remoção de barreiras físicas, arquitetônicas, de comunicação e atitudinais de modo a promover o amplo e irrestrito acesso de pessoas com deficiência;*

XIV. *Resolução CSJT nº 64/2010, de 28 de maio de 2010 - Dispõe sobre o uso da Língua Brasileira de Sinais - LIBRAS e capacitação de servidores para atendimento de pessoas surdas;*

XV. *Recomendação CSJT nº 11/2011, de 25 de maio de 2011 - Dispõe sobre inclusão de critérios de responsabilidade socioambiental, através da criação de unidade de Gestão Socioambiental, da inclusão das Comissões Permanentes de Responsabilidade Socioambiental em Regimento Interno e de inclusão do Tema nos Programas de Capacitação para fins de Adicional de Qualificação;*

XVI. *Resolução CSJT nº 141/2014, de 26 de setembro de 2014 – Estabelece as diretrizes para a realização de ações de promoção da saúde ocupacional e de prevenção de riscos e doenças relacionados ao trabalho no âmbito da Justiça do Trabalho de 1º e 2º graus;*

XVII. *Resolução CSJT nº 92/2012, de 29 de fevereiro de 2012 - Dispõe sobre implantação do modelo de Gestão de Pessoas por Competências;*

XVIII. *Resolução CSJT nº 96/2012, de 23 de março de 2012 - Dispõe sobre o Programa Nacional de Prevenção de Acidentes de Trabalho;*

XIX. *ResoluçãoCSJT nº 103/2012, de 25 de maio de 2012 - Aprova o Guia Prático para inclusão de critérios de sustentabilidade nas contratações de bens e serviços;*

XX. *Resolução CSJT nº 107/2012, de 29 de junho de 2012: Dispõe sobre o Serviço de Informações ao Cidadão no âmbito da Justiça do Trabalho;*

XXI. *Resolução CSJT nº 117/2012, de 8 de novembro de 2012: Regulamenta a prestação de serviço voluntário por magistrados e servidores;*

XXII. *Ato CSJT.GP.SG nº 419/2013, de 11 de novembro de 2013: Institui o Programa de Combate ao Trabalho Infantil;*

XXIII. *Resolução CSJT nº 131/2013, de 06 de dezembro de 2013: Reserva vagas para afrodescendentes nos contratos de prestação de serviços continuados e terceirizados.*

Anexo B - Metodologia e Cronograma

Metodologia

A Política de Responsabilidade Socioambiental de cada órgão deverá ser elaborada de forma amplamente participativa, com base nas diretrizes da Política Nacional.

São propostas 3 fases de execução e uma de avaliação e monitoramento, que deverá ser permanente:

Primeira fase: Divulgação e mobilização

Segunda fase: Construção da Política

Terceira fase: Consolidação

Quarta fase: Avaliação e monitoramento.

As ações de responsabilidade socioambiental em andamento deverão ser incorporadas à Política do órgão.

Primeira Fase: Divulgação e Mobilização

Dar conhecimento sobre a Política Nacional, seus princípios, instrumentos e diretrizes, para os magistrados, servidores, estagiários e prestadores de serviço e propiciar a discussão sobre o tema da responsabilidade socioambiental.

Dentre outras atividades, sugere-se:

I. *Divulgação: elaborar material de divulgação e didático em conjunto com a Assessoria de Comunicação Social;*

II. *Palestras: promover eventos para compartilhamento de saberes, com possibilidade de utilizar, dentre outros, o Banco de Talentos do CSJT e o Acordo de Cooperação Técnica 02/2013, celebrado entre a AGU e o CSJT, além de convidar integrantes de outros órgãos; III - Debates presenciais e virtuais: promovidos pelos órgãos e pelo CSJT.*

Segunda Fase: Construção da Política

A construção da Política de cada órgão deve ser feita por meio de oficinas participativas, com o objetivo de:

I. *Promover amplo debate sobre a Política de Responsabilidade Socioambiental, identificando as prioridades dentro de cada órgão, levando em consideração o momento da instituição.*

II. Construir coletivamente programas, projetos e ações que atendam às diretrizes da PNRSJT.

As oficinas devem ser realizadas nos Tribunais e nos Fóruns Trabalhistas, de forma a contemplar a maior participação possível de magistrados, servidores, estagiários e prestadores de serviço.

Os Tribunais poderão contar com orientação do CSJT e do Comitê Gestor para o planejamento das oficinas.

Terceira Fase: Consolidação

Devem ser realizadas plenárias nos Tribunais, com ampla participação dos envolvidos para, a partir dos resultados das oficinas, selecionar as propostas que constarão da Política e serão executadas pela instituição.

A Política de cada Tribunal será encaminhada para o CSJT e a consolidação dos resultados será apresentada no Encontro Nacional de Responsabilidade Socioambiental da Justiça do Trabalho.

Quarta Fase: Avaliação e Monitoramento

O acompanhamento da Política do órgão deverá ser feito através do relatório anual, cuja elaboração será orientada pelo CSJT. Os relatórios deverão ser disponibilizados nos sítios eletrônicos dos órgãos.

Deverá ser dado conhecimento do relatório às partes interessadas.

Os relatórios servirão de instrumento para a melhoria contínua do desempenho da responsabilidade socioambiental.

Cronograma

Período	
abril a outubro de 2015	***Primeira fase***
novembro de 2015	***Encontro Nacional de Responsabilidade Socioambiental.***
novembro de 2015 a junho de 2016	***Segunda fase***
julho a outubro de 2016	***Terceira fase***
novembro de 2016	***Encontro Nacional de Responsabilidade Socioambiental.***

Anotações

CAPÍTULO 02

Guia de Contratações Sustentáveis da Justiça do Trabalho

A iniciativa do Conselho Superior da Justiça do Trabalho de elaborar um guia para inclusão de critérios e práticas de sustentabilidade nas contratações realizadas por órgãos da Justiça do Trabalho revela-se em sintonia com o processo em curso no Brasil e no mundo, que consiste na percepção de que a forma como a humanidade vive e como tem se desenvolvido até agora não se sustentará por muito tempo, ante a constatação de que os recursos naturais presentes no planeta são em sua grande maioria finitos.

Em todo o mundo buscam-se formas mais justas e sustentáveis de existir, ou seja, padrões sustentáveis de produção e consumo, preservação dos recursos e redução das desigualdades sociais. Boa parte da comunidade científica mundial entende que "não há como viabilizar sete bilhões de pessoas, com o padrão de consumo e as aspirações do mundo contemporâneo nos limites físicos da terra".[1]

A consciência da responsabilidade de cada cidadão, das organizações em geral e, em especial, do poder público, quanto a mudanças que viabilizem a continuidade da vida no planeta, vem crescendo a cada dia, ainda que com percalços, de forma contraditória, com avanços e retrocessos, e com as dificuldades inerentes aos processos humanos. Diversos exemplos e iniciativas condizentes com a necessária transformação que nos é exigida podem ser identificados em todo o mundo: avanços na ciência e na tecnologia, na participação social, nos arcabouços normativos nacionais e internacionais, na responsabilidade social por parte das organizações, preocupação crescente com o respeito aos direitos humanos e a diversas outras iniciativas em todos os países.

O Plano de Ação para Produção e Consumo Sustentáveis (PPCS)[2], lançado em novembro de 2011 pelo Ministério do Meio Ambiente, é o documento guia das ações de governo, do setor produtivo e da sociedade que direciona o Brasil para padrões mais sustentáveis de produção e consumo, com redução da pobreza.

Em seu primeiro ciclo, de 2011 a 2014, o PPCS tem concentrado esforços em seis áreas principais, a saber: educação para o consumo sustentável; varejo e consumo sustentável; aumento da reciclagem; compras públicas sustentáveis; construções sustentáveis; e Agenda Ambiental na Administração Pública (A3P), na qual figura como um dos eixos temáticos a Licitação Sustentável. Vale ressaltar que os outros eixos temáticos da A3P – uso racional dos recursos naturais e bens públicos; gestão adequada dos resíduos gerados; qualidade de vida no ambiente de trabalho; e sensibilização e capacitação –, bem como as áreas de foco do PPCS, têm relação direta com as contratações públicas.

O governo brasileiro trabalhou no sentido de que o debate na Conferência das Nações Unidas para o Desenvolvimento Sustentável - Rio+20 girasse em torno de um compromisso global pela sustentabilidade, pela inclusão e pela erradicação da pobreza extrema no mundo. Tais propostas integraram o documento com os objetivos que o governo brasileiro definiu para compor a pauta do encontro.

Nesse sentido, o documento oficial com a posição do Brasil encaminhado à ONU enfatiza o papel do Estado como indutor e regulador do desenvolvimento sustentável:

(...) é fundamental que o Estado retome seu papel de indutor e regulador do desenvolvimento, favorecendo a adoção de práticas econômicas e processos produtivos inovadores, calcados no uso racional e na proteção dos recursos naturais e na incorporação de pessoas excluídas à economia, por meio do acesso ao emprego, ao trabalho decente e à renda. Por meio de instrumentos econômicos e políticas públicas, o Estado deve remover barreiras e criar incentivos positivos, que facilitem a adesão do setor produtivo a padrões mais sustentáveis sob as óticas econômica, ambiental e social (...). O Estado pode ainda influenciar significativamente a adoção de modelos mais sustentáveis pela forma como aufere e aplica a receita. Os instrumentos de política fiscal, associados à valoração de serviços ambientais, desempenham, nesse sentido, papel central no repertório de políticas do Estado, por meio dos quais podem ser estabelecidos estímulos positivos para a adoção de padrões mais sustentáveis em toda a cadeia produtiva (...). As compras públicas e investimentos também podem desempenhar papel nesse contexto[3].

Contratações Públicas Sustentáveis

As contratações públicas sustentáveis constituem relevante instrumento de contribuição para a reorganização da economia com novos paradigmas. No Brasil, inserem-se em um contexto de agendas nacionais que orientam as ações e as políticas para o desenvolvimento sustentável, ou seja, para uma forma de desenvolvimento que satisfaça "as necessidades atuais sem comprometer a habilidade das futuras gerações de atender suas próprias necessidades"[4].

Sob tal perspectiva, as contratações públicas sustentáveis representam a adequação da contratação ao que se chama consumo sustentável. Significa pensar a "proposta mais vantajosa para a administração" levando-se em conta não apenas o menor preço, mas o custo como um todo, considerando a manutenção da vida no planeta e o bem-estar social. Vale lembrar que os recursos naturais do país e sua biodiversidade são recursos públicos e como tal devem ser preservados.

De acordo com o Guia de Compras Públicas Sustentáveis da Fundação Getúlio Vargas, "Licitação Sustentável é uma solução para integrar considerações ambientais e sociais em todos os estágios do processo da compra e contratação dos agentes públicos (de

1 1 RESENDE, André Lara. Os limites do possível. Valor econômico, São Paulo, 20 jan. 2012. Disponível em: <http://www.valor.com.br/cultura/2491926/os-novos-limites-do-possivel>.

2 2 PPCS, disponível em <http://www.mma.gov.br/responsabilidade-socioambiental/producao-e-consumo-sustentavel/plano- nacional>

3 Documento de contribuição brasileira à Conferência Rio+20, ONU, 1º/11/2011, p. 12-13. Disponível em: <http://hotsite.mma.gov.br/rio20/wp-content/uploads/BRASIL_Rio_20_portugues.pdf>.

4 Relatório Brundtland, 1987 – "Nosso Futuro Comum" – Comissão Mundial sobre o Meio Ambiente e Desenvolvimento da ONU. Também, segundo a ABNT NBR ISO 26000, "desenvolvimento sustentável refere-se à integração de objetivos de alta qualidade de vida, saúde e prosperidade com justiça social e manutenção da capacidade da Terra de suportar a vida em toda a sua diversidade. Esses objetivos sociais, econômicos e ambientais são interdependentes e reforçam-se mutuamente. Desenvolvimento sustentável pode ser tratado como uma forma de expressar as expectativas mais amplas da sociedade como um todo".

governo) com objetivo de reduzir impactos à saúde humana, ao meio ambiente e aos direitos humanos"[5].

As compras governamentais, que no Brasil movimentam mais de 10% do PIB[6], afetam setores importantes da economia e têm um grande poder de influenciar os rumos do mercado. Cabe ao governo, como grande comprador, além de dar o exemplo, estimular uma economia "que resulta em melhoria do bem-estar humano e equidade social, ao mesmo tempo em que gera valor para a Natureza, reduzindo significativamente os impactos e riscos sociais e ambientais e a demanda sobre recursos escassos do ecossistema e da sociedade" [7].

O objetivo das licitações é, por força legal, assegurar a livre concorrência e obter o melhor produto/serviço com a proposta mais vantajosa. Quando se considera os três pilares da sustentabilidade o processo torna-se mais complexo, uma vez que, além da preocupação com a economia dos recursos financeiros, é preciso considerar também os impactos que as contratações podem causar ao meio ambiente e à sociedade. Nesse sentido, os recursos públicos precisam ser considerados de forma ampla e responsável.

Afigura-se, assim, enorme a responsabilidade do gestor público ao estabelecer as "regras do jogo" para assegurar, além da livre concorrência, o menor custo financeiro, social e ambiental, de modo a garantir que a "proposta mais vantajosa" seja realmente mais vantajosa para o conjunto da sociedade, que, em última instância, é a detentora do bem público.

Recentemente a Lei nº 12.349, de 15 de dezembro de 2010, introduziu a expressão "desenvolvimento nacional sustentável" ao caput do artigo 3º da Lei nº 8.666, de 21 de junho de 1993, o que leva à constatação de que a licitação sustentável impõe-se como um caminho inexorável. Os desafios são muitos e vão além de garantir a segurança jurídica, que já conta com consideráveis avanços, porquanto visa a alcançar, especialmente, a esfera das especificações na preparação da licitação.

Os critérios de sustentabilidade, a serem estabelecidos nos projetos básicos, projetos executivos e termos de referência, tornam todos os setores da instituição responsáveis em especificá- los, além de exigir do agente tomador de decisão, na elaboração, uma análise acurada de todos os aspectos que envolvem a contratação, tais como motivação da aquisição, características do produto ou serviço, impactos da utilização e descarte responsável.

De acordo com o referido Guia de Compras Públicas Sustentáveis da Fundação Getúlio Vargas[8], três fatores são fundamentais para a contratação: a) deve ser avaliada a real necessidade da aquisição pretendida; b) a decisão deve levar em conta as circunstâncias sob as quais o produto foi gerado, considerando os materiais de produção, as condições de transporte, entre outros; c) deve ser feita uma avaliação em relação ao seu futuro, ou seja, como o produto pretendido se comportará durante sua fase útil e após sua disposição final. Considerar os segundo e terceiro fatores significa avaliar, no caso de produtos, o seu ciclo de vida.

A escolha de produtos mais eficientes traz maior economia a médio e longo prazo, além de ser uma opção que garante um menor impacto ambiental e social. A partir de uma análise mais ampla, a condição mais vantajosa para a Administração parte não mais da comparação estrita do preço de aquisição, mas de uma avaliação mais completa do ciclo de vida do produto.

Por se tratar de um tema novo e complexo, as contratações públicas sustentáveis geram dúvidas e impasses de toda espécie, principalmente quanto à definição dos aspectos que melhor representam a sustentabilidade de determinado produto ou serviço. Por exemplo: o produto é mais sustentável por consumir menos matéria-prima, água ou energia ou por gerar menos resíduos? É mais sustentável por ser reciclável, reciclado ou mais durável? Como escolher o critério de sustentabilidade quando um implicar na redução do outro? Como escolher quando não se tem como avaliar o ciclo de vida do produto? São questões que se apresentam e merecem aprofundamento, mas que não constituem empecilho para a realização das contratações públicas sustentáveis, dentro dos critérios de legalidade e com segurança jurídica.

Este Guia não pretende esgotar todas as possibilidades de inclusão de critérios e práticas de sustentabilidade nas contratações públicas, o que seria descabido. Busca-se aqui fomentar um processo contínuo e duradouro de aperfeiçoamento.

Não se pode olvidar que a implantação do Guia requer, de um lado, disponibilidade, bom senso, conhecimento e, sobretudo, sentimento cívico por parte de todos os envolvidos no processo de contratação. Requer, de outro lado, consciência do papel do agente público, guardião da causa e da coisa pública, cujo trabalho, em prol do bem comum, traz o sentido de servir, atender, cuidar e proteger, sem jamais perder de vista, em suas atividades e decisões, que tudo o que é público pertence a todos os cidadãos, pertence a toda coletividade.

Nesse contexto, o Guia de Contratações Sustentáveis da Justiça do Trabalho tem por objetivos subsidiar, inspirar e estimular os agentes envolvidos a assumirem atitudes proativas e investigatórias, apontando caminhos com base em normas, regulamentos e boas práticas. Cuida-se de um instrumento em permanente construção. A intenção, enfim, é que o Guia estimule o surgimento de novas proposições e pesquisas, potencialize ideias, gere ações e promova a cultura da sustentabilidade no âmbito da Justiça do Trabalho.

Fundamentação Legal

A Constituição Federal de 1988 estabeleceu, no art. 170, inciso VI, como um dos princípios da ordem econômica a defesa do meio ambiente, a qual foi ampliada pela Emenda constitucional nº 42, de 19 de dezembro de 2003, ao prever a possibilidade de tratamento diferenciado conforme o impacto ambiental dos produtos

5 BIDERMAN, Rachel; MACEDO, Laura Silvia Valente de; MONZONI, Mário; MAZON, Rubens. Guia de Compras Públicas Sustentáveis – Fundação Getulio Vargas e ICLEI. Rio de Janeiro: Editora FGV, 2006. Disponível em: <http://www.gvces.com.br/arquivos/36/Guia-de-compras-publicas-sustentaveis.pdf>.

6 Segundo dados da Organização para a Cooperação e Desenvolvimento Econômico – OCDE, 2001.

7 Conceito de economia Verde in Quadro Referencial para a Economia Verde no Brasil – Vitae Civilis – Cidadania e Sustentabilidade – Disponível em:<http://vitaecivilis.org/economiaverde/index.php?option=com_zoo&task=item&item_id=387&Itemid=86

8 BIDERMAN, Rachel; MACEDO, Laura Silvia Valente de; MONZONI, Mário; MAZON, Rubens. Guia de Compras Públicas Sustentáveis – Fundação Getulio Vargas e ICLEI. Rio de Janeiro: Editora FGV, 2006. Disponível em: <http://www.gvces.com.br/arquivos/36/Guia-de-compras-publicas-sustentaveis.pdf>.

e serviços e de seus processos de elaboração e prestação.

No art. 225, caput, destaca-se o dever constitucional de o Estado preservar o meio ambiente, o que se efetiva com o uso de poder de compra. O inciso IV, a seu turno, traz a exigência de estudo prévio de impacto ambiental para toda obra ou atividade causadora de significativa degradação do meio ambiente.

Tais previsões constitucionais coadunam-se com a Política Nacional do Meio Ambiente

(PNMA), de que trata a Lei nº 6.938, de 31 de agosto de 1981, e deram origem ao art. 12 da Lei nº 8.666/93, o qual dispõe que, nos projetos básico e executivo de obras e serviços, sejam considerados vários requisitos, entre os quais o de impacto ambiental.

Outros instrumentos legais disciplinam a inclusão de critérios de sustentabilidade nas licitações e contratações públicas, tais como:

a) Lei n° 10.257, de 10 de julho de 2001, que regulamenta os arts. 182 e 183 da Constituição Federal de 1988 e estabelece diretrizes gerais da política urbana, dentre as quais a adoção de padrões de proteção e consumo de bens e serviços de expansão urbana compatíveis com os limites da sustentabilidade ambiental, social e econômica do Município e do Território sob sua área de influência (art. 2, VIII);

b) Lei nº 12.187, de 29 de dezembro de 2009, que instituiu a Política Nacional sobre Mudança de Clima (PNMC), que tem como uma de suas diretrizes o estímulo e o apoio à manutenção e à promoção de padrões sustentáveis de produção e consumo (art. 5º, XIII), e como um de seus instrumentos a adoção de critérios de preferência nas licitações e concorrências públicas para as propostas que propiciem maior economia de energia, água e outros recursos naturais e redução da emissão de gases de efeito estufa e de resíduos (art. 6º, XII);

c) Lei nº 12.305, de 2 de agosto de 2010, que institui a Política Nacional de Resíduos Sólidos (PNRS), cujo art. 7º, inciso XI, destaca como um dos objetivos a prioridade nas aquisições e contratações governamentais de produtos reciclados e recicláveis, assim como de bens, serviços e obras que considerem critérios compatíveis com padrões de consumo social e ambientalmente sustentáveis;

d) Lei nº 12.349/2010, que incluiu como finalidade da licitação a promoção do desenvolvimento nacional sustentável. Esse normativo definiu como não comprometedores ou não restritivos da competitividade das licitações vários dispositivos incluídos no art. 3º da Lei nº 8666/93 (§§5º ao 12º), muitos voltados à proteção à indústria e produção locais, dentre os quais, o §5º, que autoriza o estabelecimento de margem de preferência para produtos manufaturados e serviços nacionais que atendem a normas técnicas brasileiras;

e) Decreto nº 7.404, de 23 de dezembro de 2010, que regulamenta a Lei no 12.305/2010, que institui a PNRS, cria o Comitê Interministerial da Política Nacional de Resíduos Sólidos e o Comitê Orientador para a Implantação dos Sistemas de Logística Reversa, e dá outras providências;

f) Decreto nº 7.746, de 5 de junho de 2012, que regulamenta o art. 3º da Lei nº 8.666/93, estabelecendo critérios, práticas e diretrizes gerais de sustentabilidade nas contratações realizadas pela administração pública federal;

g) Instrução Normativa nº 1, de 19 de janeiro de 2010, da Secretaria de Logística e Tecnologia da Informação do Ministério do Planejamento, Orçamento e Gestão (SLTI/MPOG), a qual prevê expressamente que as especificações técnicas para aquisições de bens e contratações de obras e serviços deverão conter critérios ambientais nos processos de extração, fabricação, utilização e descarte de matérias-primas, sem frustrar o caráter competitivo do certame;

h) Instrução Normativa nº 10, de 12 de novembro de 2012, da SLTI/MPOG, que estabelece regras para elaboração dos Planos de Gestão de Logística Sustentável de que trata o art. 16, do Decreto nº 7.746/2012, e dá outras providências.

No caso da Instrução Normativa nº 1/2010, foi a primeira vez que se estabeleceu a observância de regras definidas pelos vários institutos de normatização e controle, a exemplo de: cumprimento de requisitos ambientais para certificação pelo Instituto Nacional de Metrologia, Qualidade e Tecnologia (Inmetro); emprego de produtos de limpeza e conservação que respeitem normas da Agência Nacional de Vigilância Sanitária (ANVISA); obediência à resolução do Conselho Nacional do Meio Ambiente (CONAMA) sobre ruídos; atendimento às normas da Associação Brasileira de Normas Técnicas (ABNT) sobre resíduos sólidos.

Outro instrumento também importante nesse processo foi a Agenda 21, documento final da Conferência Rio-92, que estabeleceu um plano de ação para o desenvolvimento sustentável, com destaque para o capítulo 4, que, ao tratar das mudanças de padrões de consumo, relacionou uma série de atividades, entre as quais o exercício da liderança por meio das aquisições pelos Governos, de modo a aperfeiçoar o aspecto ecológico de suas políticas de aquisição.

Destaque-se da Declaração do Rio sobre Meio Ambiente o Princípio 15, que traduz o Princípio da Precaução, nos seguintes termos:

Com o fim de proteger o meio ambiente, o princípio da precaução deverá ser amplamente observado pelos Estados, de acordo com suas capacidades. Quando houver ameaça de danos graves ou irreversíveis, a ausência de certeza científica absoluta não será utilizada como razão para o adiamento de medidas economicamente viáveis para prevenir a degradação ambiental[9].

O termo de adesão ao processo de Marrakech[10] firmado pelo Brasil em 2007, e que deu origem à edição, em novembro de 2011, do PPCS, que, conforme já referenciado, visa à promoção e ao apoio a padrões sustentáveis de produção e consumo e que, em seu primeiro ciclo de implementação, de 2011 a 2014, identificou como temas prioritários, entre outros, as compras e construções públicas sustentáveis.

9 Declaração do Rio sobre Meio Ambiente e Desenvolvimento - Conferência das Nações Unidas sobre Meio Ambiente e Desenvolvimento – Rio de Janeiro, de 3 a 14 de junho de 1992. Disponível em <http://www.onu.org.br/rio20/img/2012/01/rio92.pdf>.

10 Processo global de consultas e de elaboração de políticas de produção e consumo sustentável, coordenado pelas agências UNEP e UNDESA. O Processo de Marrakesh foi iniciado em 2003, como resposta ao Plano de Implementação de Johanesburgo (Cúpula Mundial sobre Desenvolvimento Sustentável/Rio+10 - 2002), e tem como foco desenvolver um conjunto de programas que apoie iniciativas regionais e nacionais para construir e apoiar padrões de Produção e Consumo Sustentáveis (PCS).

Importante referenciar o Decreto nº 2.783, de 17 de setembro de 1998, que dispõe sobre proibição de aquisição de produtos ou equipamentos que contenham ou façam uso das substâncias que destroem a camada de ozônio pelos órgãos e pelas entidades da Administração Pública Federal direta, autárquica e fundacional.

O Decreto nº 5.940, de 25 de outubro de 2006, disciplina a separação dos resíduos recicláveis descartados pelos órgãos e entidades da administração pública federal direta e indireta, na fonte geradora, e a sua destinação às associações e cooperativas dos catadores de materiais recicláveis.

O Decreto nº 99.658, de 30 de outubro de 1990, regulamenta o reaproveitamento, a movimentação, a alienação e outras formas de desfazimento de material.

Cite-se ainda: Decreto n° 99.280, de 6 de junho de 1990, que promulga a Convenção de Viena para a Proteção da Camada de Ozônio e o Protocolo de Montreal sobre Substâncias que Destroem a Camada de Ozônio; Decreto n° 2.652, de 1° de julho de 1998, que promulga a Convenção-Quadro das Nações Unidas sobre Mudança do Clima, assinada em Nova York, em 9 de maio de 1992; Decreto nº 5.208, de 17 de setembro de 2004, que promulga o Acordo-Quadro sobre Meio Ambiente do MERCOSUL; Decreto nº 5.445, de 12 de maio de 2005, que promulga o Protocolo de Quioto à Convenção-Quadro das Nações Unidas sobre Mudança do Clima; Decreto nº 7.390, de 9 de dezembro de 2010, que regulamenta os arts. 6º, 11 e 12 da Lei n° 12.187/2009, que institui a Política Nacional sobre Mudança do Clima (PNMC).

Diretrizes

Nas licitações e demais formas de contratação promovidas pela Justiça do Trabalho, bem como no desenvolvimento das atividades, de forma geral, devem ser observadas as seguintes diretrizes:

a) Preferência por produtos de baixo impacto ambiental[11];

b) Não geração, redução, reutilização, reciclagem e tratamento dos resíduos sólidos, bem como disposição final ambientalmente adequada dos rejeitos (Lei 12.305/2010);

c) Preferência para produtos reciclados e recicláveis, bem como para bens, serviços e obras que considerem critérios compatíveis com padrões de consumo social e ambientalmente sustentáveis (Lei 12.305/2010);

d) Aquisição de produtos e equipamentos duráveis, reparáveis e que possam ser aperfeiçoados (Portaria MMA 61/2008);

e) Opção gradativa por produtos mais sustentáveis, com estabelecimento de metas crescentes de aquisição, observando-se a viabilidade econômica e a oferta no mercado, com razoabilidade e proporcionalidade;

f) Adoção de procedimentos racionais quando da tomada de decisão de consumo, observando- se a necessidade, oportunidade e economicidade dos produtos a serem adquiridos (Portaria MMA 61/2008);

g) Estabelecimento de margem de preferência para produtos manufaturados e serviços nacionais que atendam às normas técnicas brasileiras, em observância a Lei nº 12.349/2010;

h) Preferência, nas aquisições e locações de imóveis, àqueles que atendam aos requisitos de sustentabilidade e acessibilidade, de forma a assegurar o direito de ir e vir das pessoas com deficiência e com mobilidade reduzida;

i) Observância às normas técnicas, elaboradas pela ABNT, nos termos da Lei nº 4.150, de 21 de novembro de 1962, para aferição e garantia da aplicação dos requisitos mínimos de qualidade, utilidade, resistência e segurança dos materiais utilizados;

j) Conformidade dos produtos, insumos e serviços com os regulamentos técnicos pertinentes em vigor expedidos pelo Inmetro de forma a assegurar aspectos relativos à saúde, à segurança, ao meio ambiente, ou à proteção do consumidor e da concorrência justa (Lei nº 9.933, de 20 de dezembro de 1999).

As resoluções emitidas pelo Conselho Nacional de Justiça (CNJ) e pelo Conselho Superior da Justiça do Trabalho (CSJT), que disponham sobre assuntos vinculados com a sustentabilidade, tais como: responsabilidade social, preservação de direitos trabalhistas de empregados de empresas terceirizadas, reinserção social, direitos humanos, saúde e segurança do trabalho, deverão ser observadas concomitantemente sempre que necessárias e aplicáveis às contratações.

No Planejamento Estratégico Institucional (PEI), no Planejamento Estratégico da Tecnologia de Informação e Comunicação (PETIC), no Plano Diretor e de Tecnologia de Informação e Comunicação (PDTIC) e no Plano de Obras, elaborados pelos órgãos da Justiça do Trabalho, devem ser estabelecidos indicadores e metas que prevejam a adoção de novas tecnologias e contenham os atributos de durabilidade, eficiência energética, redução no uso de insumos, utilização de fontes renováveis de energia, diretrizes de sustentabilidade, entre outras.

Critérios e Práticas de Sustentabilidade

a) Os critérios de sustentabilidade devem ser objetivamente definidos e veiculados como especificação técnica do objeto[12].

b) As práticas de sustentabilidade devem ser objetivamente definidas e veiculadas como obrigação da contratada[13].

11 Definição de impacto ambiental, segundo a Resolução CONAMA 01/86: Artigo 1º - "Para efeito desta Resolução, considera-se impacto ambiental qualquer alteração das propriedades físicas, químicas e biológicas do meio ambiente, causada por qualquer forma de matéria ou energia resultante das atividades humanas que, direta ou indiretamente, afetam:
I - a saúde, a segurança e o bem-estar da população;
II - as atividades sociais e econômicas; III - a biota;
IV - as condições estéticas e sanitárias do meio ambiente; V - a qualidade dos recursos ambientais."
Uma referência para avaliação do impacto ambiental de um produto é a análise ambiental do ciclo de vida. É uma ferramenta que permite a quantificação das emissões ambientais ou a análise do impacto ambiental de um produto, sistema ou processo. Essa análise é feita sobre toda a "vida" do produto ou processo, desde o seu início (por exemplo, desde a extração das matérias-primas no caso de um produto) até o final da vida (quando o produto deixa de ter uso e é descartado como resíduo), passando por todas as etapas intermediárias (manufatura, transporte, uso). Na dificuldade de realizar a avaliação do ciclo de vida, é possível levar-se em consideração alguns critérios, por meio de pesquisas, relativos às fases dos processos.

12 Nos termos do art.3ª do Decreto Nº 7.746/2012.

13 13 Nos termos do art.3ª do Decreto Nº 7.746/2012.

Aquisição de Bens

a) A comprovação dos critérios de sustentabilidade contidos no instrumento convocatório poderá ser feita mediante certificação emitida por instituição pública oficial, ou por instituição acreditada, ou por qualquer outro meio definido no instrumento convocatório[14]. Além da certificação, podem ser utilizados, isolada ou combinadamente, os seguintes mecanismos de avaliação da conformidade disponíveis no Sistema Brasileiro de Avaliação da Conformidade (SBAC): a declaração pelo fornecedor, a etiquetagem, a inspeção e o ensaio.

b) Deve ser dada preferência à aquisição de produtos constituídos no todo ou em parte por materiais reciclados, atóxicos, biodegradáveis, conforme ABNT NBR – 15.448-1 e 15.448-2[15].

c) Os produtos devem ser acondicionados em embalagens recicladas ou recicláveis, preferencialmente de papelão ou de plástico à base de etanol de cana-de-açúcar.

Material de Expediente e de Gráfica

As aquisições de produtos oriundos da madeira devem observar os critérios da rastreabilidade e da origem dos insumos de madeira a partir de fontes de manejo sustentável em conformidade com a norma ABNT NBR 14790:2011, utilizada pelo Cerflor[16], ou com o padrão FSC-STD-40- 004 V2-1. A comprovação da conformidade deve ser feita por meio do Certificado de Cadeia de: Custódia[17] e/ou Selo de Cadeia de Custódia do Cerflor ou do FSC[18]. Para produtos que utilizem papel reciclado deve ainda ser observada a conformidade com a norma ABNT NBR 15755:2009 que define esse material com base no conteúdo de fibras recicladas. São produtos oriundos da madeira, entre outros:

a) Papel, reciclado ou branco.

b) Produtos de papel confeccionados em gráfica, tais como envelopes, pastas classificadoras, agendas, cartões de visita, panfletos, convites, livros de ponto, protocolo, etc.;

c) Envelopes reutilizáveis, confeccionados, preferencialmente, com papel reciclado;

d) Lápis produzidos com madeira certificada ou com material reciclado.

Material de Limpeza e Higiene

a) Materiais menos agressivos ao meio ambiente.

b) Produtos concentrados, preferencialmente.

c) Sabão em barra e detergentes em pó preferencialmente à base de coco ou isentos de fósforo e, quando inexistentes no mercado, exigência de comprovação de teor que respeite o limite máximo de concentração de fósforo, conforme Resolução CONAMA nº 359, de 29 de abril de 2005.

d) Os produtos saneantes domissanitários de qualquer natureza devem utilizar substâncias tensoativas biodegradáveis[19].

e) Esponjas fabricadas com solvente à base d'água.

f) As aquisições de produtos oriundos da madeira, para fins sanitários, tais como, papel higiênico, toalha, guardanapo, lenço, devem observar os critérios da rastreabilidade e da origem dos insumos de madeira a partir de fontes de manejo sustentável em conformidade com a norma ABNT NBR 14790:2011, utilizada pelo Cerflor, ou com o padrão FSC-STD-40- 004 V2-1. A comprovação da conformidade deve ser feita por meio do Certificado da Cadeia de Custódia e/ou Selo de Cadeia de Custódia do Cerflor ou do FSC.

g) Nas aquisições de produtos usados na limpeza e conservação de ambientes, também denominados saneantes, tais como álcool, água sanitária, detergentes, ceras, sabões, saponáceos, desinfetantes, inseticidas, devem ser observados os critérios de eficácia e segurança, comprovados pela regularidade (registro ou notificação) junto à ANVISA.

I. A comprovação da regularização deve ser feita por meio de cópia da publicação do registro do produto no Diário Oficial da União (DOU), observada sua validade, ou a apresentação do Comunicado de Aceitação de Notificação, enviado à empresa pela ANVISA ou consulta à internet da divulgação de Aceitação de Notificação disponível no sítio da ANVISA na internet em <http://www.anvisa.gov.br/saneantes/index.htm>.

h) Produtos que possuam comercialização em refil[20].

Gêneros Alimentícios, Material de Copa e Cozinha

a) Nas aquisições de café, açúcar, frutas, verduras e alimentos em geral convêm que sejam adquiridos produtos orgânicos (produzidos sem o uso de adubos químicos, defensivos ou agrotóxicos), sempre que disponíveis no mercado. Devem ser observados os critérios da origem e da qualidade do produto. A comprovação da conformidade com esses critérios deve ser feita por meio do selo "Produto Orgânico Brasil" do Sistema Brasileiro de Avaliação da Conformidade Orgânica (SISORG)[21], aposto no rótulo e/ou na embalagem do produto.

b) Copos e xícaras de material durável como vidro, cerâmica ou aço escovado em substituição ao copo plástico descartável.

Máquinas e Aparelhos Consumidores de Energia

a) Devem ser adquiridos produtos que apresentem menor consumo e maior eficiência energética dentro de cada categoria[22].

b) Para refrigeradores, condicionadores de ar, forno microondas, ventiladores, televisores, lâmpadas

14 Nos termos do Art. 5º §1º da Instrução Normativa nº 01/2010, da SLTI/MPOG.

15 Nos termos do Art. 5º da Instrução Normativa nº 01/2010, da SLTI/MPOG (letras c até f).

16 16 Cerflor - Programa Brasileiro de Certificação Florestal, desenvolvido no âmbito do SBAC e gerenciado pelo Inmetro.

17 Segundo a ABNT NBR 14790:2011, Manejo florestal — Cadeia de custódia — Requisitos, "o objetivo global da cadeia de custódia é oferecer aos clientes dos produtos de base florestal informações precisas e comprováveis sobre o conteúdo do material que é originário de florestas certificadas, manejadas de forma sustentável ou de material reciclado".

18 FSC - Conselho de Manejo Florestal (Forest Stewardship Council).

19 Tensoativo biodegradável é uma substância química com propriedades tensoativas, susceptível de decomposição e degradação por microrganismos e que, em decorrência desses processos, não dê origem a substâncias consideradas nocivas ao meio ambiente ou que possuam grau de toxicidade superior ao da substância tensoativa original. Portaria ANVISA n º 393 de 15 de maio de 1998 e Portaria do Ministério da Saúde nº 112 de 14/06/1982.

20 Produtos com refil não precisam de novas embalagens, apenas repõem o conteúdo na base original, o que propicia economia de matéria-prima, recursos naturais e energia.

21 Lei nº 10.831/2003 e Decreto nº 6.323/2007.

22 Lei nº 10.295/2001 e Decreto nº 4.059/2001.

e demais produtos aprovados no Programa Brasileiro de Etiquetagem (PBE) do Inmetro[23] a comprovação da conformidade com esses critérios dar-se-á pela Etiqueta Nacional de Conservação de Energia (ENCE), aposta ao produto e/ou em sua embalagem[24].

c) Deve-se optar pela aquisição de produtos que possuam a ENCE da classe de maior eficiência, representada pela letra "A", sempre que haja um número suficiente de produtos e fabricantes nessa classe. Podem ser aceitos produtos das demais classes quando as condições de mercado assim o exigirem.

d) Nas aquisições de refrigeradores, condicionadores de ar e demais equipamentos de refrigeração, devem ser adquiridos produtos que utilizem gases refrigerantes ecológicos, sempre que disponíveis no mercado.

e) Para a aquisição de aparelhos eletrodomésticos que gerem ruído, como liquidificadores e aspiradores de pó, devem ser adquiridos produtos que apresentem nível de potência sonora menor ou igual a 88 dB(A)[25], a ser comprovado pelo selo ruído aposto ao produto e/ou à sua embalagem, conforme Portaria Inmetro nº 430, de 16 de agosto de 2012, alterada pela Portaria Inmetro nº 388, de 06 de agosto de 2013.

f) Optar, preferencialmente, pela aquisição de lâmpadas LED[26].

g) As aquisições de bens de informática, como computadores de mesa (desktops) e computadores portáteis (notebook, laptop e netbook) devem observar os critérios de segurança, compatibilidade eletromagnética e eficiência energética previstos na Portaria Inmetro nº 170/12. A comprovação da conformidade com esses critérios deve ser feita mediante apresentação de certificados e/ou relatórios de ensaios emitidos por instituição acreditada pelo Inmetro.

h) Eletrodomésticos, equipamentos de informática e telecomunicações e demais produtos eletroeletrônicos não devem conter certas substâncias nocivas ao meio ambiente como mercúrio, chumbo, cromo hexavalente, cádmio, bifenil-polibromados, éteres difenil-polibromados, em concentração acima da recomendada pela Diretiva 2002/95/EC do Parlamento Europeu também conhecida como diretiva RoHS[27] (Restriction of Certain Hazardous Substances). O atendimento a essa diretriz deve ser comprovado por meio de certificado ou por declaração do fabricante.

i) A destinação final de produtos eletroeletrônicos e seus componentes deve observar o disposto no item 5.4 - Resíduos com Logística Reversa.

Cartuchos de Tinta e de Toner

a) Cartuchos de marca diferente do equipamento a que se destinam devem possuir desempenho equivalente ao do original. A comprovação desse critério deve ser feita através de relatório de ensaio emitido por laboratório detentor de Certificado de Acreditação concedido pelo Inmetro, com escopo de acreditação específico para ensaios mecânicos com base nas normas ABNT NBR ISO/IEC 24711:2011 e 24712:2011, para cartuchos de tinta e ABNT NBR ISO/IEC 19752:2006 e 19798:2011, para cartuchos de toner.

b) A destinação final de cartuchos deve observar o disposto no item 5.4 - Resíduos com Logística Reversa.

Pneus

a) Na aquisição de pneus deve ser exigida como requisito prévio à assinatura do contrato ou empenho a regularidade do registro do fabricante ou importador no Cadastro Técnico Federal de Atividades Potencialmente Poluidoras e Utilizadoras de Recursos Ambientais - CTF/APP, comprovada mediante a apresentação do certificado de regularidade emitido pelo Instituto Brasileiro do Meio Ambiente e dos Recursos Naturais Renováveis (Ibama) conforme Instrução Normativa Ibama Nº 6 DE 15/03/2013.

b) A destinação final de pneus deve observar o disposto no item 5.4 - Resíduos com Logística Reversa.

Pilhas e Baterias

a) Pilhas e baterias devem conter, no corpo do produto e/ou em sua embalagem, advertências quanto aos riscos à saúde humana e ao meio ambiente; identificação do fabricante ou deste e do importador no caso de produtos importados, a simbologia indicativa da destinação adequada e informação sobre a necessidade de, após seu uso, serem devolvidos aos revendedores ou à rede de assistência técnica autorizada; conforme o art. 14, art. 16 e anexo I da Resolução CONAMA Nº 401 de 4 de novembro de 2008.

b) Os teores de chumbo, cádmio e mercúrio devem estar em conformidade com os limites máximos estabelecidos pela Resolução CONAMA 401/2008, comprovado pela regularidade do registro do fabricante ou importador no Cadastro Técnico Federal de Atividades Potencialmente Poluidoras ou Utilizadoras de Recursos Ambientais - CTF/APP, mediante apresentação do certificado de regularidade emitido pelo Ibama, conforme Instrução Normativa Ibama nº 6/2013.

c) A destinação final de pilhas e baterias deve observar o disposto no item 5.4 - Resíduos com Logística Reversa.

Mobiliário

a) Todo mobiliário deve estar em conformidade com as normas técnicas da ABNT, comprovada pela apresentação de relatório de ensaio emitido por laboratório detentor de Certificado de Acreditação concedido pelo Inmetro, com escopo de acreditação específico para ensaios mecânicos com base nas normas requeridas. O Relatório de Ensaio deve vir acompanhado de documentação gráfica (desenho ou fotos) e memorial descritivo com informação necessária e suficiente para perfeita identificação do modelo ou da linha contendo o modelo do produto.

b) O mobiliário fabricado com madeira ou seus derivados deve observar os critérios da rastreabilidade e da origem dos insumos de madeira a partir de fontes de manejo sustentável em conformidade com a norma ABNT NBR 14790:2011, utilizada pelo Cerflor, ou com o

23 Ver tabelas de consumo/eficiência energética de todos os produtos aprovados no PBE em <http://www.inmetro.gov.br/consumidor/tabelas.asp>.

24 Ver produtos com etiquetagem compulsória e legislação aplicável em <http://www.inmetro.gov.br/qualidade/prodEtiquetagemComp.asp>.

25 O nível de 88 dB (A) corresponde aos limites superiores da classe 2 para liquidificador e da classe 3 para aspirador de pó no novo selo ruído, em fase de implantação por ocasião da elaboração deste Guia.

26 Lâmpadas LED possuem alta eficiência energética, elevada vida útil e ausência de metais pesados como o mercúrio presente nas lâmpadas fluorescentes. Atualmente são indicadas para diversos ambientes como circulação, hall de elevadores e escadas.

27 Ver inciso IV do art. 5º da Instrução Normativa nº 01/2010, da SLTI/MPOG.

padrão FSC-SDT-40-004 V2-1. A comprovação da conformidade deve ser feita por meio do Certificado de Cadeia de Custódia e/ou Selo de Cadeia de Custódia do Cerflor ou do FSC.

c) Devem ser observadas as especificações técnicas constantes no Anexo I da Resolução CSJT nº 54/2008, que institui o padrão de mobiliário ergonômico nos órgãos da Justiça do Trabalho de 1º e 2º graus, compatibilizando-se as especificações com os critérios de sustentabilidade aqui estabelecidos, enfatizando-se, ainda:

I. Para armários e gaveteiros a NBR 13961:2010;

II. Para mesas e estações de trabalho (mesas autoportantes conjugadas com divisórias), a NBR 13966:2008.

d) Cadeiras e poltronas, exceto longarinas e poltronas de auditório, devem estar em conformidade com a. NBR 13962:2006. A espuma, quando existente, deve ser isenta de CFC e atender a NBR 9178:2003.

e) O mobiliário dos postos de trabalho deve atender aos requisitos da norma regulamentadora NR-17 do Ministério do Trabalho e Emprego (MTE). A comprovação de atendimento deve ser feita por meio da apresentação, para linha e modelo, de laudo de ergonomia emitido por engenheiro de segurança do trabalho ou profissional com especialização em ergonomia devidamente habilitado para tal finalidade.

Veículos Leves de Passageiros e Comerciais Leves

a) Os veículos leves de passageiros para uso oficial, adquiridos ou locados, devem ser movidos exclusivamente com combustível renovável[28] ou na forma da tecnologia "flex".

b) Devem ser adquiridos veículos que apresentem maior eficiência energética e menor consumo de combustível[29] dentro de cada categoria, em conformidade com os requisitos constantes no Regulamento de Avaliação da Conformidade para Veículos Leves de Passageiros e Comerciais Leves[30]. Para modelos das categorias subcompacto, compacto, médio e grande, a comprovação da conformidade com esses critérios deve ser feita pela ENCE das classes de maior eficiência, representadas pelas letras "A" ou "B". Para as demais categorias previstas na Portaria Inmetro Nº 377, de 29 de setembro de 2011, alterada pela Portaria Inmetro Nº 522, de 31 de outubro de 2013, na ausência de classe de maior eficiência, podem ser aceitos veículos da classe representada pela letra "C".

c) Os veículos a serem adquiridos devem possuir nível de emissão de poluentes dentro dos limites do Programa de Controle da Poluição do Ar por Veículos Automotores (PROCONVE)[31]. A comprovação da conformidade deve ser feita pela ENCE com a presença de, no mínimo, uma estrela[32]. conforme Portaria Inmetro Nº 377/2011, alterada pela Portaria Inmetro Nº 522/2013.

Vestuário

a) Na aquisição de uniformes ou outras vestimentas devem ser utilizados, preferencialmente, produtos menos poluentes e agressivos ao meio ambiente que utilizem tecidos que tenham em sua composição fibras oriundas de material reciclável e/ou algodão orgânico.

Assinaturas de Jornais, Revistas e Periódicos

a) Nas aquisições de assinaturas de jornais, revistas e periódicos convém que sejam adquiridas versões eletrônicas, sempre que disponíveis no mercado.

Contratação de Serviços

a) Os materiais e equipamentos utilizados na execução dos serviços contratados devem observar os critérios de sustentabilidade constantes do item 5.1 deste Guia.

b) Os resíduos com logística reversa obrigatória, gerados na execução dos serviços devem atender o disposto no item 5.4. - Resíduos com Logística Reversa.

c) A definição das rotinas de execução das atividades para contratação dos serviços terceirizados deve prever e estimar período adequado para a orientação e ambientação dos trabalhadores à política de responsabilidade socioambiental do órgão, durante toda a vigência do contrato.

Serviços que Envolvam a Utilização de Mão de Obra

Para os serviços que envolvam a utilização de mão de obra, residente ou não, a contratada deve:

a) Obedecer às normas técnicas, de saúde, de higiene e de segurança do trabalho, de acordo com as normas do MTE;

b) Fornecer aos empregados os equipamentos de segurança que se fizerem necessários, para a execução de serviços e fiscalizar o uso, em especial pelo que consta da Norma Regulamentadora nº 6 do MTE;

c) Elaborar e implementar Programa de Prevenção de Riscos Ambientais (PPRA), de acordo com as Normas Regulamentadoras do MTE;

d) Elaborar e implementar Programa de Controle Médico de Saúde Ocupacional (PCMSO), com o objetivo de promoção e preservação da saúde dos trabalhadores, de acordo com as Normas Regulamentadoras do MTE;

e) Assegurar, durante a vigência do contrato, capacitação a todos os trabalhadores em saúde e segurança no trabalho, dentro da jornada de trabalho, com carga horária mínima de 2 (duas) horas mensais, conforme a Resolução CSJT nº 98 de 20 de abril de 2012;

f) Assegurar, durante a vigência do contrato, a capacitação dos trabalhadores quanto às práticas definidas na política de responsabilidade socioambiental do órgão;

28 Nos termos do Art. 1o da Lei 9.660, de 16 de junho de 1998.

29 Ver Tabelas de Consumo/Eficiência Energética de Veículos Automotores Leves, disponível em: <http://www.inmetro.gov.br/consumidor/pbe/veiculos_leves_2014.pdf>.

30 Classificação e Regulamento de Avaliação da Conformidade para veículos leves de passageiros e comerciais leves

31 Resolução CONAMA n° 18, de 6/05/1986 que institui o PROCONVE e Portaria Conjunta Ibama/Inmetro nº 2 de 16/12/2010 que estabelece a unificação dos indicadores de eficiência energética do Programa Brasileiro de Etiquetagem Veicular (PBEV) do Inmetro com os indicadores ambientais que compõe o Nota Verde, decorrentes do PROCONVE do Ibama.

32 As estrelas são atribuídas em função da redução da emissão de poluentes (NMHC-CO-NOx) em relação aos limites do PROCONVE. Abaixo de 60% do limite (menor emissão), 3 estrelas; entre 60% e 80% do limite, 2 estrelas e entre 80% e os limites, 1 estrela. Ver coluna "Emissões no Escapamento" nas Tabelas de Consumo/Eficiência Energética de Veículos Automotores Leves, disponível em: <http://www.inmetro.gov.br/consumidor/pbe/veiculos_leves_2014.pdf>.

g) Comprovar, como condição prévia à assinatura do contrato e durante a vigência contratual, sob pena de rescisão contratual, o atendimento das seguintes condições:

I. Não possuir inscrição no cadastro de empregadores flagrados explorando trabalhadores em condições análogas às de escravo, instituído pela Portaria Interministerial MTE/SDH nº 2, de12 de maio de 2011;

II. Não ter sido condenada, a contratada ou seus dirigentes, por infringir as leis de combate à discriminação de raça ou de gênero, ao trabalho infantil e ao trabalho escravo, em afronta a previsão aos artigos 1° e 170 da Constituição Federal de 1988; do artigo 149 do Código Penal Brasileiro; do Decreto n° 5.017, de 12 de março de 2004 (promulga o Protocolo de Palermo) e das Convenções da OIT nos 29 e 105.

h) Priorizar o emprego de mão de obra, materiais, tecnologias e matérias-primas de origem local para execução dos serviços[33].

Serviços de Limpeza e Conservação

Para os Serviços de Limpeza e Conservação, a contratada também deve:

a) Observar a não utilização de produtos que contenham substâncias agressivas à camada de ozônio na atmosfera, conforme Resolução CONAMA Nº 267 de 14 de setembro de 2000;

b) Adotar medidas para evitar o desperdício de água tratada e para a preservação dos recursos hídricos, nos termos da Lei nº 9.433, de 8 de janeiro de 1997 e da legislação local, considerando a política socioambiental do órgão;

c) Realizar programa interno de treinamento de seus empregados visando à adoção de práticas para redução de consumo de energia elétrica, de consumo de água, redução de produção de resíduos sólidos e coleta seletiva, observadas as normas ambientais vigentes;

d) Proceder ao recolhimento dos resíduos recicláveis descartados, de forma seletiva, bem como de pilhas, baterias e lâmpadas, de acordo com o programa de coleta seletiva do órgão em observância ao Decreto n° 5.940/2006;

e) Observar a destinação adequada aos resíduos gerados durante suas atividades, em consonância com o programa de coleta seletiva do órgão;

f) Evitar o desperdício de embalagens e a geração de resíduos sem reaproveitamento.

Serviços de Restaurante

Para os Serviços de Restaurante, a contratada também deve:

a) Oferecer opção de alimentação orgânica, comprovada pelo selo "Produto Orgânico Brasil", conforme item 5.1.3, alínea "a";

b) Incluir cláusula sobre coleta seletiva, de acordo com a política socioambiental do órgão, em observância ao Decreto n° 5.940/2006, bem como sobre obrigação de proceder ao recolhimento do óleo usado, que deverá ser destinado à reciclagem, com a total proibição de que este seja despejado na rede de esgoto;

c) Apresentar programa ou indicação de medidas visando reduzir o desperdício de insumos e a geração de resíduos sem reaproveitamento;

d) Privilegiar o uso de produtos não descartáveis.

Serviços de Copa

Para os Serviços de Copa, a contratada também deve:

a) Recolher o óleo de cozinha e destiná-lo para reciclagem, com total proibição de que seja despejado na rede de esgoto;

b) Realizar a coleta seletiva dos resíduos e promover a destinação adequada, de acordo com a política socioambiental do órgão e em observância ao Decreto n° 5.940/2006.

Serviços de Impressão e de Cópia

Para os Serviços de Impressão e de Cópia, a contratada também deve:

a) Proceder à separação dos resíduos recicláveis descartados de forma seletiva, especialmente o papel, de acordo com o programa de coleta seletiva do órgão e em observância ao Decreto n° 5.940/2006;

b) A destinação final de cartuchos e cilindros deve observar o disposto no item 5.4 - Resíduos com Logística Reversa.

Serviços de Jardinagem

Para os Serviços de Jardinagem, a contratada também deve:

a) Utilizar, preferencialmente, produtos e insumos de natureza orgânica, bem como utilizar defensivos contra pragas com menor potencial de toxidade, equivalentes aos utilizados em jardinagem amadora, nos termos definidos pela ANVISA;

b) Apresentar, sempre que houver necessidade da utilização de agrotóxicos e afins o registro do produto no órgão federal responsável, nos termos da Lei nº 7.802/89 e legislação correlata;

c) Efetuar o recolhimento das embalagens vazias e respectivas tampas dos agrotóxicos e afins utilizados, comprovando a destinação final ambientalmente adequada, nos termos da Lei nº 12.305/2010.

Serviços de Controle de Vetores e Pragas Urbanas

Para os Serviços de Controle de Vetores e Pragas Urbanas, tais como desinsetização, desratização, descupinização, a contratada também deve:

a) Estar em conformidade com os requisitos de licenciamento, procedimentos e práticas operacionais definidos na Resolução da Diretoria Colegiada da ANVISA – RDC nº 52, de 22 de outubro de 2009, destacando-se as metodologias direcionadas para a redução do impacto ao meio ambiente, à saúde do consumidor e do aplicador dos produtos;

b) Aplicar produtos devidamente aprovados pela ANVISA;

c) Efetuar o recolhimento das embalagens vazias e respectivas tampas dos produtos utilizados, promovendo sua destinação final ambientalmente adequada, nos termos da Lei nº 12.305/2010;

d) Fornecer aos empregados os equipamentos de segurança necessários para a execução de serviços e fiscalizar o uso, nos termos da Norma Regulamentadora NR 6 do MTE.

33 Nos termos do Art. 12 da Lei 8.666/93 e dos incisos II e IV do Art. 4º do Decreto nº 7.746/2012, conforme Art. 4º, § 1º da Instrução Normativa nº 1/2010, do Ministério do Planejamento, Orçamento e Gestão.

Serviços de Manutenção Preventiva e Corretiva de Equipamentos

Para os Serviços de Manutenção Preventiva e Corretiva de Equipamentos, tais como elevadores, equipamentos odontológicos, condicionadores de ar, equipamentos gráficos, a contratada também deve:

a) Utilizar peças e componentes de reposição certificadas pelo Inmetro, de acordo com a legislação vigente;

b) Efetuar o descarte de peças e materiais em observância à política de responsabilidade socioambiental do órgão.

Obras e Serviços de Engenharia

A indústria da construção civil é um dos segmentos que mais consome matérias-primas e recursos naturais no planeta, gerando a parcela predominante dos resíduos sólidos produzidos nas cidades[34], além de ser uma das grandes responsáveis pela emissão dos gases causadores do efeito estufa. Para minimizar os impactos ambientais causados, a noção de sustentabilidade deve estar presente desde o estudo de viabilidade técnica, escolha do terreno, definição do programa de necessidades e concepção arquitetônica. A utilização de critérios e práticas de sustentabilidade nas construções não deve se limitar aos novos prédios, mas englobar também manutenção, reforma, ampliação, adaptações e mudanças na utilização dos prédios já existentes.

As especificações e demais exigências do projeto básico ou executivo para contratação de obras e serviços de engenharia devem ser elaborados de forma a reduzir os resíduos gerados na construção, proporcionar economia na manutenção dos prédios, reduzir o consumo de energia e água, garantir os direitos constitucionais de acessibilidade aos portadores de deficiência, bem como utilizar tecnologias e materiais que reduzam o impacto ambiental.

Da mesma forma, visando à garantia de qualidade e manutenção de requisitos mínimos dos projetos básicos ou executivos de obras públicas, sempre que couber ou subsidiariamente, os órgãos devem utilizar como parâmetro os normativos próprios, tais como a Resolução CNJ 114/2010 e Resolução CSJT 70/2010.

Na aquisição de bens devem ser exigidos os critérios de sustentabilidade constantes do item 5.1 deste Guia e, na execução dos serviços contratados, no que couber, as práticas de sustentabilidade previstas no item 5.2.

Na Concepção dos Projetos e Especificações das Obras e dos Serviços

a) A envoltória do edifício, o sistema de iluminação e o sistema de condicionamento de ar devem observar os requisitos para os níveis de eficiência energética A ou B dos Requisitos Técnicos da Qualidade para o Nível de Eficiência Energética de Edifícios Comerciais, de Servicos e Públicos - RTQ-C, aprovado pela Portaria Inmetro nº 372 de 17/09/2010 e Portaria Complementar nº 17 de 16 de janeiro de 2012.

b) Opção por equipamentos que proporcionem melhor eficiência energética, adquiridos em conformidade com os critérios constantes no item 5.1.4 (Máquinas e Aparelhos Consumidores de Energia).

c) Utilização de revestimentos de cor clara nas coberturas e fachadas, para reflexão dos raios solares, e consequente redução da carga térmica nestas superfícies, com o objetivo de melhorar o conforto ambiental e reduzir a necessidade de climatização. Deve ser avaliada ainda a opção de implantar a cobertura verde.

d) Emprego de tintas à base de água, livre de compostos orgânicos voláteis, sem pigmentos à base de metais pesados, fungicidas sintéticos ou derivados de petróleo[35].

e) Utilização de outros materiais em substituição ao asbesto/amianto[36].

f) Fixação de critérios para projeto arquitetônico baseados nas definições da NBR 15.220, que levem em consideração os melhores parâmetros, com base nas definições de zonas bioclimáticas estabelecidas na norma, de forma a evitar a insolação profunda e permitir a iluminação e ventilação naturais.

g) Emprego de soluções construtivas que garantam maior flexibilidade na edificação de maneira a permitir fácil adaptação às mudanças de uso do ambiente ou do usuário, no decorrer do tempo, e evitar reformas que possam causar desperdício de material e grande impacto ambiental decorrente da produção de entulho.

h) Apresentação de projeto para implantação de canteiro de obras organizado, com critérios mais sustentáveis do ponto de vista ambiental, no qual conste, por exemplo, o reuso de água, o reaproveitamento da água de chuvas e dos resíduos sólidos produzidos e a separação dos não reutilizáveis para descarte.

i) Apresentação do Projeto de Gerenciamento de Resíduos da Construção Civil (PGRCC), de acordo com a Resolução 307, de 05 de julho de 2002 do CONAMA. Para fins de fiscalização do fiel cumprimento do Projeto, a contratada deve comprovar que todos os resíduos removidos estão acompanhados de Controle de Transporte de Resíduos, em conformidade com as normas da Associação Brasileira de Normas Técnicas - ABNT, NBR nos 15.112, 15.113, 15.114, 15.115 e 15.116, de 2004.

j) Emprego de fôrmas pré-moldadas fabricadas em material que permita a reutilização.

k) Utilização de andaimes e escoras, preferencialmente metálicos, ou de material que permita a reutilização.

l) Conformidade da Madeira utilizada na edificação ou no canteiro de obras com os critérios constantes no item 5.1.8, alínea b. Nos casos de madeira de origem nativa não certificada a sua procedência legal deve ser comprovada mediante apresentação, pelo fornecedor, da Autorização de Transporte DOF (Documento de Origem Florestal) expedido pelo Ibama ou Guia Florestal (GF) emitida pela Secretaria de Meio Ambiente de âmbito estadual.

34 Conforme estudo "Gestão Ambiental de resíduos da Construção Civil" realizado pelo SindusCon-SP, disponível em http://www.sindusconsp.com.br/downloads/prodserv/publicacoes/manual_residuos_solidos.pdf

35 Observar a Resolução CONAMA nº 307 e Decreto nº 4.581 de 27 de janeiro de 2003, da Presidência da República.

36 O Amianto já foi vetado no Ministério do Meio Ambiente – Portaria nº. 43/2009; no Ministério da Saúde – Portaria nº 1.644/2009; e no Ministério da Cultura – Portaria nº 9/2009. Para maiores informações, ver "Dossiê Amianto Brasil" – Comissão de Meio Ambiente e Desenvolvimento Sustentável da Câmara dos Deputados. Disponível em <http://www.camara.gov.br/sileg/integras/769516.pdf>.

m) Emprego de materiais e equipamentos que atendam a critérios de sustentabilidade, tais como segurança, durabilidade e eficiência, de modo a gerar menos resíduos, menor desperdício e menor impacto ambiental.

n) Utilização de revestimentos impermeáveis e antipoluentes nos ambientes internos, de fácil limpeza e que favoreçam o conforto térmico e acústico das edificações.

o) Emprego de pisos externos que favoreçam a infiltração das águas da chuva no solo, de forma a não sobrecarregar o sistema de coleta de águas pluviais.

p) Previsão de espaço físico específico para a coleta e armazenamento de materiais recicláveis. q) Prioridade para emprego de mão de obra, materiais, tecnologias e matérias-primas de origem local para execução, conservação e operação das obras[37].

Nos Projetos de Instalações Hidrossanitárias

a) Implantação de sistema de coleta e aproveitamento de água da chuva no prédio em construção ou em reforma, agregando ao sistema hidráulico elementos que possibilitem sua utilização para rega de jardim, lavagem de carros e limpeza/manutenção pesada e descarga dos banheiros.

b) Separação da rede de esgoto em água cinza e água negra, visando ao reuso de água cinza.

c) Utilização de equipamentos economizadores de água, com baixa pressão, tais como torneiras com arejadores, com sensores ou de fechamento automático, sanitários com sensores ou com válvulas de descarga com duplo acionamento ou a vácuo.

d) Adoção de sistema de irrigação que reduza o consumo de água, tais como gotejamento, por micro aspersão ou mecanismo eletrônico programável para irrigação automática. e) Adoção de sistema de medição individualizado de consumo de água

Nos Projetos Elétricos e de Iluminação

a) Emprego de energia solar ou outra energia limpa para aquecimento de água, iluminação e outros fins, cujo rendimento e custo se mostrem viáveis, com utilização de equipamentos aprovados pelo Programa Brasileiro de Etiquetagem do Inmetro e escolhidos entre os mais eficientes.

b) Setorização da iluminação de um mesmo ambiente, através de interruptores, para permitir uso localizado e aproveitamento da luz natural, inclusive instalação de sensores de presença em locais que não exijam iluminação constante, como garagens, circulações, hall de elevadores e escadas.

c) Uso de lâmpadas fluorescentes compactas de alta eficiência energética, ou tubulares de alto rendimento em conformidade com os critérios constantes no item 5.1.4 (Máquinas e Aparelhos Consumidores de Energia) e luminárias eficientes, bem como a utilização de lâmpadas LED nos ambientes que permitam a sua utilização.

d) Utilização da Norma ABNT NBR 15920:2011 como referência para dimensionamento econômico dos cabos elétricos com base em perdas por efeito joule.

e) Adoção de sistema de medição individualizado de consumo de energia elétrica.

Nos Projetos de Climatização

a) Uso de equipamentos de climatização mecânica ou de novas tecnologias de resfriamento do ar que permitam a automação do sistema, de forma a possibilitar a setorização adequada dos ambientes climatizados.

b) Instalação de aparelhos condicionadores de ar adquiridos em conformidade com os critérios constantes no item 5.1.4 (Máquinas e Aparelhos Consumidores de Energia).

Nos Projetos de Urbanização

a) Preservação de espécies nativas e compensação da vegetação suprimida.

b) Plantio de espécies vegetais e criação de espaços verdes de convivência.

c) O paisagismo deve privilegiar o emprego de espécies nativas da região.

Nos Projetos de Acessibilidade

Para garantir a acessibilidade de pessoas portadoras de deficiência ou com mobilidade reduzida tais como idosos, gestantes, obesos, devem ser observados os requisitos previstos na ABNT NBR 9050:2004, dentre os quais:

a) Construção de rampas com inclinação adequada para acesso dos pedestres e plataforma de transporte vertical para passageiros com dificuldades de locomoção;

b) Adequação de sanitários;

c) Reserva de vagas em estacionamento;

d) Reserva de espaço para pessoa em cadeira de rodas e assentos para pessoa com mobilidade reduzida nas salas de espera, auditórios, salas de audiência e similares;

e) Instalação de piso tátil direcional e de alerta;

f) Sinalização sonora para pessoas com deficiência visual, bem como sinalizações visuais acessíveis a pessoas com deficiência auditiva, pessoas com baixa visão e pessoas com deficiência intelectual;

g) Adaptação de mobiliário, portas e corredores em todas as dependências e acessos.

Nas Condições de Trabalho

Em relação às condições de trabalho da mão de obra devem ser exigidos das empresas contratadas:

a) Atendimento às normas regulamentadoras expedidas pelo MTE, quanto à Segurança e

Medicina do Trabalho;

b) Adesão, por meio de cláusula contratual, ao Programa Nacional de Prevenção de Acidentes do Trabalho - Programa Trabalho Seguro, instituído no âmbito da Justiça do Trabalho, voltado à promoção da saúde do trabalhador, à prevenção de acidentes de trabalho e ao fortalecimento da Política Nacional de Segurança e Saúde no Trabalho (PNSST), nos termos da Resolução nº 96, de 23 de março de 2012, do Conselho Superior da Justiça do Trabalho;

37 Ver Art. 12 da Lei 8.666/93, incisos II e IV do Art. 4º do Decreto nº 7.746/2012 e Art. 4, § 1º da Instrução Normativa nº 1/ 2010 – SLTI/MPOG.

c) Adesão, por meio de cláusula contratual, ao "Compromisso Nacional para Aperfeiçoar as Condições de Trabalho", firmado entre o Governo Federal e as entidades patronais e representativas dos trabalhadores no dia 1º de março de 2012, visando à aplicação e efetividade das Diretrizes nele estabelecidas;

d) Emprego de egressos do sistema carcerário e/ou cumpridores de medidas ou penas alternativas em percentual não inferior a 2%, segundo o que preconizam as Resoluções CNJ 114, de 20 de abril de 2010 e CSJT 70, de 24 de setembro de 2010;

e) Capacitação de todos os trabalhadores em saúde e segurança no trabalho, dentro da jornada de trabalho, observada a carga horária mínima de duas horas mensais, com ênfase na prevenção de acidentes, conforme a Resolução CNJ 98/2012.

Resíduos com Logística Reversa

Pilhas e baterias; pneus; lâmpadas fluorescentes, de vapor de sódio e mercúrio e de luz mista[38]; óleos lubrificantes, seus resíduos e embalagens, bem como produtos eletroeletrônicos e seus componentes devem observar o sistema de logística reversa nos termos da Lei nº 12.305/2010, que institui a Política Nacional de Resíduos Sólidos, regulamentada pelo Decreto nº 7.404/2010. Deve ser incluída, no termo de referência e na minuta de contrato, cláusula prevendo a obrigação da coleta, pela contratada, dos resíduos oriundos da contratação, para fins de devolução ao fabricante ou importador, responsáveis pela sua destinação final ambientalmente adequada.

a) Pilhas e baterias devem observar a Resolução CONAMA n° 401/2008.

b) Pneus devem observar a Resolução CONAMA nº 416, de 30 de setembro de 2009 e Instrução Normativa Ibama nº 01, de 25 de janeiro de 2013.

c) Óleos lubrificantes, seus resíduos e embalagens devem observar a Resolução CONAMA nº 362/2005 e Acordo Setorial para a Implantação de Sistema de Logística Reversa de Embalagens Plásticas Usadas de Lubrificantes.

d) Cartuchos de tinta, de toner e cilindros devem observar os seguintes procedimentos:

I. A sistemática de recolhimento deve indicar as quantidades mínimas de cartuchos e/ou cilindros a serem recolhidos por evento, o intervalo e os responsáveis pelo recolhimento, bem como a especificação e detalhamento da sua destinação;

II. Os cartuchos e/ou cilindros usados devem ser permutados, sempre que possível, por suprimentos novos equivalentes, sem custo adicional, mediante relação de troca estabelecida em função do número de unidades recolhidas pela contratada.

e) Devem ser considerados apropriados os procedimentos de destinação de cartuchos de tinta, de toner e cilindros somente quando orientados para:

I. Reaproveitamento ou reutilização das peças e componentes dos suprimentos não sujeitos a desgastes, efetivados sob supervisão do fabricante dos produtos;

II. Destinação ambientalmente adequada dos resíduos dos suprimentos, devidamente licenciada pelo órgão ambiental competente, a ser efetivada pelo fabricante ou importador do produto ou por representante autorizado.

Anexo

Conselho Superior da Justiça do Trabalho

Resolução nº 103/2012

Aprova o Guia Prático para inclusão de critérios de sustentabilidade nas contratações de bens e serviços no âmbito da Justiça do Trabalho de primeiro e segundo graus.

O CONSELHO SUPERIOR DA JUSTIÇA DO TRABALHO, em sessão ordinária realizada em 25 de maio de 2012, sob a presidência do Ex.mo Ministro Conselheiro João Oreste Dalazen, presentes os Ex.mos Ministros Conselheiros Maria Cristina Irigoyen Peduzzi, Antônio José de Barros Levenhagen, Emmanoel Pereira, Lelio Bentes Corrêa e Aloysio Corrêa da Veiga, os Ex.mos Desembargadores Conselheiros Márcio Vasques Thibau de Almeida, José Maria Quadros de Alencar, Claudia Cardoso de Souza, Maria Helena Mallmann e André Genn de Assunção Barros, o Ex.mo Vice-Procurador--Geral do Trabalho, Dr. Eduardo Antunes Parmeggiani, e o Ex.mo Presidente da ANAMATRA, Juiz Renato Henry Sant'Anna,

Considerando o disposto nos art. 170, inciso VI, da Constituição Federal, que estabelece como princípio da ordem econômica a defesa do meio ambiente, inclusive mediante tratamento diferenciado conforme o impacto ambiental dos produtos e de seus processos de elaboração e prestação;

Considerando a diretriz prevista no art. 225 da Constituição da República, que preconiza que todos têm direito ao meio ambiente ecologicamente equilibrado, bem de uso comum do povo e essencial à sadia qualidade de vida, impondo-se ao poder público e à coletividade o dever de defendê-lo e preservá-lo para as presentes e futuras gerações;

Considerando a Lei nº 6.938, 31 de agosto de 1981, que dispõe sobre a Política Nacional do Meio Ambiente, cujo objetivo traduz-se na preservação, melhoria e recuperação da qualidade ambiental propícia à vida, visando a assegurar, no País, condições ao desenvolvimento socioeconômico, aos interesses da segurança nacional e à proteção da dignidade da vida humana;

Considerando as disposições do art. 3º da Lei nº 8.666, de 21 de junho de 1993, que contempla dentre os princípios que devem nortear as contratações públicas "a promoção do desenvolvimento nacional sustentável";

Considerado a Política Nacional sobre Mudança de Clima (PNMC), instituída pela Lei nº 12.187, de 29 de dezembro de 2009, que tem como uma de suas diretrizes o estímulo e o apoio à manutenção e à promoção de padrões sustentáveis de produção e consumo (art. 5º, XIII), e como um de seus instrumentos a adoção de critérios de preferência, nas licitações e concorrências públicas, para as propostas que propiciem maior economia de energia, água e outros recursos naturais e redução da emissão de gases de efeito estufa e de resíduos (art. 6º, XII);

38 Os resíduos cuja logística reversa é obrigatória são os referentes às lâmpadas de descarga em baixa ou alta pressão que contenham mercúrio, tais como, fluorescentes compactas e tubulares, de luz mista, a vapor de mercúrio, a vapor de sódio, a vapor metálico e lâmpadas de aplicação especial. Não serão objeto da logística reversa as lâmpadas incandescentes e halógenas.

Considerando a Política Nacional de Resíduos Sólidos (PNRS), instituída pela Lei nº 12.305, de 2 de agosto de 2010, que estabelece, dentre os objetivos, a prioridade, nas aquisições e contratações governamentais, para produtos reciclados e recicláveis, e bens, serviços e obras que considerem critérios compatíveis com padrões de consumo social e ambientalmente sustentáveis;

Considerando o preceituado no Decreto nº 2.783, de 17 de setembro de 1998, que dispõe sobre proibição de aquisição de produtos ou equipamentos que contenham ou façam uso das Substâncias que Destroem a Camada de Ozônio - SDO, pelos órgãos e pelas entidades da Administração Pública Federal direta, autárquica e fundacional;

Considerando o disposto no Decreto nº 5.940, de 25 de outubro de 2006, que disciplina a separação dos resíduos recicláveis descartados pelos órgãos e entidades da administração pública federal direta e indireta, na fonte geradora, e a sua destinação às associações e cooperativas dos catadores de materiais recicláveis;

Considerando o teor da Recomendação nº 11, de 22 de maio de 2007, do Conselho Nacional de Justiça, que orienta os Tribunais de todo o país a adotarem políticas públicas visando à formação e recuperação de um ambiente ecologicamente equilibrado, além da conscientização dos próprios servidores e jurisdicionados sobre a necessidade de efetiva proteção ao meio ambiente, a elaboração e acompanhamento de medidas, com fixação de metas anuais, visando à correta preservação e recuperação do meio ambiente;

Considerando o contido na Instrução Normativa nº 1, de 19 de janeiro de 2010, da Secretaria de Logística e Tecnologia da Informação do Ministério do Planejamento, Orçamento e Gestão, que estabelece critérios de sustentabilidade ambiental na aquisição de bens, contratação de serviços ou obras pela Administração Pública Federal direta, autárquica e fundacional;

Considerando o constante do Acórdão nº 1752/2011 do Plenário do Tribunal de Contas da União, que pautou uma série de recomendações aos órgãos de governo no sentido da adoção de medidas para o aumento da sustentabilidade e eficiência no uso de recursos naturais;

Considerando a Decisão Normativa nº 107/2010 do Tribunal de Contas da União, que determina a inclusão nas prestações de contas de órgãos públicos de informações quanto à adoção de critérios de sustentabilidade ambiental na aquisição de bens e na contratação de serviços ou obras, tendo como referência o Decreto nº 5.940/2006 e a Instrução Normativa nº 1/2010, da Secretaria de Logística e Tecnologia da Informação do Ministério do Planejamento, Orçamento e Gestão;

Considerando a Agenda 21, documento final da Conferência Rio-92, que estabeleceu um plano de ação para o desenvolvimento sustentável, com destaque para o capítulo 4, que, ao tratar das mudanças de padrões de consumo, relacionou uma série de atividades, entre as quais o exercício da liderança por meio das aquisições pelos Governos, de modo a aperfeiçoar o aspecto ecológico de suas políticas de aquisição;

Considerando o termo de adesão ao processo de Marrakech - processo global de consultas e de elaboração de políticas de produção e consumo sustentável -, firmado pelo Brasil em 2007;

Considerando o programa de desenvolvimento Brasil Maior 2012-2015, recentemente lançado pela Presidenta da República, que dá sinais claros do viés de sustentabilidade ao trazer orientações a respeito da produção de forma mais limpa, a partir da diminuição da intensidade de energia; construção modular para a redução de resíduos em obras de construção civil; definição de critérios de sustentabilidade para edificações; apoio ao desenvolvimento de cadeias de reciclagem (em consonância com a Política Nacional de Resíduos Sólidos); desenvolvimento regional sustentável a partir de competências e recursos disponíveis localmente; e estímulos ao desenvolvimento e à adoção de fontes renováveis de energia (em consonância com a Política Nacional de Mudança do Clima e com a Política Nacional de Energia);

Considerando a edição, em novembro de 2011, do Plano de Ação para Produção e Consumo Sustentáveis – PPCS, que visa à promoção e ao apoio a padrões sustentáveis de produção e consumo e que, em seu primeiro ciclo de implementação, de 2011 a 2014, identificou como temas prioritários, entre outros, as compras e construções públicas sustentáveis;

Considerando que a Justiça do Trabalho, pela sua dimensão e respeitabilidade, desempenha, nos procedimentos de compras e contratações, papel relevante na orientação dos fornecedores e prestadores de serviço, quanto à adoção de padrões de produção e consumo e de serviços ambientalmente sustentáveis, além de estimular a inovação tecnológica,

Resolve:

> ***Art. 1º** É aprovado o Guia Prático para inclusão de critérios de sustentabilidade a serem observados na aquisição de bens e na contratação de obras e serviços no âmbito da Justiça do Trabalho de primeiro e segundo graus, nos termos do anexo desta Resolução.*
>
> ***Art. 2º** O Guia Prático será disponibilizado nos portais eletrônicos do Conselho Superior da Justiça do Trabalho e dos Tribunais Regionais do Trabalho, constituindo-se em instrumento de consulta para elaboração de editais de licitação, de termos de referência ou de especificações.*
>
> ***§ 1º** Os Tribunais Regionais do Trabalho poderão estabelecer outras práticas sustentáveis, além daquelas previstas no Guia Prático, consideradas as peculiaridade regionais.*
>
> ***§ 2º** A não observância das diretrizes constantes do Guia Prático deverá ser expressamente justificada e fundamentada.*
>
> ***Art. 3º** O Guia Prático será objeto de constantes revisões e atualizações, de forma a assegurar sua evolução no que tange à legislação vigente, aos avanços tecnológicos e à inovação.*
>
> ***Art. 4º** A implantação e o desenvolvimento das compras e contratações sustentáveis no âmbito da Justiça do Trabalho de primeiro e segundo graus envolve a adoção dos seguintes mecanismos e ferramentas:*
>
> *I.* *instituição do Fórum Permanente de compras e contratações sustentáveis; II - capacitação continuada;*
>
> *II.* *realização de eventos nacionais ou regionais;*
>
> *III.* *utilização de meio eletrônico para difundir as informações e servir como instrumento de comunicação direta com a sociedade e entre os Tribunais Regionais do Trabalho;*

IV. estabelecimento de indicadores e metas vinculados à temática.

***Art. 5º** O Fórum Permanente, de âmbito nacional, será constituído por ato da Presidência do CSJT e contará com representantes do Conselho Superior da Justiça do Trabalho e dos Tribunais Regionais do Trabalho.*

***Art. 6º** O Fórum Permanente encarregar-se-á do acompanhamento e atualização do Guia Prático, bem como de manter disponíveis em meio eletrônico as seguintes informações:*

I. editais e termos de referência sustentáveis;

II. boas práticas relacionadas a compras e contratações sustentáveis; III - ações de capacitação programadas;

III. divulgação de programas e eventos nacionais e regionais;

IV. monitoramento das metas estabelecidas.

***Parágrafo único.** A divulgação das informações de que trata este artigo dar-se-á no Portal de Compras e Contratações Sustentáveis, a ser mantido e atualizado no sítio do Conselho Superior da Justiça do Trabalho na rede mundial de computadores (internet).*

***Art. 7º** Os Tribunais Regionais do Trabalho incluirão em seus programas de capacitação cursos destinados a sensibilizar e instruir gestores e demais envolvidos para a concretização de compras e contratações sustentáveis.*

***Parágrafo único.** Os cursos objetivam:*

I. a construção da capacidade institucional do órgão no sentido de implantar medidas concretas para a promoção do consumo sustentável, por meio das compras e contratações, de modo a reduzir gastos e gerar impactos positivos sobre a saúde pública, a qualidade de vida e as condições de sustentabilidade ambiental;

II. a troca de experiências e a visibilidade de ações exitosas a respeito do tema;

III. o intercâmbio com instituições públicas e privadas, comunidade acadêmica e entidades da sociedade civil, além de servir de fórum de debate dos avanços e estratégias para maior efetividade das compras e contratações públicas sustentáveis.

***Art. 8º** Os Planejamentos Estratégicos da Justiça do Trabalho e dos Tribunais Regionais do Trabalho deverão conter indicadores e metas sobre compras e contratações sustentáveis, a fim de mensurar, pelo menos, a disseminação do tema entre servidores e magistrados, a efetiva adoção de critérios de sustentabilidade nas compras e contratações e a redução do consumo de insumos, a exemplo de água e energia elétrica.*

***Art. 9º** Esta Resolução entra em vigor na data de sua publicação.*

Anotações

CAPÍTULO 03

Resolução nº 201/2015

Capítulo I - Da Criação das Unidades ou Núcleos Socioambientais no Poder Judiciário e suas Competências

Art. 1º *Os órgãos do Poder Judiciário relacionados nos incisos I-A a VII do art. 92 da Constituição Federal de 1988 bem como nos demais conselhos, devem criar unidades ou núcleos socioambientais, estabelecer suas competências e implantar o respectivo Plano de Logística Sustentável (PLS-PJ).*

Art. 2º *Os órgãos e conselhos do Poder Judiciário deverão adotar modelos de gestão organizacional e de processos estruturados na promoção da sustentabilidade ambiental, econômica e social.*

Art. 3º *Para os fins desta Resolução, consideram-se:*

I. *visão sistêmica: identificação, entendimento e gerenciamento de processos interrelacionados como um sistema que contribui para a eficiência da organização no sentido de atingir os seus objetivos;*

II. *logística sustentável: processo de coordenação do fluxo de materiais, de serviços e de informações, do fornecimento ao desfazimento, que considerando o ambientalmente correto, o socialmente justo e o desenvolvimento econômico equilibrado;*

III. *critérios de sustentabilidade: métodos utilizados para avaliação e comparação de bens, materiais ou serviços em função do seu impacto ambiental, social e econômico;*

IV. *práticas de sustentabilidade: ações que tenham como objetivo a construção de um novo modelo de cultura institucional visando à inserção de critérios de sustentabilidade nas atividades do Poder Judiciário;*

V. *práticas de racionalização: ações que tenham como objetivo a melhoria da qualidade do gasto público e o aperfeiçoamento contínuo na gestão dos processos de trabalho;*

VI. *coleta seletiva: coleta de resíduos sólidos previamente separados conforme sua constituição ou composição com destinação ambientalmente adequada;*

VII. *coleta seletiva solidária: coleta dos resíduos recicláveis descartados, separados na fonte geradora, para destinação às associações e cooperativas de catadores de materiais recicláveis;*

VIII. *resíduos recicláveis descartados: materiais passíveis de retorno ao seu ciclo produtivo, rejeitados pelos órgãos do Poder Judiciário;*

IX. *material de consumo: todo material que, em razão de sua utilização, perde normalmente sua identidade física e/ou tem sua utilização limitada a dois anos;*

X. *gestão documental: conjunto de procedimentos e operações técnicas para produção, tramitação, uso e avaliação de documentos, com vistas à sua guarda permanente ou eliminação, mediante o uso razoável de critérios de responsabilidade ambiental;*

XI. *inventário físico financeiro: relação de materiais que compõem o estoque onde figuram a quantidade física e financeira, a descrição, e o valor do bem;*

XII. *compra compartilhada: contratação para um grupo de participantes previamente estabelecidos, na qual a responsabilidade de condução do processo licitatório e gerenciamento da ata de registro de preços serão de um órgão ou entidade da Administração Pública Federal com o objetivo de gerar benefícios econômicos e socioambientais;*

XIII. *ponto de equilíbrio: quantidade ideal de recursos materiais necessários para execução das atividades desempenhadas por uma unidade de trabalho, sem prejuízo de sua eficiência;*

XIV. *corpo funcional: magistrados, servidores e estagiários; e*

XV. *força de trabalho auxiliar: funcionários terceirizados.*

Art. 4º *As unidades ou núcleos socioambientais deverão ter caráter permanente para o planejamento, implementação, monitoramento de metas anuais e avaliação de indicadores de desempenho para o cumprimento desta Resolução, devendo ser criadas no prazo máximo de 120 (cento e vinte) dias, a partir da publicação da presente.*

Art. 5º *As unidades ou núcleos socioambientais deverão estimular a reflexão e a mudança dos padrões de compra, consumo e gestão documental dos órgãos do Poder Judiciário, bem como do corpo funcional e força de trabalho auxiliar de cada instituição.*

Art. 6º *As unidades ou núcleos socioambientais deverão fomentar ações que estimulem:*

I. *o aperfeiçoamento contínuo da qualidade do gasto público;*

II. *o uso sustentável de recursos naturais e bens públicos;*

III. *a redução do impacto negativo das atividades do órgão no meio ambiente com a adequada gestão dos resíduos gerados;*

IV. *a promoção das contratações sustentáveis;*

V. *a gestão sustentável de documentos, em conjunto com a unidade responsável;*

VI. *a sensibilização e capacitação do corpo funcional, força de trabalho auxiliar e de outras partes interessadas; e*

VII. *a qualidade de vida no ambiente de trabalho, em conjunto com a unidade responsável.*

§ 1º *A adequada gestão dos resíduos gerados deverá promover a coleta seletiva, com estímulo a sua redução, ao reuso e à reciclagem de materiais, e à inclusão socioeconômica dos catadores de resíduos, em consonância com a Política Nacional de Resíduos Sólidos e as limitações de cada município.*

§ 2º *O uso sustentável de recursos naturais e bens públicos deverá ter como objetivos o combate ao desperdício e o consumo consciente de materiais, com destaque para a gestão sustentável de documentos como a implementação de processo judicial eletrônico e a informatização dos processos e procedimentos administrativos.*

§ 3º *A promoção das contratações sustentáveis deverá observar a integração dos aspectos* ambientais, econômicos e sociais do desenvolvimento sustentável.

§ 4º As unidades ou núcleos socioambientais, em interatividade com as áreas envolvidas direta ou indiretamente com as contratações, deverão fomentar a inclusão de práticas de sustentabilidade, racionalização e consumo consciente, que compreende as seguintes etapas:

I. estudo e levantamento das alternativas à aquisição de produtos e serviços solicitados, considerando:

a) verificação da real necessidade de aquisição do produto e/ou serviço;

b) existência no mercado de alternativas sustentáveis considerando o ciclo de vida do produto;

c) a legislação vigente e as normas técnicas, elaboradas pela ABNT, para aferição e garantia da aplicação dos requisitos mínimos de qualidade, utilidade, resistência e segurança dos materiais utilizados;

d) conformidade dos produtos, insumos e serviços com os regulamentos técnicos pertinentes em vigor expedidos pelo Inmetro de forma a assegurar aspectos relativos à saúde, à segurança, ao meio ambiente, ou à proteção do consumidor e da concorrência justa;

e) normas da Anvisa quanto à especificação e classificação, quando for o caso;

f) as Resoluções do CONAMA, no que couber;

g) descarte adequado do produto ao fim de sua vida útil, em observância à Política Nacional de Resíduos Sólidos;

II. especificação ou alteração de especificação já existente do material ou serviço solicitado, observando os critérios e práticas de sustentabilidade, em conjunto com a unidade solicitante;

III. lançamento ou atualização das especificações no sistema de compras e administração de material da instituição;

IV. dentre os critérios de consumo consciente, o pedido de material e/ou planejamento anual de aquisições deverão ser baseados na real necessidade de consumo até que a unidade possa atingir o ponto de equilíbrio.

§ 5º. O histórico de consumo da unidade deverá ser considerado para monitoramento de dados e poderá ser um dos critérios utilizados no levantamento da real necessidade de consumo.

§ 6º A sensibilização e capacitação do corpo funcional, força de trabalho auxiliar e, quando for o caso, de outras partes interessadas deverão estimular de forma contínua o consumo consciente e a responsabilidade socioambiental no âmbito da instituição.

§ 7º A qualidade de vida no ambiente de trabalho deve compreender a valorização, satisfação e inclusão do capital humano das instituições, em ações que estimulem o seu desenvolvimento pessoal e profissional, assim como a melhoria das condições das instalações físicas.

***Art. 7º** As unidades ou núcleos socioambientais deverão, preferencialmente, ser subordinados à alta administração dos órgãos tendo em vista as suas atribuições estratégicas e as mudanças de paradigma que suas ações compreendem.*

***Art. 8º** Os órgãos e conselhos do Poder Judiciário deverão implementar o Plano de Logística Sustentável do Poder Judiciário (PLS-PJ), de acordo com o Capítulo II desta Resolução.*

***Art. 9º** O CNJ deverá publicar anualmente, por intermédio do Departamento de Pesquisas Judiciárias (DPJ), o Balanço Socioambiental do Poder Judiciário, fomentado por informações consolidadas nos relatórios de acompanhamento do PLS-PJ de todos os órgãos e conselhos do Poder Judiciário.*

Capítulo II - Do Plano de Logística Sustentável do Poder Judiciário (PLS-PJ)

***Art. 10.** O PLS-PJ é instrumento vinculado ao planejamento estratégico do Poder Judiciário, com objetivos e responsabilidades definidas, ações, metas, prazos de execução, mecanismos de monitoramento e avaliação de resultados, que permite estabelecer e acompanhar práticas de sustentabilidade, racionalização e qualidade que objetivem uma melhor eficiência do gasto público e da gestão dos processos de trabalho, considerando a visão sistêmica do órgão.*

***Art. 11.** Ficam instituídos os indicadores mínimos para avaliação do desempenho ambiental e econômico do Plano de Logística Sustentável do Poder Judiciário (PLS-PJ), conforme Anexo I, que devem ser aplicados nos órgãos e conselhos do Poder Judiciário.*

***Art. 12.** Os órgãos e conselhos do Poder Judiciário deverão constituir comissão gestora do PLS-PJ composta por no mínimo 5 (cinco) servidores, que serão designados pela alta administração no prazo de 30 dias a partir da constituição das unidades ou núcleos socioambientais.*

§ 1º A comissão gestora do PLS-PJ será composta, obrigatoriamente, por um servidor da unidade ou núcleo socioambiental, da unidade de planejamento estratégico e da área de compras ou aquisições do órgão ou conselho do Poder Judiciário.

§ 2º A comissão gestora do PLS-PJ terá a atribuição de elaborar, monitorar, avaliar e revisar o PLS-PJ do seu órgão.

***Art. 13.** O PLS-PJ será aprovado pela alta administração do órgão.*

§ 1º O PLS-PJ poderá ser subdividido, a critério de cada órgão, em razão da complexidade de sua estrutura.

§ 2º Os PLS-PJ dos órgãos seccionais da Justiça Federal deverão estar em conformidade com o PLS-PJ do órgão a que é subordinado.

***Art. 14.** O PLS-PJ deverá conter, no mínimo:*

I. relatório consolidado do inventário de bens e materiais do órgão, com a identificação dos itens nos quais foram inseridos critérios de sustentabilidade quando de sua aquisição;

II. práticas de sustentabilidade, racionalização e consumo consciente de materiais e serviços;

III. responsabilidades, metodologia de implementação, avaliação do plano e monitoramento dos dados;

IV. ações de divulgação, sensibilização e capacitação.

***Art. 15.** A elaboração e atualização do inventário de bens e materiais, adquiridos pelo órgão no período de um ano, deverão ser feitas em conformidade com a normatização interna de cada órgão do Poder Judiciário conforme definição no art. 3º, XII.*

***Art. 16.** As práticas de sustentabilidade, racionalização e consumo consciente de materiais e serviços deverão abranger, no mínimo, os seguintes temas:*

I. uso eficiente de insumos e materiais considerando, inclusive, a implantação do PJe e a informatização dos processos e procedimentos administrativos;

II. energia elétrica;

III. água e esgoto;

IV. gestão de resíduos;

V. qualidade de vida no ambiente de trabalho;

VI. sensibilização e capacitação contínua do corpo funcional, força de trabalho auxiliar e, quando for o caso, de outras partes interessadas;

VII. contratações sustentáveis, compreendendo, pelo menos, obras, equipamentos, combustível, serviços de vigilância, de limpeza, de telefonia, de processamento de dados, de apoio administrativo e de manutenção predial, conforme artigo 15;

VIII. deslocamento de pessoal, bens e materiais considerando todos os meios de transporte, com foco na redução de gastos e de emissões de substâncias poluentes.

***Parágrafo único:** As práticas de sustentabilidade, racionalização e consumo consciente de materiais e serviços constantes no Anexo II desta Resolução poderão ser utilizadas como referência na elaboração dos planos de ação dos PLS-PJ dos conselhos e órgãos do Poder Judiciário.*

***Art. 17.** As contratações efetuadas pelo órgão ou conselho deverão observar:*

I. critérios de sustentabilidade na aquisição de bens, tais como:

a) rastreabilidade e origem dos insumos de madeira como itens de papelaria e mobiliário, a partir de fontes de manejo sustentável;

b) eficiência energética e nível de emissão de poluentes de máquinas e aparelhos consumidores de energia, veículos e prédios públicos;

c) eficácia e segurança dos produtos usados na limpeza e conservação de ambientes;

d) gêneros alimentícios.

II. práticas de sustentabilidade na execução dos serviços;

III. critérios e práticas de sustentabilidade no projeto e execução de obras e serviços de engenharia, em consonância com a Resolução CNJ 114/2010;

IV. emprego da logística reversa na destinação final de suprimentos de impressão, pilhas e baterias, pneus, lâmpadas, óleos lubrificantes, seus resíduos e embalagens, bem como produtos eletroeletrônicos e seus componentes, de acordo com a Política Nacional de Resíduos Sólidos, observadas as limitações de cada município.

***Art. 18.** O PLS-PJ deverá ser formalizado em processo administrativo e, para cada tema citado no art. 16, deverão ser criados planos de ação com os seguintes tópicos:*

I. objetivo do plano de ação;

II. detalhamento de implementação das ações;

III. unidades e áreas envolvidas na implementação de cada ação e respectivos responsáveis;

IV. metas a serem alcançadas para cada ação;

V. cronograma de implementação das ações;

VI. previsão de recursos financeiros, humanos, instrumentais, entre outros, necessários para a implementação das ações.

§ 1º Para os temas listados no art. 16, os resultados alcançados serão avaliados semestralmente e/ou anualmente pela comissão gestora do PLS-PJ, utilizando os indicadores constantes no Anexo I e banco de boas práticas.

§ 2º Caso o órgão ou conselho inclua outros temas no PLS-PJ, deverão ser definidos os respectivos indicadores, contendo: nome, fórmula de cálculo, fonte de dados, metodologia e periodicidade de apuração.

***Art. 19.** As iniciativas de capacitação afetas ao tema sustentabilidade deverão ser incluídas no plano de treinamento de cada órgão do Poder Judiciário.*

***Parágrafo único.** As atividades de ambientação de novos servidores e colaboradores deverão difundir as ações sustentáveis praticadas, de modo a consolidar os novos padrões de consumo consciente do órgão.*

***Art. 20.** As seguintes iniciativas da Administração Pública Federal poderão ser observadas na elaboração dos PLS-PJ:*

I. Programa de Eficiência do Gasto Público (PEG), desenvolvido no âmbito da Secretaria de Orçamento Federal do Ministério do Planejamento, Orçamento e Gestão (SOF/MP);

II. Programa Nacional de Conservação de Energia Elétrica (Procel), coordenado pela Secretaria de Planejamento e Desenvolvimento Energético do Ministério de Minas e Energia (SPE/MME);

III. Agenda Ambiental na Administração Pública (A3P), coordenada pela Secretaria de Articulação Institucional e Cidadania Ambiental do Ministério do Meio Ambiente (SAIC/MMA);

IV. Coleta Seletiva Solidária, desenvolvida no âmbito da Secretaria-Executiva do Ministério do Desenvolvimento Social e Combate à Fome (SE/MDS);

V. Projeto Esplanada Sustentável (PES), coordenado pelo Ministério do Planejamento, Orçamento e Gestão, por meio da SOF/MP, em articulação com o Ministério do Meio Ambiente, Ministério de Minas e Energia e Ministério do Desenvolvimento Social;

VI. Contratações Públicas Sustentáveis (CPS), coordenada pelo órgão central do Sistema de Serviços Gerais (SISG), na forma da Instrução Normativa 1, de 19 de janeiro de 2010, da Secretaria da Logística e Tecnologia da Informação (SLTI/MP).

§ 1º Os planos de ação, ou instrumentos similares, das iniciativas elencadas neste artigo, poderão ser incorporados aos PLS-PJ dos órgãos e conselhos do Poder Judiciário.

§ 2º Os guias de contratações sustentáveis poderão ser utilizados com o objetivo de orientar a inclusão de critérios e práticas de sustentabilidade a serem observados na aquisição de bens e na contratação de obras e serviços.

§ 3º O banco de boas práticas estará disponível no sítio do CNJ, no qual serão elencadas as iniciativas e ações que resultaram em impacto positivo quanto aos aspectos ambientais, econômicos e sociais na gestão dos órgãos e conselhos do Poder Judiciário.

Capítulo III - Disposições Finais

***Art. 21.** O PLS-PJ deverá ser elaborado e publicado no sítio dos respectivos órgãos e conselhos do Poder Judiciário no prazo de cento e oitenta dias, contados a partir da publicação desta resolução.*

Art. 22. *Os resultados obtidos a partir da implantação das ações definidas no PLS-PJ deverão ser publicados ao final de cada semestre do ano no sítio dos respectivos conselhos e órgãos do Poder Judiciário, apresentando as metas alcançadas e os resultados medidos pelos indicadores.*

Art. 23. *Ao final de cada ano deverá ser elaborado por cada órgão e conselho do Poder Judiciário relatório de desempenho do PLS-PJ, contendo:*

I. consolidação dos resultados alcançados;

II. a evolução do desempenho dos indicadores estratégicos do Poder Judiciário com foco socioambiental e econômico, de acordo com o previsto no Anexo I;

III. identificação das ações a serem desenvolvidas ou modificadas para o ano subsequente.

§ 1º *Os relatórios deverão ser publicados no sítio dos respectivos órgãos e conselhos do Poder Judiciário e encaminhados, em forma eletrônica, ao CNJ até o dia 20 de dezembro do ano corrente pela autoridade competente do órgão ou conselho.*

§ 2º *O DPJ disponibilizará aos órgãos e conselhos do Poder Judiciário acesso ao sistema informatizado para compilação das informações quanto ao PLS-PJ com o objetivo de padronizar o envio e recebimento de dados e facilitar a análise dos indicadores que avaliarão o índice de sustentabilidade das instituições.*

Art. 24. *O PLS-PJ irá subsidiar, anualmente, o Balanço Socioambiental do Poder Judiciário, a ser publicado pelo CNJ por intermédio do DPJ, no prazo de 180 dias a contar do recebimento do relatório de desempenho dos órgãos.*

Art. 25. *Esta Resolução entra em vigor na data de sua publicação.*

Anexo I - Resolução nº 201/2015

Indicadores Mínimos para Avaliação do Desempenho Ambiental e Econômico do PLS-PJ

I – Materiais de Consumo		
Papel		
Nome do Indicador/Índice	***Descrição***	***Apuração***
Consumo de papel branco	***Quantidade (resmas) de papel branco utilizadas***	***Mensal e anual***
Gasto com aquisição de papel branco	***Valor (R$) gasto com a compra de papel branco***	***Mensal e anual***
Consumo de papel reciclado	***Quantidade (resmas) de papel reciclado utilizadas***	***Mensal e anual***
Gasto com aquisição de papel reciclado	***Valor (R$) gasto com a compra de papel reciclado***	***Mensal e anual***
Consumo total de papel branco e reciclado	***Quantidade total de resmas de papel branco e reciclado utilizadas***	***Mensal e anual***

Copos Descartáveis e água engarrafada		
Nome do Indicador/Índice	***Descrição***	***Apuração***
Consumo de copos de 200ml descartáveis	***Quantidade (centos) de copos de 200 ml/ total corpo funcional + força de trabalho auxiliar***	***Semestral e anual***
Gasto com aquisição de copos de 200 ml	***Valor (R$) gasto com a compra de copos de 200 ml***	***Semestral e anual***
Consumo de copos de 50ml descartáveis	***Quantidade (centos) de copos de 50 ml/ total corpo funcional + força de trabalho auxiliar***	***Semestral e anual***
Gasto com aquisição de copos de 50 ml	***Valor (R$) gasto com a compra de copos de 50 ml***	***Semestral e anual***
Gasto total com aquisição de copos descartáveis	***Valor (R$) gasto com a compra de copos descartáveis (200ml + 50ml)***	***Semestral e anual***
Consumo de água envasada em embalagens plásticas (com e sem gás – explicitar o volume em ml ou litro)	***Quantidade (unidades) de garrafas descartáveis consumidas***	***Semestral e anual***
Consumo de garrafões de água de 20 litros	***Consumo de garrafões de água de 20 litros***	***Semestral e anual***
Gasto com aquisição de água envasada em embalagens plásticas (com e sem gás – explicitar o volume em ml ou litro)	***Valor (R$) gasto com a compra de garrafinhas plásticas (com e sem gás)***	***Semestral e anual***
Gasto com aquisição de garrafões de 20 litros	***Valor (R$) gasto com a compra de garrafões 20 litros***	***Semestral e anual***

II - Impressão de documentos e equipamentos instalados		
Nome do Indicador/Índice	***Descrição***	***Apuração***
Impressões de documentos totais	***Quantidade total de impressões/corpo funcional + força de trabalho auxiliar***	***Semestral e anual***

Equipamentos instalados	Quantidade de equipamentos instalados por unidade de trabalho	Semestral e anual
Performance dos equipamentos instalados (índice de ociosidade baseada na capacidade máxima de impressão)	Quantidade de impressões/ equipamentos instalados por unidade de trabalho	Semestral
Gasto com aquisições de suprimentos	Valor (R$) gasto com a compra de suprimentos	Anual
Gasto com aquisição de impressoras	Valor gasto com a compra de equipamentos de impressão	Anual
Gasto com contratos de outsourcing de impressão (equipamento + manutenção + impressão por folha + suprimento)	Valor (R$) gasto com o posto de impressão	Anual

III - Energia Elétrica		
Nome do Indicador	**Descrição**	**Apuração**
Consumo de energia elétrica	Quantidade de Kwh consumidos	Mensal e anual
Consumo de energia elétrica por área construída	Quantidade de Kwh consumidos/total da área construída	Mensal e anual
Gasto com energia elétrica	Valor (R$) da fatura	Mensal e anual
Gasto com energia elétrica	Valor (R$) da fatura/ total área construída	Mensal e anual
Adequação do contrato de demanda (fora de ponta)	Demanda registrada fora de ponta/ demanda contratada fora de ponta (%)	Mensal
Adequação do contrato de demanda (ponta)	Demanda registrada ponta/Demanda contratada ponta (5)	Mensal

IV - Água e esgoto		
Nome do Indicador	**Descrição**	**Apuração**
Volume de água consumido	Quantidade de m³ de água	Mensal e anual
Volume de água por área construída	Quantidade de m³ de água/total área construída	Mensal e anual
Gasto com água	Valor (R$) da fatura	Mensal e anual
Gasto com água por área construída	Valor (R$) da fatura/ área total construída	Mensal e anual

V – Gestão de resíduos		
Nome do Indicador	**Descrição**	**Apuração**
Destinação de papel para reciclagem	Quantidade (kg) de papel destinado à reciclagem	Mensal e semestral
Destinação de suprimentos de impressão para reciclagem	Quantidade (kg) de suprimentos de impressão destinados à reciclagem	Mensal e semestral
Destinação de plástico para reciclagem	Quantidade (kg) de plástico destinado à reciclagem	Mensal e semestral
Destinação de lâmpadas encaminhadas para descontaminação	Quantidade (unidades) de lâmpadas encaminhadas para descontaminação	Mensal e semestral
Destinação de pilhas e baterias encaminhadas para descontaminação	Quantidade (kg) de pilhas e baterias encaminhadas para descontaminação	Mensal e semestral
Destinação de madeiras para reaproveitamento	Quantidade (kg) de madeira destinada à reciclagem	Mensal e semestral
Destinação de vidros para reciclagem	Quantidade (kg) de vidros destinados à reciclagem	Mensal e semestral
Destinação de metais para a reciclagem	Quantidade (kg) de metais destinados à reciclagem	Mensal e semestral
Destinação de resíduos de saúde para descontaminação	Quantidade (kg) de resíduos de saúde destinados à descontaminação	Mensal e semestral
Destinação de resíduos de obras à reciclagem	Quantidade (kg) de resíduos de obras destinados à reciclagem	Anual
Destinação de resíduos de informática (fitas, cabos, mídias, dentre outros) à reciclagem	Quantidade (kg) de resíduos de informática (fitas, cabos, mídias, dentre outros) destinados à reciclagem	Anual
Total de material reciclável destinado às cooperativas	Quantidade (kg) de resíduos recicláveis destinados às cooperativas	Mensal e semestral

VI – Qualidade de vida no ambiente de trabalho		
Nome do Indicador	**Descrição**	**Apuração**
Participação dos servidores e/ou ações voltadas para a qualidade de vida no trabalho	(Quantidade de servidores que participaram de ações de qualidade de vida/ total de servidores da instituição) x 100	Anual

Participação de servidores em ações solidárias (ex: inclusão digital, alfabetização, campanhas voluntárias)	(Quantidade de servidores que participaram de ações solidárias/total de servidores da instituição) x 100	Anual
Ações de inclusão para servidores com deficiência	Quantidade de ações de inclusão	Anual
VII – Telefonia		
Nome do Indicador	Descrição	Apuração
Gasto médio do contrato de telefonia fixa	Valor (R$) da fatura/ quantidade linhas	Mensal e Anual
Gasto médio do contrato de telefonia móvel	Valor (R$) da fatura/ quantidade de linhas	Mensal e Anual
Gasto total do contrato de telefonia fixa	Valor (R$) da fatura de telefonia fixa	Mensal e anual
Gasto total do contrato de telefonia móvel	Valor (R$) da fatura de telefonia móvel	Mensal e anual
VII - Vigilância		
Nome do Indicador	Descrição	Apuração
Valor inicial do posto	Valor total anual do contrato/quantidade de postos	Anual
Valor atual do posto	Valor total anual de repactuação/valor total anual de assinatura do contrato	Anual
IX - Limpeza		
Nome do Indicador	Descrição	Apuração
Gasto de limpeza pela área construída	Valor (R$) anual do contrato/área construída	Anual
Grau de repactuação	Valor total anual de repactuação/valor total anual da assinatura do contrato	Anual
Gasto com material de limpeza	Valor (R$) gasto com aquisição de material de limpeza	Anual
X - Combustível		
Nome do Indicador	Descrição	Apuração
Consumo de gasolina da frota oficial de veículos	Quantidade de litros de gasolina consumidos/quantidade de km rodados	Mensal e Anual
Consumo de etanol da frota oficial de veículos	Quantidade de litros de etanol consumidos/quantidade de km rodados	Mensal e anual
Consumo de diesel da frota oficial de veículos	Quantidade de litros de diesel consumidos/ quantidade de km rodados	Mensal e anual
XI - Veículos		
Nome do Indicador	Descrição	Apuração
Veículos para transporte de servidores, tramitação de documentos e demais atividades funcionais	Quantidade de veículos utilizados no transporte de servidores, tramitação de documentos e demais atividades funcionais/ total de servidores	Anual
Veículos para transporte de magistrados	Quantidade de veículos utilizados no transporte de magistrados /total de magistrados	Anual
Gasto com manutenção dos veículos da frota	Valor (R$) da fatura do total de contratos de manutenção/ quantidade de veículos	Anual
XII - Layout		
Nome do Indicador	Descrição	Apuração
Valor gasto com reformas nas unidades	Valor gasto com reformas nas unidades no ano vigente/ Valor gasto com reformas no ano anterior	Anual
XIII – Capacitação de servidores em educação socioambiental		
Nome do Indicador	Descrição	Apuração
Sensibilização e capacitação do corpo funcional e força de trabalho auxiliar	Quantidade de ações de sensibilização e capacitação	Anual

Anexo II - Resolução nº 201/2015

Sugestões de Práticas de Sustentabilidade, Racionalização e Consumo Consciente Quanto à Aquisição de Materiais e à Contratação de Serviços

Papel e Suprimentos de Impressão

1. Dar preferência ao uso de mensagens eletrônicas (e-mail) na comunicação evitando o uso do papel.

2. Evitar a impressão de documentos.

3. Fazer a revisão dos documentos antes de imprimi-los.

4. Sempre que possível, imprimir em fonte econômica (eco fonte) e frente e verso.

5. Configurar ou substituir os equipamentos de impressão e cópia para modo frente e verso automático.

6. Somente disponibilizar um cartucho/tonner novo ao receber o velho completamente vazio.

7. Reaproveitar as folhas impressas de um lado para nova impressão ou confecção de blocos de rascunho.

8. Dar preferência ao uso do papel reciclado ou não clorado;

9. Realizar campanhas de sensibilização e consumo consciente quanto ao uso do papel, e

10. Monitorar os dados de consumo e informá-los ao corpo funcional.

Sistemas informatizados

1. Promover o desenvolvimento de sistemas informatizados de documentos em substituição aos documentos impressos.

2. Interagir de forma eficiente com os sistemas eletrônicos de processos administrativos e/ou judiciais com o objetivo de evitar a impressão.

3. Digitalizar os documentos impressos.

4. Promover o uso de ferramentas virtuais na gestão administrativa para melhor controle, gerenciamento e atendimento de demandas.

Copos Descartáveis e Águas Engarrafadas

1. Substituir o uso de copos descartáveis por dispositivos retornáveis duráveis ou biodegradáveis.

2. Dar preferência para aquisição de copos produzidos com materiais que minimizem os impactos ambientais de seu descarte;

3. Incentivar o uso do copo retornável com campanhas de sensibilização e consumo consciente.

4. Monitorar os dados de consumo e informá-los ao corpo funcional.

5. Substituir o consumo de água engarrafada em copinhos plásticos de 200 ml e garrafas plásticas por garrafões de 20 litros, sistemas de filtragem ou bebedouros tendo em vista as questões econômico-financeiras e impactos ambientais negativos gerados pelos resíduos plásticos.

6. Os equipamentos como garrafões de 20 litros, bebedouros e sistemas de filtragem devem ser higienizados periodicamente de acordo com os normativos legais ou instruções do fabricante.

Material de Limpeza

1. Usar preferencialmente produtos biodegradáveis de limpeza.

2. Incluir nos contratos de limpeza a capacitação e sensibilização periódica das equipes de limpeza.

3. Rever as rotinas de trabalho quanto à limpeza das instalações de modo a otimizar os serviços realizados.

Energia Elétrica

1. Fazer diagnóstico da situação das instalações elétricas e propor as alterações necessárias para redução de consumo.

2. Monitorar os dados de consumo e informá-los ao corpo funcional.

3. Desligar luzes e equipamentos ao se ausentar do ambiente.

4. Fechar as portas e janelas quando o ar condicionado estiver ligado para não diminuir sua eficiência.

5. Aproveitar as condições naturais do ambiente de trabalho – ventilação, iluminação natural.

6. Desligar alguns elevadores nos horários de menor movimento e promover campanhas de incentivo ao uso das escadas.

7. Revisar o contrato de energia visando à racionalização em razão da real demanda de energia elétrica.

8. Dar preferência, quando da substituição, a aparelhos de ar condicionado e outros equipamentos eletroeletrônicos mais modernos e eficientes, respeitadas as normas técnicas vigentes.

9. Buscar implementar soluções que tragam eficiência energética à edificação, como a substituição de lâmpadas fluorescentes por dispositivos em led, placas fotovoltaicas para captação de energia solar e outras tecnologias limpas para geração de energia.

10. Utilizar, sempre que possível, sensores de presença em locais de trânsito de pessoas.

11. Reduzir a quantidade de lâmpadas, estabelecendo um padrão por m² e estudando a viabilidade de se trocar as calhas embutidas por calhas "invertidas".

12. Realizar campanhas de sensibilização e consumo consciente quanto ao uso da energia.

Água e Esgoto

1. Realizar levantamento e monitorar, periodicamente, a situação das instalações hidráulicas e propor alterações necessárias para redução do consumo.

2. Monitorar os dados de consumo e informá-los ao corpo funcional.

3. Adotar medidas para evitar o desperdício de água como a instalação de descargas e torneiras mais eficientes e com dispositivos economizadores.

4. Não utilizar água nobre para fins não nobres (ex: lavagem de veículos, manutenção de jardins, lavagem de brises).

5. Criar rotinas periódicas para lavagem de grandes áreas e irrigação de jardins.

6. Dar preferência a sistemas de reuso de água e tratamento dos efluentes gerados.

7. Dar preferência a sistemas de medição individualizados de consumo de água.

8. Analisar a viabilidade de aproveitamento da água da chuva e poços artesianos, com a devida outorga, e

9. Realizar campanhas de sensibilização e consumo consciente quanto ao uso da água.

Gestão de Resíduos

1. Promover a implantação da coleta seletiva em consonância com a Resolução CONAMA 275/2001, o Decreto 5.940/2006, a Lei 12.305/2010 e demais legislação pertinente, quanto ao estabelecimento de parcerias com cooperativas de catadores (sempre que possível, respeitadas as limitações dos municípios) e tabela de cores.

2. Promover a destinação ecologicamente correta dos resíduos gerados (desde material de expediente até óleos lubrificantes, pneus, pilhas, baterias, lixo eletrônico, quando houver).

3. Realizar campanhas de sensibilização e consumo consciente quanto ao descarte correto de resíduos.

4. Monitorar os dados de consumo e informá-los ao corpo funcional.

5. Implantar planos de gestão de resíduos de saúde nos casos cabíveis, conforme previsto na RDC ANVISA 306/2004.

6. Incluir nos contratos para cessão de espaço público que tenham como objetos restaurantes ou

lanchonetes, previsão para que a contratada dê destino ecologicamente correto ao óleo de cozinha, apresentando relatório mensal dos resíduos gerados, e

7. Incluir nos contratos de manutenção predial a descontaminação e descarte ecologicamente correto de lâmpadas.

Qualidade de Vida no Ambiente de Trabalho

1. Adotar medidas para promover um ambiente físico de trabalho seguro e saudável.

2. Adotar medidas para avaliação e controle da qualidade do ar nos ambientes climatizados.

3. Realizar manutenção ou substituição de aparelhos que provocam ruídos no ambiente de trabalho.

4. Promover atividades de integração e de qualidade de vida no trabalho.

5. Realizar campanhas, oficinas, palestras e exposições de sensibilização das práticas sustentáveis para os servidores, funcionários terceirizados e magistrados com divulgação por meio da intranet, cartazes eletrônicos e informativos.

6. Incentivar a adoção de práticas sustentáveis e colaborativas reconhecendo e premiando as unidades que possuem bons índices de consumo.

7. Incentivar a realização de cursos à distância com a temática da sustentabilidade reforçando as práticas realizadas no tribunal.

8. Buscar parcerias com a comunidade e órgãos da administração local no sentido de implementar possíveis inovações e serviços (ex: coleta de óleo pela concessionária local, recolhimento de lixo eletrônico, etc.), e

9. Trocar experiências com outros órgãos no sentido de buscar novas práticas.

Veículos e Transporte

1. Dar preferência a contratos de aquisição de veículos com dação em pagamento.

2. Estabelecer rotas preferenciais entre os destinos mais utilizados considerando a redução no consumo de combustíveis e emissão de gases poluentes.

3. Utilizar preferencialmente combustíveis menos poluentes e de fontes renováveis como o etanol.

4. Estabelecer rotinas de manutenção preventiva nos veículos.

5. Dar preferência à lavagem ecológica de veículos oficiais, e

6. Estabelecer intervalos sustentáveis entre as lavagens de veículos oficiais.

Telefonia

1. Implantação de tecnologia VoIP (Voice over Interne Protocol) – substituição de linhas analógicas por rede de dados e voz (ramais).

Mobiliário

1. Adquirir mobiliário observando as normas de ergonomia.

2. No caso dos itens em madeira, observar a origem legal do produto.

Desfazimento de Documentos, Materiais e Bens Móveis

1. Recomendar que o desfazimento de bens móveis e materiais tenha o apoio das unidades ou núcleos socioambientais, para identificação da melhor destinação, considerando o que estabelece Lei 12.305/2010, que institui a Política Nacional de Resíduos Sólidos e Decreto 7.404/2010, que regulamenta a mencionada Lei.

2. Descartar de forma ecologicamente correta os documentos e processos judiciais de acordo com a tabela de temporalidade e Recomendação CNJ 37/2011.

3. Incentivar ações de reutilização de materiais.

Contratações Sustentáveis

1. Estimular contratações sustentáveis, ou seja, com a inserção de critérios de sustentabilidade na especificação do objeto.

2. Realizar análise de consumo antes da contratação para avaliação da real necessidade de aquisição.

Material de consumo – planejamento e uso

1. A unidade responsável pela administração de material do órgão deve controlar e monitorar os dados de consumo e informá-los às unidades de trabalho.

2. Os gestores devem informar ao corpo funcional os índices de consumo da unidade estimulando o consumo consciente em busca do ponto de equilíbrio.

Anotações

CAPÍTULO 04

Decreto nº 7.746/2012

Art. 1º Este Decreto regulamenta o art. 3º da Lei no 8.666, de 21 de junho de 1993, para estabelecer critérios, práticas e diretrizes gerais para a promoção do desenvolvimento nacional sustentável por meio das contratações realizadas pela administração pública federal direta, autárquica e fundacional e pelas empresas estatais dependentes, e institui a Comissão Interministerial de Sustentabilidade na Administração Pública – CISAP.

Art. 2º A administração pública federal direta, autárquica e fundacional e as empresas estatais dependentes poderão adquirir bens e contratar serviços e obras considerando critérios e práticas de sustentabilidade objetivamente definidos no instrumento convocatório, conforme o disposto neste Decreto.

Parágrafo Único. A adoção de critérios e práticas de sustentabilidade deverá ser justificada nos autos e preservar o caráter competitivo do certame.

Art. 3º Os critérios e práticas de sustentabilidade de que trata o art. 2º serão veiculados como especificação técnica do objeto ou como obrigação da contratada.

Parágrafo único. A CISAP poderá propor à Secretaria de Logística e Tecnologia da Informação do Ministério do Planejamento, Orçamento e Gestão o estabelecimento de outras formas de veiculação dos critérios e práticas de sustentabilidade nas contratações.

Art. 4º São diretrizes de sustentabilidade, entre outras:

- **I.** menor impacto sobre recursos naturais como flora, fauna, ar, solo e água;
- **II.** preferência para materiais, tecnologias e matérias-primas de origem local;
- **III.** maior eficiência na utilização de recursos naturais como água e energia;
- **IV.** maior geração de empregos, preferencialmente com mão de obra local;
- **V.** maior vida útil e menor custo de manutenção do bem e da obra;
- **VI.** uso de inovações que reduzam a pressão sobre recursos naturais; e
- **VII.** origem ambientalmente regular dos recursos naturais utilizados nos bens, serviços e obras.

Art. 5º A administração pública federal direta, autárquica e fundacional e as empresas estatais dependentes poderão exigir no instrumento convocatório para a aquisição de bens que estes sejam constituídos por material reciclado, atóxico ou biodegradável, entre outros critérios de sustentabilidade.

Art. 6º As especificações e demais exigências do projeto básico ou executivo para contratação de obras e serviços de engenharia devem ser elaboradas, nos termos do art. 12 da Lei nº 8.666, de 1993, de modo a proporcionar a economia da manutenção e operacionalização da edificação e a redução do consumo de energia e água, por meio de tecnologias, práticas e materiais que reduzam o impacto ambiental.

Art. 7º O instrumento convocatório poderá prever que o contratado adote práticas de sustentabilidade na execução dos serviços contratados e critérios de sustentabilidade no fornecimento dos bens.

Art. 8º A comprovação das exigências contidas no instrumento convocatório poderá ser feita mediante certificação emitida por instituição pública oficial ou instituição credenciada, ou por qualquer outro meio definido no instrumento convocatório.

§ 1º Em caso de inexistência da certificação referida no caput, o instrumento convocatório estabelecerá que, após a seleção da proposta e antes da adjudicação do objeto, o contratante poderá realizar diligências para verificar a adequação do bem ou serviço às exigências do instrumento convocatório.

§ 2º Caso o bem ou serviço seja considerado inadequado em relação às exigências do instrumento convocatório, o contratante deverá apresentar razões técnicas, assegurado o direito de manifestação do licitante vencedor.

Art. 9º Fica instituída a Comissão Interministerial de Sustentabilidade na Administração Pública – CISAP, de natureza consultiva e caráter permanente, vinculada à Secretaria de Logística e Tecnologia da Informação, com a finalidade de propor a implementação de critérios, práticas e ações de logística sustentável no âmbito da administração pública federal direta, autárquica e fundacional e das empresas estatais dependentes.

Art. 10. A CISAP será composta por:

- **I.** dois representantes do Ministério do Planejamento, Orçamento e Gestão, sendo:
  - **a)** um representante da Secretaria de Logística e Tecnologia da Informação, que a presidirá; e
  - **b)** um representante da Secretaria de Orçamento Federal;
- **II.** um representante do Ministério do Meio Ambiente, que exercerá a vice-presidência;
- **III.** um representante da Casa Civil da Presidência da República;
- **IV.** um representante do Ministério de Minas e Energia;
- **V.** um representante do Ministério do Desenvolvimento, Indústria e Comércio Exterior;
- **VI.** um representante do Ministério da Ciência, Tecnologia e Inovação;
- **VII.** um representante do Ministério da Fazenda; e
- **VIII.** um representante da Controladoria-Geral da União.

§ 1º Os membros titulares da CISAP deverão ocupar cargo de Secretário, Diretor ou cargos equivalentes no órgão que representam, possuindo cada um deles um suplente.

§ 2º Os representantes, titulares e suplentes, dos órgãos referidos nos incisos II a VIII do caput serão designados, no prazo de trinta dias contado da data de publicação deste Decreto, por ato do Ministro de Estado do Planejamento, Orçamento e Gestão.

Art. 11. Compete à CISAP:

- **I.** propor à Secretaria de Logística e Tecnologia da Informação:
  - **a)** normas para elaboração de ações de logística sustentável;
  - **b)** regras para a elaboração dos Planos de Gestão de Logística Sustentável, de que trata o art. 16, no prazo de noventa dias a partir da instituição da CISAP;
  - **c)** planos de incentivos para órgãos e entidades que se destacarem na execução de seus Planos de Gestão de Logística Sustentável;
  - **d)** critérios e práticas de sustentabilidade nas aquisições, contratações, utilização dos recursos públicos, desfazimento e descarte;

e) *estratégias de sensibilização e capacitação de servidores para a correta utilização dos recursos públicos e para a execução da gestão logística de forma sustentável;*

f) *cronograma para a implantação de sistema integrado de informações para acompanhar a execução das ações de sustentabilidade; e*

g) *ações para a divulgação das práticas de sustentabilidade; e*

II. *elaborar seu regimento interno.*

Art. 12. *A CISAP poderá constituir Grupo de Apoio Técnico, formado por técnicos indicados pelos órgãos referidos no art. 10, com o objetivo de assessorá-la no desempenho de suas funções, nos termos do seu regimento interno.*

Art. 13. *Poderão ser convidados a participar das reuniões da CISAP especialistas, pesquisadores e representantes de órgãos e entidades públicas ou privadas.*

Art. 14. *A participação na CISAP é considerada prestação de serviço público relevante, não remunerada.*

Art. 15. *Compete à Secretaria de Logística e Tecnologia da Informação, como órgão central do Sistema de Serviços Gerais – SISG, expedir normas complementares sobre critérios e práticas de sustentabilidade, a partir das proposições da CISAP.*

§ 1º *As proposições da CISAP serão avaliadas com base nas diretrizes gerais de logística e compras da administração pública federal.*

§ 2º *A Secretaria de Logística e Tecnologia da Informação exercerá a função de Secretaria-Executiva da CISAP.*

Art. 16. *A administração pública federal direta, autárquica e fundacional e as empresas estatais dependentes deverão elaborar e implementar Planos de Gestão de Logística Sustentável, no prazo estipulado pela Secretaria de Logística e Tecnologia da Informação, prevendo, no mínimo:*

I. *atualização do inventário de bens e materiais do órgão e identificação de similares de menor impacto ambiental para substituição;*

II. *práticas de sustentabilidade e de racionalização do uso de materiais e serviços;*

III. *responsabilidades, metodologia de implementação e avaliação do plano; e*

IV. *ações de divulgação, conscientização e capacitação.*

Art. 17. *Este Decreto entra em vigor na data de sua publicação.*

Anotações

CAPÍTULO 05

Lei nº 12.305/2010

Título I - Disposições Gerais

Capítulo I - Do Objeto e do Campo de Aplicação

Art. 1º Esta Lei institui a Política Nacional de Resíduos Sólidos, dispondo sobre seus princípios, objetivos e instrumentos, bem como sobre as diretrizes relativas à gestão integrada e ao gerenciamento de resíduos sólidos, incluídos os perigosos, às responsabilidades dos geradores e do poder público e aos instrumentos econômicos aplicáveis.

§ 1º Estão sujeitas à observância desta Lei as pessoas físicas ou jurídicas, de direito público ou privado, responsáveis, direta ou indiretamente, pela geração de resíduos sólidos e as que desenvolvam ações relacionadas à gestão integrada ou ao gerenciamento de resíduos sólidos.

§ 2º Esta Lei não se aplica aos rejeitos radioativos, que são regulados por legislação específica.

Art. 2º Aplicam-se aos resíduos sólidos, além do disposto nesta Lei, nas Leis nºs 11.445, de 5 de janeiro de 2007, 9.974, de 6 de junho de 2000, e 9.966, de 28 de abril de 2000, as normas estabelecidas pelos órgãos do Sistema Nacional do Meio Ambiente (Sisnama), do Sistema Nacional de Vigilância Sanitária (SNVS), do Sistema Unificado de Atenção à Sanidade Agropecuária (Suasa) e do Sistema Nacional de Metrologia, Normalização e Qualidade Industrial (Sinmetro).

Capítulo II - Definições

Art. 3º Para os efeitos desta Lei, entende-se por:

I. *acordo setorial: ato de natureza contratual firmado entre o poder público e fabricantes, importadores, distribuidores ou comerciantes, tendo em vista a implantação da responsabilidade compartilhada pelo ciclo de vida do produto;*

II. *área contaminada: local onde há contaminação causada pela disposição, regular ou irregular, de quaisquer substâncias ou resíduos;*

III. *área órfã contaminada: área contaminada cujos responsáveis pela disposição não sejam identificáveis ou individualizáveis;*

IV. *ciclo de vida do produto: série de etapas que envolvem o desenvolvimento do produto, a obtenção de matérias-primas e insumos, o processo produtivo, o consumo e a disposição final;*

V. *coleta seletiva: coleta de resíduos sólidos previamente segregados conforme sua constituição ou composição;*

VI. *controle social: conjunto de mecanismos e procedimentos que garantam à sociedade informações e participação nos processos de formulação, implementação e avaliação das políticas públicas relacionadas aos resíduos sólidos;*

VII. *destinação final ambientalmente adequada: destinação de resíduos que inclui a reutilização, a reciclagem, a compostagem, a recuperação e o aproveitamento energético ou outras destinações admitidas pelos órgãos competentes do Sisnama, do SNVS e do Suasa, entre elas a disposição final, observando normas operacionais específicas de modo a evitar danos ou riscos à saúde pública e à segurança e a minimizar os impactos ambientais adversos;*

VIII. *disposição final ambientalmente adequada: distribuição ordenada de rejeitos em aterros, observando normas operacionais específicas de modo a evitar danos ou riscos à saúde pública e à segurança e a minimizar os impactos ambientais adversos;*

IX. *geradores de resíduos sólidos: pessoas físicas ou jurídicas, de direito público ou privado, que geram resíduos sólidos por meio de suas atividades, nelas incluído o consumo;*

X. *gerenciamento de resíduos sólidos: conjunto de ações exercidas, direta ou indiretamente, nas etapas de coleta, transporte, transbordo, tratamento e destinação final ambientalmente adequada dos resíduos sólidos e disposição final ambientalmente adequada dos rejeitos, de acordo com plano municipal de gestão integrada de resíduos sólidos ou com plano de gerenciamento de resíduos sólidos, exigidos na forma desta Lei;*

XI. *gestão integrada de resíduos sólidos: conjunto de ações voltadas para a busca de soluções para os resíduos sólidos, de forma a considerar as dimensões política, econômica, ambiental, cultural e social, com controle social e sob a premissa do desenvolvimento sustentável;*

XII. *logística reversa: instrumento de desenvolvimento econômico e social caracterizado por um conjunto de ações, procedimentos e meios destinados a viabilizar a coleta e a restituição dos resíduos sólidos ao setor empresarial, para reaproveitamento, em seu ciclo ou em outros ciclos produtivos, ou outra destinação final ambientalmente adequada;*

XIII. *padrões sustentáveis de produção e consumo: produção e consumo de bens e serviços de forma a atender as necessidades das atuais gerações e permitir melhores condições de vida, sem comprometer a qualidade ambiental e o atendimento das necessidades das gerações futuras;*

XIV. *reciclagem: processo de transformação dos resíduos sólidos que envolve a alteração de suas propriedades físicas, físico-químicas ou biológicas, com vistas à transformação em insumos ou novos produtos, observadas as condições e os padrões estabelecidos pelos órgãos competentes do Sisnama e, se couber, do SNVS e do Suasa;*

XV. *rejeitos: resíduos sólidos que, depois de esgotadas todas as possibilidades de tratamento e recuperação por processos tecnológicos disponíveis e economicamente viáveis, não apresentem outra possibilidade que não a disposição final ambientalmente adequada;*

XVI. *resíduos sólidos: material, substância, objeto ou bem descartado resultante de atividades humanas em sociedade, a cuja* destinação final se procede, se propõe proceder ou se está obrigado a proceder, nos estados sólido ou semissólido, bem como gases contidos em recipientes e líquidos cujas particularidades tornem inviável o seu lançamento na rede pública de esgotos ou em corpos d'água, ou exijam para isso soluções técnica ou economicamente inviáveis em face da melhor tecnologia disponível;

XVII. responsabilidade compartilhada pelo ciclo de vida dos produtos: conjunto de atribuições individualizadas e encadeadas dos fabricantes, importadores, distribuidores e comerciantes, dos consumidores e dos titulares dos serviços públicos de limpeza urbana e de manejo dos resíduos sólidos, para minimizar o volume de resíduos sólidos e rejeitos gerados, bem como para reduzir os impactos causados à saúde humana e à qualidade ambiental decorrentes do ciclo de vida dos produtos, nos termos desta Lei;

XVIII. reutilização: processo de aproveitamento dos resíduos sólidos sem sua transformação biológica, física ou físico-química, observadas as condições e os padrões estabelecidos pelos órgãos competentes do Sisnama e, se couber, do SNVS e do Suasa;

XIX. serviço público de limpeza urbana e de manejo de resíduos sólidos: conjunto de atividades previstas no art. 7º da Lei nº 11.445, de 2007.

Título II - Da Política Nacional De Resíduos Sólidos

Capítulo I - Disposições Gerais

Art. 4º A Política Nacional de Resíduos Sólidos reúne o conjunto de princípios, objetivos, instrumentos, diretrizes, metas e ações adotados pelo Governo Federal, isoladamente ou em regime de cooperação com Estados, Distrito Federal, Municípios ou particulares, com vistas à gestão integrada e ao gerenciamento ambientalmente adequado dos resíduos sólidos.

Art. 5º A Política Nacional de Resíduos Sólidos integra a Política Nacional do Meio Ambiente e articula-se com a Política Nacional de Educação Ambiental, regulada pela Lei nº 9.795, de 27 de abril de 1999, com a Política Federal de Saneamento Básico, regulada pela Lei nº 11.445, de 2007, e com a Lei no 11.107, de 6 de abril de 2005.

Capítulo II - Dos Princípios e Objetivos

Art. 6º São princípios da Política Nacional de Resíduos Sólidos:

I. a prevenção e a precaução;

II. o poluidor-pagador e o protetor-recebedor;

III. a visão sistêmica, na gestão dos resíduos sólidos, que considere as variáveis ambiental, social, cultural, econômica, tecnológica e de saúde pública;

IV. o desenvolvimento sustentável;

V. a ecoeficiência, mediante a compatibilização entre o fornecimento, a preços competitivos, de bens e serviços qualificados que satisfaçam as necessidades humanas e tragam qualidade de vida e a redução do impacto ambiental e do consumo de recursos naturais a um nível, no mínimo, equivalente à capacidade de sustentação estimada do planeta;

VI. a cooperação entre as diferentes esferas do poder público, o setor empresarial e demais segmentos da sociedade;

VII. a responsabilidade compartilhada pelo ciclo de vida dos produtos;

VIII. o reconhecimento do resíduo sólido reutilizável e reciclável como um bem econômico e de valor social, gerador de trabalho e renda e promotor de cidadania;

IX. o respeito às diversidades locais e regionais;

X. o direito da sociedade à informação e ao controle social;

XI. a razoabilidade e a proporcionalidade.

Art. 7º São objetivos da Política Nacional de Resíduos Sólidos:

I. proteção da saúde pública e da qualidade ambiental;

II. não geração, redução, reutilização, reciclagem e tratamento dos resíduos sólidos, bem como disposição final ambientalmente adequada dos rejeitos;

III. estímulo à adoção de padrões sustentáveis de produção e consumo de bens e serviços;

IV. adoção, desenvolvimento e aprimoramento de tecnologias limpas como forma de minimizar impactos ambientais;

V. redução do volume e da periculosidade dos resíduos perigosos;

VI. incentivo à indústria da reciclagem, tendo em vista fomentar o uso de matérias-primas e insumos derivados de materiais recicláveis e reciclados;

VII. gestão integrada de resíduos sólidos;

VIII. articulação entre as diferentes esferas do poder público, e destas com o setor empresarial, com vistas à cooperação técnica e financeira para a gestão integrada de resíduos sólidos;

IX. capacitação técnica continuada na área de resíduos sólidos;

X. regularidade, continuidade, funcionalidade e universalização da prestação dos serviços públicos de limpeza urbana e de manejo de resíduos sólidos, com adoção de mecanismos gerenciais e econômicos que assegurem a recuperação dos custos dos serviços prestados, como forma de garantir sua sustentabilidade operacional e financeira, observada a Lei nº 11.445, de 2007;

XI. prioridade, nas aquisições e contratações governamentais, para:

a) produtos reciclados e recicláveis;

b) bens, serviços e obras que considerem critérios compatíveis com padrões de consumo social e ambientalmente sustentáveis;

XII. integração dos catadores de materiais reutilizáveis e recicláveis nas ações que envolvam a responsabilidade compartilhada pelo ciclo de vida dos produtos;

XIII. estímulo à implementação da avaliação do ciclo de vida do produto;

XIV. incentivo ao desenvolvimento de sistemas de gestão ambiental e empresarial voltados para a melhoria dos processos produtivos e ao reaproveitamento dos resíduos sólidos, incluídos a recuperação e o aproveitamento energético;

XV. estímulo à rotulagem ambiental e ao consumo sustentável.

Capítulo III - Dos Instrumentos

Art. 8º São instrumentos da Política Nacional de Resíduos Sólidos, entre outros:

I. os planos de resíduos sólidos;

II. os inventários e o sistema declaratório anual de resíduos sólidos;

III. a coleta seletiva, os sistemas de logística reversa e outras ferramentas relacionadas à implementação da responsabilidade compartilhada pelo ciclo de vida dos produtos;

IV. o incentivo à criação e ao desenvolvimento de cooperativas ou de outras formas de associação de catadores de materiais reutilizáveis e recicláveis;

V. o monitoramento e a fiscalização ambiental, sanitária e agropecuária;

VI. a cooperação técnica e financeira entre os setores público e privado para o desenvolvimento de pesquisas de novos produtos, métodos, processos e tecnologias de gestão, reciclagem, reutilização, tratamento de resíduos e disposição final ambientalmente adequada de rejeitos;

VII. a pesquisa científica e tecnológica;

VIII. a educação ambiental;

IX. os incentivos fiscais, financeiros e creditícios;

X. o Fundo Nacional do Meio Ambiente e o Fundo Nacional de Desenvolvimento Científico e Tecnológico;

XI. o Sistema Nacional de Informações sobre a Gestão dos Resíduos Sólidos (Sinir);

XII. o Sistema Nacional de Informações em Saneamento Básico (Sinisa);

XIII. os conselhos de meio ambiente e, no que couber, os de saúde;

XIV. os órgãos colegiados municipais destinados ao controle social dos serviços de resíduos sólidos urbanos;

XV. o Cadastro Nacional de Operadores de Resíduos Perigosos;

XVI. os acordos setoriais;

XVII. no que couber, os instrumentos da Política Nacional de Meio Ambiente, entre eles:

c) os padrões de qualidade ambiental;

d) o Cadastro Técnico Federal de Atividades Potencialmente Poluidoras ou Utilizadoras de Recursos Ambientais;

e) o Cadastro Técnico Federal de Atividades e Instrumentos de Defesa Ambiental;

f) a avaliação de impactos ambientais;

g) o Sistema Nacional de Informação sobre Meio Ambiente (Sinima);

h) o licenciamento e a revisão de atividades efetiva ou potencialmente poluidoras;

XVIII. os termos de compromisso e os termos de ajustamento de conduta; XIX - o incentivo à adoção de consórcios ou de outras formas de cooperação entre os entes federados, com vistas à elevação das escalas de aproveitamento e à redução dos custos envolvidos.

Título III - Das Diretrizes Aplicáveis aos Resíduos Sólidos

Capítulo I - Disposições Preliminares

Art. 9º Na gestão e gerenciamento de resíduos sólidos, deve ser observada a seguinte ordem de prioridade: não geração, redução, reutilização, reciclagem, tratamento dos resíduos sólidos e disposição final ambientalmente adequada dos rejeitos.

§ 1º Poderão ser utilizadas tecnologias visando à recuperação energética dos resíduos sólidos urbanos, desde que tenha sido comprovada sua viabilidade técnica e ambiental e com a implantação de programa de monitoramento de emissão de gases tóxicos aprovado pelo órgão ambiental.

§ 2º A Política Nacional de Resíduos Sólidos e as Políticas de Resíduos Sólidos dos Estados, do Distrito Federal e dos Municípios serão compatíveis com o disposto no caput e no § 1o deste artigo e com as demais diretrizes estabelecidas nesta Lei.

Art. 10. Incumbe ao Distrito Federal e aos Municípios a gestão integrada dos resíduos sólidos gerados nos respectivos territórios, sem prejuízo das competências de controle e fiscalização dos órgãos federais e estaduais do Sisnama, do SNVS e do Suasa, bem como da responsabilidade do gerador pelo gerenciamento de resíduos, consoante o estabelecido nesta Lei.

Art. 11. Observadas as diretrizes e demais determinações estabelecidas nesta Lei e em seu regulamento, incumbe aos Estados:

I. promover a integração da organização, do planejamento e da execução das funções públicas de interesse comum relacionadas à gestão dos resíduos sólidos nas regiões metropolitanas, aglomerações urbanas e microrregiões, nos termos da lei complementar estadual prevista no § 3º do art. 25 da Constituição Federal;

II. controlar e fiscalizar as atividades dos geradores sujeitas a licenciamento ambiental pelo órgão estadual do Sisnama.

Parágrafo único. A atuação do Estado na forma do caput deve apoiar e priorizar as iniciativas do Município de soluções consorciadas ou compartilhadas entre 2 (dois) ou mais Municípios.

Art. 12. A União, os Estados, o Distrito Federal e os Municípios organizarão e manterão, de forma conjunta, o Sistema Nacional de Informações sobre a Gestão dos Resíduos Sólidos (Sinir), articulado com o Sinisa e o Sinima.

Parágrafo único. Incumbe aos Estados, ao Distrito Federal e aos Municípios fornecer ao órgão federal responsável pela coordenação do Sinir todas as informações necessárias sobre os resíduos sob sua esfera de competência, na forma e na periodicidade estabelecidas em regulamento.

Art. 13. Para os efeitos desta Lei, os resíduos sólidos têm a seguinte classificação:

I. quanto à origem:

a) resíduos domiciliares: os originários de atividades domésticas em residências urbanas;

b) resíduos de limpeza urbana: os originários da varrição, limpeza de logradouros e vias públicas e outros serviços de limpeza urbana;

c) resíduos sólidos urbanos: os englobados nas alíneas "a" e "b";

d) resíduos de estabelecimentos comerciais e prestadores de serviços: os gerados nessas atividades, excetuados os referidos nas alíneas "b", "e", "g", "h" e "j";

e) resíduos dos serviços públicos de saneamento básico: os gerados nessas atividades, excetuados os referidos na alínea "c";

f) resíduos industriais: os gerados nos processos produtivos e instalações industriais;

g) resíduos de serviços de saúde: os gerados nos serviços de saúde, conforme definido em regulamento ou em normas estabelecidas pelos órgãos do Sisnama e do SNVS;

h) resíduos da construção civil: os gerados nas construções, reformas, reparos e demolições de obras de construção civil, incluídos os resultantes da preparação e escavação de terrenos para obras civis;

i) resíduos agrossilvopastoris: os gerados nas atividades agropecuárias e silviculturais, incluídos os relacionados a insumos utilizados nessas atividades;

j) resíduos de serviços de transportes: os originários de portos, aeroportos, terminais alfandegários, rodoviários e ferroviários e passagens de fronteira;

k) resíduos de mineração: os gerados na atividade de pesquisa, extração ou beneficiamento de minérios;

II. quanto à periculosidade:

i) resíduos perigosos: aqueles que, em razão de suas características de inflamabilidade, corrosividade, reatividade, toxicidade, patogenicidade, carcinogenicidade, teratogenicidade e mutagenicidade, apresentam significativo risco à saúde pública ou à qualidade ambiental, de acordo com lei, regulamento ou norma técnica;

j) resíduos não perigosos: aqueles não enquadrados na alínea "a".

Parágrafo único. *Respeitado o disposto no art. 20, os resíduos referidos na alínea "d" do inciso I do caput, se caracterizados como não perigosos, podem, em razão de sua natureza, composição ou volume, ser equiparados aos resíduos domiciliares pelo poder público municipal.*

Capítulo II - Dos Planos de Resíduos Sólidos

Seção I - Disposições Gerais

Art. 14. *São planos de resíduos sólidos:*

I. o Plano Nacional de Resíduos Sólidos;

II. os planos estaduais de resíduos sólidos;

III. os planos microrregionais de resíduos sólidos e os planos de resíduos sólidos de regiões metropolitanas ou aglomerações urbanas;

IV. os planos intermunicipais de resíduos sólidos;

V. os planos municipais de gestão integrada de resíduos sólidos;

VI. os planos de gerenciamento de resíduos sólidos.

Parágrafo único. *É assegurada ampla publicidade ao conteúdo dos planos de resíduos sólidos, bem como controle social em sua formulação, implementação e operacionalização, observado o disposto na Lei no 10.650, de 16 de abril de 2003, e no art. 47 da Lei nº 11.445, de 2007.*

Seção II - Do Plano Nacional de Resíduos Sólidos

Art. 15. *A União elaborará, sob a coordenação do Ministério do Meio Ambiente, o Plano Nacional de Resíduos Sólidos, com vigência por prazo indeterminado e horizonte de 20 (vinte) anos, a ser atualizado a cada 4 (quatro) anos, tendo como conteúdo mínimo:*

I. diagnóstico da situação atual dos resíduos sólidos;

II. proposição de cenários, incluindo tendências internacionais e macroeconômicas;

III. metas de redução, reutilização, reciclagem, entre outras, com vistas a reduzir a quantidade de resíduos e rejeitos encaminhados para disposição final ambientalmente adequada;

IV. metas para o aproveitamento energético dos gases gerados nas unidades de disposição final de resíduos sólidos;

V. metas para a eliminação e recuperação de lixões, associadas à inclusão social e à emancipação econômica de catadores de materiais reutilizáveis e recicláveis;

VI. programas, projetos e ações para o atendimento das metas previstas;

VII. normas e condicionantes técnicas para o acesso a recursos da União, para a obtenção de seu aval ou para o acesso a recursos administrados, direta ou indiretamente, por entidade federal, quando destinados a ações e programas de interesse dos resíduos sólidos;

VIII. medidas para incentivar e viabilizar a gestão regionalizada dos resíduos sólidos;

IX. diretrizes para o planejamento e demais atividades de gestão de resíduos sólidos das regiões integradas de desenvolvimento instituídas por lei complementar, bem como para as áreas de especial interesse turístico;

X. normas e diretrizes para a disposição final de rejeitos e, quando couber, de resíduos;

XI. meios a serem utilizados para o controle e a fiscalização, no âmbito nacional, de sua implementação e operacionalização, assegurado o controle social.

Parágrafo único. *O Plano Nacional de Resíduos Sólidos será elaborado mediante processo de mobilização e participação social, incluindo a realização de audiências e consultas públicas.*

Seção III - Dos Planos Estaduais de Resíduos Sólidos

Art. 16. *A elaboração de plano estadual de resíduos sólidos, nos termos previstos por esta Lei, é condição para os Estados terem acesso a recursos da União, ou por ela controlados, destinados a empreendimentos e serviços relacionados à gestão de resíduos sólidos, ou para serem beneficiados por incentivos ou financiamentos de entidades federais de crédito ou fomento para tal finalidade. (Vigência)*

§ 1º *Serão priorizados no acesso aos recursos da União referidos no caput os Estados que instituírem microrregiões, consoante o § 3º do art. 25 da Constituição Federal, para integrar a organização,* *o planejamento e a execução das ações a cargo de Municípios limítrofes na gestão dos resíduos sólidos.*

§ 2º Serão estabelecidas em regulamento normas complementares sobre o acesso aos recursos da União na forma deste artigo.

§ 3º Respeitada a responsabilidade dos geradores nos termos desta Lei, as microrregiões instituídas conforme previsto no § 1º abrangem atividades de coleta seletiva, recuperação e reciclagem, tratamento e destinação final dos resíduos sólidos urbanos, a gestão de resíduos de construção civil, de serviços de transporte, de serviços de saúde, agrossilvopastoris ou outros resíduos, de acordo com as peculiaridades microrregionais.

Art. 17. *O plano estadual de resíduos sólidos será elaborado para vigência por prazo indeterminado, abrangendo todo o território do Estado, com horizonte de atuação de 20 (vinte) anos e revisões a cada 4 (quatro) anos, e tendo como conteúdo mínimo:*

- ***I.*** *diagnóstico, incluída a identificação dos principais fluxos de resíduos no Estado e seus impactos socioeconômicos e ambientais;*
- ***II.*** *proposição de cenários;*
- ***III.*** *metas de redução, reutilização, reciclagem, entre outras, com vistas a reduzir a quantidade de resíduos e rejeitos encaminhados para disposição final ambientalmente adequada;*
- ***IV.*** *metas para o aproveitamento energético dos gases gerados nas unidades de disposição final de resíduos sólidos;*
- ***V.*** *metas para a eliminação e recuperação de lixões, associadas à inclusão social e à emancipação econômica de catadores de materiais reutilizáveis e recicláveis;*
- ***VI.*** *programas, projetos e ações para o atendimento das metas previstas;*
- ***VII.*** *normas e condicionantes técnicas para o acesso a recursos do Estado, para a obtenção de seu aval ou para o acesso de recursos administrados, direta ou indiretamente, por entidade estadual, quando destinados às ações e programas de interesse dos resíduos sólidos;*
- ***VIII.*** *medidas para incentivar e viabilizar a gestão consorciada ou compartilhada dos resíduos sólidos;*
- ***IX.*** *diretrizes para o planejamento e demais atividades de gestão de resíduos sólidos de regiões metropolitanas, aglomerações urbanas e microrregiões;*
- ***X.*** *normas e diretrizes para a disposição final de rejeitos e, quando couber, de resíduos, respeitadas as disposições estabelecidas em âmbito nacional;*
- ***XI.*** *previsão, em conformidade com os demais instrumentos de planejamento territorial, especialmente o zoneamento ecológico-econômico e o zoneamento costeiro, de:*
  - ***a)*** *zonas favoráveis para a localização de unidades de tratamento de resíduos sólidos ou de disposição final de rejeitos;*
  - ***b)*** *áreas degradadas em razão de disposição inadequada de resíduos sólidos ou rejeitos a serem objeto de recuperação ambiental;*
- ***XII.*** *meios a serem utilizados para o controle e a fiscalização, no âmbito estadual, de sua implementação e operacionalização, assegurado o controle social.*

§ 1º Além do plano estadual de resíduos sólidos, os Estados poderão elaborar planos microrregionais de resíduos sólidos, bem como planos específicos direcionados às regiões metropolitanas ou às aglomerações urbanas.

§ 2º A elaboração e a implementação pelos Estados de planos microrregionais de resíduos sólidos, ou de planos de regiões metropolitanas ou aglomerações urbanas, em consonância com o previsto no § 1º, dar-se-ão obrigatoriamente com a participação dos Municípios envolvidos e não excluem nem substituem qualquer das prerrogativas a cargo dos Municípios previstas por esta Lei.

§ 3º Respeitada a responsabilidade dos geradores nos termos desta Lei, o plano microrregional de resíduos sólidos deve atender ao previsto para o plano estadual e estabelecer soluções integradas para a coleta seletiva, a recuperação e a reciclagem, o tratamento e a destinação final dos resíduos sólidos urbanos e, consideradas as peculiaridades microrregionais, outros tipos de resíduos.

Seção IV - Dos Planos Municipais de Gestão Integrada de Resíduos Sólidos

Art. 18. *A elaboração de plano municipal de gestão integrada de resíduos sólidos, nos termos previstos por esta Lei, é condição para o Distrito Federal e os Municípios terem acesso a recursos da União, ou por ela controlados, destinados a empreendimentos e serviços relacionados à limpeza urbana e ao manejo de resíduos sólidos, ou para serem beneficiados por incentivos ou financiamentos de entidades federais de crédito ou fomento para tal finalidade. (Vigência)*

§ 1º Serão priorizados no acesso aos recursos da União referidos no caput os Municípios que:

- ***I.*** *optarem por soluções consorciadas intermunicipais para a gestão dos resíduos sólidos, incluída a elaboração e implementação de plano intermunicipal, ou que se inserirem de forma voluntária nos planos microrregionais de resíduos sólidos referidos no § 1º do art. 16;*
- ***II.*** *implantarem a coleta seletiva com a participação de cooperativas ou outras formas de associação de catadores de materiais reutilizáveis e recicláveis formadas por pessoas físicas de baixa renda.*

§ 2º Serão estabelecidas em regulamento normas complementares sobre o acesso aos recursos da União na forma deste artigo.

Art. 19. *O plano municipal de gestão integrada de resíduos sólidos tem o seguinte conteúdo mínimo:*

- ***I.*** *diagnóstico da situação dos resíduos sólidos gerados no respectivo território, contendo a origem, o volume, a caracterização dos resíduos e as formas de destinação e disposição final adotadas;*
- ***II.*** *identificação de áreas favoráveis para disposição final ambientalmente adequada de rejeitos, observado o plano diretor de que trata o § 1º do art. 182 da Constituição Federal e o zoneamento ambiental, se houver;*
- ***III.*** *identificação das possibilidades de implantação de soluções consorciadas ou compartilhadas com outros Municípios, considerando, nos critérios de economia de escala, a proximidade dos locais estabelecidos e as formas de prevenção dos riscos ambientais;*

IV. *identificação dos resíduos sólidos e dos geradores sujeitos a plano de gerenciamento específico nos termos do art. 20 ou a sistema de logística reversa na forma do art. 33, observadas as disposições desta Lei e de seu regulamento, bem como as normas estabelecidas pelos órgãos do Sisnama e do SNVS;*

V. *procedimentos operacionais e especificações mínimas a serem adotados nos serviços públicos de limpeza urbana e de manejo de resíduos sólidos, incluída a disposição final ambientalmente adequada dos rejeitos e observada a Lei nº 11.445, de 2007;*

VI. *indicadores de desempenho operacional e ambiental dos serviços públicos de limpeza urbana e de manejo de resíduos sólidos;*

VII. *regras para o transporte e outras etapas do gerenciamento de resíduos sólidos de que trata o art. 20, observadas as normas estabelecidas pelos órgãos do Sisnama e do SNVS e demais disposições pertinentes da legislação federal e estadual;*

VIII. *definição das responsabilidades quanto à sua implementação e operacionalização, incluídas as etapas do plano de gerenciamento de resíduos sólidos a que se refere o art. 20 a cargo do poder público;*

IX. *programas e ações de capacitação técnica voltados para sua implementação e operacionalização;*

X. *programas e ações de educação ambiental que promovam a não geração, a redução, a reutilização e a reciclagem de resíduos sólidos;*

XI. *programas e ações para a participação dos grupos interessados, em especial das cooperativas ou outras formas de associação de catadores de materiais reutilizáveis e recicláveis formadas por pessoas físicas de baixa renda, se houver;*

XII. *mecanismos para a criação de fontes de negócios, emprego e renda, mediante a valorização dos resíduos sólidos;*

XIII. *sistema de cálculo dos custos da prestação dos serviços públicos de limpeza urbana e de manejo de resíduos sólidos, bem como a forma de cobrança desses serviços, observada a Lei nº 11.445, de 2007;*

XIV. *metas de redução, reutilização, coleta seletiva e reciclagem, entre outras, com vistas a reduzir a quantidade de rejeitos encaminhados para disposição final ambientalmente adequada;*

XV. *descrição das formas e dos limites da participação do poder público local na coleta seletiva e na logística reversa, respeitado o disposto no art. 33, e de outras ações relativas à responsabilidade compartilhada pelo ciclo de vida dos produtos;*

XVI. *meios a serem utilizados para o controle e a fiscalização, no âmbito local, da implementação e operacionalização dos planos de gerenciamento de resíduos sólidos de que trata o art. 20 e dos sistemas de logística reversa previstos no art. 33;*

XVII. *ações preventivas e corretivas a serem praticadas, incluindo programa de monitoramento;*

XVIII. *identificação dos passivos ambientais relacionados aos resíduos sólidos, incluindo áreas contaminadas, e respectivas medidas saneadoras;*

XIX. *periodicidade de sua revisão, observado prioritariamente o período de vigência do plano plurianual municipal.*

§ 1º O plano municipal de gestão integrada de resíduos sólidos pode estar inserido no plano de saneamento básico previsto no art. 19 da Lei nº 11.445, de 2007, respeitado o conteúdo mínimo previsto nos incisos do caput e observado o disposto no § 2º, todos deste artigo.

§ 2º Para Municípios com menos de 20.000 (vinte mil) habitantes, o plano municipal de gestão integrada de resíduos sólidos terá conteúdo simplificado, na forma do regulamento.

§ 3º O disposto no § 2º não se aplica a Municípios:

I. *integrantes de áreas de especial interesse turístico;*

II. *inseridos na área de influência de empreendimentos ou atividades com significativo impacto ambiental de âmbito regional ou nacional;*

III. *cujo território abranja, total ou parcialmente, Unidades de Conservação.*

§ 4º A existência de plano municipal de gestão integrada de resíduos sólidos não exime o Município ou o Distrito Federal do licenciamento ambiental de aterros sanitários e de outras infraestruturas e instalações operacionais integrantes do serviço público de limpeza urbana e de manejo de resíduos sólidos pelo órgão competente do Sisnama.

§ 5º Na definição de responsabilidades na forma do inciso VIII do caput deste artigo, é vedado atribuir ao serviço público de limpeza urbana e de manejo de resíduos sólidos a realização de etapas do gerenciamento dos resíduos a que se refere o art. 20 em desacordo com a respectiva licença ambiental ou com normas estabelecidas pelos órgãos do Sisnama e, se couber, do SNVS.

§ 6º Além do disposto nos incisos I a XIX do caput deste artigo, o plano municipal de gestão integrada de resíduos sólidos contemplará ações específicas a serem desenvolvidas no âmbito dos órgãos da administração pública, com vistas à utilização racional dos recursos ambientais, ao combate a todas as formas de desperdício e à minimização da geração de resíduos sólidos.

§ 7º O conteúdo do plano municipal de gestão integrada de resíduos sólidos será disponibilizado para o Sinir, na forma do regulamento.

§ 8º A inexistência do plano municipal de gestão integrada de resíduos sólidos não pode ser utilizada para impedir a instalação ou a operação de empreendimentos ou atividades devidamente licenciados pelos órgãos competentes.

§ 9º Nos termos do regulamento, o Município que optar por soluções consorciadas intermunicipais para a gestão dos resíduos sólidos, assegurado que o plano intermunicipal preencha os requisitos estabelecidos nos incisos I a XIX do caput deste artigo, pode ser dispensado da elaboração de plano municipal de gestão integrada de resíduos sólidos.

Seção V - Do Plano de Gerenciamento de Resíduos Sólidos

Art. 20. *Estão sujeitos à elaboração de plano de gerenciamento de resíduos sólidos:*

I. *os geradores de resíduos sólidos previstos nas alíneas "e", "f", "g" e "k" do inciso I do art. 13;*

II. *os estabelecimentos comerciais e de prestação de serviços que:*

a) *gerem resíduos perigosos;*

b) *gerem resíduos que, mesmo caracterizados como não perigosos, por sua natureza, composição ou volume, não sejam equiparados aos resíduos domiciliares pelo poder público municipal;*

III. *as empresas de construção civil, nos termos do regulamento ou de normas estabelecidas pelos órgãos do Sisnama;*

IV. *os responsáveis pelos terminais e outras instalações referidas na alínea "j" do inciso I do art. 13 e, nos termos do regulamento ou de normas estabelecidas pelos órgãos do Sisnama e, se couber, do SNVS, as empresas de transporte;*

II. *os responsáveis por atividades agrossilvopastoris, se exigido pelo órgão competente do Sisnama, do SNVS ou do Suasa.*

Parágrafo único. *Observado o disposto no Capítulo IV deste Título, serão estabelecidas por regulamento exigências específicas relativas ao plano de gerenciamento de resíduos perigosos.*

Art. 21. *O plano de gerenciamento de resíduos sólidos tem o seguinte conteúdo mínimo:*

I. *descrição do empreendimento ou atividade;*

II. *diagnóstico dos resíduos sólidos gerados ou administrados, contendo a origem, o volume e a caracterização dos resíduos, incluindo os passivos ambientais a eles relacionados;*

III. *observadas as normas estabelecidas pelos órgãos do Sisnama, do SNVS e do Suasa e, se houver, o plano municipal de gestão integrada de resíduos sólidos:*

a) *explicitação dos responsáveis por cada etapa do gerenciamento de resíduos sólidos;*

b) *definição dos procedimentos operacionais relativos às etapas do gerenciamento de resíduos sólidos sob responsabilidade do gerador;*

IV. *identificação das soluções consorciadas ou compartilhadas com outros geradores;*

V. *ações preventivas e corretivas a serem executadas em situações de gerenciamento incorreto ou acidentes;*

VI. *metas e procedimentos relacionados à minimização da geração de resíduos sólidos e, observadas as normas estabelecidas pelos órgãos do Sisnama, do SNVS e do Suasa, à reutilização e reciclagem;*

VII. *se couber, ações relativas à responsabilidade compartilhada pelo ciclo de vida dos produtos, na forma do art. 31;*

VIII. *medidas saneadoras dos passivos ambientais relacionados aos resíduos sólidos;*

IX. *periodicidade de sua revisão, observado, se couber, o prazo de vigência da respectiva licença de operação a cargo dos órgãos do Sisnama.*

§ 1º O plano de gerenciamento de resíduos sólidos atenderá ao disposto no plano municipal de gestão integrada de resíduos sólidos do respectivo Município, sem prejuízo das normas estabelecidas pelos órgãos do Sisnama, do SNVS e do Suasa.

§ 2º A inexistência do plano municipal de gestão integrada de resíduos sólidos não obsta a elaboração, a implementação ou a operacionalização do plano de gerenciamento de resíduos sólidos.

§ 3º Serão estabelecidos em regulamento:

I. *normas sobre a exigibilidade e o conteúdo do plano de gerenciamento de resíduos sólidos relativo à atuação de cooperativas ou de outras formas de associação de catadores de materiais reutilizáveis e recicláveis;*

II. *critérios e procedimentos simplificados para apresentação dos planos de gerenciamento de resíduos sólidos para microempresas e empresas de pequeno porte, assim consideradas as definidas nos incisos I e II do art. 3º da Lei Complementar no 123, de 14 de dezembro de 2006, desde que as atividades por elas desenvolvidas não gerem resíduos perigosos.*

Art. 22. *Para a elaboração, implementação, operacionalização e monitoramento de todas as etapas do plano de gerenciamento de resíduos sólidos, nelas incluído o controle da disposição final ambientalmente adequada dos rejeitos, será designado responsável técnico devidamente habilitado.*

Art. 23. *Os responsáveis por plano de gerenciamento de resíduos sólidos manterão atualizadas e disponíveis ao órgão municipal competente, ao órgão licenciador do Sisnama e a outras autoridades, informações completas sobre a implementação e a operacionalização do plano sob sua responsabilidade.*

§ 1º Para a consecução do disposto no caput, sem prejuízo de outras exigências cabíveis por parte das autoridades, será implementado sistema declaratório com periodicidade, no mínimo, anual, na forma do regulamento.

§ 2º As informações referidas no caput serão repassadas pelos órgãos públicos ao Sinir, na forma do regulamento.

Art. 24. *O plano de gerenciamento de resíduos sólidos é parte integrante do processo de licenciamento ambiental do empreendimento ou atividade pelo órgão competente do Sisnama.*

§ 1º Nos empreendimentos e atividades não sujeitos a licenciamento ambiental, a aprovação do plano de gerenciamento de resíduos sólidos cabe à autoridade municipal competente.

§ 2º No processo de licenciamento ambiental referido no § 1º a cargo de órgão federal ou estadual do Sisnama, será assegurada oitiva do órgão municipal competente, em especial quanto à disposição final ambientalmente adequada de rejeitos.

Capítulo III - Das Responsabilidades dos Geradores e do Poder Público

Seção I - Disposições Gerais

Art. 25. *O poder público, o setor empresarial e a coletividade são responsáveis pela efetividade das ações voltadas para assegurar a observância da Política Nacional de Resíduos Sólidos e das diretrizes e demais determinações estabelecidas nesta Lei e em seu regulamento.*

Art. 26. O titular dos serviços públicos de limpeza urbana e de manejo de resíduos sólidos é responsável pela organização e prestação direta ou indireta desses serviços, observados o respectivo plano municipal de gestão integrada de resíduos sólidos, a Lei nº 11.445, de 2007, e as disposições desta Lei e seu regulamento.

Art. 27. As pessoas físicas ou jurídicas referidas no art. 20 são responsáveis pela implementação e operacionalização integral do plano de gerenciamento de resíduos sólidos aprovado pelo órgão competente na forma do art. 24.

§ 1º A contratação de serviços de coleta, armazenamento, transporte, transbordo, tratamento ou destinação final de resíduos sólidos, ou de disposição final de rejeitos, não isenta as pessoas físicas ou jurídicas referidas no art. 20 da responsabilidade por danos que vierem a ser provocados pelo gerenciamento inadequado dos respectivos resíduos ou rejeitos.

§ 2º Nos casos abrangidos pelo art. 20, as etapas sob responsabilidade do gerador que forem realizadas pelo poder público serão devidamente remuneradas pelas pessoas físicas ou jurídicas responsáveis, observado o disposto no § 5o do art. 19.

Art. 28. O gerador de resíduos sólidos domiciliares tem cessada sua responsabilidade pelos resíduos com a disponibilização adequada para a coleta ou, nos casos abrangidos pelo art. 33, com a devolução.

Art. 29. Cabe ao poder público atuar, subsidiariamente, com vistas a minimizar ou cessar o dano, logo que tome conhecimento de evento lesivo ao meio ambiente ou à saúde pública relacionado ao gerenciamento de resíduos sólidos.

Parágrafo único. Os responsáveis pelo dano ressarcirão integralmente o poder público pelos gastos decorrentes das ações empreendidas na forma do caput.

Seção II - Da Responsabilidade Compartilhada

Art. 30. É instituída a responsabilidade compartilhada pelo ciclo de vida dos produtos, a ser implementada de forma individualizada e encadeada, abrangendo os fabricantes, importadores, distribuidores e comerciantes, os consumidores e os titulares dos serviços públicos de limpeza urbana e de manejo de resíduos sólidos, consoante as atribuições e procedimentos previstos nesta Seção.

Parágrafo único. A responsabilidade compartilhada pelo ciclo de vida dos produtos tem por objetivo:

I. compatibilizar interesses entre os agentes econômicos e sociais e os processos de gestão empresarial e mercadológica com os de gestão ambiental, desenvolvendo estratégias sustentáveis;

II. promover o aproveitamento de resíduos sólidos, direcionando-os para a sua cadeia produtiva ou para outras cadeias produtivas;

III. reduzir a geração de resíduos sólidos, o desperdício de materiais, a poluição e os danos ambientais;

IV. incentivar a utilização de insumos de menor agressividade ao meio ambiente e de maior sustentabilidade;

V. estimular o desenvolvimento de mercado, a produção e o consumo de produtos derivados de materiais reciclados e recicláveis;

VI. propiciar que as atividades produtivas alcancem eficiência e sustentabilidade;

VII. incentivar as boas práticas de responsabilidade socioambiental.

Art. 31. Sem prejuízo das obrigações estabelecidas no plano de gerenciamento de resíduos sólidos e com vistas a fortalecer a responsabilidade compartilhada e seus objetivos, os fabricantes, importadores, distribuidores e comerciantes têm responsabilidade que abrange:

I. investimento no desenvolvimento, na fabricação e na colocação no mercado de produtos:

a) que sejam aptos, após o uso pelo consumidor, à reutilização, à reciclagem ou a outra forma de destinação ambientalmente adequada;

b) cuja fabricação e uso gerem a menor quantidade de resíduos sólidos possível;

II. divulgação de informações relativas às formas de evitar, reciclar e eliminar os resíduos sólidos associados a seus respectivos produtos;

III. recolhimento dos produtos e dos resíduos remanescentes após o uso, assim como sua subsequente destinação final ambientalmente adequada, no caso de produtos objeto de sistema de logística reversa na forma do art. 33;

IV. compromisso de, quando firmados acordos ou termos de compromisso com o Município, participar das ações previstas no plano municipal de gestão integrada de resíduos sólidos, no caso de produtos ainda não inclusos no sistema de logística reversa.

Art. 32. As embalagens devem ser fabricadas com materiais que propiciem a reutilização ou a reciclagem.

§ 1º Cabe aos respectivos responsáveis assegurar que as embalagens sejam:

I. restritas em volume e peso às dimensões requeridas à proteção do conteúdo e à comercialização do produto;

II. projetadas de forma a serem reutilizadas de maneira tecnicamente viável e compatível com as exigências aplicáveis ao produto que contêm;

III. recicladas, se a reutilização não for possível.

§ 2º O regulamento disporá sobre os casos em que, por razões de ordem técnica ou econômica, não seja viável a aplicação do disposto no caput.

§ 3º É responsável pelo atendimento do disposto neste artigo todo aquele que:

I. manufatura embalagens ou fornece materiais para a fabricação de embalagens;

II. coloca em circulação embalagens, materiais para a fabricação de embalagens ou produtos embalados, em qualquer fase da cadeia de comércio.

Art. 33. São obrigados a estruturar e implementar sistemas de logística reversa, mediante retorno dos produtos após o uso pelo consumidor, de forma independente do serviço público de limpeza urbana e de manejo dos resíduos sólidos, os fabricantes, importadores, distribuidores e comerciantes de:

I. agrotóxicos, seus resíduos e embalagens, assim como outros produtos cuja embalagem, após o uso, constitua resíduo perigoso, observadas as regras de gerenciamento de resíduos perigosos previstas *em lei ou regulamento, em normas estabelecidas pelos órgãos do Sisnama, do SNVS e do Suasa, ou em normas técnicas;*

II. *pilhas e baterias;*

III. *pneus;*

IV. *óleos lubrificantes, seus resíduos e embalagens;*

V. *lâmpadas fluorescentes, de vapor de sódio e mercúrio e de luz mista;*

VI. *produtos eletroeletrônicos e seus componentes.*

§ 1º Na forma do disposto em regulamento ou em acordos setoriais e termos de compromisso firmados entre o poder público e o setor empresarial, os sistemas previstos no caput serão estendidos a produtos comercializados em embalagens plásticas, metálicas ou de vidro, e aos demais produtos e embalagens, considerando, prioritariamente, o grau e a extensão do impacto à saúde pública e ao meio ambiente dos resíduos gerados.

§ 2º A definição dos produtos e embalagens a que se refere o § 1º considerará a viabilidade técnica e econômica da logística reversa, bem como o grau e a extensão do impacto à saúde pública e ao meio ambiente dos resíduos gerados.

§ 3º Sem prejuízo de exigências específicas fixadas em lei ou regulamento, em normas estabelecidas pelos órgãos do Sisnama e do SNVS, ou em acordos setoriais e termos de compromisso firmados entre o poder público e o setor empresarial, cabe aos fabricantes, importadores, distribuidores e comerciantes dos produtos a que se referem os incisos II, III, V e VI ou dos produtos e embalagens a que se referem os incisos I e IV do caput e o § 1º tomar todas as medidas necessárias para assegurar a implementação e operacionalização do sistema de logística reversa sob seu encargo, consoante o estabelecido neste artigo, podendo, entre outras medidas:

I. *implantar procedimentos de compra de produtos ou embalagens usados;*

II. *disponibilizar postos de entrega de resíduos reutilizáveis e recicláveis;*

III. *atuar em parceria com cooperativas ou outras formas de associação de catadores de materiais reutilizáveis e recicláveis, nos casos de que trata o § 1º.*

§ 4º Os consumidores deverão efetuar a devolução após o uso, aos comerciantes ou distribuidores, dos produtos e das embalagens a que se referem os incisos I a VI do caput, e de outros produtos ou embalagens objeto de logística reversa, na forma do § 1º.

§ 5º Os comerciantes e distribuidores deverão efetuar a devolução aos fabricantes ou aos importadores dos produtos e embalagens reunidos ou devolvidos na forma dos §§ 3º e 4º.

§ 6º Os fabricantes e os importadores darão destinação ambientalmente adequada aos produtos e às embalagens reunidos ou devolvidos, sendo o rejeito encaminhado para a disposição final ambientalmente adequada, na forma estabelecida pelo órgão competente do Sisnama e, se houver, pelo plano municipal de gestão integrada de resíduos sólidos.

§ 7º Se o titular do serviço público de limpeza urbana e de manejo de resíduos sólidos, por acordo setorial ou termo de compromisso firmado com o setor empresarial, encarregar-se de atividades de responsabilidade dos fabricantes, importadores, distribuidores e comerciantes nos sistemas de logística reversa dos produtos e embalagens a que se refere este artigo, as ações do poder público serão devidamente remuneradas, na forma previamente acordada entre as partes.

§ 8º Com exceção dos consumidores, todos os participantes dos sistemas de logística reversa manterão atualizadas e disponíveis ao órgão municipal competente e a outras autoridades informações completas sobre a realização das ações sob sua responsabilidade.

Art. 34. *Os acordos setoriais ou termos de compromisso referidos no inciso IV do caput do art. 31 e no § 1º do art. 33 podem ter abrangência nacional, regional, estadual ou municipal.*

§ 1º Os acordos setoriais e termos de compromisso firmados em âmbito nacional têm prevalência sobre os firmados em âmbito regional ou estadual, e estes sobre os firmados em âmbito municipal.

§ 2º Na aplicação de regras concorrentes consoante o § 1o, os acordos firmados com menor abrangência geográfica podem ampliar, mas não abrandar, as medidas de proteção ambiental constantes nos acordos setoriais e termos de compromisso firmados com maior abrangência geográfica.

Art. 35. *Sempre que estabelecido sistema de coleta seletiva pelo plano municipal de gestão integrada de resíduos sólidos e na aplicação do art. 33, os consumidores são obrigados a:*

I. *acondicionar adequadamente e de forma diferenciada os resíduos sólidos gerados;*

II. *disponibilizar adequadamente os resíduos sólidos reutilizáveis e recicláveis para coleta ou devolução.*

Parágrafo único. *O poder público municipal pode instituir incentivos econômicos aos consumidores que participam do sistema de coleta seletiva referido no caput, na forma de lei municipal.*

Art. 36. *No âmbito da responsabilidade compartilhada pelo ciclo de vida dos produtos, cabe ao titular dos serviços públicos de limpeza urbana e de manejo de resíduos sólidos, observado, se houver, o plano municipal de gestão integrada de resíduos sólidos:*

I. *adotar procedimentos para reaproveitar os resíduos sólidos reutilizáveis e recicláveis oriundos dos serviços públicos de limpeza urbana e de manejo de resíduos sólidos;*

II. *estabelecer sistema de coleta seletiva;*

III. *articular com os agentes econômicos e sociais medidas para viabilizar o retorno ao ciclo produtivo dos resíduos sólidos reutilizáveis e recicláveis oriundos dos serviços de limpeza urbana e de manejo de resíduos sólidos;*

IV. *realizar as atividades definidas por acordo setorial ou termo de compromisso na forma do § 7º do art. 33, mediante a devida remuneração pelo setor empresarial;*

V. *implantar sistema de compostagem para resíduos sólidos orgânicos e articular com os agentes econômicos e sociais formas de utilização do composto produzido;*

VI. *dar disposição final ambientalmente adequada aos resíduos e rejeitos oriundos dos serviços públicos de limpeza urbana e de manejo de resíduos sólidos.*

§ 1º Para o cumprimento do disposto nos incisos I a IV do caput, o titular dos serviços públicos de limpeza urbana e de manejo de resíduos sólidos priorizará a organização e o funcionamento de cooperativas ou de outras formas de associação de catadores de materiais reutilizáveis e recicláveis formadas por pessoas físicas de baixa renda, bem como sua contratação.

§ 2º A contratação prevista no § 1º é dispensável de licitação, nos termos do inciso XXVII do art. 24 da Lei no 8.666, de 21 de junho de 1993.

Capítulo IV - Dos Resíduos Perigosos

Art. 37. *A instalação e o funcionamento de empreendimento ou atividade que gere ou opere com resíduos perigosos somente podem ser autorizados ou licenciados pelas autoridades competentes se o responsável comprovar, no mínimo, capacidade técnica e econômica, além de condições para prover os cuidados necessários ao gerenciamento desses resíduos.*

Art. 38. *As pessoas jurídicas que operam com resíduos perigosos, em qualquer fase do seu gerenciamento, são obrigadas a se cadastrar no Cadastro Nacional de Operadores de Resíduos Perigosos.*

§ 1º *O cadastro previsto no caput será coordenado pelo órgão federal competente do Sisnama e implantado de forma conjunta pelas autoridades federais, estaduais e municipais.*

§ 2º *Para o cadastramento, as pessoas jurídicas referidas no caput necessitam contar com responsável técnico pelo gerenciamento dos resíduos perigosos, de seu próprio quadro de funcionários ou contratado, devidamente habilitado, cujos dados serão mantidos atualizados no cadastro.*

§ 3º *O cadastro a que se refere o caput é parte integrante do Cadastro Técnico Federal de Atividades Potencialmente Poluidoras ou Utilizadoras de Recursos Ambientais e do Sistema de Informações previsto no art. 12.*

Art. 39. *As pessoas jurídicas referidas no art. 38 são obrigadas a elaborar plano de gerenciamento de resíduos perigosos e submetê-lo ao órgão competente do Sisnama e, se couber, do SNVS, observado o conteúdo mínimo estabelecido no art. 21 e demais exigências previstas em regulamento ou em normas técnicas.*

§ 1º *O plano de gerenciamento de resíduos perigosos a que se refere o caput poderá estar inserido no plano de gerenciamento de resíduos a que se refere o art. 20.*

§ 2º Cabe às pessoas jurídicas referidas no art. 38:

- *I. manter registro atualizado e facilmente acessível de todos os procedimentos relacionados à implementação e à operacionalização do plano previsto no caput;*
- *II. informar anualmente ao órgão competente do Sisnama e, se couber, do SNVS, sobre a quantidade, a natureza e a destinação temporária ou final dos resíduos sob sua responsabilidade;*
- *III. adotar medidas destinadas a reduzir o volume e a periculosidade dos resíduos sob sua responsabilidade, bem como a aperfeiçoar seu gerenciamento;*
- *IV. informar imediatamente aos órgãos competentes sobre a ocorrência de acidentes ou outros sinistros relacionados aos resíduos perigosos.*

§ 3º *Sempre que solicitado pelos órgãos competentes do Sisnama e do SNVS, será assegurado acesso para inspeção das instalações e dos procedimentos relacionados à implementação e à operacionalização do plano de gerenciamento de resíduos perigosos.*

§ 4º *No caso de controle a cargo de órgão federal ou estadual do Sisnama e do SNVS, as informações sobre o conteúdo, a implementação e a operacionalização do plano previsto no caput serão repassadas ao poder público municipal, na forma do regulamento.*

Art. 40. *No licenciamento ambiental de empreendimentos ou atividades que operem com resíduos perigosos, o órgão licenciador do Sisnama pode exigir a contratação de seguro de responsabilidade civil por danos causados ao meio ambiente ou à saúde pública, observadas as regras sobre cobertura e os limites máximos de contratação fixados em regulamento.*

Parágrafo único. *O disposto no caput considerará o porte da empresa, conforme regulamento.*

Art. 41. *Sem prejuízo das iniciativas de outras esferas governamentais, o Governo Federal deve estruturar e manter instrumentos e atividades voltados para promover a descontaminação de áreas órfãs.*

Parágrafo único. *Se, após descontaminação de sítio órfão realizada com recursos do Governo Federal ou de outro ente da Federação, forem identificados os responsáveis pela contaminação, estes ressarcirão integralmente o valor empregado ao poder público.*

Capítulo V - Dos Instrumentos Econômicos

Art. 42. *O poder público poderá instituir medidas indutoras e linhas de financiamento para atender, prioritariamente, às iniciativas de:*

- *I. prevenção e redução da geração de resíduos sólidos no processo produtivo;*
- *II. desenvolvimento de produtos com menores impactos à saúde humana e à qualidade ambiental em seu ciclo de vida;*
- *III. implantação de infraestrutura física e aquisição de equipamentos para cooperativas ou outras formas de associação de catadores de materiais reutilizáveis e recicláveis formadas por pessoas físicas de baixa renda;*
- *IV. desenvolvimento de projetos de gestão dos resíduos sólidos de caráter intermunicipal ou, nos termos do inciso I do caput do art. 11, regional;*
- *V. estruturação de sistemas de coleta seletiva e de logística reversa;*
- *VI. descontaminação de áreas contaminadas, incluindo as áreas órfãs;*
- *VII. desenvolvimento de pesquisas voltadas para tecnologias limpas aplicáveis aos resíduos sólidos;*
- *VIII. desenvolvimento de sistemas de gestão ambiental e empresarial voltados para a melhoria dos processos produtivos e ao reaproveitamento dos resíduos.*

Art. 43. *No fomento ou na concessão de incentivos creditícios destinados a atender diretrizes desta Lei, as instituições oficiais de crédito podem estabelecer critérios diferenciados de acesso dos beneficiários aos créditos do Sistema Financeiro Nacional para investimentos produtivos.*

Art. 44. *A União, os Estados, o Distrito Federal e os Municípios, no âmbito de suas competências, poderão instituir normas com o objetivo de conceder incentivos fiscais, financeiros ou creditícios, respeitadas as limitações da Lei Complementar no 101, de 4 de maio de 2000 (Lei de Responsabilidade Fiscal), a:*

- *I. indústrias e entidades dedicadas à reutilização, ao tratamento e à reciclagem de resíduos sólidos produzidos no território nacional;*

II. *projetos relacionados à responsabilidade pelo ciclo de vida dos produtos, prioritariamente em parceria com cooperativas ou outras formas de associação de catadores de materiais reutilizáveis e recicláveis formadas por pessoas físicas de baixa renda;*

III. *empresas dedicadas à limpeza urbana e a atividades a ela relacionadas.*

Art. 45. *Os consórcios públicos constituídos, nos termos da Lei nº 11.107, de 2005, com o objetivo de viabilizar a descentralização e a prestação de serviços públicos que envolvam resíduos sólidos, têm prioridade na obtenção dos incentivos instituídos pelo Governo Federal.*

Art. 46. *O atendimento ao disposto neste Capítulo será efetivado em consonância com a Lei Complementar nº 101, de 2000 (Lei de Responsabilidade Fiscal), bem como com as diretrizes e objetivos do respectivo plano plurianual, as metas e as prioridades fixadas pelas leis de diretrizes orçamentárias e no limite das disponibilidades propiciadas pelas leis orçamentárias anuais.*

Capítulo VI - Das Proibições

Art. 47. *São proibidas as seguintes formas de destinação ou disposição final de resíduos sólidos ou rejeitos:*

I. *lançamento em praias, no mar ou em quaisquer corpos hídricos;*

II. *lançamento in natura a céu aberto, excetuados os resíduos de mineração;*

III. *queima a céu aberto ou em recipientes, instalações e equipamentos não licenciados para essa finalidade;*

IV. *outras formas vedadas pelo poder público.*

§ 1º *Quando decretada emergência sanitária, a queima de resíduos a céu aberto pode ser realizada, desde que autorizada e acompanhada pelos órgãos competentes do Sisnama, do SNVS e, quando couber, do Suasa.*

§ 2º *Assegurada a devida impermeabilização, as bacias de decantação de resíduos ou rejeitos industriais ou de mineração, devidamente licenciadas pelo órgão competente do Sisnama, não são consideradas corpos hídricos para efeitos do disposto no inciso I do caput.*

Art. 48. *São proibidas, nas áreas de disposição final de resíduos ou rejeitos, as seguintes atividades:*

I. *utilização dos rejeitos dispostos como alimentação;*

II. *catação, observado o disposto no inciso V do art. 17;*

III. *criação de animais domésticos;*

IV. *fixação de habitações temporárias ou permanentes;*

V. *outras atividades vedadas pelo poder público.*

Art. 49. *É proibida a importação de resíduos sólidos perigosos e rejeitos, bem como de resíduos sólidos cujas características causem dano ao meio ambiente, à saúde pública e animal e à sanidade vegetal, ainda que para tratamento, reforma, reúso, reutilização ou recuperação.*

Título IV - Disposições Transitórias e Finais

Art. 50. *A inexistência do regulamento previsto no § 3º do art. 21 não obsta a atuação, nos termos desta Lei, das cooperativas ou outras formas de associação de catadores de materiais reutilizáveis e recicláveis.*

Art. 51. *Sem prejuízo da obrigação de, independentemente da existência de culpa, reparar os danos causados, a ação ou omissão das pessoas físicas ou jurídicas que importe inobservância aos preceitos desta Lei ou de seu regulamento sujeita os infratores às sanções previstas em lei, em especial às fixadas na Lei no 9.605, de 12 de fevereiro de 1998, que "dispõe sobre as sanções penais e administrativas derivadas de condutas e atividades lesivas ao meio ambiente, e dá outras providências", e em seu regulamento.*

Art. 52. *A observância do disposto no caput do art. 23 e no § 2º do art. 39 desta Lei é considerada obrigação de relevante interesse ambiental para efeitos do art. 68 da Lei nº 9.605, de 1998, sem prejuízo da aplicação de outras sanções cabíveis nas esferas penal e administrativa.*

Art. 53. *O § 1o do art. 56 da Lei no 9.605, de 12 de fevereiro de 1998, passa a vigorar com a seguinte redação:*

"Art. 56. *...*

§ 1º *Nas mesmas penas incorre quem:*

I. *abandona os produtos ou substâncias referidos no caput ou os utiliza em desacordo com as normas ambientais ou de segurança;*

II. *manipula, acondiciona, armazena, coleta, transporta, reutiliza, recicla ou dá destinação final a resíduos perigosos de forma diversa da estabelecida em lei ou regulamento.*

...." (NR)

Art. 54. *A disposição final ambientalmente adequada dos rejeitos, observado o disposto no § 1º do art. 9º, deverá ser implantada em até 4 (quatro) anos após a data de publicação desta Lei.*

Art. 55. *O disposto nos arts. 16 e 18 entra em vigor 2 (dois) anos após a data de publicação desta Lei.*

Art. 56. *A logística reversa relativa aos produtos de que tratam os incisos V e VI do caput do art. 33 será implementada progressivamente segundo cronograma estabelecido em regulamento.*

Art. 57. *Esta Lei entra em vigor na data de sua publicação.*

Anotações

ÍNDICE

CAPÍTULO 01

Regimento Interno – TRT 23ª Região

Título I - Da Justiça Do Trabalho Na Região

Art. 1º. São órgãos da Justiça do Trabalho da 23ª Região:

I. o Tribunal Regional do Trabalho;

II. os Juízes do Trabalho.

Art. 2º. O Tribunal Regional do Trabalho da 23ª Região, com sede em Cuiabá, tem jurisdição em todo território geográfico do Estado de Mato Grosso.

Art. 3º. Os Juízes do Trabalho exercem suas funções jurisdicionais nas Varas do Trabalho, com sede e jurisdição fixadas em lei ou por ato administrativo do Tribunal Pleno, e estão subordinados administrativamente ao Tribunal Regional do Trabalho da 23ª Região.

Título II - Do Tribunal Regional do Trabalho

Capítulo I - Da Organização do Tribunal

Art. 4º. O Tribunal Regional do Trabalho da 23ª Região, compõe-se de magistrados vitalícios, que adotarão o título de "Desembargador do Trabalho", em número estabelecido em lei, com organização, competência e atribuições definidas pela Constituição Federal, pelas leis da República e por este Regimento.

Art. 5º. As vagas de Desembargador do Trabalho, destinadas aos

Juízes de carreira da magistratura do trabalho, serão preenchidas:

I. quando pelo critério de antiguidade, mediante a indicação feita pelo Tribunal Pleno, pelo voto aberto, nominal e fundamentado da maioria absoluta de seus membros efetivos, dentre os Juízes Titulares de Varas do Trabalho que estiverem concorrendo à promoção, observado o disposto no art. 93, II, da Constituição Federal;

II. quando o critério for de merecimento, a escolha dos integrantes da lista tríplice far-se-á pelo voto em sessão pública, com votação nominal, aberta e fundamentada da maioria simples dos Desembargadores do Trabalho, em escrutínios sucessivos, dentre os Juízes Titulares de Varas do Trabalho, que concorrerem à promoção, observado o art. 93, II, a, b, c, da Constituição Federal e demais normas legais e regimentais pertinentes.

Parágrafo único. Havendo mais de uma vaga a ser preenchida pelo critério de merecimento, a lista conterá o número de magistrados correspondente ao das vagas acrescida de mais dois.

Art. 6º. O Presidente do Tribunal dará imediata ciência à Procuradoria-Geral do Ministério Público do Trabalho e à Seção da Ordem dos Advogados do Brasil, no Estado de Mato Grosso da ocorrência de vaga destinada a integrantes de tais instituições, para a formação de lista sêxtupla a ser encaminhada ao Tribunal, para organização da lista tríplice a ser submetida ao Presidente da República.

Parágrafo único. A formação da lista tríplice far-se-á pelo voto da maioria absoluta dos membros efetivos do Tribunal Pleno, em escrutínios abertos com votação nominal e fundamentada.

Art. 7º. Em caso de ausência, afastamento ou vaga de Desembargador do Trabalho por período superior a 30 (trinta) dias contínuos será convocado, para substituí-lo, Juiz Titular de Vara do Trabalho que integre a primeira quinta parte da lista de antiguidade, salvo se não houver interessado.

§ 1º. A escolha do Juiz Convocado para substituir será realizada pela maioria absoluta dos membros efetivos do Tribunal, com a utilização de dois critérios de alternância:

a) primeiro pelo critério de antiguidade, observado o rodízio obrigatório entre os integrantes da lista, até que seja oferecida a todos do quinto a oportunidade de participação, observada a alternância.

b) segundo, pela pontuação a ser apurada pelo mesmo critério do processo da promoção por merecimento, nos termos dos artigos 161 e seguintes deste Regimento Interno.

§ 2º. O Juiz poderá recusar a convocação, no prazo de 48 (quarenta e oito) horas do recebimento da respectiva comunicação, mediante justificação fundamentada dirigida ao Presidente do Tribunal, que a submeterá ao Tribunal Pleno.

§ 3º. A convocação não excederá a seis meses, podendo ser prorrogada uma vez, por igual período, facultada a renovação, a cada seis meses, de 50% (cinquenta por cento) dos Juízes Convocados, permanecendo aqueles por último convocados, ou, no caso de simultaneidade de data de convocação, o mais antigo.

§ 4º. O gozo de licença de qualquer tipo, por lapso superior a quinze dias ou o usufruto de férias pelo Juiz Convocado, por qualquer período, fará cessar a convocação.

§ 5º. Não será convocado o Juiz que:

a) tenha sofrido penalidade administrativa nos últimos dois anos;

b) esteja cumprindo penalidade imposta pelo Tribunal ou respondendo a processo administrativo;

c) tenha acúmulo não justificado de processos conclusos; fora do prazo para prolação de sentença ou despacho;

d) esteja afastado em razão de realização de curso ou representação de associação profissional;

e) acumule qualquer outra atribuição administrativa, tal como a administração do foro (Resolução n. 72/2009 do CNJ, art. 7º, § 1º, "a").

§ 6º. Em caso de urgência, a convocação será feita pelo Presidente,

ad referendum do Tribunal Pleno.

Art. 8º. Em caráter excepcional e quando o justificado acúmulo de serviço o exigir, poderá ser convocado Juiz Titular de Vara do Trabalho para auxílio ao Tribunal ou aos Desembargadores.

§ 1º. Considerar-se-á caráter excepcional o imprevisível ou justificado acúmulo de serviço ou outra circunstância que impeça o exercício regular das atividades do Tribunal.

§ 2º. O acúmulo de serviço será reconhecido sempre que a quantidade média de distribuição de feitos no

Tribunal superar a capacidade média de julgamento de todos os seus membros e assim se conservar por 6 (seis) meses.

§ 3º. No caso de convocação para auxílio em segundo grau, o Corregedor deverá opinar conclusivamente no processo antes da apreciação definitiva dos membros efetivos do Tribunal Pleno, mediante a Relatoria do Vice- Presidente.

§ 4º. A convocação de que trata este artigo será para o exercício de atividade jurisdicional.

§ 5º. Aplicam-se à convocação para fins de auxílio as disposições contidas no artigo antecedente, no que couber.

Art. 9º. Poderá o Desembargador-Presidente e Corregedor convocar até dois Juízes para auxiliar nos trabalhos da Presidência e da Corregedoria, cabendo-lhe decidir quanto à necessidade de afastá-los de sua jurisdição, devendo submeter a escolha à aprovação da maioria absoluta do Tribunal Pleno. (Art. 9º, com redação dada pela Resolução Administrativa n. 183/2012)

Art. 10. O Juiz Titular de Vara do Trabalho convocado para exercer a função de substituição ou auxílio no Tribunal será denominado "Juiz Convocado".

Art. 11. O Juiz Convocado para exercício de atividade jurisdicional ficará afastado da jurisdição de sua respectiva unidade durante todo o período de convocação e não poderá aceitar ou exercer outro encargo jurisdicional ou administrativo.

Art. 12. O Juiz Titular de Vara do Trabalho que estiver atuando no

Tribunal será denominado 'Juiz Convocado'.

Art. 13. São órgãos do Tribunal Regional do Trabalho da 23ª Região:

I. o Tribunal Pleno;

II. a Presidência;

III. a Vice-Presidência;

IV. as Turmas;

V. a Corregedoria;

VI. o Conselho da Ordem São José Operário do Mérito Judiciário do Trabalho;

VII. a Escola Judicial.

Parágrafo único. Os órgãos do TRT da 23ª Região enumerados nos incisos II, III, VI e VII serão regulamentados por atos do Tribunal Pleno.

Art. 14. O Tribunal Regional do Trabalho tem o tratamento de "Egrégio" e os magistrados, que o compõem, o de "Excelência".

Parágrafo único. O Desembargador do Trabalho aposentado voluntariamente, por implemento de idade ou invalidez, conservará o título e o tratamento inerentes ao cargo.

Art. 15. Nas sessões os Desembargadores do Trabalho usarão vestes talares, na forma e modelo aprovados pelo Tribunal.

Parágrafo único. O representante do Ministério Público que participar das sessões do Tribunal, também usará veste talar; os advogados, que se dirigirem à tribuna, para fins de sustentação oral, deverão trajar beca e o secretário e demais servidores, que funcionarem nas sessões do Tribunal, usarão capas.

Art. 16. No exercício de suas funções jurisdicionais, o Tribunal observará o quorum:

I. previsto no art. 672 da CLT, para julgamento de matérias de competência originária do Tribunal (CLT, art. 678, I, e respectivas alíneas);

II. estabelecido no § 1º do art. 672 da CLT, para as matérias constantes do inciso II do mesmo art. 678 da CLT.

Art. 17. As sessões do Tribunal serão presididas pelo respectivo Presidente e, nos seus impedimentos, pelo Vice-Presidente ou pelo Desembargador do Trabalho desimpedido, obedecida a ordem de antiguidade.

Art. 18. As presidências das Turmas serão exercidas pelos Desembargadores do Trabalho mais antigos do Tribunal que ainda não ocuparam e os não ocupantes de cargos de Direção, os quais escolherão, por ordem de antiguidade, na sessão plenária subsequente à eleição para os cargos de Direção do Tribunal, a Turma da qual preferirem participar, sendo facultativa a aceitação do encargo.

§ 1º. Os demais Desembargadores do Trabalho serão distribuídos nas Turmas, mediante manifestação de preferência, observada, para esse efeito, a ordem de antiguidade.

§ 2º. Na ocorrência de vacância do cargo de Presidente de Turma, terá preferência para ocupá-lo o Desembargador do Trabalho mais antigo em exercício em qualquer das Turmas.

§ 3º. Havendo vaga, o Tribunal Pleno poderá deferir, por maioria simples, a remoção de Turma, admitindo-se igualmente a permuta entre Desembargadores, ficando ressalvada a vinculação do Desembargador do Trabalho, na Turma de origem, aos processos que já lhe tenham sido distribuídos como Relator ou Revisor, regra que se estende aos embargos de declaração de seus acórdãos. (Alterado pela RA n. 004/2013).

§ 4º. Não havendo a remoção prevista no § 2º, ocupará o cargo de

Presidente de Turma o Desembargador do Trabalho mais antigo na Turma.

§ 5º. Em caso de afastamento, por qualquer motivo, de membro do Tribunal, aquele que for nomeado ou promovido para a respectiva vaga integrará a Turma em que se encontrava o Desembargador do Trabalho afastado, ou ocupará a vaga que decorrer de remoção ou permuta.

Art. 19. Cada Turma funcionará com três magistrados, e contará com a participação de um juiz convocado para compor o quórum por sessão. (Art. 19 com redação dada pela Resolução Administrativa n. 061/2015 de 19/03/2015 e publicada em 15/04/2015.)

§ 1º. No caso de ausência temporária do Desembargador Presidente será ele substituído pelo Desembargador do Trabalho mais antigo integrante da Turma que estiver presente à sessão.

§ 2º. É vedado o funcionamento da Turma sem a presença de, pelo menos, um de seus membros.

Art. 20. Nas sessões do Tribunal Pleno, o Presidente tomará assento no centro da mesa principal; à sua direita ficará o representante do Ministério Público, e, à sua esquerda, o secretário do Tribunal.

§ 1º. O Vice-Presidente tomará assento na primeira cadeira da bancada direita da mesa central; o Desembargador do Trabalho mais antigo, na primeira cadeira da bancada à esquerda, e assim, sucessivamente, obedecida a antiguidade entre os Desembargadores do Trabalho que compõem o Tribunal.

§ 2º. O Juiz Convocado ocupará o lugar imediatamente posterior ao do Desembargador do Trabalho mais moderno ou do último Juiz Convocado, observado, neste caso, a antiguidade entre os Juízes do Trabalho Titulares de Vara.

Art. 21. *Nas sessões das turmas, o Presidente tomará assento no centro da mesa Principal; à sua direita ficará o representante do Ministério Público; e, à sua esquerda, o secretário da Turma.*

§ 1º. *O Desembargador do Trabalho mais antigo tomará assento na primeira cadeira da bancada direita da mesa central; o mais moderno na primeira cadeira da bancada à esquerda.*

§ 2º. *Nos impedimentos ou suspeição do Desembargador Presidente da Turma atuará em seu lugar o Desembargador do Trabalho mais antigo, convocando-se Desembargador da outra Turma para participar da sessão de julgamento e, na impossibilidade deste, Juiz Titular de Vara da Capital.*

§ 3º. *Nos casos de impedimento ou suspeição dos demais Desembargadores do Trabalho integrantes da Turma será convocado Desembargador do Trabalho da outra Turma para participar da sessão de julgamento e, na impossibilidade deste, Juiz Titular de Vara da Capital.*

Art. 22. *A antiguidade dos Desembargadores do Trabalho do Tribunal Regional do Trabalho da 23ª Região será determinada:*

I. pela data do início do exercício neste Regional;

II. pela data da posse;

III. pela data da nomeação;

IV. pela antiguidade na carreira de magistrado, para os Desembargadores do Trabalho oriundos da magistratura, na classe anterior, para os Desembargadores do Trabalho oriundos do Ministério Público ou da advocacia;

V. pela idade.

Art. 23. *Nas sessões do Tribunal Pleno não poderão atuar nos mesmos feitos, judiciais ou administrativos, Desembargadores do Trabalho que sejam cônjuges, parentes consanguíneos ou afins, em linha reta ou colateral até 3º grau.*

Parágrafo único. *Não poderão ter assento na mesma Turma do Tribunal Desembargadores do Trabalho que possuam relação de parentesco ou conjugal a que se refere o caput.*

Art. 24. *Os Desembargadores do Trabalho do Tribunal, o Presidente e o Vice-Presidente tomarão posse perante o Tribunal Pleno e prestarão o compromisso de desempenhar, fielmente, os deveres do cargo, cumprindo e fazendo cumprir a Constituição e as Leis da República.*

§ 1º. *O termo de posse, lavrado em livro especial, será assinado pelo empossado e pelo Presidente do Tribunal. No caso de posse do Presidente e Vice-Presidente, também o assinarão os demais Desembargadores do Trabalho, presentes à respectiva sessão.*

§ 2º. *Estando o Tribunal em recesso, o Desembargador do Trabalho poderá tomar posse perante o seu Presidente, devendo o ato ser referendado, pelo Tribunal, na primeira sessão subsequente.*

§ 3º. *O ato de posse deverá ocorrer dentro de trinta dias, a contar da data da publicação do ato de nomeação ou promoção, havendo mais trinta dias para o início do exercício.*

Art. 25. *Cada Desembargador do Trabalho contará com um gabinete.*

§ 1º. *A composição dos gabinetes será fixada por Resolução Administrativa.*

§ 2º. *É de indicação do Desembargador do Trabalho o preenchimento dos cargos e funções de seu gabinete.*

§ 3º. *É faculdade do Desembargador do Trabalho requisitar, através da Presidência, servidores de outro órgão do Poder Público, para prestar serviços em seu gabinete.*

§ 4º. *Cada Desembargador do Trabalho disporá sobre a organização dos serviços de seu gabinete e sobre o controle de frequência e horário dos servidores a ele vinculados.*

Capítulo II - Da Direção

Art. 26. *Constituem cargos de direção do Tribunal o de Presidente e o de Vice-Presidente.*

Parágrafo único. *O Presidente exercerá, cumulativamente, a função de Corregedor Regional, podendo delegar referidas atribuições ao Vice-Presidente.*

Art. 27. *O mandato do Presidente e do Vice-Presidente do Tribunal será de dois anos, iniciando-se, a partir do primeiro dia dos anos pares.*

§ 1º. *O Presidente e o Vice-Presidente serão eleitos na sessão administrativa a realizar-se na penúltima quinta-feira do mês de outubro dos anos ímpares, pelo voto da maioria dos membros efetivos do Tribunal, dentre os Desembargadores mais antigos, que não tiverem exercido os respectivos cargos, observado o disposto no art. 102 e parágrafo da LOMAN. (§ 1º do artigo 27, com redação dada pela RA n. 178/2012 de 12.12.2012 e publicada em 18.12.2012)*

§ 2º. *O Desembargador do Trabalho que declinar, com a aceitação do Tribunal Pleno, do direito de concorrer a um dos cargos de direção, manterá sua posição no quadro de antiguidade, nas eleições subsequentes.*

§ 3º. *O Desembargador do Trabalho que for eleito Presidente não será incluído nas distribuições subsequentes à data da eleição, continuando, porém, como Relator e Revisor nos processos que tenha aposto visto até sua posse, redistribuindo-se os remanescentes.*

§ 4º. *Na impossibilidade da posse de qualquer dos eleitos, na data estabelecida, por fato superveniente à eleição, observar-se-á o seguinte:*

a) *se a impossibilidade for de caráter temporário, dar-se-á posse na data marcada e, ao remanescente, em data oportuna;*

b) *se a impossibilidade for de natureza definitiva e do eleito Presidente, proceder-se-á a nova eleição para todos os cargos de direção; se do Vice-Presidente, a eleição será para esse cargo;*

c) *em quaisquer das hipóteses da alínea anterior, a eleição será realizada em sessão extraordinária, dentro do prazo de oito dias a contar da data designada para a posse não efetivada, ou da ocorrência do fato impeditivo, e a sessão de posse, no prazo de 15 dias da eleição, se transcorrida a data oficial.*

§ 5º. *A solenidade de posse ocorrerá no penúltimo dia útil que anteceder ao início do recesso do mês de dezembro dos anos ímpares, com efeitos jurídicos a partir de 1º de janeiro do ano subsequente.*

Art. 28. *Vagando o cargo de Presidente, assumirá a Presidência o Vice-Presidente, sendo a Vice-Presidência exercida pelo Desembargador do Trabalho mais antigo, que não tenha ocupado tal cargo mediante eleição.*

§ 1º. *Se a vaga da Presidência se der quando faltar a metade ou mais do período do mandato, proceder-se-á à eleição para todos os cargos de direção do mandato complementar. As eleições subsequentes* *ocorrerão nas datas previstas no art. 27 e seu § 1º, podendo nesta hipótese haver recondução dos atuais dirigentes.*

§ 2º. *Ocorrendo a vaga da Presidência, após decorrido mais da metade do período do mandato, o Vice-Presidente assumirá o cargo de Presidente, e o Desembargador do Trabalho mais antigo, que não tiver ocupado o cargo, assumirá a Vice-Presidência, cumprindo-se desta forma o restante do mandato.*

§ 3º. *Ocorrendo a vaga no cargo de Vice-Presidente, o preenchimento far-se-á na forma do parágrafo anterior, independentemente do período do mandato que restar.*

§ 4º. *Ocorrendo vaga do cargo de Presidente e Vice-Presidente, concomitantemente, o Desembargador do Trabalho mais antigo assumirá a Presidência e procederá à eleição e posse para todos os cargos de direção, nos prazos previstos na alínea c, do § 4º, do art. 27, observando-se, no que couber o §*

1º deste artigo.

§ 5º. *Nas faltas e impedimentos simultâneos, eventuais, do Presidente e Vice-Presidente, o Desembargador do Trabalho mais antigo, presente na sede, responderá pela Presidência.*

§ 6º. *Aplicam-se aos Desembargadores do Trabalho, que assumirem a Direção do Tribunal, nas hipóteses previstas neste artigo e seus §§, as disposições do art. 27, § 3º.*

Art. 29. *A eleição dos Presidentes de Turmas será realizada na primeira sessão subsequente à da nova direção do Tribunal, nos termos do art. 18, para mandato de dois anos, adotando-se o critério de rodízio, por antiguidade, com posse imediata prestando os eleitos o compromisso de praxe.*

Parágrafo único. *O exercício da Presidência de Turma não implica em inelegibilidade para os cargos de Presidente ou Vice-presidente do Tribunal ficando, porém o magistrado afastado de suas atribuições junto à Turma no período em que estiver no exercício de cargo de direção.*

Capítulo III - Do Tribunal Pleno e das Turmas

Art. 30. *O Tribunal Pleno compõe-se de todos os seus Desembargadores do Trabalho em exercício e dos Juízes Convocados, observado o disposto no art. 70 deste Regimento.*

Art. 31. *A 1ª e a 2ª Turmas de Julgamento compõem-se de 04 (quatro) e 03 (três) membros, respectivamente, constituídas na forma do art. 19 deste Regimento Interno. (Artigo 31, com redação dada pela RA n. 188/2015 de 20.08.2015 e publicada em 1º.09.2015)*

Art. 32. *As decisões do Tribunal serão tomadas pelo voto da maioria dos votantes, ressalvadas as exceções previstas em lei e neste Regimento.*

§ 1º. *Em matéria administrativa e constitucional, após o voto do Relator, passar-se-á à votação que se iniciará com o voto do Presidente, seguido dos demais votantes, por ordem decrescente de antiguidade.*

§ 2º. *Na hipótese do inciso anterior, cabe ao Presidente proferir voto de qualidade. Nos demais casos, o Presidente somente votará em caso de empate.*

§ 3º. *O Juiz, convocado para substituir no Tribunal, poderá participar de apreciação de matéria administrativa, por deliberação do Tribunal Pleno.*

§ 4º. *Na declaração de inconstitucionalidade de lei ou de ato normativo do poder público, será exigido o voto da maioria absoluta do Tribunal Pleno.*

Art. 33. *O Tribunal fará publicar, mensalmente, na imprensa oficial, dados estatísticos sobre seus trabalhos, no mês anterior.*

Art. 34. *Compete ao Tribunal Pleno, além da matéria expressamente prevista em lei ou em outro dispositivo deste Regimento Interno:*

I. *julgar:*

a) *habeas corpus;*

b) *agravos regimentais interpostos nos processos de competência originária do Tribunal Pleno;*

c) *mandados de segurança e habeas data;*

d) *embargos de declaração opostos a seus acórdãos;*

e) *ações rescisórias;*

f) *conflitos de competência ou atribuições entre as Turmas e Juízes do Trabalho;*

g) *os incidentes, as exceções de incompetência ou de impedimento de seus membros, dos membros da Turmas e de Juízes de primeiro grau, e as ações incidentais de qualquer natureza, em processos sujeitos a seu julgamento;*

h) *arguições de inconstitucionalidade de lei ou de ato normativo do poder público, em processos de sua competência originária, e as que lhe forem submetidas pelas Turmas;*

i) *ações anulatórias de cláusula de convenção ou acordo coletivo com abrangência territorial ou inferior à jurisdição do Tribunal; e Turmas.*

j) *em última instância os recursos das multas impostas pelas*

k) *os processos em que Relator e Revisor compõem Turma diversa, quando retornem de outra instância, qualquer que seja a Classe ou motivo.*

II. *fixar os dias das sessões plenárias e o horário de funcionamento dos órgãos da Justiça do Trabalho da 23ª Região;*

III. *escolher Juiz Titular de Vara do Trabalho para compor o Tribunal, na forma da lei;*

IV. *fixar a data da abertura de concurso para provimento de cargos de Juiz do Trabalho Substituto, designar a respectiva comissão e homologar seu resultado;*

V. *autorizar a realização do concurso, aprovar as instruções, bem como os integrantes da comissão e homologar a classificação final dos candidatos, para provimento de cargo do seu quadro de pessoal efetivo;*

VI. *indicar os Juízes do Trabalho que devam ser promovidos por antiguidade, pelo voto da maioria simples dos seus membros;*

VII. *organizar a lista tríplice, quando se tratar de promoção por merecimento, pelo voto da maioria absoluta de seus membros, escolhendo o que deva ser promovido, quando se tratar de Juiz do Trabalho Substituto;*

VIII. *aprovar a lista de antiguidade dos Juízes Titulares de Varas do Trabalho e dos Juízes do Trabalho Substitutos, organizada no primeiro mês de cada ano pelo Presidente do Tribunal, e conhecer das reclamações que contra ela forem oferecidas, dentro de oito dias após sua publicação;*

IX. *aprovar a tabela de diárias e as ajudas de custo devidas a Juízes do Trabalho e servidores da Região;*

X. *criar as funções de confiança, integrantes de sua Tabela de Representação de Gabinete, necessárias ao serviço do Tribunal e das Varas do Trabalho, fixando--lhes o valor da representação, na forma da lei;*

XI. *apreciar a justificativa das ausências de seus Desembargadores às sessões, quando superiores a três consecutivas;*

XII. *aprovar os modelos das vestes talares a serem usadas pelos Desembargadores do Tribunal e das Varas do Trabalho;*

XIII. *processar e julgar recursos contra os atos administrativos praticados pelo Presidente;*

XIV. *deliberar sobre a transposição e transformação de cargos, promoção e progressão funcional;*

XV. *indicar dois Desembargadores do Trabalho para compor comissão, que será presidida pelo Desembargador do Trabalho Corregedor, a fim de acompanhar o desempenho de Juiz do Trabalho Substituto não vitalício (Art. 22, inciso II, letra "C", da LOMAN), bem como deliberar sobre o parecer dessa Comissão, nos termos do § 1º, do art. 191 deste Regimento;*

XVI. *aprovar a permuta e a remoção de Juízes Titulares de Vara do*

XVII. *Trabalho e de Juízes do Trabalho Substitutos;*

XVIII. *conceder férias e licenças aos Desembargadores do Trabalho que o integram desde que a concessão das férias não prejudique a realização de sessões de julgamento;*

XIX. *aprovar o Regimento Interno e o Regulamento de sua*

XX. *Secretaria e serviços auxiliares;*

XXI. *homologar as conciliações celebradas nos dissídios coletivos;*

XXII. *determinar, para os efeitos legais, a remessa às autoridades competentes de cópias de peças de autos ou de papéis que conhecer, quando evidenciem crime de responsabilidade ou comum, e no caso de ação pública;*

XXIII. *processar e julgar a restauração de autos, quando se tratar de processos de sua competência;*

XXIV. *processarospedidosdeaposentadoria deseus*

XXV. *Desembargadores do Trabalho e concedê--la aos Juízes do Trabalho e servidores;*

XXVI. *examinar proposta de anteprojetos de lei, apresentada pelo Presidente ou por qualquer de seus membros, relativa à criação, extinção ou transformação de cargos e à fixação dos respectivos níveis de vencimentos;*

XXVII. *aprovar ou modificar a proposta orçamentária, organizada pelo Presidente, para encaminhamento ao poder competente;*

XXVIII. *deliberar sobre a indicação feita pelo Presidente, para nomeação do Diretor Geral, Secretário do Tribunal Pleno, do Diretor do Serviço de Controle Interno e Secretário da Corregedoria;*

XXIX. *aprovar logotipos, medalhas ou símbolos que, de qualquer forma, representem o Tribunal;*

XXX. *apreciar, em grau de recurso, as penalidades aplicadas pelo*

XXXI. *Presidente do Tribunal, Corregedor e Diretor Geral;*

XXXII. *determinar, por maioria absoluta de seus membros, a abertura de processo administrativo disciplinar contra magistrado proposta pelo Corregedor Regional, observadas as normas estabelecidas pelo Conselho Nacional de Justiça; (Inciso XXIX do art. 34, com redação dada pela RA n. 068/2015 de 30/04/2015 e publicada em 06/05/2015.)*

XXXIII. *decidir, observada a maioria absoluta de seus membros, sobre o afastamento do cargo do magistrado, quando necessário ou conveniente à apuração da infração disciplinar, assegurado o subsídio integral; (Inciso XXX do art. 34, com redação dada pela RA n. 068/2015 de 30/04/2015 e publicada em 06/05/2015.)*

XXXIV. *julgar o processo administrativo disciplinar contra magistrado, impondo-lhe punição somente por voto da maioria absoluta dos seus membros, observadas as normas emanadas do Conselho Nacional de Justiça; (Inciso XXX do art. 34, com redação dada pela RA n. 068/2015 de 30/04/2015 e publicada em 06/05/2015.)*

XXXV. *autorizar o afastamento do país dos magistrados da região, quando estiverem em exercício;*

XXXVI. *deliberar sobre a concessão de afastamento de magistrados nas hipóteses previstas na LOMAN;*

XXXVII. *resolver quaisquer questões que lhe sejam submetidas e que digam respeito à ordem de seus trabalhos;*

XXXVIII. *elaborar ou alterar o Regimento Interno do Tribunal;*

XXXIX. *julgar originariamente as arguições de inconstitucionalidade de lei ou de ato do Poder Público, quando acolhidas pelas Turmas ou quando opostas em processos de sua competência originária.*

XL. *uniformizar a Jurisprudência do Tribunal.*

XLI. *processar e julgar os embargos de declaração relativos aos seus acórdãos;*

XLII. *determinar aos Juízes das Varas do Trabalho a realização dos atos processuais e diligências necessárias ao julgamento dos feitos sob sua apreciação;*

XLIII. *fiscalizar a nulidade dos atos praticados com infração de suas decisões;*

XLIV. *julgar as suspeições arguidas contra seus membros;*

XLV. *julgar as exceções de incompetência que lhes forem opostas;*

XLVI. *requisitar às autoridades competentes as diligências necessárias ao esclarecimento dos feitos sob apreciação, representando contra aquelas que não atenderem a tais requisições;*

XLVII. *processar, conciliar e julgar os dissídios coletivos no âmbito de sua jurisdição, suas revisões e os pedidos de extensão de suas sentenças normativas;*

XLVIII. *exercer, em geral, no interesse da Justiça do Trabalho, as demais atribuições que decorram de sua jurisdição.*

XLIX. *processar e julgar mecanismos de prevenção ou composição de divergência que lhe for submetido pelas Turmas.*

Parágrafo único. *Para fins do disposto no inciso IX deste artigo, será devida ajuda de custo para moradia, a requerimento do interessado e atendidas as hipóteses do artigo 65, II, da Lei Complementar n. 35/79 c/c o artigo 6o da Constituição Federal, conforme regulamentação administrativa do Tribunal Pleno. (Parágrafo único acrescentado pela RA n. 160/2012). Dispositivo com aplicabilidade suspensa por força da decisão liminar proferida nos autos do CSJT-PCA - 2001-79.2013.5.90.0000)*

Art. 35. *Compete às Turmas, além da matéria expressamente prevista em lei:*

I. *julgar:*

a) *os recursos ordinários previstos no art. 895, alínea "a" e § 1º, da CLT;*

b) *os agravos de petição e de instrumento, estes de decisões denegatórias de sua alçada; e*

c) *embargos de declaração opostos aos seus acórdãos;*

II. *processar e julgar:*

a) *as habilitações incidentes e arguições de falsidade nos processos pendentes de sua decisão; competência; e*

b) *medidas cautelares nos autos dos processos de sua competência.*

c) *restauração de autos quando se tratar de processo de sua*

III. *fiscalizar o cumprimento de suas próprias decisões;*

IV. *declarar as nulidades decorrentes de atos praticados com infração de suas próprias decisões;*

V. *impor multas e demais penalidades relativas a atos de sua competência jurisdicional;*

VI. *promover, por proposta de qualquer de seus membros, a remessa de processos ao Tribunal Pleno, quando se tratar de matéria da competência deste; (Inciso VI do artigo 35, com redação dada pela RA n. 188/2015 de 20.08.2015 e publicada em 1º.09.2015)*

VII. *dar ciência às autoridades competentes de fato que possa configurar crime de ação pública, verificando nos papéis e autos sujeitos a seu exame;*

VIII. *dar ciência à Corregedoria Regional de atos considerados atentatórios à boa ordem processual;*

IX. *determinar às Varas do Trabalho e aos Juízes a realização dos atos processuais e diligências necessárias ao julgamento dos feitos sob sua apreciação;*

X. *requisitar às autoridades competentes as diligências necessárias ao esclarecimento dos feitos sob apreciação, representando contra aquelas que não atenderem a tais requisições;*

XI. *exercer, em geral, no interesse da Justiça do Trabalho, as demais atribuições que decorram de sua jurisdição.*

XII. *promover, por proposta de qualquer de seus membros, a remessa de processos ao Tribunal Pleno quando convier pronunciamento destes em razão da relevância da questão jurídica, ou da necessidade de prevenir divergência entre as Turmas.*

Art. 36. *Os atos administrativos do Tribunal Pleno serão materializados em instrumento denominado "Resolução Administrativa", que poderá ser publicada no órgão oficial de divulgação.*

§ 1º. *Serão sempre publicadas as Resoluções Administrativas cujo objeto verse sobre matéria de interesse geral, ou quando o Tribunal Pleno assim o determinar.*

§ 2º. *As Resoluções Administrativas serão numeradas seguidamente e disponibilizadas na internet e em ambiente próprio, para ciência dos magistrados e servidores do Tribunal.*

Art. 37. *Compete aos Presidentes de Turmas:*

I. *aprovar as pautas de julgamento elaboradas pelo Secretário da Turma;*

II. *dirigir, ordenar e presidir as sessões da Turma, propondo e submetendo as questões a julgamento;*

III. *proferir voto, apurar os emitidos e proclamar as decisões;*

IV. *relatar e revisar os processos que lhe forem distribuídos;*

V. *encaminhar à Secretaria do Tribunal Pleno os processos que devam ser redistribuídos, nos casos de afastamento e vaga de Desembargador do Trabalho, bem como nos casos de impedimento ou suspeição;*

VI. *despachar expedientes em geral, orientando e fiscalizando as tarefas administrativas da Turma, vinculadas às atribuições judiciárias respectivas;*

VII. *supervisionar os trabalhos da Secretaria referentes à Turma;*

VIII. *convocar as sessões extraordinárias da Turma;*

IX. *designar dia e hora das sessões ordinárias e extraordinárias da Turma;*

X. *manter a ordem e o decoro nas sessões, ordenando a retirada dos que as perturbarem, determinando a prisão dos infratores, com a lavratura do respectivo auto;*

XI. *requisitar às autoridades competentes a força necessária sempre que, nas sessões, houver perturbação da ordem ou fundado temor de sua ocorrência;*

XII. *cumprir e fazer cumprir as disposições deste Regimento;*

XIII. *convocar Desembargador do Trabalho ou Juiz Titular de Vara do Trabalho para integrar o órgão que preside, a fim de compor quorum, observando o seguinte:*

a) *A convocação de Juiz Titular de Vara do Trabalho será pelo critério de antiguidade, com rodízio obrigatório entre os Juízes Titulares de Vara do Trabalho da Capital;*

b) *O Juiz do Trabalho Substituto designado para Auxiliar na Vara do Trabalho assumirá o lugar do Juiz Titular convocado, no dia que anteceder a sessão bem como no de sua realização. (Inciso XIII, "a" e "b" do art. 37, com redação dada pela Resolução Administrativa n. 104/2013, de 20.06.2013.)*

Capítulo IV - Do Presidente do Tribunal

Art. 38. *Compete ao Presidente do Tribunal, além das atribuições previstas em lei ou em outro dispositivo deste Regimento:*

I. *a direção e representação do Tribunal;*

II. *convocar as sessões ordinárias e extraordinárias do Tribunal, presidi-las, colher votos, votar nos casos e na forma previstos em lei e neste Regimento e proclamar os resultados dos julgamentos;*

III. *designar e presidir as audiências de conciliação e instrução de dissídios coletivos;*

IV. *despachar petições e expedientes de sua atribuição, bem como os recursos de decisões do Tribunal, negando ou admitindo seu seguimento;*

V. *conceder vista dos autos e homologar desistências em processos de competência do Tribunal, quando solicitadas antes da distribuição do processo ou após o exaurimento da função julgadora do Relator, sendo que, neste caso, o acórdão constará, obrigatoriamente, dos autos. Tratando-se de dissídio coletivo já julgado, a homologação dar-se-á após ouvido o Ministério Público do Trabalho;*

VI. *determinar a devolução dos autos ao juízo de primeiro grau, para que decida os pedidos de homologação de acordo, apresentados antes da distribuição do processo ou após o seu julgamento, caso em que o acórdão deverá constar obrigatoriamente nos autos;*

VII. *manter a ordem nas sessões, determinando a retirada de quem as perturbe ou falte com o devido respeito, aplicando as medidas cabíveis;*

VIII. *corresponder-se em nome do Tribunal e representá-lo nas solenidades e atos oficiais, podendo, para esse fim, delegar poderes a outros magistrados;*

IX. *conhecer e decidir, bem como expedir ordens e promover diligências, quando se tratar de matéria que não dependa de acórdão ou não for da competência privativa do Tribunal Pleno ou dos Relatores;*

X. *processar as representações contra as autoridades sujeitas à jurisdição do Tribunal;*

XI. *aplicar penalidades aos servidores do TRT da 23ª Região; (Inciso XI do art. 38, com redação dada pela RA n. 180/2013)*

XII. *antecipar e prorrogar o expediente nos casos urgentes, ad referendum do Tribunal Pleno;*

XIII. *baixar atos normativos de sua competência, fixando sistemas e critérios de administração em geral;*

XIV. *tomar a iniciativa das medidas necessárias para cumprimento do disposto no inciso VIII, do art. 93, da Constituição Federal;*

XV. *conceder férias e licenças aos Juízes de primeiro grau, Diretor- Geral e servidores de seu gabinete;*

XVI. *organizar a lista de antiguidade dos Juízes Titulares de Varas do Trabalho e dos Juízes do Trabalho substitutos, no primeiro mês de cada ano;*

XVII. *organizar a escala de férias dos Juízes de primeiro grau;*

XVIII. *conceder diárias e autorizar o pagamento de ajuda de custo, em conformidade com as tabelas aprovadas pelo Tribunal;*

XIX. *decidir os pedidos e reclamações dos Desembargadores do Trabalho, Juízes do Trabalho e servidores sobre assuntos de natureza administrativa;*

XX. *prover, na forma da lei, os cargos do quadro de pessoal, nomeando, reintegrando, readmitindo, removendo, redistribuindo ou promovendo servidor;*

XXI. *exonerar, a pedido, servidores do Tribunal;*

XXII. *processar os precatórios e ordenar-lhes o cumprimento;*

XXIII. *autorizar e homologar os procedimentos licitatórios, para aquisição de bens permanentes e de consumo e contratação de serviços necessários ao funcionamento da Justiça do Trabalho da 23ª Região, inclusive ratificar, quando necessário, as dispensas e as inexigibilidades de licitação;*

XXIV. *autorizar o pagamento de despesas referentes à aquisição de bens, ao fornecimento de material ou prestação de serviços e assinar os contratos relativos à adjudicação desses encargos;*

XXV. *organizar a secretaria e gabinete da presidência;*

XXVI. *submeter ao Tribunal a elaboração de projetos de lei, remetendo-os ao poder ou órgão competente, se aprovados;*

XXVII. *determinar o desconto nos vencimentos dos Desembargadores do Trabalho, Juízes do Trabalho e servidores, nos casos previstos em lei;*

XXVIII. *apresentar, a cada ano, para conhecimento, discussão e aprovação do Tribunal Pleno, até 15 (quinze) dias antes da data fixada para encaminhamento ao TCU, a tomada de contas do exercício anterior, acompanhada do respectivo relatório de gestão, devendo os originais ser postos à disposição dos magistrados com 8 (oito) dias de antecedência da sessão de apresentação;*

XXIX. *conceder gratificações em conformidade com os valores fixados pelo Tribunal;*

XXX. *designar dentre os Juízes do Trabalho Substitutos:*

a) *o que deva assumir a titularidade nos casos de afastamento do Juiz Titular de Vara do Trabalho por motivo de férias, licença e impedimentos;*

b) *o que deva funcionar como Juiz Auxiliar em uma ou mais Varas do Trabalho.*

XXXI. *apreciar a justificativadeaté três ausências de* Desembargador do Trabalho às sessões do Tribunal Pleno;

XXXII. *determinar que se instaure processo de aposentadoria compulsória do magistrado, que não a requerer até quarenta dias antes da data em que irá completar setenta anos de idade;*

XXXIII. *prover cargos em comissão, ouvido o Tribunal Pleno, quando for o caso, e designar servidores para exercer funções gratificadas, salvo as dos gabinetes dos Desembargadores do Trabalho do Tribunal e dos Juízes do Trabalho, que dependerão de indicação dos respectivos magistrados;*

XXXIV. *responder pelo poder de polícia do Tribunal e de qualquer órgão a ele subordinado;*

XXXV. *conceder período de trânsito aos Juízes promovidos ou removidos, de 15 dias, prorrogáveis mediante causa justificada;*

XXXVI. *distribuir os feitos aos Desembargadores do Trabalho do Tribunal, na forma do art. 47 e respectivos parágrafos, deste Regimento, assinando a ata respectiva, mesmo que a distribuição se faça por sistema eletrônico de processamento de dados;*

XXXVII. *convocar os Juízes Substitutos, escolhidos na forma do art. 7º e §§ deste Regimento;*

XXXVIII. *dar posse aos Juízes do Trabalho, ao Diretor-Geral e ao Secretário Geral da Presidência e designar seus substitutos;*

XXXIX. *delegar ao Vice-Presidente atribuições que esteja impossibilitado de exercer;*

XL. *decidir pedido de carta de sentença e assiná-la;*

XLI. *praticar os atos reputados urgentes ad referendum do Pleno.*

XLII. *cumprir e fazer cumprir as decisões proferidas pelo Tribunal Pleno, determinando a realização de atos processuais e diligências que se fizerem necessárias.*

XLIII. *publicar no órgão oficial, sem prejuízo da possibilidade de publicação interna corporis, o boletim mensal de produção individual dos magistrados de primeira instância, a ser elaborado pela Seção de Estatística do Tribunal, segundo as normas estabelecidas pelo Conselho Nacional de Justiça – CNJ e/ou Conselho Superior da Justiça do Trabalho – CSJT.*

XLIV. *decidir, por despacho fundamentado, sobre a suspensão da execução de liminar ou de antecipação de tutela, concedidas pelos Juízes das Varas do Trabalho da 23ª Região, nas ações movidas contra o Poder Público ou seus agentes, nos termos da lei, desde que a requerimento do Ministério Público do Trabalho ou da pessoa jurídica de direito público interessada, em caso de manifesto interesse público ou de flagrante ilegitimidade, e para evitar grave lesão à ordem, à saúde, à segurança e à economia públicas. (Inciso XLIV do art. 38 acrescentado pela Resolução Administrativa n. 040/2015 de 23/02/2015 e publicada em 13/03/2015.)*

§ 1º. *O Presidente do Tribunal poderá delegar as atribuições mencionadas nos incisos XI, XVIII, XXIII, XXIV, bem como na segunda parte dos incisos XIX, XXVII e XXXIII, ao Diretor-Geral, que observará os limites traçados na respectiva delegação. (§ 1º do art. 38 acrescentado pela Resolução Administrativa n. 040/2015 de 23/02/2015 e publicada em 13/03/2015.)*

§ 2°. *Aplica-se o disposto no inciso XLIV à sentença proferida em processo de ação cautelar inominada. (§ 2º do art. 38 acrescentado pela Resolução Administrativa n. 040/2015 de 23/02/2015 e publicada em 13/03/2015.)*

§ 3º. *O Presidente do Tribunal, se necessário, poderá ouvir o autor da ação e o Ministério Público do Trabalho, em cinco dias, no caso previsto no inciso XLIV. (§ 3º do art. 38 acrescentado pela Resolução Administrativa n. 040/2015 de 23/02/2015 e publicada em 13/03/2015.)*

§ 4º. *A suspensão de liminar e de antecipação da tutela, que trata o inciso XLIV, vigorará até a decisão da cautelar, e a da sentença, enquanto pender de decisão o recurso, ficando sem efeito se a decisão concessiva da medida for mantida pelo órgão julgador, ou se transitar em julgado. (§ 4º do art. 38 acrescentado pela Resolução Administrativa n. 040/2015 de 23/02/2015 e publicada em 13/03/2015.)*

§ 5º. *Da decisão a que se refere o inciso XLIV, caberá agravo regimental, que será levado a julgamento na sessão seguinte à sua interposição. (§ 5º do art. 38 acrescentado pela Resolução Administrativa n. 040/2015 de 23/02/2015 e publicada em 13/03/2015.)*

Art. 39. *Os atos administrativos do Presidente serão materializados em instrumentos denominados ATO e PORTARIA;*

§ 1º. *O Ato é utilizado para:*

a) *nomeação de Juiz do Trabalho substituto;*

b) *promoção para Juiz Titular de Vara do Trabalho;*

c) *nomeação e exoneração de cargo em comissão;*

d) *nomeação, exoneração e demissão de cargo efetivo;*

e) *concessão aos servidores de promoção, transferência, readaptação, reversão, aproveitamento, reintegração, recondução, redistribuição, aposentadoria, pensão vitalícia e temporária;*

f) *declaração de vacância de cargo;*

g) *antecipação e prorrogação de expediente em caso de urgência, ad referendum do Tribunal Pleno.*

§ 2º. *A Portaria é utilizada para materializar os demais atos praticados pelo Presidente, que envolvam interesses gerais do Tribunal, Desembargadores do Trabalho, Juízes do Trabalho e servidores.*

§ 3º. *Os Atos serão publicados no Diário Eletrônico da Justiça do Trabalho e no Boletim Interno do Tribunal e as Portarias somente no Boletim Interno, salvo quando os efeitos destas atingirem o público, hipótese em que serão também publicadas no Diário da Justiça Eletrônico.*

Capítulo V - Da Vice-Presidência

Art. 40. *Ao Vice-Presidente compete:*

I. *substituir o Presidente em seus afastamentos, ausências e impedimentos;*

II. *exercer as atribuições que lhe forem delegadas pelo Presidente do Tribunal, conforme o disposto no art. 125 da LOMAN, mediante ato da Presidência, que fixará os limites e o prazo da delegação;*

III. *atuar nas matérias e nos recursos administrativos que devam ser submetidos à apreciação do Tribunal, na qualidade de Relator nato.*

Parágrafo único. *Encontrando-se o Vice-Presidente afastado do cargo por mais de 02 (dois) dias, ou impedido, as matérias administrativas e recursos administrativos reputados urgentes serão distribuídos, em condição de igualdade para todos os Desembargadores em atividade.*

Art. 41. *O Vice-Presidente participará da distribuição em semanas alternadas, como Relator, em igualdade de condições, salvo quando estiver no exercício da Presidência, por 08 (oito) ou mais dias consecutivos ou quando se encontrar, por igual prazo, desempenhando outras atividades de interesse do Tribunal, ou fora da sede, em missão oficial, observado o disposto no art. 54 deste Regimento Interno.*

Capítulo VI - Da Corregedoria

Art. 42. *Ao Desembargador do Trabalho Corregedor incumbe, além das atribuições previstas em lei:*

I. zelar pelo bom funcionamento das Varas do Trabalho, efetuando correições periódicas, ordinárias ou extraordinárias, gerais ou parciais e decidir sobre reclamações contra Juiz do Trabalho e servidores a ele vinculados.

II. prestar informações sobre Juízes do Trabalho, para fins de promoção por merecimento;

III. instaurar e instruir procedimento administrativo-disciplinar para apuração de irregularidades cometidas por magistrado, observadas as normas estabelecidas pelo Conselho Nacional de Justiça; (Inciso III do art. 42, com redação dada pela RA n. 068/2015 de 30/04/2015 e publicada em 06/05/2015.)

IV. expedir recomendações quanto à ordem dos serviços nos juízos e órgãos de primeiro grau;

V. revogado; (Inciso V do art. 42, revogado pela RA n. 068/2015 de 30/04/2015 e publicada em 06/05/2015.)

VI. baixar, com prévia aprovação do Tribunal Pleno, provimento sobre as atribuições dos servidores, e atividades do primeiro grau não definidas em lei, regulamentos ou neste Regimento.

Art. 43. *Caberá agravo regimental no prazo de 08 (oito) dias, ou recurso administrativo no prazo legal, para o Tribunal Pleno, conforme a natureza da matéria decidida, das decisões proferidas pelo Corregedor.*

Art. 44. *Os atos do Corregedor serão materializados em instrumento denominado "Provimento da Corregedoria", que poderá ser publicado no órgão oficial de divulgação, a critério da referida autoridade.*

Parágrafo único. *Os Provimentos serão arquivados na Secretaria da Corregedoria, com remessa de cópias aos Desembargadores do Trabalho do Tribunal e Juízes do Trabalho.*

Título III - Da Ordem do Serviço no Tribunal

Capítulo I - Do Cadastramento e Distribuição dos Processos

Art. 45. *Osprocessos de competência do Tribunal serão classificados de acordo com as classes e temas processuais estabelecidos nas Tabelas Processuais Unificadas pelo CNJ, as quais deverão constar, obrigatoriamente, do sistema informatizado do Tribunal.*

Parágrafo único. *Ocorrendo ajuizamento de ação ou interposição de recurso não previstos nas tabelas mencionadas no caput deste artigo, o registro e a autuação observarão a classificação que lhes for dada pelo Presidente do Tribunal, observando-se o que prevê o Provimento Consolidado.*

Art. 46. *Recebidos, registrados e autuados, serão remetidos à Procuradoria Regional do Trabalho para emissão de parecer:*

I. obrigatoriamente, e independentemente de distribuição, os processos em que for parte pessoa jurídica de direito público, estado estrangeiro ou organismo internacional, fundação pública e massa falida, bem como os conflitos de competência, observado, neste caso, o disposto no art. 110 deste Regimento, salvo os processos relativos a recursos sobre diferenças ou débitos de contribuição previdenciária;

II. facultativamente, por iniciativa do Relator, os processos nos quais a matéria, por sua relevância, recomendar a prévia manifestação do Ministério Público, inclusive aqueles em que for parte empresa pública e sociedade de economia mista;

III. por iniciativa do Ministério Público, quando entender existente, nos processos, interesse público que justifique sua intervenção;

IV. por determinação legal, os mandados de segurança, os habeas corpus, os dissídios coletivos, no caso de não ter sido exarado parecer oral na instrução, e os processos em que houver o interesse de menores, incapazes, indígenas e de idoso;

V. por despacho do Relator, as ações rescisórias.

Art. 47. *As ações de competência originária do Tribunal, após seu registro e autuação, serão submetidas à distribuição.*

Art. 48. *A distribuição dos processos ao Relator será feita diariamente e de forma ininterrupta, por meio eletrônico, concorrendo todos os Desembargadores e Juízes que estejam Convocados em substituição, exceto os suspeitos e impedidos mediante regular compensação. (Art. 48, com redação dada pela RA n. 220/2013, de 12.12.2013 e publicada em 17.12.2013)*

§ 1º. *O Desembargador do Trabalho Vice-Presidente participará da distribuição dos processos em semanas alternadas e não receberá, como Relator ou Revisor, processos de competência originária.*

§ 2º. *Os processos que tramitam pelo meio físico serão entregues ao gabinete do Relator no último dia útil da semana em que foram distribuídos, sendo que o prazo regimental para a aposição do visto do Relator, seja nos processos físicos ou eletrônicos, começará a fluir no primeiro dia útil subsequente à entrega dos autos. (§ 2º do artigo 48, com redação dada pela RA n. 188/2015 de 20.08.2015 e publicada em 1º.09.2015)*

§ 3º. *Os processos de competência originária, os dissídios coletivos decorrentes de greve e outros feitos que, a juízo do Presidente do Tribunal, requeiram providências imediatas, serão distribuídos logo após registrados e autuados, observados os critérios deste Regimento. (§ 4º do artigo 48, renumerado como § 3º pela RA n. 188/2015 de 20.08.2015 e publicada em 1º.09.2015)*

§ 4º. *A ata de audiência de distribuição será publicada no órgão oficial. (§ 5º do artigo 48, renumerado como § 4º pela RA n. 188/2015 de 20.08.2015 e publicada em 1º.09.2015)*

Art. 49. *Devolvido o processo pelo Relator, com seu visto, deverá a Secretaria incluí-lo em pauta, para julgamento, observadas a ordem de entrada e as preferências legalmente previstas.*

Art. 50. *Os processos, que dependam de decisão do Tribunal Pleno, terão Relator e Revisor sorteados no momento da distribuição.*

§ 2º. *O exercício do cargo de Presidente de Turma não exclui o Desembargador do Trabalho da participação na distribuição de processos como Relator. (§ 2º do artigo 50, com redação dada pela RA n. 111/2014 de 06.08.2014 e publicada em 07.08.2014)*

Art. 51. *Com a distribuição do processo fica o Relator* vinculado independentemente de seu "visto", salvo as hipóteses legais e regimentais.

Parágrafo único. *Nos casos de impedimento ou suspeição do Relator, será processada nova distribuição, mediante compensação. (Art. 51 e parágrafo único, com redação dada pela RA n. 111/2014 de 06.08.2014 e publicada em 07.08.2014)*

Art. 52. *Quando o processo já houver sido julgado pelo Tribunal, qualquer que seja a sua classe, em caso de retorno dos autos de outra instância, permanecerão como Relator e Revisor, mediante compensação, os Desembargadores do Trabalho que, anteriormente, como tal, nele haviam funcionado.*

§ 1º. *Em caso de afastamento do Relator por mais de trinta dias ou de vacância do respectivo cargo, o processo será remetido ao Juiz Convocado ou ao Desembargador do Trabalho que esteja ocupando a vaga, exceto quando o retorno dos autos for para julgamento de embargos de declaração, hipótese em que serão distribuídos, por sorteio, entre os Desembargadores do Trabalho que acompanharam a tese vencedora. (§ 1º do artigo 52, com redação dada pela RA n. 111/2014 de 06.08.2014 e publicada em 07.08.2014)*

I. *Tratando-se de processo cujo retorno para julgamento decorreu da oposição de embargos declaratórios e estando o Relator ou redator designado afastado por período superior a trinta dias, os autos serão distribuídos, por sorteio, entre os Desembargadores do Trabalho que acompanharam a tese vencedora.*

§ 2º. *Em se tratando de Juiz Convocado, o processo será remetido ao Desembargador do Trabalho que se fez substituir ou que esteja ocupando a respectiva vaga, salvo se aquele permanecer atuando no Tribunal, seja como Juiz Convocado, seja como membro efetivo da Corte, ainda que esteja atuando em outra Turma ou substituindo outro Desembargador do Trabalho, devendo o julgamento ser proferido na Turma de origem. (Alterado pela RA n. 004/2013).*

§ 3º. *Não haverá prevenção da Turma se dela não mais fizer parte nenhum dos Desembargadores do Trabalho que funcionaram no julgamento anterior. (Alterado pela RA n. 004/2013)*

§ 4º. *Em se tratando de anulação parcial em que haja redator designado, os autos ser-lhe-ão remetidos.*

I. *Nos casos em que houver anulação total do acórdão proferido pelo redator designado, a remessa dos autos deve obedecer ao comando do caput deste artigo.*

§ 5º. *O recurso que vier ao Tribunal, por força de provimento de agravo de instrumento, terá como Relator aquele do AI, mediante compensação.*

§ 6º. *Na hipótese de afastamento temporário do Vice-Presidente, os processos passarão à competência do Desembargador do Trabalho mais antigo que o substituir.*

Art. 53. *Quando, no mesmo processo, houver interposição de mais de um recurso e o não recebimento de um deles acarretar agravo de instrumento, este deverá tramitar apensado aos autos do recurso recebido e ser distribuído ao mesmo Relator do processo principal, devendo julgar-se primeiro o agravo.*

Parágrafo único. *Provido o agravo, a Secretaria do Tribunal Pleno procederá à reautuação e remessa dos autos ao gabinete do Relator.*

Art. 54. *O Desembargador do Trabalho que entrar em gozo de férias, licença ou tiver qualquer afastamento autorizado pelo Tribunal Pleno, por oito ou mais dias, ressalvada a hipótese de convocação, receberá distribuição normalmente, iniciando-se a contagem dos prazos regimentais do seguinte modo:*

a) *Os recebidos na primeira semana de afastamento, no primeiro dia útil da semana subsequente ao retorno do magistrado;*

b) *Os recebidos na segunda semana de afastamento, no primeiro dia útil da segunda semana subsequente ao retorno do magistrado;*

c) *tamento, no primeiro dia útil da terceira semana subsequente ao retorno do magistrado;*

d) *Os recebidos na quarta semana de afastamento, no primeiro dia útil da quarta semana subsequente ao retorno do magistrado.*

e) *Os recebidos nas eventuais posteriores semanas de afastamento, no primeiro dia útil da respectiva semana subsequente ao retorno do magistrado. (Art. 54 e alíneas "a", "b", "c", "d" e "e", com redação dada pela RA n. 040/2014, de 20.03.2014 e publicada em 21.03.2012)*

§ 1º. *O Juiz Convocado participará das distribuições enquanto perdurar sua convocação.*

§ 2º. *Será suspensa a distribuição de processo a Desembargador do Trabalho que requerer aposentadoria, a contar da data em que o pedido for aprovado pelo Tribunal Pleno.*

Art. 55. *Afastando-se do exercício o Relator, por 2 (dois) ou mais dias, serão redistribuídos, mediante oportuna compensação, os mandados de segurança, dissídios coletivos decorrentes de greve e os feitos que, conforme fundada alegação do interessado, reclamem solução urgente.*

§ 1º. *Nos afastamentos do Desembargador do Trabalho, Relator, sujeitos a convocação de substituto ou suplente, os processos já distribuídos, que se encontrem no gabinete, passarão à competência do Juiz Convocado. (§ 1º do artigo 55, com redação dada pela RA n. 111/2014 de 06.08.2014 e publicada em 07.08.2014)*

§ 2º. *Após trinta dias do término da convocação, os processos que se encontrem pendentes de visto passarão à competência dos respectivos titulares, salvo se tratar de embargos de declaração, ao qual se aplica a previsão do art. 175, § 1º, II, deste Regimento.*

§ 3º. *As situações previstas nos §§ 1º e 2º implicarão na reabertura dos prazos.*

§ 4º. *Os prazos serão suspensos sempre que o Desembargador do Trabalho seja designado para representar oficialmente o Tribunal, ou participar de congressos ou convenções, durante a respectiva designação, sem prejuízo do disposto no art. 57 deste Regimento.*

§ 5º. *Nas hipóteses de vacância de cargo de Desembargador do Trabalho, aplica-se a regra prevista no § 1º deste artigo.*

Art. 56. *O Desembargador do Trabalho Presidente poderá designar outro Desembargador do Trabalho para presidir a distribuição dos feitos, em casos de ausência ou impedimento do Vice-Presidente.*

Capítulo II - Do Relator

(Capítulo II, com redação dada pela RA n. 188/2015 de 20.08.2015 e publicada em 1º.09.2015)

Art. 58. *Compete ao Relator:*

I. *ordenar a realização de diligências julgadas necessárias à perfeita instrução do feito, fixando prazos para seu atendimento;*

II. *requisitar, quando necessário, os autos originais dos processos que subirem a seu exame em traslado, cópias ou certidões, assim como os feitos que, com eles tenham conexão ou dependência, desde que já findos ou com tramitação suspensa;*

III. *apresentar, em sessão, os acórdãos previamente redigidos e assinados ou, na Secretaria do Tribunal Pleno, no prazo de 05 (cinco) dias úteis, quando não houver unanimidade na decisão ou houver a designação de Redator, exceto os acórdãos de Recurso Ordinário em Rito Sumaríssimo, cujo prazo é de 48 (quarenta e oito horas).*

IV. *conceder vista às partes; despachar, nos dissídios individuais, as desistências dos recursos e ações originárias que lhe tiverem sido distribuídos; conceder liminares e praticar quaisquer outros atos processuais, após a distribuição do feito, até a publicação do acórdão da decisão do Tribunal, inclusive das proferidas em embargos de declaração;*

V. *encaminhar à Secretaria, dentro de quarenta dias úteis contados do recebimento, os feitos que lhe forem distribuídos para relatoria, neles apondo seu "visto", exceto os embargos de declaração que deverão ser encaminhados dentro de cinco dias úteis. (Inciso V do art. 58, com redação dada pela RA n. 040/2014, de 20.03.2014 e publicada em 21.03.2014)*

VI. *processar os incidentes de falsidade, suspeição, impedimento, atentado, habilitação, restauração de autos, e qualquer outro levantado pelas partes;*

VII. *submeter a quem competir as questões de ordem para o bom andamento dos serviços e para o aprimoramento das atividades do Tribunal;*

VIII. *determinar a baixa do processo ao juízo de origem, quando necessário ou quando as partes celebrarem acordo. Exceto, com relação a última hipótese, quando o Relator preferir conciliar no seu próprio gabinete.*

IX. *processar os feitos de competência originária do Tribunal, que lhe tenham sido distribuídos, podendo delegar poderes aos Juízes de primeiro grau, para procederem à instrução;*

X. *indeferir liminarmente a inicial, em ação rescisória, mandado de segurança e medida cautelar, nos termos da lei;*

XI. *determinar a realização de diligências e esclarecimentos quando se tratar de matéria administrativa;*

XII. *encaminhar os autos ao Ministério Público, quando necessário;*

XIII. *rever, quando necessário, os atos meramente ordinatórios, como a juntada e a vista obrigatória, praticados de ofício pelo servidor.*

Capítulo III - Das Pautas

Art. 60. *As pautas das sessões de julgamento do Tribunal Pleno e das Turmas serão elaboradas pelo Secretário do Tribunal Pleno, com aprovação dos respectivos Presidentes.*

§ 1º. *A preferência para julgamento obedecerá a seguinte ordem: habeas corpus, mandados de segurança, dissídios coletivos, ações cautelares, conflitos de competência e processos cujo Relator deva afastar-se temporária ou definitivamente, ou tenha sido eleito para cargo de direção do Tribunal. (§ 1º do artigo 60, com redação dada pela RA n. 111/2014 de 06.08.2014 e publicada em 07.08.2014)*

§ 2º. *Poderá o Relator solicitar preferência para processos que entenda ser de manifesta urgência.*

§ 3º. *Os embargos de declaração serão julgados na sessão seguinte à devolução dos autos pelo Relator, independentemente de inclusão em pauta.*

Art. 61. *Organizar-se-á a pauta de julgamento com observância da ordem cronológica de entrada dos processos na Secretaria, a qual será publicada no órgão oficial, com antecedência mínima de dois dias, sendo afixada cópia no quadro de editais do Tribunal, observadas as preferências constantes do § 1º do artigo anterior.*

Art. 62. *Nenhum processo poderá ser incluído em pauta sem que conste o visto do Relator e, uma vez publicada a pauta, qualquer processo, nela incluído, somente poderá ser retirado da Secretaria ou de pauta por aquele. (Artigo 62, com redação dada pela RA n. 111/2014 de 06.08.2014 e publicada em 07.08.2014)*

Art. 63. *A matéria administrativa será registrada, na pauta, pelo número do processo e somente será apreciada quando cópia de seu inteiro teor for enviada a cada Desembargador do Trabalho, com antecedência mínima de três dias úteis, ressalvados os casos excepcionais, a critério do Tribunal Pleno.*

Art. 64. *Independem de inclusão em pauta:*

I. *vista regimental;*

II. *embargos de declaração;*

III. *homologação de acordo em dissídio coletivo;*

IV. *habeas corpus.*

Capítulo IV - Das Sessões do Tribunal

Art. 65. *O Tribunal Pleno e as Turmas reunir-se-ão em sessões ordinárias e extraordinárias.*

Art. 66. *As sessões ordinárias serão realizadas em dias da semana e hora estabelecidos por meio de Resolução do Tribunal, sem necessidade de convocação formal de seus membros.*

Parágrafo único. *O Desembargador do Trabalho que estiver em gozo de férias e participar de sessão do Tribunal Pleno ou das Turmas, poderá, a critério da Administração e de forma fundamentada, ter as férias suspensas neste dia. (Parágrafo único do artigo 66, com redação dada pela RA n. 188/2015 de 20.08.2015 e publicada em 1º.09.2015)*

Art. 67. *As sessões extraordinárias do Tribunal Pleno e das Turmas poderão ser convocadas pelo respectivo Presidente ou pela maioria de seus Desembargadores do Trabalho.*

§ 1º. *Os Desembargadores do Trabalho e o representante do Ministério Público receberão a convocação para a sessão extraordinária, por escrito, com antecedência mínima de quarenta e oito horas, salvo se todos desistirem formalmente desse prazo.*

§ 2º. *Versando a sessão extraordinária sobre matéria que não interesse a terceiros, a convocação não* necessitará ser publicada, caso contrário a publicação se fará no prazo previsto no parágrafo anterior.

Art. 68. As sessões do Tribunal, inclusive para tratar de matéria administrativa, serão públicas, salvo as exceções legais.

Parágrafo único. Na hipótese de sessão secreta permanecerão na sala, além dos Desembargadores do Trabalho, o representante do Ministério Público e o secretário.

Art. 69. Havendo matéria administrativa a ser tratada, em sessão ordinária ou extraordinária, os Desembargadores do Trabalho, que estiverem em férias ou licença, deverão ser comunicados, por escrito, através de seus gabinetes, com antecedência mínima de três dias úteis.

Art. 70. Somente os Desembargadores do Trabalho participarão da discussão e votação de matéria administrativa, ou recurso a ela referente, ressalvada a faculdade prevista no § 3º do art. 32.

Art. 71. No horário regimental as sessões do Tribunal Pleno e das Turmas serão abertas pelo respectivo Presidente, ou sucessivamente, pelo Vice- Presidente, ou Desembargador do Trabalho mais antigo. Não havendo número para deliberar, aguardar-se-á por quinze minutos a formação de quorum. Persistindo a falta de número, a sessão será encerrada, registrando-se, em ata, a ocorrência.

Parágrafo único. O Desembargador do Trabalho que não comparecer a mais de três sessões consecutivas, deverá justificar, por escrito, devendo o Presidente levar a justificativa à apreciação do Tribunal na sessão imediata às ausências.

Art. 72. Nas sessões do Tribunal, os trabalhos obedecerão à seguinte ordem:

I. verificação do número de Desembargadores do Trabalho presentes;

II. comunicações de interesse geral;

III. julgamento dos processos incluídos em pauta, observadas as preferências legais e regimentais;

IV. indicações e propostas.

Art. 73. Apregoado o julgamento do processo, nenhum Desembargador do Trabalho poderá retirar-se do recinto sem autorização do Presidente.

Art. 74. Uma vez iniciado, o julgamento ultimar-se-á na mesma sessão, sendo suspenso apenas por pedido de vista ou motivo relevante, arguido pelo Relator.

Parágrafo único. Havendo conversão do julgamento em diligência, o processo será retirado da pauta, devendo, assim que ultimada, ser reincluído, com preferência.

Art. 75. Nenhum Desembargador do Trabalho poderá se eximir de proferir seu voto, exceto quando não houver assistido ao relatório, ou for impedido ou suspeito.

Art. 76. Terão preferência para julgamento, independentemente da ordem de colocação na pauta, os processos cujos Relatores sejam Juízes Convocados, bem como aqueles com inscrição de advogado para sustentação oral. (Artigo 76, com redação dada pela RA n. 111/2014 de 06.08.2014 e publicada em 07.08.2014)

Parágrafo único. As hipóteses e a forma pela qual os advogados se inscreverão para sustentação oral e que gerem preferência de julgamento, serão reguladas por Resoluções Administrativas.

Art. 77. O julgamento que tiver sido suspenso ou adiado, prosseguirá, com preferência sobre os demais, sem vinculação quanto à presidência da sessão, computando-se os votos já proferidos, ainda que ausentes os Desembargadores do Trabalho que tenham votado.

Art. 78. Após o pregão, o Presidente do Tribunal Pleno ou da Turma dará a palavra ao Relator que fará relatório circunstanciado da causa.

Parágrafo único. Estando os Desembargadores do Trabalho aptos a votar e não havendo oposição das partes, poderá o relatório ser apresentado de forma sucinta.

Art. 79. A sustentação oral será feita de uma só vez, ainda que arguida matéria preliminar ou prejudicial, e observará as seguintes disposições:

§ 1º. Ao relatar processos com pedidos de preferência de advogados para sustentação oral, o Relator fará um resumo da matéria em discussão e antecipará sua conclusão, hipótese em que poderá ocorrer a desistência da sustentação ante a antecipação do resultado. Havendo, porém, qualquer voto divergente daquele anunciado pelo Relator, o Presidente voltará a facultar a palavra ao advogado desistente. Não desistindo os advogados da sustentação, o Presidente concederá a palavra a cada um dos representantes das partes, por 10 (dez) minutos, sucessivamente.

§ 2º. Usará da palavra, em primeiro lugar, o advogado do recorrente; se ambas as partes o forem, o do autor.

§ 3º. Havendo litisconsortes, o tempo será dividido entre eles, proporcionalmente. Se a matéria for relevante, a critério do Presidente, o tempo poderá ser ampliado.

§ 4º. Não será permitida sustentação oral em agravos de instrumento, regimental e em embargos declaratórios.

§ 5º. O Presidente do Tribunal Pleno ou da Turma cassará a palavra do advogado que, em sustentação oral, conduzir-se de maneira desrespeitosa ou, por qualquer motivo, inadequada.

Art. 80. Após a sustentação, ou sem ela, passar-se-á à votação que se iniciará com o voto do Relator, seguido do voto dos demais Desembargadores do Trabalho, por ordem crescente de antiguidade. (Artigo 80, com redação dada pela RA n. 111/2014 de 06.08.2014 e publicada em 07.08.2014)

§ 1º. As questões preliminares serão julgadas antes do mérito. Na hipótese de haver mais de uma preliminar, a apreciação, observará a ordem ditada pela prejudicialidade.

§ 2º. Rejeitada a preliminar, ou se com ela não for incompatível a apreciação do mérito, seguir-se-á o julgamento, devendo sobre o mérito se pronunciar o Desembargador do Trabalho vencido em qualquer das preliminares.

§ 3º. Cada Desembargador do Trabalho, exceto o Relator, terá cinco minutos para proferir seu voto. Durante os votos não serão permitidos apartes ou interferências. (§ 3º do artigo 80, com redação dada pela RA n. 111/2014 de 06.08.2014 e publicada em 07.08.2014)

§ 4º. O Desembargador do Trabalho, ao votar, poderá pedir esclarecimento ao Relator, aos advogados e à Procuradoria, sempre por intermédio da Presidência do Tribunal Pleno ou da Turma, no tempo supra referido, bem como requerer a conversão do julgamento em diligência, ocasião em que o requerimento será submetido à apreciação do colegiado que, por maioria simples, poderá ordenar a sua realização. (§ 4º do artigo 80, com redação dada pela RA n. 111/2014 de 06.08.2014 e publicada em 07.08.2014)

Art. 81. Antes de encerrado o julgamento, poderá o representante do Ministério Público intervir, se julgar conveniente ou se houver solicitação de qualquer Desembargador do Trabalho.

Art. 82. *Após o voto do Relator, o Presidente consultará em bloco os demais Desembargadores do Trabalho.*

Art. 83. *Antes de proclamado o resultado do julgamento, o Desembargador do Trabalho pode reconsiderar seu voto, devolvendo-se-lhe a faculdade de pedir esclarecimentos, tudo no tempo de cinco minutos.*

Art. 84. *Aos julgadores, a qualquer momento antes de proclamado o resultado do julgamento, caberá o uso da palavra para esclarecimentos que ainda forem considerados necessários.*

Art. 85. *Nenhum Desembargador do Trabalho tomará a palavra sem que lhe seja dada previamente pelo Presidente do Tribunal Pleno ou da Turma, a quem caberá encaminhar a votação e proclamar o resultado.*

Art. 86. *Em caso de empate nos julgamentos do Tribunal Pleno, caberá ao respectivo Presidente desempatar, adotando uma das correntes, sendo- lhe facultado pedir vista regimental.*

Art. 87. *Quando as soluções divergirem, mas várias delas apresentarem ponto comum, deverão ser somados os votos dessas correntes, no que forem coincidentes. Permanecendo a divergência, sem possibilidade de qualquer soma, serão as questões submetidas ao pronunciamento de todos os Desembargadores do Trabalho, duas a duas, eliminado-se, sucessivamente, as que tiverem menor votação e prevalecendo a que reunir, por último, a maioria de votos.*

Art. 88. *Os Desembargadores do Trabalho poderão pedir vista do processo, após proferido o voto pelo Relator. (§ 2º do artigo 50, com redação dada pela RA n. 111/2014 de 06.08.2014 e publicada em 07.08.2014)*

§ 1º. *Sendo o pedido de vista em mesa, o julgamento se fará na mesma sessão, logo que o Desembargador do Trabalho que a requereu se declare habilitado a votar.*

§ 2º. *Sendo o pedido de vista com suspensão do julgamento, os autos serão encaminhados aos gabinetes dos Desembargadores do Trabalho que a houverem solicitado, obedecida a ordem de antiguidade. Cada um terá o prazo de*

10 (dez) dias úteis para exame, devolvendo-os à secretaria. O processo retornará a julgamento na primeira sessão, após a devolução, independentemente de publicação em nova pauta, observada, sempre a presença do Relator. (§ 2º do artigo 88, com redação dada pela RA n. 111/2014 de 06.08.2014 e publicada em 07.08.2014)

§ 3º. *O pedido de vista não impede que votem os Desembargadores do Trabalho que se considerem habilitados a fazê-lo.*

§ 4º. *Os pedidos de vista de processos, formulados por Desembargador do Trabalho afastado em definitivo do Tribunal, ou por período superior a 30 dias, serão desconsiderados, prosseguindo o julgamento com observância dos votos já proferidos.*

§ 5º. *O prazo de vista regimental em processo de rito sumaríssimo é de 05 (cinco) dias corridos.*

Art. 89. *Não participarão do julgamento o Desembargador do Trabalho que não tenha assistido ao relatório ou aos debates, salvo quando se der por esclarecido.*

Art. 90. *Quando, por motivo de aposentadoria, licenças ou outros impedimentos, o magistrado Relator ou que tenha integrado o quórum necessário ao julgamento estiver impossibilitado de participar da sessão do Tribunal por prazo superior a 30 (trinta) dias, o processo suspenso, ou adiado, será incluído em pauta para reinício do julgamento, podendo-se repetir o relatório e a sustentação oral, em razão dos Desembargadores do Trabalho que estiverem participando do julgamento pela primeira vez. (Artigo 90, com redação dada pela RA n. 111/2014 de 06.08.2014 e publicada em07.08.2014)*

Parágrafo único. *Se a ausência for do Relator, será redator do acórdão o Desembargador do Trabalho que em primeiro lugar se manifestar pela tese vencedora. (Parágrafo único do artigo 90, com redação dada pela RA n. 111/2014 de 06.08.2014 e publicada em 07.08.2014)*

Art. 91. *Findo o julgamento, o Presidente proclamará a decisão, designando para redigir o acórdão o Desembargador do Trabalho que primeiro se manifestou a favor da tese vencedora, se restar vencido o Relator.*

§ 1º. *Em qualquer caso, o relatório, aprovado pelo Tribunal, deverá integrar, obrigatoriamente, o acórdão.*

§ 2º. *Os fundamentos do acórdão são os do voto vencedor, podendo o Desembargador do Trabalho fazer transcrever, após as assinaturas regimentais, a justificação de seu voto.*

§ 3º. *Nos dissídios coletivos, a redação do acórdão cabe sempre ao Relator, mesmo quando vencido, parcialmente.*

§ 4º. *Sendo vencidos todos os Desembargadores do Trabalho, ainda que em parte, redigirá o acórdão o Relator originário.*

§ 5º. *O fato de o Relator ser vencido em matéria de conhecimento do recurso não lhe retira a obrigação de lavrar o acórdão, salvo se não houver matéria de mérito.*

§ 6º. *Na decisão em que houver desempate, se este não for total, caberá ao Relator lavrar o acórdão. (§ 6º do artigo 91, com redação dada pela RA n. 111/2014 de 06.08.2014 e publicada em 07.08.2014)*

Art. 92. *O Presidente do Tribunal, excetuada a hipótese de declaração de inconstitucionalidade de lei ou ato normativo do Poder Público, somente terá voto de desempate, salvo nas matérias administrativas, quando terá, ainda, voto de qualidade.*

Parágrafo único. *Tratando-se de processo relatado na forma prevista no art. 40, III, e parágrafo único e art. 145, o Presidente votará logo após o Relator.*

Art. 93. *No julgamento de recurso administrativo contra decisão, ato ou despacho do Presidente, do Vice-Presidente ou do Relator, não votará o autor do ato impugnado, mas, ocorrendo empate, prevalecerá a decisão, o ato ou o despacho recorrido.*

Art. 94. *Encerrada a sessão, os processos, que não tiverem sido julgados, permanecerão em pauta, independentemente de nova publicação, conservada a mesma ordem, com preferência sobre os demais, para julgamento na sessão subsequente.*

Parágrafo único. *Sempre que, encerrada a sessão, restarem em pauta, ou em mesa, mais de vinte feitos sem julgamento, o Presidente fará realizar uma ou mais sessões extraordinárias para o julgamento daqueles processos.*

Art. 95. *Findos os trabalhos da sessão, o secretário certificará nos autos a decisão e os nomes dos Desembargadores do Trabalho e representante do Ministério Público que tomaram parte no respectivo julgamento, bem como o dos advogados que fizeram sustentação oral, consignando os votos vencedores e os vencidos, o nome do Desembargador do Trabalho que não participou do julgamento, bem como a* designação do redator do acórdão, na hipótese de não prevalecer o voto do Relator do feito.

I. O pedido de juntada de declaração de voto vencido, deverá constar na certidão de julgamento e a sua remessa à Secretaria do Tribunal Pleno deverá se dar no prazo de 48 (quarenta e oito) horas, tendo-se como desistência do pedido a não apresentação no referido prazo;

II. A Secretaria do Tribunal Pleno certificará a suspensão do julgamento, em virtude de pedido de vista regimental, com registro dos votos já proferidos.

Art. 96. O secretário do Tribunal fornecerá, no prazo de 48 (quarenta e oito) horas, certidão do julgamento proferido, quando a parte o requerer, com o fim de instruir recurso a ser interposto.

Capítulo V - Dos Acórdãos

Art. 97. São requisitos do acórdão:

I. a ementa que, resumidamente, consigne a tese jurídica que prevaleceu no julgamento;

II. o relatório, contendo o nome das partes, o resumo do pedido e da defesa, bem como o registro das principais ocorrências havidas no andamento do processo;

III. os fundamentos em que se baseou a decisão;

IV. o dispositivo.

§ 1º. O teor da ementa será aprovado pelo Tribunal, quando do julgamento.

§ 2º. Nos acórdãos de Recurso Ordinário em rito sumaríssimo aplicam-se as disposições do art. 895, § 1º, IV da CLT.

Art. 98. Os acórdãos serão apresentados previamente em sessão e nela assinados eletronicamente.

§ 1º. Quando houver alteração na redação original do acórdão e não sendo possível assiná-lo eletronicamente em sessão, o Relator ou redator designado terá o prazo de 5 (cinco) dias úteis para fazê-lo, contados do recebimento da certidão de julgamento no gabinete. Em se tratando de acórdão de Recurso Ordinário em Rito Sumaríssimo o prazo será de 48 (quarenta e oito horas).

§ 2º. Na hipótese de o Juiz Convocado ser vencedor da tese majoritária e figurar como redator designado, o processo ficará vinculado ao Gabinete do Desembargador do Trabalho que se faz substituir, o qual cumprirá a previsão contida no § 1º deste artigo.

Art. 99. O Secretário do Tribunal Pleno providenciará a publicação das decisões no órgão oficial, certificando nos autos.

Art. 100. A republicação do acórdão somente será feita quando autorizada por despacho do Presidente do Órgão Julgador, salvo hipótese de evidente erro material.

Capítulo VI - Das Audiências

Art. 101. As audiências, para instrução dos feitos da competência originária do Tribunal, serão públicas e realizar-se-ão no dia e hora designados pelo magistrado a quem couber a instrução do processo.

Parágrafo único. A abertura e o encerramento da audiência serão anunciados pelo magistrado instrutor, cabendo ao secretário fazer o pregão referente ao processo, nome das partes e dos advogados.

Art. 102. A ata da audiência registrará o número do processo, o nome das partes e dos advogados presentes, além dos requerimentos apresentados, decisões tomadas e demais ocorrências.

Art. 103. Os auxiliares do juízo, partes e testemunhas não poderão se retirar sem autorização do magistrado presidente, a quem caberá a manutenção da ordem, podendo mandar retirar os assistentes que a perturbem e impor as sanções legais aos infratores.

Parágrafo único. O Relator poderá delegar a instrução do feito a uma das Varas do Trabalho com jurisdição na área em que devam ser colhidas as provas ou que estejam sediadas as suscitadas, no caso de dissídio coletivo.

Capítulo VII - Dos Precatórios

Art. 104. As requisições de pagamentos, devidos pela Fazenda Pública, em decorrência de sentença judiciária, serão feitas mediante precatórios dirigidos pelo Juiz da execução ao Presidente do Tribunal, cuja expedição será regulamentada através de Provimentos da Corregedoria, em observância as normas editadas pelo Conselho Nacional de Justiça.

Título IV - Do Processo no Tribunal

Capítulo I - Dos Impedimentos e Suspeições

Art. 105. Havendo impedimento ou suspeição, nas hipóteses dos artigos 799 a 802 da CLT e 134 a 137 do CPC, o Relator declarará por despacho nos autos, procedendo-se à redistribuição do processo. (Artigo 105, com redação dada pela RA n. 111/2014 de 06.08.2014 e publicada em 07.08.2014)

§ 1º. Considerar-se-á impedido para atuar como relator de ação rescisória o Magistrado que tenha sido prolator da sentença rescindenda ou que tenha redigido o acórdão rescindendo. (Alterado pela RA n. 004/2013)

§ 2º. Ocorrendo qualquer das hipóteses na sessão de julgamento, será declarada verbalmente, constando em ata e na certidão do processo.

§ 3º. A arguição de suspeição deverá ser oposta pela parte ou procurador com poderes especiais até antes de ser iniciado o julgamento, indicando os fatos que a motivaram, a prova documental e rol de testemunhas, se houver. (Art. 105 e §§, redação dada pela RA n. 038/2012).

Art. 106. Será rejeitada, liminarmente, a arguição de impedimento ou suspeição que o Desembargador do Trabalho recusado não acolher e que o Relator e demais Desembargadores do Trabalho participantes do julgamento considerarem manifestamente improcedente.

Art. 107. Considerada relevante a arguição, o Relator determinará seu processamento em autos distintos; se o arguido for o Relator, o incidente será distribuído a outro Desembargador do Trabalho.

Art. 108. Após ouvido o arguido, no prazo de 05 (cinco) dias, o Relator promoverá a instrução do incidente e o submeterá a julgamento na primeira sessão, sem a participação do Desembargador do Trabalho recusado.

Parágrafo único. Acolhida a arguição, prosseguir-se-á no julgamento do processo principal sem a participação do Desembargador do Trabalho impedido ou suspeito, repetindo-se, se necessário, os atos por ele já praticados e redistribuindo-se o feito se se tratar do Relator. (Parágrafo único do artigo 108, com redação dada pela RA n. 111/2014 de 06.08.2014 e publicada em 07.08.2014)

Capítulo II - Do Incidente de Falsidade

Art. 109. O incidente de falsidade será processado pelo Relator do processo principal, observando-se, no que couber, o disposto nos artigos 390 a 395 do Código de Processo Civil.

Parágrafo único. *Processado o incidente de falsidade, este será submetido a julgamento pelo Tribunal Pleno, em mesa.*

Capítulo III - Do Conflito de Competência

Art. 110. *Dar-se-á o conflito nos casos previstos nas leis processuais, podendo ser suscitado pela parte interessada, pelo Ministério Público, ou por qualquer das autoridades conflitantes.*

Art. 111. *Os autos de conflito de competência serão encaminhados ao Presidente do Tribunal, que determinará sua distribuição.*

Art. 112. *O Relator, quando necessário, mandará ouvir os interessados no prazo de cinco dias, podendo determinar o sobrestamento do processo e designar Juiz para resolver, em caráter provisório, as medidas urgentes.*

Art. 113. *Decorrido o prazo do artigo anterior, os autos serão encaminhados à Procuradoria, para parecer, sendo, posteriormente, incluídos em pauta para julgamento, após o visto do Relator.*

Art. 114. *Proferida a decisão, esta será comunicada, imediatamente, às autoridades em conflito, devendo prosseguir o feito no juízo julgado competente.*

Parágrafo único. Da decisão do conflito não caberá recurso.

CAPÍTULO IV - Da Uniformização da Jurisprudência e do Rito Repetitivo

(Capítulo IV do Título IV com redação dada pela Resolução Administrativa n. 099/2015 de 18/05/2015 e publicada em 25/05/2015.)

Art. 115. *O Incidente de Uniformização de Jurisprudência - IUJ no âmbito deste Tribunal reger-se-á pelos preceitos do Código de Processo Civil e deste Regimento Interno, observando-se os seguintes procedimentos:*

I. *O incidente será suscitado quando se constatar a existência de divergência entre as Turmas de Julgamento sobre interpretação de teses jurídicas que possuam a mesma base fática.*

II. *O incidente poderá ser suscitado pelo Presidente do Tribunal ao emitir o juízo de admissibilidade do recurso de revista, pelo Desembargador ou Juiz Convocado ao proferir seu voto em sessão de julgamento, pela parte ou pelo membro do Ministério Público, até o momento da sustentação oral, pressupondo, nos dois últimos casos, divergência jurisprudencial já configurada.*

III. *Quando suscitado pela parte, a petição deverá ser instruída com prova da divergência jurisprudencial, mediante certidão, cópia ou citação do repositório de jurisprudência, oficial ou credenciado, inclusive em mídia eletrônica, em que tiverem sido publicados os acórdãos divergentes, ou ainda pela reprodução dos julgados disponíveis na internet, com indicação da respectiva fonte, mencionando, em qualquer caso, as circunstâncias que identifiquem ou assemelhem os casos confrontados, sob pena de não conhecimento.*

IV. *Suscitado o incidente pelo Relator, pela parte ou pelo Ministério Público, o julgamento do recurso será suspenso para deliberação turmária sobre a existência (ou não) da divergência jurisprudencial.*

V. *Não sendo admitido o processamento do incidente de uniformização de jurisprudência pelo órgão fracionário do Tribunal, prosseguir-se-á o julgamento do recurso, inclusive na mesma sessão.*

VI. *Admitido o processamento do incidente de uniformização de jurisprudência, a Secretaria do Tribunal Pleno procederá à autuação e distribuição do IUJ, bem como cientificará os Desembargadores e Juízes Convocados da sua instauração, os quais suspenderão o julgamento de todos os outros recursos de sua relatoria que versem sobre idêntica questão jurídica, até o pronunciamento do Tribunal Pleno sobre o incidente.*

VII. *A decisão que admitir o processamento do incidente de uniformização de jurisprudência é irrecorrível, assegurada às partes a faculdade de sustentação oral por ocasião do julgamento.*

VIII. *Será Relator no Tribunal Pleno o Desembargador originariamente sorteado para relatar o processo em que se verifica o incidente de uniformização, ou, se vencido, o Desembargador que primeiro proferiu o voto prevalecente. Caso o Relator originário ou Redator designado não mais componha o Tribunal Pleno ou esteja afastado por mais de 30 dias ou, ainda, seja Juiz Convocado, o incidente será distribuído a outro membro efetivo da Corte.*

IX. *Nos casos de maior complexidade, a critério do Relator, a cópia dos autos do IUJ será remetida à Comissão de Jurisprudência para, no prazo de 30 (trinta) dias, emitir parecer e apresentar proposta relativa ao conteúdo e à redação da súmula ou da tese jurídica prevalecente, que serão submetidos ao Tribunal Pleno. (Inciso IX do art. 115 com redação dada pela Resolução Administrativa n. 118/2015 de 06/07/2015 e publicada em 15/07/2015.)*

X. *Decorrido o prazo do parágrafo anterior, com ou sem parecer da Comissão de Jurisprudência, o Relator determinará a intimação do Ministério Público para emissão de parecer no prazo de 10 (dez) dias e, após o decurso do prazo, apreciará a matéria e determinará sua inclusão em pauta. (Inciso X do art. 115 com redação dada pela Resolução Administrativa n. 118/2015 de 06/07/2015 e publicada em 15/07/2015.)*

XI. *As cópias dos autos, com os pareceres da Comissão e do Ministério Público, deverão ser remetidas pela Secretaria do Tribunal Pleno aos membros da Corte, observada a antecedência mínima de 8 (oito) dias da sessão de julgamento.*

XII. *A sessão de julgamento exige o quórum de abertura de 2/3 (dois terços) dos membros efetivos do Tribunal em condições legais de votar, caso contrário será adiada até atingir o quórum mínimo.*

XIII. *O Desembargador, quando afastado, em gozo de férias, ou licença, poderá participar do julgamento do incidente.*

XIV. *Como matéria preliminar, o Tribunal Pleno decidirá sobre a configuração da contrariedade, passando, caso admitida, a deliberar sobre as teses em conflito.*

XV. *A tese acolhida por maioria absoluta dos membros efetivos do Tribunal Pleno será objeto de súmula, cujo verbete será apresentado pelo Relator e aprovado pelo Tribunal Pleno na mesma sessão ou na primeira sessão ordinária seguinte. Caso o quórum qualificado não seja atingido, a decisão acolhida por maioria simples constituirá tese jurídica prevalecente.*

XVI. *O cargo vago, a vaga do Desembargador afastado por mais de 90 dias e a vaga do Desembargador impedido ou suspeito de atuar não serão contados para efeito de apuração da maioria absoluta dos membros do Tribunal.*

XVII. *Editada a súmula, esta vinculará todos os órgãos deste Tribunal, e a tese jurídica prevalecente deverá ser observada pelas Turmas de Julgamento.*

XVIII. *A decisão do Tribunal Pleno sobre o incidente de uniformização de jurisprudência deverá ser encaminhada para Comissão de Jurisprudência, que ficará responsável pela publicidade das súmulas e teses jurídicas prevalecentes, por meio de banco de dados disponível no sítio eletrônico do Tribunal.*

XIX. *O Presidente do Tribunal comunicará a decisão do incidente de uniformização de jurisprudência ao Presidente do Tribunal Superior do Trabalho.*

XX. *A decisão do Tribunal Pleno sobre o tema é irrecorrível.*

Art. 115-A. *Constatada a relevância da questão de direito a ponto de se tornar conveniente prevenir ou conciliar divergência entre as Turmas de Julgamento, poderá o Relator sugerir o julgamento do recurso pelo Tribunal Pleno, que, reconhecendo o interesse público na assunção da competência, julgará o recurso.*

Art. 115-B. *Publicada a decisão do Tribunal Pleno no incidente de uniformização de jurisprudência, a Secretaria do Tribunal Pleno cientificará os Desembargadores e Juízes Convocados do resultado do IUJ para que os processos suspensos pendentes de apreciação retomem seu curso, cabendo ao órgão julgador, quanto à matéria idêntica, adotar a súmula ou a tese jurídica prevalecente, lançando como razões de decidir os fundamentos do acórdão regional que fixou o precedente jurídico, sem prejuízo de outras motivações.*

Parágrafo único. *O enunciado da súmula ou da tese jurídica prevalecente poderá não ser seguido quando se tratar de situação particularizada por hipótese fática distinta ou questão jurídica não examinada que imponha solução jurídica diversa, caso em que o órgão julgador deverá fundamentar sua decisão.*

Art. 115-C. *Após uniformizada a jurisprudência, adotar-se-á um dos seguintes procedimentos nos processos em que já houver decisão turmária:*

I. *se a decisão for coincidente com aquela adotada pela Turma de Julgamento em acórdão objeto do recurso para o Tribunal Superior do Trabalho, o Presidente do Tribunal dará andamento ao recurso já interposto, independentemente de sua ratificação.*

II. *se a decisão for contrária àquela proferida pela Turma de Julgamento, o Presidente do Tribunal encaminhará o processo ao Relator do recurso para que adote o conteúdo sumulado ou a tese prevalecente e proceda às adequações cabíveis em relação às questões conexas e acessórias, de modo a eliminar possíveis contradições ou omissões quanto às matérias devolvidas ao Tribunal no recurso interposto contra a decisão de primeiro grau e, inclusive, apreciar as demais questões ainda não decididas, cujo enfrentamento tenha eventualmente se tornado necessário em face da alteração realizada, lavrando-se o acórdão respectivo.*

§ 1º. Adotar-se-á o procedimento previsto no inciso II ainda que outras matérias sejam tratadas no recurso interposto para o TST.

§ 2º - Na hipótese prevista no inciso II, se a decisão do Tribunal Pleno no IUJ não estiver em consonância com súmula ou orientação jurisprudencial do Tribunal Superior do Trabalho, não haverá o retorno dos autos ao Relator do recurso para adequação.

§ 3º. Em caso de afastamento do Relator ou Redator da decisão originária por mais de trinta dias ou de vacância do respectivo cargo, o processo será redistribuído, por sorteio, entre os Magistrados integrantes da Turma de Julgamento à qual os autos estavam vinculados, fazendo-se a devida compensação.

§ 4º. Depois de reexaminada a matéria pela Turma de Julgamento, o Presidente do Tribunal realizará novo juízo de admissibilidade, independentemente de ratificação do recurso.

Art. 115-D. *Recebido pela Presidência do Tribunal o ofício de que trata o § 3º do art. 896-C da CLT, será determinada a suspensão do trâmite de todos os processos em primeiro e segundo graus afetados pelo rito repetitivo que versem sobre o mesmo tema.*

§ 1º. Caberá ao Presidente do Regional admitir um ou mais recursos representativos da controvérsia, os quais serão encaminhados ao Tribunal Superior do Trabalho, nos termos o § 4º do art. 896-C da CLT. Caso não se proceda à afetação dos recursos de revista selecionados, revogar-se-á a decisão de suspensão.

§ 2º. Somente serão suspensos os processos em trâmite no primeiro grau após o término da instrução processual, cabendo a análise da subsunção das matérias discutidas nos autos àquela afetada pelo rito repetitivo ao:

I. *Juiz do Trabalho, até eventual juízo de admissibilidade de Recurso Ordinário;*

II. *Desembargador-Relator, depois de distribuído o recurso;*

III. *Presidente do Tribunal, caso o processo se encontre em fase de admissibilidade de recurso de revista.*

§ 3º. As partes serão comunicadas do despacho que determinou a suspensão do trâmite processual em razão de se discutir nos autos questão afetada pelo rito repetitivo no Tribunal Superior do Trabalho.

§ 4º. Da decisão que determinar a suspensão em razão do rito repetitivo caberá pedido de reconsideração, se a parte demonstrar distinção entre a questão a ser decidida no processo e aquela a ser julgada no recurso afetado.

§ 5º. A outra parte deverá ser ouvida sobre o requerimento no prazo de cinco dias.

Art. 115-E. *A suspensão dos processos afetados pelo rito repetitivo cessará após:*

I. *publicada a decisão definitiva pelo Tribunal Superior do Trabalho no julgamento da questão;*

II. *um ano, contado da data de suspensão, caso não tenha sido ainda julgado o processo afetado pelo Tribunal Superior do Trabalho.*

Art. 115-F. *Publicado o julgamento definitivo do recurso repetitivo pelo TST, o Presidente do Tribunal, nos processos que se encontrem na fase de admissibilidade de Recurso de Revista, poderá:*

I. *denegar seguimento ao Recurso de Revista, quando o acórdão regional estiver em consonância com o entendimento firmado;*

II. *determinar o retorno dos autos ao órgão fracionário de origem para reapreciação do feito em sede de juízo de retratação, quando considerar que o entendimento do acórdão regional é dissonante do firmado pelo Tribunal Superior do Trabalho.*

§ 1º. *Caso mantido o entendimento pelo órgão fracionário, em razão da diferença entre a hipótese fático-probatória e o decidido em sede de rito repetitivo, os autos serão novamente devolvidos à Presidência para que proceda ao exame de admissibilidade do Recurso de Revista.*

§ 2º. *Caso alterado o entendimento pelo órgão fracionário, e se o recurso versar sobre outras questões, caberá ao Presidente, independentemente de ratificação do recurso realizar novo juízo de admissibilidade.*

Capítulo V - Da Ação Rescisória

Art. 116. *Protocolizada, registrada e autuada a ação rescisória, acompanhada de tantas cópias quantos forem os réus, será imediatamente distribuída.*

Art. 117. *A ação rescisória será processada e instruída em conformidade com o disposto nos artigos 485 a 492 do Código de Processo Civil e*

836 da Consolidação das Leis do Trabalho.

Art. 118. *Encerrada a fase probatória, as partes terão prazo sucessivo de dez dias para razões finais, encaminhando-se os autos, em seguida, à Procuradoria Regional do Trabalho para parecer, exceto quando o Ministério Público do Trabalhar figurar como parte.*

Art. 119. *Devolvidos os autos, com o parecer, e aposto o visto do Relator, o processo será incluído em pauta para julgamento, observando-se o disposto no artigo 494 do Código de Processo Civil. (Artigo 119, com redação dada pela RA n. 111/2014 de 06.08.2014 e publicada em 07.08.2014)*

Art. 120. *Compete ao Relator:*

I. *ordenar as citações, intimações e notificações necessárias;*

II. *receber ou rejeitar, liminarmente, a petição inicial e as exceções opostas;*

III. *processar os incidentes, as exceções, designar audiência especial para produção de prova que julgar necessária;*

IV. *delegar competência a uma das Varas do Trabalho da Região para instruir a Ação Rescisória, quando for o caso;*

V. *submeter a julgamento, em mesa, as questões incidentais e as exceções opostas, quando regularmente processadas;*

VI. *submeter a lide a julgamento antecipado, quando aconselhável.*

Capítulo VI - Dos Dissídios Coletivos e suas Revisões

Art. 121. *Frustrada, total ou parcialmente, a autocomposição dos interesses coletivos, em negociação promovida diretamente pelos interessados, ou mediante intermediação administrativa do órgão competente do Ministério do Trabalho, poderá ser ajuizada a ação de dissídio coletivo.*

§ 1º. *Na impossibilidade real de encerramento da negociação coletiva em curso, antes do termo final a que se refere o art. 616, § 3º, da CLT, a entidade interessada poderá formular protesto judicial, dirigido ao Presidente do Tribunal, a fim de preservar a data-base da categoria.*

§ 2º. *Deferida a medida prevista no parágrafo anterior, o dissídio será ajuizado no prazo máximo de trinta dias, contados da intimação, sob pena de perda da eficácia do protesto.*

Art. 122. *Os dissídios coletivos podem ser: de trabalho;*

I. *de natureza econômica - visa a instituição de normas e condições*

II. *de natureza jurídica - busca a interpretação de cláusulas de sentenças normativas ou instrumentos de negociação coletiva, de disposições legais relativas a categoria profissional ou econômica e de atos normativos;*

III. *originários - quando inexistentes normas e condições especiais de trabalho decretadas em sentença normativa;*

IV. *de revisão - quando destinado a rever normas e condições de trabalho preexistentes, que tenham se tornado injustas ou ineficazes pela modificação das circunstâncias que as ditaram;*

V. *de declaração sobre a paralisação do trabalho, decorrente de greve dos trabalhadores.*

Art. 123. *A representação, para instauração da instância judicial coletiva, formulada pelos interessados, será apresentada em tantas vias quantas forem as entidades suscitadas, mais uma, e deverá conter:*

I. *a designação e qualificação da(s) entidade(s) suscitante(s) e suscitada(s), sindical ou empregadora;*

II. *a indicação da delimitação territorial de representação das entidades sindicais, bem assim das categorias profissionais e econômicas, envolvidas no dissídio coletivo e, ainda, do quórum estatutário para deliberação da assembleia;*

III. *exposição das causas motivadoras do conflito coletivo ou da greve, se houver, e indicação das pretensões coletivas, aprovadas em assembleia da categoria profissional;*

IV. *a comprovação da tentativa de negociação ou das negociações realizadas e indicação das causas que impossibilitaram o êxito da composição direta do conflito coletivo.*

Art. 124. *Protocolizada e autuada a representação, ou medida cautelar que lhe seja antecedente, com os documentos que a acompanham, os autos serão submetidos a despacho do Presidente do Tribunal, para que:*

I. *estando a representação na devida forma, seja designada audiência de conciliação e instrução no menor prazo possível, notificando-se as partes dissidentes, na forma do artigo 841 da Consolidação das Leis do Trabalho;*

II. *contendo a representação defeitos ou irregularidades capazes de dificultar a sua apreciação, ou ainda, estando desacompanhada dos documentos aludidos, seja* intimado o suscitante a emendá-la ou completá-la, no prazo máximo de 10 (dez) dias, sob pena de indeferimento.

Art. 125. *A audiência de instrução será presidida pelo Presidente ou, por sua delegação, pelo Vice-Presidente e, na ausência deste, pelo Desembargador do Trabalho mais antigo, presente na sede do Tribunal.*

Art. 126. *Na audiência designada, o suscitado apresentará sua defesa, acompanhada de proposta de conciliação, fundamentada nas circunstâncias fáticas e jurídicas que recomendariam sua adoção, destacando, em relação às cláusulas que importem em elevações salariais, as condições financeiras da(s) empresa(s), bem como a situação econômica do respectivo setor de atividades.*

§ 1º. *Recusadas as bases da conciliação proposta pelos interessados, o Desembargador do Trabalho instrutor apresentará a solução que lhe pareça adequada para resolver o dissídio.*

§ 2º. *Ocorrendo conciliação das partes em audiência, ou encerrada a instrução, os autos do processo serão distribuídos mediante sorteio. O Ministério Público do Trabalho poderá emitir parecer oralmente, nas hipóteses de conciliação ou após o encerramento da instrução, o qual será reduzido a termo, ou na sessão de julgamento do dissídio, transcrito em síntese na certidão, pela Secretaria ou, ainda, por escrito, no prazo de oito dias, mediante remessa dos autos pelo Relator.*

§ 3º. *Conciliadas as partes, mas ocorrendo a necessidade do julgamento quanto à abusividade da greve ou persistindo a impossibilidade da composição amigável, serão determinadas as diligências necessárias e, após ouvida a Procuradoria, os autos serão submetidos à distribuição.*

Art. 127. *Havendo greve ou interesse público prevalecente, a audiência de conciliação e instrução deverá ser realizada com a urgência possível, caso em que as partes dissidentes deverão ser notificadas por mandado, telegrama, telex, fax ou outro meio eficaz.*

Parágrafo único. *Em tal caso o Relator examinará os autos com a necessária presteza, de modo a possibilitar o julgamento imediato do dissídio. (Parágrafo único do artigo 127, com redação dada pela RA n. 111/2014 de 06.08.2014 e publicada em 07.08.2014)*

Art. 128. *Quando o conflito coletivo ocorrer fora da sede do Tribunal, poderá o Desembargador do Trabalho instrutor delegar ao Juiz do Trabalho, que tenha jurisdição na área, as atribuições relativas à fase conciliatória. Nesse caso, a autoridade delegada encaminhará os autos com a ata da audiência de conciliação contendo a proposta de conciliação e as informações que entenda relevantes à solução do dissídio.*

Art. 129. *O Relator terá o prazo máximo de 10 (dez) dias para examinar e restituir os autos com seu visto, determinando a inclusão em pauta de sessão ordinária ou extraordinária.*

Parágrafo único. *Nos dissídios coletivos de greve, o Relator examinará os autos com a necessária presteza, de modo a possibilitar o julgamento imediato do dissídio. (Artigo 129 e parágrafo único, com redação dada pela RA n. 111/2014 de 06.08.2014 e publicada em 07.08.2014)*

Art. 130. *Na instrução e julgamento dos dissídios coletivos, observar-se-á, no que couber, as Instruções Normativas e Precedentes do C. TST.*

Art. 131. *A apreciação do dissídio far-se-á cláusula a cláusula, podendo, antes da proclamação final do julgamento, ser revista a solução proposta, de modo que a sentença normativa traduza, no seu conjunto, justa composição do conflito de interesses das partes e guarde adequação com o interesse da coletividade.*

Art. 132. *O pedido de homologação de acordo, formulado em processo de dissídio coletivo, antes do julgamento ou da publicação do acórdão, será submetido à apreciação do Tribunal pelo Relator ou redator designado.*

Parágrafo único. *Ausente, por qualquer motivo, o Relator ou o redator designado, caso não sejam coincidentes, tal incumbência passará ao Desembargador do Trabalho mais antigo que tenha participado da sessão de julgamento. (Parágrafo único do artigo 132, com redação dada pela RA n. 111/2014 de 06.08.2014 e publicada em 07.08.2014)*

Art. 133. *O pedido de homologação de acordo será apreciado independentemente de publicação de pauta, cabendo ao Desembargador do Trabalho Relator apresentar os autos em mesa na primeira sessão ordinária subsequente, após ouvido o Ministério Público.*

Art. 134. *O acordo judicial homologado no processo de dissídio coletivo, envolvendo a totalidade ou parte das pretensões tem força de decisão irrecorrível, para as partes.*

Capítulo VII - Processamento do Mandado de Segurança

(Capítulo VII do Título IV com redação dada pela Resolução Administrativa n. 040/2015 de 23/02/2015 e publicada em 13/03/2015.)

Art. 135. *Os mandados de segurança de que trata este Regimento tramitarão por meio do Sistema Processo Judicial Eletrônico – PJe-JT/TRT 23ª Região.*

Art. 135-A. *A petição inicial poderá ser indeferida de plano pelo Relator, por decisão motivada, quando não for o caso de mandado de segurança ou lhe faltar algum dos requisitos legais, ou quando decorrido o prazo legal para a impetração, devendo os autos ser remetidos ao Juízo competente, se manifesta a incompetência do Tribunal, dispensadas as informações da autoridade dita coatora.*

Parágrafo único. *A parte poderá, neste caso, interpor agravo regimental.*

Art. 135-B. *A petição inicial do mandado de segurança deverá indicar, precisamente, além da autoridade apontada como coatora, a pessoa jurídica que esta integra, à qual se acha vinculada ou da qual exerce atribuições, e especificar o nome e o endereço completo do litisconsorte, se houver, assim como, consignar o CPF ou CNPJ da parte autora, conforme determinação contida no art. 15, caput, da Lei nº 11.419, de 19 de dezembro de 2006.*

§ 1°. *Se o requerente afirmar que o documento necessário à prova de suas alegações se acha em repartição ou estabelecimento público, ou em poder de autoridade que se recuse a fornecê-lo por certidão, ou de terceiro, o Relator ordenará, preliminarmente, por ofício, a exibição do documento, em original ou fotocópia autenticada, no prazo de (10) dez dias, nos termos do artigo 6º, § 1º da Lei 12.016/2009.*

§ 2º. *Se a autoridade indicada pelo requerente for a coatora, a requisição far-se-á no próprio instrumento de notificação.*

§ 3°. *Havendo litisconsortes necessários não apontados pela inicial, o Relator determinará ao impetrante que emende a petição, para apresentar a identificação completa, a fim de possibilitar as respectivas notificações, sob pena de indeferimento da inicial.*

Art. 135-C. O Relator mandará intimar a autoridade apontada como coatora, a fim de que preste informações, no prazo de (10) dez dias.

§ 1°. O Relator deverá, ainda, dar ciência do feito ao órgão de representação judicial da pessoa jurídica interessada para que, querendo, ingresse no feito.

§ 2º. O Relator poderá ordenar, liminarmente, a suspensão do ato que deu motivo ao pedido, quando for relevante o fundamento, e do ato impugnado puder resultar a ineficácia da medida, caso seja concedida a segurança pelo Tribunal, hipótese em que lhe é facultado exigir do impetrante caução, fiança ou depósito, nos termos do art. 7º, III, da Lei 12.016/2009.

Art. 136. A liminar, se concedida, será imediatamente comunicada à autoridade indicada como coatora.

§ 1º. As partes serão intimadas do despacho concessivo ou denegatório da liminar, observadas as disposições do art. 7º da Lei 12.016/2009.

§ 2º. Se o beneficiário da liminar der causa à procrastinação do julgamento da segurança, poderá o Relator revogar a medida, observadas as disposições do art. 8º da Lei 12.016/2009.

§ 3º. Da concessão ou não da medida liminar, nos mandados de segurança de competência originária do Tribunal, caberá agravo regimental para o Tribunal Pleno no prazo de (08) oito dias.

Art. 136-A. Transcorridos os prazos, com a informação da autoridade coatora e com a manifestação dos litisconsortes e terceiros interessados, ou sem ela, será determinada pelo Relator a remessa dos autos ao Ministério Público do Trabalho, para que se manifeste no prazo de 10 (dez) dias.

Art. 136-B. Transcorrido o prazo para o Ministério Público do Trabalho manifestar-se, os autos serão conclusos ao Relator para que aponha o seu "visto", e o inclua em pauta de julgamento, com preferência.

Art. 137. Estende-se à autoridade coatora o direito de recorrer, nos termos do art. 13, § 2°, da Lei 12.016/2009.

Art. 138. Não cabe, no processo de mandado de segurança, a condenação ao pagamento dos honorários advocatícios, sem prejuízo da aplicação de sanções no caso de litigância de má-fé, nos termos do art. 25 da Lei 12.016/2009.

Capítulo VIII - Da Declaração de Inconstitucionalidade de Lei ou de Ato Normativo do Poder Público

Art. 139. Invocada nos autos, a inconstitucionalidade de lei ou de ato normativo do poder público, o Relator remeterá os autos ao Ministério Público e, se arguida no ato, o julgamento será suspenso e, ouvido o Ministério Público, a arguição será submetida a julgamento até a sessão seguinte.

Parágrafo único. Somente pelo voto da maioria absoluta dos membros efetivos do Tribunal poderá ser declarada a inconstitucionalidade de lei ou ato normativo do Poder Público.

Art. 140. A arguição será tida como irrelevante quando:

I. já houver sido decidida pelo Supremo Tribunal Federal;

II. em julgamento anterior do Pleno, a questão constitucional houver sido decidida por mais de dois terços dos membros efetivos do Tribunal;

III. for inequivocamente improcedente a arguição.

Parágrafo único. Considerada irrelevante a arguição, prosseguir-se- á na apreciação das demais questões.

Art. 141. Considerada relevante a arguição, suspender-se-á o julgamento, lavrando-se o acórdão pertinente.

Art. 142. Os autos serão remetidos à Procuradoria e, após devolvidos com o parecer, serão encaminhados ao Redator do acórdão, em que se reconheceu a relevância da arguição.

§ 1º. Aposto o visto do Relator, a Secretaria remeterá cópias do acórdão e do parecer aos demais Desembargadores do Trabalho, realizando-se o julgamento na primeira sessão que se seguir. (Artigo 142 e § 1º, com redação dada pela RA n. 111/2014 de 06.08.2014 e publicada em 07.08.2014)

§ 2º. Efetuado o julgamento, com o quorum do art. 16, I, proclamar- se-á a inconstitucionalidade ou a constitucionalidade de lei ou de ato normativo do poder público, se num ou noutro sentido se tiver manifestado a maioria absoluta dos membros do Tribunal.

§ 3º. Se não for alcançada a maioria necessária, estando ausentes Desembargadores do Trabalho em número que possa influir no julgamento, este será suspenso a fim de aguardar-se o comparecimento dos Desembargadores do Trabalho ausentes.

§ 4º. Decidida a matéria pelo Pleno, prosseguir-se-á no julgamento que fora interrompido em decorrência da arguição.

§ 5º. A declaração de que trata o § 2º só produz efeito nos autos do processo a que se refere.

Capítulo IX - Das Medidas Cautelares

Art. 143. O pedido de medida cautelar, observadas as disposições dos artigos 796 e seguintes do Código de Processo Civil, será distribuído, mediante compensação, ao Relator do processo principal, que poderá delegar poderes a Juízo de Primeira Instância, para a instrução cabível.

§ 1º. Quando a medida for preparatória, o pedido será distribuído a Desembargador do Trabalho que ficará vinculado como Relator do processo principal.

§ 2º. Quando se tratar de medida cautelar, antecedente de dissídio coletivo, o pedido será apreciado pelo Desembargador do Trabalho Presidente (art.

124 deste Regimento).

Capítulo X - Da Restauração Dos Autos

Art. 144. A restauração de autos far-se-á de ofício, ou mediante distribuição da petição ao Relator do processo desaparecido, observando-se, sempre que possível, o disposto nos artigos 1.063 e seguintes do Código de Processo Civil.

Capítulo XI - Da Matéria Administrativa e Respectivos Recursos

Art. 145. Os processos de matéria administrativa e seus recursos de competência do Pleno, depois de protocolizados e processados como tal, serão apresentados ao Tribunal Pleno para decisão, pelo Vice-Presidente do Tribunal, que proferirá seu voto em primeiro lugar. (Vide art. 32, § 1º.)

§ 1º. A decisão será tomada mediante voto da maioria dos Desembargadores do Trabalho, que deverão ser cientificados do inteiro teor dos processos a serem submetidos a julgamento, com antecedência mínima de 03 (três) dias úteis, salvo situações excepcionais, a critério do Tribunal.

§ 2º. As sessões administrativas ordinárias serão realizadas na penúltima quinta-feira de cada mês, após a sessão judicial. (§ 2º do artigo 145, com redação *dada pela RA n. 178/2012 de 12.12.2012 e publicada em 18.12.2012)*

*§ **3º**. A decisão prolatada em matéria administrativa se converterá em Resolução, quando for o caso.*

***Art. 146.** Em se tratando de matéria de alta relevância, a critério do Tribunal, após a apresentação feita pelo Presidente, poderá ser determinada a remessa dos autos ao Vice-Presidente, procedendo-se na forma prevista no parágrafo único do art. 92 deste Regimento.*

***Art. 147.** Os Requerimentos administrativos de interesse de magistrados ou servidores serão decididos pelo Presidente, Vice-Presidente ou Desembargador do Trabalho que estiver no exercício da Presidência do Tribunal, cabendo recurso, no prazo de 30 (trinta) dias para o Tribunal, a contar da ciência do indeferimento.*

***§ 1º.** Não participará do julgamento do recurso o Desembargador do Trabalho prolator da decisão recorrida;*

***§ 2º.** Ocorrendo empate na votação, prevalecerá o despacho indeferitório.*

Capítulo XII - Da Correição Parcial

(Redação dada pela RA n. 081/2012 de 26.07.2012 e publicada em 07.08.2012)

***Art. 148.** Cabe correição parcial contra Juízes de primeiro grau quando, por ação ou omissão do magistrado, ocorrer inversão ou tumulto processual. (Redação dada pela RA n. 081/2012 de 26.07.2012 e publicada em 07.08.2012)*

***Art. 149.** A correição parcial será formulada em 08 (oito) dias, a contar da ciência do ato impugnado ou da omissão processual, pela parte que se sentir prejudicada, através de advogado, em petição dirigida ao Corregedor, onde conste breve exposição dos fatos e pedido da medida que se pleiteia. (Redação dada pela RA n. 081/2012 de 26.07.2012 e publicada em 07.08.2012)*

***Art. 150.** Recebida a petição, o Corregedor mandará ouvir o Juiz interessado, no prazo de 10 (dez) dias.*

***Parágrafo único.** Entendendo o Corregedor não se tratar de caso que justifique pedido de correição, indeferirá liminarmente a correição parcial, podendo a parte interpor agravo regimental. (Redação dada pela RA n. 081/2012 de 26.07.2012 e publicada em 07.08.2012)*

***Art. 151.** O Corregedor poderá determinar a instrução da correição parcial com as provas que julgar conveniente, sempre cientes o autor e a autoridade envolvida. (redação dada pela RA n. 081/2012 de 26.07.2012 e publicada em 07.08.2012)*

***Art. 152.** Finda a instrução, o Corregedor fará as recomendações que julgar cabíveis, se for o caso.*

***Art. 153.** Se as recomendações não forem acatadas, o Corregedor submeterá a questão ao Tribunal Pleno, para os fins de direito.*

Capítulo XIV - Da Aposentadoria por Invalidez de Magistrado

***Art. 155.** O processo de apuração de invalidez do magistrado, para o fim de aposentadoria, regular-se-á pelo disposto na Lei Orgânica da Magistratura Nacional e pelas regras constantes deste Regimento, e terá início:*

- ***I.*** *a requerimento do magistrado;*
- ***II.*** *em cumprimento à deliberação do Tribunal Pleno; e*
- ***III.*** *por ato de ofício do Presidente do Tribunal ou mediante provocação do Corregedor Regional.*

***§ 1º.** Instaurado o processo, o paciente deverá ser afastado imediatamente do exercício do cargo, até decisão final, devendo ser concluído o processo no prazo de 60 (sessenta) dias, justificada a ausência do magistrado no referido período.*

***§ 2º.** Em se tratando de incapacidade mental, nomear-se-á, de imediato, curador ao paciente, sem prejuízo da defesa que esse queira apresentar, pessoalmente ou por procurador constituído.*

***Art. 156.** O magistrado que, por dois anos consecutivos, afastar-se, ao todo, por seis meses ou mais, para tratamento de saúde, ao requerer nova licença para igual fim, dentro de dois anos, deverá submeter-se a exame por junta médica para verificação de invalidez, observada a regulamentação da Junta Médica Oficial estabelecida por meio de Resolução Administrativa.*

***Parágrafo único.** Para o cumprimento do disposto neste artigo, a unidade de saúde, verificando o requerimento da nova licença, deverá informar, de imediato, ao Presidente do Tribunal para a adoção das providências cabíveis.*

***Art. 157.** Quando a verificação de invalidez ocorrer por iniciativa do magistrado enfermo, o Presidente do Tribunal funcionará como preparador do processo, determinando as diligências necessárias à instrução e emissão de parecer conclusivo da Junta Médica Oficial, que deverá ser entregue no prazo de 05 (cinco) dias.*

***Parágrafo único.** Apresentadas as razões finais, para quais será concedido o prazo de 10 (dez) dias, os autos serão distribuídos ao Desembargador Vice-Presidente, na forma do art. 40, inciso III, que deverá submetê-los à decisão do Tribunal Pleno na primeira sessão subsequente.*

***Art. 158.** No processo iniciado por determinação do Presidente, mediante provocação do Corregedor Regional, ou por decisão do Tribunal Pleno, será nomeada, no mesmo ato, comissão formada por 03 (três) Desembargadores para funcionar na preparação do processo.*

***§ 1º.** Iniciado o processo na forma do caput, o paciente será notificado, por ofício do Presidente da Comissão, para alegar, no prazo de 10 (dez) dias, o que entender a bem de seus direitos, podendo juntar documentos e exercer o contraditório e a ampla defesa pessoalmente ou por meio de procurador legalmente habilitado, sendo-lhe ainda facultado indicar assistente técnico e oferecer quesitos para a perícia médica no mesmo prazo.*

***§ 2º.** Após o prazo acima referido, o Presidente da Comissão designada determinará as diligências necessárias à instrução do processo e, em seguida, a realização de exame do paciente pela Junta Médica Oficial.*

***§ 3º.** Concluídas as diligências instrutórias, o paciente terá vista do parecer e poderá, querendo, apresentar razões finais no prazo de dez dias.*

***§ 4º.** Após o prazo das alegações finais, a Comissão deverá elaborar relatório, no prazo improrrogável de 05 (cinco) dias, findos os quais os autos serão distribuídos ao Desembargador Vice-Presidente, na forma do art. 40, inciso III, que deverá submetê-los à decisão do Tribunal Pleno na primeira sessão subsequente.*

***Art. 159.** A Junta Médica Oficial poderá requerer a apresentação de todos os laudos e exames especializados necessários à emissão do parecer conclusivo sobre a enfermidade, que deverá ser apresentado no prazo de 05 (cinco)*

dias contados da entrega dos exames solicitados.

***Parágrafo único.** A recusa do paciente em submeter-se à perícia médica permitirá o julgamento baseado em quaisquer outras provas.*

Art. 160. Concluindo o Tribunal Pleno, nos termos do art. 34, XXI, do Regimento Interno, pela incapacidade do magistrado, e após decorrido o prazo para apresentação de recurso contra essa decisão, o Presidente do Tribunal expedirá o ato de aposentadoria do Juiz de primeira instância e, em se tratando de Desembargador do Trabalho, encaminhará o processo ao Poder Executivo Federal.

Capítulo XV - Da Promoção por Merecimento

Art. 161. Para efeito de promoção, por merecimento, de magistrados e acesso ao Tribunal, a escolha dos integrantes da lista tríplice far-se-á pelo voto em sessão pública, com votação nominal, aberta e fundamentada da maioria simples dos Desembargadores do Trabalho, em escrutínios sucessivos, dentre os Juízes do Trabalho que concorrerem à promoção observados, o art. 93, II, a, b, c, da Constituição Federal, a Resolução do CNJ nº 106/2010 e demais normas legais e regimentais pertinentes.

Art. 162. O Presidente do Tribunal fará publicar, no órgão oficial, a ocorrência de vaga para remoção de Juiz Titular de Vara do Trabalho, para promoção para o Tribunal e promoção de Juiz do Trabalho Substituto, mediante edital, que conterá a abertura da inscrição, o prazo e o critério da promoção, quando for o caso.

§ 1º. A promoção deverá ser realizada até 40 (quarenta) dias da abertura da vaga, cuja declaração se fará nos dez dias subsequentes ao seu fato gerador.

§ 2º. O prazo para abertura da vaga poderá ser prorrogado uma única vez, por igual prazo, mediante justificativa fundamentada da Presidência do Tribunal.

Art. 163. São condições para concorrer à promoção e ao acesso ao Tribunal, por merecimento:

I. contar o Juiz com no mínimo 2 (dois) anos de efetivo exercício, devidamente comprovados, no cargo;

II. figurar na primeira quinta parte da lista de antiguidade aprovada pelo respectivo Tribunal;

III. não retenção injustificada de autos além do prazo legal.

IV. não haver o Juiz sido punido, nos últimos doze meses, em processo disciplinar, com pena igual ou superior à de censura.

§ 1º. Não havendo na primeira quinta parte quem tenha os 2 (dois) anos de efetivo exercício ou aceite o lugar vago, poderão concorrer à vaga os magistrados que integram a segunda quinta parte da lista de antiguidade e que atendam aos demais pressupostos, e assim sucessivamente.

§ 2º. A quinta parte da lista de antiguidade deve sofrer arredondamento para o número inteiro superior, caso fracionário o resultado da aplicação do percentual.

§ 3º. Se algum integrante da quinta parte não manifestar interesse, apenas participam os demais integrantes dela, não sendo admissível sua recomposição.

Art. 164. O magistrado interessado na promoção dirigirá requerimento protocolizado ao Presidente do Tribunal no prazo de inscrição previsto no edital de abertura da promoção por merecimento, o qual será convertido em matéria administrativa e remetido ao Desembargador Vice-Presidente, Relator nato das matérias administrativas.

§ 1º. As condições e critérios de avaliação serão levados em consideração até à data de inscrição para concorrência à vaga.

§ 2º. A lista tríplice para promoção por merecimento será formada pelos Juízes que obtiverem maior número de pontos na avaliação da Corte.

Art. 165. Na votação, os membros efetivos do Tribunal deverão declarar os fundamentos de sua convicção, com menção individualizada aos critérios utilizados na escolha relativos a:

I. desempenho (aspecto qualitativo da prestação jurisdicional);

II. produtividade (aspecto quantitativo da prestação jurisdicional);

III. presteza no exercício das funções;

IV. aperfeiçoamento técnico;

V. adequação da conduta ao Código de Ética da Magistratura Nacional (2008).

§ 1º. A avaliação desses critérios deverá abranger, no mínimo, os últimos 24 (vinte e quatro) meses de exercício.

§ 2º. No caso de afastamento ou de licença legais do magistrado nesse período, será considerado o tempo de exercício jurisdicional imediatamente anterior, exceto no caso do inciso V, que também levará em consideração o período de afastamento ou licença.

§ 3º. Os Juízes em exercício ou convocados no Supremo Tribunal Federal, Tribunais Superiores, Conselho Nacional de Justiça, Conselho da Justiça Federal, Conselho Superior da Justiça do Trabalho e na Presidência, Corregedoria- Geral e Vice-Presidência dos Tribunais, ou licenciados para exercício de atividade associativa da magistratura, deverão ter a média de sua produtividade aferida no período anterior às suas designações, deles não se exigindo a participação em ações específicas de aperfeiçoamento técnico durante o período em que se dê a convocação ou o afastamento.

Art. 166. A avaliação dos critérios definidos no artigo anterior será feita nos termos da Resolução Administrativa do CNJ nº 106, de 06.04.2010, mais especificamente dos artigos 5º (avaliação do desempenho), 6º (avaliação da produtividade), 7º (avaliação da presteza no exercício das funções), 8º (avaliação do aperfeiçoamento técnico) e 9º (avaliação da adequação da conduta ao Código de Ética da Magistratura Nacional). (Art. 166, dispositivo com redação dada pela RA n. 080/2012 e em vigor a partir de 16.11.2012)

§ 1º. Para fins de contagem dos pontos dos magistrados avaliados deverá ser utilizado o sistema de pontuação definido no art. 11 da Resolução mencionada no caput deste artigo. (§ 1º do art. 166, dispositivo com redação dada pela RA n. 080/2012 e em vigor a partir de 16.11.2012)

§ 2º. Para avaliação do critério previsto no art. 7º, I, "d", da Resolução do CNJ n. 106, de 06.04.2010, deverão ser levadas em consideração as unidades jurisdicionais definidas e indicadas previamente pelo Tribunal como de difícil provimento, nos termos do art. 193 do Regimento Interno. (§ 2º do art. 166, dispositivo com redação dada pela RA n. 080/2012 e em vigor a partir de 16.11.2012)

§ 3º. Havendo empate na pontuação dos Juízes, será atribuído um décimo àquele que obteve a melhor classificação no concurso. (§ 3º do art. 166, dispositivo com redação dada pela RA n. 080/2012 e em vigor a partir de 16.11.2012)

Art. 167. Na avaliação do merecimento não serão utilizados critérios que venham atentar contra a independência funcional e a liberdade de convencimento do magistrado, tais como índices de reforma de decisões.

Parágrafo único. *A disciplina judiciária do magistrado, aplicando a jurisprudência sumulada do Supremo Tribunal Federal e dos Tribunais Superiores, com registro de eventual ressalva de entendimento, constitui elemento a ser valorizado para efeito de merecimento, nos termos do princípio da responsabilidade institucional, insculpido no Código Ibero-Americano de Ética Judicial (2006).*

Art. 168. *A Secretaria de Corregedoria do Tribunal centralizará a coleta de dados para avaliação dos magistrados inscritos, instruirá os respectivos requerimentos com as certidões e documentos necessários, fornecerá os mapas estatísticos para os magistrados avaliadores e disponibilizará as informações para os concorrentes às vagas a serem providas por promoção.*

§ 1º. *A Escola Judicial fornecerá os dados relativos aos cursos de que participaram os magistrados que concorrem à promoção.*

§ 2º. *Os dados informativos de avaliação dos concorrentes serão enviados aos membros votantes do Tribunal com antecedência razoável da data da sessão.*

Art. 169. *Finalizado o processo de levantamento de dados dos magistrados inscritos, serão eles notificados para tomar ciência das informações relativas a todos os concorrentes, facultando-lhes a impugnação no prazo de 5 (cinco) dias, com direito de revisão pelo mesmo órgão que examinar a promoção.*

Parágrafo único. *Findo o prazo para impugnação aos registros, a informação será participada aos integrantes do órgão do Tribunal Pleno, para que possam os autos ser levados à primeira sessão ordinária do Colegiado.*

Art. 170. *Formada a lista tríplice, o Tribunal Pleno, fazendo constar em primeiro lugar aquele que obteve maior pontuação e assim sucessivamente pela ordem classificatória, escolherá aquele que deverá ser promovido e, para fins de nomeação, encaminhará o nome ao Presidente do Tribunal, no caso de promoção de Juiz substituto à titularidade, ou à Presidência da República, no caso de promoção à segunda instância.*

Art. 171. *A remoção, a pedido, de Juiz Titular de Vara do Trabalho, prefere à promoção e observará a antiguidade dos candidatos que apresentarem certidão, fornecida pela Secretaria da Corregedoria, de que se encontram em dia com as decisões relativas às fases processuais de conhecimento e execução, com observância rigorosa dos prazos legais.*

Parágrafo único. *O Tribunal, pela maioria absoluta de seus membros efetivos, poderá recusar a remoção de Juiz mais antigo, destinando-se a vaga à promoção de Juiz do Trabalho Substituto caso nenhum outro candidato obtenha quorum necessário.*

Título V - Do Agravo Regimental

Art. 172. *Além dos recursos previstos em lei, cabe agravo regimental, para o Tribunal Pleno ou para as Turmas, observada a competência, no prazo de oito dias, a contar da notificação ou publicação:*

I. *das decisões proferidas pelo Corregedor;*

II. *do despacho do Presidente do Tribunal ou Relator que puser termo a qualquer processo, desde que não seja previsto outro recurso, nas leis processuais ou neste Regimento;*

III. *do despacho do Relator que indeferir petição inicial de ação de competência originária do Tribunal;*

IV. *do despacho do Relator concessivo ou denegatório de liminar em mandado de segurança, ação cautelar, habeas corpus ou em antecipação de tutela.*

§ 1º. *A petição será submetida ao prolator da decisão agravada, que determinará sua juntada aos autos, podendo reconsiderar o teor de sua decisão.*

§ 2º. *A petição conterá as razões do pedido de reforma da decisão agravada, sob pena de não conhecimento.*

§ 3º. *Se mantida a decisão agravada, o seu prolator, nas hipóteses dos incisos I e II, ou o Relator, nos demais casos, determinará a autuação do agravo regimental e submeterá a matéria a decisão do Tribunal Pleno ou da Turma, observada a competência, na primeira sessão que se seguir independentemente de pauta. julgamento.*

§ 4º. *A Procuradoria poderá se manifestar, oralmente, na sessão de*

§ 5º. *O Relator lavrará o acórdão do agravo, ainda que vencido.*

§ 6º. *Em caso de empate, prevalecerá o despacho agravado.*

§ 7º. *Se for vencido o prolator do despacho agravado, após a publicação do acórdão, referente ao agravo regimental, os autos ser-lhe-ão remetidos, para prosseguimento do feito principal, na forma decidida pelo Tribunal.*

§ 8º. *Prevalecendo a decisão agravada, após a publicação do acórdão, os autos serão arquivados, após pagamento das despesas processuais, se existentes ou prosseguirá, tratando-se da hipótese do inciso IV.*

Título VI - Dos Embargos de Declaração no Tribunal

Art. 173. *Aos acórdãos proferidos pelo Tribunal poderão ser opostos embargos de declaração, observados os arts. 535 e seguintes do CPC.*

Art. 174. *Após protocolizada, a petição será encaminhada, no prazo máximo de 48 horas, à Seção de Recursos, que procederá à sua juntada aos autos, independente de despacho do Relator.*

Art. 175. *A conclusão ao Relator só se fará quando ambas as partes opuserem os embargos de declaração, ou, após decorrido o respectivo prazo, quando apenas uma das partes houver embargado.*

§ 1º. *Encontrando-se os autos em condições de ser apreciados, a sua remessa ao Relator deverá se fazer dentro de 48 horas.*

I. *Estando o Desembargador do Trabalho Relator afastado por mais de trinta dias, os autos serão sorteados entre os Desembargadores do Trabalho que acompanharam a tese vencedora. (Inciso I do § 2º do artigo 175, com redação dada pela RA n. 111/2014 de 06.08.2014 e publicada em 07.08.2014)*

II. *Na hipótese de ter recaído a relatoria do processo a Juiz Convocado, ser-lhe-ão conclusos os processos pendentes de análise de embargos de declaração, mesmo após encerrado o período de convocação.*

III. *O Relator encaminhará à Secretaria dentro de 05 (cinco) dias úteis contados do recebimento, os feitos que lhe forem distribuídos para relatoria, neles apondo seu "visto".*

§ 2º. *Quando o(s) embargante(s) perseguir(em) efeito modificativo mediante os embargos de declaração ou na hipótese de o Relator ou redator* *designado pretender imprimi-lo, será aberta vista dos autos à(s) parte(s) contrária(s) e, após, remetidos à Secretaria. (§ 2º do artigo 175, com redação dada pela RA n. 111/2014 de 06.08.2014 e publicada em 07.08.2014)*

Título VII - Do Recurso de Multa

Art. 176. *Em face das decisões das Turmas que impuserem multa à parte, cabe recurso de multa no prazo de 08 (dias).*

Art. 177. *Após protocolizada, a petição será encaminhada, no prazo máximo de 48 horas, à Seção de Recursos, que procederá à sua juntada aos autos, independente de despacho do Relator.*

Parágrafo único. *Encontrando-se os autos em condições de ser apreciados, a sua remessa ao Relator deverá se fazer dentro de 48 horas.*

I. Estando o Relator afastado por mais de trinta dias os autos serão remetidos ao Desembargador do Trabalho mais antigo que acompanhou a tese vencedora. (Inciso I do parágrafo único do artigo 177, com redação dada pela RA n. 111/2014 de 06.08.2014 e publicada em 07.08.2014)

Título VIII - Do Habeas Corpus

Art. 178. *Os processos de habeas corpus serão imediatamente distribuídos e encaminhados ao Relator, que analisará o pedido liminar no prazo de 48 horas.*

Art. 179. *Da decisão liminar será intimada a autoridade coatora, que dispõe de 10 (dez) dias para prestar informações.*

Art. 180. *Decorrido o prazo de agravo regimental, os autos serão remetidos ao Ministério Público do Trabalho, para manifestação, conforme previsão do art. 46, IV, deste Regimento.*

Art. 181. *Os autos de HC serão incluídos na pauta imediatamente posterior ao seu retorno do Ministério Público do Trabalho, para julgamento pelo Tribunal Pleno.*

Título IX - Dos Recursos Junto ao Tribunal

Capítulo I - Dos Recursos de Revista e Recursos Ordinários em Ações Originárias

Art. 182. *Após protocolizada, a petição será encaminhada à Seção de Recursos, que fará sua juntada aos autos, independentemente de despacho.*

Parágrafo único. *A remessa dos autos à Presidência do Tribunal deverá ser feita no prazo de 48 (quarenta e oito) horas. (Parágrafo único do artigo 182, com redação dada pela RA n. 234/2011 de 24.11.2011 e publicada em 12.12.2011)*

Art. 183. *Recebidos os autos, o Presidente terá o prazo de trinta dias úteis para despachar, admitindo ou não o recurso. (Artigo 183, com redação dada pela RA n. 018/2013 de 21.02.2013 e publicada em 26.02.2013)*

Parágrafo único. *A contagem do prazo estabelecido neste artigo terá como termo inicial a primeira segunda-feira imediata à data da conclusão dos autos. (Parágrafo único do art. 183, com redação dada pela RA n. 032/2012).*

Capítulo II - Dos Agravos de Instrumento

Art. 184. *Cabe agravo de instrumento contra despacho do Presidente do Tribunal que tenha denegado seguimento a recurso, no prazo de oito dias, após publicação no órgão oficial, observados os arts. 897, b e § 2º da CLT.*

Art. 185. *Concluída a formação do instrumento, abrir-se-á vista ao agravado, por igual prazo, para oferecimento de contraminuta.*

Art. 186. *Decorrido o prazo para resposta do agravado, os autos serão conclusos ao Desembargador do Trabalho Presidente para, no prazo de trinta dias úteis, reformar ou manter a decisão agravada. (Artigo 186, com redação dada pela RA n. 018/2013 de 21.02.2013 e publicada em 26.02.2013)*

Parágrafo único. *O prazo estabelecido neste artigo começa a contar a partir da primeira segunda-feira imediata à data da conclusão dos autos. (Art. 186 e parágrafo único, com redação dada pela Ra n. 032/2012).*

Título X - Das Comissões

Capítulo I - Da Comissão de Regimento Interno

Art. 187. *Na mesma sessão em que se proceder à eleição para os cargos de direção do Tribunal, será eleita a Comissão do Regimento Interno, composta de três Desembargadores do Trabalho e presidida pelo Desembargador do Trabalho mais antigo que não a tenha presidido, que aceite o encargo.*

§ 1º. *Na hipótese de todos os membros do Colegiado já haverem presidido a Comissão de que trata o caput deste artigo, aplicar-se-á o critério de antiguidade.*

§ 2º. *O término do mandato dos membros da Comissão coincidirá com os dos cargos de direção do Tribunal.*

§ 3º. *Nos casos de renúncia ou impedimento definitivo de qualquer dos membros da Comissão, proceder-se-á eleição de novo membro, com mandato pelo tempo que restar.*

Art. 188. *À Comissão de Regimento Interno compete:*

I. emitir parecer, quando lhe seja requerido pelo Presidente ou pelo Tribunal sobre matéria regimental, no prazo de dez dias;

II. estudar as proposições sobre reforma ou alteração regimental feitas pelos Juízes, emitindo parecer fundamentado e propondo sua redação, se for o caso, no prazo de 60 (sessenta) dias.

Art. 189. *Os pareceres da Comissão de Regimento Interno, se aprovados pela maioria absoluta dos Desembargadores do Trabalho, terão força e eficácia de reforma, alteração ou emenda regimental.*

Art. 190. *Qualquer proposta de reforma ou de alteração do Regimento Interno deverá ser apresentada, por escrito perante o Tribunal, sendo, a seguir, encaminhada à respectiva Comissão, para emissão de parecer.*

Parágrafo único. *Em caso de comprovada urgência e desde que a Comissão se encontre habilitada a emitir seu parecer, de imediato, a proposta poderá ser objeto de deliberação na própria sessão em que for apresentada.*

Capítulo II - Da Comissão de Vitaliciamento

(Capítulo II do Título X, com redação dada pela Resolução Administrativa n. 085/2014)

Art. 191. *A Comissão de Vitaliciamento composta por, no mínimo, três desembargadores do trabalho, eleitos pelo Tribunal Pleno, um dos quais integrante da direção da Escola Judicial, cujos mandatos de seus* *membros coincidirão com os dos integrantes da Administração do Tribunal, acompanhará o desempenho dos Juízes de primeiro grau, não vitalícios. (Art. 191, com redação dada pela Resolução Administrativa n. 085/2014)*

§ 1º. *A comissão oferecerá parecer escrito, após dezoito meses para, se for o caso, o Tribunal tomar as providências previstas no parágrafo único, do art. 22, da LOMAN.*

§ 2º. *Resolução Administrativa, com força regimental, estabelecerá critérios mínimos para avaliação de desempenho, para efeito de vitaliciamento.*

Título XI - Das Varas do Trabalho

Art. 192. *Nos locais onde houver mais de uma Vara do Trabalho, haverá um Juiz Diretor do Foro, designado pelo Presidente do Tribunal, com mandato de dois anos, de forma a coincidir com o mandato da Administração do Tribunal, dentre os Juízes do Trabalho daquela localidade. (Art. 192, dispositivo com redação dada pela RA n. 080/2012 e em vigor a partir de 16.11.2012)*

Parágrafo único. *Compete ao Diretor do Foro dirigir os serviços comuns a todas as Varas do Trabalho e administrar o prédio do Fórum. (Parágrafo único do art. 192, dispositivo com redação dada pela RA n. 080/2012 e em vigor a partir de 16.11.2012)*

Art. 193. *São consideradas de difícil provimento as unidades jurisdicionais indicadas no quadro constante do Anexo I, assim definidas em conformidade com os seguintes critérios:*

I. *Varas Trabalhistas situadas em linha ou faixa de fronteira, nos termos da Lei. (Inciso I do art. 193, dispositivo com redação dada pela RA n. 080/2012 e em vigor a partir de 16.11.2012)*

II. *Varas Trabalhistas situadas em localidades com população inferior a 25.000 (vinte e cinco mil) habitantes, conforme dados oficiais do IBGE, e com índice IDHM ou IFDM inferior a 0,8 (zero vírgula oito) pontos. (Inciso II do art. 193, dispositivo com redação dada pela RA n. 080/2012 e em vigor a partir de 16.11.2012)*

III. *Varas Trabalhistas situadas em localidades de difícil acesso, a partir da faixa de 500 (quinhentos) quilômetros de distância da Capital Cuiabá-MT e que tenham população inferior a 60.000 (sessenta mil) habitantes, conforme dados oficiais do IBGE, e com índice IDHM ou IFDM inferior a 0,8 (zero vírgula oito) pontos. (Inciso III do art. 193, dispositivo com redação dada pela RA n. 080/2012 e em vigor a partir de 16.11.2012)*

§ 1º. *(§ 1º do art. 193, dispositivo declarado nulo com efeitos "ex tunc" por meio do acórdão proferido pelo CSJT nos autos do processo CSJT-PCA-7783-04.2012.5.90.0000)*

§ 2º. *O Tribunal poderá proceder à revisão bienal dos critérios mencionados neste artigo, de acordo com a finalidade e interesse públicos. (§ 2º do art. 193, dispositivo com redação dada pela RA n. 080/2012 e em vigor a partir de 16.11.2012)*

§ 3º. *O Anexo I é parte integrante do Regimento Interno do Tribunal Regional do Trabalho da 23ª Região. (§ 3º do art. 193, dispositivo com redação dada pela RA n. 080/2012 e em vigor a partir de 16.11.2012)*

Art. 194. *O Juiz do Trabalho participará das audiências com vestes talares, segundo modelo aprovado pelo Tribunal.*

Art. 195. *A Vara do Trabalho, terá o tratamento de "Egrégia", seu respectivo Juiz Titular será denominado "Juiz Titular de Vara do Trabalho" e os Substitutos de "Juiz do Trabalho Substituto", com o tratamento de "Excelência".*

Art. 196. *A permuta entre Juízes do Trabalho só poderá ser concedida se houver concordância dos demais Titulares mais antigos que os interessados.*

Art. 197. *O critério de convocação de Juiz do Trabalho Substituto, seja para assumir a titularidade da Vara do Trabalho, seja para funcionar como Juiz Auxiliar, poderá ser regulamentado por resolução administrativa do Tribunal.*

§ 1º. *A designação de Juiz do Trabalho Substituto para funcionar como Juiz Auxiliar dependerá sempre de assentimento do Juiz Titular da Vara do Trabalho.*

§ 2º. *A antiguidade do Juiz Titular de Vara do Trabalho e Juiz do Trabalho Substituto será apurada a partir do efetivo exercício nos respectivos cargos.*

§ 3º. *Ocorrendo igualdade na condição acima o desempate se fará pelo maior tempo de serviço como Juiz do Trabalho Substituto ou pela classificação no concurso, para ingresso na magistratura da Região.*

Título XII - Dos Servidores Do Tribunal

Art. 198. *A admissão de servidores, no Quadro de Pessoal efetivo da Justiça do Trabalho da 23ª Região, far-se-á mediante concurso público de provas ou provas e títulos.*

Art. 199. *Aplica-se, no que couber, aos servidores da Região, a legislação concernente aos servidores públicos civis da União.*

Art. 201. *O servidor punido poderá pleitear reconsideração no prazo de cinco dias e, em caso de indeferimento, poderá recorrer à autoridade imediatamente superior, no prazo de oito dias.*

Parágrafo único. *O recurso será apreciado:*

I. *pelo Tribunal Pleno, quando a punição tiver sido aplicada pelo Presidente do Tribunal;*

II. *pelo Presidente do Tribunal, nos casos dos incisos III, IV e V do artigo anterior.*

Art. 202. *Os servidores da Justiça do Trabalho da 23ª Região terão seu regulamento aprovado pelo Tribunal.*

Título XIII - Das Disposições Gerais e Transitórias

Art. 203. *É extensiva aos Juízes do Trabalho a carteira instituída pelo Decreto-Lei nº 9.739, de 04 de setembro de 1946, cabendo ao Presidente do Tribunal adotar as providências necessárias à sua confecção e registro, de acordo com o modelo aprovado pelo Pleno.*

Art. 204. *O Juiz do Trabalho que não puder comparecer no horário regulamentar ou que tiver de se ausentar, por motivo relevante, deverá comunicar o fato ao Presidente do Tribunal para as providências necessárias.*

Art. 205. *A Justiça do Trabalho da 23ª Região terá suas atividades suspensas no período de vinte de dezembro a seis de janeiro, conforme recesso previsto no item primeiro do art. 62 da Lei nº 5.010, de 30 de maio de 1966, sem prejuízo do funcionamento dos serviços considerados necessários, a critério do Presidente do Tribunal.*

§ 1º. *Durante o recesso, poderá o Presidente do Tribunal, ou seu substituto legal, decidir os pedidos de liminar em mandados de segurança e em processo* *cautelar, determinar liberdade provisória ou sustação de ordem de prisão, e demais medidas que reclamem urgência.*

§ 2º. *Durante o recesso, a Presidência do Tribunal designará um Juiz do Trabalho Substituto, para resolver as questões de caráter urgente da Primeira Instância, em todo o território da 23ª Região, observado o sistema de rodízio anual, a iniciar-se pelo Juiz mais moderno.*

§ 3º. *A prática de atos processuais durante o recesso não implicará em abertura de prazo, que começará a correr a partir do 1º dia útil após o recesso, salvo quanto aos processos que têm curso normal durante as férias forenses.*

Art. 206. *Ressalvado ao Presidente do Tribunal o direito de suspender as atividades dos órgãos da Justiça do Trabalho da 23ª Região em outros dias, quando ocorrer motivo relevante, serão observados, como feriados, além dos fixados em lei, a segunda e terça-feira de carnaval, a quarta-feira de cinzas; os dias da semana santa, compreendidos entre a quarta-feira, inclusive, e o domingo de Páscoa; o dia 11 (onze) de agosto; 28 (vinte oito) de outubro; 01 (um) e 02 (dois) de novembro; 08 (oito) de dezembro, e, em cada município, os feriados locais.*

§ 1º. *O Presidente Tribunal poderá remanejar as datas dos feriados de acordo com a oportunidade e conveniência administrativa, com aprovação do Tribunal Pleno.*

§ 2º. *As Secretarias do Tribunal e das Varas do Trabalho certificarão a ocorrência da suspensão das atividades forenses e dos prazos judiciais, se for o caso, nos autos do processo em que estes estejam em curso. Em se tratando de processos conclusos, os gabinetes dos Desembargadores do Trabalho lavrarão a respectiva certidão.*

Art. 207. *Para os fins do disposto no art. 656 da CLT, a jurisdição territorial do Tribunal poderá ser dividida em zonas ou grupos por deliberação do Pleno.*

Parágrafo único. *O agrupamento das Varas do Trabalho e a definição das modalidades e critérios de designação de Juízes do Trabalho Substitutos serão fixados por resolução administrativa, de iniciativa do Presidente do Tribunal, a quem compete promover a lotação, o sediamento e a movimentação dos Juízes entre as diferentes zonas ou grupos da Região. (Parágrafo único do art. 207, com redação dada pela Resolução Administrativa n. 079/2013, de 27.05.2013.)*

Art. 208. *Os Juízes de primeiro grau terão suas férias sujeitas à escala, atendida, sempre que possível, a conveniência de cada um, vedada a sua interrupção, salvo por motivo relevante, a critério da Administração.*

Parágrafo único. *O Presidente do Tribunal ouvirá os interessados e, até o mês de dezembro, organizará a escala para vigorar no ano seguinte.*

Art. 209. *Para fins de cerimonial, aplicam-se as disposições do Decreto 70.274/72, sendo que os Juízes de primeiro grau estão equiparados aos Juízes Federais.*

Art. 210. *Os casos omissos neste Regimento Interno serão decididos pelo Tribunal Pleno.*

Art. 211. *Este Regimento Interno será publicado no Diário Eletrônico da Justiça do Trabalho – Caderno Jurídico do TRT – 23ª Região, por 03 (três) vezes, no intervalo de 30 (trinta) dias, e entrará em vigor após sua última publicação, revogadas as disposições em contrário.*

Anotações

NOÇÕES DE DIREITO CONSTITUCIONAL

ÍNDICE

CAPÍTULO 01
Introdução ao Direito Constitucional

Noções Gerais

Para iniciarmos o estudo do Direito Constitucional, alguns conceitos precisam ser esclarecidos, principalmente para aqueles que nunca tiveram contato com a matéria.

Primeiramente, faz-se necessário conhecer qual será o objeto de estudo desta disciplina jurídica: **Constituição Federal.**

A Constituição Federal é simplesmente a norma mais importante de todo o ordenamento jurídico brasileiro. Ela é a norma principal, a norma fundamental.

Se pudéssemos posicionar as espécies normativas na forma de uma pirâmide hierárquica, a Constituição Federal apareceria no topo desta pirâmide, ao passo que as outras espécies normativas estariam todas abaixo dela, como na ilustração:

Para que sua preparação seja adequada, é necessário que se tenha em vista uma Constituição atualizada. Isso porque a Constituição Federal foi promulgada em 1988, mas já foi alterada várias vezes. Significa dizer, numa linguagem mais jurídica, que ela foi **emendada**.

As Emendas Constitucionais são a única forma de alteração do Texto Constitucional. Portanto, jamais uma lei, ou outra espécie normativa hierarquicamente inferior à Constituição, poderá alterar o seu texto.

Neste ponto caberia a pergunta: o que torna a Constituição Federal a norma mais importante do Direito Brasileiro? A resposta é muito simples: a Constituição possui alguns elementos que a distinguem das outras espécies normativas, por exemplo:

→ os Princípios Constitucionais;
→ os Direitos Fundamentais;
→ a Organização do Estado;
→ a Organização dos Poderes.

De nada adiantaria possuir uma Constituição Federal com tantos elementos essenciais ao Estado se não existisse alguém para protegê-la. O próprio texto constitucional previu um Guardião para a Constituição, o **Supremo Tribunal Federal (STF)**.

O STF é o órgão de cúpula do Poder Judiciário e possui como atribuição principal a guarda da Constituição. Ele é tão poderoso que se alguém editar uma norma que contrarie o disposto no texto constitucional, o Supremo a declarará inconstitucional. Uma norma declarada inconstitucional pelo STF não produzirá efeitos na sociedade.

Além de Guardião da Constituição, o STF possui outra atribuição Constitucional, qual seja, a de Intérprete do texto fundamental. É o Supremo quem define a melhor interpretação para esta ou aquela norma Constitucional. Quando um Tribunal manifesta sua interpretação, dizemos que ele revelou sua **Jurisprudência.** A Jurisprudência é o pensamento dos tribunais, sendo a jurisprudência do STF a que mais interessa para o estudo do Direito Constitucional. E é exatamente neste ponto que se encontra a maior importância do STF para o objetivo que aqui se tem em vista: é essencial conhecer sua jurisprudência, pois costuma cair em prova. Só para se ter ideia da importância dessa matéria, é possível que alguma jurisprudência do STF seja contrária ao próprio texto constitucional. Dessa forma, o aluno precisa ter uma dupla percepção: conhecer o texto da Constituição e conhecer a Jurisprudência do STF.

Contudo, ainda existe outra fonte de conhecimento essencial para o aprendizado em Direito Constitucional: a **Doutrina**.

A **Doutrina** é o pensamento produzido pelos estudiosos do Direito Constitucional. Conhecer a Doutrina também faz parte de sua preparação.

Em suma, para estudar Direito Constitucional é necessário estudar:

→ a Constituição Federal;
→ a Jurisprudência do STF;
→ doutrina de Direito Constitucional.

Aqui será apresentado o conteúdo de Direito Constitucional atualizado, objetivo e necessário para prova de forma que se tenha à mão um material suficiente ao estudo para concurso público.

Metodologia de Estudo

Aproveitam-se essas considerações iniciais para passar uma dica de estudo que pode ser útil na preparação para concurso público. A preparação em Direito Constitucional precisa observar 3 passos:

→ leitura da Constituição Federal;
→ leitura deste material didático;
→ resolução de exercícios.

O aluno que seguir esses passos certamente chegará à aprovação em concurso público. Essa é a melhor orientação para quem está iniciando os estudos. Com a conjugação desses três passos, certamente você atingirá seu objetivo.

Classificações

A partir de algumas **características** que possuem as Constituições, é possível classificá-las, agrupá-las. As classificações abaixo não são as únicas possíveis, realçando apenas aqueles elementos mais comumente cobrados nos concursos públicos.

Quanto à **origem**, a Constituição pode ser Promulgada ou Outorgada. A **Constituição Promulgada** é aquela decorrente de um verdadeiro processo democrático para a sua elaboração, fruto de uma Assembleia Nacional Constituinte. A **Outorgada** é aquela imposta, unilateralmente, por um governante ou por um grupo de pessoas, ao povo.

Quanto à possibilidade de **alteração, mutação**, podem ser **Flexíveis**, **Rígidas** ou **Semirrígidas**. As Constituições Flexíveis não exigem, para a sua alteração, qualquer processo legislativo especial. As Rígidas, contudo, dependem de um processo legislativo de alteração mais difícil do que aquele utilizado para as normas ordinárias. As Constituições Semirrígidas são aquelas cuja parte de seu texto só pode ser alterada por um processo mais difícil, sendo que outra parte pode ser mudada sem qualquer processo especial.

Quanto **à forma** adotada, as Constituições podem ser: **Escritas ou Dogmáticas** e **Costumeiras**. A Constituição Dogmática é aquela que apresenta um único texto, no qual encontramos sistematizadas e organizadas todas as disposições essenciais do Estado. A Constituição Costumeira é aquela formada pela reunião de diversos textos esparsos, reconhecidos pelo povo como fundantes, essenciais.

Quanto à **extensão**, podem ser: **Sintéticas** ou **Analíticas**. A Constituição Sintética é aquela concisa, enxuta e que só traz as disposições políticas essenciais a respeito da forma, organização, fundamentos e objetivos do Estado. A Constituição Analítica é aquela que aborda diversos assuntos, não necessariamente relacionados com a organização do Estado e dos poderes. Ela desce a minúcias que poderiam figurar em uma lei ordinária, não precisando constar do texto constitucional.

A partir das classificações apresentadas, a Constituição Federal de 1988 pode ser considerada por **Promulgada, Rígida, Escrita** e **Analítica**.

Anotações

CAPÍTULO 02

Princípios Fundamentais

Os princípios fundamentais, também chamados de princípios constitucionais, formam a base de toda a organização do Estado Brasileiro. Como bem citado pelo jurista José Afonso da Silva, "os princípios fundamentais visam essencialmente definir e caracterizar a coletividade política e o Estado e enumerar as principais opções político-constitucionais".

Exatamente em razão de sua importância, a Constituição Federal os colocou logo no início, pois eles são a base de todo o texto. O que se segue a partir desses princípios é mero desdobramento de seu conteúdo.

Quem se prepara para concurso deve saber que, quando esse tema é abordado, costuma-se trabalhar questões com o conteúdo previsto nos Arts. 1º ao 4º do texto constitucional. Geralmente, aparece apenas texto constitucional puro, mas dependendo do concurso as bancas costumam cobrar questões doutrinárias mais pesadas.

Quais princípios serão abordados?

→ Princípio da Tripartição dos Poderes;
→ Princípio Federativo;
→ Princípio Republicano;
→ Presidencialismo;
→ Princípio Democrático;
→ Fundamentos da República Federativa do Brasil;
→ Objetivos fundamentais da República Federativa do Brasil;
→ Princípios que regem as relações internacionais do Brasil.

Princípio da Tripartição dos Poderes

Esse princípio, também chamado de Princípio da Separação dos Poderes, originou-se, historicamente, numa tentativa de limitar os poderes do Estado. Alguns filósofos perceberam que, se o Poder do Estado estivesse dividido entre três entidades diferentes, seria possível que a sociedade exercesse um maior controle de sua utilização.

Na verdade, a divisão não é do Poder Estatal, haja vista ser ele uno, indivisível e indelegável, mas apenas uma divisão das suas funções. Nos dizeres de José Afonso da Silva:

"O poder político, uno, indivisível e indelegável, se desdobra e se compõe de várias funções, fato que permite falar em distinções das funções, que fundamentalmente são três: a legislativa, a executiva e a jurisdicional"[1].

A previsão constitucional desse princípio encontra-se no Art. 2º, que diz:

> ***Art. 2º*** *São Poderes da União, independentes e harmônicos entre si, o Legislativo, o Executivo e o Judiciário.*

Esses são os três poderes, cada qual responsável pelo desenvolvimento de uma função principal do Estado:

→ **Poder Executivo**: Função principal (típica) de administrar o Estado;
→ **Poder Legislativo:** função principal (típica) de legislar e fiscalizar as contas públicas;
→ **Poder Judiciário:** função principal (típica) jurisdicional.

Além da sua própria função, a Constituição criou uma sistemática que permite a cada um dos poderes o exercício da função do outro poder. Essa função acessória chamamos de **função atípica:**

→ **Poder Executivo:** função atípica de legislar e julgar;
→ **Poder Legislativo:** função atípica de administrar e julgar;
→ **Poder Judiciário:** função atípica de administrar e legislar.

Dessa forma, pode-se dizer que além da própria função, cada poder exerce de forma acessória a função do outro poder.

Uma pergunta sempre surge na cabeça dos estudantes: qual dos três poderes é mais importante?

A única resposta possível é a inexistência de poder mais importante. Cada poder possui sua própria função de forma que não se pode afirmar que exista hierarquia entre os poderes do Estado.

Fique Ligado

São três Poderes: Executivo, Legislativo e Judiciário. Não existe hierarquia entre eles.

Eles são independentes e harmônicos entre si, e para se garantir essa harmonia, a doutrina norte-americana desenvolveu um sistema que mantém a igualdade entre os poderes: **Sistema de Freios e Contrapesos *(checks and balances).***

O sistema de freios e contrapesos adotado pela nossa Constituição revela-se nas inúmeras medidas previstas no texto constitucional que condicionam a competência de um poder à apreciação de outro poder de forma a garantir o equilíbrio entre os três poderes. Abaixo estão alguns exemplos delas:

> A necessidade de sanção do Chefe do Poder Executivo para que um Projeto de Lei aprovado pelo Poder Legislativo possa entrar em vigor;

> O processo do Chefe do Poder Executivo por crime de responsabilidade a ser realizado no Senado Federal, cuja sessão de julgamento é presidida pelo Presidente do STF;

> A necessidade de apreciação pelo Poder Legislativo das Medidas Provisórias editadas pelo Chefe do Poder Executivo;

> A nomeação dos ministros do STF é feita pelo Presidente da República depois de aprovada pelo Senado Federal.

Em todas as hipóteses acima apresentadas, faz-se necessária a participação de mais de um Poder para a consecução de um ato administrativo. Isso cria uma verdadeira relação de interdependência entre os poderes, o que garante o equilíbrio entre eles.

1 SILVA, José Afonso da. Curso de Direito Constitucional Positivo. 33ª Ed. São Paulo: Malheiros, 2010. p. 108.

Exercício Comentado

01. ***(CESPE) A separação dos Poderes no Brasil adota o sistema norte-americano checks and balances, segundo o qual a separação das funções estatais é rígida, não se admitindo interferências ou controles recíprocos.***

ERRADO. O sistema norte-americano checks and balances de fato é adotado no Brasil, contudo não significa separação rígida, mas uma separação que permite a um Poder fiscalizar a atuação do outro Poder. Dessa forma, admite-se interferência e controle recíprocos.

Por último, não se pode esquecer que a separação dos poderes é uma das cláusulas pétreas por força do Art. 60, § 4º, III da Constituição Federal.

Significa dizer que a separação dos poderes não pode ser abolida do texto constitucional por meio de emenda:

> ***Art. 60, § 4º*** *- Não será objeto de deliberação a proposta de emenda tendente a abolir:*
>
> ***III.*** *a separação dos Poderes.*

Princípio Federativo

Esse princípio apresenta a Forma de Estado adotada no Brasil: federação. A forma de Estado reflete o modo de exercício do poder político em função do território. É uma forma composta ou complexa[2], visto que prevalece a pluralidade de poderes políticos internos. Está baseada na descentralização política do Estado, cuja representação se dá por meio de quatro entes federativos:

- → União;
- → Estados;
- → Distrito Federal;
- → Municípios.

Cada ente federativo possui sua própria autonomia política, o que não pode ser confundido com o atributo da soberania, pertencente ao Estado Federal.

A autonomia de cada ente confere-lhe a capacidade política de, inclusive, criar sua própria Constituição. Apesar de cada ente federativo possuir essa independência, não se pode esquecer que a existência do pacto federativo pressupõe a existência de uma Constituição Federal e da impossibilidade de separação (Princípio da Indissolubilidade do vínculo federativo). Havendo quebra do pacto federativo, a Constituição Federal prevê como instrumento de manutenção da forma de Estado a chamada Intervenção Federal.

Não existe hierarquia entre os entes federativos. O que os distingue é a competência que cada um recebeu da Constituição Federal. Deve-se ressaltar que os estados e o Distrito Federal possuem direito de participação na formação da vontade nacional ao possuírem representantes no Senado Federal. Os municípios não possuem representantes no Senado Federal. Caracteriza-se, ainda, pela existência de um guardião da Constituição Federal, o Supremo Tribunal Federal. A doutrina tem apontado para algumas características da forma federativa brasileira:

> **Tricotômica**

Federação constituída em três níveis: federal, estadual e municipal. O Distrito Federal não é considerado nessa classificação, haja vista possuir competência híbrida, ou seja, ora age como estado ora como município.

> **Centrífuga**

Essa característica reflete a formação da federação brasileira. É a formação "de dentro para fora". O movimento é de centrifugadora. A força de criação do estado federal brasileiro surgiu a partir de um Estado Unitário para a criação de um estado federado, ou seja, o poder centralizado que se torna descentralizado. O poder político era concentrado nas mãos de um só ente e, depois, passa a fazer parte de vários entes federativos.

> **Por desagregação**

Ocorre quando um estado unitário resolve se descentralizar politicamente, desagregando o poder central em favor de vários entes titulares de poder político.

Exercício Comentado

01. ***(CESPE) Em face da descentralização administrativa e política que caracteriza o Estado brasileiro, a República Federativa do Brasil constitui um estado unitário descentralizado, dispondo os entes políticos estatais de autonomia para a tomada de decisão, no caso concreto, a respeito da execução das medidas adotadas pela esfera central de governo.***

ERRADO. O erro está em dizer que a República Federativa do Brasil é um estado unitário, pois sabemos que o Brasil é um estado Federal. Estado Unitário é uma forma oposta ao Estado Federal. Deve-se tomar muito cuidado com esse tema que sempre aparece em prova.

A **Forma Federativa de Estado** também é uma cláusula **pétrea.**

Depois de estudar os Princípios da Tripartição dos Poderes e o Federativo, passa-se a ver como eles estão estruturados dentro da República Federativa do Brasil. A autonomia política existente em cada ente federativo pode ser percebida por meio de existência dos poderes em cada um.

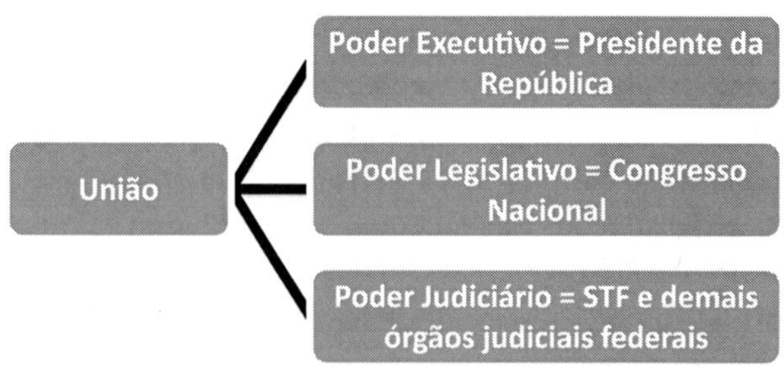

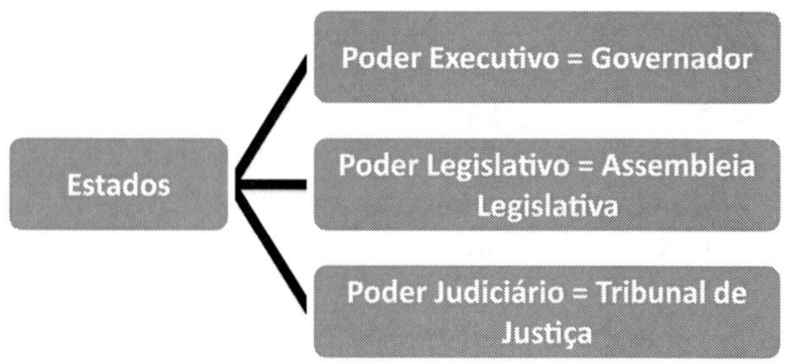

2 A doutrina classifica as formas de Estado em Compostas ou Unitárias. Os Estados Compostos ou Complexos possuem como base a descentralização política enquanto que os Estados Unitários ou simples possuem uma única entidade política a qual exerce de forma centralizada o poder político (CUNHA, 2011, p. 872). Estado Federal é espécie de Estado Composto, portanto, não se confunde com Estado Unitário.

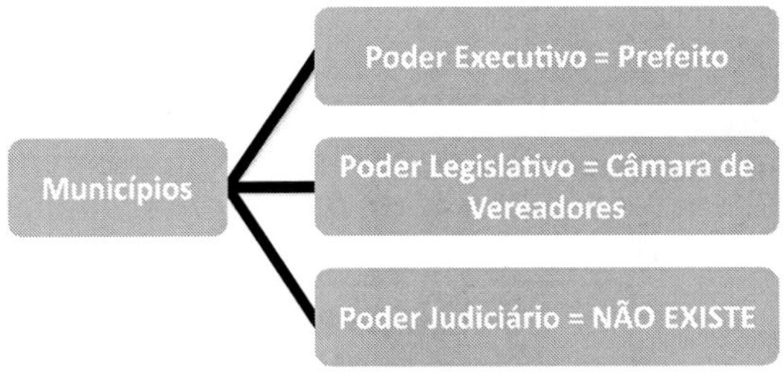

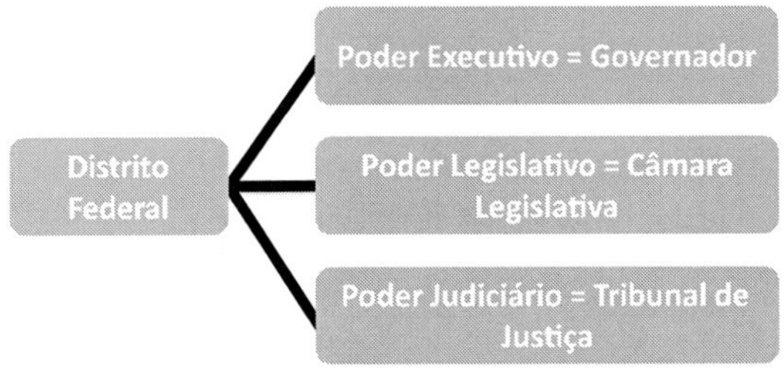

Fique Ligado

Os municípios não possuem Poder Judiciário.

Princípio Republicano

O princípio Republicano representa a Forma de governo adotada no Brasil. A forma de governo reflete o modo de aquisição e exercício do poder político, além de medir a relação existente entre o governante e o governado.

A melhor forma de entender esse instituto é conhecendo suas características. A primeira característica decorre da análise etimológica da expressão *"res publica"*. Essa expressão, que dá origem ao princípio ora estudado, significa coisa pública, ou seja, em um Estado Republicano o governante cuida da coisa pública, governa para o povo.

Outra característica importante é a Temporariedade. Esse atributo revela o caráter temporário do exercício do poder político. Por causa desse princípio, em nosso Estado, o governante permanece no poder por tempo determinado.

Em uma República, o governante é escolhido pelo povo. Essa é a chamada Eletividade. O poder político é adquirido pelas eleições, sendo que a vontade popular se concretiza nas urnas.

Por fim, em um Estado Republicano o governante pode ser responsabilizado por seus atos.

A forma de governo republicana se contrapõe à monarquia, cujas características são opostas às estudadas aqui.

Fique Ligado

Muito cuidado com este tema em prova. As bancas afirmam que o princípio republicano é uma cláusula pétrea, contudo, esse princípio não se encontra listado no rol das cláusulas pétreas do Art. 60, § 4º da Constituição Federal. Apesar disso, a Constituição o considerou como princípio sensível. (Ibid. 2011, p. 103.) Princípios sensíveis são aqueles que, se tocados, ensejarão a chamada Intervenção Federal, conforme previsto no Art. 34, VII, da Constituição:

> *Art. 34. A União não intervirá nos Estados nem no Distrito Federal, exceto para:*
>
> *VII. assegurar a observância dos seguintes princípios constitucionais:*
>
> *a) forma republicana, sistema representativo e regime democrático.*

Presidencialismo

O Presidencialismo é o sistema de governo adotado no Brasil. O sistema de governo rege a relação entre o Poder Executivo e o Legislativo medindo o grau de dependência entre eles. No Presidencialismo, prevalece a separação entre os Poderes Executivo e Legislativo, os quais são independentes e harmônicos entre si.

A Constituição declara que o Poder Executivo da União é exercido pelo Presidente da República auxiliado por seus Ministros de Estado:

> ***Art. 76.*** *O Poder Executivo é exercido pelo Presidente da República, auxiliado pelos Ministros de Estado.*

O Presidencialismo possui uma característica muito importante, que é a concentração das funções executivas em uma só pessoa, o Presidente, o qual é eleito pelo povo, e exerce ao mesmo tempo três funções: Chefe de Estado, Chefe de Governo, e Chefe da Administração Pública.

A função de Chefe de Estado diz respeito a todas as atribuições do Presidente nas relações externas do País. Como Chefe de Governo, o Presidente possui inúmeras atribuições internas no que tange à governabilidade do país. Já como Chefe da Administração Pública o Presidente exercerá as funções relacionadas com a chefia da Administração Pública Federal.

Democracia

Esse princípio revela o Regime de Governo adotado no Brasil. Caracteriza-se pela existência do Estado Democrático de Direito e pela preservação da dignidade da pessoa humana.

A democracia significa o governo do povo, pelo povo e para o povo. É a chamada soberania popular. Sua fundamentação constitucional encontra-se no Art. 1º da CF:

> ***Art. 1º, Parágrafo único.*** *Todo o poder emana do povo, que o exerce por meio de representantes eleitos ou diretamente, nos termos desta Constituição.*

Esse princípio também é conhecido como princípio sensível e, no Brasil, caracteriza-se por seu exercício se dar de forma direta e indireta. Por esse motivo, a democracia brasileira é conhecida como semidireta ou participativa. Esse tema, porém, será abordado na seção sobre **Direitos Políticos**.

Fundamentos da República Federativa do Brasil

Entre os Princípios Constitucionais mais importantes, destacam-se os Fundamentos da República Federativa do Brasil, os quais estão elencados no Art. 1º da Constituição Federal:

> ***Art. 1º** A República Federativa do Brasil, formada pela união indissolúvel dos Estados e Municípios e do Distrito Federal, constitui-se em Estado Democrático de Direito e tem como fundamentos:*
>
> ***I.*** *A soberania;*
>
> ***II.*** *A cidadania;*
>
> ***III.*** *A dignidade da pessoa humana;*
>
> ***IV.*** *Os valores sociais do trabalho e da livre iniciativa;*
>
> ***V.*** *O pluralismo político.*

Fazemos a seguir uma análise de cada um desses fundamentos para sua melhor compreensão.

→ **A soberania** é um fundamento que possui estreita relação com o Poder do Estado. É a capacidade que o Estado tem de impor sua vontade. Esse princípio possui uma dupla acepção: soberania interna e externa.

> **A soberania interna** é a capacidade de impor o poder estatal no âmbito interno, perante os administrados, sem se sujeitar a qualquer outro poder.

> **A soberania externa** é percebida pelo reconhecimento dos outros Estados soberanos de que o Estado Brasileiro possui sua própria autonomia no âmbito internacional.

→ **A cidadania** como princípio revela a condição jurídica de quem é titular de Direitos Políticos. Ela permite ao indivíduo que possui vínculo jurídico com o Estado participar de suas decisões e escolher seus representantes. O exercício da cidadania guarda estreita relação com a Democracia, pois essa autoriza a participação popular na formação da vontade estatal.

→ **A dignidade da pessoa humana** é considerada o princípio com maior hierarquia axiológica da Constituição. Sua importância se traduz na medida em que deve ser assegurada, primordialmente, pelo Estado, mas também deve ser observada nas relações particulares. Como fundamento, embasa toda a gama de direitos fundamentais, os quais estão ligados em sua origem a esse princípio. A dignidade da pessoa humana representa o núcleo mínimo de direitos e garantias que devem ser assegurados aos seres humanos.

→ **O valor social do trabalho e da livre iniciativa** revela a adoção de uma economia capitalista ao mesmo tempo em que elege o trabalho como elemento responsável pela valorização social. Ao mesmo tempo em que a Constituição garante uma liberdade econômica, protege o trabalho como elemento relacionado à dignidade do indivíduo como membro da sociedade.

→ **O Pluralismo Político**, ao contrário do que parece, não está relacionado apenas com a pluralidade de partidos políticos, devendo ser entendido sob um sentido mais amplo, pois revela uma sociedade em que pluralidade de ideias se torna um ideal a ser preservado. Liberdades, como de expressão, religiosa ou política estão entre as formas de manifestação desse princípio.

Geralmente, quando esse tema é cobrado em prova, costuma ser questionado apenas o texto constitucional.

Fique Ligado

Sugere-se a memorização desses fundamentos, o que poderá ser facilitado com a seguinte sequência de iniciais: SO CI DI VA PLU.

Objetivos Fundamentais da República Federativa do Brasil

Outro grupo de Princípios Constitucionais que costuma ser cobrado em prova é o dos Objetivos da República Federativa do Brasil, os quais estão previstos no Art. 3º da Constituição Federal:

> ***Art. 3º** Constituem objetivos fundamentais da República Federativa do Brasil:*
>
> ***I.*** *Construir uma sociedade livre, justa e solidária;*
>
> ***II.*** *Garantir o desenvolvimento nacional;*
>
> ***III.*** *Erradicar a pobreza e a marginalização e reduzir as desigualdades sociais e regionais;*
>
> ***IV.*** *Promover o bem de todos, sem preconceitos de origem, raça, sexo, cor, idade e quaisquer outras formas de discriminação.*

Os objetivos são verdadeiras metas a serem perseguidas pelo Estado com o fim de garantir os ditames constitucionais. Deve-se ter muito cuidado com esses dispositivos, pois eles costumam ser cobrados em prova fazendo-se alterações dos termos constitucionais.

Outra característica que distingue os fundamentos dos objetivos é o fato de os fundamentos serem nominados com substantivos ao passo que os objetivos se iniciam com verbos. Essa diferença pode ajudar a perceber qual a resposta correta na prova.

Fique Ligado

É interessante memorizar as iniciais das primeiras palavras como forma de facilitar a memorização do artigo: GA CON ER PRO.

Princípios que Regem as Relações Internacionais do Brasil

E, por fim, têm-se os Princípios que regem as relações internacionais, os quais estão previstos no Art. 4º da CF:

> ***Art. 4º** - A República Federativa do Brasil rege-se nas suas relações internacionais pelos seguintes princípios:*
> *I. Independência nacional;*
> *II. Prevalência dos direitos humanos;*
> *III. Autodeterminação dos povos;*
> *IV. Não-intervenção;*
> *V. Igualdade entre os Estados;*
> *VI. Defesa da paz;*
> *VII. Solução pacífica dos conflitos;*
> *VIII. Repúdio ao terrorismo e ao racismo;*
> *IX. Cooperação entre os povos para o progresso da humanidade;*
> *X. Concessão de asilo político.*
> ***Parágrafo único.** A República Federativa do Brasil buscará a integração econômica, política, social e cultural dos povos da América Latina, visando à formação de uma comunidade latino-americana de nações.*

Esses princípios revelam características muito interessantes do Brasil, ressaltando sua soberania e independência em relação aos outros Estados do mundo.

→ **A independência nacional** destaca, no âmbito da soberania externa, a relação do país com os demais estados, uma relação de igualdade, sem estar subjugado a outro Estado.

→ **A prevalência dos direitos humanos** vai ao encontro do fundamento da dignidade da pessoa humana, característica muito importante que se revela por meio do grande rol de direitos e garantias fundamentais previstos na Constituição Federal.

→ O Brasil **defende a autodeterminação dos povos.** Por esse princípio, respeitam-se as decisões e escolhas de cada povo. Entende-se que cada povo é capaz de escolher o seu próprio caminho político e de resolver suas crises internas sem necessidade de intervenção externa de outros países. Esse princípio se completa ao da **não-intervenção** no mesmo sentido de preservação e respeito à soberania dos demais Estados.

→ Esses princípios se completam juntamente com o da **igualdade entre os Estados,** sendo que cada país é reconhecido como titular de soberania na mesma proporção que os demais, sem hierarquia entre eles.

→ Com uma ampla gama de garantias constitucionais, não poderia ficar de lado a **defesa da paz** como princípio fundamental, ao mesmo tempo que funciona como bandeira defendida pelo Brasil em suas relações internacionais. No mesmo sentido, **a solução pacífica dos conflitos** revela o lado conciliador do governo brasileiro, que por vezes intermedeia relações conturbadas entre outros chefes de estado.

→ **O repúdio ao terrorismo e ao racismo** é princípio decorrente da dignidade da pessoa humana; terrorismo e racismo são tomados como inaceitáveis em sociedades modernas.

→ O Estado Brasileiro tem-se destacado na **cooperação entre os povos para o progresso da humanidade**, envolvendo-se em pesquisas científicas para cura de doenças, bem como na defesa e preservação do meio ambiente, entre outros.

→ **A concessão de asilo político** como princípio constitucional fundamenta a decisão brasileira de amparar estrangeiros que estejam sendo perseguidos em seus países por questões políticas ou de opinião.

Destaca-se, entre os princípios que regem as relações internacionais, um mandamento para que a República Federativa do Brasil busque a integração econômica, política, social e cultural dos povos da América Latina, visando à formação de uma comunidade latino-americana de nações. Repare-se que o texto constitucional mencionou América Latina, não América do Sul. Parece não haver muita diferença, mas esse tema já foi cobrado em prova e a troca dos termos é considerada errada.

Fique Ligado

Para facilitar a memorização desses princípios também há um macete: A IN DE NÃO CON PRE I RE CO S.

Vamos Praticar

01. (FCC) Segundo a Constituição Federal, a República Federativa do Brasil é formada:

a) Pelos cidadãos dos quais emana o poder exercido por meio de representantes eleitos.

b) Pelo conjunto de cidadãos aos quais são garantidos os direitos fundamentais.

c) Pela união dos Poderes Executivo, Legislativo e Judiciário.

d) Pela integração econômica, política e social de todos os Estados.

e) Pela união indissolúvel dos Estados e Municípios e do Distrito Federal.

02. (FCC) A Constituição Federal, no capítulo reservado aos princípios fundamentais, estabelece que a República Federativa do Brasil rege-se nas suas relações internacionais, dentre outras hipóteses, pelo princípio da:

a) Não intervenção.

b) Dependência nacional condicionada.

c) Determinação dos povos quanto à dignidade da pessoa humana.

d) Solução bélica e não arbitral dos conflitos.

e) Vedação de asilo e de exílio político-partidário.

03. (FCC) No que concerne aos Princípios Fundamentais, considere:

I. A República Federativa do Brasil, formada pela união dissolúvel dos Estados e Municípios e do Distrito Federal, constitui-se em Estado Democrático de Direito.

II. Constitui objetivo fundamental da República Federativa do Brasil garantir o desenvolvimento nacional.

III. A República Federativa do Brasil rege-se, nas suas relações internacionais, além de outros, pelo princípio da concessão de asilo político.

IV. A República Federativa do Brasil buscará a integração econômica, política, social e cultural dos povos da América Latina, visando à formação de uma comunidade latino-americana de nações.

Está correto o que consta apenas em:

a) I, II e IV.

b) II, III e IV.

c) I, II e III.

d) II e III.

e) I e III.

04. (FCC) Não é considerada exceção ao princípio da separação de poderes no Estado brasileiro, entre outras, a:

a) Fiscalização contábil, financeira e orçamentária consistente no controle externo de natureza técnica ou numérico-legal exercido pelos Tribunais de Contas.

b) Permissão para que Deputados Federais e Senadores exerçam funções de Ministros de Estado.

c) Convocação de Ministros de Estado, perante o plenário das Casas do Congresso Nacional e de suas comissões.

d) Adoção pelo Presidente da República de medidas provisórias, com força de lei, em casos de relevância e urgência.

e) Autorização, na forma de resolução, de delegação de atribuições legislativas ao Presidente da República.

05. (OAB) Assinale a alternativa **incorreta**:

a) Por se apresentar como fundamento da República Federativa do Brasil, a dignidade da pessoa humana possui valor apenas simbólico, não podendo ser considerada princípio constitucional.

b) Nos termos da Constituição da República, todo o poder emana do povo, que o exerce diretamente ou por meio de representantes eleitos.

c) Embora haja menção a Deus no preâmbulo da Constituição da República, o Brasil é um Estado laico.

d) A autodeterminação dos povos e a não intervenção são princípios que regem as relações internacionais da República Federativa do Brasil.

06. (CESPE) O Brasil caracteriza-se por ser um Estado unitário, o qual possui governo único, conduzido por uma única entidade política, que exerce, de forma centralizada, o poder político.

Certo ( ) Errado ( )

07. (CESPE) De acordo com a Constituição Federal de 1988 (CF), todo o poder emana do povo, que o exerce exclusivamente por meio de representantes eleitos diretamente.

Certo ( ) Errado ( )

08. (CESPE) A livre iniciativa está entre os fundamentos da República Federativa do Brasil inseridos na CF, o que denota a opção do constituinte originário por uma economia de mercado capitalista.

Certo ( ) Errado ( )

09. (CESPE) A separação dos Poderes no Brasil adota o sistema norte-americano *checks and balances*, segundo o qual a separação das funções estatais é rígida, não se admitindo interferências ou controles recíprocos.

Certo ( ) Errado ( )

10. (CESPE) A Constituição Federal de 1988 apresenta os chamados princípios fundamentais da República Federativa do Brasil, que incluem referências a sua forma de Estado, forma de governo e regime político. Deduz-se do texto constitucional que a República Federativa do Brasil é um Estado de Direito, o que limita o próprio poder do Estado e garante os direitos fundamentais dos particulares.

Certo ( ) Errado ( )

11. (CESPE) A dignidade da pessoa humana, um dos fundamentos da República Federativa do Brasil, apresenta-se como direito de proteção individual em relação ao Estado e aos demais indivíduos e como dever fundamental de tratamento igualitário dos próprios semelhantes.

Certo ( ) Errado ( )

12. (FCC) Quanto aos Princípios Fundamentais, é correto afirmar que a República Federativa do Brasil rege-se nas suas relações internacionais, dentre outros, pelo princípio da:

a) Exclusiva proteção dos bens jurídicos.

b) Não cumulatividade.

c) Prevalência dos direitos humanos.

d) Uniformidade geográfica.

e) Reserva legal.

13. (FCC) Dentre as proposições abaixo, é **incorreto** afirmar que a República Federativa do Brasil, nas suas relações internacionais, rege-se pelo princípio da:

a) Independência nacional.

b) Vedação ao asilo político.

c) Não intervenção.

d) Prevalência dos direitos humanos.

e) Autodeterminação dos povos.

14. (FCC) Dentre as proposições abaixo, é **incorreto** afirmar que a República Federativa do Brasil tem como fundamentos, dentre outros:

a) A cidadania e o pluralismo político.

b) A soberania e a dignidade da pessoa humana.

c) O pluralismo político e a valorização social do trabalho.

d) A dignidade da pessoa humana e o valor da livre iniciativa.

e) A autonomia e a dependência nacional.

15. (FCC) Soberania, cidadania e pluralismo político, de acordo com a Constituição Federal, constituem:

a) Objetivos fundamentais da República Federativa do Brasil.

b) Direitos políticos coletivos.

c) Garantias fundamentais.

d) Fundamentos da República Federativa do Brasil.

e) Princípios que regem a República Federativa do Brasil nas suas relações internacionais.

16. (FCC) Em matéria de Princípios Constitucionais Fundamentais, considere:

I. Todo o poder emana do povo, que o exerce por meio de representantes eleitos ou diretamente, nos termos da Constituição.

II. O Brasil rege-se nas relações internacionais, dentre outros, pelos princípios da intervenção e negativa de asilo político.

III. O Brasil buscará a integração econômica, política, social e cultural dos povos da América Latina, visando à formação de uma comunidade latino-americana de nações.

IV. Constitui, dentre outros, objetivo fundamental da República Federativa do Brasil, erradicar a pobreza e a marginalização e reduzir as desigualdades sociais.

É correto apenas o que consta em:

a) I e II.

b) I, II e III.

c) I, III e IV.

d) II, III e IV.

e) II e IV.

17. (FCC) Nos termos da Constituição Federal de 1988, constitui um dos objetivos fundamentais da República Federativa do Brasil:

a) Construir uma sociedade igualitária.

b) Garantir o desenvolvimento econômico.

c) Reduzir as desigualdades sociais e regionais.

d) Promover a defesa da paz.

e) Garantir a dignidade da pessoa humana.

18. (FCC) Um dos princípios expressos na Constituição Federal de 1988 que regem as relações internacionais da República Federativa do Brasil é:

a) Zelar pela soberania.

b) Erradicação da pobreza.

c) Garantir o desenvolvimento internacional.

d) Prevalência dos direitos humanos.

e) Pluralismo político.

19. (FCC) Quanto aos Princípios Fundamentais, considere:

I. A República Federativa do Brasil, formada pela união dissolúvel dos Estados e dos Municípios, constitui-se em Estado Democrático de Direito.

II. São Poderes da União, dependentes entre si, o Legislativo, o Executivo e o Judiciário.

III. Todo o poder emana do povo, que o exerce por meio de representantes eleitos ou diretamente, nos termos da Constituição da República Federativa do Brasil.

IV. A República Federativa do Brasil rege-se nas suas relações internacionais pelo princípio da concessão de asilo político.

Está incorreto o que consta apenas em:

a) I e IV.

b) I e II.

c) III e IV.

d) II e III.

e) II e IV.

20. (FCC) Sobre os princípios fundamentais da República Federativa do Brasil, é correto afirmar que:

a) Foi acolhido, além de outros, o princípio da intervenção para os conscritos.

b) Dentre seus objetivos está o de reduzir as desigualdades regionais.

c) Um dos seus fundamentos é a vedação ao pluralismo político.

d) O Brasil rege-se nas suas relações internacionais, pela dependência nacional.

e) A política internacional brasileira veda a integração política que vise à formação de uma comunidade latino-americana de nações.

Gabarito

01	E	11	CERTO
02	A	12	C
03	B	13	B
04	A	14	E
05	A	15	D
06	ERRADO	16	C
07	ERRADO	17	C
08	CERTO	18	D
09	ERRADO	19	B
10	CERTO	20	B

Anotações

CAPÍTULO 03

Direitos Fundamentais I - Regras Gerais

Os direitos e garantias fundamentais estão entre os temas mais cobrados em prova. Além de questões envolvendo a literalidade do texto constitucional, encontramos aqui muitas discussões doutrinárias e jurisprudências que tornam essa matéria uma fonte inesgotável de questões de prova.

Procura-se nas próximas páginas apresentar as principais questões levantadas na doutrina e nos tribunais, sempre privilegiando as posições adotadas pelas bancas organizadoras de concurso público.

Inicia-se o estudo pelas Regras Gerais aplicáveis aos direitos fundamentais, tema que tem sido priorizado pelas maiores organizadoras de concursos do país.

Conceito

Os Direitos e garantias fundamentais são institutos jurídicos que foram criados no decorrer do desenvolvimento da humanidade e se constituem de normas protetivas que formam um núcleo mínimo de prerrogativas inerentes à condição humana.

Amplitude Horizontal e Vertical

Possuem como objetivo principal a proteção do indivíduo diante do poder do Estado. Mas não só do Estado. Os direitos e garantias fundamentais também constituem normas de proteção do indivíduo em relação aos outros indivíduos da sociedade.

E é exatamente nesse ponto que surgem os conceitos de **Amplitude Horizontal e Amplitude Vertical.** Amplitude vertical é o efeito protetor que as normas definidoras de direitos e garantias fundamentais produzem para um indivíduo diante do Estado. Já a amplitude horizontal é o efeito protetor que as normas definidoras de direitos e garantias fundamentais produzem para um indivíduo diante dos outros indivíduos.

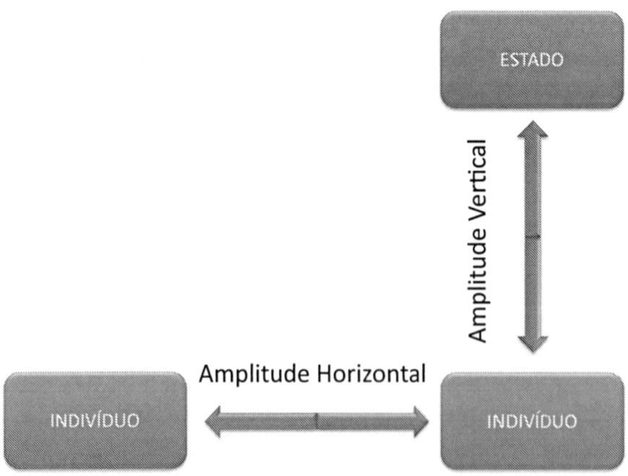

Classificação

A Constituição Federal, quando se refere aos direitos fundamentais, classifica-os em cinco grupos:

- Direitos e deveres individuais e coletivos;
- Direitos sociais;
- Direitos de nacionalidade;
- Direitos Políticos;
- Partidos Políticos.

Essa classificação encontra-se distribuída entre os Arts. 5º e 17 do texto constitucional e é normalmente chamada pela doutrina de Conceito Formal dos Direitos Fundamentais. O Conceito Formal é o que a Constituição Federal resolveu classificar como sendo Direito Fundamental. É o rol de direitos fundamentais previstos expressamente no texto constitucional.

Costuma-se perguntar nas provas: "O rol de direitos fundamentais é um rol exaustivo? Ou melhor, taxativo?" O que se quer saber é se o rol de direitos fundamentais é só aquele que está expresso na Constituição ou não.

Responde-se a essa questão com o parágrafo 2º do Art. 5º, que diz:

> ***§ 2º** - Os direitos e garantias expressos nesta Constituição não excluem outros decorrentes do regime e dos princípios por ela adotados, ou dos tratados internacionais em que a República Federativa do Brasil seja parte.*

Isso significa que o rol não é taxativo, mas exemplificativo. A doutrina costuma chamar esse parágrafo de Cláusula de Abertura Material, que é exatamente a possibilidade de existirem outros direitos fundamentais, ainda que fora do texto constitucional. Esse seria o Conceito Material dos direitos fundamentais, ou seja, todos os direitos fundamentais que possuem a essência fundamental, ainda que não estejam expressos no texto constitucional.

Características

O elemento jurídico acima abordado, além de explicar a possibilidade de se inserirem novos direitos fundamentais no rol dos que já existem expressamente na Constituição Federal, também constitui uma das características que serão abordadas a seguir:

→ **Historicidade**

Essa característica revela que os Direitos Fundamentais são frutos da evolução histórica da humanidade. Significa que eles evoluem com o passar do tempo.

→ **Inalienabilidade**

Os direitos fundamentais não podem ser alienados, não podem ser negociados, não podem ser transigidos.

→ **Irrenunciabilidade**

Os direitos fundamentais não podem ser renunciados.

→ **Imprescritibilidade**

Os direitos fundamentais não se sujeitam aos prazos prescricionais. Não se perde um direito fundamental pelo decorrer do tempo.

→ **Universalidade**

Os direitos fundamentais pertencem a todas as pessoas, independentemente da sua condição.

→ **Máxima efetividade**

Essa característica é mais uma imposição ao Estado, que está coagido a garantir a máxima efetividade dos direitos fundamentais. Esses direitos não podem ser ofertados de qualquer forma. É necessário que eles sejam garantidos da melhor forma possível.

→ **Concorrência**

Os direitos fundamentais podem ser utilizados em conjunto com outros direitos. Não é necessário abandonar um para usufruir outro direito.

→ **Complementariedade**

Um direito fundamental não pode ser interpretado sozinho. Cada direito deve ser analisado juntamente com outros direitos fundamentais, bem como com outros institutos jurídicos.

→ **Proibição do retrocesso**

Essa característica proíbe que os direitos já conquistados sejam perdidos.

→ **Limitabilidade**

Não existe direito fundamental absoluto. São direitos relativos.

→ **Não taxatividade**

Essa característica, já tratada anteriormente, diz que o rol de direitos fundamentais é apenas exemplificativo, tendo em vista a possibilidade de inserção de novos direitos.

Veja como esse tema costuma ser abordado em prova:

Exercício Comentado

01. ***(CESPE) Os direitos fundamentais, em que pese possuírem hierarquia constitucional, não são absolutos, podendo ser limitados por expressa disposição constitucional ou mediante lei promulgada com fundamento mediato na própria CF.***

CERTO. Os direitos fundamentais, apesar de serem previstos na Constituição, não gozam de caráter absoluto. É possível que a Constituição, ou mesmo uma norma primária, estabeleça restrições a esses direitos. Por exemplo: Direito à vida. Restrição constitucional: Pena de morte, Art. 5º, XLVII, da CF. Restrição legal: Legítima defesa ou estado de necessidade, Arts. 23 – 25 do Código Penal.

Dimensões dos Direitos Fundamentais

As Dimensões, também conhecidas por Gerações de direitos fundamentais, são uma classificação adotada pela doutrina que leva em conta a ordem cronológica de reconhecimento desses direitos. São cinco as dimensões atualmente reconhecidas:

> **1ª Dimensão** – foram os primeiros direitos conquistados pela humanidade. São direitos relacionados à liberdade, em todas as suas formas. Possuem um caráter negativo diante do Estado, tendo em vista ser utilizado como uma verdadeira limitação ao poder estatal, ou seja, o Estado, diante dos direitos de primeira dimensão, fica impedido de agir ou interferir na sociedade. São verdadeiros direitos de defesa com caráter individual. Estão entre estes direitos as liberdades públicas, civis e políticas.

> **2ª Dimensão** – estes direitos surgem na tentativa de reduzirem as desigualdades sociais provocadas pela primeira dimensão. Por isso, são conhecidos como direitos de igualdade. Para reduzir as diferenças sociais, o Estado precisa interferir na sociedade: essa interferência reflete a conduta positiva adotada por meio de prestações sociais. São exemplos de direitos de segunda dimensão: os direitos sociais, econômicos e culturais.

> **3ª Dimensão** – aqui estão os conhecidos direitos de fraternidade. São direitos que refletem um sentimento de solidariedade entre os povos na tentativa de preservarem os direitos de toda a coletividade. São de terceira geração o direito ao meio ambiente saudável, o direito ao progresso da humanidade, ao patrimônio comum, entre outros.

> **4ª Dimensão** – esses direitos ainda não possuem um posicionamento pacífico na doutrina, mas costuma-se dizer que nesta dimensão ocorre a chamada globalização dos direitos fundamentais. São direitos que rompem com as fronteiras entre os Estados. São direitos de todos os seres humanos, independentemente de sua condição, como o direito à democracia, ao pluralismo político. São também considerados direitos de 4ª geração os direitos mais novos, que estão em construção, como o direito genético ou espacial.

> **5ª Dimensão** – essa é a mais nova dimensão defendida por alguns doutrinadores. É formado basicamente pelo direito à paz. Esse seria o direito mais almejado pelo homem e que consubstancia a reunião de todos os outros direitos.

Deve-se ressaltar que esses direitos, à medida que foram sendo conquistados, complementavam os direitos anteriores, de forma que não se pode falar em substituição ou superação de uma geração sobre a outra, mas em cumulação, de forma que hoje podemos usufruir de todos os direitos pertencentes a todas as dimensões.

Tópico Esquematizado

Para não se esquecer das três primeiras dimensões é só lembrar-se do Lema da Revolução Francesa: liberdade, igualdade e fraternidade.

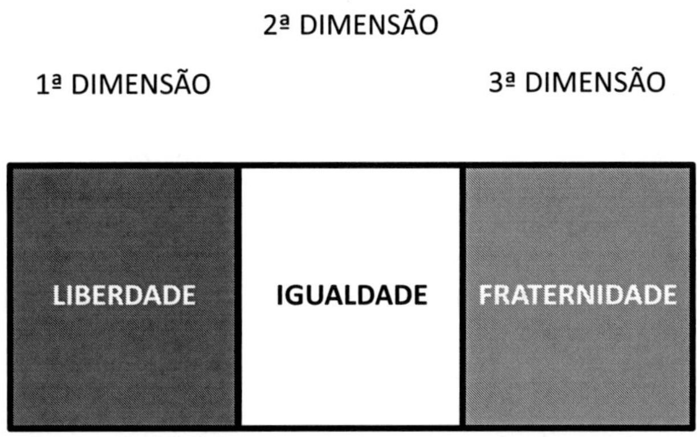

Titulares dos Direitos Fundamentais

Quem são os titulares dos direitos fundamentais?

A própria Constituição Federal responde a essa pergunta quando diz no *caput* do Art. 5º que são titulares "os brasileiros e estrangeiros residentes no país". Mas será que é necessário residir no país para que o estrangeiro tenha direitos fundamentais?

Imaginemos um avião cheio de alemães que está fazendo uma escala no Aeroporto Municipal de Cascavel-PR.

Nenhum dos alemães reside no país. Seria possível entrar no avião e matar todas aquelas pessoas, haja vista não serem titulares de direitos fundamentais por não residirem no país? É claro que não. Para melhor se compreender o termo "residente" o STF o tem interpretado de forma mais ampla no sentido de abarcar todos aqueles que estão no país. Ou seja, todos os que estão no território brasileiro, independentemente de residirem no país, são titulares de direitos fundamentais.

Mas será que, para ser titular de direitos fundamentais, é necessário ter a condição humana? Ao contrário do que parece, não é necessário. Tem-se reconhecido como titulares de direitos fundamentais as pessoas jurídicas. Ressalte-se que não só as pessoas jurídicas de direito privado, mas também as pessoas jurídicas de direito público.

Cláusulas Pétreas e os Direitos Fundamentais

O Art. 60, § 4º da Constituição Federal, traz o rol das chamadas **Cláusulas Pétreas:**

§ 4º - Não será objeto de deliberação a proposta de emenda tendente a abolir:

I. A forma federativa de Estado;

II. O voto direto, secreto, universal e periódico;

III. A separação dos Poderes;

IV. Os direitos e garantias individuais.

As Cláusulas Pétreas são núcleos temáticos formados por institutos jurídicos de grande importância, os quais não podem ser retirados da Constituição. Observe-se que o texto proíbe a abolição desses princípios, mas não impede que os mesmos sejam modificados, no caso, para melhor. Isso já foi cobrado em prova. É importante notar que o texto constitucional prevê no inciso IV como sendo Cláusulas Pétreas apenas os direitos e garantias individuais. Pela literalidade da Constituição, não são todos os direitos fundamentais que são protegidos por esse instituto, mas apenas os de caráter individual. Parte da doutrina e da jurisprudência entende que essa proteção deve ser ampliada, abrangendo os demais direitos fundamentais. Deve-se ter atenção com esse tema em prova, pois já foram cobrados os dois posicionamentos.

Eficácia dos Direitos Fundamentais

O § 1º do Art. 5º da Constituição Federal prevê que:

§ 1º - As normas definidoras dos direitos e garantias fundamentais têm aplicação imediata.

Quando a Constituição Federal se refere à aplicação de uma norma, na verdade está falando da sua eficácia.

Esse tema, sempre cobrado em provas de concurso, costuma ser o "calcanhar de Aquiles" dos concurseiros. Com o intuito de obter uma melhor compreensão, é necessário conceituar, classificar e diferenciar os vários níveis de eficácia das normas constitucionais.

Para que uma norma constitucional seja aplicada é indispensável que a mesma possua eficácia.

Fique Ligado

Mas o que é eficácia?

Eficácia é a capacidade que uma norma jurídica tem de produzir efeitos.

Se os efeitos produzidos se restringem ao âmbito normativo, tem-se a chamada **eficácia jurídica**, ao passo que, se os efeitos são concretos, reais, tem-se a chamada **eficácia social.** Eficácia jurídica, portanto, é a capacidade que uma norma constitucional tem de revogar todas as outras normas que com ela apresentem divergência. Já a eficácia social, também conhecida como efetividade, é a aplicabilidade na prática, concreta, da norma. Todas as normas constitucionais possuem eficácia jurídica, mas nem todas possuem eficácia social. Logo, é possível afirmar que todas as normas constitucionais possuem eficácia. O problema surge quando uma norma constitucional não pode ser aplicada na prática, ou seja, não possui eficácia social.

Para explicar esse fenômeno, foram desenvolvidas várias classificações acerca do grau de eficácia de uma norma constitucional. A classificação mais adotada pela doutrina e mais cobrada em prova é a adotada pelo jurista José Afonso da Silva.[1] Para esse estudioso, a eficácia social se classifica em:

> Eficácia Plena;

> Eficácia Contida;

> Eficácia Limitada.

As normas de **eficácia plena** são aquelas **autoaplicáveis.** São normas que possuem aplicabilidade direta, imediata e integral. Seus efeitos práticos são plenos. É uma norma que não depende de complementação legislativa para produzir efeitos.

» **Ex.:** Art. 1º; Art. 5º, caput e incisos XXXV e XXXVI; Art. 19; Art. 21; Art. 53; Art. 60, § 1º e 4º; Art. 69; Art. 128, § 5º, I e II; Art. 145, § 2º; entre outros.

As normas de **eficácia contida** também são **autoaplicáveis**. Assim como as normas de eficácia plena, elas possuem **aplicabilidade direta e imediata**. Contudo, sua aplicação não é integral. É neste ponto que a eficácia contida se diferencia da eficácia plena. A norma de eficácia contida nasce plena, mas pode ser restringida por outra norma.

Daí a doutrina chamá-la de norma contível, restringível ou redutível. Essas espécies permitem que outra norma reduza a sua aplicabilidade. São normas que produzem efeitos imediatos, mas esses efeitos podem ser restringidos.

» **Ex.:** Art. 5º, VII, XII, XIII, XV, XXVII, XXXIII; Art. 9º; Art. 37, I; Art. 170, Parágrafo único; entre outros.

Já as normas de **eficácia limitada** são desprovidas de eficácia social. Diz-se que as normas de eficácia limitada não são autoaplicáveis, possuem aplicabilidade indireta, mediata e reduzida ou diferida. São normas que dependem de outra para produzirem efeitos. O que as difere das normas de eficácia contida é a dependência de outra norma para que produza efeitos sociais. Enquanto as de eficácia contida produzem efeitos imediatos, os quais poderão ser restringidos posteriormente, as de eficácia limitada dependem de outra norma para produzirem efeitos. Deve-se ter cuidado para não pensar que essas espécies normativas não possuem eficácia. Como se afirmou anteriormente, elas possuem eficácia jurídica, mas não possuem eficácia social. As normas de eficácia limitada são classificadas, ainda, em:

> Normas de eficácia limitada de princípio institutivo (organizativo ou organizatório);

> Normas de eficácia limitada de princípio programático.

As normas de eficácia limitada de **princípio institutivo** são aquelas que dependem de outra norma para organizar ou instituir estruturas, entidades ou órgãos.

» **Ex.:** Art. 18, § 2º; Art. 22, Parágrafo único; Art. 25, § 3º; Art. 33; Art. 88; Art. 90, §2º; Art. 102, §1º; Art. 107, §1º; Art. 113; Art. 121; Art. 125, §3º; 128, §5º; Art. 131; entre outros.

As normas de eficácia limitada de **princípio programático** são aquelas que apresentam verdadeiros objetivos a serem perseguidos pelo Estado, programas a serem implementados. Em regra, possuem fins sociais.

» **Ex.:** Art. 7º, XI, XX, XXVII; Art. 173, §4º; Art. 196; Art. 205; Art. 215; Art. 218; Art. 227; entre outros.

1 Silva, José Afonso da. "Curso de Direito Constitucional Positivo". 27ª edição. São Paulo: Malheiros, 2005.

O Supremo Tribunal Federal (STF) possui algumas decisões que conferiram o grau de eficácia limitada aos seguintes dispositivos:

» **Ex.:** Art. 5º, LI; Art. 37, I; Art. 37, VII; Art. 40, § 4º; Art. 18, §4º.

Feitas as considerações iniciais sobre esse tema, resta saber o que o §o 1º do Art. 5º da CF quis dizer com "aplicação imediata". Para traduzir essa expressão, basta analisar a explicação apresentada acima. Segundo a doutrina, as normas que possuem aplicação imediata ou são de eficácia plena ou contida. Ao que parece, o texto constitucional quis restringir a eficácia dos direitos fundamentais em plena ou contida, não existindo, em regra, normas definidoras de direitos fundamentais com eficácia limitada. Entretanto, pelos próprios exemplos aqui apresentados, não é essa a realidade do texto constitucional. Certamente, existem normas de eficácia limitada entre os direitos fundamentais (7º, XI, XX, XXVII). A dúvida que surge então é: como responder na prova?

A doutrina e o STF têm entendido que, apesar do texto expresso na Constituição Federal, existem normas definidoras de direitos fundamentais que não possuem aplicabilidade imediata, as quais são de eficácia limitada. Diante dessa contradição, a doutrina tem orientado no sentido de se conferir a maior eficácia possível aos direitos fundamentais. Em prova, pode ser cobrada tanto uma questão abordando o texto puro da Constituição Federal quanto o posicionamento da doutrina. Deve-se responder conforme for perguntado.

A Constituição previu dois instrumentos para garantir a efetividade das normas de eficácia limitada: **Ação Direta de Inconstitucionalidade** por omissão e o **Mandado de Injunção.** Contudo, a análise desses institutos ficará para uma próxima oportunidade.

Fique Ligado

Todas as normas constitucionais possuem eficácia jurídica, mas nem todas possuem eficácia social!

Tópico Esquematizado:

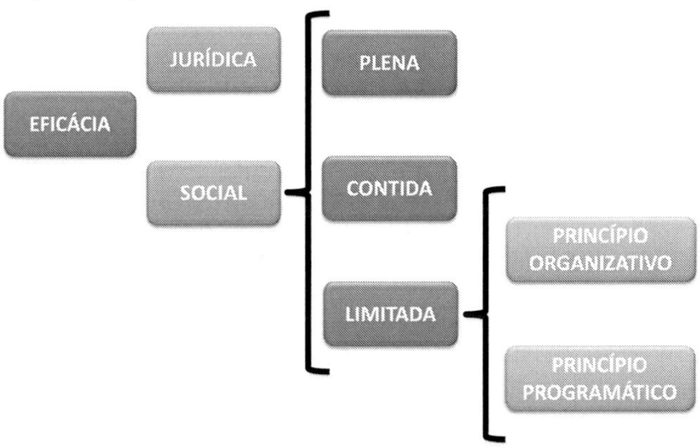

Força Normativa dos Tratados Internacionais

Uma regra muito importante para a prova é a que está prevista no § 3º do Art. 5º:

> *§3º - Os tratados e convenções internacionais sobre direitos humanos que forem aprovados, em cada Casa do Congresso Nacional, em dois turnos, por três quintos dos votos dos respectivos membros, serão equivalentes às emendas constitucionais.*

Esse dispositivo constitucional apresenta a chamada Força Normativa dos Tratados Internacionais.

Segundo o texto constitucional, é possível que um tratado internacional possua força normativa de emenda constitucional, desde que preencha os seguintes requisitos:

- tem que falar de direitos humanos;
- tem que ser aprovado nas duas casas legislativas do Congresso Nacional, ou seja, na Câmara dos Deputados e no Senado Federal;
- tem que ser aprovado em dois turnos em cada casa;
- tem que ser aprovado por 3/5 dos membros em cada turno de votação, em cada casa.

Preenchidos esses requisitos, o Tratado Internacional terá força normativa de **Emenda à Constituição.**

Mas surge a seguinte questão: e se o Tratado Internacional for de Direitos Humanos e não preencher os requisitos constitucionais previstos no § 3º do Art. 5º da Constituição? Qual será sua força normativa? Segundo o STF, caso o Tratado Internacional fale de direitos humanos, mas não preencha os requisitos do § 3º do Art. 5º da CF, ele terá força normativa de **Norma Supralegal.**

Ainda há os tratados internacionais que não falam de direitos humanos. São tratados que falam de outros temas, por exemplo, o comércio. Esses tratados possuem força normativa de **Lei Ordinária.**

Fique Ligado

Para o tratado ser equivalente à emenda constitucional, tem que ser aprovado nas 2 casas do Congresso Nacional, em 2 turnos, pelo voto de 3/5 dos membros.

Em suma, são três as forças normativas dos Tratados Internacionais:

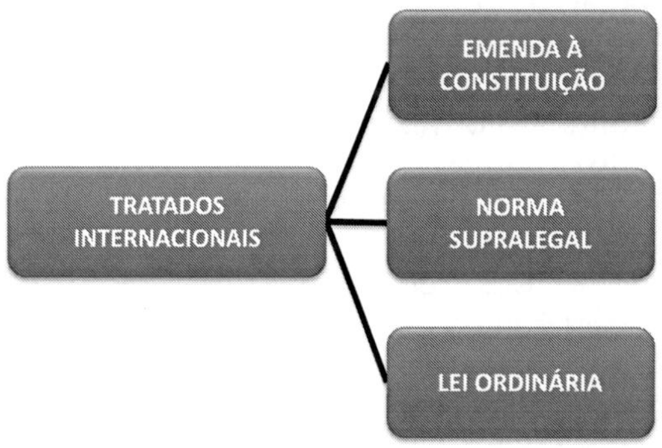

Tribunal Penal Internacional - TPI

Há outra regra muito interessante prevista no § 4º do Art. 5º da Constituição:

> *§ 4º O Brasil se submete à jurisdição de Tribunal Penal Internacional a cuja criação tenha manifestado adesão.*

É o chamado **Tribunal Penal Internacional**. Mas o que é o Tribunal Penal Internacional? É uma corte permanente, localizada em Haia, na Holanda, com competência de julgamento dos crimes contra a humanidade.

É um Tribunal, pois tem função jurisdicional; é Penal porque só julga crimes; é Internacional, haja vista sua competência não estar restrita à fronteira de um só Estado.

Mas uma coisa deve ser esclarecida. O TPI não julga qualquer tipo de crime. Só os crimes que tenham repercussão para toda a humanidade. Geralmente, são crimes de guerra, agressão estrangeira, genocídio, dentre outros.

Apesar de ser um tribunal com atribuições jurisdicionais, o TPI não faz parte do Poder Judiciário brasileiro. Sua competência é Complementar à jurisdição nacional, não ofendendo, portanto, a soberania do Estado brasileiro. Isso significa que o TPI só age quando a Justiça Brasileira se omite ou é ineficaz.

Direitos X Garantias

Muitos questionam se direitos e garantias são a mesma coisa, mas a melhor doutrina tem diferenciado esses dois institutos.

Os direitos são os próprios direitos previstos na Constituição Federal. São os bens jurídicos tutelados pela Constituição. Eles representam por si só esses bens.

As garantias são instrumentos de proteção dos direitos. São ferramentas disponibilizadas pela Constituição para a fruição dos direitos.

Apesar da diferença entre os dois institutos é possível afirmar que **toda garantia é um direito.**

Vamos Praticar

01. (FCC) São direitos fundamentais classificados como de segunda geração:

a) Os direitos econômicos e culturais.
b) Os direitos de solidariedade e os direitos difusos.
c) As liberdades públicas.
d) Os direitos e garantias individuais clássicos.
e) O direito do consumidor e o direito ao meio ambiente equilibrado.

02. (FCC) Em conformidade com o art. 113 da Constituição Federal: A lei disporá sobre a constituição, investidura, jurisdição, competência, garantias e condições de exercício dos órgãos da Justiça do Trabalho. A presente hipótese trata de uma norma constitucional de eficácia

a) Limitada, definidora de princípio institutivo ou organizativo.
b) Limitada, definidora de princípios programáticos.
c) Plena, mas de natureza facultativa ou permissiva.
d) Contida, em razão de restrições impostas por outras normas constitucionais.
e) Plena, mas de natureza obrigatória, de programas ou diretrizes.

03. (FCC). Nos termos da Constituição Federal, serão equivalentes às emendas constitucionais, os tratados e convenções internacionais sobre direitos humanos que forem aprovados,

a) Pelo Senado Federal, em único turno, por três quartos dos votos dos respectivos membros.
b) Pelo Congresso Nacional, em dois turnos, por dois terços dos votos dos respectivos membros.
c) Em cada Casa do Congresso Nacional, em dois turnos, por três quintos dos votos dos respectivos membros.
d) Pela Câmara dos Deputados, em único turno, por dois terços dos votos dos presentes à sessão.
e) Pelo Congresso Nacional, em único turno, por maioria absoluta dos presentes à sessão.

04. (FCC) A inviolabilidade do direito à vida, à liberdade, à igualdade, à segurança e à propriedade são garantias previstas na Constituição Federal:

a) Aos brasileiros, não estendidas às pessoas jurídicas.
b) Aos brasileiros natos, apenas.
c) Aos brasileiros natos e aos estrangeiros com residência fixa no País.
d) Aos brasileiros, natos ou naturalizados.
e) Aos brasileiros e aos estrangeiros residentes no País.

05. (CESGRANRIO) Juan, cidadão argentino residente no Brasil, dirigiu-se ao Banco Central a fim de encaminhar uma petição dirigida a determinada autoridade, reclamando sobre a conduta abusiva de um funcionário. Nesse caso, a Constituição:

a) Condiciona o exercício deste direito ao pagamento de taxa correspondente ao serviço.
b) Permite a Juan exercer tal direito.
c) Assegura esse direito apenas aos brasileiros (natos ou naturalizados).
d) Assegura esse direito apenas aos brasileiros no gozo dos direitos políticos.
e) Não assegura tal direito.

06. (CESPE) O Brasil se submeterá à jurisdição de Tribunal Penal Internacional a cuja criação manifestar adesão.

Certo ( ) Errado ( )

07. (CESPE) Os direitos e garantias fundamentais estão previstos de forma taxativa na CF.

Certo ( ) Errado ( )

08. (CESPE) As normas constitucionais de eficácia contida ou relativa restringível têm aplicabilidade plena e imediata, mas podem ter eficácia reduzida ou restringida nos casos e na forma que a lei estabelecer.

Certo ( ) Errado ( )

09. (CESPE) Os direitos fundamentais, em que pese possuírem hierarquia constitucional, não são absolutos, podendo ser limitados por expressa disposição constitucional ou mediante lei promulgada com fundamento mediato na própria CF.

Certo ( ) Errado ( )

10. (CESPE) As pessoas jurídicas são beneficiárias dos direitos e garantias individuais, desde que tais direitos sejam compatíveis com sua natureza.

Certo ( ) Errado ( )

11. (CESPE) As normas de eficácia contida permanecem inaplicáveis enquanto não advier normatividade para viabilizar o exercício do direito ou benefício que consagram; por isso, são normas de aplicação indireta, mediata ou diferida.

Certo ( ) Errado ( )

12. (CESPE) Embora se saliente, nas garantias fundamentais, o caráter instrumental de proteção a direitos, tais garantias também são direitos, pois se revelam na faculdade dos cidadãos de exigir dos poderes públicos a proteção de outros direitos, ou no reconhecimento dos meios processuais adequados a essa finalidade.

Certo ( ) Errado ( )

13. (ESAF) Os tratados e convenções internacionais sobre direitos fundamentais que forem aprovados, no Congresso Nacional, serão equivalentes às emendas constitucionais.

Certo ( ) Errado ( )

14. (ESAF) A Constituição enumera exaustivamente os direitos e garantias dos indivíduos, sendo inconstitucional o tratado que institua outros, não previstos pelo constituinte.

Certo ( ) Errado ( )

15. (ESAF) Os direitos e garantias individuais consagrados na Constituição Federal, como regra, somente geram direitos subjetivos aos indivíduos depois de regulados pelo legislador ordinário.

Certo ( ) Errado ( )

16. (ESAF) Sobre os direitos fundamentais, é correto dizer:

a) Somente os brasileiros e os estrangeiros residentes no Brasil são reconhecidos como titulares de direitos fundamentais entre nós.

b) Pessoas jurídicas podem ser titulares de direitos fundamentais.

c) Menores de 18 anos não podem ser titulares de direitos fundamentais.

d) Servidores públicos não podem alegar direitos fundamentais contra a Administração para a qual prestam serviço.

e) Somente por emenda à Constituição podem ser abolidos direitos e garantias individuais previstos na Carta da República.

17. (ESAF) Os direitos fundamentais assegurados pela Constituição vinculam diretamente não apenas os poderes públicos, estando direcionados também à proteção dos particulares em face dos poderes privados.

Certo ( ) Errado ( )

18. (CESPE) Sendo os direitos fundamentais válidos tanto para as pessoas físicas quanto para as jurídicas, não há, na Constituição Federal de 1988 (CF), exemplo de garantia desses direitos que se destine exclusivamente às pessoas físicas.

Certo ( ) Errado ( )

19. (CESPE) Segundo a tradicional classificação quanto ao grau de aplicabilidade das normas constitucionais, normas de eficácia limitada são aquelas que, de imediato, no momento em que a Constituição é promulgada, não têm o condão de produzir todos os seus efeitos, sendo necessária a edição de uma lei integrativa infraconstitucional. São, portanto, de aplicabilidade mediata e reduzida, também chamada de aplicabilidade indireta ou diferida.

Certo ( ) Errado ( )

20. (CESPE) A norma constitucional que proclama e assegura a liberdade de profissão, ao dispor ser "livre o exercício de qualquer trabalho, ofício ou profissão, atendidas as qualificações profissionais que a lei estabelecer", classifica-se como norma constitucional de eficácia contida ou restringível.

Certo ( ) Errado ( )

Gabarito

01	A	11	ERRADO
02	A	12	CERTO
03	C	13	ERRADO
04	E	14	ERRADO
05	B	15	ERRADO
06	CERTO	16	B
07	ERRADO	17	CERTO
08	CERTO	18	ERRADO
09	CERTO	19	CERTO
10	CERTO	20	CERTO

Anotações

CAPÍTULO 04

Direitos Fundamentais II - Direitos e Deveres Individuais e Coletivos

A Constituição Federal, ao disciplinar os direitos individuais, os coloca basicamente no Art. 5º. Logo no *caput* desse Art., já aparece uma classificação didática dos direitos ali previstos:

> ***Art. 5º*** *Todos são iguais perante a lei, sem distinção de qualquer natureza, garantindo-se aos brasileiros e aos estrangeiros residentes no País a inviolabilidade do direito à vida, à liberdade, à igualdade, à segurança e à propriedade, nos termos seguintes:*

Para estudarmos os direitos individuais, utilizaremos os cinco grupos de direitos previstos no *caput* do Art. 5º:

→ Direito à vida;

→ Direito à igualdade;

→ Direito à liberdade;

→ Direito à propriedade;

→ Direito à segurança.

Percebe-se que os 78 incisos do Art. 5º, de certa forma, decorrem de um desses direitos que podem ser chamados de **"direitos raízes"**. Utilizando essa divisão, que parece didática, a seguir serão abordados os incisos mais importantes desse Art., tendo em vista a preparação para a prova. Logicamente, não conseguiremos abordar todos os incisos, o que não tira a responsabilidade de lê-los.

Direito à Vida

Ao falar desse direito, que é considerado pela doutrina como o **direito mais fundamental de todos**, por ser um pressuposto para o exercício dos demais direitos, enfrenta-se um primeiro desafio: esse direito é absoluto?

Assim como os demais direitos, o direito à vida não é absoluto. São várias as justificativas existentes para considerá-lo um direito passível de flexibilização:

Pena de Morte

Uma pergunta que não quer calar e que já apareceu em prova: existe pena de morte no Brasil?

A sua resposta tem que ser "SIM". A alínea "a" do inciso XLVII do Art. 5º traz essa previsão expressamente:

> ***XLVII.*** *não haverá penas:*
>
> ***a)*** *de morte, salvo em caso de guerra declarada, nos termos do art. 84, XIX;*

Todas as vezes que a Constituição traz uma negação acompanhada de uma exceção, estamos diante de uma possibilidade, e isso é uma maravilhosa oportunidade de questão de prova.

Aborto

A prática de aborto no Brasil é permitida? O Art. 128 do Código Penal Brasileiro apresenta duas possibilidades de prática de aborto que são verdadeiras excludentes de ilicitude:

> **Art. 128** - *Não se pune o aborto praticado por médico:*
>
> ***Aborto necessário***
>
> *I. Se não há outro meio de salvar a vida da gestante;*
>
> ***Aborto sentimental***
>
> *II. Se a gravidez resulta de estupro e o aborto é precedido de consentimento da gestante ou, quando incapaz, de seu representante legal.*

São os **abortos necessário** e **sentimental**. Aborto necessário é aquele praticado para salvar a vida da gestante e o aborto sentimental é utilizado nos casos de estupro. Essas duas exceções à prática do crime de aborto são hipóteses em que se permite a sua prática no direito brasileiro. Além dessas duas hipóteses previstas expressamente na legislação brasileira, o STF também reconhece a possibilidade da prática de aborto do feto anencéfalo (feto sem cérebro)[1]. Mais uma vez, o direito à vida encontra-se flexibilizado.

Legítima Defesa e Estado de Necessidade

Esses dois institutos, também excludentes de ilicitude do crime, são outras possibilidades de limitação do direito a vida, conforme disposto no Art. 23 do Código Penal Brasileiro:

> **Art. 23** - *Não há crime quando o agente pratica o fato:*
>
> *I. Em estado de necessidade;*
>
> *II. Em legítima defesa;*

Em linhas gerais e de forma exemplificativa, o estado de necessidade permite que, diante de uma situação de perigo, uma pessoa possa, para salvar uma vida, tirar a vida de outra pessoa. Na legítima defesa, caso sua vida seja ameaçada por alguém, existe legitimidade em retirar a vida de quem o ameaçou.

Fique Ligado

O direito à vida não é um direito absoluto.

Outro ponto que deve ser ressaltado é que o direito à vida não está adstrito apenas ao fato de se estar vivo. Quando a constituição protege o direito à vida, a faz em suas diversas acepções. Existem dispositivos constitucionais que protegem o direito à vida no que tange a sua preservação da integridade física e moral (Art. 5º III, V, XLVII, XLIX; Art. 199, §4º. A Constituição também protege o direito à vida no que tange à garantia de uma vida com qualidade (Arts. 6º; 7º, IV; 196; 205; 215).

Direito à Igualdade

Igualdade Formal X Igualdade Material

Possui como sinônimo o termo Isonomia. A doutrina classifica esse direito em:

→ **Igualdade formal**

Traduz-se no termo "todos são iguais perante a lei, sem distinção de qualquer natureza". É o previsto no *caput* do Art. 5º. É uma igualdade jurídica, que não se preocupa com a realidade, mas apenas evita que alguém seja tratado de forma discriminatória.

1 O Tribunal, por maioria e nos termos do voto do Relator, julgou procedente a ação para declarar a inconstitucionalidade da interpretação segundo a qual a interrupção da gravidez de feto anencéfalo é conduta tipificada nos Arts. 124, 126, 128, incisos I e II, todos do Código Penal, contra os votos dos Senhores Ministros Gilmar Mendes e Celso de Mello que, julgando-a procedente, acrescentavam condições de diagnóstico de anencefalia especificadas pelo Ministro Celso de Mello; e contra os votos dos Senhores Ministros Ricardo Lewandowski e Cezar Peluso (Presidente), que a julgavam improcedente. Impedido o Senhor Ministro Dias Toffoli. Plenário, 12.04.2012. ADPF 54 – Relator Min. Marco Aurélio.

→ **Igualdade material**

Também chamada de igualdade efetiva ou substancial. É a igualdade que se preocupa com a realidade. Traduz-se na seguinte expressão: "tratar os iguais com igualdade e os desiguais com desigualdade, na medida das suas desigualdades". Esse tipo de igualdade confere um tratamento com justiça para aqueles que não a possuem.

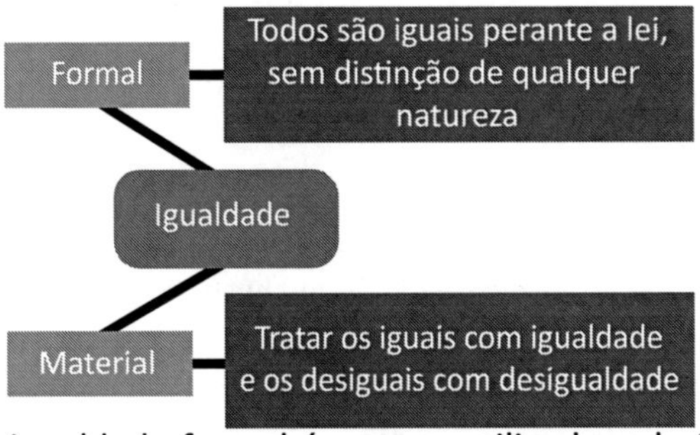

A igualdade formal é a regra utilizada pelo Estado para conferir um tratamento isonômico entre as pessoas. Contudo, por diversas vezes, um tratamento igualitário não consegue atender a todas as necessidades práticas. Faz-se necessária a utilização da igualdade em seu aspecto material para que se consiga produzir um verdadeiro tratamento isonômico.

Imaginemos as relações entre homens e mulheres. A regra é que homem e mulher são tratados da mesma forma conforme previsto no inciso I do Art. 5º:

> *I. Homens e mulheres são iguais em direitos e obrigações, nos termos desta Constituição;*

Contudo, em diversas situações, homens e mulheres serão tratados de forma diferente:

→ **Licença maternidade**

120 dias. Para o homem, apenas 5 dias de licença paternidade;

→ **Aposentadoria**

A mulher se aposenta 5 anos mais cedo que o homem;

→ **Serviço Militar Obrigatório**

Só o homem está obrigado.

Essas são algumas das situações em que são permitidos tratamentos desiguais entre as pessoas. As razões que justificam essa discriminação são as diferenças efetivas que existem entre os homens e as mulheres em cada uma das hipóteses. Exemplificando, a mulher tem mais tempo para se recuperar em razão da nítida distinção do desgaste feminino para o masculino no que tange ao parto. É indiscutível que, por mais desgastante que seja o nascimento de um filho para o pai, nada se compara ao sofrimento suportado pela mãe. Por essa razão, a licença maternidade é maior que a licença paternidade.

Igualdade nos Concursos Públicos

Tema muito interessante diz respeito à igualdade nos concursos públicos. Seria possível restringir o acesso a um cargo público em razão do sexo de uma pessoa? Ou por causa de sua altura? Ou ainda, pela idade que possui?

Essas questões encontram a mesma resposta: sim! É possível, desde que os critérios discriminatórios preencham alguns requisitos:

→ **Deve ser fixado em lei.**

Não basta que os critérios estejam previstos no edital, precisam estar previstos em lei, no seu sentido formal.

→ **Deve ser necessário ao exercício do cargo.**

O critério discriminatório deve ser necessário ao exercício do cargo. A título de exemplo: seria razoável exigir para um cargo de policial militar, altura mínima ou mesmo, idade máxima, que representam vigor físico, tendo em vista a natureza do cargo que exige tal condição. As mesmas condições não poderiam ser exigidas para um cargo de técnico judiciário, por não serem necessárias ao exercício do cargo.

Em suma, podem ser exigidos critérios discriminatórios desde que previstos em lei e que sejam necessários ao exercício do cargo, observados os critérios de proporcionalidade e razoabilidade.

Esse tema sempre tem sido alvo de questões em prova, principalmente sob o aspecto jurisprudencial. Veja-se este exemplo de questão:

Exercício Comentado

01. ***(CESPE) Em razão do caráter absoluto do princípio da isonomia, não se admite o estabelecimento de proibições relativas ao acesso em determinadas carreiras por critério de idade.***

ERRADO. Não existe direito fundamental absoluto, logo, a primeira afirmação de que o princípio da isonomia tem caráter absoluto está errada.

Como consequência da primeira afirmação, também está errada a segunda afirmação, haja vista ser possível o estabelecimento de proibições relativas ao acesso em determinadas carreiras por critério de idade desde que esteja prevista na lei do cargo e seja necessária a restrição. Posição do STF.

Ações Afirmativas

Como formas de concretização da igualdade material foram desenvolvidas políticas públicas de compensação dirigidas às minorias sociais chamadas de **Ações Afirmativas ou Discriminações Positivas**. São verdadeiras ações de cunho social que visam a compensar possíveis perdas que determinados grupos sociais tiveram ao longo da história de suas vidas. Quem nunca ouviu falar nas "quotas para os pobres nas Universidades" ou ainda, "reserva de vagas para deficientes em concursos públicos"? Essas são algumas das espécies de ações afirmativas desenvolvidas no Brasil.

Mas por que reservar vagas para pessoas com deficiência em concursos públicos? O deficiente, qualquer que seja sua deficiência, quando se prepara para um concurso público possui muito mais dificuldade que uma pessoa que tem a plenitude de seu vigor físico. Em razão dessa diferença, o Estado, na tentativa de reduzir a desigualdade existente entre os concorrentes, resolveu compensar a limitação de um portador de necessidades especiais reservando-lhe vagas especiais.

Perceba que, ao contrário do que parece, quando se reservam vagas num concurso público para deficientes estamos diante de um nítido tratamento discriminatório, que nesse caso é justificável pelas diferenças naturais entre o concorrente sadio e o concorrente deficiente. Lembre-se de que igualdade material é tratar iguais com igualdade e desiguais com desigualdade. O que se faz por meio dessas políticas de compensação é tratar os desiguais com desigualdade, na medida de suas desigualdades. Só dessa forma é possível alcançar um verdadeiro tratamento isonômico entre os candidatos.

Por fim, destaque-se o fato de o STF ter declarado constitucional a política de cotas étnico-raciais para seleção de estudantes em universidades públicas pacificando uma discussão antiga sobre esse tipo de ação afirmativa.

Direito à Liberdade

O direito à liberdade pertence à primeira geração de direitos fundamentais por expressarem os direitos mais ansiados pelos indivíduos como forma de defesa diante do Estado. O que se verá a seguir são algumas das acepções desse direito que podem ser cobradas em prova.

Liberdade de Ação

O inciso II do Art. 5º apresenta aquilo que a doutrina chama de liberdade de ação:

> ***II.*** *Ninguém será obrigado a fazer ou deixar de fazer alguma coisa senão em virtude de lei;*

Essa é a liberdade por excelência. Segundo o texto constitucional a liberdade só pode ser restringida por lei. Por isso, dizemos que esse inciso também apresenta o **Princípio da Legalidade.**

A liberdade pode ser entendida de duas formas, a depender do destinatário da mensagem:

→ **Para o particular**

Para o particular, liberdade significa "fazer tudo que não for proibido".

→ **Para o agente público**

Para o agente público liberdade, significa "poder fazer tudo o que for determinado ou permitido pela lei".

Liberdade de Locomoção

Uma das liberdades mais almejadas pelos indivíduos durante as lutas sociais é o grande carro chefe na limitação dos poderes do Estado. O inciso XV do Art. 5º já diz:

> ***XV.*** *é livre a locomoção no território nacional em tempo de paz, podendo qualquer pessoa, nos termos da lei, nele entrar, permanecer ou dele sair com seus bens;*

Perceba-se que o direito explanado nesse inciso não possui caráter absoluto, haja vista ter sido garantido em tempo de paz. Isso significa que em momentos sem paz seriam possíveis restrições às liberdades de locomoção. Destaca-se o Estado de Sítio que pode ser decretado nos casos previstos no Art. 137 da Constituição Federal. Nessas circunstâncias, seriam possíveis maiores restrições à chamada liberdade de locomoção por meio de medidas autorizadas pela própria Constituição Federal:

> ***Art. 137.*** *O Presidente da República pode, ouvidos o Conselho da República e o Conselho de Defesa Nacional, solicitar ao Congresso Nacional autorização para decretar o estado de sítio nos casos de:*
>
> ***I.*** *comoção grave de repercussão nacional ou ocorrência de fatos que comprovem a ineficácia de medida tomada durante o estado de defesa;*
>
> ***II.*** *declaração de estado de guerra ou resposta a agressão armada estrangeira.*
>
> **Art. 139.** *Na vigência do estado de sítio decretado com fundamento no art. 137, I, só poderão ser tomadas contra as pessoas as seguintes medidas:*
>
> ***I.*** *obrigação de permanência em localidade determinada;*
>
> ***II.*** *detenção em edifício não destinado a acusados ou condenados por crimes comuns;*

Outro ponto interessante refere-se à possibilidade de qualquer pessoa entrar, permanecer ou sair do país com seus bens. Esse direito também não pode ser encarado de forma absoluta, haja vista a possibilidade de se exigir declaração de bens ou pagamento de imposto quando da entrada no país com bens. Nesse caso, liberdade de locomoção não se confunde com imunidade tributária.

Caso a liberdade de locomoção seja restringida por ilegalidade ou abuso de poder, a Constituição reservou um poderoso instrumento garantidor, o chamado ***Habeas Corpus.***

> **Art. 5º, *LXVIII*** - *conceder-se-á "habeas-corpus" sempre que alguém sofrer ou se achar ameaçado de sofrer violência ou coação em sua liberdade de locomoção, por ilegalidade ou abuso de poder;*

Liberdade de Pensamento

Essa liberdade serve de amparo para uma série de possibilidades no que tange ao pensamento. Assim como os demais direitos fundamentais, a manifestação do pensamento não possui caráter absoluto, sendo restringido pela própria Constituição Federal, que proíbe seu exercício de forma anônima:

> **Art. 5º, *IV*** - *é livre a manifestação do pensamento, sendo vedado o anonimato;*

A vedação ao anonimato, além de ser uma garantia ao exercício da manifestação do pensamento, possibilita o exercício do direito de resposta caso alguém seja ofendido.

Questão interessante diz respeito à utilização da chamada Denúncia Anônima. Diante da vedação constitucional ao anonimato, poder-se-ia imaginar que essa ferramenta de combate ao crime fosse considerada inconstitucional. Contudo, não tem sido esse o entendimento do STF. A denúncia anônima pode até ser utilizada como ferramenta de comunicação do crime, mas não pode servir como amparo para a instauração do Inquérito Policial, muito menos como fundamento para condenação de quem quer que seja.

Fique Ligado

Deve-se ter cuidado com os incisos em que aparece o termo "vedado". As bancas adoram substituí-lo pelo termo "permitido".

Liberdade de Consciência e Crença Religiosa

Uma primeira pergunta deve ser feita acerca da liberdade religiosa em nosso país: qual a religião oficial do Brasil? A única resposta possível: é nenhuma. A liberdade religiosa do Estado brasileiro é incompatível com a existência de uma religião oficial. É o que apresenta o inciso VI do Art. 5º:

> ***VI.*** *é inviolável a liberdade de consciência e de crença, sendo assegurado o livre exercício dos cultos religiosos e garantida, na forma da lei, a proteção aos locais de culto e a suas liturgias;*

Esse inciso marca a liberdade religiosa existente no Brasil. Por esse motivo, dizemos que o Brasil é um Estado laico, leigo ou não confessional. Isso significa, basicamente, que no Brasil existe uma relação de separação entre Estado e Igreja. Essa relação entre o Estado e a Igreja encontra, inclusive, vedação expressa no texto constitucional:

Art. 19. *É vedado à União, aos Estados, ao Distrito Federal e aos Municípios:*

I. estabelecer cultos religiosos ou igrejas, subvencioná-los, embaraçar-lhes o funcionamento ou manter com eles ou seus representantes relações de dependência ou aliança, ressalvada, na forma da lei, a colaboração de interesse público;

Por causa da liberdade religiosa, é possível exercer qualquer tipo de crença no país. É possível ser católico, protestante, mulçumano, ateu ou satanista. Isso é liberdade de crença ou consciência. Liberdade de crer ou não crer. Perceba que o inciso IV, além de proteger as crenças e cultos, também protege as suas liturgias. Apesar do amparo constitucional, não se pode utilizar esse direito para praticar atos contrários às demais normas do direito brasileiro como, por exemplo, sacrificar seres humanos como forma de prestar culto a determinada divindade. Isso a liberdade religiosa não ampara.

Outro dispositivo interessante é o previsto no inciso VII:

VII. É assegurada, nos termos da lei, a prestação de assistência religiosa nas entidades civis e militares de internação coletiva;

Aqui a Constituição Federal garantiu a assistência religiosa nas entidades de internação coletivas, sejam elas civis ou militares. Entidades de internação coletivas são quartéis, hospitais ou hospícios. Em razão dessa garantia constitucional, é comum encontrarmos nesses estabelecimentos capelas para que o direito seja exercido.

Apesar da importância dos dispositivos analisados anteriormente, nenhum é mais cobrado em prova que o inciso VIII:

VIII. Ninguém será privado de direitos por motivo de crença religiosa ou de convicção filosófica ou política, salvo se as invocar para eximir-se de obrigação legal a todos imposta e recusar-se a cumprir prestação alternativa, fixada em lei;

Estamos diante do instituto da ***Escusa de Consciência.*** Esse direito permite a qualquer pessoa que, em razão de sua crença ou consciência, deixe de cumprir uma obrigação imposta sem que com isso sofra alguma consequência em seus direitos. Tal permissivo constitucional encontra uma limitação prevista expressamente no texto em análise. No caso de uma obrigação imposta a todos, se o indivíduo recusar-se ao seu cumprimento, ser-lhe-á oferecida uma prestação alternativa. Não a cumprindo também, a Constituição permite que direitos sejam restringidos. O Art. 15 prescreve que os direitos restringidos serão os direitos políticos:

Art. 15. *É vedada a cassação de direitos políticos, cuja perda ou suspensão só se dará nos casos de:*

IV. recusa de cumprir obrigação a todos imposta ou prestação alternativa, nos termos do art. 5º, VIII;

Liberdade de Reunião

Acerca dessa liberdade, é importante ressaltar as condições estabelecidas pelo texto constitucional:

XVI. todos podem reunir-se pacificamente, sem armas, em locais abertos ao público, independentemente de autorização, desde que não frustrem outra reunião anteriormente convocada para o mesmo local, sendo apenas exigido prévio aviso à autoridade competente;

Enumerando-as, de forma a facilitar o estudo, tem-se que as condições estabelecidas para o exercício do direito à reunião são:

01. Reunião pacífica

Não se legitima uma reunião que tenha fins não-pacíficos;

02. Sem armas

Para evitar a violência ou coação por meio de armas;

03. Locais abertos ao público

Encontra-se subentendida a reunião em local fechado;

04. Independente de autorização

Não precisa de autorização;

05. Necessidade de prévio aviso

Precisa de prévio aviso;

06. Não frustrar outra reunião convocada anteriormente para o mesmo local

Garantia de isonomia no exercício do direito prevalecendo o de quem exerceu primeiro.

Fique Ligado

Deve-se tomar muito cuidado com esse tema em prova. As bancas gostam de omitir requisitos ou mesmo confundir os candidatos com a questão da Autorização e do Prévio Aviso.

Fique Ligado

O exercício da liberdade de reunião não depende de autorização, mas necessita de prévio aviso.

Outro ponto que já foi alvo de questão de prova é a possibilidade de restrição desse direito no Estado de Sítio e no Estado de Defesa. O problema está na distinção entre as limitações que podem ser adotadas em cada uma das medidas:

Art. 136, *§ 1º - O decreto que instituir o estado de defesa determinará o tempo de sua duração, especificará as áreas a serem abrangidas e indicará, nos termos e limites da lei, as medidas coercitivas a vigorarem, dentre as seguintes:*

I. Restrições aos direitos de:

a) reunião, ainda que exercida no seio das associações;

Art. 139. *Na vigência do estado de sítio decretado com fundamento no art. 137, I, só poderão ser tomadas contra as pessoas as seguintes medidas:*

IV. Suspensão da liberdade de reunião;

Ao passo que no Estado de Defesa ocorrerão restrições ao direito de reunião, no Estado de Sítio ocorrerá a suspensão desse direito.

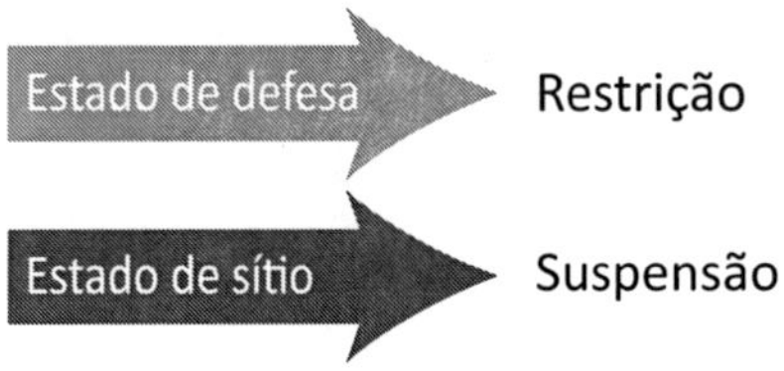

Liberdade de Associação

São vários os dispositivos constitucionais que regulam a liberdade de associação:

XVII. *É plena a liberdade de associação para fins lícitos, vedada a de caráter paramilitar;*

XVIII. *A criação de associações e, na forma da lei, a de cooperativas independem de autorização, sendo vedada a interferência estatal em seu funcionamento;*

XIX. *As associações só poderão ser compulsoriamente dissolvidas ou ter suas atividades suspensas por decisão judicial, exigindo-se, no primeiro caso, o trânsito em julgado;*

XX. *Ninguém poderá ser compelido a associar-se ou a permanecer associado;*

XXI. *As entidades associativas, quando expressamente autorizadas, têm legitimidade para representar seus filiados judicial ou extrajudicialmente;*

O primeiro ponto que dever ser lembrado é que a liberdade de associação só poderá ser usufruída para fins lícitos sendo proibida a criação de associação paramilitar.

Entende-se como associação de caráter paramilitar toda organização paralela ao Estado, sem legitimidade, com estrutura e organização tipicamente militar. São as facções criminosas, milícias ou qualquer outra organização que possua fins ilícitos e alheios aos do Estado.

Destaca-se, com a mesma importância para sua prova, a dispensa de autorização e interferência estatal no funcionamento e criação das associações.

Maior destaque deve ser dado ao inciso XIX, que condiciona qualquer limitação às atividades associativas a uma decisão judicial. As associações podem ter suas atividades suspensas ou dissolvidas. Em qualquer um dos casos deve haver decisão judicial. No caso da dissolução, por ser uma medida mais grave, não basta qualquer decisão judicial, tem que ser transitada em julgado. Isso significa uma decisão definitiva, à qual não caiba mais recurso.

O inciso XX tutela a chamada Liberdade Associativa, pela qual ninguém será obrigado a se associar ou mesmo a permanecer associado a qualquer entidade associativa.

Por fim, temos o inciso XXI, que permite às associações que representem seus associados tanto na esfera judicial quanto na administrativa desde que possuam expressa autorização. Expressa autorização significa por escrito, por meio de instrumento legal que comprove a autorização.

Fique Ligado

Para suspender as atividades de uma associação basta qualquer decisão judicial, mas para dissolver tem que haver decisão judicial transitada em julgado.

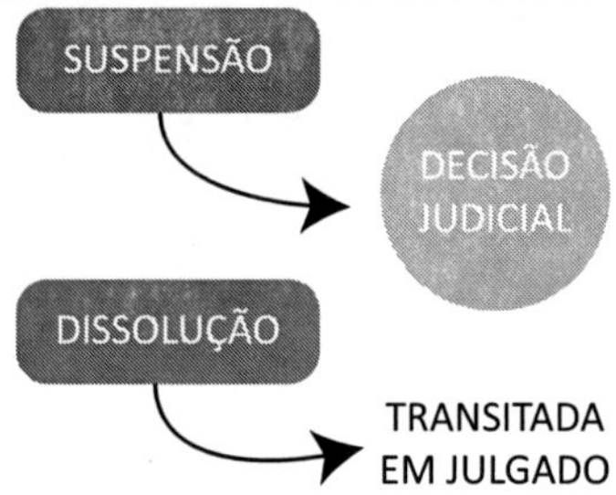

Vamos Praticar

01. (FCC) No tocante aos Direitos e Deveres Individuais e Coletivos, é correto afirmar que:

a) É livre a expressão da atividade intelectual, artística, científica e de comunicação, independentemente de censura ou licença.

b) Constitui crime afiançável e prescritível a ação de grupos armados, civis ou militares, contra a ordem constitucional e o Estado Democrático.

c) A prisão de qualquer pessoa e o local onde se encontre serão comunicados ao juiz competente após cinco dias de sua prisão.

d) É proibida a prestação de assistência religiosa nas entidades militares de internação coletiva.

e) Ninguém será privado de direitos por motivo de crença religiosa ou de convicção filosófica ou política, sendo lícito invocá-las para eximir-se de obrigação legal a todos imposta.

02. (FCC) Dentre outros, a Constituição Federal estabelece como direito e dever individual e coletivo que:

a) A prática do racismo constitui crime afiançável e prescritível, sujeito à pena de detenção, nos termos da lei.

b) A expressão da atividade intelectual, científica e de comunicação depende, em qualquer hipótese, de censura ou licença da autoridade competente.

c) A criação de cooperativas depende de lei específica e o seu funcionamento, de autorização do poder executivo estadual.

d) As entidades associativas, quando expressamente autorizadas, têm legitimidade para representar seus filiados judicial ou extrajudicialmente.

e) É plena a liberdade de associação, inclusive de caráter religioso e paramilitar de segurança.

03. (FCC) No tocante aos Direitos e Deveres Individuais e Coletivos, considere as seguintes assertivas:

I. É plena a liberdade de associação para fins lícitos, permitida a de caráter paramilitar.

II. A criação de associações e, na forma da lei, a de cooperativas dependem de autorização.

III. As associações só poderão ser compulsoriamente dissolvidas por decisão administrativa.

IV. No caso de iminente perigo público, a autoridade competente poderá usar de propriedade particular, assegurada ao proprietário indenização ulterior, se houver dano.

V. São assegurados, nos termos da lei, a proteção às participações individuais em obras coletivas e à reprodução da imagem e voz humanas, inclusive nas atividades desportivas.

Está correto o que se afirma apenas em:

a) I e II.
b) I, II e III.
c) I, IV e V.
d) II, III e IV.
e) IV e V.

04. (CESPE) A CF prevê o direito à livre manifestação de pensamento, preservando também o anonimato.

Certo ( ) Errado ( )

Texto para as questões 05 e 06

Um deputado federal subiu à tribuna da Câmara dos Deputados para defender um projeto de emenda constitucional com a finalidade de instituir a pena de morte no Brasil. O deputado, durante seu discurso em plenário, no momento em que informava aos colegas da proposta realizada, disse que discordava da vedação constitucional absoluta da pena de morte. Com referência à situação hipotética acima apresentada, aos direitos fundamentais, em especial ao direito à vida, julgue os itens que se seguem.

05. (CESPE) O projeto de emenda constitucional é de duvidosa constitucionalidade, já que não se admite emenda constitucional que tenha por fim abolir direitos e garantias individuais.

Certo ( ) Errado ( )

06. (CESPE) Equivocou-se o deputado ao dizer que a Constituição Federal de 1988 (CF) veda a pena de morte de forma absoluta, pois a CF admite a pena de morte em caso de guerra declarada, desde que atendidos os requisitos constitucionais.

Certo ( ) Errado ( )

07. (CESPE) Em razão do caráter absoluto do princípio da isonomia, não se admite o estabelecimento de proibições relativas ao acesso em determinadas carreiras por critério de idade.

Certo ( ) Errado ( )

08. (CESPE) A CF assegura a todos o direito de reunião pacífica em locais abertos ao público, desde que mediante autorização prévia da autoridade competente e que não se frustre outra reunião prevista para o mesmo local.

Certo ( ) Errado ( )

09. (CESPE) A construção doutrinária que prega a igualdade efetiva entre as pessoas, e não apenas a igualdade jurídica, é chamada de princípio da igualdade formal.

Certo ( ) Errado ( )

10. (ESAF) Todos podem reunir-se pacificamente, sem armas, em locais abertos ao público, entretanto, exige-se prévio aviso à autoridade competente.

Certo ( ) Errado ( )

11. (ESAF) Exige-se o trânsito em julgado da decisão judicial para que as associações tenham suas atividades suspensas.

Certo ( ) Errado ( )

12. (ESAF) A liberdade de manifestação de pensamento pode ser exercida de modo anônimo, se assim o preferir o indivíduo.

Certo ( ) Errado ( )

13. (ESAF) Pela ofensa à sua honra, a vítima pode receber indenização por dano moral, mas não por danos materiais.

Certo ( ) Errado ( )

14. (ESAF) Mesmo que a violação à intimidade de uma pessoa não lhe tenha causado nenhum prejuízo material, ainda assim, esta mesma pessoa tem o direito a indenização por danos morais.

Certo ( ) Errado ( )

15. (ESAF) Como regra, uma profissão somente pode ser exercida pelos indivíduos depois de a lei tê-la regulamentado, fixando qualificações profissionais que devem ser necessariamente atendidas.

Certo ( ) Errado ( )

16. (ESAF) O exercício legítimo do direito de reunião em locais abertos ao público depende de prévia autorização da autoridade pública competente em matéria de segurança pública.

Certo ( ) Errado ( )

17. (ESAF) Em face do princípio da legalidade, uma resolução ou um decreto legislativo provenientes de Casas do Congresso Nacional não podem criar direitos nem obrigações.

Certo ( ) Errado ( )

18. (ESAF) O indivíduo ofendido na sua honra por meio de órgão da imprensa, mas que tenha obtido o direito de resposta, não fará jus à indenização por danos morais.

Certo ( ) Errado ( )

19. (CESPE) Uma associação já constituída somente poderá ser compulsoriamente dissolvida mediante decisão judicial transitada em julgado, na hipótese de ter finalidade ilícita.

Certo ( ) Errado ( )

20. (CESPE) Com fundamento no dispositivo constitucional que assegura a liberdade de manifestação de pensamento e veda o anonimato, o Supremo Tribunal Federal (STF) entende que os escritos anônimos não podem justificar, por si só, desde que isoladamente considerados, a imediata instauração de procedimento investigatório.

Certo ( ) Errado ( )

Gabarito

01	A	11	ERRADO
02	D	12	ERRADO
03	E	13	ERRADO
04	ERRADO	14	CERTO
05	CERTO	15	ERRADO
06	CERTO	16	ERRADO
07	ERRADO	17	ERRADO
08	ERRADO	18	ERRADO
09	ERRADO	19	CERTO
10	CERTO	20	CERTO

Anotações

CAPÍTULO 05

Direitos Fundamentais III - Direitos e Deveres Individuais e Coletivos

Direito à Propriedade

Quando se fala em direito à propriedade, alguns atributos que lhe são inerentes aparecem imediatamente. Propriedade é a faculdade que uma pessoa tem de usar, gozar dispor de um bem. O texto constitucional garante esse direito de forma expressa:

> ***Art. 5º XXII.*** *É garantido o direito de propriedade.*

Apesar de esse direito aparentar possuir um caráter absoluto, quando se investiga mais a fundo esse tema, percebe-se que ele possui vários limitadores no próprio texto constitucional. E é isso que se passa a analisar agora.

Limitações

Dentre as limitações existentes na Constituição estão:

> ***Função social***

A Constituição exige em seu Art. 5º que a propriedade atenda a sua função social:

> ***XXIII.*** *A propriedade atenderá a sua função social;*

Isso significa que a propriedade não é tão individual quanto pensamos. A necessidade de observância da função social demonstra que a propriedade é muito mais que uma titularidade privada. Esse direito possui reflexos em toda a sociedade. É só imaginar uma propriedade imóvel, um terreno urbano, que, apesar de possuir um proprietário, fica abandonado. Cresce o mato, as pessoas começam a jogar lixo naquele lugar, alguns criminosos começam a utilizar aquele ambiente para prática de atividades ilícitas. Veja quantas coisas podem acontecer numa propriedade e que importarão em consequências gravosas para o meio social mais próximo. É por isso que a propriedade tem que atender a sua função social.

> ***Requisição administrativa***

Consta no inciso XXV do Art. 5º:

> ***XXV.*** *No caso de iminente perigo público, a autoridade competente poderá usar de propriedade particular, assegurada ao proprietário indenização ulterior, se houver dano;*

Essa é a chamada Requisição Administrativa. Esse instituto permite que a propriedade seja limitada pela necessidade de se solucionar situação de perigo público. Não se trata de uma forma de desapropriação, pois o dono da propriedade requisitada não a perde, apenas a empresta para uso público, sendo garantido, posteriormente, havendo dano, direito a indenização. Esse instituto limita o caráter absoluto da propriedade.

Veja um exemplo de como esse tema pode ser cobrado em prova:

Exercício Comentado

01. *(FCC) A autoridade competente poderá utilizar-se de propriedade particular, no caso de eminente perigo público, assegurada a indenização posterior ao proprietário, independentemente da ocorrência de dano.*

ERRADO. A assertiva está errada, pois a indenização a que o proprietário faz jus depende da ocorrência de dano, conforme dispõe o Art. 5º, XXV da CF.

> ***Desapropriação***

É a perda da propriedade. Esse é o limitador por excelência do direito, restringindo o caráter perpétuo da propriedade. A seguir, estão exemplificadas as três modalidades de desapropriação:

→ **Desapropriação pelo mero interesse público**

Essa modalidade é utilizada pelo Estado quando o interesse social ou a utilidade pública prevalecem sobre o direito individual. Nesse tipo de desapropriação, destaca-se que o proprietário nada fez para merecê-la, contudo, o interesse público exige que determinada área seja desapropriada. É o caso de construção de uma rodovia que exige a desapropriação de várias propriedades para o asfaltamento da via. Conforme o texto da Constituição:

> ***XXIV.*** *a lei estabelecerá o procedimento para desapropriação por necessidade ou utilidade pública, ou por interesse social, mediante justa e prévia indenização em dinheiro, ressalvados os casos previstos nesta Constituição;*

Deve ser destacado que essa modalidade de desapropriação gera direito à indenização, que deve ser paga em dinheiro, previamente e com valor justo.

→ **Desapropriação-sanção**

Nesta modalidade, o proprietário, por algum motivo, não observou a função social da propriedade. Por esse motivo, é chamada de Desapropriação-sanção, haja vista ser uma verdadeira punição. Segundo a CF, essa desapropriação gera direito à indenização, que deverá ser paga em títulos da dívida pública ou agrária. Segundo os Art. 182, § 4º, III e 184 da Constituição:

> ***Art. 182, § 4º -*** *É facultado ao Poder Público municipal, mediante lei específica para área incluída no plano diretor, exigir, nos termos da lei federal, do proprietário do solo urbano não edificado, subutilizado ou não utilizado, que promova seu adequado aproveitamento, sob pena, sucessivamente, de:*
>
> ***I.*** *Parcelamento ou edificação compulsórios;*
>
> ***II.*** *Imposto sobre a propriedade predial e territorial urbana progressivo no tempo;*
>
> ***III.*** *Desapropriação com pagamento mediante títulos da dívida pública de emissão previamente aprovada pelo Senado Federal, com prazo de resgate de até dez anos, em parcelas anuais, iguais e sucessivas, assegurados o valor real da indenização e os juros legais.*
>
> ***Art. 184.*** *Compete à União desapropriar por interesse social, para fins de reforma agrária, o imóvel rural que não esteja cumprindo sua função social, mediante prévia e justa indenização em títulos da dívida agrária, com cláusula de preservação do valor real, resgatáveis no prazo de até vinte anos, a partir do segundo ano de sua emissão, e cuja utilização será definida em lei.*

> ***Desapropriação confiscatória***

Por último, tem-se essa modalidade prevista no Art. 243 da Constituição:

> ***Art. 243.*** *As glebas de qualquer região do País onde forem localizadas culturas ilegais de plantas psicotrópicas serão imediatamente expropriadas e especificamente destinadas ao assentamento de colonos, para o cultivo de produtos alimentícios e medicamentosos, sem qualquer indenização ao proprietário e sem prejuízo de outras sanções previstas em lei.*

É a desapropriação que ocorre com a propriedade utilizada para cultivo de plantas psicotrópicas. Nesse caso, não haverá indenização, mas o proprietário poderá ser processado pela prática de ilícito penal.

Fique Ligado

Em todas as formas de desapropriação, existe uma prevalência do interesse público sobre o privado.

Bem de Família

A Constituição consagra uma forma de proteção às pequenas propriedades rurais chamada de Bem de Família:

> ***XXVI.*** *A pequena propriedade rural, assim definida em lei, desde que trabalhada pela família, não será objeto de penhora para pagamento de débitos decorrentes de sua atividade produtiva, dispondo a lei sobre os meios de financiar o seu desenvolvimento;*

O mais importante para prova é atentar para os requisitos estabelecidos no inciso, quais sejam:

> Pequena propriedade rural

Não se trata de qualquer propriedade.

> Definida em lei

Não em outra espécie normativa.

> Trabalhada pela família

Não por qualquer pessoa.

> Débitos decorrentes da atividade produtiva

Não por qualquer débito.

Propriedade Imaterial

Além das propriedades sobre bens materiais, a Constituição também consagra normas de proteção sobre a propriedade de bens imateriais. São duas as propriedades consagradas: autoral e industrial.

A propriedade autoral encontra-se protegida nos incisos XXVII e XXVIII do Art. 5º:

> ***XXVII.*** *Aos autores pertence o direito exclusivo de utilização, publicação ou reprodução de suas obras, transmissível aos herdeiros pelo tempo que a lei fixar;*
>
> ***XXVIII.*** *São assegurados, nos termos da lei:*
>
> ***a)*** *a proteção às participações individuais em obras coletivas e à reprodução da imagem e voz humanas, inclusive nas atividades desportivas;*
>
> ***b)*** *o direito de fiscalização do aproveitamento econômico das obras que criarem ou de que participarem aos criadores, aos intérpretes e às respectivas representações sindicais e associativas;*

Já a propriedade industrial encontra-se protegida no inciso XXIX:

> ***XXIX.*** *A lei assegurará aos autores de inventos industriais privilégio temporário para sua utilização, bem como proteção às criações industriais, à propriedade das marcas, aos nomes de empresas e a outros signos distintivos, tendo em vista o interesse social e o desenvolvimento tecnológico e econômico do País;*

Uma relação muito interessante entre a propriedade autoral e a industrial está no tempo de proteção previsto na Constituição. Observe-se que na propriedade autoral o direito do autor é vitalício, tendo em vista a previsão de possibilidade de transmissão desses direitos aos herdeiros. Contudo, quando nas mãos dos sucessores, a proteção será pelo tempo que a lei fixar, ou seja, temporário.

Já na propriedade industrial, a proteção do próprio autor já possui caráter temporário.

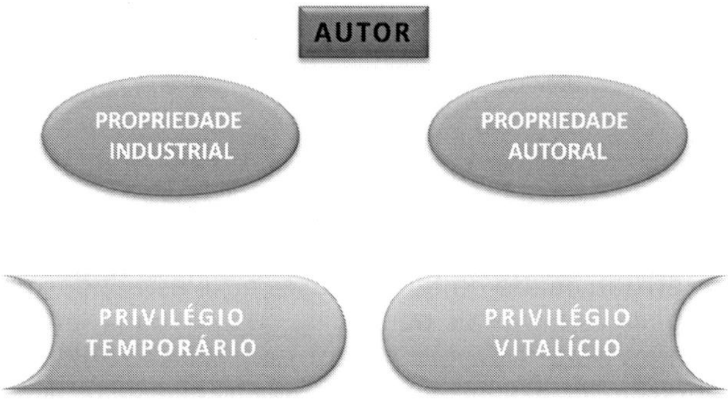

Direito à Herança

De nada adiantaria tanta proteção à propriedade se esse bem jurídico não pudesse ser transmitido por meio da sucessão de bens aos herdeiros após a morte. O direito à herança, consagrado expressamente na Constituição, traduz-se no coroamento do direito de propriedade. É a grande força motriz desse direito. Só faz sentido ter direito à propriedade se esse direito possa ser transferido aos herdeiros.

> ***XXX.*** *É garantido o direito de herança;*
>
> ***XXXI.*** *A sucessão de bens de estrangeiros situados no País será regulada pela lei brasileira em benefício do cônjuge ou dos filhos brasileiros, sempre que não lhes seja mais favorável a lei pessoal do "de cujus";*

Destaque especial deve ser dado ao inciso XXXI, que prevê a possibilidade de aplicação de lei estrangeira no país em casos de sucessão de bens de pessoa estrangeira desde que esses bens estejam situados no Brasil. A Constituição Federal permite que seja aplicada a legislação mais favorável aos herdeiros, quer seja a lei brasileira, quer seja a lei estrangeira.

Direito à Segurança

Ao se referir à segurança como direito individual, o Art. 5º pretende significar "segurança jurídica" que trata de normas de pacificação social e que produzem uma maior segurança nas relações sociais. Esse é o ponto alto dos direitos individuais. Sem dúvida, aqui está a maior quantidade de questões cobradas em prova.

Princípio da Segurança nas Relações Jurídicas

Este princípio tem como objetivo garantir a estabilidade das relações jurídicas. Veja o que diz a Constituição:

> ***XXXVI.*** *A lei não prejudicará o direito adquirido, o ato jurídico perfeito e a coisa julgada;*

Os três institutos aqui protegidos encontram seu conceito formalizado na ***Lei de Introdução às normas do Direito Brasileiro.***

> ***Art. 6º, § 1º -*** *Reputa-se ato jurídico perfeito o já consumado segundo a lei vigente ao tempo em que se efetuou.*
>
> *§ 2º Consideram-se adquiridos assim os direitos que o seu titular, ou alguém por ele, possa exercer, como aqueles cujo começo do exercício tenha termo pré-fixo, ou condição pré-estabelecida inalterável, a arbítrio de outrem.*
>
> *§ 3º Chama-se coisa julgada ou caso julgado a decisão judicial de que já não caiba recurso.*

Em linhas gerais, pode-se assim conceituá-los:

> Direito Adquirido

Direito já incorporado ao patrimônio do titular;

> Ato Jurídico Perfeito

Ato jurídico que já atingiu seu fim. Ato jurídico acabado, aperfeiçoado, consumado;

> Coisa Julgada

Sentença judicial transitada em julgado. Aquela sentença em relação à qual não cabe mais recurso.

De uma coisa não se pode esquecer: a proibição de retroatividade da lei nos casos aqui estudados não se aplica às leis mais benéficas, ou seja, uma lei mais benéfica poderá produzir efeitos em relação ao direito adquirido, ao ato jurídico perfeito e à coisa julgada.

Devido Processo Legal

O devido processo legal possui como objetivo principal limitar o poder do Estado. Esse princípio condiciona a restrição da liberdade ou dos bens de um indivíduo à existência de um procedimento estatal que respeite todos os direitos e garantias processuais previstos na lei. É o que diz o inciso LIV do Art. 5º:

> ***LIV.*** *Ninguém será privado da liberdade ou de seus bens sem o devido processo legal;*

A exigência constitucional de existência de processo aplica-se tanto aos processos judiciais quanto aos procedimentos administrativos.

Desse princípio, surge a garantia constitucional à **proporcionalidade** e **razoabilidade.** Da mesma forma, é durante o devido processo legal que poderão ser exercidos os direitos ao contraditório e à ampla defesa, que serão analisados a seguir.

Contraditório e Ampla Defesa

Essas garantias constitucionais, conforme já salientado, decorrem do Devido Processo Legal. São utilizadas como ferramenta de defesa diante das acusações impostas pelo Estado ou por um particular nos processos judiciais e administrativos:

> ***LV.*** *Aos litigantes, em processo judicial ou administrativo, e aos acusados em geral são assegurados o contraditório e ampla defesa, com os meios e recursos a ela inerentes;*

Mas o que significam o contraditório e a ampla defesa?

Contraditório é o direito de contradizer, contrariar, contraditar. Se alguém diz que você é ou fez alguma coisa, o contraditório lhe permite dizer que não é e que não fez o que lhe foi imputado. É simplesmente o direito de contrariar. Já a ampla defesa é a possibilidade de utilização de todos os meios admitidos em direito para se defender de uma acusação.

Em regra, o contraditório e a ampla defesa são garantidos em todos os processos judiciais ou administrativos, contudo, a legislação brasileira previu alguns procedimentos administrativos incompatíveis com o exercício desse direito:

> Inquérito policial.

> Sindicância investigativa.

> Inquérito civil.

Em suma, nos procedimentos investigatórios que não possuem o condão de punir o investigado não serão garantidos o contraditório e a ampla defesa.

Observem-se as Súmulas Vinculantes do Supremo Tribunal Federal que versam sobre esse tema:

> ***SV nº 3 -*** *Nos processos perante o Tribunal de Contas da União asseguram-se o contraditório e a ampla defesa quando da decisão puder resultar anulação ou revogação de ato administrativo que beneficie o interessado, excetuada a apreciação da legalidade do ato de concessão inicial de aposentadoria, reforma e pensão.*
>
> ***SV nº 5 -*** *A falta de defesa técnica por advogado no processo administrativo disciplinar não ofende a Constituição.*
>
> ***SV nº 14 -*** *É direito do defensor, no interesse do representado, ter acesso amplo aos elementos de prova que, já documentados em procedimento investigatório realizado por órgão com competência de polícia judiciária, digam respeito ao exercício do direito de defesa.*
>
> ***SV nº 21 -*** *É inconstitucional a exigência de depósito ou arrolamento prévios de dinheiro ou bens para admissibilidade de recurso administrativo.*

Proporcionalidade e Razoabilidade

Eis uma garantia fundamental que não está expressa no texto constitucional apesar de ser um dos institutos mais utilizados pelo Supremo em suas decisões atuais. Trata-se de um princípio implícito, cuja fonte é o Princípio do Devido Processo Legal. Esses dois institutos jurídicos são utilizados como parâmetro de ponderação quando adotadas medidas pelo Estado, principalmente no que tange à restrição de bens e direitos dos indivíduos. Duas palavras esclarecem o sentido dessas garantias: necessidade e adequação.

Para saber se um ato administrativo observou os critérios de proporcionalidade e razoabilidade, deve-se questionar se o ato foi necessário e se foi adequado à situação.

Para exemplificar, imaginemos que um determinado fiscal sanitário, ao inspecionar um supermercado, depara-se com um pote de iogurte com a data de validade vencida há um dia. Imediatamente, ele prende o dono do mercado, dá dois tiros para cima, realiza revista manual em todos os clientes e funcionários do mercado e aplica uma multa de dois bilhões de reais. Pergunta-se: será que a medida adotada pelo fiscal foi necessária? Foi adequada? Certamente que não. Logo, a medida não observou os princípios da razoabilidade e proporcionalidade.

Fique Ligado

Os princípios da proporcionalidade e da razoabilidade são princípios implícitos do texto constitucional, ou seja, não estão previstos expressamente.

Inadmissibilidade das Provas Ilícitas

Uma das garantias mais importantes do direito brasileiro é a inadmissibilidade das provas ilícitas. Encontra-se previsto expressamente no inciso LVI do Art. 5º:

> ***LVI.*** *São inadmissíveis, no processo, as provas obtidas por meios ilícitos.*

Em razão dessa garantia, é proibida a produção de provas ilícitas num processo sob pena de nulidade processual. Em regra, a prova ilícita produz nulidade de tudo o que a ela estiver relacionado. Esse efeito decorre da chamada Teoria dos Frutos da Árvore Envenenada. Segundo a teoria, se a árvore está envenenada, os frutos também o serão. Se uma prova foi produzida de forma ilícita, as demais provas dela decorrentes também serão ilícitas (ilicitude por derivação). Contudo, deve-se ressaltar que essa teoria é aplicada de forma restrita no direito brasileiro, ou seja, encontrada uma prova ilícita num processo, não significa que todo o processo será anulado, mas apenas os atos e demais provas que decorreram direta ou indiretamente daquela produzida de forma ilícita.

Caso existam provas autônomas produzidas em conformidade com a lei, o processo deve prosseguir ainda que tenham sido encontradas e retiradas as provas ilícitas. Logo, é possível afirmar que a existência de uma prova ilícita no processo não anula de pronto todo o processo.

Deve-se destacar, ainda, a única possibilidade já admitida de prova ilícita nos tribunais brasileiros: a produzida em legítima defesa.

Inviolabilidade Domiciliar

Essa garantia protege o indivíduo em seu recinto mais íntimo: a casa. A Constituição diz:

> ***XI.*** *a casa é asilo inviolável do indivíduo, ninguém nela podendo penetrar sem consentimento do morador, salvo em caso de flagrante delito ou desastre, ou para prestar socorro, ou, durante o dia, por determinação judicial.*

Como regra, só se pode entrar na casa de uma pessoa com o seu consentimento. Excepcionalmente, a Constituição Federal admite a entrada sem consentimento do morador nos casos de:

- Flagrante delito;
- Desastre;
- Prestar socorro ;
- Determinação judicial – **só durante o dia.**

Fique Ligado

No caso de determinação judicial, a entrada se dará apenas durante o dia. Nos demais casos, a entrada será permitida a qualquer hora.

Alguns conceitos importantes: o que é casa? O que pode ser entendido como casa para efeito de inviolabilidade? A jurisprudência tem interpretado o conceito de casa de forma ampla, em consonância com o disposto nos Arts. 245 e 246 do Código de Processo Penal:

> ***Art. 245.*** *As buscas domiciliares serão executadas de dia, salvo se o morador consentir que se realizem à noite, e, antes de penetrarem na casa, os executores mostrarão e lerão o mandado ao morador, ou a quem o represente, intimando-o, em seguida, a abrir a porta.*
> ***Art. 246.*** *Aplicar-se-á também o disposto no artigo anterior, quando se tiver de proceder a busca em compartimento habitado ou em aposento ocupado de habitação coletiva ou em compartimento não aberto ao público, onde alguém exercer profissão ou atividade.*

O STF já considerou como casa, para efeitos de inviolabilidade, oficina mecânica, quarto de hotel ou escritório profissional.

Outra questão relevante é saber o que é dia? Dois são os posicionamentos adotados na doutrina:

- Das 6h às 18h;
- Da aurora ao crepúsculo .

Segundo a jurisprudência, isso deve ser resolvido no caso concreto, tendo em vista variação de fusos horários existentes em nosso país, bem como a ocorrência do "Horário de Verão". Na prática, é possível entrar na casa independentemente do horário, desde que seja durante o dia.

Veja esta questão da FCC sobre o tema:

Exercício Comentado

01. (FCC) No que diz respeito ao direito à inviolabilidade de domicílio, é correto afirmar que:

a) Ninguém pode violar a casa, à noite, mesmo que munido de autorização judicial.

b) A casa é asilo inviolável e em nenhuma hipótese se pode nela ingressar sem o consentimento do morador.

c) O conceito de casa é restrito e abrange, apenas, a residência com ânimo definitivo.

d) A casa, à noite, torna-se violável nas hipóteses de flagrante, desastre e prestação de socorro, porém é necessária autorização judicial.

e) A casa é violável no caso de flagrante, desastre ou para prestar socorro.

RESPOSTA. ***E. Essa questão aborda o tema da inviolabilidade domiciliar prevista no inciso XI do Art. 5º da Constituição Federal. Analisando o texto constitucional, bem como a doutrina e a jurisprudência, percebe-se que a única assertiva compatível com o direito constitucional é a letra E.***

A assertiva A está errada considerando ser possível violar a casa à noite sem ordem judicial nos casos de flagrante delito, desastre ou para prestar socorro.

A assertiva B está errada, pois o dispositivo constitucional mencionado acima permite que a casa tenha a sua inviolabilidade restringida.

A assertiva C está errada, pois o conceito de casa é mais abrangente que o de simples residência com ânimo definitivo. O STF já aplicou a inviolabilidade domiciliar em estabelecimentos comerciais, escritórios profissionais, quartos de hotel.

A assertiva D está errada, pois para a violação da casa no período noturno, nas hipóteses de flagrante delito, desastre ou para prestar socorro não é necessária autorização judicial.

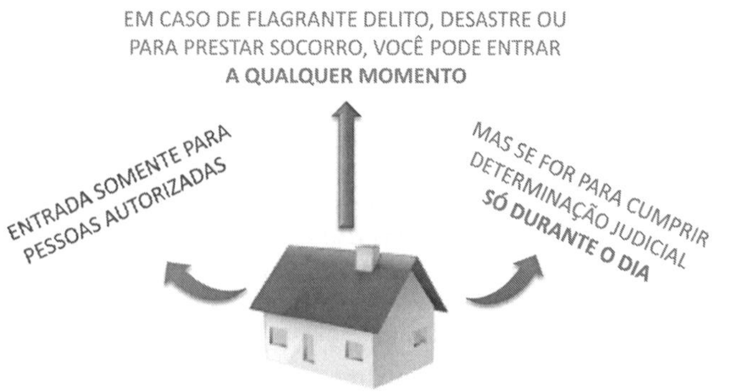

CASA – ASILO INVIOLÁVEL

Princípio da Inafastabilidade da Jurisdição

Esse princípio, também conhecido como Princípio do Livre Acesso ao Poder Judiciário ou Direito de Ação, garante, nos casos de necessidade, o acesso direto ao poder judiciário. Também, decorre desse princípio a ideia de que não é necessário o esgotamento das vias administrativas para ingressar com uma demanda no Poder Judiciário. Assim prevê a Constituição Federal:

> ***XXXV.*** *A lei não excluirá da apreciação do Poder Judiciário lesão ou ameaça a direito;*

Perceba que a proteção possui sentido duplo: lesão ou ameaça à lesão. Significa dizer que a garantia pode ser utilizada tanto de forma preventiva como de forma repressiva. Tanto para prevenir a ofensa a direito como para reprimir a ofensa já cometida.

Quanto ao acesso ao Judiciário independentemente do esgotamento das vias administrativas, há algumas peculiaridades previstas na legislação brasileira:

> **Justiça Desportiva**

A Constituição Federal prevê no Art. 217:

> ***Art. 217, § 1º -*** *O Poder Judiciário só admitirá ações relativas à disciplina e às competições desportivas após esgotarem-se as instâncias da justiça desportiva, regulada em lei.*

Ou seja, o acesso ao Poder Judiciário está condicionado ao esgotamento das vias administrativas.

> **Compromisso arbitral**

A Lei 9.307/96 prevê que as partes, quando em discussão patrimonial, poderão optar pela arbitragem como forma de resolução de conflito.

Não se trata de uma instância administrativa de curso forçado, mas de uma opção facultada às partes.

> ***Habeas data***

O Art. 8º da Lei 9.507/97 exige, para impetração do habeas data, a comprovação da recusa ao acesso a informação. Parte da doutrina não considera isso como exigência de prévio esgotamento da via administrativa, mas condição da ação. Veja-se a Súmula nº 2 do STJ:

> ***Súmula nº 2 -*** *Não cabe habeas data se não houve recusa de informações por parte da autoridade administrativa.*

> **Reclamação Constitucional**

O Art. 7º, § 1º da Lei 11.417/2006, que regula a edição de Súmulas Vinculantes, prevê que só será possível a Reclamação Constitucional nos casos de omissão ou ato da administração pública que contrarie ou negue vigência à Súmula Vinculante, após o esgotamento das vias administrativas.

Gratuidade das Certidões de Nascimento e de Óbito

A Constituição traz expressamente que:

> ***LXXVI.*** *São gratuitos para os reconhecidamente pobres, na forma da lei:*
>
> ***a)*** *o registro civil de nascimento;*
>
> ***b)*** *a certidão de óbito;*

Observe-se que o texto Constitucional condiciona o benefício da gratuidade do registro de nascimento e da certidão de óbito apenas para os reconhecidamente pobres. Entretanto, a Lei 6.015/73 prevê que:

> ***Art. 30 -*** *Não serão cobrados emolumentos pelo registro civil de nascimento e pelo assento de óbito, bem como pela primeira certidão respectiva.*
>
> ***§ 1º*** *Os reconhecidamente pobres estão isentos de pagamento de emolumentos pelas demais certidões extraídas pelo cartório de registro civil.*

Perceba que essa lei amplia o benefício garantido na Constituição para todas as pessoas no que tange ao registro e à aquisição da primeira certidão de nascimento e de óbito. Quanto às demais vias, só serão garantidas aos reconhecidamente pobres. Deve-se ter cuidado com essa questão em prova, pois deve ser levado em conta se a pergunta tem como referência a Constituição ou não.

Celeridade Processual

Traz o texto constitucional:

> ***LXXVIII.*** *A todos, no âmbito judicial e administrativo, são assegurados a razoável duração do processo e os meios que garantam a celeridade de sua tramitação.*

Essa é a garantia da celeridade processual. Decorre do princípio da Eficiência que obriga o Estado a prestar assistência em tempo razoável. Celeridade quer dizer rapidez, mas uma rapidez com qualidade. Esse princípio é aplicável nos processos judiciais e administrativos, visa dar maior efetividade a prestação estatal. Deve-se garantir o direito antes que o seu beneficiário deixe de precisar. Após a inclusão desse dispositivo entre os direitos fundamentais, várias medidas para acelerar a prestação jurisdicional foram adotadas, dentre as quais destacam-se:

> ***Juizados especiais;***
>
> ***Súmula vinculante;***
>
> ***Realização de inventários e partilhas por vias administrativas;***
>
> ***Informatização do processo.***

Essas são algumas das medidas que foram adotadas para trazer mais celeridade ao processo.

Erro Judiciário

Dispositivo de grande utilidade social que funciona como limitador da arbitrariedade estatal. O Estado, no que tange à liberdade do indivíduo, não pode cometer erros sob pena de ter que indenizar o injustiçado. Isso é o que prevê o inciso LXXV do Art. 5º:

> ***LXXV.*** *O Estado indenizará o condenado por erro judiciário, assim como o que ficar preso além do tempo fixado na sentença;*

Publicidade dos Atos Processuais

Em regra, os atos processuais são públicos. Essa publicidade visa a garantir maior transparência aos atos administrativos bem como permite a fiscalização popular. Além disso, atos públicos possibilitam um exercício efetivo do contraditório e da ampla defesa. Entretanto, essa publicidade comporta algumas exceções:

> **LX.** *A lei só poderá restringir a publicidade dos atos processuais quando a defesa da intimidade ou o interesse social o exigirem;*

Nos casos em que a intimidade ou o interesse social exigirem, a publicidade poderá ser restringida apenas aos interessados. Imaginemos uma audiência em que estejam envolvidas crianças; nesse caso, como forma de preservação da intimidade, o juiz poderá restringir a participação na audiência apenas aos membros da família e demais interessados.

Sigilo das Comunicações

Uma das normas mais importantes da Constituição Federal que versa sobre segurança jurídica é esta:

> **XII.** *É inviolável o sigilo da correspondência e das comunicações telegráficas, de dados e das comunicações telefônicas, salvo, no último caso, por ordem judicial, nas hipóteses e na forma que a lei estabelecer para fins de investigação criminal ou instrução processual penal;*

Esse dispositivo prevê quatro formas de comunicação que possuem proteção constitucional:

- Sigilo da correspondência;
- Comunicação telegráfica;
- Comunicação de dados;
- Comunicações telefônicas.

Dessas quatro formas de comunicação, apenas uma obteve autorização de violação do sigilo pelo texto constitucional: as comunicações telefônicas. Deve-se tomar cuidado com esse tema em prova. Segundo o texto expresso, só as comunicações telefônicas poderão ter o seu sigilo violado. E mais, só o juiz poderá fazê-lo, com fins definidos também pela Constituição, os quais são para investigação criminal e instrução processual penal.

Entretanto, considerando a inexistência de direito fundamental absoluto, a jurisprudência tem considerado a possibilidade de quebra dos demais sigilos, desde que seja determinada por ordem judicial.

No que tange ao sigilo dos dados bancários, fiscais, informáticos e telefônicos, a jurisprudência tem permitido sua quebra por determinação judicial, determinação de Comissão Parlamentar de Inquérito, requisição do Ministério Público, solicitação da autoridade fazendária.

Tribunal do Júri

O Tribunal do Júri é uma instituição pertencente ao poder judiciário, que possui competência específica para julgar determinados tipos de crime. O Júri é formado pelo Conselho de Sentença, que é presidido por um Juiz Togado e por sete jurados que efetivamente farão o julgamento do acusado. A ideia do Tribunal do Júri é que o acusado seja julgado por seus pares.

A Constituição Federal apresenta alguns princípios que regem esse tribunal:

> **Art. 5º XXXVIII.** *É reconhecida a instituição do júri, com a organização que lhe der a lei, assegurados:*
>
> ***a)*** *a plenitude de defesa;*
>
> ***b)*** *o sigilo das votações;*
>
> ***c)*** *a soberania dos veredictos;*
>
> ***d)*** *a competência para o julgamento dos crimes dolosos contra a vida.*

Segundo esse texto, o Tribunal do Júri é regido pelos seguintes princípios:

- Plenitude de defesa

Esse princípio permite que no júri sejam utilizadas todas as provas permitidas em direito. Aqui, o momento probatório é bastante explorado haja vista a necessidade de se convencer os jurados que são pessoas comuns da sociedade, que às vezes não conhecem nada de direito;

- Sigilo das votações

O voto é sigiloso. Durante o julgamento não é permitido que um jurado converse com o outro sobre o julgamento sob pena de nulidade;

- Soberania dos veredictos

O que for decidido pelos jurados será considerado soberano. Nem o Juiz presidente poderá modificar o julgamento. Aqui quem decide são os jurados;

- Competência para julgar os crimes dolosos contra a vida

O júri não julga qualquer tipo de crime, mas apenas os dolosos contra a vida. Crimes dolosos, em singelas palavras, são aqueles praticados com intenção, com vontade. São diferentes dos crimes culposos, os quais são praticados sem intenção.

Princípio da Anterioridade

O inciso XXXIX do Art. 5º da CF apresenta o chamado Princípio da Anterioridade Penal:

> **XXXIX.** *Não há crime sem lei anterior que o defina, nem pena sem prévia cominação legal.*

Esse princípio decorre na necessidade de se prever antes da aplicação da pena, a conduta que é considerada como crime e a pena que deverá ser cominada. Mais uma regra de segurança jurídica.

Princípio da Irretroatividade

Esse princípio também possui sua importância ao prever que a lei penal não poderá se voltar para trás, salvo se for para beneficiar o réu.

> **Art. 5º XL.** *A lei penal não retroagirá, salvo para beneficiar o réu.*

Crimes Imprescritíveis, Inafiançáveis e Insuscetíveis de Graça e Anistia

Os dispositivos a seguir estão entre os mais cobrados em prova. O ideal é que sejam memorizados na ordem proposta no quadro abaixo:

***Art. 5º XLII.** A prática do racismo constitui crime inafiançável e imprescritível, sujeito à pena de reclusão, nos termos da lei;*

***Art. 5º XLIII.** A lei considerará crimes inafiançáveis e insuscetíveis de graça ou anistia a prática da tortura, o tráfico ilícito de entorpecentes e drogas afins, o terrorismo e os definidos como crimes hediondos, por eles respondendo os mandantes, os executores e os que, podendo evitá-los, se omitirem;*

***Art. 5º XLIV.** Constitui crime inafiançável e imprescritível a ação de grupos armados, civis ou militares, contra a ordem constitucional e o Estado Democrático.*

Crimes Imprescritíveis	Crimes Inafiançáveis	Crimes Insuscetíveis de Graça E Anistia
Racismo	**Racismo**	**Tráfico**
Ação de grupos armados	**Ação de grupos armados**	**Terrorismo**
	Tráfico	**Tortura**
	Terrorismo	**Crimes Hediondos**
	Tortura	
	Crimes Hediondos	

Fique Ligado

- ***Os crimes inafiançáveis englobam todos os crimes previstos nos incisos XLII, XLIII e XLIV.***
- ***Os crimes que são insuscetíveis de graça e anistia não são imprescritíveis, e vice e versa. Dessa forma, nunca pode existir na prova uma questão que trabalhe com as duas classificações ao mesmo tempo.***
- ***Nunca na prova pode haver uma questão em que se apresentem as três classificações ao mesmo tempo.***

Princípio da Personalidade da Pena

Assim diz o inciso XLV, do Art. 5º da CF:

XLV. *Nenhuma pena passará da pessoa do condenado, podendo a obrigação de reparar o dano e a decretação do perdimento de bens ser, nos termos da lei, estendidas aos sucessores e contra eles executadas, até o limite do valor do patrimônio transferido.*

Esse inciso diz que a pena é pessoal, quem comete o crime responde pelo crime, de forma que não é possível que uma pessoa cometa um crime e outra responda pelo crime em seu lugar; pode até ocorrer, mas seria algum erro, não como regra, porque a pena é pessoal.

Fique Ligado

É necessário prestar atenção ao tema, pois já apareceu em prova tanto na forma de um problema quanto com a modificação do próprio texto constitucional. Esse princípio da personalidade da pena diz que a pena é pessoal, isto é, a pena não pode passar para outra pessoa, mas permite que a responsabilidade pelos danos civis possa passar para seus herdeiros. Para exemplificar, imaginemos que uma determinada pessoa assalta uma padaria, e consegue roubar uns R$ 50.000,00.

Chega a polícia e prende o ladrão por ter roubado a padaria. Em regra, todo crime cometido gera uma responsabilidade penal prevista no Código Penal brasileiro, e ainda deve-se que ressarcir os danos causados à vítima. Se ele roubou 50.000,00, tem que devolver no mínimo esse dinheiro à vítima.

É muito difícil conseguir esse dinheiro voluntariamente, por isso é necessário entrar com uma ação civil ex delicto para reaver o dinheiro referente ao crime cometido. O dono da padaria entra com a ação contra o bandido pedindo os 50.000,00 acrescidos juros e danos morais. Enquanto ele cumpre a pena a ação está tramitando. Ocorre que o preso se envolve numa confusão dentro da Penitenciária e acaba morrendo.

O preso possui alguns filhos, os quais são seus herdeiros. Quando os bens passam aos herdeiros, chamamos isso de sucessão. Quando foram contabilizar os bens que o bandido tinha perceberam que sobraram apenas 30.000,00, valor que deve ser divido entre os herdeiros. Pergunta que eu te faço:

1) ***O homem que cometeu o crime estava cumprindo pena, mas ele morreu. Qual filho assume o lugar dele? O mais velho ou o mais novo?***

Nenhum dos dois. Porque a pena é personalíssima. Só cumpre a pena quem praticou o crime.

2) ***É possível que a responsabilidade de reparar os danos materiais exigidos pelo dono da padaria recaia sobre seus herdeiros?***

É lógico que é possível! A Constituição diz que os herdeiros respondem com o valor do montante recebido, até o limite da herança recebida.

3) ***O dono da padaria pediu 50.000,00, mas só sobraram 30.000,00. Os filhos terão que inteirar esse valor até completar os 50.000,00?***

Não, pois a Constituição diz que os sucessores respondem até o limite do patrimônio transferido. Ou seja, se só são transferidos 30.000,00, então os herdeiros só vão responder pela indenização com esses 30.000,00. E o os outros 20.000,00, quem vai pagar? Ninguém vai pagar. O dono da padaria vai ficar com esse prejuízo.

Penas Proibidas e Permitidas

Vejamos agora dois incisos do Art. 5º da CF, que sempre caem em prova juntos: incisos XLVI e XLVII. Há no inciso XLVI as penas permitidas e no XLVII as penas proibidas. Mas como isso cai em prova? O examinador pega uma pena permitida e diz que é proibida ou pega uma proibida e diz que é permitida. Conforme os incisos:

XLVI. *A lei regulará a individualização da pena e adotará, entre outras, as seguintes:*

a) *privação ou restrição da liberdade;*

b) *perda de bens;*

c) *multa;*

d) *prestação social alternativa;*

e) *suspensão ou interdição de direitos.*

Aqui há o rol de penas permitidas. Memorize essa lista, para lembrar quais são as penas permitidas. Atenção para uma pena que é pouco comum e que geralmente em prova é colocada como pena proibida, que é a pena de perda de bens.

Veja o próximo inciso com o rol de penas proibidas:

XLVII. *não haverá penas:*

a) *de morte, salvo em caso de guerra declarada, nos termos do art. 84, XIX;*

b) *de caráter perpétuo;*

c) *de trabalhos forçados;*

d) *de banimento;*

e) *cruéis.*

Essas são as penas que não podem ser aplicadas no Brasil. E aí é cobrado na prova assim: existe pena de morte no Brasil? Deve-se ter muito cuidado com isso, pois apesar de a Constituição ter dito que é proibida, existe uma exceção no caso de guerra declarada. Essa exceção é uma verdadeira possibilidade, de forma que deve-se afirmar que existe pena de morte no Brasil. Apesar de a regra ser a proibição, existe a possibilidade de sua aplicação. Só como curiosidade, a pena de morte no Brasil é regulada pelo Código Penal Militar, a qual será executada por meio de fuzilamento.

A próxima pena proibida é a de caráter perpétuo. É a chamada "pena casamento", pois é aquela pena que é cumprida até que a morte os separe! Pena perpétua você cumpre a pena até morrer. Não existe esse tipo de pena no Brasil, pois as penas aqui são temporárias. Você só fica preso no Brasil até o máximo de 30 anos.

A outra pena é a de trabalhos forçados. É aquela pena em que o sujeito é obrigado a trabalhar de forma a denegrir a sua condição como ser humano. Muito comum em filmes americanos nos quais o indivíduo fica quebrando pedra ou vai girando moinho no lugar do boi. São exemplos de trabalhos forçados. Esse tipo de pena não é permitida no Brasil.

Há ainda a pena de banimento, que é a expulsão do brasileiro, tanto nato como naturalizado.

Por fim a Constituição veda a aplicação de penas cruéis. Pena cruel é aquela que denigre a condição humana, expõe o indivíduo a situações desumanas, vexatórias, que provoquem intenso sofrimento.

Princípio da Individualização da Pena

Nos termos do Art. 5º, inciso XLVIII, da CF: A pena será cumprida em estabelecimentos distintos, de acordo com a natureza do delito, a idade e o sexo do apenado;

Esse dispositivo traz uma regra muito interessante, o princípio da individualização da pena. Significa que a pessoa quando cumprir sua pena deve cumpri-la em estabelecimento e condições compatíveis com a sua situação. Se mulher, deve cumprir com mulheres; se homem, cumprirá com homens; se reincidente, com reincidentes; se réu primário, com réus primários; e assim por diante. O ideal é que cada situação possua um cumprimento de pena adequado que propicie um melhor acompanhamento do poder público e melhores condições para a ressocialização.

Regras Sobre Prisões

São vários os dispositivos constitucionais que previstos no Art. 5º, da CF se referem às prisões:

LXI. *Ninguém será preso senão em flagrante delito ou por ordem escrita e fundamentada de autoridade judiciária competente, salvo nos casos de transgressão militar ou crime propriamente militar, definidos em lei;*

LXII. *A prisão de qualquer pessoa e o local onde se encontre serão comunicados imediatamente ao juiz competente e à família do preso ou à pessoa por ele indicada;*

LXIII. *o preso será informado de seus direitos, entre os quais o de permanecer calado, sendo-lhe assegurada a assistência da família e de advogado;*

LXIV. *O preso tem direito à identificação dos responsáveis por sua prisão ou por seu interrogatório policial;*

LXV. *a prisão ilegal será imediatamente relaxada pela autoridade judiciária;*

LXVI. *Ninguém será levado à prisão ou nela mantido, quando a lei admitir a liberdade provisória, com ou sem fiança;*

LXVII. *Não haverá prisão civil por dívida, salvo a do responsável pelo inadimplemento voluntário e inescusável de obrigação alimentícia e a do depositário infiel.*

Como destaque para prova, é importante enfatizar o disposto no inciso LXVII, o qual prevê duas formas de prisão civil por dívida:

» devedor de pensão alimentícia;

» depositário infiel.

Apesar de a Constituição Federal apresentar essas duas possibilidades de prisão civil por dívida, o STF tem entendido que só existe uma: a prisão do devedor de pensão alimentícia. Isso significa que o Depositário Infiel não poderá ser preso. Essa é a inteligência da Súmula Vinculante nº 25:

> *É ilícita a prisão civil de depositário infiel, qualquer que seja a modalidade do depósito.*

Dessa forma, o candidato deve ter muito cuidado com essa questão em prova: se perguntarem conforme a Constituição Federal, responde-se segundo a Constituição Federal. Mas se perguntarem à luz da Jurisprudência, responda-se conforme o entendimento do STF. Vejamos como o CESPE abordou o tema utilizando o posicionamento jurisprudencial:

Exercício Comentado

01. ***(CESPE) Segundo posição atual do STF, as únicas hipóteses aceitas de prisão civil, no direito brasileiro, são a do devedor de alimentos e a do depositário infiel.***

ERRADO. Essa é a posição escrita na Constituição no Art. 5º, LXVII. A posição atual do STF é diferente da prevista expressamente no texto constitucional. Para o Supremo Tribunal Federal só é permitida uma forma de prisão civil no direito brasileiro, a do devedor de alimentos. Depositário infiel não pode ser preso.

Extradição

Fruto de acordo internacional de cooperação, a extradição permite que determinada pessoa seja entregue a outro país para que seja responsabilizada pelo cometimento de algum crime. Existem duas formas de extradição:

→ **Extradição Ativa**

Quando o Brasil pede para outro país a extradição de alguém.

→ **Extradição Passiva**

Quando algum país pede para o Brasil a extradição de alguém.

A Constituição Federal preocupou-se em regular apenas a extradição passiva por meios dos incisos LI e LII do Art. 5º:

> ***LI.*** *Nenhum brasileiro será extraditado, salvo o naturalizado, em caso de crime comum, praticado antes da naturalização, ou de comprovado envolvimento em tráfico ilícito de entorpecentes e drogas afins, na forma da lei;*
>
> ***LII.*** *Não será concedida extradição de estrangeiro por crime político ou de opinião.*

De acordo com a inteligência desses dispositivos, três regras podem ser adotadas em relação à extradição passiva:

→ **Brasileiro Nato**

> Nunca será extraditado.

→ **Brasileiro Naturalizado**

> Será extraditado em duas hipóteses:

» crime comum cometido antes da naturalização;

» comprovado envolvimento com o tráfico ilícito de drogas, antes ou depois da naturalização.

→ **Estrangeiro**

> Poderá ser extraditado salvo em dois casos:

» crime político;

» crime de opinião.

E na extradição ativa, quem poderá ser extraditado?

Qualquer pessoa pode ser extraditada na extradição ativa, inclusive o brasileiro nato. Deve-se ter muito cuidado com essa questão em prova. Lembre-se que a extradição ativa ocorre quando o Brasil pede a extradição de um criminoso para outro país. Isso pode ser feito pedindo a extradição de qualquer pessoa que o Brasil queira punir.

Princípios que Regem a Extradição no País

→ **Princípio da reciprocidade**

O Brasil só extradita ao país que extradita para o Brasil. Deve haver acordo ou tratado de extradição entre os país requerente e o Brasil.

→ **Princípio da especialidade**

O extraditando só poderá ser processado e julgado pelo crime informado no pedido de extradição.

→ **Comutação da pena**

O país requerente deverá firmar um compromisso de comutar a pena prevista em seu país quando a pena a ser aplicada for proibida no Brasil.

→ **Dupla tipicidade ou dupla incriminação**

Só se extradita se a conduta praticada for considerada crime no Brasil e no país requerente.

Fique Ligado

Deve-se ter muito cuidado para não confundir a extradição com a entrega, deportação, expulsão ou banimento. A extradição, como se viu, é instituto de cooperação internacional entre países soberanos para a punição de criminosos.

Pela extradição, um país entrega o criminoso a outro país para que ele seja punido pelo crime praticado.

A entrega é o ato por meio do qual o país entrega uma pessoa para ser julgada no Tribunal Penal Internacional.

Deportação é a retirada do estrangeiro que tenha entrado de forma irregular no território nacional.

Expulsão é a retirada do estrangeiro que tenha praticado um ato ofensivo ao interesse nacional conforme as regras estabelecidas no Estatuto do Estrangeiro (Art. 65, Lei 6.815/80).

Banimento é uma das penas proibidas no direito brasileiro que consiste na expulsão de brasileiros para fora do território nacional.

Em prova as questões sobre extradição costumam ser de extradição passiva. Só pense em extradição ativa se na questão ficar muito claro que se trata de extradição ativa. Caso contrário, sempre será extradição passiva.

Princípio da Presunção da Inocência

Também conhecido como princípio da não-culpabilidade, essa regra de segurança jurídica garante que ninguém poderá ser condenado sem antes haver uma sentença penal condenatória transitada em julgado. Ou seja, uma sentença judicial condenatória definitiva:

> ***Art. 5º LVII.*** *Ninguém será considerado culpado até o trânsito em julgado de sentença penal condenatória.*

Identificação Criminal

> ***Art. 5º LVIII.*** *O civilmente identificado não será submetido a identificação criminal, salvo nas hipóteses previstas em lei.*

A Constituição garante que não será identificado criminalmente quem possuir identificação pública capaz de identificá-lo. Contudo, a Lei 12.037/2009 prevê hipóteses nas quais será possível a identificação criminal mesmo de quem apresentar outra identificação:

> ***Art. 3º*** *Embora apresentado documento de identificação, poderá ocorrer identificação criminal quando:*
>
> ***I.*** *O documento apresentar rasura ou tiver indício de falsificação;*
>
> ***II.*** *O documento apresentado for insuficiente para identificar cabalmente o indiciado;*
>
> ***III.*** *O indiciado portar documentos de identidade distintos, com informações conflitantes entre si;*
>
> ***IV.*** *A identificação criminal for essencial às investigações policiais, segundo despacho da autoridade judiciária competente, que decidirá de ofício ou mediante representação da autoridade policial, do Ministério Público ou da defesa;*

V. *Constar de registros policiais o uso de outros nomes ou diferentes qualificações;*

VI. *O estado de conservação ou a distância temporal ou da localidade da expedição do documento apresentado impossibilite a completa identificação dos caracteres essenciais.*

Ação Penal Privada Subsidiária da pública

Art. 5º LIX. *Será admitida ação privada nos crimes de ação pública, se esta não for intentada no prazo legal.*

Em regra, nos crimes de ação penal pública, o titular da ação penal é o Ministério Público. Contudo, havendo omissão ou mesmo desídia por parte do órgão ministerial, o ofendido poderá promover a chamada Ação Penal Privada Subsidiária da Pública. Esse tema encontra-se disciplinado no Art. 29 do Código de Processo Penal:

Art. 29. *Será admitida ação privada nos crimes de ação pública, se esta não for intentada no prazo legal, cabendo ao Ministério Público aditar a queixa, repudiá-la e oferecer denúncia substitutiva, intervir em todos os termos do processo, fornecer elementos de prova, interpor recurso e, a todo tempo, no caso de negligência do querelante, retomar a ação como parte principal.*

Remédios Constitucionais

Inicia-se agora o estudo dos chamados Remédios Constitucionais, matéria muito cobrada em prova de concurso. Os remédios constitucionais são espécies de garantias constitucionais que visam a proteger determinados direitos e até outras garantias fundamentais. São poderosas ações constitucionais que estão disciplinadas no texto da Constituição.

Habeas Corpus

Sem dúvida, esse remédio constitucional é o mais importante para prova, haja vista a sua utilização para proteger um dos direitos mais ameaçados do indivíduo: a liberdade de locomoção. Vejamos o que diz o texto constitucional:

Art. 5º LXVIII. *Conceder-se-á "habeas-corpus" sempre que alguém sofrer ou se achar ameaçado de sofrer violência ou coação em sua liberdade de locomoção, por ilegalidade ou abuso de poder.*

É essencial, conhecer os elementos necessários para a utilização dessa ferramenta.

Primeiro, deve-se compreender que o *habeas corpus* é utilizado para proteger a liberdade de locomoção. Deve-se ter cuidado com isso em prova, pois ele não tutela qualquer liberdade, mas apenas a liberdade de locomoção.

Outro ponto fundamental é que ele poderá ser utilizado tanto de forma preventiva quanto de forma repressiva. *Habeas corpus* preventivo é aquele utilizado para prevenir a violência ou coação à liberdade de locomoção. *Habeas corpus* repressivo é utilizado para reprimir a violência ou coação a liberdade de locomoção, ou seja, é utilizado quando a restrição da liberdade de locomoção já ocorreu.

Perceba-se que não é a qualquer tipo de restrição à liberdade de locomoção que caberá o remédio, mas apenas àquelas cometidas com ilegalidade ou abuso de poder.

Nas relações processuais que envolvem a utilização do *habeas corpus*, é possível identificar a participação de três figurantes:

> ***Impetrante***

O impetrante é a pessoa que impetra a ação. Quem entra com a ação. A titularidade dessa ferramenta é Universal, pois qualquer pessoa pode impetrar o HC. Não precisa sequer de advogado. Sua possibilidade é tão ampla que não precisa possuir capacidade civil ou mesmo qualquer formalidade. Esse remédio é desprovido de condições que impeçam sua utilização da forma mais ampla possível. Poderá impetrar essa ação tanto uma pessoa física quanto jurídica.

> ***Paciente***

É quem está doente, e a doença aqui é a restrição da liberdade de locomoção. O paciente é quem teve a liberdade de locomoção restringida. Ele será o beneficiário do *habeas corpus*. Pessoa jurídica não pode ser paciente de *Habeas corpus*, pois a liberdade de locomoção é um direito incompatível com sua natureza jurídica.

> ***Autoridade Coatora***

É quem restringiu a liberdade de locomoção com ilegalidade ou abuso de poder. Poderá ser tanto uma autoridade privada quanto uma autoridade pública.

Outra questão interessante que está prevista na Constituição é a gratuidade dessa ação:

Art. 5º LXXVII. *São gratuitas as ações de "habeas-corpus" e "habeas-data", e, na forma da lei, os atos necessários ao exercício da cidadania.*

A Constituição proíbe a utilização desse remédio constitucional em relação às punições disciplinares militares. É o que prevê o Art. 142, § 2º:

***§ 2º** - Não caberá "habeas-corpus" em relação a punições disciplinares militares.*

Contudo, o STF tem admitido o remédio quando impetrado por razões de ilegalidade da prisão militar. Quanto ao mérito da prisão, deve-se aceitar a vedação Constitucional, mas em relação a legalidade da prisão, prevalece o entendimento de que o remédio seria possível.

Também não cabe *habeas corpus* em relação às penas pecuniárias, multas, advertências ou, ainda, nos processos administrativos disciplinares e no processo de *Impeachment*. Nesses casos, o não cabimento deve-se ao fato de que as medidas não visam restringir a liberdade de locomoção.

Por outro lado, a jurisprudência tem admitido o cabimento para impugnar inserção de provas ilícitas no processo ou quando houver excesso de prazo na instrução processual penal.

Por último, cabe ressaltar que o magistrado poderá concedê-lo de ofício.

Fique Ligado

Pessoa jurídica pode ser impetrante do habeas corpus, mas não pode ser paciente!

Habeas Data

O *habeas data* cuja previsão está no inciso LXXII do Art. 5º tem como objetivo proteger a liberdade de informação:

LXXII. *conceder-se-á "habeas-data":*

a) *para assegurar o conhecimento de informações relativas à pessoa do impetrante, constantes de registros ou bancos de dados de entidades governamentais ou de caráter público;*

b) *para a retificação de dados, quando não se prefira fazê-lo por processo sigiloso, judicial ou administrativo.*

Duas são as formas previstas na Constituição para utilização desse remédio:

> Para conhecer a informação.
> Para retificar a informação.

É importante ressaltar que só caberá o remédio em relação às informações do próprio impetrante.

As informações precisam estar em um banco de dados governamental ou de caráter público, o que significa que seria possível entrar com um ***habeas data*** contra um banco de dados privado desde que tenha caráter público.

Da mesma forma que o ***habeas corpus***, o ***habeas data*** também é gratuito:

> ***Art. 5º - LXXVII.*** *São gratuitas as ações de "habeas-corpus" e "habeas-data", e, na forma da lei, os atos necessários ao exercício da cidadania.*

Fique Ligado

Não cabe habeas data para conhecer informações de terceiros. Cabe apenas para conhecer informações do próprio impetrante.

Mandado de Segurança

O mandado de segurança é um remédio muito cobrado em prova em razão dos seus requisitos:

> ***Art. 5º LXIX.*** *Conceder-se-á mandado de segurança para proteger direito líquido e certo, não amparado por "habeas-corpus" ou "habeas-data", quando o responsável pela ilegalidade ou abuso de poder for autoridade pública ou agente de pessoa jurídica no exercício de atribuições do Poder Público.*

Como se pode ver, o mandado de segurança será cabível proteger direito líquido e certo desde que não amparado por habeas corpus ou habeas data. O que significa dizer que será cabível desde que não seja para proteger a liberdade de locomoção e a liberdade de informação. Esse é o chamado caráter subsidiário do mandado de segurança.

O texto constitucional exigiu também para a utilização dessa ferramenta a ilegalidade e o abuso de poder praticado por autoridade pública ou privada, desde que esteja no exercício de atribuições do poder público.

O mandado de segurança possui prazo decadencial para ser utilizado: 120 dias.

Existe também o mandado de segurança coletivo:

> ***Art. 5º LXX.*** *O mandado de segurança coletivo pode ser impetrado por:*
>
> ***a)*** *partido político com representação no Congresso Nacional;*
>
> ***b)*** *organização sindical, entidade de classe ou associação legalmente constituída e em funcionamento há pelo menos um ano, em defesa dos interesses de seus membros ou associados.*

Observadas as regras do mandado de segurança individual, o mandado de segurança coletivo possui alguns requisitos que lhe são peculiares: os legitimados para propositura.

São legitimados para propor o mandado de segurança coletivo:

> partidos políticos com representação no Congresso Nacional.

Para se ter representação no Congresso Nacional, basta um membro em qualquer uma das casas.

> Organização sindical.
> Entidade de classe.
> Associação.

Desde que legalmente constituída e em funcionamento há pelo menos um ano.

Fique Ligado

Segundo o STF, a necessidade de estar constituída e em funcionamento há pelo menos um ano só se aplica às associações. A FCC entende que esse requisito se aplica a todas as entidades.

Sobre o tema existe uma excelente questão de prova trabalhando com a diferença entre a aplicação do Mandado de Segurança e do Habeas Data:

Exercício Comentado

01. ***(CESGRANRIO) Caso uma determinada autoridade administrativa se recusasse (ilegalmente) a fornecer certidão de tempo de serviço, requerida por funcionário público que dela necessitasse, a fim de solicitar sua aposentadoria, seria cabível ajuizar***

a) Habeas Data.
b) Ação Civil Pública.
c) Ação Popular.
d) Mandado de Injunção.
e) Mandado de Segurança.

RESPOSTA. ***E. Qualquer aluno, logo, marcaria como resposta correta a letra "a) Habeas Data". Contudo, para proteger o direito em questão não se utiliza o habeas data e sim o mandado de segurança (assertiva "e"). Percebe-se o seguinte: não está sendo restringido com ilegalidade o direito à informação, mas o direito à certidão. Se a autoridade administrativa fornecesse a certidão sem a informação, aí seria Habeas Data. Entretanto, a autoridade recusou-se a fornecer a própria certidão. Nesse caso, o direito ofendido foi um direito líquido e certo não amparado por habeas corpus ou habeas data, cujo remédio é o Mandado de Segurança. Deve-se sempre lembrar:***

Liberdade de informação = habeas data.

Direito de certidão = mandado de segurança.

Mandado de Injunção

O mandado de injunção é uma ferramenta mais complexa para se entender. Vejamos o que diz a Constituição:

Art. 5º LXXI. Conceder-se-á mandado de injunção sempre que a falta de norma regulamentadora torne inviável o exercício dos direitos e liberdades constitucionais e das prerrogativas inerentes à nacionalidade, à soberania e à cidadania.

O seu objetivo é suprir a omissão legislativa que impede o exercício de direitos fundamentais. Algumas normas constitucionais para que produzam efeitos dependem da edição de outras normas infraconstitucionais. Essas normas são conhecidas por sua eficácia como normas de eficácia limitada. Isso mesmo, o mandado de injunção visa a corrigir a ineficácia das normas com eficácia limitada.

Todas as vezes que um direito deixar de ser exercido pela ausência de norma regulamentadora, será cabível esse remédio.

No que tange à efetividade da decisão, deve-se esclarecer a possibilidade de adoção por parte do STF de duas correntes doutrinárias:

> **Teoria concretista geral**

O Poder Judiciário concretiza o direito no caso concreto aplicando seu dispositivo com efeito *erga omnes*, para todos os casos iguais;

> **Teoria concretista individual**

O Poder Judiciário concretiza o direito no caso concreto aplicando seu dispositivo com efeito inter partes, ou seja, apenas com efeito entre as partes.

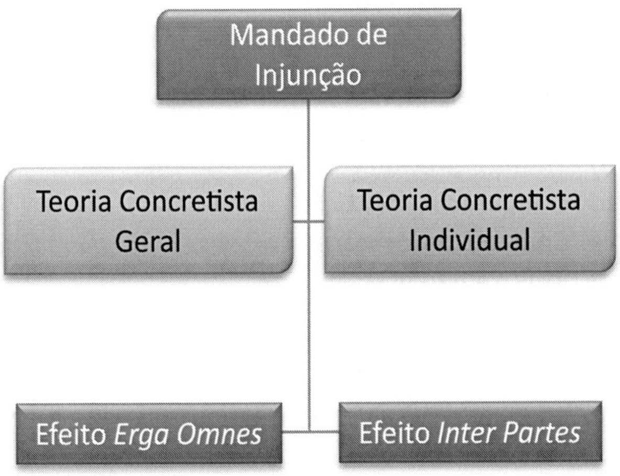

Ação Popular

A ação popular é uma ferramenta fiscalizadora utilizada como espécie de exercício direto dos direitos políticos. Por isso, só poderá ser utilizada por cidadãos. Segundo o inciso LXXIII do Art.o 5º:

LXXIII. *Qualquer cidadão é parte legítima para propor ação popular que vise a anular ato lesivo ao patrimônio público ou de entidade de que o Estado participe, à moralidade administrativa, ao meio ambiente e ao patrimônio histórico e cultural, ficando o autor, salvo comprovada má-fé, isento de custas judiciais e do ônus da sucumbência.*

Além da previsão constitucional, essa ação encontra-se regulamentada pela Lei 4.717/65. Percebe-se que seu objetivo consiste em proteger o patrimônio público, a moralidade administrativa, o meio ambiente e o patrimônio histórico e cultural.

O autor não precisa pagar custas judiciais ou ônus da sucumbência, salvo se houver má-fé.

Vamos Praticar

01. (FCC) No que diz respeito ao direito à inviolabilidade de domicílio, é correto afirmar que:

a) Ninguém pode violar a casa, à noite, mesmo que munido de autorização judicial.

b) A casa é asilo inviolável e em nenhuma hipótese se pode nela ingressar sem o consentimento do morador.

c) O conceito de casa é restrito e abrange, apenas, a residência com ânimo definitivo.

d) A casa, à noite, torna-se violável nas hipóteses de flagrante, desastre e prestação de socorro, porém é necessária autorização judicial.

e) A casa é violável no caso de flagrante, desastre ou para prestar socorro.

02. (FCC) De acordo com a Constituição Federal, é assegurado, nos processos de competência do Tribunal do Júri:

a) O processamento dos crimes patrimoniais dolosos.

b) O sigilo das votações.

c) A divulgação das votações, para garantia da plenitude de defesa.

d) A soberania da sentença sobre as votações.

e) O processamento dos crimes dolosos e culposos contra a vida.

03. (FCC) No dia 27 de fevereiro de 2008 determinado cidadão foi multado em razão de conduzir veículo utilizando telefone móvel. No dia 03 de março de 2008 foi editada lei federal tipificando como crime a mesma conduta. Pretendeu-se, então, aditar o auto de infração lavrado para aplicar ao cidadão a pena prevista para o novo tipo penal. A conduta é, de acordo com a Constituição Federal:

a) Constitucional, uma vez que observado o princípio da legalidade.

b) Constitucional, uma vez que se presta a garantir a segurança da coletividade no trânsito.

c) Constitucional se a autuação da infração de trânsito for posterior à edição da lei, independentemente da data da prática do ato.

d) Inconstitucional, porque ofende o princípio da irretroatividade da lei penal.

e) Inconstitucional, pois, embora observado o princípio da legalidade, restou violado o princípio da ampla defesa.

04. (FCC) Os princípios da ampla defesa e do contraditório:

a) São garantidos por Lei Complementar especialmente editada para esse fim.

b) São inerentes aos processos judicial e administrativo.

c) Só se aplicam aos processos judiciais na área penal e na área civil.

d) Não se aplicam aos processos administrativos não punitivos.

e) Não se aplicam em nenhuma espécie de processo administrativo.

05. (FCC) É garantia específica do direito à integridade física e mental dos indivíduos a previsão constitucional segundo a qual:

a) Não há crime sem lei anterior que o defina, nem pena sem prévia cominação legal.

b) Não haverá penas de caráter perpétuo, salvo em caso de guerra declarada nos termos da Constituição.

c) Constitui crime inafiançável e imprescritível a ação de grupos armados contra a ordem constitucional e o Estado democrático.

d) A lei considerará crime inafiançável e insuscetível de graça ou anistia a prática de tortura.

e) Nenhuma pena passará da pessoa do condenado, extinguindo-se com sua morte a obrigação de reparar danos e a decretação do perdimento de bens.

06. (CONSUPLAN) Sobre os direitos e deveres individuais e coletivos previstos na Constituição da República Federativa do Brasil, marque a alternativa incorreta:

a) A lei estabelecerá o procedimento para desapropriação por necessidade ou utilidade pública, ou por interesse social, mediante justa e prévia indenização em dinheiro, ressalvados os casos previstos na Constituição da República.

b) No caso de iminente perigo público, a autoridade competente poderá usar de propriedade particular, assegurada ao proprietário indenização anterior, se houver dano.

c) Aos autores pertence o direito exclusivo de utilização, publicação ou reprodução de suas obras, transmissível aos herdeiros pelo tempo que a lei fixar.

d) É assegurado a todos o acesso à informação e resguardado o sigilo da fonte, quando necessário ao exercício profissional.

e) A propriedade atenderá a sua função social.

07. (CONSUPLAN) A Constituição da República Federativa do Brasil de 1988 estabelece como crime inafiançável, exceto:

a) Prática do racismo.

b) Prática de tortura.

c) Crime político.

d) Tráfico ilícito de entorpecentes.

e) Terrorismo.

08. (CESPE) Uma fazenda destinada à plantação de maconha pode ser objeto de desapropriação confiscatória, devendo a indenização ao proprietário, nesse caso, ser paga em títulos da dívida agrária.

Certo ( ) Errado ( )

09. (CESPE) O direito à duração razoável do processo, tanto no âmbito judicial quanto no âmbito administrativo, é um direito fundamental previsto expressamente na CF.

Certo ( ) Errado ( )

10. (FCC) No tocante aos Direitos e Deveres Individuais e Coletivos, é correto afirmar que:

a) A lei regulará a individualização da pena e adotará, entre outras, as penas de privação ou restrição da liberdade, perda de bens, multa, prestação social alternativa e suspensão ou interdição de direitos.

b) A prática do racismo constitui crime inafiançável e imprescritível, sujeito à pena de detenção, nos termos da lei.

c) A lei considerará crime inafiançável e suscetível de graça ou anistia a prática da tortura.

d) Constitui crime inafiançável e prescritível a ação de grupos armados, civis ou militares, contra a ordem constitucional e o Estado Democrático.

e) Nenhuma pena passará da pessoa do condenado, podendo a obrigação de reparar o dano e a decretação do perdimento de bens ser, nos termos da lei, estendidas aos sucessores e contra eles executadas, independentemente do valor do patrimônio transferido.

11. (FCC) Dentre as penas abaixo indicadas, assinale a que é expressamente vedada pela Constituição Federal Brasileira:

a) Trabalhos forçados.

b) Suspensão de direitos.

c) Interdição de direitos.

d) Perda de bens.

e) Prestação social alternativa.

12. (FCC) No Brasil não se admite, em regra, prisão civil, cabível, no entanto, para os casos de dívida oriunda de inadimplemento voluntário e inescusável de:

a) Tributos previdenciários.

b) Obrigação alimentícia.

c) Contrato de locação.

d) Multa ambiental.

e) Contrato de trabalho.

13. (ESAF) O mandado de segurança é ação voltada para fins cíveis, não constituindo instrumento adequado para defesa de direito líquido e certo no âmbito do processo penal.

Certo ( ) Errado ( )

14. (FCC) Conceder-se-á mandado de injunção:

a) Para assegurar o conhecimento de informações relativas à pessoa do impetrante, constantes de registros ou bancos de dados de entidades governamentais ou de caráter público.

b) Para a retificação de dados, quando não se prefira fazê-lo por processo sigiloso, judicial ou administrativo.

c) Sempre que alguém sofrer ou se achar ameaçado de sofrer violência ou coação em sua liberdade de locomoção, por ilegalidade ou abuso de poder.

d) Sempre que a falta de norma regulamentadora torne inviável o exercício dos direitos e liberdades constitucionais e das prerrogativas inerentes à nacionalidade, à soberania e à cidadania.

e) Para proteger direito líquido e certo, quando o responsável pela ilegalidade ou abuso de poder for autoridade pública ou agente de pessoa jurídica no exercício de atribuições do Poder Público.

15. (FCC) O cidadão que pretenda questionar ato considerado lesivo à moralidade administrativa, praticado pelo Prefeito do Município em que reside, pleiteando sua anulação:

a) Deverá representar ao Ministério Público para o ajuizamento de ação civil pública, por faltar-lhe legitimidade para agir diante da ausência de prejuízo pessoal.

b) Poderá valer-se de mandado de segurança coletivo, em defesa do interesse público subjacente à demanda, desde que munido de prova pré constituída da situação alegada em juízo.

c) Deverá valer-se da Defensoria Pública para a promoção de representação de inconstitucionalidade do ato perante o Tribunal de Justiça estadual.

d) Poderá ajuizar habeas data, assegurada a gratuidade da ação, por se tratar de ato considerado necessário ao exercício da cidadania.

e) Tem legitimidade para propor ação popular, ficando isento de custas judiciais e ônus da sucumbência, salvo comprovada má-fé.

16. (CESPE) O ordenamento constitucional veda o envio compulsório de brasileiros ao exterior, que caracterizaria a pena de banimento, assim como proíbe a retirada coativa de estrangeiros do território nacional, que caracterizaria a pena de expulsão.

Certo ( ) Errado ( )

17. (CESPE) Inexiste pena de morte, no Brasil, em qualquer hipótese.

Certo ( ) Errado ( )

18. (CESPE) Nenhum cidadão brasileiro pode ser extraditado.

Certo ( ) Errado ( )

19. (CESPE) Para serem resguardados os agentes policiais e os delegados de polícia contra eventuais retaliações por parte das pessoas que eles prendem, os presos não têm direito à identificação dos responsáveis pela sua prisão.

Certo ( ) Errado ( )

20. (CESPE) Qualquer partido político pode impetrar mandado de segurança coletivo para proteção de direito líquido e certo.

Certo ( ) Errado ( )

Gabarito

01	E	11	A
02	B	12	B
03	D	13	ERRADO
04	B	14	D
05	D	15	E
06	B	16	ERRADO
07	C	17	ERRADO
08	ERRADO	18	ERRADO
09	CERTO	19	ERRADO
10	A	20	ERRADO

Anotações

CAPÍTULO 06

Direitos Fundamentais IV - Direitos Sociais e Nacionalidade

Direitos Sociais

Prestações Positivas

Os direitos sociais encontram-se previstos a partir do Art. 6º até o Art. 11 da Constituição Federal. São normas que se concretizam por meio de prestações positivas por parte do Estado, haja vista objetivarem reduzir as desigualdades sociais.

Deve-se dar destaque para o Art. 6º, que foi alterado pela EC 64/2010 e que possivelmente será objeto de questionamento em concurso público:

> **Art. 6º** *São direitos sociais a educação, a saúde, a alimentação, o trabalho, a moradia, o lazer, a segurança, a previdência social, a proteção à maternidade e à infância, a assistência aos desamparados, na forma desta Constituição.*

Boa parte dos direitos aqui previstos necessita de recursos financeiros para serem implementados, o que acaba por dificultar sua plena eficácia.

Mas, antes de avançar nessa parte da matéria, faz-se necessário dizer que costumam ser cobradas questões de provas que abordam apenas o texto puro da Constituição Federal. A principal orientação, portanto, é que se dedique tempo à leitura da Constituição Federal, mais precisamente, do Art. 7º, que possui vários dispositivos que podem ser trabalhados em prova.

Reserva do Possível

Seria possível exigir do Estado a concessão de um direito social quando tal direito não fosse assegurado de forma condizente com sua previsão constitucional? A título de exemplo, veremos um dispositivo dos direitos sociais dos trabalhadores:

> *IV. Salário mínimo, fixado em lei, nacionalmente unificado, capaz de atender a suas necessidades vitais básicas e às de sua família com moradia, alimentação, educação, saúde, lazer, vestuário, higiene, transporte e previdência social, com reajustes periódicos que lhe preservem o poder aquisitivo, sendo vedada sua vinculação para qualquer fim.*

Observe-se que a Constituição garante que o salário mínimo deve atender às necessidades vitais básicas do trabalhador e de sua família com moradia, alimentação, educação, saúde, lazer, vestuário, higiene, transporte e previdência social. Você, que é trabalhador ou que já ganhou um salário mínimo no Brasil, deve perceber que o valor pago atualmente, nem de longe, garante o que prevê o texto constitucional. Entendendo que os direitos sociais são espécies de direitos fundamentais e, analisando-os sob o dispositivo previsto no § 1º do Art.5º segundo o qual "as normas definidoras de direitos e garantias fundamentais têm aplicação imediata", pergunta-se: seria possível entrar com uma ação visando a garantir o disposto no inciso IV, que está sendo analisado?

Certamente não. Para se garantir tudo o que está previsto no referido inciso, seria necessário que o salário mínimo valesse, em média, por volta de R$ 3.000,00. Agora, imagine se algum trabalhador conseguisse esse benefício por meio de uma decisão judicial, o que não fariam todos os demais trabalhadores do país.

Se o Estado fosse obrigado a pagar esse valor para todos os trabalhadores, os cofres públicos rapidamente quebrariam. Para se garantir essa estabilidade, foi desenvolvida a teoria da **Reserva do Possível**, por meio da qual o Estado pode alegar essa impossibilidade financeira para atender algumas demandas, como o aumento do salário mínimo. Quando o poder público for demandado para garantir algum benefício de ordem social, poderá ser alegada, previamente, a impossibilidade financeira para concretização do direito sob o argumento da reserva do possível.

Mínimo Existencial

Por causa da reserva do possível, o Estado passou a se esconder atrás dessa teoria, eximindo-se da sua obrigação social de garantia dos direitos tutelados na Constituição Federal. Tudo o que era pedido para o Estado era negado sob o argumento de que "não era possível". Para trazer um pouco de equilíbrio a essa relação, foi desenvolvida outra teoria chamada de Mínimo Existencial. Essa teoria permite que os poderes públicos deixem de atender algumas demandas em razão da reserva do possível, mas exige que seja garantido o mínimo existencial.

Proibição de Retrocesso

Uma regra interessante que funciona com caráter de segurança jurídica é a Proibição do Retrocesso. Esse dispositivo proíbe que os direitos sociais já conquistados sejam esvaziados ou perdidos sob pena de desestruturação social do País.

Salário Mínimo

Feitas algumas considerações iniciais sobre a doutrina social, segue-se à análise de alguns dispositivos constitucionais que se encontram no Art. 7º:

> *IV. Salário mínimo , fixado em lei, nacionalmente unificado, capaz de atender a suas necessidades vitais básicas e às de sua família com moradia, alimentação, educação, saúde, lazer, vestuário, higiene, transporte e previdência social, com reajustes periódicos que lhe preservem o poder aquisitivo, sendo vedada sua vinculação para qualquer fim.*

Vários pontos são relevantes nesse inciso. Primeiramente, é importante comentar o trecho "fixado em lei". Segundo o texto constitucional, o salário mínimo só poderá ser fixado em lei; entretanto, no dia 25 de fevereiro de 2011 foi publicada a Lei 12.382, que prevê a possibilidade de fixação do salário mínimo por meio de Decreto do Poder Executivo. Questionado no STF[1], o guardião da Constituição considerou constitucional a fixação de salário mínimo por meio de Decreto Presidencial. Certamente esse tema cairá nos próximos concursos.

Outro ponto interessante diz respeito ao salário mínimo ser nacionalmente unificado. Muitos acham que alguns estados da federação fixam valores referentes ao salário mínimo maiores do que o fixado nacionalmente. O STF já afirmou que os Estados não podem fixar salário mínimo diferente do nacionalmente unificado. O que cada Estado pode fixar é o piso salarial da categoria de trabalhadores com valor maior que o salário mínimo.

1 Ver no STF, ADI 4.568, Rel. Min. Cármen Lúcia, julgamento em 3-11-2011, Plenário, Informativo 646.

Temos ainda a proibição de vinculação do salário mínimo para qualquer fim. Em fevereiro de 2011, esse tema foi enfrentado pelo STF, que determinou a desvinculação do salários dos técnicos em radiologia do salário mínimo, como estava previsto na Lei 7.394/85.

Algumas súmulas vinculantes do STF são importantes para prova, pois se referem ao salário mínimo:

01. **Súmula Vinculante 4**

Salvo nos casos previstos na Constituição, o salário mínimo não pode ser usado como indexador de base de cálculo de vantagem de servidor público ou de empregado, nem ser substituído por decisão judicial.

02. **Súmula Vinculante 6**

Não viola a Constituição o estabelecimento de remuneração inferior ao salário mínimo para as praças prestadoras de serviço militar inicial.

03. **Súmula Vinculante 15**

O cálculo de gratificações e outras vantagens do servidor público não incide sobre o abono utilizado para se atingir o salário mínimo.

04. **Súmula Vinculante 16**

Os Arts. 7º, IV, e 39, § 3º (redação da EC 19/98) da Constituição referem-se ao total da remuneração percebida pelo servidor público.

Prescrição Trabalhista

Um dos dispositivos previstos no Art. 7º mais cobrados em prova é o inciso XXIX:

> ***XXIX.*** *Ação, quanto aos créditos resultantes das relações de trabalho, com prazo prescricional de cinco anos para os trabalhadores urbanos e rurais, até o limite de dois anos após a extinção do contrato de trabalho.*

Exemplificando: imaginemos um trabalhador que trabalhou 20 anos em uma empresa. Sua função era exercida no período noturno, contudo, durante todos esses anos de trabalho, ele não recebeu nenhum dia de adicional noturno. Ora, ao ter seu contrato de trabalho rescindido, ele poderá ingressar em juízo pleiteando as verbas trabalhistas não pagas. Tendo em vista a existência de prazo prescricional para reaver seus direitos, o trabalhador terá o prazo de 2 anos para entrar com a ação, e só terá direito aos últimos 5 anos de adicional noturno.

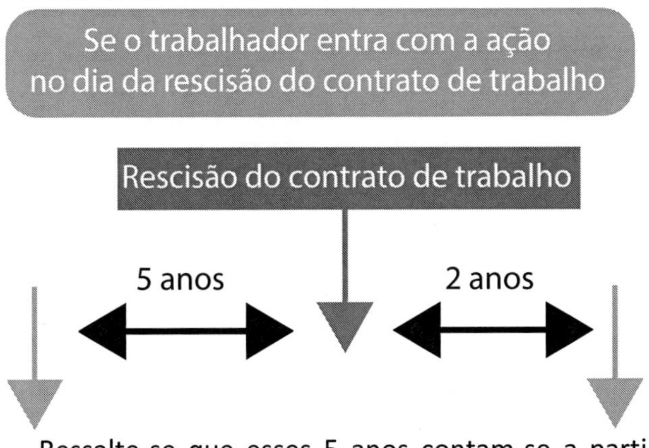

Ressalte-se que esses 5 anos contam-se a partir do dia em que entrou com a ação. Se ele entrar com a ação no último dia do prazo de 2 anos, só terá direito a 3 anos de adicional noturno.

Nesse exemplo, se o trabalhador entrar com a ação no dia 01/01/2011, receberá os últimos 5 anos de adicional noturno, ou seja, até o dia 01/01/2006. Mas se o trabalhador entrar com a ação no dia 01/01/2013, último dia do prazo prescricional de 2 anos, ele terá direito aos últimos 5 anos de adicional noturno a contar do dia em que entrou com a ação. Isso significa que se depare o adicional noturno até o dia 01/01/2008. Perceba que, se o trabalhador demorar a entrar com a ação, ele perde os direitos trabalhistas anteriores ao prazo dos últimos 5 anos.

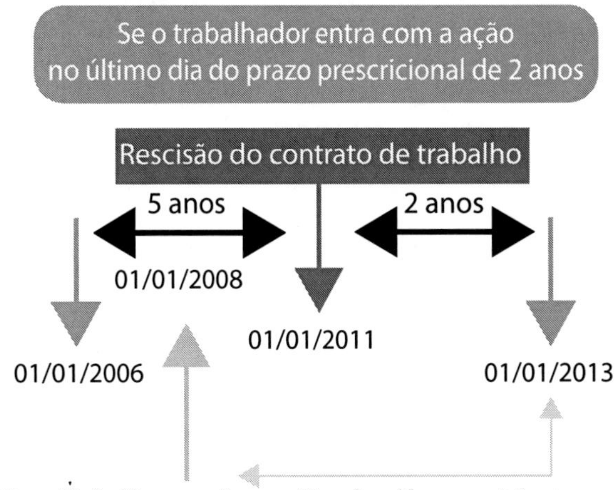

Proibição do Trabalho Noturno, Perigoso e Insalubre

Esse inciso também é muito cotado para ser cobrado em prova. É importante lê-lo para que, em seguida, se possa responder a uma pergunta que fará entender o motivo de ele ser tão abordado em testes:

> ***Art. 7º XXXIII.*** *Proibição de trabalho noturno, perigoso ou insalubre a menores de dezoito e de qualquer trabalho a menores de dezesseis anos, salvo na condição de aprendiz, a partir de quatorze anos.*

A pergunta é muito simples: a partir de qual idade pode se trabalhar no Brasil? Você deve estar em dúvida: entre 16 e 14 anos. Isso é o que acontece com a maioria dos candidatos. Mas se você quiser passar em um concurso, não pode ser igual aos demais. Você precisa fazer a diferença! Você precisa ser a diferença! Então, nunca mais esqueça: se temos uma regra e essa regra está acompanhada de uma exceção; temos, então, uma possibilidade.

Ora, se a Constituição diz que é proibido o trabalho para os menores de 16 e, em seguida, excepciona essa regra dizendo que é possível a partir dos 14, na condição de aprendiz: ela quis dizer que o trabalho no Brasil se inicia aos 14 anos. Esse entendimento se fortalece à luz do Art. 227, § 3º, I:

> **Art. 227, § 3º** - *O direito a proteção especial abrangerá os seguintes aspectos:*
>
> ***I.*** *Idade mínima de quatorze anos para admissão ao trabalho, observado o disposto no art. 7º, XXXIII.*

Exercício Comentado

01. (CESPE) Um rapaz de 17 anos de idade foi contratado para trabalhar em um restaurante no período noturno, com uma jornada de seis horas. Ao tomar conhecimento do contrato, o advogado do dono do restaurante informou imediatamente ao seu cliente que a situação do rapaz recém-contratado era vedada pela Constituição Federal. Nessa situação, as informações do advogado não estão corretas, pois o que é vedado pela Constituição é o trabalho noturno aos menores de 16 anos.

ERRADO. Questão típica do CESPE, explorando um caso concreto em que o candidato precisa adequar a aplicação da norma à situação. A afirmação do advogado está correta, haja vista a Constituição Federal proibir o trabalho noturno aos menores de 18 anos. Essa é a inteligência do texto constitucional no Art. 7º, XXXIII.

Fique Ligado

Quando existe uma regra acompanhada de uma exceção, o que existe na verdade é uma possibilidade. Deve-se tomar cuidado com as palavras: ressalvado, salvo, exceto.

Direitos dos Empregados Domésticos

O parágrafo único, do Art. 7º, da CF assegurava ao trabalhador doméstico um número reduzido de direitos, se comparado com os demais empregados, urbanos ou rurais.

Nos termos daquele dispositivo, seriam garantidos à categoria dos trabalhadores domésticos apenas os direitos previstos nos incisos IV, VI, VIII, XV, XVII, XVIII, XIX, XXI e XXIV, do Art. 7º, bem como a sua integração à previdência social.

Com a promulgação da EC nº 72, de 2 de abril de 2013, aquele parágrafo foi alterado para estender aos empregados domésticos praticamente todos os demais direitos constantes nos incisos, do Art. 7º, da CF.

A nova redação do parágrafo único, do Art. 7º, da CF dispõe: "São assegurados à categoria dos trabalhadores domésticos os direitos previstos nos incisos IV, VI, VII, VIII, X, XIII, XV, XVI, XVII, XVIII, XIX, XXI, XXII, XXIV, XXVI, XXX, XXXI e XXXIII e, atendidas as condições estabelecidas em lei e observada a simplificação do cumprimento das obrigações tributárias, principais e acessórias, decorrentes da relação de trabalho e suas peculiaridades, os previstos nos incisos I, II, III, IX, XII, XXV e XXVIII, bem como a sua integração à previdência social".

Direitos Coletivos dos Trabalhadores

São basicamente os direitos relacionados à criação e organização das associações e sindicatos que estão previstos no Art. 8º.

Princípio da Unicidade Sindical

O primeiro direito coletivo refere-se ao princípio da unicidade sindical. Esse dispositivo proíbe a criação de mais de uma organização sindical, representativa de categoria profissional ou econômica, em uma mesma base territorial:

> ***II.*** *é vedada a criação de mais de uma organização sindical, em qualquer grau, representativa de categoria profissional ou econômica, na mesma base territorial, que será definida pelos trabalhadores ou empregadores interessados, não podendo ser inferior à área de um Município.*

Em cada base territorial (federal, estadual, municipal ou distrital) só pode existir um sindicato representante da mesma categoria, lembrando que a base territorial mínima refere-se à área de um município.

Exemplificando: só pode existir **um** sindicato municipal de pescadores no município de Cascavel. Só pode existir **um** sindicato estadual de pescadores no estado do Paraná. Só pode existir **um** sindicato federal de pescadores no Brasil. Contudo, é possível existirem vários sindicatos municipais de pescadores no Estado do Paraná.

Contribuição Confederativa e Sindical

Essa questão costuma enganar até mesmo os mais preparados. Vejamos o que diz a Constituição Federal no Art. 8º, IV:

> ***IV.*** *A assembleia geral fixará a contribuição que, em se tratando de categoria profissional, será descontada em folha, para custeio do sistema confederativo da representação sindical respectiva, independentemente da contribuição prevista em lei.*

A primeira coisa que se deve perceber é a existência de duas contribuições nesse inciso. Uma chamada de Contribuição Confederativa a outra de Contribuição Sindical.

A Contribuição Confederativa é a prevista nesse inciso, fixada pela assembleia geral, descontada em folha para custear o sistema confederativo. Essa contribuição é aquela paga às organizações sindicais e que só é obrigada aos filiados e aos sindicatos. Não possui natureza tributária, por isso obriga apenas as pessoas que voluntariamente se filiam a uma entidade sindical.

A Contribuição Sindical, que é a contribuição prevista em lei, mais precisamente na Consolidação das Leis Trabalhistas (Dec. Lei 5.452/43), deve ser paga por todos os trabalhadores ainda que profissionais liberais. Sua natureza é tributária, não possuindo caráter facultativo.

Contribuição	
Confederativa	Sindical
Fixada pela Assembleia	Fixada pela CLT
Natureza não tributária	Natureza tributária
Obrigada apenas aos filiados a sindicatos	Obrigada a todos os trabalhadores

Liberdade de associação

Esse inciso costuma ser cobrado em prova devido às inúmeras possibilidades de se modificar o seu texto:

> ***V.*** *Ninguém será obrigado a filiar-se ou a manter-se filiado a sindicato.*

É a liberdade de associação que permite aos trabalhadores escolherem se desejam ou não se filiar a um determinado sindicato. Ninguém será obrigado a filiar-se ou a manter-se filiado.

Participação do aposentado no sindicato

Esse inciso também possui aplicação semelhante ao anterior, portanto deve haver uma leitura atenta aos detalhes que podem ser modificados em prova:

> ***VII.*** *o aposentado filiado tem direito a votar e ser votado nas organizações sindicais.*

Estabilidade sindical

A estabilidade sindical constitui norma de proteção aos dirigentes sindicais que possui grande utilidade ao evitar o cometimento de arbitrariedades por partes das empresas em retaliação aos representantes dos empregados:

> ***VIII.*** *É vedada a dispensa do empregado sindicalizado a partir do registro da candidatura a cargo de direção ou representação sindical e, se eleito, ainda que suplente, até um ano após o final do mandato, salvo se cometer falta grave nos termos da lei.*

O importante aqui é entender o período de proteção que a Constituição garantiu aos dirigentes sindicais. A estabilidade se inicia com o registro da candidatura e permanece, com o candidato eleito, até um ano após o término do seu mandato. Ressalte-se que essa proteção contra despedida arbitrária não prospera diante do cometimento de falta grave.

Fique Ligado

A estabilidade sindical se inicia com o registro da candidatura e vai até um ano após o término do mandato.

Direitos de Nacionalidade

A nacionalidade é um vínculo jurídico existente entre um indivíduo e um Estado. Esse vínculo jurídico é a ligação existente capaz de gerar direitos e obrigações entre a pessoa e o Estado.

A aquisição da nacionalidade decorre do nascimento ou da manifestação de vontade. Quando a nacionalidade é adquirida pelo nascimento, estamos diante da chamada **Nacionalidade Originária.** Mas, se for adquirida por meio da manifestação de vontade, estamos diante de uma **Nacionalidade Secundária.**

A Nacionalidade Originária, também chamada de aquisição de nacionalidade primária, é aquela involuntária. Decorre do nascimento desde que preenchidos os requisitos previstos na legislação. Um brasileiro que adquire nacionalidade originária é chamado de nato.

Dois critérios foram utilizados em nossa Constituição para se conferir a nacionalidade originária:

Jus solis

Esse é critério do solo, critério territorial. Serão considerados brasileiros natos as pessoas que nascerem no território nacional. Esse é o critério adotado como regra no texto constitucional.

Jus sanguinis

Esse é o critério do sangue. Serão considerados brasileiros natos os descendentes de brasileiros, ou seja, aqueles que possuem o sangue brasileiro.

A nacionalidade secundária ou adquirida é a aquisição que depende de uma manifestação de vontade. É voluntária e, quem a adquire, possui a qualificação de naturalizado.

Conflito de Nacionalidade

Alguns países adotavam apenas o critério *jus sanguinis*, outros somente o critério *jus solis,* e isso gerou alguns problemas que a doutrina nominou de Conflito de Nacionalidade. O Conflito de Nacionalidade pode ser de duas formas:

Conflito Positivo

Ocorre quando o indivíduo adquire várias nacionalidades. Ele será chamado de polipátrida.

Conflito Negativo

Ocorre quando o indivíduo não adquire qualquer nacionalidade. Esse será chamado de apátrida (heimatlos).

Para evitar a ocorrência desses tipos de conflito, os países têm adotado critérios mistos de aquisição de nacionalidade originária, a exemplo do próprio Brasil.

A seguir, serão analisadas várias hipóteses previstas no Art. 12 da Constituição Federal de aquisição de nacionalidade tanto originária quanto secundária.

Nacionalidade Originária

As hipóteses de aquisição da nacionalidade originária estão previstas no Art. 12, I da Constituição Federal, e são:

> ***Art. 12.*** *São brasileiros:*
>
> ***I.*** *Natos:*
>
> ***a)*** *os nascidos na República Federativa do Brasil, ainda que de pais estrangeiros, desde que estes não estejam a serviço de seu país;*
>
> ***b)*** *os nascidos no estrangeiro, de pai brasileiro ou mãe brasileira, desde que qualquer deles esteja a serviço da República Federativa do Brasil;*
>
> ***c)*** *os nascidos no estrangeiro de pai brasileiro ou de mãe brasileira, desde que sejam registrados em repartição brasileira competente ou venham a residir na República Federativa do Brasil e optem, em qualquer tempo, depois de atingida a maioridade, pela nacionalidade brasileira.*

A primeira hipótese, prevista na alínea "a", adotou para aquisição o critério *jus solis,* ou seja, serão considerados brasileiros natos aqueles que nascerem no país ainda que de pais estrangeiros, desde que, os pais não estejam a serviço do seu país. Para que os filhos de pais estrangeiros fiquem impedidos de adquirirem a nacionalidade brasileira, é preciso que ambos os pais sejam estrangeiros, mas basta que apenas um deles esteja a serviço do seu país. Se os pais estrangeiros estiverem a serviço de outro país, a doutrina tem entendido que não se aplicará a vedação.

Já a segunda hipótese, adotada na alínea "b", utilizou o critério *jus sanguinis* para fixação da nacionalidade originária. Serão brasileiros natos os nascidos fora do país, filho de pai ou mãe brasileira, desde que qualquer deles esteja a serviço da República Federativa do Brasil. Estar a serviço do país significa estar a serviço de qualquer ente federativo (União, Estados, Distrito Federal ou Município) incluídos os órgãos e entidades da administração indireta (fundações, autarquias, empresas públicas e sociedades de economia mista).

A terceira hipótese, prevista na alínea "c", apresenta, na verdade, duas possibilidades: uma depende do registro a outra depende da opção confirmativa.

Primeiro, temos a regra aplicada aos nascidos no estrangeiro, filho de pai brasileiro ou mãe brasileira, condicionada à aquisição da nacionalidade ao registro em repartição brasileira competente. Nessa hipótese, adota-se o critério *jus sanguinis* acompanhado do registro em repartição brasileira.

Em seguida, temos a segunda possibilidade destinada aos nascidos no estrangeiro de pai brasileiro ou de mãe brasileira, que venham a residir na República Federativa do Brasil e optem (opção confirmativa), em qualquer tempo, depois de atingida a maioridade, pela nacionalidade brasileira.

Essa é a chamada nacionalidade protestativa, pois depende da manifestação de vontade por parte do interessado. Deve-se ter cuidado com a condição para a manifestação da vontade que só poder ser exercida depois de atingida a maioridade, apesar de não existir tempo limite para o exercício desse direito.

Fique Ligado

Nem todas as formas de aquisição de nacionalidade originária são involuntárias. Lembre-se da nacionalidade originária protestativa que depende de manifestação da vontade.

Nacionalidade Secundária

A seguir, serão apresentadas as hipóteses de aquisição de nacionalidade secundária:

> ***Art. 12 II.*** *Naturalizados:*
>
> ***a)*** *Os que, na forma da lei, adquiram a nacionalidade brasileira, exigidas aos originários de países de língua portuguesa apenas residência por um ano ininterrupto e idoneidade moral;*

> **b)** *os estrangeiros de qualquer nacionalidade, residentes na República Federativa do Brasil há mais de quinze anos ininterruptos e sem condenação penal, desde que requeiram a nacionalidade brasileira.*

A primeira hipótese de naturalização, prevista na alínea "a" do inciso II, é a chamada naturalização ordinária. Essa naturalização apresenta uma forma de aquisição prevista na Lei 6.815/80, que traz algumas regras para aquisição de nacionalidade. A segunda parte da alínea, que confere um tratamento diferenciado para os originários de países de língua portuguesa, para quem será exigida apenas residência por um ano ininterrupto e idoneidade moral. Entende-se país de língua portuguesa qualquer país que possua a língua portuguesa como língua oficial (Angola, Portugal, Timor Leste, entre outros). Essa forma de naturalização não gera direito subjetivo ao estrangeiro, o que significa que ele poderá pleitear sua naturalização e essa poderá ser indeferida pelo Chefe do Poder Executivo, haja vista se tratar de um ato discricionário.

A alínea "b" do inciso II apresenta a chamada naturalização extraordinária ou quinzenária. Essa hipótese é destinada a qualquer estrangeiro e será exigida residência ininterrupta pelo prazo de 15 anos e não existência de condenação penal. Nessa espécie, não há discricionariedade em conceder a naturalização, pois ela gera direito subjetivo ao estrangeiro que tenha preenchido os requisitos.

O melhor é não esquecer que a ausência temporária da residência não quebra o vínculo ininterrupto exigido para a naturalização no país. Também deve ser ressaltado que não existe naturalização tácita ou automática, sendo exigido requerimento de quem desejar se naturalizar no Brasil.

Português Equiparado

> **Art. 12. § 1º** *Aos portugueses com residência permanente no País, se houver reciprocidade em favor de brasileiros, serão atribuídos os direitos inerentes ao brasileiro, salvo os casos previstos nesta Constituição.*

Trata-se do chamado português equiparado ou quase-nacional. Segundo o dispositivo, a Constituição assegura aos portugueses tratamento diferenciado, como se fossem brasileiros. Mas é aos portugueses mesmo, aqueles de Portugal. Não se trata de uma hipótese de naturalização, mas de tratamento como se fosse brasileiro.

Essa condição depende de reciprocidade por parte de Portugal. O Brasil possui um acordo internacional com Portugal por meio do Decreto nº 3.927/2001 que promulgou o Tratado de Cooperação, Amizade e Consulta Brasil/Portugal. Havendo o mesmo tratamento a um brasileiro quando estiver no país português, serão garantidos tratamentos diferenciados aos portugueses que aqui estiverem desde que manifestem interesse no recebimento desse tratamento diferenciado. Ressalte-se que para requerer esse tipo de tratamento será necessária, além do requerimento, a constituição de residência permanente no Brasil.

Por fim, não se pode esquecer de que o tratamento dado aos portugueses os equipara aos brasileiros naturalizados.

Fique Ligado

O português equiparado não é forma de naturalização; é apenas um tratamento diferenciado. Ele é tratado como se fosse brasileiro naturalizado.

Tratamento Diferenciado Entre Brasileiros

O § 2º do Art. 12 proíbe o tratamento diferençado entre brasileiros natos e naturalizados:

> **§ 2º** - *A lei não poderá estabelecer distinção entre brasileiros natos e naturalizados, salvo nos casos previstos nesta Constituição.*

O próprio dispositivo excepciona a regra permitindo que a Constituição Federal estabeleça tratamento diferenciado entre brasileiros natos e naturalizados. São 4 os tratamentos diferenciados estabelecidos pelo texto constitucional:

01. Cargos privativos de brasileiros natos;
02. Funções privativas de brasileiros natos;
03. Regras de extradição;
04. Propriedade de empresas de jornalística ou de radiodifusão.

O § 3º apresenta a primeira hipótese de distinção dentre brasileiros natos e naturalizados:

> **§ 3º** - *São privativos de brasileiro nato os cargos:*
>
> ***I.*** *De Presidente e Vice-Presidente da República;*
>
> ***II.*** *De Presidente da Câmara dos Deputados;*
>
> ***III.*** *De Presidente do Senado Federal;*
>
> ***IV.*** *De Ministro do Supremo Tribunal Federal;*
>
> ***V.*** *Da carreira diplomática;*
>
> ***VI.*** *de oficial das Forças Armadas;*
>
> ***VII.*** *De Ministro de Estado da Defesa.*

Os cargos privativos aos brasileiros natos são muito incidentes em provas. Por esse motivo, sugere-se que sejam memorizados. Dois critérios foram utilizados para escolha desses cargos. O primeiro está relacionado com os cargos que sucedem o Presidente da República (Presidente e Vice-Presidente da República, Presidente da Câmara dos Deputados, Presidente do Senado Federal e Ministro do Supremo Tribunal Federal). O segundo critério diz respeito à segurança nacional (carreira diplomática, oficial das forças armadas e Ministro do Estado da Defesa).

As funções privativas de brasileiros natos estão prevista no Art. 89, VII da Constituição:

> **Art. 89.** *O Conselho da República é órgão superior de consulta do Presidente da República, e dele participam:*
>
> ***I.*** *O Vice-Presidente da República;*
>
> ***II.*** *O Presidente da Câmara dos Deputados;*
>
> ***III.*** *O Presidente do Senado Federal;*
>
> ***IV.*** *Os líderes da maioria e da minoria na Câmara dos Deputados;*
>
> ***V.*** *Os líderes da maioria e da minoria no Senado Federal;*
>
> ***VI.*** *O Ministro da Justiça;*
>
> ***VII.*** *Seis cidadãos brasileiros natos, com mais de trinta e cinco anos de idade, sendo dois nomeados pelo Presidente da República, dois eleitos pelo Senado Federal e dois eleitos pela Câmara dos Deputados, todos com mandato de três anos, vedada a recondução.*

A terceira possibilidade de tratamento diferenciado diz respeito às regras de extradição previstas no inciso LI do Art. 5º:

> ***LI.*** *Nenhum brasileiro será extraditado, salvo o naturalizado, em caso de crime comum, praticado antes da naturalização, ou de comprovado envolvimento em tráfico ilícito de entorpecentes e drogas afins, na forma da lei.*

A quarta previsão está no Art. 222 da Constituição:

> **Art. 222.** *A propriedade de empresa jornalística e de radiodifusão sonora e de sons e imagens é privativa de brasileiros natos ou naturalizados há mais de dez anos, ou de pessoas jurídicas constituídas sob as leis brasileiras e que tenham sede no País.*

Perda da Nacionalidade

A seguir serão trabalhadas as hipóteses de perda da nacionalidade. Uma pergunta: brasileiro nato pode perder a nacionalidade?

Vejamos o que diz a Constituição Federal:

> **§ 4º** - *Será declarada a perda da nacionalidade do brasileiro que:*
>
> ***I.*** *Tiver cancelada sua naturalização, por sentença judicial, em virtude de atividade nociva ao interesse nacional;*
>
> ***II.*** *Adquirir outra nacionalidade, salvo no casos:*
>
> ***a)*** *de reconhecimento de nacionalidade originária pela lei estrangeira;*
>
> ***b)*** *de imposição de naturalização, pela norma estrangeira, ao brasileiro residente em estado estrangeiro, como condição para permanência em seu território ou para o exercício de direitos civis.*

Ao se analisar o dispositivo do caput desse parágrafo, é possível concluir que as regras são para os brasileiros natos ou naturalizados.

Mas vale a pena verificar cada hipótese:

01. O inciso I deixa claro que é uma hipótese aplicada apenas aos brasileiros naturalizados (cancelamento de naturalização). Se o indivíduo tem seu vínculo com o Estado cancelado por decisão judicial, não há que se falar em permanência da nacionalidade brasileira;
02. O inciso II já não permite a mesma conclusão, haja vista ter considerado qualquer brasileiro. Logo, ao brasileiro, seja ele nato ou naturalizado, que adquirir outra nacionalidade, será declarada a perda da nacionalidade, pelo menos em regra. Essa regra possui duas exceções: nos casos de reconhecimento de nacionalidade originária estrangeira ou de imposição de naturalização, não será declarada a perda da nacionalidade brasileira. É nestas hipóteses que se encontram permitidas as situações de dupla nacionalidade que conhecemos.

Para ilustrar como esse tema é cobrado em prova, veja-se esta questão:

Exercício Comentado

01. (ESAF) A Constituição em vigor admite que um brasileiro disponha de dupla nacionalidade:

CERTO. O § 4º do Art. 12 prevê como regra que, se um brasileiro adquirir outra nacionalidade, ele perde a brasileira. Contudo, essa regra possui duas exceções em que, mesmo adquirindo outra nacionalidade, o brasileiro não perde a sua: no caso de imposição de naturalização ou de reconhecimento de nacionalidade brasileira. Logo, a Constituição permite que um brasileiro tenha dupla nacionalidade.

Uma questão interessante surge: seria possível a reaquisição da nacionalidade brasileira?

Uma vez perdida a nacionalidade, tem-se entendido que é possível a sua reaquisição dependo da forma que foi perdida.

Se o indivíduo perde a nacionalidade com fundamento no inciso I, por cancelamento de naturalização, só seria possível a reaquisição por meio de ação rescisória.

Caso o indivíduo perca a nacionalidade por ter adquirido outra, que revela a hipótese do inciso II, também será possível a reaquisição por decreto presidencial (Art. 36, Lei 818/49).

Apesar da divergência doutrinária, prevalece o entendimento de que o brasileiro, após a reaquisição, volta à condição anterior, ou seja, se era brasileiro nato, volta a ser nato, se era naturalizado, volta como naturalizado.

Fique Ligado

O brasileiro nato pode perder a nacionalidade se adquirir outra nacionalidade.

Vamos Praticar

01. (CONSUPLAN) Não são brasileiros natos:

a) Os nascidos na República Federativa do Brasil, ainda que de pais estrangeiros, desde que estes não estejam a serviço de seu país.

b) Os nascidos no estrangeiro, de pai brasileiro ou mãe brasileira, desde que qualquer deles esteja a serviço da República Federativa do Brasil.

c) Os nascidos no estrangeiro de pai brasileiro ou de mãe brasileira,desde que sejam registrados em repartição competente.

d) Os nascidos no estrangeiro de pai brasileiro ou de mãe brasileira desde que venham a residir na República Federativa do Brasil e optem, em qualquer tempo, depois de atingida a maioridade, pela nacionalidade brasileira.

e) Os que, na forma da lei, adquiram a nacionalidade brasileira, exigidas aos originários de países de língua portuguesa apenas residência por um ano ininterrupto e idoneidade moral.

02. (CONSUPLAN) Sobre as disposições constitucionais acerca dos brasileiros naturalizados, é incoerente afirmar:

a) São considerados naturalizados os que, na forma da lei, adquiram a nacionalidade brasileira, exigida aos originários de países de língua portuguesa apenas residência por um ano ininterrupto e idoneidade moral.

b) A lei não poderá estabelecer distinção entre brasileiros natos e naturalizados, salvo nos casos previstos na Constituição Federal.

c) Será declarada a perda da nacionalidade do brasileiro que tiver cancelada sua naturalização, por sentença judicial, em virtude de atividade nociva ao interesse nacional.

d) Os estrangeiros de qualquer nacionalidade, residentes na República Federativa do Brasil há mais de dez anos ininterruptos e sem condenação penal, serão considerados naturalizados, caso requeiram esta condição.

e) Perderá a nacionalidade o brasileiro que adquirir outra, salvo nos casos previstos na Constituição Federal.

03. (FCC) É direito dos trabalhadores urbanos e rurais, além de outros que visem a melhoria de sua condição social:

a) Aviso prévio proporcional ao tempo do serviço, sendo no máximo de trinta dias, nos termos da lei.

b) Jornada de quatro horas para o trabalho realizado em turnos ininterruptos de revezamento, salvo negociação coletiva.

c) Gozo de férias anuais com, pelo menos, metade a mais do que o salário normal.

d) Garantia de salário, nunca inferior ao mínimo, para os que percebem remuneração variável.

e) Remuneração do serviço extraordinário inferior, no máximo, um terço à do normal.

04. (FCC) A Constituição Federal estabelece a proibição de trabalho noturno, perigoso ou insalubre a menores de:

a) Dezoito anos e de qualquer trabalho a menores de dezesseis anos, salvo na condição de aprendiz a partir de quatorze anos.

b) Vinte e um anos e de qualquer trabalho a menores de dezoito anos, salvo na condição de aprendiz a partir de dezesseis anos.

c) Dezessete anos e de qualquer trabalho a menores de quinze anos, salvo na condição de aprendiz a partir de treze anos.

d) Dezenove anos e de qualquer trabalho a menores de dezesseis anos, salvo na condição de aprendiz a partir de quinze anos.

e) Vinte anos e de qualquer trabalho a menores de dezenove anos, salvo na condição de aprendiz a partir de quinze anos.

05. (FCC) Nos termos da Constituição Federal, a ação, quanto aos créditos resultantes das relações de trabalho, prescrevem em:

a) Dois anos para os trabalhadores urbanos e rurais, até o limite de cinco anos após a extinção do contrato de trabalho.

b) Três anos para os trabalhadores urbanos e quatro anos para os rurais, até o limite de três anos, respectivamente, após a extinção do contrato de trabalho.

c) Cinco anos para os trabalhadores urbanos e rurais, até o limite de dois anos após a extinção do contrato de trabalho.

d) Três anos para os trabalhadores urbanos e rurais, até o limite de dezoito meses após a extinção do contrato de trabalho.

e) Cinco anos para os trabalhadores urbanos e três anos para os rurais, até o limite de cinco anos, respectivamente, após a extinção do contrato de trabalho.

06. (FCC) O filho nascido no Brasil de um casal de alemães que tenha vindo morar no Estado do Ceará em razão da aquisição de um estabelecimento hoteleiro (pousada), tem nacionalidade, nos termos da Constituição Federal Brasileira:

a) Alemã.

b) Brasileira.

c) Alemã, considerado naturalizado brasileiro.

d) Brasileira, considerado naturalizado.

e) Brasileira, considerado naturalizado alemão.

07. (FCC) É privativo de brasileiro nato o cargo de:

a) Presidente do Superior Tribunal de Justiça.

b) Presidente do Tribunal de Justiça.

c) Defensor Geral do Estado.

d) Presidente da Câmara dos Deputados.

e) Presidente do Tribunal de Contas da União.

08. (FCC) No tocante à nacionalidade, é correto afirmar:

a) São brasileiros natos os que, na forma da lei, adquiram a nacionalidade brasileira, exigidas aos originários de países de língua portuguesa apenas residência por um ano ininterrupto e idoneidade moral.

b) Será declarada a perda da nacionalidade do brasileiro que adquirir outra nacionalidade no caso de reconhecimento de nacionalidade originária pela lei estrangeira.

c) São privativos de brasileiro nato os cargos de Presidente da Câmara dos Deputados, de Presidente do Senado Federal, de Ministro do Supremo Tribunal Federal, da carreira diplomática e de oficial das Forças Armadas.

d) São brasileiros natos os estrangeiros de qualquer nacionalidade, residentes na República Federativa do Brasil há mais de quinze anos ininterruptos e sem condenação penal, desde que requeiram a nacionalidade brasileira.

e) Será declarada a perda da nacionalidade do brasileiro que adquirir outra nacionalidade no caso de imposição de naturalização, pela norma estrangeira, ao brasileiro residente em estado estrangeiro, como condição para permanência em seu território ou para o exercício de direitos civis.

09. (FCC) Joana é professora estadual em Brasília, onde residia com seu marido, Pedro. Quando ela estava grávida, Pedro, diplomata brasileiro, foi transferido para a cidade de Madri, na Espanha, a serviço do Brasil. Em Madri, nasceu João, filho do casal. Neste caso, João é:

a) estrangeiro, podendo se naturalizar, sendo exigida apenas residência em território nacional por um ano ininterrupto e idoneidade moral.

b) estrangeiro, podendo se naturalizar, se vier a residir no Brasil por quinze anos ininterruptos e opte pela nacionalidade brasileira.

c) estrangeiro, podendo se naturalizar, se optar pela nacionalidade brasileira a qualquer tempo, não havendo prazo mínimo de residência em território brasileiro.

d) brasileiro nato por expressa disposição Constitucional neste sentido.

e) brasileiro nato, desde que seus pais registrem o filho no Consulado Brasileiro e João, quando completar dezoito anos de idade, opte pela nacionalidade brasileira.

10. (CESPE) A CF assegura ao trabalhador assistência gratuita aos seus filhos e dependentes desde o nascimento até seis anos de idade em creches e pré-escolas.

Certo ( ) Errado ( )

11. (CESPE) Um rapaz de 17 anos de idade foi contratado para trabalhar em um restaurante no período noturno, com uma jornada de seis horas. Ao tomar conhecimento do contrato, o advogado do dono do restaurante informou imediatamente ao seu cliente que a situação do rapaz recém-contratado era vedada pela Constituição Federal. Nessa situação, as informações do advogado não estão corretas, pois o que é vedado pela Constituição é o trabalho noturno aos menores de 16 anos.

Certo ( ) Errado ( )

12. (CESPE) Os estrangeiros originários de países de língua portuguesa adquirirão a nacionalidade brasileira se mantiverem residência contínua no território nacional pelo prazo mínimo de quatro anos, imediatamente anteriores ao pedido de naturalização.

Certo ( ) Errado ( )

13. (CESPE) Um cidadão alemão que resida no Brasil há dez anos pode candidatar-se ao cargo de vereador do município onde reside.

Certo ( ) Errado ( )

14. (ESAF) Sobre direitos sociais, assinale a única opção correta.

a) A garantia constitucional de recebimento de salário nunca inferior ao mínimo não se aplica aos autônomos nem aos trabalhadores que percebem remuneração variável.

b) É assegurada ao trabalhador a participação nos lucros, ou resultados da empresa, desvinculada da remuneração.

c) É direito social do trabalhador duração do trabalho normal não superior a oito horas diárias e quarenta semanais, facultada a compensação de horários e a redução da jornada, mediante acordo ou convenção coletiva de trabalho.

d) A Constituição Federal reconhece a igualdade de direitos entre o trabalhador com vínculo empregatício permanente e o trabalhador avulso, ressalvado o direito ao décimo terceiro salário com base na remuneração integral.

e) A contribuição para custeio do sistema confederativo é descontada em folha e obrigatória para todos os integrantes da categoria profissional.

15. (ESAF) A nacionalidade pode ter repercussões na vida de brasileiros e estrangeiros. Nos termos da Constituição Brasileira, são brasileiro nato:

a) Os nascidos na República Federativa do Brasil, ainda que de pais estrangeiros e mesmo que estes não estejam a serviço de seu país.

b) Os nascidos no estrangeiro, de pai brasileiro ou mãe brasileira, ainda que nenhum deles esteja a serviço da República Federativa do Brasil.

c) Os nascidos no estrangeiro, de pai brasileiro ou de mãe brasileira, desde que sejam registrados em repartição brasileira competente, ou venham residir na República Federativa do Brasil antes da maioridade e, alcançada esta, opte, em qualquer tempo, pela nacionalidade brasileira.

d) Os nascidos no estrangeiro, de pai brasileiro ou mãe brasileira, desde que venham a residir na República Federativa do Brasil e optem, em qualquer tempo, pela nacionalidade brasileira.

e) Os nascidos no estrangeiro, de pai brasileiro ou de mãe brasileira, desde que sejam registrados em repartição brasileira competente ou venham a residir na República Federativa do Brasil e optem, em qualquer tempo, depois de atingida a maioridade, pela nacionalidade brasileira.

16. (ESAF) São cargos privativos de brasileiro nato:

a) Presidente da República, Senador, Deputado e Ministro do Supremo Tribunal Federal.

b) Vice-Presidente da República, Ministro de Estado da Defesa e Presidente da Câmara dos Deputados.

c) Presidente da República, Ministro do Supremo Tribunal Federal e Ministro da Justiça.

d) Residente do Senado Federal, Ministro do Superior Tribunal Militar e Ministro de Estado da Defesa.

e) Vice-Presidente da República, Governador de Estado e Diplomata.

17. (ESAF) Entre os direitos assegurados na Constituição, aos trabalhadores urbanos e rurais (art. 7º), não se tornou aplicável, em norma constitucional, expressamente (art. 39, § 3º), aos servidores ocupantes de cargos públicos, o relativo a:

a) seguro contra acidente de trabalho.

b) salário-mínimo.

c) décimo terceiro salário.

d) gozo de férias remuneradas.

e) licença-paternidade.

18. (ESAF) Sobre os direitos sociais, na Constituição de 1988, marque a única opção correta.

a) Para o trabalho realizado em turnos ininterruptos de revezamento, a jornada será sempre de seis horas.

b) A Constituição Federal fixa que a remuneração do serviço extraordinário será superior em cinquenta por cento à do normal.

c) O salário-família, pago em razão do dependente, é direito apenas do trabalhador considerado de baixa renda, nos termos da lei.

d) Nos termos da Constituição Federal, é assegurada ao empregado a participação nos lucros, ou resultados, vinculada à remuneração, e a participação na gestão da empresa.

e) A Constituição Federal assegura a eleição, nas empresas, de um representante dos empregados com a finalidade exclusiva de promover o entendimento direto com os empregadores.

19. (CESPE) Na condição de direitos fundamentais, os direitos sociais são autoaplicáveis e suscetíveis de defesa mediante ajuizamento de mandado de injunção sempre que a omissão do poder público inviabilize seu exercício.

Certo ( ) Errado ( )

20. (CESPE) O ato de aquisição de outra nacionalidade não acarreta a perda da nacionalidade do brasileiro nato ou naturalizado, residente em estado estrangeiro, quando a norma estrangeira, por motivos profissionais ou para o exercício de direitos civis, impor a sua naturalização como condição para a permanência naquele país.

Certo ( ) Errado ( )

Gabarito

01	E	11	ERRADO
02	D	12	ERRADO
03	D	13	ERRADO
04	A	14	B
05	C	15	E
06	B	16	B
07	D	17	A
08	C	18	C
09	D	19	CERTO
10	ERRADO	20	CERTO

CAPÍTULO 07

Direitos Fundamentais V - Direitos Políticos e Partidos Políticos

Direitos Políticos

Os direitos políticos são um conjunto de direitos fundamentais que permitem ao indivíduo participar da vontade política do Estado. Para se falar de direitos políticos, alguns conceitos são indispensáveis.

Cidadania, democracia e soberania popular

A **Cidadania** é a condição conferida ao indivíduo que possui direito político. É o exercício desse direito. Essa condição só é possível em nosso país por causa do regime de governo adotado, a **Democracia**. A democracia parte do pressuposto de que o poder do Estado decorre da vontade popular, da **Soberania Popular**. Conforme o parágrafo único do Art. 1º da Constituição:

> ***Art. 1º Parágrafo único.*** *Todo o poder emana do povo, que o exerce por meio de representantes eleitos ou diretamente, nos termos desta Constituição.*

A democracia brasileira é classificada como **semidireta ou participativa,** haja vista poder ser exercida tanto de forma direta como de forma indireta. Como forma de exercício direto temos o previsto no Art. 14 da CF:

> ***Art. 14.*** *A soberania popular será exercida pelo sufrágio universal e pelo voto direto e secreto, com valor igual para todos, e, nos termos da lei, mediante:*
>
> ***I.*** *Plebiscito;*
>
> ***II.*** *Referendo;*
>
> ***III.*** *Iniciativa popular.*

Mas ainda há a ação popular que também é forma de exercício direto dos direitos políticos:

> ***Art. 5º, LXXIII.*** *qualquer cidadão é parte legítima para propor ação popular que vise a anular ato lesivo ao patrimônio público ou de entidade de que o Estado participe, à moralidade administrativa, ao meio ambiente e ao patrimônio histórico e cultural, ficando o autor, salvo comprovada má-fé, isento de custas judiciais e do ônus da sucumbência.*

Entendamos o que significa cada uma das formas de exercício direto dos direitos políticos:

→ ***Plebiscito***

Consulta popular realizada antes da tomada de decisão. O representante do poder público quer tomar uma decisão, mas antes de tomá-la pergunta para os cidadãos quem concorda com a decisão. O que os cidadãos decidirem será feito.

→ ***Referendo***

Consulta popular realizada depois da tomada de decisão. O representante do poder público toma uma decisão e depois pergunta o que os cidadãos acharam.

→ ***Iniciativa popular***

Essa é uma das formas de se iniciar o processo legislativo no Brasil. A legitimidade para propor criação de lei pelo eleitorado encontra amparo no Art. 61, § 2º da CF:

> ***Art. 61, § 2º*** *- A iniciativa popular pode ser exercida pela apresentação à Câmara dos Deputados de projeto de lei subscrito por, no mínimo, um por cento do eleitorado nacional, distribuído pelo menos por cinco Estados, com não menos de três décimos por cento dos eleitores de cada um deles.*

→ ***Ação Popular***

Remédio constitucional previsto no inciso LXXIII que funciona como instrumento de fiscalização dos poderes públicos nos termos do inciso citado.

Quando se fala em exercício indireto, significa exercício por meio dos representantes eleitos que representarão a vontade popular.

Todas essas ferramentas disponibilizadas acima constituem formas de exercício dos direitos políticos no Brasil.

A doutrina costuma classificar os direitos políticos em:

01. Direitos políticos positivos.
02. Direitos políticos negativos.

Direitos Políticos Positivos

Os direitos políticos positivos se mostram pela possibilidade de participação na vontade política do Estado. Esses direitos políticos se materializam por meio da **Capacidade Eleitoral Ativa** e da **Capacidade Eleitoral Passiva.** O primeiro é a possibilidade de votar. O segundo, de ser votado.

Para que se possa exercer a **capacidade eleitoral ativa,** faz-se necessário o chamado alistamento eleitoral. É, simplesmente, inscrever-se como eleitor, o que acontece quando obtemos o título de eleitor. A Constituição apresenta 3 regras para o alistamento e o voto:

01. Voto Obrigatório
    - Maiores de 18 anos;
02. Voto Facultativo
    - Maiores de 16 e menores de 18; analfabetos e maiores de 70 anos;
03. Voto Proibido
    - Estrangeiros e conscritos.

Vejamos estas regras previstas no texto constitucional:

> ***Art. 14, § 1º.*** *O alistamento eleitoral e o voto são:*
>
> ***I.*** *Obrigatórios para os maiores de dezoito anos;*
>
> ***II.*** *Facultativos para:*
>
> ***a)*** *os analfabetos;*
>
> ***b)*** *os maiores de setenta anos;*
>
> ***c)*** *os maiores de dezesseis e menores de dezoito anos.*
>
> ***§ 2º*** *- Não podem alistar-se como eleitores os estrangeiros e, durante o período do serviço militar obrigatório, os conscritos.*

A **capacidade eleitoral passiva** é a capacidade de ser eleito. É uma das formas de participação política em que o cidadão aceita a incumbência de representar os interesses dos seus eleitores. Para que alguém possa ser eleito se faz necessário o preenchimento das Condições de Elegibilidade. São condições de elegibilidade as previstas no Art. 14, § 3º da Constituição:

> ***Art. 14, § 3º*** *- São condições de elegibilidade, na forma da lei:*
>
> ***I.*** *a nacionalidade brasileira;*
>
> ***II.*** *o pleno exercício dos direitos políticos;*
>
> ***III.*** *o alistamento eleitoral;*
>
> ***IV.*** *o domicílio eleitoral na circunscrição;*
>
> ***V.*** *a filiação partidária;*
>
> ***VI.*** *a idade mínima de:*
>
> ***a)*** *trinta e cinco anos para Presidente e Vice-Presidente da República e Senador;*
>
> ***b)*** *trinta anos para Governador e Vice-Governador de Estado e do Distrito Federal;*
>
> ***c)*** *vinte e um anos para Deputado Federal, Deputado Estadual ou Distrital, Prefeito, Vice-Prefeito e juiz de paz;*
>
> ***d)*** *dezoito anos para Vereador.*

Fique Ligado

Todas as condições de elegibilidade são importantes, mas a idade sempre aparece em prova. Então, é necessário memorizá-las.

Direitos Políticos Negativos

Os direitos políticos negativos são verdadeiras vedações ao exercício da cidadania. São inelegibilidades, hipóteses de perda ou suspensão dos direitos políticos que se encontram previstos expressamente no texto constitucional. Só não se pode esquecer a possibilidade prevista no § 9º do Art. 14 da Constituição, que admite que sejam criadas outras inelegibilidades por Lei Complementar, desde possuam caráter relativo. Inelegibilidade absoluta, segundo a doutrina, só na Constituição Federal.

A primeira inelegibilidade está prevista no Art. 14, § 4º:

> ***Art. 14, § 4º*** *- São inelegíveis os inalistáveis e os analfabetos.*

Trata-se de uma inelegibilidade absoluta que impede os inalistáveis e analfabetos a concorrerem a qualquer cargo eletivo. Nota-se primeiramente que a Constituição se refere aos inalistáveis como "inelegíveis". Todas as vezes que se encontrar o termo inalistável, deve-se pensar automaticamente em estrangeiros e conscritos. Logo, são inelegíveis os estrangeiros, conscritos e analfabetos.

Fique Ligado

Quanto aos analfabetos, uma questão merece atenção: os analfabetos podem votar, mas não podem ser votados.

Em seguida, tem-se o § 5º, que traz a chamada regra da Reeleição. Trata-se de uma espécie de inelegibilidade relativa por meio do qual alguns titulares de cargos políticos ficam impedidos de se reelegerem por mais de duas eleições consecutivas, ou seja, é permitida apenas uma reeleição:

> ***Art. 14, § 5º*** *O Presidente da República, os Governadores de Estado e do Distrito Federal, os Prefeitos e quem os houver sucedido, ou substituído no curso dos mandatos poderão ser reeleitos para um único período subsequente.*

O primeiro ponto interessante desse parágrafo está na restrição que só ocorre para os membros do poder executivo (Presidente, Governador e Prefeito). Logo, um membro do Poder Legislativo poderá se reeleger quantas vezes ele quiser, enquanto o membro do Poder Executivo só poderá se reeleger uma única vez. Ressalte-se que o impedimento se aplica também a quem suceder ou substituir o titular dos cargos supracitados.

Mais uma regra de inelegibilidade relativa encontra-se no § 6º:

> ***Art. 14, § 6º*** *- Para concorrerem a outros cargos, o Presidente da República, os Governadores de Estado e do Distrito Federal e os Prefeitos devem renunciar aos respectivos mandatos até seis meses antes do pleito.*

Estamos diante da chamada regra de **Desincompatibilização**. Da mesma forma que o dispositivo anterior só se aplica aos membros do Poder Executivo, e essa norma exige que os representantes desse Poder, para que possam concorrer a outro cargo, devem renunciar os respectivos mandatos até seis meses antes do pleito.

Ainda há a chamada Inelegibilidade Reflexa, ou em razão do parentesco. Essa hipótese gera um impedimento, não ao titular do cargo político, mas aos seus parentes até segundo grau. Também se aplica apenas aos membros do Poder Executivo:

> ***Art. 14, § 7º*** *- São inelegíveis, no território de jurisdição do titular, o cônjuge e os parentes consanguíneos ou afins, até o segundo grau ou por adoção, do Presidente da República, de Governador de Estado ou Território, do Distrito Federal, de Prefeito ou de quem os haja substituído dentro dos seis meses anteriores ao pleito, salvo se já titular de mandato eletivo e candidato à reeleição.*

O impedimento gerado está relacionado ao território de jurisdição do titular da seguinte forma:

- → O Prefeito gera inelegibilidade aos cargos de Prefeito e Vereador do mesmo município;
- → O Governador gera inelegibilidade aos cargos de Prefeito, Vereador, Deputado Estadual, Deputado Federal, Senador da República e Governador do mesmo Estado Federativo;
- → O Presidente gera inelegibilidade a todos os cargos eletivos do país.

São parentes de 1º grau: pai, mãe, filho, sogro. São parentes de 2º grau: avô, irmão, neto, cunhado.

O STF editou a Súmula Vinculante nº 18, que diz:

> ***Súmula Vinculante nº 18*** *- A dissolução da sociedade ou do vínculo conjugal, no curso do mandato, não afasta a inelegibilidade prevista no § 7º do Art. 14 da Constituição Federal.*

Exercício Comentado

01. *(FCC) Átila, que não é titular de mandato eletivo e nem é candidato à reeleição, é filho adotivo de Eulália, Governadora do Estado de São Paulo em exercício, e deseja concorrer ao cargo de Prefeito do Município de São Paulo. Segundo a Constituição Federal, Átila, em regra, é :*

a) Elegível, desde que esteja filiado ao mesmo partido político de Eulália.

b) Elegível, desde que esteja filiado a partido político distinto de Eulália.

c) Elegível, desde que autorizado previamente pelo Tribunal Regional Eleitoral.

d) Elegível, desde que sua candidatura seja previamente autorizada por Eulália.

e) Inelegível.

RESPOSTA. ***E Trata-se de uma situação em que a inelegibilidade reflexa prevista no Art. 14, § 7º da CF alcança o filho adotivo de Eulália, o qual não poderá se eleger a cargo eletivo dentro do território de jurisdição da sua mãe.***

Lei complementar pode estabelecer novas hipóteses de inelegibilidade relativa. É o que dispõe o § 9º do Art. 14:

> ***Art. 14, § 9º*** *- Lei complementar estabelecerá outros casos de inelegibilidade e os prazos de sua cessação, a fim de proteger a probidade administrativa, a moralidade para exercício de mandato considerada vida pregressa do candidato, e a normalidade e legitimidade das eleições contra a influência do poder econômico ou o abuso do exercício de função, cargo ou emprego na administração direta ou indireta.*

Com base no texto, é possível concluir que o rol de inelegibilidades relativas previstas na Constituição Federal é meramente exemplificativo. Há ainda a Lei Complementar nº 64/90 que traz várias hipóteses de inelegibilidade.

Condições para Eleição do Militar

O militar pode se candidatar a cargo político eletivo desde que observadas as regras estabelecidas no § 8º do Art. 14:

> ***Art. 14. § 8º*** *- O militar alistável é elegível, atendidas as seguintes condições:*
>
> ***I.*** *se contar menos de dez anos de serviço, deverá afastar-se da atividade;*
>
> ***II.*** *se contar mais de dez anos de serviço, será agregado pela autoridade superior e, se eleito, passará automaticamente, no ato da diplomação, para a inatividade.*

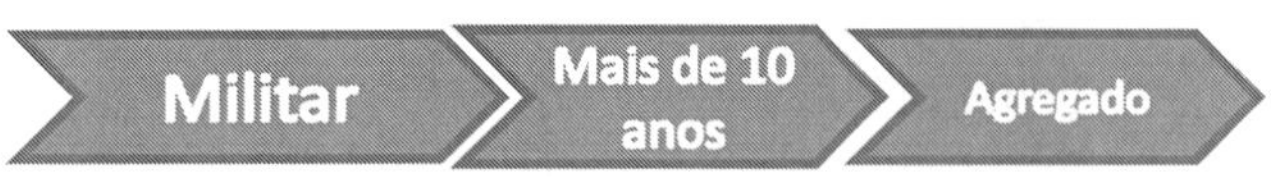

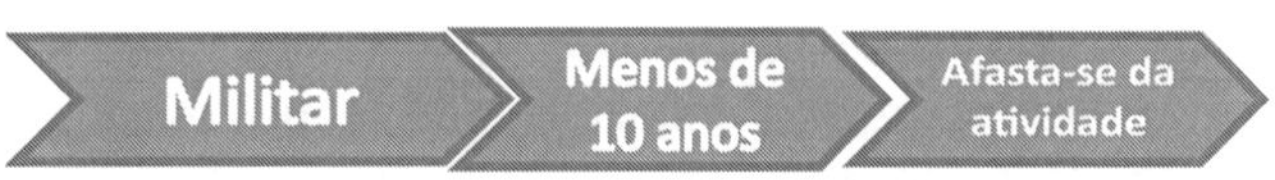

Primeiramente, deve-se ressaltar que a Constituição veda a filiação partidária aos militares:

> ***Art. 142, § 3º, V*** *- o militar, enquanto em serviço ativo, não pode estar filiado a partidos políticos.*

Recordando as condições de elegibilidade, tem-se que é necessária a filiação partidária para ser elegível, contudo, no caso do militar, o TSE tem entendido que o registro da candidatura supre a falta de prévia filiação partidária.

Um segundo ponto interessante decorre da própria interpretação do § 8º, que prevê duas regras para eleição dos militares em razão do tempo de serviço:

→ Militar com menos de dez anos: Deve se afastar da atividade;

→ Militar com mais de dez anos: Deve ficar agregado pela autoridade superior e se eleito, passado para inatividade.

Esse prazo de dez anos escolhido pela Constituição decorre da garantia de estabilidade para os militares.

Impugnação de Mandato Eletivo

Estes parágrafos dispensam explicação e, quando aparecem em prova, costumam cobrar o próprio texto constitucional. Deve-se ter cuidado com o prazo de 15 dias para impugnação:

> ***Art. 14, § 10*** *- O mandato eletivo poderá ser impugnado ante a Justiça Eleitoral no prazo de quinze dias contados da diplomação, instruída a ação com provas de abuso do poder econômico, corrupção ou fraude.*
>
> ***§ 11*** *- A ação de impugnação de mandato tramitará em segredo de justiça, respondendo o autor, na forma da lei, se temerária ou de manifesta má-fé.*

Cassação, Suspensão e Perda dos Direitos Políticos

Uma coisa é certa: não existe cassação de direitos políticos no Brasil. Isso não pode ser esquecido, pois sempre é cobrado em prova. Apesar dessa norma protetiva, são permitidas a perda e a suspensão desses direitos, conforme disposto no Art. 15 da Constituição:

> ***Art. 15.*** *É vedada a cassação de direitos políticos, cuja perda ou suspensão só se dará nos casos de:*
>
> ***I.*** *Cancelamento da naturalização por sentença transitada em julgado;*
>
> ***II.*** *Incapacidade civil absoluta;*
>
> ***III.*** *Condenação criminal transitada em julgado, enquanto durarem seus efeitos;*
>
> ***IV.*** *Recusa de cumprir obrigação a todos imposta ou prestação alternativa, nos termos do art. 5º, VIII;*
>
> ***V.*** *Improbidade administrativa, nos termos do art. 37, § 4º.*

Observe-se que o texto constitucional não esclareceu muito bem quais são as hipóteses de perda ou suspensão, trabalho esse que ficou a cargo da doutrina fazer. Seguem abaixo as hipóteses de perda ou suspensão:

I. ***Cancelamento da naturalização por sentença transitada em julgad***o – trata-se de perda dos direitos políticos. Ora, se o indivíduo teve cancelado seu vínculo com o Estado Brasileiro, não há sentido em lhe garantir os direitos políticos;

II. ***Incapacidade civil absoluta*** – apesar de ser absoluta, essa incapacidade civil pode cessar dependendo da situação. Logo, é hipótese de suspensão dos direitos políticos;

III. ***Condenação criminal transitada em julgado, enquanto durarem seus efeitos*** – condenação criminal é suspensão, pois dura enquanto durar a pena. Deve-se ter cuidado com essa questão em prova. O efeito da suspensão sobre os direitos políticos independe do tipo de pena aplicada ao cidadão.

IV. ***Recusa de cumprir obrigação a todos imposta ou prestação alternativa, nos termos do Art. 5º, VIII*** - essa é a famosa hipótese da escusa de consciência. Em relação a esse tema, existe divergência na doutrina. Parte da doutrina Constitucional entende que é hipótese de perda, outra parte da doutrina, principalmente eleitoral, entende que seja hipótese de suspensão.

V. ***Improbidade administrativa, nos termos do Art. 37, § 4º*** - essa é mais uma hipótese de suspensão dos direitos políticos.

Princípio da Anterioridade Eleitoral

Este princípio exige o prazo de um ano para aplicação de lei que altere processo eleitoral. Isso visa a evitar que os candidatos sejam pegos de surpresa com as regras eleitorais. O Art. 16 diz:

> ***Art. 16.*** *A lei que alterar o processo eleitoral entrará em vigor na data de sua publicação, não se aplicando à eleição que ocorra até um ano da data de sua vigência.*

Esse tema é uma das apostas para as provas que se seguem, haja vista a discussão envolvendo sua aplicação para a Lei Complementar nº 135/2010, a famosa Lei da Ficha Limpa. O STF decidiu que essa lei não se aplica às eleições de 2010 por não ter respeitado esse princípio que requer o prazo de 1 ano para aplicação da lei que alterar o processo eleitoral.

A lei havia sido publicada em junho de 2010 e queriam que valesse para as eleições do mesmo ano. O STF disse que sua aplicação para 2010 era inconstitucional.

Partidos Políticos

Natureza Jurídica dos Partidos Políticos

Os partidos políticos, segundo previsão expressa da Constituição, possuem natureza jurídica de direito privado. Segundo o disposto no Art. 17, § 2º:

> ***§ 2º -*** *Os partidos políticos, após adquirirem personalidade jurídica, na forma da lei civil, registrarão seus estatutos no Tribunal Superior Eleitoral.*

Quando a Constituição determina que os partidos devem adquirir sua personalidade jurídica na forma da lei civil, praticamente, afirma que é uma pessoa jurídica de direito privado apesar de ser exigido seu registro no TSE.

Direitos dos Partidos

Os partidos possuem vários direitos previstos expressamente na Constituição, dentre os quais destacam-se:

→ Recursos do fundo partidário;

→ Acesso gratuito ao rádio e à televisão (Lei 9.096/95).

Limitações aos Partidos

Apesar da liberdade estampada no **caput** do Art. 17, é possível perceber que a criação dos partidos políticos possui algumas limitações:

> ***Art. 17.*** *É livre a criação, fusão, incorporação e extinção de partidos políticos, resguardados a soberania nacional, o regime democrático, o pluripartidarismo, os direitos fundamentais da pessoa humana e observados os seguintes preceitos:*
>
> *I. Caráter nacional;*
>
> *II. Proibição de recebimento de recursos financeiros de entidade ou governo estrangeiros ou de subordinação a estes;*
>
> *III. Prestação de contas à Justiça Eleitoral;*
>
> *IV. Funcionamento parlamentar de acordo com a lei.*
>
> ***§ 4º -*** *É vedada a utilização pelos partidos políticos de organização paramilitar.*

Verticalização

Antes da Emenda Constitucional nº 52/2006, era utilizada a chamada Verticalização, que significava a necessidade de vinculação das candidaturas do nível nacional, estadual, distrital ou municipal. Vejamos como está escrito agora:

> ***§ 1º*** *É assegurada aos partidos políticos autonomia para definir sua estrutura interna, organização e funcionamento e para adotar os critérios de escolha e o regime de suas coligações eleitorais, sem obrigatoriedade de vinculação entre as candidaturas em âmbito nacional, estadual, distrital ou municipal, devendo seus estatutos estabelecer normas de disciplina e fidelidade partidária.*

Significa dizer que não é mais preciso haver vinculação das candidaturas nos diversos níveis federativos (União, Estados, Distrito Federal e Municípios).

Vamos Praticar

01. (FCC) Um jovem com vinte anos completos que deseja concorrer a cargo eletivo junto ao Executivo ou ao Legislativo, poderá ser eleito:

a) Vice-prefeito.

b) Juiz de paz.

c) Vereador.

d) Prefeito.

e) Deputado distrital.

02. (FCC) Sobre os Direitos Políticos, considere as seguintes assertivas:

I. Se contar menos de dez anos de serviço, o militar alistável é elegível, mas deverá afastar-se da atividade.

II. Para concorrer a outro cargo o Prefeito deve renunciar ao respectivo mandato até sete meses antes do pleito.

III. O mandato eletivo poderá ser impugnado ante a Justiça Eleitoral no prazo de trinta dias contados da diplomação, instruída a ação com provas de abuso do poder econômico, corrupção ou fraude.

IV. A ação de impugnação de mandato tramitará em segredo de justiça, respondendo o autor, na forma da lei, se temerária ou de manifesta má-fé.

Está correto o que se afirma apenas em:

a) I e III.

b) I e IV.

c) II e III.

d) II e IV.

03. (FCC) A perda ou a suspensão dos direitos políticos, se dará, dentre outras hipóteses, no caso de:

a) Incapacidade civil absoluta.

b) Prestação do serviço militar obrigatório.

c) Incapacidade civil ou administrativa relativa.

d) Condenação em processo administrativo.

e) Cancelamento da naturalização por sentença passível de recurso.

04. (FCC) O partido político PAAEE só poderá registrar seus estatutos no Tribunal Superior Eleitoral após:

a) Adquirir personalidade jurídica, na forma da Lei civil.

b) Receber recursos do fundo partidário ou de qualquer origem.

c) Prestar contas à Justiça Eleitoral e aos demais partidos políticos.

d) Prestar contas à União e à respectiva unidade federal.

e) Demonstrar à Justiça Eleitoral que não é mantido por organização paramilitar ou não.

05. (FCC) Conforme previsão expressa contida na Constituição Federal, é livre a criação, fusão, incorporação e extinção de partidos políticos, resguardados a soberania nacional, o regime democrático, o pluripartidarismo e os direitos fundamentais da pessoa humana, sendo correto afirmar que:

a) Lhes é vedada a utilização de organização paramilitar, salvo no interesse pontual da comunidade ou da região que representa.

b) Após adquirirem personalidade jurídica, na forma da lei civil, registrarão seus estatutos na Junta Eleitoral mais próxima de sua sede.

c) Lhes é vedada autonomia para definir o regime de suas coligações eleitorais, com obrigatoriedade de vinculação entre as candidaturas em âmbito nacional, devendo seus estatutos estabelecer normas de disciplina e fidelidade partidária.

d) Após adquirirem personalidade jurídica, na forma da lei civil, registrarão seus estatutos no Tribunal Superior Eleitoral.

e) Lhes é assegurada autonomia para definir sua organização, com obrigatoriedade de vinculação entre as candidaturas em âmbito nacional, devendo seus estatutos estabelecer normas de disciplina e fidelidade partidária.

06. (FCC) No que concerne aos partidos políticos, nos termos da Constituição Federal de 1988, é correto afirmar que:

a) Os partidos políticos, após adquirirem personalidade jurídica, registrarão seus Estatutos no Tribunal Regional Eleitoral.

b) O funcionamento parlamentar de acordo com a lei é um dos preceitos a serem observados no caso de fusão de partidos políticos.

c) Os partidos políticos têm acesso gratuito e ilimitado ao rádio e à televisão.

d) A extinção de partidos políticos é livre, não estando subordinada à prestação de contas à Justiça Eleitoral.

e) Os partidos políticos poderão receber recursos financeiros de entidade estrangeira.

07. (FCC) Plínio, filiado à partido político e brasileiro, de reputação ilibada, que acabara de completar vinte anos de idade no mês de junho de 2008, efetuou o seu alistamento eleitoral na circunscrição eleitoral do Município de Caju, onde mantinha seu domicílio. A sua intenção era a de concorrer ao cargo de Prefeito no Município de Margarida, nas eleições daquele mesmo ano, posto que frequentava faculdade na referida Cidade, e era presidente do diretório acadêmico, sendo conhecido e amado pelos colegas de faculdade e pela maioria dos habitantes da região, com grandes chances de vencer as eleições. Porém, sua candidatura ao referido cargo foi barrada, porque não preenchia os requisitos de:

a) Idade mínima de vinte e cinco anos de idade e domicílio eleitoral referente a um período de dois anos.

b) Idade mínima de vinte e um anos de idade e de domicílio eleitoral na circunscrição do Município de Margarida.

c) Domicílio eleitoral na circunscrição do Município de Margarida e de idade mínima de trinta anos de idade.

d) Pleno exercício dos direitos políticos e de idade mínima de trinta anos de idade.

e) Pleno exercício dos direitos políticos e de idade mínima de vinte e cinco anos de idade.

08. (FCC) Pedro, governador em exercício do Estado X, pretende concorrer ao cargo de Presidente da República. Neste caso, Pedro:

a) Deverá renunciar ao respectivo mandato até três meses antes do pleito.

b) Deverá renunciar ao respectivo mandato até seis meses antes do pleito.

c) Deverá renunciar ao respectivo mandato até dois meses antes do pleito.

d) Deverá aguardar o final de seu mandato, sendo vedada a renúncia com este objetivo.

e) Poderá renunciar ao mandato a qualquer tempo, não havendo limite constitucional pré-estabelecido.

09. (CESPE) O alistamento eleitoral e a candidatura a cargos eletivos são vedados aos analfabetos.

Certo ( ) Errado ( )

10. (CESPE) A soberania popular é exercida, em regra, por meio da democracia representativa. A Constituição Federal brasileira consagra, também, a democracia participativa ao prever instrumentos de participação intensa e efetiva do cidadão nas decisões governamentais.

Certo ( ) Errado ( )

11. (CESPE) Apesar de a CF estabelecer que todo o poder emana do povo, não há previsão, no texto constitucional, de seu exercício diretamente pelo povo, mas por meio de representantes eleitos.

Certo ( ) Errado ( )

12. (CESPE) O cidadão com pouco mais de 70 anos de idade, alfabetizado e portador de título eleitoral, é obrigado a votar.

Certo ( ) Errado ( )

13. (CESPE) Um cidadão com dezoito anos de idade, boliviano naturalizado brasileiro, não pode candidatar-se a vereador em uma pequena cidade do interior de um estado brasileiro, por faltar-lhe capacidade eleitoral passiva.

Certo ( ) Errado ( )

14. (CESPE) Ao governador de determinado estado da Federação que pretenda candidatar-se a deputado federal nas próximas eleições não se exigirá a desincompatibilização do cargo, visto que se trata de eleição para outro cargo público.

Certo ( ) Errado ( )

15. (ESAF) Sobre direitos e garantias fundamentais, assinale a única opção correta (direitos da nacionalidade e políticos):

a) Serão brasileiros natos, independentemente de manifestação da vontade, todos os nascidos de pai ou mãe brasileiro.

b) O cargo de Ministro de Estado da Justiça é privativo de brasileiro nato.

c) O alistamento eleitoral e o voto são obrigatórios para todos os brasileiros maiores de dezoito anos.

d) Se já forem titulares de mandato eletivo, não são inelegíveis, no território de jurisdição do chefe do Poder Executivo, o cônjuge e os parentes consanguíneos ou afins, até o segundo grau ou por adoção, do Presidente da República, de Governador de Estado ou Território, do Distrito Federal e de Prefeito.

e) A ação de impugnação de mandato, proposta em face de prática de abuso do poder econômico, corrupção ou fraude pelo candidato diplomado, tramitará em segredo de justiça, respondendo o autor, na forma da lei, se temerária ou de manifesta má-fé.

16. (ESAF) A partir da promulgação da Constituição de 1988, o cidadão brasileiro conta com uma multiplicidade de formas de participação política sem precedentes na história do País. A seguir são relacionadas algumas formas de participação popular na esfera pública.

Aponte o único enunciado **falso**.

a) Possibilidade de qualquer cidadão propor individualmente Ação Direta de Inconstitucionalidade junto ao Supremo Tribunal Federal.,

b) Participação em plebiscitos e referendos.

c) Iniciativa popular na propositura de projetos de lei.

d) Participação nas deliberações sobre políticas públicas por meio de organizações representativas em colegiados.

e) Eleição direta para os integrantes de todas as casas legislativas e para o chefe do executivo em todos os níveis de governo.

17. (ESAF) Sobre os direitos políticos e da nacionalidade, na Constituição de 1988, marque a única opção correta:

a) Cumpridas as demais condições de elegibilidade, previstas na Constituição Federal, todos os que tiverem feito alistamento eleitoral são elegíveis.

b) O alistamento eleitoral facultativo não implica obrigatoriedade do voto.

c) Os nascidos no Brasil, ainda que de pais estrangeiros, serão sempre brasileiros natos, porque o Brasil adota, para fins de reconhecimento de nacionalidade nata, o critério do *jus solis*.

d) Nos termos da Constituição Federal, o cargo de Ministro de Estado da Justiça é privativo de brasileiro nato.

e) A condenação criminal, transitada em julgado, de brasileiro naturalizado implica a perda dos seus direitos políticos.

18. (ESAF) Um grupo de cidadãos brasileiros pretende criar um partido político com as seguintes características: a) programa voltado à defesa dos interesses de minorias étnicas; b) divulgação, junto às instituições de elaboração e aplicação das leis, inclusive as forças de segurança pública, de ideias e práticas relacionadas à preservação de costumes e tradições de minorias étnicas; c) atuação restrita ao território dos Estados da Região Norte do País; d) possibilidade de captação de recursos financeiros junto a entidades governamentais e não governamentais, nacionais ou estrangeiras; e) coligações eleitorais apenas com partidos de ideário programático compatível com o seu, não havendo obrigatoriedade, contudo, de vinculação entre as candidaturas em âmbito estadual e municipal.

Considerada a disciplina constitucional da matéria, não seria admissível a criação desse partido político, porque a:

a) Defesa de minorias por partidos políticos é contrária ao regime democrático e ao princípio da igualdade, o que é proibido pela Constituição.

b) Divulgação de ideias junto às forças de segurança pública é forma de atuação paramilitar, o que é expressamente vedado aos partidos políticos pela Constituição.

c) Constituição de partido político que tenha sua atividade restrita a uma Região do País é inadmissível, exigindo-se que possua caráter nacional.

d) Constituição não permite a obtenção de recursos financeiros junto a governos estrangeiros, embora o admita em relação a entidades estrangeiras, na forma da lei.

e) Vinculação entre as candidaturas em âmbito estadual e municipal é obrigatória, em matéria de coligações eleitorais.

19. (CESPE) Os recrutados pelas forças armadas não podem alistar-se como eleitores durante o período em que estiverem cumprindo o serviço militar obrigatório.

Certo ( ) Errado ( )

20. (CESPE) Cidadão brasileiro que tiver trinta anos de idade poderá ser candidato a senador, desde que possua pleno exercício dos direitos políticos, alistamento eleitoral, filiação partidária e domicílio eleitoral no estado pelo qual pretenda concorrer.

Certo ( ) Errado ( )

Gabarito

01	C	11	ERRADO
02	B	12	ERRADO
03	A	13	ERRADO
04	A	14	ERRADO
05	D	15	E
06	B	16	A
07	B	17	B
08	B	18	C
09	ERRADO	19	CERTO
10	CERTO	20	ERRADO

CAPÍTULO 08

Da Organização Político - Administrativa

Para que se possa compreender a Organização Político-Administrativa do Estado Brasileiro, faz-se necessário, primeiramente, entender como se deu essa formação. Para isso, será abordado o Princípio Federativo.

Princípio Federativo

A Forma de Estado adotada no Brasil é a Federativa. Quando se afirma que o nosso Estado é uma Federação, quer-se dizer como se dá o exercício do poder político em função do território. Em um Estado Federal, existe pluralidade de poderes políticos internos, os quais se organizam de forma descentralizada. No Brasil, são quatro poderes políticos, também chamados de entes federativos:

01. União;
02. Estados;
03. Distrito Federal;
04. Municípios.

Essa organização é baseada na autonomia política de cada ente federativo. Deve-se ter cuidado com esse tema em prova, pois as bancas gostam de trocar autonomia por soberania. Cada ente possui sua própria autonomia, enquanto que o Estado Federal possui a soberania. A autonomia de cada ente federativo se dá no âmbito político, financeiro, orçamentário, administrativo e em qualquer outra área permitida pela Constituição Federal:

> ***Art. 18.*** *A organização político-administrativa da República Federativa do Brasil compreende a União, os Estados, o Distrito Federal e os Municípios, todos autônomos, nos termos desta Constituição.*

Deve-se destacar, inclusive, que o pacto federativo sobrevive em torno da Constituição Federal, que impede sua dissolução sob pena de se decretar Intervenção Federal:

> ***Art. 34.*** *A União não intervirá nos Estados nem no Distrito Federal, exceto para:*
>
> *I. manter a integridade nacional.*

A proibição de secessão, que impede a separação de um ente federativo, também é conhecida como Princípio da Indissolubilidade.

Outro ponto muito cobrado em prova diz respeito à inexistência de hierarquia entre os entes federativos. O que distingue um ente federativo do outro não é a superioridade, mas a distribuição de competências feita pela própria Constituição Federal. Não se deve esquecer também que as Unidades da Federação possuem representação junto ao Poder Legislativo da União, mais precisamente, no Senado Federal.

Em razão dessa organização completamente diferenciada, a doutrina classifica a federação brasileira de várias formas:

→ **Tricotômica**

Federação constituída em três níveis: federal, estadual e municipal. O Distrito Federal não é considerado nessa classificação, haja vista possuir competência híbrida, agindo tanto como um Estado quanto como Município;

→ **Centrífuga**

Característica que reflete a formação da federação brasileira. É a formação "de dentro para fora". O movimento é de centrifugadora. A força de criação do estado federal brasileiro surgiu a partir de um Estado Unitário para a criação de um estado federado, ou seja, o poder centralizado que se torna descentralizado. O poder político era concentrado nas mãos de um só ente e depois passa a fazer parte de vários entes federativos;

→ **Por desagregação**

Ocorre quando um Estado Unitário resolve se descentralizar politicamente, desagregando o poder central em favor de vários entes titulares de poder político.

Mais uma característica que não pode ser ignorada em prova: a Forma Federativa de Estado é uma cláusula pétrea, conforme dispõe o Art. 60, § 4º, I:

> ***Art. 60, § 4º*** *- Não será objeto de deliberação a proposta de emenda tendente a abolir:*
>
> *I. a forma federativa de Estado.*

Cumpre lembrar de que a Capital do Brasil é Brasília. Deve-se ter cuidado: há questão de prova que diz que a Capital é o Distrito Federal. O Distrito Federal é um ente federativo, ao passo que Brasília é uma Região Administrativa dentro do Distrito Federal:

> ***Art. 18, § 1º*** *- Brasília é a Capital Federal.*

Outra coisa com a qual se deve ter cuidado diz respeito aos Territórios Federais:

> ***§ 2º*** *- Os Territórios Federais integram a União, e sua criação, transformação em Estado ou reintegração ao Estado de origem serão reguladas em lei complementar.*

Esses não são entes federativos, pois não possuem autonomia política. São pessoas jurídicas de direito público que possuem apenas capacidade administrativa. Sua natureza jurídica é de autarquia federal e só podem ser criados por lei federal. Para sua criação se faz necessária a aprovação das populações diretamente envolvidas, por meio de plebiscito, parecer da Assembleia Legislativa e lei complementar federal. Os territórios são administrados por governadores escolhidos pelo Presidente da República e podem ser divididos em municípios. Cada território elegerá quatro deputados federais, mas não poderá eleger Senador da República. Seguem abaixo vários dispositivos constitucionais que regulamentam os Territórios:

> ***Art. 18, § 3º*** *- Os Estados podem incorporar-se entre si, subdividir-se ou desmembrar-se para se anexarem a outros, ou formarem novos Estados ou Territórios Federais, mediante aprovação da população diretamente interessada, através de plebiscito, e do Congresso Nacional, por lei complementar.*
>
> ***Art. 45, § 2º*** *- Cada Território elegerá quatro Deputados.*
>
> ***Art. 48.*** *Cabe ao Congresso Nacional, com a sanção do Presidente da República, não exigida esta para o especificado nos arts. 49, 51 e 52, dispor sobre todas as matérias de competência da União, especialmente sobre:*
>
> *VI. Incorporação, subdivisão ou desmembramento de áreas de Territórios ou Estados, ouvidas as respectivas Assembleias Legislativas.*
>
> ***Art. 84.*** *Compete privativamente ao Presidente da República:*
>
> *XIV. Nomear, após aprovação pelo Senado Federal, os Ministros do Supremo Tribunal*

Federal e dos Tribunais Superiores, os Governadores de Territórios, o Procurador-Geral da República, o presidente e os diretores do banco central e outros servidores, quando determinado em lei.

A Constituição Federal autoriza a divisão dos Territórios em Municípios. Os Territórios com mais de 100.000 habitantes possuirão Poder Judiciário próprio, bem como membros do Ministério Público e Defensores Públicos Federais. Poderão ainda eleger membros para Câmara Territorial:

> ***Art. 33, § 1º*** *- Os Territórios poderão ser divididos em Municípios, aos quais se aplicará, no que couber, o disposto no Capítulo IV deste Título.*
>
> *§ 3º - Nos Territórios Federais com mais de cem mil habitantes, além do Governador nomeado na forma desta Constituição, haverá órgãos judiciários de primeira e segunda instância, membros do Ministério Público e defensores públicos federais; a lei disporá sobre as eleições para a Câmara Territorial e sua competência deliberativa.*

Fique Ligado

Os entes federativos são a União, os Estados, o Distrito Federal e os Municípios. Territórios não são entes federativos.

Vedações Constitucionais

A Constituição Federal fez questão de estabelecer algumas vedações expressas aos entes federativos, as quais estão previstas no Art. 19:

> ***Art. 19.*** *É vedado à União, aos Estados, ao Distrito Federal e aos Municípios:*
>
> *I. Estabelecer cultos religiosos ou igrejas, subvencioná-los, embaraçar-lhes o funcionamento ou manter com eles ou seus representantes relações de dependência ou aliança, ressalvada, na forma da lei, a colaboração de interesse público;*
>
> *II. Recusar fé aos documentos públicos;*
>
> *III. Criar distinções entre brasileiros ou preferências entre si.*

A primeira vedação decorre da laicidade do Estado brasileiro, ou seja, não possuímos religião oficial no Brasil, em razão da situação de separação entre Estado e Igreja. A segunda vedação decorre da presunção de veracidade dos documentos públicos. E, por último, contemplando o Princípio da Isonomia, o qual será tratado em momento oportuno, fica vedado estabelecer distinções entre brasileiros ou preferências entre si. Atente-se a esta questão:

Exercício Comentado

01. (FMP) A subvenção estatal de igrejas, em quaisquer dos níveis da Federação, somente será constitucionalmente válida se previamente autorizada por lei específica e desde que a subvenção seja estendível a todas as igrejas reconhecidas pelo ordenamento jurídico nacional.

ERRADO. O Art. 19 da Constituição veda a subvenção estatal de igrejas, haja vista ser o Estado Brasileiro um estado laico, cuja relação da Igreja com o estado político é de separação. A única exceção, vislumbrada pela Constituição Federal para a subvenção, é no caso de colaboração de interesse público.

Características dos Entes Federativos

União

Muitos sentem dificuldade em visualizar a União, tendo em vista ser um ente meio abstrato. O que se precisa saber é que a União é uma pessoa jurídica de direito público interno ao mesmo tempo em que é pessoa jurídica de direito público externo. É o Poder Central responsável por assuntos de interesse geral do Estado e que representa os demais entes federativos. Apesar de não possuir o atributo Soberania, a União exerce essa soberania em nome do Estado Federal. É só pensar na representação internacional do Estado. Quem celebra tratados internacionais? É o Chefe do Executivo da União, o Presidente da República.

Um dos temas mais cobrados em prova são os Bens da União. Os Bens da União estão previstos no Art. 20 da Constituição Federal:

> ***Art. 20.*** *São bens da União:*
>
> *I. Os que atualmente lhe pertencem e os que lhe vierem a ser atribuídos;*
>
> *II. As terras devolutas indispensáveis à defesa das fronteiras, das fortificações e construções militares, das vias federais de comunicação e à preservação ambiental, definidas em lei;*
>
> *III. Os lagos, rios e quaisquer correntes de água em terrenos de seu domínio, ou que banhem mais de um Estado, sirvam de limites com outros países, ou se estendam a território estrangeiro ou dele provenham, bem como os terrenos marginais e as praias fluviais;*
>
> *IV. As ilhas fluviais e lacustres nas zonas limítrofes com outros países; as praias marítimas; as ilhas oceânicas e as costeiras, excluídas, destas, as que contenham a sede de Municípios, exceto aquelas áreas afetadas ao serviço público e a unidade ambiental federal, e as referidas no art. 26, II;*
>
> *V. Os recursos naturais da plataforma continental e da zona econômica exclusiva;*
>
> *VI. O mar territorial;*
>
> *VII. Os terrenos de marinha e seus acrescidos;*
>
> *VIII. os potenciais de energia hidráulica;*
>
> *IX. Os recursos minerais, inclusive os do subsolo;*
>
> *X. As cavidades naturais subterrâneas e os sítios arqueológicos e pré-históricos;*
>
> *XI. As terras tradicionalmente ocupadas pelos índios.*
>
> ***§ 1º*** *- É assegurada, nos termos da lei, aos Estados, ao Distrito Federal e aos Municípios, bem como a órgãos da administração direta da União, participação no resultado da exploração de petróleo ou gás natural, de recursos hídricos para fins de geração de energia elétrica e de outros recursos minerais no respectivo território, plataforma continental, mar territorial ou zona econômica exclusiva, ou compensação financeira por essa exploração.*
>
> ***§ 2º*** *- A faixa de até cento e cinquenta quilômetros de largura, ao longo das fronteiras terrestres, designada como faixa de fronteira, é considerada fundamental para defesa do território nacional, e sua ocupação e utilização serão reguladas em lei.*

Esse artigo, quando cobrado em prova, costuma ser trabalhado apenas com o texto literal da Constituição. A dica de estudo é a memorização dos bens que são considerados da União. Contudo, alguns bens necessitam de uma explicação maior para que sejam compreendidos.

Terras Devolutas

O inciso II fala das chamadas terras devolutas, mas o que significa terras devolutas? São terras que estão sob o domínio da União sem qualquer destinação, nem pública nem privada. Serão da União apenas as terras devolutas indispensáveis à defesa das fronteiras, das fortificações e construções militares, das vias federais de comunicação e à preservação ambiental, conforme definição em lei. As demais terras devolutas serão de propriedade dos Estados Membros nos termos do Art. 26, IV:

> **Art. 26.** *Incluem-se entre os bens dos Estados:*
>
> ***IV.*** *As terras devolutas não compreendidas entre as da União.*

Mar Territorial, Plataforma Continental e Zona Econômica Exclusiva

Os incisos IV e V apresentam três bens que são muito interessantes e que se confundem nas cabeças dos alunos: mar territorial, plataforma continental e Zona Econômica Exclusiva. A Lei 8.617/93 esclarece as diferenças entre esses institutos.

O mar territorial é formado por uma faixa de água marítima ao longo da costa brasileira, com uma dimensão de 12 milhas marítimas, contadas a partir da linha base. A plataforma continental é o prolongamento natural do território terrestre, compreendidos o leito e o subsolo do mar até a distância de 200 milhas marítimas ou até o bordo exterior da margem continental.

A zona econômica exclusiva é a extensão situada além do mar territorial até o limite das 200 milhas marítimas.

Acerca desse tema sempre há confusão. O mar territorial é extensão do território nacional sobre qual o Estado exerce sua soberania. Já a plataforma continental e a zona econômica exclusiva são águas internacionais onde o direito a soberania do Estado se limita à exploração e ao aproveitamento, à conservação e a gestão dos recursos naturais, vivos ou não vivos, das águas sobrejacentes ao leito do mar, do leito do mar e seu subsolo, e no que se refere a outras atividades com vistas à exploração e ao aproveitamento da zona para fins econômicos.

Estados

Os Estados são pessoas jurídicas de direito público interno, entes federativos detentores de autonomia própria. Essa autonomia se percebe pela sua capacidade de auto-organização, autogoverno, autoadministração. Destaca-se, ainda, o seu poder de criação da própria Constituição Estadual, bem como das demais normas de sua competência:

> **Art. 25.** *Os Estados organizam-se e regem-se pelas Constituições e leis que adotarem, observados os princípios desta Constituição.*

Percebe-se, ainda, o seu autogoverno à medida que cada Estado organiza seus próprios Poderes: Poder Legislativo (Assembleia Legislativa), Poder Executivo (Governador) e Poder Judiciário (Tribunal de Justiça). Destacam-se também suas autonomias administrativa, tributária e financeira.

Um tema que não aparece muito em prova é a possibilidade de criação de novos Estados. Segundo o Art. 18, § 3º:

> ***Art. 18, § 3º*** *- Os Estados podem incorporar-se entre si, subdividir-se ou desmembrar-se para se anexarem a outros, ou formarem novos Estados ou Territórios Federais, mediante aprovação da população diretamente interessada, através de plebiscito, e do Congresso Nacional, por lei complementar.*

O que se precisa lembrar para a prova é que, para se criar outro Estado, faz-se necessária a aprovação da população diretamente interessada por meio de plebiscito e que essa criação depende de lei complementar federal. A Constituição prevê ainda a oitiva das Assembleias Legislativas envolvidas na modificação:

> **Art. 48.** *Cabe ao Congresso Nacional, com a sanção do Presidente da República, não exigida esta para o especificado nos arts. 49, 51 e 52, dispor sobre todas as matérias de competência da União, especialmente sobre:*
>
> ***IV.*** *Incorporação, subdivisão ou desmembramento de áreas de Territórios ou Estados, ouvidas as respectivas Assembleias Legislativas.*

Fique Ligado

A criação de novos estados ou territórios depende de: aprovação da população por meio de plebiscito, oitiva das assembleias legislativas e lei complementar federal.

Em razão de sua autonomia, a Constituição apresentou um rol de bens que pertencem aos Estados:

> **Art. 26.** *Incluem-se entre os bens dos Estados:*
>
> ***I.*** *As águas superficiais ou subterrâneas, fluentes, emergentes e em depósito, ressalvadas, neste caso, na forma da lei, as decorrentes de obras da União;*
>
> ***II.*** *As áreas, nas ilhas oceânicas e costeiras, que estiverem no seu domínio, excluídas aquelas sob domínio da União, Municípios ou terceiros;*
>
> ***III.*** *As ilhas fluviais e lacustres não pertencentes à União;*
>
> ***IV.*** *As terras devolutas não compreendidas entre as da União.*

Algumas regras em relação à Organização dos Poderes Legislativo e Executivo no âmbito dos Estados também aparecem na Constituição Federal. Quando cobradas em prova, a leitura e memorização dos artigos abaixo se tornam essenciais:

> **Art. 27.** *O número de Deputados à Assembleia Legislativa corresponderá ao triplo da representação do Estado na Câmara dos Deputados e, atingido o número de trinta e seis, será acrescido de tantos quantos forem os Deputados Federais acima de doze.*
>
> ***§ 1º*** *- Será de quatro anos o mandato dos Deputados Estaduais, aplicando-se-lhes as regras desta Constituição sobre sistema eleitoral, inviolabilidade, imunidades, remuneração, perda de mandato, licença, impedimentos e incorporação às Forças Armadas.*
>
> ***§ 2º*** *- O subsídio dos Deputados Estaduais será fixado por lei de iniciativa da Assembleia Legislativa, na razão de, no máximo, setenta e cinco por cento daquele estabelecido, em espécie, para os Deputados Federais, observado o que dispõem os arts. 39, § 4º, 57, § 7º, 150, II, 153, III, e 153, § 2º, I.*
>
> ***§ 3º*** *- Compete às Assembleias Legislativas dispor sobre seu regimento interno, polícia e serviços administrativos de sua secretaria, e prover os respectivos cargos.*

§ 4º - A lei disporá sobre a iniciativa popular no processo legislativo estadual.

Art. 28. *A eleição do Governador e do Vice-Governador de Estado, para mandato de quatro anos, realizar-se-á no primeiro domingo de outubro, em primeiro turno, e no último domingo de outubro, em segundo turno, se houver, do ano anterior ao do término do mandato de seus antecessores, e a posse ocorrerá em primeiro de janeiro do ano subsequente, observado, quanto ao mais, o disposto no art. 77.*

§ 1º - Perderá o mandato o Governador que assumir outro cargo ou função na administração pública direta ou indireta, ressalvada a posse em virtude de concurso público e observado o disposto no art. 38, I, IV e V.

§ 2º - Os subsídios do Governador, do Vice-Governador e dos Secretários de Estado serão fixados por lei de iniciativa da Assembleia Legislativa, observado o que dispõem os arts. 37, XI, 39, § 4º, 150, II, 153, III, e 153, § 2º, I.

Municípios

Os municípios são elencados pela Constituição Federal como entes federativos dotados de autonomia, a qual se percebe pela sua capacidade de auto-organização, autogoverno e autoadministração. São regidos por Lei Orgânica e possui Executivo e Legislativo próprio, os quais são representados, respectivamente, pela Prefeitura e pela Câmara Municipal e que são regulamentados pelos Arts. 29 e 29A da Constituição. O examinador pode explorar, em prova de concurso público, questões que requeiram a memorização desses artigos. Para entender por que ele faria isso, recomenda-se a leitura:

Art. 29. *O Município reger-se-á por lei orgânica, votada em dois turnos, com o interstício mínimo de dez dias, e aprovada por dois terços dos membros da Câmara Municipal, que a promulgará, atendidos os princípios estabelecidos nesta Constituição, na Constituição do respectivo Estado e os seguintes preceitos:*

I. *Eleição do Prefeito, do Vice-Prefeito e dos Vereadores, para mandato de quatro anos, mediante pleito direto e simultâneo realizado em todo o País;*

II. *Eleição do Prefeito e do Vice-Prefeito realizada no primeiro domingo de outubro do ano anterior ao término do mandato dos que devam suceder, aplicadas as regras do art. 77, no caso de Municípios com mais de duzentos mil eleitores;*

III. *Posse do Prefeito e do Vice-Prefeito no dia 1º de janeiro do ano subsequente ao da eleição;*

IV. *Para a composição das Câmaras Municipais, será observado o limite máximo de:*

a) *9 (nove) Vereadores, nos Municípios de até 15.000 (quinze mil) habitantes;*

b) *11 (onze) Vereadores, nos Municípios de mais de 15.000 (quinze mil) habitantes e de até 30.000 (trinta mil) habitantes;*

c) *13 (treze) Vereadores, nos Municípios com mais de 30.000 (trinta mil) habitantes e de até 50.000 (cinquenta mil) habitantes;*

d) *15 (quinze) Vereadores, nos Municípios de mais de 50.000 (cinquenta mil) habitantes e de até 80.000 (oitenta mil) habitantes;*

e) *17 (dezessete) Vereadores, nos Municípios de mais de 80.000 (oitenta mil) habitantes e de até 120.000 (cento e vinte mil) habitantes;*

f) *19 (dezenove) Vereadores, nos Municípios de mais de 120.000 (cento e vinte mil) habitantes e de até 160.000 (cento sessenta mil) habitantes;*

g) *21 (vinte e um) Vereadores, nos Municípios de mais de 160.000 (cento e sessenta mil) habitantes e de até 300.000 (trezentos mil) habitantes;*

h) *23 (vinte e três) Vereadores, nos Municípios de mais de 300.000 (trezentos mil) habitantes e de até 450.000 (quatrocentos e cinquenta mil) habitantes;*

i) *25 (vinte e cinco) Vereadores, nos Municípios de mais de 450.000 (quatrocentos e cinquenta mil) habitantes e de até 600.000 (seiscentos mil) habitantes;*

j) *27 (vinte e sete) Vereadores, nos Municípios de mais de 600.000 (seiscentos mil) habitantes e de até 750.000 (setecentos cinquenta mil) habitantes;*

k) *29 (vinte e nove) Vereadores, nos Municípios de mais de 750.000 (setecentos e cinquenta mil) habitantes e de até 900.000 (novecentos mil) habitantes;*

l) *31 (trinta e um) Vereadores, nos Municípios de mais de 900.000 (novecentos mil) habitantes e de até 1.050.000 (um milhão e cinquenta mil) habitantes;*

m) *33 (trinta e três) Vereadores, nos Municípios de mais de 1.050.000 (um milhão e cinquenta mil) habitantes e de até 1.200.000 (um milhão e duzentos mil) habitantes;*

n) *35 (trinta e cinco) Vereadores, nos Municípios de mais de 1.200.000 (um milhão e duzentos mil) habitantes e de até 1.350.000 (um milhão e trezentos e cinquenta mil) habitantes;*

o) *37 (trinta e sete) Vereadores, nos Municípios de 1.350.000 (um milhão e trezentos e cinquenta mil) habitantes e de até 1.500.000 (um milhão e quinhentos mil) habitantes;*

p) *39 (trinta e nove) Vereadores, nos Municípios de mais de 1.500.000 (um milhão e quinhentos mil) habitantes e de até 1.800.000 (um milhão e oitocentos mil) habitantes;*

q) *41 (quarenta e um) Vereadores, nos Municípios de mais de 1.800.000 (um milhão e oitocentos mil) habitantes e de até 2.400.000 (dois milhões e quatrocentos mil) habitantes;*

r) *43 (quarenta e três) Vereadores, nos Municípios de mais de 2.400.000 (dois milhões e quatrocentos mil) habitantes e de até 3.000.000 (três milhões) de habitantes;*

s) *45 (quarenta e cinco) Vereadores, nos Municípios de mais de 3.000.000 (três milhões) de habitantes e de até 4.000.000 (quatro milhões) de habitantes;*

t) *47 (quarenta e sete) Vereadores, nos Municípios de mais de 4.000.000 (quatro milhões) de habitantes e de até 5.000.000 (cinco milhões) de habitantes;*

u) *49 (quarenta e nove) Vereadores, nos Municípios de mais de 5.000.000 (cinco milhões) de habitantes e de até 6.000.000 (seis milhões) de habitantes;*

v) *51 (cinquenta e um) Vereadores, nos Municípios de mais de 6.000.000 (seis milhões) de habitantes e de até 7.000.000 (sete milhões) de habitantes;*

w) *53 (cinquenta e três) Vereadores, nos Municípios de mais de 7.000.000 (sete milhões) de habitantes e de até 8.000.000 (oito milhões) de habitantes; e x)* *55 (cinquenta e cinco) Vereadores, nos Municípios de mais de 8.000.000 (oito milhões) de habitantes;*

V. *Subsídios do Prefeito, do Vice-Prefeito e dos Secretários Municipais fixados por lei de iniciativa da Câmara Municipal, observado o que dispõem os arts. 37, XI, 39, § 4º, 150, II, 153, III, e 153, § 2º, I;*

VI. *O subsídio dos Vereadores será fixado pelas respectivas Câmaras Municipais em cada legislatura para a subsequente, observado o que dispõe esta Constituição, observados os critérios estabelecidos na respectiva Lei Orgânica e os seguintes limites máximos:*

a) *em Municípios de até dez mil habitantes, o subsídio máximo dos Vereadores corresponderá a vinte por cento do subsídio dos Deputados Estaduais;*

b) *em Municípios de dez mil e um a cinquenta mil habitantes, o subsídio máximo dos Vereadores corresponderá a trinta por cento do subsídio dos Deputados Estaduais;*

c) *em Municípios de cinquenta mil e um a cem mil habitantes, o subsídio máximo dos Vereadores corresponderá a quarenta por cento do subsídio dos Deputados Estaduais;*

d) *em Municípios de cem mil e um a trezentos mil habitantes, o subsídio máximo dos Vereadores corresponderá a cinquenta por cento do subsídio dos Deputados Estaduais;*

e) *em Municípios de trezentos mil e um a quinhentos mil habitantes, o subsídio máximo dos Vereadores corresponderá a sessenta por cento do subsídio dos Deputados Estaduais;*

f) *em Municípios de mais de quinhentos mil habitantes, o subsídio máximo dos Vereadores corresponderá a setenta e cinco por cento do subsídio dos Deputados Estaduais;*

VII. *O total da despesa com a remuneração dos Vereadores não poderá ultrapassar o montante de cinco por cento da receita do Município;*

VIII. *Inviolabilidade dos Vereadores por suas opiniões, palavras e votos no exercício do mandato e na circunscrição do Município;*

IX. *Proibições e incompatibilidades, no exercício da vereança, similares, no que couber, ao disposto nesta Constituição para os membros do Congresso Nacional e na Constituição do respectivo Estado para os membros da Assembleia Legislativa;*

X. *Julgamento do Prefeito perante o Tribunal de Justiça;*

XI. *Organização das funções legislativas e fiscalizadoras da Câmara Municipal;*

XII. *Cooperação das associações representativas no planejamento municipal;*

XIII. *Iniciativa popular de projetos de lei de interesse específico do Município, da cidade ou de bairros, através de manifestação de, pelo menos, cinco por cento do eleitorado;*

XIV. *Perda do mandato do Prefeito, nos termos do art. 28, parágrafo único.*

Art. 29-A. *O total da despesa do Poder Legislativo Municipal, incluídos os subsídios dos Vereadores e excluídos os gastos com inativos, não poderá ultrapassar os seguintes percentuais, relativos ao somatório da receita tributária e das transferências previstas no § 5º do Art. 153 e nos Arts. 158 e 159, efetivamente realizado no exercício anterior:*

IX. *7% (sete por cento) para Municípios com população de até 100.000 (cem mil) habitantes;*

X. *6% (seis por cento) para Municípios com população entre 100.000 (cem mil) e 300.000 (trezentos mil) habitantes;*

XI. *5% (cinco por cento) para Municípios com população entre 300.001 (trezentos mil e um) e 500.000 (quinhentos mil) habitantes;*

XII. *4,5% (quatro inteiros e cinco décimos por cento) para Municípios com população entre 500.001 (quinhentos mil e um) e 3.000.000 (três milhões) de habitantes;*

XIII. *4% (quatro por cento) para Municípios com população entre 3.000.001 (três milhões e um) e 8.000.000 (oito milhões) de habitantes;*

XIV. *3,5% (três inteiros e cinco décimos por cento) para Municípios com população acima de 8.000.001 (oito milhões e um) habitantes.*

§1º *- A Câmara Municipal não gastará mais de setenta por cento de sua receita com folha de pagamento, incluído o gasto com o subsídio de seus Vereadores.*

§2º *- Constitui crime de responsabilidade do Prefeito Municipal:*

I. *Efetuar repasse que supere os limites definidos neste artigo;*

II. *Não enviar o repasse até o dia vinte de cada mês; ou*

III. *Enviá-lo a menor em relação à proporção fixada na Lei Orçamentária.*

§3º *- Constitui crime de responsabilidade do Presidente da Câmara Municipal o desrespeito ao § 1º deste artigo.*

As questões de prova que abordam esses artigos exigem do candidato uma grande capacidade de memorização, como no exemplo a seguir:

Exercício Comentado

01. ***(FCC) Para composição da Câmara Municipal de um determinado Município do Estado de Sergipe, com 20 mil habitantes, será observado o limite máximo de:***

a) **09 Vereadores.**
b) **11 Vereadores.**
c) **13 Vereadores.**
d) **15 Vereadores.**
e) **17 Vereadores.**

RESPOSTA. ***B. Expressa previsão constitucional no Art. 29, IV, b.***

Mesmo sendo dotada de autonomia federativa, sua organização possui algumas limitações impostas pela própria Constituição. Entre essas limitações, deve-se destacar a ausência de Poder Judiciário no âmbito municipal, cuja função jurisdicional é exercida pelos órgãos do Judiciário Federal e Estadual. Vamos lembrar que não existe representante municipal no Congresso Nacional.

A Constituição permite que sejam criados novos municípios, conforme as regras estabelecidas no artigo 18, § 4º:

> ***Art. 18, § 4º.*** *A criação, a incorporação, a fusão e o desmembramento de Municípios, far-se-ão por lei estadual, dentro do período determinado por Lei Complementar Federal, e dependerão de consulta prévia, mediante plebiscito, às populações dos*

Municípios envolvidos, após divulgação dos Estudos de Viabilidade Municipal, apresentados e publicados na forma da lei.

Perceba-se que as regras são um pouco diferentes das necessárias para a criação de Estados. A primeira coisa que deve ser lembrada é que a criação será por Lei Ordinária Estadual, desde que haja autorização emanada de Lei Complementar Federal. As populações diretamente envolvidas na modificação devem ser consultadas por meio de plebiscito. E, por último, não se pode esquecer a exigência de Estudo de Viabilidade Municipal. Para prova, memorizem-se essas condições.

Um fato curioso é que apesar de não existir ainda uma Lei Complementar Federal autorizando o período de criação de Municípios, vários Municípios foram criados na vigência de Constituição Federal, o que obrigou o Congresso Nacional a aprovar a Emenda Constitucional nº 57/2008, que acrescentou o Art. 96 ao Ato das Disposições Constitucionais Transitórias (ADCT), convalidando a criação dos Municípios até 31 de dezembro de 2006:

> ***Art. 96.*** *Ficam convalidados os atos de criação, fusão, incorporação e desmembramento de Municípios, cuja lei tenha sido publicada até 31 de dezembro de 2006, atendidos os requisitos estabelecidos na legislação do respectivo Estado à época de sua criação.*

Distrito Federal

Se questionarem se o Distrito Federal é um Estado ou é um Município, a resposta será: "O Distrito Federal não é Estado nem Município, é Distrito Federal."

Essa pergunta é comum na cabeça de muitos alunos, haja vista não conhecerem a natureza jurídica do DF. Ora, a Constituição Federal afirma que o Distrito Federal é ente federativo assim como a União, os Estados e os Municípios. Esse ente federativo é conhecido pela sua autonomia e por sua competência híbrida. Quando se fala em competência híbrida, quer-se dizer que o DF pode exercer competências tanto de Estado quanto de Município:

> ***Art. 32, § 1º*** *- Ao Distrito Federal são atribuídas as competências legislativas reservadas aos Estados e Municípios.*

Caracteriza a sua autonomia o fato de poder criar a sua própria Lei Orgânica, bem como a existência do Poder Executivo (Governador), Legislativo (Câmara Legislativa) e Judiciário (Tribunal de Justiça do Distrito Federal e Territórios):

> ***Art. 32.*** *O Distrito Federal, vedada sua divisão em Municípios, reger-se-á por lei orgânica, votada em dois turnos com interstício mínimo de dez dias, e aprovada por dois terços da Câmara Legislativa, que a promulgará, atendidos os princípios estabelecidos nesta Constituição.*
>
> ***§ 2º*** *- A eleição do Governador e do Vice-Governador, observadas as regras do art. 77, e dos Deputados Distritais coincidirá com a dos Governadores e Deputados Estaduais, para mandato de igual duração.*
>
> ***§ 3º*** *- Aos Deputados Distritais e à Câmara Legislativa aplica-se o disposto no art. 27.*

Como se pode depreender da leitura do artigo, a autonomia do DF possui algumas limitações, por exemplo, a vedação da sua divisão em Municípios. Nesse mesmo sentido, deve-se lembrar que o DF não possui competência para organizar e manter as Polícias Civil e Militar, o Corpo de Bombeiros Militar, o Poder Judiciário, o Ministério Público e a Defensoria Pública. Nesses casos, a competência foi conferida à União:

> ***Art. 32, § 4º*** *- Lei federal disporá sobre a utilização, pelo Governo do Distrito Federal, das polícias civil e militar e do corpo de bombeiros militar.*
>
> ***Art. 21.*** *Compete à União:*
>
> ***XIII.*** *Organizar e manter o Poder Judiciário, o Ministério Público e a Defensoria Pública do Distrito Federal e dos Territórios;*
>
> ***XIV.*** *Organizar e manter a polícia civil, a polícia militar e o corpo de bombeiros militar do Distrito Federal, bem como prestar assistência financeira ao Distrito Federal para a execução de serviços públicos, por meio de fundo próprio.*

Por fim, é importante lembrar que o Distrito Federal não se confunde com Brasília. Isso é facilmente percebido pela leitura do Art. 18:

> ***Art. 18.*** *A organização político-administrativa da República Federativa do Brasil compreende a União, os Estados, o Distrito Federal e os Municípios, todos autônomos, nos termos desta Constituição.*
>
> ***§ 1º*** *- Brasília é a Capital Federal.*

O Distrito Federal é ente federativo, ao passo que Brasília é a Capital Federal. Sob a ótica da organização administrativa do DF, pode-se afirmar que Brasília é uma das Regiões Administrativas do Distrito Federal, haja vista não poder o DF ser dividido em municípios.

Competências dos Entes Federativos

Como já foi visto, entre os entes federativos não existe hierarquia. Mas o que diferencia um ente federativo do outro? A diferença está na distribuição das competências pela Constituição. Cada ente federativo possui sua parcela de responsabilidades estabelecidas dentro da Constituição Federal.

Para a fixação dessas competências, a Constituição fez uso do Princípio da Predominância de Interesse. Esse princípio define a abrangência das competências de cada ente com base na predominância de interesse. Para a União, em regra, foram previstas competências de interesse geral, de toda a coletividade. Para os Estados, a Constituição reservou competências de interesse regional. Aos Municípios, competências de interesse local. E, por fim, ao Distrito Federal, foram reservadas competências de interesse local e regional, razão pela qual a doutrina chama de competência híbrida.

As competências são classificadas em dois tipos:

- Competências Materiais ou Administrativas;
- Competências Legislativas.

As competências materiais ou administrativas são aquelas que preveem ações a serem desempenhadas pelos entes federativos.

As competências legislativas estão relacionadas com a capacidade que um ente federativo possui de criar leis, inovar o ordenamento jurídico. Primeiramente, serão analisadas as competências administrativas de todos os entes federativos. De início, será abordada a União.

Competências Administrativas

A União possui duas formas de competências materiais: Exclusiva e Comum. As competências exclusivas estão previstas no Art. 21 da Constituição Federal:

> ***Art. 21.*** *Compete à União:*
>
> ***I.*** *Manter relações com Estados estrangeiros e participar de organizações internacionais;*
>
> ***II.*** *Declarar a guerra e celebrar a paz;*

III. *Assegurar a defesa nacional;*

IV. *Permitir, nos casos previstos em lei complementar, que forças estrangeiras transitem pelo território nacional ou nele permaneçam temporariamente;*

V. *Decretar o estado de sítio, o estado de defesa e a intervenção federal;*

VI. *Autorizar e fiscalizar a produção e o comércio de material bélico;*

VII. *Emitir moeda;*

VIII. *Administrar as reservas cambiais do País e fiscalizar as operações de natureza financeira, especialmente as de crédito, câmbio e capitalização, bem como as de seguros e de previdência privada;*

IX. *Elaborar e executar planos nacionais e regionais de ordenação do território e de desenvolvimento econômico e social;*

X. *Manter o serviço postal e o correio aéreo nacional;*

XI. *Explorar, diretamente ou mediante autorização, concessão ou permissão, os serviços de telecomunicações, nos termos da lei, que disporá sobre a organização dos serviços, a criação de um órgão regulador e outros aspectos institucionais;*

XII. *Explorar, diretamente ou mediante autorização, concessão ou permissão:*

a) *os serviços de radiodifusão sonora, e de sons e imagens;*

b) *os serviços e instalações de energia elétrica e o aproveitamento energético dos cursos de água, em articulação com os Estados onde se situam os potenciais hidroenergéticos;*

c) *a navegação aérea, aeroespacial e a infraestrutura aeroportuária;*

d) *os serviços de transporte ferroviário e aquaviário entre portos brasileiros e fronteiras nacionais, ou que transponham os limites de Estado ou Território;*

e) *os serviços de transporte rodoviário interestadual e internacional de passageiros;*

f) *os portos marítimos, fluviais e lacustres;*

XIII. *Organizar e manter o Poder Judiciário, o Ministério Público do Distrito Federal e dos Territórios e a Defensoria Pública dos Territórios.*

XIV. *Organizar e manter a polícia civil, a polícia militar e o corpo de bombeiros militar do Distrito Federal, bem como prestar assistência financeira ao Distrito Federal para a execução de serviços públicos, por meio de fundo próprio;*

XV. *Organizar e manter os serviços oficiais de estatística, geografia, geologia e cartografia de âmbito nacional;*

XVI. *Exercer a classificação, para efeito indicativo, de diversões públicas e de programas de rádio e televisão;*

XVII. *Conceder anistia;*

XVIII. *Planejar e promover a defesa permanente contra as calamidades públicas, especialmente as secas e as inundações;*

XIX. *Instituir sistema nacional de gerenciamento de recursos hídricos e definir critérios de outorga de direitos de seu uso;*

XX. *Instituir diretrizes para o desenvolvimento urbano, inclusive habitação, saneamento básico e transportes urbanos;*

XXI. *Estabelecer princípios e diretrizes para o sistema nacional de viação;*

XXII. *Executar os serviços de polícia marítima, aeroportuária e de fronteiras;*

XXIII. *Explorar os serviços e instalações nucleares de qualquer natureza e exercer monopólio estatal sobre a pesquisa, a lavra, o enriquecimento e reprocessamento, a industrialização e o comércio de minérios nucleares e seus derivados, atendidos os seguintes princípios e condições:*

Essas competências são exclusivas, pois a União exclui a possibilidade de outro ente federativo realizá-la. Por isso, diz-se que são indelegáveis. Só a União pode fazer.

A outra competência material da União é a comum. Ela é comum a todos os entes federativos, União, Estados, Distrito Federal e Municípios. Vejamos o que diz o Art. 23:

Art. 23. *É competência comum da União, dos Estados, do Distrito Federal e dos Municípios:*

I. *Zelar pela guarda da Constituição, das leis e das instituições democráticas e conservar o patrimônio público;*

II. *Cuidar da saúde e assistência pública, da proteção e garantia das pessoas portadoras de deficiência;*

III. *Proteger os documentos, as obras e outros bens de valor histórico, artístico e cultural, os monumentos, as paisagens naturais notáveis e os sítios arqueológicos;*

IV. *Impedir a evasão, a destruição e a descaracterização de obras de arte e de outros bens de valor histórico, artístico ou cultural;*

V. *Proporcionar os meios de acesso à cultura, à educação e à ciência;*

VI. *Proteger o meio ambiente e combater a poluição em qualquer de suas formas;*

VII. *Preservar as florestas, a fauna e a flora;*

VIII. *Fomentar a produção agropecuária e organizar o abastecimento alimentar;*

IX. *Promover programas de construção de moradias e a melhoria das condições habitacionais e de saneamento básico;*

X. *Combater as causas da pobreza e os fatores de marginalização, promovendo a integração social dos setores desfavorecidos;*

XI. *Registrar, acompanhar e fiscalizar as concessões de direitos de pesquisa e exploração de recursos hídricos e minerais em seus territórios;*

XII. *Estabelecer e implantar política de educação para a segurança do trânsito.*

Parágrafo único. *Leis complementares fixarão normas para a cooperação entre a União e os Estados, o Distrito Federal e os Municípios, tendo em vista o equilíbrio do desenvolvimento e do bem-estar em âmbito nacional.*

Agora vejamos as competências materiais dos Estados. A primeira de que já se falou, é a competência comum prevista no Art. 23, analisada anteriormente.

Os Estados também possuem a chamada competência residual, reservada ou remanescente. Está prevista no Art. 25, § 1º, o qual cita que estão reservadas aos Estados as competências que não lhe sejam vedadas pela Constituição. Significa dizer que os Estados poderão fazer tudo aquilo que não for competência da União ou do Município:

Art. 25, § 1º - *São reservadas aos Estados as competências que não lhes sejam vedadas por esta Constituição.*

Em relação às competências administrativas dos Municípios, a Constituição previu duas espécies: Comum e Exclusiva. A competência comum está prevista no Art. 23 e já foi vista anteriormente. A competência exclusiva está no Art. 30, III a IX da Constituição:

> ***Art. 30.*** *Compete aos Municípios:*
>
> ***III.*** *Instituir e arrecadar os tributos de sua competência, bem como aplicar suas rendas, sem prejuízo da obrigatoriedade de prestar contas e publicar balancetes nos prazos fixados em lei;*
>
> ***IV.*** *Criar, organizar e suprimir distritos, observada a legislação estadual;*
>
> ***V.*** *Organizar e prestar, diretamente ou sob regime de concessão ou permissão, os serviços públicos de interesse local, incluído o de transporte coletivo, que tem caráter essencial;*
>
> ***VI.*** *Manter, com a cooperação técnica e financeira da União e do Estado, programas de educação infantil e de ensino fundamental;*
>
> ***VII.*** *Prestar, com a cooperação técnica e financeira da União e do Estado, serviços de atendimento à saúde da população;*
>
> ***VIII.*** *Promover, no que couber, adequado ordenamento territorial, mediante planejamento e controle do uso, do parcelamento e da ocupação do solo urbano;*
>
> ***IX.*** *Promover a proteção do patrimônio histórico-cultural local, observada a legislação e a ação fiscalizadora federal e estadual.*

E, por fim, no âmbito das competências administrativas, temos as competências do Distrito Federal que são chamadas de híbridas. O DF pode fazer tudo o que for de competência dos Estados ou dos Municípios.

Competências Legislativas

Vejamos agora as competências legislativas de cada ente federativo. Primeiramente, no que diz respeito às competências legislativas da União, elas podem ser Privativas ou Concorrentes.

As competências privativas da União estão previstas no Art. 22 da Constituição Federal e possuem como característica principal a possibilidade de delegação mediante Lei Complementar aos Estados:

> ***Art. 22.*** *Compete privativamente à União legislar sobre:*
>
> ***I.*** *Direito civil, comercial, penal, processual, eleitoral, agrário, marítimo, aeronáutico, espacial e do trabalho;*
>
> ***II.*** *Desapropriação;*
>
> ***III.*** *Requisições civis e militares, em caso de iminente perigo e em tempo de guerra;*
>
> ***IV.*** *Águas, energia, informática, telecomunicações e radiodifusão;*
>
> ***V.*** *Serviço postal;*
>
> ***VI.*** *Sistema monetário e de medidas, títulos e garantias dos metais;*
>
> ***VII.*** *Política de crédito, câmbio, seguros e transferência de valores;*
>
> ***VIII.*** *Comércio exterior e interestadual;*
>
> ***IX.*** *Diretrizes da política nacional de transportes;*
>
> ***X.*** *Regime dos portos, navegação lacustre, fluvial, marítima, aérea e aeroespacial;*
>
> ***XI.*** *Trânsito e transporte;*
>
> ***XII.*** *Jazidas, minas, outros recursos minerais e metalurgia;*
>
> ***XIII.*** *Nacionalidade, cidadania e naturalização;*
>
> ***XIV.*** *Populações indígenas;*
>
> ***XV.*** *Emigração e imigração, entrada, extradição e expulsão de estrangeiros;*
>
> ***XVI.*** *Organização do sistema nacional de emprego e condições para o exercício de profissões;*
>
> ***XVII.*** *Organização judiciária, do Ministério Público do Distrito Federal e dos Territórios e da Defensoria Pública dos Territórios, bem como organização administrativa destes;*
>
> ***XVIII.*** *Sistema estatístico, sistema cartográfico e de geologia nacionais;*
>
> ***XIX.*** *Sistemas de poupança, captação e garantia da poupança popular;*
>
> ***XX.*** *Sistemas de consórcios e sorteios;*
>
> ***XXI.*** *Normas gerais de organização, efetivos, material bélico, garantias, convocação e mobilização das polícias militares e corpos de bombeiros militares;*
>
> ***XXII.*** *Competência da polícia federal e das polícias rodoviária e ferroviária federais;*
>
> ***XXIII.*** *Seguridade social;*
>
> ***XXIV.*** *Diretrizes e bases da educação nacional;*
>
> ***XXV.*** *Registros públicos;*
>
> ***XXVI.*** *Atividades nucleares de qualquer natureza;*
>
> ***XXVII.*** *Normas gerais de licitação e contratação, em todas as modalidades, para as administrações públicas diretas, autárquicas e fundacionais da União, Estados, Distrito Federal e Municípios, obedecido o disposto no art. 37, XXI, e para as empresas públicas e sociedades de economia mista, nos termos do art. 173, § 1º, III;*
>
> ***XXVIII.*** *Defesa territorial, defesa aeroespacial, defesa marítima, defesa civil e mobilização nacional;*
>
> ***XXIX.*** *Propaganda comercial.*
>
> ***Parágrafo único.*** *Lei complementar poderá autorizar os Estados a legislar sobre questões específicas das matérias relacionadas neste artigo.*

As competências concorrentes, previstas no Art. 24 da Constituição, podem ser exercidas de forma concorrentes pela União, pelos Estados e pelo Distrito Federal. Atenção: Município não possui competência concorrente! Vejamos o que diz o citado artigo:

> ***Art. 24.*** *Compete à União, aos Estados e ao Distrito Federal legislar concorrentemente sobre:*
>
> ***I.*** *Direito tributário, financeiro, penitenciário, econômico e urbanístico;*
>
> ***II.*** *Orçamento;*
>
> ***III.*** *Juntas comerciais;*
>
> ***IV.*** *Custas dos serviços forenses;*
>
> ***V.*** *Produção e consumo;*
>
> ***VI.*** *Florestas, caça, pesca, fauna, conservação da natureza, defesa do solo e dos recursos naturais, proteção do meio ambiente e controle da poluição;*
>
> ***VII.*** *Proteção ao patrimônio histórico, cultural, artístico, turístico e paisagístico;*
>
> ***VIII.*** *Responsabilidade por dano ao meio ambiente, ao consumidor, a bens e direitos de valor artístico, estético, histórico, turístico e paisagístico;*
>
> ***IX.*** *Educação, cultura, ensino e desporto;*

X. *Criação, funcionamento e processo do juizado de pequenas causas;*

XI. *Procedimentos em matéria processual;*

XII. *Previdência social, proteção e defesa da saúde;*

XIII. *Assistência jurídica e Defensoria pública;*

XIV. *Proteção e integração social das pessoas portadoras de deficiência;*

XV. *Proteção à infância e à juventude;*

XVI. *Organização, garantias, direitos e deveres das polícias civis.*

§ 1º - No âmbito da legislação concorrente, a competência da União limitar-se-á a estabelecer normas gerais.

§ 2º - A competência da União para legislar sobre normas gerais não exclui a competência suplementar dos Estados.

§ 3º - Inexistindo lei federal sobre normas gerais, os Estados exercerão a competência legislativa plena, para atender a suas peculiaridades.

§ 4º - A superveniência de lei federal sobre normas gerais suspende a eficácia da lei estadual, no que lhe for contrário.

No âmbito das competências concorrentes, algumas regras são fundamentais para a prova. Aqui, a participação da União é no sentido de fixar normas gerais, ficando os Estados com a competência de suplementar a legislação federal. Caso a União não legisle sobre determinada matéria de competência concorrente, nasce para o Estado o direito de legislar de forma plena sobre a matéria. Contudo, resolvendo a União legislar sobre matéria já regulada pelo Estado, a lei estadual ficará com sua eficácia suspensa pela lei federal nos pontos discordantes. Deve-se ter cuidado com esse último ponto. Não ocorre revogação da lei estadual pela lei federal, haja vista não existir hierarquia entre leis de entes federativos distintos. O que ocorre, como bem explicitou a Constituição Federal, é a suspensão da eficácia.

Fique Ligado

No âmbito das competências concorrentes, a superveniência de lei federal suspende a eficácia da lei estadual. Isso não é revogação. Lei federal não revoga lei estadual!

Quanto às competências dos Estados, há as seguintes espécies: residual, por delegação da União, concorrente suplementar e expressa.

A competência residual dos Estados é também chamada de competência remanescente ou reservada. Está prevista no Art. 25, § 1º, o qual prevê que aos Estados serão reservadas todas as competências que não sejam previstas a União ou aos Municípios. Deve-se lembrar que esse dispositivo fundamenta tanto as competências materiais quanto as legislativas:

Art. 25, § 1º *- São reservadas aos Estados as competências que não lhes sejam vedadas por esta Constituição.*

Outra competência dos Estados é a por delegação da União, que decorre da possibilidade de serem delegadas as competências privativas da União mediante Lei Complementar. Encontra-se prevista no Art. 22, Parágrafo Único:

Art. 22, Parágrafo único. *Lei complementar poderá autorizar os Estados a legislar sobre questões específicas das matérias relacionadas neste artigo.*

Temos ainda as competências concorrentes suplementares previstas no Art. 24, § 2º da CF. Essas suplementam a competência legislativa da União no âmbito das competências concorrentes permitindo, inclusive, que os Estados legislem de forma plena quando não existir lei federal sobre o assunto:

Art. 24, § 2º *- A competência da União para legislar sobre normas gerais não exclui a competência suplementar dos Estados.*

§ 3º - Inexistindo lei federal sobre normas gerais, os Estados exercerão a competência legislativa plena, para atender a suas peculiaridades.

E por último, há as competências expressas dos Estados, as quais podem ser encontradas nos Arts. 18, § 4º e 25, §§ 2º e 3º da Constituição Federal:

Art. 18, § 4º *- A criação, a incorporação, a fusão e o desmembramento de Municípios, far-se-ão por lei estadual, dentro do período determinado por Lei Complementar Federal, e dependerão de consulta prévia, mediante plebiscito, às populações dos Municípios envolvidos, após divulgação dos Estudos de Viabilidade Municipal, apresentados e publicados na forma da lei.*

Art. 25, § 2º *- Cabe aos Estados explorar diretamente, ou mediante concessão, os serviços locais de gás canalizado, na forma da lei, vedada a edição de medida provisória para a sua regulamentação.*

§ 3º - Os Estados poderão, mediante lei complementar, instituir regiões metropolitanas, aglomerações urbanas e microrregiões, constituídas por agrupamentos de municípios limítrofes, para integrar a organização, o planejamento e a execução de funções públicas de interesse comum.

Para os Municípios, a Constituição previu dois tipos de competência legislativa: exclusiva e suplementar. A legislativa exclusiva dos Municípios está prevista no Art. 30, I, o qual menciona que os Municípios possuem competência para legislar sobre assuntos de interesse local:

Art. 30. *Compete aos Municípios:*

I. *Legislar sobre assuntos de interesse local.*

A competência legislativa suplementar está prevista no Art. 30, II, o qual permite aos Municípios legislar de forma suplementar a Legislação Federal e Estadual:

Art. 30. *Compete aos Municípios:*

II. *Suplementar a legislação federal e a estadual no que couber.*

Por fim, nós há a competência legislativa do Distrito Federal que, conforme já dito, é híbrida, permitindo ao DF legislar sobre as matérias de competência dos Estados e dos Municípios. Apesar dessa competência ampla, a Constituição resolveu estabelecer algumas limitações a sua autonomia legislativa excluindo algumas matérias de sua competência. Segundo o Art. 21, XIII e XIV da CF, o Distrito Federal não possui competência para organizar e legislar sobre alguns dos seus órgãos: Poder Judiciário, Polícia Militar, Corpo de Bombeiros Militar e Polícia Civil.

Art. 21. *Compete à União:*

XIII. *Organizar e manter o Poder Judiciário, o Ministério Público do Distrito Federal e dos Territórios e a Defensoria Pública dos Territórios.*

XIV. *Organizar e manter a polícia civil, a polícia militar e o corpo de bombeiros militar do Distrito Federal, bem como prestar assistência financeira ao Distrito Federal para a execução de serviços públicos, por meio de fundo próprio;*

Diante deste estudo, algumas conclusões são muito úteis para a prova:

> Não se deve confundir as competências Exclusivas com as Privativas da União. Competência Exclusiva é administrativa e indelegável. Competência privativa é legislativa e delegável.
> Não se deve confundir as competências Comuns com as Concorrentes. Competência comum é comum a todos os entes e é administrativa. Competência concorrente é só para União, Estados e o DF além de ser legislativa. Município tem competência comum, mas não tem concorrente.
> Combinações que mais aparecem em prova: as bancas gostam de confundir as competências Concorrentes com as Privativas, bem como as Competências Exclusivas com as Comuns. Deve-se ter cuidado.
> As questões de prova acerca desse tema dependem de uma grande capacidade de memorização por parte do aluno. A sugestão é: estudar as competências dos entes federativos na semana da prova de forma que a informação fique na memória recente e possa ser resgatada com mais facilidade no momento da prova.

Competências Administrativas (Materiais)
União
Exclusiva (Art. 21) Comum (Art. 23)
Estados
Comum (Art. 23) Residual, reservada, remanescente (Art. 25 § 1º)
Municípios
Comum (Art. 23) Exclusiva (Art. 30, III-IX)
Distrito Federal
Competência híbrida
Competências Legislativas
União
Privativa (Art. 22) Concorrente (Art. 24)
Estados
Concorrente suplementar (Art. 24) Residual, reservada, remanescente (Art. 25, § 1º) Por delegação da União (Art. 22, § Único) Expressos (Art. 25, § 2º e 3º)
Municípios
Exclusiva (Art. 30, I) Suplementar ao Estado (Art. 30, II)
Distrito Federal
Competência híbrida (Estados e Municípios)

Intervenção

A Constituição Federal está assentada no princípio federativo como forma de Estado adotada no Brasil. O fato de sermos uma federação reflete inúmeras características, dentre as quais se destaca a autonomia de cada ente federativo. A autonomia é atributo inerente aos entes federativos que exclui a possibilidade de hierarquia entre os mesmos bem como a possibilidade de intervenção de um ente federativo no outro.

A regra constitucional é a da não intervenção. Contudo, excepcionalmente, a Constituição Federal previu hipóteses taxativas que permitem a um ente federativo intervir em outro ente em situações que visem à preservação da unidade do pacto federativo, a garantia da soberania nacional e de princípios fundamentais.

A União poderá intervir nos Estados e no Distrito Federal e os Estados poderão intervir em seus Municípios. A União não pode intervir em Município, salvo se for um município pertencente a Território Federal. Destaca-se, novamente, que a possibilidade de intervenção é uma exceção e só poderá ocorrer nas hipóteses taxativamente elencadas na Constituição Federal.

Outra regra comum às intervenções é que a competência para decretá-las é exclusiva do Chefe do Poder Executivo. Se a intervenção é federal, a competência para decretar é do Presidente da República. Se a intervenção é estadual, a competência é do Governador de Estado.

A seguir serão abordados as espécies de intervenção.

Intervenção Federal

A intervenção federal é a intervenção da União nos Estados ou nos Municípios pertencentes aos Territórios Federais e será decretada pelo Presidente da República.

Como dito anteriormente, a possibilidade de intervenção federal constitui exceção prevista em rol taxativo, conforme disposto no Art. 34:

> ***Art. 34.*** *A União não intervirá nos Estados nem no Distrito Federal, exceto para:*
>
> *I.* *manter a integridade nacional;*
>
> *II.* *repelir invasão estrangeira ou de uma unidade da Federação em outra;*
>
> *III.* *Pôr termo a grave comprometimento da ordem pública;*
>
> *IV.* *Garantir o livre exercício de qualquer dos Poderes nas unidades da Federação;*
>
> *V.* *Reorganizar as finanças da unidade da Federação que:*
>
> *a)* *suspender o pagamento da dívida fundada por mais de dois anos consecutivos, salvo motivo de força maior;*
>
> *b)* *deixar de entregar aos Municípios receitas tributárias fixadas nesta Constituição, dentro dos prazos estabelecidos em lei;*
>
> *VI.* *Prover a execução de lei federal, ordem ou decisão judicial;*
>
> *VII.* *Assegurar a observância dos seguintes princípios constitucionais:*
>
> *a)* *forma republicana, sistema representativo e regime democrático;*
>
> *b)* *direitos da pessoa humana;*
>
> *c)* *autonomia municipal;*
>
> *d)* *prestação de contas da administração pública, direta e indireta;*
>
> *e)* *aplicação do mínimo exigido da receita resultante de impostos estaduais, compreendida a proveniente de transferências, na manutenção e desenvolvimento do ensino e nas ações e serviços públicos de saúde.*

A partir desse artigo, a doutrina classificou a intervenção federal em dois tipos:

> Intervenção Federal Espontânea;
> Intervenção Federal Provocada.

A intervenção Federal espontânea, ou de ofício, é aquela em que o Chefe do Poder Executivo, de forma discricionária, decreta a intervenção independentemente de provocação de outros órgãos. A decretação de ofício ocorrerá nas hipóteses previstas nos incisos I, II, III e do Art. 34:

Art. 34. A União não intervirá nos Estados nem no Distrito Federal, exceto para:

I. Manter a integridade nacional;

II. Repelir invasão estrangeira ou de uma unidade da Federação em outra;

III. Pôr termo a grave comprometimento da ordem pública.

A intervenção federal provocada é aquela que depende da provocação dos órgãos legitimados pela Constituição Federal, conforme o Art. 36:

Art. 36. A decretação da intervenção dependerá:

I. No caso do art. 34, IV, de solicitação do Poder Legislativo ou do Poder Executivo coacto ou impedido, ou de requisição do Supremo Tribunal Federal, se a coação for exercida contra o Poder Judiciário;

II. No caso de desobediência a ordem ou decisão judiciária, de requisição do Supremo Tribunal Federal, do Superior Tribunal de Justiça ou do Tribunal Superior Eleitoral;

III. De provimento, pelo Supremo Tribunal Federal, de representação do Procurador-Geral da República, na hipótese do art. 34, VII, e no caso de recusa à execução de lei federal.

A provocação se dá por meio de solicitação ou requisição. A solicitação não obriga o Presidente da República a decretar a medida, ao contrário da requisição, que está revestida de obrigatoriedade na qual caberá ao Presidente apenas executá-la.

A decretação de intervenção federal por solicitação ocorrerá na hipótese do Art. 34, IV, a qual compete ao Poder Executivo ou Legislativo das Unidades da Federação solicitar a execução da medida quando se acharem coagidos ou impedidos de executarem suas atribuições constitucionais.

A decretação de intervenção federal por requisição ocorrerá nas hipóteses previstas no Art. 34, IV, VI e VII. No inciso IV, a requisição caberá ao Supremo Tribunal Federal quando a coação for exercida contra o Poder Judiciário. No inciso VI, a requisição virá do STF, STJ ou do TSE quando houver desobediência de ordem judicial. E no inciso VI e VII a requisição será do Supremo quando houver representação interventiva feita pelo Procurador Geral da República nos casos de recusa de execução de lei federal ou ofensa aos princípios sensíveis.

O decreto interventivo especificará todas as condições em que ocorrerá a medida e terá eficácia imediata após a sua decretação pelo Presidente da República. Após sua decretação, a medida será submetida a apreciação do Congresso Nacional no prazo de 24 horas:

Art. 36, § 1º *- O decreto de intervenção, que especificará a amplitude, o prazo e as condições de execução e que, se couber, nomeará o interventor, será submetido à apreciação do Congresso Nacional ou da Assembleia Legislativa do Estado, no prazo de vinte e quatro horas.*

§ 2º - Se não estiver funcionando o Congresso Nacional ou a Assembleia Legislativa, far-se-á convocação extraordinária, no mesmo prazo de vinte e quatro horas.

Caberá ao Congresso Nacional aprovar ou suspender a execução da Intervenção:

Art. 49. É da competência exclusiva do Congresso Nacional:

IV. Aprovar o estado de defesa e a intervenção federal, autorizar o estado de sítio, ou suspender qualquer uma dessas medidas.

Nas hipóteses de intervenção decretada por requisição do Poder Judiciário previstas no Art. 34, VI e VII, a Constituição dispensou a necessidade e apreciação do Congresso Nacional, destacando que, nesses casos, o decreto limitar-se-á a suspensão do ato impugnado, caso essa medida seja suficiente para conter a crise. Se a mera suspensão do ato não restabelecer a normalidade, poderão ser adotadas outras medidas com o mesmo objetivo:

Art. 36, § 3º *- Nos casos do art. 34, VI e VII, ou do art. 35, IV, dispensada a apreciação pelo Congresso Nacional ou pela Assembleia Legislativa, o decreto limitar-se-á a suspender a execução do ato impugnado, se essa medida bastar ao restabelecimento da normalidade.*

Não podemos esquecer que nos casos de intervenção espontânea ou provocada por solicitação, o Presidente deverá consultar, antes da decretação, o Conselho da República e o Conselho da Defesa Nacional que emitirão parecer opinativo sobre a situação:

Art. 90. Compete ao Conselho da República pronunciar-se sobre:

V. Intervenção federal, estado de defesa e estado de sítio;

Art. 91, § 1º *- Compete ao Conselho de Defesa Nacional:*

II. Opinar sobre a decretação do estado de defesa, do estado de sítio e da intervenção federal.

Cessando a crise, a ordem será restabelecida, inclusive com o retorno das autoridades públicas afastadas, caso não possuam outra incompatibilidade:

§ 4º - Cessados os motivos da intervenção, as autoridades afastadas de seus cargos a estes voltarão, salvo impedimento legal.

Apesar de a Constituição Federal não mencionar sobre a possibilidade de controle judicial da Intervenção, seria possível que ocorresse este controle caso os limites constitucionais estabelecidos fossem desrespeitados. Ressalte-se que contra a Intervenção em si não cabe atuação do Poder Judiciário, considerando ser essa uma medida de natureza política.

Intervenção Estadual

A intervenção estadual poderá ocorrer nos Municípios localizados em seu território mediante decreto do Governador do Estado nas hipóteses previstas no Art. 35:

Art. 35. O Estado não intervirá em seus Municípios, nem a União nos Municípios localizados em Território Federal, exceto quando:

I. Deixar de ser paga, sem motivo de força maior, por dois anos consecutivos, a dívida fundada;

II. Não forem prestadas contas devidas, na forma da lei;

III. Não tiver sido aplicado o mínimo exigido da receita municipal na manutenção e desenvolvimento do ensino e nas ações e serviços públicos de saúde;

IV. O Tribunal de Justiça der provimento a representação para assegurar a observância de princípios indicados na Constituição Estadual, ou para prover a execução de lei, de ordem ou de decisão judicial.

Devem ser atendidos os mesmos requisitos da Intervenção Federal: temporariedade, controle político pelo legislativo e decreto do Chefe do Executivo.

Na hipótese do inciso IV, a intervenção dependerá de representação interventiva do Procurador-Geral de Justiça, sendo dispensada a apreciação da Assembleia Legislativa. Segundo o STF, essa decisão do Tribunal de Justiça que autoriza a intervenção do Estado no Município possui natureza político-administrativa e tem caráter definitivo, sendo insuscetível de recurso extraordinário para o STF[1].

Fique Ligado

A União pode intervir nos Estados e os Estados podem intervir nos Municípios. A União só pode intervir nos Municípios que estejam localizados em Território Federal.

Vamos Praticar

01. (CESPE) As capacidades de auto-organização, autogoverno, autoadministração e autolegislação reconhecidas aos estados federados exemplificam a autonomia que lhes é conferida pela Carta Constitucional.

Certo ( ) Errado ( )

02. (CESPE) Na esfera da competência material comum, a Constituição Federal de 1988 prevê que leis complementares fixarão normas para a cooperação entre a União e os estados, o Distrito Federal e os municípios, com vistas ao equilíbrio do desenvolvimento e do bem-estar em âmbito nacional.

Certo ( ) Errado ( )

03. (CESPE) Considere que determinado estado da Federação tenha obtido aprovação tanto de sua população diretamente interessada, por meio de plebiscito, como do Congresso Nacional, por meio de lei complementar, para se desmembrar em dois estados distintos. Nesse caso, foi cumprida a exigência imposta pela Constituição para incorporação, subdivisão, desmembramento ou formação de novos estados ou territórios federais.

Certo ( ) Errado ( )

04. (FCC) Tendo em vista a organização do Estado, é certo que:

a) A União é pessoa jurídica de direito público interno e externo sendo o único ente formador do Estado Federal, uma vez que os demais entes são divisões administrativo-territoriais.

b) A República Federativa do Brasil representa o Estado Federal nos atos de Direito Internacional, porque quem pratica os atos desse Direito é a União Federal e os Estados federados.

c) A União, por ser soberana em todos os aspectos, pode ser considerada entidade federativa em relação aos Estados membros e Municípios.

d) Os entes integrantes da Federação, em determinadas situações, à exceção dos Territórios, têm competência para representar o Estado federal frente a outros Estados soberanos.

e) À União cabe exercer as prerrogativas de soberania do Estado brasileiro, quando representa a República Federativa do Brasil nas relações internacionais.

05. (CESGRANRIO) Determinado município aprovou uma lei estabelecendo horário de funcionamento do comércio local e das instituições bancárias instaladas naquele município. Essa lei é:

a) Constitucional, já que aos municípios compete legislar sobre matéria de interesse local.

b) Parcialmente inconstitucional, já que os Municípios têm competência para legislar sobre horário de funcionamento de instituições financeiras, mas não do comércio local.

c) Parcialmente inconstitucional, já que os Municípios têm competência para legislar sobre horário de funcionamento do comércio local, mas não de instituições financeiras.

d) Totalmente inconstitucional, já que essas matérias são de competência da União Federal.

e) Totalmente inconstitucional, já que essas matérias são de competência dos estados.

06. (FUNRIO) Com relação ao Distrito Federal, nos termos da Constituição da República, é correto afirmar que:

a) Ao Distrito Federal são atribuídas as competências legislativas reservadas exclusivamente aos Municípios.

b) O Distrito Federal, permitida sua divisão em Municípios, reger-se-á por lei orgânica, votada em dois turnos pelo Congresso Nacional e aprovada posteriormente em plebiscito.

c) A Lei Distrital disporá sobre a utilização, pelo Governo do Distrito Federal, das polícias civil e militar e do corpo de bombeiros militar.

d) A eleição do Governador e do Vice-Governador e dos Deputados Distritais coincidirá com a dos Prefeitos e Vereadores para mandato de igual duração.

e) O Distrito Federal reger-se-á por lei orgânica, votada em dois turnos com interstício mínimo de dez dias, e aprovada por dois terços da Câmara Legislativa.

07. (CESPE) Compete à União explorar diretamente, na forma da lei, ou mediante concessão, os serviços de gás canalizado.

Certo ( ) Errado ( )

08. (CESPE) Assinale a opção correta a respeito da competência da União, do Distrito Federal (DF) e dos estados-membros.

a) Ao legislar sobre normas gerais, a União, no que diz respeito à sua competência, não deixa margem de atuação legislativa para os estados-membros, caso o assunto tenha sido esgotado.

b) A União, por ser soberana, poderá editar normas específicas aplicáveis aos estados-membros e ao DF que não serão passíveis de controle de constitucionalidade.

c) Os estados-membros têm competência comum, não legislativa, e residual ou reservada. Neste último caso, aos estados-membros estarão reservadas todas as competências que não sejam vedadas a eles, ou seja, as que não forem de competência expressa dos outros entes. Uma das competências expressamente reservadas aos estados-membros pela CF é a de explorar os serviços locais de gás canalizado, mediante concessão, na forma da lei, vedada a regulamentação da referida matéria por medida provisória.

d) É competência exclusiva da União legislar sobre direito civil, comercial, penal, processual, eleitoral, agrário, marítimo, aeronáutico, espacial e do trabalho.

1 Súmula 637 do STF: não cabe recurso extraordinário contra acórdão de Tribunal de Justiça que defere pedido de intervenção estadual em Município.

e) Os estados, autônomos que são, têm competência legislativa própria, e a CF, assim como fez com os outros entes federados, dedicou artigo para enumerar, taxativamente, as matérias de sua competência.

09. (ESAF) Assinale a opção que contempla todos os entes da organização político-administrativa da República Federativa do Brasil, nos termos da Constituição.

a) União, Estados, Distrito Federal e Municípios, todos soberanos.

b) União, Estados, Distrito Federal, Territórios Federais e Municípios, todos soberanos.

c) União, Estados, Distrito Federal, Territórios Federais e Municípios, todos independentes.

d) União, Estados, Distrito Federal, Territórios Federais e Municípios, todos autônomos.

e) União, Estados, Distrito Federal e Municípios, todos autônomos.

10. (ESAF) Sobre a organização do Estado brasileiro, julgue os itens a seguir e assinale a opção correta.

a) As terras devolutas localizadas no território brasileiro, são, por força de disposição constitucional, bens da União.

b) Nos termos da Constituição Federal, a fixação dos subsídios dos vereadores dependerá, tão somente, do número de habitantes do município e do valor do subsídio do Deputado Estadual.

c) A divisão dos Territórios em municípios depende de lei e poderá ser feita, apenas, nos Territórios cuja população seja superior ao limite mínimo estabelecido no texto constitucional.

d) A intervenção da União em um Estado, em razão de impedimento do livre exercício do Poder Judiciário estadual, depende de solicitação, ao presidente da República, do Poder Judiciário impedido, feita pelo presidente do Tribunal.

e) A administração fazendária e seus servidores fiscais terão, na forma da lei, dentro das suas áreas de competência e jurisdição, precedência sobre os demais setores administrativos

11. (ESAF) Sobre a organização Político-Administrativa e a formação dos Estados, é correto afirmar que:

a) De acordo com as disposições constitucionais vigentes, é possível criar novos Estados, mesmo que não seja por intermédio de divisão de outro ou outros Estados.

b) Os Territórios Federais transformados em Estados não podem mais restabelecer a situação anterior.

c) Poderá ocorrer a fusão entre Estados. Nesse caso, nem todos perdem a primitiva personalidade, pois, ao surgir o Estado novo, este adquire a personalidade de um deles.

d) Nos processos de transformação dos Estados, o Senado não está obrigado a ouvir nem ao pronunciamento plebiscitário, nem ao das Assembleias, notando-se que estas não decidem, apenas opinam pela aprovação, pela rejeição, ou simplesmente se abstêm de tomar partido.

e) Qualquer processo de transformação do Estado deve passar por um pronunciamento plebiscitário favorável à alteração, devendo o processo ser remetido ao Senado, a quem cabe a aprovação das alterações, mediante lei.

12. (ESAF) Sobre as competências da União, Estados, Distrito Federal e Municípios, assinale a única opção correta.

a) Compete ao Município decretar o estado de sítio.

b) Compete privativamente à União legislar sobre direito econômico.

c) Compete à União, aos Estados e ao Distrito Federal legislar concorrentemente sobre trânsito e transporte.

d) Compete privativamente à União legislar sobre vencimentos dos membros das polícias civil e militar do Distrito Federal.

e) É constitucional a lei ou ato normativo estadual ou distrital que disponha sobre sistemas de consórcios e sorteios, inclusive bingos e loterias.

13. (ESAF) Assinale a opção correta relativa à organização política e administrativa do Estado brasileiro, de acordo com a previsão contida na Constituição Federal de 1988.

a) Os Estados podem instituir regiões metropolitanas, aglomerações urbanas e microrregiões, constituídas por agrupamentos de Municípios limítrofes, para integrar a organização, o planejamento e a execução de funções públicas de interesse comum.

b) Cabe aos Estados organizar e prestar, diretamente ou sob regime de concessão ou permissão, os serviços públicos de interesse local, incluído o de transporte coletivo, que tem caráter essencial.

c) Compete aos Municípios explorar diretamente, ou mediante concessão, os serviços locais de gás canalizado.

d) Compete à União, aos Estados e ao Distrito Federal legislar concorrentemente sobre desapropriação.

e) Cabe aos Estados planejar e promover a defesa permanente contra as calamidades públicas, especialmente as secas e as inundações.

14. (ESAF) Assinale a opção incorreta relativamente à organização do Estado político-administrativo na Constituição Federal de 1988.

a) A organização político-administrativa da União compreende os Estados, o Distrito Federal e os Municípios, todos autônomos na forma do disposto na própria Constituição Federal.

b) Brasília é a Capital Federal.

c) Os Territórios Federais integram a União, e sua criação, transformação em Estado ou reintegração ao Estado de origem serão reguladas em lei complementar.

d) Os Estados podem incorporar-se entre si, subdividir-se ou desmembrar-se para se anexarem a outros, ou formarem novos Estados ou Territórios Federais, mediante aprovação da população diretamente interessada, por meio de plebiscito, e do Congresso Nacional, por lei complementar.

e) A criação, a incorporação, a fusão e o desmembramento de Municípios, far-se-ão por lei estadual, dentro do período determinado por Lei Complementar Federal, e dependerão de consulta prévia, mediante plebiscito, às populações dos Municípios envolvidos, após divulgação dos Estudos de Viabilidade Municipal, apresentados e publicados na forma da lei.

15. (FCC) Compete privativamente à União legislar sobre:

a) Serviço postal.

b) Orçamento.

c) Produção.
d) Consumo.
e) Defesa do solo.

16. (FCC) Nos termos da Constituição Federal, a competência para legislar sobre registros públicos e desapropriação é

a) Privativa da União.
b) Comum da União, dos Estados e do Distrito federal.
c) Concorrente da União, dos Estados e dos Municípios.
d) Comum dos Estados, do Distrito Federal e dos Municípios.
e) Exclusiva dos Estados e do Distrito Federal.

17. (FCC) Compete à União, aos Estados e ao Distrito Federal legislar concorrentemente sobre:

a) Sistema estatístico.
b) Desapropriação.
c) Informática.
d) Educação.
e) Propaganda comercial.

18. (CESPE) De acordo com as regras constitucionais relativas à organização político-administrativa do Estado brasileiro, assinale a opção correta.

a) Compete à União e aos estados legislar concorrentemente sobre trânsito e transporte.
b) A CF veda a criação de tribunais, conselhos ou órgãos de contas municipais.
c) O chefe do Poder Executivo federal tem competência para decretar a intervenção em qualquer município situado em toda a extensão do território nacional, enquanto o chefe do Poder Executivo estadual tem competência para decretar a intervenção nos municípios instalados em sua área de atuação.
d) Compete privativamente à União legislar sobre direito econômico e penitenciário.
e) Cabe à União explorar, em regime de monopólio, em todo o território nacional, os serviços de gás canalizado.

19. (CESPE) Embora seja da competência da União legislar sobre defesa territorial, na hipótese de ocorrência de omissão legislativa acerca desse tema, aos estados-membros é concedida autorização constitucional para o exercício da competência legislativa suplementar.

Certo ( ) Errado ( )

20. (CESPE) A CF veda a criação de novos territórios.

Certo ( ) Errado ( )

Gabarito

01	CERTO	11	D
02	CERTO	12	D
03	CERTO	13	A
04	E	14	A
05	C	15	A
06	E	16	A
07	ERRADO	17	D
08	C	18	B
09	E	19	ERRADO
10	E	20	ERRADO

Anotações

CAPÍTULO 09

Administração Pública

Antes de iniciar este estudo sobre a Administração Pública, definida nos Arts. 37 ao 43 da Constituição Federal, é importante esclarecer que o tema analisado aqui é devidamente estudado de forma mais aprofundada na disciplina de Direito Administrativo. A missão deste estudo é apresentar os mais importantes temas acerca da Administração Pública, sob a ótica do texto constitucional.

Conceito

Primeiramente, faz-se necessário conceituar a Administração Pública, remetendo ao caput do Art. 37, CF.

> ***Art. 37.*** *A administração pública direta e indireta de qualquer dos Poderes da União, dos Estados, do Distrito Federal e dos Municípios obedecerá aos princípios de legalidade, impessoalidade, moralidade, publicidade e eficiência e, também, ao seguinte:*

Neste primeiro momento, deve-se entender que alguns termos que aparecem no Art. 37. O conceito da Administração Pública deve ser visto sob dois aspectos. Sob a perspectiva objetiva, a Administração Pública constitui a atividade desenvolvida pelo poder público, que tem como função a satisfação do interesse público. Sob a perspectiva subjetiva, Administração Pública é o conjunto de órgãos e pessoas jurídicas que desempenham a atividade administrativa. Interessa aqui conhecer a Administração Pública sob essa última perspectiva, a qual se classifica em Administração Direta e Indireta.

A Administração Pública Direta é formada por pessoas jurídicas de direito público, ou pessoas políticas, entes que possuem personalidade jurídica e autonomia própria. São entes da Administração Pública Direta a União, os Estados, o Distrito Federal e os Municípios. Esses entes são pessoas jurídicas de Direito Público que exercem as atividades administrativas por meio dos órgãos e agentes pertencentes aos Poderes Executivo, Legislativo e Judiciário. Os órgãos não são dotados de personalidade jurídica própria, pois agem em nome da pessoa jurídica a qual estão vinculados.

A Administração Pública Indireta é formada por pessoas jurídicas próprias, de direito público ou privado, que executam atividades do Estado por meio da descentralização administrativa. São os entes da Administração Indireta as Autarquias, Fundações Públicas, Sociedades de Economia Mista e Empresas Públicas.

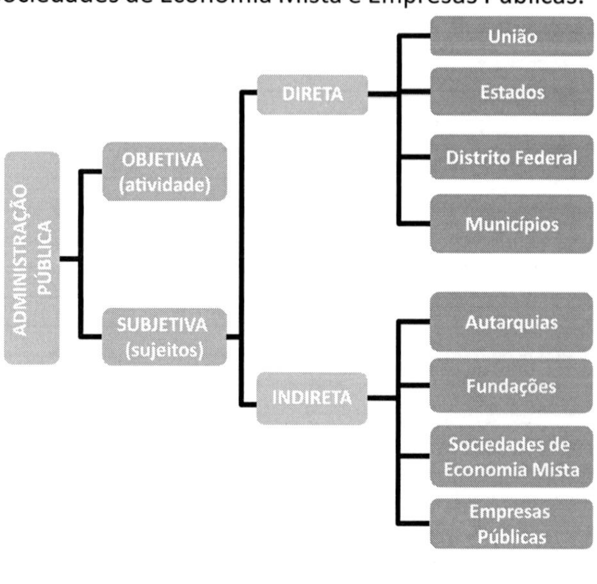

Segundo a Constituição Federal, a Administração Pública, seja ela direta ou indireta, pertencente qualquer dos Poderes, deverá obedecer aos princípios da Legalidade, Impessoalidade, Moralidade, Publicidade e Eficiência, os quais serão estudados agora.

Princípios Expressos da Administração Pública

Os princípios que regem a Administração Pública são verdadeiros parâmetros que orientam o desenvolvimento da atividade administrativa, os quais são de observância obrigatória. A Administração é regida por princípios expressos e princípios implícitos. Primeiramente vamos analisar os princípios expressos no texto constitucional, que são: Legalidade, Impessoalidade, Moralidade, Publicidade e Eficiência.

Legalidade

Esse é o primeiro princípio expresso na Constituição Federal para a Administração Pública. Para se entender o Princípio da Legalidade, é preciso analisar suas duas acepções: a legalidade em relação aos particulares e a legalidade em relação à Administração Pública.

Para os particulares, a legalidade remete ao art. 5º da Constituição: significa que ele poderá fazer tudo o que não for proibido por lei, conforme já previa o Art. 5º, II da Constituição Federal:

> ***II.*** *ninguém será obrigado a fazer ou deixar de fazer alguma coisa senão em virtude de lei.*

Já em relação a Administração Pública, a legalidade impõe uma conduta mais rigorosa exigindo que se faça apenas o que estiver determinado por lei ou que seja permitido pela lei: quando se fala em lei, trata-se daquela em sentido estrito, ou em sentido formal, porque há exceções à aplicação do Princípio da Legalidade que já apareceram em prova, como a Medida Provisória, o Estado de Defesa e o Estado de Sítio; por isso, esse princípio não deve ser encarado de forma absoluta.

A Medida Provisória é exceção, pois é ato emitido pelo chefe do Poder Executivo, porque com sua publicação já produz efeitos na sociedade; em seguida, temos os sistemas constitucionais de crises, sendo exceções, porque o decreto que rege essas medidas prevê algumas situações excepcionais, com amparo constitucional, então são exceções à legalidade, mas com fundamento constitucional. O agente público, ao agir, deverá pautar sua conduta segundo a lei.

Impessoalidade

Esse princípio exige do administrador uma postura isenta de interesses pessoais. Ele não poderá agir com o fim de atender suas próprias vontades. Agir de forma impessoal é agir visando a atender o interesse público. A impessoalidade deve ser enxergada sob duas perspectivas: finalidade da atuação administrativa e proibição da promoção pessoal. A impessoalidade deve ser vista sob duas perspectivas: primeiro, a impessoalidade se confunde com o interesse público; segundo, a impessoalidade é a proibição da autopromoção, ou seja, vedação à promoção pessoal.

A título exemplificativo, para a finalidade da atuação administrativa, que será sempre a satisfação do interesse público em benefício da coletividade, é que se realizam os concursos públicos para contratação de pessoal e licitação para contratação dos serviços pela administração pública, são formas exigidas por lei que garantem o referido princípio. Isso impede que o administrador atue satisfazendo seus interesses pessoais.

Nesse sentido, fica proibida a vinculação da imagem do administrador a obras e propagandas não se permitindo também a vinculação da sigla do partido. Ressalte-se ainda o teor da Súmula Vinculante nº 13 do STF, que veda a prática de nepotismo:

> ***Súmula Vinculante nº 13*** *- A nomeação de cônjuge, companheiro ou parente em linha reta, colateral ou por afinidade, até o terceiro grau, inclusive, da autoridade nomeante ou de servidor da mesma pessoa jurídica, investido em cargo de direção, chefia ou assessoramento, para o exercício de cargo em comissão ou de confiança, ou, ainda, de função gratificada na Administração Pública direta e indireta, em qualquer dos Poderes da União, dos Estados, do Distrito Federal e dos municípios, compreendido o ajuste mediante designações recíprocas, viola a Constituição Federal.*

A impessoalidade também proíbe a promoção pessoal. O Administrador público não poderá se utilizar da máquina administrativa para promover sua própria imagem. Veja o que diz o Art. 37, § 1º diz:

> ***§1º.*** *A publicidade dos atos, programas, obras, serviços e campanhas dos órgãos públicos deverá ter caráter educativo, informativo ou de orientação social, dela não podendo constar nomes, símbolos ou imagens que caracterizem promoção pessoal de autoridades ou servidores públicos.*

Notemos que esse parágrafo tem como fim trazer de forma expressa a proibição da vinculação da imagem do agente público com as obras e serviços realizadas durante seu mandato, nesse sentido, já existe proibição da utilização inclusive da sigla do partido.

Moralidade

Não é possível se definir o que é, mas é possível compreender por meio da interpretação das normas. Esse princípio prevê que o administrador deve agir conforme os fins públicos. Por esse princípio, ao Administrador não basta fazer tudo conforme a lei. É importante o faça de boa-fé, respeitando os preceitos éticos, com probidade e justiça. E aqui não se fala em moral comum, mas em uma moral jurídica ou política.

A não observância do referido princípio poderá ser combatida por meio da Ação Popular, conforme prevê o Art. 5º, LXXIII da CF:

> ***LXXIII.*** *qualquer cidadão é parte legítima para propor ação popular que vise a anular ato lesivo ao patrimônio público ou de entidade de que o Estado participe, à moralidade administrativa, ao meio ambiente e ao patrimônio histórico e cultural, ficando o autor, salvo comprovada má-fé, isento de custas judiciais e do ônus da sucumbência.*

Ressalte-se também que, se o agente público agir em desconformidade com o princípio de moralidade, sua conduta poderá ensejar a ação de improbidade administrativa, a qual é punida nos termos do Art. 37, § 4º:

> ***§ 4º*** *- Os atos de improbidade administrativa importarão a suspensão dos direitos políticos, a perda da função pública, a indisponibilidade dos bens e o ressarcimento ao erário, na forma e gradação previstas em lei, sem prejuízo da ação penal cabível.*

Publicidade

A Publicidade como princípio também poderá ser analisada sob duas acepções: a primeira delas é a publicidade como condição de eficácia do ato administrativo; a segunda, como forma de se garantir a transparência destes mesmos atos.

Como condição de eficácia do ato administrativo, a publicidade muito aparece em prova; o examinador costuma dizer que a publicidade é requisito de validade do ato administrativo, mas isso é errado, porque validade e eficácia são diferentes. A publicidade é necessária, pois é a forma de tornar conhecido o conteúdo do ato, principalmente se esse ato for capaz de produzir efeitos externos ou que ensejem ônus para o patrimônio público. Em regra, a publicidade se dá pelos meios de comunicação oficiais, como o Diário Oficial da União.

Fique Ligado

A publicidade não é condição de validade do ato administrativo, mas de eficácia.

A Publicidade também tem a função de garantir a transparência do ato administrativo. É uma forma dos administrados fiscalizarem a atuação do poder público. Apesar de sua importância, nesse aspecto a publicidade encontra limitação na própria Constituição que prevê a possibilidade de sigilo dos atos administrativos todas as vezes que for necessário para preservar a segurança da sociedade e do Estado:

> ***XXXIII.*** *todos têm direito a receber dos órgãos públicos informações de seu interesse particular, ou de interesse coletivo ou geral, que serão prestadas no prazo da lei, sob pena de responsabilidade, ressalvadas aquelas cujo sigilo seja imprescindível à segurança da sociedade e do Estado.*

Eficiência

O princípio da eficiência foi o último incluído no rol dos princípios, em razão da reforma administrativa promovida pela Emenda Constitucional nº 19/98. A sua inserção como princípio expresso está relacionada a necessidade de produção de resultados satisfatórios a sociedade. A Administração Pública deve ter produtividade em suas atividades como se fosse iniciativa privada.

Como forma de garantir uma nova postura na prestação dos seus serviços, esse princípio exige que as ações sejam praticadas com celeridade, perfeição, visando a atingir ótimos resultados, sempre tendo como destinatário o bem estar do administrado. A celeridade dos processos encontra-se prevista no Art. 5º, LXXVIII da CF:

> ***LXXVIII.*** *a todos, no âmbito judicial e administrativo, são assegurados a razoável duração do processo e os meios que garantam a celeridade de sua tramitação.*

Em respeito ao princípio da eficiência, a Constituição Federal previu formas de participação do administrado como fiscal da administração pública:

> ***Art. 37, § 3º*** *A lei disciplinará as formas de participação do usuário na administração pública direta e indireta, regulando especialmente:*
>
> ***I.*** *as reclamações relativas à prestação dos serviços públicos em geral, asseguradas a manutenção de serviços de atendimento ao usuário e a avaliação periódica, externa e interna, da qualidade dos serviços;*
>
> ***II.*** *o acesso dos usuários a registros administrativos e a informações sobre atos de governo, observado o disposto no art. 5º, X e XXXIII;*
>
> ***III.*** *a disciplina da representação contra o exercício negligente ou abusivo de cargo, emprego ou função na administração pública.*

Decorre desse princípio, ainda, a necessidade de avaliação de desempenho para concessão da estabilidade ao servidor público em estágio probatório, bem como a existência da avaliação periódica de desempenho como uma das condições para perda do cargo nos termos do Art. 41 da CF:

> ***Art. 41.*** *São estáveis após três anos de efetivo exercício os servidores nomeados para cargo de provimento efetivo em virtude de concurso público.*
>
> *§ 1º O servidor público estável só perderá o cargo:*
>
> *I. em virtude de sentença judicial transitada em julgado;*
>
> *II. mediante processo administrativo em que lhe seja assegurada ampla defesa;*
>
> *III. mediante procedimento de avaliação periódica de desempenho, na forma de lei complementar, assegurada ampla defesa.*
>
> *§ 2º Invalidada por sentença judicial a demissão do servidor estável, será ele reintegrado, e o eventual ocupante da vaga, se estável, reconduzido ao cargo de origem, sem direito a indenização, aproveitado em outro cargo ou posto em disponibilidade com remuneração proporcional ao tempo de serviço.*
>
> *§ 3º Extinto o cargo ou declarada a sua desnecessidade, o servidor estável ficará em disponibilidade, com remuneração proporcional ao tempo de serviço, até seu adequado aproveitamento em outro cargo.*
>
> *§ 4º Como condição para a aquisição da estabilidade, é obrigatória a avaliação especial de desempenho por comissão instituída para essa finalidade.*

Exercício Comentado

01. ***(FCC) A empresa KYJP, ente da administração pública indireta da União, no âmbito do território nacional, responsável pelo recadastramento de famílias carentes, não está sujeita ao princípio da:***

a) impessoalidade.
b) não-intervenção.
c) moralidade.
d) publicidade.
e) eficiência.

RESPOSTA. ***B. Questão sem muita dificuldade, cobrando apenas o conhecimento literal do texto constitucional. Veja que se requer o princípio que não se aplica à empresa em questão. O único que não tem nada a ver com os princípios que regem a administração pública é o princípio da não intervenção. Esse é princípio fundamental que rege as relações internacionais.***

Princípios Implícitos da Administração Pública

Além dos princípios expressamente previstos no *caput* do Art. 37 da Constituição Federal (Legalidade, Impessoalidade, Moralidade, Publicidade e Eficiência), a doutrina elenca outros como princípios gerais de direito que decorrem da interpretação constitucional:

Supremacia do Interesse Público

Esse princípio é tido pela doutrina como um dos pilares do regime jurídico administrativo. Nesse sentido, o Estado representa o interesse público ou da coletividade, e a coletividade, em regra, deve prevalecer sobre o interesse privado. A Administração Pública, em sua relação com os administrados tem prevalência sobre o interesse privado.

O Regime Democrático adotado no Estado Brasileiro confere à Administração Pública o poder de representar os interesses da sociedade, é nessa relação que vamos desenvolver a supremacia do interesse público, que decorre da relação de verticalidade entre o Estado e os particulares.

Esse princípio não goza de caráter absoluto, pois o Estado também age como se fosse particular em suas relações jurídicas, geralmente econômicas, por exemplo, o Estado não pode abusar da autoridade estatal sobre os direitos e princípios fundamentais dos administrados, já que esses são os limites da supremacia do interesse público.

Decorre desse princípio o poder de império exercido pela Administração Pública, a qual poderá impor sua vontade ao particular de forma coercitiva, podendo inclusive restringir seus direitos e impor obrigações, como ocorre no caso da desapropriação e requisição administrativa. Logicamente, esse princípio não goza de caráter absoluto, não tendo aplicabilidade nos atos praticados de mera gestão administrativa ou quando o poder público atua como particular nas relações econômicas.

Indisponibilidade do Interesse Público

Juntamente com a Supremacia do Interesse Público, o princípio da Indisponibilidade do Interesse Público forma a base do regime jurídico-administrativo. Por esse princípio, a Administração Pública não pode ser vista como dona da coisa pública, mas apenas gestora. A coisa pública pertence ao povo, e o Estado é o responsável pelo cuidado ou gestão da coisa pública.

Como limitação a esse princípio, existe o princípio da legalidade, que determina os passos e em que condições a Administração Pública pode se utilizar dos bens públicos, sempre respeitando a indisponibilidade do interesse público. Destaca-se ainda o papel que esse princípio exerce como limitador do princípio da supremacia do interesse público.

Um ponto importante a respeito desse princípio é que os bens públicos são indisponíveis, não pertencendo aos seus administradores ou aos seus agentes os quais estão proibidos, inclusive de renunciar a qualquer direito ou prerrogativa inerente ao Poder Público.

Na desapropriação, a Administração Pública pode retirar o bem de uma pessoa pelo fundamento da Supremacia do interesse público, por outro lado, em razão da Indisponibilidade do interesse público, há vedação à Administração Pública no sentido de não se apropriar de tal bem sem que o particular seja indenizado.

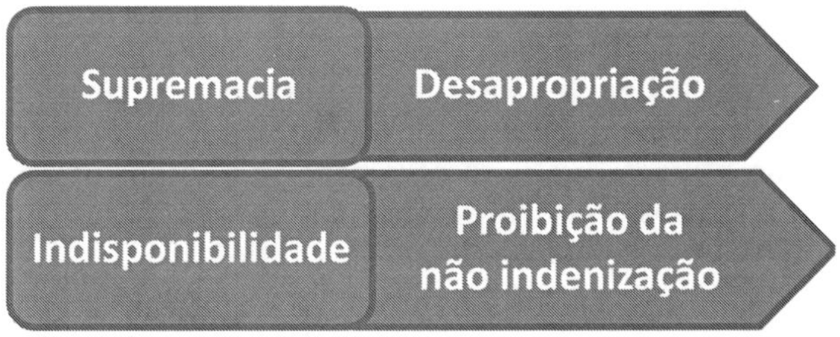

Razoabilidade e Proporcionalidade

Esses princípios são, por vezes, vistos em separado pela doutrina; eles servem para a limitação da atuação administrativa, e devem ser vistos em conjunto, como unidade. A Razoabilidade e a Proporcionalidade decorrem do princípio do devido processo legal e são utilizados, principalmente, como limitador da discricionariedade administrativa, ainda mais quando o ato limitado restringe os direitos do administrado. Trata-se, portanto, de uma ferramenta para controle de legalidade que pode gerar a nulidade do ato administrativo. Ao pensar em Razoabilidade e Proporcionalidade, deve-se pensar em dois elementos que os identificam: adequação e necessidade.

A melhor forma de verificar a sua utilização prática é no caso concreto. Imagine uma fiscalização sanitária realizada pelo poder público em que o administrado é flagrado cometendo um ilícito sanitário, ou seja, encontra um produto com o prazo de validade vencido. Dependendo da infração cometida, será aplicada uma penalidade administrativa maior ou não. Com a aplicação dos princípios em tela, a penalidade deve ser necessária, adequada e equivalente à infração cometida. Os princípios garantem que a sanção aplicada não seja maior que a necessária para atingir o fim proposto pelo poder público. O que se busca é uma adequação entre os meios e os fins necessários, proibindo o excesso na aplicação das medidas.

Sem dúvida, esses princípios gerais de direito estão entre os mais utilizados atualmente nas decisões do Supremo Tribunal Federal, pois esses princípios são utilizados nas decisões para se adequar a lei ao caso concreto.

Em suma, esses princípios são a adequação dos meios com a finalidade proposta pela Administração Pública, com o fim de evitar os excessos cometidos pelo agente público. Em razão disso, também são conhecidos como a proibição do excesso, por isso trabalhar a razoabilidade e a proporcionalidade como unidade.

Continuidade dos Serviços Públicos

Esse princípio se traduz pelo próprio nome. Ele exige que a atividade administrativa seja contínua, não sofra interrupções e seja adequada, com qualidade, para que não ocorram prejuízos tanto para a Administração quanto para os administrados. Apesar disso, há situações excepcionais, em que se permite a interrupção do serviço público. Existem limitações a esse princípio, tanto para a Administração, quanto para o particular que está incumbido de executar o serviço público, e sua atuação pode ser percebida no próprio direito de greve do servidor público que se encontra condicionado à observância da lei para ser exercido.

O poder de vinculação desse princípio é tão grande que o particular, ao prestar o serviço público por delegação, não poderá interrompê-lo ainda que a administração pública não cumpra sua parte no contrato. Significa dizer que o particular prejudicado no contrato administrativo **não poderá opor a exceção do contrato não cumprido,** ficando desobrigado apenas por decisão judicial transitada em julgado, ou seja, o particular não pode deixar de cumprir sua obrigação pelo não cumprimento por parte da administração, mas o particular pode deixar de prestar o serviço público quando determinado por decisão judicial.

O responsável pela prestação do serviço público só ficaria desobrigado da sua prestação em caso de emergência e desde que haja aviso prévio em situações de **segurança**, de **ordem técnica** ou mesmo por **inadimplência do usuário**.

Autotutela

Esse princípio permite que a Administração avalie e reveja seus próprios atos, tanto em relação à legalidade do ato, quanto ao aspecto do mérito. Essa possibilidade não impede o ato de ser apreciado pelo Poder Judiciário, limitando a verificação da legalidade, nunca o mérito. Quando o ato for revisto em razão de vício de legalidade, ocorre a anulação do ato, se a questão é de mérito (discricionariedade e oportunidade), a administração revoga seus atos.

Este princípio foi consagrado pelo Supremo por meio da Súmula 473:

> ***Súmula nº 473** - A administração pode anular seus próprios atos, quando eivados de vícios que os tornam ilegais, porque deles não se originam direitos; ou revogá-los, por motivo de conveniência ou oportunidade, respeitados os direitos adquiridos, e ressalvada, em todos os casos, a apreciação judicial.*

A autotutela dos atos administrativos não depende de provocação, podendo a administração analisar de ofício seus próprios atos. Essa é a ideia primordial da autotutela.

Segurança Jurídica

Esse princípio tem fundamento inicial já no art. 5º da CF, que decorre da própria garantia fundamental à Segurança Jurídica; no que tange a sua aplicabilidade na Administração Pública, esse princípio evoca a impossibilidade da lei nova prejudicar o direito adquirido, o ato jurídico perfeito e a coisa julgada, ou seja, esse princípio veda a aplicação retroativa de nova interpretação da norma administrativa, para que o administrado não seja surpreendido com inovações jurídicas.

Por se tratar de um direito fundamental, a administração pública fica obrigada a assegurar o seu cumprimento sob pena de ser responsabilizada.

Regras Aplicáveis aos Servidores Públicos

Passamos agora a analisar as regras aplicáveis aos servidores públicos, as quais estão previstas nos Arts. 37 a 41 da Constituição Federal.

Cargos, Empregos e Funções

Os primeiros dispositivos relacionados aos servidores públicos e que foram apresentados pela Constituição Federal regulamentam o acesso a cargos, empregos e funções públicas. Vejamos o que diz o Art. 37, I e II da CF:

> *I. os cargos, empregos e funções públicas são acessíveis aos brasileiros que preencham os requisitos estabelecidos em lei, assim como aos estrangeiros, na forma da lei;*
>
> *II. a investidura em cargo ou emprego público depende de aprovação prévia em concurso público de provas ou de provas e títulos, de acordo com a natureza e a complexidade do cargo ou emprego, na forma prevista em lei, ressalvadas as nomeações para cargo em comissão declarado em lei de livre nomeação e exoneração.*

Ao iniciarmos este estudo, uma distinção se faz necessária antes de tudo: qual a diferença entre cargo, emprego e função pública?

Cargo público é a unidade de competência ofertada por uma pessoa jurídica de direito público e ocupada por um agente público que tenha sido criado por lei com denominação específica e quantidade certa. Quem ocupa um cargo público fez concurso público e é submetido a um regime estatutário e pode ser de provimento efetivo ou em comissão.

Emprego público, por sua vez, seria a unidade de competência desempenhada por agentes contratados sob regime celetista, ou seja, quem ocupa um emprego público possui uma relação trabalhista com a Administração Pública.

Função pública é a atribuição ocupada por quem não possui cargo ou emprego público. Ocorre em duas situações: nas contratações temporárias e nas atividades de confiança.

Os cargos, empregos e funções são acessíveis a todos os brasileiros e estrangeiros que preencherem os requisitos previstos em lei. Aos estrangeiros, o acesso é limitado, essa é norma de eficácia limitada, pois depende de regulamentação, como professores ou pesquisadores em universidades e instituições de pesquisa científica e tecnológica. Destaque-se ainda que existem cargos privativos de brasileiros natos, os quais estão previstos no Art. 12, § 3º da CF: Presidente e Vice-Presidente da República, Presidente da Câmara dos Deputados, Presidente do Senado Federal, Ministro do STF, oficial das forças armadas, carreira diplomática e Ministro do Estado da Defesa.

O acesso aos cargos e empregos públicos depende de aprovação em concurso público de provas ou de provas e títulos dependendo do cargo a ser ocupado. A realização do concurso não será necessária para o preenchimento de cargos em comissão, haja vista serem de livre nomeação e exoneração. Estão obrigados a contratar por meio de concurso toda a Administração Pública Direta e Indireta, seja do Poder Executivo, Legislativo, ou Judiciário, seja da União, Estados, Distrito Federal e Municípios.

É importante ressaltar, neste momento, que a função pública aqui tratada não pode ser confundida com a função que todo agente da Administração Pública detém, que é aquele conjunto de atribuições inerentes ao cargo ou emprego; neste momento a função pública foi tratada como diferenciação do cargo e do emprego públicos. Em seguida, é necessário ressaltar que os cargos em comissão dispensam o concurso público, que é meio exigido para que se ocupe um cargo ou emprego públicos.

Validade do Concurso Público

A Constituição Federal previu prazo de validade para os concursos públicos. Vejamos o que diz o Art. 37, III e IV:

> ***Art. 37, III** - o prazo de validade do concurso público será de até dois anos, prorrogável uma vez, por igual período;*
>
> ***IV** durante o prazo improrrogável previsto no edital de convocação, aquele aprovado em concurso público de provas ou de provas e títulos será convocado com prioridade sobre novos concursados para assumir cargo ou emprego, na carreira.*

O prazo de validade será de **até dois anos,** podendo ser prorrogado apenas uma vez, por igual período. O prazo de validade passa a ser contado a partir da homologação do resultado. Este é o prazo que a Administração Pública terá para contratar ou nomear os aprovados para o preenchimento do emprego ou do cargo público, respectivamente.

Segundo posicionamento do STF, quem é aprovado dentro do número de vagas previstas no edital possui direito subjetivo à nomeação durante o prazo de validade do concurso. Uma forma de burlar esse sistema encontrado pela Administração Pública tem sido a publicação de edital com cadastro de reserva, que gera apenas uma expectativa de direito para quem foi classificado no concurso público.

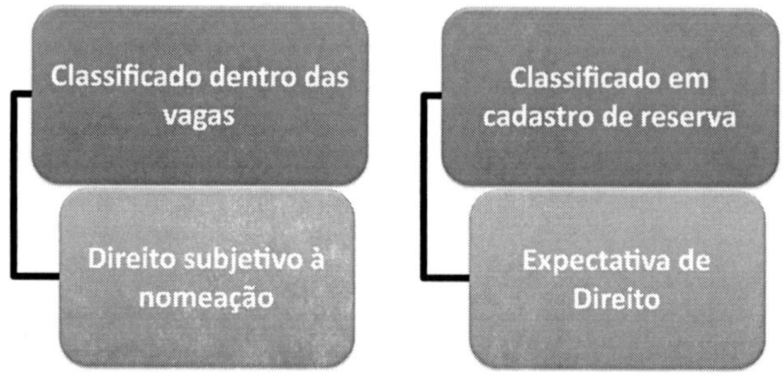

Segundo a Constituição, durante o prazo improrrogável do concurso, os aprovados terão prioridade na convocação diante dos novos concursados, o que não impede a abertura de novos certames apesar de a Lei 8.112/90 proibir a abertura de novo concurso enquanto houver candidato aprovado no concurso anterior e desde que esteja dentro do prazo de validade. Para sua prova, você deverá responder conforme for perguntado. Se for segundo a Constituição Federal, não há proibição de realização de novo concurso enquanto existir outro com prazo de validade aberto. Se perguntarem segundo a Lei 8.112/90, não se abrirá novo concurso enquanto houver candidato aprovado em concurso anterior com prazo de validade não expirado.

Reserva de Vaga para Deficiente

Essa regra sobre concurso público é uma das mais importantes de inclusão social previstas no texto constitucional; é regra de ação afirmativa que visa à inserção social dos portadores de necessidades especiais, e compensar a perda social que alguns grupos têm. Possuindo valor social relevante, diz respeito à reserva de vagas para pessoas com necessidades especiais, que não podem ser tratados da mesma forma que as pessoas que estão em pleno vigor físico. Aqui, a isonomia deve ser material observando a nítida diferença entre os deficientes e os que não são. Vejamos o que dispõe a Constituição a respeito desse tema:

> ***Art. 37, VIII** - a lei reservará percentual dos cargos e empregos públicos para as pessoas portadoras de deficiência e definirá os critérios de sua admissão.*

Por se tratar de norma de eficácia limitada, a Constituição exigiu regulamentação para este dispositivo o que foi feito, no âmbito federal, pela Lei 8.112/90:

> ***Art. 5, § 2º** - Às pessoas portadoras de deficiência é assegurado o direito de se inscrever em concurso público para provimento de cargo cujas atribuições sejam compatíveis com a deficiência de que são portadoras; para tais pessoas serão reservadas até 20% (vinte por cento) das vagas oferecidas no concurso.*

Esse dispositivo garante a reserva de até 20% das vagas oferecidas no concurso para os deficientes.

Complementando esta norma, foi publicado o Decreto Federal 3298/99 que fixou o mínimo de 5% das vagas para deficientes, exigindo nos casos em que esse percentual gerasse número fracionado, que fosse arredondado para o próximo número inteiro. Essa proteção gerou um inconveniente nos concursos com poucas vagas, fazendo com que o STF interviesse e decidisse no sentido de que se a observância do mínimo de 5% ultrapassar o máximo de 20% não será necessário fazer a reserva da vaga. Isso é perfeitamente visível em concursos com duas vagas. Se fosse reservado o mínimo, ter-se-ia pelo menos uma vaga para deficiente, o que corresponderia a 50% das vagas, ultrapassando assim o limite de 20% estabelecido em lei.

Funções de Confiança e Cargos em Comissão

A Constituição prevê a existência das funções de confiança e os cargos em comissão:

> ***Art. 37, V*** *- as funções de confiança, exercidas exclusivamente por servidores ocupantes de cargo efetivo, e os cargos em comissão, a serem preenchidos por servidores de carreira nos casos, condições e percentuais mínimos previstos em lei, destinam-se apenas às atribuições de direção, chefia e assessoramento.*

Existem algumas peculiaridades entre esses dois institutos que sempre são cobrados em prova. As funções de confiança são privativas de ocupantes de cargo efetivo, ou seja, para aquele que fez concurso público; já os cargos em comissão podem ser ocupados por qualquer pessoa, apesar de a Constituição estabelecer que deve se reservar um percentual mínimo para os ocupantes de cargo efetivo. Tanto as funções de confiança como os cargos em comissão destinam-se às atribuições de **direção, chefia** e **assessoramento**.

As funções de confiança – livre designação e livre dispensa – são apenas para servidores públicos ocupantes de cargos efetivos, os quais serão designados para seu exercício podendo ser dispensados a critério da administração pública. Já os **cargos em comissão** são de livre nomeação e livre exoneração, podendo ser ocupados por qualquer pessoa, servidor público ou não. A ocupação de um cargo em comissão por pessoa não detentora de cargo de provimento efetivo não gera direito de ser efetivado, muito menos de adquirir a estabilidade.

Contratação por Tempo Determinado

Outra forma de ingresso no serviço público é por meio de contratação por tempo determinado. A Constituição prevê:

> ***Art. 37, IX*** *- a lei estabelecerá os casos de contratação por tempo determinado para atender a necessidade temporária de excepcional interesse público.*

Nesse caso, temos uma norma de eficácia limitada, pois a Constituição não regulamenta, apenas prevê que uma lei vai regulamentar. Na contratação por tempo determinado, o contratado não ocupa cargo público nem possui vínculo trabalhista. Ele exercerá função pública de caráter temporário. Essa contratação tem que ser embasada em excepcional interesse público, questão emergencial. Em regra, faz-se o Processo Seletivo Simplificado, podendo ser feito por meio de provas, entrevista ou até mesmo entrega de currículo; esse processo simplificado não pode ser confundido com o concurso público.

O seu contrato com a Administração Pública é regido por norma específica de regime especial que, no caso da esfera federal, será a Lei 8.745/93. A referida lei traz várias hipóteses de contratação temporária para atender a essa necessidade excepcional.

Direitos Sociais dos Servidores Públicos

Quando se fala em direitos sociais aplicáveis aos servidores públicos, significa dizer uma parcela dos direitos de natureza trabalhista prevista no Art. 7º da Constituição Federal. Vejamos quais direitos sociais trabalhistas foram destinados a esses trabalhadores ocupantes de cargos públicos.

Direitos Trabalhistas

A Constituição Federal não concedeu todos os direitos trabalhistas aos servidores públicos, mas apenas os previstos expressamente no texto constitucional no Art. 39, § 3º:

> ***Art. 39, § 3º*** *Aplica-se aos servidores ocupantes de cargo público o disposto no art. 7º, IV, VII, VIII, IX, XII, XIII, XV, XVI, XVII, XVIII, XIX, XX, XXII e XXX, podendo a lei estabelecer requisitos diferenciados de admissão quando a natureza do cargo o exigir.*

Segundo esse dispositivo, foram garantidos os seguintes direitos sociais aos servidores públicos:

- ***VI.*** *salário mínimo , fixado em lei, nacionalmente unificado, capaz de atender a suas necessidades vitais básicas e às de sua família com moradia, alimentação, educação, saúde, lazer, vestuário, higiene, transporte e previdência social, com reajustes periódicos que lhe preservem o poder aquisitivo, sendo vedada sua vinculação para qualquer fim;*
- ***VII.*** *garantia de salário, nunca inferior ao mínimo, para os que percebem remuneração variável;*
- ***VIII.*** *décimo terceiro salário com base na remuneração integral ou no valor da aposentadoria;*
- ***IX.*** *remuneração do trabalho noturno superior à do diurno;*
- ***XII.*** *salário-família pago em razão do dependente do trabalhador de baixa renda nos termos da lei;*
- ***XIII.*** *duração do trabalho normal não superior a oito horas diárias e quarenta e quatro semanais, facultada a compensação de horários e a redução da jornada, mediante acordo ou convenção coletiva de trabalho;*
- ***XV.*** *repouso semanal remunerado, preferencialmente aos domingos;*
- ***XVI.*** *remuneração do serviço extraordinário superior, no mínimo, em cinquenta por cento à do normal;*
- ***XVII.*** *gozo de férias anuais remuneradas com, pelo menos, um terço a mais do que o salário normal;*
- ***XVIII.*** *licença à gestante, sem prejuízo do emprego e do salário, com a duração de cento e vinte dias;*
- ***XIX.*** *licença-paternidade, nos termos fixados em lei;*
- ***XX.*** *proteção do mercado de trabalho da mulher, mediante incentivos específicos, nos termos da lei;*
- ***XXII.*** *redução dos riscos inerentes ao trabalho, por meio de normas de saúde, higiene e segurança;*

> ***XXX.*** *proibição de diferença de salários, de exercício de funções e de critério de admissão por motivo de sexo, idade, cor ou estado civil.*

A experiência de ler os incisos destinados aos servidores públicos é muito importante para que você acerte em prova. O fato de outros direitos trabalhistas do Art. 7º não terem sido previstos no Art. 39 não significa que tais direitos não sejam concedidos aos servidores públicos. Ocorre que alguns direitos trabalhistas conferidos aos servidores públicos estão disciplinados em outros lugares na própria Constituição ou em leis esparsas. A título de exemplo, pode-se citar o direito à aposentadoria, que apesar de não ter sido referido no Art. 39, § 3º, encontra-se previsto expressamente no Art. 40 da Constituição Federal.

O § 3º, que contém parte dos direitos do servidor público, é uma boa oportunidade de questão de prova como nesta questão comentada abaixo:

Exercício Comentado

01. ***(FCC) No tocante aos direitos sociais, estabelecidos na Constituição Federal de 1988, NÃO se aplica, dentre outros, aos servidores ocupantes de cargo público, o direito:***

a) ***À participação nos lucros, ou resultados, desvinculada da remuneração.***

b) ***Ao salário-mínimo fixado em lei, nacionalmente unificado.***

c) ***À remuneração do serviço extraordinário superior, no mínimo, em cinquenta por cento à do normal.***

d) ***Ao salário-família pago em razão do dependente do trabalhador de baixa renda nos termos da lei.***

e) ***À redução dos riscos inerentes ao trabalho, por meio de normas de saúde, higiene e segurança.***

RESPOSTA. ***A. Deve-se ter muito cuidado com o comando da questão. Deve-se encontrar qual das alternativas não possui um direito social garantido aos servidores públicos. O único que não consta na lista do §3º do Art. 39 é o da assertiva "A".***

Liberdade de Associação Sindical

A Constituição Federal garante aos servidores públicos o direito à associação sindical:

> ***VI.*** *é garantido ao servidor público civil o direito à livre associação sindical.*

A Constituição concede ao servidor público civil o direito à associação sindical. Dessa forma, a livre associação profissional ou sindical não é garantida aos militares em razão da peculiaridade do seu regime jurídico, cuja vedação está prevista na própria Constituição Federal:

> ***Art. 142, IV*** *- ao militar são proibidas a sindicalização e a greve.*

Segundo a doutrina, trata-se de uma norma autoaplicável, a qual não depende de regulamentação para ser exercida, pois o servidor pode prontamente usufruir desse direito.

Direito de Greve

Segundo o Art. 37, VII:

> ***VII.*** *o direito de greve será exercido nos termos e nos limites definidos em lei específica;*

O direito de greve, previsto na Constituição Federal aos servidores públicos, condiciona o seu exercício a uma norma regulamentadora, por isso é uma norma de eficácia limitada.

Como até o presente momento a necessária lei não foi publicada, o Supremo Tribunal Federal adotou a Teoria Concretista Geral, a partir da análise do Mandado de Injunção, e fez com que o direito de greve tivesse efetividade e conferiu efeito *erga omnes* à decisão, ou seja, os seus efeitos atingem todos os servidores públicos, ainda que aquele não tenha ingressado com ação judicial para exercer seu direito de greve.

A partir disso, segundo o STF, os servidores públicos de todo o país poderão se utilizar do seu direito de greve nos termos da Lei 7.783/89, a qual regulamenta o direito de greve dos trabalhadores da iniciativa privada.

Ressalte-se que o direito de greve, juntamente com o de associação sindical, não se aplica aos militares pelos mesmos motivos já apresentados ao analisarmos o direito de liberdade de associação sindical.

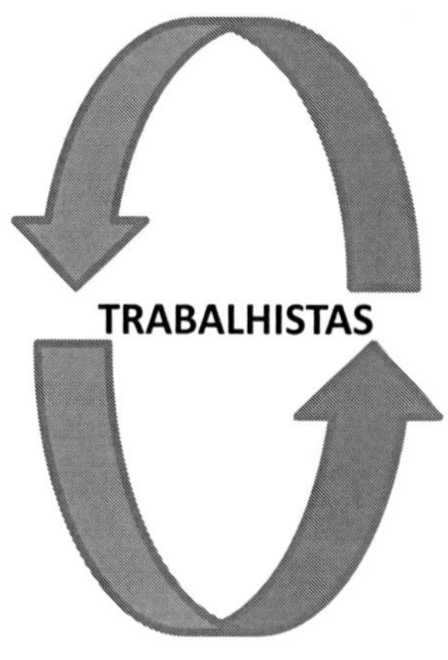

- Salário Mínimo
- Garantia do mínimo para os que têm remuneração variável
- 13º salário
- Duração de trabalho não superior a oito horas por dia e 44 por semana
- Repouso semanal remunerado
- Remuneração pelo serviço extraordinário (horas extras)
- Férias anuais
- Licença à gestante (120 dias)
- Licença paternidade
- Proteção ao mercado de trabalho da mulher
- Redução dos riscos inerentes ao trabalho
- Proibição de diferença de salários

Vedação à Acumulação de Cargos, Empregos e Funções Públicos

A Constituição achou por bem regular a acumulação de cargos públicos no Art. 37, XVI e XVII:

> ***XVI.*** *é vedada a acumulação remunerada de cargos públicos, exceto, quando houver compatibilidade de horários, observado em qualquer caso o disposto no inciso XI:*
>
> ***a)*** *a de dois cargos de professor;*
>
> ***b)*** *a de um cargo de professor com outro técnico ou científico;*
>
> ***c)*** *a de dois cargos ou empregos privativos de profissionais de saúde, com profissões regulamentadas;*
>
> ***XVII.*** *a proibição de acumular estende-se a empregos e funções e abrange autarquias, fundações, empresas públicas, sociedades de economia mista, suas subsidiárias, e sociedades controladas, direta ou indiretamente, pelo poder público;*

Segundo o texto constitucional, em regra, é vedada a acumulação de cargos públicos, ressalvadas as hipóteses previstas na própria Constituição Federal e quando houver compatibilidade de horário.

Exercício Comentado

01. ***(CESPE) De acordo com as normas constitucionais, se houver compatibilidade de horários, é possível a acumulação de dois cargos técnicos de natureza administrativa. Em face dessa permissão constitucional, um servidor poderia, por exemplo, exercer o cargo de técnico administrativo na ANCINE e em outro órgão público federal.***

ERRADO. Os cargos acumuláveis estão previstos expressamente no texto constitucional:

- ***Professor + professor***
- ***Professor + cargo técnico ou científico***
- ***Profissional da saúde + Profissional da saúde***

Não constam nessa lista dois cargos de técnicos. Por isso, a questão está errada.

Além dessas hipóteses, a Constituição Federal também previu a acumulação lícita em outros casos, observemos:

- Magistrado + Magistério – é permitida a acumulação de um cargo de juiz com um de professor:

  Art. 95. Parágrafo único. *Aos juízes é vedado:*

  I. *exercer, ainda que em disponibilidade, outro cargo ou função, salvo uma de magistério.*

- Membro do Ministério Público + Magistério – é permitida a acumulação de um cargo de Membro do Ministério Público com um de professor:

  Art. 128, § 5º - *Leis complementares da União e dos Estados, cuja iniciativa é facultada aos respectivos Procuradores-Gerais, estabelecerão a organização, as atribuições e o estatuto de cada Ministério Público, observadas, relativamente a seus membros:*

  II. *as seguintes vedações:*

  d) *exercer, ainda que em disponibilidade, qualquer outra função pública, salvo uma de magistério.*

- Cargo Eletivo + cargo, emprego ou função pública – é permitida a acumulação de um cargo eletivo com um cargo emprego ou função pública:

  Art. 38. *Ao servidor público da administração direta, autárquica e fundacional, no exercício de mandato eletivo, aplicam-se as seguintes disposições:*

  I. *tratando-se de mandato eletivo federal, estadual ou distrital, ficará afastado de seu cargo, emprego ou função;*

  II. *investido no mandato de Prefeito, será afastado do cargo, emprego ou função, sendo-lhe facultado optar pela sua remuneração;*

  III. *investido no mandato de Vereador, havendo compatibilidade de horários, perceberá as vantagens de seu cargo, emprego ou função, sem prejuízo da remuneração do cargo eletivo, e, não havendo compatibilidade, será aplicada a norma do inciso anterior;*

  IV. *em qualquer caso que exija o afastamento para o exercício de mandato eletivo, seu tempo de serviço será contado para todos os efeitos legais, exceto para promoção por merecimento;*

  V. *para efeito de benefício previdenciário, no caso de afastamento, os valores serão determinados como se no exercício estivesse.*

A proibição de acumular se estende à percepção de remuneração e aposentadoria. Vejamos o que diz o §10º do Art. 37:

> ***§ 10 -*** *É vedada a percepção simultânea de proventos de aposentadoria decorrentes do art. 40 ou dos arts. 42 e 142 com a remuneração de cargo, emprego ou função pública, ressalvados os cargos acumuláveis na forma desta Constituição, os cargos eletivos e os cargos em comissão declarados em lei de livre nomeação e exoneração.*

Aqui a acumulação dos proventos da aposentadoria com a remuneração será permitida nos casos em que são autorizadas a acumulação dos cargos, ou, ainda, quando acumular com cargo em comissão e cargo eletivo. Significa dizer ser possível a acumulação dos proventos da aposentadoria de um cargo, emprego ou função pública com a remuneração de cargo, emprego ou função pública.

A Constituição também vedou a percepção de mais de uma aposentadoria, ressalvados os casos de acumulação de cargos permitida, ou seja, o indivíduo pode acumular as aposentadorias dos cargos que podem ser acumulados:

> ***Art. 40, § 6º -*** *Ressalvadas as aposentadorias decorrentes dos cargos acumuláveis na forma desta Constituição, é vedada a percepção de mais de uma aposentadoria à conta do regime de previdência previsto neste artigo.*

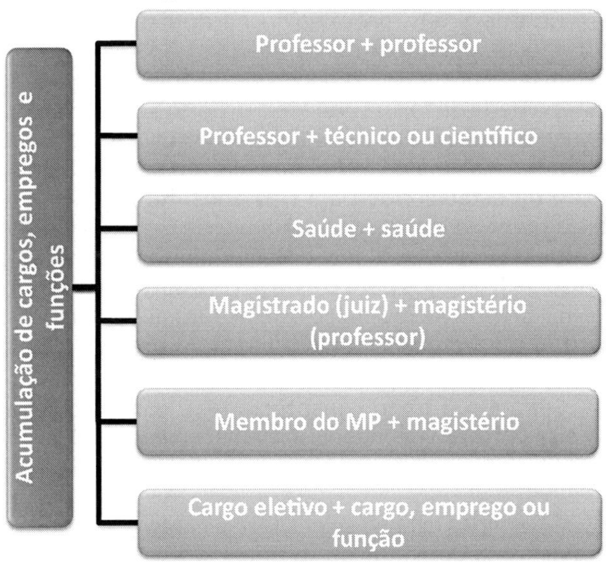

Estabilidade

Um dos maiores desejos de quem faz concurso público é alcançar a Estabilidade. Essa é a garantia que se dá aos titulares de cargo público, ou seja, ao servidor público. Essa garantia faz que o servidor tenha certa tranquilidade para usufruir do seu cargo com maior tranquilidade; o servidor passa exercer suas atividades sem a preocupação de perder seu cargo por qualquer simples motivo. Vejamos o que diz a Constituição Federal:

> ***Art. 41.*** *São estáveis após três anos de efetivo exercício os servidores nomeados para cargo de provimento efetivo em virtude de concurso público.*
>
> ***§ 1º*** *O servidor público estável só perderá o cargo:*
>
> ***I.*** *em virtude de sentença judicial transitada em julgado;*
>
> ***II.*** *mediante processo administrativo em que lhe seja assegurada ampla defesa;*

III. mediante procedimento de avaliação periódica de desempenho, na forma de lei complementar, assegurada ampla defesa.

§ 2º Invalidada por sentença judicial a demissão do servidor estável, será ele reintegrado, e o eventual ocupante da vaga, se estável, reconduzido ao cargo de origem, sem direito a indenização, aproveitado em outro cargo ou posto em disponibilidade com remuneração proporcional ao tempo de serviço.

§ 3º Extinto o cargo ou declarada a sua desnecessidade, o servidor estável ficará em disponibilidade, com remuneração proporcional ao tempo de serviço, até seu adequado aproveitamento em outro cargo.

§ 4º Como condição para a aquisição da estabilidade, é obrigatória a avaliação especial de desempenho por comissão instituída para essa finalidade.

O primeiro ponto relevante é que a estabilidade se adquire após três anos de efetivo exercício. Só adquire estabilidade quem ocupa um cargo público de provimento efetivo, após a aprovação em concurso público. Essa garantia não se estende aos titulares de emprego público nem aos que ocupam cargos em comissão de livre nomeação e exoneração.

Não confunda a estabilidade com estágio probatório. Esse é o período de avaliação inicial dentro do novo cargo a que o servidor concursado se sujeita antes de adquirir sua estabilidade. A Constituição não fala nada de estágio probatório, mas, para os servidores públicos federais, aplica-se o prazo previsto na Lei 8.112/90. Aqui temos um problema. O referido estatuto dos servidores públicos federais prevê o prazo de 24 meses para o estágio probatório.

Contudo, tem prevalecido na doutrina e na jurisprudência o entendimento de que não tem como se dissociar o prazo do estágio probatório da aquisição da estabilidade de forma que até o próprio STF e o STJ reconhecem que o prazo do estágio probatório foi revogado tacitamente pela EC 19/98 que alterou o prazo de aquisição da estabilidade para três anos. Reforça esse entendimento o fato de que a Advocacia Geral da União já emitiu parecer vinculante determinando a aplicação do prazo de **três anos para o estágio probatório** em todo o Poder Executivo Federal, o que de fato acontece. Dessa forma, para prova o prazo do estágio probatório é de três anos.

Segundo o texto constitucional é condição para a aquisição da estabilidade a avaliação especial de desempenhos aplicada por comissão instituída para essa finalidade.

O servidor estável só perderá o cargo nas hipóteses previstas na Constituição, as quais são:

- Sentença judicial transitada em julgado;
- Procedimento Administrativo Disciplinar;
- Insuficiência de desempenho comprovada na Avaliação Periódica;
- Excesso de despesas com pessoal nos termos do Art. 169, § 3º.

Servidores em Exercício de Mandato Eletivo

Para os servidores públicos que estão no exercício de mandato eletivo, aplicam-se as seguintes regras:

Art. 38. *Ao servidor público da administração direta, autárquica e fundacional, no exercício de mandato eletivo, aplicam-se as seguintes disposições:*

I. tratando-se de mandato eletivo federal, estadual ou distrital, ficará afastado de seu cargo, emprego ou função;

II. investido no mandato de Prefeito, será afastado do cargo, emprego ou função, sendo-lhe facultado optar pela sua remuneração;

III. investido no mandato de Vereador, havendo compatibilidade de horários, perceberá as vantagens de seu cargo, emprego ou função, sem prejuízo da remuneração do cargo eletivo, e, não havendo compatibilidade, será aplicada a norma do inciso anterior;

IV. em qualquer caso que exija o afastamento para o exercício de mandato eletivo, seu tempo de serviço será contado para todos os efeitos legais, exceto para promoção por merecimento;

V. para efeito de benefício previdenciário, no caso de afastamento, os valores serão determinados como se no exercício estivesse.

Em suma:

→ Mandato Eletivo Federal, Estadual ou Distrital – afasta-se do cargo, emprego ou função;

→ Mandato Eletivo Municipal.

- **Prefeito:** afasta-se do cargo, mas pode optar pela remuneração;
- **Vereador:** havendo compatibilidade de horário, pode exercer os dois cargos e cumular as duas remunerações respeitando os limites legais. Não havendo compatibilidade de horário, deverá afastar-se do cargo podendo optar pela remuneração de um dos dois.

Havendo o afastamento, a Constituição determinou ainda que esse período seja contabilizado como tempo de serviço gerando todos seus efeitos legais, com exceção da promoção de merecimento, além de ser contabilizado para efeito de benefício previdenciário.

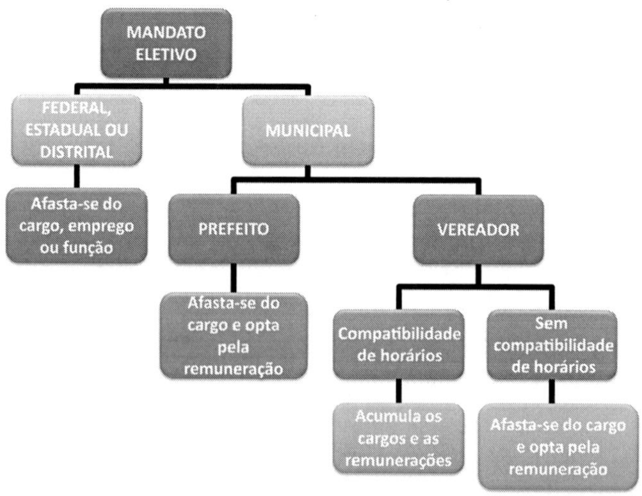

Regras de Remuneração dos Servidores Públicos

A Constituição Federal previu várias regras referentes a remuneração dos servidores públicos, que consta no Art. 37, da CF, as quais são bem interessantes para serem cobradas em sua prova:

X. a remuneração dos servidores públicos e o subsídio de que trata o § 4º do art. 39 somente poderão ser fixados ou alterados por lei específica, observada a iniciativa privativa em cada caso, assegurada revisão geral anual, sempre na mesma data e sem distinção de índices;

O primeiro ponto importante sobre a remuneração dos servidores é que ela só pode ser fixada por meio de lei específica, se a Constituição não estabelece qualquer outro critério, essa lei é ordinária. Além disso, a iniciativa da lei também é específica, ou seja, cada poder tem competência para propor a lei que altere o quadro remuneratório dos seus servidores. Por exemplo, no âmbito do Poder Executivo Federal o Presidente da República é quem tem a iniciativa para propor o projeto de lei.

Ainda há que se fazer a revisão geral anual, sem distinção de índices e sempre na mesma data, que serve para suprir as perdas inflacionárias que ocorrem com a remuneração dos servidores. No que tange à revisão geral anual, o STF entende que a competência para a iniciativa é privativa do Presidente da República, com base no Art. 61, § 1º, II, a da CF:

> ***§ 1º** - São de iniciativa privativa do Presidente da República as leis que:*
>
> ***II.*** *disponham sobre:*
>
> ***a)*** *criação de cargos, funções ou empregos públicos na administração direta e autárquica ou aumento de sua remuneração.*

Outro ponto importante é o teto constitucional, que é o limite imposto para fixação das tabelas remuneratórias dos servidores; conforme o inciso XI do Art. 37, CF:

> ***XI.*** *a remuneração e o subsídio dos ocupantes de cargos, funções e empregos públicos da administração direta, autárquica e fundacional, dos membros de qualquer dos Poderes da União, dos Estados, do Distrito Federal e dos Municípios, dos detentores de mandato eletivo e dos demais agentes políticos e os proventos, pensões ou outra espécie remuneratória, percebidos cumulativamente ou não, incluídas as vantagens pessoais ou de qualquer outra natureza, não poderão exceder o subsídio mensal, em espécie, dos Ministros do Supremo Tribunal Federal, aplicando-se como limite, nos Municípios, o subsídio do Prefeito, e nos Estados e no Distrito Federal, o subsídio mensal do Governador no âmbito do Poder Executivo, o subsídio dos Deputados Estaduais e Distritais no âmbito do Poder Legislativo e o subsídio dos Desembargadores do Tribunal de Justiça, limitado a noventa inteiros e vinte e cinco centésimos por cento do subsídio mensal, em espécie, dos Ministros do Supremo Tribunal Federal, no âmbito do Poder Judiciário, aplicável este limite aos membros do Ministério Público, aos Procuradores e aos Defensores Públicos.*

Vamos entender essa regra, analisando os diversos tipos de limites previstos no texto constitucional.

O primeiro limite é o Teto Geral, que, segundo a Constituição, corresponde ao subsídio do Ministro do Supremo Tribunal Federal. Isso significa que nenhum servidor público no Brasil pode receber remuneração maior que o subsídio do Ministro do Supremo Tribunal Federal. Esse limite se aplica a todos os poderes em todos os entes federativos. Ressalte-se que a iniciativa de proposta legislativa para fixação da remuneração dos Ministros pertence aos próprios membros do STF.

Em seguida, nós temos os subtetos, que são limites aplicáveis a cada poder e em cada ente federativo. Vejamos de forma sistematizada as regras previstas na Constituição Federal:

Estados e DF

Poder Executivo: subsídio do Governador.

Poder Legislativo: subsídio do Deputado Estadual ou Distrital.

Poder Judiciário: subsídio do Desembargador do Tribunal de Justiça. Aplica-se este limite aos membros do Ministério Público e da Defensoria Pública dos Estados e Distrito Federal.

Municípios

Poder Executivo: subsídio do Prefeito.

A Constituição permite que os Estados e o Distrito Federal poderão, por iniciativa do governador, adotar limite único nos termos do Art. 37, § 12, mediante emenda a Constituição Estadual ou a Lei Orgânica do DF, o qual não poderá ultrapassar 90,25% do subsídio do ministro do STF. Ressalte-se que se porventura for criado este limite único ele não será aplicado a alguns membros do Poder Legislativo, como aos Deputados Distritais e Vereadores.

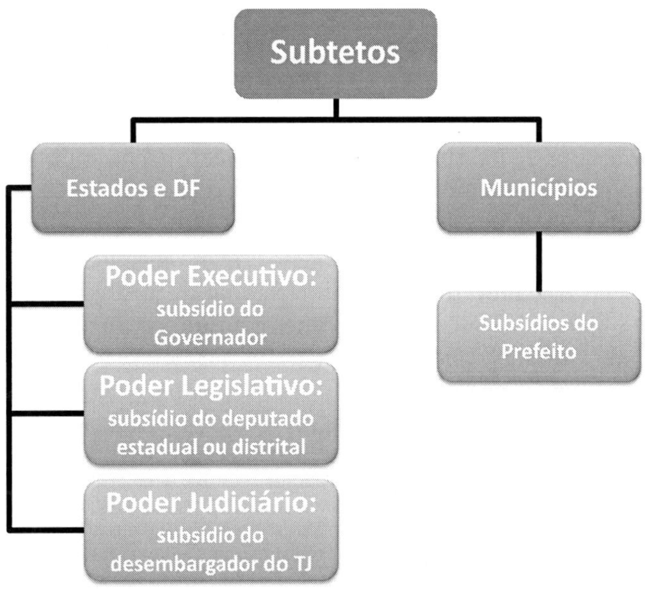

A seguir, são abordados alguns limites específicos que também estão previstos no texto constitucional, mas em outros artigos, pois são determinados a algumas autoridades:

Governador e Prefeito: subsídio do ministro do STF;

Deputado Estadual e Distrital[1]: 75% do subsídio do Deputado Federal;

1 Arts. 27, §2º e 32, §3º da Constituição Federal

Vereador: 75% do subsídio do Deputado Estadual para os municípios com mais de 500.000 habitantes. Nos municípios com menos habitantes, aplica-se a regra proporcional a população conforme o Art. 29, VI da Constituição Federal[2].

Magistrados dos Tribunais Superiores: 95% do subsídio dos ministros do STF. Dos demais magistrados, o subteto é 95% do subsídio dos ministros dos Tribunais Superiores.

> ***Art. 93, V** - o subsídio dos Ministros dos Tribunais Superiores corresponderá a noventa e cinco por cento do subsídio mensal fixado para os Ministros do Supremo Tribunal Federal e os subsídios dos demais magistrados serão fixados em lei e escalonados, em nível federal e estadual, conforme as respectivas categorias da estrutura judiciária nacional, não podendo a diferença entre uma e outra ser superior a dez por cento ou inferior a cinco por cento, nem exceder a noventa e cinco por cento do subsídio mensal dos Ministros dos Tribunais Superiores, obedecido, em qualquer caso, o disposto nos arts. 37, XI, e 39, § 4º.*

Lembre-se de que esses limites aplicam-se quando for possível a acumulação de cargos prevista no texto constitucional, ressalvados os seguintes casos:

> **Magistratura + Magistério:** a Resolução nº 14/2006 do Conselho Nacional de Justiça prevê que não se sujeita ao teto a remuneração oriunda no magistério exercido pelos juízes;

> Exercício cumulativo de funções no Supremo Tribunal Federal e Tribunal Superior Eleitoral.

Casos em que se pode ultrapassar o teto constitucional:

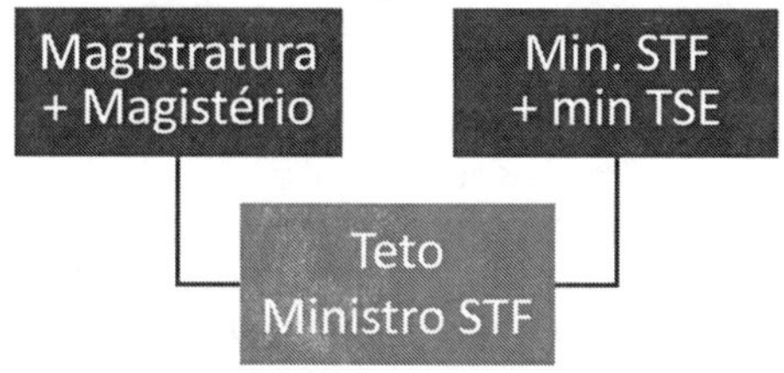

Os limites aplicam-se as empresas públicas e sociedades de economia mista desde que recebam recursos da União dos Estados e do Distrito Federal para pagamento do pessoal e custeio em geral:

> ***§ 9º** - O disposto no inciso XI aplica-se às empresas públicas e às sociedades de economia mista, e suas subsidiárias, que receberem recursos da União, dos Estados, do Distrito Federal ou dos Municípios para pagamento de despesas de pessoal ou de custeio em geral.*

A Constituição Federal também trouxe previsão expressa vedando qualquer equiparação ou vinculação de remuneração de servidor público:

> ***XIII*** *é vedada a vinculação ou equiparação de quaisquer espécies remuneratórias para o efeito de remuneração de pessoal do serviço público.*

Antes da EC 19/1998, muitos servidores incorporavam vantagens pecuniárias calculadas sobre outras vantagens, gerando aumento desproporcional da remuneração. Isso acabou com a alteração do texto constitucional:

> ***XIV*** *os acréscimos pecuniários percebidos por servidor público não serão computados nem acumulados para fins de concessão de acréscimos ulteriores.*

Destaque-se, ainda, a regra constitucional que prevê a irredutibilidade da remuneração dos servidores públicos:

> ***XV*** *o subsídio e os vencimentos dos ocupantes de cargos e empregos públicos são irredutíveis, ressalvado o disposto nos incisos XI e XIV deste artigo e nos Arts. 39, § 4º, 150, II, 153, III, e 153, § 2º, I.*

A irredutibilidade aqui é meramente nominal, não existindo direito à preservação do valor real em proteção a perda do poder aquisitivo. A irredutibilidade também não impede a alteração da composição remuneratória; significa dizer que podem ser retiradas as gratificações, mantendo-se o valor nominal da remuneração, nem mesmo a supressão de parcelas ou gratificações; é preciso considerar que o STF entende não haver direito adquirido a regime jurídico.

Regras de Aposentadoria

Esse tema costuma ser trabalhado em Direito Previdenciário devido às inúmeras regras de transição que foram editadas, além das previstas no texto constitucional. Para as provas de Direito Constitucional, é importante a leitura atenta dos dispositivos abaixo:

> ***Art. 40.** Aos servidores titulares de cargos efetivos da União, dos Estados, do Distrito Federal e dos Municípios, incluídas suas autarquias e fundações, é assegurado regime de previdência de caráter contributivo e solidário, mediante contribuição do respectivo ente público, dos servidores ativos e inativos e dos pensionistas, observados critérios que preservem o equilíbrio financeiro e atuarial e o disposto neste artigo (Redação dada pela Emenda Constitucional nº 41, 19.12.2003).*

2 Art. 29, VI - O subsídio dos Vereadores será fixado pelas respectivas Câmaras Municipais em cada legislatura para a subsequente, observado o que dispõe esta Constituição, observados os critérios estabelecidos na respectiva Lei Orgânica e os seguintes limites máximos: a) em Municípios de até dez mil habitantes, o subsídio máximo dos Vereadores corresponderá a vinte por cento do subsídio dos Deputados Estaduais; b) em Municípios de dez mil e um a cinquenta mil habitantes, o subsídio máximo dos Vereadores corresponderá a trinta por cento do subsídio dos Deputados Estaduais; c) em Municípios de cinquenta mil e um a cem mil habitantes, o subsídio máximo dos Vereadores corresponderá a quarenta por cento do subsídio dos Deputados Estaduais; d) em Municípios de cem mil e um a trezentos mil habitantes, o subsídio máximo dos Vereadores corresponderá a cinquenta por cento do subsídio dos Deputados Estaduais; e) em Municípios de trezentos mil e um a quinhentos mil habitantes, o subsídio máximo dos Vereadores corresponderá a sessenta por cento do subsídio dos Deputados Estaduais; f) em Municípios de mais de quinhentos mil habitantes, o subsídio máximo dos Vereadores corresponderá a setenta e cinco por cento do subsídio dos Deputados Estaduais;

§ 1º Os servidores abrangidos pelo regime de previdência de que trata este artigo serão aposentados, calculados os seus proventos a partir dos valores fixados na forma dos §§ 3º e 17 (Redação dada pela Emenda Constitucional nº 41, 19.12.2003).

I. por invalidez permanente, sendo os proventos proporcionais ao tempo de contribuição, exceto se decorrente de acidente em serviço, moléstia profissional ou doença grave, contagiosa ou incurável, na forma da lei (Redação dada pela Emenda Constitucional nº 41, 19.12.2003);

II. compulsoriamente, aos setenta anos de idade, com proventos proporcionais ao tempo de contribuição (Redação dada pela Emenda Constitucional nº 20, de 15/12/98);

III. voluntariamente, desde que cumprido tempo mínimo de dez anos de efetivo exercício no serviço público e cinco anos no cargo efetivo em que se dará a aposentadoria, observadas as seguintes condições (Redação dada pela Emenda Constitucional nº 20, de 15/12/98);

a) sessenta anos de idade e trinta e cinco de contribuição, se homem, e cinquenta e cinco anos de idade e trinta de contribuição, se mulher (Redação dada pela Emenda Constitucional nº 20, de 15/12/98);

b) sessenta e cinco anos de idade, se homem, e sessenta anos de idade, se mulher, com proventos proporcionais ao tempo de contribuição (Redação dada pela Emenda Constitucional nº 20, de 15/12/98).

§ 2º - Os proventos de aposentadoria e as pensões, por ocasião de sua concessão, não poderão exceder a remuneração do respectivo servidor, no cargo efetivo em que se deu a aposentadoria ou que serviu de referência para a concessão da pensão (Redação dada pela Emenda Constitucional nº 20, de 15/12/98).

§ 3º Para o cálculo dos proventos de aposentadoria, por ocasião da sua concessão, serão consideradas as remunerações utilizadas como base para as contribuições do servidor aos regimes de previdência de que tratam este artigo e o Art. 201, na forma da lei (Redação dada pela Emenda Constitucional nº 41, 19.12.2003).

§ 4º É vedada a adoção de requisitos e critérios diferenciados para a concessão de aposentadoria aos abrangidos pelo regime de que trata este artigo, ressalvados, nos termos definidos em leis complementares, os casos de servidores (Redação dada pela Emenda Constitucional nº 47, de 2005):

I. portadores de deficiência; (Incluído pela Emenda Constitucional nº 47, de 2005);

II. que exerçam atividades de risco; (Incluído pela Emenda Constitucional nº 47, de 2005);

III. cujas atividades sejam exercidas sob condições especiais que prejudiquem a saúde ou a integridade física (Incluído pela Emenda Constitucional nº 47, de 2005).

§ 5º - Os requisitos de idade e de tempo de contribuição serão reduzidos em cinco anos, em relação ao disposto no § 1º, III, "a", para o professor que comprove exclusivamente tempo de efetivo exercício das funções de magistério na educação infantil e no ensino fundamental e médio (Redação dada pela Emenda Constitucional nº 20, de 15/12/98).

§ 6º - Ressalvadas as aposentadorias decorrentes dos cargos acumuláveis na forma desta Constituição, é vedada a percepção de mais de uma aposentadoria à conta do regime de previdência previsto neste artigo. (Redação dada pela Emenda Constitucional nº 20, de 15/12/98).

§ 7º - Lei disporá sobre a concessão do benefício de pensão por morte, que será igual (Redação dada pela Emenda Constitucional nº 41, 19.12.2003).

I. ao valor da totalidade dos proventos do servidor falecido, até o limite máximo estabelecido para os benefícios do regime geral de previdência social de que trata o art. 201, acrescido de setenta por cento da parcela excedente a este limite, caso aposentado à data do óbito; ou (Incluído pela Emenda Constitucional nº 41, 19.12.2003);

II. ao valor da totalidade da remuneração do servidor no cargo efetivo em que se deu o falecimento, até o limite máximo estabelecido para os benefícios do regime geral de previdência social de que trata o art. 201, acrescido de setenta por cento da parcela excedente a este limite, caso em atividade na data do óbito (Incluído pela Emenda Constitucional nº 41, 19.12.2003).

§ 8º - É assegurado o reajustamento dos benefícios para preservar-lhes, em caráter permanente, o valor real, conforme critérios estabelecidos em lei (Redação dada pela Emenda Constitucional nº 41, 19.12.2003).

§ 9º - O tempo de contribuição federal, estadual ou municipal será contado para efeito de aposentadoria e o tempo de serviço correspondente para efeito de disponibilidade (Incluído pela Emenda Constitucional nº 20, de 15/12/98).

§ 10 - A lei não poderá estabelecer qualquer forma de contagem de tempo de contribuição fictício (Incluído pela Emenda Constitucional nº 20, de 15/12/98).

§ 11 - Aplica-se o limite fixado no art. 37, XI, à soma total dos proventos de inatividade, inclusive quando decorrentes da acumulação de cargos ou empregos públicos, bem como de outras atividades sujeitas a contribuição para o regime geral de previdência social, e ao montante resultante da adição de proventos de inatividade com remuneração de cargo acumulável na forma desta Constituição, cargo em comissão declarado em lei de livre nomeação e exoneração, e de cargo eletivo (Incluído pela Emenda Constitucional nº 20, de 15/12/98).

§ 12 - Além do disposto neste artigo, o regime de previdência dos servidores públicos titulares de cargo efetivo observará, no que couber, os requisitos e critérios fixados para o regime geral de previdência social (Incluído pela Emenda Constitucional nº 20, de 15/12/98).

§ 13 - Ao servidor ocupante, exclusivamente, de cargo em comissão declarado em lei de livre nomeação e exoneração bem como de outro cargo temporário ou de emprego público, aplica-se o regime geral de previdência social (Incluído pela Emenda Constitucional nº 20, de 15/12/98).

§ 14 - A União, os Estados, o Distrito Federal e os Municípios, desde que instituam regime de previdência complementar para os seus respectivos servidores titulares de cargo efetivo, poderão fixar, para o valor das aposentadorias e pensões a serem concedidas pelo regime de que trata este artigo, o limite máximo estabelecido para os benefícios do regime geral de previdência social de que trata o art. 201 (Incluído pela Emenda Constitucional nº 20, de 15/12/98).

§ 15 - O regime de previdência complementar de que trata o § 14 será instituído por lei de iniciativa do respectivo Poder Executivo, observado o disposto no art. 202 e seus parágrafos, no que couber, por intermédio de entidades fechadas de previdência complementar, de natureza pública, que oferecerão aos respectivos participantes planos de benefícios somente na modalidade de contribuição definida (Redação dada pela Emenda Constitucional nº 41, 19.12.2003).

§ 16 - Somente mediante sua prévia e expressa opção, o disposto nos §§ 14 e 15 poderá ser aplicado ao servidor que tiver ingressado no serviço público até a data da publicação do ato de instituição do correspondente regime de previdência complementar (Incluído pela Emenda Constitucional nº 20, de 15/12/98).

§ 17 - Todos os valores de remuneração considerados para o cálculo do benefício previsto no § 3º serão devidamente atualizados, na forma da lei (Incluído pela Emenda Constitucional nº 41, 19.12.2003).

§ 18 - Incidirá contribuição sobre os proventos de aposentadorias e pensões concedidas pelo regime de que trata este artigo que superem o limite máximo estabelecido para os benefícios do regime geral de previdência social de que trata o art. 201, com percentual igual ao estabelecido para os servidores titulares de cargos efetivos (Incluído pela Emenda Constitucional nº 41, 19.12.2003).

§ 19 - O servidor de que trata este artigo que tenha completado as exigências para aposentadoria voluntária estabelecidas no § 1º, III, a, e que opte por permanecer em atividade fará jus a um abono de permanência equivalente ao valor da sua contribuição previdenciária até completar as exigências para aposentadoria compulsória contidas no § 1º, II (Incluído pela Emenda Constitucional nº 41, 19.12.2003).

§ 20 - Fica vedada a existência de mais de um regime próprio de previdência social para os servidores titulares de cargos efetivos, e de mais de uma unidade gestora do respectivo regime em cada ente estatal, ressalvado o disposto no art. 142, § 3º, X (Incluído pela Emenda Constitucional nº 41, 19.12.2003).

§ 21 - A contribuição prevista no § 18 deste artigo incidirá apenas sobre as parcelas de proventos de aposentadoria e de pensão que superem o dobro do limite máximo estabelecido para os benefícios do regime geral de previdência social de que trata o art. 201 desta Constituição, quando o beneficiário, na forma da lei, for portador de doença incapacitante (Incluído pela Emenda Constitucional nº 47, de 2005).

Dos Militares dos Estados, do Distrito Federal e dos Territórios

A Constituição Federal distingue duas espécies de servidores, os civis e os militares, sendo que a estes reserva um regime jurídico diferenciado, previsto especialmente no Art. 42 (Polícias Militares e Corpos de Bombeiros Militares) e no Art. 142, § 3º (Forças Armadas – Exército, Marinha e Aeronáutica).

As Polícias Militares, os Corpos de Bombeiros Militares e as Forças Armadas são instituições organizadas com base na **hierarquia** e na **disciplina**.

Tomando de empréstimo o conceito constante do Art. 14, §§ 1º e 2º, da Lei nº 6.880, de 1980 (Estatuto dos Militares das Forças Armadas), temos que a **hierarquia** militar é a ordenação da autoridade, em níveis diferentes, dentro da estrutura militar e a **disciplina** é a rigorosa observância e o acatamento integral das leis, regulamentos, normas e disposições que fundamentam o organismo militar e coordenam seu funcionamento regular e harmônico, traduzindo-se pelo perfeito cumprimento do dever por parte de todos e de cada um dos componentes desses organismos.

É claro que a hierarquia e a disciplina estão presentes em todo o serviço público. No entanto, no seio militar, elas são muito mais rígidas, objetivando garantir pronta e irrestrita obediência de seus membros, o que é imprescindível para o exercício das suas atividades.

As Polícias Militares e os Corpos de Bombeiros Militares são **órgãos de Segurança Pública** (Art. 144, da CF), organizados e mantidos pelos Estados.

Às Polícias Militares cabem as atribuições de polícia administrativa, ostensiva e a preservação da ordem pública. Aos Corpos de Bombeiros Militares cabe, além das atribuições definidas em lei (atividades de combate a incêndio, busca e resgate de pessoas etc.), a execução de atividades de defesa civil (Art. 144, § 5º, da CF).

Segundo o parágrafo 6º, do Art. 144, da CF, as Polícias Militares e os Corpos de Bombeiros Militares são forças auxiliares e reserva do Exército e subordinam-se aos Governadores dos Estados, do Distrito Federal e dos Territórios.

Fique Ligado

Apesar de estarem subordinadas ao Governador do Distrito Federal, a organização e a manutenção da Polícia Militar e do Corpo de Bombeiros Militares do Distrito Federal são de competência da União (Art. 21, inciso XIV, da CF).

No Art. 42, a Constituição Federal estende aos policiais militares e aos bombeiros militares praticamente as mesmas **disposições** aplicáveis aos integrantes das Forças Armadas, militares da União, previstas no Art. 142, §§ 2º e 3º, da CF. Assim, entre outros:

- o militar que seja alistável é elegível. No entanto, se contar menos de dez anos de serviço, deverá afastar-se da atividade; se contar mais de dez anos de serviço será agregado pela autoridade superior e, se eleito, passará automaticamente, no ato da diplomação, para a inatividade;
- não cabe *habeas corpus* em relação a punições disciplinares militares;
- ao militar são proibidas a sindicalização e a greve;
- o militar, enquanto em serviço ativo, não pode estar filiado a partidos políticos.

Vamos Praticar

01. (COPESE) Sobre a Administração Pública na Constituição Federal de 1988, marque a alternativa correta:

a) O princípio da impessoalidade está previsto de forma implícita na Constituição Federal de 1988.

b) As funções de confiança são exercidas exclusivamente por servidores ocupantes de cargos em comissão.

c) A moralidade, a legalidade e a parcialidade são princípios norteadores da Administração Pública direta e de qualquer dos Poderes da União, dos Estados, do Distrito Federal, dos Municípios e dos Territórios.

d) O prazo de validade do concurso público será de até dois anos, prorrogável uma vez, por igual período, sendo que, durante o prazo improrrogável previsto no edital de convocação, aquele que aprovado em concurso público de provas ou de provas e títulos será convocado com prioridade sobre novos concursados para assumir cargo ou emprego, na carreira.

02. (CESPE) Os servidores nomeados para cargo de provimento efetivo em virtude de aprovação em concurso público adquirem a estabilidade após três anos de efetivo exercício.

Certo ( ) Errado ( )

03. (FAURGS) Considere as afirmações a seguir, tendo em vista as disposições da Constituição Federal.

I. Os cargos, empregos e funções públicas são acessíveis aos brasileiros que preencham os requisitos estabelecidos em lei e vedados aos estrangeiros.

II. O prazo de validade do concurso público será de até dois anos, prorrogável uma vez, por igual período.

III. As funções de confiança, exercidas preferencialmente por servidores ocupantes de cargo efetivo, e os cargos em comissão, a serem preenchidos por servidores de carreira nos casos, condições e percentuais mínimos previstos em lei, destinam-se apenas às atribuições de direção, chefia e assessoramento.

Quais estão corretas?

a) Apenas I.
b) Apenas II.
c) Apenas III.
d) Apenas II e III.
e) I, II e III.

04. (FCC) A Constituição Federal estabelece regras para a concessão de aposentadoria aos servidores públicos, dentre as quais está aquela segundo a qual:

a) A adoção de requisitos e critérios diferenciados para a concessão de aposentadoria é vedada, inclusive aos servidores que exerçam atividade de risco.
b) Os proventos de aposentadoria não se sujeitam ao limite máximo remuneratório estabelecido pela Constituição Federal.
c) Os proventos de aposentadoria serão sempre proporcionais ao tempo de contribuição do servidor.
d) A aposentadoria compulsória aos setenta anos de idade não se aplica aos servidores que exerçam o magistério no ensino superior.
e) A percepção de mais de uma aposentadoria à conta do regime de previdência dos servidores públicos é vedada, ressalvadas as aposentadorias decorrentes dos cargos acumuláveis.

05. (NUCEPE) Conforme o Art. 37º, § 4º, da Constituição Federal, os atos de improbidade administrativa importarão, para o servidor público, as seguintes consequências, exceto:

a) Perda dos direitos políticos.
b) Responder à ação penal cabível.
c) Indisponibilidade dos bens.
d) Perda da função pública.
e) Ressarcimento do erário.

06. (FCC/TST) No tocante aos direitos sociais, estabelecidos na Constituição Federal de 1988, aplica-se, dentre outros, aos servidores ocupantes de cargo público, o direito:

a) À assistência gratuita aos filhos e dependentes, desde o nascimento até 5 anos de idade em creches e pré-escolas.
b) Ao fundo de garantia do tempo de serviço.
c) À jornada de seis horas para o trabalho realizado em turnos ininterruptos de revezamento, salvo negociação coletiva.
d) Ao aviso prévio proporcional ao tempo de serviço, sendo no mínimo de trinta dias, nos termos da lei.
e) À remuneração do trabalho noturno superior à do diurno.

07. (FCC) Dentre as regras da Constituição Federal a respeito da investidura em cargos públicos está aquela segundo a qual:

a) Os cargos, empregos e funções públicas são acessíveis apenas aos brasileiros natos, não podendo ser exercidos por brasileiros naturalizados, nem por estrangeiros.
b) A investidura em cargo, mas não a investidura em emprego, depende de aprovação prévia em concurso público de provas ou de provas e títulos.
c) O prazo de validade do concurso público será de até dois anos, prorrogável uma vez, pela metade do período, caso expressamente autorizado no edital de abertura do concurso.
d) Durante o prazo improrrogável previsto no edital de convocação, aquele aprovado em concurso público de provas ou de provas e títulos será convocado com prioridade sobre novos concursados para assumir cargo ou emprego, na carreira.
e) Os cargos em comissão, exercidos exclusivamente por servidores de carreira, destinam-se apenas às atribuições de direção, chefia e assessoramento.

08. (FCC) Ana, regularmente aprovada em concurso público, foi nomeada para cargo efetivo. Neste caso, de acordo com a Constituição Federal brasileira, Ana adquirirá a estabilidade, dentre outros requisitos, somente após o efetivo exercício por:

a) Dois anos.
b) Um ano.
c) Seis meses.
d) Três anos.
e) Dezoito meses.

No que concerne ao direito constitucional e à Constituição Federal de 1988 (CF), julgue o item a seguir:

09. (CESPE) Alguns dos princípios que regem a administração pública direta e indireta de qualquer dos poderes da União, dos estados, do Distrito Federal e dos municípios, como, por exemplo, o da legalidade e o da impessoalidade, estão expressamente previstos na CF, ao passo que outros, como o da moralidade, constituem princípios implícitos.

Certo ( ) Errado ( )

10. (ESAF) Sobre as bases constitucionais da Administração Pública, é correto afirmar que:

a) Os cargos, empregos e funções públicas em geral são acessíveis apenas aos brasileiros que preencham os requisitos estabelecidos em lei.
b) Durante o prazo improrrogável previsto no edital de convocação, aquele aprovado em concurso público de provas ou de provas e títulos será convocado com prioridade sobre novos concursados.
c) A investidura em cargo ou emprego público depende da aprovação prévia em concurso público de provas ou de provas e títulos.
d) É permitida, mediante lei específica, a vinculação ou equiparação de quaisquer espécies remuneratórias para o efeito de remuneração de pessoal do serviço público.
e) É vedada a acumulação remunerada de cargos, empregos ou funções públicas exceto, quando houver compatibilidade de horários, a de dois cargos de direção escolar.

11. (CEPERJ) Em relação aos subsídios ou vencimentos do servidor público, a Constituição Federal assegura a:

a) Inamovibilidade.

b) Irredutibilidade.

c) Majoração.

d) Proporção.

e) Voluntariedade.

12. (TRT) Com base nas disposições do texto constitucional a respeito da Administração Pública analise as proposições abaixo e indique a alternativa correta.

I. As funções de confiança e os cargos em comissão serão preenchidos por servidores de carreira nos casos, condições e percentuais mínimos previstos em lei, e destinam-se apenas às atribuições de direção, chefia e assessoramento.

II. É garantido ao servidor público, civil e militar, o direito à livre associação sindical e o direito de greve, que será exercido nos termos e nos limites definidos em lei específica.

III. A regra de proibição de acumular cargos públicos remunerados estende-se a empregos e funções e abrange autarquias e fundações públicas, não se aplicando, contudo, a empresas públicas e sociedades de economia mista, visto que dotadas de personalidade de pessoa jurídica de direito privado.

IV. A remuneração dos servidores públicos somente poderá ser fixada ou alterada por lei específica, observada a iniciativa privativa em cada caso, assegurada revisão geral anual, sempre na mesma data e com equidade na distinção de índice de acordo com a natureza do cargo ou função desempenhada.

V. A acumulação remunerada de cargos públicos é admitida, excepcionalmente, quando houver compatibilidade de horários, e se der entre: dois cargos de professor; um cargo de professor com outro técnico ou científico; e dois cargos privativos de médico.

a) Apenas a proposição II está correta e as demais estão incorretas.

b) Apenas a proposição III está correta o as demais estão incorretas.

c) Apenas as proposições IV e V estão corretas e as demais estão incorretas.

d) Apenas a proposição V está correta e as demais estão incorretas.

e) Todas as proposições estão incorretas.

13. (FUMARC) Observada a Constituição da República, é INCORRETO afirmar sobre a remuneração e o subsídio dos ocupantes de cargos, funções e empregos públicos da administração pública:

a) Remuneração dos servidores públicos e o subsídio de que trata o § 4º do Art. 39 somente poderão ser fixados ou alterados por lei específica.

b) O subsídio dos Ministros dos Tribunais Superiores corresponderá a noventa e cinco por cento do subsídio mensal fixado para os Ministros do Supremo Tribunal Federal.

c) Os subsídios dos demais magistrados não poderão exceder a noventa e cinco por cento do subsídio mensal dos Ministros dos Tribunais Superiores.

d) O limite estabelecido para a remuneração e os subsídios dos membros dos Poderes não se aplica aos detentores de mandato eletivo e aos demais agentes políticos.

À luz das disposições constitucionais relativas à administração pública bem como da jurisprudência pertinente, julgue o item que segue.

14. (CESPE) É inconstitucional a edição de lei criadora de cargos em comissão que não estejam relacionados a atribuições de direção, chefia e assessoramento superior, em virtude de violar o princípio do concurso público para a investidura em cargo público.

Certo ( ) Errado ( )

15. (CESPE) Considere que a companheira de um servidor investido em cargo de direção de uma empresa pública foi nomeada para exercer função gratificada na mesma entidade. Nessa situação, a nomeação realizada é caracterizada como prática de nepotismo, sendo passível de anulação, visto que fere os princípios constitucionais da impessoalidade e da moralidade.

Certo ( ) Errado ( )

Ainda com base no que determina a CF, julgue o item a seguir:

16. (CESPE) Servidor público efetivo investido no mandato de prefeito deve ser afastado do cargo, podendo, no entanto, optar por receber a respectiva remuneração.

Certo ( ) Errado ( )

17. (PUC-SP) Na aposentadoria dos servidores públicos, os requisitos de idade e de tempo de contribuição serão reduzidos em cinco anos para:

a) Quem exercer atividades insalubres e perigosas.

b) Aquele que contrair doenças e/ou deficiências físicas em razão das atividades laborais exercidas.

c) Todos os trabalhadores que comprovarem exercer atividades de risco

d) O professor que comprovar o exercício de magistério exclusivo na educação infantil e no ensino fundamental e médio.

e) A mulher que comprovar o exercício cumulativo de dois cargos ou funções.

18. (MPE) A administração pública direta e indireta de qualquer dos Poderes da União, dos Estados, do Distrito Federal e dos Municípios obedecerá aos princípios de legalidade, impessoalidade, moralidade, publicidade e eficiência e, também, ao seguinte:

a) O prazo de validade do concurso público será de dois anos, prorrogável uma vez, por igual período.

b) É vedada a vinculação ou equiparação de vencimentos, para o efeito de remuneração de pessoal do serviço público, com a ressalva de que a lei assegurará, aos servidores da administração direta, isonomia de vencimentos para cargos de atribuições iguais ou assemelhados do mesmo Poder ou entre servidores dos Poderes Executivo, Legislativo e Judiciário.

c) A investidura em cargo ou emprego público depende de aprovação prévia em concurso público de provas ou de provas e títulos, ressalvadas as nomeações para cargo em comissão declarado em lei de livre nomeação e exoneração.

d) É vedada a acumulação remunerada de cargos públicos, exceto, quando houver compatibilidade de horários, a de dois cargos de professor, a de um cargo de professor com outro técnico ou científico e a de dois cargos privativos de médicos.

19. (FMP) O concurso público é pressuposto constitucional de acesso aos cargos públicos, presente no art. 37 da Carta Republicana de 1988. Sendo assim, realizado o concurso público para o ingresso em carreira do funcionalismo estadual fica a Administração Pública vinculada à nomeação dos candidatos aprovados até o limite das vagas previstas no edital que regula o certame.

I. Mesmo assim, poderá a Administração Pública escolher o momento no qual se realizará a nomeação.

II. Surge, então, um dever de nomeação para a Administração e um direito à nomeação titularizado por todos os candidatos aprovados.

a) Apenas a afirmativa I está correta.

b) Apenas a afirmativa II está correta.

c) Nenhuma das afirmativas está correta.

d) Ambas as afirmativas estão corretas.

20. (FCC) Servidora pública titular de cargo efetivo na administração direta estadual, com sessenta e dois anos de idade, vinte anos de efetivo exercício no serviço público, sendo os dez últimos no mesmo cargo, e vinte anos de contribuição, pretende aposentar-se voluntariamente.

Nessa situação, de acordo com as regras da Constituição da República aplicáveis à matéria, a servidora:

a) Não preenche os requisitos de idade e tempo de contribuição para aposentadoria voluntária.

b) Não possui tempo mínimo de efetivo exercício no serviço público, requerido para aposentadoria voluntária.

c) Não possui tempo mínimo de exercício efetivo no cargo em que se dará a aposentadoria, requerido para aposentadoria voluntária.

d) Preenche os requisitos necessários à aposentadoria voluntária com proventos proporcionais ao tempo de contribuição.

e) Preenche os requisitos necessários à aposentadoria voluntária com proventos integrais, desde que comprove exclusivamente tempo de efetivo exercício das funções de magistério na educação infantil e no ensino fundamental e médio.

Gabarito

01	D	11	B
02	CERTO	12	E
03	B	13	D
04	E	14	CERTO
05	A	15	CERTO
06	E	16	CERTO
07	D	17	D
08	D	18	C
09	ERRADO	19	A
10	B	20	D

Anotações

CAPÍTULO 10

Organização dos Poderes II - Poder Executivo

O Poder Executivo, como foi visto, tem como função principal administrar o Estado. Para entender como o Poder Executivo Brasileiro está organizado, a seguir serão analisados alguns princípios constitucionais que o influenciam.

Princípios

Princípio Republicano

O primeiro princípio que será estudo é o Republicano que representa a Forma de Governo adotada no Brasil. A forma de governo reflete o modo de aquisição e exercício do poder político, além de medir a relação existente entre o governante e o governado.

A melhor forma de entender esse instituto é conhecendo suas características. A primeira característica decorre da análise etimológica da expressão "res publica". Essa expressão, que dá origem ao princípio ora, estudado significa coisa pública, ou seja, em um Estado republicano o governante governa a coisa pública, governa para o povo.

Na república, o governante é escolhido pelo povo. Essa é a chamada eletividade. O poder político é adquirido pelas eleições, cuja vontade popular se concretiza nas urnas.

Outra característica importante é a Temporariedade. Esse atributo revela o caráter temporário do exercício do poder político. Por causa desse princípio, em nosso Estado, o governante permanece por 4 anos no poder, sendo permitida apenas uma reeleição.

Por fim, num Estado Republicano o governante pode ser responsabilizado por seus atos.

Quando se fala dessas características da forma de governo republicana, remete-se imediatamente ao regime político adotado no Brasil, que permite a participação popular nas decisões estatais: **democracia.**

Princípio Democrático

Esse princípio revela o **Regime de Governo** adotado no Brasil, também chamado de **Regime Político**. Caracteriza-se por um governo do povo, pelo povo e para o povo.

Presidencialismo

O Presidencialismo é o **Sistema de Governo** adotado no Brasil. O sistema de governo rege a relação entre o Poder Executivo e o Legislativo, medindo o grau de dependência entre eles. No Presidencialismo, prevalece a separação entre os Poderes Executivo e Legislativo os quais são independentes e harmônicos entre si.

A Constituição declara que o Poder Executivo da União é exercido pelo Presidente da República, auxiliado por seus Ministros de Estado:

> ***Art. 76*** *- O Poder Executivo é exercido pelo Presidente da República, auxiliado pelos Ministros de Estado.*

O Presidencialismo possui uma característica muito importante para prova: o presidente, que é eleito pelo povo, exerce ao mesmo tempo três funções: Chefe de Estado, Chefe de Governo e Chefe da Administração Pública.

A função de Chefe de Estado diz respeito a todas as atribuições do Presidente nas relações externas do País. Como Chefe de Governo, o Presidente possui inúmeras atribuições internas, no que tange à governabilidade do país. Já como Chefe da Administração Pública, o Presidente exercerá as funções relacionadas com a chefia da Administração Pública Federal, ou seja, apenas da União.

Esses princípios que regem o Poder Executivo costumam ser cobrados em prova. Vejamos esta questão sobre o princípio republicano:

Exercício Comentado

01. ***(CESPE) A forma republicana de governo não está gravada expressamente como cláusula pétrea na CF, visto que pode ser modificada por plebiscito.***

CERTO. O princípio republicano não se encontra entre as cláusulas pétreas expressamente previstas no Art. 60, § 4º da CF. Considerando que já foi alvo de plebiscito anteriormente, entende-se que a forma de governo poderia ser modificada.

Sistema de Governo

Partindo de discussões sobre o presidencialismo, que caracteriza as funções exercidas pelo Presidente da República, a seguir serão estudados suas atribuições, que aparecem praticamente em todos os editais que contêm Poder Executivo.

Atribuições do Presidente

As atribuições do Presidente da República encontram-se arroladas no Art. 84 da Constituição Federal:

> ***Art. 84*** *- Compete privativamente ao Presidente da República:*
>
> *I. Nomear e exonerar os Ministros de Estado;*
>
> *II. Exercer, com o auxílio dos Ministros de Estado, a direção superior da administração federal;*
>
> *III. Iniciar o processo legislativo, na forma e nos casos previstos nesta Constituição;*
>
> *IV. Sancionar, promulgar e fazer publicar as leis, bem como expedir decretos e regulamentos para sua fiel execução;*
>
> *V. Vetar projetos de lei, total ou parcialmente;*
>
> *VI. Dispor, mediante decreto, sobre:*
>
> *a) Organização e funcionamento da administração federal, quando não implicar aumento de despesa nem criação ou extinção de órgãos públicos;*
>
> *b) Extinção de funções ou cargos públicos, quando vagos;*
>
> *VII. Manter relações com Estados estrangeiros e acreditar seus representantes diplomáticos;*
>
> *VIII. Celebrar tratados, convenções e atos internacionais, sujeitos a referendo do Congresso Nacional;*

IX.	*Decretar o estado de defesa e o estado de sítio;*
X.	*Decretar e executar a intervenção federal;*
XI.	*Remeter mensagem e plano de governo ao Congresso Nacional por ocasião da abertura da sessão legislativa, expondo a situação do País e solicitando as providências que julgar necessárias;*
XII.	*Conceder indulto e comutar penas, com audiência, se necessário, dos órgãos instituídos em lei;*
XIII.	*Exercer o comando supremo das Forças Armadas, nomear os Comandantes da Marinha, do Exército e da Aeronáutica, promover seus oficiais-generais e nomeá-los para os cargos que lhes são privativos;*
XIV.	*Nomear, após aprovação pelo Senado Federal, os Ministros do Supremo Tribunal Federal e dos Tribunais Superiores, os Governadores de Territórios, o Procurador-Geral da República, o presidente e os diretores do banco central e outros servidores, quando determinado em lei;*
XV.	*Nomear, observado o disposto no art. 73, os Ministros do Tribunal de Contas da União;*
XVI.	*Nomear os magistrados, nos casos previstos nesta Constituição, e o Advogado-Geral da União;*
XVII.	*Nomear membros do Conselho da República, nos termos do art. 89, VII;*
XVIII.	*Convocar e presidir o Conselho da República e o Conselho de Defesa Nacional;*
XIX.	*Declarar guerra, no caso de agressão estrangeira, autorizado pelo Congresso Nacional ou referendado por ele, quando ocorrida no intervalo das sessões legislativas, e, nas mesmas condições, decretar, total ou parcialmente, a mobilização nacional;*
XX.	*Celebrar a paz, autorizado ou com o referendo do Congresso Nacional;*
XXI.	*Conferir condecorações e distinções honoríficas;*
XXII.	*Permitir, nos casos previstos em lei complementar, que forças estrangeiras transitem pelo território nacional ou nele permaneçam temporariamente;*
XXIII.	*Enviar ao Congresso Nacional o plano plurianual, o projeto de lei de diretrizes orçamentárias e as propostas de orçamento previstos nesta Constituição;*
XXIV.	*Prestar, anualmente, ao Congresso Nacional, dentro de sessenta dias após a abertura da sessão legislativa, as contas referentes ao exercício anterior;*
XXV.	*Prover e extinguir os cargos públicos federais, na forma da lei;*
XXVI.	*Editar medidas provisórias com força de lei, nos termos do art. 62;*
XXVII.	*Exercer outras atribuições previstas nesta Constituição.*

Parágrafo único: *O Presidente da República poderá delegar as atribuições mencionadas nos incisos VI, XII e XXV, primeira parte, aos Ministros de Estado, ao Procurador-Geral da República ou ao Advogado-Geral da União, que observarão os limites traçados nas respectivas delegações.*

Esse tema, quando cobrado em prova, costuma trabalhar com a memorização do texto constitucional. A dica é memorizar o Art. 84 da Constituição. Ele sempre está contemplado em prova.

Como já se falou na análise do Presidencialismo, as atribuições do Presidente são de Chefe de Estado, Chefe de Governo ou Chefe da Administração Pública. Procurou-se, abaixo, adequar, conforme a melhor doutrina, as atribuições do Art. 84 às funções desenvolvidas pelo Presidente no exercício de seu mandato:

→ Como ***Chefe de Estado:***

O Presidente representa o Estado nas suas relações internacionais. São funções de Chefe de Estado as previstas nos incisos VII, VIII, XIX, XX, XXII e XXVII do Art. 84;

→ Como ***Chefe de Governo***:

O Presidente exerce sua liderança política representando e gerindo os negócios internos nacionais. São funções de Chefe de Governo as previstas nos incisos I, III, IV, V, IX, X, XI, XII, XIII, XIV, XV, XVI, XVII, XVIII, XXI, XXIII, XXIV, XXVI e XXVII;

→ Como C***hefe da Administração Pública:***

O Presidente gerencia os negócios internos administrativos da administração pública federal. São funções de Chefe da Administração Pública as previstas nos incisos II, VI, XXV e XXVII.

Uma característica interessante é que esse rol de competências é meramente exemplificativo, por força do inciso XXVII, que abre a possibilidade de o Presidente exercer outras atribuições além das previstas expressamente no texto constitucional.

Outra questão amplamente trabalhada em prova é a possibilidade de delegação de algumas de suas atribuições, conforme prescrição do parágrafo único do Art. 84. Nem todas as atribuições do Presidente são delegáveis, apenas as previstas nos incisos **VI, XII e XXV, primeira parte:**

VI.	*Dispor, mediante decreto, sobre:*
a)	*Organização e funcionamento da administração federal, quando não implicar aumento de despesa nem criação ou extinção de órgãos públicos;*
b)	*Extinção de funções ou cargos públicos, quando vagos;*
XII.	*Conceder indulto e comutar penas, com audiência, se necessário, dos órgãos instituídos em lei;*
XXV.	*Prover os cargos públicos federais, na forma da lei.*

São três competências que podem ser delegadas para três pessoas: Ministro de Estado, Procurador-Geral da República e Advogado-Geral da União.

Fique Ligado

Ministro de Estado é qualquer ministro que auxilie o Presidente da República na administração do Estado. São exemplos: Ministro da Justiça, Ministro da Fazenda e Ministro da Agricultura.

Processo Eleitoral

O processo de eleição do Presidente da República também encontra regulação expressa no texto constitucional:

> **Art. 77 -** *A eleição do Presidente e do Vice-Presidente da República realizar-se-á, simultaneamente, no primeiro domingo de outubro, em primeiro turno, e no último domingo de outubro, em segundo turno, se houver, do ano anterior ao do término do mandato presidencial vigente.*

§ 1º - A eleição do Presidente da República importará a do Vice-Presidente com ele registrado.

§ 2º - Será considerado eleito Presidente o candidato que, registrado por partido político, obtiver a maioria absoluta de votos, não computados os em branco e os nulos.

§ 3º - Se nenhum candidato alcançar maioria absoluta na primeira votação, far-se-á nova eleição em até vinte dias após a proclamação do resultado, concorrendo os dois candidatos mais votados e considerando-se eleito aquele que obtiver a maioria dos votos válidos.

§ 4º - Se, antes de realizado o segundo turno, ocorrer morte, desistência ou impedimento legal de candidato, convocar-se-á, dentre os remanescentes, o de maior votação.

§ 5º - Se, na hipótese dos parágrafos anteriores, remanescer, em segundo lugar, mais de um candidato com a mesma votação, qualificar-se-á o mais idoso.

Algumas considerações são importantes acerca desse tema. Primeiramente, deve-se registrar que a Constituição regulou até o dia em que deve ocorrer a eleição:

→ Primeiro Turno: primeiro domingo de outubro;

→ Segundo Turno: último domingo de outubro.

Fique Ligado

O segundo turno é no último domingo e não no segundo domingo de outubro, como já foi cobrado em prova.

Uma coisa chama a atenção no *caput* do Art. 77. É que a Constituição diz que as eleições ocorrem no ano anterior ao do término do mandato presidencial vigente. Pergunta-se: será que essa regra é aplicável no direito brasileiro?

É claro que esse dispositivo é aplicado nos dias de hoje. A eleição ocorre no ano anterior ao do término do mandato presidencial vigente, pois o mandato acaba no dia 1º de janeiro, conforme dispõe o Art. 82:

> ***Art. 82*** *- O mandato do Presidente da República é de quatro anos e terá início em primeiro de janeiro do ano seguinte ao da sua eleição.*

Ora, se o novo mandato tem início em primeiro de janeiro, significa que o mandato antigo acaba no dia primeiro de janeiro. Logo, está corretíssimo afirmar que as eleições ocorrem no ano anterior ao do término do mandato presidencial vigente.

Quando votamos para Presidente, só votamos no Presidente. O Vice é eleito como consequência da eleição do Presidente. Esse será eleito se tiver a maioria absoluta dos votos, não computados os votos brancos e nulos, ou seja, será eleito aquele que possuir a maioria absoluta dos votos válidos. Maioria absoluta dos votos significa dizer que o eleito obteve o primeiro número inteiro após a metade dos votos válidos. Se ninguém obtiver maioria absoluta, deve-se convocar nova eleição – segundo turno. Para o segundo turno, são chamados os dois candidatos mais votados. Se, porventura, ocorrer empate no segundo lugar, a Constituição determina que seja convocado o mais idoso.

Fique Ligado

O critério de idade é para a situação de desempate. Ocorrendo morte, desistência ou impedimento de algum candidato do segundo turno, deverá ser convocado o próximo mais votado.

Finalizada a eleição, o Presidente e o vice terão prazo de dez dias a contar da posse, para assumir o cargo. Caso não seja assumido, o cargo será declarado vago. Se o Presidente assume e o Vice não, o cargo do Vice é declarado vago, ficando o Presidente sem Vice até o fim do mandato. Caso o Vice assuma e o Presidente não, o cargo de Presidente será declarado vago, assumindo o Vice a função de Presidente e permanecendo durante o seu mandato sem Vice.

> ***Art. 78*** *- O Presidente e o Vice-Presidente da República tomarão posse em sessão do Congresso Nacional, prestando o compromisso de manter, defender e cumprir a Constituição, observar as leis, promover o bem geral do povo brasileiro, sustentar a união, a integridade e a independência do Brasil.*
>
> ***Parágrafo único*** *- Se, decorridos dez dias da data fixada para a posse, o Presidente ou o Vice-Presidente, salvo motivo de força maior, não tiver assumido o cargo, este será declarado vago.*

Impedimento e Vacância

O Impedimento e a Vacância são espécies de ausência do Presidente da República. São circunstâncias em que o Presidente não está no exercício de sua função. A diferença entre os dois institutos está no fato de que, na vacância a ausência é definitiva, enquanto no impedimento a ausência é temporária. São exemplos de vacância: morte, perda do cargo, renúncia. São exemplos de impedimento: doença, viagem, férias. Na vacância, ocorre sucessão; no impedimento, ocorre substituição. Tanto no caso de impedimento como no de vacância, a Constituição Federal determina que o Vice-Presidente ficará no lugar do Presidente, pois essa é a sua função precípua:

> ***Art. 79*** *- Substituirá o Presidente, no caso de impedimento, e suceder-lhe-á, no de vaga, o Vice-Presidente.*
>
> ***Parágrafo único.*** *O Vice-Presidente da República, além de outras atribuições que lhe forem conferidas por lei complementar, auxiliará o Presidente, sempre que por ele convocado para missões especiais.*

O problema maior surge quando o Presidente e o Vice se ausentam ao mesmo tempo. Nesse caso, a Constituição determina que se convoquem outros sucessores: Presidente da Câmara dos Deputados, Presidente do Senado Federal e Presidente do Supremo Tribunal Federal. Esses são os legitimados a sucederem o Presidente da República e o Vice-Presidente de forma sucessiva e temporária quando ocorrer a ausência dos dois ao mesmo tempo:

> ***Art. 80*** *- Em caso de impedimento do Presidente e do Vice-Presidente, ou vacância dos respectivos cargos, serão sucessivamente chamados ao exercício da Presidência o Presidente da Câmara dos Deputados, o do Senado Federal e o do Supremo Tribunal Federal.*

Fique Ligado

Uma coisa deve ser observada: o Vice-Presidente é o único legitimado a suceder o Presidente de forma definitiva. O Presidente da Câmara, do Senado e do STF só substituem o Presidente em caráter temporário. Isso significa que, se o Presidente morrer, quem assume o cargo é o Vice.

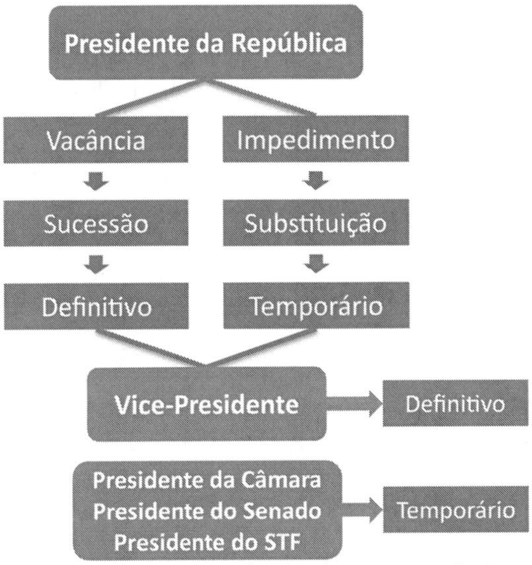

Agora, se ocorrer vacância dos cargos de Presidente de Vice ao mesmo tempo, a Constituição determina que sejam realizadas novas eleições:

> ***Art. 81*** *- Vagando os cargos de Presidente e Vice-Presidente da República, far-se-á eleição noventa dias depois de aberta a última vaga.*
>
> ***§ 1º*** *- Ocorrendo a vacância nos últimos dois anos do período presidencial, a eleição para ambos os cargos será feita trinta dias depois da última vaga, pelo Congresso Nacional, na forma da lei.*
>
> ***§ 2º*** *- Em qualquer dos casos, os eleitos deverão completar o período de seus antecessores.*

Caso a vacância se dê nos dois primeiros anos de mandato, a eleição será direta, ou seja, com a participação do povo e deverá ocorrer no prazo de 90 dias a contar da última vacância. Mas, se a vacância se der nos dois últimos anos do mandato, a eleição será indireta (realizada pelo Congresso Nacional) no prazo de 30 dias a contar da última vacância. Quem for eleito permanecerá no cargo até o fim do mandato de quem ele sucedeu. Não se inicia um novo mandato. Esse mandato é chamado pela doutrina de Mandato-Tampão.

Em qualquer uma das duas situações, enquanto não forem eleitos os novos Presidente e Vice-Presidente, quem permanece no cargo é um dos sucessores temporários: Presidente da Câmara, do Senado ou do STF.

Perda do Cargo no Caso de Saída do País sem Autorização do Congresso Nacional

Esse artigo prevê a possibilidade de perda do cargo do Presidente e Vice-Presidente nos casos de ausência do País por período superior a 15 dias sem licença do Congresso Nacional:

> ***Art. 83*** *- O Presidente e o Vice-Presidente da República não poderão, sem licença do Congresso Nacional, ausentar-se do País por período superior a quinze dias, sob pena de perda do cargo.*

Vejamos que a Constituição não proíbe que o Presidente ou o Vice se ausentem do país sem licença do Congresso Nacional. Mas se a ausência se der por mais de 15 dias, nesse caso será indispensável a autorização da Casa Legislativa.

Órgãos Auxiliares do Presidente da República

A Constituição nos apresenta 3 órgãos auxiliares do Presidente da República: Ministros de Estado, Conselho da República e Conselho de Defesa Nacional. Os Ministros de Estados são os auxiliares diretos do Presidente da República. Os Arts. 87 e 88 trazem várias regras que podem ser trabalhadas em prova:

> ***Art. 87*** *- Os Ministros de Estado serão escolhidos dentre brasileiros maiores de vinte e um anos e no exercício dos direitos políticos.*
>
> ***Parágrafo único.*** *Compete ao Ministro de Estado, além de outras atribuições estabelecidas nesta Constituição e na lei:*
>
> ***I.*** *Exercer a orientação, coordenação e supervisão dos órgãos e entidades da administração federal na área de sua competência e referendar os atos e decretos assinados pelo Presidente da República;*
>
> ***II.*** *Expedir instruções para a execução das leis, decretos e regulamentos;*
>
> ***III.*** *Apresentar ao Presidente da República relatório anual de sua gestão no Ministério;*
>
> ***IV.*** *Praticar os atos pertinentes às atribuições que lhe forem outorgadas ou delegadas pelo Presidente da República.*
>
> ***Art. 88*** *- A lei disporá sobre a criação e extinção de Ministérios e órgãos da administração pública.*

O Conselho da República e o Conselho de Defesa Nacional também são órgãos auxiliares do Presidente da República, mas que possuem atribuição consultiva. Em situações determinadas pela Constituição, o Presidente, antes de tomar alguma decisão, precisa consultar esses dois órgãos.

Abaixo, seguem os Arts. 89, 90 e 91, cujas regras também podem ser cobradas em prova. Destacam-se as composições e as competências desses órgãos:

> ***Art. 89*** *- O Conselho da República é órgão superior de consulta do Presidente da República, e dele participam:*
>
> ***I.*** *O Vice-Presidente da República;*
>
> ***II.*** *O Presidente da Câmara dos Deputados;*
>
> ***III.*** *O Presidente do Senado Federal;*
>
> ***IV.*** *Os líderes da maioria e da minoria na Câmara dos Deputados;*
>
> ***V.*** *Os líderes da maioria e da minoria no Senado Federal;*
>
> ***VI.*** *O Ministro da Justiça;*
>
> ***VII.*** *Seis cidadãos brasileiros natos, com mais de trinta e cinco anos de idade, sendo dois nomeados pelo Presidente da República, dois eleitos pelo Senado Federal e dois eleitos pela Câmara dos Deputados, todos com mandato de três anos, vedada a recondução.*
>
> ***Art. 90*** *- Compete ao Conselho da República pronunciar-se sobre:*

I. Intervenção federal, estado de defesa e estado de sítio;

II. As questões relevantes para a estabilidade das instituições democráticas.

§ 1º - O Presidente da República poderá convocar Ministro de Estado para participar da reunião do Conselho, quando constar da pauta questão relacionada com o respectivo Ministério.

§ 2º - A lei regulará a organização e o funcionamento do Conselho da República.

Art. 91 *- O Conselho de Defesa Nacional é órgão de consulta do Presidente da República nos assuntos relacionados com a soberania nacional e a defesa do Estado democrático, e dele participam como membros natos:*

I. O Vice-Presidente da República;

II. O Presidente da Câmara dos Deputados;

III. O Presidente do Senado Federal;

IV. Ministro da Justiça;

V. O Ministro de Estado da Defesa;

VI. O Ministro das Relações Exteriores;

VII. O Ministro do Planejamento;

VIII. Os Comandantes da Marinha, do Exército e da Aeronáutica.

§ 1º - Compete ao Conselho de Defesa Nacional:

I. Opinar nas hipóteses de declaração de guerra e de celebração da paz, nos termos desta Constituição;

II. Opinar sobre a decretação do estado de defesa, do estado de sítio e da intervenção federal;

III. Propor os critérios e condições de utilização de áreas indispensáveis à segurança do território nacional e opinar sobre seu efetivo uso, especialmente na faixa de fronteira e nas relacionadas com a preservação e a exploração dos recursos naturais de qualquer tipo;

IV. Estudar, propor e acompanhar o desenvolvimento de iniciativas necessárias a garantir a independência nacional e a defesa do Estado democrático.

§ 2º - A lei regulará a organização e o funcionamento do Conselho de Defesa Nacional.

Fique Ligado

Dos seis cidadãos brasileiros natos que compõem o Conselho da República, dois são nomeados pelo Presidente da República, dois são eleitos pela Câmara e dois são eleitos pelo Senado.

Responsabilidades

A forma de governo adotada no País é a República e, por essa razão, é possível responsabilizar o Presidente da República por seus atos. A Constituição tratou de regular a responsabilização por Crime de Responsabilidade e por Infrações Penais Comuns.

Antes de trabalhar com cada uma das responsabilidades, serão analisadas as chamadas Imunidades.

Imunidades são prerrogativas inerentes aos cargos mais importantes do Estado. Cargos que são estratégicos e essenciais à manutenção da ordem constitucional. Entre vários, se destaca o de Presidente da República.

A imunidade pode ser:

> ***Material***

É a conhecida irresponsabilidade penal absoluta. Essa imunidade protege o titular contra a responsabilização penal.

> ***Formal***

São prerrogativas de cunho processual.

Um primeiro ponto essencial que precisa ser estabelecido: o Presidente não possui imunidade material, contudo, em razão da importância do seu cargo, possui imunidades formais. Apesar de o Presidente não possuir imunidade material, outros cargos a possuem, por exemplo, os Parlamentares.

Ao todo, pode-se elencar **4 prerrogativas processuais** garantidas pela Constituição Federal ao Chefe do Executivo da União:

→ **Processo**

A Constituição exige juízo de admissibilidade emitido pela Câmara para que o Presidente possa ser processado durante o seu mandato. Isso significa que o Presidente da República só poderá ser processado se a Câmara dos Deputados autorizar pelo voto de 2/3 dos membros:

> **Art. 86** - *Admitida a acusação contra o Presidente da República, por dois terços da Câmara dos Deputados, será ele submetido a julgamento perante o Supremo Tribunal Federal, nas infrações penais comuns, ou perante o Senado Federal, nos crimes de responsabilidade.*

→ ***Prerrogativa de foro***

O Presidente não pode ser julgado por qualquer juiz, haja vista a importância da função que exerce no Estado.

Diante disso, a Constituição estabeleceu dois foros competentes para julgar o Presidente:

> Supremo Tribunal Federal

Será julgado pelas infrações penais comuns;

> Senado Federal

Será julgado pelos Crimes de Responsabilidade.

Analisando essas duas primeiras prerrogativas, não se pode esquecer o previsto no Art. 86, § 1º:

> *§ 1º - O Presidente ficará suspenso de suas funções:*
>
> *I. Nas infrações penais comuns, se recebida a denúncia ou queixa-crime pelo Supremo Tribunal Federal;*
>
> *II. Nos crimes de responsabilidade, após a instauração do processo pelo Senado Federal.*
>
> *§ 2º - Se, decorrido o prazo de cento e oitenta dias, o julgamento não estiver concluído, cessará o afastamento do Presidente, sem prejuízo do regular prosseguimento do processo.*

A Constituição determina que, após iniciado o processo, tanto por infração penal comum quanto por crime de responsabilidade, o Presidente fique suspenso de suas funções pelo prazo de 180 dias, tempo necessário para que se finalize o processo. Caso o Presidente não seja julgado nesse período, ele poderá retornar ao exercício de suas funções sem prejuízo de continuidade do processo. Deve-se ter muito cuidado em prova com o início do prazo de suspensão:

> Infração Penal Comum

O prazo de suspensão inicia-se **a partir do recebimento da denúncia ou queixa**;

> Crime de responsabilidade

O prazo de suspensão inicia-se **a partir da instauração do processo**.

Caso a Câmara autorize o processo do Presidente por crime de responsabilidade, o Senado deverá processá-lo, pois não assiste discricionariedade ao Senado em processar ou não. Sua decisão é vinculada à decisão da Câmara, pelo fato de as duas Casas serem políticas. Contudo, nos casos de infração penal comum, o STF não está obrigado a processar o Presidente em respeito à Separação dos Poderes.

Vamos aproveitar o momento para entender o que são infração penal comum e crime de responsabilidade.

> Infração Penal Comum:

É qualquer crime ou contravenção penal cometida pelo Presidente da República na função ou em razão da sua função de Presidente. Seu processamento se dará no Supremo Tribunal Federal.

> Crime de Responsabilidade:

A primeira coisa que se precisa saber sobre o crime de responsabilidade é que ele não é um crime. Isso mesmo! O crime de responsabilidade é uma infração de natureza **político-administrativa.** O nome crime é impróprio para esse instituto. O processo que visa a esse tipo de responsabilização é o ***Impeachment.***

O Presidente responderá por esse tipo de infração caso sua conduta se amolde ao previsto no Art. 85 da Constituição Federal:

> ***Art. 85*** *- São crimes de responsabilidade os atos do Presidente da República que atentem contra a Constituição Federal e, especialmente, contra:*
>
> ***I.*** *A existência da União;*
>
> ***II.*** *O livre exercício do Poder Legislativo, do Poder Judiciário, do Ministério Público e dos Poderes constitucionais das unidades da Federação;*
>
> ***III.*** *O exercício dos direitos políticos, individuais e sociais;*
>
> ***IV.*** *A segurança interna do País;*
>
> ***V.*** *A probidade na administração;*
>
> ***VI.*** *A lei orçamentária;*
>
> ***VII.*** *O cumprimento das leis e das decisões judiciais.*
>
> ***Parágrafo único.*** *Esses crimes serão definidos em lei especial, que estabelecerá as normas de processo e julgamento.*

Esse rol de condutas, consideradas como Crime de Responsabilidade estabelecido na Constituição, é meramente exemplificativo, já que é a Lei 1079/50 o dispositivo regulador do Crime de Resposabilidade. Deve-se destacar sua relevância na fixação de outras autoridades que respondem por esse crime, novos crimes além dos procedimentos adotados nesse processo, principalmente na competência exclusiva do cidadão para denunciar o Presidente. Destaca-se ainda que, para haver condenação, o Senado deve proferi-la pelo voto de 2/3 dos seus membros.

Considerando que não se trata de um crime, essa infração não pode resultar numa pena privativa de liberdade. Quem pratica crime de responsabilidade não pode ser preso. A consequência estabelecida no Art. 52, parágrafo único é a perda do cargo e a inabilitação para o exercício de qualquer função pública pelo prazo de 8 anos:

> ***Art. 52 - Parágrafo único.*** *Nos casos previstos nos incisos I e II, funcionará como Presidente o do Supremo Tribunal Federal, limitando-se a condenação, que somente será proferida por dois terços dos votos do Senado Federal, à perda do cargo, com inabilitação, por oito anos, para o exercício de função pública, sem prejuízo das demais sanções judiciais cabíveis.*

Fique Ligado

Dois terços da Câmara autorizam o processamento do Presidente e dois terços do Senado processam o Presidente.

→ **Prisão**

O Presidente só pode ser preso pela prática de infração penal comum e somente se sobrevier sentença condenatória:

> ***Art. 86, § 3º*** *- Enquanto não sobrevier sentença condenatória, nas infrações comuns, o Presidente da República não estará sujeito a prisão.*

→ **Irresponsabilidade Penal Relativa**

Também conhecida na doutrina como Imunidade de Formal Temporária, essa prerrogativa afirma que o Presidente não poderá ser responsabilizado por atos alheios aos exercícios de suas funções:

> ***§ 4º*** *- O Presidente da República, na vigência de seu mandato, não pode ser responsabilizado por atos estranhos ao exercício de suas funções.*

Para melhor compreender essas imunidades conferidas ao Presidente da República, será exemplificada a situação:

» **1º Ex.:** Imaginemos que um Presidente, antes de ir para casa encontrar com sua esposa, liga e informa que irá se atrasar devido a uma reunião muito importante com seus Ministros de Estado. Por um motivo que se saberá daqui a pouco, o Presidente acaba saindo da reunião mais cedo e resolve fazer uma surpresa para sua esposa. Ao chegar de mansinho em casa, enquanto ele sobe as escadas, começa a ouvir ruídos estranhos, como se duas pessoas estivessem se amando. Ao abrir a porta de seu quarto, depara-se com a sua esposa e outro homem em sua cama. Enfurecido, o Presidente saca uma arma e atira nos dois, matando sua esposa e o amante. Ao ouvir os sons dos tiros, imediatamente vários seguranças sobem e flagram o Presidente com uma arma na mão e dois corpos ensanguentados no chão. Tendo como base esse exemplo, pergunta-se o seguinte:

→ No momento em que é flagrado, o Presidente pode ser preso pelo crime cometido?

É claro que não. O Presidente só pode ser preso se tiver uma sentença condenatória!

→ O Presidente pode ser processado por esse crime durante o seu mandato?

O Presidente não pode ser responsabilizado por atos alheios aos exercícios de suas funções. Ora, ao matar sua esposa e o amante, ele não comete o crime na condição de Presidente; ele os mata como marido traído. Esse crime não possui relação com sua função de Presidente. Por esse motivo, ele não pode ser processado durante o seu mandato. Não significa que ficará impune pelo crime cometido, apenas não poderá ser processado enquanto estiver no mandato. Ele será responsabilizado normalmente após o mandato, nesse caso, sem nenhuma prerrogativa. Apesar de não haver previsão legal, a jurisprudência entende que o prazo prescricional, nesse caso ficará suspenso, não prejudicando a responsabilização do Presidente.

» **2º Ex.:** Lembre-se de que o Presidente estava no meio de uma reunião com seus Ministros de Estado, mas precisou sair mais cedo. Isso aconteceu porque durante a reunião o Presidente teve um problema. Enquanto conversava com seus Ministros, um deles se levantou exaltado e começou a dizer que era contra o Presidente, que durante todo o mandato ele mandava informações para os partidos de oposição. Disse também que todo o dinheiro que tinha em seu Ministério iria ser gasto até os cofres públicos ficarem vazios. Afirmou ser um espião dos partidos de oposição e que faria de tudo para que o Presidente perdesse o controle do Governo. No calor da discussão, o Presidente dá uma cadeirada na cabeça do Ministro e o mata. Passa-se às perguntas:

→ O Presidente poderá ser preso por esse crime?

O Presidente não pode ser preso enquanto não sobrevier sentença condenatória. É a imunidade em relação às prisões.

→ O Presidente poderá ser processado por esse crime enquanto estiver no seu mandato?

Nesse caso sim. Perceba-se que o crime cometido foi em razão da função de Presidente, visto que não estaria na reunião com Ministros se não fosse o Presidente da República. O Presidente será processado por essa infração penal comum no Supremo Tribunal Federal, caso a Câmara dos Deputados autorize o processo. Havendo sentença condenatória, ele poderá ser preso. A possibilidade de responsabilização do Presidente da República por infração penal comum só ocorre se o crime cometido estiver ligado a sua função de Presidente.

» **3º Ex.:** Depois que ele cometeu todos esses crimes, resolveu dar uma volta de carro, considerando o fato de não ter sido preso em razão da sua prerrogativa. Como ele estava pensando na vida, acabou batendo em outro carro. O cidadão desse outro veículo olha para ele e diz: "Vou te processar com uma ação de indenização pelos danos causados ao meu carro!!!"

→ O Presidente pode responder um processo na esfera cível enquanto estiver no mandato?

» **4º Ex.:** Antes de responder à questão acima, apresenta-se outra situação. Imagine-se que depois de matar três pessoas e bater o seu carro, ele resolva fazer uma viagem para realizar compras com o intuito de dar uma espairecida em sua mente. Ele resolve ir ao Paraguai. Depois de adquirir vários produtos ele tenta ingressar no Brasil sem pagar o imposto devido. Imediatamente é autuado pelo Fiscal da Receita, que instaura um Procedimento Administrativo Fiscal para apurar sua infração administrativa. Pergunta: enquanto ele está em seu mandato, ele pode responder a um processo administrativo?

» **5º Ex.:** Antes de responder às duas questões anteriore,s apresenta-se uma última situação: Depois de tudo que ocorreu como Presidente, ele volta para casa todo chateado e se depara com sua empregada doméstica na porta de casa dizendo que não aguenta trabalhar mais naquele local. Ela o informa que quer a demissão. No dia seguinte, ela se dirige à Justiça Trabalhista e ingressa com uma ação judicial contra o Presidente, pleiteando vários direitos trabalhistas. Pergunta: o Presidente, enquanto estiver no mandato, pode responder a uma ação trabalhista?

Essas três últimas situações, apesar de serem diferentes, dizem respeito à mesma coisa. O que se quer saber é se o Presidente possui alguma prerrogativa em relação a processos cíveis, administrativos, trabalhistas ou qualquer outra área do direito. E a resposta é não! Ele não possui prerrogativas em relação a outras áreas do direito. Isso significa que o Presidente responderá normalmente, sem nenhuma prerrogativa, nas outras esferas do Direito. O tema das Responsabilidades do Presidente tem sido alvo de inúmeras questões de prova. As questões podem ser trabalhadas em cima da literalidade do texto constitucional ou mesmo invocando caso concreto para verificação das regras e prerrogativas do Presidente. Eis um excelente exemplo de questão de prova sobre o tema:

Exercício Comentado

01. ***(FCC) Se o Presidente da República atira contra seu próprio primo e comete um crime de homicídio, na vigência de seu mandato, motivado, apenas, por violento ciúme em relação à esposa:***

a) Não poderá ser responsabilizado pelo ato enquanto durar seu mandato.

b) Será processado e julgado, na vigência de seu mandato, pelo Supremo Tribunal Federal.

c) Será processado e julgado, na vigência de seu mandato, pelo Senado Federal, e, caso seja considerado culpado, sofrerá a pena de impeachment.

d) Será submetido a um primeiro julgamento perante o Congresso Nacional, o qual decidirá sobre a manutenção da decretação da prisão preventiva.

e) Poderá ficar afastado do cargo, por decisão do Senado Federal, até que se ultime o julgamento no Supremo Tribunal Federal.

RESPOSTA. ***A. Nesse caso, aplica-se a chamada Irresponsabilidade Penal Relativa prevista no Art. 86, § 4º da Constituição. O Presidente não será responsabilizado na vigência do seu mandato por crimes que não possuam relação com sua função. Obviamente, finalizado o seu mandato, encerra-se por consequência a sua prerrogativa, ficando o Presidente sujeito à responsabilização pela Justiça Comum.***

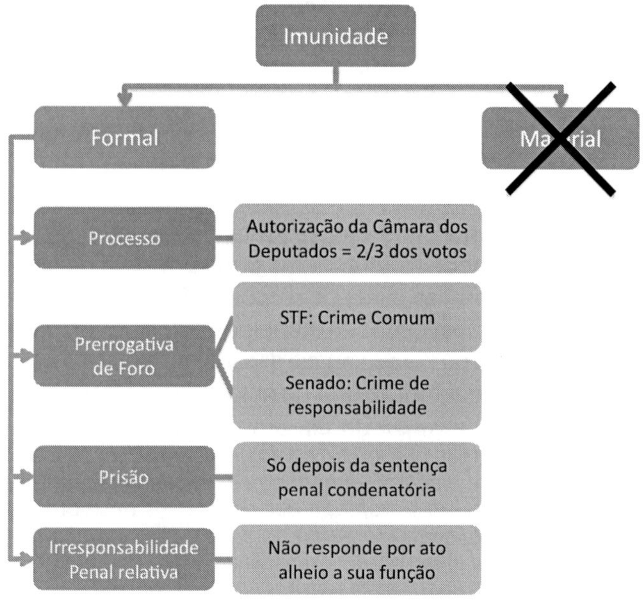

Vamos Praticar

01. (CESPE) O presidente da República pode dispor, mediante decreto, sobre a organização e o funcionamento da administração federal, promovendo a extinção de funções ou cargos públicos que julgar desnecessários e inconvenientes para o serviço público.

Certo ( ) Errado ( )

02. (CESPE) Os crimes de responsabilidade relativos ao presidente da República devem ser processados e julgados no Senado Federal, após autorização de pelo menos 2/3 da Câmara dos Deputados.

Certo ( ) Errado ( )

03. (CESPE) O presidente da República pode delegar a atribuição de concessão de indultos ao ministro da Justiça.

Certo ( ) Errado ( )

04. (CESPE) Nos crimes de responsabilidade, o presidente da República é suspenso de suas funções após a instauração do processo pela Câmara dos Deputados.

Certo ( ) Errado ( )

05. (CESPE) O julgamento do presidente da República por crime de responsabilidade será feito pelo Senado Federal, em sessão presidida pelo presidente do Supremo Tribunal Federal, e a condenação dependerá da aprovação de dois terços dos votos de todos os membros do Senado.

Certo ( ) Errado ( )

06. (CESPE) A CF autoriza o presidente da República a delegar ao advogado-geral da União o envio de mensagem e de plano de governo ao Congresso Nacional por ocasião da abertura da sessão legislativa.

Certo ( ) Errado ( )

07. (CESPE) Os ministros de Estado são escolhidos pelo presidente da República sem a necessidade de aprovação da escolha pelo Senado Federal. Não se exige que eles sejam brasileiros natos, mas que sejam maiores de 35 anos de idade e estejam no exercício de seus direitos políticos.

Certo ( ) Errado ( )

08. (CESPE)Constituem competências privativas do presidente da República decretar e executar intervenção federal e exercer o comando supremo das Forças Armadas.

Certo ( ) Errado ( )

09. (CESPE) O vice-presidente é eleito juntamente com o presidente da República, pois os votos por ele recebidos se somam aos recebidos por seu companheiro de chapa, definindo-se assim o resultado da eleição.

Certo ( ) Errado ( )

10. (CESPE) Se os cargos de presidente e vice-presidente da República vierem a ficar vagos, responde pela presidência da República o presidente do Congresso Nacional, e deve ser feita a eleição de novos presidente e vice-presidente da República para um mandato-tampão.

Certo ( ) Errado ( )

11. (CESPE) Em qualquer hipótese, deve ser convocada nova eleição presidencial, seja pela via direta, seja pela indireta, assumindo o presidente do Senado Federal provisoriamente a Presidência da República, e, nas ausências deste, a chefia do Poder Executivo deve ser ocupada pelo presidente da Câmara dos Deputados.

Certo ( ) Errado ( )

12. (ESAF) Acerca do Poder Executivo, marque a única opção correta.

a) Celebrar tratados, convenções e atos internacionais e conceder indulto e comutar penas são atribuições indelegáveis do presidente da República.

b) O presidente da República ficará suspenso de suas funções se, no caso de acusação de prática de infrações penais comuns, for admitida a acusação, pela Câmara dos Deputados, por quorum qualificado.

c) O presidente da República, na vigência do seu mandato, não pode ser responsabilizado por atos estranhos ao exercício de suas funções.

d) Os seis cidadãos brasileiros natos que integram o Conselho da República são eleitos para um mandato de três anos, vedada a recondução.

e) São membros natos do Conselho de Defesa Nacional os líderes da maioria e da minoria, no Senado Federal e na Câmara dos Deputados.

13. (ESAF) Sobre o Poder Executivo, marque a única opção correta.

a) O presidente da República pode delegar a Ministro de Estado sua competência para dispor, mediante decreto, sobre a extinção de funções ou cargos públicos vagos.

b) Se, por qualquer motivo, o presidente da República não tomar posse na data fixada no texto constitucional, o cargo será declarado vago, após dez dias, contados dessa data.

c) O vice-presidente da República substituirá o presidente da República no caso de vacância do cargo e, nessa hipótese, responderá pela presidência da República nos afastamentos do titular, sucessivamente, o presidente da Câmara dos Deputados, o presidente do Senado Federal e o presidente do Supremo Tribunal Federal.

d) Será considerado eleito presidente da República, em primeiro turno, o candidato que atingir uma votação que seja igual ou superior à maioria absoluta dos votos apurados na eleição.

e) Para a constitucionalidade da declaração de guerra, pelo presidente da República, no caso de agressão estrangeira, ela terá que ser, sempre, submetida ao referendo do Congresso Nacional.

14. (ESAF) A partir da Emenda Constitucional n. 32, de 2001, parte significativa dos administrativistas passou a aceitar a possibilidade de edição, pelo Chefe do Poder Executivo, de espécie de decreto autônomo. Nesse contexto, é matéria a ser disciplinada por meio de tal modalidade de decreto:

a) Criação de órgãos públicos, desde que sem aumento imediato de despesas.

b) Extinção de órgãos públicos, mas apenas do Poder Executivo.

c) Extinção de entidades vinculadas aos Ministérios.

d) Criação de funções ou cargos públicos, desde que sem aumento imediato de despesas.

e) Extinção de funções ou cargos públicos, quando vagos.

15. (FCC) No que diz respeito à eleição do Presidente e do Vice-Presidente da República, é correto afirmar:

a) Se, antes de realizado o segundo turno, ocorrer morte, desistência ou impedimento legal do candidato, convocar-se-á, dentre os remanescentes, o de maior votação.

b) Será considerado eleito Presidente o candidato que, registrado por partido político, obtiver a maioria absoluta de votos, computados os em branco e os nulos.

c) Se, decorridos trinta dias da data fixada para a posse, o Presidente ou o Vice-Presidente, salvo força maior, não tiver assumido o cargo, esse será declarado vago.

d) Ocorrendo a vacância nos últimos dois anos do período presidencial, a eleição para ambos os cargos será feita dez dias depois da última vaga, pelo Congresso Nacional, nos termos da lei.

e) Em caso de impedimento ou vacância do Presidente e de seu Vice, serão chamados sucessivamente o Presidente do Senado, da Câmara dos Deputados e do Supremo Tribunal Federal.

16. (FCC) O Conselho da República é órgão superior de consulta do Presidente da República, e dele NÃO participa o:

a) Vice-Presidente da República.

b) Presidente da Câmara dos Deputados.

c) Presidente do Senado Federal.

d) Presidente do Supremo Tribunal Federal.

e) Ministro da Justiça.

17. (FCC) No que tange ao Poder Executivo, é correto afirmar que compete ao Ministro de Estado:

a) Decretar e executar a intervenção federal.

b) Decretar o estado de defesa e o estado de sítio.

c) Expedir instruções para a execução das leis, decretos e regulamentos.

d) Conferir condecorações e distinções honoríficas.

e) Nomear o Advogado-Geral da União.

18. (FCC) Sobre o Presidente da República, é correto afirmar que:

a) No caso de impedimento, será substituído pelo Procurador Geral da República.

b) Exerce o Poder Executivo, auxiliado pelos Ministros de Estado.

c) O mandato é de cinco anos, vedada a reeleição para o período subsequente.

d) Não poderá, sem licença do Congresso Nacional, ausentar-se do País por período superior a dez dias, sob pena de perda do cargo.

e) Lhe compete, privativamente, nomear e exonerar o Vice-Presidente da República.

19. (FCC) Nos crimes de responsabilidade, após ser admitida a acusação por dois terços da Câmara dos Deputados, o Presidente da República será submetido a julgamento perante:

a) A Câmara dos Deputados.

b) O Senado Federal.

c) O Supremo Tribunal Federal.

d) O Superior Tribunal de Justiça.

e) O Tribunal Superior Eleitoral.

20. (FCC) O Presidente da República poderá delegar a atribuição de conceder indulto e comutar penas, com audiência, se necessário, dos órgãos instituídos em lei, ao:

a) Presidente da Câmara dos Deputados.

b) Presidente do Tribunal de Justiça.

c) Presidente do Senado Federal.

d) Advogado-Geral da União.

e) Presidente do Supremo Tribunal Federal.

Gabarito

01	ERRADO	11	ERRADO
02	CERTO	12	C
03	CERTO	13	A
04	ERRADO	14	E
05	CERTO	15	A
06	ERRADO	16	D
07	ERRADO	17	C
08	CERTO	18	B
09	ERRADO	19	B
10	ERRADO	20	D

Anotações

CAPÍTULO 11

Organização dos Poderes I - Poder Legislativo

Com o objetivo de limitar o poder do Estado, alguns filósofos desenvolveram a tese de que, se o poder estivesse nas mãos de várias pessoas, seria possível controlá-lo de uma forma melhor. Essa necessidade se deu em razão dos grandes abusos cometidos pelos imperadores que agiam arbitrariamente com seus súditos. A partir de então, surgiu a teoria da **Separação dos Poderes**, também chamada de Tripartição dos poderes. Antes de analisar cada um dos Poderes do Estado, são explorados a seguir dois princípios constitucionais essenciais para entender essa organização: Tripartição dos Poderes e Federativo.

Princípios

Princípio da Tripartição dos Poderes

O primeiro princípio constitucional importante para o estudo da Organização dos Poderes é o Princípio da Tripartição dos Poderes, também chamado de Princípio da Separação dos Poderes. Sua origem histórica tem como fundamento a necessidade de se limitar os poderes do Estado. Alguns filósofos perceberam que se o Poder do Estado estivesse dividido entre três entidades diferentes, seria possível que a sociedade exercesse um maior controle sobre sua utilização.

Foi aí que surgiu a ideia de se dividir o Poder do Estado em três poderes, cada qual responsável pelo desenvolvimento de uma função principal do Estado:

> ***Poder Executivo***

Função principal (típica) de administrar o Estado;

> ***Poder Legislativo***

Função principal (típica) de legislar e fiscalizar as contas públicas;

> ***Poder Judiciário***

Função principal (típica) jurisdicional.

Além da sua própria função, a Constituição criou uma sistemática que permite a cada um dos poderes o exercício da função do outro poder. É a função atípica:

> ***Poder Executivo***

Função atípica de legislar e julgar;

> ***Poder Legislativo***

Função atípica de administrar e julgar;

> ***Poder Judiciário***

Função atípica de administrar e legislar.

Dessa forma, pode-se dizer que além da própria função, cada poder exercerá de forma acessória a função do outro poder.

Uma pergunta sempre surge na cabeça dos estudantes e poderá aparecer em prova: qual dos três poderes é mais importante?

A única resposta possível é a inexistência de poder mais importante. Cada poder possui sua própria função de forma que não se pode afirmar que exista hierarquia entre os poderes do Estado. Como diz a Constituição no Art. 2º:

> ***Art. 2º** São Poderes da União, independentes e harmônicos entre si, o Legislativo, o Executivo e o Judiciário.*

A seguir, será tratado de outro princípio que, juntamente com a Separação dos Poderes, é responsável pela organização do Estado: Princípio Federativo.

Princípio Federativo

Quando se fala em Federação, está-se falando da Forma de Estado adotada no Brasil. A forma de Estado reflete o modo de exercício do poder político em função do território, ou seja, como o poder político está distribuído dentro do território. Para compreender esta forma de Estado precisa-se ter em mente sua principal característica: descentralização política. Dizemos então que, numa federação, o poder político está distribuído entre os vários entes federativos, ou melhor, entre quatro entes federativos:

→ União;

→ Estados;

→ Distrito Federal;

→ Municípios.

Cada um dos entes federativos possui sua própria **autonomia** política, a qual pode ser percebida pela capacidade de auto-organização, de criação de leis e, inclusive, de criação da sua própria Constituição. Apesar de cada ente federativo possuir essa independência, não se pode esquecer que a existência do pacto federativo pressupõe a existência de uma Constituição Federal e da impossibilidade de separação.

Uma coisa deve ficar bem clara: não existe hierarquia entre os entes federativos. O que os diferencia é a competência que cada um recebeu da Constituição Federal.

Após analisar estes dois princípios constitucionais, será feita a junção entre eles para se ver como se estruturam dentro da República Federativa do Brasil. Dessa forma, foi visto na imagem anterior.

Agora que ficou esclarecido como o Estado Brasileiro está organizado, serão estudados os três Poderes em espécie. Começaremos pelo Poder Legislativo, sempre muito cobrado em prova.

Poder Legislativo

Funções Típicas e Atípicas

Esse Poder possui como função típica duas atribuições: legislar e fiscalizar.

Legislar significa criar leis, inovar o ordenamento jurídico. A função fiscalizatória diz respeito ao controle externo das contas públicas. É a fiscalização financeira, contábil e orçamentária.

Informações Gerais

O Poder Legislativo da União é representado pelo Congresso Nacional, cuja estrutura é bicameral, ou seja, é formado pela Câmara dos Deputados e pelo Senado Federal. Essa previsão encontra-se na Constituição Federal:

> ***Art. 44.*** *O Poder Legislativo é exercido pelo Congresso Nacional, que se compõe da Câmara dos Deputados e do Senado Federal.*

A **Câmara dos Deputados** é composta pelos Deputados Federais que são **representantes do povo** eleitos segundo o **sistema proporcional,** devendo cada ente (Estado e Distrito Federal) eleger no mínimo 8 e no máximo 70 Deputados Federais. A proporcionalidade está relacionada com a quantidade da população dos entes federativos. Quanto maior for a população, mais deputados serão eleitos. Os territórios podem eleger 4 deputados. O mandato do Deputado é de 4 anos. Atualmente, existem na Câmara 513 membros. Sua organização é assim expressa na Constituição:

> ***Art. 45.*** *A Câmara dos Deputados compõe-se de representantes do povo, eleitos, pelo sistema proporcional, em cada Estado, em cada Território e no Distrito Federal.*
>
> ***§ 1º*** *- O número total de Deputados, bem como a representação por Estado e pelo Distrito Federal, será estabelecido por lei complementar, proporcionalmente à população, procedendo-se aos ajustes necessários, no ano anterior às eleições, para que nenhuma daquelas unidades da Federação tenha menos de oito ou mais de setenta Deputados.*
>
> ***§ 2º*** *- Cada Território elegerá quatro Deputados.*

O **Senado Federal** é composto por Senadores da República que são **representantes dos Estados e do Distrito Federal** eleitos segundo o **sistema majoritário simples ou puro**, devendo cada ente eleger 3 senadores. Aqui o sistema é majoritário, haja vista serem eleitos os candidatos mais votados.

O mandato do Senador é de 8 anos cuja eleição de 4 em 4 anos ocorre de forma alternada. Numa eleição, elegem-se 2 e na outra 1. Cada Senador será eleito com dois suplentes. Atualmente, existem 81 Senadores. Conforme o Art. 46 do texto constitucional:

> ***Art. 46.*** *O Senado Federal compõe-se de representantes dos Estados e do Distrito Federal, eleitos segundo o princípio majoritário.*
>
> ***§ 1º*** *- Cada Estado e o Distrito Federal elegerão três Senadores, com mandato de oito anos.*
>
> ***§ 2º*** *- A representação de cada Estado e do Distrito Federal será renovada de quatro em quatro anos, alternadamente, por um e dois terços.*
>
> ***§ 3º*** *- Cada Senador será eleito com dois suplentes.*

Fique Ligado

A Câmara é formada por representantes do povo escolhidos segundo o sistema proporcional. O Senado é formado por representantes dos Estados e do DF escolhidos segundo o sistema majoritário.

Competências

Este é um dos temas mais cobrados em prova, razão pela qual precisa ser estudado com estratégia para que no momento em que o candidato enfrentar a questão, consiga resolvê-la. A melhor forma de acertar essas questões é memorizando os artigos sobre as competências, pois é dessa forma que será cobrado em prova. Uma sugestão para facilitar a memorização é fazer muitos exercícios sobre o tema.

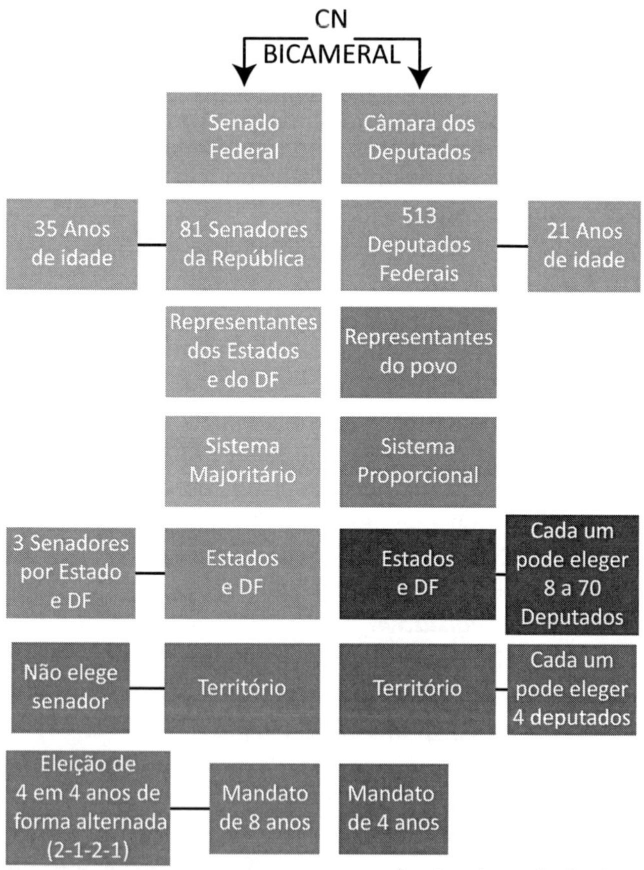

A seguir apresentam-se as competências de cada órgão.

Competência do Congresso Nacional

Uma coisa que se deve entender é que o Congresso Nacional, apesar de ser formado pela Câmara e pelo Senado, possui suas próprias competências, as quais estão previstas nos Arts. 48 e 49. Um detalhe que sempre cai em prova diz respeito à diferença entre as competências desses dois artigos.

No Art. 48, encontram-se as competências do Congresso que dependem de sanção presidencial, as quais serão desempenhadas mediante lei (lei ordinária ou complementar) que disponham sobre matérias de competência da União. Segue abaixo o rol dessas competências:

> ***Art. 48.*** *Cabe ao Congresso Nacional, com a sanção do Presidente da República, não exigida esta para o especificado nos arts. 49, 51 e 52, dispor sobre todas as matérias de competência da União, especialmente sobre:*
>
> ***I.*** *Sistema tributário, arrecadação e distribuição de rendas;*
>
> ***II.*** *Plano plurianual, diretrizes orçamentárias, orçamento anual, operações de crédito, dívida pública e emissões de curso forçado;*
>
> ***III.*** *Fixação e modificação do efetivo das Forças Armadas;*
>
> ***IV.*** *Planos e programas nacionais, regionais e setoriais de desenvolvimento;*
>
> ***V.*** *Limites do território nacional, espaço aéreo e marítimo e bens do domínio da União;*
>
> ***VI.*** *Incorporação, subdivisão ou desmembramento de áreas de Territórios ou Estados, ouvidas as respectivas Assembleias Legislativas;*
>
> ***VII.*** *Transferência temporária da sede do Governo Federal;*
>
> ***VIII.*** *Concessão de anistia;*
>
> ***IX.*** *organização administrativa, judiciária, do Ministério Público e da Defensoria Pública da União e dos Territórios e organização judiciária e do Ministério Público do Distrito Federal;*
>
> ***X.*** *Criação, transformação e extinção de cargos, empregos e funções públicas, observado o que estabelece o art. 84, VI, b;*
>
> ***XI.*** *Criação e extinção de Ministérios e órgãos da administração pública;*
>
> ***XII.*** *Telecomunicações e radiodifusão;*
>
> ***XIII.*** *Matéria financeira, cambial e monetária, instituições financeiras e suas operações;*
>
> ***XIV.*** *Moeda, seus limites de emissão, e montante da dívida mobiliária federal;*
>
> ***XV.*** *Fixação do subsídio dos Ministros do Supremo Tribunal Federal, observado o que dispõem os arts. 39, § 4º; 150, II; 153, III; e 153, § 2º, I.*

No Art. 49, têm-se as Competências Exclusivas do Congresso Nacional. Essas não dependem de sanção presidencial e serão formalizadas por meio de Decreto Legislativo:

> ***Art. 49.*** *É da competência exclusiva do Congresso Nacional:*
>
> ***I.*** *Resolver definitivamente sobre tratados, acordos ou atos internacionais que acarretem encargos ou compromissos gravosos ao patrimônio nacional;*
>
> ***II.*** *Autorizar o Presidente da República a declarar guerra, a celebrar a paz, a permitir que forças estrangeiras transitem pelo território nacional ou nele permaneçam temporariamente, ressalvados os casos previstos em lei complementar;*
>
> ***III.*** *Autorizar o Presidente e o Vice-Presidente da República a se ausentarem do País, quando a ausência exceder a quinze dias;*
>
> ***IV.*** *Aprovar o estado de defesa e a intervenção federal, autorizar o estado de sítio, ou suspender qualquer uma dessas medidas;*
>
> ***V.*** *Sustar os atos normativos do Poder Executivo que exorbitem do poder regulamentar ou dos limites de delegação legislativa;*
>
> ***VI.*** *Mudar temporariamente sua sede;*
>
> ***VII.*** *Fixar idêntico subsídio para os Deputados Federais e os Senadores, observado o que dispõem os arts. 37, XI, 39, § 4º, 150, II, 153, III, e 153, § 2º, I;*
>
> ***VIII.*** *Fixar os subsídios do Presidente e do Vice-Presidente da República e dos Ministros de Estado, observado o que dispõem os arts. 37, XI, 39, § 4º, 150, II, 153, III, e 153, § 2º, I;*
>
> ***IX.*** *Julgar anualmente as contas prestadas pelo Presidente da República e apreciar os relatórios sobre a execução dos planos de governo;*
>
> ***X.*** *Fiscalizar e controlar, diretamente, ou por qualquer de suas Casas, os atos do Poder Executivo, incluídos os da administração indireta;*
>
> ***XI.*** *Zelar pela preservação de sua competência legislativa em face da atribuição normativa dos outros Poderes;*
>
> ***XII.*** *Apreciar os atos de concessão e renovação de concessão de emissoras de rádio e televisão;*
>
> ***XIII.*** *Escolher dois terços dos membros do Tribunal de Contas da União;*
>
> ***XIV.*** *Aprovar iniciativas do Poder Executivo referentes a atividades nucleares;*
>
> ***XV.*** *Autorizar referendo e convocar plebiscito;*
>
> ***XVI.*** *Autorizar, em terras indígenas, a exploração e o aproveitamento de recursos hídricos e a pesquisa e lavra de riquezas minerais;*
>
> ***XVII.*** *Aprovar, previamente, a alienação ou concessão de terras públicas com área superior a dois mil e quinhentos hectares.*

Competência da Câmara de Deputados

As competências da Câmara dos Deputados estão previstas no Art. 51, as quais serão exercidas, em regra, por meio de Resolução da Câmara. Apesar de o texto constitucional prever essas competências como privativas, elas não podem ser delegadas:

> ***Art. 51.*** *Compete privativamente à Câmara dos Deputados:*
>
> ***I.*** *Autorizar, por dois terços de seus membros, a instauração de processo contra o Presidente e o Vice-Presidente da República e os Ministros de Estado;*
>
> ***II.*** *Proceder à tomada de contas do Presidente da República, quando não apresentadas ao Congresso Nacional dentro de sessenta dias após a abertura da sessão legislativa;*
>
> ***III.*** *Elaborar seu regimento interno;*
>
> ***IV.*** *Dispor sobre sua organização, funcionamento, polícia, criação, transformação ou extinção dos cargos, empregos e funções de seus serviços, e a iniciativa de lei para fixação da respectiva remuneração, observados os parâmetros estabelecidos na lei de diretrizes orçamentárias;*
>
> ***V.*** *Eleger membros do Conselho da República, nos termos do art. 89, VII.*

Competência do Senado Federal

As competências do Senado Federal estão previstas no Art. 52, as quais serão exercidas, em regra, por meio de Resolução do Senado. Apesar de o texto constitucional prever essas competências como privativas, elas não podem ser delegadas:

Art. 52. *Compete privativamente ao Senado Federal:*

I. *Processar e julgar o Presidente e o Vice--Presidente da República nos crimes de responsabilidade, bem como os Ministros de Estado e os Comandantes da Marinha, do Exército e da Aeronáutica nos crimes da mesma natureza conexos com aqueles;*

II. *Processar e julgar os Ministros do Supremo Tribunal Federal, os membros do Conselho Nacional de Justiça e do Conselho Nacional do Ministério Público, o Procurador-Geral da República e o Advogado-Geral da União nos crimes de responsabilidade;*

III. *Aprovar previamente, por voto secreto, após arguição pública, a escolha de:*

a) *Magistrados, nos casos estabelecidos nesta Constituição;*

b) *Ministros do Tribunal de Contas da União indicados pelo Presidente da República;*

c) *Governador de Território;*

d) *Presidente e diretores do banco central;*

e) *Procurador-Geral da República;*

f) *Titulares de outros cargos que a lei determinar;*

IV. *Aprovar previamente, por voto secreto, após arguição em sessão secreta, a escolha dos chefes de missão diplomática de caráter permanente;*

V. *Autorizar operações externas de natureza financeira, de interesse da União, dos Estados, do Distrito Federal, dos Territórios e dos Municípios;*

VI. *Fixar, por proposta do Presidente da República, limites globais para o montante da dívida consolidada da União, dos Estados, do Distrito Federal e dos Municípios;*

VII. *Dispor sobre limites globais e condições para as operações de crédito externo e interno da União, dos Estados, do Distrito Federal e dos Municípios, de suas autarquias e demais entidades controladas pelo Poder Público federal;*

VIII. *Dispor sobre limites e condições para a concessão de garantia da União em operações de crédito externo e interno;*

IX. *Estabelecer limites globais e condições para o montante da dívida mobiliária dos Estados, do Distrito Federal e dos Municípios;*

X. *Suspender a execução, no todo ou em parte, de lei declarada inconstitucional por decisão definitiva do Supremo Tribunal Federal;*

XI. *Aprovar, por maioria absoluta e por voto secreto, a exoneração, de ofício, do Procurador-Geral da República antes do término de seu mandato;*

XII. *Elaborar seu regimento interno;*

XIII. *Dispor sobre sua organização, funcionamento, polícia, criação, transformação ou extinção dos cargos, empregos e funções de seus serviços, e a iniciativa de lei para fixação da respectiva remuneração, observados os parâmetros estabelecidos na lei de diretrizes orçamentárias;*

XIV. *Eleger membros do Conselho da República, nos termos do art. 89, VII;*

XV. *Avaliar periodicamente a funcionalidade do Sistema Tributário Nacional, em sua estrutura e seus componentes, e o desempenho das administrações tributárias da União, dos Estados e do Distrito Federal e dos Municípios.*

Parágrafo único. *Nos casos previstos nos incisos I e II, funcionará como Presidente o do Supremo Tribunal Federal, limitando-se a condenação, que somente será proferida por dois terços dos votos do Senado Federal, à perda do cargo, com inabilitação, por oito anos, para o exercício de função pública, sem prejuízo das demais sanções judiciais cabíveis.*

As questões sobre as competências dos órgãos parlamentares são muito cobradas em prova e exigem do candidato uma nítida capacidade de memorização. Às vezes, é possível encontrar uma questão que trabalhe a competência associada com questões doutrinárias ou mesmo jurisprudencial. Vejamos o exemplo:

Exercício Comentado

01. ***(CESPE) O Senado Federal, ao julgar o processo de impeachment de presidente da República, exercerá uma função jurisdicional.***

CERTO. Trata-se de uma função atípica desempenhada pelo Senado Federal. Em regra, o Senado legisla e fiscaliza podendo eventualmente exercer competência do outro poder de forma atípica. Previsão constitucional no Art. 52, I.

Imunidade Parlamentar

Os parlamentares, por ocuparem uma função essencial na organização política do Estado, possuem Imunidades. As imunidades são prerrogativas inerentes à sua função que têm como objetivo garantir a sua independência durante o exercício do seu mandato. Um ponto que deve ser lembrado é que a imunidade não pertence à pessoa, e sim ao cargo, motivo pelo qual é irrenunciável. Isso significa que o parlamentar só a detém enquanto estiver no exercício de sua função.

São dois os tipos de imunidade:

→ Imunidade material;

→ Imunidade formal.

A imunidade material é uma verdadeira irresponsabilidade absoluta. Também conhecida como inviolabilidade parlamentar, ela isenta o seu titular de qualquer responsabilidade civil, penal, administrativa ou mesmo política, no que tange às suas opiniões, palavras e votos. Vejamos o que diz o caput do Art. 53:

> **Art. 53.** *Os Deputados e Senadores são invioláveis, civil e penalmente, por quaisquer de suas opiniões, palavras e votos.*

Mas deve-se ter atenção: essa prerrogativa diz respeito apenas às opiniões, palavras e votos proferidos no exercício da função parlamentar durante o seu mandato, ainda que a busca pela responsabilização ocorra após o término do seu mandato. Não importa se está dentro do recinto parlamentar ou fora dele. O que importa é que seja praticado na função ou em razão da função parlamentar.

As imunidades formais são prerrogativas de ordem processual e ocorrem em relação:

> ao foro de julgamento;

> à prisão;

> ao processo.

A **prerrogativa de foro** decorre do previsto no Art. 53, § 1º da CF, que prevê:

> ***§ 1º*** *- Os Deputados e Senadores, desde a expedição do diploma, serão submetidos a julgamento perante o Supremo Tribunal Federal.*

Como pode se depreender do texto constitucional, a partir da expedição do diploma o parlamentar será julgado perante o STF nas ações de natureza penal sem necessidade de autorização da Casa legislativa à qual pertence. Ressalte-se que o parlamentar será julgado no STF por infrações cometidas antes ou depois da diplomação, contudo, finalizado o seu mandato, perde-se com ele a imunidade, fazendo com que os seus processos saiam da competência do STF e passem para os demais órgãos do Judiciário, a depender da matéria em questão. Não estão incluídas nessa prerrogativa as ações de natureza cível.

Em relação **à prisão**, o parlamentar só poderá ser preso em flagrante delito de crime inafiançável conforme previsão do § 2º do Art. 53:

> ***§ 2º** - Desde a expedição do diploma, os membros do Congresso Nacional não poderão ser presos, salvo em flagrante de crime inafiançável. Nesse caso, os autos serão remetidos dentro de vinte e quatro horas à Casa respectiva, para que, pelo voto da maioria de seus membros, resolva sobre a prisão.*

Essa prerrogativa inicia sua abrangência a partir da diplomação e alcança qualquer forma de prisão, seja de natureza penal ou civil. A manutenção dessa prisão depende de manifestação da maioria absoluta dos membros da Casa.

Apesar de o texto constitucional não prever, interpreta-se de forma lógica que o Parlamentar será preso no caso de uma sentença penal condenatória transitada em julgado.

Há também a imunidade em relação ao **processo** prevista no Art. 53, §§ 3º ao 5º:

> ***§ 3º** - Recebida a denúncia contra o Senador ou Deputado, por crime ocorrido após a diplomação, o Supremo Tribunal Federal dará ciência à Casa respectiva, que, por iniciativa de partido político nela representado e pelo voto da maioria de seus membros, poderá, até a decisão final, sustar o andamento da ação.*
>
> ***§ 4º** - O pedido de sustação será apreciado pela Casa respectiva no prazo improrrogável de quarenta e cinco dias do seu recebimento pela Mesa Diretora.*
>
> ***§ 5º** - A sustação do processo suspende a prescrição, enquanto durar o mandato.*

A imunidade em relação ao processo prevista na Constituição possibilita a Casa a qual pertence o parlamentar, pelo voto da maioria absoluta, sustar o andamento da ação penal desde que a faça antes da decisão definitiva e desde que seja em relação aos crimes cometidos após a diplomação. Não é necessária autorização da respectiva casa para processar o parlamentar.

A Casa Legislativa possui 45 dias para apreciar o pedido que, se aprovado, suspenderá o prazo prescricional da infração até o final do mandato.

Fique Ligado

As imunidades pertencem ao cargo que a pessoa ocupa e não à pessoa que ocupa o cargo.

Função Fiscalizadora

Essa é a segunda função típica do Poder Legislativo. Além de criar normas, o Congresso Nacional também possui como função principal a fiscalização contábil, financeira e orçamentária da União e de suas Entidades da Administração direta e Indireta. Vejamos o Art. 70 da Constituição:

> ***Art. 70.** A fiscalização contábil, financeira, orçamentária, operacional e patrimonial da União e das entidades da administração direta e indireta, quanto à legalidade, legitimidade, economicidade, aplicação das subvenções e renúncia de receitas, será exercida pelo Congresso Nacional, mediante controle externo, e pelo sistema de controle interno de cada Poder.*
>
> **Parágrafo único.** *Prestará contas qualquer pessoa física ou jurídica, pública ou privada, que utilize, arrecade, guarde, gerencie ou administre dinheiros, bens e valores públicos ou pelos quais a União responda, ou que, em nome desta, assuma obrigações de natureza pecuniária.*

Veja que o Art. 70 fala em Controle Externo e Controle Interno. São as duas formas de fiscalização vislumbrada pelo texto constitucional. O Controle Interno é aquele realizado por cada Poder. Cada um fiscaliza suas próprias contas. Já o Controle Externo é o realizado pelo Congresso Nacional, com apoio do Tribunal de Contas da União.

O Art. 71 ainda apresenta as atribuições do Tribunal de Contas da União no que tange à fiscalização exercida:

> ***Art. 71.** O controle externo, a cargo do Congresso Nacional, será exercido com o auxílio do Tribunal de Contas da União, ao qual compete:*
>
> *I. Apreciar as contas prestadas anualmente pelo Presidente da República, mediante parecer prévio que deverá ser elaborado em sessenta dias a contar de seu recebimento;*
>
> *II. Julgar as contas dos administradores e demais responsáveis por dinheiros, bens e valores públicos da administração direta e indireta, incluídas as fundações e sociedades instituídas e mantidas pelo Poder Público federal, e as contas daqueles que derem causa a perda, extravio ou outra irregularidade de que resulte prejuízo ao erário público;*
>
> *III. Apreciar, para fins de registro, a legalidade dos atos de admissão de pessoal, a qualquer título, na administração direta e indireta, incluídas as fundações instituídas e mantidas pelo Poder Público, excetuadas as nomeações para cargo de provimento em comissão, bem como a das concessões de aposentadorias, reformas e pensões, ressalvadas as melhorias posteriores que não alterem o fundamento legal do ato concessório;*
>
> *IV. Realizar, por iniciativa própria, da Câmara dos Deputados, do Senado Federal, de Comissão técnica ou de inquérito, inspeções e auditorias de natureza contábil, financeira, orçamentária, operacional e patrimonial, nas unidades administrativas dos Poderes Legislativo, Executivo e Judiciário, e demais entidades referidas no inciso II;*
>
> *V. Fiscalizar as contas nacionais das empresas supranacionais de cujo capital social a União participe, de forma direta ou indireta, nos termos do tratado constitutivo;*
>
> *VI. Fiscalizar a aplicação de quaisquer recursos repassados pela União mediante convênio, acordo, ajuste ou outros instrumentos congêneres, a Estado, ao Distrito Federal ou a Município;*
>
> *VII. Prestar as informações solicitadas pelo Congresso Nacional, por qualquer de suas Casas, ou por qualquer das respectivas Comissões, sobre a fiscalização contábil, financeira, orçamentária, operacional e patrimonial e sobre resultados de auditorias e inspeções realizadas;*

VIII. Aplicar aos responsáveis, em caso de ilegalidade de despesa ou irregularidade de contas, as sanções previstas em lei, que estabelecerá, entre outras cominações, multa proporcional ao dano causado ao erário;

IX. Assinar prazo para que o órgão ou entidade adote as providências necessárias ao exato cumprimento da lei, se verificada ilegalidade;

X. Sustar, se não atendido, a execução do ato impugnado, comunicando a decisão à Câmara dos Deputados e ao Senado Federal;

XI. Representar ao Poder competente sobre irregularidades ou abusos apurados.

Uma questão sempre cobrada em prova diz respeito às regras do Tribunal de Contas da União. A primeira coisa a ser estabelecida é a situação jurídica do TCU. A qual dos três poderes pertence o TCU?

A única reposta possível: o TCU não está subordinado a nenhum Poder. Ele é um órgão autônomo que está vinculado funcionalmente ao Poder Legislativo. Não se trata de subordinação, mas de ligação funcional. Apesar da previsão de função jurisdicional, o TCU também não pertence ao Poder Judiciário. O termo utilizado no Art. 73 é equivocado quando comparado à natureza do órgão:

> ***Art. 73.*** *O Tribunal de Contas da União, integrado por nove Ministros, tem sede no Distrito Federal, quadro próprio de pessoal e jurisdição em todo o território nacional, exercendo, no que couber, as atribuições previstas no art. 96.*

Apesar de ser chamado de "tribunal" e de a Constituição Federal ter dito que possuía "jurisdição", o TCU não é órgão do Poder Judiciário. As suas ações possuem natureza meramente administrativa.

Vencido esse tema, passa-se à análise da composição do TCU:

> ***§ 1º*** *- Os Ministros do Tribunal de Contas da União serão nomeados dentre brasileiros que satisfaçam os seguintes requisitos:*
>
> *I. Mais de trinta e cinco e menos de sessenta e cinco anos de idade;*
>
> *II. Idoneidade moral e reputação ilibada;*
>
> *III. Notórios conhecimentos jurídicos, contábeis, econômicos e financeiros ou de administração pública;*
>
> *IV. Mais de dez anos de exercício de função ou de efetiva atividade profissional que exija os conhecimentos mencionados no inciso anterior.*
>
> ***§ 2º*** *- Os Ministros do Tribunal de Contas da União serão escolhidos:*
>
> *I. Um terço pelo Presidente da República, com aprovação do Senado Federal, sendo dois alternadamente dentre auditores e membros do Ministério Público junto ao Tribunal, indicados em lista tríplice pelo Tribunal, segundo os critérios de antiguidade e merecimento;*
>
> *II. Dois terços pelo Congresso Nacional.*

Como se pode perceber, ser Ministro do TCU não é para qualquer pessoa. Faz-se necessário o preenchimento dos seguintes requisitos:

- → ser brasileiro;
- → possuir mais de trinta e cinco e menos de sessenta e cinco anos de idade;
- → possuir idoneidade moral e reputação ilibada;
- → possuir notórios conhecimentos jurídicos, contábeis, econômicos e financeiros ou de administração pública;
- → ter mais de dez anos de exercício de função ou de efetiva atividade profissional que exija os conhecimentos mencionados no inciso anterior.

A Constituição também regulou a forma de escolha desses membros por meio das seguintes regras:

- → um terço será escolhido pelo Presidente da República, com aprovação do Senado Federal, sendo dois alternadamente dentre auditores e membros do Ministério Público junto ao Tribunal, indicados em lista tríplice pelo Tribunal, segundo os critérios de antiguidade e merecimento;
- → dois terços pelo Congresso Nacional.

Quanto à escolha feita pelo Presidente uma observação é pertinente. Dos três membros que poderão ser escolhidos pelo Presidente dois serão, obrigatoriamente, auditores e membros do Ministério Público junto ao Tribunal de Contas da União. Já o terceiro membro escolhido pelo Presidente, será de sua livre escolha desde que preenchidos os demais requisitos já mencionados.

Outra observação importantíssima e sempre cobrada em prova: a Constituição equipara os Ministros do TCU aos Ministros do STJ ao passo que os auditores estão equiparados aos Juízes do TRF. Logicamente, se o auditor estiver substituindo o Ministro, a ele serão asseguradas as garantias próprias dos Ministros. Esta é a leitura dos §§ 3º e 4º:

> ***§ 3°*** *- Os Ministros do Tribunal de Contas da União terão as mesmas garantias, prerrogativas, impedimentos, vencimentos e vantagens dos Ministros do Superior Tribunal de Justiça, aplicando-se-lhes, quanto à aposentadoria e pensão, as normas constantes do art. 40.*
>
> ***§ 4º*** *- O auditor, quando em substituição a Ministro, terá as mesmas garantias e impedimentos do titular e, quando no exercício das demais atribuições da judicatura, as de juiz de Tribunal Regional Federal.*

Processo Legislativo

Agora será estudada outra função típica do Poder Legislativo: o Processo Legislativo. O Processo Legislativo é um conjunto de procedimentos necessários para criação das normas. A Constituição, no Art. 59, apresenta algumas normas que podem ser criadas segundo essas regras:

> ***Art. 59.*** *O processo legislativo compreende a elaboração de:*
>
> *I. Emendas à Constituição;*
>
> *II. Leis complementares;*
>
> *III. Leis ordinárias;*
>
> *IV. Leis delegadas;*
>
> *V. Medidas provisórias;*
>
> *VI. Decretos legislativos;*
>
> *VII. Resoluções.*
>
> **Parágrafo único.** *Lei complementar disporá sobre a elaboração, redação, alteração e consolidação das leis.*

Essas são as chamadas normas primárias, pois a sua fonte de validade é a própria constituição. Nem de longe são as únicas normas existentes no direito brasileiro. O candidato deve ter ouvido falar em uma portaria ou instrução normativa. Essas outras normas que não estão no Art. 59, mas que também regulam nossas vidas, são chamadas de normas secundárias as quais, retiram a validade das normas primárias.

Uma pergunta que sempre é feita em prova: existe hierarquia entre as normas primárias previstas no Art. 59?

Em um primeiro momento, é possível verificar hierarquia entre essas normas, haja vista as emendas constitucionais possuírem o mesmo *status* da Constituição Federal. Fora as emendas que são hierarquicamente superiores às demais, pode-se afirmar, com amparo no próprio STF, que não existe hierarquia entre demais normas primárias. Isso significa dizer que as leis complementares, leis ordinárias, leis delegadas, medidas provisórias, decretos legislativos e resoluções estão na mesma posição jurídica. O que as distingue é a competência para edição e para a utilização. Cada uma dessas normas possui uma utilização específica prevista na própria Constituição e é isso que será estudado a partir de agora. Inicia-se com o chamado Processo Legislativo Ordinário.

Fique Ligado

Não existe hierarquia entre lei complementar e lei ordinária.

Processo Legislativo Ordinário

Esse é o processo legislativo destinado a elaboração das leis ordinárias e complementares. É composto por três fases: **introdutória**, **constitutiva** e **complementar.**

- **Fase introdutória**

A fase introdutória é composta basicamente pela iniciativa, ou seja, pela deflagração do processo de criação de uma lei.

Mas quem pode iniciar esse processo legislativo?

Qualquer membro ou comissão do Congresso Nacional, da Câmara ou do Senado; o Presidente da República; o Supremo Tribunal Federal; os Tribunais Superiores; o Procurador-geral da República; e os cidadãos. Isso está previsto no caput do Art. 61:

> **Art. 61**. *A iniciativa das leis complementares e ordinárias cabe a qualquer membro ou Comissão da Câmara dos Deputados, do Senado Federal ou do Congresso Nacional, ao Presidente da República, ao Supremo Tribunal Federal, aos Tribunais Superiores, ao Procurador-Geral da República e aos cidadãos, na forma e nos casos previstos nesta Constituição.*

Algumas considerações precisam ser feitas acerca da iniciativa. Primeiramente, no que tange à iniciativa do Presidente da República: existem algumas matérias em que a iniciativa da lei é privativa do Presidente, as quais estão previstas no § 1º do Art. 61:

> ***§ 1º*** *- São de iniciativa privativa do Presidente da República as leis que:*
>
> ***I.*** *Fixem ou modifiquem os efetivos das Forças Armadas;*
>
> ***II.*** *Disponham sobre:*
>
> ***a)*** *criação de cargos, funções ou empregos públicos na administração direta e autárquica ou aumento de sua remuneração;*
>
> ***b)*** *organização administrativa e judiciária, matéria tributária e orçamentária, serviços públicos e pessoal da administração dos Territórios;*
>
> ***c)*** *servidores públicos da União e Territórios, seu regime jurídico, provimento de cargos, estabilidade e aposentadoria;*
>
> ***d)*** *organização do Ministério Público e da Defensoria Pública da União, bem como normas gerais para a organização do Ministério Público e da Defensoria Pública dos Estados, do Distrito Federal e dos Territórios;*
>
> ***e)*** *criação e extinção de Ministérios e órgãos da administração pública, observado o disposto no art. 84, VI;*
>
> ***f)*** *militares das Forças Armadas, seu regime jurídico, provimento de cargos, promoções, estabilidade, remuneração, reforma e transferência para a reserva.*

Quer dizer que só o Presidente da República tem iniciativa para propor projetos de lei sobre esses temas.

Outra consideração importante se refere à iniciativa popular, ou seja, os projetos de lei propostos por cidadãos. A Constituição no § 2º do Art. 61 condiciona o exercício desta iniciativa ao preenchimento de alguns requisitos:

> ***§ 2º*** *- A iniciativa popular pode ser exercida pela apresentação à Câmara dos Deputados de projeto de lei subscrito por, no mínimo, um por cento do eleitorado nacional, distribuído pelo menos por cinco Estados, com não menos de três décimos por cento dos eleitores de cada um deles.*

Também é relevante anotar a competência do STF e dos Tribunais Superiores que estão previstos no Art. 93 e 96, II:

> ***Art. 93.*** *Lei complementar, de iniciativa do Supremo Tribunal Federal, disporá sobre o Estatuto da Magistratura, observados os seguintes princípios.*
>
> ***Art. 96.*** *Compete privativamente:*
>
> ***II.*** *Ao Supremo Tribunal Federal, aos Tribunais Superiores e aos Tribunais de Justiça propor ao Poder Legislativo respectivo, observado o disposto no art. 169.*

E ainda há a iniciativa do Procurador Geral da República, chefe do Ministério Público da União, e que está prevista no Art. 127, § 2º:

> ***Art. 127, § 2º*** *Ao Ministério Público é assegurada autonomia funcional e administrativa, podendo, observado o disposto no art. 169, propor ao Poder Legislativo a criação e extinção de seus cargos e serviços auxiliares, provendo-os por concurso público de provas ou de provas e títulos, a política remuneratória e os planos de carreira; a lei disporá sobre sua organização e funcionamento.*

Todo Processo Legislativo precisa ser iniciado em uma das Casas do Poder Legislativo da União, as quais possuem atribuição principal para legislar. A Casa Legislativa onde o projeto de lei é apresentado inicialmente é chamada de **Casa Iniciadora**. Sempre o projeto se inicia em uma Casa, enquanto a outra fica responsável pela revisão. Quem revisa é chamada de **Casa Revisora**. Se o projeto se iniciar na Câmara dos Deputados, essa será a Casa Iniciadora, enquanto o Senado Federal será a Casa Revisora. Se ao contrário, o projeto se inicia no Senado, a Câmara será a Casa Revisora.

Em regra, a Casa Iniciadora será a Câmara dos Deputados, ou seja, é nessa casa que os processos legislativos costumam ser iniciados. Excepcionalmente, o Processo Legislativo se iniciará no Senado Federal. O Senado só será Casa Iniciadora quando a iniciativa for de um membro ou de uma comissão do Senado bem como nos casos em que for proposta por comissão mista do Congresso Nacional. No último caso, o processo iniciar-se-á alternadamente em cada casa, iniciando-se uma vez na Câmara outra vez no Senado[1].

1 Regimento Comum: Resolução nº 1, de 1970-CN, (texto consolidado até 2010) e normas conexas. Brasília: Congresso Nacional, 2011, Art. 142: Os projetos elaborados por Comissão Mista serão encaminhados, alternadamente, ao Senado e à Câmara dos Deputados.

Fase Constitutiva

Apresentado o projeto de lei à Casa Iniciadora, iniciar-se-á a Fase Constitutiva. Essa fase é formada por três momentos: discussão, votação e sanção.

- **Discussão**

A discussão, também chamada de debate, é o momento destinado à discussão dos projetos de lei. A discussão ocorre em três locais: na Comissão de Constituição e Justiça (CCJ), nas Comissões Temáticas (CT) e no Plenário.

A CCJ realiza uma análise formal do projeto e emite um parecer terminativo quanto à constitucionalidade. Isso significa dizer aquilo que for decidido por essa comissão definirá o rumo do projeto de lei analisado.

Já as Comissões Temáticas realizam um exame material e emitem pareceres meramente opinativos, ou seja, essas comissões emitem apenas uma opinião que poderá ser seguida ou não.

Após o debate nas comissões, o projeto de lei é enviado ao plenário, onde ocorre a votação.

- **Votação**

Neste momento se faz necessário compreender os quóruns necessários para votação. Existem 3 tipos de quórum:

01. Quórum para deliberação:

Para a deliberação em plenário de qualquer projeto de lei é necessária a presença da maioria absoluta dos membros, conforme disposto no Art. 47:

> ***Art. 47.*** *Salvo disposição constitucional em contrário, as deliberações de cada Casa e de suas Comissões serão tomadas por maioria dos votos, presente a maioria absoluta de seus membros.*

02. Quórum para aprovação de lei ordinária:

Para aprovação de lei ordinária, é necessário o voto de maioria simples ou relativa dos presentes com fundamento no Art. 47 acima apresentado.

03. Quórum para aprovação de lei complementar:

Para aprovação de lei complementar é necessário o voto da maioria absoluta dos membros. Vejamos o Art. 69 da Constituição:

> ***Art. 69.*** *As leis complementares serão aprovadas por maioria absoluta.*

Mas o que é **maioria absoluta?** Calcula-se a maioria absoluta de forma muito simples. É o primeiro número inteiro após a metade.

» **Ex.**: no caso do Senado Federal, que possui 81 membros, para se calcular a maioria absoluta primeiramente se busca a metade, que é 40,5. O primeiro número inteiro após a metade é 41. Logo, esse número representa a maioria absoluta do Senado. Esse raciocínio deve ser feito também com a Câmara para se chegar a sua maioria absoluta, que é 257. Lembre-se de que a maioria absoluta é um número fixo. Sempre será a mesma quantidade. Lembre-se também de que esse quórum serve tanto para iniciar as deliberações nas Casas quanto para aprovar a lei complementar.

A **maioria relativa** é a maioria dos presentes. Sua lógica é parecida com a utilizada para descobrir a maioria absoluta, com apenas uma distinção: o parâmetro aqui é a quantidade de presentes. Logo, para se calcular a maioria relativa, deve-se contar os presentes, descobrir quanto é a metade e chegar ao primeiro número inteiro após a metade. Supondo que estejam presentes 41 Senadores, o que já bastaria para se iniciar qualquer deliberação, a maioria relativa dos presentes estaria representada por 21 membros. Essa quantidade já seria suficiente para aprovar uma lei ordinária.

Fique Ligado

Para iniciar as deliberações e aprovar lei complementar, é necessária maioria absoluta. Para aprovar lei ordinária, basta a maioria simples ou relativa.

Entendidos esses *quóruns,* podemos votar o projeto de lei. Duas são as consequências possíveis de um projeto de lei na Casa Iniciadora:

→ Rejeição

Projeto de lei rejeitado deve ser arquivado;

→ Aprovação

Projeto de lei aprovado segue para Casa Revisora.

Após a aprovação do projeto de lei na Casa Iniciadora, o projeto será encaminhado para a Casa Revisora conforme disposição do Art. 65:

> ***Art. 65.*** *O projeto de lei aprovado por uma Casa será revisto pela outra, em um só turno de discussão e votação, e enviado à sanção ou promulgação, se a Casa revisora o aprovar, ou arquivado, se o rejeitar.*
>
> **Parágrafo único.** *Sendo o projeto emendado, voltará à Casa iniciadora.*

Na Casa Revisora o projeto também precisa passar pelas mesmas comissões que passou na Casa Iniciadora até chegar ao plenário. A partir da votação, o projeto pode ter 3 destinos:

a) Rejeição

Caso o projeto seja rejeitado, o mesmo será arquivado;

b) Aprovação sem emenda

Se aprovado sem emendas, o projeto segue para o Presidente da República sancionar ou vetar;

c) Aprovação com emendas

Se aprovado com emendas, o projeto retorna à Casa Iniciadora, que analisará as emendas. Caso aprove as emendas, encaminhará o projeto para sanção do Presidente. Se as emendas não forem aprovadas, a Casa Iniciadora retira as emendas e, do mesmo jeito, encaminha o Projeto de Lei para sanção. Essa situação revela uma nítida prevalência da Casa Iniciadora sobre a Casa Revisora.

Uma observação deve ser feita nos casos dos Projetos de Lei rejeitados: segundo o Art. 67, projeto de lei rejeitado só poderá ser apresentado novamente na mesma sessão legislativa se for apresentado pelo voto de maioria absoluta dos membros de qualquer das casas **(Princípio da Irrepetibilidade Relativa):**

> ***Art. 67.*** *A matéria constante de projeto de lei rejeitado somente poderá constituir objeto de novo projeto, na mesma sessão legislativa, mediante proposta da maioria absoluta dos membros de qualquer das Casas do Congresso Nacional.*

Esse tema sempre é cobrado em prova, bem como os aspectos relacionados aos *quóruns* exigidos para as deliberações no parlamento. Memorize as regras e tenha cuidado para não confundi-las.

Exercício Comentado

01. ***(FUNCAB) A matéria constante de projeto de lei rejeitado somente poderá constituir objeto de novo projeto, na mesma sessão legislativa, mediante proposta de dois terços dos parlamentares.***

ERRADO. A matéria constante de projeto de lei rejeitado poderá constituir proposta de novo projeto na mesma sessão legislativa se for proposta pela maioria absoluta de qualquer uma das casas. Leitura do artigo 67 da Constituição Federal.

- **Sanção ou veto**

Inicia-se agora a tratar do terceiro momento da fase constitutiva: a sanção ou veto. A sanção é a concordância do Presidente com o projeto de lei, enquanto o veto é a sua discordância. Tanto a sanção quanto o veto estão regulados no Art. 66:

> ***Art. 66.*** *A Casa na qual tenha sido concluída a votação enviará o projeto de lei ao Presidente da República, que, aquiescendo, o sancionará.*
>
> ***§ 1º*** *- Se o Presidente da República considerar o projeto, no todo ou em parte, inconstitucional ou contrário ao interesse público, vetá-lo-á total ou parcialmente, no prazo de quinze dias úteis, contados da data do recebimento, e comunicará, dentro de quarenta e oito horas, ao Presidente do Senado Federal os motivos do veto.*

Primeiramente,serão analisados alguns aspectos importantes da sanção. O § 1º do Art. 66 afirma que o Presidente possui 15 dias úteis para manifestar-se sobre o projeto de lei. Esse parágrafo apresenta a modalidade de **Sanção Expressa**. Sanção Expressa é aquela em que o Presidente expressamente manifesta sua concordância com o projeto de lei. Ele deixa clara sua opinião a favor do projeto de lei.

Outra forma de sanção é a chamada Sanção Tácita. Vejamos o § 3º do mesmo artigo:

> ***Art. 66, § 3º*** *- Decorrido o prazo de quinze dias, o silêncio do Presidente da República importará sanção.*

A **Sanção Tácita** ocorre quando o Presidente, durante o prazo que possui de 15 dias, não manifesta sua vontade quanto ao projeto de lei. Simplesmente fica em silêncio.

O silêncio do Presidente significa concordância com o projeto de lei. Note que **com a sanção o projeto de lei se transforma em lei**.

Quanto ao veto, algumas considerações também precisam ser feitas. Utilizando a mesma fundamentação do Art. 66, pode-se afirmar que o Presidente possui o prazo de 15 dias úteis para concordar ou discordar do projeto de lei. Agora, havendo discordância de forma expressa tem-se o chamado **Veto Expresso**. Uma pergunta surge diante dessa afirmação: será que existe veto tácito?

Ora, se durante o prazo de 15 dias úteis, o Presidente não falar nada, tem-se a Sanção Tácita. Seria possível o silêncio do Presidente provocar duas consequências jurídicas diferentes? É claro que não. Logo, pode-se afirmar que não existe Veto Tácito. **O veto será sempre expresso**.

O veto pode ser jurídico ou político. O **Veto Jurídico** ocorre quando o Presidente considera o projeto de lei inconstitucional. É uma espécie de controle de constitucionalidade prévio, pois ocorre antes da criação da lei. Já o **Veto Político** ocorre quando o Presidente veta o projeto de lei por considerá-lo contrário ao interesse público.

A doutrina afirma ainda que o veto poderá ser total ou parcial. O **Veto Total** ocorre quando o Presidente veta todo o projeto de lei. O **Veto Parcial** é aquele em que o Presidente vete parte do projeto de lei. No que tange ao veto parcial, a Constituição estabeleceu alguns limites no § 2º:

> ***Art. 66, § 2º*** *- O veto parcial somente abrangerá texto integral de artigo, de parágrafo, de inciso ou de alínea.*

Ou seja, não existe veto de palavras ou letras isoladas. O veto só pode abranger o texto integral de um artigo, parágrafo, inciso ou de alínea.

O veto tem que ser **motivado**, pois, conforme prevê o § 1º do Art. 61 o Presidente deverá informar a sua justificativa ao Presidente do Senado Federal em 48 horas. Isso se faz necessário em razão do veto ser superável, ou seja, o Congresso, em 30 dias, analisará o veto e poderá, pelo voto de maioria absoluta dos Deputados e Senadores, rejeitá-lo. É o que dispõe o § 4º do Art. 66:

> ***§ 4º*** *- O veto será apreciado em sessão conjunta, dentro de trinta dias a contar de seu recebimento, só podendo ser rejeitado pelo voto da maioria absoluta dos Deputados e Senadores, em escrutínio secreto.*

Derrubado o veto, o projeto será enviado ao Presidente da República para que o promulgue:

> ***§ 5º*** *- Se o veto não for mantido, será o projeto enviado, para promulgação, ao Presidente da República.*

Finalizado o terceiro momento da fase constitutiva, inicia-se agora a fase complementar.

Fique Ligado

A sanção poderá ser tácita ou expressa, mas o veto será sempre expresso!

Fase Complementar

A fase complementar consiste em dois momentos: a promulgação e a publicação.

A **promulgação** é um atestado de que a lei existe. Em regra, é feita pelo Presidente da República; contudo, nos casos de sanção tácita ou rejeição do veto, em que o Presidente não promulgue a lei em 48 horas, a competência para fazê-la será do Presidente do Senado Federal e, se esse não a fizer, será competente o Vice-Presidente do Senado. A publicação marca o início da exigência da lei.

> ***§ 7º*** *- Se a lei não for promulgada dentro de quarenta e oito horas pelo Presidente da República, nos casos dos § 3º e § 5º, o Presidente do Senado a promulgará, e, se este não o fizer em igual prazo, caberá ao Vice-Presidente do Senado fazê-lo.*

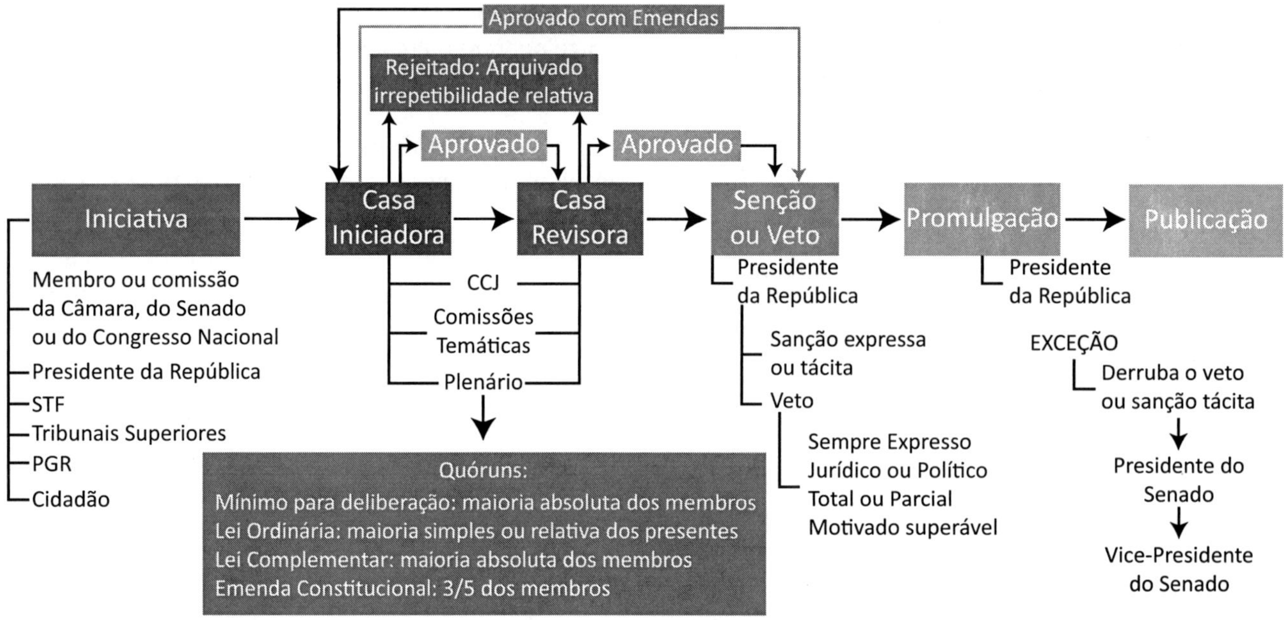

Após a promulgação, há a **publicação**. A publicação marca o momento em que a norma se torna conhecida da sociedade, pois passa a ser pública. Essa publicidade é feita em jornais oficiais como o Diário Oficial da União. A partir da publicação, se não houver outro prazo para o início da vigência, a lei poderá ser exigida.

Esse é o Processo Legislativo das leis ordinárias e complementares. A diferença entre o Processo Legislativo das leis ordinárias e o das leis complementares está no quórum de aprovação. Além dessa diferença, a doutrina tem salientado que, para uma matéria ser regulada por lei complementar, deve haver exigência expressa do texto constitucional.

Passa-se para outra espécie de processo legislativo: o Processo Legislativo Sumário.

Processo Legislativo Sumário

O Processo Legislativo Sumário é o Processo Legislativo Ordinário com prazo. Regulado no Art. 64, o Processo Legislativo Sumário é caracterizado pelo pedido de urgência solicitado pelo Presidente da República nos projetos de Lei de sua iniciativa, ainda que não seja de iniciativa privativa.

> ***Art. 64, § 1º*** *- O Presidente da República poderá solicitar urgência para apreciação de projetos de sua iniciativa.*

Pedida a urgência, o Congresso Nacional deverá analisar o projeto de lei no prazo de 100 dias os quais são destinados:

a) 45 dias para análise da Câmara dos Deputados (Casa Iniciadora);
b) 45 dias para análise do Senado (Casa Revisora);
c) 10 dias para a Casa Iniciadora analisar as emendas se existirem.

Esta é a leitura dos §§ 2º e 3º do Art. 64:

> ***§ 2º*** *Se, no caso do § 1º, a Câmara dos Deputados e o Senado Federal não se manifestarem sobre a proposição, cada qual sucessivamente, em até quarenta e cinco dias, sobrestar-se-ão todas as demais deliberações legislativas da respectiva Casa, com exceção das que tenham prazo constitucional determinado, até que se ultime a votação.*
>
> ***§ 3º*** *- A apreciação das emendas do Senado Federal pela Câmara dos Deputados far-se-á no prazo de dez dias, observado quanto ao mais o disposto no parágrafo anterior.*

O § 2º apresentado também prevê que se qualquer uma das Casas Legislativas não votar o Projeto de Lei no prazo de 45 dias, a votação das demais proposituras ficará sobrestada até que se realize a votação. É o chamado **sobrestamento ou trancamento de pauta.**

A Constituição também deixou clara sua vedação de pedido de urgência para projetos de códigos bem como a suspensão do prazo nos recessos parlamentares:

> ***§ 4º*** *- Os prazos do § 2º não correm nos períodos de recesso do Congresso Nacional, nem se aplicam aos projetos de código.*

Uma questão muito interessante para sua prova: é possível afirmar que todos os processos legislativos em regime de urgência se iniciam na Câmara dos Deputados,

Certamente que sim, visto que só pode ser pedido pelo Presidente da República e este, quando inicia o processo legislativo, o faz na Câmara dos Deputados conforme disposição expressa no *caput* do Art. 64:

> ***Art. 64.*** *A discussão e votação dos projetos de lei de iniciativa do Presidente da República, do Supremo Tribunal Federal e dos Tribunais Superiores terão início na Câmara dos Deputados.*

Processo Legislativo Especial

O Processo Legislativo Especial é o processo de criação das demais espécies normativas previstas no Art. 59: emendas constitucionais, medidas provisórias, leis delegadas, decretos legislativos e resoluções. As leis ordinárias e complementares são criadas segundo o Processo Legislativo Ordinário. Nesta apostila não serão estudados todos os processos legislativos especiais. Focalizam-se as duas principais, mais cobradas em prova: emendas constitucionais e medidas provisórias.

Emendas à Constituição

A aprovação de Emendas à Constituição decorre do Poder Constituinte Derivado Reformador, que é o único legitimado para alterar o texto constitucional. As emendas são as únicas espécies normativas responsáveis pela alteração da Constituição Federal.

O Processo Legislativo das Emendas é diferenciado, tendo em vista seu poder normativo ser muito grande, pois é o da própria Constituição. Logo, é um processo mais dificultado, mais rigoroso. A Constituição Federal regula esse processo no seu Art. 60.

Primeiramente, será analisada a iniciativa, que é o rol de legitimados para propor a alteração do Texto Constitucional. Vejamos o *caput* do Art. 60, que possui um rol de legitimados para propor emendas, o qual é diferente do rol de legitimados para propor projetos de lei:

> ***Art. 60.*** *A Constituição poderá ser emendada mediante proposta:*
>
> ***I.*** *De um terço, no mínimo, dos membros da Câmara dos Deputados ou do Senado Federal;*
>
> ***II.*** *Do Presidente da República;*
>
> ***III.*** *De mais da metade das Assembleias Legislativas das unidades da Federação, manifestando-se, cada uma delas, pela maioria relativa de seus membros.*

Atente-se para alguns detalhes que são muito importantes. Um deputado ou senador não pode propor emenda à Constituição, só se estiverem representados por 1/3, no mínimo, dos membros. Outro ponto relevante é saber que o Presidente da República é legitimado para propor tanto lei quanto emenda. E, por último, deve-se ter cuidado com o último legitimado, que é um pouco diferente: **mais da metade das Assembleias legislativas das unidades da federação, manifestando-se, cada uma delas, pela maioria relativa de seus membros.** Deve-se ter muito cuidado, principalmente, com o *quórum* exigido aqui, que é a maioria relativa dos membros, e não maioria absoluta.

A aprovação de Emendas depende de um *quórum* bem qualificado: aprovação nas duas Casas, em dois turnos em cada Casa, por três quintos dos membros em cada votação. É o que prevê o § 2º do Art. 60:

> ***§ 2º*** *- A proposta será discutida e votada em cada Casa do Congresso Nacional, em dois turnos, considerando-se aprovada se obtiver, em ambos, três quintos dos votos dos respectivos membros.*

Não depende de sanção presidencial que, após aprovada, vai direto para promulgação, que fica a cargo das Mesas da Câmara e do Senado. Caso a proposta seja rejeitada por qualquer uma das Casas, deverá ser arquivada aplicando-se o **Princípio da Irrepetibilidade Absoluta**, o qual significa que a mesma proposta, uma vez rejeitada, não pode ser reapresentada na mesma sessão legislativa, conforme estabelecido no Art. 60:

> ***§ 3º*** *- A emenda à Constituição será promulgada pelas Mesas da Câmara dos Deputados e do Senado Federal, com o respectivo número de ordem.*
>
> ***§ 5º*** *- A matéria constante de proposta de emenda rejeitada ou havida por prejudicada não pode ser objeto de nova proposta na mesma sessão legislativa.*

A edição de Emendas Constitucionais obedece a alguns limites constitucionais chamados de limites circunstanciais e limites materiais.

Os **limites circunstanciais** são momentos em que não se podem apresentar propostas de emendas constitucionais. São três os momentos: intervenção federal, estado de defesa e estado de sítio. Assim, dispõe o § 1º do Art. 60:

> ***§ 1º*** *- A Constituição não poderá ser emendada na vigência de intervenção federal, de estado de defesa ou de estado de sítio.*

Os **limites materiais** são temas que não podem ser retirados da Constituição Federal, pois compõem seu núcleo imutável. São as chamadas cláusulas pétreas previstas no § 4º do Art. 60:

> ***§ 4º*** *- Não será objeto de deliberação a proposta de emenda tendente a abolir:*
>
> ***I.*** *A forma federativa de Estado;*
>
> ***II.*** *O voto direto, secreto, universal e periódico;*
>
> ***III.*** *A separação dos Poderes;*
>
> ***IV.*** *Os direitos e garantias individuais.*

Fique Ligado

Deve-se memorizar os limites circunstanciais e os limites materiais, que sempre aparecem em prova.

Medidas Provisórias

O Art. 62 é destinado a regulação das Medidas Provisórias. A edição dessa espécie normativa é de competência privativa do Presidente da República e só pode ser elaborada em situação de relevância e urgência. É uma função atípica desempenhada pelo Chefe do Executivo. Veja o *caput* do Art. 62:

> ***Art. 62.*** *Em caso de relevância e urgência, o Presidente da República poderá adotar medidas provisórias, com força de lei, devendo submetê-las de imediato ao Congresso Nacional.*

A Medida Provisória não é uma lei, mas tem força de lei. Depois de editada, produz efeitos imediatos, mas precisa ser submetida à apreciação do Congresso Nacional.

Primeiramente, passa por uma comissão mista do Congresso para verificação dos requisitos constitucionais, seguindo posteriormente para o plenário de cada Casa Legislativa. A Casa Iniciadora obrigatória é a Câmara dos Deputados, tendo em vista a competência ser do Presidente da República:

> ***§ 5º*** *A deliberação de cada uma das Casas do Congresso Nacional sobre o mérito das medidas provisórias dependerá de juízo prévio sobre o atendimento de seus pressupostos constitucionais.*
>
> ***§ 8º*** *As medidas provisórias terão sua votação iniciada na Câmara dos Deputados.*
>
> ***§ 9º*** *Caberá à comissão mista de Deputados e Senadores examinar as medidas provisórias e sobre elas emitir parecer, antes de serem apreciadas, em sessão separada, pelo plenário de cada uma das Casas do Congresso Nacional.*

O Congresso tem um prazo de 60 dias para manifestar-se sobre a Medida Provisória, o qual poderá ser prorrogado por mais 60 dias se necessário. Esse prazo ficará suspenso durante os recessos parlamentares. Se, por ventura, nos primeiros 45 dias a MP não for analisada, a pauta da Casa onde se encontrar entrará em regime de urgência sobrestando as demais deliberações. O sobrestamento da pauta, também conhecido como trancamento de pauta, impede a Casa Legislativa de votar outra proposição que não possua prazo enquanto a Medida Provisória não for votada:

> ***§ 3º*** *As medidas provisórias, ressalvado o disposto nos §§ 11 e 12 perderão eficácia, desde a edição, se não forem convertidas em lei no prazo de sessenta dias, prorrogável, nos termos do § 7º, uma vez por igual período, devendo o Congresso Nacional disciplinar, por decreto legislativo, as relações jurídicas delas decorrentes.*
>
> ***§ 4º*** *O prazo a que se refere o § 3º contar-se-á da publicação da medida provisória, suspendendo-se durante os períodos de recesso do Congresso Nacional.*
>
> ***§ 6º*** *Se a medida provisória não for apreciada em até quarenta e cinco dias contados de sua publicação, entrará em regime de urgência, subsequentemente, em cada uma das Casas do Congresso Nacional, ficando sobrestadas, até que se ultime a votação, todas as demais deliberações legislativas da Casa em que estiver tramitando.*

§ 7º Prorrogar-se-á uma única vez por igual período a vigência de medida provisória que, no prazo de sessenta dias, contado de sua publicação, não tiver a sua votação encerrada nas duas Casas do Congresso Nacional.

A apreciação da Medida Provisória pelo Congresso Nacional pode gerar três consequências:

a) Conversão em lei sem emendas:

Havendo conversão integral da MP em lei, ela seguirá para promulgação pelo Presidente da Mesa do Congresso Nacional.

b) Conversão em lei com emendas:

Havendo conversão parcial a MP se transformará em Projeto de Lei, seguindo todos os trâmites normais, inclusive em relação a sanção presidencial:

***§ 12.** Aprovado projeto de lei de conversão alterando o texto original da medida provisória, esta manter-se-á integralmente em vigor até que seja sancionado ou vetado o projeto.*

c) Rejeição:

A rejeição pode ser tácita ou expressa. Em ambos os casos, se rejeitada, a MP perde sua eficácia desde a origem (*ex tunc*). Nesse caso o Congresso Nacional terá 60 dias para disciplinar as relações jurídicas decorrentes do período em que estava em vigor mediante Decreto Legislativo. Caso não o faça, os atos praticados durante a vigência da MP permanecerão regulados pela própria Medida Provisória:

***§ 11.** Não editado o decreto legislativo a que se refere o § 3º até sessenta dias após a rejeição ou perda de eficácia de medida provisória, as relações jurídicas constituídas e decorrentes de atos praticados durante sua vigência conservar-se-ão por ela regidas.*

A Medida Provisória rejeitada ou que tenha perdido a eficácia não poderá ser reeditada na mesma Sessão Legislativa aplicando-se nesse caso o Princípio da Irrepetibilidade Absoluta:

***§ 10.** É vedada a reedição, na mesma sessão legislativa, de medida provisória que tenha sido rejeitada ou que tenha perdido sua eficácia por decurso de prazo.*

Não poderão ser editadas Medidas Provisórias que versem sobre os limites materiais estabelecidos no Art. 62, § 1º e no Art. 25, § 2º da Constituição Federal:

***§ 1º** É vedada a edição de medidas provisórias sobre matéria:*

I. Relativa a:

a) nacionalidade, cidadania, direitos políticos, partidos políticos e direito eleitoral;

b) direito penal, processual penal e processual civil;

c) organização do Poder Judiciário e do Ministério Público, a carreira e a garantia de seus membros;

d) planos plurianuais, diretrizes orçamentárias, orçamento e créditos adicionais e suplementares, ressalvado o previsto no art. 167, § 3º;

I. Que vise a detenção ou sequestro de bens, de poupança popular ou qualquer outro ativo financeiro;

II. Reservada a lei complementar;

III. Já disciplinada em projeto de lei aprovado pelo Congresso Nacional e pendente de sanção ou veto do Presidente da República.

***Art. 25**. Os Estados organizam-se e regem-se pelas Constituições e leis que adotarem, observados os princípios desta Constituição.*

§ 2º - Cabe aos Estados explorar diretamente, ou mediante concessão, os serviços locais de gás canalizado, na forma da lei, vedada a edição de medida provisória para a sua regulamentação.

Fique Ligado

Projeto de lei rejeitado pode ser reapresentado na mesma sessão legislativa pelo voto da maioria absoluta dos membros de qualquer uma das casas. Projetos de Emenda e Medidas Provisórias rejeitadas não podem ser reapresentadas na mesma sessão legislativa.

Vamos Praticar

01. (CESPE) O Poder Legislativo opera por meio do Congresso Nacional, instituição bicameral composta pela Câmara dos Deputados e pelo Senado Federal. Salvo disposição constitucional em contrário, as deliberações de cada Casa e de suas comissões serão tomadas por maioria dos votos, presente a maioria absoluta de seus membros.

Certo ( ) Errado ( )

02. (CESPE) A Câmara dos Deputados compõe-se de representantes do povo, eleitos pelo sistema majoritário, em cada estado, em cada território e no Distrito Federal.

Certo ( ) Errado ( )

03. (CESPE) A respeito do processo legislativo, assinale a opção correta.

a) A discussão e a votação dos projetos de lei de iniciativa do chefe do Poder Executivo, do STF, dos tribunais superiores e de senadores terão início na Câmara dos Deputados.

b) O presidente da República tem competência privativa para propor projetos de lei que extingam funções ou cargos públicos; todavia, para isso, segundo a Emenda Constitucional nº 32/2001, é necessário que eles estejam vagos.

c) Segundo a CF, os temas a respeito do regime jurídico de servidores públicos, civis e militares são de iniciativa de lei reservada ao presidente da República, assim como as disposições normativas referentes à organização e ao funcionamento da administração federal que não impliquem aumento de despesa nem criação ou extinção de órgãos públicos.

d) O veto presidencial poderá ser rejeitado pelo Congresso Nacional, em sessão conjunta, com o quorum de maioria simples de deputados, e pelo Senado Federal, com o mesmo quorum.

e) Se o veto presidencial for mantido, poderá ser objeto de novo projeto, na mesma sessão legislativa, desde que mediante proposta dos membros de qualquer das Casas do Congresso Nacional.

04. (CESPE) As funções exercidas pelo TCU situam-se no âmbito do controle externo, como um dos aspectos da fiscalização da administração pública, prerrogativa constitucional do Poder Legislativo.

Certo ( ) Errado ( )

05. (CESPE) Do terço dos ministros do TCU cuja escolha incumbe ao presidente da República, apenas um é de sua livre escolha, pois os demais são indicados entre os auditores e os membros do Ministério Público junto ao tribunal.

Certo ( ) Errado ( )

06. (CESPE) Pelo voto da maioria absoluta dos deputados e senadores, o veto presidencial a projeto de lei poderá ser rejeitado. Em tal hipótese não haverá mais a participação do presidente da República no processo legislativo, já que a subsequente promulgação ficará a cargo do presidente do Senado Federal.

Certo ( ) Errado ( )

07. (CESPE) Matéria referente a nacionalidade e a cidadania pode ser objeto de lei delegada.

Certo ( ) Errado ( )

08. (CESPE) O Tribunal de Contas da União é órgão auxiliar e de orientação do Poder Legislativo, e a este Poder se subordinando, ao qual incumbe a prática de atos de natureza administrativa concernentes à fiscalização contábil, financeira, orçamentária, operacional e patrimonial da União.

Certo ( ) Errado ( )

09. (CESPE) As medidas provisórias perdem a eficácia, desde a edição, se não forem convertidas em lei no prazo de trinta dias, prorrogável uma vez, por igual período.

Certo ( ) Errado ( )

10. (CESPE) As matérias de competência exclusiva do Congresso Nacional são reguladas por decretos legislativos.

Certo ( ) Errado ( )

11. (CESPE) É da competência exclusiva do Senado Federal julgar anualmente as contas prestadas pelo presidente da República e apreciar os relatórios acerca da execução dos planos de governo.

Certo ( ) Errado ( )

12. (CESPE) Compete ao Congresso Nacional exercer a fiscalização contábil, financeira, orçamentária, patrimonial e operacional da União e das entidades da administração direta e indireta.

Certo ( ) Errado ( )

13. (FCC) Quanto ao Congresso Nacional, considere:

I. O número total de Deputados, bem como a representação por Estado e pelo Distrito Federal, será estabelecido por lei complementar, proporcionalmente à população, procedendo-se aos ajustes necessários, no ano anterior às eleições, para que nenhuma daquelas unidades da Federação tenha menos de oito ou mais de setenta Deputados.

II. O Senado Federal compõe-se de representantes dos Estados e do Distrito Federal, eleitos segundo o princípio majoritário.

III. Cada Estado e o Distrito Federal elegerão quatro Senadores, com mandato de oito anos.

IV. Cada Senador será eleito com três suplentes.

É correto o que consta apenas em:

a) I, II e III.

b) II e III.

c) I e II.

d) I, III e IV.

e) III e IV.

14. (FCC) A Câmara dos Deputados compõe-se de representantes do povo eleitos, pelo sistema proporcional, em cada Estado, em cada Território e no Distrito Federal, sendo certo que o número total de Deputados, bem como a representação por Estado e pelo Distrito Federal, será estabelecido por:

a) Lei complementar, proporcionalmente à população, procedendo-se aos ajustes necessários, no ano anterior às eleições, para que nenhuma daquelas unidades da Federação tenha menos de oito ou mais de setenta Deputados.

b) Lei delegada, proporcionalmente à população, procedendo-se aos ajustes necessários, até seis meses das eleições, para que nenhuma daquelas unidades da Federação tenha menos de cinco ou mais de sessenta Deputados.

c) Emenda constitucional, proporcionalmente à população, procedendo-se aos ajustes necessários, até três meses das eleições, para que nenhuma daquelas unidades da Federação tenha menos de três ou mais de oitenta e oito Deputados.

d) Lei ordinária, proporcionalmente à população, procedendo-se aos ajustes necessários, no ano anterior às eleições, para que nenhuma daquelas unidades da Federação tenha menos de sete ou mais de setenta e cinco Deputados.

e) Decreto legislativo, proporcionalmente à população, procedendo-se aos ajustes necessários, no ano anterior às eleições, para que nenhuma daquelas unidades da Federação tenha menos de seis ou mais de sessenta e cinco Deputados.

15. Em relação ao Poder Legislativo, é INCORRETO afirmar:

a) A Câmara dos Deputados compõe-se de representantes do povo, eleitos, pelo sistema proporcional, em cada Estado, em cada Território e no Distrito Federal.

b) A representação de cada Estado e do Distrito Federal no Senado será renovada de quatro em quatro anos, alternadamente, por um e dois terços.

c) O Senado Federal compõe-se de representantes dos Estados e Territórios, eleitos segundo o princípio proporcional.

d) Cada Senador será eleito com dois suplentes.

e) No Congresso Nacional, cada legislatura terá a duração de quatro anos.

16. (FCC) Considere as assertivas, relacionadas ao Poder Legislativo.

I. Cada legislatura terá a duração de dois anos, permitida uma reeleição.

II. A Câmara dos Deputados compõe-se de representantes do povo, eleitos pelo sistema majoritário em cada Estado, em cada Município e no Distrito Federal.

III. Cada senador será eleito com dois suplentes.

IV. O Senado Federal compõe-se de representantes dos Estados, Territórios e do Distrito Federal, eleitos pelo sistema proporcional.

V. No Senado Federal, a representação de cada Estado e do Distrito Federal será renovada de quatro em quatro anos, alternadamente, por um e dois terços.

É correto o que consta apenas em:

a) I e II.
b) III e IV.
c) III e V.
d) I, II e IV.
e) II, III e V.

17. (FCC) A prerrogativa constitucional que protege o Deputado Federal em todas as suas manifestações que guardem relação com o exercício do mandato, exteriorizadas no âmbito do Congresso Nacional, é classificada como imunidade

a) Relativa.
b) Formal.
c) Residual.
d) Material.
e) Obstativa.

18. (ESAF) Sobre o Poder Legislativo, marque a única opção correta.

a) Compete privativamente ao Senado Federal avaliar periodicamente a funcionalidade do Sistema Tributário Nacional, em sua estrutura e seus componentes.
b) A concessão de anistia é da competência exclusiva do Congresso Nacional.
c) A fixação da remuneração dos servidores da Câmara dos Deputados é da sua competência privativa, sendo essa competência exercida por meio de resolução.
d) Os deputados federais são eleitos pelo sistema majoritário, obedecendo-se às vagas estabelecidas, por meio de lei complementar, para cada Estado e para o Distrito Federal.
e) O exercício da competência do Senado Federal quanto à aprovação prévia da escolha do Procurador- Geral da República é feito por meio de voto secreto, após a arguição, em sessão secreta, do candidato indicado pelo presidente da República.

19. (ESAF) As atribuições do Tribunal de Contas da União têm assento constitucional e é possível constatar alguns tipos de fiscalização a serem desempenhadas por aquela Corte de Contas. É correto afirmar que não é tipo de fiscalização:

a) O controle da legitimidade.
b) O controle da legalidade.
c) O controle de conveniência política e oportunidade administrativa.
d) O controle de resultados, de cumprimento de programa de trabalho e de metas.
e) O controle de fidelidade funcional dos agentes da Administração responsável por bens e valores públicos.

20. (ESAF) Marque a opção correta, nos termos do disposto na Constituição Federal de 1988.

a) Constitui objetivo fundamental da República Federativa do Brasil, segundo preceitua o Art. 3 o da Constituição Federal da República/88, o respeito aos valores sociais do trabalho e da livre iniciativa.
b) Compete privativamente ao Senado Federal resolver definitivamente sobre tratados, acordos ou atos internacionais que acarretem encargos ou compromissos gravosos ao patrimônio nacional.
c) A matéria constante de projeto de lei rejeitado não poderá constituir objeto de novo projeto, na mesma sessão legislativa, mediante proposta da maioria absoluta dos membros de qualquer das Casas do Congresso Nacional.
d) Vagando os cargos de Presidente e Vice-Presidente da República, far-se-á eleição noventa dias depois de aberta a última vaga.
e) São órgãos do Poder Judiciário os Tribunais e Juízes Militares, os Tribunais Arbitrais e o Conselho Nacional de Justiça.

Gabarito

01	CERTO	11	ERRADO
02	ERRADO	12	CERTO
03	B	13	C
04	CERTO	14	A
05	CERTO	15	C
06	ERRADO	16	C
07	ERRADO	17	D
08	ERRADO	18	A
09	ERRADO	19	C
10	CERTO	20	D

Anotações

CAPÍTULO 12

Organização dos Poderes III - Poder Judiciário

Disposições Gerais

Organograma

O Poder Judiciário é o titular da chamada função jurisdicional. Ele possui a atribuição principal de "dizer o direito", "aplicar o direito ao caso concreto". Além de desempenhar esta função típica, o Judiciário também exerce de forma atípica a função dos demais poderes. Quando realiza concursos públicos ou contrata uma empresa prestadora de serviços, ele o faz no exercício da função administrativa (Poder Executivo). O Judiciário também exerce de forma atípica a função do Poder Legislativo quando edita instrumentos normativos que regulam as atividades dos tribunais.

Para desempenhar suas funções, o Poder Judiciário se utiliza de diversos órgãos os quais estão previstos no Art. 92:

> ***Art. 92.*** *São órgãos do Poder Judiciário:*
>
> ***I.*** *O Supremo Tribunal Federal;*
>
> ***I-A.*** *O Conselho Nacional de Justiça;*
>
> ***II.*** *O Superior Tribunal de Justiça;*
>
> ***III.*** *Os Tribunais Regionais Federais e Juízes Federais;*
>
> ***IV.*** *Os Tribunais e Juízes do Trabalho;*
>
> ***V.*** *Os Tribunais e Juízes Eleitorais;*
>
> ***VI.*** *Os Tribunais e Juízes Militares;*
>
> ***VII.*** *Os Tribunais e Juízes dos Estados e do Distrito Federal e Territórios.*
>
> ***§ 1º*** *O Supremo Tribunal Federal, o Conselho Nacional de Justiça e os Tribunais Superiores têm sede na Capital Federal.*
>
> ***§ 2º*** *O Supremo Tribunal Federal e os Tribunais Superiores têm jurisdição em todo o território nacional.*

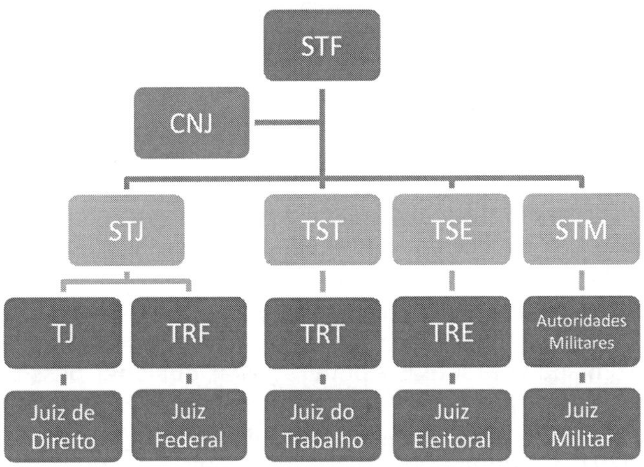

Para que se tenha ideia de como esse esquema dos órgãos do Poder Judiciário pode ser útil em uma prova, vejamos esta questão:

Exercício Comentado

01. ***(ESAF) O Tribunal de Contas da União faz parte do Poder Judiciário.***

ERRADO. O Tribunal de Contas da União, apesar de ser um tribunal, não possui função jurisdicional. Segundo a jurisprudência do STF, o TCU é órgão autônomo e independente dos demais poderes. Exerce suas atribuições fiscalizatórias junto ao Congresso Nacional, mas não possui subordinação a nenhum poder. Por essa razão, o TCU não faz parte do Poder Judiciário.

Critérios para Ingresso na Carreira

Conforme o que diz o Art. 93, I da Constituição Federal:

> ***Art. 93*** *- Lei complementar, de iniciativa do Supremo Tribunal Federal, disporá sobre o Estatuto da Magistratura, observados os seguintes princípios:*
>
> *I. Ingresso na carreira, cujo cargo inicial será o de juiz substituto, mediante concurso público de provas e títulos, com a participação da Ordem dos Advogados do Brasil em todas as fases, exigindo-se do bacharel em direito, no mínimo, três anos de atividade jurídica e obedecendo-se, nas nomeações, à ordem de classificação.*

Esse inciso apresenta regras para o ingresso na carreira da Magistratura. O ingresso dar-se-á no cargo de juiz substituto e depende de aprovação em concurso público de provas e títulos.

Como foi possível perceber, é um tipo de concurso que, é bem seletivo, sendo que aprovação depende de intensa dedicação do candidato. Além de a prova ser dificílima, o candidato precisa comprovar no mínimo três anos de atividade jurídica, que só pode ser realizada após a conclusão do curso. Deve-se ter muito cuidado com esse prazo de atividade jurídica exigido, as bancas constumam trocar o 3 por outro número.

O conceito de atividade jurídica é definido na Resolução nº 75/2009 do Conselho Nacional de Justiça que prevê, entre outros, o exercício da advocacia ou de cargo público privativo de bacharel em direito como forma de se comprovar o tempo exigido.

Quinto Constitucional

O quinto permite que uma pessoa se torne magistrado sem necessidade de realização de concurso público para a magistratura. É uma porta de entrada destinada a quem não é membro do Poder Judiciário. A regra do quinto decorre do fato de que 1/5 das vagas em alguns tribunais são destinadas aos membros do Ministério Público ou da Advocacia. Vejamos o que dispõe o Art. 94 da Constituição Federal:

> ***Art. 94*** *- Um quinto dos lugares dos Tribunais Regionais Federais, dos Tribunais dos Estados, e do Distrito Federal e Territórios será composto de membros, do Ministério Público, com mais de dez anos de carreira, e de advogados de notório saber jurídico e de reputação ilibada, com mais de dez anos de efetiva atividade profissional, indicados em lista sêxtupla pelos órgãos de representação das respectivas classes.*
>
> ***Parágrafo único.*** *Recebidas as indicações, o tribunal formará lista tríplice, enviando-a ao Poder Executivo, que, nos vinte dias subsequentes, escolherá um de seus integrantes para nomeação.*

Um detalhe que não pode ser esquecido é: para concorrer às vagas pelo quinto constitucional, faz-se necessário que os membros do Ministério Público e da Advocacia possuam mais de 10 anos de experiência.

Outra questão muito importante é saber quais são os tribunais que permitem o ingresso pelo quinto. Segundo o Art. 94, podem ingressar pelo quinto os membros dos Tribunais Regionais Federais, dos Tribunais dos Estados, e do Distrito Federal e Territórios.

Ainda possuem um quinto das vagas para os Membros do MP e da Advocacia os Tribunais Regionais do Trabalho e o Tribunal Superior do Trabalho. Assim preveem os Arts. 111-A e 115 da Constituição:

> ***Art. 111-A*** *- O Tribunal Superior do Trabalho compor-se-á de vinte e sete Ministros, escolhidos dentre brasileiros com mais de trinta e cinco e menos de sessenta e cinco anos, nomeados pelo Presidente da República após aprovação pela maioria absoluta do Senado Federal, sendo:*
>
> *I. Um quinto dentre advogados com mais de dez anos de efetiva atividade profissional e membros do Ministério Público do Trabalho com mais de dez anos de efetivo exercício, observado o disposto no art. 94.*
>
> ***Art. 115*** *- Os Tribunais Regionais do Trabalho compõem-se de, no mínimo, sete juízes, recrutados, quando possível, na respectiva região, e nomeados pelo Presidente da República dentre brasileiros com mais de trinta e menos de sessenta e cinco anos, sendo:*
>
> *I. Um quinto dentre advogados com mais de dez anos de efetiva atividade profissional e membros do Ministério Público do Trabalho com mais de dez anos de efetivo exercício, observado o disposto no art. 94.*

Fique Ligado

Deve-ser ter muito cuidado com uma "pegadinha" que costuma prejudicar muitos candidatos em concurso. O Superior Tribunal de Justiça também permite que membros do Ministério Público ou da Advocacia nele ingressem, contudo, não são destinadas 1/5 das vagas, mas 1/3 das vagas:

> ***Art. 104. O Superior Tribunal de Justiça compõe-se de, no mínimo, trinta e três Ministros.***
>
> ***Parágrafo único. Os Ministros do Superior Tribunal de Justiça serão nomeados pelo Presidente da República, dentre brasileiros com mais de trinta e cinco e menos de sessenta e cinco anos, de notável saber jurídico e reputação ilibada, depois de aprovada a escolha pela maioria absoluta do Senado Federal, sendo:***
>
> ***I. Um terço dentre juízes dos Tribunais Regionais Federais e um terço dentre desembargadores dos Tribunais de Justiça, indicados em lista tríplice elaborada pelo próprio Tribunal;***
>
> ***II. Um terço, em partes iguais, dentre advogados e membros do Ministério Público Federal, Estadual, do Distrito Federal e Territórios, alternadamente, indicados na forma do art. 94.***

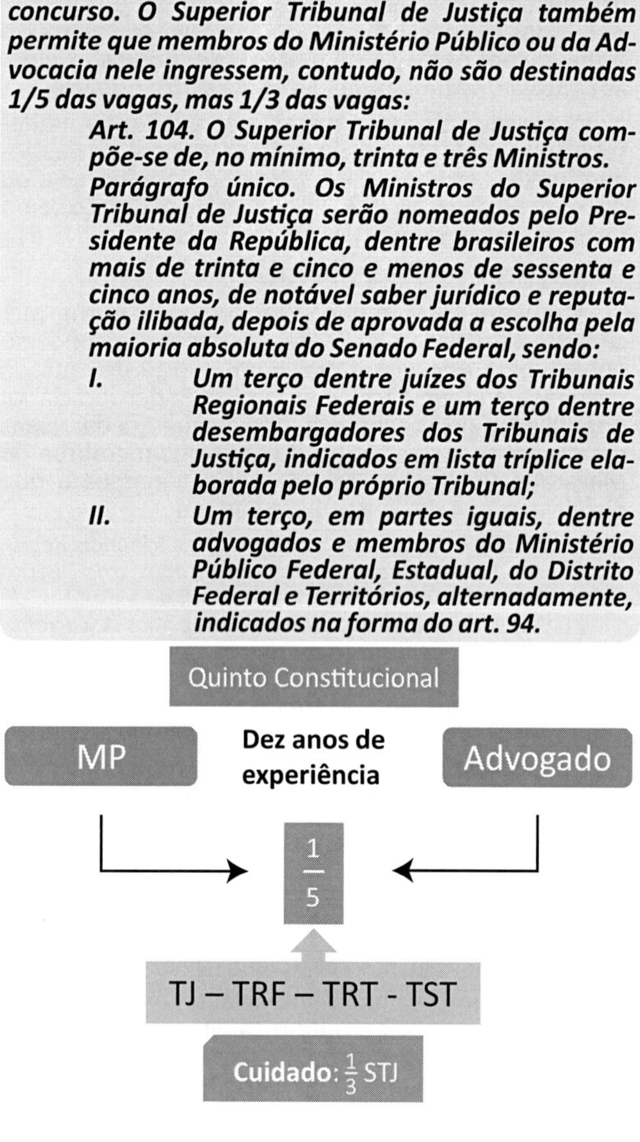

Garantias dos Membros

As garantias são um conjunto de proteções que os membros do Poder Judiciário possuem e que são inerentes ao exercício de suas funções. Uma observação se faz necessária: quando se fala "membro do poder judiciário", refere-se ao titular da Função Jurisdicional, ou seja, ao magistrado, ao juiz. Os demais servidores auxiliares do Poder Judiciário não possuem as mesmas garantias dos juízes.

A doutrina classifica as garantias dos magistrados em duas espécies:

> **Garantias de Independência;**

> **Garantias de Imparcialidade.**

As Garantias de Independência são proteções que garantem ao magistrado uma maior tranquilidade para desempenhar suas funções. O objetivo é permitir ao Juiz segurança no desempenhar de suas funções. Elas estão previstas no Art. 95, as quais são:

> ***Art. 95.*** *Os juízes gozam das seguintes garantias:*
>
> *I. Vitaliciedade, que, no primeiro grau, só será adquirida após dois anos de exercício, dependendo a perda do cargo, nesse período, de deliberação do tribunal a que o juiz estiver vinculado, e, nos demais casos, de sentença judicial transitada em julgado;*
>
> *II. Inamovibilidade, salvo por motivo de interesse público, na forma do art. 93, VIII;*
>
> *III. Irredutibilidade de subsídio, ressalvado o disposto nos arts. 37, X e XI, 39, § 4º, 150, II, 153, III, e 153, § 2º, I.*

A **vitaliciedade** é como se fosse a estabilidade do servidor público, com uma diferença: ela é bem mais vantajosa que a simples estabilidade. A vitaliciedade garante ao magistrado perder o seu cargo apenas por sentença judicial transitada em julgado. Como se pode ver, é bem mais vantajosa que a estabilidade. Atente-se para alguns detalhes: a vitaliciedade só será adquirida após dois anos de exercício no cargo; durante o estágio probatório do juiz, que dura 2 anos, ele poderá perder o cargo por deliberação do próprio tribunal do qual faz parte.

Um detalhe quase nunca percebido é que a exigência dos dois anos de exercício para se adquirir a vitaliciedade só se aplica aos juízes do primeiro grau, ou seja, aos juízes que ingressaram na carreira por meio de concurso público. Os Juízes que ingressam diretamente no Tribunal, por meio do Quinto Constitucional, ou mesmo no STJ pelo 1/3 das vagas, não precisam esperar os dois anos para adquirir a garantia. Para estes, a vitaliciedade é imediata, sendo adquirida no momento em que ele pisa no Tribunal.

A **inamovibilidade** prevê que o magistrado não poderá ser removido do local onde exerce a sua função sem sua vontade. Ele poderá julgar qualquer pessoa, conforme sua convicção, sem medo de ser obrigado a deixar o local onde exerce sua jurisdição. Essa garantia não é absoluta, pois poderá ser removido de ofício por interesse público conforme preleciona o Art. 93, VIII:

> ***Art. 93, VIII*** *- O ato de remoção, disponibilidade e aposentadoria do magistrado, por interesse público, fundar-se-á em decisão por voto da maioria absoluta do respectivo tribunal ou do Conselho Nacional de Justiça, assegurada ampla defesa.*

A **irredutibilidade dos subsídios** representa a garantia de que o magistrado não poderá ter redução em sua remuneração. A forma de retribuição pecuniária do magistrado é por meio de subsídio, que equivale a uma parcela única. Por isso, fala-se em irredutibilidade dos subsídios.

O parágrafo único do mesmo artigo apresenta o rol de **garantias de imparcialidade.** Essas normas são verdadeiras vedações aplicadas aos magistrados. São impedimentos que visam a garantir um julgamento imparcial, sem vícios ou privilégios. Por isso, são chamadas de garantias de imparcialidade. São elas:

> ***Art. 95. Parágrafo único.*** *Aos juízes é vedado:*
>
> ***I.*** *Exercer, ainda que em disponibilidade, outro cargo ou função, salvo uma de magistério;*
>
> ***II.*** *Receber, a qualquer título ou pretexto, custas ou participação em processo;*
>
> ***III.*** *Dedicar-se à atividade político-partidária.*
>
> ***IV.*** *Receber, a qualquer título ou pretexto, auxílios ou contribuições de pessoas físicas, entidades públicas ou privadas, ressalvadas as exceções previstas em lei;*
>
> ***V.*** *Exercer a advocacia no juízo ou tribunal do qual se afastou, antes de decorridos três anos do afastamento do cargo por aposentadoria ou exoneração.*

Geralmente as bancas cobram a memorização dessas vedações. O inciso I é bem cobrado em razão da exceção prevista na Constituição para a acumulação de cargos ou funções. Segundo esse inciso, o magistrado, além de exercer sua função de juiz, também pode exercer uma função no magistério.

O inciso II proíbe o magistrado de receber custas ou participação em processos. O juiz já recebe sua remuneração para desempenhar sua função independente dos valores que estão em jogo nos processos.

O inciso III proíbe o juiz de se dedicar à atividade político-partidária exatamente para evitar que seus julgamentos sejam influenciados por correntes políticas ou convicções partidárias. O juiz precisa ficar alheio a tais situações.

O inciso IV proíbe o magistrado de receber ajudas financeiras de terceiros ressalvados os casos previstos em lei. Por exemplo, um juiz não pode receber um carro como agradecimento por um julgamento favorável, mas poderia receber os valores decorrentes da venda de livros que tenha escrito ou mesmo, receber valores pela ministração de palestras.

Fique Ligado

Atenção com estes prazos: 3 anos de atividade jurídica, 3 anos de quarentena e 2 anos para vitaliciedade.

Composição dos Órgãos do Poder Judiciário

A composição dos tribunais é tema recorrente em prova e que requer um alto poder de memorização do candidato, principalmente pela composição diferenciada entre um e outro tribunal. A seguir descreve-se, então, a composição de cada um dos órgãos do Poder Judiciário.

Supremo Tribunal Federal

> ***Art. 101.*** *O Supremo Tribunal Federal compõe-se de onze Ministros, escolhidos dentre cidadãos com mais de trinta e cinco e menos de sessenta e cinco anos de idade, de notável saber jurídico e reputação.*
>
> ***Parágrafo único.*** *Os Ministros do Supremo Tribunal Federal serão nomeados pelo Presidente da República, depois de aprovada a escolha pela maioria absoluta do Senado Federal.*

O Supremo Tribunal Federal é o órgão de cúpula do Poder Judiciário e é formado por 11 ministros escolhidos pelo Presidente da República depois de aprovada a escolha pela maioria absoluta do Senado Federal, dentre os cidadãos com mais de trinta e cinco e menos de sessenta e cinco anos de idade, de notável saber jurídico e reputação ilibada.

Existe mais um requisito que não está escrito nesse artigo, mas está previsto no Art. 12, § 3º, IV da Constituição. Para ser Ministro do STF deve ser brasileiro nato:

> ***Art. 12, § 3º -*** *São privativos de brasileiro nato os cargos:*
>
> ***IV.*** *De Ministro do Supremo Tribunal Federal.*

Uma coisa interessante é que a Constituição não exige do candidato a Ministro do STF que tenha formação superior em Direito, apesar de exigir notório saber jurídico.

Conselho Nacional de Justiça

Vejamos agora a composição do Conselho Nacional de Justiça:

> ***Art. 103-B.*** *O Conselho Nacional de Justiça compõe-se de 15 (quinze) membros com mandato de 2 (dois) anos, admitida 1 (uma) recondução, sendo:*
>
> ***I.*** *O Presidente do Supremo Tribunal Federal;*
>
> ***II.*** *Um Ministro do Superior Tribunal de Justiça, indicado pelo respectivo tribunal;*
>
> ***III.*** *Um Ministro do Tribunal Superior do Trabalho, indicado pelo respectivo tribunal;*
>
> ***IV.*** *Um desembargador de Tribunal de Justiça, indicado pelo Supremo Tribunal Federal;*
>
> ***V.*** *Um juiz estadual, indicado pelo Supremo Tribunal Federal;*
>
> ***VI.*** *Um juiz de Tribunal Regional Federal, indicado pelo Superior Tribunal de Justiça;*
>
> ***VII.*** *Um juiz federal, indicado pelo Superior Tribunal de Justiça;*
>
> ***VIII.*** *Um juiz de Tribunal Regional do Trabalho, indicado pelo Tribunal Superior do Trabalho;*
>
> ***IX.*** *Um juiz do trabalho, indicado pelo Tribunal Superior do Trabalho;*
>
> ***X.*** *Um membro do Ministério Público da União, indicado pelo Procurador-Geral da República;*
>
> ***XI.*** *Um membro do Ministério Público estadual, escolhido pelo Procurador-Geral da República dentre os nomes indicados pelo órgão competente de cada instituição estadual;*
>
> ***XII.*** *Dois advogados, indicados pelo Conselho Federal da Ordem dos Advogados do Brasil;*
>
> ***XIII.*** *Dois cidadãos, de notável saber jurídico e reputação ilibada, indicados um pela Câmara dos Deputados e outro pelo Senado Federal.*
>
> ***§ 1º*** *O Conselho será presidido pelo Presidente do Supremo Tribunal Federal e, nas suas ausências e impedimentos, pelo Vice-Presidente do Supremo Tribunal Federal.*
>
> ***§ 2º*** *Os demais membros do Conselho serão nomeados pelo Presidente da República, depois de aprovada a escolha pela maioria absoluta do Senado Federal.*

§ 3º Não efetuadas, no prazo legal, as indicações previstas neste artigo, caberá a escolha ao Supremo Tribunal Federal.

Aqui há uma composição interessante para ser cobrada em prova. A composição do CNJ possui uma dificuldade peculiar para a memorização. Perceba-se na leitura do artigo, que os membros do Conselho são indicados por algum órgão. Além de memorizar os membros, o candidato tem de memorizar o órgão que indicou o membro. Para isso, deve-se fazer uma análise lógica na construção dessa composição:

A primeira coisa que se tem que fazer é identificar os órgãos que escolhem:

> **STF;**
> **STJ;**
> **TST;**
> **PGR;**
> **CFOAB;**
> **Câmara dos Deputados;**
> **Senado Federal.**

A partir dessa primeira análise, parte-se para a identificação dos membros que são indicados por cada um dos órgãos, que deve ser construída de forma lógica.

Entre os membros do CNJ existem 2 advogados: quem poderia indicar dois advogados? O STF, o STJ, o TST ou o **Conselho Federal dos Advogados do Brasil**? É óbvio que quem indica os dois advogados é o CFOAB. Entre os membros do CNJ, existe um membro do Ministério Público da União e um membro do Ministério Público estadual. Quem indica esses dois membros do Ministério Público? Será o STF? Ou seria o STJ? Não é mais lógico que a escolha dos membros do Ministério Público seja do **Procurador Geral da República,** que é o chefe do Ministério Público da União? Certamente.

Com base nessa lógica, fica fácil identificar os membros do CNJ. Continuemos a análise. Agora existem membros da justiça trabalhista: 1 Ministro do TST, 1 Juiz do TRT e um Juiz do Trabalho. Quem escolhe esses juízes? STF, STJ ou TST? Mais uma resposta bem lógica. Só pode ser o **Tribunal Superior do Trabalho** o responsável pela escolha desses três membros pertencentes à justiça trabalhista.

Ainda há alguns membros a serem escolhidos. Quem escolhe os membros da Justiça Federal (Juiz do TRF e Juiz Federal)? Tem de ser o Tribunal guardião da Legislação Federal: **Superior Tribunal de Justiça**. Ele também escolherá um membro do seu próprio tribunal para fazer parte do CNJ.

Ao **Supremo Tribunal Federal** fica a responsabilidade pela escolha dos membros da Justiça Estadual, ou seja, um Juiz Estadual e um Desembargador de Tribunal de Justiça. Aqui cabe uma observação importantíssima. O STF não escolhe um de seus ministros para fazer parte do CNJ, pois o Presidente do STF é membro nato. Ele não é escolhido, ele faz parte do CNJ desde sua nomeação como Presidente do STF. Ao mesmo tempo em que é indicado como Presidente do STF, ele também cumulará a função de Presidente do CNJ.

Por último, resta saber quem o **Senado Federal** e a **Câmara dos Deputados** indicará para ser membro do CNJ. Cada um deles indicará um cidadão de notável saber jurídico e reputação ilibada.

Como se pode perceber, nem todos os membros do Conselho Nacional de Justiça são membros do Poder Judiciário. Essa é uma característica já cobrada em prova, com exceção do Presidente do STF, que é membro nato do CNJ; os demais serão nomeados pelo Presidente da República depois de aprovada a escolha pela maioria do Senado Federal. Caso as indicações acima listadas não sejam efetuadas, caberá ao Supremo Tribunal Federal fazê-las. Lembre-se de que os membros do CNJ exercem um mandato de dois anos, sendo admitida uma recondução.

Abaixo, segue um esquema de memorização para a composição desse órgão do poder judiciário.

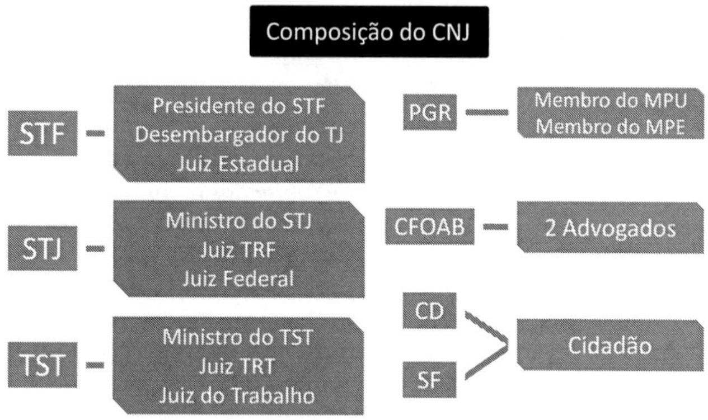

Superior Tribunal de Justiça

O texto constitucional prevê no Art. 104:

> ***Art. 104.** O Superior Tribunal de Justiça compõe-se de, no mínimo, trinta e três Ministros.*
>
> ***Parágrafo único.** Os Ministros do Superior Tribunal de Justiça serão nomeados pelo Presidente da República, dentre brasileiros com mais de trinta e cinco e menos de sessenta e cinco anos, de notável saber jurídico e reputação ilibada, depois de aprovada a escolha pela maioria absoluta do Senado Federal, sendo:*
>
> *I. Um terço dentre juízes dos Tribunais Regionais Federais e um terço dentre desembargadores dos Tribunais de Justiça, indicados em lista tríplice elaborada pelo próprio Tribunal;*
>
> *II. Um terço, em partes iguais, dentre advogados e membros do Ministério Público Federal, Estadual, do Distrito Federal e Territórios, alternadamente, indicados na forma do art. 94.*

O Superior Tribunal de Justiça é composto por, no mínimo, 33 ministros. Deve-se ter cuidado com isso em prova: não são 33, mas, no mínimo 33. Esse dispositivo permite que o Tribunal possua mais de 33 membros.

Seus membros serão nomeados pelo Presidente da República depois de aprovada a escolha pelo Senado Federal. Aqui se aplica uma regra comum nos tribunais superiores: nomeação pelo Presidente mediante aprovação do Senado. Outro requisito é a idade: no mínimo 35 e no máximo 65 anos.

Questão sempre cobrada em prova é a composição. A escolha dos Ministros não é livre, estando vinculada ao texto constitucional que prevê:

> 1/3 das vagas para os membros dos Tribunais Regionais Federais;
> 1/3 das vagas para os Desembargadores dos Tribunais de Justiça;
> 1/3 das vagas, dividida em partes iguais, para membros do Ministério Público Federal, Estadual e do Distrito Federal e advogados com mais de 10 anos de experiência.

No que tange às vagas para os membros do Ministério Público e advogados, uma coisa chama a atenção: a divisão em partes iguais. Se houver isso em uma prova, é muito provável que o candidato marque essa afirmação como sendo incorreta, tendo em vista 1/3 de 33 ser igual a 11, valor esse impossível de se dividir em partes iguais, quando a divisão se trata de pessoas. Contudo, essa é a previsão expressa da Constituição, que não é de toda absurda. Considerando que o STJ pode ser composto por mais de 33 membros, havendo, por exemplo, 36, seria possível efetivar essa divisão em partes iguais. Enquanto o órgão for formado por 33 membros, a vaga remanescente é alternada entre membros do MPF e MPDFT e da advocacia.

Tribunal Regional Federal

O Art. 107 apresenta as regras de composição dos Tribunais Regionais Federais:

> ***Art. 107.*** *Os Tribunais Regionais Federais compõem-se de, no mínimo, sete juízes, recrutados, quando possível, na respectiva região e nomeados pelo Presidente da República dentre brasileiros com mais de trinta e menos de sessenta e cinco anos, sendo:*
>
> ***I.*** *Um quinto dentre advogados com mais de dez anos de efetiva atividade profissional e membros do Ministério Público Federal com mais de dez anos de carreira;*
>
> ***II.*** *Os demais, mediante promoção de juízes federais com mais de cinco anos de exercício, por antiguidade e merecimento, alternadamente.*

Os TRFs possuem a mesma peculiaridade do STJ no que diz respeito à composição baseada em um mínimo, sendo, nesse caso, no mínimo 7 juízes, recrutados, quando possível, na respectiva região. Atualmente, são 5 regiões jurisdicionais, cada uma sob a responsabilidade de um TRF.

Para fazer parte dos TRFs o juiz precisa ter no mínimo 30 e no máximo 65 anos de idade. Quando comparada aos Tribunais Superiores, a idade mínima sofre uma atenuação de 35 para 30 anos; deve-se ter cuidado com isso.

Os membros dos TRFs são nomeados pelo Presidente da República sem necessidade de aprovação do Senado Federal. Essa é outra distinção importante.

Nos TRFs adota-se a regra do Quinto Constitucional, por meio do qual, 1/5 das vagas são destinadas a advogados e membros do Ministério Público Federal com mais de 10 anos de experiência. As demais vagas são destinadas a promoção de juízes federais com mais de 5 anos de exercício, que pode ocorrer ou por merecimento ou por antiguidade, de forma alternada.

Justiça do Trabalho

A Justiça do Trabalho encontra-se prevista no Art. 111 da Constituição, sendo competente para julgar as causas cuja matéria possua natureza trabalhista. São órgãos da Justiça do Trabalho:

> ***Art. 111.*** *São órgãos da Justiça do Trabalho:*
>
> ***I.*** *O Tribunal Superior do Trabalho;*
>
> ***II.*** *Os Tribunais Regionais do Trabalho;*
>
> ***III.*** *Juízes do Trabalho.*

§ 1º a 3º - Vejamos a composição dos órgãos da Justiça trabalhista.

Tribunal Superior de Trabalho

O Tribunal Superior do Trabalho é o órgão de cúpula da Justiça do Trabalho. Segundo a Constituição Federal, o TST é composto por 27 membros, conforme previsão do Art. 111-A:

> ***Art. 111-A.*** *O Tribunal Superior do Trabalho compor-se-á de vinte e sete Ministros, escolhidos dentre brasileiros com mais de trinta e cinco e menos de sessenta e cinco anos, nomeados pelo Presidente da República após aprovação pela maioria absoluta do Senado Federal, sendo:*
>
> ***I.*** *Um quinto dentre advogados com mais de dez anos de efetiva atividade profissional e membros do Ministério Público do Trabalho com mais de dez anos de efetivo exercício, observado o disposto no art. 94;*
>
> ***II.*** *Os demais dentre juízes dos Tribunais Regionais do Trabalho, oriundos da magistratura da carreira, indicados pelo próprio Tribunal Superior.*

O Texto Constitucional exige para ser Ministro do TST a condição de brasileiro, maior de 35 anos e menor de 65 anos. A nomeação dos Ministros se dá por ato do Presidente da República após a aprovação do Senado Federal pelo voto da maioria absoluta dos seus membros. Os 27 ministros são divididos da seguinte forma:

- 1/5 – advogados com mais de 10 anos de efetiva atividade profissional e membros do Ministério Público do Trabalho com mais de 10 anos de efetivo exercício;
- 4/5 – juízes dos TRT's, oriundos da magistratura de carreira, indicados pelo próprio tribunal.

Como se pode perceber, no TST adota-se o critério de ingresso pela regra do Quinto Constitucional. Além disso, é importante ressaltar a exigência de que juiz do TRT que deseje concorrer a uma vaga no TST seja membro do Poder Judiciário de carreira, isto é, que tenha ingressado nos quadros do tribunal por meio de concurso público nos termos do Art. 93, I da CF. Essa última regra exclui a possibilidade daqueles que são oriundos do quinto constitucional nos TRTs de ingressarem no TST na vaga destinada aos membros da magistratura trabalhista (4/5 das vagas).

A Constituição prevê, ainda, o funcionamento junto ao TST da Escola Nacional de Formação e Aperfeiçoamento de Magistrados do Trabalho e o Conselho Superior da Justiça do Trabalho, conforme o Art. 111-A, § 2º:

> ***Art. 111-A, § 2º*** *- Funcionarão junto ao Tribunal Superior do Trabalho:*
>
> ***I.*** *A Escola Nacional de Formação e Aperfeiçoamento de Magistrados do Trabalho, cabendo-lhe, dentre outras funções, regulamentar os cursos oficiais para o ingresso e promoção na carreira;*
>
> ***II.*** *O Conselho Superior da Justiça do Trabalho, cabendo-lhe exercer, na forma da lei, a supervisão administrativa, orçamentária, financeira e patrimonial da Justiça do Trabalho de primeiro e segundo graus, como órgão central do sistema, cujas decisões terão efeito vinculante.*

Tribunal Regional do Trabalho

O ingresso no Tribunal Regional do Trabalho se dá conforme as regras previstas no Art. 115 da CF:

Art. 115. Os Tribunais Regionais do Trabalho compõem-se de, no mínimo, sete juízes, recrutados, quando possível, na respectiva região, e nomeados pelo Presidente da República dentre brasileiros com mais de trinta e menos de sessenta e cinco anos, sendo:

I. Um quinto dentre advogados com mais de dez anos de efetiva atividade profissional e membros do Ministério Público do Trabalho com mais de dez anos de efetivo exercício, observado o disposto no art. 94;

II. Os demais, mediante promoção de juízes do trabalho por antiguidade e merecimento, alternadamente.

***§ 1º** - Os Tribunais Regionais do Trabalho instalarão a justiça itinerante, com a realização de audiências e demais funções de atividade jurisdicional, nos limites territoriais da respectiva jurisdição, servindo-se de equipamentos públicos e comunitários.*

***§ 2º** - Os Tribunais Regionais do Trabalho poderão funcionar descentralizadamente, constituindo Câmaras regionais, a fim de assegurar o pleno acesso do jurisdicionado à justiça em todas as fases do processo.*

***Art. 116.** Nas Varas do Trabalho, a jurisdição será exercida por um juiz singular.*

***Parágrafo único:** (Revogado pela Emenda Constitucional nº 24, de 1999).*

***Art. 117.** e **Parágrafo único**: (Revogados pela Emenda Constitucional nº 24, de 1999).*

São no mínimo 7 juízes recrutados, quando possível, na respectiva região os quais serão nomeados pelo Presidente da República entre brasileiros com mais de 30 e menos de 65 anos de idade. Para ser um juiz do TRT, é necessária a observação dos seguintes critérios:

> 1/5 – advogados com mais de 10 anos de efetiva atividade profissional e membros do Ministério Público do Trabalho com mais de 10 anos de efetivo exercício;

> 4/5 – juízes do trabalho promovidos por antiguidade e merecimento, alternadamente.

A Constituição prevê, dentro da estrutura dos TRTs, como forma de democratizar o acesso a Justiça do Trabalho, a possibilidade de instalação da justiça itinerante, com a realização de audiências e demais funções de atividade jurisdicional, nos limites territoriais da respectiva jurisdição, servindo-se de equipamentos públicos e comunitários. Não se deve esquecer de que os TRTs poderão funcionar descentralizadamente, constituindo Câmaras regionais, a fim de assegurar o pleno acesso do jurisdicionado à justiça em todas as fases do processo, garantindo-se, dessa forma, uma maior celeridade processual. Ainda dentro da estrutura da Justiça do trabalho, a Constituição prevê a possibilidade de juízes de direito exercerem as atribuições da jurisdição trabalhista nas comarcas não abrangidas pela Justiça do Trabalho, garantindo-se, nesse caso, recurso para o TRT:

***Art. 112.** A lei criará varas da Justiça do Trabalho, podendo, nas comarcas não abrangidas por sua jurisdição, atribuí-la aos juízes de direito, com recurso para o respectivo Tribunal Regional do Trabalho.*

Por fim, a Constituição determinou que a jurisdição nas Varas do Trabalho seja exercida por um juiz singular:

***Art. 116.** Nas Varas do Trabalho, a jurisdição será exercida por um juiz singular.*

Competências

Quanto às competências da Justiça do Trabalho, a Constituição encarregou-se de defini-las expressamente no Art. 114:

***Art. 114.** Compete à Justiça do Trabalho processar e julgar:*

I. As ações oriundas da relação de trabalho, abrangidos os entes de direito público externo e da administração pública direta e indireta da União, dos Estados, do Distrito Federal e dos Municípios;

II. As ações que envolvam exercício do direito de greve;

III. As ações sobre representação sindical, entre sindicatos, entre sindicatos e trabalhadores, e entre sindicatos e empregadores;

IV. Os mandados de segurança, habeas corpus e habeas data , quando o ato questionado envolver matéria sujeita à sua jurisdição;

V. Os conflitos de competência entre órgãos com jurisdição trabalhista, ressalvado o disposto no art. 102, I, o;

VI. As ações de indenização por dano moral ou patrimonial, decorrentes da relação de trabalho;

VII. As ações relativas às penalidades administrativas impostas aos empregadores pelos órgãos de fiscalização das relações de trabalho;

VIII. A execução, de ofício, das contribuições sociais previstas no art. 195, I, a , e II, e seus acréscimos legais, decorrentes das sentenças que proferir;

IX. Outras controvérsias decorrentes da relação de trabalho, na forma da lei.

***§ 1º** - Frustrada a negociação coletiva, as partes poderão eleger árbitros.*

***§ 2º** Recusando-se qualquer das partes à negociação coletiva ou à arbitragem, é facultado às mesmas, de comum acordo, ajuizar dissídio coletivo de natureza econômica, podendo a Justiça do Trabalho decidir o conflito, respeitadas as disposições mínimas legais de proteção ao trabalho, bem como as convencionadas anteriormente.*

***§ 3º** Em caso de greve em atividade essencial, com possibilidade de lesão do interesse público, o Ministério Público do Trabalho poderá ajuizar dissídio coletivo, competindo à Justiça do Trabalho decidir o conflito.*

Justiça Eleitoral

A justiça eleitoral é a justiça especializada em questões de natureza eleitoral. Seus órgãos estão previstos no Art. 118 da Constituição:

***Art. 118.** São órgãos da Justiça Eleitoral:*

I. O Tribunal Superior Eleitoral;

II. Os Tribunais Regionais Eleitorais;

III. Os Juízes Eleitorais;

IV. As Juntas Eleitorais.

Uma peculiaridade distingue os órgãos da Justiça Eleitoral dos demais órgãos do Poder Judiciário. Apesar de seus membros possuírem as mesmas garantias dos demais membros do Poder Judiciário, eles não possuem a vitaliciedade, haja vista serem eleitos para um mandato de dois anos, no mínimo, não podendo exercê-lo por mais de dois biênios consecutivos:

***Art. 121.** Lei complementar disporá sobre a organização e competência dos tribunais, dos juízes de direito e das juntas eleitorais.*

§ 1º - Os membros dos tribunais, os juízes de direito e os integrantes das juntas eleitorais, no exercício de suas funções, e no que lhes for aplicável, gozarão de plenas garantias e serão inamovíveis.

§ 2º - Os juízes dos tribunais eleitorais, salvo motivo justificado, servirão por dois anos, no mínimo, e nunca por mais de dois biênios consecutivos, sendo os substitutos escolhidos na mesma ocasião e pelo mesmo processo, em número igual para cada categoria.

Analisa-se, a seguir, a composição de cada um dos órgãos da Justiça Eleitoral:

Tribunal Superior Eleitoral

O Tribunal Superior Eleitoral é o tribunal superior da Justiça Eleitoral. Sua composição está prevista no Art. 119 da Constituição Federal:

Art. 119. *O Tribunal Superior Eleitoral compor-se-á, no mínimo, de sete membros, escolhidos:*

I. Mediante eleição, pelo voto secreto:

a) Três juízes dentre os Ministros do Supremo Tribunal Federal;

b) Dois juízes dentre os Ministros do Superior Tribunal de Justiça;

II. Por nomeação do Presidente da República, dois juízes dentre seis advogados de notável saber jurídico e idoneidade moral, indicados pelo Supremo Tribunal Federal.

Parágrafo único. *O Tribunal Superior Eleitoral elegerá seu Presidente e o Vice-Presidente dentre os Ministros do Supremo Tribunal Federal, e o Corregedor Eleitoral dentre os Ministros do Superior Tribunal de Justiça.*

Como se pode depreender do texto constitucional, o TSE é composto de no mínimo sete membros os quais serão eleitos ou nomeados segundo as seguintes regras:

- Escolhidos mediante eleição: TRÊS juízes dentre os Ministros STF e DOIS juízes dentre os Ministros do STJ;
- Por nomeação do Presidente da República: DOIS juízes dentre seis ADVOGADOS de notável saber jurídico e idoneidade moral, indicados pelo Supremo Tribunal Federal.

O Presidente e o Vice-Presidente do TSE serão escolhidos dentre os Ministros do STF e o Corregedor Eleitoral será escolhido dentre os Ministros do STJ.

Tribunal Regional Eleitoral

Os Tribunais Regionais Eleitorais serão distribuídos em todo território nacional sendo um em cada Capital de cada Estado e no Distrito Federal os quais se comporão de SETE MEMBROS, conforme dispõe o Art. 120 da Constituição Federal:

Art. 120. *Haverá um Tribunal Regional Eleitoral na Capital de cada Estado e no Distrito Federal.*

§ 1º - Os Tribunais Regionais Eleitorais compor-se-ão:

I. Mediante eleição, pelo voto secreto:

a) De dois juízes dentre os desembargadores do Tribunal de Justiça;

b) De dois juízes, dentre juízes de direito, escolhidos pelo Tribunal de Justiça;

II. De um juiz do Tribunal Regional Federal com sede na Capital do Estado ou no Distrito Federal, ou, não havendo, de juiz federal, escolhido, em qualquer caso, pelo Tribunal Regional Federal respectivo;

III. Por nomeação, pelo Presidente da República, de dois juízes dentre seis advogados de notável saber jurídico e idoneidade moral, indicados pelo Tribunal de Justiça.

§ 2º - O Tribunal Regional Eleitoral elegerá seu Presidente e o Vice-Presidente dentre os desembargadores.

Os membros do TRE serão escolhidos conforme os seguintes critérios:

- Mediante eleição: DOIS juízes dentre os desembargadores do Tribunal de Justiça e DOIS juízes, dentre juízes de direito, escolhidos pelo Tribunal de Justiça.
- Por nomeação do Presidente da República: de DOIS juízes dentre seis advogados de notável saber jurídico e idoneidade moral, indicados pelo Tribunal de Justiça.

Cada TRE elegerá seu Presidente e o Vice-Presidente entre os seus desembargadores.

Fique Ligado

I. TSE - mínimo 7 membros:

3 STF

2 STJ

2 Advogados

II. TRE - 7 membros :

2 Desembargadores TJ

2 Juízes TJ

1 Juiz TRF

2 Advogados

Juízes e Juntas Eleitorais

No que tange aos juízes e juntas eleitorais previstos no Art. 121 da Constituição, sua regulação está prevista no Código Eleitoral entre os Arts. 32 e 41, a qual deve ser analisada em disciplina oportuna. Isto é o que prevê o texto constitucional:

Art. 121. *Lei complementar disporá sobre a organização e competência dos tribunais, dos juízes de direito e das juntas eleitorais.*

§ 1º - Os membros dos tribunais, os juízes de direito e os integrantes das juntas eleitorais, no exercício de suas funções, e no que lhes for aplicável, gozarão de plenas garantias e serão inamovíveis.

Competência

Quanto às atribuições da Justiça Eleitoral, não existe dúvida sobre a sua competência especializada em matéria eleitoral. O Art. 121, em seu § 3º, estabelece algumas regras que podem ser cobradas em prova:

Art. 121, § 3º *- São irrecorríveis as decisões do Tribunal Superior Eleitoral, salvo as que contrariarem esta Constituição e as denegatórias de "habeas-corpus" ou mandado de segurança.*

§ 4º - Das decisões dos Tribunais Regionais Eleitorais somente caberá recurso quando:

I. Forem proferidas contra disposição expressa desta Constituição ou de lei;

II. Ocorrer divergência na interpretação de lei entre dois ou mais tribunais eleitorais;

III. Versarem sobre inelegibilidade ou expedição de diplomas nas eleições federais ou estaduais;

IV. Anularem diplomas ou decretarem a perda de mandatos eletivos federais ou estaduais;

V. Denegarem "habeas-corpus", mandado de segurança, "habeas-data" ou mandado de injunção.

Justiça Militar

A Justiça Militar compõe a chamada justiça especializada, nesse caso, em direito militar. A sua existência se deve à subordinação dos militares a um regime especial com direitos e deveres distintos quando comparados aos servidores civis.

A Constituição Federal definiu como órgãos da Justiça Militar os seguintes:

> ***Art. 122.*** *São órgãos da Justiça Militar:*
>
> ***I.*** *O Superior Tribunal Militar;*
>
> ***II.*** *Os Tribunais e Juízes Militares instituídos por lei.*

Na sequência, pode-se ver a composição de cada um dos órgãos:

Superior Tribunal Militar

O Superior Tribunal Militar é o órgão de cúpula da Justiça Militar, o qual é composto segundo as regras estabelecidas no Art. 123 da CF:

> ***Art. 123.*** *O Superior Tribunal Militar compor-se-á de quinze Ministros vitalícios, nomeados pelo Presidente da República, depois de aprovada a indicação pelo Senado Federal, sendo três dentre oficiais-generais da Marinha, quatro dentre oficiais-generais do Exército, três dentre oficiais-generais da Aeronáutica, todos da ativa e do posto mais elevado da carreira, e cinco dentre civis.*
>
> ***Parágrafo único.*** *Os Ministros civis serão escolhidos pelo Presidente da República dentre brasileiros maiores de trinta e cinco anos, sendo:*
>
> ***I.*** *Três dentre advogados de notório saber jurídico e conduta ilibada, com mais de dez anos de efetiva atividade profissional;*
>
> ***II.*** *Dois, por escolha paritária, dentre juízes auditores e membros do Ministério Público da Justiça Militar.*

O STM é composto por QUINZE ministros nomeados pelo Presidente da República, depois de aprovada a indicação pelo Senado Federal. Esses ministros ocuparão os cargos de forma vitalícia e serão escolhidos entre militares da ativa e do posto mais elevado da carreira, bem como entre civis escolhidos pelo Presidente da República com mais de 35 anos de idade, observadas as seguintes regras:

> ***10 Militares***

Três – oficiais-generais da Marinha;

Quatro – oficiais-generais do Exército;

Três – oficiais-generais da Aeronáutica;

> ***5 Civis***

Três – civis entre advogados de notório saber jurídico e conduta ilibada, com mais de dez anos de efetiva atividade profissional;

Dois – civis escolhidos de forma paritária, entre juízes auditores e membros do Ministério Público da Justiça Militar.

Competências

Segundo a Constituição Federal, a Justiça Militar é competente para processar e julgar os crimes militares definidos em lei:

> **Art. 124.** *À Justiça Militar compete processar e julgar os crimes militares definidos em lei.*
>
> ***Parágrafo único.*** *A lei disporá sobre a organização, o funcionamento e a competência da Justiça Militar.*

É importante lembrar que essa competência é da Justiça Militar da União, a qual só julgará crimes militares praticados por militares das Forças Armadas. A Constituição também previu a criação da Justiça Militar nos Estados com competência para julgar os militares dos estados (policiais e bombeiros militares) em seu Art. 125, § 3º ao 5º:

> ***Art. 125.*** *Os Estados organizarão sua Justiça, observados os princípios estabelecidos nesta Constituição.*
>
> ***§ 3º*** *A lei estadual poderá criar, mediante proposta do Tribunal de Justiça, a Justiça Militar estadual, constituída, em primeiro grau, pelos juízes de direito e pelos Conselhos de Justiça e, em segundo grau, pelo próprio Tribunal de Justiça, ou por Tribunal de Justiça Militar nos Estados em que o efetivo militar seja superior a vinte mil integrantes.*
>
> ***§ 4º*** *Compete à Justiça Militar estadual processar e julgar os militares dos Estados, nos crimes militares definidos em lei e as ações judiciais contra atos disciplinares militares, ressalvada a competência do júri quando a vítima for civil, cabendo ao tribunal competente decidir sobre a perda do posto e da patente dos oficiais e da graduação das praças.*
>
> ***§ 5º*** *Compete aos juízes de direito do juízo militar processar e julgar, singularmente, os crimes militares cometidos contra civis e as ações judiciais contra atos disciplinares militares, cabendo ao Conselho de Justiça, sob a presidência de juiz de direito, processar e julgar os demais crimes militares.*

Tribunais e Juízes Estaduais

Em relação aos Tribunais e Juízes estaduais, a Constituição Federal fixou regras gerais e deixou a cargo de cada Estado organizar a sua justiça, observados os princípios estabelecidos na Constituição Federal:

> ***Art. 125.*** *Os Estados organizarão sua Justiça, observados os princípios estabelecidos nesta Constituição.*
>
> ***§ 1º -*** *A competência dos tribunais será definida na Constituição do Estado, sendo a lei de organização judiciária de iniciativa do Tribunal de Justiça.*
>
> ***§ 2º -*** *Cabe aos Estados a instituição de representação de inconstitucionalidade de leis ou atos normativos estaduais ou municipais em face da Constituição Estadual, vedada a atribuição da legitimação para agir a um único órgão.*
>
> ***§ 3º*** *A lei estadual poderá criar, mediante proposta do Tribunal de Justiça, a Justiça Militar estadual, constituída, em primeiro grau, pelos juízes de direito e pelos Conselhos de Justiça e, em segundo grau, pelo próprio Tribunal de Justiça, ou por Tribunal de Justiça Militar nos Estados em que o efetivo militar seja superior a vinte mil integrantes.*
>
> ***§ 4º*** *Compete à Justiça Militar estadual processar e julgar os militares dos Estados, nos crimes militares definidos em lei e as ações judiciais contra atos disciplinares militares, ressalvada a competência do júri quando a vítima for civil, cabendo ao tribunal competente decidir sobre a perda do posto e da patente dos oficiais e da graduação das praças.*
>
> ***§ 5º*** *Compete aos juízes de direito do juízo militar processar e julgar, singularmente, os crimes militares cometidos contra civis e as ações judiciais contra atos disciplinares militares, cabendo ao Conselho de Justiça, sob a presidência de juiz de direito, processar e julgar os demais crimes militares.*
>
> ***§ 6º*** *O Tribunal de Justiça poderá funcionar descentralizadamente, constituindo Câmaras regionais, a fim de assegurar o pleno acesso do jurisdicionado à justiça em todas as fases do processo.*

§ 7º O Tribunal de Justiça instalará a justiça itinerante, com a realização de audiências e demais funções da atividade jurisdicional, nos limites territoriais da respectiva jurisdição, servindo-se de equipamentos públicos e comunitários.

***Art. 126.** Para dirimir conflitos fundiários, o Tribunal de Justiça proporá a criação de varas especializadas, com competência exclusiva para questões agrárias.*

***Parágrafo único.** Sempre que necessário à eficiente prestação jurisdicional, o juiz far-se-á presente no local do litígio.*

ÓRGÃO	MEMBROS	IDADE
STF	11	35 - 65
COMPOSIÇÃO		
Brasileiros natos. Notável saber jurídico e reputação ilibada. Nomeado pelo Presidente da República mediante aprovação do Senado pela maioria absoluta.		

ÓRGÃO	MEMBROS	IDADE
CNJ	15	
COMPOSIÇÃO		
Presidente do STF. Indicados pelo STF: 1 Desembargador do TJ, 1 juiz estadual. Indicados pelo STJ: 1 ministro do STJ, 1 juiz do TRF, 1 juiz federal. Indicados pelo TST: 1 ministro do TST, 1 juiz do TRT, 1 juiz do trabalho. Indicados pelo PGR: 1 membro do MPE, 1 membro do MPU. Indicados pelo CFOAB: 2 advogados. Indicado pela Câmara: 1 cidadão. Indicado pelo Senado: 1 cidadão.		

ÓRGÃO	MEMBROS	IDADE
STJ	Mínimo de 33	35-65
COMPOSIÇÃO		
Brasileiro. Notável saber jurídico e reputação ilibada. Nomeado pelo Presidente da República mediante aprovação do Senado. 1/3 juízes do TRF. 1/3 desembargadores do TJ. 1/3 advogados e membros do MPF, MPE e MPDFT.		

ÓRGÃO	MEMBROS	IDADE
TRF	Mínimo de 7	30-65
COMPOSIÇÃO		
Nomeados pelo Presidente da República. 1/5 advogados e membros do MPF (Os advogados e Membros do Ministério Público quando são nomeados para algum cargo do Poder Judiciário pelo Quinto Constitucional precisam comprovar 10 anos de experiência). 4/5 juízes federais.		

ÓRGÃO	MEMBROS	IDADE
TST	27	35-65
COMPOSIÇÃO		
Nomeado pelo Presidente da República mediante aprovação do Senado. 1/5 advogados e membros do MPT. 4/5 juízes do TRT da magistratura de carreira.		

ÓRGÃO	MEMBROS	IDADE
TRT	Mínimo de 7	30-65
COMPOSIÇÃO		
Nomeados pelo Presidente da República. 1/5 advogados e membros do MPT. 4/5 juízes do trabalho.		

ÓRGÃO	MEMBROS	IDADE
TSE	Mínimo de 7	
COMPOSIÇÃO		
Eleição: 3 ministros do STF; 2 ministros do STJ. Nomeação pelo Presidente da República: 2 advogados de notável saber jurídico e idoneidade moral indicados pelo STF.		

ÓRGÃO	MEMBROS	IDADE
TRE	7	
COMPOSIÇÃO		
Eleição: 2 desembargadores do TJ, 2 juízes de direito do TJ. 1 juiz do TRF ou juiz federal. Nomeação pelo Presidente da República: 2 advogados de notável saber jurídico e idoneidade moral indicados pelo TJ.		

ÓRGÃO	MEMBROS	IDADE
STM	15	
COMPOSIÇÃO		
Ministros vitalícios. Nomeados pelo Presidente da República mediante aprovação do Senado. 3 oficiais-generais da Marinha. 4 oficiais-generais do Exercito. 3 oficiais-generais da Aeronáutica. 5 civis escolhidos pelo Presidente entre brasileiros com mais de trinta e cinco anos sendo três dentre advogados com mais de dez anos de efetiva atividade profissional e dois entre juízes auditores e membros do MPJM.		

Análise das Competências dos Órgãos do Poder Judiciário

O sucesso nesta parte da matéria depende de intensa leitura e memorização das competências que serão cobradas em prova. As mais cobradas são, sem dúvida, as do STF e do STJ. Também, há grande ocorrência de questões sobre o CNJ. Passa-se à análise de cada um dos órgãos do Poder Judiciário.

Supremo Tribunal Federal

O Supremo Tribunal Federal é o órgão de cúpula do Poder Judiciário. Também é conhecido como Tribunal Constitucional, pois possui como atribuição precípua a guarda da Constituição Federal. Como protetor do texto constitucional, ele realiza o chamado Controle de Constitucionalidade Concentrado. Mas isso será tratado em outro momento. Nota-se que as competências do STF compõem um rol taxativo e estão distribuídas em três espécies: originária, recursal ordinária e recursal extraordinária.

Originárias – as causas previstas no inciso I do Art. 102 têm início no próprio STF, a quem compete julgar originariamente.

***Art. 102.** Compete ao Supremo Tribunal Federal, precipuamente, a guarda da Constituição, cabendo-lhe:*

I. *Processar e julgar, originariamente:*

a) *A ação direta de inconstitucionalidade de lei ou ato normativo federal ou estadual e a ação declaratória de constitucionalidade de lei ou ato normativo federal;*

b) *Nas infrações penais comuns, o Presidente da República, o Vice-Presidente, os membros do Congresso Nacional, seus próprios Ministros e o Procurador-Geral da República;*

c) *Nas infrações penais comuns e nos crimes de responsabilidade, os Ministros de Estado e os Comandantes da Marinha, do Exército e da Aeronáutica, ressalvado o disposto no art. 52, I, os membros dos Tribunais Superiores, os do Tribunal de Contas da União e os chefes de missão diplomática de caráter permanente;*

d) *O "habeas-corpus", sendo paciente qualquer das pessoas referidas nas alíneas anteriores; o mandado de segurança e o "habeas-data" contra atos do Presidente da República, das Mesas da Câmara dos Deputados e do Senado Federal, do Tribunal de Contas da União, do Procurador-Geral da República e do próprio Supremo Tribunal Federal;*

e) *O litígio entre Estado estrangeiro ou organismo internacional e a União, o Estado, o Distrito Federal ou o Território;*

f) *As causas e os conflitos entre a União e os Estados, a União e o Distrito Federal, ou entre uns e outros, inclusive as respectivas entidades da administração indireta;*

g) *A extradição solicitada por Estado estrangeiro;*

h) *(Revogado Emenda Constitucional nº 45, de 2004);*

i) *O habeas corpus, quando o coator for Tribunal Superior ou quando o coator ou o paciente for autoridade ou funcionário cujos atos estejam sujeitos diretamente à jurisdição do Supremo Tribunal Federal, ou se trate de crime sujeito à mesma jurisdição em uma única instância;*

j) *A revisão criminal e a ação rescisória de seus julgados;*

l) *A reclamação para a preservação de sua competência e garantia da autoridade de suas decisões;*

m) *A execução de sentença nas causas de sua competência originária, facultada a delegação de atribuições para a prática de atos processuais;*

n) *A ação em que todos os membros da magistratura sejam direta ou indiretamente interessados, e aquela em que mais da metade dos membros do tribunal de origem estejam impedidos ou sejam direta ou indiretamente interessados;*

o) *Os conflitos de competência entre o Superior Tribunal de Justiça e quaisquer tribunais, entre Tribunais Superiores, ou entre estes e qualquer outro tribunal;*

p) *O pedido de medida cautelar das ações diretas de inconstitucionalidade;*

q) *O mandado de injunção, quando a elaboração da norma regulamentadora for atribuição do Presidente da República, do Congresso Nacional, da Câmara dos Deputados, do Senado Federal, das Mesas de uma dessas Casas Legislativas, do Tribunal de Contas da União, de um dos Tribunais Superiores, ou do próprio Supremo Tribunal Federal;*

r) *As ações contra o Conselho Nacional de Justiça e contra o Conselho Nacional do Ministério Público.*

→ **Recurso Ordinário**

Analisa matéria já debatida em instância anterior atuando como tribunal de 2º grau de jurisdição. O Art. 102, II prevê como competência em sede de recurso ordinário:

II. *Julgar, em recurso ordinário:*

a) *O "habeas-corpus", o mandado de segurança, o "habeas-data" e o mandado de injunção decididos em única instância pelos Tribunais Superiores, se denegatória a decisão;*

b) *O crime político.*

→ **Recurso Extraordinário**

Atua na defesa da norma constitucional. O Art. 102, III prevê que compete ao STF o julgamento das causas decididas em única ou última instância quando a decisão recorrida:

III. *Julgar, mediante recurso extraordinário, as causas decididas em única ou última instância, quando a decisão recorrida:*

a) *Contrariar dispositivo desta Constituição;*

b) *Declarar a inconstitucionalidade de tratado ou lei federal;*

c) *Julgar válida lei ou ato de governo local contestado em face desta Constituição.*

d) *Julgar válida lei local contestada em face de lei federal.*

As questões sobre competências costumam ser bem complicadas, pois exigem do candidato a memorização de vários dispositivos, sem contar que se costuma complicar colocando a competência de um tribunal como se fosse de outro tribunal. Vejamos este exemplo:

Exercício Comentado

01. ***(FCC) O litígio entre a França e o Estado de Sergipe deverá ser processado e julgado, originariamente, pelo:***

a) Tribunal de Justiça do Estado de Sergipe.

b) Supremo Tribunal Federal.

c) Superior Tribunal de Justiça.

d) Tribunal Regional Federal.

e) Congresso Nacional.

RESPOSTA. *B. Previsão expressa no Art. 102, I, e, da CF.*

Controle de Constitucionalidade

O STF, em sede de controle de constitucionalidade concentrado, tem competência para apreciar originariamente a Ação Direta de Inconstitucionalidade e a Ação Declaratória de Constitucionalidade. Essas ações têm como objetivo questionar a constitucionalidade de uma lei ou ato normativo diante da Constituição. Quando esse questionamento se dá diretamente no STF, é necessário que seja apresentado por um dos legitimados que estão previstos no Art. 103:

Art. 103. *Podem propor a ação direta de inconstitucionalidade e a ação declaratória de constitucionalidade:*

I. *O Presidente da República;*

II. *A Mesa do Senado Federal;*

III. *A Mesa da Câmara dos Deputados;*

IV. *A Mesa de Assembleia Legislativa ou da Câmara Legislativa do Distrito Federal;*

V. *O Governador de Estado ou do Distrito Federal;*

VI. *O Procurador-Geral da República;*

VII. *O Conselho Federal da Ordem dos Advogados do Brasil;*

VIII. *Partido político com representação no Congresso Nacional;*

IX. Confederação sindical ou entidade de classe de âmbito nacional.

§1º - O Procurador-Geral da República deverá ser previamente ouvido nas ações de inconstitucionalidade e em todos os processos de competência do Supremo Tribunal Federal.

§2º - Declarada a inconstitucionalidade por omissão de medida para tornar efetiva norma constitucional, será dada ciência ao Poder competente para a adoção das providências necessárias e, em se tratando de órgão administrativo, para fazê-lo em trinta dias.

§ 3º - Quando o Supremo Tribunal Federal apreciar a inconstitucionalidade, em tese, de norma legal ou ato normativo, citará, previamente, o Advogado-Geral da União, que defenderá o ato ou texto impugnado.

Fique Ligado

Deve-se memorizar o rol de legitimados. Observe que os membros do Poder Executivo e Legislativo da União, dos Estados e do Distrito Federal, possuem legitimidade para ingressar com essas ações de Controle de Constitucionalidade, contudo, as mesmas autoridades no âmbito dos Municípios não possuem tal poder, e isso aparece muito em prova. Prefeito e Mesa da Câmara de Vereadores não possuem legitimidade para propor as ações de controle de constitucionalidade citadas acima.

Observem-se também outros detalhes. No que tange às Casas Legislativas, a competência é da Mesa e não do membro. Mesa da Câmara ou da Assembleia é órgão de direção onde se encontram o Presidente da Casa, os Secretários e demais membros de direção.

Quanto aos partidos políticos, não é qualquer partido político que tem legitimidade; tem de ser partido com representação no Congresso Nacional. E representação no Congresso Nacional significa pelo menos um membro em qualquer uma das Casas.

Em relação à confederação sindical ou entidade de classe, não será qualquer uma que possui legitimidade. Deve ser de âmbito nacional.

Súmulas Vinculantes

As Súmulas Vinculantes são ferramentas jurídicas criadas para garantir maior efetividade ao inciso LXXVIII do Art. 5º da Constituição Federal de 1988 (celeridade processual). Introduzida no direito brasileiro por meio da Emenda Constitucional nº 45/2004, essas súmulas refletem o pensamento do Supremo Tribunal Federal acerca da validade, interpretação e eficácia de algumas normas que já foram analisadas em reiteradas decisões.

A competência para edição dessas súmulas é exclusiva do STF. Após a edição da súmula, ela produz efeitos vinculantes para todos os órgãos do Poder Judiciário e para a Administração Pública direta e indireta, nas esferas federal, estadual e municipal. É importante ressaltar que os efeitos das Súmulas Vinculantes não atingem o STF nem o Poder Legislativo: o STF, por poder rever ou cancelar a súmula conforme a evolução jurisprudencial; e o Legislativo, por ser o Poder responsável pela inovação legislativa no Brasil.

O seu principal objetivo é diminuir a quantidade de processos com temas idênticos que se acumulam nas diversas instâncias do Judiciário. Ao editar uma súmula vinculante, o STF produz segurança jurídica e evita a multiplicação de processos sobre as questões sumuladas. Esse tema está regulado pelo Art. 103-A da Constituição Federal e a Lei 11.417/2006.

***Art. 103-A.** O Supremo Tribunal Federal poderá, de ofício ou por provocação, mediante decisão de dois terços dos seus membros, após reiteradas decisões sobre matéria constitucional, aprovar súmula que, a partir de sua publicação na imprensa oficial, terá efeito vinculante em relação aos demais órgãos do Poder Judiciário e à administração pública direta e indireta, nas esferas federal, estadual e municipal, bem como proceder à sua revisão ou cancelamento, na forma estabelecida em lei.*

§ 1º A súmula terá por objetivo a validade, a interpretação e a eficácia de normas determinadas, acerca das quais haja controvérsia atual entre órgãos judiciários ou entre esses e a administração pública que acarrete grave insegurança jurídica e relevante multiplicação de processos sobre questão idêntica.

§ 2º Sem prejuízo do que vier a ser estabelecido em lei, a aprovação, revisão ou cancelamento de súmula poderá ser provocada por aqueles que podem propor a ação direta de inconstitucionalidade.

§ 3º Do ato administrativo ou decisão judicial que contrariar a súmula aplicável ou que indevidamente a aplicar, caberá reclamação ao Supremo Tribunal Federal que, julgando-a procedente, anulará o ato administrativo ou cassará a decisão judicial reclamada, e determinará que outra seja proferida com ou sem a aplicação da súmula, conforme o caso.

Fique Ligado

As súmulas vinculantes não vinculam o Supremo Tribunal Federal nem o Poder Legislativo.

Superior Tribunal de Justiça

O Superior Tribunal de Justiça é o conhecido protetor da legislação federal. Suas competências estão arroladas no Art. 105 da Constituição e estão divididas em: originária, recursal ordinária e recursal especial.

→ **Originária**

As causas previstas no inciso I do Art. 105 têm início no próprio STJ, a quem compete julgar originariamente:

a) Nos crimes comuns, os Governadores dos Estados e do Distrito Federal, e, nestes e nos de responsabilidade, os desembargadores dos Tribunais de Justiça dos Estados e do Distrito Federal, os membros dos Tribunais de Contas dos Estados e do Distrito Federal, os dos Tribunais Regionais Federais, dos Tribunais Regionais Eleitorais e do Trabalho, os membros dos Conselhos ou Tribunais de Contas dos Municípios e os do Ministério Público da União que oficiem perante tribunais;

b) Os mandados de segurança e os habeas data contra ato de Ministro de Estado, dos Comandantes da Marinha, do Exército e da Aeronáutica ou do próprio Tribunal;

c) Os habeas corpus, quando o coator ou paciente for qualquer das pessoas mencionadas na alínea "a", ou quando o coator for tribunal sujeito à sua jurisdição, Ministro de Estado ou Comandante da Marinha, do Exército ou da Aeronáutica, ressalvada a competência da Justiça Eleitoral;

d) Os conflitos de competência entre quaisquer tribunais, ressalvado o disposto no art. 102, I, "o", bem como entre tribunal e juízes a ele não vinculados e entre juízes vinculados a tribunais diversos;

e) *As revisões criminais e as ações rescisórias de seus julgados;*
f) *A reclamação para a preservação de sua competência e garantia da autoridade de suas decisões;*
g) *Os conflitos de atribuições entre autoridades administrativas e judiciárias da União, ou entre autoridades judiciárias de um Estado e administrativas de outro ou do Distrito Federal, ou entre as deste e da União;*
h) *O mandado de injunção, quando a elaboração da norma regulamentadora for atribuição de órgão, entidade ou autoridade federal, da administração direta ou indireta, excetuados os casos de competência do Supremo Tribunal Federal e dos órgãos da Justiça Militar, da Justiça Eleitoral, da Justiça do Trabalho e da Justiça Federal;*
i) *A homologação de sentenças estrangeiras e a concessão de exequatur às cartas rogatórias.*

→ **Recurso Ordinário**

Analisa matéria já debatida em instância anterior atuando como tribunal de 2º grau de jurisdição. O Art. 105, II prevê como competência em sede de recurso ordinário:

a) *Os "habeas-corpus" decididos em única ou última instância pelos Tribunais Regionais Federais ou pelos tribunais dos Estados, do Distrito Federal e Territórios, quando a decisão for denegatória;*
b) *Os mandados de segurança decididos em única instância pelos Tribunais Regionais Federais ou pelos tribunais dos Estados, do Distrito Federal e Territórios, quando denegatória a decisão;*
c) *As causas em que forem partes Estado estrangeiro ou organismo internacional, de um lado, e, do outro, Município ou pessoa residente ou domiciliada no País.*

→ **Recurso Especial**

Atua na defesa das normas infraconstitucionais federais. O Art. 105, III prevê que compete ao STJ o julgamento das causas decididas em única ou última instância pelos TRF's e TJ's que:

a) *Contrariar tratado ou lei federal, ou negar-lhe vigência;*
b) *Julgar válido ato de governo local contestado em face de lei federal;*
c) *Der a lei federal interpretação divergente da que lhe haja atribuído outro tribunal.*

Conselho Nacional de Justiça

O Conselho Nacional de Justiça é órgão do poder judiciário, mas não possui função jurisdicional. Sua função é de caráter administrativo.

O CNJ é responsável pela fiscalização administrativa e financeira do Poder Judiciário. Possui também atribuição para fiscalizar os seus membros quanto a observância dos deveres funcionais.

Por fim, deve-se lembrar que o CNJ não possui competência sobre o STF, haja vista este ser o órgão de cúpula de todo o poder judiciário.

§ 4º *Compete ao Conselho o controle da atuação administrativa e financeira do Poder Judiciário e do cumprimento dos deveres funcionais dos juízes, cabendo-lhe, além de outras atribuições que lhe forem conferidas pelo Estatuto da Magistratura:*

I. *Zelar pela autonomia do Poder Judiciário e pelo cumprimento do Estatuto da Magistratura, podendo expedir atos regulamentares, no âmbito de sua competência, ou recomendar providências;*
II. *Zelar pela observância do art. 37 e apreciar, de ofício ou mediante provocação, a legalidade dos atos administrativos praticados por membros ou órgãos do Poder Judiciário, podendo desconstituí-los, revê-los ou fixar prazo para que se adotem as providências necessárias ao exato cumprimento da lei, sem prejuízo da competência do Tribunal de Contas da União;*
III. *Receber e conhecer das reclamações contra membros ou órgãos do Poder Judiciário, inclusive contra seus serviços auxiliares, serventias e órgãos prestadores de serviços notariais e de registro que atuem por delegação do poder público ou oficializados, sem prejuízo da competência disciplinar e correicional dos tribunais, podendo avocar processos disciplinares em curso e determinar a remoção, a disponibilidade ou a aposentadoria com subsídios ou proventos proporcionais ao tempo de serviço e aplicar outras sanções administrativas, assegurada ampla defesa;*
IV. *Representar ao Ministério Público, no caso de crime contra a administração pública ou de abuso de autoridade;*
V. *Rever, de ofício ou mediante provocação, os processos disciplinares de juízes e membros de tribunais julgados há menos de um ano;*
VI. *Elaborar semestralmente relatório estatístico sobre processos e sentenças prolatadas, por unidade da Federação, nos diferentes órgãos do Poder Judiciário;*
VII. *Elaborar relatório anual, propondo as providências que julgar necessárias, sobre a situação do Poder Judiciário no País e as atividades do Conselho, o qual deve integrar mensagem do Presidente do Supremo Tribunal Federal a ser remetida ao Congresso Nacional, por ocasião da abertura da sessão legislativa.*

§ 5º *O Ministro do Superior Tribunal de Justiça exercerá a função de Ministro-Corregedor e ficará excluído da distribuição de processos no Tribunal, competindo-lhe, além das atribuições que lhe forem conferidas pelo Estatuto da Magistratura, as seguintes:*

I. *Receber as reclamações e denúncias, de qualquer interessado, relativas aos magistrados e aos serviços judiciários;*
II. *Exercer funções executivas do Conselho, de inspeção e de correição geral;*
III. *Requisitar e designar magistrados, delegando-lhes atribuições, e requisitar servidores de juízos ou tribunais, inclusive nos Estados, Distrito Federal e Territórios.*

§ 6º *Junto ao Conselho oficiarão o Procurador-Geral da República e o Presidente do Conselho Federal da Ordem dos Advogados do Brasil.*

§ 7º *A União, inclusive no Distrito Federal e nos Territórios, criará ouvidorias de justiça, competentes para receber reclamações e denúncias de qualquer interessado contra membros ou órgãos do Poder Judiciário, ou contra seus serviços auxiliares, representando diretamente ao Conselho Nacional de Justiça.*

Justiça Federal

Estes são os órgãos da chamada Justiça Federal:

Art. 106. *São órgãos da Justiça Federal:*

I. *Os Tribunais Regionais Federais;*
II. *Os Juízes Federais.*

Tribunal Regional Federal e Juízes Federais

As competências da Justiça Federal, em regra, estão relacionadas com causas de interesse da União. Deve-se ter muito cuidado com esse tema, pois há competências que são dos Tribunais Regionais Federais e outras que são dos Juízes Federais. As provas costumam trocar essas competências umas pelas outras. As primeiras encontram-se definidas no Art. 108 e as dos Juízes Federais estão previstas no Art. 109:

> ***Art. 108.*** *Compete aos Tribunais Regionais Federais:*
>
> ***I.*** *Processar e julgar, originariamente:*
>
> ***a)*** *Os juízes federais da área de sua jurisdição, incluídos os da Justiça Militar e da Justiça do Trabalho, nos crimes comuns e de responsabilidade, e os membros do Ministério Público da União, ressalvada a competência da Justiça Eleitoral;*
>
> ***b)*** *As revisões criminais e as ações rescisórias de julgados seus ou dos juízes federais da região;*
>
> ***c)*** *Os mandados de segurança e os "habeas-data" contra ato do próprio Tribunal ou de juiz federal;*
>
> ***d)*** *Os "habeas-corpus", quando a autoridade coatora for juiz federal;*
>
> ***e)*** *Os conflitos de competência entre juízes federais vinculados ao Tribunal;*
>
> ***II.*** *Julgar, em grau de recurso, as causas decididas pelos juízes federais e pelos juízes estaduais no exercício da competência federal da área de sua jurisdição.*
>
> ***Art. 109.*** *Aos juízes federais compete processar e julgar:*
>
> ***I.*** *As causas em que a União, entidade autárquica ou empresa pública federal forem interessadas na condição de autoras, rés, assistentes ou oponentes, exceto as de falência, as de acidentes de trabalho e as sujeitas à Justiça Eleitoral e à Justiça do Trabalho;*
>
> ***II.*** *As causas entre Estado estrangeiro ou organismo internacional e Município ou pessoa domiciliada ou residente no País;*
>
> ***III.*** *As causas fundadas em tratado ou contrato da União com Estado estrangeiro ou organismo internacional;*
>
> ***IV.*** *Os crimes políticos e as infrações penais praticadas em detrimento de bens, serviços ou interesse da União ou de suas entidades autárquicas ou empresas públicas, excluídas as contravenções e ressalvada a competência da Justiça Militar e da Justiça Eleitoral;*
>
> ***V.*** *Os crimes previstos em tratado ou convenção internacional, quando, iniciada a execução no País, o resultado tenha ou devesse ter ocorrido no estrangeiro, ou reciprocamente;*
>
> ***V-A.*** *As causas relativas a direitos humanos a que se refere o § 5º deste artigo;*
>
> ***VI.*** *Os crimes contra a organização do trabalho e, nos casos determinados por lei, contra o sistema financeiro e a ordem econômico-financeira;*
>
> ***VII.*** *Os "habeas-corpus", em matéria criminal de sua competência ou quando o constrangimento provier de autoridade cujos atos não estejam diretamente sujeitos a outra jurisdição;*
>
> ***VIII.*** *Os mandados de segurança e os "habeas-data" contra ato de autoridade federal, excetuados os casos de competência dos tribunais federais;*
>
> ***IX.*** *Os crimes cometidos a bordo de navios ou aeronaves, ressalvada a competência da Justiça Militar;*
>
> ***X.*** *Os crimes de ingresso ou permanência irregular de estrangeiro, a execução de carta rogatória, após o "exequatur", e de sentença estrangeira, após a homologação, as causas referentes à nacionalidade, inclusive a respectiva opção, e à naturalização;*
>
> ***XI.*** *A disputa sobre direitos indígenas.*

Vamos Praticar

01. (CESPE) É da competência do Superior Tribunal de Justiça (STJ) julgar, em recurso ordinário, o habeas corpus e o mandado de segurança decididos em única instância pelo Tribunal Superior do Trabalho (TST), se denegatória a decisão.

Certo ( ) Errado ( )

02. (CESPE) Os tribunais regionais federais podem funcionar de forma descentralizada, constituindo Câmaras regionais, como forma de assegurar a plenitude do acesso à justiça.

Certo ( ) Errado ( )

03. (CESPE) A CF assegura aos magistrados de primeiro grau a prerrogativa da vitaliciedade, adquirida após três anos de exercício no cargo, e, nesse período de três anos, a perda do cargo pelo magistrado depende de sentença judicial transitada em julgado.

Certo ( ) Errado ( )

04. (CESPE) Compete ao Supremo Tribunal Federal julgar, mediante recurso extraordinário, causas decididas, em única ou última instância, pelos tribunais regionais federais ou pelos tribunais dos estados, do Distrito Federal e territórios, quando, por exemplo, a decisão recorrida contrariar tratado ou lei federal ou negar-lhes vigência.

Certo ( ) Errado ( )

05. (CESPE) De acordo com a CF, compete aos juízes federais processar e julgar os crimes políticos e as infrações penais praticadas em detrimento de bens, serviços ou interesse da União ou de suas entidades autárquicas ou empresas públicas, excluídas as contravenções e ressalvadas as competências da justiça militar e da justiça eleitoral.

Certo ( ) Errado ( )

06. (CESPE) O Supremo Tribunal Federal (STF) cumpre, entre outras, a função de órgão de cúpula do Poder Judiciário, e a ele cabe a iniciativa de, por meio de lei ordinária, dispor sobre o Estatuto da Magistratura.

Certo ( ) Errado ( )

07. (CESPE) A CF assegura aos magistrados a prerrogativa da vitaliciedade. Assim, no caso de um juiz de primeiro grau, a vitaliciedade é adquirida após três anos de exercício.

Certo ( ) Errado ( )

08. (CESPE) Compete ao Superior Tribunal de Justiça processar e julgar, originariamente, as revisões criminais e ações rescisórias de julgados dos tribunais regionais federais.

Certo ( ) Errado ( )

09. (CESPE) O Supremo Tribunal Federal compõe-se de, no mínimo, trinta e três ministros, escolhidos entre cidadãos com mais de trinta e cinco e menos de sessenta e cinco anos de idade, de notável saber jurídico e reputação ilibada.

Certo ( ) Errado ( )

10. (CESPE) No tocante à organização do Estado brasileiro, a CF determinou que compete ao Supremo Tribunal Federal processar e julgar originariamente o presidente da República e os governadores dos estados e do Distrito Federal nos crimes comuns.

Certo ( ) Errado ( )

11. (FCC) Nos termos da Constituição Federal, o Tribunal Superior do Trabalho compor-se-á de:

a) Vinte e um Ministros, escolhidos dentre brasileiros com mais de trinta e cinco e menos de sessenta anos, nomeados pelo Presidente do Senado Federal após aprovação pela maioria simples do Congresso Nacional.

b) Vinte e cinco Ministros, escolhidos dentre brasileiros com mais de trinta e menos de sessenta e cinco anos, nomeados pelo Presidente do Congresso Nacional, após aprovação pela maioria absoluta da Câmara dos Deputados.

c) Vinte e sete Ministros, escolhidos dentre brasileiros com mais de trinta e cinco e menos de sessenta e cinco anos, nomeados pelo Presidente da República após aprovação pela maioria absoluta do Senado Federal.

d) Dezenove Ministros, escolhidos dentre brasileiros com mais de trinta e menos de sessenta e cinco nos, nomeados pelo Presidente da Câmara dos Deputados após aprovação pela maioria simples dos seus membros.

e) Dezessete Ministros, escolhidos dentre brasileiros com mais de trinta e cinco e menos de sessenta anos, nomeados pelo Presidente do Senado Federal após aprovação pela maioria absoluta dos seus membros.

12. (FCC) Os Juízes dos Tribunais Regionais do Trabalho, nomeados pelo Presidente da República, dentre brasileiros, deverão contar com mais de:

a) Trinta e menos de sessenta anos de idade.

b) Trinta e menos de sessenta e cinco anos de idade.

c) Trinta e menos de setenta anos de idade.

d) Trinta e cinco e menos de sessenta e cinco anos de idade.

e) Trinta e cinco e menos de setenta e cinco anos de idade.

13. (FCC) Compete ao Supremo Tribunal Federal, precipuamente, a guarda da Constituição, cabendo-lhe processar e julgar, originariamente:

a) Os mandados de segurança e os habeas data contra ato de Ministro de Estado, dos Comandantes da Marinha, do Exército e da Aeronáutica ou do próprio Tribunal.

b) Os causas e os conflitos entre a União e os Estados, a União e o Distrito Federal, ou entre uns e outros, inclusive as respectivas entidades da administração indireta.

c) Os habeas corpus, quando o coator ou paciente for Governador de Estado, ou quando o coator for tribunal sujeito à sua jurisdição, Ministro de Estado ou Comandante da Marinha, do Exército ou da Aeronáutica, ressalvada a competência da Justiça Eleitoral.

d) Os habeas corpus decididos em única ou última instância pelos Tribunais Regionais Federais ou pelos Tribunais dos Estados, do Distrito Federal e Territórios, quando a decisão for denegatória.

e) Os mandados de segurança decididos em única instância pelos Tribunais Regionais Federais ou pelos Tribunais dos Estados, do Distrito Federal e Territórios, quando denegatória a decisão.

14. (FCC) Quanto ao Poder Judiciário, o Conselho Nacional de Justiça é composto por quinze membros com mais de trinta e cinco e menos de sessenta e seis anos de idade, sendo:

a) Dois cidadãos, de notável saber jurídico e reputação ilibada, indicados um pela Câmara dos Deputados e outro pelo Senado Federal.

b) Três juízes do trabalho, indicados pelo Tribunal Superior do Trabalho.

c) Dois membros do Ministério Público da União, indicados pelo Procurador-Geral da República.

d) Dois membros do Ministério Público estadual, escolhidos pelo Procurador-Geral da República dentre os nomes indicados pelo órgão competente de cada instituição estadual.

e) Três juízes federais, indicados pelo Superior Tribunal de Justiça.

15. (FCC) Dentre as principais inovações trazidas pela Emenda Constitucional nº 45 pode-se afirmar que:

a) Se criou o Conselho Nacional de Justiça, composto de treze membros com mais de trinta e cinco e menos de sessenta e seis anos de idade, com mandato de dois anos, admitida uma recondução.

b) A competência para apreciar os pedidos de homologação de sentenças estrangeiras e a concessão de exequatur às cartas rogatórias passou do Superior Tribunal de Justiça para o Supremo Tribunal Federal.

c) Nas hipóteses de grave violação de direitos humanos, o Procurador-Geral da República, com a finalidade de assegurar o cumprimento de obrigações decorrentes de tratados internacionais de direitos humanos dos quais o Brasil seja parte, poderá suscitar, perante o Supremo Tribunal Federal, em qualquer fase do inquérito ou processo, incidente de deslocamento de competência para a Justiça Federal.

d) Os Tribunais Regionais do Trabalho passaram a ser compostos de, no mínimo, nove juízes, recrutados, quando possível, na respectiva região, e nomeados pelo Presidente da República dentre brasileiros com mais de trinta e menos de sessenta e cinco anos.

e) As decisões definitivas de mérito, proferidas pelo Supremo Tribunal Federal, nas ações diretas de inconstitucionalidade e nas ações declaratórias de constitucionalidade produzirão eficácia contra todos e efeito vinculante, relativamente aos demais órgãos do Poder Judiciário e à administração pública direta e indireta, nas esferas federal, estadual e municipal.

16. (ESAF) Pertinente ao Poder Judiciário, marque a única opção correta.

a) A inamovibilidade, como garantia do juiz, não admite exceções.

b) A declaração de inconstitucionalidade de lei ou ato normativo somente se dará pelo voto da maioria dos membros dos Tribunais.

c) O presidente do Tribunal, que por ato omissivo retardar a liquidação regular de precatório, incorrerá em crime de responsabilidade.

d) Compete ao Supremo Tribunal Federal processar e julgar originariamente os mandados de segurança contra ato de ministro de Estado.

e) É competência dos Tribunais Regionais Federais processar e julgar originariamente a disputa sobre direitos indígenas.

17. (ESAF) Assinale a opção correta relativa ao Poder Judiciário.

a) Um quinto dos lugares do Superior Tribunal de Justiça será composto de membros do Ministério Público, com mais de dez anos de carreira, e de advogados de notório saber jurídico e de reputação ilibada, com mais de dez anos de efetiva atividade profissional, indicados em lista sêxtupla pelos órgãos de representação das respectivas classes.

b) Cabe ao Conselho da Justiça Federal exercer a supervisão administrativa e orçamentária da Justiça Federal de primeiro e segundo graus, como órgão central do sistema e com poderes para determinar aos Tribunais Regionais Federais que funcionem descentralizadamente, constituindo Câmaras regionais, a fim de assegurar o pleno acesso do jurisdicionado à justiça em todas as fases do processo.

c) O Supremo Tribunal Federal pode aprovar súmula que terá efeito vinculante em relação aos demais órgãos do Poder Judiciário, do Poder Legislativo e à administração pública direta e indireta, nas esferas federal, estadual e municipal.

d) Compete privativamente aos Tribunais de Justiça propor ao Poder Legislativo respectivo a alteração da organização e da divisão judiciárias.

e) Nas hipóteses de grave violação de direitos humanos, o Procurador-Geral da República, com a finalidade de assegurar o cumprimento de obrigações decorrentes de tratados internacionais de direitos humanos dos quais o Brasil seja parte, em qualquer fase do inquérito ou processo, poderá determinar o deslocamento da competência para a Justiça Federal.

18. (ESAF) Sobre o Poder Judiciário, marque a única opção correta.

a) É do Supremo Tribunal Federal a competência exclusiva para julgar os comandantes da Marinha, do Exército e da Aeronáutica nas infrações penais comuns e nos crimes de responsabilidade.

b) No âmbito da União, o encaminhamento, para o Executivo, da proposta orçamentária dos órgãos do poder judiciário é da competência do presidente do Supremo Tribunal Federal.

c) Para concorrer à vaga de juiz em Tribunal Regional Federal, no quinto constitucional, o membro do Ministério Público deverá ter mais de dez anos de carreira e ser indicado, pelo seu órgão, em lista sêxtupla, a ser encaminhada ao respectivo tribunal.

d) Caberá ao Superior Tribunal de Justiça o julgamento de recurso ordinário contra a decisão que concedeu a segurança em mandado de segurança julgado em única instância pelo Tribunal de Justiça do Distrito Federal.

e) A promoção de juiz federal para Tribunal Regional Federal far-se-á, alternadamente, por antiguidade e merecimento, exigindo-se do juiz a ser promovido mais de dez anos de efetivo exercício da magistratura federal.

19. (ESAF) Assinale a opção correta.

a) O Presidente do Supremo Tribunal Federal é a autoridade hierárquica máxima do Judiciário e do Ministério Público da União.

b) A ação penal pública pode ser proposta, hoje, pelo Ministério Público e pela autoridade policial.

c) Somente o Ministério Público pode promover a ação civil pública.

d) Incumbe à Justiça do Trabalho processar e julgar toda ação movida por servidor público contra a União, em que se postulem verbas de índole remuneratória.

e) Entre as competências do Conselho Nacional de Justiça não se inclui a de rever decisões judiciais do Supremo Tribunal Federal.

20. (ESAF) Sobre o Poder Judiciário, assinale a única opção correta.

a) Só poderá ser promovido por merecimento o juiz que demonstrar dois anos de exercício na respectiva entrância e que integrar a primeira quinta parte da lista de antiguidade para a promoção.

b) Se o recorrente, no recurso extraordinário, não demonstrar, nos termos da lei, a repercussão geral das questões constitucionais discutidas no caso, o recurso poderá não ser admitido, liminarmente, pelo Relator designado para o processo.

c) Só é possível a criação de Tribunal de Justiça Militar nos Estados em que o efetivo da polícia militar seja superior a vinte mil integrantes.

d) Em razão de alteração do texto constitucional, recusando-se qualquer das partes à negociação coletiva ou à arbitragem, é facultado às mesmas, de comum acordo, ajuizar dissídio coletivo de natureza econômica, podendo a Justiça do Trabalho decidir o conflito sem vinculação com as disposições convencionadas anteriormente.

e) Compete ao Conselho Nacional de Justiça o controle do cumprimento dos deveres funcionais dos juízes, cabendo-lhe representar ao Ministério Público, no caso de crime contra a administração pública ou de abuso de autoridade.

Gabarito

01	ERRADO	11	C
02	CERTO	12	B
03	ERRADO	13	B
04	ERRADO	14	A
05	CERTO	15	E
06	ERRADO	16	C
07	ERRADO	17	D
08	ERRADO	18	C
09	ERRADO	19	E
10	ERRADO	20	E

CAPÍTULO 13

Funções Essenciais à Justiça

As funções essenciais à justiça estão previstas expressamente do Art. 127 ao 135 da Constituição Federal, elas são representadas pelas seguintes instituições:

- → Ministério Público;
- → Advocacia Pública;
- → Defensoria Pública;
- → Advocacia.

Ao contrário do que muitos pensam, essas instituições não fazem parte do Poder Judiciário, mas desempenham suas funções junto a esse poder. Sua atuação é essencial ao exercício jurisdicional, razão pela qual foram classificadas como funções essenciais. Essa necessidade se justifica em razão da impossibilidade de o Judiciário agir de ofício, ou seja, toda a atuação jurisdicional demanda provocação, a qual será titularizada por uma dessas instituições.

Esses organismos são representados por agentes públicos ou privados cuja função principal é provocar a atuação do Poder Judiciário, o qual se mantém inerte e imparcial, aguardando o momento certo para agir. São em sua essência "advogados".

O Ministério Público é o advogado da Sociedade, pois, conforme prevê o *caput* do Art. 127, incumbe-lhe a tarefa de defender a ordem jurídica, o regime democrático e os interesses sociais e individuais indisponíveis:

> ***Art. 127.*** *O Ministério Público é instituição permanente, essencial à função jurisdicional do Estado, incumbindo-lhe a defesa da ordem jurídica, do regime democrático e dos interesses sociais e individuais indisponíveis.*

A Advocacia Pública advoga para o Estado representando os entes públicos judicial e extrajudicialmente ou mesmo desempenhando atividades de assessoria e consultoria jurídica.

A Defensoria Pública tem como atribuição principal advogar para os necessitados. São os defensores públicos responsáveis pela defesa dos hipossuficientes, aqueles que não possuem recursos financeiros para contratarem advogados privados.

E, por último, há a Advocacia, que, pela lógica, é privada, formada por advogados particulares, os quais são inscritos na Ordem dos Advogados do Brasil e atuam de forma autônoma e independente dentro dos limites estabelecidos em lei.

O objetivo desta breve introdução é apresentar a diferença funcional básica entre as instituições de forma a facilitar o estudo que, a partir de agora, será mais aprofundado, visando a possíveis questões em provas de concursos públicos. Então, passa-se à análise das Funções Essenciais à Justiça.

Ministério Público

A compreensão dessa instituição inicia-se pela leitura do próprio texto constitucional, que prevê:

O Ministério Público é uma instituição permanente, de natureza política, cujas atribuições possuem natureza administrativa, sem que com isso esteja subordinada ao Poder Executivo.

Fala-se em uma instituição independente e autônoma aos demais Poderes, motivo pelo qual está posicionada constitucionalmente em capítulo à parte na organização dos poderes como uma função essencial à justiça. Como função essencial à justiça, o Ministério Público é responsável pela provocação do Poder Judiciário em defesa da sociedade, quando se tratar de direitos sociais e individuais indisponíveis.

Exercício Comentado

01. ***(CESPE) Ao Ministério Público (MP), órgão integrante do Poder Executivo, compete a defesa dos direitos individuais e coletivos.***

ERRADO. ***A questão está errada, haja vista não ser o Ministério Público órgão integrante do Poder Executivo. O Ministério Público não possui subordinação a nenhum dos três poderes, constituindo uma instituição autônoma.***

O Ministério Público no Brasil, além de obedecer às regras constitucionais, também é regido por duas normas: Lei Complementar nº 75/93 e a Lei nº 8.625/93 Essa regula o Ministério Público Nacional e é aplicável aos Ministérios Públicos dos Estados. Aquela é específica para o Ministério Público da União. Cada Estado da Federação poderá organizar o seu órgão ministerial editando sua própria Lei orgânica Estadual.

A seguir, será feita uma leitura da instituição sob a ótica constitucional sem aprofundar nas estruturas lançadas nas referidas leis orgânicas, o que será feito em momento oportuno.

Fique Ligado

O Ministério Público não é um Poder nem está subordinado a nenhum dos três poderes. É uma instituição autônoma e essencial à função jurisdicional.

Estrutura Orgânica

Para viabilizar o exercício de suas funções, a Constituição Federal organizou o Ministério Público no Art. 128:

> ***Art. 128.*** *O Ministério Público abrange:*
>
> ***I.*** *o Ministério Público da União, que compreende:*
>
> ***a)*** *o Ministério Público Federal;*
>
> ***b)*** *o Ministério Público do Trabalho;*
>
> ***c)*** *o Ministério Público Militar;*
>
> ***d)*** *o Ministério Público do Distrito Federal e Territórios;*
>
> ***II.*** *os Ministérios Públicos dos Estados.*

Fique Ligado

Muito cuidado com essa classificação, pois o rol é taxativo e em prova os examinadores costumam mencionar a existência de um tal de "Ministério Público Eleitoral" ao se fazer comparativo com a estrutura do Poder Judiciário. Na organização do MPU, não foi prevista a existência de Ministério Público com atribuição Eleitoral, função essa de competência do Ministério Público Federal e do Ministério Público Estadual, conforme prevê a Lei Complementar nº 75/93 (Art. 72 a 80 da LC nº 75/93).

Como se pode perceber, o Ministério Público está dividido em Ministério Público da União e Ministério Público dos Estados, cada um com sua própria autonomia organizacional e chefia própria. O Ministério Público da União, por sua vez, abrange:

a) Ministério Público Federal;
b) Ministério Público do Trabalho;
c) Ministério Público Militar;
d) Ministério Público do Distrito Federal e Territórios.

Existe ainda o Ministério Público junto ao Tribunal de Contas, o qual possui natureza diversa do Ministério Público aqui estudado. Sua organização está atrelada ao Tribunal de Contas do qual faz parte, mas aos seus membros são estendidas as disposições aplicáveis aos Membros do Ministério Público:

> ***Art. 130.*** *Aos membros do Ministério Público junto aos Tribunais de Contas aplicam-se as disposições desta seção pertinentes a direitos, vedações e forma de investidura.*

Fique Ligado

Não existe Ministério Público Eleitoral.

Atribuições

Suas atribuições se apoiam na defesa da ordem jurídica, do regime democrático e dos interesses sociais e individuais indisponíveis. É um verdadeiro defensor da sociedade e fiscal dos poderes públicos. Em rol meramente exemplificativo, a Constituição previu como funções institucionais o Art. 129:

> ***Art. 129.*** *São funções institucionais do Ministério Público:*
>
> ***I.*** *promover, privativamente, a ação penal pública, na forma da lei;*
>
> ***II.*** *zelar pelo efetivo respeito dos Poderes Públicos e dos serviços de relevância pública aos direitos assegurados nesta Constituição, promovendo as medidas necessárias a sua garantia;*
>
> ***III.*** *promover o inquérito civil e a ação civil pública, para a proteção do patrimônio público e social, do meio ambiente e de outros interesses difusos e coletivos;*
>
> ***IV.*** *promover a ação de inconstitucionalidade ou representação para fins de intervenção da União e dos Estados, nos casos previstos nesta Constituição;*
>
> ***V.*** *defender judicialmente os direitos e interesses das populações indígenas;*
>
> ***VI.*** *expedir notificações nos procedimentos administrativos de sua competência, requisitando informações e documentos para instruí-los, na forma da lei complementar respectiva;*
>
> ***VII.*** *exercer o controle externo da atividade policial, na forma da lei complementar mencionada no artigo anterior;*
>
> ***VIII.*** *requisitar diligências investigatórias e a instauração de inquérito policial, indicados os fundamentos jurídicos de suas manifestações processuais;*
>
> ***IX.*** *exercer outras funções que lhe forem conferidas, desde que compatíveis com sua finalidade, sendo-lhe vedada a representação judicial e a consultoria jurídica de entidades públicas.*
>
> ***§ 1º*** *- A legitimação do Ministério Público para as ações civis previstas neste artigo não impede a de terceiros, nas mesmas hipóteses, segundo o disposto nesta Constituição e na lei.*
>
> ***§ 2º*** *- As funções do Ministério Público só podem ser exercidas por integrantes da carreira, que deverão residir na comarca da respectiva lotação, salvo autorização do chefe da instituição (Redação dada pela Emenda Constitucional nº 45, de 2004).*
>
> ***§ 3º*** *- O ingresso na carreira do Ministério Público far-se-á mediante concurso público de provas e títulos, assegurada a participação da Ordem dos Advogados do Brasil em sua realização, exigindo-se do bacharel em direito, no mínimo, três anos de atividade jurídica e observando-se, nas nomeações, a ordem de classificação (Redação dada pela Emenda Constitucional nº 45, de 2004).*
>
> ***§ 4º*** *- Aplica-se ao Ministério Público, no que couber, o disposto no art. 93 (Redação dada pela Emenda Constitucional nº 45, de 2004).*
>
> ***§ 5º*** *- A distribuição de processos no Ministério Público será imediata (Incluído pela Emenda Constitucional nº 45, de 2004).*

No desempenho das suas funções institucionais, algumas características foram previstas pela Constituição, as quais são muito importantes para a prova.

Os §§ 2º e 3º afirmam que as funções do Ministério Púbico só podem ser exercidas por integrantes da carreira, ou seja, por Membros aprovados em concurso público de provas e títulos, assegurada a participação da OAB durante a sua realização, entre os quais são exigidos os seguintes requisitos:

→ ser bacharel em direito;

→ possuir, no mínimo, três anos de atividade jurídica.

Em relação à atividade jurídica, deve-se salientar a regulamentação feita pela Resolução nº 40 do Conselho Nacional do Ministério Público, a qual prevê, entre outras atividades, o exercício da advocacia ou de cargo, função e emprego que exija a utilização preponderante de conhecimentos jurídicos, ou até mesmo a realização de cursos de pós-graduação dentro dos parâmetros estabelecidos pela referida Resolução. É importante lembrar que esse requisito deverá ser comprovado no momento da investidura no cargo, ou seja, na posse[1], depois de finalizadas todas as fases do concurso.

A Constituição exige ainda que o Membro do Ministério Público resida na comarca de lotação, salvo quando houver autorização do chefe da Instituição. Em razão da semelhança e importância com a carreira da magistratura, a Constituição previu expressamente a aplicação do Art. 93 aos membros do Ministério Público, no que for compatível com a carreira. E, por fim, determina que a distribuição dos processos aos órgãos ministeriais seja feita de forma imediata.

No âmbito de suas atribuições, algumas funções merecem destaque:

Titular da Ação Penal Pública

Segundo o inciso I do Art. 129, compete ao Ministério Público promover, privativamente, a ação penal pública, na forma da lei. A doutrina classifica esse dispositivo como espécie de norma de eficácia contida possuindo aplicabilidade direta e imediata, permitida a regulamentação por lei.

Essa competência é corroborada pela possibilidade de requisição de diligências investigatórias e da instauração de inquérito policial, para que o órgão ministerial formule sua convicção sobre o ilícito penal, o que está previsto no inciso VIII do Art. 129.

1 Resolução do CNMP nº 87, de 27 de junho de 2012.

Essa exclusividade conferida pela Constituição Federal encontra limitação no próprio texto constitucional, ao permitir o cabimento de ação penal privada subsidiária da pública nos casos em que o Ministério Público fique inerte e não cumpra com sua obrigação[2].

Dessa competência decorre o poder de investigação do Ministério Público, o qual tem sido alvo de muita discussão nos tribunais. Quem não concorda com esse poder sustenta ser a atividade de investigação criminal uma atividade exclusiva da autoridade policial nos termos do Art. 144 da CF.

O posicionamento que tem prevalecido na doutrina e na jurisprudência é no sentido de que o Ministério Público tem legitimidade para promover a investigação criminal, haja vista ser ele o destinatário das informações sobre o fato delituoso produzido no inquérito policial. Ademais, por ter caráter administrativo, o inquérito policial é dispensável, não dependendo o MP da sua existência para promover a persecução penal.

Para a solução desse caso, tem-se aplicado a Teoria dos Poderes Implícitos. Segundo a teoria, as competências expressamente previstas no texto constitucional carregam consigo os meios necessários para sua execução, ou seja, a existência de uma competência explícita implica existência de competências implicitamente previstas e necessárias para execução da atribuição principal. Em suma, se ao Ministério Público compete o oferecimento exclusivo da Ação Penal Pública, por consequência da aplicação dessa teoria, compete também a execução das atividades necessárias a formação da sua opinião sobre o delito. Significa dizer que o poder de investigação criminal está implicitamente previsto no poder de oferecimento da ação penal pública.

Legitimidade para promover o Inquérito Civil e a Ação Civil Pública

O Ministério Público também é competente para promover o inquérito civil e a ação civil pública nos termos do inciso III do Art. 129. Essas ferramentas são utilizadas para a proteção do patrimônio público e social, do meio ambiente e de outros interesses difusos e coletivos.

Entendem-se como interesses difusos aqueles de natureza indivisível, cujos titulares não se podem determinar apesar de estarem ligados uns aos outros pelas circunstâncias fáticas. Interesses coletivos se diferenciam dos difusos na medida em que é possível determinar quem são os titulares do direito.

Segundo a Constituição Federal, a ação civil pública não é medida exclusiva a ser adotada pelo Ministério Público:

> ***Art.129, § 1º*** *- A legitimação do Ministério Público para as ações civis previstas neste artigo não impede a de terceiros, nas mesmas hipóteses, segundo o disposto nesta Constituição e na lei.*

A lei de Ação Civil Pública (Lei 7.347/85) prevê que são legitimados para propor tal ação, além do MP:

a) a Defensoria Pública;

b) a União, os Estados, o Distrito Federal e os Municípios;

c) a autarquia, empresa pública, fundação ou sociedade de economia mista;

d) a associação que concomitantemente esteja constituída há pelo menos 1 (um) ano nos termos da lei civil e inclua entre suas finalidades institucionais a proteção ao meio ambiente, ao consumidor, à ordem econômica, à livre concorrência ou ao patrimônio artístico, estético, histórico, turístico e paisagístico.

Já o inquérito civil é procedimento investigatório de caráter administrativo, que poderá ser instaurado pelo Ministério Público com o fim de colher os elementos de prova necessários para a sua convicção sobre o ilícito e, posteriormente, instrução da Ação Civil Pública.

Controle de constitucionalidade

Função das mais relevantes desempenhada pelos órgãos ministeriais ocorre no Controle da Constitucionalidade das leis e atos normativos. Essa atribuição é inerente a sua função de guardião da ordem jurídica. Como protetor da ordem jurídica, compete ao Ministério Público oferecer as ações de controle abstrato de constitucionalidade[3], bem como a Representação Interventiva para fins de intervenção da União e dos Estados nas hipóteses previstas na Constituição Federal.

Em momento oportuno, será feito o estudo mais aprofundado do tema de Controle de Constitucionalidade que requer ampla abordagem.

Controle externo da atividade policial

A Constituição Federal determina que o Ministério Público realize o controle externo da atividade policial. Fala-se em controle externo haja vista o Ministério Público não pertencer à mesma estrutura das forças policiais. É uma instituição totalmente autônoma a qualquer órgão policial, razão pela qual não se pode falar em subordinação dos organismos policiais ao Parquet. A justificativa para essa atribuição decorre do fato de ser ele o destinatário final da atividade policial.

Se, por um lado, o controle externo objetiva a fiscalização das atividades policiais para que elas não sejam desenvolvidas além dos limites legais, preservando os direitos e garantias fundamentais dos investigados, por outro, garante o seu perfeito desenvolvimento, prevenindo e corrigindo a produção probatória, visando ao adequado oferecimento da ação penal.

O controle externo da atividade policial desenvolvido pelo Ministério Público, além de regulamentado nas respectivas leis orgânicas, está normatizado na Resolução nº 20 do CNMP. Ressalte-se que o controle externo não exime a instituição policial de realizar o seu próprio controle interno por meio das corregedorias e órgãos de fiscalização.

Sujeitam-se ao citado controle externo todas as instituições previstas no Art. 144 da Constituição Federal[4], bem como as demais instituições que possuam parcela do poder de polícia desde que estejam relacionadas com a segurança pública e a persecução criminal.

Conselho Nacional do Ministério Público

O Conselho Nacional do Ministério Público, a exemplo do Conselho Nacional de Justiça, foi criado pela Emenda Constitucional nº 45/2004 com o objetivo de efetuar a fiscalização administrativa e financeira

2 Ações Diretas de Inconstitucionalidade, Ações Declaratórias de Constitucionalidade, Arguição de Descumprimento de Preceito Fundamental.

3 Art. 5º, LIX, da CF. "Será admitida ação privada nos crimes de ação pública, se esta não for intentada no prazo legal".

4 Art. 144. A segurança pública, dever do Estado, direito e responsabilidade de todos, é exercida para a preservação da ordem pública e da incolumidade das pessoas e do patrimônio, através dos seguintes órgãos: I - polícia federal; II - polícia rodoviária federal; III - polícia ferroviária federal; IV - polícias civis; V - polícias militares e corpos de bombeiros militares.

do Ministério Público, bem como o cumprimento dos deveres funcionais de seus membros.

Composição

Segundo o texto constitucional, o CNMP é composto de 14 (quatorze) membros, nomeados pelo Presidente da República, depois de aprovada a escolha pela maioria absoluta do Senado Federal, para um mandato de 2 (dois) anos, sendo permitida apenas uma recondução. Veja-se a composição prevista pela Constituição Federal no Art. 130-A:

> ***Art. 130-A.*** *O Conselho Nacional do Ministério Público compõe-se de quatorze membros nomeados pelo Presidente da República, depois de aprovada a escolha pela maioria absoluta do Senado Federal, para um mandato de dois anos, admitida uma recondução, sendo:*
>
> ***I.*** *o Procurador-Geral da República, que o preside;*
>
> ***II.*** *quatro membros do Ministério Público da União, assegurada a representação de cada uma de suas carreiras;*
>
> ***III.*** *três membros do Ministério Público dos Estados;*
>
> ***IV.*** *dois juízes, indicados um pelo Supremo Tribunal Federal e outro pelo Superior Tribunal de Justiça;*
>
> ***V.*** *dois advogados, indicados pelo Conselho Federal da Ordem dos Advogados do Brasil;*
>
> ***VI.*** *dois cidadãos de notável saber jurídico e reputação ilibada, indicados um pela Câmara dos Deputados e outro pelo Senado Federal.*
>
> ***§ 1º*** *Os membros do Conselho oriundos do Ministério Público serão indicados pelos respectivos Ministérios Públicos, na forma da lei.*

Atribuições

Vejamos as atribuições previstas constitucionalmente para o CNMP:

> ***§ 2º*** *Compete ao Conselho Nacional do Ministério Público o controle da atuação administrativa e financeira do Ministério Público e do cumprimento dos deveres funcionais de seus membros, cabendo-lhe:*
>
> ***I.*** *zelar pela autonomia funcional e administrativa do Ministério Público, podendo expedir atos regulamentares, no âmbito de sua competência, ou recomendar providências;*
>
> ***II.*** *zelar pela observância do art. 37 e apreciar, de ofício ou mediante provocação, a legalidade dos atos administrativos praticados por membros ou órgãos do Ministério Público da União e dos Estados, podendo desconstituí-los, revê-los ou fixar prazo para que se adotem as providências necessárias ao exato cumprimento da lei, sem prejuízo da competência dos Tribunais de Contas;*
>
> ***III.*** *receber e conhecer das reclamações contra membros ou órgãos do Ministério Público da União ou dos Estados, inclusive contra seus serviços auxiliares, sem prejuízo da competência disciplinar e correicional da instituição, podendo avocar processos disciplinares em curso, determinar a remoção, a disponibilidade ou a aposentadoria com subsídios ou proventos proporcionais ao tempo de serviço e aplicar outras sanções administrativas, assegurada ampla defesa;*
>
> ***IV.*** *rever, de ofício ou mediante provocação, os processos disciplinares de membros do Ministério Público da União ou dos Estados julgados há menos de um ano;*
>
> ***V.*** *elaborar relatório anual, propondo as providências que julgar necessárias sobre a situação do Ministério Público no País e as atividades do Conselho, o qual deve integrar a mensagem prevista no art. 84, XI.*
>
> ***§ 3º*** *O Conselho escolherá, em votação secreta, um Corregedor nacional, dentre os membros do Ministério Público que o integram, vedada a recondução, competindo-lhe, além das atribuições que lhe forem conferidas pela lei, as seguintes:*
>
> ***I.*** *receber reclamações e denúncias, de qualquer interessado, relativas aos membros do Ministério Público e dos seus serviços auxiliares;*
>
> ***II.*** *exercer funções executivas do Conselho, de inspeção e correição geral;*
>
> ***III.*** *requisitar e designar membros do Ministério Público, delegando-lhes atribuições, e requisitar servidores de órgãos do Ministério Público.*
>
> ***§ 4º*** *O Presidente do Conselho Federal da Ordem dos Advogados do Brasil oficiará junto ao Conselho.*
>
> ***§ 5º*** *Leis da União e dos Estados criarão ouvidorias do Ministério Público, competentes para receber reclamações e denúncias de qualquer interessado contra membros ou órgãos do Ministério Público, inclusive contra seus serviços auxiliares, representando diretamente ao Conselho Nacional do Ministério Público.*

Exercício Comentado

01. ***(CESPE) O Conselho Nacional do Ministério Público, presidido pelo procurador-geral da República, é o órgão máximo do Ministério Público da União e atua junto ao Supremo Tribunal Federal.***

ERRADO. A questão está errada, pois o CNMP não é o órgão máximo do Ministério Público da União nem atua junto ao STF. A função do CNMP é fiscalizar a atuação do Ministério Público e de seus membros.

Princípios Institucionais

A Constituição Federal prevê expressamente no § 1º do Art. 127 os chamados Princípios Institucionais, os quais norteiam o desenvolvimento das atividades dos Órgãos Ministeriais:

> ***§ 1º*** *- São princípios institucionais do Ministério Público a unidade, a indivisibilidade e a independência funcional.*

O **Princípio da Unidade** revela que os membros do Ministério Público integram um órgão único chefiado por um Procurador-Geral. Essa unidade é percebida dentro de cada ramo do Ministério Público, não existindo unidade entre o Ministério Público estadual e da União, ou entre os diversos Ministérios Públicos estaduais, ou ainda entre os ramos do Ministério Público da União. Qualquer divisão que exista dentro de um dos Órgãos Ministeriais possui caráter meramente funcional.

Já o **Princípio da Indivisibilidade**, que decorre do Princípio da Unidade, revela a possibilidade de os membros se substituírem sem qualquer prejuízo ao processo, pois o Ministério Público é uno e indivisível. Os membros agem em nome da instituição e nunca em nome próprio, pois pertencem a um só corpo. Esse princípio veda a vinculação de um membro a um processo permitindo, inclusive, a delegação da denúncia a outro membro. Ressalte-se que, como no Princípio da Unidade, a Indivisibilidade só ocorre dentro de um mesmo ramo do Ministério Público.

E, por fim, há o **Princípio da Independência Funcional,** com uma dupla acepção: em relação aos membros e em relação à instituição. No que tange aos membros, o referido Princípio garante uma atuação independente no exercício das suas atribuições sujeitando-se apenas às determinações constitucionais, legais e de sua consciência jurídica, não havendo qualquer hierarquia ou subordinação intelectual entre os membros. Sob a perspectiva da instituição, o Princípio da Independência Funcional elimina qualquer subordinação do Ministério Público a outro Poder. Apesar da Independência Funcional, verifica-se a existência de uma mera hierarquia administrativa.

Além desses princípios expressos na Constituição Federal, a doutrina e a Jurisprudência reconhecem a existência de um princípio implícito no texto constitucional: **Princípio do Promotor Natural**. Esse princípio decorre da interpretação do Art. 129, § 2º da Constituição, que afirma:

> ***§ 2º*** *As funções do Ministério Público só podem ser exercidas por integrantes da carreira, que deverão residir na comarca da respectiva lotação, salvo autorização do chefe da instituição.*

O Princípio do Promotor Natural veda a designação de membros do Ministério Público fora das hipóteses constitucionais e legais, exigindo que sua atuação seja predeterminada por critérios objetivos aplicáveis a todos os membros da carreira, evitando, assim, que haja designações arbitrárias. O princípio também impede a nomeação de promotor *ad hoc* ou de exceção considerando que as funções do Ministério Público só podem ser desempenhadas por membros da carreira.

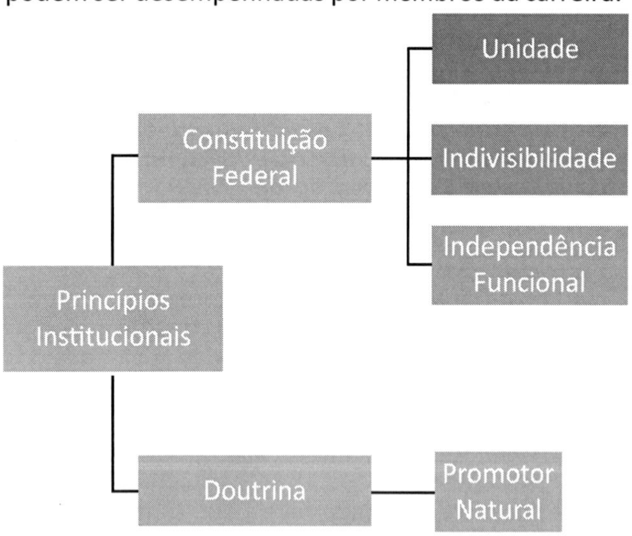

Garantias

O Ministério Público, em razão da importância de sua função, recebeu da Constituição Federal algumas garantias que lhe asseguram a independência necessária para bem desempenhar suas atribuições. E não é só a instituição que possui garantias, mas os membros também. Vejamos o que diz a Constituição sobre as garantias institucionais e dos membros:

> ***Art. 127, § 2º*** *- Ao Ministério Público é assegurada autonomia funcional e administrativa, podendo, observado o disposto no art. 169, propor ao Poder Legislativo a criação e extinção de seus cargos e serviços auxiliares, provendo-os por concurso público de provas ou de provas e títulos, a política remuneratória e os planos de carreira; a lei disporá sobre sua organização e funcionamento.*
>
> ***§ 3º*** *- O Ministério Público elaborará sua proposta orçamentária dentro dos limites estabelecidos na lei de diretrizes orçamentárias.*
>
> ***§ 4º*** *Se o Ministério Público não encaminhar a respectiva proposta orçamentária dentro do prazo estabelecido na lei de diretrizes orçamentárias, o Poder Executivo considerará, para fins de consolidação da proposta orçamentária anual, os valores aprovados na lei orçamentária vigente, ajustados de acordo com os limites estipulados na forma do § 3º.*
>
> ***§ 5º*** *Se a proposta orçamentária de que trata este artigo for encaminhada em desacordo com os limites estipulados na forma do § 3º, o Poder Executivo procederá aos ajustes necessários para fins de consolidação da proposta orçamentária anual.*
>
> ***§ 6º*** *Durante a execução orçamentária do exercício, não poderá haver a realização de despesas ou a assunção de obrigações que extrapolem os limites estabelecidos na lei de diretrizes orçamentárias, exceto se previamente autorizadas, mediante a abertura de créditos suplementares ou especiais.*

O Art. 127, §§ 2º a 6º, trata das chamadas **Garantias Institucionais.** Essas garantias visam a conceder maior autonomia à instituição, além de proteger sua independência no exercício de suas atribuições constitucionais. As Garantias Institucionais são de três espécies:

→ **Autonomia funcional** – ao desempenhar sua função, o Ministério Público não se subordina a qualquer outra autoridade ou poder, sujeitando-se apenas às determinações constitucionais, legais e de sua consciência jurídica;

→ **Autonomia administrativa** – é a capacidade de autogestão, autoadministração e autogoverno. O Ministério Público tem competência para propor ao Legislativo a criação, extinção e organização de seus cargos e carreiras bem como demais atos de gestão;

→ **Autonomia financeira** – o Ministério Público pode elaborar sua proposta orçamentária dentro dos limites estabelecidos na Lei de Diretrizes Orçamentárias, tendo liberdade para administrar esses recursos.

Um dos temas mais importantes e que revelam a autonomia administrativa do Ministério Público é a possibilidade que a instituição tem de escolher os seus próprios chefes. Vejamos a literalidade do texto constitucional:

> ***Art. 128, § 1º*** *- O Ministério Público da União tem por chefe o Procurador-Geral da República, nomeado pelo Presidente da República dentre integrantes da carreira, maiores de trinta e cinco anos, após a aprovação de seu nome pela maioria absoluta dos membros do Senado Federal, para mandato de dois anos, permitida a recondução.*
>
> ***§ 2º*** *- A destituição do Procurador-Geral da República, por iniciativa do Presidente da República, deverá ser precedida de autorização da maioria absoluta do Senado Federal.*

No âmbito dessa autonomia, a Constituição previu expressamente que o Procurador-Geral será escolhido pela própria instituição dentre os membros da carreira. No caso do Ministério Público da União, a chefia ficará a cargo do Procurador-Geral da República, o qual será nomeado pelo Presidente da República dentre os membros da carreira com mais de 35 anos de idade, desde que sua escolha seja aprovada pelo voto da maioria absoluta do Senado Federal. O Procurador-Geral da República exercerá seu mandato por dois anos, permitida a recondução. Ao permitir a recondução, a Constituição não estabeleceu limites, de forma que o Procurador-Geral da República poderá ser reconduzido por quantas vezes o Presidente considerar conveniente. Se o Presidente pode nomear o Chefe do MPU, ele também poderá destituí-lo do cargo, desde que autorizado pelo Senado pela mesma quantidade de votos, qual seja, maioria absoluta.

Já em relação à Chefia dos Ministérios Públicos dos Estados e do Distrito Federal e Territórios a regra é um pouco diferente:

> ***Art. 128, § 3º*** *- Os Ministérios Públicos dos Estados e o do Distrito Federal e Territórios formarão lista tríplice dentre integrantes da carreira, na forma da lei respectiva, para escolha de seu Procurador-Geral, que será nomeado pelo Chefe do Poder Executivo, para mandato de dois anos, permitida uma recondução.*
>
> ***§ 4º*** *- Os Procuradores-Gerais nos Estados e no Distrito Federal e Territórios poderão ser destituídos por deliberação da maioria absoluta do Poder Legislativo, na forma da lei complementar respectiva.*

A escolha dos Procuradores-Gerais de Justiça dependerá de nomeação pelo Chefe do Poder Executivo[5], com base em lista tríplice formada dentre os integrantes da carreira, sendo permitida uma recondução. Diferentemente do Procurador-Geral da República, que poderá ser reconduzido várias vezes, o Procurador-Geral de Justiça só poderá ser reconduzido uma única vez. A destituição desses Procuradores-Gerais dependerá da deliberação da maioria absoluta do Poder Legislativo.

Já o Art. 128, §5º, apresenta as **Garantias dos Membros.**

> ***Art. 128, § 5º*** *- Leis complementares da União e dos Estados, cuja iniciativa é facultada aos respectivos Procuradores-Gerais, estabelecerão a organização, as atribuições e o estatuto de cada Ministério Público, observadas, relativamente a seus membros:*
>
> ***I.*** *as seguintes garantias:*
>
> ***a)*** *vitaliciedade, após dois anos de exercício, não podendo perder o cargo senão por sentença judicial transitada em julgado;*
>
> ***b)*** *inamovibilidade, salvo por motivo de interesse público, mediante decisão do órgão colegiado competente do Ministério Público, pelo voto da maioria absoluta de seus membros, assegurada ampla defesa;*
>
> ***c)*** *irredutibilidade de subsídio, fixado na forma do art. 39, § 4º, e ressalvado o disposto nos arts. 37, X e XI, 150, II, 153, III, 153, § 2º, I;*

São duas espécies de garantias dos membros: **Garantias de Independência** e **Garantias de Imparcialidade.**

As **Garantias de Independência** são prerrogativas inerentes ao cargo e estão previstas no inciso I do referido artigo, as quais visam a garantir aos membros maior liberdade, independência e autonomia no exercício de sua função ministerial. Tais garantias são indisponíveis, proibindo o titular do cargo de dispensar qualquer das prerrogativas. São as garantias da vitaliciedade, inamovibilidade e irredutibilidade dos subsídios.

A **Vitaliciedade** é como se fosse uma estabilidade só que muito mais vantajosa. O membro, ao ingressar na carreira mediante concurso público, torna-se vitalício após o efetivo exercício no cargo pelo prazo de 2 anos. Uma vez vitalício só perderá o cargo por sentença judicial transitada em julgado. Após passar pelo estágio probatório de 2 anos, um Membro do Ministério Público só perderá o cargo por sentença judicial transitada em julgado.

A **Inamovibilidade** impede a movimentação do membro *ex-ofício* contra a sua vontade. Em regra, o Membro do Ministério Público só poderá ser removido ou promovido por sua própria iniciativa, ressalvados os casos em que houver interesse público. E mesmo quando o interesse público exigir, a remoção dependerá de decisão do órgão colegiado competente pelo voto da maioria absoluta de seus membros, assegurando-se o direito à ampla defesa.

A **Irredutibilidade dos Subsídios** diz respeito à proteção da remuneração do membro ministerial. Subsídio é a forma de retribuição pecuniária paga ao membro do Ministério Público a qual se caracteriza por ser uma parcela única. Com essa garantia, o Membro do Ministério Público poderá trabalhar sem medo de perder sua remuneração.

Ressalte-se que o Supremo Tribunal Federal já entendeu tratar-se esta irredutibilidade como meramente nominal, não protegendo o subsídio da desvalorização provocada por perdas inflacionárias. Lembre-se também de que essa garantia não é absoluta, pois comporta exceções previstas nos Arts. 37, X e XI, 150, II, 153, III e 153, § 2º, I da Constituição Federal. Em suma, a irredutibilidade não impedirá a redução do subsídio quando ultrapassar o teto constitucional ou em razão da cobrança do imposto de renda.

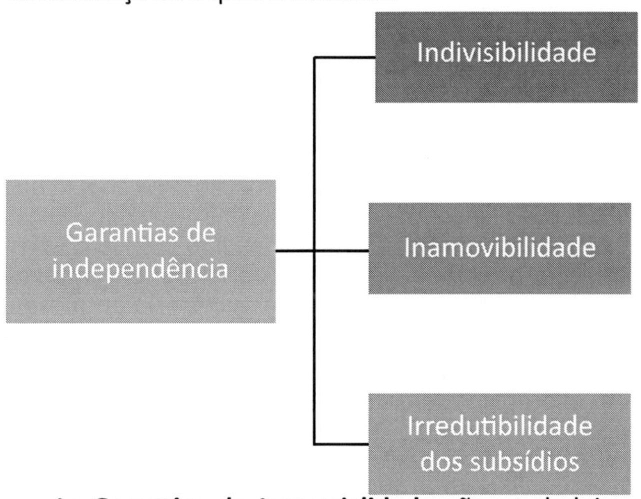

As **Garantias de Imparcialidade** são verdadeiras vedações e visam a garantir uma atuação isenta de qualquer interferência política ou pessoal.

> ***Art. 128, §5º, II*** *- as seguintes vedações:*
>
> ***a)*** *receber, a qualquer título e sob qualquer pretexto, honorários, percentagens ou custas processuais;*
>
> ***b)*** *exercer a advocacia;*
>
> ***c)*** *participar de sociedade comercial, na forma da lei;*
>
> ***d)*** *exercer, ainda que em disponibilidade, qualquer outra função pública, salvo uma de magistério;*
>
> ***e)*** *exercer atividade político-partidária (Redação dada pela Emenda Constitucional nº 45, de 2004);*
>
> ***f)*** *receber, a qualquer título ou pretexto, auxílios ou contribuições de pessoas físicas, entidades públicas ou privadas, ressalvadas as exceções previstas em lei (Incluída pela Emenda Constitucional nº 45, de 2004).*

5 No caso do Ministério Público do Distrito Federal e Territórios, a nomeação do seu chefe será feita pelo Presidente da República e sua destituição dependerá do voto da maioria absoluta do Senado Federal mediante provocação do Presidente da República.

§ 6º Aplica-se aos membros do Ministério Público o disposto no art. 95, parágrafo único, V (Incluído pela Emenda Constitucional nº 45, de 2004).

Antes de explorar essas regras, faz-se necessária a menção ao Art. 29, § 3º da ADCT:

***§ 3º** - Poderá optar pelo regime anterior, no que respeita às garantias e vantagens, o membro do Ministério Público admitido antes da promulgação da Constituição, observando-se, quanto às vedações, a situação jurídica na data desta.*

Esse dispositivo retrata uma peculiaridade interessante a respeito dos Membros do Ministério Público. Antes da promulgação da Constituição Federal de 1988, o regime jurídico a que estavam sujeitos era diferente. A ADCT permitiu aos membros que ingressaram antes de 1988 a escolha do regime jurídico a que estariam sujeitos a partir de então. Os Membros que ingressaram na carreira antes de 1988 e que possuíam inscrição na OAB podem advogar desde que tenham optado pelo regime jurídico anterior a 1988. Para os Membros que ingressaram na carreira depois da promulgação da Constituição Federal, essa escolha não é permitida, pois estão sujeitos apenas ao regime constitucional atual. Feita essa consideração, passa-se à análise das garantias vigentes.

Deve-se compreender a abrangência das vedações do inciso II do §5º do Art. 128 da Constituição Federal.

É vedado aos membros do Ministério Público receber, a qualquer título e sob qualquer pretexto, honorários, percentagens ou custas processuais, bem como receber auxílios ou contribuições de pessoas físicas, entidades públicas ou privadas, ressalvadas as exceções previstas em lei. Tais vedações visam a impedir que membros sejam motivados indevidamente a exercer suas funções sob a expectativa de receberem maiores valores pela sua atuação. Percebe-se que a vedação encontra exceção quando a contribuição está prevista em lei. Dessa forma, não ofende a Constituição Federal o recebimento de valores em razão da venda de livros, do exercício do magistério ou mesmo da ministração de palestra.

Outra vedação aplicável aos membros do Parquet é em relação ao exercício da advocacia. Acerca desse impedimento, deve-se ressaltar a situação dos Membros do Ministério Público da União que ingressaram na carreira antes de 1988 e que tenham optado pelo regime jurídico anterior, nos termos do § 3º do Art. 29 da ADCT, os quais poderão exercer a advocacia nos termos da Resolução nº 8 do CNMP, com a nova redação dada pela Resolução nº 16. Ademais, o texto constitucional estendeu aos Membros do Ministério Público a mesma vedação aplicável aos Magistrados no Art. 95, Parágrafo único, V, qual seja, a de exercer a advocacia no juízo ou tribunal do qual se afastou, antes de decorridos três anos do afastamento do cargo por aposentadoria ou exoneração. A doutrina tem chamado essa vedação de quarentena.

Os membros do Ministério Público não podem participar de sociedade comercial, na forma da lei. Essa vedação encontra regulamentação na Lei 8.625/93, a qual prevê a possibilidade de participação como cotista ou acionista[6].

Também não podem exercer, ainda que em disponibilidade, qualquer outra função pública, salvo uma de magistério. Ressalte-se que o CNMP regulamentou o exercício do magistério, que poderá ser público ou privado, por no máximo 20 horas aula por semana, desde que o horário seja compatível com as atribuições ministeriais e o seu exercício se dê inteiramente em sala de aula[7].

Para evitar que sua atuação seja influenciada por pressões políticas, a Constituição vedou o exercício de atividade político-partidária aos Membros do Ministério Público. Isso significa que, se um membro quiser se filiar ou mesmo exercer um cargo político, deverá se afastar do cargo no Ministério Público. Essa vedação tem caráter absoluto desde a Emenda Constitucional nº 45/2004, a qual foi regulamentada pelo Conselho Nacional do Ministério Público, que determinou a aplicação da vedação apenas aos membros que tenham ingressado na carreira após a promulgação da emenda[8].

Advocacia Pública

A Advocacia Pública é a função essencial à justiça responsável pela defesa dos interesses dos entes estatais, tanto judicialmente quanto extrajudicialmente, bem como as atividades de consultoria e assessoramento jurídico do Poder Executivo.

No âmbito da União, essa atividade é exercida pela Advocacia-Geral da União, enquanto nos Estados, Distrito Federal e nos Municípios, a Advocacia Pública será exercida pelas Procuradorias.

Apesar de não haver previsão constitucional para as Procuradorias Municipais, elas são perfeitamente possíveis desde que previstas na Lei Orgânica do Município ou permitidas sua criação pela Constituição Estadual.

São vistas, a seguir, quais instituições compõem a Advocacia Pública no Brasil.

Advocacia Geral da União - AGU

Como já foi comentado, a AGU é responsável pela assistência jurídica da União. Conforme prevê o texto constitucional:

***Art. 131.** A Advocacia-Geral da União é a instituição que, diretamente ou através de órgão vinculado, representa a União, judicial e extrajudicialmente, cabendo-lhe, nos termos da lei complementar que dispuser sobre sua organização e funcionamento, as atividades de consultoria e assessoramento jurídico do Poder Executivo.*

***§ 1º** - A Advocacia-Geral da União tem por chefe o Advogado-Geral da União, de livre nomeação pelo Presidente da República dentre cidadãos maiores de trinta e cinco anos, de notável saber jurídico e reputação ilibada.*

A chefia desse órgão fica a cargo do Advogado Geral da União, o qual é nomeado livremente pelo Presidente da República, entre os cidadãos maiores de trinta e cinco anos, com notável saber jurídico e reputação ilibada. Segundo a Lei 10.683/03, em seu Art. 25, o Advogado Geral da União é considerado Ministro de Estado, sendo-lhe aplicadas todas as prerrogativas inerentes ao *status*. Muito cuidado com isso em prova, visto que, para ser o Chefe dessa Instituição, não é necessário ser membro da carreira nem depende de aprovação do Senado Federal. É um cargo de livre nomeação e exoneração cuja confiança do Presidente da República se torna o principal critério para a escolha do seu titular.

6 Lei Orgânica Nacional do Ministério Público, Lei 8.625/93, art. 44, III.

7 Resolução nº 3/2005 – CNMP.

8 Resolução nº 5/2006 – CNMP.

Um detalhe muito interessante e que pode ser cobrado em prova é que a Constituição Federal, ao apontar as competências dessa instituição, afirmou que a AGU representa judicial e extrajudicialmente a União e em relação a consultoria e assessoramento jurídico apenas ao Poder Executivo. Essas competências foram confirmadas na Lei Orgânica da Advocacia Geral da União (Lei Complementar nº 73/93):

> ***Art. 1º*** *- A Advocacia-Geral da União é a instituição que representa a União judicial e extrajudicialmente.*
>
> **Parágrafo único.** *À Advocacia-Geral da União cabem as atividades de consultoria e assessoramento jurídicos ao Poder Executivo, nos termos desta Lei Complementar.*

Enquanto a atividade de consultoria e assessoramento jurídico restringe-se apenas ao Poder Executivo, a representação judicial e extrajudicial abrangerá todos os Poderes da União (Executivo, Legislativo e Judiciário), bem como suas autarquias e fundações públicas, conforme esclarece a Lei 9.028/95:

> ***Art. 22.*** *A Advocacia-Geral da União e os seus órgãos vinculados, nas respectivas áreas de atuação, ficam autorizados a representar judicialmente os titulares e os membros dos Poderes da República, das Instituições Federais referidas no* ***Título IV, Capítulo IV, da Constituição****, bem como os titulares dos Ministérios e demais órgãos da Presidência da República, de autarquias e fundações públicas federais, e de cargos de natureza especial, de direção e assessoramento superiores e daqueles efetivos, inclusive promovendo ação penal privada ou representando perante o Ministério Público, quando vítimas de crime, quanto a atos praticados no exercício de suas atribuições constitucionais, legais ou regulamentares, no interesse público, especialmente da União, suas respectivas autarquias e fundações, ou das Instituições mencionadas, podendo, ainda, quanto aos mesmos atos, impetrar habeas corpus e mandado de segurança em defesa dos agentes públicos de que trata este artigo.*

Fique Ligado

A AGU representa judicialmente e extrajudicialmente a União, mas presta consultoria e assessora juridicamente apenas o Poder Executivo.

É importante lembrar também que o ingresso na carreira da AGU depende de aprovação em concurso público de provas e títulos nos termos do Art. 131, § 2º:

> ***§ 2º*** *- O ingresso nas classes iniciais das carreiras da instituição de que trata este artigo far-se-á mediante concurso público de provas e títulos.*

Destaca-se ainda a atuação da AGU na defesa da República Federativa do Brasil em demandas instauradas perante Cortes Internacionais.

Além das diversas carreiras que serão vistas, não se pode esquecer dos Advogados da União, os quais são responsáveis pela defesa da União quando esta se encontra e juízo.

Procuradoria-Geral da Fazenda Nacional - PGFN

A PGFN é órgão vinculado a AGU responsável pelas ações de natureza tributária, cujo objetivo principal é garantir o recebimento de recursos de origem fiscal. A Constituição assim define sua competência no Art. 131:

> ***Art. 131, § 3º*** *- Na execução da dívida ativa de natureza tributária, a representação da União cabe à Procuradoria-Geral da Fazenda Nacional, observado o disposto em lei.*

Procuradoria-Geral Federal

A Procuradoria-Geral Federal, órgão vinculado a AGU, é responsável pela representação judicial e extrajudicial das autarquias e fundações públicas da União por meio dos Procuradores Federais. Sua previsão não é constitucional, mas está descrita na Lei 10.480/02:

> ***Art. 10.*** *À Procuradoria-Geral Federal compete a representação judicial e extrajudicial das autarquias e fundações públicas federais, as respectivas atividades de consultoria e assessoramento jurídicos, a apuração da liquidez e certeza dos créditos, de qualquer natureza, inerentes às suas atividades, inscrevendo-os em dívida ativa, para fins de cobrança amigável ou judicial.*

Em relação ao Banco Central, autarquia vinculada a União, foi prevista carreira própria regulamentada na Lei 9.650/98, a qual localizou o Procurador do Banco Central como membro de carreira da própria instituição. Apesar disso, o Procurador do Banco Central está vinculado à AGU.

Procuradoria-Geral dos Estados e do Distrito Federal

No âmbito dos Estados e do Distrito Federal, a consultoria jurídica e a representação judicial serão realizadas pelos Procuradores dos Estados e do Distrito Federal, conforme preleciona o Art. 132 da Constituição Federal:

> ***Art. 132.*** *Os Procuradores dos Estados e do Distrito Federal, organizados em carreira, na qual o ingresso dependerá de concurso público de provas e títulos, com a participação da Ordem dos Advogados do Brasil em todas as suas fases, exercerão a representação judicial e a consultoria jurídica das respectivas unidades federadas.*
>
> **Parágrafo único.** *Aos procuradores referidos neste artigo é assegurada estabilidade após três anos de efetivo exercício, mediante avaliação de desempenho perante os órgãos próprios, após relatório circunstanciado das corregedorias.*

Segundo a Constituição, o ingresso na carreira depende de concurso público de provas e títulos, cuja participação da OAB é obrigatória em todas as suas fases, não sendo admitido, portanto, que as atividades de representação judicial e de consultoria jurídica sejam realizadas por ocupantes de cargos em comissão.

Apesar de não haver previsão constitucional, o STF já decidiu que devem ser aplicadas simetricamente as mesmas regras da União para a nomeação do Procurador-Geral das Unidades Federadas. Dessa forma, o Governador detém a competência de nomear e exonerar livremente o chefe da Instituição, não se exigindo que o titular do referido cargo seja membro da carreira.

Por fim, a Constituição Federal garantiu aos procuradores estaduais e do Distrito Federal, estabilidade após três anos de efetivo exercício mediante avaliação de desempenho perante os órgãos próprios, após relatório circunstanciado das corregedorias.

Procuradoria dos Municípios

Conforme já estudado, não existe previsão constitucional para a criação das procuradorias municipais, não havendo da mesma forma qualquer impedimento para sua criação. Logo, cada município poderá criar sua própria procuradoria, desde que prevista essa possibilidade na Constituição Estadual ou na Lei Orgânica do Município.

Defensoria Pública

Como instituição essencial ao funcionamento da Justiça, a Defensoria Pública é responsável, em primeiro plano, pela assistência jurídica e gratuita dos hipossuficientes, os quais não possuem recursos financeiros para contratar um advogado. Essa função tipicamente realizada pela Defensoria concretiza o direito fundamental expresso no Art. 5º, LXXIV da Constituição:

> ***Art. 5º, LXXIV*** *- o Estado prestará assistência jurídica integral e gratuita aos que comprovarem insuficiência de recursos.*

Complementando esse dispositivo, a Constituição previu no Art. 134 algumas regras sobre a Defensoria:

> ***Art. 134.*** *A Defensoria Pública é instituição essencial à função jurisdicional do Estado, incumbindo-lhe a orientação jurídica e a defesa, em todos os graus, dos necessitados, na forma do art. 5º, LXXIV.)*
>
> ***§ 1º*** *Lei complementar organizará a Defensoria Pública da União e do Distrito Federal e dos Territórios e prescreverá normas gerais para sua organização nos Estados, em cargos de carreira, providos, na classe inicial, mediante concurso público de provas e títulos, assegurada a seus integrantes a garantia da inamovibilidade e vedado o exercício da advocacia fora das atribuições institucionais.*
>
> ***§ 2º*** *Às Defensorias Públicas Estaduais são asseguradas autonomia funcional e administrativa e a iniciativa de sua proposta orçamentária dentro dos limites estabelecidos na lei de diretrizes orçamentárias e subordinação ao disposto no art. 99, § 2º.*

Atualmente, cada Unidade Federativa é responsável pela organização da sua Defensoria Pública, havendo ainda uma Defensoria no âmbito da União e no Distrito Federal.

As Defensorias Estaduais possuem autonomia funcional e administrativa não se admitindo sua subordinação a nenhum dos poderes. Sua autonomia avança ainda nas questões orçamentárias permitindo que tenha iniciativa própria para apresentação de proposta orçamentária dentro dos limites estabelecidos na lei de diretrizes orçamentárias.

A Emenda Constitucional n. 74, de 06 de agosto de 2013 introduziu o § 3º ao Art. 134, da CF para conferir autonomia funcional e administrativa e a iniciativa de proposta orçamentária também às Defensorias Públicas da União e do Distrito Federal.

Segundo a Lei Complementar 80/94 que organiza a Defensoria Pública:

> ***Art. 2º*** *A Defensoria Pública abrange:*
>
> ***I.*** *a Defensoria Pública da União;*
>
> ***II.*** *a Defensoria Pública do Distrito Federal e dos Territórios;*
>
> ***III.*** *as Defensorias Públicas dos Estados.*

Cabe aos Defensores Públicos a assistência jurídica integral dos hipossuficientes, não se limitando apenas à defesa judicial. A Lei Complementar nº 80/94 traz extenso rol de atribuições:

> ***Art. 4º*** *São funções institucionais da Defensoria Pública, dentre outras:*
>
> ***I.*** *prestar orientação jurídica e exercer a defesa dos necessitados, em todos os graus (Redação dada pela Lei Complementar nº 132, de 2009);*
>
> ***II.*** *promover, prioritariamente, a solução extrajudicial dos litígios, visando à composição entre as pessoas em conflito de interesses, por meio de mediação, conciliação, arbitragem e demais técnicas de composição e administração de conflitos;*
>
> ***III.*** *promover a difusão e a conscientização dos direitos humanos, da cidadania e do ordenamento jurídico;*
>
> ***IV.*** *prestar atendimento interdisciplinar, por meio de órgãos ou de servidores de suas Carreiras de apoio para o exercício de suas atribuições;*
>
> ***V.*** *exercer, mediante o recebimento dos autos com vista, a ampla defesa e o contraditório em favor de pessoas naturais e jurídicas, em processos administrativos e judiciais, perante todos os órgãos e em todas as instâncias, ordinárias ou extraordinárias, utilizando todas as medidas capazes de propiciar a adequada e efetiva defesa de seus interesses;*
>
> ***VI.*** *representar aos sistemas internacionais de proteção dos direitos humanos, postulando perante seus órgãos;*
>
> ***VII.*** *promover ação civil pública e todas as espécies de ações capazes de propiciar a adequada tutela dos direitos difusos, coletivos ou individuais homogêneos quando o resultado da demanda puder beneficiar grupo de pessoas hipossuficientes;*
>
> ***VIII.*** *exercer a defesa dos direitos e interesses individuais, difusos, coletivos e individuais homogêneos e dos direitos do consumidor, na forma do inciso LXXIV do art. 5º da Constituição Federal;*
>
> ***IX.*** *impetrar habeas corpus, mandado de injunção, habeas data e mandado de segurança ou qualquer outra ação em defesa das funções institucionais e prerrogativas de seus órgãos de execução;*
>
> ***X.*** *promover a mais ampla defesa dos direitos fundamentais dos necessitados, abrangendo seus direitos individuais, coletivos, sociais, econômicos, culturais e ambientais, sendo admissíveis todas as espécies de ações capazes de propiciar sua adequada e efetiva tutela;*
>
> ***XI.*** *exercer a defesa dos interesses individuais e coletivos da criança e do adolescente, do idoso, da pessoa portadora de necessidades especiais, da mulher vítima de violência doméstica e familiar e de outros grupos sociais vulneráveis que mereçam proteção especial do Estado;*
>
> ***XII.*** *(VETADO);*
>
> ***XIII.*** *(VETADO);*
>
> ***XIV.*** *acompanhar inquérito policial, inclusive com a comunicação imediata da prisão em flagrante pela autoridade policial, quando o preso não constituir advogado (Incluído pela Lei Complementar nº 132, de 2009);*
>
> ***XV.*** *patrocinar ação penal privada e a subsidiária da pública (Incluído pela Lei Complementar nº 132, de 2009);*
>
> ***XVI.*** *exercer a curadoria especial nos casos previstos em lei (Incluído pela Lei Complementar nº 132, de 2009);*
>
> ***XVII.*** *atuar nos estabelecimentos policiais, penitenciários e de internação de adolescentes, visando a assegurar às pessoas, sob quaisquer circunstâncias, o exercício pleno de seus direitos e garantias fundamentais (Incluído pela Lei Complementar nº 132, de 2009);*
>
> ***XVIII.*** *atuar na preservação e reparação dos direitos de pessoas vítimas de tortura,*

abusos sexuais, discriminação ou qualquer outra forma de opressão ou violência, propiciando o acompanhamento e o atendimento interdisciplinar das vítimas (Incluído pela Lei Complementar nº 132, de 2009);

XIX. *atuar nos Juizados Especiais (Incluído pela Lei Complementar nº 132, de 2009);*

XX. *participar, quando tiver assento, dos conselhos federais, estaduais e municipais afetos às funções institucionais da Defensoria Pública, respeitadas as atribuições de seus ramos (Incluído pela Lei Complementar nº 132, de 2009);*

XXI. *executar e receber as verbas sucumbenciais decorrentes de sua atuação, inclusive quando devidas por quaisquer entes públicos, destinando-as a fundos geridos pela Defensoria Pública e destinados, exclusivamente, ao aparelhamento da Defensoria Pública e à capacitação profissional de seus membros e servidores(Incluído pela Lei Complementar nº 132, de 2009);*

XXII. *convocar audiências públicas para discutir matérias relacionadas às suas funções institucionais(Incluído pela Lei Complementar nº 132, de 2009).*

Em relação às suas atribuições, vejamos esta questão de prova:

Exercício Comentado

01. ***(CESPE) A missão da defensoria pública restringe-se à defesa dos hipossuficientes em todos os graus de jurisdição.***

ERRADO. A missão da defensoria pública não se restringe à defesa dos hipossuficientes em todos os graus de jurisdição, competindo-lhe prestar uma assistência jurídica integral em todas as áreas.

Por fim, cabe destacar que, assim como os Advogados Públicos, os Defensores Públicos são remunerados por meio de subsídio:

> ***Art. 135.*** *Os servidores integrantes das carreiras disciplinadas nas Seções II e III deste Capítulo serão remunerados na forma do art. 39, § 4º.*

Advocacia

Quando a Constituição Federal se refere à Advocacia, fala-se do advogado privado, profissional autônomo, indispensável à função jurisdicional. Os advogados estão vinculados à Ordem dos Advogados do Brasil, entidade de classe de natureza especial, não vinculada aos Poderes do Estado e que tem como atribuições controlar, fiscalizar e selecionar novos profissionais para o exercício da Carreira.

Segundo a Constituição Federal:

> ***Art. 133.*** *O advogado é indispensável à administração da justiça, sendo inviolável por seus atos e manifestações no exercício da profissão, nos limites da lei.*

Esse dispositivo revela dois princípios que regem a advocacia no Brasil: o princípio da indispensabilidade e o da inviolabilidade.

Segundo o princípio da indispensabilidade, o advogado é indispensável à administração da Justiça, pois só ele possui a chamada capacidade postulatória. Logicamente, esse princípio não goza de caráter absoluto, sendo permitida a capacidade de postular ao próprio interessado em situações expressamente previstas na Constituição Federal como no *habeas corpus* e nos juizados especiais.

Destaca-se ainda que nos processos administrativos disciplinares a ausência de defesa técnica por meio de advogado não gera nulidade ao procedimento[9].

Já o princípio da inviolabilidade constitui norma que visa a garantir ao advogado o exercício das suas atribuições de forma independente e autônoma às demais instituições do Estado. Da mesma forma, esse princípio não goza de caráter absoluto, sendo possível a limitação quando seus atos e atribuições não estiverem ligados ao exercício da profissão nos termos do Estatuto da Advocacia[10].

Como condição para o exercício dessa profissão, o STF já declarou que é constitucional a necessidade de aprovação do Exame de Ordem aplicado pela OAB aos bacharéis em direito.

A amplitude desse tema requer análise aprofundada, a qual é feita em disciplina própria. Aqui foi feita uma breve análise constitucional do instituto.

Ministério Público →	Defende a sociedade
Advocacia pública →	Defende o Estado
Advocacia privada →	Defende os particulares
Defensoria Pública →	Defende os pobres

Vamos Praticar

01. (FUMARC) É incorreto afirmar que se inclui entre as funções essenciais à Justiça previstas na Constituição da República:

a) Servidor Público;

b) Ministério Público;

c) Advocacia Pública;

d) Defensoria Pública.

02. (FCC) Uma das funções institucionais atribuídas pela Constituição da República ao Ministério Público consiste em exercer funções que forem compatíveis com sua finalidade de defesa da ordem jurídica e do regime democrático, tais como a representação judicial e a consultoria jurídica de entidades públicas, quando necessárias.

Certo ( ) Errado ( )

03. (FCC) Sobre a organização institucional do Ministério Público, é correto afirmar que não abrange o Ministério Público junto ao Tribunal de Contas, que não dispõe de fisionomia institucional própria e - não obstante as expressivas garantias de ordem subjetiva concedidas aos seus membros - se encontra consolidado na "intimidade estrutural" da Corte de Contas.

Certo ( ) Errado ( )

9 Súmula Vinculante nº 5: a falta de defesa técnica por advogado no processo administrativo disciplinar não ofende a Constituição.

10 Lei 8.906/94.

04. (CESGRANRIO) O Ministério Público da União NÃO abrange o Ministério Público:

a) Federal.
b) Eleitoral.
c) Militar.
d) Do Trabalho.
e) Do Distrito Federal.

05. (CESPE) Ao MP cabe a defesa da ordem jurídica, do regime democrático e dos interesses sociais e coletivos; para isso, ele possui, por exemplo, legitimidade para ajuizar ACP em defesa do patrimônio público e do meio ambiente.

Certo ( ) Errado ( )

06. (FCC) O Ministério Público é essencial à função jurisdicional do Estado, sendo que o ingresso em sua carreira far-se-á mediante concurso público de provas e títulos, exigindo-se do bacharel em direito, no mínimo, cinco anos de atividade jurídica.

Certo ( ) Errado ( )

07. (FCC) De acordo com a Constituição da República Federativa do Brasil, NÃO se inclui dentre as funções institucionais do Ministério Público:

a) Defender judicialmente os direitos e interesses da população indígena.
b) Promover, privativamente, ação penal pública, na forma da lei.
c) Requisitar diligências investigatórias e instauração de inquérito policial, indicados os fundamentos jurídicos de suas manifestações processuais.
d) Promover ação de inconstitucionalidade ou representação para fins de intervenção da União e dos Estados, nos casos previstos na Constituição.
e) Promover ação popular para a proteção do meio ambiente e de outros interesses difusos e coletivos.

08. (CESPE) Compete privativamente ao MP promover o inquérito civil e a ação civil pública para a proteção do patrimônio público e social, do meio ambiente e de outros interesses difusos e coletivos.

Certo ( ) Errado ( )

09. (FCC) Considere:

I. Três membros do Ministério Público dos Estados, indicados pelos respectivos Ministérios Públicos.
II. Três juízes, indicados dois pelo Supremo Tribunal Federal e um pelo Superior Tribunal de Justiça.
III. Dois advogados, indicados pelo Conselho Federal da Ordem dos Advogados do Brasil.
IV. Dois cidadãos de notável saber jurídico e reputação ilibada, indicados um pela Câmara dos Deputados e outro pelo Senado Federal.

O Conselho Nacional do Ministério Público será composto, dentre outros, pelos membros indicados apenas em:

a) I, III e IV.
b) I, II e III.
c) II, III e IV.
d) II e III.
e) I e IV.

10. (FCC) Ao discorrer sobre os princípios constitucionais que devem informar a atuação do Ministério Público, Pedro Lenza afirma que o acusado "tem o direito e a garantia constitucional de somente ser processado por um órgão independente do Estado, vedando-se, por consequência, a designação arbitrária, inclusive, de promotores *ad hoc* ou por encomenda". Trata-se do princípio:

a) Da inamovibilidade do membro do Ministério Público.
b) Da independência funcional do membro do Ministério Público.
c) Da indivisibilidade do Ministério Público.
d) Da unidade do Ministério Público.
e) Do promotor natural.

11. (FCC) O Ministério Público possui, dentre seus princípios institucionais, a unidade, a indivisibilidade e a dependência funcional.

Certo ( ) Errado ( )

12. (CESPE) Os membros do MP gozam de vitaliciedade, após dois anos de exercício, e só perderão o cargo por sentença judicial transitada em julgado.

Certo ( ) Errado ( )

13. (FCC) Mário, Márcio, Marcos, Marcelo e Mateus, respectivamente, exercem os cargos de Senador da República, Deputado Federal, Presidente da República, Presidente do Supremo Tribunal Federal e Presidente do Superior Tribunal de Justiça. Segundo o Art. 128, § 1º da Constituição Federal, o Ministério Público da União tem por chefe o Procurador-Geral da República, que deve ser nomeado por:

a) Mateus.
b) Márcio.
c) Mário.
d) Marcos.
e) Marcelo.

14. (FCC) A respeito do Ministério Público, considere:

I. A proposta orçamentária do Ministério Público será elaborada pela Secretaria de Estado dos Negócios da Justiça, com base nas sugestões por este apresentadas.
II. As funções do Ministério Público deverão, em regra, ser exercidas por integrantes da carreira, podendo, porém, o juiz, nos casos urgentes, nomear advogado para exercê-las.
III. Aos membros do Ministério Público é vedado exercer, ainda que em disponibilidade, qualquer outra função pública, salvo uma de magistério.

De acordo com a Constituição da República Federativa do Brasil, está correto o que consta somente em:

a) I e III.
b) I e II.
c) III.
d) II e III.
e) II.

15. (MPE) Ministério Público da União tem por chefe o Procurador-Geral da República, nomeado pelo Presidente da República dentre integrantes da carreira, maiores de trinta e cinco anos, após a aprovação de seu nome pela maioria do Congresso Nacional, para mandato de dois anos, permitida a recondução.

Certo ( ) Errado ( )

16. (FGV) A respeito dos Procuradores-Gerais de Justiça nos Estados e no Distrito Federal, é incorreto afirmar que:

a) Podem ser destituídos pela Assembleia Legislativa (nos Estados) e pela Câmara Legislativa (no Distrito Federal).
b) Podem ser reconduzidos somente uma vez.

c) Devem ser integrantes da carreira e exercem o cargo por mandato de dois anos.

d) São nomeados pelo Governador (nos Estados) e pelo Presidente da República (no Distrito Federal).

17. (CESPE) Incumbe à AGU, diretamente ou mediante órgão vinculado, exercer a representação judicial e extrajudicial da União, assim como as atividades de consultoria e assessoramento jurídico dos Poderes Executivo, Legislativo e Judiciário, no âmbito federal.

Certo ( ) Errado ( )

18. (CESPE) A CF estabelece expressamente que a representação da União, na execução da dívida ativa de natureza tributária, cabe à Procuradoria-Geral da Fazenda Nacional, observado o disposto em lei.

Certo ( ) Errado ( )

19. (CESPE) Na defesa dos hipossuficientes, a defensoria pública tem legitimidade para ajuizar ação coletiva.

Certo ( ) Errado ( )

O Supremo Tribunal Federal reconheceu, em sede de ação direta de inconstitucionalidade, a impossibilidade de lei complementar estadual estabelecer a vinculação da Defensoria Pública a uma Secretaria de Estado.

(ADI no 3569, Rel. Min. Sepúlveda Pertence, Plenário, publ. DJ de 11-5-2007).

20. (FCC) A impossibilidade em questão decorre de norma da Constituição da República segundo a qual as Defensorias Públicas Estaduais

a) Vinculam-se institucionalmente ao Poder Judiciário, em virtude de serem essenciais à função jurisdicional do Estado.

b) Atrelam-se ao Ministério Público do Estado respectivo, na medida em que lhe incumbe a orientação jurídica e a defesa, em todos os graus, dos necessitados.

c) Não integram a estrutura do Estado, vinculando-se os membros da carreira à Ordem dos Advogados do Brasil.

d) Possuem autonomia funcional e administrativa.

e) Vinculam-se administrativamente ao Poder Judiciário, cabendo aos Presidentes dos Tribunais de Justiça, com a aprovação dos respectivos tribunais, a iniciativa de sua proposta orçamentária.

Gabarito

01	A	11	ERRADO
02	ERRADO	12	CERTO
03	CERTO	13	D
04	B	14	C
05	CERTO	15	ERRADO
06	ERRADO	16	A
07	E	17	ERRADO
08	ERRADO	18	CERTO
09	A	19	CERTO
10	E	20	D

Anotações

ÍNDICE

NOÇÕES DE DIREITO ADMINISTRATIVO

CAPÍTULO 01

Introdução ao Direito Administrativo

Neste capítulo vamos conhecer algumas características do Direito Administrativo, seu conceito, sua finalidade, seu regime jurídico peculiar que orienta toda a sua atividade administrativa, seja ela exercida pelo próprio Estado-administrador, ou por particular. Para entendermos melhor tudo isso, é preciso dar início ao nosso estudo pela compreensão adequada do papel do direito na vida social.

O direito é um conjunto de normas (regras e princípios) impostas coativamente pelo Estado que regularão a vida em sociedade, possibilitando a coexistência pacífica das pessoas.

Ramos do Direito

O Direito é historicamente dividido em dois grandes ramos: o Direito Público e o Direito Privado. Nesse, vale o princípio da igualdade (isonomia) entre as partes; aqui não há que se falar em superioridade de uma parte sobre a outra. Por esse motivo, dizemos que estamos em uma relação jurídica horizontal ou uma horizontalidade nas relações jurídicas.

O Direito Privado é regulado pelo princípio da autonomia da vontade, o que traduz a regra a qual diz que o particular pode fazer tudo que não é proibido (Art. 5º inc. II da Constituição Federal).

No Direito Público, temos o Estado em um dos polos, representando os interesses da coletividade, e um particular desempenhando seus próprios interesses. Sendo assim, o ele é tratado com superioridade ante ao particular, pois o Estado é o procurador da vontade da coletividade e, essa, representada pelo Estado, deve ser tratada de forma prevalente ante a vontade do particular.

O fundamento dessa relação jurídica vertical é encontrado no princípio da supremacia do interesse público, que estudaremos com mais detalhes no tópico referente aos princípios. Mas já podemos adiantar que, como o próprio nome do princípio diz, o interesse público é supremo. Desse modo, são disponibilizadas ao Estado prerrogativas especiais para que possa atingir os seus objetivos. Essas prerrogativas são os poderes da administração pública.

Esquema da Divisão do Direito

> **Fique Ligado**
>
> *Os dois princípios norteadores do Direito Administrativo são: supremacia do interesse público (gera os poderes) e indisponibilidade do interesse público (gera os deveres da administração).*

Conceito de Direito Administrativo

Vários são os conceitos que podem ser encontrados na doutrina para o Direito Administrativo. Descreveremos dois trazidos pela doutrina contemporânea. Veja:

"O Direito Administrativo é ramo do direito público que tem por objeto órgãos, agentes e pessoas jurídicas administrativas que integram a Administração Pública. A atividade jurídica não contenciosa que exerce e os bens que se utiliza para a consecução de seus fins de natureza pública[1]."

"O Direito Administrativo é o conjunto harmônico de princípios jurídicos que regem órgãos, agentes e atividades públicas que tendem a realizar concreta, direta e imediatamente os fins desejados pelo Estado[2]."

Objeto do Direito Administrativo

Os conceitos de Direito Administrativo foram desenvolvidos de forma que se desdobram em uma sequência natural de tópicos que devem ser estudados ponto a ponto para que a matéria seja corretamente entendida.

Por meio desses conceitos, podemos constatar que o objeto do Direito Administrativo são as relações da administração pública, sejam elas de natureza interna entre as entidades que a compõe, seus órgãos e agentes; sejam elas de natureza externa entre a administração e os administrados.

Além de ter por objeto a atuação da administração pública, também é foco do Direito Administrativo o desempenho das atividades públicas quando exercidas por algum particular, como no caso das concessões, permissões e autorizações de serviços públicos.

Resumidamente, podemos dizer que o Direito Administrativo tem por objeto a administração pública e também as atividades administrativas, independentemente de quem as exerçam.

Fontes do Direito Administrativo

É o lugar donde provém algo, no nosso caso, donde emanam as regras do Direito Administrativo. Esse não está codificado em um único livro. Dessa forma, para o estudarmos de maneira completa, temos que recorrer às fontes, ou seja, a institutos esparsos. Por esse motivo, dizemos que o Direito Administrativo está tipificado (escrito), mas não está codificado em um único instituto.

> **Lei:** fonte principal do Direito Administrativo. A lei deve ser compreendida em seu sentido amplo, o que inclui a Constituição Federal, as Normas Supra-legais, as leis e também os atos normativos da própria administração pública. Temos como exemplo os Art. 37 ao 41 da Constituição Federal, a Lei 8666/93, a Lei 8112/90, a Lei de Improbidade Administrativa (Lei 8429/92), Processo Administrativo Federal (Lei 9784/99), etc.

> **Jurisprudência:** gênero que se divide entre: jurisprudência, que são decisões reiteradas judiciais em mesmo sentido e súmulas, as quais são

1 Direito Administrativo, Maria Sylvia Zanella di Pietro, 23ª edição.

2 Conceito de Direito Administrativo do professor Hely Lopes Meirelles.

editadas pelos tribunais e não possuem efeito vinculante; são resumos numerados que servem de fonte de pesquisa do direito materializados em livros, artigos e pareceres. Doutrina, que tem a finalidade de tentar sistematizar e melhor explicar o conteúdo das normas de Direito Administrativo; doutrina pode ser utilizada como critério de interpretação de normas, bem como auxiliar a produção normativa.

> **Costumes:** conjunto de regras não escritas, porém, observadas de maneira uniforme, as quais suprem a omissão legislativa acerca de regras internas da Administração Pública

Segundo Hely Lopes Meirelles, em razão da deficiência da legislação, a prática administrativa vem suprindo o texto escrito e, sedimentada na consciência dos administradores e administrados, a praxe burocrática passa a saciar a lei e atuar como elemento informativo da doutrina.

Fique Ligado

Lei e Súmula Vinculante são consideradas fontes principais do Direito Administrativo. Jurisprudência, súmulas, doutrina e costumes são considerados fontes secundárias.

→ Esquema das Fontes do Direito

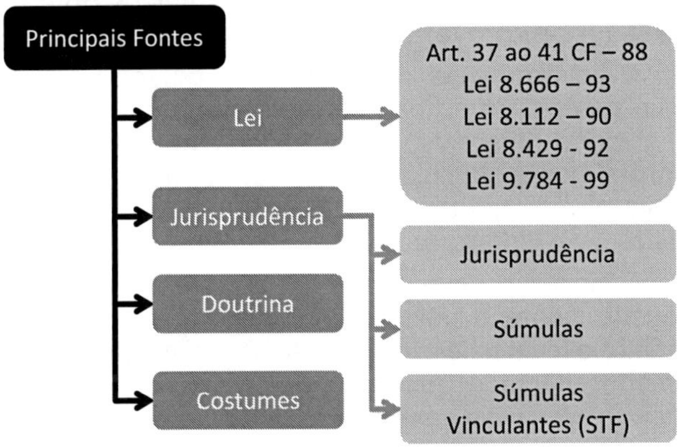

Sistemas Administrativos

É o regime que o Estado adota para o controle dos atos administrativos ilegais praticados pelo poder público nas diversas esferas e em todos os poderes. Existem dois sistemas que são globalmente utilizados.

O sistema francês (do contencioso administrativo), não utilizado no Brasil, determina que as lides administrativas podem transitar em julgado, ou seja, as decisões administrativas têm força de definibilidade. Nesse sentido, falamos em dualidade de jurisdição, já que existem tribunais administrativos e judiciais, cada qual com suas competências.

O sistema inglês, também chamado de jurisdicional único ou unicidade da jurisdição, é o sistema que atribui somente ao poder judiciário a capacidade de tomar decisões sobre a legalidade administrativa com caráter de coisa julgada ou definitividade.

O Direito Administrativo, no nosso sistema, não pode fazer coisa julgada e todas as decisões administrativas podem ser revistas pelo poder judiciário, pois somente ele pode dar resolução em caráter definitivo. Ou seja, não cabem mais recursos, por isso, falamos em trânsito em julgado das decisões judiciais e nunca das decisões administrativas.

Fique Ligado

A Constituição Federal de 1988 adotou o sistema inglês ou o do não contencioso administrativo.

Via Administrativa de Curso Forçado

São situações em que o particular é obrigado a seguir todas as vias administrativas até o fim, antes de socorrer ao poder judiciário. Isso é exceção, pois a regra é que, ao particular, é facultado socorrer ao poder judiciário, por força do Art. 5º, inc. XXXV, da Constituição Federal.

> *XXXV. A lei não excluirá da apreciação do Poder Judiciário lesão ou ameaça a direito. (ver CF/88)*

Exemplos de via administrativa de curso forçado:

Aqui, o indivíduo deve esgotar as esferas administrativas obrigatoriamente antes de ingressar com ação no poder judiciário.

> **Justiça Desportiva:** só são admitidas pelo poder judiciário ações relativas à disciplina e as competições desportivas depois de esgotadas as instâncias da Justiça Desportiva. CF, Art. 217, §1º.

> **Ato administrativo ou a omissão da administração pública que contrarie súmula vinculante:** só pode ser alvo de reclamação ao STF depois de esgotadas as vias administrativas. Lei 11.417-2006, Art. 7º , §1º.

> ***Habeas data***: é indispensável para caracterizar o interesse de agir no *habeas data* a prova anterior do indeferimento do pedido de informação de dados pessoais ou da omissão em atendê-lo sem que se confirme situação prévia de pretensão. STF, HD, 22-DF Min. Celso de Mello.

Regime Jurídico Administrativo

É o conjunto de normas e princípios de direito público que regulam a atuação da administração pública. Tais regras se fundamentam nos princípios da supremacia e da indisponibilidade do interesse público, conforme estudaremos adiante.

O princípio da supremacia do interesse público é o fundamento dos poderes da Administração Pública, afinal de contas, qualquer pessoa que tenha como fim máximo da sua atuação o interesse da coletividade, somente conseguirá atingir esses objetivos se dotadas de poderes especiais.

O princípio da indisponibilidade do interesse público é o fundamento dos deveres da Administração Pública, pois essa tem o dever de nunca abandonar o interesse público e de usar os seus poderes com a finalidade de satisfazê-lo.

Desses dois princípios decorrem todos os outros princípios e regras que se desdobram no regime jurídico administrativo.

Noções de Estado

Conceito de Estado

Estado é a pessoa jurídica territorial soberana.

> **Pessoa:** capacidade para contrair direitos e obrigações.

> **Jurídica:** é constituída por meio de uma formalidade documental e não por uma mulher, tal como a pessoa física.

- **Territorial soberana:** quer dizer que, dentro do território do Estado, esse detém a soberania, ou seja, sua vontade prevalece ante a das demais pessoas (sejam elas físicas ou jurídicas). Podemos definir soberania da seguinte forma: soberania é a independência na ordem internacional (lá fora ninguém manda no Estado) e supremacia na ordem interna (aqui dentro quem manda é o Estado).

Elementos do Estado

- **Território:** é a base fixa do Estado (solo, subsolo, mar, espaço aéreo).
- **Povo:** é o componente humano do Estado.
- **Governo Soberano:** é o responsável pela condução do Estado. Por ser tal governo soberano, ele não se submete a nenhuma vontade externa, pois, relembrando, lá fora o Estado é independente e aqui dentro sua vontade é suprema, afinal, a vontade do Estado é a vontade do povo.

Formas de Estado

Temos duas formas de Estado:

- **Estado Unitário:** é caracterizado pela centralização política; não existe divisão em estados membros ou municípios, há somente uma esfera política central que emana sua vontade para todo o país. É o caso do Uruguai.
- **Estado Federado:** caracteriza-se pela descentralização política; existem diferentes entidades políticas autônomas que são distribuídas regionalmente e cada uma exerce o poder político dentro de sua área de competência. É o caso do Brasil.

Poderes do Estado

Os poderes do Estado estão previstos no texto Constitucional.

> ***Art. 2º** São Poderes da União, independentes e harmônicos entre si, o Legislativo, o Executivo e o Judiciário. (ver CF/88)*

Os poderes podem exercer as funções para que foram investidos pela Constituição Federal (funções típicas) ou executar cargos diversas das suas competências constitucionais (funções atípicas). Por esse motivo, não há uma divisão absoluta entre os poderes, e sim relativa, pois o Poder Executivo pode executar suas funções típicas (administrar) e pode também iniciar o processo legislativo em alguns casos (pedido de vagas para novos cargos). Além disso, é possível até mesmo legislar no caso de medidas provisórias com força de lei.

Esquema Didático

Poderes	Funções Típicas	Funções Atípicas
Legislativo	Criar Leis Fiscalizar (tribunal de contas)	Administrar Julgar Conflitos
Executivo	Administrar	Criar Leis Julgar Conflitos
Judiciário	Julgar Conflitos	Administrar Criar Leis

É importante notar que a atividade administrativa está presente nos três poderes, por isso, o Direito Administrativo, por ser um dos ramos do Direito Público, disciplina não somente a atividade administrativa do Poder Executivo, mas também a do Poder Legislativo e do Judiciário.

Noções de Governo

O governo é atividade política e discricionária, tendo conduta independente. Governar está relacionado com a função política do Estado, a de comandar, de coordenar, de direcionar e de fixar planos e diretrizes de atuação do Estado. O governo é o conjunto de Poderes e órgãos constitucionais responsáveis pela função política do Estado.

O governo está diretamente ligado com as decisões tomadas pelo Estado. Exerce a direção suprema e geral uma analogia, podemos dizer que o governo é o cérebro do Estado.

Função de Governo e Função Administrativa

É comum aparecer em provas de concursos públicos questões que confundem as ideias de governo e de administração pública. Para evitar esse tipo de pegadinha, analisaremos as diferenças entre as expressões:

O governo é uma atividade política e discricionária e tem conduta independente[3].

A administração é uma atividade neutra, normalmente vinculada à lei ou à norma técnica, e exercida mediante conduta hierarquizada[4].

Não podemos confundir Governo com Administração Pública, pois governo se encarrega de definir os objetivos do Estado e definir as políticas para o alcance desses objetivos; a Administração Pública se encarrega simplesmente em atingir os objetivos traçados pelo governo.

O governo atua mediante atos de soberania ou, pelo menos, de autonomia política na condução dos negócios públicos. A Administração é atividade neutra, normalmente vinculada à lei ou à norma técnica. Governo é conduta independente, enquanto a Administração é hierarquizada.

O Governo deve comandar com responsabilidade constitucional e política, mas sem responsabilidade técnica e legal pela execução. A Administração age sem responsabilidade política, mas com responsabilidade técnica e legal pela execução dos serviços públicos.

Sistemas de Governo

Sistema de governo se refere ao grau de dependência entre o poder legislativo e executivo. Diz respeito aos seguintes:

→ **Parlamentarismo**

- É caracterizado por uma grande relação de dependência entre o poder legislativo e o executivo.
- A chefia do Estado e a do Governo são desempenhadas por pessoas distintas.
  - » **Chefe de Estado:** responsável pelas relações internacionais.
  - » **Chefe de Governo:** responsável pelas relações internas, o chefe de governo é o da Administração pública.

→ **Presidencialismo**

- É caracterizado por não existir dependência, ou quase nenhuma, entre o poder legislativo e o executivo.
- A chefia do Estado e a do Governo são representadas pela mesma pessoa.
- O Brasil adota o presidencialismo.

3 Conceito de Governo do professor Hely Lopes Meirelles.

4 Conceito de Administração Pública do professor Hely Lopes Meirelles.

Formas de Governo

Forma de governo se refere à relação entre governantes e governados[5].

→ **Monarquia**

- Hereditariedade: o poder é passado de pai para filho.
- Vitaliciedade: o detentor do poder fica no cargo até a morte.

Ausência de prestação de contas.

→ **República**

- Eletividade: o governante precisa ser eleito para chegar ao poder.
- Temporalidade: ao chegar ao poder, o governante ficará no cargo por tempo determinado.

Dever de prestar contas.

O Brasil adota a república como forma de governo.

Administração Pública

Antes de fazermos qualquer conceituação doutrinária sobre Administração Pública, podemos entendê-la como a ferramenta utilizada pelo Estado para atingir os seus objetivos. O Estado possui objetivos, e quem escolhe quais são eles é o seu governo, pois a esse é que cabe a função política (atividade eminentemente discricionária) do Estado e que determina as suas vontades, ou seja, o Governo é o cérebro do Estado. Para poder atingir esses objetivos, o Estado precisa fazer algo, e o faz por meio de sua Administração Pública. Sendo assim, essa é a responsável pelo exercício das atividades públicas do Estado.

Classificação de Administração Pública

Sentido Material / Objetivo

Em sentido material ou objetivo, a Administração Pública compreende o exercício de atividades pelas quais se manifesta a função administrativa do Estado.

Compõe a Administração Pública material qualquer pessoa jurídica, seus órgãos e agentes que exercem as ATIVIDADES administrativas do Estado. Como exemplo de tais atividades, há a prestação de serviços públicos, o exercício do poder de polícia, o fomento, a intervenção e as atividades da Administração Pública.

Essas são as chamadas atividades típicas do Estado e, pelo critério formal, qualquer pessoa que exerce alguma dessas é Administração Pública, não importa quem seja. Por esse critério, teríamos, por exemplo, as seguintes pessoas na Administração Pública:

- União, Estados, Municípios, DF, Autarquias, Fundações Públicas prestadoras de serviços públicos, Empresa Pública prestadora de serviço público, Sociedade de Economia Mista prestadora de serviços públicos e, ainda, as concessionárias, autorizatárias e permissionárias de serviço público.

Esse critério não é o adotado pelo Brasil. Assim sendo, a classificação feita acima não descreve a Administração Pública Brasileira, que, conforme veremos a seguir, adota o modelo formal de classificação.

Sentido Formal / Subjetivo

Em sentido formal ou subjetivo, a Administração Pública compreende o conjunto de órgãos e pessoas jurídicas encarregadas, por determinação legal, do exercício da função administrativa do Estado.

Pelo modelo formal, a Administração Pública é o conjunto de entidades (pessoas jurídicas, seus órgãos e agentes) que o nosso ordenamento jurídico identifica como Administração Pública[6], pouco interessa a sua área de atuação, ou seja, pouco importa a atividade mas, sim, quem a desempenha. A Administração Pública Brasileira que adota o modelo formal é classificada em administração direta e indireta.

Organização da Administração

A Administração Pública foi definida pela Constituição Federal no Art. 37.

> ***Art. 37.*** *A Administração Pública direta e indireta de qualquer dos Poderes da União, dos Estados, do Distrito Federal e dos Municípios obedecerá aos princípios de legalidade, impessoalidade, moralidade, publicidade e eficiência e, também, ao seguinte: (ver CF/88)*

O Decreto 200/67 determina quem é Administração Pública Direta e Indireta.

> ***Art. 4º*** *A Administração Federal compreende:*
>
> ***I.*** *A Administração Direta, que se constitui dos serviços integrados na estrutura administrativa da Presidência da República e dos Ministérios.*
>
> ***II.*** *A Administração Indireta, que compreende as seguintes categorias de entidades, dotadas de personalidade jurídica própria:*
>
> ***a)*** *Autarquias;*
>
> ***b)*** *Empresas Públicas;*
>
> ***c)*** *Sociedades de Economia Mista.*
>
> ***d)*** *Fundações públicas.*

Dessa forma, temos somente quatro pessoas que representam a Administração Direta e nenhuma outra. São consideradas pessoas jurídicas de direito público e possuem várias características (ver esquema didático abaixo). As pessoas da Administração Direta recebem o nome de pessoas políticas do estado.

A Administração Indireta também representa um rol taxativo e não cabe ampliação. Nessa também só existem 4 pessoas da Administração Indireta e nenhuma outra; elas possuem características marcantes; contudo, não possuem a mais importante e que diferencia das pessoas políticas do Estado, ou seja, a capacidade de legislar (capacidade política).

Administração Direta

A Administração Direta é representada pelas entidades políticas. São elas: União, Estados, DF e os municípios.

A definição no Brasil foi feita pelo Decreto-Lei 200/67, que dispõe sobre a organização da Administração Federal e estabelece diretrizes para a Reforma Administrativa.

É importante observar que esse decreto dispõe somente sobre a Administração Pública Federal, todavia, pela aplicação do princípio da simetria, tal regra é aplicada uniformemente por todo o território

5 Conceito de Governo do professor Hely Lopes Meirelles.

6 Conceito de Administração pública do professor Hely Lopes Meirelles.

nacional. Assim sendo, tal classificação utilizada nesse decreto define expressamente a Administração Pública Federal e também, implicitamente, a Administração Pública dos demais entes da federação.

Os Entes Políticos possuem autonomia política (capacidade de legislar), administrativa (capacidade de auto - organizar-se) e capacidade financeira (capacidade de julgar as próprias contas). Não podemos falar aqui em hierarquia entre os entes, mas sim em cooperação, pois um não dá ordens aos outros, visto que eles são autônomos.

Características

- São pessoas jurídicas de direito público interno = tem autonomia.
- Unidas formam a república federativa do Brasil: pessoa jurídica de direito público externo = tem soberania (independência na ordem externa e supremacia na interna).
- Regime jurídico de direito público.
- Autonomia:
  - Política;
  - Administrativa;
  - Financeira.

Os Entes Políticos possuem autonomia política (capacidade de legislar), administrativa (capacidade de auto - organizar-se) e capacidade financeira (capacidade de julgar as próprias contas).

- Sem subordinação: atuam por cooperação.
- Competências: hauridas da CF.
- Responsabilidade civil - regra - objetiva.
- Bens: públicos, não pode ser objeto de sequestro, arresto, penhora, etc.
- Débitos judiciais: são pagos por precatórios.
- Regime de pessoal: regime jurídico único.
- Competência para julgamento de ações judiciais.
  - União = Justiça Federal.
  - Demais entes políticos = Justiça Estadual.

Noção de Centralização, Descentralização e Desconcentração

- **Centralização Administrativa:** órgãos e agentes trabalhando para a Administração Direta.
- **Descentralização Administrativa:** técnica administrativa em que a Administração direta passa a atividade administrativa, serviço ou obra pública para outras pessoas jurídicas ou físicas (para pessoa física somente por delegação por colaboração). A descentralização pode ser feita por outorga legal (titularidade + execução) ou diante delegação por colaboração (somente execução). A outorga legal cria as pessoas da Administração Indireta (FASE). A Delegação por colaboração gera os concessionários, permissionários e Autorizatários de serviços públicos:
  - Descentralização por outorga legal (também chamada de descentralização técnica, por serviços, ou funcional): é feita por lei e transfere a titularidade e a execução da atividade administrativa por prazo indeterminado para uma pessoa jurídica integrante da administração indireta.
  - Descentralização por delegação (também chamada de descentralização por colaboração): é feita em regra por um contrato administrativo e, nesses casos, depende de licitação; também pode acontecer descentralização por delegação por meio de um ato administrativo. Transfere somente a execução da atividade administrativa, e não a sua titularidade, por prazo determinado para um particular, pessoa física ou jurídica.

Outorga Legal:

- Feita por lei;
- Transfere a TITULARIDADE e a EXECUÇÃO do serviço público;
- Não tem prazo.

Delegação:

- Feita por contrato, exceto as autorizações;
- Os contratos dependem de licitação;
- Transfere somente a execução do serviço público e não a titularidade;
- Há fiscalização do Poder Público. Tal fiscalização decorre do exercício do poder disciplinar;
- Tem prazo.

- **Desconcentração administrativa:** técnica de subdivisão de órgãos públicos para que melhor desempenhem o serviço público ou atividade administrativa. Em outras palavras, na desconcentração, a Pessoa Jurídica distribui competências no âmbito de sua própria estrutura. É a distribuição de competências entre os diversos órgãos integrantes da estrutura de uma pessoa jurídica da Administração Pública. Somente ocorre na Administração Direta ou Indireta, jamais para particulares, uma vez que não existem órgãos públicos entre particulares.

Administração Indireta

- Pessoas / Entes / Entidades Administrativas
  - **F**undações públicas;
  - **A**utarquias;
  - **S**ociedades de Economia Mista;
  - **E**mpresas Públicas.

Características

- Tem personalidade jurídica própria;
- Tem patrimônio e receita próprios;
- Tem autonomia
  - administrativa;
  - técnica;
  - financeira.

Obs.: não tem autonomia política.

> Finalidade definida em lei;
> Controle do estado.

Não há subordinação nem hierarquia entre os entes da administração direta e indireta, mas sim, vinculação que se manifesta por meio da **supervisão ministerial** realizada pelo ministério ou secretaria da pessoa política responsável pela área de atuação da entidade administrativa. Tal supervisão tem por finalidade o exercício do denominado **controle finalístico** ou **poder de tutela.**

Em alguns casos, a entidade administrativa pode estar diretamente vinculada à chefia do poder executivo e, nesse contexto, caberá a essa chefia o exercício do controle finalístico de tal entidade:

> São frutos da descentralização por outorga legal:
> Nomeação de Dirigentes:

Os dirigentes das entidades administrativas são nomeados pelo chefe do poder a que está vinculada a respectiva entidade, ou seja, as entidades administrativas ligadas ao poder executivo federal têm seus dirigentes nomeados pelo chefe de tal poder, que, nesse caso, é o(a) Presidente(a) da República.

É válido lembrar que, em todos os poderes, existe a função administrativa: no Executivo, de forma típica, e nos demais poderes, de forma atípica. Além disso, a função administrativa de todos os poderes é exercida pela sua Administração Pública (Administração Direta e Indireta), assim sendo, existe Administração Pública direta e indireta nos três poderes e, caso uma entidade administrativa seja vinculada ao Poder Legislativo ou Judiciário, caberá ao chefe do respectivo poder a nomeação de tal dirigente.

Excepcionalmente, a nomeação de um dirigente pode depender ainda de aprovação do poder legislativo. Na esfera federal, temos como exemplo a nomeação dos dirigentes das agências reguladoras. Tais nomeações são feitas pelo Presidente da República e, para terem efeito, dependem de aprovação do Senado Federal.

Via de regra, lembraremos que a nomeação do dirigente de uma entidade administrativa é feita pelo chefe do Poder Executivo, sendo que, em alguns casos, é necessária a prévia aprovação de outro Poder. Excepcionalmente, o Judiciário e o Legislativo poderão nomear dirigentes para essas entidades, desde que vinculadas ao respectivo poder.

> Criação dos entes da Administração Indireta.

A instituição das entidades administrativas depende sempre de uma lei ordinária específica. Essa lei pode criar a entidade administrativa. Nesse caso, nasce uma pessoa jurídica de direito público, as autarquias. A lei também pode autorizar a criação das entidades administrativas. Nessa circunstância, nascem as demais entidades da administração indireta: fundações públicas, empresas públicas e sociedades de economia mista. Pelo fato dessas entidades serem autorizadas por lei, elas são pessoas jurídicas de Direito Privado.

A lei que cria ou que autoriza a criação de uma entidade administrativa é uma **lei ordinária específica.**

Quando a lei autoriza a criação de uma entidade da administração indireta, a sua construção será consumada após o registro na serventia registral pertinente (cartório ou junta comercial, conforme o caso).

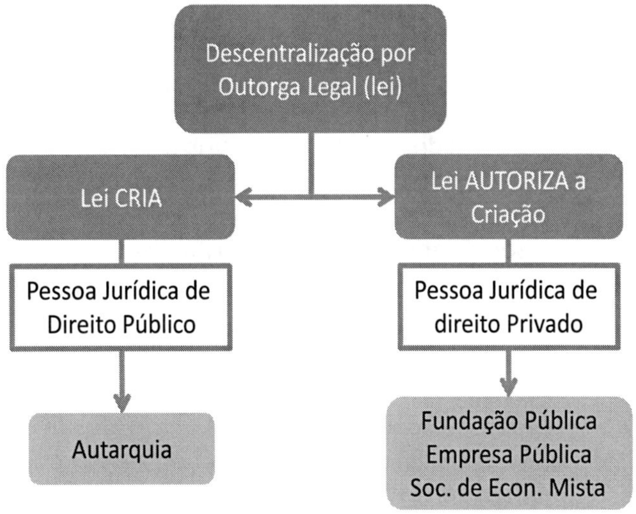

> Extinção dos entes da administração indireta:
» Só lei revoga lei.
» Se a lei cria, a lei extingue.
» Se a lei autoriza a criação, autoriza também a extinção.

Relação da Administração Pública Direta com a Indireta

As entidades compreendidas na Administração Indireta vinculam-se ao Ministério em cuja área de competência estiver enquadrada sua principal atividade. Dessa forma, não há que se falar em hierarquia ou subordinação, mas, sim "vinculação".

A vinculação entre a Administração direta e a Administração Indireta gera o chamado controle finalístico ou supervisão ministerial. Assim, a Administração Direta não pode intervir nas decisões da Indireta, salvo se ocorrer a chamada fuga de finalidade.

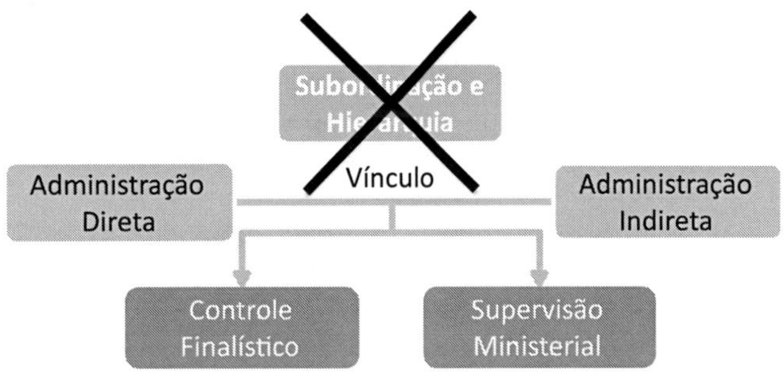

Exercício Comentado

Julgue o item abaixo acerca do controle e da responsabilização da administração.

01. ***(CESPE) A hierarquia é o escalonamento em plano vertical dos órgãos e agentes da Administração. Desse modo, se, de um lado, os agentes de grau superior têm poderes de fiscalização e de revisão sobre os agentes de grau menor, os órgãos superiores, como os ministérios, exercem o controle sobre os demais órgãos de sua estrutura administrativa e sobre os entes a eles vinculados.***

ERRADO. ***A questão trata da relação da Administração Direta (ministério é um órgão autônomo da Administração Direta) com a Indireta. O controle realmente existe, mas não na modalidade hierarquia como afirma a questão. O nome é controle finalístico ou supervisão ministerial.***

Autarquias

Autarquia é a pessoa jurídica de direito público, criada por lei, com capacidade de autoadministração, para o desempenho de serviço público descentralizado (atividade típica do Estado). É o próprio serviço público personificado.

Vejamos a seguir as suas características:

> Personalidade Jurídica: Direito Público:
   » Recebem todas as prerrogativas do Direito Público.
> Finalidade: atividade típica do Estado.
> Regime Jurídico: público.
> Responsabilidade Civil: objetiva.
> Bens: Públicos (não podem ser objeto de penhora, arresto, sequestro).
   » Ao serem constituídas, recebem patrimônio do Ente Instituidor e, a partir desse momento, seguem com sua autonomia.
> Débitos Judiciais: pagamento por precatórios.
> Regime de Pessoal: Regime Jurídico Único.
> Competência para o julgamento de suas ações judiciais:
   » Autarquia Federal = Justiça Federal.
   » Outras Esferas = Justiça Estadual.
> Exemplos: INSS, Banco Central do Brasil.

Espécies de Autarquias

→ **Comum ou Ordinária** (de Acordo com Decreto 200-67).

São as autarquias que recebem as características principais, ou seja, criadas diretamente por lei, pessoas jurídicas de direito público e que desempenham um serviço público especializado; seu ato constitutivo é a própria lei.

→ **Sob regime especial**

As autarquias em regime especial são submetidas a um regime jurídico peculiar, diferente do jurídico relativo as autarquias comuns.

Por autarquia comum deve-se entender as ordinárias, aquelas que se submetem a regime jurídico comum das autarquias. Na esfera federal, o regime jurídico comum das autarquias é o Decreto-Lei 200/67.

Se a autarquia além das regras do regime jurídico comum ainda é alcançada por alguma regra especial, peculiar às suas atividades, será considerada uma autarquia em regime especial.

> Agências reguladoras:

São responsáveis por regular, normatizar e fiscalizar determinados serviços públicos que foram delegados ao particular. Em razão dessa característica, elas têm mais liberdade e maior autonomia, se comparadas com as Autarquias comuns.

   » **Ex.:** ANCINE, ANA, ANAC, ANTAQ, ANATEL, ANEEL, ANP, ANTT.

> Autarquia Territorial:

É classificado como Autarquia territorial, o espaço que faça parte do território da União, mas que não se enquadre na definição de Estado membro, DF ou município. No Brasil atual, não existem exemplos de Autarquias territoriais, mas elas podem vir a ser criadas. Nesse caso, esses territórios fazem parte da administração direta e são Autarquias territoriais, pois são criados por lei e assumem personalidade jurídica de direito público.

> Associações Públicas (Autarquias Inter federativas ou Multifederativas):

Fique Ligado

Consórcio público de direito público.

O consórcio público: pessoa jurídica formada exclusivamente por entes da Federação, na forma da Lei nº 11.107, de 2005, para estabelecer relações de cooperação federativa, inclusive a realização de objetivos de interesse comum, constituída como associação pública, com personalidade jurídica de direito público e natureza autárquica, ou como pessoa jurídica de direito privado, sem fins econômicos.

Sendo assim, não é todo consórcio público que representa uma Autarquia Interfederativa, mas somente os públicos de direito público.

> Autarquia fundacional ou Fundação Autárquica:

As Fundações públicas de Direito Público (exceção) são consideradas, na verdade, uma espécie de "autarquia".

Fique Ligado

I. Agências executivas: as agências executivas não se configuram como pessoas jurídicas, menos ainda outra classificação qualquer. Representam, na prática, um "título" que é dado às autarquias e fundações públicas que assinam contrato de gestão com a Administração Pública. Art. 37 §8º.

II. Conselhos fiscalizadores de profissões são considerados autarquias. Contudo, comportam uma exceção muito importante.

Exceção: ADI 3.026-DF Min. Eros Graus. 08-06-2006. OAB: considerada entidade "sui generis", um serviço independente não sujeita ao controle finalístico da Administração Direta.

Fundação Pública

Fundação Pública - entidade dotada de personalidade jurídica de Direito Privado, sem fins lucrativos, criada em virtude de autorização legislativa, para o desenvolvimento de atividades que não exijam execução por órgãos ou entidades de direito público, com autonomia administrativa, patrimônio próprio gerido pelos respectivos órgãos de direção e funcionamento custeado por recursos da União e de outras fontes.

Regra

> Autorizada por lei.
> Pessoa jurídica de Direito Privado.
> Depende de registro dos atos constitutivos na junta comercial.
> Depende de lei complementar que especifique o campo de atuação.

Exceção

> Criada diretamente por lei.
> Pessoa jurídica de direito público.
> Possui um capital personalizado (diferença meramente conceitual).

- Considerada pela doutrina como autarquia fundacional.

Fique Ligado

As fundações públicas de direito público, na verdade, são espécie de autarquia, sendo chamadas pela doutrina como autarquias fundacionais.

Características

- Personalidade Jurídica: Direito Privado.
- Finalidade: lei complementar definirá – sem fins lucrativos.
- Regime Jurídico: híbrido (regras de direito público + Direito Privado) incontroverso.
- Responsabilidade Civil: se for prestadora de serviço público é objetiva, caso contrário é subjetiva.
- Bens: privados, com exceção: bens diretamente ligados à prestação de serviço público são bens públicos.
- Débitos Judiciais: são pagos por meio do seu patrimônio, com exceção dos bens diretamente ligados à prestação de serviços públicos, que são bens públicos e não se submetem a pagamento de débitos judiciais.
- Regime de Pessoal: Regime Jurídico Único.
- Competência para o julgamento de suas ações judiciais:
  - » Justiça Federal.
  - » Outras esferas = Justiça Estadual.
- Exemplos: IBGE, Biblioteca Nacional, FUNAI.

Empresas Públicas e Sociedades de Economia Mista (Empresas Estatais)

São pessoas jurídicas de Direito Privado, criadas pela administração direta por meio de autorização da lei, com o respectivo registro, para a prestação de serviços públicos ou a exploração da atividade econômica.

Empresas públicas e sociedades de economia mista exploradoras da atividade econômica:

> ***Art. 173.*** *Ressalvados os casos previstos nesta Constituição, a exploração direta de atividade econômica pelo Estado só será permitida quando necessária aos imperativos da segurança nacional ou a relevante interesse coletivo, conforme definidos em lei.*
>
> ***§ 1º*** *A lei estabelecerá o estatuto jurídico da Empresa Pública, da sociedade de economia mista e de suas subsidiárias que explorem atividade econômica de produção ou comercialização de bens ou de prestação de serviços, dispondo sobre:*
>
> *I. sua função social e formas de fiscalização pelo Estado e pela sociedade;*
>
> *II. a sujeição ao regime jurídico próprio das empresas privadas, inclusive quanto aos direitos e obrigações civis, comerciais, trabalhistas e tributários;*
>
> *III. licitação e contratação de obras, serviços, compras e alienações, observados os princípios da Administração Pública;*
>
> *IV. a constituição e o funcionamento dos conselhos de administração e fiscal, com a participação de acionistas minoritários;*
>
> *V. os mandatos, a avaliação de desempenho e a responsabilidade dos administradores.*
>
> ***§ 2º*** *- As empresas públicas e as sociedades de economia mista não poderão gozar de privilégios fiscais não extensivos às do setor privado.*
>
> ***§ 3º*** *- A lei regulamentará as relações da Empresa Pública com o Estado e a sociedade.*
>
> ***§ 4º*** *- A lei reprimirá o abuso do poder econômico que vise à dominação dos mercados, à eliminação da concorrência e ao aumento arbitrário dos lucros.*
>
> ***§ 5º*** *- A lei, sem prejuízo da responsabilidade individual dos dirigentes da pessoa jurídica, estabelecerá a responsabilidade desta, sujeitando-a as punições compatíveis com sua natureza, nos atos praticados contra a ordem econômica e financeira e contra a economia popular.*

Empresas públicas e sociedades de economia mista prestadoras de serviço público

Essas entidades são criadas para a exploração da atividade econômica em sentido amplo, o que inclui o exercício delas em sentido estrito e também a prestação de serviços públicos que podem ser explorados com o intuito de lucro.

Segundo o Art. 175 da Constituição Federal:

> ***Art. 175*** *- Incumbe ao Poder Público, na forma da lei, diretamente ou sob regime de concessão ou permissão, sempre através de licitação, a prestação de serviços públicos.*
>
> ***Parágrafo único.*** *A lei disporá sobre:*
>
> *I. o regime das empresas concessionárias e permissionárias de serviços públicos, o caráter especial de seu contrato e de sua prorrogação, bem como as condições de caducidade, fiscalização e rescisão da concessão ou permissão;*
>
> *II. os direitos dos usuários;*
>
> *III. política tarifária;*
>
> *IV. a obrigação de manter serviço adequado.*

Não se inclui nessa categoria os serviços públicos relativos aos direitos sociais, pois esses não podem ser prestados com o intuito de lucro pelo Estado e, também, não são de titularidade exclusiva do Estado, podendo ser livremente explorados por particulares.

Características Comuns das Empresas Públicas e Sociedades de Economia Mista

- Personalidade Jurídica: Direito Privado.
- Finalidade: prestação de serviço público ou a exploração da atividade econômica.
- Regime Jurídico Híbrido: se for prestadora de serviço público, o regime jurídico é mais público; se for exploradora da atividade econômica, o regime jurídico é mais privado.
- Responsabilidade Civil: se for prestadora de serviço público, a responsabilidade civil é objetiva, se for exploradora da atividade econômica, a civil é subjetiva.
- Bens: privados, com exceção: bens diretamente ligados à prestação de serviço público são bens públicos.
- Débitos Judiciais: são pagos por meio do seu patrimônio, com exceção dos bens diretamente ligados à prestação de serviços públicos, que são bens públicos e não se submetem a pagamento de débitos judiciais.

- Regime de Pessoal: CLT – Emprego Público.
- Exemplo de Empresa Pública: Caixa Econômica Federal, Correios.
- Exemplo de Sociedade de Economia Mista: Banco do Brasil e Petrobras.

Sociedade de Economia Mista

Sociedade de Economia Mista - entidade dotada de personalidade jurídica de Direito Privado, autorizada por lei para a exploração de atividade econômica, sob a forma de sociedade anônima, cujas ações com direito a voto pertençam em sua maioria à União ou a entidade da Administração Indireta:

- Autorizada por lei;
- Pessoa jurídica de Direito Privado;
- Capital 50% + 1 ação no controle da Administração Pública;
- Constituição obrigatória por sociedade anônima (S.A);
- Competência da justiça estadual.

Empresa Pública

Entidade dotada de personalidade jurídica de Direito Privado, com patrimônio próprio e capital exclusivo da União, autorizado por lei para a exploração de atividade econômica que o Governo seja levado a exercer por força de contingência ou de conveniência administrativa, podendo revestir-se de qualquer das formas admitidas em Direito.

- Autorizado por lei.
- Pessoa jurídica de Direito Privado.
- 100% na constituição de capital público.
- Constituído de qualquer forma admitido em direito.
- Competência da justiça federal.

Esse quadro foi desenvolvido para memorização das características mais importantes das pessoas da Administração Pública indireta.

Tabela Comparativa das Características dos Entes da Administração Pública

EAE: Exploração da atividade econômica;

PSP: Prestação de serviço público.

CARACTERÍSTICA	ENTIDADES POLÍTICAS	AUTARQUIA	FUNDAÇÃO PÚBLICA	EMPRESA PÚBLICA	SOCIEDADE DE ECONOMIA MISTA
PERSONALIDADE JURÍDICA	Direito Público	Direito Público	Direito Privado	Direito Privado	Direito Privado
FINALIDADE	Competências constitucionais	Ativ. Típica do Estado	Lei Complementar definirá	Exploração da atividade econômica OU prestação de serviço público	Exploração da atividade econômica OU prestação de serviço público
REGIME JURÍDICO	Direito Público	Direito Público	Híbrido: Se PSP + público. Caso desenvolva outra atividade, mais privado	Híbrido: se EAE + privado; Se PSP + público	Híbrido: se EAE + privado; Se PSP + público
RESPONSABILIDADE CIVIL	Objetiva: ação Subjetiva: omissão	Objetiva: ação; Subjetiva: omissão	PSP = Objetiva, nos demais casos, Subjetiva	PSP = Objetiva, EAE = Subjetiva	PSP = Objetiva, EAE = Subjetiva
BENS	Públicos	Públicos	Privados, exceção: bens diretamente ligados à prestação de serviços públicos são bens públicos	Privados, exceção: bens diretamente ligados à prestação de serviços públicos são bens públicos	Privados, exceção: bens diretamente ligados à prestação de serviços públicos são bens públicos
DÉBITOS JUDICIAIS	Precatórios	Precatórios	Patrimônio	Patrimônio	Patrimônio
REGIME DE PESSOAL	Regime Jurídico Único	Regime Jurídico Único	Regime Jurídico Único	CLT	CLT
COMPETÊNCIA PARA JULGAMENTO	União: Justiça Federal; demais: justiça estadual	Federal: Justiça Federal; demais: justiça estadual	Federal: Justiça Federal; demais: justiça estadual	Federal: Justiça Federal; demais: justiça estadual	Todas: Justiça Estadual

Exercícios Comentados

01. ***(CESPE) Julgue o seguinte item, referente à organização da Administração Pública: na esfera federal, a empresa pública pode ser constituída sob a forma de sociedade unipessoal, que tem por órgão necessário a assembleia geral, por meio da qual se manifesta a vontade do Estado.***

CERTO. ***A questão é bem fácil. A empresa pública pode ser constituída sob qualquer forma admitida em direito. A banca disse "sociedade unipessoal", como poderia dizer algum outro nome de sociedade e, ainda assim, estaria correto. O restante foi somente para completar a questão.***

02. ***(CESPE) O Estado, como ente tanto no âmbito internacional, como internamente, manifesta sua vontade por meio de seus agentes, ou seja, as pessoas jurídicas que pertencem a seus quadros.***

ERRADO. ***O Estado é ente "personalizado", ou seja, as pessoas do Estado (Administração Pública Direta e Indireta) possuem personalidade Jurídica Própria. Os agentes são pessoas "físicas" e não Jurídicas.***

03. ***(CESPE) Como pessoas jurídicas de direito público, as autarquias têm personalidade jurídica, patrimônio e receita próprios e são criadas com a finalidade de desempenhar atividades próprias e típicas da Administração Pública.***

CERTO. ***Todas as características marcantes das Autarquias estão presentes nessa questão.***

Vamos Praticar

01. (CESPE) Em sentido subjetivo, a administração pública compreende o conjunto de órgãos e de pessoas jurídicas ao qual a lei confere o exercício da função administrativa do Estado.

Certo ( ) Errado ( )

02. (CESPE) A administração direta compreende os órgãos e as pessoas jurídicas de direito público que prestam serviços típicos do Estado; no âmbito federal, integram a administração direta os ministérios e as autarquias.

Certo ( ) Errado ( )

03. (CESPE) A desconcentração administrativa consiste na distribuição interna de competências, no âmbito de uma mesma pessoa jurídica; a descentralização administrativa pressupõe a distribuição de competência para outra pessoa, física ou jurídica

Certo ( ) Errado ( )

04. (CESPE) A delegação ocorre quando a entidade da administração, encarregada de executar um ou mais serviços, distribui competências no âmbito da própria estrutura, a fim de tornar mais ágil e eficiente a prestação dos serviços.

Certo ( ) Errado ( )

05. (CESPE) A administração direta é o conjunto de órgãos que integram a União e exercem seus poderes e competências de modo centralizado, ao passo que a administração indireta é formada pelo conjunto de pessoas administrativas, como autarquias e empresas públicas, que exercem suas atividades de forma descentralizada.

Certo ( ) Errado ( )

06. (CESPE) As entidades compreendidas na administração indireta subordinam-se ao ministério em cuja área de competência estiver enquadrada sua principal atividade, mantendo com esse uma relação hierárquica de índole político-administrativa, mas não funcional.

Certo ( ) Errado ( )

07. (CESPE) As pessoas integrantes da administração indireta podem ser autorizadas e instituídas somente por lei, cujo teor deverá abordar a atividade descentralizada a ser exercida, e serão submetidas ao controle da administração direta da pessoa política a que são vinculadas.

Certo ( ) Errado ( )

08. (CESPE) A autarquia é uma pessoa jurídica criada somente por lei específica para executar funções descentralizadas típicas do Estado.

Certo ( ) Errado ( )

09. (CESPE) Como pessoas jurídicas de direito público, as autarquias têm personalidade jurídica, patrimônio e receita próprios e são criadas com a finalidade de desempenhar atividades próprias e típicas da administração pública.

Certo ( ) Errado ( )

10. (CESPE) A autarquia age por delegação:

Certo ( ) Errado ( )

11. (CESPE) As agências reguladoras são entidades que compõem a administração indireta e, por isso, são classificadas como entidades do terceiro setor.

Certo ( ) Errado ( )

12. (CESPE) As fundações públicas são entidades integrantes da administração direta, e suas respectivas áreas de atuação devem enquadrar-se nas áreas previstas em lei ordinária.

Certo ( ) Errado ( )

13. (CESPE) Não se admite a criação de fundações públicas para a exploração de atividade econômica.

Certo ( ) Errado ( )

14. (CESPE) Empresas públicas são pessoas jurídicas de Direito Privado integrantes da administração indireta criadas por lei, sob a forma de sociedades anônimas, com o objetivo de explorar atividade econômica ou prestar determinado serviço público.

Certo ( ) Errado ( )

15. (CESPE) As autarquias e as empresas públicas são pessoas jurídicas de direito público e integram a administração indireta.

Certo ( ) Errado ( )

16. (CESPE) O regime jurídico a que se sujeitam as empresas públicas e as sociedades de economia mista é de natureza híbrida.

Certo ( ) Errado ( )

Gabarito

01	CERTO	09	CERTO
02	ERRADO	10	ERRADO
03	CERTO	11	ERRADO
04	ERRADO	12	ERRADO
05	CERTO	13	CERTO
06	ERRADO	14	ERRADO
07	CERTO	15	ERRADO
08	CERTO	16	CERTO

Anotações

CAPÍTULO 02

Órgão Público

Neste capítulo aprenderemos a respeito dos órgãos públicos, sua finalidade, seu papel na estrutura da administração pública, bem como as diversas teorias e classificações relativas ao tema. Começaremos a partir das teorias que tentam explicar o que é o órgão público.

Teorias

São três as teorias criadas para caracterizar e conceituar a ideia de órgão público, são elas: a teoria do mandato, teoria da representação e teoria geral do órgão.

→ **Teoria do Mandato:**

Essa teoria preceitua que o agente, pessoa física, funcionaria como o mandatário da pessoa jurídica, agindo sob seu nome e com a responsabilidade dela, em razão de outorga específica de poderes (não adotado).

→ **Teoria da Representação:**

O agente funcionaria como um tutor ou curador do Estado, que representaria nos atos que necessita participar (não adotado).

→ **Teoria Geral do Órgão:**

Tem-se presunção de que a pessoa jurídica exterioriza sua vontade por meio dos órgãos, o quais são parte integrante da própria estrutura da pessoa jurídica, de tal modo que, quando os agentes que atuam nesses órgãos manifestam sua vontade, considera-se que essa foi manifestada pelo próprio Estado. Falamos em imputação da atuação do agente, pessoa natural, à pessoa jurídica (adotado pela CF-88).

Alguns órgãos possuem uma pequena capacidade, que é impetrar mandado de segurança para garantir prerrogativas próprias: Contudo, somente os órgãos independentes e autônomos têm essa capacidade.

Segundo o professor Hely Lopes Meirelles, os órgãos não possuem personalidade jurídica, tampouco vontade própria, agem em nome da entidade a que pertencem, mantendo relações entre si e com terceiros, e não possuem patrimônio próprio. Os órgãos manifestam a vontade da Pessoa Jurídica à qual pertencem; os agentes, quando atuam para o Estado, dizemos que estão em imputação à pessoa jurídica a qual estão efetivamente ligados. Assim, falamos em imputação à pessoa jurídica.

Constatamos que órgãos são meros centros de competência, e os agentes que trabalham nesses órgãos estão em imputação à pessoa jurídica a que estão ligados; suas ações são imputadas ao ente federativo. Assim, quando um servidor público Federal atua, suas ações são imputadas (como se o próprio Estado estivesse agindo) à União, pois o agente é ligado a um órgão que pertence a esse ente.

» **Ex.:** Quando um Policial Federal está trabalhando, ele é um agente público que atua dentro de um órgão (Departamento de Polícia Federal) e suas ações, quando feitas, são consideradas como se a União estivesse agindo. Por esse motivo, os atos que gerem prejuízo a terceiros são imputados a União, ou seja, é a União que paga o prejuízo e, depois, entra com ação regressiva contra o agente público.

Características

→ Não possui personalidade jurídica.

Muitas pessoas se assustam com essa regra devido ao fato de o órgão público ter CNPJ, realizar licitações e também por celebrar contratos públicos. Todavia, essas situações não devem ser levadas em consideração nesse momento.

O CNPJ não é suficiente para conferir personalidade jurídica para o órgão público, a sua instituição está ligada ao direito tributário, e realmente o órgão faz licitação, celebra contratos, mas ele não possui direitos, não é responsável pela conduta dos seus agentes e tudo isso por que ele não possui personalidade jurídica, órgão público não é pessoa.

→ Integram a estrutura da pessoa jurídica que pertencem:

O órgão público é simplesmente o integrante da estrutura corporal (orgânica) da pessoa jurídica a que está ligado. O órgão público é, para a pessoa jurídica a que está ligado, o que o coração, os rins, o fígado, o estômago e o pulmão, dentre tantos outros órgãos do corpo humano são para nós, pessoas.

→ Não possui capacidade processual, salvo os órgãos independentes e autônomos que podem impetrar Mandado de Segurança em defesa de suas prerrogativas constitucionais, quando violadas por outro órgão.

→ Não possui patrimônio próprio.

→ São hierarquizados.

→ São frutos da desconcentração.

→ Estão presentes na administração direta e indireta.

→ Criação e extinção: por meio de Lei.

→ Estruturação: pode ser feita por meio de decreto autônomo, desde que não impliquem em aumento de despesas.

→ Os agentes que trabalham nos órgãos estão em imputação à Pessoa Jurídica que estão ligados.

Classificação

Dentre as diversas classificações pertinentes ao tema, a partir de agora, abordaremos as classificações quanto à posição estatal que leva em consideração a relação de subordinação e hierarquia, a estrutura que se relaciona com a desconcentração e a composição ou atuação funcional que se relaciona com a quantidade de agentes que agem e manifestam vontade em nome do órgão. Veja a seguir:

Posição Estatal

Quanto à posição estatal, os órgão são classificados em independentes, autônomos, superiores e subalternos:

→ **Órgãos Independentes**

- São considerados o mais alto escalão do Governo;
- Não exercem subordinação;
- Seus agentes são inseridos por eleição;
- Têm suas competências determinadas pelo texto constitucional;
- Possuem alguma capacidade processual.

→ **Órgãos Autônomos**

- São classificados como órgãos diretivos;

> Possuem capacidade administrativa, financeira e técnica;
> São exemplos os Ministérios e as Secretarias;
> Possuem alguma capacidade processual.

→ **Órgãos Superiores**

> São órgãos de direção, controle e decisão;
> Não possuem autonomia administrativa ou financeira;
> Exemplos são as coordenadorias, gabinetes etc.

→ **Subalternos**

> Exercem atribuições de mera execução;
> Exercem reduzido poder decisório;
> São exemplos as seções de expediente ou de materiais.

Estrutura

A classificação quanto à estrutura leva em consideração, a partir do órgão analisado, se existe ou não um processo de desconcentração, se há ramificações que levam a órgãos subordinados ao órgão analisado.

> **Simples:** São aqueles que representam um só centro de competências, sem ramificações, independentemente do número de cargos.
> **Composto:** são aqueles que reúnem em sua estrutura diversos órgãos, ou seja, existem ramificações.

» **Ex.:** A Presidência da República é um órgão composto, pois dela se origina outros órgãos de menor hierarquia, dentre esses, nós temos o Ministério da Justiça, por exemplo, que também é órgão composto, pois, a partir dele, temos novas ramificações, tais como o Departamento Penitenciário Nacional, o Departamento de Polícia Federal, entre outros .

A partir da Presidência da República, nós também temos um órgão chamado de gabinete, e esse é considerado simples, pois a partir dele não temos novos órgãos, ou seja, não nasce nenhuma ramificação a partir do gabinete da Presidência da República.

Atuação Funcional / Composição

Os órgãos públicos podem ser classificados em singulares ou colegiados:

> **Órgãos Singulares ou Unipessoais:** a sua atuação ou decisões são atribuições de um único agente.

» **Ex.:** Presidência da República.

> **Órgão Colegiado ou Pluripessoal:** a atuação e as decisões dos órgãos colegiados acontecem mediante obrigatória manifestação conjunta de seus membros.

» **Ex.:** Congresso Nacional, Tribunais de Justiça.

Vamos Praticar

01. (CESPE) Os órgãos são centros de competência com personalidade jurídica própria, cuja atuação é imputada aos agentes públicos que os representam.

Certo ( ) Errado ( )

02. (CESPE) Em regra, os órgãos, por não terem personalidade jurídica, não têm capacidade processual, salvo nas hipóteses em que eles são titulares de direitos subjetivos, o que lhes confere capacidade processual para a defesa de suas prerrogativas e competências.

Certo ( ) Errado ( )

03. (CESPE) Tanto a criação quanto a extinção de órgãos públicos depende da edição de lei específica; contudo, a estruturação e o estabelecimento das atribuições desses órgãos, desde que não impliquem aumento de despesa, podem ser processados por decreto do chefe do Poder Executivo.

Certo ( ) Errado ( )

04. Na Teoria da Representação, O agente funcionaria como um tutor ou curador do Estado, porém não representaria nos atos que necessita participar.

Certo ( ) Errado ( )

05. (CESPE) Segundo classificação doutrinária, quanto ao critério relacionado à posição estatal, os órgãos autônomos são aqueles originários da Constituição e que representam os três poderes do Estado, cujas funções são exercidas por agentes políticos.

Certo ( ) Errado ( )

06. (CESPE) Quanto à posição estatal, as secretarias estaduais e as municipais são consideradas órgãos públicos subalternos.

Certo ( ) Errado ( )

07. (CESPE) Embora, em regra, os órgãos públicos não tenham personalidade jurídica, a alguns órgãos é conferida a denominada capacidade processual, estando eles autorizados por lei a defender em juízo, em nome próprio, determinados interesses ou prerrogativas.

Certo ( ) Errado ( )

08. (CESPE) De acordo com a teoria do órgão da pessoa jurídica aplicada ao direito administrativo, as pessoas jurídicas estatais expressam suas vontades por meio dos seus órgãos, os quais, por sua vez, são representados por seus agentes, que atuam como mandatários da pessoa jurídica estatal.

Certo ( ) Errado ( )

09. (CESPE) As ações dos entes políticos - como União, estados, municípios e DF - concretizam-se por intermédio de pessoas físicas, e, segundo a teoria do órgão, os atos praticados por meio desses agentes públicos devem ser imputados à pessoa jurídica de direito público a que pertencem.

Certo ( ) Errado ( )

10. (CESPE) Órgão público pode ser definido como pessoa jurídica de natureza pública, dotada de personalidade jurídica própria e com atribuições para atuar em prol do interesse público.

Certo ( ) Errado ( )

Gabarito

01	ERRADO	06	ERRADO
02	CERTO	07	CERTO
03	CERTO	08	ERRADO
04	ERRADO	09	CERTO
05	ERRADO	10	ERRADO

CAPÍTULO 03

Princípios Fundamentais da Administração Pública

Nesse capítulo o nosso objetivo é conhecer o rol de princípios fundamentais que norteiam e orientam toda a atividade administrativa do Estado, bem como toda a atuação da administração pública direta e indireta.

Introdução

São princípios de observância obrigatória para toda a Administração Pública, quer da União, dos Estados, do Distrito Federal, quer dos Municípios. São considerados expressos, pois estão descritos expressamente no *caput* do Art. 37 da Constituição Federal de 1988.

> ***Art. 37.*** *A Administração Pública direta e indireta de qualquer dos Poderes da União, dos Estados, do Distrito Federal e dos Municípios obedecerá aos princípios de legalidade, impessoalidade, moralidade, publicidade e eficiência e, também, ao seguinte: (Ver CF/88).*

Classificação

Os princípios da administração pública são classificados como princípios explícitos (expressos) e implícitos.

É importante apontar que não existe relação de subordinação e de hierarquia entre os princípios expressos e os implícitos, na verdade, essa relação não existe entre nenhum princípio.

Isso quer dizer que, em um aparente conflito entre os princípios, um não exclui o outro, pois deve o administrador público observar ambos ao mesmo tempo, devendo nortear sua decisão na obediência de todos os princípios fundamentais pertinente ao caso em concreto.

Como exemplo, não pode o administrador público deixar de observar o princípio da legalidade para buscar uma atuação mais eficiente (de acordo com o princípio da eficiência), devendo ele, na colisão entre os dois princípios, observar a lei e ainda buscar a eficiência conforme os meios que lhes seja possível.

Os princípios explícitos ou expressos são aqueles que estão descritos no *caput* do Art. 37 da CF. São eles:

Legalidade
Impessoalidade
Moralidade
Publicidade
Eficiência

Os princípios implícitos são aqueles que não estão descritos no *caput* do Art. 37 da CF. São eles:

> Supremacia do Interesse público;
> Indisponibilidade do interesse público;
> Motivação;
> Razoabilidade;
> Proporcionalidade;
> Autotutela;
> Continuidade dos Serviços Públicos;
> Segurança Jurídica, entre outros.

A seguir, analisaremos as características dos princípios fundamentais da administração pública que mais aparecem nas provas de concurso público.

Princípio da Legalidade

O princípio da legalidade está previsto em dois lugares distintos na Constituição Federal. Em primeiro plano, no Art. 5º II - ninguém será obrigado a fazer ou deixar de fazer alguma coisa senão em virtude de lei; aqui o princípio da legalidade regula a vida dos particulares e, ao particular, é facultado fazer tudo que a lei não proíbe; é o chamado princípio da autonomia da vontade. Essa regra não deve ser aplicada à Administração Pública.

Em segundo plano, o Art. 37, *caput* do texto Constitucional, determina que a Administração Pública somente pode fazer aquilo que a lei determina ou autoriza. Assim, em caso de omissão legislativa (falta de lei), a Administração Pública está proibida de agir.

Nesse segundo caso, a lei deve ser entendida em sentido amplo, o que significa que a administração pública deve obedecer os mandamentos constitucionais, as leis formais e materiais (leis complementares, leis delegadas, leis ordinárias, Medidas Provisórias) e também as normas infra legais (decretos, resoluções, portarias, entre outros), e não somente a lei em sentido estrito.

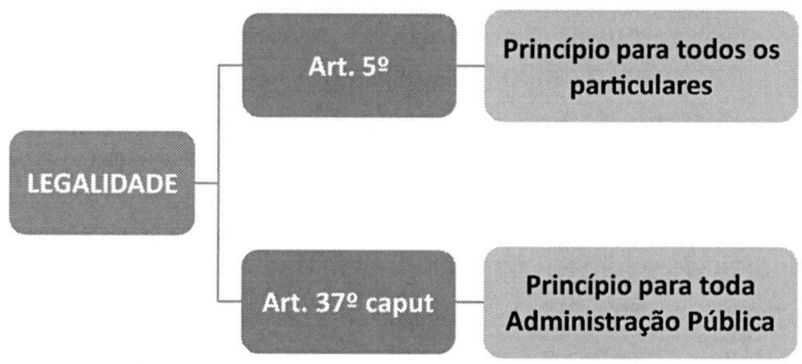

Princípio da Impessoalidade

O princípio da impessoalidade determina que todas as ações da Administração Pública devem ser revestidas de finalidade pública. Além disso, como segunda vertente, proíbe a promoção pessoal do agente público, como determina o Art. 37, § 1º da CF/88:

> ***Art. 37, § 1º*** *- A publicidade dos atos, programas, obras, serviços e campanhas dos órgãos públicos deverá ter caráter educativo, informativo ou de orientação social, dela não podendo constar nomes, símbolos ou imagens que caracterizem promoção pessoal de autoridades ou servidores públicos. (Ver CF/88).*

O princípio da impessoalidade é tratado sob dois prismas, a saber:

→ Como determinante da finalidade de toda atuação administrativa (também chamado de princípio da **finalidade**, considerado constitucional implícito, inserido no princípio expresso da impessoalidade).

→ Como vedação a que o agente público se promova à custa das realizações da Administração Pública (vedação à promoção pessoal do administrador público pelos serviços, obras e outras realizações efetuadas pela Administração Pública).

Fique Ligado

É pelo princípio da impessoalidade que dizemos que o agente público age em imputação a pessoa jurídica a que está ligado, ou seja, pelo princípio da impessoalidade as ações do agente público são determinadas como se o próprio Estado estivesse agindo.

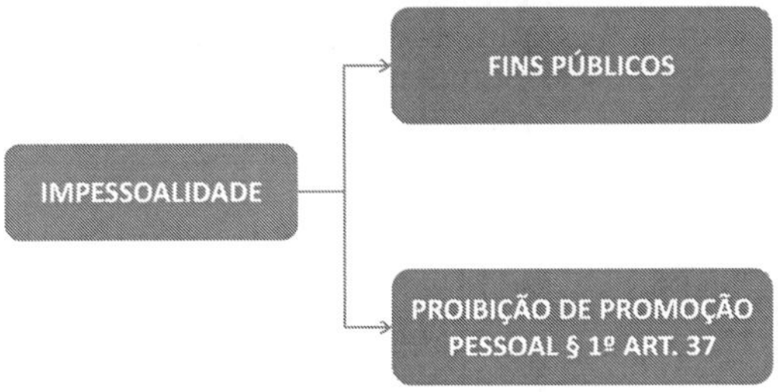

Princípio da Moralidade

O princípio da moralidade é um complemento ao da legalidade, pois nem tudo que é legal é moral. Dessa forma, o Estado impõe a sua administração a atuação segundo a lei e também segundo a moral administrativa. Tal princípio traz para o agente público o dever de probidade. Esse dever é sinônimo de atuação com ética, decoro, honestidade e boa-fé.

O princípio da moralidade determina que o agente deva sempre trabalhar com ética e em respeito aos princípios morais da Administração Pública. O princípio está intimamente ligado ao dever de probidade (honestidade) e sua não observação acarreta a aplicação do Art. 37 §4º da CF/88 e a Lei 8429/92 (lei de improbidade administrativa) (Ver CF/88).

> ***§ 4º*** *- Os atos de improbidade administrativa importarão a suspensão dos direitos políticos, a perda da função pública, a indisponibilidade dos bens e o ressarcimento ao erário, na forma e gradação previstas em lei, sem prejuízo da ação penal cabível. (Ver CF/88)*

O desrespeito ao princípio da moralidade afeta a própria legalidade do ato administrativo, ou seja, leva a anulação do ato, e ainda pode acarretar a responsabilização dos agentes por improbidade administrativa.

O princípio da moralidade não se refere ao senso comum de moral, que é formado por meio das instituições que passam pela vida da pessoa, tais como família, escola, igreja, entre outras. Para a Administração Pública, esse princípio refere-se à moralidade administrativa, que está inserida no corpo das normas de direito administrativo.

Princípio da Publicidade

Esse princípio deve ser entendido como o que determina que os atos da Administração sejam claros e não sobrem dúvidas sobre sua procedência. Por esse motivo, em regra, os atos devem ser publicados em diário oficial e, além disso, a Administração deve tornar o fato acessível (público). Tornar público é, além de publicar em diário oficial, apresentar os atos na Internet, pois esse meio hoje é o que deixa todas as informações acessíveis.

O princípio da Publicidade apresenta dupla acepção em face do sistema constitucional vigente:

→ **Exigência de publicação em órgão oficial como requisito de eficácia** dos atos administrativos que devam produzir efeitos externos e dos atos que impliquem ônus para o patrimônio público.

Essa regra não é absoluta, pois, em defesa da intimidade e também do Estado, alguns atos públicos não precisam ser publicados:

> ***Art. 5º - X da CF:*** *são invioláveis a intimidade, a vida privada, a honra e a imagem das pessoas, assegurado o direito a indenização pelo dano material ou moral decorrente de sua violação.*
>
> ***Art. 5º - XXXIII da CF:*** *todos têm direito a receber dos órgãos públicos informações de seu interesse particular, ou de interesse coletivo ou geral, que serão prestadas no prazo da lei, sob pena de responsabilidade, ressalvadas aquelas cujo sigilo seja imprescindível à segurança da sociedade e do Estado.*

Sendo assim, o ato que tiver em seu conteúdo uma informação sigilosa ou relativa à intimidade da pessoa tem que resguardar o devido sigilo.

Exigência de transparência da atuação administrativa:

> ***Art. 5º XXXIII CF.*** *Todos têm direito a receber dos órgãos públicos informações de seu interesse particular, ou de interesse coletivo ou geral, que serão prestadas no prazo da lei, sob pena de responsabilidade, ressalvadas aquelas cujo sigilo seja imprescindível à segurança da sociedade e do Estado; (Ver CF/88).*

O princípio da publicidade orientou o poder legislativo nacional a editar a lei 12.527/2011, que regulamenta o dispositivo do Art. 5º, inc. XXXIII, da CF. Dispõe sobre o acesso à informação pública, sobre a informação sigilosa, sua classificação, bem como a informação pessoal, entre outras providências. Tal dispositivo merece ser lido, pois essa lei transpassa toda a essência do princípio da publicidade.

Podemos inclusive afirmar que esse princípio foi materializado em lei após a edição da lei 12.527/2011. Veja a seguir a redação do Art. 3º dessa lei:

> ***Art. 3º*** *Os procedimentos previstos nesta Lei destinam-se a assegurar o direito fundamental de acesso à informação e devem ser executados em conformidade com os princípios básicos da administração pública e com as seguintes diretrizes:*
>
> *I. observância da publicidade como preceito geral e do sigilo como exceção;*
>
> *II. divulgação de informações de interesse público, independentemente de solicitações;*
>
> *III. utilização de meios de comunicação viabilizados pela tecnologia da informação;*
>
> *IV. fomento ao desenvolvimento da cultura de transparência na administração pública;*
>
> *V. desenvolvimento do controle social da administração pública.*

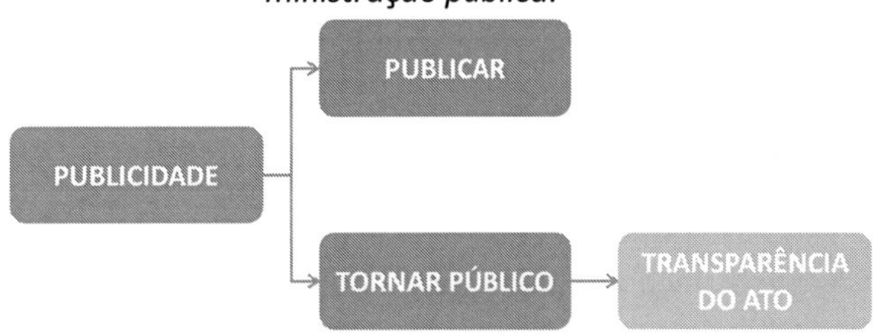

Princípio da Eficiência

O princípio da eficiência foi o último a ser inserido no bojo do texto constitucional (o princípio da eficiência foi incluído com a emenda constitucional nº 19/98), e apresenta dois aspectos principais:

→ Relativamente à forma de atuação do agente público, espera-se o melhor desempenho possível de suas atribuições, a fim de obter os melhores resultados.

→ Quanto ao modo de organizar, estruturar e disciplinar a Administração Pública, exigiu-se que esse seja o mais racional possível, no intuito de alcançar melhores resultados na prestação dos serviços públicos.

Art. 37 § 8º - A autonomia gerencial, orçamentária e financeira dos órgãos e entidades da administração direta e indireta poderá ser ampliada mediante contrato, a ser firmado entre seus administradores e o poder público, que tenha por objeto a fixação de metas de desempenho para o órgão ou entidade, cabendo à lei dispor sobre (Ver CF/88).

O princípio da eficiência orienta a atuação da administração pública de forma que essa busque o melhor custo benefício no exercício de suas atividades, ou seja, os serviços públicos devem ser prestados com adequação às necessidades da sociedade que o custeia.

A atuação da administração pública tem que ser eficiente, o que acarreta ao agente público o dever de agir com presteza, esforço, rapidez e rendimento funcional. O seu descumprimento poderá acarretar a perda do seu cargo por baixa produtividade apurada em procedimento da avaliação periódica de desempenho, tanto antes da aquisição da estabilidade, como também após.

Princípio da Supremacia do interesse público sobre o Privado

Esse princípio é também considerado o norteador do Direito Administrativo. Ele determina que o Estado, quando trabalhando com o interesse público, se sobrepõe ao particular. Devemos lembrar que esse princípio deve ser utilizado pelo administrador público de forma razoável e proporcional para que o ato não se transforme em arbitrário e, consequentemente, ilegal.

É o fundamento das **prerrogativas** do Estado, ou seja, da relação jurídica desigual ou vertical entre o Estado e o particular. A exemplo, temos o poder de império do Estado (também chamado de poder extroverso), que se manifesta por meio da imposição da lei ao administrado, admitindo até o uso da força coercitiva para o cumprimento da norma. Assim sendo, a administração pública pode criar obrigações, restringir ou condicionar os direitos dos administrados.

→ **Limitações:**

> Respeito aos demais princípios;

> Não está presente diretamente nos atos de gestão[1].

→ **Exemplos de Incidência:**

> Intervenção na propriedade privada;

> Exercício do poder de polícia, limitando ou condicionando o exercício de direito em prol do interesse público;

> Presunção de legitimidade dos atos administrativos.

Princípio da indisponibilidade do interesse público

Conforme dito anteriormente, o princípio da indisponibilidade do interesse público juntamente com o da supremacia do interesse público, formam os pilares do regime jurídico administrativo.

Esse princípio é o fundamento das **restrições** do Estado. Assim sendo, apesar de o princípio da supremacia do interesse público prever prerrogativas especiais para a Administração Pública em determinadas relações jurídicas com o administrado, tais poderes são ferramentas que a ordem jurídica confere ao agentes públicos para alcançar os objetivos do Estado. E o uso desses poderes, então, deve ser balizado pelo interesse público, o que impõe restrições legais a sua atuação, garantindo que a utilização do poder tenha por finalidade o interesse público e não o do administrador.

Sendo assim é vedado a renúncia do exercício de competência pelo agente público, pois a atuação desse não é balizada por sua vontade pessoal, mas, sim, pelo interesse público, também chamado de interesse da lei. Os poderes conferidos aos agentes públicos têm a finalidade de auxiliá-los a atingir tal interesse. Com base nessa regra, concluímos que esses agentes não podem dispor do interesse público, por não ser o seu proprietário, e sim o povo. Ao agente público cabe a gestão da Administração Pública em prol da coletividade.

Princípios da Razoabilidade e Proporcionalidade

Os princípios da razoabilidade e da proporcionalidade não se encontram expressos no texto constitucional. Esses são classificados como princípios gerais do direito e são aplicáveis a vários ramos da ciência jurídica. São chamados de princípios da proibição de excesso do agente público.

A razoabilidade diz que toda atuação da Administração tem que seguir a teoria do homem médio, ou seja, as decisões devem ser tomadas segundo o critério da maioria das pessoas "racionais", sem exageros ou deturpações.

→ **Razoabilidade:** Adequação entre meios e fins. O princípio da proporcionalidade diz que o agente público deve ser proporcional no uso da força para o cumprimento do bem público, ou seja, nas aplicações de penalidades pela Administração deve ser levada em conta sempre a gravidade da falta cometida.

→ **Proporcionalidade:** Vedação de imposição de obrigações, restrições e sanções em medida superior àquela estritamente necessária ao interesse público.

Podemos dar como exemplo a atuação de um fiscal sanitário, que esteja vistoriando dois estabelecimentos e, em um deles, encontre um quilo de carne estragada e, no outro, encontre uma tonelada.

Na aplicação da penalidade, deve ser respeitada tanto a razoabilidade quanto a proporcionalidade, ou seja, aplica-se, no primeiro, uma penalidade pequena, uma multa, por exemplo, e, no segundo, uma penalidade grande, suspensão de 90 dias.

Veja que o administrador não pode fazer menos ou mais do que a lei determina, isso em obediência ao princípio da legalidade, senão cometerá abuso de poder.

Princípio da Autotutela

O princípio da autotutela propicia o controle da Administração Pública sob seus próprios atos em dois pontos específicos:

1 Atos de gestão são praticados pela administração na qualidade de gestora de seus bens e serviços, sem exercício de supremacia sobre os particulares, assemelhando-se aos atos praticados pelas pessoas privadas. São exemplos de atos de gestão a alienação ou a aquisição de bens pela administração pública, o aluguel a um particular de um imóvel de propriedade de uma autarquia, entre outros.

→ De legalidade, em que a Administração pode controlar seus próprios atos quando eivados de vício de ilegalidade, sendo provocado ou de ofício.

→ De mérito: a Administração Pública pode revogar seus atos por conveniência e oportunidade.

> ***Súmula 473 do STF:*** *A Administração pode anular seus próprios atos, quando eivados de vícios que os tornam ilegais, porque deles não se originam direitos; ou revogá-los, por motivo de conveniência ou oportunidade, respeitados os direitos adquiridos, e ressalvada, em todos os casos, a apreciação judicial.*

O princípio da autotutela não exclui a possibilidade do controle jurisdicional do ato administrativo previsto no Art. 5º, inc. XXXV, da CF: "a lei não excluirá da apreciação do Poder Judiciário lesão ou ameaça a direito".

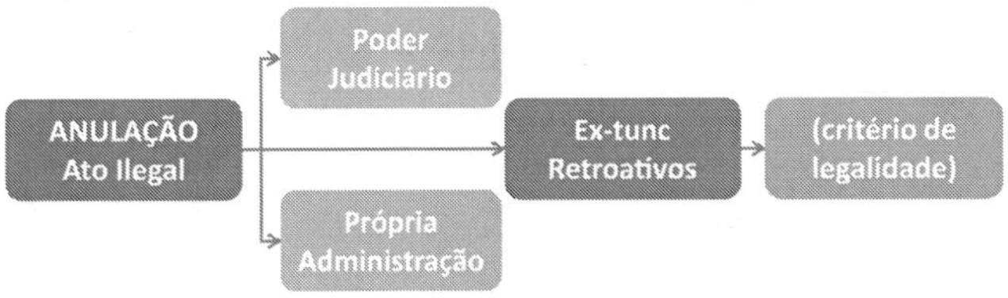

Princípio da Ampla Defesa

A ampla defesa determina que todos que sofrerem medidas de caráter de pena terão direito a se defender de todos os meios disponíveis legais em direito. Está previsto nos processos administrativos disciplinares:

> ***Art. 5º - LV da CF:*** *aos litigantes, em processo judicial ou administrativo, e aos acusados em geral são assegurados o contraditório e ampla defesa, com os meios e recursos a ela inerentes;*

Princípio da Continuidade do Serviço Público

O Princípio da Continuidade do serviço público tem como escopo (objetivo) não prejudicar o atendimento dos serviços essenciais à população. Assim, evitam que esses sejam interrompidos.

O Professor Celso Ribeiro Bastos[2], é um dos doutrinadores que defende a não interrupção do serviço público essencial:

"O serviço público deve ser prestado de maneira contínua, o que significa dizer que não é passível de interrupção. Isso ocorre pela própria importância de que tal serviço se reveste, o que implica ser colocado à disposição do usuário com qualidade e regularidade, assim como com eficiência e oportunidade"... "Essa continuidade afigura-se em alguns casos de maneira absoluta, quer dizer, sem qualquer abrandamento, como ocorre com serviços que atendem necessidades permanentes, como é o caso de fornecimento de água, gás, eletricidade. Diante, pois, da recusa de um serviço público, ou do seu fornecimento, ou mesmo da cessação indevida desse, pode o usuário utilizar-se das ações judiciais cabíveis, até as de rito mais célere, como o mandado de segurança e a própria ação cominatória".

2 Curso de direito administrativo, 2. ed. – São Paulo: Saraiva, 1996, p. 165.

- **Regra:**
  - Os serviços públicos devem ser adequados e ininterruptos.
- **Exceção:**
  - Aviso prévio;
  - Situações de emergência.
- **Alcance:**
  - Todos os prestadores de serviços públicos;
  - Administração Direta;
  - Administração Indireta;
  - Concessionárias, Autorizatárias e Permissionárias de serviços públicos.
- **Efeitos:**
  - Restrição de direitos das prestadoras de serviços públicos, bem como dos agentes envolvidos na prestação desses serviços, a exemplo do direito de greve.

Dessa forma, quem realiza o serviço público se submete a algumas restrições:

→ Restrição ao direito de greve, Art. 37, VII CF/88;

→ Suplência, delegação e substituição – casos de funções vagas temporariamente;

→ Impossibilidade de alegar a exceção do contrato não cumprido, somente em casos em que se configure uma impossibilidade de realização das atividades;

→ Possibilidade da encampação da concessão do serviço, retomada da administração do serviço público concedido no prazo na concessão, quando o serviço não é prestado de forma adequada.

O Código de Defesa do Consumidor, em seu Art. 22, assegura ao consumidor que os serviços essenciais devem ser contínuos, caso contrário, aos responsáveis, caberá indenização. O referido código não diz quais seriam esses serviços essenciais. Podemos usar, como analogia, o Art. 10 da lei 7783/89, que enumera os que seriam considerados fundamentais:

> ***Art. 10*** *- São considerados serviços ou atividades essenciais:*
>
> *I.* *tratamento e abastecimento de água; produção e distribuição de energia elétrica, gás e combustíveis;*
>
> *II.* *assistência médica e hospitalar;*
>
> *III.* *distribuição e comercialização de medicamentos e alimentos;*
>
> *IV.* *funerários;*
>
> *V.* *transporte coletivo;*
>
> *VI.* *captação e tratamento de esgoto e lixo;*
>
> *VII.* *telecomunicações;*
>
> *VIII.* *guarda, uso e controle de substâncias radioativas, equipamentos e materiais nucleares;*
>
> *IX.* *processamento de dados ligados a serviços essenciais;*
>
> *X.* *controle de tráfego aéreo;*
>
> *XI.* *compensação bancária.*

Princípio da Segurança Jurídica

Esse princípio veda a aplicação retroativa da nova interpretação da norma.

Caso uma regra seja revogada ou alterada a sua redação ou interpretação, os atos praticados durante a vigência da norma antiga continuam valendo, pois tal princípio visa resguardar o direito adquirido, o ato jurídico perfeito e a coisa julgada.

Assim, temos que a nova interpretação da norma, via de regra, somente terá efeitos prospectivos, ou seja, da data em que for revogada para frente, não atingindo os atos praticados na vigência da norma antiga.

Vamos Praticar

A Administração Pública, regulamentada no texto constitucional, possui princípios e características que lhe conferem organização e funcionamento peculiares. A respeito desse assunto, julgue os próximos itens.

01. (CESPE) Como consequência do princípio da legalidade ao particular, é autorizado fazer tudo que a lei não proibi e, ao administrador público, só é permitido fazer aquilo que a lei determina ou autoriza.

Certo ( ) Errado ( )

02. (CESPE) Como decorrência do princípio da moralidade os atos devem ser publicados.

Certo ( ) Errado ( )

Com relação ao vencimento e à remuneração dos servidores públicos, julgue o próximo item.

03. (CESPE) Assegura-se a isonomia de vencimentos para cargos de atribuições iguais ou assemelhadas do mesmo Poder, ou entre servidores dos três Poderes, ressalvadas as vantagens de caráter individual e as relativas à natureza ou ao local de trabalho.

Certo ( ) Errado ( )

Acerca dos serviços públicos, julgue o item a seguir.

04. (CESPE) Podemos afirmar que o princípio da eficiência foi um dos princípios originais da Constituição, ou seja, foi inserido em 1988, com a promulgação da Constituição.

Certo ( ) Errado ( )

No que se refere aos poderes administrativos e aos princípios que regem a Administração Pública, julgue os itens subsequentes.

05. (CESPE) O princípio da moralidade administrativa tem existência autônoma no ordenamento jurídico nacional e deve ser observado não somente pelo administrador público, como também pelo particular que se relaciona com a Administração Pública.

Certo ( ) Errado ( )

06. (CESPE) Com fundamento no princípio da publicidade ao administrador publico só é permitido fazer o que a lei determina.

Certo ( ) Errado ( )

A respeito dos princípios constitucionais aplicados ao direito administrativo, julgue os itens que se seguem. Nas situações em que for empregada, considere que a sigla CF se refere à Constituição Federal de 1988.

07. (CESPE) Os princípios da razoabilidade e da proporcionalidade estão expressos no texto da CF.

Certo ( ) Errado ( )

08. (CESPE) A CF confere aos particulares o poder de exigir, por meio da ação popular, que a Administração Pública respeite o princípio da moralidade.

Certo ( ) Errado ( )

09. (CESPE) O princípio da autotutela possibilita à Administração Pública anular os próprios atos, quando possuírem vícios que os tornem ilegais, ou revogá-los por conveniência ou oportunidade, desde que sejam respeitados os direitos adquiridos e seja garantida a apreciação judicial.

Certo ( ) Errado ( )

Acerca da Administração Pública, julgue o item seguinte.

10. (CESPE) As organizações privadas podem deixar de fornecer, por exemplo, determinados dados financeiros, para resguardar as suas estratégias. Em contrapartida, na gestão pública, a transparência das ações e decisões deve existir, salvo quando houver questões que envolvam segurança nacional ou demais exceções respaldadas na CF.

Certo ( ) Errado ( )

Gabarito

01	*CERTO*	*06*	*ERRADO*
02	*ERRADO*	*07*	*ERRADO*
03	*CERTO*	*08*	*CERTO*
04	*ERRADO*	*09*	*CERTO*
05	*CERTO*	*10*	*CERTO*

Anotações

CAPÍTULO 04

Poderes e Deveres Administrativos

Para um desempenho adequado do papel que compete a Administração Pública, o ordenamento jurídico confere a ela poderes e deveres especiais. Nesse capítulo, conheceremos seus deveres e poderes de modo a diferenciar a aplicabilidade de um ou de outro poder ou dever na análise de casos concretos, bem como apresentado nas questões de concurso público. Vejamos:

Deveres

Os deveres da Administração Pública são um conjunto de obrigações de direito público que a ordem jurídica confere aos agentes públicos com o objetivo de permitir que o Estado alcance seus fins.

O fundamento desses deveres é o princípio da indisponibilidade do interesse público, pois, como a Administração Pública é uma ferramenta do Estado para alcançar seus objetivos, não é permitido ao agente público usar dos seus poderes para satisfazer interesses pessoais ou de terceiros. Com base nessa regra, concluímos que esses agentes não podem dispor do interesse público, por não ser o seu proprietário, e sim o povo. A ele cabe a gestão da Administração Pública em prol da coletividade.

A doutrina, de um modo geral, enumera, como alguns dos principais deveres impostos aos agentes administrativos pelo ordenamento jurídico, quatro obrigações administrativas, a saber:

> Poder dever de agir;
> Dever de eficiência;
> Dever de probidade;
> Dever de prestar contas.

Poder Dever de Agir

O poder dever de agir determina que toda a Administração Pública tem que agir em caso de determinação legal. Contudo, essa é temperada, uma vez que o administrador precisa ter possibilidade real de atuar.

» **Ex.:** Policiais em serviço que presenciam um cidadão ser assaltado e morto e nada fazem. Nessa situação, além do dever imposto por lei, havia a possibilidade de agir. Nesse caso concreto, gera-se a possibilidade de indenização por parte do Estado, com base na responsabilidade civil do Estado (Art. 37, § 6º, CF-88).

Enquanto no direito privado agir é uma faculdade do administrador, no direito público, agir é um dever legal do agente público.

Em decorrência dessa regra temos que os **poderes** administrativos são **irrenunciáveis**, devendo ser **obrigatoriamente exercidos** por seus titulares nas situações cabíveis.

A inércia do agente público acarreta responsabilização a ela por abuso de poder na modalidade omissão. A administração pública também responderá pelos danos patrimoniais ou morais decorrentes da omissão na esfera cível.

Dever de Eficiência

A Constituição implementou o dever de eficiência com a introdução da emenda constitucional de 19 de 1998, a chamada reforma administrativa. Esse novo modelo instituiu a denominada "administração gerencial", tendo vários exemplos dispostos no corpo do texto constitucional, como:

> Possibilidade de perda do cargo de servidor estável em razão de insuficiência de desempenho (Art. 41, § 1º, III);
> O estabelecimento como condição para o ganho da estabilidade de avaliação de desempenho (Art. 41, § 4º);
> A possibilidade da celebração de contratos de gestão (Art. 37, § 8º);
> A exigência de participação do servidor público em cursos de aperfeiçoamento profissional como um dos requisitos para a promoção na carreira (Art. 39, § 2º).

Dever de Probidade

O dever de probidade determina que todo administrador público, no desempenho de suas atividades, atue sempre com ética, honestidade e boa-fé, em consonância com o princípio da moralidade administrativa.

> ***Art. 37, caput, CF - 88, § 4º** - Os atos de improbidade administrativa importarão a suspensão dos direitos políticos, a perda da função pública, a indisponibilidade dos bens e o ressarcimento ao erário, na forma e gradação previstas em lei, sem prejuízo da ação penal cabível. (ver CF/88)*

Efeitos:

> A suspensão dos direitos políticos;
> Perda da função pública;
> Ressarcimento ao erário;
> Indisponibilidade dos bens.

Dever de Prestar Contas

O dever de prestar contas decorre diretamente do princípio da indisponibilidade do interesse público, sendo pertinente à função do agente público, que é simples gestão da coisa pública.

> ***Art. 70 - Parágrafo único da CF:** Prestará contas qualquer pessoa física ou jurídica, pública ou privada, que utilize, arrecade, guarde, gerencie ou administre dinheiros, bens e valores públicos ou pelos quais a União responda, ou que, em nome dessa, assuma obrigações de natureza pecuniária.*

Poderes Administrativos

São mecanismos que, utilizados isoladamente ou em conjunto, permitem que a Administração Pública possa cumprir suas finalidades. Dessa forma, os poderes "administrativos representam um conjunto de prerrogativas de direito Público que a ordem jurídica confere aos agentes administrativos para o fim de permitir que o Estado alcance os seus fins", assim leciona o professor José dos Santos Carvalho Filho.

O fundamento desses poderes é o princípio da supremacia do interesse público, pois, como a administração pública é uma ferramenta do Estado para alcançar seus objetivos, e tais objetivos são de interesse de toda coletividade, é necessário que o Estado possa ter prerrogativas especiais na busca de seus objetivos. Como exemplo, podemos citar a aplicação de uma multa de trânsito. Imagine que a lei venha, fale que ultrapassar o sinal vermelho é errado, mas o Estado não tenha o poder de aplicar a multa. De nada vale a previsão da infração na lei.

São Poderes Administrativos descritos pela doutrina pátria:

> Poder Vinculado;
> Poder Discricionário;
> Poder Hierárquico;
> Poder Disciplinar;
> Poder Regulamentar;
> Poder de Polícia.

Poder Vinculado

O poder vinculado determina que o administrador somente pode fazer o que a lei determina; aqui não se gera poder de escolha, ou seja, está o administrador preso (vinculado) aos ditames da lei.

O agente público não pode fazer considerações de conveniência e oportunidade. Caso o ele descumpra a única hipótese prevista na lei para orientar a sua conduta, praticará um ato ilegal, sendo assim, deve o ato ser anulado.

Poder Discricionário

O poder discricionário gera a margem de escolha, que é a conveniência e a oportunidade, o mérito administrativo. Diz-se que o agente público pode agir com liberdade de escolha, mas sempre respeitando os parâmetros da lei.

Duas são as vertentes que autorizam o poder discricionário: a lei e os conceitos jurídicos indeterminados. Esses últimos são determinações da própria lei, por exemplo: quando a Lei prevê a boa fé, quem decide se o administrado está de boa ou má fé é o agente público, sempre sendo razoável e proporcional.

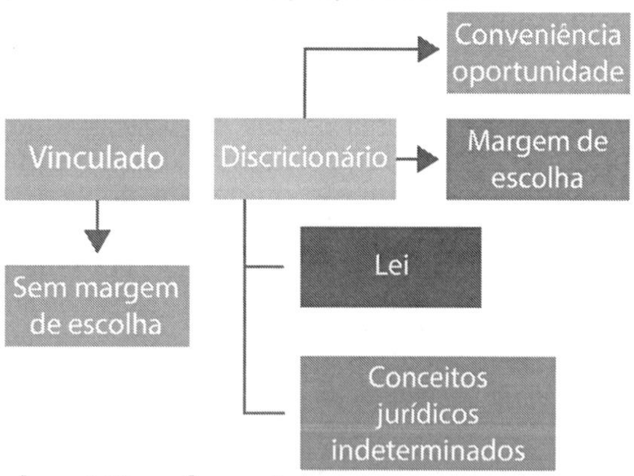

Poder Hierárquico

Manifesta a noção de um escalonamento vertical da administração pública, já que temos a subordinação entre órgãos e agentes, sempre no âmbito de uma mesma pessoa jurídica.

→ **Observação**:

> Não há subordinação nem hierarquia:
  » Entre pessoas distintas;
  » Entre os poderes da república;
  » Entre a administração e o administrado.

Prerrogativas

→ **Dar ordens:** cabe ao subordinado o dever de obediência, salvo nos casos de ordens manifestamente ilegais.

→ **Fiscalizar** a atuação dos subordinados.

→ **Revisar** os atos dos subordinados e, nessa atribuição:
  » Manter os atos vinculados legais e os atos discricionários legais convenientes e oportunos.
  » Convalidar os atos com defeitos sanáveis.
  » Anular os atos ilegais.
  » Revogar os atos discricionários legais inconvenientes e inoportunos.

A caraterística marcante é o grau de subordinação entre órgãos e agentes, sempre dentro da estrutura da mesma pessoa jurídica. O controle hierárquico permite que o superior aprecie todos os aspectos dos atos de seus subordinados (quanto à legalidade e quanto ao mérito administrativo) e pode ocorrer de ofício ou a pedido, quando for interesse de terceiros, por meio de recurso hierárquico.

→ **Aplicar sanções** aos servidores que praticarem infrações funcionais.

→ **Delegar competência.**

Delegação é o ato discricionário, revogável a qualquer tempo, mediante o qual o superior hierárquico confere o exercício temporário de algumas de suas atribuições, originariamente pertencentes ao seu cargo, a um subordinado.

É importante alertar que, excepcionalmente, a lei admite a delegação para outro órgão que não seja hierarquicamente subordinado ao delegante, conforme podemos constatar da redação do Art. 12 da Lei 9784/99:

> ***Art. 12*** *- Um órgão administrativo e seu titular poderão, se não houver impedimento legal, delegar parte da sua competência a outros órgãos ou titulares, ainda que estes não lhe sejam hierarquicamente subordinados, quando for conveniente, em razão de circunstâncias de índole técnica, social, econômica, jurídica ou territorial.*

Características da Delegação

→ **Não podem ser delegados:**

> Edição de atos de caráter normativo;
> A decisão de recursos administrativos;
> As matérias de competência exclusiva do órgão ou autoridade.

→ **Consequências**

> Não acarreta renúncia de competências;
> Transfere o exercício da atribuição e não a titularidade, pois pode ser revogada a delegação a qualquer tempo pela autoridade delegante;
> O ato de delegação e sua revogação deverão ser publicados em meio oficial.

→ **Avocação competência**

Avocar é o ato discricionário mediante o qual o superior hierárquico traz para si o exercício temporário de determinada competência, atribuída por lei a um subordinado.

> **Cabimento:** é uma medida excepcional e deve ser fundamentada.
> **Restrições:** não podem ser avocadas competências exclusivas do subordinado.
> **Consequências:** desonera o agente de qualquer responsabilidade relativa ao ato praticado pelo superior hierárquico.

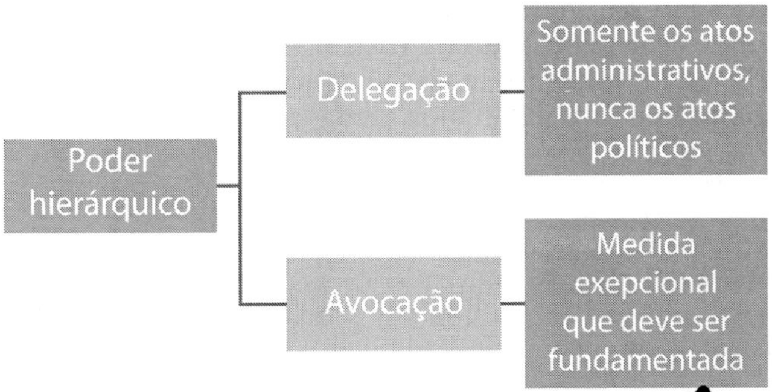

Fique Ligado

Segundo a Lei 9.784/99, que trata do processo administrativo federal:

> ***Art. 13. Não podem ser objeto de delegação:***
>
> ***I. a edição de atos de caráter normativo;***
>
> ***II. a decisão de recursos administrativos;***
>
> ***III. as matérias de competência exclusiva do órgão ou autoridade.***

Poder Disciplinar

O poder disciplinar é uma espécie de poder dever de agir da Administração Pública. Dessa forma, o administrador público atua de forma a punir internamente as infrações cometidas por seus agentes e, em exceção, atua de forma a, punir particulares que mantenham um vínculo jurídico específico com a Administração.

O poder disciplinar não pode ser confundido com o *jus puniendi* do Estado, ou seja, com o poder do Estado de aplicar a lei penal a quem comete uma infração penal.

Em regra, o poder disciplinar é discricionário, algumas vezes, é vinculado. Essa discricionariedade se encontra na escolha da quantidade de sanção a ser aplicada dentro das hipóteses previstas na lei, e não na faculdade de punir ou não o infrator, pois puni-lo é um dever, sendo assim, a punição não é discricionária, quantidade de punição que em regra é. Porém, é importante lembrar que, quando a lei apontar precisamente a penalidade ou a quantidade dela que deve ser aplicada para determinada infração, o poder disciplinar será vinculado.

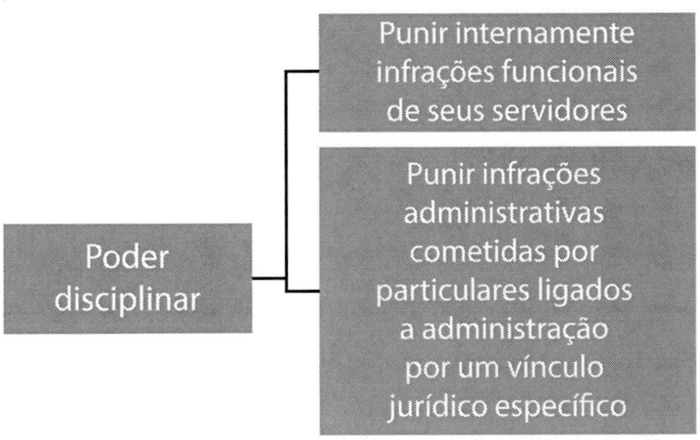

Fique Ligado

Quando a Administração atua punindo particulares (comuns) que cometeram falta, ela está usando o poder de polícia. Contudo, quando atua penalizando particulares que mantenham um vínculo jurídico específico (plus), estará utilizando o poder disciplinar.

Poder Regulamentar

Existem duas formas de manifestação do poder regulamentar: o decreto regulamentar e o autônomo, sendo que o primeiro é a regra e o segundo é a exceção.

Decreto regulamentar

Também denominado decreto executivo ou regulamento executivo.

O decreto regulamentar é uma prerrogativa dos chefes do poder executivo de regulamentar a lei para garantir a sua fiel aplicação.

Restrições

- Não inova o ordenamento jurídico;
- Não pode alterar a lei;
- Não pode criar direitos e obrigações;
- Caso o decreto regulamentar extrapole os limites da lei, haverá quebra do princípio da legalidade. Nessa situação, se do decreto regulamentar for federal, caberá ao Congresso Nacional sustar os seus dispositivos violadores da lei.

Exercício

- Somente por decretos dos chefes do poder executivo (presidente da república, governadores e prefeitos), sendo uma competência exclusiva, indelegável a qualquer outra autoridade.

Natureza

- Decreto: natureza secundária ou derivada;
- Lei: natureza primária ou originária.

Prazo para regulamentação

- A lei a ser regulamentada deve apontar;
- A ausência do prazo é inconstitucional;
- Enquanto não regulamentada, a lei é inexequível (não pode ser executada);
- Se o chefe do Executivo descumprir o prazo, a lei se torna exequível (pode ser executada);
- A competência para editar decreto regulamentar não pode ser objeto de delegação.

Decreto autônomo

A Emenda Constitucional número 32, alterou o Art. 84 da Constituição Federal e deu ao seu inc. VI a seguinte redação:

> ***Art. 84.*** *Compete privativamente ao Presidente da República:*
>
> ***VI.*** *dispor, mediante decreto, sobre:*
>
> ***a)*** *organização e funcionamento da administração federal, quando não implicar aumento de despesa nem criação ou extinção de órgãos públicos;*
>
> ***b)*** *extinção de funções ou cargos públicos, quando vagos;*

Essa previsão se refere ao que a doutrina chama de decreto-autônomo, pois se refere à predição para o presidente da república tratar mediante decreto de determinados assuntos, sem lei anterior, balizando a sua atuação, pois a baliza foi a própria constituição federal. O decreto é autônomo porque não depende de lei.

Características

- Inova o ordenamento jurídico;
- O decreto autônomo tem natureza primária ou originária;

- Somente pode tratar das matérias descritas no Art. 84, inc. VI, da Constituição Federal;
- O Presidente da República poderá delegar as atribuições mencionadas para edição de decretos-autônomos aos Ministros de Estado, ao Procurador-Geral da República ou ao Advogado-Geral da União, que observarão os limites traçados nas respectivas delegações, conforme prevê o § único do Art. 84.

As regras relativas às competências do presidente da república no uso do decreto regulamentar e do autônomo são estendidas aos demais chefes do executivo nacional dentro das suas respectivas administrações públicas. Sendo assim, governadores e prefeitos podem tratar, mediante decreto autônomo, dos temas estaduais e municipais de suas respectivas administrações que o presidente da república pode resolver, mediante decreto autônomo, na esfera da administração pública federal.

DECRETO DE EXECUÇÃO
É a regra;
Pode ser editado pelos chefes do Executivo;
Não inova o ordenamento jurídico e necessita de amparo de uma lei;
É de competência exclusiva, não pode ser delegável.
DECRETO AUTÔNOMO
É a exceção;
Somente pode ser editado pelo presidente da república;
Inova lei nos casos do Art. 84 IV, a e b do texto constitucional;
É de competência privativa e pode ser delegável de acordo com o Art. 84, § único.

Poder de Polícia

O Código Tributário Nacional, em seu Art. 78, ao tratar dos fatos geradores das taxas, assim conceitua poder de polícia:

> ***Art. 78.*** *Considera-se poder de polícia atividade da Administração Pública que, limitando ou disciplinando direito, interesse ou liberdade, regula a prática de ato ou abstenção de fato, em razão de interesse público concernente à segurança, à higiene, à ordem, aos costumes, à disciplina da produção e do mercado, ao exercício de atividades econômicas dependentes de concessão ou autorização do Poder Público, à tranquilidade pública ou ao respeito à propriedade e aos direitos individuais ou coletivos (vide Código Tributário nacional).*

Hely Lopes Meirelles conceitua poder de polícia como "a faculdade que dispõe a administração pública para condicionar, restringir o uso, o gozo de bens, atividades e direitos individuais, em benefício da coletividade ou do próprio Estado".

É competente para exercer o poder de polícia administrativa sobre uma dada atividade o ente federado, ao qual a Constituição da República atribui competência para legislar sobre essa mesma atividade, para regular a prática dessa.

Assim, podemos dizer que o poder de polícia é discricionário em regra, podendo ser vinculado nos casos em que a lei determinar. Ele dispõe que toda a Administração Pública pode condicionar ou restringir os direitos dos administrados em caso de não cumprimento das determinações legais.

O poder de polícia **fundamenta-se** no de **império** do Estado (Poder **extroverso**), que decorre do princípio da supremacia do interesse público, pois, por meio de imposições limitando ou restringindo a esfera jurídica dos administrados, visa à administração pública à defesa de um bem maior, que é proteção dos direitos da coletividade, pois o interesse público prevalece sobre os particulares.

Atributos do Poder de Polícia

Discricionariedade: o poder de polícia, em regra, é discricionário, pois dá margem de liberdade dentro dos parâmetros legais ao administrador público para agir; contudo, se a lei exigir, tal poder pode ser vinculado.

O Estado escolhe as atividades que sofrerão as fiscalizações da polícia administrativa. Essa escolha é manifestação da discricionariedade do poder de polícia do Estado. Também é manifestação da discricionariedade do poder de polícia a majoração da quantidade de pena aplicada a quem cometer uma infração sujeita à disciplina do poder de polícia.

Nos casos em que a lei prever uma pena que tenha duração no tempo e não fixar exatamente a quantidade, dando uma margem de escolha de quantidade ao julgador, temos o exercício do poder discricionário na atuação de polícia e, como limite desse poder de punir, temos a própria lei que traz a ordem de polícia e ainda os princípios da razoabilidade e da proporcionalidade que vedam a aplicação da pena em proporção superior à gravidade do fato ilícito praticado.

Autoexecutoriedade: é a prerrogativa da administração pública de executar diretamente as decisões decorrentes do poder de polícia, por seus próprios meios, sem precisar recorrer ao judiciário.

Cabimento

- Autorização da Lei;
- Medida Urgente.

A autoexecutoriedade no uso do poder de polícia não é absoluta, tendo natureza relativa, ou seja, não são todos os atos decorrentes do poder de polícia que são autoexecutórios. Para que um ato assim ocorra, é necessário que ele seja exigível e executório ao mesmo tempo:

- **Exigibilidade:** exigível é aquela conduta prevista na norma que, caso seja infringida, pode ser aplicada uma **coerção indireta**, ou seja, caso a pessoa venha a sofrer uma penalidade e se recuse a aceitar a aplicação da sanção, a aplicação dessa somente poderá ser executada por decisão judicial. É o caso das multas, por exemplo, que podem ser lançadas a quem comete uma infração de trânsito, a administração não pode receber o valor devido por meio da coerção, caso a pessoa penalizada se recuse a pagar a multa, o seu recebimento dependerá de execução judicial pela administração pública. A exigibilidade é uma característica de todos os atos praticados no exercício do poder de polícia.

> **Executoriedade:** executória é a norma que, caso seja desrespeitada, permite a aplicação de uma **coerção direta**, ou seja, a administração pode utilizar da força coercitiva para garantir a aplicação da penalidade, sem precisar recorrer ao judiciário.

É o caso das sanções de interdição de estabelecimentos comerciais, suspensão de direitos, entre outras. Não são todas as medidas decorrentes do poder de polícia executórias.

O ato de polícia para ser autoexecutório precisa ser ao mesmo tempo exigível e executório, ou seja, nem todos os atos decorrentes do poder de polícia são autoexecutórios.

Coercibilidade: esse atributo informa que as determinações da Administração podem ser impostas coercitivamente ao administrado, ou seja, o particular é obrigado a observar os ditames da administração. Caso ocorra resistência por parte desse, a administração pública estará autorizada a usar força, independentemente de autorização judicial, para fazer com que seja cumprida a regra de polícia. Todavia, os meios utilizados pela administração devem ser legítimos, humanos e compatíveis com a urgência e a necessidade da medida adotada.

Classificação

O poder de polícia pode ser originário, no caso da Administração Pública direta e derivada. Quando diz respeito as autarquias, a doutrina orienta que fundações públicas, sociedade de economia mista e empresas públicas não possuem o poder de polícia em suas ações. Classificação:

→ **Poder de polícia originário:**
> Dado à Administração Pública direta.

→ **Poder de polícia delegado:**
> Dado às pessoas da Administração Pública indireta que possuem personalidade jurídica de direito público. Esse poder somente é proporcionado para as autarquias ligadas à administração indireta.

O poder de polícia não pode ser exercido por particulares ou por pessoas jurídicas de direito privado da administração indireta, entretanto, o STJ em uma recente decisão entendeu que os atos de consentimento de polícia e de fiscalização dessa, que por si só não têm natureza coercitiva, podem ser delegados às pessoas jurídicas de direito privado da administração indireta.

Meios de atuação

O poder de polícia pode ser exercido tanto preventivamente quanto repressivamente.

Prevenção: manifesta-se por meio da edição de atos normativos de alcance geral, tais como leis, decretos, resoluções, entre outros, e também por meio de várias medidas administrativas, tais como a fiscalização, a vistoria, a notificação, a licença, a autorização, entre outros.

Repressão: manifesta-se por meio da aplicação de punições, tais como multas, interdição de direitos, destruição de mercadorias, etc.

Ciclo de polícia

O ciclo de polícia se refere às FASES de atuação desse poder, que seguem: ordem de polícia, consentimento, fiscalização e sanção de polícia, sendo assim, esse ciclo, para se completar, pode passar por 4 fases distintas, veja a seguir.

Ordem de polícia: é a Lei inovadora que tem trazido limites ou condições ao exercício de atividades privadas ou uso de bens.

Consentimento: é a autorização prévia fornecida pela Administração para a prática de determinada atividade privada ou para usar um bem.

Fiscalização: é a verificação, por parte da administração pública, para certificar-se de que o administrado está cumprindo as exigências contidas na ordem de polícia para a prática de determinada atividade privada ou uso de bem.

Sanção de polícia: é a coerção imposta pela administração ao particular que pratica alguma atividade regulada por ordem de polícia em descumprimento com as exigências contidas.

É importante apontar que o ciclo de polícia não precisa necessariamente comportar essas 4 fases, pois as de ordem e fiscalização devem sempre estar presentes em qualquer atuação de polícia administrativa, todavia, as fases de consentimento e de sanção não estarão presentes em todos os ciclos de polícia.

Prescrição

O prazo de prescrição das ações punitivas decorrentes do exercício do poder de polícia é de **5 anos** para a esfera federal, conforme constata-se na redação do Art. 1º da Lei 9.873/99: "Prescreve em cinco anos a ação punitiva da Administração Pública Federal, direta e indireta, no exercício do poder de polícia, objetivando apurar infração à legislação em vigor, contados da data da prática do ato ou, no caso de infração permanente ou continuada, do dia em que tiver cessado".

Polícia administrativa X polícia judiciária

Polícia administrativa: atua visando evitar a prática de infrações administrativas, tem natureza preventiva, entretanto, em alguns casos ela pode ser repressiva. A polícia administrativa atua sobre atividades privadas, bens ou direitos.

Polícia judiciária: atua com o objetivo de reprimir a infração criminal, tem natureza repressiva, mas, em alguns casos, pode ser preventiva. Ao contrário da polícia administrativa que atua sobre atividades privadas, bens ou direitos, a atuação da judiciária recai sobre as pessoas.

Poder de polícia X prestação de serviços públicos

Não podemos confundir toda atuação estatal com a prestação de serviços públicos, pois, dentre as diversas atividades desempenhadas pela administração pública, temos, além da prestação de serviços públicos, o exercício do poder de polícia, o fomento, a intervenção na propriedade privada, entre outras.

Distingue-se o poder de polícia da prestação de serviços públicos, pois essa é uma atividade positiva, que se manifesta numa obrigação de fazer.

Poder de polícia: atividade negativa, que traz a noção de não fazer, proibição, excepcionalmente pode trazer uma obrigação de fazer. Seu exercício sofre tributação mediante taxa e é indelegável a particulares.

Serviço público: atividade positiva, que traz a noção de fazer algo. A sua remuneração se dá por meio da tarifa, que não é um tributo, mas sim, uma espécie de preço público, e o serviço público, mesmo sendo de titularidade exclusiva do Estado, é delegável a particulares.

Abuso de poder

O Administrador público tem que agir obrigatoriamente em obediência aos princípios constitucionais, do contrário, sua ação pode ser arbitrária e, consequentemente, ilegal, o que gerará o chamado abuso de poder.

→ **Excesso de poder**: quando o agente público atua fora dos limites de sua esfera de competência.

→ **Desvio de poder**: quando a atuação do agente, embora dentro de sua órbita de competência, contraria a finalidade explícita ou implícita na lei que determinou ou autorizou a sua atuação, tanto é desvio de poder a conduta contrária à finalidade geral (ou mediata) do ato – o interesse público –, quanto a que discrepe de sua finalidade específica (ou imediata).

→ **Omissão de Poder**: ocorre quando o agente público fica inerte diante de uma situação em que a lei impõe o uso do poder.

Fique Ligado

Todos os atos que forem praticados com abuso de poder são ilegais e devem ser anulados; essa anulação pode acontecer tanto pela via administrativa quanto pela via judicial.

O remédio constitucional para combater o abuso de poder é o Mandado de Segurança.

Exercício Comentado

Julgue o item abaixo, relativo aos poderes da administração.

01. (CESPE) A relação hierárquica constitui elemento essencial na organização administrativa, razão pela qual deve estar presente em toda a atividade desenvolvida no âmbito da Administração Pública.

ERRADO. ***Nem em toda atividade desenvolvida no âmbito da Administração Pública está prevista a relação de hierarquia; um bom exemplo é a relação da Administração Pública Direta com a Indireta; aqui a relação é de vinculação.***

Vamos Praticar

Acerca do poder de polícia, do poder hierárquico e do abuso de poder, julgue o próximo item.

01. (CESPE) A invalidação da conduta abusiva de um agente público pode ocorrer tanto na esfera administrativa quanto por meio de ação judicial, e, em certas circunstâncias, o abuso de poder constitui ilícito penal.

Certo ( ) Errado ( )

02. (CESPE) O poder de polícia, vinculado à prática de ato ilícito de um particular, tem natureza sancionatória, devendo ser exercido apenas de maneira repressiva.

Certo ( ) Errado ( )

03. (CESPE) O ordenamento jurídico pode determinar que a competência de certo órgão ou de agente inferior na escala hierárquica seja exclusiva e, portanto, não possa ser avocada.

Certo ( ) Errado ( )

Com relação aos atos e aos poderes administrativos, julgue o item a seguir.

04. (CESPE) O poder regulamentar, regra geral, tem natureza primária e decorre diretamente da CF, sendo possível que os atos expedidos inovem o próprio ordenamento jurídico.

Certo ( ) Errado ( )

No que se refere aos poderes administrativos e aos princípios que regem a Administração Pública, julgue o item subsequente.

05. (CESPE) Com fundamento no poder disciplinar, a Administração Pública, ao ter conhecimento de prática de falta por servidor público, pode escolher entre a instauração ou não de procedimento destinado a promover a correspondente apuração da infração.

Certo ( ) Errado ( )

Com relação aos poderes, atos e contratos administrativos, julgue o item a seguir.

06. (CESPE) As prerrogativas do regime jurídico administrativo conferem poderes à Administração, colocada em posição de supremacia sobre o particular; já as sujeições servem de limites à atuação administrativa, como garantia do respeito às finalidades públicas e também dos direitos do cidadão.

Certo ( ) Errado ( )

07. (CESPE) De acordo com a lei, denomina-se ocupação temporária a situação em que um agente policial obriga o proprietário de um veículo particular em movimento a parar, a fim de utilizar esse na perseguição à terrorista internacional que porta bomba, para iminente detonação.

Certo ( ) Errado ( )

Com relação aos atos administrativos, aos poderes e ao controle da administração, julgue o próximo item.

08. (CESPE) A sanção administrativa é consectário do poder de polícia regulado por normas administrativas.

Certo ( ) Errado ( )

09. (CESPE) A Administração Pública, no exercício do *ius imperii*, subsume-se ao regime de direito privado.

Certo ( ) Errado ( )

No que se refere aos poderes da Administração Pública, julgue o item a seguir.

10. (CESPE) O prazo prescricional para que a Administração Pública federal, direta e indireta, no exercício do poder de polícia, inicie ação punitiva, cujo objetivo seja apurar infração à legislação em vigor, é de cinco anos, contados da data em que o ato se tornou conhecido pela Administração, salvo se tratar de infração dita permanente ou continuada, pois, nesse caso, o termo inicial ocorre no dia em que cessa a infração.

Certo ( ) Errado ( )

11. (CESPE) Atos administrativos decorrentes do poder de polícia gozam, em regra, do atributo da autoexecutoriedade, haja vista a administração não depender da intervenção do Poder Judiciário para torná-los efetivos. Entretanto, alguns desses atos importam exceção à regra, como exemplo, no caso de se impor ao administrado que este construa uma calçada. A exceção ocorre porque tal atributo se desdobra em dois, exigibilidade e executoriedade, e, nesse caso, falta a executoriedade.

Certo ( ) Errado ( )

Acerca dos atos e dos poderes administrativos, julgue o item a seguir.

12. (CESPE) Quando um fiscal apreende remédios com prazo de validade vencido, expostos em prateleiras de uma farmácia, tem-se exemplo do poder disciplinar da Administração Pública.

Certo ( ) Errado ( )

Com relação ao processo administrativo e aos poderes conferidos à Administração Pública, julgue o item que se segue.

13. (CESPE) O poder de polícia, considerado como a atividade do Estado limitadora do exercício dos direitos individuais em benefício do interesse público, é atribuído com exclusividade ao Poder Executivo.

Certo ( ) Errado ( )

Julgue o item a seguir, relativo aos atos e poderes administrativos.

14. (CESPE) O poder de polícia manifesta-se apenas por meio de medidas repressivas.

Certo ( ) Errado ( )

Gabarito

01	CERTO	08	CERTO
02	ERRADO	09	ERRADO
03	CERTO	10	ERRADO
04	ERRADO	11	CERTO
05	ERRADO	12	ERRADO
06	CERTO	13	ERRADO
07	ERRADO	14	ERRADO

Anotações

CAPÍTULO 05

Serviços Públicos

Base Constitucional

Art. 175. Incumbe ao Poder Público, na forma da lei, diretamente ou sob regime de concessão ou permissão, sempre através de licitação, a prestação de serviços públicos.

***Parágrafo único.** A lei disporá sobre:*

I. O regime das empresas concessionárias e permissionárias de serviços públicos, o caráter especial de seu contrato e de sua prorrogação, bem como as condições de caducidade, fiscalização e rescisão da concessão ou permissão;

II. Os direitos dos usuários;

III. Política tarifária;

IV. A obrigação de manter serviço adequado.

Conforme a redação desse artigo, vemos que incumbe ao Poder Público a prestação direta dos serviços públicos ou, sob delegação (concessão ou permissão), a prestação indireta.

Poder Público a que o artigo se refere são as entidades da administração direta e indireta. Assim, a prestação direta dos serviços públicos é a realizada pelas entidades direta e da administração indireta, e a prestação indireta é a prestação executada por delegação por um particular, seja por meio de concessão ou permissão.

Os serviços públicos são, conceituados em sentido estrito, se referem aos serviços que têm a possibilidade de serem explorados com o intuito de lucro, relaciona-se com a atividade econômica em sentido amplo. É importante ressaltar que o Art. 175 da Constituição Federal se enquadra no título VI (Da Ordem Econômica e Financeira).

Características dos Serviços Públicos (estrito)

> Referem-se às atividades econômicas em sentido amplo;

> Têm a possibilidade de serem explorados com o intuito de lucro;

Não perde a natureza de serviço público

> Titularidade exclusiva do Poder Público;

> Pode ser prestado por particular mediante delegação;

» Quando prestado por delegação pelo particular, tal atividade é fiscalizada pelo poder público por meio do exercício do poder disciplinar.

> Atividades prestadas pelo Estado como serviço público e que, ao mesmo tempo, são abertas à livre iniciativa.

Atividades relacionadas aos direitos fundamentais sociais (Art. 6º CF)

> São atividades de natureza essencial à sobrevivência e ao desenvolvimento da sociedade;

> A prestação dessas atividades é um dever do Estado, por isso, não podem ser exploradas pelo Poder Público com o intuito de lucro;

> Não existe delegação dessas atividades a particulares;

> Os particulares têm o direito de explorar tais atividades, sem delegação do poder público, sob fiscalização decorrente do exercício do poder de Polícia.

» **Ex.:** Serviços de educação, saúde, assistência social.

Se prestado pelo Estado, é um serviço público, caso seja oferecido por particular, não se enquadra como serviço público e sim como privado. Todavia, o foco dessa aula são os serviços públicos de titularidade exclusiva do Estado, possíveis de serem explorados economicamente com o intuito de lucro e que podem ser prestados por particular mediante delegação. Assim sendo, quando nos referirmos aos serviços públicos, em regra, não estaremos nos reportando às atividades prestadas pelo Estado como serviço público e que ao mesmo tempo podem ser oferecidas livremente pelo particular sob fiscalização do poder de polícia.

Elementos Definidores de uma Atividade como Sendo Serviço Público

Material

O elemento material se refere a uma atividade administrativa que visa à prestação de utilidade ou comodidade material, que possa ser fruível, individual ou coletivamente, pelos administrados, sejam elas vitais ou secundárias às necessidades da sociedade.

Esse elemento exclui da noção de serviço público várias atividades estatais, como:

> Atividade legislativa;

> Atividade jurisdicional;

> Poder de polícia;

> Fomento;

> Intervenção;

> Atividades internas (atividade-meio da Administração Pública);

> Obras públicas.

Subjetivo/Orgânico

A titularidade do serviço é exclusiva do estado.

Formal

A prestação do serviço público é submetida a Regime Jurídico de Direito Público.

Conceito

Serviço público é atividade administrativa concreta traduzida em prestações que diretamente representem, em si mesmas, utilidades ou comodidades materiais para a população em geral, executada sob regime jurídico de direito público pela Administração Pública, ou, se for o caso, por particulares delegatários (concessionários e permissionários ou, ainda, em restritas hipóteses, detentores de autorização de serviço público[1]).

Observem que tal conceito tenta satisfazer a necessidade da presença dos elementos caracterizadores dos serviços públicos.

Classificação dos Serviços Públicos

Essenciais e Úteis

Serviços Públicos Essenciais

> São serviços essenciais à própria sobrevivência da sociedade;

1 ALEXANDRINO, Marcelo & PAULO Vicente – Direito Administrativo Descomplicado, pg. 685 – 20ª Edição – Editora Método.

> Devem ser garantidos pelo Estado.

» **Ex.:** Serviços públicos que estejam relacionados aos direitos fundamentais sociais, como o saneamento básico.

Serviços Públicos de Utilidade Pública

Não são essenciais à sobrevivência da sociedade, mas sua prestação é útil ou conveniente a ela, pois proporciona maior bem estar.

» **Ex.:** Telefonia.

Serviços Públicos Gerais e Individuais

Serviços Públicos Gerais (*"Uti Universi"*)

> STF: Serviço Público Indivisível;

> Prestado à coletividade;

> Usuários indeterminados e indetermináveis.

Serviços Públicos Individuais/Específicos/Singulares (*"Uti Singuli"*)

> STF: Serviço Público divisível;

> Prestados a beneficiários determinados;

> Podem ser remunerados mediante a cobrança de tarifas.

Serviços Públicos Delegáveis e Indelegáveis

Serviços Públicos Delegáveis

> São prestados pelo Estado centralizadamente;

> São oferecidos também por meio de descentralização:

» Serviços ou outorga legal: Administração Indireta;

» Colaboração ou delegação: particulares.

Serviços Públicos Indelegáveis

> Somente podem ser prestados pelo Estado centralizadamente ou por entidade da administração indireta de direito público.

> Exige para a sua prestação o exercício do poder de império do Estado.

Serviços Administrativos, Sociais e Econômicos

Serviços Administrativos

> São atividades internas da Administração (atividade-meio);

> Não são diretamente fruível pela população;

> O benefício gerado à coletividade é indireto.

Serviços Públicos Sociais

> Todos os serviços públicos que correspondem às atividades do Art. 6º (Direitos fundamentais sociais);

> Prestação obrigatória pelo Estado sob regime jurídico de direito público;

> Podem ser livremente prestados por particular sob regime jurídico de direito privado (nesse caso não é serviço público, mas, sim, serviço privado).

Serviços Públicos Econômicos

> Descritos no Art. 175 da CF;

> Atividade econômica em sentido amplo;

> Podem ser explorados com o intuito de lucro;

> Titularidade exclusiva do Estado;

> Pode ser delegado a particulares.

Serviço Público Adequado

Definição de serviço público adequado é feita pelo Art. 6º, §1º, da Lei 8987/95, conforme veremos a seguir:

Serviço adequado é o que satisfaz as condições de regularidade, continuidade, eficiência, segurança, atualidade, generalidade, cortesia na sua prestação e modicidade das tarifas.

Princípios dos Serviços Públicos

Com base no conceito acima exposto de serviço público adequado, constatamos que são princípios da boa prestação dos serviços públicos, além dos princípios fundamentais da Administração Pública, o exposto na redação de tal conceito, sendo assim, vamos analisar os princípios descritos no Art. 6º, §1º.

Regularidade: o padrão de qualidade da prestação do serviço deve ser sempre o mesmo e suficiente para atender com adequação as necessidades dos usuários.

Continuidade dos serviços públicos: os serviços públicos não podem ser interrompidos, salvo em situações de emergência ou mediante aviso prévio do prestador, tais como ocorre em casos de inadimplência ou quando o prestador pretende realizar manutenção nos equipamentos necessários à boa prestação do serviço.

Eficiência: na prestação dos serviços públicos, devem ser observados o custo e o benefício.

Segurança: os serviços devem ser prestados sem riscos aos usuários e esses não podem expor sua saúde em perigos na utilização do serviço.

Atualidade: busca constante de atualizações de tecnologia e técnicas empregadas, bem como da qualificação de pessoal. A adequação na prestação às novas tecnologias tem como finalidade melhorar o alcance e a eficiência da prestação.

Generalidade: a prestação de serviços públicos não distingue usuários, ou seja, é igual para todos.

Cortesia na Prestação: os prestadores dos serviços públicos devem tratar bem os usuários.

Modicidade das Tarifas: as tarifas oriundas da prestação dos serviços públicos devem ter valores razoáveis para os usuários. A finalidade dessa regra é garantir o acesso aos serviços públicos ao maior número de usufruidores possíveis. Quanto mais essencial for o serviço, mais barata será a tarifa e, em alguns casos, pode até mesmo chegar à zero.

Formas de Prestação dos Serviços Públicos

Prestação Centralizada: a pessoa política titular do serviço público faz a prestação por meio dos seus próprios órgãos.

Prestação Descentralizada: a pessoa política transfere a execução do serviço público para outra pessoa.

Modalidades

Prestação Descentralizada por Serviços/Outorga Legal: a pessoa política titular do serviço público transfere a sua titularidade e a sua execução para uma entidade integrante da administração indireta.

Prestação Descentralizada Por Colaboração / Delegação: a pessoa política transfere somente a execução do serviço público, por delegação a um particular, que vai executá-lo por sua conta e risco. Exemplos: Concessões, Permissões e Autorizações de Serviços Públicos.

Prestação Desconcentrada: o serviço é executado por um órgão, com competência específica para prestá-lo, integrante da estrutura da pessoa jurídica que detém a titularidade do serviço[2].

Prestação Desconcentrada Centralizada: o órgão competente para prestar o serviço integra a estrutura de uma entidade da administração direta.

Prestação Desconcentrada Descentralizada: o órgão competente para prestar o serviço integra a estrutura de uma entidade da administração indireta.

A prestação feita por delegação não caracteriza prestação desconcentrada descentralizada, pois, para isso, seria necessário que o particular delegado tivesse a titularidade do serviço público, o que não acontece na delegação, que transfere somente a execução do serviço e mantém a titularidade com o poder concedente.

Prestação Direta: é a prestação feita pelo Poder Público, que é sinônimo de administração direta e indireta, sendo assim, prestação direta é a do serviço público feita pelas entidades da administração direta e também pelas indireta.

Prestação Indireta: é a prestação do serviço público feita por particulares mediante delegação da execução.

Concessão e Permissão de Serviço Público

Base Constitucional

> ***Art. 22, inc. XXVII, CF:*** *Compete privativamente à União legislar sobre: normas gerais de licitação e contratação, em todas as modalidades, para as administrações públicas diretas, autárquicas e fundacionais da União, Estados, Distrito Federal e Municípios, obedecido o disposto no Art. 37, XXI, e para as empresas públicas e sociedades de economia mista, nos termos do Art. 173, § 1°, III;*
>
> ***Art. 175, Parágrafo único:*** *A lei disporá sobre:*

- O regime das empresas concessionárias e permissionárias de serviços públicos, o caráter especial de seu contrato e de sua prorrogação, bem como as condições de caducidade, fiscalização e rescisão da concessão ou permissão;
- Os direitos dos usuários;
- Política tarifária;
- A obrigação de manter serviço adequado.

Competência para a Edição de Normas

Normas Gerais

Competência privativa da União (Art. 22, inc. XXVII, CF).

- **Lei 8987/95** – Institui normas gerais sobre o regime de concessão ou permissão de serviço público.
- **Lei 11.079/04** - Institui normas gerais para licitação e contratação de parceria público-privada no âmbito da Administração Pública.

As duas leis acima descritas são nacionais, ou seja, são leis criadas pela União e que devem obrigatoriamente ser observadas pela União, Estados, DF e Municípios. Todavia, a Lei 11.079 tem um núcleo que é aplicável somente à Administração Pública Federal, em outras palavras, ela traça normas gerais para todos os entes federados e ainda traz algumas específicas que são aplicadas somente à Administração Pública Federal.

Normas Específicas

Cada ente federal cria as suas próprias normas específicas.

Lei 8987/95 – Institui normas gerais sobre o regime de concessão e permissão da prestação de serviços públicos.

É importante observar que, com base no Art. 1º da Lei 8987, é aplicável aos contratos de concessão e permissão de serviços públicos, naquilo que lhes couber, as disposições contidas na Lei 8666/93 (licitação e contratos administrativos). Tal lei visa a regulamentar as regras contidas no parágrafo único do Art. 175 da CF.

Conceito de Concessão e Permissão de Serviço Público

Poder Concedente: a União, o Estado, o Distrito Federal ou o Município, em cuja competência se encontre o serviço público, precedido ou não da execução de obra pública, objeto de concessão ou permissão (Art. 2º, inc. I).

Concessão de Serviço Público: a delegação de sua prestação, feita pelo poder concedente, mediante licitação, na modalidade de concorrência, à pessoa jurídica ou consórcio de empresas que demonstre capacidade para seu desempenho, por sua conta e risco e por prazo determinado (Art. 2º, inc. II).

Concessão de Serviço Público Precedida da Execução de Obra Pública: a construção, total ou parcial, conservação, reforma, ampliação ou melhoramento de quaisquer obras de interesse público, delegada pelo poder concedente, mediante licitação, na modalidade de concorrência, à pessoa jurídica ou a consórcio de empresas que demonstre capacidade para a sua realização, por sua conta e risco, de forma que o investimento da concessionária seja remunerado e amortizado mediante a exploração do serviço ou da obra por prazo determinado (Art. 2º, inc. III).

Permissão de Serviço Público: a delegação, a título precário, mediante licitação, da prestação de serviços públicos, feita pelo poder concedente à pessoa física ou jurídica que demonstre capacidade para seu desempenho, por sua conta e risco (Art. 2º, inc. IV).

Características Comuns das Concessões e Permissões

- São delegações de prestação de serviço público;
- Transferem somente a execução do serviço público, ficando a titularidade com o poder público concedente;
- A prestação do serviço é por conta e risco do particular;
- O poder concedente fiscaliza a prestação feita pelo particular em decorrência do exercício do poder disciplinar;
- O particular tem o dever de prestar um serviço público adequado:
  - Descumprimento;
  - Intervenção;
  - Aplicação de penalidade administrativa;
  - Extinção por caducidade.
- Duração por prazo determinado, podendo o contrato prever sua prorrogação, estipulando as condições;

2 ALEXANDRINO, Marcelo & PAULO Vicente – Direito Administrativo Descomplicado, pg. 696 – 20ª Edição – Editora Método.

- A execução indireta por delegação (concessão ou permissão) depende de lei autorizativa;
- São sempre precedidos de licitação.

Diferenças entre a Concessão e Permissão de Serviços Públicos[3]

Concessão	Permissão
Sempre licitação na modalidade concorrência	Sempre licitação, todavia, admite outras modalidades e não somente concorrência
Natureza contratual	Natureza contratual: Contrato de Adesão (Art. 40)
Celebração do contrato: Pessoa Jurídica ou Consórcio de empresas	Celebração do contrato: pessoa jurídica ou pessoa física
Não há precariedade	Delegação a título precário
Não é cabível revogação do contrato	Revogabilidade unilateral do contrato pelo poder concedente

Autorização de Serviço Público

Autorização de serviço público é o ato discricionário, mediante o qual o Poder Público delega ao particular, a título precário, a prestação de serviço público que não exija alto investimento de capital ou alto grau de especialização técnica.

Características do termo de autorização

- Tem natureza precária / discricionária:
  - É discricionária a autorização;
  - Pode ser revogada unilateralmente pela Administração Pública por razões de conveniência e oportunidade;
- Em regra, não tem prazo determinado;
- A revogação não acarreta direito à indenização.

Exceção: nos casos de autorização por prazo certo, ou seja, com tempo determinado no ato de autorização, a revogação antes do término do prazo pode ensejar ao particular o direito à indenização.

Cabimento da autorização de serviços públicos

- Casos em que o serviço seja prestado a um grupo restrito de usuários, sendo o seu beneficiário exclusivo ou principal o próprio particular autorizado.
  - **Ex.:** exploração de serviços de telecomunicação em regime privado, que é autorizada a prestação por usuário restrito que é o seu único beneficiário: operador privado de rádio-amador.
- Situações de emergência, transitórias e eventuais.

Diferença entre autorização de serviços públicos e a autorização do poder de polícia

Autorização de Serviço Público	Autorização do poder de Polícia
Concede ao particular o exercício de atividade cuja titularidade é exclusiva do poder público.	Concede ao particular o exercício de atividades regidas pelo direito privado, livre à iniciativa privada.

3 Art. 2º da Lei 9074/95: É vedado à União, aos Estados, ao Distrito Federal e aos Municípios executarem obras e serviços públicos por meio de concessão e permissão de serviço público, sem lei que lhes autorize e fixe os termos, dispensada a lei autorizativa nos casos de saneamento básico e limpeza urbana e nos já referidos na Constituição Federal, nas Constituições Estaduais e nas Leis Orgânicas do Distrito Federal e Municípios, observado, em qualquer caso, os termos da Lei nº 8.987, de 1995.

Características Comuns entre Concessão, Autorização e Permissão de Serviços Públicos

- São formas de delegação da prestação de serviços públicos;
- Transferem somente a execução da atividade e não a sua titularidade;
- As delegações de serviço público são fiscalizadas em decorrência do Poder Disciplinar da Administração Pública.

Diferenças entre Concessão, Permissão e Autorização de Serviços Públicos

Concessão	Permissão	Autorização
Sempre licitação na modalidade concorrência	Sempre licitação, todavia, admite outras modalidades e não somente concorrência	Não há licitação
Natureza contratual	Natureza contratual: Contrato de Adesão (Art. 40)	Ato administrativo
Celebração do contrato: Pessoa Jurídica ou Consórcio de empresas	Celebração do contrato: pessoa jurídica ou pessoa física	Concessão da Autorização pode ser feita para pessoa física, jurídica ou consórcio de empresas.
Não há precariedade	Delegação a título precário	Ato administrativo precário
Não é cabível revogação do contrato	Revogabilidade unilateral do contrato pelo poder concedente	Revogável unilateralmente pelo Poder Concedente

Parcerias Público-Privadas

A Parceria Público-Privada (PPP), cujas normas gerais encontram-se traçadas na Lei nº 11.079/2004, é um contrato de prestação de obras ou serviços com valor não inferior a R$ 20 milhões firmado entre empresa privada e o governo federal, estadual ou municipal, com duração mínima de 5 e no máximo 35 anos.

Disposições Preliminares

A Lei nº 11.079/2004 institui normas **gerais para licitação e contratação de parceria público-privada** no âmbito dos Poderes:

- Da União;
- Dos Estados;
- Do Distrito Federal;
- Dos Municípios.

Da mesma forma, essa lei também é aplicada para:

- Órgãos da Administração Pública **DIRETA**;
- Administração Pública **INDIRETA** (autarquias, fundações públicas, empresas públicas, sociedades de economia mista);
- **FUNDOS ESPECIAIS;**
- **ENTIDADES CONTROLADAS** (direta ou indiretamente pela União, Estados, Distrito Federal e Municípios).

A parceria público-privada é um **CONTRATO ADMINISTRATIVO DE CONCESSÃO**, podendo adotar duas modalidades:

1) **CONCESSÃO PATROCINADA**

É a concessão de serviços públicos ou de obras públicas de que trata a Lei nº 8.987, de 13 de fevereiro de 1995, quando envolver, adicionalmente à tarifa cobrada dos usuários **contraprestação pecuniária do parceiro público ao parceiro privado**.

As concessões patrocinadas regem-se Lei nº 11.079/2004, aplicando subsidiariamente o disposto na Lei nº 8.987, de 13 de fevereiro de 1995, e nas leis que lhe são correlatas.

2) **CONCESSÃO ADMINISTRATIVA**

É o contrato de prestação de serviços de que a Administração Pública seja a usuária direta ou indireta, ainda que envolva execução de obra ou fornecimento e instalação de bens.

As concessões administrativas regem-se pela Lei nº 11.079/2004, aplicado adicionalmente o disposto nos Arts. 21, 23, 25 e 27 a 39 da Lei nº 8.987, de 13 de fevereiro de 1995, e nº Art. 31 da Lei nº 9.074, de 7 de julho de 1995.

Fique Ligado

→ ***CONCESSÃO PATROCINADA → contraprestação paga pela Administração + tarifa paga pelo usuário.***

→ ***CONCESSÃO ADMINISTRATIVA → contraprestação paga pela Administração.***

A CONCESSÃO COMUM NÃO CONSTITUI PARCERIA PÚBLICO-PRIVADA (assim entendida a concessão de serviços públicos ou de obras públicas de que trata a Lei nº 8.987/1995, quando não envolver contraprestação pecuniária do parceiro público ao parceiro privado. Os contratos administrativos de concessão comum continuam sendo regidos exclusivamente pela Lei nº 8.987/1995 demais legislação correlata).

Os contratos administrativos **que não caracterizem concessão** comum, patrocinada ou administrativa continuam regidos exclusivamente pela Lei nº 8.666/1993 e pelas leis que lhe são correlatas.

→ É **VEDADA A CELEBRAÇÃO** de contrato de parceria público-privada:
  > Cujo valor do contrato seja **inferior a R$ 20.000.000,00** (vinte milhões de reais).
  > Cujo período de prestação do serviço seja **inferior a 5 anos.**
  > Que tenha como **objeto único** o fornecimento de mão de obra, o fornecimento e instalação de equipamentos ou a execução de obra pública.

→ **DIRETRIZES** que devem ser observadas na contratação de parceria público-privada:
  > Eficiência no cumprimento das missões de Estado e no emprego dos recursos da sociedade.
  > Respeito aos interesses e direitos dos destinatários dos serviços e dos entes privados incumbidos da sua execução.
  > Indelegabilidade das funções de regulação, jurisdicional, do exercício do poder de polícia e de outras atividades exclusivas do Estado.
  > Responsabilidade fiscal na celebração e execução das parcerias.
  > Transparência dos procedimentos e das decisões.
  > Repartição objetiva de riscos entre as partes.
  > Sustentabilidade financeira e vantagens socioeconômicas dos projetos de parceria.

Contratos de Parceria Público-Privada

As cláusulas dos contratos de parceria público-privada atenderão ao disposto no Art. 23 da Lei nº 8.987/1995, no que couber, DEVENDO TAMBÉM PREVER:

I. O **PRAZO DE VIGÊNCIA** do contrato, compatível com a amortização dos investimentos realizados, não inferior a 5, nem superior a 35 anos, incluindo eventual prorrogação.
II. As **penalidades aplicáveis** à Administração Pública e ao parceiro privado em caso de inadimplemento contratual, fixadas sempre de forma proporcional à gravidade da falta cometida, e às obrigações assumidas.
III. A **repartição de riscos** entre as partes, inclusive os referentes a caso fortuito, força maior, fato do príncipe e álea econômica extraordinária.
IV. As formas de remuneração e de atualização dos valores contratuais.
V. Os mecanismos para a preservação da atualidade da prestação dos serviços.
VI. Os fatos que caracterizem a inadimplência pecuniária do parceiro público, os modos e o prazo de regularização e, quando houver, a forma de acionamento da garantia.
VII. Os critérios objetivos de avaliação do desempenho do parceiro privado.
VIII. A prestação, pelo parceiro privado, de garantias de execução suficientes e compatíveis com os ônus e riscos envolvidos, observados os limites dos §§ 3º e 5º do Art. 56 da Lei nº 8.666, de 21 de junho de 1993, e, no que se refere às concessões patrocinadas, o disposto no inciso XV do Art. 18 da Lei nº 8.987, de 13 de fevereiro de 1995.
IX. O compartilhamento com a Administração Pública de ganhos econômicos efetivos do parceiro privado decorrentes da redução do risco de crédito dos financiamentos utilizados pelo parceiro privado.
X. A realização de vistoria dos bens reversíveis, podendo o parceiro público reter os pagamentos ao privado, no valor necessário para reparar as irregularidades eventualmente detectadas.
XI. O cronograma e os marcos para o repasse ao parceiro privado das parcelas do aporte de recursos, na fase de investimentos do projeto e/ou após a disponibilização dos serviços, sempre que verificada a hipótese do § 2º do Art. 6º da Lei 11.079/2004.

As **cláusulas contratuais de atualização automática** de valores baseadas em índices e fórmulas matemáticas, quando houver, serão aplicadas **sem necessidade de homologação** pela Administração Pública, exceto se essa publicar na imprensa oficial, onde houver, até o prazo de 15 dias após apresentação da fatura, razões fundamentadas nesta Lei ou no contrato para a rejeição da atualização.

→ **Os contratos poderão prever adicionalmente:**

> Os requisitos e condições em que o parceiro público autorizará a transferência do controle da sociedade de propósito específico para os seus financiadores, com o objetivo de promover a sua reestruturação financeira e assegurar a continuidade da prestação dos serviços, não se aplicando para esse efeito o previsto no inciso I do parágrafo único do Art. 27 da Lei nº 8.987, de 13 de fevereiro de 1995.

> A possibilidade de emissão de empenho em nome dos financiadores do projeto em relação às obrigações pecuniárias da Administração Pública.

> A legitimidade dos financiadores do projeto para receber indenizações por extinção antecipada do contrato, bem como pagamentos efetuados pelos fundos e empresas estatais garantidores de parcerias público-privadas.

→ A **CONTRAPRESTAÇÃO DA ADMINISTRAÇÃO PÚBLICA** nos contratos de parceria público-privada poderá ser feita por:

> Ordem bancária.

> Cessão de créditos não tributários.

> Outorga de direitos em face da Administração Pública.

> Outorga de direitos sobre bens públicos dominicais.

> Outros meios admitidos em lei.

O contrato poderá prever o pagamento ao parceiro privado de **remuneração variável** vinculada ao seu desempenho, conforme metas e padrões de qualidade e disponibilidade definidos no contrato.

O contrato poderá prever o **aporte de recursos** em favor do parceiro privado para a **realização de obras e aquisição de bens reversíveis**, nos termos dos incisos X e XI do caput do Art. 18 da Lei nº 8.987, de 13 de fevereiro de 1995, desde que autorizado no edital de licitação, se contratos novos, ou em lei específica, se contratos **celebrados até 8 de agosto de 2012**.

→ O valor desse aporte de poderá ser excluído da determinação:

> Do lucro líquido para fins de apuração do lucro real e da base de cálculo da Contribuição Social sobre o Lucro Líquido – CSLL.

> Da base de cálculo da Contribuição para o PIS/Pasep e da Contribuição para o Financiamento da Seguridade Social – COFINS.

Essa parcela excluída deverá ser computada na determinação do lucro líquido para fins de apuração do lucro real, da base de cálculo da CSLL e da base de cálculo da Contribuição para o PIS/PASEP e da COFINS, na proporção em que o custo para a realização de obras e aquisição de bens a que se refere o § 2º deste artigo for realizado, inclusive mediante depreciação ou extinção da concessão, nos termos do Art. 35 da Lei nº 8.987, de 13 de fevereiro de 1995.

Por ocasião da **extinção do contrato**, o parceiro privado **não receberá indenização** pelas parcelas de investimentos vinculados a **bens reversíveis ainda não amortizadas** ou **depreciadas**, quando tais investimentos houverem sido **realizados com valores provenientes do aporte de recursos acima tratado**.

A **contraprestação** da Administração Pública será **obrigatoriamente precedida da disponibilização do serviço objeto do contrato de parceria público-privada**.

É facultado à administração pública, nos termos do contrato, efetuar o pagamento da contraprestação relativa a parcela fruível do serviço objeto do contrato de parceria público-privada.

O aporte de recursos acima tratado, quando realizado durante a fase dos investimentos a cargo do parceiro privado, deverá guardar proporcionalidade com as etapas efetivamente executadas.

Garantias

As obrigações pecuniárias contraídas pela Administração Pública em contrato de parceria público-privada poderão ser garantidas mediante:

> Vinculação de receitas, observado o disposto no inciso IV do Art. 167 da Constituição Federal.

> Instituição ou utilização de fundos especiais previstos em lei.

> Contratação de seguro-garantia com as companhias seguradoras que não sejam controladas pelo Poder Público.

> Garantia prestada por organismos internacionais ou instituições financeiras que não sejam controladas pelo Poder Público.

> Garantias prestadas por fundo garantidor ou empresa estatal criada para essa finalidade.

> Outros mecanismos admitidos em lei.

Sociedade de Propósito Específico

Antes da celebração do contrato, deverá ser constituída **sociedade de propósito específico**, incumbida de **implantar e gerir o objeto da parceria**.

A transferência do controle da sociedade de propósito específico estará condicionada à autorização expressa da Administração Pública, nos termos do edital e do contrato, observado o disposto no parágrafo único do Art. 27 da Lei nº 8.987/1995.

A sociedade de propósito específico poderá assumir a **forma de companhia aberta**, com **valores mobiliários admitidos a negociação no mercado**. Tal sociedade também deverá obedecer a padrões de governança corporativa e adotar contabilidade e demonstrações financeiras padronizadas, conforme regulamento.

Fica **vedado à Administração Pública ser titular da maioria do capital votante dessas sociedades**. Entretanto, essa vedação não se aplica à eventual aquisição da maioria do capital votante da sociedade de propósito específico por instituição financeira controlada pelo Poder Público em caso de inadimplemento de contratos de financiamento.

Licitação

A contratação de parceria público-privada será precedida de licitação na modalidade de CONCORRÊNCIA, estando a abertura do processo licitatório condicionada a:

I. Autorização da autoridade competente, fundamentada em estudo técnico que demonstre:

a) A **conveniência e a oportunidade da contratação**, mediante identificação das razões que justifiquem a opção pela forma de parceria público-privada.

b) Que as despesas criadas ou aumentadas não afetarão as metas de resultados fiscais previstas no Anexo referido no § 1º do Art. 4º da Lei Complementar nº 101, de 4 de maio de 2000, devendo seus efeitos financeiros, nos períodos seguintes, ser compensados pelo aumento permanente de receita ou pela redução permanente de despesa.

c) Quando for o caso, conforme as normas editadas na forma do Art. 25 desta Lei, a observância dos limites e condições decorrentes da aplicação dos Arts. 29, 30 e 32 da Lei Complementar no 101, de 4 de maio de 2000, pelas obrigações contraídas pela Administração Pública relativas ao objeto do contrato.

A comprovação referida nas alíneas **b** e **c** acima citadas conterá as premissas e metodologia de cálculo utilizadas, observadas as normas gerais para consolidação das contas públicas, sem prejuízo do exame de compatibilidade das despesas com as demais normas do plano plurianual e da lei de diretrizes orçamentárias.

II. Elaboração de **estimativa do impacto orçamentário-financeiro** nos exercícios em que deva vigorar o contrato de parceria público-privada.

III. Declaração do ordenador da despesa de que as obrigações contraídas pela Administração Pública no decorrer do contrato são **compatíveis com a lei de diretrizes orçamentárias e estão previstas na lei orçamentária anual.**

IV. Estimativa do fluxo de recursos públicos suficientes para o cumprimento, durante a vigência do contrato e por exercício financeiro, das obrigações contraídas pela Administração Pública.

V. Seu objeto estar previsto no **plano plurianual** em vigor no âmbito onde o contrato será celebrado.

VI. Submissão da minuta de edital e de contrato à consulta pública, mediante publicação na imprensa oficial, em jornais de grande circulação e por meio eletrônico, que deverá informar a justificativa para a contratação, a identificação do objeto, o prazo de duração do contrato, seu valor estimado, fixando-se tempo mínimo de 30 (trinta) dias para recebimento de sugestões, cujo termo dar-se-á pelo menos 7 (sete) dias antes da data prevista para a publicação do edital.

VII. **Licença ambiental prévia ou expedição das diretrizes para o licenciamento ambiental do empreendimento**, na forma do regulamento, sempre que o objeto do contrato exigir.

Sempre que a assinatura do contrato ocorrer em exercício diverso daquele em que for publicado o edital, deverá ser precedida da atualização dos estudos e demonstrações a que se referem os itens I a IV acima citados.

As concessões patrocinadas em que mais de **70% da remuneração do parceiro privado for paga pela Administração Pública** dependerão de **autorização legislativa específica.**

Os estudos de engenharia para a definição do valor do investimento da PPP deverão ter nível de detalhamento de anteprojeto, e o valor dos investimentos para definição do preço de referência para a licitação será calculado com base em preços de mercado considerando o custo global de obras semelhantes no Brasil ou no exterior ou com base em sistemas de custos que utilizem como insumo valores de mercado do setor específico do projeto, aferidos, em qualquer caso, mediante orçamento sintético, elaborado por meio de metodologia expedita ou paramétrica.

O **INSTRUMENTO CONVOCATÓRIO** conterá minuta do contrato, indicará expressamente a submissão da licitação às normas da Lei 11.079/2004 e observará, no que couber, os §§ 3º e 4º do Art. 15, os Arts. 18, 19 e 21 da Lei nº 8.987, de 13 de fevereiro de 1995, **PODENDO AINDA PREVER:**

> Exigência de garantia de proposta do licitante, observado o limite do inciso III do Art. 31 da Lei nº 8.666, de 21 de junho de 1993.

> O emprego dos mecanismos privados de resolução de disputas, inclusive a arbitragem, a ser realizada no Brasil e em língua portuguesa, nos termos da Lei nº 9.307, de 23 de setembro de 1996, para dirimir conflitos decorrentes ou relacionados ao contrato.

O edital deverá especificar, quando houver, as garantias da contraprestação do parceiro público a serem concedidas ao privado.

O **certame para a contratação** de parcerias público-privadas obedecerá ao procedimento previsto na legislação vigente sobre licitações e contratos administrativos e também **ao seguinte**:

I. O julgamento poderá ser precedido de etapa de qualificação de propostas técnicas, desclassificando-se os licitantes que não alcançarem a pontuação mínima, os quais não participarão das etapas seguintes.

II. O julgamento poderá adotar como critérios, além dos previstos nos incisos I e V do Art. 15 da Lei nº 8.987, de 13 de fevereiro de 1995, os seguintes:

a) **Menor valor** da contraprestação a ser paga pela Administração Pública.

b) **Melhor proposta** em razão da combinação do critério acima com o de melhor técnica, de acordo com os pesos estabelecidos no edital.

III. O edital definirá a forma de apresentação das propostas econômicas, admitindo-se:

> Propostas escritas em envelopes lacrados.

> Ou propostas escritas, seguidas de lances em viva voz.

IV. O edital poderá prever a possibilidade de saneamento de falhas, de complementação de insuficiências ou ainda de correções de caráter formal no curso do procedimento, desde que o licitante possa satisfazer as exigências dentro do prazo fixado no instrumento convocatório.

→ No caso de **propostas escritas, seguidas de lances em viva voz** (verbais):

> Os lances em viva-voz serão sempre oferecidos na ordem inversa da classificação das propostas escritas, sendo vedado ao edital limitar a quantidade de propostas.

> O edital poderá restringir a apresentação de lances em viva-voz aos licitantes cuja proposta escrita for no máximo **20% maior que o valor da melhor proposta.**

O exame de propostas técnicas, para fins de qualificação ou julgamento, será feito por ato motivado, com base em exigências, parâmetros e indicadores de resultado pertinentes ao objeto, definidos com clareza e objetividade no edital. Este poderá prever a inversão da ordem das fases de habilitação e julgamento, hipótese em que:

1) Encerrada a fase de classificação das propostas ou o oferecimento de lances, será aberto o invólucro com os documentos de habilitação do licitante mais bem classificado, para verificação do atendimento das condições fixadas no edital.
2) Verificado o atendimento das exigências do edital, o licitante será declarado vencedor.
3) Inabilitado o licitante melhor classificado, serão analisados os documentos habilitatórios do licitante com a proposta classificada em 2º (segundo) lugar, e assim, sucessivamente, até que um licitante classificado atenda às condições fixadas no edital.
4) Proclamado o resultado final do certame, o objeto será adjudicado ao vencedor nas condições técnicas e econômicas por ele ofertadas.

Disposições Aplicáveis à União

Apesar de traçar normas gerais aplicáveis no âmbito Federal, Estadual, Distrital e Municipal, a Lei 11.079/2004 traz algumas regras específicas para a União.

Órgão Gestor de Parcerias Público-privadas Federais

→ Será instituído por **DECRETO** e com **COMPETÊNCIA** para:

> Definir os serviços prioritários para execução no regime de parceria público-privada.

> Disciplinar os procedimentos para celebração desses contratos.

> Autorizar a abertura da licitação e aprovar seu edital.

> Apreciar os relatórios de execução dos contratos.

Esse órgão será composto por indicação nominal de um representante titular e respectivo suplente de cada um dos seguintes órgãos:

> Ministério do Planejamento, Orçamento e Gestão, ao qual cumprirá a tarefa de coordenação das respectivas atividades.

> Ministério da Fazenda.

> Casa Civil da Presidência da República.

Das reuniões desse órgão para examinar projetos de parceria público-privada participará um representante do órgão da Administração Pública direta cuja área de competência seja pertinente ao objeto do contrato em análise.

Para deliberação do órgão gestor sobre a contratação de parceria público-privada, o expediente deverá estar instruído com pronunciamento prévio e fundamentado:

> Do Ministério do Planejamento, Orçamento e Gestão, sobre o mérito do projeto.

> Do Ministério da Fazenda, quanto à viabilidade da concessão da garantia e à sua forma, relativamente aos riscos para o Tesouro Nacional e ao cumprimento do limite de que trata o Art. 22 da Lei 11.079/2004.

Para o desempenho de suas funções, o órgão gestor de parcerias público-privadas federais poderá criar estrutura de apoio técnico com a presença de representantes de instituições públicas.

O órgão gestor de parcerias público-privadas federais remeterá ao Congresso Nacional e ao Tribunal de Contas da União, com periodicidade anual, relatórios de desempenho dos contratos de parceria público-privada (esse relatórios, salvo informações classificadas como sigilosas, serão disponibilizados ao público, por meio de rede pública de transmissão de dados).

Compete aos **Ministérios e às Agências Reguladoras**, nas suas respectivas áreas de competência, submeter o edital de licitação ao órgão gestor, proceder à licitação, acompanhar e fiscalizar os contratos de parceria público-privada.

Os Ministérios e Agências Reguladoras encaminharão ao órgão gestor de parcerias público-privadas federais, com **periodicidade semestral**, relatórios circunstanciados acerca da execução dos contratos de parceria público-privada, na forma definida em regulamento.

Ficam a União, seus fundos especiais, suas autarquias, suas fundações públicas e suas empresas estatais dependentes autorizadas a participar, no **limite global de R$ 6.000.000.000,00 (seis bilhões de reais),** em Fundo Garantidor de Parcerias Público-Privadas - FGP que terá por finalidade prestar garantia de pagamento de obrigações pecuniárias assumidas pelos parceiros públicos federais, distritais, estaduais ou municipais em virtude das parcerias de que trata a Lei 11.079/2004.

O FGP terá natureza privada e patrimônio próprio separado do patrimônio dos cotistas, e será sujeito a direitos e obrigações próprios.

O patrimônio do Fundo será formado pelo aporte de bens e direitos realizado pelos cotistas, por meio da integralização de cotas e pelos rendimentos obtidos com sua administração.

Os bens e direitos transferidos ao Fundo serão avaliados por empresa especializada, que deverá apresentar laudo fundamentado, com indicação dos critérios de avaliação adotados e instruído com os documentos relativos aos bens julgados.

A integralização das cotas poderá ser realizada em dinheiro, títulos da dívida pública, bens imóveis dominicais, bens móveis, inclusive ações de sociedade de economia mista federal excedentes ao necessário para manutenção de seu controle pela União, ou outros direitos com valor patrimonial.

O FGP responderá por suas obrigações com os bens e direitos integrantes de seu patrimônio, não respondendo os cotistas por qualquer obrigação do Fundo, salvo pela integralização das cotas que subscreverem.

A integralização com bens acima referido será feita independentemente de licitação, mediante prévia avaliação e autorização específica do Presidente da República, por proposta do Ministro da Fazenda.

O aporte de bens de uso especial ou de uso comum no FGP será condicionado a sua desafetação de forma individualizada.

A capitalização do FGP, quando realizada por meio de recursos orçamentários, dar-se-á por ação orçamentária específica para essa finalidade, no âmbito de Encargos Financeiros da União.

O FGP será criado, administrado, gerido e representado judicial e extrajudicialmente por instituição financeira controlada, direta ou indiretamente, pela União, com observância das normas a que se refere o inciso XXII do Art. 4º da Lei nº 4.595, de 31 de dezembro de 1964.

O estatuto e o regulamento do FGP serão aprovados em assembleia dos cotistas. A representação da União na referida assembleia dar-se-á na forma do inciso V do Art. 10 do Decreto-Lei nº 147, de 3 de fevereiro de 1967.

Caberá à instituição financeira deliberar sobre a gestão e alienação dos bens e direitos do FGP, zelando pela manutenção de sua rentabilidade e liquidez.

O estatuto e o regulamento do FGP devem deliberar sobre a política de concessão de garantias, inclusive no que se refere à relação entre ativos e passivos do Fundo.

A garantia será prestada na forma aprovada pela assembleia dos cotistas, nas seguintes **modalidades**:

I. Fiança, sem benefício de ordem para o fiador.
II. Penhor de bens móveis ou de direitos integrantes do patrimônio do FGP, sem transferência da posse da coisa empenhada antes da execução da garantia.
III. Hipoteca de bens imóveis do patrimônio do FGP.
IV. Alienação fiduciária, permanecendo a posse direta dos bens com o FGP ou com agente fiduciário por ele contratado antes da execução da garantia.
V. Outros contratos que produzam efeito de garantia, desde que não transfiram a titularidade ou posse direta dos bens ao parceiro privado antes da execução da garantia.
VI. Garantia, real ou pessoal, vinculada a um patrimônio de afetação Constituído em decorrência da separação de bens e direitos pertencentes ao FGP.

O FGP poderá prestar contra-garantias a seguradoras, instituições financeiras e organismos internacionais que assegurarem o cumprimento das obrigações pecuniárias dos cotistas em contratos de parceria público-privadas.

A quitação pelo parceiro público de cada parcela de débito garantido pelo FGP importará exoneração proporcional da garantia.

O FGP poderá prestar garantia mediante contratação de instrumentos disponíveis em mercado, inclusive para complementação das modalidades acima previstas.

→ O parceiro privado poderá acionar o FGP nos casos de:
  > Crédito líquido e certo, constante de título exigível aceito e não pago pelo parceiro público após 15 dias contados da data de vencimento; e
  > Débitos constantes de faturas emitidas e não aceitas pelo parceiro público após 45 (quarenta e cinco) dias contados da data de vencimento, desde que não tenha havido rejeição expressa por ato motivado.

A quitação de débito pelo FGP importará sua sub-rogação nos direitos do parceiro privado. Em caso de inadimplemento, os bens e direitos do Fundo poderão ser objeto de constrição judicial e alienação para satisfazer as obrigações garantidas.

O FGP poderá usar parcela da cota da União para prestar garantia aos seus fundos especiais, às suas autarquias, às suas fundações públicas e às suas empresas estatais dependentes.

O FGP é obrigado a honrar faturas aceitas e não pagas pelo parceiro público. O FGP é proibido de pagar faturas rejeitadas expressamente por ato motivado.

O parceiro público deverá informar o FGP sobre qualquer fatura rejeitada e sobre os motivos da rejeição no prazo de 40 (quarenta) dias contado da data de vencimento.

A ausência de aceite ou rejeição expressa de fatura por parte do parceiro público no prazo de 40 (quarenta) dias contado da data de vencimento implicará aceitação tácita. O agente público que contribuir por ação ou omissão para essa aceitação tácita ou que rejeitar fatura sem motivação será responsabilizado pelos danos que causar, em conformidade com a legislação civil, administrativa e penal em vigor.

O FGP não pagará rendimentos a seus cotistas, assegurando-se a qualquer deles o direito de requerer o resgate total ou parcial de suas cotas, correspondente ao patrimônio ainda não utilizado para a concessão de garantias, fazendo-se a liquidação com base na situação patrimonial do Fundo.

A dissolução do FGP, deliberada pela assembleia dos cotistas, ficará condicionada à prévia quitação da totalidade dos débitos garantidos ou liberação das garantias pelos credores.

Dissolvido o FGP, o seu patrimônio será rateado entre os cotistas, com base na situação patrimonial à data da dissolução.

É facultada a constituição de patrimônio de afetação que não se comunicará com o restante da herança do FGP, ficando vinculado exclusivamente à garantia em virtude da qual tiver sido constituído, não podendo ser objeto de penhora, arresto, sequestro, busca e apreensão ou qualquer ato de constrição judicial decorrente de outras obrigações do FGP.

A constituição do patrimônio de afetação será feita por registro em Cartório de Registro de Títulos e Documentos ou, no caso de bem imóvel, no Cartório de Registro Imobiliário correspondente.

A União somente poderá contratar parceria público-privada quando a soma das despesas de caráter continuado derivadas do conjunto das parcerias já contratadas **não tiver excedido, no ano anterior, a 1% da receita corrente líquida** do exercício, e as despesas anuais dos contratos vigentes, **nos 10 anos subsequentes, não excedam a 1% da receita corrente líquida projetada para os respectivos exercícios**.

Disposições Finais

Fica a União autorizada a conceder incentivo, nos termos do Programa de Incentivo à Implementação de Projetos de Interesse Social – PIPS, instituído pela Lei nº 10.735, de 11 de setembro de 2003, às aplicações em fundos de investimento, criados por instituições financeiras, em direitos creditórios provenientes dos contratos de parcerias público-privadas.

O Conselho Monetário Nacional estabelecerá, na forma da legislação pertinente, as diretrizes para a concessão de crédito destinado ao financiamento de contratos de parcerias público-privadas, bem como para participação de entidades fechadas de previdência complementar.

A Secretaria do Tesouro Nacional editará, na forma da legislação pertinente, normas gerais relativas à consolidação das contas públicas aplicáveis aos contratos de parceria público-privada.

O inciso I do § 1º do Art. 56 da Lei nº 8.666/1993, foi alterado pela Lei 11.079/2004, passando a vigorar com a seguinte redação:

"Caução em dinheiro ou em títulos da dívida pública, devendo estes ter sido emitidos sob a forma escritural, mediante registro em sistema centralizado de liquidação e de custódia autorizado pelo Banco Central do Brasil e avaliados pelos seus valores econômicos, conforme definido pelo Ministério da Fazenda".

As operações de crédito efetuadas por empresas públicas ou sociedades de economia mista controladas pela União não poderão exceder a 70% do total das fontes de recursos financeiros da sociedade de propósito específico, sendo que para as áreas das regiões Norte, Nordeste e Centro-Oeste, onde o Índice de Desenvolvimento Humano – IDH seja inferior à média nacional, essa participação não poderá exceder a 80%.

Não poderão exceder a 80% do total das fontes de recursos financeiros da sociedade de propósito específico ou 90% nas áreas das regiões Norte, Nordeste e Centro-Oeste, onde o IDH seja inferior à média nacional, as operações de crédito ou contribuições de capital realizadas cumulativamente por:

> Entidades fechadas de previdência complementar.

> Empresas públicas ou sociedades de economia mista controladas pela União.

Para esses fins, financeiros as operações de crédito e contribuições de capital à sociedade entende-se por fonte de recursos de propósito específico.

A União não poderá conceder garantia ou realizar transferência voluntária aos Estados, Distrito Federal e Municípios se a soma das despesas de caráter continuado, derivadas do conjunto das parcerias já contratadas por esses entes, tiver excedido, no ano anterior, a 5% da receita corrente líquida do exercício ou se as despesas anuais dos contratos vigentes nos 10 anos subsequentes excederem a 5% da receita corrente líquida projetada para os respectivos exercícios.

Os Estados, o Distrito Federal e os Municípios que contratarem empreendimentos por intermédio de parcerias público-privadas deverão encaminhar ao Senado Federal e à Secretaria do Tesouro Nacional, previamente à contratação, as informações necessárias para cumprimento dessa determinação.

Na aplicação do limite previsto no caput deste artigo, serão computadas as despesas derivadas de contratos de parceria celebrados pela administração pública direta, autarquias, fundações públicas, empresas públicas, sociedades de economia mista e demais entidades controladas, direta ou indiretamente, pelo respectivo ente, excluídas as instituições estatais não dependentes.

Serão aplicáveis, no que couber, as penalidades previstas no Decreto-Lei nº 2.848, de 7 de dezembro de 1940 - Código Penal, na Lei nº 8.429, de 2 de junho de 1992 – Lei de Improbidade Administrativa, na Lei nº 10.028, de 19 de outubro de 2000 - Lei dos Crimes Fiscais, no Decreto-Lei nº 201, de 27 de fevereiro de 1967, e na Lei nº 1.079, de 10 de abril de 1950, sem prejuízo das penalidades financeiras previstas contratualmente.

Exercício Comentado

01. ***Com relação ao contrato de Parceria Público-Privada, de acordo com as regras da Lei 11.079/2004, podemos afirmar que:***

a) ***Se autoriza, em situações excepcionais, a celebração cujo valor do contrato seja inferior a R$ 20.000.000,00 (vinte milhões de reais).***

b) ***A contraprestação da Administração Pública não poderá ser feita por ordem bancária.***

c) ***Os contratos poderão prever adicionalmente a possibilidade de emissão de empenho em nome dos financiadores do projeto em relação às obrigações pecuniárias da Administração Pública.***

d) ***Não será vedada, em razão de interesse público, a celebração que tenha por objeto único o fornecimento de mão de obra.***

e) ***A contraprestação da Administração Pública não poderá ser feita por cessão de créditos não tributários.***

RESPOSTA. ***C***

Alternativa A. Errado. O Art. 2º, § 4º, inciso I da Lei 11.079/2004 diz expressamente que é vedada a celebração de contrato de parceria público-privada cujo valor do contrato seja inferior a R$ 20.000.000,00.

Alternativa B. Errado. O Art. 6º, inciso II, da Lei 11.079/2004 autoriza que a contraprestação da Administração Pública nos contratos de parceria público-privada possa ser feita por ordem bancária.

Alternativa C. Certo. Nos termos do Art. 5º, § 2º, inciso II, da Lei 11.079/2004, os contratos poderão prever adicionalmente a possibilidade de emissão de empenho em nome dos financiadores do projeto em relação às obrigações pecuniárias da Administração Pública.

Alternativa D. Errado. O Art. 2º, § 4º, inciso III, da Lei 11.079/2004 diz expressamente que é vedada a celebração de contrato de parceria público-privada que tenha como objeto único o fornecimento de mão de obra, o fornecimento e instalação de equipamentos ou a execução de obra pública.

Alternativa E. Errado. O Art. 6º, inciso II, da Lei 11.079/2004 autoriza que a contraprestação da Administração Pública nos contratos de parceria público-privada possa ser feita por cessão de créditos não tributários.

Vamos Praticar

01. (CESPE) Os serviços de energia elétrica, gás, transportes, saúde, ensino e assistência e previdência social são exemplos de serviços *"uti universi"*, que, na classificação dada pela doutrina, são aqueles que visam à satisfação individual e direta das necessidades dos cidadãos.

Certo ( )   Errado ( )

02. (CESPE) A permissão de serviço público depende sempre de licitação e contra ela cabe revogação pela Administração Pública a qualquer momento, por motivo de interesse público.

Certo ( )   Errado ( )

03. (CESPE) Na permissão de serviço público, o poder público transfere a outrem, pessoa física ou jurídica, a execução de serviço público, para que o exerça em seu próprio nome e por sua conta e risco, mediante tarifa paga pelo usuário.

Certo ( )   Errado ( )

04. (CESPE) Configurada a hipótese de caducidade na concessão de serviço público, o concessionário tem direito à indenização e não se sujeita a penalidades de natureza administrativa.

Certo ( )   Errado ( )

05. (CESPE) O serviço público concedido não pode ser remunerado por tarifa, visto que não é um serviço do poder público.

Certo ( )   Errado ( )

06. (CESPE) À concessionária cabe a execução do serviço concedido, incumbindo-lhe a responsabilidade por todos os prejuízos causados ao poder concedente, aos usuários ou a terceiros, não admitindo a lei que a fiscalização exercida pelo órgão competente exclua ou atenue tal responsabilidade.

Certo ( ) Errado ( )

07. (CESPE) Reversão consiste na transferência, em virtude de extinção contratual, dos bens do concessionário para o patrimônio do concedente.

Certo ( ) Errado ( )

08. (CESPE) Os contratos de concessão de serviços públicos sempre exigem licitação prévia na modalidade concorrência.

Certo ( ) Errado ( )

09. (CESPE) Consideram-se serviços públicos coletivos (*uti universi*) aqueles que têm por finalidade a satisfação individual e direta das necessidades dos cidadãos, como são os de energia elétrica domiciliar e os de uso de linha telefônica

Certo ( ) Errado ( )

10. (CESPE) A titularidade dos serviços públicos é conferida expressamente ao poder público.

Certo ( ) Errado ( )

Gabarito

01	*ERRADO*	*06*	*CERTO*
02	*CERTO*	*07*	*CERTO*
03	*CERTO*	*08*	*CERTO*
04	*ERRADO*	*09*	*ERRADO*
05	*ERRADO*	*10*	*CERTO*

Anotações

CAPÍTULO 06

Ato Administrativo

Conceito de Ato Administrativo

Ato administrativo é toda manifestação unilateral de vontade da Administração Pública que, agindo nessa qualidade, tenha por fim imediato adquirir, resguardar, transferir, modificar, extinguir e declarar direitos, ou impor obrigações aos administrados ou a si própria.

Da prática dos atos administrativos gera-se:

→ **Superioridade**

→ **Efeitos jurídicos**

Elementos (requisitos) de Validade do Ato

I. ***Competência***:

Poderes que a lei confere aos agentes públicos para exercer funções com o mínimo de eficácia. A competência tem caráter instrumental, ou seja, é um instrumento outorgado para satisfazer interesses públicos – finalidade pública.

Características da competência:

> Obrigatoriedade

Ela é obrigatória para todos os agentes e órgãos públicos.

> Irrenunciabilidade

A competência é um poder-dever de agir e não pode ser renunciada pelo detentor do poder-dever. Contudo, tem caráter relativo uma vez que a competência pode ser delegada ou pode ocorrer a avocação.

> Intransferível

Mesmo após a delegação, a competência pode ser retomada a qualquer tempo pelo titular do poder-dever, por meio da figura da revogação.

> Imodificável

Pela vontade do agente, pois somente a lei determina competências.

> Imprescritível

A competência pode ser executada a qualquer tempo. Somente a lei pode exercer a função de determinar prazos prescricionais. Exemplo: o Art. 54 da lei 9784/99 determina o prazo decadência de 5 anos para anular atos benéficos para o administrado de boa fé.

II. ***Finalidade:***

Visa sempre ao interesse público e à finalidade específica prevista em lei. Exemplo: remoção de ofício.

III. ***Forma***:

O ato administrativo é, em regra, formal e escrito.

Fique Ligado

A Lei 9784/99, que trata dos processos administrativos no âmbito da União, reza pelo princípio do informalismo, admitindo que existam atos verbais ou por meio de sinais (de acordo com o contexto).

IV. ***Motivo***:

O motivo é a causa imediata do ato administrativo. É a situação de fato e de direito que determina ou autoriza a prática do ato, ou, em outras palavras, o pressuposto fático e jurídico (ou normativo) que enseja a prática do ato.

» **Ex.**: CF Art. 40, § 1º, II, a – Trata da aposentadoria por tempo de contribuição.

V. ***Objeto***

É o ato em si, ou seja, no caso da remoção o ato administrativo é o próprio instituto da remoção.

Exemplo dos elementos em um ato administrativo:

Demissão: quanto ao ato de demissão deve ter o agente competente para determiná-lo (competência), depois disso, deve ser revertido de forma escrita (forma), a finalidade deve ser o interesse público (finalidade), o motivo deve ser embasado em lei, ou seja, os casos do Art. 132 da Lei 8.112/90, o objeto é o próprio instituto da demissão que esta prescrito em lei.

Motivação

É a exteriorização por escrito dos motivos que levaram a produção do ato.

> Faz parte do elemento forma e não do motivo;

> Teoria dos motivos determinantes;

A motivação é elemento de controle de validade dos atos administrativos. Se ela for falsa, o ato é ilegal, independentemente da sua qualidade (discricionário ou vinculado);

> Devem ser motivados:

» Todos os atos administrativos vinculados;

» Alguns atos administrativos discricionários (atos punitivos, que geram despesas, dentre outros).

A Lei 9784, em seu Art. 50, traz um rol dos atos que devem ser motivados. Veja a seguir:

Art. 50. *Os atos administrativos deverão ser motivados, com indicação dos fatos e dos fundamentos jurídicos, quando:*

I. neguem, limitem ou afetem direitos ou interesses;

II. imponham ou agravem deveres, encargos ou sanções;

III. decidam processos administrativos de concurso ou seleção pública;

IV. dispensem ou declarem a inexigibilidade de processo licitatório;

V. decidam recursos administrativos;

VI. decorram de reexame de ofício;

VII. deixem de aplicar jurisprudência firmada sobre a questão ou discrepem de pareceres, laudos, propostas e relatórios oficiais;

VIII. importem anulação, revogação, suspensão ou convalidação de ato administrativo.

§ 1º A motivação deve ser explícita, clara e congruente, podendo consistir em declaração de concordância com fundamentos de anteriores pareceres, informações, decisões ou propostas, que, nesse caso, serão parte integrante do ato.

§ 2º Na solução de vários assuntos da mesma natureza, pode ser utilizado meio mecânico que reproduza os fundamentos das decisões, desde que não prejudique direito ou garantia dos interessados.

§ 3º A motivação das decisões de órgãos colegiados e comissões ou de decisões orais constará da respectiva ata ou de termo escrito.

Atributos do Ato

Qualidades especiais dos atos administrativos que lhes asseguram uma qualidade jurídica superior a dos atos de direito privado.

Presunção de Legitimidade e Veracidade:

Presume-se, em caráter relativo, que os atos da administração foram produzidos em conformidade com a lei e os fatos deles. Para os administrados são obrigatórios. Ocorre aqui, a inversão do ônus da prova (cabe ao administrado provar que o ato é vicioso).

Consequências

→ Imediata executoriedade do ato administrativo, mesmo impugnado pelo administrado. Até decisão que reconhece o vício ou susta os efeitos do ato.

→ Impossibilidade de o Poder Judiciário analisar, de ofício, elementos de validade do ato não expressamente impugnados pelo administrado.

Imperatividade

Imperativo, ou seja, é impositivo e independe da anuência do administrado.

Exceção:

→ **Atos Negociais:** a administração concorda com uma pretensão do Administrado ou reconhece que ela satisfaz os requisitos para o exercício de certo direito (autorização e permissão – discricionário; licença - vinculado).

→ **Atos Enunciativos:** declara um fato ou emite uma opinião sem que tal manifestação produza por si só efeitos jurídicos.

Fique Ligado

Relacionado ao poder extroverso do Estado (expressão Italiana do autor Renato Aless), esse poder é usado como sinônimo para imperatividade nas provas de concurso.

Autoexecutoriedade

O ato administrativo, uma vez produzido pela Administração, é passível de execução imediata, independentemente de manifestação do Poder Judiciário.

Para Hely Lopes Meirelles, deve haver previsão legal, a exceção existe em casos de emergência. Esse atributo incide em todos os atos, com exceção dos enunciativos e negociais. A administração não goza de autoexecutoriedade na cobrança de débito, quando o administrado resiste ao pagamento.

Tipicidade

O ato deve observar a forma e o tipo previsto em lei para sua produção.

Classificação dos Atos Administrativos

→ **Ato Vinculado:** são os que a Administração pratica sem margem alguma de liberdade de decisão, pois a lei previamente determinou o único comportamento possível a ser obrigatoriamente adotado sempre que se configure a situação objetiva descrita na lei. Não cabe ao agente público apreciar a situação objetiva descrita nela.

→ **Ato Discricionário:** a Administração pode praticar, com certa liberdade de escolha, nos termos e limites da lei, quanto ao seu conteúdo, seu modo de realização, sua oportunidade e sua conveniência administrativa.

→ **Atos Gerais:** caracterizam-se por não possuir destinatários determinados. Os Atos Gerais são sempre determinados e prevalecem sobre os individuais. Podem ser revogados a qualquer tempo. Exemplo: são os decretos regulamentares. Esses atos necessitam ser publicados em meio oficial.

→ **Atos Individuais:** são aqueles que possuem destinatários certos (determinados), produzindo diretamente efeitos concretos, constituindo ou declarando situação jurídicas subjetivas. Exemplo: nomeação em concurso público e exoneração. Os atos podem ser discricionários ou vinculados e sua revogação somente é passível caso não tenha gerado direito adquirido.

→ **Atos simples:** decorre de uma única manifestação de vontade, de um único órgão.

→ **Atos complexos:** necessita, para formação de seu conteúdo, da manifestação de vontade de dois ou mais órgãos.

→ **Atos compostos:** o seu conteúdo depende de manifestação de vontade de um único órgão, contudo, para funcionar, necessita de outro ato que o aprove.

Diferenças entre ato complexo e ato composto:

Ato Complexo	Ato Composto
1 ato	2 atos
2 vontades	2 vontades
2 ou + órgãos	1 órgão com a aprovação de outro

Espécies de Atos Administrativos

> **N**ormativo;
> **O**rdinatórios;
> **N**egociais;
> **E**nunciativos;
> **P**unitivos.

Atos normativos

São atos caracterizados pela generalidade e pela abstração, isto é, um ato normativo não é prescrito para uma situação determinada, mas para todos os eventos assemelhados; a abstração deriva do fato desse ato não representar um caso concreto, determinado, mas, sim, um caso abstrato, descrito na norma e possível de acontecer no mundo real. A regra abstrata deve ser aplicada no caso concreto.

Finalidade: regulamentar as leis e uniformizar procedimentos administrativos.

> Características:
  » Não possuem destinatários determinados;
  » Correspondem aos atos gerais;
  » Não pode inovar o ordenamento jurídico;
  » Controle.

Regra: os atos administrativos normativos não podem ser atacados mediante recursos administrativos ou judiciais.

Exceção: atos normativos que gerarem efeitos concretos para determinado destinatário podem ser impugnados pelo administrado na via judicial ou administrativa.

» **Ex.**: decretos regulamentares, instruções normativas, atos declaratórios normativos.

Atos ordinatórios

São atos administrativos endereçados aos servidores públicos em geral.

Finalidade: divulgar determinações aplicáveis ao adequado desempenho de suas funções.

> Características:

» Atos internos;

» Decorrem do exercício do poder hierárquico;

» Vinculam os servidores subordinados ao órgão que o expediu;

» Não atingem os administrados;

» Estão hierarquicamente abaixo dos atos normativos;

» Devem obediência aos atos normativos que tratem da mesma matéria relacionada ao ato ordinatório.

» **Ex.**: instruções, circulares internas, portarias, ordens de serviço.

Atos negociais

São atos administrativos editados quando o ordenamento jurídico exige que o particular obtenha anuência prévia da Administração para realizar determinada atividade de interesse dele ou exercer determinado direito.

Finalidade: satisfação do interesse público, ainda que essa possa coincidir com o interesse do particular que requereu o ato.

> Características:

» Os atos negociais não são imperativos, coercitivos e autoexecutórios;

» Os atos negociais não podem ser confundidos com contratos, pois, nesses existe manifestação de vontade bilateral e, nos atos negociais, nós temos uma manifestação de vontade unilateral da Administração Pública, que é provocada mediante requerimento do particular;

» Podem ser vinculados, discricionários, definitivos e precários.

→ **Atos negociais vinculados**

Reconhecem um direito subjetivo do particular, mediante um requerimento, desse particular, comprovando preencher os requisitos que a lei exige para a anuência do direito, a Administração obrigatoriamente deve praticar o ato.

→ **Atos negociais discricionários**

Não reconhecem um direito subjetivo do particular, pois, mesmo que esse atenda às exigências necessárias para a obtenção do ato, a Administração poderá não praticá-lo, decidindo se executa ou não o ato por juízo de conveniência e oportunidade.

→ **Atos negociais definitivos**

Não comportam revogação, são atos vinculados, mas podem ser anulados ou cassados. Sendo assim, esses atos geram, ao particular, apenas uma expectativa de definitividade.

→ **Atos negociais precários**

Podem ser revogados a qualquer tempo, são atos discricionários; via de regra, a revogação do ato negocial não gera direito de indenização ao particular.

Espécies de atos negociais

→ **Licença**

Fundamenta-se no poder de polícia da Administração.

É ato vinculado e definitivo, pois reconhece um direito subjetivo do particular, mediante um requerimento desse, comprovando preencher os requisitos que a lei exige. Para a anuência do direito, a Administração, obrigatoriamente, deve praticar o ato. A licença não comporta revogação, mas ela pode ser anulada ou cassada, sendo assim, esses atos geram, ao particular, apenas uma expectativa de definitividade.

» **Ex.**: alvará para a realização de uma obra, alvará para o funcionamento de um estabelecimento comercial, licença para dirigir, licença para exercer uma profissão.

→ **Admissão**

É o ato unilateral e vinculado pelo qual a Administração faculta a alguém a inclusão em estabelecimento governamental para o gozo de um serviço público. O ato de admissão não pode ser negado aos que preencham as condições normativas requeridas.

» **Ex.:** ingresso em estabelecimento oficial de ensino na qualidade de aluno; o desfrute dos serviços de uma biblioteca pública como inscrito entre seus usuários.

→ **Aprovação**

É o ato unilateral e discricionário pelo qual a Administração faculta a prática de ato jurídico (aprovação prévia) ou manifesta sua concordância com ato jurídico já praticado (aprovação a posteriori).

→ **Homologação**

É o ato unilateral e vinculado de controle pelo qual a Administração concorda com um ato jurídico ou série de atos (procedimento) já praticados, verificando a consonância deles com os requisitos legais condicionadores de sua válida emissão.

→ **Autorização**

Na maior parte das vezes em que é praticado, fundamenta-se no poder de polícia do Estado quando a lei exige a autorização como condicionante para prática de uma determinada atividade privada ou para o uso de bem público. Todavia, a autorização também pode representar uma forma de descentralizar, por delegação, serviços públicos para o particular.

A autorização é caracterizada por uma predominância do interesse do particular que solicita o ato, todavia, também existe interesse público na prática desse ato.

É um ato discricionário, pois não reconhece um direito subjetivo do particular; mesmo que esse atenda às exigências necessárias para a obtenção do ato, a Administração poderá não praticá-lo, decidindo se desempenha ou não o ato por juízo de conveniência e oportunidade.

É um ato precário, pois pode ser revogada a qualquer tempo. Via de regra, a revogação da autorização não gera direito de indenização ao particular, mas, caso a autorização tenha sido concedida por prazo certo, pode haver o direito de indenização para o particular.

> **Prazo**: A autorização é concedida sem prazo determinado, todavia, pode havê-la outorgada por prazo certo.

Exemplos:

» Atividades potencialmente perigosas e que podem colocar em risco a coletividade, por isso, a necessidade de regulação do Estado;

» Autorização para porte de arma de fogo;

» Autorização para a prestação de serviços privados de educação e saúde;

» Autorização de uso de bem público;

» Autorização de serviço público: prestação de serviço de táxi.

→ **Permissão**

É o ato administrativo discricionário e precário, pelo qual a Administração Pública consente ao particular o exercício de uma atividade de interesse predominantemente da coletividade.

> Características:

» Pode ser concedida por prazo certo;

» Pode ser imposta condições ao particular.

A Permissão é um ato precário, pois pode ser revogada a qualquer tempo. Via de regra, a revogação da permissão não gera direito de indenização ao particular, mas, caso a autorização tenha sido concedida por prazo certo ou sob condições, pode haver o direito de indenização para o particular.

A Permissão concedida ao particular, por meio de um ato administrativo, não se confunde com a permissão para a prestação de serviços públicos. Nesse último caso, representa uma espécie de descentralização por delegação realizada por meio de contrato.

» **Ex.:** Permissão de uso de bem público.

Atos enunciativos

São atos administrativos enunciativos aqueles que têm por finalidade declarar um juízo de valor, uma opinião ou um fato.

> Características:

» Não produzem efeitos jurídicos por si só;

» Não contêm uma manifestação de vontade da administração.

Ex.: certidão, atestado, parecer e apostila.

→ **Certidão**

É uma cópia de informações registradas em banco de dados da Administração. Geralmente, é concedida ao particular mediante requerimento da informação registrada pela Administração.

→ **Atestado**

Declara uma situação de que a Administração tomou conhecimento em virtude da atuação de seus agentes. O atestado não se assemelha à certidão, pois essa declara uma informação constante em banco de dados e aquele declara um fato que não corresponde a um registro de um arquivo da Administração.

→ **Parecer**

É um documento técnico, confeccionado por órgão especializado na respectiva matéria tema do parecer, em que o órgão emite sua opinião relativa ao assunto.

→ **Apostila**

Apostilar significa corrigir, emendar, complementar um documento. É o aditamento de um contrato administrativo ou de um ato administrativo. É um ato de natureza aditiva, pois sua finalidade é adicionar informações a um registro já existente.

» **Ex.:** Anotar alterações na situação funcional de um servidor.

Atos punitivos

São os atos administrativos por meio dos quais a Administração Pública impõe sanções a seus servidores ou aos administrados.

> **Fundamento**

» **Poder disciplinar:** quando o ato punitivo atinge servidores públicos e particulares ligados à Administração por algum vínculo jurídico específico.

» **Poder de polícia:** quando o ato punitivo atinge a particulares não ligados à Administração Pública por um vínculo jurídico específico.

Os atos punitivos podem ser internos e externos:

> **Atos punitivos internos:** têm como destinatários os servidores públicos e aplicam penalidades disciplinares, ou seja, os atos punitivos internos decorrem sempre do poder disciplinar.

> **Atos punitivos externos:** têm como destinatários os particulares. Podem ter fundamento decorrente do poder disciplinar, quando punem particulares sujeitos à disciplina administrativa, ou podem ter fundamento no poder de polícia, quando punem particulares não ligados à Administração Pública.

Todo ato punitivo interno decorre do poder disciplinar, mas nem todo ato que decorre do poder punitivo que surge do poder disciplinar é um ato punitivo interno, pois, quando a Administração aplica punição aos particulares ligados a administração, essa punição decorre do poder disciplinar, mas também representa um ato punitivo externo.

Todo ato punitivo decorrente do poder de polícia é um ato punitivo externo, pois, nesse caso, temos a Administração punindo sempre o particular.

Extinção dos Atos Administrativos

Anulação / Controle de legalidade

É o desfazimento do ato administrativo que decorre de vício de legalidade ou de legitimidade na prática do ato.

→ **Cabimento**

> Ato discricionário;

> Ato vinculado.

→ **Competência para Anular**

> Entidade da Administração Pública que praticou o ato: pode anular o ato a pedido do interessado ou de ofício em razão do princípio da autotutela.

> Poder Judiciário: pode anular somente por provocação do interessado.

→ **Efeitos da Anulação: *Ex tunc*, retroagem desde a data da prática do ato, impugnando a validade do ato.**

Prazo: 5 (cinco) anos

> Contagem;

> Prática do ato.

No caso de efeitos patrimoniais contínuos, a partir do primeiro pagamento.

Revogação / Controle de mérito

É o desfazimento do ato administrativo por motivos de conveniência e oportunidade.

→ **Cabimento**

> Ato discricionário legal, inconveniente e inoportuno;

> Não é cabível a revogação de ato vinculado.

→ **Competência para Revogar**

Apenas a entidade da Administração Pública que praticou o ato.

Não pode o controle de mérito ser feito pelo poder judiciário na sua função típica de julgar. Todavia, a Administração Pública está presente nos 3 poderes da União e, caso uma entidade do poder judiciário, do legislativo ou do executivo pratique um ato discricionário legal, que com o passar do tempo, se mostre inconveniente e inoportuno, somente a entidade que criou o ato tem competência para revogá-lo.

Assim, o poder judiciário não tem competência para exercer o controle de mérito dos atos da Administração Pública, mas a essa do poder judiciário pratica atos administrativos e cabe somente a ela a revogação dos atos praticados por ela mesma.

> Efeitos da Revogação: "*Ex nunc*", não retroagem, ou seja, a revogação gera efeitos prospectivos, para frente.

Cassação

É o desfazimento do ato administrativo decorrente do descumprimento dos requisitos que permitem a manutenção do ato. Na maioria das vezes, a cassação representa uma sanção aplicada ao particular que deixou de atender às condições exigidas para a manutenção do ato.

Como exemplo, temos a cassação da carteira de motorista, que nada mais é do que a cassação de um ato administrativo classificado como licença. A cassação da licença para dirigir decorre da prática de infrações de trânsito praticadas pelo particular, sendo assim, nesse caso, essa cassação é uma punição.

Convalidação

Convalidação é a correção com efeitos retroativos do ato administrativo com defeito sanável, o qual pode ser considerado:

→ **Vício de competência relativo à pessoa**

> **Exceção:** competência exclusiva (não cabe convalidação).

O vício de competência relativo à matéria não é considerado um defeito sanável e também não cabe convalidação.

→ **Vício de forma**

> **Exceção:** a lei determina que a forma seja elemento essencial de validade de determinado ato (também não cabe convalidação).

Convalidação Tácita

O Art. 54 da Lei 9784 prevê que a Administração tem o direito de anular os atos administrativos de que decorram efeitos favoráveis para os destinatários. O prazo é de 5 anos, contado da data em que forem praticados, salvo comprovada má-fé. Transcorrido esse prazo, o ato foi convalidado, pois não pode ser mais anulado pela Administração.

Convalidação Expressa

Art. 55 da Lei 9784: *Em decisão na qual se evidencie não acarretarem lesão ao interesse público nem prejuízo a terceiros, os atos que apresentarem defeitos sanáveis poderão ser convalidados pela própria Administração.*

Vamos Praticar

A respeito do direito administrativo, julgue os itens.

01. (CESPE) Como exemplo da incidência do princípio da inafastabilidade do controle jurisdicional relativos aos atos administrativos no ordenamento jurídico brasileiro, é correto citar a vigência, entre nós, do sistema do contencioso administrativo ou sistema francês.

Certo ( ) Errado ( )

02. (CESPE) Ato administrativo complexo é aquele que resulta do somatório de manifestações de vontade de mais de um órgão, podendo-se citar, como exemplo, a aposentadoria.

Certo ( ) Errado ( )

03. (CESPE) De acordo com a teoria dos motivos determinantes, ainda que se trate de ato discricionário sem a exigência de expressa motivação, uma vez sendo manifestada a motivação, essa vincula o agente para sua realização, devendo, obrigatoriamente, haver compatibilidade entre o ato e a motivação, sob pena de vício suscetível de invalidá-lo.

Certo ( ) Errado ( )

04. (CESPE) A competência constitui elemento ou requisito do ato administrativo vinculado, cabendo, entretanto, ao próprio órgão público estabelecer as suas atribuições.

Certo ( ) Errado ( )

05. (CESPE) A legalidade dos atos administrativos vinculados e discricionários está sujeita à apreciação judicial.

Certo ( ) Errado ( )

06. (CESPE) Sempre que a lei expressamente exigir determinada forma para que um ato administrativo seja considerado válido, a inobservância dessa exigência acarretará a nulidade do ato.

Certo ( ) Errado ( )

07. (CESPE) O Poder Judiciário pode, de ofício, apreciar a validade de um ato administrativo e decretar a sua nulidade, caso seja considerado ilegal.

Certo ( ) Errado ( )

08. (CESPE) Atenderá aos atos normativos do MPOG a contratação, por órgão público, de suporte técnico para os seus processos de planejamento e avaliação da qualidade dos serviços de tecnologia da informação, desde que sob a supervisão exclusiva de servidores do órgão.

Certo ( ) Errado ( )

09. (CESPE) O Tribunal de Contas é o órgão que auxilia o Poder Legislativo no exercício do controle financeiro externo da Administração Pública. Por ter função de caráter administrativo, suas decisões poderão ser submetidas ao controle judicial.

Certo ( ) Errado ( )

10. (CESPE) No caso de um administrado alegar a existência de vício de legalidade que invalide determinado ato administrativo, esse indivíduo deverá fundamentar sua alegação com provas dos fatos relevantes, por força da obrigatoriedade de inversão do ônus da prova, originada no princípio da presunção de legitimidade do ato administrativo.

Certo ( ) Errado ( )

11. (CESPE) Nem todos os atos administrativos possuem o atributo da autoexecutoriedade, já que alguns deles necessitam de autorização do Poder Judiciário para criar obrigações para o administrado.

Certo ( ) Errado ( )

12. (CESPE) O ato administrativo, uma vez publicado, terá vigência e deverá ser cumprido, ainda que esteja eivado de vícios.

Certo ( ) Errado ( )

13. (CESPE) É facultado ao Poder Judiciário, ao exercer o controle de mérito de um ato administrativo, revogar ato praticado pelo Poder Executivo.

Certo ( ) Errado ( )

14. (CESPE) O ato discricionário permite liberdade de atuação administrativa, a qual deve restringir-se, porém, aos limites previstos em lei.

Certo ( ) Errado ( )

Gabarito

01	ERRADO	08	CERTO
02	CERTO	09	CERTO
03	CERTO	10	CERTO
04	ERRADO	11	CERTO
05	CERTO	12	CERTO
06	CERTO	13	ERRADO
07	ERRADO	14	CERTO

Anotações

CAPÍTULO 07

Contratos

Para conceituarmos os contratos administrativos, em primeiro lugar, devemos isolar as palavras. A partir de então, podemos definir:

Contratos: são acordos de vontades, manifestações bilaterais que formam um vínculo jurídico entre as partes, estipulando obrigações recíprocas para o atingimento de determinado objetivo comum.

Os contratos podem ser classificados como contratos públicos e contratos privados.

Contratos privados: são contratos regulados integralmente pelo direito privado. A principal característica dos contratos privados é a absoluta igualdade entre as partes.

Contratos públicos: são contratos regulados predominantemente pelo direito público, mas com observância de algumas regras gerais relativas ao direito privado. Em um contrato público, predomina a relação da desigualdade entre as partes, pois dentre de um contrato público figura alguma entidade da administração pública e tal entidade é dotada de poderes especiais que a outra parte (particular) não possui e obrigatoriamente deve aceitar.

Os contratos, sejam eles públicos ou privados, são acordos de vontades, ou seja, são manifestações bilaterais de vontade.

Os contratos administrativos são públicos, e a diferença marcante entre os contratos administrativos e os privados é que aqueles são regidos predominantemente por um regime jurídico de direito público e estes são predominantemente regidos por normas de direito privado.

O jurídico de direito público dos contratos administrativos se manifesta por meio da existência das cláusulas exorbitantes, que serão vistas logo adiante.

Apesar de os contratos administrativos serem regidos predominantemente por um regime jurídico de direito público, aplica-se a esses a teoria geral dos contratos, na qual se manifesta o núcleo de disposições de direito privado dos contratos administrativos.

Em algumas situações, a administração celebra contratos que são regidos precipuamente por normas de direito privado, nesse caso, temos os contratos da administração.

> **Contratos administrativos:** regidos predominantemente por normas de direito público, ou seja, normas de direito privado e normas de direito público (cláusulas exorbitantes).

> **Contratos da administração:** regidos predominantemente por normas de direito privado.

Conceito

Segundo o parágrafo único do art. 2º da Lei 8.666, considera-se contrato todo e qualquer ajuste entre órgãos ou entidades da Administração Pública e particulares em que haja um acordo de vontades para a formação de vínculo e a estipulação de obrigações recíprocas, seja qual for a denominação utilizada.

Segundo Hely Lopes Meirelles[1], "contrato administrativo é o ajuste que a Administração Pública, agindo nessa qualidade, firma com particular ou com outra entidade administrativa para a consecução de objetivos de interesse público, nas condições estabelecidas pela própria Administração".

Quando o autor utiliza a expressão "ajuste", fica claro que o contrato administrativo é um negócio jurídico firmado com a Administração, ou seja, um negócio em que a mesma será uma das partes. Porém, a expressão "agindo nessa qualidade" deixa claro que, em função da importância do objeto dessa avença, a administração deverá ter cuidados especiais, acautelando-se na proteção do interesse público.

Para tanto, a administração necessita de mecanismos legais que lhe permitam firmar contratos que a coloquem em posição de supremacia. Isso para que possa, utilizando seu poder de império, fazer cumprir o contrato com o máximo de ganho para a sociedade. Afinal, ambas as partes representam interesses opostos, quando, por exemplo, em um contrato de concessão de serviços públicos, a sociedade deseja serviços públicos de qualidade, enquanto o particular deseja o lucro.

Como em qualquer estado de direito, em que ninguém será obrigado a fazer ou deixar de fazer alguma coisa, senão em virtude de lei, é ela que estabelece os mecanismos para que a Administração Pública possa garantir a supremacia do interesse público sobre o particular quando firma contratos administrativos, estabelecendo um regime jurídico que se caracteriza pelo estabelecimento de prerrogativas e sujeições.

Normas Constitucionais

A Carta Magna de 1988 estabeleceu como privativa da União a competência para legislar sobre normas gerais de licitação e contratação, em todas as modalidades, para as administrações públicas diretas, autárquicas e fundacionais da União, Estados, Distrito Federal e Municípios, obedecido o disposto no art. 37, XXI, também para as empresas públicas e sociedades de economia mista.

O art. 37, XXI, estabelece que, ressalvados os casos especificados na legislação, as obras, os serviços, as compras e as alienações serão contratados mediante processo de licitação pública que assegure igualdade de condições a todos os concorrentes, com cláusulas que estabeleçam obrigações de pagamento, mantidas as condições efetivas da proposta, nos termos da lei, que somente permitirá as exigências de qualificação técnica e econômica indispensáveis à garantia do cumprimento das obrigações.

Como a regra geral é de competência da união, cabe a Estados e Municípios estabelecerem regras suplementares.

Lei 8.666/93

Como principal mandamento legal que disciplina a matéria, essa lei regulamenta o art. 37, inciso XXI, da Constituição Federal visto acima, institui normas para licitações e contratos da Administração Pública e dá outras providências.

Essa Lei estabelece normas gerais sobre licitações e contratos administrativos pertinentes a obras, serviços, inclusive de publicidade, compras, alienações e locações no âmbito dos Poderes da União, dos Estados, do Distrito Federal e dos Municípios.

Subordinam-se ao regime dessa Lei, além dos órgãos da administração direta, os fundos especiais, as autarquias, as fundações públicas, as empresas

1 MEIRELES, Hely lopes. Direito Administrativo Brasileiro, 25ª ed. atualizada por Eurico de Andrade Azevedo et alii, São Paulo Malheiros, 2000, p. 199.

públicas, as sociedades de economia mista e demais entidades controladas direta ou indiretamente pela União, Estados, Distrito Federal e Municípios.

Outras Leis

Várias leis versam sobre contrato, mas, de forma específica tratam sobre à matéria que se referem, sendo aplicadas as regras da Lei 8.666/93 de forma subsidiária. São elas:

- **Lei nº 8.987/95**

Essa lei dispõe sobre o regime de concessão e permissão da prestação de serviços públicos, previsto no art. 175 da Constituição Federal, e dá outras providências.

Estabelece a lei que as concessões de serviços e de obras públicas e as permissões de serviços públicos reger-se-ão pelos termos do art. 175 da Constituição Federal, por essa Lei, pelas normas legais pertinentes e pelas cláusulas dos indispensáveis contratos.

- **Lei nº 9.074/95**

Estabelece normas para outorga e prorrogações das concessões e permissões de serviços públicos e dá outras providências.

Sujeitam-se ao regime de concessão ou, quando couber, de permissão, nos termos da Lei nº 8.987, de 13 de fevereiro de 1995, os seguintes serviços e obras públicas de competência da União:

> Vias federais, precedidas ou não da execução de obra pública;

> Exploração de obras ou serviços federais de barragens, contenções, eclusas, diques e irrigações, precedidas ou não da execução de obras públicas;

> Estações aduaneiras e outros terminais alfandegados de uso público, não instalados em área de porto ou aeroporto, precedidos ou não de obras públicas;

> Os serviços postais.

Outras leis esparsas foram editadas visando à regulamentação de serviços específicos, como as nº 9427/97 (energia elétrica) e 9.472/97 (telecomunicações), além da Lei 11079/2004, que regulamenta as parcerias público privadas.

Características

Formalismo

Os contratos administrativos devem ser formais e escritos.

Em regra, é nulo e sem efeito o contrato verbal com a administração, salvo o de pequenas compras de pagamento imediato (compras de valor não superior a R$ 4.000,00).

Cláusulas Essenciais

Todo contrato deve mencionar os nomes das partes e os de seus representantes, a finalidade, o ato que autorizou a sua lavratura, o número do processo da licitação, da dispensa ou da inexigibilidade, a sujeição dos contratantes às normas dessa Lei e às cláusulas contratuais.

São cláusulas necessárias em todo contrato as que estabeleçam:

> O objeto e seus elementos característicos;

> O regime de execução ou a forma de fornecimento;

> O preço e as condições de pagamento, os critérios, data-base e periodicidade do reajustamento de preços, os critérios de atualização monetária entre a data do adimplemento das obrigações e a do efetivo pagamento;

> Os prazos de início de etapas de execução, de conclusão, de entrega, de observação e de recebimento definitivo, conforme o caso;

> O crédito pelo qual correrá a despesa, com a indicação da classificação funcional programática e da categoria econômica;

> As garantias oferecidas para assegurar sua plena execução, quando exigidas;

> Os direitos e as responsabilidades das partes, as penalidades cabíveis e os valores das multas;

> Os casos de rescisão;

> O reconhecimento dos direitos da Administração, em caso de rescisão administrativa prevista no art. 77 dessa Lei;

> As condições de importação, a data e a taxa de câmbio para conversão, quando for o caso;

> A vinculação ao edital de licitação ou ao termo que a dispensou ou a inexigiu, ao convite e à proposta do licitante vencedor;

> A legislação aplicável à execução do contrato e especialmente aos casos omissos;

> A obrigação do contratado de manter, durante toda a execução do contrato, em compatibilidade com as obrigações por ele assumidas, todas as condições de habilitação e qualificação exigidas na licitação.

A publicação na imprensa oficial do resumo do instrumento de contrato é um requisito de eficácia dos contratos administrativos.

Obrigatoriedade e Exceção dos Contratos

Obrigatoriedade: o instrumento de contrato é obrigatório nos casos de concorrência e de tomada de preços, bem como nas dispensas e inexigibilidades cujos preços estejam compreendidos nos limites dessas duas modalidades de licitação.

Os contratos decorrentes de dispensa ou de inexigibilidade de licitação devem atender aos termos do ato que os autorizou e da respectiva proposta.

Facultativo: nos demais em que, a Administração puder substituí-lo por outros instrumentos hábeis, tais como carta-contrato, nota de empenho de despesa, autorização de compra ou ordem de execução de serviço.

É importante observar que nos casos em que o contrato é facultativo, esse será substituído por algum outro instrumento hábil, tal como a carta-contrato, a nota de empenho, entre outros.

Dispensável: é dispensável o "termo de contrato" e facultada à substituição por outro instrumento, a critério da Administração e independentemente de seu valor, nos casos de compra com entrega imediata e integral dos bens adquiridos, dos quais não resultem obrigações futuras, inclusive assistência técnica.

Contratos de Adesão

Os contratos administrativos são de adesão, pois a administração cria as regras do contrato e a outra parte não pode propor alterações.

Uma minuta do contrato integrará o edital de licitação, para que os interessados em celebrá-lo possam conhecer suas cláusulas. Os particulares não propõem alterações no contrato, mas em contrapartida não estão obrigados a aceitá-lo. Todavia, uma vez concordando participar da licitação, o particular já sabe que, caso saia vencedor, será obrigado a celebrar o contrato, no entanto, caso não aceite participar, não há se falar em obrigatoriedade de celebrar o contrato.

Pessoalidade / *Intuitu Personae*

A execução do contrato deve ser feita pela pessoa física ou jurídica que aceitou as obrigações contratuais.

Em decorrência dessa característica, em regra, é vedada a subcontratação para a execução ou fornecimento do objeto do contrato.

Exceção: o contratado, na execução do contrato, sem prejuízo das responsabilidades contratuais e legais, poderá subcontratar partes da obra, serviço ou fornecimento, até o limite admitido, em cada caso, pela Administração. Nesse caso, as regras da subcontratação deverão integrar o edital de licitação e o próprio contrato.

Na situação de prestação de serviços técnicos especializados em que a empresa apresente relação de integrantes do seu corpo técnico como elemento de justificação de dispensa ou inexigibilidade de licitação, ficará a empresa obrigada a garantir que os referidos integrantes realizem pessoal e diretamente os serviços objeto do contrato. Nesse caso, temos uma vedação absoluta à subcontratação, ou seja, nessas circunstâncias, não há que se falar em subcontratação.

Cláusulas Exorbitantes

As cláusulas exorbitantes são regras que extrapolam as comuns do direito privado; nesse, tais cláusulas seriam inaceitáveis, pois elas conferem mais poderes a uma parte do que a outra, e, no direito privado, as partes gozam de uma relação jurídica horizontal, igual.

Essas cláusulas exorbitantes representam as prerrogativas de direito público da administração pública nos contratos administrativos, indicam a supremacia da vontade do Estado diante da vontade individual e confere a esses contratos uma relação jurídica vertical entre a administração e o particular que celebra o contrato.

As principais cláusulas exorbitantes estão descritas no art. 58:

> ***Art. 58*** *- O regime jurídico dos contratos administrativos instituído por esta Lei confere à Administração, em relação a eles, a prerrogativa de:*
>
> *I.* *modificá-los, unilateralmente, para melhor adequação às finalidades de interesse público, respeitados os direitos do contratado;*

As cláusulas econômico-financeiras do contrato deverão ser revistas para que se mantenha o equilíbrio contratual.

> *II.* *rescindi-los, unilateralmente, nos casos especificados no inciso I do art. 79 desta Lei;*
>
> *III.* *fiscalizar lhes a execução;*
>
> *IV.* *aplicar sanções motivadas pela inexecução total ou parcial do ajuste;*
>
> *V.* *nos casos de serviços essenciais, ocupar provisoriamente bens móveis, imóveis, pessoal e serviços vinculados ao objeto do contrato, na hipótese da necessidade de acautelar apuração administrativa de faltas contratuais pelo contratado, bem como na hipótese de rescisão do contrato administrativo.*

Além dessas hipóteses, nós temos as restrições à oposição pelo contratado da "exceção do contrato não cumprido" e as normas acerca da exigência de garantia pela administração.

Poder de Alteração Unilateral do Contrato (Mutabilidade)

Os contratos regidos por normas de direito público podem ser alterados, com as devidas justificativas, nos seguintes casos:

→ Unilateralmente pela Administração:

- Quando houver modificação do projeto ou das especificações, para melhor adequação técnica aos seus objetivos (alteração qualitativa);
- Quando necessária a modificação do valor contratual em decorrência de acréscimo ou diminuição quantitativa de seu objeto, nos limites permitidos em Lei (alteração quantitativa).

A alteração quantitativa sofre um limite, conforme veremos a seguir:

O contratado fica obrigado a aceitar, nas mesmas condições contratuais, os acréscimos ou supressões que se fizerem nas obras, serviços ou compras, até 25% (vinte e cinco por cento) do valor inicial atualizado do contrato, e, no caso particular de reforma de edifício ou de equipamento, até o limite de 50% (cinquenta por cento) para os seus acréscimos.

Nenhum acréscimo ou supressão poderá exceder os limites estabelecidos.

No caso de supressão de obras, bens ou serviços, se o contratado já houver adquirido os materiais e posto no local dos trabalhos, esses deverão ser pagos pela Administração pelos custos de aquisição regularmente comprovados e monetariamente corrigidos, podendo caber indenização por outros danos eventualmente decorrentes da supressão, desde que regularmente comprovados.

Quaisquer tributos ou encargos legais criados, alterados ou extintos, bem como a superveniência de disposições legais, quando ocorridas após a data da apresentação da proposta, de comprovada repercussão nos preços contratados, implicarão a revisão desses para mais ou para menos, conforme o caso.

Em havendo alteração unilateral do contrato que aumente os encargos do contratado, a Administração deverá restabelecer, por aditamento, o equilíbrio econômico-financeiro inicial.

A variação do valor contratual para fazer face ao reajuste de preços previsto no próprio contrato, as atualizações, compensações ou penalizações financeiras decorrentes das condições de pagamento nele previstas, bem como o empenho de dotações orçamentárias suplementares até o limite do seu valor corrigido, não caracterizam alteração do mesmo, podendo ser registrados por simples apostila, dispensando a celebração de aditamento.

→ Por acordo das partes:

- Quando conveniente a substituição da garantia de execução;
- Quando necessária a modificação do regime de execução da obra ou serviço, bem como do modo de fornecimento, em face de verificação técnica da inaplicabilidade dos termos contratuais originários;

> Quando necessária a modificação da forma de pagamento, por imposição de circunstâncias supervenientes, mantido o valor inicial atualizado, vedada a antecipação do pagamento, com relação ao cronograma financeiro fixado, sem a correspondente contraprestação de fornecimento de bens ou execução de obra ou serviço;

> Para restabelecer a relação que as partes pactuaram inicialmente entre os encargos do contratado e a retribuição da administração para a justa remuneração da obra, serviço ou fornecimento, objetivando a manutenção do equilíbrio econômico-financeiro inicial do contrato, na hipótese de sobrevirem fatos imprevisíveis, ou previsíveis, porém, de consequências incalculáveis, retardadores ou impeditivos da execução do ajustado, ou, ainda, em situação de força maior, caso fortuito ou fato do príncipe, configurando álea econômica extraordinária e extracontratual.

Fiscalização da Execução do Contrato

A execução do contrato deverá ser acompanhada e fiscalizada por um representante da Administração especialmente designado, permitida a contratação de terceiros para assisti-lo e subsidiá-lo de informações pertinentes a essa atribuição.

O representante da Administração anotará, em registro próprio, todas as ocorrências relacionadas com a execução do contrato, determinando o que for necessário à regularização das faltas ou defeitos observados.

As decisões e providências que ultrapassarem a competência do representante deverão ser solicitadas a seus superiores em tempo hábil para a adoção das medidas convenientes.

A fiscalização pelo poder público não isenta o particular contratado das suas responsabilidades legais.

Deveres do Contratado quanto à Fiscalização

O contratado deverá manter preposto, aceito pela Administração, no local da obra ou serviço, para representá-lo na execução do contrato. Ele é obrigado a reparar, corrigir, remover, reconstruir ou substituir, às suas expensas, no total ou em parte, o objeto do contrato em que se verificarem vícios, defeitos ou incorreções resultantes da execução ou de materiais empregados.

Além disso, é responsável pelos danos causados diretamente à Administração ou a terceiros decorrentes de sua culpa ou dolo na execução do contrato, não excluindo ou reduzindo essa responsabilidade à fiscalização ou ao acompanhamento pelo órgão interessado. Nesse caso, estamos diante da responsabilidade civil subjetiva do contrato, pois depende de dolo ou culpa, entretanto, quando se tratar de obra pública, se o dano causado for pelo simples fato da obra, então, estaremos diante da responsabilidade civil objetiva da Administração, não importe quem esteja realizando a obra.

O contratado é responsável pelos encargos trabalhistas, previdenciários, fiscais e comerciais resultantes da execução do contrato.

A inadimplência do contratado, com referência aos encargos trabalhistas, fiscais e comerciais não transfere à Administração Pública a responsabilidade por seu pagamento, nem poderá onerar o objeto do contrato ou restringir a regularização e o uso das obras e edificações, inclusive perante o Registro de Imóveis.

A Administração Pública responde solidariamente com o contratado pelos encargos previdenciários resultantes da execução do contrato.

Aplicação de Sanções

→ **O atraso injustificado na execução do contrato** sujeitará o contratado à multa de mora, na forma prevista no instrumento convocatório ou no contrato.

> A multa aplicada após regular processo administrativo será descontada da garantia do respectivo contratado.

> Se a multa for de valor superior ao da garantia prestada, além da perda dessa, responderá o contratado pela sua diferença, a qual será descontada dos pagamentos eventualmente devidos pela Administração ou ainda, quando for o caso, cobrada judicialmente.

→ Pela inexecução total ou parcial do contrato a Administração poderá, garantida a prévia defesa, aplicar ao contratado as seguintes sanções:

> Advertência;

> Multa na forma prevista no instrumento convocatório ou no contrato;

→ Suspensão temporária de participação em licitação e impedimento de contratar com a Administração, por prazo não superior a 2 (dois) anos;

→ Declaração de inidoneidade para licitar ou contratar com a Administração Pública enquanto perdurarem os motivos determinantes da punição ou até que seja promovida a reabilitação perante a própria autoridade que aplicou a penalidade, que será concedida sempre que o contratado ressarcir a Administração pelos prejuízos resultantes e após decorrido o prazo da sanção aplicada com base no inciso anterior.

» Esta última sanção é de competência exclusiva (não pode ser delegada) do Ministro de Estado, do Secretário Estadual ou Municipal, conforme o caso, facultada a defesa do interessado no respectivo processo, no prazo de 10 (dez) dias da abertura de vista, podendo a reabilitação ser requerida após 2 (dois) anos de sua aplicação.

As sanções podem ser aplicadas de forma cumulativa, facultada a defesa prévia do interessado, no respectivo processo, no prazo de 5 (cinco) dias úteis.

Ocupação Temporária

Nos casos de serviços essenciais, a Administração pode ocupar provisoriamente bens móveis, imóveis, pessoais e serviços vinculados ao objeto do contrato.

Finalidade: necessidade de acautelar apuração administrativa de faltas contratuais pelo contratado, bem como na hipótese de rescisão do contrato administrativo.

Essa regra decorre do princípio da continuidade dos serviços públicos.

Nos contratos de concessão e permissão de serviços públicos, a ocupação temporária aparece com o nome de intervenção.

Exceção do Contrato não Cumprido

(*Exceptio Non Adimpleti Contractus*)

No direito privado, caso uma das partes descumpra as cláusulas contratuais, é permitido a outra suspender a execução de sua parte até o adimplemento da outra parte.

Nos contratos de direito público, à exceção do contrato não cumprido, tem a seguinte aplicação:

→ **Particular descumpre sua parte:**

> A administração pode descumprir sua parte até o adimplemento do particular, e além disso, é possível que a administração aplique diretamente sanções ao particular.

→ **Administração descumpre sua parte:**

> **Regra:** o particular é obrigado a continuar executando sua parte do contrato, não podendo alegar a exceção do contrato não cumprido.

> **Exceção:** é facultado ao particular suspender a execução das suas obrigações diante de atraso superior a 90 dias dos pagamentos devidos pela administração decorrentes de obras, serviços ou fornecimento, ou parcelas desses, já recebidos ou executados, até a normalização da situação, salvo em caso de calamidade pública, grave perturbação da ordem interna ou guerra.

Exigência de Garantia

A administração pode exigir dos licitantes garantias cuja finalidade é assegurar o adequado cumprimento do contrato ou, no caso de inexecução, facilitar o ressarcimento dos prejuízos sofridos pela administração.

Modalidades

A critério da autoridade competente, em cada caso, desde que prevista no instrumento convocatório, poderá ser exigida prestação de garantia nas contratações de obras, serviços e compras.

Caberá ao contratado optar por uma das seguintes modalidades de garantia:

> Caução em dinheiro ou em títulos da dívida pública, devendo esses terem sido emitidos sob a forma escritural, mediante registro em sistema centralizado de liquidação e de custódia autorizado pelo Banco Central do Brasil e avaliados pelos seus valores econômicos, conforme definido pelo Ministério da Fazenda;

> Seguro-garantia;

> Fiança bancária.

Valor da Garantia

> **Regra:**

» Não excederá a cinco por cento do valor do contrato e terá seu valor atualizado nas mesmas condições daquele.

> **Exceção:**

» Para obras, serviços e fornecimentos de grande vulto envolvendo alta complexidade técnica e riscos financeiros consideráveis, demonstrados por meio de parecer tecnicamente aprovado pela autoridade competente, o limite de garantia poderá ser elevado para até dez por cento do valor do contrato.

» Nos casos de contratos que importem na entrega de bens pela Administração, dos quais o contratado ficará depositário, ao valor da garantia deverá ser acrescido o valor desses bens.

Restituição da Garantia

A garantia prestada pelo contratado será liberada ou restituída após a execução do contrato e, quando em dinheiro, atualizada monetariamente.

Prazo de Duração dos Contratos Administrativos

Art. 57 *- A duração dos contratos ficará adstrita à vigência dos respectivos créditos orçamentários, exceto quanto aos relativos:*

I. *aos projetos cujos produtos estejam contemplados nas metas estabelecidas no Plano Plurianual, os quais poderão ser prorrogados se houver interesse da Administração e desde que isso tenha sido previsto no ato convocatório;*

II. *à prestação de serviços a serem executados de forma contínua, que poderão ter a sua duração prorrogada por iguais e sucessivos períodos com vistas à obtenção de preços e condições mais vantajosas para a administração, limitada a sessenta meses;*

Em caráter excepcional, devidamente justificado e mediante autorização da autoridade superior, o prazo poderá ser prorrogado por até doze meses.

IV. *ao aluguel de equipamentos e à utilização de programas de informática, podendo a duração estender-se pelo prazo de até 48 (quarenta e oito) meses após o início da vigência do contrato.*

V. *às hipóteses previstas nos incisos IX, XIX, XXVIII e XXXI do art. 24, cujos contratos poderão ter vigência por até 120 (cento e vinte) meses, caso haja interesse da administração:*

Art. 24 *- É dispensável a licitação:*

IX. *quando houver possibilidade de comprometimento da segurança nacional, nos casos estabelecidos em decreto do Presidente da República, ouvido o Conselho de Defesa Nacional;*

XIX. *para as compras de material de uso pelas Forças Armadas, com exceção de materiais de uso pessoal e administrativo, quando houver necessidade de manter a padronização requerida pela estrutura de apoio logístico dos meios navais, aéreos e terrestres, mediante parecer de comissão instituída por decreto;*

XXVIII. *para o fornecimento de bens e serviços, produzidos ou prestados no País, que envolvam, cumulativamente, alta complexidade tecnológica e defesa nacional, mediante parecer de comissão especialmente designada pela autoridade máxima do órgão.*

XXXI. *nas contratações visando ao cumprimento do disposto nos arts. 3º, 4º, 5º e 20 da Lei nº 10.973 , de 2 de dezembro de 2004, observados os princípios gerais de contratação dela constantes.*

§1º *- Os prazos de início de etapas de execução, de conclusão e de entrega admitem prorrogação, mantidas as demais cláusulas do contrato e assegurada a manutenção de seu equilíbrio econômico-financeiro, desde que ocorra algum dos seguintes motivos, devidamente autuados em processo:*

I. *alteração do projeto ou especificações, pela Administração;*

II. *superveniência de fato excepcional ou imprevisível, estranho à vontade das partes, que altere fundamentalmente as condições de execução do contrato;*

III. *interrupção da execução do contrato ou diminuição do ritmo de trabalho por ordem e no interesse da Administração;*

IV. *aumento das quantidades inicialmente previstas no contrato, nos limites permitidos por esta Lei;*

V. *impedimento de execução do contrato por fato ou ato de terceiro reconhecido pela Administração em documento contemporâneo à sua ocorrência;*

VI. *omissão ou atraso de providências a cargo da Administração, inclusive quanto aos pagamentos previstos de que resulte, diretamente, impedimento ou retardamento na execução do contrato, sem prejuízo das sanções legais aplicáveis aos responsáveis.*

§2º - Toda prorrogação de prazo deverá ser justificada por escrito e previamente autorizada pela autoridade competente para celebrar o contrato.

Fique Ligado

É vedado o contrato com prazo de vigência indeterminado.

Recebimento do Objeto do Contrato

Art. 73 *- Executado o contrato, o seu objeto será recebido:*

I. *EM SE TRATANDO DE OBRAS E SERVIÇOS:*

a) *provisoriamente, pelo responsável por seu acompanhamento e fiscalização, mediante termo circunstanciado, assinado pelas partes em até 15 (quinze) dias da comunicação escrita do contratado;*

b) *definitivamente, por servidor ou comissão designada pela autoridade competente, mediante termo circunstanciado, assinado pelas partes, após o decurso do prazo de observação, ou vistoria que comprove a adequação do objeto aos termos contratuais. Este prazo não poderá ser superior a 90 (noventa) dias, salvo em casos excepcionais, devidamente justificados e previstos no edital.*

II. *em se tratando de compras ou de locação de equipamentos:*

a) *provisoriamente, para efeito de posterior verificação da conformidade do material com a especificação;*

b) *definitivamente, após a verificação da qualidade e quantidade do material e consequente aceitação.*

§1º - Nos casos de aquisição de equipamentos de grande vulto, o recebimento far-se-á mediante termo circunstanciado e, nos demais, mediante recibo.

§4º - Na hipótese de o termo circunstanciado ou a verificação não serem, respectivamente, lavrado ou procedida dentro dos prazos fixados, reputar-se-ão como realizados, desde que comunicados à Administração nos 15 (quinze) dias anteriores à exaustão dos mesmos.

§2º - O recebimento provisório ou definitivo não exclui a responsabilidade civil pela solidez e segurança da obra ou do serviço, nem ético-profissional pela perfeita execução do contrato, dentro dos limites estabelecidos pela lei ou pelo contrato.

Dispensa do Recebimento Provisório

Art. 74 *- Poderá ser dispensado o recebimento provisório nos seguintes casos:*

I. *gêneros perecíveis e alimentação preparada;*

II. *serviços profissionais;*

III. *obras e serviços de valor até o valor de R$ 80.000,00, desde que não se componham de aparelhos, equipamentos e instalações sujeitos à verificação de funcionamento e produtividade.*

Parágrafo Único: *Nesses casos o recebimento será feito mediante recibo.*

Extinção do Contrato

Com a extinção do contrato, temos a abolição das obrigações de ambas as partes, que pode acontecer em decorrência das seguintes situações:

> Conclusão do objeto do contrato;
> Término do seu prazo de duração;
> Anulação do contrato;
> Rescisão do contrato.

Anulação do Contrato

A anulação do contrato é idêntica à abolição de um ato administrativo, assim sendo, se um contrato foi celebrado com ilegalidade, ele deve ser extinto. Essa regra se estende a fase da licitação, pois, se houve alguma ilegalidade na tramitação do processo licitatório, tal ilegalidade acarretará a nulidade do contrato.

A anulação pode ser feita pela própria administração pública de ofício ou a pedido e também pode ser feita pelo poder judiciário, somente por provocação.

A declaração de nulidade do contrato administrativo opera retroativamente impedindo os efeitos jurídicos que ele, ordinariamente, deveria produzir, além de desconstituir os já produzidos.

A nulidade não exonera a Administração do dever de indenizar o contratado pelo que esse houver executado até a data em que ela for declarada e por outros prejuízos regularmente comprovados, contanto que não lhe seja imputável, promovendo-se a responsabilidade de quem lhe deu causa.

Rescisão

A rescisão do contrato, em algumas hipóteses, se dá unilateralmente pela administração e, em outras, de forma amigável ou via judicial. Vejamos:

Rescisão Unilateral pela Administração

Em regra, estamos diante de situações que caracterizam culpa do particular, entretanto, a rescisão unilateral do contrato administrativo também pode ter por motivo razões superveniente de interesse público, o caso fortuito e a força maior. Nessas três últimas situações, a rescisão unilateral do contrato não resulta de culpa do particular. Segue abaixo a lista das hipóteses que acarretam a rescisão unilateral pela administração pública:

I. *o não cumprimento de cláusulas contratuais, especificações, projetos ou prazos;*

II. *o cumprimento irregular de cláusulas contratuais, especificações, projetos e prazos;*

III. *a lentidão do seu cumprimento, levando a Administração a comprovar a impossibilidade da conclusão da obra, do serviço ou do fornecimento, nos prazos estipulados;*

IV. *o atraso injustificado no início da obra, serviço ou fornecimento;*

V. *a paralisação da obra, do serviço ou do fornecimento, sem justa causa e prévia comunicação à Administração;*

VI. *a subcontratação total ou parcial do seu objeto, a associação do contratado com outrem, a cessão ou transferência, total ou parcial, bem como a fusão, cisão ou incorporação, não admitidas no edital e no contrato;*

VII. *o desatendimento das determinações regulares da autoridade designada para acompanhar e fiscalizar a sua execução, assim como as de seus superiores;*

VIII. *o cometimento reiterado de faltas na sua execução, anotadas na forma do § 1º do art. 67 desta Lei;*

IX. *a decretação de falência ou a instauração de insolvência civil;*

X. *a dissolução da sociedade ou o falecimento do contratado;*

XI. *a alteração social ou a modificação da finalidade ou da estrutura da empresa, que prejudique a execução do contrato;*

XII. *razões de interesse público, de alta relevância e amplo conhecimento, justificadas e determinadas pela máxima autoridade da esfera administrativa a que está subordinado o contratante e exaradas no processo administrativo a que se refere o contrato (Não há culpa do particular);*

XVII. *a ocorrência de caso fortuito ou de força maior, regularmente comprovada, impeditiva da execução do contrato (não há culpa do particular);*

XVIII. *desrespeitar o art. 7º, inc. XXXIII, da CF: a proibição de trabalho noturno, perigoso ou insalubre a menores de dezoito e de qualquer trabalho a menores de dezesseis anos, salvo na condição de aprendiz, a partir de quatorze anos;*

Parágrafo Único: *Os casos de rescisão contratual serão formalmente motivados nos autos do processo, assegurado o contraditório e a ampla defesa.*

Rescisão Amigável ou Judicial

A rescisão amigável ou judicial decorre de hipóteses que caracterizam culpa da administração em relação as suas obrigações contratuais.

XIII. *a supressão, por parte da Administração, de obras, serviços ou compras, acarretando modificação do valor inicial do contrato além do limite permitido no § 1º do art. 65 desta Lei;*

XIV. *a suspensão de sua execução, por ordem escrita da Administração, por prazo superior a 120 (cento e vinte) dias, salvo em caso de calamidade pública, grave perturbação da ordem interna ou guerra, ou ainda por repetidas suspensões que totalizem o mesmo prazo, independentemente do pagamento obrigatório de indenizações pelas sucessivas e contratualmente imprevistas desmobilizações e mobilizações e outras previstas, assegurado ao contratado, nesses casos, o direito de optar pela suspensão do cumprimento das obrigações assumidas até que seja normalizada a situação;*

XV. *o atraso superior a 90 (noventa) dias dos pagamentos devidos pela Administração decorrentes de obras, serviços ou fornecimento, ou parcelas destes, já recebidos ou executados, salvo em caso de calamidade pública, grave perturbação da ordem interna ou guerra, assegurado ao contratado o direito de optar pela suspensão do cumprimento de suas obrigações até que seja normalizada a situação;*

XVI. *a não liberação, por parte da Administração, de área, local ou objeto para execução de obra, serviço ou fornecimento, nos prazos contratuais, bem como das fontes de materiais naturais especificadas no projeto;*

Consequências da Rescisão

As consequências da rescisão variam de acordo com a existência ou não de culpa do contratado, é importante observar que o simples fato da rescisão acontecer de forma unilateral por parte da administração pública não define as consequências, mas sim, a presença de culpa ou não do contratado.

→ Consequências da Rescisão Unilateral Quando não há Culpa do Contratado

Observe que nesses casos temos as hipóteses de que a culpa é da administração e ainda as de que a responsabilidade não é da administração, nem do contrato como nos casos de ocorrência de razões de interesse público que justifique a rescisão, bem como diante de caso fortuito ou força maior. Vejamos as consequências:

O contratado será ressarcido dos prejuízos regularmente comprovados que houver sofrido, tendo ainda direito a:

I. *devolução de garantia;*

II. *pagamentos devidos pela execução do contrato até a data da rescisão;*

III. *pagamento do custo da desmobilização.*

→ Consequências da Rescisão Unilateral Quando há Culpa do Contratado

I. *assunção imediata do objeto do contrato, no estado e local em que se encontrar, por ato próprio da Administração;*

II. *ocupação e utilização do local, instalações, equipamentos, material e pessoal empregados na execução do contrato, necessários à sua continuidade.*

Esse ato deverá ser precedido de autorização expressa do Ministro de Estado competente, ou Secretário Estadual ou Municipal, conforme o caso.

III. *execução da garantia contratual, para ressarcimento da Administração, e dos valores das multas e indenizações a ela devidos;*

IV. *retenção dos créditos decorrentes do contrato até o limite dos prejuízos causados à Administração.*

Tipos de Contrato

Contrato de Obra Pública

É todo ajuste entre a Administração pública e o particular que tenha por objeto construção, reforma, fabricação, recuperação ou ampliação de móvel ou imóvel cuja finalidade seja à população em geral ou a prestação de serviços públicos.

Contrato de Serviço

É todo ajuste entre a Administração pública e o particular que tenha por objeto atividade destinada a obter determinada utilidade de interesse para a

Administração, tais como: demolição, conserto, instalação, montagem, operação, conservação, reparação, adaptação, manutenção, transporte, locação de bens, publicidade, seguro ou trabalhos técnico-profissionais.

Diferença entre contrato de obra pública e contrato de serviço:

A diferença marcante entre o contrato de obra pública e o de serviço é que, nesse caso, a administração contrata um particular para exercer uma atividade de caráter contínuo, e no primeiro caso, a administração contrata o particular para realizar algo em que predomina o emprego de materiais, não havendo caráter contínuo, pois a obra um dia chegará ao fim. O mesmo raciocínio não é válido para a contratação de serviços.

Contrato de Fornecimento

É todo ajuste entre a Administração pública e o particular que tenha por objeto a aquisição remunerada de bens para fornecimento de uma só vez ou parceladamente.

Contrato de Concessão

Contrato de concessão é o contrato administrativo pelo qual a Administração confere ao particular a execução remunerada de serviço público ou de obra pública, ou lhe cede o uso de bem público, para que o explore por sua conta e risco, pelo prazo e nas condições regulamentares e contratuais.

Convênio

É um acordo, ajuste ou qualquer outro instrumento que discipline a transferência de recursos financeiros de dotações consignadas nos Orçamentos Fiscal e da Seguridade Social da União e tenha como partícipe, de um lado, órgão ou entidade da administração pública federal, direta ou indireta, e, de outro, órgão ou entidade da administração pública estadual, distrital ou municipal, direta ou indireta, ou ainda, entidades privadas sem fins lucrativos, visando à execução de programa de governo, envolvendo a realização de projeto, atividade, serviço, aquisição de bens ou evento de interesse recíproco, em regime de mútua cooperação.

Contrato de Repasse

É o instrumento administrativo por meio do qual a transferência dos recursos financeiros se processa por intermédio de instituição ou agente financeiro público federal, atuando como mandatário da União.

Termo de Cooperação

É o instrumento por meio do qual é ajustada a transferência de crédito de órgão da administração pública federal direta, autarquia, fundação pública, ou empresa estatal dependente, para outro órgão ou entidade federal da mesma natureza;

Consórcio Público

É a pessoa jurídica formada exclusivamente por entes da Federação, na forma da Lei nº 11.107, de 2005, para estabelecer relações de cooperação federativa, inclusive a realização de objetivos de interesse comum, constituída como associação pública, com personalidade jurídica de direito público e natureza autárquica, ou como pessoa jurídica de direito privado sem fins econômicos.

Contratação Temporária

A Lei nº 8.745/1993 trata da contratação por tempo determinado para atender a necessidade temporária de excepcional interesse público, no serviço federal, nos termos do inciso IX do art. 37 da Constituição Federal.

Para atender a necessidade temporária de excepcional interesse público, os órgãos da **Administração Federal direta, as autarquias e as fundações públicas** poderão efetuar contratação de pessoal por tempo determinado, devem observar as condições e prazos fixados na Lei nº 8.745/ 1993.

→ Considera-se necessidade temporária de excepcional interesse público:

I. Assistência a situações de **calamidade pública** (prazo máximo de 6 meses).

II. Assistência a emergências em **saúde pública** (prazo máximo de 6 meses).

III. Realização de **recenseamentos** e outras **pesquisas de natureza estatística** efetuadas pela Fundação Instituto Brasileiro de Geografia e Estatística - **IBGE** (prazo máximo de 1 ano).

IV. Admissão de **professor substituto e professor visitante** (prazo máximo de 1 ano).

V. Admissão de **professor e pesquisador visitante estrangeiro** (prazo máximo de 4 anos).

VI. **Atividades**:

a) Especiais nas organizações das Forças Armadas para atender à área industrial ou a encargos temporários de obras e serviços de engenharia (*prazo máximo de 4 anos*).

b) De identificação e demarcação territorial (*prazo máximo de 2 anos*).

c) Revogado.

d) Finalísticas do Hospital das Forças Armadas (*prazo máximo de 1 ano*).

e) De pesquisa e desenvolvimento de produtos destinados à segurança de sistemas de informações, sob responsabilidade do Centro de Pesquisa e Desenvolvimento para a Segurança das Comunicações - CEPESC (*prazo máximo de dois anos*).

f) De vigilância e inspeção, relacionadas à defesa agropecuária, no âmbito do Ministério da Agricultura e do Abastecimento, para atendimento de situações emergenciais ligadas ao comércio internacional de produtos de origem animal ou vegetal ou de iminente risco à saúde animal, vegetal ou humana (*prazo máximo de 1 ano*).

g) Desenvolvidas no âmbito dos projetos do Sistema de Vigilância da Amazônia - SIVAM e do Sistema de Proteção da Amazônia - SIPAM (*prazo máximo de 4 anos*).

h) Técnicas especializadas, no âmbito de projetos de cooperação com prazo determinado, implementados mediante acordos internacionais, desde que haja, em seu desempenho, subordinação do contratado ao órgão ou entidade pública (prazo máximo de três anos).

i) Técnicas especializadas necessárias à implantação de órgãos ou entidades ou de novas atribuições definidas para organizações existentes ou as decorrentes de aumento transitório no volume de trabalho que não possam ser atendidas mediante a aplicação do art. 74 da Lei nº 8.112, de 11 de dezembro de 1990 (*prazo máximo de 4 anos*).

j) Técnicas especializadas de tecnologia da informação, de comunicação e de revisão de processos de trabalho, não alcançadas pela alínea i e que não se caracterizem como atividades permanentes do órgão ou entidade (*prazo máximo de 4 anos*).

l) Didático-pedagógicas em escolas de governo (*prazo máximo de três anos*).

m) De assistência à saúde para comunidades indígenas (*prazo máximo de 2 anos*).

VII. Admissão de professor, pesquisador e tecnólogo substitutos para **suprir a falta de professor, pesquisador ou tecnólogo ocupante de cargo efetivo**, decorrente de licença para exercer atividade empresarial relativa à inovação (*prazo máximo de três anos*).

VIII. Admissão de **pesquisador, nacional ou estrangeiro**, para projeto de pesquisa com prazo determinado, em instituição destinada à pesquisa (prazo máximo de três anos).

IX. Combate a **emergências ambientais**, na hipótese de declaração, pelo Ministro de Estado do Meio Ambiente, da existência de emergência ambiental na região específica (*prazo máximo de 6 meses*).

X. Admissão de professor para suprir demandas decorrentes da expansão das instituições federais de ensino, respeitados os limites e as condições fixados em ato conjunto dos Ministérios do Planejamento, Orçamento e Gestão e da Educação (*prazo máximo de 1 ano*).

XI. Admissão de **professor para suprir demandas excepcionais decorrentes de programas e projetos de aperfeiçoamento de médicos na área de Atenção Básica em saúde em regiões prioritárias para o Sistema Único de Saúde (SUS)**, mediante integração ensino-serviço, respeitados os limites e as condições fixados em ato conjunto dos Ministros de Estado do Planejamento, Orçamento e Gestão, da Saúde e da Educação (*prazo máximo de três anos*).

As contratações dessas atividades serão feitas exclusivamente por projeto, **vedado o aproveitamento** dos contratados em qualquer área da administração pública.

→ A **contratação de professor substituto** poderá ocorrer para suprir a falta de docente efetivo em razão de:
  > Vacância do cargo.
  > Afastamento ou licença, na forma do regulamento.
  > Nomeação para ocupar cargo de direção de reitor, vice-reitor, pró-reitor e diretor de campus.

O número total de professores substitutos e visitantes **não poderá ultrapassar 20% do total de docentes efetivos em exercício** na instituição federal de ensino.

Ato do Poder Executivo disporá, para efeitos dessa Lei, sobre a declaração de emergências em **saúde pública**.

→ A contratação de **professor visitante** e de **professor visitante estrangeiro** tem por **objetivo**:
  > Apoiar a execução dos programas de pós-graduação *stricto sensu*.
  > Contribuir para o aprimoramento de programas de ensino, pesquisa e extensão.
  > Colaborar para a execução de programas de capacitação docente.
  > Viabilizar o intercâmbio científico e tecnológico.

→ Essas contratações (professor visitante e professor visitante estrangeiro) deverão:
  > atender a requisitos de titulação e competência profissional; ou
  > Ter reconhecido renome em sua área profissional, atestado por deliberação do Conselho Superior da instituição contratante.

→ São **requisitos mínimos de titulação e competência profissional** para a contratação:
  > Ser portador do título de doutor, no mínimo, há 2 anos.
  > Ser docente ou pesquisador de reconhecida competência em sua área.
  > Ter produção científica relevante, preferencialmente nos últimos 5 anos.

Excepcionalmente, no âmbito das Instituições da Rede Federal de Educação Profissional, Científica e Tecnológica, poderão ser contratados professor visitante ou professor visitante estrangeiro, **sem o título de doutor**, desde que **possuam comprovada competência** em ensino, pesquisa e extensão tecnológicos ou reconhecimento da qualificação profissional pelo mercado de trabalho, na forma prevista pelo Conselho Superior da instituição contratante.

A contratação de professores substitutos, visitantes e visitantes estrangeiros poderá ser autorizada pelo dirigente da instituição, condicionada à existência de recursos orçamentários e financeiros para fazer frente às despesas decorrentes da contratação e ao quantitativo máximo de contratos estabelecido para a IFE.

A contratação dos professores substitutos fica limitada ao regime de trabalho de 20 horas ou 40 horas.

O recrutamento do pessoal a ser contratado, nos termos da Lei nº 8.745/1993, será feito mediante **processo seletivo simplificado** sujeito a ampla divulgação, inclusive por meio do Diário Oficial da União, **prescindindo de concurso público** (não precisa de concurso público).

A contratação para atender às necessidades decorrentes de calamidade pública, de emergência ambiental e de emergências em saúde pública prescindirá de processo seletivo. Nesses casos a contratação dispensa até mesmo o processo seletivo.

→ Algumas contratações poderão ser efetivadas em vista de notória capacidade técnica ou científica do profissional, mediante análise do **curriculum vitae**:
  > Professor visitante.
  > Professor e pesquisador visitante estrangeiro.
  > Especiais nas organizações das Forças Armadas para atender à área industrial ou a encargos temporários de obras e serviços de engenharia.
  > Finalísticas do Hospital das Forças Armadas.
  > De pesquisa e desenvolvimento de produtos destinados à segurança de sistemas de informações, sob responsabilidade do Centro de Pesquisa e

Desenvolvimento para a Segurança das Comunicações – CEPESC.

> Desenvolvidas no âmbito dos projetos do Sistema de Vigilância da Amazônia - SIVAM e do Sistema de Proteção da Amazônia – SIPAM.

> Didático-pedagógicas em escolas de governo.

> De assistência à saúde para comunidades indígenas.

> Admissão de pesquisador, nacional ou estrangeiro, para projeto de pesquisa com prazo determinado, em instituição destinada à pesquisa.

→ As seguintes contratações de pessoal serão feitas mediante processo seletivo simplificado, observados os critérios e condições estabelecidos pelo **Poder Executivo**:

> Técnicas especializadas, no âmbito de projetos de cooperação com prazo determinado, implementados mediante acordos internacionais, desde que haja, em seu desempenho, subordinação do contratado ao órgão ou entidade pública.

> Técnicas especializadas necessárias à implantação de órgãos ou entidades ou de novas atribuições definidas para organizações existentes ou as decorrentes de aumento transitório no volume de trabalho que não possam ser atendidas mediante a aplicação do art. 74 da Lei nº 8.112, de 11 de dezembro de 1990.

→ **É admitida a prorrogação dos contratos:**

> Prazo total não excedente a **dois anos**:

> Admissão de professor substituto e professor visitante.

> De identificação e demarcação territorial.

> Finalísticas do Hospital das Forças Armadas.

> De vigilância e inspeção, relacionadas à defesa agropecuária, no âmbito do Ministério da Agricultura e do Abastecimento, para atendimento de situações emergenciais ligadas ao comércio internacional de produtos de origem animal ou vegetal ou de iminente risco à saúde animal, vegetal ou humana.

> Admissão de professor para suprir demandas decorrentes da expansão das instituições federais de ensino, respeitados os limites e as condições fixados em ato conjunto dos Ministérios do Planejamento, Orçamento e Gestão e da Educação.

→ Prazo total não excedente a **três anos**:

> Realização de recenseamentos e outras pesquisas de natureza estatística efetuadas pela Fundação Instituto Brasileiro de Geografia e Estatística – IBGE.

> De pesquisa e desenvolvimento de produtos destinados à segurança de sistemas de informações, sob responsabilidade do Centro de Pesquisa e Desenvolvimento para a Segurança das Comunicações – CEPESC.

→ Prazo total não excedente a **quatro anos**:

> Admissão de professor e pesquisador visitante estrangeiro.

> Especiais nas organizações das Forças Armadas para atender à área industrial ou a encargos temporários de obras e serviços de engenharia.

> Técnicas especializadas, no âmbito de projetos de cooperação com prazo determinado, implementados mediante acordos internacionais, desde que haja, em seu desempenho, subordinação do contratado ao órgão ou entidade pública.

> Didático-pedagógicas em escolas de governo.

> De assistência à saúde para comunidades indígenas.

> Admissão de pesquisador, nacional ou estrangeiro, para projeto de pesquisa com prazo determinado, em instituição destinada à pesquisa.

→ Prazo total não excedente a **cinco anos**:

> Desenvolvidas no âmbito dos projetos do Sistema de Vigilância da Amazônia - SIVAM e do Sistema de Proteção da Amazônia - SIPAM

> Técnicas especializadas necessárias à implantação de órgãos ou entidades ou de novas atribuições definidas para organizações existentes ou as decorrentes de aumento transitório no volume de trabalho que não possam ser atendidas mediante a aplicação do art. 74 da Lei nº 8.112, de 11 de dezembro de 1990.

> Técnicas especializadas de tecnologia da informação, de comunicação e de revisão de processos de trabalho, não alcançadas pela alínea i e que não se caracterizem como atividades permanentes do órgão ou entidade.

→ Prazo total não excedente a **seis anos**:

> Admissão de professor, pesquisador e tecnólogo substitutos para suprir a falta de professor, pesquisador ou tecnólogo ocupante de cargo efetivo, decorrente de licença para exercer atividade empresarial relativa à inovação.

> Admissão de professor para suprir demandas excepcionais decorrentes de programas e projetos de aperfeiçoamento de médicos na área de Atenção Básica em saúde em regiões prioritárias para o Sistema Único de Saúde (SUS), mediante integração ensino-serviço, respeitados os limites e as condições fixados em ato conjunto dos Ministros de Estado do Planejamento, Orçamento e Gestão, da Saúde e da Educação

→ **Pelo prazo necessário** à superação da situação de calamidade pública ou das situações de emergências em saúde pública, desde que **não exceda a 2 anos**, nos casos de:

> Assistência a situações de calamidade pública.

> Assistência a emergências em saúde pública.

As contratações somente poderão ser feitas com observância da dotação orçamentária específica e mediante prévia autorização do Ministro de Estado do Planejamento, Orçamento e Gestão e do Ministro de Estado sob cuja supervisão se encontrar o órgão ou entidade contratante, conforme estabelecido em regulamento.

Os órgãos e entidades contratantes encaminharão à Secretaria de Recursos Humanos do Ministério do Planejamento, Orçamento e Gestão, para controle do disposto na Lei nº 8.745/1993, síntese dos contratos efetivados.

É **proibida a contratação**, nos termos Lei nº 8.745/1993, de servidores da **Administração direta ou indireta** da União, dos Estados, do Distrito Federal e dos Municípios, bem como de **empregados ou servidores de suas subsidiárias e controladas.**

→ Essa proibição, entretanto, não aplica-se no caso de **formal comprovação da compatibilidade de horários**, a contratação de:

> **Professor substituto nas instituições federais de ensino**, desde que o contratado não ocupe cargo efetivo integrante das carreiras de magistério de que trata a Lei nº 7.596, de 10 de abril de 1987.

> **Profissionais de saúde em unidades hospitalares,** quando administradas pelo Governo Federal e para atender às necessidades decorrentes de calamidade pública, desde que o contratado não ocupe cargo efetivo ou emprego permanente em órgão ou entidade da administração pública federal direta e indireta.

No caso de violação dessa proibição, sem prejuízo da nulidade do contrato, essa infração importará responsabilidade administrativa da autoridade contratante e do contratado, inclusive, se for a situação, solidariedade quanto à devolução dos valores pagos ao contratado.

→ A remuneração do pessoal contratado temporariamente nos termos da Lei nº 8.745/1993 será fixada:

Em importância não superior ao valor da **remuneração fixada para os servidores de final de Carreira das mesmas categorias**, nos planos de retribuição ou nos quadros de cargos e salários do órgão ou entidade contratante.

> Admissão de professor substituto e professor visitante.

> Admissão de professor para suprir demandas decorrentes da expansão das instituições federais de ensino, respeitados os limites e as condições fixados em ato conjunto dos Ministérios do Planejamento, Orçamento e Gestão e da Educação.

> Admissão de professor para suprir demandas excepcionais decorrentes de programas e projetos de aperfeiçoamento de médicos na área de Atenção Básica em saúde em regiões prioritárias para o Sistema Único de Saúde (SUS), mediante integração ensino-serviço, respeitados os limites e as condições fixados em ato conjunto dos Ministros de Estado do Planejamento, Orçamento e Gestão, da Saúde e da Educação.

→ Em importância **não superior ao valor da remuneração constante dos planos de retribuição ou nos quadros de cargos e salários do serviço público, para servidores que desempenhem função semelhante, ou, não existindo a semelhança, às condições do mercado de trabalho:**

> Assistência a situações de calamidade pública.

> Assistência a emergências em saúde pública.

> Realização de recenseamentos e outras pesquisas de natureza estatística efetuadas pela Fundação Instituto Brasileiro de Geografia e Estatística – IBGE.

> Admissão de professor e pesquisador visitante estrangeiro.

> Atividades do inciso VI.

> Admissão de pesquisador, nacional ou estrangeiro, para projeto de pesquisa com prazo determinado, em instituição destinada à pesquisa.

→ Quando se tratar de coleta de dados, o valor da remuneração poderá ser formado por unidade produzida, desde que obedecido à mesma regra acima disposta:

> Realização de recenseamentos e outras pesquisas de natureza estatística efetuadas pela Fundação Instituto Brasileiro de Geografia e Estatística – IBGE.

Para os efeitos do cálculo dessa remuneração, não se consideram as vantagens de natureza individual dos servidores ocupantes de cargos tomados como paradigma.

Caberá ao Poder Executivo fixar as tabelas de remuneração para as hipóteses de contratações previstas nas alíneas h, i, j, l e m do inciso VI do caput do art. 2º da Lei nº 8.745/1993.

Ao pessoal contratado nos termos da Lei nº 8.745/1993 aplica-se o disposto na Lei nº 8.647, de 13 de abril de 1993 (lei que trata da vinculação do servidor público civil, ocupante de cargo em comissão sem vínculo efetivo com a Administração Pública Federal, ao Regime Geral de Previdência Social).

→ O pessoal contratado nos termos da Lei nº 8.745/1993 **não poderá**:

I. Receber atribuições, funções ou encargos não previstos no respectivo contrato.

II. Ser nomeado ou designado, ainda que a título precário ou em substituição, para o exercício de cargo em comissão ou função de confiança.

III. Ser novamente contratado, com fundamento nessa Lei, **antes de decorridos 24 meses do encerramento de seu contrato anterior** (salvo nas hipóteses dos incisos I e IX do art. 2º desta Lei, mediante prévia autorização, conforme determina o art. 5º da Lei nº 8.745/1993).

A inobservância dessas proibições importará na **rescisão do contrato** (nos casos dos incisos I e II) ou na **declaração da sua insubsistência** (no caso do inciso III), **sem prejuízo da responsabilidade administrativa** das autoridades envolvidas na transgressão.

As infrações disciplinares atribuídas ao pessoal contratado nos termos da Lei nº 8.745/1993 serão apuradas mediante sindicância, concluída no prazo de **trinta dias e assegurada ampla defesa**.

→ **Extinção do contrato** (sem direito a indenizações)

> Pelo término do prazo contratual (comunicada com antecedência mínima de 30 dias).

> Por iniciativa do contratado (comunicada com antecedência mínima de 30 dias).

> Pela extinção ou conclusão do projeto, definidos pelo contratante, nos casos da alínea h do inciso VI do art. 2º da Lei nº 8.745/1993.

A extinção do contrato, por iniciativa do órgão ou entidade contratante, decorrente de **conveniência administrativa**, importará no pagamento ao **contratado de indenização correspondente à metade** do que lhe caberia referente ao restante do contrato.

O tempo de serviço prestado em virtude de contratação temporária nos termos dessa Lei será contado para todos os efeitos.

Exercício Comentado

01. A Lei nº 8.745/93 considera necessidade temporária de excepcional interesse público, para fins de contratação de pessoal por prazo determinado, a realização de recenseamentos e outras pesquisas de natureza estatística efetuadas pelo IBGE.

Nessa hipótese, o recrutamento do pessoal deve ser feito mediante:

a) Contrato de terceirização.

b) Livre escolha da autoridade nomeante, que também poderá proceder à exoneração de forma discricionária.

c) Contratação de instituição sem finalidade lucrativa e especializada na gestão de pessoal.

d) Indicação do Ministério do Planejamento, Orçamento e Gestão, após manifestação da Presidência do IBGE.

e) Processo seletivo simplificado sujeito à ampla divulgação.

RESPOSTA. ***"E". O art. 3º da Lei nº 8.745/93 define que o recrutamento do pessoal a ser contratado, nos termos dessa legislação, será feito mediante processo seletivo simplificado sujeito a ampla divulgação, inclusive por meio do Diário Oficial da União, dispensado o concurso público. Já o art. 2º, inciso III, considera como de necessidade temporária de excepcional interesse público a realização de recenseamentos e outras pesquisas de natureza estatística efetuadas pela Fundação Instituto Brasileiro de Geografia e Estatística - IBGE.***

Execução Indireta de Atividades - Terceirização: Decreto nº 2.271/97

O Decreto nº 2.271, de 7 de julho de 1997, trata da contratação de serviços pela Administração Pública Federal Direta, autárquica e fundacional, além de dar outras providências.

Essa lei tem alcance no âmbito da Administração Pública Federal Direta, autárquica e fundacional, estabelecendo que poderão ser objeto de execução indireta as atividades materiais acessórias, instrumentais ou complementares aos assuntos que constituem área de competência legal do órgão ou entidade.

→ Atividades que serão, **de preferência**, objeto de **execução indireta**:

> Conservação;
> limpeza;
> segurança;
> vigilância;
> transportes;
> informática;
> copeiragem;
> recepção;
> reprografia;
> telecomunicações;
> manutenção de prédios, equipamentos e instalações.

Não poderão ser objeto de execução indireta as atividades inerentes às categorias funcionais abrangidas pelo plano de cargos do órgão ou entidade, salvo:

> expressa disposição legal em contrário; ou
> quando se tratar de cargo extinto (total ou parcialmente) no âmbito do quadro geral de pessoal.

→ A contratação deverá **ser precedida e instruída** com **plano de trabalho** aprovado pela **autoridade máxima** do órgão ou entidade, ou a quem esta **delegar competência**, e que conterá, **no mínimo**:

> Justificativa da necessidade dos serviços.
> Relação entre a demanda prevista e a quantidade de serviço a ser contratada.
> Demonstrativo de resultados a serem alcançados em termos de economicidade e de melhor aproveitamento dos recursos humanos, materiais ou financeiros disponíveis.

O objeto da contratação será definido de forma expressa no edital de licitação e no contrato exclusivamente como **prestação de serviços**.

Sempre que a prestação do serviço objeto da contratação puder ser avaliada por determinada unidade quantitativa de serviço prestado, essa deverá estar prevista no edital e no respectivo contrato, e será utilizada como um dos parâmetros de aferição de resultados.

Os órgãos e entidades contratantes poderão fixar nos respectivos editais de licitação, o **preço máximo que se dispõem a pagar pela realização dos serviços**, tendo por base os valores de mercado, inclusive aqueles praticados entre contratantes da iniciativa privada.

→ É **vedada** a inclusão de disposições nos instrumentos contratuais que permitam:

> Indexação de preços por índices gerais, setoriais ou que reflitam a variação de custos.
> Caracterização exclusiva do objeto como fornecimento de mão de obra.
> Previsão de reembolso de salários pela contratante.
> Subordinação dos empregados da contratada à administração da contratante.

Os contratos de que trata esse Decreto que tenham por objetivo a prestação de **serviços executados de forma contínua** poderão, desde que previsto no edital, admitir **repactuação** visando a adequação aos novos preços de mercado, **observados o interregno mínimo de um ano e a demonstração analítica da variação dos componentes dos custos do contrato**, devidamente justificada.

Efetuada a repactuação, o órgão ou entidade divulgará, imediatamente, por intermédio do Sistema Integrado de Administração de Serviços Gerais - SIASG, os novos valores e a variação ocorrida.

A Administração indicará um gestor do contrato, que será responsável pelo acompanhamento e fiscalização da sua execução, procedendo ao registro das ocorrências e adotando as providências necessárias ao seu fiel cumprimento, tendo por parâmetro os resultados previstos no contrato.

Os órgãos e entidades contratantes divulgarão ou manterão em local visível e acessível ao público, listagem mensalmente atualizada dos contratos firmados, indicando a contratada, o objeto, valor mensal e quantitativo de empregados envolvidos em cada acordo de prestação de serviços.

O **Ministério da Administração Federal e Reforma do Estado** expedirá, quando necessário, normas complementares ao cumprimento do disposto no Decreto nº 2.271/1997.

As contratações visando à prestação de serviços, efetuadas por **empresas públicas, sociedades de economia mista e demais empresas controladas** direta ou indiretamente pela União, serão disciplinadas por resoluções do Conselho de Coordenação das Empresas Estatais - CCE.

Vamos Praticar

01. (CESPE) A declaração de nulidade do contrato administrativo opera retroativamente, impedindo os efeitos jurídicos que ele, ordinariamente, deveria produzir e desconstituindo os já produzidos.

Certo ( ) Errado ( )

02. (CESPE) A forma verbal de contratação com a Administração é admitida para pequenas compras de pronto pagamento.

Certo ( ) Errado ( )

03. (CESPE) A inexecução culposa de contrato administrativo resulta de ação ou omissão da parte, decorrente da negligência, imperícia ou imprudência.

Certo ( ) Errado ( )

04. (CESPE) Na hipótese de atraso injustificado do contrato administrativo provocado pelo contratado, é cabível a rescisão unilateral pela administração, sem que se imponha a esta o dever de ressarcir o contratado.

Certo ( ) Errado ( )

05. (CESPE) Em se tratando de compras ou de locação de equipamentos, executado o contrato administrativo, seu objeto deve ser recebido, provisoriamente, por servidor ou comissão designada por autoridade competente, mediante termo circunstanciado, assinado pelas partes, após o decurso do prazo de observação ou vistoria que comprove a adequação do objeto aos termos contratuais.

Certo ( ) Errado ( )

06. (CESPE) A rescisão do contrato firmado com a Administração Pública pode ser determinada por ato unilateral e escrito da Administração, na hipótese de ocorrência de caso fortuito ou de força maior, regularmente comprovada, impeditiva da execução contratual.

Certo ( ) Errado ( )

07. (CESPE) É considerado nulo, sem qualquer efeito, o contrato verbal feito pela Administração, com exceção dos relativos a contratações de pequenas compras de pronto pagamento, como as de valor não superior a 5% do valor estimado para a modalidade convite, feitas em regime de adiantamento.

Certo ( ) Errado ( )

08. (CESPE) Na execução dos contratos administrativos, prorrogações de prazo devem ser justificadas por escrito e previamente autorizadas pela autoridade competente para celebrar o contrato.

Certo ( ) Errado ( )

09. (CESPE) No que se refere à formalização do contrato administrativo, o denominado termo de contrato é dispensável nos casos de concorrência e de tomada de preços.

Certo ( ) Errado ( )

10. (CESPE) O contrato administrativo é uma modalidade de contrato em que a Administração Pública estabelece um acordo com outra entidade administrativa, sendo vedada a contratação com particulares.

Certo ( ) Errado ( )

Gabarito

01	CERTO	06	CERTO
02	CERTO	07	CERTO
03	CERTO	08	CERTO
04	CERTO	09	ERRADO
05	ERRADO	10	ERRADO

Anotações

CAPÍTULO 08
Licitação

Introdução

> ***Art. 37 XXI*** *- ressalvados os casos especificados na legislação, as obras, serviços, compras e alienações serão contratados mediante processo de licitação pública que assegure igualdade de condições a todos os concorrentes, com cláusulas que estabeleçam obrigações de pagamento, mantidas as condições efetivas da proposta, nos termos da lei, o qual somente permitirá as exigências de qualificação técnica e econômica indispensáveis à garantia do cumprimento das obrigações (ver CF/88).*

Conceito de Licitação

Procedimento administrativo, de observância obrigatória pelas entidades governamentais, em que, observada a igualdade entre os participantes, deve ser selecionada a melhor proposta entre as apresentadas pelos interessados e com elas travar determinadas relações de conteúdo patrimonial, uma vez preenchidos os requisitos mínimos necessários ao bom cumprimento das obrigações a que eles se propõem (preceito da lei 8.666/93).

Regras Gerais sobre licitações

As regras gerais de licitação são de suma importância para quem fará um concurso público, pois, de forma objetiva, conseguimos entender as questões propostas, dessa maneira, iniciaremos iniciar com indagações frequentes:

O Que é Licitação?

Licitação é o procedimento administrativo que autoriza a execução de obras, a prestação de serviços e o fornecimento de bens para atendimento de necessidades públicas; as alienações e locações devem ser contratadas mediante licitações públicas.

Por que Licitar?

A Constituição Federal, Art. 37, inciso XXI, prevê, para a Administração Pública, a obrigatoriedade de licitar.

O procedimento de licitação objetiva permite que a Administração contrate aqueles que reúnem as condições necessárias para o atendimento do interesse público, levando em consideração aspectos relacionados à capacidade técnica e econômico-financeira do licitante, à qualidade do produto e ao valor do objeto, sempre procurando atender ao princípio da isonomia – igualdade – e objetivando a proposta mais vantajosa.

Quem deve Licitar?

Estão sujeitos à regra de licitar, prevista na Lei nº 8.666, de 1993, além dos órgãos integrantes da administração direta, os fundos especiais, as autarquias, as fundações públicas, as empresas públicas, as sociedades da economia mista e demais entidades controladas direta e indiretamente pela União, Estados, Distrito Federal e Municípios.

Fique Ligado

As concessionárias e permissionárias de serviços públicos sempre devem licitar, isso por força do Art. 175 da Constituição Federal.

> ***Art. 175*** *- Incumbe ao Poder Público, na forma da lei, diretamente ou sob regime de concessão ou permissão, sempre por meio de licitação, a prestação de serviços públicos.*

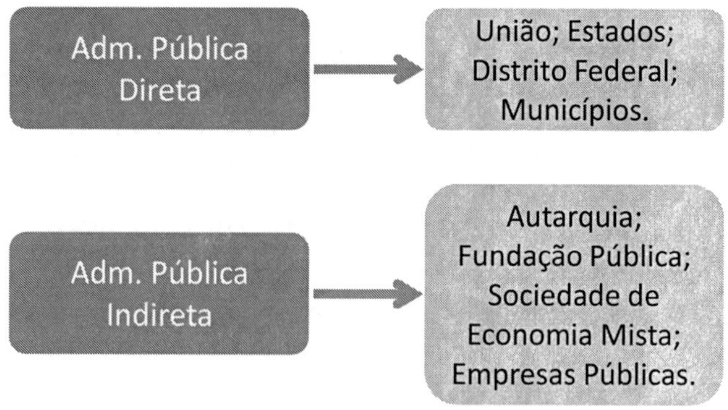

Como Licitar?

Em primeiro lugar, deve ser definido o objeto que se quer contratar. Depois disso, é necessário estimar o valor total da obra, do serviço ou do bem a ser licitado, mediante realização de pesquisa de mercado. É importante, ainda, verificar se há previsão de recursos orçamentários para o pagamento da despesa e se essa se encontrará em conformidade com a Lei de Responsabilidade Fiscal.

Assim, após apuração da estimativa, deve ser adotada a modalidade de licitação adequada, com prioridade especial para o pregão, quando o objeto pretendido referir-se a bens e serviços comuns listados no Decreto nº 3.555, de 8 de agosto de 2002, que regulamenta essa modalidade. Lembrando que a modalidade pregão não está expressamente prevista na lei 8.666/93.

Princípios Explícitos

- » Legalidade;
- » Impessoalidade;
- » Moralidade e Probidade Administrativa;
- » Igualdade;
- » Publicidade;
- » Vinculação ao Instrumento Convocatório;
- » Julgamento Objetivo.

Estão previstos no Art. 3º da Lei 8.666/93. Assim:

> ***Art. 3º*** *- A licitação destina-se a garantir a observância do princípio constitucional da isonomia, a seleção da proposta* ***mais vantajosa*** *para a Administração e a promoção do desenvolvimento nacional sustentável e será processada e julgada em estrita conformidade com* ***os princípios básicos da legalidade, da impessoalidade, da moralidade, da igualdade, da publicidade, da probidade administrativa, da vinculação ao instrumento convocatório, do julgamento objetivo.***

O Art. 3º, que trata dos princípios da licitação, determina a estrita obediência a vários princípios básicos expressos. Contudo, dá relevância a um deles, ou seja, **o princípio da isonomia tem um tratamento diferenciado.**

A licitação, por si só, traz uma ideia de disputa isonômica e a finalidade é a de conseguir a proposta mais vantajosa para a Administração a fim da celebração do contrato administrativo. O propósito específico é a realização de obras, serviços, concessão, permissões, compras, alienações ou locações.

Devemos nos atentar, pois a competência para legislar acerca de licitação é privativa da União, sempre sobre normas gerais, e está prevista no Art. 22, inciso XXVII, da Constituição Federal:

> ***Art. 22*** *- Compete privativamente à União legislar sobre:*
>
> ***XXVII.*** *normas gerais de licitação e contratação, em todas as modalidades, para as administrações públicas diretas, autárquicas e*

fundacionais da União, Estados, Distrito Federal e Municípios, obedecido o disposto no Art. 37, XXI, e para as empresas públicas e sociedades de economia mista, nos termos do Art. 173, § 1º, III;

É de se notar que os Estados, Distrito Federal e municípios podem legislar sobre normas específicas acerca de licitação pública e contratos administrativos, mesmo sem autorização da União, desde que as leis promulgadas não ofendam a Constituição Federal e também não contrariem as normas gerais.

Dessa forma, é importante frisar que a lei 8.666 é aplicável à toda Administração Pública, de acordo com os Arts. 1º e 2º da lei:

> ***Art. 1º** - Esta Lei estabelece normas gerais sobre licitações e contratos administrativos pertinentes a obras, serviços, inclusive de publicidade, compras, alienações e locações no âmbito dos Poderes da União, dos Estados, do Distrito Federal e dos Municípios.*
>
> ***Parágrafo único** - Subordinam-se ao regime desta Lei, além dos órgãos da administração direta, os fundos especiais, as autarquias, as fundações públicas, as empresas públicas, as sociedades de economia mista e demais entidades controladas direta ou indiretamente pela União, Estados, Distrito Federal e Municípios.*
>
> ***Art. 2º** - As obras, serviços, inclusive de publicidade, compras, alienações, concessões, permissões e locações da Administração Pública, quando contratadas com terceiros, serão necessariamente precedidas de licitação, ressalvadas as hipóteses previstas nesta Lei.*
>
> ***Parágrafo único** - Para os fins desta Lei, considera-se contrato todo e qualquer ajuste entre órgãos ou entidades da Administração Pública e particulares, em que haja um acordo de vontades para a formação de vínculo e a estipulação de obrigações recíprocas, seja qual for a denominação utilizada.*

Princípios Explícitos em Espécie:

→ **Legalidade**

Nos procedimentos de licitação, esse princípio vincula os licitantes e a Administração Pública às regras estabelecidas, nas normas e princípios em vigor, ou seja, o administrador fica vinculado aos ditames na lei, tendo alguma liberdade (discricionariedade) somente quando a própria lei assim autorizar ou determinar, como é o caso da licitação dispensável e licitação dispensada.

Todos os atos de licitação devem estar estritamente na lei. Sendo assim, o administrador público não pode exigir do licitante condições de habilitação econômica com certa margem acima do necessário ao cumprimento das obrigações a serem contratadas. Assim, somente permitirá as exigências de qualificação técnica e econômicas indispensáveis à garantia do cumprimento das obrigações.

→ **Impessoalidade**

Esse princípio obriga a Administração a observar, nas suas decisões, critérios objetivos previamente estabelecidos, afastando a discricionariedade e o subjetivismo na condução dos procedimentos da licitação. Aqui, o princípio obedece aos ditames da Constituição Federal e tem por finalidade a obediência estrita aos fins coletivos, impedindo, de qualquer modo, a promoção pessoal do administrador e as chamadas "facilidades" para qualquer particular envolvido no procedimento.

→ **Moralidade e Probidade Administrativa**

Aqui devemos nos atentar, pois, de acordo com a Constituição Federal, a moralidade administrativa é tida como princípio e a probidade como dever. Contudo, o texto da lei 8.666/93 traz insculpido os dois como sendo princípios norteadores da licitação, em que a conduta dos licitantes e dos agentes públicos tem que ser, além de lícita, compatível com a moral, ética, bons costumes e com as regras da boa administração.

→ **Igualdade**

É o mais relevante princípio da lei de licitação e significa dar tratamento igual a todos os interessados. É condição essencial para garantir em todas as fases da licitação. Também chamado de princípio da isonomia entre os licitantes. A igualdade aqui tem dois sentidos: primeiro, a Administração deve dispensar tratamento isonômico entre os licitantes; segundo, deve a igualdade garantir que a concorrência seja viável entre os particulares.

O Art. 3º, § 2º, da lei, reza que em igualdade de condições será assegurado à preferência sucessivamente a bens e serviços em caso de empate, seguindo o seguinte critério de desempate:

» Produzidos no país;

» Produzidos ou prestados por empresas brasileiras;

» Produzidos ou prestados por empresas que invistam em pesquisa e no desenvolvimento de tecnologia no país.

→ **Publicidade**

O princípio da publicidade reza que qualquer interessado deve ter acesso às licitações públicas e seu controle, mediante divulgação dos atos praticados pelos administradores em todas as fases da licitação. Devemos nos atentar, pois o princípio é o da publicidade, e o sigilo somente na abertura dos envelopes contendo as propostas, mesmo assim, somente até a abertura dos mesmos, como prevê o Art. 3º, § 3º.

"A licitação não será sigilosa, sendo públicos e acessíveis ao público os atos de seu procedimento, salvo quanto ao conteúdo das propostas, até a respectiva abertura."

Dessa forma, quanto maior o valor do contrato, maior será a publicidade de seus atos. Assim, no convite, a divulgação será mínima, devido ao reduzido valor do contrato, e, na concorrência, a divulgação será a maior possível!

Os avisos contendo os resumos dos editais das concorrências, das tomadas de preço, dos concursos e dos leilões, embora realizados no local da repartição interessada, deverão ser publicados com antecedência, como dispõe o Art. 21 da lei de licitação:

> ***Art. 21** - Os avisos contendo os resumos dos editais das concorrências, das tomadas de preços, dos concursos e dos leilões, embora realizados no local da repartição interessada, deverão ser publicados com antecedência, no mínimo, por uma vez:*
>
> *I. No Diário Oficial da União, quando se tratar de licitação feita por órgão ou entidade da Administração Pública Federal e, ainda, quando se tratar de obras financiadas parcial ou totalmente com recursos federais ou garantidas por instituições federais;*
>
> *II. No Diário Oficial do Estado, ou do Distrito Federal quando se tratar, respectivamente, de licitação feita por órgão ou entidade da*

Administração Pública Estadual ou Municipal, ou do Distrito Federal;

III. *Em jornal diário de grande circulação no Estado e também, se houver, em jornal de circulação no Município ou na região onde será realizada a obra, prestado o serviço, fornecido, alienado ou alugado o bem, podendo ainda a Administração, conforme o vulto da licitação, utilizar-se de outros meios de divulgação para ampliar a área de competição.*

Dessa forma, os prazos do Art. 21 são os seguintes:

Prazo do edital	Modalidades
45 dias para	a) Concurso. b) Concorrência, quando o contrato a ser celebrado contemplar o regime de empreitada integral ou quando a licitação for do tipo "melhor técnica" ou "técnica e preço".
30 dias para	a) Concorrência, nos casos não especificados na alínea "b" do inciso anterior. b) Tomada de preços, quando a licitação for do tipo "melhor técnica" ou "técnica e preço".
15 dias para	a) Quinze dias para a tomada de preços, nos casos não especificados na alínea "b" do inciso anterior, ou leilão.
5 dias úteis para	a) Convite.
8 dias úteis (no mínimo para)	a) Pregão.

Fique Ligado

Esses prazos começam a ser contados a partir:

- ***Da última publicação do edital;***
- ***Da expedição do convite;***
- ***Da efetiva disponibilidade do edital ou do convite.***

Prevalece a data que ocorrer mais tarde.

→ **Vinculação ao Instrumento Convocatório**

O instrumento convocatório, que pode ser edital ou carta convite, obriga a Administração e o licitante a observarem as normas e condições estabelecidas no ato convocatório. Dessa forma, nada poderá ser criado ou feito sem que haja previsão em relação a esse ato.

→ **Julgamento Objetivo**

O princípio, em tela, determina que o administrador deve observar critérios objetivos definidos no ato convocatório para o julgamento das propostas. Afasta a possibilidade de o julgador utilizar-se de fatores subjetivos ou de critérios não previstos no ato referido, mesmo que em benefício da própria Administração.

Princípios Implícitos

→ **Competitividade**

A lei e a própria Constituição Federal estabelecem a obrigatoriedade do caráter competitivo no procedimento licitatório. Isso se dá, pois na competição entre os licitantes não pode haver manipulações de preços. Dessa forma, a Administração deve ser capaz de assegurar a obtenção da proposta mais vantajosa a execução dos fins públicos.

Nessa perspectiva, a lei veda a realização de licitação cujo objeto inclua bens e serviços sem similaridade ou de marcas, caraterísticas e especificações exclusivas, salvo nos casos em que for tecnicamente justificável (Art. 7º, § 5º).

→ **Sigilo das Propostas**

Decorrência lógica do Art. 3º da lei de licitações, uma vez que o princípio explícito é o da publicidades dos atos. Sigilo, somente na apresentação das propostas e, ainda assim, até a abertura das mesmas, que devem ser liberadas ao público após regular escolha do vencedor.

→ **Adjudicação Compulsória**

Esse princípio diz que a Administração só poderá atribuir o objeto da licitação ao vencedor. Não pode tal objeto ser concedido a outro licitante. O vendedor, uma vez que preencheu todos os requisitos formais, tem prevalência na assinatura do contrato. Essa não garante direito adquirido, uma vez que o ato licitatório pode ser revogado pela Administração antes da assinatura do contrato. O licitante também pode desistir do contrato caso consiga provar justo motivo.

Modalidades de Licitação

- Concorrência;
- Tomada De Preço;
- Convite;
- Concurso;
- Leilão;
- Pregão;
- Consulta.

As licitações, segundo a lei 8.666/93, serão efetuadas no local onde se situar a repartição interessada, salvo por motivo de interesse público devidamente justificado. Essa regra, no entanto, não impede a habilitação de interessados que sejam residentes ou sediados em outros locais.

Modalidade de licitação é a forma específica de conduzir o procedimento licitatório, a partir de critérios definidos em lei. O valor estimado para contratação é o principal fator para escolha da modalidade de licitação, exceto quando se trata de pregão, que não está limitado a valores. Dessa forma, além do leilão e do concurso, as demais modalidades de licitação admitidas são exclusivamente as seguintes:

Concorrência

Modalidade da qual podem participar quaisquer interessados que, na fase de habilitação preliminar, comprovem possuir requisitos mínimos de qualificação exigidos no edital para execução do objeto da licitação. Todas as licitações para bens imóveis devem ser feitas nessa modalidade, também as concessões de direito real de uso, para alienações internacionais e para as parcerias público privadas. Seja qual for o valor da licitação, em tese, a concorrência pode ser utilizada.

A concorrência esta prevista no **Art. 22, § 1º:**

> ***Art. 22. §1º** - Concorrência é a modalidade de licitação entre quaisquer interessados que, na fase inicial de habilitação preliminar, comprovem possuir os requisitos mínimos de qualificação exigidos no edital para execução de seu objeto.*

Esquema:

- Possui fase preliminar;
- É considerada mais complexa;
- Admite qualquer valor;

> É a mais competitiva;
> Contratações de maior valor;
> Utilizada obrigatoriamente para:
  » Compra ou alienação de imóveis;
  » Concessão de direito real de uso;
  » Licitações internacionais;
  » Concessão de serviços públicos;
  » Contrato de parcerias público privada.

Tomada de Preços

Modalidade realizada entre interessados devidamente cadastrados ou que atenderem a todas as condições exigidas para cadastramento até o terceiro dia anterior à data do recebimento das propostas, observada a necessária qualificação.

A tomada de preço está prevista no Art. 22 § 2º:

> ***Art. 22 § 2º*** *- Tomada de preços é a modalidade de licitação entre interessados devidamente cadastrados ou que atenderem a todas as condições exigidas para cadastramento até o terceiro dia anterior à data do recebimento das propostas, observada a necessária qualificação.*

Esquema:

> Interessados têm que estar devidamente cadastrados, contudo, pelo princípio da competitividade, podem inscrever-se até o terceiro dia anterior à data do recebimento das propostas.
> Contratação de valores intermediários

Convite

A modalidade convite está prevista no Art. 22, § 3º:

> ***Art. 22. §3º*** *- Convite é a modalidade de licitação entre interessados do ramo pertinente ao seu objeto, cadastrados ou não, escolhidos e convidados em número mínimo de 3 (três) pela unidade administrativa, a qual afixará, em local apropriado, cópia do instrumento convocatório e o estenderá aos demais cadastrados na correspondente especialidade que manifestarem seu interesse com antecedência de até 24 (vinte e quatro) horas da apresentação das propostas.*

Modalidade realizada entre interessados do ramo de que trata o objeto da licitação, escolhidos e convidados em número mínimo de 03 (três) pela Administração.

O convite é a modalidade de licitação mais simples. A Administração escolhe quem quer convidar, entre os possíveis interessados, cadastrados ou não. A divulgação deve ser feita mediante afixação de cópia do convite em quadro de avisos do órgão ou entidade, localizado em lugar de ampla divulgação, dispensando a publicação em Diário Oficial.

No convite, é possível a participação de interessados que não tenham sido formalmente convidados, mas que sejam do ramo do objeto licitado, desde que cadastrados no órgão ou entidade licitadora ou no Sistema de Cadastramento Unificado de Fornecedores – SICAF. Esses interessados devem solicitar o convite com antecedência de até 24 horas da apresentação das propostas.

Para que a contratação seja possível no convite, são necessárias pelo menos três propostas válidas, isto é, que atendam a todas as exigências do ato convocatório. Não é suficiente a obtenção de três propostas, é preciso que elas sejam válidas. Caso isso não ocorra, a Administração deve repetir o convite e chamar mais um interessado, enquanto existirem cadastrados não convidados nas últimas licitações, ressalvadas as hipóteses de limitação de mercado ou manifesto desinteresse dos incitados, circunstâncias essas que devem ser justificadas no processo de licitação.

A publicação na imprensa e em jornal de grande circulação confere ao convite divulgação idêntica à da concorrência e à tomada de preços, afastando a discricionariedade do agente público.

Quando for impossível a obtenção de três propostas válidas, por limitações do mercado ou manifesto desinteresse dos convidados, essas circunstâncias deverão ser devidamente motivadas e justificadas no processo, sob pena de repetição de convite.

Limitações de mercado ou manifesto desinteresse das empresas convidadas não se caracterizam nem podem ser justificados quando são inseridas, na licitação, condições que só uma ou outra empresa pode atender.

Esquema:

> É a modalidade de licitação entre interessados do ramo pertinente ao seu objeto, cadastrados ou não, escolhidos e convidados em número mínimo de 3 pela unidade administrativa;
> Contratação de menor valor;
> O procedimento é simples, permitindo, excepcionalmente, nas pequenas unidades administrativas, a substituição da comissão por servidor formalmente designado pela autoridade competente.

Concurso

O Art. 22, § 4º, da lei 8.666/93 define a modalidade concurso como sendo a licitação entre quaisquer interessados para a escolha de trabalho técnico, científico ou artístico, mediante à instituição de prêmios ou remuneração aos vencedores do procedimento, sempre conforme previsto em edital publicado na imprensa oficial com antecedência mínima de 45 dias.

O julgamento da modalidade concurso é feita por uma comissão especial. Pode participar da comissão servidor ou não, de acordo com o Art. 51, § 5º.

A modalidade concurso está prevista no **Art. 22, § 4º:**

> ***Art. 22 §4º*** *- Concurso é a modalidade de licitação entre quaisquer interessados para escolha de trabalho técnico, científico ou artístico, mediante à instituição de prêmios ou remuneração aos vencedores, conforme critérios constantes de edital publicado na imprensa oficial com antecedência mínima de 45 (quarenta e cinco) dias.*

Esquema:

> Trabalho técnico;
> Científico;
> Artístico;
> Edital tem que ser publicado com antecedência mínima de 45 dias;
> O que determina a necessidade da realização da **licitação é a natureza do seu objeto,** não o valor do contrato;
> O procedimento é um tanto diverso, pois o julgamento será feito por uma comissão especial integrada por pessoas de **reputação ilibada e reconhecido conhecimento da matéria em exame,** servidor público ou não.

Leilão

É a modalidade de licitação, entre quaisquer interessados, para venda, a quem oferecer o maior lance, igual ou superior ao valor da avaliação, dos seguintes bens:

a) Bens móveis inservíveis para a Administração.
b) Produtos legalmente apreendidos ou penhorados.
c) Bens imóveis da Administração Pública, cuja aquisição haja derivado de procedimentos judiciais ou de dação em pagamento (Art. 19, III).

O leilão, além dessas disposições, está previsto em dois lugares:

Primeiro, no Art. 22, § 5º:

> ***Art. 22. §5º** - Leilão é a modalidade de licitação entre quaisquer interessados para a venda de bens móveis inservíveis para a Administração ou de produtos legalmente apreendidos ou penhorados, ou para a alienação de bens imóveis prevista no Art. 19, a quem oferecer o maior lance, igual ou superior ao valor da avaliação.*

Segundo, no Art. 53:

> ***Art. 53** - O leilão pode ser cometido a leiloeiro oficial ou a servidor designado pela Administração, procedendo-se na forma da legislação pertinente.*
>
> *§ 1º Todo bem a ser leiloado será previamente avaliado pela Administração para fixação do preço mínimo de arrematação.*
>
> *§ 2º Os bens arrematados serão pagos à vista ou no percentual estabelecido no edital, não inferior a 5% (cinco por cento) e, após a assinatura da respectiva ata lavrada no local do leilão, imediatamente entregues ao arrematante, o qual se obrigará ao pagamento do restante no prazo estipulado no edital de convocação, sob pena de perder em favor da Administração o valor já recolhido.*
>
> *§ 3º Nos leilões internacionais, o pagamento da parcela à vista poderá ser feito em até vinte e quatro horas.*
>
> *§ 4º O edital de leilão deve ser amplamente divulgado, principalmente no município em que se realizará.*

Fique Ligado

Limitado a bens avaliados, isolada ou globalmente, em quantia não superior a R$ 650.000,00. Acima disso e para bens imóveis, deve ser utilizada a modalidade concorrência.

Consulta

A modalidade consulta não está prevista na lei 8.666/93. Está prevista na lei 9.472/97 (a mesma que criou a ANATEL); é uma modalidade prevista **apenas para as agências reguladoras.**

A lei diz que a consulta é a modalidade de licitação adequada à contratação de bens e serviços não classificados como comuns e que não sejam obras e serviços de engenharia civil.

» **Vale para todas as agências reguladoras federais.**

A consulta é modalidade de licitação exclusiva de agências reguladoras, para aquisição de bens e serviços não comuns, excetuados obras e serviços de engenharia civil, na qual as propostas são julgadas por um júri, segundo critério que leve em consideração, ponderadamente, custo e benefício.

Quadro Esquematizado para resolução de questões:

Pregão

O pregão constitui a sexta modalidade de licitação e está previsto na Lei 10.520/2002, que expressamente o estendeu a todas as esferas da Federação.

É a modalidade de licitação para aquisição de bens e serviços comuns pela União, Estados, Distrito Federal e Municípios, conforme disposto em regulamento, qualquer que seja o valor estimado da contratação, na qual a disputa pelo fornecimento é feita por meio de propostas e lances em sessão pública.

Os licitantes apresentam suas propostas de preço por escrito e por lances verbais, independentemente do valor estimado da contratação.

Ao contrário do que ocorre em outras modalidades, no Pregão, a escolha da proposta é feita antes da análise da documentação, razão maior de sua celeridade.

O pregão é a modalidade alternativa ao convite, à tomada de preços e à concorrência para contratação de bens e serviços comuns. Não é obrigatória, mas deve ser prioritária e é aplicável a qualquer valor estimado de contratação.

Esquema:

> O pregão é a sexta modalidade de licitação;
> O pregão pode ser utilizado para qualquer valor de contrato;
> É considerado pouco complexo;
> Permite lances verbais;
> Não se leva em consideração o vulto do contrato (valor da contratação), mas sim a característica dos bens ou serviços, que devem ser comuns, simples e rotineiros;
> O tipo da licitação é sempre o de menor preço;
> Não se exige capacitação técnica especializada.

Obrigatoriedade de Licitação e casos de Exceções

→ **Licitação obrigatória**

A regra constitucional é pela obrigatoriedade para toda a Administração Pública no que tange a licitar para compras e alienações de bens e serviços, mas a própria Constituição Federal informa que a lei pode prever algumas hipóteses de exceção à realização da licitação.

Todavia, a Constituição Federal informa que, quando o objeto da contração é uma concessão ou permissão de serviço público, a realização da licitação é obrigatória.

Modalidade (Art. 22)	Valor (Art. 23)	Nº de Licitantes	Participação	Objeto	Forma de divulgação (Art. 21)
Concorrência	Grandes valores	Independente	Sem restrição	Sem restrição	Edital publicado com 30 dias de antecedência em relação ao recebimento das propostas (ver art. 21 § 2º, b 45 dias)
Tomada de Preço	Valores médios	Independente	Cadastrado ou que atendam todos os requisitos até 3 dias antes do recebimento da proposta	Sem restrição	Edital publicado com 15 dias de antecedência
Convite	Valores pequenos	Pelo menos 3 licitantes	Cadastrado ou não (edital estendendo aos demais cadastrados - manifestação antes de 24 horas do recebimento da proposta)	Sem restrição	Carta-convite remetidas aos interessados com 5 dias de antecedência (fixação no mural)
Concurso	Não interessa o valor	Independente	Sem restrição	Trabalho técnico, científico ou artístico	Edital publicado com 45 dias de antecedência
Leilão	Não interessa o valor	Independente	Sem restrição	Alienação de bens inservíveis, produtos apreendidos ou bens imóveis	Edital com ênfase na localidade em que se realizará o leilão

→ **Exceções à obrigatoriedade das licitações**

Apesar de a regra geral instituir a obrigatoriedade das licitações, a própria lei de licitação faz ressalvas acerca dela licitação, ou seja, por determinação legal, pode haver a celebração do contrato administrativo sem a prevalência da obrigação de licitar, e isso ocorre nos seguintes casos:

- Dispensa de licitação que se divide em:
  - Licitação dispensada;
  - Licitação dispensável.
- Inexigibilidade de licitação:

A principal diferença entre dispensa e inexigibilidade é que, na dispensa de licitação, a competição é possível, mas a lei dispensa ou permite que a licitação seja dispensada e na licitação inexigível, a competição é impossível devido à falta de possíveis competidores.

> ***Art. 17*** *- licitação dispensada (a lei declarou-a como tal; não se faz licitação).*
>
> ***Art. 24*** *- licitação dispensável (a Administração pode dispensar se assim lhe convier).*
>
> ***Art. 25*** *- licitação inexigível (quando houver inviabilidade de competição).*

Inexigibilidade de Licitação

> ***Art. 25*** *- licitação inexigível (quando houver inviabilidade de competição).*

A Inexigibilidade de licitação se faz quando há inviabilidade de competição, em razão do bem ou serviço possuir singularidade de fornecimento; desde que devidamente comprovada sua exclusividade, a contratação direta poderá ser efetivada.

Devemos notar que o Art. 25 é um rol exemplificativo, ou seja, a administração no caso concreto pode prever outras situações em que ocorra impossibilidade jurídica de competição e que o serviço possua singularidade.

> ***Art. 25*** *- É inexigível a licitação quando houver inviabilidade de competição, em especial:*
>
> ***I.*** *Para aquisição de materiais, equipamentos, ou gêneros que só possam ser fornecidos por produtor, empresa ou representante comercial exclusivo, vedada a preferência de marca, devendo a comprovação de exclusividade ser feita por meio de atestado fornecido pelo órgão de registro do comércio do local em que se realizaria a licitação ou a obra ou o serviço, pelo Sindicato, Federação ou Confederação Patronal, ou, ainda, pelas entidades equivalentes;*
>
> ***II.*** *Para a contratação de serviços técnicos enumerados no Art. 13 desta Lei, de natureza singular, com profissionais ou empresas de notória especialização, vedada a inexigibilidade para serviços de publicidade e divulgação;*
>
> ***III.*** *Para contratação de profissional de qualquer setor artístico, diretamente ou por meio de empresário exclusivo, desde que consagrado pela crítica especializada ou pela opinião pública.*
>
> ***§ 1º*** *Considera-se de notória especialização o profissional ou empresa cujo conceito no campo de sua especialidade, decorrente de desempenho anterior, estudos, experiências, publicações, organização, aparelhamento, equipe técnica, ou de outros requisitos relacionados com suas atividades, permita inferir que o seu trabalho é essencial e indiscutivelmente o mais adequado à plena satisfação do objeto do contrato.*
>
> ***§ 2º*** *Na hipótese deste artigo e em qualquer dos casos de dispensa, se comprovado superfaturamento, respondem solidariamente pelo dano causado à Fazenda Pública o fornecedor ou o prestador de serviços e o agente público responsável, sem prejuízo de outras sanções legais cabíveis.*

Os serviços técnicos profissionais especializados possibilitam a inexigibilidade, mas é fundamental atentar que não é o simples fato de um serviço enquadrar-se como técnico profissional especializante que acarreta a inexigibilidade. É necessário que o serviço tenha natureza singular, ou seja, não pode ser usual e corriqueiro, por essa razão, justifique, a fim de garantir a sua satisfatória prestação, a contratação de um profissional ou de uma empresa de notória especialidade.

A regra geral é que a contratação de serviços técnicos profissionais especializados seja precedida de licitação na modalidade concurso (Art. 13, § 1º). Somente quando for serviço singular, prestado por profissional ou empresa de notória especialização, é que a licitação será inexigível.

Dispensa de licitação

A dispensa de licitação é um gênero que engloba duas espécies, são elas: a licitação dispensada e a licitação dispensável.

Licitação Dispensada

A licitação dispensada diferencia-se da dispensável, pois, nessa, o administrador pode fazer ou não o procedimento, já na dispensada, ele fica impedido de fazer pela própria lei. São os casos descritos no Art. 17.

As alíneas do inciso I do Art. 17 trazem a lista de hipóteses de dispensa de licitação em operações relativas a bens imóveis da Administração, enquanto as alíneas do inciso II do Art. 17 enumeram os casos de licitação dispensada para a alienação de bens móveis.

> ***Art. 17*** *- A alienação de bens da Administração Pública, subordinada à existência de interesse público devidamente justificado, será precedida de avaliação e obedecerá às seguintes normas:*

Dispensa de Licitação de Bens Imóveis

Quando imóveis, dependerá de autorização legislativa para órgãos da administração direta e entidades autárquicas e fundacionais; para todos, inclusive as paraestatais, dependerá de avaliação prévia e de licitação na modalidade de concorrência, dispensada essa nos seguintes casos:

- Doação em pagamento;
- Doação, permitida exclusivamente para outro órgão ou entidade da Administração Pública, de qualquer esfera de governo, ressalvado o disposto nas alíneas f, h e i;
- Permuta, por outro imóvel que atenda aos requisitos constantes do inciso X do Art. 24 dessa Lei;
- Investidura;
- Venda a outro órgão ou entidade da Administração Pública, de qualquer esfera de governo;
- Alienação gratuita ou onerosa, aforamento, concessão de direito real de uso, locação ou permissão de uso de bens imóveis residenciais construídos, destinados ou efetivamente utilizados no âmbito de programas habitacionais ou de regularização fundiária de interesse social desenvolvidos por órgãos ou entidades da Administração Pública;

- Procedimentos de legitimação de posse de que trata o Art. 29 da Lei no 6.383, de 7 de dezembro de 1976, mediante iniciativa e deliberação dos órgãos da Administração Pública em cuja competência legal inclua-se tal atribuição;
- Alienação gratuita ou onerosa, aforamento, concessão de direito real de uso, locação ou permissão de manuseio de bens imóveis de uso comercial de âmbito local com área de até 250 m^2 (duzentos e cinquenta metros quadrados) e inseridos no âmbito de programas de regularização fundiária de interesse social desenvolvidos por órgãos ou entidades da Administração Pública;
- Alienação e concessão de direito real de uso, gratuita ou onerosa, de terras públicas rurais da União na Amazônia Legal onde incidam ocupações até o limite de 15 (quinze) módulos fiscais ou 1.500 (mil e quinhentos hectares), para fins de regularização fundiária, atendidos os requisitos legais;

Dispensa de Licitação de Bens Móveis

> Quando móveis, dependerá de avaliação prévia e de licitação, dispensada nos seguintes casos:

- Doação, permitida exclusivamente para fins e uso de interesse social, após avaliação de sua oportunidade e conveniência socioeconômica, relativamente à escolha de outra forma de alienação;
- Permuta, permitida exclusivamente entre órgãos ou entidades da Administração Pública;
- Venda de ações, que poderão ser negociadas em bolsa, observada a legislação específica;
- Venda de títulos, na forma da legislação pertinente;
- Venda de bens produzidos ou comercializados por órgãos ou entidades da Administração Pública, em virtude de suas finalidades;
- Venda de materiais e equipamentos para outros órgãos ou entidades da Administração Pública, sem utilização previsível por quem deles dispõe.

Licitação Dispensável

Art. 24 *- licitação dispensável (a Administração pode dispensar se assim lhe convier).*

Na licitação dispensável, a Administração tem a faculdade de não realizar o procedimento licitatório para algumas hipóteses determinadas na própria lei 8.666/93.

As situações nas quais a licitação poderá ser dispensável se encontram indicadas no Art. 24, incs. I a XXVIII da Lei Federal n. 8.666/93.

Dessa forma, veremos cada uma das hipóteses de licitação dispensável, salientando que essa listagem também possui caráter taxativo, não cabendo ao administrador à criação de outras situações. Devemos nos atentar, pois as questões de concursos nesse tópico costumam ser texto de lei. Assim, ler e fazer a diferenciação entre licitação dispensável (Art. 24) e inexigibilidade de licitação (Art. 25) é de suma importância.

Art. 24 *- É dispensável a licitação:*

I. *Para obras e serviços de engenharia de valor até 10% (dez por cento) do limite previsto na alínea "a", do inciso I do artigo anterior, desde que não se refiram a parcelas de uma mesma obra ou serviço ou ainda para obras e serviços da mesma natureza e no mesmo local que possam ser realizadas conjunta e concomitantemente;*

II. *Para outros serviços e compras de valor até 10% (dez por cento) do limite previsto na alínea "a", do inciso II do artigo anterior e para alienações, nos casos previstos nesta Lei, desde que não se refiram a parcelas de um mesmo serviço, compra ou alienação de maior vulto que possa ser realizada de uma só vez;*

III. *Nos casos de guerra ou grave perturbação da ordem;*

IV. *Nos casos de emergência ou de calamidade pública, quando caracterizada urgência de atendimento de situação que possa ocasionar prejuízo ou comprometer a segurança de pessoas, obras, serviços, equipamentos e outros bens, públicos ou particulares, e somente para os bens necessários ao atendimento da situação emergencial ou calamitosa e para as parcelas de obras e serviços que possam ser concluídas no prazo máximo de 180 (cento e oitenta) dias consecutivos e ininterruptos, contados da ocorrência da emergência ou calamidade, vedada a prorrogação dos respectivos contratos;*

V. *Quando não acudirem interessados à licitação anterior e esta, justificadamente, não puder ser repetida sem prejuízo para a Administração, mantidas, neste caso, todas as condições pré-estabelecidas;*

Aqui, vale ressaltar que temos a chamada licitação deserta, ou seja, quando essa é convocada e não aparece nenhum interessado. Nesse caso, torna-se inviável a licitação, e a Administração pode contratar diretamente, contanto que, motivadamente, demonstre que não ocorrerá prejuízo para a Administração.

Não existe limite de valor para esse tipo de licitação, e a única exigência é que as cláusulas do contrato original sejam respeitadas.

Faz-se necessário diferenciar licitação deserta de licitação fracassada. Temos essa quando aparecem interessados, mas nenhum é selecionado, em decorrência de inabilitação ou desclassificação das propostas.

§ 3º *Quando todos os licitantes forem inabilitados ou todas as propostas forem desclassificadas, a Administração poderá fixar aos licitantes o prazo de oito dias úteis para a apresentação de nova documentação ou de outras propostas escoimadas das causas referidas neste artigo, facultada, no caso de convite, a redução deste prazo para três dias úteis.*

Devemos nos atentar que, em regra, a licitação fracassada não representa uma forma de licitação dispensável. Assim, devemos aplicar o disposto no Art. 48 § 3º, da Lei 8.666/93.

VI. *Quando a União tiver que intervir no domínio econômico para regular preços ou normalizar o abastecimento;*

VII. *Quando as propostas apresentadas consignarem preços manifestamente superiores aos praticados no mercado nacional, ou forem incompatíveis com os fixados pelos órgãos oficiais competentes, casos em que, observado o parágrafo único do Art. 48 desta Lei e, persistindo a situação, será admitida a adjudicação direta dos bens ou serviços, por valor não superior ao constante do registro de preços, ou dos serviços;*

VIII. *Para a aquisição, por pessoa jurídica de direito público interno, de bens produzidos ou serviços prestados por órgão ou entidade que integre a Administração Pública e que tenha sido criado para esse fim específico em data anterior à vigência desta Lei, desde que o preço contratado seja compatível com o praticado no mercado;*

IX. *Quando houver possibilidade de comprometimento da segurança nacional, nos casos estabelecidos em decreto do Presidente da República, ouvido o Conselho de Defesa Nacional;*

X. *Para a compra ou locação de imóvel destinado ao atendimento das finalidades precípuas da administração, cujas necessidades de instalação e localização condicionem a sua escolha, desde que o preço seja compatível com o valor de mercado, segundo avaliação prévia;*

XI. *Na contratação de remanescente de obra, serviço ou fornecimento, em consequência de rescisão contratual, desde que atendida a ordem de classificação da licitação anterior e aceitas as mesmas condições oferecidas pelo licitante vencedor, inclusive quanto ao preço, devidamente corrigido;*

XII. *Nas compras de hortifrutigranjeiros, pão e outros gêneros perecíveis, no tempo necessário para a realização dos processos licitatórios correspondentes, realizadas diretamente com base no preço do dia;*

XIII. *Na contratação de instituição brasileira incumbida regimental ou estatutariamente da pesquisa, do ensino ou do desenvolvimento institucional, ou de instituição dedicada à recuperação social do preso, desde que a contratada detenha inquestionável reputação ético-profissional e não tenha fins lucrativos;*

XIV. *Para a aquisição de bens ou serviços nos termos de acordo internacional específico aprovado pelo Congresso Nacional, quando as condições ofertadas forem manifestamente vantajosas para o Poder Público;*

XV. *Para a aquisição ou restauração de obras de arte e objetos históricos, de autenticidade certificada, desde que compatíveis ou inerentes às finalidades do órgão ou entidade.*

XVI. *Para a impressão dos diários oficiais, de formulários padronizados de uso da administração, e de edições técnicas oficiais, bem como para prestação de serviços de informática a pessoa jurídica de direito público interno, por órgãos ou entidades que integrem a Administração Pública, criados para esse fim específico;*

XVII. *Para a aquisição de componentes ou peças de origem nacional ou estrangeira, necessários à manutenção de equipamentos durante o período de garantia técnica, junto ao fornecedor original desses equipamentos, quando tal condição de exclusividade for indispensável para a vigência da garantia;*

XVIII. *Nas compras ou contratações de serviços para o abastecimento de navios, embarcações, unidades aéreas ou tropas e seus meios de deslocamento quando em estada eventual de curta duração em portos, aeroportos ou localidades diferentes de suas sedes, por motivo de movimentação operacional ou de adestramento, quando a exiguidade dos prazos legais puder comprometer a normalidade e os propósitos das operações e desde que seu valor não exceda ao limite previsto na alínea "a" do inciso II do Art. 23 desta Lei:*

XIX. *Para as compras de material de uso pelas Forças Armadas, com exceção de materiais de uso pessoal e administrativo, quando houver necessidade de manter a padronização requerida pela estrutura de apoio logístico dos meios navais, aéreos e terrestres, mediante parecer de comissão instituída por decreto;*

XX. *Na contratação de associação de portadores de deficiência física, sem fins lucrativos e de comprovada idoneidade, por órgãos ou entidades da Administração Pública, para a prestação de serviços ou fornecimento de mão-de-obra, desde que o preço contratado seja compatível com o praticado no mercado.*

XXI. *Para a aquisição de bens e insumos destinados exclusivamente à pesquisa científica e tecnológica com recursos concedidos pela Capes, pela Finep, pelo CNPq ou por outras instituições de fomento a pesquisa credenciadas pelo CNPq para esse fim específico;*

XXII. *Na contratação de fornecimento ou suprimento de energia elétrica e gás natural com concessionário, permissionário ou autorizado, segundo as normas da legislação específica;*

XXIII. *Na contratação realizada por empresa pública ou sociedade de economia mista com suas subsidiárias e controladas, para a aquisição ou alienação de bens, prestação ou obtenção de serviços, desde que o preço contratado seja compatível com o praticado no mercado.*

XXIV. *Para a celebração de contratos de prestação de serviços com as organizações sociais, qualificadas no âmbito das respectivas esferas de governo, para atividades contempladas no contrato de gestão.*

XXV. *Na contratação realizada por Instituição Científica e Tecnológica - ICT ou por agência de fomento para a transferência de tecnologia e para o licenciamento de direito de uso ou de exploração de criação protegida.*

XXVI. *Na celebração de contrato de programa com ente da Federação ou com entidade de sua administração indireta, para a prestação de serviços públicos de forma associada nos termos do autorizado em contrato de consórcio público ou em convênio de cooperação.*

XXVII. *Na contratação da coleta, processamento e comercialização de resíduos sólidos urbanos recicláveis ou reutilizáveis, em áreas com sistema de coleta seletiva de lixo, efetuados por associações ou cooperativas formadas exclusivamente por pessoas físicas de baixa renda reconhecidas pelo poder público como catadores de materiais recicláveis, com o uso de equipamentos compatíveis com as normas técnicas, ambientais e de saúde pública.*

XXVIII. *Para o fornecimento de bens e serviços, produzidos ou prestados no País, que envolvam, cumulativamente, alta complexidade* *tecnológica e defesa nacional, mediante parecer de comissão especialmente designada pela autoridade máxima do órgão.*

XXIX. *Na aquisição de bens e contratação de serviços para atender aos contingentes militares das Forças Singulares brasileiras empregadas em operações de paz no exterior, necessariamente justificadas quanto ao preço e à escolha do fornecedor ou executante e ratificadas pelo Comandante da Força.*

XXX. *Na contratação de instituição ou organização, pública ou privada, com ou sem fins lucrativos, para a prestação de serviços de assistência técnica e extensão rural no âmbito do Programa Nacional de Assistência Técnica e Extensão Rural na Agricultura Familiar e na Reforma Agrária, instituído por lei federal.*

XXXI. *Nas contratações visando ao cumprimento do disposto nos Arts. 3º, 4º, 5º e 20 da Lei no 10.973, de 2 de dezembro de 2004, observados os princípios gerais de contratação dela constantes.*

XXXII. *Na contratação em que houver transferência de tecnologia de produtos estratégicos para o Sistema Único de Saúde - SUS, no âmbito da Lei no 8.080, de 19 de setembro de 1990, conforme elencados em ato da direção nacional do SUS, inclusive por ocasião da aquisição destes produtos durante as etapas de absorção tecnológica.*

§ 1º *Os percentuais referidos nos incisos I e II do caput deste artigo serão 20% (vinte por cento) para compras, obras e serviços contratados por consórcios públicos, sociedade de economia mista, empresa pública e por autarquia ou fundação qualificadas, na forma da lei, como Agências Executivas.*

§ 2º *O limite temporal de criação do órgão ou entidade que integre a Administração Pública estabelecido no inciso VIII do caput deste artigo não se aplica aos órgãos ou entidades que produzem produtos estratégicos para o SUS, no âmbito da Lei no 8.080, de 19 de setembro de 1990, conforme elencados em ato da direção nacional do SUS.*

Licitação deserta Art. 24 - §V	*Licitação fracassada Art. 24 - §VII*
Não aparecem concorrentes	***Aparecem interessados, mas nenhum é selecionado devido ao fato das propostas apresentadas consignarem preços manifestamente superiores aos praticados no mercado nacional, ou forem incompatíveis com os fixados pelos órgãos oficiais competentes***
Licitação dispensável	***Abertura de prazo para a apresentação de novas propostas: - 8 dias (regra); - 3 dias (convite).***
	Se os preços apresentados forem superiores aos de mercado, podem levar à licitação dispensável

Formalidades da Dispensa e da Inexigibilidade

» Os atos de dispensa e de inexigibilidade de licitação devem ser obrigatoriamente motivados, e deverão ser comunicados, dentro de 3 dias, à autoridade superior, para ratificação e publicação na imprensa oficial, no prazo de 5 (cinco) dias, como condição para a eficácia dos atos.

» Em casos de dispensa ou inexigibilidade de licitação, se houver superfaturamento da obra, haverá responsabilidade solidária do agente público responsável e também do fornecedor ou prestador de serviços.

Vamos Praticar

01. (CESPE) É dispensável a licitação para a contratação de artista consagrado pela crítica especializada.

Certo ( ) Errado ( )

02. (CESPE) É constitucional dispositivo de lei que determine a inclusão, na análise da proposta mais vantajosa, dos valores de impostos já pagos pela participante do certame à fazenda pública que realiza a licitação.

Certo ( ) Errado ( )

03. (CESPE) O adjudicatário que se recusar, injustificadamente, a assinar contrato administrativo está sujeito às penalidades pelo descumprimento total da obrigação assumida.

Certo ( ) Errado ( )

04. (CESPE) Em razão de o INSS ser autarquia especial de intervenção no domínio econômico, nos aspectos de ingerência no setor privado, ele não se submeterá a procedimentos licitatórios.

Certo ( ) Errado ( )

05. (CESPE) Suponha que a União pretenda contratar organização social para o desenvolvimento de atividades contempladas em contrato de gestão. Nesse caso, haverá inexigibilidade de licitação.

Certo ( ) Errado ( )

06. (CESPE) Considere que a administração tenha anulado licitação durante a execução do respectivo contrato administrativo. Nessa situação, há dever de indenizar o contratado na parte do contrato que este já houver executado.

Certo ( ) Errado ( )

07. (CESPE) As empresas estatais exploradoras de atividade econômica ou de produção ou comercialização de bens ou de prestação de serviços estão dispensadas de observar os princípios da licitação.

Certo ( ) Errado ( )

08. (CESPE) A contratação de parceria público-privada deve ser precedida de licitação na modalidade convite, estando a abertura do processo licitatório condicionada a autorização, fundamentada em estudo técnico, da autoridade competente.

Certo ( ) Errado ( )

09. (CESPE) É dispensável a licitação para a aquisição ou restauração de obras de arte e objetos históricos, de autenticidade certificada, desde que sejam compatíveis ou inerentes às finalidades do órgão ou entidade adquirente.

Certo ( ) Errado ( )

10. (CESPE) Considere que órgão da Administração Pública abra processo licitatório na modalidade tomada de preços entre interessados do ramo pertinente ao seu objeto devidamente cadastrados ou não. Nessa situação, a unidade administrativa poderá escolher o número mínimo de três interessados, desde que atendam a todas as condições exigidas para cadastramento, até o quinto dia anterior à data do recebimento das propostas, e à necessária qualificação.

Certo ( ) Errado ( )

Gabarito

01	ERRADO	06	CERTO
02	ERRADO	07	ERRADO
03	CERTO	08	ERRADO
04	ERRADO	09	CERTO
05	ERRADO	10	ERRADO

Anotações

CAPÍTULO 09

Agentes Públicos

Neste capítulo aprenderemos a respeito dos agentes públicos, sua finalidade, seu papel na estrutura da Administração Pública, bem como as diversas classificações relativas ao tema. Veja a seguir:

Conceito

Considera-se agente público toda pessoa física que exerça, ainda que transitoriamente ou sem remuneração, por eleição, nomeação, designação, contratação ou qualquer outra forma de investidura ou vínculo, mandato, cargo, emprego ou função pública.

Classificação

> Agentes políticos;
> Agentes administrativos;
> Particulares em colaboração com o poder público.

Agentes Políticos

Estão nos mais altos escalões do Poder Público. São responsáveis pela elaboração das diretrizes governamentais e pelas funções de direção, orientação e supervisão geral da administração pública.

Características

> Sua competência é haurida da Constituição Federal;
> Não se sujeitam às regras comuns aplicáveis aos servidores públicos em geral;
> Normalmente são investidos em seus cargos por meio de eleição, nomeação ou designação;
> Não são hierarquizados, subordinando-se tão somente à Constituição Federal.
» Exceção: auxiliares imediatos dos chefes do Executivo são hierarquizados, pois se subordinam ao lider desse poder. São eles:
» Ministros de Estado; Secretários estaduais e municipais.

Poder	Federal	Estadual	Municipal
Executivo	Presidente da República Ministros de Estados	Governadores Secretários Estaduais	Prefeitos Secretários Municipais
Legislativo	Deputados Federais Senadores	Deputados Estaduais	Vereadores
Judiciário	Membros do Poder Judiciário Federal	Membros do Poder Judiciário Estadual	Não há
Ministério Público	Membros do Ministério Público Federal	Membros do Ministério Público Estadual	Não há

Agentes Administrativos

São as pessoas que exercem atividade pública de natureza profissional, permanente e remunerada, estão sujeitos à hierarquia funcional e ao regime jurídico estabelecido pelo ente ao qual pertencem. O vínculo entre esses agentes e o ente ao qual estão ligados é um vínculo de natureza permanente.

> **Servidores públicos (estrito):** são os titulares de cargos públicos[1] (efetivos e comissionados), são vinculados ao seu cargo por meio de um estatuto estabelecido pelo ente contratante.
> **Empregados públicos:** são os ocupantes de Emprego Público[2]; são vinculados ao seu emprego por meio da CLT (Consolidação das Leis do Trabalho).
> **Temporários:** são contratados por tempo determinado para atender necessidade temporária de excepcional interesse público. Exercem função pública temporária e remunerada, estão vinculados à administração pública por meio de um contrato de direito público e não de natureza trabalhista. O meio utilizado pelo Estado para selecionar os temporários é o processo seletivo simplificado e não o concurso público.

Fique Ligado

Algumas doutrinas dividem a classificação dos servidores públicos em sentido amplo e em estrito. Nesse último caso, servidor público é o que consta acima, ou seja, somente os titulares de cargos públicos; já em sentido amplo, adota-se a seguinte regra: servidor público é um gênero que comporta três espécies os servidores estatutários, os empregados públicos e os servidores temporários. Então, caso se adote o conceito de servidor público em sentido amplo, esse será sinônimo de agente administrativo. Veja a seguir:

Servidor Público (Amplo)

> ***Servidor Estatutário = servidor público (estrito)***
> ***Empregado Público = empregado público***
> ***Servidor Temporário = temporário***

Particulares em Colaboração com o Poder Público

> **Agentes Honoríficos**: são cidadãos que transitoriamente são requisitados ou designados para prestar certos serviços públicos específicos em razão da sua honra, da sua conduta cívica ou de sua notória capacidade profissional. Geralmente atuam sem remuneração. São os mesários, jurados, entre outros.
> **Agentes Delegados:** são particulares que recebem a incumbência de exercer determinada atividade, obra ou serviço, por sua conta e risco e em nome próprio, sob permanente fiscalização do poder contratante, ou seja, são aquelas pessoas que recebem a incumbência de prestar certas atividades do Estado por meio da descentralização por delegação.
» Autorizatárias de serviços públicos;
» Concessionárias de serviços públicos;
» Permissionárias de serviços públicos.
> **Agentes Credenciados:** são os particulares que recebem a incumbência de representar a administração em determinado ato ou praticar certa atividade específica, mediante remuneração do Poder Público credenciante.

1 Os cargos públicos estão presentes na Administração Direta da União, dos Estados, do DF e dos Municípios, e também nas suas autarquias e fundações públicas.

2 Os empregos públicos estão presentes nas empresas públicas e sociedades de economia mista.

Vamos Praticar

01. (CESPE) Todos aqueles que exercem função pública, independentemente de sua natureza, ainda que por período determinado, são considerados agentes públicos.

Certo ( ) Errado ( )

02. (CESPE) Os agentes políticos constituem categoria especial, pois gozam de prerrogativas diferenciadas e têm grandes responsabilidades com a sociedade, como é o caso dos prefeitos.

Certo ( ) Errado ( )

03. (CESPE) Os ocupantes de cargo público ou de emprego público têm vínculo estatutário e institucional regido por estatuto funcional próprio, que, no caso da União, é a Lei n.º 8.112/1990.

Certo ( ) Errado ( )

04. (CESPE) O direito administrativo é o conjunto harmônico de princípios jurídicos que regem órgãos, agentes e atividades públicas que tendem a realizar concreta, direta e imediatamente os fins desejados pelo Estado.

Certo ( ) Errado ( )

05. (CESPE) A categoria denominada servidores públicos celetistas está prevista na CF e caracteriza-se por abranger todos aqueles servidores contratados por prazo determinado para atender necessidade temporária de excepcional interesse público.

Certo ( ) Errado ( )

06. (CESPE) Os agentes de polícia federal ocupam cargos públicos e exercem funções definidas em lei. Contudo, ao contrário dos ministros de Estado, juízes e promotores de justiça, eles são agentes públicos, e não agentes políticos.

Certo ( ) Errado ( )

07. (CESPE) Os particulares em colaboração com o poder público são considerados agentes públicos, mesmo que prestem serviços ao Estado sem vínculo empregatício e sem remuneração.

Certo ( ) Errado ( )

08. (FCC) No âmbito da estrutura administrativa brasileira:

a) os agentes políticos exercem funções governamentais, judiciais e quase-judiciais, com elaboração de normas legais, condução dos negócios públicos, decisão e atuação com independência nos assuntos de sua competência.

b) os Poderes de Estado compreendem o Legislativo, o Executivo, o Judiciário e o Ministério Público, e a cada um deles correspondendo funções reciprocamente delegáveis, sendo vinculados e harmônicos entre si.

c) as entidades estatais são unicamente a União, os Estados-membros, os Municípios, os Territórios e o Distrito Federal.

d) os cargos são os encargos administrativos atribuídos e delimitados por lei às funções lotadas nos órgãos públicos. As funções são providas por agentes públicos ou políticos, de forma efetiva e apenas mediante concurso de provas e títulos.

e) a investidura do agente público comissionado para cargos ou funções de confiança, dada a precariedade de sua nomeação, goza da presunção de definitividade, tornando o agente estável após o estágio probatório.

09. De acordo com a doutrina, agente público é toda a pessoa física que presta serviços ao Estado e às pessoas jurídicas da Administração Indireta,

a) não se incluindo na categoria os agentes políticos, detentores de mandato eletivo.

b) inclusive os particulares que atuam em colaboração com o poder público, mediante delegação, requisição, nomeação ou designação.

c) não se incluindo na categoria os militares.

d) somente se incluindo na categoria aqueles que possuem vínculo estatutário ou celetista com a Administração.

e) incluindo-se os servidores públicos, estatutários e celetistas, bem como os agentes políticos, estes últimos desde que investidos mediante nomeação e não detentores de mandato eletivo.

10. O cidadão que é convocado ou designado para prestar, transitoriamente, determinado serviço ao Poder Público em razão da sua condição cívica ou de sua notória capacidade profissional, mas sem vínculo empregatício, é denominado agente

a) administrativo.

b) político.

c) delegado.

d) credenciado.

e) honorífico.

Gabarito

01	CERTO	06	ERRADO
02	CERTO	07	CERTO
03	ERRADO	08	A
04	CERTO	09	B
05	ERRADO	10	E

Anotações

CAPÍTULO 10

Disposições Gerais da Lei 8.112/90

A Lei 8.112/90 instituiu o Regime Jurídico dos Servidores Públicos Civis da União, das autarquias, inclusive as em regime especial, e das fundações públicas federais.

→ A Lei 8.112/90 alcança:

> União;

> Autarquias federais;

> Fundações públicas federais.

Fique Ligado

As Empresas Públicas e as Sociedades de Economia Mista não são regidas por essa lei. Além disso, não é qualquer autarquia ou fundação pública que a adota, são apenas as federais.

→ **Conceitos Importantes:**

> **Servidor** → pessoa legalmente investida em cargo público (o que torna alguém um servidor público é a INVESTIDURA, sendo que ela é dada com a POSSE).

> **Cargo público** → conjunto de atribuições e responsabilidades previstas na estrutura organizacional que devem ser cometidas a um servidor.

→ **Cargos públicos:**

> Acessíveis a todos os **brasileiros** (estrangeiros excepcionalmente: universidades e instituições de pesquisa científica e tecnológica federais poderão prover seus cargos como professores, técnicos e cientistas estrangeiros, de acordo com as normas e os procedimentos da Lei 8.112/90).

> Criados por lei.

> Com denominação própria e vencimentos pagos pelos cofres públicos.

> Provimento pode ser em:

» Caráter efetivo.

» Em comissão.

A Lei 8.112 veda a prestação de serviços gratuitos, salvo os casos previstos nela.

Diferenças entre cargo efetivo, cargo em comissão e função de confiança:

> **Cargo efetivo**: Nesse os servidores ingressam por meio de concurso público. Deverão passar pelo estágio probatório e podem adquirir estabilidade no serviço público.

> **Cargo em comissão e função de confiança**: Não estão sujeitos ao estágio probatório, mas jamais adquirem estabilidade. Tratam-se de atribuições de chefia, direção ou assessoramento.

> **Cargo em comissão**: é de livre nomeação e exoneração (*ad nutum*), isto é, a autoridade escolhe livremente e pode exonerar independente de motivo. Podem ser preenchidos tanto por particulares como por servidores (mas um percentual mínimo de servidores de carreira deve ser observado, de acordo com a CF).

> **Função de confiança**: é de livre designação e dispensa. **Apenas servidores efetivos** podem ser designados.

Do Provimento

Concurso Público

Regras Gerais

O concurso será de provas ou de provas e títulos, podendo ser realizado em duas etapas, conforme dispuserem a lei e o regulamento do respectivo plano de carreira, condicionada a inscrição do candidato ao pagamento do valor fixado no edital, quando indispensável ao seu custeio, e ressalvadas as hipóteses de isenção nele expressamente previstas.

Os cargos públicos de **provimento efetivo** serão necessariamente preenchidos mediante prévia aprovação em concurso público.

Prazo de Validade

→ O prazo de validade do concurso público é:

> De **até dois** anos.

> Prorrogável **uma única vez**, por **igual período** (a administração prorroga apenas se quiser).

Lei 8.112/90 → Não se abrirá novo concurso enquanto houver candidato aprovado em seleção anterior com prazo de validade não expirado.

Constituição Federal, Art. 37: "IV - durante o prazo improrrogável previsto no edital de convocação, aquele aprovado em concurso público de provas ou de provas e títulos será convocado com prioridade sobre novos concursados para assumir cargo ou emprego, na carreira".

Segundo a lei 8.112/90 não poderia ser aberto novo concurso enquanto há algum vigente. Mas atenção, pois, conforme a regra constitucional, pode sim ser aberto novo concurso nesse caso, porém deve ser observada a prioridade na nomeação.

Fique Ligado

→ ***Para responder se é possível ou não abrir um novo concurso enquanto houver um não expirado com candidatos aprovados, fique de olho no comando da questão:***

> ***De acordo com a Lei 8.112/90: Não pode.***

> ***De acordo com a Constituição Federal: Pode, mas deve ser obervada a prioridade na ordem de nomeação.***

De acordo com o STF, os candidatos aprovados dentro das vagas têm direito subjetivo à nomeação dentro do prazo de validade do concurso.

Reserva de Vagas para Deficiente

Nos termos da Lei 8.112/90, é assegurado o direito de se inscrever em concurso público para provimento de cargo cujas atribuições sejam compatíveis com a deficiência de que são portadoras; para tais pessoas serão reservadas até 20% das vagas oferecidas no concurso.

A Lei nº 8.112/90 não estabeleceu um patamar mínimo, mas a legislação específica diz que é de 5%.

Então, se o edital prever quatro vagas, não teremos nenhuma para portadores de deficiência, pois a reserva dessa caracterizaria 25% do total, o que extrapola o limite estabelecido.

Reserva de Vagas para Negros

A Lei nº 12.990/2014 reserva aos negros 20% das vagas oferecidas nos concursos públicos para provimento de cargos efetivos e empregos públicos no âmbito da administração pública federal, das autarquias, das fundações públicas, das empresas públicas e das sociedades de economia mista controladas pela União.

Requisitos para Investidura

→ Requisitos básicos para investidura em cargo público:

> Nacionalidade brasileira (nato ou naturalizado).

> Gozo dos direitos políticos.

> Quitação com as obrigações militares e eleitorais.

> Nível de escolaridade exigido para o exercício do cargo.

> Idade mínima de dezoito anos.

> Aptidão física e mental.

Esses são os requisitos básicos. As atribuições do cargo podem justificar a exigência de outros, mas eles devem estar estabelecidos em lei.

A **Súmula 683** do STF diz que: "O limite de idade para inscrição em concurso público só se legitima em face do Art. 7º, XXX, da Constituição Federal quando possa ser justificado pela natureza **das atribuições do cargo a ser preenchido**".

Da Posse e do Exercício

> **Posse** → dada com a assinatura do respectivo termo (na posse é que ocorre a investidura).

Nesse termo constarão as atribuições, os deveres, as responsabilidades e os direitos inerentes ao cargo ocupado, que não poderão ser alterados unilateralmente, por qualquer das partes, **ressalvados os atos de ofício previstos em lei**.

Exercício → efetivo desempenho das atribuições do cargo público ou da função de confiança.

A posse ocorrerá no prazo de **trinta dias** contados da publicação do ato de provimento. É de quinze dias o tempo para o servidor empossado em cargo público entrar em exercício, contados da data da posse.

Fique Ligado

Publicação do ato de provimento (nomeação) → 30 dias → POSSE → 15 dias → Exercício.

→ Perda do prazo para

> **Tomar posse**: o ato de provimento é tornado sem efeito.

> **Entrar em exercício**: O servidor será EXONERADO (cargo) ou o ato de designação tornado sem efeito (função de confiança).

No caso de posse, em se tratando de **servidor**, que esteja na data de publicação do ato de provimento, em licença prevista nos incisos I, III e V do Art. 81, ou afastado nas hipóteses dos incisos I, IV, VI, VIII, alíneas "a", "b", "d", "e" e "f", IX e X do Art. 102, o prazo será contado do **término do impedimento**.

Nessa situação, se a pessoa **já for servidor** e estiver gozando de determinadas **licenças** ou **afastamentos**, o tempo para tomar posse será iniciado após o término desse impedimento.

O servidor que deva **ter exercício em outro município em razão de ter sido removido, redistribuído, requisitado, cedido ou posto em exercício provisório terá, no mínimo, dez e, no máximo, trinta dias de prazo**, contados da publicação do ato, para a retomada do efetivo desempenho das atribuições do cargo, incluído nesse prazo o tempo necessário para o deslocamento para a nova sede. O servidor pode (facultado) declinar desses prazos (se estiver em licença ou afastado legalmente, esse período conta do término do impedimento).

Esses prazos (para tomar posse e entrar em exercício) são **declináveis**, isto é, não é necessário aguardar o último dia (pode tomar posse em um dia após a nomeação e já entrar em exercício, no dia seguinte).

→ **Regras referentes à posse:**

> Pode ser dada mediante procuração específica.

> Existe posse apenas nos casos de provimento de cargo por nomeação (única forma de provimento originária).

> Apresenta declaração de bens e valores, bem como de estar ou não em exercício de outro cargo, emprego ou função pública.

> Depende de prévia inspeção médica oficial (só pode ser empossado se for julgado apto física e mentalmente para o exercício do cargo).

À autoridade responsável do órgão ou entidade **para onde for nomeado ou designado** o servidor compete dar-lhe exercício.

O início da atividade de **função de confiança** coincidirá com a **data de publicação do ato de designação, salvo quando o servidor estiver em licença ou afastado** por qualquer outro motivo legal, hipótese em que recairá no primeiro dia útil após o término do impedimento, que não poderá exceder a trinta dias da divulgação.

O início, a suspensão, a interrupção e o reinício do exercício serão registrados no assentamento individual do servidor.

Ao entrar em exercício, o mais novo concursado apresentará ao órgão competente os elementos necessários ao seu assentamento individual.

A promoção **não interrompe** o tempo de exercício, que é contado no novo posicionamento na carreira a partir da data de publicação do ato que promover o servidor.

Os servidores cumprirão jornada de trabalho fixada em razão das atribuições pertinentes aos respectivos cargos, respeitada a duração máxima do trabalho semanal de quarenta horas e observados os limites mínimo e máximo de seis horas e oito diárias, respectivamente (**pode haver disposição de jornada diversa em leis especiais**).

→ **Jornada do servidor** (limites):

> Semanal - 40 horas

> Diária - mínimo seis horas e máximo oito.

O ocupante de cargo em comissão ou função de confiança submete-se a regime de integral dedicação ao serviço, observado o disposto no Art. 120 (regras de afastamento ou não do cargo efetivo para exercício do cargo em comissão), podendo ser convocado sempre que houver interesse da Administração.

Estabilidade e Estágio Probatório

Disposições Gerais

O Art. 20 da Lei 8.112/90 diz que "ao entrar em exercício, o servidor nomeado para cargo de provimento efetivo ficará sujeito a estágio probatório por período de 24 meses, durante o qual a sua aptidão e capacidade serão objeto de avaliação para o desempenho do cargo..."

Entretanto, de acordo com o Art. 41 da CF o prazo para aquisição da estabilidade é de **três anos**, sendo esse também o entendimento aplicado nas provas para o prazo do estágio probatório (isso está pacificado inclusive pela jurisprudência do STJ).

Fique Ligado

Tanto o prazo para o estágio probatório, como o período para adquirir estabilidade, é de três anos de efetivo exercício.

A **estabilidade** é dada no **serviço público**, após esse prazo e preenchido os requisitos, o servidor torna-se estável no serviço público naquela esfera (feita apenas uma vez nessa esfera). Para que seja adquirida, é necessária a aprovação em estágio probatório. Este diz respeito **ao cargo**. A cada nova função ele deve ser cumprido, independente de o servidor já ser estável ou não.

→ Na Lei 8.112/90 a avaliação de desempenho (estágio probatório) observará os seguinte fatores:
- Assiduidade.
- Disciplina.
- Capacidade de iniciativa.
- Produtividade.
- Responsabilidade.

Quatro meses antes de findo o período do estágio probatório, será submetida à **homologação** da autoridade competente a avaliação do desempenho do servidor, realizada por comissão constituída para essa finalidade, de acordo com o que dispuser a lei ou o regulamento da respectiva carreira ou cargo, sem prejuízo da continuidade de apuração dos fatores acima citados.

Fique Ligado

O servidor não habilitado em estágio probatório será exonerado desse cargo (e não demitido).

→ Observações para o servidor em estágio probatório:

PODERÁ exercer quaisquer cargos de provimento em comissão ou funções de direção, chefia ou assessoramento no órgão ou entidade de lotação, e somente poderá ser **cedido a outro órgão ou entidade para ocupar cargos de Natureza Especial, cargos de provimento em comissão do Grupo-Direção e Assessoramento Superiores - DAS, de níveis 6, 5 e 4, ou equivalentes**.

→ Licenças e afastamentos permitidos:
- Licenças:
  - Por motivo de doença em pessoa da família.
  - Por motivo de afastamento do cônjuge ou companheiro.
  - Para o serviço militar.
  - Para atividade política.
- Afastamentos:
  - Exercício de Mandato Eletivo (cuidado para não confundir, o afastamento para mandado CLASSISTA não pode no estágio probatório).
  - Estudo ou Missão no Exterior.
  - Servir em organismo internacional.
  - Curso de formação (outro cargo federal).

Servidor Estável e a Perda do Cargo:

→ A **Lei 8.112/90** diz que o servidor estável somente perderá o cargo em virtude de:
- Sentença judicial transitada em julgado.
- Processo administrativo disciplinar no qual lhe seja assegurada ampla defesa.

→ Já a Constituição Federal estabelece as seguintes hipóteses de perda do cargo pelo servidor estável:
- Sentença judicial transitada em julgado.
- Processo administrativo em que lhe seja assegurada ampla defesa.
- Procedimento de avaliação periódica de desempenho, na forma de lei complementar, assegurada ampla defesa.
- Excesso de despesas com pessoal (Art. 169, §4º).

Exercício Comentado

01. (CESPE) A nomeação para cargo de provimento efetivo será realizada mediante prévia habilitação em concurso público de provas ou de provas e títulos ou, em algumas situações excepcionais, por livre escolha da autoridade competente.

ERRADO. Os cargos de provimento efetivo serão SEMPRE preenchidos mediante prévia aprovação em concurso público. Os cargos em comissão é que são de livre nomeação e livre exoneração.

Vamos Praticar

01. (FAFIPA) À luz da Lei nº 8.112/90 que dispõe sobre o regime jurídico dos servidores públicos civis da União, das autarquias e das fundações públicas federais, assinale a alternativa que NÃO apresenta um requisito básico para investidura em cargo público:

a) O gozo dos direitos políticos.
b) A quitação com as obrigações militares e eleitorais.
c) O nível de escolaridade exigido para o exercício do cargo.
d) A comprovação de filiação em partido político.
e) A aptidão física e mental.

02. (FCC) O Sr. João, portador de deficiência, sempre alimentou o sonho de trabalhar em prol da sociedade. Para a satisfação desse desejo, optou por prestar concurso público para um cargo cujas atribuições são compatíveis com a deficiência da qual é portador. Nos termos da Lei, para o Sr. João, e para todos aqueles nessa condição, em relação às vagas oferecidas no concurso, os editais deverão reservar:

a) 10%;
b) até 10%;
c) 15%;
d) até 20%;
e) 20%.

03. (FCC) O Sr. Jorge não foi aprovado em estágio probatório para o primeiro cargo público que ocupou. Nesse caso, ele será:

a) Demitido;
b) Transferido;
c) Reaproveitado;

d) Readaptado;

e) Exonerado de ofício;

04. (FCC) Ao entrar em exercício, todo servidor nomeado para cargo de provimento efetivo ficará sujeito a estágio probatório, período em que será avaliado para o desempenho do cargo sob os fatores da assiduidade, disciplina, capacidade de iniciativa, produtividade e responsabilidade. Durante o estágio probatório poderá ser concedida ao servidor a licença:

a) Para capacitação;

b) Por prêmio de assiduidade;

c) Para atividade política;

d) Para tratar de interesses particulares;

e) Para desempenho de mandato classista.

05. (FCC) O Sr. José foi nomeado para um cargo em comissão do TRT da 15ª Região, no mesmo município em que reside. Passados 15 dias contados da data da posse, ele não entrou em exercício. Nesse caso, será tornado sem efeito o ato de sua designação ou:

a) Renomeado;

b) Exonerado;

c) Reintegrado;

d) Reconduzido;

e) Demitido.

06. (FCC) A investidura em cargo público ocorre com a posse e dependerá de prévia inspeção médica oficial. Todavia, nos termos do Regime Jurídico dos Servidores Públicos Civis da União, somente haverá posse nos casos de provimento de cargo por:

a) Nomeação;

b) Promoção;

c) Readaptação;

d) Reintegração;

e) Recondução.

07. (CESPE) A posse poderá ocorrer mediante instrumento de procuração específica para tal ato.

Certo ( ) Errado ( )

08. (CESPE) A investidura em cargo público ocorrerá com a entrada em exercício nas funções inerentes ao cargo.

Certo ( ) Errado ( )

09. (CESPE) Professor estrangeiro que resida no Brasil e pretenda ocupar cargo público em universidade federal somente poderá atuar como professor visitante, visto que a investidura em cargo público é restrita a brasileiros natos ou naturalizados.

Certo ( ) Errado ( )

10. (CESPE) A aprovação em concurso público é condição necessária para que o servidor público seja investido em cargo ou função pública.

Certo ( ) Errado ( )

Gabarito

01	D	06	A
02	D	07	CERTO
03	E	08	ERRADO
04	C	09	ERRADO
05	B	10	ERRADO

Anotações

CAPÍTULO 11
Provimento e Vacância

Provimento

Provimento é o modo pelo qual um cargo público é preenchido. Essas formas, assim como as de vacância, configuram um rol taxativo, isto é, existem apenas essas hipóteses expressamente previstas em lei.

Fique Ligado

→ ***São Formas de PROVIMENTO de cargo público (7 hipóteses - rol taxativo):***
> ***NOMEAÇÃO (única originária, as outras modalidades são formas derivadas de provimento - ou secundárias).***
> ***PROMOÇÃO (forma híbrida - é também forma de vacância).***
> ***READAPTAÇÃO (forma híbrida - é também forma de vacância).***
> ***REVERSÃO.***
> ***APROVEITAMENTO.***
> ***REINTEGRAÇÃO.***
> ***RECONDUÇÃO.***

Nomeação

→ Trata-se da única forma originária de provimento de cargo público, sendo feita:
> **Em caráter efetivo** → quando se tratar de cargo isolado de provimento efetivo ou de carreira.
> **Em comissão** (inclusive na condição de interino) → para cargos de confiança vagos.

O servidor ocupante de cargo em comissão ou de natureza especial poderá ser nomeado para ter exercício, interinamente, em outra função de confiança, sem prejuízo das atribuições do que atualmente ocupa, hipótese em que deverá optar pela remuneração de um deles durante o período da interinidade.

A nomeação para cargo de carreira ou cargo isolado de **provimento efetivo** depende de prévia habilitação em concurso público de provas ou de provas e títulos, obedecidos a ordem de classificação e o prazo de sua validade.

Os demais requisitos para o ingresso e o desenvolvimento do servidor na carreira, mediante promoção, serão estabelecidos pela lei que fixar as diretrizes do sistema de carreira na Administração Pública Federal e seus regulamentos.

Promoção

É uma forma híbrida, pois ela é tanto modalidade de provimento como de vacância de cargo público.

Ela é aplicada apenas nos cargos escalonados em carreira. Trata-se de progresso dentro da carreira e não da troca de cargo (lembre-se que a Constituição Federal não permite o ingresso em cargo púbico de provimento efetivo sem concurso).

Vale ressaltar que a promoção **não interrompe** o tempo de exercício, que é contado no novo posicionamento na carreira a partir da data de publicação do ato que promover o servidor.

Readaptação

Aplicada no caso de o servidor (estável ou não) sofrer uma limitação (física ou mental) que seja incompatível com as atribuições do cargo que ocupa, mas que ainda pode exercer outro cujo atribuições não estejam impossibilitadas pela sua limitação sofrida.

Caso o readaptando seja julgado incapaz para o serviço público, ele será aposentado por invalidez (e não exonerado).

Seria o caso de um servidor que exerce atividades eminentemente externas (como um oficial de justiça) sofrer um acidente que o deixe paraplégico. Como cadeirante, ele não terá aptidão física para as atribuições do cargo, mas ele poderá exercer normalmente funções internas, sendo readaptado em um cargo dessa natureza.

→ Requisitos:
> Cargos de atribuições afins.
> Respeitada habilitação exigida.
> Mesmo nível de escolaridade.
> Equivalência de vencimentos (não pode reduzir o subsídio ou remuneração).

Se **não existir cargo vago**, o servidor exercerá suas atribuições como **excedente**, até a ocorrência de vaga.

Reversão

Trata-se do retorno à atividade de servidor aposentado, podendo ocorrer de duas modalidades:

→ **De Ofício** - quando tiver sido aposentado por invalidez e junta médica oficial declarar insubsistentes os motivos da aposentadoria (no caso de o cargo estiver provido, ele exercerá suas atribuições como excedente até a ocorrência de vaga). Nessa situação a própria administração, verificando tal contexto, o reverterá ao cargo.

→ **Mediante solicitação** (no interesse da administração), desde que:
> Seja feita a pedido do servidor.
> A aposentadoria tenha sido voluntária.
> Ele seja estável enquanto na atividade.
> A aposentadoria tenha ocorrido nos cinco anos anteriores à solicitação.
> Haja cargo vago.

A reversão far-se-á no mesmo cargo ou no cargo resultante de sua transformação. Mas caso não haja cargo vago, a consequência depende da modalidade de reversão:

→ **De ofício** - exercerá suas funções como **excedente**.

→ **A pedido** - somente pode ser feita se houver cargo vago

No caso de ser revertido, o servidor perceberá, em substituição aos proventos da aposentadoria, a remuneração do cargo que voltar a exercer, inclusive com as vantagens de natureza pessoal que percebia anteriormente à aposentadoria.

Fique Ligado

Em nenhuma hipótese poderá ser revertido o aposentado que já tiver completado 70 anos de idade (essa é a idade para a aposentadoria compulsória).

Reintegração

A reintegração é a reinvestidura do **servidor ESTÁVEL** no cargo anteriormente ocupado, ou na função resultante de sua transformação, quando invalidada a sua demissão por **decisão administrativa ou judicial**, com ressarcimento de **todas as vantagens**.

Dessa forma, quando o servidor tiver sido demitido de maneira indevida e essa demissão for invalidada, ele voltará ao seu cargo, recebendo esse instituto o nome de reintegração.

Na hipótese de o cargo ter sido **extinto**, o servidor ficará em **disponibilidade** (poderá posteriormente ser aproveitado em outro cargo, obedecidas as regras do aproveitamento).

Encontrando-se provido o cargo, o seu eventual ocupante será **reconduzido** à função de origem, sem direito à indenização ou aproveitado em outro cargo, ou, ainda, posto em disponibilidade.

Fique Ligado

→ ***Se o cargo do servidor que estiver sendo reintegrado estiver sendo ocupado, lembre-se de que o cargo é dele. O atual ocupante é quem deverá deixar o cargo, ocorrendo para ele uma das seguintes hipóteses:***
   > ***Recondução ao cargo anterior (sem direito à indenização).***
   > ***Aproveitado em outro cargo.***
   > ***Colocado em disponibilidade.***

Aproveitamento

Trata-se do retorno do servidor em disponibilidade (exemplo: servidor estável cujo órgão para o qual estava lotado foi extinto, fica em disponibilidade e recebe proporcionalmente ao tempo trabalhado).

O aproveitamento é feito em cargo de **atribuições e vencimentos compatíveis** com a função anteriormente ocupada.

A disponibilidade ocorre nas hipóteses de reorganização ou extinção de órgão ou entidade, eliminação do cargo ou declaração de sua desnecessidade no órgão ou entidade, o servidor estável que não for redistribuído será colocado em disponibilidade, até seu aproveitamento.

Será tornado sem efeito o aproveitamento e **cassada a disponibilidade** se o servidor não entrar em exercício no prazo legal, salvo doença comprovada por junta médica oficial.

Recondução

A recondução ocorre quando o servidor passa de um cargo para outro e acontece alguma das hipóteses previstas na lei, fazendo com que ele deixe a atividade atual, mas possa retornar ao seu cargo anterior. Entretanto, ele somente poderá utilizar a reversão caso seja estável na função para a qual deseja retornar e que antes de assumir a nova, tenha solicitado o POC (posse em outro cargo inacumulável).

→ Dessa forma, a recondução é o retorno do **servidor ESTÁVEL** ao cargo anteriormente ocupado e decorrerá de:
   > **Inabilitação em estágio probatório** relativo a outro cargo (exemplo: era técnico e estável, passou no concurso de analista mas foi reprovado no estágio probatório, ele será reconduzido ao cargo de técnico).
   > **Reintegração do anterior ocupante.**

Ao ser reconduzido, caso seu cargo de origem encontre-se ocupado, ele poderá ser aproveitado em outro (obervadas as regras do aproveitamento).

Vacância

São as hipóteses em que o cargo do servidor é desocupado, ficando livre para ser preenchido por outro servidor. O **rol taxativo** (7 modalidades) previsto na Lei 8.112/90 diz que a vacância do cargo público decorrerá de:

> Exoneração.
> Falecimento.
> Demissão.
> **Promoção**.
> Aposentadoria.
> **Readaptação.**
> Posse em outro cargo inacumulável.

Exoneração

A exoneração não é forma de punição, trata-se apenas do desligamento do servidor por algum dos motivos previstos em lei. Ela pode ser feita:

→ A pedido do servidor.
→ De ofício (pela própria administração).
   > A exoneração de ofício será feita:
      » Quando não satisfeitas as condições do estágio probatório.
      » Quando, tendo tomado posse, o servidor não entrar em exercício no prazo estabelecido (15 dias).
      » Cargos em comissão.

Essas hipóteses de exoneração de ofício previstas na Lei 8.112/90 são direcionadas para o servidor não estável. Entretanto, a Constituição Federal prevê algumas situações de exoneração que alcançam o **servidor estável**:

> Mediante procedimento de avaliação periódica de desempenho, na forma de lei complementar e garantida a ampla defesa (Art. 41, § 1º, III).
> Corte de despesas com excesso de pessoal (Art. 169, § 3º).

Falecimento

Essa forma de vacância não enseja maiores explicações, pois com a morte do servidor, seu cargo será declarado vago e apto para ser provido por outra pessoa.

Demissão

A demissão é a **penalidade** aplicada para o servidor que cometer uma infração funcional grave. Os detalhes e regras da demissão são estudadas em tópico próprio (regime jurídico disciplinar).

Promoção

A promoção já foi estudada no tópico de provimento. Vale lembrar que trata-se de uma maneira híbrida, pois ela caracteriza tanto forma de provimento, como de vacância de cargo público.

Aposentadoria

→ A aposentadoria pode ocorrer de três formas:

> Por invalidez permanente.
> Compulsória.
> Voluntária.

Entretanto, as regras atinentes à aposentadoria é estudada em outro tópico (seguridade social do servidor).

Readaptação

A readaptação já foi estudada no tópico de provimento. Vale lembrar que trata-se de uma forma híbrida, pois ela caracteriza tanto forma de provimento, como de vacância de cargo público.

Posse Em Outro Cargo Inacumulável (POC)

Essa forma de vacância é utilizada quando o servidor quer se afastar do cargo para assumir um outro, mas sem desligar-se definitivamente da Administração. Caso ele seja estável e seja inabilitado no estágio probatório do novo cargo, por exemplo, ele poderá ser reconduzido (se pedir exoneração corta o vínculo e não poderá ser eventualmente reconduzido).

A Constituição Federal dispõe ser vedada (proibida) a acumulação remunerada de cargos públicos. Entretanto, caso haja compatibilidade de horários, as seguintes hipóteses de acumulação são permitidas (mas deve ser observado o teto remuneratório):

> Dois cargos de professor.
> Um cargo de professor com outro técnico ou científico.
> Dois cargos ou empregos privativos de profissionais de saúde, com profissões regulamentadas.

Essa proibição de acumular estende-se a **empregos e funções** e abrange autarquias, fundações, empresas públicas, sociedades de economia mista, suas subsidiárias, e sociedades controladas, direta ou indiretamente, pelo poder público.

Formas de Deslocamento

Tanto a remoção, quanto a redistribuição, não são formas de provimento e também não geram vacância.

Remoção

A remoção é o deslocamento do servidor, no âmbito do mesmo quadro, para ter exercício em outra unidade (não existe nenhuma alteração no seu vínculo funcional, ele apenas exercerá suas funções em outra unidade. A remoção pode ser dada com ou sem mudança de sede.

Fique Ligado

→ ***Remoção***
> ***Dentro do mesmo quadro.***
> ***Com ou sem mudança de sede.***

Modalidades

A remoção pode ocorrer de ofício ou a pedido do servidor. No caso de a pedido, temos aquela que é feita no interesse da administração (ele apenas será removido se a administração achar conveniente e oportuno) e também hipóteses em que a administração será obrigada a remover o servidor (independente de interesse dela).

Remoção de Ofício

A remoção de ofício é realizada no interesse da Administração e, a princípio, independe de aceitação do servidor (ele será obrigado a deslocar-se para o local determinado).

Essa é a única modalidade de remoção em que o servidor faz jus à ajuda de custo (espécie de indenização, estudada no tópico de direitos e vantagens).

A Pedido, a Critério da Administração (Discricionariedade)

Nesse caso o servidor solicita a remoção para a Administração Pública, porém, ele apenas será deslocado se ela achar conveniente.

A Pedido, para Outra Localidade, Independentemente do Interesse da Administração

Nessa modalidade de remoção, configurada alguma das hipóteses previstas na lei, o servidor tem direito a ser removido (não existe interesse da administração aqui, ela é obrigada a deslocar o servidor).

→ Hipóteses:

> Para **ACOMPANHAR CÔNJUGE OU COMPANHEIRO**, também servidor público civil ou militar, de qualquer dos Poderes da União, dos Estados, do Distrito Federal e dos Municípios, que foi **deslocado no interesse da Administração.**

Nesse caso, o cônjuge ou companheiro (união estável) do servidor foi removido de ofício para outra localidade. Esse regido pela Lei 8.112/90 tem direito a acompanhar o cônjuge/companheiro removido.

Fique Ligado

O cônjuge ou companheiro que foi removido de ofício não precisa ser regido pela Lei 8.112/90, ele pode ser um servidor civil ou militar, de qualquer das esferas e de qualquer dos Poderes.

> Por **MOTIVO DE SAÚDE** do servidor, cônjuge, companheiro ou dependente que viva às suas expensas e conste do seu assentamento funcional, condicionada à comprovação por **junta médica oficial**.
> Em virtude de **processo seletivo** promovido, na hipótese em que o número de **interessados for superior ao número** de vagas, de acordo com normas pré-estabelecidas pelo órgão ou entidade em que aqueles estejam lotados.

Redistribuição

A redistribuição é o deslocamento de cargo de provimento efetivo, ocupado ou vago no âmbito do quadro geral de pessoal, para outro órgão ou entidade do mesmo Poder.

Ela será feita com prévia apreciação do órgão central do SIPEC (Sistema de Pessoal Civil), com observância de alguns:

> Interesse da administração.
> Equivalência de vencimentos.
> Manutenção da essência das atribuições do cargo.
> Vinculação entre os graus de responsabilidade e complexidade das atividades.

> Mesmo nível de escolaridade, especialidade ou habilitação profissional.
> Compatibilidade entre as atribuições do cargo e as finalidades institucionais do órgão ou entidade.

A redistribuição ocorrerá de *officio* para **ajustamento de lotação e da força de trabalho às necessidades dos serviços**, inclusive nos casos de reorganização, extinção ou criação de órgão ou entidade.

A redistribuição de cargos efetivos vagos se dará mediante ato conjunto entre o órgão central do SIPEC e os órgãos e entidades da Administração Pública Federal envolvidos.

Nos casos de reorganização ou extinção de órgão ou entidade, extinto o cargo ou declarada sua desnecessidade, o servidor estável que não for redistribuído será colocado em disponibilidade, até seu aproveitamento na forma definida na Lei 8.112/90.

Caso não ocorra nenhuma dessas situações poderá ser mantido sob responsabilidade do órgão central do SIPEC, e ter exercício provisório, em outro órgão ou entidade, até seu adequado aproveitamento.

→ **Redistribuição**

> Deslocamento do cargo de provimento efetivo.
> Ocupado ou vago.
> Para outro órgão ou entidade, do MESMO Poder.

Exercício Comentado

01. ***(FCC) Jéssica, servidora pública federal, aposentou-se por invalidez em 2011. Decorridos dois anos, a junta médica oficial declarou insubsistentes os motivos de sua aposentadoria. Cumpre salientar que Jéssica, no início de 2013, completou 70 (setenta) anos de idade. A propósito do tema e nos termos da Lei nº 8.112/90:***

a) ***Aplica-se, no caso, o instituto da recondução;***
b) ***Aplica-se, no caso, o instituto da readaptação;***
c) ***É possível a reversão, independentemente da idade, devendo Jéssica, posteriormente, requerer sua aposentadoria por idade;***
d) ***Não é possível a reversão, uma vez que Jéssica completou setenta anos de idade;***
e) ***É possível a recondução de Jéssica, independentemente da idade, devendo, posteriormente, requerer sua aposentadoria por idade.***

RESPOSTA. ***D. Quando a aposentadoria por invalidez tiver sido declarada insubsistente, ocorrerá a reversão de ofício do servidor (Art. 25, I, da Lei 8.112/90). Entretanto, o Art. 27 dessa mesma lei define que não poderá ocorrer a reversão do servidor que tiver completado 70 anos de idade.***

Vamos Praticar

01. (FGV) Pedro, servidor público estadual do Poder Executivo, foi injustamente demitido por falta grave, após processo administrativo disciplinar, sendo acusado de receber propina. Pedro buscou assistência jurídica na Defensoria Pública e, após longo processo judicial, que durou quatro anos, o Poder Judiciário reconheceu que Pedro não praticara o ato que lhe fora imputado, determinando seu retorno ao serviço, com ressarcimento dos vencimentos e vantagens, bem como reconhecimento dos direitos ligados ao cargo. O nome dado à forma de provimento de cargo determinada na decisão judicial é:

a) Nomeação.
b) Retorno.
c) Aproveitamento.
d) Reintegração.
e) Readaptação.

02. (Instituto AOCP) Analise as assertivas e assinale a alternativa que aponta as corretas. É vedada a acumulação remunerada de cargos públicos, exceto, quando houver compatibilidade de horários.

I. A de dois cargos de professor.
II. A de um cargo de professor com outro técnico ou científico.
III. A de dois cargos ou empregos privativos de profissionais de saúde, com profissões regulamentadas cumulado com outros dois cargos de professor.
IV. A de dois cargos ou empregos privativos de profissionais de saúde, com profissões regulamentadas

a) Apenas I, II e IV.
b) Apenas I e III.
c) Apenas II e III.
d) Apenas II, III e IV
e) I, II, III e IV.

03. (FCC) Servidor Público Federal, ocupante de cargo junto ao Ministério da Fazenda, foi deslocado, no âmbito do mesmo quadro, com mudança de sede, no interesse da Administração. O ato administrativo descrito, nos termos da Lei nº 8.112/1990, denomina-se:

a) Remoção, que compreende as modalidades de ofício, hipótese em que o deslocamento do servidor se dá no interesse da Administração, e a pedido, hipótese em que o deslocamento do servidor se dá, exclusivamente, a critério da Administração.
b) Recondução, que se constitui na modalidade de deslocamento do servidor que se dá de ofício, no interesse da administração, com ou sem mudança de sede, hipótese em que a motivação do ato é dispensada; denominando-se redistribuição, o deslocamento a pedido do servidor.
c) Redistribuição, que se constitui na modalidade de deslocamento do servidor que se dá de ofício, no interesse da Administração, com ou sem mudança de sede, independentemente de motivação.
d) Remoção, que compreende as modalidades de ofício, hipótese em que o deslocamento do servidor se dá no interesse da administração, e a pedido, hipótese em que o deslocamento do servidor se dá a critério da Administração, podendo, no entanto, ocorrer independentemente do interesse da Administração, nas situações expressamente autorizadas pela Lei.
e) Transferência, que é a modalidade de deslocamento do servidor que se dá de ofício, com ou sem mudança de sede, sempre no interesse da Administração.

04. (CESPE) A proibição de acumular cargos públicos alcança todos os órgãos da administração direta, autárquica e fundacional, não se estendendo apenas aos empregos situados nas empresas públicas, sociedades de economia mista e suas subsidiárias, cujo pessoal está submetido a regime jurídico de direito privado.

Certo ( ) Errado ( )

05. (FCC) Cláudio, servidor público federal ocupante de cargo efetivo, foi colocado em disponibilidade em face da extinção do órgão no qual estava lotado. Posteriormente, o Órgão Central do Sistema de Pessoal Civil determinou o imediato provimento, por Cláudio, de vaga aberta junto a outro órgão da Administração pública federal. De acordo com as disposições da Lei nº 8.112/90, referida situação caracteriza:

a) Reversão, facultativa para o servidor, que poderá optar por permanecer em disponibilidade, recebendo 50% (cinquenta por cento) de seus vencimentos.
b) Redistribuição, obrigatória para o servidor, independentemente dos vencimentos do novo cargo.
c) Aproveitamento, cabível desde que se trate de cargo com vencimentos e atribuições compatíveis com o anteriormente ocupado pelo servidor.
d) Recondução, obrigatória apenas se o servidor estiver em disponibilidade há menos de 5 (cinco) anos.
e) Reintegração, somente obrigatória em se tratando de órgão sucessor do extinto nas respectivas atribuições.

06. (FCC) Caterina, servidora pública federal, deverá ter exercício em outro Município em razão de ter sido removida. Nos termos da Lei nº 8.112/90, a servidora terá um prazo mínimo, contado da publicação do ato, para a retomada do efetivo desempenho das atribuições do cargo, incluído nesse prazo o tempo necessário para o deslocamento para a nova sede. O prazo mínimo a que se refere o enunciado é de:

a) Dez dias.
b) Um mês.
c) Cinco dias.
d) Setenta e duas horas.
e) Quinze dias.

07. (CESPE) Um servidor público federal foi demitido após o devido processo administrativo. Contra o ato de demissão ele ajuizou ação judicial, na qual obteve decisão favorável à sua reintegração no cargo, em decorrência da nulidade do ato de demissão. Nessa situação, o servidor reintegrado não terá direito ao tempo de serviço, aos vencimentos e às vantagens que lhe seriam pagos no período de afastamento.

Certo ( ) Errado ( )

08. (CESPE) Acerca da nomeação para cargo público, assinale a opção correta.

a) Aquele que, após a nomeação, não tomar posse no prazo previsto em lei será exonerado do cargo.
b) A nomeação do servidor ocorrerá com a assinatura do respectivo termo, no qual deverão constar as atribuições, os deveres, as responsabilidades e os direitos inerentes ao cargo ocupado.
c) A nomeação, assim como a readaptação, a reintegração e a recondução são formas de provimento em cargo público.
d) De acordo com a Lei nº 8.112/1990, durante o prazo de validade do concurso público, a administração poderá abrir novo concurso para provimento das mesmas vagas, desde que seja priorizada a ordem de nomeação do primeiro concurso.
e) A nomeação para provimento de cargo efetivo ou em comissão deverá ser precedida de concurso público de provas ou de provas e títulos.

09. (CESPE) A promoção, a readaptação e a posse em outro cargo inacumulável incluem-se entre os fatos que geram a situação de vacância do cargo público.

Certo ( ) Errado ( )

10. (CESPE) Anulado o ato de demissão, o servidor estável será reintegrado ao cargo por ele ocupado anteriormente, exceto se o cargo estiver ocupado, hipótese em que ficará em disponibilidade até aproveitamento posterior em cargo de atribuições e vencimentos compatíveis.

Certo ( ) Errado ( )

Gabarito

01	D	06	A
02	A	07	ERRADO
03	D	08	C
04	ERRADO	09	CERTO
05	C	10	ERRADO

Anotações

CAPÍTULO 12

Direitos e Vantagens

Vencimento e Remuneração

Conceitos

Vencimento é a retribuição pecuniária pelo exercício de cargo público, com valor fixado em lei (vencimento é o básico).

Remuneração é o vencimento do cargo efetivo, acrescido das vantagens pecuniárias permanentes estabelecidas em lei (não pode ser inferior ao salário mínimo).

Remuneração = Vencimentos + Vantagens

Para fins de diferenciação, é importante saber que o **subsídio** difere da remuneração pois ele é pago em parcela única, sendo obrigatório para determinadas carreiras (hipóteses do Art. 144 da CF). O pagamento por subsídio pode ser aplicado facultativamente para outras carreiras de servidores (cargos escalonados em carreiras).

Proventos → retribuição pecuniária do inativo (aposentado ou servidor em disponibilidade remunerada).

Características

01. **Irredutibilidade**: o vencimento do cargo efetivo, acrescido das vantagens de caráter permanente, é irredutível.
02. **Isonomia**: é assegurada a isonomia de vencimentos para cargos de atribuições iguais ou assemelhadas do mesmo Poder, ou entre servidores dos três Poderes, ressalvadas as vantagens de caráter individual e as relativas à natureza ou ao local de trabalho.
03. **Teto**: nenhum servidor poderá perceber, mensalmente, a título de remuneração, importância superior à soma dos valores percebidos como remuneração, em espécie, a qualquer título, no âmbito dos respectivos Poderes (o teto varia de acordo com o Poder em que está o servidor):
    > **Poder Executivo** - Ministros de Estado.
    > **Poder Legislativo** - Membros do Congresso Nacional.
    > **Poder Judiciário** - Ministros do Supremo Tribunal Federal.

Algumas vantagens **estão excluídas do teto** (não são levadas em conta nesse limite):

> Gratificação natalina.
> Adicional pelo exercício de atividades insalubres, perigosas ou penosas.
> Adicional pela prestação de serviço extraordinário.
> Adicional noturno.
> Adicional de férias.

O teto remuneratório é encontrado também no Art. 37, inciso XI da Constituição Federal, sendo o teto geral o subsídio de Ministro do STF, mas ele também trouxe outros limites específicos:

"A remuneração e o subsídio dos ocupantes de cargos, funções e empregos públicos da administração direta, autárquica e fundacional, dos membros de qualquer dos Poderes da União, dos Estados, do Distrito Federal e dos Municípios, dos detentores de mandato eletivo e dos demais agentes políticos e os proventos, pensões ou outra espécie remuneratória, percebidos cumulativamente ou não, incluídas as vantagens pessoais ou de qualquer outra natureza, não poderão exceder o subsídio mensal, em espécie, dos Ministros do Supremo Tribunal Federal, aplicando-se como limite, nos Municípios, o subsídio do Prefeito, e nos Estados e no Distrito Federal, o subsídio mensal do Governador no âmbito do Poder Executivo, o subsídio dos Deputados Estaduais e Distritais no âmbito do Poder Legislativo e o subsídio dos Desembargadores do Tribunal de Justiça, limitado a noventa inteiros e vinte e cinco centésimos por cento do subsídio mensal, em espécie, dos Ministros do Supremo Tribunal Federal, no âmbito do Poder Judiciário, aplicável este limite aos membros do Ministério Público, aos Procuradores e aos Defensores Públicos".

Perda da Remuneração

→ O servidor perderá:
> A remuneração do **dia** em que **faltar** ao serviço, sem motivo justificado.
> A **parcela de remuneração** diária, proporcional aos **atrasos, ausências justificadas** e **saídas antecipadas** (mas admite-se a compensação de horário, até o mês subsequente ao da ocorrência, a ser estabelecida pela chefia imediata, não perdendo, nesse caso a parcela).

As faltas justificadas decorrentes **de caso fortuito ou de força maior** poderão ser compensadas a **critério da chefia imediata**, sendo assim consideradas como efetivo exercício.

→ O desconto somente poderá incidir na remuneração ou nos proventos nos seguintes casos:
> Imposição legal.
> Mandado judicial.
> Consignação em folha de pagamento (com autorização do servidor e à critério da administração, na forma definida em regulamento).

Reposições e Indenizações ao erário serão realizadas com o pagamento, no **prazo máximo de trinta dias, podendo ser parceladas, a pedido do interessado** (cada parcela não poderá ser inferior ao correspondente a dez por cento da remuneração, provento ou pensão).

Quando o pagamento indevido houver ocorrido no **mês anterior** ao do processamento da folha, a reposição será feita imediatamente, em uma **única parcela**.

O servidor que estiver em **débito com o erário** e for demitido, exonerado ou ter aposentadoria ou disponibilidade cassada, terá o prazo de **60 dias** para quitar (caso não pague nesse prazo, implicará sua inscrição em dívida ativa).

Fique Ligado

O vencimento, a remuneração e o provento não serão objeto de arresto, sequestro ou penhora, exceto nos casos de prestação de alimentos resultante de decisão judicial.

Vantagens

→ Além do vencimento, poderão ser pagas ao servidor as seguintes vantagens:
> **INDENIZAÇÕES** (não incorporam nunca).
> **GRATIFICAÇÕES** (pode incorporar - depende de lei).
> **ADICIONAIS** (pode incorporar - depende de lei).

As vantagens pecuniárias não serão computadas, nem acumuladas, para efeito de concessão de quaisquer outros acréscimos pecuniários ulteriores, sob o mesmo título ou idêntico fundamento.

Indenizações

→ São indenizações:

> Ajuda de custo.

> Diárias.

> Transporte.

> Auxílio-moradia.

Os valores das indenizações, bem como as condições a serem preenchidas para sua concessão serão estabelecidas em regulamento. A Lei 8.112/90 traz apenas as regras gerais.

Ajuda de Custo

A ajuda de custo destina-se a **compensar as despesas de instalação** do servidor que, no interesse do serviço (remoção de ofício), passar a ter exercício em nova sede, **com mudança de domicílio** em caráter **permanente, vedado o duplo pagamento** de indenização, a qualquer tempo, no caso de o cônjuge ou companheiro que detenha também a condição de servidor, vier a ter exercício na mesma sede.

Além desse valor, também correm por conta da administração as despesas de transporte do servidor e de sua família, compreendendo passagem, bagagem e bens pessoais.

Fique Ligado

→ ***Ajuda De Custo***

> ***Deslocamento permanente no interesse do serviço.***

> ***Com mudança de domicílio.***

> ***Vedado o duplo pagamento da indenização.***

Se o servidor falecer na nova sede, será assegurada à família dele ajuda de custo e transporte para a localidade de origem, dentro do **prazo de um ano**, contado do óbito.

→ Disposições sobre a ajuda de custo

> Calculada sobre a **remuneração** do servidor (**não pode exceder** a importância correspondente a **três meses**).

> Não será concedida ajuda de custo ao servidor que se afastar do cargo, ou reassumi-lo, em virtude de mandato eletivo.

> Será concedida ajuda de custo àquele que, não sendo servidor da União, for nomeado para cargo em comissão, **com mudança de domicílio**.

> Não é devida nos casos de remoção a pedido (o servidor tem direito apenas no caso de ter sido removido de ofício, compulsoriamente).

O servidor ficará obrigado a **restituir** a ajuda de custo quando, injustificadamente, não se apresentar na nova sede no prazo de **30 dias**.

Diárias

Enquanto a ajuda de custo é feita para o deslocamento permanente, as diárias são para as hipóteses de **deslocamento temporário**.

Essa indenização é devida em caso de afastamento da sede, em caráter eventual ou transitório, para outro ponto do território nacional ou para o exterior (por exemplo, uma missão para transporte de detento para outra cidade).

Nesse caso, o servidor fará jus a **passagens e diárias** destinadas a indenizar as parcelas de despesas extraordinária **com pousada, alimentação e locomoção urbana**, conforme dispuser em regulamento.

A diária será concedida por dia de afastamento, sendo devida pela **metade** quando o deslocamento não exigir pernoite fora da sede, ou quando a União custear, por meio diverso, as despesas extraordinárias cobertas por diárias.

Fique Ligado

Ela é concedida por dia de afastamento (caso não haja pernoite, ela é devida pela metade).

Se o deslocamento constituir **exigência permanente** do cargo, o servidor não fará jus a diárias. Também não terá direito a diárias o que se deslocar **dentro da mesma região metropolitana, aglomeração urbana ou microrregião**, constituídas por municípios limítrofes e regularmente instituídas, ou em áreas de controle integrado mantidas com países limítrofes, cuja jurisdição e competência dos órgãos, entidades e servidores brasileiros considera-se estendida, **salvo se houver pernoite fora da sede**, hipóteses em que as diárias pagas serão sempre as fixadas para os afastamentos dentro do território nacional.

O servidor que receber diárias e não se afastar da sede (por qualquer motivo) fica obrigado a restituí-las integralmente, no prazo de **cinco dias**.

Também caso ele retorne à sede em prazo inferior ao previsto para o seu afastamento, deverá restituir as diárias recebidas em excesso (também no prazo de cinco dias).

Indenização de Transporte

Conceder-se-á indenização de transporte ao servidor que realizar despesas com a utilização de **meio próprio de locomoção** para a execução de **serviços externos**, por força das **atribuições próprias do cargo**, conforme se dispuser em regulamento (exemplo: os oficiais de justiça que trabalham com o próprio carro).

Auxílio-moradia

O auxílio-moradia é a indenização consistente no ressarcimento das despesas comprovadamente realizadas pelo servidor com **aluguel de moradia** ou com **meio de hospedagem** administrado por empresa hoteleira, no prazo de **um mês após a comprovação da despesa** pelo servidor.

Ele é devido ao que tenha se mudado do **local de residência** para ocupar cargo em comissão ou função de confiança do Grupo-Direção e Assessoramento Superiores - DAS, níveis 4, 5 e 6, de Natureza Especial, de Ministro de Estado ou equivalentes (apenas para deslocamentos ocorridos após 30 de junho de 2006).

→ Para concessão do auxílio moradia, os seguintes **REQUISITOS** devem ser observados:

> **Não exista imóvel funcional** disponível para uso pelo servidor (nem o cônjuge ou companheiro ocupe imóvel funcional).

> **O servidor ou seu cônjuge ou companheiro não seja ou tenha sido proprietário, promitente comprador, cessionário ou promitente cessionário** de imóvel no Município onde for exercer o cargo, incluída a hipótese de lote edificado sem

averbação de construção, nos **doze meses que antecederem a sua nomeação**.

> Nenhuma outra pessoa que resida com o servidor **receba auxílio-moradia**.

> O Município no qual assuma o cargo em comissão ou função de confiança não se enquadre nas hipóteses do Art. 58, § 3º, em relação ao local de residência ou domicílio do servidor (**mesma região ou limítrofes**).

> O servidor **não tenha sido domiciliado ou tenha residido no Município, nos últimos doze meses**, aonde for exercer o cargo em comissão ou função de confiança, desconsiderando-se prazo inferior a sessenta dias dentro desse período.

> O deslocamento **não tenha sido** por força de alteração de lotação ou nomeação para cargo efetivo.

O valor mensal do auxílio-moradia é **limitado a 25%** do valor da função em comissão, atividade comissionada ou cargo de Ministro de Estado ocupado. Ele também não pode exceder a 25% da remuneração do Ministro de Estado.

Independentemente do valor do cargo em comissão ou função comissionada, fica garantido a todos os que preencherem os requisitos o ressarcimento até o valor de R$ 1.800,00.

No caso de falecimento, exoneração, colocação de imóvel funcional à disposição do servidor ou aquisição de imóvel, o auxílio-moradia **continuará sendo pago por um mês**.

Retribuições, Gratificações e Adicionais

A Lei 8.112/90 traz algumas espécies dessas vantagens a que fazem jus os servidores. Entretanto, esse rol não é taxativo, existem outras modalidades de gratificações e adicionais previstas em leis específicas.

Retribuição pelo Exercício de Função de Direção, Chefia e Assessoramento

Recebido pelo exercício de uma função de direção, chefia ou assessoramento (cargo em comissão ou função de confiança). Essa remuneração será estabelecida em lei específica.

Gratificação Natalina

A gratificação natalina é o equivalente ao "13º salário" para os servidores públicos (o décimo terceiro salário é para os celetistas, na Lei 8.112/90 utilizamos o termo gratificação natalina).

Essa gratificação corresponde a **1/12** (um doze avos) da **remuneração** a que o servidor fizer jus no mês de dezembro, por mês de exercício no respectivo ano. A fração igual ou superior a 15 dias é considerada como mês integral, para cálculo dessa gratificação. Ela é paga **até o dia 20 do mês de dezembro**.

No caso de exoneração o servidor receberá a gratificação **proporcionalmente** aos meses de exercício (calculada sobre a remuneração do mês da exoneração).

A gratificação natalina **não será considerada** para cálculo de qualquer vantagem pecuniária.

Gratificação por Encargo de Curso ou Concurso

→ Essa gratificação é devida ao servidor que, em caráter eventual:

I. Atuar como **instrutor em curso de formação**, de desenvolvimento ou de treinamento regularmente instituído no âmbito da administração pública federal.

II. **Participar de banca examinadora** ou de comissão para exames orais, para análise curricular, para correção de provas discursivas, para elaboração de questões de provas ou para julgamento de recursos intentados por candidatos.

III. **Participar da logística de preparação e de realização de concurso público** envolvendo atividades de planejamento, coordenação, supervisão, execução e avaliação de resultado, quando tais não estiverem incluídas entre as suas atribuições permanentes.

IV. **Participar da aplicação, fiscalizar ou avaliar provas** de exame vestibular ou de concurso público ou supervisionar essas atividades.

O valor da gratificação será calculado em horas, observadas a natureza e a complexidade da atividade exercida.

A retribuição **não poderá ser superior ao equivalente a 120 horas de trabalho anuais**, salvo situação de excepcionalidade, devidamente justificada e previamente aprovada pela autoridade máxima do órgão ou entidade, que poderá autorizar o acréscimo de até 120 horas de trabalho anuais.

O valor máximo da hora trabalhada corresponderá aos seguintes percentuais, incidentes sobre o maior vencimento básico da administração pública federal:

> 2,2% (hipóteses I e II).

> 1,2% (III e IV).

A Gratificação por Encargo de Curso ou Concurso somente será paga se essas atividades forem exercidas **sem prejuízo das atribuições do cargo** de que o servidor for titular, devendo ser objeto de compensação de carga horária quando desempenhadas durante a jornada de trabalho (compensadas até no prazo de um ano).

A Gratificação por Encargo de Curso ou Concurso **não se incorpora** ao vencimento ou salário do servidor para qualquer efeito e não poderá ser utilizada como base de cálculo para quaisquer outras vantagens, inclusive para fins de cálculo dos proventos da aposentadoria e das pensões.

Adicional de Insalubridade, Periculosidade ou Atividades Penosas

Os servidores que trabalhem com habitualidade em locais insalubres ou em contato permanente com substâncias tóxicas, radioativas ou com risco de vida, fazem jus a um adicional sobre o **vencimento** do cargo efetivo.

> **Insalubridade** - contato permanente com substâncias tóxicas ou radioativas.

> **Periculosidade** - atividade com risco de vida.

> **Penosidade** - atividades em zona de fronteira ou em locais cujas condições de vida o justifiquem.

Fique Ligado

São adicionais de mesma natureza, dessa forma, não pode receber mais de um ao mesmo tempo (o servidor deve optar por um deles caso faça jus a mais de um).

O direito ao adicional de insalubridade ou periculosidade **cessa com a eliminação** das condições ou dos riscos que deram causa a sua concessão.

Haverá um **controle permanente** da atividade de servidores em operações ou locais considerados penosos, insalubres ou perigosos. A **servidora gestante ou lactante será afastada**, enquanto durar a gestação e a lactação, das operações e locais previstos nestas hipóteses, exercendo suas atividades em local salubre e em serviço não penoso e não perigoso.

Na concessão dos adicionais de atividades penosas, de insalubridade e de periculosidade, serão observadas as situações estabelecidas em legislação específica.

O adicional de **atividade penosa** será devido aos servidores em exercício em **zonas de fronteira ou em localidades cujas condições de vida o justifiquem**, nos termos, condições e limites fixados em regulamento.

Os locais de trabalho e os servidores que operam com Raios-x ou substâncias radioativas serão mantidos sob controle permanente, de modo que as doses de radiação ionizante não ultrapassem o nível máximo previsto na legislação própria. Nesse caso serão submetidos **a exames médicos a cada seis meses**.

Adicional por Serviço Extraordinário

Esse adicional é devido quando o servidor trabalha **além da sua jornada regular**. Ele será remunerado com **acréscimo de 50%** em relação à hora normal do trabalho.

Somente será permitido serviço extraordinário para atender **a situações excepcionais e temporárias**, respeitado o limite **máximo de duas horas por jornada**.

Exemplo: na Lei 8.112/90 a jornada é de 40 horas semanais (8 horas por dia), caso trabalhe nove horas todos os dias, fará jus a cinco extras nessa semana.

Adicional Noturno

O adicional noturno é devido quando o servidor trabalhar no período compreendido **entre 22 horas de um dia e cinco do dia seguinte**.

Durante o serviço noturno, a cada 52 minutos e 30 segundos, computa-se uma hora (a hora noturna é reduzida). O valor desse adicional é de **25%** da hora trabalhada.

Caso o servidor trabalhe em jornada extraordinária no período noturno, esse adicional será calculado sobre a hora normal já acrescida de 50%.

Exemplo: Servidor que receba R$20 reais a hora normal. Se trabalhar em jornada extraordinária, terá direito a R$30 cada extra. Se isso for feito no período noturno, calcularemos os 25% sobre esses R$30 (ficaria então R$ 37.50 cada hora extra noturna).

Adicional de Férias

O adicional de férias é pago, independentemente de solicitação, ao servidor, por ocasião das férias, um adicional correspondente a **1/3 da remuneração** do período das férias.

No caso de o servidor exercer função de direção, chefia ou assessoramento, ou ocupar cargo em comissão, **a respectiva vantagem será considerada** no cálculo desse adicional.

> **Regras sobre as férias**

O período de férias é de 30 dias, podendo ser acumuladas no **máximo até dois períodos**, no interesse do serviço (cumular dois férias), salvo legislação específica.

Para o primeiro período aquisitivo, exige-se do servidor **12 meses de exercício** (para ter direito ao primeiro período de 30 dias de férias. Ele deve ter pelo menos 12 meses de efetivo exercício, somente após esse período poderá tirar férias).

Caso o servidor tenha faltado ao serviço (injustificadamente), é **vedado** levar à conta de férias essas faltas. Assim, caso ele tenha 10 faltas no período aquisitivo, esses 10 dias não poderão ser retirados de suas férias (no caso de faltas injustificadas existem medidas apropriadas).

Parcelamento → pode ser feito o parcelamento das férias em até **três etapas**, desde que servidor **requeira** e no **interesse da administração** (nesse caso recebe o adicional de 1/3 logo na primeira parcela).

→ **Pagamento das férias**

- Até 2 dias antes do início delas (inclusive do respectivo adicional de 1/3).
- No caso de **exoneração**, o servidor tem direito às férias, inclusive **proporcionais** (1/12 avos para cada mês de efetivo exercício ou fração superior a 14 dias).
- **Raio-X ou substâncias radioativas** - 20 dias consecutivos por semestre (a acumulação nesse caso é vedada).

Interrupção das férias - Apenas por motivo de calamidade pública, comoção interna, convocação para júri, serviço militar ou eleitoral, ou por necessidade do serviço declarada pela **autoridade máxima** do órgão ou entidade. Nesse caso, o restante do período interrompido será gozado de uma só vez.

Exercício Comentado

01. (FCC) De acordo com a Lei nº 8.112/1990, quanto às vantagens possíveis de serem pagas aos servidores federais, considere:

I. Quando são pagas indenizações, gratificações e adicionais, essas duas últimas incorporam-se ao vencimento ou provento, nos casos previstos em lei.

II. As vantagens pecuniárias serão computadas e acumuladas para efeito de concessão de quaisquer outros acréscimos pecuniários ulteriores, sob o mesmo título e idêntico fundamento.

III. Quando são pagas indenizações e adicionais, somente as primeiras são incorporadas ao vencimento ou provento, nos casos previstos em lei.

Está correto o que consta APENAS em:

a) I e II.
b) II e III.
c) I e III.
d) I.
e) II.

RESPOSTA. ***D.***

I - Certo. O Art. 49, §1º e §2º, da Lei 8.112/90 define que as gratificações e adicionais podem incorporar aos vencimentos ou proventos, mas apenas nos casos previstos em lei. Já a indenização, jamais poderá ser incorporada.

II - Errado. O Art. 50 da Lei 8.112/90 dispõe que as vantagens pecuniárias não serão computadas, nem acumuladas, para efeito de concessão de quaisquer outros acréscimos pecuniários ulteriores, sob o mesmo título ou idêntico fundamento.

III - Errado. Conforme visto no item I, apenas as gratificações e adicionais podem incorporar (depende de lei), as indenizações jamais serão incorporadas.

Vamos Praticar

01. (Instituto AOCP) Analise as assertivas e assinale a alternativa que aponta as corretas.

I. Os vencimentos dos cargos do Poder Legislativo e do Poder Judiciário não poderão ser superiores aos pagos pelo Poder Executivo.

II. É permitida a vinculação ou equiparação de quaisquer espécies remuneratórias para o efeito de remuneração de pessoal do serviço público.

III. Os acréscimos pecuniários percebidos por servidor público não serão computados nem acumulados para fins de concessão de acréscimos ulteriores.

IV. A proibição de acumular estende-se a empregos e funções e abrange autarquias, fundações, empresas públicas, sociedades de economia mista, suas subsidiárias, e sociedades controladas, direta ou indiretamente, pelo poder público.

a) Apenas I, II e III.
b) Apenas I, III e IV.
c) Apenas II e III.
d) Apenas II, III e IV
e) I, II, III e IV.

02. (FCC) Lara, servidora pública federal do Tribunal Regional do Trabalho da 19ª Região, está ansiosa para receber sua gratificação natalina, a fim de comprar presentes para seus familiares e quitar alguns débitos que ainda possui. A propósito da gratificação narrada e nos termos da Lei nº 8.112/90, é INCORRETO afirmar que:

a) A gratificação será paga até o dia 20 (vinte) do mês de dezembro de cada ano.
b) A gratificação natalina corresponde a 1/12 (um doze avos) da remuneração a que o servidor fizer jus no mês de dezembro, por mês de exercício no respectivo ano.
c) A fração igual ou superior a 15 (quinze) dias será considerada como mês integral.
d) A gratificação natalina será considerada para o cálculo de toda e qualquer vantagem pecuniária.
e) O servidor exonerado perceberá sua gratificação natalina, proporcionalmente aos meses de exercício, calculada sobre a remuneração do mês da exoneração.

03. (FCC) O vencimento é a retribuição pecuniária pelo exercício de cargo público, com valor fixado em lei. Além do vencimento, poderão ser pagas ao servidor vantagens. Os servidores do Tribunal Regional do Trabalho da 5ª Região – TRT/BA receberam as seguintes vantagens: gratificações, ajuda de custo, diárias e adicionais. Dessas vantagens, incorporam-se aos vencimentos, nos casos e condições indicados em lei:

a) Gratificações e diárias.
b) Ajuda de custo e diárias.
c) Gratificações e adicionais.
d) Adicionais e ajuda de custo.
e) Gratificações, diárias e adicionais.

04. (CESPE) A propósito das vantagens previstas na Lei nº 8.112/1990 que podem ser pagas ao servidor, assinale a opção correta.

a) Ao servidor ocupante de cargo efetivo investido em função de chefia é devido o pagamento de adicional pelo seu exercício.
b) A gratificação por encargo de curso ou concurso será devida ao servidor que, em caráter eventual, participar de banca examinadora para exames orais e somente será paga se a referida atividade for exercida sem prejuízo das atribuições de seu cargo ou mediante compensação de carga horária, quando desempenhada durante a jornada de trabalho.
c) As gratificações, os adicionais e as indenizações incorporam-se ao vencimento, nos casos e condições indicados em lei.
d) É possível a concessão de auxílio-moradia para o servidor cujo deslocamento tenha ocorrido por força de alteração de lotação resultante de concurso de remoção a pedido.
e) A ajuda de custo consiste em vantagem indenizatória que se destina a compensar as despesas de instalação do servidor que, no interesse do serviço, passar a ter exercício em nova sede, com mudança de domicílio em caráter transitório ou permanente.

05. (CESPE) Se um servidor público federal tiver realizado despesas com a utilização de meio próprio de locomoção para a execução de serviços externos por força das atribuições próprias do cargo, ele terá direito ao recebimento de indenização de transporte, que se incorporará ao seu vencimento:

Certo ( ) Errado ( )

06. Sobre a sistemática de remuneração do servidor público federal, analise as seguintes afirmativas.

I. As diárias não se incorporam ao vencimento.

II. Vencimento é a retribuição pecuniária pelo exercício de cargo público conforme valor fixado em lei.

III. O vencimento do cargo efetivo, acrescido das vantagens e indenizações mensalmente recebidas pelo servidor, é irredutível.

A partir da análise, conclui-se que estão CORRETAS.

a) I e II apenas.
b) I e III apenas.
c) II e III apenas.
d) I, II e III.

07. (Instituto AOCP) Analise as assertivas e assinale a alternativa que aponta as corretas.

I. Os vencimentos dos cargos do Poder Legislativo e do Poder Judiciário não poderão ser superiores aos pagos pelo Poder Executivo.

II. É permitida a vinculação ou equiparação de quaisquer espécies remuneratórias para o efeito de remuneração de pessoal do serviço público.

III. Os acréscimos pecuniários percebidos por servidor público não serão computados nem acumulados para fins de concessão de acréscimos ulteriores.

IV. A proibição de acumular estende-se a empregos e funções e abrange autarquias, fundações, empresas públicas, sociedades de economia mista, suas subsidiárias, e sociedades controladas, direta ou indiretamente, pelo poder público.

a) Apenas I, II e III.
b) Apenas I, III e IV.
c) Apenas II e III.
d) Apenas II, III e IV
e) I, II, III e IV.

08. (CESPE) O servidor público civil que fizer jus aos adicionais de insalubridade e periculosidade acumulará ambos os acréscimos sobre seu vencimento.

Certo ( ) Errado ( )

09. (FCC) Considere as seguintes assertivas, no tocante ao regime da Lei nº 8.112/90:

I. Além do vencimento, poderão ser pagas ao servidor as seguintes vantagens: indenizações, gratificações e adicionais.

II. As indenizações não se incorporam ao vencimento ou provento para qualquer efeito.

III. As gratificações e os adicionais incorporam-se ao vencimento ou provento, nos casos e condições indicados em lei.

Está correto o que se afirma em:

a) I, apenas.
b) I e II, apenas.
c) II e III, apenas.
d) I e III, apenas.
e) I, II e III.

10. (FCC) Nos termos da Lei nº 8.112/90, constituem indenizações pagas ao servidor, além dos regulares vencimentos:

a) Adicional de periculosidade e auxílio-moradia.
b) Adicional de insalubridade e diárias.
c) Gratificação por resultado e ajuda de custo.
d) Adicional de insalubridade e gratificação por resultado.
e) Ajuda de custo e diárias.

Gabarito

01	B	06	A
02	D	07	B
03	C	08	ERRADO
04	B	09	E
05	ERRADO	10	E

Anotações

CAPÍTULO 13

Licenças, Afastamentos e Concessões

Licenças

→ O Art. 81 da Lei 8.112/90 diz que será concedida licença ao servidor nos seguintes casos:

> Por motivo de doença em pessoa da família.
> Por motivo de afastamento do cônjuge ou companheiro.
> Para o serviço militar.
> Para atividade política.
> Para capacitação.
> Para tratar de interesses particulares.
> Para desempenho de mandato classista.

Além desses casos do Art. 81, a Lei 8.112/90 prevê outras hipóteses de licenças, estudadas, em seus aspectos mais relevantes, na sequência.

Fique Ligado

A licença concedida dentro de 60 dias do término de outra da mesma espécie será considerada como prorrogação.

Dessa forma, caso após o término de determinada licença, o servidor entre novamente nesse estado (na mesma modalidade) dentro de 60 dias, essa segunda licença será considerada prorrogação da primeira e não uma nova.

Licença para Tratamento de Saúde de Pessoa da Família

Poderá ser concedida licença ao servidor por motivo de **doença em pessoa da sua família** (do cônjuge ou companheiro, dos pais, dos filhos, do padrasto ou madrasta e enteado, ou dependente que viva a suas expensas e conste do seu assentamento funcional), mediante comprovação por **perícia médica oficial.**

Para que ela seja concedida, a **assistência** do servidor deve ser **indispensável e não possa ser prestada simultaneamente** com o exercício do cargo (ou mediante compensação de horários).

→ Dentro de cada período de 12 meses, essa licença pode ser concedida nas seguintes condições:

> **Com remuneração** - até 60 dias (consecutivos ou não).
> **Sem remuneração** - até 90 dias (consecutivos ou não) - esses 90 contam-se após o término dos 60 dias remunerados.

Dessa forma, essa licença pode ser concedida por até um prazo máximo de 150 dias, dentro de um período de 12 meses, sendo que, os primeiros sessentas dias são remunerados e o prazo restante da licença de 90 não são.

Ao servidor que estiver sob essa licença, é **vedado** o exercício de **atividade remunerada** durante a duração da mesma.

O período remunerado dessa licença que exceder a 30 dias será computado apenas para efeito de aposentadoria e disponibilidade. Já o tempo de licença não remunerado não é contado para quaisquer efeitos.

Motivo de Afastamento do Cônjuge

Poderá ser concedida licença ao servidor para acompanhar cônjuge ou companheiro que foi **deslocado** para outro ponto do território nacional, para o exterior ou para o exercício de **mandato eletivo** dos Poderes Executivo e Legislativo, possuindo as seguintes características:

> Ela é concedida **sem remuneração.**
> Por prazo **indeterminado.**

O período em que o servidor usufruir dessa licença não será computado como tempo de serviço para qualquer efeito.

No deslocamento de servidor cujo cônjuge ou companheiro também seja servidor público, civil ou militar, de qualquer dos Poderes da União, dos Estados, do Distrito Federal e dos Municípios, a Lei 8.112/90 prevê a possibilidade de **exercício provisório** em órgão ou entidade da Administração Federal direta, autárquica ou fundacional, desde que para o exercício de **atividade compatível** com o seu cargo.

Licença para o Serviço Militar

Ao servidor convocado para o serviço militar será concedida licença, na forma e condições previstas na legislação específica.

A Lei 8.112/90, ao tratar dessa licença prevê que após a conclusão do serviço militar, o servidor terá um prazo de **30 dias** para reassumir seu cargo.

Esse período em que estiver em licença prestando o serviço militar obrigatório será considerado como de efetivo exercício.

Licença para Atividade Política

→ O servidor terá direito à licença para atividade política nas seguintes disposições:

> **1º) SEM REMUNERAÇÃO** → durante o período que mediar entre a sua **escolha em convenção partidária**, como candidato a cargo eletivo, e a **véspera do registro** de sua candidatura perante a Justiça Eleitoral. Esse período não será computado como tempo de efetivo exercício.
> **2º) COM REMUNERAÇÃO** → a partir do **registro da candidatura** até o **décimo dia seguinte ao da eleição**. Entretanto, esse período **não poderá ultrapassar três meses** (após esse prazo a licença não será mais remunerada). Esse segundo momento da licença será considerado como tempo de serviço apenas para efeitos de aposentadoria e disponibilidade.

O servidor candidato a cargo eletivo na localidade onde desempenha suas funções e que exerça cargo de **direção, chefia, assessoramento, arrecadação ou fiscalização**, dele será afastado, a partir do **dia imediato ao do registro** de sua candidatura perante a Justiça Eleitoral, **até o décimo dia seguinte ao do pleito**.

Licença para Capacitação

Ela entrou no lugar da antiga "licença prêmio", que foi extinta para os servidores regidos pela Lei 8.112/90.

É devida a cada quinquênio de efetivo exercício, sendo que, o servidor poderá, no **interesse da Administração** (trata-se de um ato discricionário, a Administração opta pela sua concessão ou não), afastar-se do exercício do cargo efetivo, com a respectiva remuneração, por até três meses, para participar de curso de capacitação profissional.

Esse período não é acumulável, assim, caso tenha, por exemplo, 15 anos de efetivo exercício, terá direito aos mesmos três meses.

Essa licença é computada como tempo de efetivo exercício e não pode ser utilizada por servidores em estágio probatório por expressa vedação legal contida na Lei 8.112/90.

→ Regras para essa licença

> Devida a cada cinco anos (quinquênio) de efetivo exercício.

> No interesse da Administração.

> Com remuneração.

> Até três meses (para participar de curso de capacitação).

> Não acumulável.

Não confundir com o **afastamento para o curso de formação**. Nesse caso deixa o cargo para participar do curso de formação exigido na nova função.

Por exemplo, um servidor que é técnico de algum órgão federal e passou para o cargo de agente da polícia federal. Nesse caso, ele ficará afastado para fazer o curso, mesmo estando em estágio probatório, desde que seja também cargo na esfera federal.

Licença para Tratar de Interesses Particulares

Essa licença é concedida a critério da administração (ato discricionário) para os servidores ocupantes de cargo efetivo, que não estejam em estágio probatório, por um prazo de até três anos consecutivos.

Além da discricionariedade de sua concessão, essa licença pode ser **interrompida a qualquer tempo** (no interesse do serviço ou a pedido do servidor).

O período que o servidor gozar da licença para tratar de interesses particulares não será considerado como tempo de serviço para qualquer efeito.

→ **Licença para tratar de interesses particulares:**

> Não pode estar no estágio probatório.

> Prazo: até três anos consecutivos.

> Sem remuneração.

> Concedida no interesse da Administração.

> Interrompida a qualquer momento.

> Não computada como tempo de exercício.

Licença para o Desempenho de Mandato Classista

Essa licença é assegurada ao servidor, que **não esteja em estágio probatório,** sem direito à remuneração, para que possa desempenhar mandato em confederação, federação, associação de classe de âmbito nacional, sindicato representativo da categoria ou entidade fiscalizadora da profissão.

Essa licença também pode ser concedida para participar de gerência ou administração em sociedade cooperativa constituída por servidores públicos para prestar serviços a seus membros.

A duração dessa licença é a mesma do mandado, admitindo prorrogação em caso de reeleição.

O tempo de fruição dela é considerada como período de efetivo exercício para todos os efeitos (exceto para promoção por merecimento).

Além do disposto em regulamento específico, devem ser observados os seguintes limites, de acordo o número de associados da entidade.

> Até 5.000 associados - dois servidores.

> De 5001 a 30.000 associados - quatro servidores.

> Mais de 30.000 associados - oito servidores.

Somente poderão ser licenciados os servidores eleitos para cargos de **direção ou de representação** nas referidas entidades, desde que cadastradas no órgão competente.

Fique Ligado

→ ***Principais características***

> ***Sem remuneração.***

> ***Não pode ser concedido ao servidor em estágio probatório.***

> ***Prazo: duração do mandato (prorrogada em caso de reeleição).***

Licença para Tratamento da Própria Saúde

Será concedida ao servidor licença para tratamento de sua própria saúde, a pedido ou de ofício, com base em perícia médica oficial, sem prejuízo da remuneração a que fizer jus.

Sempre que necessário, a inspeção médica será realizada na residência do servidor ou no estabelecimento hospitalar onde se encontrar internado.

Inexistindo médico no órgão ou entidade no local onde se encontra ou tenha exercício em caráter permanente o servidor, e não se configurando as hipóteses previstas nos parágrafos do Art. 230 (perícia médica e ausência de órgão oficial - utilização de convênios para tanto), será aceito atestado passado por médico particular.

Nesse caso, o referido atestado somente produzirá efeitos depois de recepcionado pela unidade de recursos humanos do órgão ou entidade.

A licença que **exceder o prazo de 120 dias no período de 12 meses** a contar do primeiro dia de afastamento será concedida mediante avaliação por **junta médica oficial**.

A perícia oficial para concessão da licença para tratamento de saúde bem como nos demais casos previstos na Lei 8.112/90, será efetuada por cirurgiões-dentistas, nas hipóteses em que abranger o campo de atuação da odontologia.

Essa licença tem o prazo **máximo de DURAÇÃO CONTÍNUA de 24 meses**. Após esse período, se ainda não estiver em condições de voltar ao seu cargo, o servidor deverá ser readaptado (se possível) ou aposentado por invalidez.

Essa licença é também computada de **modo cumulativo**, no decorrer de toda a vida funcional do servidor. Quando ela ultrapassar 24 meses (e não forem 24 meses consecutivos, conforme visto acima), o período que ultrapassar esse limite será considerado como tempo de serviço apenas para fins de aposentadoria e disponibilidade.

Antes de cumular os 24 meses, o período de licença será considerado como de efetivo exercício.

Fique Ligado

A licença para tratamento de saúde inferior a 15 dias, dentro de 1 ano, poderá ser dispensada de perícia oficial, na forma definida em regulamento.

O atestado e o laudo da junta médica não se referirão ao nome ou natureza da doença, salvo quando se tratar de lesões produzidas por acidente em serviço, doença profissional ou qualquer das enfermidades especificadas como graves, contagiosas ou incuráveis.

O servidor que apresentar indícios de lesões orgânicas ou funcionais será submetido a inspeção médica. Ele será submetido a exames médicos periódicos, nos termos e condições definidos em regulamento. Para esses fins, a União e suas entidades autárquicas e fundacionais poderão:

> Prestar os exames médicos periódicos diretamente pelo órgão ou entidade a qual se encontra vinculado o servidor.

> Celebrar convênio ou instrumento de cooperação ou parceria com os órgãos e entidades da administração direta, suas autarquias e fundações.

> Celebrar convênios com operadoras de plano de assistência à saúde, organizadas na modalidade de autogestão, que possuam autorização de funcionamento do órgão regulador, na forma do Art. 230.

> Ou prestar os exames médicos periódicos mediante contrato administrativo, observado o disposto na Lei nº 8.666, de 21 de junho de 1993, e demais normas pertinentes.

→ Principais Características

> Com remuneração.

> Prazo máximo contínuo de 24 meses.

> Até 24 meses é considerada como tempo de efetivo exercício.

> Precisa de perícia médica oficial (se exceder 120 dias precisa de junta médica oficial).

> Se inferior a 15 dias (no período de 1 ano), pode dispensar perícia oficial (na forma de regulamento).

Da Licença à Gestante, à Adotante e da Licença-paternidade

Licença Gestante

Essa licença será concedida à servidora gestante por **120 dias consecutivos, sem prejuízo da remuneração.**

O início da licença poderá se dar a partir do **primeiro dia do nono mês de gestação**, salvo antecipação por prescrição médica. Se ocorrer nascimento prematuro, a licença terá início a partir do parto.

> **NATIMORTO** → decorridos 30 dias do evento, a servidora será submetida a exame médico, e se julgada apta, reassumirá o exercício.

> **ABORTO** → deve ser atestado por médico oficial, tendo a servidora direito a 30 dias de repouso remunerado.

Fique Ligado

→ ***Licença Gestante***

> ***120 dias.***

> ***Remunerada.***

> ***Início 1º dia do 9º mês (ou antes, no caso de parto antecipado).***

A Lei 8.112/90 também prevê que para amamentar o próprio filho, **até a idade de seis meses**, a servidora lactante terá direito, durante a jornada de trabalho, a **uma hora de descanso**, que poderá ser **parcelada em dois** períodos de meia hora.

Vale ressaltar que a Lei 11.770/2008 criou o Programa Empresa Cidadã, destinado à prorrogação da licença-maternidade. Essa lei autorizou que a Administração Direta e Indireta possam aderir ao programa.

Dessa forma, o Decreto 6.690/2008 instituiu no âmbito da Administração Pública federal direta, autárquica e fundacional, o Programa de Prorrogação da Licença à Gestante e à Adotante.

Agora as servidoras públicas federais, que requeiram o benefício até o final do primeiro mês após o parto, terão direito à **prorrogação** da licença gestante por mais **sessenta dias** (durante essa prorrogação é vedado o exercício de qualquer atividade remunerada e a criança não pode ser mantida em creche ou entidade similar).

Licença Paternidade

Pelo **nascimento ou adoção** de filhos, o servidor terá direito à licença-paternidade de **cinco dias consecutivos.**

Licença à Adotante

À servidora que adotar ou obtiver guarda judicial de criança terá direito a essa licença remunerada, cujo prazo de duração variará de acordo com a idade da criança:

> Até um ano → 90 dias.

> Mais de um ano → 30 dias.

O benefício da prorrogação prevista no Decreto 6.690/2008 também foi garantido à adotante, na seguinte proporção:

> Até um ano → prorrogação de 45 dias.

> Acima de um ano → prorrogação de 15 dias.

Esse decreto definiu que considera-se criança a pessoa de até doze anos de idade incompletos. Também dispondo que durante essa prorrogação é vedado o exercício de qualquer atividade remunerada e a criança não pode ser mantida em creche ou entidade similar.

Todas as licenças acima vistas (gestante, adotante e paternidade) são consideradas como tempo de efetivo exercício.

Afastamentos

→ A Lei 8.112/90 previu as seguintes modalidades de afastamentos:

> Para servir a outro órgão ou entidade.

> Para exercício de mandato eletivo.

> Para estudo ou missão no exterior.

> Para participação em programa de pós-graduação stricto sensu no país.

Afastamento para Servir a Outro Órgão ou Entidade

O servidor poderá ser cedido para ter exercício em outro órgão ou entidade dos Poderes da União, dos Estados, ou do Distrito Federal e dos Municípios, nas seguintes hipóteses:

> Para exercício de cargo em comissão ou função de confiança (se for cedido para entidades dos Estados, do DF ou Municípios - o cessionário que pagará a remuneração).

> Em casos previstos em leis específicas.

No caso de o servidor cedido, a empresa pública ou sociedade de economia mista, para exercício de cargo em comissão ou função de confiança, nos termos das respectivas normas, optar pela remuneração do cargo efetivo ou pela remuneração do cargo efetivo acrescida de percentual da retribuição do cargo em comissão, a entidade cessionária efetuará o reembolso das despesas realizadas pelo órgão ou entidade de origem.

A cessão será feita mediante Portaria publicada no Diário Oficial da União.

Mediante autorização expressa do Presidente da República, o servidor do Poder Executivo poderá ter exercício em outro órgão da Administração Federal direta que não tenha quadro próprio de pessoal, para fim determinado e a prazo certo.

Afastamento para Exercício de Mandato Eletivo

Essa modalidade de afastamento praticamente reproduz o disposto no Art. 38 da Constituição Federal e é bastante cobrada em provas.

Ela trata do afastamento do servidor para exercício de mandato eletivo.

→ Ao servidor investido em mandato eletivo aplicam-se as seguintes disposições:

> **Mandato eletivo FEDERAL, ESTADUAL OU DISTRITAL** → AFASTADO do cargo.

> **Mandato de PREFEITO** - AFASTADO do cargo (ele pode optar pela sua remuneração).

> **Mandato de VEREADOR:**

01. **COM COMPATIBILIDADE de horários** → Nesse caso ele exercerá os dois cargos, perceberá as vantagens de seu cargo, **sem prejuízo** da remuneração do cargo eletivo.
02. **SEM COMPATIBILIDADE de horários** → AFASTADO do cargo (ele pode optar pela sua remuneração).

Fique Ligado

A única hipótese em que o servidor não será afastado do seu cargo é para exercer o mandato de VEREADOR, mas desde que exista compatibilidade de horários.

Na hipótese de afastamento, o servidor contribui para a seguridade social como se em exercício estivesse.

Ele investido em mandato eletivo ou classista não poderá ser removido ou redistribuído de ofício para localidade diversa daquela onde exerce o mandato.

Afastamento para Estudo ou Missão no Exterior

A concessão desse afastamento, para estudo ou missão oficial, somente será feita com **autorização do Presidente da República, Presidente dos Órgãos do Poder Legislativo e Presidente do Supremo Tribunal Federal.**

Essas disposições não se aplicam para os servidores da carreira diplomática.

Esse afastamento tem um **período máximo de 4 anos**. Após o término da missão ou estudo no exterior, somente poderá obter nova ausência após o decurso de igual tempo (4 anos após ter retornado).

Ao servidor beneficiado por esse afastamento não será concedida exoneração ou licença para tratar de interesse particular antes de decorrido período igual ao do afastamento, ressalvada a hipótese de ressarcimento da despesa havida com tal afastamento.

As hipóteses, condições e formas para a autorização de que trata essa modalidade de afastamento, inclusive no que se refere à remuneração do servidor, serão disciplinadas em regulamento.

Fique Ligado

O afastamento de servidor para servir em organismo internacional de que o Brasil participe ou com o qual coopere dar-se-á com perda total da remuneração.

Afastamento para Participação em Programa de Pós-graduação Stricto SENSU no País

Nessa modalidade o servidor poderá afastar-se do exercício do cargo efetivo, **com a respectiva remuneração**, para participar em programa de pós-graduação stricto sensu em instituição de ensino superior no País.

A concessão será feita **no interesse da Administração** (ato discricionário) e desde que a participação **não possa ocorrer simultaneamente com o exercício do cargo ou mediante compensação** de horário.

Por meio de ato do dirigente máximo do órgão ou entidade definirá, em conformidade com a legislação vigente, os programas de capacitação e os critérios para participação em pós-graduação no País, com ou sem afastamento do servidor, que serão avaliados por um comitê constituído para esse fim.

Concessões

A Lei 8.112/90 trouxe três modalidades de concessões.

Direito de Ausentar-se do Serviço

→ São hipóteses em que o servidor pode ausentar-se do serviço, sem qualquer prejuízo:

> **Doar sangue** → um dia.

> Pelo período comprovadamente necessário para **alistamento ou recadastramento eleitoral** → limitado, em qualquer caso, a dois dias.

> **OITO DIAS consecutivos:**

» **Casamento.**

» **Falecimento** (cônjuge, companheiro, pais, madrasta ou padrasto, filhos, enteados, menor sob guarda ou tutela e irmãos).

Direito a Horário Especial

> **Estudante** - no caso de incompatibilidade entre o horário escolar e o da repartição (sem prejuízo do exercício do cargo, mas deve haver compensação).

> **Portador de deficiência** - necessidade comprovada por junta médica oficial (independente de compensação de horário).

> **Servidor que possua cônjuge, filho ou dependente portador de deficiência física** (nesse caso deve haver compensação).

> **Servidor que atue como instrutor ou esteja participando de banca examinadora** (nas modalidades previstas que fazem jus à gratificação por encargo de curso ou concursos).

Direito à Matrícula em Instituição de Ensino

Ao servidor estudante que **mudar de sede no interesse da administração** é assegurada, na localidade da nova residência ou na mais próxima, matrícula em instituição de ensino congênere, em qualquer época, independentemente de vaga. Esse direito estende-se ao cônjuge ou companheiro, aos filhos, ou enteados do servidor que vivam na sua companhia, bem como aos menores sob sua guarda, com autorização judicial.

A respeito dessa concessão, o STF já se manifestou dizendo que se o servidor estudando vem de uma universidade privada, terá direito apenas a matricular-se em uma universidade (ou faculdade) também privada.

Suspensão do Estágio Probatório

A Lei 8.112/90 define que, durante a fruição as seguintes licenças e afastamentos, o estágio probatório ficará suspenso:

> Licença por Motivo de Doença em Pessoa da Família.
> Licença por Motivo de Afastamento do Cônjuge.
> Licença para Atividade Política.
> Afastamento para Participação em Programa de Pós-Graduação Stricto Sensu no País.
> Curso de formação.

Do Tempo de Serviço

A Lei 8.112/90 dispõe que é contado para todos os efeitos o tempo de serviço público federal (inclusive o prestado às Forças Armadas).

Apuração do Tempo de Serviço

A apuração do tempo de serviço será feita em DIAS (que depois serão convertidos em anos, considerando como ano cada 365 dias).

Além dos casos de CONCESSÕES (doar sangue, alistamento eleitoral, casamento e falecimento) são considerados como de **efetivo exercício** os **AFASTAMENTOS** em virtude de:

> **Férias**.
> **Exercício de cargo em comissão ou equivalente**, em órgão ou entidade dos Poderes da União, dos Estados, Municípios e Distrito Federal.
> Exercício de **cargo ou função de governo ou administração**, em qualquer parte do território nacional, por **nomeação do Presidente da República**.
> Participação em **programa de treinamento regularmente** instituído ou em programa de pós-graduação stricto sensu no País, conforme dispuser o regulamento.
> Desempenho de **mandato eletivo** federal, estadual, municipal ou do Distrito Federal, (**exceto para promoção por merecimento**).
> Júri e outros serviços obrigatórios por lei.
> **Missão ou estudo no exterior**, quando autorizado o afastamento, conforme dispuser o regulamento.
> **Deslocamento para a nova sede** de que trata o Art. 18 (prazo de 10 a 30 dias para retomar os serviços em outro município quando removido, redistribuído etc.).
> **Participação em competição desportiva** nacional ou convocação para integrar representação desportiva nacional, no País ou no exterior, conforme disposto em lei específica.
> Afastamento para **servir em organismo internacional** de que o Brasil participe ou com o qual coopere.

→ As seguintes **LICENÇAS** também são consideradas como tempo de efetivo exercício:

> À **gestante**, à **adotante** e à **paternidade**.
> Para **tratamento da própria saúde**, até o limite de vinte e quatro meses, cumulativo ao longo do tempo de serviço público prestado à União, em cargo de provimento efetivo.
> Para o desempenho de **mandato classista** ou **participação de gerência ou administração em sociedade cooperativa** constituída por servidores para prestar serviços a seus membros (**exceto para efeito de promoção por merecimento**).
> Por motivo de **acidente em serviço** ou **doença profissional**.
> Para **capacitação**, conforme dispuser o regulamento.
> Por convocação para o **serviço militar**.

→ São contados apenas para efeito de **aposentadoria e disponibilidade:**

> O tempo de serviço público prestado aos Estados, Municípios e Distrito Federal.
> A licença para tratamento de saúde de pessoal da família do servidor, com remuneração, que exceder a 30 dias em período de 12 meses.
> A licença para atividade política, no caso do Art. 86, § 2º (a partir do registro da candidatura e até o décimo dia seguinte ao da eleição).
> O tempo correspondente ao desempenho de mandato eletivo federal, estadual, municipal ou distrital, anterior ao ingresso no serviço público federal.
> O tempo de serviço em atividade privada, vinculada à Previdência Social.
> O tempo de serviço relativo a tiro de guerra.
> O tempo de licença para tratamento da própria saúde que exceder o prazo a que se refere a alínea "b" do inciso VIII do Art. 102 (24 meses).

O tempo em que o servidor esteve aposentado será contado apenas para nova aposentadoria.

O tempo de serviço prestado às Forças Armadas em operações de guerra será contado em dobro.

É **vedada a contagem cumulativa** de tempo de serviço prestado concomitantemente em mais de um cargo ou função de órgão ou entidades dos Poderes da União, Estado, Distrito Federal e Município, autarquia, fundação pública, sociedade de economia mista e empresa pública (caso o servidor tenha mais de um cargo, não serão computados cumulativamente; exemplo: trabalhando um ano em dois cargos ao mesmo tempo, ele terá apenas um ano de tempo de serviço prestado).

Exercício Comentado

01. (CESPE) Suponha que um servidor esteve licenciado por quinze dias e, decorrido esse prazo, solicitou outro afastamento da mesma espécie após quarenta dias de seu retorno. Nesse caso, para fins de cômputo, a segunda licença será considerada prorrogação da primeira.

CERTO. A Lei 8.112/90, em seu Art. 82, define que a licença concedida dentro de 60 dias do término de outra da mesma espécie será considerada como prorrogação.

Vamos Praticar

01. (CESPE) O servidor público federal investido em mandato eletivo municipal somente será afastado do cargo se não houver compatibilidade de horário, sendo-lhe facultado, em caso de afastamento, optar pela sua remuneração.

Certo ( ) Errado ( )

02. (IBFC) Caio, servidor público, foi eleito para exercer o mandato eletivo de Vereador. Nessa hipótese, é correto afirmar que Caio:

a) Deverá ficar afastado de seu cargo, percebendo cumulativamente as vantagens de seu cargo de servidor com a remuneração do cargo eletivo.

b) Deverá perceber somente a remuneração do cargo de Vereador, pois não lhe é permitido optar a remuneração que pretende receber, se houver incompatibilidade de horários.

c) Perceberá as vantagens de seu cargo, sem prejuízo da remuneração do cargo eletivo, desde que haja compatibilidade de horários.

d) Será imediatamente afastado de seu cargo, sendo-lhe facultado optar pela sua remuneração, independentemente da possibilidade de cumular o exercício das duas funções.

03. (FGV) Ricardo é servidor público titular de cargo efetivo do Estado do Rio de Janeiro e percebe atualmente vencimentos próximos ao limite constitucional. Ele foi convidado por um partido político para ser candidato nas próximas eleições, mas tem receio de reduzir drasticamente seu poder aquisitivo. Levando em conta a disciplina constitucional sobre exercício de mandato eletivo por Ricardo, é correto afirmar que, caso ele exerça:

a) Mandato eletivo federal, ficará afastado de seu cargo, e nas hipóteses de exercício de mandato eletivo estadual ou municipal poderá acumular as funções e remunerações, se houver compatibilidade de horários.

b) Mandato de Prefeito, poderá acumular as funções e remunerações, se houver compatibilidade de horários.

c) Mandato de Vereador e não haja compatibilidade de horários, deverá afastar-se de seu cargo efetivo, recebendo necessariamente a remuneração do cargo de Vereador.

d) Qualquer mandato eletivo que exija o afastamento de seu cargo efetivo, seu tempo de serviço será contado para todos os efeitos legais, exceto para promoção por merecimento.

e) Qualquer mandato eletivo que exija o afastamento de seu cargo efetivo, será considerado, para todos os fins, como se estivesse em disponibilidade.

04. (FCC) Acerca do afastamento para participação em programa de pós-graduação stricto sensu no país, considere:

I. Tal afastamento dar-se-á ainda que a participação no curso possa ocorrer simultaneamente com o exercício do cargo.

II. O servidor afastar-se-á do exercício do cargo efetivo com a respectiva remuneração.

III. Ocorre no interesse da Administração.

De acordo com a Lei no 8.112/90, está correto o que consta APENAS em:

a) II e III.

b) I.

c) I e II.

d) II.

e) III.

05. (FCC) Maria, servidora pública civil da União, afastar-se-á de seu cargo para servir em organismo internacional de que o Brasil participe. Nos termos da Lei no 8.112/1990, referido afastamento dar-se-á:

a) Com perda de metade da remuneração.

b) Com perda total da remuneração.

c) Sem perda da remuneração, porém sem direito a qualquer vencimento adicional.

d) Com perda de um terço da remuneração.

e) Sem perda da remuneração e ainda terá direito a vencimento adicional em razão de sua missão no organismo internacional.

06. (FCC) Bento, servidor público federal, foi convocado para o serviço militar. Em razão de tal fato, foi concedida licença de seu cargo público. Concluído o serviço militar, Bento terá alguns dias sem remuneração para reassumir o exercício do cargo. Nos termos da Lei no 8.112/90, o prazo a que se refere o enunciado é, em dias, de até:

a) 5.

b) 15.

c) 90.

d) 30.

e) 60.

07. (CESPE) O afastamento de servidor em razão de licença para exercício de atividade política não é contabilizado para fins de aposentadoria.

Certo ( ) Errado ( )

08. (CESPE) O servidor poderá ausentar-se do serviço por um dia, para doação de sangue, sem qualquer prejuízo.

Certo ( ) Errado ( )

09. (PONTUA) O servidor público:

I. Poderá ausentar-se do serviço, sem qualquer prejuízo, por um dia, para doação de sangue, por dois dias, para se alistar como eleitor e por oito dias consecutivos em razão de casamento, falecimento de cônjuge, companheiro, pais, madrasta ou padrasto, filhos, enteados, menor sob guarda ou tutela e irmãos.

II. Será concedido horário especial ao servidor estudante, quando comprovada a incompatibilidade entre o horário escolar e o da repartição, sem prejuízo do exercício do cargo, independente de compensação de horário.

III. Será concedido horário especial ao servidor portador de deficiência, quando comprovada a necessidade por junta médica oficial, independente de compensação de horário.

IV. Estudante que mudar de sede no interesse da administração é assegurada, na localidade da nova residência ou na mais próxima, matrícula em instituição de ensino congênere, em qualquer época, independente de vaga.

Está INCORRETO:

a) Apenas o item II.
b) Apenas o item III.
c) Apenas o item IV.
d) Apenas o item I.

10. (CESPE) No que concerne ao regime jurídico dos servidores públicos civis federais, julgue os seguintes itens. A licença para capacitação tem natureza discricionária, é remunerada e pode ser solicitada mesmo durante o período de estágio probatório.

Certo ( ) Errado ( )

Gabarito

01	*ERRADO*	*06*	*D*
02	*C*	*07*	*ERRADO*
03	*D*	*08*	*CERTO*
04	*A*	*09*	*A*
05	*B*	*10*	*ERRADO*

Anotações

CAPÍTULO 14

Direito de Petição

A Lei 8.112/90 assegura ao servidor o direito de requerer aos Poderes Públicos, em defesa de direito ou interesse legítimo.

O requerimento será dirigido à autoridade que tem competência para decidi-lo e encaminhado por intermédio daquela a que estiver imediatamente subordinado o requerente.

Fique Ligado

→ ***Requerimento:***

> ***Dirigido à autoridade competente para decidir.***

> ***Encaminhado por intermédio daquela a que estiver imediatamente subordinado o requerente ("chefe" do requerente).***

Pedido de Reconsideração - cabível à autoridade que houver expedido o ato ou proferido a primeira decisão (não pode ser renovado).

→ **Requerimento e Pedido de Revisão**

- Despachados - cinco dias
- Decididos - 30 dias

→ **Hipóteses em que cabe recurso**

- Indeferimento do pedido de reconsideração.
- Decisões sobre os recursos sucessivamente interpostos.

O recurso é dirigido à autoridade imediatamente superior à que tiver expedido o ato ou proferido a decisão (e sucessivamente, em escala ascendente, às é demais autoridades). Ele encaminhado por intermédio da autoridade a que estiver imediatamente subordinado o requerente.

Prazos para interpor Pedido de Revisão e Recurso → 30 dias (da publicação ou da ciência da decisão recorrida).

Efeito suspensivo ao recurso → é concedido esse efeito a critério da autoridade competente.

Em caso de provimento do pedido de reconsideração ou do recurso, os efeitos da decisão **retroagirão à data do ato impugnado**.

→ **Prescrição do direito de requerer:**

- **Cinco anos** - Demissão, cassação (aposentadoria ou disponibilidade) e que afetem interesse patrimonial e créditos decorrentes das relações de trabalho.
- **120 dias** - demais casos (salvo outro prazo fixado na lei).

Esses prazos são contados da publicação do ato ou da ciência do interessado (ato não publicado).

O pedido de reconsideração e o recurso, **quando cabíveis**, interrompem a prescrição. Essa é de ordem pública, não podendo ser relevada pela administração.

Para o exercício do direito de petição, é **assegurada** vista do processo ou documento, na repartição, ao servidor ou a procurador por ele constituído (não pode retirar da repartição).

A administração deverá **rever** seus atos, a qualquer tempo, quando eivados de **ilegalidade**.

São **fatais e improrrogáveis** os prazos estabelecidos nesse tópico da Lei 8.112/90 (sobre o direito de petição), salvo motivo de força maior.

Exercício Comentado

01. ***(FCC) Segundo o Art. 104 da Lei nº 8.112/1990 "é assegurado ao servidor o direito de requerer aos Poderes Públicos, em defesa de direito ou interesse legítimo". A respeito do Direito de Petição, considere:***

I. ***Cabe pedido de reconsideração à autoridade que houver expedido o ato ou proferido a primeira decisão, não podendo ser renovado.***

II. ***Caberá recurso das decisões sobre os recursos sucessivamente interpostos.***

III. ***O direito de requerer prescreve em três anos quanto aos atos de demissão e de cassação de aposentadoria ou disponibilidade.***

IV. ***Para o exercício do direito de petição, é assegurada vista do processo ou documento, na repartição, ao servidor ou a procurador por ele constituído.***

Está correto o que se afirma APENAS em:

a) ***II e IV.***
b) ***I e II.***
c) ***III e IV.***
d) ***I, II e III.***
e) ***I, II e IV.***

RESPOSTA. E

I - O Art. 106 da Lei 8.112/90 prevê o direito ao pedido de reconsideração, que é dirigido à autoridade que expediu o ato ou proferiu a primeira decisão, podendo ser utilizado apenas uma vez (não pode ser renovado).

II - O Art. 107, II, da Lei 8.112/90 diz que "Caberá recurso: (...) II - das decisões sobre os recursos sucessivamente interpostos".

III - De acordo com o Art. 110, I, da Lei 8.112/90, o direito de requerer prescreve em 5 anos, quanto aos atos de demissão e de cassação de aposentadoria ou disponibilidade, ou que afetem interesse patrimonial e créditos resultantes das relações de trabalho.

IV - O Art. 113 da Lei 8.112/90 define que para o exercício do direito de petição, é assegurada vista do processo ou documento, na repartição, ao servidor ou a procurador por ele constituído.

Vamos Praticar

01. (FCC) No que concerne ao direito de petição, previsto constitucionalmente, e sua aplicação aos servidores públicos, é correto afirmar que:

a) É garantido aos servidores, do qual decorre o direito de recorrer, uma única vez, às autoridades superiores, vedada interposição de recursos sucessivos daquela e de subsequentes decisões.

b) Embora haja regramento constitucional, inexistindo previsão na Lei nº 8.112/1990, não se pode considerar aplicável o direito nas relações travadas na esfera administrativa.

c) É assegurado ao servidor público na Lei nº 8.112/1990, inclusive com previsão de cabimento de pedido de reconsideração e recurso administrativo.

d) Não se aplica diretamente aos servidores, que podem, no entanto, fazê-lo por intermédio de sua chefia imediata.

e) É aplicável ao servidor público na esfera administrativa, com possibilidade de apresentação de pedido de reconsideração, vedada, no entanto, a interposição de recurso em razão daquela decisão.

02. (FCC) A Walter, como servidor público federal, é assegurado o direito de requerer do Poder Público, em defesa de direito ou interesse legítimo. Diante disso, Walter deverá observar peculiaridades do direito de petição, dentre outras, o fato de que:

a) Esse pedido e os recursos, quando cabíveis, não interrompem a prescrição.

b) Não caberá recurso das decisões sobre os recursos sucessivamente interpostos.

c) O prazo para a interposição do pedido é de 10 (dez) dias, improrrogáveis, a partir da decisão recorrida.

d) Esse pedido deve ser dirigido à autoridade superior do órgão, podendo ser renovado por até duas vezes.

e) No caso do provimento do pedido de reconsideração, os efeitos da decisão retroagirão à data do ato impugnado.

03. (FCC) Sobre o direito de petição, previsto na Lei nº 8.112/1990, é correto afirmar:

a) O prazo prescricional de cinco anos, para o exercício do direito de requerer, só se aplica para atos de demissão e de cassação de aposentadoria ou disponibilidade.

b) Cabe pedido de reconsideração à autoridade que houver expedido o ato ou proferido a primeira decisão, podendo ser renovado por uma única vez.

c) O requerimento será dirigido à autoridade competente para decidi-lo e encaminhado por intermédio daquela a que estiver imediatamente subordinado o requerente.

d) O pedido de reconsideração e o recurso, quando cabíveis, suspendem o prazo prescricional.

e) É assegurado ao servidor o direito de requerer aos Poderes Públicos, em defesa de direito ou interesse legítimo, o qual deverá ser despachado no prazo de cinco dias e decidido dentro de vinte dias.

04. (FCC) Em tema de Direito de Petição assegurado ao servidor público nos termos da Lei nº 8.112/90, considere:

I. O direito de requerer aos Poderes Públicos, em defesa de direito ou interesse legítimo é imprescritível.

II. A administração deverá rever seus atos, a qualquer tempo, quando eivados de ilegalidade.

III. Cabe pedido de reconsideração à autoridade que houver expedido o ato ou proferido a primeira decisão, não podendo ser renovado.

IV. Caberá recurso, dentre outras hipóteses, do deferimento de pedido de reconsideração sucessivamente interposto.

V. O prazo para a interposição de recurso é de quinze dias, a contar do ato que deferiu ou indeferiu o pedido de reconsideração.

É correto o que se afirma APENAS em:

a) I, II e IV.

b) I e IV.

c) IV e V.

d) II e III.

e) II, III e V.

05. (FCC) Nos termos da Lei nº 8.112/90, é assegurado ao servidor o direito de requerer aos Poderes Públicos, em defesa de direito ou interesse legítimo. Diante disso:

a) Não caberá recurso das decisões sobre os recursos sucessivamente interpostos.

b) O prazo para interposição de pedido de reconsideração é de quinze dias, a contar da intimação do interessado ou do seu representante legal.

c) Não cabe pedido de reconsideração à autoridade que houver expedido o ato ou proferido a primeira decisão.

d) O pedido de reconsideração e o recurso, quando cabíveis, não suspendem ou interrompem a prescrição.

e) O prazo de prescrição do direito de requerer será contado da data da publicação do ato impugnado ou da data da ciência pelo interessado, quando o ato não for publicado.

06. (FCC) É assegurado ao servidor o direito de requerer aos Poderes Públicos, em defesa de direito ou interesse legítimo. No que concerne ao direito de petição, previsto na Lei nº 8.112/1990, é correto afirmar:

a) Não é cabível recurso das decisões sobre os recursos sucessivamente interpostos.

b) O recurso contra o indeferimento do pedido de reconsideração não poderá ser recebido no efeito suspensivo.

c) O requerimento e o pedido de reconsideração deverão ser despachados no prazo de cinco dias e decididos dentro de trinta dias.

d) O prazo para interposição de pedido de reconsideração ou de recurso é de quinze dias, a contar da publicação ou da ciência, pelo interessado, da decisão recorrida.

e) Se provido o pedido de reconsideração ou o recurso, os efeitos da decisão não retroagirão à data do ato impugnado, produzindo efeitos da data da decisão em diante.

07. (FCC) Analise as seguintes assertivas sobre o direito de petição:

I. Cabe pedido de reconsideração à autoridade que houver expedido o ato ou proferido a primeira decisão, podendo ser renovado.

II. O direito de requerer prescreve em cinco anos quanto aos atos de demissão e de cassação de aposentadoria ou disponibilidade.

III. Para o exercício do direito de petição, é assegurada vista do processo ou documento, dentro ou fora da repartição, ao servidor ou a procurador por ele constituído.

Está correto o que se afirma SOMENTE em:

a) I.

b) II.

c) I e II.

d) I e III.

e) II e III.

De acordo com as regras que tratam do Direito de Petição, previstas na lei 8.112/90, julgue os seguintes itens:

08. (AlfaCon) É assegurado ao servidor o direito de requerer aos Poderes Públicos, em defesa de direito ou interesse legítimo. Esse requerimento será dirigido à autoridade competente para decidi-lo e encaminha-lo por intermédio daquela a que estiver imediatamente subordinado o requerente.

Certo ( ) Errado ( )

09. (AlfaCon) Cabe pedido de reconsideração à autoridade que houver expedido o ato ou proferido a primeira decisão, admitindo uma renovação desse pedido.

Certo ( ) Errado ( )

10. O pedido de reconsideração e o recurso, ainda quando incabíveis, interrompem a prescrição.

Certo ( ) Errado ( )

Gabarito

01	*C*	*06*	*E*
02	*E*	*07*	*B*
03	*C*	*08*	*CERTO*
04	*D*	*09*	*ERRADO*
05	*E*	*10*	*ERRADO*

Anotações

CAPÍTULO 15

Regime Disciplinar

Deveres

O Art. 116 da Lei 8.112/90 elenca um rol de deveres a que o servidor está obrigado a observar, sem prejuízos de outros previstos em outras leis e também em atos ou regulamentos.

Quando o servidor não observar algum dos deveres, será penalizado, em regra, com penalidade de advertência. No entanto, veremos em tópico oportuno que caso ele seja reincidente em relação a essa questão, será punido com suspensão.

→ São **DEVERES** do servidor:

I. Exercer com **zelo** e **dedicação** as atribuições do cargo.

II. Ser **leal** às instituições a que servir.

III. Observar as **normas legais** e **regulamentares**.

IV. Cumprir as ordens superiores, **exceto quando manifestamente ilegais**.

V. Atender com **presteza**:

> Ao **público em geral**, prestando as informações requeridas, ressalvadas as protegidas por sigilo.

> À **expedição de certidões** requeridas para defesa de direito ou esclarecimento de situações de interesse pessoal.

> Às requisições para a **defesa da Fazenda Pública**.

VI. Levar ao **conhecimento da autoridade** superior as **irregularidades** de que tiver ciência **em razão do cargo**.

VII. Levar as irregularidades de que tiver ciência em razão do cargo ao conhecimento da **autoridade superior** ou, quando houver suspeita de envolvimento dessa, ao conhecimento de outra autoridade competente para apuração.

VIII. Zelar pela **economia do material e a conservação do patrimônio público**.

IX. Guardar **sigilo** sobre assunto da repartição.

X. Manter **conduta compatível** com a moralidade administrativa.

XI. Ser **assíduo** e **pontual** ao serviço.

XII. Tratar com urbanidade as pessoas.

XIII. **Representar contra ilegalidade, omissão** ou **abuso de poder** (encaminhada pela via hierárquica e apreciada pela autoridade superior àquela contra a qual é formulada, assegurando-se ao representando ampla defesa).

Proibições

Já no art. 117 dessa Lei encontramos algumas das interdições impostas ao servidor. Dependendo da proibição violada, ele poderá ser responsabilizado administrativamente com advertência, suspensão ou demissão.

→ Ao servidor é **PROIBIDO**:

I. Ausentar-se do serviço durante o expediente, **sem prévia autorização** do chefe imediato.

II. Retirar, **sem prévia anuência** da autoridade competente, qualquer documento ou objeto da repartição.

III. **Recusar fé** a documentos públicos.

IV. Opor **resistência injustificada ao andamento** de documento e processo ou execução de serviço.

V. Promover manifestação de **apreço ou desapreço** no recinto da repartição.

VI. Cometer a **pessoa estranha à repartição**, fora dos casos previstos em lei, o desempenho de **atribuição** que seja de sua responsabilidade ou de seu subordinado.

VII. **Coagir ou aliciar subordinados** no sentido de filiarem-se a **associação profissional** ou **sindical**, ou a **partido político**.

VIII. Manter sob sua **chefia imediata**, em cargo ou função de confiança, cônjuge, companheiro ou parente até o **segundo grau civil**.

IX. Valer-se do cargo para lograr **proveito pessoal** ou de outrem, em **detrimento da dignidade da função pública.**

X. Participar de **gerência** ou **administração** de sociedade privada, personificada ou não personificada, exercer o comércio, **exceto na qualidade de acionista, cotista ou comanditário** (existem alguns casos em que essa proibição não se aplica, serão vistos logo abaixo).

XI. Atuar, como **procurador ou intermediário**, junto a repartições públicas, **salvo** quando se tratar de **benefícios previdenciários** ou **assistenciais** de **parentes até o segundo grau**, e de **cônjuge** ou **companheiro**.

XII. Receber propina, comissão, presente ou vantagem de qualquer espécie, **em razão de suas atribuições**.

XIII. Aceitar **comissão**, **emprego** ou **pensão** de **estado estrangeiro.**

XIV. Praticar **usura** sob qualquer de suas formas.

XV. Proceder de forma **desidiosa**.

XVI. Utilizar **pessoal** ou **recursos materiais** da repartição em serviços ou **atividades particulares**.

XVII. Cometer a **outro servidor** atribuições estranhas ao cargo que ocupa, **exceto em situações de emergência e transitórias**.

XVIII. Exercer quaisquer **atividades** que sejam **incompatíveis** com o exercício do **cargo** ou **função** e com o **horário de trabalho**.

XIX. **Recusar-se a atualizar seus dados cadastrais** quando solicitado.

A vedação de que trata o inciso X (participar de gerência ou administração de sociedade privada, personificada ou não personificada, exercer o comércio) **não se aplica** nos seguintes casos:

> Participação nos **conselhos de administração** e **fiscal** de empresas ou entidades em que a **União detenha**, direta ou indiretamente, **colaboração no capital social** ou em **sociedade cooperativa** constituída para prestar serviços a seus membros.

> Quando estiver em gozo de licença para o trato de interesses particulares, observada a legislação sobre conflito de interesses.

Da Acumulação

A Constituição Federal, em seu Art. 37, inciso XVI, trata da acumulação remunerada de cargos, dispondo o seguinte:

XVI. é vedada a acumulação remunerada de

cargos públicos, exceto, quando houver compatibilidade de horários, observado em qualquer caso o disposto no inciso XI:

a) *a de dois cargos de professor;*

b) *a de um cargo de professor com outro técnico ou científico;*

c) *a de dois cargos ou empregos privativos de profissionais de saúde, com profissões regulamentadas;*

XVII. *a proibição de acumular estende-se a empregos e funções e abrange autarquias, fundações, empresas públicas, sociedades de economia mista, suas subsidiárias, e sociedades controladas, direta ou indiretamente, pelo poder público;*

Ressalvados os casos previstos na Constituição, é **vedada** a acumulação remunerada de cargos públicos. Essa proibição estende-se a:

> Cargos
> Empregos
> Funções

→ E a proibição acima prevista também abrange:

> Autarquias.
> Fundações públicas.
> Empresas públicas.
> Sociedades de economia mista.
> Da União, do Distrito Federal, dos Estados, dos Territórios e dos Municípios.

A acumulação de cargos, ainda que lícita, fica condicionada à **comprovação da compatibilidade de horários**.

Considera-se acumulação proibida a percepção de vencimento de cargo ou emprego público efetivo com proventos da inatividade, salvo quando os cargos de que decorram essas remunerações forem acumuláveis na atividade.

Fique Ligado

Na aposentadoria, só pode cumular nas mesmas hipóteses em que poderia na atividade.

O servidor não poderá exercer mais de um cargo em comissão, exceto no caso previsto no parágrafo único do Art. 9º (*caso em que tem exercício nos dois, mas deve optar pela remuneração de um deles*), nem ser remunerado pela participação em órgão de deliberação coletiva.

Essa disposição não se aplica à remuneração devida pela participação em conselhos de administração e fiscal das empresas públicas e sociedades de economia mista, suas subsidiárias e controladas, bem como quaisquer empresas ou entidades em que a União, direta ou indiretamente, detenha participação no capital social, observado o que, a respeito, dispuser legislação específica.

O servidor vinculado ao regime dessa Lei, que **acumular licitamente dois cargos efetivos**, quando **investido em função de provimento em comissão**, ficará **afastado de ambos os cargos efetivos, salvo na hipótese em que houver compatibilidade de horário e local com o exercício de um deles**, declarada pelas autoridades máximas dos órgãos ou entidades envolvidos.

Nessa hipótese, o servidor acumulou licitamente dois cargos efetivos, mas caso ele seja investido em algum em comissão, ele fica afastado dos dois. Por outro lado, havendo **compatibilidade (horário e local)**, ele poderá exercer um desses cargos efetivos e o de comissão ao mesmo tempo (mas essa compatibilidade deve ser declarada pelas autoridades máximas dos órgãos ou entidades envolvidas).

Responsabilidade do Servidor

→ Pelo exercício irregular de suas atribuições, o servidor responderá nas esferas:

> **Administrativa**.
> **Civil** (obrigação de reparar o dano).
> **Penal** (abrange crime e contravenções imputadas ao servidor, nessa qualidade).

Essas esferas são independentes, podendo cumular-se. Dessa forma, a absolvição ou condenação em uma delas, como regra geral, em nada influencia nas demais.

Pela mesma infração ele poderá responder nas três esferas, não havendo *bis in idem* (não será considerada dupla ou tripla condenação pelo mesmo fato, pois são diferentes, com consequências diferentes).

Apesar da independência das esferas, caso o servidor seja **absolvido criminalmente** (negada a existência do fato ou sua autoria), a **responsabilidade administrativa será afastada**.

Se for absolvido por outro motivo, como falta de provas, por exemplo, a responsabilidade administrativa não será afetada.

Fique Ligado

→ ***Responsabilidade administrativa afastada apenas em caso de ABSOLVIÇÃO criminal que negue:***

> ***A existência do fato (o fato nem mesmo ocorreu);***
> ***A sua autoria (não foi o servidor que praticou aquele ato).***

A responsabilidade civil do servidor é **SUBJETIVA** (somente será configurada se ele agiu com dolo ou culpa). Ela decorre de ato **omissivo ou comissivo** (ação ou omissão), doloso ou culposo, que **resulte em prejuízo ao erário ou a terceiros**. Quem pode responder **objetivamente** (regra geral, que não exige a comprovação de dolo ou culpa, assunto aprofundado em tópico específico) é o Estado, nunca o servidor.

Tratando-se de dano causado a terceiros, responderá o servidor perante a Fazenda Pública, em **ação regressiva**.

A obrigação de reparar o dano estende-se aos **sucessores** e contra eles será executada, até o limite do valor da **herança** recebida.

Assim, quando o servidor causar um dano a terceiros, esse terceiro somente poderá acionar judicialmente, visando a uma indenização, a Administração, ele não pode ingressar com a ação diretamente contra o servidor.

Caso a Administração Pública seja condenada, ela poderá ajuizar ação regressiva contra esse servidor, para reaver os valores que houver pago ao particular em indenização. Entretanto, o servidor apenas será responsabilizado se tiver agido com dolo ou culpa (responsabilidade subjetiva).

A responsabilidade civil-administrativa resulta de ato **omissivo ou comissivo** praticado no desempenho do cargo ou função.

A **responsabilidade penal** abrange os **crimes** e

contravenções imputadas ao servidor, nessa qualidade.

Nenhum servidor poderá ser responsabilizado civil, penal ou administrativamente por dar ciência à autoridade superior ou, quando houver suspeita de envolvimento dessa, a outra autoridade competente para apuração de informação concernente à prática de **crimes ou improbidade de que tenha conhecimento, ainda que em decorrência do exercício de cargo, emprego ou função pública.**

Penalidades Disciplinares

Assim como as formas de provimento e de vacância, as penalidades administrativas possuem um rol taxativo (7 modalidades):

> Advertência.
> Suspensão.
> Demissão.
> Cassação de aposentadoria.
> Cassação da disponibilidade.
> Destituição de cargo em comissão.
> Destituição de função comissionada.

Na aplicação das penalidades serão consideradas a **natureza** e a **gravidade** da infração cometida, os **danos** que dela provierem para o serviço público, as **circunstâncias agravantes** ou **atenuantes** e os **antecedentes funcionais.**

O ato de imposição da penalidade mencionará sempre o **fundamento legal** e a **causa da sanção disciplinar.**

Advertência

Trata-se da penalidade utilizada em caso de infrações funcionais leves. Aplicada nas situações de violação de proibição constante do Art. 117, incisos I a VIII e XIX, e de inobservância de **dever funcional** (Art. 116) previsto em lei, regulamentação ou norma interna, que **não justifique imposição de penalidade mais grave.**

Fique Ligado

Principais características da ADVERTÊNCIA

> ***Feita sempre por escrito (não existe advertência verbal).***
> ***Em caso de reincidência, será convertida em suspensão (se cometer nova falta punível com advertência na sequência de outra, antes do prazo do cancelamento, essa advertência se converte em suspensão).***
> ***Cancelamento do registro → após três anos (caso não pratique outra falta, não possui efeitos retroativos).***

Hipóteses

> Não observar os **deveres do servidor** (Art. 116 da Lei 8.112/90).
> Ausentar-se do serviço durante o expediente, **sem prévia autorização** do chefe imediato.
> Retirar, **sem prévia anuência** da autoridade competente, qualquer documento ou objeto da repartição.
> Recusar fé a documentos públicos.
> Opor **resistência injustificada ao andamento** de documento e processo ou execução de serviço.
> Promover manifestação de **apreço ou desapreço** no recinto da repartição.
> Cometer a **pessoa estranha à repartição**, fora dos casos previstos em lei, o desempenho de **atribuição que seja de sua responsabilidade ou de seu subordinado.**
> **Coagir ou aliciar subordinados** no sentido de filiarem-se a associação profissional ou sindical, ou a partido político.
> Manter sob **sua chefia** imediata, em **cargo ou função de confiança**, cônjuge, companheiro ou parente até o **segundo grau civil**.
> **Recusar-se** a atualizar seus **dados cadastrais** quando solicitado.

Suspensão

Durante o prazo em que estiver suspenso, o servidor não receberá sua remuneração e esse período também não será computado como tempo de serviço para qualquer efeito. A Lei 8.112/90 define que o prazo máximo de suspensão é de **90 dias**.

Essa penalidade será aplicada em caso de reincidência das faltas punidas com advertência e de violação das demais proibições que não tipifiquem infração sujeita a penalidade de demissão.

O servidor que injustificadamente, **recusar-se a ser submetido à inspeção médica** determinada pela autoridade competente, será suspenso pelo prazo de **até 15 dias, cessando os efeitos da penalidade uma vez cumprida a determinação**.

Essa hipótese de suspensão é diferenciada das demais, pois além de prever um prazo menor, caso o servidor cumpra a determinação, a penalidade será encerrada.

Hipóteses de Suspensão

> **Reincidência** das faltas punidas com **advertência**.
> Violação das demais proibições que não tipifiquem infração sujeita a penalidade de demissão.
> Cometer a outro servidor atribuições estranhas ao cargo que ocupa (**exceto** em situações de emergência e transitórias).
> Exercer quaisquer **atividades** que sejam **incompatíveis** com o exercício do cargo ou função e com o horário de trabalho.
> **Recusa injustificada** a realizar inspeção médica.

Durante o período de suspensão, o servidor perde a remuneração, entretanto, quando houver **conveniência para o serviço** (ato discricionário), a penalidade de suspensão poderá ser convertida em multa, na base de 50% por dia de vencimento ou remuneração, ficando o servidor obrigado a permanecer em atividade.

Fique Ligado

Conversão da suspensão em multa → 50% da remuneração ou vencimento básico e continua trabalhando normalmente.

A suspensão será cancelada dos registros no prazo de cinco anos, caso não pratique nova infração nesse período (mas esse cancelamento não opera efeitos retroativos, ele não receberá o período em que ficou afastado).

Fique Ligado

→ ***Cancelamento dos registros (caso não pratique nova falta nesse prazo - não se produzem efeitos retroativos):***
> ***Advertência - três anos.***
> ***Suspensão - cinco anos.***

Demissão

É o desligamento do servidor ativo, em caráter de penalidade (é diferente de exoneração, pois exoneração não é penalidade).

Hipóteses

> **Crime contra a administração pública.**
> **Abandono de cargo** (ausência intencional por +30 dias consecutivos).
> **Inassiduidade habitual** (falta injustificada ao serviço por 60 dias, interpoladamente, no período de 12 meses).
> **Improbidade administrativa.**
> **Incontinência pública e conduta escandalosa**, na repartição.
> **Insubordinação** grave em serviço.
> **Ofensa física**, em serviço, a servidor ou a particular, salvo em legítima defesa própria ou de outrem.
> **Aplicação irregular de dinheiros públicos.**
> Revelação de **segredo** do qual se apropriou em razão do cargo.
> **Lesão** aos cofres públicos e **dilapidação** do patrimônio nacional.
> **Corrupção**.
> **Acumulação ilegal** de cargos, empregos ou funções públicas.
> Transgressão dos incisos IX a XVI do Art. 117:
» Valer-se do cargo para lograr **proveito pessoal** ou de **outrem**, em **detrimento da dignidade da função pública**.
» Participar de **gerência** ou **administração** de sociedade privada, personificada ou não personificada, exercer o comércio, **exceto na qualidade** de acionista, cotista ou comanditário.
» Atuar, como procurador ou intermediário, junto a repartições públicas, **salvo** quando se tratar de **benefícios previdenciários** ou **assistenciais** de parentes até o **segundo grau**, e de **cônjuge** ou **companheiro**.
» Receber propina, comissão, presente ou vantagem de qualquer espécie, **em razão de suas atribuições.**
» Aceitar comissão, emprego ou pensão de **estado estrangeiro**.
» Praticar **usura** sob qualquer de suas formas.
» Proceder de forma **desidiosa**.
» Utilizar pessoal ou recursos materiais da repartição em **serviços ou atividades particulares**.

Detectada a qualquer tempo a acumulação ilegal de cargos, empregos ou funções públicas o servidor será notificado para **apresentar opção no prazo improrrogável de dez dias**, contados da data da ciência e, na hipótese de omissão, adotará procedimento sumário para a sua apuração e regularização imediata (será utilizado o processo administrativo disciplinar no **rito sumário**).

A opção pelo servidor até o **último dia de prazo para defesa** configurará sua **boa-fé**, hipótese em que se converterá **automaticamente em pedido de exoneração do outro cargo.**

Cassação da Aposentadoria ou Disponibilidade

Será cassada a aposentadoria ou a disponibilidade do inativo que houver praticado, **na atividade**, falta **punível com a demissão**.

Ex.: Na atividade, servidor que já possuía tempo de serviço para aposentar-se voluntariamente pratica uma falta funcional (dia 10), em seguida, ele temendo a punição se aposenta (dia 15). No dia 20 um PAD é instaurado em virtude dessa infração. Se a consequência desse PAD for a penalidade de demissão, ele terá sua aposentadoria cassada.

Destituição da Função de Confiança e do Cargo em Comissão

A destituição de cargo em comissão exercido por não ocupante de função efetiva será aplicada nos casos de infração sujeita às penalidades de **suspensão e de demissão.**

Caso o servidor tenha sido exonerado e seja constatada penalidade punível com suspensão ou demissão, essa **exoneração será convertida em destituição**.

Disposições Gerais

A demissão ou a destituição do cargo em comissão, dependendo da infração praticada, também geram **outras consequências**:

Indisponibilidade dos bens e ressarcimento ao erário (sem prejuízo da ação penal cabível):

> Improbidade administrativa.
> Aplicação irregular de dinheiros públicos.
> Lesão aos cofres públicos e dilapidação do patrimônio nacional.
> Corrupção.

Incompatibilidade do servidor para nova investidura em cargo público federal (por cinco anos):

> Valer-se do cargo para **lograr proveito pessoal ou de outrem**, em **detrimento da dignidade da função pública.**
> Atuar, como **procurador ou intermediário**, junto a repartições públicas, salvo quando se tratar de benefícios previdenciários ou assistenciais de parentes até o **segundo grau**, e de cônjuge ou companheiro.

Não poderá retornar ao serviço público federal:

> Crime contra a administração pública.
> Improbidade administrativa.
> Aplicação irregular de dinheiros públicos.
> Lesão aos cofres públicos e dilapidação do patrimônio nacional.
> Corrupção.

Competência para Aplicação das Penalidades

As penalidades disciplinares serão aplicadas:

> Pelo **Presidente da República**, pelos **Presidentes das Casas do Poder Legislativo** e dos **Tribunais Federais** e pelo **Procurador-Geral da República**, quando se tratar de demissão e cassação de aposentadoria ou disponibilidade de servidor vinculado ao respectivo Poder, órgão, ou entidade.

> Pelas **autoridades administrativas de hierarquia imediatamente inferior** àquelas mencionadas no inciso anterior quando se tratar de **suspensão superior a 30 dias.**

> Pelo **chefe da repartição e outras autoridades** na forma dos respectivos regimentos ou regulamentos, nos casos de **advertência** ou de suspensão de até **30 dias**.

> Pela autoridade que houver feito a nomeação, quando se tratar de destituição de cargo em comissão.

	Competência			
	Executivo	Legislativo	Judiciário	MPU
Demissão e Cassação	*Presidente da República*	*Presidente das Casas*	*Presidente do Tribunal*	*Procurador Geral da República*
Suspensão por +30 dias	*Autoridade imediatamente inferior das acima citadas*			
Suspensão até 30 dias e advertência	*Chefe imediato do servidor*			
Destituição	*Autoridade que nomeou ou designou*			

Prescrição da Ação Disciplinar

Trata-se da perda do direito que o Estado possui de punir o servidor pela prática de alguma infração funcional. O prazo prescricional não começa na data da prática do ato, mas sim na que a administração teve ciência do mesmo.

Prazos	
Advertência	*180 dias*
Suspensão	*2 anos*
Demissão/Cassação/Destituição	*5 anos*

O prazo de prescrição começa a correr da data em que o fato se **tornou conhecido**.

Os prazos de prescrição previstos na lei penal aplicam-se às infrações disciplinares capituladas também como crime (segue o tempo prescricional do crime caso aquele ato também seja um crime).

INTERRUPÇÃO DA PRESCRIÇÃO → ocorre com a **abertura da sindicância** ou **instauração de processo administrativo disciplinar** (interrompe até a decisão final proferida por autoridade competente).

Uma vez interrompida a prescrição, o prazo volta a correr (do zero) a partir do dia em que cessar a interrupção.

Exercício Comentado

01. ***(FCC) A Lei nº 8.112/90, que dispõe sobre o regime jurídico dos servidores públicos civis da União, das autarquias e das fundações públicas federais, estabelece que as penalidades disciplinares são: advertência, suspensão, demissão, cassação de aposentadoria ou disponibilidade, destituição de cargo em comissão e destituição de função comissionada. Nos termos desse regramento legal, é regra atinente às penalidades:***

a) ***A suspensão será aplicada no caso de violação das proibições que não tipifiquem infração sujeita à penalidade de destituição de cargo em comissão.***

b) ***A pena de suspensão não pode ser convertida em multa.***

c) ***O cancelamento das penalidades de advertência e de suspensão surte efeitos retroativos.***

d) ***Ao caso de conduta escandalosa na repartição é aplicada a suspensão de 30 dias.***

e) ***Os antecedentes funcionais são considerados na aplicação das penalidades.***

RESPOSTA ***E.***

Alternativa A. O Art. 130 da Lei 8.112/90 define que a suspensão será aplicada em caso de reincidência das faltas punidas com advertência e de violação das demais proibições que não tipifiquem infração sujeita a penalidade de demissão.

Alternativa B. De acordo com o Art. 130, § 2º, da Lei 8.112/90 havendo conveniência para o serviço, a penalidade de suspensão poderá ser convertida em multa, na base de 50% por dia de vencimento ou remuneração, ficando o servidor obrigado a permanecer em serviço.

Alternativa C. O Art. 131, parágrafo único, dispõe que o cancelamento dessas penalidades não surtirá efeitos retroativos.

Alternativa D. Essa infração é punida com demissão (Art. 132, inciso V).

Alternativa E. Pois os antecedentes funcionais do servidor são um dos fatores levados em conta na hora da aplicação das penalidades, conforme regra do Art. 128: "Na aplicação das penalidades serão consideradas a natureza e a gravidade da infração cometida, os danos que dela provierem para o serviço público, as circunstâncias agravantes ou atenuantes e os antecedentes funcionais".

Vamos Praticar

01. (ESAF) Assinale a opção que contenha a infração não apenada com demissão, nos termos da Lei nº 8.112/90.

a) Abandono de cargo.

b) Insubordinação grave em serviço.

c) Revelação de segredo do qual se apropriou em razão do cargo.

d) Inassiduidade habitual.

e) Oposição de resistência injustificada ao andamento de documento e processo ou execução de serviço.

02. (FUNRIO) Jorge Jerônimo, temeroso de responder a processo administrativo disciplinar, por atos ilícitos praticados, requer sua aposentadoria, sendo que esta vem a ser concedida, uma vez que foram preenchidos os requisitos legais. Posteriormente, vem a ser instaurado processo disciplinar, que conclui pela prática de improbidade administrativa e corrupção. Nesse caso, qual a pena a ser aplicada:

a) Demissão, com perda do objeto por aposentadoria concedida.
b) Arquivamento, em face da concessão de aposentadoria.
c) Cassação de aposentadoria.
d) O processo administrativo disciplinar não pode ser concluído, em face da aposentadoria.
e) Torna-se impossível a instauração do processo administrativo disciplinar, em face da aposentadoria anterior.

03. (CESPE) Considere que um servidor vinculado à administração unicamente por cargo em comissão cometa uma infração para a qual a Lei nº 8.112/1990 preveja a sanção de suspensão. Nesse caso, se comprovadas a autoria e a materialidade da irregularidade, o servidor sofrerá a penalidade de destituição do cargo em comissão.

Certo ( ) Errado ( )

04. (FCC) Maria, servidora pública do Tribunal Regional Federal da 3º Região, desesperada para pagar uma conta pessoal já vencida, ausentou-se do serviço, durante o expediente, sem prévia autorização de seu chefe imediato. Vale salientar que Maria jamais sofreu qualquer sanção administrativa, tendo um histórico impecável na vida pública.

Nos termos da Lei nº 8.112/90, Maria:

a) Está sujeita à pena de suspensão.
b) Não está sujeita a qualquer sanção administrativa, sendo mantido intacto seu prontuário.
c) Está sujeita à pena de advertência.
d) Está sujeita à pena de censura.
e) Não está sujeita a qualquer sanção administrativa, no entanto, o fato será anotado em seu prontuário.

05. Aplica-se a penalidade disciplinar de demissão a servidor público por abandono de cargo, caracterizado pela ausência intencional do servidor ao serviço por mais de trinta dias consecutivos ou por sessenta dias não consecutivos, em um período de um ano.

Certo ( ) Errado ( )

06. (FCC) A Lei nº 8.112/90, que dispõe sobre o regime jurídico dos servidores públicos civis da União, das autarquias e das fundações públicas federais, estabelece a responsabilidade civil, penal e criminal pelo exercício irregular de suas atribuições. Nos termos desse ordenamento legal, a responsabilidade civil decorre de ato que resulte em prejuízo ao erário ou a terceiros na forma:

a) Culposa ou dolosa, omissiva ou comissiva.
b) Omissiva ou comissiva, dolosa, mas não culposa.
c) Dolosa ou culposa, omissiva, mas não comissiva.
d) Comissiva, dolosa, mas não omissiva nem culposa.
e) Dolosa ou culposa, comissiva, mas não omissiva.

07. (CESPE) Não é possível a aplicação de penalidade a servidor inativo, ainda que a infração funcional tenha sido praticada anteriormente à sua aposentadoria.

Certo ( ) Errado ( )

08. (ESAF) Pedro Paulo já poderia requerer a sua aposentadoria, porém abdica de fazê-lo por ser o trabalho a única atividade saudável que o retira da solidão.

Ao longo da sua vida funcional, Pedro Paulo perdeu toda a sua família, vítima de um acidente automobilístico que vitimou fatalmente sua esposa e filhos. Desde então, Pedro Paulo entregou-se aos vícios do álcool e do fumo sem, todavia, reconhecer-se vítima do alcoolismo e do tabagismo.

No dia em que completaria vinte anos que sua família tinha morrido, Pedro Paulo ingeriu álcool no ambiente de trabalho após o encerramento do expediente e, já não respondendo por si, terminou por deixar que uma guimba de cigarro acesa entrasse em contato com os papéis de trabalho e terminou provocando um incêndio de grandes proporções que destruiu boa parte do arquivo sob sua responsabilidade.

Em processo criminal específico, Pedro Paulo foi absolvido por não ter a intenção de provocar o dano, tendo agido sob a influência da doença que o acometia.

A respeito do caso concreto acima narrado e tendo em mente a Lei nº 8.112/90 acerca da responsabilidade do servidor público, analise as afirmativas abaixo, classificando-as como verdadeiras ou falsas.

( ) A responsabilidade penal abrange apenas os crimes imputados ao servidor, nesta qualidade.
( ) Fez-se necessário aguardar o final da ação penal para que tivesse início o processo administrativo disciplinar contra Pedro Paulo.
( ) A absolvição de Pedro Paulo na esfera criminal não afasta sua responsabilidade administrativa.

a) F, F, F
b) V, F, V
c) V, F, F
d) F, F, V
e) F, V, F

09. (ESAF) Assinale a opção que contenha a infração não apenada com demissão, nos termos da Lei nº 8.112/90.

a) Abandono de cargo.
b) Insubordinação grave em serviço.
c) Revelação de segredo do qual se apropriou em razão do cargo.
d) Inassiduidade habitual.
e) Oposição de resistência injustificada ao andamento de documento e processo ou execução de serviço.

10. (CESPE) É um dever do servidor guardar sigilo acerca de um assunto referente à sua repartição.

Certo ( ) Errado ( )

Gabarito

01	E	06	A
02	C	07	ERRADO
03	CERTO	08	C
04	C	09	E
05	ERRADO	10	CERTO

CAPÍTULO 16

Processo Administrativo Disciplinar

Processo Administrativo Disciplinar pode ser usado como um termo genérico, isto é, são as modalidades de instrumentos que a administração pública federal possui para apurar a prática de infrações disciplinares dos servidores. São eles:

> Sindicância.
> Processo Administrativo Disciplinar (PAD em sentido restrito).
> E PAD de rito Sumário.

Regras Gerais

A autoridade que tiver ciência de irregularidade no serviço público é **obrigada a promover a sua apuração imediata**, mediante sindicância ou processo administrativo disciplinar, **assegurada ao acusado ampla defesa** (ela é garantida em qualquer caso em que uma penalidade deva ser aplicada).

As denúncias sobre irregularidades serão objeto de apuração, desde que contenham a **identificação e o endereço do denunciante** e sejam formuladas **por escrito**, confirmada a autenticidade.

Quando o fato narrado não configurar evidente infração disciplinar ou ilícito penal, a denúncia será **arquivada** por falta de objeto.

Essa apuração, por solicitação da autoridade a que se refere, poderá ser promovida por autoridade de órgão ou entidade diverso daquele em que tenha ocorrido a irregularidade, mediante competência específica para tal finalidade, **delegada em caráter permanente ou temporário** pelo Presidente da República, pelos presidentes das Casas do Poder Legislativo e dos Tribunais Federais e pelo Procurador-Geral da República, no âmbito do respectivo Poder, órgão ou entidade, preservadas as competências para o julgamento que se seguir à apuração.

Uma penalidade só pode ser aplicada após passar por uma dessas três modalidades, não existe aplicação de pena sem uma delas de PAD (nem mesmo a advertência).

Fique Ligado

Súmula Vinculante 5 do STF: "A falta de defesa técnica por advogado no processo administrativo disciplinar não ofende a constituição".

Dessa forma, a defesa técnica (advogado) não é requisito indispensável para o PAD (contrata advogado se quiser). Mas caso a lei específica do cargo preveja a obrigatoriedade de advogado, esse deve ser observado.

Todas as modalidades de PAD têm como pré-requisito indispensável a formação de uma comissão (a composição depende do aspecto de PAD, mas ela é sempre formada por **servidores estáveis**).

Afastamento Preventivo

Trata-se de uma medida cautelar cujo fim é evitar que o servidor venha a influir na apuração da irregularidade. Nesse caso, a autoridade instauradora do processo disciplinar poderá determinar o seu afastamento do exercício do cargo, pelo prazo de **até 60 dias, sem prejuízo da remuneração** (ele continua recebendo).

O afastamento poderá ser **prorrogado por igual período**, findo o qual **cessarão os seus efeitos**, ainda que não concluído o processo.

Essa medida é uma faculdade conferida à administração com objetivo de evitar que o servidor atrapalhe ou interfira no andamento do processo administrativo.

Fique Ligado

→ ***Afastamento temporário:***
> ***Até 60 dias (prorrogável uma vez por igual período).***
> ***Sem prejuízo da remuneração.***

Sindicância

Trata-se da modalidade mais simples para apuração de irregularidades funcionais e, da sindicância, poderá resultar:

> Arquivamento do processo.
> Aplicação de penalidade de advertência ou suspensão de até **30 dias**.
> Instauração de processo disciplinar.

Dessa forma, a sindicância é a medida utilizada para apuração de infrações passíveis de penalidades de **advertência e suspensão por até 30 dias**.

O prazo para **conclusão** da sindicância **não excederá 30 dias**, podendo ser **prorrogado por igual período**, a critério da autoridade superior.

Se na sindicância for verificada a necessidade de aplicação de uma penalidade de suspensão superior a 30 dias, demissão, cassação da aposentadoria ou disponibilidade e de destituição de cargo em comissão, deverá ser **instaurado um PAD**.

Se a sindicância concluir pela necessidade de instauração de um PAD, os autos dela integrarão o processo disciplinar (como peça informativa da instrução). Mas ela não é uma etapa do PAD, o mesmo **pode ser instaurado diretamente**.

A comissão da sindicância pode ser composta de dois a três servidores estáveis e tem natureza transitória (após encerrada a sindicância, os servidores retornam para suas funções).

Processo Administrativo Disciplinar (PAD)

O processo disciplinar é o instrumento destinado a apurar responsabilidade de servidor por infração praticada no exercício de suas atribuições, ou que tenha relação com as atribuições do cargo em que se encontre investido.

Fique Ligado

É a modalidade mais complexa para apuração de infração funcional. Ele é obrigatório para aplicação das seguintes penalidades:
> ***Suspensão por mais de 30 dias.***
> ***Demissão.***
> ***Cassação e Destituição.***

Eventualmente o PAD também pode ser utilizado para punir com advertência ou suspensão igual ou inferior a 30 dias (exemplo: PAD instaurado para aplicar pena de suspensão de mais de 30 dias ou demissão, mas depois da apuração ficou configurada uma infração punível apenas com advertência ou suspensão de 15 dias, nesse caso essas penalidades podem ser aplicadas, sem a necessidade de instaurar uma sindicância).

Por outro lado, a **sindicância não pode** aplicar penalidade **superior a de suspensão de 30 dias**, caso seja verificada no curso dela que a pena a ser aplicada é de demissão, por exemplo, deve ser instaurado um PAD.

Comissão do PAD

O processo disciplinar será conduzido por uma comissão, que é a responsável pela apuração da infração dos fatos supostamente praticados pelo denunciado.

A comissão realizará a função de **investigar** os fatos e apresentar um **relatório final** conclusivo (que disporá sobre a procedência ou não das acusações, que será acatado pela autoridade julgadora, a não ser que nos autos constem provas que disponham em contrário).

COMPOSIÇÃO DA COMISSÃO → O processo disciplinar será conduzido por comissão composta de **três servidores estáveis** designados pela autoridade competente, que indicará, entre eles, o seu **presidente**.

Fique Ligado

O PRESIDENTE da comissão deverá ser ocupante de cargo efetivo superior ou de mesmo nível, ou ter nível de escolaridade igual ou superior ao do indiciado.

A Comissão terá como **secretário** servidor designado pelo seu presidente, podendo a indicação recair em um de seus membros.

Não podem participar da comissão (nem de sindicância, nem de inquérito de PAD) → cônjuge, companheiro ou parente do **acusado**, consanguíneo ou afim, em linha reta ou colateral, **até o terceiro grau**.

A Comissão exercerá suas atividades com independência e imparcialidade, assegurado o sigilo necessário à elucidação do fato ou exigido pelo interesse da administração (as reuniões têm caráter reservado).

Fases do Processo Disciplinar

> **INSTAURAÇÃO**, com a publicação do ato que constituir a comissão.

> **INQUÉRITO ADMINISTRATIVO**, que compreende instrução, defesa e relatório.

> **JULGAMENTO**.

Fique Ligado

Prazo → A conclusão do PAD não excederá 60 dias (contados da publicação do ato que constituir a comissão), admitindo prorrogação por igual prazo, quando as circunstâncias o exigirem.

Sempre que for necessário, a comissão dedicará tempo integral aos seus trabalhos, ficando seus membros dispensados do ponto, até a entrega do relatório final. As reuniões serão registradas em atas que deverão detalhar as deliberações adotadas.

Instauração

A instauração do processo administrativo é dada com a publicação da portaria que designar a comissão (cuja composição já foi vista no tópico anterior) encarregada de realizar a investigação.

Inquérito Administrativo

O inquérito administrativo obedecerá ao princípio do contraditório, assegurada ao acusado ampla defesa, com a utilização dos meios e recursos admitidos em direito.

→ Ele é dividido em três subfases:

> Instrução.

> Defesa.

> Relatório.

- **Instrução**

Realizada pela comissão, a instrução tem por objetivo colher o maior número de elementos possíveis (fatos, evidências, depoimentos etc.) para confirmar ou refutar as acusações elencadas contra o servidor.

Os **autos da sindicância** integrarão o processo disciplinar, como peça informativa da instrução (caso tenha havido uma sindicância que deu origem ao PAD, mas como vimos, ele também pode ser instaurado diretamente, sem a necessidade de uma sindicância).

Se o relatório da sindicância concluir que a infração configura também ilícito penal, a autoridade competente encaminhará cópia dos autos ao Ministério Público, independentemente da imediata instauração do processo disciplinar.

Durante a instrução, a comissão promoverá a tomada de depoimentos, acareações, investigações e diligências cabíveis, objetivando a coleta de prova, recorrendo, quando necessário, a técnicos e peritos, de modo a permitir a completa elucidação dos fatos.

É **assegurado ao servidor** o direito de acompanhar o processo pessoalmente ou por intermédio de procurador, arrolar e reinquirir testemunhas, produzir provas e contraprovas e formular quesitos, quando se tratar de prova pericial.

Vale lembrar que a assistência por advogado é **facultativa** (ele apenas traz advogado se quiser, não podendo ser obrigado ou proibido de constituir procurador).

O presidente da comissão poderá denegar pedidos considerados **impertinentes, meramente protelatórios**, ou de **nenhum interesse** para o esclarecimento dos fatos.

Será indeferido o pedido de prova pericial, quando a comprovação do fato não precisar de conhecimento especial de perito.

As testemunhas serão intimadas a depor mediante mandado expedido pelo presidente da comissão, devendo a segunda via, com o ciente do interessado, ser anexado aos autos.

Caso a testemunha seja servidor público, a expedição do mandado será imediatamente comunicada ao chefe da repartição onde serve, com a indicação do dia e hora marcados para inquirição.

O depoimento será prestado **oralmente** e **reduzido a termo**, não sendo lícito à testemunha trazê-lo por escrito, sendo que elas serão inquiridas separadamente.

Na hipótese de depoimentos contraditórios ou que se infirmem, proceder-se-á à acareação entre os depoentes.

Concluída a inquirição das testemunhas, a comissão promoverá o interrogatório do acusado (ele será intimado para depor e não poderá trazer seu depoimento escrito, assim como as testemunhas).

Havendo mais de um acusado, cada um deles será ouvido separadamente, e sempre que divergirem em suas declarações sobre fatos ou circunstâncias, será promovida a acareação entre eles.

O procurador do acusado poderá assistir ao interrogatório, bem como à inquirição das testemunhas, sendo-lhe vedado interferir nas perguntas e respostas, mas é facultado a ele reinquirir as testemunhas, por intermédio do presidente da comissão.

A **indiciação** do servidor será formulada após a infração disciplinar ser tipificada, devendo especificar os fatos imputados ao servidor e as respectivas provas.

O indiciado será citado por mandado expedido pelo presidente da comissão para apresentar **defesa escrita, no prazo de 10 dias**, sendo assegurado o direito de do processo na repartição. No caso de dois ou mais indiciados, o prazo será **comum e de 20 dias**.

O período de defesa poderá ser prorrogado pelo dobro, para diligências reputadas indispensáveis.

O indiciado que mudar de residência fica obrigado a comunicar à comissão o lugar onde poderá ser encontrado.

Achando-se o indiciado em lugar incerto e não sabido, será citado por edital, publicado no Diário Oficial da União e em jornal de grande circulação na localidade do último domicílio conhecido, para apresentar defesa.

Nesse caso de citação por edital, o prazo para defesa será de 15 dias a partir da última publicação do edital.

- **Defesa**

O indicado que regularmente citado não apresentar defesa no prazo será considerado revel. A revelia será declarada, por termo, nos autos do processo e devolverá o prazo para a defesa.

Nesse caso, para defender o indiciado revel, a autoridade instauradora do processo designará um **servidor como defensor dativo**, que deverá ser ocupante de cargo efetivo superior ou de mesmo nível, ou ter nível de escolaridade igual ou superior ao do indiciado.

Observe que diferentemente de um processo judicial civil, a revelia no PAD não possui efeitos tão graves (como a presunção dos fatos narrados pela outra parte), pois no PAD prevalece o princípio da verdade material. Dessa forma, mesmo diante da revelia, continua sendo da Administração o ônus de provar o alegado contra o servidor.

- **Relatório**

Após a apreciação da defesa, a comissão elaborará **relatório minucioso**, o qual resumirá as peças principais dos autos e mencionará as provas em que se baseou para formar a sua convicção.

O relatório será **sempre conclusivo** quanto à **inocência** ou à **responsabilidade** do servidor.

Reconhecida a responsabilidade do servidor, a comissão indicará o dispositivo legal ou regulamentar transgredido, bem como as circunstâncias agravantes ou atenuantes.

O processo disciplinar, com o relatório da comissão, será remetido à autoridade que determinou a sua instauração, para julgamento.

Julgamento

Após o recebimento do processo, a autoridade julgadora deverá proferir sua decisão no prazo de **20 dias**. Caso ela não o faça no prazo, não haverá a nulidade do processo (apenas podendo ocorrer a prescrição pela demora e a responsabilização da autoridade julgadora).

Como regra geral, a competência para julgamento é da mesma autoridade que instaurou o processo. Entretanto, se a penalidade a ser aplicada exceder a alçada da administração instauradora do processo, esse será encaminhado à autoridade competente, que decidirá em igual prazo (também terá 20 dias para decidir).

No caso de haver **mais de um indiciado** e **diversidade de sanções**, o julgamento caberá à autoridade **competente para a imposição da pena mais grave**.

Se a penalidade prevista for a **demissão** ou cassação de aposentadoria ou disponibilidade, o julgamento caberá às autoridades de que trata o inciso I do Art. 141 (Presidente da República; Presidentes das Casas do Poder Legislativo; Presidentes dos Tribunais Federais e pelo Procurador-Geral da República).

Se a comissão tiver reconhecido a inocência do servidor, a autoridade instauradora do processo determinará o seu arquivamento, **salvo se flagrantemente contrária à prova dos autos**.

O julgamento acatará o relatório da comissão, salvo quando contrário às provas dos autos.

Quando o referido relatório contrariar as provas dos autos, a autoridade julgadora poderá, **motivadamente, agravar** a penalidade proposta, **abrandá-la** ou **isentar** o servidor de responsabilidade.

Dessa forma, tal autoridade fica vinculada ao relatório da comissão, salvo se a conclusão for contrária às provas dos autos.

Verificada a ocorrência de vício insanável, a autoridade que determinou a instauração do processo ou outra de hierarquia superior declarará a sua nulidade, total ou parcial, e ordenará, no **mesmo ato**, a constituição de outra comissão para instauração de novo processo.

Como vimos, o julgamento fora do prazo legal não implica nulidade do processo.

Extinta a punibilidade pela prescrição, a autoridade julgadora determinará o **registro do fato** nos assentamentos individuais do servidor.

Quando a infração estiver **capitulada como crime**, o processo disciplinar será **remetido ao Ministério Público** para instauração da ação penal, ficando trasladado na repartição.

O servidor que estiver respondendo a processo disciplinar só poderá ser exonerado a pedido, ou aposentado voluntariamente, **após a conclusão do processo e o cumprimento da penalidade**, acaso aplicada.

Fique Ligado

O servidor que estiver respondendo a processo disciplinar não poderá ser exonerado a pedido, ou aposentado voluntariamente antes da conclusão do PAD e o cumprimento da penalidade (se aplicada).

Processo Administrativo Disciplinar de Rito Sumário

O procedimento disciplinar de rito sumário tem como principal característica a tramitação mais rápida do que o processo administrativo comum.

Ele possui algumas regras próprias, diferentes do processo administrativo, mas no restante, ele segue as disposições aplicáveis ao rito comum (subsidiariamente).

Esse procedimento de rito sumário será utilizado no caso de acumulação ilegal de cargos, empregos ou funções públicas, abandono de cargo e inassiduidade habitual.

O prazo para a conclusão do processo administrativo disciplinar submetido ao rito sumário **não excederá trinta dias**, contados da data de publicação do ato que constituir a comissão, podendo ser **prorrogado por até quinze**, quando as circunstâncias o exigirem.

Fique Ligado

→ ***PAD sumário - hipóteses:***
> ***Acumulação ilegal.***
> ***Abandono de cargo.***
> ***Inassiduidade habitual.***

Quando for constatada a acumulação ilegal, a autoridade responsável por instaurar a sindicância ou processo administrativo notificará o servidor, por intermédio de sua chefia imediata, para **apresentar opção no prazo improrrogável de dez dias**, contados da data da ciência.

Se o servidor não apresentar essa opção, será instaurado o procedimento sumário para a sua apuração e regularização imediata.

A Lei 8.112/90 define que caso o servidor faça a **opção até o último dia de prazo para defesa configurará sua boa-fé**, hipótese em que se converterá automaticamente em pedido de exoneração do outro cargo.

→ **Fases do PAD de Rito Sumário:**
> **INSTAURAÇÃO** ocorre com a publicação do ato que **constituir a comissão**, a ser composta por **dois servidores estáveis**, e simultaneamente indicar a autoria e a materialidade da transgressão objeto da apuração.
> **INSTRUÇÃO SUMÁRIA** compreende indiciação, defesa e relatório.
> **JULGAMENTO**.

A comissão lavrará, até três dias após a publicação do ato que a constituiu, **termo de indiciação** e promoverá a citação pessoal do servidor indiciado, ou por intermédio de sua chefia imediata **para apresentar defesa escrita, no prazo de cinco dias**, sendo assegurado ao servidor vista do processo na repartição.

Após a apresentação da defesa, a comissão elaborará **relatório conclusivo quanto à inocência ou à responsabilidade do servidor**, em que resumirá as peças principais dos autos, opinará sobre a licitude da acumulação em exame, indicará o respectivo dispositivo legal e remeterá o processo à autoridade instauradora, para julgamento.

No prazo de cinco dias, contados do recebimento do processo, a autoridade julgadora proferirá a sua decisão.

Caracterizada a acumulação ilegal e provada a má-fé, será aplicada a pena de demissão, destituição ou cassação de aposentadoria ou disponibilidade em relação aos cargos, empregos ou funções públicas em regime de acumulação ilegal, hipótese em que os órgãos ou entidades de vinculação serão comunicados.

Conforme vimos, o processo administrativo disciplinar de rito sumário também é aplicado no caso de abandono de cargo ou inassiduidade habitual, com algumas peculiaridades.

A indicação da materialidade na hipótese de **abandono de cargo** é feita pela indicação precisa do período de ausência intencional do servidor ao serviço superior a trinta dias. Já no caso de **inassiduidade habitual**, pela indicação dos dias de falta ao serviço sem causa justificada, por período igual ou superior a sessenta dias interpoladamente, durante o período de doze meses.

Após a apresentação da defesa a comissão elaborará **relatório conclusivo** quanto à inocência ou à responsabilidade do servidor, em que resumirá as peças principais dos autos, indicará o respectivo dispositivo legal, opinará, na hipótese de abandono de cargo, sobre a intencionalidade da ausência ao serviço superior a trinta dias e remeterá o processo à autoridade instauradora para julgamento.

Modalidades de PAD e Principais Diferenças

	Sindicância	PAD	PAD Sumário
Competência	*Advertência.* *Suspensão até 30 dias.*	*Suspensão + 30 dias.* *Demissão.* *Cassação.* *Destituição.*	*Acúmulo ilegal de cargos.* *Abandono de cargo.* *Inassiduidade Habitual.*
Prazo	*30 + 30*	*60 + 60*	*30 + 15*
Comissão	*2 ou 3 servidores estáveis.* *Transitória.*	*3 servidores estáveis.* *Permanente.*	*2 servidores estáveis.*

Revisão do Processo Administrativo

O processo disciplinar poderá ser revisto, a qualquer momento, a pedido ou de ofício, quando se aduzirem fatos novos ou circunstâncias suscetíveis de justificar a inocência do punido ou a inadequação da penalidade aplicada.

Na revisão serão aduzidos **fatos novos** ou **circunstâncias** suscetíveis de justificar:

> A inocência do punido; ou
> A inadequação da penalidade aplicada.

Em caso de falecimento, ausência ou desaparecimento do servidor, qualquer pessoa da família poderá requerer a revisão do processo (incapacidade mental - o curador pode requerer).

Ônus da prova no processo revisional → requerente (ele deve provar esses fatos novos ou circunstâncias alegadas).

A simples alegação de injustiça da penalidade não constitui fundamento para a revisão, que requer elementos novos, ainda não apreciados no processo originário.

O requerimento de revisão do processo será dirigido ao **Ministro de Estado** ou autoridade equivalente, que, se **autorizar a revisão**, encaminhará o pedido ao dirigente do órgão ou entidade onde se originou o processo disciplinar. Caso deferida, a autoridade competente providenciará a constituição de comissão (três servidores estáveis).

A revisão correrá em apenso ao processo originário. Na petição inicial, o requerente pedirá dia e hora para a produção de provas e inquirição das testemunhas que arrolar.

Prazo para a comissão **concluir os trabalhos** → 60 dias.

Prazo para **julgamento** → 20 dias (contados do recebimento do processo).

Aplicam-se aos trabalhos da comissão revisora, no que couber, as normas e procedimentos próprios da comissão do processo disciplinar.

O julgamento caberá à autoridade que aplicou a penalidade, nos termos do Art. 141 da Lei 8.112/90.

Revisão julgada procedente → penalidade aplicada declarada **sem efeito** (todos os direitos do servidor serão restabelecidos).

Entretanto, tratando-se de destituição de cargo em comissão, ela será convertida em **exoneração**.

Fique Ligado

Da revisão do processo não poderá resultar agravamento de penalidade (proibição da** reformatio in pejus**).

Exercício Comentado

01.** **(FCC) No que se refere ao Processo Administrativo Disciplinar, analise as proposições a seguir:

I.** **Da sindicância poderá resultar penalidade de advertência ou suspensão, mas para aplicação de demissão, cassação de aposentadoria ou disponibilidade e destituição é imprescindível a instauração de um processo administrativo.

II.** **A sindicância pode resultar na instauração de Processo Administrativo Disciplinar.

III.** **O processo disciplinar poderá ser revisto, até 2 (dois) anos após a decisão, a pedido ou de ofício, quando se aduzirem fatos novos ou circunstâncias suscetíveis de justificar a inocência do punido ou a inadequação da penalidade aplicada.

IV.** **A revisão do processo não pode resultar em agravamento da penalidade aplicada.

Marque a alternativa que contém somente as proposições corretas.

a)** **I, II e III.
b)** **III e IV.
c)** **II e IV.
d)** **II, III e IV.
e)** **I e IV.

RESPOSTA. ***C***

I - Errado. A sindicância pode resultar advertência ou suspensão até 30 dias; nas demais penalidades, é necessária a instauração de um processo administrativo (Art. 146).

II - Correto. O Art. 145 diz que da sindicância poderá resultar arquivamento do processo; aplicação de penalidade de advertência ou suspensão de até 30 (trinta) dias ou instauração de processo disciplinar.

III - Errado. O Art. 174 diz que o processo disciplinar poderá ser revisto, a qualquer tempo, a pedido ou de ofício, quando se aduzirem fatos novos ou circunstâncias suscetíveis de justificar a inocência do punido ou a inadequação da penalidade aplicada.

IV - Correto. A revisão apenas pode melhorar a situação do servidor e nunca piorar, conforme regra do Art. 182.

Vamos Praticar

01. (FCC) Considere os seguintes atos:

I. Inquirição de testemunhas.
II. Interrogatório do servidor acusado.
III. Apresentação de defesa escrita.
IV. Indiciação do servidor.

Nos termos da Lei nº 8.112/1990, as fases do processo administrativo disciplinar ocorrem na ordem descrita em:

a) II, I, III e IV.
b) I, II, IV e III.
c) II, I, IV e III.
d) I, II, III e IV.
e) IV, II, III e I.

02. (FCC) Cristiano, servidor público federal, responde a processo disciplinar em razão de grave conduta cometida. Após a tipificação da infração disciplinar, foi formulada a indiciação de Cristiano, com a especificação dos fatos a ele imputados e das respectivas provas. O próximo passo será sua citação para apresentar defesa escrita. Ocorre que Cristiano encontra-se em lugar incerto e não sabido, razão pela qual sua citação dar-se-á por edital. Nos termos da Lei nº 8.112/90, o prazo para defesa na hipótese narrada será de:

a) 10 dias, contados a partir da primeira publicação do edital.
b) 15 dias, contados a partir da última publicação do edital.
c) 30 dias, contados a partir da última publicação do edital.
d) 25 dias, contados a partir da primeira publicação do edital.
e) 20 dias, contados a partir da última publicação do edital.

03. (FCC) Segundo a disciplina da Lei nº 8.112/90, uma das fases do processo disciplinar denomina-se inquérito administrativo. A propósito do tema, considere a seguinte situação hipotética: a Administração pública, durante o inquérito administrativo, não concedeu oportunidade de contraditório e ampla defesa ao servidor público interessado, justificando que durante tal fase tais garantias encontram-se mitigadas em prol do interesse público. Neste caso, a Administração pública:

a) Não agiu corretamente, pois na fase do inquérito tais garantias existem e devem ser respeitadas.
b) Agiu corretamente, pois tais garantias não se aplicam na fase do inquérito.

c) Agiu corretamente, pois tais garantias, embora existam no inquérito, podem ser negadas em prol do interesse público.

d) Não agiu corretamente, pois embora a regra seja a inexistência de tais garantias no inquérito, elas não podem ser obstaculizadas sob a justificativa do interesse público envolvido.

e) Agiu corretamente, pois pode, mediante sua atuação discricionária, negar tais garantias em qualquer fase do processo disciplinar.

04. (CESPE) Determinado servidor público federal, que responde a processo administrativo disciplinar, requereu sua aposentadoria voluntária, e a administração pública indeferiu-lhe o pedido. Nessa situação, o indeferimento do pleito está de acordo com a legislação de regência, pois o servidor que responde a processo disciplinar somente poderá ser aposentado voluntariamente após a conclusão do processo e o cumprimento da penalidade eventualmente aplicada.

Certo ( ) Errado ( )

05. (FUNCAB) No que se refere ao Processo Administrativo Disciplinar, analise as proposições a seguir:

I. A sentença penal absolutória vincula a decisão no Processo Administrativo Disciplinar, qualquer que seja o seu fundamento.

II. A sindicância pode resultar na instauração de Processo Administrativo Disciplinar.

III. O processo disciplinar poderá ser revisto, até 2 (dois) anos após a decisão, a pedido ou de ofício, quando se aduzirem fatos novos ou circunstâncias suscetíveis de justificar a inocência do punido ou a inadequação da penalidade aplicada.

IV. A revisão do processo não pode resultar em agravamento da penalidade aplicada.

Marque a alternativa que contém somente as proposições corretas.

a) I, II e III.

b) III e IV

c) II e IV

d) II, III e IV

e) I e IV

06. (CESPE) A instauração de processo administrativo disciplinar é obrigatória para a aplicação das penas de suspensão por mais de trinta dias, demissão, cassação de aposentadoria ou disponibilidade e destituição de cargo em comissão.

Certo ( ) Errado ( )

07. (CESPE) Acerca das disposições da Lei nº 8.112/1990 relacionadas ao processo administrativo disciplinar, assinale a opção correta.

a) O processo disciplinar poderá ser revisto quando se aduzirem fatos novos suscetíveis de justificar a inadequação da penalidade aplicada, devendo o requerimento de revisão do processo ser dirigido ao ministro de Estado competente ou a autoridade equivalente.

b) O processo disciplinar deve ser conduzido por comissão composta de três servidores estáveis e ocupantes de cargo efetivo de mesmo nível ou de nível superior ao do indiciado.

c) Concluído o interrogatório do acusado, a comissão deverá promover a inquirição das testemunhas.

d) Na hipótese de sugestão, pela comissão processante, em um mesmo processo administrativo disciplinar, de aplicação da penalidade de cassação de aposentadoria a um indiciado e da aplicação da penalidade de suspensão de vinte dias a outro indiciado, o julgamento, em cada caso, caberá ao chefe da repartição em que estiver lotado o indiciado.

e) Da sindicância poderá resultar a aplicação de penalidade de suspensão de até sessenta dias.

08. (CESPE) Um dos fundamentos aptos a ensejar a revisão do processo disciplinar é a alegação e a demonstração da injustiça na aplicação da pena.

Certo ( ) Errado ( )

09. (CONSULPLAN) Acerca do processo administrativo e sindicância, com base na Lei nº 8.112/90, analise.

I. O resultado de uma sindicância pode ser arquivamento do processo, aplicação de penalidade de advertência ou suspensão de até 30 dias ou instauração de processo disciplinar.

II. O prazo para conclusão da sindicância não excederá 30 dias, podendo ser prorrogado por igual período, a critério da autoridade superior.

III. Sempre que o ilícito praticado pelo servidor ensejar a imposição de penalidade de suspensão por mais de 30 dias, de demissão, cassação de aposentadoria ou disponibilidade, ou destituição de cargo em comissão, a Comissão de Sindicância, se julgar conveniente, poderá sugerir a instauração de processo disciplinar.

IV. O processo disciplinar é o instrumento destinado a apurar responsabilidade de servidor por infração praticada no exercício de suas atribuições, ou que tenha relação com as atribuições do cargo em que se encontre investido.

Estão corretas as afirmativas:

a) I, II, III e IV.

b) II e III, apenas.

c) III e IV, apenas.

d) I, II e IV, apenas.

10. (CESPE) Uma vez instaurado o processo administrativo disciplinar para apuração da infração, o servidor poderá ser afastado de suas funções, por até sessenta dias, sem direito à remuneração do cargo.

Certo ( ) Errado ( )

Gabarito

01	B	06	CERTO
02	B	07	A
03	A	08	ERRADO
04	CERTO	09	D
05	C	10	ERRADO

CAPÍTULO 17

Seguridade Social

Disposições Gerais

A União manterá Plano de Seguridade Social para o servidor e sua família.

O servidor que for ocupante de **cargo em comissão que não seja, simultaneamente, ocupante de cargo ou emprego efetivo** na administração pública direta, autárquica e fundacional não terá direito aos benefícios do Plano de Seguridade Social, com exceção da assistência à saúde.

Fique Ligado

Os benefícios da seguridade social são direitos dos servidores titulares de cargos efetivos. Os titulares exclusivamente de cargo em comissão têm direito aos benefícios da assistência à saúde.

O servidor afastado ou licenciado do cargo efetivo, sem direito à remuneração, inclusive para servir em organismo oficial internacional do qual o Brasil seja membro efetivo ou com o qual coopere, ainda que contribua para regime de previdência social no exterior, terá suspenso o seu vínculo com o regime do Plano de Seguridade Social do Servidor Público enquanto durar o afastamento ou a licença, **não lhes assistindo, nesse período, os benefícios do mencionado regime de previdência**.

Será **assegurada** ao servidor licenciado ou afastado sem remuneração a **manutenção da vinculação ao regime** do Plano de Seguridade Social do Servidor Público, mediante o **recolhimento mensal** da respectiva contribuição, no mesmo percentual devido pelos servidores em atividade, incidente sobre a remuneração total do cargo a que faz jus no exercício de suas atribuições, computando-se, para esse efeito, inclusive, as vantagens pessoais.

Esse recolhimento deve ser efetuado até o segundo dia útil após a data do pagamento das remunerações dos servidores públicos, aplicando-se os procedimentos de cobrança e execução dos tributos federais quando não recolhidas na data de vencimento.

O Plano de Seguridade Social visa a dar cobertura aos riscos a que estão sujeitos o servidor e sua família, e compreende um conjunto de benefícios e ações que atendam às seguintes **finalidades**:

> Garantir meios de subsistência nos eventos de doença, invalidez, velhice, acidente em serviço, inatividade, falecimento e reclusão.

> Proteção à maternidade, à adoção e à paternidade.

> Assistência à saúde.

Esses benefícios serão concedidos nos termos e condições definidos em regulamento, observadas as disposições da Lei 8.112/90.

Os benefícios do Plano de Seguridade Social do servidor compreendem:

→ **Quanto ao Servidor**

> Aposentadoria.

> Auxílio-natalidade.

> Salário-família.

> Licença para tratamento de saúde.

> Licença à gestante, à adotante e licença-paternidade.

> Licença por acidente em serviço.

> Assistência à saúde.

> Garantia de condições individuais e ambientais de trabalho satisfatórias.

→ **Quanto ao Dependente**

> Pensão vitalícia e temporária.

> Auxílio-funeral.

> Auxílio-reclusão.

> Assistência à saúde.

As aposentadorias e pensões serão concedidas e mantidas pelos órgãos ou entidades aos quais se encontram vinculados os servidores, observado o disposto nos Arts. 189 e 224 da Lei 8.112/90 (cálculo e revisão da aposentadoria; atualização das pensões).

O recebimento indevido de benefícios havidos por fraude, dolo ou má-fé, **implicará devolução ao erário do total auferido**, sem prejuízo da ação penal cabível.

Dos Benefícios

Da Aposentadoria

A Constituição Federal sofreu alterações no que se refere ao tema aposentadoria do servidor, sendo que muitas disposições da Lei 8.112/90 ficaram sem aplicabilidade.

Os aposentados, assim como os servidores em disponibilidade, são inativos. Dessa forma não recebem remuneração e sim proventos.

Aos servidores titulares de cargos efetivos da União, dos Estados, do Distrito Federal e dos Municípios, incluídas suas autarquias e fundações, é assegurado regime de previdência de caráter **contributivo e solidário**, mediante contribuição do respectivo ente público, dos servidores ativos e inativos e dos pensionistas, observados critérios que preservem o equilíbrio financeiro e atuarial.

Modalidades de Aposentadoria

- **Por Invalidez Permanente**

Nessa modalidade de aposentadoria os proventos serão **proporcionais** ao tempo de contribuição, **exceto** se decorrente de acidente em serviço, moléstia profissional ou doença grave, contagiosa ou incurável, na forma da lei.

- **Compulsória**

Nesse caso o servidor titular de um cargo de provimento efetivo será compulsoriamente aposentado, aos **setenta anos** de idade, com **proventos proporcionais** ao tempo de contribuição.

- **Voluntária**

Nessa modalidade o servidor que requer a sua aposentadoria, desde que cumprido o tempo mínimo de **dez anos de efetivo exercício no serviço público** e **cinco anos no cargo efetivo em que se dará a aposentadoria**, observadas as seguintes condições:

> **Sessenta anos de idade e trinta e cinco de contribuição, se homem, e cinquenta e cinco anos de idade e trinta de contribuição, se mulher** (os requisitos de idade e de tempo de contribuição serão reduzidos em cinco anos para o professor que comprove exclusivamente tempo de efetivo exercício das funções de magistério na educação infantil e no ensino fundamental e médio).

> **Sessenta e cinco anos de idade, se homem, e sessenta anos de idade, se mulher, com proventos proporcionais ao tempo de contribuição.**

Os proventos de aposentadoria e as pensões, por ocasião de sua concessão, não poderão exceder a remuneração do respectivo servidor, no cargo efetivo em que se deu a aposentadoria ou que serviu de referência para a concessão da pensão.

Para o cálculo dos proventos de aposentadoria, por ocasião da sua concessão, serão consideradas as remunerações utilizadas como base para as contribuições do servidor aos regimes de previdência de que tratam este artigo e o Art. 201 da Constituição Federal, na forma da lei.

É **vedada** a adoção de **requisitos e critérios diferenciados** para a concessão de aposentadoria aos abrangidos pelo regime de que trata este artigo, **ressalvados**, nos termos definidos em leis complementares, os casos de servidores:

> Portadores de deficiência.

> Que exerçam atividades de risco.

> Cujas atividades sejam exercidas sob condições especiais que prejudiquem a saúde ou a integridade física.

Ressalvadas as aposentadorias decorrentes dos cargos acumuláveis na forma dessa Constituição, é vedada a percepção de mais de uma aposentadoria à conta do regime de previdência acima estudado. Dessa forma, se a cumulação fosse lícita na atividade, o servidor também poderá cumular os proventos.

É assegurado o reajustamento dos benefícios para preservar-lhes, em caráter permanente, o valor real, conforme critérios estabelecidos em lei.

O tempo de contribuição federal, estadual ou municipal **será contado** para efeito de aposentadoria e o tempo de serviço correspondente para efeito de disponibilidade.

Fique Ligado

A lei não poderá estabelecer qualquer forma de contagem de tempo de contribuição fictício.

Ao servidor ocupante, exclusivamente, de cargo em comissão declarado em lei de livre nomeação e exoneração bem como de outro temporário ou de emprego público, aplica-se o regime geral de previdência social.

→ Consideram-se DOENÇAS GRAVES, CONTAGIOSAS OU INCURÁVEIS (para efeitos dessas regras):

> Tuberculose ativa.

> Alienação mental.

> Esclerose Múltipla.

> Neoplasia Maligna.

> Cegueira posterior ao ingresso no serviço público.

> Hanseníase .

> Cardiopatia grave.

> Doença De Parkinson.

> Paralisia Irreversível E Incapacitante.

> Espondiloartrose Anquilosante.

> Nefropatia Grave.

> Estados avançados do mal de Paget (osteíte deformante).

> Síndrome de Imunodeficiência Adquirida - AIDS.

> Outras que a lei indicar, com base na medicina especializada.

Na hipótese de aposentadoria por invalidez, o servidor será submetido à **junta médica oficial**, que atestará tal questão quando caracterizada a incapacidade para o desempenho das atribuições do cargo ou a impossibilidade de se aplicar o disposto no Art. 24 da Lei 8.112/90 (readaptação).

A aposentadoria compulsória será automática, e declarada por ato, com vigência a partir do dia imediato àquele em que o servidor atingir a idade-limite de permanência no serviço ativo.

A aposentadoria voluntária ou por invalidez vigorará a partir da data da publicação do respectivo ato.

A aposentadoria por invalidez será **precedida** de licença para tratamento de saúde, por período não excedente a 24 (vinte e quatro) meses. Nesse caso, serão consideradas apenas as licenças motivadas pela enfermidade ensejadora da invalidez ou doenças correlacionadas.

Expirado o período de licença e não estando em condições de reassumir o cargo ou de ser readaptado, o servidor será aposentado.

O lapso de tempo compreendido entre o término da licença e a publicação do ato da aposentadoria será considerado como de prorrogação da licença.

A critério da Administração, o servidor em licença para tratamento de saúde ou aposentado por invalidez poderá ser convocado a qualquer momento, para avaliação das condições que ensejaram o afastamento ou a aposentadoria.

O provento da aposentadoria será calculado com observância do disposto no § 3º do Art. 41 (o vencimento do cargo efetivo, acrescido das vantagens de caráter permanente, é irredutível) e revisto na mesma data e proporção, sempre que se modificar a remuneração dos servidores em atividade.

São **estendidos** aos inativos quaisquer benefícios ou vantagens posteriormente concedidas aos servidores em atividade, inclusive quando decorrentes de transformação ou reclassificação do cargo ou função em que se deu a aposentadoria.

O servidor aposentado com provento proporcional ao tempo de serviço, se acometido de qualquer das moléstias especificadas acima especificadas e, por esse motivo, for considerado inválido por junta médica oficial passará a perceber provento integral, calculado com base no fundamento legal de concessão da aposentadoria.

Quando **proporcional ao tempo de serviço**, o provento não será inferior a 1/3 (um terço) da remuneração da atividade.

Ao servidor aposentado será paga a gratificação natalina, até o dia vinte do mês de dezembro, em valor equivalente ao respectivo provento, deduzido o adiantamento recebido.

Ao ex-combatente que tenha efetivamente participado de operações bélicas, durante a Segunda Guerra Mundial, nos termos da Lei nº 5.315, de 12 de setembro de 1967, será concedida aposentadoria com provento integral, aos 25 (vinte e cinco) anos de serviço efetivo.

Do Auxílio-natalidade

O auxílio-natalidade é devido à servidora por motivo de nascimento de filho, em quantia equivalente ao menor vencimento do serviço público, inclusive no caso de natimorto.

Na hipótese de parto múltiplo, o valor será acrescido de 50% (cinquenta por cento), por nascituro.

O auxílio será pago ao cônjuge ou companheiro servidor público, quando a parturiente não for servidora.

Do Salário-família

O salário-família é devido ao servidor ativo ou ao inativo, por dependente econômico. Consideram-se dependentes econômicos para efeito de percepção do salário-família:

> O cônjuge ou companheiro e os filhos, inclusive os enteados até 21 anos de idade ou, se estudante, até 24 anos ou, se inválido, de qualquer idade.

> O menor de 21 anos que, mediante autorização judicial, viver na companhia e às expensas do servidor, ou do inativo.

> A mãe e o pai sem economia própria.

Não se configura a dependência econômica quando o beneficiário do salário-família perceber rendimento do trabalho ou de qualquer outra fonte, inclusive pensão ou provento da aposentadoria, em valor igual ou superior ao salário-mínimo.

Quando o pai e a mãe forem servidores públicos e viverem em comum, o salário-família será pago a um deles; quando separados, será pago a um e outro, de acordo com a distribuição dos dependentes.

Ao pai e à mãe equiparam-se o padrasto, a madrasta e, na falta desses, os representantes legais dos incapazes.

O salário-família não está sujeito a qualquer tributo, nem servirá de base para qualquer contribuição, inclusive para a Previdência Social.

O afastamento do cargo efetivo, sem remuneração, não acarreta a suspensão do pagamento do salário-família.

Da Licença à Gestante, à Adotante e Da Licença-paternidade

Será concedida licença à servidora gestante por **120 dias consecutivos**, sem prejuízo da remuneração.

A licença poderá ter início no primeiro dia do nono mês de gestação, salvo antecipação por prescrição médica.

No caso de **nascimento prematuro**, a licença terá início a partir do parto.

Na situação de **natimorto**, decorridos 30 dias do evento, a servidora será submetida a exame médico, e se julgada apta, reassumirá o exercício.

No caso de **aborto** atestado por médico oficial, a servidora terá direito a 30 dias de repouso remunerado.

Pelo nascimento ou adoção de filhos, o servidor terá direito à **licença-paternidade** de 5 dias consecutivos.

Para amamentar o próprio filho, até a idade de seis meses, a servidora lactante terá direito, durante a jornada de trabalho, a uma hora de descanso, que poderá ser parcelada em dois períodos de meia hora.

À servidora que adotar ou obtiver guarda judicial de criança até 1 ano de idade, serão concedidos 90 dias de licença remunerada. No caso de adoção ou guarda judicial de criança com mais de 1 ano de idade, a licença será de 30 dias.

Da Licença por Acidente em Serviço

Será licenciado, com **remuneração integral**, o servidor acidentado em serviço.

Configura acidente em serviço o dano físico ou mental sofrido pelo servidor, que se relacione, mediata ou imediatamente, com as atribuições do cargo exercido.

→ **Equipara-se ao acidente em serviço o dano:**

> Decorrente de agressão sofrida e não provocada pelo servidor no exercício do cargo.

> Sofrido no percurso da residência para o trabalho e vice-versa.

O servidor acidentado em serviço que necessite de tratamento especializado poderá ser tratado em instituição privada, à conta de recursos públicos. O tratamento recomendado por junta médica oficial constitui medida de exceção e somente será admissível quando inexistirem meios e recursos adequados em instituição pública.

A prova do acidente será feita no prazo de 10 dias, prorrogável quando as circunstâncias o exigirem.

Da Pensão

No caso de morte do servidor, os dependentes fazem jus a uma pensão mensal de valor correspondente ao da respectiva remuneração ou provento, a partir da data do óbito, observado o limite estabelecido no Art. 42 (teto remuneratório).

As pensões distinguem-se, quanto à natureza, em vitalícias e temporárias. A pensão vitalícia é composta de cota ou cotas permanentes, que somente se extinguem ou revertem com a morte de seus beneficiários. A pensão temporária é composta de cota ou cotas que podem se extinguir ou reverter por motivo de morte, cessação de invalidez ou maioridade do beneficiário.

→ São beneficiários das pensões:

> **VITALÍCIA**

» O cônjuge.

» A pessoa desquitada, separada judicialmente ou divorciada, com percepção de pensão alimentícia.

» O companheiro ou companheira designado que comprove união estável como entidade familiar.

» A mãe e o pai que comprovem dependência econômica do servidor.

» A pessoa designada, maior de 60 (sessenta) anos e a portadora de deficiência, que vivam sob a dependência econômica do servidor.

> **TEMPORÁRIA**

» Os filhos, ou enteados, até 21 (vinte e um) anos de idade, ou, se inválidos, enquanto durar a invalidez.

» O menor sob guarda ou tutela até 21 (vinte e um) anos de idade.

» O irmão órfão, até 21 (vinte e um) anos, e o inválido, enquanto durar a invalidez, que comprovem dependência econômica do servidor.

» A pessoa designada que viva na dependência econômica do servidor, até 21 (vinte e um) anos, ou, se inválida, enquanto durar a invalidez.

A concessão de **pensão vitalícia** aos beneficiários de que tratam as alíneas "a" e "c" do inciso I acima referidas exclui desse direito os demais beneficiários referidos nas alíneas "d" e "e" (o cônjuge ou companheiro possuem preferência, excluindo pais e dependentes inválidos ou maiores de 60 anos).

A concessão da **pensão temporária** aos beneficiários de que tratam as alíneas "a" e "b" do inciso II acima referidos exclui desse direito os demais beneficiários referidos nas alíneas "c" e "d" (os filhos inválidos ou menores de 21 anos, assim como os menores de 21 anos sob guarda ou tutela excluem os demais dependentes da pensão temporária).

A pensão será concedida integralmente ao titular da pensão vitalícia, exceto se existirem beneficiários da pensão temporária.

Ocorrendo habilitação de vários titulares à pensão vitalícia, o seu valor será distribuído em partes iguais entre os beneficiários habilitados.

Havendo habilitação às pensões vitalícia e temporária, metade do valor caberá ao titular ou titulares da pensão vitalícia, sendo a outra metade rateada em partes iguais, entre os titulares da pensão temporária.

Ocorrendo habilitação somente à pensão temporária, o valor integral da pensão será rateado, em partes iguais, entre os que se habilitarem.

A pensão poderá ser requerida a qualquer tempo, prescrevendo tão somente as prestações exigíveis há mais de 5 anos. Concedida a pensão, qualquer prova posterior ou habilitação tardia que implique exclusão de beneficiário ou redução de pensão só produzirá efeitos a partir da data em que for oferecida.

Fique Ligado

Não faz jus à pensão o beneficiário condenado pela prática de crime doloso de que tenha resultado a morte do servidor.

Será concedida **pensão provisória por morte presumida** do servidor, nos seguintes casos:

> Declaração de ausência, pela autoridade judiciária competente.
> Desaparecimento em desabamento, inundação, incêndio ou acidente não caracterizado como em serviço.
> Desaparecimento no desempenho das atribuições do cargo ou em missão de segurança.

A pensão provisória será transformada em vitalícia ou temporária, conforme o caso, decorridos 5 anos de sua vigência, ressalvado o eventual reaparecimento do servidor, hipótese em que o benefício será automaticamente cancelado.

→ Acarreta perda da qualidade de beneficiário:

> O seu falecimento.
> A anulação do casamento, quando a decisão ocorrer após a concessão da pensão ao cônjuge.
> A cessação de invalidez, em se tratando de beneficiário inválido.
> A maioridade de filho, irmão órfão ou pessoa designada, aos 21 (vinte e um) anos de idade.
> A acumulação de pensão na forma do Art. 225 (exercer a opção em caso de ter direito a duas ou mais pensões).
> A renúncia expressa.

A critério da Administração, o beneficiário de pensão temporária motivada por invalidez poderá ser convocado a qualquer momento para avaliação das condições que ensejaram a concessão do benefício.

Por morte ou perda da qualidade de beneficiário, **a respectiva cota reverterá:**

> Da pensão vitalícia para os remanescentes dessa pensão ou para os titulares da pensão temporária, se não houver pensionista remanescente da pensão vitalícia.
> Da pensão temporária para os cobeneficiários ou, na falta desses, para o beneficiário da pensão vitalícia.

As pensões serão automaticamente atualizadas na mesma data e na mesma proporção dos reajustes dos vencimentos dos servidores.

Fique Ligado

Ressalvado o direito de opção, é vedada a percepção cumulativa de mais de duas pensões.

Do Auxílio-funeral

O auxílio-funeral é devido à família do servidor falecido na atividade ou aposentado, em valor equivalente a um mês da remuneração ou provento.

No caso de acumulação legal de cargos, o auxílio será pago somente em razão do cargo de maior remuneração.

O auxílio será pago no prazo de 48 horas, por meio de procedimento sumaríssimo, à pessoa da família que houver custeado o funeral. Se esse for custeado por terceiro, ele será indenizado, observado acima disposto.

Em caso de falecimento de servidor em serviço fora do local de trabalho, inclusive no exterior, as despesas de transporte do corpo correrão à conta de recursos da União, autarquia ou fundação pública.

Do Auxílio-reclusão

À família do servidor ativo é devido o auxílio-reclusão, nos seguintes valores:

> **Dois terços** da remuneração, quando afastado por motivo de prisão, em flagrante ou preventiva, determinada pela autoridade competente, enquanto perdurar a prisão (caso seja absolvido, o servidor terá direito à integralização da remuneração).
> **Metade da remuneração**, durante o afastamento, em virtude de condenação, por sentença definitiva, a pena que não determine a perda de cargo.

O pagamento do auxílio-reclusão cessará a partir do dia imediato àquele em que o servidor for posto em liberdade, ainda que condicional.

Fique Ligado

→ ***Emenda Constitucional nº 20***

Art. 13 - Até que a lei discipline o acesso ao salário--família e auxílio-reclusão para os servidores, segurados e seus dependentes, esses benefícios serão concedidos apenas àqueles que tenham renda bruta mensal igual ou inferior a R$ 360,00 (trezentos e sessenta reais), que, até a publicação da lei, serão corrigidos pelos mesmos índices aplicados aos benefícios do regime geral de previdência social.

Da Assistência à Saúde

A assistência à saúde do servidor, ativo ou inativo, e de sua família compreende **auxílio médico, hospitalar, odontológico, psicológico e farmacêutico**. Terá como diretriz básica o implemento de ações preventivas voltadas para a promoção da saúde e será prestada pelo Sistema Único de Saúde – SUS, diretamente pelo órgão ou entidade ao qual estiver vinculado o servidor, ou mediante convênio ou contrato, ou ainda na forma de auxílio, mediante ressarcimento parcial do valor despendido pelo servidor, ativo ou inativo, e seus dependentes ou pensionistas com planos ou seguros privados de assistência à saúde, na forma estabelecida em regulamento.

Nas hipóteses previstas na Lei 8.112/90 em que seja exigida perícia, avaliação ou inspeção médica, na ausência de médico ou junta médica oficial, para a sua realização o órgão ou entidade celebrará, preferencialmente, **convênio com unidades de atendimento do sistema público de saúde, entidades sem fins lucrativos** declaradas de utilidade pública, ou com o **Instituto Nacional do Seguro Social** - INSS.

Na **impossibilidade**, devidamente justificada, da realização do convênio acima citado, o órgão ou entidade promoverá a **contratação da prestação de serviços por pessoa jurídica**, que constituirá junta médica especificamente para esses fins, indicando os nomes e especialidades dos seus integrantes, com a comprovação de suas habilitações e de que não estejam respondendo a processo disciplinar junto à entidade fiscalizadora da profissão.

Para os fins do disposto acima, ficam a União e suas entidades autárquicas e fundacionais autorizadas a:

> **Celebrar convênios** exclusivamente para a prestação de serviços de assistência à saúde para os seus servidores ou empregados ativos, aposentados, pensionistas, bem como para seus respectivos grupos familiares definidos, com entidades de autogestão por elas patrocinadas por meio de instrumentos jurídicos efetivamente celebrados e publicados até 12 de fevereiro de 2006 e que possuam autorização de funcionamento do órgão regulador, sendo certo que os convênios celebrados depois dessa data somente poderão sê-lo na forma da regulamentação específica sobre patrocínio de autogestões, a ser publicada pelo mesmo órgão regulador, no prazo de 180 (cento e oitenta) dias da vigência desta Lei, normas essas também aplicáveis aos convênios existentes até 12 de fevereiro de 2006.

> **Contratar, mediante licitação**, na forma da Lei no 8.666, de 21 de junho de 1993, operadoras de planos e seguros privados de assistência à saúde que possuam autorização de funcionamento do órgão regulador.

O valor do ressarcimento fica limitado ao total despendido pelo servidor ou pensionista civil com plano ou seguro privado de assistência à saúde.

Exercício Comentado

01. (CESPE) O servidor público será aposentado compulsoriamente, aos setenta anos de idade, com proventos integrais.

ERRADO. ***A aposentadoria compulsória, que ocorre quando o servidor titular de um cargo de provimento efetivo alcançar 70 anos de idade, é feita com proventos proporcionais ao tempo de contribuição (Art. 186, II, da Lei 8.112/90 e Art. 40, § 1º, II, da Constituição Federal).***

Vamos Praticar

01. (FEC) Ken, servidor de cargo efetivo da União, descobriu quais são as regras de aposentadoria do servidor, previstas na legislação vigente. Analise as afirmativas a seguir:

I. O servidor será aposentado por invalidez permanente, sendo os proventos proporcionais ao tempo de contribuição, exceto se decorrente de acidente em serviço, moléstia profissional ou doença grave, contagiosa ou incurável, na forma da lei.

II. O servidor será aposentado voluntariamente, aos setenta anos de idade, com proventos proporcionais ao tempo de serviço.

III. O servidor será aposentado voluntariamente, desde que cumprido tempo mínimo de quinze anos de efetivo exercício no serviço público e de dez anos no cargo efetivo em que se dará a aposentadoria.

IV. Os proventos de aposentadoria e as pensões, por ocasião de sua concessão, não poderão exceder a remuneração do respectivo servidor, no cargo efetivo em que se deu a aposentadoria ou que serviu de referência para a concessão da pensão.

As afirmativas corretas são, apenas:

a) I e II.
b) II e IV.
c) I e IV.
d) II e III.
e) I e III.

02. (FCC) A licença para tratamento consiste em período de até:

a) 24 meses, estabelecido ao segurado que obteve laudo de junta médica oficial do Estado de incapacidade, para se cuidar.
b) 24 meses, que precede a aposentadoria por invalidez para tratamento da própria saúde.
c) 12 meses, estabelecido ao segurado para tratamento de doença infectocontagiosa.
d) 6 meses, para tratamento de doença grave com laudo de incapacidade temporária para o trabalho.
e) 12 meses, estabelecido ao dependente com incapacidade permanente, que obteve atestado médico comprovando a incapacidade.

03. (FCC) De acordo com a Lei nº 8.112/90, poderá ser dispensada de perícia oficial, na forma definida em regulamento, a licença para tratamento de saúde inferior a:

a) Quinze dias, dentro de um ano.
b) Trinta dias, dentro de um ano.
c) Sessenta dias, dentro de dois anos.
d) Trinta dias, dentro de dois anos.
e) Noventa dias, dentro de um ano.

04. (AlfaCon) De acordo com a Lei 8.112/90, considere os seguintes itens:

I. Será concedida licença à servidora gestante por 120 dias consecutivos, sem prejuízo da remuneração, sendo que essa licença poderá ter início no primeiro dia do nono mês de gestação, podendo ser antecipada por prescrição médica.
II. A servidora que adotar uma criança de 10 meses de idade terá direito a 120 dias de licença remunerada.
III. Para amamentar o próprio filho, até a idade de seis meses, a servidora lactante terá direito, durante a jornada de trabalho, a uma hora de descanso, que poderá ser parcelada em dois períodos de meia hora.
IV. O servidor terá direito à licença-paternidade de 5 dias consecutivos no caso de nascimento ou adoção de filhos.

Está correto apenas o que se afirma em:

a) II, III e IV.
b) I e IV.
c) I, III e IV.
d) I e II.
e) II e III.

05. (AlfaCon) Ao tratar do assunto "Das Pensões", a lei 8.112/90 não dispõe que:

a) As pensões distinguem-se, quanto à natureza, em vitalícias e temporárias.
b) A pensão vitalícia é composta de cota ou cotas permanentes, que somente se extinguem ou revertem com a morte de seus beneficiários.
c) A pensão temporária é composta de cota ou cotas que podem se extinguir ou reverter por motivo de morte, cessação de invalidez ou maioridade do beneficiário.
d) Não faz jus à pensão o beneficiário condenado pela prática de crime doloso de que tenha resultado a morte do servidor.
e) É admitida a percepção cumulativa de até duas pensões.

06. (ESAF) No âmbito das normas de seguridade social do servidor público, previstas na Lei nº 8.112/90, assinale a hipótese não prevista para concessão de pensão provisória por morte presumida de servidor.

a) Desaparecimento em desabamento, inundação, incêndio ou acidente não caracterizado como em serviço.
b) Declaração de ausência, prestada pela autoridade judiciária ou policial competente.
c) Desaparecimento no desempenho das atribuições do cargo.
d) Declaração de ausência, prestada pela autoridade judiciária competente.
e) Desaparecimento no desempenho de missão de segurança.

07. (FCC) O corpo permanente da Constituição Federal, no tocante aos proventos do servidor aposentado pelo regime próprio de previdência:

a) Estabelece que os requisitos de idade e de tempo de contribuição serão reduzidos em cinco anos, para o professor que comprove exclusivamente tempo de efetivo exercício das funções de magistério na educação infantil e no ensino fundamental e médio, com a consequente redução proporcional dos proventos, caso opte por essa aposentadoria especial.
b) Garante aos servidores inativos a extensão de todos e quaisquer benefícios e vantagens concedidos aos servidores em atividade.
c) Determina que, nas hipóteses de aposentadoria com proventos proporcionais, deve-se utilizar como base de cálculo o valor da última remuneração percebida pelo servidor, quando em atividade.
d) Estabelece que os servidores ocupantes, exclusivamente, de cargo em comissão farão jus à aposentadoria complementar, mediante sua expressa adesão a tal regime, sem prejuízo da vinculação ao regime geral de previdência social.
e) Prevê a incidência de contribuição previdenciária nos proventos do inativo portador de doença incapacitante, a qual incidirá apenas sobre as parcelas que superem o dobro do limite máximo estabelecido para os benefícios do regime geral de previdência social.

08. (CESPE) Após completar sessenta e cinco anos de idade e ter cumprido suas funções com excelência e perfeição, um técnico administrativo vinculado ao tribunal de justiça deverá ser aposentado compulsoriamente.

Certo ( ) Errado ( )

09. (CESPE) Em que pese o tratamento diferenciado a que fazem jus em determinadas situações os servidores públicos portadores de deficiência abrangidos pelo regime próprio de previdência, a CF veda a adoção de requisitos e critérios diferenciados para a concessão de aposentadoria a tais servidores sob o fundamento da manutenção do equilíbrio atuarial do sistema previdenciário público.

Certo ( ) Errado ( )

10. (CESPE) Aplica-se à aposentadoria compulsória o requisito de tempo mínimo de dez anos de efetivo exercício no serviço público.

Certo ( ) Errado ( )

Gabarito

01	C	06	B
02	B	07	E
03	A	08	ERRADO
04	C	09	ERRADO
05	E	10	ERRADO

CAPÍTULO 18

Processo Administrativo Federal

Introdução

O Processo Administrativo Federal, ou seja, a Lei 9.784/99 estabelece as regras gerais de tal processo no âmbito federal. Essa lei tem, em primeiro plano, a função de regulamentar o processo administrativo federal. Contudo, ela contém as normas aplicáveis a todos os atos administrativos.

Desse modo, grande parte da lei já foi estudada detalhadamente em tópicos concernentes à competência, motivação, anulação, revogação e convalidação dos atos administrativos. Aqui, complementaremos o conteúdo da lei voltado, especificamente, para a resolução de questões.

Abrangência da Lei

O Art. 1º da lei determina a abrangência e a aplicação da referida lei. Devemos lembrar que ela é uma lei administrativa Federal e não nacional, ou seja, vale para toda Administração pública direta, e indireta da União. Dessa forma, passaremos a analisá-la:

> ***Art. 1º*** *- Essa Lei estabelece normas básicas sobre o processo administrativo no âmbito da Administração Federal direta e indireta, visando, em especial, à proteção dos direitos dos administrados e ao melhor cumprimento dos fins da Administração.*
>
> ***§ 1º*** *- Os preceitos dessa Lei também se aplicam aos órgãos dos Poderes Legislativo e Judiciário da União, quando no desempenho de função administrativa.*
>
> ***§ 2º*** *- Para os fins dessa Lei, consideram-se:*
>
> *I. Órgão - a unidade de atuação integrante da estrutura da Administração direta e da estrutura da Administração indireta;*
>
> *II. Entidade - a unidade de atuação dotada de personalidade jurídica;*
>
> *III. Autoridade - o servidor ou agente público dotado de poder de decisão.*

Como mencionado acima, a lei tem natureza Federal, dessa forma, é aplicável à União, autarquias federais, fundações públicas federais, sociedade de economia mista federais e empresas públicas federais. Vale ressaltar que os Poderes Executivo, Legislativo e Judiciário exercem funções típicas e atípicas.

Nas funções empregada dos Poderes Legislativo e Judiciário, aplicam-se, no que couber, as normas determinadas na referida lei.

A Lei 9.784/99 será aplicada sempre de forma subsidiária, acessória, ou seja, a regra geral é que as leis específicas que já tratam dos processos administrativos continuarão em vigor. Dessa forma, a Lei 9.784 não revogou nenhuma outra que trate sobre o mesmo assunto. Diz o Art. 69:

"Os processos administrativos específicos continuarão a reger-se por lei própria, aplicando-lhes apenas subsidiariamente os preceitos dessa Lei."

Assim, por exemplo, se o servidor está respondendo a processo administrativo disciplinar, usam-se as normas da Lei 8.112/90; em falta de regulamentação dessa, em algum aspecto, usa-se a Lei 9.784/99.

Princípios

O Art. 2º da lei traz vários princípios expressos; alguns norteadores de forma geral dos atos administrativos, inclusive expressamente previstos no texto constitucional; outros, que na Constituição Federal são tidos como implícitos, aqui são tratados como expressos.

A maioria das questões de concursos pede somente se o candidato sabe que tais princípios são expressos na Lei 9.784/99, pois, por exemplo, as questões perguntam se a razoabilidade é princípio expresso da Lei 9.784/99. Essa questão está correta sob a perspectiva do texto do Art. 2º da lei, pois a razoabilidade realmente está expressamente prevista como princípio. Já no texto constitucional, o mesmo princípio é tido como implícito.

Dessa forma, passamos a analisar o texto do Art. 2º:

> ***Art. 2º*** *- A Administração Pública obedecerá, dentre outros, aos princípios da legalidade, finalidade, motivação, razoabilidade, proporcionalidade, moralidade, ampla defesa, contraditório, segurança jurídica, interesse público e eficiência.*

Ao lado dos princípios transcritos acima, que são tidos como expressos, temos os chamados princípios implícitos, ou seja, não estão expressamente descritos no bojo do texto da Lei 9.784/99, mas são de observância obrigatória por parte de quem está sob a tutela da lei.

São considerados princípios implícitos:

→ **Informalismo:**

Somente existe forma determinada quando expressamente prescrita em lei.

→ **Oficialidade:**

O chamado de impulso oficial, significa que depois de iniciado o processo, a Administração tem a obrigação de conduzi-lo até a decisão final.

→ **Verdade material:**

Deve-se permitir que sejam trazidos aos autos as provas determinantes para o processo, mesmo depois de transcorridos os prazos legais.

→ **Gratuidade:**

Em regra, não existe ônus no processo administrativo, o que é característico nos judiciais.

Outra forma de ser cobrado nas questões está relacionada a transcrever o conteúdo dos incisos do Art. 2º e perguntar a qual princípio está diretamente ligado. Para tanto, passaremos a determinar em cada inciso os princípios relacionados entre parênteses.

> ***Parágrafo único*** *- Nos processos administrativos serão observados, entre outros, os critérios de:*
>
> *I. Atuação conforme a lei e o Direito (legalidade);*
>
> *II. Atendimento a fins de interesse geral, vedada a renúncia total ou parcial de poderes ou competências, salvo autorização em lei (impessoalidade/indisponibilidade do interesse público);*
>
> *III. Objetividade no atendimento do interesse público, vedada a promoção pessoal de agentes ou autoridades (impessoalidade);*
>
> *IV. Atuação segundo padrões éticos de probidade, decoro e boa-fé (moralidade);*
>
> *V. Divulgação oficial dos atos administrativos, ressalvadas as hipóteses de sigilo previstas na Constituição (publicidade);*
>
> *VI. Adequação entre meios e fins, vedada a imposição de obrigações, restrições e sanções em medida superior àquelas estritamente necessárias ao atendimento do interesse público (razoabilidade/proporcionalidade);*

VII. *Indicação dos pressupostos de fato e de direito que determinarem a decisão (motivação);*

VIII. *Observância das formalidades essenciais à garantia dos direitos dos administrados(segurança Jurídica);*

IX. *Adoção de formas simples, suficientes para propiciar adequado grau de certeza, segurança e respeito aos direitos dos administrados (segurança jurídica e informalismo);*

X. *Garantia dos direitos à comunicação, à apresentação de alegações finais, à produção de provas e à interposição de recursos, nos processos de que possam resultar sanções e nas situações de litígio (ampla defesa e contraditório);*

XI. *Proibição de cobrança de despesas processuais, ressalvadas as previstas em lei (gratuidade nos processos administrativos);*

XII. *Impulsão, de ofício, do processo administrativo, sem prejuízo da atuação dos interessados (oficialidade);*

XIII. *Interpretação da norma administrativa da forma que melhor garanta o atendimento do fim público a que se dirige, vedada aplicação retroativa de nova interpretação(Segurança Jurídica).*

Direitos e Deveres dos Administrados

O Art. 3º da Lei 9.784/99 trata de uma lista exemplificativa de direitos dos administrados para com a Administração Pública. Aqui, é muito importante frisar o inciso IV que descorre sobre a presença do advogado no processo administrativo.

Art. 3º *- O administrado tem os seguintes direitos perante à Administração, sem prejuízo de outros que lhe sejam assegurados:*

I. *Ser tratado com respeito pelas autoridades e servidores, que deverão facilitar o exercício de seus direitos e o cumprimento de suas obrigações;*

II. *Ser ciência da tramitação dos processos administrativos em que tenha a condição de interessado, ter vista dos autos, obter cópias de documentos neles contidos e conhecer as decisões proferidas;*

III. *Formular alegações e apresentar documentos antes da decisão, os quais serão objeto de consideração pelo órgão competente;*

IV. *Fazer-se assistir, facultativamente, por advogado, salvo quando obrigatória a representação, por força de lei.*

A faculdade de atuar com advogado no processo administrativo é decorrência direta do princípio do informalismo. Contudo, pode a lei expressamente exigir a presença do advogado no procedimento. Nesse caso, a inobservância acarretaria nulidade do processo.

É de extrema importância notar o teor da Súmula Vinculante número 5, em que sua redação determina o seguinte:

→ A falta de defesa técnica por advogado no processo administrativo disciplinar não ofende a Constituição.

O Art. 4º determina alguns deveres que devem ser observados no âmbito do processo administrativo.

Art. 4º *-São deveres do administrado perante a Administração, sem prejuízo de outros previstos em ato normativo:*

I. *Expor os fatos conforme a verdade;*

II. *Proceder com lealdade, urbanidade e boa-fé;*

III. *Não agir de modo temerário;*

IV. *Prestar as informações que lhe forem solicitadas e colaborar para o esclarecimento dos fatos.*

Início do Processo e Legitimação Ativa

O Art. 5º da Lei 9.784/99 traz que o processo pode ser iniciado pela própria Administração Pública (de ofício) – decorrência do princípio da oficialidade, ou ainda mediante provocação do interessado por meio de representação aos órgãos públicos responsáveis (a pedido).

O Art. 6º determina que caso faltem elementos essenciais ao pedido, a Administração deverá orientar o interessado a supri-los, sendo vedada a simples recusa imotivada de receber o requerimento ou outros documentos. Segue o teor dos artigos:

Art. 5º *- O processo administrativo pode iniciar-se de ofício ou a pedido de interessado.*

Art. 6º *- O requerimento inicial do interessado, salvo casos em que for admitida solicitação oral, deve ser formulado por escrito e conter os seguintes dados:*

I. *Órgão ou autoridade administrativa a que se dirige;*

II. *Identificação do interessado ou de quem o represente;*

III. *Domicílio do requerente ou local para recebimento de comunicações;*

IV. *Formulação do pedido, com exposição dos fatos e de seus fundamentos;*

V. *Data e assinatura do requerente ou de seu representante.*

Parágrafo único *- É vedada à Administração a recusa imotivada de recebimento de documentos, devendo o servidor orientar o interessado quanto ao suprimento de eventuais falhas.*

Art. 7º *- Os órgãos e entidades administrativas deverão elaborar modelos ou formulários padronizados para assuntos que importem pretensões equivalentes.*

Art. 8º *- Quando os pedidos de uma pluralidade de interessados tiverem conteúdo e fundamentos idênticos, poderão ser formulados em um único requerimento, salvo preceito legal em contrário.*

Dos interessados e da Competência

O Art. 9º trata dos interessados no processo administrativo. Na maioria das vezes, as questões cobradas em concursos, nessa parte, são meramente texto de lei, em que uma simples leitura resolve o problema.

Dessa forma, passamos a transcrever o texto legal:

Art. 9º *- São legitimados como interessados no processo administrativo:*

I. *Pessoas físicas ou jurídicas que o iniciem como titulares de direitos ou interesses individuais ou no exercício do direito de representação;*

II. *Aqueles que, sem terem iniciado o processo, têm direitos ou interesses que possam ser afetados pela decisão a ser adotada;*

III. *As organizações e associações representativas, no tocante a direitos e interesses coletivos;*

IV. *As pessoas ou as associações legalmente constituídas quanto a direitos ou interesses difusos.*

Art. 10º - São capazes, para fins de processo administrativo, os maiores de dezoito anos, ressalvada previsão especial em ato normativo próprio.

O Art. 11 trata da irrenunciabilidade da competência, ou seja, os órgãos da administração, por meio de seus agentes, não podem renunciar as competências determinadas por lei. Merece especial atenção, e por ser matéria certa em provas de concursos, o Art. 13, o qual trata da impossibilidade legal de delegação, sendo um rol taxativo descrito na lei, que passamos a transcrever abaixo:

Art. 13º - Não podem ser objeto de delegação:

I. A edição de atos de caráter normativo;

II. A decisão de recursos administrativos;

III. As matérias de competência exclusiva do órgão ou autoridade.

Impedimento e Suspeição

Os Arts. 18 e 20 cuidam do impedimento e suspeição no processo administrativo. Nessa situação, a lei visa a preservar a atuação imparcial do agente público, com vistas à moralidade administrativa.

Dessa forma, o Art. 18 prevê que é impedido de atuar no processo administrativo o servidor ou autoridade que:

I. Tenha interesse direto ou indireto na matéria;

II. Tenha participado ou venha a participar como perito, testemunha ou representante, ou se tais situações ocorrem quanto ao cônjuge, companheiro ou parente e afins até o terceiro grau;

III. Esteja litigando judicial ou administrativamente com o interessado ou respectivo cônjuge ou companheiro.

O Art. 20 determina que pode ser arguida suspeição de autoridade ou servidor que tenha amizade ou inimizade notória com algum interessado ou com os respectivos cônjuges, companheiros, parentes e afins até o terceiro grau.

Da Forma, Tempo e Lugar dos Atos do Processo

O Art. 22 tem como fundamento o princípio do informalismo e prevê o seguinte:

Art. 22º - Os atos do processo administrativo não dependem de forma determinada, senão, quando a lei expressamente a exigir.

§ 1º - Os atos do processo devem ser produzidos por escrito, em vernáculo, com a data e o local de sua realização e a assinatura da autoridade responsável.

§ 2º - Salvo imposição legal, o reconhecimento de firma somente será exigido quando houver dúvida de autenticidade.

§ 3º - A autenticação de documentos exigidos em cópia poderá ser feita pelo órgão administrativo.

§ 4º - O processo deverá ter suas páginas numeradas sequencialmente e rubricadas.

O Art. 23 estabelece, como regra geral, a realização dos atos do processo em dias úteis, no horário normal de funcionamento da repartição na qual tramitar o processo. No entanto, poderão ser concluídos depois do horário normal os atos já iniciados, cujo adiamento prejudique o curso regular do procedimento ou cause dano ao interessado ou à Administração (Art. 23, § único).

Estabelece o Art. 25 que os atos do processo devem realizar-se preferencialmente na sede do órgão, certificando-se o interessado se outro for o local de realização, ou seja, devem ser executados, de preferência, na sede do órgão, mas poderão ser realizados em outro local, após regular cientificação.

Do Recurso Administrativo e da Revisão

Um dos temas mais cobrados nas provas de concursos é o que tange ao recurso administrativo e à revisão do processo. O Art. 56 estabelece direito do administrado ao recurso das decisões administrativas, isso em razões de legalidade e mérito administrativo.

O § 3º prevê que o administrado, se entender que houve violação a enunciado de súmula vinculante, poderá ajuizar reclamação perante o Supremo Tribunal Federal, desde que, antes, tenha esgotado as vias administrativas.

O § 2º estabelece, como regra geral, a inexigibilidade de garantia de instância (caução) para a interposição de recurso administrativo. Nesse sentido, passamos a transcrever a Súmula vinculante 21, que proíbe a exigência de depósito para admissibilidade de recurso.

Súmula 21 – É inconstitucional a exigência de depósito ou arrolamento prévios de dinheiro ou bens para admissibilidade de recurso administrativo.

Art. 56º - Das decisões administrativas cabe recurso, em face de razões de legalidade e de mérito.

§ 1º - O recurso será dirigido à autoridade que proferiu a decisão, a qual, se não a reconsiderar no prazo de cinco dias, o encaminhará à autoridade superior.

§ 2º - Salvo exigência legal, a interposição de recurso administrativo independe de caução.

§ 3º - Se o recorrente alegar que a decisão administrativa contraria enunciado da súmula vinculante, caberá à autoridade prolatora da decisão impugnada, se não a reconsiderar, explicitar, antes de encaminhar o recurso à autoridade superior, as razões da aplicabilidade ou inaplicabilidade da súmula, conforme o caso.

Legitimidade para Interpor Recurso

Art. 58 - Têm legitimidade para interpor recurso administrativo:

I. Os titulares de direitos e interesses que forem parte no processo;

II. Aqueles cujos direitos ou interesses forem indiretamente afetados pela decisão recorrida;

III. As organizações e associações representativas, no tocante a direitos e interesses coletivos;

IV. Os cidadãos ou associações, quanto a direitos ou interesses difusos.

Do Não Reconhecimento do Recurso

Art. 63 - O recurso não será conhecido quando interposto:

I. Fora do prazo;

II. Perante órgão incompetente;

III. Por quem não seja legitimado;

IV. Após exaurida a esfera administrativa.

O Art. 64 confere amplos poderes aos órgãos incumbidos da decisão administrativa, em que o setor competente para decidir o recurso, poderá confirmar, modificar, anular ou revogar, total ou parcialmente, a decisão recorrida, se a matéria for de sua competência.

Aqui é possível, inclusive, a reforma em prejuízo do recorrente, chamada *reformatio in pejus*.

O Art. 65 focaliza os processos administrativos de que resultem sanções, que poderão ser revistos, a qualquer tempo, a pedido ou de ofício, quando surgirem fatos novos ou circunstâncias relevantes suscetíveis de justificar a inadequação da sanção aplicada. Devemos nos atentar, pois o Parágrafo Único prevê que da revisão do processo não poderá resultar agravamento da sanção.

Assim, é fácil notar que o legislador determinou regra distinta para o recurso administrativo e a revisão do processo. Esse recurso, é possível o agravamento da penalidade pela autoridade julgadora (chamada *reformatio in pejus*), contudo, isso não acontece na revisão do processo.

Prazos da Lei 9.784/99

A lei possui muitos prazos, dessa forma, sintetizaremos, em um único tópico, todos eles para melhor entendimento e, consequentemente, para acertar as questões nas provas de concursos públicos:

→ **Prática dos Atos**

> Quantidade de dias: cinco dias.

Observações

» Se não existir uma disposição específica, prazo será de cinco dias.

» O prazo total pode ser até de 10 dias (dilatado até o dobro).

> Artigo na lei em que consta o prazo:

Art. 24 *- Inexistindo disposição específica, os atos do órgão ou autoridade responsável pelo processo e dos administrados que dele participem devem ser praticados no prazo de cinco dias, salvo motivo de força maior.*

Parágrafo único *- O prazo previsto neste artigo pode ser dilatado até o dobro, mediante comprovada justificação.*

→ **Intimação - Da Comunicação dos Atos**

> Quantidade de dias: três dias úteis;

> Artigo na lei em que consta o prazo:

Art. 26. § 2º *- A intimação observará a antecedência mínima de três dias úteis quanto à data de comparecimento.*

→ **Intimação – da instrução**

> Quantidade de dias: três dias úteis;

> Artigo na lei em que consta o prazo:

Art. 41 *- Os interessados serão intimados de prova ou diligência ordenada, com antecedência mínima de três dias úteis, mencionando-se data, hora e local de realização.*

→ **Parecer**

> Quantidade de dias: 15 dias.

Observação

» Salvo norma especial ou comprovada necessidade de maior prazo.

Artigo na lei em que consta o prazo:

Art. 42 *- Quando deva ser obrigatoriamente ouvido um órgão consultivo, o parecer deverá ser emitido no prazo máximo de quinze dias, salvo norma especial ou comprovada necessidade de maior prazo.*

→ **Direito de manifestação – da instrução**

> Quantidade de dias: 10 dias.

Observação

» Salvo se outro prazo for legalmente fixado.

Artigo na lei em que consta o prazo:

Art. 44 *- Encerrada a instrução, o interessado terá o direito de manifestar-se no prazo máximo de dez dias, salvo se outro prazo for legalmente fixado.*

→ **Prazo de decidir**

> Quantidade de dias: 30 dias.

Observações

» Pode ser prorrogado por igual período se expressamente motivada.

» O prazo total pode ser até de 60 dias.

» Artigo na lei em que consta o prazo:

Art. 49 *- Concluída a instrução de processo administrativo, a Administração tem o prazo de até trinta dias para decidir, salvo prorrogação por igual período expressamente motivada.*

→ **Prazo para Reconsiderar**

> Quantidade de dias: cinco dias.

Artigo na lei em que consta o prazo:

Art. 56. § 1º *- O recurso será dirigido à autoridade que proferiu a decisão, a qual, se não a reconsiderar no prazo de cinco dias, o encaminhará à autoridade superior.*

→ **Recurso Administrativo**

> Quantidade de dias: 10 dias.

Observação:

» Se não existir disposição legal específica, o prazo será de 10 dias.

Artigo na lei que consta o prazo

Art. 59 *- Salvo disposição legal específica, é de dez dias o prazo para interposição de recurso administrativo, contado a partir da ciência ou divulgação oficial da decisão recorrida.*

→ **Prazo de Decidir Recurso Administrativo**

> Quantidade de dias: 30 dias.

Observações

» Se a lei não fixar prazo diferente, o prazo será de 30 dias.

» O prazo total pode ser até de 60 dias, se houver justificativa explícita.

Artigo na lei em que consta o prazo:

Art. 59. § 1º *- Quando a lei não fixar prazo diferente, o recurso administrativo deverá ser decidido no prazo máximo de trinta dias, a partir do recebimento dos autos pelo órgão competente.*

§ 2º *- O prazo mencionado no parágrafo anterior poderá ser prorrogado por igual período, ante justificativa explícita.*

→ **Alegações Finais**

> Quantidade de dias: 5 dias úteis.

Artigo na lei em que consta o prazo

Art. 62 *- Interposto o recurso, o órgão competente para dele conhecer deverá intimar os demais interessados para que, no prazo de cinco dias úteis, apresentem alegações.*

Quadro esquematizado dos prazos da Lei 9.784/99

Tipo	Quantidade de Dias	Observações
Prática dos atos	5 dias	Se não existir disposição específica, o prazo será de 5 dias; O prazo total pode ser até de 10 dias(dilatado até o dobro).
Intimação de comunicação dos atos	3 dias úteis	
Intimação da Instrução	3 dias úteis	
Parecer	15 dias	Salvo norma especial ou comprovada necessidade de maior prazo.
Direito de manifestação da instrução	10 dias	Salvo se outro prazo for legalmente fixado.
Prazo de decidir	30 dias	Pode ser prorrogado por igual período se expressamente motivada; O prazo total pode ser até de 60 dias.
Prazo de reconsiderar	5 dias	
Recurso Administrativo	10 dias	Se não existir disposição legal específica, o prazo será de 10 dias.
Prazo de decidir RA	30 dias	Se a lei não fixar prazo diferente, o prazo será de 30 dias; O prazo total pode ser de até 60 dias, ante justificativa explícita.
Alegações Finais	5 dias úteis	

Art. 24. *- Inexistindo disposição específica, os atos do órgão ou autoridade responsável pelo processo e dos administrados que dele participem devem ser praticados no prazo de cinco dias, salvo motivo de força maior.*

Parágrafo único. *- O prazo previsto neste artigo pode ser dilatado até o dobro, mediante comprovada justificação.*

Art. 26. § 2º *- A intimação observará a antecedência mínima de três dias úteis quanto à data de comparecimento.*

Art. 41. *- Os interessados serão intimados de prova ou diligência ordenada, com antecedência mínima de três dias úteis, mencionando-se data, hora e local de realização.*

Art. 42. *- Quando deva ser obrigatoriamente ouvido um órgão consultivo, o parecer deverá ser emitido no prazo máximo de quinze dias, salvo norma especial ou comprovada necessidade de maior prazo.*

Art. 44. *- Encerrada a instrução, o interessado terá o direito de manifestar-se no prazo máximo de dez dias, salvo se outro prazo for legalmente fixado.*

Art. 49. *- Concluída a instrução de processo administrativo, a Administração tem o prazo de até trinta dias para decidir, salvo prorrogação por igual período expressamente motivada.*

Art. 56. § 1º *- O recurso será dirigido à autoridade que proferiu a decisão, a qual, se não a reconsiderar no prazo de cinco dias, o encaminhará à autoridade superior.*

Art. 59. § 1º *- Quando a lei não fixar prazo diferente, o recurso administrativo deverá ser decidido no prazo máximo de trinta dias, a partir do recebimento dos autos pelo órgão competente.*

§ 2º - O prazo mencionado no parágrafo anterior poderá ser prorrogado por igual período, ante justificativa explícita.

Art. 62. *- Interposto o recurso, o órgão competente para dele conhecer deverá intimar os demais interessados para que, no prazo de cinco dias úteis, apresentem alegações.*

Transferências de Recursos da União Mediante Convênios e Contratos de Repasse

(Transferências voluntárias): Decreto nº 6.170, de 25/7/2007 e alterações

As normas relativas às transferências de recursos da União mediante convênios e contratos de repasse são tratadas no Decreto nº 6.170/2007.

Esse Decreto regulamenta os convênios, contratos de repasse e termos de execução descentralizada celebrados pelos órgãos e entidades da **ADMINISTRAÇÃO PÚBLICA FEDERAL** com órgãos ou entidades **públicas ou privadas** sem fins lucrativos, para a execução de programas, projetos e atividades que envolvam a transferência de recursos ou a descentralização de créditos oriundos dos Orçamentos Fiscal e da Seguridade Social da União.

Disposições Gerais

Para os efeitos do citado Decreto, considera-se:

CONVÊNIO - acordo, ajuste ou qualquer outro instrumento que discipline a transferência de recursos financeiros de dotações consignadas nos Orçamentos Fiscal e da Seguridade Social da União e tenha como partícipe, de um lado, órgão ou entidade da administração pública federal, direta ou indireta, e, de **outro, órgão ou entidade da administração pública estadual, distrital ou municipal, direta ou indireta, ou ainda, entidades privadas sem fins lucrativos**, visando a execução de programa de governo, envolvendo a realização de projeto, atividade, serviço, aquisição de bens ou evento de interesse recíproco, em regime de mútua cooperação.

CONTRATO DE REPASSE - instrumento administrativo, de interesse recíproco, por meio do qual a transferência dos recursos financeiros se processa por intermédio de instituição ou agente financeiro público federal, que atua como mandatário da União.

TERMO DE EXECUÇÃO DESCENTRALIZADA (OU TERMO DE COOPERAÇÃO) - instrumento por meio do qual é ajustada a descentralização de crédito entre órgãos e/ou entidades integrantes dos Orçamentos Fiscal e da Seguridade Social da União, para execução de ações de interesse da unidade orçamentária descentralizadora e consecução do objeto previsto no programa de trabalho, respeitada fielmente a classificação funcional programática (mesma natureza).

CONCEDENTE - órgão da administração pública federal direta ou indireta, responsável pela transferência dos recursos financeiros ou pela descentralização dos créditos orçamentários destinados à execução do objeto do convênio.

CONTRATANTE - **órgão ou entidade da administração pública, direta e indireta**, da União que pactua com a execução de programa, projeto, atividade ou evento, por intermédio de instituição financeira federal (mandatária) mediante a celebração de contrato de repasse.

CONVENENTE - órgão ou entidade da administração pública direta e indireta, de qualquer esfera de governo, bem como entidade privada sem fins lucrativos, **com o qual a administração federal pactua a execução** de programa, projeto/atividade ou evento mediante a celebração de convênio.

CONTRATADO - órgão ou entidade da administração pública direta e indireta, de qualquer esfera de governo, bem como entidade privada sem fins lucrativos, **com a qual a administração federal pactua a execução** de contrato de repasse.

INTERVENIENTE - órgão da administração pública direta e indireta de qualquer esfera de governo, ou entidade privada que participa do convênio para manifestar consentimento ou assumir obrigações em nome próprio.

TERMO ADITIVO - instrumento que tenha por objetivo a modificação do convênio já celebrado, vedada a alteração do objeto aprovado.

OBJETO - o produto do convênio ou contrato de repasse, observados o programa de trabalho e as suas finalidades.

PADRONIZAÇÃO - estabelecimento de critérios a serem seguidos nos convênios ou contratos de repasse com o mesmo objeto, definidos pelo concedente ou contratante, especialmente quanto às características do produto e ao seu custo.

A entidade contratante ou interveniente, bem como os seus agentes que fizerem parte do ciclo de transferência de recursos, são responsáveis, para todos os efeitos, pelos atos de acompanhamento que efetuar.

Excepcionalmente, os órgãos e entidades federais poderão executar programas estaduais ou municipais, e os órgãos da administração direta, programas a cargo de entidade da administração indireta, sob regime de **mútua cooperação mediante convênio**.

Normas de Celebração, Acompanhamento e Prestação de Contas

→ **É VEDADA** a celebração de **convênios** e **contratos de repasse:**

1) Com órgãos e entidades da administração pública direta e indireta dos Estados, Distrito Federal e Municípios cujo valor seja **inferior a R$ 100.000,00** (cem mil reais) ou, no caso de **execução de obras e serviços de engenharia**, exceto elaboração de projetos de engenharia, nos quais o valor da transferência da União seja **inferior a R$ 250.000,00** (duzentos e cinquenta mil reais).
2) Com entidades privadas sem fins lucrativos que tenham **como dirigente agente político de Poder ou do Ministério Público, dirigente de órgão ou entidade da administração pública de qualquer esfera governamental**, ou **respectivo cônjuge** ou **companheiro**, bem como parente em linha reta, colateral ou por afinidade, até o **segundo grau**.
3) Entre órgãos e entidades da administração pública federal, caso em que deverá ser observado o Art. 1º, § 1º, inciso III do citado Decreto (termo de execução descentralizada).
4) Com entidades privadas sem fins lucrativos que **não comprovem ter desenvolvido, durante os últimos três anos**, atividades referentes à matéria objeto do convênio ou contrato de repasse.
5) Com entidades privadas sem fins lucrativos que tenham, em suas relações anteriores com a União, incorrido em pelo menos **uma das seguintes condutas:**
   > Omissão no dever de prestar contas.
   > Descumprimento injustificado do objeto de convênios, contratos de repasse ou termos de parceria.
   > Desvio de finalidade na aplicação dos recursos transferidos.
   > Ocorrência de dano ao Erário.
   > Prática de outros atos ilícitos na execução de convênios, contratos de repasse ou termos de parceria.

→ Para fins de alcance do limite estabelecido item um acima citado, **é permitido**:

> **Consorciamento** entre os órgãos e entidades da administração pública direta e indireta dos Estados, Distrito Federal e Municípios.
> Celebração de convênios ou contratos de repasse com **objeto que englobe vários programas e ações federais a serem executados de forma descentralizada**, devendo o objeto conter a descrição pormenorizada e objetiva de todas as atividades a serem realizadas com os recursos federais.

As **instituições privadas sem fins lucrativos** que pretendam celebrar convênio ou contrato de repasse com órgãos e entidades da administração pública federal deverão realizar **cadastro prévio no Sistema de Gestão de Convênios e Contratos de Repasse - SICONV**, conforme normas do órgão central do sistema.

Esse cadastramento poderá ser realizado em qualquer órgão ou entidade concedente e permitirá a celebração de convênios ou contratos de repasse enquanto estiver válido o cadastramento.

→ No cadastramento dessas entidades privadas sem fins lucrativos serão exigidos, pelo menos:

> Cópia do **estatuto social** atualizado da entidade.
> **Relação nominal atualizada dos dirigentes** da entidade, com Cadastro de Pessoas Físicas – CPF.
> **Declaração do dirigente da entidade**:
   » Acerca da não existência de **dívida com o Poder Público**, bem como quanto à sua **inscrição nos bancos de dados públicos e privados de proteção ao crédito.**
   » Informando se os dirigentes da entidade **ocupam cargo ou emprego público na administração pública federal.**
> Prova de inscrição da entidade no Cadastro Nacional de Pessoas Jurídicas – **CNPJ**.
> **Prova de regularidade** com as Fazendas Federal, Estadual, Distrital e Municipal e com o Fundo de Garantia do Tempo de Serviço - FGTS, na forma da lei.
> **Comprovante do exercício nos últimos três anos**, pela instituição privada sem fins lucrativos, de atividades referentes à matéria objeto do convênio ou contrato de repasse que pretenda celebrar com órgãos e entidades da administração pública federal (esse requisito deverá ser aprovado pelo órgão ou entidade da administração pública federal responsável pela matéria objeto do convênio ou contrato de repasse que se pretenda celebrar).

Verificada falsidade ou incorreção de informação em qualquer documento apresentado, deve o convênio ou contrato de repasse ser imediatamente denunciado pelo concedente ou contratado.

A realização do cadastro prévio no Sistema de Gestão de Convênios e Contratos de Repasse - SICONV não será exigida até 1º de setembro de 2008.

A celebração de convênio ou contrato de repasse com entidades privadas sem fins lucrativos será **precedida de chamamento público** a ser realizado pelo órgão ou instituição concedente, visando à seleção de projetos ou entidades que tornem mais eficaz o objeto do ajuste.

Deverá ser dada **publicidade** ao chamamento público, inclusive ao seu resultado, especialmente por intermédio da divulgação na **primeira página do sítio oficial do órgão** ou **entidade concedente**, bem como no **Portal dos Convênios**.

O Ministro de Estado ou o dirigente máximo da entidade da administração pública federal poderá, mediante decisão fundamentada, **excepcionar a exigência dessa publicidade** nas seguintes situações:

> Nos casos de **emergência ou calamidade pública**, quando caracterizada situação que demande a realização ou manutenção de convênio ou contrato de repasse pelo prazo máximo de cento e oitenta dias consecutivos e ininterruptos, contados da ocorrência da emergência ou calamidade, **vedada a prorrogação** da vigência do instrumento.

> Para a **realização de programas de proteção a pessoas ameaçadas ou em situação que possa comprometer sua segurança**.

> Nos casos em que o projeto, atividade ou serviço objeto do convênio ou contrato de repasse já seja realizado adequadamente mediante parceria com a mesma **entidade há pelo menos cinco anos** e cujas respectivas **prestações de contas tenham sido devidamente aprovadas**.

O **chamamento público** deverá estabelecer **critérios objetivos** visando à aferição da qualificação técnica e capacidade operacional do convenente para a gestão do convênio.

Constitui **cláusula necessária** em qualquer convênio dispositivo que indique a forma pela qual **a execução do objeto será acompanhada pelo concedente**. Essa maneira de acompanhamento deverá ser suficiente para garantir a plena execução física do objeto.

Os convênios ou contratos de repasse com entidades privadas sem fins lucrativos deverão ser **assinados** pelo **Ministro de Estado** ou pelo **dirigente máximo da entidade da administração pública federal concedente** (essa competência é indelegável).

A contrapartida do convenente poderá ser atendida por meio de recursos financeiros, de bens e serviços, desde que **economicamente mensuráveis**.

Quando financeira, a contrapartida deverá ser **depositada na conta bancária específica** do convênio em conformidade com os prazos estabelecidos no cronograma de desembolso, ou depositada nos cofres da União, na hipótese de o convênio ser executado por meio do Sistema Integrado de Administração Financeira - SIAFI.

Quando atendida por **meio de bens e serviços**, constará do convênio cláusula que **indique a forma de aferição da contrapartida**.

A execução de programa de trabalho que objetive a realização de obra será feita por meio de contrato de repasse, salvo quando o concedente dispuser de estrutura para acompanhar a execução do convênio.

Caso a instituição ou agente financeiro público federal não detenha capacidade técnica necessária ao regular acompanhamento da aplicação dos recursos transferidos, figurará, no contrato de repasse, na qualidade de interveniente, outra instituição pública ou privada a quem caberá o mencionado acompanhamento.

No ato de celebração do convênio ou contrato de repasse, o concedente deverá empenhar o valor total a ser transferido no exercício e efetuar, no caso de convênio ou contrato de repasse com vigência plurianual, o registro no SIAFI, em conta contábil específica, dos valores programados para cada exercício subsequente.

Esse registro acarretará a obrigatoriedade de ser consignado crédito nos orçamentos seguintes para garantir a execução do convênio.

As transferências financeiras para órgãos públicos e entidades públicas e privadas, decorrentes da celebração de convênios e contratos de repasse, serão feitas **exclusivamente por intermédio de instituição financeira controlada pela União**, que poderá atuar como mandatária dessa para execução e fiscalização.

Os pagamentos à conta de recursos recebidos da União, previsto no *caput*, estão sujeitos à identificação do beneficiário final e à obrigatoriedade de depósito em sua conta bancária.

Excepcionalmente, mediante mecanismo que permita a identificação, pelo banco, do favorecido do pagamento, poderão ser realizados depósitos a beneficiários finais pessoas físicas que não possuam conta bancária, observados os limites fixados na forma do Art. 18 do Decreto em estudo - R$ 750.000,00 (setecentos e cinquenta mil reais).

Toda **movimentação de recursos** acima tratada, por parte dos convenentes, executores e instituições financeiras autorizadas, será realizada observando-se os seguintes preceitos:

→ **Movimentação mediante conta bancária específica** para cada instrumento de transferência (convênio ou contrato de repasse).

→ **Pagamentos realizados mediante crédito na conta bancária de titularidade dos fornecedores e prestadores de serviços**, facultada a dispensa desse procedimento, por ato da autoridade máxima do concedente ou contratante, devendo o convenente ou contratado identificar o destinatário da despesa, por meio do registro dos dados no SICONV.

→ **Transferência das informações** das movimentações acima citadas ao SIAFI e ao Portal de Convênios, em meio magnético, conforme normas expedidas na forma do Art. 18 do Decreto nº 6.170/2007.

Os recursos de convênio, **enquanto não utilizados**, serão obrigatoriamente aplicados em cadernetas de poupança de instituição financeira pública federal se a previsão de seu uso for igual ou superior a um mês, ou em fundo de aplicação financeira de curto prazo ou operação de mercado aberto lastreada em títulos da dívida pública, quando a utilização desses recursos verificar-se em tempos menores que um mês.

As receitas financeiras auferidas na forma acima citada serão obrigatoriamente computadas a crédito do convênio e aplicadas, exclusivamente, no objeto de sua finalidade, observado o parágrafo único do Art. 12 do Decreto nº 6.170/2007.

O convenente ficará obrigado a prestar contas dos recursos recebidos, na forma da legislação aplicável e das diretrizes e normas previstas no Art. 18 do Decreto nº 6.170/2007.

O concedente terá prazo de **noventa dias** para **apreciar a prestação de contas apresentada**, contados da data de seu recebimento.

A exigência de transferência financeira feitas exclusivamente por intermédio de instituição financeira controlada pela União poderá ser substituída pela execução financeira direta, por parte do convenente, no SIAFI, de acordo com normas expedidas na forma do Art. 18 do Decreto nº 6.170/2007.

Para efeito do disposto no Art. 116 da Lei nº 8.666, de 21 de junho de 1993, a aquisição de produtos e a contratação de serviços com recursos da União transferidos a entidades privadas sem fins lucrativos deverão observar os princípios da impessoalidade, moralidade e economicidade, sendo necessária, no mínimo, a realização de cotação prévia de preços no mercado antes da celebração do contrato.

O convênio poderá ser **denunciado a qualquer tempo**, ficando os partícipes responsáveis somente pelas obrigações e auferindo as vantagens do tempo em que participaram voluntariamente do acordo, **não sendo admissível cláusula obrigatória de permanência ou sancionadora dos denunciantes**.

Quando da conclusão, denúncia, rescisão ou extinção do convênio, os saldos financeiros remanescentes, inclusive os provenientes das receitas obtidas das aplicações financeiras realizadas, serão devolvidos à entidade ou órgão repassador dos recursos, no **prazo improrrogável de trinta dias do evento**, sob pena da imediata instauração de tomada de contas especial do responsável, providenciada pela autoridade competente do órgão ou entidade titular dos recursos.

A **celebração de termo de execução descentralizada** atenderá à execução da descrição da ação orçamentária prevista no programa de trabalho e poderá ter as seguintes **finalidades**:

I. Execução de programas, projetos e atividades de interesse recíproco, em regime de mútua colaboração.
II. Realização de atividades específicas pela unidade descentralizada em benefício da organização descentralizadora dos recursos.
III. Execução de ações que se encontram organizadas em sistema e que são coordenadas e supervisionadas por um órgão central.
IV. Ressarcimento de despesas.

A celebração de termo de execução descentralizada nas hipóteses dos itens I a III acima citados, configura delegação de competência para a unidade descentralizada promover a execução de programas, atividades ou ações previstas no orçamento da descentralizadora.

Para os casos de **ressarcimento de despesas** entre órgãos ou entidades da administração pública federal, poderá ser **dispensada a formalização de termo de execução descentralizada**.

Esse termo observará o disposto no Decreto nº 825, de 28 de maio de 1993, e sua aplicação poderá ser disciplinada suplementarmente pelo ato conjunto previsto no Art. 18 do Decreto nº 6.170/2007.

Sistema de Gestão de Convênios e Contratos de Repasse - SICONV e do Portal dos Convênios

A celebração, a liberação de recursos, o acompanhamento da execução e a prestação de contas de convênios, contratos de repasse e termos de parceria serão registrados no SICONV, que será aberto ao público, via rede mundial de computadores - Internet, por meio de página específica denominada **Portal dos Convênios**.

Fica criada a Comissão Gestora do SICONV, que funcionará como órgão central do sistema, composta por representantes dos seguintes setores:

- Secretaria do Tesouro Nacional do Ministério da Fazenda.
- Secretaria de Orçamento Federal do Ministério do Planejamento, Orçamento e Gestão.
- Secretaria de Logística e Tecnologia da Informação do Ministério do Planejamento, Orçamento e Gestão.
- Secretaria Federal de Controle Interno da Controladoria-Geral da União.
- Secretaria Nacional de Justiça do Ministério da Justiça.

Serão **órgãos setoriais** do SICONV todos os órgãos e entidades da administração pública federal que **realizem transferências voluntárias de recursos**, aos quais compete a gestão dos convênios e a alimentação dos dados que forem de sua alçada.

O **Poder Legislativo**, por meio das mesas da Câmara dos Deputados e do Senado Federal, o **Ministério Público**, o **Tribunal de Contas da União** e a **Controladoria Geral da União**, bem como outros **órgãos que demonstrem** necessidade, a critério do setor central do sistema, **terão acesso ao SICONV**, podendo incluir no referido Sistema informações que tiverem conhecimento a respeito da execução dos convênios publicados.

→ Ao órgão central do SICONV compete exclusivamente:

- Estabelecer as diretrizes e normas a serem seguidas pelos órgãos setoriais e demais usuários do sistema, observado o Art. 18 do Decreto nº 6.170/2007.
- Sugerir alterações no ato a que se refere o Art. 18 do Decreto nº 6.170/2007.
- Auxiliar os órgãos setoriais na execução das normas estabelecidas neste Decreto e no ato a que se refere o Art. 18 do Decreto nº 6.170/2007.

A Secretaria de Logística e Tecnologia da Informação do Ministério do Planejamento, Orçamento e Gestão funcionará como **secretaria-executiva da Comissão Gestora do SICONV**.

Os órgãos e entidades da administração pública federal deverão registrar e manter atualizada no SICONV **relação de todas as entidades privadas sem fins lucrativos aptas a receber transferências voluntárias de recursos** por meio de convênios, contratos de repasse e termos de parceria.

Serão consideradas aptas as entidades privadas sem fins lucrativos cujas **exigências previstas no cadastramento tenham sido aprovadas** pelo órgão ou entidade da **administração pública federal**.

Deverá ser dada publicidade à relação de que trata o *caput* por intermédio da sua divulgação na primeira página do Portal dos Convênios.

Padronização dos Objetos

Os órgãos concedentes são responsáveis pela seleção e padronização dos objetos mais frequentes nos convênios.

Nos convênios em que o objeto consista na aquisição de bens que possam ser padronizados, os próprios órgãos e entidades da administração pública federal poderão adquiri-los e distribuí-los aos convenentes.

Disposições Finais e Transitórias do Decreto nº 6.170/2007

Os órgãos e entidades concedentes deverão divulgar, até cento e vinte dias após a publicação desse Decreto, no Diário Oficial da União, **a relação dos objetos de convênios que são passíveis de padronização** (o decreto foi publicado em 25 de julho de 2007). Essa deverá ser revista e republicada **anualmente**.

NÃO SE APLICAM às transferências do **Ministério da Saúde** destinadas a serviços de saúde integrantes do Sistema Único de Saúde - **SUS**:

> Vedação de celebração de convênios e contratos de repasse com entidades privadas sem fins lucrativos que não comprovem ter desenvolvido, durante os últimos três anos, atividades referentes à matéria objeto do convênio ou contrato de repasse.

> A exigência de comprovante do exercício nos últimos três anos, pela entidade privada sem fins lucrativos, de atividades referentes à matéria objeto do convênio ou contrato de repasse que pretenda celebrar com órgãos e instituições da administração pública federal.

> Exigência de ser precedida de chamamento público a ser realizado pelo órgão ou entidade concedente, visando à seleção de projetos ou entidades que tornem mais eficaz o objeto do ajuste.

Observados os princípios da economicidade e da publicidade, ato conjunto dos Ministros de Estado da Fazenda, Planejamento, Orçamento e Gestão e da Controladoria-Geral da União disciplinará a possibilidade de **arquivamento de convênios com prazo de vigência encerrado há mais de cinco anos** e que tenham **valor registrado de até R$ 100.000,00** (cem mil reais).

Os Ministros de Estado da Fazenda, do Planejamento, Orçamento e Gestão e do Controle e da Transparência editarão **ato conjunto** para execução do disposto no Decreto nº 6.170/2007.

Esse ato conjunto poderá dispor sobre regime de procedimento específico de acompanhamento e fiscalização de obras e serviços de engenharia de pequeno valor, aplicável àqueles de **até R$ 750.000,00** (setecentos e cinquenta mil reais).

Os convênios e contratos de repasse celebrados entre 30 de maio de 2008 e a data mencionada no inciso III do Art. 19 (1º de setembro de 2008) deverão ser registrados no SICONV até 31 de dezembro de 2008.

Os Ministros de Estado da Fazenda, do Planejamento, Orçamento e Gestão e do Controle e da Transparência regulamentarão, em ato conjunto, o registro acima previsto.

A partir de **16 de janeiro de 2012**, todos os órgãos e entidades que realizem transferências de recursos oriundos dos Orçamentos Fiscal e da Seguridade Social da União por meio de convênios, contratos de repasse ou termos de parceria, **ainda não interligadas ao SICONV, deverão utilizar esse sistema**.

Os órgãos e entidades que possuam sistema próprio de gestão de convênios, contratos de repasse ou termos de parceria deverão promover a integração eletrônica dos dados relativos às suas transferências ao SICONV, passando a realizar diretamente nesse sistema os procedimentos de liberação de recursos, acompanhamento e fiscalização, execução e prestação de contas.

Exercício Comentado

01. De acordo com o Decreto nº 6.170, de 25 de julho de 2007, relacione os seguintes conceitos e marque a correta correspondência ao final.

( ) Convênio
( ) Contrato de repasse
( ) Termo de cooperação
( ) Concedente
( ) Interveniente

I. Instrumento por meio do qual é ajustada a transferência de crédito de órgão da administração pública federal direta, autarquia, fundação pública, ou empresa estatal dependente, para outro órgão ou entidade federal da mesma natureza.

II. Órgão da administração pública federal direta ou indireta, responsável pela transferência dos recursos financeiros ou pela descentralização dos créditos orçamentários destinados à execução do objeto do convênio.

III. Órgão da administração pública direta e indireta de qualquer esfera de governo, ou entidade privada que participa do convênio para manifestar consentimento ou assumir obrigações em nome próprio.

IV. Instrumento administrativo por meio do qual a transferência dos recursos financeiros se processa por intermédio de instituição ou agente financeiro público federal, atuando como mandatário da União.

V. Acordo, ajuste ou qualquer outro instrumento que discipline a transferência de recursos financeiros da União e tenha como partícipe, de um lado, órgão ou entidade da administração pública federal, direta ou indireta, e, de outro lado, órgão ou entidade da administração pública estadual, distrital ou municipal, direta ou indireta, ou ainda, entidades privadas sem fins lucrativos.

a) V, IV, I, II, III
b) I, V, IV, III, II
c) IV, I, V, II, III
d) V, I, IV, III, II
e) V, III, II, IV, I

RESPOSTA. ***A. A questão cobrou os conceitos tratados no Art. 1º, §1º, do referido decreto, em seus incisos:***

I. CONVÊNIO - acordo, ajuste ou qualquer outro instrumento que discipline a transferência de recursos financeiros de dotações consignadas nos Orçamentos

Fiscal e da Seguridade Social da União e tenha como partícipe, de um lado, órgão ou entidade da administração pública federal, direta ou indireta, e, de outro lado, órgão ou entidade da administração pública estadual, distrital ou municipal, direta ou indireta, ou ainda, entidades privadas sem fins lucrativos (...) Corresponde ao item V da questão.

II. ***CONTRATO DE REPASSE - instrumento administrativo, de interesse recíproco, por meio do qual a transferência dos recursos financeiros se processa por intermédio de instituição ou agente financeiro público federal, que atua como mandatário da União. Corresponde ao item IV da questão.***

III. ***TERMO DE COOPERAÇÃO ou DE EXECUÇÃO DESCENTRALIZADA - instrumento por meio do qual é ajustada a descentralização de crédito entre órgãos e/ou entidades integrantes dos Orçamentos Fiscal e da Seguridade Social da União, para execução de ações de interesse da unidade orçamentária descentralizadora e consecução do objeto previsto no programa de trabalho, respeitada fielmente a classificação funcional programática. Corresponde ao item I da questão.***

IV. ***CONCEDENTE - órgão da administração pública federal direta ou indireta, responsável pela transferência dos recursos financeiros ou pela descentralização dos créditos orçamentários destinados à execução do objeto do convênio. Corresponde ao item II da questão.***

VIII. ***INTERVENIENTE - órgão da administração pública direta e indireta de qualquer esfera de governo, ou entidade privada que participa do convênio para manifestar consentimento ou assumir obrigações em nome próprio. Corresponde ao item III da questão.***

Vamos Praticar

A respeito do que dispõem as Leis n.º 8.112/1990, n.º 8.666/1993 e n.º 9.784/1999, julgue o próximo item.

01. (CESPE) O recurso contra o indeferimento da alegação de suspeição terá efeito suspensivo e devolutivo.

Certo ( ) Errado ( )

02. (CESPE) A decisão de recursos administrativos não pode ser objeto de delegação.

Certo ( ) Errado ( )

03. (CESPE) O desatendimento de intimação para apresentação de defesa em processo administrativo não importa no reconhecimento da verdade dos fatos.

Certo ( ) Errado ( )

04. (FCC) Segundo a Lei nº 9.784/1999, que regula o processo administrativo no âmbito da Administração Pública Federal, é direito dos administrados:

a) Não agir de modo temerário.
b) Prestar as informações que lhe forem solicitadas e colaborar para o esclarecimento dos fatos.
c) Expor os fatos conforme a verdade.
d) Proceder com lealdade, urbanidade e boa-fé.
e) Fazer-se assistir, facultativamente, por advogado, salvo quando obrigatória a representação, por força de lei.

05. Quanto ao processo administrativo, assinale a opção incorreta.

a) No processo administrativo disciplinar, apresentado o relatório final e conclusivo indicando a demissão do servidor, a autoridade julgadora, quando mencionado relatório contrariar às provas dos autos, poderá, motivadamente, agravar a penalidade proposta. Nesse caso, então, não se aplica a teoria da vedação à *reformatio in pejus*.
b) A falta de defesa técnica por advogado no processo administrativo disciplinar não ofende à Constituição.
c) Terão prioridade na tramitação, em qualquer órgão ou instância, os procedimentos administrativos em que figure como parte ou interessado pessoa com idade igual ou superior a 65 (sessenta e cinco) anos.
d) É inconstitucional a exigência de depósito ou arrolamento prévios de dinheiro ou bens para admissibilidade de recurso administrativo.
e) Não podem ser objeto de delegação a edição de atos de caráter normativo.

06. A Administração Pública obedecerá, dentre outros, aos princípios da legalidade, finalidade, motivação, razoabilidade, proporcionalidade, moralidade, ampla defesa, contraditório, segurança jurídica, interesse público e eficiência. Nos processos administrativos serão observados, entre outros, os critérios de:

I. Atuação conforme a lei e o Direito.
II. Objetividade no atendimento do interesse público, vedada a promoção pessoal de agentes ou autoridades.
III. Atuação segundo padrões éticos de probidade, decoro e boa-fé.
IV. Divulgação oficial dos atos administrativos, ressalvadas as hipóteses de sigilo previstas na Constituição.
V. Indicação dos pressupostos de fato e de direito que determinarem a decisão.
VI. Adequação entre meios e fins, vedada a imposição de obrigações, restrições e sanções em medida superior àquelas estritamente necessárias ao atendimento do interesse público.

Nesses casos, estão corretos:

a) I, II, III, V e VI;
b) I, III, IV e V;
c) II, IV, V e VI;
d) II, III, IV, V e VI;
e) Todos os critérios.

07. O administrado tem os seguintes direitos perante a Administração, sem prejuízo de outros que lhe sejam assegurados:

I. Ser tratado com respeito pelas autoridades e servidores, que deverão facilitar o exercício de seus direitos e o cumprimento de suas obrigações;
II. Ter ciência da tramitação dos processos administrativos em que tenha a condição de interessado, ter vista dos autos, obter cópias de documentos neles contidos e conhecer as decisões proferidas;
III. Fazer-se assistir, por advogado sempre, uma vez que obrigatória a representação;

IV. Formular alegações e apresentar documentos antes da decisão, os quais serão objeto de consideração pelo órgão competente.

Conforme a Lei, é incorreto o que consta em:

a) I, II e IV;
b) III;
c) II e III;
d) I e IV;
e) III e IV.

08. Considere:

I. A cobrança de despesas processuais;
II. Divulgação oficial dos atos administrativos;
III. Fazer-se assistir obrigatoriamente por advogado.

No processo administrativo no âmbito da administração pública federal, a lei nº 9784/99 vigora como regra o que consta apenas em:

a) I, II e III;
b) II;
c) I;
d) I e II;
e) III.

09. (CESPE) O prazo para a prática dos atos segundo a lei 9.784/99 é de 3 dias úteis:

Certo ( ) Errado ( )

10. Concluída a instrução de processo administrativo, a administração tem o prazo de até trinta dias para decidir, salvo prorrogação por igual período expressamente motivada.

Certo ( ) Errado ( )

Gabarito

01	ERRADO	06	E
02	CERTO	07	B
03	CERTO	08	B
04	E	09	ERRADO
05	C	10	CERTO

Anotações

CAPÍTULO 19

Improbidade Administrativa

Introdução

A improbidade administrativa está prevista no texto constitucional no seu Art. 37, § 4º, que prevê:

> ***Art 37. § 4º** - Os atos de improbidade administrativa importarão a suspensão dos direitos políticos, a perda da função pública, a indisponibilidade dos bens e o ressarcimento ao erário, na forma e gradação previstas em lei, sem prejuízo da ação penal cabível.*

A norma constitucional determinou que os atos de improbidade administrativa deveriam ser regulamentados para a sua execução, o que ocorreu com a edição da Lei 8.429/92, que dispõe sobre as sanções aplicáveis aos agentes públicos nos casos de enriquecimento ilícito no exercício de mandato, cargo, emprego ou função na administração pública direta, indireta ou fundacional e dá outras providências.

Sujeitos

→ **Sujeito Passivo (vítima);**

> A administração direta, indireta ou fundacional de qualquer dos Poderes da União, dos Estados, do Distrito Federal, dos Municípios, de Território, de empresa incorporada ao patrimônio público ou de entidade para cuja criação ou custeio o erário haja concorrido ou concorra com mais de cinquenta por cento do patrimônio ou da receita anual.

> Entidade que receba subvenção, benefício ou incentivo, fiscal ou creditício, de órgão público, bem como daquelas para cuja criação ou custeio o erário haja concorrido ou concorra com menos de cinquenta por cento do patrimônio ou da receita anual, limitando-se, nesses casos, a sanção patrimonial à repercussão do ilícito sobre a contribuição dos cofres públicos.

→ **Sujeito Ativo (pessoa que pratica o ato de Improbidade Administrativa);**

> Agente público (exceção: agente político sujeito a crime de responsabilidade STF), servidores ou não, com algum tipo de vínculo nas entidades que podem ser vítimas de improbidade administrativa.

Conceito de agente público para aplicação da lei:

Reputa-se agente público, para os efeitos dessa lei, todo aquele que exerce, ainda que transitoriamente ou sem remuneração, por eleição, nomeação, designação, contratação ou qualquer outra forma de investidura ou vínculo, mandato, cargo, emprego ou função nas entidades mencionadas no artigo anterior.

> Qualquer pessoa que induza ou concorra com o agente público ou que se beneficie do ato.

As disposições dessa lei são aplicáveis, no que couber, àquele que, mesmo não sendo agente público, induza ou concorra para a prática do ato de improbidade ou dele se beneficie sob qualquer forma direta ou indireta.

Regras Gerais

Os agentes públicos de qualquer nível ou hierarquia são obrigados a velar pela estrita observância dos princípios de legalidade, impessoalidade, moralidade e publicidade no trato dos assuntos que lhe são afetos.

Ocorrendo lesão ao patrimônio público por ação ou omissão, dolosa ou culposa, do agente ou de terceiro, dar-se-á o integral ressarcimento do dano.

No caso de enriquecimento ilícito, perderá o agente público ou terceiro beneficiário os bens ou valores acrescidos ao seu patrimônio.

Quando o ato de improbidade causar lesão ao patrimônio público ou ensejar enriquecimento ilícito, caberá à autoridade administrativa responsável pelo inquérito representar ao Ministério Público, para a indisponibilidade dos bens do indiciado.

A indisponibilidade, a que se refere o *caput* desse artigo, recairá sobre bens que assegurem o integral ressarcimento do dano ou sobre o acréscimo patrimonial resultante do enriquecimento ilícito.

O sucessor daquele que causar lesão ao patrimônio público ou se enriquecer ilicitamente está sujeito às cominações dessa lei até o limite do valor da herança.

Modalidades

Estão previstas do Art. 9º ao 11 e constituem um rol exemplificativo, ou seja, no caso concreto, podem existir outras situações capituladas como improbidade que não estão expressamente previstas no texto da lei.

→ **Enriquecimento Ilícito;**

> ***Art. 9º** Constitui ato de improbidade administrativa, importando enriquecimento ilícito auferir qualquer tipo de vantagem patrimonial indevida em razão do exercício de cargo, mandato, função, emprego ou atividade nas entidades mencionadas no Art. 1º desta lei, e notadamente:*
>
> *I. Receber, para si ou para outrem, dinheiro, bem móvel ou imóvel, ou qualquer outra vantagem econômica, direta ou indireta, a título de comissão, percentagem, gratificação ou presente de quem tenha interesse, direto ou indireto, que possa ser atingido ou amparado por ação ou omissão decorrente das atribuições do agente público;*
>
> *II. Perceber vantagem econômica, direta ou indireta, para facilitar a aquisição, permuta ou locação de bem móvel ou imóvel, ou a contratação de serviços pelas entidades referidas no Art. 1º por preço superior ao valor de mercado;*
>
> *III. Perceber vantagem econômica, direta ou indireta, para facilitar a alienação, permuta ou locação de bem público ou o fornecimento de serviço por ente estatal por preço inferior ao valor de mercado;*
>
> *IV. Utilizar, em obra ou serviço particular, veículos, máquinas, equipamentos ou material de qualquer natureza, de propriedade ou à disposição de qualquer das entidades mencionadas no Art. 1º desta lei, bem como o trabalho de servidores públicos, empregados ou terceiros contratados por essas entidades;*
>
> *V. Receber vantagem econômica de qualquer natureza, direta ou indireta, para tolerar a exploração ou a prática de jogos de azar, de lenocínio, de narcotráfico, de contrabando, de usura ou de qualquer outra atividade ilícita, ou aceitar promessa de tal vantagem;*
>
> *VI. Receber vantagem econômica de qualquer natureza, direta ou indireta, para fazer declaração falsa sobre medição ou avaliação em obras públicas ou qualquer outro serviço, ou sobre quantidade, peso, medida, qualidade ou característica de mercadorias ou bens fornecidos a qualquer das entidades mencionadas no Art. 1º desta lei;*

VII. Adquirir, para si ou para outrem, no exercício de mandato, cargo, emprego ou função pública, bens de qualquer natureza cujo valor seja desproporcional à evolução do patrimônio ou à renda do agente público;

VIII. Aceitar emprego, comissão ou exercer atividade de consultoria ou assessoramento para pessoa física ou jurídica que tenha interesse suscetível de ser atingido ou amparado por ação ou omissão decorrente das atribuições do agente público, durante a atividade;

IX. Perceber vantagem econômica para intermediar a liberação ou aplicação de verba pública de qualquer natureza;

X. Receber vantagem econômica de qualquer natureza, direta ou indiretamente, para omitir ato de ofício, providência ou declaração a que esteja obrigado;

XI. Incorporar, por qualquer forma, ao seu patrimônio, bens, rendas, verbas ou valores integrantes do acervo patrimonial das entidades mencionadas no Art. 1º dessa lei;

XII. Usar, em proveito próprio, bens, rendas, verbas ou valores integrantes do acervo patrimonial das entidades mencionadas no Art. 1º dessa lei.

→ **Prejuízo ao Erário**

Dos Atos de Improbidade Administrativa que Causam Prejuízo ao Erário:

__Art. 10.__ Constitui ato de improbidade administrativa que causa lesão ao erário qualquer ação ou omissão, dolosa ou culposa, que enseje perda patrimonial, desvio, apropriação, malbaratamento ou dilapidação dos bens ou haveres das entidades referidas no Art. 1º desta lei, e notadamente:

I. Facilitar ou concorrer por qualquer forma para a incorporação ao patrimônio particular, de pessoa física ou jurídica, de bens, rendas, verbas ou valores integrantes do acervo patrimonial das entidades mencionadas no Art. 1º desta lei;

II. Permitir ou concorrer para que pessoa física ou jurídica privada utilize bens, rendas, verbas ou valores integrantes do acervo patrimonial das entidades mencionadas no Art. 1º desta lei, sem a observância das formalidades legais ou regulamentares aplicáveis à espécie;

III. Doar à pessoa física ou jurídica bem como ao ente despersonalizado, ainda que de fins educativos ou assistências, bens, rendas, verbas ou valores do patrimônio de qualquer das entidades mencionadas no Art. 1º desta lei, sem observância das formalidades legais e regulamentares aplicáveis à espécie;

IV. Permitir ou facilitar a alienação, permuta ou locação de bem integrante do patrimônio de qualquer das entidades referidas no Art. 1º desta lei, ou ainda a prestação de serviço por parte delas, por preço inferior ao de mercado;

V. Permitir ou facilitar a aquisição, permuta ou locação de bem ou serviço por preço superior ao de mercado;

VI. Realizar operação financeira sem observância das normas legais e regulamentares ou aceitar garantia insuficiente ou inidônea;

VII. Conceder benefício administrativo ou fiscal sem a observância das formalidades legais ou regulamentares aplicáveis à espécie;

VIII. Frustrar a licitude de processo licitatório ou dispensá-lo indevidamente;

IX. Ordenar ou permitir a realização de despesas não autorizadas em lei ou regulamento;

X. Agir negligentemente na arrecadação de tributo ou renda, bem como no que diz respeito à conservação do patrimônio público;

XI. Liberar verba pública sem a estrita observância das normas pertinentes ou influir de qualquer forma para a sua aplicação irregular;

XII. Permitir, facilitar ou concorrer para que terceiro se enriqueça ilicitamente;

XIII. Permitir que se utilize, em obra ou serviço particular, veículos, máquinas, equipamentos ou material de qualquer natureza, de propriedade ou à disposição de qualquer das entidades mencionadas no Art. 1º desta lei, bem como o trabalho de servidor público, empregados ou terceiros contratados por essas entidades.

XIV. Celebrar contrato ou outro instrumento que tenha por objeto a prestação de serviços públicos por meio da gestão associada sem observar as formalidades previstas na lei;

XV. Celebrar contrato de rateio de consórcio público sem suficiente e prévia dotação orçamentária, ou sem observar as formalidades previstas na lei.

→ **Atos que atentem aos princípios da Administração Pública;**

__Art. 11.__ Constitui ato de improbidade administrativa que atenta contra os princípios da Administração Pública qualquer ação ou omissão que viole os deveres de honestidade, imparcialidade, legalidade, e lealdade às instituições, e notadamente:

I. Praticar ato visando ao fim proibido em lei ou regulamento ou diverso daquele previsto, na regra de competência;

II. Retardar ou deixar de praticar, indevidamente, ato de ofício;

III. Revelar fato ou circunstância de que tem ciência em razão das atribuições e que deva permanecer em segredo;

IV. Negar publicidade aos atos oficiais;

V. Frustrar a licitude de concurso público;

VI. Deixar de prestar contas quando esteja obrigado a fazê-lo;

VII. Revelar ou permitir que chegue ao conhecimento de terceiro, antes da respectiva divulgação oficial, teor de medida política ou econômica capaz de afetar o preço de mercadoria, bem ou serviço.

Efeitos da Lei

A lei de improbidade administrativa gera quatro efeitos. A suspensão dos direitos políticos e a perda da função pública somente se dão depois do trânsito em julgado da sentença condenatória. A indisponibilidade dos bens não constitui penalidade, mas, sim medida cautelar e pode se dar mesmo antes do início da ação.

O ressarcimento ao erário, por sua vez, constitui a responsabilidade civil do agente, ou seja, a obrigação de reparar o dano.

- Suspensão dos Direitos Políticos;
- Perda da Função Pública;
- Indisponibilidade dos Bens;
- Ressarcimento ao Erário.

Das Sanções

Natureza das Sanções

→ **Administrativa**

- Perda da função pública;
- Proibição de contratar com o poder público;
- Proibição de receber benefícios ou incentivos fiscais do poder público.

→ **Civil**

- Ressarcimento ao erário;
- Perda dos bens;
- Multa.
  - Política: suspensão dos direitos políticos.
  - Medida Cautelar: a Indisponibilidade dos bens visa à garantia da aplicação das penalidades civis.
  - Não estabelece sanções penais, mas, se o fato também for tipificado como crime, haverá tal responsabilidade.

Penalidades

- **Enriquecimento Ilícito:** perda dos bens ou valores acrescidos ilicitamente ao patrimônio; ressarcimento integral do dano, quando houver; perda da função pública; suspensão dos direitos políticos de oito a dez anos; pagamento de multa civil de até três vezes o valor do acréscimo patrimonial; e proibição de contratar com o Poder Público ou receber benefícios ou incentivos fiscais ou creditícios, direta ou indiretamente, ainda que por intermédio de pessoa jurídica da qual seja sócio majoritário, pelo prazo de dez anos.
- **Prejuízo ao Erário:** ressarcimento integral do dano; perda dos bens ou valores acrescidos ilicitamente ao patrimônio, se concorrer essa circunstância; perda da função pública; suspensão dos direitos políticos de cinco a oito anos; pagamento de multa civil de até duas vezes o valor do dano; e proibição de contratar com o Poder Público ou receber benefícios ou incentivos fiscais ou creditícios, direta ou indiretamente, ainda que por intermédio de pessoa jurídica da qual seja sócio majoritário, pelo prazo de cinco anos.
- **Atos que atentem contra os Princípios da Administração Pública:** ressarcimento integral do dano, se houver; perda da função pública; suspensão dos direitos políticos de três a cinco anos; pagamento de multa civil de até cem vezes o valor da remuneração percebida pelo agente; e proibição de contratar com o Poder Público ou receber benefícios ou incentivos fiscais ou creditícios, direta ou indiretamente, ainda que por intermédio de pessoa jurídica da qual seja sócio majoritário, pelo prazo de três anos.

Quadro das Punições

	Suspensão dos direitos políticos	Multa	Proibição de contratar
Enriquecimento ilícito	08 a 10 anos	03 vezes o valor do enriquecimento	10 anos
Prejuízo ao erário	05 a 08 anos	02 vezes o valor do prejuízo causado	05 anos
Atos que atentem contra os princípios da Administração Pública	03 a 05 anos	100 vezes o valor da remuneração	03 anos

Aplicação das Sanções

- Na fixação das penas previstas, o juiz levará em conta a extensão do dano causado, assim como o proveito patrimonial obtido pelo agente.
- Independe da efetiva ocorrência de dano ao patrimônio público, salvo quanto ao ressarcimento.
- Independe de aprovação ou rejeição de contas pelos órgãos de controle.

→ **Características**

- Ocorrendo lesão ao patrimônio público por ação ou omissão, dolosa ou culposa, do agente ou de terceiro, dar-se-á o integral ressarcimento do dano.
- No caso de enriquecimento ilícito, perderá o agente público ou terceiro beneficiário os bens ou valores acrescidos ao seu patrimônio.
- Quando o ato de improbidade causar lesão ao patrimônio público ou ensejar enriquecimento ilícito, caberá à autoridade administrativa responsável pelo inquérito representar ao Ministério Público, para a indisponibilidade dos bens do indiciado.
- O sucessor daquele que causar lesão ao patrimônio público ou se enriquecer ilicitamente está sujeito às cominações dessa lei até o limite do valor da herança.
- Nos processos de improbidade administrativa, é vedada transação, acordo ou conciliação.
- A aplicação das seguintes penalidades: perda da função pública e suspensão dos direitos políticos depende do trânsito em julgado da sentença condenatória.
- A autoridade judicial ou administrativa competente poderá determinar o afastamento do agente público do exercício do cargo, emprego ou função, sem prejuízo da remuneração, quando a medida se fizer necessária à instrução processual.
- Não existe foro por prerrogativa de função para processos que apuram atos de improbidade administrativa.

→ **Declaração de Bens**

A posse e o exercício de agente público ficam condicionados à apresentação de declaração dos bens e valores que compõem o seu patrimônio privado, a fim de que essa seja arquivada no serviço de pessoal competente.

A declaração compreenderá imóveis, móveis, semoventes, dinheiro, títulos, ações e qualquer outra espécie de bens e valores patrimoniais, localizados no país ou no exterior, e, quando for o caso, abrangerá os bens e valores patrimoniais do cônjuge ou companheiro, dos filhos e de outras pessoas que vivam sob a dependência econômica do declarante, excluídos apenas os objetos e utensílios de uso doméstico.

A declaração de bens será anualmente atualizada e na data em que o agente público deixar o exercício do mandato, cargo, emprego ou função.

Será punido com a pena de demissão, a bem do serviço público, sem prejuízo de outras sanções cabíveis, o agente público que se recusar a prestar declaração dos bens, dentro do prazo determinado, ou que a prestar falsa.

O declarante, a seu critério, poderá entregar cópia da declaração anual de bens apresentada à Delegacia da Receita Federal na conformidade da legislação do Imposto sobre a Renda e proventos de qualquer natureza, com as necessárias atualizações, para suprir a exigência contida na lei.

Prescrição

Os atos de improbidade administrativa prescrevem:

- *I.* *Até cinco anos após o término do exercício de mandato, de cargo em comissão ou de função de confiança;*
- *II.* *Dentro do prazo prescricional previsto em lei específica para faltas disciplinares puníveis com demissão a bem do serviço público, nos casos de exercício de cargo efetivo ou emprego.*
- *III.* *As ações de ressarcimento ao erário são imprescritíveis.*

Vamos Praticar

Acerca das sanções aplicáveis aos agentes públicos nos casos de enriquecimento ilícito no exercício de cargo, emprego ou função da administração pública, julgue o item abaixo.

01. (CESPE) As punições constantes da Lei de Improbidade Administrativa (Lei n.º 8.429/1992) são aplicáveis a qualquer agente público, servidor ou não.

Certo ( ) Errado ( )

02. (CESPE) De acordo com a jurisprudência do STJ, estando presente o *fumus boni iuris,* no que concerne à configuração do ato de improbidade e à sua autoria, dispensa-se, para que seja decretada a indisponibilidade de bens, a demonstração do risco de dano.

Certo ( ) Errado ( )

03. (CESPE) Retardar ou deixar de praticar, indevidamente, ato de ofício configura ato de improbidade administrativa cuja configuração prescinde da presença de elemento doloso.

Certo ( ) Errado ( )

04. (CESPE) É necessária a comprovação de enriquecimento ilícito ou da efetiva ocorrência de dano ao patrimônio público para a tipificação de ato de improbidade administrativa que atente contra os princípios da administração pública.

Certo ( ) Errado ( )

05. (CESPE) Em caso de ato de improbidade, o ressarcimento do poder público só será cabível se causar prejuízo ao erário ou ao patrimônio público.

Certo ( ) Errado ( )

06. (CESPE) Se um agente público tiver percebido vantagem econômica para intermediar liberação de verba pública de qualquer natureza, ele terá praticado ato de improbidade administrativa que importará enriquecimento ilícito e, por essa razão, estará sujeito exclusivamente às sanções impostas na Lei de Improbidade Administrativa.

Certo ( ) Errado ( )

07. (CESPE) Se o suposto autor do ato alegar que não tinha conhecimento prévio da ilicitude, o ato de improbidade restará afastado, por ser o desconhecimento da norma motivo para afastá-lo.

Certo ( ) Errado ( )

08. (CESPE) Os atos de improbidade que importam enriquecimento ilícito sujeitam seus autores, entre outras sanções, à perda da função pública, à suspensão dos direitos políticos de oito a dez anos e à perda dos bens ou valores acrescidos ilicitamente ao patrimônio.

Certo ( ) Errado ( )

09. (CESPE) No sistema adotado pela referida lei; são sujeitos ativos do ato de improbidade os agentes públicos, assim como aqueles que, não se qualificando como tais, induzem ou concorrem para a prática do ato de improbidade ou dele se beneficiam direta ou indiretamente.

Certo ( ) Errado ( )

10. (CESPE) Durante a instrução processual, o agente público poderá ser afastado do seu cargo mediante determinação de autoridade administrativa competente.

Certo ( ) Errado ( )

Gabarito

01	*CERTO*	*06*	*ERRADO*
02	*CERTO*	*07*	*ERRADO*
03	*ERRADO*	*08*	*CERTO*
04	*ERRADO*	*09*	*CERTO*
05	*CERTO*	*10*	*CERTO*

Anotações

ÍNDICE

NOÇÕES DE DIREITO DO TRABALHO

CAPÍTULO 01

Fontes e Princípios de Direito do Trabalho

Neste capítulo, será brevemente visto o histórico do Direito do Trabalho. Na sequência, serão estudadas as fontes de Direito do Trabalho, aprofundando o estudo do qual provêm as normas trabalhistas. Por fim, serão estudados os princípios mais importantes de Direito do Trabalho, os quais permeiam todo o estudo da matéria e auxiliam o aluno a entender a razão da Legislação Trabalhista.

Surgimento do Direito do Trabalho e sua Natureza Jurídica

É importante estudar resumidamente o histórico do Direito do Trabalho para entender, de forma fácil, o porquê de ele ter sido criado e porque existe ainda hoje, compreendendo-se, então, sua principiologia.

Na Europa, após a eclosão da Revolução Industrial, no século XVIII, houve a substituição do regime feudalista pelo regime capitalista, o que transformou completamente a organização da sociedade e o modo de produção de bens.

As pessoas, que antes estavam intimamente ligadas aos feudos, foram expulsas das fazendas e migraram para as cidades em busca de trabalho remunerado nas novas indústrias que se instalavam, formando pequenas vilas ao seu redor. A produção começou a ser feita em grande escala para ser vendida ao máximo de consumidores possível, superando limites territoriais do Estado produtor.

Como não existia Direito do Trabalho, os capitalistas exigiam o máximo que podiam de seus operários: os salários eram baixos, as jornadas de trabalho eram de sol a sol (podiam chegar a 16 horas), o ambiente era insalubre e perigoso, não havia repousos regulares nem folgas semanais. Crianças, desde muito novas, já trabalhavam e acidentes do trabalho eram comuns.

As condições eram tão precárias, que os trabalhadores começaram a se revoltar, fazendo greves, manifestações, quebrando máquinas. As ideias socialistas ganharam força e vários adeptos dentre os operários, sendo que muitos desejavam e pregavam acerca da "Revolução Socialista". A tensão social era muito grande.

Os trabalhadores organizaram-se em sindicatos e passaram, cada vez com mais força, a reivindicar condições melhores. Os conflitos ficavam cada vez mais graves. O Papa Leão XIII publicou, em 1891, a encíclica *Rerum Novarum*, que tratou da "questão social do trabalho" e teve grande repercussão na época.

Os Estados Nacionais buscavam soluções para o problema social enfrentado, de forma a instaurar a "paz social" e evitar a Revolução Socialista. Assim, no Tratado de Versalhes, que pôs fim à 1ª Guerra Mundial, um capítulo foi dedicado, exclusivamente, para falar sobre o Direito do Trabalho, o qual foi aceito pelas principais potências europeias, de forma a evitar a concorrência desleal entre países, e pelas empresas dentro dos próprios Estados (chamado "*dumping*" social).

Esse Tratado é o marco do surgimento do Direito do Trabalho, pelo qual foi criada a Organização Internacional do Trabalho (OIT) e, pela primeira vez, criou-se uma legislação sistematizada que tratou de férias, limitação da jornada de trabalho e repouso semanal, sistema de inspeção do trabalho e idade mínima para o trabalho.

Assim, o Estado passou a intervir nas relações entre particulares, criando o Direito do Trabalho. É essa intervenção que causa divergência entre doutrinas acerca da Natureza Jurídica do Direito do Trabalho - se ramo do Direito Público ou do Direito Privado, ou ainda, se categoria especial de Direito Social ou Direito Misto.

As bancas de concursos tendem a considerar que o Direito do Trabalho é ramo do Direito Privado.

Fontes Formais e Fontes Materiais

Quando se fala em fontes do Direito, estuda-se de onde surgem as normas jurídicas, de onde vêm as leis, regulamentos etc. A CLT dispõe a respeito do tema no art. 8º, mas confunde alguns conceitos:

> ***Art. 8º*** *- As autoridades administrativas e a Justiça do Trabalho, na falta de disposições legais ou contratuais, decidirão, conforme o caso, pela jurisprudência, por analogia, por equidade e outros princípios e normas gerais de direito, principalmente do direito do trabalho, e, ainda, de acordo com os usos e costumes, o direito comparado, mas sempre de maneira que nenhum interesse de classe ou particular prevaleça sobre o interesse público.*
>
> ***Parágrafo único*** *- O direito comum será fonte subsidiária do direito do trabalho, naquilo em que não for incompatível com os princípios fundamentais deste.*

Fontes Materiais

São os **fatos** que condicionam o surgimento de um direito. São os acontecimentos na vida da sociedade que demandam respostas jurídicas. No caso do Direito do Trabalho, as fontes materiais são os conflitos entre capital e trabalho; por exemplo, o grave conflito social vivido após a Revolução Industrial, que foi solucionado com a criação do ramo trabalhista.

Fontes Formais

As fontes formais são a **exteriorização da regra jurídica**, ou seja, como ela aparece para o mundo - as leis são o exemplo mais fácil de visualizar. Em geral, elas devem ter caráter geral e impessoal. Existem as fontes formais heterônomas e as autônomas.

Fontes Formais Heterônomas

São aquelas **criadas por agentes externos**, não pelos destinatários das regras. Em geral, é o Estado quem as cria.

Constituição e as Emendas Constitucionais

A Constituição é o que embasa todas as outras fontes, servindo de parâmetro de validade para o Direito brasileiro, sendo a mais importante fonte formal.

Leis, Medidas Provisórias e Decretos

As leis ordinárias, complementares ou delegadas são a maior parte das fontes formais, uma vez que elas regulam a maior partes das relações humanas, externando as regras jurídicas aplicáveis às mais diversas situações.

Os decretos expedidos pelo Presidente da República servem para regulamentar uma lei, muitas vezes ampliando ou diminuindo seu alcance, de forma que têm caráter geral, sendo considerados fonte formal.

Sentenças Normativas

Emanadas em dissídios coletivos, criam direitos e são aplicáveis às diversas relações de trabalho abrangidas pelo acórdão, não se restringindo a um trabalhador.

Sentença Arbitral

Segundo comando do CPC, sentença arbitral é título executivo judicial, de forma que tem força obrigatória. No Direito do Trabalho, a arbitragem serve, basicamente, para resolver conflitos coletivos, fazendo o papel da sentença normativa, de forma que o laudo arbitral terá caráter geral.

Convenções e Tratados Internacionais

Depois de ratificados pelo Congresso Nacional, são considerados fontes formais, pois passam a integrar o ordenamento brasileiro, seja como lei federal, seja com status de emenda constitucional ou status supralegal.

Princípios de Direito

Tem-se entendido, atualmente, que os princípios são fontes do Direito, uma vez que, em diversas situações, são utilizados para resolver conflitos, tendo caráter de norma jurídica não escrita.

Súmulas Vinculantes do STF

A doutrina tem considerado as Súmulas vinculantes do STF fontes formais heterônomas, dado seu caráter geral e obrigatório.

Fontes Formais Autônomas

Os **destinatários criam as normas** jurídicas que lhes são aplicáveis, com autonomia própria.

Convenção Coletiva de Trabalho e Acordo Coletivo do Trabalho

As convenções coletivas sempre são firmadas entre dois ou mais sindicatos (Sindicato dos Trabalhadores X Sindicato dos Empregadores). Já os acordos coletivos são firmados pelo sindicato dos trabalhadores com uma ou mais empresas (Sindicato X Empresa). Ambos criam regras e direitos para as categorias abrangidas pelo instrumento.

Usos e Costumes

Costumes são a prática reiterada de algum ato, que se acredita obrigatório no âmbito da sociedade, por exemplo, formar fila. Usos são uma prática reiterada dentro de uma relação jurídica individualizada, especialmente num contrato de emprego.

No Direito do Trabalho, os usos geram direitos subjetivos para o empregado, tornando-se uma espécie de cláusula contratual, por exemplo, "se alguém que, durante anos, pôde folgar no sábado e passa a trabalhar nesse dia, terá que ser indenizado por isso".

Um exemplo de costume que se tornou direito é o 13º salário, conhecido também como gratificação de Natal, pois, bem antigamente, era dado espontaneamente por vários empregadores a seus empregados. De tão recorrente, acabou sendo positivado como lei e hoje é direito constitucional de todos os empregados.

Regulamento de Empresa

Ele integra os contratos de trabalho e a alteração só afeta o contrato dos trabalhadores que ingressaram na empresa após a modificação (Súmula 51/TST). Há divergência doutrinária, mas a posição que prevalece é a de fonte autônoma.

Súm. 51 *- norma regulamentar. Vantagens e opção pelo novo regulamento. Art. 468 da CLT*

I. As cláusulas regulamentares, que revoguem ou alterem vantagens deferidas anteriormente, só atingirão os trabalhadores admitidos após a revogação ou alteração do regulamento.

II. Havendo a coexistência de dois regulamentos da empresa, a opção do empregado por um deles tem efeito jurídico de renúncia às regras do sistema do outro.

Exercício Comentado

01. (FCC) No tocante às fontes do Direito, considere:

I. Fontes formais são as formas de exteriorização do direito, como por exemplo, as leis e costumes.

II. A sentença normativa é uma fonte heterônoma do Direito do Trabalho, assim como regulamento unilateral de empresa.

III. A Convenção Coletiva de Trabalho, quanto à origem, classifica-se como uma fonte estatal.

IV. A Convenção Coletiva de Trabalho, quanto à vontade das partes, classifica-se como imperativa.

Está correto o que se afirma APENAS em :

a) II e IV.
b) I e IV.
c) I, II e III.
d) II, III e IV.
e) I e II.

RESPOSTA. ***Atente que, algumas bancas também cobram como fonte heterônoma, contrariando entendimento majoritário da doutrina. Veja como já foi abordado o assunto em uma questão de concurso:***

Contrato de Trabalho

Nem todos os autores consideram o contrato de trabalho como fonte, pois "cria direitos" somente para uma pessoa, e não de forma geral. A FCC e a Vunesp já se manifestaram e o consideram fonte formal autônoma.

Jurisprudência

Denominam-se jurisprudência as reiteradas decisões judiciais acerca de uma matéria. Embora polêmica, a tendência atual é considerá-la fonte, até mesmo porque muitas Súmulas do TST praticamente criam direitos; por exemplo, a Súmula 291.

Não São Fontes

Equidade

Apesar de constar no art. 8º, da CLT, entende-se, atualmente, que ela não é fonte. A equidade pode ter dois significados:

> É entendida como um método de interpretação e alcance da norma, atenuando o rigor de uma regra jurídica, para evitar que a lei sirva para que sejam cometidas injustiças.

> É forma de criar uma regra jurídica com base em critérios de justiça abstratos, sem ter como base a legislação positivada (lei, decretos etc.). Mas, nesse caso, criam normas para um caso concreto, válido entre partes específicas, e não de caráter geral e impessoal.

Doutrina

Não é fonte, apesar de ser muito importante para a solução de casos concretos. Não vincula ninguém, é somente a opinião de algum jurista.

Analogia

Não é fonte, apesar de constar em textos de lei como fonte supletiva.

É, na verdade, método de integração das normas jurídicas, em que se utiliza uma norma existente para resolver um caso semelhante, mas que não esteja no âmbito de aplicação daquela norma; por exemplo, Súmula 229/TST.

> ***Súm. 229*** *- Sobreaviso. Eletricitários. Por aplicação analógica do art. 244, § 2º, da CLT, as horas de sobreaviso dos eletricitários são remuneradas à base de 1/3 sobre a totalidade das parcelas de natureza salarial.*

Hierarquia Entre as Fontes

Em princípio, a pirâmide de hierarquia entre fontes é, resumidamente, a seguinte:

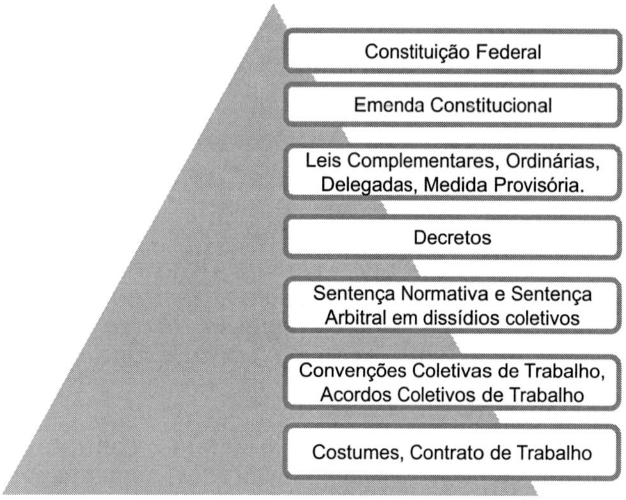

Acontece que, como será melhor detalhado, existe o princípio da norma mais favorável, de forma que, no Direito do Trabalho, tal pirâmide é flexível, muitas vezes aplicando-se uma Convenção ou mesmo uma disposição do contrato de trabalho em detrimento de uma norma de hierarquia superior.

Tal orientação, além de decorrer do princípio da norma mais favorável, é expressa na Constituição, uma vez que, antes de listar os direitos constitucionais dos trabalhadores, o art. 7º afirma que estes podem ter "outros (direitos) que visem à melhoria de sua condição social".

Por exemplo, a CF. determina que a jornada de trabalho é, em regra, de 44 horas semanais, mas as partes podem acordar que seja de 35 horas e isso não viola a Constituição.

Princípios de Direito do Trabalho

Os princípios são ideias que surgem da prática e da reflexão jurídica e estão na base de toda uma construção jurídica; por exemplo, o princípio da boa-fé. Os princípios podem ter três funções específicas:

→ Informativa, pois inspira o legislador e, muitas vezes vincula-o na criação de normas jurídicas.

→ Interpretativa, tendo em vista que os princípios orientam a forma de interpretar uma lei para que ela possa cumprir satisfatoriamente seu papel.

→ Normativa, uma vez que, quando a lei for omissa, os princípios podem ser utilizados para resolver os conflitos postos em juízo.

Há diversos princípios gerais que regem todos os ramos do Direito; por exemplo, princípio da boa-fé, da razoabilidade/proporcionalidade, da ampla defesa, de não se beneficiar da própria torpeza, princípio da igualdade. Em cada ramo do Direito, eles são moldados pelos princípios específicos de cada área, sendo que, para o Direito do Trabalho, são vários, e muitos nem são considerados por todos os autores. Os mais tradicionalmente citados são:

Princípio da Proteção

Também conhecido como princípio tutelar, ele orienta que as normas trabalhistas. Em geral, existem para proteger a parte mais fraca da relação de emprego, que é o empregado. Assim, este princípio visa a corrigir, por meio de normas jurídicas, uma desigualdade de fato existente entre o empregador e o empregado - lembre-se da super exploração existente na época da Revolução Industrial:

Princípio do *"In dúbio pro operário"*

Também conhecido como *"in dúbio pro mísero"*, significa que, se uma norma pode ser interpretada de duas formas, utiliza-se a que for mais benéfica para o empregado. Isso evita, por exemplo, que uma empresa escreva um contrato de forma dúbia propositalmente.

Este princípio não se aplica ao Processo do Trabalho. Cada parte tem que provar os fatos que lhe cabem provar. Quando a prova é divida (por exemplo, há elementos que indicam que o trabalhador prestava horas extras e há elementos que indicam que ele não prestava), então, o Juiz deve analisar todo o conjunto probatório e decidir.

Princípio da Norma mais Favorável

Age em 3 frentes. A primeira é na fase legislativa de criação de novas normas, por exemplo, por meio do comando constitucional do art. 7º, *caput*, o qual determina que:

> ***Art. 7º*** *São direitos dos trabalhadores urbanos e rurais, além de outros que visem à melhoria de sua condição social:*

A segunda frente é interpretativa. Atuando em conjunto com o princípio do *"in dúbio pro operário"*, informa que a interpretação mais favorável ao empregado é a que deverá prevalecer.

Por fim, como critério de hierarquia, é aplicado quando existem duas normas regulando, ao mesmo tempo, o contrato de um trabalhador, ocasião em que se deve aplicar aquela norma que seja mais favorável ao empregado. Como exposto anteriormente, a hierarquia entre as fontes no Direito do Trabalho obedece a esse critério.

Contudo, há exceções ao princípio ora tratado. Por exemplo, o art. 623 da CLT, que, segundo entendimento predominante, foi recepcionado pela Constituição Federal, dispõe que o sindicato não pode firmar Convenção ou Acordo Coletivo que contrarie as políticas salariais do Governo, caso existentes. O objetivo é ajudar na política de contenção da inflação.

> ***Art. 623.*** *Será nula de pleno direito disposição de Convenção ou Acordo que, direta ou indiretamente, contrarie proibição ou norma disciplinadora da política econômico-financeira do Governo ou concernente à política salarial vigente, não produzindo quaisquer efeitos perante autoridades e repartições*

públicas, inclusive para fins de revisão de preços e tarifas de mercadorias e serviços.

O art. 620, da CLT, evidencia tal princípio:

***Art. 620.** As condições estabelecidas em Convenção quando mais favoráveis, prevalecerão sobre as estipuladas em Acordo.*

A respeito do tema ACT x CCT, é necessário fazer uma observação acerca da forma como é aplicado o princípio da norma mais favorável. Quando ocorre o confronto Acordo Coletivo x Convenção Coletiva, em que cada um deles é, em parte, melhor que o outro, surgem 3 teorias para solucionar "o que é o mais benéfico" - teoria da acumulação, teoria do conglobamento e teoria do conglobamento mitigado.

A Teoria da Acumulação, minoritária, informa que se deve pinçar em cada instrumento as disposições mais benéficas. Essa teoria é a menos aceita.

Já a **Teoria do Conglobamento**, majoritária, informa que se deve escolher o instrumento mais benéfico em sua totalidade, sem mesclar os documentos. Essa é a teoria que deve ser marcada como correta quando estiver em debate ACT x CCT.

Por fim, a Teoria do Conglobamento Mitigado foi adotada expressamente pela Lei para regular os contratos dos trabalhadores contratados ou transferidos para trabalhar no exterior. Essa teoria informa que se aplicam ao contrato as disposições mais benéficas em relação a cada matéria, ou seja, comparam-se institutos inteiros.

Em um exemplo hipotético, poderiam ser aplicadas da legislação nacional as disposições acerca das férias e do salário, mas da legislação estrangeira poderiam ser aplicadas as disposições quanto a repouso semanal e dispensa do empregado.

Lei 7064/1982 - Dispõe sobre a situação de trabalhadores contratados ou transferidos para prestar serviços no exterior.

***Art. 3º** - A empresa responsável pelo contrato de trabalho do empregado transferido assegurar-lhe-á, independentemente da observância da legislação do local da execução dos serviços:*

***II.** A aplicação da legislação brasileira de proteção ao trabalho, naquilo que não for incompatível com o disposto nesta Lei, quando mais favorável do que a legislação territorial, no conjunto de normas e em relação a cada matéria.*

Princípio da Condição mais Benéfica

Este princípio **atua no plano do próprio contrato de trabalho**, ou seja, informa que, a partir do momento em que uma regra adere ao contrato de trabalho, ela só pode ser alterada para melhor. Assim, alterações posteriores na legislação ou no regulamento da empresa, se piores, não afetam os contratos dos trabalhadores atuais, somente dos futuros trabalhadores.

Não importa se as condições haviam sido estipuladas por escrito ou verbalmente, elas só podem mudar para melhor.

Fique Ligado

Quanto às Convenções e aos Acordos Coletivos, o TST alterou recentemente seu posicionamento consubstanciado na Súmula 277, de forma que as cláusulas normativas (aquelas que criam direitos) integram os contratos de trabalho, vigorando até que outra convenção ou acordo coletivo as revogue ou altere. Mesmo após o prazo de vigência do ACT ou do CCT, não havendo nova negociação coletiva, as cláusulas normativas continuam operando efeitos nos contratos de trabalho. Somente deixam de operar efeitos as cláusulas obrigacionais e as cláusulas de garantia.

Anteriormente, o TST entendia que as condições estipuladas em ACT ou CCT somente valeriam no prazo de vigência dos instrumentos coletivos, de forma que essa questão tem grandes chances de ser objeto de prova.

***Súm. 277** - Convenção Coletiva de Trabalho ou Acordo Coletivo de Trabalho. Eficácia. Ultratividade. As cláusulas normativas dos acordos coletivos ou convenções coletivas integram os contratos individuais de trabalho e somente poderão ser modificadas ou suprimidas mediante negociação coletiva de trabalho*

Outra exceção ao princípio são os adicionais que os empregados recebem, chamados também de salário-condição, uma vez que tais parcelas são pagas em razão de uma condição mais gravosa em que é desenvolvido o trabalho. Exemplificando, os adicionais por trabalho noturno, insalubre e perigoso somente são devidos enquanto existentes as condições que os justificam; cessadas estas, não serão mais pagos. Nesse sentido, alguns entendimentos do TST:

***Súm. 265** - Adicional Noturno. Alteração de Turno de Trabalho. Possibilidade de Supressão. A transferência para o período diurno de trabalho implica a perda do direito ao adicional noturno.*

***Súm. 80** - Insalubridade. A eliminação da insalubridade mediante fornecimento de aparelhos protetores aprovados pelo órgão competente do Poder Executivo exclui a percepção do respectivo adicional.*

***Súm. 248** - Adicional de Insalubridade. Direito Adquirido. A reclassificação ou a descaracterização da insalubridade, por ato da autoridade competente, repercute na satisfação do respectivo adicional, sem ofensa a direito adquirido ou ao princípio da irredutibilidade salarial.*

***OJ-Sdi1-172** - Adicional de Insalubridade ou Periculosidade. Condenação. Inserção em Folha de Pagamento. Condenada ao pagamento do adicional de insalubridade ou periculosidade, a empresa deverá inserir, mês a mês e enquanto o trabalho for executado sob essas condições, o valor correspondente em folha de pagamento.*

Princípio da Irrenunciabilidade de Direitos

O Direito do Trabalho não é questão de escolha pelas partes. Assim sendo, o trabalhador, em regra, não pode renunciar aos seus direitos. Quando fizer isso durante o contrato, poderá acionar o empregador na Justiça, desde que o seu direito não esteja prescrito.

Tal princípio está insculpido na CLT.

***Art. 9º** - Serão nulos de pleno direito os atos praticados com o objetivo de desvirtuar, impedir ou fraudar a aplicação dos preceitos contidos na presente Consolidação.*

Art. 444 - As relações contratuais de trabalho podem ser objeto de livre estipulação das partes interessadas em tudo quanto não contravenha às disposições de proteção ao trabalho, aos contratos coletivos que lhes sejam aplicáveis e às decisões das autoridades competentes.

É muito comum, na Justiça do Trabalho, haver acordos entabulados pelas partes em que não se reconhece o vínculo de emprego, antes de ser publicada a sentença. É predominante, na doutrina e na jurisprudência, que esses acordos não violam tal princípio, uma vez que não há sentença declarando o vínculo, ou seja, ainda não se tem certeza se o trabalhador era mesmo empregado ou não, se tinha ou não direito ao que estava pedindo - ele poderia ter exagerado muito.

De qualquer forma, no Direito do Trabalho, a renúncia, de forma geral, é vedada, e a transação é exceção, tendo algumas Súmulas detalhado o tema.

Súm. 276 *- aviso prévio. Renúncia pelo empregado. O direito ao aviso prévio é irrenunciável pelo empregado. O pedido de dispensa de cumprimento não exime o empregador de pagar o respectivo valor, salvo comprovação de haver o prestador dos serviços obtido novo emprego.*

Oj-sdc-30 *- estabilidade da gestante. Renúncia ou transação de direitos constitucionais. Impossibilidade. Nos termos do art. 10, II, "b", do ADCT, a proteção à maternidade foi erigida à hierarquia constitucional, pois retirou do âmbito do direito potestativo do empregador a possibilidade de despedir arbitrariamente a empregada em estado gravídico. Portanto, a teor do Art. 9º da CLT, torna-se nula de pleno direito a cláusula que estabelece a possibilidade de renúncia ou transação, pela gestante, das garantias referentes à manutenção do emprego e salário.*

Um exemplo dado por Maurício Godinho Delegado[1], a respeito de renúncia válida, é a renúncia à estabilidade pelo dirigente sindical que solicita ou aceita livremente ser transferido para local fora da base territorial.

Art. 543 *- O empregado eleito para cargo de administração sindical ou representação profissional, inclusive junto a órgão de deliberação coletiva, não poderá ser impedido do exercício de suas funções, nem transferido para lugar ou mister que lhe dificulte ou torne impossível o desempenho das suas atribuições sindicais.*

§ 1º *- O empregado perderá o mandato se a transferência for por ele solicitada ou voluntariamente aceita.*

Princípio da Continuidade da Relação de Emprego

A relação de emprego foi pensada para que o trabalhador se integrasse em uma empresa e lá permanecesse por longo período, evitando-se a rotação de mão de obra. Desse princípio decorre que a regra no Direito do Trabalho seja o contrato por prazo indeterminado. O contrato por prazo determinado é exceção.

Esse princípio é inferido de algumas disposições constitucionais.

Art. 7º. I *- Relação de emprego protegida contra despedida arbitrária ou sem justa causa, nos termos de lei complementar, que preverá indenização compensatória, dentre outros direitos;*

XXI. *Aviso prévio proporcional ao tempo de serviço, sendo no mínimo de trinta dias, nos termos da lei;*

Súm. 212 *despedimento. Ônus da prova. O ônus de provar o término do contrato de trabalho, quando negados a prestação de serviço e o despedimento, é do empregador, pois o princípio da continuidade da relação de emprego constitui presunção favorável ao empregado.*

Essa Súmula significa que, em uma eventual ação, o empregado provou que, de alguma forma, trabalhou para a empresa. Assim, é ônus do empregador provar que tal trabalho não se constituiu numa relação de emprego, mesmo que ele tenha negado a prestação do serviço.

Esse princípio também inspira a redação do art. 10 da CLT:

Art. 10 *- Qualquer alteração na estrutura jurídica da empresa não afetará os direitos adquiridos por seus empregados.*

Isso significa que, se houver sucessão entre empregadores, isso não afetará o emprego, ou seja, o sucessor, via de regra, passa a responder pelos créditos dos trabalhadores da empresa sucedida.

Princípio da Inalterabilidade Contratual Lesiva

Estampado no art. 468 da CLT, determina que as alterações nos contratos sejam sempre de comum acordo, e, mesmo assim, que não resultem, direta ou indiretamente, em prejuízo para o empregado.

Art. 468 *- Nos contratos individuais de trabalho só é lícita a alteração das respectivas condições por mútuo consentimento, e ainda assim desde que não resultem, direta ou indiretamente, prejuízos ao empregado, sob pena de nulidade da cláusula infringente desta garantia.*

Parágrafo único *- Não se considera alteração unilateral a determinação do empregador para que o respectivo empregado reverta ao cargo efetivo, anteriormente ocupado, deixando o exercício de função de confiança.*

Entretanto, não se pode ignorar que o empregador tem o poder de gestão de seu negócio, e, em função disso, pode fazer pequenos ajustes nos contratos de trabalho, de forma unilateral, desde que não prejudique o empregado - tal poder é chamado de *jus variandi*. Por exemplo, pode-se alterar, em poucos minutos, para fazer coincidir com o horário do ônibus, o horário de início do turno de trabalho.

Desse princípio decorrem várias interpretações jurisprudenciais pertinentes, consolidadas em Súmulas e Orientações Jurisprudenciais, que serão estudadas no tópico "Alteração do Contrato de Trabalho".

Princípio da Primazia da Realidade

Significa que importa o que ocorre na prática, sendo irrelevante o nome dado à situação. Desse modo, havendo provas de que o contido em documentos não correspondeu à realidade, pode o Juiz dar nova qualificação jurídica aos fatos. Por exemplo, se uma pessoa é contratada como autônoma, mas estão presentes todos os requisitos da relação de emprego, está configurada a fraude e, então, o Juiz reconhecerá

1 DELGADO, Maurício Godinho. Curso de Direito do Trabalho, 11ª Ed. São Paulo LTR, 2012. P. 213

o vínculo de emprego e condenará a empresa a pagar todos os direitos sonegados.

Outro exemplo: se os empregados fazem hora extra, mas a empresa não os deixa anotar no ponto o verdadeiro horário trabalhado, e isso for provado, então, ela pagará todas as horas extras.

Tal princípio foi previsto expressamente pela CLT:

> **Art. 9º** - *Serão nulos de pleno direito os atos praticados com o objetivo de desvirtuar, impedir ou fraudar a aplicação dos preceitos contidos na presente Consolidação.*

Princípio da Intangibilidade Salarial

Na relação de emprego, em geral, o empregado só dispõe da sua força de trabalho; assim, após o mês laborado, espera receber seu salário, que tem caráter alimentar. Como o trabalhador não pode viver sem seu salário, o sistema jurídico o protege não só contra abusos do empregador, mas também contra interferências de credores do empregado e de credores da empresa.

O estudo de tais proteções será aprofundado no capítulo referente à remuneração, mas, basicamente, elas impedem descontos indevidos no salário por parte do empregador, assegurando, de qualquer forma, no mínimo 30% pagos em dinheiro; fixam limites temporais para pagamento do salário, bem como que seja pago em moeda nacional; impedem a penhora do salário em razão de dívida do empregado, salvo a pensão alimentícia; em caso de falência, os créditos trabalhistas são preferenciais a outros.

Princípio da Irredutibilidade Salarial

Do princípio da intangibilidade salarial, derivou o princípio de irredutibilidade de salário, que está albergado na Constituição Federal.

A regra geral é que o salário não pode ser reduzido, contudo, é possível a redução, desde que negociada pelo sindicato. A ideia aqui é: durante uma crise, melhor preservar os empregos e, temporariamente, reduzir os salários, do que a empresa "fechar as portas" ou demitir alguns empregados, privilegia-se, assim, o princípio da continuidade da relação de emprego. Passada a crise, os salários e a jornada voltam ao normal.

> **Art. 7º. VI** - *Irredutibilidade do salário, salvo o disposto em convenção ou acordo coletivo;*

Princípio da Alteridade

Este princípio informa que quem asume os riscos do empreendimento é o empregador, não podendo repassar tais riscos para os empregados. Assim, mesmo que o negócio esteja dando prejuízo, esse é um problema do empregador, que não pode diminuir salários e benefícios em razão disso. Esse princípio é previsto expressamente na CLT:

> **Art. 2º** - *Considera-se empregador a empresa, individual ou coletiva, que, asSúm.indo os riscos da atividade econômica, admite, assalaria e dirige a prestação pessoal de serviço.*

Ligada a esse princípio e também ao princípio da intangibilidade salarial, utiliza-se, por vezes, a expressão "caráter forfetário" do salário. Isso significa dizer que, em razão do insucesso do empreendimento, não pode o empregador deixar de pagar os salários dos empregados - os riscos são do empregador, nunca do empregado.

Exercícios Comentados

01. (FCC) Na ausência de disposições legais ou contratuais, são formas de integração do Direito do Trabalho:

a) Analogia, equidade, princípios de Direito e do Direito do Trabalho.

b) Analogia, equidade, os costumes e pareceres do Ministério Público do Trabalho.

c) Analogia, equidade, jurisprudência e sentença normativa.

d) Princípios e normas gerais de Direito, jurisprudência e sentença normativa.

e) Princípios e normas gerais de Direito, equidade e sentença normativa.

RESPOSTA. ***"A". Note que o enunciado da questão não pergunta "quais as fontes de Direito do Trabalho". Ele indaga sobre as formas de integração. Conforme lição de Maurício Godinho Delgado, integração jurídica é "o processo de preenchimento das lacunas normativas, verificadas no sistema jurídico em face de um caso concreto, mediante o recurso a outras fontes normativas que possam ser especificamente aplicáveis".***

Ainda que analogia e equidade não sejam fontes, elas são usadas para integrar o Direito. É que a CLT não foi muito técnica na época em que foi editada, dando a entender que elas são fontes.

02. (FCC) Vigendo Convenção Coletiva, que fixa jornada de 6 (seis) horas e sendo celebrado Acordo Coletivo reduzindo referida jornada em 15 (quinze) minutos, os empregados das empresas que subscreverem o Acordo deverão trabalhar, por dia:

a) 5h45m, pela aplicação dos princípios da irrenunciabilidade de direitos e primazia da realidade.

b) 5h45m, pela aplicação do princípio da norma mais benéfica ao trabalhador.

c) 6h, uma vez que as condições estabelecidas na Convenção Coletiva prevalecem sobre as do Acordo Coletivo por força da hierarquia das normas.

d) 6h, uma vez que as condições estabelecidas em Convenção Coletiva se destinam a toda a categoria profissional, não se admitindo que os empregados de determinadas empresas sejam excepcionados.

e) 8h, jornada fixada na Constituição Federal, que não pode ser derrogada por norma de hierarquia inferior.

RESPOSTA. ***"B". A questão, aparentemente, adota a teoria da acumulação, mas não é o que ocorre. Ela informa que a ACT reduz "referida jornada", ou seja, reduz aquela jornada de 6 horas da CCT, e assim, passa a ser mais benéfica para o trabalhador. No conjunto, a ACT é mais benéfica, pois resulta na jornada de 5h45m.***

Seria um caso diferente se houvesse uma ACT reduzindo a jornada legal de 8 horas em 15 minutos e uma CCT reduzindo a jornada legal para 6 horas. Nesse caso, aplicar-se-ia a CCT, pois é mais benéfica em seu conjunto, não se falando em acumulação de institutos.

Vamos Praticar

01. (FCC) Maria, estudante de Direito, está discutindo com o seu colega de classe, Denis, a respeito das Fontes do Direito do Trabalho. Para sanar a discussão, indagaram ao professor da turma sobre as fontes autônomas e heterônomas. O professor respondeu que as Convenções Coletivas de Trabalho, as Sentenças Normativas e os Acordos Coletivos são fontes:

a) Autônomas.
b) Heterônomas, autônomas e heterônomas, respectivamente.
c) Autônomas, autônomas e heterônomas, respectivamente.
d) Autônomas, heterônomas e autônomas, respectivamente.
e) Heterônomas.

02. (FCC) São fontes heterônomas do Direito do Trabalho, dentre outras:

a) As Convenções Internacionais e as Convenções Coletivas de Trabalho.
b) O Contrato Coletivo de Trabalho e os Acordos Coletivos.
c) As Convenções Coletivas de Trabalho e os Acordos Coletivos.
d) Os Tratados, as Convenções Internacionais e a Constituição Federal.
e) A Constituição Federal e os Usos e Costumes.

03. (FCC) Com relação às fontes de Direito do Trabalho, é certo que:

a) O Direito comum não será fonte subsidiária do Direito do Trabalho, em razão da incompatibilidade com os princípios fundamentais deste.
b) Os usos e costumes são uma importante fonte do Direito do Trabalho sendo que, muitas vezes, da sua reiterada aplicação pela sociedade, é que se origina a normal legal.
c) É defeso, como regra, as autoridades administrativas e a Justiça do Trabalho, na falta de disposições legais ou contratuais, decidirem, conforme o caso, por equidade.
d) É defeso, como regra, as autoridades administrativas e a Justiça do Trabalho, na falta de disposições legais ou contratuais, decidirem, conforme o caso, por analogia.
e) O interesse de classe ou particular deve prevalecer sobre o interesse público, em razão da natureza humanitária inerente da relação própria de emprego.

04. (FCC) Com relação às Fontes do Direito do Trabalho, considere:

I. A Lei Ordinária que prevê disposições a respeito do 13º salário é uma fonte material autônoma.
II. As fontes heterônimas decorrem do exercício da autonomia privada, ou seja, sujeitos distintos do Estado possuem a faculdade de editar.
III. O contrato individual de emprego é uma fonte autônoma.
IV. A Convenção Coletiva de Trabalho é uma fonte autônoma.

Está correto o que se afirma APENAS em:

a) III e IV.
b) I, II e III.
c) I, II e IV.
d) I e III.
e) II e IV.

05. (VUNESP) São fontes autônomas do Direito do Trabalho:

a) Sentença normativa e convenção da OIT.
b) Acordo coletivo e contrato de trabalho.
c) Convenção coletiva de trabalho e medida provisória.
d) Lei complementar e convenção coletiva de trabalho.
e) Súmulas de jurisprudência e convenção coletiva de trabalho.

06. (FCC) Considere:

I. Lei ordinária.
II. Medida provisória.
III. Sentenças normativas.
IV. Convenção Coletiva de Trabalho.
V. Acordo Coletivo de Trabalho.

São Fontes de origem estatal as indicadas APENAS em:

a) I, II e V.
b) I e II.
c) I, II, IV e V.
d) I, II e III.
e) IV e V.

07. (FCC) Considere as seguintes afirmações:

I. É nula a renúncia que obste a aplicação de norma cogente.
II. Em virtude dos princípios que informam o Direito do Trabalho, a renúncia e a transação devem ser tidas como exceção, não sendo admitida a renúncia tacitamente manifestada nem interpretação extensiva do ato pelo qual o trabalhador se despoja de direitos que lhe são assegurados.
III. Considera-se trabalho em regime de tempo parcial aquele que não exceda a 25 horas semanais, autorizada a realização de, no máximo, 1 (uma) hora extra diária.
IV. O seguro de vida e a assistência médica e hospitalar fornecidos pelo empregador são considerados salário "*in natura*".

É verdadeiro o que se afirma somente em:

a) I e II.
b) I e IV.
c) II e III.
d) I, III e IV.
e) II, III e IV.

08. (FCC) O princípio que faz prevalecer a restrição à autonomia da vontade no contrato trabalhista, em contraponto à diretriz civil de soberania das partes no ajuste das condições contratuais, é, especificamente, o princípio:

a) da condição mais benéfica;
b) da imperatividade das normas trabalhistas;
c) da primazia da realidade sobre a forma;

d) da continuidade da relação de emprego;

e) *do in dubio pro operatio*;

09. (PGT) Assinale a alternativa incorreta:

a) Dentre os mais importantes princípios especiais do Direito Individual do Trabalho, indicados pela doutrina, incluem-se o princípio da proteção, o princípio da irrenunciabilidade dos direitos trabalhistas e o princípio da norma mais favorável.

b) O princípio da primazia da realidade sobre a forma autoriza a descaracterização de um contrato de prestação civil de serviços, desde que despontem, ao longo de sua execução, todos os elementos fático-jurídicos da relação de emprego.

c) De acordo com a jurisprudência consolidada do Tribunal Superior do Trabalho, o ônus de provar o término do contrato de trabalho, quando negados a prestação de serviço e o despedimento, é do empregador, pois o princípio da continuidade da relação de emprego constitui presunção favorável ao empregado.

d) O princípio da razoabilidade, segundo o qual as condutas humanas devem ser avaliadas de acordo com um critério associativo de verossimilhança, sensatez e ponderação, não tem aplicação no Direito Coletivo do Trabalho.

10. (FCC) Acerca dos princípios que informam o Direito do Trabalho, pode-se afirmar que:

a) O empregador pode reduzir o salário de seus empregados, desde que 75% deles concordem com tal redução, independentemente de negociação com a entidade sindical da categoria.

b) A irredutibilidade do salário é um princípio absoluto.

c) É lícita a redução dos salários dos empregados da empresa, desde que disposta em Convenção ou Acordo Coletivo.

d) O empregador pode, livremente, em qualquer hipótese, reduzir o salário do empregado.

e) O empregador pode reduzir o salário do empregado, se este firmar por escrito sua concordância.

Marilda foi contratada através de empresa interposta para trabalhar como bancária, em determinado banco. Ela trabalhou nessas condições por cinco anos. Após ser dispensada, Marilda moveu uma Reclamação Trabalhista para reconhecimento de vínculo diretamente com o banco, com fundamento na Súmula 331 do TST. Em sua defesa, o banco nega o vínculo empregatício, pois a relação havida com a autora era regulada através de contrato de prestação de serviços especializados e, portanto, ela estaria submetida a tal contrato. Na sentença, o Juiz reconheceu o vínculo empregatício da autora com o banco.

11. (CESGRANRIO) Considerando-se a situação descrita, qual dos princípios do Direito do Trabalho rechaça a tese sustentada pelo banco?

a) Princípio da condição mais benéfica.

b) Princípio da norma mais favorável.

c) Princípio da continuidade da relação de emprego.

d) Princípio da primazia da realidade sobre a forma.

e) Princípio da indisponibilidade dos direitos trabalhistas.

12. (FCC) O Regulamento da empresa "BOA" revogou vantagens deferidas a trabalhadores em Regulamento anterior. Neste caso, segundo a Súmula 51 do TST, "as cláusulas regulamentares, que revoguem ou alterem vantagens deferidas anteriormente, só atingirão os trabalhadores admitidos após a revogação ou alteração do regulamento". Em matéria de Direito do Trabalho, esta Súmula trata, especificamente, do Princípio da:

a) Razoabilidade.

b) Indisponibilidade dos Direitos Trabalhistas.

c) Imperatividade das Normas Trabalhistas.

d) Dignidade da Pessoa Humana.

e) Condição mais benéfica.

13. (FCC) O Juiz do Trabalho pode privilegiar a situação de fato que ocorre na prática, devidamente comprovada, em detrimento dos documentos ou do rótulo conferido à relação de direito material. Tal assertiva, no Direito do Trabalho, refere-se ao princípio da:

a) Irrenunciabilidade.

b) Intangibilidade salarial.

c) Continuidade.

d) Primazia da realidade.

e) Proteção.

14. (FCC) O princípio que possui como propósito tentar corrigir desigualdades, criando uma superioridade jurídica em favor do empregado diante da sua condição de hipossuficiente é especificamente o princípio da:

a) Dignidade da pessoa humana.

b) Condição mais benéfica.

c) Primazia da realidade.

d) Proteção.

e) Boa-fé.

Acerca dos princípios que regem o Direito do Trabalho, julgue o próximo item.

15. (CESPE) Os contratos por prazo determinado, bem como o contrato de trabalho temporário, são exceções ao princípio da continuidade da relação de emprego.

Certo ( )　　Errado ( )

Acerca do Direito do Trabalho, julgue os itens a seguir.

16. (CESPE) Pelo princípio da continuidade da relação de emprego, os fatos ordinários são preSúm.idos, em detrimento dos fatos extraordinários, que precisam ser provados. Assim, o ônus de provar o vínculo empregatício e o despedimento é do empregado, porque se trata de fatos constitutivos do seu direito.

Certo ( )　　Errado ( )

17. (FCC) De acordo com o Art. 10, da Consolidação das Leis do Trabalho, "qualquer alteração na estrutura jurídica da empresa não afetará os direitos adquiridos por seus empregados". Entende-se por direito adquirido aquele que:

a) O beneficiário ainda não reuniu todas as condições para adquirir o direito, mas faz parte do seu patrimônio econômico, aguardando a implementação apenas de uma determinada condição econômica.

b) Entrou no patrimônio econômico de uma pessoa, por ter implementado todos os requisitos para este fim, podendo ser exercido a qualquer momento.

c) Entrou no patrimônio econômico de uma pessoa, por ter implementado todos os requisitos para este fim, mas não pode ser exercido no momento da demissão.

d) O beneficiário ainda não reuniu todas as condições para adquirir o direito, mas faz parte do seu patrimônio jurídico, aguardando a implementação apenas de uma determinada condição legal.

e) Entrou no patrimônio jurídico de uma pessoa, por ter implementado todos os requisitos para este fim, podendo ser exercido a qualquer momento.

18. (CESPE) A respeito dos princípios constitucionais do trabalho, assinale a opção correta.

a) Segundo a jurisprudência do STF, a aposentadoria espontânea implica, por si só, extinção do contrato de trabalho.

b) Não viola os princípios constitucionais da liberdade de associação e da liberdade sindical a norma legal que condiciona o recebimento do benefício do seguro-desemprego à filiação do interessado a uma colônia de pescadores de sua região, uma vez que essa exigência evita fraudes e otimiza o pagamento do referido benefício.

c) O STF fixou jurisprudência no sentido de que a legislação superveniente que altera a política salarial, fixada em norma coletiva de trabalho, viola o direito adquirido, o ato jurídico perfeito e a coisa julgada.

d) Compete privativamente à União legislar sobre direito do trabalho, não sendo obrigatório utilizar-se de lei complementar para disciplinar a matéria, que somente é exigida, conforme previsão da CF, para regrar a dispensa imotivada.

e) O STF firmou entendimento no sentido de que há ofensa à CF no estabelecimento de um limite máximo de 150 salários mínimos, para além do qual os créditos decorrentes da relação de trabalho deixam de ser preferenciais, nas situações de falência da empresa, uma vez que há, na prática, verdadeira perda de direitos por parte dos trabalhadores.

Gabarito

01	D	10	C
02	D	11	D
03	B	12	E
04	A	13	D
05	B	14	D
06	D	15	CERTO
07	A	16	ERRADO
08	B	17	E
09	D	18	D

Anotações

CAPÍTULO 02

Relação de Trabalho e Relação de Emprego

Relações de Trabalho

O Direito do Trabalho estuda especialmente a Relação de Emprego, mas existem diversas outras formas de trabalho que não configuram o vínculo empregatício. Tal relação de emprego tem farta regulamentação legal, sendo que, neste capítulo, serão abordadas as diferenças entre as principais relações de trabalho, bem como os Direitos Constitucionais previstos no art. 7º, dirigidos aos empregados.

Relação de trabalho é qualquer vínculo jurídico pelo qual uma pessoa física executa serviços para outrem, mediante um pagamento ajustado.

A diferenciação entre o que é uma relação de emprego e o que é uma relação de trabalho é um dos temas centrais estudados pelo Direito do Trabalho, uma vez que, com base principalmente na relação de emprego, é que foi pensado e constituído o sistema estatal de proteção, que dá ao trabalhador empregado diversa gama de direitos.

Fique Ligado

Relação de trabalho é o gênero, do qual a relação de emprego é uma espécie, sendo que existem diversas relações de trabalho. A relação de emprego exige requisitos essenciais - trabalho prestado por pessoa física, com onerosidade, pessoalidade, não eventualidade e subordinação jurídica. Tais requisitos serão detalhados a seguir, mas antes, é necessário expor o que não se trata de uma relação de emprego. Dentre as diversas formas de relação de trabalho, serão analisadas as mais importantes delas.

Adverte-se que é normal os termos "trabalhador" e "empregado" serem utilizados no mesmo sentido, bem como "relação de emprego" e "relação de trabalho".

Trabalho Autônomo

O autônomo é aquele que trabalha por conta própria, sem subordinação jurídica ou dependência do tomador do seu serviço. São exemplos de autônomos: jardineiros, pintores e eletricistas que trabalhem por conta própria. Profissionais liberais (médicos, dentistas, advogados) também, muitas vezes, trabalham como autônomos.

Qualquer trabalhador autônomo poderia ser contratado como empregado; por exemplo, uma pessoa que seja dona de uma mansão pode contratar um jardineiro para ser seu empregado. Ainda, é possível um escritório de advocacia ou uma grande empresa contratar um advogado como empregado.

A legislação trata, especificamente, de alguns trabalhos que são realizados autonomamente; por exemplo, o representante comercial (Lei 4.886/1965) e o corretor de seguros (Lei 4.594/1964). Nota-se que, mesmo nesses casos, é possível o reconhecimento do vínculo de emprego se estiverem presentes os seus pressupostos.

Trabalho Eventual

O trabalhador eventual é aquele esporádico, que não tem ligação fixa com um empreendimento. É um exemplo o garçom que é chamado alguns finais de semana, sem dias certos, sem que tenha uma expectativa de quando ele vá trabalhar. Outro exemplo seria o fotógrafo que é chamado em uma ou outra ocasião para registrar eventos esporádicos de uma empresa.

Trabalho Voluntário

Trabalho voluntário é o trabalho não remunerado, prestado por pessoa física à entidade pública ou entidade privada, que tenha objetivos cívicos, culturais, educacionais, científicos, recreativos ou de assistência social, inclusive mutualidade.

As despesas que um voluntário tiver em razão da prestação de serviços podem ser reembolsadas.

A Lei 9.608/1998 dispõe que:

> ***Art. 1º*** *Considera-se serviço voluntário, para fins desta Lei, a atividade não remunerada, prestada por pessoa física a entidade pública de qualquer natureza, ou a instituição privada de fins não lucrativos, que tenha objetivos cívicos, culturais, educacionais, científicos, recreativos ou de assistência social, inclusive mutualidade.*
>
> ***Parágrafo único.*** *O serviço voluntário não gera vínculo empregatício, nem obrigação de natureza trabalhista previdenciária ou afim.*

Trabalho Religioso

O trabalho religioso causa grandes divergências na doutrina e na jurisprudência, mas a posição que prevalece é que ele não gera vínculo de emprego entre determinado ministro de confissão religiosa (padre, pastor, rabino) e a ordem religiosa (igreja, templo, mesquista). A ideia aqui é que a missão vocacional é o motivo determinante de tal contratação.

Algumas decisões mais recentes têm reconhecido o vínculo quando existem metas, prazos e subordinação jurídica.

Observa-se que as ordens religiosas podem contratar empregados como qualquer outra entidade (por exemplo, a secretária e a zeladora da paróquia).

Trabalho do Estagiário

A Lei define o estágio da seguinte forma:

> ***Art. 1º*** *- Estágio é ato educativo escolar supervisionado, desenvolvido no ambiente de trabalho, que visa à preparação para o trabalho produtivo de educandos que estejam frequentando o ensino regular em instituições de educação superior, de educação profissional, de ensino médio, da educação especial e dos anos finais do ensino fundamental, na modalidade profissional da educação de jovens e adultos.*

Condições Gerais

O estágio pode ser obrigatório ou não obrigatório. Ambos devem fazer parte do projeto pedagógico do curso, sendo que o estágio obrigatório é aquele tido como requisito para a aprovação e a obtenção de diploma. O não obrigatório é opcional, acrescido à carga horária regular do curso.

As atividades de extensão, de monitorias e de iniciação científica na educação superior, desenvolvidas pelo estudante, somente poderão ser equiparadas ao estágio em caso de previsão no projeto pedagógico do curso.

A relação de estágio envolve, obrigatoriamente,

3 partes: a Instituição de Ensino, a Parte Concedente de Estágio e o Estagiário. Obrigatoriamente, devem assinar o Termo de Compromisso de Estágio o educando (ou seu representante ou assistente legal), a parte concedente do estágio e a instituição de ensino.

Há, ainda, a figura do Agente de Integração (CIEE, PROE, IEL etc.), a que as partes podem recorrer se quiserem, o qual tem a função de cadastrar estagiários, identificar oportunidades de estágio e ajudar na formação e na celebração do contrato.

Nada pode ser cobrado do estagiário por esse serviço e, se os Agentes de Integração indicarem o estagiário para serviço incompatível com seu programa curricular de estudo, serão civilmente responsáveis. Os Agentes de Integração não podem ser representantes de nenhuma das partes.

O estágio **não cria vínculo de emprego,** desde que efetuado sob as seguintes condições:

> Matrícula e frequência regular do educando em curso de educação superior, de educação profissional, de ensino médio, da educação especial e nos anos finais do ensino fundamental, na modalidade profissional da Educação de Jovens e Adultos e atestados pela instituição de ensino.

> Celebração de termo de compromisso entre o educando, a parte concedente do estágio e a instituição de ensino.

> Compatibilidade entre as atividades desenvolvidas no estágio e aquelas previstas no termo de compromisso.

A SDI-1 editou a OJ 366,que se refere ao estágio na Administração Pública:

> ***OJ-sdi1-366-TST.*** *Estagiário. Desvirtuamento do contrato de estágio. Reconhecimento do vínculo empregatício com a administração pública direta ou indireta. Período posterior à constituição federal de 1988. Impossibilidade. Ainda que desvirtuada a finalidade do contrato de estágio celebrado na vigência da Constituição Federal de 1988, é inviável o reconhecimento do vínculo empregatício com ente da Administração Pública direta ou indireta, por força do art. 37, II, da CF/1988, bem como o deferimento de indenização pecuniária, exceto em relação às parcelas previstas na Súmula nº 363 do TST, se requeridas.*

O estagiário deve encaminhar, e a Instituição de Ensino tem o dever de cobrar, no máximo a cada 6 meses, relatório das atividades.

O estágio pode durar, no máximo, 2 anos, salvo para as pessoas com deficiência, que não têm limitação.

O estagiário poderá inscrever-se como contribuinte facultativo no Regime Geral da Previdência Social.

Parte concedente de estágio

Podem ser parte concedente de estágio as pessoas jurídicas de direito privado e os órgãos da administração pública direta, autárquica e fundacional de qualquer dos Poderes da União, dos Estados, do Distrito Federal e dos Municípios, bem como profissionais liberais de nível superior, devidamente registrados em seus respectivos conselhos de fiscalização profissional.

A parte concedente deve indicar um funcionário de seu quadro para orientar até, no máximo, 10 estagiários simultaneamente.

Deve, ainda, contratar, em favor do estagiário seguro contra acidentes pessoais. No caso de estágio obrigatório, tal seguro pode ser contratado pela instituição de ensino.

Aplica-se ao estagiário a legislação relacionada à saúde e à segurança no trabalho, sendo sua implementação de responsabilidade da parte concedente do estágio.

A Lei limita a quantidade de estagiários em cada parte concedente, da seguinte forma:

> ***Art. 17.*** *O número máximo de estagiários em relação ao quadro de pessoal das entidades concedentes de estágio deverá atender às seguintes proporções:*
>
> *I. De 1 (um) a 5 (cinco) empregados: 1 (um) estagiário;*
>
> *II. De 6 (seis) a 10 (dez) empregados: até 2 (dois) estagiários;*
>
> *III. De 11 (onze) a 25 (vinte e cinco) empregados: até 5 (cinco) estagiários;*
>
> *IV. Acima de 25 (vinte e cinco) empregados: até 20% (vinte por cento) de estagiários.*
>
> *§ 1º Para efeito desta Lei, considera-se quadro de pessoal o conjunto de trabalhadores empregados existentes no estabelecimento do estágio.*
>
> *§ 2º Na hipótese de a parte concedente contar com várias filiais ou estabelecimentos, os quantitativos previstos nos incisos deste Art. serão aplicados a cada um deles.*
>
> *§ 3º Quando o cálculo do percentual disposto no inciso IV do caput deste Art. resultar em fração, poderá ser arredondado para o número inteiro imediatamente superior.*
>
> *§ 4º Não se aplica o disposto no caput deste Art. aos estágios de nível superior e de nível médio profissional.*
>
> *§ 5º Fica assegurado às pessoas portadoras de deficiência o percentual de 10% (dez por cento) das vagas oferecidas pela parte concedente do estágio.*

Remuneração

No caso de **estágio facultativo, é obrigatória** a remuneração do estagiário por meio de bolsa ou outra forma de contraprestação. Não existe mais estágio não obrigatório sem remuneração. Ainda, é obrigatória a concessão de auxílio-transporte.

Já o **estágio obrigatório pode ser não remunerado**, Nesse caso, o auxílio-transporte é facultativo.

Jornada de Trabalho e Férias

A jornada dos estagiários é regulamentada da seguinte forma:

> 4 horas diárias e 20 horas semanais, no caso de estudantes de educação especial e dos anos finais do ensino fundamental, na modalidade profissional de Educação de Jovens e Adultos;

> 6 horas diárias e 30 horas semanais, no caso de estudantes do ensino superior, da educação profissional de nível médio e do ensino médio regular.

Se o curso alternar teoria e prática, nos períodos em que não estão programadas aulas presenciais, poderá haver jornada de até 40 horas semanais, desde que isso esteja previsto no projeto pedagógico do curso e da instituição de ensino.

A jornada é reduzida à metade no período de avaliações periódicas ou finais.

É assegurado ao estagiário, sempre que o estágio tenha duração igual ou superior a 1 (um) ano, período de recesso de 30 (trinta) dias, a ser gozado preferencialmente durante suas férias escolares. Tal recesso será remunerado se o estágio for remunerado. Se o período for inferior a 1 ano, é obrigatória a concessão parcial das férias.

Trabalho em Regime Estatutário

Estudado profundamente pelo Direito Administrativo, é aquele vínculo em que existe uma relação jurídico-administrativa entre o trabalhador e um ente público. Regida por um estatuto específico, não é uma relação contratual regida pela CLT. O trabalhador ocupa um cargo público e foi contratado mediante aprovação em concurso público.

Trabalho Avulso

Segundo definição de Maurício Godinho Delgado, avulso é aquele trabalhador que "oferta sua força de trabalho, por curtos períodos de tempo, a distintos tomadores, sem se fixar especificamente a qualquer deles[1]".

A Constituição, no art. 7º, XXXIV, concedeu aos avulsos os mesmos direitos previstos para os empregados.

> ***Art. 7º. XXXIV.*** *Igualdade de direitos entre o trabalhador com vínculo empregatício permanente e o trabalhador avulso.*

Existem duas espécies de trabalhadores avulsos: os avulsos portuários e os avulsos em serviços de movimentação de cargas em geral. Nenhum deles tem vínculo empregatício com seus tomadores de serviços.

A respeito do trabalhador avulso, a SDI-1 editou a seguinte OJ:

→ **Avulsos portuários**

Os navios chegam aos portos brasileiros e necessitam de trabalhadores para fazer diversos serviços, por exemplo, descarregar as cargas. Como é inviável o navio ter empregados em cada porto, surgiu o trabalhador avulso, que presta serviços a diversos tomadores, sem se ligar permanentemente a nenhum deles.

Aqui existem 3 figuras fundamentais: o Trabalhador Avulso, o Órgão Gestão de Mão de Obra (OGMO) e o Operador Portuário.

O OGMO não é empregador da mão de obra avulsa, mas é o responsável por gerenciá-la: cadastra os trabalhadores; monta as escalas de trabalho; arrecada e repassa aos respectivos beneficiários os valores devidos pelos operadores portuários, relativos à remuneração do trabalhador portuário avulso e aos correspondentes encargos fiscais, sociais e previdenciários; aplica penalidades previstas na Lei ou no acordo ou convenção coletiva etc.

O Operador Portuário é a pessoa jurídica, pré-qualificada pela administração do porto, responsável pela direção e pela coordenação das operações portuárias que efetuar. É o operador portuário que efetua a requisição da mão de obra de acordo com a operação portuária que será realizada.

→ **Avulsos em serviços de movimentação de cargas em geral**

Nas entradas das cidades médias e grandes, é muito comum ver placas em que se lê "ponto de chapas". Nesses lugares, trabalhadores esperam por caminhoneiros que chegam à cidade para descarregar, sendo que angariam os "chapas" para ajudá-los no descarregamento da mercadoria. Como havia muita informalidade nessa prestação, editou-se a Lei 12.023/2009, que passou a caracterizar como avulsos os referidos trabalhadores. A intermediação do Sindicato é obrigatória, sendo que a este cabe elaborar a escala de trabalho e as folhas de pagamento dos trabalhadores avulsos, com a indicação do tomador do serviço e dos trabalhadores que participaram da operação.

Note que, no caso do trabalhador avulso portuário, a intermediação obrigatória é feita pelo OGMO. Enquanto tal órgão não existe, a intermediação é feita pelo sindicato mesmo. O trabalhador não precisa ser associado ao sindicato para fazer parte da escala de trabalho. É possível que a empresa tomadora dos serviços tenha seus empregados contratados para fazer tal serviço, não precisando, assim, do trabalhador avulso intermediado pelo sindicato.

As empresas tomadoras do trabalho avulso respondem solidariamente pela efetiva remuneração do trabalho contratado e são responsáveis pelo recolhimento dos encargos fiscais e sociais, bem como das contribuições ou de outras importâncias devidas à Seguridade Social, no limite do uso que fizerem do trabalho avulso intermediado pelo sindicato.

Trabalho em Cooperativas

As cooperativas de trabalho são uma realidade no Brasil, em diversos campos (por exemplo, cooperativas de catadores e recicladores de lixo). Foi promulgada recentemente a Lei 12.690/2012, que regula especificamente as cooperativas de trabalho, sendo importante sua leitura.

A CLT dispõe acerca dos cooperados:

> ***Parágrafo único*** *- Qualquer que seja o ramo de atividade da sociedade cooperativa, não existe vínculo empregatício entre ela e seus associados, nem entre estes e os tomadores de serviços daquela.*

Fique Ligado

Apesar da disposição legal, pelo princípio da primazia da realidade, havendo os requisitos da relação de emprego, é possível o reconhecimento do vínculo entre os cooperados e os tomadores do serviço quando caracterizada a fraude, ou seja, a cooperativa é só uma forma de burlar o vínculo empregatício, sendo tal orientação adotada pela nova Lei.

Dispõe a nova legislação:

> ***Art. 4º*** *A Cooperativa de Trabalho pode ser:*
>
> *I. De produção, quando constituída por sócios que contribuem com trabalho para a produção em comum de bens e a cooperativa detém, a qualquer título, os meios de produção; e*
>
> *II. De serviço, quando constituída por sócios para a prestação de serviços especializados a terceiros, sem a presença dos pressupostos da relação de emprego.*
>
> ***Art. 5º*** *A Cooperativa de Trabalho não pode ser utilizada para intermediação de mão de obra subordinada.*
>
> ***Art. 6º*** *A Cooperativa de Trabalho poderá ser constituída com número mínimo de 7 (sete) sócios.*

Ainda, a Lei impôs aos cooperados limitação da jornada de trabalho em 8 horas diárias e 44 horas semanais, repouso semanal remunerado, retiradas em dinheiro não inferior ao mínimo, adicional de retirada

1 DELGADO, Maurício Godinho. Curso de Direito do Trabalho, 11ª Ed. São Paulo LTR, 2012. P. 342

para o trabalho noturno superior à do diurno, adicional sobre a retirada para as atividades insalubres ou perigosas, seguro de acidente de trabalho.

Fique Ligado

É importante salientar que o contratante da cooperativa responde solidariamente pelas normas de saúde e segurança no trabalho, quando o serviço é prestado em seu estabelecimento ou em local por ele indicado.

Parceria Rural e Agrícola

Na parceria rural e na parceria agrícola, há uma sociedade entre duas pessoas, em que uma entra com seu trabalho, enquanto outra com a propriedade em que se desenvolverá o trabalho - propriedade rural, no primeiro caso, e com um lote de animais, no segundo.

O resultado da produção é divido entre os parceiros, assim como os ônus. É ampla a possibilidade de combinarem a forma de utilização de maquinário, implementos agrícolas e outras despesas, não sendo possível o pagamento periódico àquele que ingressar com o trabalho.

A verdadeira parceria rural não gera vínculo de emprego, mas, de qualquer forma, não pode haver subordinação do parceiro trabalhador ao parceiro proprietário. A pessoalidade até pode existir, apesar de ser forte indício de fraude, mas nunca a subordinação.

Relação de Emprego

A relação de emprego não é elegível pelas partes, ou seja, não se pode escolher ser ou não qualificado como empregado - tal ideia é inspiração direta do princípio da irrenunciabilidade das normas trabalhistas. É o modo como o trabalho desenvolve-se que é determinante para saber se ocorre uma relação de emprego ou outra relação de trabalho.

É muito comum, em uma ação trabalhista, o empregado requerer reconhecimento do vínculo e ganhar uma decisão favorável quando verificada a fraude, não importando se, por exemplo, era denominado de cooperado ou se foi obrigado a abrir uma pessoa jurídica para prestar serviços (famoso PJ).

Pressupostos da Relação de Emprego

A relação de emprego tem **5 pressupostos:**

- Trabalho prestado por pessoa física.
- Com pessoalidade.
- Onerosidade.
- Não eventualidade.
- Sob subordinação jurídica.

Tais requisitos são extraídos dos Arts. 2º e 3º, da CLT:

> ***Art. 2º*** *- Considera-se empregador a empresa, individual ou coletiva, que, asSúm.indo os riscos da atividade econômica, admite, assalaria e dirige a* ***prestação pessoal de serviço*** *(pessoalidade).*

> ***Art. 3º*** *- Considera-se empregado toda* ***pessoa física*** *que prestar serviços de natureza não eventual a empregador,* ***sob a dependência*** *(subordinação jurídica) deste e* ***mediante salário*** *(onerosidade).*

Trabalho prestado por pessoa física

A pessoa jurídica não pode ser empregada, isso nunca vai ocorrer. Às vezes, a pessoa é obrigada a abrir uma pessoa jurídica para prestar serviços, mas note que isso é fraude trabalhista. Existe o vínculo de emprego, tanto que ele pode ser reconhecido em juízo.

No caso de contratação entre duas pessoas jurídicas, caracteriza-se uma relação civil, não uma relação de trabalho. O trabalhador da empresa contratada poderá ter uma relação de trabalho com a empresa contratante, como ocorre na terceirização válida.

Por exemplo, a Rede de Ensino Alfa contrata a empresa Gelada para instalar ar condicionado nas salas de aulas. Os empregados da empresa Gelada têm uma relação de trabalho com a Rede de Ensino Alfa, mas a relação entre as duas empresas não é de trabalho, é uma relação civil.

Pessoalidade

O contrato de emprego é *intuitu personae* para o empregado, ou seja, é ele quem deve realizar as obrigações do contrato, não podendo repassar suas tarefas para outras pessoas.

Não descaracteriza a pessoalidade as substituições previstas na legislação, por exemplo, para cobrir férias ou licença, contratando um trabalhador temporariamente. Ainda, eventuais substituições consentidas, por exemplo, um vendedor que, em um dia, pede para um amigo ficar no seu lugar e o empregador aceita.

Onerosidade

O contrato de emprego é oneroso, ou seja, o empregado trabalha para receber uma remuneração. A principal obrigação do empregado é trabalhar e a principal obrigação do empregador é remunerar o empregado pelo serviço prestado.

Isso não significa dizer que se o empregado não recebe quando deveria, inexiste a onerosidade - há um inadimplemento contratual -, como ocorre quando o empregador deixa de pagar os salários. Não significa que o contrato deixou de ser oneroso.

Ainda, não há que se cogitar que, em caso de trabalho escravo, por não ser remunerado, não poderia ser reconhecido como vínculo de emprego e gerar as indenizações específicas, após a pessoa ser resgatada dessa condição. Nesse caso, há onerosidade, mesmo contra a vontade do trabalhador, pois estava sujeito ao seu patrão e não tinha capacidade para exprimir validamente sua vontade.

Não eventualidade

Não eventual é o trabalho que é permanente, ou seja, em que existe uma previsibilidade, uma expectativa da prestação do serviço, independentemente da quantidade de dias ou de horas trabalhados em uma semana.

Quatro teorias tentam explicar a não eventualidade: Teoria da Descontinuidade, Teoria do Evento, Teoria dos Fins do Empreendimento e Teoria da Fixação Jurídica ao Tomador. As três últimas atuam em conjunto, como se verá a seguir.

→ **Teoria da Descontinuidade**

O trabalho deveria ser contínuo, ou seja, sem interrupções significativas na prestação.

A CLT rejeitou a Teoria da Descontinuidade. Para os trabalhadores regidos pela CLT, não é a quantidade de dias ou horas na semana que caracteriza a "não eventualidade".

Essa teoria é válida para os trabalhadores domésticos. Atualmente, considera-se doméstico aquele que trabalha em 3 ou mais dias da semana para a mesma família. A diarista seria aquela que trabalha 2 dias ou menos por semana.

→ **Teoria do Evento**

Essa teoria informa que é eventual o trabalho necessário para um evento ou acontecimento específico, que tem duração certa no tempo e não é periódico.

Por exemplo, uma empresa que atua no setor de recepção de eventos realizará alguns jantares em que necessita de um tradutor de inglês e contrata uma pessoa somente para essas ocasiões. Sob a visão de tal teoria, esse trabalhador é eventual. Observe que se tais eventos passarem a ser a rotina da empresa, o serviço do tradutor deixará de ser eventual.

→ **Teoria dos Fins do Empreendimento**

Como o nome sugere, eventual seria aquele trabalhador que é contratado para um serviço que não é habitualmente necessário na empresa - e, por consequência, não é executado por longo período de tempo - (por exemplo, a manutenção do telhado e calhas de uma empresa qualquer).

→ **Teoria da Fixação Jurídica ao Tomador**

Por fim, informa tal teoria que ocorre a eventualidade quando o trabalhador, ainda que atue de forma profissional e permanentemente em um ramo de serviço, não se fixa a uma fonte única de trabalho, mas a várias fontes no decorrer do tempo.

Seria o exemplo de um garçom, que está sempre atuando, mas sempre para empresas diferentes, sem períodos fixos em cada uma delas, não havendo expectativa de quando tornará a prestar serviços a determinada organização.

Subordinação Jurídica

A doutrina tradicional, há muitos anos, assentou que subordinação jurídica é a possibilidade que o empregador tem de comandar a prestação do serviço, de gerenciar a forma que o serviço será prestado, podendo, para tanto, fiscalizá-lo e aplicar as penalidades quando houver infrações, dentro dos limites impostos pelo ordenamento jurídico. Tal poder surge do contrato firmado entre as partes, em que o empregado põe à disposição do patrão sua força de trabalho em troca da remuneração.

A CLT fala em "dependência", pois foi escrita em uma época em que o conceito de subordinação jurídica não era tão bem desenvolvido, mas tal vocábulo é tradicionalmente interpretado como "subordinação jurídica", tanto que foi utilizado no art. 6º, Parágrafo Único, do referido código.

Note que, para a doutrina moderna, a subordinação que caracteriza a relação de emprego é jurídica, ou seja, não é técnica, nem econômica.

Subordinação técnica seria aquela em que o empregado depende dos conhecimentos e do sistema produtivo que o empregador possui para realizar a produção, isto é, depende dos meios fornecidos pelo empregador para trabalhar. Tal teoria é completamente ultrapassada e não é mais aceita. É fácil visualizar sua fragilidade quando um empregado é contratado justamente por ser especialista em uma área de que o empregador precisa.

A subordinação econômica pressupunha que o empregado depende de seu salário para viver, advindo daí sua principal vinculação ao empregador. Apesar de, muitas vezes, ser verdadeira tal dependência econômica, tal teoria é ultrapassada, uma vez que não é esse o motivo que faz o trabalhador estar subordinado ao empregador - ele pode ser empregado e ter outras fontes de renda ou ainda, uma pessoa pode depender economicamente de outra sem ser sua empregada.

Subordinação Estrutural

A subordinação estrutural (ou objetiva ou reticular) é uma teoria nova, defendida no Brasil principalmente por Maurício Godinho Delgado e que está ganhando campo – e tem sido aplicada em diversos julgamentos, e já tem sido cobrada nos concursos para Juízes e Promotores, podendo em breve aparecer nas provas para Analista.

Ela parte do princípio que atualmente, com o desenvolvimento da economia e da tecnologia, em que as empresas formam redes de produção interligadas e coordenadas, mas independentes juridicamente umas das outras, as ordens direitas do empregador comandando a prestação do serviço do empregado já não são o único caracterizador da subordinação do trabalhador.

Assim, estrutural é a subordinação quando o trabalhador, ainda que não receba ordens diretas de um empregador, acolhe sua dinâmica de produção, integrando-se à sua cadeia produtiva.

A recente disposição da CLT acerca do teletrabalho vai ao encontro de tal teoria, tendo em vista que quando o trabalhador presta serviços por meio da internet e outros meios telemáticos, não haverá, pelo menos com grande intensidade, ordens diretas sobre sua prestação de serviço. Os programas de metas e controle de qualidade dos serviços, para exemplificar, mantém o trabalhador em sintonia aos anseios do empregador.

> ***Art. 6º*** *Não se distingue entre o trabalho realizado no estabelecimento do empregador, o executado no domicílio do empregado e o realizado a distância, desde que estejam caracterizados os pressupostos da relação de emprego.*
>
> ***Parágrafo único.*** *Os meios telemáticos e informatizados de comando, controle e supervisão se equiparam, para fins de subordinação jurídica, aos meios pessoais e diretos de comando, controle e supervisão do trabalho alheio.*

Não são Pressupostos da Relação de Emprego

Além de saber os pressupostos da relação de emprego, é necessário que o candidato saiba o que não são, sendo os mais comuns utilizados pelas bancas a alteridade, exclusividade e finalidade lucrativa do empregador – nenhum destes três são pressupostos da relação de emprego, como será detalhado a seguir:

Alteridade

Alteridade significa que é o empregador quem assume os riscos do empreendimento.

De fato os riscos do negócio são do empregador, que não pode repassá-los aos trabalhadores – e se o fizer, tal ato será inválido.

O posicionamento mais tradicional é de que a alteridade não é pressuposto do vínculo de emprego, mas na verdade Princípio de Direito do Trabalho.

Contudo, bancas examinadores já colocaram a alteridade como pressuposto da relação de emprego, de forma que você deve ficar atento à questão.

Exclusividade na prestação do serviço

A exclusividade não é pressuposto da relação de emprego. Uma pessoa pode manter 10 vínculos de emprego com empregadores diferentes se quiser e se tiver tempo para desempenhar suas funções em todos eles. Tal tema também é recorrente em provas.

Finalidade lucrativa do empregador

Apesar de a finalidade lucrativa na contratação ser a regra nas empresas, isso não é pressuposto ou requisito da relação de emprego. Observe-se que há empregados que trabalham sem gerar lucro de qualquer espécie, por exemplo, os empregados domésticos, ou ainda, os empregados de instituições filantrópicas e associações.

Note que isso não tem relação com a onerosidade, cuja característica é a expectativa de o empregado ser remunerado pelo seu serviço.

Direitos Constitucionais dos Trabalhadores

A distinção entre relação de trabalho e relação de emprego é fundamental, pois, uma vez caracterizada esta última, uma gama de direitos surge para proteger tal relação. Assim, os direitos sociais, previstos no Art. 7º, da Constituição, beneficiam, especialmente, aos empregados e têm sido colocados como tópico à parte nos editais de concurso, merecendo um estudo separado.

Fique Ligado

A maioria dos direitos constitucionais, como têm farta regulamentação infraconstitucional, será estudada no decorrer da apostila, de forma que, neste capítulo, serão tratadas somente em linhas gerais, o que servirá como introdução à matéria.

Art. 7º São direitos dos trabalhadores urbanos e rurais, além de outros que visem à melhoria de sua condição social:

O *caput* do art. 7º demonstra que os direitos listados em seus incisos são o mínimo assegurado aos trabalhadores, especialmente pela expressão "além de outros que visem à melhoria de sua condição social", ou seja, Lei Infraconstitucional pode aumentar tais direitos, bem como criar outros.

I. Relação de emprego protegida contra despedida arbitrária ou sem justa causa, nos termos de lei complementar, que preverá indenização compensatória, dentre outros direitos;

Ainda não foi editada tal Lei Complementar pelo Congresso, de forma que não há ampla proteção contra a despedida arbitrária ou sem justa causa. Somente temos algumas estabilidades provisórias no emprego, como a da gestante, do membro e suplente da CIPA, do dirigente sindical eleito e de seus suplentes, do acidentado afastado por mais de 15 dias etc.

Fique Ligado

Dos direitos elencados no Art. 7º, somente este exige Lei Complementar para a regulamentação. Os outros necessitam somente de Lei Ordinária.

Isso ocorre porque tal regulação causará mais impacto nas empresas, de forma que o legislador constituinte preferiu a Lei Complementar, que tem quorum de aprovação superior.

A indenização compensatória, atualmente, é a multa de 40% sobre os depósitos do FGTS, prevista no art. 10, I, do ADCT, bem como no art. 18, da Lei 8.036/1990.

II. Seguro-desemprego, em caso de desemprego involuntário;

O seguro-desemprego é um benefício previdenciário e tem dupla função: de prover sustento ao trabalhador enquanto busca nova ocupação, bem como ajudar na sua qualificação e recolocação profissional.

O trabalhador tem direito ao benefício, nunca inferior a um salário mínimo, no caso de perda involuntária do emprego - dispensa sem justa causa e rescisão indireta do contrato-, desde que cumpra os requisitos da lei previdenciária.

Havendo dispensa por justa causa, com culpa recíproca, ou, ainda, no caso de término normal do contrato por prazo determinado, não haverá pagamento de seguro-desemprego.

Caso o trabalhador possua renda própria suficiente para manter-se, consiga novo emprego ou recuse um emprego oferecido, o seguro deixará de ser pago.

III. Fundo de garantia do tempo de serviço;

O Fundo de Garantia por Tempo de Serviço, previsto pela Lei 8.036/1990, tem natureza jurídica multidimensional, pois, além de ser efetivo direito trabalhista, assume funções diversas (por exemplo, servir de financiamento para programas habitacionais, de infraestrutura e saneamento básicos).

Ele constitui-se de depósitos mensais de 8% efetuados sobre a remuneração, suportados pelo empregador, com o objetivo de garantir ao trabalhador algum dinheiro caso perca seu emprego involuntariamente.

Tanto empregados urbanos como empregados rurais têm direito ao FGTS, inclusive os avulsos.

O empregado aprendiz também tem direito ao FGTS, mas a alíquota é reduzida a 2% do salário.

IV. Salário mínimo , fixado em lei, nacionalmente unificado, capaz de atender a suas necessidades vitais básicas e às de sua família com moradia, alimentação, educação, saúde, lazer, vestuário, higiene, transporte e previdência social, com reajustes periódicos que lhe preservem o poder aquisitivo, sendo vedada sua vinculação para qualquer fim;

O salário mínimo é o menor valor que se pode pagar para um trabalhador, mas a interpretação atual é que esse mínimo refere-se a uma jornada de 44 horas, de forma que, se o empregado trabalha menos de 44 horas, terá assegurado o salário mínimo hora, conforme OJ 358, da SDI-1.

Pela Lei Maior, o salário mínimo deve ter o mesmo valor em todo o território nacional, deve ser reajustado periodicamente para não perder o poder aquisitivo, e não pode ser vinculado a nada.

Apesar de a Constituição determinar que seja fixado por lei, a Lei 12.382/2011 permitiu que, entre 2012 e 2015, o Governo fixe-o por meio de Decreto Presidencial, seguindo a fórmula estabelecida na referida Lei.

V. Piso salarial proporcional à extensão e à complexidade do trabalho;

O piso salarial é regulamentado pela Lei Complementar 103/2000, a qual faculta aos Estados e ao

Distrito Federal aprovar Lei de Iniciativa do Poder Executivo, fixando o piso para "os empregados que não tenham piso salarial definido em lei federal, convenção ou acordo coletivo de trabalho". Mesmo os empregados domésticos podem ser beneficiados pelo piso estadual, caso conste na Lei Instituidora.

Assim, havendo piso estadual para os trabalhadores da indústria de laticínio, fixando o valor em R$ 1.000,00 e, concomitantemente, havendo Convenção ou Acordo Coletivo, fixando em R$ 800,00, prevalecerá o acordo ou convenção. Também, não pode o Estado fixar piso havendo lei federal (salário profissional), por exemplo, no caso dos médicos e dos engenheiros.

> ***VI.*** *Irredutibilidade do salário, salvo o disposto em convenção ou acordo coletivo;*

O salário é irredutível, e não pode a empresa diminuí-lo unilateralmente, nem mesmo se o empregado individualmente concordar, conforme Art. 468, da CLT. Somente é possível essa redução por meio de negociação coletiva.

A lógica é que, durante uma crise, é melhor temporariamente reduzir o salário de todos os empregados, do que alguns deles perderem o emprego, ou, até mesmo, a empresa vir a fechar as portas.

> ***VII.*** *Garantia de salário, nunca inferior ao mínimo, para os que percebem remuneração variável;*

Como visto, os que trabalham menos de 44 horas podem receber menos que o valor nominal do salário mínimo, desde que respeitado o mínimo hora. Isso não ocorre para aqueles que tenham remuneração variável, ou seja, ganhem por produção ou por comissão.

Se a produção do trabalhador for inferior a um salário mínimo, a empresa o pagará da mesma forma, sendo vedado descontar em meses subsequentes essa diferença, conforme Lei 8.716/1993.

> ***VIII.*** *Décimo terceiro salário com base na remuneração integral ou no valor da aposentadoria;*

O 13º salário é também chamado de gratificação natalina, em razão de sua origem. Seu pagamento consiste na mesma remuneração devida em dezembro, devendo ser paga até o dia 20 desse mês ou na remuneração do último mês de contrato, no caso de rompimento antecipado. Note que ela é calculada com base na remuneração, não no salário, de forma que usa a média anual das gorjetas na base de cálculo.

O 13º é pago em duas frações: a primeira entre fevereiro e novembro, e a segunda em dezembro. O empregador é obrigado a pagar fracionadamente, mas não é obrigado a pagar a 1ª parcela a todos os empregados no mesmo mês.

O empregado pode requerer que sua antecipação seja paga junto com as férias, mas deve fazê-lo até janeiro, caso em que o empregador será obrigado a pagar a 1ª parcela dessa forma.

> ***IX.*** *Remuneração do trabalho noturno superior à do diurno;*

A CLT determina que, para o trabalhador urbano que atue em horário noturno, haverá um adicional de, no mínimo, 20% sobre a hora diurna, o qual terá caráter salarial. A hora noturna para o trabalhador urbano é entre as 22:00 e as 05:00, com a hora noturna ficta, de 52 minutos e 30 segundos.

Para o trabalhador rural, o adicional noturno é de 25%, sendo que a hora noturna, na lavoura, é entre as 21:00 e as 05:00 e, na pecuária, é entre as 20:00 e as 04:00. Não há hora noturna ficta para o rurícola.

> ***X.*** *Proteção do salário na forma da lei, constituindo crime sua retenção dolosa;*

O salário é protegido pela legislação de diversas formas, sendo as principais: a determinação de periodicidade máxima de pagamento em 30 dias; obrigatoriedade de seu pagamento até no máximo o 5º dia útil do mês seguinte ao da prestação do serviço; caráter impenhorável para dívidas do empregado; obrigatoriedade que seja pago em moeda nacional e com um mínimo de 30% em espécie, sendo que o restante pode ser pago em utilidades.

> ***XI.*** *Participação nos lucros, ou resultados, desvinculada da remuneração, e, excepcionalmente, participação na gestão da empresa, conforme definido em lei;*

A Lei Complementar 10.101/2000 regulamentou a participação nos lucros, determinando que será a negociação coletiva que irá instituí-la, não integrando a remuneração, nem se aplicando o princípio da habitualidade. O pagamento não pode ser efetuado em períodos menores de 6 meses, nem mais de duas vezes ao ano.

Mesmo o trabalhador dispensado antes da data da distribuição de lucros tem direito a receber proporcionalmente, pois também contribuiu para o sucesso da empresa.

> ***XII.*** *Salário-família pago em razão do dependente do trabalhador de baixa renda nos termos da lei;*

Apesar do nome, ele não é salário, é um benefício previdenciário pago aos segurados de baixa renda, em razão de filhos menores de 14 anos ou dependentes inválidos em qualquer idade.

Se o pai e a mãe forem empregados que cumprem as condições - baixa renda e com filhos menores de 14 anos ou inválidos - ambos recebem o benefício, sendo que este será pago por filho, cumulativamente.

> ***XIII.*** *Duração do trabalho normal não superior a oito horas diárias e quarenta e quatro semanais, facultada a compensação de horários e a redução da jornada, mediante acordo ou convenção coletiva de trabalho;*

A jornada constitucional de 8 horas diárias e 44 horas semanais pode ser flexibilizada para haver compensação de jornada ou banco de horas. É a Súmula 85, do TST, que resolve grande parte das discussões sobre o tema.

Por acordo escrito entre empregado e empresa, somente é possível instituir compensação de jornada, ou seja, significa que o empregado trabalha um pouco mais durante a semana para não ter expediente no sábado. As horas extras habituais descaracterizam o acordo, devendo haver o pagamento do adicional.

O banco de horas somente poderá ser adotado por Convenção Coletiva ou Acordo Coletivo, o qual consiste no empregado ter uma "conta corrente" de horas de trabalho, que podem ser compensadas no decorrer de um ano.

> ***XIV.*** *Jornada de seis horas para o trabalho realizado em turnos ininterruptos de revezamento, salvo negociação coletiva;*

O turno ininterrupto ocorre quando o empregado alterna seu turno de trabalho periodicamente, podendo ser semanal, quinzenal, mensal, semestral etc. Como tal situação é muito desgastante, a Constituição compensa fixando jornada de 6 horas diárias.

Para configurar esse regime de trabalho, basta a alternância de horários noturnos e diurnos. Não é necessário que o empregado atue em todos os turnos da empresa. Dessa forma, mesmo que a empresa funcione 24 horas, se os empregados tiverem turno fixo, a jornada será normal, de 8 horas.

As pausas para almoço ou o descanso semanal remunerado não descaracterizam o turno de revezamento, sendo devidas ao empregado da mesma forma. O labor noturno no turno de revezamento deverá respeitar as disposições do trabalho noturno - hora noturno ficta e adicional de no mínimo 20%.

Ocorre que a própria norma constitucional permite que, mediante negociação coletiva, a jornada desse trabalhador volte a ser de 8 horas, sem que isso gere direito a horas extras.

Atente que a súmula 675 do STF determina que os intervalos fixados "*para descanso e alimentação durante a jornada de seis horas não descaracterizam o sistema de turnos ininterruptos de revezamento para o efeito do art. 7º, xiv, da constituição.*"

Outra súmula relevante e que já foi aborda em concursos públicos, é a 423 do TST que dita:

> *Turno ininterrupto de revezamento. fixação de jornada de trabalho mediante negociação coletiva validade.*

Estabelecida jornada superior a seis horas e limitada a oito horas por meio de regular negociação coletiva, os empregados submetidos a turnos ininterruptos de revezamento não têm direito ao pagamento da 7ª e 8ª horas como extras.

Ou seja, se a jornada "estendida" está prevista em negociação coletiva, não há que falar em horas extras.

XV. *Repouso semanal remunerado, preferencialmente aos domingos;*

A duração mínima do RSR será de 24 horas, sendo concedido preferencialmente aos domingos. Trabalhadores urbanos e rurais, até os avulsos e os domésticos, têm direito a tal descanso.

Se o empregado chegar atrasado ao trabalho ou faltar qualquer dia da semana, sem justificativa, perderá a remuneração do descanso daquela semana - o dia de repouso será garantido, mas não será remunerado.

O descanso é concedido preferencialmente aos domingos, mas não obrigatoriamente.

Caso haja trabalho em um domingo, é necessário haver folga compensatória em outro dia da semana, sob pena de pagar-se em dobro o domingo não compensado, além de pagar o próprio descanso semanal remunerado.

O descanso deve ser concedido dentro da semana de trabalho, ou seja, após 6 dias de trabalho seguidos, o 7º é para ser descansado. Se o empregado trabalhar 7 dias e descansar no 8º, o empregador será punido pagando tal dia em dobro (dois dias de salário), além de pagar o próprio DSR.

XVI. *Remuneração do serviço extraordinário superior, no mínimo, em cinquenta por cento à do normal;*

Quando o empregado trabalha mais de 8 horas em um dia, ou 44 na semana, deverá receber o pagamento da hora normal, acrescida de, no mínimo, 50%, salvo no caso de compensação de jornada.

Quando o empregado trabalha em horas extras, habitualmente, elas passam a integrar o salário do empregado e, então, começam a refletir em outras verbas (por exemplo, no cálculo do repouso semanal remunerado e das férias).

Isso não significa dizer que elas integrem definitivamente o contrato de trabalho, pois, se não houver mais o trabalho em horas extraordinárias, o empregador deixará de pagá-las. Somente haverá necessidade de indenizar o empregado em um mês de horas suprimidas para cada ano trabalhado com horas extras (Súmula 291/TST).

XVII. *Gozo de férias anuais remuneradas com, pelo menos, um terço a mais do que o salário normal;*

As férias foram criadas para que o trabalhador descanse do serviço, bem como que tenha um convívio social ampliado, de forma que, inclusive, receberá 1/3 a mais para poder melhor usufruir seu recesso. Assim, para não tornar inútil tal disposição, não pode o empregado arrumar outro trabalho durante suas férias, somente poderá trabalhar para outra pessoa caso já possua contrato firmado anteriormente.

Em regra, a cada 12 meses de trabalho, o empregado terá direito às férias. Nos contratos com mais de 25 horas semanais, será de 30 dias. Nos contratos a tempo parcial, cuja duração é de menos de 25 horas semanais, será de 8 a 18 dias de férias.

A cada certo número de faltas, o empregado perderá uma quantidade certa de dias de férias, no caso daqueles que tenham originalmente 30 dias de repouso. Não pode haver o desconto direto, isto é, para cada falta do empregado descontar um dia de férias. Já para os trabalhadores do regime de tempo parcial, se faltarem mais de 7 vezes, terão reduzido à metade seu período de férias.

XVIII. *Licença à gestante, sem prejuízo do emprego e do salário, com a duração de cento e vinte dias;*

A licença maternidade é de 120 dias (não é 4 meses).

A empregada pode requerer a licença entre o 28º dia antes do parto e a ocorrência deste. Além dos 120 dias de afastamento, por motivo de saúde, a ausência da empregada pode ser aumentada em até mais 2 semanas antes e mais 2 semanas depois do parto.

No caso de parto antecipado, a empregada tem direito à licença maternidade de 120 dias da mesma forma, mas não se deve confundir parto antecipado com aborto.

A empregada que adote um filho também tem licença maternidade de 120 dias.

XIX. *Licença-paternidade, nos termos fixados em lei;*

A licença paternidade é de 5 dias, sendo que o art. 10, §1º, do ADCT, revogou o art. 473, III, da CLT. Mesmo no caso de o empregado homem adotar um filho, sua licença será de somente 5 dias.

Há entendimentos jurisprudenciais e doutrinários concedendo ao homem adotante o mesmo direito da mulher, mas, nos concursos, vale a posição tradicional de 5 dias apenas.

XX. *Proteção do mercado de trabalho da mulher, mediante incentivos específicos, nos termos da lei;*

Como a mulher enfrentou e ainda enfrenta maiores dificuldades para conseguir emprego, bem como historicamente tem salário inferior ao dos homens, a Lei Maior garante a proteção de seu mercado de trabalho, com incentivos específicos (por exemplo, a Lei 9.029/1995, a qual trata da discriminação, e a Lei 9.799/1999, a qual inseriu os Arts. 373-A e seguintes da CLT).

XXI. *Aviso prévio proporcional ao tempo de serviço, sendo no mínimo de trinta dias, nos termos da lei;*

O aviso prévio é de, no mínimo, 30 dias, devido tanto pelo empregado à empresa, para que ela admita ou treine outro empregado na função, quanto para a empresa ao empregado, para dar-lhe a chance de procurar outro emprego. Não há forma prescrita na lei para o aviso prévio, podendo ser dado verbalmente ou por escrito, mas a forma escrita é recomendada para fins de prova judicial.

Como é norma de ordem pública, o aviso prévio é irrenunciável pelo empregado, tendo o empregador que pagá-lo sempre, salvo no caso de o trabalhador encontrar outro emprego, uma vez que estará atingido o objetivo da Lei.

O aviso prévio é calculado com base nas verbas salariais do empregado, ou seja, as gorjetas e as parcelas indenizatórias não o integram. As horas extras habituais integram o aviso prévio, não só por previsão legal, mas por serem parcelas salariais.

A Lei 12.506/2011 regulamentou proporcionalidade prevista na Constituição, que consistirá em um acréscimo de 3 dias por ano de serviço prestado na mesma empresa, até o máximo de 60 dias, perfazendo um total de até 90 dias.

A forma de cálculo deverá ser a seguinte: até um ano de contrato, o empregado terá direito a 30 dias de aviso prévio - mínimo constitucional; ao completar um ano de contrato, o empregado terá direito a 33 dias de aviso prévio, somando-se mais 3 dias para cada ano completo de contrato. Assim, um empregado com 5 anos de contrato terá um aviso prévio de 45 dias.

Fique Ligado

Por um tempo, houve divergência na forma desse cálculo, inclusive havendo provas que cobraram entendimento diverso, mas a tendência é que as bancas adotem esse posicionamento, até mesmo porque é o atual posicionamento do Ministério do Trabalho e Emprego, conforme nota técnica 184/2011.

O aviso proporcional é aplicável somente aos empregados, ou seja, caso o trabalhador com 10 anos de serviço peça demissão, deverá avisar a empresa com 30 dias de antecedência tão-somente. Esse posicionamento é o que tende a prevalecer nos concursos.

A Lei nova opera efeitos imediatos, respeitando o ato jurídico perfeito. Assim, se o empregador já havia concedido aviso prévio ao empregado, estando este terminado ou em curso quando a lei entrou em vigor, não haverá proporcionalidade, pois se aplica à Lei antiga.

Por fim, apesar de a Lei 12.506/2011 falar em "empresa", a proporcionalidade do aviso prévio beneficia aos empregados domésticos, pois a eles também foi garantida proporcionalidade pela Constituição.

XXII. *Redução dos riscos inerentes ao trabalho, por meio de normas de saúde, higiene e segurança;*

A Segurança e a Medicina no Trabalho são pilares do Direito do Trabalho, sendo que as disposições sobre essa matéria são, em regra, inegociáveis; nem Convenção ou Acordo Coletivo podem afastá-las. A legislação tem várias disposições a respeito, inclusive podendo o Ministério do Trabalho e Emprego expedir Normas Regulamentares sobre o tema.

XXIII. *Adicional de remuneração para as atividades penosas, insalubres ou perigosas, na forma da lei;*

Insalubres são aquelas atividades ou operações que, por sua natureza, condições ou métodos de trabalho, exponham os empregados a agentes nocivos à saúde, acima dos limites de tolerância fixados em razão da natureza e da intensidade do agente e do tempo de exposição aos seus efeitos.

O adicional de insalubridade será de 10, 20 ou 40%, calculado sobre o salário mínimo. Para caracterizar o trabalho insalubre, é necessária perícia técnica, realizada por médico ou engenheiro habilitados, e tal atividade deve constar em lista elaborada pelo MTE. Caso a insalubridade seja extirpada, por exemplo, pelo fornecimento e efetivo uso de equipamentos de proteção individual, deixará de ser pago o adicional ao empregado.

Atividades ou operações perigosas são aquelas que, por sua natureza ou métodos de trabalho, impliquem risco acentuado em virtude de exposição permanente do trabalhador a inflamáveis, explosivos, energia elétrica, e, ainda, roubos ou outras espécies de violência física nas atividades profissionais de segurança pessoal ou patrimonial.

Antigamente, a legislação tratava de forma diferente o eletricitário, o que não ocorre mais.

O trabalho em condições de periculosidade assegura ao empregado um adicional de 30%, calculado sobre o salário sem os acréscimos resultantes de gratificações, prêmios ou participações nos lucros da empresa.

Fique Ligado

Há duas expressões que a prova pode usar para cobrar a base de cálculo do adicional de periculosidade:

> ***Calculado sobre o salário-base ou salário básico (definição doutrinária).***

> ***Calculado sobre o salário sem os acréscimos resultantes de gratificações, prêmios ou participações nos lucros da empresa (definição da CLT).***

Ambos estão corretos, pois, no fundo, querem dizer a mesma coisa.

Se houver trabalho em condições perigosas e insalubres, o empregado deve optar por um dos dois adicionais, não podendo acumular ambos.

XXIV. *Aposentadoria;*

A aposentadoria é tema estudado pelo Direito Previdenciário, sendo que a diretriz básica é dada pelo Art. 201, §7º, da CF, nos seguintes termos:

Art. 201. § 7º *É assegurada aposentadoria no regime*

geral de previdência social, nos termos da lei, obedecidas as seguintes condições:

I. *Trinta e cinco anos de contribuição, se homem, e trinta anos de contribuição, se mulher;*

II. *Sessenta e cinco anos de idade, se homem, e sessenta anos de idade, se mulher, reduzido em cinco anos o limite para os trabalhadores rurais de ambos os sexos e para os que exerçam suas atividades em regime de economia familiar, nestes incluídos o produtor rural, o garimpeiro e o pescador artesanal.*

***§ 8º** Os requisitos a que se refere o inciso I do parágrafo anterior serão reduzidos em cinco anos, para o professor que comprove exclusivamente tempo de efetivo exercício das funções de magistério na educação infantil e no ensino fundamental e médio.*

Existem outras formas de aposentadoria, por exemplo, a por invalidez.

XXV. *A assistência gratuita aos filhos e dependentes desde o nascimento até 5 (cinco) anos de idade em creches e pré-escolas;*

Essa disposição constitucional é um direito dos empregados. Contudo, não será provida pela empresa, é o próprio Estado que tem o dever de manter creches e pré-escolas.

XXVI. *Reconhecimento das convenções e acordos coletivos de trabalho;*

O reconhecimento das Convenções e Acordos Coletivos de Trabalho pela Constituição é importante, pois privilegia a autocomposição, dando aos sindicatos a possibilidade de melhor ajustarem as condições de trabalho à realidade e aos anseios de determinado setor ou empresa.

Contudo, o poder da negociação coletiva não é ilimitado, sendo o princípio da adequação setorial negociada que permeia esse tema, demonstrando até onde a criatividade dos entes coletivos pode operar. A negociação coletiva não pode servir para rebaixar as condições de trabalho determinadas pela lei. Ela pode fazer a transação quando os empregados cedem em alguns pontos para ganhar outros, mas não pode prever somente renúncia a direitos.

Também não é qualquer norma que a negociação entre os sindicatos pode alterar, há normas de indisponibilidade absoluta (por exemplo, as de Segurança e Medicina no Trabalho, normas antidiscriminatórias, o padrão mínimo constitucional etc.).

XVII. *Proteção em face da automação, na forma da lei;*

A automação ocorre quando a empresa muda sua tecnologia, de forma que passa a precisar de menos trabalhadores para realizar a mesma produção, ou até mesmo aumentar a produção.

Ainda não há legislação que preveja verdadeira proteção contra a automação.

XVIII. *Seguro contra acidentes de trabalho, a cargo do empregador, sem excluir a indenização a que este está obrigado, quando incorrer em dolo ou culpa;*

Os acidentes do trabalho ainda ocorrem em número elevado no Brasil, de forma que há um seguro obrigatório, pago pelas empresas, ligado ao sistema previdenciário, para custear os benefícios decorrentes de acidentes e doenças no trabalho. Além desse seguro, quando o empregador contribuir para o acidente com dolo ou culpa, deverá indenizar o empregado, tanto por danos morais como por danos materiais.

A jurisprudência tem aplicado o Art. 927, Parágrafo Único, do Código Civil, que prevê responsabilidade objetiva, nos casos em que a atividade normalmente causar risco aos direitos de outrem, mas ainda não há definição clara do que seriam essas atividades.

XXIX. *Ação, quanto aos créditos resultantes das relações de trabalho, com prazo prescricional de cinco anos para os trabalhadores urbanos e rurais, até o limite de dois anos após a extinção do contrato de trabalho;*

O empregado pode cobrar os últimos 5 anos de contrato, contados do ajuizamento da ação, mas tem até dois anos para ajuizar a reclamação após o fim do contrato. Os direitos anteriores aos 5 anos do ajuizamento da ação estarão prescritos. Caso o trabalhador demore mais de 2 anos para ajuizar a ação após o término do seu contrato, todos os seus direitos estarão prescritos.

Algumas ações não prescrevem, por exemplo, a de requerer a anotação da CTPS para fins de comprovar tempo de serviço para a aposentadoria, conforme Art. 11, §1º, da CLT.

O Código Civil, atualmente, dispõe que a prescrição pode ser declarada de ofício pelo Juiz; contudo, tal entendimento não se aplica aos processos trabalhistas, segundo o posicionamento majoritário do TST.

Sendo dever do réu arguir a prescrição, não pode fazê-la a qualquer momento. Deve requerê-la nas instâncias ordinárias, ou seja, na contestação, ou até, no máximo, no Recurso Ordinário.

XXX. *Proibição de diferença de salários, de exercício de funções e de critério de admissão por motivo de sexo, idade, cor ou estado civil;*

XXXI. *Proibição de qualquer discriminação no tocante a salário e critérios de admissão do trabalhador portador de deficiência;*

XXXII. *Proibição de distinção entre trabalho manual, técnico e intelectual ou entre os profissionais respectivos;*

O princípio da não discriminação é encontrado em diversas passagens da Constituição. Contudo, esta preferiu tratar do tema de maneira específica, no âmbito da relação de emprego, nos três incisos supracitados.

Para o mesmo trabalho, é necessário pagar o mesmo salário, de forma que a legislação prevê a possibilidade de pedido de equiparação salarial. Também é possível a instituição de plano de carreira na empresa, que deverá prever critérios para promoção de antiguidade e merecimento, sem utilizar parâmetros discriminatórios. À pessoa com deficiência é assegurado o trabalho em iguais condições, mas como a discriminação é comum, a Lei 8.213/1991 instituiu cotas para as empresas contratarem pessoas com deficiência ou reabilitadas pelo INSS (entre 2 e 5% dos funcionários da empresa).

- De 100 até 200 funcionários, 2%.
- De 201 a 500 funcionários , 3%.
- De 501 a 1000 funcionários , 4%.
- De 1001 em diante funcionários, 5%.

Não é discriminatório a empresa restringir a

contratação em razão de deficiência específica, que impeça o exercício de tal função, como um cego para a função de motorista.

> ***XXXIII.*** *Proibição de trabalho noturno, perigoso ou insalubre a menores de dezoito e de qualquer trabalho a menores de dezesseis anos, salvo na condição de aprendiz, a partir de quatorze anos;*

O menor é protegido pela legislação em razão de sua condição de pessoa em desenvolvimento físico e psicológico. Além das vedações constantes na Constituição, a CLT concede-lhes outras proteções (por exemplo, o intervalo de 15 minutos antes do trabalho extraordinário).

O Brasil ratificou a Convenção 182, da OIT, que trata das piores formas de trabalho infantil. Assim, todos os serviços listados no Decreto são vedados a menores de 18 anos, por exemplo, o trabalho doméstico.

> ***XXXIV.*** *Igualdade de direitos entre o trabalhador com vínculo empregatício permanente e o trabalhador avulso.*

Existem duas espécies de trabalhadores avulsos: os avulsos portuários e os avulsos em serviços de movimentação de cargas em geral. Ambos têm os mesmos direitos constitucionais dos empregados urbanos.

> ***Parágrafo único.*** *São assegurados à categoria dos trabalhadores domésticos os direitos previstos nos incisos IV, VI, VII, VIII, X, XIII, XV, XVI, XVII, XVIII, XIX, XXI, XXII, XXIV, XXVI, XXX, XXXI e XXXIII e, atendidas as condições estabelecidas em lei e observada a simplificação do cumprimento das obrigações tributárias, principais e acessórias, decorrentes da relação de trabalho e suas peculiaridades, os previstos nos incisos I, II, III, IX, XII, XXV e XXVIII, bem como a sua integração à previdência social.*

A Emenda Constitucional 72/2013 alterou radicalmente o tratamento dado aos domésticos desde 1988, quando da promulgação da Constituição Federal. Como o empregador doméstico também, como regra, não tem conhecimento jurídico, nem assessoria especializada, alguns dos direitos concedidos pela EC 72/2013 são condicionados ao legislador infraconstitucional "simplificar" o cumprimento das obrigações.

→ **Antes da EC 72/2013, os domésticos já tinham direito à:**

> ***IV.*** *salário mínimo , fixado em lei, nacionalmente unificado, capaz de atender a suas necessidades vitais básicas e às de sua família com moradia, alimentação, educação, saúde, lazer, vestuário, higiene, transporte e previdência social, com reajustes periódicos que lhe preservem o poder aquisitivo, sendo vedada sua vinculação para qualquer fim;*
>
> ***VI.*** *irredutibilidade do salário, salvo o disposto em convenção ou acordo coletivo;*
>
> ***VIII.*** *décimo terceiro salário com base na remuneração integral ou no valor da aposentadoria;*
>
> ***XV.*** *repouso semanal remunerado, preferencialmente aos domingos;*
>
> ***XVII.*** *gozo de férias anuais remuneradas com, pelo menos, um terço a mais do que o salário normal;*
>
> ***XVIII.*** *licença à gestante, sem prejuízo do emprego e do salário, com a duração de cento e vinte dias;*
>
> ***XIX.*** *licença-paternidade, nos termos fixados em lei;*
>
> ***XXI.*** *aviso prévio proporcional ao tempo de serviço, sendo no mínimo de trinta dias, nos termos da lei;*
>
> ***XXIV.*** *aposentadoria;*

Integração à Previdência Social.

→ **Com a EC 72/2013, foram acrescidos os seguintes direitos:**

> ***VII.*** *garantia de salário, nunca inferior ao mínimo, para os que percebem remuneração variável;*
>
> ***X.*** *proteção do salário na forma da lei, constituindo crime sua retenção dolosa;*
>
> ***XIII.*** *duração do trabalho normal não superior a oito horas diárias e quarenta e quatro semanais, facultada a compensação de horários e a redução da jornada, mediante acordo ou convenção coletiva de trabalho;*
>
> ***XVI.*** *remuneração do serviço extraordinário superior, no mínimo, em cinquenta por cento à do normal;*
>
> ***XXII.*** *redução dos riscos inerentes ao trabalho, por meio de normas de saúde, higiene e segurança;*
>
> ***XXVI.*** *reconhecimento das convenções e acordos coletivos de trabalho;*
>
> ***XXX.*** *proibição de diferença de salários, de exercício de funções e de critério de admissão por motivo de sexo, idade, cor ou estado civil;*
>
> ***XXXI.*** *proibição de qualquer discriminação no tocante a salário e critérios de admissão do trabalhador portador de deficiência;*
>
> ***XXXIII.*** *proibição de trabalho noturno, perigoso ou insalubre a menores de dezoito e de qualquer trabalho a menores de dezesseis anos, salvo na condição de aprendiz, a partir de quatorze anos;*

Também com a EC 72/2013, mas observada a simplificação do cumprimento das obrigações tributárias, principais e acessórias, são direitos dos domésticos:

> ***I.*** *relação de emprego protegida contra despedida arbitrária ou sem justa causa, nos termos de lei complementar, que preverá indenização compensatória, dentre outros direitos;*
>
> ***II.*** *seguro-desemprego, em caso de desemprego involuntário;*
>
> ***III.*** *fundo de garantia do tempo de serviço;*
>
> ***IX.*** *remuneração do trabalho noturno superior à do diurno;*
>
> ***XII.*** *salário-família pago em razão do dependente do trabalhador de baixa renda nos termos da lei;*
>
> ***XXV.*** *assistência gratuita aos filhos e dependentes desde o nascimento até 5 (cinco) anos de idade em creches e pré-escolas;*
>
> ***XXVIII.*** *seguro contra acidentes de trabalho, a cargo do empregador, sem excluir a indenização a que este está obrigado, quando incorrer em dolo ou culpa;*

Fique Ligado

Não há igualdade de direitos constitucionais, ainda, com os empregados urbanos e rurais. Se houvesse, os domésticos estariam no caput do art. 7º, não no Parágrafo Único, em que são listados quais direitos a eles se aplicam.

Exercícios Comentados

01. (FCC) O trabalho autônomo:

a) É vedado para os serviços de Consultoria e de Contabilidade, por expressa vedação legal.

b) Realiza-se, em regra, necessariamente com subordinação, porém, sem os demais requisitos da relação de emprego previstos na Convenção Coletiva de Trabalho.

c) Não pode ser pactuado com cláusula rígida de pessoalidade, em razão da autonomia inerente ao próprio contrato.

d) Realiza-se, em regra, necessariamente com pessoalidade, porém, sem os demais requisitos da relação de emprego previstos na Convenção Coletiva de Trabalho.

e) Pode ser contratado sem infungibilidade quanto ao prestador, mesmo em se tratando de serviço pactuado com pessoa física.

RESPOSTA. *"E". O trabalho autônomo pode ou não exigir pessoalidade do prestador de serviço. Por exemplo, pode-se contratar um arquiteto e estipular, no contrato, que seja ele próprio que desenvolva tal atividade, não podendo repassar para ninguém. Ainda, é possível contratar esse mesmo arquiteto, mas ele utiliza-se de sua equipe para concluir o projeto contratado.*

Fungível é algo que pode ser substituído, logo, infungível é aquilo que não pode ser trocado. Assim, elaborar um contrato sem infungibilidade quanto ao prestador é o mesmo que dizer que o prestador de serviços é fungível, ou seja, pode haver a troca de quem presta o serviço, não havendo prejuízo ao pacto.

A questão traz o que se chama de "negação da negação", que pode confundir muita gente na hora da prova, mas está correta a assertiva.

02. (FCC) Quanto à relação de emprego e às relações de trabalho "lato sensu", é INCORRETO afirmar:

a) Trabalho autônomo é aquele em que o trabalhador exerce as suas atividades por conta e risco próprios, sem subordinação com o seu contratante.

b) Trabalho eventual é aquele prestado ocasionalmente, para realização de determinado evento, em que o trabalhador, em regra, desenvolve atividades não coincidentes com os fins normais da empresa contratante, não se fixando a uma fonte de trabalho.

c) Trabalho temporário é aquele prestado por pessoa física a uma empresa, por prazo curto, para atender à necessidade transitória de substituição de seu pessoal regular e permanente ou o acréscimo extraordinário de serviços, com intermediação de empresa de trabalho temporário.

d) Trabalho avulso é aquele em que o trabalhador presta serviços de curta duração para distintos beneficiários, com intermediação de terceira entidade com quem mantém vínculo de emprego nos termos da CLT, mas não se igualando em direitos com os trabalhadores com vínculo empregatício permanente.

e) Relação de emprego é aquela em que pessoa física presta serviços de natureza não eventual e de forma pessoal a empregador, sob a dependência e subordinação deste, mediante salário.

RESPOSTA. *"D". A letra D é incorreta por dois motivos. Primeiro, a CLT não regulamenta o trabalho dos avulsos, tal regulamentação é feita pela Lei 12.023/2009, no caso do avulso em atividades de movimentação de mercadoria, e pelas Leis 9.719/1998 e 8.630/1993, no caso dos avulsos portuários. Segundo, a Constituição determina somente que os avulsos têm igualdade de direitos em relação aos empregados.*

O interessante desta questão é a definição de trabalho eventual exposto pela FCC. Simplesmente juntaram-se, em uma frase, as três teorias principais, de forma que fica fácil lembrar todas elas.

Na letra E, a banca falou em "dependência e subordinação". Ela fez isso, uma vez que a CLT fala em dependência, mas a doutrina tradicional, há vários anos, assentou que essa dependência é jurídica, ou seja, a CLT está exigindo a subordinação jurídica.

Vamos Praticar

01. (FCC) Determinado órgão da Administração Pública Fundacional do Município de Campinas, Estado de São Paulo, ofereceu estágio em área operacional específica. Neste caso, este órgão:

a) Não estará obrigado a contratar, em favor do estagiário, seguro contra acidentes pessoais em razão da natureza de pessoa jurídica de direito público.

b) Não poderá oferecer estágio, uma vez que se trata de um órgão público e não privado.

c) Poderá deixar de celebrar termo de compromisso com a instituição de ensino e o educando em razão da sua natureza de pessoa jurídica de direito público.

d) Indicará funcionário de seu quadro de pessoal, com formação ou experiência profissional na área de conhecimento, desenvolvida no curso do estagiário, para orientar e supervisionar até quinze estagiários simultaneamente.

e) Deverá enviar à instituição de ensino responsável, com periodicidade mínima de seis meses, relatório de atividades, com vista obrigatória ao estagiário.

02. (CESPE) Para ser configurada a relação de emprego, faz-se necessário o preenchimento simultâneo dos requisitos: pessoa física, subordinação, não eventualidade, onerosidade e pessoalidade. A respeito desse tema, assinale a opção correta.

a) O trabalhador em domicílio equipara-se ao autônomo, uma vez que deixa de preencher o requisito subordinação, pertencente à configuração do vínculo empregatício.

b) O autônomo e o eventual não são considerados empregados, para o Direito do Trabalho, uma vez que, apesar de prestarem serviços de natureza contínua, não possuem a pessoalidade como caracterizadora do vínculo de emprego.

c) O trabalhador avulso, aquele contratado com intervenção obrigatória do sindicato ou do órgão gestor de mão de obra, equipara-se ao trabalhador com vínculo empregatício, configurando exceção, pois possui todos os direitos trabalhistas inerentes à relação de emprego.

d) O terceirizado é o trabalhador que presta serviço a uma empresa denominada cliente, possuindo subordinação direta na prestação do serviço, estando ausente, no entanto, a pessoalidade.

e) O trabalhador voluntário presta serviço de natureza contínua, mas deixa de preencher o requisito pessoalidade, pois poderá ser substituído a qualquer momento por outra pessoa, sem rescisão.

03. (FCC) Jair trabalha como estivador no Porto de Santos; Patrícia foi contratada para trabalhar em uma loja de shopping na época do Natal, pois nessa época há excesso extraordinário de serviços; e Ana presta serviços de natureza contínua e de finalidade não lucrativa na residência de Lúcia. É correto afirmar que Jair é:

a) Empregado temporário, Patrícia é trabalhadora temporária e Ana é trabalhadora doméstica.

b) Trabalhador avulso, Patrícia é empregada avulsa e Ana é trabalhadora temporária.

c) Trabalhador temporário, Patrícia é trabalhadora avulsa e Ana é empregada doméstica.

d) Empregado doméstico, Patrícia é trabalhadora avulsa e Ana é trabalhadora temporária.

e) Trabalhador avulso, Patrícia é trabalhadora temporária e Ana é empregada doméstica.

04. (ESAF) A propósito dos sujeitos da relação de emprego, assinale a opção correta.

a) O trabalhador que se filia por livre e espontânea vontade a uma cooperativa de mão de obra não pode ser considerado empregado, ainda que preste serviços pessoais com habitualidade, onerosidade e subordinação jurídica a um mesmo tomador de seus serviços.

b) O trabalhador contratado por uma clínica médica para a execução de serviços certos e específicos de marcenaria e que conta com o auxílio de até dois outros trabalhadores, por ele próprio remunerados, deve ser considerado empregado.

c) O tomador de serviços terceirizados, quando prestados com pessoalidade e subordinação jurídica, deve ser considerado empregador subsidiário dos trabalhadores, sendo responsável, nessa condição, por eventuais débitos trabalhistas inadimplidos pelo empregador principal.

d) O trabalhador que presta serviços voluntários a determinada instituição de beneficência, recebendo auxílio financeiro mensal, em nenhuma hipótese poderá ser considerado empregado.

e) O corretor de seguros que presta serviços pessoais, com habitualidade, subordinação jurídica e onerosidade, deve ser considerado empregado, ainda que tenha firmado contrato revelando a condição de autônomo.

05. (CESPE) Os requisitos necessários à caracterização do vínculo de emprego abrangem:

a) O nerosidade, exclusividade, subordinação jurídica e alteridade.

b) Eventualidade, pessoalidade, onerosidade e subordinação jurídica.

c) Subordinação, não eventualidade, onerosidade e pessoalidade.

d) Dependência econômica, continuidade, subordinação e alteridade.

06. (ESAF) Assinale a opção correta.

a) Constituem requisitos, para a caracterização da relação de emprego, a pessoalidade e a exclusividade na prestação dos serviços.

b) O afastamento do empregado nos dias em que estiver comprovadamente realizando provas de exame vestibular, para ingresso em estabelecimento de ensino superior, ou quando tiver que comparecer em juízo, gera a interrupção do contrato de trabalho.

c) A partir do afastamento do serviço para tratamento de saúde, em face de doença ou de acidente, independentemente de guardar relação de causalidade com os serviços prestados, o empregado tem o respectivo contrato de trabalho suspenso.

d) A subordinação que define e caracteriza a existência da relação de emprego é a econômica, fundada no reconhecimento jurídico-institucional da hipossuficiência material do trabalhador.

e) A suspensão do empregado por prazo superior a 30 dias consecutivos, fundamentada em punição disciplinar, não prejudica a fluência do contrato de trabalho.

07. (FCC) O professor que ministrou dois períodos de trinta dias cada um, para determinado estabelecimento de ensino, em abril e novembro de determinado ano, para substituir outros trabalhadores em licença médica foi:

a) Empregado da escola, em caráter eventual.

b) Empregado da escola, como servidor estatutário.

c) Empregado da escola, na modalidade de contrato temporário.

d) Trabalhador avulso, mesmo sem a intermediação do sindicato ou do órgão gestor de mão de obra.

e) Trabalhador cooperado, porque ajudou a empresa num momento de necessidade.

08. (VUNESP) Sobre as expressões "relação de trabalho" e "relação de emprego", assinale a alternativa correta.

a) A relação de trabalho é gênero do qual a relação de emprego é espécie. Além da relação de emprego, são também formas de relação de trabalho o trabalho autônomo, o eventual, o avulso, o estágio, entre outros.

b) Relação de trabalho sempre foi utilizada como sinônimo de relação de emprego, preSúm.indo a ocorrência de trabalho pessoal, subordinado, sob dependência econômica e habitual.

c) Pode haver relação de trabalho entre pessoas jurídicas, embora jamais seja possível uma relação de emprego entre pessoas jurídicas, dada a imprescindibilidade de existência de pessoalidade na relação de emprego.

d) A relação de emprego não admite sazonalidade, pois pressupõe continuidade, característica que se eleva, inclusive, à condição de princípio do Direito do Trabalho.

09. (FCC) A reversão, ou seja, o retorno do empregado que ocupava cargo de confiança ao cargo de origem, é:

a) Vedada pela Consolidação das Leis do Trabalho, fazendo jus o empregado a uma indenização de seis salários contratados com os acréscimos legais.

b) Vedada pela Consolidação das Leis do Trabalho em razão do princípio da imutabilidade contratual.

c) Vedada pela Consolidação das Leis do Trabalho em razão do princípio da proteção.

d) Vedada pela Consolidação das Leis do Trabalho sujeitando o empregador a multa administrativa de cinco salários mínimos vigentes.

e) Permitida pela Consolidação das Leis do Trabalho.

10. (FCC) Mário, empregado da empresa TITO, será pai pela segunda vez. Porém, seu segundo filho nascerá da união estável que mantém com Joana. Neste caso, Mário:

a) Terá direito à licença paternidade, podendo não comparecer ao serviço pelo prazo de sete dias.

b) Não terá direito à licença paternidade uma vez que não é casado legalmente com Joana.

c) Terá direito à licença paternidade, podendo não comparecer ao serviço pelo prazo de três dias.

d) Não terá direito à licença paternidade uma vez que a licença paternidade só é devida no nascimento do primeiro filho.

e) Terá direito à licença paternidade, podendo não comparecer ao serviço pelo prazo de cinco dias.

11. (FCC) Constitui direito dos trabalhadores urbanos e rurais, além de outros que visem à melhoria de sua condição social:

I. Garantia de salário, nunca inferior ao mínimo para os que recebem remuneração variável.

II. Seguro-desemprego, em caso de desemprego voluntário.

III. Remuneração do serviço extraordinário, superior, no máximo, em trinta por cento à do normal.

IV. Proteção do salário na forma da lei, constituindo crime a sua retenção culposa.

V. Irredutibilidade do salário, salvo o disposto em convenção ou acordo coletivo.

É correto apenas o que consta em:

a) I, II e V.

b) III, IV e V.

c) II, III e IV.

d) I e III.

e) I e V.

Com base na Constituição Federal de 1988 e na Consolidação das Leis do Trabalho (CLT), julgue o item a seguir, acerca dos direitos dos trabalhadores urbanos e rurais.

12. (CESPE) O repouso semanal remunerado deve, necessariamente, recair em domingos, sendo facultado ao trabalhador, por razão de crença religiosa, optar pela folga em sábados.

Certo ( ) Errado ( )

No que se refere aos direitos constitucionais dos trabalhadores, julgue o item seguinte.

13. (CESPE) É direito de trabalhadores urbanos e rurais a participação nos lucros ou resultados, vinculada à remuneração.

Certo ( ) Errado ( )

14. (FCC) O enquadramento de determinada atividade como insalubre ou penosa, para pagamento dos respectivos adicionais, depende, respectivamente, de:

a) Emenda constitucional e de lei complementar.

b) Previsão nas normas regulamentadoras do Ministério do Trabalho e Emprego e de lei ordinária.

c) Decreto regulamentador e de emenda constitucional.

d) Perícia médica e de perícia por engenheiro do trabalho.

e) Previsão em leis extravagantes e de lei complementar.

A partir da Constituição Federal de 1988 (CF), muitos direitos trabalhistas foram elevados ao plano constitucional ou tiveram sua disciplina alterada. Acerca desse tema, julgue o próximo item.

15. (CESPE) A CF assegura garantia contra a despedida sem justa causa do empregado, estando provisoriamente prevista indenização compensatória de 40% do valor do saldo fundiário, a título de multa rescisória, enquanto outra base indenizatória não for fixada por lei complementar própria.

Certo ( ) Errado ( )

16. (FCC) A garantia constitucional de proteção à relação de emprego, assegurada pelo Art. 7º, I da Constituição da República:

a) Foi introduzida e permanece no ordenamento nacional pela ratificação da Convenção 158 da OIT, em 1996.

b) Depende da publicação de lei ordinária federal.

c) Tem eficácia plena, apenas para os trabalhadores da iniciativa privada.

d) Subordina-se à edição de lei complementar.

e) Já se encontra estabelecida, definitivamente, pela instituição do sistema do Fundo de Garantia por Tempo de Serviço.

17. (FCC) Considerando o disposto na Constituição Federal, é correto afirmar que, a partir de 05 de outubro de 1988,

a) Foi garantido o aviso prévio na dispensa injusta.

b) O trabalho noturno passou a ser remunerado com adicional de 30%.

c) O período de licença-paternidade foi ampliado.

d) O adicional de horas extras foi fixado em, no mínimo, 30% sobre a hora normal.

e) Foi proibido o exercício do direito de greve.

18. (FCC) A Constituição Federal prevê que sejam remuneradas com adicional as atividades realizadas:

a) Em condições penosas, insalubres ou perigosas; com maior perfeição técnica e produtividade.

b) Em horário noturno; em turnos de revezamento; em condições penosas, insalubres ou perigosas.

c) Em turnos de revezamento; em condições penosas, insalubres ou perigosas; além da jornada regular.

d) Além da jornada regular; com maior perfeição técnica e produtividade; em turnos de revezamento.

e) Em horário noturno; além da jornada regular; em condições penosas, insalubres ou perigosas.

Gabarito

01	*E*	*10*	*E*
02	*C*	*11*	*A*
03	*E*	*12*	*ERRADO*
04	*E*	*13*	*ERRADO*
05	*C*	*14*	*B*
06	*B*	*15*	*CERTO*
07	*C*	*16*	*D*
08	*A*	*17*	*C*
09	*E*	*18*	*E*

Anotações

CAPÍTULO 03

Contrato Individual de Trabalho

Neste capítulo, serão estudados temas muito cobrados em provas, quais sejam as características gerais dos contratos de trabalho, sua formação, alteração, suspensão e interrupção, bem como serão abordadas, detalhadamente, as características das partes presentes nestes contratos.

Acerca de terminologia, é necessário estabelecer que a CLT, os julgados e os doutrinadores, de forma corriqueira, usam os termos "contrato de emprego" e "contrato de trabalho", e os termos "trabalhador" e "empregado" de formas sinônimas, o que será feito no decorrer deste estudo. Portanto, cuidado para interpretar tais termos de forma correta.

Características do Contrato de Trabalho

Para aferir-se a validade do contrato de trabalho e sua capacidade de gerar efeitos válidos, deve-se levar em consideração os elementos clássicos dos contratos, quais sejam a capacidade das partes, a licitude do objeto contratado, se a contratação tem forma obrigatória ou se não é proibida por Lei, e a validade da manifestação de vontade das partes.

Apesar de ser necessária a análise de tais elementos, na seara laboral, nem sempre a falta de um deles faz com que o contrato deixe de produzir efeitos, uma vez que, se tal ocorresse, a proteção ao trabalhador nada valeria.

A capacidade plena para ser empregado, de forma geral, tem início aos 18 anos, quando diversas restrições impostas pelas leis trabalhistas deixam de aplicar-se ao contrato. Entretanto, a partir dos 16 anos ou dos 14, no caso do aprendiz, já existe a capacidade para o trabalho, desde que respeitadas as restrições legais.

> ***Art. 402.*** *Considera-se menor para os efeitos desta Consolidação o trabalhador de quatorze até dezoito anos.*

Acontece que, mesmo que descumprido tal comando legal, não é possível regressar ao *status quo*, não se pode devolver o trabalho ao menor que laborou em desacordo com a lei. Assim, mesmo o caso de trabalho prestado por uma criança de 10 anos gerará efeitos jurídicos, tendo ela direito a todas as parcelas pecuniárias devidas a qualquer trabalhador.

A forma contratual, como detalhar-se-á, no tópico específico, em geral, pode ser escrita ou verbal, tácita ou expressa, mas há casos em que a lei determina a forma escrita (no contrato de aprendiz, por exemplo). Nesses casos, o desrespeito à lei faz com que o contrato seja considerado por tempo indeterminado.

Quanto ao objeto, é necessário que ele seja lícito. Para a corrente dominante, não se cogita que um contrato cujo objeto é ilícito gere vínculo de emprego. Neste ponto, é necessário diferenciar o trabalho ilícito do trabalho proibido, que será detalhado no tópico seguinte.

Por fim, é necessária a manifestação de vontade válida, sem os vícios de consentimento elencados pela lei civil, entretanto, se houve vício na manifestação de vontade do trabalhador, como no caso do trabalho escravo, a ele são assegurados todos os direitos - seria absurdo pensar o contrário.

Outro caso é a pré-contratação de horas extras pelos bancários, que é considerada nula, preSúm. indo-se o vício de consentimento. Afinal, nesses casos, o empregado não tem a real opção de dizer não. É o que se extrai da Súmula 199/TST.

> ***Súm. 199:*** *Bancário. Pré-Contratação de Horas Extras I - A contratação do serviço suplementar, quando da admissão do trabalhador bancário, é nula. (...).*

Por outro lado, o TST não aceita que se preSúm.a o vício de consentimento para descontos no salário, pactuados no ato da admissão (por exemplo, de adesão ao plano de saúde):

> ***OJ-Sdi1-160:*** *Descontos Salariais. Autorização no Ato da Admissão. Validade. É inválida a presunção de vício de consentimento resultante do fato de ter o empregado anuído expressamente com descontos salariais na oportunidade da admissão. É de se exigir demonstração concreta do vício de vontade.*

Trabalho Ilícito e Trabalho Proibido

O objeto da relação de emprego deve ser lícito, ou seja, não há como reconhecer vínculo de emprego com um traficante de drogas ou com o bicheiro. Mesmo que presentes todos os pressupostos da relação de emprego, se o objeto for ilícito, não será reconhecido o vínculo de emprego. Neste sentido, tende a jurisprudência e a doutrina:

> ***OJ-Sdi1-199:*** *Jogo do Bicho. Contrato de Trabalho. Nulidade. Objeto Ilícito. É nulo o contrato de trabalho celebrado para o desempenho de atividade inerente à prática do jogo do bicho, ante a ilicitude de seu objeto, o que subtrai o requisito de validade para a formação do ato jurídico.*

Situação diferente ocorre quando, ainda que proibido pela legislação para determinadas pessoas ou casos especiais, o objeto do contrato é lícito. Por exemplo, o contrato com uma criança de 10 anos pode gerar vínculo de emprego, e ela poderia cobrar todos os direitos sonegados. Outro exemplo, o policial militar que tenha sido contratado para segurança particular pode ter o vínculo de emprego reconhecido, mesmo que seu estatuto profissional proíba tal situação.

> ***Súm. 386:*** *Policial Militar. Reconhecimento de Vínculo Empregatício com Empresa Privada. Preenchidos os requisitos do art. 3º da CLT, é legítimo o reconhecimento de relação de emprego entre policial militar e empresa privada, independentemente do eventual cabimento de penalidade disciplinar prevista no Estatuto do Policial Militar.*

Classificação do Contrato de Trabalho

O contrato de trabalho é classificado da seguinte forma: de direito privado, consensual, sinalagmático, comutativo, oneroso e de trato sucessivo.

- **De direito privado:** dois particulares que realizam o contrato, tutelando interesses particulares.
- **Consensual**: é necessário o livre acordo entre as partes para sua formação válida, sem formacidades.
- **Sinalagmático**: no contrato entre o trabalhador e o empregador há direitos e obrigações recíprocas, ou seja, existe esse caráter de reciprocidade.
- **Comutativo**: existe uma equivalência de obrigações. A obrigação do empregado é trabalhar e a do empregado é pagar o salário.

- > **Oneroso**: não é gratuito para nenhuma das partes. Ambas têm suas obrigações para cumprir.
- > **De trato sucessivo:** o contrato de emprego tende a se arrastar no tempo, não se extinguindo com o cumprimento da obrigação em um único ato.

Natureza Jurídica da Relação de Emprego

Existem, basicamente, duas vertentes teóricas que tentam explicar a natureza jurídica do contrato: os acontratualistas e os contratualistas.

→ **Acontratualistas**

Tal vertente, segundo Maurício Godinho Delgado, subdivide-se em duas teorias - a Teoria da Relação de Trabalho e a Teoria Institucionalista. Entendem ambos os grupos que a manifestação de vontade não é importante na formação da relação de emprego.

Uma vez que não levam em conta a liberdade que as pessoas têm de contratar, os adeptos de tais teorias são amplamente minoritários, mas podem ser importantes, por exemplo, para reconhecer o vínculo de emprego no caso do trabalho escravo, após o resgate do trabalhador.

→ **Contratualistas**

Os contratualistas também podem ser divididos em dois grupos - os contratualistas tradicionais e os contratualistas modernos. Ambos consideram importante a manifestação da vontade das partes, decorrente de sua liberdade.

A Teoria Contratualista Tradicional entende que o contrato de emprego pode ser comparado a uma das categorias do Direito Civil - e este é seu maior defeito. Já Teoria Contratualista Moderna vislumbra, nessa específica relação, uma nova forma de contratação, em que a subordinação jurídica desponta como a principal característica. Tal subordinação decorre do contrato, ou seja, apesar de haver fatores econômicos e sociais extrínsecos ao contrato que compelem o empregado a buscar um emprego, é o próprio contrato que faz com que ele se ligue a determinado empregador e, portanto, esteja a ele subordinado.

Tipos de Contrato de Trabalho

A CLT permite que o contrato seja tácito ou expresso; verbal ou por escrito; por tempo determinado ou indeterminado; comum ou especial. Dispõe o texto celetista:

> ***Art. 442*** *- Contrato individual de trabalho é o acordo tácito ou expresso, correspondente à relação de emprego.*
>
> ***Art. 443*** *- O contrato individual de trabalho poderá ser acordado tácita ou expressamente, verbalmente ou por escrito e por prazo determinado ou indeterminado.*

Tácito ou Expresso

Tácito seria o contrato em que não houve ajuste expresso acerca da contração, surgindo o contrato da própria reiteração na prestação de serviços, sem que haja oposição do tomador.

Dá-se como exemplo o caso da contratação de um trabalhador rural que venha com sua família para uma fazenda, e algum membro da família comece a prestar serviços em favor do proprietário rural, sem oposição deste, e sem uma contratação expressa. Esse contrato será sempre verbal, pois se não há ajuste prévio entre as partes, não há que se falar em registro de contrato.

Expresso é o contrato em que as partes previamente combinaram a prestação do serviço e o pagamento, sendo a absoluta maioria dos casos do cotidiano. O contrato expresso pode ser escrito ou verbal.

Escrito ou Verbal

É o contrato registrado em algum documento, sendo o mais comum a anotação da CTPS. Mas, além da carteira de trabalho, pode haver a assinatura de um contrato, com cláusulas detalhadas (por exemplo, no caso de jogadores profissionais de futebol ou, ainda, de empregados de alto escalão);

É o contrato em que as partes ajustam sem documento escrito. Apesar de a CLT exigir a anotação em CTPS, a falta de anotação não invalida o contrato, mesmo ajustado verbalmente. Algumas espécies de emprego pressupõem o registro, como o contrato do aprendiz ou do contrato de trabalho temporário, sob pena de ser descaracterizada a situação especial e serem aplicadas as disposições relativas aos vínculos empregatícios de forma geral.

Prazo Determinado ou Indeterminado

Ainda, o contrato pode ser por tempo determinado e indeterminado, sendo este último a regra, visto que privilegia o princípio da continuidade da relação de emprego.

O prazo determinado é exceção, e sua característica é ter uma data exata ou aproximada de quando irá encerrar o vínculo. O contrato de experiência, por exemplo, tem uma data limite certa, já o contrato de safra depende do final da colheita, de forma que só há uma previsão do término. Serão detalhados esses contratos em tópico específico.

Ainda, fala-se em contrato de equipe. No Direito Brasileiro, ele só é previsto pela lei para o trabalho indígena, de forma a preservar a continuidade da vida comunitária dos indígenas.

Como não há previsão legal na CLT, não sendo o caso de trabalho indígena, a contratação de uma equipe de empregados equivale a um feixe de contratos individuais com cada um dos integrantes, ou seja, cada trabalhador é considerado um empregado, e não a própria equipe.

Assim, no caso da contratação de um grupo musical como empregados, apesar de serem efetivamente uma equipe, cada integrante do grupo tem um vínculo com o empregador separado dos demais.

Comum ou Especial

Diz-se "comum" o contrato quando o empregado não está sujeito a uma regulamentação específica; por outro lado, "especial" é o contrato que tem regulamentação especial (por exemplo, o aeronauta ou o advogado empregado).

Sujeitos da Relação de Emprego

Empregado

O Art. 3º, da CLT, assim conceitua o empregado:

> ***Art. 3º*** *- Considera-se empregado toda pessoa física que prestar serviços de natureza não eventual a empregador, sob a dependência deste e mediante salário.*

Desse Art. se extraem quatro, dos cinco requisitos da relação de emprego - trabalho prestado por pessoa física, oneroso, não eventual e subordinado. A pessoalidade está prevista no Art. 2º. Note, contudo, que esse é o "empregado genérico", pois há várias leis que tratam de casos especiais, com disposições específicas para cada segmento. De qualquer forma, o empregado regulado pela CLT é base para as outras legislações.

Trabalho manual, técnico e intelectual

Tanto a CLT como a Constituição impedem a discriminação entre trabalho manual, técnico e intelectual, de forma que tais características, por si só, não impedem o reconhecimento de vínculo com nenhuma categoria de trabalhador. Tome-se, como exemplo, o do advogado, cuja autonomia e intelectualidade são extremamente grandes e, ainda assim, pode ser empregado.

> ***Art. 3º, CLT. Parágrafo único*** *- Não haverá distinções relativas à espécie de emprego e à condição de trabalhador, nem entre o trabalho intelectual, técnico e manual.*

Art. 7º, da Constituição.

> ***XXXII.*** *Proibição de distinção entre trabalho manual, técnico e intelectual ou entre os profissionais respectivos;*

Por outro lado, não violam o comando constitucional as regulamentações específicas de profissões específicas, tais como as Leis do Trabalho Doméstico e do Trabalho Rural, o Estatuto da OAB etc.

Trabalho em domicílio e teletrabalhador

Há muito que a Consolidação das Leis do Trabalho reconhece aos trabalhadores em domicílio os mesmos direitos dos que trabalham na planta empresarial.

O teletrabalhador - aquele que presta serviços a distância, com suporte das tecnologias avançadas de informação, comunicação e computação - até recentemente era tratado somente pela doutrina e jurisprudência. Porém, desde 2011, a Consolidação expressamente reconhece que esse trabalhador é empregado, caso apresente os requisitos da relação de emprego.

> ***Art. 6º*** *Não se distingue entre o trabalho realizado no estabelecimento do empregador, o executado no domicílio do empregado e o realizado a distância, desde que estejam caracterizados os pressupostos da relação de emprego.*
>
> ***Parágrafo único.*** *Os meios telemáticos e informatizados de comando, controle e supervisão se equiparam, para fins de subordinação jurídica, aos meios pessoais e diretos de comando, controle e supervisão do trabalho alheio.*

Ainda, a CLT assegura ao trabalhador em domicílio o salário mínimo, mesmo que preste esse serviço dentro de sua residência ou em oficina de família.

> ***Art. 83*** *- É devido o salário mínimo ao trabalhador em domicílio, considerado este como o executado na habitação do empregado ou em oficina de família, por conta de empregador que o remunere.*

Admissão do empregado

A fase pré-contratual, antes de alguém ser admitido no emprego, já é, de alguma forma, regulamentada, inclusive, sendo possível a configuração de dano moral, a depender do que ocorra nas tratativas da contratação - (por exemplo, um gerente da empresa sugerir o "teste do sofá" para contratar uma empregada).

É muito comum o empregador desejar que os empregados já tenham experiência no serviço, para que não tenham que lhes ensinar tudo. Dessa forma, a CLT determinou que é de 6 meses o tempo máximo de experiência exigível na função que o trabalhador vai desempenhar.

> ***Art. 442-A.*** *Para fins de contratação, o empregador não exigirá do candidato a emprego comprovação de experiência prévia por tempo superior a 6 (seis) meses no mesmo tipo de atividade.*

Lei 9.029/1995

Ainda, a Lei 9.029/1995 proibiu as condutas discriminatórias, tanto na admissão no emprego como na sua manutenção. Tal Lei foi mais incisiva ainda quanto à exigência de exames de gravidez ou esterilização para admissão e permanência no emprego, criminalizando tais condutas.

> ***Art. 1º*** *Fica proibida a adoção de qualquer prática discriminatória e limitativa para efeito de acesso a relação de emprego, ou sua manutenção, por motivo de sexo, origem, raça, cor, estado civil, situação familiar ou idade, ressalvadas, neste caso, as hipóteses de proteção ao menor previstas no inciso XXXIII do art. 7º da Constituição Federal.*

Caso constatada a discriminação vedada pela Lei, ela prevê, como sansões administrativas, multa e proibição de contratar financiamentos públicos. Prevê, ainda, para os empregados dispensados de forma discriminatória:

> ***Art. 4º.*** *O rompimento da relação de trabalho por ato discriminatório, nos moldes desta Lei, além do direito à reparação pelo dano moral, faculta ao empregado optar entre:*
>
> *I. A readmissão com ressarcimento integral de todo o período de afastamento, mediante pagamento das remunerações devidas, corrigidas monetariamente, acrescidas dos juros legais;*
>
> *II. A percepção, em dobro, da remuneração do período de afastamento, corrigida monetariamente e acrescida dos juros legais.*

Carteira de Trabalho e Previdência Social

A Carteira de Trabalho e Previdência Social (CTPS) é registro do contrato e de várias situações no seu decorrer (por exemplo, a concessão de férias, a remuneração e seus aumentos posteriores), sendo obrigatória para qualquer espécie de emprego, urbano ou rural, por tempo determinado ou indeterminado, mesmo no contrato de experiência.

Ao admitir um empregado, o empregador deve requerer sua CTPS, sendo que tem 48 horas para proceder às anotações e devolvê-la ao empregado.

> *§ 1º As anotações concernentes à remuneração devem especificar o salário, qualquer que seja sua forma de pagamento, seja ele em dinheiro ou em utilidades, bem como a estimativa da gorjeta.*
>
> *§ 2º - As anotações na Carteira de Trabalho e Previdência Social serão feitas:*
>
> ***a)*** *Na data-base;*
>
> ***b)*** *A qualquer tempo, por solicitação do trabalhador;*
>
> ***c)*** *No caso de rescisão contratual; ou*
>
> ***d)*** *Necessidade de comprovação perante a Previdência Social.*
>
> *§ 4º É vedado ao empregador efetuar anotações desabonadoras à conduta do empregado em sua Carteira de Trabalho e Previdência Social.*

Se, em uma determinada localidade, não houver posto para a emissão do documento, então, é tolerado o prazo de 30 dias sem o registro, mas, dentro desse prazo, a empresa é obrigada a deixar o empregado comparecer ao posto mais próximo. De qualquer forma, nesse caso, no ato da admissão, o empregador fornecerá atestado, contendo a data da admissão, a natureza do trabalho, o salário e a forma de seu pagamento. Se, na época em que o trabalhador deixar a empresa, ele ainda não possuir a CTPS, então, o empregador lhe fornecerá outro atestado, em que conste o histórico da relação empregatícia.

Art. 13 - A Carteira de Trabalho e Previdência Social é obrigatória para o exercício de qualquer emprego, inclusive de natureza rural, ainda que em caráter temporário, e para o exercício por conta própria de atividade profissional remunerada.

§ 1º - O disposto neste Art. aplica-se, igualmente, a quem:

I. Proprietário rural ou não, trabalhe individualmente ou em regime de economia familiar, assim entendido o trabalho dos membros da mesma família, indispensável à própria subsistência, e exercido em condições de mútua dependência e colaboração;

II. Em regime de economia familiar e sem empregado, explore área não excedente do módulo rural ou de outro limite que venha a ser fixado, para cada região, pelo Ministério do Trabalho e Previdência Social.

§ 2º - A Carteira de Trabalho e Previdência Social e respectiva Ficha de Declaração obedecerão aos modelos que o Ministério do Trabalho e Previdência Social adotar.

§ 3º - Nas localidades onde não for emitida a Carteira de Trabalho e Previdência Social poderá ser admitido, até 30 (trinta) dias, o exercício de emprego ou atividade remunerada por quem não a possua, ficando a empresa obrigada a permitir o comparecimento do empregado ao posto de emissão mais próximo.

§ 4º - Na hipótese do § 3º:

I. O empregador fornecerá ao empregado, no ato da admissão, documento do qual constem a data da admissão, a natureza do trabalho, o salário e a forma de seu pagamento;

II. Se o empregado ainda não possuir a carteira na data em que for dispensado, o empregador lhe fornecerá atestado de que conste o histórico da relação empregatícia.

As anotações da CTPS servem de prova perante a Justiça do Trabalho e perante o INSS, mas tais anotações têm valor de prova relativo (*juris tantum*), ou seja, cabe prova em contrário.

Art. 40 - As Carteiras de Trabalho e Previdência Social regularmente emitidas e anotadas servirão de prova nos atos em que sejam exigidas carteiras de identidade e especialmente:

I. Nos casos de dissídio na Justiça do Trabalho entre a empresa e o empregado por motivo de salário, férias ou tempo de serviço;

II. Perante a Previdência Social, para o efeito de declaração de dependentes;

III. Para cálculo de indenização por acidente do trabalho ou moléstia profissional.

***Súm. 12** Carteira Profissional. As anotações apostas pelo empregador na carteira profissional do empregado não geram presunção "juris et de jure", mas apenas "juris tantum".*

Não se pode anotar na CTPS informações desabonadoras (por exemplo, que o empregado foi demitido por justa causa ou que ele não é um bom empregado). Tais espécies de registros podem gerar indenização por dano moral.

Exercício Comentado

No que diz respeito à emissão de Carteira de Trabalho e Previdência Social (CTPS), julgue os itens subsequentes:

01. De acordo com a legislação atual, sindicatos representantes da categoria profissional dos empregados podem solicitar a emissão de CTPS.

ERRADO. Somente o empregado, pessoalmente, pode requerer a carteira, e, em regra, a carteira será entregue ao empregado. Porém, mediante solicitação da diretoria dos sindicatos, eles podem entregar a carteira ao empregado filiado. Ainda, mediante convênio, podem emitir a CPTS, mas nunca requerê-la.

Art. 14 - Não se confunde o requerimento da carteira, com sua emissão, ou com sua entrega ao empregado após confeccionado o documento. É o que se extrai dos artigos 14, 15, 25 e 26 da CLT: será emitida pelas Delegacias Regionais do Trabalho ou, mediante convênio, pelos órgãos federais, estaduais e municipais da administração direta ou indireta.

***Parágrafo único** - Inexistindo convênio com os órgãos indicados ou na inexistência destes, poderá ser admitido convênio com sindicatos para o mesmo fim.*

Art. 15 - Para obtenção da Carteira de Trabalho e Previdência Social o interessado comparecerá pessoalmente ao órgão emitente, onde será identificado e prestará as declarações necessárias.

Art. 25 - As Carteiras de Trabalho e Previdência Social serão entregues aos interessados pessoalmente, mediante recibo.

Art. 26 - Os sindicatos poderão, mediante solicitação das respectivas diretorias incumbir-se da entrega das Carteiras de Trabalho e Previdência Social pedidas por seus associados e pelos demais profissionais da mesma classe.

***Parágrafo único** - Não poderão os sindicatos, sob pena das sanções previstas neste Capítulo cobrar remuneração pela entrega das Carteiras de Trabalho e Previdência Social, cujo serviço nas respectivas sedes será fiscalizado pelas Delegacias Regionais ou órgãos autorizados.*

Sócio-Empregado

Em princípio, é plenamente possível que um empregado seja sócio da empresa em que trabalha, uma vez que a personalidade da empresa não se confunde com a das pessoas que a compõem, sendo o caso mais claro o de empregos que possuem ações de Sociedades Anônimas.

Contudo, com esteio na doutrina de Maurício Godinho Delgado[1], excesso de espaçamento, vislumbra-se que há situações que não permitem a uma pessoa ser sócia e empregada ao mesmo tempo da mesma pessoa jurídica, sendo o caso da sociedade em nome coletivo (art. 1.039-1.044 do Código Civil), da sociedade em comum (art. 986-990, do Código Civil) e da comandita simples, uma vez que, nessas sociedades, há responsabilização solidária dos sócios pelas obrigações sociais, o que torna ilógico uma pessoa cobrar da sociedade algo que ela mesma está sujeita a pagar.

Nesses casos, para concluir se uma pessoa é ou não sócia, é necessário verificar se há a *affectio societatis*, com a autonomia que lhe é peculiar, ou se há subordinação jurídica, que, se presente, configura a tentativa de burlar direitos do emprego.

Empregado Doméstico

Empregado doméstico é aquela pessoa física que, com pessoalidade, onerosidade e subordinação

1 DELGADO, Maurício Goldinho. Curso de Direito do Trabalho, 11ª Ed. São Paulo LTR 2012. P. 366

jurídica, presta serviços de natureza contínua à pessoa ou à família, no âmbito residencial dessas, sem finalidade lucrativa, regidos pela Lei 5.859/1972.

Dispõe a Lei do Trabalhador Doméstico:

> ***Art. 1º*** *Ao empregado doméstico, assim considerado aquele que presta serviços de natureza contínua e de finalidade não lucrativa à pessoa ou à família no âmbito residencial destas, aplica-se o disposto nesta lei.*

Dos 5 pressupostos da relação de emprego celetista, somente um é alterado. Em vez de "não eventual", diz-se que o trabalho do doméstico é de "**natureza contínua**", tendo a Lei optado pela teoria da continuidade, ou seja, trabalho sem interrupções significativas na prestação.

Isso significa que, para a caracterização do vínculo doméstico, é necessário investigar quantos dias na semana uma pessoa trabalha, sendo que, atualmente, a doutrina e a jurisprudência majoritárias entendem que, até 2 dias na semana, é diarista, e que 3 dias ou mais já configura o vínculo de emprego.

Há, ainda, outros 3 elementos que são essenciais para caracterizar o vínculo doméstico: serviços prestados à pessoa ou à família, no âmbito residencial dessas, sem finalidade lucrativa.

A finalidade não lucrativa impede que o trabalho do doméstico gere lucro; o fruto do trabalho não pode ser a produção de bens ou de serviços para serem comercializados. Por exemplo, não pode um doméstico ter, como rotina de trabalho, a fabricação de salgadinhos para seu patrão vender em sua loja. Poderia, contudo, confeccionar salgadinhos para as festas de aniversários e confraternizações da família.

Prestar serviços à pessoa ou à família significa dizer que uma pessoa jurídica nunca contratará uma empregada doméstica; nunca uma empresa terá uma doméstica. Uma república estudantil e qualquer outra união informal de pessoas que contrate uma doméstica podem ser equiparadas à família.

Âmbito residencial não é somente a moradia, é qualquer unidade familiar que não tenha como fim produção, mas convivência, como é o caso de uma casa de campo ou sítio, desde que o "caseiro" não trabalhe em atividade produtiva.

Fique Ligado

Note que doméstico não é só aquela pessoa que limpa sua casa, cozinha, e guarda coisas em gavetas. Diversos serviços, em teoria, podem ser domésticos. Um jardineiro, um enfermeiro, um motorista etc, desde que prestados sob as condições anteriores, serão regidos por essas disposições especiais.

Trabalho doméstico infantil

Apesar de ser muito comum no Brasil, o trabalho doméstico, desde 2008, é proibido para menores de 18 anos. Isso se deu quando o país ratificou a Convenção nº 182 da Organização Internacional do Trabalho, cujo tema é a erradicação das piores formas de trabalho infantil.

O Decreto Presidencial nº. 6.481/2008 que regulamenta a convenção dispõe, no seu item 76, que o trabalho doméstico enquadra-se como uma das piores formas de trabalho infantil, de forma que atualmente tal labor não é permitido pela ordem jurídica brasileira.

Tal situação é justificada pelo decreto que elenca os prováveis riscos ocupacionais bem como os danos potenciais à saúde do menor, tais como isolamento, abuso físico, moral e sexual.

Direitos dos Trabalhadores Domésticos

A CLT excluiu, de seu âmbito de aplicação, o trabalho doméstico, de forma que, via de regra, a Consolidação não se aplica aos domésticos, sendo que a Constituição de 1988 estende aos empregados domésticos vários direitos antes sonegados.

A Emenda Constitucional 72/2013 deu novos parâmetros para os direitos dos domésticos, mas ainda os igualou aos empregados urbanos e rurais - se a prova afirmar isso, estará errado.

Como o empregador doméstico, em regra, não tem formação jurídica, nem assessoria especializada para contratar empregados, o legislador se preocupou com tal fato e determinou que, para alguns dos direitos, seja observada a simplificação do cumprimento das obrigações tributárias, principais e acessórias, por exemplo:

Dispõe o atual Art. 7º, Parágrafo Único, que:

> ***Art. 7º Parágrafo Único:*** *São assegurados à categoria dos trabalhadores domésticos os direitos previstos nos incisos IV, VI, VII, VIII, X, XIII, XV, XVI, XVII, XVIII, XIX, XXI, XXII, XXIV, XXVI, XXX, XXXI e XXXIII e, atendidas as condições estabelecidas em lei e observada a simplificação do cumprimento das obrigações tributárias, principais e acessórias, decorrentes da relação de trabalho e suas peculiaridades, os previstos nos incisos I, II, III, IX, XII, XXV e XXVIII, bem como a sua integração à previdência social.*

Mesmo com a nova redação do Parágrafo Único, ampliando ainda mais os direitos, não há igualdade de direitos com os empregados urbanos e rurais. Essa pode ser uma pegadinha futura das bancas!

Jornada de Trabalho / Horas Extras / Adicional noturno

Atualmente, os domésticos têm direito à jornada de 8 horas diárias e 44 horas semanais, bem como os direitos daí derivados, tais como hora extra e adicional noturno:

O adicional de hora extra de, no mínimo, 50%, previsto no inciso XVI, do art. 7º, NÃO precisa daquela "simplificação" comentada acima.

Já o adicional noturno necessita que o legislador infraconstitucional torne a vida do empregador mais fácil, determinando que o pagamento de referido adicional observará a simplificação do cumprimento das obrigações tributárias, principais e acessórias.

FGTS e Seguro-Desemprego

Antes da EC 72/2013, o FGTS do doméstico era opcional, ou seja, o empregador pagava se queria.

Atualmente, a Constituição dá direito ao FGTS, de forma que não é mais opcional, mas ainda falta regulamentação.

Assim como o FGTS, o seguro-desemprego passou a ser direito do doméstico, mas, nesse caso, também o legislador infraconstitucional facilitou para o empregador, determinando que tais direitos observarão a simplificação do cumprimento das obrigações tributárias, principais e acessórias.

Salário Família

Antes, os domésticos não tinham direito ao salário-família, que é um benefício previdenciário pago aos segurados de baixa renda, em razão de filhos menores de 14 anos.

Atualmente, este é um direito dos domésticos, o qual também necessita da simplificação do cumprimento das obrigações tributárias, principais e acessórias.

Salário *in natura* e Descontos no salário

Atualmente, a Lei das Domésticas (Lei 5.859/1972) proíbe que haja descontos no salário do doméstico em razão do fornecimento de alimentação, vestuário, higiene ou moradia. No caso da moradia, se o empregado morar em outra casa que não a da família a que ele presta serviços, será lícito o desconto, desde que previamente combinada tal disposição.

De qualquer forma, o fornecimento de tais utilidades não será considerado parcela salarial, nem se incorporará à remuneração para qualquer efeito.

> ***Art. 2º-A.*** *É vedado ao empregador doméstico efetuar descontos no salário do empregado por fornecimento de alimentação, vestuário, higiene ou moradia.*
>
> ***§ 1º*** *Poderão ser descontadas as despesas com moradia de que trata o caput deste Art. quando essa se referir a local diverso da residência em que ocorrer a prestação de serviço, e desde que essa possibilidade tenha sido expressamente acordada entre as partes.*
>
> ***§ 2º*** *As despesas referidas no caput deste Art. não têm natureza salarial nem se incorporam à remuneração para quaisquer efeitos.*

Estabilidade Gestante e Licença Maternidade/Paternidade

A CF concedeu aos domésticos a licença paternidade, que é de 5 dias, conforme o art. 10, §1º, do ADCT, e concedeu licença à gestante de 120 dias (não é de 4 meses), sem prejuízo do salário e emprego. Ambos são direitos dos domésticos.

A estabilidade gestante também é direito das domésticas, desde a confirmação da gravidez até cinco meses após o parto.

> ***Lei 5.859/1972. Art. 4º-A.*** *É vedada a dispensa arbitrária ou sem justa causa da empregada doméstica gestante desde a confirmação da gravidez até 5 (cinco) meses após o parto.*

Imóvel de Família x Ação Trabalhista de Doméstico

Talvez, a única vantagem de um trabalhador doméstico sobre os demais empregados brasileiros é a de que a ele não é oponível a impenhorabilidade do bem de família, de forma que, em uma execução trabalhista, para o empregado celetista, não se pode vender o imóvel caracterizado como tal, mas para o empregado doméstico pode, mesmo que seja o único imóvel da pessoa ou família.

Representação na Justiça do Trabalho

Msmo sendo matéria de processo do trabalho, é oportuno comentar que, em uma eventual ação trabalhista, qualquer pessoa da família pode ser o representante do reclamado, conforme posicionamento do TST:

> ***Súm. 377 PREPOSTO. EXIGÊNCIA DA CONDIÇÃO DE EMPREGADO.*** *Exceto quanto à reclamação de empregado doméstico, ou contra micro ou pequeno empresário, o preposto deve ser necessariamente empregado do reclama-do. Inteligência do art. 843, § 1º, da CLT e do art. 54 da Lei Complementar nº 123, de 14 de dezembro de 2006.*

Empregado Rural

Caracterização

Tal como o empregado celetista, o empregado rural tem os mesmos 5 pressupostos para caracterização de sua relação de emprego - seu trabalho é prestado por pessoa física, com pessoalidade, onerosidade, não eventualidade e com subordinação jurídica. Entretanto, para diferenciar as duas figuras, outros elementos são necessários.

É empregado rural aquele empregado vinculado a um empregador rural e que labore em área rural, ou seja, essa caracterização depende da verificação da qualidade do empregador. Tal conceito é extraído dos Arts. 2º e 3º, da Lei 5.889/73, Estatuto do Trabalhador Rural, que revogou tacitamente a CLT, a qual conceituava tal espécie de outra forma.

> ***Lei 5.889/73 Art. 2º*** *Empregado rural é toda pessoa física que, em propriedade rural ou prédio rústico, presta serviços de natureza não eventual a empregador rural, sob a dependência deste e mediante salário.*
>
> ***Art. 3º*** *- Considera-se empregado, rural, para os efeitos desta Lei, a pessoa física ou jurídica, proprietário ou não, que explore atividade agroeconômica, em caráter permanente ou temporário, diretamente ou através de prepostos e com auxílio de empregados.*
>
> ***§ 1º*** *Inclui-se na atividade econômica, referida no "caput" deste Art., a exploração industrial em estabelecimento agrário não compreendido na Consolidação das Leis do Trabalho.*

O Art. 2º cita o imóvel rural ou prédio rústico, ligando tais critérios ao local de prestação do serviço. Imóvel rural não demanda maiores dúvidas, sendo aquele situado no campo, em região fora da cidade. Já prédio rústico seria um espaço em que se desenvolve atividade rural, em plena área urbana, sendo que os trabalhadores de tal empresa serão considerados rurais.

Para aqueles casos em que há uma indústria anexa a um imóvel rural, foi criada a figura da indústria rural, prevista no Art. 3º, §1º, da Lei Rural, sendo o caso da indústria pertencente à usina de cana-de-açúcar.

Recentemente, o TST editou a OJ 419, que dispõe:

> ***OJ-Sdi-1. 419.*** *Enquadramento. Empregado que exerce atividade em Empresa Agroindustrial. Definição pela Atividade Preponderante da Empresa. Considera-se rurícola empregado que, a despeito da atividade exercida, presta serviços a empregador agroindustrial (art. 3º, § 1º, da Lei nº 5.889, de 08.06.1973), visto que, neste caso, é a atividade preponderante da empresa que determina o enquadramento.*

Isso significa dizer que o TST pacificou o entendimento de que, para se enquadrar um trabalhador como rural, o que importa é se ele presta serviços a empregador rural, não sendo relevante qual atividade desempenha.

Assim, prestado o serviço para empregador rural, em propriedade rural ou prédio rústico, ou ainda estabelecimento agroindustrial (caso das usinas de cana-de-açúcar), seja ele datilógrafo, pintor, operador de caldeira de usina de açúcar, auxiliar de escritório ou ocupante de qualquer outro emprego, será considerado rural.

Essa OJ significa que o TST entende, atualmente, que NÃO se aplica mais o §5º, do Art. 2º, do Decreto 73.626/1974, o qual restringia a incidência da conceituação dada pelo Estatuto do Trabalhador Rural. Maurício Godinho Delgado, entende, inclusive que tal disposição do decreto é inconstitucional.

Confirma o critério de que rurícola é quem presta serviço a empregador rural, independentemente da atividade. Esse é o caso, por exemplo, da questão do motorista em área rural, que é considerado rurícola.

> ***OJ-Sdi1-315*** *Motorista. Empresa. Atividade Predominantemente Rural. Enquadramento como Trabalhador Rural é considerado trabalhador rural o motorista que trabalha no âmbito de empresa cuja atividade é preponderantemente rural, considerando que, de modo geral, não enfrenta o trânsito das estradas e cidades.*

Uma exceção a tal critério são as empresas de reflorestamento. Apesar de serem enquadradas como urbanas, seus empregados que atuem no campo são considerado rurícolas.

> ***OJ-SDI1-38*** *Empregado que exerce Atividade Rural. Empresa de Reflorestamento. Prescrição Própria Do Rurícola. (Lei Nº 5.889/73, Art. 10 E Decreto Nº 73.626/74, Art. 2º, § 4º) O empregado que trabalha em empresa de reflorestamento, cuja atividade está diretamente ligada ao manuseio da terra e de matéria-prima, é rurícola e não industriário, nos termos do Decreto n.º 73.626, de 12.02.1974, art. 2º, § 4º, pouco importando que o fruto de seu trabalho seja destinado à indústria. Assim, aplica-se a prescrição própria dos rurícolas aos direitos desses empregados.*

Empregador Rural

A CLT, via de regra, não se aplica aos empregados rurais, por determinação expressa da consolidação. Define o Estatuto do Trabalhador Rural o empregador rural da seguinte forma:

> ***Art. 3º*** *- Considera-se empregador rural, para os efeitos desta Lei, a pessoa física ou jurídica, proprietário ou não, que explore atividade agroeconômica, em caráter permanente ou temporário, diretamente ou através de prepostos e com auxílio de empregados.*
>
> ***§ 2º*** *- Sempre que uma ou mais empresas, embora tendo cada uma delas personalidade jurídica própria, estiverem sob direção, controle ou administração de outra, ou ainda quando, mesmo guardando cada uma sua autonomia, integrem grupo econômico ou financeiro rural, serão responsáveis solidariamente nas obrigações decorrentes da relação de emprego.*
>
> ***Art. 4º*** *- Equipara-se ao empregador rural, a pessoa física ou jurídica que, habitualmente, em caráter profissional, e por conta de terceiros, execute serviços de natureza agrária, mediante utilização do trabalho de outrem.*

Note que é a exploração de atividade agroeconômica o principal caracterizador do empregador rural, seja em imóvel rural, seja em prédio rústico ou, ainda, em indústria rural.

Grupo Econômico Rural

O grupo econômico, para o Estatuto Rural, tem um conceito mais elástico que o conceito da CLT:

> ***Art. 3º. § 2º*** *Sempre que uma ou mais empresas, embora tendo cada uma delas personalidade jurídica própria, estiverem sob direção, controle ou administração de outra, ou ainda quando, mesmo guardando cada uma sua autonomia, integrem grupo econômico ou financeiro rural, serão responsáveis solidariamente nas obrigações decorrentes da relação de emprego.*

Em razão da expressão "mesmo guardando cada uma sua autonomia", caracteriza-se o grupo econômico mesmo não havendo uma "empresa-mãe" que controle as demais. A simples coordenação entre empregadores rurais é suficiente para configurar o grupo e a consequente responsabilidade solidária. Essa coordenação é vista como uma rede de produtores intimamente ligada, em que um depende do outro para continuar a sua atividade, cada um cuidando de uma parte do processo produtivo.

Consórcio de Empregadores Rurais

Para tentar acabar com a informalidade que sempre existiu no trabalho camponês, evitando o aliciamento de trabalhadores por meio dos "gatos", passou-se a fomentar a figura do consórcio de empregadores rurais, formado sempre por empregadores pessoas físicas, que terão um representante que contratará e fará a gestão da mão-de-obra.

Por sua vez, os trabalhadores prestarão serviços para todos os que fizerem parte do consórcio. Assim, todos os empregadores que fizerem parte do consórcio serão solidariamente responsáveis pelos créditos de todos os trabalhadores.

Não há lei tratando desse consórcio. Existe somente a Portaria 1.964/1999, do Ministério do Trabalho e Emprego, e a Circular nº 56/1999, do INSS.

Contrato de Safra

O Estatuto Rural trata, brevemente, do contrato de safra, que é uma espécie de contrato temporário, sem data final pré-determinada; somente há uma previsão do término, pois depende do final da safra. O safrista, após terminar a colheita de uma variedade agrícola (do algodão, por exemplo) normalmente busca trabalho em outra região, em que a safra esteja começando.

> ***Art. 14.*** *Expirado normalmente o contrato, a empresa pagará ao safrista, a título de indenização do tempo de serviço, importância correspondente a 1/12 (um doze avos) do salário mensal, por mês de serviço ou fração superior a 14 (quatorze) dias.*
>
> ***Parágrafo único.*** *Considera-se contrato de safra o que tenha sua duração dependente de variações estacionais da atividade agrária.*

Já o decreto regulamentador dispõe que:

> ***Art. 19.*** *Considera-se safreiro ou safrista o trabalhador que se obriga à prestação de serviços mediante contrato de safra.*
>
> ***Parágrafo único.*** *Contrato de safra é aquele que tenha sua duração dependente de variações estacionais das atividades agrárias, assim entendidas as tarefas normalmente executadas no período compreendido entre o preparo do solo para o cultivo e a colheita.*

Não é possível que sejam celebrados vários contratos de safra um em sequência do outro entre as mesmas partes, isso caracteriza fraude trabalhista. Há que, necessariamente, ter um espaçamento entre um e outro, senão, está-se diante de um contrato por tempo indeterminado. Ainda, o TST já julgou inválida a celebração de um contrato de experiência juntamente com um contrato de safra. No caso, findo o contrato de experiência, manteve-se o vínculo até o final da safra. O TST entendeu que o segundo contrato (de safra), por não obedecer ao disposto no art. 452, da CLT, foi considerado por prazo indeterminado.

Trabalhador Rural por Pequeno Prazo

O contrato de trabalhador rural por pequeno prazo é uma inovação de 2008, sendo que somente pode utilizar tal modalidade do produtor rural pessoa física. Tal contratação, somados todos os períodos de trabalho, não pode exceder a 2 meses, no prazo de 1 ano, sob pena de convolar-se em contratação por tempo indeterminado.

É assegurada igualdade de direitos entre o empregado contratado por pequeno prazo e os que sejam empregados contratados por tempo indeterminado, inclusive quanto à remuneração.

Ainda, as parcelas devidas a tal empregado devem ser calculadas dia a dia e pagas, mediante recibo, diretamente a ele.

Tal trabalhador deve ser incluído na GFIP (Guia de Recolhimento do Fundo de Garantia do Tempo de Serviço e Informações à Previdência Social), documento que permite ao INSS identificar qual trabalhador está recebendo a referida contribuição. Se a inclusão não for feita, tal contratação considera-se inexistente.

> ***Art. 14-A.*** *O produtor rural pessoa física poderá realizar contratação de trabalhador rural por pequeno prazo para o exercício de atividades de natureza temporária.*
>
> ***§ 1º*** *A contratação de trabalhador rural por pequeno prazo que, dentro do período de 1 (um) ano, superar 2 (dois) meses fica convertida em contrato de trabalho por prazo indeterminado, observando-se os termos da legislação aplicável.*
>
> ***§ 2º*** *A filiação e a inscrição do trabalhador de que trata este Art. na Previdência Social decorrem, automaticamente, da sua inclusão pelo empregador na Guia de Recolhimento do Fundo de Garantia do Tempo de Serviço e Informações à Previdência Social - GFIP, cabendo à Previdência Social instituir mecanismo que permita a sua identificação.*
>
> ***§ 3º*** *O contrato de trabalho por pequeno prazo deverá ser formalizado mediante a inclusão do trabalhador na GFIP, na forma do disposto no § 2º deste Art.:*
>
> ***I.*** *Mediante a anotação na Carteira de Trabalho e Previdência Social e em Livro ou Ficha de Registro de Empregados; ou*
>
> ***II.*** *Mediante contrato escrito, em 2 (duas) vias, uma para cada parte, onde conste, no mínimo:*
>
> ***a)*** *Expressa autorização em acordo coletivo ou convenção coletiva;*
>
> ***b)*** *Identificação do produtor rural e do imóvel rural onde o trabalho será realizado e indicação da respectiva matrícula;*
>
> ***c)*** *Identificação do trabalhador, com indicação do respectivo Número de Inscrição do Trabalhador - NIT.*
>
> ***§ 4º*** *A contratação de trabalhador rural por pequeno prazo só poderá ser realizada por produtor rural pessoa física, proprietário ou não, que explore diretamente atividade agroeconômica.*
>
> ***§ 5º*** *A contribuição do segurado trabalhador rural contratado para prestar serviço na forma deste Art. é de 8% (oito por cento) sobre o respectivo salário-de-contribuição definido no inciso I do caput do art. 28 da Lei nº 8.212, de 24 de julho de 1991.*
>
> ***§ 6º*** *A não inclusão do trabalhador na GFIP pressupõe a inexistência de contratação na forma deste Art., sem prejuízo de comprovação, por qualquer meio admitido em direito, da existência de relação jurídica diversa.*
>
> ***§ 7º*** *Compete ao empregador fazer o recolhimento das contribuições previdenciárias nos termos da legislação vigente, cabendo à Previdência Social e à Receita Federal do Brasil instituir mecanismos que facilitem o acesso do trabalhador e da entidade sindical que o representa às informações sobre as contribuições recolhidas.*
>
> ***§ 8º*** *São assegurados ao trabalhador rural contratado por pequeno prazo, além de remuneração equivalente à do trabalhador rural permanente, os demais direitos de natureza trabalhista.*
>
> ***§ 9º*** *Todas as parcelas devidas ao trabalhador de que trata este Art. serão calculadas dia a dia e pagas diretamente a ele mediante recibo.*
>
> ***§ 10.*** *O Fundo de Garantia do Tempo de Serviço - FGTS deverá ser recolhido e poderá ser levantado nos termos da Lei nº 8.036, de 11 de maio de 1990.*

Direitos do Trabalhador Rural

A Constituição deu aos rurícolas os mesmos direitos dos empregados urbanos, mas alguns desses direitos são regulados de forma diferente em relação aos direitos dos celetistas.

O intervalo intrajornada do rurícola é regulado pelos usos e costumes da região, mas a jurisprudência atual do TST entende que é preciso respeitar o mínimo de 1 hora. O intervalo interjornada, entre um dia e outro, também é de 11 horas, assim como para os celetistas.

> ***Art. 5º*** *Em qualquer trabalho contínuo de duração superior a seis horas, será obrigatória a concessão de um intervalo para repouso ou alimentação observados os usos e costumes da região, não se computando este intervalo na duração do trabalho. Entre duas jornadas de trabalho haverá um período mínimo de onze horas consecutivas para descanso.*
>
> ***Súm. 437*** *Intervalo Intrajornada Para Repouso E Alimentação. Aplicação Do Art. 71 da CLT.*
>
> ***I.*** *Após a edição da Lei nº 8.923/94, a não concessão ou a concessão parcial do intervalo intrajornada mínimo, para repouso e alimentação, a empregados urbanos e rurais, implica o pagamento total do período correspondente, e não apenas daquele suprimido, com acréscimo de, no mínimo, 50% sobre o valor da remuneração da hora normal de trabalho (art. 71 da CLT), sem prejuízo do cômputo da efetiva jornada de labor para efeito de remuneração.*

Quando o serviço for intermitente, ou seja, realizar-se em horários separados e variados durante o dia, as pausas no trabalho não são consideradas tempo de serviço. Seria o caso do empregado que acordasse bem cedo e ordenhasse as vacas, trazendo o leite até a casa, e, então, ficasse até o almoço sem serviço; no período da tarde, conduzisse a boiada pelo pasto e terminasse ao fim da tarde; a noite, alimentasse os porcos e encerrasse o serviço do dia. Essas pausas não são serviço e não são remuneradas.

> ***Art. 6º*** *Nos serviços, caracteristicamente intermitentes, não serão computados, como de efeito exercício, os intervalos entre uma e outra parte da execução da tarefa diária, desde que tal hipótese seja*

expressamente ressalvada na Carteira de Trabalho e Previdência Social.

O trabalho noturno é regulado de forma diferenciada da CLT, o que costuma ser objeto de prova:

> Na lavoura, aquele prestado entre as 21h e as 05h.

> Na pecuária, aquele prestado entre as 20h e as 04h.

O adicional é de 25% nos dois casos, calculado sobre a remuneração.

Não há redução legal da jornada de trabalho no trabalho rural.

Fique Ligado

A CLT considera noturno o trabalho prestado entre as 22h e as 05h, com adicional de 20%, além de haver redução da hora noturna.

***Art. 7º** - Para os efeitos desta Lei, considera-se trabalho noturno o executado entre as vinte e uma horas de um dia e as cinco horas do dia seguinte, na lavoura, e entre as vinte horas de um dia e as quatro horas do dia seguinte, na atividade pecuária.*

***Parágrafo único.** Todo trabalho noturno será acrescido de 25% (vinte e cinco por cento) sobre a remuneração normal.*

***Art. 8º** Ao menor de 18 anos é vedado o trabalho noturno.*

Os descontos no salário são vedados de forma geral, sendo sempre calculados com base no salário mínimo, desde que autorizados previamente. Pode haver o desconto:

> Em razão de fornecimento de moradia, em até 20%.

> Em razão de fornecimento de alimentação, em até 25%.

> E dos adiantamentos do salário.

No caso de desconto em razão de moradia, o valor será rateado entre os ocupantes da "república". De qualquer forma, não é possível colocar mais de uma família na mesma moradia.

O fornecimento de moradia e de meios de subsistência básicos não integra a remuneração do empregado rural, quando feito por escrito e comunicado ao sindicato dos trabalhadores. Assim, tais parcelas não são consideradas salário *in natura*.

Fique Ligado

Tais parcelas de descontos, na CLT, são invertidas, 25% para a habitação e 20% para a alimentação. Para não esquecer, associe que os imóveis são mais caros na cidade, assim, o desconto na CLT é maior para essa parcela.

***Art. 9º** Salvo as hipóteses de autorização legal ou decisão judiciária, só poderão ser descontadas do empregado rural as seguintes parcelas, calculadas sobre o salário mínimo:*

***I.** Até o limite de 20% (vinte por cento) pela ocupação da morada;*

***II.** Até o limite de 25% (vinte por cento) pelo fornecimento de alimentação sadia e farta, atendidos os preços vigentes na região;*

***III.** Adiantamentos em dinheiro.*

***§ 1º** As deduções acima especificadas deverão ser previamente autorizadas, sem o que serão nulas de pleno direito.*

***§ 2º** Sempre que mais de um empregado residir na mesma morada, o desconto, previsto na letra "a" deste Art., será dividido proporcionalmente ao número de empregados, vedada, em qualquer hipótese, a moradia coletiva de famílias.*

***§ 3º** Rescindido ou findo o contrato de trabalho, o empregado será obrigado a desocupar a casa dentro de trinta dias.*

***§ 4º** O Regulamento desta Lei especificará os tipos de morada para fins de dedução.*

***§ 5º** A cessão pelo empregador, de moradia e de sua infra estrutura básica, assim, como, bens destinados à produção para sua subsistência e de sua família, não integram o salário do trabalhador rural, desde que caracterizados como tais, em contrato escrito celebrado entre as partes, com testemunhas e notificação obrigatória ao respectivo sindicato de trabalhadores rurais.*

Quando o empregador possuir cultura secundária, o empregado terá direito a parte do resultado. Tal parcela não pode servir de base para totalizar o salário mínimo devido ao empregado.

***Art. 12.** Na regiões em que se adota a plantação subsidiária ou intercalar (cultura secundária), a cargo do empregado rural, quando autorizada ou permitida, será objeto de contrato em separado.*

***Parágrafo único.** Embora devendo integrar o resultado anual a que tiver direito o empregado rural, a plantação subsidiária ou intercalar não poderá compor a parte correspondente ao salário mínimo na remuneração geral do empregado, durante o ano agrícola.*

Ainda, aos trabalhadores rurais é concedido o salário-família.

***Súm. 344 salário-família.** Trabalhador rural. O salário-família é devido aos trabalhadores rurais somente após a vigência da Lei nº 8.213, de 24.07.1991.*

Prescrição

A prescrição do direito dos trabalhadores rurais, atualmente, é igual a dos empregados urbanos, ou seja, de 5 anos, até o limite de 2 anos após a extinção do contrato. Mas, até a emenda constitucional 28/2000, só existia a prescrição bienal. Dispõe a Lei Maior:

***Art. 7º** São direitos dos trabalhadores urbanos e rurais, além de outros que visem à melhoria de sua condição social:*

***XXIX.** Ação, quanto aos créditos resultantes das relações de trabalho, com prazo prescricional de cinco anos para os trabalhadores urbanos e rurais, até o limite de dois anos após a extinção do contrato de trabalho.*

Para preservar a segurança jurídica, o TST editou as seguintes OJs.

***OJ-SDI1-417 Prescrição.** Rurícola. Emenda Constitucional nº 28, de 26.05.2000. Contrato de Trabalho em Curso. Não há prescrição total ou parcial da pretensão do trabalhador rural que reclama direitos relativos a contrato de trabalho que se encontrava em curso à época da promulgação da Emenda Constitucional nº 28, de 26.05.2000, desde que ajuizada a demanda no prazo de cinco anos de sua publicação, observada a prescrição bienal.*

***OJ-SDI1-271** Rurícola. Prescrição. Contrato de Emprego Extinto. Emenda Constitucional nº 28/2000.*

Inaplicabilidade O prazo prescricional da pretensão do rurícola, cujo contrato de emprego já se extinguira ao sobrevir a Emenda Constitucional nº 28, de 26/05/2000, tenha sido ou não ajuizada a ação trabalhista, prossegue regido pela lei vigente ao tempo da extinção do contrato de emprego.

Assim, a prescrição quinquenal se aplica ao trabalhador rural que continuou laborando, mesmo que contratado anteriormente à mudança constitucional, mas somente após passados 5 anos da vigência.

Desse modo, no caso de um empregado rural contratado em 1990, temos duas hipóteses, considerando que ele ajuizou a ação dentro do prazo prescricional de 2 anos, vigente desde 1988:

> Se saiu do emprego em 20/05/2002, poderia ajuizar a ação até 20/05/2004 (prazo bienal) e cobrar os créditos desde 1990, sem prescrição quinquenal.

> Se saiu do emprego em 20/01/2008, poderia ajuizar a ação até 21/01/2010 (prazo bienal), mas somente poderia cobrar os créditos dos últimos 5 anos a contar do ajuizamento, ou seja, se ajuizou a ação em 21/01/2009, pode cobrar seus direitos até 21/01/2004.

Por outro lado, se o contrato extinguiu-se antes da referida emenda, então, não há prescrição quinquenal de forma alguma.

Aprendiz

O contrato de aprendizagem é uma espécie de contrato de emprego por tempo determinado, registrado em carteira, celebrado por escrito, em que se asseguram ao aprendiz todos os direitos trabalhistas e previdenciários, com algumas peculiaridades e exceções previstas na legislação.

Três figuras fazem parte de tal contrato: o aprendiz, a empresa contratante e a entidade que promove o programa de aprendizagem. Tais entidades, em princípio, são os órgãos dos serviços nacionais de aprendizagem, o famoso Sistema S (Senai, Sesc, Senar, Senat e Setrascoop) mas, caso elas não suportem a demanda, é possível a entidades sem fins lucrativos e a escolas técnicas de formação oferecerem os cursos.

Art. 430. *Na hipótese de os Serviços Nacionais de Aprendizagem não oferecerem cursos ou vagas suficientes para atender à demanda dos estabelecimentos, esta poderá ser suprida por outras entidades qualificadas em formação técnico-profissional metódica, a saber:*

I. *Escolas Técnicas de Educação;*

II. *Entidades sem fins lucrativos, que tenham por objetivo a assistência ao adolescente e à educação profissional, registradas no Conselho Municipal dos Direitos da Criança e do Adolescente.*

A aprendizagem alterna a teoria em sala de aula e a prática no cotidiano da empresa ou, na própria entidade gestora do programa, sendo-lhe assegurado o salário-mínimo/hora.

Fique Ligado

A idade para ser aprendiz é entre 14 e 24 anos, salvo para as pessoas com deficiência, que pode exceder a 24 anos. O tempo máximo de duração do contrato é de 2 anos, salvo também para as pessoas com deficiência o, que pode exceder tal período.

O aprendiz que não tiver concluído o ensino médio deverá frequentar a escola. Se, naquela localidade, não houver Ensino Médio, então, é possível a aprendizagem sem a frequência à escola, desde que o aprendiz tenha concluído o Ensino Fundamental.

A CLT informa que:

Art. 428. *Contrato de aprendizagem é o contrato de trabalho especial, ajustado por escrito e por prazo determinado, em que o empregador se compromete a assegurar ao maior de 14 (quatorze) e menor de 24 (vinte e quatro) anos inscrito em programa de aprendizagem formação técnico-profissional metódica, compatível com o seu desenvolvimento físico, moral e psicológico, e o aprendiz, a executar com zelo e diligência as tarefas necessárias a essa formação.*

§ 1º *A validade do contrato de aprendizagem pressupõe anotação na Carteira de Trabalho e Previdência Social, matrícula e frequência do aprendiz na escola, caso não haja concluído o ensino médio, e inscrição em programa de aprendizagem desenvolvido sob orientação de entidade qualificada em formação técnico-profissional metódica.*

§ 2º *Ao menor aprendiz, salvo condição mais favorável, será garantido o salário mínimo hora.*

§ 3º *O contrato de aprendizagem não poderá ser estipulado por mais de 2 (dois) anos, exceto quando se tratar de aprendiz portador de deficiência.*

§ 4º *A formação técnico-profissional a que se refere o caput deste Art. caracteriza-se por atividades teóricas e práticas, metodicamente organizadas em tarefas de complexidade progressiva desenvolvidas no ambiente de trabalho.*

§ 5º *A idade máxima prevista no caput deste Art. não se aplica a aprendizes portadores de deficiência.*

§ 6º *Para os fins do contrato de aprendizagem, a comprovação da escolaridade de aprendiz portador de deficiência mental deve considerar, sobretudo, as habilidades e competências relacionadas com a profissionalização.*

§ 7º *Nas localidades onde não houver oferta de ensino médio para o cumprimento do disposto no § 1º deste Art., a contratação do aprendiz poderá ocorrer sem a frequência à escola, desde que ele já tenha concluído o ensino fundamental.*

A jornada de trabalho do aprendiz é de 6 horas, sendo vedada a prorrogação e a compensação de jornada. Ela pode ser de 8 horas se o aprendiz tiver completado o Ensino Fundamental e em tais horas for contado o tempo de aprendizagem teórica.

Art. 432. *A duração do trabalho do aprendiz não excederá de seis horas diárias, sendo vedadas a prorrogação e a compensação de jornada.*

§ 1º *O limite previsto neste Art. poderá ser de até oito horas diárias para os aprendizes que já tiverem completado o ensino fundamental, se nelas forem computadas as horas destinadas à aprendizagem teórica.*

As empresas devem, obrigatoriamente, contratar entre 5 e 15% de aprendizes, em cada estabelecimento, em atividades que demandem formação profissional. Entende-se por tais atividades aquelas em que não seja obrigatória a formação em cursos técnicos ou superiores, nem sejam de direção ou de chefia. As micro e pequenas empresas, bem como as participantes do SIMPLES, não precisam contratar aprendizes.

> ***Art. 429.*** *Os estabelecimentos de qualquer natureza são obrigados a empregar e matricular nos cursos dos Serviços Nacionais de Aprendizagem número de aprendizes equivalente a cinco por cento, no mínimo, e quinze por cento, no máximo, dos trabalhadores existentes em cada estabelecimento, cujas funções demandem formação profissional.*
>
> ***§ 1º-A.*** *O limite fixado neste Art. não se aplica quando o empregador for entidade sem fins lucrativos, que tenha por objetivo a educação profissional.*
>
> ***§ 1º*** *As frações de unidade, no cálculo da percentagem de que trata o caput, darão lugar à admissão de um aprendiz.*
>
> ***§ 2º*** *Os estabelecimentos de que trata o caput ofertarão vagas de aprendizes a adolescentes usuários do Sistema Nacional de Atendimento Socioeducativo (Sinase) nas condições a serem dispostas em instrumentos de cooperação celebrados entre os estabelecimentos e os gestores dos Sistemas de Atendimento Socioeducativo locais.*

Existe um caso em que o contrato de aprendizagem não gera vínculo de emprego com a empresa tomadora do serviço, mas sim com a entidade promotora do programa e aprendizagem, que é quando o aprendiz é contratado pela própria entidade que promove o programa, sendo a prática vivenciada em mais de uma empresa.

> ***Art. 431.*** *A contratação do aprendiz poderá ser efetivada pela empresa onde se realizará a aprendizagem ou pelas entidades mencionadas no inciso II do art. 430, caso em que não gera vínculo de emprego com a empresa tomadora dos serviços.*

Não se aplicam ao contrato de aprendizagem os Arts. 479 e 480, da CLT, ou seja, em caso de rescisão antecipada sem justa causa, não é necessário que a empresa pague metade do salários a que o aprendiz teria direito, bem como não é necessário que o aprendiz indenize a empresa por eventuais prejuízos causados pela saída antecipada, a seu pedido.

> ***Art. 433.*** *O contrato de aprendizagem extinguir-se-á no seu termo ou quando o aprendiz completar 24 (vinte e quatro) anos, ressalvada a hipótese prevista no § 5o do art. 428 desta Consolidação, ou ainda antecipadamente nas seguintes hipóteses:*
>
> ***I.*** *Desempenho insuficiente ou inadaptação do aprendiz;*
>
> ***II.*** *Falta disciplinar grave;*
>
> ***III.*** *Ausência injustificada à escola que implique perda do ano letivo; ou*
>
> ***IV.*** *A pedido do aprendiz.*
>
> ***§ 2º*** *Não se aplica o disposto nos arts. 479 e 480 desta Consolidação às hipóteses de extinção do contrato mencionadas neste Art..*

Por fim, os depósitos para o FGTS do aprendiz são de 2% sobre a remuneração e são suportados, exclusivamente, pela empresa empregadora.

Empregado Público

O empregado público é aquele que, aprovado em um concurso de provas ou provas e títulos, passa a ocupar emprego público, mantendo relação contratual com o Estado - diferentemente, portanto, de cargo público, que é ocupado por servidor público, cuja relação com o Estado é jurídico-administrativa, e não contratual.

Dispensa e Estabilidade

Apesar de ser contratado por concurso público, nem sempre o empregado tem estabilidade.

Os empregados públicos dos órgãos da administração direta (Municípios, Estados e União), das fundações e das autarquias possuem estabilidade.

Por outro lado, os empregados públicos das empresas públicas e sociedades de economia mista não gozam de estabilidade, mesmo que tenham trabalhado vários anos na mesma companhia.

Ainda não foi alterada OJ 247, da SDI-1, que diz ser possível à Empresa Pública e à Sociedade de Economia Mista dispensarem empregados mesmo sem motivar o ato, contudo, no Recurso Extraordinário nº. 589998/PI, o STF decidiu que é necessária tal motivação, quando da despedida unilateral, de forma que tal OJ deve ser alterada ou cancelada em breve.

De qualquer forma, o TST já entendia que a Empresa Brasileira de Correios (ECT) tinha que motivar o ato de qualquer forma.

> ***Art. 173 da CF.***
>
> ***II.*** *A sujeição ao regime jurídico próprio das empresas privadas, inclusive quanto aos direitos e obrigações civis, comerciais, trabalhistas e tributários;*
>
> ***Súm. 390 Estabilidade.*** *Art. 41 Da Cf/1988. Celetista. Administração Direta, Autárquica Ou Fundacional. Aplicabilidade. Empregado De Empresa Pública E Sociedade De Economia Mista. Inaplicável*
>
> ***I.*** *O servidor público celetista da administração direta, autárquica ou fundacional é beneficiário da estabilidade prevista no art. 41 da CF/1988.*
>
> ***II.*** *Ao empregado de empresa pública ou de sociedade de economia mista, ainda que admitido mediante aprovação em concurso público, não é garantida a estabilidade prevista no art. 41 da CF/1988.*
>
> ***OJ-sdi1-247 servidor público.*** *Celetista concursado. Despedida imotivada. Empresa pública ou sociedade de economia mista. Possibilidade.*
>
> ***I.*** *A despedida de empregados de empresa pública e de sociedade de economia mista, mesmo admitidos por concurso público, independe de ato motivado para sua validade;*
>
> ***II.*** *A validade do ato de despedida do empregado da Empresa Brasileira de Correios e Telégrafos (ECT) está condicionada à motivação, por gozar a empresa do mesmo tratamento destinado à Fazenda Pública em relação à imunidade tributária e à execução por precatório, além das prerrogativas de foro, prazos e custas processuais.*

Contratação por tempo determinado (art. 37, IX, da CF)

Determina a Constituição:

> ***Art. 37. IX.*** *A lei estabelecerá os casos de contratação por tempo determinado para atender a necessidade temporária de excepcional interesse público;*

Para que a União, Estados e Municípios façam uso de tal contratação, é necessário que tenham aprovado a lei antes da excepcionalidade, ou seja, sem previsão em lei, tal contratação é irregular.

Em tal tipo de contratação, mesmo que seja sem amparo de lei ou em desacordo com ela, e, portanto, irregular, o indivíduo não é considerado empregado público.

Já está bem claro que o contrato temporário, para atender interesse público excepcional, nunca é modalidade de emprego público.

Há, no caso, uma relação jurídico-administrativa com o Estado, e, por isso, a competência para julgar eventual ação é da Justiça Civil ou da Justiça Federal, mas não da Justiça do Trabalho. Mesmo que a pessoa alegue contratação irregular e deseje receber FGTS e verbas rescisórias, isso não desloca a competência para a seara laboral.

A OJ 205, da SDI-1, que entendia que a competência era da Justiça do Trabalho, foi cancelada pelo TST, em razão de julgamento do STF, na medida cautelar em Ação Direta de Inconstitucionalidade 3.395-6/DF, que justamente entendeu incompetente.

A mesma lógica aplica-se aos cargos comissionados. Não se trata de empregados públicos, sendo suas ações julgadas pela Justiça Comum.

Empregador

A CLT tem uma redação pouco técnica ao conceituar o empregador, dispondo que:

> ***Art. 2º*** *- Considera-se empregador a empresa, individual ou coletiva, que, asSúm.indo os riscos da atividade econômica, admite, assalaria e dirige a prestação pessoal de serviço.*
>
> ***§ 1º*** *- Equiparam-se ao empregador, para os efeitos exclusivos da relação de emprego, os profissionais liberais, as instituições de beneficência, as associações recreativas ou outras instituições sem fins lucrativos, que admitirem trabalhadores como empregados.*

A rigor, empresa é uma organização de bens e de pessoas destinadas à produção e à circulação de bens e de serviços (essa definição quem dá é o Direito Comercial), sendo que a doutrina, há muito tempo, critica tal conceituação, mas é necessário gravá-la para a prova. Assim:

Empregador é a empresa

Para a CLT, empregador é a empresa, individual ou coletiva, que, asSúm.indo os riscos da atividade econômica, admite, assalaria e dirige a prestação pessoal de serviço.

Empregador por equiparação

Equipara-se ao empregador, para efeitos da relação de emprego (não é para todos os efeitos legais), os profissionais liberais, as instituições de beneficência, as associações recreativas ou outras instituições sem fins lucrativos, que admitirem trabalhadores como empregados.

Conceito doutrinário

A doutrina tem um conceito bem simples: Se contratou empregado, é empregador.

Sucessão de Empresas

A sucessão de empresas, chamada também de sucessão de empregadores, não afeta os contratos dos empregados. Se a regra para o empregado é a pessoalidade, para o empregador é o contrário, é a impessoalidade.

As famosas cláusulas de não responsabilização só valem entre as partes contratantes. Não têm o condão de afastar a responsabilidade pelos créditos. Assim, o sucessor que responda por créditos trabalhistas antigos poderá cobrá-los de quem lhe vendeu a empresa, mas não poderá alegar tal cláusula como excludente de sua responsabilidade perante os trabalhadores.

A redação da CLT, sem muita técnica, ao conceituar o empregador como a "empresa", ajuda em tal aspecto. Não importa, por exemplo, se houve alteração do dono do negócio ou das pessoas que figuram no contrato social.

> ***Art. 10*** *- Qualquer alteração na estrutura jurídica da empresa não afetará os direitos adquiridos por seus empregados.*
>
> ***Art. 448*** *- A mudança na propriedade ou na estrutura jurídica da empresa não afetará os contratos de trabalho dos respectivos empregados.*

O sucessor passa a responder por todas as obrigações passadas, presentes e futuras, mesmo na reclamação de um empregado dispensado antes que ocorra tal negociação.

O sucedido, segundo a doutrina e a jurisprudência mais atual, é responsável subsidiário pelos créditos das pessoas que lhe prestaram serviços. Tal conclusão é embasada, principalmente, pela interpretação dos art.s 159 e 1003, Parágrafo Único, ambos do novo Código Civil. Assim, se a sucessora não tem como pagar os créditos dos empregados, estes podem redirecionar a execução em face do antigo sócio/dono.

A Lei não conceitua quais são os requisitos para a caracterização da sucessão, mas os mais aceitos pela doutrina e jurisprudência são a transferência da unidade produtiva e a continuidade da prestação de serviços.

Transferência da Unidade

A transferência da unidade pode ser de uma filial ou agência ou do próprio empreendimento inteiro. Não seria o caso, contudo, da venda de um maquinário isolado, pois aqui não há essa conotação de unidade produtiva, mas sim de mero bem material componente dessa unidade.

Um caso clássico de sucessão é o exposto na seguinte OJ da SDI-1:

> ***OJ-SDI1-261 Bancos.*** *Sucessão trabalhista. As obrigações trabalhistas, inclusive as contraídas à época em que os empregados trabalhavam para o banco sucedido, são de responsabilidade do sucessor, uma vez que a este foram transferidos os ativos, as agências, os direitos e deveres contratuais, caracterizando típica sucessão trabalhista.*

A sucessão também se aplica às privatizações realizadas pelo Estado, bem como a troca de concessionária de serviço público. Porém, o TST firmou o entendimento de que, extinto o contrato antes da alteração da concessão, responde somente a primeira concessionária:

> ***OJ-Sdi1-225 Contrato de Concessão de Serviço Público.*** *Responsabilidade Trabalhista Celebrado contrato de concessão de serviço público em que uma empresa (primeira concessionária) outorga a outra (segunda concessionária), no todo ou em parte, mediante arrendamento, ou qualquer outra forma contratual, a título transitório, bens de sua propriedade:*
>
> *I. Em caso de rescisão do contrato de trabalho após a entrada em vigor da concessão, a segunda concessionária, na condição de sucessora, responde pelos direitos decorrentes do contrato de trabalho, sem prejuízo da responsabilidade subsidiária da primeira concessionária pelos débitos trabalhistas contraídos até a concessão;*
>
> *II. No tocante ao contrato de trabalho extinto antes da vigência da concessão, a responsabilidade pelos direitos dos trabalhadores*

será exclusivamente da antecessora.

Por outro lado, havendo arrematação em hasta pública, aquele que comprou não será responsabilizado pelos créditos trabalhistas. Primeiro, pois o valor da venda será utilizado para o pagamento dos créditos dos trabalhadores. Segundo, porque a arrematação em hasta pública é considerada aquisição originária, de forma que não há vínculo com a posse e propriedade anteriores. Por fim, é uma questão prática, uma vez que, se houvesse tal responsabilização, a venda em hasta pública seria ainda mais difícil, prejudicando os próprios trabalhadores que esperam a alienação para pagamentos em seu favor.

No tocante à recuperação extrajudicial, tem-se que é possível operar-se a sucessão e consequente responsabilização do sucessor, por expressa previsão legal (art. 161, §1º, e art. 163, §1º da Lei de Falências).

Já na recuperação judicial, o STF julgou a ADI 3.934/DF, em que ficou assentado que o art. 60, da Lei de Falências é constitucional, de forma que a aquisição de empresa, nessas condições, inibe a sucessão trabalhista, não havendo responsabilidade do sucessor pelos créditos trabalhistas anteriores à sucessão.

> ***Art. 60.*** *Se o plano de recuperação judicial aprovado envolver alienação judicial de filiais ou de unidades produtivas isoladas do devedor, o juiz ordenará a sua realização, observado o disposto no art. 142 desta Lei.*
>
> ***Parágrafo único.*** *O objeto da alienação estará livre de qualquer ônus e não haverá sucessão do arrematante nas obrigações do devedor, inclusive as de natureza tributária, observado o disposto no § 1º do art. 141 desta Lei.*

Salienta-se que, na falência, não haverá responsabilização pelo adquirente, por expressa determinação legal, iniciando-se um novo contrato para os empregados que continuarem prestando serviços. Dispõe a Lei 11.101/2005:

> ***Art. 141.*** *Na alienação conjunta ou separada de ativos, inclusive da empresa ou de suas filiais, promovida sob qualquer das modalidades de que trata este Art.:*
>
> ***II.*** *O objeto da alienação estará livre de qualquer ônus e não haverá sucessão do arrematante nas obrigações do devedor, inclusive as de natureza tributária, as derivadas da legislação do trabalho e as decorrentes de acidentes de trabalho.*
>
> *§ 2º Empregados do devedor contratados pelo arrematante serão admitidos mediante novos contratos de trabalho e o arrematante não responde por obrigações decorrentes do contrato anterior.*

Ainda, quando uma empresa em liquidação extrajudicial é comprada por outra, ocorre a sucessão, conforme jurisprudência consolidada da SDI-1:

> ***OJ-SDI1-408 Juros de Mora.*** *Empresa em Liquidação Extrajudicial. Sucessão Trabalhista. É devida a incidência de juros de mora em relação aos débitos trabalhistas de empresa em liquidação extrajudicial sucedida nos moldes dos arts. 10 e 448 da CLT. O sucessor responde pela obrigação do sucedido, não se beneficiando de qualquer privilégio a este destinado.*

Continuidade na Prestação de Serviços

O outro requisito, continuidade na prestação de serviços, não é requisito absoluto, ou seja, pode ocorrer a sucessão, mesmo que não sejam aproveitados os empregados que prestavam serviços até então. Se houve tal continuidade, não há dúvidas acerca da sucessão, respondendo o sucessor por todos os créditos.

Entretanto, quando não há a continuidade, ainda assim pode haver tal sucessão. Pense no caso de uma farmácia que feche as portas e dispense todos os empregados. Se, pouco tempo depois, outra pessoa compra todos os móveis e estoque, abre outra farmácia no mesmo local, ela adquiriu a unidade produtiva e, assim, poderá responder pelos créditos dos antigos empregados. Não se pode aproveitar os bônus sem arcar com os ônus.

Questão pacificada pelo TST foi a eventual responsabilidade de comprador de empresa pertencente a grupo econômico, por débitos de empresa não adquirida. O TST entendeu que, salvo no caso de má-fé ou fraude, não há responsabilidade.

Tome-se, como exemplo, novamente o grupo EBX. Se alguém compra a empresa OGX, e os empregados da empresa MPX não conseguem receber seu pagamento, em princípio, o comprador não tem responsabilidade por esses créditos.

> ***OJ-SDI1-411 Sucessão Trabalhista.*** *Aquisição de Empresa Pertencente a Grupo Econômico. Responsabilidade Solidária do Sucessor por Débitos Trabalhistas de Empresa não adquirida. Inexistência. O sucessor não responde solidariamente por débitos trabalhistas de empresa não adquirida, integrante do mesmo grupo econômico da empresa sucedida, quando, à época, a empresa devedora direta era solvente ou idônea economicamente, ressalvada a hipótese de má-fé ou fraude na sucessão.*

No caso dos empregadores domésticos, não há sucessão, uma vez que a CLT não se aplica a eles, nem sequer são empresas, além disso, tal relação liga-se à pessoa ou à família. Assim, se uma pessoa muda de casa e o novo morador "aproveita" o serviço da empregada doméstica do antigo morador, estabelece-se um novo contrato, rompendo-se o vínculo anterior, não tendo esse novo empregador nenhuma responsabilidade pelos créditos decorrentes do contrato anterior.

Segurança e Saúde no Trabalho

A preocupação com saúde e segurança do trabalhador e, consequentemente, com o meio ambiente de trabalho, foi uma das primeiras questões trabalhistas, sendo que nossa Constituição enaltece sua importância direta ou indiretamente, em várias partes do seu texto, especialmente no seu art. 7º.

> ***Art. 7º. XXII.*** *Redução dos riscos inerentes ao trabalho, por meio de normas de saúde, higiene e segurança;*

Normas de Segurança e Medicina do Trabalho

A CLT dispõe sobre algumas normas de Segurança e Medicina no Trabalho, mas a tendência moderna é deixar que matérias técnicas sejam reguladas não por leis, mas por atos expedidos pela autoridade técnica competente.

É o Ministério do Trabalho e Emprego que tem a incumbência de editar tais atos, por meio das Normas Regulamentadoras (NR), sendo que tanto as empresas como os empregados têm como obrigação cumprir as normas de proteção ao trabalho.

As empresas são obrigadas a treinar os empregados, adotar técnicas que eliminem ou reduzam a ocorrência de acidentes do trabalho, tanto que podem ter interditados a máquina ou todo o estabelecimento em caso de grave risco de acidente do trabalho.

> ***Art. 157*** *- Cabe às empresas:*
>
> ***I.*** *Cumprir e fazer cumprir as normas de*

segurança e medicina do trabalho;

II. *Instruir os empregados, através de ordens de serviço, quanto às precauções a tomar no sentido de evitar acidentes do trabalho ou doenças ocupacionais;*

III. *Adotar as medidas que lhes sejam determinadas pelo órgão regional competente;*

IV. *Facilitar o exercício da fiscalização pela autoridade competente.*

Além disso, a empresa deve fornecer, gratuitamente, equipamentos de proteção individual (EPI) e obrigar seu uso - não se pode dizer que o empregado não usava por vontade própria.

Art. 166 *- A empresa é obrigada a fornecer aos empregados, gratuitamente, equipamento de proteção individual adequado ao risco e em perfeito estado de conservação e funcionamento, sempre que as medidas de ordem geral não ofereçam completa proteção contra os riscos de acidentes e danos à saúde dos empregados.*

Art. 167 *- O equipamento de proteção só poderá ser posto à venda ou utilizado com a indicação do Certificado de Aprovação do Ministério do Trabalho.*

O empregado deve obedecer às normas de segurança e medicina e utilizar os EPIs, sendo que se não o fizer, poderá ser dispensado por justa causa.

Art. 158 *- Cabe aos empregados:*

I. *Observar as normas de segurança e medicina do trabalho, inclusive as instruções de que trata o item II do Art. anterior;*

II. *Colaborar com a empresa na aplicação dos dispositivos deste Capítulo.*

Parágrafo único *- Constitui ato faltoso do empregado a recusa injustificada:*

a) *À observância das instruções expedidas pelo empregador na forma do item II do Art. anterior;*

b) *Ao uso dos equipamentos de proteção individual fornecidos pela empresa.*

Dentro das empresas, existe a comissão interna de prevenção de acidentes (CIPA), que tem representantes indicados pelo empregador e eleitos pelos empregados. Um representante do empregador será o presidente da CIPA, e um representante eleito pelos empregados será o vice.

Art. 163 *- Será obrigatória a constituição de Comissão Interna de Prevenção de Acidentes (CIPA), de conformidade com instruções expedidas pelo Ministério do Trabalho, nos estabelecimentos ou locais de obra nelas especificadas.*

Parágrafo único *- O Ministério do Trabalho regulamentará as atribuições, a composição e o funcionamento das CIPA (s).*

Art. 164 *- Cada CIPA será composta de representantes da empresa e dos empregados, de acordo com os critérios que vierem a ser adotados na regulamentação de que trata o parágrafo único do Art. anterior.*

§ 1º *- Os representantes dos empregadores, titulares e suplentes, serão por eles designados.*

§ 2º *- Os representantes dos empregados, titulares e suplentes, serão eleitos em escrutínio secreto, do qual participem, independentemente de filiação sindical, exclusivamente os empregados interessados.*

§ 3º *- O mandato dos membros eleitos da CIPA terá a duração de 1 (um) ano, permitida uma reeleição.*

§ 4º *- O disposto no parágrafo anterior não se aplicará ao membro suplente que, durante o seu mandato, tenha participado de menos da metade do número de reuniões da CIPA.*

§ 5º *- O empregador designará, anualmente, dentre os seus representantes, o Presidente da CIPA e os empregados elegerão, dentre eles, o Vice-Presidente.*

Fique Ligado

Nota-se que somente o eleito pelos empregados terá estabilidade no emprego, o designado pelo empregador poderá ser dispensado, sem justa causa.

Art. 165 *- Os titulares da representação dos empregados nas CIPA (s) não poderão sofrer despedida arbitrária, entendendo-se como tal a que não se fundar em motivo disciplinar, técnico, econômico ou financeiro.*

Parágrafo único *- Ocorrendo a despedida, caberá ao empregador, em caso de reclamação à Justiça do Trabalho, comprovar a existência de qualquer dos motivos mencionados neste Art., sob pena de ser condenado a reintegrar o empregado.*

Proteção ao Trabalho da Mulher

Como a Lei Maior adotou a igualdade de direitos e deveres entre homens e mulheres, discute-se se as disposições da CLT, diferenciando o trabalho da mulher teriam sido recepcionadas pela nova Constituição, ou seja, se são compatíveis ou não com esse diploma. É que a própria Lei Maior determina a proteção do mercado de trabalho da mulher, mediante incentivos específicos:

Art. 7º. XX. *Proteção do mercado de trabalho da mulher, mediante incentivos específicos, nos termos da lei;*

O STF já se posicionou favoravelmente afirmando que a diferenciação é possível quando justificável, quando não seja até mesmo desvantajosa para a mulher competir no mercado de trabalho. Dessa forma, serão tratados aqueles que se destacam e que têm sido cobrados nas provas.

A discriminação entre homens e mulheres, na hora da contratação, é vedada, somente podendo haver quando a natureza da atividade exigir (por exemplo, a contratação de um segurança homem para ficar dentro do banheiro masculino em uma boate). Também é vedado criar empecilhos para a ascensão funcional da mulher dentro da empresa, participação em cursos, treinamentos. As condições de trabalho e de salário também devem ser as mesmas.

Não se podem exigir exames de gravidez ou esterilização da mulher visando a "selecionar as que não engravidarão". Se a atividade puder causar danos ao feto, em razão de agente químico, por exemplo, poderá ser restringida a contração para tal atividade (mas nunca para a empresa de forma geral).

Art. 377 *- A adoção de medidas de proteção ao trabalho das mulheres é considerada de ordem pública, não justificando, em hipótese alguma, a redução de salário.*

Art. 373-A. *Ressalvadas as disposições legais destinadas a corrigir as distorções que afetam o acesso da mulher ao mercado de trabalho e certas especificidades estabelecidas nos acordos trabalhistas, é vedado:*

I. *Publicar ou fazer publicar anúncio de emprego no qual haja referência ao sexo, à idade, à cor ou situação familiar, salvo quando a natureza da atividade a ser exercida, pública e notoriamente, assim* *o exigir;*

II. *Recusar emprego, promoção ou motivar a dispensa do trabalho em razão de sexo, idade, cor, situação familiar ou estado de gravidez, salvo quando a natureza da atividade seja notória e publicamente incompatível;*

III. *Considerar o sexo, a idade, a cor ou situação familiar como variável determinante para fins de remuneração, formação profissional e oportunidades de ascensão profissional;*

IV. *Exigir atestado ou exame, de qualquer natureza, para comprovação de esterilidade ou gravidez, na admissão ou permanência no emprego;*

V. *Impedir o acesso ou adotar critérios subjetivos para deferimento de inscrição ou aprovação em concursos, em empresas privadas, em razão de sexo, idade, cor, situação familiar ou estado de gravidez;*

VI. *Proceder o empregador ou preposto a revistas íntimas nas empregadas ou funcionárias.*

Parágrafo único. *O disposto neste Art. não obsta a adoção de medidas temporárias que visem ao estabelecimento das políticas de igualdade entre homens e mulheres, em particular as que se destinam a corrigir as distorções que afetam a formação profissional, o acesso ao emprego e as condições gerais de trabalho da mulher.*

À mulher é devido um intervalo para descanso de 15 minutos antes de começar a prestar horas extras, o qual não integra a jornada de trabalho, não sendo remunerado, sendo constitucional tal diferenciação. Se não for concedido, então, deverá ser pago como hora extra, com adicional de 50%.

***Art. 384** - Em caso de prorrogação do horário normal, será obrigatório um descanso de 15 (quinze) minutos no mínimo, antes do início do período extraordinário do trabalho.*

A quantidade de peso com que a mulher lida no trabalho também é diferenciada. Ela pode atuar em serviços que demandem esforço contínuo superior a 20 quilos ou esforço superior a 25 quilos, para situações ocasionais.

***Art. 390** - Ao empregador é vedado empregar a mulher em serviço que demande o emprego de força muscular superior a 20 (vinte) quilos para o trabalho contínuo, ou 25 (vinte e cinco) quilos para o trabalho ocasional.*

***Parágrafo único** - Não está compreendida na determinação deste Art. a remoção de material feita por impulsão ou tração de vagonetes sobre trilhos, de carros de mão ou quaisquer aparelhos mecânicos.*

Quanto à licença maternidade, ela é de 120 dias.

Fique Ligado

A licença-maternidade é de 120 dias, não é 4 meses. Se a assertiva afirmar que é de 4 meses, estará errada.

Não confunda licença-maternidade com a estabilidade que a gestante tem, desde a confirmação da gravidez, até 5 meses após o parto.

A empregada pode requerer a licença entre o 28º dia antes do parto e a ocorrência deste. Além dos 120 dias de afastamento, por motivo de saúde, a ausência da empregada pode ser aumentada em até mais 2 semanas antes e mais 2 semanas depois do parto.

Mesmo no caso de parto antecipado, a mulher tem direito aos 120 dias de licença, contudo, não confunda parto antecipado com aborto. O aborto (o feto faleceu), desde que não seja criminoso, dará à mulher o direito a 2 semanas remuneradas de afastamento. Como o aborto ainda é crime no Brasil, quando crime induzido, a mulher não terá direito às 2 semanas de licença - essa posição é controversa, mas deve ser considerada correta em concursos. As bancas costumam chamar de "aborto espontâneo" aquele que dá direito às 2 semanas de afastamento.

Uma observação quanto à licença gestante é que, de forma geral, o empregador deve pagar os salários, sendo esse valor abatido das contribuições previdenciárias devidas pelo empregador. No caso da doméstica, ela receberá, desde o primeiro dia, benefício previdenciário, não recebendo salários do empregador durante o período.

Art. 392. *A empregada gestante tem direito à licença-maternidade de 120 (cento e vinte) dias, sem prejuízo do emprego e do salário.*

§ 1º *A empregada deve, mediante atestado médico, notificar o seu empregador da data do início do afastamento do emprego, que poderá ocorrer entre o 28º (vigésimo oitavo) dia antes do parto e ocorrência deste.*

§ 2º *Os períodos de repouso, antes e depois do parto, poderão ser aumentados de 2 (duas) semanas cada um, mediante atestado médico.*

§ 3º *Em caso de parto antecipado, a mulher terá direito aos 120 (cento e vinte) dias previstos neste*

§ 4º *É garantido à empregada, durante a gravidez, sem prejuízo do salário e demais direitos:*

I. *Transferência de função, quando as condições de saúde o exigirem, assegurada a retomada da função anteriormente exercida, logo após o retorno ao trabalho;*

II. *Dispensa do horário de trabalho pelo tempo necessário para a realização de, no mínimo, seis consultas médicas e demais exames complementares.*

Atualmente, a mulher que adota uma criança tem licença de 120 dias, igual à mulher que gerou uma criança, mas deverá ser apresentado o termo judicial de guarda à adotante.

A Lei 12.783/2013 trouxe inovações quanto a licença maternidade. Por um longo período o benefício foi devido exclusivamente para as mulheres, excluindo o homem caso adotasse uma criança. Tal inovação legislativa também atende ao princípio da proteção integral da criança e do adolescente.

Veja a redação do artigo 392-C da CLT:

Art. 392-C. *Aplica-se, no que couber, o disposto no art. 392-A e 392-B ao empregado que adotar ou obtiver guarda judicial para fins de adoção*

Porém, fica vedado o benefício a mais de um empregado quando adotem em conjunto uma criança (parágrafo quinto do artigo 392-A da CLT).

Fique Ligado

Uma última observação é que para as servidoras públicas federais adotantes (Lei 8.112/1990), a regra é um pouco diferente, pois o prazo varia com a idade da criança. É importante estudar os dois assuntos em paralelo, pois ambos costumam ser cobrados em concurso, e o candidato pode se confundir.

Art. 392-A. À empregada que adotar ou obtiver guarda judicial para fins de adoção de criança será concedida licença-maternidade nos termos do art. 392, observado o disposto no seu § 5º.

§ 4º A licença-maternidade só será concedida mediante apresentação do termo judicial de guarda à adotante ou guardiã.

***Art. 393** - Durante o período a que se refere o art. 392, a mulher terá direito ao salário integral e, quando variável, calculado de acordo com a média dos 6 (seis) últimos meses de trabalho, bem como os direitos e vantagens adquiridos, sendo-lhe ainda facultado reverter à função que anteriormente ocupava.*

***Art. 395** - Em caso de aborto não criminoso, comprovado por atestado médico oficial, a mulher terá um repouso remunerado de 2 (duas) semanas, ficando-lhe assegurado o direito de retornar à função que ocupava antes de seu afastamento.*

Se o emprego que a mulher ocupa é prejudicial ao feto, ela poderá romper o pacto, sem que se configure falta de sua parte. Assim, não terá de dar aviso prévio ao empregador, mas também não receberá indenização alguma.

***Art. 394** - Mediante atestado médico, à mulher grávida é facultado romper o compromisso resultante de qualquer contrato de trabalho, desde que este seja prejudicial à gestação.*

***Art. 396** - Para amamentar o próprio filho, até que este complete 6 (seis) meses de idade, a mulher terá direito, durante a jornada de trabalho, a 2 (dois) descansos especiais, de meia hora cada um.*

***Parágrafo único** - Quando o exigir a saúde do filho, o período de 6 (seis) meses poderá ser dilatado, a critério da autoridade competente.*

Por fim, os estabelecimentos com mais de 30 mulheres, com idades superiores a 16 anos, deverão conter locais para amamentação, com berçário, saleta da amamentação, cozinha dietética e instalação sanitária.

***Art. 389** - Toda empresa é obrigada:*

§ 1º - Os estabelecimentos em que trabalharem pelo menos 30 (trinta) mulheres com mais de 16 (dezesseis) anos de idade terão local apropriado onde seja permitido às empregadas guardar sob vigilância e assistência os seus filhos no período da amamentação.

§ 2º - A exigência do § 1º poderá ser suprida por meio de creches distritais mantidas, diretamente ou mediante convênios, com outras entidades públicas ou privadas, pelas próprias empresas, em regime comunitário, ou a cargo do SESI, do SESC, da LBA ou de entidades sindicais.

***Art. 400** - Os locais destinados à guarda dos filhos das operárias durante o período da amamentação deverão possuir, no mínimo, um berçário, uma saleta de amamentação, uma cozinha dietética e uma instalação sanitária.*

Exercício Comentado

01. Considere as seguintes assertivas, a respeito da proteção ao trabalho da mulher:

I. A adoção de medidas de proteção ao trabalho das mulheres é considerada de ordem pública, não justificando, em hipóteses alguma, a redução de salário.

II. Em caso de parto antecipado, a mulher terá direito a 12 semanas de licença-maternidade.

III. À empregada que adotar ou obtiver guarda judicial, para fins de adoção de criança de 7 anos de idade, será concedida licença-maternidade de 120 dias.

IV. Os locais destinados à guarda dos filhos das operárias, durante o período da amamentação, deverão possuir, no mínimo, um berçário, uma saleta de amamentação, uma cozinha dietética e uma instalação sanitária.

De acordo com a Consolidação das Leis do Trabalho, está correto o que consta APENAS em:

a) III e IV.
b) I, II e III.
c) I e IV.
d) I, III e IV.
e) II, III e IV.

RESPOSTA. "D". O único item errado é o II, pois, em caso de parto antecipado, a licença é de 120 dias da mesma forma. Mas é importante notar que a questão é de 2011, sendo que tais assuntos ainda eram cobrados.

Proteção ao Trabalho do Menor

Tanto a CLT como a CF consideram, para fins trabalhistas, a pessoa entre 14 e 18 anos como menor. Aqueles que possuem menos de 14 anos são absolutamente incapazes para o direito do trabalho. Ao menor de 18 anos é basicamente proibido o trabalho noturno, perigoso, insalubre ou que prejudique sua formação moral ou física.

***Art. 402.** Considera-se menor para os efeitos desta Consolidação o trabalhador de quatorze até dezoito anos.*

***Art. 403.** É proibido qualquer trabalho a menores de dezesseis anos de idade, salvo na condição de aprendiz, a partir dos quatorze anos.*

***Parágrafo único.** O trabalho do menor não poderá ser realizado em locais prejudiciais à sua formação, ao seu desenvolvimento físico, psíquico, moral e social e em horários e locais que não permitam a frequência à escola.*

***Art. 404** - Ao menor de 18 (dezoito) anos é vedado o trabalho noturno, considerado este o que for executado no período compreendido entre as 22 (vinte e duas) e as 5 (cinco) horas.*

***Art. 405** - Ao menor não será permitido o trabalho:*

I. Nos locais e serviços perigosos ou insalubres, constantes de quadro para esse fim aprovado pelo Diretor Geral do Departamento de Segurança e Higiene do Trabalho;

II. Em locais ou serviços prejudiciais à sua moralidade.

3º Considera-se prejudicial à moralidade do menor o trabalho:

a) Prestado de qualquer modo, em teatros de revista, cinemas, boates, cassinos, cabarés, dancings e estabelecimentos análogos;

b) *Em empresas circenses, em funções de acrobata, saltimbanco, ginasta e outras semelhantes;*

c) *Consistente na venda, a varejo, de bebidas alcoólicas.*

Além dessas proibições da CLT, o Brasil ratificou a Convenção nº. 182, da Organização Internacional do Trabalho, que trata do trabalho infantil, sendo que o decreto presidencial que a regulamenta inclui, dentre várias outras proibições, o trabalho doméstico infantil e o trabalho nas ruas e em praças públicas.

Fique Ligado

Quanto às crianças que trabalham desde cedo na televisão, como alguns apresentadores que, desde os 5 anos, já tinham seu próprio programa? Isso não viola a Constituição, que somente permite o trabalho para os maiores de 14 anos?

Essa é uma questão estranha, até surreal, mas na televisão, pode.... o Estatuto da Criança e do Adolescente permite ao Juiz Civil da Infância e da Adolescência liberar a participação de criança e de adolescente em espetáculos públicos e seus ensaios, bem como em certames de beleza.

Note que é o Juiz Civil, não o trabalhista, quem concederá tal autorização.

> ***Art. 149.*** *Compete à autoridade judiciária disciplinar, através de portaria, ou autorizar, mediante alvará:*
>
> ***II.*** *A participação de criança e adolescente em:*
>
> ***a)*** *Espetáculos públicos e seus ensaios;*
>
> ***b)*** *Certames de beleza.*

Se for verificado pela autoridade competente o trabalho de menor em condições que lhe prejudiquem a moral ou a saúde, então, a autoridade obrigará o menor a deixar a atividade, sendo que a empresa deve envidar esforços para alterar a função do menor para alguma compatível com sua condição de pessoa em formação. Podem, ainda, os responsáveis do menor requererem a extinção do vínculo de emprego.

> ***Art. 407*** *- Verificado pela autoridade competente que o trabalho executado pelo menor é prejudicial à sua saúde, ao seu desenvolvimento físico ou a sua moralidade, poderá ela obrigá-lo a abandonar o serviço, devendo a respectiva empresa, quando for o caso, proporcionar ao menor todas as facilidades para mudar de funções.*
>
> ***Parágrafo único*** *- Quando a empresa não tomar as medidas possíveis e recomendadas pela autoridade competente para que o menor mude de função, configurar-se-á a rescisão do contrato de trabalho, na forma do art. 483.*
>
> ***Art. 408*** *- Ao responsável legal do menor é facultado pleitear a extinção do contrato de trabalho, desde que o serviço possa acarretar para ele prejuízos de ordem física ou moral.*

Direito do Menor

O menor só pode prestar horas extras em dois casos. Até mais duas horas por dia, em razão de acordo de compensação de jornada, ou até 12 horas, em razão de motivo de força maior e, nesse caso, quando o trabalho do menor for imprescindível, da mesma forma, com acréscimo de 50%.

Em ambos os casos, o menor terá 15 minutos de descanso antes de iniciar o labor extraordinário.

Quando o menor tiver dois empregos, somam-se as horas trabalhadas nos dois empregos para efeito de jornada de trabalho, ou seja, ele não pode trabalhar 8 horas por dia em um e 4 em outro, pois estaria sendo extrapolado o limite de 8 horas diárias e 44 semanais.

> ***Art. 414*** *- Quando o menor de 18 (dezoito) anos for empregado em mais de um estabelecimento, as horas de trabalho em cada um serão totalizadas.*

Tal como as mulheres, não poderá trabalhar em serviço que demande esforço contínuo superior a 20 quilos ou esforço ocasional superior a 25 quilos.

> ***Art. 405. § 5º*** *Aplica-se ao menor o disposto no art. 390 e seu parágrafo único.*

O menor pode emitir recibos de que recebeu salário, mas não pode, sem assistência de seus responsáveis, assinar Termo de Rescisão do Contrato de Trabalho (TRCT).

> ***Art. 439*** *- É lícito ao menor firmar recibo pelo pagamento dos salários. Tratando-se, porém, de rescisão do contrato de trabalho, é vedado ao menor de 18 (dezoito) anos dar, sem assistência dos seus responsáveis legais, quitação ao empregador pelo recebimento da indenização que lhe for devida.*

Por fim, contra o trabalhador menor de 18 anos não corre prazo prescricional, ou seja, se é contratado sem registro para trabalhar aos 10 anos, e é dispensado aos 18 anos, poderá cobrar verbas dos 8 anos de contrato, diversamente do empregado maior, que só poderia cobrar os últimos 5 anos de contrato.

> ***Art. 440*** *- Contra os menores de 18 (dezoito) anos não corre nenhum prazo de prescrição.*

Relações Triangulares de Trabalho

Trabalho Temporário

A rigor, trabalho temporário é a única forma lícita de intermediação de mão-de-obra, mas é comum tratarem tal contratação como uma espécie de terceirização.

É a Lei 6.019/1974 que regulamenta o trabalho temporário, prevendo 3 figuras: a empresa de trabalho temporário, o empregado desta empresa e a empresa cliente, contratante do trabalho temporário.

Tal contratação só é permitida em duas ocasiões: necessidade transitória de substituição dos empregados permanentes e acréscimo extraordinário de serviços.

Necessidade transitória pode ser a substituição de uma empregada gestante, de um afastamento por acidente de trabalho, em razão de férias de um funcionário etc.

Acréscimo extraordinário de serviços é aquele que ocorre em determinadas épocas do ano, por exemplo, na época do natal, da páscoa, de férias escolares, em alguns setores. Se a empresa está crescendo e tal aumento de necessidade de serviço passa a ser permanente, deve-se contratar funcionários permanentes.

> ***Art. 2º*** *- Trabalho temporário é aquele prestado por pessoa física a uma empresa, para atender à necessidade transitória de substituição de seu pessoal regular e permanente ou à acréscimo extraordinário de serviços.*

A empresa de trabalho temporário é sempre urbana, não pode atuar no trabalho rural. Ainda, ela deve estar registrada junto ao Ministério do Trabalho e Emprego.

> ***Art. 4º*** *- Compreende-se como empresa de trabalho temporário a pessoa física ou jurídica urbana, cuja atividade consiste em colocar à disposição de outras empresas, temporariamente, trabalhadores, devidamente qualificados, por elas remunerados e assistidos.*

Art. 5º - O funcionamento da empresa de trabalho temporário dependerá de registro no Departamento Nacional de Mão de Obra do Ministério do Trabalho e Previdência Social.

A empresa cliente não poderá manter o contrato de trabalho temporário por mais de 3 meses com o mesmo empregado, salvo com autorização especial do Ministério do Trabalho. Por exemplo, num caso de acidente de trabalho, se o acidentado não voltar dentro de 3 meses, pode a empresa pedir ao MTE a prorrogação de tal contrato, em vez de chamar outro trabalhador.

Art. 10 *- O contrato entre a empresa de trabalho temporário e a empresa tomadora ou cliente, com relação a um mesmo empregado, não poderá exceder de três meses, salvo autorização conferida pelo órgão local do Ministério do Trabalho e Previdência Social, segundo instruções a serem baixadas pelo Departamento Nacional de Mão de Obra.*

Tanto o contrato entre a empresa de trabalho temporário e a empresa cliente, como o contrato entre a empresa de trabalho temporário e seus empregados deverão ser celebrados por escrito. Inclusive, pode a fiscalização do trabalho exigir a apresentação de tais contratos.

Ainda, não pode haver empecilho ou cláusula contratual para impedir que o empregado temporário seja contratado definitivamente pela empresa cliente. Também, não é possível cobrar do trabalhador qualquer quantia em razão da intermediação.

Art. 9º *- O contrato entre a empresa de trabalho temporário e a empresa tomadora de serviço ou cliente deverá ser obrigatoriamente escrito e dele deverá constar expressamente o motivo justificador da demanda de trabalho temporário, assim como as modalidades de remuneração da prestação de serviço.*

Art. 11 *- O contrato de trabalho celebrado entre empresa de trabalho temporário e cada um dos assalariados colocados à disposição de uma empresa tomadora ou cliente será, obrigatoriamente, escrito e dele deverão constar, expressamente, os direitos conferidos aos trabalhadores por esta Lei.*

Parágrafo único. *Será nula de pleno direito qualquer cláusula de reserva, proibindo a contratação do trabalhador pela empresa tomadora ou cliente ao fim do prazo em que tenha sido colocado à sua disposição pela empresa de trabalho temporário.*

Art. 15 *- A Fiscalização do Trabalho poderá exigir da empresa tomadora ou cliente a apresentação do contrato firmado com a empresa de trabalho temporário, e, desta última o contrato firmado com o trabalhador, bem como a comprovação do respectivo recolhimento das contribuições previdenciárias.*

Art. 18 *- É vedado à empresa do trabalho temporário cobrar do trabalhador qualquer importância, mesmo a título de mediação, podendo apenas efetuar os descontos previstos em Lei.*

Parágrafo único. *A infração deste Art. importa no cancelamento do registro para funcionamento da empresa de trabalho temporário, sem prejuízo das sanções administrativas e penais cabíveis.*

É assegurado aos trabalhadores temporários, além de todos os direitos constitucionais, o salário equitativo com os funcionários da empresa que sejam de mesma categoria.

Ainda, possuem direito à indenização por dispensa sem justa causa ou término normal do contrato, correspondente a 1/12 (um doze avos) do pagamento recebido. Alguns doutrinadores entendem que tal indenização foi substituída pelo FGTS. Não é permitida a contratação de estrangeiros com visto provisório no país, (por exemplo, visto de turista).

Art. 17 *- É defeso às empresas de prestação de serviço temporário a contratação de estrangeiros com visto provisório de permanência no País.*

A empresa cliente é, em princípio, responsável subsidiária pelos créditos trabalhistas do empregado temporário, mas, no caso de falência da empresa de trabalho temporário, tal responsabilidade passa a ser solidária.

Art. 16 *- No caso de falência da empresa de trabalho temporário, a empresa tomadora ou cliente é solidariamente responsável pelo recolhimento das contribuições previdenciárias, no tocante ao tempo em que o trabalhador esteve sob suas ordens, assim como em referência ao mesmo período, pela remuneração e indenização previstas nesta Lei.*

Esquema da contratação por meio da Lei de Trabalho Temporário:

Terceirização

A terceirização pode ser classificada genericamente como a transferência, pela empresa principal, da execução de um serviço para uma empresa contratada, cujos empregados atuarão em favor da empresa principal.

No Brasil, não há lei, ainda, regulamentando a terceirização de forma geral, mas a Súmula 331/TST criou parâmetros balizadores do que é uma terceirização lícita, havendo quatro hipóteses: o trabalho temporário, as atividades de vigilância, as atividades de conservação e de limpeza e as atividades-meio.

Dispõe a Súmula:

Súm. 331 *Contrato de Prestação de Serviços. Legalidade.*

I. *A contratação de trabalhadores por empresa interposta é ilegal, formando-se o vínculo diretamente com o tomador dos serviços, salvo no caso de trabalho temporário (Lei nº 6.019, de 03.01.1974).*

II. *A contratação irregular de trabalhador, mediante empresa interposta, não gera vínculo de emprego com os órgãos da Administração Pública direta, indireta ou fundacional (art. 37, II, da CF/1988).*

III. Não forma vínculo de emprego com o tomador a contratação de serviços de vigilância (Lei nº 7.102, de 20.06.1983) e de conservação e limpeza, bem como a de serviços especializados ligados à atividade-meio do tomador, desde que inexistente a pessoalidade e a subordinação direta.

IV. O inadimplemento das obrigações trabalhistas, por parte do empregador, implica a responsabilidade subsidiária do tomador dos serviços quanto àquelas obrigações, desde que haja participado da relação processual e conste também do título executivo judicial.

V. Os entes integrantes da Administração Pública direta e indireta respondem subsidiariamente, nas mesmas condições do item IV, caso evidenciada a sua conduta culposa no cumprimento das obrigações da Lei n.º 8.666, de 21.06.1993, especialmente na fiscalização do cumprimento das obrigações contratuais e legais da prestadora de serviço como empregadora. A aludida responsabilidade não decorre de mero inadimplemento das obrigações trabalhistas asSúm.idas pela empresa regularmente contratada.

VI. A responsabilidade subsidiária do tomador de serviços abrange todas as verbas decorrentes da condenação referentes ao período da prestação laboral.

1º Caso de terceirização lícita: São as duas hipóteses que autorizam o trabalho temporário, respeitadas as disposições da lei que o regula. Como visto em tópico próprio, tal contratação decorre de acréscimo extraordinário de serviços ou da substituição transitório de algum funcionário.

2º Caso lícito de terceirização: É a contratação de atividades de vigilância, autorizada pela Lei 7.102/1983. Vigilante é aquele guarda armado, sendo que tal serviço pode ser terceirizado por qualquer pessoa física ou jurídica.

3º Caso de terceirização lícita: São os serviços de conservação e limpeza, que também podem ser contratados por qualquer pessoa física ou jurídica.

4º Caso de terceirização lícita: É possível a terceirização de atividades-meio do tomador.

Exceto no caso do trabalho temporário, os empregados da empresa contratada não podem prestar serviços de natureza pessoal, nem ser subordinados diretamente à empresa principal.

A Súmula dá a impressão de que tal vedação é somente para as atividades-meio, mas não é; os serviços de vigilância, conservação e limpeza também não podem ter tais características, sob pena de serem considerados irregulares, e formar-se o vínculo de emprego diretamente com a empresa principal.

Atividade-Fim X Atividade-Meio

Tal diferenciação é muito criticada por vários juristas, mas é o posicionamento atual do TST, estampado na Súmula 331, e foi construída com base na "teoria do foco", a qual prega que, para as empresas serem mais produtivas, elas precisam focar sua atenção e seu capital nas atividades centrais, repassando para outras empresas as atividades periféricas.

Assim, atividades-fim são aquelas ligadas ao fim principal da empresa, compondo a essência de sua existência. Uma fábrica de móveis tem como finalidade a produção dos móveis: assim, não pode terceirizar o processo produtivo da fabricação dos bens que comercializa.

Por outro lado, as atividades-meio seriam aquelas periféricas, que não são o objetivo principal da empresa, (por exemplo, o transporte dos trabalhadores, a alimentação, a entrega de produtos a clientes etc.).

Assim, aquela empresa de fabricação de móveis pode terceirizar o transporte de seus trabalhadores, a alimentação deles, a entrega dos móveis a clientes etc.

Responsabilidade pelos créditos trabalhistas

Quando a empresa terceirizada não paga os créditos trabalhistas de seus empregados, as empresas contratantes podem ser chamadas a pagar. Tal responsabilidade de pagamento abrange todas as verbas decorrentes da condenação judicial - verbas trabalhistas, previdenciárias, custas processuais etc.

De qualquer forma, a empresa tomadora deve estar elencada no polo passivo da ação, para ter direito à ampla defesa, ou seja, ela deve fazer parte da ação desde o seu início, não podendo ser incluída somente quando da execução da sentença.

No caso da terceirização lícita, permitida pela legislação, a empresa contratante responde de forma subsidiária, ou seja, primeiro, executam-se os bens da empregadora direta e, após, atinge-se o patrimônio da empresa principal. Quanto ao setor público, há algumas especificidades tratadas na sequência.

Note que a jurisprudência não tem considerado relevante o fato de ter ou não havido desconsideração da personalidade jurídica da empresa contratada, não havendo benefício de ordem nesse sentido, de forma que, no caso de não haver pagamento, é possível tanto a execução ser direcionada contra a empresa tomadora do serviço, como em face dos bens dos sócios da empresa terceirizada.

No caso de terceirização ilícita, contra o ordenamento vigente, o setor público e o setor privado têm tratamentos diferenciados.

Na terceirização realizada pelo setor privado, a irregularidade na contratação gera o vínculo diretamente com a tomadora do serviço. Exemplificando:

A empresa Metalúrgica S/A terceiriza a entrega dos bens produzidos para a empresa Entrega Rápida, a qual tem como empregado Sr. Fernando. Em princípio, Fernando é empregado da Entrega Rápida, todavia, se seu serviço tem pessoalidade (não pode ser substituído por outro trabalhador) ou é subordinado à Metalúrgica (desta recebe constantes ordens diretas, tem seu trabalho fiscalizado, é punido pela tomadora em caso de deslizes durante o labor etc.), então, em uma ação trabalhista, poderá ser reconhecido o vínculo diretamente com a Metalúrgica.

Uma questão pacificada pelo TST foi a do empregado de empresas de processamentos de dados que prestam serviços a bancos. O TST editou a seguinte Súmula:

> ***Súm. 239 Bancário.*** *Empregado de Empresa de Processamento de Dados. É bancário o empregado de empresa de processamento de dados que presta serviço a banco integrante do mesmo grupo econômico, exceto quando a empresa de processamento de dados presta serviços a banco e a empresas não bancárias do mesmo grupo econômico ou a terceiros.*

Essa Súmula trata do caso em que o próprio banco criou uma empresa de processamento de dados - que pode prestar serviços somente ao banco ou a terceiros, e o empregado é vinculado a essa empresa. Não é o caso de uma empresa de processamento de dados completamente alheia ao banco, que seria uma terceirização de atividade-meio como outra qualquer.

Já no âmbito da terceirização realizada pelo Setor Público, a questão da responsabilização é tratada de forma diferente.

Na Ação Declaratória de Constitucionalidade nº 16 (ADC), o STF decidiu, com efeito vinculante, que o Art. 71, da Lei 8.666/1993, é constitucional, de forma que a Administração Pública somente será responsabilizada pelos créditos trabalhistas dos empregados, no caso de ser reconhecida sua culpa *in* vigilando, ou seja, se não fiscalizou adequadamente o contrato, sendo que não se presume tal culpa devido ao mero não pagamento pela empresa dos direitos do empregado. Assim, o TST modificou a Súmula 331 para adequar-se a tal orientação, e eventual descumprimento de tal decisão, por algum Juiz ou Tribunal Trabalhista, pode ensejar uma reclamação diretamente ao STF.

Como a Constituição exige o concurso público para ingressar nos quadros do serviço público, a contratação irregular não gera vínculo com a Administração. Para não haver enriquecimento sem causa, bem como para preservar os princípios trabalhistas, é prevista responsabilidade subsidiária do ente público em havendo culpa na fiscalização do contrato. Ainda, com base no princípio da isonomia, havendo terceirizados e efetivos laborando na mesma função, entende o TST que os terceirizados têm direitos às mesmas verbas trabalhistas asseguradas ao efetivos. Assim, em 2011, foi editada a seguinte orientação jurisprudencial:

> ***OJ-SDI1-383 Terceirização.*** *Empregados da Empresa Prestadora de Serviços e da Tomadora. Isonomia. ART. 12, "A", DA LEI Nº 6.019, DE 03.01.1974. A contratação irregular de trabalhador, mediante empresa interposta, não gera vínculo de emprego com ente da Administração Pública, não afastando, contudo, pelo princípio da isonomia, o direito dos empregados terceirizados às mesmas verbas trabalhistas legais e normativas asseguradas àqueles contratados pelo tomador dos serviços, desde que presente a igualdade de funções. Aplicação analógica do art. 12, "a", da Lei nº 6.019, de 03.01.1974.*

Fique Ligado

Mesmo que não esteja expresso na OJ, ela concede isonomia entre empregados da empresa terceirizada e empregados públicos, mas não concede tal equiparação com empregados ou servidores públicos quando há uma contratação direta, sem concurso. Nesses casos, entende-se que somente é devido o pagamento dos salários e o FGTS (sem a multa de 40%).

> ***Súm. 363 Contrato Nulo. Efeitos.*** *A contratação de servidor público, após a CF/1988, sem prévia aprovação em concurso público, encontra óbice no respectivo art. 37, II e § 2º, somente lhe conferindo direito ao pagamento da contraprestação pactuada, em relação ao número de horas trabalhadas, respeitado o valor da hora do salário mínimo, e dos valores referentes aos depósitos do FGTS.*

Exercício Comentado

01. Analise as seguintes proposições sobre terceirização, à luz dos diplomas legais e da Súmula de jurisprudência do TST e responda:

I. Em regra, é ilegal a contratação de trabalhador por empresa interposta, formando-se o vínculo de emprego diretamente com o tomador de serviços como forma de proibir-se o "merchandage".

II. Não forma vínculo de emprego com o tomador a contratação indireta de serviços de vigilância, limpeza e conservação, bem como qualquer tipo de serviços especializados, relacionados com a atividade finalística da empresa tomadora.

III. Em razão da obrigatoriedade de realização de concursos públicos pelos órgãos da Administração Pública, a terceirização irregular não gera vínculo diretamente com a Administração Pública.

IV. O inadimplemento das obrigações trabalhistas, por parte do empregador, implica na responsabilidade subsidiária do tomador dos serviços quanto àquelas obrigações, mas quanto aos órgãos da Administração direta e indireta, é necessário demonstrar sua culpa in vigilando, não caracterizando tal culpa o mero inadimplemento de verbas trabalhistas.

V. É lícita a terceirização no caso de trabalho temporário, regido pela Lei 6.019/74, sendo que fica assegurado ao trabalhador terceirizado o "salário equitativo" em relação ao percebido pelos empregados da mesma categoria da empresa tomadora.

a) Estão corretas todas as assertivas.
b) Estão corretas apenas as assertivas I, II e IV.
c) Estão corretas apenas as assertivas III e V.
d) Está incorreta apenas a assertiva IV.
e) Está incorreta apenas a assertiva II.

RESPOSTA. ***"E". A alternativa II está errada, pois a contratação em atividade-fim não é permitida, de forma que o vínculo de emprego forma-se diretamente com a empresa principal.***

O detalhe da alternativa I é que o termo merchandage é uma palavra francesa que, justamente, significa intermediação de mão de obra, proibida pela legislação.

Empreitada e Subempreitada

Empreitada é um contrato do Direito Civil que tem influência em algumas situações trabalhistas. Por ele, uma pessoa contrata com outra o resultado de um serviço, ou seja, não é a prestação do serviço que importa, mas sim o resultado acabado.

Apesar de não haver limitação prévia das hipóteses de empreitada, a mais comum é na construção civil. Quando uma pessoa contrata um mestre de obras para construir sua casa, ele faz um contrato civil com tal pessoa, e esse mestre de obras é o empreiteiro, que contratará os trabalhadores necessários ao cumprimento do contrato. Ainda, pode ocorrer a contratação de um pedreiro para fazer somente um pequeno reparo, sendo também esse um contrato de empreitada, caso não haja os requisitos da relação de emprego. Em tese, é possível a qualquer um contratar, em vez de uma empreitada, vários empregados para construir sua casa.

Note que os trabalhadores contratados pelo mestre de obras, no caso da empreitada, não são empregados do dono da obra, serão empregados do próprio mestre, que os gerenciará com o fim de entregar a casa pronta ao futuro morador.

Tal empreiteiro pode fazer subempreitadas, ou seja, contratar outros empreiteiros para atuar na obra (por exemplo, um para fazer a fundação, outro para fazer a tubulação e sistemas elétricos, e assim por diante).

Os empregados do subempreiteiro, por expressa previsão legal, podem ajuizar ação contra o empreiteiro principal, sendo que a jurisprudência majoritária do TST entende que tal responsabilidade é solidária, ou seja, podem ser executados conjuntamente os bens tanto do contratante direto do trabalhador (subempreiteiro) como o empreiteiro principal. Note, porém, que tal responsabilidade não pode ser dirigida ao dono da obra.

> ***Art. 455*** *- Nos contratos de subempreitada responderá o subempreiteiro pelas obrigações derivadas do contrato de trabalho que celebrar, cabendo, todavia, aos empregados, o direito de reclamação contra o empreiteiro principal pelo inadimplemento daquelas obrigações por parte do primeiro.*
>
> ***Parágrafo único*** *- Ao empreiteiro principal fica ressalvada, nos termos da lei civil, ação regressiva contra o subempreiteiro e a retenção de importâncias a este devidas, para a garantia das obrigações previstas neste Art..*

Fique Ligado

Não há lei, no Brasil, que responsabilize o dono da obra pelos créditos trabalhistas dos empregados do empreiteiro e subempreiteiros.

A exceção refere-se às incorporadoras e às construtoras, que respondem, sim, uma vez que estão atuando em seus negócios habituais, não se esquivando da responsabilidade pelo pagamento.

> ***Oj-Sdi1-191 Contrato de Empreitada.*** *Dono da Obra de Construção Civil. Responsabilidade. Diante da inexistência de previsão legal específica, o contrato de empreitada de construção civil entre o dono da obra e o empreiteiro não enseja responsabilidade solidária ou subsidiária nas obrigações trabalhistas contraídas pelo empreiteiro, salvo sendo o dono da obra uma empresa construtora ou incorporadora.*

A CLT foi pensada de forma a proteger a parte mais fraca na relação de emprego, o empregado, mas há outras figuras que atraem a proteção da Justiça Especializada. Mesmo antes da Emenda Constitucional 45, que conferiu à Justiça do Trabalho competência para julgar controvérsias surgidas da relação de trabalho *latu senso*, já era possível ao pequeno empreiteiro, pessoa física, ajuizar ação na Justiça do Trabalho para cobrar eventual pagamento não realizado.

> ***Art. 652 a)*** *Conciliar e julgar:*
>
> ***III.*** *Os dissídios resultantes de contratos de empreitadas em que o empreiteiro seja operário ou artífice;*

Entende-se, majoritariamente, que tal Art. confere vantagem do foro da Justiça do Trabalho somente ao pequeno empreiteiro, em obras pequenas, que atue sem empregados. Tal interpretação calca-se na expressão "empreiteiro operário ou artífice", ou seja, é um "quase empregado".

Mesmo com ampliação da competência da Justiça do Trabalho, tal Art. ainda é importante, pois assegura que a ação seja julgada pela Justiça do Trabalho, espantando a hipótese de se equiparar a ação de cobrança de honorários de profissional liberal com a ação do empreiteiro contra o dono da obra. É que o STJ e o próprio TST têm entendido que as cobranças de honorários de profissionais liberais devem ser feitas na Justiça Civil.

> ***Súm. 363/STJ.*** *Compete à Justiça estadual processar e julgar a ação de cobrança ajuizada por profissional liberal contra cliente.*

Esquema geral na empreitada:

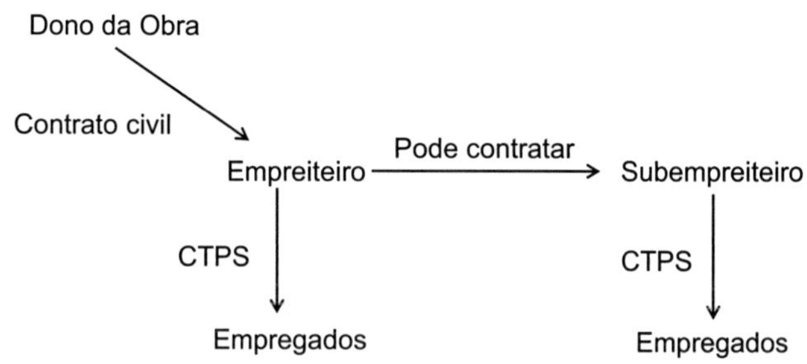

Contrato por Prazo Determinado (CLT)

Situações permitidas

A regra é o contrato sem determinação de prazo, sendo que a CLT elenca algumas exceções:

> ***Art. 443 - § 1º*** *- Considera-se como de prazo determinado o contrato de trabalho cuja vigência dependa de termo prefixado ou da execução de serviços especificados ou ainda da realização de certo acontecimento suscetível de previsão aproximada.*
>
> ***§ 2º*** *- O contrato por prazo determinado só será válido em se tratando:*
>
> ***a)*** *De serviço cuja natureza ou transitoriedade justifique a predeterminação do prazo;*
>
> ***b)*** *De atividades empresariais de caráter transitório;*
>
> ***c)*** *De contrato de experiência.*

A alínea "a" ocorre quando uma empresa precisar repor o quadro normal, em razão de algum afastamento transitório (férias de funcionários, doença, licença maternidade) ou em razão de aumento de demanda em algumas épocas do ano (Natal, Dia dos Namorados, Páscoa).

Na alínea "b", a própria empresa é transitória, não funcionando permanentemente (por exemplo, uma que fabrique velas e somente opere na época dos feriados de *Corpus Christi* e do Natal).

Outro exemplo é a contratação de empregados para as feiras agropecuárias.

Por fim, o contrato de experiência é aquele que, celebrado por escrito, serve para empresa e empregado conhecerem-se mutuamente e decidirem se efetivam o vínculo sem determinação de tempo. Note que aqui há uma legítima expectativa de que tal contrato transmutará em tempo indeterminado.

Prazo e Prorrogações do Contrato

O prazo é de no máximo 2 anos, salvo no contrato de experiência, que é de 90 dias.

> ***Art. 445*** *- O contrato de trabalho por prazo determinado não poderá ser estipulado por mais de 2 (dois) anos, observada a regra do art. 451.*
>
> ***Parágrafo único.*** *O contrato de experiência não poderá exceder de 90 (noventa) dias.*

Esses contratos somente podem ser prorrogados uma vez, sob pena de se tornarem de prazo indeterminado. Assim, o contrato de experiência, por exemplo, poderia ser de 30 dias + 60 dias, 45 dias + 45 dias, mas não poderia ser de 30 dias + 30 dias + 30 dias. Na última situação, foi respeitado o prazo máximo de 90 dias, mas foi prorrogado duas vezes, o que também não é permitido.

> ***Art. 451*** *- O contrato de trabalho por prazo determinado que, tácita ou expressamente, for prorrogado mais de uma vez passará a vigorar sem determinação de prazo.*

Ainda, um trabalhador que foi contratado por prazo determinado não pode ser novamente contratado, dessa forma, dentro de um prazo de 6 meses. Somente é possível outra contratação, dentro desse prazo, se a contratação envolveu serviços especializados ou da realização de certos acontecimentos.

- 1º contrato 01/05/2012 - 30/07/2012
- 2º contrato 01/09/2012 - 30/10/2012

Em princípio, a situação supracitada é irregular e o segundo contrato será considerado como de prazo indeterminado. Entretanto, por "certos acontecimentos", provas de concurso já validaram a seguinte situação:

- 1º contrato 01/11/2011 - 15/01/2012 (período de Ano Novo)
- 2º contrato 15/02/2012 - 29/02/2012 (Carnaval)

O "certo acontecimento", no caso, foi a necessidade de serviço novamente no Carnaval, o que possibilitou a contratação, mesmo não respeitado o período de 6 meses.

> ***Art. 452*** *- Considera-se por prazo indeterminado todo contrato que suceder, dentro de 6 (seis) meses, a outro contrato por prazo determinado, salvo se a expiração deste dependeu da execução de serviços especializados ou da realização de certos acontecimentos.*

Também, há que se ressaltar que a doutrina e jurisprudência não permitem que ocorram sucessivos contratos de experiência, mesmo que respeitados os 6 meses, pois já não há mais finalidade de conhecer o trabalho do empregado em tal contratação. Somente seria possível outro contrato de experiência entre a mesma empresa e o empregado, se fosse para função diferente da contratada anteriormente. Pelo mesmo motivo, não pode um trabalhador ser contratado por prazo determinado no Carnaval e, algum tempo depois, na mesma função, ser contratado por experiência. O empregador já o conhece, não se justificando tal contratação.

Estabilidade

Em regra, não há estabilidade no contrato por prazo determinado (por exemplo, o dirigente sindical não é estável se foi contratado por prazo determinado).

Fique Ligado

O TST, recentemente, alterou esse posicionamento tradicional para dois casos: o da gestante e o do acidentado.

No contrato por prazo determinado, mesmo no contrato de experiência, haverá estabilidade para a gestante, desde a confirmação da gravidez até 5 meses após o parto.

> ***Súm. 244 Gestante.*** *Estabilidade Provisória*
>
> ***III.*** *A empregada gestante tem direito à estabilidade provisória prevista no art. 10, inciso II, alínea b, do ADCT, mesmo na hipótese de admissão mediante contrato por tempo determinado.*

Também, haverá estabilidade para o empregado acidentado, afastado por mais de 15 dias do trabalho, pelo prazo mínimo de 12 meses após a cessação do benefício previdenciário. Como a doença ocupacional é equiparada ao acidente do trabalho, a mesma situação ocorre com esta.

> ***Súm. 378 III.*** *O empregado submetido a contrato de trabalho por tempo determinado goza da garantia provisória de emprego, decorrente de acidente de trabalho, prevista no art. 118 da Lei nº 8.213/1991.*

Término do Contrato por Prazo Determinado

Há duas hipóteses para o término do contrato por prazo determinado. A primeira é ele ser cumprido integralmente e chegar ao termo final do contrato. Assim, ele se encerra naturalmente e não há indenizações de nenhuma espécie, somente o pagamento das verbas rescisórias: saldo de salário, férias + 1/3 proporcionais ao tempo trabalhado e 13º salário proporcional ao tempo trabalhado, além de ser possível o saque do FGTS.

Apesar de haver pagamento do FGTS e de o trabalhador poder sacá-lo após o término normal do contrato, não há que se falar em multa de 40%, pois não foi uma demissão arbitrária ou sem justa causa; ocorreu o término normal do contrato.

A segunda hipótese é o término antecipado do contrato, que pode ocorrer por vontade do empregador, caso em que ele é obrigado a pagar, a título de indenização, metade da remuneração a que o trabalhador teria direito até o fim do contrato. Note que, em regra, não há aviso prévio, pois ele é um instituto dos contratos por prazo indeterminado.

> ***Art. 479*** *- Nos contratos que tenham termo estipulado, o empregador que, sem justa causa, despedir o empregado será obrigado a pagar-lhe, a título de indenização, e por metade, a remuneração a que teria direito até o termo do contrato.*
>
> ***Parágrafo único*** *- Para a execução do que dispõe o presente Art., o cálculo da parte variável ou incerta dos salários será feito de acordo com o prescrito para o cálculo da indenização referente à rescisão dos contratos por prazo indeterminado.*

Se ocorrer término antecipado do contrato, por vontade do funcionário, ele também deve indenizar o empregador pelos prejuízos que causar, mas tal indenização tem como limite a quantia que o próprio empregado receberia, caso tivesse sido dispensado. Nesse caso, ele não poderá retirar o FGTS.

Art. 480 - Havendo termo estipulado, o empregado não se poderá desligar do contrato, sem justa causa, sob pena de ser obrigado a indenizar o empregador dos prejuízos que desse fato lhe resultarem.

§ 1º - A indenização, porém, não poderá exceder àquela a que teria direito o empregado em idênticas condições.

Cláusula Assecuratória de Direito Recíproco

É possível que as partes convencionem o direito de ambas rescindirem o contrato por prazo determinado antecipadamente, caso em que tal rescisão será tratada como se fosse a rescisão do contrato por tempo indeterminado.

Dessa forma, havendo tal cláusula e encerrado antecipadamente o vínculo, por vontade do empregado, este não pagará a indenização do Art. 480, da CLT. Mas terá que dar Aviso Prévio ao seu empregador, sob pena de não receber o último mês de serviço. Receberá normalmente as verbas rescisórias, férias +1/3 proporcionais e 13º salário proporcional. Não poderá, todavia, sacar o FGTS. Se o empregador encerrar o vínculo antecipadamente, na vigência dessa cláusula, terá que dar o Aviso Prévio ou indenizá-lo, além de providenciar o pagamento das outras verbas rescisórias e da multa de 40% sobre o FGTS. Não pagará, entretanto, a indenização do art. 479, da CLT.

***Art. 481** - Aos contratos por prazo determinado, que contiverem cláusula assecuratória do direito recíproco de rescisão antes de expirado o termo ajustado, aplicam-se, caso seja exercido tal direito por qualquer das partes, os princípios que regem a rescisão dos contratos por prazo indeterminado.*

Contrato por Prazo Determinado
(Lei 9.601/98)

A Lei 9.601/1998 trouxe uma nova modalidade de contrato por prazo determinado, cujo objetivo era fomentar a contratação pelas empresas, diminuindo o desemprego. Tal Lei tem suas especificidades, sendo que, se a prova não indicar que a questão trata dessa Lei, ela estará se referindo ao contrato regulado pela CLT.

São dois requisitos básicos para a contratação por prazo determinado, conforme essa Lei:

> Negociação coletiva, ou seja, convenção ou acordo coletivo, em que o sindicato dos empregados autoriza tal contratação.

> As contratações devem representar um aumento no número de trabalhadores já existentes nos quadros da empresa.

Note que pode haver contratação em qualquer atividade. O prazo máximo é de 2 anos também, mas pode haver várias prorrogações. (Por exemplo, 2 meses + 2 meses + 8 meses + 4 meses).

No caso de término antecipado do contrato, tal Lei afasta expressamente a aplicação dos Arts. 479 e 480, da CLT. Valerá o que for negociado no ACT ou CCT.

A Lei prevê, expressamente, a estabilidade da gestante, do representante dos empregados eleito para a CIPA, do empregado acidentado e do dirigente sindical, mas tal estabilidade vale durante o prazo do contrato.

O novo posicionamento do TST é que, no caso da gestante e do acidentado, haverá estabilidade, mesmo nos contratos a termo. A mesma lógica deverá ser aplicada nessa espécie de contrato.

Alteração do Contrato de Trabalho
Alteração das Cláusulas e o *Jus Variandi*

Quanto à alteração nos contratos dos empregados, já se tratou um pouco do tema quando analisado o princípio da inalterabilidade lesiva dos contratos.

Somente pode haver alteração no contrato, se forem respeitadas duas condições:

> Concordância do empregado.

> Não resulte em prejuízo direto ou indireto.

Veja que a mera concordância não tem o condão de permitir uma alteração prejudicial, tendo em vista que o empregado é subordinado e entende-se que tal manifestação de vontade não é válida.

***Art. 468** - Nos contratos individuais de trabalho só é lícita a alteração das respectivas condições por mútuo consentimento, e ainda assim desde que não resultem, direta ou indiretamente, prejuízos ao empregado, sob pena de nulidade da cláusula infringente desta garantia.*

Pequenas alterações unilaterais podem ser efetuadas pelo empregador, pois ele tem necessidade de gerir seu negócio, isso se chama *jus variandi*. Seria o exemplo de mudar, em alguns minutos, o horário de trabalho para fazer coincidir com a linha de ônibus, alterar a sede da empresa para outro local dentro da mesma cidade, passar a exigir a utilização de uniforme.

Tal Art., reflexo do princípio da inalterabilidade, gerou diversas interpretações consubstanciadas em Súmulas e OJs do TST:

***Súm. 265 Adicional Noturno.** Alteração de Turno de Trabalho. Possibilidade de Supressão. A transferência para o período diurno de trabalho implica a perda do direito ao adicional noturno.*

No caso da Súmula 265, o empregador, via de regra, pode mudar o empregado que trabalha à noite para a manhã, mesmo sem sua concordância, mas não pode, sem a concordância do empregado, mudá-lo da manhã para a noite. As razões disso vêm da Medicina do Trabalho, que demonstra que o trabalho noturno é mais prejudicial ao ser humano.

***Súm. 29 Transferência.** Empregado transferido, por ato unilateral do empregador, para local mais distante de sua residência, tem direito a suplemento salarial correspondente ao acréscimo da despesa de transporte.*

O empregador pode mudar o local de atuação, mas, se isso gerar maiores despesas, o empregado deverá ser indenizado. Pense em uma empresa que atue na zona leste de São Paulo e mude um empregado para a zona oeste; claro que haverá maiores gastos.

***OJ-SDI1-159 Data de Pagamento.** Salários. Alteração. Diante da inexistência de previsão expressa em contrato ou em instrumento normativo, a alteração de data de pagamento pelo empregador não viola o art. 468, desde que observado o parágrafo único, do art. 459, ambos da CLT.*

Por previsão legal, o salário pode ser pago até o dia 5 do mês seguinte à prestação do serviço. Se uma empresa paga sempre no dia 30, mas precisa mudar a data por qualquer motivo que seja, salvo se expressamente combinado em contrário, tal alteração é possível, desde que respeitado o limite do 5º dia do mês subsequente.

Quando ocorre a diminuição do número de alunos, permite-se a redução da carga horária do professor, desde que permaneça inalterado o valor da hora-aula.

> ***OJ-SDI1-244 Professor.*** *Redução da Carga Horária. Possibilidade. A redução da carga horária do professor, em virtude da diminuição do número de alunos, não constitui alteração contratual, uma vez que não implica redução do valor da hora-aula.*

Salvo no caso do trabalho doméstico, em regra, o fornecimento habitual de alimentação tem natureza salarial e integra o contrato dos empregados. Mas pode a negociação coletiva prever tal parcela com caráter indenizatório ou, ainda, a legislação permite que o empregador adira ao PAT, que não tem natureza salarial.

PAT (Programação de Alimentação ao Trabalhador) é um programa do Governo que o empregador pode aderir; então, seus empregados, especialmente os que ganham até 5 salários mínimos, receberão alimentação de qualidade dentro dos padrões impostos pelo Governo, e não terá caráter salarial.

Se o empregado já recebia a alimentação como salário *in natura*, mesmo que alterada a natureza por meio de negociação coletiva ou por adesão ao PAT, isso não afetará os contratos dos empregados, que continuarão a receber a verba com natureza salarial.

> ***OJ-SDI1-413 Auxílio-Alimentação.*** *Alteração da Natureza Jurídica. Norma Coletiva ou Adesão ao Pat. A pactuação em norma coletiva conferindo caráter indenizatório à verba "auxílio-alimentação" ou a adesão posterior do empregador ao Programa de Alimentação do Trabalhador — PAT — não altera a natureza salarial da parcela, instituída anteriormente, para aqueles empregados que, habitualmente, já percebiam o benefício, a teor das Súmulas nos 51, I, e 241 do TST.*

A alteração do turno de revezamento para o turno fixo também é possível, mesmo unilateralmente, pois ela é benéfica para a saúde do empregado.

> ***Súm. 391 Petroleiros.*** *Lei nº 5.811/1972. Turno Ininterrupto de Revezamento. Horas Extras e Alteração da Jornada para Horário Fixo.*
>
> *I. A Lei nº 5.811/1972 foi recepcionada pela CF/88 no que se refere à duração da jornada de trabalho em regime de revezamento dos petroleiros.*
>
> *II. A previsão contida no art. 10 da Lei nº 5.811/1972, possibilitando a mudança do regime de revezamento para horário fixo, constitui alteração lícita, não violando os arts. 468 da CLT e 7º, VI, da CF/1988.*

Alteração do Cargo

A perda do cargo de confiança, por previsão legal, não é considerada alteração lesiva. Por exemplo, o empregado que era supervisor de vendas em um mercado e passa a ser gerente, ao cargo de supervisor.

> ***Art. 468. Parágrafo único*** *- Não se considera alteração unilateral a determinação do empregador para que o respectivo empregado reverta ao cargo efetivo, anteriormente ocupado, deixando o exercício de função de confiança.*

Ocorre que, pelo princípio da estabilidade financeira, o TST entende que, se o cargo de confiança foi exercido por mais de 10 anos, pode o empregador reverter o empregado ao cargo original, mas não pode deixar de pagar a gratificação se não houver justo motivo.

Fique Ligado

Mesmo que o empregado tenha trabalhado mais de 10 anos em uma função de confiança, a exemplo do cargo de gerente, o empregado pode ser revertido ao cargo anterior, só não poderá perder a remuneração, salvo se der motivo para a reversão.

> ***Súm. 372 Gratificação de Função.*** *Supressão ou Redução. Limites.*
>
> *I. Percebida a gratificação de função por dez ou mais anos pelo empregado, se o empregador, sem justo motivo, revertê-lo a seu cargo efetivo, não poderá retirar-lhe a gratificação tendo em vista o princípio da estabilidade financeira.*
>
> *II. Mantido o empregado no exercício da função comissionada, não pode o empregador reduzir o valor da gratificação.*

Nota-se, ainda, que o rebaixamento de função não é possível. No exemplo citado, não pode o empregado que era supervisor de vendas ser rebaixado para empacotador; isso é uma alteração lesiva, vedada pela legislação.

Caso haja extinção da função exercida pelo empregado, então, é possível aproveitá-lo em outra, compatível com sua qualificação, e desde que não se diminua seu salário.

A doutrina e a jurisprudência entendem que, se existe o quadro de carreira homologado pelo MTE, não pode o empregado recusar promoção.

Transferência de Empregados

Dispõe a CLT:

> ***Art. 469*** *- Ao empregador é vedado transferir o empregado, sem a sua anuência, para localidade diversa da que resultar do contrato, não se considerando transferência a que não acarretar necessariamente a mudança do seu domicílio.*
>
> ***§ 1º*** *- Não estão compreendidos na proibição deste Art.: os empregados que exerçam cargo de confiança e aqueles cujos contratos tenham como condição, implícita ou explícita, a transferência, quando esta decorra de real necessidade de serviço.*
>
> ***§ 2º*** *- É lícita a transferência quando ocorrer extinção do estabelecimento em que trabalhar o empregado.*
>
> ***§ 3º*** *- Em caso de necessidade de serviço o empregador poderá transferir o empregado para localidade diversa da que resultar do contrato, não obstante as restrições do Art. anterior, mas, nesse caso, ficará obrigado a um pagamento suplementar, nunca inferior a 25% (vinte e cinco por cento) dos salários que o empregado percebia naquela localidade, enquanto durar essa situação.*
>
> ***Súm. 43 Transferência.*** *Presume-se abusiva a transferência de que trata o § 1º do art. 469 da CLT, sem comprovação da necessidade do serviço.*

A transferência de empregado é uma forma de alteração contratual e, assim, em regra, depende da anuência do empregado. Contudo, não é considerada transferência aquela alteração que não cause a mudança de domicílio do empregado, ou seja, ele pode continuar dentro da mesma cidade ou região metropolitana de fácil acesso.

Não é necessária concordância do empregado nos seguintes casos:

- Ocupantes de cargo de confiança. Mesmo nesse caso, é necessário demonstrar a real necessidade; a transferência não pode ser um mero capricho ou ser usada para punir um empregado.
- Quando o emprego implícita ou explicitamente tenha este caráter. O caráter implícito seria aquele que decorre da própria atividade (por exemplo, o empregado de um circo). O caráter explícito é quando o contrato prevê expressamente tal condição (por exemplo, um engenheiro contratado para vistoriar várias obras no Brasil inteiro). De qualquer forma, também é necessário demonstrar a real necessidade do serviço.
- Extinção do estabelecimento. Se a empresa fechou as portas em Brasília, pode transferir o empregado para Salvador, por exemplo, e, se o empregado se recusar a mudar de cidade, alguns autores consideram que tal situação equipara-se a um pedido de demissão, outros consideram que se equipara a uma dispensa por justa causa.
- Transferência provisória decorrente da necessidade do serviço. Não há critério muito claro do que seja a transferência provisória, mas pode-se considerar aquela em que há expectativa de retorno à cidade de origem. De qualquer forma, é necessário que haja real necessidade de serviço.

No caso da transferência provisória, é devido pagamento de um adicional de 25% sobre os salários do empregado, durante todo o período da transferência. Tal adicional tem caráter salarial, refletindo em outras verbas.

Fique Ligado

Mesmo no caso de ocupantes de cargo de confiança ou se existir cláusula contratual que preveja a transferência do empregado, será devido o adicional de transferência de 25% da mesma forma.

Ao retornar para sua cidade de origem, ou se a transferência tornar-se definitiva, o adicional não será mais devido.

> ***OJ-SDI1-113 Adicional de Transferência.*** *Cargo de Confiança ou Previsão Contratual de Transferência. Devido. Desde que a Transferência seja Provisória. O fato de o empregado exercer cargo de confiança ou a existência de previsão de transferência no contrato de trabalho não exclui o direito ao adicional. O pressuposto legal apto a legitimar a percepção do mencionado adicional é a transferência provisória.*

A par deste adicional de 25%, nas transferências provisórias, há, ainda, previsão de uma ajuda de custo, sem caráter salarial, paga uma única vez em razão dos gastos da mudança. Tal ajuda de custo é devida em todas as transferências, provisórias ou definitivas.

> ***Art. 470*** *- As despesas resultantes da transferência correrão por conta do empregador.*

Transferência para o exterior

As transferências para o exterior são reguladas pela Lei 7.064/1982, a qual determina, basicamente, que serão aplicadas as disposições legais mais favoráveis ao empregado em relação a cada matéria. É isso que se chama de teoria do conglobamento mitigada.

De qualquer forma, ainda que a lei do país de execução do serviço considere o trabalho como autônomo, deverá ser contado como tempo de serviço o período que o empregado estiver lá, inclusive sendo devido os depósitos para o FGTS.

Salienta-se que foi cancelada a Súmula 207, do TST, sendo que, atualmente, aplica-se a Lei 7.064 a qualquer empregado transferido ou contratado no Brasil para prestar serviços fora.

Suspensão e Interrupção do Contrato de Trabalho

Interrupção do contrato de trabalho significa que o empregado não prestará serviços ao empregador, mas continuará recebendo salários, e esse período contará como tempo de serviço. O empregado não cumpre sua principal obrigação (trabalhar), mas o empregador deve cumprir a sua (pagar salários).

Suspensão do contrato de trabalho significa que tanto o empregado não prestará serviços como o empregador não pagará salários, e tal período não contará como tempo de serviço. Nem o empregado nem o empregador cumprem suas obrigações principais (trabalhar e pagar salários).

Fique Ligado

Suspensão = sem salário. Memorize, assim, para não confundir os dois conceitos.

De qualquer forma, ao empregado afastado são assegurados todos os direitos concedidos à categoria.

> ***Art. 471*** *- Ao empregado afastado do emprego, são asseguradas, por ocasião de sua volta, todas as vantagens que, em sua ausência, tenham sido atribuídas à categoria a que pertencia na empresa.*

Nos contratos por prazo determinado, a regra é que a suspensão ou interrupção do contrato não prorroga o termo final. Todavia, se as partes acordarem, o tempo de afastamento não é computado na contagem do prazo para a terminação do contrato, ou seja, prorroga-se, automaticamente, o contrato em quantos dias o empregado ficar afastado.

> ***Art. 472. § 2º*** *- Nos contratos por prazo determinado, o tempo de afastamento, se assim acordarem as partes interessadas, não será computado na contagem do prazo para a respectiva terminação.*

Hipóteses de Interrupção

O Art. 473, da CLT, elenca algumas hipóteses de interrupção do contrato de trabalho, mas outras hipóteses podem ser encontradas em diversos textos legais e na própria Constituição.

Fique Ligado

Tais assuntos são bastante cobrados em prova, e é necessário memorizar as hipóteses, de forma que listamos a seguir as previsões legais de interrupção, fazendo comentários pertinentes ao estudo.

> ***Art. 473*** *- O empregado poderá deixar de comparecer ao serviço sem prejuízo do salário:*

Falecimento (2 dias de afastamento)

Art. 473. I - Até 2 (dois) dias consecutivos, em caso de falecimento do cônjuge, ascendente, descendente, irmão ou pessoa que, declarada em sua carteira de trabalho e previdência social, viva sob sua dependência econômica;

Além do cônjuge citado no dispositivo, o falecimento do companheiro (fruto de uma união estável) também tem o condão de causar essa interrupção de 2 dias.

Casamento (3 dias de afastamento)

Art. 473. II - Até 3 (três) dias consecutivos, em virtude de casamento.

Exclusivamente para os professores, a CLT dispõe o seguinte:

Art. 320. § 3º - Não serão descontadas, no decurso de 9 (nove) dias, as faltas verificadas por motivo de gala (casamento) ou de luto em consequência de falecimento do cônjuge, do pai ou mãe, ou de filho.

Licença-paternidade (5 dias de afastamento)

Art. 10 - das disposições transitórias constitucionais.

§ 1º - Até que a lei venha a disciplinar o disposto no art. 7º, XIX, da Constituição, o prazo da licença-paternidade a que se refere o inciso é de cinco dias

Fique Ligado

Cuidado! O inciso III da CLT foi revogado.

Tal licença também é concedida ao pai que adota uma criança.

Doação de Sangue (1 dia de afastamento)

Art. 473. IV - Por um dia, em cada 12 (doze) meses de trabalho, em caso de doação voluntária de sangue devidamente comprovada;

Alistamento Eleitoral (até 2 dias de afastamento)

Art. 473. V - Até 2 (dois) dias consecutivos ou não, para o fim de se alistar eleitor, nos termos da lei respectiva.

Vestibular (nos dias de prova)

Art. 473. VII - Nos dias em que estiver comprovadamente realizando provas de exame vestibular para ingresso em estabelecimento de ensino superior.

Exigências do Serviço Militar

Art. 473. VI - No período de tempo em que tiver de cumprir as exigências do Serviço Militar referidas na letra "c" do art. 65 da Lei nº 4.375, de 17 de agosto de 1964 (Lei do Serviço Militar).

Art 65. (Lei 4.375/64) Constituem deveres do Reservista:

c) Apresentar-se, anualmente, no local e data que forem fixados, para fins de exercício de apresentação das reservas ou cerimônia cívica do Dia do Reservista;

Esse caso não tem relação com o Serviço Militar obrigatório. O tratado aqui é esse comparecimento quando um reservista é convocado.

Comparecimento em Juízo

Art. 473. VIII. Pelo tempo que se fizer necessário, quando tiver que comparecer a juízo.

Art. 822 - As testemunhas não poderão sofrer qualquer desconto pelas faltas ao serviço, ocasionadas pelo seu comparecimento para depor, quando devidamente arroladas ou convocadas.

Súm. 155 Ausência ao Serviço. As horas em que o empregado falta ao serviço para comparecimento necessário, como parte, à Justiça do Trabalho não serão descontadas de seus salários (ex-prejulgado nº 30).

Além da testemunha, é o caso do jurado também.

Participação de Representante Sindical em Reunião de Organismo Internacional

Art. 473. IX. Pelo tempo que se fizer necessário, quando, na qualidade de representante de entidade sindical, estiver participando de reunião oficial de organismo internacional do qual o Brasil seja membro.

Acidente do Trabalho ou Doença Profissional nos Primeiros 15 Dias

Art. 60. (Lei 8.213/1991) § 3º Durante os primeiros quinze dias consecutivos ao do afastamento da atividade por motivo de doença, incumbirá à empresa pagar ao segurado empregado o seu salário integral.

Cuidado, em caso de acidente ou doença, a empresa paga o salário nos primeiros 15 dias de afastamento, sendo, portanto, interrupção do contrato. Contudo, se o empregado ficar afastado mais de 15 dias, ou seja, do 16º dia para frente, é o INSS quem paga o empregado para ele ficar "encostado", de forma que, do 16º para frente, o afastamento passa a ser suspensão do contrato.

Redução de Jornada no Aviso Prévio

Art. 488 - O horário normal de trabalho do empregado, durante o prazo do aviso, e se a rescisão tiver sido promovida pelo empregador, será reduzido de 2 (duas) horas diárias, sem prejuízo do salário integral.

Parágrafo único - É facultado ao empregado trabalhar sem a redução das 2 (duas) horas diárias previstas neste Art., caso em que poderá faltar ao serviço, sem prejuízo do salário integral, por 1 (um) dia, na hipótese do inciso I, e por 7 (sete) dias corridos, na hipótese do inciso II do art. 487 desta Consolidação.

A CLT faculta ao empregado sair 2 horas mais cedo ou ter 7 dias seguidos para procurar outro emprego e, como o salário é mantido, tal período configura interrupção da jornada. O trabalhador rural tem 1 dia por semana, e tal período também é de interrupção.

Férias e Descanso Semanal Remunerado

Art. 5º, da CF.

XV. Repouso semanal remunerado, preferencialmente aos domingos;

XVII. Gozo de férias anuais remuneradas com, pelo menos, um terço a mais do que o salário normal.

A respeito das férias e do descanso semanal remunerado, é tamanha sua importâncias e cobranças em concursos que serão tratados de forma aprofundada em tópicos próprios quando se analisar a duração da jornada.

Aborto não criminoso (2 semanas)

Art. 395 - Em caso de aborto não criminoso, comprovado por atestado médico oficial, a mulher terá um repouso remunerado de 2 (duas) semanas, ficando-lhe assegurado o direito de retornar à função que ocupava antes de seu afastamento.

Se o aborto não criminoso é interrupção ou suspensão, o empregador paga os salários, mas é reembolsado pela previdência social, somente ficando a cargo do empregador o pagamento do FGTS, sendo que conta tempo de serviço. A posição que prevalece é que é interrupção.

Licença-maternidade (120 dias)

Art. 5º, da CF. XVIII - Licença à gestante, sem prejuízo do emprego e do salário, com a duração de cento e vinte dias.

Se a licença maternidade é interrupção ou suspensão, o empregador paga os salários, mas é reembolsado pela previdência social, somente ficando a cargo do empregador o pagamento do FGTS, sendo que conta tempo de serviço. A posição que prevalece é que é interrupção.

Art. 392. § 4º É garantido à empregada, durante a gravidez, sem prejuízo do salário e demais direitos:

II. Dispensa do horário de trabalho pelo tempo necessário para a realização de, no mínimo, seis consultas médicas e demais exames complementares.

A gestante pode se afastar para realizar, pelo menos, 6 consultas médicas e exames complementares, sem prejuízo do salário.

Algumas bancas cobram como sendo caso de suspensão do contrato.

Participação em Comissão de Conciliação Prévia

Art. 625-B 2º: O representante dos empregados desenvolverá seu trabalho normal na empresa afastando-se de suas atividades apenas quando convocado para atuar como conciliador, sendo computado como tempo de trabalho efetivo o despendido nessa atividade.

Prontidão e Sobreaviso

Súm. 229 Sobreaviso. Eletricitários. Por aplicação analógica do art. 244, § 2º, da CLT, as horas de sobreaviso dos eletricitários são remuneradas à base de 1/3 sobre a totalidade das parcelas de natureza salarial.

Art. 244. § 2º: Considera-se de "sobreaviso" o empregado efetivo, que permanecer em sua própria casa, aguardando a qualquer momento o chamado para o serviço. Cada escala de "sobreaviso" será, no máximo, de vinte e quatro horas. As horas de "sobreaviso", para todos os efeitos, serão contadas à razão de 1/3 (um terço) do salário normal.

§ 3º Considera-se de "prontidão" o empregado que ficar nas dependências da estrada, aguardando ordens. A escala de prontidão será, no máximo, de doze horas. As horas de prontidão serão, para todos os efeitos, contadas à razão de 2/3 (dois terços) do salário-hora normal.

Quando o empregado está de prontidão ou sobreaviso, aguarda ordens para ir trabalhar a qualquer momento e recebe parte do salário, sendo tal caso interrupção do contrato. A CLT prevê expressamente tal condição para os trabalhadores das estradas de ferro, mas, por analogia, isso pode ser aplicado a qualquer empregado.

Lockout

Lei 7.783/1989, que trata sobre a Greve:

Art. 17. Fica vedada a paralisação das atividades, por iniciativa do empregador, com o objetivo de frustrar negociação ou dificultar o atendimento de reivindicações dos respectivos empregados (lockout).

Parágrafo único. A prática referida no caput assegura aos trabalhadores o direito à percepção dos salários durante o período de paralisação.

O *lockout* ocorre quando o empregador fecha a empresa para dificultar ou impedir organização dos empregados; seria uma espécie de greve da empresa. O Direito brasileiro não permite tal prática, sendo que o empregador deve pagar os salários dos empregados durante o período do *lockout*.

Participação no Conselho Curador do FGTS

Decreto 99.684/1990.

Art. 65. § 6°: As ausências ao trabalho dos representantes dos trabalhadores no Conselho Curador, decorrentes das atividades desse órgão, serão abonadas, computando-se como jornada efetivamente trabalhada para todos os fins e efeitos legais.

Licença Remunerada Voluntariamente Concedida

Sempre que o empregador conceder uma licença remunerada para o empregado, ou quando o contrato de emprego, ou ACT ou CCT transformar uma pausa que era sem remuneração, em remunerada, tal período será de interrupção.

Por exemplo, para segurar pessoas talentosas na sua firma, um empresário decide que o repouso para alimentação passará a ser remunerado. Esse período será considerado interrupção, apesar de a regra geral é que seja suspensão.

Hipóteses de Suspensão

Encargo Público e Serviço Militar Obrigatório

Os encargos públicos, de forma geral, suspendem o contrato de trabalho (por exemplo, eleição para Prefeito da cidade, escolha como Ministro ou Secretário de Estado, Deputado Federal e Senador etc.).

O Serviço Militar obrigatório, aquele prestado após completar 18 anos, é considerado suspensão do contrato, mas há divergência doutrinária a respeito, uma vez que o empregador não paga os salários, mas tem que continuar depositando o FGTS, e ainda conta como tempo de serviço.

Imediatamente após cumprido o encargo público ou findo o Serviço Militar, caso o empregado deseje retornar ao seu posto de trabalho, deve comunicar ao empregador, no prazo máximo de 30 dias, por telegrama ou carta registrada.

Nos contratos por prazo determinado, pode-se combinar que os períodos não contem para calcular o término do contrato.

Art. 472 - O afastamento do empregado em virtude das exigências do serviço militar, ou de outro encargo público, não constituirá motivo para alteração ou rescisão do contrato de trabalho por parte do empregador.

§ 1º - Para que o empregado tenha direito a voltar a exercer o cargo do qual se afastou em virtude de exigências do serviço militar ou de encargo público, é indispensável que notifique o empregador dessa intenção, por telegrama ou carta registrada, dentro do prazo máximo de 30 (trinta) dias, contados da data em que se verificar a respectiva baixa ou a terminação do encargo a que estava obrigado.

§ 2º - Nos contratos por prazo determinado, o tempo de afastamento, se assim acordarem as partes interessadas, não será computado na contagem do prazo para a respectiva terminação.

Fique Ligado

Esse prazo de 30 dias, que o empregado tem para avisar o empregador de que deseja reatar a relação de emprego, não tem relação com o prazo de 90 dias do art. 132, da CLT, o qual regula que, se o empregado retornar em 90 dias, o período de trabalho anterior contará para férias.

Mandado Sindical

Quando o empregado é eleito para cargo de mandado sindical, temporariamente, ele para de prestar serviços à empresa, sendo que esta para de pagar-lhe os salários.

Suspensão Disciplinar

O empregador pode suspender o empregado, por motivo disciplinar, sem pagamento de salário. Note que essa suspensão não pode exceder 30 dias, sob pena de implicar rescisão indireta do contrato de trabalho.

> ***Art. 474*** *- A suspensão do empregado por mais de 30 (trinta) dias consecutivos importa na rescisão injusta do contrato de trabalho.*

Se a suspensão for considerada ilegal ou abusiva pela Justiça do Trabalho, então, o Juiz condenará a empresa a pagar por tal período, ou seja, haverá a conversão em interrupção.

Greve

Durante a greve, não há prestação de serviço e pagamento de salário ou FGTS, nem conta-se o tempo de serviço, sendo, então, suspensão do contrato.

> ***Lei 7.783/1989. Art. 2º*** *Para os fins desta Lei, considera-se legítimo exercício do direito de greve a suspensão coletiva, temporária e pacífica, total ou parcial, de prestação pessoal de serviços a empregador.*

Mas se, nas negociações, ficar acertado que os empregados irão repor as horas e receber por isso, então, tal lapso temporal converte-se em interrupção.

A Lei de Greve costuma ser cobrada em provas; portanto, é importante sua leitura integral, sendo que na parte de Direito Coletivo é que se estudará com detalhes o tema.

Acidente do Trabalho ou Doença Profissional por mais de 15 dias

> **Lei 8.213/1991.** ***Art. 60.*** *O auxílio-doença será devido ao segurado empregado a contar do décimo sexto dia do afastamento da atividade, e, no caso dos demais segurados, a contar da data do início da incapacidade e enquanto ele permanecer incapaz.*

É controvertido se o afastamento após o 15º dia é suspensão do contrato, pois o empregado não recebe salário, recebe benefício previdenciário (auxílio-doença acidentário), e somente haverá pagamento de FGTS. Como o empregado não recebe salário, prevalece a posição de que é suspensão.

Eleição para Cargo de Direção de Sociedade Anônima

O TST Sumulou a questão, informando que se trata de suspensão.

> ***Súm. 269 Diretor Eleito.*** *Cômputo do Período como Tempo de Serviço. O empregado eleito para ocupar cargo de diretor tem o respectivo contrato de trabalho suspenso, não se computando o tempo de serviço desse período, salvo se permanecer a subordinação jurídica inerente à relação de emprego.*

Intervalos Intrajornada e Interjornada

Todos os intervalos não remunerados são hipóteses de suspensão (por exemplo, o intervalo de almoço e o intervalo entre dois dias de serviço).

Prisão provisória do Empregado

O empregado, quando é recolhido à prisão, considera-se dispensado com justa causa, uma vez que é inviável o cumprimento do contrato. Entretanto, no caso de prisão provisória, o TST tem entendido que é caso de suspensão do contrato de trabalho, pois, em pouco tempo, o empregado retornará ao seu posto.

Fique Ligado

Já foi cobrado, diversas vezes, em prova se a condenação criminal do empregado extingue o vínculo ou suspende o vínculo. Não suspende, nem extingue. A mera condenação criminal não altera o contrato de trabalho. É o recolhimento à prisão que extingue o contrato, por justa causa do empregado. Se falar só em condenação, o contrato permanece em vigor normalmente.

Violência Doméstica

No caso de violência doméstica, para garantir a integridade física e moral da mulher, pode o Juiz determinar que esta se afaste do local de trabalho, por um período de 6 meses, sem prejuízo do emprego. Como a Lei não fala em pagamento de salário, é caso de suspensão do contrato.

Lei Maria da Penha

> ***Art. 9º § 2º*** *O juiz assegurará à mulher em situação de violência doméstica e familiar, para preservar sua integridade física e psicológica:*
>
> ***II.*** *Manutenção do vínculo trabalhista, quando necessário o afastamento do local de trabalho, por até seis meses.*

Suspensão prévia ao Inquérito para Apuração de Falta Grave

O empregado que possui a estabilidade decenal e o dirigente sindical necessitam de um inquérito para apuração de falta grave para serem dispensados. O empregador pode suspender o empregado por 30 dias e, dentro desse prazo, deve ajuizar o inquérito, de forma que, durante tal período, o empregado não recebe salários, sendo, então, caso de suspensão.

Ocorre que, se o inquérito for julgado improcedente, o empregador deverá pagar os salários do período, convertendo-se, então, o período em interrupção do contrato.

> ***Art. 494*** *- O empregado acusado de falta grave poderá ser suspenso de suas funções, mas a sua despedida só se tornará efetiva após o inquérito e que se verifique a procedência da acusação.*
>
> ***Parágrafo único*** *- A suspensão, no caso deste Art., perdurará até a decisão final do processo.*
>
> ***Art. 495*** *- Reconhecida a inexistência de falta grave praticada pelo empregado, fica o empregador obrigado a readmiti-lo no serviço e a pagar-lhe os salários a que teria direito no período da suspensão.*

Qualificação Profissional

Existe a possibilidade de suspender-se o contrato de trabalho pelo período de 2 a 5 meses, para a qualificação profissional do empregado, mediante previsão em convenção ou acordo coletivo e adesão formal do funcionário. Tal prazo pode ser elastecido pela própria

ACT ou CCT, caso em que o empregador arcará com o valor da bolsa de qualificação profissional.

Durante a suspensão, não haverá pagamento de salário, por isso, é hipótese de suspensão, mas poderá haver uma ajuda compensatória mensal, sem caráter salarial, cujo valor esteja previsto no ACT ou na CCT.

Esse período de qualificação não pode ser utilizado pelo mesmo empregado dentro dos próximos 16 meses de contrato.

Caso o empregado seja dispensado durante o curso ou nos 3 meses seguintes ao retorno ao trabalho, o empregador deverá pagar multa em valor estabelecido no ACT ou na CCT, sendo, no mínimo, de 100% o valor da última remuneração.

Se não for ministrado o curso ou o empregado permanecer trabalhando, desconsidera-se o período de suspensão, devendo, então, o empregador pagar todos os salários e encargos do período.

> ***Art. 476-A*** *O contrato de trabalho poderá ser suspenso, por um período de dois a cinco meses, para participação do empregado em curso ou programa de qualificação profissional oferecido pelo empregador, com duração equivalente à suspensão contratual, mediante previsão em convenção ou acordo coletivo de trabalho e aquiescência formal do empregado, observado o disposto no art. 471 desta Consolidação.*
>
> *§ 1º Após a autorização concedida por intermédio de convenção ou acordo coletivo, o empregador deverá notificar o respectivo sindicato, com antecedência mínima de quinze dias da suspensão contratual.*
>
> *§ 2º O contrato de trabalho não poderá ser suspenso em conformidade com o disposto no caput deste Art. mais de uma vez no período de dezesseis meses.*
>
> *§ 3º O empregador poderá conceder ao empregado ajuda compensatória mensal, sem natureza salarial, durante o período de suspensão contratual nos termos do caput deste Art., com valor a ser definido em convenção ou acordo coletivo.*
>
> *§ 4º Durante o período de suspensão contratual para participação em curso ou programa de qualificação profissional, o empregado fará jus aos benefícios voluntariamente concedidos pelo empregador.*
>
> *§ 5º Se ocorrer a dispensa do empregado no transcurso do período de suspensão contratual ou nos três meses subsequentes ao seu retorno ao trabalho, o empregador pagará ao empregado, além das parcelas indenizatórias previstas na legislação em vigor, multa a ser estabelecida em convenção ou acordo coletivo, sendo de, no mínimo, cem por cento sobre o valor da última remuneração mensal anterior à suspensão do contrato.*
>
> *§ 6º Se durante a suspensão do contrato não for ministrado o curso ou programa de qualificação profissional, ou o empregado permanecer trabalhando para o empregador, ficará descaracterizada a suspensão, sujeitando o empregador ao pagamento imediato dos salários e dos encargos sociais referentes ao período, às penalidades cabíveis previstas na legislação em vigor, bem como às sanções previstas em convenção ou acordo coletivo.*
>
> *§ 7º O prazo limite fixado no caput poderá ser prorrogado mediante convenção ou acordo coletivo de trabalho e aquiescência formal do empregado, desde que o empregador arque com o ônus correspondente ao valor da bolsa de qualificação profissional, no respectivo período.*

Aposentadoria por Invalidez

Quando o empregado é aposentado por invalidez, tem seu contrato suspenso, podendo retornar ao trabalho, caso tenha capacidade novamente. Pode o empregador, em vez de permitir o retorno, indenizar o trabalhador pela rescisão do contrato.

Se o trabalhador for estável, quando aposentado por invalidez, a indenização será paga em dobro.

Se o empregador tiver admitido substituto no lugar do aposentado, e desde que avisado previamente esse substituto, quando do retorno do aposentado, poderá dispensar o novo empregado, sem pagar-lhe indenização.

O prazo da suspensão é de 5 anos, e é regulado pela Lei Previdenciária. Há discussão a respeito de se o empregado pode ou não retornar ao trabalho após os 5 anos; há Súmulas do STF e do TST conflitantes sobre o tema, mas, no concurso, prevalece a posição do TST, que informa que pode retornar, mesmo após os 5 anos, até por ser mais recente, sendo que a Súmula 217, do STF, foi publicada ainda na vigência de Lei anterior.

> ***Art. 475 -*** *O empregado que for aposentado por invalidez terá suspenso o seu contrato de trabalho durante o prazo fixado pelas leis de previdência social para a efetivação do benefício.*
>
> *§ 1º - Recuperando o empregado a capacidade de trabalho e sendo a aposentadoria cancelada, ser-lhe-á assegurado o direito à função que ocupava ao tempo da aposentadoria, facultado, porém, ao empregador, o direito de indenizá-lo por rescisão do contrato de trabalho, nos termos dos arts. 477 e 478, salvo na hipótese de ser ele portador de estabilidade, quando a indenização deverá ser paga na forma do art. 497.*
>
> *§ 2º - Se o empregador houver admitido substituto para o aposentado, poderá rescindir, com este, o respectivo contrato de trabalho sem indenização, desde que tenha havido ciência inequívoca da interinidade ao ser celebrado o contrato.*
>
> ***Súm. 160/TST Aposentadoria por invalidez.*** *Cancelada a aposentadoria por invalidez, mesmo após cinco anos, o trabalhador terá direito de retornar ao emprego, facultado, porém, ao empregador, indenizá-lo na forma da lei.*

Recentemente, o TST Sumulou acerca de quando o contrato é suspenso, em razão de aposentadoria por invalidez ou afastamento por doença ocupacional. Mantém o plano de saúde:

> ***Súm. 440 Auxílio-Doença Acidentário.*** *Aposentadoria por Invalidez. Suspensão do Contrato de Trabalho. Reconhecimento do Direito à Manutenção de Plano de Saúde ou de Assistência Médica. Assegura-se o direito à manutenção de plano de saúde ou de assistência médica oferecido pela empresa ao empregado, não obstante suspenso o contrato de trabalho em virtude de auxílio-doença acidentário ou de aposentadoria por invalidez.*

Dano Moral da Relação de Emprego

A melhor conceituação doutrinária considera o dano moral aquele que afeta os direitos da personalidade da pessoa, de forma que se arbitra uma quantia em dinheiro, para compensar a dor sofrida, não "monetariazando" os sentimentos humanos. Não é necessário provar-se o dano em si, mas é necessário demonstrar o evento que causa o prejuízo, sendo que o dano moral será presumido. Entretanto, meros aborrecimentos cotidianos não configuram dano moral, de forma que é a jurisprudência que sedimenta quais situações geram dano moral ou não.

O **dano moral,** em geral, ocorre durante o contrato

de trabalho; contudo, há situações pré-contratuais que podem gerá-lo, como abusos cometidos no processo de seleção no emprego, bem como pós-contratuais, como na formação de "lista negra" ou anotação de informações desabonadoras na CTPS do empregado.

Algumas situações recorrentes no dia a dia já têm uma certa pacificação na doutrina e na jurisprudência, fixando critérios para quais eventos causam o dano moral, os quais podem ser objeto de prova: assédio moral ou sexual no trabalho; agressões físicas ou verbais; discriminação; acidente do trabalho ou doença ocupacional; limitação de uso do banheiro.

Revista íntima realizada por pessoa do sexo oposto também gera dano moral. Por outro lado, a revista em bolsas, quando realizada de forma não discriminatória, não tem gerado dano moral.

Quando a empresa fornece e-mail para o empregado trabalhar, pode controlar o conteúdo transmitido; não gera dano moral tal conduta, diferentemente de a empresa "bisbilhotar" o e-mail pessoal do empregado.

Por fim, existe ainda o dano moral coletivo, que ocorre quando a conduta empresarial viola frontalmente direitos trabalhistas de toda uma coletividade, como ocorre no caso do trabalho análogo ao de escravo - não é só o trabalhador que foi lesado, toda a comunidade o foi, pela repulsa a tal conduta.

Recentemente, o TST Sumulou a questão da correção monetária e juros, da quantia fixada a título de danos morais. Pelo entendimento da Corte, os juros contam-se desde o ajuizamento da ação, mas a correção monetária conta-se desde a data da decisão que fixa a quantia.

> ***Súm. 439 Danos Morais.*** *Juros de Mora e Atualização Monetária. Termo Inicial. Nas condenações por dano moral, a atualização monetária é devida a partir da data da decisão de arbitramento ou de alteração do valor. Os juros incidem desde o ajuizamento da ação, nos termos do art. 883 da CLT.*

Exercícios Comentados

01. Karina e Mariana residem no pensionato de Ester, local em que dormem e realizam as suas refeições, já que Gabriela, proprietária do pensionato, contratou Abigail para exercer as funções de cozinheira. Jaqueline reside em uma república estudantil que possui como funcionária Helena, responsável pela limpeza da república, além de cozinhar para os estudantes moradores. Abigail e Helena estão grávidas. Neste caso:

a) Nenhuma das empregadas são domésticas, mas ambas terão direito à estabilidade provisória, decorrente da gestação.

b) Ambas são empregadas domésticas e terão direito à estabilidade provisória, decorrente da gestação.

c) Somente Helena é empregada doméstica, mas ambas terão direito à estabilidade provisória, decorrente da gestação.

d) Somente Abigail é empregada doméstica, mas ambas terão direito à estabilidade provisória, decorrente da gestação.

e) Ambas são empregadas domésticas, mas não terão direito à estabilidade provisória, decorrente da gestação.

RESPOSTA. ***"C". Note que não é a atividade em si que determina se uma pessoa é doméstica, mas sim os requisitos elencados pela Lei. Abigail não é doméstica, pois sua atividade gera lucro, o que não pode ocorrer, ao contrário de Helena, que somente serve às necessidades da república. De qualquer modo, ambas possuem estabilidade gestante.***

02. Considere as seguintes assertivas a respeito da proteção ao trabalho da mulher:

I. A adoção de medidas de proteção ao trabalho das mulheres é considerada de ordem pública, não justificando, em hipótese alguma, a redução de salário.

II. Em caso de parto antecipado, a mulher terá direito a 12 semanas de licença-maternidade.

III. À empregada que adotar ou obtiver guarda judicial para fins de adoção de criança de 7 anos de idade, será concedida licença-maternidade de 120 dias.

IV. Os locais destinados à guarda dos filhos das operárias, durante o período da amamentação, deverão possuir, no mínimo, um berçário, uma saleta de amamentação, uma cozinha dietética e uma instalação sanitária.

De acordo com a Consolidação das Leis do Trabalho está correto o que consta apenas em:

a) III e IV.

b) I, II e III.

c) I e IV.

d) I, III e IV.

e) II, III e IV.

RESPOSTA. ***"D". O único item errado é o II, pois em caso de parto antecipado, a licença é de 120 dias da mesma forma. É importante notar que a questão é de 2011, sendo que tais assuntos ainda são cobrados, mesmo que com baixa frequência.***

Vamos Praticar

01. Quanto ao contrato de trabalho, julgue os itens a seguir:

I. Contrato individual de trabalho é o acordo tácito ou expresso, correspondente à relação de emprego, que poderá ser verbal ou escrito, e, sem qualquer restrição, com prazo determinado ou indeterminado.

II. Não é possível o reconhecimento do vínculo de emprego de pessoa que trabalha com o "jogo do bicho", ante a ilicitude do objeto.

III. A maioridade trabalhista passa a ser plena aos 18 anos, mas pode o empregado prestar serviços a partir dos 16 anos, ou na condição de aprendiz, a partir dos 14, desde que respeitadas as restrições legais.

IV. O trabalho do menor de 14 anos é vedado pela legislação, de forma que não é possível o reconhecimento do vínculo de emprego com este.

V. Preenchidos os requisitos do art. 3º, da CLT, é legítimo o reconhecimento de relação de emprego entre policial militar e empresa privada, mesmo sendo proibida tal prática pelo estatuto de sua corporação.

Estão corretos:

a) Somente os itens I e III.
b) Somente os itens II e IV.
c) Somente os itens II e III.
d) Somente os itens II, III e V.

02. (FCC) No contrato de trabalho, existem obrigações contrárias e contrapostas, em decorrência da característica específica desse contrato:

a) Ser consensual.
b) Ser sinalagmático.
c) Apresentar alteridade.
d) Apresentar onerosidade.
e) Possuir formalidade legal.

03. A respeito da relação de emprego e dos seus sujeitos, é INCORRETO afirmar:

a) A relação de emprego se desenvolve com pessoalidade, ou seja, o empregado tem que prestar o serviço pessoalmente, não podendo mandar qualquer pessoa trabalhar em seu lugar.
b) Empregado é sempre pessoa física.
c) Entidade beneficente, sem finalidade lucrativa, pode ser empregadora.
d) Não haverá distinções relativas à espécie de emprego e à condição de trabalhador, nem entre o trabalho intelectual, técnico e manual.
e) Empregador é sempre pessoa jurídica.

04. (FCC) Quanto ao empregado doméstico, considere:

I. É permitido ao empregador doméstico efetuar descontos no salário do empregado doméstico por fornecimento de vestuário.
II. Em nenhuma hipótese poderá o empregador doméstico efetuar desconto no salário do empregado doméstico por fornecimento de moradia.
III. As despesas pelo fornecimento de alimentação e higiene não têm natureza salarial nem se incorporam à remuneração do empregado para quaisquer efeitos.
IV. É vedada a dispensa arbitrária ou sem justa causa da empregada doméstica gestante, desde a confirmação da gravidez até 5 meses após o parto.
V. Ao empregado doméstico é assegurado o pagamento de horas extras, bem como do adicional noturno.

Está correto o que consta apenas em:

a) I e IV.
b) III, IV e V.
c) II e III.
d) I, II e III.
e) III e IV.

05. Marcel é empregado urbano; Marco é empregado rural e trabalha na pecuária; Mário é empregado rural e trabalha na lavoura; Márcia e Marina trabalham para uma empresa agroindustrial preponderantemente rural, sendo que Marina é motorista e Márcia assistente administrativa; Antonio trabalha em uma empresa de reflorestamento, na área do campo. Assim, julgue os itens a seguir:

I. É trabalho noturno aquele prestado por Marcel, entre as 22:00 e as 05:00, prestado por Marco entre as 21:00 e as 05:00, e prestado por Mario entre as 20:00 e as 04:00.
II. Marco e Mário têm direito a adicional de 20% pelo trabalho noturno, mas somente Marcel tem direito à redução da hora noturna para 52 minutos e 30 segundos.
III. Márcia será considerada rurícola, a despeito da atividade exercida, pois presta serviços a empregador agroindustrial, cuja atividade é preponderantemente rural, fator determinante para tal enquadramento.
IV. Marina é considerada trabalhadora rural, tendo em vista que trabalha no âmbito de empresa cuja atividade é preponderantemente rural, além de não enfrentar habitualmente o trânsito das estradas e cidades.
V. Antonio será considerado empregado urbano, uma vez que a empresa de reflorestamento é uma empresa urbana, de forma que seus empregados serão assim enquadrados, não havendo exceções.

Estão ERRADOS:

a) Somente os itens I, III, e V.
b) Somente os itens II e V.
c) Somente o item V.
d) Somente o item III e IV.

06. (TRT 2) Considere as seguintes proposições, a respeito do trabalhado rural.

I. A cessão pelo empregador de moradia e de sua infraestrutura básica, assim como bens destinados à produção para sua subsistência e de sua família integram o salário do trabalhador rural em todas as situações.
II. É lícito ao empregador rural efetuar descontos no salário do empregado rural até o limite de 20% (vinte por cento) sobre a remuneração deste pela ocupação da morada.
III. Rescindido ou findo o contrato de trabalho, o empregado rural será obrigado legalmente a desocupar a casa onde mora, observados os usos e os costumes da região, porquanto a lei não estipula prazo.
IV. Considera-se trabalho noturno o executado entre as 21h de um dia e as 5h do dia seguinte, na lavoura; e entre as 20h de um dia e as 4h do dia seguinte, na atividade pecuária; havendo um acréscimo mínimo de 20% sobre a remuneração normal do rurícola, considerada a redução da hora noturna para 52min30seg.
V. O produtor rural pessoa física, proprietário ou não, que explore atividade agroeconômica, poderá realizar a contratação de trabalhador rural por pequeno prazo para o exercício de atividades de natureza temporária. A contratação, nesta situação, que superar 2 (dois) meses, dentro do período de 1 (um) ano, fica convertida em contrato de trabalho, por prazo indeterminado, observando-se os termos da legislação aplicável.

Responda:

a) Todas as alternativas estão incorretas.
b) Apenas as alternativas II, III e V estão incorretas.
c) Apenas as alternativas I e III estão corretas.
d) Apenas as alternativas I e IV estão corretas.
e) Apenas a alternativa V está correta.

07. (FCC) Considere as assertivas a seguir, a respeito do contrato de aprendizagem.

I. É sempre escrito, com anotação em CTPS e não poderá ser estipulado por mais de dois anos, salvo no caso de pessoa com deficiência.

II. A duração do trabalho do aprendiz, em regra, não excederá de seis horas diárias, sendo vedadas a prorrogação e a compensação de jornada.

III. É contrato no qual o empregador se compromete a assegurar ao maior de dezesseis anos e menor de dezoito anos, inscrito em programa de aprendizagem, formação técnico-profissional metódica, compatível com o seu desenvolvimento físico, moral e psicológico.

IV. Extinguir-se-á no seu termo ou quando o aprendiz completar dezoito anos, ou ainda antecipadamente quando houver desempenho insuficiente ou não adaptação do aprendiz.

V. As empresas devem, obrigatoriamente, contratar entre 5 e 15% de aprendizes, em cada estabelecimento, em atividades que demandem formação profissional.

É correto o que se afirma apenas em:

a) III e IV.
b) I, II e V
c) II e III e V
d) I, II e III.
e) II, III e IV.

08. (FCC) Com relação ao Grupo Econômico, considere:

I. O Grupo Econômico não se caracteriza, necessariamente, pela natureza das sociedades que o integram.

II. O Grupo de Empresas pode não ter personalidade jurídica e existir de fato.

III. A sociedade de economia mista, as entidades beneficentes e os sindicatos podem fazer parte de um grupo econômico.

IV. É possível a soma do tempo de serviço prestado para as diversas empresas do grupo para efeito de férias.

Está correto o que se afirma apenas em:

a) II e III.
b) I e II.
c) II e IV.
d) I, III e IV.
e) I, II e IV.

09. (FCC) Considere as assertivas abaixo a respeito do trabalho temporário.

I. Em regra, o contrato entre a empresa de trabalho temporário e a empresa tomadora ou cliente, com relação a um mesmo empregado, não poderá exceder de cento e vinte dias.

II. É devido ao trabalhador temporário, dentre outras verbas, adicional noturno, horas extras e aviso prévio.

III. O trabalhador temporário poderá ser dispensado com justa causa, como também poderá requerer a rescisão indireta.

IV. O estrangeiro portador de visto provisório ou definitivo poderá ser contratado como trabalhador temporário.

V. Compreende-se como empresa de trabalho temporário a pessoa física ou jurídica, urbana ou rural, cuja atividade consiste em colocar à disposição de outras empresas, temporariamente, trabalhadores, devidamente qualificados, por elas remunerados e assistidos.

Está correto o que se afirma apenas em:

a) II e III.
b) III e IV.
c) III.
d) I e II.
e) II e V.

10. NÃO corresponde ao entendimento Sumulado pelo TST sobre terceirização:

a) A responsabilidade subsidiária do tomador dos serviços abrange apenas as verbas contratuais, referentes ao período da prestação laboral, não abrangendo indenizações por danos morais ou materiais eventualmente constantes de decisão judicial.

b) O inadimplemento das obrigações trabalhistas, por parte do empregador, implica a responsabilidade subsidiária do tomador dos serviços quanto aquelas obrigações, desde que haja participado da relação processual e conste do título executivo judicial.

c) A responsabilidade subsidiária dos entes integrantes da Administração pública não decorre de mero inadimplemento das obrigações trabalhistas assumidas pela empresa regularmente contratada.

d) A contratação irregular de trabalhador, mediante empresa interposta, não gera vínculo de emprego com os órgãos da Administração pública direta, indireta, ou fundacional.

e) Não forma vínculo de emprego com o tomador a contratação de serviços especializados ligados à atividade/meio do tomador, desde que inexistente a pessoalidade e a subordinação direta.

11. (FCC) O contrato de trabalho por prazo determinado:

a) Exime o empregador do pagamento de indenização, quando a rescisão ocorrer antes de expirado o termo ajustado.

b) Pode ser estipulado por mais de 24 (vinte e quatro) meses, se o seu objeto depender de certos acontecimentos.

c) Que for prorrogado mais de uma vez, passará a vigorar sem determinação de prazo.

d) Na modalidade de contrato de experiência pode ser estipulado por, no máximo, três períodos de 30 (trinta) dias cada um.

e) É lícito, qualquer que seja a sua finalidade.

12. (FCC) Com relação ao contrato de trabalho por prazo determinado, considere:

I. Caberá aviso prévio nos contratos por prazo determinado, que contenham cláusula assecuratória do direito recíproco de rescisão.

II. Em regra, o contrato de trabalho, por prazo determinado, não poderá ser estipulado por mais de dois anos.

III. O contrato de trabalho, por prazo determinado, não poderá ser prorrogado sob pena de ser considerado contrato por prazo indeterminado.

IV. Em regra, considera-se por "prazo indeterminado" todo contrato por "prazo determinado" que suceder, dentro de seis meses, outro contrato também por prazo determinado.

V. A Lei 9601/98 criou um novo tipo de contrato de trabalho por prazo determinado, instituído mediante convenção ou acordo coletivo, sem várias das restrições impostas pela CLT, sendo que pode ser adotado tal contrato em qualquer atividade desenvolvida pela empresa ou estabelecimento, para admissões que representem acréscimo no número de empregados.

Está correto o que consta apenas em:

a) I, II, IV e V.
b) I, II e III.
c) II, III e V.
d) III e IV.
e) I e II e IV.

13. Sobre a alteração do contrato de trabalho é INCORRETO afirmar:

a) Não se considera alteração unilateral a determinação do empregador para que o respectivo empregado reverta ao cargo efetivo, anteriormente ocupado, deixando o exercício de função de confiança.
b) Nos contratos de trabalho, só é lícita a alteração das respectivas condições, por mútuo consentimento e, ainda assim, desde que não resultem, direta ou indiretamente, prejuízos ao empregado, sob pena de nulidade da cláusula infringente dessa garantia.
c) O empregador pode transferir o empregado, independentemente de sua concordância, quando ocorrer a extinção do estabelecimento em que o mesmo trabalhar, sendo que a recusa à transferência por parte do mesmo implica em dispensa por justa causa.
d) As despesas resultantes da transferência correrão por conta do empregador.
e) Em caso de transferência provisória, o empregado receberá adicional nunca inferior a vinte e cinco por cento do salário, enquanto durar essa situação.

14. Julgue os itens a seguir:

I. O empregado transferido, por ato unilateral do empregador, para local mais distante de sua residência, não tem direito a suplemento salarial correspondente ao acréscimo da despesa de transporte, pois tal ato está previsto no *jus variandi* do empregador.
II. A transferência para o período diurno de trabalho implica a perda do direito ao adicional noturno.
III. O empregador pode unilateralmente, transferir o empregado do período diurno para o noturno, tendo em vista que haverá aumento salarial em razão do pagamento de adicional, o que é benéfico para o empregado.
IV. A redução da carga horária do professor, em virtude da diminuição do número de alunos, não constitui alteração contratual, uma vez que não implica redução do valor da hora-aula.
V. Diante da inexistência de previsão expressa em contrato ou em instrumento normativo, a alteração de data de pagamento pelo empregador não viola o art. 468, desde que não ultrapassado o 5º dia útil do mês seguinte.

Estão corretas somente:

a) I e IV.
b) II, IV e V.
c) I e III.
d) II e III.

15. (FCC). Considere as seguintes assertivas a respeito da suspensão e da interrupção do contrato de trabalho:

I. A natureza jurídica da remuneração paga na interrupção contratual é salário.
II. Durante a interrupção do contrato de trabalho, o tempo de afastamento do trabalhador é considerado na contagem de tempo de serviço para os efeitos legais.
III. Na suspensão do contrato de trabalho, ocorrerá a cessação temporária da prestação de serviço, mas ocorrerá o pagamento do salário.

Está correto o que se afirma APENAS em:

a) I.
b) I e II.
c) II.
d) II e III.
e) III.

16. (FCC) Na suspensão do contrato de trabalho, em regra, não há prestação de serviços, bem como:

a) Não se paga salário, não se produzem recolhimentos vinculados ao contrato, mas computa-se tempo de serviço.
b) Paga-se salário, mas não se computa tempo de serviço e não se produzem recolhimentos vinculados ao contrato.
c) Não se paga salário, não se computa tempo de serviço e não se produzem recolhimentos vinculados ao contrato.
d) Paga-se salário, computa-se tempo de serviço, mas não se produzem recolhimentos vinculados ao contrato.
e) Não se paga salário, não se computa tempo de serviço, mas se produzem recolhimentos vinculados ao contrato.

17. (FCC) Denis labora para a empresa W, na função de segurança. Ontem, recebeu comunicação do Exército Brasileiro, informando-o de que deverá se apresentar, na próxima segunda-feira, para desempenhar o Serviço Militar Obrigatório. Neste caso, o contrato de trabalho de Denis será:

a) Suspenso, devendo o mesmo intimar a empresa W, dentro de quinze dias da "baixa" sobre a sua intenção de retorno ao cargo empregatício original.
b) Interrompido, devendo o mesmo intimar a empresa W, dentro de trinta dias da "baixa" sobre a sua intenção de retorno ao cargo empregatício original.
c) Suspenso, devendo o mesmo intimar a empresa W, dentro de trinta dias da "baixa" sobre a sua intenção de retorno ao cargo empregatício original.
d) Interrompido, devendo o mesmo intimar a empresa W, dentro de quinze dias da "baixa" sobre a sua intenção de retorno ao cargo empregatício original.
e) Extinto, devendo a empresa W efetuar o pagamento de todas as verbas rescisórias relativas a uma dispensa sem justa causa.

18. (FCC) Trata-se de hipótese de interrupção do contrato de trabalho:

a) O período de afastamento para desempenho de encargo público como, por exemplo, cargo público eletivo.

b) O período de suspensão disciplinar não relevada pelo empregador ou cancelada pela Justiça do Trabalho.

c) A participação em greve, sem recebimento de salário.

d) A ausência ao trabalho dos representantes dos trabalhadores no Conselho Curador do Fundo de Garantia por Tempo de Serviço, decorrentes de atividades desse órgão.

e) A ausência, por motivo de licença sem remuneração, concedida pelo empregador, tendo em vista a existência de motivo plausível.

Gabarito

01	*D*	*10*	*A*
02	*B*	*11*	*C*
03	*E*	*12*	*A*
04	*E*	*13*	*C*
05	*B*	*14*	*B*
06	*E*	*15*	*B*
07	*B*	*16*	*C*
08	*E*	*17*	*C*
09	*C*	*18*	*D*

Anotações

CAPÍTULO 04

Duração do Trabalho

Uma das primeiras preocupações do Direito do Trabalho foi com a duração do trabalho, tema amplamente cobrado em provas e que tem grande detalhamento na legislação brasileira. Quando se estuda a duração do trabalho, aborda-se a jornada de trabalho, ou seja, o trabalho efetivo do empregado, que tem um padrão geral previsto na Constituição, mas possui diversas variações, tanto previstas em lei, como em Súmulas e orientações jurisprudenciais do TST.

Jornada de Trabalho

A limitação da jornada de trabalho foi uma das primeiras conquistas dos empregados, sendo que nossa Constituição e a CLT regulam várias questões. Tal instituto está ligado à saúde e à segurança do trabalhador, pois longas jornadas contribuem para a ocorrência de mais doenças ocupacionais e acidentes do trabalho, diminuição do convício familiar e social etc.

De forma geral, a jornada máxima é de 8 horas diárias e 44 semanais, conforme previsão na Lei Maior:

> ***Art. 7º XIII****. Duração do trabalho normal não superior a oito horas diárias e quarenta e quatro semanais, facultada a compensação de horários e a redução da jornada, mediante acordo ou convenção coletiva de trabalho.*

Considera-se jornada de trabalho o tempo que o empregado está à disposição da empresa, aguardando ou executando ordens, conforme previsão na CLT.

> ***Art. 4º*** *- Considera-se como de serviço efetivo o período em que o empregado esteja à disposição do empregador, aguardando ou executando ordens, salvo disposição especial expressamente consignada.*

Se o empregador, voluntariamente, conceder uma pausa no serviço, tal como um lanche de 10 minutos durante a tarde, tal período considera-se como à disposição do empregador, ou seja, será remunerado e acrescido à jornada, de forma que pode ensejar no pagamento de horas extras.

> ***Súm. 118*** *Jornada de Trabalho. Horas Extras. Os intervalos concedidos pelo empregador na jornada de trabalho, não previstos em lei, representam tempo à disposição da empresa, remunerados como serviço extraordinário, se acrescidos ao final da jornada.*

Registro de Jornada

Para as empresas com até 10 funcionários, não há obrigatoriedade de registrar-se a entrada e a saída dos funcionários, de forma que a prova da jornada de trabalho é do empregado. Contudo, para as empresas com mais de 10 funcionários, a CLT obriga que o empregador mantenha registro manual, mecânico ou eletrônico da entrada e da saída dos empregados.

O horário que estiver anotado no cartão ponto preSúm.e-se verdadeiro, mas tal presunção é relativa (*juris tantum*), cabendo prova em contrário.

> ***Art. 74. §2º*** *- Para os estabelecimentos de mais de dez trabalhadores será obrigatória a anotação da hora de entrada e de saída, em registro manual, mecânico ou eletrônico, conforme instruções a serem expedidas pelo Ministério do Trabalho, devendo haver pré-assinalação do período de repouso.*

> ***Súm. 338*** *Jornada de Trabalho. Registro. Ônus da prova.*
>
> *I. É ônus do empregador que conta com mais de 10 (dez) empregados o registro da jornada de trabalho na forma do art. 74, § 2º, da CLT. A não-apresentação injustificada dos controles de frequência gera presunção relativa de veracidade da jornada de trabalho, a qual pode ser elidida por prova em contrário.*
>
> *II. A presunção de veracidade da jornada de trabalho, ainda que prevista em instrumento normativo, pode ser elidida por prova em contrário.*
>
> *III. Os cartões de ponto que demonstram horários de entrada e saída uniformes são inválidos como meio de prova, invertendo-se o ônus da prova, relativo às horas extras, que passa a ser do empregador, prevalecendo a jornada da inicial se dele não se desincumbir.*

O item III da Súmula supracitada é questão recorrente em provas. É considerado inválido cartão ponto uniforme, também chamado de horário britânico (todo dia a pessoa anota 08:00 - 11:00 / 13:00 - 18:00), pois é impossível fazer esse horário, todos os dias, durante anos, preSúm.indo-se que tal prática não corresponde à realidade.

Dessa forma, foi criada uma margem de até 5 minutos na entrada e até 5 minutos na saída, totalizando 10 minutos diários, em que não se penaliza um empregado por estar atrasado, nem é necessário que a empresa pague esse período como hora extra. Mas se tal período for ultrapassado, então, haverá penalidade – o empregado será considerado faltoso e a empresa deverá pagar todo o período como extra.

> ***Art. 58*** *- A duração normal do trabalho, para os empregados em qualquer atividade privada, não excederá de 8 (oito) horas diárias, desde que não seja fixado expressamente outro limite.*
>
> ***§1º*** *Não serão descontadas nem computadas como jornada extraordinária as variações de horário no registro de ponto não excedentes de cinco minutos, observado o limite máximo de dez minutos diários.*

> ***Súm. 366*** *Cartão de Ponto. Registro. Horas extras. Minutos que antecedem e sucedem a jornada de trabalho. Não serão descontadas nem computadas como jornada extraordinária as variações de horário do registro de ponto não excedentes de cinco minutos, observado o limite máximo de dez minutos diários. Se ultrapassado esse limite, será considerada como extra a totalidade do tempo que exceder a jornada normal.*

Nem a Convenção ou Acordo Coletivo podem alterar tal disposição, pois está prevista em lei, sendo norma cogente:

> ***OJ-SDI1-372*** *Minutos que antecedem e sucedem a jornada de trabalho. Lei nº 10.243, de 19.06.2001. Norma Coletiva. Flexibilização. Impossibilidade. A partir da vigência da Lei nº 10.243, de 19.06.2001, que acrescentou o § 1º ao art. 58 da CLT, não mais prevalece cláusula prevista em convenção ou acordo coletivo que elastece o limite de 5 minutos que antecedem e sucedem a jornada de trabalho para fins de apuração das horas extras.*

Uma discussão pacificada pelo TST foi o descolamento entre a portaria e o local de trabalho. Imagine uma empresa do tamanho da Usina de Itaipu, em que já dentro da empresa o empregado demora 30 minutos para chegar até o local em que "bate o ponto"; não seria razoável que o empregado despendesse 1 hora por dia somente no trânsito dentro da empresa, sem ser remunerado por isso.

Então, o TST fixou que até 10 minutos diários não se configura tempo à disposição, mas se ultrapassar esse tempo, então, todo o período será contado na jornada. É basicamente o mesmo critério adotado para anotação do cartão ponto.

> ***Súm. 429*** *Tempo à Disposição do Empregador. Art. 4º da CLT. Período de Deslocamento Entre a Portaria e o Local de Trabalho. Considera-se à disposição do empregador, na forma do art. 4º da CLT, o tempo necessário ao deslocamento do trabalhador entre a portaria da empresa e o local de trabalho, desde que supere o limite de 10 (dez) minutos diários.*

Prontidão e Sobreaviso

A CLT trata, ainda, da prontidão e do sobreaviso, os quais, originalmente, foram pensados para tratar do caso dos ferroviários, mas que, por analogia, podem ser aplicados a outras espécies de empregados. Prontidão ocorre quando o empregado aguarda na empresa ordens a qualquer momento, mas não está efetivamente trabalhando, de forma que receba 2/3 de seus salários, o que durará no máximo 12 horas. A regra é que o empregado que está à disposição na empresa considera-se em serviço, conforme tratado, sendo tal prática exceção.

Sobreaviso ocorre quando o empregado aguarda ordens a qualquer momento, mas também não está efetivamente trabalhando, de forma que recebe 1/3 de seus salários, o que durará, no máximo, 24 horas.

> ***Art. 244. §2º*** *Considera-se de sobreaviso o empregado efetivo, que permanecer em sua própria casa, aguardando a qualquer momento o chamado para o serviço. Cada escala de sobreaviso será, no máximo, de vinte e quatro horas, As horas de sobreaviso, para todos os efeitos, serão contadas à razão de 1/3 (um terço) do salário normal.*
>
> ***§3º*** *Considera-se de "prontidão" o empregado que ficar nas dependências da estrada, aguardando ordens. A escala de prontidão será, no máximo, de doze horas. As horas de prontidão serão, para todos os efeitos, contadas à razão de 2/3 (dois terços) do salário-hora normal.*

O TST já estendeu aos eletricitários as disposições do sobreaviso:

> ***Súm. 229*** *Sobreaviso. Eletricitários. Por aplicação analógica do art. 244, § 2º, da CLT, as horas de sobreaviso dos eletricitários são remuneradas à base de 1/3 sobre a totalidade das parcelas de natureza salarial.*

Nota-se, contudo, que o simples fornecimento e utilização de aparelhos de telecomunicação não caracteriza, por si só, o sobreaviso.

> ***Súm. 428*** *Sobreaviso. Aplicação Analógica do Art. 244, § 2º, da CLT.*
>
> ***I.*** *O uso de instrumentos telemáticos ou informatizados fornecidos pela empresa ao empregado, por si só, não caracteriza regime de sobreaviso.*
>
> ***II.*** *Considera-se em sobreaviso o empregado que, à distancia e submetido a controle patronal por instrumentos telemáticos ou informatizados, permanecer em regime de plantão ou equivalente, aguardando a qualquer momento o chamado para o serviço durante o período de descanso.*

Além da jornada padrão de 8 horas durante a semana e mais 4 horas no sábado, as necessidades produtivas foram criando variações na jornada. A jornada 12 x 36 é uma das mais utilizadas nos setores de saúde, sendo que ela pode, excepcionalmente, ser instituída por meio de negociação coletiva, sendo que os feriados trabalhados serão pagos em dobro. Recentemente o, TST Sumulou o assunto:

> ***Súm. 444****. Jornada de Trabalho. Norma Coletiva. Lei. Escala de 12 por 36. Validade. É valida, em caráter excepcional, a jornada de doze horas de trabalho por trinta e seis de descanso, prevista em lei ou ajustada exclusivamente mediante acordo coletivo de trabalho ou convenção coletiva de trabalho, assegurada a remuneração em dobro dos feriados trabalhados. O empregado não tem direito ao pagamento de adicional referente ao labor prestado na décima primeira e décima segunda horas.*

Outra jornada que é utilizada é a 24 x 72. De qualquer forma, é necessário conceder intervalo de almoço, adicional noturno, hora noturna reduzida etc. Nessas jornadas, segundo entendimento do TST, já se consideram compensados os domingos e feriados, não havendo pagamento em dobro ou pagamento de horas extras.

Outra jornada utilizada no ramo da saúde é a 6 x 12, em que o empregado labora seis horas diárias, mas tem um plantão de 12 horas, em qualquer dia da semana.

A "semana espanhola", modalidade em que o empregado trabalha 40 horas em uma semana e 48 horas na outra, também é permitida.

> ***OJ-SDI1-323*** *Acordo de Compensação de Jornada. "Semana Espanhola". Validade. É válido o sistema de compensação de horário quando a jornada adotada é a denominada "semana espanhola", que alterna a prestação de 48 horas em uma semana e 40 horas em outra, não violando os arts. 59, § 2º, da CLT e 7º, XIII, da CF/1988 o seu ajuste mediante acordo ou convenção coletiva de trabalho.*

A jornada 5 x 1, em que o empregado trabalha 5 dias e folga no sexto, tem sido permitida, mas é necessário o pagamento do que exceder o limite de 44 horas semanais, bem como os domingos laborados e não compensados.

Exercício Comentado

01. ***Ana, Bruna, Camila e Doralice são empregadas da empresa Meninas. Hoje, a variação diária de horário no registro de ponto das empregadas foi a seguinte: Ana: 7 minutos; Bruna: 16 minutos; Camila: 5 minutos e Doralice: 4 minutos. Nesses casos, não serão descontadas e nem computadas como jornada extraordinária as variações de horário no registro de ponto APENAS de:***

a) Ana e Bruna.
b) Bruna.
c) Camila e Doralice.
d) Doralice.
e) Ana, Camila e Doralice.

RESPOSTA. ***"E". Se você pensou em responder C, é porque caiu na "pegadinha". Note que a variação máxima da jornada é de 10 minutos, 5 na entrada e 5 na saída. Muita atenção na leitura das alternativas.***

Turnos Ininterruptos de Revezamento

A Constituição prevê, ainda, a jornada nos turnos ininterruptos de revezamento, uma vez que há empresas que não podem parar, seja pela demanda, seja porque as máquinas deterioram-se quando não utilizadas; assim, funcionam 24 horas seguidas ou períodos próximos disso.

> ***Art. 7º XIV*** *- jornada de seis horas para o trabalho realizado em turnos ininterruptos de revezamento, salvo negociação coletiva;*

Quem trabalha em turnos de revezamento, periodicamente, tem seu horário de trabalho alterado (pode ser semanal, quinzenal, mensal etc.), e isso é prejudicial à saúde e ao convício familiar e social; para compensar tais inconvenientes, a Constituição fixou, nesse caso, a jornada em 6 horas. Para configurar esse regime de trabalho, basta a alternância de horários noturnos e diurnos. Não é necessário que o empregado atue em todos os turnos da empresa.

> ***OJ-SDI1-360:*** *Turno Ininterrupto de Revezamento. Dois Turnos. Horário Diurno e Noturno. Caracterização. Faz jus à jornada especial prevista no art. 7º, XIV, da CF/1988 o trabalhador que exerce suas atividades em sistema de alternância de turnos, ainda que em dois turnos de trabalho, que compreendam, no todo ou em parte, o horário diurno e o noturno, pois submetido à alternância de horário prejudicial à saúde, sendo irrelevante que a atividade da empresa se desenvolva de forma ininterrupta.*

Ocorre que a própria norma constitucional permite que, mediante negociação coletiva, a jornada desse trabalhador volte a ser de 8 horas, sem que isso gere direito a horas extras, conforme posicionamento abonado pelo TST:

> ***Súm. 423:*** *Turno Ininterrupto de Revezamento. Fixação de Jornada de Trabalho Mediante Negociação Coletiva. Validade. Estabelecida jornada superior a seis horas e limitada a oito horas por meio de regular negociação coletiva, os empregados submetidos a turnos ininterruptos de revezamento não têm direito ao pagamento da 7ª e 8ª horas como extras.*

Contudo, não pode ser a norma coletiva retroativa, ou seja, regularizar situações passadas, conforme recente OJ do TST:

> ***OJ-SDI-1-420****: Turnos Ininterruptos de Revezamento. Elastecimento da Jornada de Trabalho. Norma Coletiva com Eficácia Retroativa. Invalidade. É inválido o instrumento normativo que, regularizando situações pretéritas, estabelece jornada de oito horas para o trabalho em turnos ininterruptos de revezamento.*

Por outro lado, havendo redução do trabalho de 8 para 6 horas diárias, o empregado horista submetido ao turno terá como divisor 180. Do contrário, o valor da hora de seu salário seria diminuído, o que não é permitido. Horista é empregado cuja remuneração é fixada por hora.

> ***OJ-SDI1-396*** *Turnos Ininterruptos de Revezamento. Alteração da Jornada de 8 para 6 Horas Diárias. Empregado Horista. Aplicação do Divisor 180. Para o cálculo do salário hora do empregado horista, submetido a turnos ininterruptos de revezamento, considerando a alteração da jornada de 8 para 6 horas diárias, aplica-se o divisor 180, em observância ao disposto no art. 7º, VI, da Constituição Federal, que assegura a irredutibilidade salarial.*

Mesmo para o horista, a jornada de 6 horas aplica-se, salvo negociação coletiva.

> ***OJ-SDI1-275*** *Turno Ininterrupto de Revezamento. Horista. Horas Extras e Adicional. Devidos. Inexistindo instrumento coletivo fixando jornada diversa, o empregado horista submetido a turno ininterrupto de revezamento faz jus ao pagamento das horas extraordinárias laboradas além da 6ª, bem como ao respectivo adicional.*

Nota-se que a concessão dos intervalos intrajornada (almoço) e do repouso semanal remunerado não descaracteriza o turno ininterrupto, pois é a empresa que não para, o empregado necessita de tais pausas, sendo seu direito como é dos demais empregados.

> ***Súm. 360*** *Turnos Ininterruptos de Revezamento. Intervalos Intrajornada e Semanal. A interrupção do trabalho destinada a repouso e alimentação, dentro de cada turno, ou o intervalo para repouso semanal, não descaracteriza o turno de revezamento com jornada de 6 (seis) horas previsto no art. 7º, XIV, da CF/1988.*

Além disso, mesmo que a empresa funcione 24 horas por dia, os empregados só terão direito a 6 horas diárias de jornada, se participarem dos turnos. Ou seja, se João sempre trabalha no turno da manhã e Paulo trabalha sempre no turno da noite, suas jornadas serão normais, de 44 horas semanais e 8 diárias.

Salienta-se que se aplica ao turno ininterrupto a hora noturna reduzida (52 minutos e 30 segundos trabalhados = 1 hora).

> ***OJ-SDI1-395*** *Turno Ininterrupto de Revezamento. Hora Noturna Reduzida. Incidência. O trabalho em regime de turnos ininterruptos de revezamento não retira o direto à hora noturna reduzida, não havendo incompatibilidade entre as disposições contidas nos arts. 73, § 1º, da CLT e 7º, XIV, da Constituição Federal.*

Frise-se, ainda, que, no regime de revezamento, também é devida a soma do repouso semanal de 24 horas, com as 11 horas de intervalo entre dois dias de trabalho, somando 35 horas de descanso.

> ***Súm. 110*** *Jornada de Trabalho. Intervalo. No regime de revezamento, as horas trabalhadas em seguida ao repouso semanal de 24 horas, com prejuízo do intervalo mínimo de 11 horas consecutivas para descanso entre jornadas, devem ser remuneradas como extraordinárias, inclusive com o respectivo adicional.*

Por fim, conforme lição de Maurício Godinho Delgado, aplica-se o adicional noturno para os empregados inseridos no turno de revezamento, uma vez que a Constituição não os discriminou.

Exercício Comentado

01. Considere que Jacinto esteja sujeito ao turno ininterrupto de revezamento e tenha trabalhado das 16 horas às 22 horas do sábado e retornado ao trabalho, na segunda-feira seguinte, para cumprir jornada das 6 horas às 12 horas. Nessa situação, Jacinto não tem direito ao pagamento de hora extra.

ERRADO. Questão bem elaborada do CESPE. Note que o empregado parou de trabalhar no sábado, às 22:00, e retornou segunda-feira, às 06:00. Entre os dois dias de trabalho, houve um período de 32 horas, ou seja, usufruiu do descanso semanal, mas não foi respeitada a soma desse descanso de 24 horas, com o período de descanso de 11 horas entre duas jornadas de trabalho. Assim, conforme Súmula 110, são devidas 3 horas extras.

Horas *In itinere*

A regra geral é que o tempo gasto pelo empregado entre sua moradia e seu trabalho não seja considerado como tempo de trabalho ou tempo à disposição da empresa.

Esse tempo de deslocamento, quando computado na jornada de trabalho, é chamado de horas *in itinere*, e, para tanto, são necessários 2 requisitos:

→ O local em que está instalada a empresa for de difícil acesso ou não, por transporte público.

→ O empregador fornecer a condução.

O motivo dessa norma é que, se o empregador não fornecesse a condução, o empregado dificilmente conseguiria ir trabalhar, de forma que, antes de iniciar o trabalho, o empregado já precisa se submeter à organização empresarial, utilizando-se da condução fornecida pelo empregador, nos horários por esse disponibilizados.

> ***Art. 58 §2º*** *O tempo despendido pelo empregado até o local de trabalho e para o seu retorno, por qualquer meio de transporte, não será computado na jornada de trabalho, salvo quando, tratando-se de local de difícil acesso ou não servido por transporte público, o empregador fornecer a condução.*

Quanto ao §3º, do Art. 58, apesar de ter uma redação abrangendo somente as microempresas e empresas de pequeno porte, tem-se admitido que qualquer empresa, mediante negociação coletiva, fixe o tempo médio gasto (por exemplo, as usinas de cana-de-açúcar). Porém, se a questão utilizar o texto exato da Lei, ela deverá ser considerada correta.

Assim, havendo negociação coletiva que preveja o tempo médio em 1 hora para todos os empregados, tanto aquele que gastar 1 hora e meia, como aquele que gastar 30 minutos, receberão a mesma 1 hora fixada na convenção. Tal parágrafo também permite que seja alterada a forma e a natureza da remuneração, ou seja, em vez de ter natureza salarial, poderá ser considerada indenizatória, ou seja, não será considerado como hora extra tal período.

> *§3º Poderão ser fixados, para as microempresas e empresas de pequeno porte, por meio de acordo ou convenção coletiva, em caso de transporte fornecido pelo empregador, em local de difícil acesso ou não servido por transporte público, o tempo médio despendido pelo empregado, bem como a forma e a natureza da remuneração.*

O TST sedimentou que, se o horário da empresa não for compatível com os horários de ônibus, também será caracterizado como jornada de trabalho o tempo gasto pelo empregado. Por exemplo, uma fábrica inicia sua operação às 03:00, mas o primeiro ônibus chega somente às 07:00.

Contudo, a mera insuficiência de transporte não gera o pagamento das horas *in itinere*, uma vez que é o Poder Público, e não o empregador, o responsável por manter um transporte público bem aparelhado.

Ademais, se somente parte do trajeto não for servido por transporte público, então o pagamento será parcial e somente sobre a parte em que o transporte é inexistente.

Fique Ligado

Horário incompatível → há horas in itinere.

Transporte insuficiente → não há horas in itinere

Transporte público parcial → paga a parte que não tem transporte.

Cobrança pelo transporte fornecido → não faz diferença

> ***Súm. 90*** *Horas "In itinere". Tempo de Serviço*
>
> ***I.*** *O tempo despendido pelo empregado, em condução fornecida pelo empregador, até o local de trabalho de difícil acesso, ou não servido por transporte público regular, e para o seu retorno é computável na jornada de trabalho.*
>
> ***II.*** *A incompatibilidade entre os horários de início e término da jornada do empregado e os do transporte público regular é circunstância que também gera o direito às horas "in itinere".*
>
> ***III.*** *A mera insuficiência de transporte público não enseja o pagamento de horas "in itinere".*
>
> ***IV.*** *Se houver transporte público regular em parte do trajeto percorrido em condução da empresa, as horas "in itinere" remuneradas limitam-se ao trecho não alcançado pelo transporte público.*
>
> ***V.*** *Considerando que as horas "in itinere" são computáveis na jornada de trabalho, o tempo que extrapola a jornada legal é considerado como extraordinário e sobre ele deve incidir o adicional respectivo.*

Por fim, é importante observar que, mesmo se o empregador cobrar do empregado certa quantia pelo fornecimento do transporte, haverá a obrigação de pagar as horas in itinere.

> ***Súm. 320:*** *Horas "In itinere". Obrigatoriedade de Cômputo na Jornada de Trabalho. O fato de o empregador cobrar, parcialmente ou não, importância pelo transporte fornecido, para local de difícil acesso ou não servido por transporte regular, não afasta o direito à percepção das horas "in itinere".*

Trabalho em Regime de Tempo Parcial

A CLT permite a contratação de jornada em tempo parcial, considerada aquela que não exceda 25 horas semanais, sendo que um dos objetivos de tal Lei foi fomentar a criação de empregos em razão da redução da jornada.

Assim, a CLT veda a prestação de hora extra nessa modalidade de contratação, pois atenta contra a intenção da Lei.

O salário será proporcional às horas trabalhadas, tendo como base o salário dos empregados que cumprirem as mesmas funções em tempo integral. De qualquer forma, é permitido pagamento em valor inferior ao mínimo legal, desde que respeitado o valor-hora do salário mínimo.

No caso dos empregados já contratados, em tempo integral, para a conversão em tempo parcial, é necessário que façam o pedido para a empresa e que haja previsão em convenção ou acordo coletivo, uma vez que ocorrerá a redução de jornada e de salário.

> ***Art. 58-A.*** *Considera-se trabalho em regime de tempo parcial aquele cuja duração não exceda a vinte e cinco horas semanais.*
>
> *§1º O salário a ser pago aos empregados sob o regime de tempo parcial será proporcional à sua jornada, em relação aos empregados que cumprem, nas mesmas funções, tempo integral.*
>
> *§2º Para os atuais empregados, a adoção do regime de tempo parcial será feita mediante opção manifestada perante a empresa, na forma prevista em instrumento decorrente de negociação coletiva.*
>
> ***Art. 59. §4º*** *Os empregados sob o regime de tempo*

parcial não poderão prestar horas extras.

OJ-SDI1-358 *Salário Mínimo e Piso Salarial Proporcional à Jornada Reduzida. Possibilidade. Havendo contratação para cumprimento de jornada reduzida, inferior à previsão constitucional de oito horas diárias ou quarenta e quatro semanais, é lícito o pagamento do piso salarial ou do salário mínimo proporcional ao tempo trabalhado.*

Exercício Comentado

01. Julgue os itens subsequentes.

I. A jornada em tempo parcial é aquela que não exceda 25 horas semanais, já computado o limite de 2 horas extras diárias.

II. Em regra, o tempo gasto pelo empregado no trajeto de ida e volta de sua casa até chegar à empresa não é computado na jornada de trabalho, salvo se o empregador fornecer a condução, não cobrar por ela, e a empresa for situada em local de difícil acesso ou não servida por transporte público.

III. No regime de revezamento, as horas trabalhadas em seguida ao repouso semanal de 24 horas, com prejuízo do intervalo mínimo de 11 horas consecutivas para descanso entre jornadas, devem ser remuneradas como extraordinárias, inclusive com o respectivo adicional.

IV. Estabelecida jornada superior a seis horas e limitada a 8 horas, por meio de regular negociação coletiva, os empregados submetidos a turnos ininterruptos de revezamento têm direito ao pagamento da 7ª e 8ª horas como extras, inclusive com o respectivo adicional.

V. A interrupção do trabalho para repouso e alimentação, dentro de cada turno, ou o descanso semanal, não descaracterizam o turno de revezamento, com jornada de 6 horas, previsto no art. 7.º, XIV, da CF.

Estão certos apenas os itens:

a) I, III e IV.
b) I, II e V.
c) III e V.
d) II, III e V.
e) III e IV.

RESPOSTA. ***"C". Quanto ao item I, a jornada é de, no máximo, 25 horas no trabalho em tempo parcial, mas não é permitida nenhuma hora extra, conforme o art. 58- e 59 da CLT - as bancas cobram esses detalhes - prazos, limites contados em horas e dias, exceções - é necessário reler várias vezes a matéria para memorizar.***

O que está errado no item II é que o fato de o empregador cobrar pelo fornecimento do transporte não descaracteriza as horas in itinere, conforme Súmula 320/TST. O item III refere-se à Súmula 110 do TST e o item V à Súmula 360, ambas do TST. Já o item IV está errado, pois contraria a Súmula 423 do TST. Isso demonstra que tão importante quanto a legislação, é necessário ler as Súmulas e OJs, pois, muitas vezes, elas são copiadas na prova ou alteram-se algumas palavras.

Casos Especiais de Limitação

Motoristas

Os motoristas eram o exemplo mais citado como os que não estão sujeitos a controle de horário, mas, recentemente, foi aprovada nova Lei regulamentando a categoria, conferindo-lhes direito ao controle de jornada. A Lei traz várias inovações, sendo importante sua leitura integral, especialmente dos Arts. acrescentados à CLT (235-A a 235-H), pois, em breve, começará a ser cobrada nas provas.

Lei 12.619/2012 *- Regula a Profissão do Motorista*

Art. 2º *São direitos dos motoristas profissionais, além daqueles previstos no Capítulo II do Título II e no Capítulo II do Título VIII da Constituição Federal:*

V. *Jornada de trabalho e tempo de direção controlados de maneira fidedigna pelo empregador, que poderá valer-se de anotação em diário de bordo, papeleta ou ficha de trabalho externo, nos termos do § 3º do art. 74 da Consolidação das Leis do Trabalho - CLT, aprovada pelo Decreto-Lei nº 5.452, de 1º de maio de 1943, ou de meios eletrônicos idôneos instalados nos veículos, a critério do empregador.*

Em resumo, a Lei concede jornada de 8 horas diárias e 44 semanais, mas permite alteração por meio de ACT ou CCT, inclusive adoção da jornada 12 x 36; permite 2 horas extras diárias; concede adicional noturno, bem como redução da hora noturna; intervalo de 1 hora para refeição; e, ainda, 11 horas de descanso, a cada 24 horas na estrada, e 35 horas de descanso semanais (11 horas + 24 horas do repouso semanal remunerado).

Quando tiver que esperar a carga ou a descarga, alfândega ou fiscalização da mercadoria, tal período não será considerado como hora extraordinária, todavia, será paga indenização com base no salário-hora normal, acrescido de 30%.

Nas viagens que durarem mais de 24 horas, são obrigatórias pausas de 30 minutos a cada 4 horas, podendo ser fracionadas.

Nas viagens que durarem mais de 1 semana, completada a viagem, haverá um descanso de 36 horas para cada semana trabalhada, que será gozado quando do retorno do motorista ou em um dos destinos, se forem oferecidas boas condições pela empresa.

Professores

Os professores têm uma jornada de trabalho diferenciada, conforme regulação da CLT.

Art. 318 *- Num mesmo estabelecimento de ensino não poderá o professor dar, por dia, mais de 4 (quatro) aulas consecutivas, nem mais de 6 (seis), intercaladas.*

Art. 319 *- Aos professores é vedado, aos domingos, a regência de aulas e o trabalho em exames*

Art. 322 *- No período de exames e no de férias escolares, é assegurado aos professores o pagamento, na mesma periodicidade contratual, da remuneração por eles percebida, na conformidade dos horários, durante o período de aulas.*

§1º - Não se exigirá dos professores, no período de exames, a prestação de mais de 8 (oito) horas de trabalho diário, salvo mediante o pagamento complementar de cada hora excedente pelo preço correspondente ao de uma aula.

§2º No período de férias, não se poderá exigir dos professores outro serviço senão o relacionado com a realização de exames.

§3º - Na hipótese de dispensa sem justa causa, ao término do ano letivo ou no curso das férias escolares, é assegurado ao professor o pagamento a que se refere o caput deste Art..

Quando a jornada legal é ultrapassada, também há direito ao pagamento de horas extras.

OJ-SDI1-206 *Professor. Horas Extras. Adicional de 50%. Excedida a jornada máxima (art. 318 da CLT), as horas excedentes devem ser remuneradas com o adicional de, no mínimo, 50% (art. 7º, XVI, CF/1988).*

Note-se que, por meio de negociação coletiva, pode-se pactuar que, no caso de o professor ficar sem lecionar entre uma e outra turma, tais "janelas" serão consideradas como tempo à disposição até o limite de 1 hora por dia, ou seja, se ficar esperando um período de 1 hora e meia entre uma aula e outra, receberá como se tivesse lecionado 1 hora.

> ***PN-31 Professor (JANELAS).*** *Os tempos vagos (janelas) em que o professor ficar à disposição do curso serão remunerados como aula, no limite de 1 (uma) hora diária por unidade.*

Bancários

A categoria dos bancários costuma ser cobrada em provas, não só por suas disposições especiais, mas também por haver diversas Súmulas e OJs tratando do tema.

- **Jornada de Trabalho**

Eles possuem jornada de 6 horas diárias e 30 semanais, com 15 minutos de intervalo não computado na jornada, não trabalhando nos sábados nem nos domingos, mas não possuem dois repousos semanais remunerados, uma vez que o sábado é um dia útil não trabalhado. A jornada, obrigatoriamente, deve ser exercida entre as 07:00 e as 22:00.

> ***Art. 224*** *- A duração normal do trabalho dos empregados em bancos, casas bancárias e Caixa Econômica Federal será de 6 (seis) horas contínuas nos dias úteis, com exceção dos sábados, perfazendo um total de 30 (trinta) horas de trabalho por semana.*
>
> ***§1º*** *- A duração normal do trabalho estabelecida neste Art. ficará compreendida entre 7 (sete) e 22 (vinte e duas) horas, assegurando-se ao empregado, no horário diário, um intervalo de 15 (quinze) minutos para alimentação.*
>
> ***OJ-SDI1-178*** *Bancário. Intervalo de 15 Minutos. Não Computável na Jornada de Trabalho. Não se computa, na jornada do bancário sujeito a seis horas diárias de trabalho, o intervalo de quinze minutos para lanche ou descanso.*

A jornada do bancário sujeito a 6 horas de trabalho diário poderá ser prorrogada em até 2 horas. Entretanto, caso o bancário exerça reiteradamente horas extras, sendo sua jornada habitual superior a 6 horas, então, terá direito a 1 hora de intervalo.

> ***Art. 225*** *- A duração normal de trabalho dos bancários poderá ser excepcionalmente prorrogada até 8 (oito) horas diárias, não excedendo de 40 (quarenta) horas semanais, observados os preceitos gerais sobre a duração do trabalho.*

- **Enquadramento**

Como a categoria tem várias vantagens, os empregados que trabalham para os bancos ou em atividade semelhante desejam ser bancários, por outro lado, os bancos tentam enquadrá-los como celetistas normais. Assim, há várias interpretações jurisprudenciais sobre o enquadramento como bancário.

Os empregados de empresas de crédito e financeiras são equiparados aos bancários, tendo os mesmos direitos.

Contudo, os empregados de cooperativas de crédito (Sicredi, Sicoob etc.) e das distribuidoras e corretoras de valores mobiliários não são equiparados aos bancários, sendo-lhes aplicadas as disposições gerais da CLT.

> ***Súm. 55:*** *Financeiras. As empresas de crédito, financiamento ou investimento, também denominadas financeiras, equiparam-se aos estabelecimentos bancários para os efeitos do art. 224 da CLT.*
>
> ***Súm. 119:*** *Jornada de Trabalho. Os empregados de empresas distribuidoras e corretoras de títulos e valores mobiliários não têm direito à jornada especial dos bancários.*
>
> ***OJ-SDI1-379:*** *Empregado de Cooperativa de Crédito. Bancá-Rio. Equiparação. Impossibilidade. Os empregados de cooperativas de crédito não se equiparam a bancário, para efeito de aplicação do art. 224 da CLT, em razão da inexistência de expressa previsão legal, considerando, ainda, as diferenças estruturais e operacionais entre as instituições financeiras e as cooperativas de crédito. Inteligência das Leis nºs 4.594, de 29.12.1964, e 5.764, de 16.12.1971.*

Os empregados pertencentes à categoria profissional diferenciada (aquelas que têm condições de vida singulares ou regulação própria - advogados, engenheiros, aviadores, motoristas, vigilantes armados) nunca serão bancários, pois serão aplicadas as disposições pertinentes à sua categoria.

> ***Súm. 117*** *Bancário. Categoria Diferenciada. Não se beneficiam do regime legal relativo aos bancários os empregados de estabelecimento de crédito pertencentes a categorias profissionais diferenciadas.*

Com relação aos vigilantes, inclusive, há Súmula específica:

> ***Súm. 257*** *Vigilante. O vigilante, contratado diretamente por banco ou por intermédio de empresas especializadas, não é bancário.*

É muito comum que os próprios bancos criem empresas de processamento de dados para lhes prestar serviços. Sendo esse o caso, se a empresa de processamento trabalha exclusivamente para o banco, seus empregados serão bancários. Por outro lado, se tal empresa presta serviços para empresas não bancárias, sejam elas pertencentes ao grupo ou não, então, seus empregados não serão bancários.

> ***Súm. 239*** *Bancário. Empregado de Empresa de Processamento de Dados. É bancário o empregado de empresa de processamento de dados que presta serviço a banco integrante do mesmo grupo econômico, exceto quando a empresa de processamento de dados presta serviços a banco e a empresas não bancárias do mesmo grupo econômico ou a terceiros.*

A CLT, no Art. 226, estende a jornada de 6 horas dos bancários a alguns empregados dos setores administrativos. Entretanto, a doutrina majoritária interpreta restritivamente tal rol, impedindo que, por exemplo, beneficiem um pedreiro ou um encanador contratado como empregado do banco.

> ***Art. 226*** *- O regime especial de 6 (seis) horas de trabalho também se aplica aos empregados de portaria e de limpeza, tais como porteiros, telefonistas de mesa, contínuos e serventes, empregados em bancos e casas bancárias.*
>
> ***Parágrafo único*** *- A direção de cada banco organizará a escala de serviço do estabelecimento de maneira a haver empregados do quadro da portaria em função, meia hora antes e até meia hora após o encerramento dos trabalhos, respeitado o limite de 6 (seis) horas diárias.*

Outro ponto importante é a questão dos cargos de gerência e cargos de confiança, havendo duas espécies de gerentes - o gerente geral da agência e os gerentes do art. 224, §2, da CLT.

O gerente geral, aquele que comanda uma agência com ampla liberdade, como se fosse o empregador, é regulado pelo art. 62, da CLT, ou seja, não está sujeito a horário, nem receberá horas extras, mesmo que trabalhe mais de 8 horas.

Já os gerentes, chefes, diretores ou ocupantes do cargo de confiança estarão sujeitos à jornada de 8 horas diárias, desde que receba uma gratificação de, no mínimo, 1/3 a mais do que o salário de seu cargo efetivo. Assim, serão extras as horas laboradas após a 8ª.

Mas não basta o banco chamar o empregado de gerente/chefe ou, ainda, dizer que a pessoa tem um cargo de confiança - prática comum, diga-se de passagem -, é necessário que o gerente ou chefe tenham poderes e efetivamente comandem uma equipe ou que o exercente de cargo de confiança tenha efetivamente uma fidúcia, uma confiança especial.

> ***Art. 224. §2º*** *- As disposições deste Art. não se aplicam aos que exercem funções de direção, gerência, fiscalização, chefia e equivalentes, ou que desempenhem outros cargos de confiança, desde que o valor da gratificação não seja inferior a 1/3 (um terço) do salário do cargo efetivo.*
>
> ***Súm. 287*** *Jornada de Trabalho. Gerente Bancário. A jornada de trabalho do empregado de banco gerente de agência é regida pelo art. 224, § 2º, da CLT. Quanto ao gerente-geral de agência bancária, preSúm.e-se o exercício de encargo de gestão, aplicando-se-lhe o art. 62 da CLT.*
>
> ***Súm. 102*** *Bancário. Cargo de Confiança:*
>
> ***I.*** *A configuração, ou não, do exercício da função de confiança a que se refere o art. 224, § 2º, da CLT, dependente da prova das reais atribuições do empregado, é insuscetível de exame mediante recurso de revista ou de embargos.*
>
> ***II.*** *O bancário que exerce a função a que se refere o § 2º do art. 224 da CLT e recebe gratificação não inferior a um terço de seu salário já tem remuneradas as duas horas extraordinárias excedentes de seis.*
>
> ***III.*** *Ao bancário exercente de cargo de confiança previsto no Art. 224, § 2º, da CLT são devidas as 7º e 8º horas, como extras, no período em que se verificar o pagamento a menor da gratificação de 1/3.*
>
> ***IV.*** *O bancário sujeito à regra do art. 224, § 2º, da CLT cumpre jornada de trabalho de 8 (oito) horas, sendo extraordinárias as trabalhadas além da oitava.*
>
> ***V.*** *O advogado empregado de banco, pelo simples exercício da advocacia, não exerce cargo de confiança, não se enquadrando, portanto, na hipótese do § 2º do art. 224 da CLT.*
>
> ***VI.*** *O caixa bancário, ainda que caixa executivo, não exerce cargo de confiança. Se perceber gratificação igual ou superior a um terço do salário do posto efetivo, essa remunera apenas a maior responsabilidade do cargo e não as duas horas extraordinárias além da sexta.*
>
> ***VII.*** *O bancário exercente de função de confiança, que percebe a gratificação não inferior ao terço legal, ainda que norma coletiva contemple percentual superior, não tem direito às sétima e oitava horas como extras, mas tão somente às diferenças de gratificação de função, se postuladas.*

Como se depreende da Súmula, o caixa do banco, por não ter uma fidúcia especial, não é cargo de confiança e, mesmo que receba a gratificação de 1/3, terá direito à 7ª e à 8ª horas extras. Não basta receber a gratificação de 1/3 para estar excluído da jornada de 6 horas; é necessário ser efetivamente gerente/chefe ou exercente de cargo de confiança. Caso contrário, o banco pagará o período trabalhado após a 6ª hora.

> ***Súm. 109*** *Gratificação de Função. O bancário não enquadrado no § 2º do art. 224 da CLT, que receba gratificação de função, não pode ter o salário relativo a horas extraordinárias compensado com o valor daquela vantagem.*

Quanto ao divisor mensal dos bancários, recentemente o TST alterou a Súmula 124, a qual atualmente dispõe o seguinte:

> ***Súm. 124*** *Bancário. Salário-Hora. Divisor.*
>
> ***I.*** *O divisor aplicável para o cálculo das horas extras do bancário, se houver ajuste individual expresso ou coletivo no sentido de considerar o sábado como dia de descanso remunerado, será:*
>
> ***a)*** *150, para os empregados submetidos à jornada de seis horas, prevista no caput do art. 224 da CLT;*
>
> ***b)*** *200, para os empregados submetidos à jornada de oito horas, nos termos do § 2º do art. 224 da CLT.*
>
> ***II.*** *Nas demais hipóteses, aplicar-se-á o divisor:*
>
> ***a)*** *180, para os empregados submetidos à jornada de seis horas prevista no caput do art. 224 da CLT;*
>
> ***b)*** *220, para os empregados submetidos à jornada de oito horas, nos termos do § 2º do art. 224 da CLT.*

Empregados em Serviços de Telefonia

Eles têm, em regra, jornada de 6 horas diárias ou de 7 horas diárias se tiverem horários variáveis, mas, nesse caso, terão descanso de 20 minutos remunerados a cada 3 horas trabalhadas.

À telefonista de mesa da empresa, que não é propriamente do ramo de telefonia, aplicam-se tais disposições.

> ***Súm. 178*** *Telefonista. Art. 227, E Parágrafos, da Clt. Aplicabilidade. É aplicável à telefonista de mesa de empresa que não explora o serviço de telefonia o disposto no art. 227, e seus parágrafos, da CLT*

Ainda, o TST cancelou a OJ 273, da SDI-1, o que abre caminho para se entender que o operador de *telemarketing* tem direito à jornada reduzida de 6 horas dos telefonistas, além de haver previsão na NR 17, do MTE.

> ***OJ-SDI1-273*** *"Telemarketing". Operadores. Art. 227 da CLT. Inaplicável (Cancelada). A jornada reduzida de que trata o art. 227 da CLT não é aplicável, por analogia, ao operador de televendas, que não exerce suas atividades exclusivamente como telefonista, pois, naquela função, não opera mesa de transmissão, fazendo uso apenas dos telefones comuns para atender e fazer as ligações exigidas no exercício da função.*

Minas e Subsolo

A jornada é de 6 horas diárias e 36 semanais, mas, a cada 3 horas de trabalho ininterrupto, é necessária uma pausa de 15 minutos, que estará incluída na jornada de trabalho e será remunerada.

Médicos e Engenheiros

Quanto aos médicos e engenheiros, o TST pacificou que eles não têm jornada reduzida pela Lei, mas sim valor mínimo para uma jornada de 4 horas, no caso dos médicos, e de 6 horas, no caso dos engenheiros.

> ***Súm. 370*** *Médico e Engenheiro. Jornada de Trabalho. Leis nºs 3.999/1961 E 4.950-A/1966. Tendo em vista que as Leis nº 3.999/1961 e 4.950-A/1966 não estipulam a jornada reduzida, mas apenas estabelecem o salário mínimo da categoria para uma jornada de 4 horas para os médicos e de 6 horas para os engenheiros, não há que se falar em horas extras, salvo as excedentes à oitava, desde que seja respeitado o salário mínimo/horário das categorias.*

Empregados Excluídos da Limitação de Jornada

Há 3 espécies de trabalhadores excluídos da limitação constitucional da jornada de 8 horas diárias e 44 semanais: os domésticos; os que trabalham em serviço externo incompatível com o controle de jornada; e os gerentes, chefes e diretores de departamento e filial.

Serviço Externo Incompatível com Controle de Jornada

A CLT dispõe que os empregados que trabalham externamente, cujo controle da jornada de trabalho não é realizado, não receberão horas extras, adicional noturno, nem terão intervalos intrajornada.

> ***Art. 62*** *- Não são abrangidos pelo regime previsto neste capítulo:*
>
> ***I.*** *Os empregados que exercem atividade externa incompatível com a fixação de horário de trabalho, devendo tal condição ser anotada na Carteira de Trabalho e Previdência Social e no registro de empregados;*

Não basta a atividade ser externa. É necessário que não haja o controle de jornada. Se a empresa realiza o controle da jornada, o empregado terá todos os direitos advindos da limitação da jornada. (Por exemplo, um vendedor externo, mas que deve comunicar o empregador após cada visita - o empregador controla o desenvolvimento do trabalho).

Fique Ligado

Os motoristas, que eram o exemplo mais citado, agora têm controle de jornada, concedido pela Lei 12.619/2012, de forma que a OJ 332 possivelmente será cancelada.

> ***OJ-SDI1-332:*** *Motorista. Horas Extras. Atividade Externa. Controle de Jornada por Tacógrafo. Resolução nº 816/1986 do Contran. O tacógrafo, por si só, sem a existência de outros elementos, não serve para controlar a jornada de trabalho de empregado que exerce atividade externa.*

Tal condição deve ser anotada na CTPS do empregado, mas a falta de anotação é somente uma falta administrativa, não obrigando o pagamento de horas extras, uma vez que o princípio da primazia da realidade é uma via de mão dupla, podendo, eventualmente, beneficiar o empregador. De qualquer forma, é obrigação do empregado provar que era fiscalizado na sua jornada.

Maurício Godinho Delgado entende que, se não controlada a jornada do teletrabalhador (aquele que trabalha a distância, graças aos avanços na comunicação e na computação), ele também será enquadrado em tal hipótese da CLT, pois subordinação e fiscalização do trabalho não se confundem[1].

Gerentes, Chefes e Diretores de Departamentos e Filiais

Os gerentes, chefes e diretores de departamentos e filiais não são submetidos a controle de horário; mas, para isso ocorrer, validamente, é necessário que estejam presentes dois requisitos:

- Exerçam poderes de mando e de gestão, algumas vezes asSúm.indo até mesmo o papel do próprio empregador no comando da empresa (por exemplo, podem contratar e admitir funcionários em nome da empresa, adverti-los, ordenar pagamentos etc.).
- Recebam gratificação de, no mínimo, 40% sobre o salário de seu cargo efetivo.

> ***Art. 62*** *- Não são abrangidos pelo regime previsto neste capítulo:*
>
> ***II.*** *Os gerentes, assim considerados os exercentes de cargos de gestão, aos quais se equiparam, para efeito do disposto neste Art., os diretores e chefes de departamento ou filial.*
>
> ***Parágrafo único*** *- O regime previsto neste capítulo será aplicável aos empregados mencionados no inciso II deste Art., quando o salário do cargo de confiança, compreendendo a gratificação de função, se houver, for inferior ao valor do respectivo salário efetivo acrescido de 40% (quarenta por cento).*

Note-se que o exercício da gerência ou diretoria é incompatível com o controle de jornada; assim, se, na prática, gerentes e diretores forem submetidos a rígidos horários, mesmo que recebam os 40% de gratificação, terão direito a horas extras, mas tal ônus probatório será do empregado.

Prorrogação da Jornada de Trabalho

Como visto, a jornada de trabalho prevista na Constituição é de 8 horas diárias e 44 horas semanais. Por outro lado, a própria Constituição prevê a possibilidade de trabalho suplementar, desde que com o adicional de, no mínimo, 50%.

> ***Art. 7º. XVI.*** *Remuneração do serviço extraordinário superior, no mínimo, em cinquenta por cento à do normal.*

As questões envolvendo a remuneração do trabalho extraordinário serão tratadas no capítulo referente à remuneração e ao salário. Por hora, é importante entender quando a jornada pode ser prorrogada, as formas de prorrogação e quais os seus efeitos.

Por ser medida de segurança e de saúde no trabalho, além da limitação da jornada normal, existe limitação da jornada suplementar, sendo que a CLT prevê 5 modalidades distintas de prorrogação lícita do trabalho.

A CLT, por ser antiga, fixa percentuais menores que o da Constituição, mas eles não foram recepcionados por ela, ou seja, o adicional de hora extra mínimo é 50%, podendo o acordo ou a convenção coletiva, ou mesmo a própria empresa, por liberalidade, aumentá-lo, mas nunca diminuí-lo.

Acordo de Prorrogação

É possível que empregado e o empregador celebrem acordo individual para prorrogar a jornada de trabalho em, no máximo, 2 horas diárias. O empregado

1 DELGADO, Maurício Godinho. Curso de Direito do Trabalho, 11ª Ed. São Paulo LTR, 2012 P. 904

não é obrigado a celebrar tal acordo, mas há doutrinadores que entendem que, após ter consentido, é obrigado a prestar as horas extras, posição que já foi considerada correta pela banca examinadora CESPE.

> ***Art. 59*** *- A duração normal do trabalho poderá ser acrescida de horas suplementares, em número não excedente de 2 (duas), mediante acordo escrito entre empregador e empregado, ou mediante contrato coletivo de trabalho.*

Além do acordo individual, ainda é possível a instituição do acordo de prorrogação por meio de negociação coletiva.

Caso não haja acordo de prorrogação, individual ou coletivo, ou o empregado labore mais de 2 horas extras por dia, será considerada ilícita tal prática, gerando penalidade administrativa para a empresa e, de qualquer forma, a empresa pagará as horas extras.

> ***Súm. 376*** *Horas Extras. Limitação. Art. 59 Da CLT. Reflexos.*
>
> *I. A limitação legal da jornada suplementar a duas horas diárias não exime o empregador de pagar todas as horas trabalhadas.*

Compensação de Jornada e Banco de Horas

A compensação de jornada e o banco de horas ocorrem quando o empregado trabalha mais em alguns dias, para não trabalhar em outros. Logo, como as horas trabalhadas a mais serão compensadas, não se pagam como horas extraordinárias - será pago somente a hora normal de trabalho. A própria Constituição permite tal prática.

> ***Art. 7º. XIII.*** *Duração do trabalho normal não superior a oito horas diárias e quarenta e quatro semanais, facultada a compensação de horários e a redução da jornada, mediante acordo ou convenção coletiva de trabalho.*

Existem duas modalidades de compensar a jornada - a simples compensação de jornada e o banco de horas, este introduzido no ordenamento jurídico brasileiro em 2001.

Compensação de Jornada

Na compensação de jornada, o empregado trabalha a mais de segunda a sexta-feira para folgar no sábado, de forma que a compensação ocorre em pouco tempo, na mesma semana ou, no máximo, em 15 dias. De qualquer forma, não poderá a jornada ser prorrogada por mais de 2 horas por dia.

Tal prática é benéfica para o empregado, de forma que pode ser realizada por acordo escrito, sem a intervenção dos sindicatos. Somente será considerada inválida, se algum instrumento coletivo proibir que empregados e empresas celebrem esse acordo.

Quando a empresa não atende os requisitos da compensação, por exemplo, faz acordo verbal em vez de escrito, a compensação passa a ser inválida, sendo, então, consideradas extras as horas. Ocorre que o empregado folgou em razão das horas trabalhadas a mais, então, ele somente terá direito ao adicional de 50% sobre essas horas. Pensar diferente seria fazer o empregado receber a hora normal + 50% e, ainda, receber a folga compensatória.

Por exemplo, o empregado trabalha de segunda a quinta-feira uma hora a mais ou segunda e terça-feira duas horas a mais para folgar no sábado. Se o acordo é invalidado, ele já folgou aos sábados, somente tendo direito ao adicional calculado sobre 4 horas por semana.

Contudo, caso seja ultrapassada a jornada semanal de 44 horas, o que ultrapassar deverá ser pago como extra - paga-se a própria hora de trabalho mais o adicional de 50%. Seria o caso de o empregado trabalhar 2 horas a mais por dia; somente o sábado compensado não quita todas as horas trabalhadas a mais.

Mas essa prática de horas extras habituais descaracteriza o acordo. Se foi combinado que a pessoa trabalharia 1 hora a mais de segunda a quinta-feira, para folgar no sábado, mas o empregado todos os dias trabalha 2 horas ou mais, está sendo desrespeitado o acordo.

Nesse caso, sendo o acordo inválido, ocorre o mesmo efeito citado - o empregador tem que pagar o adicional de 50% das horas destinadas à compensação e, ainda, pagar como horas extras o que exceder da jornada semanal de 44 horas.

> ***Súm. 85*** *Compensação de Jornada*
>
> *I. A compensação de jornada de trabalho deve ser ajustada por acordo individual escrito, acordo coletivo ou convenção coletiva.*
>
> *II. O acordo individual para compensação de horas é válido, salvo se houver norma coletiva em sentido contrário.*
>
> *III. O mero não atendimento das exigências legais para a compensação de jornada, inclusive quando encetada mediante acordo tácito, não implica a repetição do pagamento das horas excedentes à jornada normal diária, se não dilatada a jornada máxima semanal, sendo devido apenas o respectivo adicional.*
>
> *IV. A prestação de horas extras habituais descaracteriza o acordo de compensação de jornada. Nesta hipótese, as horas que ultrapassarem a jornada semanal normal deverão ser pagas como horas extraordinárias e, quanto àquelas destinadas à compensação, deverá ser pago a mais apenas o adicional por trabalho extraordinário.*
>
> *V. As disposições contidas nesta Súmula não se aplicam ao regime compensatório na modalidade "banco de horas", que somente pode ser instituído por negociação coletiva.*

Por fim, a compensação semanal da jornada pode ser adotada, no caso do trabalho do menor de 18 anos, mas deve haver permissão em convenção ou acordo coletivo, conforme se extrai do Art. 413, I, da CLT.

Banco de Horas

Note que o item V, da Súmula 85, do TST, informa que ela não se aplica ao banco de horas.

No banco de horas, também chamado de compensação anual, a compensação é realizada anualmente. Por exemplo, o empregado trabalha de fevereiro até julho, 1 hora a mais por dia, e folga, em agosto, 8 dias.

Essa prática é benéfica para a empresa, pois ela pode ajustar a força de trabalho de acordo com a sazonalidade da demanda; vende-se mais em determinados meses do que em outros. Mas é prejudicial ao empregado, pois ele trabalha a mais por longos períodos e sem muito controle, de forma que somente pode ser implementada, mediante acordo coletivo ou convenção coletiva de trabalho.

A CLT determina que, nesse caso, não seja ultrapassado o limite de 10 horas diárias, nem seja ultrapassada, no período de um ano, a soma das jornadas semanais de trabalho.

Contudo, caso o vínculo acabe antes de o empregado ter compensado todas as horas trabalhadas a mais, ele as receberá como horas extras no ato da rescisão do contrato.

> **Art. 59.** *§2º Poderá ser dispensado o acréscimo de salário se, por força de acordo ou convenção coletiva de trabalho, o excesso de horas em um dia for compensado pela correspondente diminuição em outro dia, de maneira que não exceda, no período máximo de um ano, à soma das jornadas semanais de trabalho previstas, nem seja ultrapassado o limite máximo de dez horas diárias.*
>
> *§3º Na hipótese de rescisão do contrato de trabalho sem que tenha havido a compensação integral da jornada extraordinária, na forma do parágrafo anterior, fará o trabalhador jus ao pagamento das horas extras não compensadas, calculadas sobre o valor da remuneração na data da rescisão.*

Conclusão de Serviços Inadiáveis ou cuja Inexecução Possa Acarretar Prejuízos

Quando, ao fim da jornada, o empregado está concluindo uma tarefa que não pode deixar para depois, mesmo sem haver acordo prévio, é obrigado a estender sua jornada para concluir o serviço.

É um exemplo o caso de uma telefonista que está atendendo a um cliente. Ela não poderá desligar o telefone "na cara dele" somente porque são 18:00; deverá concluir o atendimento. Outro exemplo é o de guarda de produtos perecíveis, que irão estragar se não acondicionados. Esse tempo extra será remunerado com o adicional de 50%.

A jornada, nesses casos, será estendida em, no máximo, 4 horas, ou seja, a duração total do trabalho será de, no máximo, 12 horas.

Ocorrendo tal fato, deverá ser comunicado o MTE em 10 dias:

> **Art. 61** *- Ocorrendo necessidade imperiosa, poderá a duração do trabalho exceder do limite legal ou convencionado, seja para fazer face a motivo de força maior, seja para atender à realização ou conclusão de serviços inadiáveis ou cuja inexecução possa acarretar prejuízo manifesto.*
>
> *§1º - O excesso, nos casos deste Art., poderá ser exigido independentemente de acordo ou contrato coletivo e deverá ser comunicado, dentro de 10 (dez) dias, à autoridade competente em matéria de trabalho, ou, antes desse prazo, justificado no momento da fiscalização sem prejuízo dessa comunicação.*
>
> *§2º - Nos casos de excesso de horário por motivo de força maior, a remuneração da hora excedente não será inferior à da hora normal (acréscimo de 50%). Nos demais casos de excesso previstos neste Art. (além do acréscimo de 50%) o trabalho não poderá exceder de 12 (doze) horas, desde que a lei não fixe expressamente outro limite.*

Força Maior

Força maior é acontecimento inevitável e que não depende da vontade do empregador (por exemplo, um incêndio ou uma enchente). Ocorrendo tal evento, os empregados são obrigados a trabalhar, independentemente de acordo prévio, e sem limite de tempo. Pode ultrapassar 10, 12, 14 horas de trabalho, as quais serão remuneradas com acional mínimo de 50%. Também é necessária comunicação ao MTE em 10 dias da ocorrência de tais horas extras.

É o que se interpreta do Art. 61, §2º, supracitado.

Paralisação da Empresa

Também chamado de recuperação de horas, esse é o caso em que um acidente ou um evento de força maior faz a empresa fechar as portas por um período. Por exemplo, ocorreu um incêndio na empresa e, durante 15 dias, os empregados não puderam trabalhar.

Após a reabertura, a empresa poderá exigir de seus empregados, independentemente de acordo, o trabalho suplementar em até 2 horas diárias, remuneradas com adicional mínimo de 50%, por até 45 dias em um ano.

Nesse caso, é necessária a autorização prévia do MTE e não simplesmente a comunicação.

Fique Ligado

A diferença entre a recuperação de horas e a força maior, supracitada, é que, na força maior, os empregados trabalham na ocorrência do evento até que se resolva o problema. Já a recuperação de horas trata do caso em que a empresa paralisou as atividades, precisando recuperá-las posteriormente.

> **Art. 61.** *§3º - Sempre que ocorrer interrupção do trabalho, resultante de causas acidentais, ou de força maior, que determinem a impossibilidade de sua realização, a duração do trabalho poderá ser prorrogada pelo tempo necessário até o máximo de 2 (duas) horas, durante o número de dias indispensáveis à recuperação do tempo perdido, desde que não exceda de 10 (dez) horas diárias, em período não superior a 45 (quarenta e cinco) dias por ano, sujeita essa recuperação à prévia autorização da autoridade competente.*

Fique Ligado

Na prorrogação da jornada para conclusão de serviços inadiáveis, ou cuja inexecução possa causar prejuízo e na força maior, há comunicação ao MTE em 10 dias, pois é uma surpresa, não tendo como o empregador se antecipar a tais acontecimentos.

Já na recuperação de horas, é necessária autorização prévia, pois o problema já ocorreu e a empresa irá recuperar o "trabalho perdido", não havendo surpresa.

Prorrogação da Jornada em Atividades Insalubres

A CLT determina que, nas atividades insalubres, é necessária a inspeção e a autorização prévia do Ministério do Trabalho e Emprego para que possa ocorrer a prorrogação da jornada de trabalho. Tal Art. é plenamente válido, e isso é demonstrado pelo cancelamento da Súmula 349, do TST, que tinha entendimento diverso.

> **Art. 60** *- Nas atividades insalubres, (...) quaisquer prorrogações só poderão ser acordadas mediante licença prévia das autoridades competentes em matéria de higiene do trabalho, as quais, para esse efeito, procederão aos necessários exames locais e à verificação dos métodos e processos de trabalho, quer diretamente, quer por intermédio de autoridades sanitárias federais, estaduais e municipais, com quem entrarão em entendimento para tal fim.*

Trabalho Noturno

O ser humano, biologicamente, tem hábitos diurnos, ou seja, acostuma-se mais facilmente ao trabalho durante o dia, de forma que o labor noturno lhe é prejudicial, sendo que a legislação tenta evitar sua ocorrência, tanto que é direito constitucional a remuneração noturna superior à diurna.

Art. 7º IX. Remuneração do trabalho noturno superior à do diurno;

Assim, para o trabalho noturno, haverá necessidade de se pagar um adicional de 20% sobre a hora diurna, além de existir a hora noturna ficta, que significa que, a cada 52 minutos e 30 segundos trabalhados à noite, considera-se como 1 hora.

O horário noturno, para o empregado urbano, é das 22h às 05h.

Para o trabalhador rural da lavoura, o horário noturno é das 21h às 05h, e para o trabalhador rural da pecuária, é das 20h às 04h. Para os rurícolas, não há hora noturna ficta, mas o adicional é de 25%.

Fique Ligado

Para lembrar-se do horário noturno do trabalhador rural, pense assim: pecuária está ligada à criação de bois e de vacas. O boi tem 4 patas. Associe, então, as 4 patas do boi com o fim do horário noturno na pecuária (04h).

Vamos Praticar

01. De acordo com previsão da Constituição Federal brasileira e da CLT, em relação à duração do trabalho, é correto afirmar que:

a) A duração do trabalho normal não poderá ser superior a 8 horas diárias e 40 horas semanais, não sendo facultada a compensação de horários.

b) A duração do trabalho normal não poderá ser superior a 8 horas diárias e 48 horas semanais, sendo facultada a compensação de horários.

c) Será considerado trabalho noturno para o trabalhador urbano aquele executado entre as 22 horas de um dia e as 5 horas do dia seguinte.

d) Será considerado horário noturno para o trabalhador urbano aquele executado entre as 21 horas de um dia e as 4 horas do dia seguinte.

e) Para a jornada diária de trabalho contínuo superior a 4 horas e não excedente a 6 horas, o intervalo obrigatório será de, no mínimo, uma hora e, salvo acordo escrito ou contrato coletivo em contrário, não poderá exceder duas horas.

02. Em relação à jornada de trabalho, assinale a afirmativa incorreta.

a) Os empregados que exercem atividades externas incompatíveis com qualquer modalidade de controle do empregador e que tenham essa situação anotada na Carteira de Trabalho e Previdência Social não estão sujeitos à limitação da jornada de trabalho.

b) A norma constitucional que fixa a duração normal de trabalho em 8 horas diárias e 44 semanais tem natureza imperativa e por isso veda que novas leis ou convenções coletivas venham a estabelecer jornadas diárias diferenciadas, ainda que a profissão ou a função exercida se caracterize por singularidade e especialidade.

c) O tempo de deslocamento, também conhecido como *in itinere*, corresponde ao lapso temporal despendido pelo empregado até o trabalho e vice-versa, sendo considerado como parte integrante da jornada laboral, quando o local de trabalho é de difícil acesso, não servido por transporte público, e o empregador forneça condução.

d) Quando a jornada de trabalho é fixada em 6 horas contínuas, o intervalo será de 15 minutos; quando for fixada em 7 horas, o intervalo corresponderá a, no mínimo, uma e, no máximo, duas horas.

e) A não concessão de intervalos ou redução dos intervalos estabelecidos em lei implica pagamento equivalente à remuneração do período do intervalo, acrescido de, no mínimo, 50%.

03. O controle formal de jornada de trabalho é inexigível, do ponto de vista legal:

a) Das empresas com menos de 200 empregados.

b) Das empresas com menos de 20 empregados.

c) Das atividades externas, incompatíveis com o controle de horário.

d) Das instituições sem fins lucrativos, mesmo que tenham mais de 10 empregados.

e) Das empresas com menos de 100 empregados.

04. Com relação às normas de duração do trabalho, assinale a alternativa correta:

a) A concessão de intervalos para repouso e alimentação, durante a jornada de seis horas, descaracteriza o regime de turno ininterrupto de revezamento.

b) Considera-se de "prontidão" o empregado que permanecer na própria casa, aguardando, a qualquer momento, o chamado para o serviço, com escala de, no máximo, vinte e quatro horas, sendo contadas as respectivas horas à razão de 1/3 (um terço) do salário normal.

c) A compensação de jornada de trabalho pode ser ajustada por acordo individual escrito, acordo coletivo ou convenção coletiva.

d) A mera insuficiência de transporte público regular enseja o pagamento de horas *in itinere*.

05. (FGV) O trabalho em regime de tempo parcial:

a) Não dá direito a férias por expressa disposição legal, tendo em vista que a sua jornada de trabalho não atinge quarenta e quatro horas semanais.

b) É aquele cuja duração não exceda a trinta horas semanais.

c) É aquele cuja duração não exceda a vinte e oito horas semanais.

d) Dá ao empregado direito ao seu período de férias reduzido pela metade, se tiver mais de sete faltas injustificadas, ao longo do período aquisitivo.

e) Dá ao empregado direito a seis dias de gozo de férias, para a duração do trabalho semanal, igual ou inferior a cinco horas.

06. (FCC) Fábio, empregado da empresa Transportar Ltda., firmou, com seu empregador, acordo escrito em que ficou estabelecido que o excesso de horas trabalhadas, em um dia, seria compensado pela correspondente diminuição, em outro dia, sem acréscimo salarial.

Considerando essa situação hipotética, assinale a opção correta:

a) Independentemente de a compensação de jornada relativa à categoria profissional de Fábio ser expressamente proibida em norma coletiva, o acordo de compensação realizado entre as partes será válido, conforme entendimento jurisprudencial consolidado do Tribunal Superior do Trabalho.

b) Fábio pode trabalhar onze horas diárias, durante uma semana, a título de compensação na semana seguinte.

c) Caso Fábio preste horas extras habituais, o acordo de compensação de jornada restará descaracterizado.

d) Não havendo a compensação, dentro do período de um ano, Fábio terá direito ao pagamento das horas trabalhadas em excesso, acrescidas do adicional de 50%.

07. A respeito do regime de compensação de jornada do banco de horas, assinale a alternativa correta:

a) Pode ser instituído mediante acordo, verbal ou por escrito, entre empresa e empregado, facultando-se a participação dos sindicatos representantes das categorias.

b) Não admite compensação de jornada que ultrapassar o limite máximo de 10 horas diárias.

c) Pode ser compensado após a rescisão do contrato de trabalho, se houver crédito em favor do trabalhador, respeitado o limite de validade do acordo.

d) O excesso de jornada a ser compensada não pode exceder, no prazo legal máximo de um semestre, à soma das jornadas semanais previstas para o período.

08. (FCC) A respeito da jornada *in itinere*, considere:

I. O fato de o empregador cobrar, parcialmente ou não, importância pelo transporte fornecido, para local de difícil acesso ou não, servido por transporte regular, não afasta o direito à percepção das horas *in itinere*.

II. Se existe transporte público, mas ele é insuficiente, não há direito a pagamento de horas *in itinere*.

III. A incompatibilidade entre os horários de início e término da jornada do empregado e os do transporte público regular não é circunstância que gera o direito às horas *in itinere*.

IV. Se houver transporte público regular em parte do trajeto percorrido em condução da empresa, as horas *in itinere* remuneradas não se limitarão ao trecho não alcançado pelo transporte público.

Está correto o que consta apenas em:

a) III e IV.

b) I e II.

c) I, II e III.

d) II e IV.

e) I e III.

09. (CESPE) Com relação à jornada de trabalho, se houver transporte público regular em parte do trajeto percorrido em condução da empresa:

a) As horas *in itinere* remuneradas abrangem a totalidade do trajeto percorrido pelo empregado, mas serão pagas com acréscimo de 25% sobre a hora normal de trabalho.

b) As horas *in itinere* remuneradas abrangem a totalidade do trajeto percorrido pelo empregado.

c) Não é devido qualquer valor a título de horas *in itinere,* tendo em vista o fornecimento da condução pelo empregador.

d) Não é devido qualquer valor a título de horas *in itinere*, tendo em vista a existência de transporte público regular em parte do trajeto percorrido pelo empregado.

e) As horas *in itinere* remuneradas limitam-se ao trecho não alcançado pelo transporte público.

10. (FGV) De acordo com a Consolidação das Leis do Trabalho, havendo concordância da autoridade administrativa do trabalho, quando ocorrer interrupção do trabalho resultante de causas acidentais, ou de força maior, que determinem a impossibilidade de sua realização, a duração do trabalho poderá ser prorrogada pelo tempo necessário até o máximo de:

a) 2 horas, durante o número de dias indispensáveis à recuperação do tempo perdido, desde que não exceda a 10 horas diárias, em período não superior a 60 dias por ano.

b) 2 horas, durante o número de dias indispensáveis à recuperação do tempo perdido, desde que não exceda a 10 horas diárias, em período não superior a 30 dias por ano.

c) 2 horas, durante o número de dias indispensáveis à recuperação do tempo perdido, desde que não exceda a 10 horas diárias, em período não superior a 45 dias por ano.

d) 4 horas, durante o número de dias indispensáveis à recuperação do tempo perdido, desde que não exceda a 12 horas diárias, em período não superior a 30 dias por ano.

e) 4 horas, durante o número de dias indispensáveis à recuperação do tempo perdido, desde que não exceda a 12 horas diárias, em período não superior a 60 dias por ano.

A respeito do Direito do Trabalho, julgue os itens a seguir.

11. Os empregados de empresas distribuidoras e corretoras de títulos e valores mobiliários têm direito à jornada de trabalho especial dos bancários.

Certo ( ) Errado ( )

12. João trabalha na empresa X das 22:00 às 5:00, sendo que, às vezes, estende a sua jornada de trabalho até às 8:00; não possui qualquer acordo de compensação de horas laboradas. Tendo em vista que João cumpre jornada de trabalho noturna, tem diversos direitos trabalhistas, dentre eles:

a) O pagamento de adicional noturno não inferior a 20% sobre a hora diurna, sendo que este adicional integra a base de cálculo das horas extras prestadas no período noturno.

b) A hora do trabalho noturno reduzida e computada como de 50 minutos e 30 segundos.

c) O pagamento de adicional noturno não inferior a 30% sobre a hora diurna, sendo que este adicional integra a base de cálculo das horas extras prestadas no período noturno.

d) A hora do trabalho noturno reduzida e computada como de 55 minutos e 15 segundos.

e) O pagamento de adicional noturno não inferior a 30% sobre a hora diurna, sendo que este adicional não integrará a base de cálculo das horas extras prestadas no período noturno.

13. De acordo com entendimento Súm.ulado do Tribunal Superior do Trabalho, para o trabalhador sujeito à carga semanal de 40 horas, o divisor para cálculo das horas extras é :

a) 220.

b) 200.

c) 210.

d) 205.

e) 225.

14. Gabrielle labora para a empresa H, desde o ano de 2006. Em Janeiro de 2007, começou a realizar horas extras habituais, consubstanciadas em uma hora extra por dia. Em Janeiro de 2010, a empresa H suprimiu as horas extras que Gabrielle prestava habitualmente. Neste caso, a empregada:

a) Não tem direito a indenização, tendo em vista que estas horas extras já estão incorporadas na sua remuneração.

b) Tem direito a uma indenização correspondente a um mês de horas extras, suprimidas, multiplicadas por 3.

c) Tem direito a uma indenização correspondente a um mês de horas extras, suprimidas, multiplicadas por 12.

d) Tem direito a uma indenização correspondente a doze meses de horas extras, suprimidas, multiplicadas por 3.

e) Tem direito a uma indenização correspondente a doze meses de horas extras, suprimidas, multiplicadas por 4.

15. O empregado, sujeito a controle de horário, remunerado à base de comissões, tem direito ao adicional de, no mínimo,

a) 50% pelo trabalho em horas extras, calculado sobre o valor-hora das comissões recebidas na semana, considerando-se como divisor o número de horas efetivamente trabalhadas dividido por quatro.

b) 50% pelo trabalho em horas extras, calculadas sobre o valor-hora das comissões recebidas na semana, considerando-se como divisor a média do número de horas efetivamente trabalhadas.

c) 50% pelo trabalho em horas extras, calculadas sobre o valor-hora das comissões recebidas no mês, considerando-se como divisor o número de horas efetivamente trabalhadas.

d) 60% pelo trabalho em horas extras, calculadas sobre o valor-hora das comissões recebidas na semana, considerando-se como divisor o número de horas efetivamente trabalhadas dividido por quatro.

e) 60% pelo trabalho em horas extras, calculadas sobre o valor-hora das comissões recebidas no mês, considerando-se como divisor a média do número de horas efetivamente trabalhadas.

16. Mirna é gerente da empresa M e Gustavo é chefe de departamento da empresa G. Considerando que ambos excedem ao horário normal de trabalho e que o salário do cargo de Mirna, compreendendo a gratificação de função, é inferior ao valor do respectivo salário, acrescido de 30%, e que o salário do cargo de Gustavo, também compreendendo a gratificação de função, é superior ao valor do respectivo salário, acrescido de 40%,

a) Somente Mirna terá direito ao pagamento das horas extras prestadas.

b) Somente Gustavo terá direito ao pagamento das horas extras prestadas.

c) Ambos terão direito às horas extras prestadas.

d) Nenhum dos empregados terá direito às horas extras prestadas.

e) Somente Gustavo terá direito às horas extras prestadas, desde que comprove a efetiva realização, através de prova documental irrefutável.

17. Assinale a opção correta quanto ao pagamento de horas extras.

a) O empregado, sujeito a controle de horário e remunerado à base de comissões, tem direito ao pagamento em dobro pelo trabalho em horas extras, calculado sobre o valor-hora das comissões recebidas no mês, considerando-se como divisor o número de horas efetivamente trabalhadas.

b) A gratificação semestral repercute no cálculo das horas extras, das férias e do aviso prévio, ainda que indenizados. Repercute também, pelo seu duodécimo, na indenização por antiguidade e na gratificação natalina.

c) A contribuição para o FGTS incidente sobre a remuneração mensal devida ao empregado não alcança horas extras e adicionais eventuais.

d) A prestação de horas extras habituais descaracteriza o acordo de compensação de jornada. Nessa hipótese, as horas que ultrapassarem o regime semanal normal, assim como aquelas destinadas à compensação, deverão ser pagas como horas extraordinárias.

e) O acordo individual para compensação de horas é válido, salvo se houver norma coletiva em sentido contrário.

18. No trabalho com produtos perecíveis que devem ser acondicionados em refrigeradores e não podem ser interrompidos sob pena da deterioração do produto, a empresa:

a) Só poderá prorrogar a jornada de trabalho do empregado com expressa autorização do Ministério Público do Trabalho, devendo remunerar o adicional devido.

b) Poderá prorrogar a jornada de trabalho do empregado, desde que conste em acordo individual, acordo ou convenção coletiva, devendo remunerar o adicional devido

c) Poderá prorrogar a jornada de trabalho do empregado desde que conste em acordo individual, acordo ou convenção coletiva, sendo dispensada a remuneração do adicional devido.

d) Não poderá prorrogar a jornada de trabalho do empregado por expressa vedação legal, em razão da natureza da atividade desenvolvida e da preservação da saúde do obreiro.

e) Poderá prorrogar a jornada de trabalho do empregado independentemente de acordo individual, acordo ou convenção coletiva, não se estendendo a jornada por mais de 12 horas, devendo remunerar o adicional devido.

19. Maria é empregada da empresa KILO e Moisés é empregado da empresa LITRO. Ambos receberam um comunicado de suas empregadoras, avisando que, a partir do mês seguinte, haverá, além do intervalo intrajornada para alimentação e repouso, um intervalo de quinze minutos para café da manhã, e um intervalo de quinze minutos para o lanche da tarde. Considerando que a empresa KILO fornecerá gratuitamente a alimentação de todas as refeições e que a empresa LITRO cobrará R$ 50,00 pelas refeições, que Maria e Moisés terão um acréscimo de trinta minutos em sua jornada de trabalho, e que Moisés possui jornada de trabalho diária de seis horas, é correto afirmar que:

a) Somente Moisés terá direito ao recebimento de trinta minutos remunerados, como serviço extraordinário, porque a empresa LITRO está efetuando cobrança monetária das refeições fornecidas.

b) Nenhum dos empregados terá direito ao recebimento de trinta minutos remunerados, como serviço extraordinário, porque a alimentação regular é considerada benéfica à saúde dos obreiros.

c) Maria e Moisés terão direito ao recebimento de trinta minutos remunerados, como serviço extraordinário, porque representarão tempo à disposição da empresa.

d) Somente Moisés terá direito ao recebimento de trinta minutos remunerados, como serviço extraordinário, porque possui jornada de trabalho reduzida.

e) Somente Moisés terá direito ao recebimento de trinta minutos remunerados, como serviço extraordinário. Mas a remuneração do serviço extraordinário será reduzida pela metade em razão dos benefícios trazidos com a alimentação.

20. (FCC) A gratificação semestral repercute pelo seu duodécimo:

a) Na gratificação natalina.

b) No cálculo das horas extras.

c) Nas férias gozadas.

d) No aviso prévio.

e) Nas férias indenizadas.

Gabarito

01	C	11	ERRADO
02	B	12	A
03	C	13	B
04	D	14	B
05	D	15	C
06	C	16	A
07	B	17	E
08	B	18	E
09	E	19	C
10	C	20	A

Anotações

CAPÍTULO 05

Pausas no Trabalho

Neste capítulo, serão tratadas as principais pausas na jornada de trabalho, as quais são importantes para a saúde e para a segurança no trabalho, sendo que a legislação brasileira trata de diversas pausas, tema muito cobrado em provas.

As pausas no trabalho servem para evitar o cansaço excessivo do trabalhador, o que reduz a quantidade de acidentes do trabalho e doenças ocupacionais, até mesmo aumentando a produtividade, sendo medida de segurança e de saúde no trabalho.

A legislação trata de várias pausas no trabalho, algumas remuneradas (interrupção do contrato), outras não remuneradas (suspensão do contrato). A regra é que as pausas não remuneradas são determinadas por lei, de forma que, se o empregador conceder pausa, sem previsão em lei ou negociação coletiva, esse período será remunerado, conforme entendimento consubstanciado na Súmula 118 do TST:

> **Súm. 118:** *Jornada de Trabalho. Horas Extras. Os intervalos concedidos pelo empregador na jornada de trabalho, não previstos em lei, representam tempo à disposição da empresa, remunerados como serviço extraordinário, se acrescidos ao final da jornada.*

Intervalo Intrajornada

Esse intervalo serve para repouso e alimentação e, em regra, deve ser concedido próximo ao meio da jornada, para que ele cumpra seu papel. De forma geral, tal intervalo não é remunerado e não integra a jornada de trabalho. Ele deve ser concedido da seguinte forma:

→ Jornada de até 4 horas:
  Não há pausa prevista pela legislação.

→ Jornada entre 4 horas e 6 horas:
  A pausa é de 15 minutos.

→ Jornada de mais de 6 horas:
  A pausa é de, no mínimo, 1 hora e, no máximo, 2 horas, salvo acordo individual ou coletivo ampliando para mais de 2 horas o intervalo.

Se o empregador dispuser de refeitório em condições aprovadas pelo Ministério do Trabalho e Emprego e os empregados não prestarem horas extras, é possível que esse tempo seja reduzido. Por exemplo, para uma empresa em local distante, em que os empregados almocem lá mesmo, 1 hora de repouso pode ser muito, de forma que, fazendo 40 minutos de intervalo, os empregados podem ir embora mais cedo.

Note que somente o MTE pode autorizar essa redução. Convenção ou Acordo Coletivo não são instrumentos válidos para fazer essa redução no intervalo de, no mínimo, 1 hora de descanso durante a jornada, somente há exceção para os empregados que atuem diretamente no setor de transporte coletivo de passageiros, em razão de recente previsão legal.

> **Art. 71** - *Em qualquer trabalho contínuo, cuja duração exceda de 6 (seis) horas, é obrigatória a concessão de um intervalo para repouso ou alimentação, o qual será, no mínimo, de 1 (uma) hora e, salvo acordo escrito ou contrato coletivo em contrário, não poderá exceder de 2 (duas) horas.*
>
> *§1º - Não excedendo de 6 (seis) horas o trabalho, será, entretanto, obrigatório um intervalo de 15 (quinze) minutos quando a duração ultrapassar 4 (quatro) horas.*
>
> *§2º - Os intervalos de descanso não serão computados na duração do trabalho.*
>
> *§3º O limite mínimo de uma hora para repouso ou refeição poderá ser reduzido por ato do Ministro do Trabalho, Indústria e Comércio, quando ouvido o Serviço de Alimentação de Previdência Social, se verificar que o estabelecimento atende integralmente às exigências concernentes à organização dos refeitórios, e quando os respectivos empregados não estiverem sob regime de trabalho prorrogado a horas suplementares.*
>
> *§4º - Quando o intervalo para repouso e alimentação, previsto neste Art., não for concedido pelo empregador, este ficará obrigado a remunerar o período correspondente com um acréscimo de no mínimo 50% (cinquenta por cento) sobre o valor da remuneração da hora normal de trabalho.*
>
> *§ 5º O intervalo expresso no caput poderá ser reduzido e/ou fracionado, e aquele estabelecido no § 1º poderá ser fracionado, quando compreendidos entre o término da primeira hora trabalhada e o início da última hora trabalhada, desde que previsto em convenção ou acordo coletivo de trabalho, ante a natureza do serviço e em virtude das condições especiais de trabalho a que são submetidos estritamente os motoristas, cobradores, fiscalização de campo e afins nos serviços de operação de veículos rodoviários, empregados no setor de transporte coletivo de passageiros, mantida a remuneração e concedidos intervalos para descanso menores ao final de cada viagem..*

Exercício Comentado

01. *Assinale a opção correta no que se refere ao acordo intrajornada.*

a) A ausência de intervalo intrajornada acarreta apenas multa administrativa, imposta pela fiscalização do trabalho.

b) O intervalo de descanso será computado na duração do trabalho.

c) O intervalo mínimo intrajornada pode ser transigido em acordo escrito ou contrato coletivo.

d) Mediante acordo escrito ou contrato coletivo, a duração do intervalo intrajornada pode ser superior a duas horas.

RESPOSTA. ***"D". Lembre-se de que o intervalo intrajornada, em regra, tem no mínimo 1 hora e no máximo 2, mas pode ser reduzido ou ampliado. A seguir, há um esquema para ajudar na memorização:***

→ Redução no intervalo intrajornada para menos de 1 hora:
- ***Autorização do MTE (nunca do sindicato).***
- ***Não haver trabalho em horas extras.***
- ***Exceção: trabalhadores do setor rodoviário e de transporte coletivo.***

→ Ampliação do intervalo intrajornada para mais de 2 horas:
- ***Acordo escrito entre empregado e empresa***
- ***Acordo coletivo ou Convenção Coletiva.***

Recentemente o TST acumulou várias de suas Orientações Jurisprudenciais sobre intervalo intrajornada, na Súmula 437:

> **Súm. 437** *Intervalo Intrajornada para Repouso e Alimentação. Aplicação do Art. 71 da CLT (conversão*

das Orientações Jurisprudenciais nº. os 307, 342, 354, 380 e 381 da SBDI-1)

I. Após a edição da Lei nº 8.923/94, a não concessão ou a concessão parcial do intervalo intrajornada mínimo, para repouso e alimentação, a empregados urbanos e rurais, implica o pagamento total do período correspondente, e não apenas daquele suprimido, com acréscimo de, no mínimo, 50% sobre o valor da remuneração da hora normal de trabalho (art. 71 da CLT), sem prejuízo do cômputo da efetiva jornada de labor para efeito de remuneração.

II. É inválida cláusula de acordo ou convenção coletiva de trabalho contemplando a supressão ou redução do intervalo intrajornada porque este constitui medida de higiene, saúde e segurança do trabalho, garantido por norma de ordem pública (art. 71 da CLT e art. 7º, XXII, da CF/1988), infenso à negociação coletiva.

III. Possui natureza salarial a parcela prevista no art. 71, § 4º, da CLT, com redação introduzida pela Lei nº 8.923, de 27 de julho de 1994, quando não concedido ou reduzido pelo empregador o intervalo mínimo intrajornada para repouso e alimentação, repercutindo, assim, no cálculo de outras parcelas salariais.

IV. Ultrapassada habitualmente a jornada de seis horas de trabalho, é devido o gozo do intervalo intrajornada mínimo de uma hora, obrigando o empregador a remunerar o período para descanso e alimentação não usufruído como extra, acrescido do respectivo adicional, na forma prevista no art. 71, caput e § 4º da CLT.

Trabalhadores do Setor de Transporte Coletivo

Conforme previsão legal, para os trabalhadores que atuem diretamente no transporte coletivo de passageiros - motoristas, passageiros, fiscais etc., sempre por meio de convenção ou acordo coletivo, é possível que o intervalo seja concedido de forma fracionada e ao final de cada viagem (quando o ônibus estiver parado). Nesse caso, os intervalos serão concedidos após a primeira hora de trabalho e antes da última hora, sendo que tais intervalos serão considerados como efetiva jornada de trabalho e serão remunerados.

Desrespeito ao Intervalo

Conforme visto no §4º, do art. 71, fora as exceções legais, se o intervalo não for concedido integralmente, será pago todo o período como hora extra. Por exemplo, o empregado sai para almoçar às 11h e retorna às 11:40. Ele receberá 1 hora extra nesse dia em razão da supressão de 20 minutos.

Nota-se que esse pagamento é considerado parcela salarial, refletindo no cálculo de outras parcelas, conforme entendimento do Tribunal Superior do Trabalho, exposto no item III, da Súmula 437.

No caso do empregado sujeito a 6 horas de trabalho, em princípio, ele tem somente 15 minutos de intervalo, mas se trabalhar em horas extras habituais, ser-lhe-á devido o intervalo, de no mínimo, 1 hora e, no máximo, 2 horas, o que, não sendo observado, gera direito ao pagamento de horas extras de todo o período, conforme entendimento do Tribunal Superior do Trabalho, exposto no item IV, da Súmula citada.

Por fim, o TST sedimentou que o trabalhador rural tem direito ao intervalo mínimo de 1 hora durante a jornada, sendo que a não concessão gera o pagamento de horas extras, de todo o período.

Pausas Específicas na Jornada

Câmeras Frigoríficas

Para os trabalhadores em câmeras frigoríficas, a cada 1 hora e 40 minutos de trabalho, é concedida uma pausa de 20 minutos, incluída na jornada de trabalho e remunerada. Esse descanso serve para a recuperação térmica do empregado.

O TST estendeu esse descanso de 20 minutos a todos os que trabalham em ambientes artificialmente frios, conforme recente Súmula:

Súm. 438: *Intervalo para recuperação térmica do empregado. Ambiente artificialmente frio. Horas extras. Art. 253 da CLT. Aplicação analógica. O empregado submetido a trabalho contínuo em ambiente artificialmente frio, nos termos do parágrafo único do art. 253 da CLT, ainda que não labore em câmara frigorífica, tem direito ao intervalo intrajornada previsto no caput do art. 253 da CLT.*

Atividade Contínua de Digitação

Nos serviços de mecanografia (datilografia, escrituração e cálculo), bem como para o digitador, é devida uma pausa de 10 minutos a cada 90 minutos trabalhados.

Art. 72 *- Nos serviços permanentes de mecanografia (datilografia, escrituração ou cálculo), a cada período de 90 (noventa) minutos de trabalho consecutivo corresponderá um repouso de 10 (dez) minutos não deduzidos da duração normal de trabalho.*

Súm. 346: *Digitador. Intervalos Intrajornada. Aplicação Analógica Do Art. 72 da CLT. Os digitadores, por aplicação analógica do art. 72 da CLT, equiparam-se aos trabalhadores nos serviços de mecanografia (datilografia, escrituração ou cálculo), razão pela qual têm direito a intervalos de descanso de 10 (dez) minutos a cada 90 (noventa) de trabalho consecutivo.*

Minas e Subsolo

A jornada é de 6 horas diárias e 36 semanais, mas, a cada 3 horas de trabalho ininterrupto, é necessária uma pausa de 15 minutos, que estará incluída na jornada de trabalho e será remunerada.

Amamentação

Às gestantes são assegurados, até o sexto mês após o nascimento do bebê, 2 períodos de 30 minutos cada, para amamentar sua criança, sendo que tais períodos serão incluídos na jornada de trabalho, devendo ser remunerados.

O período de 6 meses pode ser prorrogado, se o estado de saúde da criança exigir.

Art. 396 *- Para amamentar o próprio filho, até que este complete 6 (seis) meses de idade, a mulher terá direito, durante a jornada de trabalho, a 2 (dois) descansos especiais, de meia hora cada um.*

Parágrafo único *- Quando o exigir a saúde do filho, o período de 6 (seis) meses poderá ser dilatado, a critério da autoridade competente.*

Antes da Prorrogação da Jornada

No caso do trabalho dos menores de 18 anos e das mulheres, é necessária a concessão de 15 minutos de intervalo não remunerado antes de iniciar o trabalho em horas suplementares. A não concessão gera direito ao pagamento de horas extras.

Essa discriminação positiva para a mulher tem sido considerada constitucional pelo TST, em razão de aspectos fisiológicos, pois a mulher tende a ter menos força física que o homem, e aspectos sociais, uma vez que ela costuma ter dupla jornada, em casa e no trabalho.

Intervalo Interjornada

Interjornada é o intervalo existente entre dois dias de trabalho, sendo de, no mínimo, 11 horas, conforme previsto na CLT.

> ***Art. 66*** *- Entre 2 (duas) jornadas de trabalho haverá um período mínimo de 11 (onze) horas consecutivas para descanso.*

Caso esse intervalo não seja respeitado, o empregado terá direito ao pagamento das horas suprimidas; contudo, não é de todo o período. Por exemplo, se o empregado parou de trabalhar às 23:00 e, no outro dia, começou às 07:00, terá direito a 4 horas extras, com o respectivo adicional.

> ***OJ-SDI1-355:*** *Intervalo Interjornadas. Inobservância. Horas Extras. Período Pago como sobrejornada. Art. 66 da CLT. Aplicação Analógica do § 4º do Art. 71 da CLT. O desrespeito ao intervalo mínimo interjornadas previsto no art. 66 da CLT acarreta, por analogia, os mesmos efeitos previstos no § 4º do art. 71 da CLT e na Súmula nº 110 do TST, devendo-se pagar a integralidade das horas que foram subtraídas do intervalo, acrescidas do respectivo adicional.*

Descanso Semanal Remunerado

O descanso semanal remunerado (DSR), também chamado de repouso semanal remunerado (RSR), tem previsão na Constituição e na legislação infraconstitucional, com duração mínima de 24 horas, e é concedido, preferencialmente, aos domingos.

Trabalhadores urbanos e rurais, até os avulsos e os domésticos, têm direito a tal descanso. Mesmo nos turnos ininterruptos de revezamento, ele é devido. Maurício Godinho Delegado ensina que, nas jornadas 12 x 36 ou 24 x 72 horas, os descansos semanais bem como os intervalos interjornada já fazem parte da própria escala. Os feriados não estão incluídos automaticamente na escala, de forma que, se trabalhados, serão pagos em dobro. Nesse sentido, também a Súmula 444, do TST:

"Jornada de trabalho. Norma coletiva. Lei. Escala de 12 por 36. Validade. É valida, em caráter excepcional, a jornada de doze horas de trabalho por trinta e seis de descanso, prevista em lei ou ajustada, exclusivamente, mediante acordo coletivo de trabalho ou convenção coletiva de trabalho, assegurada a remuneração em dobro dos feriados trabalhados. O empregado não tem direito ao pagamento de adicional referente ao labor prestado na décima primeira e décima segunda horas."

> ***Art. 7º, da CF XV*** *- Repouso semanal remunerado, preferencialmente aos domingos;*
>
> ***Art. 67*** *- Será assegurado a todo empregado um descanso semanal de 24 (vinte e quatro) horas consecutivas, o qual, salvo motivo de conveniência pública ou necessidade imperiosa do serviço, deverá coincidir com o domingo, no todo ou em parte.*
>
> ***Parágrafo único*** *- Nos serviços que exijam trabalho aos domingos, com exceção quanto aos elencos teatrais, será estabelecida escala de revezamento, mensalmente organizada e constando de quadro sujeito à fiscalização.*

Note que, se o empregado não trabalhar 2 dias na semana, no sábado e no domingo, por exemplo, ele não tem 2 dias de repouso semanal remunerado. Ocorre, na verdade, um dia útil não trabalhado. Isso tem relevância, uma vez que algumas parcelas integram o cálculo do DRS (por exemplo, as horas extras habituais), mas elas não integrarão o dia útil não trabalhado.

Remuneração do DSR

O empregado pode perder o direito à remuneração do repouso semanal. Para isso não ocorrer, ele deve cumprir 2 requisitos:

→ Frequência

Isso significa que não pode faltar injustificadamente nenhum dia na semana anterior.

→ Pontualidade

Ele não pode chegar atrasado nenhum dia sequer.

Se a falta ou o atraso forem justificados por lei, regulamento da empresa ou por negociação coletiva (acordo ou convenção coletiva), não poderá haver nenhum desconto do trabalhador.

Quanto aos atestados médicos, o TST pacificou que o atestado apresentado pelo empregado, para ser aceito, deve obedecer à gradação legal, a qual, atualmente é: médicos mantidos pela empresa ou conveniados; médicos mantidos pelo sindicato da categoria; sistema público de saúde; médico particular; por fim, previdência social, quando o afastamento for superior a 15 dias.

> ***Súm. 15*** *Atestado Médico. A justificação da ausência do empregado motivada por doença, para a percepção do salário-enfermidade e da remuneração do repouso semanal, deve observar a ordem preferencial dos atestados médicos estabelecida em lei.*
>
> ***Súm. 282*** *Abono de Faltas. Serviço Médico da Empresa. Ao serviço médico da empresa ou ao mantido por esta última mediante convênio compete abonar os primeiros 15 (quinze) dias de ausência ao trabalho.*

A jurisprudência no TST é forte no sentido de que, havendo serviço médico na empresa ou conveniado, ela não é obrigada a aceitar atestado de médico particular do empregado, podendo descontar a remuneração do descanso daquela semana.

Observa-se que pode o empregador abonar a falta, não descontando a remuneração daquela semana; entretanto, nesse caso, não poderá, posteriormente, descontá-la - a punição deve ser imediata.

De qualquer forma, o empregado, se faltar ou chegar atrasado, perde direito à remuneração, não ao repouso em si, ou seja, será descontado no seu contracheque o valor do DRS, mas ele descansará efetivamente um dia na semana.

E como é remunerado o DSR? É a Lei 605/1949 que responde:

> ***Art. 7º*** *A remuneração do repouso semanal corresponderá:*
>
> ***a)*** *Para os que trabalham por dia, semana, quinzena ou mês, à de um dia de serviço, computadas as horas extraordinárias habitualmente prestadas;*
>
> ***b)*** *Para os que trabalham por hora, à sua jornada normal de trabalho, computadas as horas extraordinárias habitualmente prestadas;*
>
> ***c)*** *Para os que trabalham por tarefa ou peça, o equivalente ao salário correspondente às tarefas ou peças feitas durante a semana, no horário normal de trabalho, dividido pelos dias de serviço efetivamente prestados ao empregador;*

d) *Para o empregado em domicílio, o equivalente ao quociente da divisão por 6 (seis) da importância total da sua produção na semana.*

§2º - Consideram-se já remunerados os dias de repouso semanal do empregado mensalista ou quinzenalista cujo cálculo de salário mensal ou quinzenal, ou cujos descontos por falta sejam efetuados na base do número de dias do mês ou de 30 (trinta) e 15 (quinze) diárias, respectivamente.

O empregado que recebe por quinzena ou mês já tem o seu DSR incluído no pagamento (o contracheque não precisa indicar tal pagamento separado). A regra é essa: qualquer parcela salarial em que a base de cálculo seja quinzena ou mês já englobará o DSR.

Em razão disso, foi editada a Súmula 225/TST, pois a gratificação por tempo de serviço, bem com a de produtividade, são calculadas tendo o mês como referência - se essas verbas refletissem no DSR, ocorreria *bis in idem*.

***Súm. 225:** Repouso Semanal. Cálculo. Gratificações por Tempo de Serviço e Produtividade. As gratificações por tempo de serviço e produtividade, pagas mensalmente, não repercutem no cálculo do repouso semanal remunerado.*

Da mesma forma, o adicional de insalubridade já remunera o DSR, bem como os feriados, não se falando em pagamento em separado. Tal raciocínio vale também para o adicional de periculosidade.

***OJ-SDI1-103:** Adicional de Insalubridade. Repouso Semanal e Feriados. O adicional de insalubridade já remunera os dias de repouso semanal e feriados.*

Sob essa perspectiva, o adicional noturno pago habitualmente reflete no DRS, uma vez que sua base de cálculo é a hora noturna, não a quinzena ou o mês.

Para o professor que recebe por hora-aula, o simples pagamento das horas não remunera o descanso, sendo devido acréscimo de 1/6 a título de DSR:

***Súm. 351:** Professor. Repouso Semanal Remunerado. Art. 7º, § 2º, DA LEI Nº 605, DE 05.01.1949 E ART. 320 DA CLT. O professor que recebe salário mensal à base de hora-aula tem direito ao acréscimo de 1/6 a título de repouso semanal remunerado, considerando-se para esse fim o mês de quatro semanas e meia.*

Mesmo o empregado comissionista, ainda que pracista, tem direito ao DSR. Pracista seria aquele que tem uma determinada praça, uma determinada localização geográfica, onde vende os produtos do empregador.

***Súm. 27:** Comissionista. É devida a remuneração do repouso semanal e dos dias feriados ao empregado comissionista, ainda que pracista.*

Por fim, quanto às gorjetas, elas compõem a remuneração, não o salário, portanto, não integram a base de cálculo do DSR.

***Súm. 354:** Gorjetas. Natureza Jurídica. Repercussões. As gorjetas, cobradas pelo empregador na nota de serviço ou oferecidas espontaneamente pelos clientes, integram a remuneração do empregado, não servindo de base de cálculo para as parcelas de aviso-prévio, adicional noturno, horas extras e repouso semanal remunerado.*

Dia de concessão do DSR

Conforme visto, o DSR é concedido, preferencialmente, aos domingos, mas não obrigatoriamente. Caso haja trabalho em um domingo, é necessário haver folga compensatória em outro dia da semana, sob pena de pagar-se em dobro o domingo não compensado, além de pagar o próprio descanso semanal remunerado.

***Súm. 146** Trabalho em Domingos e Feriados, Não Compensado. O trabalho prestado em domingos e feriados, não compensado, deve ser pago em dobro, sem prejuízo da remuneração relativa ao repouso semanal.*

Fique Ligado

Supondo que o empregado ganha R$ 100,00 por dia. Se ele trabalha domingo, sem folga compensatória em outro dia da semana, ele receberá pelo domingo trabalhado R$ 300,00 (R$ 100,00 do próprio dia de trabalho, mais R$ 200,00 em razão seu repouso semanal suprimido, que será pago em dobro). É isso que quer dizer a Súmula 146, do TST.

É importante frisar que o descanso deve ser concedido dentro da semana de trabalho, ou seja, após 6 dias de trabalho seguidos, o 7º é para ser descansado. Se o empregado trabalhar 7 dias e descansar no 8º, o empregador será punido, pagando tal dia em dobro (dois dias de salário).

***OJ-SDI1-410** Repouso Semanal Remunerado. Concessão Após o Sétimo dia Consecutivo de Trabalho. Art. 7º, XV, Da CF. Violação. Viola o art. 7º, XV, da CF a concessão de repouso semanal remunerado após o sétimo dia consecutivo de trabalho, importando no seu pagamento em dobro.*

Dessa forma, tem-se que, se o empregado descansou no domingo, dia 01, mas irá trabalhar no próximo domingo, dia 08, sua folga compensatória será no meio da semana, entre os dias 02 e 07, do contrário, estará violado o DRS do empregado.

E quando o trabalho pode ser licitamente realizado aos domingos? Em regra, a CLT determina que é necessária autorização do Ministério do Trabalho e Emprego, exceto para os que trabalham no setor teatral. Havendo motivo de força maior, também pode haver trabalho aos domingos, sem autorização prévia do MTE.

Tal autorização pode ser em caráter permanente ou transitório. Será permanente nas atividades que, por sua natureza ou pela conveniência pública, devem ser exercidas aos domingos, sendo que o MTE expedirá portarias para regulamentar tais atividades.

Nos demais casos, será transitória, não podendo exceder cada autorização, ao período de 60 dias. Em ambos os casos, deverá haver escala para que os trabalhadores possam folgar alguns domingos.

Tais autorizações são dadas para a atividade, e não para a empresa, ou seja, um posto de gasolina autorizado a funcionar atuará aos domingos com seus frentistas, caixas, lavadores, mas o setor do escritório não trabalhará nesses dias.

***Art. 67. Parágrafo único** - Nos serviços que exijam trabalho aos domingos, com exceção quanto aos elencos teatrais, será estabelecida escala de revezamento, mensalmente organizada e constando de quadro sujeito à fiscalização.*

***Art. 68** - O trabalho em domingo, seja total ou parcial, na forma do art. 67, será sempre subordinado à permissão prévia da autoridade competente em matéria de trabalho.*

***Parágrafo único** - A permissão será concedida a título permanente nas atividades que, por sua natureza ou pela conveniência pública, devem ser exercidas aos domingos, cabendo ao Ministro do Trabalho, Indústria e Comércio, expedir instruções em que sejam especificadas tais atividades. Nos demais casos, ela será dada sob forma transitória, com discriminação* *do período autorizado, o qual, de cada vez, não excederá de 60 (sessenta) dias.*

As atividades de comércio em geral têm autorização legal para funcionar aos domingos, nas seguintes condições:

A cada 3 semanas, o empregado deve ter folga no domingo;

Observada a legislação municipal (que pode impedir a abertura do comércio aos domingos):

> ***Lei 10.101/2001 Art. 6º*** *Fica autorizado o trabalho aos domingos nas atividades do comércio em geral, observada a legislação municipal, nos termos do art. 30, inciso I, da Constituição.*
>
> ***Parágrafo único.*** *O repouso semanal remunerado deverá coincidir, pelo menos uma vez no período máximo de três semanas, com o domingo, respeitadas as demais normas de proteção ao trabalho e outras a serem estipuladas em negociação coletiva.*

Feriados Civis e Religiosos

Aos feriados, as disposições são basicamente as mesmas quanto ao repouso semanal. Havendo trabalho nesses dias, é devida folga compensatória ou sua remuneração em dobro, além do pagamento do próprio feriado. A forma de remuneração é a mesma.

Uma especificidade é que os feriados remunerados não foram citados pela Constituição; são regulados somente por lei. Outra, é em relação às atividades do comércio em geral. Nos domingos, o comércio pode abrir, respeitada a legislação municipal. No caso dos feriados, além de ser respeitada legislação municipal, é necessária a existência de Convenção Coletiva autorizando tal prática, conforme Lei 10.101/2001.

> ***Art. 6º-A***: *É permitido o trabalho em feriados nas atividades do comércio em geral, desde que autorizado em convenção coletiva de trabalho e observada a legislação municipal, nos termos do art. 30, inciso I, da Constituição.*

Férias

Direito constitucional dos trabalhadores, as férias são o período mais longo que o empregado ficará sem trabalhar, mas receberá salários, sendo, portanto, interrupção do contrato de trabalho. Elas também têm como objetivo preservar a saúde do trabalhador, evitando o cansaço extremo, bem como conceder-lhe oportunidade para um convívio social e familiar mais intenso, de forma que, ao retornar ao trabalho, terá energia e disposição renovadas. Dispõe a Constituição:

> ***Art. 7º. XVII***: *Gozo de férias anuais remuneradas com, pelo menos, um terço a mais do que o salário normal;*

Como o empregador está pagando para o empregado descansar e poder voltar "renovado", não pode o empregado laborar para outro empregador no seu período de férias, salvo se já tinha contrato anteriormente firmado, conforme previsão da CLT. Caso não houvesse a restrição, as férias não iriam cumprir seu objetivo fundamental e o empregador iria pagá-las desnecessariamente.

> ***Art. 138*** *- Durante as férias, o empregado não poderá prestar serviços a outro empregador, salvo se estiver obrigado a fazê-lo em virtude de contrato de trabalho regularmente mantido com aquele.*

O direito às férias pode ser classificado em dois períodos distintos: período aquisitivo e período concessivo (também chamado de período de fruição das férias).

Período Aquisitivo

Em regra, a cada 12 meses de trabalho, o empregado terá direito às férias.

As férias mantêm sempre uma noção de proporcionalidade. Assim, os que têm jornada de 44 horas, têm direito a 30 dias de férias, mas, a cada certo número de faltas, o empregado perderá uma quantidade certa de dias de férias. Não pode haver o desconto direito (não é possível para cada falta do empregado descontar um dia de férias). Já os trabalhadores do regime de tempo parcial, aqueles com jornada de até 25 horas semanais, terão entre 8 e 18 dias de férias, dependendo da quantidade de horas semanais que trabalharem.

Estes, se tiverem até 7 faltas, não perderão nenhum dia de férias, mas se tiverem 8 faltas ou mais, terão direito somente a metade das férias.

Essas questões são reiteradamente objeto de prova. Por isso, apresenta-se a seguinte tabela, para melhor memorização:

Jornada Normal	
Até 5 faltas	*30 dias corridos*
De 6 a 14 faltas	*24 dias corridos*
De 15 a 23 faltas	*18 dias corridos*
De 24 a 32 faltas	*12 dias corridos*
33 ou mais faltas	*O empregado perderá o direito às férias daquele período aquisitivo*
Perceba que, após 5º a falta, a cada acúmulo de 9 dias de faltas, o empregado perde 6 dias de férias	

Jornada em Tempo Parcial	
Jornada igual ou inferior a 5h semanais	*8 dias de férias*
Superior a 5 e inferior a 10h semanais	*10 dias de férias*
Superior a 10 e inferior a 15h semanais	*12 dias de férias*
Superior a 15 e inferior a 20h semanais	*14 dias de férias*
Superior a 20 e inferior a 22h semanais	*16 dias de férias*
Superior a 22 e até 25h semanais	*18 dias de férias*
Se tiver mais de 7 faltas, terá suas férias reduzida pela metade	

Dispõe a CLT:

> ***Art. 129*** *- Todo empregado terá direito anualmente ao gozo de um período de férias, sem prejuízo da remuneração.*
>
> ***Art. 130*** *- Após cada período de 12 (doze) meses de vigência do contrato de trabalho, o empregado terá direito a férias, na seguinte proporção:*
>
> ***I.*** *30 (trinta) dias corridos, quando não houver faltado ao serviço mais de 5 (cinco) vezes;*
>
> ***II.*** *24 (vinte e quatro) dias corridos, quando houver tido de 6 (seis) a 14 (quatorze) faltas;*
>
> ***III.*** *18 (dezoito) dias corridos, quando houver tido de 15 (quinze) a 23 (vinte e três) faltas;*
>
> ***IV.*** *12 (doze) dias corridos, quando houver tido de 24 (vinte e quatro) a 32 (trinta e duas) faltas.*
>
> ***§1º*** *- É vedado descontar, do período de férias, as faltas do empregado ao serviço.*
>
> ***§2º*** *- O período das férias será computado, para todos os efeitos, como tempo de serviço.*
>
> ***Art. 130-A***. *Na modalidade do regime de tempo parcial, após cada período de doze meses de vigência do contrato de trabalho, o empregado terá direito a férias, na seguinte proporção:*
>
> ***I.*** *Dezoito dias, para a duração do trabalho semanal superior a vinte e duas horas, até vinte e cinco horas;*

II. *Dezesseis dias, para a duração do trabalho semanal superior a vinte horas, até vinte e duas horas;*

III. *Quatorze dias, para a duração do trabalho semanal superior a quinze horas, até vinte horas;*

IV. *Doze dias, para a duração do trabalho semanal superior a dez horas, até quinze horas;*

V. *Dez dias, para a duração do trabalho semanal superior a cinco horas, até dez horas;*

VI. *Oito dias, para a duração do trabalho semanal igual ou inferior a cinco horas.*

Parágrafo único. *O empregado contratado sob o regime de tempo parcial que tiver mais de sete faltas injustificadas ao longo do período aquisitivo terá o seu período de férias reduzido à metade.*

Exercício Comentado

01. De acordo com a Consolidação das Leis do Trabalho, na modalidade do regime de tempo parcial, após cada período de doze meses de vigência do contrato de trabalho, o empregado terá direito a dezesseis dias de férias, para a duração do trabalho semanal superior a:

a) Cinco horas, até dez horas.

b) Dez horas, até quinze horas.

c) Quinze horas, até vinte horas.

d) Vinte horas, até vinte e duas horas.

e) Vinte e duas horas, até vinte e cinco horas.

RESPOSTA. **"D". Tal item mostra como as bancas cobram esse tipo de "decoreba" – não adianta reclamar, estude. Releia a tabela anterior algumas vezes para memorizá-la.**

Note que as faltas que tolhem direito de férias são aquelas injustificadas, ao passo que, se houver justificativas, ou a empresa abonar a falta, não haverá prejuízo para o empregado. Nesse sentido, determina a CLT.

Art. 131 *- Não será considerada falta ao serviço, para os efeitos do Art. anterior, a ausência do empregado:*

I. *Nos casos referidos no art. 473;*

II. *Durante o licenciamento compulsório da empregada por motivo de maternidade ou aborto, observados os requisitos para percepção do salário-maternidade custeado pela Previdência Social;*

III. *Por motivo de acidente do trabalho ou enfermidade atestada pelo Instituto Nacional do Seguro Social - INSS, excetuada a hipótese do inciso IV do art. 133; (quando o empregado fica afastado recebendo auxílio doença, por mais de 60 dias, ainda que descontínuos)*

IV. *Justificada pela empresa, entendendo-se como tal a que não tiver determinado o desconto do correspondente salário;*

V. *Durante a suspensão preventiva para responder a inquérito administrativo ou de prisão preventiva, quando for impronunciado ou absolvido; e*

VI. *Nos dias em que não tenha havido serviço, salvo na hipótese do inciso III do art. 133. (por deixar de trabalhar, recebendo salário, em virtude de paralisação da empresa por mais de 30 dias).*

Súm. 89 *Falta ao Serviço. Se as faltas já são justificadas pela lei, consideram-se como ausências legais e não serão descontadas para o cálculo do período de férias.*

Súm. 46 *Acidente de Trabalho. As faltas ou ausências decorrentes de acidente do trabalho não são consideradas para os efeitos de duração de férias e cálculo da gratificação natalina.*

Exercício Comentado

01. O empregado, no período aquisitivo de férias, faltou quatro dias seguidos, em razão de falecimento da sua mãe; oito dias seguidos para celebrar seu casamento e lua-de-mel, dois dias para doação voluntária de sangue. No período concessivo respectivo, ele terá direito a usufruir de:

a) 24 dias de férias.

b) 30 dias de férias.

c) 18 dias de férias.

d) 16 dias de férias.

e) Somente 15 dias de férias em razão do excesso de faltas.

RESPOSTA. **"A". O falecimento do cônjuge, ascendente, descendente, irmão ou pessoa que, declarada em sua carteira de trabalho e previdência social, viva sob sua dependência econômica dá direito a 2 dias de folga, mas o empregado faltou 4.**

O casamento dá direito a 3 dias de folga, mas o empregado faltou 8.

A doação de sangue dá um dia de folga, mas o empregado faltou 2.

A questão não falou que a empresa abonou as faltas, de forma que parte delas foram injustificadas, as quais somadas totalizaram 8. Quando o empregado falta entre 5 e 14 dias, terá descontados 6 dias de férias. 30 - 6 = 24 dias de férias.

Como a questão não falou qual o tipo de contrato de trabalho, preSúm.e-se que é em tempo integral. Quando a questão versar sobre contrato em tempo parcial, deveria dizê-lo expressamente.

Perda do Direito de Férias

Em razão da noção de proporcionalidade das férias, a legislação elenca fatores que fazem o empregado não ter mais direito a férias naquele período aquisitivo. Nesses casos, o empregado ficou, por algum motivo, sem trabalhar, de forma que, ao regressar ao trabalho, inicia-se um novo período aquisitivo. São eles:

→ Deixar o emprego e não ser readmitido dentro de 60 dias.

Esse é o caso em que o empregado pede demissão e volta a trabalhar para o mesmo empregador. Se esse retorno ocorrer com mais de 60 dias, então, o empregado não aproveita o trabalho prestado anteriormente, iniciando-se novo período aquisitivo.

→ Permanecer de licença, com percepção de salários, por mais de 30 dias.

Essa é a licença remunerada que a empresa concede ao empregado, porém, não pode fazer isso sempre, substituindo as férias por tal licença - isso seria fraude trabalhista. Essas são ocasiões excepcionais, (por exemplo, o empregado pede e a empresa concede licença remunerada por 40 dias para tratar de um parente).

Tal licença, apesar de tirar o direito às férias, com elas não se confunde, de forma que não é devido o pagamento do 1/3 a mais, concedido pela CF.

→ Deixar de trabalhar, com percepção de salários, por mais de 30 dias, em razão de paralisação da empresa.

A lógica é basicamente a mesma da citada anteriormente, mas, nesse caso, a empresa deve comunicar o MTE e o sindicato dos empregados, com, no mínimo, 15 dias de antecedência. Aqui, também não se pagará o terço constitucional, devido somente no caso de férias.

Um exemplo seria quando a empresa vai modernizar seus maquinários e precisa ficar fechada por longo tempo para a troca. Se isso durar mais de 30 dias, os empregados perdem o direito às férias daquele período aquisitivo, o qual será iniciado novamente quando do retorno da atividade.

→ Receber da Previdência Social prestações de acidente do trabalho ou de auxílio-doença, por 6 meses ou mais, ainda que descontínuos.

Quando sofre acidente do trabalho, tem doença ocupacional ou recebe auxílio - doença por enfermidade não ligada ao trabalho, sendo afastado do trabalho, se for por até 6 meses, dentro de um período aquisitivo, o empregado aproveita o período aquisitivo anterior.

Contudo, se tal período superar 6 meses, mesmo que esparsos, intercalados, então, o empregado perderá o direito às férias e, quando regressar ao trabalho, iniciará novo período aquisitivo.

→ O empregado, após cumprir o Serviço Militar Obrigatório, retornar ao seu emprego anterior após mais de 90 dias da baixa.

Após o término do Serviço Militar Obrigatório, o empregado tem direito a retornar à empresa em que trabalhava, e deve fazer isso em até 90 dias após a baixa para aproveitar o período de trabalhado anterior, no seu período aquisitivo de férias. Não confunda esse período de 90 dias com o prazo de 30 dias para o empregado notificar o empregador de que pretende reatar o vínculo de empregado anterior.

Suponha que o empregado foi contratado em 1º de janeiro de 2010, na empresa X e, em 30 de junho, teve seu contrato suspenso, pois foi prestar o Serviço Militar. Terminou seu Serviço Militar em 30 de junho de 2011. Ele tem 30 dias, a partir da baixa, para notificar o empregador de que quer reatar o vínculo (art. 472, §1º, da CLT), se não o fizer nesse prazo, o empregador não é obrigado a aceitá-lo novamente. Feito isso, caso retorne em até 90 dias a partir da baixa, aproveitará o período entre 1º de janeiro e 30 de junho de 2010 para aquisição de férias, ou seja, terá que trabalhar somente mais 6 meses para garantir seus 30 dias de férias.

Dispõe a CLT:

> ***Art. 133*** *- Não terá direito a férias o empregado que, no curso do período aquisitivo:*
>
> ***I.*** *Deixar o emprego e não for readmitido dentro de 60 (sessenta) dias subsequentes à sua saída;*
>
> ***II.*** *Permanecer em gozo de licença, com percepção de salários, por mais de 30 (trinta) dias;*
>
> ***III.*** *Deixar de trabalhar, com percepção do salário, por mais de 30 (trinta) dias, em virtude de paralisação parcial ou total dos serviços da empresa; e*
>
> ***IV.*** *Tiver percebido da Previdência Social prestações de acidente de trabalho ou de auxílio-doença por mais de 6 (seis) meses, embora descontínuos.*
>
> *§1º - A interrupção da prestação de serviços deverá ser anotada na Carteira de Trabalho e Previdência Social.*
>
> *§2º - Iniciar-se-á o decurso de novo período aquisitivo quando o empregado, após o implemento de qualquer das condições previstas neste Art., retornar ao serviço.*
>
> *§3º - Para os fins previstos no inciso III deste Art. a empresa comunicará ao órgão local do Ministério do Trabalho, com antecedência mínima de 15 (quinze) dias, as datas de início e fim da paralisação total ou parcial dos serviços da empresa, e, em igual prazo, comunicará, nos mesmos termos, ao sindicato representativo da categoria profissional, bem como afixará aviso nos respectivos locais de trabalho.*
>
> ***Art. 132*** *- O tempo de trabalho anterior à apresentação do empregado para serviço militar obrigatório será computado no período aquisitivo, desde que ele compareça ao estabelecimento dentro de 90 (noventa) dias da data em que se verificar a respectiva baixa.*

Exercício Comentado

01. De acordo com a Consolidação das Leis do Trabalho, o tempo de trabalho anterior à apresentação do empregado para Serviço Militar Obrigatório:

a) Será computado no período aquisitivo das férias, desde que ele compareça ao estabelecimento dentro de 30 dias da data em que se verificar a respectiva baixa.

b) Será computado no período aquisitivo das férias, desde que ele compareça ao estabelecimento dentro de 90 dias da data em que se verificar a respectiva baixa.

c) Será sempre computado no período aquisitivo das férias, independentemente de prazo para o comparecimento ao estabelecimento, tratando-se de direito previsto em lei e na Carta Magna.

d) Não será computado no período aquisitivo de férias, havendo dispositivo constitucional expresso neste sentido.

e) Será computado no período aquisitivo das férias, desde que ele compareça ao estabelecimento dentro de 15 dias da data em que se verificar a respectiva baixa.

RESPOSTA. ***"B". Essa questão "derrubou" muita gente neste concurso, pois muitos confundiram o prazo de 30 dias para o empregado avisar ao empregador que pretende reatar o vínculo, com o prazo de 90 dias que o empregado tem para, efetivamente, regressar ao trabalho.***

Para memorizar, imagine um jovem que, em razão do Serviço Militar Obrigatório, tenha mudado para Brasília, estando com sua relação de emprego suspensa. Após o término do Serviço Militar, o que demora mais, um simples aviso ao empregador ou o retorno à sua cidade natal? O retorno claro, de forma que esse prazo é dilatado.

Período Concessivo

Quando completar os 12 meses de trabalho, o empregado passa a ter direito a férias e, então, começa o período concessivo, o qual resulta num lapso temporal de 12 meses em que o empregador deve conceder férias ao empregado.

Em regra, é a empresa que escolhe quando irá conceder férias ao empregado, a exceção é o empregado estudante, menor de 18 anos, o qual terá direito de fazer suas férias coincidirem com as férias escolares.

Os membros da família que trabalhem para a mesma empresa têm direito de tirarem férias juntos, desde que isso não cause prejuízo para o serviço.

> ***Art. 136*** *- A época da concessão das férias será a que melhor consulte os interesses do empregador.*
>
> ***§1º*** *- Os membros de uma família, que trabalharem no mesmo estabelecimento ou empresa, terão direito a gozar férias no mesmo período, se assim o desejarem e se disto não resultar prejuízo para o serviço.*
>
> ***§2º*** *- O empregado estudante, menor de 18 (dezoito) anos, terá direito a fazer coincidir suas férias com as férias escolares.*

As férias devem ser concedidas em um único período de 30 dias, mas, em casos excepcionais, permite-se que sejam fracionadas em 2 períodos, um deles não poderá ser inferior a 10 dias.

Segundo o jurista Maurício Godinho Delgado essa excepcionalidade está ligada ao interesse do empregado, ou seja, quando convier ao empregado, as férias poderão ser fracionadas em 2 períodos. Há outra corrente que leciona que os motivos de força maior ou a necessidade de serviço é que autorizam essa bipartição. O TST entende de forma ampla tal possibilidade de fracionamento, acolhendo as duas posições.

Uma situação em que a doutrina e a jurisprudência têm divergência é a seguinte: se o empregado faltou 30 vezes sem justificativa, ele terá somente 12 dias de férias. Nesse caso, poderia fracionar suas férias individuais, um período com 10 dias e o outro com 2 dias? Em razão da literalidade da Lei, tem-se entendido que sim, pois um dos períodos tem, pelo menos, 10 dias. Se fracionar irregularmente as férias (mais de 2 períodos ou todos os períodos inferiores a 10 dias), terá que pagar em dobro as férias, sendo esse posicionamento forte no âmbito do TST.

Fique Ligado

De qualquer forma, aos menores de 18 anos e aos maiores de 50 anos não é possível fracionar as férias individuais em dois períodos. Elas serão sempre concedidas de uma única vez. Ocorrendo esse fracionamento, também é devido o pagamento de dobro das férias.

O trabalhador submetido a regime de trabalho em tempo parcial (jornada de até 25 horas semanais) poderá ter suas férias fracionadas, desde que respeitado o mínimo de 10 dias para um dos períodos.

O fracionamento no caso de férias coletivas é tratado de forma diferente. Os dois períodos deverão ter, no mínimo, 10 dias, conforme se verá adiante. Apesar de o empregador escolher a época das férias, ele deve comunicar o empregado com, pelo menos, 30 dias de antecedência, de forma que o obreiro possa programar suas férias, sendo que o empregado deve dar recibo dessa comunicação.

> ***Art. 134*** *- As férias serão concedidas por ato do empregador, em um só período, nos 12 (doze) meses subsequentes à data em que o empregado tiver adquirido o direito.*
>
> ***§1º*** *- Somente em casos excepcionais serão as férias concedidas em 2 (dois) períodos, um dos quais não poderá ser inferior a 10 (dez) dias corridos.*
>
> ***§2º*** *- Aos menores de 18 (dezoito) anos e aos maiores de 50 (cinquenta) anos de idade, as férias serão sempre concedidas de uma só vez.*
>
> ***Art. 135*** *- A concessão das férias será participada, por escrito, ao empregado, com antecedência de, no mínimo, 30 (trinta) dias. Dessa participação o interessado dará recibo.*
>
> ***§1º*** *- O empregado não poderá entrar no gozo das férias sem que apresente ao empregador sua Carteira de Trabalho e Previdência Social, para que nela seja anotada a respectiva concessão.*
>
> ***§2º*** *- A concessão das férias será, igualmente, anotada no livro ou nas fichas de registro dos empregados.*

As férias são de 30 dias corridos, mas o início delas não poderá coincidir com feriados ou com o repouso semanal remunerado. Os domingos e os feriados que vierem no meio do período de férias não se somam ao final - o empregado os "perde" mesmo. Por outro lado, se o empregado estiver gozando férias e ficar doente, o período continua normalmente.

> ***PN-100*** *Férias. Início do Período de Gozo. O início das férias, coletivas ou individuais, não poderá coincidir com sábado, domingo, feriado ou dia de compensação de repouso semanal.*

Quando as férias são concedidas fora do período concessivo, os dias que o ultrapassarem serão remunerados em dobro, conforme posicionamento pacífico do TST, além de poder ser aplicada multa administrativa. Inclusive, o terço constitucional será pago em dobro, pois integra as férias.

> ***Art. 137*** *- Sempre que as férias forem concedidas após o prazo de que trata o art. 134, o empregador pagará em dobro a respectiva remuneração.*
>
> ***§1º*** *- Vencido o mencionado prazo sem que o empregador tenha concedido as férias, o empregado poderá ajuizar reclamação pedindo a fixação, por sentença, da época de gozo das mesmas.*
>
> ***§2º*** *- A sentença dominará pena diária de 5% (cinco por cento) do salário mínimo da região, devida ao empregado até que seja cumprida.*
>
> ***§3º*** *- Cópia da decisão judicial transitada em julgado será remetida ao órgão local do Ministério do Trabalho, para fins de aplicação da multa de caráter administrativo.*
>
> ***Súm. 81*** *FÉRIAS. Os dias de férias gozados após o período legal de concessão deverão ser remunerados em dobro.*

Ainda, para o empregado poder gozar suas férias adequadamente - viajar com a família, participar de eventos culturais etc., ele precisa de dinheiro, e, então, o empregador é obrigado a pagar as férias com o terço constitucional até, no máximo, 2 dias antes de o empregado deixar de trabalhar. Caso pague fora do prazo, deverá pagar as férias do empregado em dobro.

> ***Art. 145*** *- O pagamento da remuneração das férias e, se for o caso, o do abono referido no art. 143 serão efetuados até 2 (dois) dias antes do início do respectivo período.*
>
> ***Parágrafo único*** *- O empregado dará quitação do pagamento, com indicação do início e do termo das férias.*
>
> ***OJ-SDI1-386*** *Férias. Gozo na Época própria. Pagamento fora do Prazo. Dobra Devida. Arts. 137 E 145 da CLT. É devido o pagamento em dobro da remuneração de férias, incluído o terço constitucional, com base no art. 137 da CLT, quando, ainda que gozadas na época própria, o empregador tenha descumprido o prazo previsto no art. 145 do mesmo diploma legal.*

As férias são pagas em dobro quando:

Passa o período Concessivo, sem que o empregado tire férias.

O empregado recebe o pagamento das férias fora do prazo legal, que é até dois dias antes da efetiva folga.

Pense na seguinte situação: Alberto, Bruno, Caio, Daniel e Ernani entraram na empresa na mesma data, em 01/01/2008. Dessa forma, para os empregados:

01/01/2008 31/12/2008	01/01/2009 31/12/2009	01/01/2010 31/12/2010
1º Período aquisitivo	1º período concessivo	2º período concessivo
	2º período aquisitivo	3º período aquisitivo

Em 30/05/2009, a empresa informou aos cinco funcionários a data de suas férias, referente ao 1º período aquisitivo:

Alberto terá férias entre 01/08/2009 e 30/08/2009. A empresa paga as férias com o terço constitucional em 28/07/2009. Aqui, não há nenhuma irregularidade.

Bruno terá férias entre 01/08/2009 e 30/08/2009. A empresa paga as férias, com o terço constitucional, em 31/07/2009. As férias de Bruno deverão ser pagas em dobro, pois foi desrespeitado o prazo de pagamento das férias, que é de até 2 dias antes de o empregado gozá-las.

Caio terá férias entre 17/12/2009 e 15/01/2010. A empresa paga as férias com o terço constitucional em 14/12/2009. Note que, nesse caso, 15 dias de suas férias foram concedidos após o 1º período concessivo, de forma que esses 15 dias "irregulares" deverão ser remunerados em dobro.

Daniel terá férias entre 01/03/2010 e 30/03/2010. Note que todo o período concessivo foi desrespeitado, de forma que Caio deverá receber a totalidade de suas férias em dobro.

Quanto a Ernani, a empresa informa-lhe que não pode ficar sem seu serviço, de forma que não lhe concede férias. Aqui, a empresa também deverá pagar em dobro as férias. O efeito é o mesmo que em relação a Daniel, conforme posicionamento do TST. Ocorre que Ernani poderá ajuizar ação na Justiça do Trabalho, pedindo a fixação de suas férias, sendo que o Juiz condenará a empresa a conceder-lhe férias, sob pena de multa diária de 5% do salário mínimo.

Salienta-se que, quanto aos domésticos, o TST tem entendido que se aplicam as disposições da CLT, no tocante às férias, de forma que eles terão direito a receber o valor dobrado das férias, em caso de concessão fora do período concessivo ou não concessão das férias. Poderão, ainda, ter suas férias fracionadas ou requerer o abono de férias, tratado a seguir.

Remuneração das Férias e Abono de Férias

A remuneração das férias é aquela que o empregado recebe no momento em que for sair de férias, ou seja, se no período aquisitivo ganhava R$ 1.000,00, mas estava ganhando R$ 1.200,00, no momento do afastamento, receberá R$ 1.200,00 + o 1/3 concedido pela CF, resultando em 1.600,00 reais.

O que o empregado receber de salário-utilidade (moradia, alimentação) também deverá ser pago nas férias. Por exemplo, recebe habitualmente alimentação. Se continuar recebendo durante as férias, terá direito somente ao cálculo do terço constitucional sobre a parcela; por outro lado, se deixar de receber a alimentação durante as férias, então, deverá receber o equivalente em dinheiro, acrescido do terço.

Além disso, os adicionais por trabalho extraordinário, noturno, insalubre ou perigoso serão computados no salário que servirá de base ao cálculo da remuneração das férias e do terço constitucional. As gorjetas, por fazerem parte da remuneração do empregado, também integram o cálculo das férias.

A gratificação semestral não integra o cálculo das férias, conforme Súmula 253, do TST.

> ***Art. 142*** *- O empregado perceberá, durante as férias, a remuneração que lhe for devida na data da sua concessão.*
>
> ***§1º*** *- Quando o salário for pago por hora com jornadas variáveis, apurar-se-á a média do período aquisitivo, aplicando-se o valor do salário na data da concessão das férias.*
>
> ***§2º*** *- Quando o salário for pago por tarefa tomar-se-á por base a media da produção no período aquisitivo do direito a férias, aplicando-se o valor da remuneração da tarefa na data da concessão das férias.*
>
> ***§3º*** *- Quando o salário for pago por percentagem, comissão ou viagem, apurar-se-á a média percebida pelo empregado nos 12 (doze) meses que precederem à concessão das férias.*
>
> ***§4º*** *- A parte do salário paga em utilidades será computada de acordo com a anotação na Carteira de Trabalho e Previdência Social.*
>
> ***§5º*** *- Os adicionais por trabalho extraordinário, noturno, insalubre ou perigoso serão computados no salário que servirá de base ao cálculo da remuneração das férias.*
>
> ***§6º*** *- Se, no momento das férias, o empregado não estiver percebendo o mesmo adicional do período aquisitivo, ou quando o valor deste não tiver sido uniforme será computada a média duodecimal recebida naquele período, após a atualização das importâncias pagas, mediante incidência dos percentuais dos reajustamentos salariais supervenientes.*
>
> ***Súm. 149*** *Tarefeiro. Férias. A remuneração das férias do tarefeiro deve ser calculada com base na média da produção do período aquisitivo, aplicando-se-lhe a tarifa da data da concessão.*

Exercício Comentado

01. Simone é empregada da empresa COPAS e recebe gratificação semestral; Janina é empregada da empresa OURO e recebe adicional de periculosidade; e Nair é empregada do restaurante ESPADAS e recebe gorjeta cobrada diretamente na nota de serviço. Nesses casos, incorporam- se ao cálculo das férias as verbas recebidas por:

a) Simone, Janina e Nair.

b) Simone e Janina, apenas.

c) Janina e Nair, apenas.

d) Janina, apenas.

e) Nair, apenas.

RESPOSTA. ***"C". As férias são pagas com base na remuneração, assim, incluem as parcelas salariais e as gorjetas.***

O adicional de periculosidade integra o salário, de forma que se computa no cálculo das férias.

A gorjeta, não importa se é cobrada na nota de serviço ou paga diretamente ao empregado pelos clientes, será considerada no cálculo das férias.

Quanto à gratificação semestral, ela não integra o cálculo das férias, pois isso seria bis in idem, ou seja, pagar duas vezes. Como as férias são efetivo tempo de serviço, já fazem parte do cômputo da gratificação semestral - os seis meses trabalhados para ter esse direito incluem o mês o que empregado estiver de férias. Assim, quando se calculam as férias, a gratificação semestral não faz parte da base de cálculo, se o fizesse, haveria o duplo pagamento (a gratificação levaria em conta o período de férias e o cálculo das férias levaria em conta a gratificação), o que não é permitido pela legislação.

Abono de Férias

De forma geral, as férias são direitos indisponíveis, mas a CLT permite ao empregado "vender" 1/3. Isso se chama abono de férias.

O empregado tem até 15 dias antes de terminar o período aquisitivo para requerer tal abono. Respeitado esse prazo, a empresa não pode negar. Caso não respeitado tal prazo, a empresa só concede o abono se quiser.

Nota-se que, se o empregado for submetido a trabalho em regime parcial (jornada de até 25 horas semanais), não terá direito a esse abono de férias, não podendo vender nenhum dia de férias. Isso ocorre porque suas férias já são diminuídas (entre 8 e 18 dias por ano).

Além desse abono resultante da "venda de 10 dias de férias", como é chamada popularmente a venda de 1/3 das férias, tratada no art. 143, da CLT, a empresa poderá pagar ao funcionário outro abono, seja por mera liberalidade, seja por força de Convenção ou Acordo Coletivo, ou do próprio contrato com o empregado. Esse outro abono, se seu valor não superar 20 dias de salário, não integrará a remuneração do empregado. E poderá ser pago normalmente ao empregado, em regime de tempo parcial, pois, aqui, não há perda de dias de férias.

> ***Art. 143*** *- É facultado ao empregado converter 1/3 (um terço) do período de férias a que tiver direito em abono pecuniário, no valor da remuneração que lhe seria devida nos dias correspondentes.*
>
> ***§1º*** *- O abono de férias deverá ser requerido até 15 (quinze) dias antes do término do período aquisitivo.*
>
> ***§2º*** *- Tratando-se de férias coletivas, a conversão a que se refere este Art. deverá ser objeto de acordo coletivo entre o empregador e o sindicato representativo da respectiva categoria profissional, independendo de requerimento individual a concessão do abono.*
>
> ***§ 3º*** *O disposto neste Art. não se aplica aos empregados sob o regime de tempo parcial.*
>
> ***Art. 144****. O abono de férias de que trata o Art. anterior, bem como o concedido em virtude de cláusula do contrato de trabalho, do regulamento da empresa, de convenção ou acordo coletivo, desde que não excedente de vinte dias do salário, não integrarão a remuneração do empregado para os efeitos da legislação do trabalho.*

Assim, o empregado que receba R$ 900,00 e requeira o abono de férias terá 20 dias de descanso e receberá R$ 1.500,00 (900,00 de salário + R$ 300,00 do 1/3 constitucional + 300,00 do abono resultante 1/3 de férias vendidas).

Férias Coletivas

As férias coletivas podem ser concedidas para toda a empresa ou para estabelecimentos ou setores específicos. É ato unilateral da empresa ou pode ser previsto em Acordo Coletivo de Trabalho.

A empresa deve comunicar com antecedência mínima de 15 dias ao MTE e ao Sindicato dos Empregados, bem como afixar, nos locais de trabalho, o início e o fim das férias coletivas, indicando, inclusive, qual o setor ou os estabelecimentos que serão abrangidos.

As férias coletivas poderão ser fracionadas em 2 períodos e nenhum deles terá menos de 10 dias de duração. Nesse caso, não há necessidade de nenhuma causa excepcional para o fracionamento. Há divergência doutrinária nesse ponto, mas entende-se que, se na empresa houver trabalhadores com menos de 18 ou mais de 50 anos, eles também serão afetados por tal fracionamento, não se aplicando às férias coletivas o art. 134, §2º, da CLT. Nesse sentido, leciona Maurício Godinho Delegado.

O mesmo ocorre com o empregado menor de 18 anos estudante. Irá ter férias junto com os demais empregados da empresa, mesmo que não seja o seu período escolar de férias.

No mesmo sentido, o empregado que trabalhe em tempo parcial gozará das férias coletivas, até mesmo porque terá mais dias de férias do que se as gozasse individualmente.

Quanto ao abono de férias, será aplicado o que for decidido em Acordo Coletivo, independentemente de requerimento individual, ou seja, o empregado não terá faculdade de querer ou não vender 1/3 das férias, é a própria negociação coletiva que decide.

Se o empregado ainda não tinha terminado seu período aquisitivo, ele gozará de férias proporcionais e, depois de terminadas as férias coletivas, será iniciado novo período aquisitivo.

Nesses casos, é comum a empresa conceder ao empregado licença remunerada para o resto dos dias, porque ela não deixará ele sozinho na empresa, visto que isso até contraria a lógica produtiva. Assim, esse empregado receberá as férias proporcionais, mais o terço constitucional, mas, nos dias em que ficar de licença remunerada, somente receberá o valor do salário, sem acréscimo de 1/3.

Por fim, nas empresas com mais de 300 empregados, é possível proceder à anotação na CTPS dos trabalhadores por meio de carimbo.

> ***Art. 139*** *- Poderão ser concedidas férias coletivas a todos os empregados de uma empresa ou de determinados estabelecimentos ou setores da empresa.*
>
> ***§1º*** *- As férias poderão ser gozadas em 2 (dois) períodos anuais desde que nenhum deles seja inferior a 10 (dez) dias corridos.*
>
> ***§2º*** *- Para os fins previstos neste Art., o empregador comunicará ao órgão local do Ministério do Trabalho, com a antecedência mínima de 15 (quinze) dias, as datas de início e fim das férias, precisando quais os estabelecimentos ou setores abrangidos pela medida.*
>
> ***§3º*** *- Em igual prazo, o empregador enviará cópia da aludida comunicação aos sindicatos representativos da respectiva categoria profissional, e providenciará a afixação de aviso nos locais de trabalho.*
>
> ***Art. 140*** *- Os empregados contratados há menos de 12 (doze) meses gozarão, na oportunidade, férias proporcionais, iniciando-se, então, novo período aquisitivo.*

> ***Art. 141*** *- Quando o número de empregados contemplados com as férias coletivas for superior a 300 (trezentos), a empresa poderá promover, mediante carimbo, anotações de que trata o art. 135, § 1º.*
>
> ***§1º*** *- O carimbo, cujo modelo será aprovado pelo Ministério do Trabalho, dispensará a referência ao período aquisitivo a que correspondem, para cada empregado, as férias concedidas.*
>
> ***§2º*** *- Adotado o procedimento indicado neste Art., caberá à empresa fornecer ao empregado cópia visada do recibo correspondente à quitação mencionada no parágrafo único do art. 145.*
>
> ***§3º*** *- Quando da cessação do contrato de trabalho, o empregador anotará na Carteira de Trabalho e Previdência Social as datas dos períodos aquisitivos correspondentes às férias coletivas gozadas pelo empregado.*
>
> ***Art. 143****. É facultado ao empregado converter 1/3 (um terço) do período de férias a que tiver direito em abono pecuniário, no valor da remuneração que lhe seria devida nos dias correspondentes.*
>
> ***§2º*** *- Tratando-se de férias coletivas, a conversão a que se refere este Art. deverá ser objeto de acordo coletivo entre o empregador e o sindicato representativo da respectiva categoria profissional, independendo de requerimento individual a concessão do abono.*

Rescisão do Contrato de Trabalho e Férias

A rigor, as férias devem ser concedidas durante o curso do contrato de trabalho, no período concessivo. Caso isso não tenha ocorrido, elas devem ser concedidas da mesma forma, mas com pagamento em dobro. Se as férias não foram concedidas em tempo algum, após a extinção do contrato de trabalho, o empregado pode requerer a indenização das férias não gozadas, o que também resultará no seu pagamento dobrado.

Dessa forma, tem-se que o pagamento das férias gozadas, bem como o terço constitucional a ela vinculado, têm natureza salarial.

Se as férias foram gozadas fora do período concessivo, elas serão pagas de forma dobrada. Assim, o seu valor é salarial, mas o valor da dobra terá caráter indenizatório.

De outra banda, o pagamento pela indenização das férias, como o nome diz, tem caráter indenizatório, bem como o terço constitucional a ela vinculado. Nota-se que o terço constitucional é um acessório ao direito às férias, tendo, assim, o mesmo caráter que as férias asSúm.irem. Também tem caráter indenizatório, por expressa previsão legal, o abono de férias, seja aquele resultante da "venda dos 10 dias", seja aquele concedido espontaneamente pela empresa desde que não supere 20 dias de salário do empregado (arts. 143 e 144, da CLT).

Isso tem relevância, pois sobre parcelas indenizatórias não serão pagos valores a título de FGTS, nem contribuições previdenciárias. Por isso, a Lei 8.212/91 exclui do salário de contribuição tais parcelas, que são indenizatórias e não salariais.

> ***Art. 28. - Lei 8212/1991 §9º*** *Não integram o salário-de-contribuição para os fins desta Lei, exclusivamente:*
>
> ***d)*** *As importâncias recebidas a título de férias indenizadas e respectivo adicional constitucional, inclusive o valor correspondente à dobra da remuneração de férias de que trata o art. 137 da Consolidação das Leis do Trabalho-CLT;*
>
> ***e)*** *As importâncias:*
>
> ***6)*** *recebidas a título de abono de férias na forma dos Arts. 143 e 144 da CLT;*
>
> ***OJ-SDI1-195:*** *Férias Indenizadas. FGTS. Não-Incidência. Não incide a contribuição para o FGTS sobre as férias indenizadas.*

De qualquer modo, o terço constitucional, independentemente se salarial ou indenizatório, é devido sempre, sejam as férias gozadas ou indenizadas, integrais ou proporcionais, conforme pacífico entendimento do TST.

> ***Súm. 328:*** *Férias. Terço Constitucional. O pagamento das férias, integrais ou proporcionais, gozadas ou não, na vigência da CF/1988, sujeita-se ao acréscimo do terço previsto no respectivo art. 7º, XVII.*

Após o rompimento do contrato, as férias podem ser classificadas em três: férias vencidas, férias simples e férias proporcionais.

Férias Vencidas e Férias Simples

As férias vencidas, aquelas que já ultrapassaram o período aquisitivo e o período concessivo, serão pagas em dobro, como visto, com o terço constitucional em dobro também. O empregado já tinha adquirido o direito, de forma que não faz diferença se pediu demissão ou se foi dispensado por justa causa.

As férias simples, aquelas cujo o período aquisitivo o emprego já tinha completado, mas que ainda estavam dentro do período concessivo, serão pagas de forma simples, com o terço constitucional. Aqui, também, o empregado já tinha adquirido o direito, de forma que não faz diferença se pediu demissão ou se foi dispensado por justa causa.

> ***Art. 146*** *- Na cessação do contrato de trabalho, qualquer que seja a sua causa, será devida ao empregado a remuneração simples ou em dobro, conforme o caso, correspondente ao período de férias cujo direito tenha adquirido.*
>
> ***Parágrafo único*** *- Na cessação do contrato de trabalho, após 12 (doze) meses de serviço, o empregado, desde que não haja sido demitido por justa causa, terá direito à remuneração relativa ao período incompleto de férias, de acordo com o art. 130, na proporção de 1/12 (um doze avos) por mês de serviço ou fração superior a 14 (quatorze) dias.*

Férias Proporcionais

Férias proporcionais são aquelas em que o período aquisitivo está incompleto, sendo que o empregado ainda não adquiriu o direito de gozar férias. Quando devidas, as férias proporcionais serão pagas a cada mês trabalhado integralmente ou fração superior a 15 dias. Aqui, faz diferença a modalidade da rescisão contratual.

Se houver dispensa sem justa causa, o empregado terá direito a receber férias proporcionais, acrescidas do terço constitucional. O mesmo vale para o contrato por prazo determinado, que dure menos de um ano. Haverá pagamento de férias proporcionais com mais um terço, por exemplo, o contrato de experiência em que dure somente os 90 dias.

> ***Art. 147*** *- O empregado que for despedido sem justa causa, ou cujo contrato de trabalho se extinguir em prazo predeterminado, antes de completar 12 (doze) meses de serviço, terá direito à remuneração relativa ao período incompleto de férias, de conformidade com o disposto no Art. anterior.*

Se pedir demissão, da mesma forma terá direito às férias proporcionais, conforme posicionamento pacífico do TST. Apesar da redação da CLT, mesmo nos contratos vigentes há menos de um ano, se o empregado pedir demissão, terá direito às férias proporcionais.

Súm. 171: Férias Proporcionais. Contrato de trabalho. Extinção. Salvo na hipótese de dispensa do empregado por justa causa, a extinção do contrato de trabalho sujeita o empregador ao pagamento da remuneração das férias proporcionais, ainda que incompleto o período aquisitivo de 12 (doze) meses (art. 147 da CLT).

Súm. 261: *Férias Proporcionais. Pedido de demissão. Contrato vigente há menos de um ano. O empregado que se demite antes de complementar 12 (doze) meses de serviço tem direito a férias proporcionais.*

Entretanto, se for dispensado sem justa causa, não terá direito às férias proporcionais, pois foi ele que deu causa à rescisão antecipada, conforme art. 146, Parágrafo Único, citado anteriormente.

E nos casos de culpa recíproca, em que tanto o empregado como o empregador cometeram faltas graves? Eles dividem a culpa. O empregador pagará 50% das férias proporcionais (e, além disso, do aviso prévio, do 13º salário e multa do FGTS, que normalmente é 40% sobre os depósitos. No caso de culpa recíproca, será de 20%).

Súm. 14 *Culpa Recíproca. Reconhecida a culpa recíproca na rescisão do contrato de trabalho (art. 484 da CLT), o empregado tem direito a 50% (cinquenta por cento) do valor do aviso prévio, do décimo terceiro salário e das férias proporcionais.*

Conforme Súmula 7, do TST, o valor das férias não concedidas no tempo correto será remunerado com base no valor do remuneração na época da reclamação (caso o empregado tenha entrado com uma ação pedindo que o Poder Judiciário fixasse as férias dele, com o contrato ainda em vigência) ou será remunerada com base na remuneração na época da dispensa (caso o empregado tenha saído da empresa com férias pendentes, por exemplo, não recebeu férias em 2008, quando ganhava R$ 1.000,00, e saiu da empresa em 2012, quando ganhava R$ 2.000,00, suas férias serão pagas com base nesta última remuneração).

Súm. 7: *Férias. A indenização pelo não deferimento das férias no tempo oportuno será calculada com base na remuneração devida ao empregado na época da reclamação ou, se for o caso, na da extinção do contrato.*

Quanto aos professores, há uma regra específica. A eles é devido o pagamento dos salários durante as férias escolares, de forma que, se dispensados sem justa causa antes de terminar o ano letivo ou no curso das férias escolares, têm direito ao pagamento dos salários referentes a recesso letivo, bem como o direito ao aviso prévio.

Súm. 10 *Professor. Dispensa sem justa causa. Término do ano letivo ou no curso de férias escolares. Aviso prévio. O direito aos salários assegurados (Art. 322, caput e parágrafo 3º da CLT) não exclui o direito também ao aviso prévio, na hipótese de dispensa sem justa causa ao término do ano letivo ou no curso das férias escolares.*

Prescrição das férias

Prescrição é a perda da capacidade de ajuizar ação cobrando o que lhe é devido. Como visto, após o período aquisitivo, inicia o prazo concessivo, quando o empregador tem 12 meses para conceder as férias. As férias só podem ser cobradas pelo empregado após o período concessivo, de forma que a prescrição leva em conta essa data.

» **Ex.:** A pessoa foi contratada em 01/01/2004 e completou seu primeiro período aquisitivo em 31/12/2004, o período concessivo durou até 31/12/2005, mas a empresa nunca lhe concedeu, nem pagou essas férias. Em 30/06/2009, a pessoa é dispensada e ,em 30/06/2010, ajuíza ação trabalhista requerendo o que não foi pago.

Conforme regra constitucional, de 5 anos para trás, qualquer direito está prescrito. Assim, o empregado somente poderá cobrar o que a empresa não pagou de 30/06/2005 para frente. Como o período concessivo das primeiras férias terminou somente em 31/12/2005 (dentro do prazo em que pode ser cobrado), o direito de cobrar as férias em dobro daquele período não está prescrito.

Exercício Comentado

Com base na Constituição Federal de 1988 e na Consolidação das Leis do Trabalho (CLT), julgue os itens seguintes acerca dos direitos dos trabalhadores urbanos e rurais.

01. A prescrição do direito de reclamar a concessão das férias ou o pagamento da respectiva remuneração é contada a partir do término do período concessivo ou, se for o caso, da cessação do contrato de trabalho.

CERTO. Como as férias somente podem ser cobradas após o período concessivo, enquanto vigente o contrato de trabalho, o prazo prescricional de 5 anos, para cada período de férias, inicia após o término do período concessivo. Assim, um empregado com 10 anos de serviço, e que nunca tenha tirado férias, não poderá cobrar todas elas. Algumas prescreveram durante o contrato. Contudo, ao ser dispensado, inicia-se o prazo bienal e quinquenal, conforme explicado no exemplo anterior.

Vamos Praticar

01. Hércules trabalha na empresa H, com jornada de trabalho de cinco horas diárias; César trabalha na empresa C, com jornada de trabalho de oito horas diárias. Nestes casos, em regra, para Hércules será obrigatória a concessão de intervalo intrajornada de:

a) Trinta minutos e, para César, de, no mínimo, uma hora, sendo computados estes intervalos na duração do trabalho.

b) Trinta minutos e, para César, de, no mínimo, uma hora, não sendo computados estes intervalos na duração do trabalho.

c) Quinze minutos e, para César, de, no mínimo ,uma hora, não sendo computados estes intervalos na duração do trabalho.

d) Dez minutos e, para César, de, no mínimo, trinta minutos, sendo computados estes intervalos na duração do trabalho.

e) Sessenta minutos, assim como para César, não sendo computados estes intervalos na duração do trabalho.

02. Com relação aos períodos de descanso, considere as assertivas a seguir:

I. Entre duas jornadas de trabalho haverá um período mínimo de doze horas consecutivas para descanso.

II. Para o trabalho contínuo que não exceda a seis horas, mas cuja duração seja superior a quatro horas, será obrigatório um intervalo de, no mínimo, dez minutos.

III. Em qualquer trabalho contínuo, cuja duração exceda de seis horas, é obrigatória a concessão de um intervalo para repouso ou alimentação, o qual será, no mínimo, de uma hora e, salvo acordo escrito ou contrato coletivo em contrário, não poderá exceder a duas horas.

IV. Nos serviços permanentes de mecanografia, a cada período de noventa minutos de trabalho consecutivo, corresponderá um repouso de dez minutos, não deduzidos da duração normal de trabalho.

V. Não sendo concedido o intervalo para repouso e alimentação, o empregador ficará obrigado a remunerar o período correspondente com um acréscimo de, no mínimo, 50% sobre o valor da remuneração da hora normal de trabalho.

Está correto o que se afirma apenas em:

a) I e II e V.
b) I e III.
c) II e III IV.
d) II e IV.
e) III, IV e V.

03. Ao término de sua licença maternidade, Joana retornou ao seu emprego. Considerando que seu filho tem cinco meses de idade e que está sendo amamentado. De acordo com a Consolidação das Leis do Trabalho, em regra, Joana terá direito, durante a jornada de trabalho, a:

a) Dois descansos especiais, de quarenta e cinco minutos cada um, até que seu filho complete seis meses de idade.
b) Um descanso especial, de quarenta e cinco minutos, até que seu filho complete seis meses de idade.
c) Dois descansos especiais, de meia hora cada um, até que seu filho complete doze meses de idade.
d) Um descanso especial, de quarenta e cinco minutos, até que seu filho complete doze meses de idade.
e) Dois descansos especiais, de meia hora cada um, até que seu filho complete seis meses de idade.

04. Mário, professor da universidade X, leciona no período matutino e noturno de segunda-feira a sexta-feira. Assim, ministra aulas das 7:40 às 13:00 horas e das 18:00 às 23:30 horas. Neste caso, a legislação trabalhista, especificamente a Consolidação das Leis do Trabalho:

a) Não está sendo respeitada, tendo em vista que não há um período mínimo de 11 horas consecutivas para descanso entre as jornadas de trabalho.
b) Está sendo respeitada, tendo em vista que Mario não leciona no final de semana, não sendo a Universidade obrigada a conceder descanso entre as jornadas de trabalho.
c) Não está sendo respeitada, tendo em vista que não há um período mínimo de 10 horas consecutivas para descanso entre as jornadas de trabalho.
d) Não está sendo respeitada, tendo em vista que não há um período mínimo de 9 horas consecutivas para descanso entre as jornadas de trabalho.
e) Não está sendo respeitada, tendo em vista que não há um período mínimo de 15 horas consecutivas para descanso entre as jornadas de trabalho.

05. Uma empresa que atua no ramo gráfico, com jornada de trabalho de 8 horas diárias, pretende reduzir o intervalo para refeição de seus empregados para 30 minutos diários. De acordo com a Lei e o entendimento do TST, a pretensão:

a) Não poderá ser atendida porque a norma é de ordem pública, tratando da higiene, salubridade e conforto, não passível de negociação.
b) Poderá ser efetivada, mas dependerá da realização de acordo ou convenção coletiva nesse sentido.
c) Poderá ser efetivada se autorizada pelo Ministério do Trabalho e Emprego, que verificará se o local tem refeitório adequado e se o empregador não exige realização de horas extras.
d) Poderá ser efetivada, se houver autorização judicial.

06. A respeito do repouso semanal remunerado, considere:

I. É assegurado aos empregados um descanso semanal de 24 horas consecutivas, obrigatoriamente aos domingos.

II. A gratificação por tempo de serviço, paga mensalmente, não repercute no cálculo do repouso semanal remunerado.

III. As gorjetas cobradas pelo empregador, na nota de serviço, integram a remuneração do empregado, servindo de base de cálculo para o repouso semanal remunerado.

IV. A gratificação de produtividade, paga mensalmente, não repercute no cálculo do repouso semanal remunerado.

Está correto o que consta apenas em:

a) III e IV.
b) I, II e III.
c) II, III e IV.
d) I e IV.
e) II e IV.

07. Considere as seguintes assertivas a respeito do intervalo intrajornada:

I. Nos serviços permanentes de mecanografia, a cada período de 90 minutos de trabalho consecutivo corresponderá um repouso de 10 minutos deduzidos da duração normal de trabalho.

II. A concessão de um intervalo para repouso ou alimentação de, no mínimo, 1 hora para trabalho contínuo, cuja duração exceda 6 horas diárias, é considerada como intervalo não remunerado.

III. Quando a duração do trabalho ultrapassar quatro horas diárias e não exceder a seis horas, é obrigatória a concessão de um intervalo para repouso e alimentação de, no mínimo, 30 minutos.

IV. Se o empregado labora quatro horas diárias, a empregadora não será obrigada a conceder o intervalo intrajornada.

Está correto o que se afirma somente em:

a) II e IV.
b) I, II e IV.
c) II, III e IV.
d) I, II e III.
e) I e III.

08. No lojinha "Xérox e companhia" trabalham desde 2008 apenas duas empregadas, Loira e Linda, que são, respectivamente, mãe e filha. De acordo com a Consolidação das Leis do Trabalho, Loira e Linda :

a) Não terão direito de gozar férias no mesmo período, em razão do evidente prejuízo para o serviço.
b) Terão direito de gozar férias no mesmo período, uma vez que são membros da mesma família.

c) Só terão direito de gozar férias no mesmo período, quando completarem cinco anos de serviço para a mesma empresa.

d) Só terão direito de gozar férias no mesmo período, se Linda for estudante de Ensino Médio ou Superior.

e) Só terão direito de gozar férias no mesmo período, se Loira possuir mais de sessenta anos de idade.

09. Em relação às férias anuais, nos termos da Consolidação das Leis do Trabalho:

a) O empregador é obrigado a conceder férias aos membros de uma mesma família que trabalhem na mesma empresa, em idêntico período, para possibilitar a integração familiar, independentemente de prejuízo que vier a ser causado ao serviço.

b) O período da concessão das férias será o que melhor consulte os interesses do empregado, em razão do princípio da proteção ao trabalhador.

c) O prazo prescricional para reclamar as férias conta-se do término do período concessivo ou da cessação do contrato de trabalho.

d) O empregado não terá direito a férias, caso no curso do período aquisitivo permanecer em gozo de licença, com percepção de salários, por mais de 60 (sessenta) dias.

e) O pagamento da remuneração das férias ou do abono pecuniário será efetuado até 15 (quinze) dias antes do início do respectivo período de gozo.

10. Em relação às férias anuais, é INCORRETO afirmar que:

a) Após cada período de doze meses de vigência do contrato de trabalho, o empregado terá direito a férias, na proporção de trinta dias corridos, quando não houver faltado injustificadamente ao serviço mais de cinco vezes.

b) As férias serão concedidas por ato do empregador, nos doze meses subsequentes à data em que o empregado tiver adquirido o direito, devendo, como regra, ser usufruídas em um só período.

c) Somente em casos excepcionais serão as férias concedidas em dois períodos, um dos quais poderá ser inferior a dez dias corridos.

d) O empregado estudante, menor de dezoito anos, terá direito a fazer coincidir suas férias com as férias escolares.

e) O empregado que for despedido sem justa causa, antes de completar doze meses de serviço, terá direito à remuneração relativa ao período incompleto de férias.

11. Conforme previsão legal e jurisprudência Súm. ulada do TST, em relação aos períodos de repouso e suas consequências, é INCORRETO afirmar que:

a) Poderão ser concedidas férias coletivas a todos os empregados de uma empresa ou de determinados estabelecimentos ou setores da empresa que poderão ser gozadas em dois períodos anuais desde que nenhum deles seja inferior a dez dias corridos.

b) Não terá direito a férias o empregado que, no curso do período aquisitivo, deixar o emprego e não for readmitido dentro de sessenta dias subsequentes à sua saída ou se afastar do serviço, com percepção de auxílio-doença por mais de seis meses, embora descontínuos.

c) É ilegal o fracionamento de férias do empregado menor de 18 anos ou maior de 50 anos.

d) O limite mínimo de uma hora para repouso ou refeição poderá ser reduzido por ato do Ministério do Trabalho, ainda que os empregados estiverem sob regime de trabalho prorrogado a horas suplementares.

e) Entre duas jornadas de trabalho haverá um período mínimo de onze horas consecutivas para descanso.

12. Considere as seguintes situações ocorridas durante o período aquisitivo de férias:

I. Valentina pediu demissão de seu emprego na empresa V. Após cinquenta dias, ela se arrependeu de ter deixado o emprego e pediu a sua readmissão, que foi aceita no 51º dia subsequente à sua saída.

II. Juma, empregada da empresa Selva, permaneceu, com percepção de salários, em gozo de licença, por 45 dias.

III. Zé Leão, empregado da empresa Água permaneceu, com percepção de salários, em gozo de licença, por 22 dias.

IV. Yasmim deixou de trabalhar por 60 dias, com percepção do salário, em virtude de paralisação parcial dos serviços da sua empregadora, a empresa Y.

Nestes casos, terão direito a férias apenas os empregados indicados nas situações:

a) I, II e III.

b) I e III.

c) I e IV.

d) II e IV.

e) III e IV.

13. Suzy, Eliana e Raquel são amigas e empregadas da empresa Amor-Perfeito. Elas pretendem fazer uma viagem juntas, de 20 dias, pela Europa para comemorar o aniversário de 60 anos de Raquel. Considerando que Susy possui 49 anos e Eliana 51 anos, é certo que a empresa Amor- Perfeito:

a) Está obrigada a conceder férias para todas as empregadas ao mesmo tempo, tendo em vista que a época da concessão das férias será a que melhor consulte os interesses do empregado, vedado o fracionamento apenas das férias de Raquel.

b) Não está obrigada a conceder férias para todas as empregadas ao mesmo tempo, tendo em vista que a época da concessão das férias será a que melhor consulte os interesses do empregador, vedado o fracionamento das férias de Suzy, somente.

c) Está obrigada a conceder férias para todas as empregadas ao mesmo tempo, tendo em vista que a época da concessão das férias será a que melhor consulte os interesses do empregado, sendo permitido o fracionamento das férias em qualquer hipótese.

d) Não está obrigada a conceder férias para todas as empregadas ao mesmo tempo, tendo em vista que a época da concessão das férias será a que melhor consulte os interesses do empregador, vedado o fracionamento das férias de Eliana e Raquel.

e) Está obrigada a conceder férias para todas as empregadas ao mesmo tempo, tendo em vista que a época da concessão das férias será a que melhor consulte os interesses do empregado, sendo vedado o fracionamento das férias em qualquer hipótese.

14. Com relação ao repouso semanal remunerado é correto afirmar:

a) A gratificação por tempo de serviço, paga mensalmente, por força de normas coletivas, repercute no cálculo do repouso semanal remunerado.

b) É indevida a remuneração do repouso semanal remunerado dos dias feriados ao empregado comissionista, exceto se pracista.

c) Adicionais de insalubridade e de periculosidade não incidem no cálculo do repouso semanal remunerado.

d) As gorjetas servem de base de cálculo para o repouso semanal remunerado, uma vez que não estão incluídas automaticamente em seu pagamento.

e) A gratificação de produtividade, paga mensalmente, por força de contrato de trabalho, repercute no cálculo do repouso semanal remunerado.

15. A empresa A pretende conceder férias coletivas a todos os seus empregados, em dois períodos anuais, sendo um de dez dias corridos e outro de vinte dias corridos; a empresa B pretende conceder férias coletivas apenas para um setor da empresa, em dois períodos anuais, de quinze dias corridos cada; a empresa C pretende conceder férias coletivas para todos os seus empregados, em dois períodos anuais, sendo um de doze dias corridos e outro de dezoito dias corridos. Nestes casos:

a) Apenas as empresas B e C estão agindo de acordo com a Consolidação das Leis do Trabalho.

b) Apenas as empresas A e C estão agindo de acordo com a Consolidação das Leis do Trabalho.

c) Todas as empresas estão agindo de acordo com a Consolidação das Leis do Trabalho.

d) Todas as empresas não estão agindo de acordo com a Consolidação das Leis do Trabalho, tendo em vista que as férias coletivas não poderão ser fracionadas.

e) Apenas a empresa A está agindo de acordo com a Consolidação das Leis do Trabalho.

16. Considere as seguintes assertivas a respeito do repouso semanal remunerado:

I. De acordo com a jurisprudência Súm.ulada do TST, é devida a remuneração do repouso semanal dos dias feriados ao empregado comissionista, exceto se pracista.

II. Computam-se no cálculo do repouso semanal remunerado as horas extras habitualmente prestadas.

III. Os empregados que recebem um salário fixo mensal já têm incluído nesse valor a remuneração do repouso semanal.

IV. O adicional de periculosidade não incide no cálculo do repouso semanal remunerado.

É correto o que se afirma apenas em:

a) I, III e IV.

b) III e IV.

c) II, III e IV.

d) I, II e III.

e) II e IV.

17. As irmãs Cleodete e Carmina são empregadas da empresa F. Ambas pretendem requerer a conversão de 1/3 do período de férias em abono pecuniário. Neste caso, este requerimento é:

a) Possível, devendo ocorrer até 60 dias antes do término do período aquisitivo.

b) Impossível em qualquer hipótese, tendo em vista que as férias devem ser gozadas, na sua integralidade, tratando-se de norma pública que deve ser respeitada.

c) Possível, devendo ocorrer até 5 dias antes do término do período aquisitivo.

d) Possível, devendo ocorrer até 10 dias antes do término do período aquisitivo.

e) Possível, devendo ocorrer até 15 dias antes do término do período aquisitivo.

18. Zuleica foi contratada pela empresa Y para exercer a função X, mediante salário de R$ 1.000,00. No final do ano passado, foi dispensada sem justa causa quando recebia R$ 2.000,00 como remuneração. Considerando que a empresa não forneceu férias à Zuleica na época oportuna, quando a sua remuneração era R$ 1.500,00, a indenização pelo não deferimento das férias será calculada com base na remuneração de:

a) R$ 1.000,00, sendo que a empresa pagará o valor, relativo às férias, acrescido de 50%.

b) R$ 1.500,00, sendo que a empresa pagará o valor, relativo às férias, acrescido de 50%.

c) R$ 1.500,00, sendo que a empresa pagará o valor, relativo às férias em dobro.

d) R$ 2.000.00, sendo que a empresa pagará o valor, relativo às férias, acrescido de 50%.

e) R$ 2.000.00, sendo que a empresa pagará o valor, relativo às férias, em dobro.

19. De acordo com a Consolidação das Leis do Trabalho, na modalidade do regime de tempo parcial, após cada período de doze meses de vigência do contrato de trabalho, o empregado terá direito a dezesseis dias de férias, para a duração do trabalho semanal superior a:

a) Cinco horas, até dez horas.

b) Dez horas, até quinze horas.

c) Quinze horas, até vinte horas.

d) Vinte horas, até vinte e duas horas.

e) Vinte e duas horas, até vinte e cinco horas.

20. (FCC) A respeito do abono de férias, analise:

I. Deverá ser requerido até quinze dias antes do término do período aquisitivo.

II. Tratando-se de férias coletivas, a concessão do abono de férias depende de requerimento individual, independentemente de acordo coletivo entre o empregador e o sindicato representativo da respectiva categoria profissional.

III. As disposições previstas na Consolidação das Leis do Trabalho referentes ao abono de férias aplicam-se aos empregados, sob o regime de tempo parcial.

De acordo com a Consolidação das Leis do Trabalho, está correto o que consta APENAS em:

a) I e III.

b) II.

c) I e II.

d) II e III.

e) I.

Gabarito

01	C	11	D
02	E	12	B
03	E	13	D
04	A	14	C
05	C	15	C
06	E	16	C
07	A	17	E
08	A	18	E
09	C	19	E
10	C	20	E

Anotações

CAPÍTULO 06

Remuneração

Ao iniciar o trabalho, o empregado deseja, ao fim do mês sua remuneração, receber o chamado salário. Normalmente, ele depende dos pagamentos da empresa para viver, de forma que a Lei é bastante protetiva nesse tópico, o qual é muito cobrado nas provas que exigem conhecimento de Direito do Trabalho.

Salário e Gorjeta

Na relação de emprego, o empregado cede sua força de trabalho em troca do pagamento, usualmente chamado de salário. Leia o que a CLT dispõe a respeito:

> ***Art. 457*** *- Compreendem-se na remuneração do empregado, para todos os efeitos legais, além do salário devido e pago diretamente pelo empregador, como contraprestação do serviço, as gorjetas que receber.*
>
> *§ 1º - Integram o salário não só a importância fixa estipulada, como também as comissões, percentagens, gratificações ajustadas, diárias para viagens e abonos pagos pelo empregador.*
>
> *§ 2º - Não se incluem nos salários as ajudas de custo, assim como as diárias para viagem que não excedam de 50% (cinquenta por cento) do salário percebido pelo empregado.*
>
> *§ 3º - Considera-se gorjeta não só a importância espontaneamente dada pelo cliente ao empregado, como também aquela que for cobrada pela empresa ao cliente, como adicional nas contas, a qualquer título, e destinada a distribuição aos empregados.*

Conforme diretriz exposta, temos que: remuneração = salário + gorjetas.

Salário é "o conjunto de parcelas contraprestativas pagas pelo empregador ao empregado em função do contrato de trabalho". Diz-se conjunto de parcelas, pois o salário não é um valor unitário, mas sim várias parcelas que se integram.

Gorjeta

Gorjeta é o que os clientes dão espontaneamente pelo serviço prestado ou o que é cobrado na nota de serviço. O mais comum são os famosos 10% pagos nos bares e restaurantes, mas as gorjetas podem ocorrer em outras ocasiões (por exemplo, dar R$ 5,00 para o empacotador do mercado que ajudou a levar as compras até o carro). Gorjeta, então, é paga por terceiros, não diretamente pelo empregador. Assim:

Note que as gorjetas não integram o salário, mas sim a remuneração, de forma que não refletirão no cálculo de parcelas salariais. O valor estimado das gorjetas deve ser anotado na CTPS do trabalhador.

> ***Art. 29. § 1º*** *As anotações concernentes à remuneração devem especificar o salário, qualquer que seja sua forma de pagamento, seja ele em dinheiro ou em utilidades, bem como a estimativa da gorjeta.*

As gorjetas, por integrarem a remuneração e não o salário, servirão de base de cálculo para as parcelas pagas, com base na remuneração, que é o caso de férias + 1/3, 13º salário e FGTS.

Por outro lado, como base de cálculo o salário não usará as gorjetas na conta, não sendo usadas no cálculo de aviso-prévio, adicional noturno, horas extras e DSR.

> ***Súm. 354:*** *Gorjetas. Natureza Jurídica. Repercussões. As gorjetas, cobradas pelo empregador na nota de serviço ou oferecidas espontaneamente pelos clientes, integram a remuneração do empregado, não servindo de base de cálculo para as parcelas de aviso-prévio, adicional noturno, horas extras e repouso semanal remunerado.*

Salienta-se, ainda, que não pode o empregado ser remunerado exclusivamente à base de gorjetas, ainda que elas sejam superiores ao salário mínimo. Do contrário, ele seria remunerado pelos clientes, não pelo empregador - o empregado tem direito a receber pelo menos o salário mínimo, mais as gorjetas, se houver.

Fique Ligado

Para melhor entender tal Súmula, que as bancas costumam cobrar, seque exemplo sobre férias, mas que também serve para os outros casos. A empresa ABC, que paga uma gratificação semestral aos seus empregados, dentre eles o João. João, nos meses janeiro, fevereiro, março, abril, maio e junho, estava empregado na empresa ABC, e, em Abril, ele tirou 30 dias de férias. Em Julho, ele recebeu uma gratificação semestral de R$ 1.000,00, calculada com base nos salários de janeiro a junho. Viu que a gratificação semestral levou em conta, no cálculo, o mês de abril, no qual João estava de férias? Dessa forma, nas férias do próximo ano, não se usa os R$ 1.000,00 recebidos como gratificação semestral, em julho, no cálculo das férias. É isso que diz a Súmula, pois seria bis in idem, o que não é permitido pelo Direito.

Vários termos relacionados ao salário são usados, sendo que abordaremos os principais.

O salário pode ser subdividido em duas partes: salário-base e sobre-salário.

Salário-Base

É parcela fixa do salário, sendo a principal parcela componente do deste, aquela paga diretamente pelo empregador, em dinheiro ou *in natura*, mas sem o acréscimo das outras parcelas salariais variáveis (adicionais, gratificações, diárias).

Sobre-Salário

É o nome que se dá às parcelas variáveis do salário (adicionais, gratificações, diárias), que integram o salário-base para formar o salário do empregado. Elas estão listadas, especialmente, no art. 457, §§ 1º e 2º.

Salário Mínimo

O salário mínimo é previsto na Constituição, sendo o menor valor que se pode pagar para um trabalhador. A interpretação atual é que esse mínimo refere-se a uma jornada de 44 horas, de forma que, se o empregado trabalha menos de 44 horas, terá assegurado o salário mínimo hora. Nesse sentido:

> ***OJ-SDI1-358:*** *Salário mínimo e piso salarial proporcional à jornada reduzida. Possibilidade. Havendo contratação para cumprimento de jornada reduzida, inferior à previsão constitucional de oito horas diárias ou quarenta e quatro semanais, é lícito o pagamento do piso salarial ou do salário mínimo proporcional ao tempo trabalhado.*

Contudo, aos professores que trabalharem na jornada máxima prevista na CLT (4 aulas seguidas ou 6 intercaladas), é devido o salário mínimo, não podendo haver proporcionalidade, mesmo que seja menos de 44 horas semanais, uma vez que sua jornada é especial.

> ***OJ-SDI1-393*** *Professor. Jornada de trabalho especial. Art. 318 da CLT. Salário mínimo. Proporcionalidade. A contraprestação mensal devida ao professor, que*

trabalha no limite máximo da jornada prevista no art. 318 da CLT, é de um salário mínimo integral, não se cogitando do pagamento proporcional em relação a jornada prevista no art. 7º, XIII, da Constituição Federal.

Pela Lei Maior, o salário mínimo deve ter o mesmo valor em todo o território nacional; deve ser reajustado periodicamente para não perder o poder aquisitivo e não pode ser vinculado a nada.

Art. 7º. IV - *Salário mínimo , fixado em lei, nacionalmente unificado, capaz de atender a suas necessidades vitais básicas e às de sua família com moradia, alimentação, educação, saúde, lazer, vestuário, higiene, transporte e previdência social, com reajustes periódicos que lhe preservem o poder aquisitivo, sendo vedada sua vinculação para qualquer fim;*

A lógica dessa vedação da vinculação para qualquer fim é seguinte: se o aluguel de sua casa fosse de um salário mínimo ou o valor da passagem do ônibus fosse uma percentagem do mínimo, quando ele subisse, automaticamente subiria o seu aluguel e o valor da passagem. Além de causar inflação, "as pessoas torceriam" para que o salário mínimo não subisse. É por isso que não se pode vinculá-lo para nenhum fim.

Mas os ritos processuais são regulados por salário mínimo (por exemplo, o Rito Sumário é até 2 salários mínimos, o Rito Súmaríssimo é entre 2 e 40 salários mínimos e o Rito Ordinário é mais de 40 salários mínimos). Segundo a doutrina e a jurisprudência, tal vinculação não viola a Constituição.

Ainda sobre o tema, entende o TST que pode ser fixado salário profissional em múltiplos do salário mínimo. Contudo, após a Súmula vinculante nº. 4, o STF tem se posicionado contra tal prática, o que tem sido seguido pelo TST, nos julgados recentes, sendo provável o cancelamento da OJ 71, da SDI-2:

OJ-SDI2-71: *Ação Rescisória. Salário profissional. Fixação. Múltiplo de salário mínimo. ART. 7º, IV, da CF/88. A estipulação do salário profissional em múltiplos do salário mínimo não afronta o art. 7º, inciso IV, da Constituição Federal de 1988, só incorrendo em vulneração do referido preceito constitucional a fixação de correção automática do salário pelo reajuste do salário mínimo.*

Piso Salarial

O piso salarial, também direito constitucional, é um valor mínimo a ser pago para determinadas categorias, que, segundo a Lei Complementar 103/2000, pode ser estabelecido por Lei Estadual ou do Distrito Federal, fixando o piso para "os empregados que não tenham piso salarial definido em lei federal, convenção ou acordo coletivo de trabalho".

Mesmo os empregados domésticos podem ser beneficiados pelo piso estadual, caso constem na lei instituidora.

Assim, havendo piso estadual para os trabalhadores da indústria de laticínio que fixe o valor em R$ 1.000,00, e, concomitantemente, havendo Convenção ou Acordo Coletivo, que fixe R$ 800,00, prevalecerá o acordo ou convenção.

Também não pode o Estado fixar piso havendo lei federal (salário profissional), por exemplo, no caso dos médicos e engenheiros.

CF. Art. 7º. V - *Piso salarial proporcional à extensão e à complexidade do trabalho;*

Salário Profissional

Salário profissional é valor estabelecido por lei para determinadas categorias (por exemplo, os médicos, cirurgiões-dentistas, engenheiros, técnicos em radiologia etc.).

Súm. 358: *Radiologista. Salário Profissional. Lei nº 7.394, de 29.10.1985. O salário profissional dos técnicos em radiologia é igual a 2 (dois) salários mínimos e não a 4 (quatro).*

Salário Normativo

Salário normativo é aquele fixado por meio de Convenção Coletiva, Acordo Coletivo ou Sentença Normativa, estabelecendo, para determinada categoria ou empresa, o valor mínimo para o salário dos empregados, podendo haver diferenciação por cargos ou por tempo de serviço, mas não se pode discriminar por sexo ou idade.

OJ-SDC-25: *Salário Normativo. Contrato de experiência. Limitação. Tempo de serviço. Possibilidade. Não fere o princípio da isonomia salarial (art. 7º, XXX, da CF/88) a previsão de salário normativo tendo em vista o fator tempo de serviço.*

OJ-SDC-26: *Salário Normativo. Menor empregado. ART. 7º, XXX, DA CF/88. VIOLAÇÃO. Os empregados menores não podem ser discriminados em cláusula que fixa salário mínimo profissional para a categoria.*

Salário Complessivo

O salário complessivo não é uma classificação, é uma prática proibida por lei.

Ele ocorre quando a empresa paga o valor sem especificar o que é cada parcela, de forma que o empregado não saberá exatamente se está correto o pagamento.

Seria salário complessivo, vedado por lei, se a empresa pagasse da seguinte forma: salário do mês = R$ 800,52.

O correto é especificar cada parcela salarial: Salário-base = R$ 500,00; adicional noturno = R$ 100,52; horas extras = R$ 200,00.

Súm. 91 *Salário Complessivo. Nula é a cláusula contratual que fixa determinada importância ou percentagem para atender englobadamente vários direitos legais ou contratuais do trabalhador.*

Parcelas Salariais

As parcelas salariais podem ser definidas por lei, a exemplo dos arts. 457, §1º e 458, da CLT, ou são consideradas salariais, em razão das condições de seu pagamento.

A regra geral é que, se uma parcela é paga em razão do contrato de trabalho e é uma contraprestação pelo trabalho desempenhado pelo empregado, então, será salário, não importa o nome dado ou se tal parcela é paga em dinheiro ou em utilidades.

Se a parcela salarial é paga com habitualidade, então, gerará reflexos em outras parcelas, como ocorre com a hora extra habitual.

As parcelas que comumente compõem o salário são o salário *in natura* (salário-utilidade), as comissões, percentagens, gratificações, abonos e diárias para viagem que excedam a 50% do salário.

Salário *In Natura*

Salário *in natura*, também chamado de salário-utilidade, é a parte do salário que não é paga em dinheiro, mas em utilidades, bens de consumo, sendo mais comum o fornecimento de alimentação e moradia.

Mas não é qualquer utilidade fornecida que caracteriza o salário, dois requisitos são necessários:

→ Que sejam fornecidos **habitualmente,** isto é, não basta que o empregado receba um único mês.

→ Que sejam fornecidos **pelo trabalho** e não para o

trabalho. Em outras palavras, se a utilidade é fornecida para atrair o empregado para a empresa, caracterizando contraprestação pelo serviço, então, será salário. De outra forma, se a utilidade é fornecida para o empregado trabalhar, se é utilizada para o cumprimento do contrato de trabalho, então, não será salário.

→ Parte da doutrina considera que a gratuidade no fornecimento é requisito para se definir como salarial ou não salarial o fornecimento de uma utilidade. Assim, seria salário somente quando o empregado não contribui financeiramente, não havendo onerosidade na concessão. Esse requisito é controvertido, mas o TST o tem utilizado, especialmente, no caso de fornecimento de alimentação.

Utilidades que Integram o Salário *In Natura*

A CLT dispõe o seguinte:

> ***Art. 458*** *- Além do pagamento em dinheiro, compreende-se no salário, para todos os efeitos legais, a alimentação, habitação, vestuário ou outras prestações "in natura" que a empresa, por força do contrato ou do costume, fornecer habitualmente ao empregado. Em caso algum será permitido o pagamento com bebidas alcoólicas ou drogas nocivas.*
>
> ***§ 1º*** *Os valores atribuídos às prestações "in natura" deverão ser justos e razoáveis, não podendo exceder, em cada caso, os dos percentuais das parcelas componentes do salário-mínimo (arts. 81 e 82).*
>
> ***§ 3º*** *- A habitação e a alimentação fornecidas como salário-utilidade deverão atender aos fins a que se destinam e não poderão exceder, respectivamente, a 25% (vinte e cinco por cento) e 20% (vinte por cento) do salário-contratual.*
>
> ***§ 4º*** *- Tratando-se de habitação coletiva, o valor do salário-utilidade a ela correspondente será obtido mediante a divisão do justo valor da habitação pelo número de co-habitantes, vedada, em qualquer hipótese, a utilização da mesma unidade residencial por mais de uma família.*

A alimentação representará, no máximo, 20% do salário contratual, enquanto que a moradia representará no máximo, 25% do salário contratual. Isso para o empregado urbano. Exemplo de tal fornecimento de alimentação com caráter salarial é o vale-alimentação, fornecido por força do contrato, conforme Súmula 241, do TST.

Para o empregado rural, os valores invertem-se: máximo de 25%, pelo fornecimento de alimentação e 20%, pelo fornecimento da habitação.

Fique Ligado

Para memorizar, pense que os imóveis na cidade são mais caros, então, para o empregado urbano, é maior a percentagem para a habitação.

> ***Súm. 241:*** *Salário-utilidade. Alimentação. O vale para refeição, fornecido por força do contrato de trabalho, tem caráter salarial, integrando a remuneração do empregado, para todos os efeitos legais.*

Note que, ao fornecer moradia, o empregador não pode alocar várias famílias na mesma moradia; cada família deve ser alocada em casa separada. Se os empregados, em vez de levarem suas famílias para o local de trabalho, forem sozinhos (caso do cortador de cana que vá para outro estado sem a família), então, pode o empregador fazer uma "república" com os empregados, mas terá que ratear o valor entre todos os ocupantes.

Em geral, diz-se que as empresas "descontam no salário" o valor da utilidade fornecida, mas, na verdade, ocorre o seguinte: a pessoa foi contratada para receber R$ 1.500,00, mas a empresa paga ao fim do mês R$ 1.000,00 em dinheiro, R$ 150,00 a título de alimentação, R$ 150,00 a título de moradia e R$ 200,00 por fornecimento de um carro. Não é efetivamente um desconto, mas a forma como se paga o salário.

No caso de fornecimento de alimentação, se a empresa cobrar do empregado qualquer valor, ainda que seja ínfimo, o TST tem entendido majoritariamente que não será salário *in natura*, uma vez que essa onerosidade no fornecimento retira o caráter salarial da utilidade concedida. Tal posicionamento foi adotado pela SDI-1 no julgamento do E-RR - 824-14.2011.5.18.0012.

Os valores atribuídos às parcelas pagas *in natura* não podem ser arbitrários - para o fornecimento de alimentação e moradia, há percentual máximo, nos demais casos, devem ser justos e razoáveis, não podendo o empregador considerar R$ 800,00 pelo fornecimento de um carro que usualmente seria alugado por R$ 200,00, por exemplo.

Se o empregado receber o salário mínimo, os valores devem respeitar limites fixados em lei; mas, se ele receber valor superior ao mínimo, então, o desconto deve apurar o valor real da utilidade.

> **Súm. 258:** *Salário-utilidade. Percentuais. Os percentuais fixados em lei relativos ao salário "in natura" apenas se referem às hipóteses em que o empregado percebe salário mínimo, apurando-se, nas demais, o real valor da utilidade.*

De qualquer forma, o empregado deve receber, no mínimo, 30% do salário em dinheiro, não podendo o empregador pagar todo o salário com utilidades.

> ***OJ-SDC-18:*** *Descontos autorizados no salário pelo trabalhador. Limitação máxima de 70% do salário base. Os descontos efetuados com base em cláusula de acordo firmado entre as partes não podem ser superiores a 70% do salário base percebido pelo empregado, pois deve-se assegurar um mínimo de salário em espécie ao trabalhador.*

Caso a empresa conceda as utilidades referidas "por fora" ou a *latere* (para os que gostam de latim), pode o empregado ajuizar ação requerendo os reflexos em outras verbas - lembre-se que não se trata de desconto salarial, mas sim de efetivo pagamento de salário. É que, se ele receber R$ 1.000,00 de salário e mais R$ 500,00 de vale-alimentação, fora do contracheque, seu salário real é R$ 1,500,00, e suas férias, por exemplo, deveriam ser calculadas e pagas com base em R$ 1.500,00, mas como estão fora do contracheque, foram pagas com base em R$ 1.000,00.

Utilidades que não Integram o Salário *In Natura*

Conforme referido, no art. 458, §2º, a CLT expressamente exclui do salário algumas parcelas. Isso ocorre para estimular o empregador a concedê-las, pois, não sendo salário, não refletem no cálculo das parcelas salariais (DSR e aviso-prévio, por exemplo).

> ***Art. 458*** *- § 2º Para os efeitos previstos neste Art., não serão consideradas como salário as seguintes utilidades concedidas pelo empregador:*
>
> *I. vestuários, equipamentos e outros acessórios fornecidos aos empregados e utilizados no local de trabalho, para a prestação do serviço;*

II. *educação, em estabelecimento de ensino próprio ou de terceiros, compreendendo os valores relativos a matrícula, mensalidade, anuidade, livros e material didático;*

III. *transporte destinado ao deslocamento para o trabalho e retorno, em percurso servido ou não por transporte público;*

IV. *assistência médica, hospitalar e odontológica, prestada diretamente ou mediante seguro-saúde;*

V. *seguros de vida e de acidentes pessoais;*

VI. *previdência privada;*

VIII. *o valor correspondente ao vale-cultura.*

O vestuário, se for concedido para o trabalho, não integrará o salário, diferentemente de caso em que o empregador fornecer roupas e calçados sem pertinência com o serviço. No caso de uma vendedora em um shopping, que necessite usar as roupas da marca, se a empresa fornecê-las não será salário, pois é uniforme de trabalho.

A educação fornecida pelo empregador e os valores relativos à matrícula, mensalidade, anuidade, livros e material didático também não integram o salário. Inclui-se, aqui, qualquer modalidade de educação fornecida - ensino básico, ensino superior, cursos técnicos, cursos de informática, inglês etc.

O transporte fornecido também não é salário, não havendo diferença se o empregador cobre ou se o forneça gratuitamente ou, ainda, se o trecho é servido ou não por transporte público.

Fique Ligado

Não confunda o fato de o transporte fornecido não ser salário com o fato de as horas "in itinere", quando devidas, serem consideradas parte da jornada de trabalho e serem remuneradas por isso.

A assistência médica e odontológica também não integram o salário, nem os seguros de vida ou de acidentes pessoais. O mesmo ocorre com a previdência privada, paga pelo empregador na totalidade ou em parte.

Também o vale-cultura, no valor de R$ 50,00, fornecido segundo as regras impostas pelo Governo, não tem caráter salarial.

Além das parcelas excluídas expressamente pela lei, quando a utilidade é fornecida **para o trabalho**, ela não integrará o salário. Os casos mais comuns são o fornecimento de habitação, energia elétrica e carro. Se são indispensáveis para a realização do trabalho, não serão considerados salário (por exemplo, um vendedor que percorra grandes distâncias de carro, mesmo que a empresa permita que ele utilize o carro fornecido em atividades particulares, não será salário, pois é uma ferramenta de trabalho).

Ainda, imagine um empregado que trabalhe na construção de uma usina hidrelétrica, bem distante de qualquer cidade. Se a empresa não fornecer habitação e energia elétrica, não tem como desenvolver seu trabalho. Por isso, sendo indispensáveis, tais fornecimentos são considerados ferramentas de trabalho para o trabalho, sem caráter remuneratório. Neste sentido, a Súmula 367, do TST.

> ***Súm. 367:*** *Utilidades "in natura". Habitação. Energia elétrica. Veículo. Cigarro. Não integração ao salário.*
>
> *I.* *A habitação, a energia elétrica e veículo fornecidos pelo empregador ao empregado, quando indispensáveis para a realização do trabalho, não têm natureza salarial, ainda que, no caso de veículo, seja ele utilizado pelo empregado também em atividades particulares.*
>
> *II.* *O cigarro não se considera salário utilidade em face de sua nocividade à saúde.*

O fornecimento de EPIs também não é salário de forma alguma.

A alimentação fornecida, em regra, tem natureza salarial, contudo, em dois casos, é possível que ela seja considerada indenizatória:

→ Adesão do empregador ao Programa de Alimentação do Trabalho (PAT), programa do Governo pelo qual os empregados, especialmente os que ganham até 5 salários mínimos, receberão alimentação de qualidade, dentro dos padrões impostos pelo Governo, e tal não terá caráter salarial.

→ Por meio de negociação coletiva (acordo ou convenção coletiva).

Não pode, entretanto, a adesão ao PAT ou norma coletiva mudarem uma situação já estabelecida, ou seja, se durante vários anos a empresa forneceu alimentação (com caráter salarial, portanto) e adere ao programa governamental ou negocia com o sindicato obreiro que essa alimentação não terá caráter salarial, os empregados, submetidos ao regime antigo, já têm tal parcela integrada ao salário, não podendo o empregador deixar de pagá-la, nem alterar-lhe a natureza.

> ***OJ-SDI1-413:*** *Auxílio-alimentação. Alteração da natureza jurídica. Norma coletiva ou adesão ao pat. A pactuação em norma coletiva conferindo caráter indenizatório à verba "auxílio-alimentação" ou a adesão posterior do empregador ao Programa de Alimentação do Trabalhador — PAT — não altera a natureza salarial da parcela, instituída anteriormente, para aqueles empregados que, habitualmente, já percebiam o benefício, a teor das Súmulas nos 51, I, e 241 do TST.*

Não pode o empregador pagar parte do salário com cigarro, bebida alcoólica ou drogas ilícitas, pois são nocivas ao empregado, conforme se extrai da parte final do art. 458, da CLT, e item II, da Súmula 367/TST. Se o fizer, a parte paga com essas substâncias considera-se não paga.

Por fim, fornecimento de ajuda-alimentação em razão do trabalho em horas extras, se previsto em norma coletiva, terá caráter indenizatório, e não salarial.

> ***OJ-SDI1-123:*** *Bancários. Ajuda alimentação. A ajuda alimentação prevista em norma coletiva em decorrência de prestação de horas extras tem natureza indenizatória e, por isso, não integra o salário do empregado bancário.*

Comissões e Percentagens

Comissão é quando o empregado ganha determinado valor ao concluir determinada produção. Por exemplo, recebe R$ 300,00 para cada produto vendido ou produzido.

Percentagem é quando o empregado recebe um percentual do que vender ou produzir, por exemplo, o vendedor de tênis que recebe 2% a cada venda.

Usualmente, tais expressões são usadas como sinônimas, não se prendendo a lei e a jurisprudência aos termos mais técnicos. De qualquer forma, ambas serão parcelas salariais.

Quando o empregado recebe comissões ou percentagens, tem o salário variável, ou seja, seu salário pode mudar de um mês para outro, a depender de quanto venda ou produza, por isso, diz-se que o empregado sujeito a tal regime recebe **salário-produção**.

Se receber puramente a base de comissões ou percentagens (sempre variáveis), é chamado de comissionista puro. Se receber uma parte fixa e uma parte variável, é chamado de comissionista misto. Em qualquer dos dois casos, caso as vendas ou produção não alcancem o salário mínimo, o empregador deverá pagá-lo mesmo assim. Também não pode o empregador reduzir o valor da comissão ou a percentagem devida ao empregado.

Ao comissionista asseguram-se todos os direitos trabalhistas. Além do salário mínimo, também terá direito a férias, 13º, DSR, horas extras etc. A garantia do salário mínimo, inclusive, é direito constitucional.

> ***Art. 7º. VII.*** *Garantia de salário, nunca inferior ao mínimo, para os que percebem remuneração variável;*

O DSR e as férias são calculadas de uma forma um pouco diferente dos demais empregados.

O DSR do comissionista é calculado da seguinte forma: divide-se por seis o total de comissões recebidas na semana, esse será o valor do reflexo das comissões no DSR.

Já o cálculo das horas extras respeita a Súmula 340, do TST, a qual determina que, como o empregado também está recebendo comissões ao trabalhar em horário suplementar, somente lhe será devido o adicional de 50%.

> ***Súm. 340:*** *Comissionista. Horas Extras. O empregado, sujeito a controle de horário, remunerado à base de comissões, tem direito ao adicional de, no mínimo, 50% (cinquenta por cento) pelo trabalho em horas extras, calculado sobre o valor-hora das comissões recebidas no mês, considerando-se como divisor o número de horas efetivamente trabalhadas.*

Para aqueles que não têm contato com a matéria, segue um exemplo prático para compreender melhor a Súmula: se o empregado recebeu R$ 2.400,00 reais de comissão em mês um e prestou 20 horas extras, teremos:

- R$ 2.400,00 / 240 horas trabalhadas = R$10,00 por hora.
- 50% de R$ 10,00 = R$ 5,00. Este é o adicional de hora extra.
- R$ 5,00 x 20 horas extras trabalhadas naquele mês = R$ 100,00
- R$ 100,00 serão o pagamento das horas extras do empregado, naquele mês, sendo que seu salário total será R$ 2.500,00.

Se o empregado recebe parte fixa e parte variável, a parte variável será calculada conforme a Súmula 340/TST e a parte fixa será paga de acordo com a hora normal mais 50%.

> ***OJ-SDI1-397:*** *Comissionista Misto. Horas extras. Base de cálculo. Aplicação da Súmula n.º 340 do TST. O empregado que recebe remuneração mista, ou seja, uma parte fixa e outra variável, tem direito a horas extras pelo trabalho em sobrejornada. Em relação à parte fixa, são devidas as horas simples acrescidas do adicional de horas extras. Em relação à parte variável, é devido somente o adicional de horas extras, aplicando-se à hipótese o disposto na Súmula n.º 340 do TST.*

Assim, exemplificando, se ele recebe R$ 880,00 fixos e, em determinado mês, recebeu R$ 1.520,00 reais de comissão, tendo trabalhado 20 horas extras, teremos:

Parte fixa:

- R$ 880,00 / 220 (divisor mensal da jornada de 44 horas) = R$ 4,00.
- R$ 4,00 x 50% = R$ 2,00 - hora normal + hora extra = R$ 6,00 por hora extra da parte fixa.

Parte variável:

- R$ 2.400,00 reais / 240 horas trabalhadas = 10,00 por hora.
- R$ 10,00 reais x 50% = 5,00 por hora extra da parte variável.
- Hora extra parte fixa (R$ 6,00) + hora extra parte variável (R$ 5,00) = R$ 11,00 esse é valor da hora extra daquele mês.
- 20 horas extras trabalhadas no mês x R$ 11,00 = R$ 220,00
- Receberá R$ 220,00 a título de horas extras, sendo que seu salário total no mês será de R$ 2.620,00.

Por razões humanitárias, o TST entende que o cortador de cana que recebe por produção, se trabalhar em horas extras, deverá receber a própria hora normal mais os 50% (como é calculada a parte fixa do salário). Isso para desestimular o empregador a exigir trabalho extraordinário nessa atividade, que, por sua natureza, é extenuante.

Enquanto o salário, de forma geral, é pago até, no máximo, o 5º dia útil do mês subsequente, as comissões podem ser pagas após ultimada a transação, ou seja, após o empregador aceitar a negociação. Isso não significa dizer que deve haver o efetivo pagamento pelo cliente; se ele não pagar, o empregado recebe sua comissão da mesma forma, pois os riscos do negócio são do empregador.

Tanto é assim que é vedada a inclusão da cláusula *star del credere*, a qual faz o empregado solidariamente responsável pelo inadimplemento do comprador, tendo que ressarcir o empregador. Nem os representantes comerciais autônomos podem sujeitar-se a tal cláusula, quem diria os empregados subordinados!

Uma exceção ao pagamento das comissões é no caso de insolvência do cliente, quando o empregador poderá estornar as comissões que tiver pago ao empregado. Isso é previsto na Lei 3.207/1957.

> ***Art. 466*** *- O pagamento de comissões e percentagens só é exigível depois de ultimada a transação a que se referem.*
>
> ***§1º*** *- Nas transações realizadas por prestações sucessivas, é exigível o pagamento das percentagens e comissões que lhes disserem respeito proporcionalmente à respectiva liquidação.*
>
> ***§2º*** *- A cessação das relações de trabalho não prejudica a percepção das comissões e percentagens devidas na forma estabelecida por este Art..*

Gratificações Ajustadas

A gratificação, em princípio, é paga espontaneamente pelo empregador em situações ocasionais, quando não terá caráter salarial.

Mas, no caso de a gratificação ser ajustada, ou seja, combinada, sendo paga habitualmente, então, será considerada salário. Além do acordo bilateral, a gratificação pode ser instituída por negociação coletiva ou por lei.

O divisor de águas para saber se a gratificação tem natureza salarial ou não é a habitualidade. Se habitual, integra o salário para todos os efeitos, mesmo que concedida espontaneamente, configurando-se o ajuste tácito.

Se a gratificação for paga uma única vez, não terá caráter salarial, nem repercutirá no cálculo de outras verbas. Nesses casos, considera-se que houve mera liberalidade do empregador e não ajuste tácito à parcela.

Essa interpretação decorre do fato de a CLT, no art. 457, §1º, falar em "gratificações ajustadas", surgindo as seguintes Súmulas:

> ***Súmula 207/STF*** - *As gratificações habituais, inclusive a de natal, consideram-se tacitamente convencionadas, integrando o salário.*

> ***Súm. 152:*** *Gratificação. Ajuste Tácito. O fato de constar do recibo de pagamento de gratificação o caráter de liberalidade não basta, por si só, para excluir a existência de ajuste tácito.*

A gratificação é um valor pago ao empregado em razão de algum fato relevante para a empresa; não leva em consideração a conduta pessoal do empregado (como o fazem os prêmios), nem é retribuição por um serviço mais gravoso que o normal (como são os adicionais).

As gratificações pagas habitualmente terão caráter salarial, integrando o salário, mas, como são pagas em periodicidade superior à mensal, têm embutidas em seu cálculo as parcelas pagas com base no mês ou com base em tempo inferior a um mês (casos de aviso-prévio, horas extras, DSR e férias). Por outro lado, nas parcelas em que a base não seja o mês, haverá repercussão, uma vez que estas não estão embutidas no cálculo da gratificação. Nesse sentido, a Súmula 253, do TST, a qual as bancas adoram, afirma que:

> ***Súm. 253:*** *Gratificação Semestral. Repercussões. A gratificação semestral não repercute no cálculo das horas extras, das férias e do aviso prévio, ainda que indenizados. Repercute, contudo, pelo seu duodécimo na indenização por antiguidade e na gratificação natalina.*

Um exemplo de gratificação habitual, que integra o salário para todos os efeitos, é a gratificação por tempo de serviço, conforme posicionamento do TST.

> ***Súm. 203:*** *Gratificação por tempo de serviço. Natureza salarial. A gratificação por tempo de serviço integra o salário para todos os efeitos legais.*

Quando a norma coletiva e o regulamento da empresa concedem uma gratificação a mesmo título, como comumente ocorre com a gratificação por tempo de serviço, o empregado deve escolher a que lhe é mais vantajosa, não podendo acumular as duas.

> ***Súm. 202*** *Gratificação por tempo de serviço. Compensação. Existindo, ao mesmo tempo, gratificação por tempo de serviço outorgada pelo empregador e outra da mesma natureza prevista em acordo coletivo, convenção coletiva ou sentença normativa, o empregado tem direito a receber, exclusivamente, a que lhe seja mais benéfica.*

13º Salário

O 13º salário é previsto na Constituição, sendo direito de todos os trabalhadores - urbanos, rurais, domésticos, temporários e, inclusive, trabalhadores avulsos. Historicamente, era uma gratificação paga por costume ao fim do ano, conhecida como gratificação natalina, mas foi absorvida pela legislação, sendo parcela salarial específica, atualmente.

> ***Art. 7º VIII.*** *Décimo terceiro salário com base na remuneração integral ou no valor da aposentadoria;*

Seu pagamento consiste na mesma remuneração devida em dezembro, devendo ser paga até o dia 20 do referido mês ou na remuneração do último mês de contrato, no caso de rompimento antecipado. Note que ela é calculada com base na remuneração, não no salário, de forma que usa a média anual das gorjetas na base de cálculo.

O 13º é pago em duas frações. A primeira entre fevereiro e novembro e a segunda, em dezembro. O empregador é obrigado a pagar fracionadamente, mas não é obrigado a pagar a 1ª parcela a todos os empregados no mesmo mês.

O empregado pode requerer que sua antecipação seja paga junto com as férias, mas deve fazê-lo até janeiro, caso em que o empregador será obrigado a pagar a 1ª parcela dessa forma.

> ***Lei 4.749/1962. Art. 2º*** *- Entre os meses de fevereiro e novembro de cada ano, o empregador pagará, como adiantamento da gratificação referida no Art. precedente, de uma só vez, metade do salário recebido pelo respectivo empregado no mês anterior.*
>
> ***§ 1º*** *- O empregador não estará obrigado a pagar o adiantamento, no mesmo mês, a todos os seus empregados.*
>
> ***§ 2º*** *- O adiantamento será pago ao ensejo das férias do empregado, sempre que este o requerer no mês de janeiro do correspondente ano.*

O 13º salário proporcional é devido nas rescisões antecipadas, na razão de 1/12 para cada mês trabalhado, mais de 15 dias. Se o trabalhador for dispensado por justa causa, não terá direito ao 13º proporcional.

Se pedir demissão da empresa, ou no término normal do contrato temporário, terá direito ao 13º proporcional aos meses trabalhados.

> ***Súm. 157:*** *Gratificação. A gratificação instituída pela Lei nº 4.090, de 13.07.1962, é devida na resilição contratual de iniciativa do empregado*

No caso de culpa recíproca, é devido 50% do 13º salário, conforme exposto na Súmula 14, do TST.

> ***Súm. 14:*** *Culpa Recíproca. Reconhecida a culpa recíproca na rescisão do contrato de trabalho (art. 484 da CLT), o empregado tem direito a 50% (cinquenta por cento) do valor do aviso prévio, do décimo terceiro salário e das férias proporcionais.*

Adicionais

Os adicionais são pagos ao empregado para compensar uma situação mais gravosa que o normal, tal como ocorre com o trabalho executado à noite, que é mais gravoso que o trabalho executado durante o dia (por isso, paga-se adicional noturno).

Os mais comuns são o adicional noturno, de horas extras, de periculosidade, de insalubridade e de transferência. Todos os adicionais são salário-condição, ou seja, somente serão pagos enquanto o empregado estiver sujeito às condições mais gravosas. Cessadas tais condições, extingue-se o pagamento dos adicionais.

A Constituição trata de alguns adicionais, inclusive do adicional de penosidade, mas este ainda não foi regulamentado por lei infraconstitucional, de forma que somente será devido se for voluntariamente concedido pela empresa ou acordado por meio de negociação coletiva.

Art. 7º. IX. Remuneração do trabalho noturno superior à do diurno.

XVI. Remuneração do serviço extraordinário superior, no mínimo, em cinquenta por cento à do normal;

XXIII. Adicional de remuneração para as atividades penosas, insalubres ou perigosas, na forma da lei;

Adicional de Horas Extras

Quando o empregado trabalha em horas extras habitualmente, elas passam a integrar o salário do empregado e, então, começam a refletir em outras verbas por exemplo, no cálculo do repouso semanal remunerado e das férias. Isso não significa dizer que elas integrem, definitivamente, o contrato de trabalho, pois, se não houver mais o trabalho em horas extraordinárias, o empregador deixará de pagá-las; somente haverá necessidade de indenizar o empregado na forma da Súmula 291/TST.

É assim uma vez que o trabalho extraordinário é prejudicial à saúde do empregado, então, permite-se que seja extinto, mesmo que cause redução salarial. Se não fosse desse modo, o empregador não permitiria que o funcionário parasse de trabalhar em horas extras, pois teria que pagá-las da mesma forma, o que não é razoável.

Essa possibilidade de poder-se deixar de pagar as horas extras faz com que sejam consideradas salário-condição, ou seja, o empregado só recebe enquanto sujeito a determina condição.

***Súm. 376:** Horas Extras. Limitação. Art. 59 da CLT. Reflexos.*

***Ii.** O valor das horas extras habitualmente prestadas integra o cálculo dos haveres trabalhistas, independentemente da limitação prevista no "caput" do art. 59 da CLT.*

***Súm. 291** Horas Extras. Habitualidade. Supressão. Indenização. A supressão total ou parcial, pelo empregador, de serviço suplementar prestado com habitualidade, durante pelo menos 1 (um) ano, assegura ao empregado o direito à indenização correspondente ao valor de 1 (um) mês das horas suprimidas, total ou parcialmente, para cada ano ou fração igual ou superior a seis meses de prestação de serviço acima da jornada normal. O cálculo observará a média das horas suplementares nos últimos 12 (doze) meses anteriores à mudança, multiplicada pelo valor da hora extra do dia da supressão.*

As parcelas em que as horas extras habituais geram reflexos são basicamente repouso semanal remunerado, férias, 13º salário, aviso prévio, adicional noturno, adicional de insalubridade, adicional de periculosidade, FGTS, gratificação semestral e indenização por antiguidade.

Em regra, primeiro, calcula-se o salário com os adicionais e, posteriormente, com base nesse valor agregado do salário normal com os adicionais, calcula-se o valor da hora extra. Conforme entendimento do TST:

***Súm. 264:** Hora Suplementar. Cálculo. A remuneração do serviço suplementar é composta do valor da hora normal, integrado por parcelas de natureza salarial e acrescido do adicional previsto em lei, contrato, acordo, convenção coletiva ou sentença normativa.*

Divisor mensal e horas extras

Para se apurar o valor das horas extras, é necessário saber o divisor mensal. Assim, para uma jornada de 44 horas semanais, o divisor é 220. Para a jornada de 40 horas semanais, o divisor é 200. Para uma jornada de 30 horas semanais, o divisor é 180.

Fique Ligado

Por exemplo, uma pessoa com jornada de 44 horas semanais, que ganhe R$ 880,00, o valor da hora normal de seu salário é R$ 4,00. Como eu cheguei a este valor? O divisor de quem trabalha 44 horas semanais não é 220? Então, divide-se 880 por 220; você terá o valor da hora normal. Acrescenta-se o adicional de hora extra de 50%, então, chega-se ao valor da hora extra de R$ 6,00 (R$ 4,00 + 2,00). Agora ficou mais fácil de compreender o divisor, não é? É para isso que ele serve.

***Súm. 431:** Salário Hora. Empregado Sujeito ao Regime Geral de Trabalho (Art. 58, Caput, da CLT). 40 Horas Semanais. Cálculo. Aplicação do divisor 200. Para os empregados a que alude o art. 58, caput, da CLT, quando sujeitos a 40 horas semanais de trabalho, aplica-se o divisor 200 para o cálculo do valor do salário hora.*

Mesmo nos turnos ininterruptos de revezamento, reduzida a jornada para 6 horas, o divisor será 180.

***OJ-SDI1-396:** Turnos ininterruptos de revezamento. Alteração da jornada de 8 para 6 horas diárias. Empregado horista. Aplicação do divisor 180. Para o cálculo do salário hora do empregado horista, submetido a turnos ininterruptos de revezamento, considerando a alteração da jornada de 8 para 6 horas diárias, aplica-se o divisor 180, em observância ao disposto no art. 7º, VI, da Constituição Federal, que assegura a irredutibilidade salarial.*

No caso dos bancários, eles não trabalham no sábado. Em princípio, o sábado é dia útil não trabalhado, entretanto, acordo individual ou negociação coletiva podem considerá-lo como dia de descanso semanal remunerado. Tal diferenciação é importante, para saber o divisor mensal do empregado. Conforme recente Súmula 124, do TST:

***Súm. 124:** Bancário. Salário-Hora. Divisor.*

***I.** O divisor aplicável para o cálculo das horas extras do bancário, se houver ajuste individual expresso ou coletivo no sentido de considerar o sábado como dia de descanso remunerado, será:*

- *a) 150, para os empregados submetidos à jornada de seis horas, prevista no caput do art. 224 da CLT;*
- *b) 200, para os empregados submetidos à jornada de oito horas, nos termos do § 2º do art. 224 da CLT.*

***II.** Nas demais hipóteses, aplicar-se-á o divisor:*

- *a) 180, para os empregados submetidos à jornada de seis horas prevista no caput do art. 224 da CLT;*
- *b) 220, para os empregados submetidos à jornada de oito horas, nos termos do § 2º do art. 224 da CLT.*

Repouso semanal remunerado e horas extras

Quanto ao reflexo no repouso semanal remunerado (RSR), há previsão na Lei 605/1949 e em Súmula do TST. Tem-se que, se o empregado recebe R$ 600,00 de salário, esse valor já engloba seu repouso semanal remunerado. Mas, se habitualmente ele ganha R$ 200,00 por mês de horas suplementares, esse valor extra será considerado no cálculo do RSR - deixará de usar como base de cálculo R$ 600,00 e usará R$ 800,00.

***Art. 7º:** A remuneração do repouso semanal corresponderá:*

> *a)* *Para os que trabalham por dia, semana, quinzena ou mês, à de um dia de serviço, computadas as horas extraordinárias habitualmente prestadas;*

> ***Súm. 172:*** *Repouso Remunerado. Horas Extras. Cálculo. Computam-se no cálculo do repouso remunerado as horas extras habitualmente prestadas.*

Ocorre que esse valor do RSR já majorado (acrescido das horas extras) não será utilizado no cálculo de outras parcelas, pois as horas extras habituais também refletem nelas. Para exemplificar, as horas extras refletem no cálculo das férias. O RSR também reflete no cálculo das férias. Assim, se utilizar-se o valor do RSR já aumentado pelas horas extras para calcular as férias, essas horas irão incidir duas vezes, caracterizando o *bis in idem*, o que é vedado pela legislação. Nesse sentido, entende o TST:

> ***OJ-SDI1-394:*** *Repouso Semanal Remunerado - RSR. Integração das horas extras. Não repercussão no cálculo das férias, do décimo terceiro salário, do aviso prévio e dos depósitos do FGTS. A majoração do valor do repouso semanal remunerado, em razão da integração das horas extras habitualmente prestadas, não repercute no cálculo das férias, da gratificação natalina, do aviso prévio e do FGTS, sob pena de caracterização de "bis in idem".*

Gratificação semestral e horas extras

A gratificação semestral não é prevista na CLT, mas se o empregador pagá-la, as horas extras habituais integrarão seu cálculo. Para que não ocorra *bis in idem,* a gratificação semestral não irá gerar reflexos no pagamento da hora extra. É a mesma lógica exposta anteriormente.

> ***Súm. 115:*** *Horas Extras. Gratificações Semestrais. O valor das horas extras habituais integra a remuneração do trabalhador para o cálculo das gratificações semestrais.*

> ***Súm. 253:*** *Gratificação Semestral. Repercussões. A gratificação semestral não repercute no cálculo das horas extras, das férias e do aviso prévio, ainda que indenizados. Repercute, contudo, pelo seu duodécimo na indenização por antiguidade e na gratificação natalina.*

FGTS e horas extras

Ainda, o montante devido a título de FGTS deverá ser calculado considerando o valor das horas extras habituais, inclusive sobre a multa de 40%, quando da dispensa sem justa causa.

> ***Súm. 63:*** *Fundo de Garantia. A contribuição para o Fundo de Garantia do Tempo de Serviço incide sobre a remuneração mensal devida ao empregado, inclusive horas extras e adicionais eventuais.*

Adicional noturno e horas extras

Em relação ao adicional noturno laborado em horas extras, há um duplo desgaste do empregado, de forma que ele recebe os dois adicionais. Primeiro, calcula-se o salário do empregado com o adicional noturno. Depois, já com o valor do adicional noturno, acrescido à remuneração, é que se calcula o valor das horas extras.

> ***OJ-SDI1-97:*** *Horas Extras. Adicional Noturno. Base de cálculo. O adicional noturno integra a base de cálculo das horas extras prestadas no período noturno.*

Adicional de insalubridade e periculosidade e horas extras

Tal como o adicional noturno, os adicionais de insalubridade e periculosidade integram a base de cálculo das horas extras, ou seja, primeiro calcula-se o salário com a periculosidade/insalubridade e, com esse valor, chega-se ao valor da hora extra devida ao empregado.

> ***Súm. 132:*** *Adicional de Periculosidade. Integração.*
>
> *I.* *O adicional de periculosidade, pago em caráter permanente, integra o cálculo de indenização e de horas extras.*

> ***OJ-SDI1-47:*** *Hora Extra. Adicional de Insalubridade. Base de Cálculo. A base de cálculo da hora extra é o resultado da soma do salário contratual mais o adicional de insalubridade.*

Indenização por antiguidade e horas extras

Quando o empregado estava sujeito à estabilidade decenal, havia uma indenização por antiguidade. Essa indenização levava em conta as horas extras habituais no seu cálculo.

> ***Súm. 24:*** *Serviço Extraordinário. Insere-se no cálculo da indenização por antiguidade o salário relativo a serviço extraordinário, desde que habitualmente prestado.*

Pré-contratação de horas extras

De forma geral, a pré-contratação de horas extras, logo na admissão no emprego, é considerada válida, exceto para os bancários, em razão das disposições especiais da CLT.

> ***Súm. 199:*** *Bancário. Pré-Contratação de Horas Extras. I - A contratação do serviço suplementar, quando da admissão do trabalhador bancário, é nula. Os valores assim ajustados apenas remuneram a jornada normal, sendo devidas as horas extras com o adicional de, no mínimo, 50% (cinquenta por cento), as quais não configuram pré-contratação, se pactuadas após a admissão do bancário.*

Horas extras reconhecidas em ação trabalhista

Quando um empregado faz horas extras, mas não as recebe, ele pode ajuizar uma ação trabalhista para receber as horas não pagas, mesmo que tenha recebido parte delas durante o contrato.

Havendo prova das horas extras, documental ou testemunhal, somente quanto uma parte do período (por exemplo, entre janeiro e junho de 2010), se o julgador se convencer de que a jornada suplementar continuou após esse intervalo, mesmo não havendo outras provas da prestação, poderá estender a condenação a todo o período.

> ***OJ-SDI1-233*** *Horas Extras. Comprovação de Parte do Período Alegado. A decisão que defere horas extras com base em prova oral ou documental não ficará limitada ao tempo por ela abrangido, desde que o julgador fique convencido de que o procedimento questionado superou aquele período.A questão da forma de pagamento das horas extras reconhecidas por meio de ação trabalhista, quando o empregador já havia pago parte delas durante o contrato, foi pacificada pelo TST, o qual entende que o empregador somente pagará as sonegadas de forma global, para evitar o enriquecimento sem causa do empregado.*

> ***OJ-SDI1-415*** *Horas Extras. Reconhecimento em juízo. Critério de dedução/abatimento dos valores comprovadamente pagos no curso do contrato de trabalho. A dedução das horas extras comprovadamente pagas daquelas reconhecidas em juízo não pode ser limitada ao mês de apuração, devendo ser integral e aferida pelo total das horas extraordinárias quitadas durante o período imprescrito do contrato de trabalho.*

Fique Ligado

Para exemplificar a questão, veja a seguinte situação: a empresa foi condenada a pagar 1 hora extra por dia, de segunda à sexta-feira. Assim, em média, serão 22 dias de trabalho com as horas extras. Ocorre que a empresa pagou algumas horas durante o contrato e constam, nos recibos, 20 horas extras pagas em janeiro, 25 pagas em fevereiro, 5 pagas em março e 30 pagas em abril. Para os 4 meses, a empresa foi condenada a pagar 88 horas extras (22 x 4), mas como houve pagamentos no contrato, estes serão abatidos de forma global, segundo a OJ em comento, ou seja, somam-se todas (o que resulta em 80 horas pagas) e abate-se da condenção. Assim, a empresa ainda deve pagar 8 horas extras ao empregado (88 - 80).

Adicional de Insalubre

Trabalho insalubre é aquele exposto a fatores químicos, físicos ou biológicos, acima dos limites de tolerância, de forma que agride a saúde do funcionário.

> **Art. 189** - *Serão consideradas atividades ou operações insalubres aquelas que, por sua natureza, condições ou métodos de trabalho, exponham os empregados a agentes nocivos à saúde, acima dos limites de tolerância fixados em razão da natureza e da intensidade do agente e do tempo de exposição aos seus efeitos.*
>
> **Art. 190** - *O Ministério do Trabalho aprovará o quadro das atividades e operações insalubres e adotará normas sobre os critérios de caracterização da insalubridade, os limites de tolerância aos agentes agressivos, meios de proteção e o tempo máximo de exposição do empregado a esses agentes.*

A empresa deve, primeiramente, tentar eliminar a insalubridade ou a periculosidade do ambiente de trabalho, preferencialmente com medidas de proteção coletiva, e, se não for possível, fornecer equipamentos de proteção individual. Caso as medidas não sejam plenamente eficazes, deverá ser pago adicional por tais condições.

> **Art. 191** - *A eliminação ou a neutralização da insalubridade ocorrerá:*
>
> ***I.*** *Com a adoção de medidas que conservem o ambiente de trabalho dentro dos limites de tolerância;*
>
> ***II.*** *Com a utilização de equipamentos de proteção individual ao trabalhador, que diminuam a intensidade do agente agressivo a limites de tolerância.*
>
> **Parágrafo único** - *Caberá às Delegacias Regionais do Trabalho, comprovada a insalubridade, notificar as empresas, estipulando prazos para sua eliminação ou neutralização, na forma deste Art..*

O empregado também deve estar ciente de que trabalha em local insalubre, de forma que deve haver avisos visuais, bem como indicações do que deve ser feito em caso de contato acidental com os agentes insalubres.

> **Art. 197** - *Os materiais e substâncias empregados, manipulados ou transportados nos locais de trabalho, quando perigosos ou nocivos à saúde, devem conter, no rótulo, sua composição, recomendações de socorro imediato e o símbolo de perigo correspondente, segundo a padronização internacional.*
>
> **Parágrafo único** - *Os estabelecimentos que mantenham as atividades previstas neste Art. afixarão, nos setores de trabalho atingidas, avisos ou cartazes, com advertência quanto aos materiais e substâncias perigosos ou nocivos à saúde.*

Quando a atividade for insalubre, o empregado deverá receber adicional de 10, 20 ou 40%, se a insalubridade for de grau mínimo, médio ou máximo, respectivamente.

> **Art. 192** - *O exercício de trabalho em condições insalubres, acima dos limites de tolerância estabelecidos pelo Ministério do Trabalho, assegura a percepção de adicional respectivamente de 40% (quarenta por cento), 20% (vinte por cento) e 10% (dez por cento) do salário-mínimo da região, segundo se classifiquem nos graus máximo, médio e mínimo.*

O STF editou a Súmula vinculante nº. 4, que determina o seguinte:

> ***Súmula Vinculante nº 4:*** *Salvo nos casos previstos na constituição, o salário mínimo não pode ser usado como indexador de base de cálculo de vantagem de servidor público ou de empregado, nem ser substituído por decisão judicial.*

Assim, em princípio, não pode o salário mínimo servir como base de cálculo do adicional, de forma que o TST alterou a Súmula 228, passando a entender que deve se utilizar o salário-base do trabalhador ou outro critério mais vantajoso previsto em Convenção ou Acordo coletivo. Ocorre que a Súmula vinculante também proíbe que o judiciário invente uma base de cálculo - que foi o que o TST fez ao utilizar o salário-base.

Desse modo, foram opostas reclamações junto ao STF, o qual suspendeu a aplicação da Súmula 228 do TST e decidiu que, até que venha a ser editada nova lei, superando a inconstitucionalidade, será utilizado o salário mínimo mesmo.

Em reSúm.o, é inconstitucional, mas, por enquanto, o adicional de insalubridade será calculado com base no valor do salário mínimo. Essa é a interpretação do TST e do próprio STF.

Mesmo nas atividades intermitentes, é devido o adicional de insalubridade. Atividade intermitente é aquela realizada diariamente, mas em períodos espaçados.

> ***SÚM. 47:*** *Insalubridade. O trabalho executado em condições insalubres, em caráter intermitente, não afasta, só por essa circunstância, o direito à percepção do respectivo adicional.*

Quando a atividade é perigosa, o empregado deverá receber adicional de 30%, calculado sobre o salário do empregado, sem os acréscimos resultantes de gratificações, prêmios ou participação nos lucros.

Se o empregado trabalha em condições perigosas e insalubres, ele deverá optar por qual adicional receberá, não podendo acumular ambos.

> **Art. 193** - *São consideradas atividades ou operações perigosas, na forma da regulamentação aprovada pelo Ministério do Trabalho, aquelas que, por sua natureza ou métodos de trabalho, impliquem o contato permanente com inflamáveis ou explosivos em condições de risco acentuado.*
>
> ***§ 1º*** *- O trabalho em condições de periculosidade assegura ao empregado um adicional de 30% (trinta por cento) sobre o salário sem os acréscimos resultantes de gratificações, prêmios ou participações nos lucros da empresa.*
>
> ***§ 2º*** *- O empregado poderá optar pelo adicional de insalubridade que porventura lhe seja devido.*

Tais adicionais são salário-condição, sendo devidos somente enquanto durar a situação, de forma que, se eliminada a periculosidade ou a insalubridade, o empregado deixará de receber o adicional. Tal procedimento é lícito e não viola o princípio da irredutibilidade salarial.

> **Art. 194** - *O direito do empregado ao adicional de*

insalubridade ou de periculosidade cessará com a eliminação do risco à sua saúde ou integridade física, nos termos desta Seção e das normas expedidas pelo Ministério do Trabalho.

Súm. 80: *Insalubridade. A eliminação da insalubridade mediante fornecimento de aparelhos protetores aprovados pelo órgão competente do Poder Executivo exclui a percepção do respectivo adicional.*

Súm. 248: *Adicional de Insalubridade. Direito Adquirido. A reclassificação ou a descaracterização da insalubridade, por ato da autoridade competente, repercute na satisfação do respectivo adicional, sem ofensa a direito adquirido ou ao princípio da irredutibilidade salarial.*

Enquanto recebido pelo empregado, ele integra o salário para todos os fins, repercutindo em outras verbas, mas já remunera os finais de semana e feriados, não se falando em pagamento separado.

Súm. 139: *Adicional de Insalubridade. Enquanto percebido, o adicional de insalubridade integra a remuneração para todos os efeitos legais.*

OJ-SDI1-103: *Adicional de Insalubridade. Repouso semanal e feriados. O adicional de insalubridade já remunera os dias de repouso semanal e feriados.*

Contudo, somente fornecer os EPIs não basta para deixar de pagar o adicional; é necessário que, efetivamente, elimine-se o agente insalubre e, para isso, o empregado deve, necessariamente, usar os equipamentos.

Súm. 289: *Insalubridade. Adicional. Fornecimento do Aparelho de Proteção. Efeito. O simples fornecimento do aparelho de proteção pelo empregador não o exime do pagamento do adicional de insalubridade. Cabe-lhe tomar as medidas que conduzam à diminuição ou eliminação da nocividade, entre as quais as relativas ao uso efetivo do equipamento pelo empregado.*

Para ser configurada a insalubridade, são necessários dois requisitos:

- → Perícia técnica atestando que a atividade é insalubre.
- → Que a atividade seja considerada insalubre pelo Ministério do Trabalho e Emprego, por meio de portaria.

Tanto é assim que, se o MTE inclui uma determinada atividade no rol das atividades insalubres, é a partir dessa inclusão que o empregado terá direito a receber o adicional, ainda que anteriormente já estivesse sujeito a tal condição.

Art. 196 *- Os efeitos pecuniários decorrentes do trabalho em condições de insalubridade ou periculosidade serão devidos a contar da data da inclusão da respectiva atividade nos quadros aprovados pelo Ministro do Trabalho, respeitadas as normas do Art. 11.*

OJ-SDI1-4 *Adicional de Insalubridade. Lixo Urbano.*

I. Não basta a constatação da insalubridade por meio de laudo pericial para que o empregado tenha direito ao respectivo adicional, sendo necessária a classificação da atividade insalubre na relação oficial elaborada pelo Ministério do Trabalho.

II. A limpeza em residências e escritórios e a respectiva coleta de lixo não podem ser consideradas atividades insalubres, ainda que constatadas por laudo pericial, porque não se encontram dentre as classificadas como lixo urbano na Portaria do Ministério do Trabalho.

Tanto o médico como o engenheiro do trabalho poderão realizar a perícia e atestar a insalubridade.

OJ-SDI1-165: *Perícia. Engenheiro ou Médico. Adicional de insalubridade e periculosidade. Válido. ART. 195 DA CLT. O art. 195 da CLT não faz qualquer distinção entre o médico e o engenheiro para efeito de caracterização e classificação da insalubridade e periculosidade, bastando para a elaboração do laudo seja o profissional devidamente qualificado.*

Note que, apesar de a perícia ser obrigatória, caso seja impossível sua realização, o Juiz julgará com as provas que tiver.

OJ-SDI1-278: *Adicional de Insalubridade. Perícia. Local de Trabalho Desativado. A realização de perícia é obrigatória para a verificação de insalubridade. Quando não for possível sua realização, como em caso de fechamento da empresa, poderá o julgador utilizar-se de outros meios de prova.*

Porém, em eventual reclamação trabalhista, se a parte indicar um agente insalubre, mas a perícia constatar outro, o Juiz condenará a pagar insalubridade.

Súm. 293: *Adicional de Insalubridade. Causa de Pedir. Agente Nocivo Diverso do Apontado na Inicial. A verificação mediante perícia de prestação de serviços em condições nocivas, considerado agente insalubre diverso do apontado na inicial, não prejudica o pedido de adicional de insalubridade.*

Não só o empregado, mas também o sindicato da categoria, pode requerer, em juízo, tanto o pagamento, caso a empresa negue o direito, como as diferenças devidas, quando a empresa pague a menor (por exemplo, paga 10%, mas deveria pagar 40%).

OJ-SDI1-121: *Substituição Processual. Diferença do adicional de insalubridade. Legitimidade. O sindicato tem legitimidade para atuar na qualidade de substituto processual para pleitear diferença de adicional de insalubridade.*

Após conseguir o provimento jurisdicional, a empresa deve inserir no contracheque, mês a mês, o valor do adicional. Isso ocorre para evitar o salário complessivo - não pode a empresa simplesmente lançar o valor sem especificar o que é.

OJ-SDI1-172: *Adicional de Insalubridade ou Periculosidade. Condenação. Inserção em Folha de Pagamento. Condenada ao pagamento do adicional de insalubridade ou periculosidade, a empresa deverá inserir, mês a mês e enquanto o trabalho for executado sob essas condições, o valor correspondente em folha de pagamento.*

Por fim, e para não ser surpreendido na prova, algumas situações são reiteradamente objeto de discussão na Justiça do Trabalho, de forma que o TST aprovou os seguintes verbetes:

Atividade a céu aberto

OJ-SDI1-173: adicional de insalubridade. Atividade a céu aberto. Exposição ao sol e ao calor.

I. Ausente previsão legal, indevido o adicional de insalubridade ao trabalhador em atividade a céu aberto por sujeição à radiação solar (art. 195 da CLT e Anexo 7 da NR 15 da Portaria Nº 3.214/78 do MTE).

II. Tem direito à percepção ao adicional de insalubridade o empregado que exerce atividade exposto ao calor acima dos limites de tolerância, inclusive em ambiente externo com carga solar, nas condições previstas no Anexo 3 da NR 15 da Portaria Nº 3.214/78 do MTE.

A OJ supracitada significa que a atividade a céu aberto não dá direito à insalubridade em razão da radiação solar, mas pode dar direito em razão do calor no ambiente trabalho. O item II é recente, sendo maior a possibilidade de sua cobrança em futuras provas.

Limpeza em residências e escritórios

A limpeza de residências e de escritórios e a respectiva coleta de lixo não é atividade insalubre, uma vez que não é classificada como lixo urbano por NR do MTE.

> ***OJ-SDI1-4: adicional de insalubridade. Lixo urbano.***
>
> ***II.*** *A limpeza em residências e escritórios e a respectiva coleta de lixo não podem ser consideradas atividades insalubres, ainda que constatadas por laudo pericial, porque não se encontram dentre as classificadas como lixo urbano na Portaria do Ministério do Trabalho.*

Óleos minerais

> ***OJ-SDI1-171: adicional de insalubridade. Óleos minerais. Sentido do termo "manipulação".*** *Para efeito de concessão de adicional de insalubridade não há distinção entre fabricação e manuseio de óleos minerais - Portaria nº 3214 do Ministério do Trabalho, NR 15, Anexo XIII.*

A OJ supracitada significa que tanto quem trabalha manuseando óleos minerais (um mecânico, por exemplo), como quem trabalha em sua fabricação do óleo tem direito ao adicional de insalubridade.

Adicional de Periculosidade

O adicional de periculosidade também tem previsão constitucional e é devido em razão da exposição do trabalhador a:

→ Explosivos, inflamáveis e energia elétrica.

→ Roubos ou outras espécies de violência física nas atividades profissionais de segurança pessoal ou patrimonial.

> Neste caso, se o vigilante recebe adicional por força de ACT ou CCT, não os receberá cumulativamente, os valores serão compensados ou descontados.

Base de Cálculo

Dispõe a CLT que o adicional de 30% será calculado sobre o salário-base, sem acréscimos de gratificações, prêmios ou outras parcelas.

Nota-se que salário-base = parcelas pagas em dinheiro + salário *in natura*.

> ***Art. 193.*** *São consideradas atividades ou operações perigosas, na forma da regulamentação aprovada pelo Ministério do Trabalho e Emprego, aquelas que, por sua natureza ou métodos de trabalho, impliquem risco acentuado em virtude de exposição permanente do trabalhador a:*
>
> ***I.*** *inflamáveis, explosivos ou energia elétrica;*
>
> ***II.*** *roubos ou outras espécies de violência física nas atividades profissionais de segurança pessoal ou patrimonial.*
>
> ***§ 1º*** *- O trabalho em condições de periculosidade assegura ao empregado um adicional de 30% (trinta por cento) sobre o salário sem os acréscimos resultantes de gratificações, prêmios ou participações nos lucros da empresa.*
>
> ***§ 2º*** *- O empregado poderá optar pelo adicional de insalubridade que porventura lhe seja devido.*
>
> ***§ 3º*** *Serão descontados ou compensados do adicional outros da mesma natureza eventualmente já concedidos ao vigilante por meio de acordo coletivo.*
>
> ***§ 4º*** *São também consideradas perigosas as atividades de trabalhador em motocicleta.*

Fique Ligado

Há duas expressões que as bancas podem usar para falar da base de cálculo do adicional de periculosidade, quais sejam:

> ***É calculado sobre o salário-base (definição doutrinária).***

> ***É calculado sobre o salário sem os acréscimos resultantes de gratificações, prêmios ou participações nos lucros da empresa (definição da CLT).***

As duas formas são corretas, pois, no fundo, dizem a mesma coisa.

Eletricitários

A Lei 7.369/1985 foi revogada, de forma que, atualmente, o adicional de 30% para os eletricitários também é calculado sobre o salário-base.

Dessa forma, a tendência é que a Súmula 191/TST seja revogada, pois está baseada em legislação não mais em vigor.

Periculosidade e hora extra / trabalho noturno

Tanto para os eletricitários como para os empregados sujeitos a produtos inflamáveis e explosivos, se prestarem horas extras ou trabalho noturno, primeiro, calcula-se o salário com o adicional de periculosidade, e este valor é que será utilizado para calcular o valor da hora extra e do adicional noturno.

> ***OJ-SDI1-259 adicional noturno. Base de cálculo. Adicional de periculosidade. Integração.*** *O adicional de periculosidade deve compor a base de cálculo do adicional noturno, já que também neste horário o trabalhador permanece sob as condições de risco.*
>
> ***TST/Súmula-132 adicional de periculosidade. Integração. I*** *- O adicional de periculosidade, pago em caráter permanente, integra o cálculo de indenização e de horas extras.*

Sobreaviso e periculosidade

Ainda, somente é pago o adicional de periculosidade quando o empregado está em risco, de forma que, se estiver de sobreaviso em sua casa, o risco desapareceu, não sendo devido o adicional de periculosidade.

> ***TST/Súmula-132 adicional de periculosidade. Integração. II -*** *Durante as horas de sobreaviso, o empregado não se encontra em condições de risco, razão pela qual é incabível a integração do adicional de periculosidade sobre as mencionadas horas.*

Exposição eventual ou por tempo extremamente reduzido

A CLT diz que a exposição tem que ser permanente, mas qual é o limite do contato permanente? É a Súmula 364 que explica. Exposição permanente ou intermitente, paga o adicional. Exposição ao risco eventual ou, ainda, habitual, por tempo extremamente reduzido, não dará direito ao empregado ao adicional.

> ***TST/Súmula-364 adicional de periculosidade. Exposição eventual, permanente e intermitente.*** *Tem direito ao adicional de periculosidade o empregado exposto permanentemente ou que, de forma intermitente, sujeita-se a condições de risco. Indevido, apenas, quando o contato dá-se de forma eventual, assim considerado o fortuito, ou o que, sendo habitual, dá-se por tempo extremamente reduzido.*

Eventual é aquele que não ocorre com frequência. Por exemplo, o empregado que não seja eletricista que, de vez em quando, vai à sala de máquinas em que há um quadro elétrico.

Habitual por tempo extremamente reduzido é quando o empregado passa perto da fonte de perigo, todos os dias, mas por poucos segundos, por exemplo, o empregado que passa todo dia na frente de um tanque de combustível, mas que trabalhe bem longe dele.

Pagamento proporcional ao tempo de exposição

Note que foi cancelado o item II da Súmula 364/TST, ao passo que não se pode mais pagar o adicional proporcionalmente ao tempo de exposição. Por exemplo, é proibido pagar adicional de 15% em razão de o empregado somente estar exposto ao risco por 4 horas diárias.

> ***TST/Súmula-361 adicional de periculosidade. Eletricitários.*** *Exposição intermitente. O trabalho exercido em condições perigosas, embora de forma intermitente, dá direito ao empregado a receber o adicional de periculosidade de forma integral, porque a Lei nº 7.369, de 20.09.1985, não estabeleceu nenhuma proporcionalidade em relação ao seu pagamento.*

No mesmo sentido, a Súmula 361, do TST, não permite tal proporcionalidade.

Pagamento espontâneo do adicional de periculosidade e perícia

Se a empresa pagar voluntariamente, é desnecessária a perícia, ainda que ela pague em percentual inferior ao de 30% ao estabelecido em lei, pois ela terá confessado que o ambiente é perigoso.

> ***OJ-SDI1-406: adicional de periculosidade. Pagamento espontâneo. Caracterização de fato incontroverso. Desnecessária a perícia de que trata o art. 195 da CLT.*** *O pagamento de adicional de periculosidade efetuado por mera liberalidade da empresa, ainda que de forma proporcional ao tempo de exposição ao risco ou em percentual inferior ao máximo legalmente previsto, dispensa a realização da prova técnica exigida pelo art. 195 da CLT, pois torna incontroversa a existência do trabalho em condições perigosas.*

→ Situações que são consideradas perigosas:

Há algumas situações que um dia geraram dúvidas se haveria ou não o pagamento de adicional, mas que foram pacificadas pelo TST e podem ser objeto de prova, sendo que para o TST, haverá pagamento de adicional de periculosidade para:

- Empregados que operam bomba de gasolina.
- Empregado que trabalhe em prédio em que estejam instalados tanques de líquido inflamável.
- Cabistas, instaladores e reparadores de linhas telefônicas.
- Radiação ionizante.

Citem-se as Súmulas e OJs a respeito:

> ***TST/Súmula-39: periculosidade.*** *Os empregados que operam em bomba de gasolina têm direito ao adicional de periculosidade (Lei nº 2.573, de 15.08.1955).*

> ***OJ-SDI1-385: adicional de periculosidade. Devido. Armazenamento de líquido inflamável no prédio. Construção vertical.*** *É devido o pagamento do adicional de periculosidade ao empregado que desenvolve suas atividades em edifício (construção vertical), seja em pavimento igual ou distinto daquele onde estão instalados tanques para armazenamento de líquido inflamável, em quantidade acima do limite legal, considerando-se como área de risco toda a área interna da construção vertical.*

> ***OJ-SDI1-347: adicional de periculosidade. Sistema elétrico de potência. Lei nº 7.369, De 20.09.1985, Regulamentada pelo decreto nº 93.412, De 14.10.1986. Extensão do direito aos cabistas, instaladores e reparadores de linhas e aparelhos em empresa de telefonia.*** *É devido o adicional de periculosidade aos empregados cabistas, instaladores e reparadores de linhas e aparelhos de empresas de telefonia, desde que, no exercício de suas funções, fiquem expostos a condições de risco equivalente ao do trabalho exercido em contato com sistema elétrico de potência.*

> ***OJ-SDI1-324: adicional de periculosidade. Sistema elétrico de potência. Decreto nº 93.412/86, Art. 2º, § 1º.*** *É assegurado o adicional de periculosidade apenas aos empregados que trabalham em sistema elétrico de potência em condições de risco, ou que o façam com equipamentos e instalações elétricas similares, que ofereçam risco equivalente, ainda que em unidade conSúm.idora de energia elétrica.*

A radiação ionizante e substâncias radioativas causaram dúvidas se eram perigosas ou insalubres, até mesmo para os técnicos do Governo, sendo que, atualmente, é considerada perigosa, gerando adicional de 30%.

> ***OJ-SDI1-345: adicional de periculosidade. Radiação ionizante ou substância radioativa. Devido.*** *A exposição do empregado à radiação ionizante ou à substância radioativa enseja a percepção do adicional de periculosidade, pois a regulamentação ministerial (Portarias do Ministério do Trabalho nºs 3.393, de 17.12.1987, e 518, de 07.04.2003), ao reputar perigosa a atividade, reveste-se de plena eficácia, porquanto expedida por força de delegação legislativa contida no art. 200, "caput", e inciso VI, da CLT. No período de 12.12.2002 a 06.04.2003, enquanto vigeu a Portaria nº 496 do Ministério do Trabalho, o empregado faz jus ao adicional de insalubridade.*

Exercício Comentado

01. *Carlus trabalha em um posto de abastecimento de combustíveis. Exerce as funções de frentista, cuja atividade principal é a de abastecer os veículos com combustível direto da bomba. Recebe salário-base e vale-refeição. Pelo exercício das suas funções, nos termos da legislação aplicável à matéria, Carlus faz jus ao pagamento do adicional de:*

a) Penosidade, no valor correspondente a 40% sobre o salário mínimo.

b) Insalubridade, no percentual de 10%, 20% ou 40% do salário mínimo.

c) Periculosidade, no percentual de 30% do salário contratual.

d) Periculosidade, no percentual 10%, 20% ou 40% do salário mínimo

e) Penosidade, no percentual de 30% do salário contratual.

RESPOSTA. ***"C". Para resolver a questão, é necessário ter em mente que o adicional de periculosidade é de 30%, calculado sobre o salário-base, o qual é composto do valor pago em dinheiro mais o que for pago como salário-utilidade. Ainda, conforme Súmula 39, do TST, o frentista de posto tem direito ao referido adicional.***

Tendo em vista que o vale-refeição caracteriza salário-utilidade, e que a questão informa que o empregado recebe o salário-base mais o vale-refeição, mesmo pecando na redação, pois o vale-refeição é parte do salário-base, a soma dos dois é salário contratual do empregado.

Adicional Noturno

A regra pela CLT é que o trabalho noturno tenha um adicional de, no mínimo, 20% sobre a hora diurna, o que terá caráter salarial.

Enquanto pago, o adicional noturno integra as verbas salariais. Contudo, por ser salário-condição, havendo transferência para o horário diurno, deixará de haver o seu pagamento. Entende-se que, como o trabalho diurno é mais benéfico que o noturno, mesmo que haja redução salarial, a transferência é lícita.

> ***Súm. 265:*** *Adicional Noturno. Alteração de turno de Trabalho. Possibilidade de Supressão. A transferência para o período diurno de trabalho implica a perda do direito ao adicional noturno.*

A CLT prevê ainda a redução da hora noturna, de forma que, para cada 52 minutos e 30 segundos trabalhados, considera-se que a pessoa trabalhou 1 hora. Isso é chamado também de hora noturna ficta.

A hora noturna, para o empregado celetista, estende-se das 22h às 05h do dia seguinte.

> ***Art. 73.*** *(...) O trabalho noturno terá remuneração superior a do diurno e, para esse efeito, sua remuneração terá um acréscimo de 20 % (vinte por cento), pelo menos, sobre a hora diurna.*
>
> ***§ 1º*** *A hora do trabalho noturno será computada como de 52 minutos e 30 segundos.*
>
> ***§ 2º*** *Considera-se noturno, para os efeitos deste Art., o trabalho executado entre as 22 horas de um dia e as 5 horas do dia seguinte.*

Fique Ligado

Note que o intervalo entre as 22h e as 05h resulta num período de 7 horas. Ainda, como um empregado labora com a redução noturna, quando tiver trabalhado 7 horas, consideram-se 8 horas (52 minutos e 30 segundos x 8 = 7 horas de trabalho real).

Isso é proposital, pois o desgaste noturno é maior, de forma que, se prorrogada a jornada para além das 05h, mesmo nesse período já considerado diurno, haverá o pagamento do adicional e a redução da hora noturna. Essa é a regra - quando prorrogado o trabalho noturno, aplicam-se as disposições do trabalho noturno. O TST entende que é necessário que a jornada se estenda por todo o período noturno, ou seja, comece às 22h ou antes disso.

> ***Súm. 60*** *Adicional Noturno. Integração no Salário e Prorrogação em Horário Diurno. II - Cumprida integralmente a jornada no período noturno e prorrogada esta, devido é também o adicional quanto às horas prorrogadas. Exegese do art. 73, § 5º, da CLT.*

Na prorrogação do horário noturno, aplicam-se as disposições do trabalho noturno, por exemplo, o empregado começa a trabalhar às 22h e para somente às 7h. Entre 05h e 07h, ele recebe adicional noturno? Recebe!

É divergente na jurisprudência do TST se, nas prorrogações do horário noturno, é devido somente o adicional noturno, ou se é devida, além dele, a hora noturna ficta. Maurício Godinho Delgado defende que ambos são aplicáveis, pois a CLT não restringiu, e é nesse sentido que tendem as decisões.

Por outro lado, quanto aos horários mistos, que é quando o empregado começa a trabalhar no horário diurno, às 18h, por exemplo, e termina no horário noturno, ao adentrar neste período, às 22h, passarão a aplicar-se as disposições sobre o horário noturno.

Note que, nesse caso, não se aplicam as normas do trabalho para o período antes das 22h. Também se considera horário misto quando o empregado começa à noite, mas, após às 22h(por exemplo, começa às 03h). Mesmo na jornada 12 x 36, aplica-se o horário misto, caso ela se desenvolva durante todo o horário noturno e prorrogue para além dele.

> ***Art. 73. § 4º:*** *Nos horários mistos, assim entendidos os que abrangem períodos diurnos e noturnos, aplica-se às horas de trabalho noturno o disposto neste Art. e seus parágrafos.*
>
> ***§ 5º*** *Às prorrogações do trabalho noturno aplica-se o disposto neste capítulo.*
>
> ***OJ-SDI1-388:*** *Jornada 12 x 36. Jornada mista que compreenda a totalidade do período noturno. Adicional noturno. Devido. O empregado submetido à jornada de 12 horas de trabalho por 36 de descanso, que compreenda a totalidade do período noturno, tem direito ao adicional noturno, relativo às horas trabalhadas após as 5 horas da manhã.*

Também, no regime ininterrupto de revezamento, haverá hora noturna reduzida, bem como pagamento de adicional noturno.

> ***OJ-SDI1-395:*** *Turno Ininterrupto de Revezamento. Hora noturna reduzida. Incidência. O trabalho em regime de turnos ininterruptos de revezamento não retira o direito à hora noturna reduzida, não havendo incompatibilidade entre as disposições contidas nos arts. 73, § 1º, da CLT e 7º, XIV, da Constituição Federal.*

Ao vigia noturno, é assegurado o pagamento de adicional e a hora noturna reduzida:

> ***Súm. 65:*** *Vigia. O direito à hora reduzida de 52 minutos e 30 segundos aplica-se ao vigia noturno.*
>
> ***Súm. 140:*** *VIGIA. É assegurado ao vigia sujeito ao trabalho noturno o direito ao respectivo adicional*

Quando o trabalho é prestado em horário noturno e em condições perigosas ou insalubres, primeiro, aplica-se o adicional de periculosidade/insalubridade ao salário e, com esse resultado, calcula-se o adicional noturno.

> ***OJ-SDI1-259:*** *Adicional Noturno. Base de Cálculo. Adicional de Periculosidade. Integração. O adicional de periculosidade deve compor a base de cálculo do adicional noturno, já que também neste horário o trabalhador permanece sob as condições de risco.*

Quando o trabalho é prestado em horário noturno e em horas extras, primeiro, aplica-se o adicional noturno e, com esse resultado, calcula-se o adicional de horas extras.

> ***OJ-SDI1-97:*** *Horas Extras. Adicional Noturno. Base de Cálculo. O adicional noturno integra a base de cálculo das horas extras prestadas no período noturno.*

Ao menor de 18 anos, é vedado o trabalho noturno, independentemente da atividade - seja rural ou urbana, para o aprendiz ou qualquer outro ramo. Não importa se o menor é emancipado legalmente, pois a lei preserva o menor de 18 anos por razões biológicas.

> ***Art. 404*** *- Ao menor de 18 (dezoito) anos é vedado o trabalho noturno, considerado este o que for executado no período compreendido entre as 22 (vinte e duas) e as 5 (cinco) horas.*

Para os trabalhadores rurais, também há diferenciação. O adicional é de 25%, não há redução da hora noturna e é considerado trabalho noturno rural, na lavoura, o prestado entre as 21:00 e as 05:00 e, na pecuária, entre as 20:00 às 04:00.

Adicional de Transferência

O adicional de transferência é pago em razão de transferência provisória do empregado, desde que acarrete mudança de domicílio. Tal adicional é de, no mínimo, 25% e será calculado sobre todo o complexo salarial do empregado.

Mesmo nos cargos de confiança, ou naqueles contratos que tenham cláusula implícita ou explícita de transferência, é devido o adicional, pois o que gera o direito de receber o adicional é o caráter provisório da transferência.

> ***Art. 469. § 3º*** *- Em caso de necessidade de serviço o empregador poderá transferir o empregado para localidade diversa da que resultar do contrato, não obstante as restrições do Art. anterior, mas, nesse caso, ficará obrigado a um pagamento suplementar, nunca inferior a 25% (vinte e cinco por cento) dos salários que o empregado percebia naquela localidade, enquanto durar essa situação.*
>
> ***OJ-SDI1-113:*** *Adicional de Transferência. Cargo de confiança ou previsão contratual de transferência. Devido. Desde que a transferência seja provisória. O fato de o empregado exercer cargo de confiança ou a existência de previsão de transferência no contrato de trabalho não exclui o direito ao adicional. O pressuposto legal apto a legitimar a percepção do mencionado adicional é a transferência provisória.*

Outras Parcelas Salariais

Abono

O abono, citado no art. 458, §1º, nada mais é do que o adiantamento salarial. Assim, se o empregado ganha R$ 1.000,00 por mês, mas, no dia 15, sempre são antecipados R$ 300,00, essa antecipação denomina-se abono salarial.

Fique Ligado

Note que a CLT e leis esparsas usam o termo "abono" em outros contextos, com significados completamente diferentes, como é o caso do abono de férias. Quando trata das férias e utiliza a palavra "abono", a CLT refere-se tanto à possibilidade de o empregado vender 1/3 das férias como a um abono concedido, espontaneamente, pelo empregador.

Quebra de Caixa

Os funcionários que trabalham nos caixas, nos bancos especialmente, em geral, recebem uma verba mensal chamada de quebra de caixa. Como eles trabalham diretamente com o dinheiro da empresa, pode ocorrer de o caixa estar defasado ao fim do mês, ou seja, há uma diferença entre o que entrou e o que foi retirado do caixa. Isso pode ocorrer por erro no troco, por exemplo, e, então, os funcionários recebem tal adicional mensal, do qual é descontada essa diferença.

Tal parcela tem caráter salarial:

> ***Súm. 247:*** *Quebra de Caixa. Natureza Jurídica. A parcela paga aos bancários sob a denominação "quebra de caixa" possui natureza salarial, integrando o salário do prestador de serviços, para todos os efeitos legais.*

Venda de Papéis ou Valores Mobiliários pelo Bancário

Um caso que reforça a ideia de que o grupo econômico é um empregador único é a Súmula 93, do TST, a qual inclui na remuneração do bancário os papéis ou valores mobiliários vendidos em horário de trabalho, para outra empresa do grupo econômico.

> ***Súm. 93:*** *Bancário. Integra a remuneração do bancário a vantagem pecuniária por ele auferida na colocação ou na venda de papéis ou valores mobiliários de empresas pertencentes ao mesmo grupo econômico, se exercida essa atividade no horário e no local de trabalho e com o consentimento, tácito ou expresso, do banco empregador.*

Prêmios

Os prêmios são valores pagos em razão de o empregado atingir determinada meta, destacar-se na empresa, ser o "funcionário do mês", não ter faltado etc.

A CLT não trata expressamente do prêmio, sendo invenção da empresa ou instituído por meio de negociação coletiva: mas, quando existente, tem nítida natureza salarial.

O empregado que receba habitualmente o prêmio, por exemplo, aquele que bate a meta todos os meses, terá o valor do prêmio refletido em outras verbas, tais como FGTS, aviso-prévio, 13º salário, férias + 1/3 etc.

Quando tal prêmio é instituído na empresa, ele não pode mais ser revogado (salvo se instituído por negociação coletiva), mas o empregado somente o receberá quando cumprir as condições. Trata-se de salário-condição, a que o empregado só tem direito quando atinge determinadas metas.

Assim, o empregado que receba habitualmente o prêmio pela meta batida terá tal valor integrado ao salário, mas, se em um mês não bater a meta, não receberá o valor do prêmio. O prêmio existe no âmbito da empresa, mas o empregado não o conquistou.

Isto é o que se extrai da Súmula 209 do STF:

> ***Súmula 209:*** *O salário-produção, como outras modalidades de salário-prêmio, é devido, desde que verificada a condição a que estiver subordinado, e não pode ser suprimido unilateralmente, pelo empregador, quando pago com habitualidade.*

Diárias para Viagem Superiores a 50% do Salário

A verdadeira diária para viagem não tem caráter salarial, mas indenizatório. Quando o empregado viaja representando a empresa, recebe diárias para viagem, as quais cobrirão gastos que o empregado não teria normalmente, como hospedagem, transporte, alimentação etc.

Como o empregado não precisa comprovar os gastos ao empregador, a legislação fixou um limite para que a empresa não pague tudo como diárias. Se tais diárias forem superiores a 50% do salário do empregado, a legislação preSúm.e a fraude, considerando todas as diárias pagas como salário.

> ***Art. 457 - § 2º*** *- Não se incluem nos salários as ajudas de custo, assim como as diárias para viagem que não excedam de 50% (cinquenta por cento) do salário percebido pelo empregado.*
>
> ***Súm. 101:*** *Diárias de Viagem. Salário. Integram o salário, pelo seu valor total e para efeitos indenizatórios, as diárias de viagem que excedam a 50% (cinquenta por cento) do salário do empregado, enquanto perdurarem as viagens.*

A lógica é a seguinte: se a diária fosse ilimitada, a empresa poderia combinar o pagamento mensal em R$ 5.000,00, mas pagar como salário somente R$ 500,00, sendo o restante pago como diárias de viagem.

Como as diárias verdadeiras não têm natureza salarial, não sofrem contribuição para o INSS, nem repercutem no cálculo de férias, DSR, 13º salário, aviso prévio etc. Mas essa fraude era muito comum, e muitas empresas ainda a praticam, de forma que a legislação preferiu estipular um teto para o pagamento de diárias.

Assim, se o salário do empregado é R$ 1.000,00, poderá receber no máximo R$ 500,00 reais de diárias de viagem por mês. Se receber R$ 600,00 de diárias, seu salário, naquele mês, será R$ 1.600,00 reais.

Para verificar se houve ou não a integração, utiliza-se como parâmetro o salário mensal e não o valor do salário de um dia:

> ***Súm. 318:*** *Diárias. Base de Cálculo para sua Integração no Salário. Tratando-se de empregado mensalista, a integração das diárias no salário deve ser feita tomando-se por base o salário mensal por ele percebido e não o valor do dia de salário, somente sendo devida a referida integração quando o valor das diárias, no mês, for superior à metade do salário mensal.*

Melhor explicando, se a pessoa recebe R$ 1.000,00 de salário e, em um mês, fez somente uma única viagem e recebeu R$ 400,00 de diárias, mesmo assim, elas não são salariais, pois o parâmetro é o mês, não o dia de salário, para o empregado que recebe por mês.

Parcelas Não Salariais

Ajuda de Custo

Ajuda de custo é o valor pago ao empregado a título de reembolso de gastos feitos em nome da empresa, na execução do trabalho (por exemplo, fotocópias, confecção de panfletos e camisetas para exposição de um produto etc.).

O valor da ajuda de custo pode ser até mesmo superior ao salário do empregado e pode também ser pago mensalmente. O divisor de águas é saber se o valor pago a título da ajuda de custo é efetivamente reembolso de despesas. Tanto é assim que as empresas fiscalizam o efetivo gasto, cobrando as notas fiscais.

A despesa decorrente da mudança de domicílio do empregado para prestar serviços ao empregador será por este custeada, conforme Art. 470, da CLT, sendo que esses gastos também são considerados ajuda de custo, portanto, sem natureza salarial.

> ***Art. 470*** *- As despesas resultantes da transferência correrão por conta do empregador.*

Diárias para Viagem Inferiores a 50% do Salário

Conforme exposto, quando as diárias não excedem a 50% do salário do empregado, terão caráter indenizatório; caso contrário, terão caráter salarial, devendo ser utilizadas na base de cálculo de outras parcelas salariais.

Para a diária de viagem, a legislação fixou um limite, porque é um valor ajustado previamente, sem que o empregador fiscalize efetivamente os gastos. Assim, para não haver fraude e a empresa não pagar tudo como diária, a legislação fixou o limite de 50% do salário.

Participação nos Lucros

A participação nos lucros e resultados (PLR) é expressamente prevista na Constituição Federal, sem natureza remuneratória, tendo sido regulada pela Lei 10.101/2000, a qual determina que, para ser instituída, deve haver negociação coletiva ou comissão escolhida pelas partes. Dispõe a CF:

> ***Art. 7º. XI.*** *Participação nos lucros, ou resultados, desvinculada da remuneração, e, excepcionalmente, participação na gestão da empresa, conforme definido em lei;*

Ainda, segundo a citada lei, tal parcela não pode ser paga mensalmente (a periodicidade mínima é de um semestre), sendo que não se aplica à PLR o princípio da habitualidade.

> ***Art. 3º*** *A participação de que trata o art. 2º não substitui ou complementa a remuneração devida a qualquer empregado, nem constitui base de incidência de qualquer encargo trabalhista, não se lhe aplicando o princípio da habitualidade.*
>
> ***§ 2º*** *É vedado o pagamento de qualquer antecipação ou distribuição de valores a título de participação nos lucros ou resultados da empresa em periodicidade inferior a um semestre civil, ou mais de duas vezes no mesmo ano civil.*

Há divergência doutrinária; contudo, o TST tem entendido que, se a PLR é paga mensalmente, mas por previsão em negociação coletiva, não terá caráter salarial, mesmo que contrariando a previsão legal.

Ainda que o empregado tenha saído da empresa antes da distribuição dos lucros, ele terá direito ao PLR proporcional, pois também concorreu com seu trabalho.

> ***OJ-SDI1-390:*** *Participação nos lucros e resultados. Resc-São Contratual anterior à data da Distribuição dos Lucros. Pagamento Proporcional aos meses Trabalhados. Princípio da Isonomia. Fere o princípio da isonomia instituir vantagem mediante acordo coletivo ou norma regulamentar que condiciona a percepção da parcela participação nos lucros e resultados ao fato de estar o contrato de trabalho em vigor na data prevista para a distribuição dos lucros. Assim, inclusive na rescisão contratual antecipada, é devido o pagamento da parcela de forma proporcional aos meses trabalhados, pois o ex-empregado concorreu para os resultados positivos da empresa.*

Exercício Comentado

01. ***Joana, empregada da empresa FA, recebe mensalmente verba correspondente à participação nos lucros empresariais; Débora, empregada da empresa TO, recebe mensalmente ajuda de custo; e Marta, empregada da empresa S, possui seguro de vida e acidentes pessoais, pago por sua empregadora. Nestes casos:***

a) ***Nenhuma das empregadas recebe verbas de natureza salarial.***

b) ***Todas as empregadas recebem verbas de natureza salarial.***

c) ***Apenas Joana e Débora recebem verbas de natureza salarial.***

d) ***Apenas Débora e Marta recebem verbas de natureza salarial.***

e) ***Apenas Joana recebe verbas de natureza salarial.***

RESPOSTA. ***"A". A FCC apoiou-se nos precedentes do TST para considerar que o pagamento mensal da PLR não tem caráter salarial.***

A ajuda de custo, como visto, é sempre de natureza indenizatória, não importa o valor delas, ou se é paga mensalmente - salvo fraudes, comprovadas. Como a questão não fala em fraude, está correto o entendimento.

Por fim, o pagamento de seguro de vida e de acidentes pessoais, por expressa previsão legal, não tem caráter salarial.

Vale-Transporte

O vale-transporte, previsto pela Lei 7.418/1985, é concedido pelo empregador para custear o transporte entre a residência e o trabalho. Ele tem natureza indenizatória, sendo que o empregador poderá descontar até 6% do salário do empregado e o que exceder deste valor deverá ser pago por aquele.

Empregados urbanos ou rurais, mesmo os empregados domésticos, têm direito ao vale; contudo, somente será devido o vale-transporte ao empregado que, efetivamente, precisar, sendo que o trabalhador deve informar por escrito tal necessidade. Se vender seus vales, o empregado poderá ser dispensado por justa causa.

Salário-Família

O salário-família também é previsto expressamente pela Constituição, mas seu nome pode confundir: ele não tem natureza salarial! Seu caráter é previdenciário.

> ***Art. 7º. XII.*** *Salário-família pago em razão do dependente do trabalhador de baixa renda nos termos da lei;*

Ele é um benefício previdenciário, pago aos segurados de baixa renda, em razão de filhos menores de 14 anos ou dependentes inválidos em qualquer idade.

Segundo a Constituição, empregados urbanos, rurais e domésticos receberão salário-família, bem como os trabalhadores avulsos.

Se o pai e a mãe forem empregados que cumprem as condições - baixa renda e com filhos menores de 14 anos ou inválidos - ambos recebem o benefício. Além disso, o benefício é pago por filho.

Para receber o benefício, determina a Lei 8.213/1991 o seguintes requisitos:

> ***Art. 67.*** *O pagamento do salário-família é condicionado à apresentação da certidão de nascimento do filho ou da documentação relativa ao equiparado ou ao inválido, e à apresentação anual de atestado de vacinação obrigatória e de comprovação de frequência à escola do filho ou equiparado, nos termos do regulamento.*

Por fim, o direito ao recebimento do salário-família coincide com a prova da filiação, quando em curso o contrato de emprego. Se já houver acabado o vínculo empregatício, é a partir do ajuizamento da ação, salvo se o empregador se recusou a receber certidão apresentada anteriormente pelo empregado.

> ***Súm. 254*** *Salário-Família. Termo Inicial da Obrigação. O termo inicial do direito ao salário-família coincide com a prova da filiação. Se feita em juízo, corresponde à data de ajuizamento do pedido, salvo se comprovado que anteriormente o empregador se recusara a receber a respectiva certidão.*

Direitos Intelectuais

Os direitos intelectuais, ou seja, aqueles advindos de criação ou da invenção do empregado, não são parcelas salariais, pois são submetidos à regulamentação própria.

Inclusive, se o empregado é contratado pela empresa para desenvolver um produto, os direitos sobre o produto, em regra, serão da empresa. Por outro lado, se o produto criado não tem relação com o emprego do autor, mas forem utilizados os meios fornecidos pelo empregador, ambos dividirão os lucros. Todavia, se não forem utilizadas as instalações do empregador, será exclusivamente do empregado o lucro advindo. Nesse sentido, a Lei 9.279/1996 supõe o seguinte.

> ***Art. 88.*** *A invenção e o modelo de utilidade pertencem exclusivamente ao empregador quando decorrerem de contrato de trabalho cuja execução ocorra no Brasil e que tenha por objeto a pesquisa ou a atividade inventiva, ou resulte esta da natureza dos serviços para os quais foi o empregado contratado.*
>
> ***§ 1º*** *Salvo expressa disposição contratual em contrário, a retribuição pelo trabalho a que se refere este Art. limita-se ao salário ajustado.*
>
> ***§ 2º*** *Salvo prova em contrário, consideram-se desenvolvidos na vigência do contrato a invenção ou o modelo de utilidade, cuja patente seja requerida pelo empregado até 1 (um) ano após a extinção do vínculo empregatício.*
>
> ***Art. 89.*** *O empregador, titular da patente, poderá conceder ao empregado, autor de invento ou aperfeiçoamento, participação nos ganhos econômicos resultantes da exploração da patente, mediante negociação com o interessado ou conforme disposto em norma da empresa.*
>
> **Parágrafo único.** *A participação referida neste Art. não se incorpora, a qualquer título, ao salário do empregado.*
>
> ***Art. 90.*** *Pertencerá exclusivamente ao empregado a invenção ou o modelo de utilidade por ele desenvolvido, desde que desvinculado do contrato de trabalho e não decorrente da utilização de recursos, meios, dados, materiais, instalações ou equipamentos do empregador.*
>
> ***Art. 91.*** *A propriedade de invenção ou de modelo de utilidade será comum, em partes iguais, quando resultar da contribuição pessoal do empregado e de recursos, dados, meios, materiais, instalações ou equipamentos do empregador, ressalvada expressa disposição contratual em contrário*

Stock Options

A Lei 6.404/1976, que trata das Sociedades Anônimas, autoriza que a empresa dê a opção de compra de suas ações aos seus empregados ou aos seus administradores, sendo elas negociadas na bolsa de valores com valores variáveis. Assim, pode o empregado auferir ou não ganhos com seu investimento, não havendo caráter salarial em tal parcela.

Da Forma, do Tempo e do Local de Pagamento

O salário pode ser estipulado de três formas:

→ Por tempo trabalhado

Neste caso, importa a quantidade de tempo que o empregado está à disposição do empregador, não importando sua produção.

→ Por produção

Neste caso, não importa o tempo trabalhado pelo empregado, mas sim a sua produção. É devido o salário mínimo, mesmo se a produção não o atingir. Além disso, receberá o adicional de horas extras se, sujeito a controle de horário, ultrapassar 8 horas diárias ou 44 semanais.

→ Por tarefa

É uma junção dos dois critérios anteriores, em que o empregado recebe pela produção realizada em um determinado período de tempo.

Uma observação é que o TST tem reiteradamente julgado inválida, ainda que por negociação coletiva, a fixação da remuneração por horas trabalhadas, com jornada "móvel e variável", sem que haja um mínimo razoável de horas semanais. Seria o caso de um empregado, contratado para trabalhar entre 8 horas diárias e 44 semanais, sendo avisado, com pouca antecedência, de sua escala, ou seja, poderia, em um mês inteiro, trabalhar e receber somente 8 horas.

Sistema de Proteção ao Salário

O sistema jurídico-trabalhista tem várias formas de proteger o salário do empregado, inclusive norma constitucional expressa, uma vez que ele é o sustento de uma pessoa, de uma família.

> ***Art. 7º. X.*** *Proteção do salário na forma da lei, constituindo crime sua retenção dolosa;*

O salário será sempre pago em moeda brasileira, sendo que, se pago em moeda estrangeira, considera-se não pago.

> ***Art. 463*** *- A prestação, em espécie, do salário será paga em moeda corrente do País.*
>
> **Parágrafo único** *- O pagamento do salário realizado com inobservância deste Art. considera-se como não feito.*

O salário será pago dentro da própria empresa, durante o expediente ou logo após seu término, com emissão do recibo por parte do empregado. Caso o empregado seja analfabeto, para dar recibo, utilizará sua impressão digital, e não sendo isso possível, a seu rogo[1].

O salário poderá, ainda, ser pago, com o consentimento do empregado, mediante depósito bancário, em estabelecimento de crédito próximo ao local de trabalho. Nesse caso, o comprovante de depósito vale como recibo. Também é possível o pagamento em cheque.

> ***Art. 464*** *- O pagamento do salário deverá ser efetuado contra recibo, assinado pelo empregado; em se tratando de analfabeto, mediante sua impressão digital, ou, não sendo esta possível, a seu rogo.*
>
> **Parágrafo único.** *Terá força de recibo o comprovante de depósito em conta bancária, aberta para esse fim em nome de cada empregado, com o consentimento deste, em estabelecimento de crédito próximo ao local de trabalho.*
>
> ***Art. 465*** *- O pagamento dos salários será efetuado em dia útil e no local do trabalho, dentro do horário do serviço ou imediatamente após o encerramento deste, salvo quando efetuado por depósito em conta bancária, observado o disposto no Art. anterior.*

O salário poderá ser pago por dia, semana, quinzena ou mês. Se for fixado por mês, deve ser efetuado até o 5º dia útil do mês seguinte, salvo quanto às comissões, percentagens e gratificações, que poderão ser pagas quando ultimada a transação a que se referem. Note que se o dia 5 cair em um sábado, e este não for trabalhado, mesmo assim, esta é a data limite, pois o sábado será dia útil não trabalhado.

> ***Art. 459*** *- O pagamento do salário, qualquer que seja a modalidade do trabalho, não deve ser estipulado por período superior a 1 (um) mês, salvo no que concerne a comissões, percentagens e gratificações.*
>
> ***§ 1º*** *Quando o pagamento houver sido estipulado por mês, deverá ser efetuado, o mais tardar, até o quinto dia útil do mês subsequente ao vencido.*

Se o empregador vinha pagando os salários dia 30 e passa a pagar no dia 5 do mês seguinte, tal alteração é lícita, salvo se há cláusula contratual, individual ou coletiva, em sentido contrário. Como a lei permite o pagamento até 5º dia útil, até esta data não há incidência de correção monetária, pois o empregador não está em mora. Mas se ele ultrapassar tal data, a correção começa a contar dia 1º.

> **OJ-SDI1-159:** *Data de Pagamento. Salários. Alteração. Diante da inexistência de previsão expressa em contrato ou em instrumento normativo, a alteração de data de pagamento pelo empregador não viola o art. 468, desde que observado o parágrafo único, do art. 459, ambos da CLT.*
>
> ***Súm. 381*** *Correção Monetária. Salário. ART. 459 DA CLT. O pagamento dos salários até o 5º dia útil do mês subsequente ao vencido não está sujeito à correção monetária. Se essa data limite for ultrapassada, incidirá o índice da correção monetária do mês subsequente ao da prestação dos serviços, a partir do dia 1º.*

Por fim, se não houver controvérsia sobre verbas rescisórias, elas deverão ser pagas na primeira audiência. Do contrário, serão pagas, acrescidas de 50%. O TST entende que mesmo o revel (aquele que não foi e não se defendeu no processo) sofrerá tal punição.

De qualquer forma, tal regra não se aplica à União, Estados, DF, Municípios, autarquias e fundações públicas. O TST também entende que tal multa não se aplica à massa falida.

> ***Art. 467.*** *Em caso de rescisão de contrato de trabalho, havendo controvérsia sobre o montante das verbas rescisórias, o empregador é obrigado a pagar ao trabalhador, à data do comparecimento à Justiça do Trabalho, a parte incontroversa dessas verbas, sob pena de pagá-las acrescidas de cinquenta por cento.*
>
> **Parágrafo único.** *O disposto no caput não se aplica à União, aos Estados, ao Distrito Federal, aos Municípios e as suas autarquias e fundações públicas.*
>
> ***Súm. 69:*** *Rescisão do Contrato. A partir da Lei nº 10.272, de 05.09.2001, havendo rescisão do contrato de trabalho e sendo revel e confesso quanto à matéria de fato, deve ser o empregador condenado ao pagamento das verbas rescisórias, não quitadas na primeira audiência, com acréscimo de 50% (cinquenta por cento).*

Usualmente, o empregado só dispõe da sua força de trabalho como meio de subsistência. Assim, após ter trabalhado, espera receber seu salário ao fim do mês, pois tem caráter alimentar. Como o trabalhador não pode viver sem seu salário, o Direito do Trabalho o protege contra vários agentes:

Contra credores do empregado: para evitar que suas dívidas o impossibilitem de viver com dignidade, de forma que seu salário é impenhorável, salvo no caso de pensão alimentícia.

> ***CPC. Art. 649.*** *São absolutamente impenhoráveis:*
>
> ***IV.*** *Os vencimentos, subsídios, soldos, salários, remunerações, proventos de aposentadoria, pensões, pecúlios e montepios; as quantias recebidas por liberalidade de terceiro e destinadas ao sustento do devedor e sua família, os ganhos de trabalhador autônomo e os honorários de profissional liberal.*

Contra credores do empregador: no caso de falência do empregador, a Lei de Falências assegura aos empregados créditos privilegiados, limitados a 150 salários mínimos por credor, sendo que os que ultrapassarem este teto serão créditos quirografários (sem

1 Rogo ocorre quando alguém assina pelo empregado na presença de duas testemunhas.

preferência alguma). Também são créditos privilegiados os decorrentes de acidente do trabalho, sem limitação prévia.

> ***Lei 11.101/2005** - Lei de falências.*
>
> ***Art. 83**. A classificação dos créditos na falência obedece à seguinte ordem:*
>
> ***I.** Os créditos derivados da legislação do trabalho, limitados a 150 (cento e cinquenta) salários-mínimos por credor, e os decorrentes de acidentes de trabalho;*

Ressalta-se que, se o empregado contrair empréstimo nos termos e nos limites da Lei 10.820/03, a empresa poderá descontar do salário do empregado as parcelas do empréstimo, e o empregado não poderá se opor.

Contra o próprio empregador: para não haver abusos por parte deste, são vedados descontos, salvo nos casos específicos.

Descontos no Salário

É assegurado ao empregado receber, no mínimo, 30% do salário em dinheiro, sendo que o restante poderá ser pago em utilidades ou poderão, excepcionalmente, serem efetuados alguns descontos.

Se o empregador adiantar parte do salário do empregado, ao fim do mês, obviamente, descontará o que tiver adiantado.

Existem também descontos legais, como ocorre com o INSS pago pelo empregado ou o imposto sindical.

Ainda, podem ser efetuados descontos determinados nos Acordos Coletivos ou nas Convenções Coletivas, como contribuição assistencial, contribuição confederativa, taxa assistencial etc. A posição do STF, pela Súmula 666, e do TST, pelo Precedente Normativo 119, é que tais descontos somente podem ser feitos dos empregados sindicalizados:

> ***Súm. Nº 666**. A Contribuição Confederativa de que trata O Art. 8º, Iv, Da Constituição, só é exigível dos filiados ao sindicato respectivo.*
>
> ***PN-119**: da SDC Contribuições Sindicais - Inobservância de Preceitos Constitucionais. "A Constituição da República, em seus arts. 5º, XX e 8º, V, assegura o direito de livre associação e sindicalização. É ofensiva a essa modalidade de liberdade cláusula constante de acordo, convenção coletiva ou sentença normativa estabelecendo contribuição em favor de entidade sindical a título de taxa para custeio do sistema confederativo, assistencial, revigoramento ou fortalecimento sindical e outras da mesma espécie, obrigando trabalhadores não sindicalizados. Sendo nulas as estipulações que inobservem tal restrição, tornam-se passíveis de devolução os valores irregularmente descontados."*

Caso o empregado cause dano à empresa, temos duas situações que possibilitam descontos:

→ No caso de culpa do empregado, desde que tenha sido acordada anteriormente tal possibilidade de desconto.

→ No caso de dolo do empregado, em qualquer hipótese. Dolo é quando o empregado tem a intenção de prejudicar o empregador.

> ***Art. 462** - Ao empregador é vedado efetuar qualquer desconto nos salários do empregado, salvo quando este resultar de adiantamentos, de dispositivos de lei ou de contrato coletivo.*
>
> ***§ 1º** - Em caso de dano causado pelo empregado, o desconto será lícito, desde de que esta possibilidade tenha sido acordada ou na ocorrência de dolo do empregado.*

Havendo autorização prévia e por escrito do empregado, sem vício de consentimento, poderá o empregador descontar os valores referentes a planos de assistência odontológica, médico-hospitalar, de seguro, de previdência privada ou de entidade cooperativa, cultural ou recreativo-associativa. Note que a mera assinatura da autorização no ato da admissão não configura vício de consentimento.

> ***Súm. 342:** Descontos Salariais. ART. 462 DA CLT. Descontos salariais efetuados pelo empregador, com a autorização prévia e por escrito do empregado, para ser integrado em planos de assistência odontológica, médico-hospitalar, de seguro, de previdência privada, ou de entidade cooperativa, cultural ou recreativo-associativa de seus trabalhadores, em seu benefício e de seus dependentes, não afrontam o disposto no art. 462 da CLT, salvo se ficar demonstrada a existência de coação ou de outro defeito que vicie o ato jurídico.*
>
> ***OJ-SDI1-160:** Descontos Salariais. Autorização no Ato da Admissão. Validade. É inválida a presunção de vício de consentimento resultante do fato de ter o empregado anuído expressamente com descontos salariais na oportunidade da admissão. É de se exigir demonstração concreta do vício de vontade.*

Ainda, o TST pacificou que, se o frentista não seguir as recomendações previstas em ACT ou CCT e o cheque aceito for sem fundos, poderá haver desconto no salário.

> ***OJ-SDI1-251:** Descontos. Frentista. Cheques Sem Fundos. É lícito o desconto salarial referente à devolução de cheques sem fundos, quando o frentista não observar as recomendações previstas em instrumento coletivo.*

Quanto ao trabalhador rural, a Lei 5.889/1973 tem regra mais restritiva que a CLT, determinando que: os descontos serão sempre com base no salário mínimo e se restringem até 25% com alimentação e 20% com moradia, bem como os adiantamentos em dinheiro. Nesse sentido, o art. 9º, do Estatuto do Trabalhador Rural:

> ***Art. 9º** Salvo as hipóteses de autorização legal ou decisão judiciária, só poderão ser descontadas do empregado rural as seguintes parcelas, calculadas sobre o salário mínimo:*
>
> ***a)** Até o limite de 20% (vinte por cento) pela ocupação da morada;*
>
> ***b)** Até o limite de 25% (vinte por cento) pelo fornecimento de alimentação sadia e farta, atendidos os preços vigentes na região;*
>
> ***c)** Adiantamentos em dinheiro.*
>
> ***§ 1º** As deduções acima especificadas deverão ser previamente autorizadas, sem o que serão nulas de pleno direito.*

Truck System

O *truck* system é vedado pela legislação e consiste em o empregador, por qualquer meio, obrigar o empregado a gastar seu salário comprando bens intermediados pela empresa. Em geral, tal sistema acaba em uma forma de condição análoga à de escravo, pois o empregado acabará devedor da empresa, já que os bens de conSúm.o que ela oferece são absurdamente caros, prendendo o empregado a essa lógica, uma vez que nunca consegue saldar sua "dívida", por mais que trabalhe.

Assim, caso a empresa tenha algum armazém para venda de produtos, não poderá exigir que o empregado o utilize. Ocorre que há lugares, usualmente nas zonas rurais, tão ermos em que, se o empregador não mantiver um armazém, não terá como viabilizar a prestação do serviço. Nesses casos, os preços das mercadorias deverão ser razoáveis, sem intenção de lucro por parte do empregador.

> ***Art. 462.*** *§ 2º - É vedado à empresa que mantiver armazém para venda de mercadorias aos empregados ou serviços estimados a proporcionar-lhes prestações " in natura " exercer qualquer coação ou induzimento no sentido de que os empregados se utilizem do armazém ou dos serviços.*
>
> *§ 3º - Sempre que não for possível o acesso dos empregados a armazéns ou serviços não mantidos pela Empresa, é lícito à autoridade competente determinar a adoção de medidas adequadas, visando a que as mercadorias sejam vendidas e os serviços prestados a preços razoáveis, sem intuito de lucro e sempre em benefício das empregados.*
>
> *§ 4º - Observado o disposto neste Capítulo, é vedado às empresas limitar, por qualquer forma, a liberdade dos empregados de dispor do seu salário.*

Equiparação Salarial

A Constituição da República erigiu o princípio da não discriminação como um dos pilares de nossa ordem democrática, sendo um objetivo fundamental da República a promoção do bem-estar de todos, sem discriminação alguma. Tais diretrizes estão expressas no Art. 7º.

> ***Art. 7º. XXX.*** *Proibição de diferença de salários, de exercício de funções e de critério de admissão por motivo de sexo, idade, cor ou estado civil;*
>
> ***XXXI.*** *Proibição de qualquer discriminação no tocante a salário e critérios de admissão do trabalhador portador de deficiência;*

Também, a CLT regula a não discriminação, especialmente quanto aos salários. É raro, mas, caso não tenha sido combinado salário entre a empresa e o empregado, ou se não houver provas do que foi combinado, a empresa pagará salário igual ao de outro funcionário que preste serviço equivalente. Essa norma é supletiva e não deve ser confundida com a equiparação salarial, vista a seguir:

> ***Art. 460*** *- Na falta de estipulação do salário ou não havendo prova sobre a importância ajustada, o empregado terá direito a perceber salário igual ao daquela que, na mesma empresa, fizer serviço equivalente ou do que for habitualmente pago para serviço semelhante.*

Como não pode haver discriminação de salários para os mesmos serviços, existe a possibilidade de um trabalhador pedir equiparação salarial, mas desde que presentes 6 requisitos: mesmas funções; trabalho de mesmo valor; mesmo empregador; mesma localidade de prestação do serviço; diferença no tempo de serviço inferior a dois anos; e inexistência de quadro de carreira.

Acerca da terminologia, o empregado que está requerendo a equiparação denomina-se requerente ou paragonado; já o empregado que é apontado como modelo, aquele que possui o maior salário, denomina-se paradigma.

Tais requisitos são extraídos do Art. 461, da CLT, bem como da Súmula 6, do TST, que regulam as principais questões sobre a matéria e, reiteradamente, são cobrados em provas.

> ***Art. 461*** *- Sendo idêntica a função, a todo trabalho de igual valor, prestado ao mesmo empregador, na mesma localidade, corresponderá igual salário, sem distinção de sexo, nacionalidade ou idade.*
>
> *§ 1º - Trabalho de igual valor, para os fins deste Capítulo, será o que for feito com igual produtividade e com a mesma perfeição técnica, entre pessoas cuja diferença de tempo de serviço não for superior a 2 (dois) anos.*
>
> *§ 2º - Os dispositivos deste Art. não prevalecerão quando o empregador tiver pessoal organizado em quadro de carreira, hipótese em que as promoções deverão obedecer aos critérios de antiguidade e merecimento.*
>
> *§ 3º - No caso do parágrafo anterior, as promoções deverão ser feitas alternadamente por merecimento e por antiguidade, dentro de cada categoria profissional.*
>
> *§ 4º - O trabalhador readaptado em nova função por motivo de deficiência física ou mental atestada pelo órgão competente da Previdência Social não servirá de paradigma para fins de equiparação salarial.*
>
> ***Súm. 6:*** *Equiparação Salarial. ART. 461 DA CLT.*
>
> ***I.*** *Para os fins previstos no § 2º do art. 461 da CLT, só é válido o quadro de pessoal organizado em carreira quando homologado pelo Ministério do Trabalho, excluindo-se, apenas, dessa exigência o quadro de carreira das entidades de direito público da administração direta, autárquica e fundacional aprovado por ato administrativo da autoridade competente.*
>
> ***II.*** *Para efeito de equiparação de salários em caso de trabalho igual, conta-se o tempo de serviço na função e não no emprego.*
>
> ***III.*** *A equiparação salarial só é possível se o empregado e o paradigma exercerem a mesma função, desempenhando as mesmas tarefas, não importando se os cargos têm, ou não, a mesma denominação.*
>
> ***IV.*** *É desnecessário que, ao tempo da reclamação sobre equiparação salarial, reclamante e paradigma estejam a serviço do estabelecimento, desde que o pedido se relacione com situação pretérita.*
>
> ***V.*** *A cessão de empregados não exclui a equiparação salarial, embora exercida a função em órgão governamental estranho à cedente, se esta responde pelos salários do paradigma e do reclamante.*
>
> ***VI.*** *Presentes os pressupostos do art. 461 da CLT, é irrelevante a circunstância de que o desnível salarial tenha origem em decisão judicial que beneficiou o paradigma, exceto se decorrente de vantagem pessoal, de tese jurídica superada pela jurisprudência de Corte Superior ou, na hipótese de equiparação salarial em cadeia suscitada em defesa, o reclamado produzir prova do alegado fato modificativo, impeditivo ou extintivo do direito à equiparação salarial em relação ao paradigma remoto.*
>
> ***VII.*** *Desde que atendidos os requisitos do art. 461 da CLT, é possível a equiparação salarial de trabalho intelectual, que pode ser avaliado por sua perfeição técnica, cuja aferição terá critérios objetivos.*
>
> ***VIII.*** *É do empregador o ônus da prova do fato impeditivo, modificativo ou extintivo da equiparação salarial.*
>
> ***IX.*** *Na ação de equiparação salarial, a prescrição é parcial e só alcança as diferenças salariais vencidas no período de 5 (cinco) anos que precedeu o ajuizamento.*

X. O conceito de "mesma localidade" de que trata o art. 461 da CLT refere-se, em princípio, ao mesmo município, ou a municípios distintos que, comprovadamente, pertençam à mesma região metropolitana.

Mesmas Funções

Consideram-se idênticas as funções quando os empregados desempenham exatamente o mesmo serviço, com as mesmas tarefas. Se as funções são similares tão somente, mesmo que com pequenas diferenças, não caberá equiparação.

Também quanto aos cargos de confiança, segundo o jurista o Maurício Godinho Delgado, cabe a equiparação.

Não faz diferença o "nome da função". Se um auxiliar de produção tem exatamente as mesmas tarefas de um auxiliar de serviços gerais, caberá a equiparação.

Mesmo Valor

Não basta, porém, as funções serem as mesmas, devem ter o mesmo valor, ou seja, serem realizadas com mesma perfeição técnica e mesma produtividade.

Quando o empregado é remunerado por comissão, é o valor das comissões que deverá ser o mesmo, tendo em vista que o salário pago ao fim do mês, como reflete a produtividade individual, poderá, por óbvio, ser diferente. Inclusive no trabalho intelectual, é possível tal equiparação, quando será avaliada a perfeição técnica, utilizando-se critérios objetivos.

Entretanto, caso haja uma regulamentação especial sobre a função que exige habilitação prévia, como ocorre com os auxiliares de enfermagem em contraponto a um simples atendente, conforme entendimento do TST, não caberá a equiparação, tendo em vista que, nesse caso, como a atendente não tem a habilitação obrigatória, não será o trabalho de mesmo valor.

> ***OJ-SDI1-296:*** *Equiparação Salarial. Atendente e Auxiliar de Enfermagem. Impossibilidade. Sendo regulamentada a profissão de auxiliar de enfermagem, cujo exercício pressupõe habilitação técnica, realizada pelo Conselho Regional de Enfermagem, impossível a equiparação salarial do simples atendente com o auxiliar de enfermagem.*

Por outro lado, não sendo a qualificação obrigatória para exercer a função, será possível a equiparação, caso presentes os requisitos, ainda que um empregado possua o curso e outro não. Tal interpretação está estampada na Súmula 301, do TST:

> ***Súm. 301:*** *Auxiliar de Laboratório. Ausência De Diploma. Efeitos. O fato de o empregado não possuir diploma de profissionalização de auxiliar de laboratório não afasta a observância das normas da Lei nº 3.999, de 15.12.1961, uma vez comprovada a prestação de serviços na atividade.*

Identidade de Empregador

Os paradigmas e o paragonado devem prestar serviços à mesma empresa. Não pode o empregado trabalhar em uma empresa e querer que seu salário seja o mesmo de um funcionário de outra.

Contudo, uma discussão ainda viva é a equiparação entre empresas do mesmo grupo econômico. O TST entende que o grupo econômico caracteriza um empregador único (Súmula 129/TST). Entretanto, para efeitos de equiparação salarial, o Tribunal Superior tem entendimento majoritário de que, por se tratarem de empresas diferentes, não poderão os empregados de uma delas servir de paradigma para a equiparação salarial com empregados de outra - há julgados da SDI-1 tratando do tema. Advirta-se, contudo, que tal posicionamento é criticado por doutrinadores de peso, a exemplo de Maurício Godinho Delgado.

Outro ponto é que, se um órgão público cede um empregado a outro órgão público, mas continua responsável pelo pagamento do salário, caberá a equiparação. Se o salário do empregado cedido for pago pelo órgão em que o cedido trabalha, então, não será possível a equiparação.

Equiparação e Terceirização

A terceirização irregular com a Administração Pública não pode gerar vínculo de emprego com o órgão público, em razão da necessidade de concurso público. Contudo, o posicionamento atual do TST é de que os terceirizados irregulares que façam o mesmo serviço dos concursados, pelo princípio da isonomia, terão os mesmos direitos, inclusive ao salário igual.

> ***OJ-SDI1-383:*** *Terceirização. Empregados da Empresa Prestadora de Serviços e da Tomadora. Isonomia. Art. 12, "A", da lei nº 6.019, de 03.01.1974. A contratação irregular de trabalhador, mediante empresa interposta, não gera vínculo de emprego com ente da Administração Pública, não afastando, contudo, pelo princípio da isonomia, o direito dos empregados terceirizados às mesmas verbas trabalhistas legais e normativas asseguradas àqueles contratados pelo tomador dos serviços, desde que presente a igualdade de funções. Aplicação analógica do art. 12, "a", da Lei nº 6.019, de 03.01.1974.*

No setor privado, a terceirização irregular gera o reconhecimento do vínculo empregatício do terceirizado diretamente com o contratante, e caberá a equiparação com outros empregados - ele será empregado da própria contratante.

Já na terceirização regular, em que a responsabilidade do contratante é subsidiária, não caberá a equiparação, pois os empregados trabalharão para empresas diferentes.

Equiparação no Serviço Público

Entre servidores públicos da Administração Direta, Autárquica e Fundacional, por determinação constitucional, não será permitida a equiparação, uma vez que os vencimentos são previstos taxativamente na Lei.

> ***OJ-SDI1-297:*** *Equiparação Salarial. Servidor público da administração direta, autárquica e fundacional. ART. 37, XIII, da CF/1988. O art. 37, inciso XIII, da CF/1988, veda a equiparação de qualquer natureza para o efeito de remuneração do pessoal do serviço público, sendo juridicamente impossível a aplicação da norma infraconstitucional prevista no art. 461 da CLT quando se pleiteia equiparação salarial entre servidores públicos, independentemente de terem sido contratados pela CLT.*

Por outro lado, nas Sociedades de Economia Mista e nas Empresas Públicas, por serem sujeitas ao regime próprio das empresas privadas, conforme Art. 173, §11C, II, da CF, poderá haverá a equiparação.

> ***OJ-SDI1-353*** *Equiparação Salarial. Sociedade de economia mista. Art. 37, XIII, da CF/1988. Possibilidade. À sociedade de economia mista não se aplica a vedação à equiparação prevista no art. 37, XIII, da CF/1988, pois, ao contratar empregados sob o regime da CLT, equipara-se a empregador privado, conforme disposto no art. 173, § 1º, II, da CF/1988.*

Identidade de Localidade

Por mesma localidade, entende-se o mesmo Município ou Municípios distintos que, comprovadamente, integrem a mesma região metropolitana.

Diferença no Tempo de Serviço Inferior a Dois Anos

A diferença entre o tempo de serviço do requerente e do paradigma não pode ser superior a dois anos. Ocorre que o cálculo desses dois anos é feito, considerando-se o tempo na função e não na empresa.

Assim, se Paulo e Márcio ingressaram na empresa em 2005, como auxiliares de produção, mas Paulo foi promovido a supervisor, em 2006, e Márcio em 2010, não caberá equiparação, pois a diferença de tempo na função é de 4 anos.

Ainda, não é necessário que o requerente e o paradigma estejam a serviço do estabelecimento quando do ajuizamento da ação, desde que o pedido seja referente à situação pretérita.

Desse modo, se Caio e Fernando ingressaram na empresa em 2005, como auxiliares de produção, e Fernando ganhava R$ 100,00 a mais, exercendo as mesmas tarefas, Fernando sai da empresa em 2007, e Caio ajuíza ação em 2008, será procedente o pedido de equiparação, mesmo que Fernando não esteja mais trabalhando.

A doutrina coloca, ainda, a simultaneidade na prestação do serviço como requisito, ou seja, paragonado e paradigma precisam ter trabalhado ao mesmo tempo para a empresa, não podendo ser indicado alguém que já havia saído da empresa quando o requerente foi admitido. Esse é um requisito criado pela doutrina, não está expresso na Lei.

Inexistência de Quadro de Carreira

O quadro de carreira é um instrumento que o empregador pode instituir, determinando a progressão dos empregados, sabendo-se de antemão quais as possibilidades de crescimento profissional e salarial dentro da empresa.

Para ser fator que impeça a equiparação salarial, o quadro de carreira deve ser homologado pelo MTE, além de ter como critérios de promoção a antiguidade e o merecimento, alternando-se a ascensão dos empregados entre um e outro.

Se não houver alternância entre promoções por merecimento e antiguidade ou o quadro não for homologado, então será cabível o pedido de equiparação.

Tal homologação do quadro de carreira pelo MTE não é necessária nas entidades da Administração Direta, Autárquica e Fundacional, pois, nesses casos, o quadro será aprovado por ato administrativo ou instituído por Lei.

Por fim, o quadro de carreira homologado e que preveja promoções alternadas por antiguidade e merecimento impede o pedido de equiparação salarial. Todavia, não impede o pedido de preterição, reenquadramento e reclassificação.

> ***OJ-SDI1-418:*** *Equiparação Salarial. Plano de cargos e salários. Aprovação por instrumento coletivo. Ausência de alternância de critérios de promoção por antiguidade e merecimento. Não constitui óbice à equiparação salarial a existência de plano de cargos e salários que, referendado por norma coletiva, prevê critério de promoção apenas por merecimento ou antiguidade, não atendendo, portanto, o requisito de alternância dos critérios, previsto no art. 461, § 2º, da CLT.*

Mesmo com regular quadro de carreira, apesar de não caber pedido de equiparação salarial entre dois empregados, caberá pedido de preterição, enquadramento ou dessa reclassificação.

> ***Súm. 127:*** *Quadro de Carreira. Quadro de pessoal organizado em carreira, aprovado pelo órgão competente, excluída a hipótese de equiparação salarial, não obsta reclamação fundada em preterição, enquadramento ou reclassificação.*

Preterição ocorre quando a empresa promove irregularmente um empregado em detrimento daquele que teria direito (por exemplo, quando da promoção por antiguidade, um empregado mais novo ascende na corporação). Poderá o empregado pedir judicialmente sua promoção.

Reclassificação ocorre quando a empresa altera seu quadro de carreira, de forma que os empregados têm alteradas suas funções. Como não pode haver rebaixamento funcional, se isso ocorreu, o empregado tem direito a pedir a reclassificação de seu *status* dentro da empresa para nível compatível com aquele em que já estava anteriormente.

Já o pedido de enquadramento é quando a empresa, na prática, atribui a um empregado serviço exigível somente de quem já esteja em outro nível, ou seja, é uma espécie de progressão de fato, mas sem que o empregado tenha seu salário aumentado por isso. Assim, poderá o empregado requerer que seja nominalmente enquadrado no nível que desempenha na empresa.

Advirta-se que pequenos desvios funcionais somente darão direito ao acréscimo de salário, mas não ao enquadramento em outro nível na carreira.

> ***OJ-SDI1-125:*** *Desvio de Função. Quadro de Carreira. O simples desvio funcional do empregado não gera direito a novo enquadramento, mas apenas às diferenças salariais respectivas, mesmo que o desvio de função haja iniciado antes da vigência da CF/1988*

Exercício Comentado

Marcos foi contratado para o cargo de escriturário de um banco privado. Iniciada sua atividade, Marcos percebeu que o gerente lhe estava repassando tarefas alheias à sua função. A rigor, conforme constava do quadro de carreira da empresa, devidamente registrado no Ministério do Trabalho e Emprego, as atribuições que lhe estavam sendo exigidas deveriam ser destinadas ao cargo de tesoureiro, cujo nível e cuja remuneração eram bem superiores. Esta situação perdurou por dois anos, ao fim dos quais Marcos decidiu ajuizar uma ação trabalhista, em face do seu empregador. Nela, postulou uma obrigação de fazer - o seu reenquadramento para a função de tesoureiro - e o pagamento das diferenças salariais do período.

01. Diante desta situação jurídica, é correto afirmar que:

a) O pedido está inepto, uma vez que este é um caso típico de equiparação salarial e não houve indicação de paradigma.

b) O pedido deve ser julgado improcedente, uma vez que a determinação das atividades, para as quais o empregado está obrigado, encontra-se dentro do jus variandi do empregador.

c) O pedido deve ser julgado procedente, se for demonstrado, pelo empregado, que as suas atividades correspondiam, de fato, àquelas previstas abstratamente na norma interna da empresa para o cargo de tesoureiro.

d) ***O pedido deve ser julgado procedente em parte, uma vez que, só a partir da decisão judicial que determine o reenquadramento, é que o empregado fará jus ao aumento salarial.***

RESPOSTA ***"C". Questão interessante, pois expõe bem a diferença entre pedido de reenquadramento e de equiparação salarial.***

No pedido de equiparação, como não há quadro de carreira, é necessário apontar um empregado modelo, o paradigma, que receba mais pelo mesmo trabalho.

O pedido de reenquadramento ocorre quando existe o quadro de carreira e o empregado exerce funções que o quadro prevê para quem está em posição superior na carreira. Aqui não se fala em paradigma, pois a empresa está desrespeitando uma norma abstrata. É necessário provar, justamente, que as funções exercidas são correspondentes a outra função no quadro homologado.

Trabalhador Readaptado pelo INSS

Quando um empregado perde parte da capacidade de trabalho, sendo impedido de continuar trabalhando na sua função de origem, ele será readaptado e alocado em outra função na empresa. Ocorre que ele não poderá ter redução em seu salário, ainda que passe a desempenhar cargo que seja de menor remuneração. Dessa forma, esse empregado não serve de parâmetro para a equiparação salarial, pois só recebe valor elevado em comparação aos outros em razão de ser readaptado.

Equiparação Salarial em Cadeia

Não é possível a equiparação salarial em cadeia, sendo necessário que o requerente cumpra os requisitos em relação não só ao paradigma imediato, mas também ao empregado originário que serviu de paradigma. Para compreender melhor, siga o seguinte exemplo:

Aldo é contratado em janeiro de 2000 para a função de auxiliar de serviços gerais, recebendo R$1.000,00. Bruno é contratado em junho de 2001 para a mesma função, recebendo R$700,00. Caio é contratado em março de 2003 para a mesma função, recebendo R$700,00.

Bruno consegue equiparação salarial com Aldo e passa a receber R$ 1.000,00 de salário. Posteriormente, Caio pede equiparação salarial com Bruno.

Note que entre Aldo e Bruno a diferença é inferior a dois anos, mas entre Caio e Aldo a diferença é superior a dois anos. Assim, a equiparação é indevida, mas a empresa deve alegar isso em sua defesa e provar o fato impeditivo, no caso citado, a diferença superior a dois anos entre Caio e Aldo.

Para essa equiparação ser concedida, seria necessário que Caio cumprisse os requisitos também em relação a Aldo.

Substituição de Empregados

A empresa precisa continuar seu serviço, independentemente de eventuais afastamentos dos empregados. Assim, quando um empregado se afasta e outro de nível inferior, o substitui, pode ocorrer ou não de este substituto ter direito a receber os mesmos salários do substituído. Esse direito ao pagamento do mesmo valor é chamado de salário-substituição.

Na substituição eventual, considerada aquela que ocorre por pouco tempo, questão de dias, o empregado substituto não terá direito a salário igual ao do empregado substituído.

Já na substituição provisória ou interina, aquela que ocorre por período considerável de tempo (por exemplo, para cobrir férias, licença maternidade, longo afastamento por doença etc.), o substituto terá direito a receber os mesmos salários do substituído.

Na substituição definitiva, ou seja, quando um empregado deixou a empresa e ela precisa suprir o cargo com outro empregado, este não haverá direito aos mesmos salários pagos ao empregado anterior.

> ***Súm. 159*** *Substituição de Caráter não Eventual e Vacância do Cargo.*
>
> *I.* *Enquanto perdurar a substituição que não tenha caráter meramente eventual, inclusive nas férias, o empregado substituto fará jus ao salário contratual do substituído.*
>
> *II.* *Vago o cargo em definitivo, o empregado que passa a ocupá-lo não tem direito a salário igual ao do antecessor.*

Vamos Praticar

01. (FCC) O pagamento dos salários até o 5º dia útil do mês subsequente ao vencido não está sujeito à correção monetária. Se essa data limite for ultrapassada, incidirá o índice da correção monetária do mês:

a) Da prestação dos serviços, a partir do 1º dia útil.

b) Da prestação dos serviços, a partir do dia 1º .

c) Da prestação dos serviços, a partir do 5º dia útil.

d) Subsequente ao da prestação dos serviços, a partir do 5º dia útil.

e) Subsequente ao da prestação dos serviços, a partir do dia 1º .

02. (FCC) Em relação ao salário e à remuneração do empregado, conforme previsão da Consolidação das Leis do Trabalho é INCORRETO afirmar:

a) O pagamento do salário, qualquer que seja a modalidade do trabalho, não deve ser estipulado por período superior a 1 (um) mês, salvo no que concerne a comissões, percentagens e gratificações.

b) Para efeitos de cálculo de remuneração, considera-se gorjeta somente aquela que for cobrada pela empresa ao cliente, como adicional nas contas, a qualquer título, e destinada à distribuição aos empregados, não sendo considerada a importância espontaneamente dada pelo cliente ao empregado.

c) Quando o pagamento houver sido estipulado por mês, deverá ser efetuado, o mais tardar, até o quinto dia útil do mês subsequente ao vencido.

d) Os uniformes utilizados pelos vendedores de lojas de departamento para facilitar a sua identificação pelo cliente se constituem em utilidades concedidas pelo empregador, sem natureza salarial.

e) O transporte destinado ao deslocamento para o trabalho e retorno, em percurso servido ou não por transporte público é considerado utilidade, sem natureza salarial.

03. (FCC) Magali, Kátia e Cíntia são empregadas da empresa "Dourada". Todas as empregadas realizam viagens de trabalho. Magali recebe diária de viagem que excede em 52% o valor de seu salário. Kátia recebe diária de viagem que excede em 33% o valor de seu salário e Cíntia recebe diária de viagem que excede em 61% o valor de seu salário. Nestes casos:

a) Integram o salário, pelo seu valor total, mas sem efeitos indenizatórios, as diárias de viagens recebidas apenas por Cíntia.

b) Não integram o salário, para todos os efeitos, as diárias de viagens recebidas por todas as empregadas tendo em vista que diárias de viagens são retribuições pagas.

c) Integram o salário, pelo seu valor total e para efeitos indenizatórios, as diárias de viagens recebidas apenas por Cíntia.

d) Integram o salário, pelo seu valor total e para efeitos indenizatórios, as diárias de viagens recebidas apenas por Kátia.

e) Integram o salário, pelo seu valor total e para efeitos indenizatórios, as diárias de viagens recebidas apenas por Magali e Cíntia.

04. (FCC) A respeito da remuneração, considere:

I. O pagamento do salário, qualquer que seja a modalidade do trabalho, não deve ser estipulado por período superior a um mês, inclusive no que concerne a gratificações.

II. Não é considerado como salário o transporte destinado ao deslocamento para o trabalho e retorno, em percurso servido ou não por transporte público.

III. Não são considerados como salário os vestuários, equipamentos e outros acessórios fornecidos aos empregados e utilizados no local de trabalho, para a prestação do serviço.

IV. Em regra, integram o salário não só a importância fixa estipulada, como também as comissões, percentagens, gratificações ajustadas, diárias para viagens e abonos pagos pelo empregador.

De acordo com a Consolidação das Leis do Trabalho, está correto o que consta APENAS em:

a) III e IV.

b) I, II e III.

c) II e IV.

d) I, III e IV.

e) II, III e IV.

05. (FCC) Habitação, energia elétrica e veículo fornecidos pelo empregador ao empregado, quando indispensáveis para a realização do trabalho:

a) Têm natureza salarial, havendo Súmula do Tribunal Superior do Trabalho neste sentido.

b) Têm natureza salarial, havendo dispositivo expresso na Constituição Federal.

c) Não têm natureza salarial, ainda que, no caso de veículo, seja ele utilizado pelo empregado também em atividades particulares.

d) Não têm natureza salarial, exceto se, no caso de veículo, ele seja utilizado pelo empregado também em atividades particulares.

e) Têm natureza salarial, havendo Súmula do Supremo Tribunal Federal neste sentido.

06. (FGV) Camila labora no supermercado X, a quem a sua empregadora pretende pagar parte do salário contratual, através de produtos alimentícios. De acordo com a Consolidação das Leis do Trabalho, em se tratando de salário *in natura*, o percentual legal permitido para alimentação fornecida como salário-utilidade não poderá exceder a:

a) 10% do salário contratual.

b) 15% do salário contratual.

c) 20% do salário contratual.

d) 25% do salário contratual.

e) 35% do salário contratual.

07. (FCC) A empresa Gama Participações fornece a seu gerente João alguns benefícios, além do pagamento em dinheiro relativo ao salário. Das utilidades fornecidas pela empresa ao empregado, sob a forma de benefícios, constituem salário *in natura*:

a) Matrícula e mensalidade de curso universitário.

b) Vestuário utilizado no local de trabalho para a prestação de serviços.

c) Transporte destinado ao deslocamento para o trabalho e retorno.

d) Seguro de vida e acidentes pessoais.

e) Aluguel de apartamento decorrente do contrato ou do costume.

08. (FCC) Davi trabalha na empresa X como analista de sistemas, suporte e internet. Além de seu salário mensal, recebe as seguintes utilidades: curso de informática avançada, seguro de vida e previdência privada. Neste caso, de acordo com a Consolidação das Leis do Trabalho:

a) Apenas o curso de informática é considerado salário-utilidade.

b) Nenhum dos itens mencionados são considerados salários-utilidade.

c) Apenas o seguro de vida é considerado salário-utilidade.

d) Apenas o curso de informática e a previdência privada são considerados salários-utilidade.

e) Apenas o seguro de vida e a previdência privada são considerados salários-utilidade.

09. (FCC) Ana, Aline, Diana, Daniela e Dora são empregadas da empresa XXCC. Ana possui um filho com 17 anos de idade. Aline possui um casal de gêmeos com 14 anos de idade. Diana possui uma filha de 13 anos de idade. Daniela possui uma filha de 11 anos de idade e Dora possui um filho inválido com 33 anos de idade.

Nesses casos, terão direito ao salário-família apenas:

a) Aline e Dora.

b) Ana, Diana, Daniela e Dora.

c) Diana, Daniela e Dora.

d) Daniela e Ana.

e) Aline e Diana.

10. (FCC) Considere as seguintes assertivas, a respeito do 13º salário:

I. O 13º salário proporcional incide nas rescisões indiretas do contrato de trabalho, bem como nos pedidos de demissão.

II. Entre os meses de fevereiro e novembro de cada ano, o empregador pagará, como adiantamento do 13º salário, de uma só vez, metade do salário recebido pelo respectivo empregado no mês anterior.

III. O empregador estará obrigado a pagar o adiantamento referente ao 13º salário, no mesmo mês, a todos os seus empregados.

IV. O adiantamento será pago ao ensejo das férias do empregado, sempre que este o requerer, no mês de janeiro, do correspondente ano.

Está correto o que se afirma SOMENTE em:

a) II, III e IV.

b) I, II e IV.

c) I e IV.

d) I e II.

e) I, III e IV.

11. (FCC) O 13º salário é parte obrigatória a ser paga:

a) Todos os empregados, em uma única parcela, até o dia 20 de dezembro. O empregado também tem direito a perceber a primeira parcela juntamente com as férias, se assim o requerer no mês de janeiro.

b) Somente aos empregados que estiverem trabalhando no período mínimo de doze meses, em uma única parcela, até o dia 20 de dezembro. O empregado pode receber a primeira parcela juntamente com as férias, se assim o requerer no mês de fevereiro.

c) A todos os empregados, em duas parcelas. A primeira até o dia 30 de novembro, e a segunda até o dia 20 de dezembro. O empregado também tem direito a perceber a primeira parcela juntamente com as férias, se assim o requerer no mês de janeiro.

d) Somente aos empregados que estiverem trabalhando, no período mínimo de doze meses, em duas parcelas, sendo a primeira até o dia 30 de novembro, e a segunda até o dia 20 de dezembro. O empregado pode perceber a primeira parcela juntamente com as férias, se assim o requerer no mês de janeiro.

e) A todos os empregados em duas parcelas. A primeira até o dia 30 de novembro, e a segunda até o dia 20 de dezembro. O empregado não pode perceber nenhuma das parcelas juntamente com as férias, mesmo se assim o requerer.

12. (FCC) De acordo com a Consolidação das Leis do Trabalho, tratando-se de habitação coletiva, o valor do salário-utilidade a ela correspondente será obtido mediante a divisão do justo valor da habitação pelo número de:

a) Ocupantes, vedada, em qualquer hipótese, a utilização da mesma unidade residencial por mais de uma família.

b) Famílias, vedada, em qualquer hipótese, a utilização da mesma unidade residencial por mais de três famílias.

c) Ocupantes, vedada, somente para os casos de unidade habitacional de um dormitório, a utilização da mesma unidade residencial por mais de uma família.

d) Famílias, vedada, em qualquer hipótese, a utilização da mesma unidade residencial por mais de duas famílias.

e) Ocupantes, vedada, somente para os casos de unidade habitacional de até dois dormitórios, a utilização da mesma unidade residencial por mais de uma família.

13. (FCC) Mário exerce trabalho em condições insalubres, recebendo R$ 1.000,00 a título de salário, bem como adicional de insalubridade. Habitualmente, o empregado realiza horas extras. Neste caso, a base de cálculo da remuneração das horas extras:

a) Será o salário mínimo, acrescido de eventuais gratificações.

b) Não incluirá o adicional recebido em razão da sua natureza específica.

c) Será o salário mínimo, sem o acréscimo do respectivo adicional.

d) Será o salário líquido do obreiro.

e) Já incluirá o adicional recebido.

14. (FCC) João trabalha na empresa X das 22:00 às 5:00 horas, sendo que, às vezes, estende a sua jornada de trabalho até às 8 horas; não possui qualquer acordo de compensação de horas laboradas. Tendo em vista que João cumpre jornada de trabalho noturna, tem diversos direitos trabalhistas, dentre eles:

a) O pagamento de adicional noturno não inferior a 20% sobre a hora diurna, sendo que este adicional integra a base de cálculo das horas extras prestadas no período noturno.

b) A hora do trabalho noturno reduzida e computada como de 50 minutos e 30 segundos.

c) O pagamento de adicional noturno não inferior a 30% sobre a hora diurna, sendo que este adicional integra a base de cálculo das horas extras prestadas, no período noturno.

d) A hora do trabalho noturno reduzida e computada como de 55 minutos e 15 segundos.

e) O pagamento de adicional noturno não inferior a 30% sobre a hora diurna, sendo que este adicional não integrará a base de cálculo das horas extras prestadas, no período noturno.

15. (FCC) Marcus trabalhou por dois anos na empresa Metalúrgica Beta, exercendo as funções de reparador de máquinas. Durante o contrato, nunca utilizou Equipamentos de Proteção Individual - EPI´s. Em seu ambiente de trabalho, Marcus esteve submetido a agentes físicos (ruídos acima dos limites de tolerância estabelecidos pelas normas próprias) e químicos (manuseio de graxas e óleos minerais, sem a devida proteção) nocivos à saúde. Nesta situação, conforme regras contidas na Consolidação das Leis do Trabalho, Marcus poderá pleitear em Juízo, após a realização de prova pericial técnica, o pagamento de adicional de:

a) Penosidade, no percentual de 30% do salário contratual.

b) Insalubridade, no percentual de 10%, 30% ou 40% do salário contratual.

c) Periculosidade, no percentual de 30% sobre o salário contratual.

d) Insalubridade, no percentual de 10%, 20% ou 40% do salário mínimo.

e) Periculosidade, no percentual 10%, 20% ou 40% do salário mínimo.

16. (FCC) Considere as assertivas a seguir a respeito do adicional noturno.

I. O adicional de periculosidade não deve compor a base de cálculo do adicional noturno em razão da vedação da dupla incidência de adicionais.

II. O adicional noturno integra a base de cálculo das horas extras prestadas no período noturno.

III. Cumprida integralmente a jornada no período noturno e prorrogada esta, não será devido o adicional quanto às horas prorrogadas.

Está correto o que se afirma APENAS em:

a) I.

b) II.

c) I e II.

d) II e III.

e) I e III.

17. (FCC) Golias trabalha em condições perigosas, recebendo o respectivo adicional. Além do trabalho efetivamente realizado, Golias permanece horas em sobreaviso. Neste caso, o adicional de periculosidade, pago em caráter permanente:

a) Integra o cálculo de indenização e de horas extras, não integrando as horas de sobreaviso.

b) Integra o cálculo de indenização, de horas extras e das horas de sobreaviso.

c) Integra apenas o cálculo de horas extras.

d) Integra apenas o cálculo de horas extras e das horas de sobreaviso.

e) Não integra o cálculo de indenização, de horas extras e das horas de sobreaviso.

18. (FCC) Para equiparação salarial, é necessário que:

a) Haja identidade de funções, trabalho de igual valor para o mesmo empregador, na mesma localidade, com contemporaneidade na prestação dos serviços na mesma função e a qualquer tempo, inexistindo quadro de carreira organizado.

b) Haja identidade de funções, trabalho com a mesma produtividade e perfeição técnica, para o mesmo empregador, na mesma região metropolitana, com contemporaneidade na prestação de serviços na mesma função e a qualquer tempo, e quadro de carreira homologado pelo Ministério do Trabalho e Emprego.

c) Haja identidade de funções, trabalho de igual valor para o mesmo empregador, na mesma região metropolitana, sendo a prestação de serviços entre o empregado e o modelo contemporâneo, na mesma função, mas com diferença não superior a 2 anos, inexistindo quadro de carreira organizado.

d) Os empregados comparados tenham a mesma função, pois todo trabalho deve ser igualmente remunerado, de acordo com o princípio da isonomia, consagrado constitucionalmente.

19. (FCC) O empregado João prestou serviços para a empresa Alfa, na unidade fabril do Município de São Paulo, por cinco anos, ingressando como ajudante geral. Após seis meses de sua admissão, passou a exercer as funções de operador de empilhadeira, embora continuasse registrado como auxiliar de produção. Mário ingressou na empresa Alfa um ano antes de João, trabalhando na unidade fabril do Município de Osasco, que pertence à mesma região metropolitana de São Paulo. Mário sempre exerceu as funções de operador de empilhadeira e recebeu salário superior àquele percebido por João, em razão de possuir maior experiência no mercado de trabalho, conforme se verifica pelas ocupações anteriores anotadas em sua Carteira de Trabalho. Conforme previsão legal e entendimento Súm. ulado do TST, no caso em análise, encontram-se presentes os requisitos para a equiparação salarial entre João e Mário, devendo haver a condenação da empresa Alfa por diferenças salariais?

a) Não, uma vez que os cargos não têm a mesma denominação.

b) Não, porque o paradigma é mais experiente que o postulante, na prestação de serviços, nas funções de operador de empilhadeira.

c) Sim, porque ambos exerceram as mesmas funções e tarefas, independentemente da nomenclatura do cargo, não havendo diferença de 2 anos no exercício da mesma função.

d) Não, porque postulante e paradigma trabalharam na mesma localidade, mas em Municípios distintos.

e) Sim, porque independente do local da prestação dos serviços e do tempo de diferença nas funções, trabalhando para a mesma empresa, na mesma função, o salário deve ser igual.

20. (FCC) Para efeitos de equiparação salarial, o quadro de carreira das entidades de direito público da Administração Direta, Autárquica e Fundacional, aprovado por ato administrativo da autoridade competente:

a) Deverá ser registrado no Ministério Público do Trabalho.

b) Dispensa a homologação pelo Ministério do Trabalho e Emprego.

c) Deverá ser registrado no Ministério do Trabalho e Emprego.

d) Deverá ser homologado pelo Ministério do Trabalho e Emprego.

e) Deverá ser convalidado pelo Prefeito, Governador ou Presidente da República, conforme o caso.

Gabarito

01	E	11	C
02	B	12	A
03	E	13	E
04	E	14	A
05	C	15	D
06	C	16	B
07	E	17	A
08	B	18	C
09	C	19	C
10	B	20	B

Anotações

CAPÍTULO 07

Término do Contrato de Trabalho

Quando o empregado entra na empresa para trabalhar, como regra, é por tempo indeterminado, sendo os contratos a prazo exceção, mas um dia seu contrato irá acabar, sendo que cada modalidade de término do contrato acarreta consequências diferentes, as quais serão abordas neste capítulo, sendo que este tema é um dos mais explorados pelas bancas examinadoras.

Término do Contrato

Via de regra, o contrato de emprego é por tempo indeterminado, mas tal contrato acabará em algum momento. Neste tópico, serão abordadas as formas como tal contrato se encerra, analisando-se quais verbas são pagas em cada modalidade, bem como as peculiaridades de cada rescisão.

Além das formas de recisão, serão analisados os procedimentos genéricos no encerramento do contrato, quando se faz a "baixa" na CTPS e se faz o "acerto" do contrato.

A doutrina costuma apontar quatro modalidades de término da relação de emprego: resilição, resolução, rescisão e as outras formas, mas note que o termo "rescisão" é utilizado de forma genérica pela legislação.

As verbas rescisórias correspondem a aviso prévio indenizado, multa de 40% sobre o FGTS, férias vencidas +1/3, férias proporcionais +1/3, 13º salário proporcional e saldo de salário.

Procedimentos na Rescisão

A CLT, no Art. 477 e seus parágrafos, regula os procedimentos na rescisão, determinando que:

> ***Art. 477 - §1º*** *- O pedido de demissão ou recibo de quitação de rescisão, do contrato de trabalho, firmado por empregado com mais de 1 (um) ano de serviço, só será válido quando feito com a assistência do respectivo Sindicato ou perante a autoridade do Ministério do Trabalho e Previdência Social.*
>
> ***§2º*** *- O instrumento de rescisão ou recibo de quitação, qualquer que seja a causa ou forma de dissolução do contrato, deve ter especificada a natureza de cada parcela paga ao empregado e discriminado o seu valor, sendo válida a quitação, apenas, relativamente às mesmas parcelas.*
>
> ***§3º*** *- Quando não existir na localidade nenhum dos órgãos previstos neste Art., a assistência será prestada pelo Represente do Ministério Público ou, onde houver, pelo Defensor Público e, na falta ou impedimento deste, pelo Juiz de Paz.*
>
> ***§4º*** *- O pagamento a que fizer jus o empregado será efetuado no ato da homologação da rescisão do contrato de trabalho, em dinheiro ou em cheque visado, conforme acordem as partes, salvo se o empregado for analfabeto, quando o pagamento somente poderá ser feito em dinheiro.*
>
> ***§5º*** *- Qualquer compensação no pagamento de que trata o parágrafo anterior não poderá exceder o equivalente a um mês de remuneração do empregado.*
>
> ***§6º*** *- O pagamento das parcelas constantes do instrumento de rescisão ou recibo de quitação deverá ser efetuado nos seguintes prazos:*
>
> ***a)*** *Até o primeiro dia útil imediato ao término do contrato; ou*
>
> ***b)*** *Até o décimo dia, contado da data da notificação da demissão, quando da ausência do aviso prévio, indenização do mesmo ou dispensa de seu cumprimento.*
>
> ***§7º*** *- O ato da assistência na rescisão contratual (§§ 1º e 2º) será sem ônus para o trabalhador e empregador.*
>
> ***§8º*** *- A inobservância do disposto no § 6º deste Art. sujeitará o infrator à multa de 160 BTN, por trabalhador, bem assim ao pagamento da multa a favor do empregado, em valor equivalente ao seu salário, devidamente corrigido pelo índice de variação do BTN, salvo quando, comprovadamente, o trabalhador der causa à mora.*

Assim, para os empregados que tenham mais de um ano de contrato de trabalho, a homologação da rescisão deverá, obrigatoriamente, ser feita perante o sindicato dos empregados, representativo da categoria, ou perante o MTE. Na falta destes, tal rescisão será feita perante a Defensoria Pública, Ministério Público ou, em último caso, pelo Juiz de Paz. Isso não vale para os empregados domésticos, que não precisam ter a rescisão homologada pelo sindicato.

Quando o empregado e o empregador comparecerem à entidade sindical, será lavrado o Termo de Rescisão do Contrato de Trabalho (TRCT), o qual deve ser homologado pelo sindicato e conter o que o empregador pagou como "acerto" do contrato. O contido no termo deve especificar exatamente o que está sendo pago (por exemplo, férias em dobro de 2010, férias simples de 2011 e 6/12 de férias proporcionais de 2012 - não seria possível pagar um valor único a título de férias).

O que tiver sido pago poderá ser abatido de eventual condenação judicial favorável ao empregado, mas somente as parcelas especificadas no termo. Tudo o que não estiver no TRCT poderá ser cobrado na Justiça pelo empregado.

O pagamento do acerto poderá ser feito em dinheiro ou cheque visado, salvo para o empregado analfabeto, que deverá receber em dinheiro. Em qualquer caso, a assistência do sindicato não poderá ser cobrada do empregado, nem da empresa.

Caso o empregado "deva" algo ao empregador, poderá ser compensado com o que tiver para receber, mas tal compensação não pode exceder a um mês de salário do empregado. Dessa forma, caso o empregado receba R$ 1.000,00 de salário, mas tenha pendências no importe de R$ 3.000,00 com a empresa, e suas verbas rescisórias somem R$ 5.000,00, o empregador deverá pagar-lhe R$ 4.000,00; o restante deverá cobrar judicial ou extrajudicialmente, ou até mesmo por meio de reconvenção, quando e se o empregado ajuizar ação trabalhista.

Por fim, há prazos preestabelecidos para o empregador quitar as verbas rescisórias do empregado e proceder à rescisão do contrato, os quais, se forem descumpridos, geram dever de a empresa pagar ao empregado multa no valor de um mês de salário.

Se o empregado cumpriu o aviso prévio trabalhando, o empregador tem até o 1º dia útil seguinte ao seu término para fazer o pagamento.

Caso o empregado tenha se desligado da empresa imediatamente, sem ter cumprido o aviso prévio ou, ainda, se a empresa dispensou o empregado de trabalhar tal período, a empresa deverá pagar as verbas rescisórias até o 10º dia seguinte à notificação da dispensa.

Note que, se a empresa deixar que o empregado cumpra o aviso prévio em casa, deverá pagá-lo até o 10º dia de comunicação da dispensa, conforme entendimento do TST:

> ***OJ-SDI1-14** Aviso Prévio cumprido em casa. Verbas Rescisórias. Prazo para pagamento. Em caso de aviso prévio cumprido em casa, o prazo para pagamento das verbas rescisórias é até o décimo dia da notificação de despedida.*

Procedimentos na Rescisão

A modalidade da dispensa é essencial para saber quais dessas parcelas são devidas ao empregado, mas, em qualquer caso, se o empregado já tiver conquistado o direito, receberá o valor, como é o caso do saldo de salário (os dias que o empregado trabalhou no mês, mas ainda não foram pagos), férias vencidas (aquelas cujo o período aquisitivo já completou o período aquisitivo), 13º salário vencido.

Por outro lado, aquelas parcelas que o empregado ainda não conquistou, caso das férias cujo período que não tenha se completado o período aquisitivo, podem ou não ser pagas a depender da forma como findou-se o vínculo, como se verá a seguir.

Dispensa na Véspera da Data-Base

A data-base da categoria é o dia em que começa a vigorar a Convenção Coletiva, o Acordo Coletivo ou a Sentença Normativa, atualizando a regulação coletiva sobre as condições de trabalho.

Como, em geral, o salário é aumentado na data-base, bem como outros direitos podem ter sido negociados, a legislação busca impedir que os empregados sejam dispensados em sua véspera.

Assim, os arts. 9º, da Lei 6.708/1979 e da Lei 7.238/1984 estipulam que o empregado dispensado 30 dias antes da data-base da categoria terá direito a uma indenização equivalente a um mês de salário.

> ***Art. 9º** O empregado dispensado, sem justa causa, no período de 30 (trinta) dias que antecede a data de sua correção salarial, terá direito à indenização adicional equivalente a 1 (um) salário mensal, seja ele optante ou não pelo Fundo de Garantia por Tempo de Serviço - FGTS.*

Como o aviso prévio integra o contrato, sua projeção será considerada para efeitos dessa indenização.

> ***Súm. 182:** Aviso Prévio. Indenização Compensatória. LEI Nº 6.708, DE 30.10.1979. O tempo do aviso prévio, mesmo indenizado, conta-se para efeito da indenização adicional prevista no art. 9º da Lei nº 6.708, de 30.10.1979.*

Ainda, o TST entende que, mesmo que a empresa pague a rescisão já com o salário corrigido, deverá pagar a indenização de um mês de salário.

> ***Súm. 314:** Indenização Adicional. Verbas Rescisórias. Salário Corrigido. Se ocorrer a rescisão contratual no período de 30 (trinta) dias que antecede à data-base, observado a Súmula nº 182 do TST, o pagamento das verbas rescisórias com o salário já corrigido não afasta o direito à indenização adicional prevista nas Leis nº 6.708, de 30.10.1979 e 7.238, de 28.10.1984.*

Resilição

Resilição ocorre quando o contrato termina por vontade das partes, sem que haja infração de qualquer dos contratantes. Assim, pode ocorrer por ato unilateral do empregador pela dispensa sem justa causa; pode ocorrer por ato unilateral do empregado pelo pedido de demissão; e pode ocorrer pela vontade mútua das partes, também chamado de distrato.

Dispensa Sem Justa Causa

A Constituição garante aos empregados, no Art. 7º, I, a proteção contra dispensa arbitrária ou sem justa causa, mas tal preceito ainda não foi regulamentado por Lei Complementar, de forma que ainda é possível à empresa utilizar tais modalidades de dispensa.

Como a Lei Maior utiliza duas expressões, há quem entenda que dispensa arbitrária seria quando o empregador cessa o vínculo de emprego, sem expor nenhum motivo; já dispensa sem justa causa seria quando o empregador expõe o motivo da dispensa, mas esse motivo não é considerado pela Lei como infração do trabalhador. Na prática, as duas formas de dispensa geram a mesma situação, sendo ambas tratadas como dispensa sem justa causa pelas bancas examinadoras.

Para desestimular tal prática, existem sanções pecuniárias para a empresa, de forma que o empregado tem direito a receber todas as verbas rescisórias, quais sejam: multa de 40% sobre o FGTS, saque de valores depositados; férias vencidas +1/3; férias proporcionais +1/3; 13º salário proporcional; e saldo de salário. Terá, ainda, direito ao aviso prévio, cumprido ou indenizado, além de seguro-desemprego, se houver satisfeito as exigências da Lei Previdenciária.

Se o trabalhador tiver estabilidade provisória no emprego (empregada gestante, membro da CIPA, afastado por mais de 15 dias em razão de acidente no trabalho etc.), não poderá ser dispensado sem justa causa.

Salienta-se que tem se formado jurisprudência forte no âmbito da Seção de Dissídios Coletivos do TST, no sentido de que a dispensa sem justa causa de um ou alguns funcionários é direito potestativo do empregador; contudo, se a dispensa for coletiva, de uma grande gama de trabalhadores, a questão envolverá, obrigatoriamente, negociação coletiva.

Dispensa Discriminatória

Apesar de o empregador poder dispensar o empregado sem qualquer justificativa, não pode dispensar por motivo discriminatório, (por exemplo, em razão de ser pessoa com deficiência ou portadora de vírus HIV). Se o fizer, e sendo comprovado tal ato, poderá o empregado pedir reintegração ao emprego ou a remuneração em dobro do período, mas note que não se trata exatamente de uma estabilidade no emprego, pois é necessário comprovar o caráter preconceituoso da dispensa. Dispõe a Lei 9.029/1995:

> ***Art. 4º.** O rompimento da relação de trabalho por ato discriminatório, nos moldes desta Lei, além do direito à reparação pelo dano moral, faculta ao empregado optar entre:*
>
> *I. A readmissão com ressarcimento integral de todo o período de afastamento, mediante pagamento das remunerações devidas, corrigidas monetariamente, acrescidas dos juros legais;*
>
> *II. A percepção, em dobro, da remuneração do período de afastamento, corrigida monetariamente e acrescida dos juros legais.*

Ainda, caso seja provável a ocorrência da dispensa discriminatória, pode o Juiz conceder tutela antecipada para o empregado determinando à empresa que reintegre o funcionário antes de ser julgado o mérito do processo. Contra tal decisão, não caberá mandado de segurança, conforme entendimento do TST:

OJ-Sdi2-142: *Mandado de Segurança. Reintegração Liminarmente Concedida. Inexiste direito líquido e certo a ser oposto contra ato de Juiz que, antecipando a tutela jurisdicional, determina a reintegração do empregado até a decisão final do processo, quando demonstrada a razoabilidade do direito subjetivo material, como nos casos de anistiado pela Lei nº 8.878/94, aposentado, integrante de comissão de fábrica, dirigente sindical, portador de doença profissional, portador de vírus HIV ou detentor de estabilidade provisória prevista em norma coletiva.*

Recentemente, o TST editou Súmula preSúm.indo a discriminatória a despedida de empregado com HIV ou outra doença que causa estigma ou preconceito.

Súm. 443: *Dispensa Discriminatória. Presunção. Empregado portador de doença grave. Estigma ou Preconceito. Direito à Reintegração. PreSúm.e-se discriminatória a despedida de empregado portador do vírus HIV ou de outra doença grave que suscite estigma ou preconceito. Inválido o ato, o empregado tem direito à reintegração no emprego.*

Pedido de Demissão

Quando o empregado pede demissão, ele deve dar o aviso prévio ao empregador, sendo que terá direito às seguintes verbas rescisórias: saldo de salário; 13º salário proporcional; férias vencidas +1/3; férias proporcionais + 1/3.

Note que, mesmo se o contrato tiver durado menos de um ano, o empregado terá direito às parcelas citadas:

Súm. 261: *Férias Proporcionais. Pedido de demissão. Contrato vigente há menos de um ano. O empregado que se demite antes de complementar 12 (doze) meses de serviço tem direito a férias proporcionais.*

Aqui, não haverá multa de 40% sobre os depósitos do FGTS, nem direito de sacá-lo. Também não terá direito o empregado ao seguro-desemprego.

Acordo entre Empregado e Empregador

Tendo em vista que a renúncia aos direitos trabalhistas é vedada de forma geral, o acordo entre empresa e empregado resultará em uma dispensa sem justa causa, inclusive no plano de demissão voluntária (PDV), pelo qual a empresa, além de pagar as verbas rescisórias da dispensa sem justa causa, dá alguma vantagem ao empregado, tanto pagando valores em dinheiro, como dando benefícios (plano de saúde por cinco anos, por exemplo).

O que for pago a título de verbas rescisórias no PDV quita o que estiver em seu recibo, ou seja, não dá quitação geral da relação de emprego, de forma que o empregado poderá ajuizar ação trabalhista, requerendo o pagamento de outras verbas a que tiver direito.

OJ-SDI1-270: *Programa de Incentivo à Demissão Voluntária. Transação Extrajudicial. Parcelas Oriundas do Extinto Contrato de Trabalho. Efeitos. A transação extrajudicial que importa rescisão do contrato de trabalho ante a adesão do empregado a plano de demissão voluntária implica quitação exclusivamente das parcelas e valores constantes do recibo.*

Todavia, o TST entende que os créditos tipicamente trabalhistas, devidos ao empregado, não são compensáveis com os valores pagos pela empresa, em razão da adesão do empregado ao PDV.

OJ-SDI1-356: *Programa de Incentivo à Demissão Voluntária (PDV). Créditos Trabalhistas Reconhecidos Em Juízo. Compensação. Impossibilidade. Os créditos tipicamente trabalhistas reconhecidos em juízo não são suscetíveis de compensação com a indenização paga em decorrência de adesão do trabalhador a Programa de Incentivo à Demissão Voluntária (PDV).*

Assim, se em razão da adesão PDV, a empresa pagou ao empregado R$ 10.000,00 e, em uma ação trabalhista, a empresa é condenada a pagar R$ 20.000,00 de horas extras, tais valores não poderão ser compensados - os dez mil pagos são em razão da adesão ao PDV. Seria situação diferente se, no próprio PDV, a empresa já tivesse pagado as horas extras do empregado, mais os dez mil, assim, as próprias horas extras estariam quitadas, não se falando em compensação.

Resolução

Resolução ocorre quando houve uma infração por uma das partes, que deu causa ao término do vínculo. Assim, pode ocorrer por infração do empregado, gerando a dispensa com justa causa; pode ocorrer por infração do empregador, gerando a rescisão indireta; e pode ocorrer por culpa recíproca das partes.

Dispensa por Justa Causa

O empregado tem o dever de bem cumprir suas funções, sendo que, se cometer infrações, poderá ser punido por isso. A punição da empresa deve ser proporcional à falta, sendo a dispensa por justa causa somente para infrações graves, tipificadas na Lei. Faltas leves ou médias deverão ser punidas com advertências ou suspensão, mas não há critério definido do que será aplicado em cada caso.

Deve haver nexo entre a falta do empregado e a punição e, além disso, a punição deve ser imediata, ou seja, assim que souber da conduta do empregado, a empresa deve aplicar a pena; não poderá puni-lo posteriormente, pois estará configurado o perdão tácito pelo empregador.

A punição deve ser uma só, não se pode, pelo mesmo fato, dar uma suspensão e depois dispensar por justa causa. Também não é possível alterar sua decisão para pior - se deu uma advertência, não pode o empregador reconsiderar a punição e mudá-la para suspensão ou dispensa.

Note que somente caberá punição ao empregado quando este agir com dolo ou culpa. Se, por exemplo, uma máquina quebrou enquanto o empregado a operava, mas por problema técnico, não haverá dolo nem culpa, e, a rigor, nem nexo causal.

Note-se que a dispensa por justa causa não poderá ser anotada na CTPS do empregado, por mais grave que seja. Se a empresa o fizer, estará caracterizado o dano moral.

À empregada doméstica aplicam-se as disposições do Art. 482, exceto a negociação habitual e a violação dos segredos da empresa.

Exercício Comentado

01. No tocante às infrações obreiras, relacionadas à rescisão do contrato de trabalho, com justa causa, o nexo causal entre a falta e a pena aplicada e a imediaticidade da punição são especificamente requisitos:

a) Objetivos.
b) Subjetivos.
c) Circunstanciais.
d) Objetivo e subjetivo, respectivamente.
e) Subjetivo e objetivo, respectivamente.

RESPOSTA ***"C". A resposta da questão não está na Lei, mas sim na doutrina de Maurício Godinho Delgado, cada vez mais utilizada pelas bancas examinadores, especialmente nos concursos de nível superior, a qual classifica os requisitos para punição por justa causa em três: objetivos, subjetivos e circunstanciais. Nota-se que a maior parte da doutrina classifica somente em objetivos e subjetivos.***

"Objetivos são os requisitos que concernem à caracterização da conduta obreira que se pretende censurar; subjetivos, os que concernem ao envolvimento (ou não) do trabalhador na respectiva conduta; circunstanciais, os requisitos que dizem respeito à atuação disciplinar do empregador em face da falta e do obreiro envolvidos" .

O autor assim subdivide os critérios:

Critérios objetivos:

> Tipicidade da conduta, ou seja, se a conduta praticada está prevista na Lei como falta grave, que possibilite a dispensa por justa causa.

> Natureza da matéria envolvida, que significa que o empregador não pode punir o trabalhador por condutas em sua vida pessoal, que não prejudiquem o serviço (por exemplo, a opção religiosa ou política do empregado).

> Gravidade da conduta, que, segundo o Ministro do TST, seria a dosimetria (dosagem) da pena. Se a conduta não é muito grave, outras penalidades deverão ser aplicadas, como advertência ou suspensão; a dispensa por justa causa é para as condutas mais graves.

Critérios subjetivos:

> Autoria, ou seja, se foi mesmo o empregado que praticou tal conduta. Se a empresa não souber quem "cometeu o erro", não poderá escolher um para ser punido.

> Dolo ou culpa do empregado. Dolo é quando o empregado age intencionalmente, culpa é quando age com imprudência ou negligência. Imperícia, via de regra, não ocasionará justa causa, pois é a empresa que tem o dever de treinar os trabalhadores e asSúm.ir os riscos do negócio.

Critérios circunstanciais:

> Nexo causal, uma vez que não pode o empregador punir por uma falta anterior (por exemplo, o empregado quebra uma máquina e o empregador perdoa, depois o empregado comete uma falta pequena e é punido com a dispensa, sob a alegação de que anteriormente cometeu falta mais grave).

> Adequação entre a falta e a pena e proporcionalidade da punição, o primeiro ligado à qualidade do ato (por exemplo, se a máquina quebrada era cara ou de difícil substituição), o segundo ligado à quantidade (por exemplo, se o garçom quebrou 1 copo ou se quebrou 10 caixas de copos de cristal).

> Caráter pedagógico da punição. A punição não é só um castigo, é também uma forma de demonstrar ao empregado seu erro. Assim, esse critério liga-se à adequação e à proporcionalidade, para proporcionar ao empregado possibilidade de aprimorar-se no serviço.

> Imediaticidade da punição. Quando o empregador descobre a falta, deve punir o empregado, não pode ficar postergando a punição, pois isso caracteriza perdão tácito. Eventual demora que a empresa tenha para descobrir o ocorrido ou sua autoria não lhe retira a capacidade de punição.

Dispõe a CLT sobre os motivos que causam a justa causa pelo empregado, sendo necessário saber as hipóteses e saber o que cada uma significa, pois tal conhecimento tem sido cobrado em provas:

Art. 482 *- Constituem justa causa para rescisão do contrato de trabalho pelo empregador:*

a) *Ato de improbidade;*

b) *Incontinência de conduta ou mau procedimento;*

c) *Negociação habitual por conta própria ou alheia sem permissão do empregador, e quando constituir ato de concorrência à empresa para a qual trabalha o empregado, ou for prejudicial ao serviço;*

d) *Condenação criminal do empregado, passada em julgado, caso não tenha havido suspensão da execução da pena;*

e) *Desídia no desempenho das respectivas funções;*

f) *Embriaguez habitual ou em serviço;*

g) *Violação de segredo da empresa;*

h) *Ato de indisciplina ou de insubordinação;*

i) *Abandono de emprego;*

j) *Ato lesivo da honra ou da boa fama praticado no serviço contra qualquer pessoa, ou ofensas físicas, nas mesmas condições, salvo em caso de legítima defesa, própria ou de outrem;*

k) *Ato lesivo da honra ou da boa fama ou ofensas físicas praticadas contra o empregador e superiores hierárquicos, salvo em caso de legítima defesa, própria ou de outrem;*

l) *Prática constante de jogos de azar.*

Parágrafo único *- Constitui igualmente justa causa para dispensa de empregado a prática, devidamente comprovada em inquérito administrativo, de atos atentatórios à segurança nacional.*

Ato de improbidade

O empregado causa lesão ao patrimônio da empresa ou de terceiros (por exemplo, falsificando atestado médico para faltar ao serviço, furtando a empresa etc).

Incontinência de conduta

Incontinência de conduta está ligada a atos de conotação sexual (comentários inoportunos, pornografia no trabalho, assédio sexual contra outros empregados ou clientes).

Mau procedimento

Mau procedimento é a conduta que causa turbação ao ambiente de trabalho (por exemplo, modo grosseiro de tratar colegas ou utilização de palavrões).

Negociação habitual e Concorrência à Empresa

Negociação habitual é quando um funcionário comercializa produtos dentro da empresa sem permissão do empregador (por exemplo, venda de produtos de beleza ou roupas íntimas).

Concorrência à empresa ocorre quando o empregado faz serviços em nome próprio, como autônomo, mas deveria o prestar em nome da empresa, de forma que o "trabalho autônomo" do empregado concorre com o serviço que ele mesmo presta para a empresa. Seria o caso do técnico em computadores que angaria clientes do empregador e faz parte do serviço como autônomo.

Embriaguez Habitual ou em Serviço

Embriaguez habitual, seja por álcool ou por outros tóxicos, há de ser aquela que cause reflexos negativos no trabalho. Se a embriaguez do empregado não repercute no trabalho, não há que se falar em dispensa.

Apesar de a CLT falar em "embriaguez habitual", a tendência moderna é que, se ficar caracterizada tal conduta como alcoolismo ou dependência química, considera-se que o empregado está doente, de forma que deve ser encaminhado para tratamento.

Embriaguez em serviço é quando o empregado chega "alterado" à empresa. Aqui, mesmo uma única ocorrência poderá gerar a dispensa por justa causa.

Violação de Segredo da Empresa

Segredos da empresa são entendidos de modo amplo, desde a quebra de patentes industriais, até a revelação de futuras campanhas da empresa, investimentos e lançamentos de produtos.

Ato de Indisciplina ou de Insubordinação

Indisciplina é quando o empregado descumpre regras gerais dentro da empresa, (por exemplo, fumar em local proibido).

A falta de uso de EPI pode ser encaixada nesse caso, mas a legislação prevê expressamente a possibilidade de dispensa em razão da falta de utilização dos equipamentos.

Insubordinação é quando o empregado descumpre uma ordem específica ou as ordens de serviço que a empresa tenha, para determinado grupo de empregados.

Em qualquer dos dois casos, as ordens emanadas pelo empregador devem ser lícitas; do contrário, o descumprimento do empregado não será ato faltoso.

Fique Ligado

A diferença entre a insubordinação e a indisciplina já foi cobrada diversas vezes em prova, por exemplo, informando que o empregado descumpriu regulamento da empresa e foi dispensado. Tal dispensa seria por ato de indisciplina, pois o regulamento é uma norma geral para todos empregados.

Abandono de Emprego

A Lei não estabelece um prazo, mas o TST entende que o abandono de emprego é preSúm.ido quando o empregado falta mais de 30 dias consecutivos. Também está configurado o abandono, quando o empregado tem condutas que apontem nesse sentido (por exemplo, quando muda de cidade sem dar aviso e lá inicia outro emprego).

> ***Súm. 32:*** *Abandono de Emprego. PreSúm.e-se o abandono de emprego se o trabalhador não retornar ao serviço no prazo de 30 (trinta) dias após a cessação do benefício previdenciário nem justificar o motivo de não o fazer.*

Ato Lesivo da Honra ou da Boa Fama ou Ofensas Físicas

Quando, no cumprimento de suas funções ou dentro da empresa, o empregado comete ato que lese a honra ou boa fama do empregador, de colegas de trabalho ou de terceiros, ou ainda agride-os fisicamente, será dispensado por justa causa.

Contudo, se as ofensas físicas forem em legítima defesa própria ou de outrem, não será ato faltoso do empregado.

Prática Constante de Jogos de Azar

A prática constante de jogos de azar é aquela que causa repercussão negativa no trabalho; do contrário, é somente à vida pessoal do empregado.

Não importa se os jogos são lícitos ou ilícitos, (por exemplo, se o empregado joga no "bicho", mas isso não afeta seu ambiente de trabalho, não há conduta faltosa; por outro lado, se o empregado joga *poker* com amigos e, constantemente, pessoas vão até a empresa cobrar dívidas, poderá haver a dispensa).

Outros Casos

A CLT, ainda, elenca que os atos atentatórios à segurança nacional são motivo de dispensa por justa causa, entretanto, não só este dispositivo não foi recepcionado pela Constituição, mas também ele foi revogado expressamente pelo Art. 76, da Lei 8.630/1993.

Ainda, foi revogado, há pouco tempo, o Art. 508, da CLT, que considerava ato faltoso punível com dispensa por justa, causa do bancário a abstenção contumaz em pagar suas dívidas.

Rescisão Indireta

Também conhecida como justa causa do empregador, a rescisão indireta ocorre quando a empresa adota condutas que tornem insustentável a continuação da prestação do serviço pelo empregado, de modo que este poderá considerar rescindido o contrato, deixando a empresa.

A rescisão indireta causa efeitos iguais à dispensa sem justa causa, sendo devido a título de verbas rescisórias multa de 40% sobre o FGTS, bem como direito ao saque dos valores depositados; férias vencidas +1/3; férias proporcionais +1/3; 13º salário proporcional; e saldo de salário. O empregado terá, ainda, direito ao aviso prévio indenizado, além de seguro-desemprego, se houver satisfeito as exigências da Lei Previdenciária.

Existe discussão se ao empregado doméstico aplicam-se as disposições referentes à rescisão indireta, uma vez que a Lei 5.859/1972 somente afirma ser aplicável o Art. 482, nada falando sobre o Art. 483. Segundo Maurício Godinho Delgado, a rescisão indireta aplica-se aos domésticos, por medida de justiça e isonomia.

Note que a rescisão indireta será declarada pela Justiça, uma vez que o empregado não tem meios de "punir" o empregador pela sua conduta irregular. Assim, em regra, o funcionário deverá deixar de trabalhar para o empregador.

Entende-se, majoritariamente, que o ato do empregador deve ser grave o suficiente para que o empregado cesse a prestação do serviço, sendo que somente em dois casos é permitido ao empregado continuar trabalhando e ajuizar ação trabalhista requerendo a rescisão indireta, quais sejam quando o empregador descumpre o pactuado ou quando reduz o trabalho do empregado que recebe por peça ou tarefa - essa é a interpretação do §3º, do Art. 483.

Mas, se o empregado ajuizar a ação, requerendo a rescisão indireta e perder, o que ocorre? Considera-se que ele pediu demissão, com todas as suas consequências, exceto a exigência de dar aviso prévio ao empregador, pois "a própria ação trabalhista já cumpriu o papel de notificar o empregador da intenção de ruptura contratual".

Para a rescisão indireta, o citado autor também classifica em 3 os critérios aptos a causar a punição: objetivos, subjetivos e circunstanciais. Critérios subjetivos:

Tipicidade da conduta

É necessário que a legislação preveja a conduta da empresa como falta apta a gerar rescisão indireta.

Gravidade da conduta

Se a conduta é prevista como falta, mas não é grave, há que se falar em rescisão indireta (por exemplo, quando o empregador, em um dia estressado, grita com um funcionário, comportamento que não lhe é habitual, não será um ato lesivo contra a honra, suficiente para punir a empresa). Ponto importante para saber a gravidade é se o empregado deixou ou não o trabalho - entende-se que, em regra, ele deve abandonar seu posto, pois a situação ficou insustentável.

Critérios Subjetivos

Autoria

É a própria empresa quem deve praticar as condutas. Contudo, a omissão da empresa também é ato que gera a rescisão indireta (por exemplo, deixar que clientes maltratem empregados sem nada fazer para ajudar).

Dolo ou culpa

A empresa age com intenção de prejudicar, ou com culpa, negligência, imprudência e imperícia. Se, mesmo sem saber, a empresa compra maquinário perigoso, e este causa danos aos empregados, poderá haver a rescisão indireta (por exemplo, uma clínica de radiologia em que o raio-x produza muito mais radiação que o parâmetro aceitável). Uma vez que é a empresa que asSúm.e o risco do negócio, as causas externas à sua vontade não lhe tiram a culpa (por exemplo, a falta de pagamento de salários em razão da mudança da política econômica).

Critérios Circunstanciais

→ Nexo causal. Deve haver vinculação direta entre a falta e o pedido de rescisão indireta, assim como na dispensa por justa causa.

→ Adequação entre a falta do empregador e o fundamento utilizado no pedido de rescisão indireta e proporcionalidade. As faltas leves não têm o condão de causar a rescisão indireta. Como o empregado não pode punir a empresa gradualmente, uma sequência de pequenas faltas causa adequação entre as faltas e o pedido de rescisão indireta.

→ Imediaticidade e ausência de perdão tácito. Como o empregado é subordinado à empresa, não podendo puni-la gradualmente, a imediaticidade é atenuada; contudo, não pode o empregado esperar anos e anos para pedir a rescisão indireta por uma conduta da empresa. De qualquer forma, o empregado deve desligar-se da empresa para ajuizar com a ação, salvo quando a legislação lhe permita continuar trabalhando. Se continuar normalmente com o serviço, entende-se que o empregado perdoou a atitude da empresa.

→ **Dispõe a CLT:**

__Art. 483__ - O empregado poderá considerar rescindido o contrato e pleitear a devida indenização quando:

__a)__ Forem exigidos serviços superiores às suas forças, defesos por lei, contrários aos bons costumes, ou alheios ao contrato;

__b)__ For tratado pelo empregador ou por seus superiores hierárquicos com rigor excessivo;

__c)__ Correr perigo manifesto de mal considerável;

__d)__ Não cumprir o empregador as obrigações do contrato;

__e)__ Praticar o empregador ou seus prepostos, contra ele ou pessoas de sua família, ato lesivo da honra e boa fama;

__f)__ O empregador ou seus prepostos ofenderem-no fisicamente, salvo em caso de legítima defesa, própria ou de outrem;

__g)__ O empregador reduzir o seu trabalho, sendo este por peça ou tarefa, de forma a afetar sensivelmente a importância dos salários.

§3º - Nas hipóteses das letras "d" e "g", poderá o empregado pleitear a rescisão de seu contrato de trabalho e o pagamento das respectivas indenizações, permanecendo ou não no serviço até final decisão do processo.

Serviços Superiores à Força do Empregado

Aqui, não se trata somente de força física, mas também a exigência de atividades intelectuais (por exemplo, entrega de projetos com prazos absurdamente curtos, pressão e ameaça para que os empregados cumpram-na).

No quesito trabalho físico, a CLT coloca como parâmetro, para mulheres e menores de 18 anos, no máximo 20 quilos de esforço contínuo ou 25 de esforço ocasional (arts. 390 e 405, §5º). Para os homens, o limite é de 60 quilos (art. 198).

Serviços Defesos por Lei ou Contrários aos Bons Costumes

A empresa não pode determinar que o empregado cumpra ordens ilegais (por exemplo, enganar clientes em uma eventual venda). Também, seria o caso de exigir serviços perigosos ou insalubres de um menor de 18 anos.

As ordens tampouco não podem ser contrárias aos bons costumes (por exemplo, a empresa exigir que a vendedora se ofereça sexualmente para clientes para que eles comprem os produtos da marca).

Serviços Alheios ao Contrato

Seria o caso de uma secretária passar a trabalhar também como entregadora de motofrete, serviço completamente alheio a seu contrato. Note que pequenos desvios não causaram o direito à rescisão indireta, no máximo darão direito ao pedido de desvio de função.

Rigor Excessivo

Rigor excessivo ocorre quando o empregador persegue um empregado, advertindo-o pelas mais pequenas falhas ou até mesmo sem motivo algum, tratando-o sem respeito, humilhando-o perante colegas.

Muitas vezes, tal conduta da empresa é nitidamente discriminatória (por exemplo, com uma mulher grávida, um ex-sindicalista, uma pessoa com deficiência etc).

Perigo de Mal Considerável

Esse perigo não pode ser aquele normal da profissão, há de ser aquele a que o empregador submete o empregado desnecessariamente (por exemplo, a empresa utiliza equipamentos perigosos e sequer fornece EPI).

Se o risco é o normal da profissão, claro que não gerará rescisão indireta (por exemplo, o vigilante armado não pode alegar eventual risco de confronto com ladrões).

Descumprimento do Contrato pelo Empregador

O empregador deve cumprir as normas ajustadas com o empregado, bem como aquelas previstas em lei e em negociação coletiva, sendo que seu descumprimento reiterado acarreta a rescisão indireta.

O descumprimento há que ser grave ou estender-se pelo tempo, tanto que esse é um dos dois casos em que o empregado pode ajuizar a ação, requerendo a rescisão indireta e continuar trabalhando.

O atraso salarial, se reiterado, é motivo para rescisão indireta. Há entendimentos de que somente a "mora contumaz", ou seja, atraso de mais de 3 meses de salário, conforme Decreto 368/1968, é que caracteriza a rescisão indireta, mas é minoritário.

O simples pagamento do salário em audiência não faz o empregador purgar a mora e evitar o encerramento do contrato. Conforme entendimento do TST:

> ***Súm. 13 MORA****. O só pagamento dos salários atrasados em audiência não ilide a mora capaz de determinar a rescisão do contrato de trabalho.*

Outro entendimento que tem se firmado no TST é que a falta de alguns depósitos para o FGTS não é suficiente para caracterizar a rescisão indireta. Por outro lado, a ausência total de depósitos poderia configurar.

Ato Lesivo Contra Honra ou Boa Fama do Empregado ou sua Família

Esses são atos que configuram os crimes de calúnia, injúria ou difamação, mas não é necessário que haja condenação criminal do ofensor. Tais atos podem ser praticados no âmbito da empresa ou fora dela.

Ofensa Física

Quando o empregador agride fisicamente o empregado, salvo se em legítima defesa, sua ou de outrem.

Redução do Trabalho do Empregado com Salário Variável

Quando o empregado recebe salário variável (por peça ou por tarefa), se o empregador lhe reduz o trabalho, por via reflexa, reduzirá o salário. Seria o caso de o empregado ter diminuída a base territorial de vendas, de forma que seu salário caia pela metade.

Não é o mesmo caso de o empregador reduzir o próprio salário do empregado horista ou o valor da comissão do comissionista - esses casos autorizam a rescisão indireta por descumprimento do contrato pelo empregador. Esse é um dos dois casos em que o empregado pode ajuizar a ação, requerendo a rescisão indireta e continuar trabalhando.

Culpa Recíproca

Se tanto a empresa como o empregado cometeram atos que, isoladamente, justificariam a dispensa por justa causa ou a rescisão indireta, a solução jurídica é dividir a culpa.

Assim, o empregado terá direito a 50% das férias proporcionais, 50% do 13º salário proporcional, 50% da indenização do aviso prévio e 20% de multa do FGTS. Também o empregado terá direto a sacar o FGTS, contudo, não receberá o seguro-desemprego.

As parcelas a que o empregado já havia adquirido o direito são pagas normalmente (por exemplo, saldo de salário, férias vencidas e 13º salário vencido).

> ***Art. 484*** *- Havendo culpa recíproca no ato que determinou a rescisão do contrato de trabalho, o tribunal de trabalho reduzirá a indenização à que seria devida em caso de culpa exclusiva do empregador, por metade.*
>
> ***Súm. 14*** *CULPA RECÍPROCA. Reconhecida a culpa recíproca na rescisão do contrato de trabalho (art. 484 da CLT), o empregado tem direito a 50% (cinquenta por cento) do valor do aviso prévio, do décimo terceiro salário e das férias proporcionais.*

Rescisão

Rescisão ocorre quando há nulidade do contrato. Note, contudo, que a CLT costuma usar o termo "rescisão" de forma genérica, em qualquer uma das situações.

Seria o caso do contrato de trabalho com a Administração Pública, declarado nulo, conforme entendimento do TST:

> ***Súm. 363:*** *Contrato Nulo. Efeitos. A contratação de servidor público, após a CF/1988, sem prévia aprovação em concurso público, encontra óbice no respectivo art. 37, II e § 2º, somente lhe conferindo direito ao pagamento da contraprestação pactuada, em relação ao número de horas trabalhadas, respeitado o valor da hora do salário mínimo, e dos valores referentes aos depósitos do FGTS.*

Assim, se o contrato foi declarado nulo, o empregado recebe somente salários combinados em relação às horas efetivamente trabalhadas e os depósitos para o FGTS. Não recebe mais nada, nem mesmo a multa de 40% sobre os depósitos do FGTS.

O outro caso é a contratação para prestar serviços ilícitos: não haverá relação de emprego ante a ilicitude do objeto (caso do empregado da banca de jogo do bicho ou do vendedor de drogas ilícitas).

Demais Formas

As outras formas de término do contrato não têm classificação própria, sendo o caso do término do contrato pela aposentadoria, pela extinção do estabelecimento ou da empresa, por motivo de força maior, pela morte do empregado, pela morte do empregador pessoa natural e pela falência da empresa.

Aposentadoria do Empregado

O STF julgou inconstitucional o Art. 453, § 2º, da CLT, que obrigava a extinção do vínculo de emprego, caso um empregado com menos de 35 anos de serviço, se homem, e 30 anos, se mulher, requeresse sua aposentadoria.

Logo, o empregado pode se aposentar e continuar trabalhando para a empresa, uma vez que o vínculo entre o empregado e o INSS é diferente do vínculo entre empregado e empregador. Nesse sentido, também se firmou o TST:

> ***OJ-SDI1-361:*** *Aposentadoria Espontânea. Unicidade do contrato de trabalho. Multa de 40% do FGTS sobre todo o período. A aposentadoria espontânea não é causa de extinção do contrato de trabalho se o empregado permanece prestando serviços ao empregador após a jubilação. Assim, por ocasião da sua dispensa imotivada, o empregado tem direito à multa de 40% do FGTS sobre a totalidade dos depósitos efetuados no curso do pacto laboral.*

Assim, se o empregado requerer aposentadoria e a empresa o dispensar, será sem justa causa, com o pagamento de todos os direitos inerentes a tal dispensa.

Força Maior

Se, por motivo de força maior, o estabelecimento em que o empregado trabalhar, ou mesmo a empresa inteira, vier a se extinguir, o vínculo de empregado acabará. A CLT dispõe que:

> ***Art. 502*** *- Ocorrendo motivo de força maior que determine a extinção da empresa, ou de um dos estabelecimentos em que trabalhe o empregado, é assegurada a este, quando despedido, uma indenização na forma seguinte:*

I. Sendo estável, nos termos dos arts. 477 e 478;

II. Não tendo direito à estabilidade, metade da que seria devida em caso de rescisão sem justa causa;

III. Havendo contrato por prazo determinado, aquela a que se refere o art. 479 desta Lei, reduzida igualmente à metade.

Assim, a Consolidação trata de 3 situações: a do empregado com estabilidade decenal, a do empregado não estável e a do empregado contratado por prazo determinado.

Ao empregado com estabilidade decenal seria paga uma indenização de 1 mês de remuneração, para cada ano, ou fração igual a 6 meses. A estabilidade decenal foi revogada pela Constituição de 1988, substituída pelo regime do FGTS, sendo que somente tem direito a tal estabilidade quem já a havia conquistado anteriormente.

O empregado sem qualquer estabilidade receberá 50% da multa do FGTS.

Já o contratado por prazo determinado terá sua indenização reduzida também em 50%, ou seja, receberá metade da metade da remuneração devida, até o fim do contrato.

Falência da Empresa

A falência da empresa é considerada como dispensa sem justa causa, atraindo, inclusive, a necessidade de aviso prévio, bem como a multa de 40% sobre o FGTS, uma vez que o risco do negócio é do empregador.

Contudo, a jurisprudência entende que, na falência, a multa pelo atraso no pagamento das verbas rescisórias, previstas no Art. 477, § 8º, e a multa pelo não pagamento das verbas rescisórias na primeira audiência, prevista no Art. 467, não são aplicáveis.

> ***Súm. 388*** *Massa Falida. Arts. 467 E 477 da CLT. Inaplicabilidade. A Massa Falida não se sujeita à penalidade do art. 467 e nem à multa do § 8º do art. 477, ambos da CLT.*

Morte do Empregador

A morte do empregador é tratada pelo Direito como se fosse uma dispensa sem justa causa, ou seja, o empregado terá direito a aviso prévio, multa de 40% do FGTS, férias proporcionais +1/3, 13º proporcional, além de poder sacar seu FGTS. Nesse sentido, caminha a CLT:

> ***Art. 485*** *- Quando cessar a atividade da empresa, por morte do empregador, os empregados terão direito, conforme o caso, à indenização a que se referem os art. 477 e 497.*

Ocorre que, quando o empregador constituído em empresa individual morre, a CLT faculta ao empregado rescindir seu contrato. Note que, nesse caso, a morte do empregador não fez com que a empresa fechasse, ela continuou operando, por exemplo, pelos sucessores.

Nesse caso, como a relação entre o empregado e a empresa é muito próxima, permite a CLT que o trabalhador cesse o vínculo, se não tiver interesse em laborar para o novo dono. Ou seja, ele pede demissão, mas sem ter que dar o aviso prévio, se o contrato for por tempo indeterminado; ou sem pagar a indenização do Art. 480, da CLT, se o contrato for por tempo determinado.

Sendo feito pedido de demissão pelo empregado, receberá as férias proporcionais +1/3 e 13º proporcional, mas não se cogita multa de 40% sobre o FGTS, muito menos aviso prévio.

> ***Art. 483.§2º*** *- No caso de morte do empregador constituído em empresa individual, é facultado ao empregado rescindir o contrato de trabalho.*

Morte do Empregado

Quando o empregado morre, obviamente, a relação de emprego acaba, de forma que as verbas rescisórias são pagas segundo o comando da Lei 6.858/1980, a qual em seu art. 1º define que:

> ***Art. 1º*** *- Os valores devidos pelos empregadores aos empregados e os montantes das contas individuais do Fundo de Garantia do Tempo de Serviço e do Fundo de Participação PIS-PASEP, não recebidos em vida pelos respectivos titulares, serão pagos, em quotas iguais, aos dependentes habilitados perante a Previdência Social ou na forma da legislação específica dos servidores civis e militares, e, na sua falta, aos sucessores previstos na lei civil, indicados em alvará judicial, independentemente de inventário ou arrolamento.*
>
> ***§ 1º*** *- As quotas atribuídas a menores ficarão depositadas em caderneta de poupança, rendendo juros e correção monetária, e só serão disponíveis após o menor completar 18 (dezoito) anos, salvo autorização do juiz para aquisição de imóvel destinado à residência do menor e de sua família ou para dispêndio necessário à subsistência e educação do menor.*
>
> ***§ 2º*** *- Inexistindo dependentes ou sucessores, os valores de que trata este Art. reverterão em favor, respectivamente, do Fundo de Previdência e Assistência Social, do Fundo de Garantia do Tempo de Serviço ou do Fundo de Participação PIS-PASEP, conforme se tratar de quantias devidas pelo empregador ou de contas de FGTS e do Fundo PIS PASEP.*

As verbas rescisórias serão as mesmas de quando o empregado pede demissão - saldo de salário, férias vencidas, e proporcionais, 13º salário proporcional. A família poderá sacar os valores depositados na conta do FGTS. Não haverá, assim, aviso prévio, nem multa de 40% sobre o FGTS.

Contudo, e se o empregado morreu em decorrência de acidente do trabalho, com culpa da empresa? Nesse caso, como a empresa cometeu ato gravíssimo, a rescisão equivale à sem justa causa, quando o empregador estará obrigado a pagar aviso prévio indenizado, multa de 40% sobre o FGTS, bem como a multa do Art. 477, se ultrapassado o prazo de 10 dias no pagamento.

Obrigações legais do empregado

A CLT, ainda, permite ao empregado, quando tiver obrigações legais incompatíveis com a continuação do serviço, suspender o vínculo empregatício ou cessar a relação de emprego. Aqui, também é caso de pedido de demissão, sem que o empregado tenha que conceder aviso prévio à empresa.

É um exemplo de tais obrigações legais o exercício de mandado parlamentar pelo empregado.

> ***Art. 483§1º*** *- O empregado poderá suspender a prestação dos serviços ou rescindir o contrato, quando tiver de desempenhar obrigações legais, incompatíveis com a continuação do serviço.*

Fato do Príncipe (*Factum Principis*)

O fato do príncipe é o caso em que medidas adotadas pelo Governo fazem com que o negócio seja inviável, acarretando o encerramento das atividades, sendo que as indenizações aos empregados são suportadas pelo Estado. Dispõe a CLT:

> ***Art. 486*** *- No caso de paralisação temporária ou definitiva do trabalho, motivada por ato de autoridade municipal, estadual ou federal, ou pela promulgação de lei ou resolução que impossibilite a continuação da atividade, prevalecerá o pagamento da indenização, que ficará a cargo do governo responsável.*

Contudo, é raro isso ocorrer na prática, pois, em regra, as mudanças de políticas econômicas ou fiscais constituem um risco do empreendimento, que é suportado pelo empregador. Cite-se a majoração do imposto de importação de veículos realizada pelo Governo Federal, que atingiu frontalmente os importadores - para o Direito do Trabalho, é risco da empresa, devendo ela pagar as indenizações dos seus empregados, caso os dispense.

Exercício Comentado

01. ***Conforme a lei e a jurisprudência dominante do Tribunal Superior do Trabalho, em caso de rescisão do contrato de trabalho por:***

a) Morte do empregado, é devido aos herdeiros o pagamento do saldo salarial, aviso prévio, levantamento dos depósitos do FGTS, 13º salário e férias vencidas e proporcionais acrescidas de adicional constitucional, dentre outros direitos.

b) Justa causa, é devido ao empregado o pagamento do saldo salarial e das férias vencidas e proporcionais, acrescidas do adicional constitucional, não sendo possível o saque dos depósitos do FGTS, dentre outros direitos.

c) Por morte do empregador em caso de encerramento das atividades da empresa, é devido ao empregado o pagamento do saldo salarial, aviso prévio, 13º salário, férias vencidas e proporcionais acrescidas do adicional constitucional, dentre outros direitos.

d) Culpa recíproca, é devido ao empregado o pagamento do período de aviso prévio integral, além de 50% do 13º salário e das férias vencidas e proporcionais, acrescidas de adicional constitucional, dentre outros direitos.

e) Dispensa indireta, é devido ao empregado o pagamento do saldo salarial, aviso prévio, férias vencidas e proporcionais, acrescidas do adicional constitucional, 13º salário, não sendo possível o saque dos depósitos do FGTS, dentre outros direitos.

RESPOSTA ***"C". Essa questão reSúm.e bem o lecionado nos tópicos acima. A morte do empregador equivale-se à dispensa sem justa causa, de forma que o empregado tem direito às verbas rescisórias citadas na assertiva.***

A alternativa "A" está errada, pois não há aviso prévio em caso de morte do empregado, nem sequer foi a empresa que deu causa à rescisão. Como a questão não fala, preSúm.e-se que tenha sido morte sem culpa da empresa.

A alternativa "B" está errada, uma vez que, na dispensa por justa causa, o empregado não recebe férias proporcionais, nem 13º proporcional.

A alternativa "D" está errada, tendo em vista que, na culpa recíproca, o empregado recebe 50% do aviso prévio, das férias proporcionais, do 13º salário e da multa do FGTS. Contudo, as férias vencidas receberá integralmente, pois já havia adquirido tal direito.

Por fim, a alternativa "E" está errada, em razão de ser possível o saque do FGTS.

Comissão de Conciliação Prévia

As comissões de conciliação prévia foram criadas para tentar desafogar o Poder Judiciário, bem como para privilegiar o princípio do acordo nas lides trabalhistas, sendo uma forma extrajudicial de empresa e empregado resolverem suas pendências trabalhistas. A atuação da Comissão de Conciliação Prévia é considerada espécie de mediação; uma vez que ela não tem poder decisório, as partes devem entrar em acordo.

Não obstante a CLT determinar a obrigatoriedade de toda a demanda trabalhista ser submetida à CCP, o STF julgou e deu interpretação conforme a Constituição a tal disposição legal, considerando não obrigatória a utilização da comissão, sendo somente uma opção do empregado a ela submeter-se.

As comissões de conciliação prévia podem ser constituídas na empresa ou serem intersindicais, sendo que, se houver as duas na mesma localidade, o empregado escolherá qual das comissões utilizará.

> ***Art. 625-A.*** *As empresas e os sindicatos podem instituir Comissões de Conciliação Prévia, de composição paritária, com representante dos empregados e dos empregadores, com a atribuição de tentar conciliar os conflitos individuais do trabalho. Parágrafo único. As Comissões referidas no caput deste Art. poderão ser constituídas por grupos de empresas ou ter caráter intersindical.*
>
> ***Art. 625-D.*** *Qualquer demanda de natureza trabalhista será submetida à Comissão de Conciliação Prévia se, na localidade da prestação de serviços, houver sido instituída a Comissão no âmbito da empresa ou do sindicato da categoria.*
>
> ***§1º A*** *demanda será formulada por escrito ou reduzida a tempo por qualquer dos membros da Comissão, sendo entregue cópia datada e assinada pelo membro aos interessados.*
>
> ***§2º*** *Não prosperando a conciliação, será fornecida ao empregado e ao empregador declaração da tentativa conciliatória frustrada com a descrição de seu objeto, firmada pelos membros da Comissão, que devera ser juntada à eventual reclamação trabalhista.*
>
> ***§3º*** *Em caso de motivo relevante que impossibilite a observância do procedimento previsto no caput deste Art., será a circunstância declarada na petição da ação intentada perante a Justiça do Trabalho.*
>
> ***§4º*** *Caso exista, na mesma localidade e para a mesma categoria, Comissão de empresa e Comissão sindical, o interessado optará por uma delas submeter a sua demanda, sendo competente aquela que primeiro conhecer do pedido.*

As comissões no âmbito da empresa terão, no mínimo, 2 e, no máximo, 10 representantes, além de suplentes em mesmo número, sendo metade dos representantes indicados pelo empregador e metade deles eleitos pelos empregados.

Os representantes dos empregados terão estabilidade provisória até um ano após o final de seu mandato, salvo se cometerem falta grave, e podem ser reeleitos uma única vez. A doutrina entende que os representantes dos empregados nas comissões intersindicais também gozarão de estabilidade provisória, apesar do texto restritivo da CLT.

Como o art. 625-B, §1º não fala quando começa a estabilidade, há dois posicionamentos:

> Que é da eleição, até um ano após o final do mandato.

> Que é do registro da candidatura, até um ano após o final do mandato (por analogia às estabilidades do dirigente sindical e do membro da CIPA).

Tem prevalecido o entendimento de que a estabilidade do membro representante dos empregados na CCP inicia com a "eleição", já tendo as bancas de concurso se manifestado nesse sentido.

Fique Ligado

A estabilidade do membro representante dos empregados na CIPA ocorre desde o registro da candidatura até um ano após o final do mandato. Não confundir com a estabilidade do representante do empregado na CCP, que refere-se à eleição.

Os membros da comissão atuarão normalmente em suas funções na empresa, somente se ausentando nos períodos de funcionamento da CCP. Tal ausência é interrupção do contrato de trabalho, ou seja, conta tempo de serviço e é pago o salário, mesmo que o empregado não esteja efetivamente trabalhando.

As comissões intersindicais serão reguladas pela ACT ou pelo CCT que a instituir, mas, de qualquer forma, devem ter o mesmo número de representantes dos empregados e dos empregadores.

> ***Art. 625-B.*** *A Comissão instituída no âmbito da empresa será composta de, no mínimo, dois e, no máximo, dez membros, e observará as seguintes normas:*
>
> ***I.*** *A metade de seus membros será indicada pelo empregador e outra metade eleita pelos empregados, em escrutínio, secreto, fiscalizado pelo sindicato de categoria profissional;*
>
> ***II.*** *Haverá na Comissão tantos suplentes quantos forem os representantes titulares;*
>
> ***III.*** *O mandato dos seus membros, titulares e suplentes, é de um ano, permitida uma recondução.*
>
> ***§1º*** *É vedada a dispensa dos representantes dos empregados membros da Comissão de Conciliação Prévia, titulares e suplentes, até um ano após o final do mandato, salvo se cometerem falta, nos termos da lei.*
>
> ***§2º*** *O representante dos empregados desenvolverá seu trabalho normal na empresa afastando-se de suas atividades apenas quando convocado para atuar como conciliador, sendo computado como tempo de trabalho efetivo o despendido nessa atividade.*
>
> ***Art. 625-C.*** *A Comissão instituída no âmbito do sindicato terá sua constituição e normas de funcionamento definidas em convenção ou acordo coletivo.*

Decidindo o empregado utilizar a CCP, após feito o pedido, a comissão terá 10 dias para instalar a sessão. O pedido pode ser feito por escrito ou verbalmente, mas, nesse caso, será reduzido a termo por qualquer membro da comissão. Se for celebrado acordo, será lavrado termo de conciliação, o qual será título executivo extrajudicial, executado perante a Justiça do Trabalho, em caso de descumprimento.

A CLT diz que o termo conciliação dará eficácia liberatória geral, exceto no que for ressalvado no próprio termo. Essa regra tem sido aplicada de forma majoritária pelo TST, ou seja, demandando perante a CCP, se o termo não contiver ressalvas, os direitos relativos ao contrato de trabalho não poderão mais ser cobrados na Justiça do Trabalho.

> ***Art. 625-E.*** *Aceita a conciliação, será lavrado termo assinado pelo empregado, pelo empregador ou seu proposto e pelos membros da Comissão, fornecendo-se cópia às partes.*
>
> ***Parágrafo único.*** *O termo de conciliação é título executivo extrajudicial e terá eficácia liberatória geral, exceto quanto às parcelas expressamente ressalvadas.*
>
> ***Art. 625-F.*** *As Comissões de Conciliação Prévia têm prazo de dez dias para a realização da sessão de tentativa de conciliação a partir da provocação do interessado.*
>
> ***Parágrafo único.*** *Esgotado o prazo sem a realização da sessão, será fornecida, no último dia do prazo, a declaração a que se refere o § 2º do art. 625-D.*

A partir do momento em que o empregado demandou perante a CCP, o prazo prescricional será suspenso, sendo que, após os 10 dias para ser instalada a sessão ou após sua efetiva ocorrência, o prazo volta a correr pelo que resta.

> ***Art. 625-G.*** *O prazo prescricional será suspenso a partir da provocação da Comissão de Conciliação Prévia, recomeçando a fluir, pelo que lhe resta, a partir da tentativa frustrada de conciliação ou do esgotamento do prazo previsto no art. 625-F.*

Como antes dessa criação legal já existiam institutos semelhantes em alguns sindicatos, a Lei decidiu que a eles também se aplicam suas disposições.

> ***Art. 625-H.*** *Aplicam-se aos Núcleos Intersindicais de Conciliação Trabalhista em funcionamento ou que vierem a ser criados, no que couber, as disposições previstas neste Título, desde que observados os princípios da paridade e da negociação coletiva na sua constituição.*

Para encerrar o estudo sobre a Comissão de Conciliação Prévia, ela não pode ser utilizada para homologar a rescisão do contrato de trabalho, sob pena de ser declarada sua nulidade. Tal procedimento é fraude trabalhista, uma vez que a homologação é feita perante o sindicato obreiro. A CCP é uma via alternativa à judicial, não se confundindo com homologação e confecção do TRCT.

Vamos Praticar

01. (FCC) Considere as seguintes verbas:

I. Férias vencidas acrescidas de 1/3.
II. Saldo de salário.
III. 13º salário proporcional.
IV. Férias proporcionais.

Na rescisão do contrato de trabalho, tendo em vista a dispensa de empregado contratado há mais de um ano, com justa causa, serão devidas as verbas indicadas APENAS em:

a) I e II.
b) I, II e IV.
c) I, II, III e IV.
d) II e III.
e) II, III e IV.

Quanto à indenização rescisória, julgue o item a seguir:

02. (CESPE) A indenização adicional, devida em razão de rescisão contratual imotivada no trintídio que antecede a data-base, corresponde ao salário mensal, no valor devido na data da comunicação do despedimento, integrado pelos adicionais legais ou convencionados, ligados à unidade de tempo mês, não sendo computável a gratificação natalina.

Certo ( ) Errado ( )

03. (CESPE) Acerca de rescisão de contrato de trabalho, assinale a opção correta:

a) Na hipótese de cumprimento do aviso prévio, o pagamento das parcelas constantes do instrumento de rescisão ou recibo de quitação deverá ser efetuado até o primeiro dia útil imediato ao término do contrato.

b) Qualquer compensação no pagamento da rescisão contratual não poderá exceder o valor equivalente a três meses de remuneração do empregado.

c) Para os casos de rescisão do contrato de trabalho de empregado, com mais de um ano de serviço, a Lei exige a assistência do sindicato ou da autoridade do Ministério do Trabalho e Emprego para a validade do recibo de quitação, formalidade não exigida para o pedido de demissão.

d) É eficaz a quitação genérica outorgada pelo empregado na rescisão contratual.

04. (FCC) Considere as seguintes assertivas a respeito da rescisão do contrato de trabalho:

I. Reconhecida a culpa recíproca na rescisão do contrato de trabalho, o empregado tem direito a 50% do valor do aviso prévio, do décimo terceiro salário e das férias proporcionais.

II. Considera-se justa causa para rescisão do contrato de trabalho, dentre outras hipóteses, a condenação criminal do empregado, ainda que não transitada em julgado, bem como a negociação habitual por conta própria.

III. Reduzindo o empregador o trabalho do empregado, sendo este por peça ou tarefa, de forma a afetar sensivelmente a importância dos salários, pode o obreiro considerar rescindido indiretamente o contrato de trabalho.

IV. Desobediência a ordens diretas do empregador que digam respeito a atribuições do cargo do empregado, constitui, especificamente, ato de indisciplina, justificando a resolução do contrato de trabalho por justa causa obreira.

Está correto o que consta apenas em:

a) II e III.

b) I e III.

c) I e II.

d) II e IV.

e) I, III e IV.

05. (FCC) Bruno, empregado da empresa AS, através de contrato individual de trabalho, por prazo indeterminado, recebeu suspensão disciplinar pelo prazo de noventa dias consecutivos. Neste caso:

a) Considera-se que houve rescisão do contrato de trabalho por culpa da empresa AS, sendo devido, dentre outras verbas, o aviso prévio.

b) Considera-se que houve rescisão do contrato de trabalho por culpa da empresa AS, não sendo devido o aviso prévio em razão da suspensão disciplinar.

c) Considera-se que houve rescisão do contrato de trabalho por culpa de Bruno, não sendo devido o aviso prévio em razão da suspensão disciplinar.

d) Considera-se que houve rescisão do contrato de trabalho por culpa recíproca, sendo devido, dentre outras verbas, o aviso prévio.

e) Considera-se que houve rescisão do contrato de trabalho por culpa recíproca, não sendo devido o aviso prévio em razão da suspensão disciplinar.

06. (FGV) O empregado João foi contratado para trabalhar como caixa de um supermercado. No ato de admissão, foi-lhe entregue o regulamento da empresa, no qual constava a obrigatoriedade do uso do uniforme para o exercício do trabalho. Entretanto, cerca de cinco meses após a contratação, João compareceu para trabalhar sem o uniforme e, por isso, foi advertido. Um mês depois, o fato se repetiu e João foi suspenso por 3 dias. Passados mais 2 meses, João compareceu novamente sem uniforme, tendo sido suspenso por 30 dias. Ao retornar da suspensão foi encaminhado ao departamento de pessoal, no qual tomou ciência da sua dispensa por justa causa (indisciplina - art. 482, h da CLT).

Diante deste caso concreto:

a) Está correta a aplicação da justa causa, uma vez que João descumpriu reiteradamente as ordens genéricas do empregador contidas no regulamento geral.

b) Está incorreta a aplicação da justa causa, uma vez que João cometeu ato de insubordinação e não de indisciplina.

c) Está incorreta a aplicação da justa causa, uma vez que João cometeu mau procedimento.

d) Está incorreta a aplicação da justa causa, uma vez que o empregador praticou *bis in idem*, ao punir João duas vezes pelo mesmo fato.

No que concerne a contrato de trabalho, julgue os itens a seguir.

07. (CESPE) Ocorrendo demissão imotivada do obreiro, com cumprimento do aviso prévio, o empregador deve pagar a rescisão contratual no prazo de dez dias após o término do contrato havido.

Certo ( ) Errado ( )

08. (FCC) Considerando as previsões da CLT sobre rescisão do contrato de trabalho, é INCORRETO afirmar:

a) No caso de morte do empregador constituído em empresa individual, é facultado ao empregado rescindir o contrato de trabalho.

b) No caso de paralisação temporária ou definitiva do trabalho, motivada por ato de autoridade municipal, estadual ou federal, ou pela promulgação de lei ou resolução que impossibilite a continuação da atividade, prevalecerá o pagamento da indenização, que ficará a cargo do Governo responsável.

c) Havendo culpa recíproca no ato que determinou a rescisão do contrato de trabalho, não há que se falar em recebimento de indenização.

d) Nos contratos que tenham termo estipulado, o empregador que, sem justa causa, despedir o empregado, será obrigado a pagar-lhe, a título de indenização, e por metade, a remuneração a que teria direito até o término do contrato.

e) Aos contratos por prazo determinado que contiverem cláusula assecuratória do direito recíproco de rescisão antes de expirado o termo ajustado, aplicam-se, caso seja exercido tal direito por qualquer das partes, os princípios que regem a rescisão dos contratos por prazo indeterminado.

09. (FCC) Clodoaldo, empregado da empresa "VV" há cinco anos, forneceu informação falsa quanto às necessidades de deslocamento de sua residência para o seu local de trabalho, visando a receber maiores vantagens, a título de vale transporte. Neste caso, Clodoaldo:

a) Praticou falta grave, passível de rescisão de seu contrato de trabalho por justa causa, em razão da prática de ato de incontinência de conduta.

b) Praticou falta grave, passível de rescisão de seu contrato de trabalho por justa causa, em razão da prática de ato de improbidade.

c) Praticou falta grave, passível de rescisão de seu contrato de trabalho por justa causa, em razão da prática de ato de insubordinação.

d) Praticou falta grave, passível de rescisão de seu contrato de trabalho por justa causa, em razão da prática de ato de indisciplina.

e) Não praticou falta grave passível de rescisão de seu contrato de trabalho, mas deverá receber punição disciplinar em razão da conduta descrita.

10. (FCC) Venus trabalha há quatro meses na Clínica Médica Celta, exercendo as funções de secretária-recepcionista. Durante esse período, a empregada faltou por 25 dias alternados, sem apresentar justificativa legal para estas ausências. Nos dias em que compareceu ao trabalho, Venus frequentemente chegou com alguns minutos de atraso, bem como se esqueceu de agendar duas consultas, sofrendo advertências verbais e por escrito, além de duas suspensões. Nesta situação, a atitude da empregada enseja a rescisão do contrato por justa causa por:

a) Abandono de emprego.

b) Ato de insubordinação.

c) Ato de indisciplina.

d) Ato de improbidade.

e) Desídia no desempenho das funções.

11. (FCC) Diariamente e durante o horário de expediente, uma empregada expõe e vende produtos de higiene e beleza para seus colegas de trabalho, sem a permissão do seu empregador. Tal situação configura motivo para rescisão contratual por justa causa?

a) Não, porque seria apenas motivo para advertência ou suspensão do empregado.

b) Não, porque não há previsão legal para tal situação de rescisão por justa causa.

c) Sim, porque o fato é grave, embora não esteja previsto em Lei.

d) Sim, porque o fato está tipificado em Lei como justa causa para rescisão do contrato pelo empregador.

e) Não, porque o fato não é tão grave e poderia apenas ensejar a rescisão sem justa causa.

12. (FCC) Joana labora para a empresa W e está sofrendo assédio sexual por chantagem de seu superior hierárquico, Gildo, tendo em vista que o mesmo solicita a prestação de atividade sexual, sob pena de Joana perder o emprego. A empresa descobriu a conduta de Gildo e pretende dispensá-lo pela prática da falta grave, caracterizada especificamente por:

a) Indisciplina.

b) Desídia.

c) Incontinência de conduta.

d) Insubordinação.

e) Ato de improbidade.

13. (FCC) Carmelita, empregada da empresa Doce Amor, desrespeitou norma geral de sua empregadora quando reutilizou o mesmo uniforme durante toda a semana. Neste caso, Carmelita:

a) Não está sujeita à dispensa por justa causa, uma vez que não praticou qualquer ato configurador deste tipo de dispensa, segundo a Consolidação das Leis do Trabalho.

b) Está sujeita à dispensa por justa causa, em razão da prática de ato de insubordinação.

c) Está sujeita à dispensa por justa causa, em razão da prática de ato de indisciplina.

d) Está sujeita à dispensa por justa causa, em razão da prática de ato de desídia.

e) Está sujeita à dispensa por justa causa, em razão da prática de ato de incontinência de conduta.

14. (FCC) Joaquim cometeu delito tipificado pelo Código Penal brasileiro e sofreu condenação em primeira instância. Seu advogado apresentou recurso cabível tempestivamente, porém, ainda não houve julgamento. Diante desta situação, seu contrato individual de trabalho, por prazo determinado:

a) Não sofrerá qualquer alteração.

b) Poderá ser rescindido por justa causa obreira.

c) Será suspenso.

d) Será interrompido.

e) Será automaticamente rescindido por força maior.

15. (FCC) Com relação à extinção do contrato individual de trabalho, por justa causa, praticado pelo empregado, é correto afirmar:

a) A gravidade do ato praticado pelo empregado é um elemento objetivo da justa causa.

b) O empregado que descumpre norma contida em circular interna da empresa pratica ato de insubordinação.

c) O ônus da prova da existência de justa causa para a dispensa do empregado é do próprio empregado.

d) Em regra, o empregador poderá aplicar dupla punição pelo mesmo ato praticado pelo empregado.

e) Para haver justa causa, é necessário que o empregado seja condenado criminalmente, com sentença proferida em primeira instância.

16. (FCC) A empresa encerrou suas atividades em razão de ato de desapropriação do Poder Público e, por consequência, os contratos de trabalho foram rescindidos, por:

a) Força maior, sendo indevida qualquer indenização aos empregados.

b) Culpa recíproca, ficando o empregador responsável pelo pagamento da metade da indenização devida aos empregados.

c) *Factum principis*, incumbindo ao órgão expropriante o pagamento da indenização devida aos empregados.

d) Rescisão sem justa causa, incumbindo ao órgão expropriante e ao empregador, em partes iguais, o pagamento de indenização devida ao empregado.

e) Rescisão indireta, ficando o empregador responsável pelo pagamento da indenização devida aos empregados.

A cessação do contrato de trabalho é a terminação do vínculo de emprego, com a extinção das obrigações para os contratantes. No que se refere à cessação do contrato de trabalho, julgue os itens a seguir:

17. (CESPE) O pedido de demissão do empregado ao empregador e a dispensa do empregado pelo empregador são atos bilaterais.

Certo ( )   Errado ( )

18. (FCC) Em se tratando de Comissões de Conciliação Prévia - CCP, conforme determina a legislação trabalhista, é correto afirmar:

a) As empresas e os sindicatos podem instituir Comissões de Conciliação Prévia, de composição paritária, com representantes dos empregados e dos empregadores, não se admitindo a sua constituição por grupo de empresas ou em caráter intersindical.

b) Caso exista, na mesma localidade e para a mesma categoria, Comissão de Empresa e Comissão Sindical, o interessado deverá submeter a sua demanda perante a sindical.

c) O mandato dos membros da CCP, titulares e suplentes, é de dois anos, permitida duas reconduções.

d) É vedada a dispensa dos membros da CCP, titulares e suplentes, até seis meses após o final do mandato, salvo se cometerem falta grave, nos termos da Lei.

e) Aceita a conciliação, será lavrado termo assinado pelo empregado, pelo empregador ou seu preposto e pelos membros da Comissão, sendo que o termo de conciliação é título executivo extrajudicial.

19. (FCC) As Comissões de Conciliação Prévia:

a) Terão membros com mandato de dois anos, vedada a recondução.

b) Não poderão ser constituídas por grupos de empresas.

c) Poderão ser instituídas com apenas dois membros.

d) Terão membros com mandato de um ano, vedada a recondução.

e) Terão o dobro de suplentes em relação ao número de seus membros.

20. (FCC) De acordo com a Consolidação das Leis do Trabalho, as Comissões de Conciliação Prévia:

a) Têm prazo de dez dias para a realização da sessão de tentativa de conciliação, a partir da intimação da parte contrária (reclamada).

b) Não possuem prazo preestabelecido na legislação trabalhista supramencionada para a realização da sessão de tentativa de conciliação.

c) Têm prazo de trinta dias para a realização da sessão de tentativa de conciliação, a partir da intimação da parte contrária (reclamada).

d) Têm prazo de trinta dias para a realização da sessão de tentativa de conciliação, a partir da provocação do interessado.

e) Têm prazo de dez dias para a realização da sessão de tentativa de conciliação, a partir da provocação do interessado.

Gabarito

01	A	11	D
02	CERTO	12	C
03	A	13	C
04	B	14	A
05	A	15	A
06	D	16	C
07	ERRADO	17	ERRADO
08	C	18	E
09	B	19	C
10	E	20	E

Anotações

CAPÍTULO 08

Estabilidade, FGTS, Aviso Prévio, Prescrição e Decadência

Neste capítulo, serão estudados as principais estabilidades existentes no emprego, bem como as principais características do Fundo de Garantia por Tempo de Serviço (FGTS). Ainda, será abordado o aviso prévio, que é aquela comunicação necessária para dar fim à relação de emprego. Por fim, serão estudados os casos de prescrição e de decadência, bem como as diferenças entre tais institutos.

Estabilidade no Emprego

A CLT, em seu princípio, previa o sistema de estabilidade decenal, que consistia em o empregado ter garantia no emprego, caso trabalhasse por 10 anos ou mais para o mesmo empregador. Antes de adquirir a estabilidade, o empregado, caso fosse dispensado sem justa causa, teria direito a 1 mês de salário para cada ano ou fração superior a seis meses trabalhados.

O empregado protegido por tal estabilidade somente poderia ser dispensado mediante inquérito judicial para apuração de falta grave, ou seja, a dispensa não era um direito protestativo do empregador e a falta grave deveria ser comprovada na Justiça. Após a ocorrência da falta, o empregador poderia suspender o empregado preventivamente, tendo prazo de 30 dias para ajuizar o inquérito.

Ocorre que em, 1966, foi instituída uma opção ao regime da estabilidade decenal, podendo o empregado escolher ser integrado ao sistema do FGTS. Após 1988, o sistema do FGTS tornou-se obrigatório, sendo que a estabilidade decenal deixou de existir, somente não afetando quem já a havia conquistado.

O sistema do FGTS e o da estabilidade decenal são incompatíveis entre si, não podendo o empregado acumular ambos, o que não ocorre com outras estabilidades, mesmo aquelas previstas em regulamentos da empresa. Conforme sedimentou o TST:

> ***Súm. 98 FGTS****. Indenização. Equivalência. Compatibilidade.*
>
> ***I.*** *A equivalência entre os regimes do Fundo de Garantia do Tempo de Serviço e da estabilidade prevista na CLT é meramente jurídica e não econômica, sendo indevidos valores a título de reposição de diferenças.*
>
> ***II.*** *A estabilidade contratual ou a derivada de regulamento de empresa são compatíveis com o regime do FGTS. Diversamente ocorre com a estabilidade legal (decenal, art. 492 da CLT), que é renunciada com a opção pelo FGTS.*

A Constituição Federal, além de instituir o regime do FGTS, no art. 7º, inciso I, previu a proteção contra a dispensa arbitrária ou sem justa causa, nos termos de Lei Complementar, a qual até hoje não foi editada.

Dessa forma, atualmente, não há estabilidade geral para os empregados, mas somente estabilidades específicas, sendo as mais importantes: a estabilidade da gestante, do sindicalista, de alguns empregados públicos, do representante dos empregados na CIPA, do representante dos empregados na CCP, dos empregados eleitos diretores de cooperativa, do acidentado afastado por mais de 15 dias e dos membros do Conselho Nacional da Previdência Social e do conselho curador do Fundo de Garantia por Tempo de Serviço.

Quando um empregado detém estabilidade provisória, ele não pode ser dispensado sem justa causa; mas, se isso ocorrer, ele pode requerer, na Justiça, a reintegração ao emprego e, não sendo isso possível, a indenização do período que possuía estabilidade. Caso o empregado requeira somente a reintegração, mas já não esteja no período de estabilidade, pode o Poder Judiciário condenar a empresa a pagar os salários do período, sem que isso configure pedido *extra petita*.

> ***Súm. 396****: Estabilidade Provisória. Pedido de Reintegração. Concessão do Salário Relativo ao Período de Estabilidade já Exaurido. Inexistência de Julgamento "Extra Petita".*
>
> ***I.*** *Exaurido o período de estabilidade, são devidos ao empregado apenas os salários do período compreendido entre a data da despedida e o final do período de estabilidade, não lhe sendo assegurada a reintegração no emprego.*
>
> ***II.*** *Não há nulidade por julgamento "extra petita" da decisão que deferir salário quando o pedido for de reintegração, dados os termos do art. 496 da CLT.*

Cabe sublinhar que, se o Poder Judiciário conceder tutela antecipada para reintegrar o detentor de estabilidade provisória, tal decisão não pode ser atacada por Mandado de Segurança.

> ***OJ-SDI2-64****: Mandado de Segurança. Reintegração Liminarmente Concedida. Não fere direito líquido e certo a concessão de tutela antecipada para reintegração de empregado protegido por estabilidade provisória decorrente de lei ou norma coletiva.*

Mesmo se o empregado esperar o término do período de estabilidade acabar, quando, então, somente seria possível a indenização, não há que se falar em abuso de direito por parte do empregado, pois ele tem o prazo prescricional previsto na Constituição para ajuizar a ação, conforme entendimento do TST. Até no caso da gestante dispensada, sem que o empregador soubesse da gestação, este terá que indenizar tal período.

> ***OJ-SDI1-399****: Estabilidade Provisória. Ação trabalhista ajuizada após o término do período de garantia no emprego. Abuso do exercício do direito de ação. Não Configuração. Indenização Devida. O ajuizamento de ação trabalhista após decorrido o período de garantia de emprego não configura abuso do exercício do direito de ação, pois este está submetido apenas ao prazo prescricional inscrito no art. 7º, XXIX, da CF/1988, sendo devida a indenização desde a dispensa até a data do término do período estabilitário.*

A CLT prevê o Inquérito para Apuração de Falta Grave, espécie de ação judicial de que a empresa necessita para dispensar o trabalhador, porém, ele não é necessário para todos os tipos de estabilidade, havendo dúvidas na doutrina a respeito das situações em que é obrigatório.

As duas estabilidades em que é pacífica a necessidade do inquérito são a antiga estabilidade decenal e a estabilidade do dirigente sindical - nesses casos, é certo que o empregador precisa ajuizar o Inquérito para apuração de falta grave.

Por vezes, os instrumentos coletivos criam novas estabilidades (por exemplo, para os empregados prestes a se aposentar).

Desse modo, se o empregado adquirir a estabilidade na vigência do instrumento coletivo, ele não poderá ser dispensado sem justa causa, mesmo que esta cláusula deixe de existir.

Por exemplo, a CCT de 2005 previa estabilidade para os empregados que serão aposentados em menos de cinco anos. Mesmo se as convenções de 2006 em diante não renovarem tal disposição, o empregado que, em 2005, já cumprisse essa diretriz não poderia mais ser dispensado sem justa causa.

> ***OJ-SDI1-41:*** *Estabilidade. Instrumento Normativo. Vigência. Eficácia. Preenchidos todos os pressupostos para a aquisição de estabilidade decorrente de acidente ou doença profissional, ainda durante a vigência do instrumento normativo, goza o empregado de estabilidade mesmo após o término da vigência deste.*

Estabilidade da Gestante

A gestante tem estabilidade desde a confirmação da gravidez até 5 meses após o parto, conforme Art. 10, das disposições transitórias constitucionais.

> ***Art. 10****. Até que seja promulgada a lei complementar a que se refere o art. 7º, I, da Constituição:*
>
> ***II.*** *Fica vedada a dispensa arbitrária ou sem justa causa:*
>
> ***b)*** *Da empregada gestante, desde a confirmação da gravidez até cinco meses após o parto.*

A interpretação é que a estabilidade decorre da gravidez e não do conhecimento pela empresa ou até mesmo pela própria empregada, de forma que não é necessário que a gestante comunique à empresa, sendo que nem norma coletiva pode condicionar a aquisição da estabilidade à eventual comunicação.

Fique Ligado

O TST, recentemente, mudou seu posicionamento, de forma que, atualmente, no contrato por prazo determinado, mesmo no contrato de experiência, haverá estabilidade para a gestante, desde a confirmação da gravidez até 5 meses após o parto.

> ***Súm. 244****: Gestante. Estabilidade Provisória.*
>
> ***I.*** *O desconhecimento do estado gravídico pelo empregador não afasta o direito ao pagamento da indenização decorrente da estabilidade (art. 10, II, "b" do ADCT).*
>
> ***II.*** *A garantia de emprego à gestante só autoriza a reintegração se esta se der durante o período de estabilidade. Do contrário, a garantia restringe-se aos salários e demais direitos correspondentes ao período de estabilidade.*
>
> ***III.*** *A empregada gestante tem direito à estabilidade provisória prevista no art. 10, inciso II, alínea b, do ADCT, mesmo na hipótese de admissão mediante contrato por tempo determinado.*
>
> *1****Art. 391-A****. A confirmação do estado de gravidez advindo no curso do contrato de trabalho, ainda que durante o prazo do aviso prévio trabalhado ou indenizado, garante à empregada gestante a estabilidade provisória prevista na alínea b do inciso II do art. 10 do Ato das Disposições Constitucionais Transitórias.*

Fique Ligado

No aviso prévio, cumprido ou indenizado, HAVERÁ estabilidade para a gestante.

Outra questão interessante é que caso a mulher grávida seja dispensada e aborte no 3º mês de gestação, não terá estabilidade até 5 meses após o parto; logo, não será indenizada por todo o período, terá indenização até o 3º mês, mais as 2 semanas de que trata o art. 135, da CLT. O TST já se pronunciou nesse sentido.

Por fim, a estabilidade da gestante é direito constitucional irrenunciável, mesmo que por norma coletiva, não podendo ACT ou CCT afastar a estabilidade. Não significa, por óbvio, que a empregada não possa pedir demissão por vontade própria, mas ela não pode ter sido pressionada ou coagida a isso.

> ***OJ-SDC-30:*** *Estabilidade da Gestante. Renúncia ou transação de direitos constitucionais. Impossibilidade. Nos termos do art. 10, II, "b", do ADCT, a proteção à maternidade foi erigida à hierarquia constitucional, pois retirou do âmbito do direito potestativo do empregador a possibilidade de despedir arbitrariamente a empregada em estado gravídico. Portanto, a teor do Art. 9º da CLT, torna-se nula de pleno direito a cláusula que estabelece a possibilidade de renúncia ou transação, pela gestante, das garantias referentes à manutenção do emprego e salário.*

Caso a empregada cometa ato que configure justa causa, o empregador poderá dispensá-la por justa causa, mas a gestante poderá ingressar com ação na Justiça do Trabalho, caso entenda injusta a dispensa. Não é necessário Inquérito para Apuração de Falta Grave para dispensa à gestante.

Exercício Comentado

Paula firmou contrato de trabalho, por prazo indeterminado, com uma empresa, onde trabalhou pelo período de três anos. Em 10/10/2008, foi Súm. ariamente demitida, sem justa causa e sem receber qualquer valor rescisório ou indenizatório, embora estivesse com dois meses de gestação.

01. Em face dessa situação hipotética, assinale a opção correta:

a) Caso Paula não tenha informado ao empregador, na data da demissão, o seu estado gestacional, ela não fará jus a qualquer indenização decorrente da estabilidade garantida à gestante.

b) Se ajuizar reclamatória trabalhista até o último dia do prazo prescricional, Paula terá garantido o direito de reintegração ao emprego.

c) Caso ajuíze reclamatória trabalhista no último dia do prazo prescricional, Paula terá direito tão somente aos salários e demais direitos correspondentes ao período de estabilidade garantido à gestante.

d) Se for ajuizada reclamatória após o período da estabilidade garantido à gestante, Paula não terá direito a qualquer efeito jurídico referente à estabilidade.

RESPOSTA ***"C". Para responder à questão corretamente, é necessário perceber que o prazo prescricional é de 2 anos, a contar da rescisão do contrato. Assim, se a empregada ajuizar a ação no último dia de seu prazo prescricional, já terá transcorrido o prazo de 5 meses após o parto, período da estabilidade da gestante. De posse dessas informações, a resolução da questão é encontrada na Súmula 244, II, do TST. Passado o prazo da estabilidade, resta somente pedir a indenização do período, não mais a reintegração no emprego.***

A letra A é errada, pois contraria o item I, da Súmula 244. A letra D, por sua vez, contraria a OJ 399, do TST. A letra B está errada, pois, após o período de estabilidade, cabe só a indenização, não mais a reintegração.

Estabilidade do Dirigente Sindical

A Constituição prevê estabilidade para os dirigentes ou representantes sindicais, desde o registro da candidatura até um ano após o fim do mandato. Essa estabilidade existe para garantir ao empregado que ele efetivamente lute pela sua classe, sem ter medo de ser dispensado.

> ***Art. 8º. VIII***. *É vedada a dispensa do empregado sindicalizado a partir do registro da candidatura a cargo de direção ou representação sindical e, se eleito, ainda que suplente, até um ano após o final do mandato, salvo se cometer falta grave nos termos da lei.*

A estabilidade abrange não só a impossibilidade de dispensa, mas, segundo a CLT, também a impossibilidade de transferência do dirigente para outra cidade. Se o próprio empregado pedir a transferência ou aceitá-la, ele perderá seu mandato, pois não poderá representar dignamente a classe longe do seu cotidiano.

O TST relativizou a norma contida no §5º, do Art. 543, de forma que, para o dirigente eleito ter direito à estabilidade, é necessário que o empregador seja comunicado pela entidade sindical, tanto do registro da candidatura como da eleição e da posse do empregado eleito dirigente ou suplente. Porém, essas comunicações devem ser feitas na vigência do contrato de trabalho. Não é mais necessário que a comunicação ocorra em 24 horas, como determina o referido Art., mas não pode o empregado eleito esperar ser dispensado para comunicar ao empregador.

> ***Art. 543*** - *O empregado eleito para cargo de administração sindical ou representação profissional, inclusive junto a órgão de deliberação coletiva, não poderá ser impedido do exercício de suas funções, nem transferido para lugar ou mister que lhe dificulte ou torne impossível o desempenho das suas atribuições sindicais.*
>
> ***§1º*** - *O empregado perderá o mandato se a transferência for por ele solicitada ou voluntàriamente aceita.*
>
> ***§5º*** - *Para os fins deste Art., a entidade sindical comunicará por escrito à empresa, dentro de 24 (vinte e quatro) horas, o dia e a hora do registro da candidatura do seu empregado e, em igual prazo, sua eleição e posse, fornecendo, outrossim, a este, comprovante no mesmo sentido.*

Para não haver abuso de direito, se o empregado registrar sua candidatura no prazo do aviso prévio, trabalhado ou indenizado, não terá estabilidade.

Mesmo os suplentes dos dirigentes eleitos detêm estabilidade; contudo, o limite de 7 dirigentes e 7 suplentes, imposto pela CLT é válido, de forma que, se o sindicato possuir 30 dirigentes e 30 suplentes, somente 7 dirigentes e 7 suplentes terão direito à estabilidade.

Como a estabilidade existe para melhor representação dos trabalhadores e não como uma garantia pessoal do emprego, se o empregado pertencente à categoria profissional diferenciada for eleito, somente gozará de estabilidade se exercer, na empresa, tal função (por exemplo, se um trabalhador foi eleito dirigente sindical do sindicato dos motoristas, mas na sua empresa exerce outra função, não terá estabilidade).

Por esse mesmo motivo, caso a atividade empresarial seja extinta naquela base territorial, não persistirá a estabilidade, uma vez que sua finalidade não é para garantir condição pessoal do empregado.

> ***Súm. 369***: *Dirigente Sindical. Estabilidade Provisória.*
>
> ***I.*** *É assegurada a estabilidade provisória ao empregado dirigente sindical, ainda que a comunicação do registro da candidatura ou da eleição e da posse seja realizada fora do prazo previsto no art. 543, § 5º, da CLT, desde que a ciência ao empregador, por qualquer meio, ocorra na vigência do contrato de trabalho.*
>
> ***II.*** *O art. 522 da CLT foi recepcionado pela Constituição Federal de 1988. Fica limitada, assim, a estabilidade a que alude o art. 543, § 3.º, da CLT a sete dirigentes sindicais e igual número de suplentes.*
>
> ***III.*** *O empregado de categoria diferenciada eleito dirigente sindical só goza de estabilidade se exercer na empresa atividade pertinente à categoria profissional do sindicato para o qual foi eleito dirigente.*
>
> ***IV.*** *Havendo extinção da atividade empresarial no âmbito da base territorial do sindicato, não há razão para subsistir a estabilidade.*
>
> ***V.*** *O registro da candidatura do empregado a cargo de dirigente sindical durante o período de aviso prévio, ainda que indenizado, não lhe assegura a estabilidade, visto que inaplicável a regra do § 3º do art. 543 da Consolidação das Leis do Trabalho.*

Como não há previsão legal, e também porque não atuam diretamente na defesa da categoria, não há estabilidade para os membros do conselho fiscal. Também, não há estabilidade para os delegados sindicais, uma vez que não são eleitos, mas sim designados pela diretoria, conforme entendimento do TST:

> ***OJ-SDI1-365***: *Estabilidade Provisória. Membro de Conselho Fiscal de Sindicato. Inexistência. Membro de conselho fiscal de sindicato não tem direito à estabilidade prevista nos arts. 543, § 3º, da CLT e 8º, VIII, da CF/1988, porquanto não representa ou atua na defesa de direitos da categoria respectiva, tendo sua competência limitada à fiscalização da gestão financeira do sindicato (art. 522, § 2º, da CLT).*
>
> ***OJ-SDI1-369***: *Estabilidade Provisória. Delegado Sindical. Inaplicável. O delegado sindical não é beneficiário da estabilidade provisória prevista no art. 8º, VIII, da CF/1988, a qual é dirigida, exclusivamente, àqueles que exerçam ou ocupem cargos de direção nos sindicatos, submetidos a processo eletivo.*

Por outro lado, o TST tem garantido estabilidade aos dirigentes e suplentes das Federações e Confederações Sindicais, sendo limitado a 2 dirigentes e 2 suplentes indicados por cada sindicato, conforme Art. 538, §4º, da CLT.

O dirigente sindical não pode ser dispensado a não ser que cometa falta grave, entendida como aquela constante do art. 482, da CLT, sendo necessário o ajuizamento do Inquérito para Apuração de Falta Grave - não pode o empregador dispensar diretamente o empregado, segundo pacífico posicionamento da Corte Trabalhista.

É direito do empregador suspender o empregado acusado de cometer falta grave, mas deverá ajuizar o inquérito em 30 dias. Respeitado tal prazo, o empregado permanecerá suspenso até o final julgamento do inquérito.

Sendo improcedente a ação, o empregador será condenado a reintegrar o empregado. Todavia, não sendo aconselhável tal medida, em razão do conflito entre as partes, o empregador pagará indenização dobrada, sendo que o direito aos salários será devido até a data da primeira decisão que determinou a conversão.

Súm. 379: Dirigente Sindical. Despedida. Falta Grave. Inquérito Judicial. Necessidade. O dirigente sindical somente poderá ser dispensado por falta grave mediante a apuração em inquérito judicial, inteligência dos arts. 494 e 543, §3º, da CLT.

***Art. 493** - Constitui falta grave a prática de qualquer dos fatos a que se refere o art. 482, quando por sua repetição ou natureza representem séria violação dos deveres e obrigações do empregado.*

***Art. 494** - O empregado acusado de falta grave poderá ser suspenso de suas funções, mas a sua despedida só se tornará efetiva após o inquérito e que se verifique a procedência da acusação.*

***Parágrafo único** - A suspensão, no caso deste Art., perdurará até a decisão final do processo.*

***Art. 495** - Reconhecida a inexistência de falta grave praticada pelo empregado, fica o empregador obrigado a readmiti-lo no serviço e a pagar-lhe os salários a que teria direito no período da suspensão.*

***Art. 496** - Quando a reintegração do empregado estável for desaconselhável, dado o grau de incompatibilidade resultante do dissídio, especialmente quando for o empregador pessoa física, o tribunal do trabalho poderá converter aquela obrigação em indenização devida nos termos do Art. seguinte.*

***Súm. 28**: Indenização. No caso de se converter a reintegração em indenização dobrada, o direito aos salários é assegurado até a data da primeira decisão que determinou essa conversão.*

Assim, cometida a falta grave pelo empregado, pode o empregador suspendê-lo e, inclusive, impetrar Mandado de Segurança caso o Poder Judiciário conceda liminar determinando a reintegração do trabalhador. Por outro lado, se a empresa, em vez de suspender o empregado, dispensá-lo, o Poder Judiciário poderá determinar liminarmente a reintegração do empregado, não cabendo Mandado de Segurança de tal decisão. Nesse sentido, o posicionamento do TST é o seguinte:

***OJ-SDI2-137**: Mandado de Segurança. Dirigente Sindical. Art. 494 da CLT. Aplicável. Constitui direito líquido e certo do empregador a suspensão do empregado, ainda que detentor de estabilidade sindical, até a decisão final do inquérito em que se apure a falta grave a ele imputada, na forma do art. 494, "caput" e parágrafo único, da CLT.*

***OJ-SDI2-65:** Mandado de Segurança. Reintegração Liminarmente Concedida. Dirigente Sindical. Ressalvada a hipótese do art. 494 da CLT, não fere direito líquido e certo a determinação liminar de reintegração no emprego de dirigente sindical, em face da previsão do inciso X do art. 659 da CLT.*

Cipeiro

A Comissão Interna de Prevenção de Acidentes é um órgão constituído, dentro da empresa, com a finalidade de zelar pela segurança e pela higiene no ambiente de trabalho, sendo que metade dos membros é eleita pelos empregados e metade escolhida pelo empregador. O mandato dos membros eleitos da CIPA é de 1 ano, permitida uma reeleição. A empresa escolherá o presidente, enquanto os trabalhadores escolherão o vice.

A Constituição assegura estabilidade ao cipeiro, desde o registro da candidatura até um ano após o final do mandato, mas somente aos empregados eleitos, ou seja, os designados pelo empregador não detêm estabilidade.

***Art. 10**. Até que seja promulgada a lei complementar a que se refere o art. 7º, I, da Constituição:*

II. Fica vedada a dispensa arbitrária ou sem justa causa:

a) Do empregado eleito para cargo de direção de comissões internas de prevenção de acidentes, desde o registro de sua candidatura até um ano após o final de seu mandato;

A estabilidade do membro eleito para a CIPA não é uma vantagem pessoal, é, na verdade, uma forma de assegurar que tal empregado, efetivamente, lute por um ambiente mais seguro na empresa. Assim, não sendo vantagem pessoal, se a empresa "fechar as portas", não permanece a estabilidade, ou seja, o empregado não terá direito à reintegração, nem à indenização do período restante. Neste sentido, a Súmula 339, do TST.

***Súm. 339**: CIPA. Suplente. Garantia de Emprego. CF/1988.*

I. O suplente da CIPA goza da garantia de emprego prevista no art. 10, II, "a", do ADCT a partir da promulgação da Constituição Federal de 1988.

II. A estabilidade provisória do cipeiro não constitui vantagem pessoal, mas garantia para as atividades dos membros da CIPA, que somente tem razão de ser quando em atividade a empresa. Extinto o estabelecimento, não se verifica a despedida arbitrária, sendo impossível a reintegração e indevida a indenização do período estabilitário.

Membro da Comissão de Conciliação Prévia

A CLT dispõe que os empregados eleitos para compor a CCP, no âmbito da empresa, titulares e suplentes, gozarão de estabilidade até um ano após o mandato.

***Art. 625-B**. A Comissão instituída no âmbito da empresa será composta de, no mínimo, dois e, no máximo, dez membros, e observará as seguintes normas:*

***§1º** É vedada a dispensa dos representantes dos empregados membros da Comissão de Conciliação Prévia, titulares e suplentes, até um ano após o final do mandato, salvo se cometerem falta, nos termos da lei.*

A CLT dá a entender que a estabilidade começa com a eleição, mas existem doutrinadores que entendem que a estabilidade começa com a candidatura, como ocorre com casos parecidos. Quanto às comissões intersindicais, a CLT determina que seu funcionamento será regulado por Convenção ou Acordo Coletivo, mas a doutrina também considera que esses empregados terão estabilidade. As bancas tendem a cobrar que a estabilidade do membro eleito para a CCP começa com a Eleição, como, por exemplo, já o fez a FCC.

Apesar de haver dúvida na doutrina da necessidade de Inquérito para Apuração de Falta Grave, para dispensar o representante dos empregados na CCP, algumas bancas já firmaram posicionamento que sim, entendendo que há necessidade.

Acidente com Afastamento Superior a 15 Dias

Quando ocorre um acidente do trabalho, além de emitir a CAT, a empresa deve pagar os 15 primeiros dias do afastamento do empregado. Após esse período, o trabalhador deverá ser encaminhado ao INSS, que, entendendo haver incapacidade, passará a pagar benefício previdenciário ao trabalhador, enquanto estiver incapaz.

Neste último caso, (afastamento superior a 15 dias e percepção de benefício previdenciário), o trabalhador passa a ser estável no emprego, não podendo ser dispensado sem justa causa até 12 meses após o término do auxílio-doença acidentário, conforme Art. 118, da Lei 8.213/1991.

> ***Art. 118.*** *O segurado que sofreu acidente do trabalho tem garantida, pelo prazo mínimo de doze meses, a manutenção do seu contrato de trabalho na empresa, após a cessação do auxílio-doença acidentário, independentemente de percepção de auxílio-acidente.*

> ***Súm. 378:*** *Estabilidade Provisória. Acidente do Trabalho. Art. 118 da Lei nº 8.213/1991. Constitucionalidade. Pressupostos.*
>
> ***I.*** *É constitucional o Art. 118 da Lei nº 8.213/1991 que assegura o direito à estabilidade provisória por período de 12 meses após a cessação do auxílio-doença ao empregado acidentado.*
>
> ***II.*** *São pressupostos para a concessão da estabilidade o afastamento superior a 15 dias e a consequente percepção do auxílio-doença acidentário, salvo se constatada, após a despedida, doença profissional que guarde relação de causalidade com a execução do contrato de emprego.*
>
> ***III.*** *O empregado submetido a contrato de trabalho por tempo determinado goza da garantia provisória de emprego, decorrente de acidente de trabalho, prevista no art. 118 da Lei nº 8.213/1991.*

As doenças ocupacionais são equiparadas ao acidente do trabalho, também gerando direito à estabilidade; contudo, nem sempre elas se manifestam imediatamente (como é o caso da LER ou da silicose).

Assim, não é necessário que o empregado tenha se afastado por período superior a 15 dias ou recebido o auxílio-doença acidentário para adquirir estabilidade por doença do trabalho.

Outro ponto importante é que o início do prazo prescricional para ajuizar a ação, em caso de doença ocupacional, ocorre quando o empregado teve ciência inequívoca do dano. Nesse sentido, pelas Súmulas 278/STJ e 230/STF, esse posicionamento é também adotado pelo TST. Assim, se já havia adquirido a doença o trabalhador, mas foi dispensado em 2010, vindo a descobrir a doença somente em 2013, o prazo prescricional de 2 anos começa a contar em 2013, quando teve ciência da doença.

> ***Súmula 278.*** *O termo inicial do prazo prescricional, na ação de indenização, é a data em que o segurado teve ciência inequívoca da incapacidade laboral.*

> ***Súmula 230.*** *A prescrição da ação de acidente do trabalho conta-se do exame pericial que comprovar a enfermidade ou verificar a natureza da incapacidade.*

A estabilidade de 12 meses, após a cessação do benefício previdenciário, não pode ser diminuída por negociação, conforme entendimento do TST.

> ***OJ-SDC-31*** *Estabilidade do Acidentado. Acordo Homologado. Prevalência. Impossibilidade. Violação do Art. 118 da lei nº 8.213/91. Não é possível a prevalência de acordo sobre legislação vigente, quando ele é menos benéfico do que a própria lei, porquanto o caráter imperativo dessa última restringe o campo de atuação da vontade das partes.*

Os empregados domésticos não têm direito à estabilidade em razão de acidentes do trabalho ou doenças ocupacionais, uma vez que são excluídos pela Lei 8.213/1991. Eles receberão o benefício previdenciário, mas, após regressarem ao trabalho, poderão ser dispensados.

A Medida Provisória 664 de 30 de dezembro de 2014 alterou os prazos quanto o início dos benefícios do auxílio-doença e da aposentadoria por invalidez de 15 para 30 dias. Porém, tal medida ainda encontra-se em discussão para aprovação no Congresso Nacional.

Exercício Comentado

01. Paulo, empregado de uma empresa siderúrgica, sofreu acidente do trabalho, entrando em gozo de auxílio-doença acidentário, a partir do décimo-sexto dia de seu afastamento. Durante este período de percepção do benefício previdenciário, ele foi dispensado, sem justa causa, por seu empregador.

Diante do exposto, assinale a alternativa correta:

a) Paulo tem direito a ser reintegrado, com fundamento na garantia provisória de emprego assegurada ao empregado acidentado.

b) Paulo tem direito a ser readmitido, com fundamento na garantia provisória de emprego assegurada ao empregado acidentado.

c) Paulo tem direito a ser readmitido, em razão da interrupção do contrato de trabalho que se operou a partir do décimo sexto dia de afastamento.

d) Paulo tem direito a ser reintegrado, em razão da suspensão do contrato de trabalho que se operou a partir do décimo sexto dia de afastamento.

RESPOSTA ***"D". Para responder corretamente à questão, é necessário perceber que, durante o recebimento do benefício previdenciário, o empregado terá seu contrato suspenso, não podendo ser dispensado - se o for, será reintegrado em razão da suspensão contratual.***

Após o término do benefício, quando o empregado volta a trabalhar, é que começa a estabilidade provisória de um ano, quando, então, se for dispensado, será reintegrado em razão da estabilidade.

Por fim, reintegração é a determinação judicial para que o empregado retorne ao emprego, o que equivale ao empregado nunca ter sido dispensado. O ato da empresa não tem efeito negativo nenhum para o trabalhador.

Readmissão ocorre quando a empresa, por vontade própria, recontrata o empregado depois de tê-lo dispensado, quando, então, aplica-se a regra do Art. 453, da CLT. Na readmissão, é possível que os períodos de trabalho anterior somem-se, por exemplo, para a aquisição de estabilidade por tempo de serviço, seja a antiga estabilidade decenal ou aquelas previstas em regulamentos empresariais e negociações coletivas. No tocante às férias, para que se aproveite o período anterior à readmissão, é necessário que ela ocorra em até 60 dias, conforme Art. 133, I, da CLT.

Empregado Público

Os empregados públicos dos órgãos da Administração Direta (Municípios, Estados e União), das Fundações e das autarquias possuem estabilidade.

Por outro lado, os empregados das Empresas Públicas e das Sociedades de Economia Mista não têm estabilidade no emprego, mesmo tendo sido admitidos por concurso público, inclusive os empregados da Empresa Brasileira de Correios (ECT).

Quanto à motivação do ato público para a dispensa dos empregados das Empresas Públicas e Sociedades de Economia Mista, o TST tem a OJ 247, da SDI-1, que diz ser não ser necessária a motivação do ato, exceto para a ECT, a qual precisa motivar a dispensa. Ocorre que o STF decidiu, no Recurso Especial nº. 589998, que empresas públicas e sociedades de economia mista PRECISAM motivar o ato de demissão. Não há estabilidade, mas há que motivar o ato de dispensa, sendo que tal OJ pode ser cancelada em breve.

> ***Súm. 390**: Estabilidade. Art. 41 da CF/1988. Celetista. Administração direta, autárquica ou fundacional. Aplicabilidade. Empregado de empresa pública e sociedade de economia mista. Inaplicável*
>
> ***I.*** *O servidor público celetista da administração direta, autárquica ou fundacional é beneficiário da estabilidade prevista no art. 41 da CF/1988.*
>
> ***II.*** *Ao empregado de empresa pública ou de sociedade de economia mista, ainda que admitido mediante aprovação em concurso público, não é garantida a estabilidade prevista no art. 41 da CF/1988.*
>
> ***OJ-SDI1-247**: Servidor Público. Celetista Concursado. Despedida imotivada. Empresa pública ou sociedade de economia mista. Possibilidade.*
>
> ***I.*** *A despedida de empregados de empresa pública e de sociedade de economia mista, mesmo admitidos por concurso público, independe de ato motivado para sua validade;*
>
> ***II.*** *A validade do ato de despedida do empregado da Empresa Brasileira de Correios e Telégrafos (ECT) está condicionada à motivação, por gozar a empresa do mesmo tratamento destinado à Fazenda Pública em relação à imunidade tributária e à execução por precatório, além das prerrogativas de foro, prazos e custas processuais.*
>
> ***OJ-SDI1-364**: Estabilidade. Art. 19 d o ADCT. Servidor Público de Fundação Regido Pela CLT. Fundação instituída por lei e que recebe dotação ou subvenção do Poder Público para realizar atividades de interesse do Estado, ainda que tenha personalidade jurídica de direito privado, ostenta natureza de fundação pública. Assim, seus servidores regidos pela CLT são beneficiários da estabilidade excepcional prevista no art. 19 do ADCT.*

Por fim, quanto à estabilidade pré-eleitoral, aquela que proíbe que sejam dispensados ou transferidos funcionários públicos, estatutários ou não, 3 meses antes da eleição até a posse dos eleitos, é aplicável às empresas públicas e às sociedades de economia mista, segundo posicionamento do TST.

Diretores de Cooperativas

Os diretores das cooperativas criadas por empregados também têm estabilidade provisória no emprego, pois a Lei 5.764/1971 estende a eles as mesmas garantias dos dirigentes sindicais. Contudo, o TST interpreta que somente os diretores das cooperativas têm essa estabilidade, sendo que os suplentes e os membros do conselho fiscal não estão inclusos.

> ***OJ-SDI1-253**: Estabilidade Provisória. Cooperativa. Lei nº 5.764/71. Conselho Fiscal. Suplente. Não Assegurada. O art. 55 da Lei nº 5.764/71 assegura a garantia de emprego apenas aos empregados eleitos diretores de Cooperativas, não abrangendo os membros suplentes.*

Representantes dos Empregados no CNPS

Ainda, os representantes dos empregados no Conselho Nacional da Previdência Social também têm garantia no emprego, desde a nomeação até um ano após o fim do mandato, sendo que somente poderão ser dispensados mediante ajuizamento de inquérito para apuração de falta grave, conforme Art. 3º, da Lei 8.213/1991.

> ***Art. 3º. §7º**: Aos membros do CNPS, enquanto representantes dos trabalhadores em atividade, titulares e suplentes, é assegurada a estabilidade no emprego, da nomeação até um ano após o término do mandato de representação, somente podendo ser demitidos por motivo de falta grave, regularmente comprovada através de processo judicial.*

Representantes no Conselho Curador do FGTS

No mesmo sentido, os representantes dos empregados no Conselho Curador do FGTS têm estabilidade no emprego, desde a nomeação até um ano após o fim do mandato, somente podendo ser dispensados mediante ajuizamento de inquérito para apuração de falta grave, conforme Art. 3º, da Lei 8.036/1990.

> ***Art. 3º. §9º**: Aos membros do Conselho Curador, enquanto representantes dos trabalhadores, efetivos e suplentes, é assegurada a estabilidade no emprego, da nomeação até um ano após o término do mandato de representação, somente podendo ser demitidos por motivo de falta grave, regularmente comprovada através de processo sindical.*

Fique Ligado

O representante dos empregados no CNPS será dispensado mediante "inquérito judicial", enquanto o representante dos empregados no Conselho Curador do FGTS será dispensado mediante "inquérito sindical". Há doutrinadores que lecionam que "o legislador errou", contudo, as bancas podem explorar a literalidade de tais Arts.. Portanto, cuidado! Para provas objetivas, siga o texto de Lei.

Pessoa com deficiência

Por fim, quanto à pessoa com deficiência, cabe uma observação. A Lei 8.213/1991 dispõe que:

> ***Art. 93. §1º**: A dispensa de trabalhador reabilitado ou de deficiente habilitado ao final de contrato por prazo determinado de mais de 90 (noventa) dias, e a imotivada, no contrato por prazo indeterminado, só poderá ocorrer após a contratação de substituto de condição semelhante.*

O TST tem interpretado tal Art. como uma forma de estabilidade condicional, ou seja, se a empresa não preencher a vaga com outro empregado com deficiência ou reabilitado pelo INSS, não cumprindo a cota legal, o empregado com deficiência dispensado poderá requerer a reintegração ao emprego.

FGTS

Apesar dos tópicos abordados, é importante ao aluno ler toda a Lei 8.036/1990, pois ela tem sido cobrada nas provas, desde o depósito e movimentação da conta, até mesmo questões envolvendo a forma de funcionamento do Conselho Curador.

O Fundo de Garantia por Tempo de Serviço tem natureza jurídica multidimensional, pois, além de ser efetivo direito trabalhista, asSúm.e funções diversas, por exemplo, servir de financiamento para programas habitacionais, de infraestrutura e saneamento básico.

Ele constitui-se de depósitos mensais de 8%, efetuados sobre a remuneração, suportados pelo empregador, com o objetivo de garantir ao trabalhador algum dinheiro, caso perca seu emprego involuntariamente.

Os empregados urbanos, rurais e domésticos possuem garantido, na Constituição, o direito ao FGTS. Contudo, os domésticos, até o momento, dependem de regulamentação para ter assegurado seu direito Constitucional. Os trabalhadores avulsos também possuem direito ao FGTS.

Também é facultativo o depósito do FGTS para os diretores não empregados (por exemplo, o empregado eleito diretor em uma Sociedade Anônima, cujo contrato seja suspenso).

O empregado aprendiz também tem direito ao FGTS, mas a alíquota é de 2%.

Depósitos e Base de Cálculo do FGTS

Os depósitos são feitos com base na remuneração, incluindo-se, assim, as gorjetas e as parcelas salariais, tais como gratificações ajustadas, adicionais, percentagens, diárias de viagem superiores a 50% do salário do empregado, férias gozadas, 13º salário, horas extras etc.

O destaque é para o aviso prévio, que, por expressa previsão legal, trabalhado ou indenizado, servirá de base de cálculo para o FGTS.

> ***Súm. 63**: Fundo de Garantia. A contribuição para o Fundo de Garantia do Tempo de Serviço incide sobre a remuneração mensal devida ao empregado, inclusive horas extras e adicionais eventuais.*

> ***Súm. 305**: Fundo de Garantia do Tempo de Serviço. Incidência sobre o aviso prévio. O pagamento relativo ao período de aviso prévio, trabalhado ou não, está sujeito a contribuição para o FGTS.*

Exceto o aviso prévio indenizado, não incidirá FGTS sobre as parcelas indenizatórias, tais como vale-transporte, férias indenizadas, diárias para viagem inferiores a 50% do salário, o abono de férias (a venda de 1/3 das férias pelo empregado), ajudas de custo etc.

No tocante às férias indenizadas, já houve discussão, mas hoje pacificada por meio da OJ 195, da SDI-1:

> ***OJ-SDI1-195**: Férias Indenizadas. FGTS. Não Incidência. Não incide a contribuição para o FGTS sobre as férias indenizadas.*

Os depósitos devem ser realizados em conta vinculada ao trabalhador, até, no máximo, o dia 7 de cada mês, e serão corrigidos monetariamente com base nos parâmetros fixados para atualização dos saldos dos depósitos de poupança e capitalização de juros de 3% ao ano - isso quando pagos de maneira regular, pelo empregador.

Quando a empresa é condenada judicialmente a depositar o FGTS (por exemplo, em razão de reflexos de horas extras reconhecidas na sentença), a correção aplicável é aquela referente aos débitos trabalhistas, ou seja, 1% ao mês, e não a prevista na Lei 8.036/1990.

> ***OJ-SDI1-302**: FGTS. Índice de Correção. Débitos Trabalhistas. Os créditos referentes ao FGTS, decorrentes de condenação judicial, serão corrigidos pelos mesmos índices aplicáveis aos débitos trabalhistas.*

Quando o contrato é interrompido, as obrigações do empregador são mantidas, de forma que continuará pagando o FGTS dos empregados.

Por outro lado, quando o contrato é suspenso, em regra, a empresa não continua depositando FGTS, salvo nos seguintes casos:

- Licença em razão de acidente do trabalho, com afastamento superior a 15 dias.
- Prestação do Serviço Militar Obrigatório.

Além dos casos supracitados, a lei determina que a empresa continue depositando FGTS, também, no caso de Licença-maternidade e do aborto não criminoso. Mas a Lei, de maneira equivocada, chama esses dois afastamentos de "suspensão" do contrato, quando a maioria da doutrina os considera como "interrupção".

Também deverão ser feitos depósitos para o empregado transferido para o exterior, sobre todas as parcelas salariais:

> ***OJ-SDI1-232 FGTS**. Incidência. Empregado Transferido para o Exterior. Remuneração. O FGTS incide sobre todas as parcelas de natureza salarial pagas ao empregado em virtude de prestação de serviços no exterior.*

Em uma ação trabalhista, o depósito recursal deverá ser efetuado na conta do FGTS, vinculada ao autor, salvo se a empresa alega que a relação era de trabalho e não de emprego, quando não existe pagamento de FGTS. Esse é o entendimento do Tribunal Superior do Trabalho, extraído da Súmula 426:

> ***Súm. 426** Depósito Recursal. Utilização da guia GFIP. Obrigatoriedade. Nos dissídios individuais o depósito recursal será efetivado mediante a utilização da Guia de Recolhimento do FGTS e Informações à Previdência Social - GFIP, nos termos dos §§ 4º e 5º do art. 899 da CLT, admitido o depósito judicial, realizado na sede do juízo e à disposição deste, na hipótese de relação de trabalho não submetida ao regime do FGTS.*

Saque do FGTS

Se o empregado pedir demissão, não poderá sacar os valores retidos no FGTS, pois o trabalhador deixou voluntariamente seu emprego.

Quando a perda do emprego for involuntária é que se poderá sacar os valores do Fundo, sendo o caso de dispensa por justa causa, culpa recíproca, rescisão indireta, encerramento das atividades da empresa ou término normal do contrato a termo.

Existem alguns casos listados na Lei que permitem ao trabalhador sacar o fundo, mesmo que nem tenha perdido o emprego, sendo os principais:

Aposentadoria do trabalhador.

Quando o trabalhador completar 70 anos.

Quando o trabalhador ou seus dependentes forem infectados com o vírus HIV ou acometidos de neoplasia maligna.

Construção de casa própria.

Necessidade pessoal em razão de desastre natural.

Em razão da suspensão total do trabalho avulso por mais de 90 dias.

Quando o trabalhador fique fora do regime do FGTS por mais de 3 anos.

Declaração de nulidade do contrato de trabalho de servidor público admitido sem concurso.

Compra de ações de empresas, respeitado o regulamento do Governo.

Morte do trabalhador.

Em caso de morte do trabalhador, poderão sacar o FGTS os dependentes habilitados perante a Previdência Social.

Multa do FGTS

Em caso de dispensa sem justa causa, o empregado terá direito à indenização no valor 40% dos depósitos do FGTS, efetuados pelo empregador.

Nos contratos por tempo determinado, caberá a multa de 40%, além do pagamento da indenização do Art. 479, da CLT, conforme entendimento do TST:

> ***Súm. 125*** *Contrato de Trabalho. Art. 479 DA CLT. O art. 479 da CLT aplica-se ao trabalhador optante pelo FGTS admitido mediante contrato por prazo determinado, nos termos do art. 30, § 3º, do Decreto nº 59.820, de 20.12.1966.*

No caso de culpa recíproca ou motivo de força maior que encerre o funcionamento da empresa, a multa será de 20% sobre o valor dos depósitos.

A multa é calculada sobre o montante do FGTS existente na conta, mas somente do período em que o empregado prestou serviço à empresa. Os depósitos efetuados por empregadores anteriores não servem de base de cálculo para a multa.

E se o trabalhador tiver sacado o FGTS com o contrato em andamento, a multa será calculada como? É como se não houvesse o saque. Simples assim.

Quanto ao aviso prévio indenizado, apesar de servir como base de cálculo do FGTS, não será incluído no cálculo da multa de 40%, em razão de falta de previsão legal. Nesse sentido, entende o TST que:

> ***OJ-SDI1-42*** *FGTS. Multa de 40%.*
>
> ***I.*** *É devida a multa do FGTS sobre os saques corrigidos monetariamente ocorridos na vigência do contrato de trabalho. Art. 18, § 1º, da Lei nº 8.036/90 e art. 9º, § 1º, do Decreto nº 99.684/90.*
>
> ***II.*** *O cálculo da multa de 40% do FGTS deverá ser feito com base no saldo da conta vinculada na data do efetivo pagamento das verbas rescisórias, desconsiderada a projeção do aviso prévio indenizado, por ausência de previsão legal.*

Prescrição

O FGTS submete-se à prescrição trintenária, conforme definido na Lei 8.036/1990, mas deve-se respeitar a prescrição bienal, prevista na Constituição. Em outras palavras, o trabalhador pode cobrar os últimos 30 anos de depósitos do FGTS; contudo, deve ajuizar ação dentro de 2 anos contados do término da relação de emprego. Se o empregado demorar mais de 2 anos para ajuizar a reclamação, perderá o direto de ação, inclusive de cobrar o FGTS.

> ***Súm. 362 FGTS.*** *Prescrição. É trintenária a prescrição do direito de reclamar contra o não recolhimento da contribuição para o FGTS, observado o prazo de 2 (dois) anos após o término do contrato de trabalho.*

Quanto às diferenças de FGTS, a prescrição será a quinquenal, uma vez que, se o principal está prescrito, não pode gerar reflexos em outras verbas. Para exemplificar, se o empregado trabalhava em horas extras habituais, mas elas eram pagas "por fora", poderá cobrar somente as horas extras dos últimos 5 anos; as anteriores estarão prescritas. Como a base de cálculo do FGTS inclui as horas extras habituais, essa condenação gera reflexos, pois, como foram pagas "por fora" o FGTS do período, não as considerou. Assim, as horas extras prescritas (aquelas trabalhadas há mais de 5 anos) não refletirão no cálculo das diferenças devidas a título de FGTS.

Nesse sentido, a Súmula 206 do TST:

> ***Súm. 206 FGTS.*** *Incidência sobre Parcelas Prescritas. A prescrição da pretensão relativa às parcelas remuneratórias alcança o respectivo recolhimento da contribuição para o FGTS.*

Conselho Curador do FGTS

As disposições acerca do funcionamento do Conselho Curador têm sido cobradas em prova. Portanto, é necessária sua análise.

O FGTS será regido por normas e diretrizes estabelecidas por um Conselho Curador, composto por representação de trabalhadores, empregadores e órgãos e entidades governamentais, na forma estabelecida pelo Poder Executivo. Atualmente, o Governo indica 12 representantes, e tanto empregados como empregadores indicam 6 representantes no Conselho.

A gestão da aplicação do FGTS será efetuada pelo Ministério da Ação Social, cabendo à Caixa Econômica Federal (CEF) o papel de agente operador.

A Presidência do Conselho Curador será exercida pelo representante do Ministério do Trabalho e da Previdência Social, e a vice-presidência, segundo o decreto 6.827/2009, será do Ministro de Estado das Cidades, sendo que as decisões do Conselho serão tomadas com a presença da maioria simples de seus membros, tendo o Presidente voto de qualidade, ou seja, seu voto prevalece no caso de empate.

O Conselho Curador reunir-se-á, ordinariamente, a cada bimestre, por convocação de seu Presidente. Esgotado esse período, não tendo ocorrido convocação, qualquer de seus membros poderá fazê-la, no prazo de 15 dias. Havendo necessidade, qualquer membro poderá convocar reunião extraordinária, na forma que vier a ser regulamentada pelo Conselho Curador.

Os representantes dos trabalhadores e dos empregadores e seus respectivos suplentes serão indicados pelas respectivas centrais sindicais e confederações nacionais e nomeados pelo Ministro do Trabalho e da Previdência Social. Eles terão mandato de 2 anos, podendo ser reconduzidos uma única vez.

As despesas porventura exigidas para o comparecimento às reuniões do Conselho constituirão ônus das respectivas entidades representadas.

As ausências ao trabalho dos representantes dos trabalhadores no Conselho Curador, decorrentes das atividades desse órgão, serão abonadas, computando-se como jornada efetivamente trabalhada para todos os fins e efeitos legais.

O Ministério da Ação Social é o gestor do Fundo. A Caixa Econômica Federal, o operador. O Conselho Curador é um colegiado tripartite que tem funções diversas. Os 3 entes trabalham de forma interligada, cada um tendo suas competências. Abaixo, estão algumas das seus principais atribuições, mas recomenda-se a leitura dos Arts. 5º a 7º, da Lei 8.036/1990.

O Ministério da Ação Social define as metas a serem alcançadas nos programas de habitação popular, saneamento básico e infraestrutura urbana, bem como elabora os orçamentos anuais e plurianuais. O Conselho aprecia e aprova os programas anuais e plurianuais, bem como estabelece as diretrizes e os programas de alocação dos recursos do FGTS. Por sua vez, a CEF define os procedimentos operacionais necessários à execução dos programas e elabora as análises econômicas e jurídicas desses projetos.

O Ministério da Ação Social pratica todos os atos necessários para a gestão da aplicação dos fundos e acompanha a execução dos projetos implementados pela CEF, além de elaborar estudos técnicos nas áreas de habitação popular, saneamento ambiental e infraestrutura.

A CEF elabora as contas do FGTS e encaminha ao Ministério da Ação Social, que, por sua vez, leva-as ao Conselho. De posse das contas, o Conselho pronuncia-se sobre elas e encaminha-as aos órgãos de controle interno do Governo.

O Conselho tem, ainda, funções de dirimir dúvidas quanto à aplicação das normas regulamentares, relativas ao FGTS, nas matérias de sua competência; fixar as normas e valores de remuneração do agente operador e dos agentes financeiros; fixar critérios para parcelamento de recolhimentos em atraso e fixar critério e valor de remuneração para o exercício da fiscalização.

Exercício Comentado

01. ***No tocante ao FGTS, considere:***

I. A prescrição da pretensão relativa às parcelas remuneratórias não alcança o respectivo recolhimento da contribuição para o FGTS.

II. Os créditos referentes ao FGTS, decorrentes de condenação judicial, serão corrigidos pelos mesmos índices aplicáveis aos débitos trabalhistas.

III. As decisões do Conselho Curador do FGTS serão tomadas por maioria absoluta dos presentes em reunião ordinária bimestral.

IV. A Presidência do Conselho Curador será exercida pelo representante da Caixa Econômica Federal.

V. O Conselho Curador reunir-se-á, ordinariamente, a cada bimestre, por convocação de seu Presidente.

Está correto o que se afirma em:

a) IV e V, apenas.
b) I, II e III.
c) II e III, apenas.
d) II e V apenas.
e) I e II, apenas.

RESPOSTA ***"D". O item I está errado, pois, se a parcela principal está prescrita, o respectivo recolhimento para o FGTS estará prescrito também, conforme Súmula 206/TST.***

O item II é correto. Se a empresa não pagou o FGTS regularmente e foi condenada a fazê-lo, a correção é a mesma dos débitos trabalhistas, qual seja 1% ao mês.

O item III está errado, uma vez que as decisões do Conselho são tomadas com base na maioria relativa, sendo que, em caso de empate, o voto do presidente é decisivo.

O item IV é incorreto, tendo em vista que a Presidência será exercida pelo representante do MTE, ou você acha que o Governo iria abrir mão de tal poder?

Por fim, o item V é correto, sendo que as reuniões serão bimestrais, convocadas pelo Presidente. Caso a convocação não ocorra, qualquer dos membros podem fazê-lo no prazo de 15 dias.

Aviso Prévio

O aviso prévio é um instituto aplicável aos contratos sem determinação de tempo, para que a parte que recebeu o aviso possa se programar para o fim do vínculo de emprego. Assim, o aviso dado pelo empregado à empresa é para que ela admita ou treine outro empregado na função. Já quando a empresa comunica ao empregado da dispensa, é para lhe dar a chance de procurar outro emprego. Não há forma prescrita na Lei para o aviso prévio, podendo ser dado verbalmente ou por escrito, sendo que já foi considerado correto em provas anteriores que o aviso prévio pode ser dado verbalmente.

Como o pré-aviso dará fim ao contrato, ele não é compatível com as garantias no emprego, não podendo o empregador, por exemplo, direcioná-lo à empregada gestante, desde a confirmação da gravidez até 5 meses após o parto.

> ***Súm. 348****: Aviso Prévio. Concessão na Fluência da Garantia de Emprego. Invalidade. É inválida a concessão do aviso prévio na fluência da garantia de emprego, ante a incompatibilidade dos dois institutos.*

Para a contagem, exclui-se o dia do começo e inclui-se o dia do vencimento, conforme entendimento do TST:

> ***Súm. 380****: Aviso Prévio. Início da Contagem. Art. 132 do Código Civil de 2002. Aplica-se a regra prevista no "caput" do art. 132 do Código Civil de 2002 à contagem do prazo do aviso prévio, excluindo-se o dia do começo e incluindo o do vencimento.*

Como é norma de ordem pública, o aviso prévio é irrenunciável pelo empregado, tendo o empregador que pagá-lo sempre, salvo no caso de o trabalhador encontrar outro emprego, uma vez que estará atingido o objetivo da Lei.

> ***Súm. 276****: Aviso Prévio. Renúncia pelo Empregado. O direito ao aviso prévio é irrenunciável pelo empregado. O pedido de dispensa de cumprimento não exime o empregador de pagar o respectivo valor, salvo comprovação de haver o prestador dos serviços obtido novo emprego.*

Exercício Comentado

01. ***O empregado Vicente de Morais foi dispensado sem justa causa. Sete dias depois, requereu a liberação do cumprimento do aviso prévio, pois já havia obtido um novo emprego. O antigo empregador concordou com o seu pedido, exigindo apenas que ele fosse feito por escrito, junto com a cópia da sua CTPS registrada pelo novo empregador, o que foi realizado por Vicente. Diante dessa situação, o antigo empregador deverá:***

a) Integrar o aviso prévio ao pagamento de todas as verbas rescisórias por ele devidas, uma vez que o aviso prévio é irrenunciável.

b) Deduzir o aviso prévio do pagamento de parte das verbas rescisórias devidas, uma vez que o empregado renunciou livremente a esse direito, mas o aviso prévio continuará incidindo sobre as parcelas de natureza salarial.

c) Deduzir o aviso prévio do pagamento de parte das verbas rescisórias devidas, uma vez que o empregado renunciou livremente a esse direito, mas o aviso prévio continuará incidindo sobre as parcelas de natureza indenizatória.

d) Pagar as verbas rescisórias, excluindo o valor equivalente ao dos dias remanescentes do aviso prévio.

RESPOSTA. **"D". No caso de renúncia lícita ao aviso prévio, quando o empregado consegue outro emprego, o aviso prévio não opera efeitos, ou seja, não se considera a prorrogação no contrato de trabalho, de forma que não haverá pagamento deste período, nem reflexos em outras verbas, somente os dias efetivamente trabalhados durante o aviso é que serão remunerados.**

Se o empregador conceder o aviso prévio e deixar o funcionário cumpri-lo "em casa", será remunerado da mesma forma, pois não pode haver transação sobre tal parcela. Contudo, se foi o empregado quem pediu demissão, será mais benéfico para ele se a empresa liberá-lo do cumprimento, de forma que não se aplica a Súmula 276, também não havendo pagamento do período.

Base de Cálculo do Aviso Prévio

O aviso prévio é calculado com base nas verbas salariais do empregado, ou seja, as gorjetas e as parcelas indenizatórias não o integram.

Fique Ligado

As horas extras habituais integram o aviso prévio sempre, seja aviso prévio cumprido ou aviso prévio indenizado, tema que já foi abordado em provas diversas vezes.

As horas extras habituais integram o aviso prévio, não só por previsão legal, mas por serem parcelas salariais.

> ***Art. 487. §5º*** *O valor das horas extraordinárias habituais integra o aviso prévio indenizado.*
>
> *§6º O reajustamento salarial coletivo, determinado no curso do aviso prévio, beneficia o empregado pré-avisado da despedida, mesmo que tenha recebido antecipadamente os salários correspondentes ao período do aviso, que integra seu tempo de serviço para todos os efeitos legais.*

A gratificação semestral não integra o aviso prévio, conforme Súmula 253, do TST, e é importante entender isso, pois essa Súmula é "querida" pelas bancas. Tal gratificação é paga a cada 6 meses, e o aviso prévio é efetivo tempo de serviço, ou seja, o aviso prévio faz parte do cômputo da gratificação semestral. Por isso, quando se calcula o aviso, não se utiliza essa gratificação; se o fizesse, haveria *bis in idem*, o que não é permitido pela legislação. O mesmo raciocínio vale para a exclusão das férias.

> ***Súm. 253:*** *Gratificação Semestral. Repercussões. A gratificação semestral não repercute no cálculo das horas extras, das férias e do aviso prévio, ainda que indenizados. Repercute, contudo, pelo seu duodécimo na indenização por antiguidade e na gratificação natalina.*

Proporcionalidade do Aviso Prévio

O aviso prévio foi elevado à garantia constitucional dos trabalhadores, nos seguintes termos:

> ***Art. 7º. XXI.*** *Aviso prévio proporcional ao tempo de serviço, sendo no mínimo de trinta dias, nos termos da lei;*

A Lei 12.506/2011 regulamentou tal proporcionalidade nos seguintes termos:

> ***Art. 1º.*** *O aviso prévio, de que trata o Capítulo VI do Título IV da Consolidação das Leis do Trabalho - CLT, aprovada pelo Decreto-Lei nº 5.452, de 1º de maio de 1943, será concedido na proporção de 30 (trinta) dias aos empregados que contem até 1 (um) ano de serviço na mesma empresa.*
>
> ***Parágrafo único.*** *Ao aviso prévio previsto neste Art. serão acrescidos 3 (três) dias por ano de serviço prestado na mesma empresa, até o máximo de 60 (sessenta) dias, perfazendo um total de até 90 (noventa) dias.*

Algumas discussões surgiram a respeito da proporcionalidade. Primeiro, quanto à forma de calculá-la. Segundo, se é aplicável somente ao trabalhador ou à empresa também. Terceiro, quando aplicar a Lei nova. Quarto, se é aplicável aos empregados domésticos.

A forma de cálculo deverá ser a seguinte; até um ano de contrato, o empregado terá direito a 30 dias de aviso prévio - mínimo constitucional. Ao completar um ano de contrato, terá direito a 33 dias de aviso prévio, somando-se mais 3 dias para cada ano completo de contrato. Assim, um empregado com 5 anos de contrato terá um aviso prévio de 45 dias.

O mínimo constitucional é de 30 dias. A proporcionalidade será de até 60 dias, que, somados, resultarão em 90 dias de aviso prévio, quando o empregado completar 20 anos de serviço para a mesma empresa.

Esse é o atual entendimento do Ministério do Trabalho e Emprego, expresso pela Nota Técnica CGRT/SRT/MTE nº 184/2012, posicionamento partilhado por vários doutrinadores. Contudo, o próprio MTE já possuiu entendimento contrário.

Exercício Comentado

01. *Em Fevereiro de 2012, Artêmis e Hera, empregadas da empresa "XX", receberam aviso prévio de rescisão injustificada de contrato individual de trabalho por prazo indeterminado. Considerando que Artêmis possuía três anos de serviço na empresa "XX" e Hera dez anos, elas terão direito ao Aviso Prévio de:*

a) 30 dias.
b) 45 dias.
c) 33 dias e 51 dias, respectivamente.
d) 36 dias e 57 dias, respectivamente.
e) 39 dias e 60 dias, respectivamente.

RESPOSTA. ***"D". Como visto, a FCC cobrou o posicionamento antigo do MTE. Contudo, a tendência é que, em concursos futuros, as bancas sigam o entendimento aqui ensinado, de forma que a resposta seria a letra E.***

Na referida nota técnica, o MTE entende que o aviso proporcional é aplicável somente aos empregados, ou seja, caso o trabalhador com 10 anos de serviço peça demissão, deverá avisar à empresa com 30 dias de antecedência tão-somente. Esse posicionamento é o que tende a prevalecer nos concursos.

A Lei nova opera efeitos imediatos, respeitando o ato jurídico perfeito. Assim, quando o empregador já havia concedido aviso prévio ao empregado, estando esse terminado ou em curso quando a Lei entrou em vigor, não haverá proporcionalidade, pois aplica-se a Lei antiga. Sobre o tema, o TST já editou Súmula:

> ***Súm. 441:*** *Aviso Prévio. Proporcionalidade. O direito ao aviso prévio proporcional ao tempo de serviço somente é assegurado nas rescisões de contrato de trabalho ocorridas a partir da publicação da Lei nº 12.506, em 13 de outubro de 2011.*

Por fim, apesar de a Lei 12.506/2011 falar em "empresa", a proporcionalidade do aviso prévio beneficia aos empregados domésticos, pois a eles foi garantida a proporcionalidade pela Constituição.

Aviso Prévio nos Contratos a Termo

Nos contratos por prazo determinado, as partes já sabem quando o vínculo irá terminar, sendo que, se for rescindido o pacto antecipadamente, aplicam-se os Arts. 479 e 480, da CLT. Contudo, se o contrato a termo possuir cláusula assecuratória do direito recíproco, permitindo a ambas as partes a rescisão antecipada, ela ocorre nos moldes dos contratos, por prazo indeterminado, sendo aplicável o aviso prévio, por Inteligência do Art. 481, da CLT, inclusive nos contratos de experiência, segundo entendimento do TST:

> ***Súm. 163**: Aviso Prévio. Contrato de Experiência. Cabe aviso prévio nas rescisões antecipadas dos contratos de experiência, na forma do art. 481 da CLT.*

Fatos Ocorridos no Curso do Aviso Prévio

O período do aviso prévio é tempo de serviço normal, sendo que a obrigação das partes mantém-se a mesma. Se o empregador provocar a rescisão indireta, o empregado poderá deixar de trabalhar e requerer o pagamento da remuneração do período restante.

> ***Art. 490** - O empregador que, durante o prazo do aviso prévio dado ao empregado, praticar ato que justifique a rescisão imediata do contrato, sujeita-se ao pagamento da remuneração correspondente ao prazo do referido aviso, sem prejuízo da indenização que for devida.*

Por outro lado, se o empregado cometer falta grave no curso do aviso prévio, perderá a remuneração e os reflexos do prazo que faltar para terminar o aviso prévio, bem como as outras verbas rescisórias (férias proporcionais +1/3 e 13º salário proporcional).

> ***Art. 491** - O empregado que, durante o prazo do aviso prévio, cometer qualquer das faltas consideradas pela lei como justas para a rescisão, perde o direito ao restante do respectivo prazo.*

A exceção é o abandono de emprego que, apesar de ser justa causa para a rescisão, não fará com que o empregado perca suas verbas rescisórias - perderá somente a remuneração do próprio aviso prévio.

> ***Súm. 73**: Despedida. Justa Causa. A ocorrência de justa causa, salvo a de abandono de emprego, no decurso do prazo do aviso prévio dado pelo empregador, retira do empregado qualquer direito às verbas rescisórias de natureza indenizatória.*

O TST entende que, no período do aviso prévio, o empregado não pode tornar-se estável, conforme entendimento da Súmula 369, V, do TST.

> ***Súm. 369. V** - O registro da candidatura do empregado a cargo de dirigente sindical durante o período de aviso prévio, ainda que indenizado, não lhe assegura a estabilidade, visto que inaplicável a regra do § 3º do art. 543 da Consolidação das Leis do Trabalho.*

Contudo, mesmo a regra sendo a impossibilidade de ficar estável no curso do aviso prévio, a CLT prevê, no art. 391-A, que haverá estabilidade da gestante mesmo se a confirmação ocorrer no aviso prévio, seja cumprido ou indenizado.

Reconsideração do Aviso

Dado o aviso, a rescisão ocorre depois de terminado seu prazo, todavia, quem deu o aviso pode reconsiderar seu ato, cabendo à outra parte aceitar ou não a reconsideração.

Essa reconsideração pode ser expressa ou tácita. Expressa é quando o empregado ou empregador manifestou sua vontade de continuar com o vínculo. Reconsideração tácita ocorre quando, ao término do aviso prévio, o empregado continua trabalhando. Em qualquer dos dois casos, considera-se que o aviso prévio não existiu.

> ***Art. 489** - Dado o aviso prévio, a rescisão torna-se efetiva depois de expirado o respectivo prazo, mas, se a parte notificante reconsiderar o ato, antes de seu termo, à outra parte é facultado aceitar ou não a reconsideração.*
>
> ***Parágrafo único** - Caso seja aceita a reconsideração ou continuando a prestação depois de expirado o prazo, o contrato continuará a vigorar, como se o aviso prévio não tivesse sido dado.*

Aplicação do Aviso Prévio

Como informado, o aviso prévio devido pelo trabalhador à empresa será sempre de 30 dias, não importa quantos anos permaneceu na firma. Mas a ausência de aviso permite à empresa descontar o prazo.

Por outro lado, a empresa deve avisar previamente o empregado da dispensa sem justa causa. Também, na rescisão indireta e na extinção do estabelecimento ou da empresa, é devido o aviso prévio. Em qualquer dos casos tratados acima, se o empregado receber por tarefa, apurar-se-á a média dos últimos 12 meses de contrato.

> ***Art. 487.§1º** - A falta do aviso prévio por parte do empregador dá ao empregado o direito aos salários correspondentes ao prazo do aviso, garantida sempre a integração desse período no seu tempo de serviço.*
>
> ***§2º** - A falta de aviso prévio por parte do empregado dá ao empregador o direito de descontar os salários correspondentes ao prazo respectivo.*
>
> ***§3º** - Em se tratando de salário pago na base de tarefa, o cálculo, para os efeitos dos parágrafos anteriores, será feito de acordo com a média dos últimos 12 (doze) meses de serviço.*

Redução da jornada

Quando o empregado pede demissão, não tem nenhuma redução da jornada, no período do aviso prévio, ao contrário de quando é a empresa a responsável pelo término do vínculo, caso em que o empregado poderá escolher entre a redução no trabalho em 2 horas diárias ou o direito de não trabalhar 7 dias seguidos, ao fim do contrato. A proporcionalidade do aviso prévio não alterou essas disposições, sendo que elas valem para empregados urbanos, domésticos e avulsos.

No caso do empregado rural, ele terá 1 dia por semana para procurar outro trabalho.

> ***Art. 488** - O horário normal de trabalho do empregado, durante o prazo do aviso, e se a rescisão tiver sido promovida pelo empregador, será reduzido de 2 (duas) horas diárias, sem prejuízo do salário integral.*
>
> ***Parágrafo único** - É facultado ao empregado trabalhar sem a redução das 2 (duas) horas diárias previstas neste Art., caso em que poderá faltar ao serviço, sem prejuízo do salário integral, (...) por 7 (sete) dias corridos.*

Entretanto, não é possível o empregador pagar como horas extras essa redução legal. Se fizer isso, o aviso prévio será considerado nulo, de forma que deverá pagar uma indenização pelo aviso. Contudo, não caberá nova projeção do aviso no contrato, pois essa indenização limita-se ao pagamento dos 30 dias.

Súm. 230: Aviso Prévio. Substituição pelo pagamento das horas reduzidas da jornada de trabalho. É ilegal substituir o período que se reduz da jornada de trabalho, no aviso prévio, pelo pagamento das horas correspondentes.

Aviso Prévio Indenizado

Se a empresa era obrigada a dar o aviso prévio, mas não o fez, ela deverá indenizar o período. Mesmo nos casos de extinção do estabelecimento ou da empresa, é devido o aviso prévio integral. No caso de culpa recíproca, haverá pagamento de 50% do aviso prévio indenizado (Súmula 14, do TST).

Súm. 44: Aviso Prévio. A cessação da atividade da empresa, com o pagamento da indenização, simples ou em dobro, não exclui, por si só, o direito do empregado ao aviso prévio.

A CLT determina que o aviso prévio indenizado será sempre incluído no tempo de serviço, ou seja, mesmo que o empregado não trabalhe no aviso prévio. Mas, quais os efeitos dessa integração? O TST entende que tal projeção do aviso prévio é somente para fins econômicos, ou seja, salários, reflexos e verbas rescisórias.

Súm. 371: Aviso Prévio Indenizado. Efeitos. Superveniência de Auxílio-doença no curso deste. A projeção do contrato de trabalho para o futuro, pela concessão do aviso prévio indenizado, tem efeitos limitados às vantagens econômicas obtidas no período de pré-aviso, ou seja, salários, reflexos e verbas rescisórias. No caso de concessão de auxílio-doença no curso do aviso prévio, todavia, só se concretizam os efeitos da dispensa depois de expirado o benefício previdenciário.

De forma contrária à Súmula anterior, o mesmo TST afirma que a projeção do aviso prévio indenizado gera dois efeitos: a baixa na CTPS é a referente ao término do aviso prévio, ainda que indenizado, e o início da prescrição bienal para o trabalhador ajuizar a ação trabalhista começa da data final do aviso prévio, ainda que indenizado.

OJ-SDI1-82: Aviso Prévio. Baixa na CTPS. A data de saída a ser anotada na CTPS deve corresponder à do término do prazo do aviso prévio, ainda que indenizado.

OJ-SDI1-83: Aviso Prévio. Indenizado. Prescrição. A prescrição começa a fluir no final da data do término do aviso prévio. Art. 487, § 1º, CLT.

Note que o aviso prévio, trabalhado ou indenizado, integrará a base de cálculo do FGTS, conforme Súmula 305, do TST:

Indenização da Lei 7.238/1984

Como os salários dos empregados costumam ser reajustados na data-base da categoria, ocasião em que são negociadas novas condições de trabalho, a Lei tenta desestimular a dispensa perto dessa data.

Assim, a Lei 6.708/1979, substituída pela Lei 7.238/1984, estabelece que, se o empregador for dispensado 30 dias antes da data-base da categoria, receberá uma indenização no valor de sua remuneração, excluído o 13º salário. Mesmo se o empregador pagar a rescisão, já com a correção do salário, haverá pagamento da referida indenização.

O aviso prévio, trabalhado ou indenizado, é contado para essa indenização, inclusive, somente começando a correr após terminada a eventual estabilidade no emprego, conforme entendimento do TST.

Súm. 182: Aviso Prévio. Indenização Compensatória. Lei nº 6.708, de 30.10.1979. O tempo do aviso prévio, mesmo indenizado, conta-se para efeito da indenização adicional prevista no art. 9º da Lei nº 6.708, de 30.10.1979.

OJ-SDI1-268: Indenização Adicional. Leis nºs 6.708/79 e 7.238/84. Aviso Prévio. Projeção. Estabilidade Provisória. Somente após o término do período estabilitário é que se inicia a contagem do prazo do aviso prévio para efeito das indenizações previstas nos Arts. 9º da Lei nº 6.708/79 e 9º da Lei nº 7.238/84.

Prescrição e Decadência

A prescrição e a decadência são institutos criados para promover a pacificação social e a segurança jurídica, uma vez que, se tais institutos não existissem, haveria direitos eternos - seria possível, por exemplo, um empregado cobrar uma dívida qualquer de uma empresa 60 anos após ter deixado o trabalho, o que não é razoável.

A prescrição ocorre quando uma pessoa tem um direito violado por outrem e permanece inerte, sem buscar reparação. Com a violação perpetrada, nasce o direito de ação, ou seja, a pessoa pode requerer, no Poder Judiciário, a reparação do dano, mas a Lei determina prazos para seu exercício. Decorrendo o prazo, a pessoa perderá a pretensão de ver satisfeito seu direito.

Assim, prescrição é perda da pretensão, não se podendo mais exigir judicialmente a satisfação de um direito violado. Tanto é assim que, se alguém pagar uma dívida prescrita, tal pagamento é válido - o credor não poderia mais cobrá-la, mas o devedor pode pagá-la se quiser.

Decadência ocorre quando uma pessoa tem um direito potestativo e não o exerce, no prazo que a lei lhe faculta para exercê-lo. Direito potestativo é aquele que a pessoa pode exercer unilateralmente, não dependendo da vontade alheia. Assim, decadência é a perda do próprio direito, em razão da inércia do titular do direito.

A prescrição é sempre criada pela Lei, enquanto a decadência pode ser criada por Acordos ou Convenções Coletivas ou até mesmo pelo regulamento da empresa.

A decadência não se interrompe nem se suspende, já a prescrição somente será interrompida uma vez. A diferença entre interrupção e suspensão será vista a seguir.

Decadência

Como a decadência é um prazo para o titular de um direito exercê-lo, a legislação trabalhista não tem muitos exemplos, uma vez que a subordinação inerente ao contrato inibiria o trabalhador de defender seus direitos. Assim, é mais comum as próprias partes criarem prazos decadenciais (por exemplo, o regulamento da empresa prevê prazo para adesão ao plano de demissão voluntário), de forma que escorrido o tempo não mais terá direito o trabalhador de aderir ao direito.

O exemplo mais claro de prazo decadencial no Direito do Trabalho é o prazo de 30 dias para o empregador ajuizar Inquérito para Apuração de Falta Grave, após suspender o empregado que detém estabilidade decenal ou o dirigente sindical. Nesse sentido, a Súmula 403, do STF:

Súmula 403. É de decadência o prazo de trinta dias para instauração do inquérito judicial, a contar da suspensão, por falta grave, de empregado estável.

Tal posicionamento é seguido pelo TST, na Súmula 62:

> *Súm. 62: Abandono de Emprego. O prazo de decadência do direito do empregador de ajuizar inquérito em face do empregado que incorre em abandono de emprego é contado a partir do momento em que o empregado pretendeu seu retorno ao serviço.*

Prescrição

A Constituição, atualmente, estabelece o mesmo prazo prescricional para os empregados urbanos e rurais, para os trabalhadores avulsos e, ainda que haja silêncio legal, também para os empregados domésticos.

> **Art. 7º. XXIX.** *Ação, quanto aos créditos resultantes das relações de trabalho, com prazo prescricional de cinco anos para os trabalhadores urbanos e rurais, até o limite de dois anos após a extinção do contrato de trabalho.*

A interpretação de tal Art. é que o empregado pode cobrar os últimos 5 anos de contrato, contados do ajuizamento da ação, mas tem até dois anos para ajuizar a reclamação após o fim do contrato. Nesse sentido, pacífico é o entendimento do TST:

> **Súm. 308:** *Prescrição Quinquenal.*
>
> *I. Respeitado o biênio subsequente à cessação contratual, a prescrição da ação trabalhista concerne às pretensões imediatamente anteriores a cinco anos, contados da data do ajuizamento da reclamação e, não, às anteriores ao quinquênio da data da extinção do contrato.*
>
> *II. A norma constitucional que ampliou o prazo de prescrição da ação trabalhista para 5 (cinco) anos é de aplicação imediata e não atinge pretensões já alcançadas pela prescrição bienal quando da promulgação da CF/1988.*

O ajuizamento da ação trabalhista interrompe a prescrição para os pedidos veiculados na ação, mesmo que arquivada. Assim, se o empregado pede, na ação, horas extras e dano moral, mas falta à audiência inicial, sua ação é arquivada. A prescrição, como foi interrompida para esses pedidos, começa a correr do zero. Isso vale tanto para a prescrição bienal como para a quinquenal.

> **Súm. 268:** *Prescrição. Interrupção. Ação Trabalhista Arquivada. A ação trabalhista, ainda que arquivada, interrompe a prescrição somente em relação aos pedidos idênticos.*

Ocorre que, mesmo havendo esse prazo prescricional, algumas ações não prescrevem (por exemplo, a de requerer a anotação da CTPS, para fins previdenciários – comprovar tempo de serviço para a aposentadoria, conforme Art. 11, §1º, da CLT).

Se a empresa simulou que o empregado teve vários contratos para poder "forçar" a prescrição bienal dos direitos do empregado, quando começa a contar a prescrição? O TST entende que a prescrição bienal começa a contar do último contrato, contudo, ainda assim, haverá a prescrição quinquenal.

> **Súm. 156:** *Prescrição. Prazo. Da extinção do último contrato começa a fluir o prazo prescricional do direito de ação em que se objetiva a soma de períodos descontínuos de trabalho*

O Código Civil, atualmente, dispõe que a prescrição pode ser declarada de ofício pelo Juiz. Contudo, tal entendimento não se aplica nos processos trabalhistas, segundo o posicionamento majoritário do TST.

Também, não pode o réu de uma ação arguir a prescrição a qualquer momento; deve fazê-lo nas instâncias ordinárias, ou seja, na contestação ou até, no máximo, no Recurso Ordinário.

> **Súm. 153:** *PRESCRIÇÃO. Não se conhece de prescrição não arguida na instância ordinária*

Impedimento, Suspensão e Interrupção da Prescrição

Alguns fatores congelam a prescrição por um determinado período.

Impedir a prescrição significa que ela nem começa a correr, os dois casos mais comuns na seara trabalhista são contra o menor e contra o absolutamente incapaz (incapacidade física ou mental).

Contra o trabalhador menor de 18 anos não corre nenhuma prescrição, conforme regra expressa na CLT.

> **Art. 440** - *Contra os menores de 18 (dezoito) anos não corre nenhum prazo de prescrição.*

O TST tem entendido que essa regra somente se aplica ao menor trabalhador, mas, no caso de menor herdeiro, que figura no polo ativo da ação, em razão da morte de seu pai ou de sua mãe, os quais eram os empregados, cujos direitos foram violados, aplica-se o Art. 198, I, do Código Civil, o qual considera menor absolutamente incapaz aquele com menos de 16 anos.

Esse mesmo Art. do Código Civil determina que não corre nenhuma prescrição contra quem não puder exprimir sua vontade (por exemplo, quem estiver em coma no hospital). Em consonância com tal Art., foi editada a OJ 375, da SDI-1.

> **OJ-SDI1-375:** *Auxílio-Doença. Aposentadoria por Invalidez. Suspensão do Contrato de Trabalho. Prescrição. Contagem. A suspensão do contrato de trabalho, em virtude da percepção do auxílio-doença ou da aposentadoria por invalidez, não impede a fluência da prescrição quinquenal, ressalvada a hipótese de absoluta impossibilidade de acesso ao Judiciário.*

A Orientação Jurisprudencial supracitada significa que, se o empregado está recebendo auxílio doença, estando incapacitado de trabalhar, mas não há impedimento físico de que ele ajuíze uma ação judicial, o prazo prescricional continua correndo. Por exemplo, o empregado está "encostado pelo INSS" por Lesão por Esforços Repetitivos (LER), como regra, tem plena capacidade de ajuizar uma ação, correndo a prescrição quinquenal contra ele.

Suspensão do prazo prescricional significa que ele para, mas volta a correr pelo que resta após cessada a causa da suspensão. Exemplos dessa suspensão são o ajuizamento da demanda perante a Comissão de Conciliação Prévia e o recesso forense.

> **Art. 625-G.** *O prazo prescricional será suspenso a partir da provocação da Comissão de Conciliação Prévia, recomeçando a fluir, pelo que lhe resta, a partir da tentativa frustrada de conciliação ou do esgotamento do prazo previsto no art. 625-F.*
>
> *Súm. 262. II - O recesso forense e as férias coletivas dos Ministros do Tribunal Superior do Trabalho (art. 177, § 1º, do RITST) suspendem os prazos recursais.*

Por fim, interrupção da prescrição ocorre quando o prazo para e, ao cessar o motivo da interrupção, volta a correr desde o início. Como informado anteriormente, o ajuizamento da ação é causa que interrompe a prescrição. O protesto judicial também é medida causadora da interrupção.

OJ-SDI1-392: Prescrição. Interrupção. Ajuizamento de Protesto Judicial. Marco Inicial. O protesto judicial é medida aplicável no processo do trabalho, por força do art. 769 da CLT, sendo que o seu ajuizamento, por si só, interrompe o prazo prescricional, em razão da inaplicabilidade do § 2º do art. 219 do CPC, que impõe ao autor da ação o ônus de promover a citação do réu, por ser ele incompatível com o disposto no art. 841 da CLT.

Mesmo a ação ajuizada pelo sindicato, na condição de substituto processual do empregado, interrompe a prescrição, conforme OJ 359, da SDI-1.

***OJ-SDI1-359**: Substituição Processual. Sindicato. Legitimidade. Prescrição. Interrupção. A ação movida por sindicato, na qualidade de substituto processual, interrompe a prescrição, ainda que tenha sido considerado parte ilegítima "ad causam.*

Prescrição Intercorrente

Prescrição intercorrente é aquela que fulmina o direito no curso do processo, em razão de inércia do autor. Em geral, ela ocorre na fase de execução, quando não se encontram bens para pagar a dívida da empresa, sendo que os autos são encaminhados para o arquivo provisório. Se, durante muito tempo, a parte não faz nenhum pedido, entende-se que ela abandonou o processo, de forma que haveria prescrição do direito em razão da inércia processual da parte.

Entretanto, o TST entende que não existe prescrição intercorrente na Justiça do Trabalho, uma vez que há o impulso oficial e a execução de ofício pelo Juiz – como o Juiz sempre pode realizar alguma diligência, mesmo sem pedido da parte, ele não pode extinguir a execução, em razão da inércia do autor da ação.

***Súm. 114** Prescrição Intercorrente. É inaplicável na Justiça do Trabalho a prescrição intercorrente.*

Prescrição Total e Prescrição Parcial

A tese da prescrição total e parcial foi criada pela doutrina e jurisprudência e serve para regular as lesões que ocorrem enquanto o contrato de trabalho está em curso, sendo que o principal norteador do que seja uma ou outra é a Súmula 294, do TST.

***Súm. 294**: Prescrição. Alteração Contratual. Trabalhador Urbano. Tratando-se de ação que envolva pedido de prestações sucessivas decorrente de alteração do pactuado, a prescrição é total, exceto quando o direito à parcela esteja também assegurado por preceito de lei.*

O empregador não pode suprimir ou diminuir parcelas no contrato de trabalho, de forma que prejudique o trabalhador, mas, caso isso ocorra, enquanto vigente o contrato, o trabalhador tem prazo de 5 anos para reclamar do dano que sofreu pela alteração. Esse prazo de 5 anos é utilizado tanto para a prescrição total como para a parcial.

→ Total é a prescrição que fulmina o próprio direito, não podendo mais o empregado requerer nada relativo àquela parcela contratual.

→ Parcial é a prescrição que não fulmina o direito, mas sim as parcelas anteriores a 5 anos, podendo o trabalhador requerer o que não for alcançado pela prescrição.

Se o empregador suprimir ou diminuir parcela que é paga sucessivamente e é garantida por Lei, a prescrição será parcial, pois entende-se que a lesão renova-se mês a mês.

Por outro lado, se o empregador suprimir ou diminuir direito de caráter sucessivo, mas não tem como base a Lei, a prescrição será total, considerando-se que a lesão foi um ato único do empregador.

Pense em um trabalhador contratado em 1990 e cujo contrato foi alterado pelo empregador, de forma prejudicial, em 2000, suprimindo verba paga mensalmente. Em 2011, ele é dispensado e, logo em seguida, ajuíza ação trabalhista. Ele tem algum direito sobre a verba suprimida em 2000? E se a prescrição for parcial, pode requerer as parcelas entre 2011 e 2006? Se a prescrição for total, perdeu qualquer direito a essa parcela, pois foram passados mais de 5 anos da lesão.

Não confunda prescrição total e parcial com prescrição bienal. Em qualquer uma, o trabalhador tem 2 anos, após o fim do contrato, para ajuizar a ação - se não respeitar tal prazo, todos os seus direitos estão prescritos.

Agora, podemos analisar casos práticos e como o TST os considera -prescrição total ou parcial.

Se o trabalhador ganhava 10% de comissão sobre as vendas, o que foi alterado para 5%, a prescrição é total, pois não é assegurada, por Lei, o valor da comissão.

***OJ-SDI1-175**: Comissões. Alteração ou Supressão. Prescrição total. A supressão das comissões, ou a alteração quanto à forma ou ao percentual, em prejuízo do empregado, é suscetível de operar a prescrição total da ação, nos termos da Súmula nº 294 do TST, em virtude de cuidar-se de parcela não assegurada por preceito de lei.*

Havendo trabalho em horas extras habituais, é necessário integrá-las ao salário para o cálculo de outras parcelas (DSR e férias, por exemplo). Caso o empregador não faça a integração, considera-se prescrição total, pois não há previsão legal para incorporação das horas extras no salário.

***OJ-SDI1-242**: Prescrição Total. Horas Extras. Adicional. Incorporação. Embora haja previsão legal para o direito à hora extra, inexiste previsão para a incorporação ao salário do respectivo adicional, razão pela qual deve incidir a prescrição total.*

Para o bancário, a pré-contratação de horas extras é ilegal, mas, ocorrendo isso, se o empregado não ajuizar ação dentro do prazo de 5 anos, de quando foram suprimidas as horas suplementares, opera-se a prescrição total.

***Súm. 199**: Bancário. Pré-Contratação de Horas Extras. II - Em se tratando de horas extras pré-contratadas, opera-se a prescrição total se a ação não for ajuizada no prazo de cinco anos, a partir da data em que foram suprimidas.*

Em razão de perda salarial, em decorrência da mudança de plano econômico (caso do plano Collor), a prescrição é total, tendo o trabalhador 5 anos para ajuizar ação requerendo as diferenças.

***OJ-SDI1-243**: Prescrição Total. Planos Econômicos. Aplicável a prescrição total sobre o direito de reclamar diferenças salariais resultantes de planos econômicos.*

Nas empresas em que há planos de cargos e salários, se o trabalhador tiver desempenhado funções melhor remuneradas que seu cargo, poderá pedir o reenquadramento para receber o salário maior. O reenquadramento é ato único, não se renovando mês a mês, de forma que se opera a prescrição total. Quanto ao pedido de diferenças salariais, decorrentes de desvio de função, a prescrição é parcial, pois a lesão renova-se mês a mês.

***Súm. 275**: Prescrição. Desvio de Função e Reenquadramento*

I. *Na ação que objetive corrigir desvio funcional, a prescrição só alcança as diferenças salariais vencidas no período de 5 (cinco) anos que precedeu o ajuizamento.*

II. *Em se tratando de pedido de reenquadramento, a prescrição é total, contada da data do enquadramento do empregado.*

A complementação de aposentadoria pode ser prevista por regulamento da empresa, Convenção ou Acordo Coletivo, e não substitui o benefício previdenciário, sendo que o empregado acumula ambos.

Se há previsão dessa complementação, mas ela jamais foi recebida, a prescrição é total. Se o empregado aposentar-se, mas continuar trabalhando, terá 5 anos para requerer esse pagamento. Contudo, se deixou o trabalho, terá 2 anos - prazo constitucional para ajuizar qualquer reclamação trabalhista.

Se já houve algum pagamento a tal título, mas a empresa suprimiu ou diminuiu o benefício, a prescrição é parcial.

> ***Súm. 326:*** *Complementação de Aposentadoria. Prescrição Total. A pretensão à complementação de aposentadoria jamais recebida prescreve em 2 (dois) anos contados da cessação do contrato de trabalho.*
>
> ***Súm. 327:*** *Complementação de Aposentadoria. Diferenças. Prescrição Parcial. A pretensão a diferenças de complementação de aposentadoria sujeita-se à prescrição parcial e quinquenal, salvo se o pretenso direito decorrer de verbas não recebidas no curso da relação de emprego e já alcançadas pela prescrição, à época da propositura da ação.*

Na equiparação salarial, a prescrição é parcial, assim como as diferenças salariais resultantes de descumprimento do Plano de Cargos e Salários, conforme entendimento do TST:

> ***Súm. 6:*** *Equiparação Salarial. ART. 461 da CLT. IX - Na ação de equiparação salarial, a prescrição é parcial e só alcança as diferenças salariais vencidas no período de 5 (cinco) anos que precedeu o ajuizamento.*
>
> ***OJ-SDI1-404:*** *Diferenças Salariais. Plano de Cargos e Salários. Descumprimento. Critérios de Promoção Não Observados. Prescrição Parcial. Tratando-se de pedido de pagamento de diferenças salariais decorrentes da inobservância dos critérios de promoção estabelecidos em Plano de Cargos e Salários criado pela empresa, a prescrição aplicável é a parcial, pois a lesão é sucessiva e se renova mês a mês.*

Também, é parcial a prescrição no caso de congelamento do pagamento da gratificação semestral, segundo o TST.

> ***Súm. 373:*** *Gratificação Semestral. Congelamento. Prescrição Parcial. Tratando-se de pedido de diferença de gratificação semestral que teve seu valor congelado, a prescrição aplicável é a parcial.*

Por fim, a matéria de prescrição, não cabe ação rescisória quando a decisão tratar da prescrição total ou parcial, uma vez que não há lei que as regulamente, somente os entendimentos jurisprudenciais.

> ***Súm. 409:*** *Ação Rescisória. Prazo Prescricional. Total ou Parcial. Violação do Art. 7º, XXIX, da CF/1988. Matéria Infraconstitucional. Não procede ação rescisória calcada em violação do art. 7º, XXIX, da CF/1988 quando a questão envolve discussão sobre a espécie de prazo prescricional aplicável aos créditos trabalhistas, se total ou parcial, porque a matéria tem índole infraconstitucional, construída, na Justiça do Trabalho, no plano jurisprudencial.*

Vamos Praticar

01. (FCC) Considere as seguintes assertivas a respeito da estabilidade provisória do dirigente sindical:

I. O empregado de categoria diferenciada eleito dirigente sindical só goza de estabilidade se exercer, na empresa, atividade pertinente à categoria profissional do sindicato para o qual foi eleito dirigente.

II. Havendo extinção da atividade empresarial, no âmbito da base territorial do sindicato, a estabilidade do respectivo dirigente sindical subsistirá em razão da proteção garantida pela legislação.

III. O registro da candidatura do empregado a cargo de dirigente sindical, durante o período de aviso prévio, ainda que indenizado, não lhe assegura a estabilidade.

IV. Em regra, é vedada a dispensa do empregado sindicalizado, a partir do momento de sua candidatura a cargo de direção, até um ano após o final de seu mandato, se eleito, inclusive, como suplente.

Está correto o que consta APENAS em:

a) II, III e IV.
b) I e II.
c) I, III e IV.
d) I e IV.
e) III e IV.

02. (FGV) Com relação às estabilidades e às garantias provisórias de emprego, é correto afirmar que:

a) O servidor público celetista da Administração Direta, Autárquica ou Fundacional não é beneficiário da estabilidade prevista na Constituição da República de 1988, que se restringe ao ocupante de cargo de provimento efetivo, em virtude de concurso público.

b) A empregada gestante não tem direito à estabilidade provisória, na hipótese de admissão mediante contrato de experiência.

c) Os membros do Conselho Curador do FGTS representantes dos trabalhadores, efetivos e suplentes, têm direito à estabilidade no emprego, da nomeação até um ano após o término do mandato de representação, somente podendo ser dispensados por motivo de falta grave, regularmente comprovada por processo sindical.

d) O registro da candidatura do empregado a cargo de dirigente sindical, durante o período de aviso prévio, não obsta a estabilidade sindical, porque ainda é vigente o contrato de trabalho.

03. (FCC) Simone trabalha na empresa X e é membro da CIPA. Considerando a grave crise econômica pela qual a empresa está passando, a mesma extinguiu o estabelecimento, dispensando todos os funcionários, inclusive Simone. Neste caso:

a) É garantida a indenização a Simone, já que é vedada a sua dispensa, sem justa causa, desde o registro de sua candidatura até um ano após o final de seu mandato.

b) Extinto o estabelecimento, não se verifica a despedida arbitrária de Simone, sendo impossível a reintegração e indevida a indenização do período estabilitário.

c) É garantida indenização a Simone, já que é vedada a sua dispensa, sem justa causa, desde o resultado das eleições até um ano após o final de seu mandato.

d) É garantida indenização a Simone, já que é vedada a sua dispensa, sem justa causa, desde o registro de sua candidatura até três meses após o final de seu mandado.

e) Simone terá direito a uma indenização relativa à metade do período de estabilidade a que teria direito, em razão da força maior, existente com a extinção do estabelecimento.

04. (FCC) O aviso prévio:

a) É computado no tempo de serviço do empregado, incluindo o dia do começo e excluindo o dia do vencimento, observando-se as regras do Código Civil brasileiro.

b) É devido, na sua integralidade, na dissolução do contrato de trabalho, por culpa recíproca.

c) Indenizado não integra o tempo de serviço do empregado, havendo dispositivo na Carta Magna neste sentido.

d) Não sofre incidência de gorjetas e das gratificações semestrais.

e) Poderá ser concedido ao empregado, no curso de estabilidade provisória, exatamente por não possuir a estabilidade em caráter definitivo.

05. (FCC) Viviane e Carolina receberam aviso prévio de sua empregadora, a empresa Z, relacionado à rescisão de seus contratos de trabalho, por prazo indeterminado. O aviso prévio de Viviane é indenizado e o de Carolina não. Assim, o pagamento relativo ao período de:

a) Ambos os avisos estão sujeitos à contribuição para o FGTS.

b) Apenas o aviso prévio de Viviane está sujeito à contribuição para o FGTS.

c) Apenas o aviso prévio de Carolina está sujeito à contribuição para o FGTS.

d) Ambos os avisos estão sujeitos à contribuição para o FGTS, mas a contribuição do aviso de Viviane é pela metade.

e) Ambos os avisos estão sujeitos à contribuição para o FGTS, mas a contribuição do aviso de Carolina é pela metade.

06. (FCC) As irmãs Simone, Sinara e Soraya tiveram seus contratos de trabalho rescindidos. A dissolução do contrato de trabalho de Simone decorreu de culpa recíproca de ambas as partes; a rescisão do contrato de trabalho de Sinara foi indireta, tendo em vista que a sua empregadora praticou uma das faltas graves passíveis de rescisão contratual; e Soraya foi dispensada com justa causa. Nestes casos, o aviso prévio:

a) Não será devido a Simone, Sinara e Soraya, por expressa disposição legal.

b) Será devido apenas a Simone, em 50% do seu valor.

c) Será devido a Simone, Sinara e Soraya, sendo o seu valor integral para Simone e Sinara e de 50% para Soraya.

d) Será devido apenas a Simone e Sinara, sendo o seu valor integral para Sinara e de 50% para Simone.

e) Será devido apenas a Simone e Sinara, sendo para ambas em valor integral.

07. (FCC) Marius foi contratado, por prazo indeterminado, pela empresa Alfa Contabilidade Empresarial. Após onze meses de trabalho, recebeu um comunicado escrito da sua dispensa, sem justa causa, com a determinação para trabalhar durante o período de aviso prévio. Na presente situação, conforme legislação aplicável ao aviso prévio, é correto afirmar:

a) O horário normal de trabalho do empregado, durante o prazo do aviso, será reduzido de 1 (uma) hora diária, sem prejuízo do salário integral.

b) É facultado ao empregado faltar ao serviço, sem prejuízo do salário integral, por 7 (sete) dias corridos.

c) Dado o aviso prévio, a rescisão torna-se efetiva, depois de expirado o respectivo prazo, mas, se a parte notificante reconsiderar o ato, antes de seu termo, a outra parte é obrigada a aceitar a reconsideração.

d) Mesmo que o empregado, durante o prazo do aviso prévio, cometa qualquer das faltas consideradas pela Lei como justas para a rescisão, ele não perde o direito ao restante do respectivo prazo.

e) O reajuste salarial coletivo, determinado no curso do aviso prévio, beneficia o empregado pré-avisado da despedida, salvo na hipótese de ter recebido antecipadamente os salários correspondentes ao período do aviso.

08. (FCC) João foi dispensado, em março de 2012, sem justa causa, da empresa em que trabalhava desde 1998. No caso de João, seu aviso prévio deverá ser de:

a) Trinta dias, na mesma empresa, uma vez que o seu contrato de trabalho data de 1998.

b) Trinta dias, acrescidos de três dias por ano de serviço prestado, na mesma empresa.

c) Sessenta dias, acrescidos de três dias por ano de serviço prestado na mesma empresa, até o máximo de noventa dias.

d) Trinta dias, acrescidos de três dias por ano de serviço prestado na mesma empresa, até o máximo de sessenta dias, perfazendo um total de noventa dias.

e) Sessenta dias, acrescidos de três dias por ano de serviço prestado na mesma empresa, até o máximo de trinta dias.

09. (CESGRANRIO) Paulo é trabalhador empregado da empresa W. Ele foi despedido por justa causa, o que veio a ser confirmado em decorrência de decisão da Justiça do Trabalho, em seu desfavor. Posteriormente, desiludido, Paulo veio a sofrer doença cardíaca e, em seguida, faleceu. Diante das normas aplicáveis ao FGTS, o:

a) Pagamento dos valores depositados na conta vinculada do FGTS devem ser pagos à esposa ou, na sua ausência, aos filhos, mesmo havendo dependentes habilitados na Previdência Social.

b) Levantamento dos valores pertinentes ao FGTS deveriam ser levantados na despedida com justa causa ou sem justa causa.

c) Levantamento dos valores depositados na conta vinculada do FGTS é possível na situação de haver despedida indireta ou de culpa recíproca.

d) Empregado, caso tenha reconhecido o direito à aposentadoria e tenha sido a mesma concedida, permanecendo no emprego, não poderá levantar as verbas do FGTS.

e) Trabalhador, mesmo em estado terminal e portando doença grave, não pode levantar a verba depositada no FGTS.

10. (FGV) Assinale a alternativa correta em relação ao Fundo de Garantia do Tempo de Serviço - FGTS.

a) Durante a prestação do Serviço Militar Obrigatório pelo empregado, ainda que se trate de período de suspensão do contrato de trabalho, é devido o depósito em sua conta vinculada do FGTS.

b) Na hipótese de falecimento do empregado, o saldo de sua conta vinculada do FGTS deve ser pago ao representante legal do espólio, a fim de que proceda à partilha entre todos os sucessores do trabalhador falecido.

c) Não é devido o pagamento de indenização compensatória sobre os depósitos do FGTS, quando o contrato de trabalho se extingue por força maior, reconhecida pela Justiça do Trabalho.

d) A prescrição da pretensão relativa às parcelas remuneratórias não alcança o respectivo recolhimento da contribuição para o FGTS, posto ser trintenária a prescrição para a cobrança deste último.

11. (FCC) Considere as seguintes assertivas, a respeito do Conselho Curador do FGTS:

I. A Presidência do Conselho Curador será exercida pelo representante da Caixa Econômica Federal.

II. Os representantes dos trabalhadores e dos empregadores e seus respectivos suplentes serão indicados pelas respectivas centrais sindicais e confederações nacionais e nomeados pelo Ministro do Trabalho e da Previdência Social.

III. Os representantes dos trabalhadores e dos empregadores e seus respectivos suplentes terão mandato de dois anos, podendo ser reconduzidos uma única vez.

IV. O Conselho Curador reunir-se-á, ordinariamente, a cada bimestre, por convocação de seu Presidente.

Está correto o que se afirma SOMENTE em:

a) II, III e IV.

b) I e III.

c) II e III.

d) II e IV.

e) I, II e IV.

12. (FCC) No tocante ao FGTS, considere:

I. A prescrição da pretensão relativa às parcelas remuneratórias não alcança o respectivo recolhimento da contribuição para o FGTS.

II. Os créditos referentes ao FGTS, decorrentes de condenação judicial, serão corrigidos pelos mesmos índices aplicáveis aos débitos trabalhistas.

III. As decisões do Conselho Curador do FGTS serão tomadas, por maioria absoluta dos presentes, em reunião ordinária bimestral.

IV. A prescrição do direito de reclamar contra o não recolhimento da contribuição para o FGTS é trintenária, observado o prazo de dois anos após o término do contrato de trabalho.

Está correto o que se afirma em:

a) II e IV, apenas.

b) I, II e III, apenas.

c) II, III e IV, apenas.

d) I e IV, apenas.

e) I e II, apenas.

13. (FCC) Segundo a Lei nº 8.036/1990, com relação ao Fundo de Garantia do Tempo de Serviço - FGTS, os depósitos efetuados nas contas vinculadas serão corrigidos monetariamente, com base nos parâmetros fixados:

a) Pela Receita Federal, por meio do IGPM (Índice Geral de Preços do Mercado), sem a capitalização de juros.

b) Para atualização dos saldos dos depósitos de poupança, com capitalização de juros de doze por cento ao ano.

c) Pela Receita Federal, por meio da taxa SELIC.

d) Para atualização dos saldos dos depósitos de poupança e capitalização de juros de três por cento ao ano.

e) Para atualização dos saldos dos depósitos de poupança e capitalização de juros de seis por cento ao ano.

14. (COPEVE) Sobre o FGTS, o TST entende que:

a) A equivalência entre os regimes do Fundo de Garantia do Tempo de Serviço e da estabilidade prevista na CLT é meramente econômica e não jurídica, sendo indevidos valores a título de reposição de diferenças.

b) A estabilidade contratual ou a derivada de regulamento de empresa são incompatíveis com o regime do FGTS.

c) A equivalência entre os regimes do Fundo de Garantia do Tempo de Serviço e da estabilidade prevista na CLT é meramente jurídica e não econômica, sendo devidos valores a título de reposição de diferenças.

d) A estabilidade legal (decenal, art. 492 da CLT), apesar de ser renunciada com a opção pelo FGTS, é compatível com o regime do FGTS.

e) A estabilidade contratual ou a derivada de regulamento de empresa são compatíveis com o regime do FGTS. Diversamente, ocorre com a estabilidade legal (decenal, art. 492 da CLT), que é renunciada com a opção pelo FGTS.

15. (FCC) Em relação ao aviso prévio, é correto afirmar:

a) O aviso prévio será proporcional ao tempo de serviço sendo de, no mínimo, quarenta dias, de acordo com a Constituição Federal.

b) A falta de aviso prévio, por parte do empregador, implica o pagamento de multa equivalente a vinte por cento do salário do empregado, em favor do mesmo.

c) O valor das horas extras, ainda que habituais, não integra o aviso prévio indenizado.

d) Dado o aviso prévio, a rescisão torna-se efetiva cinco dias após o término do respectivo período do aviso.

e) O empregado que, durante o prazo do aviso prévio, cometer qualquer falta considerada como justa causa, perde o direito ao restante do respectivo aviso.

16. (FCC) Em relação às estabilidades provisórias no emprego, considere as proposições:

I. A estabilidade é assegurada ao dirigente sindical eleito como titular e ao eleito como suplente.

II. A estabilidade da gestante estende-se desde a confirmação da gravidez até 6 meses após o parto.

III. A estabilidade do dirigente sindical vai desde o registro da candidatura até um ano após o término do mandato.

IV. O empregado eleito para o cargo de direção de comissões internas de prevenção de acidentes tem estabilidade, desde a eleição até um ano após o término do mandato.

V. O empregado acidentado no trabalho tem garantida, pelo prazo mínimo de 12 meses, a manutenção do seu contrato de trabalho na empresa, após a cessação do auxílio-doença acidentário, independentemente de percepção de auxílio--acidente.

Está correto APENAS o que se afirma em:

a) I, III e V.
b) II, III e IV.
c) I, II e V.
d) II, IV e V.
e) I, II e III.

17. (FCC) Um empregado trabalhou de 15 de janeiro de 1996 a 28 de outubro de 2005. Considerando a prescrição, poderá ajuizar reclamação trabalhista até 28 de outubro de:

a) 2010, reclamando verbas do biênio anterior à data da propositura da ação.
b) 2010, reclamando verbas do quinquênio anterior à data da propositura da ação.
c) 2010, reclamando verbas de todo o contrato de trabalho.
d) 2007, reclamando verbas do biênio anterior à data da propositura da ação.
e) 2007, reclamando verbas do quinquênio anterior à data da propositura da ação.

18. (FCC) Analisando-se as normas legais relativas ao instituto da prescrição no Direito do Trabalho, é correto afirmar:

a) Contra menores de 21 (vinte e um) anos não corre nenhum prazo de prescrição.
b) O direito de ação, quanto a créditos resultantes das relações de trabalho, prescreve em três anos para contrato em vigor e encerrados.
c) O direito de ação, quanto a créditos resultantes das relações de trabalho prescreve em cinco anos após a extinção do contrato de trabalho.
d) Não corre prazo de prescrição para as ações que tenham por objeto anotações para fins de prova junto à Previdência Social.
e) A prescrição do direito de reclamar a concessão das férias ou o pagamento da respectiva remuneração será sempre contada da cessação do contrato de trabalho.

19. (FCC) No tocante à prescrição em matéria trabalhista, considere:

I. As causas suspensivas da prescrição paralisam o curso da prescrição já iniciada e, cessada a causa que a determinou, o prazo transcorrido será adicionado ao restante, para a conSúm. ação da prescrição.

II. Tratando-se de pedido de diferença de gratificação semestral que teve seu valor congelado, a prescrição aplicável é a parcial.

III. Respeitado o biênio subsequente à cessação contratual, a prescrição da ação trabalhista concerne às pretensões imediatamente anteriores a cinco anos, contados da data da extinção do contrato.

IV. Em se tratando de pedido de reenquadramento, a prescrição é total, contada da data do enquadramento do empregado.

Está correto o que se afirma APENAS em:

a) I e II.
b) I, II e IV.
c) I e IV.
d) II, III e IV.
e) III e IV.

20. (FCC) Gabriel ajuizou reclamação trabalhista em, face da sua ex-empregadora, no dia 10 de novembro de 2010. A Audiência UNA foi realizada no dia 8 de fevereiro de 2011, sendo que a empresa foi intimada da respectiva reclamação trabalhista, no dia 27 de janeiro de 2011. Neste caso, o prazo prescricional trabalhista de dois anos, previsto na Constituição Federal Brasileira, foi:

a) Interrompido, no dia 10 de novembro de 2010.
b) Suspenso, no dia 10 de novembro de 2010.
c) Interrompido, no dia 8 de fevereiro de 2011.
d) Suspenso, no dia 27 de janeiro de 2011.
e) Interrompido, no dia 27 de janeiro de 2011.

Gabarito

01	C	11	A
02	C	12	A
03	B	13	D
04	D	14	E
05	A	15	E
06	D	16	A
07	B	17	E
08	D	18	D
09	C	19	B
10	A	20	A

Anotações

CAPÍTULO 09

Direito Coletivo do Trabalho

Neste capítulo, será estudado o Direito Coletivo, que não se atém a um empregado específico, mas sim visa a regulamentar a situação de vários empregados e empresas.

O Direito do Trabalho possui dois grandes ramos: Direito Individual do Trabalho e Direito Coletivo do Trabalho. No direito individual, como o empregado individualmente é hipossuficiente, subordinado à empresa, há forte proteção estatal, com princípios e normas que o favorecem.

No direito coletivo, aparece o sindicato dos empregados, que não é hipossuficiente nem subordinado à empresa, de forma que os princípios e as normas aplicáveis ao ramo coletivo supõem a equivalência das partes, não havendo benefícios para o sindicato obreiro, em detrimento da empresa. Também, há o sindicato de empregadores, representando a categoria econômica.

O sindicato é uma espécie de associação com características especiais atribuídas pela Constituição, bem como por diversos instrumentos internacionais. Sendo associação que congrega interesses privados, ainda que com características especialíssimas, a natureza jurídica do sindicato é de pessoa jurídica, de direito privado.

Dentre os princípios que regem a matéria, os de mais destaque são: princípio da liberdade sindical, princípio da liberdade de associação, princípio da autonomia sindical e princípio da obrigatoriedade de participação do sindicato na negociação coletiva.

O princípio da liberdade sindical informa que o sindicato tem ampla liberdade, tanto para se constituir como atuar na defesa de sua classe, sem interferência externa. Apesar dos avanços com a Constituição de 1988, tal princípio ainda não é aplicado plenamente no Brasil, tanto que **a convenção nº. 87 da OIT não foi ratificada pelo Brasil**, não operando efeitos em nosso território. A redução da liberdade sindical é expressa, especialmente, pela unicidade sindical e pela obrigatoriedade de pagamento da contribuição sindical, as quais serão estudadas adiante.

O princípio da liberdade de associação atua em três frentes, dando às pessoas a liberdade de se filiarem ao sindicato; liberdade de não se filiarem e liberdade de se desfiliarem a qualquer momento, sem serem discriminadas ou favorecidas por isso. Tal princípio também não é respeitado plenamente no Brasil, pois o empregado não pode se filiar a qualquer sindicato. Se decide ser sindicalizado, a Lei obriga-o a ingressar no sindicato de sua categoria profissional atuante naquela base territorial. O mesmo princípio ocorre com os empregadores, que devem aderir ao sindicato de sua categoria econômica.

Tal princípio orientou a edição da OJ 20, da SDC, cujo teor é o seguinte:

> ***OJ-SDC-20:*** *Empregados Sindicalizados. Admissão Preferencial. Condição Violadora do Art. 8º, V, da CF/88. Viola o art. 8º, V, da CF/1988 cláusula de instrumento normativo que estabelece a preferência, na contratação de mão de obra, do trabalhador sindicalizado sobre os demais.*

O princípio da autonomia sindical informa que os sindicatos não sofrerão intervenção externa de quem quer que seja, podendo organizar-se internamente e atuar dentro dos limites da legalidade. Assim, o Estado não pode fazer nenhuma intervenção arbitrária nos sindicatos (como ocorria antes de 1988), por exemplo, indicando dirigentes.

Na mesma linha, o sindicato patronal não pode intervir na organização interna do sindicato obreiro, por exemplo, financiando o sindicato dos empregados, direta ou indiretamente. Esse princípio orientou a edição da OJ 16, da SDC, cujo teor é o seguinte:

> ***OJ-SDC-16:*** *Taxa de Homologação de Rescisão Contratual. Ilegalidade. É contrária ao espírito da lei (art. 477, § 7º, da CLT) e da função precípua do Sindicato a cláusula coletiva que estabelece taxa para homologação de rescisão contratual, a ser paga pela empresa a favor do sindicato profissional.*

O princípio da obrigatoriedade de participação dos sindicatos na negociação coletiva é expresso no Art. 8º, VI, da Lei Maior, de forma que os instrumentos coletivos serão firmados pelos sindicatos negociantes ou sob sua tutela.

Porém, o Art. 11 da Constituição facultou, nas empresas com mais de 200 empregados, a eleição de um deles para tratar diretamente com o empregador, mas ainda não há regulamentação infraconstitucional de tal Art..

> ***Art. 11.*** *Nas empresas de mais de duzentos empregados, é assegurada a eleição de um representante destes com a finalidade exclusiva de promover-lhes o entendimento direto com os empregadores.*

A participação dos sindicatos não é só na mesa redonda de negociação, a eles também foi conferido o direito de participarem nos colegiados públicos, quando seus interesses estiverem em foco. Exemplos desses colegiados são o Conselho Curador do FGTS, bem como o Conselho Nacional da Previdência Social, que possuem, além dos representantes do Governo, representantes dos empregados e empregadores.

> ***Art. 10.*** *É assegurada a participação dos trabalhadores e empregadores nos colegiados dos órgãos públicos em que seus interesses profissionais ou previdenciários sejam objeto de discussão e deliberação.*

Organização Sindical Brasileira

A legislação brasileira adota o sistema confederativo na organização sindical, escalonando a representação dos empregados e empregadores em sindicatos, federações e confederações (sendo que estas são entidades de grau superior).

Existe ainda a Central Sindical, que está fora do sistema confederativo, atua na coordenação geral dos empregados, e engloba várias categorias profissionais.

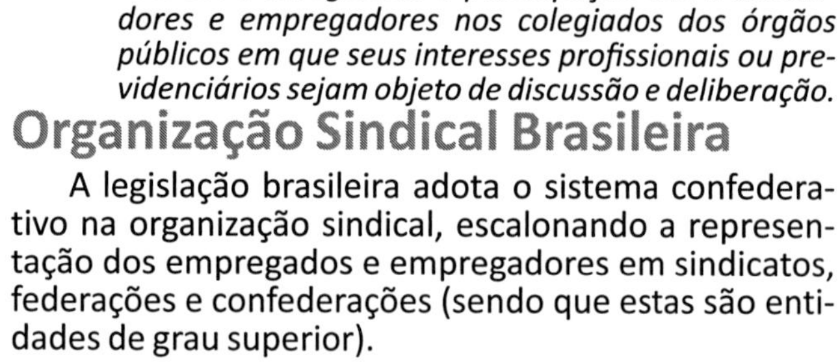

Como a Consolidação das Leis do Trabalho é antiga e pressupunha um sistema diferente do que temos atualmente, várias de suas disposições não foram recepcionadas pela Constituição de 1988, não sendo mais aplicadas, especialmente as que vão de encontro aos princípios citados. As bases fundamentais do sindicalismo brasileiro são expostas no Art. 8º, da CF, nos seguintes termos:

> ***Art. 8º*** *É livre a associação profissional ou sindical, observado o seguinte:*
>
> ***I.*** *A lei não poderá exigir autorização do Estado para a fundação de sindicato, ressalvado o registro no órgão competente, vedadas ao Poder Público a interferência e a intervenção na organização sindical;*
>
> ***II.*** *É vedada a criação de mais de uma organização sindical, em qualquer grau, representativa de categoria profissional ou econômica, na mesma base territorial, que será definida pelos trabalhadores ou empregadores interessados, não podendo ser inferior à área de um Município;*
>
> ***III.*** *Ao sindicato cabe a defesa dos direitos e interesses coletivos ou individuais da categoria, inclusive em questões judiciais ou administrativas;*
>
> ***IV.*** *A assembleia geral fixará a contribuição que, em se tratando de categoria profissional, será descontada em folha, para custeio do sistema confederativo da representação sindical respectiva, independentemente da contribuição prevista em lei;*
>
> ***V.*** *Ninguém será obrigado a filiar-se ou a manter-se filiado a sindicato;*
>
> ***VI.*** *É obrigatória a participação dos sindicatos nas negociações coletivas de trabalho;*
>
> ***VII.*** *O aposentado filiado tem direito a votar e ser votado nas organizações sindicais;*
>
> ***VIII.*** *É vedada a dispensa do empregado sindicalizado a partir do registro da candidatura a cargo de direção ou representação sindical e, se eleito, ainda que suplente, até um ano após o final do mandato, salvo se cometer falta grave nos termos da lei.*
>
> ***Parágrafo único.*** *As disposições deste Art. aplicam-se à organização de sindicatos rurais e de colônias de pescadores, atendidas as condições que a lei estabelecer.*

Sindicatos

A legislação brasileira obriga a sindicalização por categorias, sendo que existem 3 delas: categoria econômica, categoria profissional e categoria profissional diferenciada. É o Art. 511, da CLT, que dá as linhas fundamentais do que seja uma ou outra:

> ***Art. 511.*** *É lícita a associação para fins de estudo, defesa e coordenação dos seus interesses econômicos ou profissionais de todos os que, como empregadores, empregados, agentes ou trabalhadores autônomos ou profissionais liberais exerçam, respectivamente, a mesma atividade ou profissão ou atividades ou profissões similares ou conexas.*
>
> ***§1º*** *A solidariedade de interesses econômicos dos que empreendem atividades idênticas, similares ou conexas, constitui o vínculo social básico que se denomina categoria econômica.*
>
> ***§2º*** *A similitude de condições de vida oriunda da profissão ou trabalho em comum, em situação de emprego na mesma atividade econômica ou em atividades econômicas similares ou conexas, compõe a expressão social elementar compreendida como categoria profissional.*
>
> ***§3º*** *Categoria profissional diferenciada é a que se forma dos empregados que exerçam profissões ou funções diferenciadas por força de estatuto profissional especial ou em consequência de condições de vida singulares.*
>
> ***§4º*** *Os limites de identidade, similaridade ou conexidade fixam as dimensões dentro das quais a categoria econômica ou profissional é homogênea e a associação é natural.*

Observa-se que os conselhos profissionais, em geral, ligados a profissionais liberais, tais como a OAB, CREA e CRM, não são sindicatos. Eles atuam na fiscalização de determinada profissão, especialmente no tocante à ética profissional e à responsabilidade técnica dos profissionais envolvidos. A par desses conselhos, existem sindicatos dessas categorias.

Categoria Econômica

Categoria econômica refere-se aos empregadores e, conforme Art. 511, §1º, da CLT, é formada por empresas que atuem em atividades idênticas, como é o setor de ensino, ou que desempenhem atividades similares, como os bares e restaurantes, ou, ainda, atividades conexas, caso da construção civil, que congrega eletricistas, pedreiros, pintores etc.

Se uma empresa possuir várias atividades distintas, para fins de enquadramento sindical, prevalecerá a sua atividade preponderante.

Categoria Profissional

Categoria profissional refere-se aos empregados e decorre da similitude das condições de vida em razão de os obreiros trabalharem na mesma atividade econômica ou em atividades similares e conexas.

Dessa forma, nota-se que a categoria profissional dos empregados estará ligada à dos empregadores. Em outras palavras, se o empregado atua em um estabelecimento de ensino, sua categoria profissional será a dos empregados nos estabelecimentos de ensino, em regra, não importando a atividade desse trabalhador – pedreiros, secretárias, merendeiras etc. que trabalhem em uma escola serão todos da mesma categoria. Esses são chamados de sindicatos verticais.

Tal como ocorre com a categoria econômica, se a empresa tem várias atividades distintas, para fins de enquadramento sindical, prevalece sua atividade principal. A exceção são os empregados pertencentes à categoria profissional diferenciada, como se verá a seguir.

Categoria Profissional Diferenciada

Categoria profissional diferenciada é aquela que é formada por profissionais com estatuto especial próprio ou sujeitos a condições de vida singulares. Esses são chamados sindicatos horizontais.

Por estatuto profissional próprio entende-se a existência de legislação específica, como as categorias listadas no art. 577, da CLT, os advogados, os motoristas etc.

Não pode Acordo ou Convenção Coletiva, nem sentença normativa, definirem o que é uma categoria diferenciada; é a Lei ou o próprio especialíssimo desempenho do trabalho que fará isso.

> ***OJ-SDC-9:*** *Enquadramento Sindical. Incompetência Material da Justiça do Trabalho. O dissídio coletivo não é meio próprio para o Sindicato vir a obter o reconhecimento de que a categoria que representa é diferenciada, pois esta matéria - enquadramento sindical - envolve a interpretação de norma genérica, notadamente do art. 577 da CLT.*

Não há categoria diferenciada para empregadores, eles sempre se associam à sua categoria econômica. Assim, para que o empregado de uma categoria diferenciada tenha direito aos benefícios conseguidos por seu sindicato, é necessário que o sindicato a que a empresa seja associada tenha participado da negociação. Esse é o posicionamento atual do TST:

Súm. 374: Norma Coletiva. Categoria Diferenciada. Abrangência. Empregado integrante de categoria profissional diferenciada não tem o direito de haver de seu empregador vantagens previstas em instrumento coletivo no qual a empresa não foi representada por órgão de classe de sua categoria.

Fundação de Sindicatos

O Art. 8º, I, da CF, determina que o Estado não pode exigir autorização prévia para fundação de um sindicato, mas condiciona sua existência jurídica ao registro no órgão competente.

Assim, a fundação de um novo sindicato segue os padrões gerais do surgimento de qualquer nova associação civil, devendo haver seu registro no Cartório de Registro de Pessoas Jurídicas, quando adquirirá personalidade jurídica. Entretanto, como o sindicato tem características especiais, dentre elas a de respeitar a unicidade sindical, ele também deverá ser registrado no Ministério do Trabalho e Emprego, quando, então, adquirirá **personalidade sindical**.

Essa **personalidade sindical** possibilita a negociação coletiva, confere estabilidade aos dirigentes, insere o sindicato no rateio da contribuição sindical obrigatória e possibilita ingressar em juízo na qualidade de substituto dos empregados.

OJ-SDC-15: Sindicato. Legitimidade "Ad ProcesSúm.". Imprescindibilidade do Registro no Ministério do Trabalho. A comprovação da legitimidade "ad proces-Súm." da entidade sindical se faz por seu registro no órgão competente do Ministério do Trabalho, mesmo após a promulgação da Constituição Federal de 1988.

Até que venha Lei disciplinar de forma diferente, é o MTE quem tem a competência de verificar se a unicidade e a base municipal mínima foram respeitadas, sendo que tal registro limita-se a essa verificação. Nesse sentido, entendem o STF, pela Súmula 677.

Súmula 677: Até que lei venha a dispor a respeito, incumbe ao Ministério do Trabalho proceder ao registro das entidades sindicais e zelar pela observância do princípio da unicidade.

Essa competência do Ministério do Trabalho, conforme posicionamento do STF, é ato vinculado, cabendo somente a verificação dos pressupostos legais. Não é ato discricionário, dependente da vontade do órgão. Assim, após o sindicato dar entrada no pedido de reconhecimento, o MTE publicará em Diário Oficial tal pedido e, não havendo impugnação por outra entidade, dará o reconhecimento. Contudo, se algum sindicato impugnar o registro, alegando que já atua perante aquela base territorial, defendendo aquela categoria, o Ministério do Trabalho deverá aguardar solução conciliatória das partes ou decisão judicial.

A unicidade sindical determina que não haverá dois sindicatos representantes da mesma categoria, na mesma base territorial. Por outro lado, a base mínima de um sindicato será um Município.

Pensemos na situação hipotética, envolvendo um Sindicato dos Empregados em Estabelecimentos de Ensino, que abranjam as cidades paranaenses de Maringá, Sarandi e Marialva, o SINDENSINO. Este sindicato será o único dessa categoria, nessas três cidades. Caso os trabalhadores da cidade de Sarandi não queiram mais fazer parte do SINDENSINO, eles podem abrir um específico, pois estarão respeitando a base territorial mínima, ocasião em que o âmbito de atuação do SINDENSINO ficará restrito a Maringá e a Marialva, em respeito à unicidade sindical.

Respeitada a base territorial mínima, é possível o desmembramento de sindicatos ou a junção de 2 ou vários deles, pois são os trabalhadores interessados que decidem pela formação do sindicato, conforme Art. 8º, II, da CF. Em razão da unicidade sindical, no Brasil, não é possível a criação de sindicatos por empresas (por exemplo, o Sindicato dos Trabalhadores das Casas Bahia), pois, na base territorial, haverá outro sindicato representando a categoria (o sindicato dos trabalhadores do comércio varejista).

Não confunda, todavia, os termos "unicidade sindical" e "unidade sindical". Unidade é uma condição em que, de fato, só há um sindicato representando os trabalhadores, mas, por vontade própria, não por determinação legal, resultado do amadurecimento político da classe. Um exemplo desse fenômeno é a Alemanha.

Convenção nº 87 da OIT

A Organização Internacional do Trabalho tem várias convenções que os Estados podem ou não ratificar. A convenção nº 87 trata da liberdade sindical e prevê que ela deva ser a mais ampla possível, de forma que o Direito Brasileiro não é compatível com tal convenção, uma vez que aqui vigora a unicidade sindical, bem como a base territorial mínima.

Os pontos fortes da Convenção são: a impossibilidade de dissolução ou suspensão de um sindicato por via administrativa; impossibilidade de intervenção do Estado nos sindicatos; livre elaboração de estatutos e regulamentos administrativos; parâmetros razoáveis que não atrapalhem a um sindicato adquirir personalidade jurídica; e possibilidade de restrição da sindicalização das forças armadas e da polícia.

Como nem todas as disposições da Convenção são compatíveis com nossa Constituição, ela nunca foi ratificada pelo Brasil, não vigorando em nosso território, de forma que não se fala em pluralidade sindical em nossa atual legislação.

Exercícios Comentados

01. ***Considere as seguintes assertivas:***

I. As organizações de trabalhadores e de entidades patronais estão sujeitas à suspensão por via administrativa.

II. Os trabalhadores e as entidades patronais, sem distinção de qualquer espécie, têm o direito, sem autorização prévia, de constituírem organizações da sua escolha.

III. As organizações de trabalhadores e de entidades patronais têm o direito de elaborar os seus estatutos e regulamentos administrativos, mas devem submetê-los a registro em órgão público para a análise da legalidade e da adequação aos interesses nacionais.

De acordo com a Convenção nº 87 da Organização Internacional do Trabalho, está correto o que se afirma APENAS em:

a) I.
b) II.
c) III.
d) I e II.
e) II e III.

RESPOSTA ***"B". Os itens I e III contrariam a Convenção 87, e o item II contraria nossa legislação, mas a questão pergunta sobre as próprias cláusulas expressas na Convenção 87, de forma que a II está correta. Nota-se, assim, que é recomendada a leitura integral da Convenção, pois suas disposições podem ser objeto de prova.***

Filiação dos Trabalhadores

A liberdade de filiação, no Brasil, é garantida, pelo Art. 8º, V, da Constituição, de forma que ninguém é obrigado a filiar-se ou manter-se filiado a sindicato. Assim, a filiação sindical não pode ser motivo que traga privilégios ou prejuízos de qualquer espécie (por exemplo, não pode haver preferência na contratação por ser ou não filiado, diferença no salário, na progressão da carreira etc.).

Ocorre que, se a pessoa decidir ser sindicalizada, não poderá escolher qual entidade a representará, é obrigada a aceitar o sindicato de sua categoria, que como visto, para os empregados, em regra, segue a atividade econômica do empregador, salvo os que exerçam categoria profissional diferenciada.

Aos aposentados, é garantido o direito de filiação também, bem como o de votar e serem votados nos sindicatos, conforme expresso no Art. 8º, VII, da Constituição.

No caso de desmembramento de um sindicato em dois, o novo sindicato não arrasta automaticamente a filiação dos empregados que atuem perante a base territorial no sindicato nascente, é necessário que os trabalhadores, voluntariamente, filiem-se ao novo sindicato.

Organização Interna do Sindicato

Apesar de o Estado não poder intervir na organização interna do sindicato, algumas das disposições celetistas sobre o tema foram recepcionadas pela Constituição, de forma que alguns órgãos internos e procedimentos ainda são necessários a qualquer sindicato. São órgãos do sindicato a Assembleia Geral, a Diretoria e o Conselho Fiscal.

A Assembleia Geral é o principal órgão do sindicato, cabendo a ele as deliberações sobre temas importantes (por exemplo, a deflagração ou não de greve, a pauta reivindicatória da categoria, antes da celebração do ACT ou CCT, a eleição da diretoria). Alguns temas, necessariamente, devem guardar sigilo na votação, conforme Art. 524, da CLT:

> ***Art. 524*** *- Serão sempre tomadas por escrutínio secreto, na forma estatutária, as deliberações da Assembleia Geral concernentes aos seguintes assuntos:*
>
> ***a)*** *Eleição de associado para representação da respectiva categoria prevista em lei;*
>
> ***b)*** *Tomada e aprovação de contas da diretoria;*
>
> ***c)*** *aplicação do patrimônio;*
>
> ***d)*** *Julgamento dos atos da Diretoria, relativos a penalidades impostas a associados;*
>
> ***e)*** *Pronunciamento sobre relações ou dissídio de trabalho.*

A Diretoria é composta de, no mínimo, 3 e, no máximo, 7 membros, com igual número de suplentes, conforme disposição da CLT. Apesar de tal informação já ter sido considerada correta em provas, a rigor, o sindicato pode ter quantos diretores quiser. Ocorre que a estabilidade do dirigente sindical, prevista pela Lei, restringe-se a, no máximo, 7 dirigentes e 7 suplentes, conforme Súmula 369, II, do TST.

A Diretoria será eleita perante a Assembleia Geral, com mandato de 3 anos, mas o Presidente do Sindicato será escolhido pela própria Diretoria dentre seus membros, a qual também indicará os delegados sindicais. Esses delegados sindicais não possuem estabilidade, conforme OJ 369, da SDI-1.

O Conselho Fiscal é composto de 3 membros eleitos pela Assembleia Geral e tem a atribuição de fiscalizar as contas do sindicato. Os membros deste conselho não terão estabilidade, conforme OJ 365, do TST.

Fique Ligado

Os diretores eleitos, 7 titulares e 7 suplentes, têm estabilidade. Os membros do conselho fiscal não terão estabilidade.

Fontes de Custeio dos Sindicatos

Existem 4 espécies de pagamentos efetuados para o custeio das atividades sindicais: a contribuição sindical, a contribuição confederativa, a contribuição assistencial e a mensalidade sindical.

Ainda, é possível ao sindicato criar outras formas de renda, recebendo doações de seus membros, aplicando o dinheiro que possui, criando outras contribuições (por exemplo, para o fundo de greve). A vedação da CLT ao sindicato: ter atividade econômica ou política não foi recepcionada pela Constituição.

- **Contribuição Sindical**

Antigamente chamada de imposto sindical, é prevista no Art. 8º, IV, da CF e é obrigatória para todos, sindicalizados ou não sindicalizados, tanto para empregados como para empresas, sendo que essa contribuição sindical tem natureza de tributo.

Para os empregados, corresponde a 1 dia de trabalho por ano, que é auferido conforme Art. 582, da CLT. Ela será descontada no salário em março e repassada para o sindicato dos trabalhadores em abril.

> ***Art. 582.*** *Os empregadores são obrigados a descontar, da folha de pagamento de seus empregados relativa ao mês de março de cada ano, a contribuição sindical por estes devida aos respectivos sindicatos.*
>
> ***§1º*** *Considera-se um dia de trabalho, para efeito de determinação da importância a que alude o item I do Art. 580, o equivalente:*
>
> ***a)*** *A uma jornada normal de trabalho, se o pagamento ao empregado for feito por unidade de tempo;*
>
> ***b)*** *A 1/30 (um trinta avos) da quantia percebida no mês anterior, se a remuneração for paga por tarefa, empreitada ou comissão.*
>
> ***§2º*** *Quando o salário for pago em utilidades, ou nos casos em que o empregado receba, habitualmente, gorjetas, a contribuição sindical corresponderá a 1/30 (um trinta avos) da importância que tiver servido de base, no mês de janeiro, para a contribuição do empregado à Previdência Social.*

Para os empregadores, a contribuição será paga em janeiro e varia de acordo com o capital social da empresa. As instituições que não têm finalidade econômica lucrativa podem requerer isenção do pagamento da contribuição sindical.

> ***Art. 587.*** *O recolhimento da contribuição sindical dos empregadores efetuar-se-á no mês de janeiro de cada ano, ou, para os que venham a estabelecer-se após aquele mês, na ocasião em que requeiram às repartições o registro ou a licença para o exercício da respectiva atividade.*

O valor da contribuição sindical será repartido por todo o sistema confederativo, bem como com as Centrais Sindicais e a Conta Especial Salário e Emprego. A proporção dessa repartição é prevista no Art. 589, da CLT, sendo que o sindicato obreiro indicará a qual Central Sindical será destinado seu montante.

> ***Art. 589.*** *Da importância da arrecadação da contribuição sindical serão feitos os seguintes créditos pela*

Caixa Econômica Federal, na forma das instruções que forem expedidas pelo Ministro do Trabalho:

I. Para os empregadores:

a) 5% (cinco por cento) para a confederação correspondente;

b) 15% (quinze por cento) para a federação;

c) 60% (sessenta por cento) para o sindicato respectivo; e

d) 20% (vinte por cento) para a 'Conta Especial Emprego e Salário';

II. Para os trabalhadores:

a) 5% (cinco por cento) para a confederação correspondente;

b) 10% (dez por cento) para a central sindical;

c) 15% (quinze por cento) para a federação;

d) 60% (sessenta por cento) para o sindicato respectivo; e

e) 10% (dez por cento) para a 'Conta Especial Emprego e Salário';

§1º O sindicato de trabalhadores indicará ao Ministério do Trabalho e Emprego a central sindical a que estiver filiado como beneficiária da respectiva contribuição sindical, para fins de destinação dos créditos previstos neste Art..

§2º A central sindical a que se refere a alínea b do inciso II do caput deste Art. deverá atender aos requisitos de representatividade previstos na legislação específica sobre a matéria.

Quando não houver sindicato de empregados ou empregadores, os 60% a ele devidos serão repassados à Federação. Assim, como a Federação já receberá 60%, os seus 15% serão repassados para a Confederação.

***Art. 591.** Inexistindo sindicato, os percentuais previstos na alínea c do inciso I e na alínea d do inciso II do caput do art. 589 desta Consolidação serão creditados à federação correspondente à mesma categoria econômica ou profissional.*

I. Para os empregadores: c) 60% (sessenta por cento) para o sindicato respectivo; e

II. Para os trabalhadores: d) 60% (sessenta por cento) para o sindicato respectivo; e

***Parágrafo único.** Na hipótese do caput deste Art., os percentuais previstos nas alíneas a e b do inciso I e nas alíneas a e c do inciso II do caput do art. 589 desta Consolidação caberão à confederação.*

I. Para os empregadores: a) 5% (cinco por cento) para a confederação correspondente; b) 15% (quinze por cento) para a federação;

II. Para os trabalhadores: a) 5% (cinco por cento) para a confederação correspondente; c) 15% (quinze por cento) para a federação.

Se não houver Confederação, seus percentuais serão repassados à Federação. Se não houver nenhuma entidade representativa ou se o sindicato não indicar qual Central Sindical será beneficiada, os valores serão todos creditados na Conta Especial Emprego e Salário.

***Art. 590.** Inexistindo confederação, o percentual previsto no art. 589 desta Consolidação caberá à federação representativa do grupo.*

§3º Não havendo sindicato, nem entidade sindical de grau superior ou central sindical, a contribuição sindical será creditada, integralmente, à 'Conta Especial Emprego e Salário'.

§4º Não havendo indicação de central sindical, na forma do § 1º do art. 589 desta Consolidação, os percentuais que lhe caberiam serão destinados à 'Conta Especial Emprego e Salário'

- **Contribuição Confederativa**

A contribuição confederativa, fixada pela Assembleia Geral do Sindicato, também é prevista pela Constituição e serve para manter o sistema confederativo, financiando o funcionamento de sindicatos, federações e confederações.

Tal contribuição não tem natureza jurídica de tributo, de forma que somente poderá ser cobrada dos empregados ou das empresas sindicalizados. Tanto o STF, pela Súmula 666, como o TST, pela OJ 17, da SDC e PN 119, consideram que viola a liberdade de associação a cobrança da contribuição confederativa de pessoas não sindicalizadas.

***Súmula 666.** A contribuição confederativa de que trata o art. 8º, iv, da constituição, só é exigível dos filiados ao sindicato respectivo.*

***OJ-SDC-17:** Contribuições para Entidades Sindicais. Inconstitucionalidade de sua extensão a não associados. As cláusulas coletivas que estabeleçam contribuição em favor de entidade sindical, a qualquer título, obrigando trabalhadores não sindicalizados, são ofensivas ao direito de livre associação e sindicalização, constitucionalmente assegurado, e, portanto, nulas, sendo passíveis de devolução, por via própria, os respectivos valores eventualmente descontados.*

***PN-119:** Contribuições Sindicais - Inobservância de Preceitos Constitucionais. "A Constituição da República, em seus arts. 5º, XX e 8º, V, assegura o direito de livre associação e sindicalização. É ofensiva a essa modalidade de liberdade cláusula constante de acordo, convenção coletiva ou sentença normativa estabelecendo contribuição em favor de entidade sindical a título de taxa para custeio do sistema confederativo, assistencial, revigoramento ou fortalecimento sindical e outras da mesma espécie, obrigando trabalhadores não sindicalizados. Sendo nulas as estipulações que inobservem tal restrição, tornam-se passíveis de devolução os valores irregularmente descontados."*

- **Contribuição Assistencial**

Contribuição assistencial, também chamada de taxa de reversão, é prevista no Art. 513, da CLT, e é instituída para saldar os custos existentes em razão das negociações coletivas (por exemplo, viagens e hospedagem dos representantes sindicais), além de representar uma bonificação ao sindicato, em razão das conquistas para a categoria.

Ela também não tem natureza de tributo, de forma que somente poderá ser cobrada dos que forem filiados ao sindicato. Nesse sentido, entende o TST, conforme orientações supracitadas.

- **Mensalidade Sindical**

Mensalidade sindical pode ser prevista no estatuto do sindicato. Ela tem a mesma característica da mensalidade paga a um clube ou associação qualquer, servindo para custear benefícios que o próprio sindicato mantenha, como médico ou chácara para utilização dos associados, sendo, obviamente, cobrada somente dos filiados ao sindicato.

Exercício Comentado

01. ***A Constituição Federal consagra o princípio da liberdade de associação profissional ou sindical. Sobre este tema, levando em conta os textos legais e os entendimentos jurisprudenciais pacificados pelo C. TST e pelo E. STF, aponte a alternativa errada:***

a) A Assembleia Geral do ente sindical fixará a contribuição que, em se tratando de categoria profissional, será descontada em folha, para custeio do sistema confederativo da representação sindical respectiva, independentemente da contribuição prevista em lei.

b) A contribuição confederativa de que trata o art. 8°, IV, da Constituição, só é exigível dos filiados ao sindicato respectivo.

c) A contribuição assistencial será recolhida, de uma só vez, anualmente, e consistirá na importância correspondente à remuneração de um dia de trabalho, para os empregados, qualquer que seja a forma da referida remuneração.

d) A contribuição sindical será recolhida, de uma só vez, anualmente, e consistirá, para os empregadores, numa importância proporcional ao capital social da firma ou empresa, registrado nas respectivas Juntas Comerciais ou órgãos equivalentes, mediante a aplicação de alíquotas, conforme a tabela progressiva prevista no inc. III, do art. 580, da CLT.

e) Excluem-se da regra de recolhimento da contribuição sindical as entidades ou instituições que comprovarem, através de requerimento dirigido ao Ministério do Trabalho, que não exercem atividade econômica com fins lucrativos.

RESPOSTA ***"C". O erro da alternativa é o termo "contribuição assistencial". O correto seria "contribuição sindical". A contribuição assistencial visa a custear os gastos decorrentes da negociação coletiva, mas somente podem ser cobradas de empregados filiados ao sindicato, não tendo caráter de tributo.***

Federações e Confederações

A Federações e Confederações são entidades de grau superior do sistema confederativo.

A Federação é composta por, no mínimo, 5 sindicatos que representem a maioria absoluta de um grupo em atividades ou profissões idênticas, similares ou conexas.

A Confederação é composta por, no mínimo, 3 Federações e terá sede na Capital da República.

Tanto a Federação como a Confederação terão a seguinte estrutura interna:

Diretoria, composta por, no mínimo, 3 membros, sem limitação máxima de diretores, com mandato de 3 anos. O Presidente e o Vice serão escolhidos pela Diretoria e não pelo Conselho de Representantes.

Conselho Fiscal, composto por 3 membros, também com mandado de 3 anos. A atuação do Conselho Fiscal limita-se à fiscalização da gestão financeira.

Conselho de Representantes, formado por uma delegação de 2 membros de cada sindicato, no caso da Federação, ou 2 membros de cada Federação, no caso da Confederação. Esses representantes terão mandato de 3 anos, e cada delegação terá direito a um voto.

Art. 533 *- Constituem associações sindicais de grau superior as federações e confederações organizadas nos termos desta Lei.*

Art. 534 *- É facultado aos Sindicatos, quando em número não inferior a 5 (cinco), desde que representem a maioria absoluta de um grupo de atividades ou profissões idênticas, similares ou conexas, organizarem-se em federação.*

Art. 535 *- As Confederações organizar-se-ão com o mínimo de 3 (três) federações e terão sede na Capital da República.*

Art. 538 *- A administração das federações e confederações será exercida pelos seguintes órgãos:*

a) Diretoria;

b) Conselho de Representantes;

c) Conselho Fiscal.

§1º - A Diretoria será constituída no mínimo de 3 (três) membros e de 3 (três) membros se comporá o Conselho Fiscal, os quais serão eleitos pelo Conselho de Representantes com mandato por 3 (três) anos.

§2º - Só poderão ser eleitos os integrantes dos grupos das federações ou dos planos das confederações, respectivamente.

§3º - O Presidente da federação ou confederação será escolhido dentre os seus membros, pela Diretoria.

§4º - O Conselho de Representantes será formado pelas delegações dos Sindicatos ou das Federações filiadas, constituída cada delegação de 2 (dois) membros, com mandato por 3 (três) anos, cabendo 1 (um) voto a cada delegação.

§5º - A competência do Conselho Fiscal é limitada à fiscalização da gestão financeira.

Centrais Sindicais

As Centrais Sindicais surgiram por volta de 1980, mas seu reconhecimento jurídico veio somente em 2008. Como exemplos delas estão a CUT, a UGT, a Força Sindical etc. Elas serão entidades exclusivamente dos trabalhadores, sempre de âmbito nacional, e suas atribuições são previstas no Art. 1º, da Lei 11.648/2008:

Art. 1º *A central sindical, entidade de representação geral dos trabalhadores, constituída em âmbito nacional, terá as seguintes atribuições e prerrogativas:*

I. Coordenar a representação dos trabalhadores por meio das organizações sindicais a ela filiadas; e

II. Participar de negociações em fóruns, colegiados de órgãos públicos e demais espaços de diálogo social que possuam composição tripartite, nos quais estejam em discussão assuntos de interesse geral dos trabalhadores.

Um exemplo de participação nos órgãos citados, no inciso II, é o Conselho Curador do FGTS. Essa participação de cada Central Sindical será proporcional à sua representatividade, o que será aferido pelo MTE. De qualquer forma, essa proporcionalidade não poderá alterar a característica de paridade dos órgãos de discussão, ou seja, não poderá haver mais representantes de empregados do que de empregadores ou do Governo.

A formação das Centrais Sindicais deve respeitar o Art. 2º da citada Lei, sob pena de somente existirem como uma associação qualquer, de forma que não participariam dos órgãos tripartite de discussão, bem como não receberiam os 10% da repartição da contribuição sindical.

Art. 2º *Para o exercício das atribuições e prerrogativas a que se refere o inciso II do caput do art. 1º desta Lei, a central sindical deverá cumprir os seguintes requisitos:*

I. *Filiação de, no mínimo, 100 (cem) sindicatos distribuídos nas 5 (cinco) regiões do País;*

II. *Filiação em pelo menos 3 (três) regiões do País de, no mínimo, 20 (vinte) sindicatos em cada uma;*

III. *Filiação de sindicatos em, no mínimo, 5 (cinco) setores de atividade econômica; e*

IV. *Filiação de sindicatos que representem, no mínimo, 7% (sete por cento) do total de empregados sindicalizados em âmbito nacional.*

A Centrais Sindicais aceitam a filiação de qualquer espécie de profissão, podendo congregar sindicatos de trabalhadores rurais, do comércio, da indústria, de categorias profissionais diferenciadas etc.

Há discussão doutrinária, mas prevalece o posicionamento de que os dirigentes das Centrais Sindicais não têm estabilidade no emprego, por falta de previsão legal.

A jurisprudência tem firmado o posicionamento de que as Centrais Sindicais não podem atuar na representação e na defesa direta das categorias e, por conseguinte, não podem celebrar Acordo ou Convenção Coletiva, ajuizar dissídios coletivos, ação de cumprimento, ação direta de inconstitucionalidade etc.

Convenção e Acordo Coletivo

A Constituição reconheceu aos sindicatos o poder de regular as relações de trabalho, por meio de negociação coletiva, celebrando Acordo Coletivo ou Convenção Coletiva, o que é chamado, por Maurício Godinho Delgado, de princípio da autorregulamentação ou princípio da criatividade jurídica da negociação coletiva.

> ***Art. 7º.*** *São direitos dos trabalhadores urbanos e rurais, além de outros que visem à melhoria de sua condição social:*
>
> ***XXVI.*** *Reconhecimento das convenções e acordos coletivos de trabalho;*

Tanto o Acordo Coletivo como a Convenção Coletiva têm natureza jurídica dúplice – contratual e normativa –, pois são negociados e ajustados pelas partes, tal como um contrato, mas estipulam regras gerais e abstratas para diversas pessoas, mesmo os não sindicalizados, tal como uma lei.

Acordo Coletivo

O Acordo Coletivo é celebrado entre o sindicato dos trabalhadores e uma ou mais empresas, estipulando condições de trabalho que se aplicam no âmbito das empresas que fizeram parte do acordo, mesmo para os empregados dessas empresas que não são filiados ao sindicato.

Se os trabalhadores e sua empresa quiserem celebrar Acordo Coletivo, eles cientificarão os sindicatos respectivos, que terão prazo de 8 dias para iniciar a negociação. Assim, será convocada Assembleia Geral com os interessados, filiados ou não ao sindicato, para deliberar e votar sobre o acordo – note que, na Assembleia Geral convocada para deliberar sobre o Acordo Coletivo, votam tanto os sindicalizados como os não sindicalizados.

Após notificado do interesse dos trabalhadores e da empresa, se o sindicato permanecer inerte, os interessados poderão pedir à Federação para que, em 8 dias, inicie as tratativas e, em caso de inércia ou inexistência desta, pedir à Confederação, também no prazo de 8 dias, que inicie a negociação. Havendo desinteresse dos 3 entes, os empregados e a empresa poderão, diretamente, celebrar Acordo Coletivo.

A celebração de Acordo Coletivo, sem a presença do sindicato, não viola o Art. 8º, VI, da CF, pois foi dada ao sindicato e às entidades de grau superior a oportunidade de participar da negociação, não podendo sua inércia tolher o direito dos trabalhadores de firmarem Acordo Coletivo.

> ***Art. 617*** *- Os empregados de uma ou mais empresas que decidirem celebrar Acordo Coletivo de Trabalho com as respectivas empresas darão ciência de sua resolução, por escrito, ao Sindicato representativo da categoria profissional, que terá o prazo de 8 (oito) dias para asSúm.ir a direção dos entendimentos entre os interessados, devendo igual procedimento ser observado pelas empresas interessadas com relação ao Sindicato da respectiva categoria econômica.*
>
> ***§1º*** *Expirado o prazo de 8 (oito) dias sem que o Sindicato tenha se desincumbido do encargo recebido, poderão os interessados dar conhecimento do fato à Federação a que estiver vinculado o Sindicato e, em falta dessa, à correspondente Confederação, para que, no mesmo prazo, asSúm.a a direção dos entendimentos. Esgotado esse prazo, poderão os interessados prosseguir diretamente na negociação coletiva até final.*
>
> ***§2º*** *Para o fim de deliberar sobre o Acordo, a entidade sindical convocará assembleia geral dos diretamente interessados, sindicalizados ou não, nos termos do art. 612.*

Convenção Coletiva

A Convenção Coletiva é celebrada entre o sindicato dos trabalhadores e o sindicato dos empregadores e estipula condições de trabalho para toda a categoria envolvida, atingindo mesmo as empresas que não façam parte do sindicato patronal e os empregados que não sejam sindicalizados.

Não havendo sindicato representando, a categoria profissional ou econômica poderá celebrar a Convenção Coletiva à Federação e, na falta desta, à Confederação.

Aqui, não existe a possibilidade de os interessados celebrarem Convenção Coletiva diretamente; é sempre obrigatória e presença dos sindicatos.

Para a celebração da Convenção Coletiva, é necessária a convocação de Assembleia Geral, em que votarão os empregados filiados à entidade – note que na Assembleia Geral convocada para deliberar sobre a Convenção, votam somente os que fazem parte do sindicato, ao contrário do Acordo Coletivo.

Fique Ligado

No Acordo Coletivo, votam os interessados (filiados ou não ao sindicato) e sua abrangência é a empresa que celebrou o acordo, atingindo todos empregados da empresa (filiados e não filiados). Na Convenção Coletiva, votam somente os filiados ao sindicado, e sua abrangência é toda a categoria, atingindo todos os empregados da categoria (filiados e não filiados também).

Assim, a diferença entre Acordo e Convenção é a presença ou não do sindicato patronal na negociação, bem como a abrangência mais ampla ou mais restrita dos instrumentos, sendo que a Consolidação assim os define:

> ***Art. 611*** *- Convenção Coletiva de Trabalho é o acordo de caráter normativo, pelo qual dois ou mais Sindicatos representativos de categorias econômicas e profissionais estipulam condições de trabalho aplicáveis, no âmbito das respectivas representações, às relações individuais de trabalho.*

§1º É facultado aos Sindicatos representativos de categorias profissionais celebrar Acordos Coletivos com uma ou mais empresas da correspondente categoria econômica, que estipulem condições de trabalho, aplicáveis no âmbito da empresa ou das acordantes respectivas relações de trabalho.

§2º As Federações e, na falta desta, as Confederações representativas de categorias econômicas ou profissionais poderão celebrar convenções coletivas de trabalho para reger as relações das categorias a elas vinculadas, inorganizadas em Sindicatos, no âmbito de suas representações.

Requisitos Formais da Negociação Coletiva

Tanto a Convenção Coletiva como o Acordo Coletivo cumprem alguns requisitos para serem celebrados validamente e operarem efeitos nas relações de trabalho.

- **Quorum para aprovação de ACT e CCT**

Haverá convocação para Assembleia Geral especificamente designada para tratar do ACT ou do CCT, sendo que essa convocação será feita como determinar o estatuto, mas o *quorum* é previsto na Lei. Havendo disposição ou rito específico no estatuto, devem ser seguidos.

> ***OJ-SDC-35*** *Edital de Convocação da agt. Disposição estatutária específica. Prazo mínimo entre a publicação e a realização da assembleia. Observância obrigatória. Se os estatutos da entidade sindical contam com norma específica que estabeleça prazo mínimo entre a data de publicação do edital convocatório e a realização da assembleia correspondente, então a validade desta última depende da observância desse interregno.*

O *quorum* de comparecimento e votação será:

Em primeira convocação:

para a Convenção, 2/3 dos filiados ao sindicato;

para o Acordo, 2/3 dos interessados (filiados ou não);

Em segunda convocação:

para a Convenção, 1/3 dos filiados ao sindicato;

para o Acordo, 1/3 dos interessados (filiados ou não).

Nos sindicatos com mais de 5000 filiados, o *quorum* de comparecimento e votação para a segunda convocação será de 1/8 dos filiados.

> ***Art. 612*** *- Os Sindicatos só poderão celebrar Convenções ou Acordos Coletivos de Trabalho, por deliberação de Assembleia Geral especialmente convocada para esse fim, consoante o disposto nos respectivos Estatutos, dependendo a validade da mesma do comparecimento e votação, em primeira convocação, de 2/3 (dois terços) dos associados da entidade, se tratar de Convenção, e dos interessados, no caso de Acordo, e, em segunda, de 1/3 (um terço) dos mesmos.*
>
> ***Parágrafo único.*** *O "quorum" de comparecimento e votação será de 1/8 (um oitavo) dos associados em segunda convocação, nas entidades sindicais que tenham mais de 5.000 (cinco mil) associados.*

Há vários doutrinadores que sustentam que tais dispositivos não foram recepcionados pela Constituição, inclusive apontando o cancelamento das OJs 13,21 e 24, da SDC, como vitrine dessa interpretação. Contudo, os concursos ainda têm cobrado tais disposições, portanto, é necessário ao candidato conhecê-las.

- **Cláusulas Obrigatórias no ACT e na CCT**

O ACT e a CCT são instrumentos solenes, que devem ser sempre celebrados por escrito, sem rasuras – não existe ACT ou CCT verbal. O instrumento terá uma via para cada um dos envolvidos na negociação, além de uma via destinada ao registro no MTE.

A doutrina costuma classificar as cláusulas existentes em uma negociação coletiva em 3 espécies: obrigacionais, normativas e de garantia. As obrigacionais são direcionadas aos próprios sindicatos contratantes criando obrigações diversas (por exemplo, a liberdade de o dirigente sindical ingressar na empresa a qualquer horário). As normativas são direcionadas aos beneficiários dos instrumentos coletivos, criando direitos para os empregados e empregadores. Por fim, as de garantia são ajustadas para garantir o cumprimento das outras duas citadas (por exemplo, multas pelo descumprimento).

Algumas disposições são de presença obrigatória nos ACT e CCT, as quais estão previstas no Art. 613, da CLT.

> ***Art. 613*** *- As Convenções e os Acordos deverão conter obrigatoriamente:*
>
> *I. Designação dos Sindicatos convenentes ou dos Sindicatos e empresas acordantes;*
>
> *II. Prazo de vigência;*
>
> *III. Categorias ou classes de trabalhadores abrangidas pelos respectivos dispositivos;*
>
> *IV. Condições ajustadas para reger as relações individuais de trabalho durante sua vigência;*
>
> *V. Normas para a conciliação das divergências sugeridas entre os convenentes por motivos da aplicação de seus dispositivos;*
>
> *VI. Disposições sobre o processo de sua prorrogação e de revisão total ou parcial de seus dispositivos;*
>
> *VII. Direitos e deveres dos empregados e empresas;*
>
> *VIII. Penalidades para os Sindicatos convenentes, os empregados e as empresas em caso de violação de seus dispositivos.*
>
> ***Parágrafo único.*** *As convenções e os Acordos serão celebrados por escrito, sem emendas nem rasuras, em tantas vias quantos forem os Sindicatos convenentes ou as empresas acordantes, além de uma destinada a registro.*

É necessário saber quem são os sindicatos ou as empresas envolvidas na negociação, bem como a categoria que representam, sendo tais informações importantes para saber o campo de abrangência da negociação. Essa importância é vislumbrada, por exemplo, na convenção firmada por uma categoria profissional diferenciada, pois, se um sindicato qualquer não participou da negociação, não se submeterá às condições ajustadas, conforme Súmula 374, do TST.

É preciso que conste o prazo de vigência da norma coletiva, que será de, no máximo, 2 anos. Não confunda o prazo máximo de 2 anos da ACT e CCT com o prazo máximo de 4 anos de vigência da sentença normativa.

Fique Ligado

O atual posicionamento do TST é que, nas Convenções Coletivas e nos Acordos Coletivos, as cláusulas normativas (aquelas que criam direitos) integram os contratos de trabalho, vigorando até que outra convenção ou acordo coletivo as revoguem ou alterem. Mesmo após o prazo de vigência do ACT ou do CCT, não havendo nova negociação coletiva, as cláusulas normativas continuam operando efeitos nos contratos de trabalho.

Anteriormente, o TST entendia que as condições estipuladas em ACT ou CCT somente valeriam no prazo de vigência dos instrumentos coletivos, de forma que essa questão tem grandes chances de ser objeto de prova.

> ***Súm. 277*** *Convenção Coletiva de Trabalho ou Acordo*

Coletivo de Trabalho. Eficácia. Ultratividade. As cláusulas normativas dos acordos coletivos ou convenções coletivas integram os contratos individuais de trabalho e somente poderão ser modificadas ou suprimidas mediante negociação coletiva de trabalho.

Como a nova Súmula 277 é silente acerca das sentenças normativas, tem-se que as condições estipuladas por ela vigorarão até seu prazo máximo, ou seja, ultrapassados os 4 anos de vigência, não sendo firmado ACT ou CCT, as condições de trabalho previstas na sentença normativa deixam de operar efeitos.

OJ-SDI1-322: *Acordo Coletivo de Trabalho. Cláusula de Termo aditivo prorrogando o acordo para prazo Indeterminado. Inválida. Nos termos do art. 614, § 3º, da CLT, é de 2 anos o prazo máximo de vigência dos acordos e das convenções coletivas. Assim sendo, é inválida, naquilo que ultrapassa o prazo total de 2 anos, a cláusula de termo aditivo que prorroga a vigência do instrumento coletivo originário por prazo indeterminado.*

PN-120: *Sentença Normativa. Duração. Possibilidade e Limites (positivo). A sentença normativa vigora, desde seu termo inicial até que sentença normativa, convenção coletiva de trabalho ou acordo coletivo de trabalho superveniente produza sua revogação, expressa ou tácita, respeitado, porém, o prazo máximo legal de quatro anos de vigência.*

Também, é mandatório incluir disposições sobre a prorrogação e a revisão total ou parcial da ACT ou CCT, sendo que todos esses procedimentos necessitam de convocação e da aprovação da Assembleia Geral, com o mesmo *quorum* de 2/3 em primeira convocação e 1/3 em segunda convocação. Como é necessária a aprovação em Assembleia, não existe prorrogação automática de Acordos ou Convenções Coletivos, não sendo possível que tal procedimento estenda a vigência do instrumento coletivo para além do prazo máximo de 2 anos.

Art. 615 *- O processo de prorrogação, revisão, denúncia ou revogação total ou parcial de Convenção ou Acordo ficará subordinado, em qualquer caso, à aprovação de Assembleia Geral dos Sindicatos convenentes ou partes acordantes, com observância do disposto no art. 612.*

§1º *O instrumento de prorrogação, revisão, denúncia ou revogação de Convenção ou Acordo será depositado para fins de registro e arquivamento, na repartição em que o mesmo originariamente foi depositado observado o disposto no art. 614.*

§2º *As modificações introduzidos em Convenção ou Acordo, por força de revisão ou de revogação parcial de suas clausulas passarão a vigorar 3 (três) dias após a realização de depósito previsto no § 1º.*

Os instrumentos coletivos devem prever normas de solução dos conflitos e, para tanto, podem eleger a mediação ou a arbitragem, de acordo com o que está previsto expressamente no Art. 114, §1º, da Constituição. Assim, no direito coletivo, a arbitragem é possível, ao contrário do direito individual.

Art. 114*. Compete à Justiça do Trabalho processar e julgar:*

§1º *- Frustrada a negociação coletiva, as partes poderão eleger árbitros*

É forçoso incluir as normas que regularão as condições de trabalho, bem como os direitos e deveres das partes, sendo esses os principais motivos da negociação. Os Acordos e as Convenções, obrigatoriamente, devem prever penalidades em razão do descumprimento do pactuado, inclusive podendo prever multa para os sindicatos convenentes, bem como para os empregadores e para os empregados.

Quanto à penalidade, é escolha dos sindicatos. Mas a multa não pode ser superior à obrigação principal, conforme entendimento do TST:

OJ-SDI1-54 *Multa. Cláusula Penal. Valor Superior ao Principal. O valor da multa estipulada em cláusula penal, ainda que diária, não poderá ser superior à obrigação principal corrigida, em virtude da aplicação do Art. 412 do Código Civil de 2002 (art. 920 do Código Civil de 1916).*

Ainda que a cláusula ajustada seja mera repetição do texto legal (por exemplo, que a hora extra será de, no mínimo, 50%), havendo descumprimento, caberá aplicação de multa convencional. Nesse sentido, entende o TST:

Súm. 384 *Multa Convencional. Cobrança.*

I. *O descumprimento de qualquer cláusula constante de instrumentos normativos diversos não submete o empregado a ajuizar várias ações, pleiteando em cada uma o pagamento da multa referente ao descumprimento de obrigações previstas nas cláusulas respectivas.*

II. *É aplicável multa prevista em instrumento normativo (sentença normativa, convenção ou acordo coletivo) em caso de descumprimento de obrigação prevista em lei, mesmo que a norma coletiva seja mera repetição de texto legal.*

- **Vigência do ACT e da CCT**

Após a assinatura de Acordo Coletivo ou Convenção Coletiva, 2 procedimentos são necessários:

> Depósito junto ao MTE no prazo de 8 dias.

> Afixação nos sindicatos e nas empresas, no prazo de 5 dias. O descumprimento desse prazo é mera irregularidade, sendo que o instrumento valerá da mesma forma.

> Após o depósito no MTE, o ACT ou a CCT começam a vigorar dentro de 3 dias. No caso de revisão, é necessário novo depósito no MTE, que também passará a vigorar no prazo de 3 dias.

Art. 614 *- Os Sindicatos convenentes ou as empresas acordantes promoverão, conjunta ou separadamente, dentro de 8 (oito) dias da assinatura da Convenção ou Acordo, o depósito de uma via do mesmo, para fins de registro e arquivo, no Departamento Nacional do Trabalho, em se tratando de instrumento de caráter nacional ou interestadual, ou nos órgãos regionais do Ministério do Trabalho e Previdência Social, nos demais casos.*

§1º *As Convenções e os Acordos entrarão em vigor 3 (três) dias após a data da entrega dos mesmos no órgão referido neste Art..*

§2º *Cópias autênticas das Convenções e dos Acordos deverão ser afixados de modo visível, pelos Sindicatos convenentes, nas respectivas sedes e nos estabelecimentos das empresas compreendidas no seu campo de aplicação, dentro de 5 (cinco) dias da data do depósito previsto neste Art..*

§3º *Não será permitido estipular duração de Convenção ou Acordo superior a 2 (dois) anos.*

Exercício Comentado

01. ***Considere as seguintes assertivas, a respeito das Convenções Coletivas de Trabalho:***

I. As Federações e, na sua falta, as Confederações poderão celebrar Convenções Coletivas de Trabalho para reger as relações das categorias a elas vinculadas, ainda que organizadas em sindicatos.

II. As Convenções Coletivas de Trabalho podem ser consideradas negócios jurídicos de caráter normativo, possuindo efeitos "erga omnes".

III. Em Convenção Coletiva de Trabalho é facultativa a clausula de penalidades para os sindicatos convenentes, os empregados e as empresas em caso de violação de seus dispositivos.

IV. Não será permitido estipular duração de Convenção Coletiva de Trabalho superior a dois anos.

Está correto o que se afirma SOMENTE em:

a) II e IV.
b) I, II e III.
c) II, III e IV.
d) I, II e IV.
e) III e IV.

RESPOSTA. ***"A". O item I está incorreto, uma vez que, havendo sindicato, é ele quem celebrará a Convenção Coletiva, não podendo a Federação ou a Confederação sobrepor a vontade deste. Caso o sindicato não exista, então, será possível à Federação, e, na falta desta, à Confederação celebrarem a Convenção.***

Não confunda essa situação com o caso do Acordo Coletivo, em que, se o sindicato não tiver interesse na negociação, os interessados poderão procurar a Federação, e depois a Confederação para asSúm.ir as negociações, e, havendo desinteresse de todos, fazer o acordo diretamente.

O item II está correto, tendo em vista que as Convenções Coletivas de Trabalho têm natureza dúplice – de contrato, pois negociada entre duas partes, e de Lei, porquanto estabeleça regulamentação geral e abstrata, chamada de efeito "erga omnes".

O item III está incorreto, pois não é facultativa tal cláusula, é obrigatória. Qual será a penalidade, é livre escolha dos sindicatos convenentes, desde que respeitado o limite da própria obrigação principal. Por exemplo, a multa pelo não pagamento do salário no prazo legal não pode ser maior que o próprio salário, conforme a citada OJ 54, da SDI-1.

O item IV está correto, pois repete a previsão do Art. 614, §3º, da CLT.

Coexistência entre Acordo e Convenção Coletivos

O art. 620 da CLT aplica o princípio da norma mais favorável também nas negociações coletivas, de forma que as condições previstas em Convenção, se mais favoráveis, prevalecem sobre as previstas no Acordo.

> ***Art. 620****. As condições estabelecidas em Convenção quando mais favoráveis, prevalecerão sobre as estipuladas em Acordo.*

A respeito do tema ACT x CCT, é necessário fazer uma observação acerca da forma como que é aplicado o princípio da norma mais favorável. Quando ocorre o confronto Acordo Coletivo x Convenção Coletiva, em que cada um deles é, em parte, melhor que o outro, surgem 3 teorias para solucionar "o que é o mais benéfico" – teoria da acumulação, teoria do conglobamento e teoria do conglobamento mitigado:

A **Teoria da Acumulação**, minoritária, informa que se deve pinçar, em cada instrumento, as disposições mais benéficas. Essa teoria é a menos aceita e menos científica.

Já a **Teoria do Conglobamento**, majoritária, informa que se deve escolher o instrumento mais benéfico em sua totalidade, sem mesclar os documentos. Essa é a teoria que deve ser marcada como correta, quando estiver em debate ACT x CCT;

Por fim, a **Teoria do Conglobamento Mitigado** foi adotada expressamente pela Lei para regular os contratos dos trabalhadores contratados ou transferidos para trabalhar no exterior. Essa teoria informa que se aplicam ao contrato as disposições mais benéficas em relação a cada matéria, ou seja, comparam-se institutos inteiros.

Em um exemplo hipotético, poderiam ser aplicadas, da Legislação Nacional, as disposições acerca de férias e de salário, mas da Legislação Estrangeira poderiam ser aplicadas as disposições quanto a repouso semanal e a dispensa do empregado.

> ***Lei 7064/1982*** *- Dispõe sobre a situação de trabalhadores contratados ou transferidos para prestar serviços no exterior.*
>
> ***Art. 3º*** *- A empresa responsável pelo contrato de trabalho do empregado transferido assegurar-lhe-á, independentemente da observância da legislação do local da execução dos serviços:*
>
> ***I.*** *A aplicação da legislação brasileira de proteção ao trabalho, naquilo que não for incompatível com o disposto nesta Lei, quando mais favorável do que a legislação territorial, no conjunto de normas e em relação a cada matéria.*

Negociação Coletiva com o Poder Público

Quanto aos empregados públicos de empresas públicas e sociedades de economia mista, tais como a Caixa Econômica Federal e o Banco do Brasil, é possível a celebração de Acordo ou Convenção Coletiva, conforme interpretação do Art. 173, da CF, inclusive o ajuizamento de dissídio coletivo de natureza econômica.

Por outro lado, como aos servidores públicos, somente por lei podem ser alterados planos de carreira, salário e benefícios, nos termos do Art. 39, §3º, da Lei Maior, não há possibilidade de celebrar Acordo ou Convenção Coletiva, sendo que o mesmo entendimento aplica-se quanto aos empregados públicos contratados no regime da CLT pela Administração Direta – Municípios, Estados e União.

Nesse sentido, caminha o STF, o qual editou a Súmula 679.

> ***Súmula Nº 679.*** *A fixação de vencimentos dos servidores públicos não pode ser objeto de convenção coletiva.*
>
> ***OJ-SDC-5:*** *Dissídio Coletivo. Pessoa Jurídica de Direito Público. Possibilidade Jurídica. Cláusula de Natureza Social. Em face de pessoa jurídica de direito público que mantenha empregados, cabe dissídio coletivo exclusivamente para apreciação de cláusulas de natureza social. Inteligência da Convenção nº 151 da Organização Internacional do Trabalho, ratificada pelo Decreto Legislativo nº 206/2010.*

Pela OJ 5 percebe-se que o TST adotou posição defendida por Maurício Godinho Delegado, o qual defende que, após a ratificação da convenção 151, da OIT, que trata da negociação coletiva com o Poder Público, é possível a negociação coletiva em relação às cláusulas sociais, e somente não poderá haver negociação nas cláusulas econômicas, pois só a Lei pode majorar gastos.

Limites da Negociação Coletiva

Segundo a lição do professor Maurício Godinho Delgado, o princípio da atuação setorial negociada trata do problema que envolve os limites da ação sindical, no sentido de ajustar condições de trabalho por meio da negociação coletiva, em desconformidade com a legislação vigente. O renomado autor ensina que os acordos firmados pelas partes prevalecerão em dois casos: quando implementam um padrão geral superior ao previsto na legislação; ou quando transacionam normas de indisponibilidade relativa.

No primeiro caso, é evidente que as condições ajustadas prevalecem, pois são melhores do que a prevista pela própria legislação.

No segundo caso, por normas de indisponibilidade relativa, entende-se aquelas que são previstas na Lei, não podendo as partes individualmente modificá-las, mas é possível que negociação coletiva altere-as. Se as normas forem de indisponibilidade absoluta, então, nem Acordo ou Convenção Coletiva poderão rebaixar o padrão mínimo legal, pois é o patamar civilizatório mínimo, sendo o caso de normas constitucionais (exceto as ressalvas da própria Lei Maior), normas de Segurança e Medicina no Trabalho, dispositivos antidiscriminatórios, liberdade sindical, dentre outras.

Assim, o TST tem alguns entendimentos já consolidados sobre o que não pode ser negociado pelos sindicatos, uma vez que são normas de indisponibilidade absoluta, listados a seguir:

Segurança e Medicina no Trabalho:

Súm. 437: *Intervalo Intrajornada para Repouso e Alimentação. Aplicação do Art. 71 da CLT.*

I. É inválida cláusula de acordo ou convenção coletiva de trabalho contemplando a supressão ou redução do intervalo intrajornada porque este constitui medida de higiene, saúde e segurança do trabalho, garantido por norma de ordem pública (art. 71 da CLT e art. 7º, XXII, da CF/1988), infenso à negociação coletiva.

OJ-SDI1-372: *Minutos que antecedem e sucedem a Jornada de Trabalho. Lei Nº 10.243, De 19.06.2001. Norma Coletiva. Flexibilização. Impossibilidade. A partir da vigência da Lei nº 10.243, de 19.06.2001, que acrescentou o § 1º ao art. 58 da CLT, não mais prevalece cláusula prevista em convenção ou acordo coletivo que elastece o limite de 5 minutos que antecedem e sucedem a jornada de trabalho para fins de apuração das horas extras.*

OJ-SDC-30: *Estabilidade da Gestante. Renúncia ou Transação de Direitos Constitucionais. Impossibilidade. Nos termos do art. 10, II, "b", do ADCT, a proteção à maternidade foi erigida à hierarquia constitucional, pois retirou do âmbito do direito potestativo do empregador a possibilidade de despedir arbitrariamente a empregada em estado gravídico. Portanto, a teor do Art. 9º da CLT, torna-se nula de pleno direito a cláusula que estabelece a possibilidade de renúncia ou transação, pela gestante, das garantias referentes à manutenção do emprego e salário.*

OJ-SDC-31: *Estabilidade do Acidentado. Acordo homologado. Prevalência. Impossibilidade. Violação do art. 118 da Lei nº 8.213/91. Não é possível a prevalência de acordo sobre legislação vigente, quando ele é menos benéfico do que a própria lei, porquanto o caráter imperativo dessa última restringe o campo de atuação da vontade das partes.*

Liberdade sindical:

OJ-SDC-16: *Taxa de Homologação de Rescisão Contratual. Ilegalidade. É contrária ao espírito da Lei (Art. 477, § 7º, da CLT) e da função precípua do Sindicato a cláusula coletiva que estabelece taxa para homologação de rescisão contratual, a ser paga pela empresa a favor do sindicato profissional.*

Não discriminação:

OJ-SDC-20: *Empregados Sindicalizados. Admissão preferencial. Condição violadora do art. 8º, V, da CF/88. Viola o art. 8º, V, da CF/1988 cláusula de instrumento normativo que estabelece a preferência, na contratação de mão de obra, do trabalhador sindicalizado sobre os demais.*

OJ-SDC-26: *Salário Normativo. Menor empregado. Art. 7º, XXX, da CF/88. Violação. Os empregados menores não podem ser discriminados em cláusula que fixa salário mínimo profissional para a categoria.*

Reajuste salarial:

Súm. 375: *Reajustes salariais previstos em norma coletiva. Prevalência da legislação de política salarial. Os reajustes salariais previstos em norma coletiva de trabalho não prevalecem frente à legislação superveniente de política salarial.*

Exercício Comentado

01. ***Acerca do princípio da adequação setorial negociada, assinale a alternativa incorreta:***

a) É juridicamente válida a redução da duração do trabalho, com respectiva redução salarial, desde que coletivamente negociada, correspondendo a uma transação.

b) É juridicamente inválida a redução meramente contratual das horas de labor com redução salarial.

c) É juridicamente inválida a pura e simples extensão da duração do trabalho, para além do montante de horas que decorre da previsão constitucional.

d) É juridicamente válida a ampliação da jornada especial de trabalho, em turnos ininterruptos de revezamento, desde que a transação ampliativa se faça por negociação coletiva.

e) É juridicamente válida a redução da duração do trabalho, com respectiva redução salarial, desde que coletivamente negociada, correspondendo a uma renúncia.

RESPOSTA ***"E". Como sabido, a renúncia (perda de direitos) não é permitida no Direito do Trabalho, sendo que a transação (ganha-se em um ponto e perde-se em outro), por negociação coletiva, é permitida, por isso, a alternativa "E" está incorreta.***

Mas é importante notar que, nesta questão, a alternativa "A" e a alternativa "E" somente trocaram o termo "renúncia" por "transação". Considerando que a pergunta pediu a alternativa errada, uma das duas necessariamente estaria correta, e por consequência, a outra estaria incorreta. Quem percebesse isso, ainda que não fizesse a mínima ideia da resposta, teria 50% de chances de acertar. É importante estar atento, pois situações como essa somam pontos importantes para a aprovação.

A alternativa B está correta, pois redução de salário somente é possível por via coletiva. A mera redução da jornada, sem redução do salário, é benéfica para o trabalhador, de forma que pode ser efetuada por acordo individual.

A alternativa D está correta, uma vez que a Constituição previu jornada de 6 horas nos turnos ininterruptos, contudo, ressalvou à negociação coletiva o poder de alterar tal jornada.

Greve

A greve é um direito constitucional fundamental dos trabalhadores, sendo o instrumento de pressão máximo que os empregados têm para buscar suas conquistas frente às empresas. Consiste em verdadeira autotutela permitida pela legislação, deve ser o último recurso – a solução negociada de um conflito é sempre preferível.

A Constituição trata da greve no Art. 9º, e o faz de maneira ampla, não listando quais os direitos ou interesses defensáveis, por meio da greve, competindo aos trabalhadores decidirem quando e o porquê da paralisação, sendo que tal direito foi regulamentado pela Lei 7.783/1989, para os trabalhadores do setor privado.

> ***Art. 9º:*** *É assegurado o direito de greve, competindo aos trabalhadores decidir sobre a oportunidade de exercê-lo e sobre os interesses que devam por meio dele defender.*
>
> ***§1º*** *- A lei definirá os serviços ou atividades essenciais e disporá sobre o atendimento das necessidades inadiáveis da comunidade.*
>
> ***§2º*** *- Os abusos cometidos sujeitam os responsáveis às penas da lei.*

A greve é caracterizada como paralisação coletiva dos trabalhadores, temporária, pacífica e voluntária. Como é coletiva, não existe greve de um trabalhador só. Temporária, pois, ao chegar a um acordo, os trabalhadores voltam aos seus postos. Pacífica, porque os trabalhadores não podem utilizar de violência, quebrar a empresa, usar armas, seja contra o empregador, seja contra trabalhadores que não aderiram à greve. Voluntária, uma vez que, se um ou alguns trabalhadores não quiserem aderir à greve, podem continuar trabalhando normalmente.

Essa paralisação do trabalho tem natureza jurídica de suspensão do contrato, pois não haverá prestação do serviço e também não haverá pagamento de salário. Se as partes chegarem a um acordo e decidirem que os trabalhadores irão repor as horas paradas e receber por isso, ocorre a conversão do que era suspensão para interrupção do contrato de trabalho.

Lockout

O ***lockout***, também chamado de greve da empresa, é proibido expressamente pela legislação. Essa prática consiste na empresa fechar temporariamente o estabelecimento para dificultar a organização dos trabalhadores. Exemplo dessa atitude ilícita, segundo os metalúrgicos do ABC paulista, ocorreu em julho de 2012, com a montadora de veículos *General Motors*, durante a crise dos automóveis.

Como é vedada tal conduta, o período em que a empresa permanecer fechada será considerado interrupção no contrato de trabalho, de forma que haverá pagamento de salários.

> ***Art. 17****. Fica vedada a paralisação das atividades, por iniciativa do empregador, com o objetivo de frustrar negociação ou dificultar o atendimento de reivindicações dos respectivos empregados (lockout).*
>
> ***Parágrafo único.*** *A prática referida no caput assegura aos trabalhadores o direito à percepção dos salários durante o período de paralisação.*

Competência para Julgar

A Justiça do Trabalho é competente para julgar as questões envolvendo a greve, conforme Art. 114, II, da CF.

> ***Art. 114****. Compete à Justiça do Trabalho processar e julgar:*
>
> ***II.*** *As ações que envolvam exercício do direito de greve;*

A jurisprudência interpreta tal Art. de forma ampla, excluindo somente a competência penal da Justiça do Trabalho, incluindo a declaração de abusividade do movimento, conforme Súmula 189, do TST, ou, ainda, as ações de interdito proibitório ajuizadas pelo empregador para proteger a posse de seus bens, expressa na Súmula vinculante 23, do STF.

> ***Súmula Vinculante nº 23****. A justiça do trabalho é competente para processar e julgar ação possessória ajuizada em decorrência do exercício do direito de greve pelos trabalhadores da iniciativa privada.*
>
> ***Súm. 189:*** *Greve. Competência da Justiça do Trabalho. Abusividade. A Justiça do Trabalho é competente para declarar a abusividade, ou não, da greve.*

Direitos e Deveres dos Grevistas

A Lei de Greve assegura aos trabalhadores diversos direitos, listados no Art. 6º, destacando a faculdade de utilizar meios pacíficos na promoção e na divulgação da greve, bem como arrecadar fundos para o movimento.

> ***Art. 6º*** *São assegurados aos grevistas, dentre outros direitos:*
>
> ***I.*** *O emprego de meios pacíficos tendentes a persuadir ou aliciar os trabalhadores a aderirem à greve;*
>
> ***II.*** *A arrecadação de fundos e a livre divulgação do movimento.*
>
> ***§1º*** *Em nenhuma hipótese, os meios adotados por empregados e empregadores poderão violar ou constranger os direitos e garantias fundamentais de outrem.*
>
> ***§2º*** *É vedado às empresas adotar meios para constranger o empregado ao comparecimento ao trabalho, bem como capazes de frustrar a divulgação do movimento.*
>
> ***§3º*** *As manifestações e atos de persuasão utilizados pelos grevistas não poderão impedir o acesso ao trabalho nem causar ameaça ou dano à propriedade ou pessoa.*

Mas, como não há direitos absolutos, a Lei impõe deveres aos empregados grevistas. Como algumas máquinas não podem parar sob pena de estragarem, ao ponto de se tornarem inúteis, até mesmo colocando em risco a planta empresarial, como acontece com alguns fornos e caldeiras, é dever dos trabalhadores entrar em acordo com a empresa para manter funcionando tais maquinários.

Durante a greve, não pode a empresa rescindir o contrato dos empregados, nem contratar substitutos. Contudo, a contratação de substitutos será permitida se os trabalhadores não mantiverem funcionando as máquinas que não podem ser desligadas, bem como no caso de declaração de abusividade da greve.

Nos serviços essenciais, os trabalhadores devem manter os serviços inadiáveis da população. Caso não seja respeitada tal regra, o Poder Público poderá contratar substitutos para manter a prestação de tais serviços.

> ***Art. 7º** Observadas as condições previstas nesta Lei, a participação em greve suspende o contrato de trabalho, devendo as relações obrigacionais, durante o período, ser regidas pelo acordo, convenção, laudo arbitral ou decisão da Justiça do Trabalho.*
>
> ***Parágrafo único**. É vedada a rescisão de contrato de trabalho durante a greve, bem como a contratação de trabalhadores substitutos, exceto na ocorrência das hipóteses previstas nos arts. 9º e 14.*
>
> ***Art. 9º** Durante a greve, o sindicato ou a comissão de negociação, mediante acordo com a entidade patronal ou diretamente com o empregador, manterá em atividade equipes de empregados com o propósito de assegurar os serviços cuja paralisação resultem em prejuízo irreparável, pela deterioração irreversível de bens, máquinas e equipamentos, bem como a manutenção daqueles essenciais à retomada das atividades da empresa quando da cessação do movimento.*
>
> ***Parágrafo único**. Não havendo acordo, é assegurado ao empregador, enquanto perdurar a greve, o direito de contratar diretamente os serviços necessários a que se refere este Art..*

Respeitados os limites da Lei, a participação em greve é direito do emprego, e uma pessoa não pode ser punida por exercer seu direito, conforme a Súmula 316, do STF.

> ***Súmula Nº 316**. A simples adesão a greve não constitui falta grave.*

A Constituição determina que os abusos cometidos sujeitam os responsáveis às penas da Lei, e o Art. 15, da Lei de Greve, prevê, de forma genérica, essa responsabilização.

> ***Art. 15** A responsabilidade pelos atos praticados, ilícitos ou crimes cometidos, no curso da greve, será apurada, conforme o caso, segundo a legislação trabalhista, civil ou penal.*

Assim, havendo dano causado por qualquer das partes, haverá obrigação de indenizar o lesado. Por exemplo, a deterioração de um maquinário em razão de não ter sido mantido funcionando durante a greve poderá fazer o sindicato dos empregados responder pelos prejuízos causados à empresa.

Havendo possíveis crimes cometidos durante a paralisação, eles serão resolvidos no Juízo Criminal, não na Justiça do Trabalho.

Greve em Serviços Essenciais

A Constituição, ao prever o direito de greve, no Art. 9º, determinou que a Lei definiria os serviços essenciais bem como a forma de atender às necessidades inadiáveis da comunidade.

> ***Art. 9º. §1º** - A lei definirá os serviços ou atividades essenciais e disporá sobre o atendimento das necessidades inadiáveis da comunidade.*

A Lei de Greve assim o faz, listando os serviços ou atividades essenciais. Por outro lado, as necessidades inadiáveis da comunidade serão aquelas que, ligadas às atividades ou aos serviços essenciais, caso paralisadas, coloquem em perigo iminente a sobrevivência, a saúde ou a segurança da população.

> ***Art. 10:** São considerados serviços ou atividades essenciais:*
>
> ***I.** Tratamento e abastecimento de água; produção e distribuição de energia elétrica, gás e combustíveis;*
> ***II.** Assistência médica e hospitalar;*
> ***III.** Distribuição e comercialização de medicamentos e alimentos;*
> ***IV.** Funerários;*
> ***V.** Transporte coletivo;*
> ***VI.** Captação e tratamento de esgoto e lixo;*
> ***VII.** Telecomunicações;*
> ***VIII.** Guarda, uso e controle de substâncias radioativas, equipamentos e materiais nucleares;*
> ***IX.** Processamento de dados ligados a serviços essenciais;*
> ***X.** Controle de tráfego aéreo;*
> ***XI.** Compensação bancária.*

Destaque-se que, para a legislação brasileira, nem com relação à greve a educação é considerada serviço essencial. Para atender às necessidades inadiáveis da comunidade, é forçoso garantir-se o funcionamento mínimo do serviço. Sendo que o percentual não é fixado pela Lei, será determinado pelo caso concreto. Caso não mantida tal prestação mínima do serviço, poderá o Poder Público contratar substitutos dos grevistas para fazer esse atendimento.

> ***Art. 11:** Nos serviços ou atividades essenciais, os sindicatos, os empregadores e os trabalhadores ficam obrigados, de comum acordo, a garantir, durante a greve, a prestação dos serviços indispensáveis ao atendimento das necessidades inadiáveis da comunidade.*
>
> ***Parágrafo único**. São necessidades inadiáveis, da comunidade aquelas que, não atendidas, coloquem em perigo iminente a sobrevivência, a saúde ou a segurança da população.*
>
> ***Art. 12:** No caso de inobservância do disposto no Art. anterior, o Poder Público assegurará a prestação dos serviços indispensáveis.*

Como a greve em serviços essenciais afeta a sociedade de forma mais gravosa que em outras atividades, é necessária a comunicação do empregador e seu sindicato, bem como dos usuários do serviço, com antecedência de 72 horas.

> ***Art. 13:** Na greve, em serviços ou atividades essenciais, ficam as entidades sindicais ou os trabalhadores, conforme o caso, obrigados a comunicar a decisão aos empregadores e aos usuários com antecedência mínima de 72 (setenta e duas) horas da paralisação.*

No caso de greve em serviços essenciais e que possa causar lesão ao interesse público, o Ministério Público do Trabalho poderá ajuizar, no TRT ou no TST, o dissídio coletivo de greve, conforme expresso no art. 114, §3º, da Constituição.

> ***Art. 114**. Compete à Justiça do Trabalho processar e julgar:*
>
> ***§3º** Em caso de greve em atividade essencial, com possibilidade de lesão do interesse público, o Ministério Público do Trabalho poderá ajuizar dissídio coletivo, competindo à Justiça do Trabalho decidir o conflito.*

Requisitos para o Início da Greve

Alguns requisitos são necessários para a deflagração da greve:

Negociação Prévia

Como visto, a falta de negociação prévia torna a greve abusiva, sendo a tentativa amigável de resolução do conflito requisito para o início da greve.

Convocação de Assembleia Geral

Como a greve é interesse da categoria inteira, é necessária a convocação de Assembleia Geral, que definirá a pauta reivindicatória, ou seja, o que os trabalhadores querem, a ponto de iniciar uma greve, bem como aprovará ou não a paralisação. O *quorum* de aprovação da greve, ou de sua cessação, será o previsto no Estatuto do Sindicato, não havendo limitação legal nesse sentido.

Caso não exista sindicato, os próprios trabalhadores farão uma Assembleia Geral e constituirão uma comissão de negociação, também chamada de Comando de Greve. Essa comissão representa os trabalhadores, de forma que devem seguir o previsto na Assembleia.

> ***Art. 4º:*** *Caberá à entidade sindical correspondente convocar, na forma do seu estatuto, assembleia geral que definirá as reivindicações da categoria e deliberará sobre a paralisação coletiva da prestação de serviços.*
>
> *§1º O estatuto da entidade sindical deverá prever as formalidades de convocação e o quorum para a deliberação, tanto da deflagração quanto da cessação da greve.*
>
> *§2º Na falta de entidade sindical, a assembleia geral dos trabalhadores interessados deliberará para os fins previstos no "caput", constituindo comissão de negociação.*
>
> ***Art. 5º:*** *A entidade sindical ou comissão especialmente eleita representará os interesses dos trabalhadores nas negociações ou na Justiça do Trabalho.*

Comunicação Prévia

Fique Ligado

Para greve nas atividades em geral, é necessária comunicação à empresa e a seu sindicato, com antecedência mínima de 48 horas.

Para greve nos serviços essenciais, é necessária comunicação com 72 horas de antecedência, não só à empresa e a seu sindicato, mas também aos usuários.

> ***Art. 3º. Parágrafo único.*** *A entidade patronal correspondente ou os empregadores diretamente interessados serão notificados, com antecedência mínima de 48 (quarenta e oito) horas, da paralisação.*
>
> ***Art. 13:*** *Na greve, em serviços ou atividades essenciais, ficam as entidades sindicais ou os trabalhadores, conforme o caso, obrigados a comunicar a decisão aos empregadores e aos usuários com antecedência mínima de 72 (setenta e duas) horas da paralisação.*

Manutenção de Maquinários

Como visto, é dever dos trabalhadores entrar em acordo com a empresa para manter funcionando as máquinas que podem se deteriorar em razão da inércia, sendo esse um requisito para a realização regular da greve.

Manutenção dos Serviços Inadiáveis

Também é necessária a manutenção dos serviços inadiáveis da comunidade, em caso de greve em serviços essenciais. Note que a Lei não fixa um percentual, sendo avaliado em cada caso.

Greve Abusiva

Apesar de ser direito fundamental, deve-se cumprir os requisitos legais, sob pena de a paralisação ser considerada abusiva. Note que a legislação usa a expressão "greve abusiva" não "greve ilegal", sendo que inclusive o CESPE já considerou errada uma assertiva em razão do termo "ilegal".

Por exemplo, a falta de comunicação prévia da greve ou o uso de violência são fatores que determinam abusividade do movimento, pois são contrários à legislação. Também, será considerado abuso se houver continuidade da paralisação após a celebração de acordo ou a decisão da Justiça do Trabalho. Após a solução do conflito, somente será possível a continuidade do movimento paredista, ou seu reinício, caso a empresa não cumpra com o acordado ou ocorra novo motivo que justifique a greve.

> ***Art. 14:*** *Constitui abuso do direito de greve a inobservância das normas contidas na presente Lei, bem como a manutenção da paralisação após a celebração de acordo, convenção ou decisão da Justiça do Trabalho.*
>
> ***Parágrafo único.*** *Na vigência de acordo, convenção ou sentença normativa não constitui abuso do exercício do direito de greve a paralisação que:*
>
> ***I.*** *Tenha por objetivo exigir o cumprimento de cláusula ou condição;*
>
> ***II.*** *Seja motivada pela superveniência de fatos novo ou acontecimento imprevisto que modifique substancialmente a relação de trabalho.*

Sendo a greve considerada abusiva pela Justiça do Trabalho, não há que se falar em vantagens ou benefícios para os grevistas, pois ninguém pode se beneficiar da própria torpeza. Nesse sentido, é entendimento do TST:

> ***OJ-SDC-10:*** *Greve Abusiva não Gera Efeitos. É incompatível com a declaração de abusividade de movimento grevista o estabelecimento de quaisquer vantagens ou garantias a seus partícipes, que asSúm. iram os riscos inerentes à utilização do instrumento de pressão máximo.*

Como é o instrumento de pressão máximo, que causa impactos não só na empresa, mas também na sociedade como um todo, a prévia negociação é obrigatória, sob pena de ser declarada abusividade da greve. Essa é a interpretação do TST, quanto ao Art. 3º, da Lei de Greve:

> ***Art. 3º:*** *Frustrada a negociação ou verificada a impossibilidade de recursos via arbitral, é facultada a cessação coletiva do trabalho.*
>
> ***OJ-SDC-11:*** *Greve. Imprescindibilidade de Tentativa Direta e Pacífica da Solução do Conflito. Etapa Negocial Prévia. É abusiva a greve levada a efeito sem que as partes hajam tentado, direta e pacificamente, solucionar o conflito que lhe constitui o objeto.*

Tendo em vista os transtornos gerados para toda a sociedade, especialmente nos serviços considerados essenciais, a Lei obriga a manutenção dos serviços inadiáveis, considerados os relacionados à sobrevivência, à saúde ou à segurança da população. Por exemplo, no caso de greve nos hospitais, é praxe manter-se todo o atendimento de urgência. Não havendo esse respeito, a greve será abusiva.

> ***OJ-SDC-38:*** *Greve. Serviços Essenciais. Garantia das Necessidades Inadiáveis da População Usuária. Fator Determinante da Qualificação Jurídica do Movimento. É abusiva a greve que se realiza em setores que a lei define como sendo essenciais à comunidade, se não é assegurado o atendimento básico das necessidades inadiáveis dos usuários do serviço, na forma prevista na Lei nº 7.783/89.*

Iniciada a greve, tanto a empresa como os trabalhadores, bem como o MPT, poderão pedir na Justiça a declaração da abusividade ou não da greve.

> ***Art. 8º:*** *A Justiça do Trabalho, por iniciativa de qualquer das partes ou do Ministério Público do Trabalho, decidirá sobre a procedência, total ou parcial, ou improcedência das reivindicações, cumprindo ao Tribunal publicar, de imediato, o competente acórdão.*

Greve no Setor Público

A Constituição de 1988, no Art. 37, VII, garante o direito de greve aos membros do serviço público, condicionando seu exercício à existência de lei específica. Por lei específica entende-se aquela que não contenha disposições sobre outras matérias que não seja a greve, as famosas emendas oportunistas de Deputados e Senadores.

Há divergência, mas, atualmente, entende-se tal disposição constitucional, como norma de eficácia contida, ou seja, tal norma constitucional produz efeitos imediatos, mas legislação infraconstitucional pode restringir seu alcance. A outra corrente a enxerga como norma constitucional de eficácia limitada.

Até hoje, não foi editada a Lei de Greve do Serviço Público, sendo que, após vários mandados de injunção impetrados no STF, o Supremo decidiu que, até que venha a ser editada a lei específica, aplica-se aos servidores públicos a lei do serviço privado, atendendo-se às peculiaridades do segmento.

> ***Art. 37****: A administração pública direta e indireta de qualquer dos Poderes da União, dos Estados, do Distrito Federal e dos Municípios obedecerá aos princípios de legalidade, impessoalidade, moralidade, publicidade e eficiência e, também, ao seguinte:*
>
> ***VII.*** *O direito de greve será exercido nos termos e nos limites definidos em lei específica;*

Quanto aos empregados públicos, regidos pela CLT, aplica-se a Lei 7.789/1989.

Aos Militares (Marinha, Exército, Aeronáutica, Polícia Militar e Corpo de Bombeiros), é vedada a sindicalização e a greve, nos termos do Art. 142, VI, da CF.

> ***Art. 142. IV:*** *Ao militar são proibidas a sindicalização e a greve.*

Vamos Praticar

01. (CESPE) Com relação às entidades sindicais e aos seus dirigentes e atos, julgue os itens seguintes.

I. A partir da CF, o registro sindical no Ministério do Trabalho e Emprego subsiste como ato declaratório da capacidade da associação de representar a categoria, sem poder intervir ou interferir na organização interna ou na delimitação da representação sindical.

II. O mero registro em cartório da associação sindical, antes do registro sindical, permite apenas os atos próprios das pessoas jurídicas, decorrentes da aquisição de personalidade jurídica, sem autorizar aqueles peculiares às entidades sindicais, decorrentes da aquisição da personalidade sindical.

III. A jurisprudência trabalhista consagra a impossibilidade jurídica de dissídio coletivo, de natureza econômica que envolva empresas públicas e sociedades de economia mista.

IV. Ao sindicato cabe a defesa dos direitos e dos interesses coletivos ou individuais da categoria, inclusive em questões judiciais ou administrativas.

V. Instituído o sindicato de uma categoria profissional em Assembleia Geral, ficam todos os trabalhadores da respectiva área de atividade automaticamente filiados àquela entidade, já que as normas coletivas que o sindicato criado firmar atingirão todos os integrantes da categoria profissional.

Estão certos apenas os itens:

a) I, II e V.
b) I e III.
c) III e IV.
d) I II, e IV.
e) II e V.

02. (CESPE) Com base na CF, na Consolidação das Leis do Trabalho (CLT) e na jurisprudência Súm.ulada do STF e do TST, julgue os itens seguintes, com relação aos sindicatos.

I. A Lei não pode exigir autorização estatal para a fundação de sindicato, sem prejuízo do registro perante o Ministério do Trabalho e Emprego, que não pode, sob tal atribuição, interferir ou intervir na organização sindical.

II. A contribuição destinada ao custeio do sistema confederativo de representação sindical deve ser aprovada pela Assembleia Geral do sindicato e alcança todos os integrantes da categoria profissional, mediante desconto em folha.

III. O sindicato pode atuar como substituto processual na defesa judicial dos interesses da categoria.

IV. Depois de aposentado, o filiado ao sindicato pode, apenas, participar das deliberações que digam respeito aos direitos dos aposentados da categoria.

V. O empregado candidato a cargo de direção ou de representação sindical adquire estabilidade no emprego, desde o registro da respectiva candidatura até, se eleito, um ano após o final do mandato, exceto se cometer falta grave que motive a sua demissão por justa causa.

Estão certos apenas os itens

a) I, II e IV.
b) I, III e V.
c) I, IV e V.
d) II, III e IV.
e) II, III e V.

03. (FCC) A categoria S não possui ainda sindicato representativo. Na criação deste sindicato, de acordo com a Consolidação das Leis do Trabalho, a sua administração seria exercida por uma diretoria constituída:

a) No máximo, de sete e, no mínimo, de três membros e de um Conselho Fiscal, composto de três membros.
b) No máximo, de dez e, no mínimo, de cinco membros e de um Conselho Fiscal, composto de cinco membros.
c) De quinze membros e de um Conselho Fiscal, composto de três membros.
d) De dez membros e de um Conselho Fiscal composto de, no mínimo, dois membros.
e) De sete membros e de um Conselho Fiscal, composto de cinco membros.

04. (FCC) O sistema sindical brasileiro, a partir da Constituição da República de 1988, identifica-se pelos princípios da:

a) Unicidade, da simplicidade e da liberdade.
b) Unicidade, da liberdade e da livre associação.
c) Livre associação, da pluralidade e da unicidade.
d) Liberdade, da livre associação e da pluralidade.
e) Unicidade, da livre associação e da pluralidade.

05. (FCC) Em regra, os sindicatos poderão ser:

a) Distritais, municipais, intermunicipais, estaduais e interestaduais.

b) Municipais, intermunicipais, estaduais e interestaduais.

c) Municipais, intermunicipais, estaduais, interestaduais e nacionais.

d) Somente municipais e intermunicipais.

e) Somente municipais, intermunicipais e estaduais.

06. (CESPE) Segundo a CLT, as Federações:

a) São entidades sindicais de grau superior que atuam em âmbito nacional.

b) São entidades sindicais compostas de, ao menos, cinco sindicatos que representem a maioria absoluta de um grupo de atividades ou profissões idênticas, sejam elas similares ou conexas.

c) Têm como órgãos internos a diretoria e o conselho de representantes, apenas.

d) Têm o seu presidente escolhido entre os seus membros, sendo ele eleito pelo conselho de representantes.

07. (FCC) Em relação ao direito coletivo do trabalho é correto afirmar que:

a) Convenção Coletiva de Trabalho é o acordo de caráter normativo, pelo qual dois ou mais Sindicatos representativos de categorias econômicas e profissionais estipulam condições de trabalho aplicáveis, no âmbito das respectivas representações, às relações individuais do trabalho.

b) A solidariedade de interesses econômicos dos que empreendem atividades idênticas, similares ou conexas, constitui o vínculo social básico, denominado categoria profissional diferenciada.

c) Somente os Sindicatos poderão celebrar convenções coletivas de trabalho para reger as relações das categorias a elas vinculadas, inorganizadas em Sindicatos, no âmbito de suas representações.

d) As condições estabelecidas em Acordo Coletivo de Trabalho prevalecerão sobre as estipuladas em Convenção Coletiva de Trabalho.

e) Não será permitido estipular duração de Convenção Coletiva de Trabalho ou Acordo Coletivo de Trabalho superior a um ano.

08. (FCC) O Sindicado A pretende denunciar Convenção Coletiva de Trabalho. O Sindicato B pretende prorrogar Convenção Coletiva de Trabalho. O Sindicato C pretende revisar Convenção Coletiva de Trabalho e o Sindicato D pretende a revogação parcial de Convenção Coletiva de Trabalho. Nestes casos, ficará subordinada, em qualquer caso, à aprovação de Assembleia Geral dos respectivos sindicatos convenentes os procedimentos pretendidos pelos Sindicatos:

a) A, C e D, apenas.

b) A, B e C, apenas.

c) A e C, apenas.

d) B e C, apenas.

e) A, B, C e D.

09. (FCC) Considere as seguintes assertivas, a respeito das Convenções e dos Acordos Coletivos de Trabalho:

I. A Ata da Assembleia de Empregadores que legitima a atuação da entidade sindical respectiva, em favor de seus interessados, deve registrar, obrigatoriamente, a pauta reivindicatória, produto da vontade expressa da categoria.

II. Aos contratos individuais de trabalho vigentes no ato da celebração da convenção ou posteriores aplicar-se-ão as cláusulas contidas na convenção.

III. O prazo de eficácia das normas coletivas é o que nelas se tenha previsto, possuindo o prazo limite de 2 anos, não podendo ser objeto de revogação total ou parcial ou de denúncia.

IV. As Convenções Coletivas de Trabalho não podem ser revistas, tendo em vista o princípio da segurança jurídica aplicado às normas de caráter coletivo.

Está correto o que consta apenas em:

a) I, II e III.

b) I e III.

c) II e III.

d) I e II.

e) I, II e IV.

10. (FCC) Considere as assertivas a seguir, a respeito do Acordo e da Convenção Coletiva de Trabalho.

I. O Acordo Coletivo de Trabalho é realizado entre o sindicato da categoria profissional, de um lado, e o sindicato da categoria econômica do outro.

II. Inexistindo sindicato numa base territorial, asSúm.em a negociação para a celebração de Convenção Coletiva de Trabalho, as Confederações e, na falta destas, asSúm.em as Federações.

III. Não é permitido estipular duração de Convenção ou Acordo Coletivo de Trabalho superior a dois anos.

IV. As Convenções Coletivas de Trabalho não possuem a obrigatoriedade de conter disposições sobre o processo de prorrogação de seus dispositivos, em razão da existência de norma legal específica sobre este tema.

De acordo com a Consolidação das Leis do Trabalho, é correto o que se afirma APENAS em:

a) III.

b) I e II.

c) II e III.

d) I, III e IV.

e) II.

11. (FCC) Em relação às Convenções Coletivas de Trabalho, é certo que:

a) Segundo a CLT é facultado as Convenções Coletivas de Trabalho conter penalidades para os sindicatos convenentes, em caso de violação de seus dispositivos.

b) O prazo máximo de vigência da norma coletiva é de três anos, havendo expressa determinação legal neste sentido.

c) Para a celebração de Convenção Coletiva de Trabalho é necessário o comparecimento e a votação, em primeira convocação, de 2/3 dos associados da entidade em Assembleia especialmente convocada para esse fim.

d) As partes convenentes poderão revogar, parcialmente, a convenção, antes do termo final estipulado, independentemente de autorizadas por Assembleia.

e) As Convenções Coletivas de Trabalho não poderão ser revistas antes do prazo pré-estipulado, podendo apenas ocorrer revogação parcial.

12. (FCC) Considere as assertivas a seguir a respeito das Convenções e dos Acordos Coletivos de Trabalho.

I. As Convenções Coletivas, embora de origem privada, criam regras jurídicas, ou seja, preceitos gerais, abstratos e impessoais.

II. No Acordo Coletivo de Trabalho, é imprescindível

que a pactuação obreira se firme através do respectivo sindicato, mas não é necessária a presença do sindicato no polo empresarial da contratação.

III. As Convenções Coletivas de Trabalho incidem em um universo amplo, caracterizado pela base profissional e econômica representada pelos respectivos sindicatos.

IV. As Convenções Coletivas de Trabalho devem ser, necessariamente escritas, solenes, mas os Acordos Coletivos de Trabalho podem ser verbais, dependendo de posterior ratificação pelas partes envolvidas.

Está correto o que se afirma apenas em:

a) I e IV.

b) I e II.

c) II, III e IV.

d) I, II e III.

e) III e IV.

13. (FCC) A Convenção Coletiva:

a) Deve ser celebrada por escrito, devendo, dentre outros, trazer a designação das partes convenentes, não sendo necessário constar o prazo de vigência; enquanto que o contrato de trabalho individual pode ser pactuado de forma escrita ou verbal, e sempre por prazo determinado.

b) Pode ser celebrada por escrito ou verbalmente, devendo, se escrita, trazer a designação das partes convenentes e o prazo de vigência; enquanto que o contrato individual de trabalho deve ser, pactuado apenas de forma escrita e expressa, por prazo determinado ou indeterminado.

c) Deve ser celebrada por escrito, devendo, dentre outros, trazer a designação das partes convenentes e o prazo de vigência; enquanto que o contrato individual de trabalho pode ser pactuado, de forma escrita ou verbal, tácita ou expressa, por prazo determinado ou indeterminado.

d) Pode ser celebrada por escrito ou verbalmente, devendo, dentre outros, trazer a designação das partes convenentes, não sendo necessário constar o prazo de vigência; enquanto que o contrato individual de trabalho deve ser apenas pactuado, de forma escrita e expressa, por prazo determinado ou indeterminado.

e) Deve ser celebrada por escrito, devendo, dentre outros, trazer a designação das partes convenentes e o prazo de vigência; enquanto que o contrato individual de trabalho deve ser pactuado apenas de forma escrita e expressa, sempre por prazo determinado.

14. (FCC) Determinado Acordo Coletivo previu multa normativa para o descumprimento de obrigação prevista em lei, tratando-se de mera repetição de texto legal. Neste caso, a multa normativa

a) Não é aplicável, tendo em vista que está prevista em Acordo Coletivo e não em Convenção Coletiva.

b) Não é aplicável, tendo em vista a vedação legal existente.

c) É aplicável.

d) Não é aplicável, tendo em vista a aplicação do princípio da norma mais favorável.

e) Não é aplicável, tendo em vista a aplicação do Princípio da Proteção.

Julgue o item seguinte, com base nos dispositivos referentes a direitos sociais previstos na CF.

15. (CESPE) Em respeito à Convenção 87, da Organização Internacional do Trabalho, a CF garante que os trabalhadores e os empregadores, sem nenhuma distinção e sem autorização prévia, têm o direito de constituir as organizações que estimem convenientes, assim como o de filiar-se a estas organizações, com a única condição de observar os estatutos das mesmas

Certo ( ) Errado ( )

16. (FCC) Nos serviços ou atividades essenciais, os sindicatos, os empregadores e os trabalhadores ficam obrigados, de comum acordo, a garantir, durante a greve, a prestação dos serviços indispensáveis ao atendimento das necessidades inadiáveis da comunidade. Nos termos da Lei que assegura o exercício do direito de greve, NÃO são considerados serviços ou atividades essenciais:

a) Assistência médica e hospitalar.

b) Atividades escolares do ensino fundamental.

c) Guarda, uso e controle de substâncias radioativas, equipamentos e materiais nucleares.

d) Compensações bancárias.

e) Distribuição e comercialização de medicamentos e alimentos.

17. (TRT) No que se refere ao exercício do direito de greve, assinale a alternativa que contém uma afirmação FALSA:

a) A entidade patronal correspondente ou os empregadores diretamente interessados serão notificados, com antecedência mínima de 72 (setenta e duas) horas, da paralisação.

b) É abusiva a greve que se realiza em setores que a Lei define como sendo essenciais à comunidade, se não é assegurado o atendimento básico das necessidades inadiáveis dos usuários do serviço, na forma prevista na Lei n° 7.783/89.

c) Observadas as condições previstas em Lei, a participação em greve suspende o contrato de trabalho, devendo as relações obrigacionais, durante o período, ser regidas pelo Acordo, Convenção, Laudo Arbitral ou decisão da Justiça do Trabalho.

d) São assegurados aos grevistas, dentre outros direitos, o emprego de meios pacíficos tendentes a persuadir ou aliciar os trabalhadores a aderirem à greve.

e) Durante a greve, o sindicato ou a comissão de negociação, mediante acordo com a entidade patronal ou diretamente com o empregador, manterá em atividade equipes de empregados com o propósito de assegurar os serviços cuja paralisação resultem em prejuízo irreparável, pela deterioração irreversível de bens, máquinas e equipamentos, bem como a manutenção daqueles essenciais à retomada das atividades da empresa, quando da cessação do movimento.

18. (FCC) Marta é empregada da empresa R, que atua no ramo de comércio de peças automobilísticas; Mirna é empregada da empresa S, que atua no ramo funerário; e Mônica é empregada da empresa T, que atua no ramo imobiliário, com venda e locação de imóveis. As categorias de todas as empregadas tiveram frustradas as negociações para aumento salarial e, por esse motivo, pretendem a cessação coletiva do trabalho. No caso da categoria de Marta, Mirna e Mônica, a greve deverá ser precedida de um aviso de:

a) 48 horas, 72 horas e 48 horas, respectivamente.
b) 24 horas, 48 horas e 24 horas, respectivamente.
c) 72 horas, 48 horas e 72 horas, respectivamente.
d) 72 horas.
e) 48 horas.

19. (FCC) No que concerne ao Direito de Greve, analise:

I. Na greve, em serviços ou atividades essenciais, ficam as entidades sindicais obrigadas a comunicar a decisão aos empregadores e aos usuários com antecedência mínima de 72 horas da paralisação.

II. É lícita a paralisação das atividades, por iniciativa do empregador, com o objetivo de frustrar negociação ou dificultar o atendimento de reivindicações dos respectivos empregados.

III. A entidade patronal correspondente ou os empregadores, diretamente interessados, serão notificados, com antecedência mínima de 24 horas, da paralisação.

IV. Em regra, é direito dos grevistas a proteção contra a contratação de substitutos pelo empregador.

V. Segundo a Constituição Federal, o direito de greve do servidor público deve ser exercido nos termos e limites definidos em Lei específica. Entretanto, a jurisprudência majoritária do STF entende que, enquanto não for editada referida Lei específica, o exercício do direito de greve no setor público observará, no que couber, a Lei de Greve própria dos empregados do setor privado.

É correto o que consta apenas em:

a) I, IV e V.
b) I, II e III.
c) III e IV.
d) I, III e IV.
e) II e V.

Julgue o item a seguir, relativos ao Direito do Trabalho.

20. (CESPE) A simples participação pacífica de um empregado em greve declarada ilegal por Tribunal Regional do Trabalho constitui falta grave, justificando a despedida desse empregado.

Certo ( ) Errado ( )

Gabarito

1	D	11	C
2	B	12	D
3	A	13	C
4	B	14	C
5	C	15	ERRADO
6	B	16	B
7	A	17	A
8	E	18	A
9	D	19	A
10	A	20	ERRADO

Fique Ligado

ÍNDICE

CAPÍTULO 01

Princípios do Direito Processual do Trabalho

Princípio Protetor

Esse princípio define o comando que busca facilitar o acesso real à Justiça da parte vulnerável na relação jurídica. (Exemplos: a inversão do ônus da prova, em alguns casos, impulso oficial nas execuções etc.). Embora não seja aplicado de maneira tão intensa como no Direito do Trabalho, ele também é aplicado no Direito Processual do Trabalho.

Informalidade

Segundo este princípio, basta uma simples petição narrando o conflito e um pedido lógico, contanto que algumas formalidades sejam respeitadas. Como na Justiça do Trabalho prevalece o *jus postulandi*, a informalidade também é um fator que facilita o acesso ao Poder Judiciário Trabalhista.

Conciliação

O Art. 764 da CLT declara:

> *"Os dissídios individuais ou coletivos submetidos à apreciação da Justiça do Trabalho serão sempre sujeitos à conciliação.*
>
> ***§ 1º*** *- Para os efeitos deste artigo, os Juízes e Tribunais do Trabalho empregarão sempre os seus bons ofícios e persuasão no sentido de uma solução conciliatória dos conflitos.*
>
> ***§ 2º*** *- Não havendo acordo, o juízo conciliatório converter-se-á obrigatoriamente em arbitral, proferindo decisão na forma prescrita neste Título.*
>
> *§ 3º -* ***É lícito às partes celebrar acordo que ponha termo ao processo, ainda mesmo depois de encerrado o juízo conciliatório.****"*

A tentativa de conciliação pelo Juiz é obrigatória em dois momentos:

NA ABERTURA DA AUDIÊNCIA (antes do recebimento da defesa), nos termos do Art. 846 da CLT:

> *"Art. 846 - Aberta a audiência, o Juiz ou Presidente proporá a conciliação.*
>
> *§ 1º - Se houver acordo, lavrar-se-á termo, assinado pelo Presidente e pelos litigantes, consignando-se o prazo e demais condições para seu cumprimento.*
>
> *§ 2º - Entre as condições a que se refere o parágrafo anterior, poderá ser estabelecida a de ficar a parte que não cumprir o acordo obrigada a satisfazer integralmente o pedido ou pagar uma indenização convencionada, sem prejuízo do cumprimento do acordo."*

DEPOIS DAS RAZÕES FINAIS, nos termos do Art. 850 da CLT:

> *"Art. 850 - Terminada a instrução, poderão as partes aduzir razões finais, em prazo não excedente de 10 (dez) minutos para cada uma. Em seguida, o Juiz ou Presidente renovará a proposta de conciliação, e não se realizando esta, será proferida a decisão.*
>
> *Parágrafo único - O Presidente da Junta, após propor a solução do dissídio, tomará os votos dos vogais e, havendo divergência entre estes, poderá desempatar ou proferir decisão que melhor atenda ao cumprimento da lei e ao justo equilíbrio entre os votos divergentes e ao interesse social."*

A jurisprudência tem sustentado a **nulidade do processo**, caso o Juiz não tente, ao menos, a última proposta de conciliação em audiência.

Em caso de acordo, o termo conciliatório fará coisa julgada, **salvo para a Previdência Social, em relação às contribuições previdenciárias eventualmente devidas**, nos moldes do Art. 831, parágrafo único da CLT:

> *"Art. 831 - A decisão será proferida depois de rejeitada pelas partes a proposta de conciliação.*
>
> *Parágrafo único. No caso de conciliação, o termo que for lavrado valerá como decisão irrecorrível,* ***salvo para a Previdência Social quanto às contribuições que lhe forem devidas****."*

Oralidade

O Processo do Trabalho é caracterizado pela primazia da palavra, pela concentração dos atos processuais em audiência, por uma maior interatividade entre o Juiz e as partes, pela possibilidade de apresentação de defesa e memoriais (razões finais), de forma oral etc.

Identidade Física do Juiz

Esse princípio estabelece que o Juiz que colheu as provas (instruiu o processo) é que deve proferir a sentença nesse mesmo processo.

O TST cancelou a súmula 136 que dizia não ser aplicável às Varas do Trabalho esse princípio. Desse modo, o TST adotou um posicionamento mais flexível, permitindo que cada Vara do Trabalho opte pela aplicação ou não do princípio em estudo.

> ~~*"SUM-136 JUIZ. IDENTIDADE FÍSICA (CANCELADA)*~~
>
> ~~*Não se aplica às Varas do Trabalho o princípio da identidade física do Juiz."*~~

Subsidiariedade

> *"Art. 769 - Nos casos omissos, o Direito Processual comum será fonte subsidiária do Direito Processual do Trabalho, exceto naquilo em que for incompatível com as normas deste Título."*

Conforme a redação desse dispositivo legal, são requisitos para a aplicação subsidiária do Código de Processo Civil (CPC) ao Processo do Trabalho:

Omissão da CLT: quando a CLT e as legislações processuais trabalhistas extravagantes não disciplinarem a matéria.

Compatibilidade com os princípios que regem o Processo do Trabalho: a norma do CPC, além de ser compatível com as regras que regem o Processo do Trabalho, deve ser compatível com os princípios que norteiam o Direito Processual do Trabalho, especialmente o acesso do trabalhador à Justiça.

Na fase de execução, existe ainda mais um diploma a ser aplicado subsidiariamente:

> *"Art. 889 - Aos trâmites e incidentes do processo da execução são aplicáveis, naquilo em que não contravierem ao presente Título, os preceitos que regem o processo dos executivos fiscais para a cobrança judicial da dívida ativa da Fazenda Pública Federal."*

Dessa forma, no procedimento executório, aplicam-se subsidiariamente:

1º) Lei de Execução Fiscal (Lei 6.830/80);

2º) CPC.

Organização Judiciária Trabalhista

Nesse tópico, estudaremos as principais regras referentes à hierarquia e à composição dos órgãos trabalhistas.

De acordo com a Constituição Da República Federativa do Brasil:

"Art. 111. São órgãos da Justiça do Trabalho:

I. o Tribunal Superior do Trabalho;

II. os Tribunais Regionais do Trabalho;

III. os Juízes do Trabalho."

Estrutura do TST

"CF - Art. 111-A. O Tribunal Superior do Trabalho compor-se-á de vinte e sete Ministros, escolhidos dentre brasileiros com mais de trinta e cinco, e menos de sessenta e cinco anos, nomeados pelo Presidente da República após aprovação pela maioria absoluta do Senado Federal, sendo:

I. um quinto dentre advogados com mais de dez anos de efetiva atividade profissional e membros do Ministério Público do Trabalho com mais de dez anos de efetivo exercício, observado o disposto no Art. 94;

II. os demais dentre Juízes dos Tribunais Regionais do Trabalho, oriundos da magistratura da carreira, indicados pelo próprio Tribunal Superior.

§ 1º A lei disporá sobre a competência do Tribunal Superior do Trabalho.

§ 2º Funcionarão junto ao Tribunal Superior do Trabalho:

I. a Escola Nacional de Formação e Aperfeiçoamento de Magistrados do Trabalho, cabendo-lhe, dentre outras funções, regulamentar os cursos oficiais para o ingresso e promoção na carreira;

II. o Conselho Superior da Justiça do Trabalho, cabendo-lhe exercer, na forma da lei, a supervisão administrativa, orçamentária, financeira e patrimonial da Justiça do Trabalho de primeiro e segundo graus, como órgão central do sistema, cujas decisões terão efeito vinculante."

Estrutura do TST

> 27 ministros (+35/-65 anos);
> Nomeados pelo P.R.;
> Aprovação pela M.A. Do S.F.;
> 1/5 Advogados/MPT (+10 anos);
> Demais: Juízes dos TRTs, oriundos da carreira (indicados pelo TST).

Não existem mais as chamadas "Juntas de Conciliação e Julgamento" (extintas com a Emenda Constitucional 24/1999). Assim, onde estiver escrito, na CLT, "Junta de Conciliação", leia-se "Vara do Trabalho"; onde estiver escrito "Presidente da Junta", a referência deve ser feita ao Juiz Titular da Vara.

O Supremo Tribunal Federal, apesar de, em alguns casos, apreciar algumas matérias trabalhistas, não faz parte da Justiça do Trabalho.

Comarcas Não Abrangidas e Juiz de Direito

"Art. 112 da CF- A lei criará Varas da Justiça do Trabalho, podendo, nas comarcas não abrangidas por sua jurisdição, atribuí-la aos Juízes de Direito, com recurso para o respectivo Tribunal Regional do Trabalho."

Desse modo, a CF poderá (e não deverá) atribuir a competência para os Juízes de Direito. Vale salientar que, nesse caso, a instância recursal é o próprio TRT.

Fique Ligado

Os órgãos da Justiça do Trabalho são apenas aqueles três, supracitados no Art. 111. Portanto, o STF, o STJ, o Juiz investido na jurisdição trabalhista etc. nunca serão órgãos da Justiça do Trabalho.

Tribunais Regionais do Trabalho

"CF - Art. 115. Os Tribunais Regionais do Trabalho compõem-se de, no mínimo, sete Juízes, recrutados, quando possível, na respectiva Região, e nomeados pelo Presidente da República dentre brasileiros com mais de trinta e menos de sessenta e cinco anos, sendo:

I. um quinto dentre advogados com mais de dez anos de efetiva atividade profissional e membros do Ministério Público do Trabalho com mais de dez anos de efetivo exercício, observado o disposto no Art. 94;

II. os demais, mediante promoção de Juízes do Trabalho por antiguidade e merecimento, alternadamente.

§ 1º Os Tribunais Regionais do Trabalho instalarão a justiça itinerante, com a realização de audiências e demais funções de atividade jurisdicional, nos limites territoriais da respectiva jurisdição, servindo-se de equipamentos públicos e comunitários.

§ 2º Os Tribunais Regionais do Trabalho poderão funcionar descentralizadamente, constituindo Câmaras regionais, a fim de assegurar o pleno acesso do jurisdicionado à justiça em todas as fases do processo.

***Art. 116.** Nas Varas do Trabalho, a jurisdição será exercida por um Juiz singular."*

Estrutura dos TRTS

> Mínimo 7 Juízes (se possível, na respectiva Região);
> +30/-65 anos;
> Nomeados pelo P.R.;
> 1/5 Advogados/MPT (+10 anos);
> Demais: Juízes do Trabalho – Promoção por Antiguidade e Merecimento (alternadamente).

Dos Serviços Auxiliares da Justiça do Trabalho

(Arts. 710 a 721 da CLT)

Secretaria

Cada Vara possuirá uma Secretaria, sob a direção de um funcionário (Diretor da Secretaria) que o Presidente designar. (Indicado pelo Juiz Titular da Vara e nomeado pelo Presidente do TRT)

A Secretaria é o órgão responsável pela guarda e pela execução das medidas destinadas a dar andamento à contagem das custas processuais, à realização de penhoras e de todas as demais diligências e providências que os Juízes determinarem.

Nos termos da CLT, em seu Art. 711, compete às Secretarias:

a) o recebimento, a autuação, o andamento, a guarda e a conservação dos processos e outros papéis que lhe forem encaminhados;

b) a manutenção do protocolo de entrada e saída dos processos e demais papéis;

c) o registro das decisões;

d) a informação, às partes interessadas e a seus procuradores, do andamento dos respectivos processos, cuja consulta lhes facilitará;

e) a abertura de vista dos processos às partes, na própria Secretaria;

f) a contagem das custas devidas pelas partes, nos respectivos processos;

g) o fornecimento de certidões sobre o que constar dos livros ou do arquivamento da Secretaria;

h) a realização das penhoras e demais diligências processuais;

i) o desempenho dos demais trabalhos que lhe forem cometidos pelo Presidente da Junta, para melhor execução dos serviços que lhe estão afetos."

Distribuidor

Nos locais em que existir mais de uma Vara, ou no caso dos Tribunais que possuírem mais de uma Turma, haverá um órgão distribuidor, encarregado de fazer a distribuição das reclamações trabalhistas e dos processos que chegarem. (Designados pelo Presidente do TRT, dentre funcionários das Juntas e do TRT, a ele diretamente subordinados).

Segundo rege o Art. 714 da CLT, compete aos Distribuidores:

a) a distribuição, pela ordem rigorosa de entrada, e sucessivamente a cada Junta, dos feitos que, para esse fim, lhe forem apresentados pelos interessados;

b) o fornecimento, aos interessados, do recibo correspondente a cada feito distribuído;

c) a manutenção de 2 (dois) fichários dos feitos distribuídos, sendo um organizado pelos nomes dos reclamantes e o outro dos reclamados, ambos por ordem alfabética;

d) o fornecimento a qualquer pessoa que o solicite, verbalmente ou por certidão, de informações sobre os feitos distribuídos;

e) a baixa na distribuição dos feitos, quando isto lhe for determinado pelos Presidentes das Juntas, formando, com as fichas correspondentes, fichários à parte, cujos dados poderão ser consultados pelos interessados, mas não serão mencionados em certidões."

Oficiais de Justiça

Os Oficiais de Justiça Avaliadores, que são os servidores públicos mais fodarásticos do planeta, atualmente também estão encarregados de fazer a avaliação dos bens eventualmente constritos.

Apenas quando o Oficial declarar que não possui conhecimento técnico suficiente para realizar a avaliação, será nomeado um avaliador. As diligências devem ser cumpridas no prazo de 9 dias. No caso de avaliação, observa-se o prazo do Art. 888 da CLT (10 dias).

Na falta ou impedimento do Oficial de Justiça Avaliador, o Juiz poderá atribuir a realização do ato a qualquer serventuário (conhecido como oficial ad hoc).

> *"**Art. 721** - Incumbe aos Oficiais de Justiça e Oficiais de Justiça Avaliadores da Justiça do Trabalho a realização dos atos decorrentes da execução dos julgados das Juntas de Conciliação e Julgamento e dos Tribunais Regionais do Trabalho, que lhes forem cometidos pelos respectivos Presidentes.*
>
> ***§ 1º** Para efeito de distribuição dos referidos atos, cada Oficial de Justiça ou Oficial de Justiça Avaliador funcionará perante uma Junta de Conciliação e Julgamento, salvo quando da existência, nos Tribunais Regionais do Trabalho, de órgão específico, destinado à distribuição de mandados judiciais.*
>
> ***§ 2º** Nas localidades onde houver mais de uma Junta, respeitado o disposto no parágrafo anterior, a atribuição para o cumprimento do ato deprecado ao Oficial de Justiça ou Oficial de Justiça Avaliador será transferida a outro Oficial, sempre que, após o decurso de 9 (nove) dias, sem razões que o justifiquem, não tiver sido cumprido o ato, sujeitando-se o serventuário às penalidades da lei.*
>
> ***§ 3º** No caso de avaliação, terá o Oficial de Justiça Avaliador, para cumprimento do ato, o prazo previsto no Art. 888 (10 dias).*
>
> ***§ 4º** É facultado aos Presidentes dos Tribunais Regionais do Trabalho cometer a qualquer Oficial de Justiça ou Oficial de Justiça Avaliador a realização dos atos de execução das decisões desses Tribunais.*
>
> ***§ 5º** Na falta ou impedimento do Oficial de Justiça ou Oficial de Justiça Avaliador, o Presidente da Junta poderá atribuir a realização do ato a qualquer serventuário."*

Competência

Competência Material e em Razão da Pessoa da Justiça Trabalhista

Nessas modalidades, a competência será da Justiça do Trabalho, de acordo com a matéria discutida ou das pessoas envolvidas. A EC 45/2004 ampliou a competência juslaboral, definindo as hipóteses no Art. 114 da Carta Magna.

Trata-se de regras de competência absoluta, isto é, os vícios de competências eventualmente existentes são insanáveis, não sendo admitida a prorrogação da competência.

Analisaremos, caso a caso, as hipóteses do Art. 114 da CF, que são muito recorrentes em provas.

> *I. as ações oriundas da relação de trabalho, abrangidos os entes de direito público externo e da Administração Pública direta e indireta da União, dos Estados, do Distrito Federal e dos Municípios;*

O STF já afirmou que está excluída da competência juslaboral a apreciação de causas entre servidores públicos estatutários e o Poder Público.

Fique Ligado

Atenção para as palavras-chave: quando o candidato ler "servidor público estatutário" deve ficar atento. As lides entre ele e o Poder Público não são julgadas na esfera trabalhista.

Quando os entes de direito público externo contratam empregados brasileiros (para trabalhar na Embaixada, por ex.) estão praticando um ato de gestão, não abrangido pela imunidade de jurisdição (que compreende apenas os atos de império). As lides decorrentes dessa relação são dirimidas pela Justiça do Trabalho.

"OJ 416. da SBDI-1 - IMUNIDADE DE JURISDIÇÃO. ORGANIZAÇÃO OU ORGANISMO INTERNACIONAL.

As organizações ou organismos internacionais gozam de imunidade absoluta de jurisdição, quando amparados por norma internacional incorporada ao ordenamento jurídico brasileiro, não se lhes aplicando a regra do Direito Consuetudinário relativa à natureza dos atos praticados. Excepcionalmente, prevalecerá a jurisdição brasileira na hipótese de renúncia expressa à cláusula de imunidade jurisdicional."

I. *as ações que envolvam exercício do direito de greve;*

*Súmula Vinculante 23 do STF: "A Justiça do Trabalho é competente para processar e julgar **ação possessória ajuizada em decorrência do exercício do direito de greve** pelos trabalhadores da iniciativa privada."*

A Justiça Laboral também terá competência para analisar ações para reparação de danos, ligadas ao exercício do direito de greve, **ainda que seja dano causado terceiro**.

Fique Ligado

Apesar de ser indispensável a análise do contexto, sempre que, em uma questão de concurso, houver a afirmação de que algo ocorreu em "virtude do exercício do direito de greve", a competência para apreciar será da Justiça Trabalhista. Todavia, jamais o candidato deve se esquecer de que ela NUNCA julga causas penais.

III. *as ações sobre representação sindical, entre sindicatos, entre sindicatos e trabalhadores, e entre sindicatos e empregadores;*

IV. *os mandados de segurança, Habeas Corpus e Habeas Data, quando o ato questionado envolver matéria sujeita à sua jurisdição;*

(ADIN 3684-0: o STF já julgou, no sentido de não ser competente a Justiça do Trabalho para ações penais.)

V. *os conflitos de competência entre órgãos com jurisdição trabalhista, ressalvado o disposto no Art. 102, I, o;" (Competências do STF)*

VI. *as ações de indenização por dano moral ou patrimonial, decorrentes da relação de trabalho;"*

VII. *as ações relativas às penalidades administrativas impostas aos empregadores pelos órgãos de fiscalização das relações de trabalho;"*

O TST já se manifestou, no sentido de não ser da competência trabalhista a **aplicação de multas** administrativas previstas na legislação do trabalho. Quem aplica essas multas administrativas é o órgão competente pela fiscalização (MTE).

VIII. *a execução, de ofício, das contribuições sociais previstas no Art. 195, I, a, e II, e seus acréscimos legais, decorrentes das sentenças que proferir;*

Alcança apenas a execução das contribuições previdenciárias relativas ao objeto da condenação, constante das sentenças que proferir.

"Súmula nº 368 do TST

DESCONTOS PREVIDENCIÁRIOS E FISCAIS. COMPETÊNCIA. RESPONSABILIDADE PELO PAGAMENTO. FORMA DE CÁLCULO

I. *A Justiça do Trabalho é competente para determinar o recolhimento das contribuições fiscais. A competência da Justiça do Trabalho, quanto à execução das contribuições previdenciárias, <u>limita-se às sentenças condenatórias em pecúnia que proferir e aos valores, objeto de acordo homologado, que integrem o salário de contribuição</u>.*

II. *<u>É do empregador a responsabilidade pelo recolhimento das contribuições previdenciárias e fiscais, resultante de crédito do empregado oriundo de condenação judicial</u>, devendo ser calculadas, em relação à incidência dos descontos fiscais, mês a mês, nos termos do Art. 12-A da Lei nº 7.713, de 22/12/1988.*

III. *Em se tratando de descontos previdenciários, o critério de apuração encontra-se disciplinado no Art. 276, §4º, do Decreto n º 3.048/1999 que regulamentou a Lei nº 8.212/1991 e determina que a contribuição do empregado, no caso de ações trabalhistas, seja calculada mês a mês, aplicando-se as alíquotas previstas no Art. 198, observado o limite máximo do salário de contribuição." (grifo nosso)*

Quando o Juiz proferir uma sentença que condene ao pagamento em dinheiro (pecúnia) ou homologar um acordo (e, nesse acordo, haja parcelas que integrem o salário de contribuição), ele será competente também para executar essas parcelas previdenciárias.

IX. *outras controvérsias decorrentes da relação de trabalho, na forma da lei.*

CF- Art. 114 - § 1º - Frustrada a negociação coletiva, as partes poderão eleger árbitros.

***§ 2º** Recusando-se qualquer das partes à negociação coletiva ou à arbitragem, é facultado às mesmas, de <u>comum acordo</u>, ajuizar dissídio coletivo de natureza econômica, podendo a Justiça do Trabalho decidir o conflito, respeitadas as disposições mínimas legais de proteção ao trabalho, bem como as convencionadas anteriormente. "(grifo nosso)*

Apesar de as bancas costumarem cobrar apenas o texto frio da lei, é importante saber que, segundo o TST, o requisito do <u>comum acordo</u> para suscitação de dissídio coletivo pode ser preenchido no curso do processo, inclusive de forma tácita. Isso quer dizer que o suscitado deve opor-se expressamente na sua contestação.

As matérias trazidas pela Emenda Constitucional 45/2004 costumam ser bastante cobradas em provas, como, por exemplo, a representação sindical, o exercício do direito de greve, a indenização por dano moral e patrimonial, decorrentes da relação de trabalho. Essa EC 45/2004 ampliou a competência trabalhista. É preciso tomar cuidado com questões que podem induzir a erro, quando apontam como competência apenas as relações empregatícias. É importante lembrar que também é competência justrabalhista a apreciação de lides decorrentes de relação de trabalho (a relação de emprego é uma das espécies de relações de trabalho).

Fique Ligado

Atenção para o fato de que a competência para a obtenção de benefícios previdenciários em face do INSS não foi atribuída à Justiça do Trabalho.

Súmulas Importantes

"TST - SUM-300 Competência da Justiça do Trabalho. Cadastramento no PIS

Compete à Justiça do Trabalho processar e julgar ações ajuizadas por empregados em face de empregadores, relativas ao cadastramento no Programa de Integração Social (PIS)."

"TST - SUM-392 Dano Moral. Competência da Justiça do Trabalho

Nos termos do Art. 114 da CF/1988, a Justiça do Trabalho é competente para dirimir controvérsias referentes à indenização por dano moral, quando decorrente da relação de trabalho."

"STF - Súmula Nº 736

Compete à justiça do trabalho julgar as ações que tenham como causa de pedir o descumprimento de normas trabalhistas relativas à segurança, higiene e saúde dos trabalhadores."

"STJ - Súmula: 222

Compete à justiça comum processar e julgar as ações relativas à contribuição sindical prevista no art. 578 Da clt."

Competência Territorial

(Em razão do território ou do lugar)

O Art. Art. 651 da CLT diz:

*"A competência das Juntas de Conciliação e Julgamento é determinada pela localidade onde o empregado, reclamante ou reclamado, **prestar serviços ao empregador, ainda que tenha sido contratado noutro local ou no estrangeiro**.*

*§ 1º - Quando for parte de dissídio **agente ou viajante comercial**, a competência será da Junta da localidade em que a **empresa tenha agência ou filial e a esta o empregado esteja subordinado** e, na falta, será competente a Junta da localização em que o empregado tenha domicílio ou a localidade mais próxima.*

*§ 2º - A competência das Juntas de Conciliação e Julgamento, estabelecida neste artigo, estende-se aos dissídios ocorridos em agência ou filial no estrangeiro, **desde que o empregado seja brasileiro e não haja convenção internacional dispondo em contrário**.*

*§ 3º - Em se tratando de empregador que promova **realização de atividades fora do lugar do contrato de trabalho**, é assegurado ao empregado apresentar reclamação **no foro da celebração do contrato ou no da prestação dos respectivos serviços**." (grifo nosso)*

REGRA GERAL:

Local onde o trabalhador presta os seus serviços, ainda que contratado em outro lugar ou no estrangeiro.

EXCEÇÕES:

Empregado viajante comercial: nessa hipótese, será na Vara do local da agência ou filial a que esteja subordinado. Na falta desta, será a Vara do local onde ele tenha domicílio ou a mais próxima.

Realização de atividades fora do lugar do contrato de trabalho: nesse caso, será no foro da celebração do contrato ou no da prestação dos respectivos serviços.

Dissídios ocorridos em agência ou filial no estrangeiro (competência internacional)

No caso de empregado brasileiro prestar serviços em agência ou filial no estrangeiro, a competência para dirimir o conflito também será da Justiça do Trabalho. Entretanto, isso somente ocorre se **não existir** convenção internacional dispondo em contrário.

~~*"SUM-207 CONFLITOS DE LEIS TRABALHISTAS NO ESPAÇO. PRINCÍPIO DA LEX LOCI EXECUTIONIS A relação jurídica trabalhista é regida pelas leis vigentes no país da prestação de serviço e não por aquelas do local da contratação."*~~

(Essa súmula foi cancelada pelo TST. Assim, ganha força a tese de que o empregado contratado no Brasil terá seu contrato regido pela lei brasileira, e não pela lei estrangeira).

Conflito de Competência

Pode ser positivo (ambos entendem ser competentes); ou negativo (ambos entendem não ter competência).

Hipóteses (Tipos de Conflito) Órgão que julgará

Entre varas vinculadas ao mesmo TRT (Ex.: VT de Cascavel e VT de Maringá – ambas vinculadas ao TRT da 9ª Região) - aplica-se no caso de Justiça Comum estadual investida de jurisdição trabalhista. → TRT

ENTRE VARAS VINCULADAS A TRT DIVERSOS (Ex. VT de Cascavel e VT de Campinas) -aplica-se no caso de Justiça Comum estadual investida de jurisdição trabalhista. → TST

JUÍZES VINCULADOS A TRIBUNAIS DIVERSOS (EX. VT ou TRT contra Juiz federal, Juiz estadual, TRF, TJ) → STJ

TRIBUNAL SUPERIOR ENVOLVIDO (EX. TST, STJ, STM, TSE contra qualquer outro Juiz ou Tribunal) → STF

Jurisdição e Competência dos Tribunais Regionais do Trabalho

A jurisdição dos Tribunais Regionais do Trabalho é distribuída da seguinte forma:

1ª Região – Rio de Janeiro (Rio de Janeiro)

2ª Região – São Paulo (São Paulo)

3ª Região – Minas Gerais (Belo Horizonte)

4ª Região – Rio Grande do Sul (Porto Alegre)

5ª Região – Bahia (Salvador)

6ª Região – Pernambuco (Recife)

7ª Região – Ceará (Fortaleza)

8ª Região – Pará e Amapá (Belém)

9ª Região – Paraná (Curitiba)

10ª Região – Distrito Federal e Tocantins (Brasília)

11ª Região – Amazonas e Roraima (Manaus)

12ª Região – Santa Catarina (Florianópolis)

13ª Região – Paraíba (João Pessoa)

14ª Região – Acre e Rondônia (Porto Velho)

15ª Região – São Paulo (Região não abrangida pelo TRT da 2ª Região – Campinas)

16ª Região – Maranhão (São Luis)

17ª Região – Espírito Santo (Vitória)

18ª Região – Goiás (Goiás)

19ª Região – Alagoas (Maceió)

20ª Região – Sergipe (Aracaju)

21ª Região – Rio Grande do Norte (Natal)

22ª Região – Piauí (Teresina)

23ª Região – Mato Grosso (Cuiabá)

24ª Região – Mato Grosso do Sul (Campo Grande)

Essa distribuição não costuma ser muito cobrada, mas já foi abordada, algumas vezes, em prova. Vale destacar que o único Estado que possui dois TRTs é São Paulo (1 ª e 15 ª Região), e que alguns TRTs englobam mais de um Estado (10ª Região - DF e Tocantins, 11ª Região – Amazonas e Roraima, e 14ª Região – Acre e Rondônia).

Quando o TRT estiver dividido em Turmas, sua competência interna será a seguinte:

Compete ao TRIBUNAL PLENO, especialmente:

1) Processar, conciliar e julgar originariamente os **DISSÍDIOS COLETIVOS**.
2) Processar e julgar <u>ORIGINARIAMENTE</u>
   > as revisões de sentenças normativas;
   > a extensão das decisões proferidas em dissídios coletivos;
   > os mandados de segurança;
3) Processar e julgar em ÚLTIMA INSTÂNCIA:
   > os recursos das multas impostas pelas Turmas;
   > as ações rescisórias das decisões dos Juízes do Trabalho , dos Juízes de Direito investidos na jurisdição trabalhista, das Turmas e de seus acórdãos;
   > os conflitos de jurisdição entre as suas Turmas, os Juízes de Direito investidos na jurisdição trabalhista, as Varas do trabalho, ou entre aqueles e estas;
4) Julgar em ÚNICA ou ÚLTIMA instância:
   > os processos e os recursos de natureza administrativa atinentes aos seus serviços auxiliares e respectivos servidores;
   > as reclamações contra atos administrativos de seu Presidente ou de qualquer de seus membros, assim como dos Juízes de primeira instância e de seus funcionários.

Compete às **TURMAS**:

1) julgar os RECURSOS ORDINÁRIOS de sua competência
2) julgar os agravos de petição e de instrumento, estes de decisões denegatórias de recursos de sua alçada;
3) impor multas e demais penalidades relativas aos atos de sua competência jurisdicional, e julgar os recursos interpostos das decisões das Varas dos trabalho e dos Juízes de direito que as impuserem.

Das decisões das Turmas não caberá recurso para o Tribunal Pleno, salvo no caso de multas impostas pelas Turmas.

Compete também aos Tribunais Regionais do Trabalho, ou a suas Turmas:

» determinar às Varas do trabalho e aos Juízes de Direito a realização dos atos processuais e diligências necessárias ao julgamento dos feitos sob sua apreciação;
» fiscalizar o comprimento de suas próprias decisões;
» declarar a nulidade dos atos praticados com infração de suas decisões;
» julgar as suspeições arguidas contra seus membros;
» julgar as exceções de incompetência que lhes forem opostas;
» requisitar às autoridades competentes as diligências necessárias ao esclarecimento dos feitos sob apreciação, representando contra aquelas que não atenderem a tais requisições;
» exercer, em geral, no interesse da Justiça do Trabalho, as demais atribuições que decorram de sua Jurisdição.

Essas regras de jurisdição e competência dos TRTs não são muito cobradas em prova, mas isso não quer dizer que possam ser ignoradas, pois já estiveram presentes em certames anteriores. Além disso, se estão previstas no edital, podem ser livremente exigidas pela banca examinadora.

Vamos Praticar

01. (FCC) O Direito Processual comum:

a) não se aplica ao Processo do Trabalho.

b) tem aplicação naquilo que favoreça ao trabalhador reclamante.

c) é fonte subsidiária do Direito Processual do Trabalho nas hipóteses expressamente autorizadas por lei.

d) aplica-se, de forma irrestrita, ao Processo do Trabalho.

e) é fonte subsidiária do Direito Processual do Trabalho, em caso de omissão e naquilo que não for incompatível.

02. (FCC) Quanto ao Processo Judiciário do Trabalho, é correto afirmar:

a) Nos casos omissos, o Direito Processual comum será fonte subsidiária do Direito Processual do Trabalho, exceto naquilo em que for incompatível com as regras da CLT.

b) O Direito Processual comum é fonte primária, sendo aplicadas as normas processuais contidas na CLT de forma subsidiária.

c) Havendo omissão da CLT, sempre serão aplicadas as regras do Direito Processual comum como fonte subsidiária.

d) Aplicam-se apenas as regras contidas na CLT, não podendo ser aplicada norma prevista no Direito Processual comum.

e) A CLT não possui regras processuais próprias, razão pela qual são aplicadas normas do Direito Processual comum.

03. (FCC) A matéria relativa ao Processo do Trabalho encontra-se plenamente regulamentada pela CLT - Consolidação das Leis do Trabalho?

a) Sim, porque há um título específico na CLT denominado Processo Judiciário do Trabalho que contempla todas as normas processuais necessárias.

b) Sim, em razão da especificidade do Processo do Trabalho que não admite aplicação de outras normas processuais.

c) Não, porque há previsão na CLT determinando que, nos casos omissos, o Direito Processual comum será fonte subsidiária do Direito Processual do Trabalho, exceto naquilo em que for incompatível com as normas do Título denominado Processo Judiciário do Trabalho.

d) Não, porque não há regulamentação específica na CLT sobre matéria processual, devendo, assim, ser aplicado o Direito Processual comum para solucionar todas as ações trabalhistas.

e) Em termos, porque o Direito Processual comum deve ser aplicado como regra geral e, na sua omissão, é que se aplica o Direito Processual do Trabalho.

04. (FCC) Havendo omissão da CLT sobre determinada questão processual, na fase de conhecimento e na fase de execução no Processo do Trabalho, a fonte legal subsidiária a se aplicar, respectivamente, será:

a) Código de Processo Civil e Lei que regula os processos dos executivos fiscais para cobrança judicial da dívida ativa da Fazenda Pública Federal.

b) Código Tributário Nacional e Código de Processo Civil.

c) Código de Processo Civil e Código Tributário Nacional.

d) Código Civil e Código de Processo Civil.

e) Lei que regula o processo dos executivos para cobrança judicial da dívida ativa da Fazenda Pública Federal e Código de Processo Civil.

05. (FCC) São órgãos da Justiça do Trabalho:

a) a Procuradoria da Justiça do Trabalho, os Juízes do Trabalho, os Tribunais Federais do Trabalho e o Tribunal Superior do Trabalho.

b) os Juízes do Trabalho, os Tribunais Regionais do Trabalho e o Superior Tribunal de Justiça.

c) a Delegacia Regional do Trabalho, os Juízes do Trabalho, os Tribunais Regionais do Trabalho e o Tribunal Superior do Trabalho.

d) os Juízes do Trabalho, os Tribunais Regionais do Trabalho, o Tribunal Superior do Trabalho e o Ministério Público do Trabalho.

e) os Juízes do Trabalho, os Tribunais Regionais do Trabalho e o Tribunal Superior do Trabalho.

06. (FCC) Os Tribunais Regionais do Trabalho terão um quinto de sua composição de advogados e membros do Ministério Público do Trabalho com mais de:

a) cinco anos de efetiva atividade profissional ou efetivo exercício, nomeados pelo Presidente do Tribunal Superior do Trabalho.

b) cinco anos de efetiva atividade profissional ou efetivo exercício, nomeados pelo Presidente da República.

c) dez anos de efetiva atividade profissional ou efetivo exercício, nomeados pelo Presidente do Tribunal Superior do Trabalho.

d) dez anos de efetiva atividade profissional ou efetivo exercício, nomeados pelo Presidente do Supremo Tribunal Federal.

e) dez anos de efetiva atividade profissional ou efetivo exercício, nomeados pelo Presidente da República.

07. (FCC) Com relação à organização da Justiça do Trabalho, é correto afirmar que:

a) é composta pelos Juízes do Trabalho, pelos Tribunais Regionais do Trabalho, bem como pelo Tribunal Superior do Trabalho, além dos chamados órgãos auxiliares da Justiça do Trabalho, tais como, Secretarias das Varas, Secretarias dos Tribunais e Cartórios dos Juízos de Direito.

b) o Tribunal Superior do Trabalho é composto de, no mínimo, 17 Ministros, nomeados pelo Presidente da República, após aprovação pela maioria absoluta do Senado Federal.

c) os Tribunais Regionais do Trabalho compõem-se de, no mínimo, sete Juízes, nomeados pelo Presidente do Tribunal Superior do Trabalho, escolhidos dentre brasileiros com mais de trinta e menos de sessenta e cinco anos.

d) a lei criará Varas da Justiça do Trabalho, sendo que nas comarcas não abrangidas por sua jurisdição, as ações trabalhistas serão endereçadas aos Juízes de Direito, com recurso cabível para o respectivo Tribunal de Justiça.

e) a Emenda Constitucional no 45/2004 incluiu dois novos organismos de funcionamento junto ao TST que são a Escola Nacional de Formação e Aperfeiçoamento de Magistrados do Trabalho e o Conselho Nacional de Justiça.

08. (BIO-RIO) Nos termos da Consolidação das Leis do Trabalho não havendo Juízo vinculado à Justiça Especializada do Trabalho o litígio dessa natureza será objeto de delegação ao Juízo:

a) de Direito.

b) federal comum.

c) militar.

d) eleitoral

09. (FCC) A Emenda Constitucional 45/2004 incorporou as seguintes matérias à competência da Justiça do Trabalho, EXCETO:

a) quanto aos funcionários públicos estatutários.

b) que envolvam exercício do direito de greve.

c) sobre representação sindical.

d) alusivas a eleições sindicais.

e) execução, de ofício, de contribuições sociais, decorrentes das decisões proferidas pelos Juízes do Trabalho.

10. (FCC) O trabalhador firmou contrato de trabalho com a empresa no município "Alfa" para prestar serviços no município "Beta". A empresa possui sua sede e domicílio no município "Gama". Após ser dispensado o trabalhador, que reside no município "Delta", resolve ajuizar ação reclamatória trabalhista para receber seus haveres rescisórios. Neste caso, de acordo com a CLT, deverá ajuizar a reclamatória no município:

a) "Alfa", porque foi o local onde da celebração do contrato.

b) "Delta", porque é o domicílio do trabalhador reclamante.

c) "Gama", porque é o domicílio da empresa reclamada.

d) "Alfa" ou "Delta", porque o trabalhador poderá optar pelo local da celebração do contrato ou pelo seu domicílio.

e) "Beta", porque foi o local da prestação dos serviços.

11. (FCC) Mateus, residente na cidade de São Bernardo do Campo, foi contratado em Diadema para trabalhar como Auxiliar Administrativo da Empresa Tudo Azul Ltda., cuja matriz está sediada em São Caetano do Sul. Após dois anos de contrato prestado na filial da empresa em São Paulo, foi dispensado, mesmo tendo informado ao empregador que está em vias de se aposentar. Mateus decidiu ajuizar reclamação trabalhista requerendo sua reintegração ao emprego por estabilidade pré-aposentadoria. No presente caso, a Vara do Trabalho competente para processar e julgar a demanda é a do município de:

a) Diadema, porque foi o local da contratação do trabalhador.

b) São Paulo, por ser o local da prestação de serviços.

c) São Caetano do Sul, em razão de ser a matriz da empresa empregadora.

d) São Paulo, porque, neste caso, a comarca competente é a Capital do Estado.

e) São Bernardo do Campo, por ser o local da residência do trabalhador.

12. (FCC) Ricardo foi contratado pela empresa "Fazenda Ltda.", para exercer a função de montador de estande em feiras agropecuárias. Considerando que Ricardo reside em Marechal Deodoro e que a sede da empresa é em Maceió, local da celebração do contrato, bem como que as feiras agropecuárias não ocorrem na referida capital, e sim em diversas cidades interioranas, segundo a Consolidação das Leis do Trabalho, eventual reclamação trabalhista, no tocante à competência territorial deverá ser ajuizada:

a) obrigatoriamente, em Marechal Deodoro.

b) obrigatoriamente, em Maceió.

c) obrigatoriamente, no local em que prestou serviços em último lugar.

d) em Maceió ou Marechal Deodoro.

e) em Maceió ou no local da prestação dos respectivos serviços.

Gabarito

01	E	07	A
02	A	08	A
03	C	09	A
04	A	10	E
05	E	11	B
06	E	12	E

Anotações

CAPÍTULO 02

Dos Atos, Termos e Prazos Processuais

Os atos processuais visam à constituição, à conservação, à modificação, à extinção ou ao desenvolvimento da relação jurídica processual. Eles podem ser praticados pelas partes, pelo Juiz ou pelos auxiliares da Justiça.

Os atos processuais, em regra, serão públicos e serão praticados **nos dias úteis, das 6 às 20 horas.** (A penhora poderá ser feita em domingos ou feriados, apenas com ordem expressa do Juiz ou Presidente do Tribunal).

> *"**Art. 770** da CLT - Os atos processuais serão públicos, salvo quando o contrário determinar o interesse social, e realizar-se-ão nos dias úteis das 6 (seis) às 20 (vinte) horas.*
>
> *Parágrafo único - A penhora poderá realizar-se em domingo ou dia feriado, mediante autorização expressa do Juiz ou Presidente."*
>
> ***Art. 771** - Os atos e termos processuais poderão ser escritos a tinta, datilografados ou a carimbo."*

Devem ser assinados pelas partes e quando essas não puderam fazê-lo (justificadamente) e não tiverem procurador nos autos, serão firmados a rogo, na presença de duas testemunhas.

> *"**Art. 772** - Os atos e termos processuais, que devam ser assinados pelas partes interessadas, quando estas, por motivo justificado, não possam fazê-lo, serão firmados a rogo, na presença de 2 (duas) testemunhas, sempre que não houver procurador legalmente constituído."*

Fique Ligado

A Pessoa Jurídica de Direito Público tem prazo 4 vezes maior para contestar, e duas vezes maior para recorrer. (U/E/DF/M/Autarquia/Fundação Pública/ Ministério Público)

Lei 11.419/06: Atos processuais que não dependam da presença das partes em juízo podem ser praticados pela Internet. Mediante um cadastro feito nos Tribunais, com a certificação da assinatura digital, poderão ser praticados e comunicados os mais diversos atos, como petições, distribuição da inicial, recursos etc.

> *"Lei 11.419/06 - Art. 1º O uso de meio eletrônico na tramitação de processos judiciais, comunicação de atos e transmissão de peças processuais será admitido nos termos desta Lei.*
>
> ***§ 1º** Aplica-se o disposto nesta Lei, indistintamente, aos processos civil, penal e trabalhista, bem como aos Juizados Especiais, em qualquer grau de jurisdição.*
>
> *§ 2° Para o disposto nesta Lei, considera-se:*
>
> *I. meio eletrônico qualquer forma de armazenamento ou tráfego de documentos e arquivos digitais;*
>
> *II. transmissão eletrônica toda forma de comunicação a distância com a utilização de redes de comunicação, preferencialmente a rede mundial de computadores;*
>
> *III. assinatura eletrônica as seguintes formas de identificação inequívoca do signatário:*
>
> *a) assinatura digital baseada em certificado digital emitido por Autoridade Certificadora credenciada, na forma de lei específica;*
>
> *b) mediante cadastro de usuário no Poder Judiciário, conforme disciplinado pelos órgãos respectivos.*
>
> ***Art. 2°** O envio de petições, de recursos e a prática de atos processuais em geral por meio eletrônico serão admitidos mediante uso de assinatura eletrônica, na forma do Art. 1º desta Lei, sendo obrigatório o credenciamento prévio no Poder Judiciário, conforme disciplinado pelos órgãos respectivos.*
>
> ***§ 1º** O credenciamento no Poder Judiciário será realizado mediante procedimento no qual esteja assegurada a adequada identificação presencial do interessado.*
>
> ***§ 2°** Ao credenciado será atribuído registro e meio de acesso ao sistema, de modo a preservar o sigilo, a identificação e a autenticidade de suas comunicações.*
>
> ***§ 3°** Os órgãos do Poder Judiciário poderão criar um cadastro único para o credenciamento previsto neste artigo.*
>
> ***Art. 3°** Consideram-se realizados os atos processuais por meio eletrônico no dia e hora do seu envio ao sistema do Poder Judiciário, do que deverá ser fornecido protocolo eletrônico.*
>
> ***Parágrafo único.** Quando a petição eletrônica for enviada para atender prazo processual, serão consideradas tempestivas as transmitidas até as 24 (vinte e quatro) horas do seu último dia."* (grifo nosso)

A mesma lei estabeleceu que a assinatura do Juiz pode ser feita eletronicamente, em todos os graus de jurisdição.

TERMO: é a documentação de um ato, feita sempre por escrito. É realizado pelo serventuário da justiça, sendo o instrumento pelo qual os atos processuais serão retratados e juntados aos autos.

> *"**Art. 773** - Os termos relativos ao movimento dos processos constarão de simples notas, datadas e rubricadas pelos secretários ou escrivães."*

Prazos Processuais

LEGAIS: estabelecidos pela lei processual (ex.: 8 dias para interposição de RO).

JUDICIAIS: fixados pelo Juiz quando a lei for omissa. (Art. 177 do CPC)

CONVENCIONAIS: fixados pelas próprias partes de comum acordo. Apenas prazos dilatórios (ex.: suspensão do processo por pedido das partes para tentativa de acordo).

Prazos Peremptórios (ou fatais): têm natureza preclusiva, não se prorrogam nem podem ser alterados pela vontade das partes. (ex.: Art. 182 do CPC – comarcas onde o transporte for difícil)

Prazos Dilatórios: podem ser prorrogados por solicitação das partes, determinação do Juiz ou por comum acordo dos litigantes. (Mas o CPC no Art. 181 diz que essa convenção tem que se fundar em motivo legítimo e ser requerida a prorrogação antes do vencimento do prazo).

Contagem dos Prazos Processuais

> *"Art. 775 - Os prazos estabelecidos neste Título contam-se com **exclusão do dia do começo e inclusão do dia do vencimento**, e são contínuos e irreleváveis, podendo, entretanto, ser prorrogados pelo tempo estritamente necessário pelo Juiz ou Tribunal, ou em virtude de força maior, devidamente comprovada.*

Parágrafo único - Os prazos que se vencerem em sábado, domingo ou dia feriado, terminarão no primeiro dia útil seguinte". (grifo nosso)

O dia do começo (dia da ciência) não é levado em conta, sendo que o dia em que o prazo vence (último dia) é computado. Existe diferença entre início do prazo e início da contagem do prazo.

→ **Início do prazo (*dies ad quo*)** – o dia em que se toma ciência do ato é excluído da contagem do prazo.

→ **Início da contagem do prazo** - primeiro **dia útil subsequente** ao início do prazo (da ciência).

Súmula 1 do TST: " Quando a intimação tiver lugar na sexta-feira, ou a publicação com efeito de intimação for feita nesse dia, o prazo judicial será contado da segunda-feira imediata, inclusive, salvo se não houver expediente, caso em que fluirá no dia útil que se seguir."

→ **Término do prazo (*dies ad quem*)** – último dia do prazo, é computado na contagem desse. Quando o prazo terminar em sábados, domingos ou feriados, ele vencerá também no primeiro dia útil subsequente.

Súmula nº 262 do TST

"PRAZO JUDICIAL. NOTIFICAÇÃO OU INTIMAÇÃO EM SÁBADO. RECESSO FORENSE.

I. Intimada ou notificada a parte no sábado, o início do prazo se dará no primeiro dia útil imediato e a contagem, no subsequente.

II. O recesso forense e as férias coletivas dos Ministros do Tribunal Superior do Trabalho suspendem os prazos recursais."

Com a alteração da súmula 385 do TST, cabe à parte provar (quando interpuser o recurso) que houve feriado local que autorizou a prorrogação do prazo recursal. Mas, tratando-se de feriado forense, a autoridade que proferir a decisão de admissibilidade é que deverá certificar o expediente nos autos.

Nessa segunda hipótese (feriado forense), admite-se a reconsideração da análise da tempestividade do recurso, mediante prova documental superveniente (através de agravo regimental, agravo de instrumento ou de embargos de declaração, conforme for o caso).

Súmula nº 385 do TST

"FERIADO LOCAL. AUSÊNCIA DE EXPEDIENTE FORENSE. PRAZO RECURSAL. PRORROGAÇÃO. COMPROVAÇÃO. NECESSIDADE ATO ADMINISTRATIVO DO JUÍZO "A QUO"

I. Incumbe à parte o ônus de provar, quando da interposição do recurso, a existência de feriado local que autorize a prorrogação do prazo recursal.

II. Na hipótese de feriado forense, incumbirá à autoridade que proferir a decisão de admissibilidade certificar o expediente nos autos.

III. Na hipótese do inciso II, admite-se a reconsideração da análise da tempestividade do recurso, mediante prova documental superveniente, em Agravo Regimental, Agravo de Instrumento ou Embargos de Declaração."

Fique Ligado

O prazo só começa a correr e só termina em dia útil. O dia "do susto" não conta.

CLT - "Art. 774 - Salvo disposição em contrário, os prazos previstos neste Título contam-se, conforme o caso, a partir da data em que for feita pessoalmente, ou recebida a notificação, daquela em que for publicado o edital no jornal oficial ou no que publicar o expediente da Justiça do Trabalho, ou, ainda, daquela em que for afixado o edital na sede da Junta, Juízo ou Tribunal.

Parágrafo único - Tratando-se de notificação postal, no caso de não ser encontrado o destinatário ou no de recusa de recebimento, o Correio ficará obrigado, sob pena de responsabilidade do servidor, a devolvê-la, no prazo de 48 (quarenta e oito) horas, ao Tribunal de origem.

***Art. 775** - Os prazos estabelecidos neste Título contam-se com exclusão do dia do começo e inclusão do dia do vencimento, e são contínuos e irreleváveis, podendo, entretanto, ser prorrogados pelo tempo estritamente necessário pelo Juiz ou Tribunal, ou em virtude de força maior, devidamente comprovada.*

Parágrafo único - Os prazos que se vencerem em sábado, domingo ou dia feriado, terminarão no primeiro dia útil seguinte

***Art. 776** - O vencimento dos prazos será certificado nos processos pelos escrivães ou secretários."* (grifo nosso)

Os prazos processuais são contínuos, mas, excepcionalmente, podem ser suspensos ou interrompidos.

Suspensão: o prazo para de correr e, na cessação da causa suspensiva, é retomado de onde parou (ex.: Art. 180 do CPC – Morte ou perda da capacidade e S. 262 do TST)

As férias forenses (20 de Dezembro a 06 de Janeiro) **suspendem** os prazos processuais.

Exemplo: a parte foi intimada no dia 17 de dezembro, uma segunda-feira (dia útil). O prazo começa a correr no dia útil seguinte (é importante lembrar que o dia "do susto" não conta), sendo suspenso no dia 20 (correram, então, 2 dias do prazo – dias 18 e 19 de dezembro). O prazo voltará a correr do dia 07 de janeiro do ano seguinte (caso seja dia útil; do contrário, prorroga-se até o primeiro dia útil). Supondo que dia 07 é dia útil, nesse dia, estaremos no terceiro dia do prazo (se fosse um prazo de oito dias, por exemplo, ele esgotar-se-ia no dia 12 de Janeiro; se esse dia não for dia útil, prorroga-se o vencimento para o primeiro dia útil que vier).

Súmula nº 262 do TST

"PRAZO JUDICIAL. NOTIFICAÇÃO OU INTIMAÇÃO EM SÁBADO. RECESSO FORENSE

II - O recesso forense e as férias coletivas dos Ministros do Tribunal Superior do Trabalho"

Interrupção: o prazo interrompido é reiniciado, volta a correr integralmente, após superação da causa interruptiva (ex.: Oposição de Embargos de Declaração – Art. 897-A da CLT c/c Art. 538 do CPC).

Privilégios de Prazo

É imprescindível atentar para o teor do Art. 188 do CPC (a Fazenda Pública e o Ministério Público têm prazo 4x para contestar e 2x para recorrer).

"Art. 188 do CPC - Computar-se-á em quádruplo o prazo para contestar e em dobro para recorrer quando a parte for a Fazenda Pública ou o Ministério Público."

Esse privilégio processual é aplicado apenas para contestar e recorrer, não se aplica para a prática de outros prazos processuais.

> *"Art. 191 do CPC "Quando os litisconsortes tiverem diferentes procuradores, ser-lhes-ão contados em dobro os prazos para contestar, para recorrer e, de modo geral, para falar nos autos."*

- O prazo em dobro para litisconsortes com diferentes procuradores é **INAPLICÁVEL NO PROCESSO DO TRABALHO.**

> ***OJ 310 da SDI-1***
>
> *"LITISCONSORTES. PROCURADORES DISTINTOS. PRAZO EM DOBRO. ART. 191 DO CPC. INAPLICÁVEL AO PROCESSO DO TRABALHO. A regra contida no Art. 191 do CPC é inaplicável ao Processo do Trabalho, em decorrência da sua incompatibilidade com o princípio da celeridade inerente ao processo trabalhista."*

Comunicação dos Atos Processuais

Notificação (ou citação inicial)

É a forma como se dá ciência ao reclamado de que contra ele corre uma ação, para que, caso queria, possa vir a juízo se defender.

Apesar de o Código de Processo Civil tratar da Citação (chamamento ao réu do juízo para se defender) e da Intimação (modo pelo qual se dá ciência a alguém dos atos e termos do processo, para que faça ou deixe de fazer algo), a CLT usa o termo NOTIFICAÇÃO, indistintamente, referindo-se aos dois atos.

Em regra, a Notificação é feita por registro postal com franquia (correio), com antecedência mínima de 5 dias da audiência (Pessoa Jurídica de Direito Público – 20 dias).

Em caso de criar embaraço na hora do recebimento, ou não for encontrado, será notificado via edital (lembrete: não cabe citação por edital no rito sumaríssimo).

Nesse caso, o Correio deve devolver a notificação em 48h, sob pena de responsabilidade do servidor.

> *"Art. 841 da CLT - Recebida e protocolada a reclamação, o escrivão ou secretário, dentro de 48 (quarenta e oito) horas, remeterá a segunda via da petição, ou do termo, ao reclamado, notificando-o ao mesmo tempo, para comparecer à audiência do julgamento, que será **a primeira desimpedida, depois de 5 (cinco) dias.***
>
> ***§ 1º** - A notificação será feita em **registro postal com franquia**. Se o reclamado criar embaraços ao seu recebimento ou não for encontrado, far-se-á a notificação por edital, inserto no jornal oficial ou no que publicar o expediente forense, ou, na falta, afixado na sede da Junta ou Juízo.*
>
> ***§ 2º** - O reclamante será notificado no ato da apresentação da reclamação ou na forma do parágrafo anterior."*
>
> *"Art. 774 - CLT (...) Parágrafo único - Tratando-se de notificação postal, no caso de não ser encontrado o destinatário ou no de recusa de recebimento, o Correio ficará obrigado, sob pena de responsabilidade do servidor, a devolvê-la, no prazo de 48 (quarenta e oito) horas, ao Tribunal de origem."* (grifo nosso)
>
> ***Súmula 16 do TST -***
>
> *"Presume-se recebida a notificação 48 (quarenta e oito) horas depois de sua postagem. O seu não recebimento ou a entrega após o decurso desse prazo constitui ônus de prova do destinatário."*

Ao contrário do processo civil, a notificação inicial no processo trabalhista não precisa ser pessoal. A jurisprudência admite que a notificação postal seja entregue na empresa a empregado do reclamado, a zelador do prédio ou ainda depositada em caixa postal da empresa. Nos locais não atendidos pelos Correios, a citação poderá ser feita através dos Oficiais de Justiça.

Também é pacífico o entendimento de que, mesmo que o reclamado resida em comarca não abrangida pela jurisdição territorial da Vara do Trabalho, a citação via postal pode ser feita (a citação via postal pode ser feita para qualquer comarca do país – apenas se ela precisar ser feita por Oficial de Justiça é que será expedida uma carta precatória, para que o juízo competente dessa comarca efetue a citação).

Intimação

É o ato através do qual é dada ciência a alguém para que pratique ou se abstenha de praticar determinado ato.

> *"CPC - Art. 234. Intimação é o ato pelo qual se dá ciência a alguém dos atos e termos do processo, para que faça ou deixe de fazer alguma coisa."*

Conforme se salientou anteriormente, a CLT usa o termo Notificação para designar tanto a citação inicial como a intimação.

Quando o processo estiver em grau recursal (nos tribunais), as intimações serão feitas através de publicação no órgão oficial (no nome das partes e dos advogados).

Quando um ato judicial tiver de ser praticado fora dos limites territoriais da comarca, ele será requisitado por carta:

- **De ordem** – Juiz que recebe é subordinado ao Tribunal que emana.
- **Rogatória** – dirigida à autoridade judiciária estrangeira.
- **Precatória** – demais casos.

Custas Processuais

Principais regras:

- <u>Processo de conhecimento</u>: 2% sobre o valor da causa, do acordo ou valor fixado pelo Juiz.
- Serão pagas pelo vencido, após o trânsito em julgado da decisão.
- Em caso de acordo, serão rateadas pelas partes, se não convencionarem de forma diversa.
- Procedência ou procedência parcial – reclamado paga as custas.
- Improcedência ou arquivamento – reclamante responsável pelo pagamento das custas.
- Dissídios coletivos: as partes vencidas respondem solidariamente pelo pagamento das custas.

> *"Art. 789. Nos <u>dissídios individuais e nos dissídios coletivos</u> do trabalho, nas <u>ações e procedimentos de competência da Justiça do Trabalho</u>, bem como nas demandas propostas perante a Justiça Estadual, no exercício da jurisdição trabalhista, as custas relativas ao <u>processo de conhecimento</u> incidirão à base de 2% (dois por cento), observado o <u>mínimo de R$ 10,64</u> (dez reais e sessenta e quatro centavos) e serão calculadas:*
>
> *I. quando houver acordo ou condenação, sobre o respectivo valor;*

II. *quando houver extinção do processo, sem julgamento do mérito, ou julgado totalmente improcedente o pedido, sobre o valor da causa;*

III. *no caso de procedência do pedido formulado em ação declaratória e em ação constitutiva, sobre o valor da causa;*

IV. *quando o valor for indeterminado, sobre o que o Juiz fixar.*

§ 1º As custas serão pagas pelo vencido, após o trânsito em julgado da decisão. No caso de recurso, as custas serão pagas e comprovado o recolhimento dentro do prazo recursal.

***§ 2°** Não sendo líquida a condenação, o juízo arbitrar-lhe-á o valor e fixará o montante das custas processuais.*

***§ 3°** Sempre que houver acordo, se de outra forma não for convencionado, o pagamento das custas caberá em partes iguais aos litigantes.*

***§ 4°** Nos **dissídios coletivos**, as **partes vencidas responderão solidariamente** pelo pagamento das custas, calculadas sobre o valor arbitrado na decisão, ou pelo Presidente do Tribunal.*

***Art. 789-A.** No processo de execução são devidas custas, sempre de responsabilidade do executado e pagas ao final, de conformidade com a seguinte tabela:*

I. *autos de arrematação, de adjudicação e de remição: 5% (cinco por cento) sobre o respectivo valor, até o máximo de R$ 1.915,38 (um mil, novecentos e quinze reais e trinta e oito centavos);*

II. *atos dos Oficiais de Justiça, por diligência certificada:*

a) *a. em zona urbana: R$ 11,06 (onze reais e seis centavos);*

b) *b. em zona rural: R$ 22,13 (vinte e dois reais e treze centavos);*

III. *agravo de instrumento: R$ 44,26 (quarenta e quatro reais e vinte e seis centavos);*

IV. *agravo de petição: R$ 44,26 (quarenta e quatro reais e vinte e seis centavos);*

V. *embargos à execução, embargos de terceiro e embargos à arrematação: R$ 44,26 (quarenta e quatro reais e vinte e seis centavos);*

VI. *recurso de revista: R$ 55,35 (cinquenta e cinco reais e trinta e cinco centavos);*

VII. *impugnação à sentença de liquidação: R$ 55,35 (cinquenta e cinco reais e trinta e cinco centavos);*

VIII. *despesa de armazenagem em depósito judicial – por dia: 0,1% (um décimo por cento) do valor da avaliação;*

IX. *cálculos de liquidação realizados pelo contador do juízo – sobre o valor liquidado: 0,5% (cinco décimos por cento) até o limite de R$ 638,46 (seiscentos e trinta e oito reais e quarenta e seis centavos).*

***Art. 789-B.** Os emolumentos serão suportados pelo Requerente, nos valores fixados na seguinte tabela:*

I. *autenticação de traslado de peças mediante cópia reprográfica apresentada pelas partes – por folha: R$ 0,55 (cinquenta e cinco centavos de real);*

II. *fotocópia de peças – por folha: R$ 0,28 (vinte e oito centavos de real);*

III. *autenticação de peças – por folha: R$ 0,55 (cinquenta e cinco centavos de real);*

IV. *cartas de sentença, de adjudicação, de remição e de arrematação – por folha: R$ 0,55 (cinquenta e cinco centavos de real);*

V. *certidões – por folha: R$ 5,53 (cinco reais e cinquenta e três centavos)."* (grifo nosso)

Em caso de recurso: serão pagas e o recolhimento será comprovado **dentro do prazo recursal.**

Processo de execução: as custas são de responsabilidade do executado, pagas ao final.

Súmula nº 25 do TST

"CUSTAS PROCESSUAIS. INVERSÃO DO ÔNUS DA SUCUMBÊNCIA.

I. *A parte vencedora na primeira instância, se vencida na segunda, está obrigada, independentemente de intimação, a pagar as custas fixadas na sentença originária, das quais ficara isenta a parte então vencida;*

II. *No caso de inversão do ônus da sucumbência em segundo grau, sem acréscimo ou atualização do valor das custas e se estas já foram devidamente recolhidas, descabe um novo pagamento pela parte vencida, ao recorrer. Deverá ao final, se sucumbente, **reembolsar** a quantia;*

III. *Não caracteriza deserção a hipótese em que, acrescido o valor da condenação, não houve fixação ou cálculo do valor devido a título de custas e tampouco intimação da parte para o preparo do recurso, devendo ser as custas pagas ao final;*

IV. *O reembolso das custas à parte vencedora faz-se necessário mesmo na hipótese em que a parte vencida for pessoa isenta do seu pagamento, nos termos do Art. 790-A, parágrafo único, da CLT."*

Súmula nº 36 do TST

"CUSTAS - Nas ações plúrimas, as custas incidem sobre o respectivo valor global."

Caso o empregado não seja beneficiário da Justiça Gratuita ou da isenção de custas, e o sindicato tiver intervindo no processo → sindicato responderá solidariamente pelas custas.

"CLT- Art. 790. Nas Varas do Trabalho, nos Juízos de Direito, nos Tribunais e no Tribunal Superior do Trabalho, a forma de pagamento das custas e emolumentos obedecerá às instruções que serão expedidas pelo Tribunal Superior do Trabalho.

§ 1º Tratando-se de empregado que não tenha obtido o benefício da Justiça Gratuita, ou isenção de custas, o sindicato que houver intervindo no processo responderá solidariamente pelo pagamento das custas devidas.

***§ 2°** No caso de não pagamento das custas, far-se-á execução da respectiva importância, segundo o procedimento estabelecido no Capítulo V deste Título."*

Justiça Gratuita

Pode ser concedida a qualquer momento, a requerimento da parte ou até mesmo de ofício pelo Juiz ou Presidente do Tribunal.

***Art. 790**, § 3° da CLT- " É facultado aos Juízes, órgãos julgadores e Presidentes dos Tribunais do Trabalho de qualquer instância conceder, **a requerimento ou de ofício**, o benefício da Justiça Gratuita, inclusive quanto a traslados e instrumentos, àqueles que perceberem salário igual ou inferior ao dobro do mínimo* *legal, ou declararem, sob as penas da lei, que não estão em condições de pagar as custas do processo sem prejuízo do sustento próprio ou de sua família."* (grifo nosso)

O empregador pessoa física também pode ser beneficiário da Justiça Gratuita (mas não está isento de recolhimento de depósito recursal)

Empregador pessoa jurídica: o TST vem entendendo ser cabível o benefício da Justiça Gratuita para Pessoa Jurídica, desde comprove miserabilidade jurídica (benefício admitido, de forma cautelosa, sempre condicionado à prova inequívoca de incapacidade financeira).

Isentos de Custas:

> beneficiários da Justiça Gratuita;

> a União, os Estados, o Distrito Federal, os Municípios e respectivas autarquias e fundações públicas federais, estaduais ou municipais que não explorem atividade econômica;

> Ministério Público do Trabalho;

> **Empresa Pública e Sociedade de Economia Mista não são isentas.**

Súmula nº 170 do TST

"SOCIEDADE DE ECONOMIA MISTA. CUSTAS

Os privilégios e isenções no foro da Justiça do Trabalho não abrangem as sociedades de economia mista, ainda que gozassem desses benefícios anteriormente ao Decreto-Lei nº 779, de 21.08.1969."

Por expressa previsão legal, as **entidades fiscalizadoras do exercício profissional** também **não são isentas** do pagamento das custas.

Art. 790-A. *Da CLT "São isentos do pagamento de custas,* ***além dos beneficiários de Justiça Gratuita****:*

I. *a União, os Estados, o Distrito Federal, os Municípios e respectivas autarquias e fundações públicas federais, estaduais ou municipais que não explorem atividade econômica;*

II. *o Ministério Público do Trabalho.*

Parágrafo único. A isenção prevista neste artigo não alcança as entidades fiscalizadoras do exercício profissional, nem exime as pessoas jurídicas referidas no inciso I da obrigação de reembolsar as despesas judiciais realizadas pela parte vencedora." (grifo nosso)

Súmula 86 do TST

"DESERÇÃO. MASSA FALIDA. EMPRESA EM LIQUIDAÇÃO EXTRAJUDICIAL. Não ocorre deserção de recurso da massa falida por falta de pagamento de custas ou de depósito do valor da condenação. Esse privilégio, todavia, não se aplica à empresa em liquidação extrajudicial."

A diferença mínima no recolhimento das custas, mesmo que referente a centavos, tem o condão de gerar deserção.

"OJ-SDI1-140 DEPÓSITO RECURSAL E CUSTAS. DIFERENÇA ÍNFIMA. DESERÇÃO. OCORRÊNCIA. Ocorre deserção do recurso pelo recolhimento insuficiente das custas e do depósito recursal, ainda que a diferença em relação ao "quantum" devido seja ínfima, referente a centavos."

Honorários do Perito: *"Art. 790-B. A responsabilidade pelo pagamento dos honorários periciais é da parte sucumbente na pretensão objeto da perícia, salvo se beneficiária de Justiça Gratuita"*

Por outro lado, o ato de nomear assistente do perito é faculdade da parte. Então, ela arcará com os respectivos honorários deste profissional.

Súmula 341 do TST

"HONORÁRIOS DO ASSISTENTE TÉCNICO - A indicação do perito assistente é faculdade da parte, a qual deve responder pelos respectivos honorários, ainda que vencedora no objeto da perícia."

Honorários:

> Do perito – quem perde paga (quem sucumbir no objeto da perícia).

> Do assistente pericial – quem indicar paga.

Vamos Praticar

01. (FCC) De acordo com a CLT, em regra, os atos processuais praticados no Processo Trabalhista serão:

a) sempre públicos e realizar-se-ão nos dias úteis das 8 às 18 horas.

b) públicos, salvo quando as partes estabelecerem o contrário e realizar-se-ão nos dias úteis das 6 às 20 horas.

c) públicos, salvo quando o contrário determinar o Juiz, e realizar-se-ão nos dias úteis das 6 às 18 horas.

d) públicos, salvo quando envolver pessoa pública de notoriedade social, e a penhora poderá realizar-se em domingo ou dia de feriado, independente de autorização expressa do Juiz.

e) públicos, salvo quando o contrário determinar o interesse social, e realizar-se-ão nos dias úteis das 6 às 20 horas.

02. (FCC) Helena, advogada recém-formada, está com dúvidas a respeito da contagem dos prazos processuais e, sendo assim, solicitou ajuda ao seu irmão, Venâncio, advogado sênior de uma empresa multinacional. Venâncio respondeu para Helena que os prazos processuais, em regra,

a) contam-se com a exclusão do dia do começo e inclusão do dia do vencimento e são contínuos e irreleváveis.

b) que se vencerem em sábado, domingo ou dia feriado, terminarão no último dia útil que anteceder o dia sem expediente forense.

c) são pré-estabelecidos pela legislação, como, por exemplo, o prazo para devolução de notificação postal que é de cinco dias.

d) são contínuos, mas relleváveis, tendo em vista que não há preclusão consumativa na Justiça do Trabalho.

e) são contínuos, mas releváveis, tendo em vista que não há preclusão terminativa na Justiça do Trabalho.

03. (FCC) Na reclamação trabalhista G, a empresa F saiu intimada da sentença de primeiro grau proferida em audiência realizada no dia 31 de Março. Considerando que o dia 31 caiu em uma quinta-feira, bem como que sexta-feira e os dias da semana seguinte foram dias úteis, o prazo para interposição de Recurso Ordinário termina no dia:

a) 10 de abril.

b) 7 de abril.

c) 8 de abril.
d) 9 de abril.
e) 12 de abril.

04. (FCC) De acordo com a Consolidação das Leis do Trabalho, os atos processuais serão públicos, salvo quando o contrário determinar o interesse social, e realizar-se-ão nos dias úteis, das seis às vinte horas. Porém, poderá realizar-se em domingo ou dia feriado, mediante autorização expressa do Juiz ou Presidente, a:

a) penhora.
b) notificação da reclamada pessoa jurídica estrangeira.
c) intimação para comparecer pessoalmente para depoimento pessoal.
d) intimação da praça.
e) notificação da reclamada pessoa jurídica de direito público interno.

05. (FCC) Segundo a Lei nº 11.419/2006, consideram-se realizados os atos processuais por meio eletrônico no dia e hora do seu envio ao sistema do Poder Judiciário, do que deverá ser fornecido protocolo eletrônico. Quando a petição eletrônica for enviada para atender prazo processual, serão consideradas tempestivas as transmitidas até as:

a) 18 horas do seu último dia.
b) 18 horas e 30 minutos do seu último dia.
c) 19 horas do seu último dia.
d) 24 horas do seu último dia.
e) 22 horas do seu último dia.

06. (FCC) No Processo do Trabalho, intimada ou notificada a parte no sábado, o início do prazo

a) dar-se-á no domingo, e a contagem, no primeiro dia útil subsequente.
b) e a contagem dar-se-ão no próprio sábado.
c) dar-se-á no próprio sábado, e a contagem, no primeiro dia útil subsequente.
d) dar-se-á no primeiro dia útil imediato, e a contagem, no subsequente.
e) e a contagem dar-se-ão no primeiro dia útil subsequente.

07. (FCC) A notificação presume-se recebida

a) na data da assinatura do aviso de recebimento.
b) na data de sua expedição.
c) em 48 horas da data de sua postagem.
d) na data da juntada aos autos do aviso de recebimento.
e) três dias após a juntada aos autos do aviso de recebimento.

08. (FCC) Considere as seguintes assertivas, a respeito dos atos e prazos processuais:

I. A penhora poderá realizar-se em domingo ou dia feriado, mediante autorização expressa do Juiz.

II. Tratando-se de notificação postal, no caso de recusa de recebimento, o Correio ficará obrigado, sob pena de responsabilidade do servidor, a devolvê-la, no prazo de 5 dias, ao Tribunal de origem.

III. Em regra, os prazos processuais são contínuos e irreleváveis, correndo ininterruptamente.

IV. Os prazos processuais contam-se com inclusão do dia do começo e exclusão do dia do vencimento, sendo que os prazos que se vencerem em sábado, domingo ou dia feriado, terminarão no primeiro dia útil seguinte.

De acordo com a Consolidação das Leis do Trabalho, é correto o que se afirma APENAS em:

a) I e III.
b) I, III e IV.
c) I e II.
d) I, II e IV.
e) II, III e IV.

09. (FCC) Fernanda ajuizou reclamação trabalhista em face da empresa "Amiga", que foi julgada parcialmente procedente. Neste caso, em regra, as custas processuais caberão:

a) à empresa Amiga e a Fernanda, em 0,5% para cada uma.
b) à empresa Amiga e a Fernanda, em 1% para cada uma.
c) à empresa Amiga, no importe de 2% sobre o valor da condenação.
d) à empresa Amiga, no importe de 1% sobre o valor da condenação.
e) a Fernanda, no importe de 1% sobre o valor da condenação.

10. (FCC) Na Justiça do Trabalho, as custas serão pagas pelo:

a) reclamante, quando da propositura da Reclamação Trabalhista.
b) vencido, após o trânsito em julgado da decisão. No caso de recurso, as custas serão pagas dentro do prazo recursal.
c) reclamante, cinco dias após a audiência inicial ou UNA, caso não haja acordo entre as partes.
d) reclamado, quando da apresentação da Contestação.
e) vencido, em até cinco dias após a prolação da sentença pelo Juiz de primeiro grau.

Gabarito

01	E	06	D
02	A	07	C
03	C	08	A
04	A	09	C
05	D	10	B

Anotações

CAPÍTULO 03

Partes e Procuradores

Capacidade de Direito (ou de ser parte)

Trata-se da possibilidade de figurar em um processo como autor ou réu, ocupando um dos polos da relação processual.

A capacidade de ser parte (ou de direito) é adquirida juntamente com a personalidade jurídica:

> **Pessoas Físicas:** adquirem com o nascimento com vida (mas a lei resguarda desde a concepção, os direitos do nascituro).

> **Pessoas Jurídicas**: adquirem personalidade jurídica com a inscrição dos seus atos constitutivos no registro competente.

Em alguns casos, a lei confere capacidade de ser parte para entes despersonalizados, como a massa falida, o espólio, a sociedade sem personalidade jurídica.

Capacidade Processual (ou de Fato ou ***Ad Processum***)

Trata-se da capacidade de estar em juízo sem representação ou assistência.

Essa capacidade vem descrita no Art. 7° do CPC que diz:

*"**Art. 7º** Toda pessoa que se acha no exercício dos seus direitos tem capacidade para estar em juízo."*

Desse modo, as pessoas que possuem capacidade civil plena também possuem a capacidade processual. A maioridade trabalhista é alcançada aos 18 anos (para fins de capacidade processual).

*"**CLT - Art. 792** - Os maiores de 18 (dezoito) e menores de 21 (vinte e um) anos e as mulheres casadas poderão pleitear perante a Justiça do Trabalho sem a assistência de seus pais, tutores ou maridos.*

***Art. 793.** A reclamação trabalhista do menor de 18 anos será feita por seus representantes legais e, na falta destes, pela Procuradoria da Justiça do Trabalho, pelo sindicato, pelo Ministério Público estadual ou curador nomeado em juízo. "*

Desse modo, a reclamação trabalhista dos menores de 18 anos deverá ser feita:

> por seus **representantes legais;**

> pela **Procuradoria da Justiça do Trabalho (Ministério Público do Trabalho);**

> pelo **Sindicado;**

> pelo **Ministério Público Estadual;**

> por um **Curador** nomeado pelo Juiz.

Na Justiça do Trabalho, independentemente da presença dos advogados, as partes devem comparecer em Juízo pessoalmente.

Fique Ligado

Reclamante não comparecer: Arquivamento do processo.

Reclamado não comparecer: Revelia.

*"**CLT - Art. 843** - Na audiência de julgamento, deverão estar presentes o reclamante e o reclamado, independentemente do comparecimento de seus representantes salvo, nos casos de Reclamatórias Plúrimas ou Ações de Cumprimento, quando os empregados poderão fazer-se representar pelo Sindicato de sua categoria.*

***§ 1º** - É facultado ao empregador fazer-se substituir pelo gerente, ou qualquer outro preposto que tenha conhecimento do fato, e cujas declarações obrigarão o proponente.*

***§ 2º** - Se por doença ou qualquer outro motivo poderoso, devidamente comprovado, não for possível ao empregado comparecer pessoalmente, poderá fazer-se representar por outro empregado que pertença à mesma profissão, ou pelo seu sindicato.*

***Art. 844** - O não comparecimento do reclamante à audiência importa o arquivamento da reclamação, e o não comparecimento do reclamado importa revelia, além de confissão quanto à matéria de fato.*

Parágrafo único - Ocorrendo, entretanto, motivo relevante, poderá o Presidente suspender o julgamento, designando nova audiência."

Regras especiais

Reclamatórias plúrimas

Nas Reclamatórias Plúrimas e também nas Ações de Cumprimento, os empregados poderão fazer-se substituir pelo Sindicato.

*"**CLT - Art. 842** - Sendo várias as reclamações e havendo identidade de matéria, poderão ser acumuladas num só processo, se se tratar de empregados da mesma empresa ou estabelecimento."*

Doença ou Motivo Poderoso

O Art. 843, § 2º, da CLT diz que: *"Se por doença ou qualquer outro motivo poderoso, devidamente comprovado, não for possível ao empregado comparecer pessoalmente, poderá fazer-se representar por outro empregado que pertença à mesma profissão, ou pelo seu sindicato."*

Essa substituição tem apenas o efeito de evitar o arquivamento do processo, cuja audiência será redesignada para nova data.

Preposto

O empregador pode fazer-se substituir por algum Gerente ou Preposto com conhecimento dos fatos.

O Preposto deve ser necessariamente empregado do reclamado (salvo relação doméstica, Empresa de Pequeno Porte e Microempresa).

*"**Súmula Nº 377 DO TST** - PREPOSTO. EXIGÊNCIA DA CONDIÇÃO DE EMPREGADO Exceto quanto à reclamação de empregado doméstico, ou contra micro ou pequeno empresário, o preposto deve ser necessariamente empregado do reclamado. Inteligência do Art. 843, § 1º, da CLT e do Art. 54 da Lei Complementar nº 123, de 14 de dezembro de 2006."*

Assim, caso se tratar de uma lide decorrente de uma relação de emprego doméstica, o empregador poderá ser representado por qualquer outra pessoa da família.

Tratando-se de Microempresa ou Empresa de Pequeno Porte, o preposto não precisa ser necessariamente empregado.

Fique Ligado

Regra: Preposto deve ser empregado.

Exceções:

Empregado doméstico

ME

EPP

O advogado não pode ser, ao mesmo tempo, patrono e preposto, segundo o Art. 23 do Código de ética e disciplina da OAB:

> *"**Art. 23**. É defeso ao advogado funcionar no mesmo processo, simultaneamente, como patrono e preposto do empregador ou cliente."*

Substituição Processual pelo Sindicato

Substituição processual (ou legitimidade extraordinária) é a possibilidade de alguém vir a juízo postular em nome próprio direito alheio (é diferente da **representação**, na qual age em nome alheio, defendendo direito alheio).

Após a CF/88 iniciou-se uma discussão a respeito do alcance da substituição processual do sindicato.

> *"CF - Art. 8º, III - ao sindicato cabe a defesa dos direitos e interesses coletivos ou individuais da categoria, inclusive em questões judiciais ou administrativas; "*

Entretanto, segundo o entendimento do STF, posteriormente adotado também pelo TST, a substituição processual pelo sindicato dá-se de **forma ampla** no Processo do Trabalho.

Entendeu o STF que o sindicato pode agir como substituto processual de forma geral e irrestrita. Dessa forma, ele assegurou, à entidade sindical, legitimação extraordinária, para defender em nome próprio os direitos e interesses da categoria que representarem.

Jus Postulandi (ou Capacidade Postulatória)

A capacidade postulatória, no âmbito processual como regra geral, é privativa dos advogados regularmente inscritos na OAB. Em regra, as partes não podem postular em juízo sem estarem acompanhadas de advogado.

Entretanto, na Justiça do Trabalho, as partes (empregados e empregadores) podem reclamar pessoalmente, sem que a intervenção de advogado seja obrigatória, como regra geral.

> *"**Art. 791** - Os empregados e os empregadores poderão reclamar pessoalmente perante a Justiça do Trabalho e acompanhar as suas reclamações até o final.*
>
> ***§ 1º** - Nos dissídios individuais os empregados e empregadores poderão fazer-se representar por intermédio do sindicato, advogado, solicitador, ou provisionado, inscrito na Ordem dos Advogados do Brasil.*
>
> ***§ 2º** - Nos dissídios coletivos é facultada aos interessados a assistência por advogado.*
>
> ***§ 3°** - A constituição de procurador com poderes para o foro em geral poderá ser efetivada, mediante simples registro em ata de audiência, a requerimento verbal do advogado interessado, com anuência da parte representada."*

O Art. 791 da CLT afirma que as partes podem reclamar pessoalmente. Conferiu ao reclamante e ao reclamado a capacidade postulatória. Isto é, na Justiça Laboral, podem postular sem a presença de um advogado.

Entretanto, cabe salientar que essa regra aplica-se apenas às lides decorrentes de **relações de emprego,** e não a todas as relações de trabalho (salienta-se que a relação de trabalho é um gênero, do qual a relação de emprego é uma espécie), embora existam entendimentos contrários.

Embora a CLT tenha conferido o *jus postulandi* às partes, o alcance é limitado às Varas do Trabalho e aos Tribunais Regionais do Trabalho, não alcançando a esfera do Tribunal Superior do Trabalho, conforme jurisprudência sumulada do TST.

> *"**Súmula Nº 425 DO TST** - JUS POSTULANDI NA JUSTIÇA DO TRABALHO. ALCANCE*
>
> *O **jus postulandi** das partes, estabelecido no Art. 791 da CLT, limita-se às Varas do Trabalho e aos Tribunais Regionais do Trabalho, não alcançando a ação rescisória, a ação cautelar, o Mandado de Segurança e os recursos de competência do Tribunal Superior do Trabalho."*

Fique Ligado

Desse modo, nos seguintes casos, é necessária a presença de advogado:

Ação rescisória;

Ação Cautelar;

Mandado de Segurança;

Recursos de competência do TST.

É oportuno lembrar que, se eventualmente for encaminhado algum recurso para STF ou STJ, é obrigatória a subscrição por advogado, não prevalecendo, nesses Tribunais, o *jus postulandi*.

Mandato e Procuração

Segundo entendimento sumulado do TST, não é possível o oferecimento de procuração ou regularização de representação na fase recursal. Isso pode ser feito apenas no Juízo de 1º grau.

> *"**Súmula Nº 383 DO TST** - MANDATO. ARTS. 13 E 37 DO CPC. FASE RECURSAL. INAPLICABILIDADE*
>
> ***I.*** *É inadmissível, em instância recursal, o oferecimento tardio de procuração, nos termos do Art. 37 do CPC, ainda que mediante protesto por posterior juntada, já que a interposição de recurso não pode ser reputada ato urgente.*
>
> ***II.*** *Inadmissível na fase recursal a regularização da representação processual, na forma do Art. 13 do CPC, cuja aplicação se restringe ao Juízo de 1º grau."*

Quando a Fazenda Pública (União, Estados, Município, Distrito Federal e as respectivas autarquias e fundações públicas desses entes) estiver em juízo, representada por seus procuradores, o TST **dispensa** a juntada do instrumento de mandato e de comprovação do ato de nomeação.

Entretanto, a súmula 436 exige que o signatário pelo menos **declare ser exercente** do cargo de procurador, **não bastando** a simples indicação do número de inscrição na OAB.

*"**Súmula Nº 436 DO TST** - REPRESENTAÇÃO PROCESSUAL. PROCURADOR DA UNIÃO, ESTADOS, MUNICÍPIOS E DISTRITO FEDERAL, SUAS AUTARQUIAS E FUNDAÇÕES PÚBLICAS. JUNTADA DE INSTRUMENTO DE MANDATO*

I. A União, Estados, Municípios e Distrito Federal, suas autarquias e fundações públicas, quando representadas em juízo, ativa e passivamente, por seus procuradores, estão dispensadas da juntada de instrumento de mandato e de comprovação do ato de nomeação.

II. Para os efeitos do item anterior, é essencial que o signatário ao menos declare-se exercente do cargo de procurador, não bastando a indicação do número de inscrição na Ordem dos Advogados do Brasil."

Segundo o TST, para que o advogado declare que seu cliente é pobre, na acepção legal, e obtenha os benefícios da Justiça Gratuita, não é necessário que o mandado contenha poderes especiais.

*"**ORIENTAÇÃO JURISPRUDENCIAL 331 DA 1ª SDI** - JUSTIÇA GRATUITA. DECLARAÇÃO DE INSUFICIÊNCIA ECONÔMICA. MANDATO. PODERES ESPECÍFICOS DESNECESSÁRIOS.*

Desnecessária a outorga de poderes especiais ao patrono da causa para firmar declaração de insuficiência econômica, destinada à concessão dos benefícios da Justiça Gratuita."

Mandato e Substabelecimento

As regras sobre mandato e substabelecimento foram tratadas pelo TST na súmula 395.

*"**Súmula Nº 395 DO TST** - MANDATO E SUBSTABELECIMENTO. CONDIÇÕES DE VALIDADE*

I. Válido é o instrumento de mandato com prazo determinado que contém cláusula estabelecendo a prevalência dos poderes para atuar até o final da demanda.

II. Diante da existência de previsão, no mandato, fixando termo para sua juntada, o instrumento de mandato só tem validade se anexado ao processo dentro do aludido prazo.

III. São válidos os atos praticados pelo substabelecido, ainda que não haja, no mandato, poderes expressos para substabelecer (Art. 667, e parágrafos, do Código Civil de 2002).

IV. Configura-se a irregularidade de representação se o substabelecimento é anterior à outorga passada ao substabelecente."

Substabelecimento é o ato pelo qual o mandatário (advogado) transfere seus poderes, que foram conferidos pelo mandante (cliente), para o substabelecido (outro advogado).

Conforme verificamos na referida súmula, caso o mandado possua uma "data de expiração", é valida a cláusula que determine que, mesmo após a expiração do prazo, o advogado continue possuindo os poderes de representação até o final da demanda.

Se no mandado houver previsão de prazo para sua juntada nos autos, ele só terá validade se realmente for juntado ao processo nesse prazo.

A súmula também define que ainda que o mandado seja omisso, no que tange ao substabelecimento, os atos praticados pelo substabelecido serão válidos.

Para que o substabelecimento seja válido, é necessário que ele seja posterior à outorga de poderes ao que substabeleceu. (Ex.: se um advogado recebeu procuração no dia 10/10/2015, o substabelecimento não poderá ter data anterior a essa).

Mandato/Procuração Tácita ou *Apud Acta*

Trata-se do mandato passado em audiência, perante o Juiz do Trabalho. Embora não esteja previsto em lei, é amplamente admitido na jurisprudência.

Ele permite que o advogado que comparece à audiência, representando a parte, praticando atos processuais e tendo seu nome constando na ata de audiência, terá aptidão para proteger os interesses de seu cliente, embora não tenha procuração juntada no processo.

Entretanto, o mandato tácito não admite substabelecimento.

"ORIENTAÇÃO JURISPRUDENCIAL 200 DA 1ª SDI - MANDATO TÁCITO. SUBSTABELECIMENTO INVÁLIDO. - É inválido o substabelecimento de advogado investido de mandato tácito."

"ORIENTAÇÃO JURISPRUDENCIAL 286 DA 1ª SDI. AGRAVO DE INSTRUMENTO. TRASLADO. MANDATO TÁCITO. ATA DE AUDIÊNCIA. CONFIGURAÇÃO

I. A juntada da ata de audiência, em que consignada a presença do advogado, desde que não estivesse atuando com mandato expresso, torna dispensável a procuração deste, porque demonstrada a existência de mandato tácito.

II. Configurada a existência de mandato tácito fica suprida a irregularidade detectada no mandato expresso".

Honorários Advocatícios

Os honorários advocatícios (também chamados honorários de sucumbência) refletem um valor que a parte que perdeu a demanda deve pagar ao advogado da parte vencedora.

Como uma regra geral, os honorários advocatícios não são devidos nas lides decorrentes de relação de emprego. Isso ocorre em razão do *jus postulandi* das partes, previsto no Art. 791 da CLT. Entretanto, existem algumas exceções, isto é, situações em que haverá a condenação em honorários advocatícios.

Fique Ligado

Exceções:

Parte em miserabilidade jurídica + assistida pelo sindicato (limite de 15%).

Ação rescisória.

Ente sindical agindo como substituto processual.

Lides que não decorram da relação de emprego.

*"**Súmula Nº 219 DO TST** - HONORÁRIOS ADVOCATÍCIOS. CABIMENTO*

I. Na Justiça do Trabalho, a condenação ao pagamento de honorários advocatícios, nunca superiores a 15% (quinze por cento), não decorre pura e simplesmente da sucumbência, devendo a parte, concomitantemente: a) estar assistida por sindicato da categoria profissional; b) comprovar a percepção de salário inferior ao dobro do salário mínimo ou encontrar-se em situação econômica que não lhe permita demandar sem prejuízo do próprio sustento ou da respectiva família.

II. *É cabível a condenação ao pagamento de honorários advocatícios em ação rescisória no processo trabalhista.*

III. *São devidos os honorários advocatícios nas causas em que o ente sindical figure como substituto processual e nas lides que não derivem da relação de emprego."*

Nulidades

A nulidade gera a perda do efeito de um ato processual. Trata-se de uma espécie de sanção aplicada pela inobservância das formalidades exigidas pela lei.

A nulidade do ato ocorre quando ele não preenche os requisitos que a lei estabelece como necessários para a sua validade.

ATO NULO (Nulidade Absoluta): viola norma de ordem pública.

> não está sujeito à preclusão (a nulidade pode ser alegada em qualquer tempo e grau de jurisdição);

> decorre de vícios insanáveis;

> pode ser declarado de ofício.

> **ATO ANULÁVEL** (Nulidade Relativa):

> depende de iniciativa da parte;

> não pode ser conhecido *ex officio;*

> decorre de vícios sanáveis (esses podem ou não gerar a nulidade relativa do ato).

Princípios das Nulidades

1) Princípio do Prejuízo ou Transcendência

A nulidade somente será declarada quando **existir prejuízo para uma das partes** (também conhecido como princípio da *pas de nullité san grief*, que orienta que sem prejuízo não há nulidade).

Essa regra vale tanto para nulidade absoluta como para nulidade relativa. Dessa forma, se um ato (seja nulo ou anulável) não causou prejuízo, não deve ser anulado.

"CLT - Art. 794 - Nos processos sujeitos à apreciação da Justiça do Trabalho só haverá nulidade quando resultar dos atos inquinados manifesto prejuízo às partes litigantes."

2) Princípio da Instrumentalidade das Formas (ou da Finalidade)

Os atos praticados de forma diversa da prevista em lei, mas que atingiram sua finalidade, devem ser conservados.

Esse princípio funda-se no fato de o processo não ser um fim em si mesmo, mas um instrumento de realização da justiça.

*"**CPC - Art. 244** Quando a lei prescrever determinada forma, sem cominação de nulidade, o Juiz considerará válido o ato se, realizado de outro modo, lhe alcançar a finalidade."*

*"**CPC - Art. 154** Os atos e termos processuais não dependem de forma determinada, senão quando a lei expressamente a exigir, reputando-se válidos os que, realizados de outro modo, lhe preencham a finalidade essencial."*

3) Princípio da Convalidação (ou da Preclusão)

Esse princípio estabelece que, se a nulidade não for invocada no momento oportuno, haverá a convalidação do ato inválido.

Essa regra aplica-se às nulidades relativas, pois nulidades absolutas podem ser arguidas em qualquer momento e grau de jurisdição.

*"**CLT - Art. 795** - As nulidades não serão declaradas senão mediante provocação das partes, as quais deverão argui-las à primeira vez em que tiverem de falar em audiência ou nos autos.*

*§ 1º - Deverá, entretanto, ser declarada **ex officio** a nulidade fundada em incompetência de foro. Nesse caso, serão considerados nulos os atos decisórios.*

§ 2º - O Juiz ou Tribunal que se julgar incompetente determinará, na mesma ocasião, que se faça remessa do processo, com urgência, à autoridade competente, fundamentando sua decisão."

A incompetência aludida no § 1º do Art. 795 refere-se, na verdade, à incompetência **em razão da matéria,** e **não incompetência em razão do lugar** (territorialidade).

A palavra "foro" é usada no sentido foro criminal, cível, trabalhista etc. (A incompetência territorial gera nulidade relativa, que preclui; a incompetência material gera nulidade absoluta, que não poderá ser prorrogada).

4) Princípio da Renovação dos Atos Processuais Viciados (ou do Saneamento das Nulidades ou da Economia Processual)

De acordo com esse princípio, a nulidade não será pronunciada quando for possível suprir-se a falta ou repetir-se o ato.

Tal princípio pode ser usado em caso de nulidade absoluta ou relativa. (Há exceções nas quais a nulidade não poderá ser suprida, ex.: nulidade de citação, ilegitimidade de partes etc.)

*"**CLT - Art. 796** - A nulidade não será pronunciada: a) quando for possível suprir-se a falta ou repetir-se o ato;"*

5) Princípio do Interesse

Conforme rege o Art. 796 da CLT, somente terá interesse em postular a declaração de nulidade a parte que foi prejudicada, mas que não deu causa a ela.

Essa regra aplica-se às nulidades relativas, pois as nulidades absolutas são matérias de ordem pública.

Esse princípio decorre do princípio geral do Direito, segundo o qual a ninguém é lícito alegar a própria torpeza em juízo.

"CLT - Art. 796 - A nulidade não será pronunciada: (...) b) quando arguida por quem lhe tiver dado causa."

6) Princípio do Aproveitamento dos Atos Processuais (ou da Utilidade)

Esse princípio define que a nulidade atinge apenas os atos posteriores, que dele dependam ou sejam consequência. Dessa forma, os atos anteriores e também aqueles que, mesmo sendo posteriores, não possuam relação de dependência com o ato viciado, não devem ser anulados.

Ao pronunciar a nulidade, o Juiz ou Tribunal irá delimitar os atos aos quais a declaração de nulidade alcança.

*"**CLT - Art. 797** - O Juiz ou Tribunal que pronunciar a nulidade declarará os atos a que ela se estende.*

***Art. 798** - A nulidade do ato não prejudicará senão os posteriores que dele dependam ou sejam consequência."*

Da Distribuição

A distribuição das reclamações será feita entre as Varas do Trabalho, ou os Juízes de Direito do Cível, nos casos previstos no Art. 669, § 1º, pela ordem rigorosa de sua apresentação ao distribuidor, quando o houver.

As reclamações serão registradas em livro próprio, rubricado em todas as folhas pela autoridade a que estiver subordinado o distribuidor.

O distribuidor fornecerá ao interessado um recibo do qual constarão, essencialmente, o nome do reclamante e do reclamado, a data da distribuição, o objeto da reclamação e a Junta ou o Juízo a que coube a distribuição.

A reclamação verbal será distribuída antes de sua redução a termo.

Distribuída a reclamação verbal, o reclamante deverá, salvo motivo de força maior, apresentar-se no prazo de 5 dias, ao cartório ou à Secretaria, para reduzi-la a termo, sob a pena estabelecida no Art. 731 (perempção trabalhista).

A reclamação escrita deverá ser formulada em 2 vias e, desde logo, acompanhada dos documentos em que se fundar.

Feita a distribuição, a reclamação será remetida pelo distribuidor à Vara do Trabalho ou Juízo competente, acompanhada do bilhete de distribuição.

Vamos Praticar

01. (FCC) Murilo ajuizou reclamação trabalhista em face de sua ex-empregadora, a empresa Azul Ltda.; Mateus ajuizou reclamação trabalhista em face de sua ex-empregadora, a multinacional Blue; e Matias ajuizou reclamação trabalhista em face de sua ex-empregadora, a empresa Branca Ltda. Na audiência UNA, já designada nos respectivos processos, todas as empresas pretendem enviar prepostos. Nestes casos, considerando que Murilo e Mateus possuem mais de dez anos de contrato de trabalho, de acordo com o entendimento Sumulado do Tribunal Superior do Trabalho, o preposto deve ser, necessariamente, empregado

a) das empresas Azul, Blue e Branca.
b) das empresas Azul e Branca, apenas.
c) da empresa Blue, apenas.
d) das empresas Azul e Blue, apenas.
e) da empresa Branca, apenas.

02. (FCC) Considere as seguintes assertivas a respeito da representação:

I. É inadmissível em instância recursal, o oferecimento tardio de procuração, ainda que mediante protesto por posterior juntada, já que a interposição de recurso não pode ser reputada ato urgente.

II. Nas Reclamatórias Plúrimas os empregados não poderão fazer-se representar pelo Sindicato de sua categoria, tendo em vista que não se trata de dissídio coletivo, mas sim de dissídio individual com diversos reclamantes.

III. É válido o instrumento de mandato com prazo determinado, que contém cláusula estabelecendo a prevalência dos poderes para atuar até o final da demanda.

IV. Não configura irregularidade de representação o fato de o substabelecimento ser anterior à outorga passada ao substabelecente, tratando-se de mera irregularidade formal.

Está correto o que se afirma SOMENTE em:

a) I e III.
b) I, II e III.
c) II, III e IV.
d) I e IV.
e) I, III e IV.

03. (FCC) A reclamação trabalhista do menor de 18 anos será feita por seus representantes legais e, na falta destes,

a) pelo sindicato representante da categoria do reclamante e, na falta deste, será obrigatoriamente nomeado em juízo um curador.
b) pela Procuradoria da Justiça do Trabalho e pelo Ministério Público estadual detentores da legitimidade exclusiva, por expressa determinação legal.
c) será nomeado em juízo um curador, que possuirá a legitimidade exclusiva substitutiva dos representantes legais.
d) pelo Ministério Público estadual ou curador nomeado em juízo detentores da legitimidade exclusiva, por expressa determinação legal.
e) pela Procuradoria da Justiça do Trabalho, pelo sindicato, pelo Ministério Público estadual ou curador nomeado em juízo.

04. (FCC) A respeito das nulidades no Processo do Trabalho, considere:

I. Não haverá nulidade se o Juiz puder decidir o mérito da questão em favor da parte a quem aproveite a declaração de nulidade.

II. A nulidade será pronunciada, mesmo quando arguida por quem lhe tiver dado causa, uma vez que se trata de questão de ordem processual, com interesse público previsto na Carta Magna.

III. As nulidades relativas não serão declaradas, senão mediante provocação das partes, as quais deverão arguí-las à primeira vez em que tiverem de falar em audiência ou nos autos.

IV. A nulidade do ato não prejudicará senão os posteriores que dele dependam ou sejam consequência.

De acordo com a CLT, é correto o que se afirma APENAS em:

a) III e IV.
b) I, II e IV.
c) II, III e IV.
d) I, III e IV.
e) I e III.

05. (FCC) Com relação às nulidades, é INCORRETO afirmar:

a) As nulidades serão declaradas somente se do ato inquinado de nulo resultar manifesto prejuízo à parte.

b) A nulidade não poderá ser arguida por quem lhe tiver dado causa.

c) A nulidade somente atingirá os atos posteriores, dependentes ou consequentes do ato nulo.

d) Se a parte não arguir a nulidade relativa na primeira vez que tiver de falar nos autos ou na audiência esta não se convalida, podendo ser arguida em outra oportunidade.

e) Não haverá nulidade se o Juiz decidir o mérito da questão em favor da parte a quem aproveite a declaração de nulidade.

06. (FCC) Considere as seguintes assertivas:

I. O advogado pode ser preposto e advogado ao mesmo tempo, não havendo impedimento legal neste sentido, mas para ser preposto em audiência deverá se empregado do representado.

II. Nas ações de cumprimento os empregados poderão fazer-se representar pelo sindicato da categoria.

III. É vedado ao empregador fazer-se representar em juízo por preposto em dissídio coletivo.

IV. Em regra, o preposto em audiência deve ser necessariamente empregado do reclamado.

Está correto o que se afirma SOMENTE em:

a) a) I e II.

b) b) I, II e III.

c) c) II, III e IV.

d) III e IV.

e) II e IV.

07. (FCC) Na Justiça do Trabalho, os honorários advocatícios, nunca superiores a:

a) 10%, são devidos quando a parte estiver assistida por Sindicato da categoria profissional e apenas se comprovar a percepção de salário inferior ao dobro do mínimo legal.

b) 10%, são devidos quando a parte estiver assistida por Sindicato da categoria profissional e comprovar a percepção de salário inferior ao dobro do mínimo legal, ou encontrar-se em situação econômica que não lhe permita demandar sem prejuízo do próprio sustento ou da respectiva família.

c) 15%, são devidos quando a parte estiver assistida por Sindicato da categoria profissional e comprovar a percepção de salário inferior ao dobro do mínimo legal, ou encontrar-se em situação econômica que não lhe permita demandar sem prejuízo do próprio sustento ou da respectiva família.

d) 20%, são devidos quando a parte estiver assistida por Sindicato da categoria profissional e comprovar a percepção de salário inferior ao dobro do mínimo legal, ou encontrar-se em situação econômica que não lhe permita demandar sem prejuízo do próprio sustento ou da respectiva família.

e) 20%, são devidos quando a parte estiver assistida por Sindicato da categoria profissional e apenas se comprovar a percepção de salário inferior ao dobro do mínimo legal.

08. (FCC) A respeito da figura do preposto no Direito Processual do Trabalho, de acordo com a legislação,

a) não precisa ter conhecimento dos fatos, uma vez que não presta compromisso de dizer a verdade, ônus imposto às testemunhas.

b) deve ter conhecimento dos fatos e suas declarações obrigarão o proponente.

c) não precisa ter conhecimento dos fatos, uma vez que atua apenas como representante do empregador.

d) deve ter conhecimento dos fatos, entretanto, suas declarações não obrigam o proponente, pois figura apenas como representante do empregador.

e) não precisa ter conhecimento dos fatos, quando o Juiz designará nova audiência determinando que a empresa apresente preposto que conheça os fatos abordados no processo.

09. (FCC) Na Justiça do Trabalho os honorários advocatícios

a) são devidos desde que tanto o reclamante quanto o reclamado estejam assistidos pelo sindicato da categoria profissional e econômica.

b) nunca serão devidos, tendo em vista o princípio do jus postulandi, insculpido no Art. 791 da CLT e não derrogado pelo Art. 133 da CF.

c) são devidos desde que o reclamante esteja assistido pelo sindicato da categoria profissional, bem como perceba menos do que o dobro do salário mínimo vigente.

d) são devidos, desde que a parte esteja assistida por sindicato da categoria profissional e nunca serão superiores a 20% do valor da causa.

e) são devidos, desde que a parte alegue que não possui condições de demandar sem prejuízo de seu próprio sustento e o de sua família.

10. (FCC) Sobre a atuação e representação da parte perante a Justiça do Trabalho é INCORRETO afirmar:

a) A ação trabalhista do menor de 18 anos será feita por seus representantes legais e, na falta destes, pelo Ministério Público do Trabalho, pelo sindicato, pelo Ministério Público Estadual ou curador nomeado em juízo.

b) A Administração Pública Direta, quando representada em juízo, ativa e passivamente, por seus procuradores, está dispensada da juntada de instrumento de mandato e de comprovação do ato de nomeação.

c) A Administração Pública Direta, quando representada em juízo, ativa e passivamente, por seus procuradores, é essencial que o signatário ao menos se declare exercente do cargo de procurador, não bastando a indicação do número de inscrição na Ordem dos Advogados do Brasil.

d) d) Em toda ação trabalhista, o preposto deve ser empregado do reclamado.

e) e) O *jus postulandi* das partes limita-se às Varas do Trabalho e aos Tribunais Regionais do Trabalho, não alcançando os recursos de competência do Tribunal Superior do Trabalho.

11. (FCC) Em relação às partes e aos procuradores que atuam no Processo Judiciário Trabalhista, é correto afirmar que:

a) apenas os empregados podem reclamar pessoalmente perante a Justiça do Trabalho, sendo que os empregadores deverão constituir advogados para representá-los.

b) os empregados e empregadores poderão pessoalmente, sem a constituição de advogado, participar de reclamações trabalhistas nas Varas do Trabalho e nos Tribunais Regionais em grau de recurso ordinário.

c) somente nas reclamações que tramitarem pelo rito sumaríssimo poderão atuar empregados e empregadores desacompanhados de advogados, desde a Vara do Trabalho até o TST.

d) nos dissídios coletivos, as entidades sindicais das categorias profissional e econômica, bem como as empresas, obrigatoriamente, deverão estar assistidas por advogado.

e) a reclamação trabalhista do menor de 18 anos será feita pessoalmente, sendo desnecessária a presença de seus representantes legais ou do Ministério Público do Trabalho.

12. (FCC) Hermes manteve contrato de trabalho com a empresa Gama Transportadora de Cargas por três anos, sendo dispensado por justa causa, sem receber nenhuma verba rescisória. Procurou a Vara do Trabalho do município para ajuizar reclamação trabalhista. Conforme previsão contida na Consolidação das Leis do Trabalho e jurisprudência atual e sumulada pelo TST, Hermes

a) deve necessariamente constituir advogado para a propositura da reclamação trabalhista.

b) pode postular sem a necessidade de advogado em todas as instâncias da Justiça do Trabalho.

c) pode propor a reclamação trabalhista sem constituir advogado, apenas na primeira instância.

d) não precisa constituir advogado para atuar em todas as instâncias da Justiça do Trabalho, desde que esteja assistido pelo Sindicato da Categoria Profissional.

e) pode reclamar pessoalmente perante a Justiça do Trabalho, limitando-se às Varas do Trabalho e aos Tribunais Regionais do Trabalho.

Gabarito

A B C

01	A	07	C
02	A	08	B
03	E	09	C
04	D	10	D
05	D	11	D
06	E	12	E

Anotações

CAPÍTULO 04

Exceções

Exceção em sentido amplo é sinônimo de defesa (todas as espécies de defesa). O tema a ser estudado, no momento, refere-se às exceções em sentido estrito, isto é, a exceção de suspeição e de impedimento (ataca a imparcialidade do magistrado) e a exceção de incompetência (territorial).

A CLT prevê apenas duas modalidades, a de suspeição e a de incompetência (territorial). Entretanto, prevalece que as exceções de impedimento, previstas no CPC, são aplicáveis na esfera processual trabalhista.

Em qualquer uma das três modalidades, o oferecimento gera a suspensão do feito.

> *"**CLT - Art. 799** - Nas causas da jurisdição da Justiça do Trabalho, somente podem ser opostas, com suspensão do feito, as exceções de suspeição ou incompetência.*
>
> ***§ 1º** - As demais exceções serão alegadas como matéria de defesa.*
>
> ***§ 2º** - Das decisões sobre exceções de suspeição e incompetência, salvo, quanto a estas, se terminativas do feito, não caberá recurso, podendo, no entanto, as partes alegá-las novamente no recurso que couber da decisão final."*

Exceção de Incompetência

Trata-se de incompetência **RELATIVA** (em razão do lugar), pois a incompetência absoluta deve ser arguida como preliminar, no próprio bojo da contestação.

Esse tipo de exceção visa corrigir o juízo competente (competência territorial) para apreciar a ação. (Ex.: um empregado ajuizou ação na Vara do Trabalho da cidade "A", mas, pelas regras de competência, deveria ter ingressado na Justiça Trabalhista da cidade "B").

Não pode ser conhecida **de ofício** pelo Juiz. Apenas o reclamado poderá arguir essa incompetência e caso não o faça no prazo da resposta, haverá **prorrogação da competência.**

Assim que apresentada, o Juiz **suspenderá** o processo e abrirá vistas ao exceto/excepto (autor da ação e réu na exceção) por **24 horas improrrogáveis**, proferindo decisão na primeira audiência ou sessão que se seguir.

> *"**CLT - Art. 800** - Apresentada a exceção de incompetência, abrir-se-á vista dos autos ao exceto, por 24 (vinte e quatro) horas improrrogáveis, devendo a decisão ser proferida na primeira audiência ou sessão que se seguir."*

A decisão que aprecia a exceção em razão do lugar é **interlocutória** e, em regra, não caberá nenhum recurso de imediato, salvo quando **acolher** a exceção e remeter os autos para **TRT distinto** daquele a que se vincula o Juízo excepcionado. (Esse assunto será aprofundado posteriormente).

Assim, à decisão que acolher a exceção e a remeter para TRT diverso, caberá recurso de imediato (exemplo: processo interposto na Justiça do Trabalho em uma das Varas da cidade de Cascavel, vinculado ao TRT da 9ª Região). Apresentada a exceção de incompetência territorial nesse processo, o Juiz a acolhe e a remete para a Justiça do Trabalho da comarca de Bauru, vinculada ao TRT da 15ª Região – nesse caso, cabe recurso de imediato dessa decisão).

> ***"Súmula Nº 214 DO TST - DECISÃO INTERLOCUTÓRIA. IRRECORRIBILIDADE***
>
> *Na Justiça do Trabalho, nos termos do Art. 893, § 1º, da CLT, as decisões interlocutórias não ensejam recurso imediato, salvo nas hipóteses de decisão:*
>
> *a) de Tribunal Regional do Trabalho contrária à Súmula ou Orientação Jurisprudencial do Tribunal Superior do Trabalho;*
>
> *b) suscetível de impugnação mediante recurso para o mesmo Tribunal;*
>
> *c) que acolhe exceção de incompetência territorial, com a remessa dos autos para Tribunal Regional distinto daquele a que se vincula o juízo excepcionado, consoante o disposto no Art. 799, § 2º, da CLT."*

A jurisprudência e a praxe trabalhista têm admitido que a exceção de incompetência em razão do lugar seja apresentada no próprio bojo (corpo) da contestação. (Fundamentam-se nos princípios da informalidade e da simplicidade no Processo Trabalhista.)

Suspeição e Impedimento

Alegada a exceção de suspeição (ou impedimento, no caso de aplicação subsidiária do CPC) o Juiz designará audiência, dentro de 48 horas, para instrução e julgamento da exceção (assim que recebida, o Juiz suspenderá o feito).

> *"CLT - Art. 801 - O Juiz, Presidente ou Vogal, é obrigado a dar-se por suspeito, e pode ser recusado, por algum dos seguintes motivos, em relação à pessoa dos litigantes:*
>
> *a) inimizade pessoal;*
>
> *b) amizade íntima;*
>
> *c) parentesco por consanguinidade ou afinidade até o terceiro grau civil;*
>
> *d) interesse particular na causa.*
>
> *Parágrafo único - Se o recusante houver praticado algum ato pelo qual haja consentido na pessoa do Juiz, não mais poderá alegar exceção de suspeição, salvo sobrevindo novo motivo. A suspeição não será também admitida, se do processo constar que o recusante deixou de alegá-la anteriormente, quando já a conhecia, ou que, depois de conhecida, aceitou o Juiz recusado ou, finalmente, se procurou de propósito o motivo de que ela se originou.*
>
> *Art. 802 - Apresentada a exceção de suspeição, o Juiz ou Tribunal designará audiência dentro de 48 (quarenta e oito) horas, para instrução e julgamento da exceção."*

Não poderá mais ser alegada a suspeição, caso haja a prática de qualquer ato que **consinta na pessoa do Juiz**, salvo se ocorrer um **novo motivo**.

Também não será mais admitida se, apesar de conhecida, **não foi alegada oportunamente** ou, se depois de conhecida, o recusante **aceitou** o Juiz recusado.

Do mesmo modo, caso o recusante procure **propositadamente** causar um motivo para originar a suspeição, essa não poderá ser arguida.

Existe divergência doutrinária sobre a aplicação ou não das hipóteses de suspeição previstas no CPC no processo trabalhista. Os favoráveis à aplicação fundamentam que a imparcialidade do Juiz é um mandamento constitucional e um direito fundamental. Os contrários embasam-se no fato de não haver omissão da CLT.

> *"**CPC - Art. 135.** Reputa-se fundada a suspeição de parcialidade do Juiz, quando:*

I. amigo íntimo ou inimigo capital de qualquer das partes;

II. alguma das partes for credora ou devedora do Juiz, de seu cônjuge ou de parentes destes, em linha reta ou na colateral até o terceiro grau;

III. herdeiro presuntivo, donatário ou empregador de alguma das partes;

IV. receber dádivas antes ou depois de iniciado o processo; aconselhar alguma das partes acerca do objeto da causa, ou subministrar meios para atender às despesas do litígio;

V. interessado no julgamento da causa em favor de uma das partes."

***Art. 134.** do CPC – Hipóteses de IMPEDIMENTO:*

"É defeso ao Juiz exercer as suas funções no processo contencioso ou voluntário:

I. de que for parte;

II. em que interveio como mandatário da parte, oficiou como perito, funcionou como órgão do Ministério Público, ou prestou depoimento como testemunha;

III. que conheceu em primeiro grau de jurisdição, tendo-lhe proferido sentença ou decisão;

IV. quando nele estiver postulando, como advogado da parte, o seu cônjuge ou qualquer parente seu, consanguíneo ou afim, em linha reta; ou na linha colateral até o segundo grau;

V. quando cônjuge, parente, consanguíneo ou afim, de alguma das partes, em linha reta ou, na colateral, até o terceiro grau;

VI. quando for órgão de direção ou de administração de pessoa jurídica, parte na causa.

VII. Parágrafo único. No caso do n° IV, o impedimento só se verifica quando o advogado já estava exercendo o patrocínio da causa; é, porém, vedado ao advogado pleitear no processo, a fim de criar o impedimento do Juiz."

A suspeição deve ser apresentada juntamente com a defesa (em peça autônoma) ou na primeira oportunidade em que tiver de falar nos autos, sob pena de preclusão.

Já o impedimento, por tratar-se de matéria de ordem pública, pode ser invocado a qualquer momento, sendo possível sua arguição até mesmo após o trânsito em julgado, por meio de Ação Rescisória.

Caso esteja envolvido em alguma das situações de suspeição ou impedimento, o Juiz pode declarar-se suspeito ou impedido, inclusive por razões de foro íntimo (nesse caso, não precisa justificar).

Nos termos do Art. 138 do CPC, as causas de suspeição e impedimento também se aplicam a:

> órgão do Ministério Público;
> serventuários da justiça;
> perito;
> assistentes técnicos;
> intérprete.

Quanto ao julgamento das exceções de suspeição e impedimento, prevalece ser aplicável o disposto nos Arts. 313 e 314 do CPC, *in verbis*:

*"**CPC - Art. 313.** Despachando a petição, o Juiz, se reconhecer o impedimento ou a suspeição, ordenará a remessa dos autos ao seu substituto legal; em caso contrário, dentro de 10 (dez) dias, dará as suas razões, acompanhadas de documentos e de rol de testemunhas, se houver, ordenando a remessa dos autos ao Tribunal.*

***Art. 314.** Verificando que a exceção não tem fundamento legal, o Tribunal determinará o seu arquivamento; no caso contrário condenará o Juiz nas custas, mandando remeter os autos ao seu substituto legal."*

Se, após a arguição da exceção de impedimento ou suspeição, o Juiz entender que ela tem fundamento, ele remete os autos para seu substituto legal. Caso ele discorde da alegação, remeterá o processo para o Tribunal.

Segundo a doutrina, as exceções de suspeição e impedimento devem ser julgadas **antes da exceção de incompetência territorial** (se ele é suspeito ou impedido, não pode analisar nada no processo).

Audiência

Apenas em dias úteis, das 8 às 18 horas, não podendo, **em regra, ultrapassar cinco horas** (salvo quando houver matéria urgente), na sede do Juízo ou Tribunal.

Em casos excepcionais, o Juiz pode fixar outro local para a realização da audiência, mediante edital fixado na sede do juízo (antecedência mínima de 24 horas).

*"**CLT - Art. 813** - As audiências dos órgãos da Justiça do Trabalho serão públicas e realizar-se-ão na sede do Juízo ou Tribunal em dias úteis previamente fixados, entre 8 (oito) e 18 (dezoito) horas, não podendo ultrapassar 5 (cinco) horas seguidas, salvo quando houver matéria urgente.*

§ 1º - Em casos especiais, poderá ser designado outro local para a realização das audiências, mediante edital afixado na sede do Juízo ou Tribunal, com a antecedência mínima de 24 (vinte e quatro) horas.

§ 2º - Sempre que for necessário, poderão ser convocadas audiências extraordinárias, observado o prazo do parágrafo anterior."

O Juiz toma contato com a inicial apenas em audiência, inexiste o despacho para recebimento da inicial (o Diretor da Secretaria ou servidor designado por ele recebe a inicial e marca a data da audiência. Recebida e protocolada a inicial, dentro de 48 horas, remete a segunda via ao reclamado, notificando-o da data da audiência).

Entre a notificação do reclamado (citação inicial) e a data da audiência, deverá ter um prazo mínimo de 5 dias (Fazenda Pública e Ministério Público – Prazo em quádruplo – 20 dias).

*"**CLT - Art. 841** - Recebida e protocolada a reclamação, o escrivão ou secretário, dentro de 48 (quarenta e oito) horas, remeterá a segunda via da petição, ou do termo, ao reclamado, notificando-o ao mesmo tempo, para comparecer à audiência do julgamento, que será a primeira desimpedida, depois de 5 (cinco) dias."*

Em regra, a presença das partes é obrigatória, ainda que seus advogados compareçam ou não. Se apenas comparecer o patrono, independente de possuir procuração ou não, a presença da parte é obrigatória (ou seu preposto).

*"**Art. 843** - Na audiência de julgamento deverão estar presentes o reclamante e o reclamado, independentemente do comparecimento de seus representantes salvo, nos casos de Reclamatórias Plúrimas ou Ações de Cumprimento, quando os empregados poderão fazer-se representar pelo Sindicato de sua categoria.*

§ 1º - É facultado ao empregador fazer-se substituir pelo gerente, ou qualquer outro preposto que tenha conhecimento do fato, e cujas declarações obrigarão o proponente.

§ 2º - Se por doença ou qualquer outro motivo poderoso, devidamente comprovado, não for possível ao empregado comparecer pessoalmente, poderá fazer-se representar por outro empregado que pertença à mesma profissão, ou pelo seu sindicato.

__Art. 844__ - O não comparecimento do reclamante à audiência importa o arquivamento da reclamação, e o não comparecimento do reclamado importa revelia, além de confissão quanto à matéria de fato.

Parágrafo único - Ocorrendo, entretanto, motivo relevante, poderá o Presidente suspender o julgamento, designando nova audiência."

RECLAMATÓRIA PLÚRIMA ou **AÇÃO DE CUMPRIMENTO** → Os empregados podem ser substituídos pelo Sindicato. O empregador pode ser substituído por preposto (deve ter conhecimento dos fatos e, necessariamente, ser empregado, exceto para empregadores domésticos, ME e EPP – Súmula 377)

O atraso tolerado é **apenas o do Juiz** ou Presidente do Tribunal, que, caso não compareça em **15 minutos**, as partes poderão retirar-se.

*"**CLT - Art. 815** - À hora marcada, o Juiz ou Presidente declarará aberta a audiência, sendo feita pelo secretário ou escrivão a chamada das partes, testemunhas e demais pessoas que devam comparecer.*

Parágrafo único - Se, até 15 (quinze) minutos após a hora marcada, o Juiz ou Presidente não houver comparecido, os presentes poderão retirar-se, devendo o ocorrido constar do livro de registro das audiências."

__"ORIENTAÇÃO JURISPRUDENCIAL 245 DA SDI-1__ - REVELIA. ATRASO. AUDIÊNCIA.- Inexiste previsão legal tolerando atraso no horário de comparecimento da parte na audiência."

Princípios Relativos à Audiência Trabalhista

Princípio da Concentração dos Atos Processuais

A audiência é una ou única, na qual o Juiz do Trabalho toma conhecimento da inicial e faz a proposta de conciliação; o reclamado apresenta a defesa; são produzidas as provas; as partes apresentam razões finais; caso seja rejeitada a segunda proposta conciliatória, é prolatada a sentença.

Há situações em que a audiência pode ser adiada para data posterior, como no caso de matéria complexa que impossibilite a apreciação em um único dia. Também pode ser adiada em razão do não comparecimento de testemunha, realização de prova pericial ou por ausência justificada das partes.

*"**CLT - Art. 849** - A audiência de julgamento será contínua; mas, se não for possível, por motivo de força maior, concluí-la no mesmo dia, o Juiz ou Presidente marcará a sua continuação para a primeira desimpedida, independentemente de nova notificação."*

Princípio da Publicidade

A audiência, em regra, é pública, podendo qualquer pessoa ingressar no recinto e assisti-la. Entretanto, o Juiz poderá decretar, de ofício ou a requerimento das partes, o segredo de justiça. (Ex.: na esfera trabalhista: empregado portador do vírus HIV que foi despedido por discriminação).

*"**CF - Art. 93**, IX - todos os julgamentos dos órgãos do Poder Judiciário serão públicos, e fundamentadas todas as decisões, sob pena de nulidade, podendo a lei limitar a presença, em determinados atos, às próprias partes e a seus advogados, ou somente a estes, em casos nos quais a preservação do direito à intimidade do interessado no sigilo não prejudique o interesse público à informação;"*

Princípio da Oralidade

A audiência trabalhista é oral, em que a defesa é apresentada de **forma oral (20 min)**, são ouvidas as testemunhas e são **apresentadas razões finais orais (10 min)**.

Entretanto, a lei não veda a prática de tais atos, mediante forma escrita. A apresentação da contestação pode ser feita por escrito, assim como o Juiz pode abrir prazo para que as partes juntem as razões finais por escrito.

*"**CLT - Art. 847** - Não havendo acordo, o reclamado terá vinte minutos para aduzir sua defesa, após a leitura da reclamação, quando esta não for dispensada por ambas as partes.*

__Art. 850__ - Terminada a instrução, poderão as partes aduzir razões finais, em prazo não excedente de 10 (dez) minutos para cada uma. Em seguida, o Juiz ou Presidente renovará a proposta de conciliação, e não se realizando esta, será proferida a decisão."

Princípio da Conciliação

Existem duas propostas obrigatórias de conciliação, que caso não observadas pelo Juiz, geram a nulidade do processo.

A **primeira tentativa** dá-se antes do recebimento da defesa, na abertura da audiência:

*"**CLT - Art. 846** - Aberta a audiência, o Juiz ou Presidente proporá a conciliação."*

A **segunda proposta** conciliatória é feita após as razões finais:

*"**CLT - Art. 850** - Terminada a instrução, poderão as partes aduzir razões finais, em prazo não excedente de 10 (dez) minutos para cada uma. Em seguida, o Juiz ou Presidente renovará a proposta de conciliação e, não se realizando esta, será proferida a decisão."*

Saliente-se que o Juiz pode tentar realizar o acordo a qualquer momento, e não apenas nessas duas oportunidades.

Há entendimentos de que, caso não tenha havido a primeira tentativa conciliatória, tal vício poderá ser sanado na ocorrência da segunda tentativa de conciliação.

É importante frisar que o Juiz não está obrigado a homologar a conciliação. (Ex.: acordo nitidamente prejudicial ao empregado; objeto de colusão das partes para lesar a ordem jurídica ou terceiros etc.).

*"**Súmula Nº 418 DO TST** - MANDADO DE SEGURANÇA VISANDO À CONCESSÃO DE LIMINAR OU HOMOLOGAÇÃO DE ACORDO*

A concessão de liminar ou a homologação de acordo constituem faculdade do Juiz, inexistindo direito líquido e certo tutelável pela via do Mandado de Segurança."

Caso haja conciliação, o termo lavrado valerá como decisão irrecorrível (poderá ser atacada apenas por Ação Rescisória), salvo para o INSS, que poderá recorrer quanto às parcelas que sejam objeto de incidência previdenciária.

*"**CLT - Art. 831** - A decisão será proferida depois de rejeitada pelas partes a proposta de conciliação.*

Parágrafo único. No caso de conciliação, o termo que for lavrado valerá como decisão irrecorrível, salvo para a Previdência Social quanto às contribuições que lhe forem devidas."

Revelia

É a ausência imotivada do reclamado, regularmente notificado, à audiência em que poderia apresentar resposta.

Como já visto, as partes devem comparecer, independente da presença de seu advogado.

Contumácia é a inatividade das partes quando há chamamento para comparecer em Juízo. A revelia é a contumácia do réu que não comparece para defender-se.

Mesmo se comparecer advogado portando procuração, a ausência do reclamado à audiência gera revelia. Entretanto, ela pode ser elidida pela apresentação de atestado médico.

*"**Súmula Nº 122 DO TST** - REVELIA. ATESTADO MÉDICO*

A reclamada, ausente à audiência em que deveria apresentar defesa, é revel, ainda que presente seu advogado munido de procuração, podendo ser ilidida a revelia mediante a apresentação de atestado médico, que deverá declarar, expressamente, a impossibilidade de locomoção do empregador ou do seu preposto no dia da audiência."

*"**CLT - Art. 844** da CLT - O não comparecimento do reclamante à audiência importa o arquivamento da reclamação, e o não comparecimento do reclamado importa revelia, além de confissão quanto à matéria de fato.*

Parágrafo único - Ocorrendo, entretanto, motivo relevante, poderá o Presidente suspender o julgamento, designando nova audiência."

Caso haja adiamento da audiência, e o reclamado já tenha apresentado sua contestação, a ausência do reclamante não acarretará o arquivamento do processo.

Se por doença ou qualquer outro motivo poderoso, devidamente comprovado, não for possível ao empregado comparecer pessoalmente, poderá fazer-se representar por outro empregado que pertença à mesma profissão, ou pelo seu sindicato. (Isso evita o arquivamento do processo.)

*"**Súmula Nº 9 DO TST** - AUSÊNCIA DO RECLAMANTE*

A ausência do reclamante, quando adiada a instrução após contestada a ação em audiência, não importa arquivamento do processo."

Efeitos da Revelia

1) Desnecessidade de Intimação do Réu dos Atos do Processo

O réu revel não será mais intimado dos demais atos processuais, **salvo** se tiver advogado constituído nos autos.

Contra o revel que não tenha patrono nos autos, correrão os prazos, independentemente de intimação, a partir da publicação de cada ato decisório.

Entretanto, na seara juslaboral, mesmo que não tenha patrono nos autos, o reclamado revel deverá ser **notificado pessoalmente da sentença**.

"CLT - Art. 852 - Da decisão serão os litigantes notificados, pessoalmente, ou por seu representante, na própria audiência. No caso de revelia, a notificação far-se-á pela forma estabelecida no § 1º do Art. 841." (Registro postal com franquia ou edital).

2) Julgamento Antecipado da Lide

Quando há revelia no processo trabalhista, diante do fato de a audiência ser una, a demanda já é julgada de imediato. (Há exceções, como, por exemplo, quando for exigida prova pericial, como no caso de pedido sobre adicionais de periculosidade ou insalubridade).

3) Presunção de Veracidade dos Fatos Afirmados pelo Reclamante

A revelia acarreta, no processo trabalhista, a confissão quanto à matéria de fato (o Juiz presume que os fatos narrados pelo autor na petição inicial sejam verdadeiros).

*"**CLT - Art. 844** - O não comparecimento do reclamante à audiência importa o arquivamento da reclamação, e o não comparecimento do reclamado importa revelia, além de confissão quanto à matéria de fato.*

Parágrafo único - Ocorrendo, entretanto, motivo relevante, poderá o Presidente suspender o julgamento, designando nova audiência."

O simples fato de o reclamado ser pessoa jurídica de direito público não elide os efeitos da revelia.

*"**ORIENTAÇÃO JURISPRUDENCIAL 152 DA SDI-1** - REVELIA. PESSOA JURÍDICA DE DIREITO PÚBLICO. APLICÁVEL. - Pessoa jurídica de direito público sujeita-se à revelia prevista no Art. 844 da CLT."*

Há alguns casos, previstos no CPC, em que não serão aplicáveis os efeitos da revelia:

*"**CPC - Art. 320.** A revelia não induz, contudo, o efeito mencionado no artigo antecedente:*

I. se, havendo pluralidade de réus, algum deles contestar a ação;

II. se o litígio versar sobre direitos indisponíveis;

III. se a petição inicial não estiver acompanhada do instrumento público, que a lei considere indispensável à prova do ato."

Na ação rescisória a revelia não produzirá confissão quanto à matéria fática.

*"**Súmula Nº 398 DO TST** - AÇÃO RESCISÓRIA. AUSÊNCIA DE DEFESA. INAPLICÁVEIS OS EFEITOS DA REVELIA - Na ação rescisória, o que se ataca na ação é a sentença, ato oficial do Estado, acobertado pelo manto da coisa julgada. Assim sendo, e considerando que a coisa julgada envolve questão de ordem pública, a revelia não produz confissão na ação rescisória."*

Vamos Praticar

01. (FCC) De acordo com a Consolidação das Leis do Trabalho, apresentada a exceção de incompetência, *a)* abrir-se-á vista dos autos ao exceto, por 24 horas prorrogáveis por igual período.

b) abrir-se-á vista dos autos ao exceto, por 24 horas improrrogáveis.

c) abrir-se-á vista dos autos ao exceto, por 48 horas improrrogáveis.

d) abrir-se-á vista dos autos ao exceto, por 48 horas prorrogáveis por igual período.

e) o Juiz decidirá de plano, sem a manifestação da parte contrária que será intimada da decisão.

02. (FCC) A decisão na exceção de incompetência, por seu caráter interlocutório, não se submete a recurso imediato, no Processo do Trabalho, EXCETO se

a) for acolhido o pedido, determinando-se a remessa dos autos a outra Vara, da mesma Região.

b) for parcialmente acolhido o pedido, determinando-se a permanência dos autos na Vara da distribuição original.

c) for acolhido o pedido, determinando a remessa dos autos ao Tribunal Regional do Trabalho a que estiver vinculada a Vara da distribuição original.

d) der provimento ao pedido e determinar a remessa para Vara de outra Região ou de outro ramo do Poder Judiciário.

e) negar provimento ao pedido.

03. (FCC) Considere as seguintes assertivas a respeito das exceções:

I. Podem ser arguidas mais de uma exceção ao mesmo tempo, devendo a exceção de incompetência ser apreciada antes da exceção de impedimento e suspeição do Juiz.

II. De acordo com a Consolidação das Leis do Trabalho, as exceções de incompetência suspendem os feitos.

III. Apresentada a exceção de incompetência, abrir-se-á vista dos autos ao exceto, por quarenta e oito horas improrrogáveis, devendo a decisão ser proferida na primeira audiência que se seguir.

IV. Apresentada a exceção de suspeição, o Juiz ou Tribunal designará audiência dentro de quarenta e oito horas, para instrução e julgamento da exceção.

Está correto o que se afirma SOMENTE em:

a) I, II e III.

b) II, III e IV.

c) II e IV.

d) III e IV.

e) I e II.

04. (FCC) Considere as seguintes assertivas a respeito das Exceções no Processo do Trabalho:

I. Apresentada a exceção de incompetência, abrir-se-á vista dos autos ao exceto, por cinco dias improrrogáveis, devendo a decisão ser proferida na primeira audiência ou sessão que se seguir.

II. O parentesco por consanguinidade ou afinidade até o quarto grau civil do Juiz com relação à pessoa dos litigantes é causa de suspeição do juízo, que poderá ser oposta através de exceção.

III. Nas causas da jurisdição da Justiça do Trabalho, somente as exceções de suspeição ou incompetência acarretam a suspensão do feito.

De acordo com a Consolidação das Leis do Trabalho, está correto APENAS o que se afirma em:

a) a) I.

b) b) I e II.

c) c) I e III.

d) d) II e III.

e) e) III.

05. (FCC) Com relação às exceções é correto afirmar:

a) Apresentada a exceção de suspeição, o Juiz ou Tribunal designará audiência dentro de 10 dias, para instrução e julgamento da exceção.

b) Em regra, das decisões sobre exceções de suspeição e incompetência, caberá recurso, que deverá ser interposto no prazo de 5 dias.

c) Apresentada a exceção de incompetência, abrir-se-á vista dos autos ao exceto, por 5 dias improrrogáveis, devendo a decisão ser proferida na primeira audiência ou sessão que se seguir.

d) O Juiz é obrigado a dar-se por suspeito, e pode ser recusado, quando tiver parentesco por consanguinidade ou afinidade até o quarto grau civil à pessoa dos litigantes.

e) Nas causas da jurisdição da Justiça do Trabalho, somente podem ser opostas, com suspensão do feito, as exceções de suspeição ou incompetência.

06. (FCC) Sobre a revelia, considere:

I. A ausência do reclamado em audiência, apesar de regularmente intimado, configura revelia.

II. A revelia importa na confissão do reclamado quanto à matéria de fato.

III. Havendo revelia, mas ocorrendo, entretanto, motivo relevante, poderá o Juiz suspender o julgamento, designando nova audiência.

IV. A revelia pode ser aplicada tanto ao reclamante quanto ao reclamado.

Está correto o que se afirma APENAS em:

a) I e IV.

b) II e III.

c) III e IV.

d) I, II e III.

e) I, III e IV.

07. (FCC) A empresa Margarida Confeitaria Ltda., em reclamação trabalhista em que é ré, apresentou na audiência em sua defesa uma exceção. Em relação às exceções no Processo do Trabalho é correto afirmar:

a) Apresentada exceção de incompetência, abrir-se-á vista dos autos ao exceto, por 48 (quarenta e oito) horas, que poderão ser prorrogadas por igual prazo pelo Juiz, em caso de complexidade da matéria, devendo a decisão ser proferida na primeira audiência ou sessão que se seguir.

b) Apresentada exceção de suspeição, o Juiz designará audiência dentro de 05 (cinco) dias para instrução e julgamento da exceção.

c) Se o recusante houver praticado algum ato pelo qual haja consentido na pessoa do Juiz, não poderá alegar exceção de suspeição, salvo sobrevindo novo motivo.

d) O Juiz é obrigado a dar-se por suspeito, e pode ser recusado, por parentesco por consanguinidade ou afinidade até o quarto grau civil.

e) A exceção de suspeição será admitida, ainda que o recusante procurou de propósito o motivo de que ela se originou.

08. (FCC) No tocante às exceções,

a) a inimizade pessoal e a amizade íntima são hipóteses de impedimento do Juiz que podem ser arguidas através da competente exceção.

b) tanto o reclamante como o reclamado podem arguir exceção de incompetência em razão do lugar, respeitado o prazo legal previsto na Consolidação das Leis do Trabalho.

c) recebida a exceção de suspeição ou impedimento, é facultado ao Juiz suspender o feito.

d) as causas de impedimento do Juiz são de ordem pública, e devem ser arguidas na primeira oportunidade que a parte tiver para se manifestar nos autos, sob pena de preclusão.

e) apresentada exceção de incompetência, o Juiz suspenderá o feito e abrirá vista dos autos ao exceto por 24 horas improrrogáveis.

09. (FCC) A empregada "A" ajuizou reclamação trabalhista em Salvador, local em que se mudou após sua dispensa. Entretanto, o local em que prestou serviços foi em São Luís. A empresa, regularmente notificada, não compareceu à audiência, tendo sido decretada sua revelia e confissão quanto à matéria de fato. No tocante à alegação de incompetência em razão do lugar, é correto afirmar que:

a) tendo em vista se tratar de matéria de ordem, deverá ser declarada ***ex officio*** pelo Juiz, que se declarará incompetente para conhecer e julgar a reclamação.

b) tendo em vista que a incompetência é relativa, poderá ser alegada em qualquer fase do processo, mesmo após a prolação da sentença, até a interposição de recurso ordinário.

c) tendo em vista que a incompetência é relativa e não alegada no momento oportuno, ou seja, com a defesa, prorroga-se a competência do juízo de Salvador, tornando-se competente para conhecer e julgar o feito, havendo preclusão da matéria.

d) a empresa somente poderá alegar a exceção de incompetência em razão do lugar em preliminar de recurso ordinário.

e) deverá a empresa interpor agravo de instrumento para conhecimento imediato da exceção.

10. (FCC) Luzinete ajuizou reclamação trabalhista em face de seu ex-empregador, Panificadora Pão Bom Ltda., tendo sido designada audiência UNA para o dia 20 de agosto. Na data da audiência, comparecem Luzinete e seu advogado e o advogado da reclamada, mas não comparece qualquer representante da Panificadora, sem que haja um motivo relevante para tanto. O efeito da ausência do representante legal da reclamada à audiência é:

a) nenhum, pois o advogado da reclamada estava presente, podendo a audiência prosseguir normalmente.

b) nenhum, pois o advogado da reclamada estava presente, mas o Juiz terá que designar nova data para a realização da audiência.

c) arquivamento do processo.

d) a suspensão da audiência, até a chegada de outro representante.

e) a revelia, além de confissão quanto à matéria de fato.

Gabarito

01	*B*	*06*	*D*
02	*D*	*07*	*C*
03	*C*	*08*	*E*
04	*E*	*09*	*C*
05	*E*	*10*	*E*

Anotações

CAPÍTULO 05

Provas

Terminada a defesa, inicia-se a fase de instrução, na qual o Juiz colherá as provas para formar sua convicção.

As provas têm por finalidade demonstrar a veracidade dos fatos narrados, sendo objeto de prova apenas os fatos pertinentes, relevantes e controvertidos.

Quando as partes ou as testemunhas **não falarem** a língua nacional, o Juiz ou Presidente do Tribunal nomearão um **intérprete** para que seja tomado o depoimento desses (aplica-se também para **surdo-mudo** ou mudo que não saiba escrever – **despesas** sempre da responsabilidade da parte a que **interessa** o depoimento).

O ônus da prova incumbe a quem alega. O reclamante deve provar o fato constitutivo de seu direito e o reclamado, os fatos impeditivos, modificativos e extintivos do direito do autor.

*"**Art. 818** , CLT - A prova das alegações incumbe à parte que as fizer."*

"Art. 333 do CPC: "O ônus da prova incumbe:

I. ao autor, quanto ao fato constitutivo do seu direito;

II. ao réu, quanto à existência de fato impeditivo, modificativo ou extintivo do direito do autor."

*"**Súmula Nº 6 DO TST**... VIII - É do empregador o ônus da prova do fato impeditivo, modificativo ou extintivo da equiparação salarial."*

Alguns fatos, por expressa previsão legal, não necessitam de prova, conforme disposto no Art. 334 do CPC:

" Não dependem de prova os fatos:

I. notórios (derivado de conhecimento comum, ex. Desabamento de uma ponte que saiu em todos os jornais);

II. afirmados por uma parte e confessados pela parte contrária;

III. admitidos, no processo, como incontroversos (fatos não contestados ou admitidos pelo réu, em razão da confissão);

IV. em cujo favor milita presunção legal de existência ou de veracidade (ex. Arts. 456 e 447 da CLT)."

Segundo o princípio da *iura novit curia,* o Juiz conhece o Direito, não precisando a parte fazer prova da lei (legislação federal). Mas em caso de alegação de outras leis, o Juiz poderá determinar que a parte faça prova.

Assim, a parte deve fazer prova do Direito:

> Estadual.
> Municipal.
> Estrangeiro.
> Consuetudinário (relativo aos costumes).
> Normas coletivas, Sentença Normativa ou Regulamento Empresarial.

*"**CPC - Art. 337** A parte, que alegar direito municipal, estadual, estrangeiro ou consuetudinário, provar-lhe-á o teor e a vigência, se assim o determinar o Juiz."*

Em alguns casos, o TST admite a inversão do ônus da prova, como, por exemplo, quando o empregador tiver mais de 10 empregados, ele deve fazer prova da jornada de trabalho, através de registro de horário. Caso ele não faça essa prova, presume-se como verdadeira a jornada alegada pelo empregado na inicial.

"Súmula Nº 338 DO TST

JORNADA DE TRABALHO. REGISTRO. ÔNUS DA PROVA

I. É ônus do empregador que conta com mais de 10 (dez) empregados o registro da jornada de trabalho na forma do Art. 74, § 2º, da CLT. A não apresentação injustificada dos controles de frequência gera presunção relativa de veracidade da jornada de trabalho, a qual pode ser elidida por prova em contrário.

II. A presunção de veracidade da jornada de trabalho, ainda que prevista em instrumento normativo, pode ser elidida por prova em contrário.

III. Os cartões de ponto que demonstram horários de entrada e saída uniformes são inválidos como meio de prova, invertendo-se o ônus da prova, relativo às horas extras, que passa a ser do empregador, prevalecendo a jornada da inicial se dele não se desincumbir."

Princípios Relativos à Prova

Necessidade da prova

Não basta alegar. A parte precisa provar suas alegações em juízo. Como diz o velho ditado jurídico: "Alegar e não provar é o mesmo que nada alegar".

Contraditório e ampla defesa

As partes têm o direito de produzir todas as provas que a lei lhes permite e de se manifestar sobre as provas produzidas. É o direito que as partes têm de influir no convencimento do magistrado.

Licitude e probidade da prova

Somente em casos excepcionais e em razão do princípio da proporcionalidade (ou regra da ponderação), poderá ser admitida a produção de prova ilícita no processo (ex.: gravação clandestina – mas esse assunto é bastante controverso).

Imediatidade

O Juiz colhe pessoalmente a prova (contato direto com as partes e testemunhas em audiência).

Oralidade

As provas devem ser colhidas em audiência.

Aquisição processual

A prova produzida no processo passa a pertencer ao processo, independente da parte que produziu essa prova.

Livre convencimento motivado do Juiz (ou persuasão racional)

O Juiz tem liberdade para decidir, mas deve fundamentar os motivos de sua convicção.

Busca da verdade real (ou primazia da realidade)

Deve ser buscada a verdade real ou a que mais se aproxima da realidade. Privilegia-se a realidade dos fatos, em detrimento de formalismo.

Espécies de Provas

Depoimento Pessoal das Partes

A instrução do processo inicia-se com o interrogatório das partes.

A finalidade do depoimento pessoal é provocar a confissão. Caso a parte intimada para depor não compareça, ou comparecendo, recuse-se a depor, presumirão se confessos os atos contra ela alegados.

Após depor, a parte pode ir embora e a instrução prosseguirá com seu representante.

*"**CLT - Art. 848** - Terminada a defesa, seguir-se-á a instrução do processo, podendo o Presidente, ex officio ou a requerimento de qualquer Juiz temporário, interrogar os litigantes.*

§ 1º - Findo o interrogatório, poderá qualquer dos litigantes retirar-se, prosseguindo a instrução com o seu representante."

Aplica-se ao Processo Trabalhista a disposição do Art. 347 do CPC que desobriga a parte a depor sobre fatos:

> Criminosos ou Torpes (que lhe forem imputados).

> A cujo respeito deva guardar sigilo (por estado ou profissão).

Fique Ligado

Se a parte, quando intimada, não vier à audiência, em prosseguimento, na qual deveria depor, é aplicada a pena de confissão, entendendo-se como verdadeiros os fatos alegados pela parte diversa (confissão ficta).

Mas as provas que já estiverem no processo podem ser usadas para elidir essa confissão, não havendo cerceamento de defesa se o Juiz indeferir o pedido da parte confessa de produção de novas provas sobre esse fato. Isso não impede que o Juiz busque de ofício a produção dessas provas.

"Súmula Nº 74 DO TST - CONFISSÃO.

I. Aplica-se a confissão à parte que, expressamente intimada com aquela cominação, não comparecer à audiência em prosseguimento, na qual deveria depor.

II. A prova pré-constituída nos autos pode ser levada em conta para confronto com a confissão ficta (Art. 400, I, CPC), não implicando cerceamento de defesa o indeferimento de provas posteriores.

III. A vedação à produção de prova posterior pela parte confessa somente a ela se aplica, não afetando o exercício, pelo magistrado, do poder/dever de conduzir o processo."

Documentos

A prova documental será juntada aos autos pelo reclamante, com a petição inicial e, pelo reclamado, com a defesa, sob pena de preclusão. Abrange não apenas os documentos escritos, mas também os gráficos, as fotografias, as reproduções em vídeo etc.

*"**CLT - Art. 787** - A reclamação escrita deverá ser formulada em 2 (duas) vias e desde logo acompanhada dos documentos em que se fundar."*

Em regra, as partes não podem juntar documentos novos, após os momentos acima referidos, salvo (Art. 397 do CPC):

> Fazer prova de fatos ocorridos depois dos articulados.

> Contrapô-los aos que foram produzidos nos autos.

Juntada de documentos na fase recursal: apenas quando houver justo impedimento ou se referir a fato ocorrido depois da sentença.

"Súmula Nº 8 DO TST

JUNTADA DE DOCUMENTO - A juntada de documentos na fase recursal só se justifica quando provado o justo impedimento para sua oportuna apresentação, ou se referir a fato posterior à sentença."

As cópias de documentos juntadas podem ser declaradas autênticas pelo próprio advogado, sob sua responsabilidade pessoal. Caso sejam impugnadas, a parte que produziu a prova deverá apresentar os originais ou cópias autenticadas para conferência, cuja conferência será feita pelo serventuário.

*"**CLT - Art. 830**. O documento em cópia oferecido para prova poderá ser declarado autêntico pelo próprio advogado, sob sua responsabilidade pessoal.*

Parágrafo único. Impugnada a autenticidade da cópia, a parte que a produziu será intimada para apresentar cópias devidamente autenticadas ou o original, cabendo ao serventuário competente proceder à conferência e certificar a conformidade entre esses documentos."

Na falta de algum documento indispensável à propositura da ação, o Juiz intimará a parte para suprir a falta em 10 dias, sob pena de indeferimento da inicial.

"Súmula 263 DO TST

PETIÇÃO INICIAL. INDEFERIMENTO. INSTRUÇÃO OBRIGATÓRIA DEFICIENTE - Salvo nas hipóteses do Art. 295 do CPC, o indeferimento da petição inicial, por encontrar-se desacompanhada de documento indispensável à propositura da ação ou não preencher outro requisito legal, somente é cabível se, após intimada para suprir a irregularidade em 10 (dez) dias, a parte não o fizer."

Um bom exemplo de prova que deve ser documental e em que ocorreu a inversão do ônus da prova é o tratado na súmula 338 do TST. Em caso de haver mais de 10 empregados, o registro da jornada deve ser feito por meio do registro de ponto.

Fique Ligado

Na falta de documento essencial à propositura da ação, o Juiz não indeferirá direto a inicial; ele abrirá um prazo de 10 dias para que a parte supra essa falta. Se ela não suprir, aí sim a inicial será indeferida.

C) Prova Testemunhal

A prova testemunhal é amplamente admitida, salvo quando a lei expressamente disser o contrário:

"CPC - Art. 400 A prova testemunhal é sempre admissível, não dispondo a lei de modo diverso. O Juiz indeferirá a inquirição de testemunhas sobre fatos:

I - já provados por documento ou confissão da parte; (Obs.: trata-se da confissão real, pois a confissão ficta pode ser elidida por prova em contrário)

II - que só por documento ou por exame pericial puderem ser provados."

No Direito Processual do Trabalho, há duas hipóteses em que não se admite a prova testemunhal:

> quando houver arguição de insalubridade ou periculosidade; e
> a prova escrita do pagamento dos salários.

*"**CLT - Art . 195** - A caracterização e a classificação da insalubridade e da periculosidade, segundo as normas do Ministério do Trabalho, far-se-ão através de perícia a cargo de Médico do Trabalho ou Engenheiro do Trabalho, registrados no Ministério do Trabalho."*

***Art. 464** - O pagamento do salário deverá ser efetuado contra recibo, assinado pelo empregado; em se tratando de analfabeto, mediante sua impressão digital, ou, não sendo esta possível, a seu rogo."*

A CLT traz algumas hipóteses em que, de acordo com o relacionamento que possui com a parte, a testemunha não prestará compromisso, e seu depoimento valerá como simples informação:

> Parente até terceiro grau civil.
> Amigo íntimo.
> Inimigo capital.

*"**CLT - Art. 829** - A testemunha que for parente até o terceiro grau civil, amigo íntimo ou inimigo de qualquer das partes, não prestará compromisso, e seu depoimento valerá como simples informação. "*

Nos termos do CPC, não podem ser testemunhas os incapazes, os impedidos e os suspeitos (mas, se necessário, eles podem ser ouvidos, não prestarão compromisso e serão considerados meros informantes).

*"**CPC - Art. 405**. Podem depor como testemunhas todas as pessoas, exceto as incapazes, impedidas ou suspeitas.*

§ 1º São incapazes:

I. o interdito por demência;

II. o que, acometido por enfermidade, ou debilidade mental, ao tempo em que ocorreram os fatos, não podia discerni-los; ou, ao tempo em que deve depor, não está habilitado a transmitir as percepções;

III. o menor de 16 (dezesseis) anos;

IV. o cego e o surdo, quando a ciência do fato depender dos sentidos que lhes faltam.

§ 2° São impedidos:

I. o cônjuge, bem como o ascendente e o descendente em qualquer grau, ou colateral, até o terceiro grau, de alguma das partes, por consanguinidade ou afinidade, salvo se o exigir o interesse público, ou, tratando-se de causa relativa ao estado da pessoa, não se puder obter de outro modo a prova, que o Juiz repute necessária ao julgamento do mérito;

II. o que é parte na causa;

III. o que intervém em nome de uma parte, como o tutor na causa do menor, o representante legal da pessoa jurídica, o Juiz, o advogado e outros, que assistam ou tenham assistido as partes.

§ 3° São suspeitos:

I. o condenado por crime de falso testemunho, havendo transitado em julgado a sentença;

II. o que, por seus costumes, não for digno de fé;

III. o inimigo capital da parte, ou o seu amigo íntimo;

IV. o que tiver interesse no litígio.

***§ 4°** Sendo estritamente necessário, o Juiz ouvirá testemunhas impedidas ou suspeitas; mas os seus depoimentos serão prestados independentemente de compromisso (Art. 415) e o Juiz lhes atribuirá o valor que possam merecer."*

Fique Ligado

A testemunha que também estiver demandando a empresa, em outro processo, pode ser testemunha. Tal fato, por si só, não a torna suspeita.

"Súmula Nº 357 DO TST

TESTEMUNHA. AÇÃO CONTRA A MESMA RECLAMADA. SUSPEIÇÃO

Não torna suspeita a testemunha o simples fato de estar litigando ou de ter litigado contra o mesmo empregador."

A testemunha que não falar a língua nacional será inquirida por meio de intérprete nomeado pelo Juiz, assim como o surdo-mudo ou o mudo que não saiba escrever. Nesses casos, as despesas serão ônus da parte a quem interessar o depoimento.

*"**CLT - Art. 819** - O depoimento das partes e testemunhas que não souberem falar a língua nacional será feito por meio de intérprete nomeado pelo Juiz ou Presidente.*

***§ 1º** - Proceder-se-á da forma indicada neste artigo, quando se tratar de surdo-mudo, ou de mudo que não saiba escrever.*

***§ 2º** - Em ambos os casos de que este artigo trata, as despesas correrão por conta da parte a que interessar o depoimento."*

Número de Testemunhas

> PROCEDIMENTO ORDINÁRIO – 3 para cada parte.
> PROCEDIMENTO SUMARÍSSIMO – 2 para cada parte.
> INQUÉRITO JUDICIAL PARA APURAÇÃO DE FALTA GRAVE – 6 para cada parte.

*"**CLT - Art. 821** - Cada uma das partes não poderá indicar mais de 3 (três) testemunhas, salvo quando se tratar de inquérito, caso em que esse número poderá ser elevado a 6 (seis)"*

*" **Art. 852-H.** - § 2º As testemunhas, até o máximo de duas para cada parte, comparecerão à audiência de instrução e julgamento independentemente de intimação."*

Intimação de Testemunhas

PROCEDIMENTO (RITO) ORDINÁRIO: as testemunhas não precisam ser intimadas antes da audiência. As partes comparecem à audiência, acompanhadas de suas testemunhas. (Caso a testemunha não compareça, adia-se a audiência e procede-se à intimação da testemunha faltosa).

*"**CLT - Art. 845** - O reclamante e o reclamado comparecerão à audiência acompanhados das suas testemunhas, apresentando, nessa ocasião, as demais provas."*

PROCEDIMENTO (RITO) SUMARÍSSIMO: as testemunhas também não precisam ser intimadas com antecedência; as partes comparecem em audiência acompanhadas dessas. A diferença está no fato de que, caso a testemunha falte, a parte deve comprovar o convite, sob pena de perda da prova. Caso tenha comprovado o convite, e a testemunha não tenha comparecido, então ela será intimada.

> *"**CLT - Art. 852-H.** Todas as provas serão produzidas na audiência de instrução e julgamento, ainda que não requeridas previamente.*
>
> ***§ 1º** Sobre os documentos apresentados por uma das partes manifestar-se-á imediatamente a parte contrária, sem interrupção da audiência, salvo absoluta impossibilidade, a critério do Juiz.*
>
> ***§ 2º** As testemunhas, até o máximo de duas para cada parte, comparecerão à audiência de instrução e julgamento independentemente de intimação.*
>
> ***§ 3º** Só será deferida intimação de testemunha que, comprovadamente convidada, deixar de comparecer. Não comparecendo a testemunha intimada, o Juiz poderá determinar sua imediata condução coercitiva."*

Em ambos os casos, caso a testemunha não compareça, mesmo após ser intimada, será expedido um mandado de condução coercitiva, além da fixação de uma multa, caso não justifique sua falta.

Procedimento

As testemunhas comparecerão, independente de intimação. Caso não compareçam, serão intimadas, sendo conduzidas coercitivamente, caso não compareçam injustificadamente após essa intimação (além da cominação de multa de um a dez salários mínimos).

As testemunhas não poderão sofrer nenhum desconto no emprego quando invocadas para depor.

A testemunha que seja funcionário público civil ou militar, que tiver que depor em horário de serviço, será requisitada ao chefe da repartição.

A testemunha que ainda não depôs não poderá ouvir o depoimento das que estão depondo.

> *"**CLT - Art. 820** - As partes e testemunhas serão inquiridas pelo Juiz ou Presidente, podendo ser reinquiridas, por seu intermédio, a requerimento dos vogais, das partes, seus representantes ou advogados.*
>
> *(...)*
>
> ***Art. 822** - As testemunhas não poderão sofrer qualquer desconto pelas faltas ao serviço, ocasionadas pelo seu comparecimento para depor, quando devidamente arroladas ou convocadas.*
>
> ***Art. 823** - Se a testemunha for funcionário civil ou militar, e tiver de depor em hora de serviço, será requisitada ao chefe da repartição para comparecer à audiência marcada.*
>
> ***Art. 824** - O Juiz ou Presidente providenciará para que o depoimento de uma testemunha não seja ouvido pelas demais que tenham de depor no processo.*
>
> ***Art. 825** - As testemunhas comparecerão a audiência independentemente de notificação ou intimação.*
>
> *Parágrafo único - As que não comparecerem serão intimadas, **ex officio** ou a requerimento da parte, ficando sujeitas a condução coercitiva, além das penalidades do Art. 730, caso, sem motivo justificado, não atendam à intimação."*

As testemunhas prestam o compromisso legal, sendo qualificadas (quando estritamente necessário, caso o Juiz ouça testemunha incapaz, impedida ou suspeita, essas serão ouvidas como simples informantes, não prestarão compromissos, e o Juiz lhes atribuirá o valor que possam merecer).

> *"**CLT -- Art. 828 CLT** - Toda testemunha, antes de prestar o compromisso legal, será qualificada, indicando o nome, nacionalidade, profissão, idade, residência, e, quando empregada, o tempo de serviço prestado ao empregador, ficando sujeita, em caso de falsidade, às leis penais.*
>
> ***Parágrafo único** - Os depoimentos das testemunhas serão resumidos, por ocasião da audiência, pelo secretário da Junta ou funcionário para esse fim designado, devendo a súmula ser assinada pelo Presidente do Tribunal e pelos depoentes."*

CONTRADITA – é a impugnação da testemunha pela parte contrária, arguindo-lhe a incapacidade, suspeição ou impedimento. Deve ser invocada logo após a qualificação da testemunha e antes do compromisso.

> *"**CPC - Art. 413.** O Juiz inquirirá as testemunhas separada e sucessivamente; primeiro as do autor e depois as do réu, providenciando de modo que uma não ouça o depoimento das outras.*
>
> ***Art. 414. CPC** Antes de depor, a testemunha será qualificada, declarando o nome por inteiro, a profissão, a residência e o estado civil, bem como se tem relações de parentesco com a parte, ou interesse no objeto do processo.*
>
> ***§ 1º** É lícito à parte contraditar a testemunha, arguindo-lhe a incapacidade, o impedimento ou a suspeição. Se a testemunha negar os fatos que lhe são imputados, a parte poderá provar a contradita com documentos ou com testemunhas, até três, apresentada no ato e inquiridas em separado. Sendo provados ou confessados os fatos, o Juiz dispensará a testemunha, ou lhe tomará o depoimento, observando o disposto no Art. 405, § 4°."*

D) Prova Pericial

A prova pericial é necessária quando a apuração dos fatos depender de conhecimentos técnicos, ou seja, de um perito.

O perito será apenas o nomeado pelo Juiz, podendo as partes nomear assistentes técnicos.

ATENÇÃO: o Art. 826 da CLT, que diz que cada uma das partes poderá apresentar um perito ou técnico, foi REVOGADO pelo dispositivo a seguir:

Lei 5.584/70 Art. 3º - "*Os exames periciais serão realizados por perito único designado pelo Juiz, que fixará o prazo para entrega do laudo.*

> *Parágrafo único. Permitir-se-á a cada parte a indicação de um assistente, cujo laudo terá que ser apresentado no mesmo prazo assinado para o perito, sob pena de ser desentranhado dos autos."*

A parte sucumbente no objeto da perícia é que arcará com os honorários periciais, salvo se beneficiária da Justiça Gratuita.

> *"**Art. 790-B**. CLT A responsabilidade pelo pagamento dos honorários periciais é da parte sucumbente na pretensão objeto da perícia, salvo se beneficiária de Justiça Gratuita."*

Por outro lado, a remuneração do assistente técnico é de responsabilidade da parte que o nomeou.

> ***"Súmula Nº 341 DO TST***
>
> *HONORÁRIOS DO ASSISTENTE TÉCNICO*

A indicação do perito assistente é faculdade da parte, a qual deve responder pelos respectivos honorários, ainda que vencedora no objeto da perícia."

*"**Súmula Nº 12 DO TST***

CARTEIRA PROFISSIONAL

*As anotações apostas pelo empregador na carteira profissional do empregado não geram presunção **juris et de jure*** (absoluta)*, mas apenas **juris tantum*** *(*relativa).

Em face do princípio da continuidade da relação de emprego, quando o empregador negar a prestação do serviço e o despedimento, cabe a ele provar a data da extinção do contrato de trabalho.

*"**Súmula Nº 212 DO TST***

DESPEDIMENTO. ÔNUS DA PROVA

O ônus de provar o término do contrato de trabalho, quando negados a prestação de serviço e o despedimento, é do empregador, pois o princípio da continuidade da relação de emprego constitui presunção favorável ao empregado."

Dissídios Individuais - Reclamação Trabalhista

Os dissídios podem ser individuais ou coletivos. A função jurisdicional apenas será exercida após a provocação do autor (reclamação trabalhista), em face do princípio da inércia da jurisdição.

Quanto ao PROCEDIMENTO

A) COMUM:

> RITO ORDINÁRIO;

> RITO SUMÁRIO;

> RITO SUMARÍSSIMO

B) ESPECIAIS:

> INQUÉRITO JUDICIAL PARA APURAÇÃO DE FALTA GRAVE.

> DISSÍDIO COLETIVO.

> AÇÃO DE CUMPRIMENTO.

A reclamação trabalhista pode ser apresentada de forma escrita ou de forma verbal.

Requisitos da reclamação escrita:

> Endereçamento.

> Qualificação das partes.

> Breve exposição dos fatos (causa de pedir).

> Pedido.

> Valor da causa (para alguns, não é obrigatório).

> Endereço para onde as intimações deverão ser enviadas.

> Data e assinatura das partes ou dos representantes.

Ela será formulada em duas vias e, junto com ela, já são apresentados todos os documentos que embasam a reclamação.

*"**Art. 840, § 1º da CLT** - Sendo escrita, a reclamação deverá conter a designação do Presidente da Junta, ou do Juiz de direito a quem for dirigida, a qualificação do reclamante e do reclamado, uma breve exposição dos fatos de que resulte o dissídio, o pedido, a data e a assinatura do reclamante ou de seu representante."*

*"**CLT - Art. 787** - A reclamação escrita deverá ser formulada em 2 (duas) vias e desde logo acompanhada dos documentos em que se fundar.*

***Art. 788** - Feita a distribuição, a reclamação será remetida pelo distribuidor à Junta ou Juízo competente, acompanhada do bilhete de distribuição."*

Se não ocorrer nenhuma das causas de indeferimento, previstas no Art. 295 do CPC, mas se ela não obedecer a outro requisito legal ou não estiver acompanhada de documentos indispensáveis à sua propositura, o indeferimento só poderá ocorrer se, após intimada para tanto, a parte não suprir a irregularidade em dez dias.

*"**Súmula Nº 263 DO TST***

PETIÇÃO INICIAL. INDEFERIMENTO. INSTRUÇÃO OBRIGATÓRIA DEFICIENTE

Salvo nas hipóteses do Art. 295 do CPC, o indeferimento da petição inicial, por encontrar-se desacompanhada de documento indispensável à propositura da ação ou não preencher outro requisito legal, somente é cabível se, após intimada para suprir a irregularidade em 10 (dez) dias, a parte não o fizer."

Reclamação Verbal

Após ser distribuída, o reclamante tem de comparecer à Secretaria em 5 dias, a fim de reduzir a reclamação a termo.

Caso não compareça, será aplicada uma penalidade → ficará impossibilitado, por seis meses, de reclamar junto à Justiça do Trabalho (Perempção Provisória ou Trabalhista). Essa limitação alcança novas demandas que envolvam o mesmo autor, réu e pedidos.

*"**CLT - Art. 786** - A reclamação verbal será distribuída antes de sua redução a termo.*

Parágrafo único - Distribuída a reclamação verbal, o reclamante deverá, salvo motivo de força maior, apresentar-se no prazo de 5 (cinco) dias, ao cartório ou à Secretaria, para reduzi-la a termo, sob a pena estabelecida no Art. 731."

*"**CLT - Art. 731** - Aquele que, tendo apresentado ao distribuidor reclamação verbal, não se apresentar, no prazo estabelecido no parágrafo único do Art. 786, à Junta ou Juízo para fazê-lo tomar por termo, incorrerá na pena de perda, pelo prazo de 6 (seis) meses, do direito de reclamar perante a Justiça do Trabalho."*

Caso o reclamante não compareça à audiência, o processo será arquivado. Se ele fizer isso duas vezes seguidas, incorrerá na mesma penalidade acima descrita. (Perempção trabalhista ou provisória – 6 meses).

*"**CLT - Art. 732** - Na mesma pena do artigo anterior incorrerá o reclamante que, por 2 (duas) vezes seguidas, der causa ao arquivamento de que trata o Art. 844."*

*"**CLT - Art. 844** - O não comparecimento do reclamante à audiência importa o arquivamento da reclamação, e o não comparecimento do reclamado importa revelia, além de confissão quanto à matéria de fato. Parágrafo único - Ocorrendo, entretanto, motivo relevante, poderá o Presidente suspender o julgamento, designando nova audiência."*

Nos locais em que houver mais de uma Vara do Trabalho, ela será distribuída, de acordo com a ordem rigorosa de sua apresentação (nos locais com apenas uma Vara, a reclamação será apresentada diretamente à Secretaria da Vara).

Assim que recebida a inicial, ela será remetida em 48 horas para o reclamado, com a data da audiência, que será a primeira desimpedida depois de cinco dias.

Em regra, a notificação (citação inicial) é feita via postal com AR. Caso não seja encontrado ou crie embaraços para o recebimento, será notificado por edital.

> *"**CLT - Art. 841** - Recebida e protocolada a reclamação, o escrivão ou secretário, dentro de 48 (quarenta e oito) horas, remeterá a segunda via da petição, ou do termo, ao reclamado, notificando-o ao mesmo tempo, para comparecer à audiência do julgamento, que será a primeira desimpedida, depois de 5 (cinco) dias.*
>
> ***§ 1º** - A notificação será feita em registro postal com franquia. Se o reclamado criar embaraços ao seu recebimento ou não for encontrado, far-se-á a notificação por edital, inserto no jornal oficial ou no que publicar o expediente forense, ou, na falta, afixado na sede da Junta ou Juízo.*
>
> ***§ 2º** - O reclamante será notificado no ato da apresentação da reclamação ou na forma do parágrafo anterior."*

Em caso de vários empregados entrando contra a mesma empresa e sendo a matéria idêntica, as reclamações podem ser cumuladas em um só processo (Reclamatórias Plúrimas).

> *"**CLT - Art. 842** - Sendo várias as reclamações e havendo identidade de matéria, poderão ser acumuladas num só processo, se se tratar de empregados da mesma empresa ou estabelecimento."*

Contestação

É a principal modalidade de defesa do réu. Através dela, o réu expõe todas as suas alegações de defesa, contrapondo-se aos fatos narrados e pretensões que o autor aduziu na sua petição inicial. Além disso, é a única modalidade de defesa que tem por condão evitar a revelia.

O reclamado terá 20 minutos para apresentar sua defesa oral ou, o que é mais comum, entregá-la ao Juiz por escrito, juntamente com os documentos que comprovem suas alegações.

> *"**CLT - Art. 847** - Não havendo acordo, o reclamado terá vinte minutos para aduzir sua defesa, após a leitura da reclamação, quando esta não for dispensada por ambas as partes."*

A Contestação pode ser dividida em preliminares (defesas processuais diretas ou peremptórias), previstas no Art. 301 do CPC, que atacam o processo e em mérito, que ataca a pretensão do autor.

Após a verificação da existência de preliminares que possam impedir a apreciação do pedido (pois geram a extinção do processo sem o julgamento do mérito), no mérito, a reclamada deverá arguir a prescrição, a decadência, a compensação e a retenção.

> *"**CLT - Art. 767** - A compensação, ou retenção, só poderá ser arguida como matéria de defesa."*
>
> ***"Súmula Nº 18 DO TST***
>
> *COMPENSAÇÃO*
>
> *A compensação, na Justiça do Trabalho, está restrita a dívidas de natureza trabalhista."*
>
> ***"Súmula Nº 48 DO TST***
>
> *COMPENSAÇÃO*
>
> *A compensação só poderá ser arguida com a contestação."*

A compensação feita em juízo pode ser de qualquer valor (não há limite).

A prescrição é a perda do direito de ação pela inércia do titular do direito. Ela ocorrerá em dois anos, contados a partir da rescisão do contrato de trabalho. Além disso, consideram-se prescritos os direitos anteriores a cinco anos, a contar da propositura da ação.

> *"Constituição Federal de 1988, Art. 7º, inciso XXIX: A ação, quanto aos créditos resultantes das relações de trabalho, com prazo prescricional de cinco anos para os trabalhadores urbanos e rurais, até o limite de dois anos após a extinção do contrato de trabalho."*
>
> ***"Súmula Nº 362 DO TST***
>
> *FGTS. PRESCRIÇÃO*
>
> *I. Para os casos em que a ciência da lesão ocorreu a partir de 13.11.2014, é quinquenal a prescrição do direito de reclamar contra o não recolhimento de contribuição para o FGTS, observado o prazo de dois anos após o término do contrato;*
>
> *II. Para os casos em que o prazo prescricional já estava em curso em 13.11.2014, aplica-se o prazo prescricional que se consumar primeiro: trinta anos, contados do termo inicial, ou cinco anos, a partir de 13.11.2014 (STF-ARE-709212/DF)."*

Princípios Fundamentais Aplicáveis

1) Princípio da Eventualidade

O réu deve aduzir todas as defesas que tiver contra o processo e contra o pedido do autor, a fim de que, na eventualidade de o Juiz não acolher a primeira alegação, acolha a segunda e, assim sucessivamente.

Seria o caso de uma contestação dizendo:

- Ele não trabalhou para o réu.
- Se entender que trabalhou, era como autônomo, e não como empregado.
- Se entender que era como empregado, ele não fez hora extra.
- Se entender que fez hora extra, elas já foram pagas.
- Se entender que não foram pagas, o percentual incide sobre um valor menor do que o alegado.

Assim, caso o Juiz não acolha uma das defesas, ele parte para a seguinte.

2) Princípio da Contestação ou Impugnação Específica

Cabe ao réu manifestar-se precisamente sobre todos os fatos narrados na petição inicial. Presumem-se verdadeiros os fatos não impugnados (Presunção relativa). Desse modo, é vedada a contestação genérica ou por negativa geral.

Essa regra, conforme previsão do Art. 302 do CPC, não se aplica aos fatos:

- Se não for admissível, a seu respeito, a confissão.
- Se a petição inicial não estiver acompanhada do instrumento público que a lei considerar da substância do ato.
- Se estiverem em contradição com a defesa, considerada em seu conjunto.

Ainda de acordo com o supracitado dispositivo, a regra da impugnação especificada não se aplica ao advogado dativo, ao curador especial e ao órgão do Ministério Público.

Fique Ligado

O réu deve manifestar-se sobre todos os fatos narrados na inicial. Fatos não impugnados são considerados verdadeiros.

MATÉRIAS QUE PODEM SER ALEGADAS APÓS A CONTESTAÇÃO:

Nos moldes do Art. 303 do CPC, algumas matérias podem ser invocadas após a contestação:

> *"Art. 303 – Depois da contestação, só é lícito deduzir novas alegações quando:*
>
> *I- relativas a direito superveniente;*
>
> *II- competir ao Juiz conhecer delas de ofício*
>
> *III- por expressa autorização legal, puderem ser formuladas em qualquer tempo e juízo."*

O Art. 462 do CPC diz: "Se depois da propositura da ação, algum fato constitutivo, modificativo ou extintivo do direito influir no julgamento da lide, caberá ao Juiz tomá-lo em consideração, de ofício ou a requerimento da parte, no momento de proferir a sentença"

> ***Súmula 394 DO TST***
>
> *ART. 462 DO CPC. FATO SUPERVENIENTE*
>
> *O Art. 462 do CPC, que admite a invocação de fato constitutivo, modificativo ou extintivo do direito, superveniente à propositura da ação, é aplicável de ofício aos processos em curso em qualquer instância trabalhista."*

Reconvenção

Trata-se de uma ação que o próprio réu move contra o reclamante, no mesmo processo em que foi demandado. Ela corresponde a um contra-ataque do réu, não sendo obrigatória, pois ele poderia postular o seu direito em outra ação.

Apresentada em peça autônoma, será julgada na mesma sentença com a reclamação. (Mas em razão do princípio da informalidade que rege o processo trabalhista, a jurisprudência tem admitido que ela seja aduzida no próprio corpo da contestação, podendo ser feita, inclusive, de forma oral).

A compensação de valores, conforme já visto, deve ser arguida na própria contestação e não mediante reconvenção.

> *"Art. 767 CLT - A compensação, ou retenção, só poderá ser arguida como matéria de defesa"*

Em caso de admissibilidade, a ação e a reconvenção serão julgadas na mesma sentença (Art. 318 CPC).

É aplicada apenas em caso de versar sobre verbas de natureza trabalhista. Desse modo, seu enquadramento dar-se-ia apenas em raríssimas hipóteses.

Vamos Praticar

01. Em relação à prova testemunhal no Processo do Trabalho, é correto afirmar que:

a) no caso de inquérito para apuração de falta grave, cada uma das partes não poderá indicar mais de três testemunhas.

b) no procedimento sumaríssimo, só será deferida intimação de testemunha que, comprovadamente convidada, deixar de comparecer.

c) a testemunha que for parente até o quarto grau civil não prestará compromisso, e seu depoimento valerá como simples informação.

d) a testemunha que não souber falar a língua nacional não será ouvida, devendo ser substituída por outra testemunha.

e) a testemunha poderá sofrer desconto salarial proporcional ao tempo do seu depoimento quando for arrolada pela parte, mas não poderá sofrer qualquer desconto quando foi convocada pelo Juiz.

02. Em relação às testemunhas, cada parte poderá ouvir, no procedimento ordinário e no sumaríssimo:

a) 6 (seis) e 3 (três) testemunhas, respectivamente.

b) 3 (três) e 6 (seis) testemunhas, respectivamente.

c) 3 (três) em ambos os procedimentos.

d) 2 (duas) em ambos os procedimentos.

e) 3 (três) e 2 (duas) testemunhas, respectivamente.

03. A perempção, no Processo do Trabalho, ocorre nas hipóteses de:

a) arquivamento da reclamação, por ausência do trabalhador, por quatro vezes seguidas, em relação aos mesmos pedidos; e falta de confirmação da reclamação verbal, por duas vezes seguidas, em relação aos mesmos pedidos.

b) arquivamento da reclamação, por extinção sem resolução do mérito, em razão da falta de liquidação dos pedidos apresentados no rito sumaríssimo, por quatro vezes; e falta de confirmação da reclamação verbal, por duas vezes seguidas, em relação aos mesmos pedidos.

c) abandono da causa, por mais de um ano, depois da intimação pessoal do trabalhador, para dar andamento ao feito; e falta de confirmação da reclamação verbal, por duas vezes seguidas, em relação aos mesmos pedidos.

d) arquivamento da reclamação, por ausência do trabalhador, por duas vezes seguidas, em relação aos mesmos pedidos; e falta de confirmação da reclamação verbal apresentada ao distribuidor.

e) arquivamento da reclamação, por ausência do trabalhador, por duas vezes seguidas, em relação aos mesmos pedidos; e falta de confirmação da reclamação verbal, por duas vezes seguidas, em relação a pedidos diferentes.

04. Em regra, a petição inicial que estiver desacompanhada de documento indispensável à propositura da ação

a) será obrigatoriamente indeferida se, depois de intimada para suprir a irregularidade em quinze dias, a parte não o fizer.

b) deverá ser indeferida de plano, mas poderá o reclamante ingressar imediatamente com nova reclamatória.

c) somente será indeferida se, depois de intimada para suprir a irregularidade em dez dias, a parte não o fizer.

d) deverá ser indeferida de plano, mas o reclamante só poderá ingressar com nova reclamatória após o decurso de cento e vinte dias do trânsito em julgado da primeira decisão.

e) deverá ser indeferida de plano, mas o reclamante só poderá ingressar com nova reclamatória após o decurso de sessenta dias do trânsito em julgado da primeira decisão.

05. Mirela ajuizou reclamação trabalhista em face de sua ex-empregadora, a empresa GATO. Mirela deixou de comparecer à audiência previamente designada, uma vez que se atrasou no cabeleireiro, e o processo foi arquivado. Mirela ajuizou outra reclamação trabalhista com os mesmos fundamentos, causa de pedir e pedidos, mas também não compareceu à audiência previamente designada uma vez que se atrasou em sua massagem modeladora. Neste caso, Mirela

a) só poderá apresentar nova reclamação trabalhista em face da empresa GATO após o decurso do prazo de seis meses.

b) poderá apresentar imediatamente nova reclamação trabalhista em face da empresa GATO.

c) não poderá apresentar nova reclamação trabalhista em face da empresa GATO em razão da preclusão do direito de ação.

d) só poderá apresentar nova reclamação trabalhista em face da empresa GATO após o decurso do prazo de três meses.

e) só poderá apresentar nova reclamação trabalhista em face da empresa GATO após o decurso do prazo de doze meses.

06. De acordo com a Consolidação das Leis do Trabalho, a reclamação trabalhista verbal será distribuída

a) em vinte e quatro horas após a sua redução a termo.

b) em quarenta e oito horas após a sua redução a termo.

c) dentro do prazo de quinze dias após a sua redução a termo.

d) antes de sua redução a termo.

e) dentro do prazo de cinco dias após a sua redução a termo.

07. Em relação ao procedimento sumaríssimo na Justiça do Trabalho, é INCORRETO afirmar que:

a) não se fará citação por edital, incumbindo ao autor a correta indicação do nome e do endereço do reclamado.

b) o pedido deverá ser certo ou determinado e indicará o valor correspondente.

c) as demandas em que é parte a Administração Pública direta, autárquica e fundacional também podem se submeter ao procedimento sumaríssimo, se o valor pleiteado não exceder a quarenta vezes o salário mínimo.

d) as testemunhas, até no máximo de duas para cada parte, comparecerão à audiência de instrução e julgamento independentemente de intimação.

e) só será deferida intimação de testemunha que, comprovadamente convidada, deixar de comparecer.

08. (FCC) Quanto à prova testemunhal,

a) cada uma das partes não poderá indicar mais de 3 (três) testemunhas para a comprovação de cada fato ou pedido, salvo quando se tratar de inquérito para apuração de falta grave, caso em que esse número poderá ser elevado a 6.

b) as testemunhas não poderão sofrer qualquer desconto pelas faltas ao serviço, ocasionadas pelo seu comparecimento para depor, quando devidamente arroladas ou convocadas.

c) se a testemunha for funcionário civil ou militar e tiver que depor em hora de serviço, terá o direito de ser ouvida em sua própria repartição.

d) as testemunhas serão inquiridas diretamente por intermédio da parte ou seu advogado, diante do princípio da oralidade.

e) a testemunha devidamente intimada que não comparecer por duas vezes consecutivas para prestar depoimento e não justificar sua ausência estará sujeita à condução coercitiva, se não atender à terceira intimação.

09. (FCC) No tocante à produção de provas no Processo do Trabalho, é correto afirmar que:

a) Somente no rito ordinário, e não no sumaríssimo, existe a possibilidade de requerimento pelas partes, se for o caso, de condução coercitiva de suas testemunhas.

b) Com a revelia da reclamada e a aplicação da confissão quanto à matéria de fato, o pedido de insalubridade requerido na inicial será julgado procedente, dispensando obrigatoriamente o Juiz a realização de prova pericial para sua apuração.

c) No rito ordinário, é facultada a cada uma das partes a indicação de até três testemunhas; já no inquérito para apuração de falta grave, o número de testemunhas será de seis para cada parte.

d) As testemunhas, que forem depor em Juízo e apresentarem o devido Atestado de Comparecimento à empresa em que trabalham, poderão sofrer desconto do dia.

e) No rito sumaríssimo, tendo em vista a celeridade processual, em todo caso, é proibida a produção de prova técnica.

10. (FCC) Viviane compareceu ao distribuidor da Justiça Trabalhista, objetivando a propositura de uma reclamação trabalhista verbal. Após a sua distribuição, Viviane foi advertida de que deveria comparecer à Secretaria da Vara competente no prazo de cinco dias para que a reclamação trabalhista fosse reduzida a termo. De acordo com a Consolidação das Leis do Trabalho, se Viviane não comparecer na referida Secretaria, sem justo motivo, dentro do respectivo prazo,

a) incorrerá na pena de perda, pelo prazo de 6 (seis) meses, do direito de reclamar perante a Justiça do Trabalho.

b) incorrerá na pena de perda, pelo prazo de 12 (dozmeses, do direito de reclamar perante a Justiça do Trabalho.

c) não ocorrerá a redução a termo da reclamação verbal e Viviane somente poderá ajuizar ação escrita através de advogado ou do sindicato da categoria.

d) não ocorrerá a redução a termo da reclamação verbal e Viviane poderá ajuizar novamente reclamação verbal após dez dias do arquivamento da distribuição anterior.

e) não ocorrerá a redução a termo da reclamação verbal e Viviane poderá ajuizar novamente reclamação verbal após trinta dias do arquivamento da distribuição anterior.

Gabarito

01	*B*	*06*	*D*
02	*E*	*07*	*C*
03	*D*	*08*	*B*
04	*C*	*09*	*C*
05	*A*	*10*	*A*

Anotações

CAPÍTULO 06

Ritos (Procedimentos)

Rito Ordinário

É o procedimento padrão. Aplica-se às lides acima de 40 salários mínimos e àquelas em que for parte a Administração Pública Direta, autárquica e fundacional.

Rito Sumário (ou Dissídio de Alçada)

Sua aplicação é polêmica. Para muitos, ele foi revogado (Lei 5.584/70), de modo a ser utilizado nas causas cujo valor não exceder a 2 salários mínimos.

Possui tramitação bastante semelhante ao do rito ordinário, mudando apenas na fase recursal, pois das decisões no dissídio de alçada, não caberá nenhum recurso, salvo se a decisão versar sobre matéria constitucional.

> *"**Art. 1º** Nos processos perante a Justiça do Trabalho, observar-se-ão os princípios estabelecidos nesta lei.*
>
> ***Art. 2º** Nos dissídios individuais, proposta a conciliação, e não havendo acordo, o Presidente, da Junta ou o Juiz, antes de passar à instrução da causa, fixar-lhe-á o valor para a determinação da alçada, se este for indeterminado no pedido.*
>
> ***§ 1º** Em audiência, ao aduzir razões finais, poderá qualquer das partes, impugnar o valor fixado e, se o Juiz o mantiver, pedir revisão da decisão, no prazo de 48 (quarenta e oito) horas, ao Presidente do Tribunal Regional.*
>
> ***§ 2º** O pedido de revisão, que não terá efeito suspensivo deverá ser instruído com a petição inicial e a Ata da Audiência, em cópia autenticada pela Secretaria da Junta, e será julgado em 48 (quarenta e oito) horas, a partir do seu recebimento pelo Presidente do Tribunal Regional.*
>
> ***§ 3º** Quando o valor fixado para a causa, na forma deste artigo, não exceder de 2 (duas) vezes o salário mínimo vigente na sede do Juízo, será dispensável o resumo dos depoimentos, devendo constar da Ata a conclusão da Junta quanto à matéria de fato.*
>
> ***§ 4º** - Salvo se versarem sobre matéria constitucional, nenhum recurso caberá das sentenças proferidas nos dissídios da alçada a que se refere o parágrafo anterior, considerado, para esse fim, o valor do salário mínimo à data do ajuizamento da ação."*

Rito Sumaríssimo

Esse rito é utilizado quando o valor da causa não ultrapassar 40 salários mínimos (também pode aparecer em provas como rito utilizado para causas de 2 até 40 salários mínimos), apenas em **dissídios individuais**.

Fique Ligado

Como não é pacífico se o rito sumário foi ou não extinto, é preciso ter cuidado com a resolução das questões. As bancas podem se referir tanto ao rito sumaríssimo, como englobado entre 2 a 40 salários mínimos (nesse caso, entende-se que não foi revogado); como podem entender que tal rito abrange as causas cujo valor não ultrapasse 40 salários mínimos (nesse caso, adota-se o entendimento de que está revogado).

Por expressa previsão legal, estão excluídas desse rito as demandas em que é parte a Administração **Direta**, **autárquica** e **fundacional** (cuidado, empresas públicas e sociedades de economia mista não estão excluídas).

> *"**Art. 852-A**. CLT Os dissídios individuais cujo valor não exceda a quarenta vezes o salário mínimo vigente na data do ajuizamento da reclamação ficam submetidos ao procedimento sumaríssimo.*
>
> ***Parágrafo único.** Estão excluídas do procedimento sumaríssimo as demandas em que é parte a Administração Pública direta, autárquica e fundacional."*

O pedido deve ser certo ou determinado, indicando o valor correspondente. O autor deve indicar corretamente o nome e o endereço do reclamado. **N**ão há citação por edital.

Se o reclamante não atender a esses dois requisitos, a ação será arquivada, e ele será condenado ao pagamento das custas.

A apreciação dos processos trabalhistas tramitando sob o rito sumaríssimo deverá ocorrer em 15 dias do ajuizamento.

Cada parte poderá indicar apenas **2 testemunhas**, que comparecerão, independentemente de intimação. Entretanto, caso não compareçam, serão intimadas apenas se foram comprovadamente convidadas. Se, mesmo após intimação, não comparecerem, o Juiz poderá determinar sua condução coercitiva.

A audiência é **una** e nela serão produzidas todas as provas, ainda que não requeridas previamente.

O Juiz possui maior liberdade na condução do processo em relação à matéria probatória.

> *"**Art. 852-D**. O Juiz dirigirá o processo com liberdade para determinar as provas a serem produzidas, considerado o ônus probatório de cada litigante, podendo limitar ou excluir as que considerar excessivas, impertinentes ou protelatórias, bem como para apreciá-las e dar especial valor às regras de experiência comum ou técnica."*

As partes manifestam-se **imediatamente** sobre os **documentos apresentados** pela parte contrária, sem interrupção da audiência (salvo absoluta impossibilidade, a critério do Juiz).

Prova técnica → somente quando a prova do fato, ou a lei o exigir, será deferida **(manifestação sobre o laudo**: prazo comum de 5 dias).

O Juiz fará o saneamento na própria audiência, decidindo imediatamente sobre eventuais incidentes processuais e exceções. As demais questões serão decididas apenas na sentença.

> *"**Art. 852-G**. Serão decididos, de plano, todos os incidentes e exceções que possam interferir no prosseguimento da audiência e do processo. As demais questões serão decididas na sentença."*

Mudança de endereço: Comunicadas pelas partes e advogados (na ausência dessa comunicação, consideram-se eficazes as intimações enviadas para o local anteriormente indicado).

> *"**Art. 852-B**. CLT Nas reclamações enquadradas no procedimento sumaríssimo:*
>
> ***I.** o pedido deverá ser certo ou determinado e indicará o valor correspondente;*
>
> ***II.** não se fará citação por edital, incumbindo ao autor a correta indicação do nome e endereço do reclamado;*

III. *a apreciação da reclamação deverá ocorrer no prazo máximo de quinze dias do seu ajuizamento, podendo constar de pauta especial, se necessário, de acordo com o movimento judiciário da Junta de Conciliação e Julgamento.*

§ 1º O não atendimento, pelo reclamante, do disposto nos incisos I e II deste artigo importará no arquivamento da reclamação e condenação ao pagamento de custas sobre o valor da causa.

§ 2º As partes e advogados comunicarão ao juízo as mudanças de endereço ocorridas no curso do processo, reputando-se eficazes as intimações enviadas ao local anteriormente indicado, na ausência de comunicação.

***Art. 852-C.** As demandas sujeitas a rito sumaríssimo serão instruídas e julgadas em audiência única, sob a direção de Juiz Presidente ou substituto, que poderá ser convocado para atuar simultaneamente com o titular.*

***Art. 852-D.** O Juiz dirigirá o processo com liberdade para determinar as provas a serem produzidas, considerado o ônus probatório de cada litigante, podendo limitar ou excluir as que considerar excessivas, impertinentes ou protelatórias, bem como para apreciá-las e dar especial valor às regras de experiência comum ou técnica.*

***Art. 852-E.** Aberta a sessão, o Juiz esclarecerá as partes presentes sobre as vantagens da conciliação e usará os meios adequados de persuasão para a solução conciliatória do litígio, em qualquer fase da audiência.*

***Art. 852-F.** Na ata de audiência serão registrados resumidamente os atos essenciais, as afirmações fundamentais das partes e as informações úteis à solução da causa trazidas pela prova testemunhal.*

***Art. 852-G.** Serão decididos, de plano, todos os incidentes e exceções que possam interferir no prosseguimento da audiência e do processo. As demais questões serão decididas na sentença.*

***Art. 852-H.** Todas as provas serão produzidas na audiência de instrução e julgamento, ainda que não requeridas previamente.*

§ 1º Sobre os documentos apresentados por uma das partes manifestar-se-á imediatamente a parte contrária, sem interrupção da audiência, salvo absoluta impossibilidade, a critério do Juiz.

§ 2º As testemunhas, até o máximo de duas para cada parte, comparecerão à audiência de instrução e julgamento independentemente de intimação.

§ 3º Só será deferida intimação de testemunha que, comprovadamente convidada, deixar de comparecer. Não comparecendo a testemunha intimada, o Juiz poderá determinar sua imediata condução coercitiva.

§ 4º Somente quando a prova do fato o exigir, ou for legalmente imposta, será deferida prova técnica, incumbindo ao Juiz, desde logo, fixar o prazo, o objeto da perícia e nomear perito.

§ 5º (VETADO)

§ 6º As partes serão intimadas a manifestar-se sobre o laudo, no prazo comum de cinco dias.

§ 7º Interrompida a audiência, o seu prosseguimento e a solução do processo dar-se-ão no prazo máximo de trinta dias, salvo motivo relevante justificado nos autos pelo Juiz da causa.

***Art. 852-I.** A sentença mencionará os elementos de convicção do juízo, com resumo dos fatos relevantes ocorridos em audiência, dispensado o relatório.*

§ 1º O juízo adotará em cada caso a decisão que reputar mais justa e equânime, atendendo aos fins sociais da lei e as exigências do bem comum.

§ 2º (VETADO)

§ 3º As partes serão intimadas da sentença na própria audiência em que prolatada."

A sentença em procedimento sumaríssimo mencionará os elementos de convicção do juízo, com resumo dos fatos relevantes, ocorridos em audiência, sendo dispensado o relatório.

Sentença

É o ato do Juiz que implica algumas das situações dos Arts. 267 (decisão terminativa) e 269 (decisão definitiva) do CPC. Ela põe termo ao processo naquela instância, apreciando ou não o mérito da causa.

*"**Art. 267.** Extingue-se o processo, sem resolução de mérito:*

I. *quando o Juiz indeferir a petição inicial;*

II. *quando ficar parado durante mais de 1 (um) ano por negligência das partes;*

III. *quando, por não promover os atos e diligências que lhe competir, o autor abandonar a causa por mais de 30 (trinta) dias;*

IV. *quando se verificar a ausência de pressupostos de constituição e de desenvolvimento válido e regular do processo;*

V. *quando o Juiz acolher a alegação de perempção, litispendência ou de coisa julgada;*

VI. *quando não concorrer qualquer das con dições da ação, como a possibilidade jurídica, a legitimidade das partes e o interesse processual;*

VII. *pela convenção de arbitragem;*

VIII. *quando o autor desistir da ação;*

IX. *quando a ação for considerada intransmissível por disposição legal;*

X. *quando ocorrer confusão entre autor e réu;*

XI. *nos demais casos prescritos neste Código."*

*"**Art. 269.** Haverá resolução de mérito:*

I. *quando o Juiz acolher ou rejeitar o pedido do autor;*

II. *quando o réu reconhecer a procedência do pedido;*

III. *quando as partes transigirem;*

IV. *quando o Juiz pronunciar a decadência ou a prescrição;*

V. *quando o autor renunciar ao direito sobre que se funda a ação."*

Em caso de conciliação, será lavrado um termo, que valerá como decisão irrecorrível (atacável apenas pela via rescisória), exceto para a Previdência Social, quanto às contribuições que lhe forem devidas.

*"**Art. 831 CLT** - A decisão será proferida depois de rejeitada pelas partes a proposta de conciliação.*

Parágrafo único. No caso de conciliação, o termo que for lavrado valerá como decisão irrecorrível, salvo para a Previdência Social, quanto às contribuições que lhe forem devidas"

"Súmula Nº 259 DO TST

TERMO DE CONCILIAÇÃO. AÇÃO RESCISÓRIA

Só por ação rescisória é impugnável o termo de conciliação previsto no parágrafo único do Art. 831 da CLT."

Na conciliação, o termo lavrado será:

> para as partes irrecorrível (transita em julgado imediatamente, sendo atacada apenas por Ação Rescisória);
> para Previdência Social → pode recorrer das contribuições que lhe forem devidas (não é irrecorrível para ela).

Requisitos da sentença:

> nome das partes;
> relatório (resumo do pedido, da defesa e da apreciação das provas) – dispensado no rito sumaríssimo;
> fundamentação (subsunção dos fatos provados ao Direito);
> dispositivo (conclusão – é a parte que irá transitar em julgado);
> requisitos complementares - as custas a serem pagas pela parte vencida e a natureza jurídica das verbas devem sempre constar na decisão.

A decisão cognitiva ou homologatória deverá indicar a natureza jurídica das parcelas.

Decisões homologatórias de acordo que contenham parcela indenizatória → a União será intimada para, facultativamente, interpor recurso relativo aos tributos devidos.

O Ministro de Estado da Fazenda poderá dispensar manifestação da União (ato fundamentado), quando o montante da parcela indenizatória envolvida ocasionar perda de escala decorrente da atuação do órgão jurídico. (Não atua se o valor for inferior a um teto determinado por ele).

Fique Ligado

Acordo após trânsito em julgado ou liquidação → não afeta os créditos devidos à União.

*"**Art. 832 CLT** - Da decisão deverão constar o nome das partes, o resumo do pedido e da defesa, a apreciação das provas, os fundamentos da decisão e a respectiva conclusão.*

§ 1º - Quando a decisão concluir pela procedência do pedido, determinará o prazo e as condições para o seu cumprimento.

§ 2º - A decisão mencionará sempre as custas que devam ser pagas pela parte vencida.

§ 3° As decisões cognitivas ou homologatórias deverão sempre indicar a natureza jurídica das parcelas constantes da condenação ou do acordo homologado, inclusive o limite de responsabilidade de cada parte pelo recolhimento da contribuição previdenciária, se for o caso.

§ 4° A União será intimada das decisões homologatórias de acordos que contenham parcela indenizatória, na forma do Art. 20 da Lei no 11.033, de 21 de dezembro de 2004, facultada a interposição de recurso relativo aos tributos que lhe forem devidos.

§ 5° Intimada da sentença, a União poderá interpor recurso relativo à discriminação de que trata o § 3° deste artigo.

§ 6° O acordo celebrado após o trânsito em julgado da sentença ou após a elaboração dos cálculos de liquidação de sentença não prejudicará os créditos da União.

§ 7° O Ministro de Estado da Fazenda poderá, mediante ato fundamentado, dispensar a manifestação da União nas decisões homologatórias de acordos em que o montante da parcela indenizatória envolvida ocasionar perda de escala decorrente da atuação do órgão jurídico."

Correção de erros na decisão:

1) **Materiais** (de escrita, datilografia ou cálculo) → de ofício ou a requerimento (partes ou PJT) – apenas antes da execução.
2) **Conteúdo / Mérito** → através de recurso.
3) **Contradição**, **Obscuridade** ou **Omissão** → Embargos de Declaração.

*"**Art. 833 CLT** - Existindo na decisão evidentes erros ou enganos de escrita, de datilografia ou de cálculo, poderão os mesmos, antes da execução, ser corrigidos, **ex officio**, ou a requerimento dos interessados ou da Procuradoria da Justiça do Trabalho."*

A intimação da sentença dá-se na própria audiência, devendo o Juiz juntá-la em 48 horas aos autos. (Se ela for juntada depois → o prazo recursal contado da intimação da sentença).

*"**Súmula Nº 30 DO TST***

INTIMAÇÃO DA SENTENÇA

Quando não juntada a ata ao processo em 48 horas, contadas da audiência de julgamento (Art. 851, § 2º, da CLT), o prazo para recurso será contado da data em que a parte receber a intimação da sentença."

Mesmo no caso de revelia, o revel tem de ser intimado pessoalmente da sentença.

*"**Art. 834** - Salvo nos casos previstos nesta Consolidação, a publicação das decisões e sua notificação aos litigantes, ou a seus patronos, consideram-se realizadas nas próprias audiências em que forem as mesmas proferidas."*

*"**Art. 852** - Da decisão serão os litigantes notificados, pessoalmente, ou por seu representante, na própria audiência. No caso de revelia, a notificação far-se-á pela forma estabelecida no § 1º do Art. 841."*

Tipos de Sentença

DECLARATÓRIA → declara a existência ou não de um fato, a autenticidade ou falsidade de um documento, ou a existência ou não de uma relação jurídica. (Ex.: declaração do vínculo de emprego).

CONSTITUTIVA → além de declarar a existência de um fato ou direito, ela cria, modifica ou extingue uma relação jurídica. (Ex.: reconhece o cometimento de falta grave e extingue o contrato de trabalho do estável).

CONDENATÓRIA → impõe uma obrigação (pagar, fazer, não fazer). Caso não seja cumprida, comporta execução. (Ex.: decisão condenando ao pagamento de horas extras).

MANDAMENTAL → essa modalidade de sentença, além de declarar um direito e condenar a adimplemento de uma prestação, gera uma ordem de cumprimento imediato, não necessitando de execução. (Ex.: decisões em Mandado de Segurança e tutela antecipada).

Vícios na Sentença

ULTRA PETITA → ultrapassa o pedido, confere à parte mais do que ela pleiteou.

EXTRA PETITA → o Juiz defere uma pretensão diversa da postulada.

CITRA PETITA → há omissão na análise de algum pedido (comporta embargos de declaração).

Súmula 396 do TST – afirma que quando o Juiz deferir pagamento de salário, em vez de reintegrar, não existe sentença *extra petita* (no caso de já ter exaurido o período da estabilidade).

> ***"Súmula Nº 396 DO TST***
>
> *ESTABILIDADE PROVISÓRIA. PEDIDO DE REINTEGRAÇÃO. CONCESSÃO DO SALÁRIO RELATIVO AO PERÍODO DE ESTABILIDADE JÁ EXAURIDO. INEXISTÊNCIA DE JULGAMENTO* ***EXTRA PETITA***
>
> *I. Exaurido o período de estabilidade, são devidos ao empregado apenas os salários do período compreendido entre a data da despedida e o final do período de estabilidade, não lhe sendo assegurada a reintegração no emprego.*
>
> *II. Não há nulidade por julgamento extra petita da decisão que deferir salário quando o pedido for de reintegração, dados os termos do Art. 496 da CLT."*

Sentença de Improcedência Liminar ou *Prima Facie*

Prevalece que é aplicável no Processo do Trabalho. Ela poderá ocorrer quando, em determinado juízo, já houver várias sentenças de total improcedência (questão controvertida ser unicamente de direito), o Juiz poderá dispensar a citação (notificação inicial) do réu e reproduzir o teor da sentença anteriormente prolatada.

Admite juízo de retratação. Quando o autor recorrer, o Juiz pode manter a sentença (ordenará a citação do réu para responder ao recurso) ou não manter a sentença (determinará o prosseguimento da ação).

> *"**CPC - Art. 285-A**. Quando a matéria controvertida for unicamente de direito e no juízo já houver sido proferida sentença de total improcedência em outros casos idênticos, poderá ser dispensada a citação e proferida sentença, reproduzindo-se o teor da anteriormente prolatada.*
>
> ***§ 1º*** *Se o autor apelar, é facultado ao Juiz decidir, no prazo de 5 (cinco) dias, não manter a sentença e determinar o prosseguimento da ação.*
>
> ***§ 2°*** *Caso seja mantida a sentença, será ordenada a citação do réu para responder ao recurso"*

Liquidação de Sentença

Para que a sentença seja executada, preliminarmente, deve ser tornada líquida, o que pode dar-se de 3 formas:

1) **POR CÁLCULOS** (é a mais utilizada na esfera trabalhista – a determinação do valor depende apenas de cálculos aritméticos, todos os elementos utilizados para se chegar a esse valor já estão nos autos.
2) **POR ARTIGOS** (necessidade de provar fatos novos que servirão de parâmetro para fixação do valor da condenação).
3) **POR ARBITRAMENTO** (quando as partes convencionarem expressamente, quando for determinado pela sentença, ou quando a natureza do objeto exigir essa modalidade de liquidação).

É defeso (vedado) na liquidação:

> Modificar ou inovar a sentença liquidanda.

> Discutir matéria relativa à causa principal.

As partes deverão ser previamente intimadas para a apresentação do cálculo de liquidação, inclusive da contribuição previdenciária incidente. (Se os cálculos forem complexos, o Juiz poderá nomear perito).

Apresentados os cálculos, o INSS (UNIÃO) deve ser obrigatoriamente intimado para manifestar-se (em 10 dias, sob pena de preclusão).

Em relação às partes, o Juiz pode escolher uma dentre as seguintes condutas:

1) Abre prazo de 10 dias para as partes manifestarem-se, depois HOMOLOGA.
2) HOMOLOGA, sem abrir prazo; as partes poderão impugná-la nos Embargos à Execução.

> *"**Art. 879** - Sendo ilíquida a sentença exequenda, ordenar-se-á, previamente, a sua liquidação, que poderá ser feita por cálculo, por arbitramento ou por artigos.*
>
> ***§ 1º*** *- Na liquidação, não se poderá modificar, ou inovar, a sentença liquidanda nem discutir matéria pertinente à causa principal.*
>
> ***§ 1º-A.*** *A liquidação abrangerá, também, o cálculo das contribuições previdenciárias devidas.*
>
> ***§ 1º-B.*** *As partes deverão ser previamente intimadas para a apresentação do cálculo de liquidação, inclusive da contribuição previdenciária incidente.*
>
> ***§ 2º*** *- Elaborada a conta e tornada líquida, o Juiz poderá abrir às partes prazo sucessivo de 10 (dez) dias para impugnação fundamentada com a indicação dos itens e valores objeto da discordância, sob pena de preclusão.*
>
> ***§ 3°*** *Elaborada a conta pela parte ou pelos órgãos auxiliares da Justiça do Trabalho, o Juiz procederá à intimação da União para manifestação, no prazo de 10 (dez) dias, sob pena de preclusão.*
>
> ***§ 4°*** *A atualização do crédito devido à Previdência Social observará os critérios estabelecidos na legislação previdenciária.*
>
> ***§ 5°*** *O Ministro de Estado da Fazenda poderá, mediante ato fundamentado, dispensar a manifestação da União quando o valor total das verbas que integram o salário-de-contribuição, na forma do Art. 28 da Lei no 8.212, de 24 de julho de 1991, ocasionar perda de escala decorrente da atuação do órgão jurídico.*
>
> ***§ 6°*** *Tratando-se de cálculos de liquidação complexos, o Juiz poderá nomear perito para a elaboração e fixará, depois da conclusão do trabalho, o valor dos respectivos honorários com observância, entre outros, dos critérios de razoabilidade e proporcionalidade."*

Mesmo que o autor não requeira, ou a condenação tenha sido omissa, os juros de mora e correção monetária serão incluídos na liquidação.

> ***"Súmula Nº 211 DO TST***
>
> *JUROS DE MORA E CORREÇÃO MONETÁRIA. INDEPENDÊNCIA DO PEDIDO INICIAL E DO TÍTULO EXECUTIVO JUDICIAL*
>
> *Os juros de mora e a correção monetária incluem-se na liquidação, ainda que omisso o pedido inicial ou a condenação."*

Vamos Praticar

01. (FCC) Em relação ao procedimento sumaríssimo na Justiça do Trabalho, é INCORRETO afirmar que:

a) não se fará citação por edital, incumbindo ao autor a correta indicação do nome e do endereço do reclamado.

b) o pedido deverá ser certo ou determinado e indicará o valor correspondente.

c) as demandas em que é parte a Administração Pública direta, autárquica e fundacional também podem se submeter ao procedimento sumaríssimo, se o valor pleiteado não exceder a quarenta vezes o salário mínimo.

d) as testemunhas, até no máximo de duas para cada parte, comparecerão à audiência de instrução e julgamento independentemente de intimação.

e) só será deferida intimação de testemunha que, comprovadamente convidada, deixar de comparecer.

02. (FCC) João moveu reclamação trabalhista em face da empresa Ômega Industrial, tendo atribuído à causa o valor total das verbas pleiteadas no importe de R$ 3.000,00. Na audiência UNA designada, a empresa reclamada não compareceu, e o Juiz verificou que a citação não fora realizada, porque o reclamante havia fornecido o endereço incorreto da reclamada, absolutamente diverso daquele anotado em sua Carteira Profissional. De acordo com a CLT, o Juiz deve:

a) aplicar a penalidade da revelia e confissão da reclamada.

b) abrir prazo para que o reclamante informe o endereço correto da reclamada, determinando a designação de nova audiência.

c) determinar o retorno do processo à Secretaria da Vara para tentativa de localização da reclamada.

d) determinar a citação da reclamada por edital.

e) determinar o arquivamento da reclamação trabalhista e condenação do reclamante ao pagamento de custas sobre o valor da causa.

03. (FCC) Considere as assertivas abaixo, a respeito do Procedimento Sumaríssimo:

I. Os dissídios individuais cujo valor não exceda a vinte vezes o salário mínimo vigente na data do ajuizamento da reclamação ficam submetidos ao procedimento sumaríssimo.

II. Estão excluídas do procedimento sumaríssimo as demandas em que é parte a Administração Pública direta, autárquica e fundacional.

III. As partes e advogados comunicarão ao juízo as mudanças de endereço ocorridas no curso do processo, reputando-se eficazes as intimações enviadas ao local anteriormente indicado, na ausência de comunicação.

IV. Todas as provas serão produzidas na audiência de instrução e julgamento, ainda que não requeridas previamente.

De acordo com a CLT, é correto o que se afirma APENAS em:

a) II e III.

b) I, II e III.

c) I, III e IV.

d) II, III e IV.

e) I e IV.

04. (FCC) Conforme regras contidas na Consolidação das Leis do Trabalho sobre procedimento sumaríssimo, é INCORRETO afirmar:

a) Os dissídios individuais cujo valor não exceda a quarenta vezes o salário mínimo vigente na data do ajuizamento da reclamação ficam submetidos ao procedimento sumaríssimo.

b) Estão excluídas do procedimento sumaríssimo as demandas em que é parte a Administração Pública direta, autárquica e fundacional.

c) As testemunhas, até o máximo de três para cada parte, comparecerão à audiência de instrução e julgamento, independentemente de intimação.

d) Sobre os documentos apresentados por uma das partes, manifestar-se-á imediatamente a parte contrária, sem interrupção da audiência, salvo absoluta impossibilidade, a critério do Juiz.

e) Nas reclamações enquadradas no procedimento sumaríssimo, não se fará citação por edital, incumbindo ao autor a correta indicação do nome e endereço do reclamado, sob pena de arquivamento da reclamação.

05. (FCC) Proferida a decisão, os evidentes erros de cálculo dela constantes, antes da execução, poderão ser corrigidos

a) somente pela Procuradoria da Justiça do Trabalho.

b) somente a requerimento das partes.

c) apenas pela superior instância, se houver recurso.

d) pela Secretaria do juízo.

e) pelo Juiz *ex officio*.

06. (FCC) João, empregado público, cujo contrato é regido pelas regras da CLT, move reclamação trabalhista contra a Prefeitura Municipal da cidade X, pleiteando o pagamento de verbas rescisórias no importe de R$ 15.000,00. Em sua petição inicial, os pedidos são certos e foram todos liquidados, razão pela qual o procedimento escolhido deverá ser o rito

a) sumaríssimo, desde que não seja necessária a citação por edital.

b) sumaríssimo, tendo em vista o valor dado à causa e a liquidação dos pedidos.

c) sumário, tendo em vista o valor dado à causa e a liquidação dos pedidos.

d) especial, tendo em vista que a reclamação trabalhista é proposta contra a Prefeitura.

e) ordinário, independentemente do valor dado à causa e da liquidação dos pedidos.

07. (FCC) Maria ingressou com reclamação trabalhista contra sua ex-empregadora, pleiteando o pagamento de verbas rescisórias e dando à causa o valor de R$ 20.000,00 (vinte mil reais). O rito da ação a ser observado é

a) ordinário.

b) sumaríssimo, desde que a ação não seja movida contra a Administração Pública direta, autárquica e fundacional.

c) sumaríssimo, não importando que a ação seja movida contra a Administração Pública direta, autárquica e fundacional.

d) sumário, previsto pela Lei nº 5.584/1970.

e) ordinário ou rito sumário, conforme a pauta de audiências da Vara do Trabalho.

08. (FCC) Nas reclamações enquadradas no procedimento sumaríssimo,

a) todas as provas serão produzidas na audiência de instrução e julgamento, com exceção da prova testemunhal que será designada para a primeira data desimpedida.

b) a apreciação da reclamação deverá ocorrer no prazo máximo de 30 (trintdias do seu ajuizamento.

c) as demandas serão instruídas e julgadas em audiência una, podendo o Juiz determinar sua continuação, se não for possível concluí-la no mesmo dia.

d) a citação não se fará por edital, incumbindo ao autor a correta indicação do nome e endereço do reclamado.

e) a prova documental poderá ser apresentada a qualquer momento, diante da aplicação do princípio da celeridade.

09. (FCC) Em relação ao procedimento sumaríssimo:

a) As testemunhas, até o máximo de duas para cada parte, comparecerão à audiência de instrução e julgamento, independentemente de intimação.

b) As testemunhas, até o máximo de três para cada parte, comparecerão à audiência de instrução e julgamento, independentemente de intimação.

c) As testemunhas, até o máximo de três para cada parte, comparecerão à audiência de instrução e julgamento, mediante intimação.

d) Sobre os documentos apresentados por uma das partes, manifestar-se-á, no prazo de 5 dias, a parte contrária.

e) A testemunha que não comparecer à audiência será intimada, determinando o Juiz sua imediata condução coercitiva.

10. (FCC) Relativamente ao rito sumaríssimo, é correto afirmar:

a) Formulando o autor pedido ilíquido ou genérico, não será admitida a emenda da inicial, competindo ao magistrado extinguir liminarmente o processo, sem exame do mérito.

b) O recurso será imediatamente distribuído, uma vez recebido no Tribunal, devendo o relator liberá-lo no prazo máximo de quinze dias, e a Secretaria do Tribunal ou Turma colocá-lo, imediatamente, em pauta para julgamento, sem revisor.

c) Será facultada às partes a oitiva de até três testemunhas, que comparecerão à audiência de instrução e julgamento independentemente de intimação.

d) É aplicável aos dissídios individuais e coletivos, desde que o valor da causa seja igual ou inferior a 40 (quarentsalários mínimos.

e) É incabível para ações contra a Administração Pública direta, autárquica e fundacional, bem como contra as empresas públicas e sociedades de economia mista.

Gabarito

A B C

01	*C*	*06*	*E*
02	*E*	*07*	*B*
03	*D*	*08*	*D*
04	*C*	*09*	*A*
05	*E*	*10*	*A*

Anotações

CAPÍTULO 07

Execução

Quando o devedor não satisfizer espontaneamente o direito do credor, a execução será a medida adequada para impor-lhe o cumprimento dessa obrigação.

Para que a execução seja processada, é necessária a existência de um título executivo. Eles se dividem em judiciais (formados perante o Juiz, através de decisão proferida ou acordo homologado) e extrajudiciais (formados fora da presença do Juiz, têm essa qualidade por disposição legal).

São títulos executivos, segundo a CLT:

→ JUDICIAIS:

> Decisões passadas em julgado.
> Decisões das quais não tenha havido recurso com efeito suspensivo.
> Acordos não cumpridos.

→ EXTRAJUDICIAIS:

> Termos de ajuste de conduta (firmados perante o MPT).
> Termos de conciliação (firmados perante a CCP).

"CLT - Art. 876 - As decisões passadas em julgado ou das quais não tenha havido recurso com efeito suspensivo; os acordos, quando não cumpridos; os termos de ajuste de conduta firmados perante o Ministério Público do Trabalho e os termos de conciliação firmados perante as Comissões de Conciliação Prévia serão executada pela forma estabelecida neste Capítulo."

Na execução, aplica-se subsidiariamente a Lei de Execuções Fiscais (LEF) e o CPC, nesta ordem, desde que presentes dois requisitos:

> Omissão da CLT.
> Não contrariar as regras da CLT.

"***Art. 889*** - Aos trâmites e incidentes do processo da execução são aplicáveis, naquilo em que não contravierem ao presente Título, os preceitos que regem o processo dos executivos fiscais para a cobrança judicial da dívida ativa da Fazenda Pública Federal."

"***Art. 769*** - Nos casos omissos, o Direito Processual comum será fonte subsidiária do Direito Processual do Trabalho, exceto naquilo em que for incompatível com as normas deste Título."

A EXECUÇÃO PODE SER INICIADA

1) De ofício (impulso oficial).
2) Requerimento de qualquer interessado.
3) Procuradoria da Justiça do Trabalho – nas decisões dos TRTs.

Contribuições Sociais → executadas *ex officio* (sentenças ou acordos homologados), inclusive sobre os salários pagos durante o período contratual reconhecido.

"CLT - Art. 876, Parágrafo único. Serão executadas ***ex-officio*** as contribuições sociais devidas em decorrência de decisão proferida pelos Juízes e Tribunais do Trabalho, resultantes de condenação ou homologação de acordo, inclusive sobre os salários pagos durante o período contratual reconhecido."

"*Súmula Nº 368 DO TST*

DESCONTOS PREVIDENCIÁRIOS E FISCAIS. COMPETÊNCIA. RESPONSABILIDADE PELO PAGAMENTO. FORMA DE CÁLCULO

I. *A Justiça do Trabalho é competente para determinar o recolhimento das contribuições fiscais. A competência da Justiça do Trabalho, quanto à execução das contribuições previdenciárias, limita-se às sentenças condenatórias em pecúnia que proferir e aos valores, objeto de acordo homologado, que integrem o salário de contribuição.*

II. *É do empregador a responsabilidade pelo recolhimento das contribuições previdenciárias e fiscais, resultante de crédito do empregado oriundo de condenação judicial, devendo ser calculadas, em relação à incidência dos descontos fiscais, mês a mês, nos termos do Art. 12-A da Lei nº 7.713, de 22/12/1988, com a redação dada pela Lei nº 12.350/2010.*

III. *Em se tratando de descontos previdenciários, o critério de apuração encontra-se disciplinado no Art. 276, §4º, do Decreto n º 3.048/1999 que regulamentou a Lei nº 8.212/1991 e determina que a contribuição do empregado, no caso de ações trabalhistas, seja calculada mês a mês, aplicando-se as alíquotas previstas no Art. 198, observado o limite máximo do salário de contribuição."*

COMPETÊNCIA PARA A EXECUÇÃO:

DECISÕES → do Juiz ou Tribunal que julgou originariamente o dissídio.

TÍTULOS EXECUTIVOS EXTRAJUDICIAIS → Juiz ou Tribunal que teria competência para julgar aquela matéria.

"***Art. 877 CLT*** - É competente para a execução das decisões o Juiz ou Presidente do Tribunal que tiver conciliado ou julgado originariamente o dissídio.

Art. 877-A - É competente para a execução de título executivo extrajudicial o Juiz que teria competência para o processo de conhecimento relativo à matéria."

Citação

A citação representa o início da Execução, possuindo as seguintes características:

> é realizada **pessoalmente**, através dos Oficiais de Justiça;
> pagar ou garantir o juízo em **48h**, sob pena de penhora (inclusive das contribuições sociais devidas à União);
> se o executado for procurado 2x, em 48 horas, e não for encontrado → citação por **edital**.

Quando o executado não paga ou não indica bens para garantir a execução → penhora de bens (tantos quantos bastem para pagamento da condenação, acrescida de custas e juros de mora – devidos da data do ajuizamento).

"***Art. 880.*** Requerida a execução, o Juiz ou Presidente do Tribunal mandará expedir mandado de citação do executado, a fim de que cumpra a decisão ou o acordo no prazo, pelo modo e sob as cominações estabelecidas ou, quando se tratar de pagamento em dinheiro, inclusive de contribuições sociais devidas à União, para que o faça em 48 (quarenta e oito) horas ou garanta a execução, sob pena de penhora.

§ 1º - O mandado de citação deverá conter a decisão exequenda ou o termo de acordo não cumprido.

§ 2º - A citação será feita pelos oficiais de diligência.

§ 3º - Se o executado, procurado por 2 (duas) vezes no espaço de 48 (quarenta e oito) horas, não for encontrado, far-se-á citação por edital, publicado no jornal oficial ou, na falta deste, afixado na sede da Junta ou Juízo, durante 5 (cinco) dias.

***Art. 881** - No caso de pagamento da importância reclamada, será este feito perante o escrivão ou secretário, lavrando-se termo de quitação, em 2 (duas) vias, assinadas pelo exequente, pelo executado e pelo mesmo escrivão ou secretário, entregando-se a segunda via ao executado e juntando-se a outra ao processo.*

***Parágrafo único** - Não estando presente o exequente, será depositada a importância, mediante guia, em estabelecimento oficial de crédito ou, em falta deste, em estabelecimento bancário idôneo.*

***Art. 882** - O executado que não pagar a importância reclamada poderá garantir a execução mediante depósito da mesma, atualizada e acrescida das despesas processuais, ou nomeando bens à penhora, observada a ordem preferencial estabelecida no Art. 655 do Código Processual Civil.*

***Art. 883** - Não pagando o executado, nem garantindo a execução, seguir-se-á penhora dos bens, tantos quantos bastem ao pagamento da importância da condenação, acrescida de custas e juros de mora, sendo estes, em qualquer caso, devidos a partir da data em que for ajuizada a reclamação inicial."*

Embargos à Execução

Depois de garantida a execução ou penhorados os bens, o executado possui **5 dias** para embargar a execução (igual prazo para impugnar os embargos).

A Fazenda Pública está dispensada de garantir o juízo. Ela é citada para oferecer embargos, caso queira (e não para pagar ou indicar bens à penhora).

Segundo a CLT, os embargos possuem matéria de defesa restrita; podem versar apenas sobre:

> Cumprimento da decisão ou do acordo.

> Quitação ou prescrição da dívida.

Nos embargos à execução, podem ser arroladas testemunhas (nesse caso, se o Juiz entender que é necessário ouvir o depoimento delas, marcará audiência para que seja realizada, dentro de 5 dias). O Juiz tem 5 dias para decidir.

*"**Art. 884** - Garantida a execução ou penhorados os bens, terá o executado 5 (cinco) dias para apresentar embargos, cabendo igual prazo ao exequente para impugnação.*

§ 1º - A matéria de defesa será restrita às alegações de cumprimento da decisão ou do acordo, quitação ou prescrição da divida.

§ 2º - Se na defesa tiverem sido arroladas testemunhas, poderá o Juiz ou o Presidente do Tribunal, caso julgue necessários seus depoimentos, marcar audiência para a produção das provas, a qual deverá realizar-se dentro de 5 (cinco) dias.

§ 3º - Somente nos embargos à penhora poderá o executado impugnar a sentença de liquidação, cabendo ao exequente igual direito e no mesmo prazo.

§ 4º Julgar-se-ão na mesma sentença os embargos e as impugnações à liquidação apresentadas pelos credores trabalhista e previdenciário."

*"**Art. 885** - Não tendo sido arroladas testemunhas na defesa, o Juiz ou Presidente, conclusos os autos, proferirá sua decisão, dentro de 5 (cinco) dias, julgando subsistente ou insubsistente a penhora.*

***Art. 886** - Se tiverem sido arroladas testemunhas, finda a sua inquirição em audiência, o escrivão ou secretário fará, dentro de 48 (quarenta e oito) horas, conclusos os autos ao Juiz ou Presidente, que proferirá sua decisão, na forma prevista no artigo anterior.*

§ 1º - Proferida a decisão, serão da mesma notificadas as partes interessadas, em registrado postal, com franquia."

Apesar do disposto na CLT, atualmente, a avaliação dos bens penhorados é feita pelos próprios Oficiais de Justiça.

Execução por Carta Precatória

Quando o devedor não tiver bens no foro em que está tramitando a execução e existirem bens em foro diverso, eles poderão ser penhorados, avaliados e alienados através de carta precatória. O Juízo deprecante envia a carta precatória ao juízo deprecado, requerendo a constrição e a expropriação de bens do devedor, as quais se encontram na jurisdição do juízo deprecado.

Deprecante → envia a carta precatória.

Deprecado → recebe a precatória.

Oferecimento dos embargos → pode ser feito em qualquer um dos dois juízos (deprecante ou deprecado).

Julgamento dos embargos:

> **Regra**: deprecante.

> **Exceção**: se os embargos versarem apenas sobre vícios ou irregularidades da penhora, avaliação ou alienação de bens, praticados pelo juízo deprecado → deprecado julgará.

"Súmula Nº 419 DO TST

COMPETÊNCIA. EXECUÇÃO POR CARTA. EMBARGOS DE TERCEIRO. JUÍZO DEPRECANTE

Na execução por carta precatória, os embargos de terceiro serão oferecidos no juízo deprecante ou no juízo deprecado, mas a competência para julgá-los é do juízo deprecante, salvo se versarem, unicamente, sobre vícios ou irregularidades da penhora, avaliação ou alienação dos bens, praticados pelo juízo deprecado, em que a competência será deste último."

Os embargos e sua eventual impugnação serão julgados na mesma sentença → dessa decisão, caberá AGRAVO DE PETIÇÃO.

Execução Provisória na Justiça do Trabalho

*"**Art. 899 CLT** - Os recursos serão interpostos por simples petição e terão efeito meramente devolutivo, salvo as exceções previstas neste Título, permitida a execução provisória até a penhora."*

A execução provisória é aquela realizada com base em um título executivo judicial que está sendo objeto de recurso (recebido apenas com efeito devolutivo).

Prevalece que a execução provisória segue até a fase de garantia do juízo (constrição de bens suficientes para saldar todo o valor que está sendo executado). Na execução provisória, serão também apreciados os embargos à execução e o agravo de petição. Não são praticados atos de expropriação na execução provisória (alienação dos bens do reclamado).

"Súmula Nº 417 DO TST

MANDADO DE SEGURANÇA. PENHORA EM DINHEIRO

I. Não fere direito líquido e certo do impetrante o ato judicial que determina penhora em dinheiro do executado, em execução definitiva, para garantir crédito exequendo, uma vez que obedece à gradação prevista no Art. 655 do CPC.

II. Havendo discordância do credor, em execução definitiva, não tem o executado direito líquido e certo a que os valores penhorados em dinheiro fiquem depositados no próprio banco, ainda que atenda aos requisitos do Art. 666, I, do CPC.

III. Em se tratando de execução provisória, fere direito líquido e certo do impetrante a determinação de penhora em dinheiro, quando nomeados outros bens à penhora, pois o executado tem direito a que a execução se processe da forma que lhe seja menos gravosa, nos termos do Art. 620 do CPC."

Execução por Prestações Sucessivas

*"**Art. 890** - A execução para pagamento de prestações sucessivas far-se-á com observância das normas constantes desta Seção, sem prejuízo das demais estabelecidas neste Capítulo.*

***Art. 891** - Nas prestações sucessivas por tempo determinado, a execução pelo não pagamento de uma prestação compreenderá as que lhe sucederem.*

***Art. 892** - Tratando-se de prestações sucessivas por tempo indeterminado, a execução compreenderá inicialmente as prestações devidas até a data do ingresso na execução."*

A execução de parcelas inadimplidas depende do tipo da prestação:

Por tempo DETERMINADO → o não pagamento de uma acarretará a execução de todas elas, ocorre o vencimento antecipado de todas as demais parcelas. (Ex.: acordos judiciais parcelados).

Por tempo INDETERMINADO → a execução dar-se-á sobre as prestações devidas até a data do ingresso na execução. Mas podem ser incluídas também as parcelas que vencerem no curso da execução (princípio da celeridade, economia processual e efetividade).

Penhora de Bens

Caso o executado, em 48h após a citação, não pague ou nomeie bens à penhora, serão penhorados tantos bens quanto bastem para satisfação do crédito, com acréscimo de custas, juros de mora, correção monetária e contribuições previdenciárias.

Segundo o princípio da utilidade para o credor (ou apenas utilidade), disposto no Art. 659, § 2°do CPC, não será efetivada a penhora, se os bens encontrados forem totalmente absorvidos pelo pagamento das custas da execução. Nesse caso, o Oficial de Justiça descreverá os bens que guarnecem a residência ou o estabelecimento do executado.

ORDEM PREFERENCIAL DA PENHORA

"CPC - Art. 655. A penhora observará, preferencialmente, a seguinte ordem:

I. dinheiro, em espécie ou em depósito ou aplicação em instituição financeira;
II. veículos de via terrestre;
III. bens móveis em geral;
IV. bens imóveis;
V. navios e aeronaves;
VI. ações e quotas de sociedades empresárias;
VII. percentual do faturamento de empresa devedora;
VIII. pedras e metais preciosos;
IX. títulos da dívida pública da União, Estados e Distrito Federal com cotação em mercado;
X. títulos e valores mobiliários com cotação em mercado;
XI. outros direitos."

Fase de Expropriação de Bens

Segundo alguns doutrinadores, a expressão "hasta pública" é gênero e divide-se em:

PRAÇA → expropriação de bens IMÓVEIS, realizada no átrio do fórum.

LEILÃO → expropriação de bens MÓVEIS, podendo ser feita onde se encontrarem os bens.

A CLT usa o termo "praça" indistintamente, tanto para expropriação de bens móveis como de imóveis.

A arrematação é a alienação de bens penhorados para o público, objetivando a satisfação do crédito.

Ela deve ser antecedida por, pelo menos, **20 dias** de edital, afixado na sede do juízo ou Tribunal, além de publicação em jornal local que, porventura, exista. O edital de hasta pública é requisito indispensável para a validade do ato expropriatório → pena de nulidade.

Nos termos do Art. 888 da CLT, a hasta pública é única, sendo os bens arrematados pelo maior lance (desde que não seja preço vil).

O exequente possui preferência para adjudicação (ato mediante o qual o exequente adquire para si o bem penhorado que será alienado em hasta pública). Ele pode requerer a adjudicação até a assinatura do auto de arrematação.

O arrematante deve dar um sinal de 20% para garantir seu lance, devendo pagar em 24 horas o preço da arrematação, sob pena de que ele ou de que seu fiador percam o sinal em benefício da execução.

*"**Art. 888** - Concluída a avaliação, dentro de dez dias, contados da data da nomeação do avaliador, seguir-se-á a arrematação, que será anunciada por edital afixado na sede do juízo ou Tribunal e publicado no jornal local, se houver, com a antecedência de vinte (20) dias.*

§ 1º A arrematação far-se-á em dia, hora e lugar anunciados e os bens serão vendidos pelo maior lance, tendo o exequente preferência para a adjudicação.

§ 2º O arrematante deverá garantir o lance com o sinal correspondente a 20% (vinte por cento) do seu valor.

§ 3º Não havendo licitante, e não requerendo o exequente a adjudicação dos bens penhorados, poderão os mesmos ser vendidos por leiloeiro nomeado pelo Juiz ou Presidente.

§ 4º Se o arrematante, ou seu fiador, não pagar dentro de 24 (vinte e quatro) horas o preço da arrematação, perderá, em benefício da execução, o sinal de que trata o § 2º deste artigo, voltando à praça os bens executados."

"Súmula Nº 399 DO TST

AÇÃO RESCISÓRIA. CABIMENTO. SENTENÇA DE MÉRITO. DECISÃO HOMOLOGATÓRIA DE ADJUDICAÇÃO, DE ARREMATAÇÃO E DE CÁLCULOS

I. É incabível ação rescisória para impugnar decisão homologatória de adjudicação ou arrematação.

II. A decisão homologatória de cálculos apenas comporta rescisão quando enfrentar as questões envolvidas na elaboração da conta de liquidação, quer solvendo a controvérsia das partes quer explicitando, de ofício, os motivos pelos quais acolheu os cálculos oferecidos por uma das partes ou pelo setor de cálculos, e não contestados pela outra."

REMIÇÃO → é o pagamento total da dívida pelo devedor, com o intuito de evitar a expropriação de seus bens. Ela só será concedida se ele oferecer preço que compreenda a totalidade da dívida, acrescida de todas as despesas processuais e de honorários advocatícios (Art. 651 do CPC).

"Art. 651. do CPC - Antes de adjudicados ou alienados os bens, pode o executado, a todo tempo, remir a execução, pagando ou consignando a importância atualizada da dívida, mais juros, custas e honorários advocatícios"

Vamos Praticar

01. (FCC) Na falta de regulamentação específica, aplica-se ao Processo do Trabalho de conhecimento e execução, respectivamente,

a) a) o Código de Processo Civil e a Lei de Execuções Fiscais.

b) b) o Código de Processo Civil e a Lei de Falências.

c) c) o Código de Processo Civil e o Código do Consumidor.

d) d) o Código do Consumidor e a Lei de Execuções Fiscais.

e) e) a Lei de Falências e o Código do Consumidor.

02. (FCC) De acordo com a Consolidação das Leis do Trabalho, o Juiz ou Presidente do Tribunal, requerida a execução, mandará expedir mandado de citação ao executado, a fim de que cumpra a decisão ou o acordo no prazo, pelo modo e sob as cominações estabelecidas, ou, em se tratando de pagamento em dinheiro,

a) excluídas as contribuições sociais devidas ao INSS, para que pague em vinte e quatro horas, ou garanta a execução, sob pena de penhora.

b) incluídas as contribuições sociais devidas ao INSS, para que pague em vinte e quatro horas, ou garanta a execução, sob pena de penhora.

c) excluídas as contribuições sociais devidas ao INSS, para que pague em quarenta e oito horas, ou garanta a execução, sob pena de penhora.

d) incluídas as contribuições sociais devidas ao INSS, para que pague em quarenta e oito horas, ou garanta a execução, sob pena de penhora.

e) incluídas as contribuições sociais devidas ao INSS, para que pague em cinco dias, ou garanta a execução, sob pena de penhora.

03. (FCC) Em relação à execução trabalhista, conforme regras contidas na Consolidação das Leis do Trabalho, é correto afirmar:

a) Os termos de ajuste de conduta, firmados perante o Ministério Público do Trabalho, e os termos de conciliação, firmados perante as Comissões de Conciliação Prévia, são considerados títulos executivos extrajudiciais e serão executados pela forma estabelecida pela CLT.

b) A execução poderá ser promovida por qualquer interessado, reclamante ou reclamado, mas não poderá ser promovida *ex officio* pelo próprio Juiz competente.

c) Requerida a execução, o Juiz mandará expedir mandado de citação do executado, quando se tratar de pagamento em dinheiro, inclusive de contribuições sociais devidas à União, para que o faça em 05 (cinco) dias ou garanta a execução, sob pena de penhora.

d) Garantida a execução ou penhorados os bens, terá o executado 10 (dez) dias para apresentar embargos, cabendo igual prazo ao exequente para impugnação.

e) Nas prestações sucessivas por tempo determinado, a execução pelo não pagamento de uma prestação não compreenderá as que lhe sucederem.

04. (FCC) De acordo com a Consolidação das Leis do Trabalho, na execução trabalhista, procurado o executado por duas vezes no espaço de

a) quarenta e oito horas e não encontrado, deve o Oficial de Justiça certificar, passando-se para a citação por edital.

b) trinta e seis horas, não encontrado, deve o Oficial de Justiça certificar, passando-se para a citação por hora certa.

c) quarenta e oito horas e não encontrado, deve o Oficial de Justiça certificar, passando-se para a citação por hora certa.

d) vinte e quatro horas e não encontrado, deve o Oficial de Justiça certificar, passando-se para a citação por edital.

e) vinte e quatro horas e não encontrado, deve o Oficial de Justiça certificar, passando-se para a citação por hora certa.

05. (FCC) Salomão e David são irmãos e pretendem arrematar um imóvel no leilão judicial de bens penhorados em reclamações trabalhistas para moradia de sua mãe. Em determinado leilão judicial, Salomão conseguiu arrematar uma casa pelo valor de R$ 100.000,00. Neste caso, Salomão deverá garantir o seu lance com um sinal correspondente a:

a) R$ 10.000,00 e efetuar o pagamento do restante em 48 horas da arrematação.

b) R$ 10.000,00 e efetuar o pagamento do restante em 24 horas da arrematação.

c) R$ 20.000,00 e efetuar o pagamento do restante em 48 horas da arrematação.

d) R$ 20.000,00 e efetuar o pagamento do restante em 24 horas da arrematação.

e) R$ 15.000,00 e efetuar o pagamento do restante em 24 horas da arrematação.

06. (FCC) Flávia arrematou um veículo modelo X, ano 2007, placa Y em hasta pública decorrente de execução de reclamação trabalhista da empresa XYZ. O veículo foi arrematado por R$ 10.000,00. De acordo com a Consolidação das Leis do Trabalho, Flávia deverá garantir um sinal de:

a) R$ 2.000,00 e depositar o restante em 24 horas.
b) R$ 2.000,00 e depositar o restante em 48 horas.
c) R$ 5.000,00 e depositar o restante em 24 horas
d) d) R$ 5.000,00 e depositar o restante em 48 horas.
e) R$ 1.000,00 e depositar o restante em 24 horas.

07. (FCC) A respeito da arrematação, é correto afirmar que os bens serão vendidos pelo maior lance,

a) não possuindo o exequente preferência para a adjudicação. O arrematante deverá garantir o lance com um sinal correspondente a 10% do seu valor.
b) tendo o exequente preferência para a adjudicação. O arrematante deverá garantir o lance com um sinal correspondente a 15% do seu valor.
c) tendo o exequente preferência para a adjudicação. O arrematante deverá garantir o lance com um sinal correspondente a 20% do seu valor.
d) tendo o exequente preferência para a adjudicação. O arrematante deverá garantir o lance com um sinal correspondente a 5% do seu valor.
e) não possuindo o exequente preferência para a adjudicação. O arrematante deverá garantir o lance com um sinal correspondente a 15% do seu valor.

08. (FCC) Simon arrematou uma casa em leilão judicial, no qual os bens da empresa "X" foram leiloados para pagamento de diversas reclamações trabalhistas. O lance de Simon foi de R$ 500.000,00. Neste caso, de acordo com a Consolidação das Leis do Trabalho, Simon deverá garantir o lance com

a) sinal de R$ 100.000,00 e pagar o preço da arrematação dentro de 24 horas.
b) o seu preço integral no ato da arrematação no leilão judicial.
c) sinal de R$ 50.000,00 e pagar o preço da arrematação dentro de 24 horas.
d) sinal de R$ 100.000,00 e pagar o preço da arrematação dentro de 48 horas.
e) sinal de R$ 50.000,00 e pagar o preço da arrematação dentro de cinco dias.

09. (FCC) Considere as seguintes assertivas, a respeito da praça, do leilão e da arrematação:

I. Concluída a avaliação, seguir-se-á a arrematação, que será anunciada por edital afixado na sede do juízo ou Tribunal e publicado no jornal local, se houver, com a antecedência de quinze dias.
II. O sinal para garantir o lance é de 50% sobre o seu valor.
III. O arrematante terá cinco dias para pagar o preço da arrematação, prazo este contado do dia da praça.
IV. Se o arrematante, ou seu fiador não pagar no prazo legal o preço da arrematação, perderá, em benefício da execução, o sinal que foi dado, voltando à praça os bens executados.

De acordo com a Consolidação das Leis do Trabalho está correto o que se afirma APENAS em:

a) I e IV.
b) II.
c) I e III.
d) II e IV.
e) IV.

10. (FCC) Tendo em vista a execução trabalhista, segundo a Consolidação das Leis do Trabalho, é INCORRETO afirmar:

a) Não há citação para execução, uma vez que a fase executiva pode ser iniciada de ofício pelo Juiz.
b) A citação na execução será realizada por mandado, mas, se o executado não for encontrado após duas tentativas, caberá a citação por edital.
c) A citação na execução poderá ser feita pelos Oficiais de Justiça.
d) A citação na execução será realizada por mandado, determinando o cumprimento da decisão ou do acordo no prazo e com as cominações ali estabelecidas.
e) No mandado de citação na execução, quando se tratar de pagamento em dinheiro, constarão igualmente as contribuições previdenciárias devidas.

Gabarito

01	A	06	D
02	D	07	C
03	A	08	A
04	A	09	D
05	D	10	A

Anotações

CAPÍTULO 08

Fase Recursal

Princípios Recursais

Duplo Grau de Jurisdição (relativo)

Esse princípio existe apenas quando a lei disciplinar o recurso, e forem observados os pressupostos recursais. O garantido pela Constituição (Art. 5º, LV) aos litigantes em processo judicial e administrativo e aos acusados em geral, é o contraditório e a ampla defesa, com os meios e recursos a ela inerentes. (Ex.: dissídio de alçada – Lei 5.584/70 – não cabem recursos das decisões prolatadas, salvo se versarem sobre matéria constitucional).

Singularidade ou Unirrecorribilidade

Esse princípio diz ser cabível apenas um recurso para cada decisão. (Existem exceções → acórdão com parte unânime, cabe Recurso Extraordinário ou Recurso Especial dessa parte) e parte não unânime (cabendo embargos infringentes dessa outra parte).

Fungibilidade

A fungibilidade consiste no fato de o recorrente poder interpor um recurso ao invés de outro, quando presentes alguns requisitos. (O Juiz conheceria esse recurso, erroneamente interposto, como se fosse cabível).

Decorre do caráter instrumental do processo e do princípio do aproveitamento dos atos processuais já praticados.

REQUISITOS:

1. Dúvida Objetiva (fundada em doutrina e jurisprudência).
2. Inexistência de erro grosseiro ou má-fé.
3. Interposição no prazo do recurso correto.

Não Reformatio In Pejus

Dispõe que não se pode agravar a situação do recorrente. Além disso, as matérias que o Tribunal pode apreciar já foram delimitadas pelo recorrente na peça do recurso (*tantum devolutum quantum apellatum*).

Em caso de impugnação parcial da sentença pela parte, o Tribunal não poderá agravar apreciar a parte que não foi objeto de recurso (essa parte não recorrida transitou em julgado).

Exceção: matérias que o Tribunal pode conhecer de ofício (matérias de ordem pública), elencadas no Art. 301 do CPC (quanto a essas matérias, ocorre o efeito translativo do recurso – o Tribunal conhecerá essas matérias, mesmo que não tenham sido objeto de recurso).

Variabilidade

Dispõe que, dentro do prazo recursal, a parte poderia variar o recurso interposto, ou seja, alterar o recurso que já interpôs, com o objetivo de interpor o recurso correto. Prevalece que não é admitido; uma vez interposto o recurso, ocorre a preclusão consumativa. (O direito de recorrer se exauriu. Quando recorreu pela primeira vez, não pode fazê-lo de novo).

Irrecorribilidade (Imediata) das Decisões Interlocutórias

Decisão interlocutória é a proferida no curso do processo, que resolve questão incidente, causando gravame a uma ou a ambas as partes, sem pôr fim ao processo. São decisões que o Juiz toma no curso do processo, sem extingui-lo naquela instância (não acarreta uma das hipóteses dos Arts. 267 ou 269 do CPC).

Decorre do princípio da oralidade, a fim de imprimir maior agilidade ao processo e propiciar maior celeridade processual.

> *"**Art. 893**, § 1º, da CLT - Os incidentes do processo são resolvidos pelo próprio Juízo ou Tribunal, admitindo-se a apreciação do merecimento das decisões interlocutórias somente em recursos da decisão definitiva."*

Das decisões interlocutórias não cabe recurso de imediato (em regra). Elas serão apreciadas pelo mesmo recurso a ser usado para atacar as decisões definitivas. (Ex.: decisão interlocutória no curso do processo de conhecimento tramitando em Vara do Trabalho, poderá rediscuti-la quando da interposição do Recurso Ordinário).

"Súmula 214 do TST- DECISÃO INTERLOCUTÓRIA. IRRECORRIBILIDADE

> *Na Justiça do Trabalho, nos termos do Art. 893, § 1º, da CLT, as decisões interlocutórias não ensejam recurso imediato, salvo nas hipóteses de decisão: a) de Tribunal Regional do Trabalho contrária à Súmula ou Orientação Jurisprudencial do Tribunal Superior do Trabalho; b) suscetível de impugnação mediante recurso para o mesmo Tribunal; c) que acolhe exceção de incompetência territorial, com a remessa dos autos para Tribunal Regional distinto daquele a que se vincula o juízo excepcionado, consoante o disposto no Art. 799, § 2º, da CLT."*

→ Cabe recurso de imediato das seguintes decisões interlocutórias:

1) Decisão de TRT que contraria Súmula/OJ do TST
2) Impugnável perante o mesmo Tribunal (Agravo Regimental)
3) Acolhe exceção de incompetência territorial e remete autos para outro TRT

Da Remessa Necessária ou Recurso de Ofício:

Quando houver condenação em face da Fazenda Pública (União, Estados, Municípios, Distrito Federal e as respectivas autarquias e fundações públicas que não explorem atividade econômica), o processo estará sujeito ao duplo grau de jurisdição obrigatório. (Previsão no Art. 475 do CPC, com adaptações ao processo trabalhista na súmula 303 do TST)

Confere legitimidade para o Juiz do Trabalho recorrer nesses casos.

Enquanto a sentença não for reexaminada pelo Tribunal, não haverá o trânsito em julgado, ela será ineficaz.

Toda a matéria é devolvida para o Tribunal reapreciar.

Súmula nº 303 do TST

I. Em dissídio individual, está sujeita ao duplo grau de jurisdição, mesmo na vigência da CF/1988, decisão contrária à Fazenda Pública, salvo:

a) quando a condenação não ultrapassar o valor correspondente a 60 (sessenta) salários mínimos;

b) quando a decisão estiver em consonância com decisão plenária do Supremo Tribunal Federal ou com súmula ou orientação jurisprudencial do Tribunal Superior do Trabalho.

II. Em ação rescisória, a decisão proferida pelo juízo de primeiro grau está sujeita ao duplo grau de jurisdição obrigatório quando desfavorável ao ente público, exceto nas hipóteses das alíneas "a" e "b" do inciso anterior.

III. Em Mandado de Segurança, somente cabe remessa ***ex officio*** *se, na relação processual, figurar pessoa jurídica de direito público como parte prejudicada pela concessão da ordem. Tal situação não ocorre na hipótese de figurar no feito como impetrante e terceiro interessado pessoa de direito privado, ressalvada a hipótese de matéria administrativa.*

Não cabe remessa necessária quando a decisão:

> não ultrapassar 60 salários mínimos
> estiver de acordo com:
> decisão plenária do STF
> Súmula ou OJ do TST

Efeitos dos Recursos

Efeito Devolutivo (*tantum devolutum quantum apellatum*)

O Tribunal irá apreciar apenas a matéria impugnada pelo recorrente, não podendo, em regra, agir de ofício.

Esse efeito devolve a matéria para que ela seja rediscutida, reapreciada. Entretanto, apenas as matérias veiculadas no recurso pelas partes é que serão devolvidas, em regra.

O efeito devolutivo não obsta o prosseguimento da execução, que seguirá até a penhora (prossegue até a constrição dos bens).

"CLT - Art. 899 - Os recursos serão interpostos por simples petição e terão efeito meramente devolutivo, salvo as exceções previstas neste Título, permitida a execução provisória até a penhora."

Efeito Translativo ou Devolutivo em Profundidade:

É a possibilidade que o Tribunal tem de apreciar determinadas matérias que não foram invocadas pelo recorrente.

As matérias de ordem pública (Art. 301 do CPC) podem ser apreciadas de ofício, ainda que não impugnadas no recurso.

Exceções: recursos que exigem prequestionamento (ex.: recurso de revista e recurso extraordinário).

"Súmula nº 393 do TST - RECURSO ORDINÁRIO. EFEITO DEVOLUTIVO EM PROFUNDIDADE. ART. 515, § 1º, DO CPC

O efeito devolutivo em profundidade do recurso ordinário, que se extrai do § 1º do Art. 515 do CPC, transfere ao Tribunal a apreciação dos fundamentos da inicial ou da defesa, não examinados pela sentença, ainda que não renovados em contrarrazões. Não se aplica, todavia, ao caso de pedido não apreciado na sentença, salvo a hipótese contida no § 3º do Art. 515 do CPC."

De acordo com o entendimento sumulado do TST, em virtude desse princípio, os fundamentos da inicial ou da defesa não apreciados na sentença serão apreciados pelo Tribunal, mesmo que não renovados em contrarrazões.

Por outro lado, o mesmo não se aplica para o pedido não apreciado na sentença, salvo a hipótese do Art. 515, § 3º do CPC *["Nos casos de extinção do processo sem julgamento do mérito (Art. 267), o Tribunal pode julgar desde logo a lide, se a causa versar questão exclusivamente de direito e estiver em condições de imediato julgamento"].*

Efeito Suspensivo

Ele suspende a eficácia de decisão, enquanto não for julgado o recurso em face dela interposto.

No Processo do Trabalho, os recursos, como regra geral, NÃO TÊM EFEITO SUSPENSIVO.

Nos dissídios coletivos, há a possibilidade de se deferir efeito suspensivo ao recurso ordinário.

Pode ser concedido em alguns casos (ex.: execução provisória da sentença que possa acarretar danos irreparáveis ao reclamado). Mas tem de ser requerida via ação cautelar.

De acordo com a CLT, a interposição de recurso para o Supremo Tribunal Federal **não prejudicará** a execução do julgado.

"Súmula 414 do TST - MANDADO DE SEGURANÇA. ANTECIPAÇÃO DE TUTELA (OU LIMINAR) CONCEDIDA ANTES OU NA SENTENÇA

I. A antecipação da tutela concedida na sentença não comporta impugnação pela via do Mandado de Segurança, por ser impugnável mediante recurso ordinário. A ação cautelar é o meio próprio para se obter efeito suspensivo a recurso.

II. No caso da tutela antecipada (ou liminar) ser concedida antes da sentença, cabe a impetração do Mandado de Segurança, em face da inexistência de recurso próprio.

III. A superveniência da sentença, nos autos originários, faz perder o objeto do Mandado de Segurança que impugnava a concessão da tutela antecipada (ou liminar)."

O meio adequado de se obter efeito suspensivo em um recurso é a AÇÃO CAUTELAR (e não o Mandado de Segurança).

Efeito Substitutivo

- Quando o Tribunal decidir o mérito do recurso, o acórdão proferido substituirá a decisão recorrida nessa parte objeto de recurso. Somente é gerado quando o recurso é conhecido. Haverá a substituição da sentença, mesmo quando o acórdão confirmar a sentença pelos próprios fundamentos.

Efeito Extensivo

O efeito extensivo é aplicado para litisconsórcio unitário (decisão deve ser uniforme para todos os litisconsortes). O recurso interposto por um deles é aproveitado pelos demais, sendo estendida a decisão a eles, salvo se distintos ou opostos os seus interesses.

Prazos Recursais

→ Regra: 8 dias (RO, RR, Embargos no TST, Agravo de Instrumento e de Petição)

→ Exceções:.

> Embargos de Declaração – 5 dias.

> Recurso Extraordinário – 15 dias.

> Pedido de revisão – 48 horas.

PRAZO (INTERPOR E CONTRARRAZOAR)	RECURSO
8 DIAS	RECURSO ORDINÁRIO RECURSO DE REVISTA AGRAVO DE PETIÇÃO AGRAVO DE INSTRUMENTO RECURSO ADESIVO EMBARGOS NO TST.
5 DIAS	EMBARGOS DE DECLARAÇÃO (somente cabem contrarrazões, se houver pedido com efeito modificativo do julgado).
15 DIAS	RECURSO EXTRAORDINÁRIO
48 HORAS	PEDIDO DE REVISÃO (não há contrarrazões)

Fique Ligado

Fazenda Pública e Ministério Público possuem prazos maiores:

> ***Quádruplo para CONTESTAR (4x)***

> ***Dobro para RECORRER (2x)***

O prazo para contrarrazoar o recurso é o mesmo prazo para a sua interposição (exemplo: o prazo do RO é de oito dias, então, o prazo para a outra parte oferecer as contrarrazões também será de oito dias).

*"**CLT - Art. 900** - Interposto o recurso, será notificado o recorrido para oferecer as suas razões, em prazo igual ao que tiver tido o recorrente.*

***Art. 901** - Sem prejuízo dos prazos previstos neste Capítulo, terão as partes vistas dos autos em cartório ou na Secretaria.*

***Parágrafo único** - Salvo quando estiver correndo prazo comum, aos procuradores das partes será permitido ter vista dos autos fora do cartório ou Secretaria."*

A intimação da sentença dá-se na própria audiência, devendo o Juiz juntá-la em 48 horas aos autos. (Juntada após → prazo recursal contado da intimação da sentença.)

Súmula nº 30 do TST

Quando não juntada a ata ao processo, em 48 horas, contadas da audiência de julgamento (Art. 851, § 2º, da CLT), o prazo para recurso será contado da data em que a parte receber a intimação da sentença.

As partes saem da audiência já intimadas da sentença. Se o Juiz não juntar a ata do processo em 48 horas, o prazo para recurso contará, então, da data em que a parte receber a intimação da sentença.

Se a parte for notificada ou intimada no sábado (ou em dia não útil), considera-se que ela foi intimada no próximo dia útil, sendo que a contagem iniciará no dia útil subsequente ao desse em que a parte considera-se intimada. (Ex.: parte recebeu intimação no sábado dia 14; considera-se que ela recebeu a intimação então na segunda-feira dia 16. A contagem, por sua vez, inicia-se na terça-feira, dia 17 (considerando que tanto a segunda-feira como a terça-feira são dias úteis).

Durante o recesso forense (20 de dezembro a 06 de janeiro), os prazos recursais são suspensos (param de correr no dia 20 de dezembro e voltam a correr, de onde pararam, no dia 7 de janeiro – se for dia útil).

Súmula nº 262 do TST

I. *Intimada ou notificada a parte no sábado, o início do prazo se dará no primeiro dia útil imediato e a contagem, no subsequente.*

II. *O recesso forense e as férias coletivas dos Ministros do Tribunal Superior do Trabalho suspendem os prazos recursais.*

Recurso Interposto Via Fac-Símile

Após o término do prazo recursal, inicia-se o prazo de 5 dias para a apresentação dos originais, não precisando haver notificação para fazê-lo.

O quinquídio não será prorrogado em caso de coincidir com sábado, domingo ou feriado.

"Súmula 387 do TST

I. *A Lei nº 9.800, de 26.05.1999, é aplicável somente a recursos interpostos após o início de sua vigência.*

II. *A contagem do quinquídio para apresentação dos originais de recurso interposto por intermédio de fac-símile começa a fluir do dia subsequente ao término do prazo recursal, nos termos do Art. 2º da Lei nº 9.800, de 26.05.1999, e não do dia seguinte à interposição do recurso, se esta se deu antes do termo final do prazo.*

III. *Não se tratando a juntada dos originais de ato que dependa de notificação, pois a parte, ao interpor o recurso, já tem ciência de seu ônus processual, não se aplica a regra do Art. 184 do CPC quanto ao dies a quo, podendo coincidir com sábado, domingo ou feriado.*

IV. *A autorização para utilização do fac-símile, constante do Art. 1º da Lei n.º 9.800, de 26.05.1999, somente alcança as hipóteses em que o documento é dirigido diretamente ao órgão jurisdicional, não se aplicando à transmissão ocorrida entre particulares."*

Pressupostos Recursais

Pressupostos Objetivos ou Extrínsecos (fatores que dizem respeito ao recurso)

1) Recorribilidade do Ato e Adequação:

O ato deve ser recorrível e serve ser utilizado o recurso adequado para cada momento (despachos não são recorríveis). Mesmo se o ato for recorrível, deve-se utilizar o recurso apropriado para impugnar essa decisão.

2) Regularidade Formal:

Em regra, os recursos são interpostos por simples petição (exceções: Recurso de Revista, que é um recurso técnico – precisa de fundamentação; e Agravo de Petição, no qual o agravante deve delimitar as matérias e os valores impugnados).

O recurso não assinado é considerado inexistente. (Mas será considerado válido se, pelo menos, tiver assinatura na petição de apresentação ou nas razões recursais.)

"Orientação Jurisprudencial 120 da SDI-1

O recurso sem assinatura será tido por inexistente. Será considerado válido o apelo assinado, ao menos, na petição de apresentação ou nas razões recursais."

3) Regularidade de Representação:

Fique Ligado

O recurso pode ser subscrito pela própria parte (jus postulandi), precisando de advogado apenas para:

> ***Ação Rescisória.***
> ***Ação Cautelar.***
> ***Mandado de Segurança.***
> ***Recursos de competência do TST.***

"Súmula 425 do TST

O jus postulandi das partes, estabelecido no Art. 791 da CLT, limita-se às Varas do Trabalho e aos Tribunais Regionais do Trabalho, não alcançando a Ação Rescisória, a Ação Cautelar, o Mandado de Segurança e os recursos de competência do Tribunal Superior do Trabalho."

4) Tempestividade:

Os recursos devem ser interpostos, dentro do prazo que a lei determinar (é importante nunca esquecer que a Fazenda Pública e o MP têm prazo em DOBRO para recorrer). Não podem ser interpostos nem antes, nem depois do prazo.

5) Preparo:

Trata-se do pagamento das taxas e despesas processuais para que o recurso seja conhecido. Em alguns casos, o Depósito Recursal também é exigido.

A ausência ou insuficiência do preparo gera a deserção do recurso → não será conhecido.

- **Custas:**

Serão pagas pelo vencido após o trânsito em julgado da decisão. Mas, em caso de recurso, elas devem ser pagas, e comprovado o recolhimento, dentro do prazo recursal.

É importante que não sejam esquecidas as hipóteses de isenção de custas (Beneficiários da Justiça Gratuita, União, Estados, Distrito Federal, Municípios, as respectivas autarquias e fundações públicas, assim como o Ministério Público).

Não ocorrerá deserção para a Massa Falida pelo não recolhimento das custas ou do depósito recursal:

"Súmula 86 do TST

Não ocorre deserção de recurso da massa falida por falta de pagamento de custas ou de depósito do valor da condenação. Esse privilégio, todavia, não se aplica à empresa em liquidação extrajudicial."

- **Depósito Recursal:**

É a garantia em dinheiro feita pela reclamada (devedora), mediante depósito na conta vinculada do FGTS do reclamante, para que possa recorrer.

O depósito deve ser feito e comprovado o seu recolhimento, dentro do prazo recursal.

"Súmula 245 do TST

O depósito recursal deve ser feito e comprovado no prazo alusivo ao recurso. A interposição antecipada deste não prejudica a dilação legal."

As pessoas jurídicas de direito público e o Ministério Público do Trabalho não precisam efetuar o depósito recursal para recorrer. Ele também não é exigido em dissídio coletivo.

*"**CLT, Art., 899**: § 1º Sendo a condenação de valor até 10 (dez) vezes o salário mínimo regional, nos dissídios individuais, só será admitido o recurso inclusive o extraordinário, mediante prévio depósito da respectiva importância. Transitada em julgado a decisão recorrida, ordenar-se-á o levantamento imediato da importância de depósito, em favor da parte vencedora, por simples despacho do Juiz.*

***§2º** Tratando-se de condenação de valor indeterminado, o depósito corresponderá ao que for arbitrado, para efeito de custas, pela Junta ou Juízo de Direito, até o limite de 10 (dez) vezes o salário mínimo da região.*

***§ 4º** - O depósito de que trata o § 1º far-se-á na conta vinculada do empregado a que se refere o Art. 2º da Lei nº 5.107, de 13 de setembro de 1966, aplicando-se-lhe os preceitos dessa Lei, observado, quanto ao respectivo levantamento, o disposto no § 1º.*

***§ 5º** - Se o empregado ainda não tiver conta vinculada aberta em seu nome, nos termos do Art. 2º da Lei nº 5.107, de 13 de setembro de 1966, a empresa procederá à respectiva abertura, para efeito do disposto no § 2º.*

***§ 6º** - Quando o valor da condenação, ou o arbitrado para fins de custas, exceder o limite de 10 (dez) vezes o salário mínimo da região, o depósito para fins de recursos será limitado a este valor."*

Fique Ligado

NÃO PRECISAM FAZER DEPÓSITO RECURSAL:

> ***Pessoas Jurídicas de Direito Público.***
> ***MASSA FALIDA.***

"Súmula nº 86 do TST

Não ocorre deserção de recurso da massa falida por falta de pagamento de custas ou de depósito do valor da condenação. Esse privilégio, todavia, não se aplica à empresa em liquidação extrajudicial."

A insuficiência no recolhimento, ainda que referente a centavos, gera a deserção.

"Orientação Jurisprudencial 140 da SDI-1

Ocorre deserção do recurso pelo recolhimento insuficiente das custas e do depósito recursal, ainda que a diferença em relação ao ***quantum*** *devido seja ínfima, referente a centavos."*

É devido o depósito recursal a cada novo recurso (apenas nos recursos em que ele é exigido, obviamente), visando sempre atingir o montante da dívida, embora não ultrapasse o teto fixado em lei. (Então, se o valor da dívida é inferior ao teto, recolhe-se o valor da dívida; se for superior ao teto, recolhe-se o teto).

No caso de duas ou mais empresas terem sido condenadas solidariamente, o depósito recursal feito por uma delas pode ser aproveitado pela outra. Mas se a empresa que efetuou o depósito estiver pleiteando sua exclusão da lide, não poderá ser aproveitado pela(s) outra(s).

"Súmula 128 do TST

I. *É ônus da parte recorrente efetuar o depósito legal, integralmente, em relação a cada novo recurso interposto, sob pena de deserção. Atingido o valor da condenação, nenhum depósito mais é exigido para qualquer recurso.*

II. *Garantido o juízo, na fase executória, a exigência de depósito para recorrer de qualquer decisão viola os incisos II e LV do Art. 5º da CF/1988. Havendo, porém, elevação do valor do débito, exige-se a complementação da garantia do juízo.*

III. *Havendo condenação solidária de duas ou mais empresas, o depósito recursal efetuado por uma delas aproveita as demais, quando a empresa que efetuou o depósito não pleiteia sua exclusão da lide."*

Pressupostos Subjetivos ou Intrínsecos: (fatores que dizem respeito à pessoa do impetrante):

1) Legitimidade:

A parte legítima para recorrer corresponde ao vencido, ou seja, àquele que teve uma sentença total ou parcialmente desfavorável. Também possuem legitimidade para recorrer o 3º juridicamente interessado e a Procuradoria do Trabalho (MPT).

O Ministério Público do Trabalho possui legitimidade para recorrer tanto nos processos em que figurou como parte, como naqueles em que atuou como fiscal da lei (*custos legis*).

2) Capacidade

Para recorrer, a pessoa precisa ser capaz na órbita civil. (Capacidade de exercício – Art. 7º CPC.)

3) Interesse Recursal:

O recorrente deve mostrar que tem interesse em recorrer, que o recurso será útil para seus interesses e necessário para alcançá-los. (O recurso deve ter a potencialidade de melhorar a situação do recorrente, caso seja provido).

Juízo de Admissibilidade

O recurso é interposto no juízo do qual se recorre (*a quo*), requerendo que ele seja encaminhado para o juízo para o qual se recorre (*ad quem*).

O juízo de admissibilidade consiste na análise do preenchimento dos pressupostos recursais, que será feito em dois momentos. Os pressupostos recursais são apreciados, primeiramente, pelo Juízo *a quo*, que, caso sejam preenchidos, encaminhará o recurso para o Juízo *ad quem*, que reexaminará o atendimento aos requisitos recursais.

Exemplo: o recurso é interposto no Juiz que proferiu a decisão; ele analisará se estão presentes os pressupostos recursais. Estando preenchidos, ele encaminhará o recurso para o Tribunal a que está subordinado, onde o recurso será novamente submetido a esse exame.

1º Juízo de admissibilidade: Juízo *a quo* (do qual se recorre) → encaminhar o recurso ou negar seguimento (cabe agravo de instrumento). A decisão dele não vincula o Juízo *ad quem*.

2º Juízo de admissibilidade: Juízo *ad quem* (para quem se recorre) → Conhecerá ou não o recurso.

Vamos Praticar

01. (CESPE) É admissível a interposição de recursos por fax, desde que os originais sejam juntados ao processo em cinco dias, contados a partir do dia subsequente ao término do prazo recursal.

Certo ( ) Errado ( )

02. (FCC) Das decisões proferidas no âmbito da Justiça do Trabalho são admissíveis os seguintes recursos:

a) Apelação infringente, recurso de revista e embargos.
b) Recurso infringente extraordinário, agravo retido e recurso de revista.
c) Agravo de instrumento, embargos e recurso especial.
d) Recurso ordinário, recurso de revista e agravo de petição.
e) Agravo de petição, apelação e recurso especial.

03. (FCC) O reclamado não compareceu à audiência de instrução, mas, no dia seguinte, apresentou contestação. O juiz indeferiu a juntada desta por ser intempestiva e determinou que se aguardasse a audiência de julgamento já designada. Contra esse indeferimento, o reclamado:

a) Poderá interpor recurso ordinário.
b) Não poderá interpor recurso, por tratar-se de despacho irrecorrível.
c) Poderá interpor agravo de instrumento.
d) Poderá interpor agravo de petição.
e) Poderá interpor agravo retido.

04. (FCC) Considere as seguintes assertivas a respeito dos Recursos:

I. Em relação às questões de ordem pública, que devam ser conhecidas de ofício, pode o juiz ou tribunal decidi-las ainda que não constem das razões recursais ou contra-razões, gerando o denominado efeito extensivo do recurso.

II. Em dissídio individual não está sujeita ao duplo grau de jurisdição decisão contrária à Fazenda Pública, quando a condenação não ultrapassar 60 salários mínimos.

III. O Ministério Público do Trabalho possui o prazo de 16 dias para interpor recurso ordinário.

IV. As sociedades de economia mista possuem o prazo de 16 dias para interpor agravo de instrumento.

Está correto o que se afirma SOMENTE em:

a) I e IV.
b) I, II e III.
c) II, III e IV.
d) II e III.
e) I e II.

05. (FCC) No recurso ordinário, o efeito devolutivo em profundidade, transfere automaticamente ao Tribunal a apreciação de fundamento da defesa não examinado pela sentença:

a) Desde que renovado em contra-razões, não se aplicando, todavia, ao caso de pedido não apreciado na sentença.
b) Ainda que não renovado em contra-razões, não se aplicando, todavia, ao caso de pedido não apreciado na sentença.
c) Ainda que não renovado em contra-razões, aplicando- se, inclusive, ao caso de pedido não apreciado na sentença.
d) Desde que renovado em contra-razões e apreciado na sentença, bastando a apreciação na fundamentação.
e) Desde que renovado em contra-razões, apreciado na sentença com manifestação expressa no relatório e na fundamentação.

06. (FCC) O meio próprio para se obter efeito suspensivo a recurso é:

a) O Mandado de Segurança sem pedido de antecipação de tutela.
b) O Mandado de Segurança com pedido de antecipação de tutela.
c) A Ação Cautelar.
d) O Agravo de Instrumento.
e) Por meio de pedido liminar em Mandado de Segurança.

07. (FCC) O prazo para interposição do recurso ordinário é de:

a) 5 (cinco) dias.
b) 8 (oito) dias.
c) 10 (dez) dias.
d) 15 (quinze) dias.
e) 30 (trinta) dias.

08. (FCC) Considere:

I. Recurso Ordinário.
II. Embargos de Declaração em Recurso Ordinário.
III. Ação Rescisória.
IV. Recurso de Revista.
V. Agravo de Petição de decisão proferida por Vara do Trabalho.

O *jus postulandi* das partes NÃO alcança as hipóteses indicadas APENAS em:

a) I, II e V.
b) III, IV e V.
c) III e IV.
d) II, III e IV.
e) I, II e IV.

09. (FCC) São pressupostos recursais intrínsecos:

a) O depósito recursal e o interesse recursal.
b) O cabimento e o pagamento de custas.
c) O interesse recursal e a legitimidade.
d) A tempestividade e a legitimidade.
e) O depósito recursal e a tempestividade.

10. (CESPE) Na Justiça do Trabalho, as decisões interlocutórias não ensejam recurso imediato, exceto quando suscetíveis de impugnação mediante recurso para o mesmo tribunal, quando houver acolhimento de exceção de incompetência territorial com remessa dos autos para TRT distinto daquele a que se vincula o juízo excepcionado, ou ainda quando a respectiva decisão do TRT for contrária à súmula ou à orientação jurisprudencial do TST.

Certo ( ) Errado ( )

11. (CESPE) Quando as partes são intimadas na data da audiência de publicação da sentença, o prazo para recurso inicia-se no dia do julgamento.

Certo ( ) Errado ( )

12. (CESPE) Segundo o TST, não há, na justiça do trabalho, possibilidade de interpor-se recurso imediato contra decisões interlocutórias, pois estas são irrecorríveis.

Certo ( ) Errado ( )

Gabarito

01	CERTO	07	B
02	D	08	C
03	B	09	C
04	D	10	CERTO
05	B	11	ERRADO
06	C	12	ERRADO

Anotações

CAPÍTULO 09

Recursos em Espécie

Recurso Ordinário

O Recurso Ordinário é o recurso utilizado para impugnação das decisões definitivas (com resolução do mérito) ou terminativas (sem resolução do mérito), proferidas pelas Varas e Juízos.

Ele também é cabível das decisões definitivas ou terminativas dos Tribunais Regionais, em processos de sua competência originária, quer nos dissídios individuais, quer nos dissídios coletivos.

PRAZO → 8 dias, necessitando de depósito recursal.

Conforme regra do Art. 789, § 1º, da CLT, as custas serão pagas pelo vencido, após o trânsito em julgado da decisão. Entretanto, no caso de recurso, as custas serão pagas, e comprovado o recolhimento, **dentro do prazo recursal**.

Esse recurso segue o padrão recursal trabalhista, sendo recebido apenas no efeito devolutivo (não possui efeito suspensivo). A execução provisória poderá ser iniciada, seguindo-se até a penhora.

Esse também é o recurso utilizado para impugnar as decisões proferidas pelos TRTs em Ação Rescisória ou em Mandado de Segurança, sendo cabível para o TST.

"Súmula nº 158 do TST - AÇÃO RESCISÓRIA

Da decisão de Tribunal Regional do Trabalho, em ação rescisória, é cabível recurso ordinário para o Tribunal Superior do Trabalho, em face da organização judiciária trabalhista."

"Súmula nº 201 do TST - RECURSO ORDINÁRIO EM MANDADO DE SEGURANÇA

Da decisão de Tribunal Regional do Trabalho em Mandado de Segurança cabe recurso ordinário, no prazo de 8 (oito) dias, para o Tribunal Superior do Trabalho, e igual dilação para o recorrido e interessados apresentarem razões de contrariedade."

Efeito Devolutivo em Profundidade no Recurso Ordinário

Tal efeito consiste em devolver para o Tribunal apreciar os fundamentos da inicial e da contestação, ainda que não examinados na sentença ou não renovados em contrarrazões (não aplicado para pedidos não apreciados na sentença em regra).

"Súmula nº 393 do TST - RECURSO ORDINÁRIO. EFEITO DEVOLUTIVO EM PROFUNDIDADE. ART. 515, § 1º, DO CPC

O efeito devolutivo em profundidade do recurso ordinário, que se extrai do § 1º do Art. 515 do CPC, transfere ao Tribunal a apreciação dos fundamentos da inicial ou da defesa, não examinados pela sentença, ainda que não renovados em contrarrazões. Não se aplica, todavia, ao caso de pedido não apreciado na sentença, salvo a hipótese contida no § 3º do Art. 515 do CPC."

Nas reclamações sujeitas ao procedimento sumaríssimo, o recurso ordinário possui algumas regras especiais:

1) ele será **imediatamente distribuído**, uma vez recebido no Tribunal, devendo o relator liberá-lo no prazo máximo de dez dias, e a Secretaria do Tribunal ou Turma colocá-lo imediatamente em pauta para julgamento, sem revisor;
2) terá **parecer oral** do representante do Ministério Público presente à sessão de julgamento, **se este entender necessário** o parecer, com registro na certidão;
3) terá acórdão consistente unicamente na **certidão de julgamento**, com a indicação suficiente do processo e parte dispositiva, e das razões de decidir do voto prevalente. Se a **sentença for confirmada pelos próprios fundamentos**, a certidão de julgamento, registrando tal circunstância, servirá de acórdão.
4) TRTs divididos em Turmas → poderão designar Turma para o julgamento dos recursos ordinários interpostos das sentenças prolatadas nas demandas sujeitas ao procedimento sumaríssimo.

Recurso de Revista

Trata-se de um recurso de natureza extraordinária, cabível para o TST, no prazo de oito dias. Assim como os Embargos no TST, esse recurso não se presta ao mero reexame de fatos e provas.

"Súmula nº 126 do TST

Incabível o recurso de revista ou de embargos (arts. 896 e 894, "b", da CLT) para reexame de fatos e provas."

O recurso de revista tem como único objeto a apreciação de questões de direito e, por essa razão, destinam-se à uniformização da jurisprudência, à harmonia das decisões judiciais, bem como ao respeito à CF e à Lei Federal.

É um recurso eminentemente técnico; tem por objetivo a aplicação correta da lei pelos Tribunais. Para que seja admitido, determinados pressupostos devem ser atendidos.

Fique Ligado

Prazo → 8 dias.

Competência → TST.

Apenas em dissídios Individuais.

Acórdão proferido pelos TRTs em grau de Recurso Ordinário.

Hipóteses de Cabimento

Esse recurso é cabível para Turma do TST das decisões proferidas em grau de RECURSO ORDINÁRIO, em dissídio INDIVIDUAL, pelo TRT que:

1) **INTERPRETAR DISPOSITIVO DE:**
   > lei federal;
   > lei estadual;
   > convenção coletiva de trabalho;
   > acordo coletivo;
   > sentença normativa;
   > regulamento empresarial (de observância obrigatória, em área territorial que exceda a jurisdição do TRT prolator da decisão recorrida).

DE FORMA DIVERGENTE DA INTERPRETAÇÃO DADA

> por OUTRO TRT (no seu pleno ou turma);
> pela SDI do TST.

2) **CONTRARIAR**

> Súmula ou Orientação Jurisprudencial do TST;
> Súmula vinculante do STF.

Quando as decisões forem proferidas com violação literal de disposição de **lei federal** ou afronta direta e literal à **Constituição Federal**, deve haver a indicação expressa do dispositivo desrespeitado.

Conforme exigência da CLT, a divergência apta a ensejar o recurso de revista deve ser **ATUAL**, não se considerando como tal:

> a ultrapassada por Súmula do TST;
> a ultrapassada por Súmula do STF;
> a superada por iterativa e notória jurisprudência do TST.

"Súmula nº 221 do TST

A admissibilidade do recurso de revista por violação tem como pressuposto a indicação expressa do dispositivo de lei ou da Constituição tido como violado."

"Orientação Jurisprudencial 219 da SDI-1 - recurso de revista ou de embargos fundamentado em orientação jurisprudencial do TST

É válida, para efeito de conhecimento do recurso de revista ou de embargos, a invocação de Orientação Jurisprudencial do Tribunal Superior do Trabalho, desde que, das razões recursais, conste o seu número ou conteúdo."

Decisões divergentes do mesmo TRT não são aptas a ensejar o recurso de revista por divergência jurisprudencial; devem ser decisões de TRTs diferentes.

"Orientação Jurisprudencial 111 da SDI-1 - recurso de revista. Divergência jurisprudencial. Aresto oriundo do mesmo Tribunal Regional.

Não é servível ao conhecimento de recurso de revista aresto oriundo de mesmo Tribunal Regional do Trabalho, salvo se o recurso houver sido interposto anteriormente à vigência da Lei nº 9.756/98."

O recurso de revista, fundado em divergência jurisprudencial, dada a lei estadual, normas coletivas (acordos coletivos, convenções coletivas e sentenças normativas) e em regulamento de empresa, deve extrapolar o âmbito do TRT prolator da decisão.

"Orientação Jurisprudencial 147 da SDI-1 - Lei estadual, norma coletiva ou norma regulamentar. conhecimento indevido do recurso de revista por divergência jurisprudencial

I. É inadmissível o recurso de revista fundado tão somente em divergência jurisprudencial, se a parte não comprovar que a lei estadual, a norma coletiva ou o regulamento da empresa extrapolam o âmbito do TRT prolator da decisão recorrida.

II. É imprescindível a arguição de afronta ao Art. 896 da CLT para o conhecimento de embargos interpostos em face de acórdão de Turma que conhece indevidamente de recurso de revista, por divergência jurisprudencial, quanto a tema regulado por lei estadual, norma coletiva ou norma regulamentar de âmbito restrito ao Regional prolator da decisão."

Esse recurso não é cabível contra acórdão proferido em agravo de instrumento.

"Súmula nº 218 do TST

É incabível recurso de revista interposto de acórdão regional prolatado em agravo de instrumento."

O recurso de revista é dotado de efeito apenas devolutivo e será interposto perante o **Presidente do TRT**, que, por decisão fundamentada, poderá recebê-lo ou denegá-lo.

Sob pena de não conhecimento, é ônus da parte:

1) indicar o trecho da decisão recorrida que consubstancia o prequestionamento da controvérsia objeto do recurso de revista;
2) indicar, de forma explícita e fundamentada, contrariedade a dispositivo de lei, súmula ou orientação jurisprudencial do Tribunal Superior do Trabalho que conflite com a decisão regional;
3) expor as razões do pedido de reforma, impugnando todos os fundamentos jurídicos da decisão recorrida, inclusive mediante demonstração analítica de cada dispositivo de lei, da Constituição Federal, de súmula ou orientação jurisprudencial cuja contrariedade aponte.

Da decisão denegatória caberá agravo, no prazo de 8 dias.

Requisitos

1) Fundamentação

É um recurso técnico, sendo admitido apenas se forem atendidos determinados pressupostos, devendo ser demonstrada uma das taxativas hipóteses de cabimento elencadas na CLT. A petição deve ser acompanhada das razões. (Não pode ser interposto por simples petição.)

Quando o recurso fundar-se em dissenso de julgados, incumbe ao recorrente o ônus de produzir prova da divergência jurisprudencial, mediante certidão, cópia ou citação do repositório de jurisprudência, oficial ou credenciado, inclusive em mídia eletrônica, em que houver sido publicada a decisão divergente, ou ainda pela reprodução de julgado disponível na internet, com indicação da respectiva fonte, mencionando, em qualquer caso, as circunstâncias que identifiquem ou assemelhem os casos confrontados.

2) Depósito Recursal

Faz parte do preparo do recurso de revista; seu valor é o dobro do exigido para o recurso ordinário, observado o teto da condenação.

3) Prequestionamento

A questão suscitada deve ter sido prequestionada no juízo recorrido.

A matéria diz-se prequestionada quando na decisão impugnada, haja sido adotada, explicitamente, tese a respeito. A parte deve opor Embargos Declaratórios objetivando esse pronunciamento, quando necessário.

Se a parte opuser Embargos de Declaração, com o intuito de prequestionar a matéria, e o TRT se mantiver silente, tem-se essa matéria por prequestionada.

"Súmula 297 do TST - PREQUESTIONAMENTO. OPORTUNIDADE. CONFIGURAÇÃO

I. Diz-se prequestionada a matéria ou questão quando na decisão impugnada haja sido adotada, explicitamente, tese a respeito.

II. Incumbe à parte interessada, desde que a matéria haja sido invocada no recurso principal, opor embargos declaratórios objetivando o pronunciamento sobre o tema, sob pena de preclusão.

III. Considera-se prequestionada a questão jurídica invocada no recurso principal sobre a qual se omite o Tribunal de pronunciar tese, não obstante opostos embargos de declaração."

4) Transcendência

O recorrente deve demonstrar relevância capaz de justificar o julgamento do apelo (jurídica, política, social ou econômica).

"Art.896-A - O Tribunal Superior do Trabalho, no recurso de revista, examinará previamente se a causa oferece transcendência com relação aos reflexos gerais de natureza econômica, política, social ou jurídica."

Recurso de Revista em Execução de Sentença

Das decisões proferidas pelos Tribunais Regionais do Trabalho ou por suas Turmas, em execução de sentença, inclusive em processo incidente de embargos de terceiro, não caberá Recurso de Revista, salvo na hipótese de ofensa direta e literal de norma da Constituição Federal.

"Súmula nº 442 do TST

A admissibilidade do recurso de revista interposto de acórdão proferido em agravo de petição, na liquidação de sentença ou em processo incidente na execução, inclusive os embargos de terceiro, depende de demonstração inequívoca de violência direta à Constituição Federal."

Recurso de Revista nas Execuções Fiscais

Cabe recurso de revista por violação à lei federal, por divergência jurisprudencial e por ofensa à Constituição Federal nas execuções fiscais e nas controvérsias da fase de execução que envolvam a Certidão Negativa de Débitos Trabalhistas (CNDT), criada pela Lei n° 12.440, de 7 de julho de 2011.

Uniformização da Jurisprudência

Os Tribunais Regionais do Trabalho procederão, obrigatoriamente, à uniformização de sua jurisprudência e aplicarão, nas causas da competência da Justiça do Trabalho, no que couber, o incidente de uniformização de jurisprudência, previsto nos termos do Capítulo I do Título IX do Livro I da Lei nº 5.869, de 11 de janeiro de 1973 (Código de Processo Civil).

Após o julgamento desse incidente, unicamente a súmula regional ou a tese jurídica prevalecente no Tribunal Regional do Trabalho e não conflitante com súmula ou orientação jurisprudencial do Tribunal Superior do Trabalho servirá como paradigma para viabilizar o conhecimento do recurso de revista, por divergência.

Dada a relevância da matéria, por iniciativa de um dos membros da Seção Especializada em Dissídios Individuais do Tribunal Superior do Trabalho, aprovada pela maioria dos integrantes da Seção, esse julgamento do incidente poderá ser afeto ao Tribunal Pleno.

Ao constatar, de ofício ou mediante provocação de qualquer das partes ou do Ministério Público do Trabalho, a existência de decisões atuais e conflitantes, no âmbito do mesmo Tribunal Regional do Trabalho, sobre o tema objeto de recurso de revista, o Tribunal Superior do Trabalho determinará o retorno dos autos à Corte de origem, a fim de que proceda à uniformização da jurisprudência.

Essa providência de retorno dos autos para fins de uniformização da jurisprudência deverá ser determinada pelo Presidente do Tribunal Regional do Trabalho, ao emitir juízo de admissibilidade sobre o recurso de revista, ou pelo Ministro Relator, mediante decisões irrecorríveis.

Recurso de Revista no Rito Sumaríssimo

Nas causas sujeitas ao procedimento sumaríssimo, somente será admitido recurso de revista por:

> contrariedade à súmula do TST;
> contrariedade à súmula vinculante do STF;
> violação direta da Constituição Federal.

Fique Ligado

No rito sumaríssimo, não cabe recurso de revista por contrariedade à Orientação Jurisprudencial do TST.

"Súmula nº 442 do TST

Nas causas sujeitas ao procedimento sumaríssimo, a admissibilidade de recurso de revista está limitada à demonstração de violação direta a dispositivo da Constituição Federal ou contrariedade à súmula do Tribunal Superior do Trabalho, não se admitindo o recurso por contrariedade a Orientação Jurisprudencial deste Tribunal (Livro II, Título II, Capítulo III, do RITST), ante a ausência de previsão no Art. 896, § 6º, da CLT."

Demais Disposições Legais

O recurso de revista sofreu uma grande alteração na CLT, sendo incluídos diversos dispositivos legais sobre o tema, conforme trataremos a seguir.

Quando o recurso tempestivo contiver defeito formal que não se repute grave, o Tribunal Superior do Trabalho poderá desconsiderar o vício ou mandar saná-lo, julgando o mérito.

Aplicam-se ao recurso de revista, no que couber, as normas da Lei n° 5.869, de 11 de janeiro de 1973 (Código de Processo Civil), relativas ao julgamento dos recursos extraordinário e especial repetitivos.

Multiplicidade de Recursos

Quando houver multiplicidade de recursos de revista, fundados em idêntica questão de direito, a questão poderá ser afetada à Seção Especializada em Dissídios Individuais ou ao Tribunal Pleno, por decisão da maioria simples de seus membros, mediante requerimento de um dos Ministros que compõem a Seção Especializada, considerando a relevância da matéria ou a existência de entendimentos divergentes entre os Ministros dessa Seção ou das Turmas do Tribunal.

O Presidente da Turma ou da Seção Especializada, por indicação dos relatores, afetará um ou mais recursos representativos da controvérsia para julgamento pela Seção Especializada em Dissídios Individuais ou pelo Tribunal Pleno, sob o rito dos recursos repetitivos.

O Presidente da Turma ou da Seção Especializada que afetar processo para julgamento sob o rito dos recursos repetitivos deverá expedir comunicação aos demais Presidentes de Turma ou de Seção Especializada, que poderão afetar outros processos sobre a questão para julgamento conjunto, a fim de conferir ao órgão julgador visão global da questão.

O Presidente do Tribunal Superior do Trabalho oficiará os Presidentes dos Tribunais Regionais do Trabalho para que suspendam os recursos interpostos em casos idênticos aos afetados como recursos repetitivos, até o pronunciamento definitivo do Tribunal Superior do Trabalho.

Caberá ao Presidente do Tribunal de origem admitir um ou mais recursos representativos da controvérsia, os quais serão encaminhados ao Tribunal Superior do Trabalho, ficando suspensos os demais recursos de revista até o pronunciamento definitivo do Tribunal Superior do Trabalho.

O relator no Tribunal Superior do Trabalho poderá determinar a suspensão dos recursos de revista ou de embargos que tenham como objeto controvérsia idêntica à do recurso afetado como repetitivo.

O recurso repetitivo será distribuído a um dos Ministros membros da Seção Especializada ou do Tribunal Pleno e a um Ministro revisor.

O relator poderá solicitar, aos Tribunais Regionais do Trabalho, informações a respeito da controvérsia, a serem prestadas no prazo de 15 dias.

O relator poderá admitir manifestação de pessoa, órgão ou entidade com interesse na controvérsia, inclusive como assistente simples, na forma da Lei nº 5.869, de 11 de janeiro de 1973 (Código de Processo Civil).

Recebidas as informações e, se for o caso, após a distribuição do recurso repetitivo (feita a um dos Ministros e a um revisor, conforme recentemente estudamos), terá vista o Ministério Público pelo prazo de 15 dias.

Transcorrido o prazo para o Ministério Público e remetida a cópia do relatório aos demais Ministros, o processo será incluído em pauta na Seção Especializada ou no Tribunal Pleno, devendo ser julgado com preferência sobre os demais feitos.

Publicado o acórdão do Tribunal Superior do Trabalho, os recursos de revista sobrestados na origem:

> terão seguimento denegado na hipótese de o acórdão recorrido coincidir com a orientação a respeito da matéria no Tribunal Superior do Trabalho; ou

> serão novamente examinados pelo Tribunal de origem, na hipótese de o acórdão recorrido divergir da orientação do Tribunal Superior do Trabalho, a respeito da matéria (nesse caso, mantida a decisão divergente pelo Tribunal de origem, far-se-á o exame de admissibilidade do recurso de revista).

Caso a questão afetada e julgada sob o rito dos recursos repetitivos também contenha questão constitucional, a decisão proferida pelo Tribunal Pleno não obstará o conhecimento de eventuais recursos extraordinários sobre a questão constitucional.

Aos recursos extraordinários interpostos perante o Tribunal Superior do Trabalho será aplicado o procedimento previsto no Art. 543-B da Lei nº 5.869, de 11 de janeiro de 1973 (Código de Processo Civil), cabendo ao Presidente do Tribunal Superior do Trabalho selecionar um ou mais recursos representativos da controvérsia e encaminhá-los ao Supremo Tribunal Federal, sobrestando os demais até o pronunciamento definitivo da Corte, na forma do § 1º do Art. 543-B da Lei no 5.869, de 11 de janeiro de 1973 (Código de Processo Civil).

O Presidente do Tribunal Superior do Trabalho poderá oficiar os Tribunais Regionais do Trabalho e os Presidentes das Turmas e da Seção Especializada do Tribunal, para que suspendam os processos idênticos aos selecionados como recursos representativos da controvérsia e encaminhados ao Supremo Tribunal Federal, até o seu pronunciamento definitivo.

A decisão firmada em recurso repetitivo não será aplicada aos casos em que se demonstrar que a situação de fato ou de direito é distinta das presentes no processo julgado sob o rito dos recursos repetitivos.

Caberá revisão da decisão firmada em julgamento de recursos repetitivos quando se alterar a situação econômica, social ou jurídica, caso em que será respeitada a segurança jurídica das relações firmadas sob a égide da decisão anterior, podendo o Tribunal Superior do Trabalho modular os efeitos da decisão que a tenha alterado.

Jurisprudências Importantes

"Súmula nº 23 do TST

Não se conhece de recurso de revista ou de embargos, se a decisão recorrida resolver determinado item do pedido por diversos fundamentos e a jurisprudência transcrita não abranger a todos."

"Súmula nº 285 do TST

O fato de o juízo primeiro de admissibilidade do recurso de revista entendê-lo cabível, apenas quanto à parte das matérias veiculadas, não impede a apreciação integral pela Turma do Tribunal Superior do Trabalho, sendo imprópria a interposição de agravo de instrumento."

"Súmula nº 296 do TST

I. A divergência jurisprudencial ensejadora da admissibilidade, do prosseguimento e do conhecimento do recurso há de ser específica, revelando a existência de teses diversas na interpretação de um mesmo dispositivo legal, embora idênticos os fatos que as ensejaram.

II. Não ofende o Art. 896 da CLT decisão de Turma que, examinando premissas concretas de especificidade da divergência colacionada no apelo revisional, conclui pelo conhecimento ou desconhecimento do recurso."

"Súmula nº 333 do TST

Não ensejam recurso de revista decisões superadas por iterativa, notória e atual jurisprudência do Tribunal Superior do Trabalho."

"Súmula nº 337 do TST

I. Para comprovação da divergência justificadora do recurso, é necessário que o recorrente:

a) junte certidão ou cópia autenticada do acórdão paradigma ou cite a fonte oficial ou o repositório autorizado em que foi publicado; e

b) transcreva, nas razões recursais, as ementas e/ou trechos dos acórdãos trazidos à configuração do dissídio, demonstrando o conflito de teses que justifique o conhecimento do recurso, ainda que os acórdãos já se encontrem nos autos ou venham a ser juntados com o recurso.

II. A concessão de registro de publicação como repositório autorizado de jurisprudência do TST torna válidas todas as suas edições anteriores.

III. *A mera indicação da data de publicação, em fonte oficial, de aresto paradigma é inválida para comprovação de divergência jurisprudencial, nos termos do item I, "a", desta súmula, quando a parte pretende demonstrar o conflito de teses mediante a transcrição de trechos que integram a fundamentação do acórdão divergente, uma vez que só se publicam o dispositivo e a ementa dos acórdãos.*

IV. *É válida para a comprovação da divergência jurisprudencial justificadora do recurso a indicação de aresto extraído de repositório oficial na internet, desde que o recorrente:*

a) *transcreva o trecho divergente;*

b) *aponte o sítio de onde foi extraído; e*

c) *decline o número do processo, o órgão prolator do acórdão e a data da respectiva publicação no Diário Eletrônico da Justiça do Trabalho."*

"Súmula nº 459 do TST

O conhecimento do recurso de revista, quanto à preliminar de nulidade por negativa de prestação jurisdicional, supõe indicação de violação do Art. 832 da CLT, do Art. 458 do CPC ou do Art. 93, IX, da CF/1988."

"Orientação Jurisprudencial 62 da SDI-1

É necessário o prequestionamento como pressuposto de admissibilidade em recurso de natureza extraordinária, ainda que se trate de incompetência absoluta."

"Orientação Jurisprudencial 334 da SDI-1

Incabível recurso de revista de ente público que não interpôs recurso ordinário voluntário da decisão de primeira instância, ressalvada a hipótese de ter sido agravada, na segunda instância, a condenação imposta."

Agravo de Petição

Esse recurso é cabível, no prazo de 8 dias, das decisões proferidas nas execuções. Esse recurso possui efeito apenas devolutivo, isto é, a execução prosseguirá.

O agravo de petição só será recebido quando o agravante delimitar, justificadamente, as matérias e os valores impugnados, permitida a execução imediata da parte remanescente até o final, nos próprios autos ou por carta de sentença.

"Súmula nº 416 do TST

Devendo o agravo de petição delimitar justificadamente a matéria e os valores objeto de discordância, não fere direito líquido e certo o prosseguimento da execução quanto aos tópicos e valores não especificados no agravo."

O agravo de petição será julgado pelo próprio Tribunal, presidido pela autoridade recorrida, salvo se se tratar de decisão de Juiz do Trabalho de 1ª Instância ou de Juiz de Direito, quando o julgamento competirá a uma das Turmas do Tribunal Regional a que estiver subordinado o prolator da sentença, observado o disposto no Art. 679, a quem este remeterá as peças necessárias para o exame da matéria controvertida, em autos apartados, ou nos próprios autos, se tiver sido determinada a extração de carta de sentença.

Quando o agravo de petição versar apenas sobre as contribuições sociais, o Juiz da execução determinará a extração de cópias das peças necessárias, que serão autuadas em apartado, conforme dispõe o § 3°, parte final, e remetidas à instância superior para apreciação, após contraminuta.

Embargos no TST

Esse recurso é cabível no Tribunal Superior do Trabalho, cabem embargos, no prazo de 8 dias e objetiva-se:

1) uniformizar a interpretação da legislação de competência do TST no âmbito da Seção de Dissídios Individuais (SDI) que julga os dissídios individuais (embargos de divergência);
2) modificar a decisão não unânime proferida em dissídios coletivos (embargos infringentes).

Hipóteses

1) EMBARGOS DE DIVERGÊNCIA → em **DISSÍDIOS INDIVIDUAIS**, das decisões das turmas, que:
   > DIVERGIREM entre si ou das decisões proferidas pela SDI.
   > forem CONTRÁRIAS a:
   > súmula do TST;
   > orientação jurisprudencial do TST;
   > súmula vinculante do STF.
2) EMBARGOS INFRINGENTES → em **DISSÍDIOS COLETIVOS, DECISÃO NÃO UNÂNIME** que:
   > conciliar, julgar ou homologar conciliação em dissídios coletivos que EXCEDAM A COMPETÊNCIA TERRITORIAL dos TRTs;
   > estender ou rever as SENTENÇAS NORMATIVAS do Tribunal Superior do Trabalho, nos casos previstos em lei;

A divergência apta a ensejar os embargos deve ser ATUAL, não se considerando como tal:

> a ultrapassada por súmula do TST;
> a ultrapassada por súmula do STF;
> a superada por iterativa e notória jurisprudência do TST.

O Ministro Relator **denegará seguimento** aos embargos:

I. *se a decisão recorrida estiver em consonância com súmula do TST ou do STF, ou com iterativa, notória e atual jurisprudência do TST, cumprindo-lhe indicá-la;*

II. *nas hipóteses de intempestividade, deserção, irregularidade de representação ou de ausência de qualquer outro pressuposto extrínseco de admissibilidade.*

Da decisão denegatória dos embargos caberá agravo, no prazo de 8 dias.

"CLT - Art. 894. No Tribunal Superior do Trabalho cabem embargos, no prazo de 8 (oito) dias:

I. *de decisão não unânime de julgamento que:*

a) *conciliar, julgar ou homologar conciliação em dissídios coletivos que excedam a competência territorial dos Tribunais Regionais do Trabalho e estender ou rever as sentenças normativas do Tribunal Superior do Trabalho, nos casos previstos em lei; e*

b) *(VETADO)*

II. *das decisões das Turmas que divergirem entre si ou das decisões proferidas pela Seção de Dissídios Individuais, ou contrárias à súmula ou orientação jurisprudencial do Tribunal Superior do Trabalho ou súmula vinculante do Supremo Tribunal Federal.*

Parágrafo único. (Revogado).

§ 2° A divergência apta a ensejar os embargos deve ser atual, não se considerando tal a ultrapassada por súmula do Tribunal Superior do Trabalho ou do Supremo Tribunal Federal, ou superada por iterativa e notória jurisprudência do Tribunal Superior do Trabalho.

§ 3° O Ministro Relator denegará seguimento aos embargos:

I. se a decisão recorrida estiver em consonância com súmula da jurisprudência do Tribunal Superior do Trabalho ou do Supremo Tribunal Federal, ou com iterativa, notória e atual jurisprudência do Tribunal Superior do Trabalho, cumprindo-lhe indicá-la;

II. nas hipóteses de intempestividade, deserção, irregularidade de representação ou de ausência de qualquer outro pressuposto extrínseco de admissibilidade.

§ 4° Da decisão denegatória dos embargos caberá agravo, no prazo de 8 (oito) dias."

"Súmula nº 23 do TST

Não se conhece de recurso de revista ou de embargos, se a decisão recorrida resolver determinado item do pedido por diversos fundamentos e a jurisprudência transcrita não abranger a todos."

"Súmula nº 353 do TST

Não cabem embargos para a Seção de Dissídios Individuais de decisão de Turma proferida em agravo, salvo:

a) da decisão que não conhece de agravo de instrumento ou de agravo pela ausência de pressupostos extrínsecos;

b) da decisão que nega provimento a agravo contra decisão monocrática do Relator, em que se proclamou a ausência de pressupostos extrínsecos de agravo de instrumento;

c) para revisão dos pressupostos extrínsecos de admissibilidade do recurso de revista, cuja ausência haja sido declarada originariamente pela Turma no julgamento do agravo;

d) para impugnar o conhecimento de agravo de instrumento;

e) para impugnar a imposição de multas previstas no Art. 538, parágrafo único, do CPC, ou no Art. 557, § 2º, do CPC;

f) contra decisão de Turma proferida em agravo em recurso de revista, nos termos do Art. 894, II, da CLT."

Agravo de Instrumento

Esse recurso é cabível, no prazo de 8 dias, dos despachos que denegarem a interposição de recursos, não exigindo preparo.

Desse modo, a finalidade do agravo de instrumento é destrancar o recurso que não foi remetido para a instância superior (recurso cujo seguimento foi denegado no 1º juízo de admissibilidade - caso o recurso não tenha sido admitido no 2º juízo de admissibilidade, isto é, no próprio Tribunal, o recurso cabível é o agravo regimental)

O agravo de instrumento interposto contra o despacho que não receber agravo de petição **NÃO** suspende a execução da sentença.

O agravo de instrumento será julgado pelo Tribunal que seria competente para conhecer o recurso cuja interposição foi denegada.

Sob pena de não conhecimento, as partes promoverão a formação do instrumento do agravo de modo a possibilitar, caso provido, o imediato julgamento do recurso denegado, instruindo a petição de interposição:

PEÇAS OBRIGATÓRIAS: cópia da decisão agravada, da certidão da respectiva intimação, das procurações outorgadas aos advogados do agravante e do agravado, da petição inicial, da contestação, da decisão originária, do depósito recursal referente ao recurso que se pretende destrancar, da comprovação do recolhimento das custas e do depósito recursal.

PEÇAS FACULTATIVAS: outras peças que o agravante reputar úteis ao deslinde da matéria de mérito controvertida.

O agravado será intimado para oferecer resposta ao agravo e ao recurso principal, instruindo-a com as peças que considerar necessárias ao julgamento de ambos os recursos.

Provido o agravo, a Turma deliberará sobre o julgamento do recurso principal, observando-se, se for o caso, daí em diante, o procedimento relativo a esse recurso.

Depósito Recursal

O depósito recursal do agravo de instrumento corresponde a 50% do valor do depósito efetuado no recurso que teve denegado seu prosseguimento. (Ex.: caso se objetive destrancar um RO, será necessário depositar 50% do valor do depósito recursal exigido para o RO)

"Art. 899, §7º No ato de interposição do agravo de instrumento, o depósito recursal corresponderá a 50% (cinquenta por cento) do valor do depósito do recurso ao qual se pretende destrancar."

Por outro lado, quando o agravo de instrumento tem a finalidade de destrancar recurso de revista que se insurge contra decisão que contraria a jurisprudência uniforme do Tribunal Superior do Trabalho, consubstanciada nas suas súmulas ou em orientação jurisprudencial, **não haverá obrigatoriedade** de se efetuar esse depósito.

Embargos de Declaração

Esse recurso visa sanar um vício na sentença ou acórdão:

- Omissão → quando ele não aprecia questão relevante para o julgamento.
- Obscuridade → quando falta clareza na decisão.
- Contradição → quando existem, na decisão, disposições contraditórias (ex.: afirma-se que a prova é convincente, e que o autor provou a existência de seus direitos, mas se concede uma sentença de total improcedência).

Os **erros materiais** poderão ser corrigidos de ofício ou a requerimento de qualquer das partes.

Os embargos de declaração podem gerar **efeito modificativo** do julgado em caso de omissão, contradição ou manifesto equívoco no exame dos pressupostos extrínsecos de admissibilidade recursal.

Entretanto, eventual efeito modificativo dos embargos de declaração somente poderá ocorrer em virtude da correção de vício na decisão embargada e desde que **ouvida a parte contrária**, no prazo de 5 dias.

Fique Ligado

Prazo de interposição: 5 dias.

Não está sujeito a preparo.

As pessoas jurídicas de direito **PÚBLICO** têm prazo em dobro para interposição.

"OJ 192. da SDI-1

É em dobro o prazo para a interposição de embargos declaratórios por Pessoa jurídica de direito público."

Competência

Esse recurso será encaminhado para o próprio Juiz que prolatou a decisão (o próprio Juiz ou Tribunal que proferiu aquela decisão é quem irá apreciar os embargos de declaração, nesse caso foge-se daquela regra geral de que os recursos são apreciados pelo órgão hierarquicamente superior ao prolator da decisão recorrida).

Efeitos dos Embargos Declaratórios

1) INTERRUPTIVO → interrompe o prazo para a interposição de outros recursos (para todas as partes).
2) MODIFICATIVO → Embora não seja a regra, pode ocasionar esse efeito dependendo da natureza da omissão ou contradição (mas deve ser dada vista a parte contrária nesse caso).

"Súmula 278 do TST

A natureza da omissão suprida pelo julgamento de embargos declaratórios pode ocasionar efeito modificativo no julgado."

"Orientação Jurisprudencial 142 da SDI-1

I. É passível de nulidade decisão que acolhe embargos de declaração com efeito modificativo, sem que seja concedida oportunidade de manifestação prévia à parte contrária.

II. Em decorrência do efeito devolutivo amplo conferido ao recurso ordinário, o item I não se aplica às hipóteses em que não se concede vista à parte contrária para se manifestar sobre os embargos de declaração opostos contra sentença."

"Súmula nº 421 do TST

I. Tendo a decisão monocrática de provimento ou denegação de recurso, prevista no Art. 557 do CPC, conteúdo decisório definitivo e conclusivo da lide, comporta ser esclarecida pela via dos embargos de declaração, em decisão aclaratória, também monocrática, quando se pretende tão somente suprir omissão e não, modificação do julgado.

II. Postulando o embargante efeito modificativo, os embargos declaratórios deverão ser submetidos ao pronunciamento do Colegiado, convertidos em agravo, em face dos princípios da fungibilidade e celeridade processual."

Fique Ligado

A mera interposição dos embargos de declaração gera a interrupção do prazo para todos os demais recursos (o prazo volta a contar do zero).

Prequestionamento

Os embargos de declaração também consistem em uma medida usada para fins de prequestionamento de matéria que será objeto de futuro recurso de fundamentação vinculada (RR, RE, Embargos no TST).

"Súmula nº 184 do TST

Ocorre preclusão se não forem opostos embargos declaratórios para suprir omissão apontada em recurso de revista ou de embargos."

Embargos Meramente Protelatórios

Em caso de embargos meramente protelatórios, será fixada uma multa não superior a 1% do valor da causa, elevada até 10% em caso de reincidência. A interposição de qualquer outro recurso estará sujeita ao recolhimento dessa multa.

Recurso Adesivo

Trata-se de um recurso da parte que estava conformada com a decisão. Todavia, como a outra parte recorreu, decidiu aderir ao recurso principal. É necessário que tenha havido sucumbência recíproca (pedidos julgados parcialmente procedentes).

É compatível com o processo trabalhista no caso de:

- Recurso Ordinário;
- Agravo de Petição;
- Recurso de Revista;
- Embargos no TST.

A matéria deduzida no Recurso Adesivo **NÃO PRECISA** estar relacionada com a do recurso principal.

Ele é sempre **DEPENDENTE** e **SUBORDINADO** ao recurso principal. Caso, por qualquer razão, o recurso principal não seja conhecido, estará prejudicado também o conhecimento do adesivo.

O prazo é de **oito dias**, contados da intimação para apresentar contrarrazões (interposto no prazo das contrarrazões do recurso principal).

Prevalece que a Pessoa Jurídica de Direito Público **não tem prazo em dobro** nesse caso, uma vez que ele é apresentado no prazo das contrarrazões, em que inexiste privilégio de prazo.

Quanto ao **preparo**, o recurso adesivo segue as regras do recurso principal. Além disso, não cabe em face de remessa *ex officio*.

Se a parte entrar com o recurso autônomo, não poderá mais aderir ao recurso interposto pela outra parte (a preclusão consumativa ocorreu, e o princípio da unirrecorribilidade veda que sejam interpostos dois recursos diversos para atacar a mesma decisão).

"CPC - Art. 500. Cada parte interporá o recurso, independentemente, no prazo e observadas as exigências legais. Sendo, porém, vencidos autor e réu, ao recurso interposto por qualquer deles poderá aderir a outra parte. O recurso adesivo fica subordinado ao recurso principal e se rege pelas disposições seguintes:

I. será interposto perante a autoridade competente para admitir o recurso principal, no prazo de que a parte dispõe para responder;

II. será admissível na apelação, nos embargos infringentes, no recurso extraordinário e no recurso especial;

> *III. não será conhecido, se houver desistência do recurso principal, ou se for ele declarado inadmissível ou deserto.*
>
> *Parágrafo único. Ao recurso adesivo se aplicam as mesmas regras do recurso independente, quanto às condições de admissibilidade, preparo e julgamento no Tribunal superior."*

"Súmula nº 283 do TST

O recurso adesivo é compatível com o Processo do Trabalho e cabe, no prazo de 8 (oito) dias, nas hipóteses de interposição de recurso ordinário, de agravo de petição, de revista e de embargos, sendo desnecessário que a matéria nele veiculada esteja relacionada com a do recurso interposto pela parte contrária."

Agravo Regimental

Trata-se de um recurso previsto no Regimento Interno dos Tribunais, que visa ao destrancamento do recurso ao qual foi denegado seguimento, dentro do próprio Tribunal, das decisões monocráticas proferidas pelos membros do próprio Tribunal etc.

Prazo: 8 dias no TST e 5 dias nos TRTs (em regra, pois cada TRT pode fixar seu prazo).

As pessoas jurídicas de Direito Público e o Ministério Público têm prazo em dobro para sua interposição.

Esse recurso não exige preparo (custas e depósito recursal), mas possui juízo de retratação (caso o relator não reconsidere sua decisão, o feito será colocado em pauta para julgamento pelo Órgão Colegiado).

Pedido de Revisão

Trata-se de um recurso praticamente em desuso, pois quando a inicial não fixa o valor da causa, as Varas costumam determinar que o reclamante emende a inicial. (Prevalece que o valor da causa é requisito da inicial trabalhista.)

Tal pedido é admitido quando o valor da causa for fixado pelo Juiz e, mesmo após uma das partes impugná-lo, em razões finais, o Juiz o mantiver.

O prazo para sua interposição é de 48 horas, sendo interposto diretamente no TRT, encaminhando ao Presidente desse Tribunal.

Se não for impugnado o valor da causa, no momento oportuno, ele se torna inalterável.

"Súmula nº 71 do TST

A alçada é fixada pelo valor dado à causa na data de seu ajuizamento, desde que não impugnado, sendo inalterável no curso do processo."

Reclamação Correicional ou Correição Parcial

Trata-se de um procedimento administrativo, garantidor da boa ordem processual, nos casos em que o Juiz praticar atos que estejam tumultuando o processo, e não caiba nenhum recurso contra esse ato. (Ex.: autos conclusos há meses, mas o Juiz não os julga; Juiz que ordena a retirada dos autos; uma contestação tempestiva etc.)

Em regra, ela é dirigida ao Juiz Corregedor do Tribunal, tendo o prazo e peculiaridades fixadas no regimento interno de cada Tribunal.

Vamos Praticar

01. (FCC) Na execução de sentença proferida em reclamação trabalhista, contra as decisões dos Tribunais Regionais do Trabalho,

a) não caberá Recurso de Revista, salvo na hipótese de ofensa direta e literal de norma estadual ou federal.

b) caberá, em qualquer hipótese, Recurso de Revista, no prazo de oito dias.

c) não caberá Recurso de Revista, salvo na hipótese de ofensa à súmula ou jurisprudência consolidada do Tribunal Superior do Trabalho.

d) caberá, em qualquer hipótese, Recurso de Revista, no prazo de quinze dias.

e) não caberá Recurso de Revista, exceto quando ocorrer ofensa direta e literal de norma da Constituição Federal.

02. (FCC) Considere a seguinte hipótese: reclamação trabalhista ajuizada perante o Juiz de Direito, tendo em vista que aquela localidade não estava abrangida por jurisdição de Vara do Trabalho, sendo por ele processada e julgada. Inconformadas as partes com o teor da sentença, devem interpor recurso:

a) de apelação para o Tribunal de Justiça do Estado.

b) de apelação para o Tribunal Regional do Trabalho.

c) ordinário para o Tribunal de Justiça do Estado.

d) ordinário para o Tribunal Regional do Trabalho.

e) especial para o Superior Tribunal de Justiça.

03. (FCC) No Processo do Trabalho, quando preenchidos os requisitos legais, é devido, em regra, depósito recursal para interposição dos seguintes recursos:

a) agravo de instrumento, recurso ordinário e recurso de revista.

b) agravo de instrumento, agravo de petição e recurso ordinário.

c) apelação, recurso ordinário e recurso de revista.

d) agravo de petição, recurso ordinário e recurso de revista.

e) agravo de instrumento, agravo regimental e embargos declaratórios.

04. (FCC) No tocante aos recursos no Processo do Trabalho, o agravo

a) retido tem a mesma finalidade do processo civil, ou seja, atacar decisões interlocutórias, como preliminar de recursos.

b) de petição é um recurso próprio do processo de conhecimento trabalhista, contra decisões finais proferidas pelo Juiz do Trabalho.

c) de petição é um recurso próprio da execução trabalhista, contra decisões proferidas pelo Juiz do Trabalho.

d) de petição possui o mesmo prazo de interposição dos embargos à execução, ou seja, 5 dias.

e) de instrumento tem a mesma finalidade do processo civil, ou seja, atacar decisões interlocutórias, quando impugnadas no momento oportuno.

05. (FCC) Na reclamação trabalhista "A", a empresa reclamada interpôs Recurso Ordinário. Na reclamação trabalhista "B", a reclamante interpôs Recurso de Revista. Na reclamação trabalhista "C", a reclamante interpôs Embargos no Tribunal Superior do Trabalho e, na reclamação trabalhista "D", a empresa reclamada interpôs Agravo de Petição. De acordo com o entendimento Sumulado do Tribunal Superior do Trabalho, caberá Recuso Adesivo, no prazo de oito dias, nas reclamações trabalhistas:

a) D e C, apenas.
b) B e C, apenas.
c) A, B, C, apenas.
d) A e B, apenas.
e) A, B, C, D.

06. (FCC) De decisão não unânime do Tribunal Superior do Trabalho que estender sentença normativa e das decisões definitivas dos Tribunais Regionais do Trabalho em processos de sua competência originária, ainda não transitados em julgados, caberá (ão):

a) Embargos e Agravo de Petição, respectivamente.
b) Embargos e Recurso Ordinário, respectivamente.
c) Recurso de Revista e Recurso Ordinário, respectivamente.
d) Embargos.
e) Recurso de Revista.

07. (FCC) No processo trabalhista NÃO caberá recurso adesivo em face de:

a) recurso de revista.
b) agravo de instrumento.
c) recurso ordinário.
d) agravo de petição.
e) recurso de embargos.

08. (FCC) Das decisões finais (terminativas ou definitivas), prolatadas em ações rescisórias,

a) caberá recurso ordinário ao Tribunal Superior do Trabalho.
b) caberá recurso ordinário ao Tribunal Regional do Trabalho competente.
c) não caberá recurso.
d) caberá agravo de instrumento ao Tribunal Regional do Trabalho competente.
e) caberá Mandado de Segurança ao Tribunal Superior do Trabalho.

09. (FCC) Gabriela possuía contrato de prestação de serviços de gerência, na qualidade de autônoma, com a empresa Y, recebendo um valor mensal. Após a rescisão do referido contrato, Gabriela ajuizou reclamação trabalhista requerendo o reconhecimento do vínculo de emprego com a empresa Y, bem como o pagamento e recolhimento de todas as demais verbas trabalhistas e previdenciárias. O M.M. Juiz declarou a incompetência absoluta da Justiça do Trabalho (em razão da matéria) e determinou a remessa dos autos à Justiça Comum. Neste caso,

a) não caberá recurso, tratando-se de decisão interlocutória irrecorrível na Justiça do Trabalho.
b) caberá recurso ordinário para o Tribunal Regional do Trabalho competente.
c) caberá agravo de instrumento para o Tribunal Regional do Trabalho competente.
d) caberá recurso ordinário para o Tribunal Superior do Trabalho.
e) caberá agravo de instrumento para o Tribunal Superior do Trabalho.

10. (FCC) Em relação à execução provisória, os recursos serão interpostos por simples petição e terão efeito meramente

a) suspensivo, salvo as exceções previstas em lei, permitida a execução provisória até a penhora.
b) suspensivo, salvo as exceções previstas em lei, permitida a execução definitiva.
c) devolutivo, salvo as exceções previstas em lei, permitida a execução definitiva.
d) meramente suspensivo, salvo as exceções previstas em lei, permitida a execução provisória até o leilão e a praça.
e) devolutivo, salvo as exceções previstas em lei, permitida a execução provisória até a penhora.

11. (FCC) A legitimidade para recorrer e o depósito prévio trabalhista são pressupostos recursais:

a) subjetivo e objetivo, respectivamente.
b) objetivo e subjetivo, respectivamente.
c) subjetivos.
d) objetivos.
e) objetivo e legal, respectivamente.

12. (FCC) Gabriel, proprietário de diversos imóveis, teve um terreno penhorado por uma dívida trabalhista da qual não é devedor e não faz ou fez parte da relação processual. Neste caso, Gabriel interpôs embargos de terceiro. Assim, considerando que os referidos embargos já se encontram em grau recursal, da decisão proferida pelo Tribunal Regional do Trabalho competente.

a) caberá recurso de revista, no prazo de 8 dias, em todas as hipóteses previstas expressamente na Consolidação das Leis do Trabalho.
b) não caberá recurso de revista em qualquer hipótese.
c) não caberá recurso de revista, salvo apenas na hipótese de ofensa direta e literal de norma da Constituição Federal.
d) não caberá recurso de revista, salvo na hipótese de interpretação diversa de mesmo dispositivo de lei federal a súmula de Jurisprudência Uniforme do Tribunal Superior do Trabalho.
e) não caberá recurso de revista, salvo na hipótese de interpretação diversa de mesmo dispositivo de lei federal ou estadual, da que lhe houver dado outro Tribunal Regional do Trabalho.

13. (FCC) Antônio ajuizou reclamação trabalhista contra sua ex-empregadora, sendo que, na audiência designada, as partes celebraram acordo amigável, devidamente homologado em Juízo, no valor de R$ 10.000,00, a ser pago em cinco parcelas de R$ 2.000,00 cada, com início a partir de dez dias da realização da audiência. Entretanto, no dia seguinte, Antonio se arrependeu, por entender que tinha direito a valor superior ao acordado. Neste caso, Antonio

a) não poderá recorrer da decisão por este motivo.
b) poderá interpor recurso ordinário, contando seu prazo a partir do pagamento da última parcela do acordo.

c) poderá interpor agravo de petição, tendo em vista que está findo o processo de conhecimento.

d) só poderá opor embargos de declaração, contando seu prazo a partir de cinco dias da data da realização da audiência.

e) deverá interpor agravo de instrumento, contando seu prazo a partir do pagamento da primeira parcela do acordo homologado.

14. (FCC) No Processo do Trabalho, o agravo

a) de petição é o recurso próprio do Processo do Trabalho, cabível contra decisões terminativas ou definitivas proferidas em fase de execução, sendo requisito para sua interposição a delimitação das matérias e valores impugnados.

b) retido, recurso adequado para impugnar despachos que denegarem a interposição de recursos, exigirá o depósito recursal correspondente a 50% do valor do depósito do recurso que se pretende destrancar

c) de petição é o recurso próprio cabível contra decisões terminativas ou definitivas proferidas em fase de execução, que exige o depósito recursal correspondente a 50% do valor do depósito do recurso que se pretende destrancar.

d) de instrumento é o recurso cabível contra decisões interlocutórias, sendo que ele não é apreciado de imediato, cabendo à parte consignar seus "protestos" nos autos para posterior apreciação da matéria.

e) instrumental é a modalidade de recurso, prevista nos Regimentos Internos dos Tribunais, bem como na Constituição Federal.

15. (FCC) Quanto à interposição do recurso adesivo na Justiça do Trabalho, é correto afirmar que é

a) cabível e a matéria nele veiculada não precisa estar relacionada ao recurso principal; é uma forma de interposição de recurso por via adesiva.

b) incabível, uma vez que, para desistir de sua interposição, o recorrente necessitaria de anuência da parte contrária, sob pena de o recurso adesivo ter seu prosseguimento normal no Tribunal.

c) incabível na Justiça do Trabalho, porque não há previsão a respeito na CLT.

d) cabível, pressupondo sucumbência recíproca e, caso interposto pela empresa, esta fica isenta de preparo.

e) cabível, mas a matéria nele veiculada precisa estar relacionada ao recurso principal.

16. (FCC) Márcia ajuizou reclamação trabalhista em face de sua ex-empregadora a empresa "WWW Ltda.", reclamação esta distribuída para uma das Varas do Trabalho de Campinas, uma vez que sempre exerceu suas atividades na filial da empresa nesta cidade. A reclamada opôs exceção de incompetência em razão do lugar, alegando que a sede da empresa é na cidade de São Paulo/capital. O magistrado da Vara de Campinas acolheu a exceção e determinou a remessa dos autos para distribuição a uma das Varas Trabalhistas de São Paulo. Neste caso, o magistrado

a) errou em sua decisão, mas na Justiça do trabalho vigora o princípio da irrecorribilidade das decisões interlocutórias, devendo Márcia interpor Mandado de Segurança no prazo de 120 dias.

b) errou em sua decisão, e Márcia deverá interpor recurso ordinário para o Tribunal Regional do Trabalho da segunda Região.

c) acertou em sua decisão, porque a competência em razão do lugar é determinada pelo local onde encontra-se a sede da empresa.

d) errou em sua decisão, e Márcia deverá interpor recurso ordinário para o Tribunal Regional do Trabalho da décima quinta Região.

e) errou em sua decisão, mas na Justiça do trabalho vigora o princípio da irrecorribilidade das decisões interlocutórias, devendo Márcia interpor Mandado de Segurança no prazo de 90 dias.

17. (FCC) A capacidade, a legitimidade e o interesse são pressupostos recursais:

a) objetivos.

b) intrínsecos.

c) extrínseco, intrínseco e intrínseco, respectivamente.

d) extrínsecos.

e) intrínseco, intrínseco e extrínseco, respectivamente.

18. (FCC) O prazo destinado à parte para, respectivamente, apresentar agravo de instrumento, recurso ordinário e embargos declaratórios é de

a) 10 dias; 8 dias; 5 dias.

b) 10 dias; 8 dias; 48 horas.

c) 8 dias; 8 dias; 8 dias.

d) 8 dias; 8 dias; 5 dias.

e) 8 dias; 8 dias; 48 horas.

19. (FCC) Da decisão proferida pela Vara do Trabalho cabe recurso

a) de revista, independentemente da matéria decidida.

b) ordinário, independentemente da matéria decidida.

c) extraordinário, se a decisão versar sobre matéria constitucional.

d) de revista, se a decisão versar sobre matéria constitucional.

e) ordinário, se a decisão versar sobre matéria constitucional.

20. (FCC) Larissa ajuizou reclamação trabalhista em face da empresa "SAX Ltda". A referida reclamação foi julgada procedente e a empresa condenada ao pagamento de R$ 20.000,00. A reclamada interpôs recurso ordinário, mas deixou de recolher as custas processuais pertinentes. O M.M Juiz a quo, em seu juízo de admissibilidade, negou seguimento ao referido recurso. Neste caso:

a) a empresa deverá interpor Recurso de Revista que será julgado pelo Tribunal Superior do Trabalho.

b) a empresa deverá interpor Embargos que será julgado pelo Tribunal Superior do Trabalho.

c) a empresa deverá interpor Agravo de Petição que será julgado pelo Tribunal Regional do Trabalho competente.

d) a empresa deverá interpor Agravo de Instrumento que será julgado pelo Tribunal Regional do Trabalho competente.

e) esta decisão é irrecorrível, de acordo com artigo expresso da Consolidação das Leis do Trabalho.

Gabarito

01	E	11	A
02	D	12	C
03	A	13	A
04	C	14	A
05	E	15	A
06	B	16	D
07	B	17	B
08	A	18	D
09	B	19	C
10	E	20	D

Anotações

CAPÍTULO 10

Resolução Administrativa nº 243/2014

Capítulo I - Do Processo Judicial Eletrônico da Justiça do Trabalho - PJe-JT no âmbito do Tribunal Regional do Trabalho da 23ª Região

Seção I -Disposições Gerais

Art. 1º. *O sistema processo judicial eletrônico da Justiça do Trabalho - PJe-JT, no âmbito do 1° e 2º graus do Tribunal Regional do Trabalho da 23º Região - TRT 23º Região, observará as disposições contidas na lei n. 11.419/2006, nas resoluções CNJ n. 185/2013 e CSJT n. 136/2014, bem como o que dispõe a presente resolução.*

Art. 2º. *No âmbito do TRT da 23º Região, a autuação de processos Judiciais e sua tramitação, a prática de atos processuais e sua representação por meio eletrônico, deverão ser realizados por intermédio do PJe-JT.*

Art. 3º. *Excluem-se da regra do artigo anterior as hipóteses de embargos de terceiro, ações cautelares, agravos de instrumento e demais incidentes, quando vinculados a processos que tramitam em meio físico.*

Art. 4º. *Os processos recebidos em meio físico de outros órgãos do poder judiciário deverão ser distribuídos e cadastrados no PJe-JT do TRT 23º Região pela unidade competente, a quem competirá a digitalização das peças processuais e documentos apresentados.*

§ 1º. *É facultada a manutenção do processo em meio físico, vinculado ao sistema legado, quando a Vara do Trabalho que recebeu os autos remetidos de outro órgão ou unidade judiciária suscitar o conflito de competência, convertendo-se para meio eletrônico somente após o proferimento da decisão sobre o incidente se lhe for desfavorável.*

§ 2º. *Após a inserção do processo no sistema PJe-JT, caso o advogado ainda não esteja credenciado no sistema, o magistrado concederá prazo razoável para o registro e habilitação nos autos, sob pena de extinção do processo, sem resolução do mérito, nos termos do art. 267, III, do CPC, devendo a respectiva intimação ser praticada segundo as regras ordinárias.*

Capítulo II - Do acesso ao Sistema

Art. 5º. *O acesso e credenciamento ao PJe-JT do TRT 23º Região dar-se-á pelo sítio eletrônico do TRT 23º Região na rede mundial de computadores, mediante assinatura digital, baseada em certificado digital padrão ICP-Brasil, tipo A-3 ou A-4, emitido por autoridade certificadora credenciada, e respectivo dispositivo criptográfico portável, observadas as especificações de configuração do Sistema e demais informações disponíveis na página eletrônica deste Regional.*

Parágrafo único. *Uma vez concluído o credenciamento do advogado, membro do Ministério Público, procurador ou auxiliar da justiça no PJe - JT, o sistema permitirá acesso ao PJe-JT através de usuário (login) e senha exclusivamente para visualização de autos, ressalvados os atos sob sigilos ou processos que tramitem em segredo de justiça.*

Seção I - Do Credenciamento de Advogados

Art. 6º. *Cabe ao advogado proceder ao respectivo credenciamento no PJe-JT do TRT 23º, observando-se a obrigatoriedade de cadastro na base de dados do 1º e do 2º graus de jurisdição.*

§ 1º. *O credenciamento é automático, dispensado o comparecimento do advogado à unidade judiciária, salvo na hipótese de inconsistência entre os dados informados pelo usuário e o banco de dados da Receita Federal e da Ordem dos Advogados do Brasil.*

§ 2º. *Ocorrendo inconsistência de dados no PJe-JT, o sistema emitirá aviso de erro ao usuário, que, caso não obtenha êxito em corrigi -lo, deverá entrar em contato com o Núcleo de Suporte aos Usuários do PJe-JT.*

§ 3º. *Além do credenciamento no sistema PJe-JT o advogado deverá proceder a habilitação em cada processo que pretenda atuar , exclusivamente através da funcionalidade "Solicitar Habilitação", sob pena de não conhecimento dos atos por ele praticados.*

§ 4º. *O "peticionamento avulso" será utilizado apenas na hipótese em que o advogado pretenda se habilitar em autos cuja parte representada já possua advogado habilitado; neste caso, a alteração da habilitação não é automática e depende da análise do Juízo.*

Seção II - Credenciamento de Promotores, Procuradores e Auxiliares da Justiça

Art. 7º. *O Ministério Público do Trabalho, as Procuradorias Federais e a Procuradoria Geral do Estado de Mato Grosso, serão intimadas via sistema, desde que observado o regular credenciamento, conforme disposto nos artigos 2º e 5º da Lei 11.419/2006.*

Art. 8º. *Os auxiliares da justiça serão credenciados pelas próprias unidades judiciárias, mediante determinação judicial, cujo acesso será restrito aos processos sob os quais deverão atuar.*

Seção III - Dos Perfis de Usuário no Sistema PJe-JT

Art. 9º. *Caberá ao magistrado gestor da unidade judiciária, definir os perfis dos servidores usuários nela lotados, vedada a designação, para o estagiário, de perfil diverso daquele existente no sistema.*

Parágrafo único. *Poderá o magistrado delegar a atribuição do caput deste artigo ao Diretor de Secretaria ou Chefe de Gabinete da respectiva unidade judiciária, com a indicação de um substituto na ausência destes.*

Seção IV - Da Indisponibilidade do Sistema

Art. 10. *Os relatórios de indisponibilidade do sistema PJe-JT, nos termos do artigo 15 e 16 da Resolução 136/2014 do Conselho Superior da Justiça do Trabalho poderão ser emitidos a partir do endereço www.trt23.jus.br/pje/indisponibilidade no sítio do TRT 23a Região.*

Seção V - Das Certidões de Processos

Art. 11. *As certidões de distribuição de ações serão emitidas no portal eletrônico do TRT da 23º através do endereço www.trt23.jus.br, na guia "Serviços", opção "Certidão de Ações Trabalhistas".*

Capítulo III - Do Funcionamento do Sistema

Seção I - Do Peticionamento e da Juntada de Documentos

Art. 12. *Na propositura da ação é obrigatória a identificação da classe processual, o preenchimento dos dados estruturados exigidos pelo sistema PJe-JT, bem como o registro dos respectivos assuntos com* observância das Tabelas Processuais Unificadas do Poder Judiciário, conforme Resolução CNJ n. 46, de 18.12.2007.

§ 1º. A petição inicial conterá, além dos requisitos referidos no art.

840, § 1º, da CLT, a indicação do CPF ou CNPJ da parte autora, conforme determinação contida no art. 15, caput, da Lei nº 11.419, de 19 de dezembro de 2006.

§ 2º. As petições iniciais ou incidentais deverão ser identificadas pelo tipo de documento, conforme relação cadastrada no sistema e disponibilizada na caixa de combinação "tipo de documento", com a correta descrição do conteúdo respectivo no campo de texto livre "Descrição".

§ 3º. É de inteira responsabilidade do usuário verificar se a juntada com a respectiva assinatura digital, das petições e dos demais documentos anexados aos autos foram devidamente recepcionados no sistema PJe-JT, o que pode ser atestado pela aposição de uma imagem iconográfica de um "cadeado fechado" ao lado de cada petição ou documento, concluindo-se com a protocolização, sob pena de serem dados por inexistentes.

§ 4º. Não sendo observadas as regras do caput deste artigo, o magistrado concederá prazo razoável para que a parte tome as providências necessárias à regular tramitação do feito no meio eletrônico, sob pena de extinção do processo, sem resolução do mérito, nos termos do art. 267, III, do CPC, quando se tratarem de petições iniciais, ou de serem consideradas inexistentes na hipótese de petições incidentais.

Art. 13. O sistema fornecerá, por ocasião da distribuição da ação, o

número atribuído ao processo, o órgão julgador para o qual foi distribuída e, se for o caso, o local, a data e o horário de realização da audiência, da qual estará o autor

imediatamente intimado.

Art. 14. É considerada inexistente a peça processual que for dirigida equivocadamente à instância processual não competente para o seu processamento.

Seção II - Da Prevenção

Art. 15. O advogado deverá indicar em sua petição inicial, ou no primeiro momento em que se manifestar nos autos, a ocorrência de prevenção.

Seção III - Do Segredo de Justiça e do Sigilo

Art. 16. A utilização da funcionalidade para solicitação de sigilo, quando da juntada de petições e/ou documento aos autos dos processos que tramitam no PJe-JT, deve ser justificada na respectiva petição, deferida ou não pelo magistrado.

§ 1º. É vedada a atribuição de sigilo à petição inicial.

§ 2º. O sigilo atribuído à petição ou documento sem apresentação de justificativa pela parte ou advogado poderá ser imediatamente retirado pelo juiz ou pelo servidor, autorizado, neste caso, por ato ordinatório.

Capítulo IV - Dos Atos Processuais

Seção I -Da Audiência

Art. 17. As respostas dos demandados nos processos que tramitam em meio eletrônico de todas as unidades deste Regional, deverão ser apresentadas oralmente ou mediante petição e documentos assinados digitalmente, com o devido protocolo no PJe-JT, até o horário de abertura da referida audiência, vedada a assinatura eletrônica em audiência.

§ 1º. Caso a antecedência exigida no caput não seja observada, a defesa poderá ser apresentada oralmente em audiência, no tempo previsto na legislação vigente.

§ 2º. Sendo apresentada a defesa de forma oral, deverá o magistrado facultar à parte requerida, a apresentação dos documentos trazidos e apresentados em mesa de audiência, devidamente digitalizados e organizados, dentro de prazo razoável.

§ 3º. Havendo a necessidade de juntada de documentos em audiência, o magistrado condutor do feito poderá determinar a digitalização pela Secretaria da Vara ou determinar à parte interessada prazo para a respectiva juntada, sob pena de não conhecimento.

Seção II - Das Decisões Líquidas nos Processos Eletrônicos

Art. 18. No sistema PJe-JT, a publicação da sentença líquida ocorrerá no prazo máximo de 30 dias, o que deverá ser considerado regular pela Corregedoria Regional.

§ 1º. Encerrada a instrução, o juiz da causa deverá, no prazo de 10 (dez) dias, proceder à elaboração da minuta de sentença que, entregue ao Diretor de Secretaria, deverá ser encaminhada à Coordenadoria de Contadoria exclusivamente pelo e-mail funcional, na mesma data, para liquidação.

§ 2º. O controle do prazo do Magistrado será aferido pelos registros de envio da sentença à Coordenadoria de Contadoria, sendo responsabilidade do Diretor de cada Vara zelar pela remessa ou transmissão da sentença na data de sua entrega pelo magistrado, sob pena de responsabilidade.

§ 3º. A Coordenadoria de Contadoria visualizará os autos do processo eletrônico por meio do sistema PJe-JT, elaborando a conta de liquidação.

§ 4º. Elaborados os cálculos, estes serão inseridos aos respectivos autos pela Coordenadoria de Contadoria, que em seguida enviará um e-mail para unidade judiciária destinatária informando da disponibilidade da planilha de cálculos nos autos, sendo responsável o Diretor da Vara para conhecer de tal fato e comunicar ao magistrado, que ao final publicará a sentença conjuntamente da planilha de cálculos.

Art. 19. Havendo recurso para o Tribunal, resguardado o prazo regimental ao Relator, este, por sua assessoria, deverá encaminhar os autos à Coordenadoria de Contadoria para adequação dos cálculos, sempre que elaborar razões de decidir no sentido de reformar a sentença líquida, ou nas hipóteses que entender necessário, observado igual procedimento estabelecido no artigo anterior.

Parágrafo único. Adequados os cálculos, os autos serão devolvidos ao Desembargador que elaborou a minuta do voto, por sua assessoria para, no prazo de 48 (quarenta e oito) horas, proceder à conferência e remessa do processo à pauta.

Art. 20. Na hipótese de se imprimir efeito modificativo à decisão embargada, os autos serão encaminhados à Coordenadoria de Contadoria, a fim de que proceda à devida adequação dos cálculos.

Art. 21. A Coordenadoria de Contadoria submete-se ao prazo de 15 (quinze) dias corridos para liquidação de sentenças ou acórdãos líquidos e 05 (cinco) dias corridos para adequação dos cálculos em sede de embargos de declaração.

Parágrafo único. Nas hipóteses excepcionais em que a liquidação do julgamento se der após o trânsito em julgado, na fase de liquidação, os prazos estipulados para a Coordenadoria de Contadoria serão contados em dobro.

Seção III - Das Cartas Precatórias e de Ordem

Art. 22. *No âmbito deste Regional, as cartas precatórias e de ordem deverão ser autuadas como novo processo, dentro do sistema PJe-JT, com a seleção da jurisdição respectiva, o correto preenchimento dos dados estruturados, a descrição das chaves de acesso e todos os anexos necessários à analise da respectiva carta.*

§ 1º. *Em caso de não observância dos requisitos descritos no caput deste artigo, o Juízo deprecado poderá solicitar, em prazo razoável, a retificação necessária, sob pena de devolução da carta, sem cumprimento.*

§ 2º. *Em caso de unidade jurisdicional deprecada que pertença a outro Tribunal, as cartas precatórias deverão ser preparadas através do sistema PJe-JT e encaminhadas, preferencialmente, via malote digital.*

Art. 23. *Havendo na localidade mais de uma Vara do Trabalho com a mesma competência territorial, as cartas precatórias e de ordem recebidas serão cadastradas pelo setor de distribuição respectivo.*

Art. 24. *A devolução das cartas precatórias eletrônicas será feita mediante certidão a ser encaminhada ao Juízo deprecante, acompanhada apenas das peças necessárias à compreensão dos atos praticados, devendo o Juízo deprecado, após o registro de cumprimento, proceder ao devido posicionamento da carta precatória dentro do fluxo processual, em "cartas devolvidas".*

Seção IV - Da Guarda de Documentos

Art. 25. *As Secretarias das Varas do Trabalho, os Gabinetes de Desembargadores e a Secretaria do Tribunal Pleno deverão manter arquivo para guarda e conservação dos documentos digitalizados e juntados, inclusive os autos de penhora e avaliação e outros documentos apresentados pelos Oficiais de Justiça.*

Parágrafo único. *A comprovação da entrega de expedientes por Oficiais de Justiça será feita mediante certidão contendo os dados do cumprimento da diligência.*

Seção V - Do Plantão

Art. 26. *Os feitos e petições destinados ao plantão judiciário serão recebidos no sistema PJe-JT, observadas as classes processuais já habilitadas, cabendo aos advogados e às partes dar ciência imediata aos plantonistas, mediante ligação telefônica para os números disponibilizados no portal eletrônico do Tribunal Regional do Trabalho da 23a Região através do sítio www.trt23.jus.br.*

Capítulo V - Dos Atos Processuais nos Tribunais

Seção I - Das Intimações, Citações e Cumprimento de Atos Judiciais nos Tribunais

Art. 27. *As intimações, citações e cumprimento de atos judiciais no*

PJe-JT de 2° grau serão de responsabilidade da Secretaria do Tribunal Pleno.

§ 1°. *Após a assinatura do ato do Desembargador, o gabinete ou a assessoria jurídica remeterá os autos digitais à tarefa correspondente no fluxo do sistema PJe-JT, transferindo para a Secretaria do Tribunal Pleno a responsabilidade de cumprir as determinações judiciais no que se refere a certificações, intimações e citações.*

§ 2°. *A Secretaria do Tribunal Pleno deverá proceder à consulta prévia do conteúdo dos autos digitais, cumprindo, se for o caso, determinações que não sejam relativas à intimação ou citação das partes.*

§ 3°. *Nos casos de citação por mandado, a Secretaria do Tribunal Pleno fará a respectiva distribuição para a Seção de Mandados, devendo o oficial de justiça anexar no processo eletrônico a certidão contendo os dados do cumprimento da diligência, optando-se pela digitalização e juntada da contrafé subscrita pelos destinatários ou pela guarda desta em meio físico até o trânsito em julgado do Acórdão ou decurso do prazo para ação rescisória, quando cabível.*

§ 4°. *Nos casos de citação por correio, após o retorno do aviso de recebimento (AR), a STP deverá digitalizar o documento e encaminhar ao gabinete via e-mail para inserção dos dados no sistema.*

Seção II - Dos Agravos de Instrumento

Art. 28. *O agravo de instrumento interposto de despacho que negar seguimento a recurso para o Tribunal Regional do Trabalho ou para o Tribunal Superior do Trabalho deve ser processado nos autos do recurso denegado, bastando apenas a descrição do identificador único dos documentos já inseridos no processo e necessários à análise do recurso, sob pena de exclusão, pela unidade judiciária competente, daqueles juntados em duplicidade.*

Capítulo VI - Do Cadastramento da Liquidação e Execução – CLE

Art. 29. *As migrações dos processos do meio físico para o meio eletrônico dar-se-ão através da funcionalidade "CLE" do sistema PJe-JT.*

Parágrafo único. *As migrações dos processos do meio físico para o meio eletrônico somente serão iniciadas após publicação de ato pela Corregedoria do TRT da 23º Região autorizando a sua execução.*

Art. 30. *Deverão ser migrados apenas os processos com execução iniciada e os que se encontram no arquivo provisório.*

Art. 31. *Não serão migrados:*

I. *os processos do arquivo definitivo,*

II. *processos em execução provisória,*

III. *os processos vinculados à atuação da CAESC – Coordenadoria de Apoio à Execução e Solução de Conflitos.*

Art. 32. *Fica facultado às Varas do Trabalho a definição quanto à ordem de migração dos processos, de acordo com sua análise e conveniência.*

Art. 33. *Em caso de processos unificados (pilotos) em meio físico pela Vara do Trabalho, faculta-se a esta a migração apenas do processo eleito como piloto ou de todos os processos agrupados.*

Parágrafo único. *Caso não sejam migrados os processos físicos vinculados ao piloto, a unidade deverá cadastrar, junto ao processo eleito como piloto, todas as partes e advogados dos processos vinculados como terceiros interessados, possibilitando o pleno acesso destes aos autos eletrônicos.*

Art. 34. *A Vara do Trabalho deverá lançar o movimento "50081- Convertida a tramitação do processo do meio físico para o eletrônico" no sistema legado (SDAP1), quando da migração do processo físico para o meio eletrônico.*

Art. 35. *Extinta a execução, a Vara do Trabalho deverá proceder à baixa regular do processo no sistema PJe-JT, bem como a baixa do correspondente processo físico no sistema legado (SDAP1), trasladando cópia* da decisão de extinção da execução para o processo físico a fim de possibilitar sua remessa ao arquivo definitivo.

Art. 36. *São documentos de digitalização obrigatória:*

I. *título executivo judicial ou extrajudicial, ainda que contenham apenas obrigações de fazer ou não fazer;*

II. *cálculos homologados, se houver; e*

III. *instrumentos procuratórios.*

Parágrafo único. *A critério do magistrado, outras peças serão digitalizadas quando necessárias para a liquidação e execução do feito.*

Art. 37. *Os autos físicos dos processos convertidos para tramitação eletrônica deverão ser mantidos na Secretaria da respectiva Vara do Trabalho até o seu arquivamento definitivo.*

Art. 38. *Fica facultado à Vara do Trabalho instituir ato ordinatório para a conversão dos processos físicos para o meio eletrônico, atendidas as deliberações contidas nesta regulamentação.*

Art. 39. *A Vara do Trabalho deverá adotar o modelo do Termo Inicial do CLE, conforme Anexo I desta Resolução.*

Art. 40. *Após a migração para o meio eletrônico, fica vedado o peticionamento físico ou via e-doc nos processos migrados, passando a serem submetidos às normas referentes ao PJe-JT.*

Art. 41. *A Vara do Trabalho consultará a lista de advogados disponível no ambiente de rede para conferência do cadastro junto ao PJe-JT. Caso o advogado correspondente não esteja cadastrado junto ao sistema PJe-JT, o Magistrado concederá prazo razoável para registro e habilitação nos autos.*

Parágrafo único. *Em caso de inércia injustificada do advogado da parte, a execução seguirá o trâmite regular e todas as intimações lhe serão dirigidas exclusivamente por edital publicado no Diário Eletrônico da Justiça do Trabalho (DEJT), mantida a vedação do artigo anterior.*

Art. 42. *Fica dispensada a inscrição dos bens constritos no banco de penhoras até ulterior deliberação.*

Capítulo VII - Do Atendimento aos Usuários

Art. 43. *As solicitações de atendimento, visando o gerenciamento e controle, deverão ser realizadas pelos usuários internos do sistema PJe-JT, no âmbito do TRT 23ª Região, na seguinte ordem de preferência:*

I. *ferramenta automatizada de controle de chamados mantida pelo Regional;*

II. *envio de e-mail para o endereço suportepje@trt23.jus.br;*

III. *contato telefônico através do número (65) 3648-4040 para atendimento do PJe ou pelo número (65) 3648-4170 para atendimento à microinformática.*

Parágrafo único. *Para os usuários externos são disponibilizados um formulário no sítio do TRT da 23ª Região, o e-mail suportepje@trt23.jus.br e o telefone (65) 3648-4040.*

Art. 44. *A ordem de preferência de que trata o artigo anterior não se aplica aos casos de atendimento de urgência no PJe-JT.*

Parágrafo único. *São considerados casos de atendimento de urgência no PJe-JT:*

I. *o atendimento aos Desembargadores e aos Magistrados;*

II. *o atendimento a problemas no sistema PJe-JT que ocorram durante a realização de audiências ou de sessões de julgamento e que prejudiquem o seu prosseguimento.*

Art. 45. *O núcleo de suporte aos usuários do PJe-JT e a equipe de suporte à microinformática funcionarão das 07h:30 às 14h:30 de segunda a sexta- feira, exceto feriados.*

Parágrafo único. *Nos finais de semana e nos feriados serão indicados respectivamente pelo núcleo de suporte aos usuários e pela equipe de suporte à infraestrutura, dois técnicos para atuarem como apoio aos usuários internos que atuarão no plantão judicial, em regime de sobreaviso. A comunicação com os nomes e contatos dos dois técnicos ficará a cargo do núcleo de suporte aos usuários do PJe-JT.*

Art. 46. *Ressalvados os casos urgentes, os atendimentos serão realizados em até 48 horas contadas a partir do seu recebimento.*

Parágrafo único. *O prazo de que trata o caput deste artigo, não se aplica aos atendimentos que demandarem versões de correção do sistema PJe -JT. Nesse caso será aberto um chamado na ferramenta disponibilizada pelo CNJ em até 24 horas, contadas a partir do seu recebimento, sendo que a cópia do comprovante de abertura de chamado será encaminhada aos interessados.*

Art. 47. *As eventuais certidões de diagnóstico e auditoria para fins de comprovação nos autos deverão ser solicitadas no prazo preclusivo de 30 dias da ocorrência do fato às unidades judiciárias quando se tratar de processo tramitando no 1º grau e à Secretaria do Tribunal Pleno, quando se tratar de processo tramitando em 2º grau de jurisdição, cabendo ao Magistrado e ao Desembargador, respectivamente, a análise de sua necessidade.*

Parágrafo único. *As certidões solicitadas ao núcleo de suporte aos usuários do PJe-JT estão cingidas ao diagnóstico de eventuais problemas técnicos ocorridos no sistema PJe-JT.*

Capítulo VIII - Das Disposições Finais e Transitórias

Art. 48. *O Juiz da causa, resolverá todas as questões relativas à utilização e ao funcionamento do sistema PJe-JT em cada caso concreto, inclusive as hipóteses não previstas neste regramento, assistido previamente, quando couber, pelo núcleo de suporte aos usuários do PJe-JT.*

Art. 49. *Até que seja implementada a integração do PJe-JT ao sistema dos Correios, os avisos de recebimento (AR) serão digitalizados e os respectivos arquivos juntados aos autos eletrônicos, a critério do Juiz ou a requerimento da parte.*

Art. 50. *Até que seja implementada a integração total do Tribunal Superior do Trabalho no PJe-JT, os autos digitais deverão ser transformados em arquivo no formato "pdf" para serem remetidos ao TST.*

Parágrafo único. *A remessa dos autos digitais ao TST compete à Secretaria do Tribunal Pleno.*

Art. 51. *Caso seja juntada petição de homologação de acordo ou haja necessidade de se realizarem quaisquer diligências no 1º grau, em processos que estejam tramitando em grau de recurso no 2º grau, o Gabinete deverá providenciar a baixa do processo para o 1º grau através da Secretaria do Tribunal Pleno.*

Parágrafo único. *Finda a prática dos atos no 1º grau e, enquanto permanecer a ausência de integração do sistema PJe-JT com o 2º grau, a Secretaria da Vara do*

Trabalho deverá comunicar a Secretaria do Tribunal Pleno - STP, através do e-mail stp2@trt23.jus.br, sobre o reenvio do respectivo processo ao 2º grau, indicando número do processo e o motivo da remessa, possibilitando a movimentação correspondente.

Art. 52. *A contagem dos prazos regimentais e legais para aposição do visto do Relator nos processos que tramitam em grau de recurso terá como termo inicial o primeiro dia útil da semana subsequente à distribuição para o Relator.*

Art. 53. *Os casos omissos e que não estejam abrangidos pelas normas próprias do Conselho Superior da Justiça do Trabalho ou pelo Conselho Nacional de Justiça serão resolvidos pela Presidência.*

Art. 54. *Esta Resolução Administrativa entra em vigor na data de sua publicação, ficando revogadas todas as disposições contrárias, em especial as Resoluções Administrativas 130/2013, 200/2013 e 204/2013 deste Tribunal.*

Anotações

POR QUE ESCOLHER O ALFACON?

Plano de Estudo

O plano de estudo é uma estratégia idealizada pela equipe AlfaCon para fazer com que você consiga focalizar o que é mais importante para a sua preparação. O direcionamento correto que o plano de estudos fornece é a chave para você maximizar seu desempenho em provas de concurso.

Videoaulas + PDF

Videoaulas sincronizadas com o material em PDF. O AlfaCon utiliza uma metodologia de ensino inovadora, que proporciona ao aluno o aprendizado por diversas mídias.

Cursos Regulares, Exercícios, Eventos e Simulados

O curso regular direciona você para a parte teórica das disciplinas dos editais. Com as turmas de exercícios, você aprenderá a técnica correta para resolver as questões de provas. Com os eventos, você relembrará os tópicos mais importantes. Finalmente, com os simulados, você terá o treinamento necessário para obter um bom desempenho na prova.

Comodidade e flexibilidade no seu ritmo

Estude on-line, faça seu próprio horário e avance de acordo com seu tempo de aprendizagem.

VENHA FAZER PARTE DESTE TIME VENCEDOR!

1051 classificados Banco do Brasil

685 classificados na PF

235 1/4 das vagas na CEF

APROVAÇÕES AlfaCon Concursos Públicos

1257 1/3 das vagas nacionais - PRF

404 1/3 dos classificados no TJ-SP

155 2/3 das vagas DEPEN

Entre agora no site:
www.alfaconcursos.com.br

AlfaCon Concursos Públicos

PARABÉNS!

Está disponível para você o código abaixo. Para utilizá-lo, é preciso estar cadastrado no site **www.alfaconcursos.com.br**.

Com ele, será possível acessar:

- Videoaulas **ON-LINE GRATUITAS*,** de caráter demonstrativo.
- **Atualizações**** por meio digital, se forem necessárias, das disciplinas que compõem o material didático para o concurso do **Tribunal Regional do Trabalho 23ª Região, cargo de Técnico Judiciário/Área Administrativa.**

Aproveite para continuar seus estudos com o preparatório que mais aprova no Brasil!

123456 ATRT AJBCCABF 123456

CÓDIGO

Entre agora no site:
www.alfaconcursos.com.br/codigo
e utilize o código, é **GRÁTIS!**

* O código de acesso terá validade de 6 (seis) meses para uso, considerando a data da compra.
* Cada videoaula pode ser visualizada 5 (cinco) vezes.
** As atualizações serão a critério exclusivo do AlfaCon, mediante análise pedagógica.

AlfaCon Concursos Públicos